mechapia
NO.1 Mechapia Technical knowledge portal

메카피아
3D CAD
활용서 시리즈

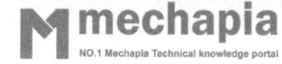

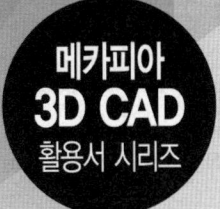

3D CAD 전문가 양성을 위한

CATIA V5 Surface

입문과 활용

강연이 지음

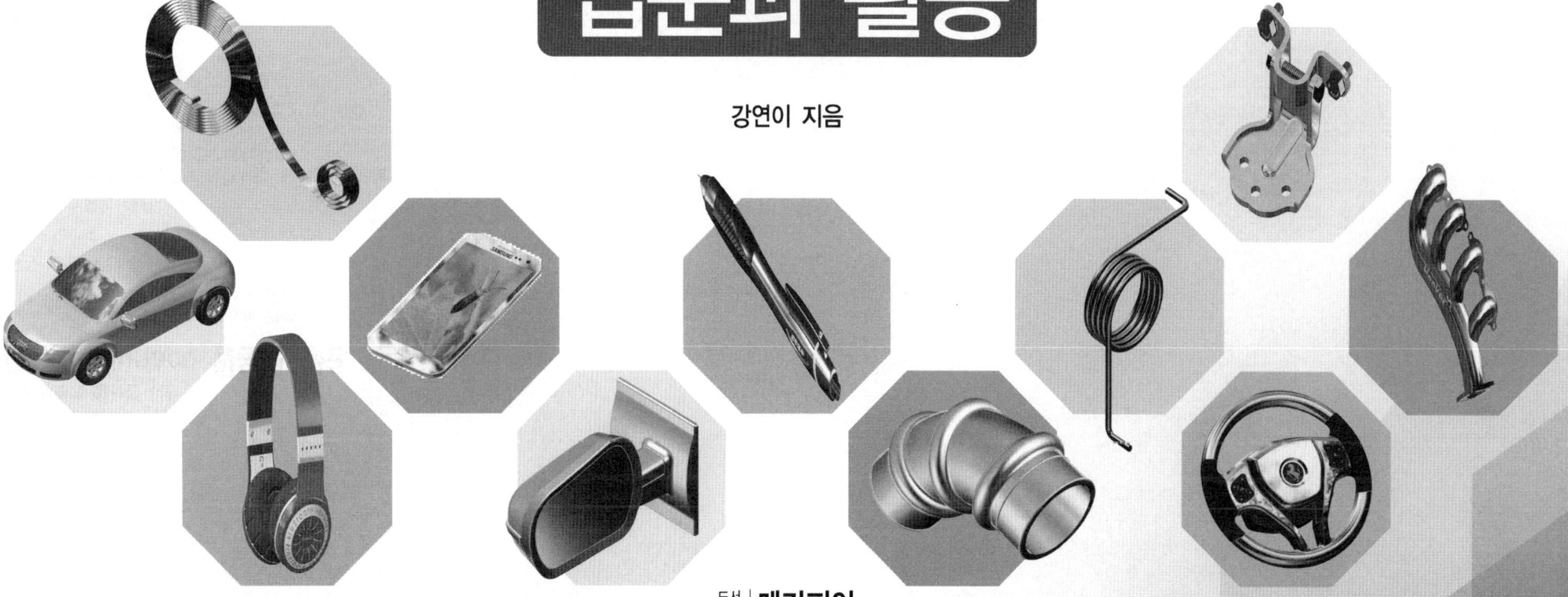

도서출판 | 메카피아

3D CAD 전문가 양성을 위한
CATIA V5 Surface 입문과 활용

인 쇄 일	2017년 6월 20일 초판 1쇄 인쇄
발 행 일	2017년 6월 26일 초판 1쇄 발행
저 자	강연이
발 행 인	노수황
발 행 처	도서출판 메카피아
주 소	서울특별시 금천구 가산디지털1로 145, 2004호 (가산동, 에이스하이엔드타워3차)
출판등록	2010년 02월 01일
등록번호	제2014-000036호
대표전화	1544-1605
기술교육부	02-2624-0897
영 업 부	02-2624-0902
팩 스	02-2624-0898
이 메 일	mechapia@mechapia.com
홈페이지	www.mechapia.com
표지·편집	포인디자인
마 케 팅	이정훈
I S B N	979-11-85276-95-3 13550
정 가	35,000원

- 이 책은 저작권법에 의해 보호를 받는 저작물로 무단 전재나 복제를 금지하며, 이 책 내용의 전부 또는 일부를 이용하려면 반드시 저작권자나 발행인의 서면동의를 받아야 합니다.
- 파본 및 낙장은 구입하신 서점에서 교환하여 드립니다.

국립중앙도서관 출판예정도서목록(CIP)
이 도서의 국립중앙도서관 출판예정도서목록(CIP)은 서지정보유통지원시스템 홈페이지(http://seoji.nl.go.kr)와 국가자료공동목록시스템(http://www.nl.go.kr/kolisnet)에서 이용하실 수 있습니다.
(CIP제어번호: CIP2017011652)

Forward | 머리말

CATIA I Part Design 설계 교재 출판에 이어 이번에는 CATIA II Generative Shape Design 교재를 준비하게 되었습니다.

7년간 3D 설계 분야에 대해 강의를 하면서 다양한 3D 프로그램(CATIA, SolidWorks, Inventor, CREO, SolidEdge, UG/NX 등)들을 다루어 보았습니다.

특히, CATIA Surface에 대해서 다양하게 응용하면서 곡면을 상세하게 제어할 수 있고 표현이 뛰어나 CATIA Surface 곡면처리에 많은 매력을 느꼈습니다.

CATIA Surface는 항공기, 조선, 자동차 등 규모가 큰 설계에 적격이고 특히 자동차 외장 설계에서 차체의 부드러운 곡면을 처리하면서 뛰어난 기술을 경험해 보았습니다.

본 교재에서는 CATIA Surface를 처음 접하는 초보자들도 따라만 해도 쉽게 알 수 있도록 체계적으로 많은 예제를 수록하였고 요즘 설계 트렌드에 맞게 변화를 추구하려고 노력하였습니다.

여러 학생들을 가르치면서 도면만 주고 설계를 하도록 하면 어떻게 해야 할지, 곡면이 들어 있는 설계에 대해서 많은 어려움을 느끼는 것을 보았습니다.

그래서 어느 수준까지 도달할 때까지는 많은 예제를 따라서 해보게 함으로 해서 스스로 응용할 수 있는 능력을 높이는 것이 효율적인 설계 기술이라 생각하였습니다.

초보자들이 본인의 설계 기술을 빠르게 높이길 원한다면 다양한 설계도면을 볼 줄 알아야하고 많은 응용예제를 따라서 하면서 핵심 기술을 많이 자신의 기술로 숙달시키고 현재 실무에서 어떠한 설계 기술이 많이 사용되는지 습득하여 숙달시키는 것만이 설계 경력자가 되는 것이라 생각됩니다.

설계 분야처럼 변화가 빠르고 다양하게 응용할 수 있는 분야도 드물다고 생각됩니다. 특히 3D Printer가 많이 보급되면서 3D 설계에 대한 응용이 다양화 되고 있습니다.

3D 설계 프로그램으로 설계하여 바로 3D Printer가 인쇄할 수 있는 형식(.STL)으로 변환하여 인쇄가 가능하다보니 많은 창업 분야에도 응용할 수 있고 산업 발전에도 도움이 많이 되고 있습니다.

요즘 4차 산업혁명이라는 말이 나오고 있는데 4차 산업혁명에 등장하는 말들은 AI(인공지능), 인공지능 로봇(Robot), 3D 설계, 3D Printer 등이 대두되고 있습니다.

3D 설계와 3D Printer의 발전은 개인뿐만 아니라 국가 산업 발전에도 앞으로 4차 산업혁명을 주도해 나갈 것으로 예상되는 핵심 기술이 될 것으로 전망됩니다.

본 저자도 4차 산업혁명에 핵심 기술로 3D 설계 분야 자리 잡도록 더욱 연구하고 많은 설계 기술을 기록으로 남기려고 합니다.

이 교재를 선택하여 공부하는 입문자들은 CATIA Surface가 아주 쉽고, 재미있고, 많은 흥미를 느끼며 설계를 할 수 있을 것입니다.

제가 설계에 입문하면서 설계 자료가 없어 느꼈던 어려움을 국내에 있는 설계 입문자들은 겪지 않았으면 하는 바람으로 이 교재를 출간하게 되었습니다.

마지막으로 CATIA Surface 교재가 나 올 수 있도록 물심양면으로 도움을 준 메카피아 출판사 여러분들에게 진심으로 감사드립니다.

Contents | 차례

01 Generative Shape Design Workbench의 개요 _09

1. Generative Shape Design Workbench의 개요 9
2. Generative Shape Design Workbench 시작하기 9
3. Generative Shape Design Workbench 작업 환경 설정하기 9
4. Generative Shape Design 작업 순서 10
   - Generative Shape Design Toolbar 10
   - Geometrical Set 10
   - Ordered Geometrical Set 10

02 Generative Shape Design Toolbar 익히기 _11

1. Wireframe Toolbar 익히기 11
   - Points Toolbar 11
   - Line Toolbar 익히기 16
   - Surfaces Toolbar 29
   - Projection-Combine Toolbar 125
   - Offset2D3D Toolbar 133
   - Circles-Corner-Connect Toolbar 135
   - Curve Toolbar 144
   - Multi-Result Management 153

03 GSD 실습하기 _155

- 응용하기 1 파이프 만들기 155
- 응용하기 2 의자 만들기 157
- 응용하기 3 Pipe 만들기 1 161
- 응용하기 4 Pipe 만들기 2 165
- 응용하기 5 GSD 응용 169
- 응용하기 6 Mouse Base 만들기 1 172
- 응용하기 7 Phone Base 만들기 1 175
- 응용하기 8 Spring 만들기 177
- 응용하기 9 배 모형 만들기 179
- 응용하기 10 가습기 Cover 만들기 183
- 응용하기 11 Internet Phone Base 만들기 1 187
- 응용하기 12 응용가공 195
- 응용하기 13 응용가공 201
- 응용하기 14 응용가공 206
- 응용하기 15 응용가공 213
- 응용하기 16 치약통 만들기 219
- 응용하기 17 Soap 틀 만들기 222
- 응용하기 18 Mouse Base 만들기 2 225

04 Advanced Surface Toolbar _233

- 📁 Operation Surface Toolbar ……………………………… 234
- 📁 Split-Trim Toolbar ……………………………………… 250
- 📁 Extracts Toolbar ………………………………………… 262
- 📁 Fillets Toolbar …………………………………………… 273
- 📁 Transformation Toolbar ………………………………… 288
- 📁 Replication Toolbar ……………………………………… 298
- 📁 Advance Surfaces ………………………………………… 305
- 📁 Developed Shapes ………………………………………… 320
- 📁 BIW Template …………………………………………… 324
- 📁 Analysis …………………………………………………… 326

05 실습하기 2 _331

- 응용하기 19 Internet Phone 만들기 2 ………………………… 331
- 응용하기 20 ……………………………………………………… 338
- 응용하기 21 Cover 만들기 1 …………………………………… 342
- 응용하기 22 면도기 틀 만들기 ………………………………… 344
- 응용하기 23 Propeller 만들기 1 ……………………………… 348
- 응용하기 24 Propeller 만들기 2 ……………………………… 352
- 응용하기 25 Propeller 만들기 3 ……………………………… 356
- 응용하기 26 Propeller 만들기 4 ……………………………… 359
- 응용하기 27 Gas Range Handle Cover 만들기 방법 1 …… 362
- 응용하기 28 Gas Range Handle Cover 만들기 방법 2 …… 367
- 응용하기 29 Joystick 판 만들기-Space Mouse Base …… 367
- 응용하기 30 응용 가공 ………………………………………… 372
- 응용하기 31 Assembly Mouse Base 만들기 3 …………… 373
- 응용하기 32 응용 가공 ………………………………………… 378
- 응용하기 33 Surface 위에 글자 새기기 …………………… 378
- 응용하기 34 Cover 만들기 2-Geometrical Design 관리 … 383
- 응용하기 35 Boat 만들기 ……………………………………… 401
- 응용하기 36 헬멧 만들기 ……………………………………… 404
- 응용하기 37 Exhaust Manifold 만들기 …………………… 408
- 응용하기 38 상품 포장 캔 상자 만들기 …………………… 414
- 응용하기 39 Hair Dry 외형 만들기 1 ……………………… 418
- 응용하기 40 Hair Dry 외형 만들기 2 ……………………… 424
- 응용하기 41 Hair Dry 외형 만들기 3 ……………………… 429
- 응용하기 42 미니카 외장 만들기 …………………………… 434
- 응용하기 43 황금 마스크 만들기 …………………………… 438
- 응용하기 44 로데오 만들기 ………………………………… 443
- 응용하기 45 Bottle 만들기 1 ……………………………… 451
- 응용하기 46 Bottle 만들기 2 ……………………………… 456
- 응용하기 47 Bottle 만들기 3 ……………………………… 459
- 응용하기 48 Flower Bottle 만들기 4 ……………………… 469
- 응용하기 49 Bottle 만들기 5 ……………………………… 471

- 응용하기 50 비틀림 코일 스프링(Torsional Coil Spring) ·········· 482
- 응용하기 51 인장 스프링(Tensional Spring) ·········· 484
- 응용하기 52 Telephone Wire 만들기 ·········· 487
- 응용하기 53 Tennis 라켓 만들기 ·········· 490
- 응용하기 54 Pipe 만들기 3 ·········· 496
- 응용하기 55 Cover 만들기 3 ·········· 503
- 응용하기 56 물병 만들기-Sketch Tracer Design ·········· 509
- 응용하기 57 Waste Basket 만들기 ·········· 514
- 응용하기 58 Steering Wheel System 설계 ·········· 527
- 응용하기 59 Side Mirror 만들기 ·········· 537

01 | Generative Shape Design Workbench의 개요

1 Generative Shape Design Workbench의 개요

Generative Shape Design Workbench는 Wireframe과 Surface 요소 기반으로 설계하고자 하는 형상을 모델링한다. Solid 요소는 형상의 외형뿐만 아니라 내부의 부피요소까지 모두 계산하여 형상이 만들어 지기 때문에 형상을 구현하는데 있어 제약이 있다. Generative Shape Design Workbench는 Sketch 및 Wireframe 요소를 이용한 프로파일 작업과 Surface를 이용한 형상 모델링 기능은 두께나 형상 구현 방식에 있어 자유롭게 원하는 형상을 손쉽게 만들어 낼 수 있다.

CATIA의 Surface 모델링 기능은 NURBS 기반의 모델러 중에서도 비선형 모델링 기능이 가장 탁월하다. Generative Shape Design Workbench에서 작업은 형상요소와 형상요소 사이의 경계끼리 자르고 이어 붙여 원하는 전체 형상을 만들어 간다.

형상의 완성 후나 과정 중에 필요에 의해 Generative Shape Design Workbench에서 작업한 형상을 다른 Workbench로 가져가 수정 또는 추가 작업이 가능하다.

Hybrid Design 방식으로 Part Design이라는 Solid 전용 모델링 Workbench로 가져가 곡면 형상을 Solid 화하기도 한다.

NURBS(Non-Uniform Rational B-Spline)

비균일 유리 B-스플라인은 3차원 기하체를 수학적으로 재현하는 방식 중 하나이다. 2차원의 간단한 선분, 원, 호, 곡선부터 매우 복잡한 3차원의 유기적 형태의 곡면이나 덩어리까지 매우 정확하게 표현할 수 있으며 편집이 무척 쉽다. 이러한 유연성과 정밀성 때문에 NURBS는 그림, 애니메이션이나 곡면의 물체를 생산하는 산업에까지 다양한 영역에서 사용된다.

- NURBS 기하체를 표준으로 하는 방식이 다양한 산업 분야에서 사용하고 있다.
  (모델링, 렌더링, 애니메이션, 공학 분야 프로그램 등)
- NURBS는 간단한 선분, 원, 타원, 구부터 자동차나 사람의 몸과 같은 자유곡면의 기하체를 매우 정확하게 묘사할 수 있다.
- NURBS의 경우 특정한 기하체를 묘사하기 위해 필요한 정보의 양이 다른 방식보다 훨씬 적다.
- NURBS의 계산 방식(Evaluation Rule)은 컴퓨터에서 효과적이고 정확하게 실행될 수 있다.
- NURBS로 그려진 원의 경우 2차원이며 대부분의 자유 형상 곡면은 3차 혹은 5차이다.

2 Generative Shape Design Workbench 시작하기

[Start]-[Shape]-[Generative Shape Design]을 선택하여 작업을 시작한다.

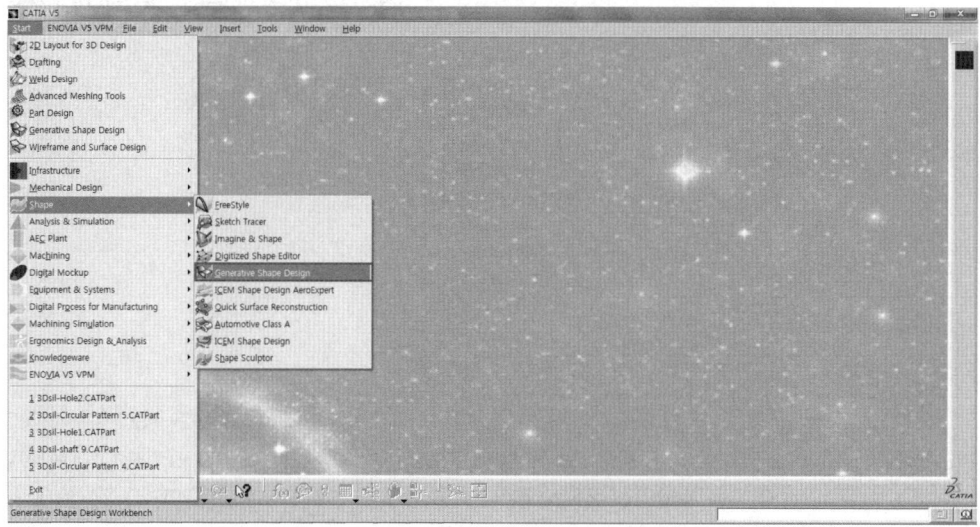

3 Generative Shape Design Workbench 작업 환경 설정하기

[Tools]-[Options]-[Infrastructure]-[Part Infrastructure]-[Part Document]에서 다음 두 가지를 체크한다.
- Create an Axis System   ■ Create a Geometrical Set

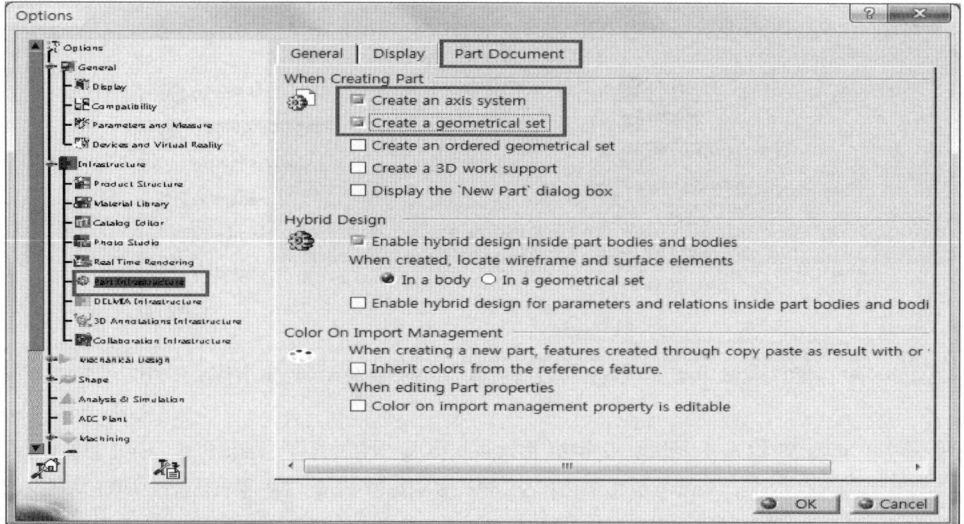

Generative Shape Design Workbench에서 작업은 위의 Geometrical Set과 Axis System을 중심으로 작업하기 때문에 이와 같은 설정이 반드시 필요하다.

4 Generative Shape Design 작업 순서

1. Geometrical Set을 사용하여 작업하고자 하는 전체 Tree 구조를 작성한다.
2. Sketch 또는 Wireframe을 사용하여 설계하고자 하는 형상의 Profile을 만든다.
   (복잡한 형상은 Sketch Workbench에서 하고 간단한 경우 Wireframe 툴바에서 형상을 만들기도 하고 또는 외부 도면 파일(DWG, DXF)을 불러와 Profile 요소로 사용 할 수 있다.)
3. Profile 형상에 대해서 Guide Curve가 필요하면 Sketch나 Wireframe을 사용하여 만들어 준다.
4. Wireframe 형상을 이용하여 Rough한 Surface를 만든다.
5. 몇 개의 Surface를 사용하여 서로를 기준으로 절단(Split)하거나 이어주는(Join) 등의 작업을 통하여 형상을 다듬어 만든다.
6. Surface를 Operation에서 Fillet을 주거나 복사, 대칭 등의 부가 작업을 해주고 다듬어 주어 최종 형상을 만든다.
7. Surface 최종 형상을 Solid화하여 마무리한다.

📂 Generative Shape Design Toolbar

1. Wireframe을 생성하는 명령

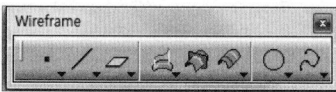

2. Surface를 생성하는 명령

3. Wireframe과 Surface를 수정하는 명령

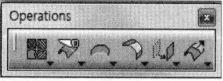

[Insert]-[Body]를 삽입한다. Catia에서 하나의 PART 도큐먼트의 Solid 형상을 구분하는 기준이다. 따라서 하나의 Part 도큐먼트엔 반드시 한 개 이상의 Part 도큐먼트가 필요하다.
CATIA에서 PART 도큐먼트를 실행하였을 때 이미 하나의 Body가 정의된 것을 Spec Tree 구조를 통해 확인 할 수 있다.
(PartBody는 하나의 PART 도큐먼트에서 솔리드 형상으로 인식하는 기준이 되는 Main body이다.)

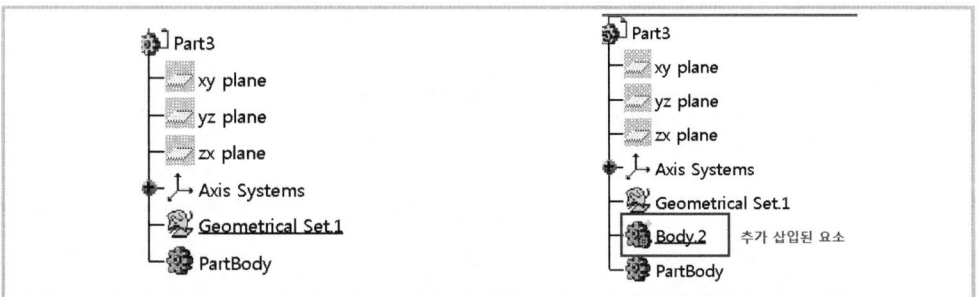

Part Design 등과 같은 Solid 기반 Workbench에서 사용한다(Surface 모델링에서는 PartBody를 거의 사용하지 않는다).

📂 Geometrical Set

CATIA Surface 모델링에서 Wireframe 및 Surface 형상 요소에 대해 정렬 및 구분을 짓기 위한 꾸러미 도구로 Surface Design을 수행하는데 있어 기본 틀이 된다. Sketch, Wireframe, Reference Elements 등에 대해서 Geometrical Set안으로 정렬하여 그룹처럼 지정할 수 있다.
[Insert]-[Geometrical Set]을 선택하여 GSD Design 요소들을 체계적으로 관리하기 위하여 Sub Geometrical Set을 생성한다.

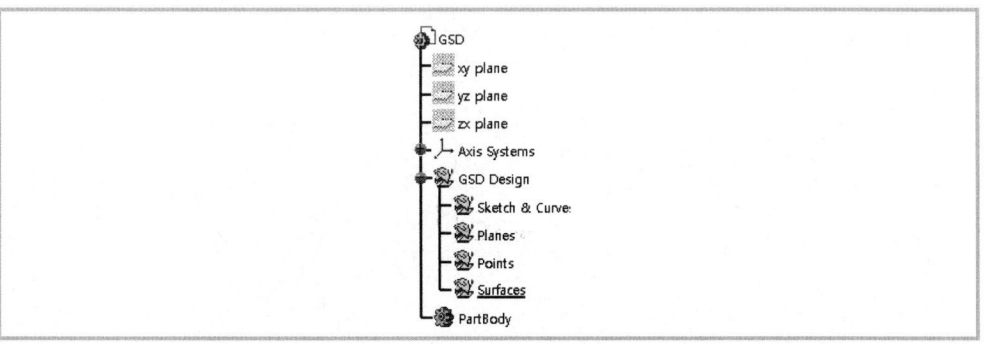

📂 Ordered Geometrical Set

Geometrical Set과 마찬가지로 Wireframe 및 Surface 형상 요소에 대해 정렬 및 데이터 관리를 위한 꾸러미 기능을 하는 명령으로 Geometrical Set과 달리 정렬한 대상들에 대해서 작업 순서에 대한 영향을 받는다.

02 | Generative Shape Design Toolbar 익히기

1 Wireframe Toolbar 익히기

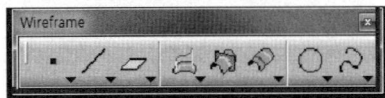

기본적인 Reference Element와 작업으로 만들어지는 결과가 Wireframe인 명령, 그리고 그 자체가 Wireframe인 형상 명령이 들어 있다.

📁 Points Toolbar

1. Point(▪)

3차원 상에서 Point를 생성하는 명령이다. Plane이 아닌 3차원 좌표 상에 Point를 생성하는 명령이기 때문에 다양한 방식으로 정의가 가능하다(7가지 Type).

❶ **Coordinates** : 가장 단순한 형태로 Point의 위치를 각각 X, Y, Z 방향의 좌표 값으로 입력받아 Point를 생성한다. 입력되는 값은 Reference를 기준으로 입력되며 하단에 따로 Reference를 입력하지 않을 경우 절대 좌표를 기준으로 하며 따로 원점이 되는 지점의 Point를 선택하거나 Axis를 선택하면 이것을 기준으로 좌표의 값을 정의한다.

■ 원점 좌표를 기준 3차원 공간상에 Point 생성
원점을 기준으로 X, Y, Z 세 방향의 좌표를 입력하여 Point의 위치를 결정한다.

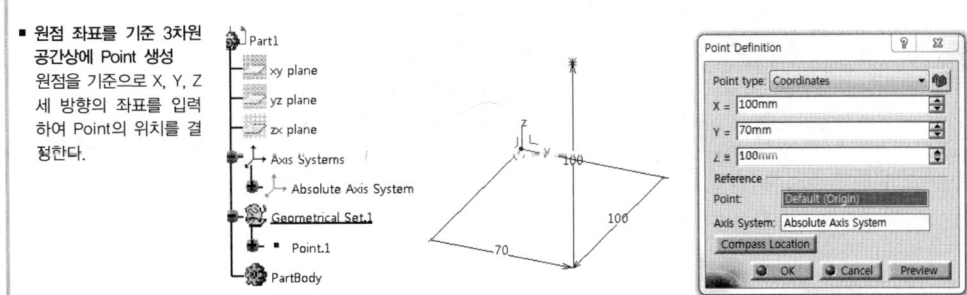

❷ **On Curve** : 곡선이나 직선상에 Point를 찍고자할 경우에 사용한다. 3차원 형상의 Edge를 선택하는 것도 가능하다.

■ Curve에 Point 생성

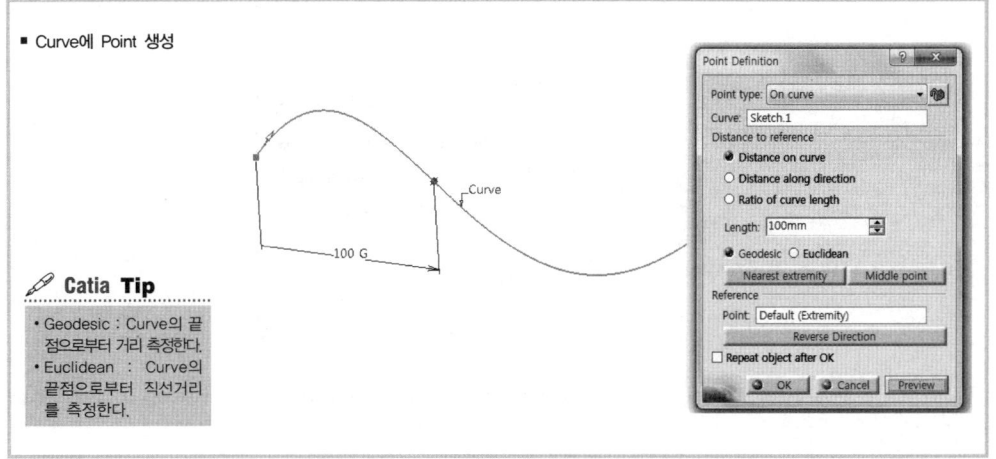

🖉 **Catia Tip**
- Geodesic : Curve의 끝 점으로부터 거리 측정한다.
- Euclidean : Curve의 끝점으로부터 직선거리를 측정한다.

- **Distance To Reference** : Curve 위의 거리는 실제 길이(Distance on Curve)로 할 것인지, 전체를 1로 보고 그 비율(Ratio of curve length)로 할지 선택할 수 있다.
- **Middle Point** : Curve의 정 중앙에 Point를 생성한다.
- **Reference** : 현재 선택한 Curve 위에 있는 임의의 Point를 선택하여 Reference를 기준으로 시작점의 위치를 잡을 수 있다.

❸ **On Plane** : Plane상에 Point를 만들고자 할 경우에 사용한다.

■ Plane상에 Point 생성
Plane을 지정하면 해당 Plane 위에 H와 V의 거리 값을 지정하여 점을 찍어 준다.

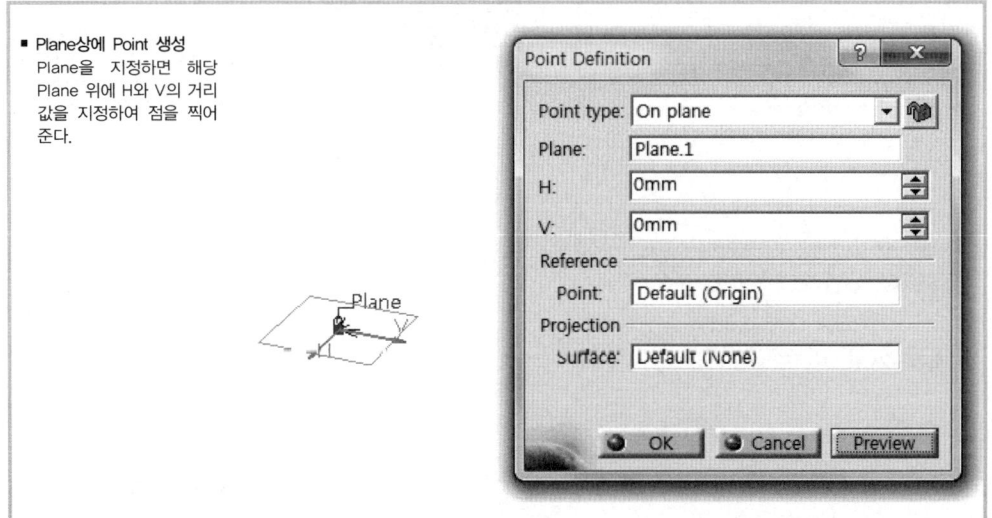

❹ **On Surface** : 곡면 위에 Point를 생성하는 명령으로 Surface를 생성하고 방향을 지정하여 거리를 입력한다.

- **Surface에 Point 생성**
  1) Surface을 먼저 준비한다.
  2) Surface 위에 다음과 같이 Point를 찍어준다.
     - Direction : X Component, Y Component, Z Component 등 방향을 선택할 수 있다.

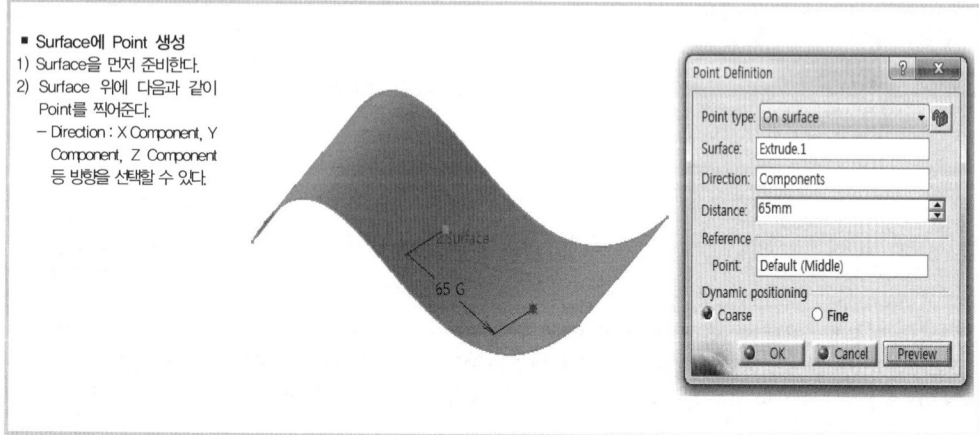

❺ **Circle/Sphere/Ellipse Center** : 3차원 형상 중에 일정한 곡선을 가진 부분이면 원이나, 호, 타원 어디에든 사용할 수 있다. 형상의 중점 위치에 Point를 생성한다.

- **Surface에 Point 생성**
  1) Circle를 먼저 준비한다.
  2) Circle의 중심에 다음과 같이 Point를 찍어준다.

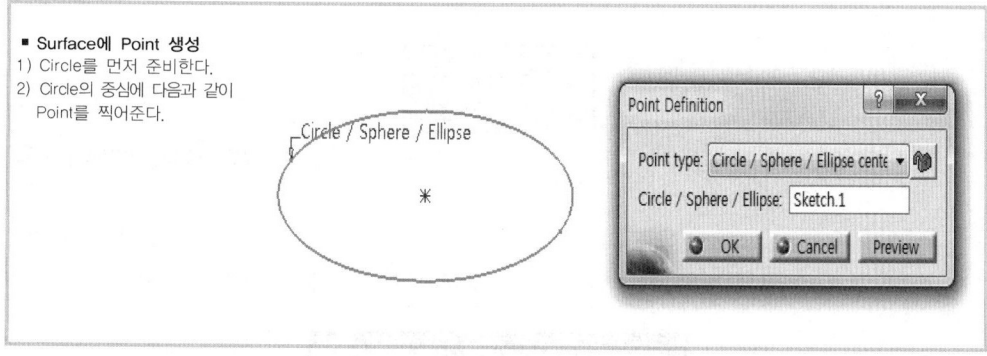

- **Arc의 중심에 Point 생성**
  1) Arc를 먼저 준비한다.
  2) Arc의 중심에 Point를 찍어준다.

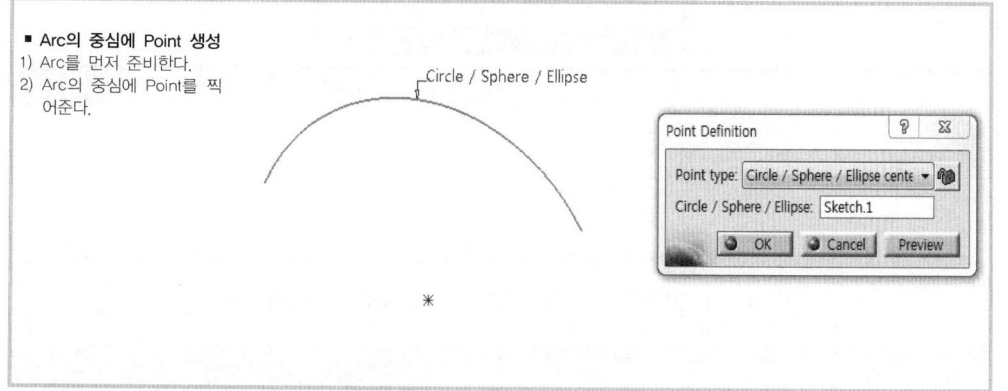

- **Ellipse의 중심에 Point 생성**
  1) Ellipse를 먼저 준비한다.
  2) Ellipse의 중심에 Point를 찍어준다.

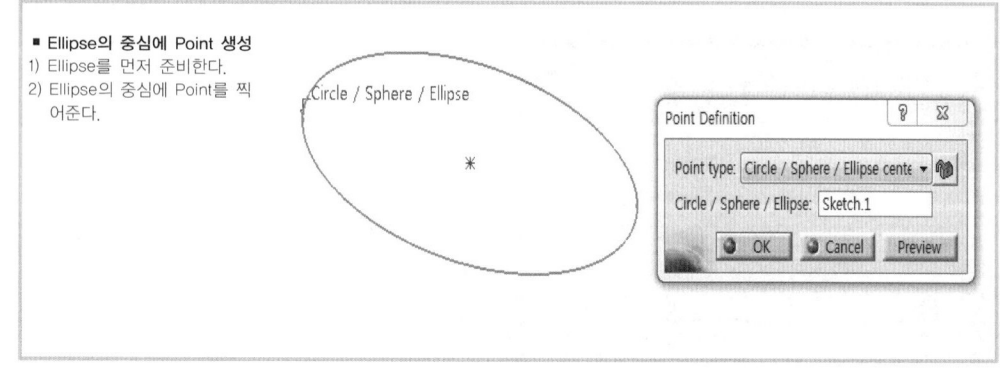

- **Sphere의 중심에 Point 생성**
  1) Sphere를 먼저 준비한다.
  2) Sphere의 중심에 Point를 찍어준다.

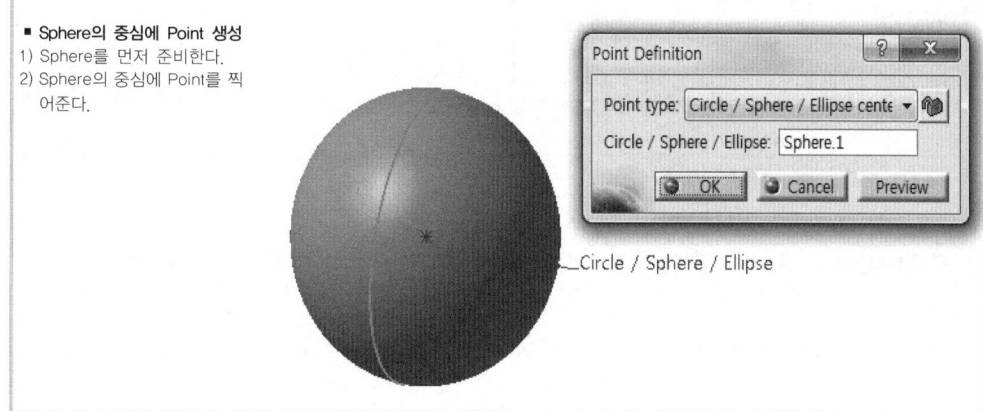

❻ **Tangent on Curve** : Curve에 대해서 선택한 방향으로 Tangent한 위치에 Point를 만들어 준다.

1) Line과 Circle을 Tangency 되도록 준비한다.

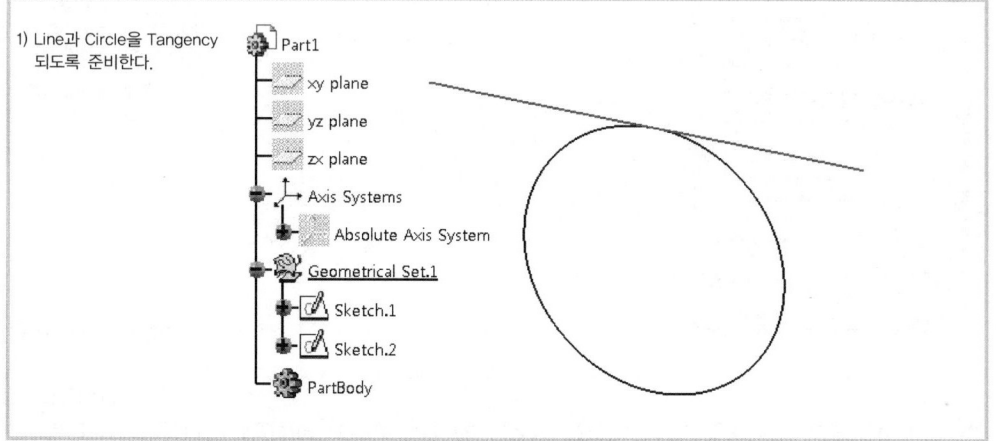

2) Line을 방향 벡터로 Tangent 된 Point를 찍어준다.

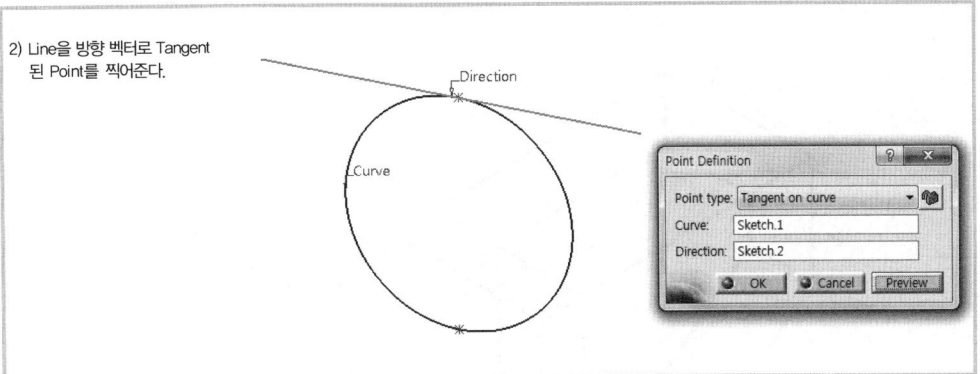

❼ Between : 선택한 점과 점 사이에 이등분하는 지점에 Point를 생성해 준다.

1) 두 개의 Point를 준비한다.

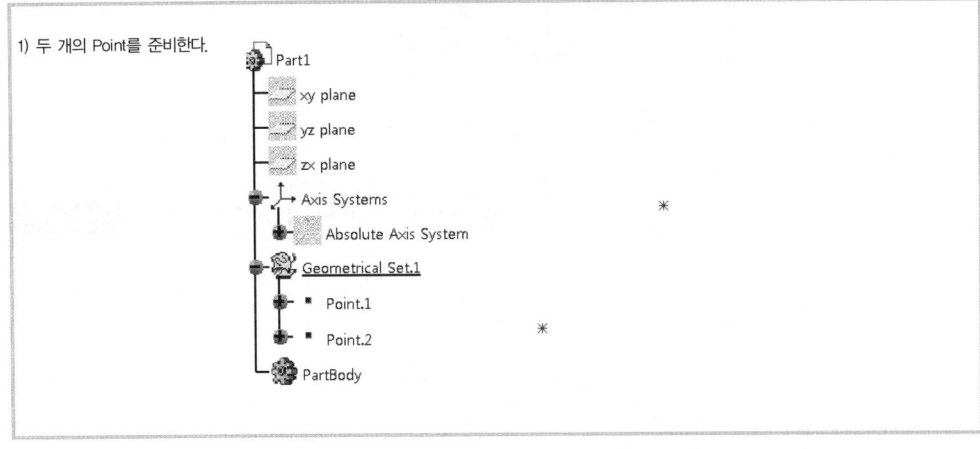

2) Point를 실행하고 두 개의 Point를 선택하면 중간에 Point를 찍어준다.

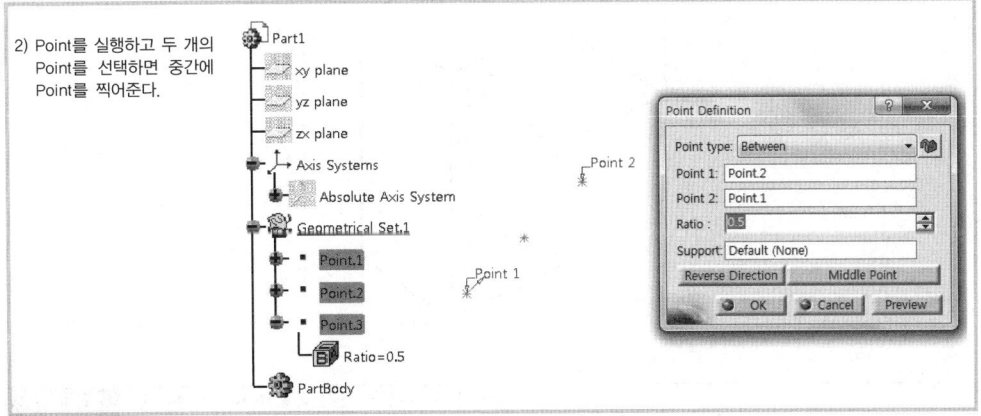

실습 과제   1. Wireframe Modeling(Point-Line), Surface

1) 3차원 공간상에 Point를 다음과 같이 생성한다.
 • 거리(X-Y-Z) : 100mm

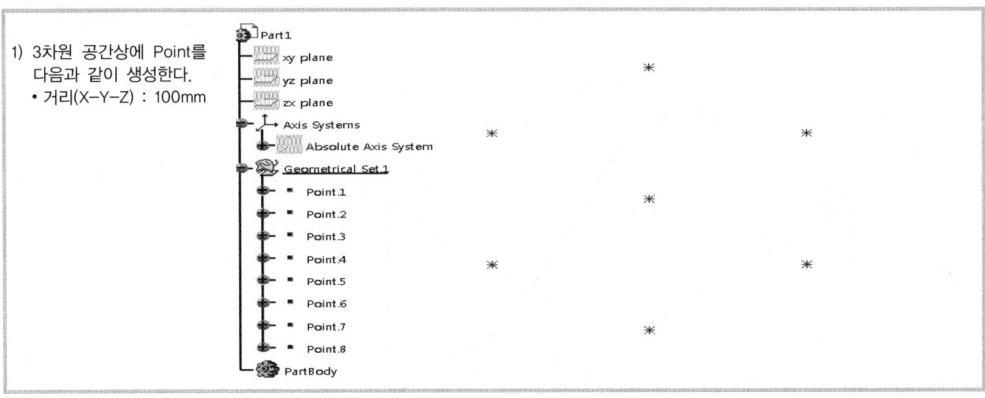

2) Line을 실행하여 다음과 같이 Point를 선택하여 Line을 연결한다.

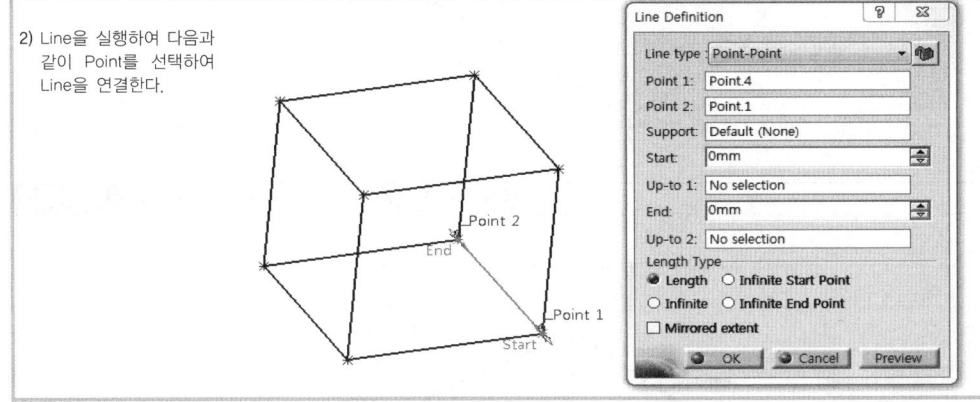

3) Line를 Extrude하여 다음과 같이 Surface로 사각형 표면을 만들어 보자.

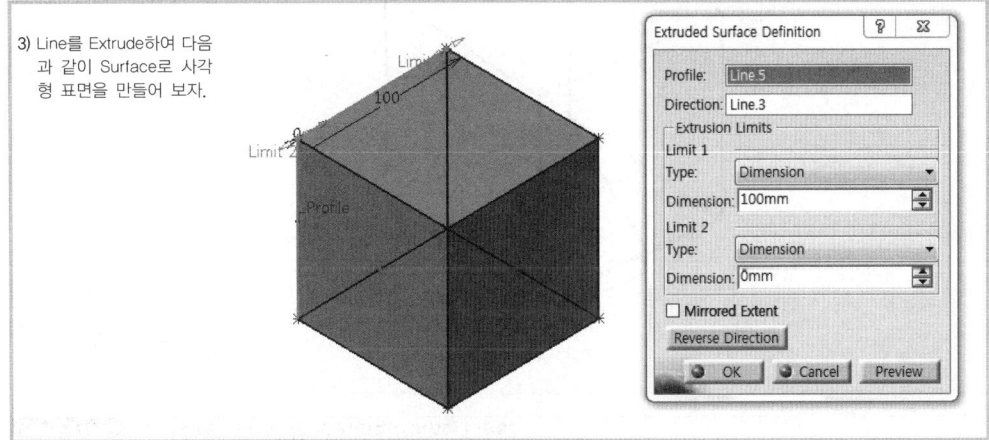

실습 과제 2. Wireframe Modeling(Point-Line)

3차원 공간상에 Point를 찍고 Line을 연결해보자.

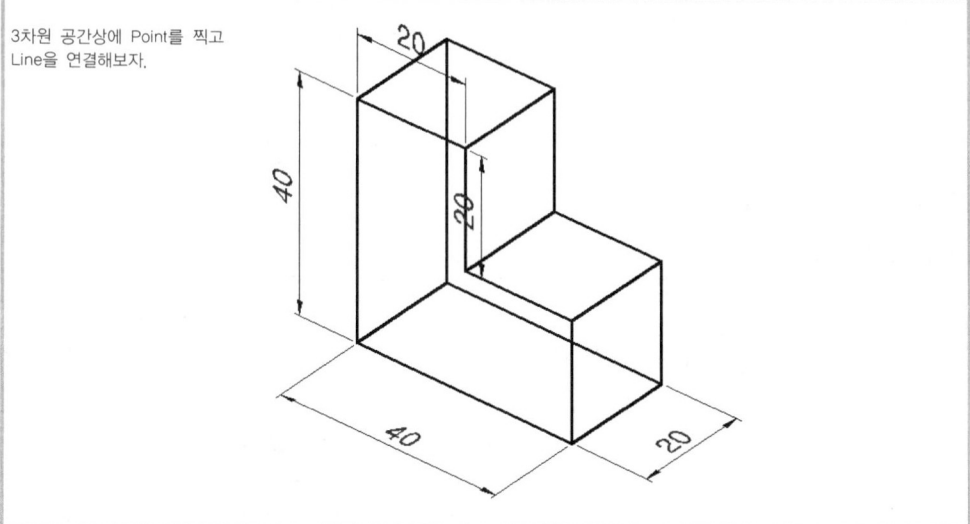

실습 과제 3. Wireframe Modeling(Point-Line)

3차원 공간상에 Point를 찍고 Line을 연결해보자.

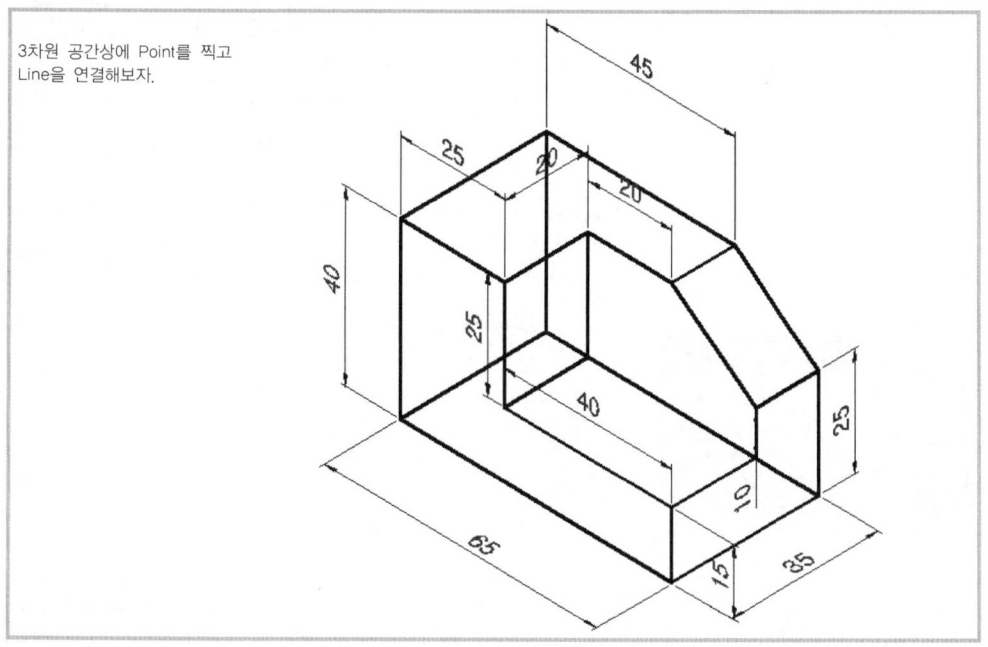

실습 과제 4. Wireframe Modeling(Point-Line)

3차원 공간상에 Point를 찍고 Line을 연결해보자.

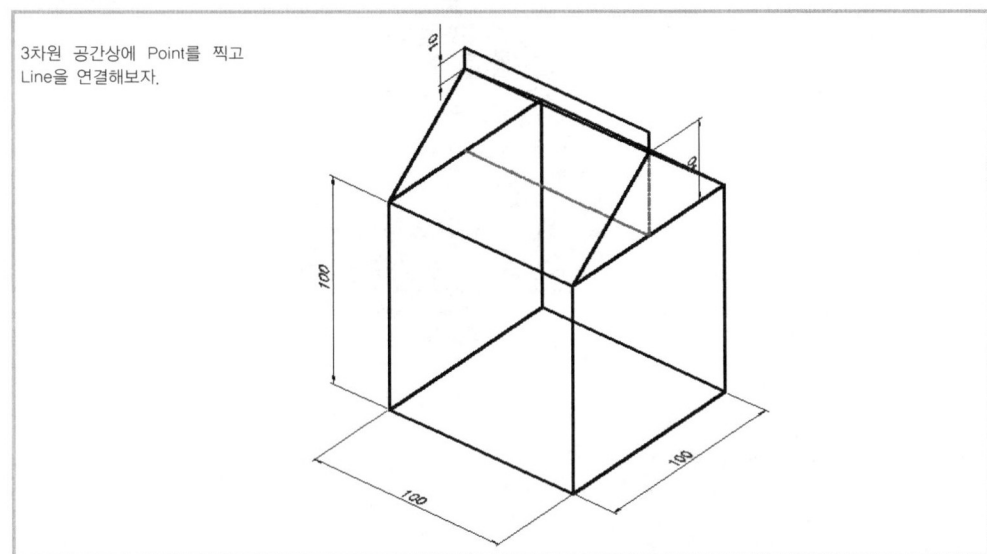

실습 과제 5. Wireframe Modeling(Point-Line)

3차원 공간상에 Point를 찍고 Line을 연결해보자.

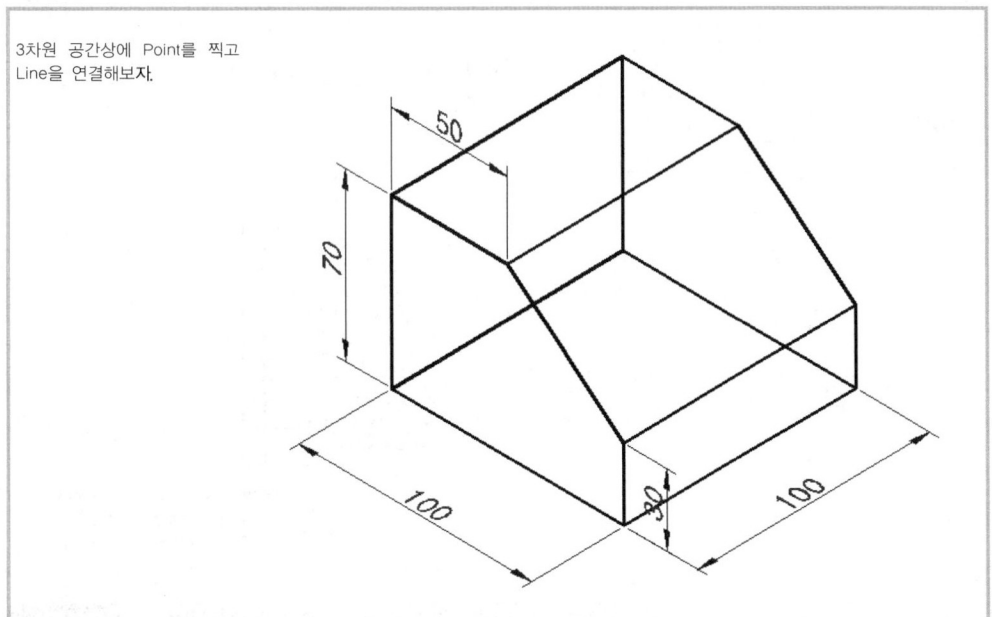

2. Point & Planes Repetition( )

선택한 Curve 요소에 일정한 간격으로 여러 개의 Point와 Plane을 생성하는 명령이다.

1) 스케치를 실행하고 YZ Plane을 선택하여 Curve를 먼저 스케치를 한다.

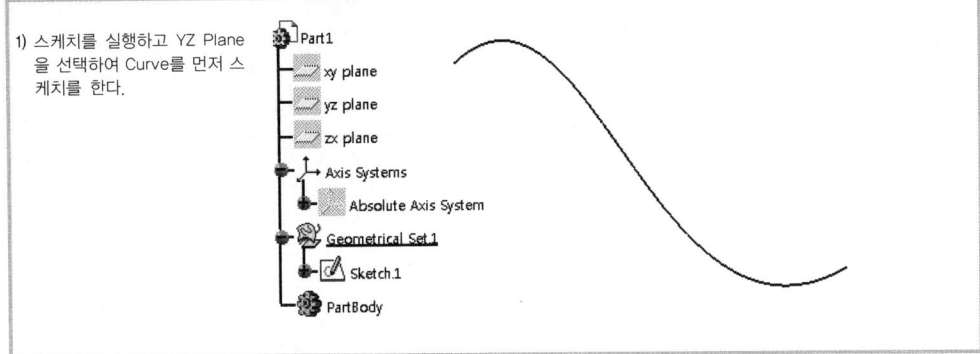

2) Point & Planes Repetition( )을 실행하고 Curve를 선택, 점의 개수 : 4를 지정한다.

• With End Points의 의미?

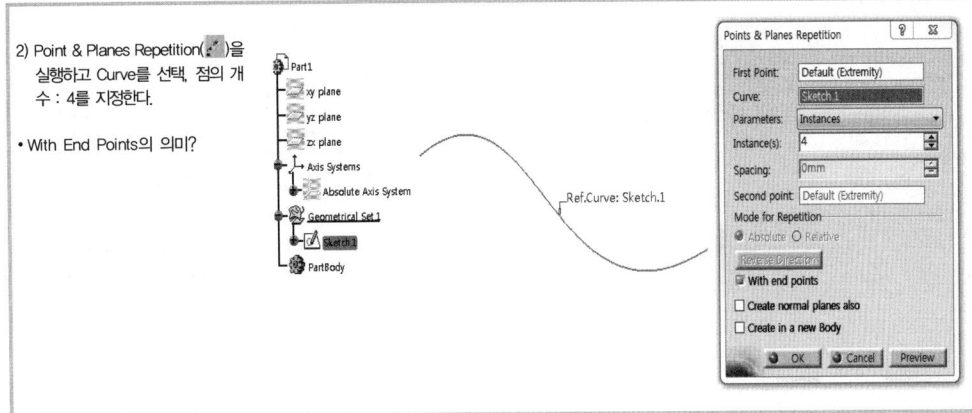

■ Curve에 Point 생성

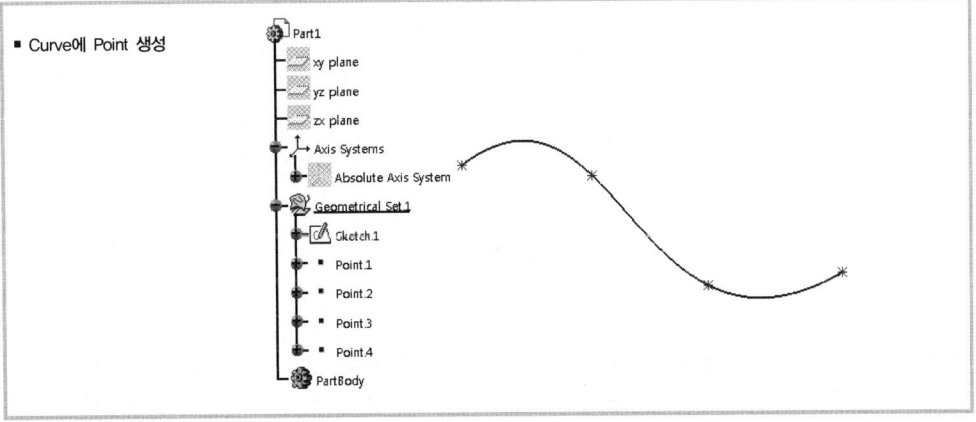

3) 앞에 수행한 작업을 취소하기 위해 Ctrl+Z를 한다.

4) Point & Planes Repetition ( )을 실행하고 Curve를 선택, Plane의 개수를 Instance : 5를 지정, Create normal planes also를 체크한다.

• Create normal planes also 의 의미?

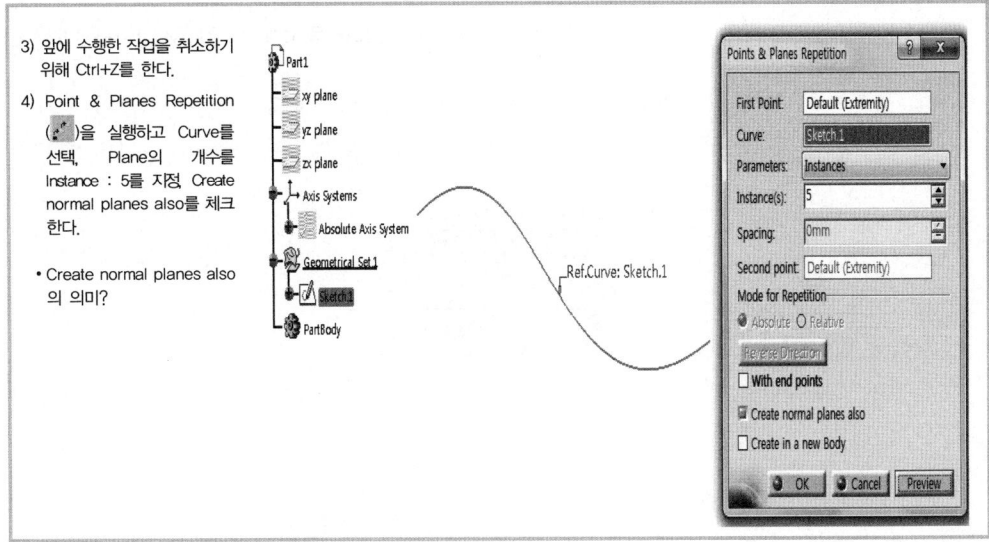

■ Curve에 Point와 Plane이 함께 생성

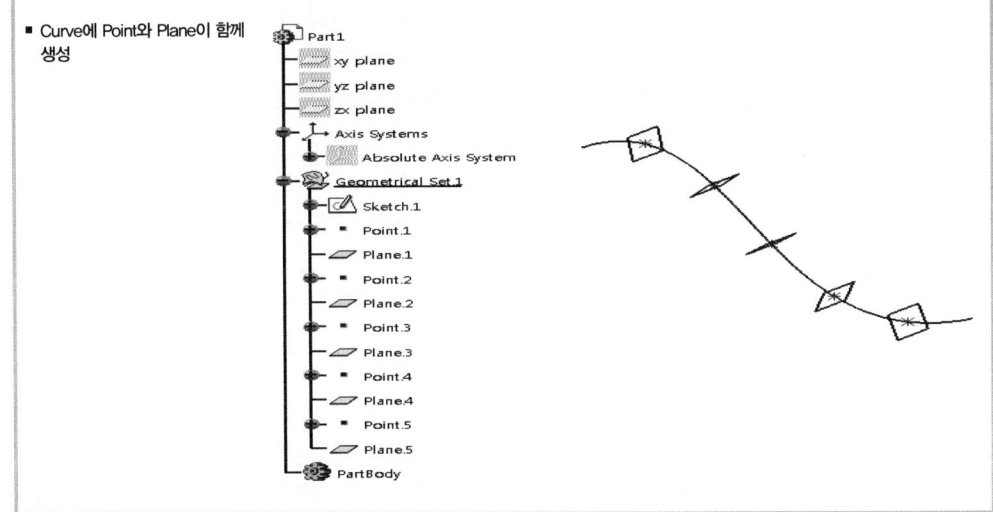

- With end Points : Curve의 양쪽 끝점을 포함해서 Point를 만들지를 선택할 수 있다. 이 옵션을 체크하면 곡선의 양쪽 끝점을 포함한 Point가 만들어진다.
- Create normal Planes also : 이 옵션을 체크하면 현재 Point가 만들어지는 지점에 Curve에 수직한 Plane을 함께 만들어 준다.
- Create In a New Body : Point가 만들어 질 때 현재의 바디가 아닌 새로운 Geometrical Set에 만들게 하는 옵션이다.

15

3. Extremum( )

선택한 형상 요소를 지정한 방향으로 극 값, 즉, 최대 또는 최소 거리의 값을 찾아 해당 지점을 형상 요소(Point, Edge, Face 등)로 만들어 주는 명령이다.

1) 스케치를 실행하고 YZ Plane을 선택하여 곡선을 스케치를 한다.

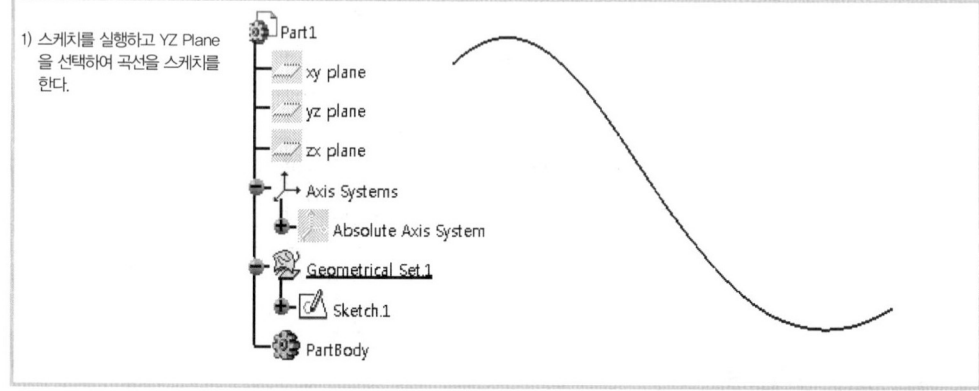

2) Extremum을 실행하고 Spline을 선택, 방향을 지정해주면 최고점을 찾아 Point를 생성해 준다.
  - Max : 최고점의 위치를 찾아준다.
  - Min : 최저점의 위치를 찾아준다.

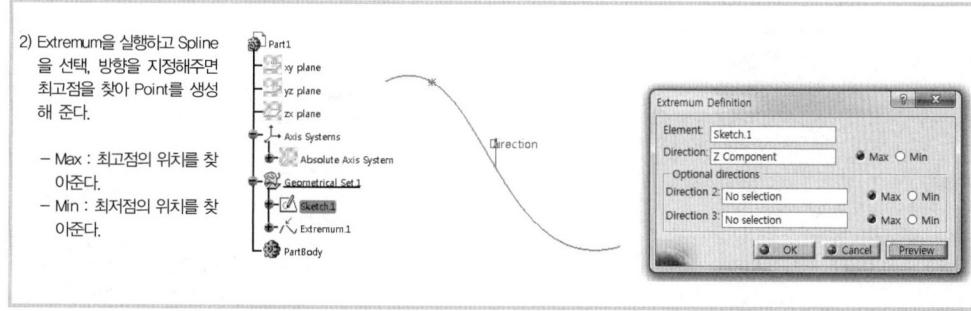

3) 최고점을 찾아 Point가 생성한다.

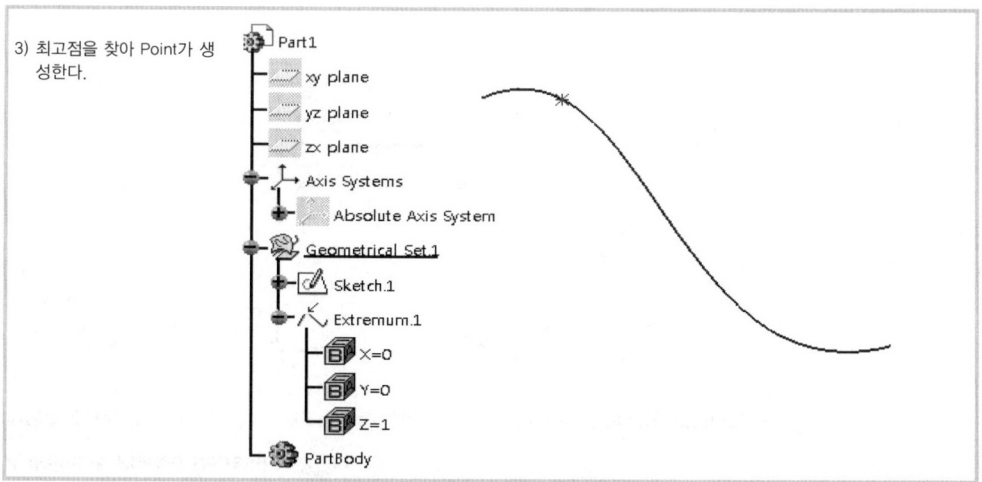

4) Extremum을 실행하고 Spline을 선택, 방향을 지정해주면 최저점을 찾아 Point를 생성한다.

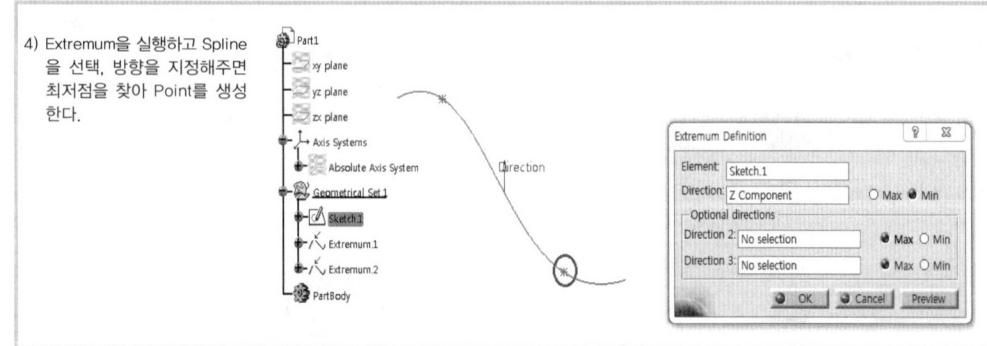

5) 최저점을 찾아 Point가 생성된다.

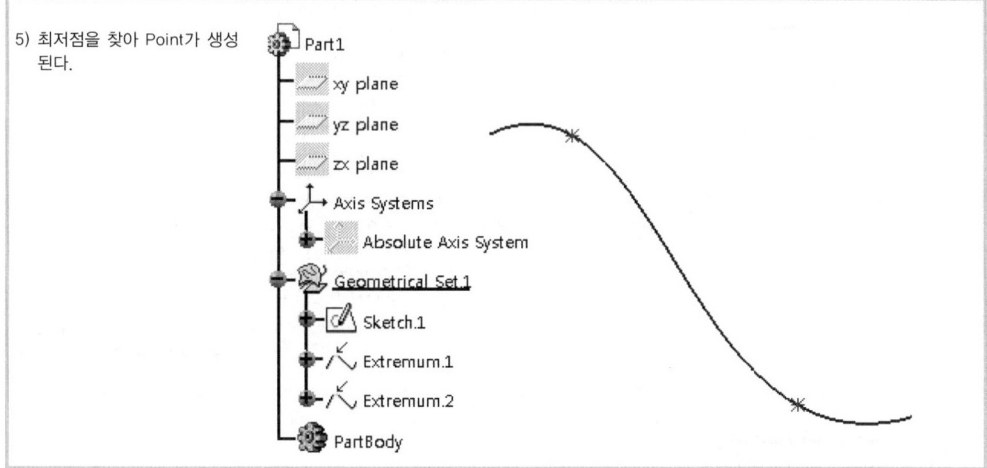

📁 Line Toolbar 익히기

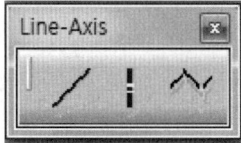

1. Line( )

3차원 상에서 Line 요소를 그리는 명령이다. 3차원 상에 제도하기 때문에 다양한 정의 방법이 있다.

❶ Point-Point : 선택한 두 개의 점 사이를 잇는 Line을 생성하는 명령이다.

실습 과제 1

1) 다음과 같이 곡선을 준비한다.

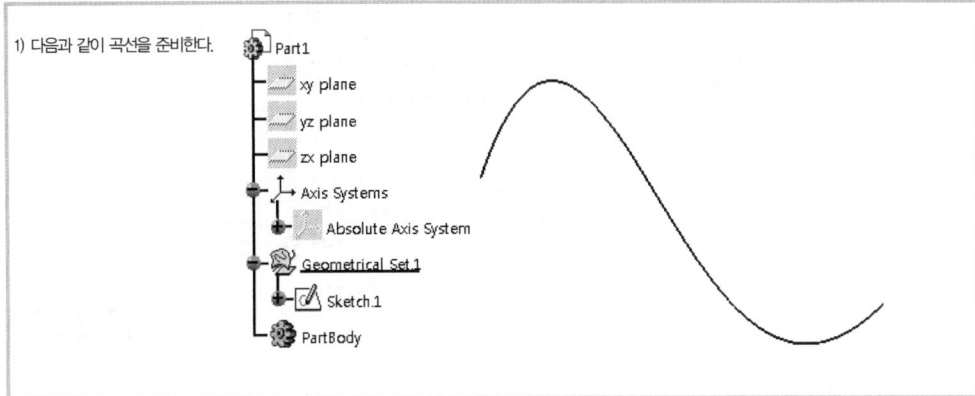

2) Line을 실행하고 곡선의 끝점을 선택하여 다음과 같이 Line을 생성한다.

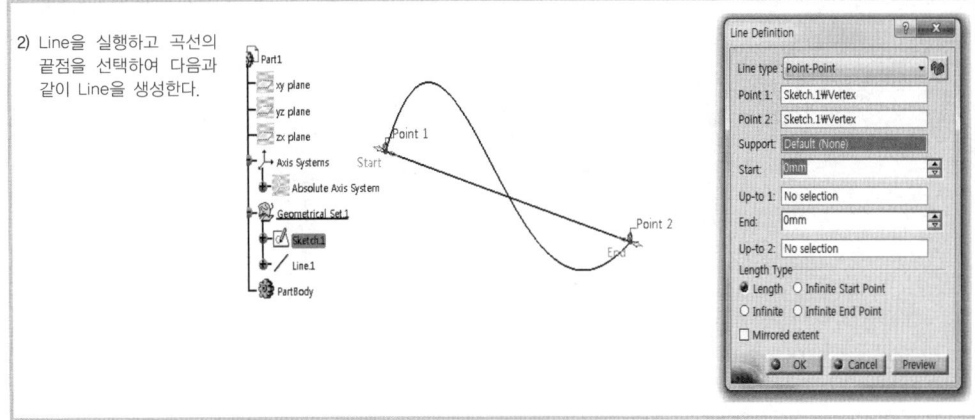

- Line 생성

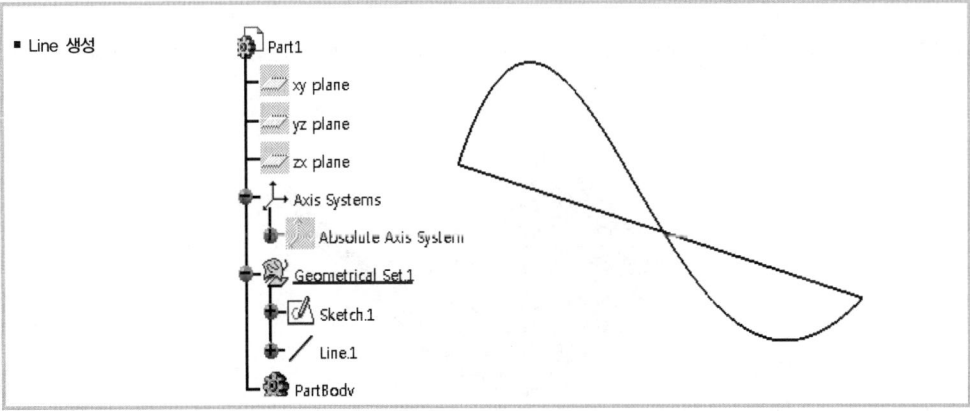

실습 과제 2

1) Support를 지정하지 않은 경우 두 Point 사이에 직선을 그려 준다.

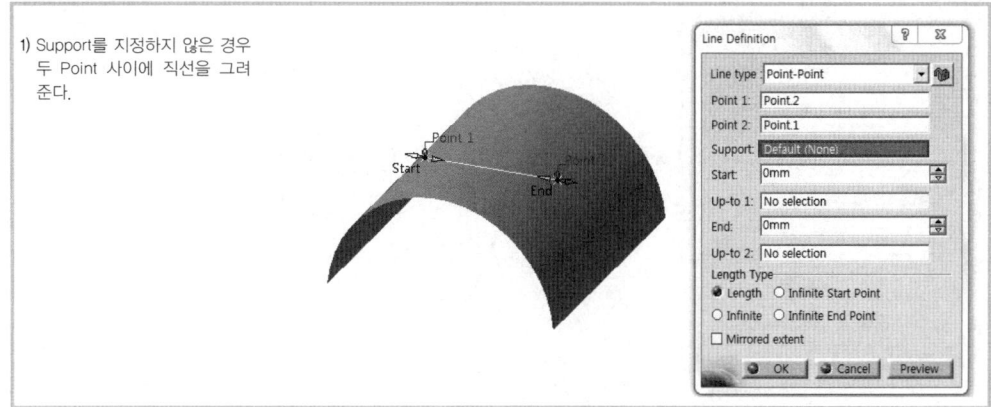

2) Support를 지정한 경우 직선이 곡선으로 전환되어 그려진다.

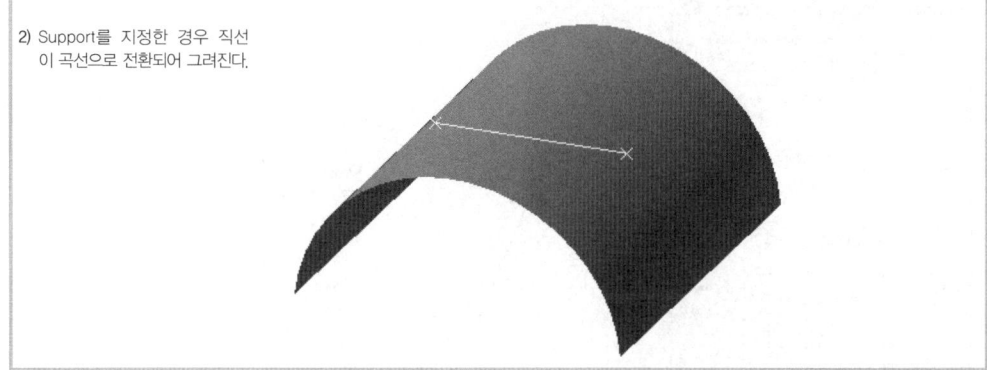

3) Support : Extrude.1을 선택한다.

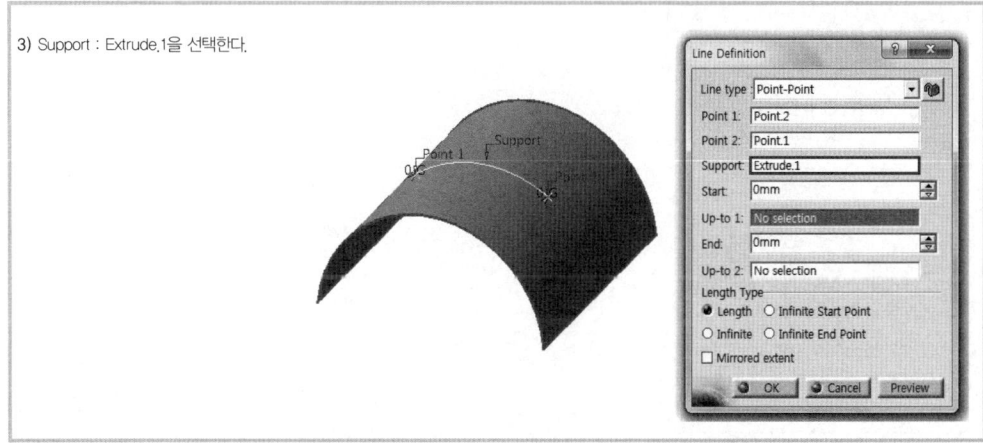

4) Support를 지정한 경우 곡면을 따라서 직선이 곡선으로 전환되어 그려진다.

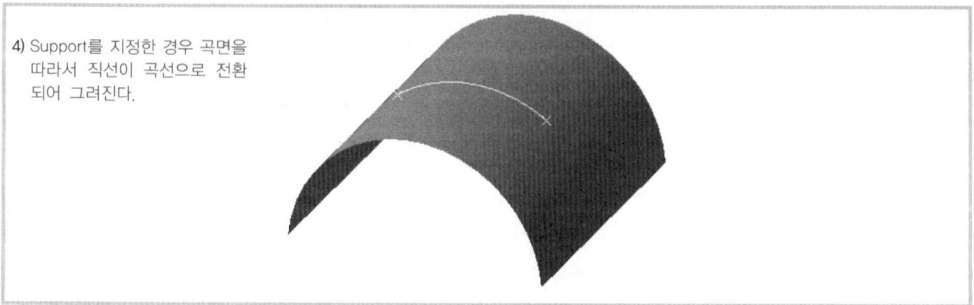

❷ Point-Direction : 하나의 점을 선택하고 선이 만들어질 방향을 선택한다. 길이를 입력해 주는 방법을 사용한다. End의 값을 넣어주면 된다.

- Line을 실행하고 Point : 원점을 지정, Direction : Y Component, End : 80mm를 지정한다.

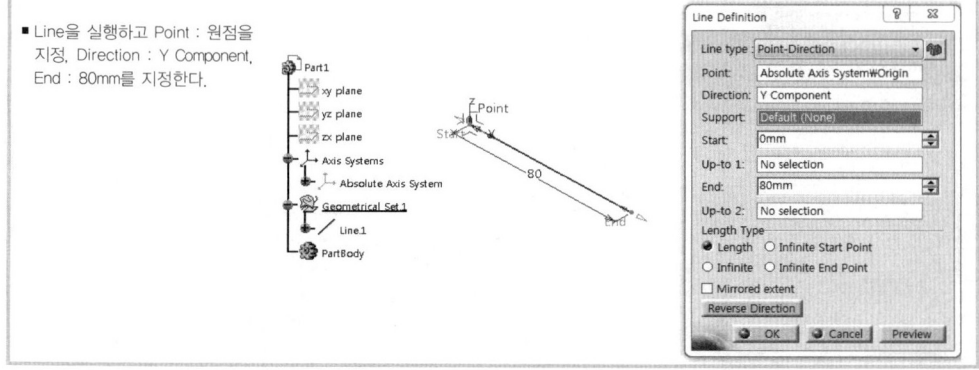

❸ Angle/Normal to Curve : 선택한 Curve 또는 모서리에 대해서 Support를 기준으로 각도를 입력 받아 Line을 그리는 방법이다. Curve와 Support를 반드시 입력해 주어야한다.

실습 과제 1

1) 스케치를 실행하고 YZ Plane을 선택하여 다음과 같이 Spline을 스케치 한다.

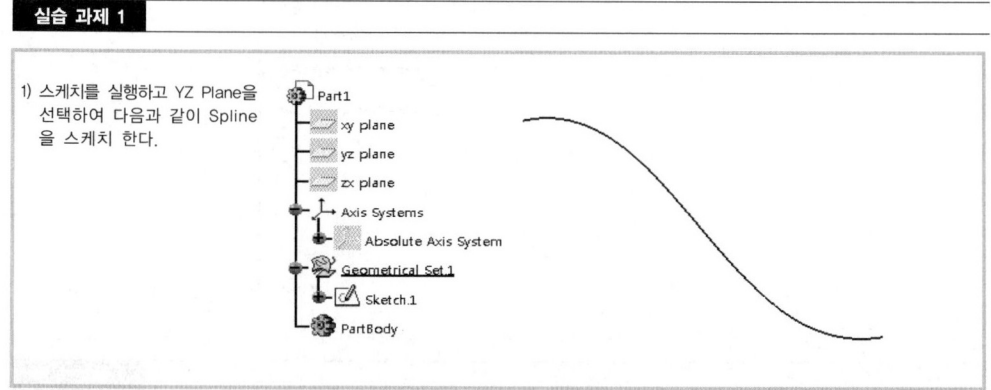

2) Pont를 실행하고 On Curve를 지정하여 50mm 위치에 Point를 찍는다.

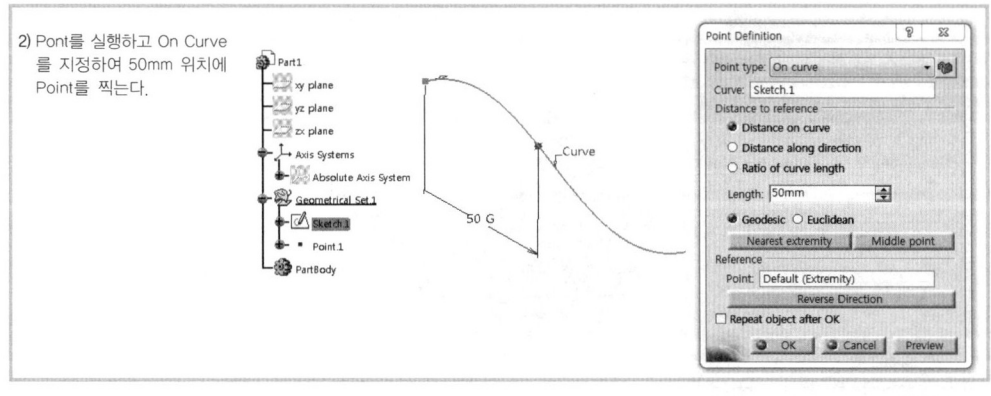

3) Line을 실행하고 Angle/Normal to Curve를 지정, Angle : 30deg, 거리 : 100mm 인 Line을 그린다.

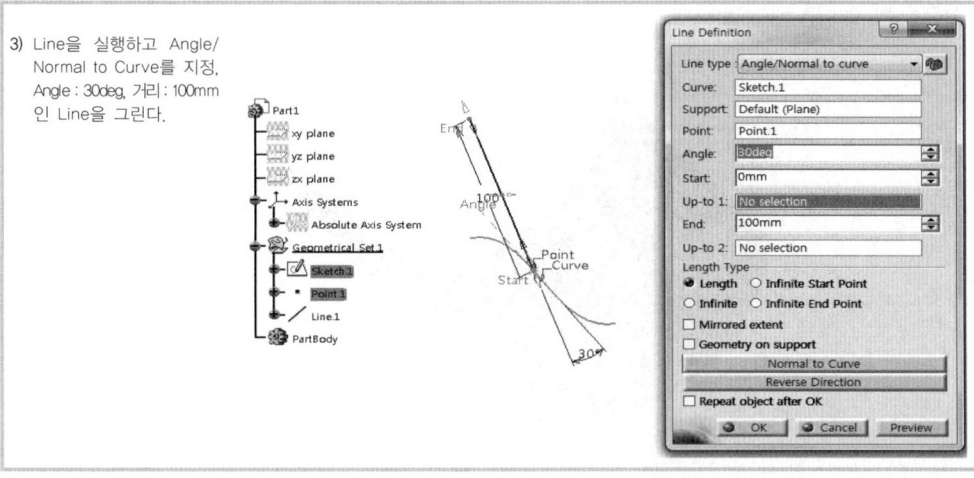

4) Line을 실행하고 Angle/Normal to Curve를 지정, Angle : 120deg, 거리 : 100mm 인 Line을 그린다.

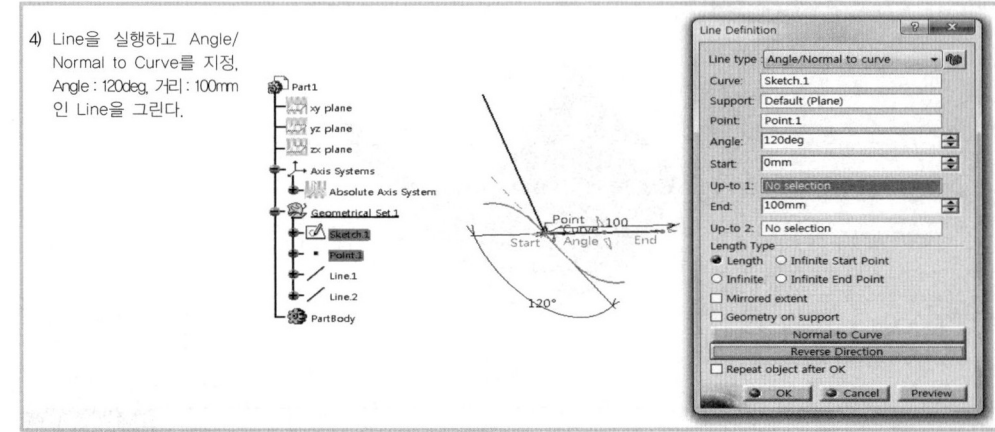

실습 과제 2

1) 스케치를 실행하고 XY Plane을 선택하여 다음과 같이 스케치를 한다.

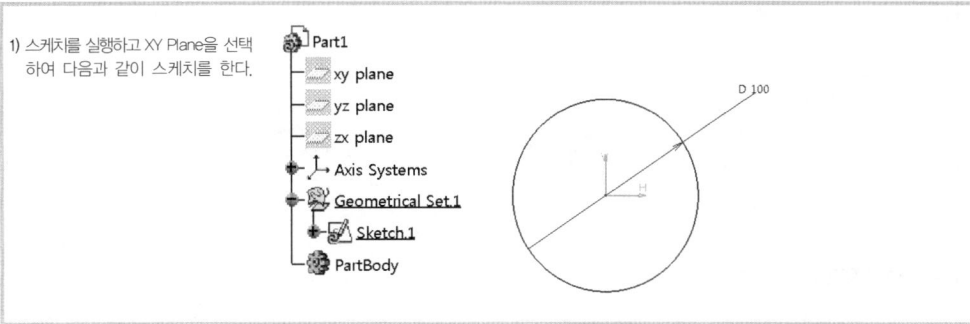

2) Extrude를 실행하고 200mm 돌출을 한다.

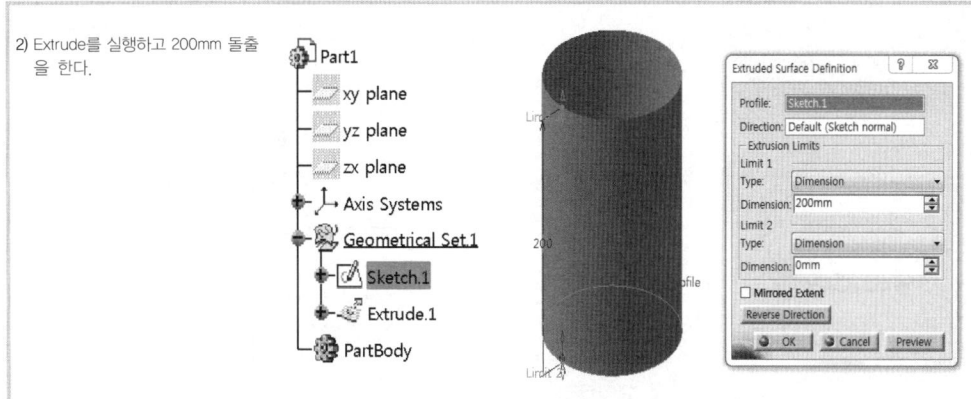

3) Line을 실행하고 Angle/Normal to Curve를 지정, Curve : Sketch.1, Support : Extrude.1을 지정, Point 위치에서 마우스 우측버튼을 눌러 [Create Point]를 선택한다.

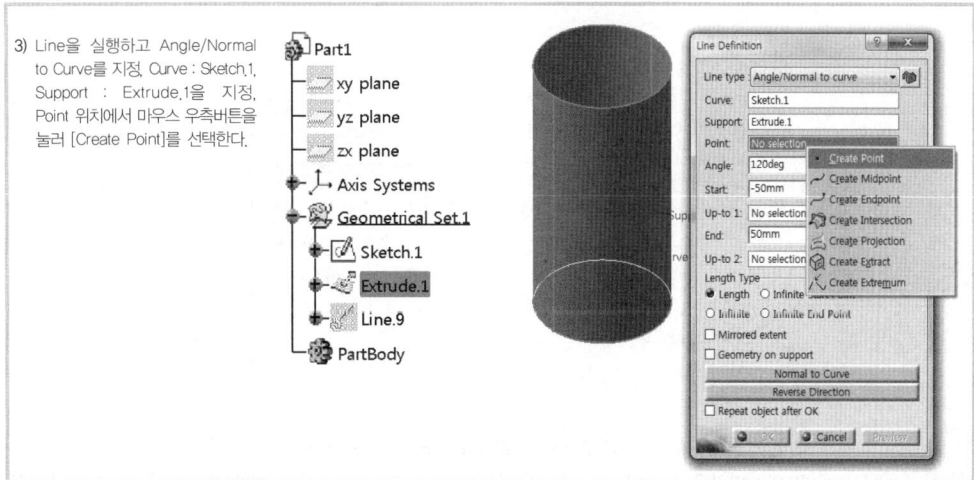

4) Point Type : On Curve를 지정, Curve : Sketch.1, Length : 0mm를 지정하여 Point를 생성한다.

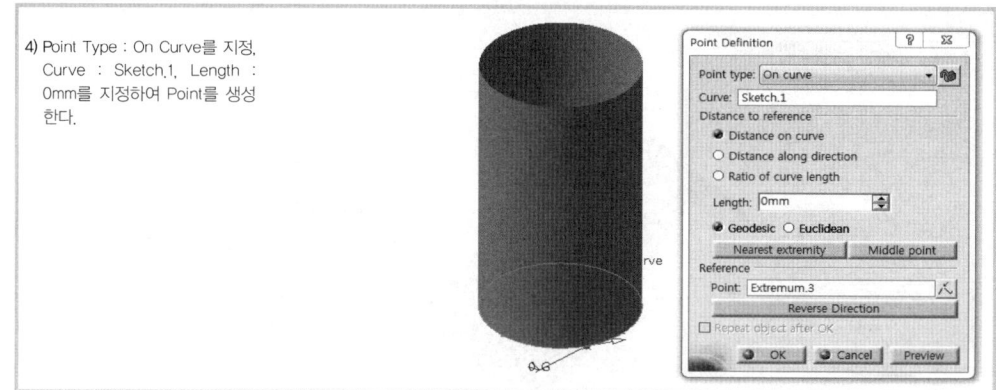

5) Angle : 10deg, 거리 : 1800mm, Geometry on Support를 체크한다.

Catia Tip

- Geometry on Support : 선택한 Support의 Geometry를 따라서 주워진 Angle로 기울어진 Line을 생성한다.

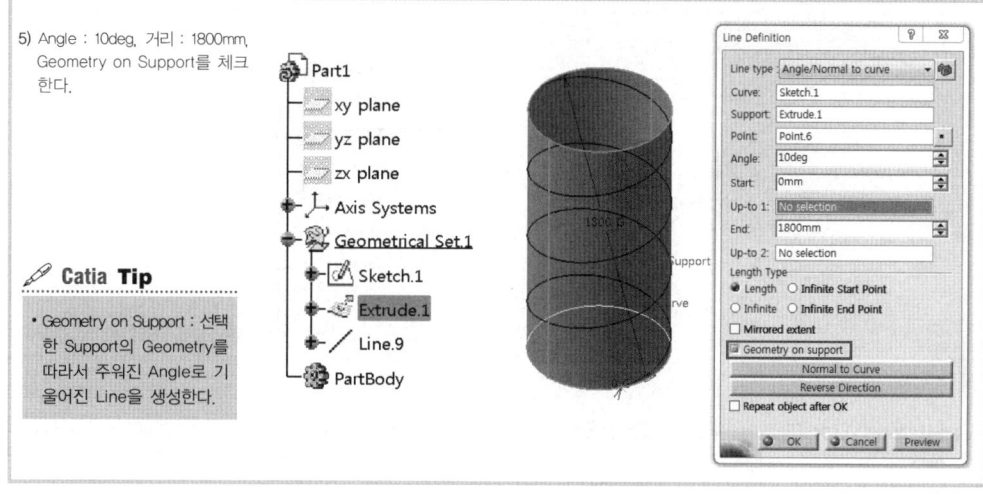

- Line 생성 결과

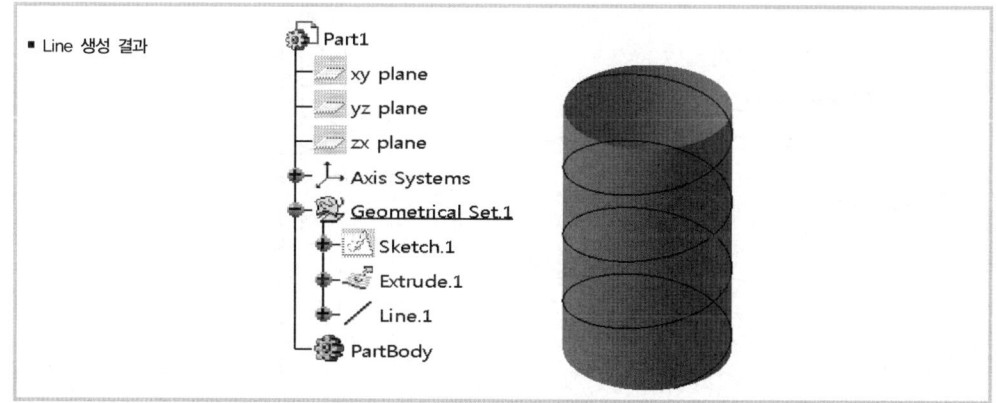

❹ **Tangent to Curve** : Curve에 접하게 직선을 그리는 방법으로 Sketch Workbench에서 Bi-tangent Line을 3차원 상에서 할 수 있는 것이다. 두 개의 Curve를 순차적으로 Curve와 Element2에 선택해 주면 된다.

1) 스케치를 실행하고 XY Plane을 선택하여 다음과 같이 스케치를 한다.

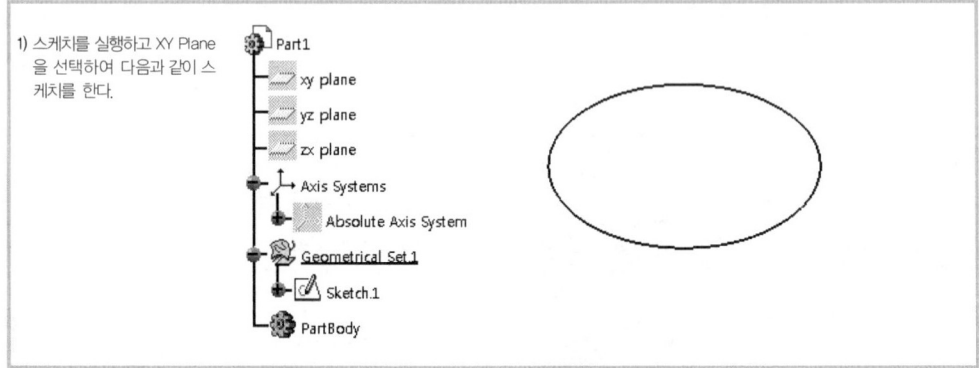

2) 스케치를 실행하고 XY Plane을 선택하여 원을 하나 더 스케치를 한다.

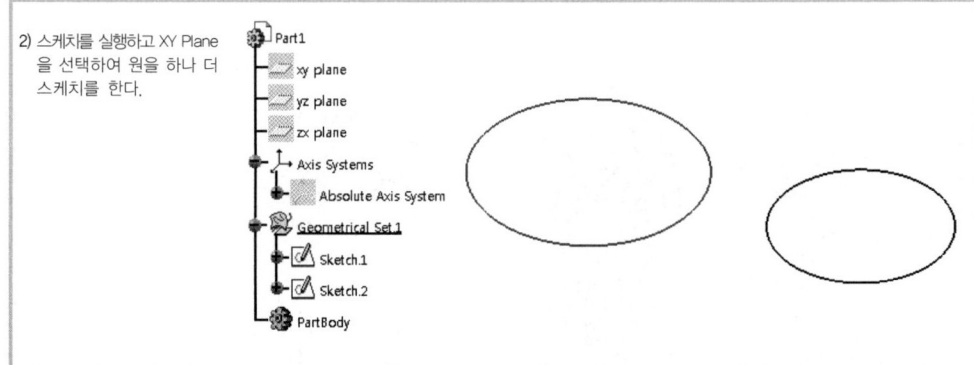

3) Line을 실행하고 Tangent to Curve를 지정하고 원을 차례대로 선택한다. Tangent Line이 생긴 방향을 화살표를 클릭하여 전환한다.
4) 반대편에 한 번 더 수행한다.

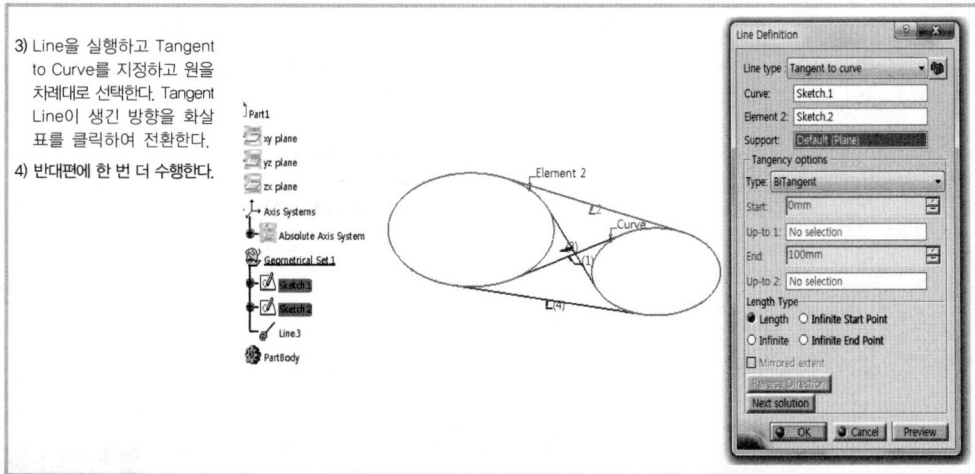

■ Tangent to Curve 결과

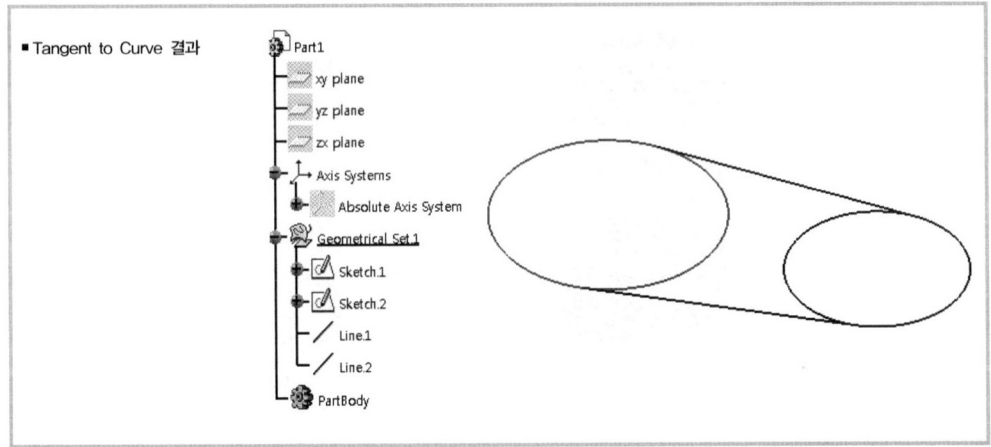

❺ **Normal to Surface** : Surface에 대해서 수직인 직선을 그리는 명령이다. 선택한 Surface로 임의의 Point에서 수직한 직선을 그릴 수 있다.

1) 스케치를 실행하고 YZ Plane을 선택하여 다음과 같이 스케치를 한다.

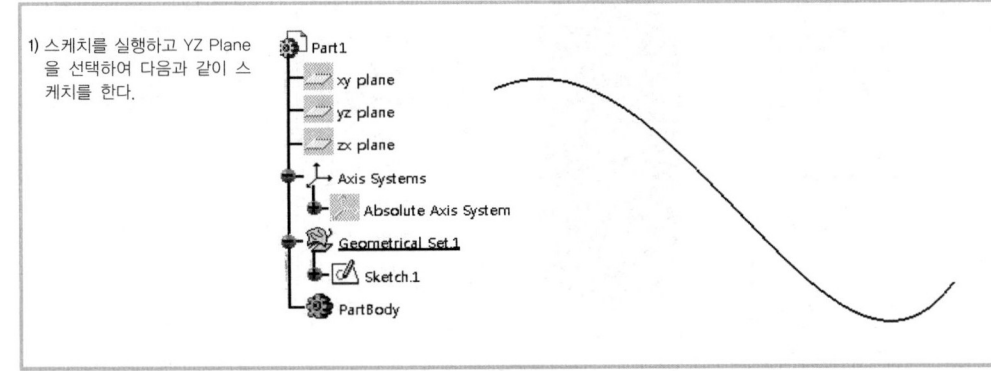

2) Extrude를 실행하고 50mm, Mirrored Extent를 지정하여 돌출을 한다.

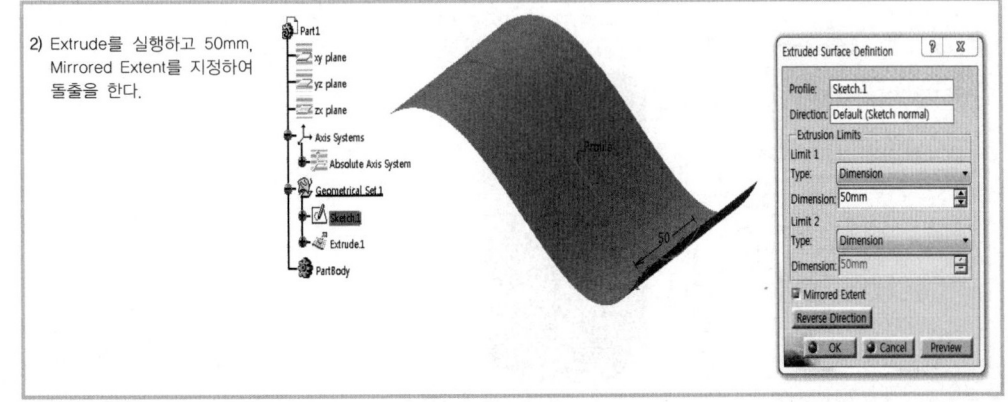

3) Point를 실행하고 Surface의 임의의 위치에 Point를 찍는다.

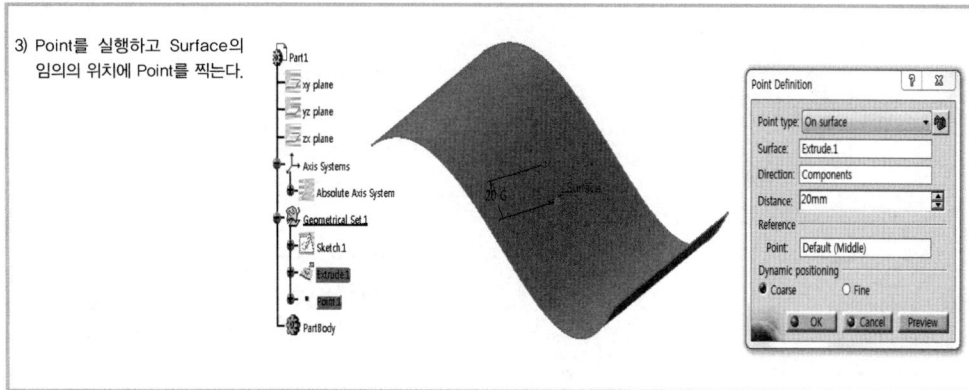

4) Line을 실행하고 Normal to Surface를 지정, Surface : Extrude.1을 선택, Point : 3)에서 생성한 Point 선택, 길이 : 100mm로 지정한다.

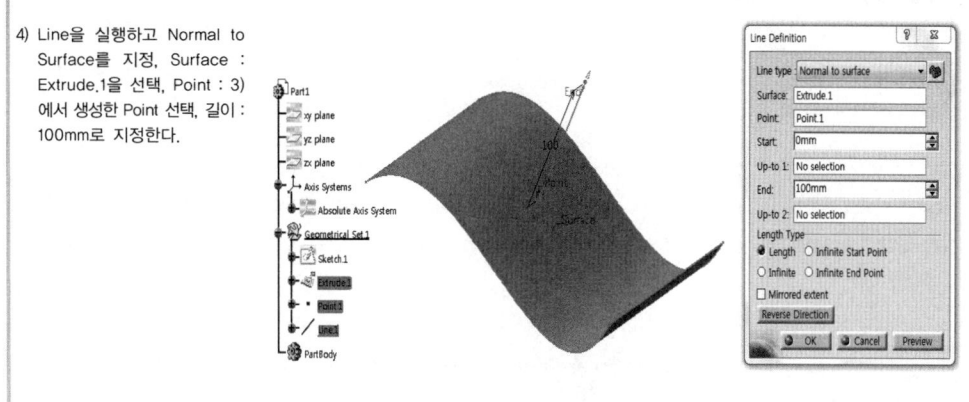

■ 결과

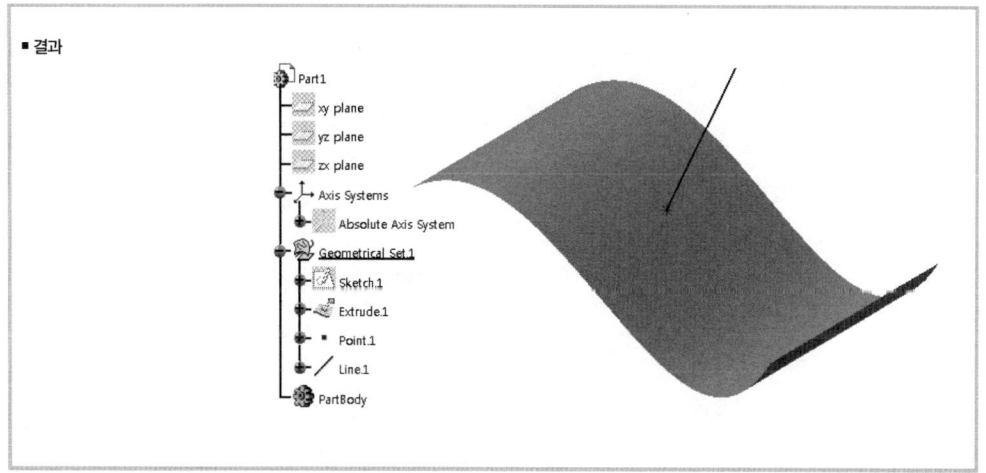

❻ **Bisecting** : 이등분선을 그리는 명령으로 두 개의 Line에 대해서 이 사이를 지나는 Line을 그릴 수 있다.

1) Point를 이용하여 거리 : 100mm 위치에 다음과 같이 3차원 공간 상에 Point를 찍는다.
   원점부터 4개의 Point를 찍는다.

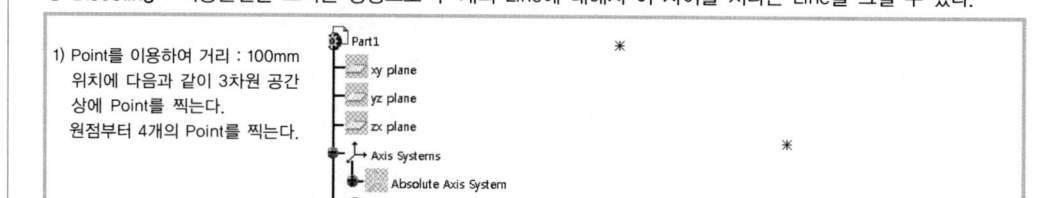

2) Line를 실행하여 다음과 같이 Line을 연결한다.

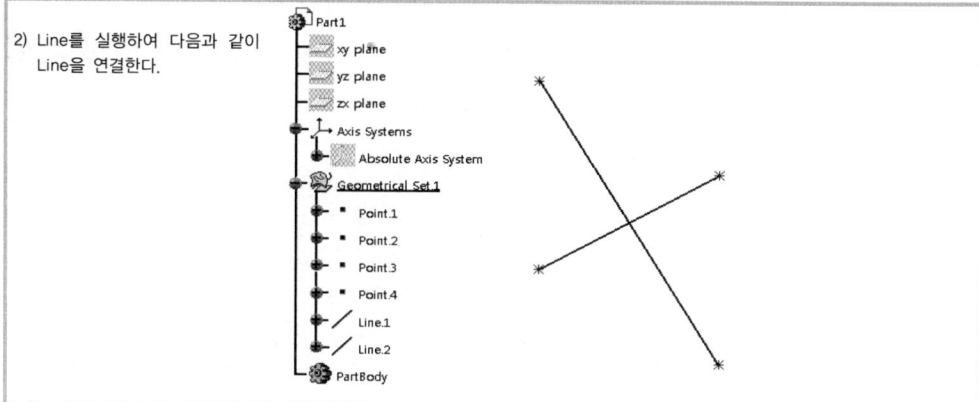

3) Line를 실행하여 Bisecting을 지정, Line을 차례대로 선택, 50mm, Mirrored extent를 지정한다.

4) 수평 방향으로도 Line을 그린다.

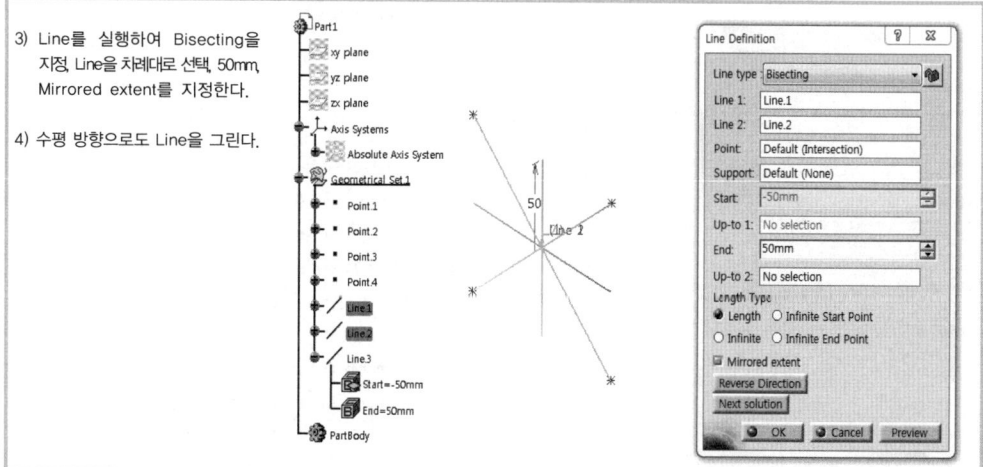

21

- Bisecting 결과

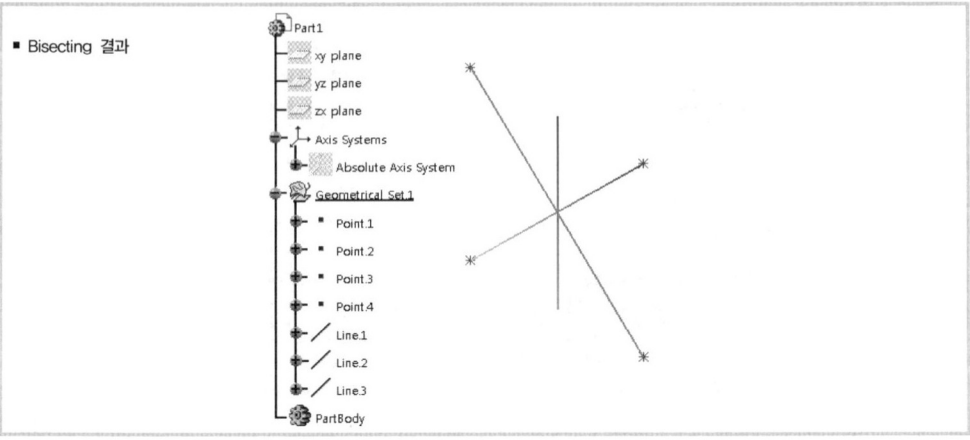

- Line Length Type
  - Infinite Start Point : 선의 시작점이 없어지고 무한대로 확장한다.
  - Infinite End Point : 끝점이 없어지게 되고 선이 무한대로 확장한다.

2. Axis( )

3차원 상에서 Axis를 그리는 명령이다. Sketcher에서의 Axis와 같은 기능을 한다. 3차원 상에서 만들기 때문에 실제 형상들과의 관계를 이용하여 여러 가지 방식으로 만들 수 있다.

- Axis를 만들기 위해 선택할 수 있는 대상
  - 원이나 원의 일부가 잘려나간 호 형상
  - 타원이나 타원의 일부가 잘려나간 형상
  - 회전으로 만든 Surface 형상

❶ Aligned with reference direction : 선택한 요소와 평행한 방향으로 Axis를 만드는 명령이다.

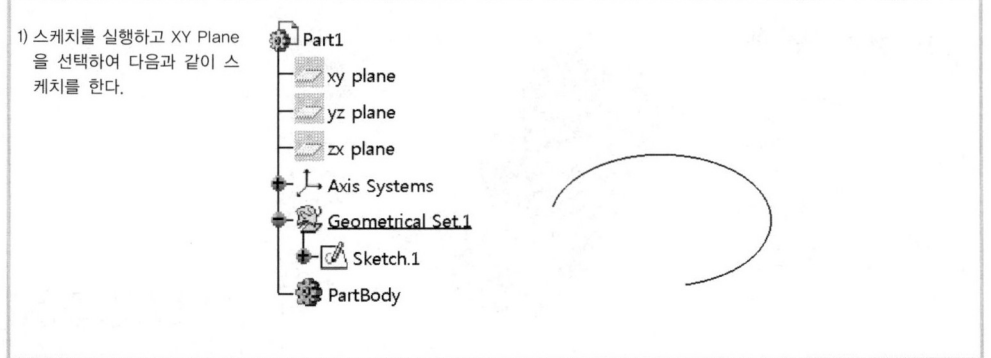

2) Axis를 실행하고 다음과 같이 Direction을 지정하여 Axis를 생성한다.

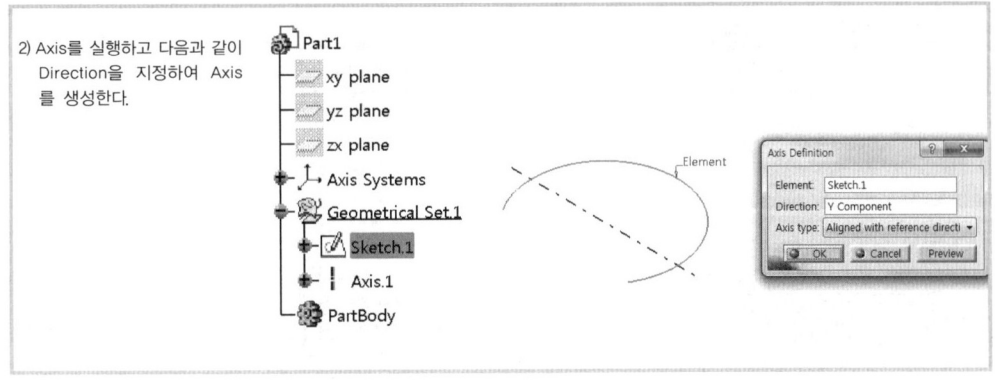

- Axis 생성 결과

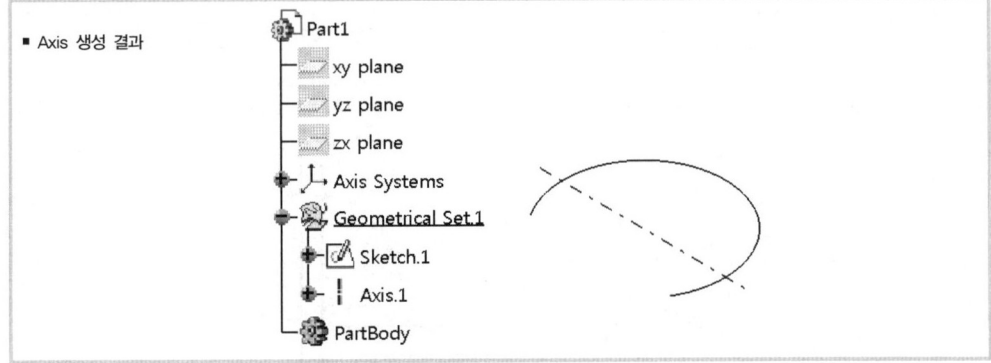

❷ Normal to reference direction : 선택한 기준 방향에 대해서 수직하게 Axis를 만든다.

실습 과제 1

1) 스케치를 실행하고 XY Plane 을 지정하여 다음과 같이 스케치를 한다.
2) 지정한 Direction 방향으로 Axis를 생성한다.

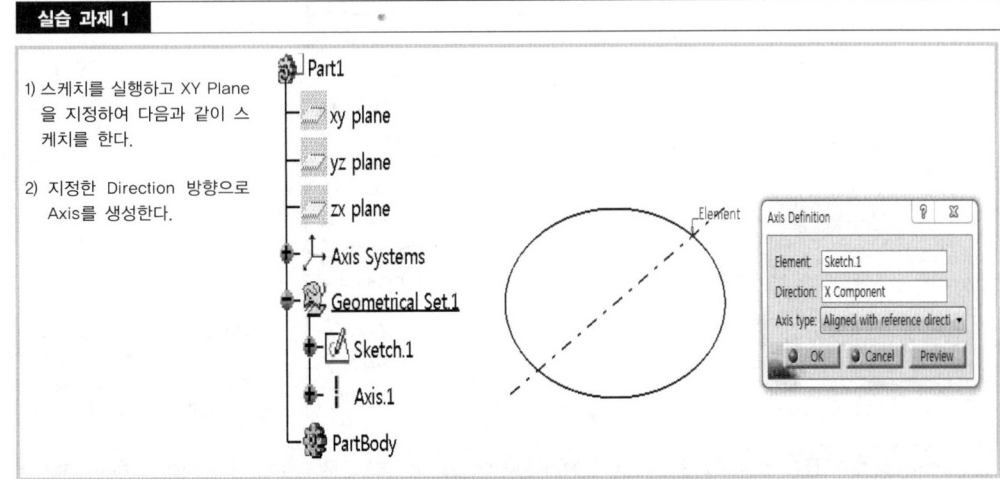

실습 과제 2

1) 스케치를 실행하고 XY Plane을 선택하여 다음과 같이 스케치를 한다.

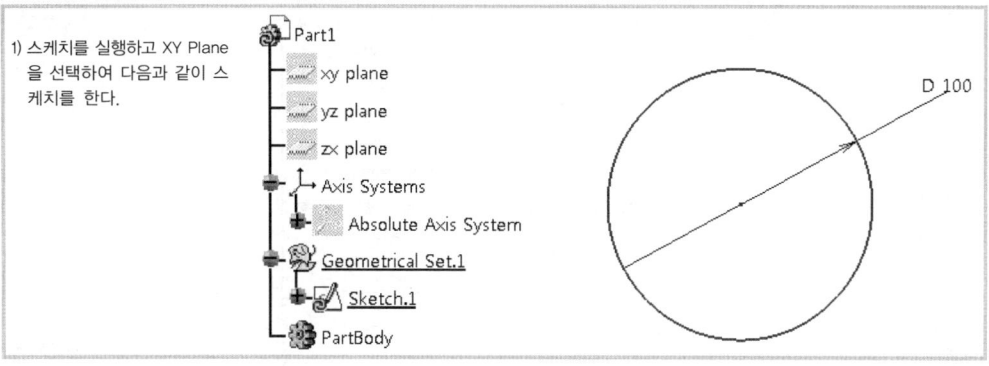

2) Extrude를 실행하고 50mm, Mirrored extent를 지정하여 돌출을 한다.

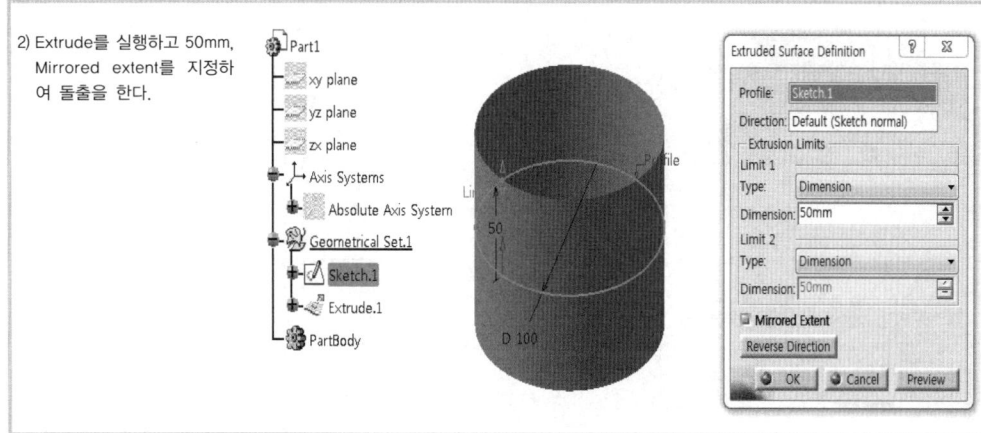

3) Axis를 실행하고 Element : Extrude.1을 선택하여 Axis를 생성한다.

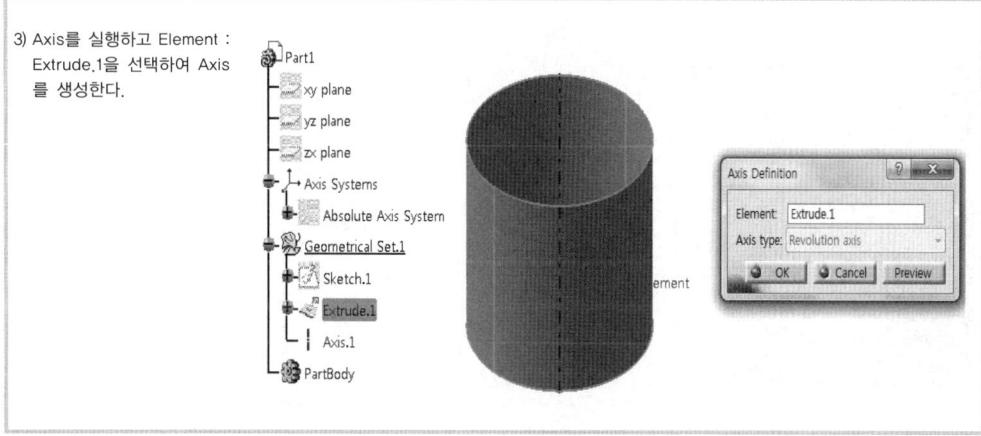

■ Axis 생성 결과

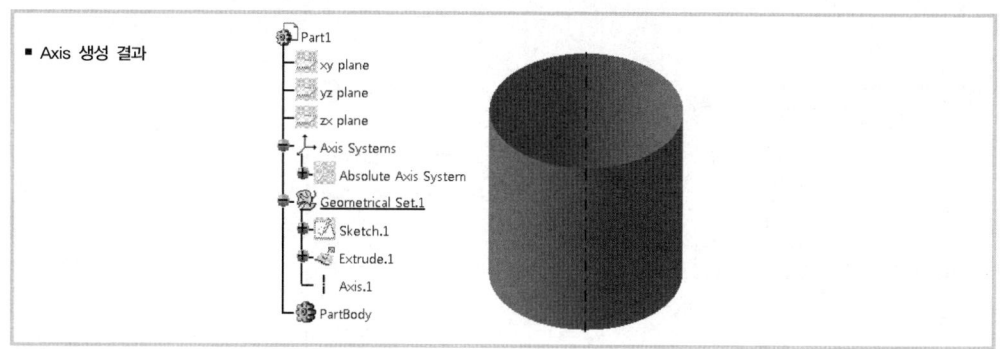

❸ **Normal to Circle** : 선택한 Element에 대해서 수직하게 Axis를 만드는 방식으로 Direction을 지정하지 않아도 Element의 수직한 방향으로 Axis를 만들어 준다.

■ Axis 생성 결과

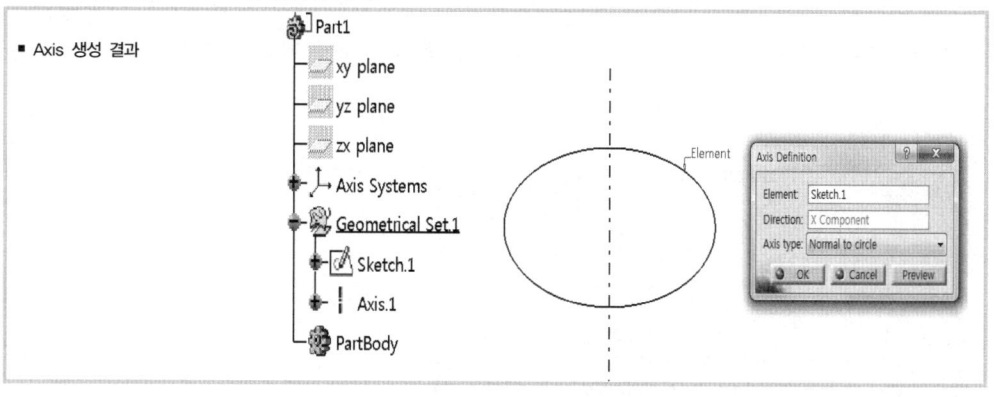

3. Polyline(⌒)
여러 개의 절점을 가진 선을 만드는 명령으로 Point와 Point를 이어 직선을 만드는 방식이다.

1) 다음과 같이 임의의 위치에 Point를 준비한다.

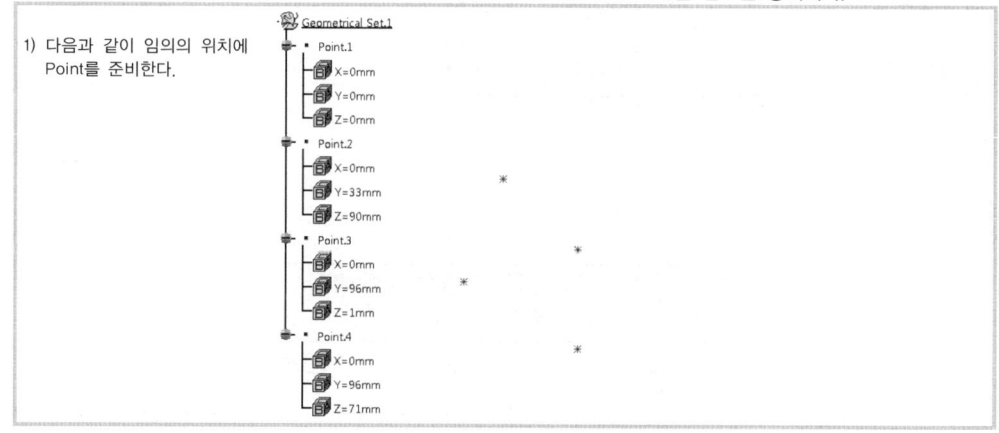

2) Polyline을 실행하고 Point를 선택한다.

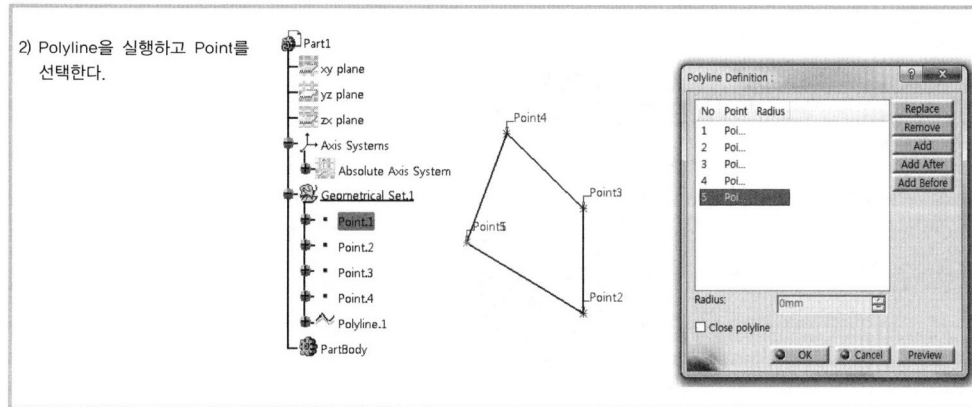

3) Polyline에서 Point 위치에 반경을 지정할 수 있다.

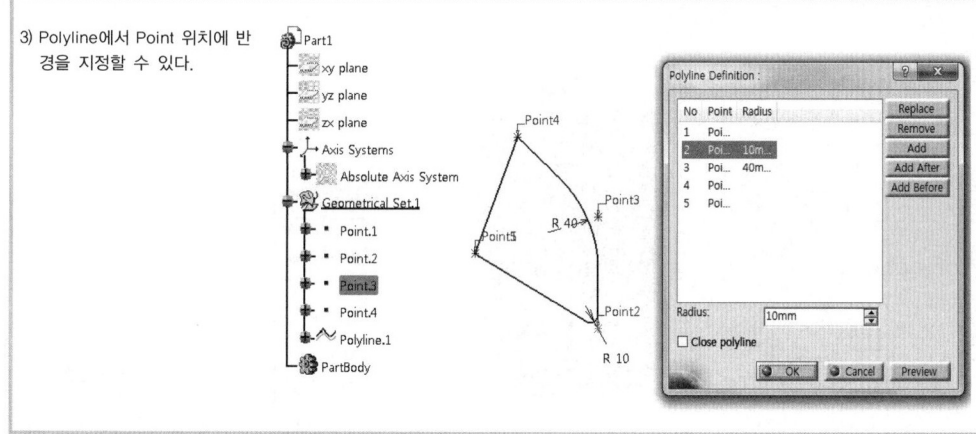

■ Polyline 결과

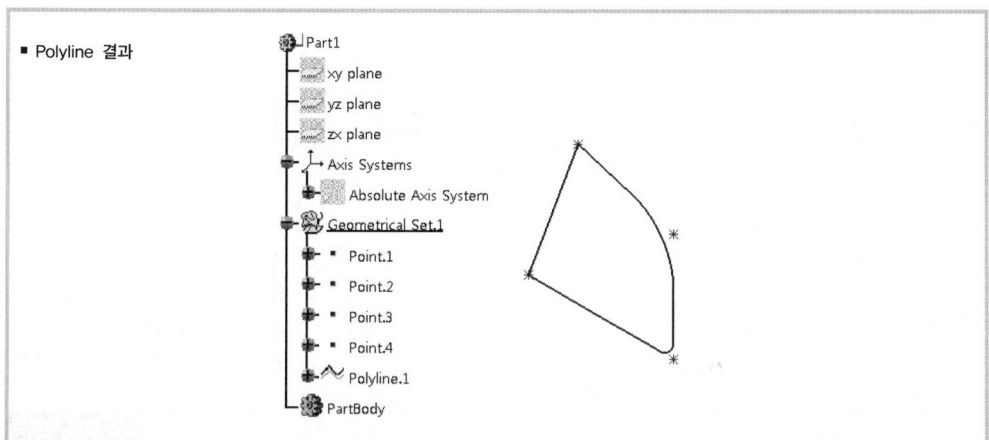

4. **Plane** : 사용자가 지정한 방법으로 무한평면을 만든다.

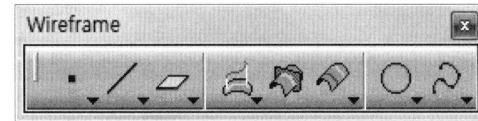

• **Plane Definition**

■ Plane Type으로 11가지가 있다.

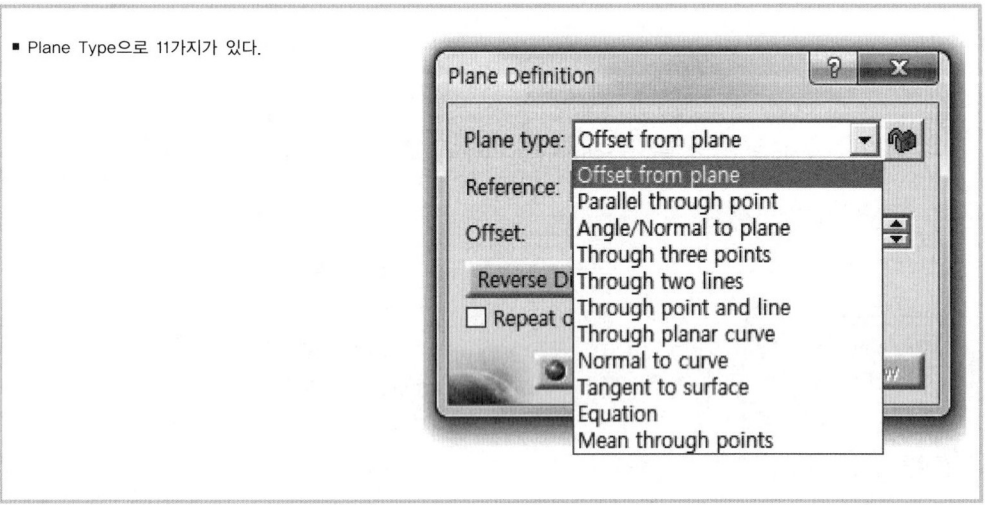

❶ Offset from Plane : 기존의 Plane으로부터 일정 간격을 두어 기존의 Plane과 평행한 새로운 Plane을 만든다.

1) Plane을 실행하고 XY Plane을 기준으로 50mm 위치에 Plane을 생성한다.

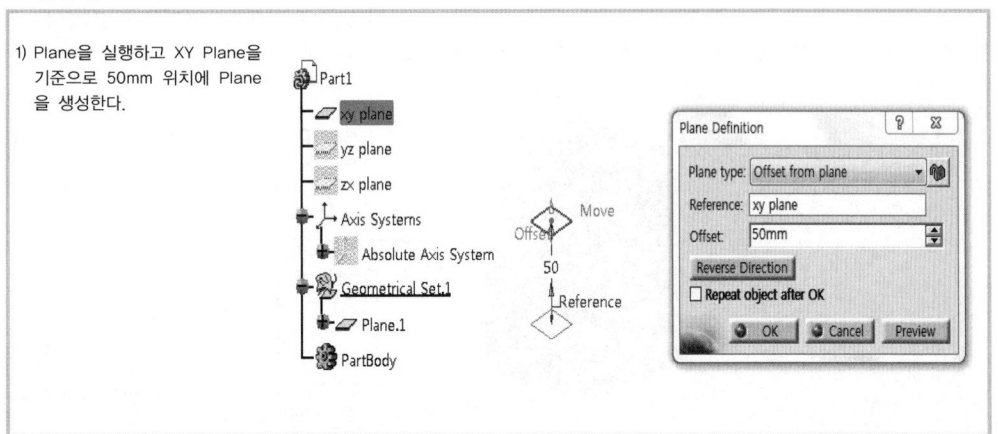

2) 두 개 이상의 Plane을 생성 위해서 Repeat object after OK를 지정한다.

- Repeat object after OK : 2개 이상의 Plane을 생성할 때 지정한다.

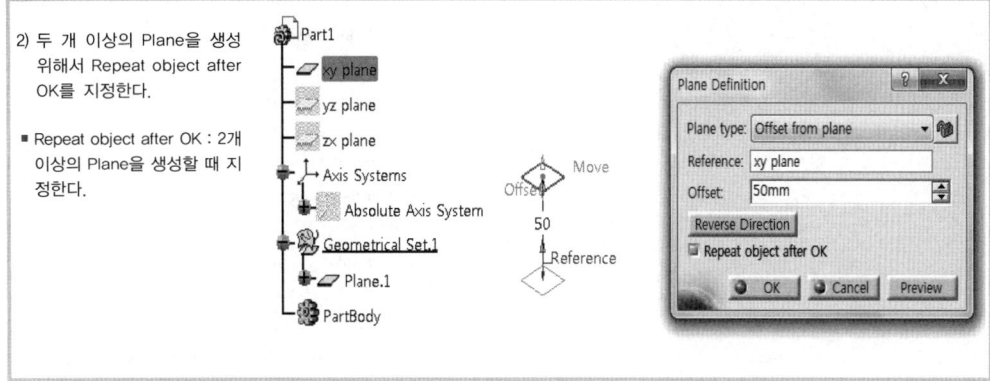

❷ **Parallel through point** : 기존의 Plane과 하나의 Point를 지정하여 Plane을 생성한다. 지정한 Plane과 평행한 Plane을 Point 위치에 생성한다.

1) ZX Plane과 Point를 준비한다.

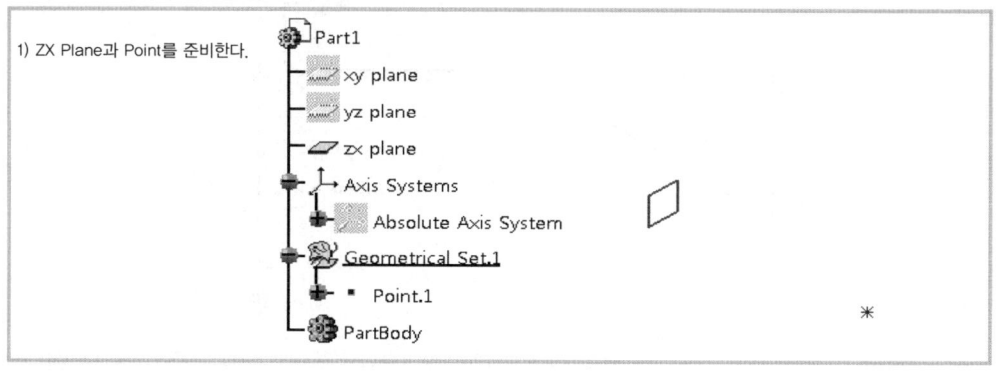

3) Plane Instance : 3을 지정한다.

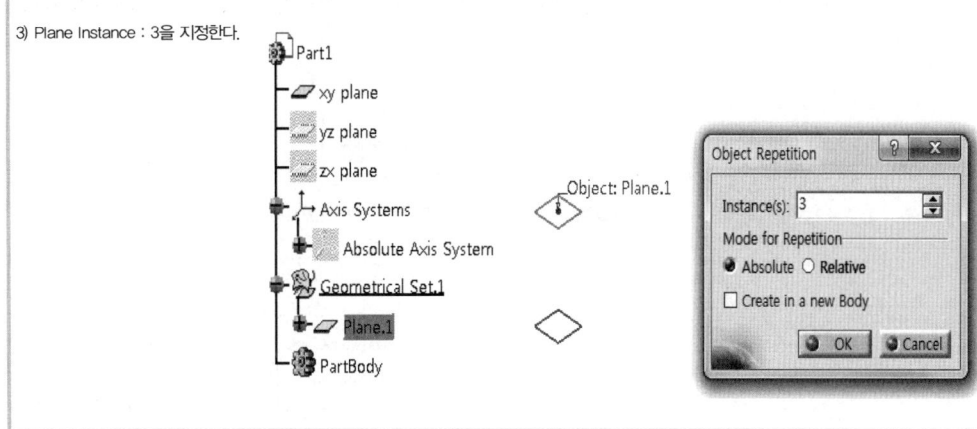

2) Plane을 실행하고 Reference : ZX Plane을 지정, Point : Point.1을 선택하여 Plane를 생성한다.

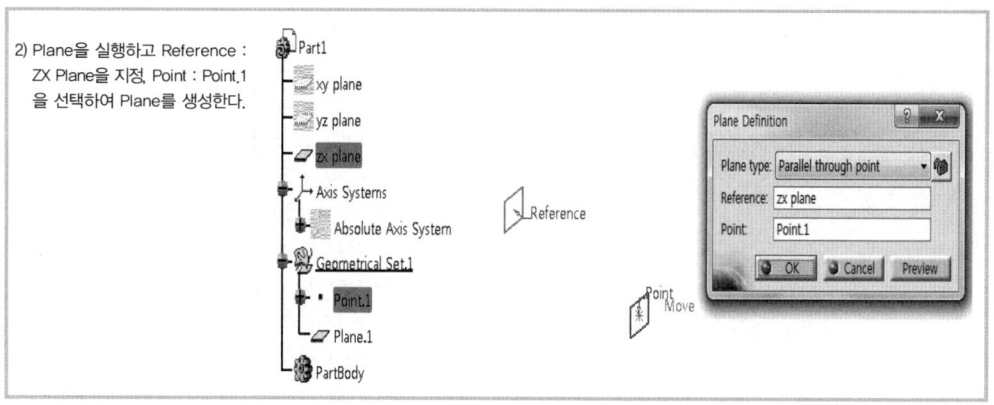

- Plane 생성 결과

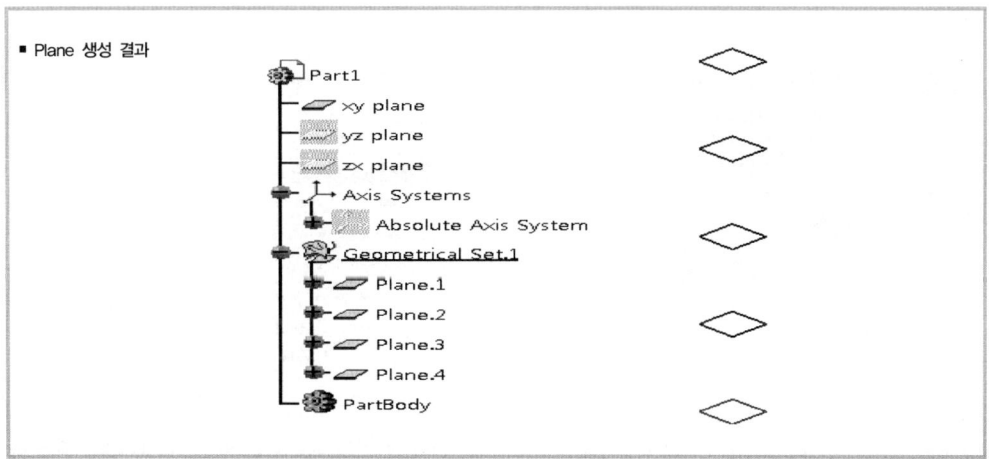

- Plane 생성 결과

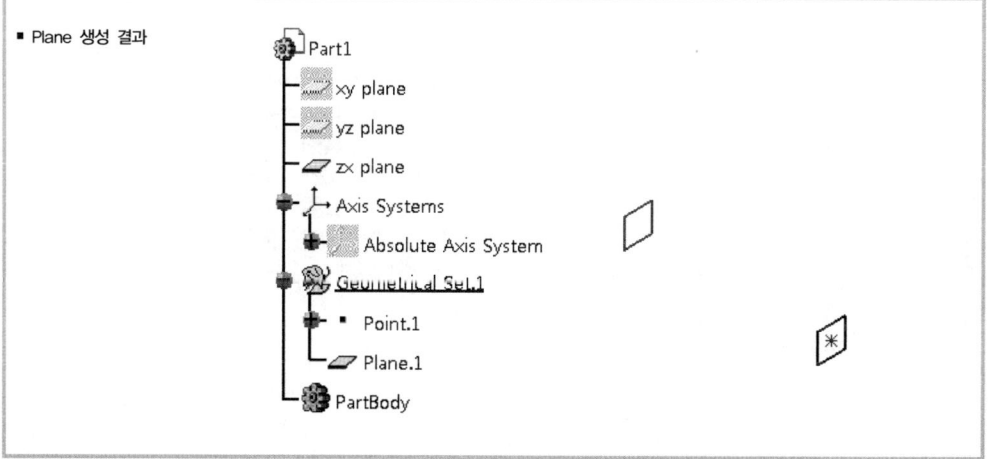

❸ **Angle/Normal to Plane** : 회전 중심축과 회전시키려는 Plane을 지정하여 임의의 각도로 회전된 새로운 Plane을 만든다.

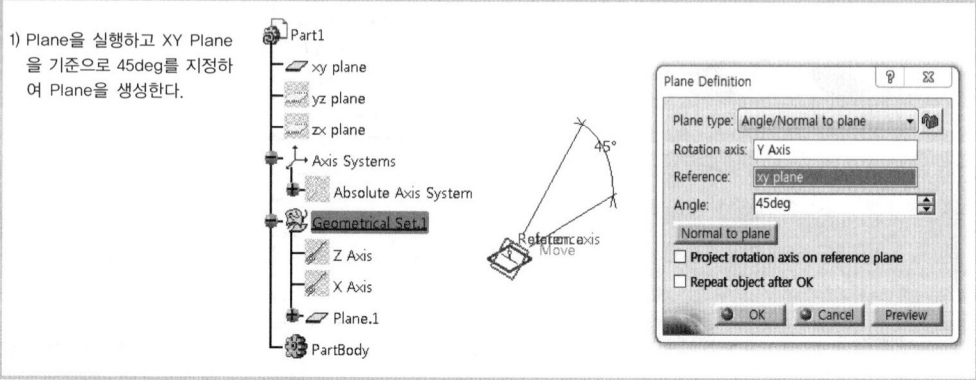

1) Plane을 실행하고 XY Plane을 기준으로 45deg를 지정하여 Plane을 생성한다.

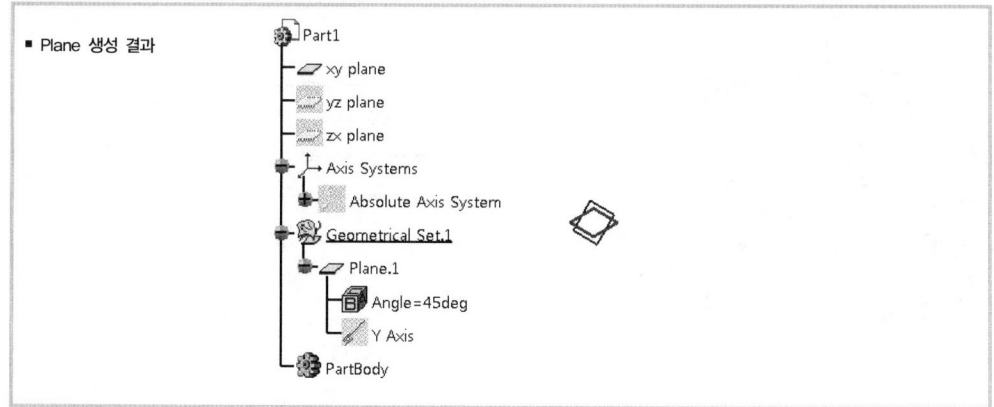

■ Plane 생성 결과

❹ **Through three points** : 3개의 점을 선택하여 하나의 Plane을 만든다.

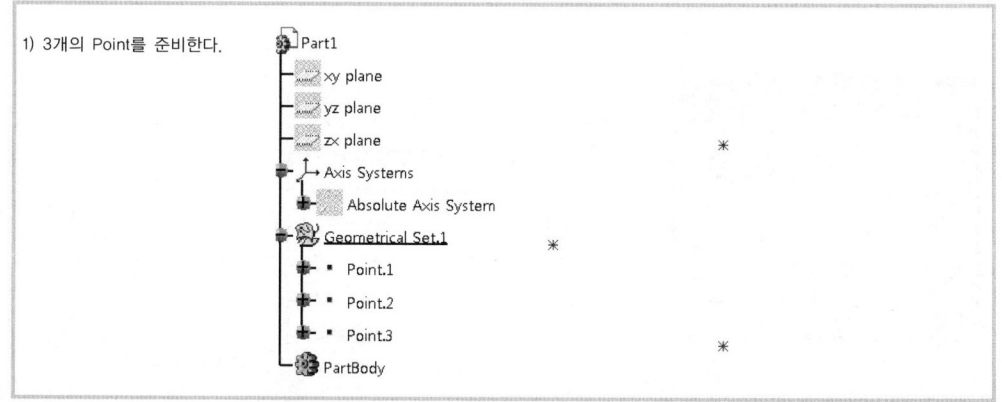

1) 3개의 Point를 준비한다.

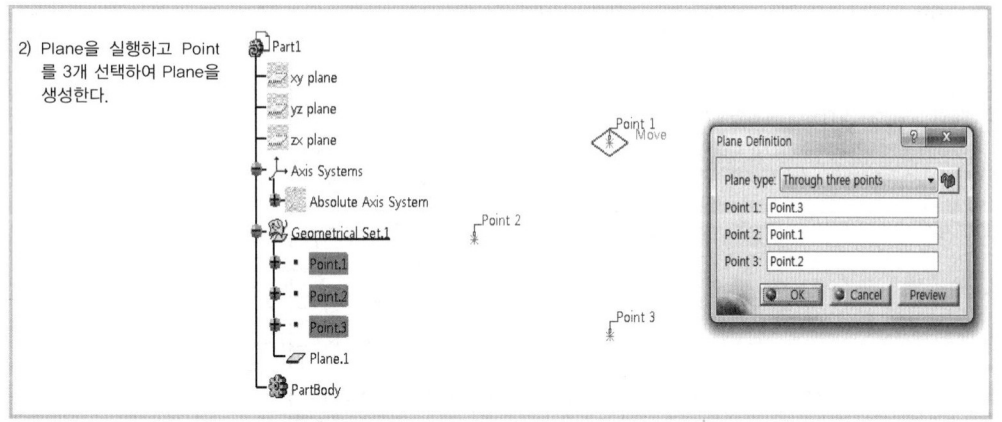

2) Plane을 실행하고 Point를 3개 선택하여 Plane을 생성한다.

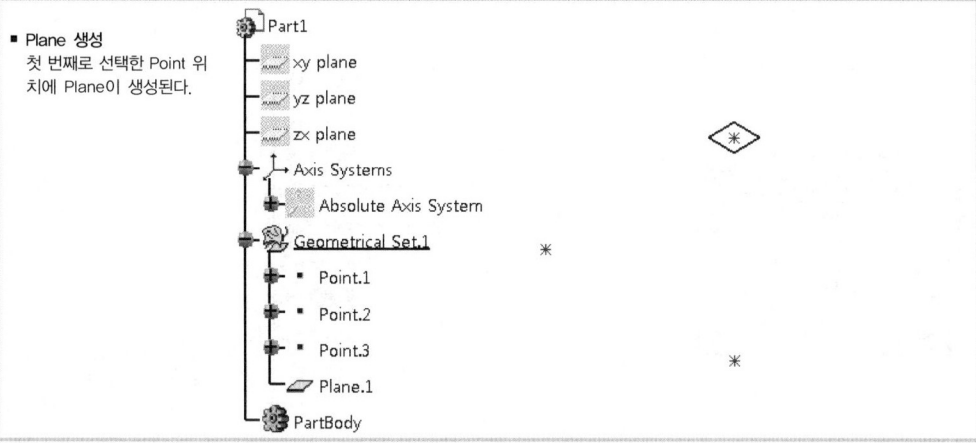

■ Plane 생성
첫 번째로 선택한 Point 위치에 Plane이 생성된다.

❺ **Through two lines** : 2개의 Line을 선택하여 하나의 Plane을 만든다.

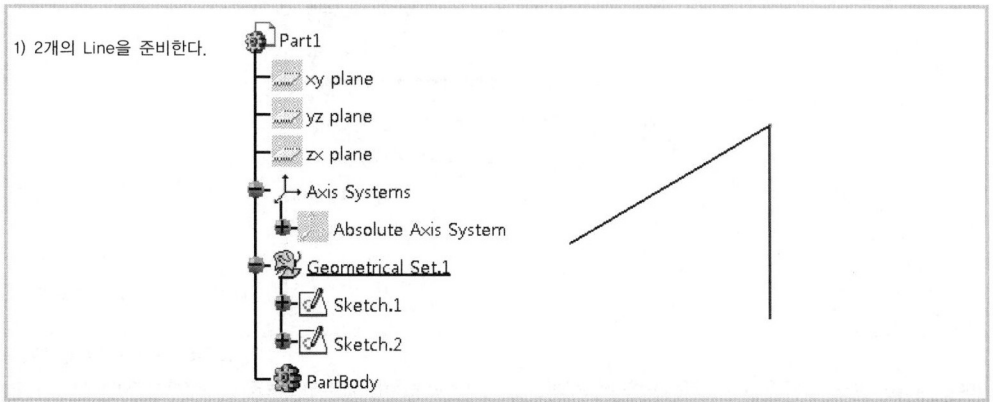

1) 2개의 Line을 준비한다.

2) Plane을 실행하고 2개의 Line을 선택하여 Plane을 생성한다.
- Line 1의 기능?
- Line 2의 기능?

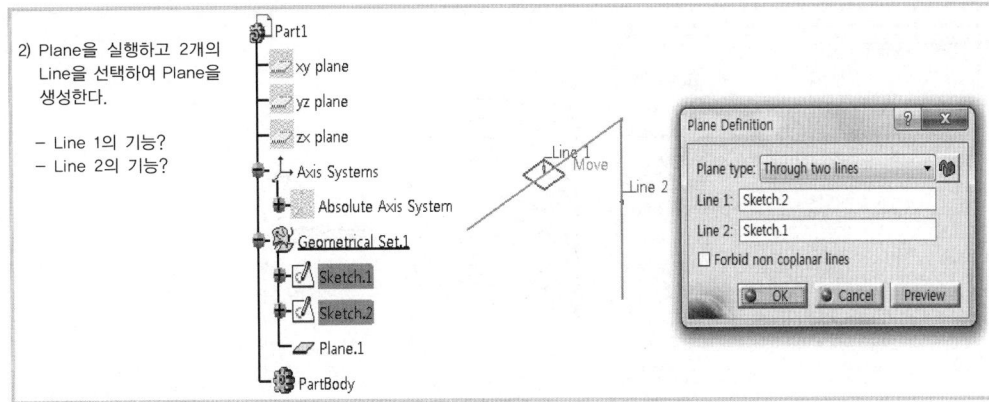

■ Plane 생성

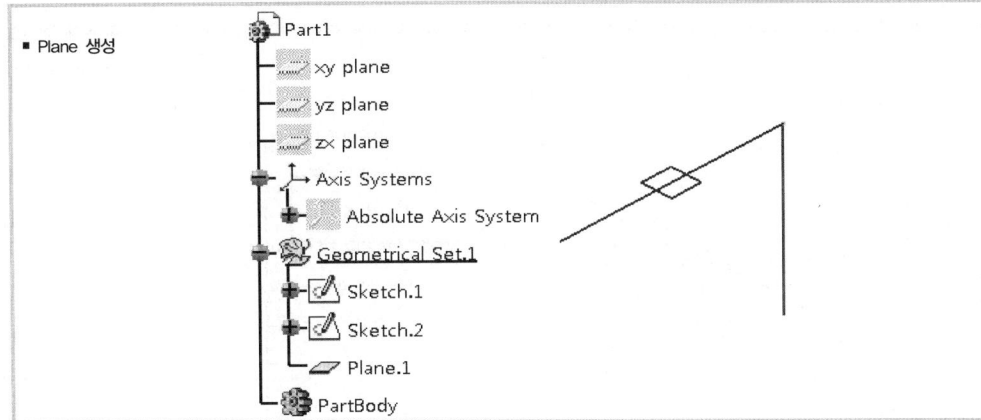

❻ Through Point and Line : 하나의 Point와 하나의 Line을 이용하여 Line에 평행한 Plane을 Point 위치에 만든다.

1) Line과 Point를 준비한다.

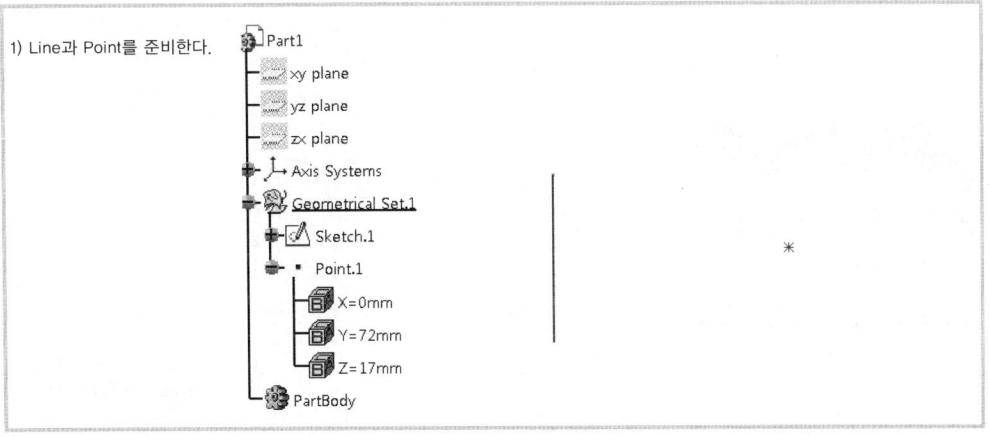

2) Plane을 실행하고 Point와 Line을 선택하여 Plane을 생성한다.

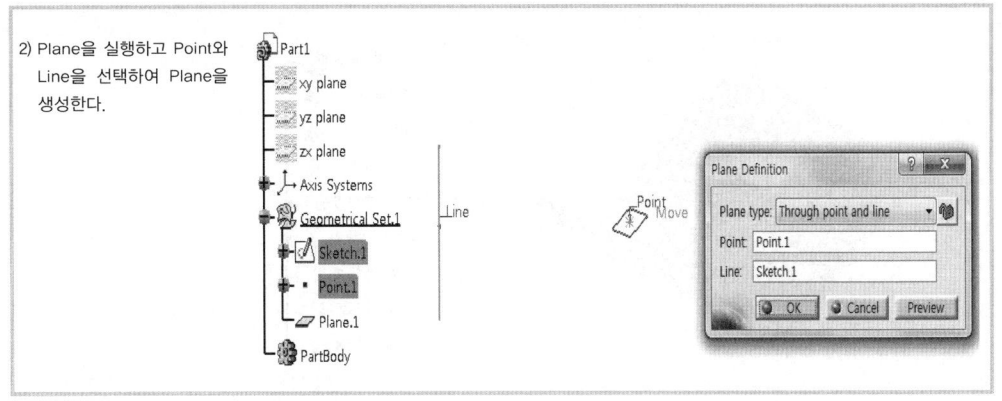

■ Plane 생성 결과

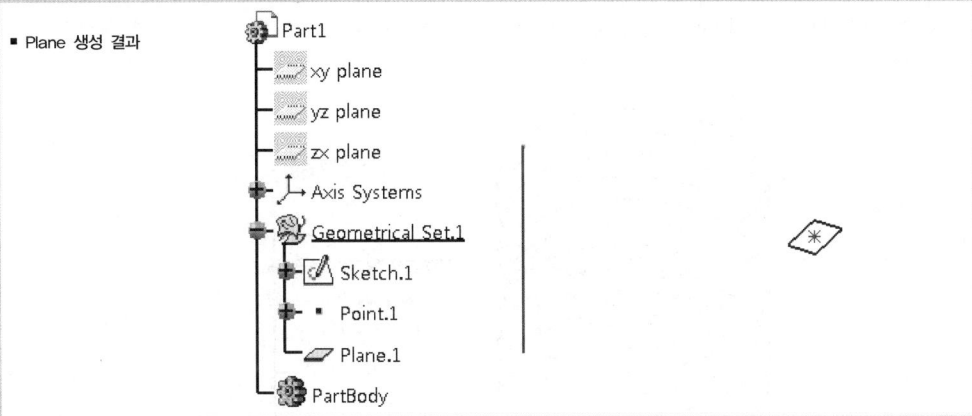

❼ Through planar curve : Curve가 생성되어 있는 Planar하게 새로운 Plane을 생성한다.

1) 곡선 Curve를 준비한다.

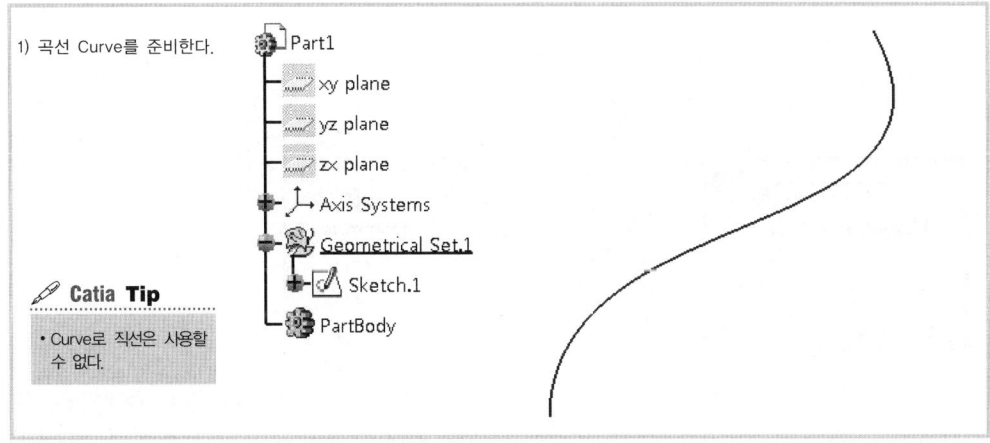

Catia Tip
- Curve로 직선은 사용할 수 없다.

2) Plane을 실행하고 곡선을 선택하여 Plane을 생성한다.

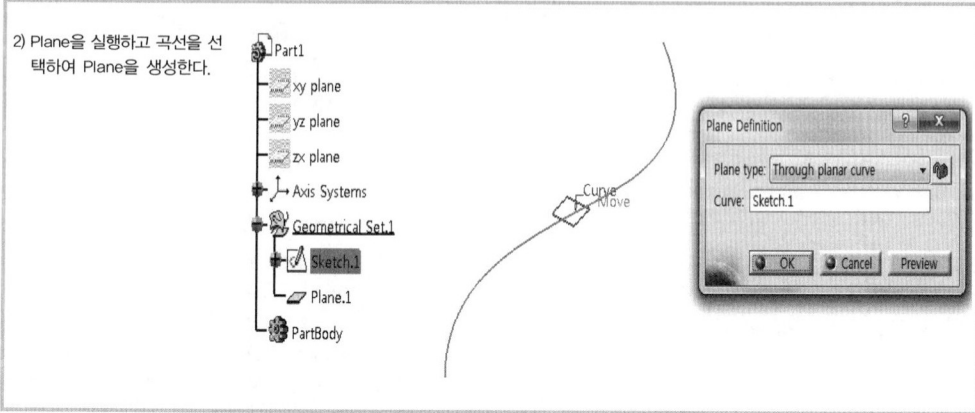

■ Plane 생성 결과

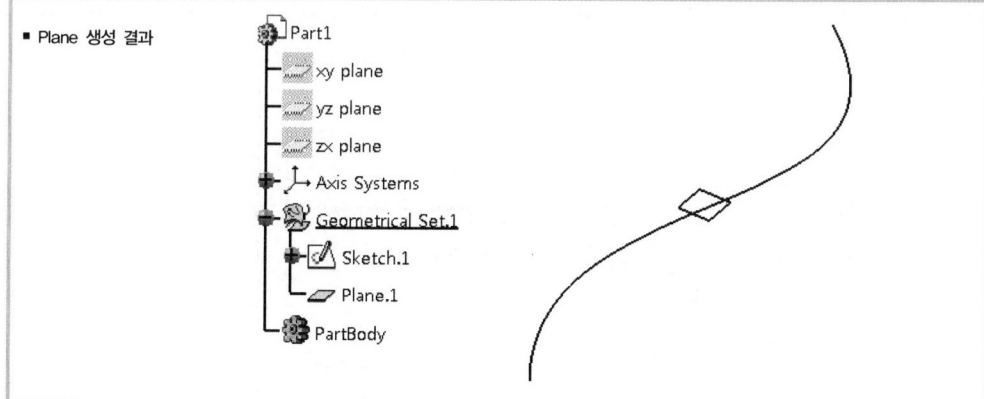

❽ Normal to Curve : 하나의 Curve와 Point를 선택하여 Curve에 수직인 Plane을 선택한 Point 위치에 생성한다.

1) Helix를 실행하고 다음과 같이 지정하여 생성한다.

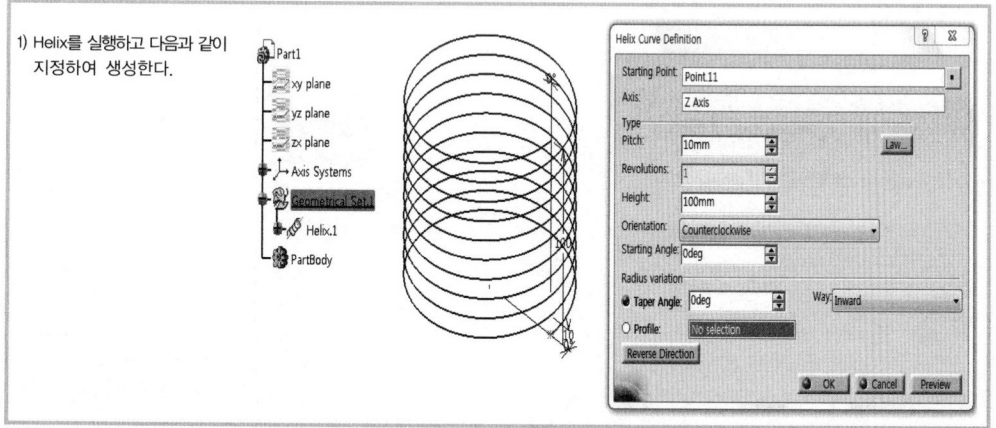

2) Plane을 실행하고 Helix의 선분과 끝점을 선택하여 Plane을 생성한다.

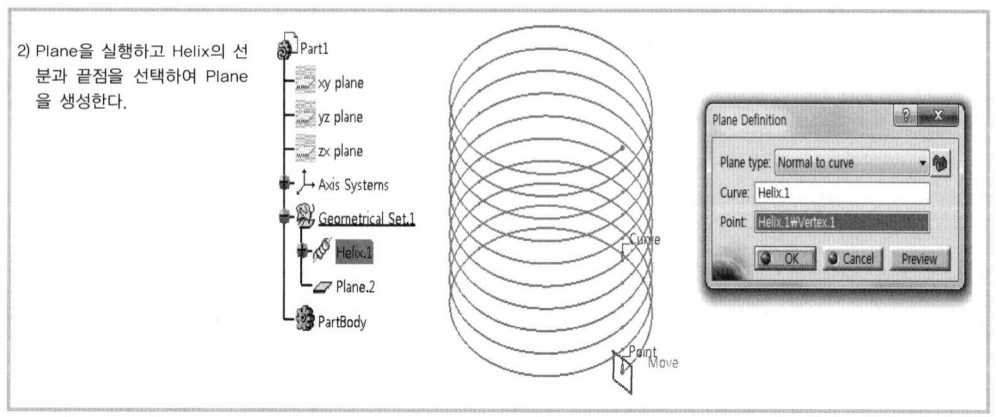

■ Plane 생성 결과

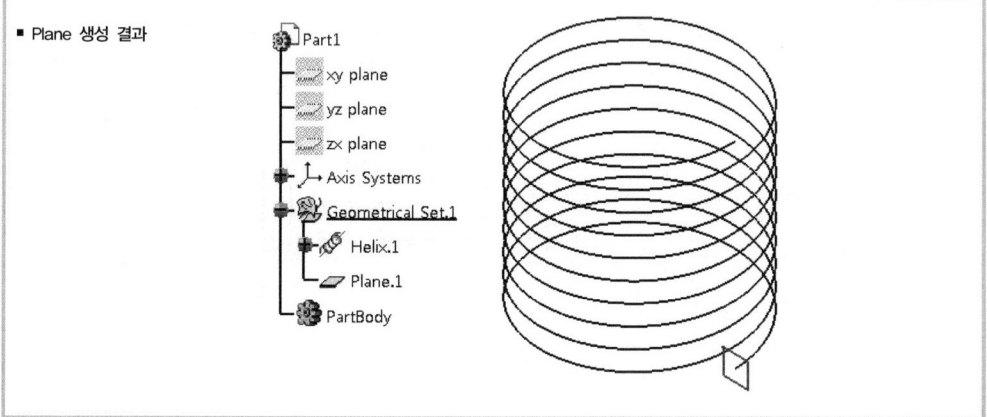

❾ Tangent to Surface : 하나의 Surface와 Point를 선택하여 Point 위치에 Surface에 접하는 Plane을 생성한다.

1) Surface위에 Point를 임의의 위치에 생성한다.

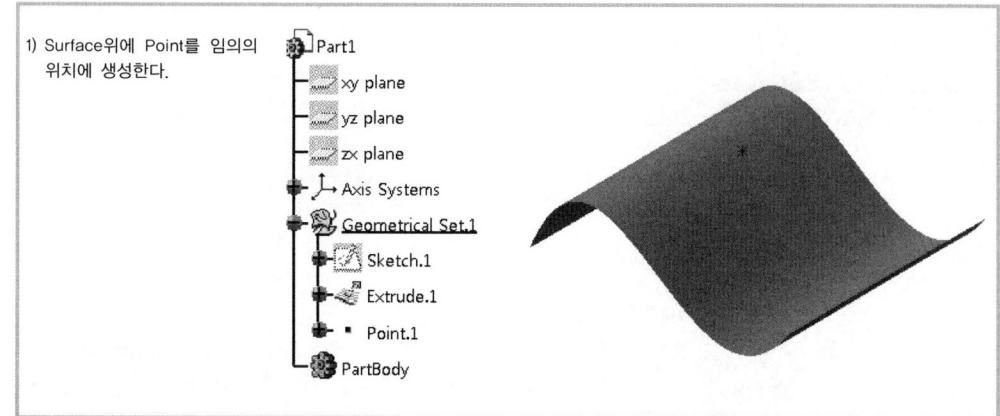

2) Plane을 실행하고 Surface와 Point를 선택하여 Plane을 생성한다.

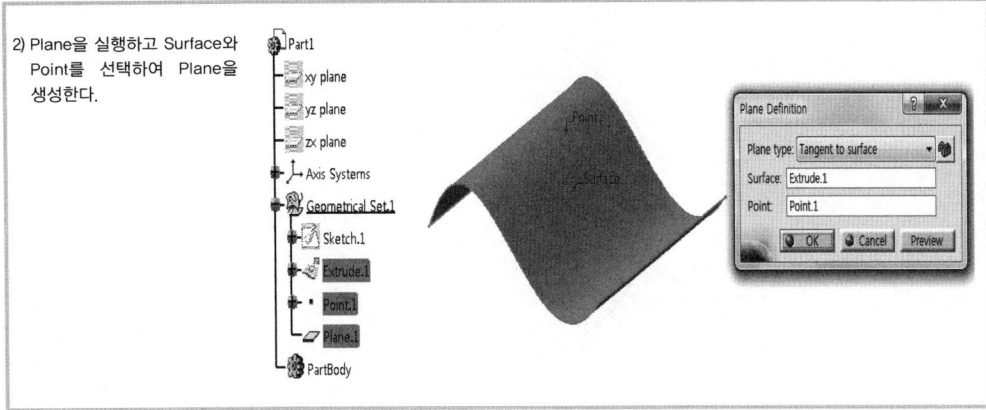

⑩ Equation : 평면방정식(Ax+By+Cz=D)의 계수 값인 A, B, C, D를 입력하고 Plane이 생성될 Point를 지정하여 Point 위에 새로운 Plane을 생성한다.

⑪ Mean through points : 3개 이상의 Point를 선택하고 이러한 Point에 대한 평균 Plane을 생성한다.

■ Plane 생성

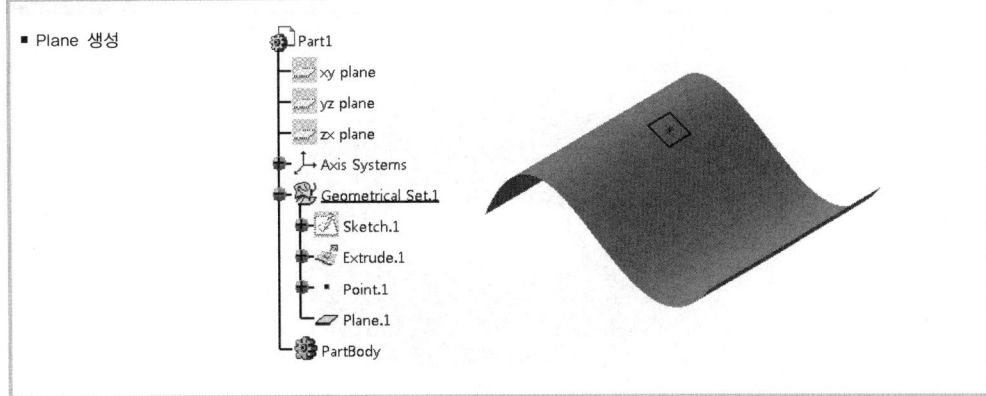

Surfaces Toolbar

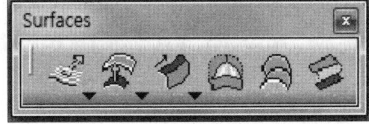

Wireframe 작업 또는 스케치에서 작업 다음 단계로 Surface를 만드는 Toolbar이다.

1. Extrude-Revolution Toolbar

❶ Extrude( ) : Profile에 길이 값을 입력하여 선택한 방향으로 늘어나는 Surface를 만드는 명령이다. 돌출되는 방향은 항상 직선방향만 가능하다. 곡선은 불가능하다.

• Extrude( ) Definition

- Profile : 돌출할 스케치를 선택한다.
- Direction : 돌출 방향을 지정하며 디폴트로 스케치에 수직한 방향으로 돌출을 한다.
- Extrusion Limits에 방향1과 방향2를 지정하여 길이만큼 돌출을 한다.
- Extrusion Limits Type
  – Dimension : 돌출 길이를 지정한다.
  – Up to Element : 한계 개체를 선택하여 돌출의 끝점을 지정할 수 있다.

✎ Catia **Tip**
• 기존 곡면 또는 솔리드 바디의 모서리를 프로파일로 선택하여 돌출 곡면을 생성할 수도 있다.

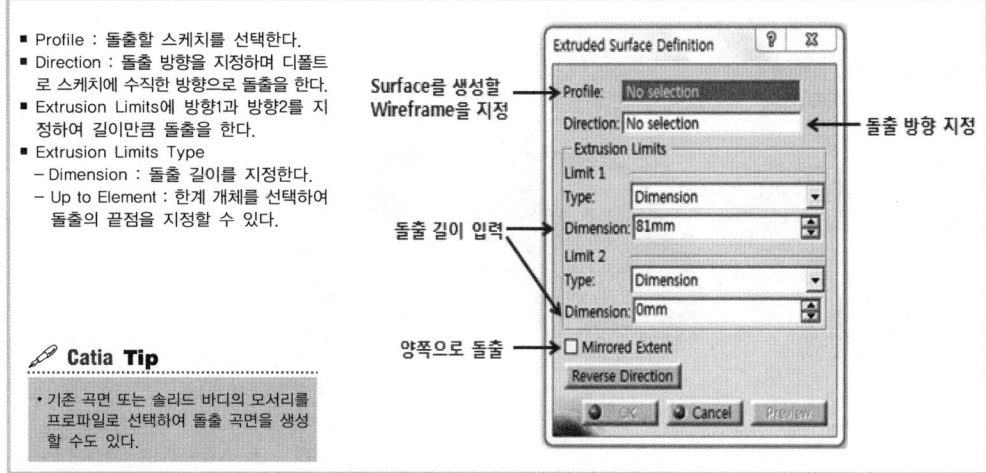

실습 과제 1

1) 스케치를 실행하고 XY Plane을 선택하여 다음과 같이 스케치를 한다.

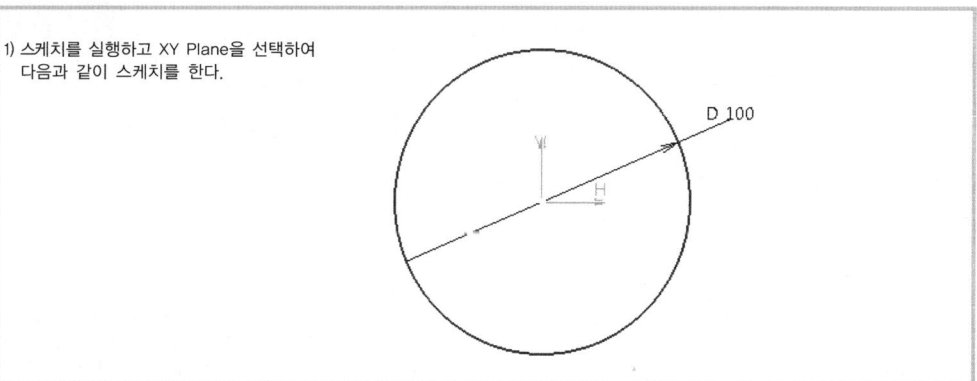

2) Extrude를 실행하고 30mm 돌출을 한다.

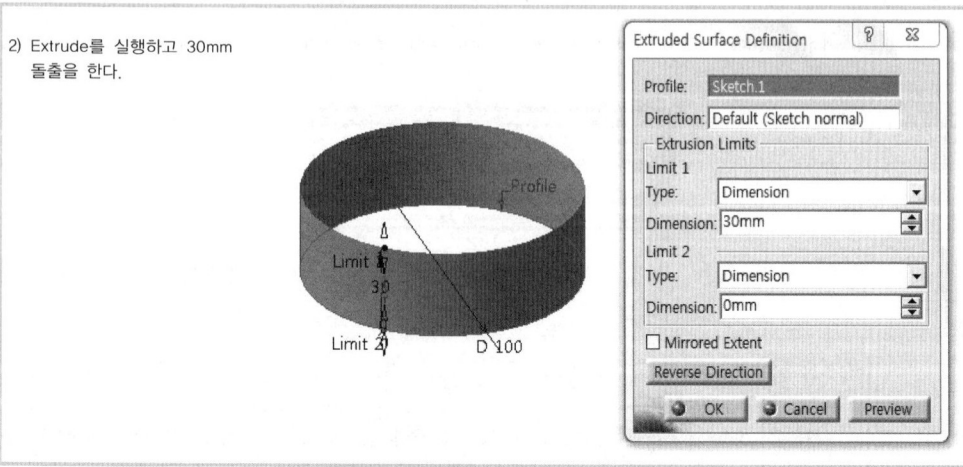

■ Plane 생성

실습 과제 2

1) 스케치를 실행하고 XY Plane을 선택하여 다음과 같이 스케치를 한다. (Profile 생성)

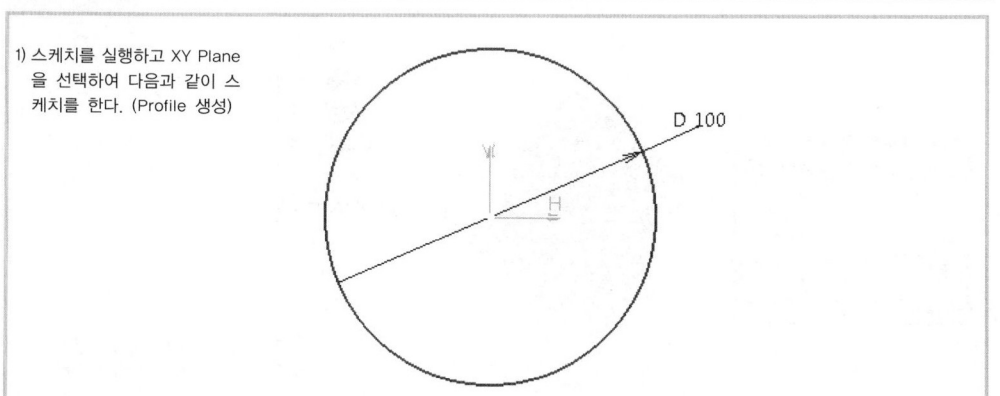

2) 스케치를 실행하고 YZ Plane을 선택하여 다음과 같이 스케치를 한다. (Direction 생성)

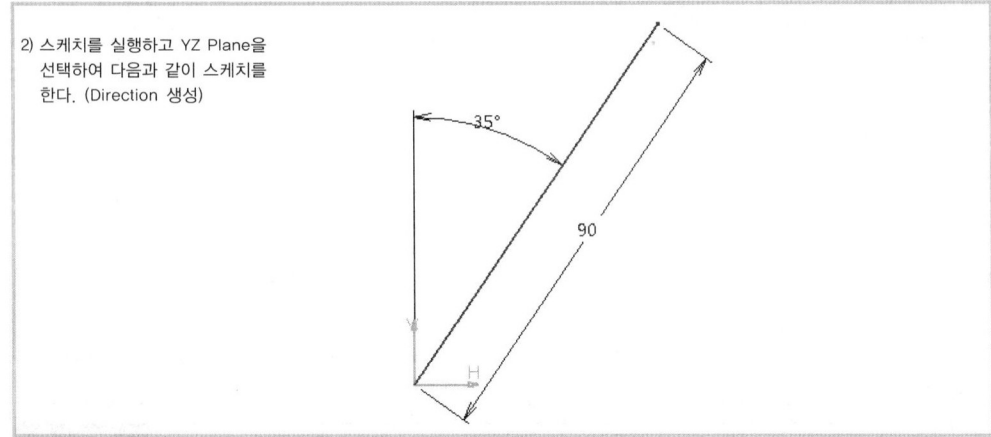

3) Extrude를 실행하고 60mm 돌출을 한다.

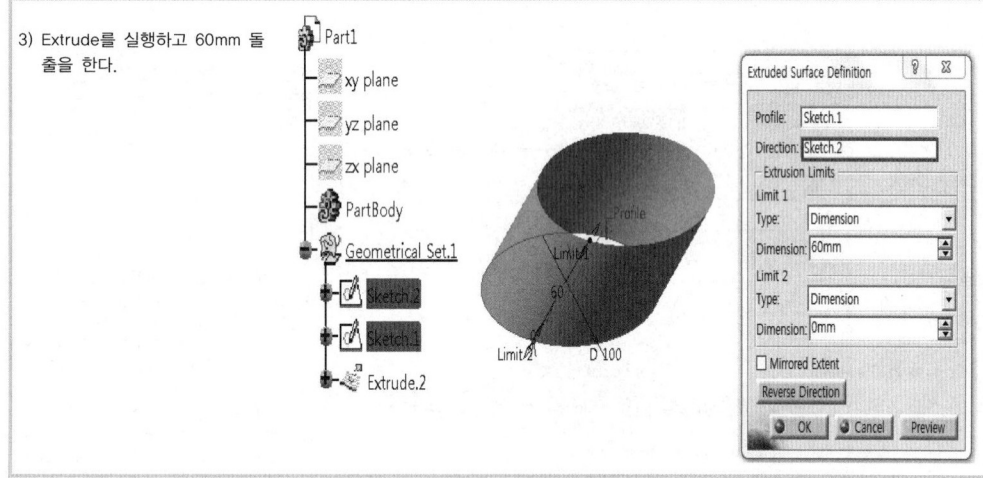

■ Extrude 결과

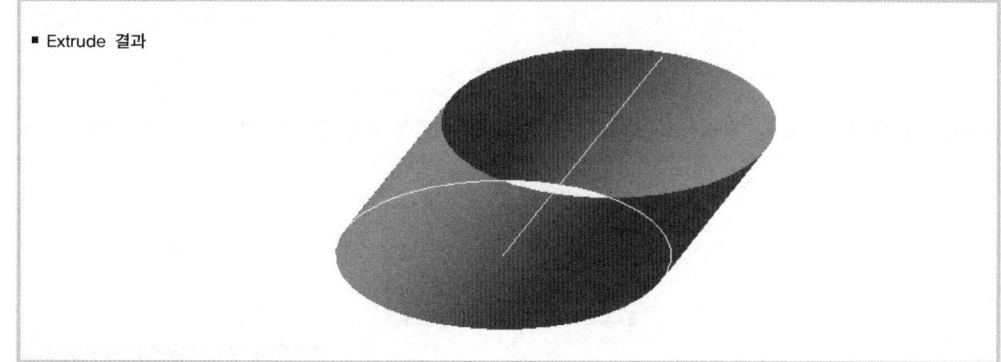

실습 과제 3

1) 스케치를 실행하고 YZ Plane을 선택하여 다음과 같이 스케치를 한다. (Profile 생성)

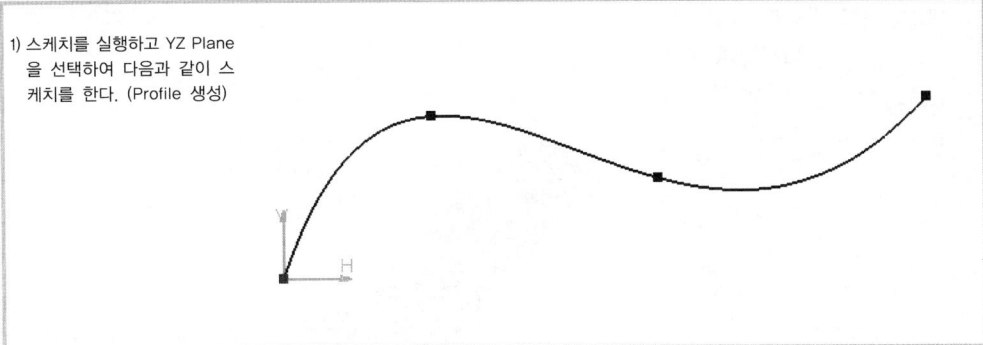

2) Extrude를 실행하고 40mm, Mirrored Extent를 지정하여 돌출을 한다.

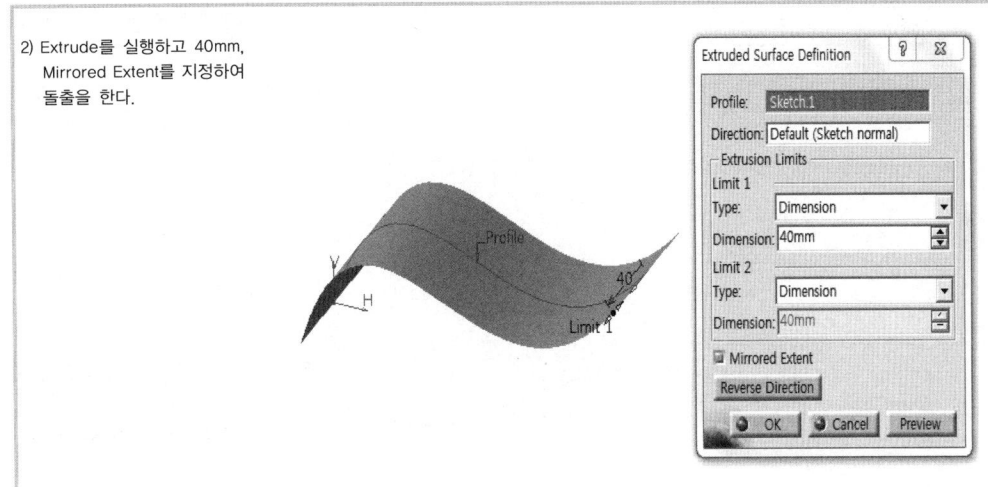

■ Extrude 결과

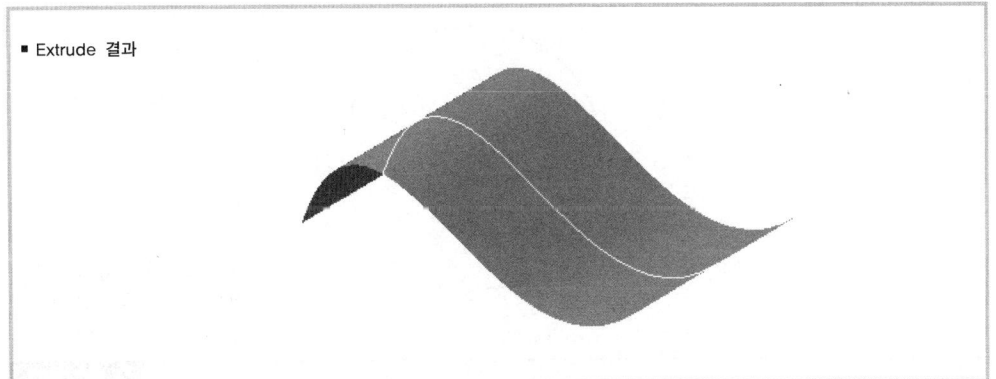

실습 과제 4

1) 스케치를 실행하고 YZ Plane을 선택하여 다음과 같이 스케치를 한다.

2) Extrude를 실행하고 90mm 돌출을 한다.

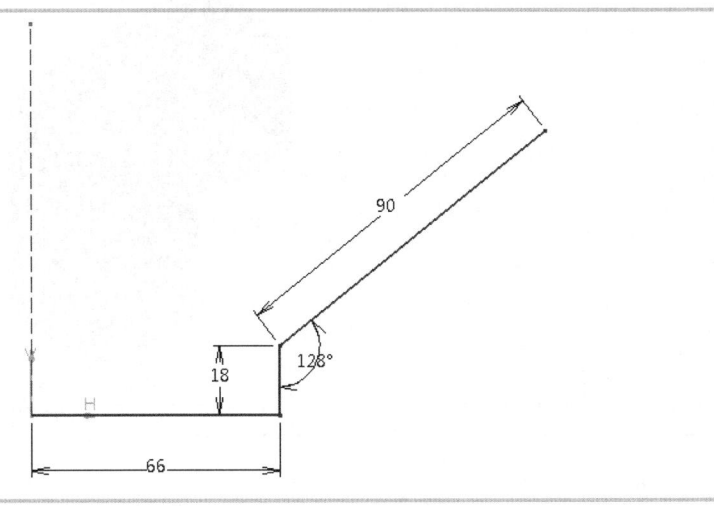

■ Extrude 결과

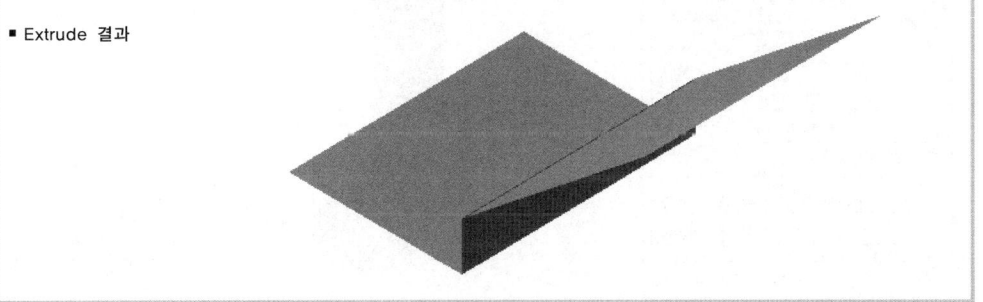

실습 과제 5

1) 스케치를 실행하고 XY Plane을 선택하여 다음과 같이 스케치를 한다.

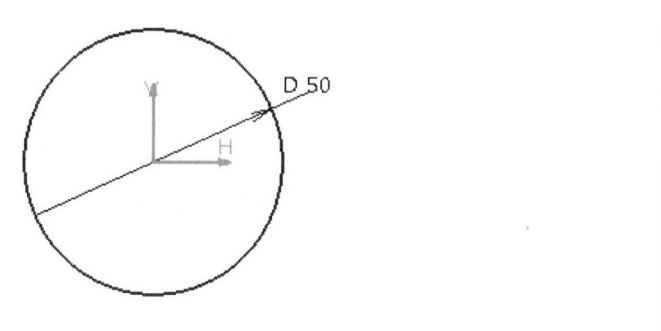

2) 스케치를 실행하고 ZX Plane을 선택하여 다음과 같이 자유 곡선을 스케치를 한다.

3) Extrude( )을 실행하고 39mm, Mirrored extent를 지정하여 돌출을 한다.

4) Extrude( )을 실행하고 Limit1의 Type : Up-to element를 지정하고 곡면을 선택하여 곡면까지 돌출을 한다.

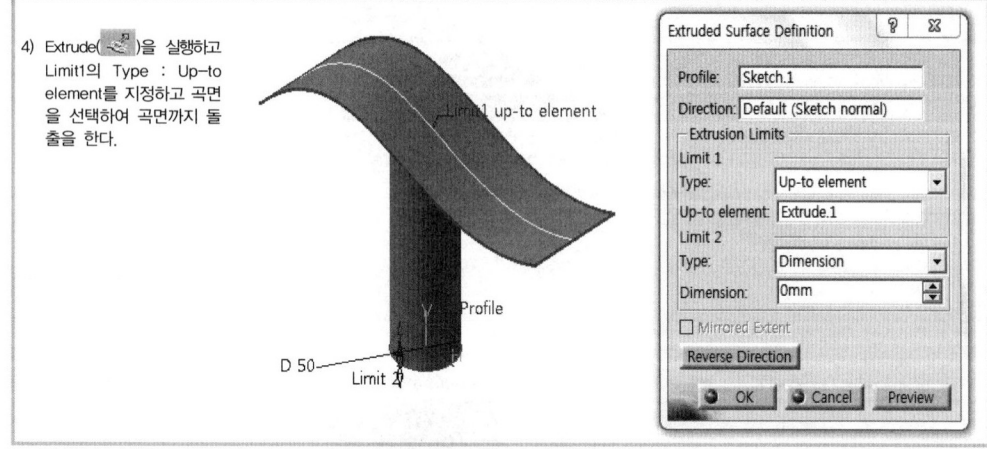

■ Extrude 결과

실습 과제 6   Extrude, Fill, Join

[실습 과제 2]를 다음과 같이 Surface를 입힌다.

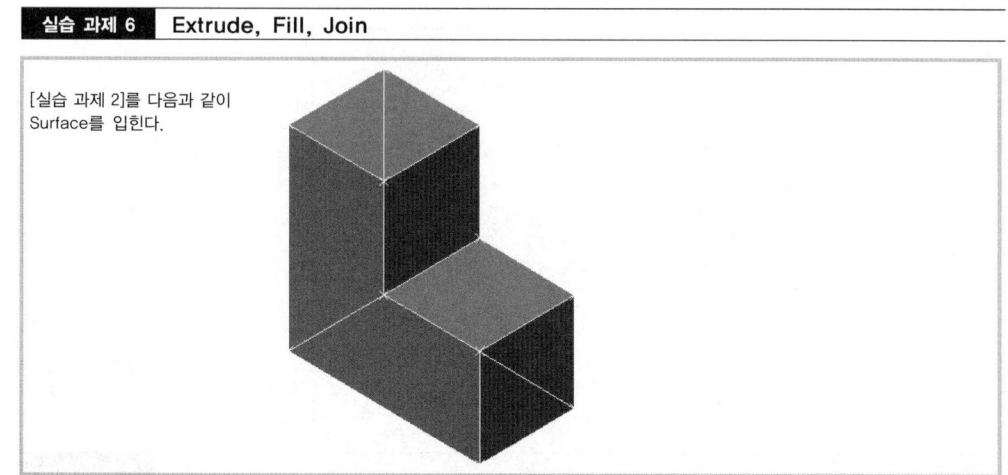

| 실습 과제 7 | Extrude 또는 Fill, Join |

다음과 같이 Surface를 채운다.

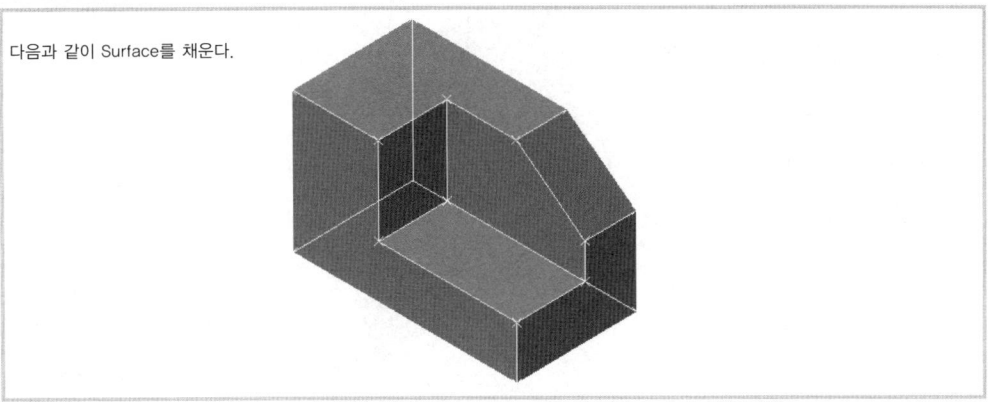

| 실습 과제 8 | Extrude 또는 Fill, Join |

다음과 같이 Surface를 채운다.

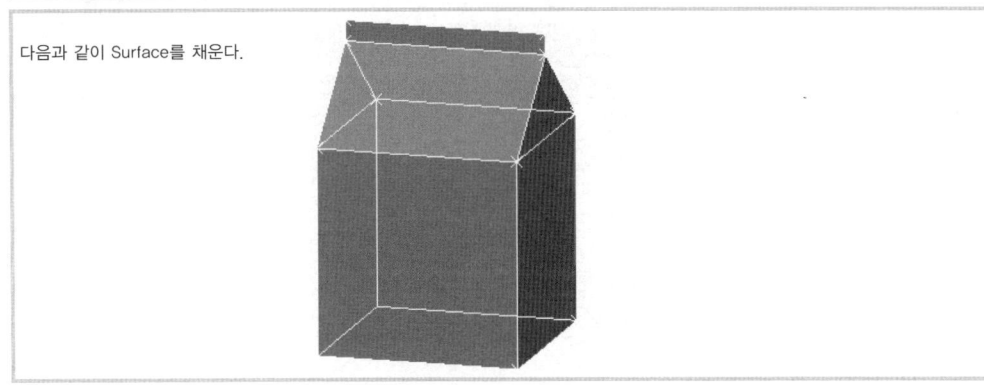

| 실습 과제 9 | Extrude 또는 Fill, Join |

다음과 같이 Surface를 입힌다.

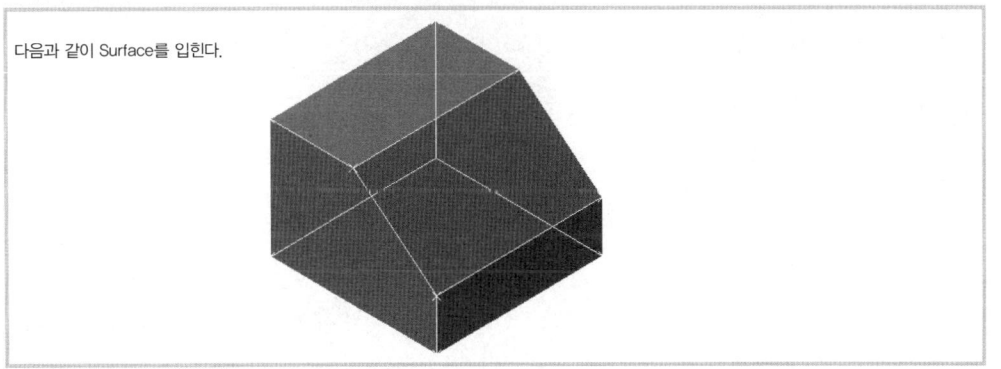

| 실습 과제 10 | CRT TV Box 만들기 |

1) 스케치를 실행하고 ZX Plane을 선택하여 다음과 같이 스케치를 한다.

2) Extrude를 실행하고 50mm, Mirrored Extent를 지정하여 돌출을 한다.

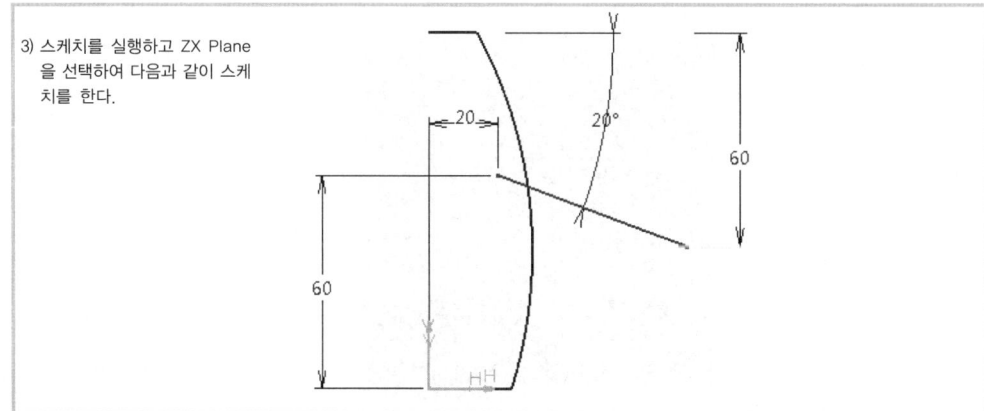

3) 스케치를 실행하고 ZX Plane을 선택하여 다음과 같이 스케치를 한다.

4) Plane을 실행하고 Normal to Curve를 지정, Sketch.2와 끝점을 이용하여 Plane을 생성한다.

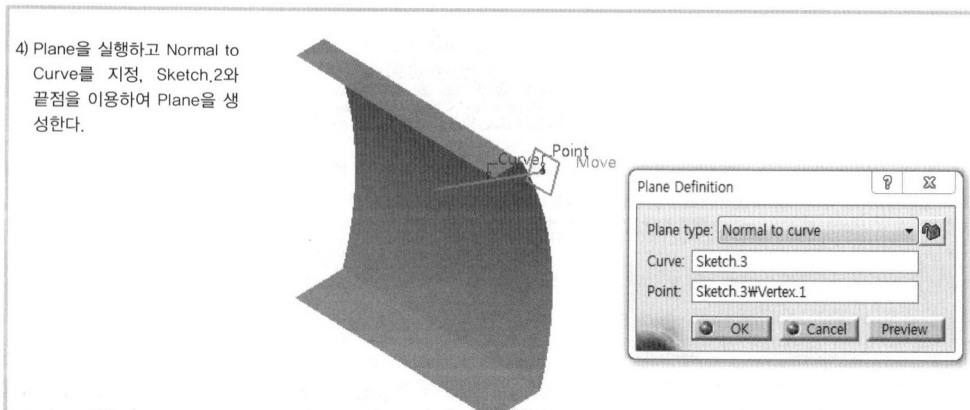

5) 스케치를 실행하고 Plane.1을 선택하여 다음과 같이 스케치를 한다.

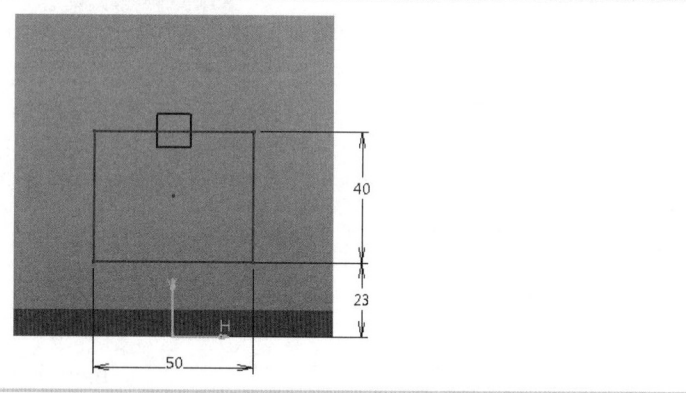

6) Plane을 실행하고 Normal to Curve를 지정, Sketch.2와 끝점을 이용하여 Plane을 생성한다.

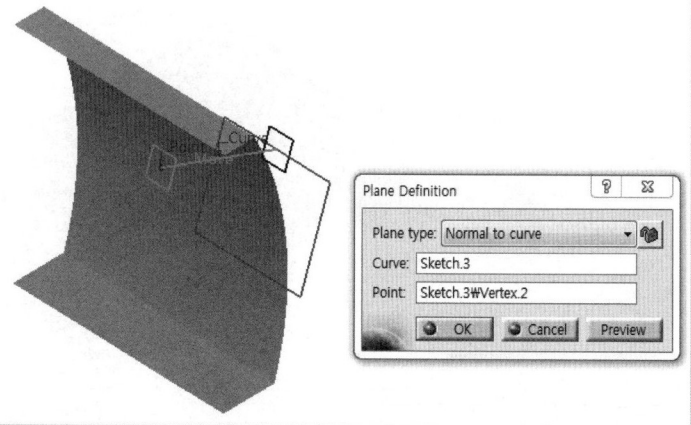

7) 스케치를 실행하고 Plane.2를 선택하여 다음과 같이 스케치를 한다.

8) Multi-Section Surface를 실행하고 사각형 스케치 2개를 선택, [Coupling] 탭을 선택하여 Vertices를 지정한다.

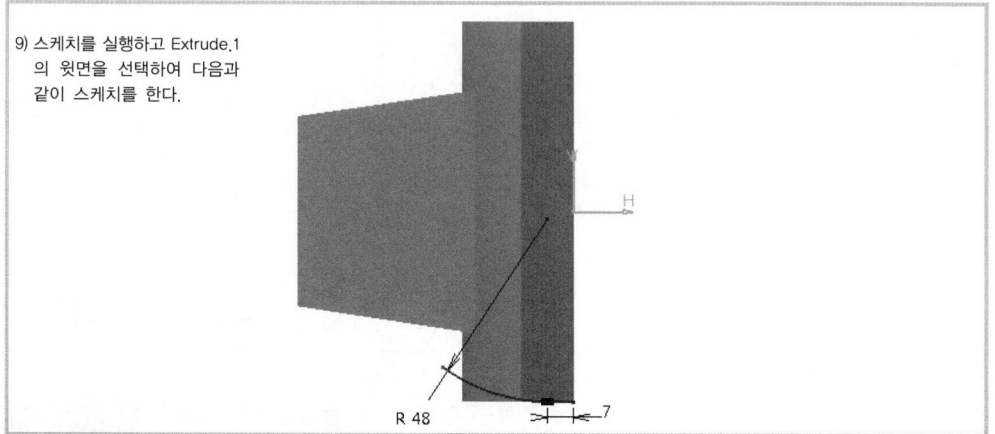

9) 스케치를 실행하고 Extrude.1의 윗면을 선택하여 다음과 같이 스케치를 한다.

10) Extrude를 실행하고 100mm로 아래 방향으로 돌출을 한다.

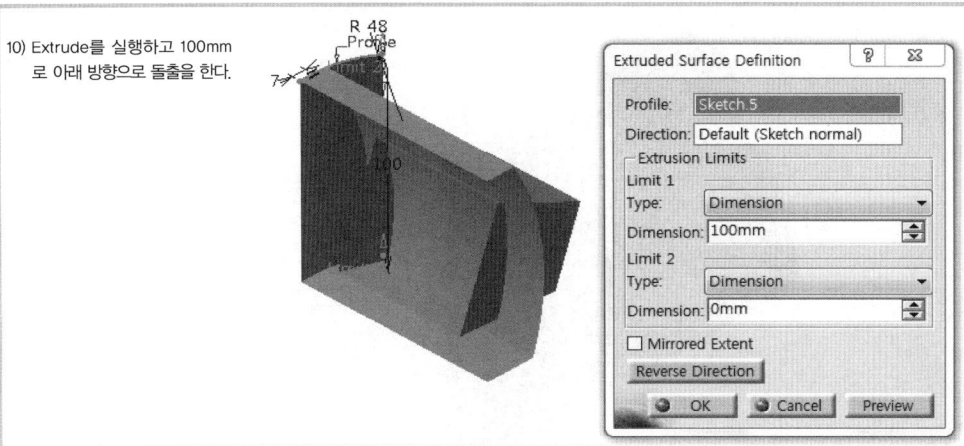

11) Symmetry를 실행하고 Extrude.2를 ZX Plane을 기준으로 대칭복사 한다.

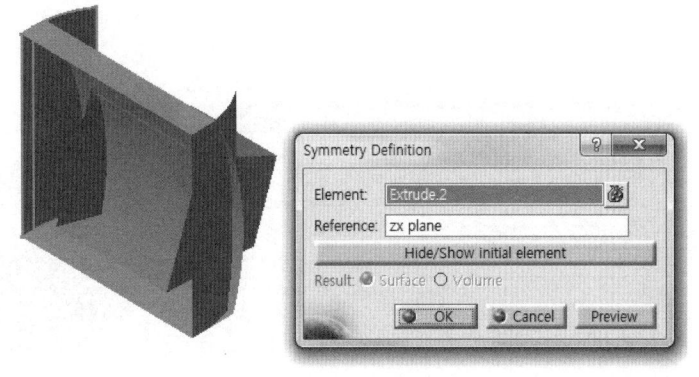

12) Trim을 실행하고 Extrude.1과 Multi-Section Surface.1을 선택하여 다음과 같이 잘리도록 설정한다.

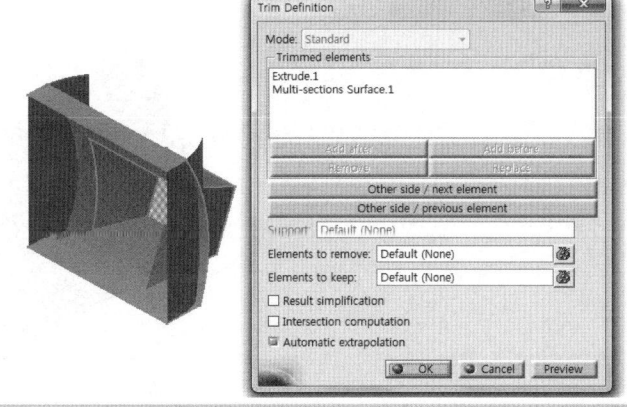

13) Trim을 실행하고 Extrude.2와 Trim.1을 선택하여 다음 부분이 잘려지도록 설정한다.

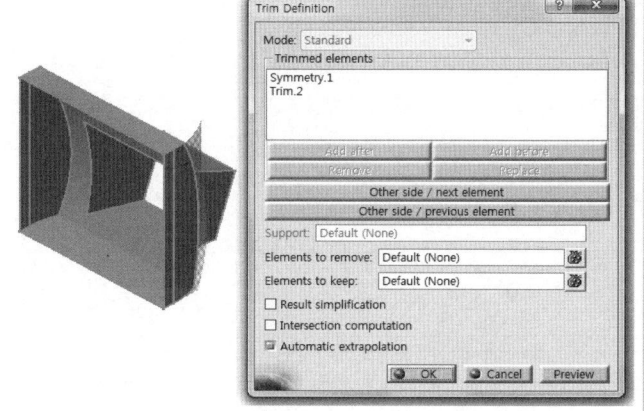

14) Trim을 실행하고 Extrude.1과 Symmetry.1을 선택하여 다음 부분이 잘려지도록 설정한다.

15) [Start]-[Mechanical Design]-[Part Design]를 선택한다.

16) CloseSurface를 실행하여 Trim Surface를 솔리드로 채운다.

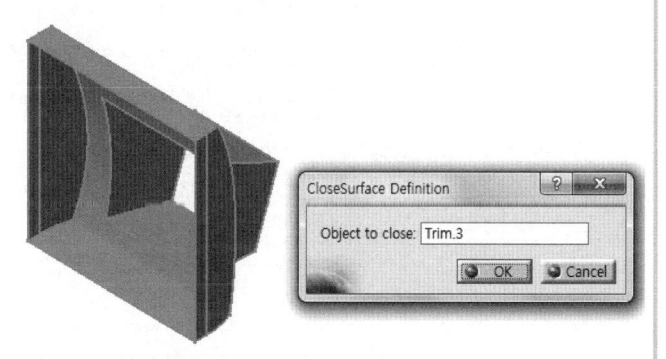

17) Solid로 변환된 결과

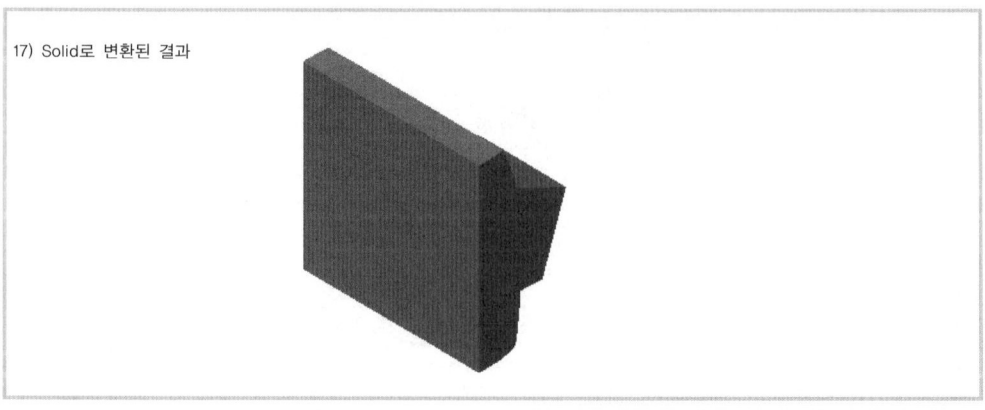

18) Shell을 실행하고 두께 : 1mm로 생성한다.

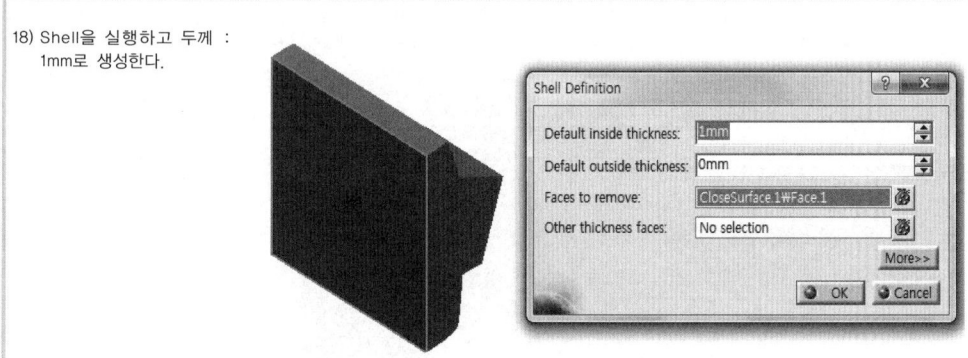

■ 완성 결과

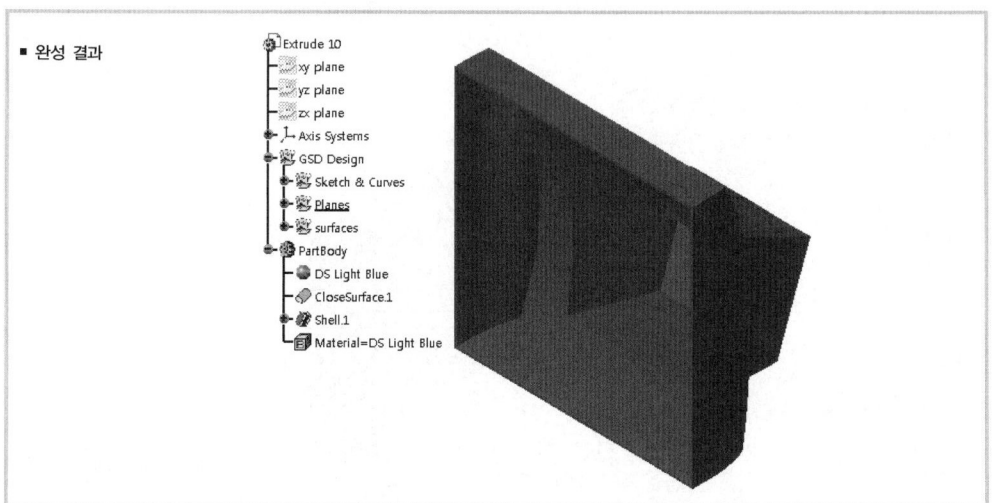

❷ Revolution( ) : Profile에 지정한 Sketch를 축(Axis)을 중심으로 회전시켜 생성한다.

· Revolution( ) Definition

- Profile : 회전할 스케치를 선택한다.
- Revolution Axis : 회전 기준 축을 지정한다.
- Angle : 회전 각도를 지정한다.

회전시킬 Wireframe 을 지정
1, 2 사분면 회전각도 지정
3, 4 사분면 회전각도 지정
회전 축 지정

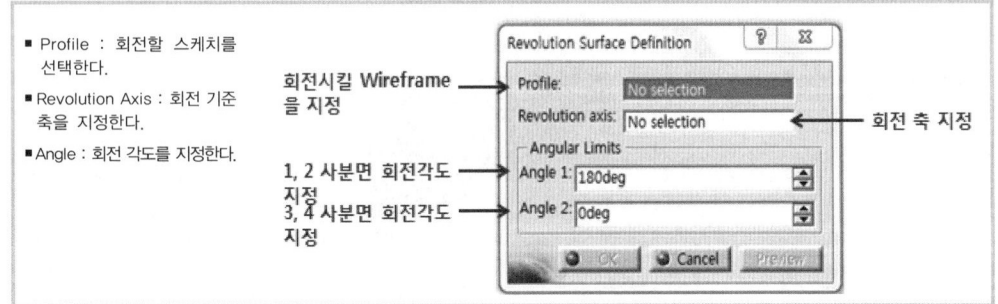

Revolution 실습 1

1) 스케치를 실행하고 YZ Plane 을 선택하여 다음과 같이 스케치를 한다.

2) Revolution( )을 실행하고 270deg를 회전을 한다.

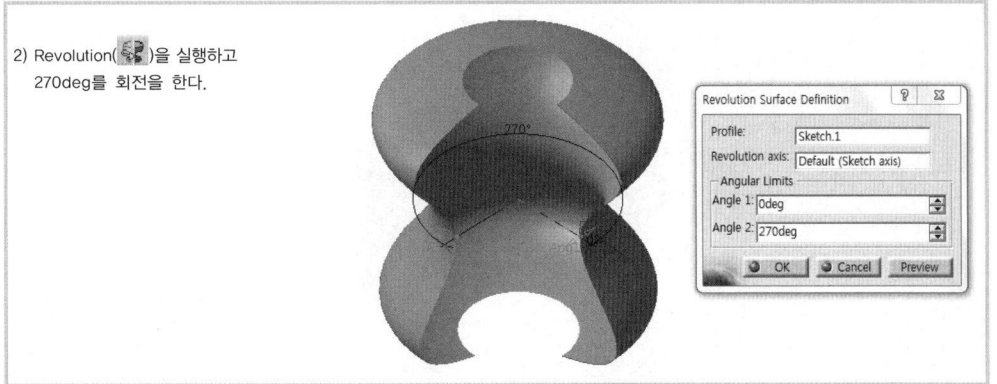

■ Revolution 결과

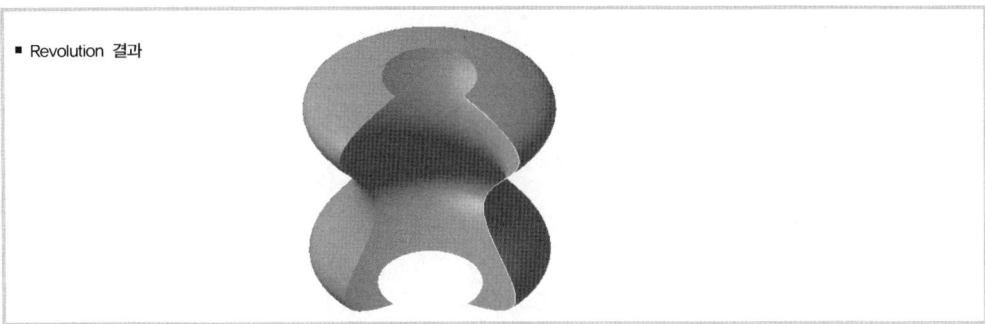

Revolution 실습 2

1) 스케치를 실행하고 YZ Plane 을 선택하여 다음과 같이 스케치를 한다.

2) Revolution( )을 실행하고 360deg 회전을 한다.

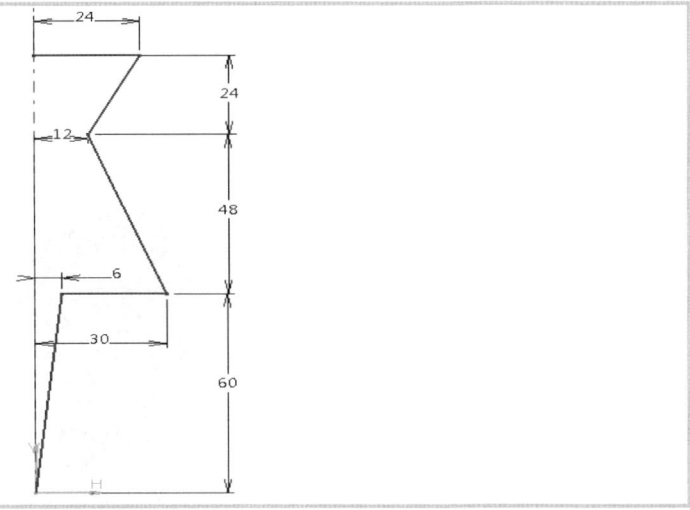

■ Revolution 결과

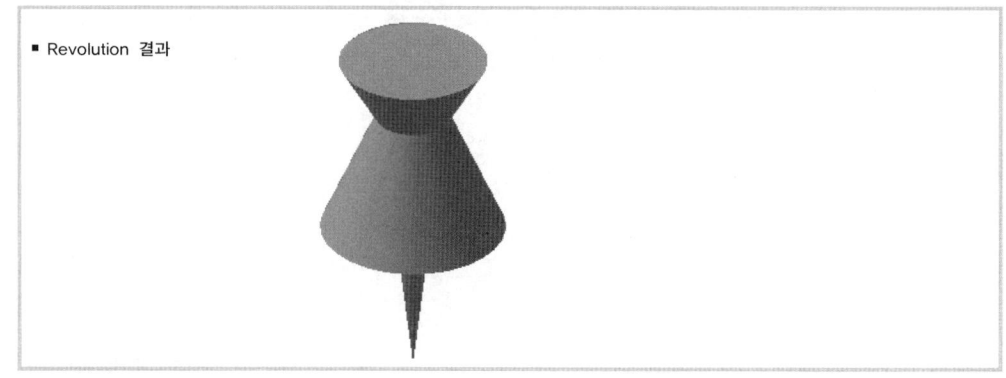

Revolution 실습 3

1) 스케치를 실행하고 YZ Plane 을 선택하여 다음과 같이 스케치를 한다.

2) Revolution( )을 실행하고 180deg 회전을 한다.

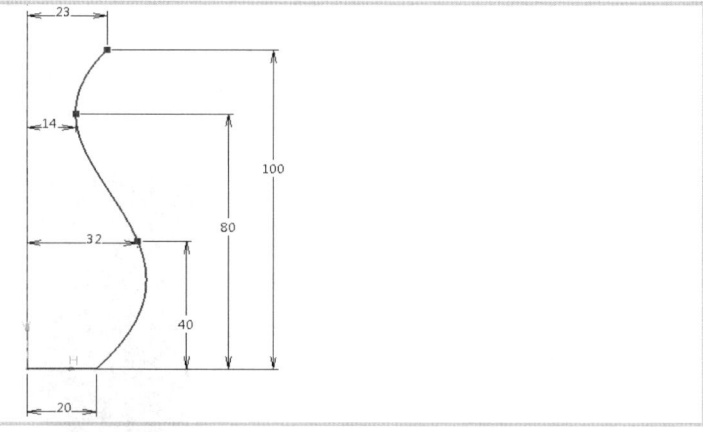

3) Spec Tree에서 Revolution.1 객체를 더블클릭하여 360deg 회전하도록 수정한다.

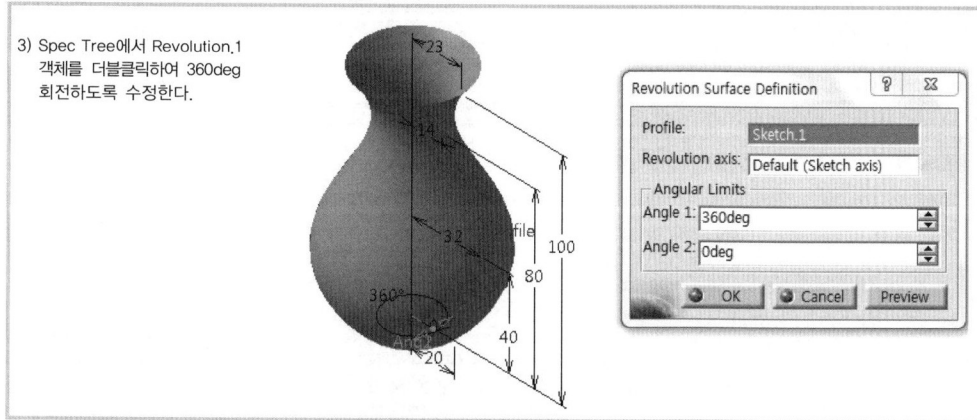

- Revolution 결과

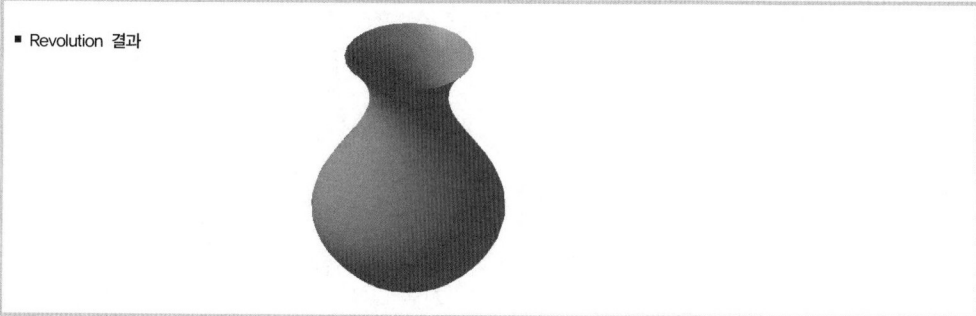

Revolution 실습 4

1) 스케치를 실행하고 YZ Plane 을 선택하여 다음과 같이 스케치를 한다.

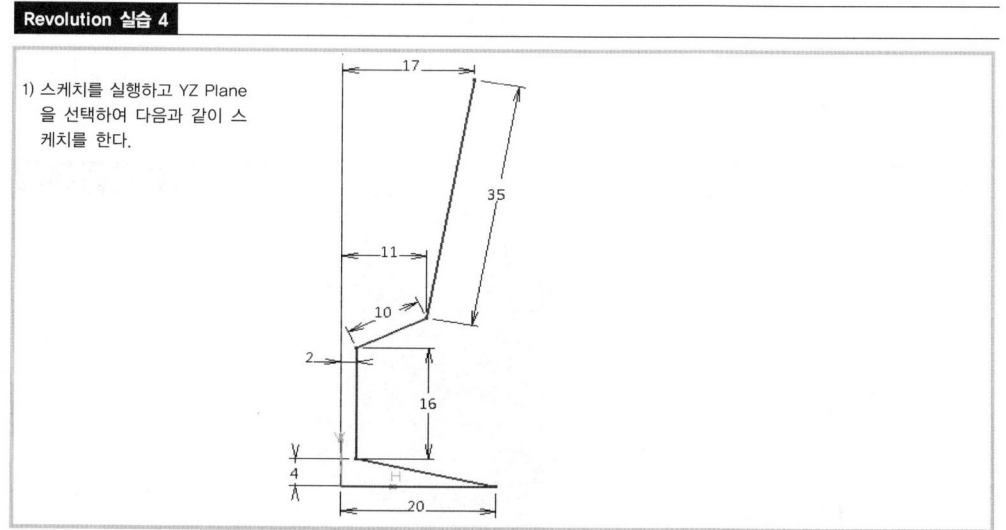

2) Revolution( )을 실행하고 360deg 회전을 한다.

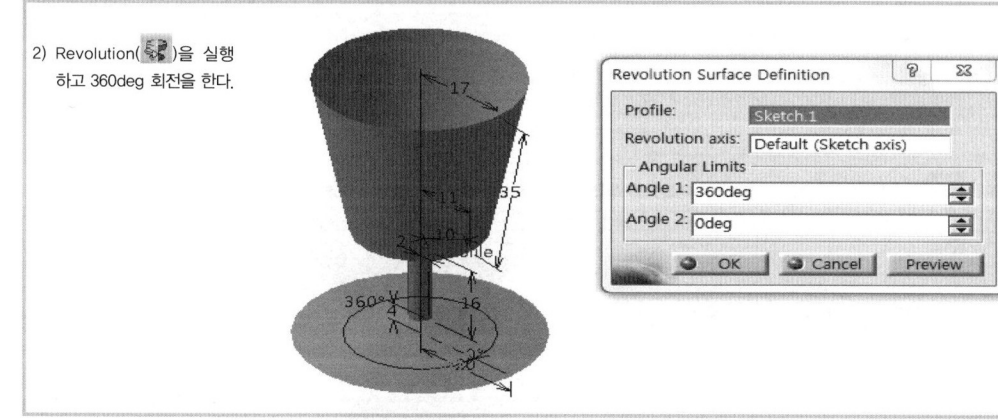

- Revolution 결과

Revolution 실습 5

1) 스케치를 실행하고 YZ Plane 을 선택하여 다음과 같이 스케치를 한다.

- 회전축 : Axis를 사용한다.

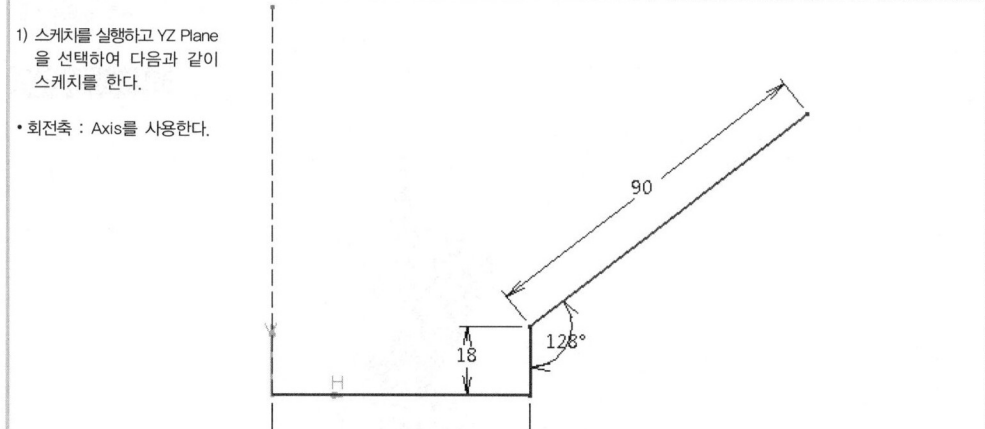

2) Revolution( )을 실행하고 180deg 회전을 한다.

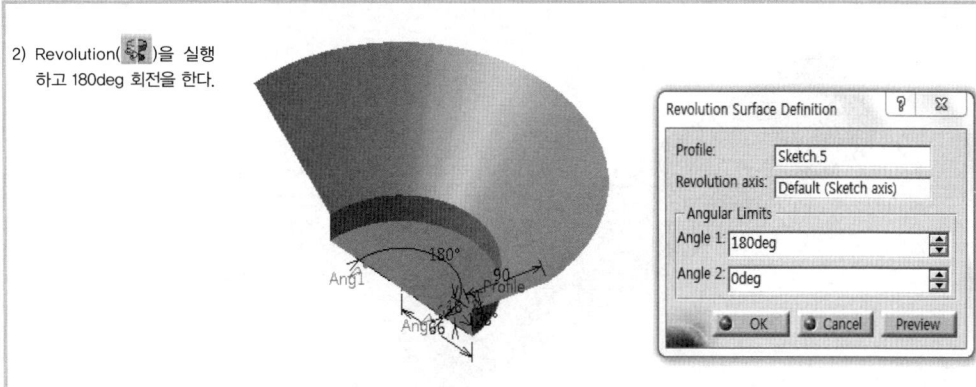

- Revolution 결과

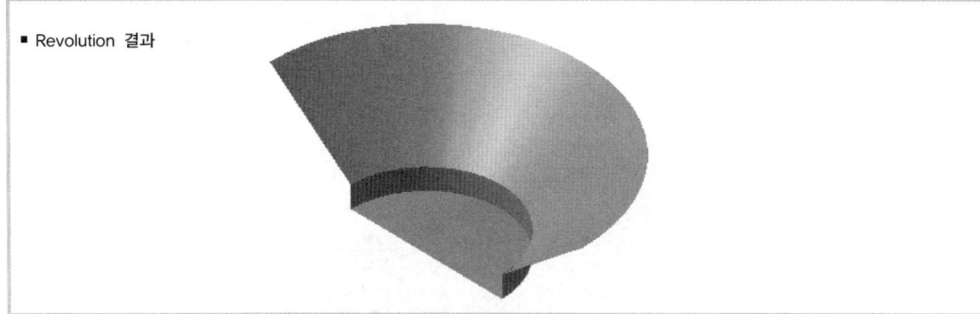

Revolution 실습 6

1) 스케치를 실행하고 YZ Plane을 선택하여 다음과 같이 스케치를 한다.

2) Revolution( )을 실행하고 360deg 회전을 한다.

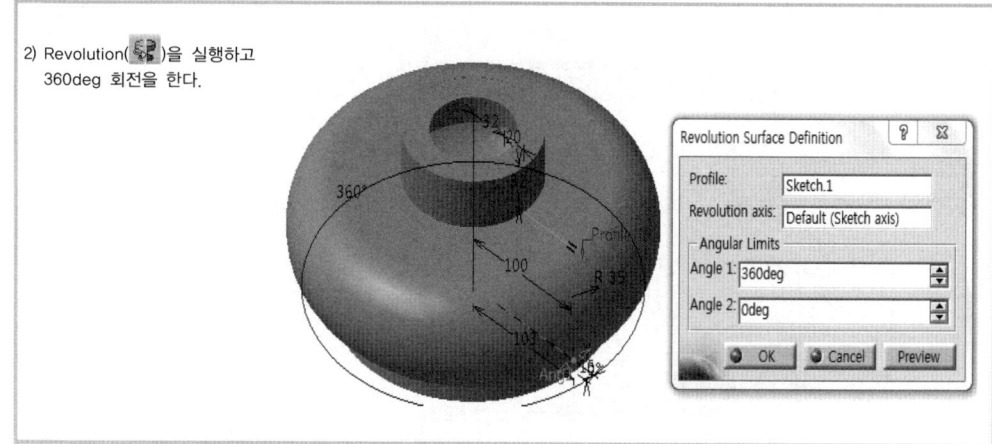

- Revolution 결과

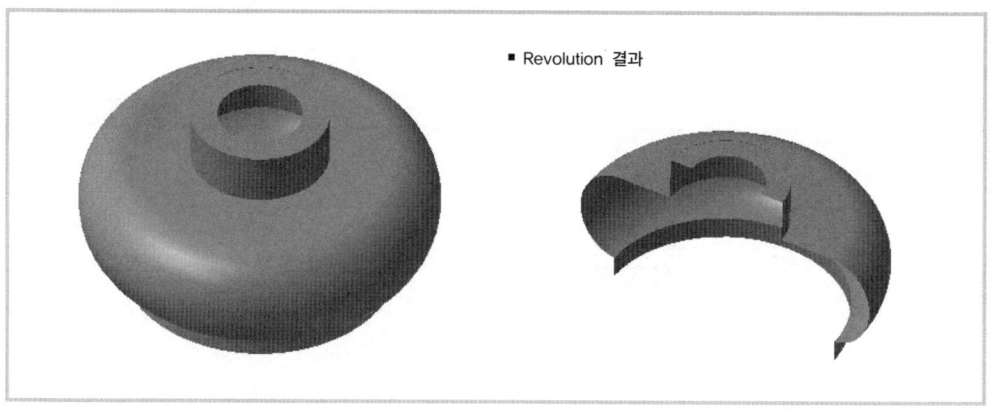

Revolution 실습 7

1) 스케치를 실행하고 YZ Plane을 선택하여 다음과 같이 스케치를 한다.

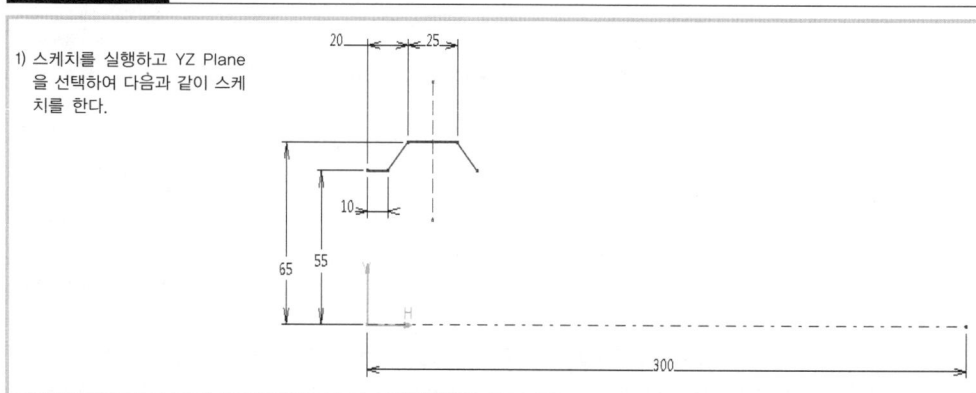

2) Translate를 이용하여 다음과 같이 11개 복사한다.

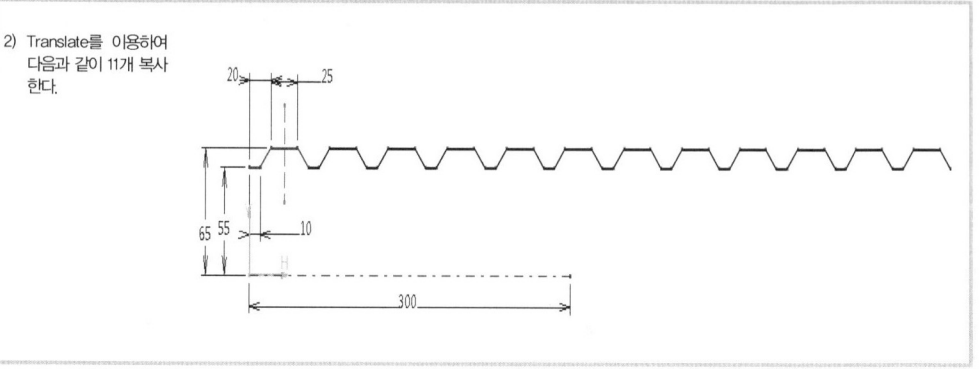

3) Revolution을 실행하고 360deg 회전을 한다.

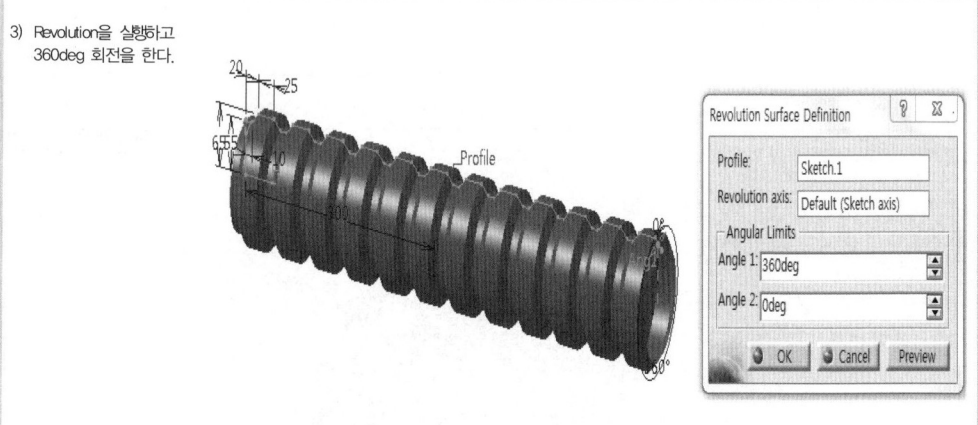

■ 완성 결과

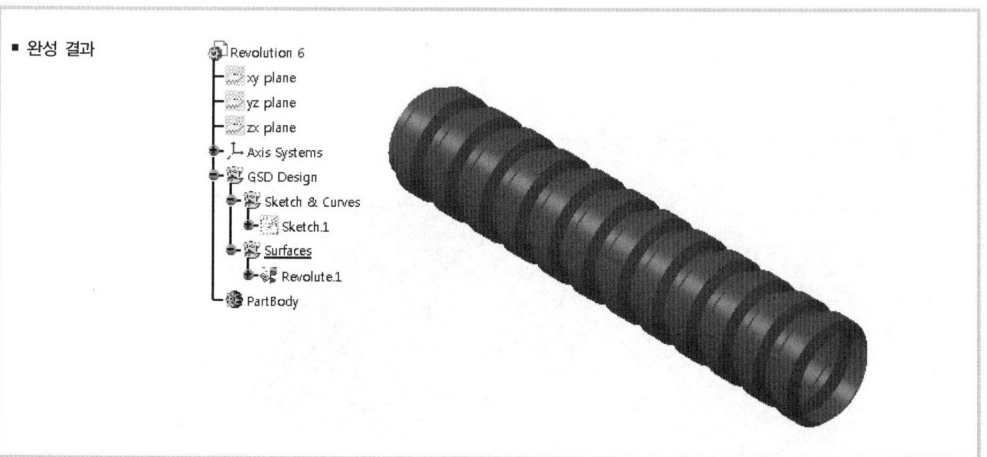

❸ Sphere( ) : Point를 중심으로 하는 Surface 형상의 완전한 구 또는 구의 일부를 만드는 명령이다. 구의 중심점을 먼저 선택해 준다. Sphere Axis는 선택하지 않아도 디폴트로 알맞은 축을 찾아 준다.

• Sphere( ) Definition

- Center : 중심점을 지정해준다.
- Sphere axis : 축을 선택해준다.
- Sphere radius : 구의 반지름 값이다.
- Sphere Limitations : 구의 각을 조절하여 완전한 구 또는 일부만을 만들 수 있다.
  - Parallel Start Angle : Z축 방향의 아래쪽 각도
  - Parallel End Angle : Z축 방향의 위쪽 각도
  - Meridian Start Angle : X축 방향의 시계 방향 각도
  - Meridian End Angle : X축 방향의 반시계 방향 각도

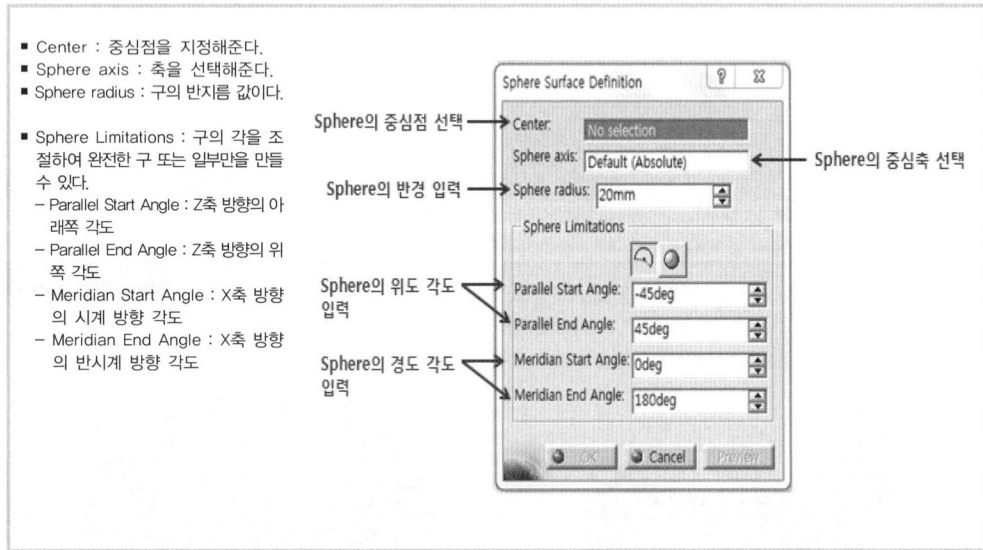

Sphere 실습 1

1) Sphere( )을 실행하고 Center 위치에서 마우스 우측 버튼을 눌러 [Create Point]를 선택한다.

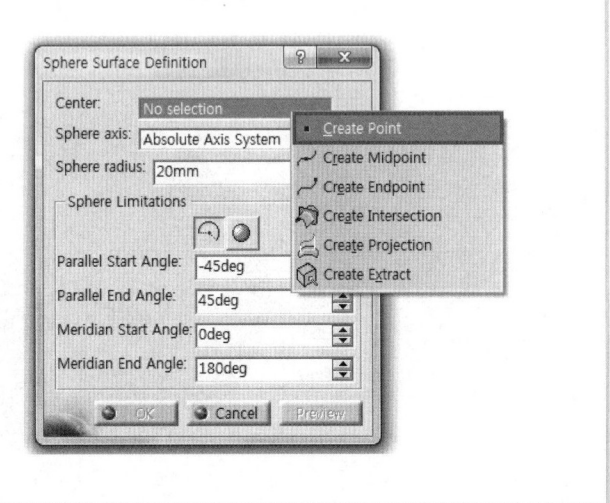

2) Coordinates를 지정 다음과 같이 원점을 지정한다.

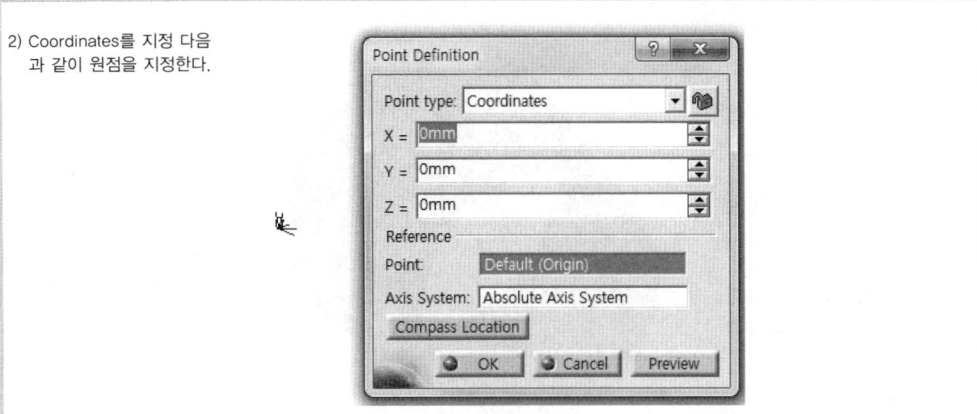

3) 완전한 구(◉)를 선택한다.

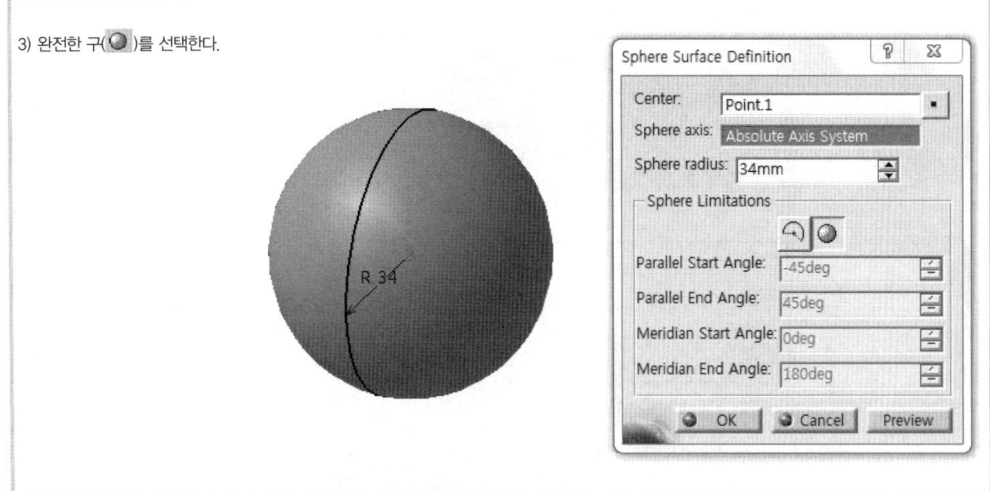

■ Sphere 결과

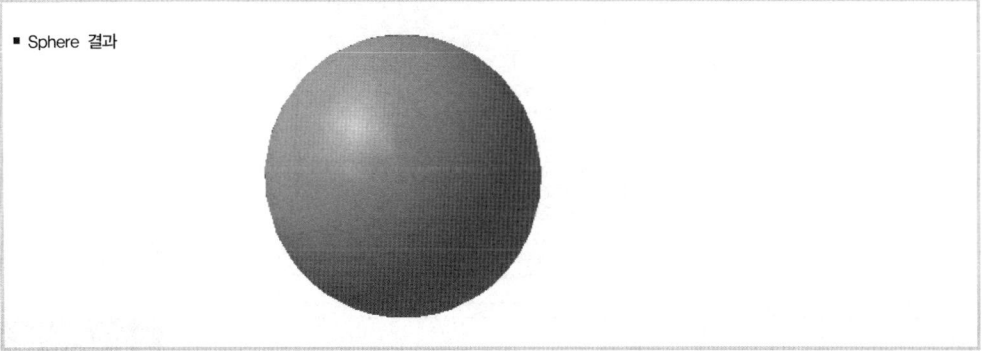

4) Spec Tree에서 Sphere(◉)을 더블클릭하고 다음과 같이 변경해 본다.

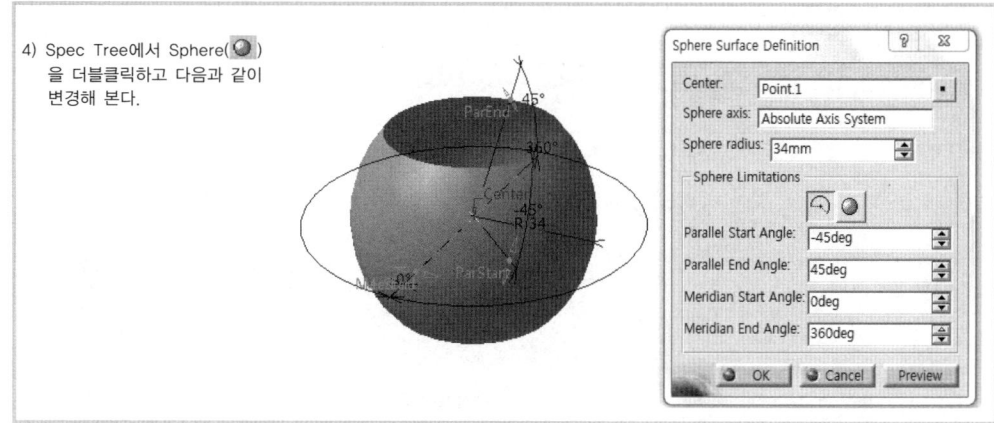

■ Sphere 결과

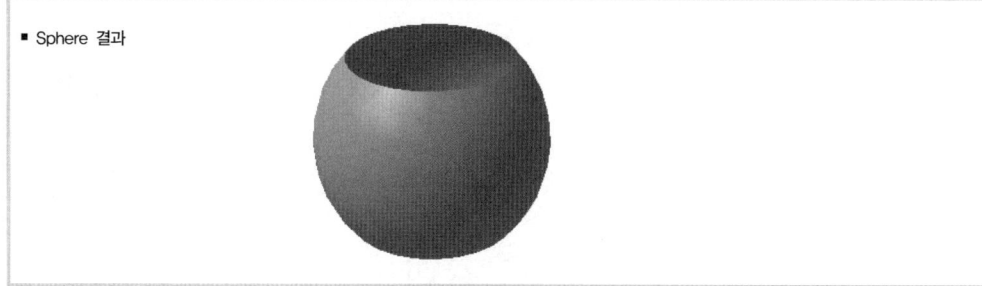

❹ Cylinder() : 원통 형상을 만들어 주는 명령으로 중심점과 방향을 선택하여 반지름을 입력하여 원통 형상을 만든다.

• Cylinder() Definition

- Point : Cylinder의 중심점을 선택한다.
- Direction : 돌출 방향을 지정한다.
- Radius : Cylinder의 반지름을 지정한다.
- Length 1 : 방향1의 돌출 길이를 지정한다.
- Length 2 : 방향2의 돌출 길이를 지정한다.

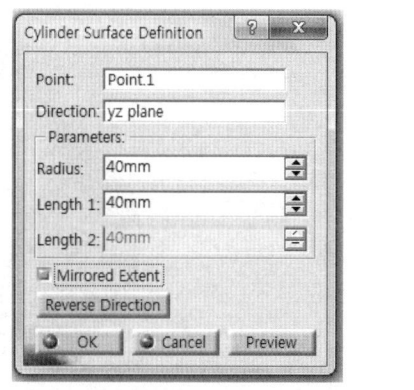

Cylinder 실습 1

1) Cylinder( )을 실행하고 Center 위치에서 마우스 우측 버튼을 눌러 [Create Point]를 선택한다.

2) Coordinates를 지정 다음과 같이 원점을 지정한다.

3) Point에 점의 위치 또는 직접 점을 찍어 선택할 수 있고, 방향의 YZ Plane을 선택, 반지름 : 40mm, 돌출1과 돌출2의 길이 : 40mm 지정한다.

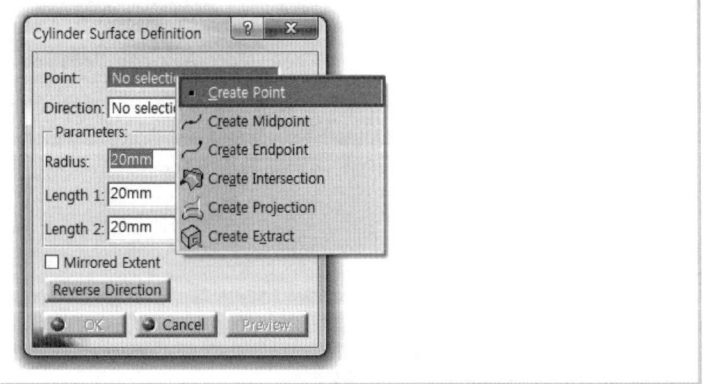
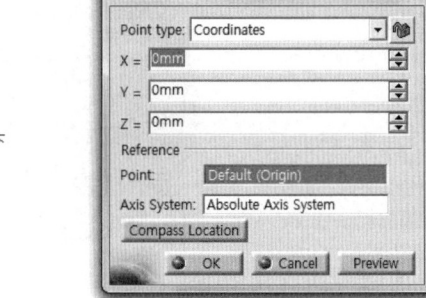
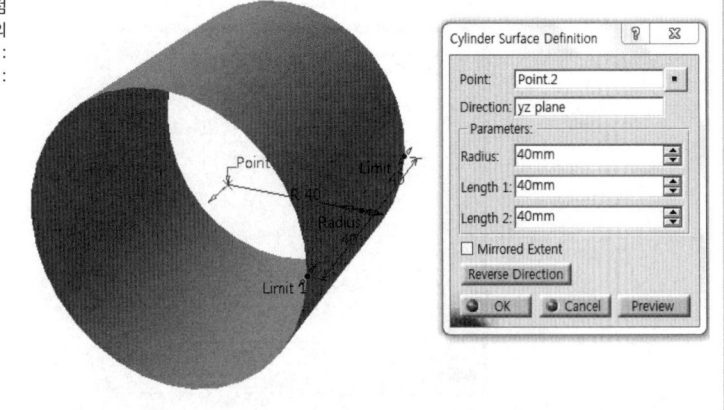

■ Cylinder 결과

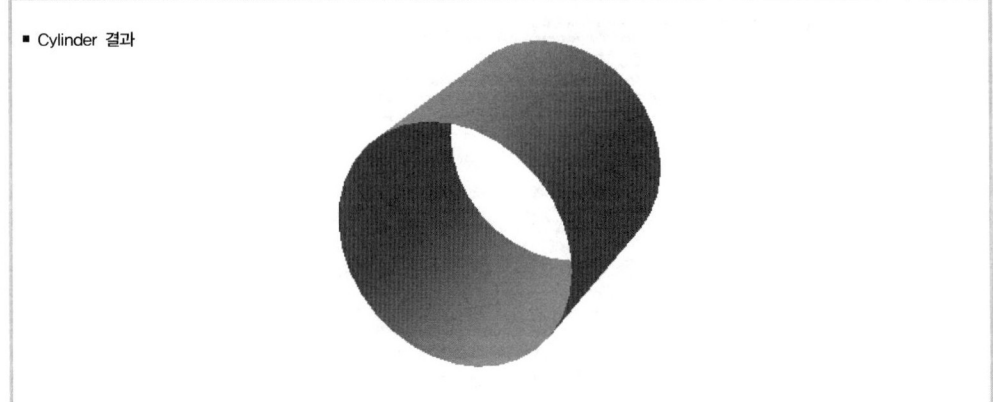

2. Offset Toolbar

❶ Offset( ) : Surface를 일정한 거리를 띄워 새로운 Surface를 만드는 명령이다.

• Offset( ) Definition

- Surface : Offset시킬 곡면을 선택한다.
- Offset : 오프셋 거리 값을 입력한다.
- Both Sides : 양쪽으로 오프셋을 생성한다.
- Repeat Object after OK : 여러 개 생성할 때 개수를 지정할 경우 사용한다.
- Parameters
  - Smoothing : 매끄러운 정도를 지정한다.
    None : 전체 오프셋 면에 균일하게 오프셋 면을 생성한다.
    Automatic : 지오메트리 문제로 인해 오프셋을 할 수 없는 영역을 부드럽게 만들어 줄 때 사용한다.
- Sub-Elements to remove : Offset 적용을 제외시킬 부분을 선택한다.

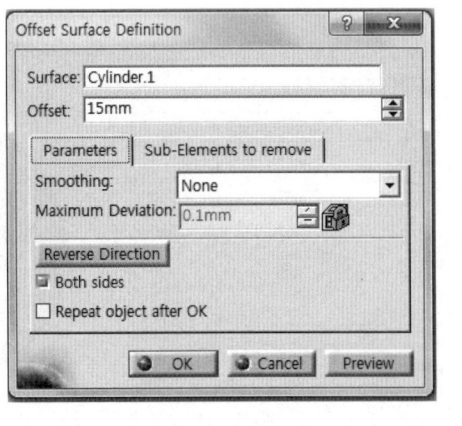

Offset 실습 1

1) 곡면을 준비한다.

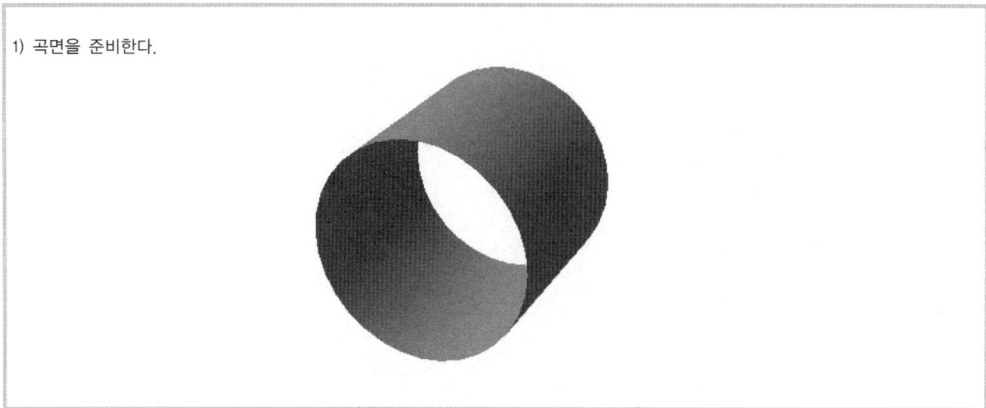

2) Offset(   )을 실행하고 Offset : 15mm을 지정, 양쪽 방향으로 곡면을 오프셋을 한다.

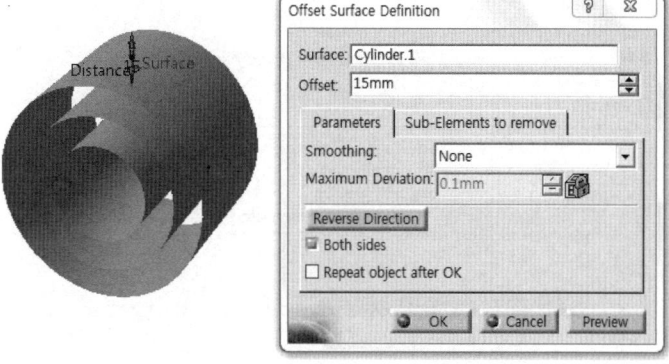

■ Offset 결과

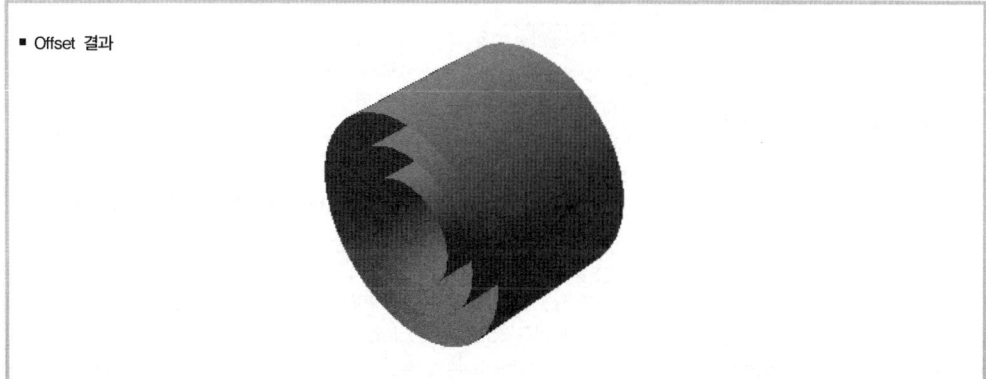

Offset 실습 2

1) 곡면을 준비한다.

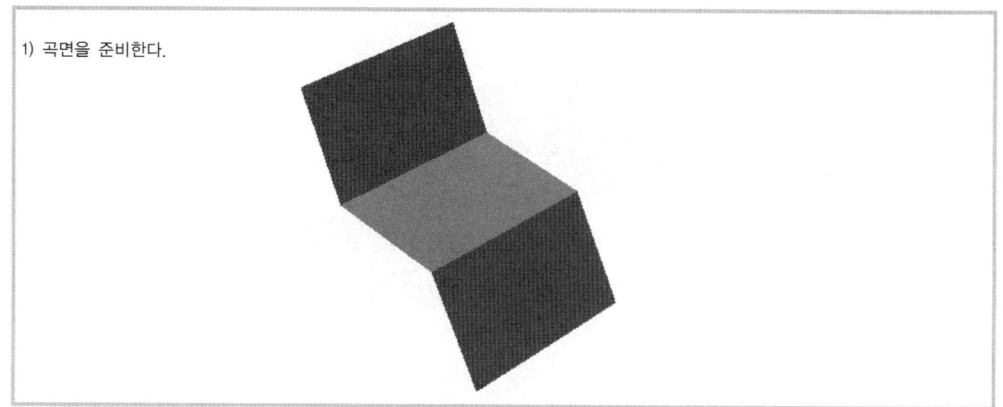

2) Offset(   )을 실행하고 오프셋 거리 : 25mm, Sub-Elements remove를 선택하여 Surface에서 제외시킬 곡면을 선택한다.

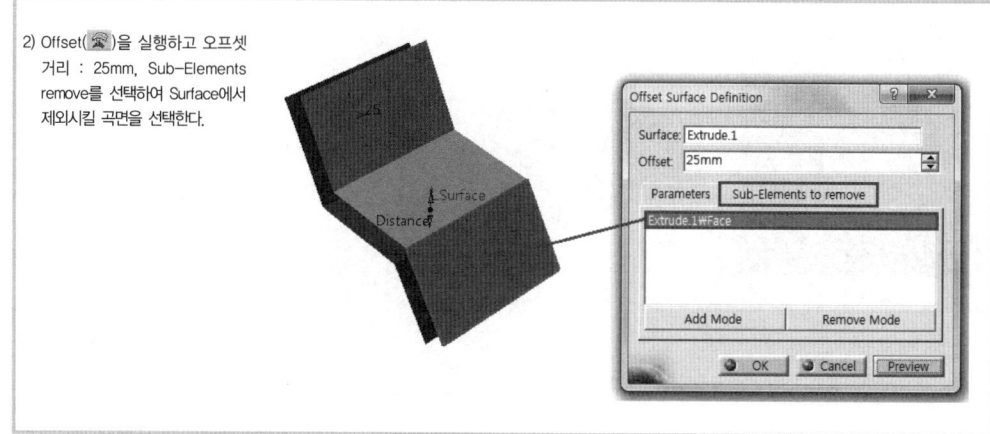

■ Offset 결과

❷ **Variable Offset( ) :** Offset을 여러 개의 Sub Element로 이루어진 Surface에 대해서 일정한 값으로 동일하게 Offset을 하는 것이 아닌 Sub Element마다 Offset 값이 변화하는 Offset을 수행한다. Variable Offset을 하려면 선택한 Surface 요소는 여러 개의 Sub Element로 나누어져 있어야 한다.

• **Variable Offset( ) Definition**

- Base Surface : Surface로 만들기 전 원본 Surface를 선택한다.
- Parameters
  - Sub-Part To Offset : Surface를 차례대로 선택한다.
  - Offset : 각각의 Surface에 적용할 Offset 값을 입력한다.
  - Variable Offset : 단일 Surface는 사용할 수 없고 Join으로 결합된 Surface만 사용할 수 있다.

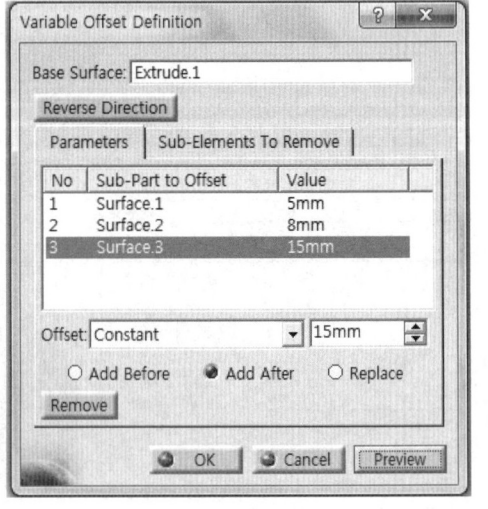

Variable Offset 실습 1

1) 스케치를 실행하고 YZ Plane을 선택하여 다음과 같이 스케치를 한다.

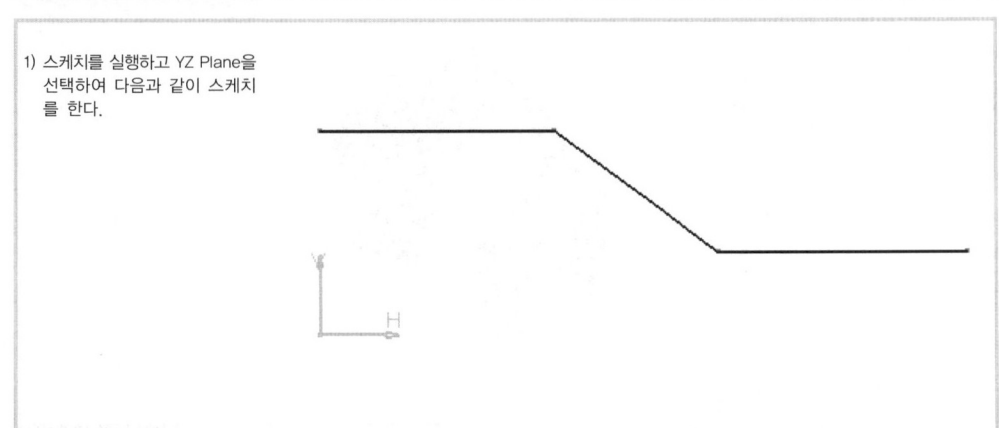

2) Extrude를 실행하고 50mm, Mirrored extent를 지정하여 돌출을 한다.

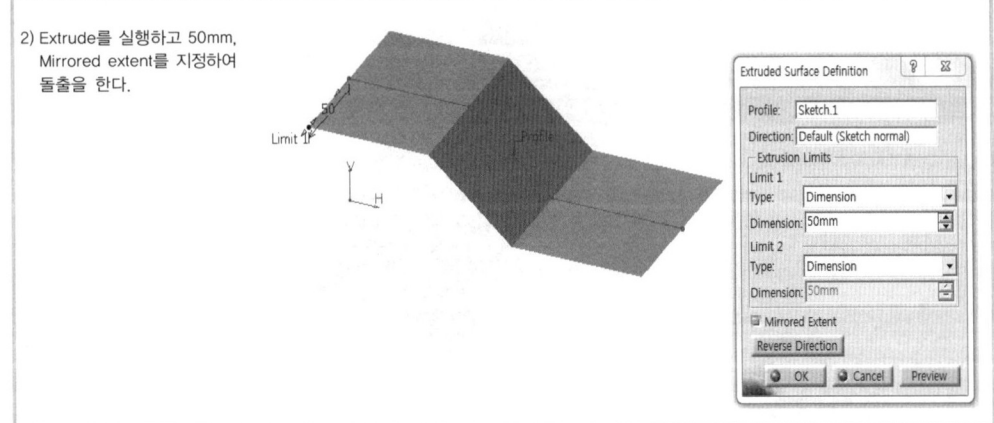

3) Disassemble을 실행하고 Surface를 선택하여 분해한다.

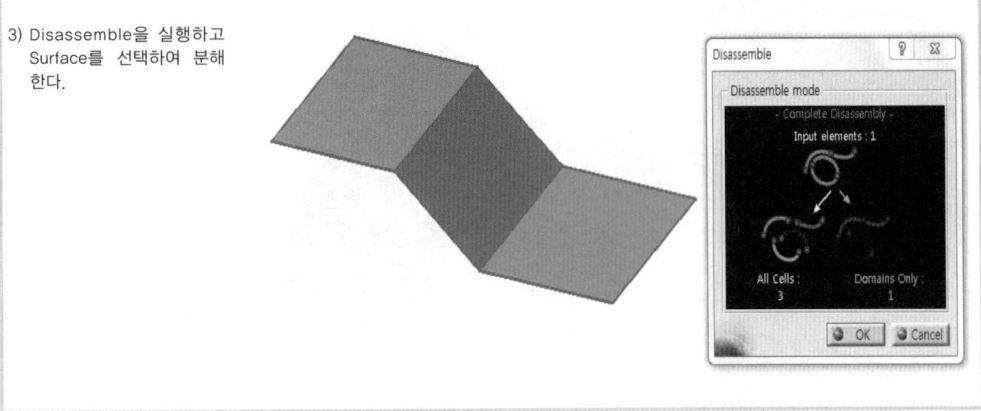

4) Variable Offset을 실행하고 Base Surface : Extrude.1을 선택, Surface 각각에 Offset 값을 다음과 같이 입력해준다.

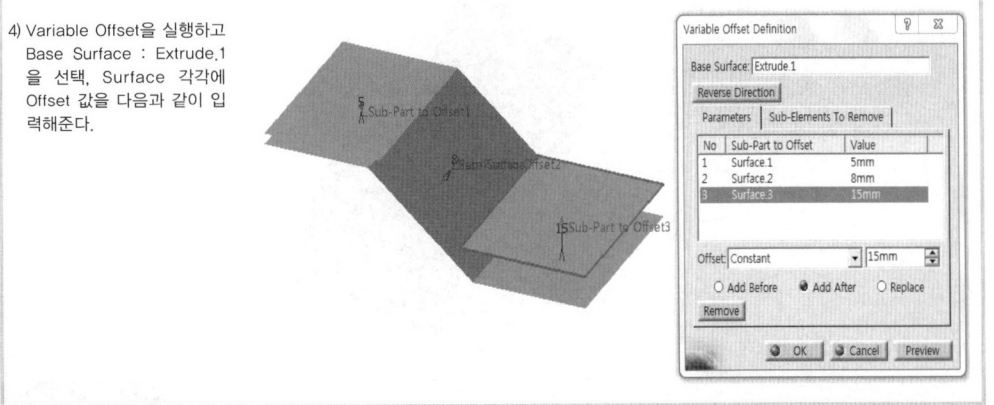

■ Variable Offset 결과

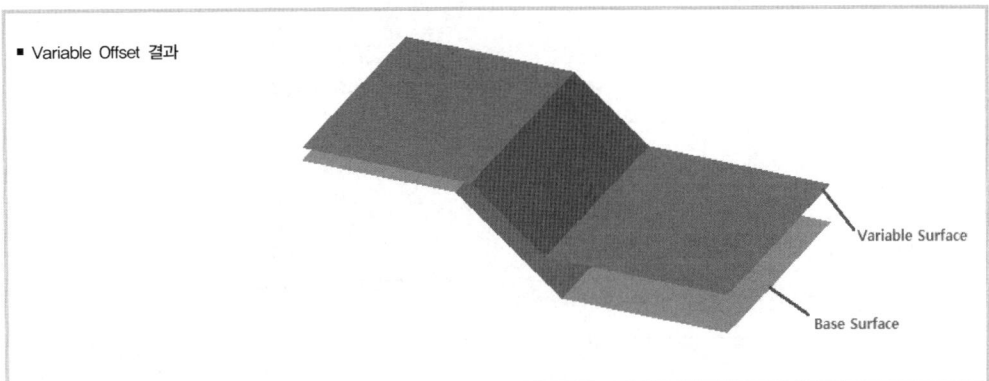

❸ Rough Offset(📄) : 울퉁불퉁하고 복잡한 Surface의 Offset Surface를 생성할 때 사용하는 명령이다.

• Rough Offset(📄) Definition

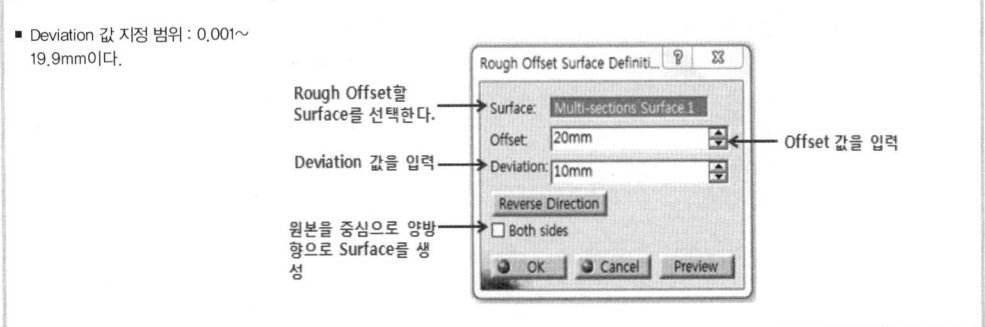

■ Deviation 값 지정 범위 : 0.001~19.9mm이다.

Rough Offset 실습 1

1) Plane을 실행하고 YZ Plane을 기준으로 뒤쪽으로 50mm, Repeat object after OK를 지정한다.

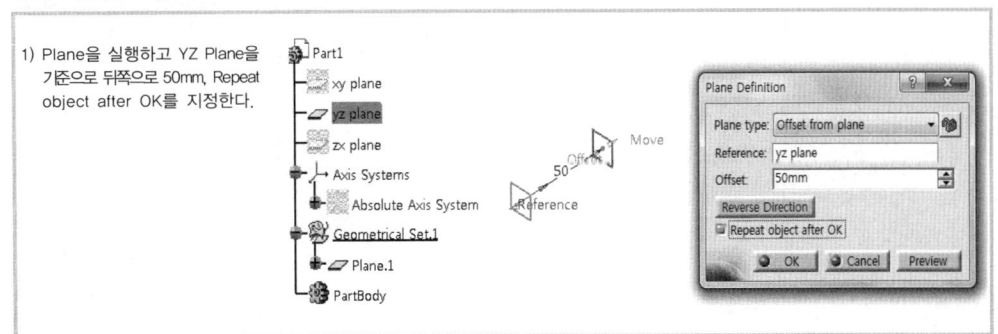

2) 3개를 더 생성한다.

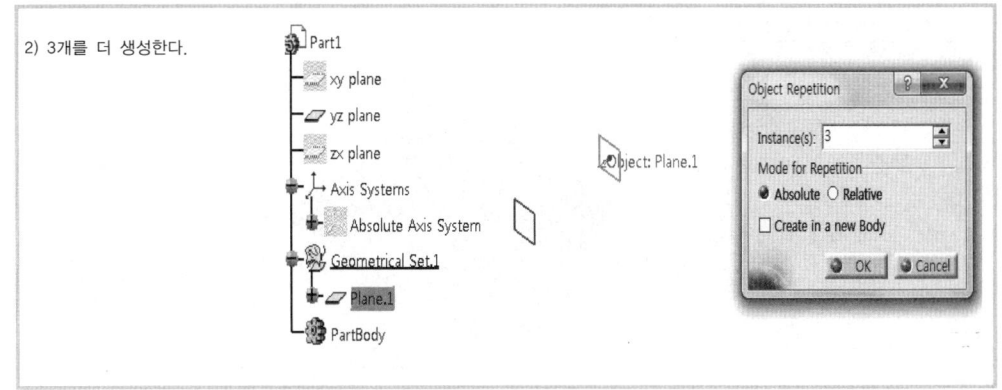

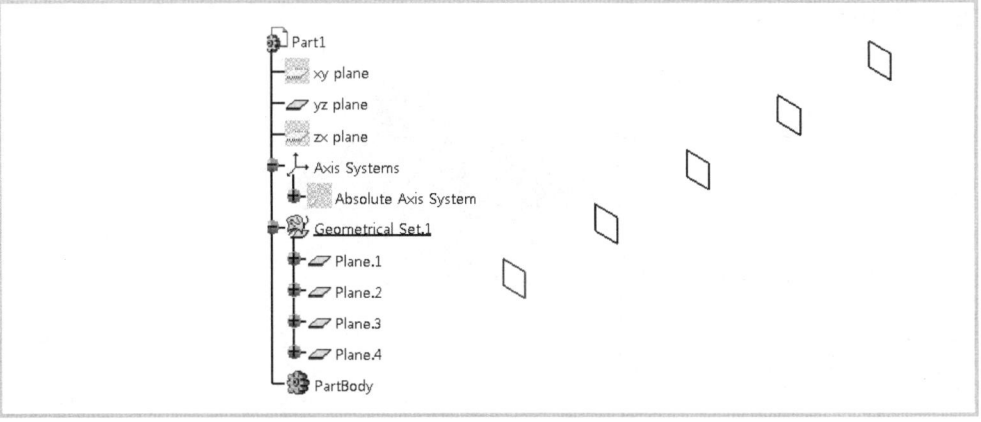

3) 스케치를 실행하고 YZ Plane을 선택하여 다음과 같이 스케치를 한다.

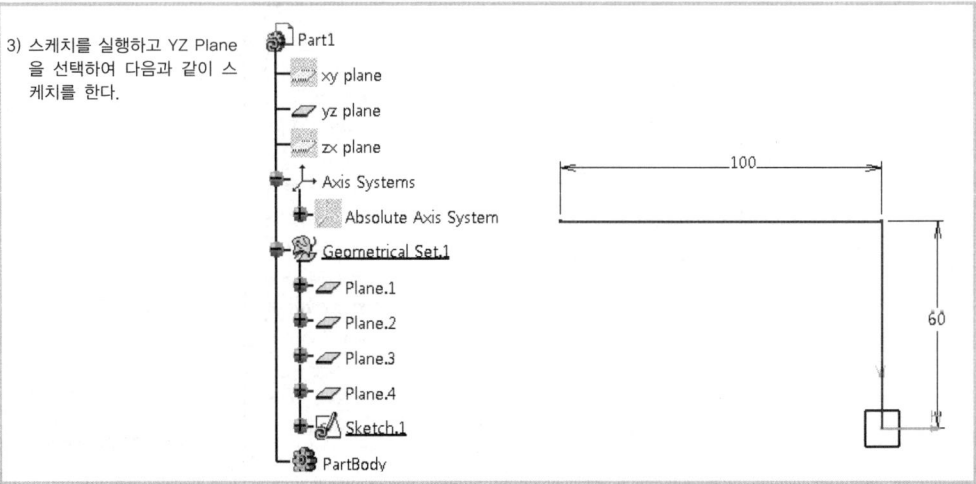

45

4) 스케치를 실행하고 Plane.1을 선택하여 다음과 같이 스케치를 한다.

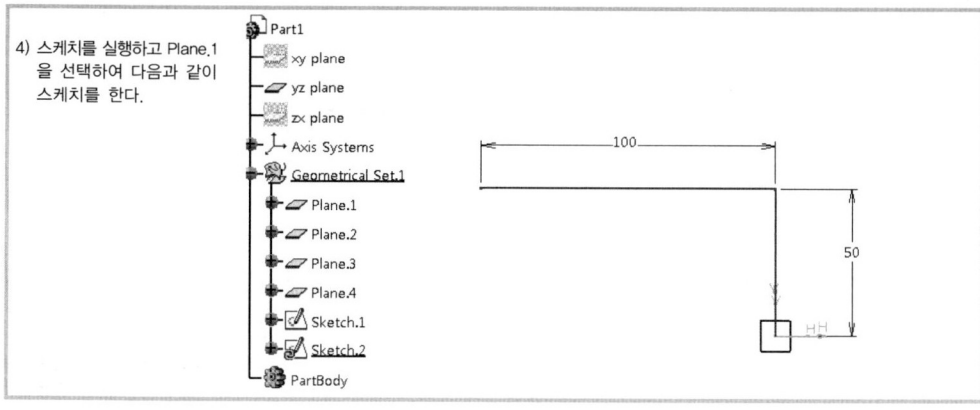

5) 스케치를 실행하고 Plane.2를 선택하여 다음과 같이 스케치를 한다.

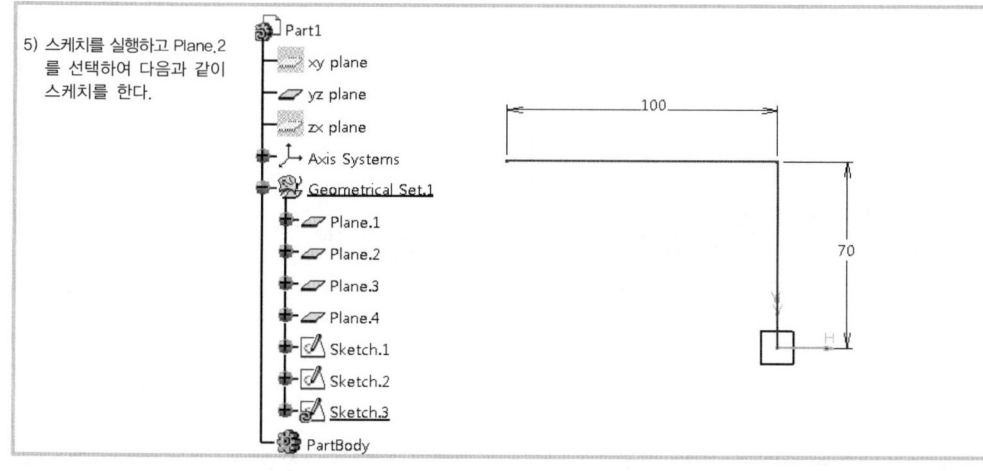

6) 스케치를 실행하고 Plane.3을 선택하여 다음과 같이 스케치를 한다.

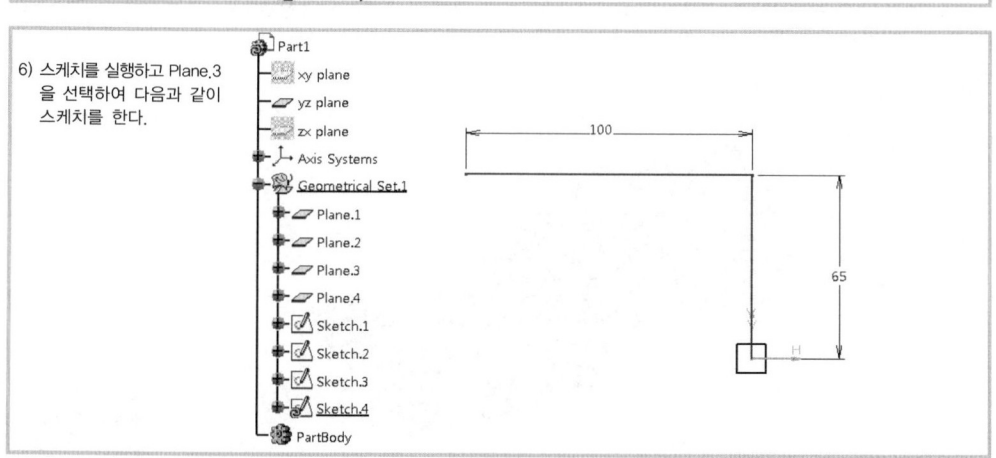

7) 스케치를 실행하고 Plane.4를 선택하여 다음과 같이 스케치를 한다.

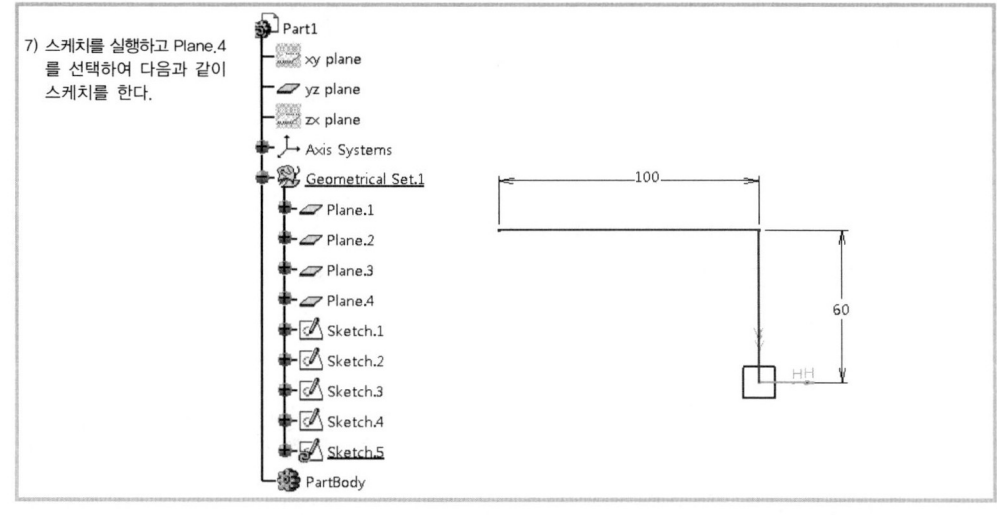

8) Multi-Section Surface를 실행하고 스케치를 앞에서부터 차례대로 선택한다.

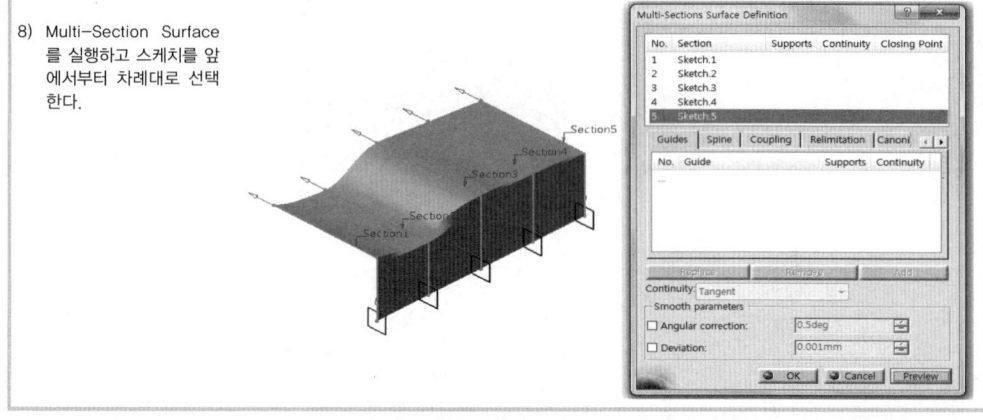

9) Offset을 실행하고 다음과 같이 Offset 값을 지정한 후 [Preview]를 선택한다.

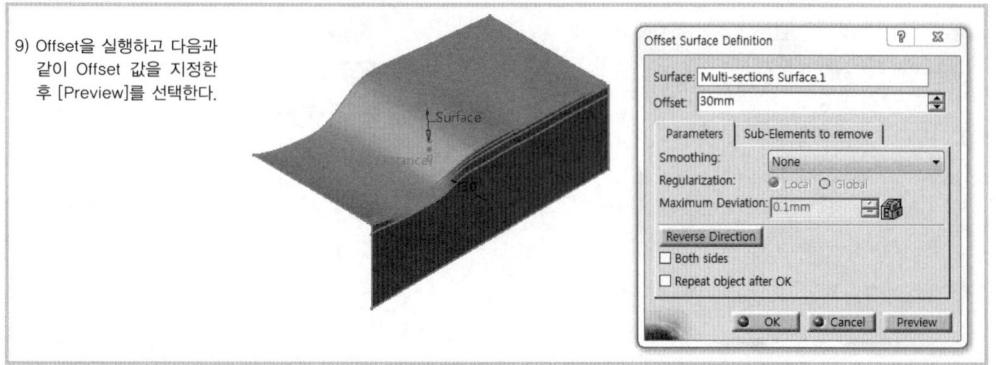

10) 다음과 같은 오류 메시지가 나타나고 Offset을 할 수 없다. 일반 Offset 명령으로는 복잡한 Surface를 Offset을 할 수 없다.

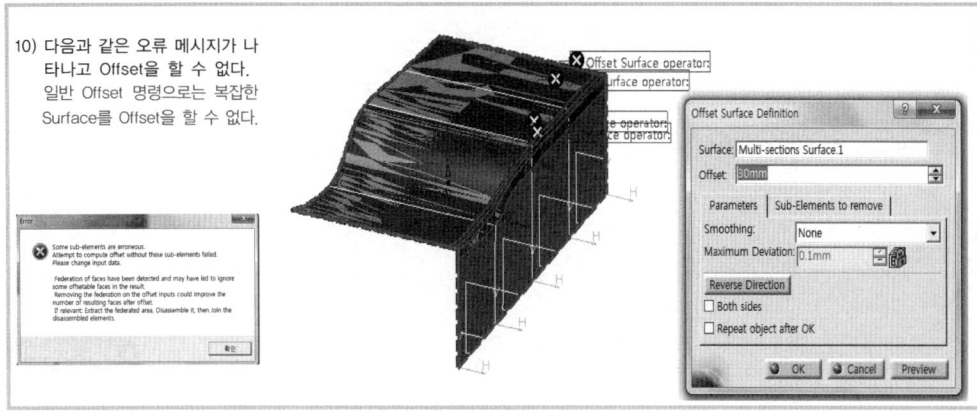

11) Rough Offset을 실행하고 다음과 같이 Offset 값을 지정 한 후 [Preview]를 선택한다.

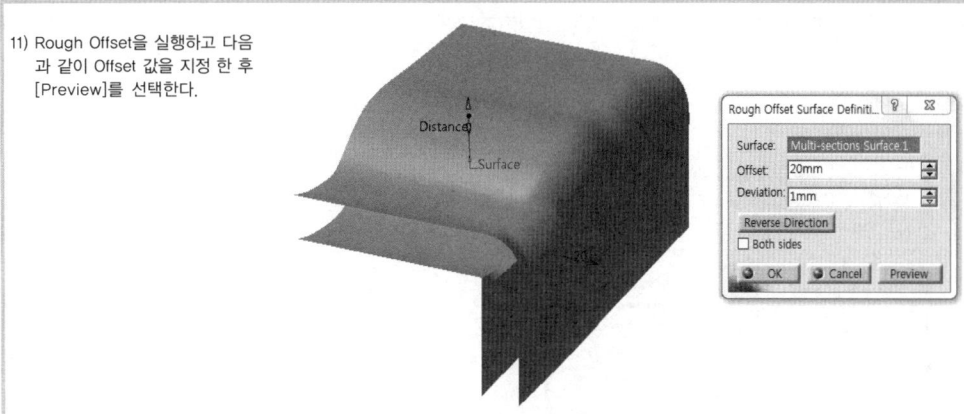

12) Deviation : 5mm로 지정해본다. 1mm때 보다 더 부드럽게 Offset Surface를 생성한다.

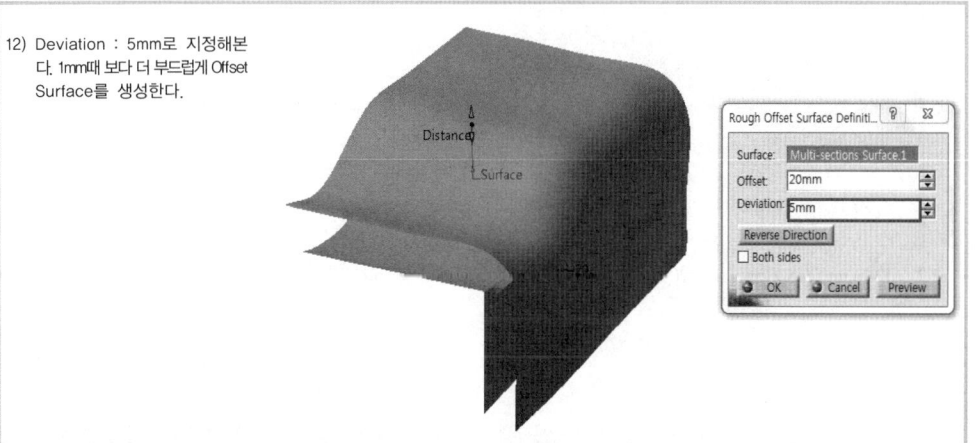

13) Deviation : 10mm로 지정해본다. 5mm때 보다 더 부드럽게 Offset Surface를 생성한다.

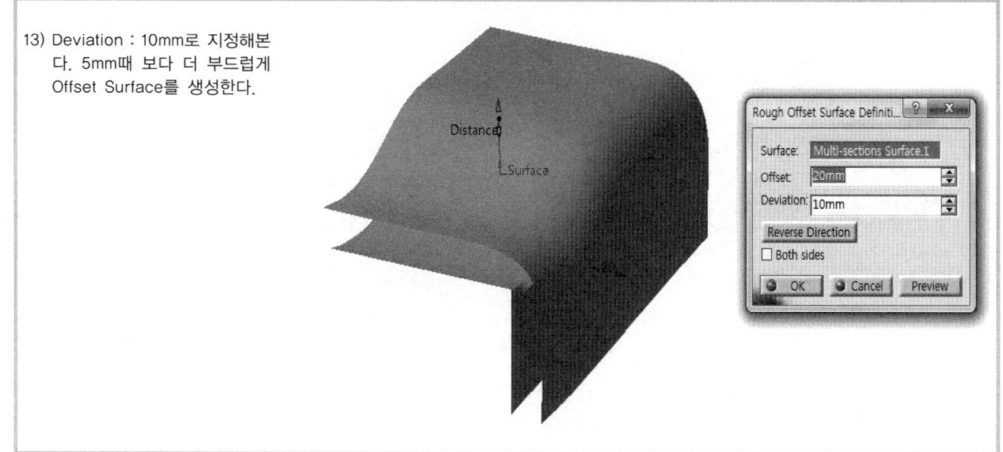

■ Rough Offset 결과

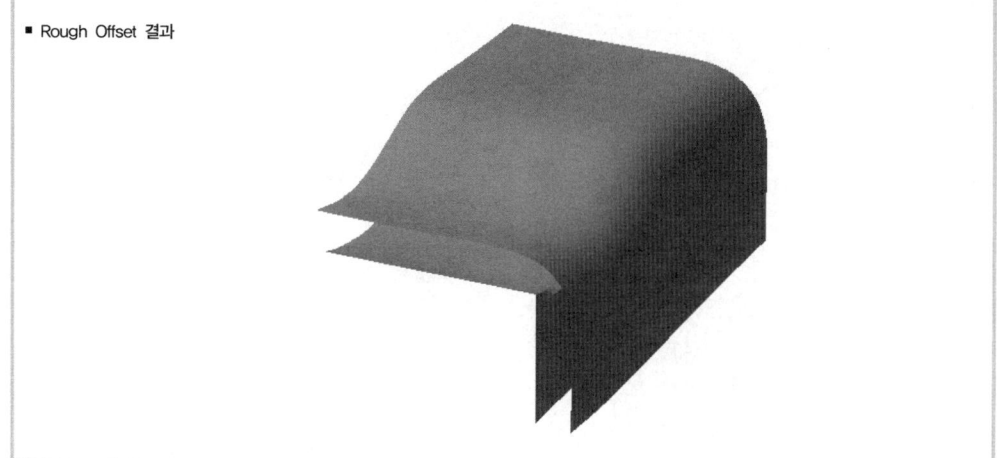

3. Sweep( ) : Sweep 곡면을 만들어 주는 명령으로 가장 많은 Type을 가지고 있다.

• Sweep( ) Definition

- Profile에 따라 4개의 Type이 있다.

- 한 개만이 Explicit Type이고 나머지 3개는 이미 정의된 Implicit Type이다.
- Explicit : 한 개 또는 두 개의 Guide를 따라 Profile이 지나가면서 Surface 형상을 만들 때 사용한다.
- Twisted areas management : 스윕 곡면으로 생성되는 꼬인 면을 조절하기 위해서 사용한다.

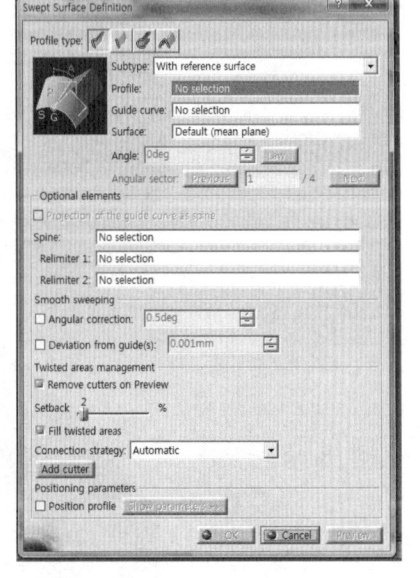

• Explicit( ) Type

❶ With reference Surface : 가장 기본적인 Type으로 하나의 Profile과 Guide Curve를 사용하여 Guide Curve를 따라 Profile 형상이 지나가면서 Surface를 만든다.

Sweep 실습 1

1) 스케치를 실행하고 YZ Plane을 선택하여 다음과 같이 자유 곡선을 스케치를 한다.

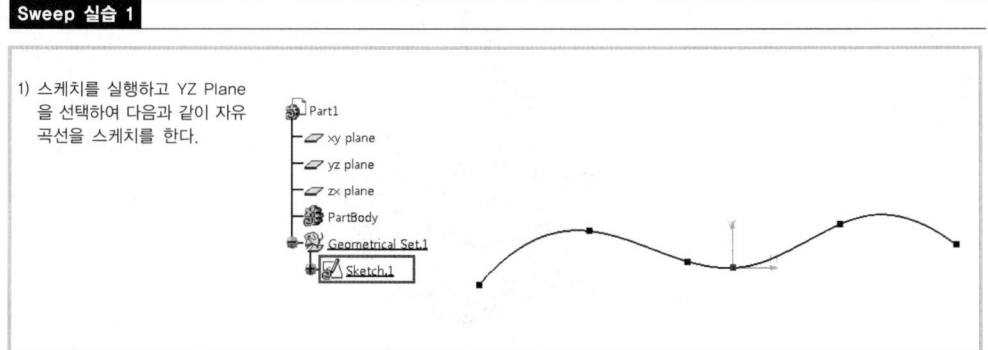

2) 스케치를 실행하고 ZX Plane을 선택하여 다음과 같이 자유 곡선을 스케치를 한다.

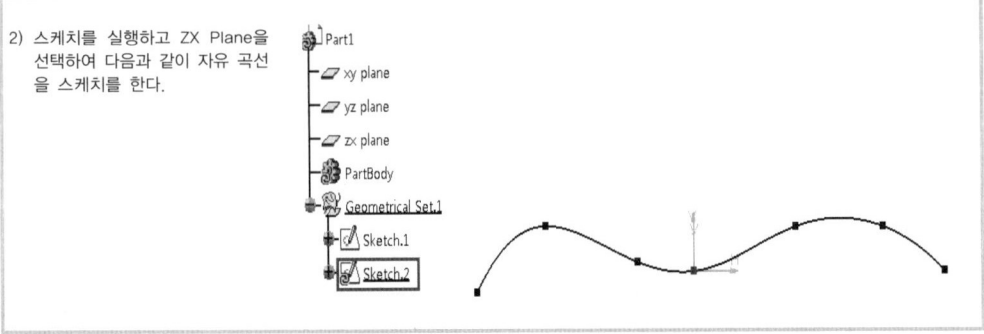

3) Sweep( )을 실행하고 Profile : Sketch.1을 선택, Guide Curve : Sketch.2를 지정한다.

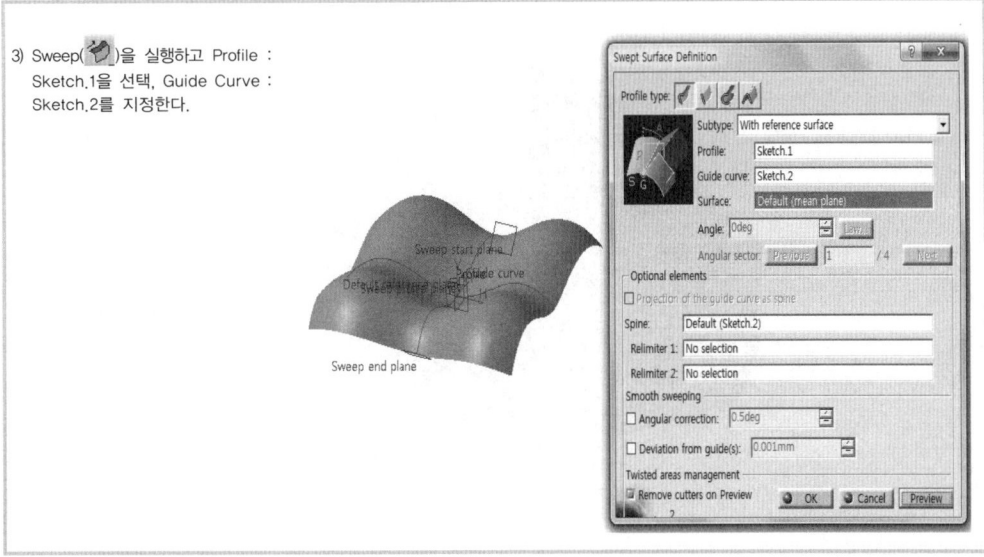

- Sweep( ) 결과

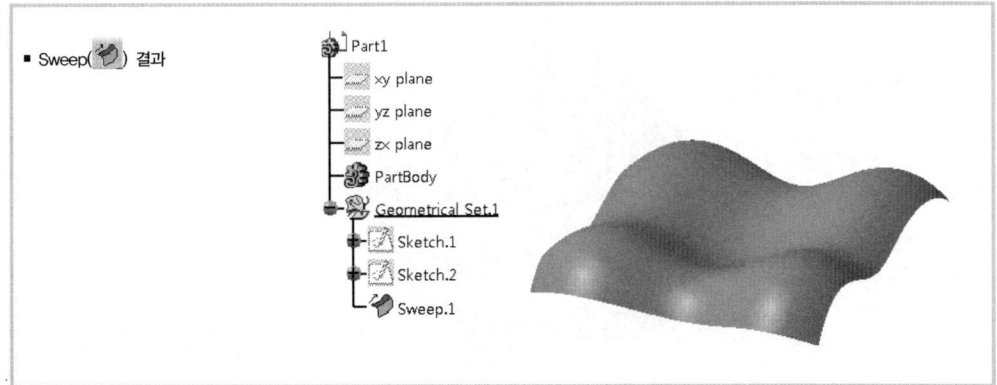

Sweep 실습 2

1) 스케치를 실행하고 ZX Plane을 선택하여 다음과 같이 Spline을 스케치를 한다.

2) Extrude를 실행하고 50mm, Mirrored Extent를 지정하여 돌출을 한다.

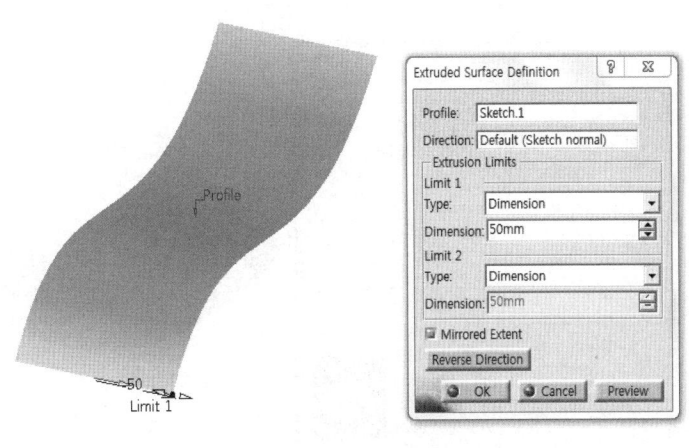

3) 스케치를 실행하고 YZ Plane을 선택하여 다음과 같이 스케치를 한다.

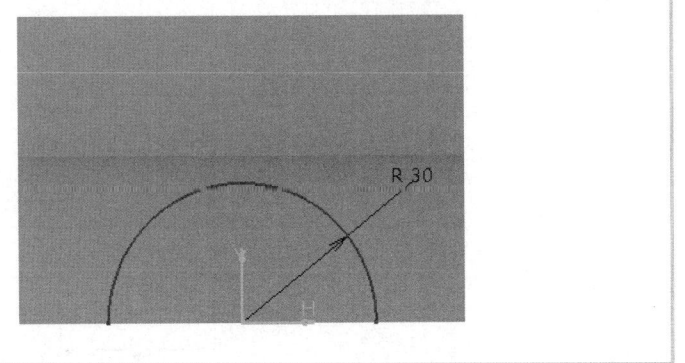

4) Sweep을 실행하고 Profile : Sketch.2를 선택, Guide Curve : Sketch.1을 선택, Surface : Extrude.1을 선택한다.

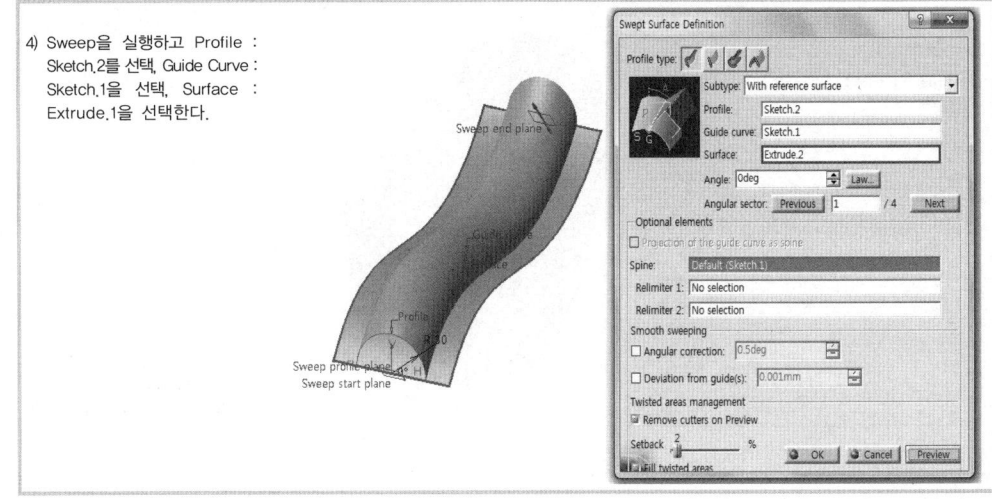

■ Sweep 결과

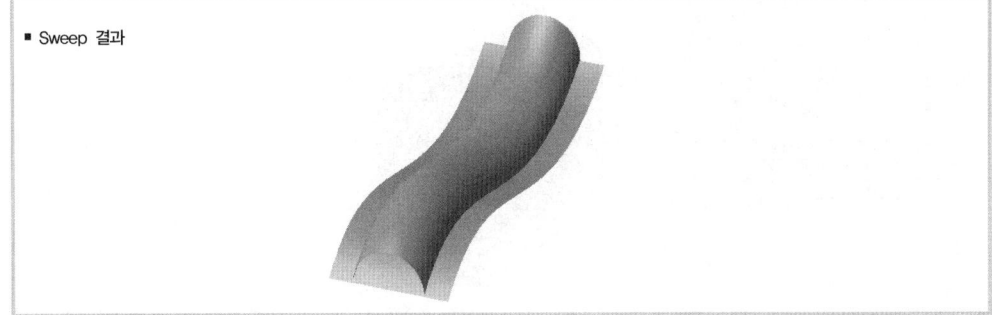

Sweep 실습 3

1) 스케치를 실행하고 YZ Plane을 선택하여 다음과 같이 스케치를 한다.

2) 스케치를 실행하고 ZX Plane 을 선택하여 다음과 같이 스케치를 한다.

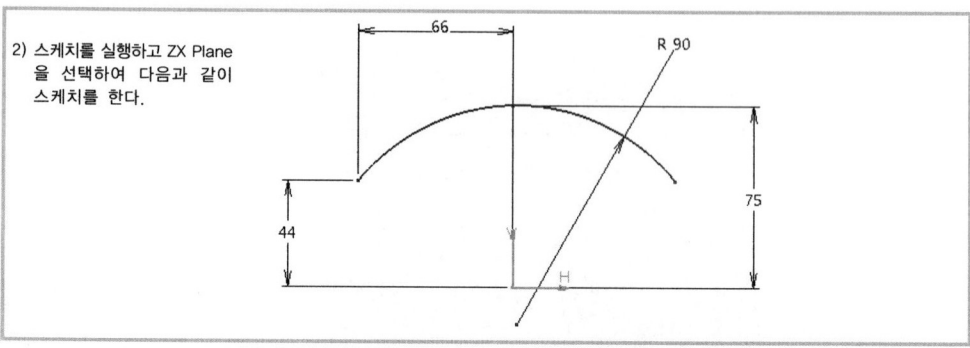

3) Sweep을 실행하고 Profile : Sketch.2를 선택, Guide Curve : Sketch.1을 선택한다.

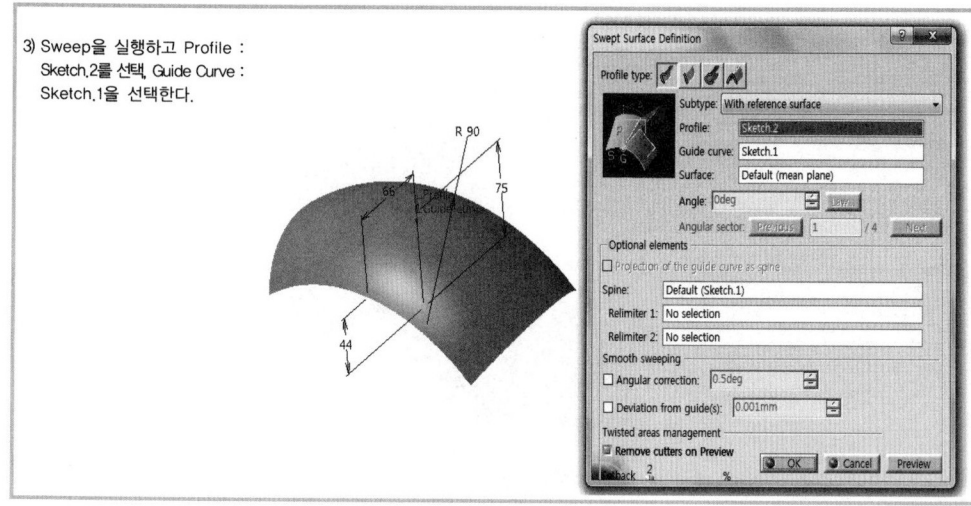

4) Sweep을 실행하고 Profile : Sketch.2를 선택, Guide Curve : Sketch.1을 선택, Surface : Extrude.1을 선택한다.

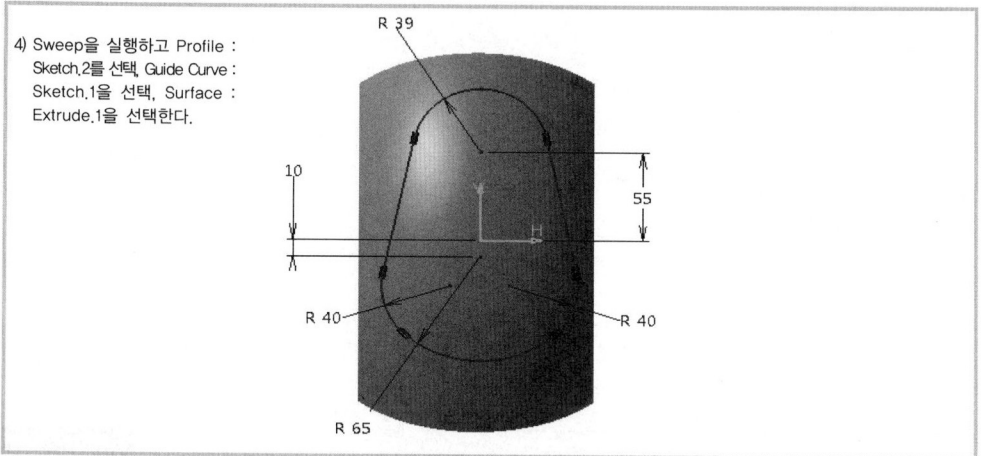

5) Extrude를 실행하고 90mm 돌출 을 한다.

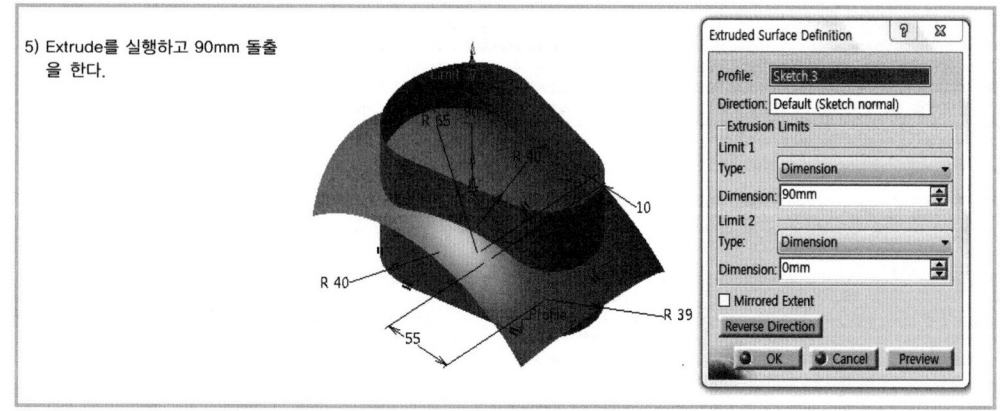

6) Trim을 실행하고 두 개의 Surface 를 선택하여 다음과 같이 잘라낸다.

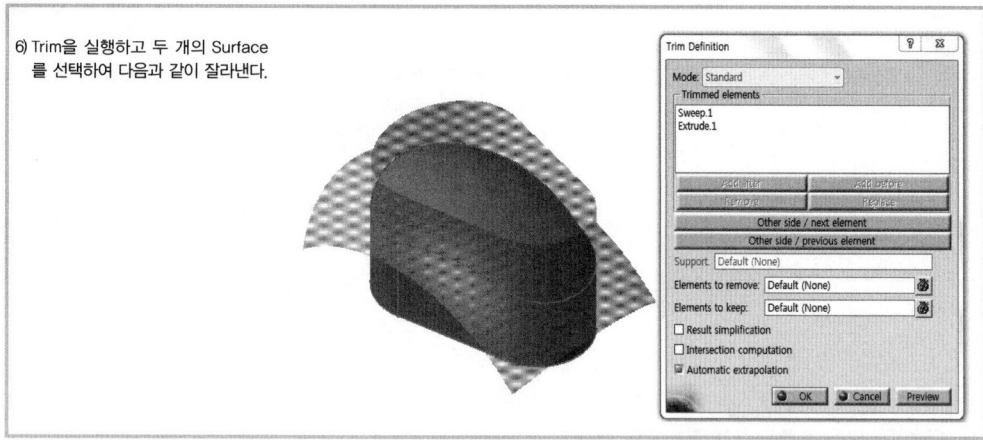

7) Variable Radius Fillet을 실행하 고 반경 : 20mm, 15mm, 7mm로 가변 필렛을 한다.

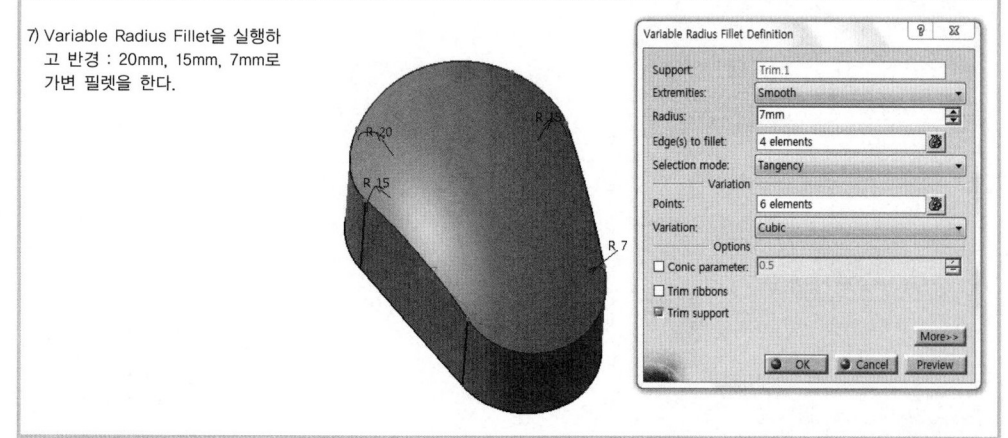

8) Fill을 실행하고 아래쪽 Surface 의 모서리를 선택하여 Surface 로 채운다.

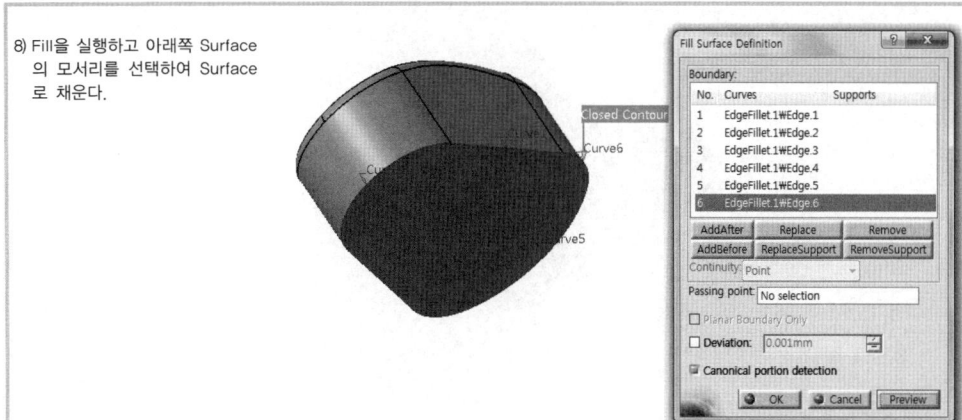

9) Shape Fillet을 실행하고 두 개 의 Surface를 선택하여 반경 : 13mm로 필렛을 한다.

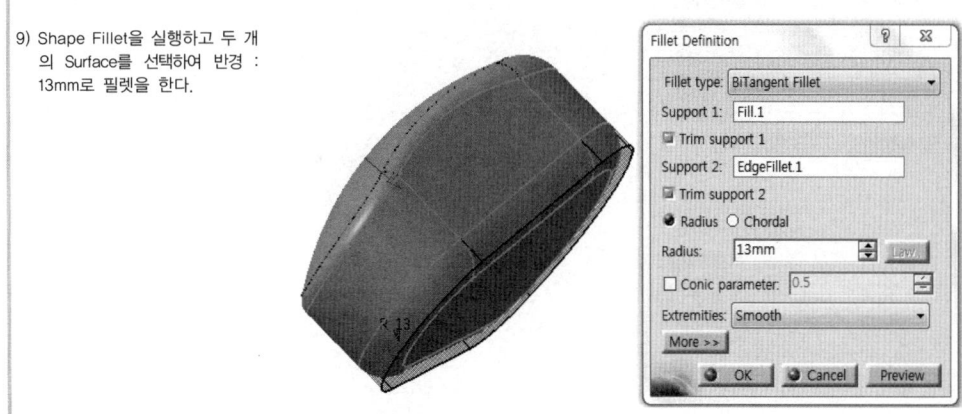

■ Sweep 결과

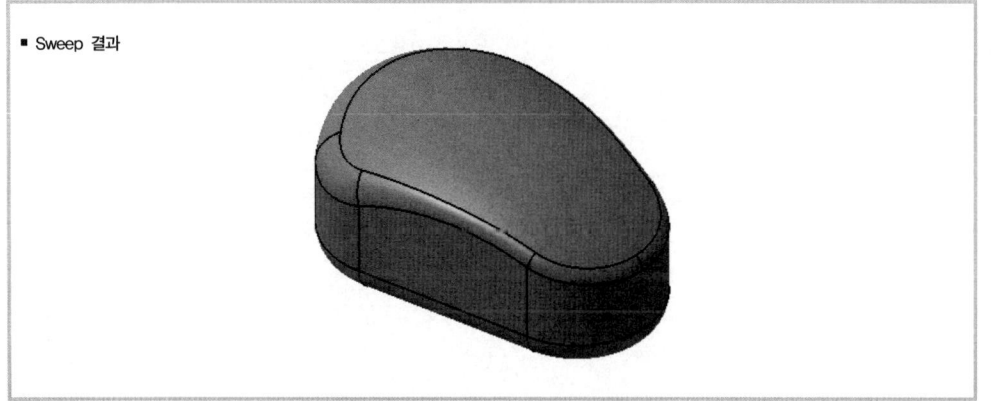

❷ **With two Guide Curves** : Profile 한 개와 두 개의 Guide Curve를 사용하여 형상을 만든다.

Sweep 실습 1

1) 스케치를 실행하고 ZX Plane 을 선택하여 다음과 같이 스케 치를 한다.

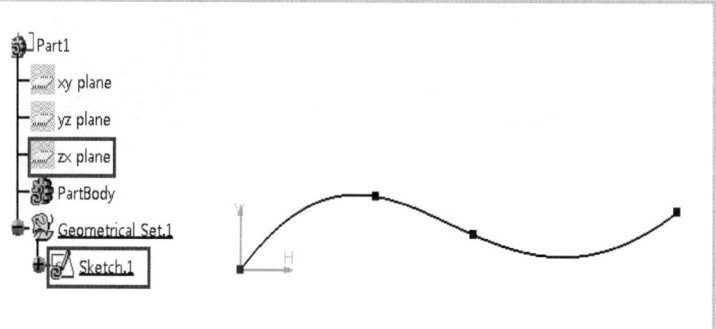

2) 스케치를 실행하고 YZ Plane 을 선택하여 다음과 같이 자 유 곡선을 스케치를 한다.

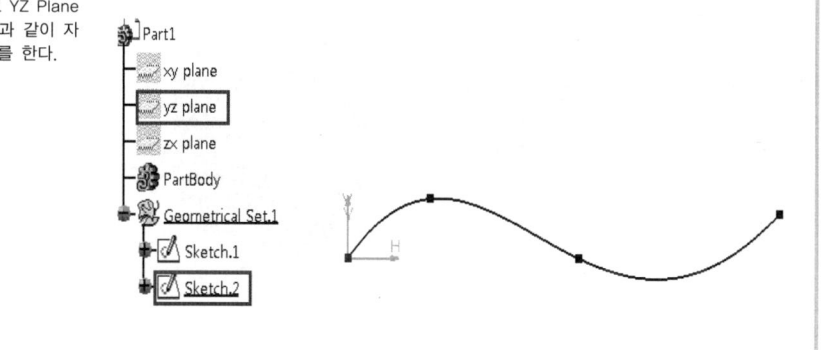

3) Plane을 실행하고 Plane type 을 선택하고 Curve로 ZX Plane 에 스케치한 선분을 선택, Point 로 끝점을 선택하여 Plane을 생성한다.

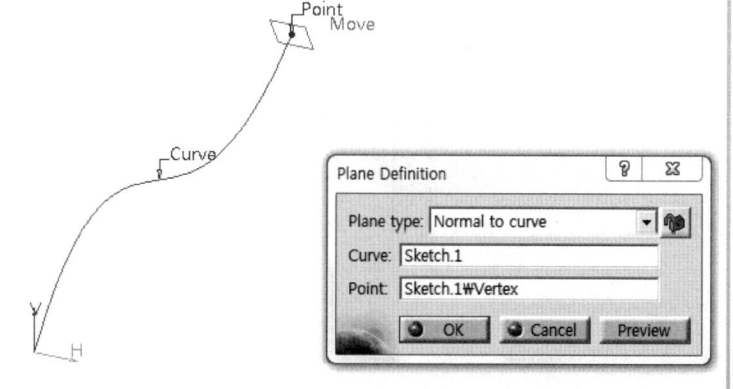

51

4) 스케치를 실행하고 Plane.1을 선택하여 다음과 같이 자유 곡선을 스케치를 한다.

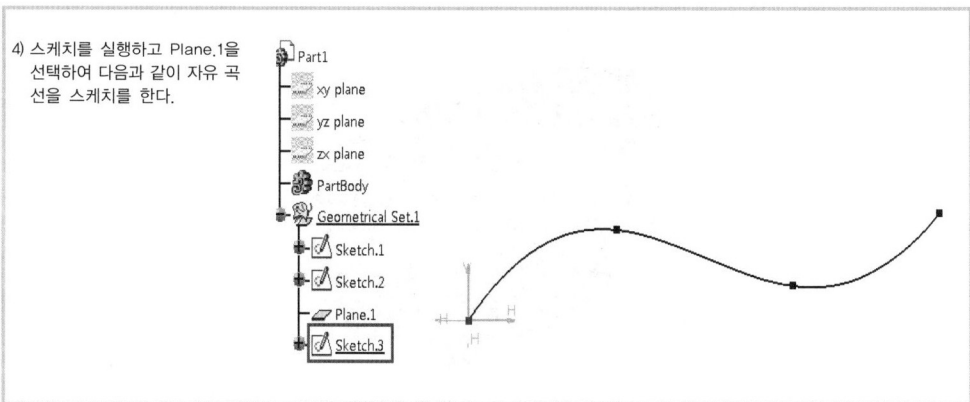

5) Sweep( )을 실행하고 Profile : Sketch.1을 선택, Sketch.2와 Sketch.3을 Guide Curve로 지정한다.

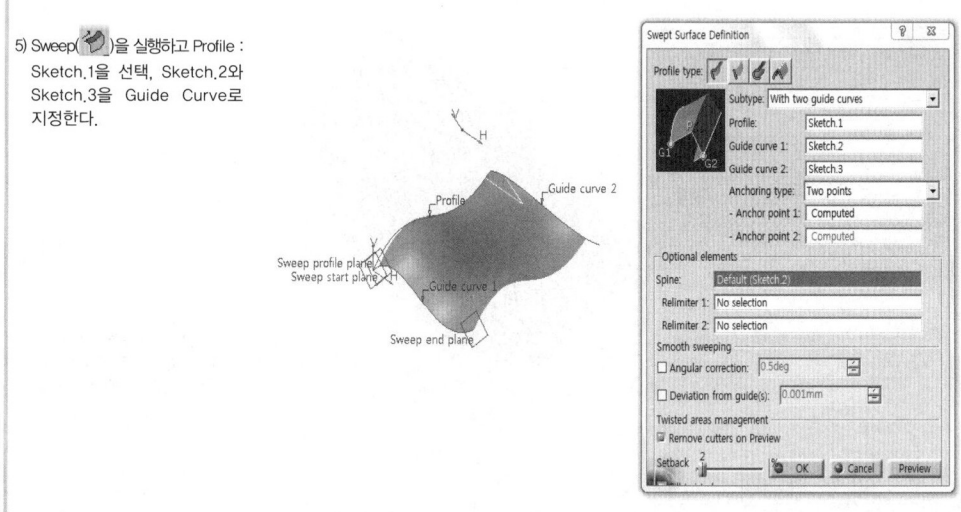

■ Sweep 결과

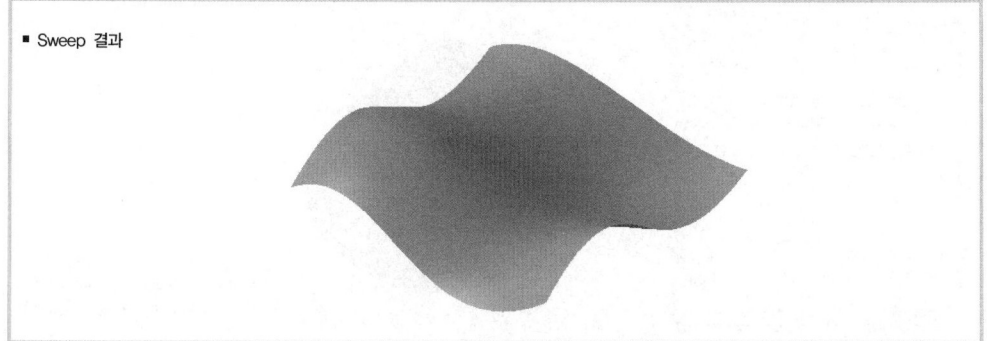

Sweep 실습 2

1) [Start]-[Mechanical Design]-[Part Design]을 선택한다.
2) 스케치를 실행하고 YZ Plane을 선택하여 다음과 같이 스케치 한다.

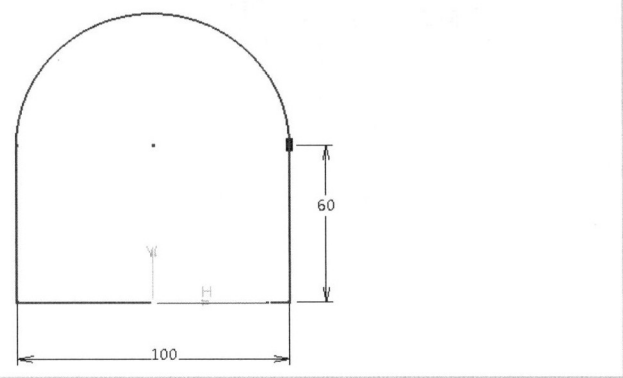

3) Pad를 실행하고 30mm 돌출을 한다.

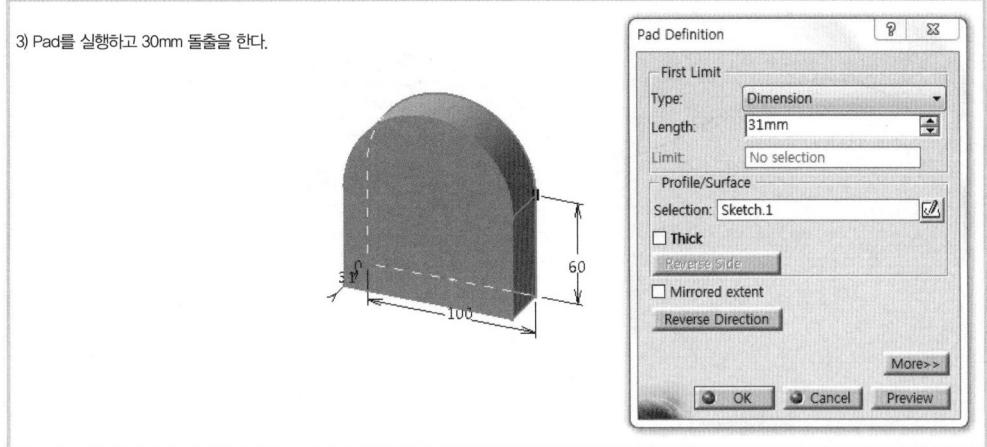

4) Plane을 실행하고 YZ Plane을 기준으로 350mm 뒤쪽에 Plane을 생성한다.

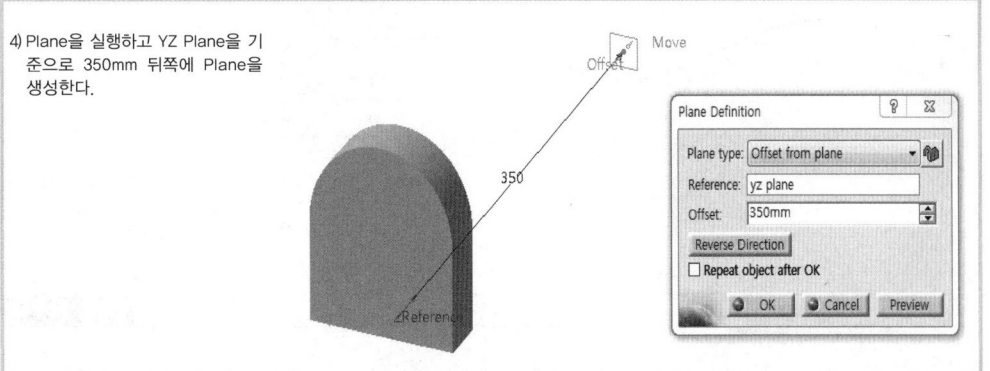

5) 스케치를 실행하고 Plane.1을 선택하여 다음과 같이 스케치를 한다.

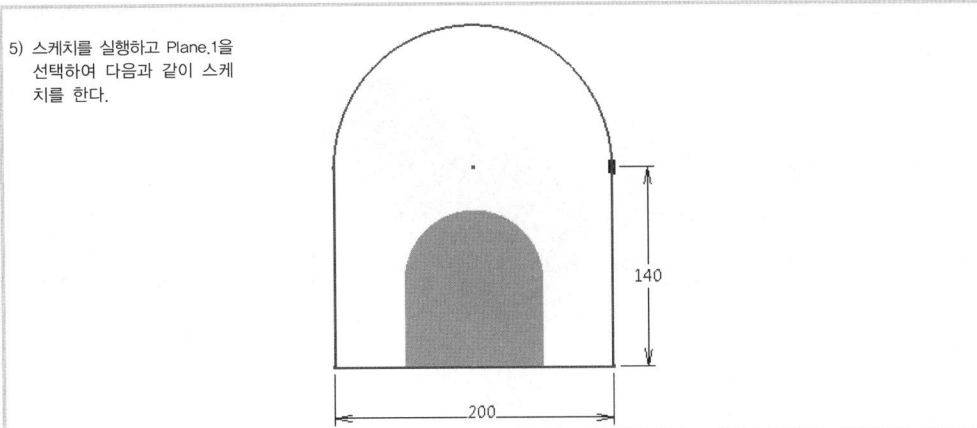

6) Pad를 실행하고 60mm 돌출을 한다.

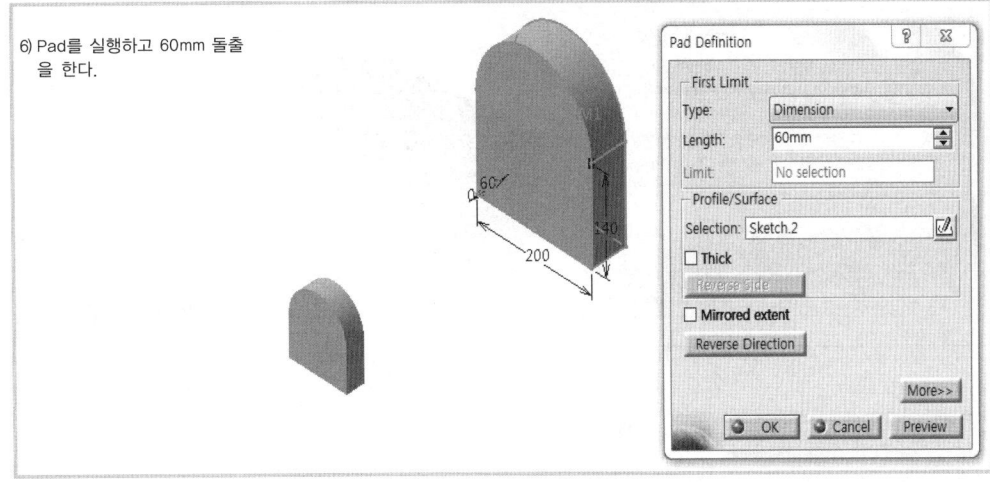

7) [Start]-[Shape]-[Generative Shape Design]을 선택한다.

8) Line을 선택하여 다음과 같이 연결한다.

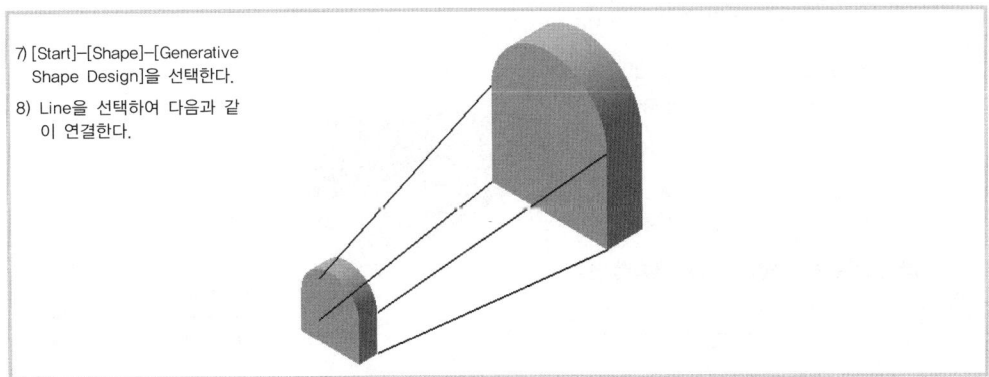

9) Multi-Section Surface를 실행하고 두 개의 반원을 차례대로 선택하여 Surface 객체를 생성한다.

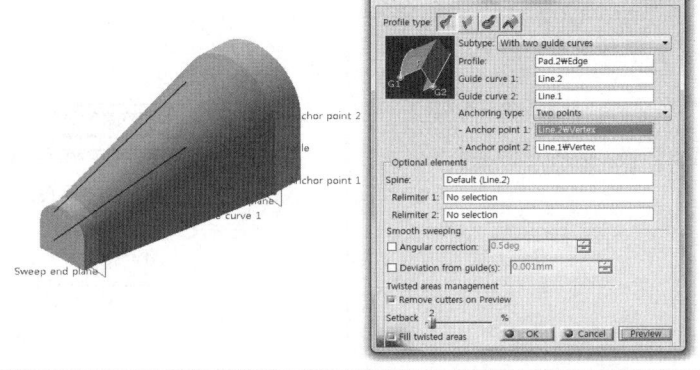

10) Sweep을 실행하고 Explicit에서 With Two Guide Curves를 지정, Profile : Solid의 수직선 선택, Guide Curve로 아래서부터 수평 Line을 선택, Anchor Point도 아래 수평선 끝점과 위 수평선 끝점을 차례대로 선택한다.

주의 선 선택 순서와 점 선택 순서가 일치해야 한다.

11) Sweep을 실행하고 Explicit에서 With Two Guide Curves를 지정, Profile : Solid의 수직선 선택, Guide Curve로 아래서부터 수평 Line을 선택, Anchor Point도 아래 수평선 끝점과 위 수평선 끝점을 차례대로 선택한다.

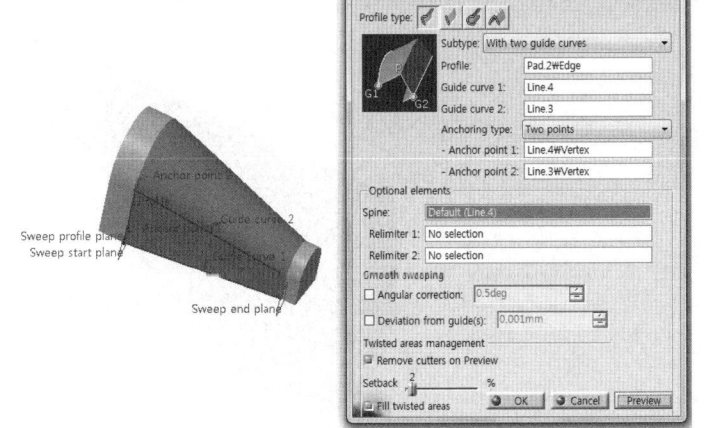

12) Multi Section Surface를 실행하고 두개의 Solid Line을 차례대로 선택하여 Surface 객체를 생성한다.

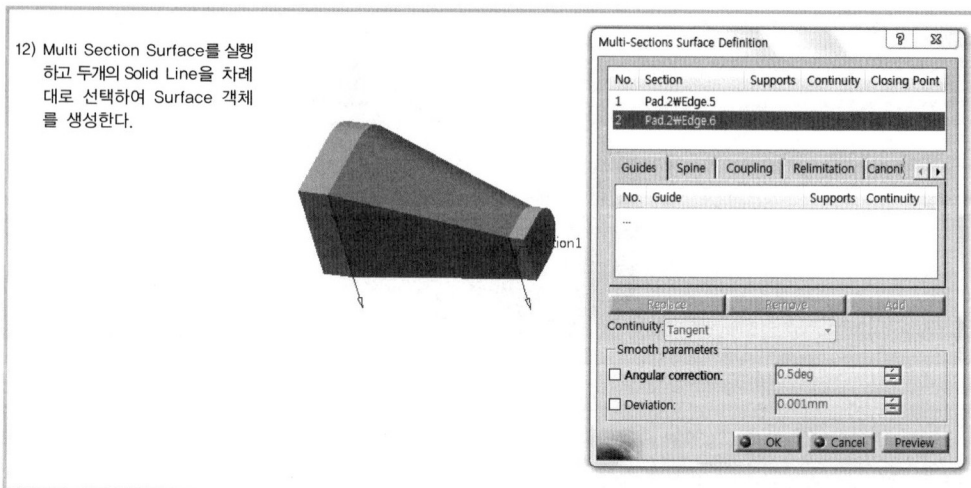

13) Join( )을 실행하고 Surface를 모두 선택하여 결합한다.

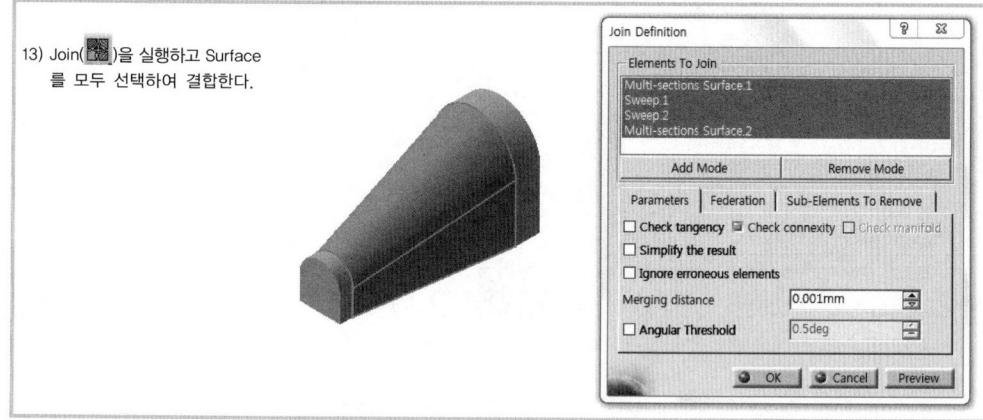

14) [Start]-[Mechanical Design]-[Part Design]을 선택한다.

15) CloseSurface를 실행하고 Surface을 선택하여 Solid로 채운다.

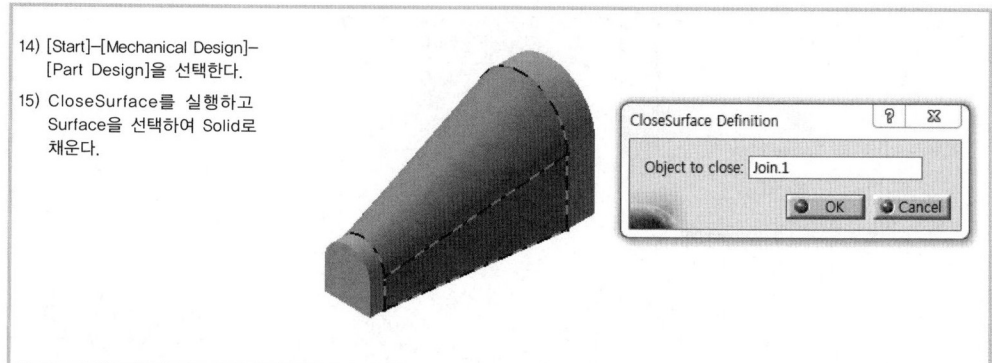

■ Join 결과

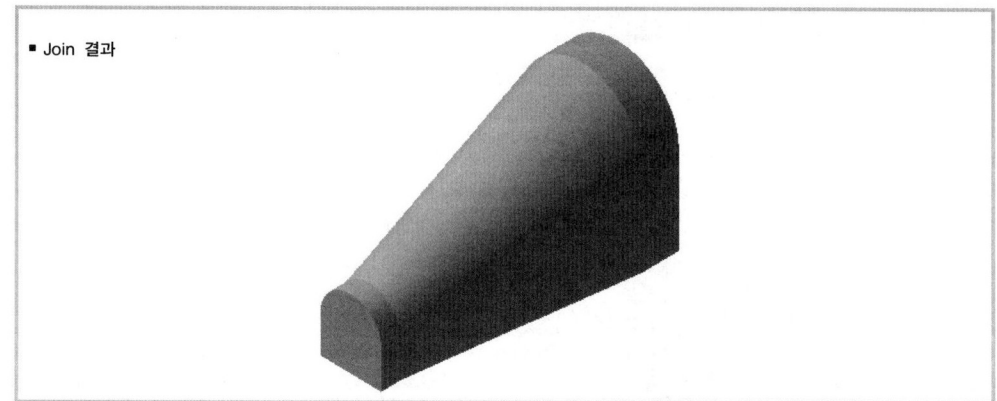

❸ **With Pulling Direction** : Profile이 Guide Curve를 따라 지나가면서 형상을 만든다. Pulling Direction을 지정해 각도를 주어 Profile이 Guide Curve를 따라 지나가면서 기울어지는 형상을 만든다.

1) 스케치를 실행하고 YZ Plane을 선택하여 다음과 같이 스케치를 한다.

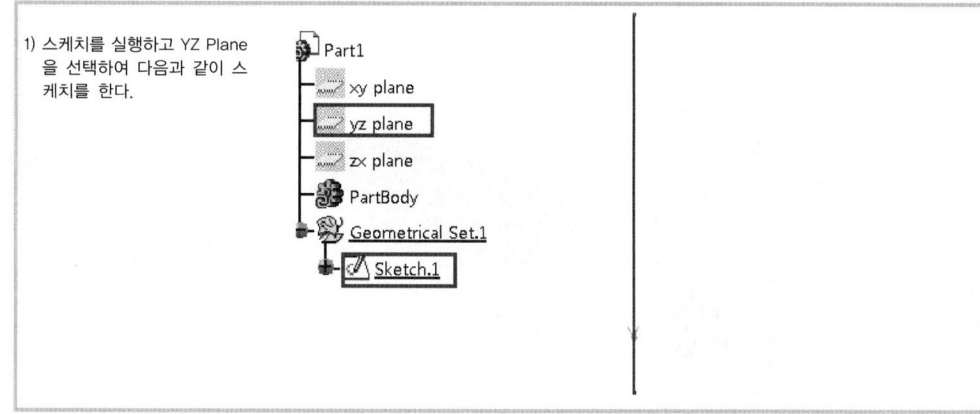

2) 스케치를 실행하고 ZX Plane을 선택하여 다음과 같이 자유 곡선을 스케치를 한다.

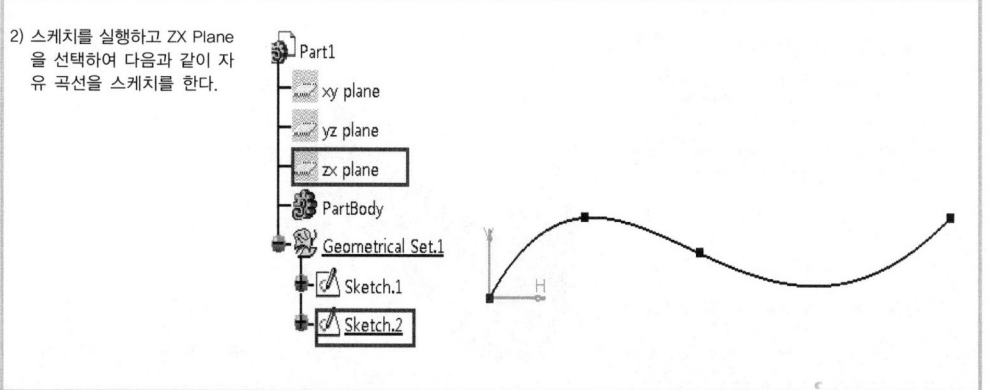

3) Sweep( )을 실행하고 Profile : Sketch.1을 선택, Guide Curve : Sketch.2를 지정, 방향을 Y Component를 지정, -30deg 기울어지도록 각도를 지정한다.

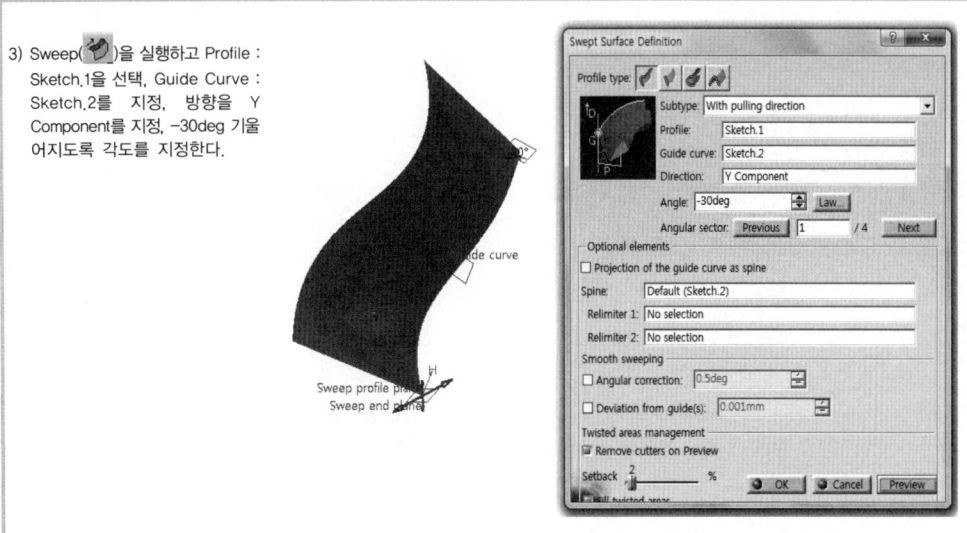

■ Sweep 결과

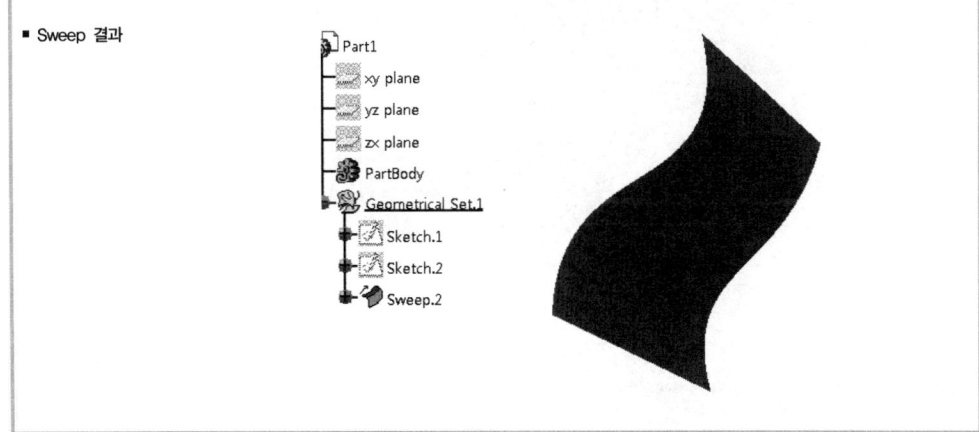

• Implicit Line( )
Profile의 형태가 Line인 Sweep Surface를 만드는 방법이다. Implicit형으로 따로 Line형태의 Profile을 그려주지 않고 Guide나 Reference Surface, Direction 등에 의해 결정된다.

❶ Two limits : 두 개의 Guide Curve를 사용하여 형상을 만드는 방법이다.

1) 스케치를 실행하고 YZ Plane을 선택하여 다음과 같이 자유곡선을 스케치 한다.

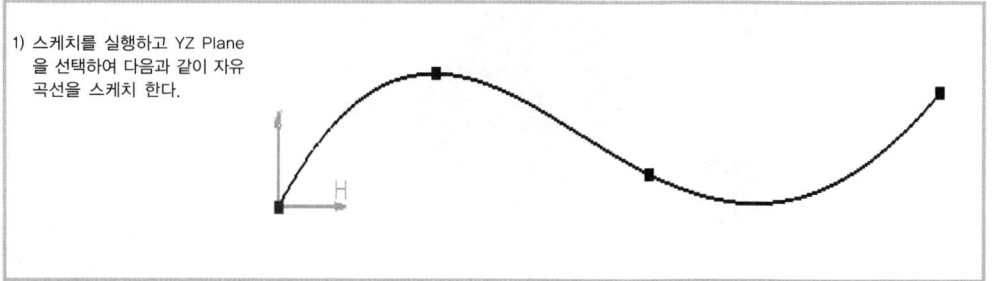

2) Plane을 실행하고 YZ Plane을 기준으로 70mm 위치에 Plane을 생성한다.

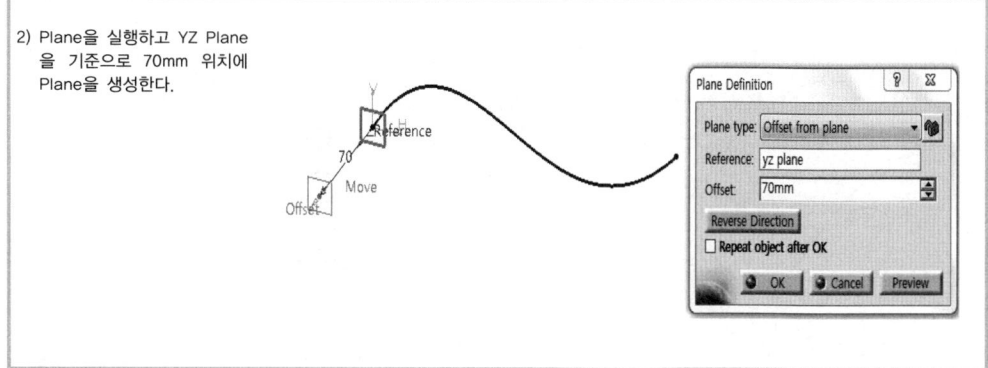

3) Sketch.1을 선택하여 우측 버튼을 눌러 [Copy]를 눌러 Plane.1로 복사하고 붙여넣기 (Paste)를 한다.

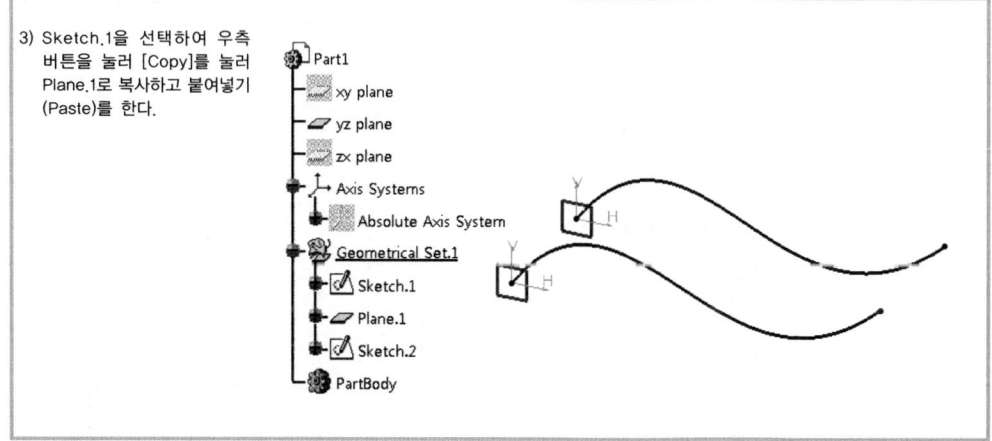

55

4) Sweep( )을 실행하고 Guide Curve 1 : Sketch.1 을 선택, Guide Curve 2 : Sketch.2를 지정한다.

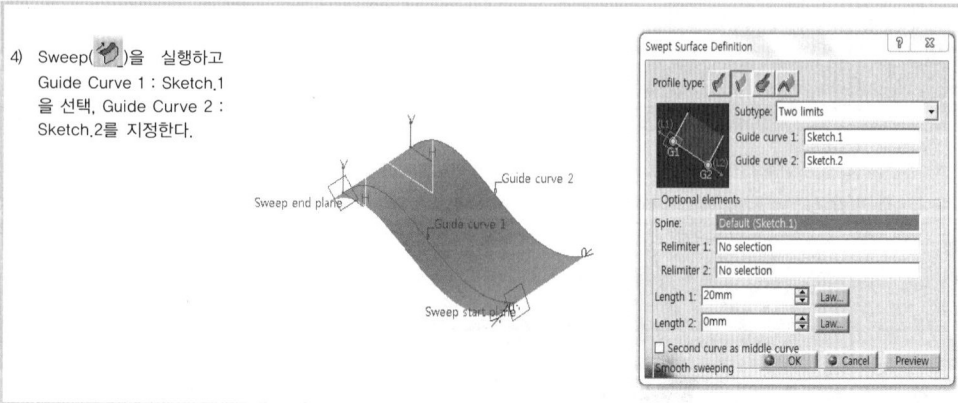

■ Sweep( ) 결과

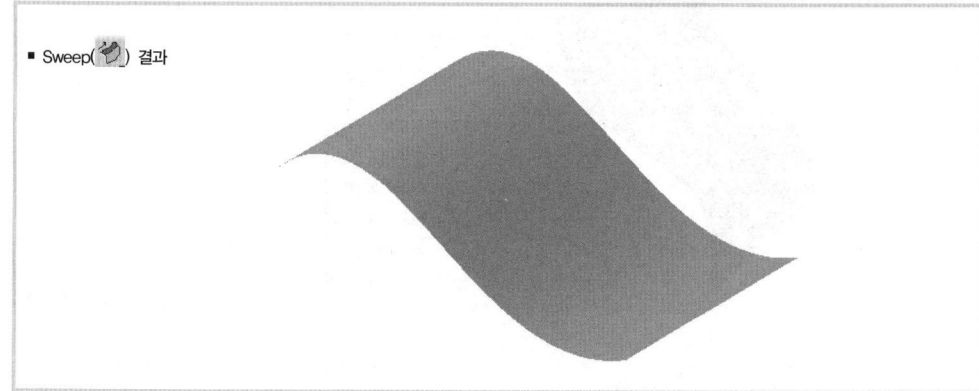

❷ Limit and Middle : 두 개의 Guide Curve 중에 하나는 Guide Curve 역할을 하고 두 번째 Guide Curve는 중간 위치의 Guide Curve로 인식하여 형상을 만드는 기능이다.

1) 스케치를 실행하고 YZ Plane을 선택하여 다음과 같이 자유 곡선을 스케치를 한다.

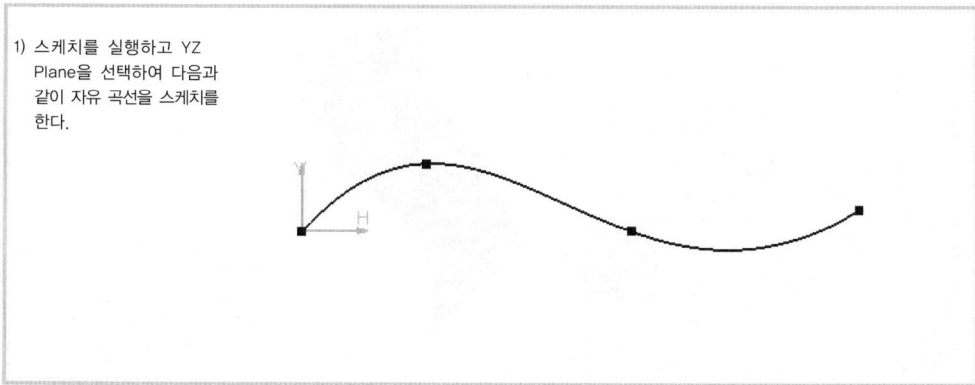

2) Plane을 실행하고 YZ Plane을 기준으로 70mm 위치에 Plane을 생성한다.

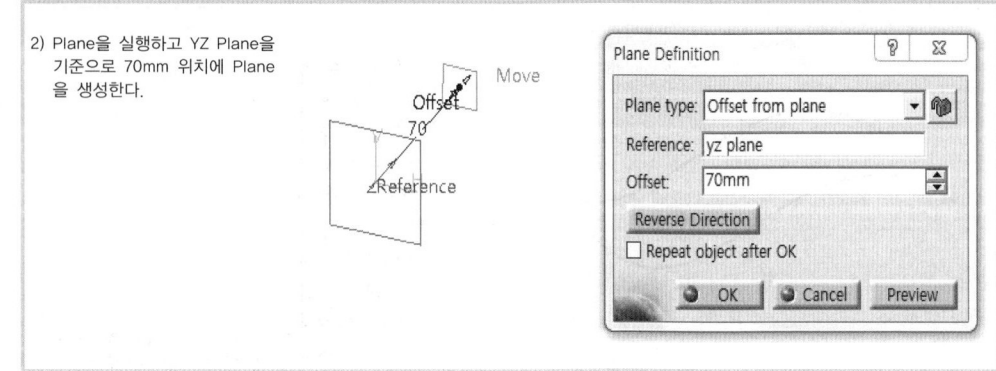

3) Sketch.1을 선택하여 우측버튼을 눌러 [Copy]를 눌러 Plane.1로 복사한다.

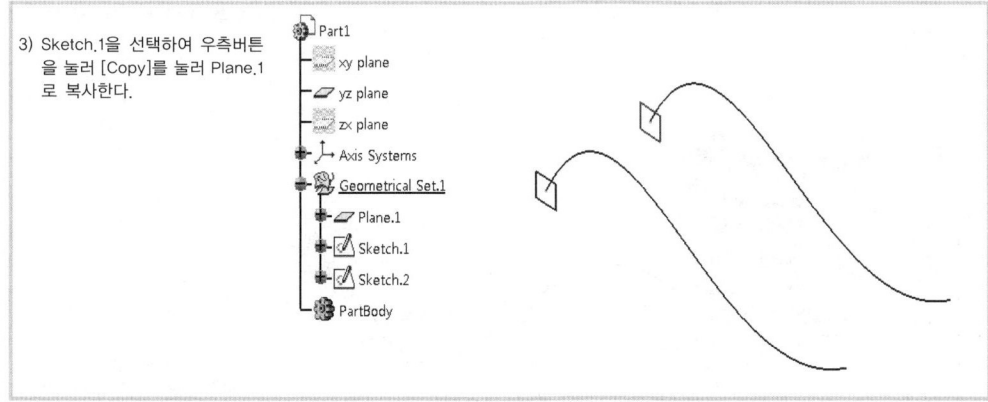

4) Sweep( )을 실행하고 Limit and middle를 선택, Guide Curve 1 : Sketch.1을 선택, Guide Curve 2 : Sketch.2를 지정한다.

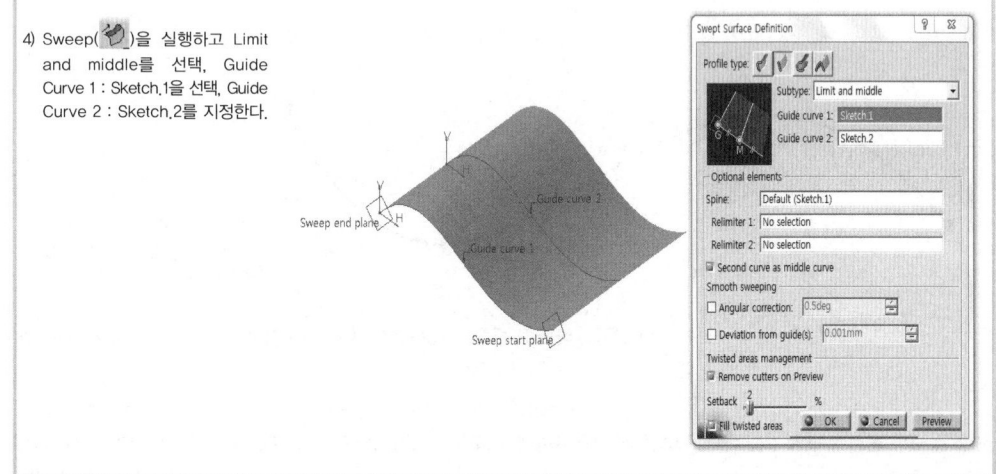

■ Sweep( ) 결과

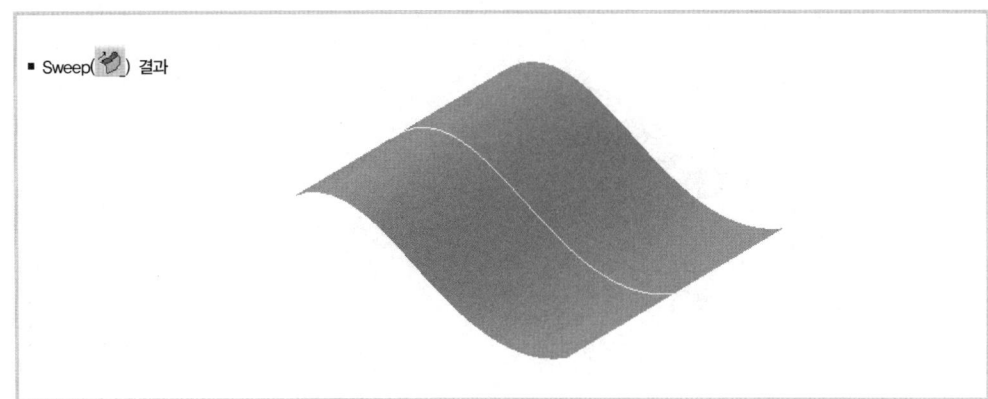

❸ **With reference Surface** : Guide Curve 하나와 기준이 되는 Reference Surface를 이용하여 형상을 만드는 방식으로 Reference Surface와 이루는 각도를 입력하여 경사를 줄여 Surface를 만들어 준다.

Sweep 실습 1

1) 스케치를 실행하고 YZ Plane을 선택하여 다음과 같이 자유 곡선을 스케치를 한다.

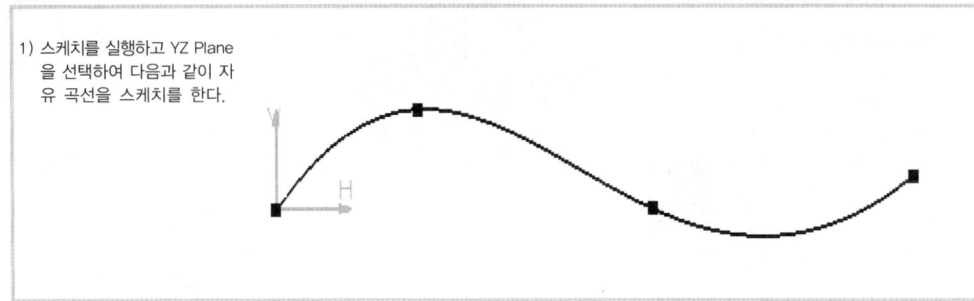

2) Plane을 실행하고 YZ Plane을 기준으로 70mm 위치에 Plane을 생성한다.

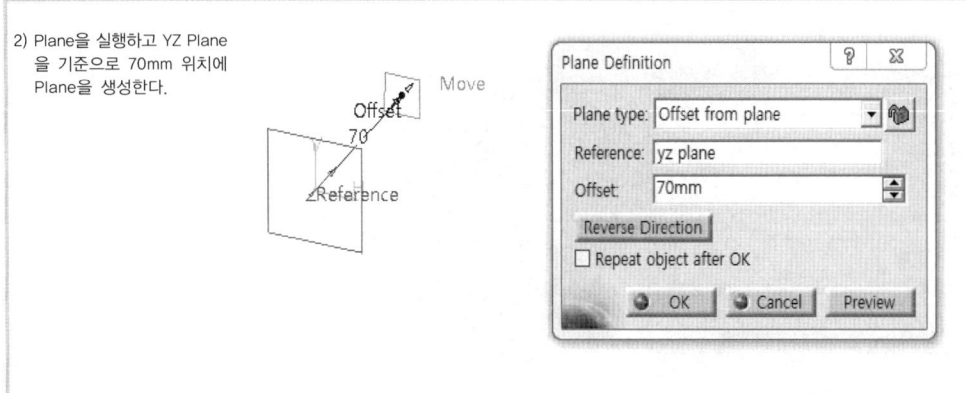

3) Sketch.1을 선택하여 우측 버튼을 눌러 [Copy]를 눌러 Plane.1로 복사한다.

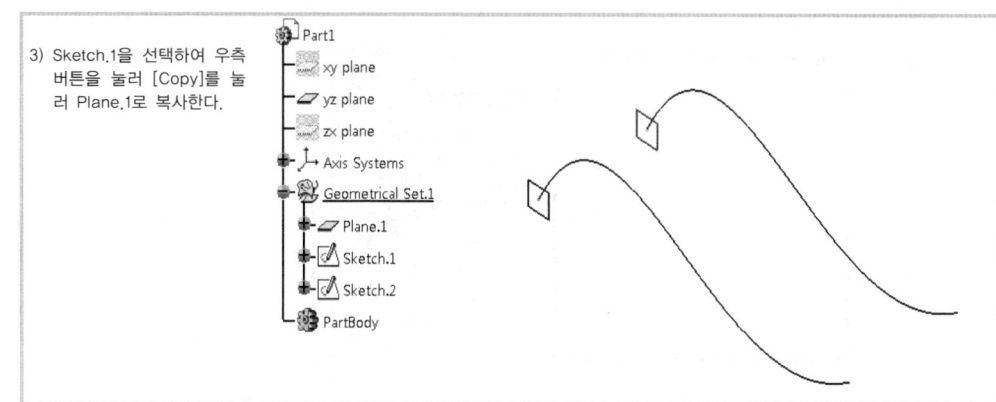

4) Sweep( )을 실행하고 Limit and middle를 선택, Guide Curve 1 : Sketch.1을 선택, Guide Curve 2 : Sketch.2를 지정한다.

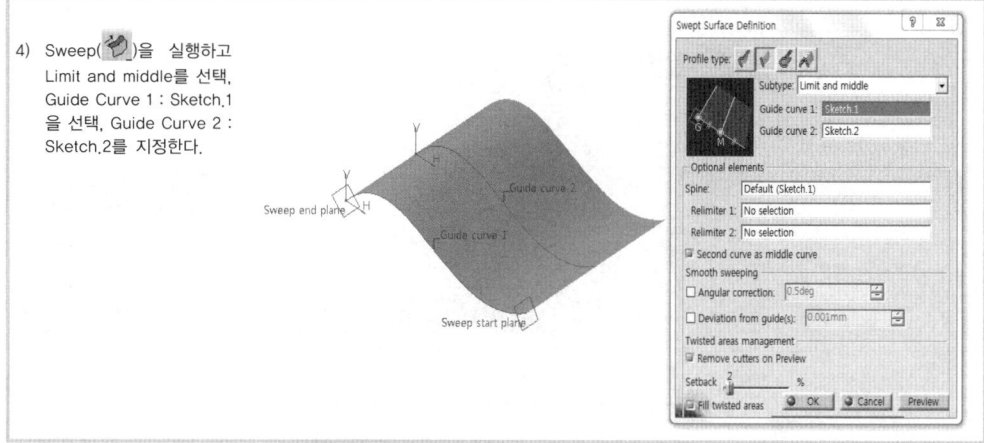

5) 스케치를 실행하고 XY Plane을 선택하여 다음과 같이 직선을 스케치를 한다.

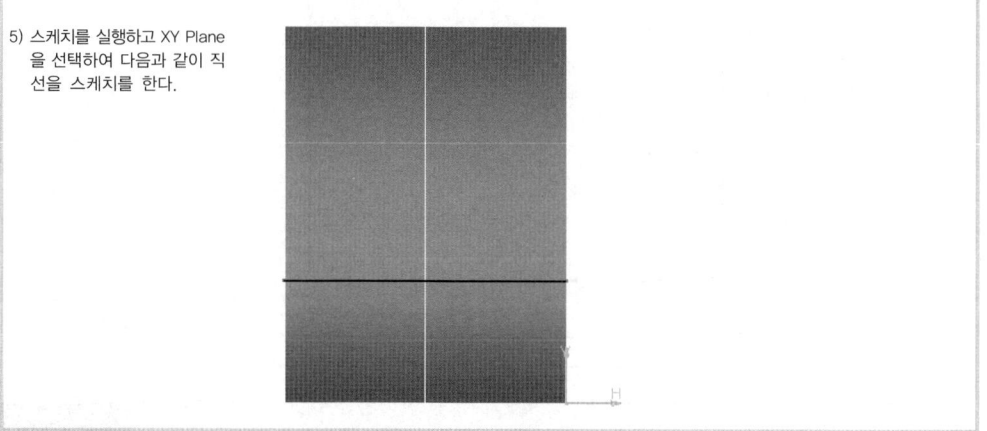

6) Projection을 실행하고 직선을 Surface에 투영 되도록 다음과 같이 선택한다.

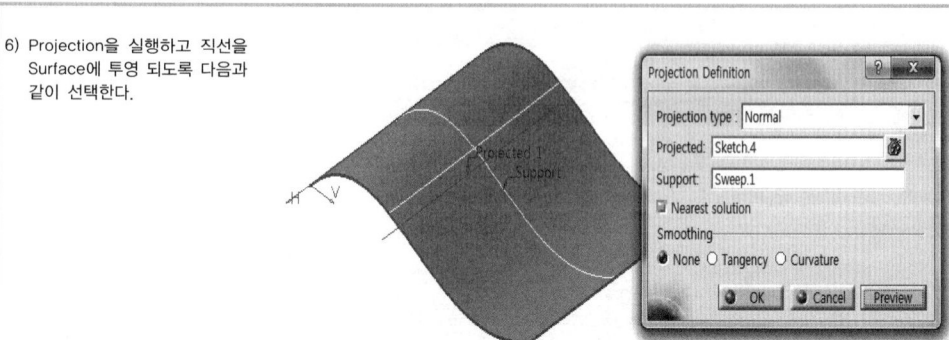

7) Sweep( )을 실행하고 With reference를 선택, Guide Curve 1 : Project.1을 선택, Reference surface : Sweep.2를 선택, Angle : 45deg, Length 1 : 100mm를 지정 한다.

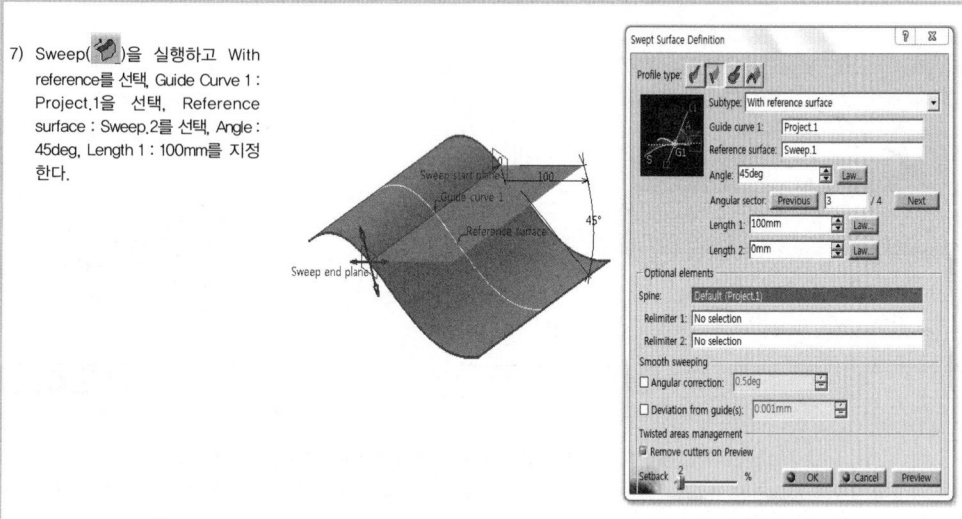

■ Sweep 결과

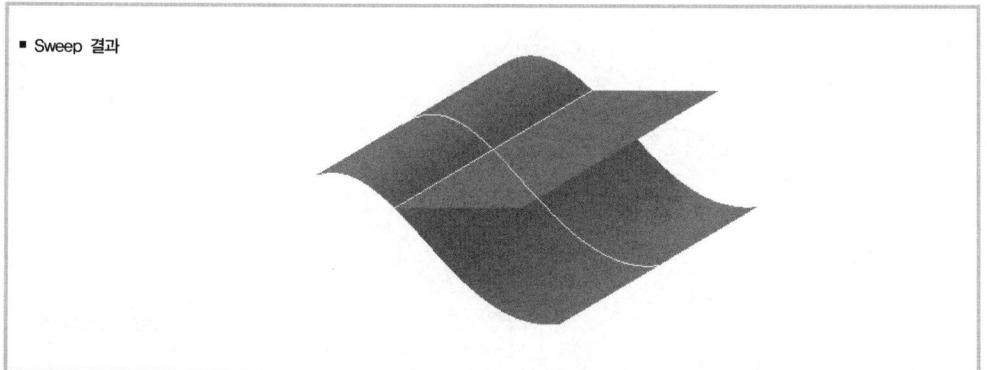

Sweep 실습 2

1) 스케치를 실행하고 YZ Plane을 선택하여 다음과 같이 스케치를 한다.

2) 사각형 위에서 우측버튼을 눌러 [Output feature]를 선택한다.

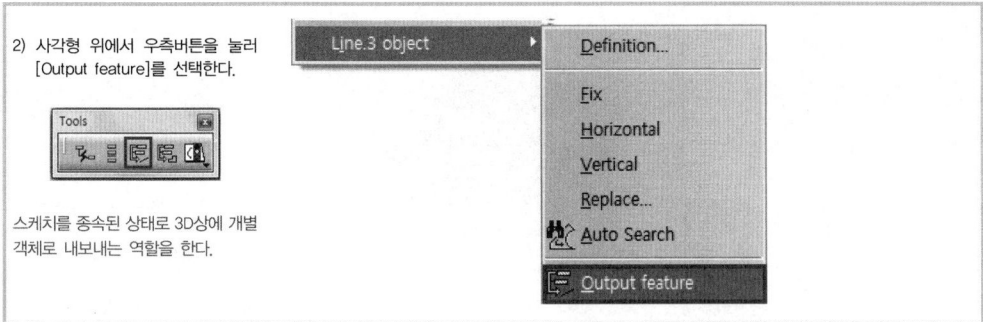

스케치를 종속된 상태로 3D상에 개별 객체로 내보내는 역할을 한다.

3) 사각형 선분 각각 [Output Feature] 를 한다.

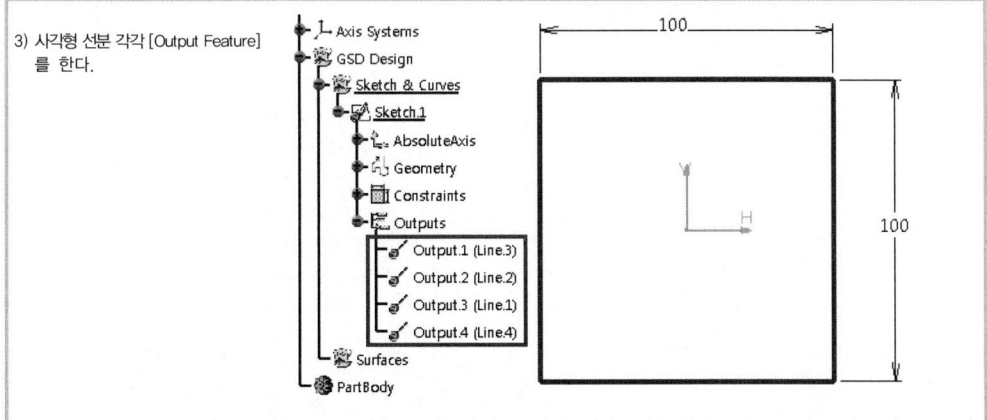

4) Sweep을 실행하고 Profile Type : Line을 선택, Subtype : With reference surface를 선택, Guide Curve 1 : 사각형 선분 중 하나를 선택 Reference Surface : XY Plane을 선택, Angle : 15deg, Length 1 : 100mm, Length 2 : 100mm를 지정한다.

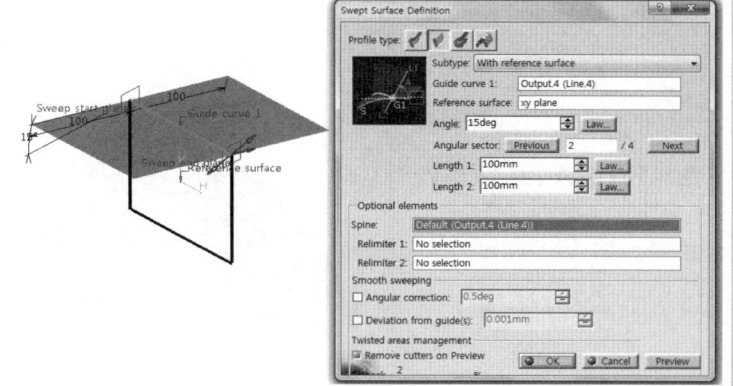

5) Sweep을 실행하고 Profile Type : Line을 선택, Subtype : With reference surface를 선택, Guide Curve 1 : 사각형 선분 중 하나를 선택, Reference Surface : ZX Plane을 선택, Angle : 15deg, Length 1 : 100mm, Length 2 : 100mm를 지정한다. 다음과 같이 화살표를 선택하여 [Preview]를 눌러 보고 다음 모양이 되었을 때 확인을 한다.

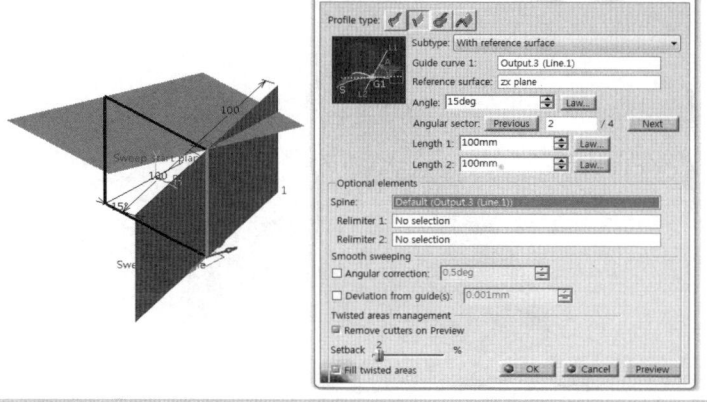

6) Sweep을 실행하고 Profile Type : Line을 선택, Subtype : With reference surface를 선택, Guide Curve 1 : 사각형 선분 중 하나를 선택, Reference Surface : ZX Plane을 선택, Angle : 15deg, Length 1 : 100mm, Length 2 : 100mm를 지정한다. 다음과 같이 화살표를 선택하여 [Preview]를 눌러 보고 다음 모양이 되었을 때 확인을 한다.

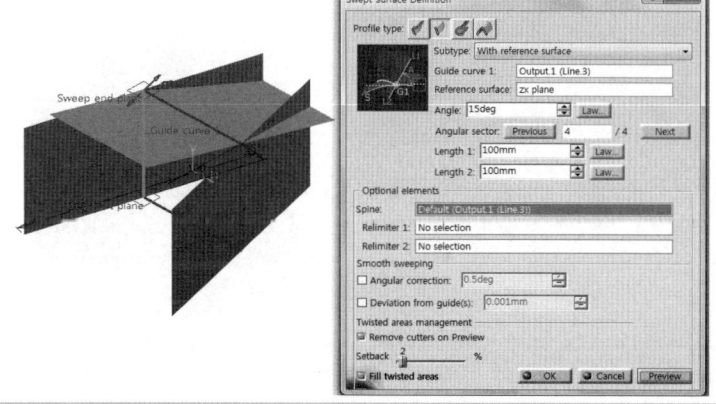

7) Sweep을 실행하고 Profile Type : Line을 선택, Subtype : With reference surface를 선택, Guide Curve 1 : 사각형 선분 중 하나를 선택, Reference Surface : XY Plane을 선택, Angle : 15deg, Length 1 : 100mm, Length 2 : 100mm를 지정한다. 다음과 같이 화살표를 선택하여 [Preview]를 눌러 보고 다음 모양이 되었을 때 확인을 한다.

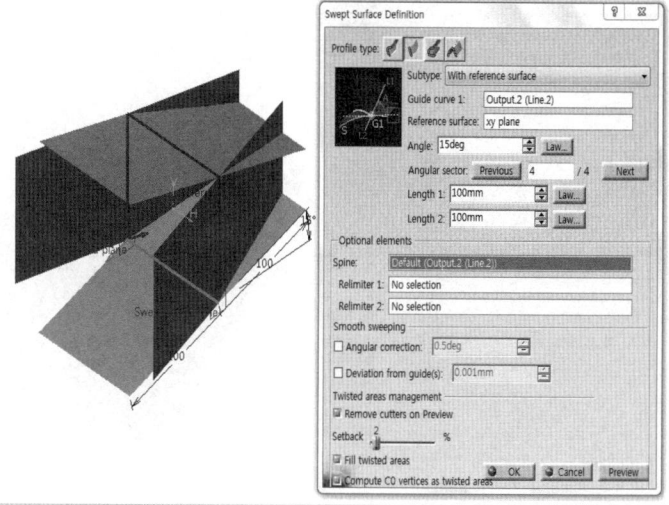

8) Extrapolate를 실행하고 Boundary : Edge를 선택, Extrapolated : Sweep.1을 선택, Length : 40mm를 지정, 다음과 같이 선택한다.

– Continuity에서 Curvature와 Tangent 차이점?

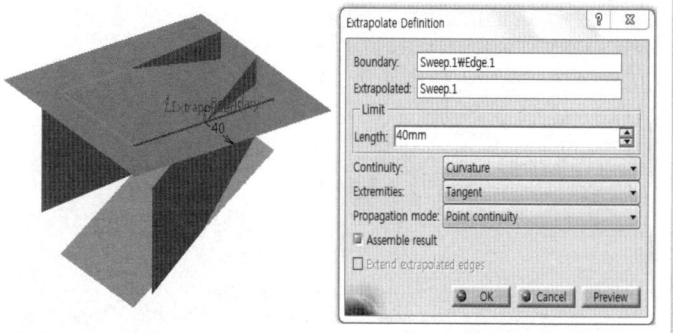

9) 나머지 3개의 Surface도 Extrapolate로 모서리를 40mm씩 늘려준다.

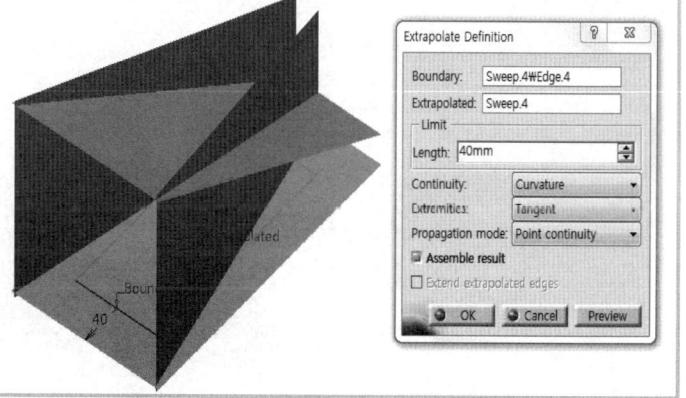

10) Trim을 실행하여 4개의 Surface를 선택하여 바깥부분이 잘려지도록 한다.

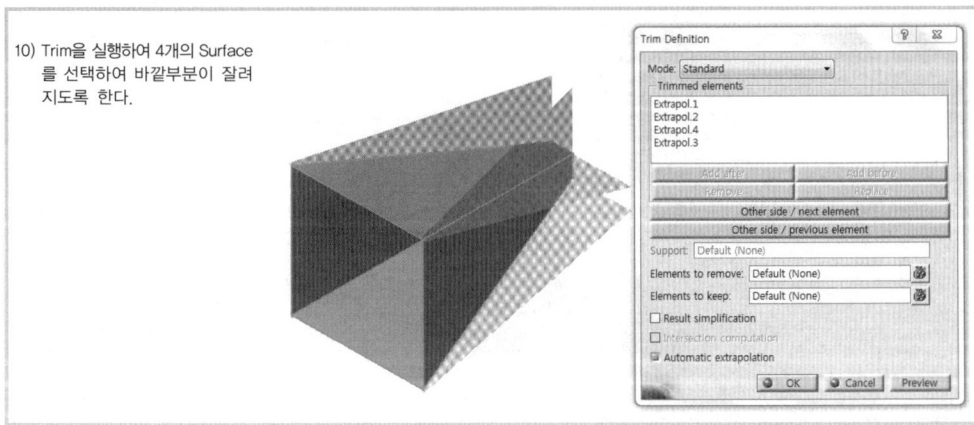

■ Trim 결과

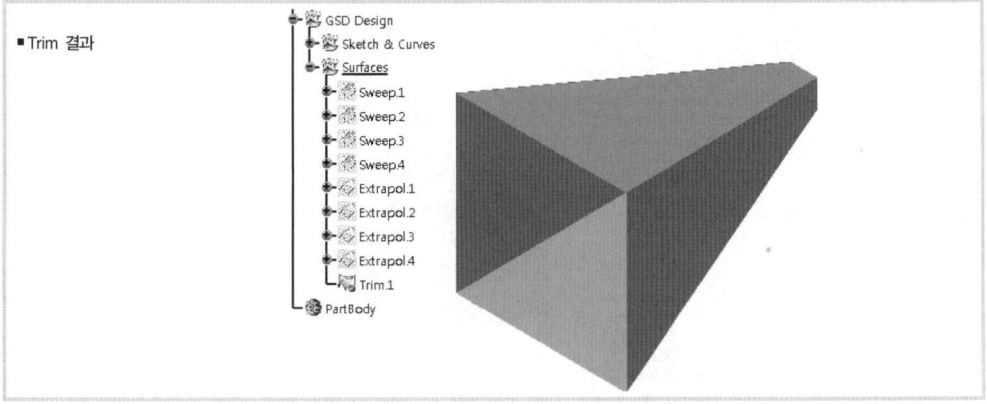

11) Fill을 실행하고 Curves 아래 항목에서 마우스 우측버튼을 눌러 [Create Boundary]를 선택한다.

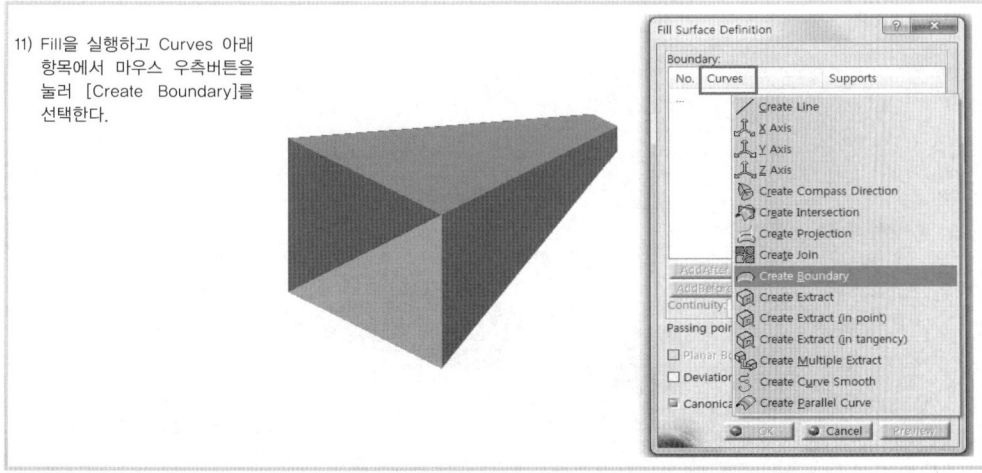

12) Surface의 모서리를 선택한다.

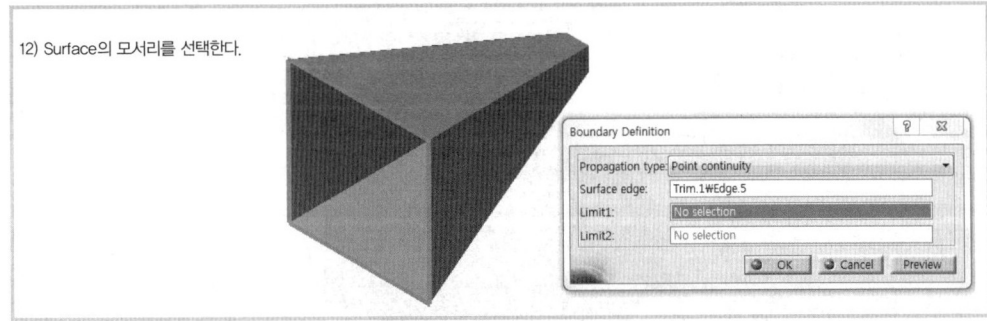

13) [Preview]를 눌러 Surface 생성을 확인한다.

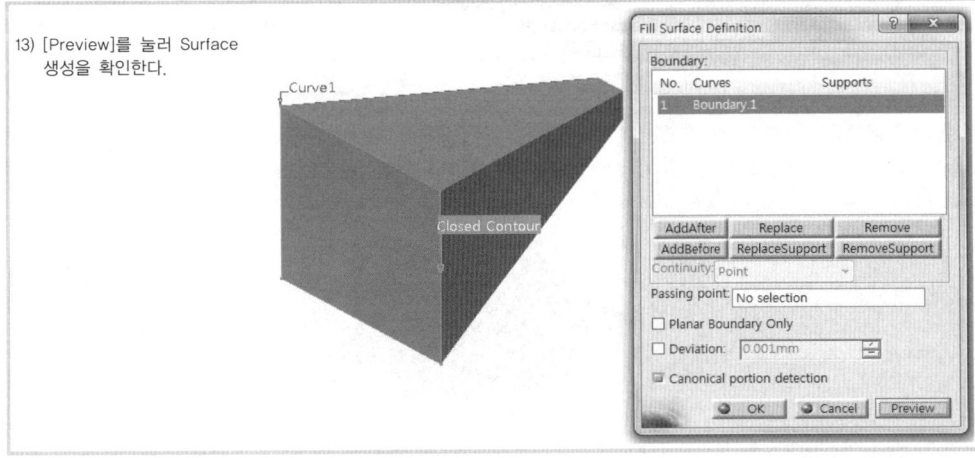

14) Fill을 실행하고 Curves 아래 항목에서 마우스 우측버튼을 눌러 [Create Boundary]를 선택한다.

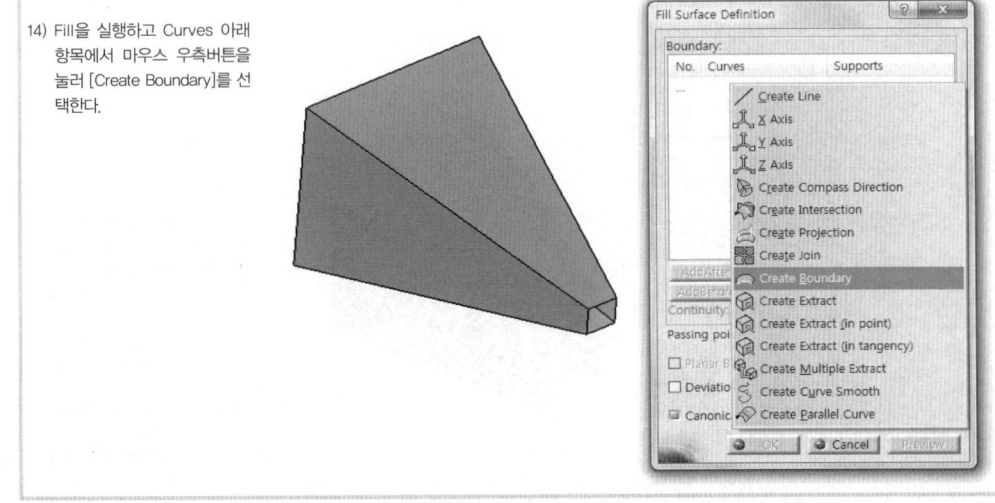

15) Surface의 모서리를 선택한다.

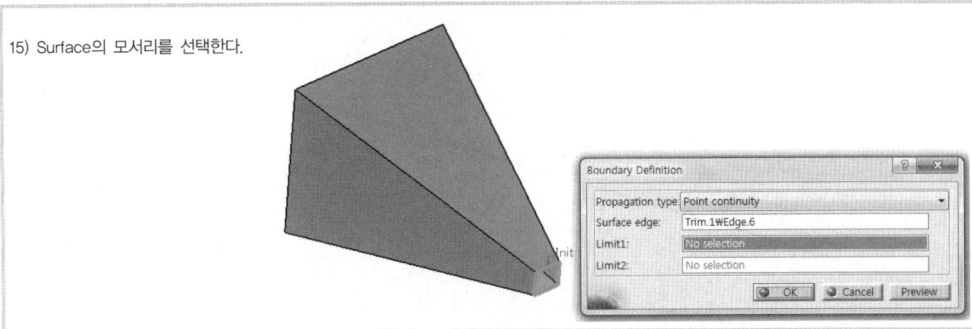

16) [Preview]를 눌러 Surface 생성을 확인한다.

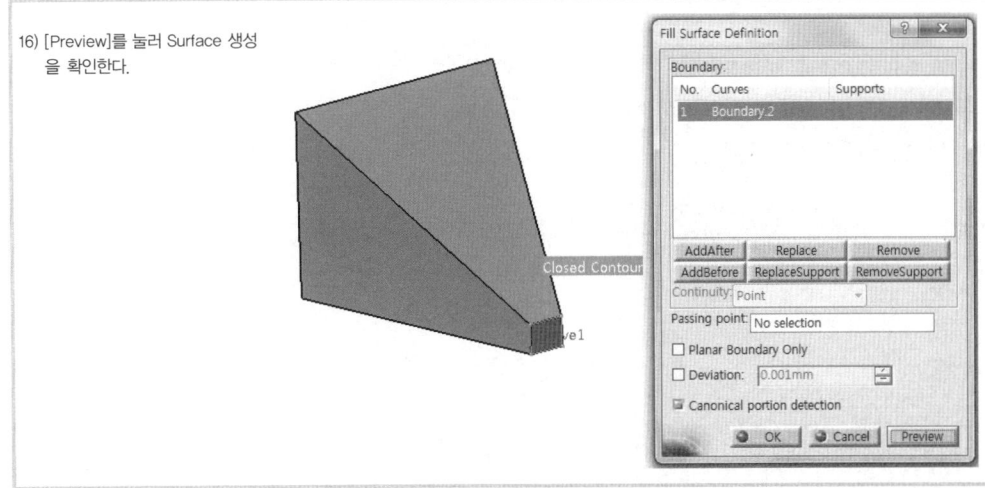

17) Join을 실행하여 다음 3개의 객체를 결합해 준다.

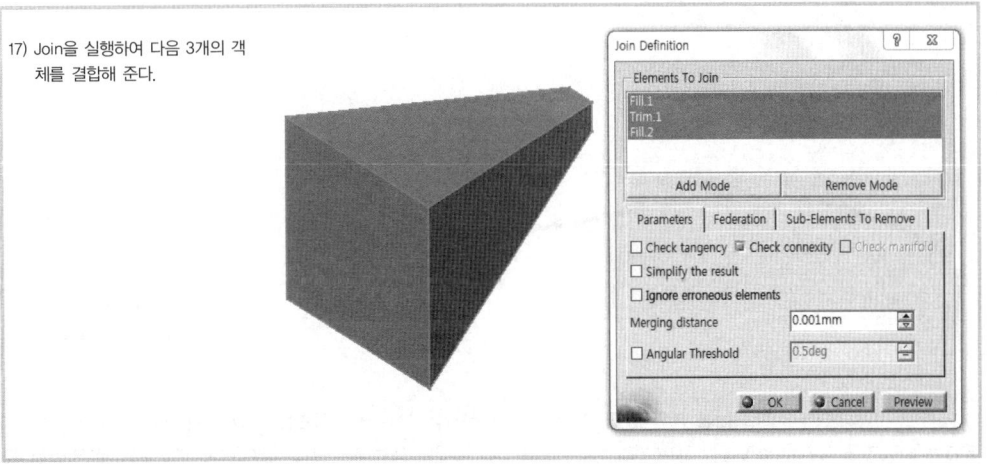

18) Edge Fillet을 실행하고 Radius : 5mm, 모든 모서리를 선택하여 필렛을 한다.

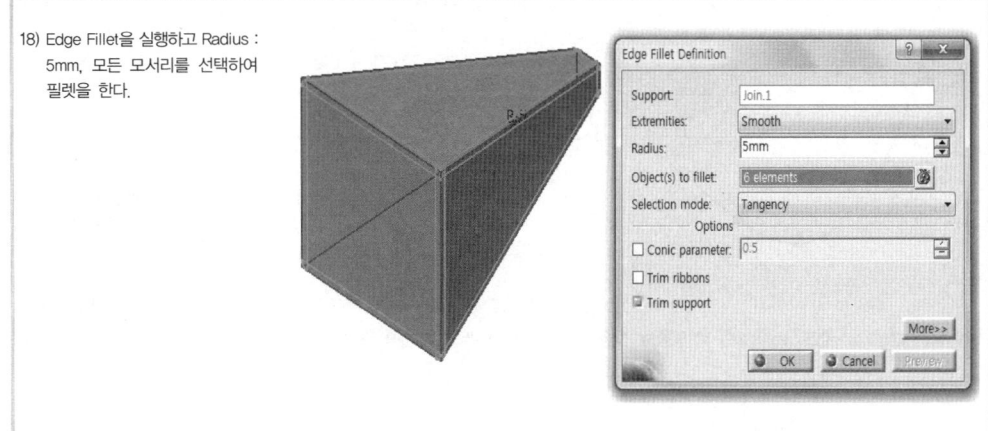

■ 완성 결과

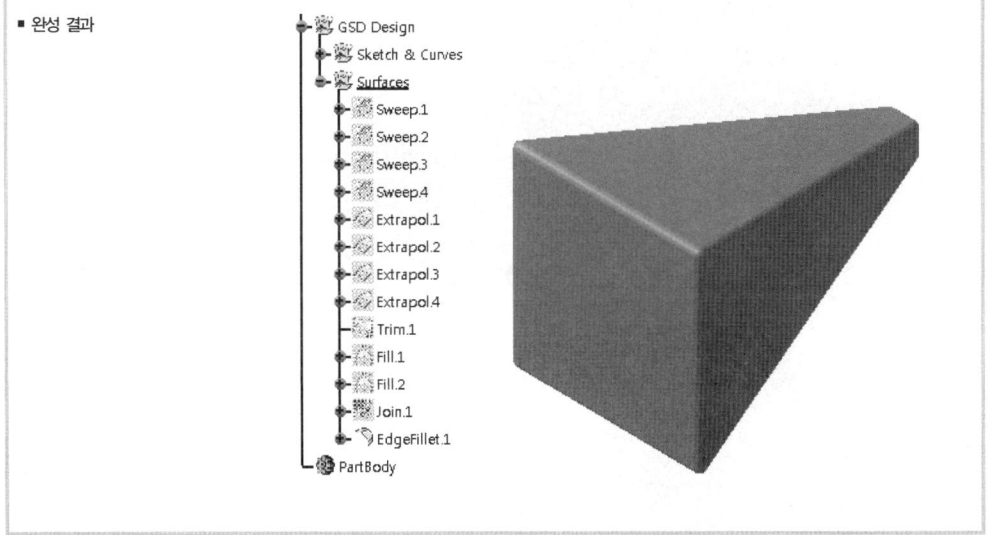

❹ **With reference Curve** : Guide Curve 하나와 기준이 되는 Reference Curve를 사용하여 형상을 만드는 방식으로 Reference Curve와 이루는 각도를 입력하여 경사를 줄어 Surface를 만들어 준다.

1) 스케치를 실행하고 YZ Plane을 선택하여 다음과 같이 자유 곡선을 스케치를 한다.

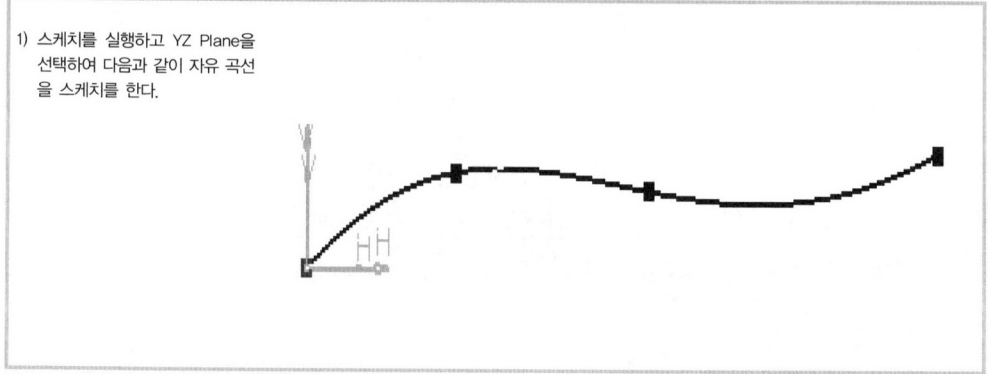

2) Plane을 실행하고 YZ Plane을 기준으로 90mm 위치에 Plane을 생성한다.

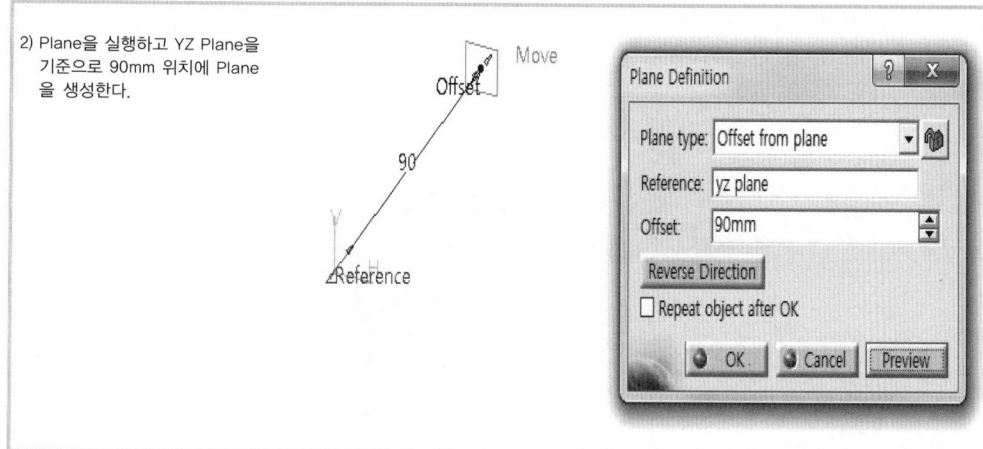

3) 스케치를 실행하고 Plane.1을 선택하여 다음과 같이 직선을 스케치를 한다.

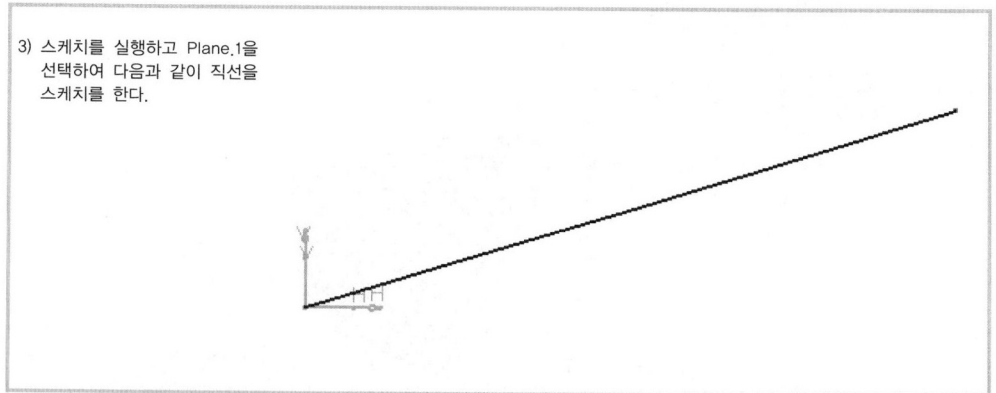

4) Sweep( )을 실행하고 With reference Curve를 선택, Guide Curve 1 : Sketch.1을 선택, Reference Curve : Sketch.2를 선택, Angle : 45deg, Length 1 : 100mm를 지정한다.

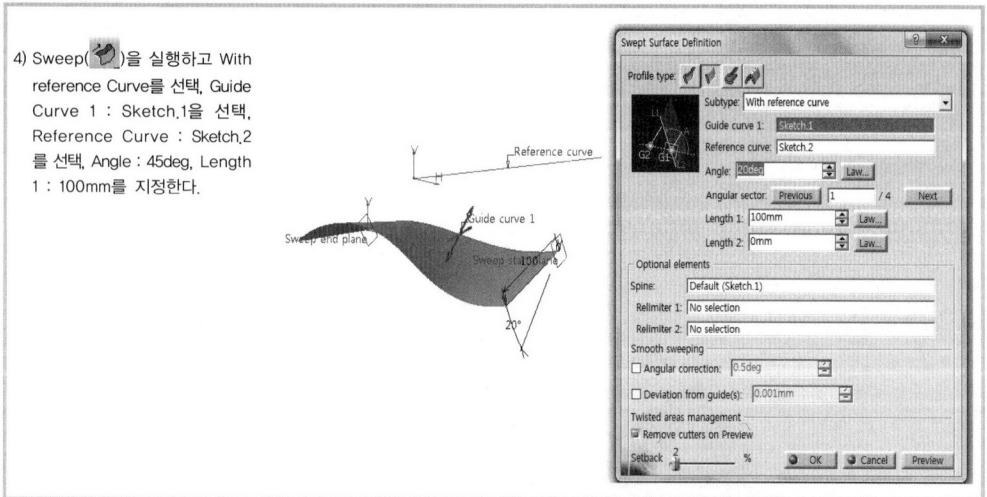

■ Sweep( ) 결과

❺ **With Tangency Surface** : Guide Curve 하나와 Tangency Surface를 사용하여 형상을 만드는 방식이다. 형상이 만들어지면 Guide Curve를 기준으로 Surface에 접하게 만들어진다.

1) 스케치를 실행하고 YZ Plane을 선택하여 다음과 같이 자유 곡선을 스케치를 한다.

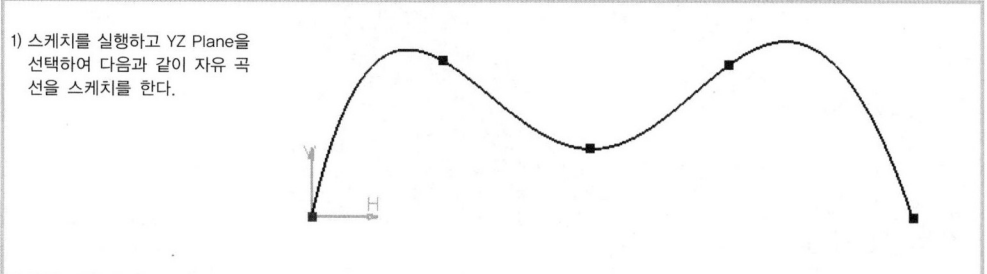

2) Extrude를 실행하고 150mm 돌출을 한다.

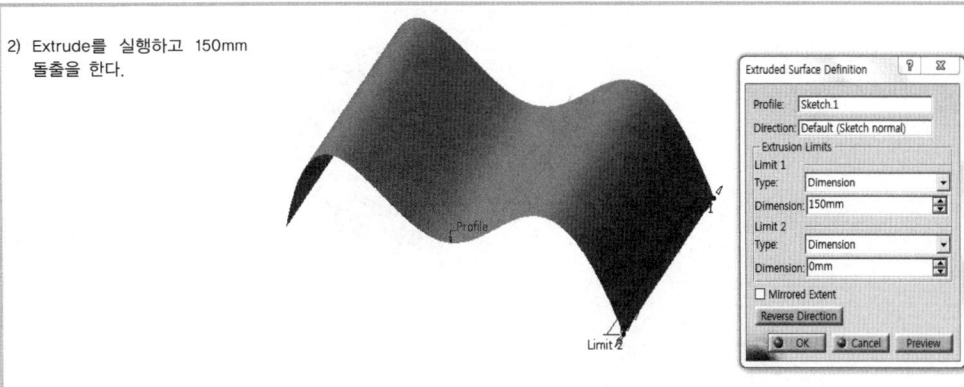

3) Plane을 실행하고 XY Plane을 기준으로 120mm 위쪽에 Plane을 생성한다.

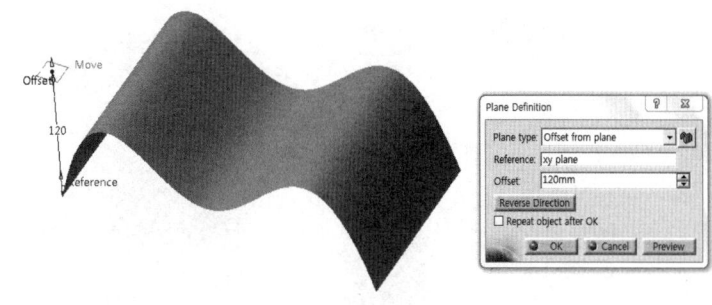

4) 스케치를 실행하고 Plane.1을 선택하여 다음과 같이 직선을 스케치를 한다.

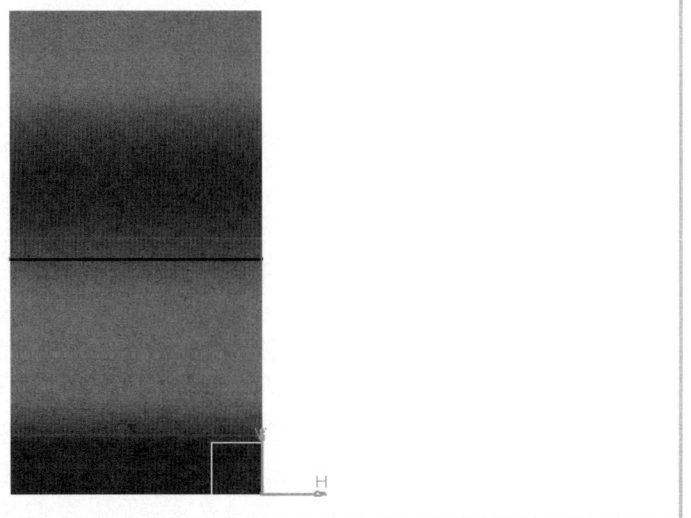

5) Sweep( )을 실행하고 With Tangency Surface를 선택, Guide Curve 1 : Sketch.2를 선택, Tangency Surface : Extrude.1 을 선택한다.
생성된 Surface에서 선택을 할 수 있고 보라색으로 선택된 Surface는 남고 파랑색은 생성되지 않는다.

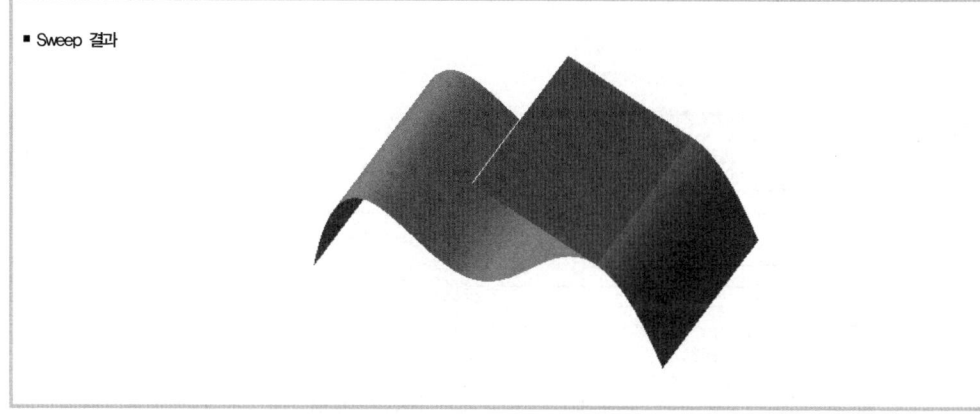

■ Sweep 결과

6) 반대편도 생성해 본다.

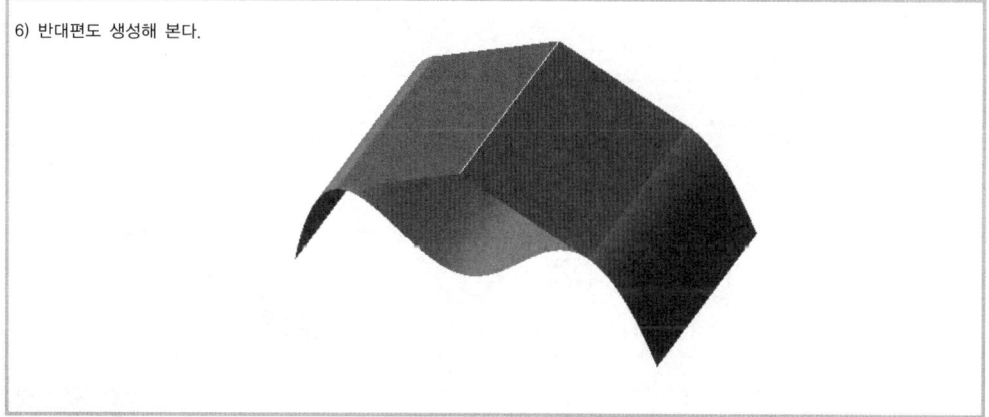

❻ **With Draft Direction** : Guide Curve를 선택한 Pulling Direction을 기준으로 각도를 주어 형상을 만들 수 있다. Guide Curve에 스케치로 임의의 형상을 그린 Profile을 사용한다.

Sweep 실습 1

1) 스케치를 실행하고 XY Plane을 선택하여 다음과 같이 스케치를 한다.

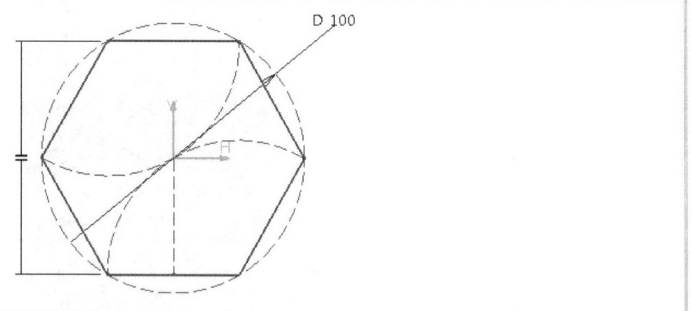

2) Sweep( )을 실행하고 With draft direction을 선택, Guide Curve 1 : Sketch.1을 선택, Draft direction : Z Axis를 선택 Length 1 : 100mm, Angle : 15deg로 지정한다.

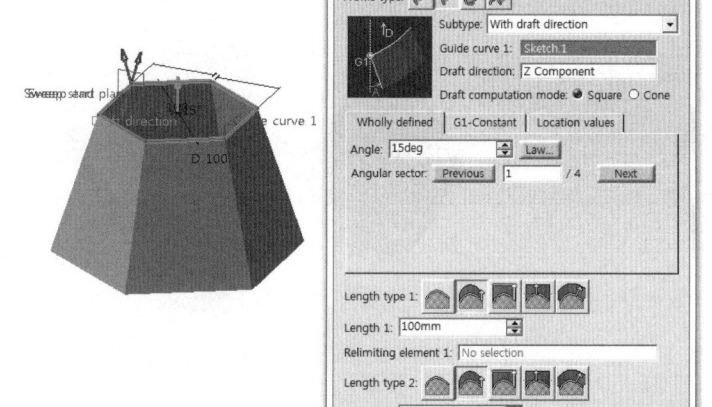

- Sweep 결과

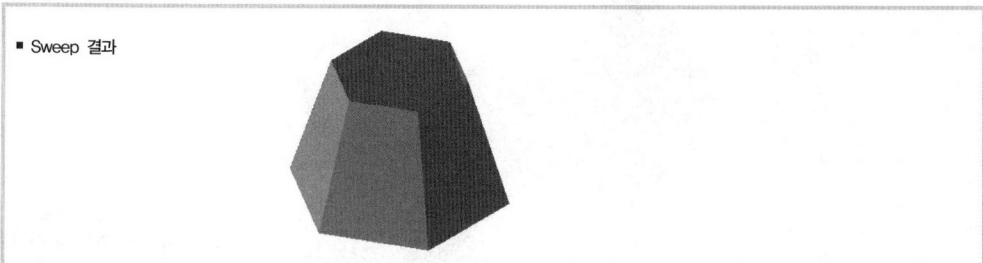

Sweep 실습 2

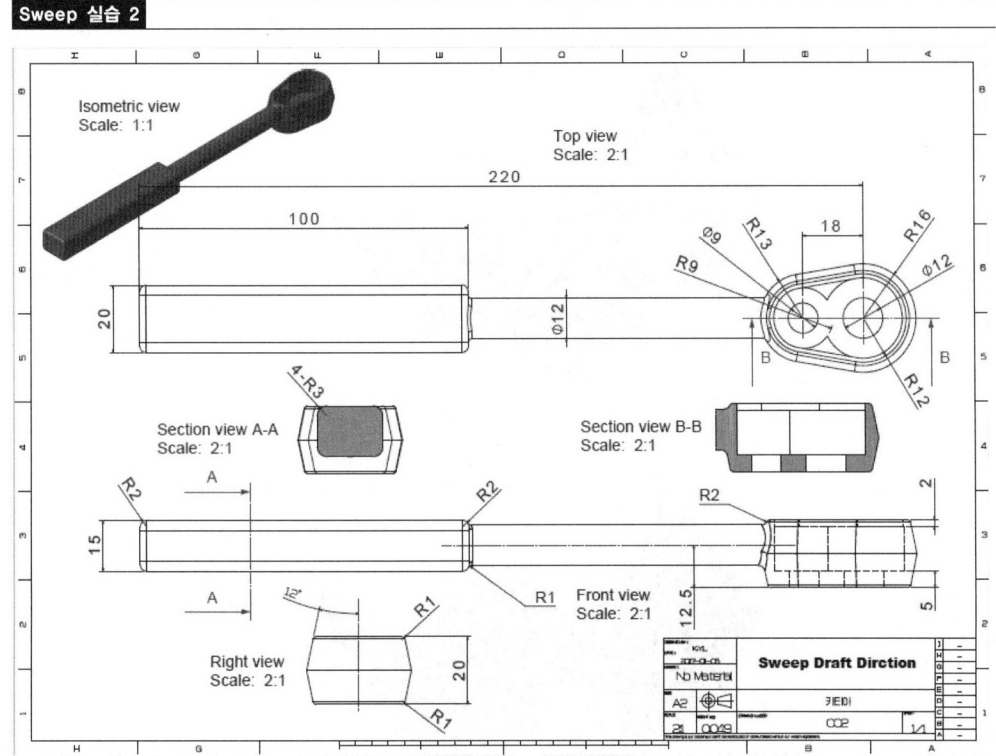

1) 기본 Geometrical Set을 다음과 같이 생성한다.

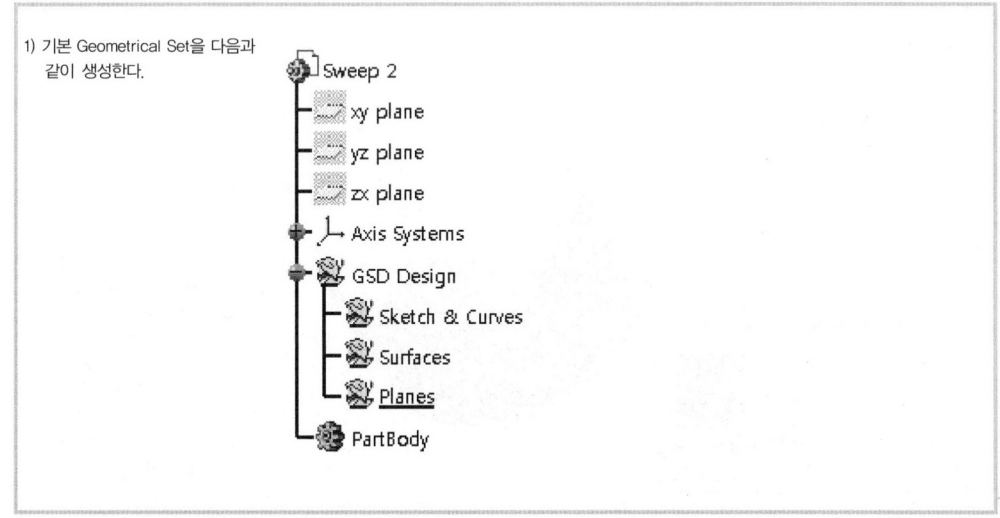

2) Sketch & Curves 위에서 마우스 우측버튼을 눌러 [Define In Work Object]를 선택한다.
3) 스케치를 실행하고 XY Plane을 선택하여 다음과 같이 스케치를 한다.

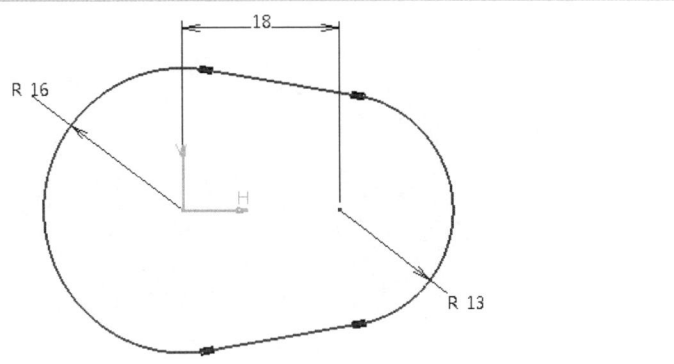

4) Planes 위에서 마우스 우측버튼을 눌러 [Define In Work Object]를 선택한다.
5) Plane을 실행하고 XY Plane을 기준으로 10mm 위치에 Plane을 생성한다.

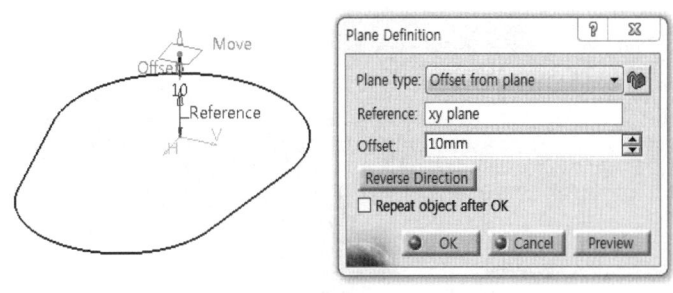

6) Surfaces 위에서 마우스 우측버튼을 눌러 [Define In Work Object]를 선택한다.
7) Sweep(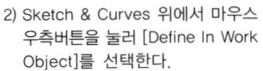)을 실행하고 With draft direction을 선택, Guide Curve 1 : Sketch.1을 선택, Draft direction : Z Component를 선택, Length type 1은 Plane.1까지 도달하도록 선택, Angle : 12deg로 지정한다.

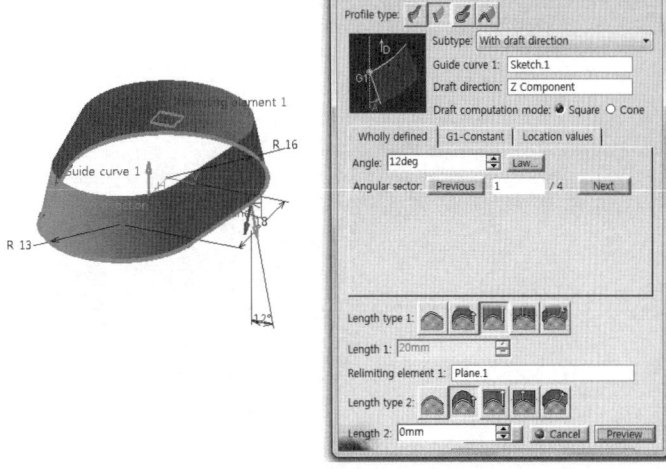

8) Symmetry를 실행하고 XY Plane을 기준으로 Sweep.1 객체를 대칭 복사한다.

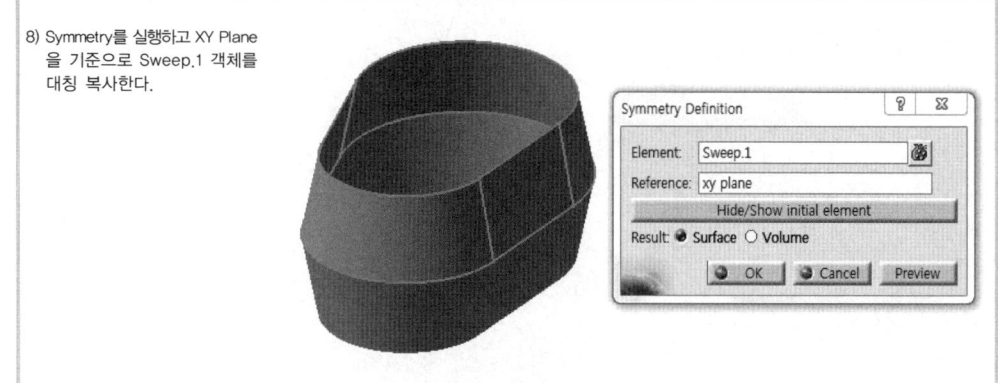

9) Join을 실행하고 다음과 같이 선택하여 결합한다.

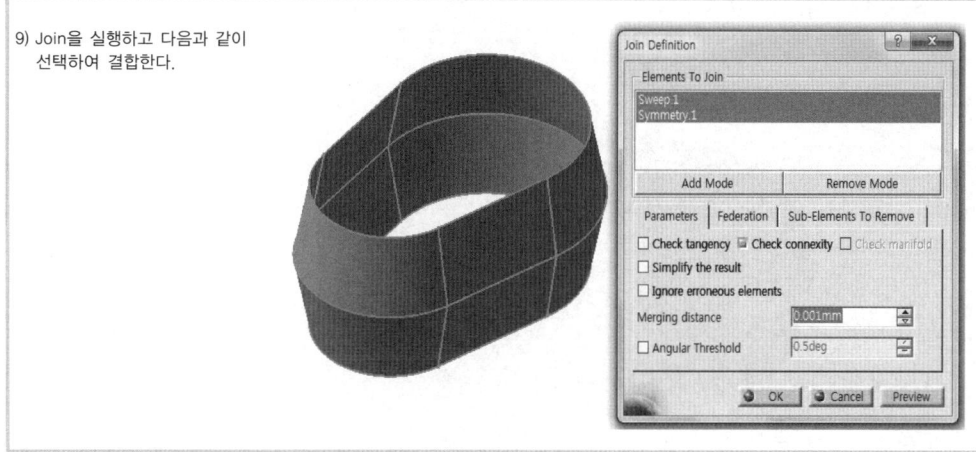

10) [Start]-[Mechanical Design]-[Part Design]을 선택한다.
11) CloseSurface를 실행하고 Solid로 채운다.

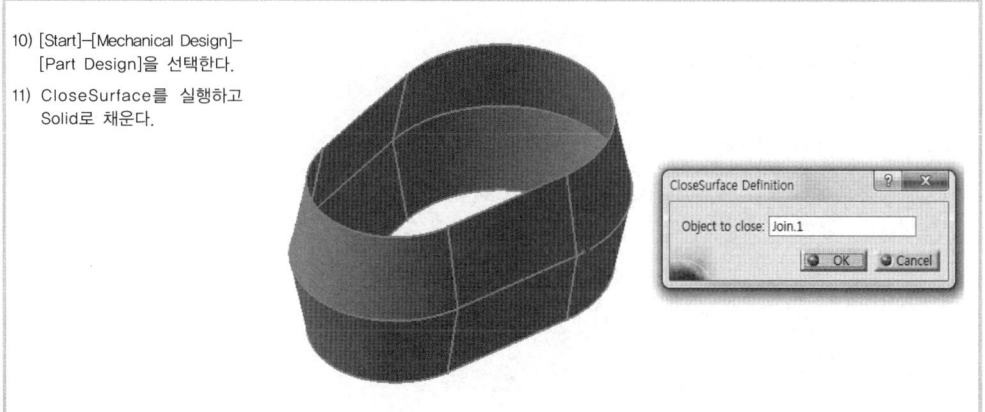

12) Sketch & Curves 위에서 마우스 우측버튼을 눌러 [Define In Work Object]를 선택한다.

13) 스케치를 실행하고 Solid 객체의 윗면을 선택하여 다음과 같이 스케치를 한다.

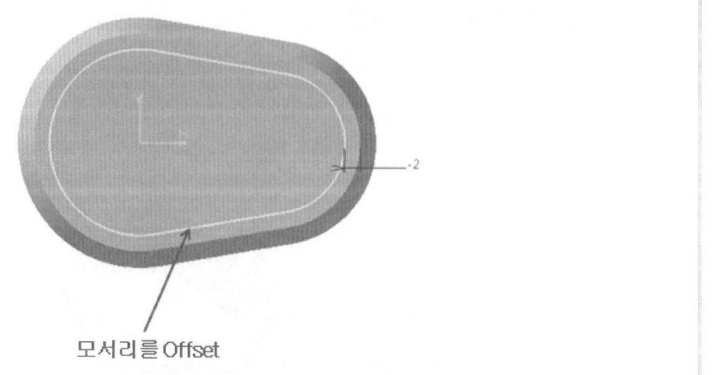

모서리를 Offset

14) Pocket을 실행하고 2mm 돌출 컷을 한다.

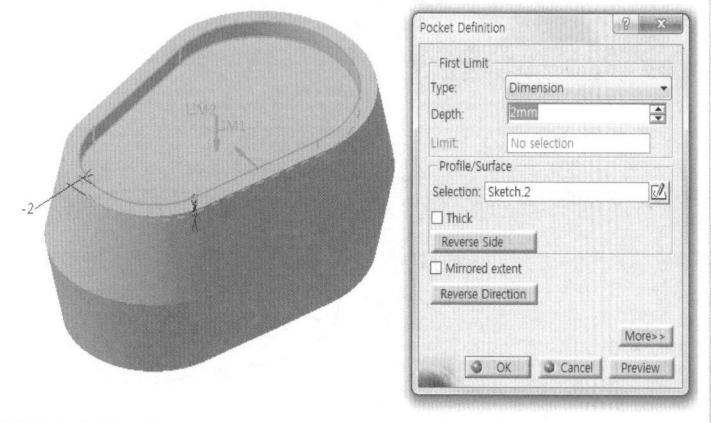

15) Sketch & Curves 위에서 마우스 우측버튼을 눌러 [Define In Work Object]를 선택한다.

16) 스케치를 실행하고 Pocket.1 객체의 윗면을 선택하여 다음과 같이 스케치를 한다.

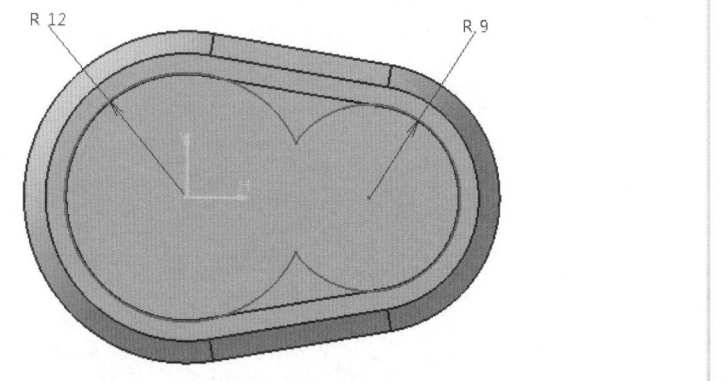

17) Pocket을 실행하고 13mm 돌출 컷을 한다.

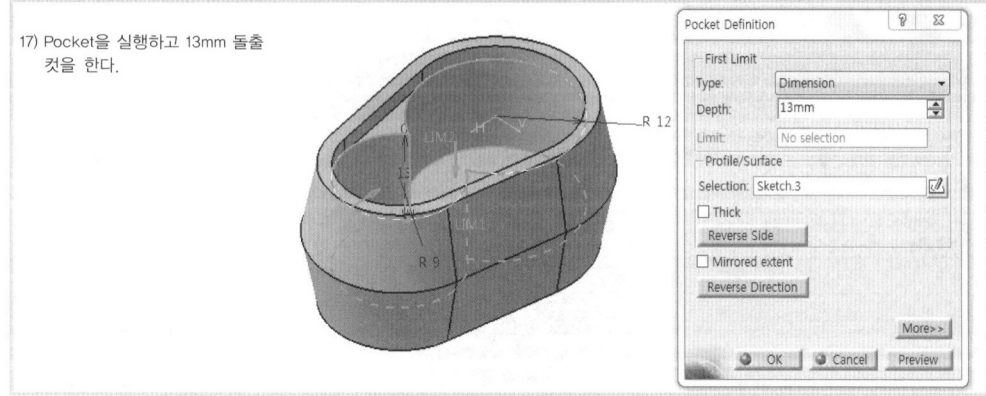

18) Sketch & Curves 위에서 마우스 우측버튼을 눌러 [Define In Work Object]를 선택한다.

19) 스케치를 실행하고 Pocket.2 객체의 윗면을 선택하여 다음과 같이 스케치를 한다.

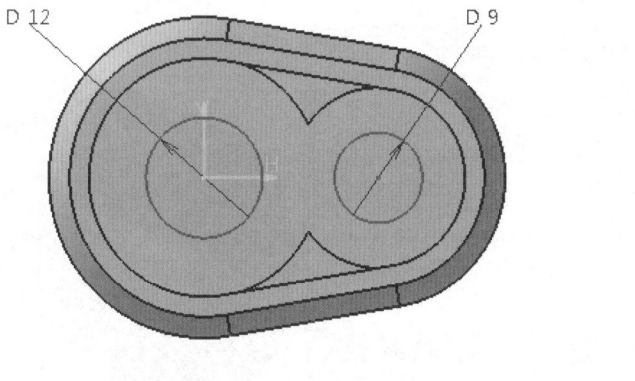

20) Pocket을 실행하고 Up to next를 지정하여 돌출 컷을 한다.

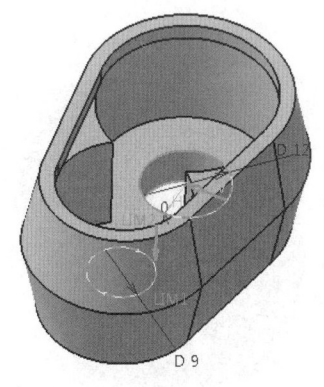
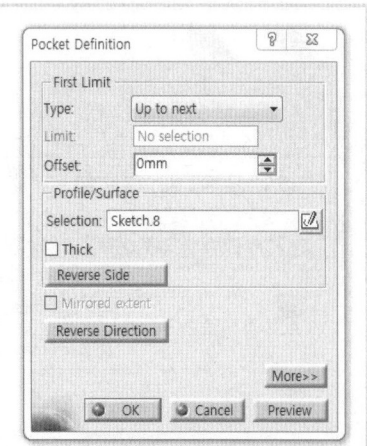

21) Planes 위에서 마우스 우측버튼을 눌러 [Define In Work Object]를 선택한다.
22) Plane을 실행하고 YZ Plane을 기준으로 220mm 위치에 Plane을 생성한다.

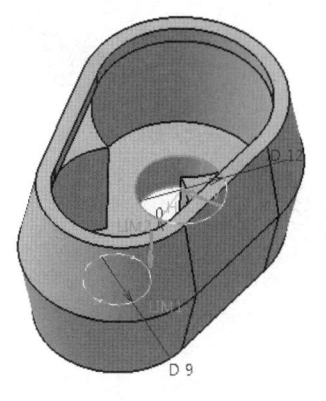
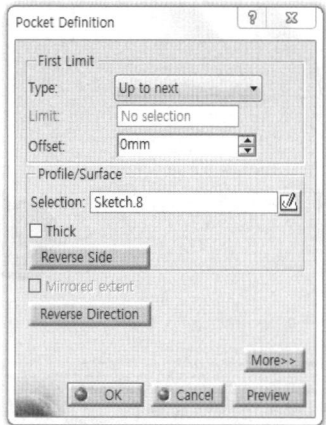

23) Sketch & Curves 위에서 마우스 우측버튼을 눌러 [Define In Work Object]를 선택한다.
24) 스케치를 실행하고 Plane.2 객체의 윗면을 선택하여 다음과 같이 스케치를 한다.

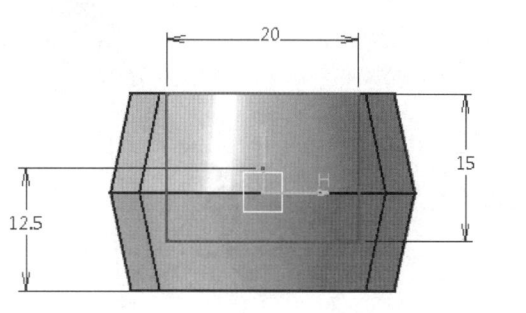

25) Pad를 실행하고 100mm 돌출을 한다.

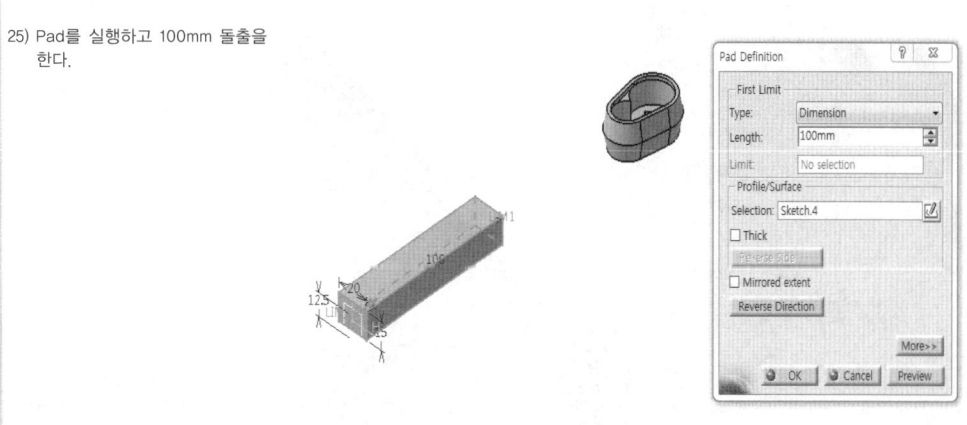

26) Sketch & Curves 위에서 마우스 우측버튼을 눌러 [Define In Work Object]를 선택한다.
27) 스케치를 실행하고 Pad.1 객체의 뒷면을 선택하여 다음과 같이 스케치를 한다.

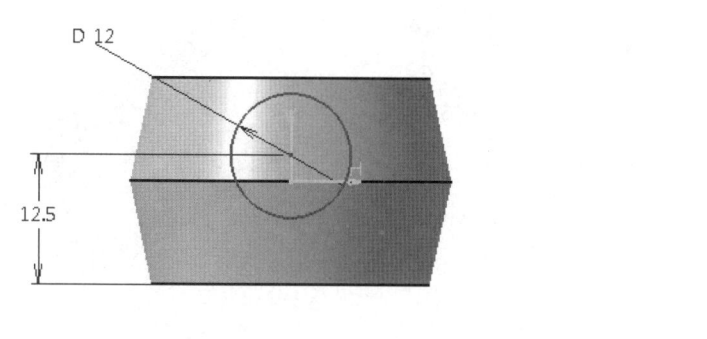

28) Pad를 실행하고 Up to Surface를 지정, 곡면 안쪽을 선택하여 돌출을 한다.

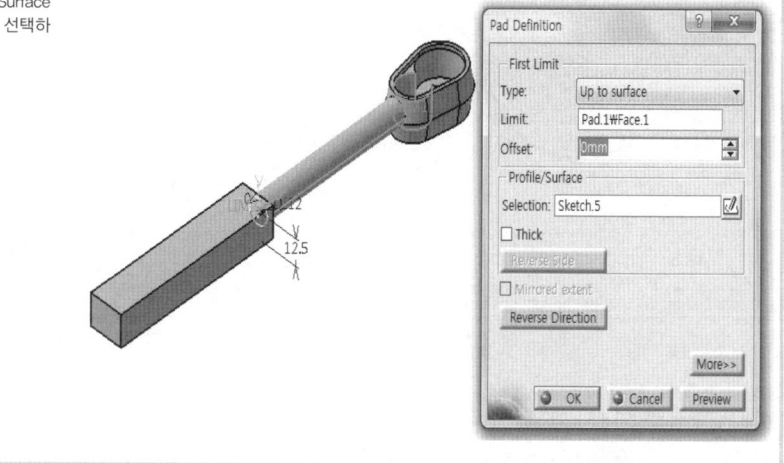

29) Edge Fillet을 실행하고 반경 : 3mm로 필렛을 한다.

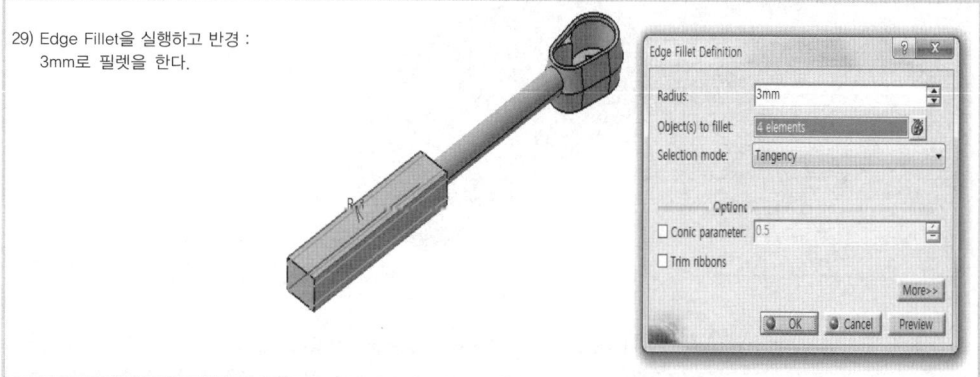

30) Edge Fillet을 실행하고 반경 : 2mm로 필렛을 한다.

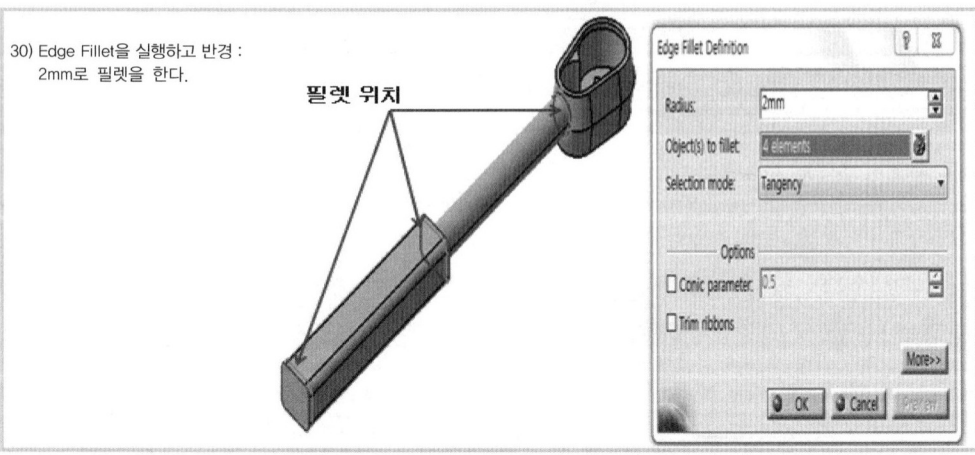

31) Edge Fillet을 실행하고 반경 : 2mm로 필렛을 한다.

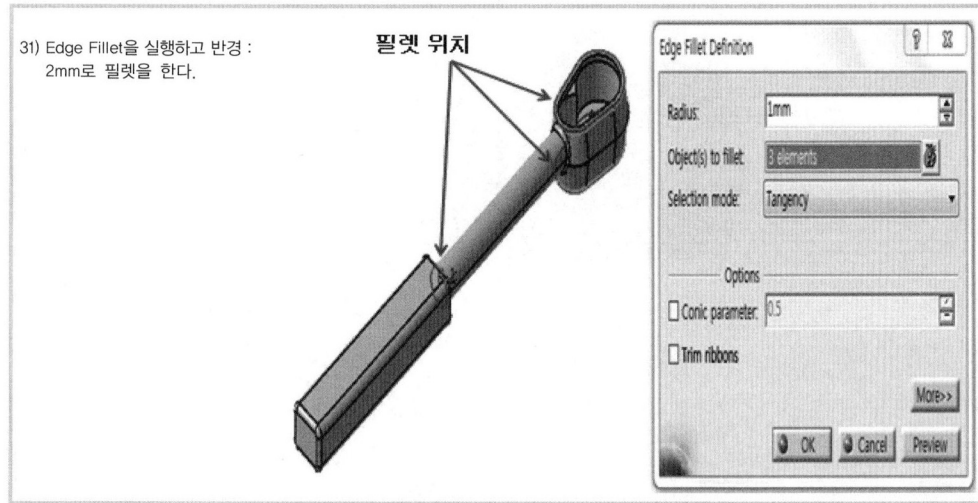

■ Sweep 결과

❼ **With two tangency Surface** : 두 개의 접하는 Surface를 이용하여 그 접하는 지점을 잇는 형상을 만드는 기능이다. 두 Surface를 Tangent 하게 연결하기 위해 Spline으로 스케치를 한다.

1) Cylinder를 실행하고 Point : 원점 선택, Direction : Y Component를 지정, Radius : 30mm, 양쪽 모두 : 50mm 지정한다.

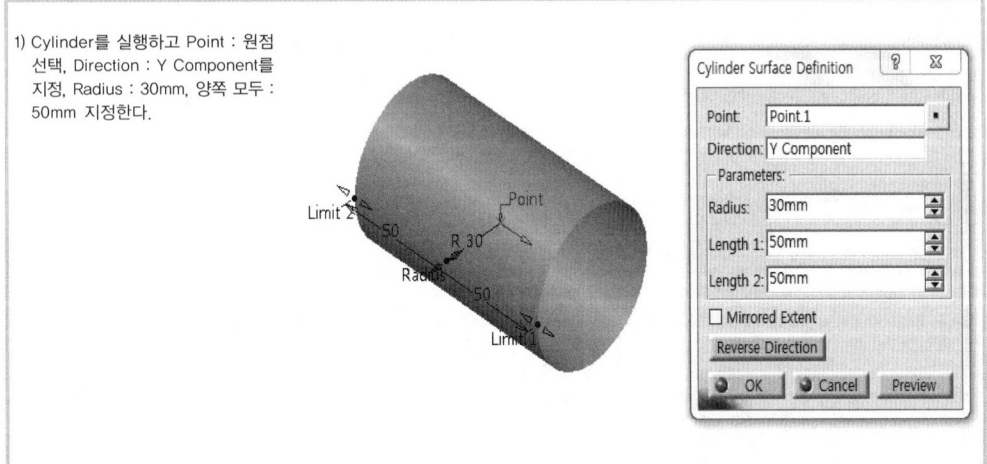

2) 스케치를 실행하고 ZX Plane을 선택하여 다음과 같이 직선을 스케치를 한다.

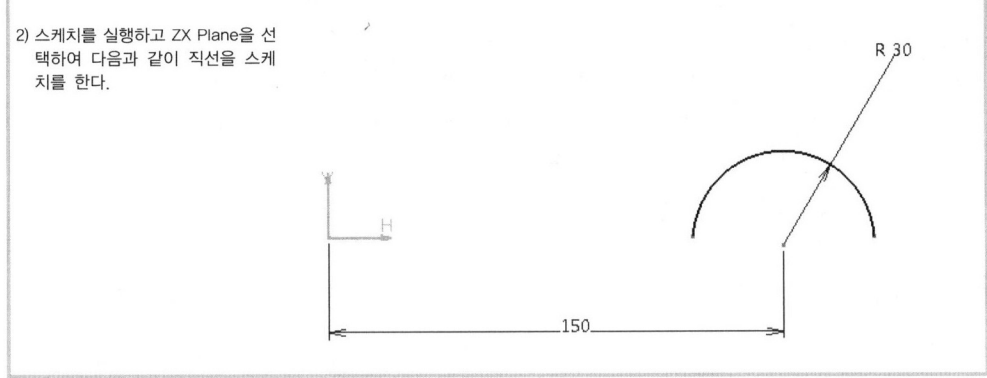

3) Plane을 실행하고 YZ Plane을 선택하여 80mm 뒤쪽으로 Plane을 생성한다.

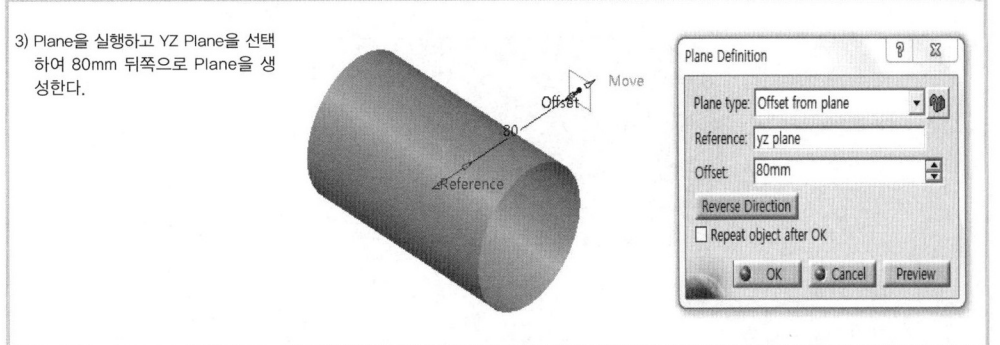

4) 스케치를 실행하고 Plane.1을 선택하여 다음과 같이 직선을 스케치를 한다.

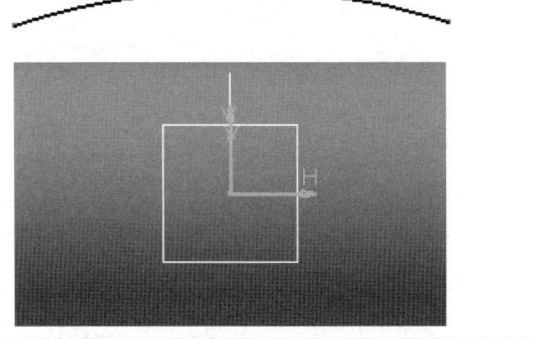

5) Extrude를 실행하고 다음과 같이 지정하여 돌출을 한다.

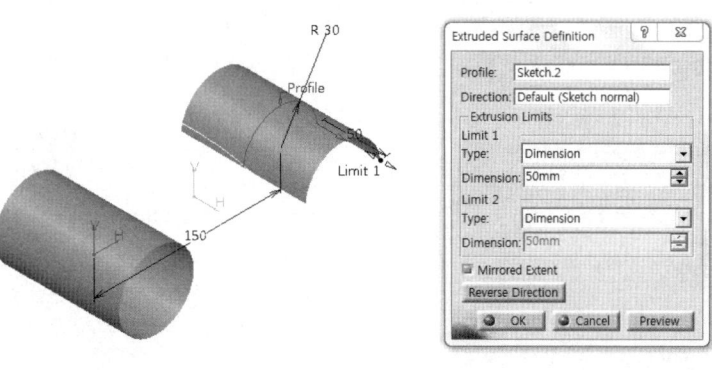

6) Sweep( )을 실행하고 With Two tangency surface을 선택, Spline : Sketch.3을 선택, First/Second Tangency surface로 다음 surface를 선택한다.

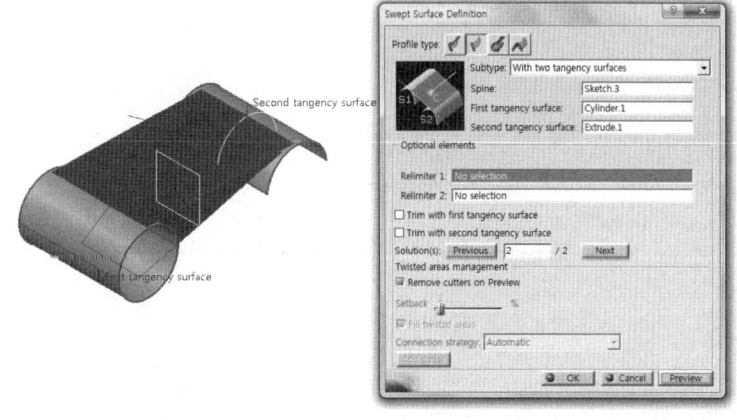

■ Sweep 결과

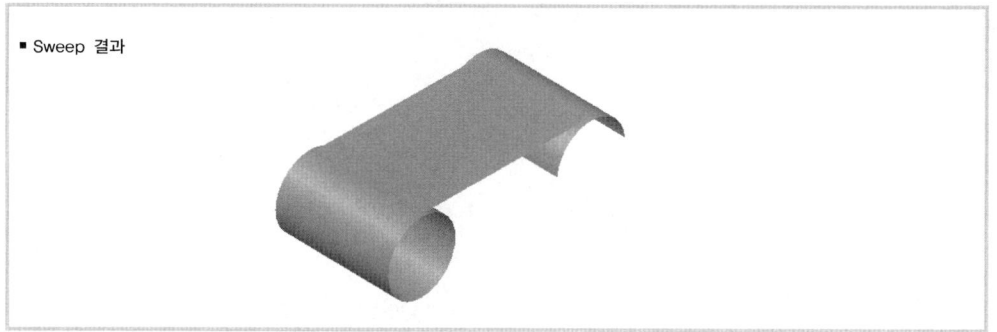

• Implicit Circle( )

Profile의 형태가 원형을 가지는 방식으로 따로 반경 값을 넣어 주거나 Guide나 Tangency한 Surface에 의해 정의된다.

❶ Three Guides

3개의 Guide line에 의해 형상을 만드는 방법이다. 3개의 Guide line을 지나는 원형을 만들어 준다.

1) 스케치를 실행하고 YZ Plane을 선택하여 다음과 같이 자유 곡선을 스케치를 한다.

2) Plane을 실행하고 YZ Plane을 선택하여 180mm 뒤쪽으로 Plane을 생성한다.

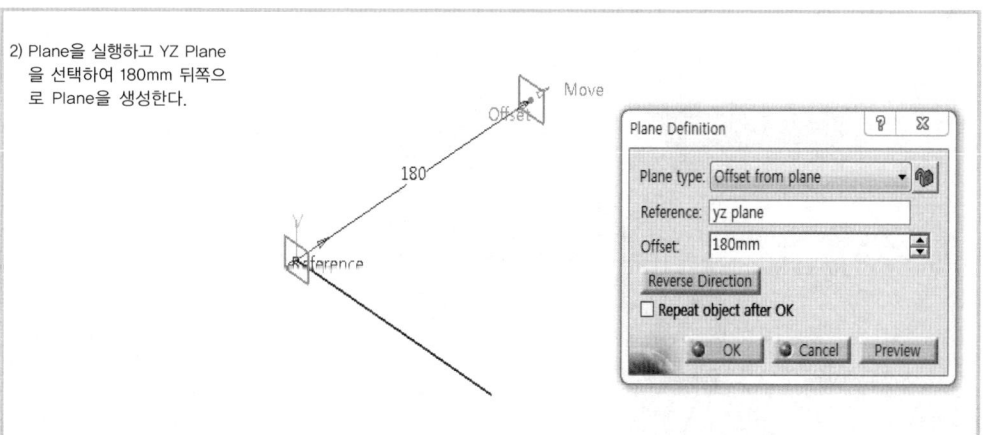

69

3) 스케치를 실행하고 Plane.1을 선택하여 다음과 같이 자유 곡선을 스케치를 한다.

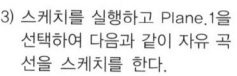

4) Plane을 실행하고 YZ Plane을 선택하여 90mm 뒤쪽으로 Plane을 생성한다.

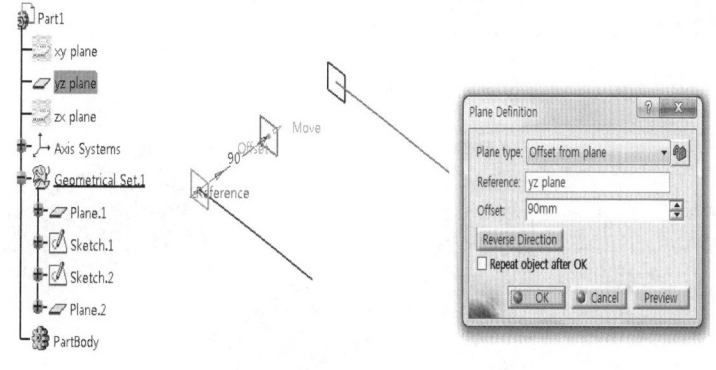

5) 스케치를 실행하고 Plane.2를 선택하여 다음과 같이 자유 곡선을 스케치를 한다.

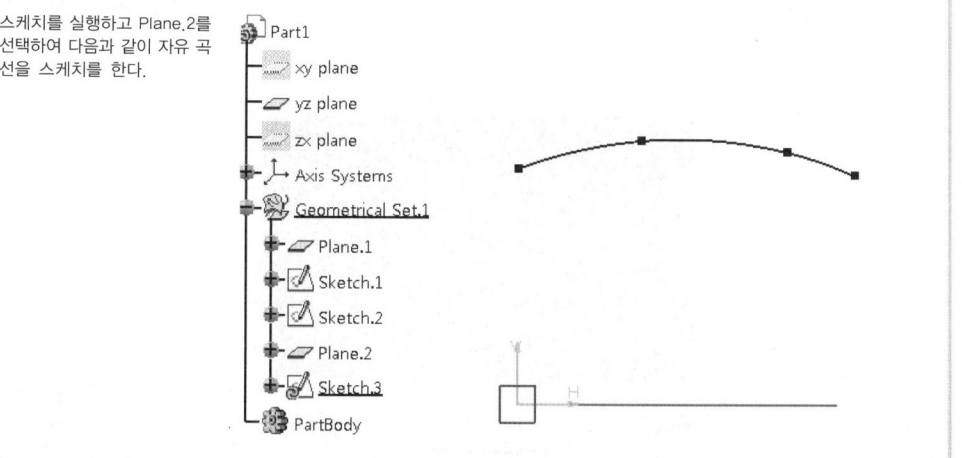

6) Sweep( )을 실행하고 Three Guides를 선택, 스케치를 차례대로 선택한다.

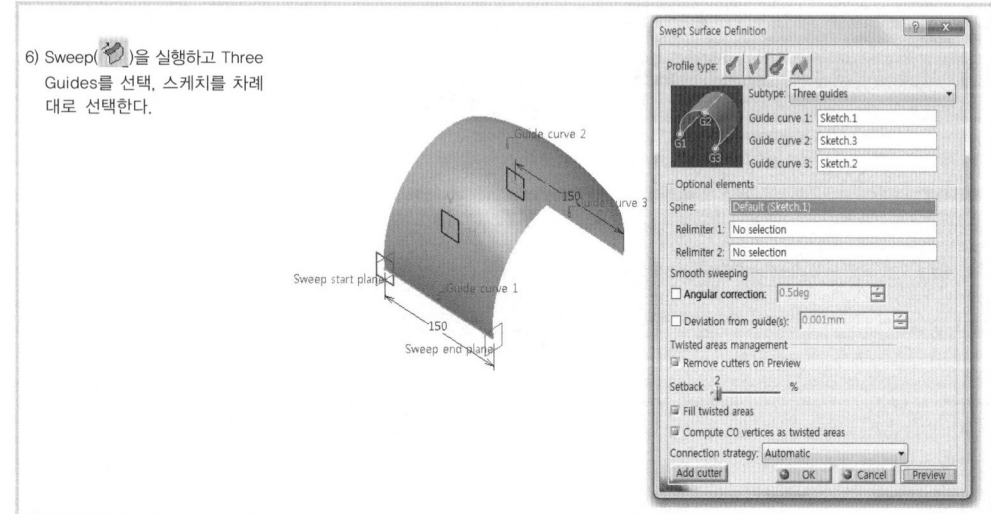

■ Sweep 결과

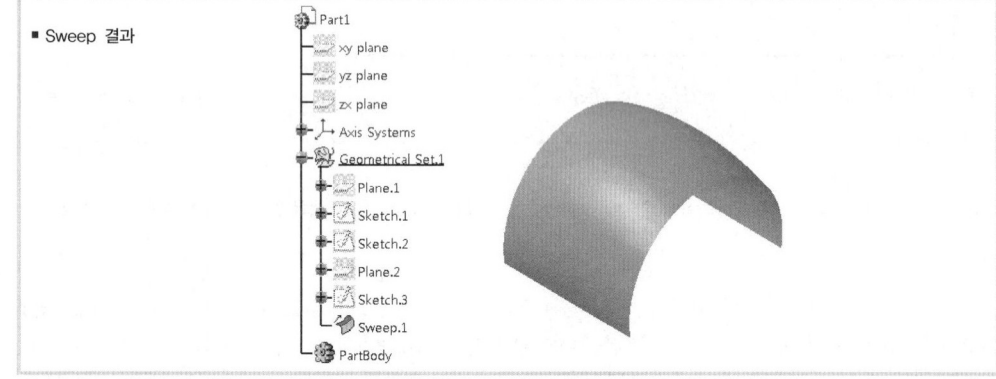

❷ **Two Guides and radius**
두 개의 Guide Curve와 반경 값을 입력하여 형상을 만드는 방법이다.

1) 스케치를 실행하고 YZ Plane을 선택하여 다음과 같이 자유 곡선을 스케치를 한다.

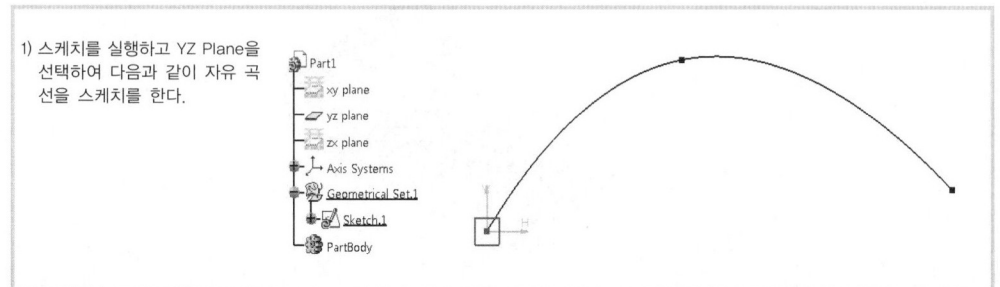

2) Plane을 실행하고 YZ Plane을 선택하여 90mm 뒤쪽으로 Plane을 생성한다.

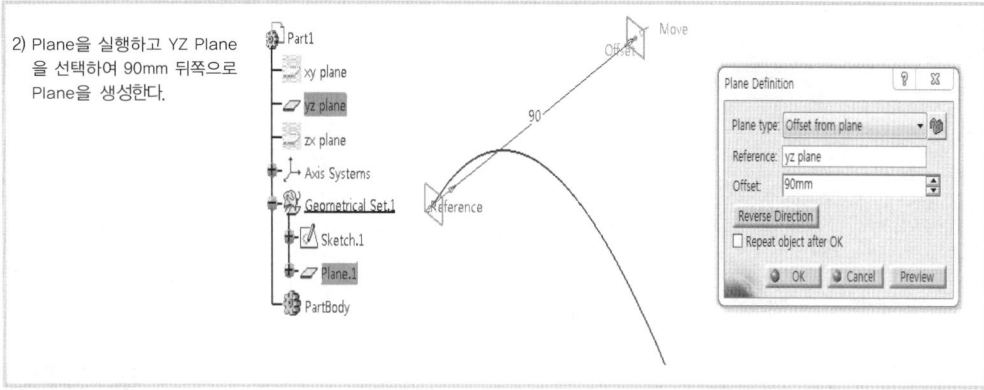

3) 스케치를 실행하고 Plane.1을 선택하여 다음과 같이 자유 곡선을 스케치를 한다.

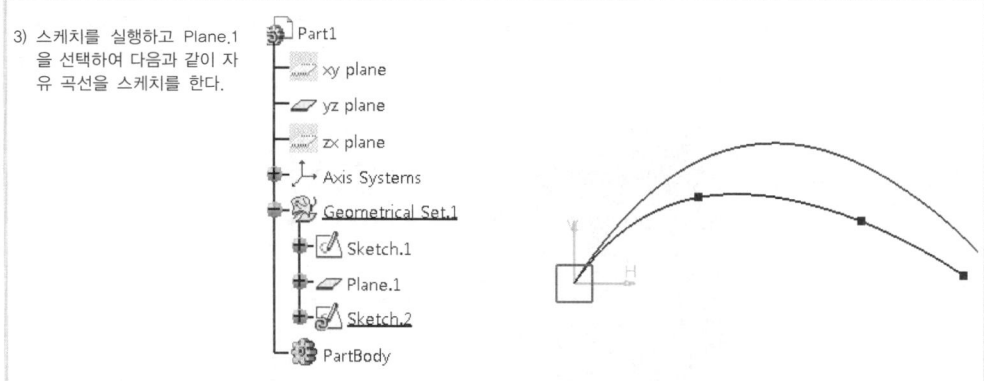

4) Sweep( )을 실행하고 Two guides and radius를 선택, 두 개의 스케치를 차례대로 선택, Radius : 50mm 지정한다.
Preview를 누르면 두 가지 선택할 수 있는 Surface가 미리보기가 된다. 다음 중 하나를 선택한다.

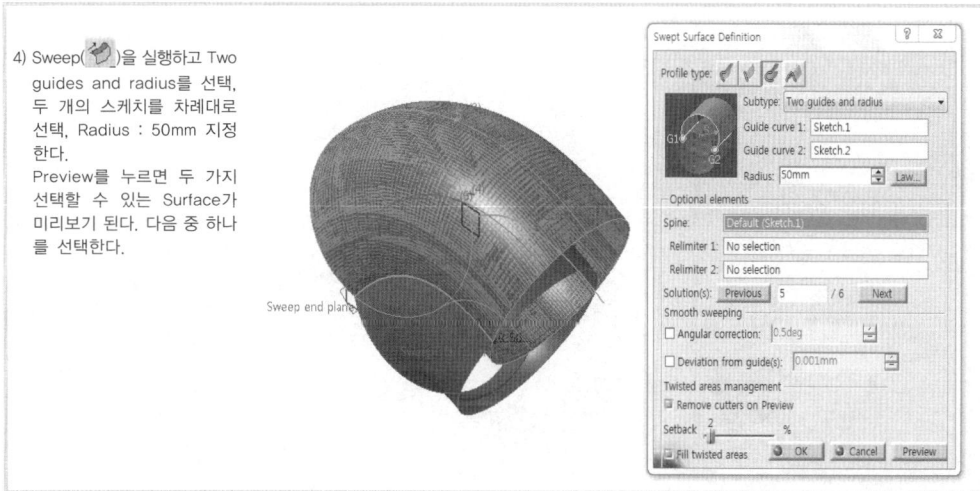

■ Sweep 결과

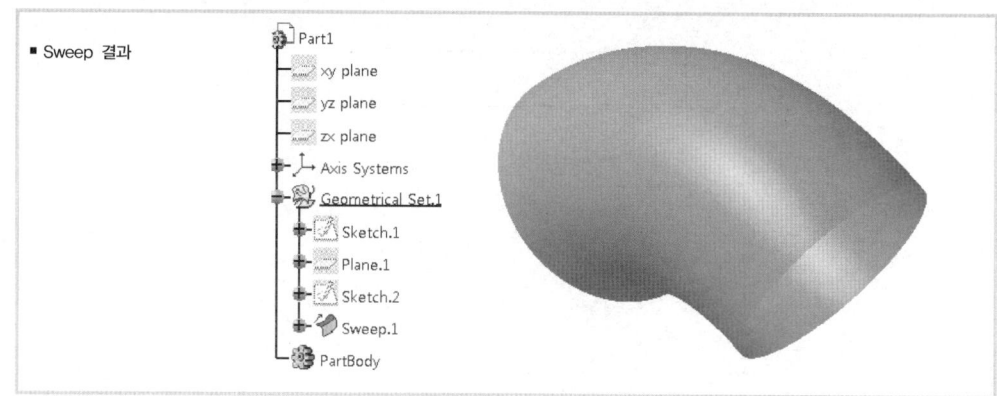

❸ Center and Two angles
단면 원의 중심을 지나는 Center Curve와 반경에 해당하는 Reference Curve를 사용하여 형상을 만드는 기능이다.

1) 스케치를 실행하고 XY Plane을 선택하여 다음과 같이 자유 곡선을 스케치를 한다.

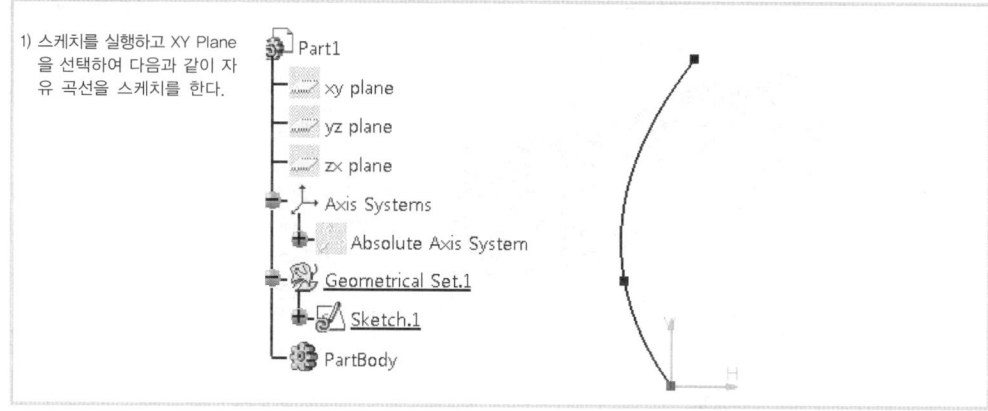

2) 스케치를 실행하고 XY Plane을 선택하여 다음과 같이 자유 곡선을 스케치를 한다.

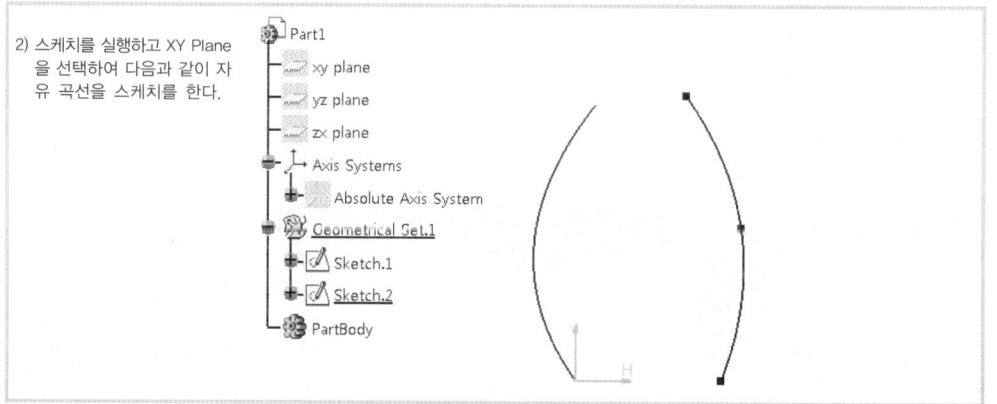

3) Sweep( )을 실행하고 Center and Two angles를 선택, Sketch.1 부터 차례대로 선택, Angle 2 : 360deg로 지정한다.

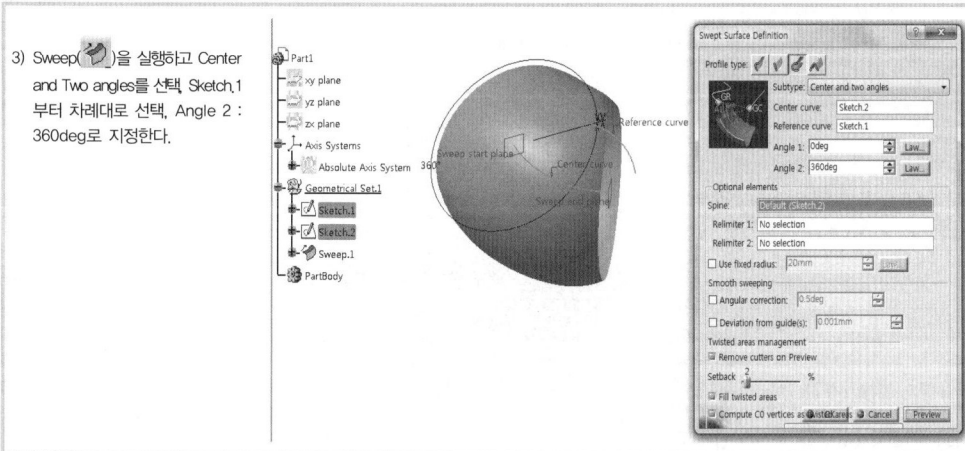

■ Sweep 결과

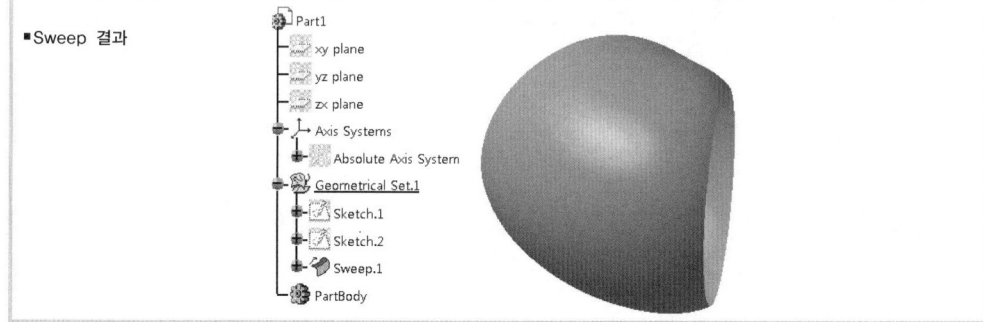

❹ Center and Radius
  원의 중심을 지나는 Center Curve와 반경 값을 이용하여 Sweep 형상을 만드는 기능이다.

Sweep 실습 1

1) 스케치를 실행하고 XY Plane을 선택하여 다음과 같이 자유 곡선을 스케치를 한다.

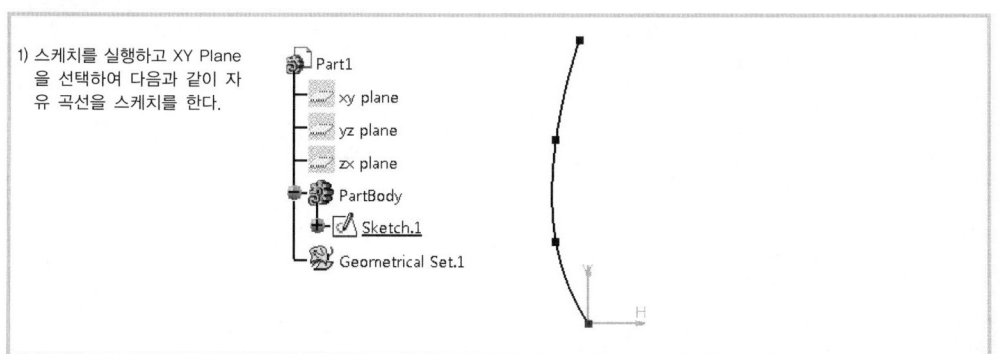

2) Sweep( )을 실행하고 Center and radius를 선택, Center Curve : Sketch.1을 선택, Radius : 25mm를 지정한다.

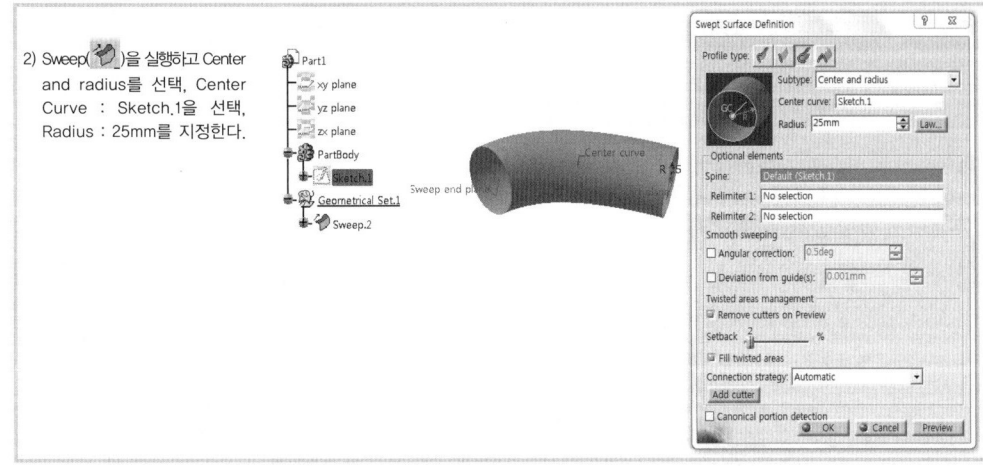

■ Sweep 결과

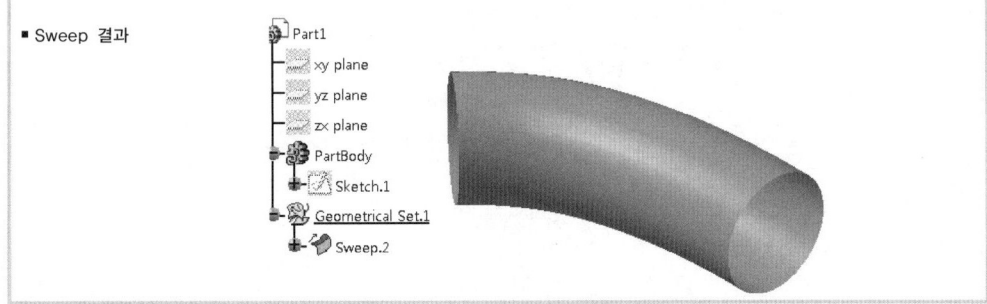

Sweep 실습 2

1) 스케치를 실행하고 YZ Plane을 선택하여 다음과 같이 스케치를 한다.

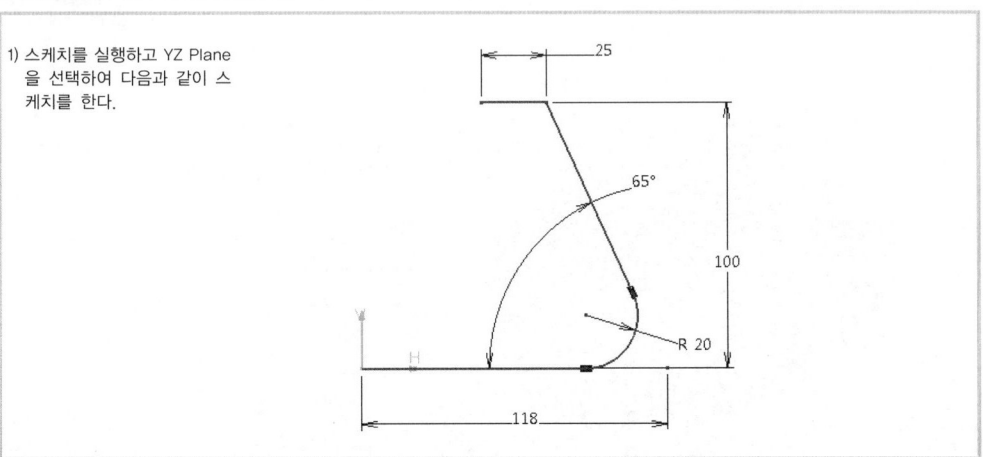

2) Revolution을 실행하고 360deg 회전을 한다.

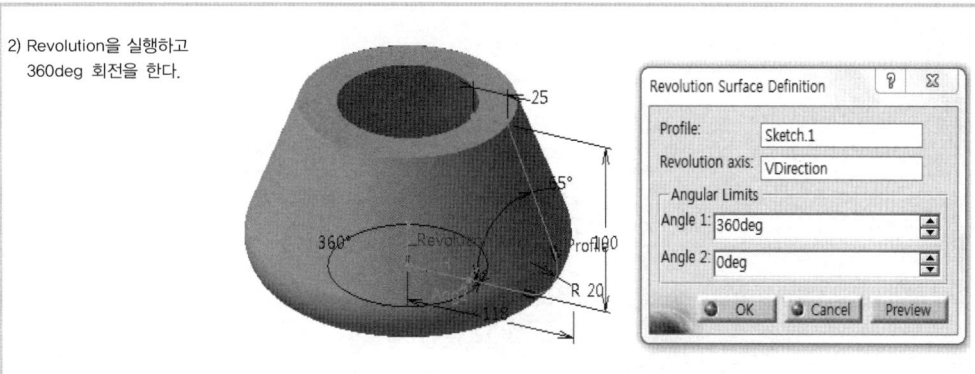

3) 스케치를 실행하고 YZ Plane을 선택하여 다음과 같이 자유 곡선을 스케치를 한다.

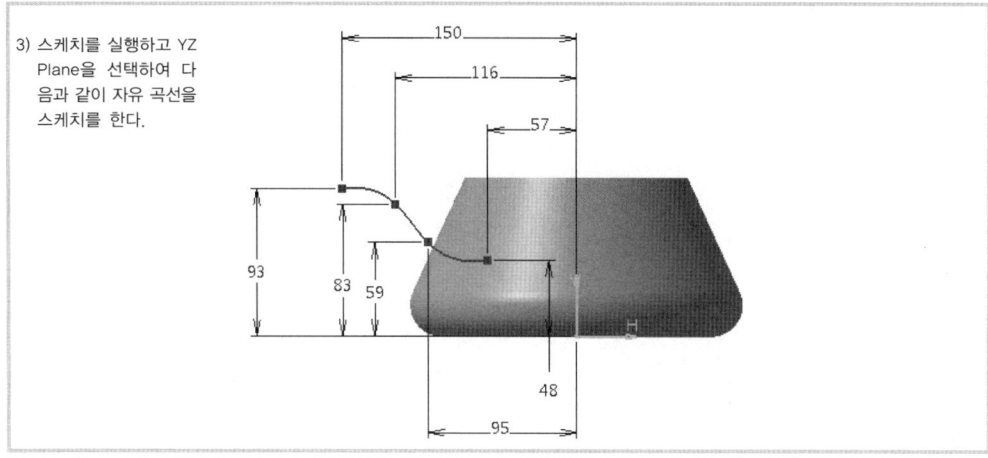

4) Sweep을 실행하고 Center and Radius를 선택, Center Curve : Sketch.2 를 선택, [Law] 버튼을 눌러 다음과 같이 지정한다.

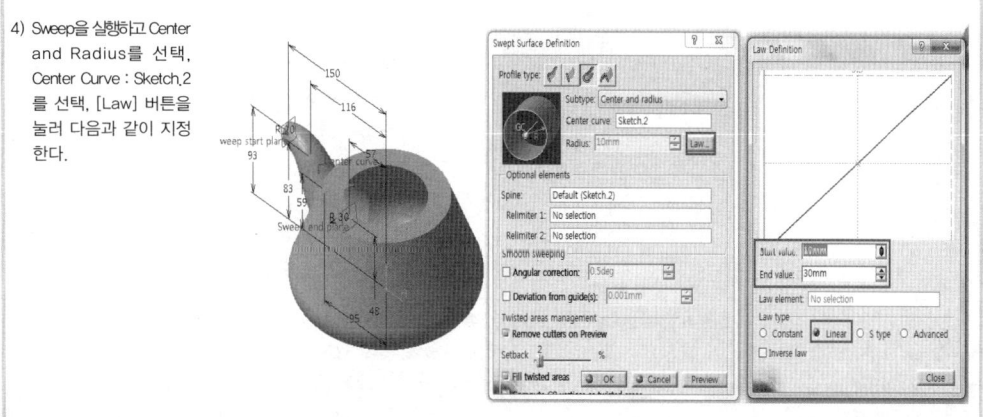

5) Trim을 실행하고 Sweep.1과 Revolve.1을 선택하여 회전 객체의 안쪽이 잘리도록 한다.

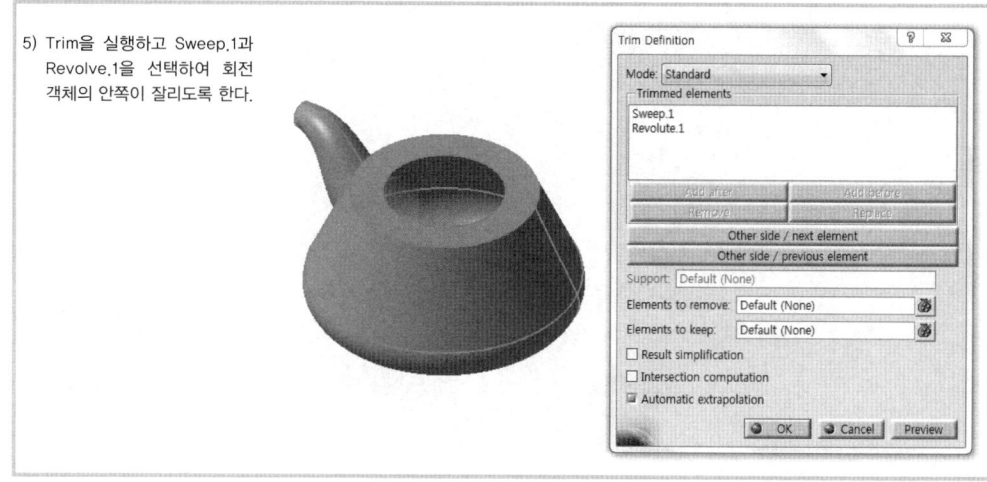

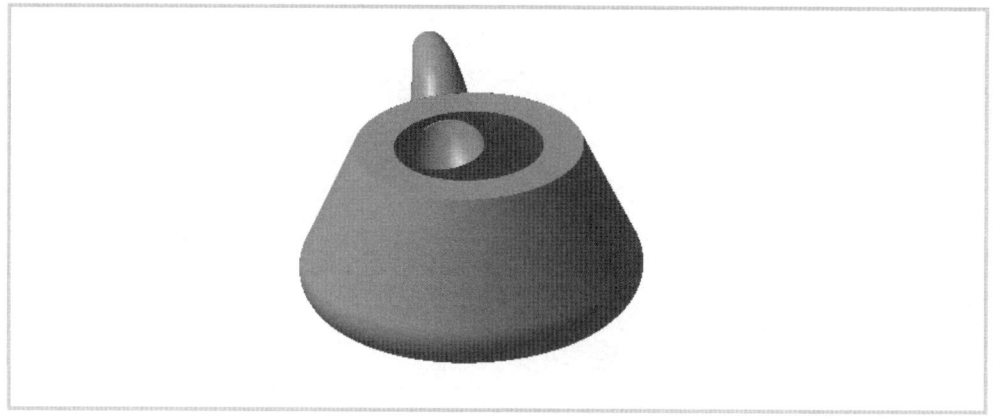

■ 완성 결과

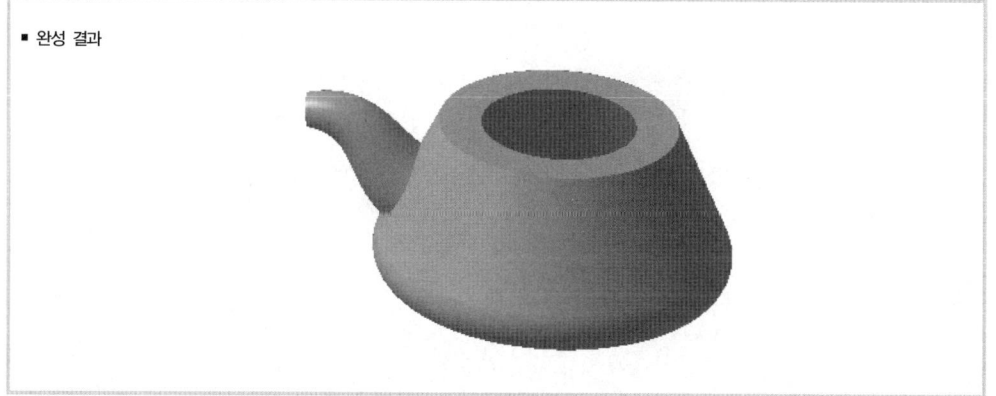

❺ Two Guides and tangency Surface

두 개의 Guide Curve와 하나의 Tangency Surface를 사용하여 형상을 만드는 기능이다. 두 개의 Guide Curve 중에 하나는 Tangency Surface의 위에 놓여 Sweep 형상이 접할 위치를 잡아주는 데 사용하는 Curve로 Limit Curve with tangency에 입력해준다. 이 Curve는 반드시 Surface 형상 위에 놓여 있어야 한다.

1) 스케치를 실행하고 YZ Plane을 선택하여 다음과 같이 자유 곡선을 스케치를 한다.

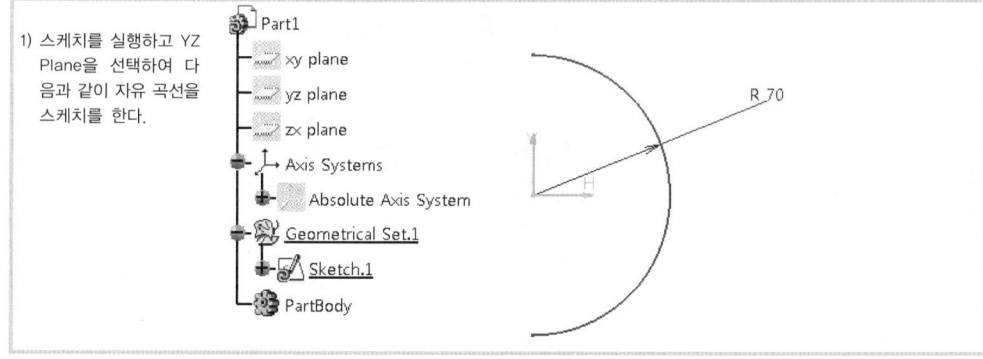

2) 스케치를 실행하고 XY Plane을 선택하여 다음과 같이 자유 곡선을 스케치를 한다.

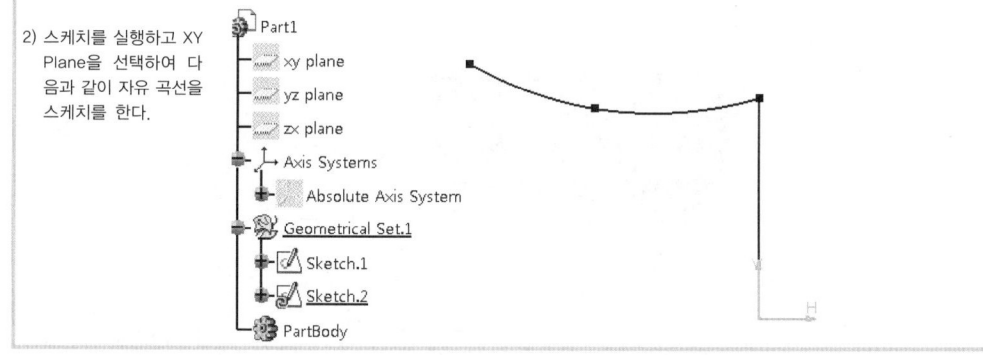

3) Sweep( )을 실행하고 With Reference Surface를 지정, Profile : Sketch.1을 선택, Guide Curve : Sketch.2를 선택한다.

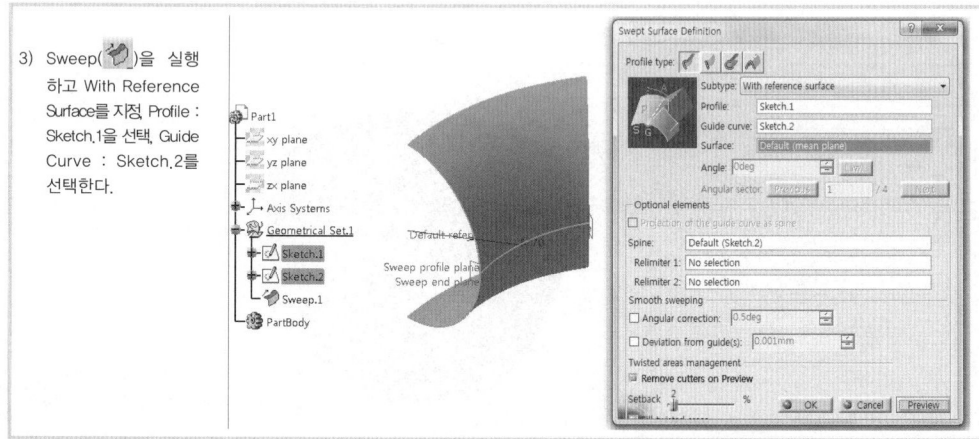

4) 스케치를 실행하고 XY Plane을 선택하여 다음과 같이 자유 곡선을 스케치를 한다.

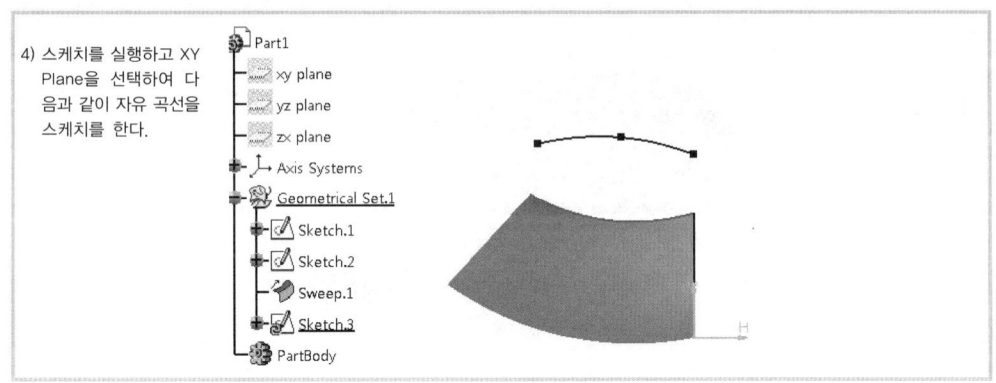

5) Projection을 실행하고 Sketch.2를 Sweep Surface에 투영을 한다.

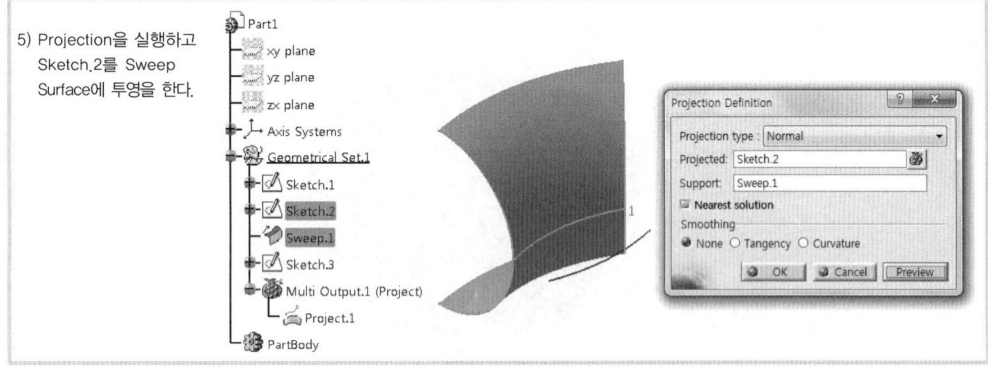

6) Sweep( )을 실행하고 Two guides and tangency surface를 선택, Limit Curve with tangency : Project.1을 선택, Tangent surface : sweep.1을 Limit curve : Sketch.3을 선택한다.

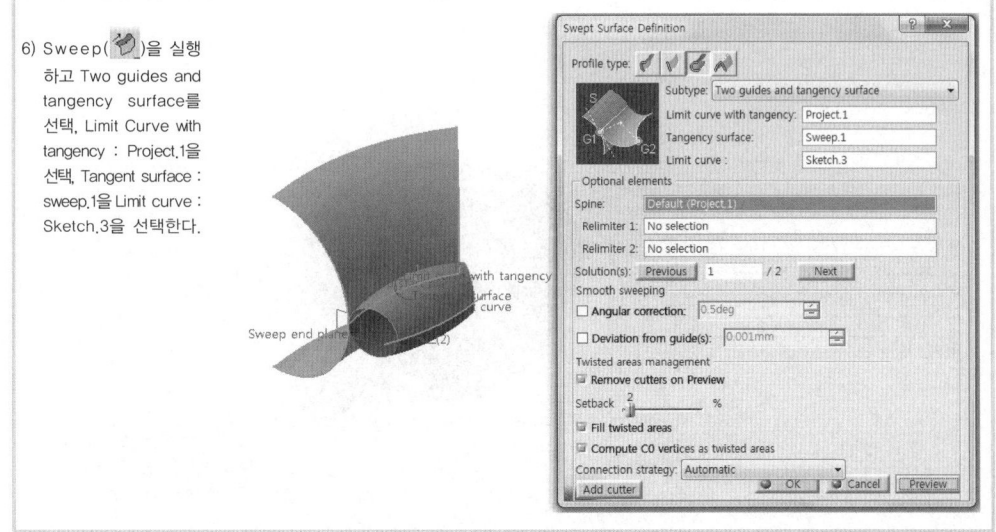

■ Sweep 결과

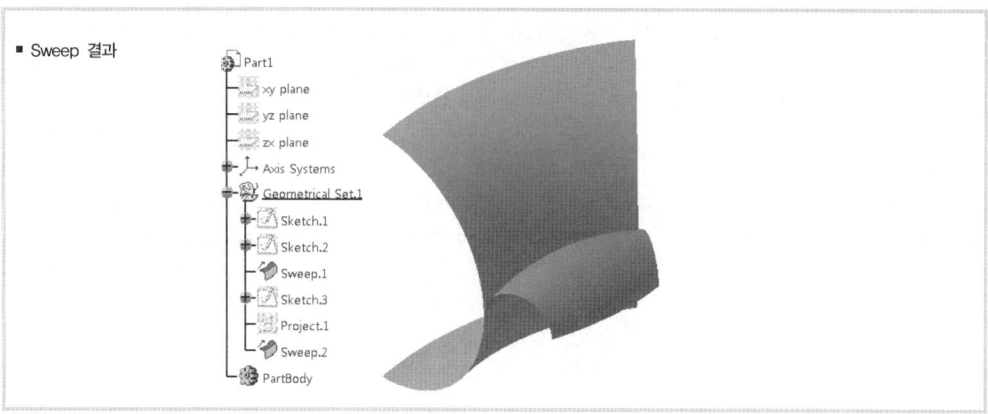

❻ One Guide and tangency Surface

한 개의 Guide Curve와 하나의 Tangency Surface, 그리고 반경을 사용하여 형상을 만드는 기능이다.

1) 스케치를 실행하고 YZ Plane을 선택하여 다음과 같이 자유 곡선을 스케치를 한다.

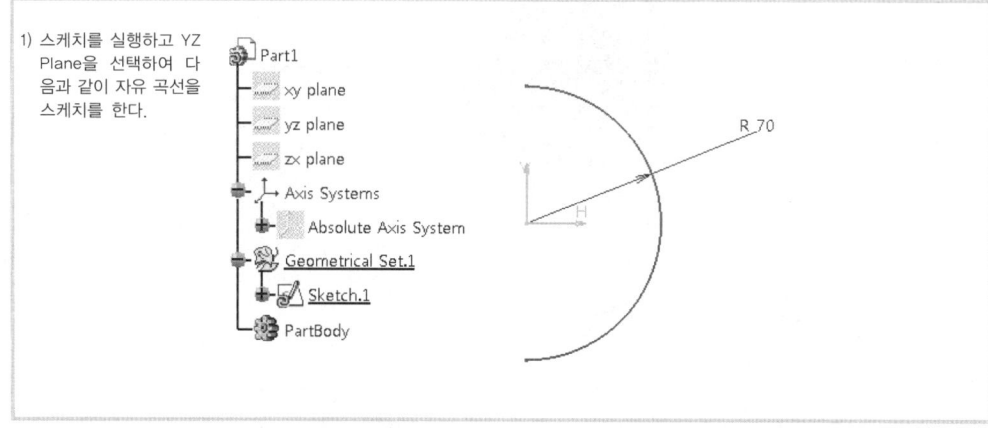

2) 스케치를 실행하고 XY Plane을 선택하여 다음과 같이 자유 곡선을 스케치를 한다.

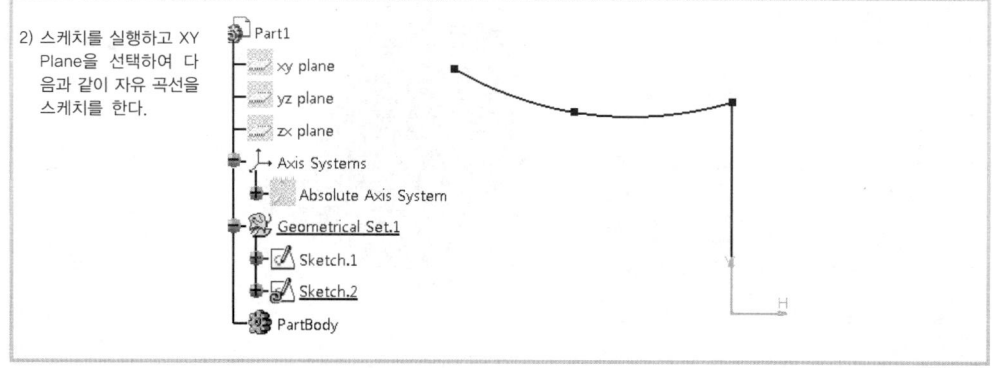

3) Sweep( )을 실행하고 With Reference Surface를 지정, Profile : Sketch.1을 선택, Guide Curve : Sketch.2를 선택한다.

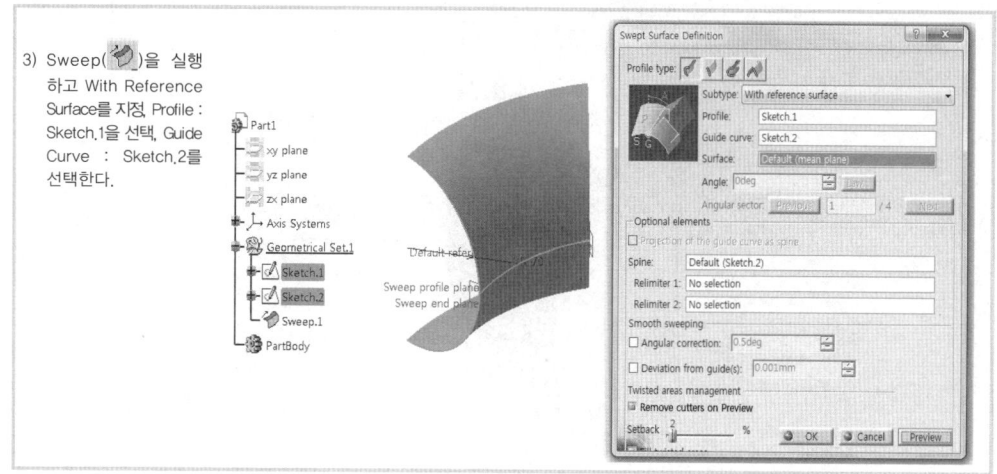

4) 스케치를 실행하고 XY Plane을 선택하여 다음과 같이 자유 곡선을 스케치를 한다.

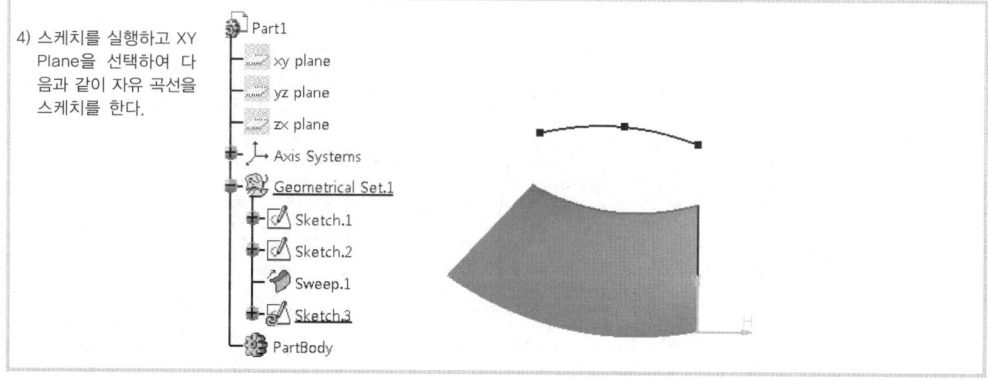

5) Projection을 실행하고 Sketch.2를 Sweep Surface에 투영을 한다.

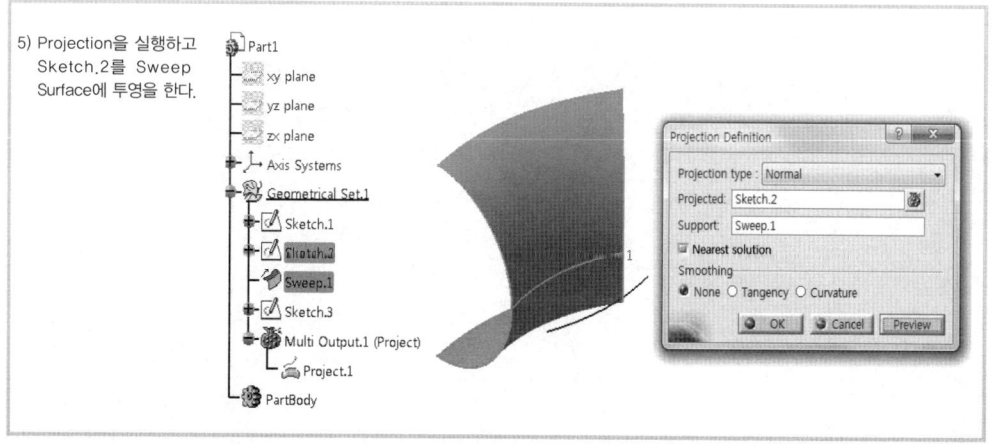

6) Sweep( )을 실행하고 One guide and tangency surface를 선택, Guide Curve 1 : Sketch.3을 선택 Tangent surface : Sweep.1을 Radius : 40mm을 선택한다.

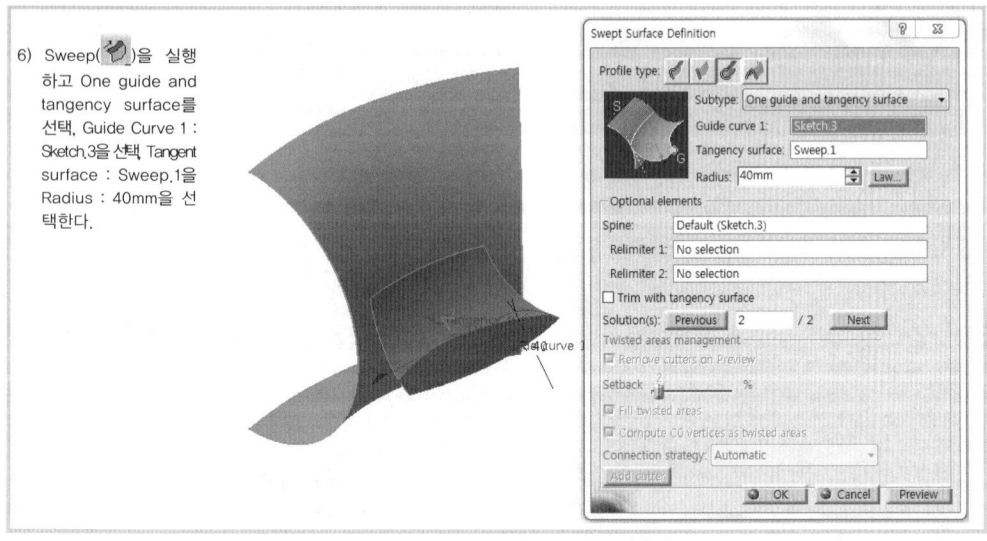

■ Sweep 결과

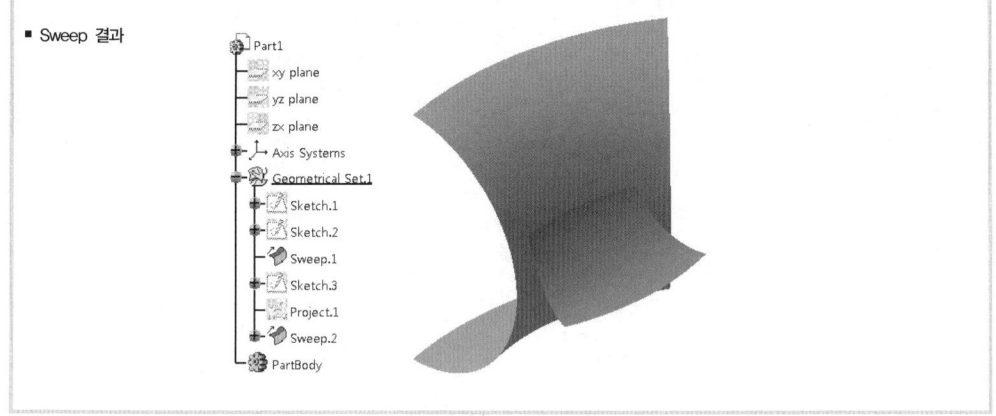

• Implicit Conic( )

Profile의 형상이 원뿔 모양인 Sweep 형상을 만들 때 사용하는 기능이다. 원뿔의 단면 형상을 가지는 타원이나 포물선, 쌍곡선과 같은 형상을 Profile로 하는 형상을 그리는데 사용할 수 있다.

❶ Two Guides

두 개의 Guide Curve를 사용하여 Sweep 형상을 만드는 기능이다. Guide Curve에 이웃한 Surface를 선택하여 곡률의 영향을 받아 형상을 만드는 방법이다.
두 개의 Guide Curve는 반드시 Surface 모서리를 선택해야 한다.

1) 스케치를 실행하고 YZ Plane을 선택하여 다음과 같이 자유 곡선을 스케치를 한다.

2) 스케치를 실행하고 YZ Plane을 선택하여 다음과 같이 자유 곡선을 스케치를 한다.

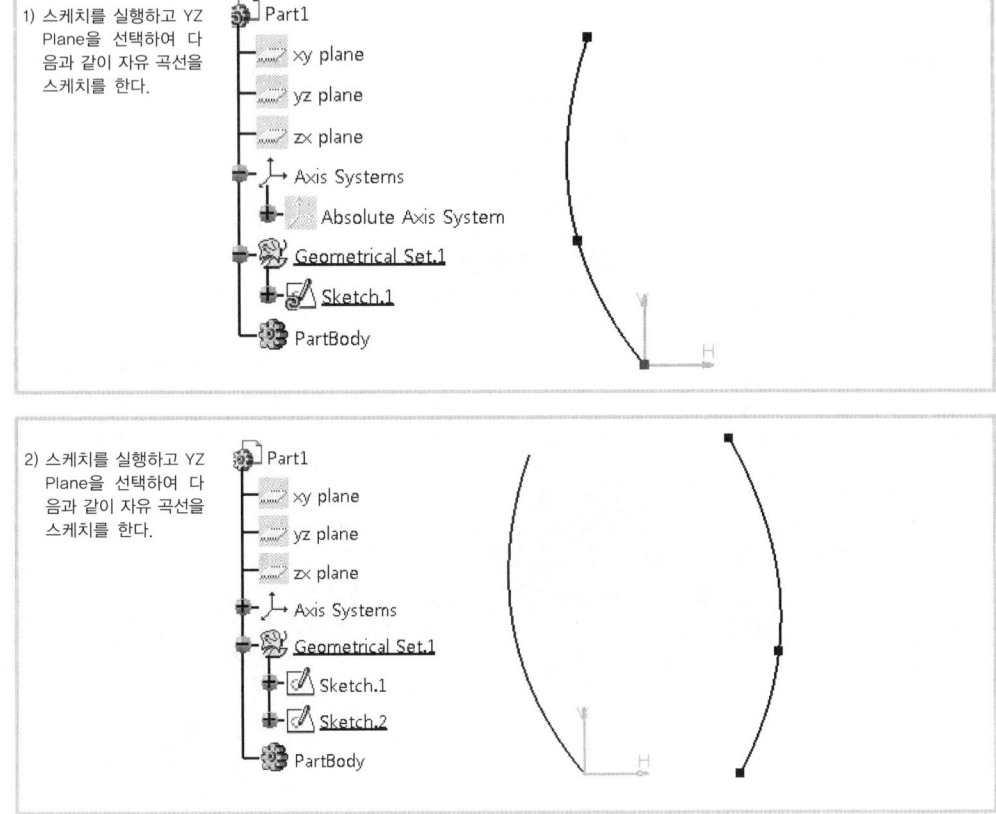

3) Extrude를 실행하고 100mm 돌출을 한다.

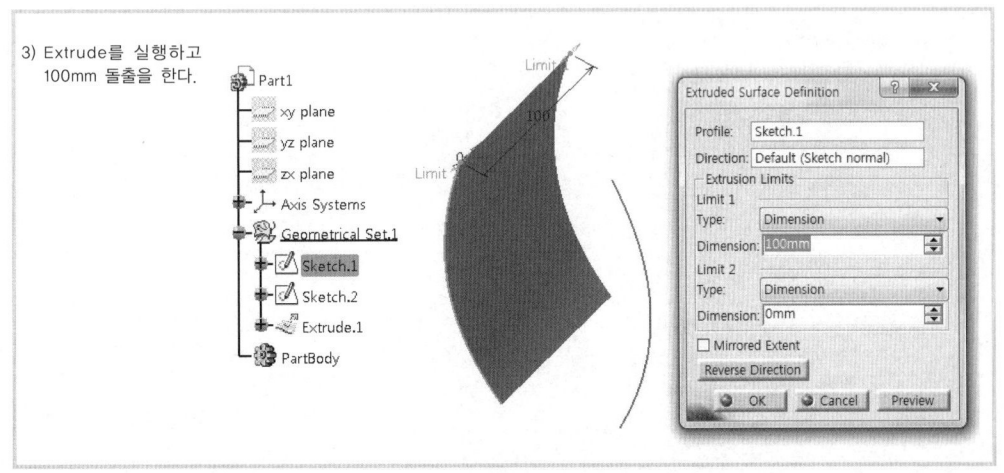

4) Extrude를 실행하고 100mm 돌출을 한다.

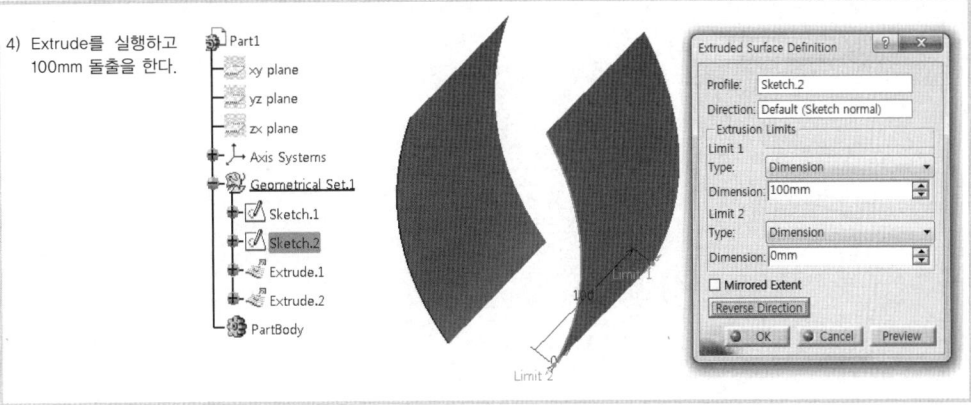

5) Sweep( )을 실행하고 Two guide Curve를 선택, 다음과 같이 선택한다.

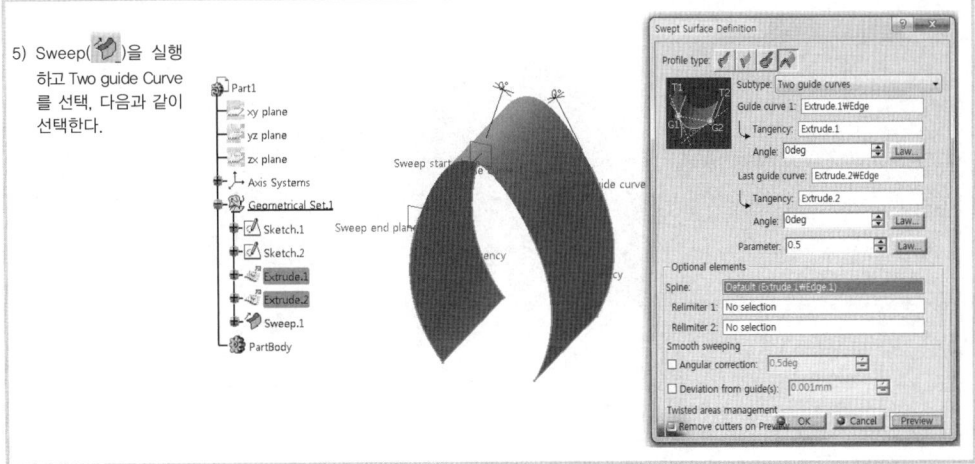

- Sweep 결과

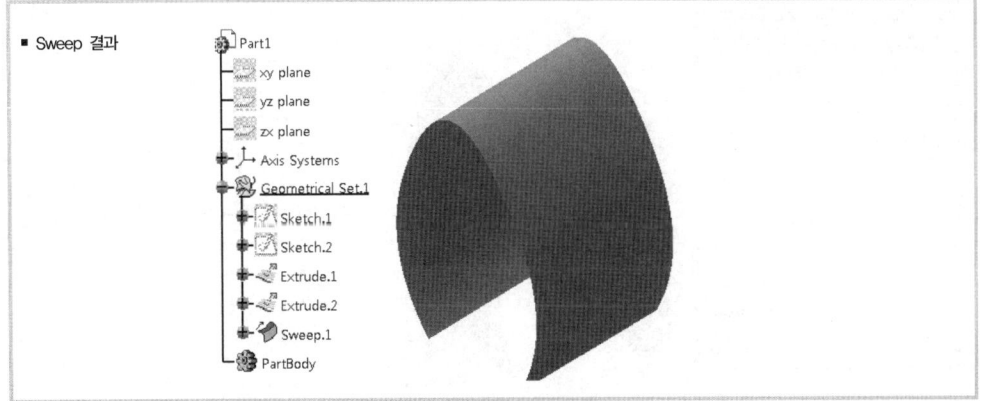

❷ Three Guides Curves

세 개의 Guide Curve를 사용하는 방법으로 두 개의 Guide Curve는 접하는 두 개의 Surface를 선택해 줄 수 있고, 나머지 한 개의 Guide Curve는 이 두 개의 Guide Curve 사이에 위치하게 된다.

1) 스케치를 실행하고 YZ Plane을 선택하여 다음과 같이 자유 곡선을 스케치를 한다.

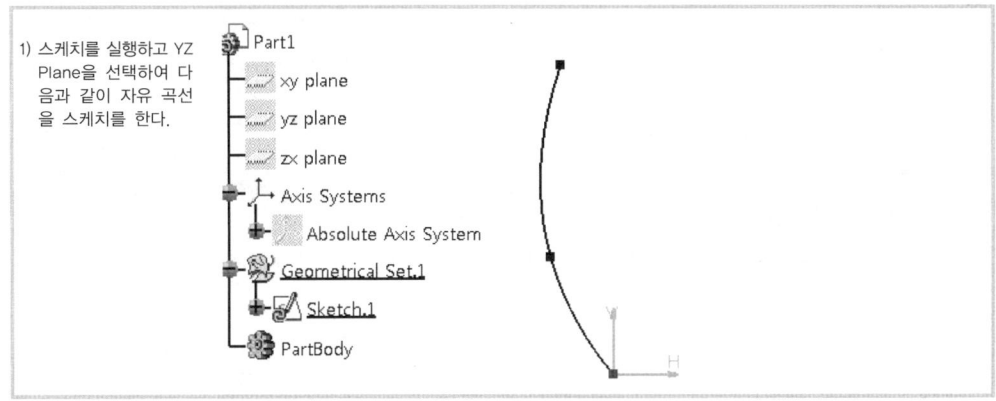

2) 스케치를 실행하고 YZ Plane을 선택하여 다음과 같이 자유 곡선을 스케치를 한다.

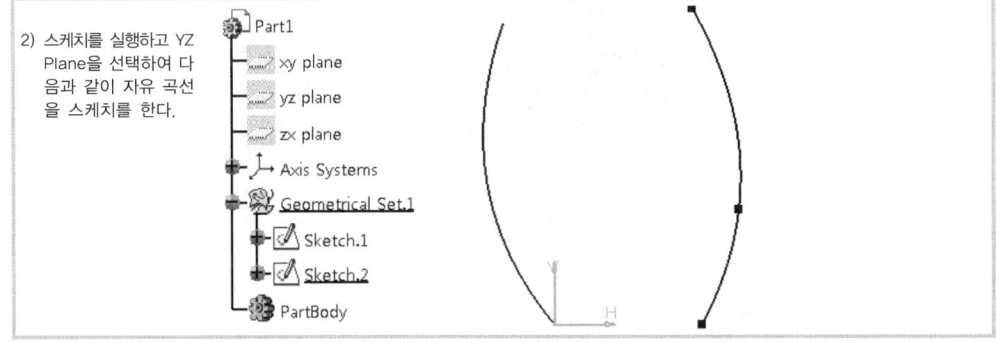

3) Extrude를 실행하고 100mm 돌출을 한다.

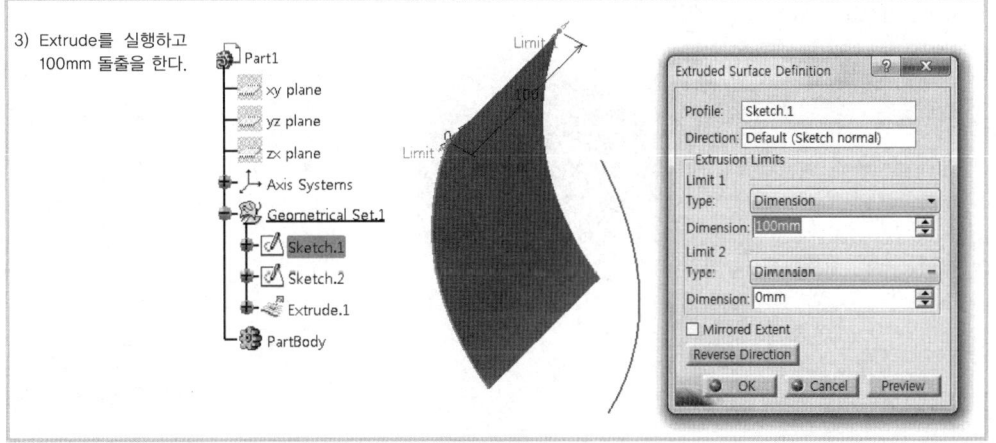

4) Extrude를 실행하고 100mm 돌출을 한다.

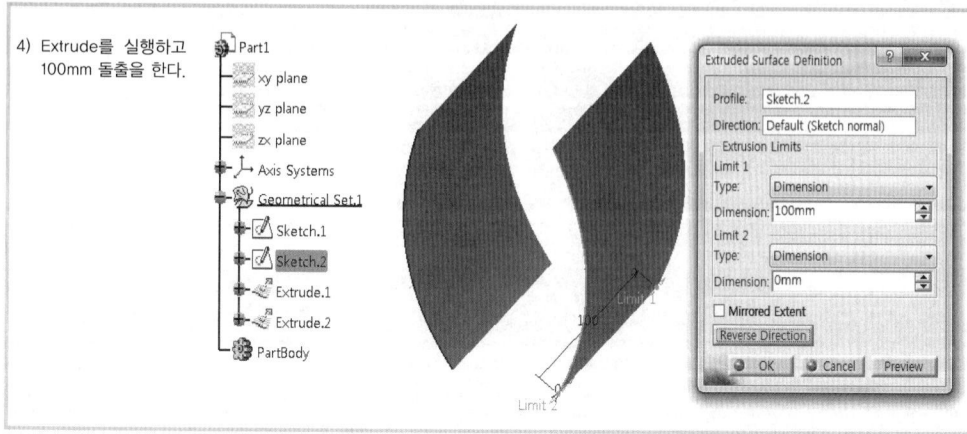

5) Plane을 실행하고 ZX Plane을 기준으로 중간 지점에 Plane을 생성한다.

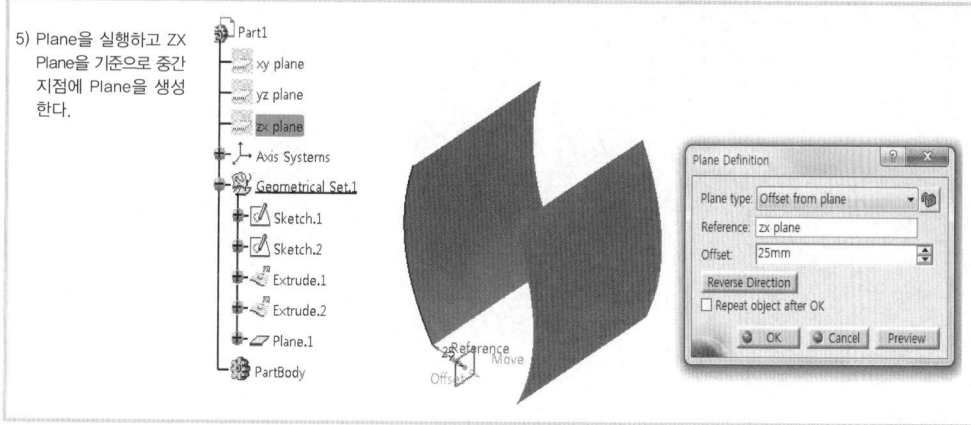

6) 스케치를 실행하고 Plane.1을 선택하여 다음과 같이 자유 곡선을 스케치를 한다.

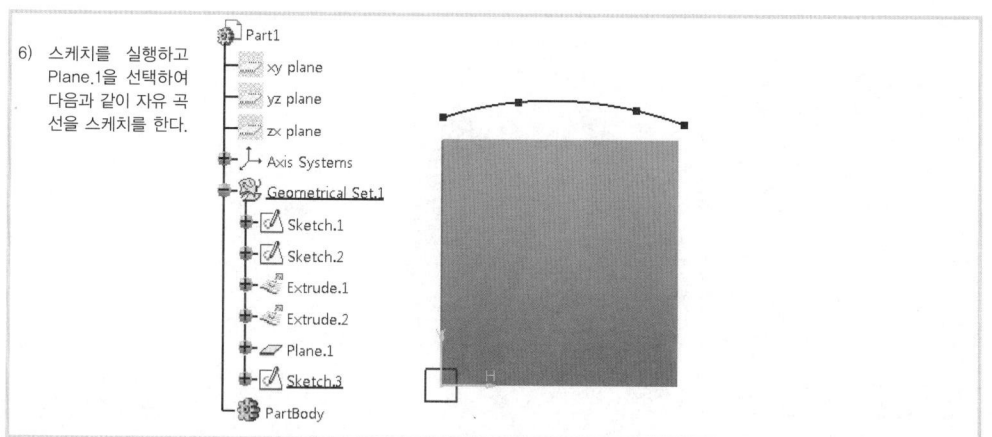

7) Sweep( )을 실행하고 Three Guides를 선택, 다음과 같이 선택한다.
Guide Curve 1 : Extrude.1 객체의 모서리 선택, Tangency : Extrude.1 객체의 면을 선택,
Guide Curve 2 : 가운데 Sketch.3을 선택, Last Guide Curve : Extrude.2 객체의 모서리 선택 Tangency : Extrude.2 객체의 면을 선택한다.

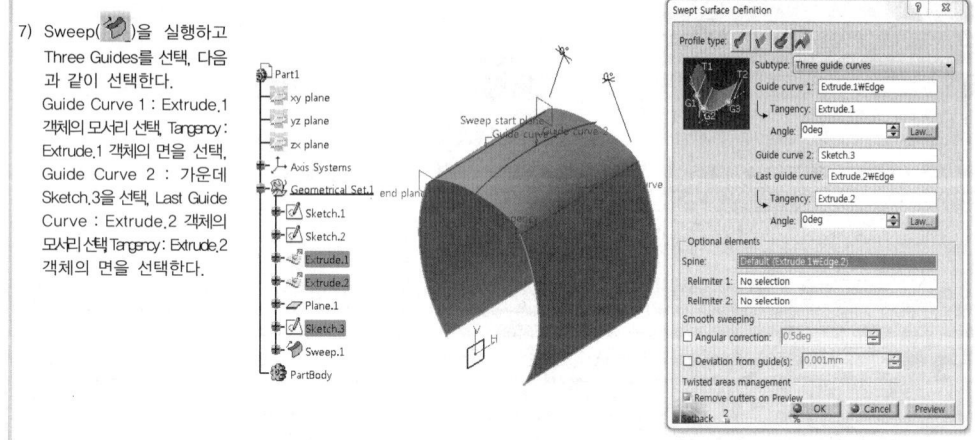

■ Sweep 결과

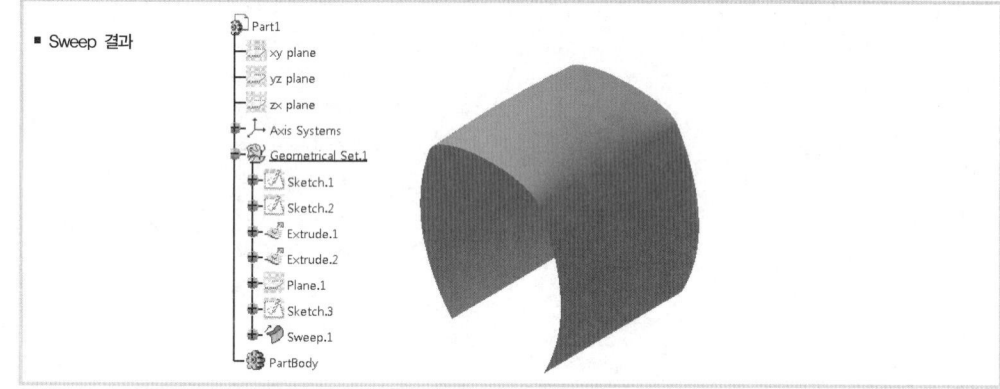

❸ Four Guides Curves

4개의 Guide Curve와 1개의 Tangency Line를 사용하여 원뿔형의 Surface를 생성한다.

1) 스케치를 실행하고 XY Plane을 선택하여 다음과 같이 스케치를 한다.

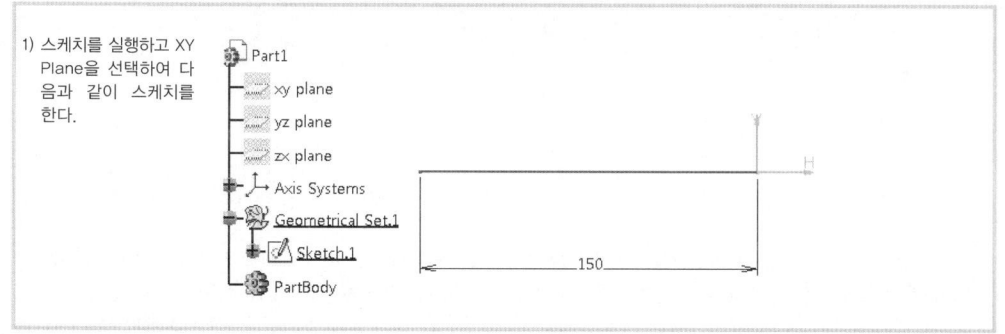

2) Plane을 실행하고 XY Plane을 기준으로 30mm 위치에 Plane을 생성한다.

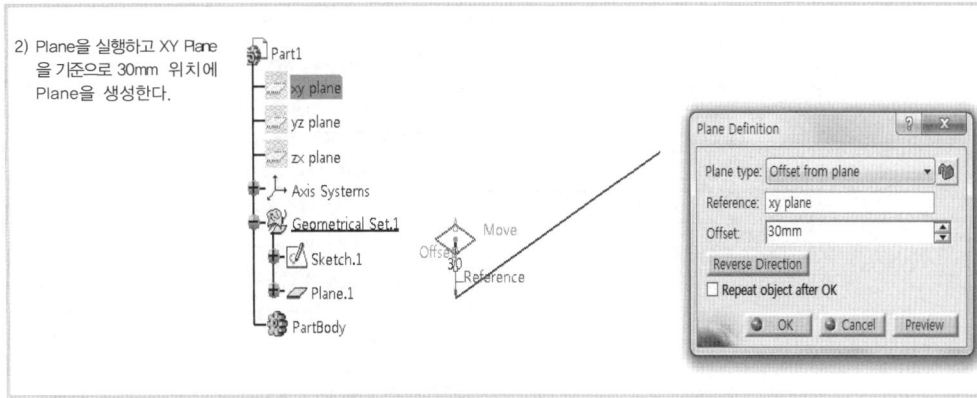

3) 스케치를 실행하고 Plane.1을 선택하여 다음과 같이 스케치를 한다.

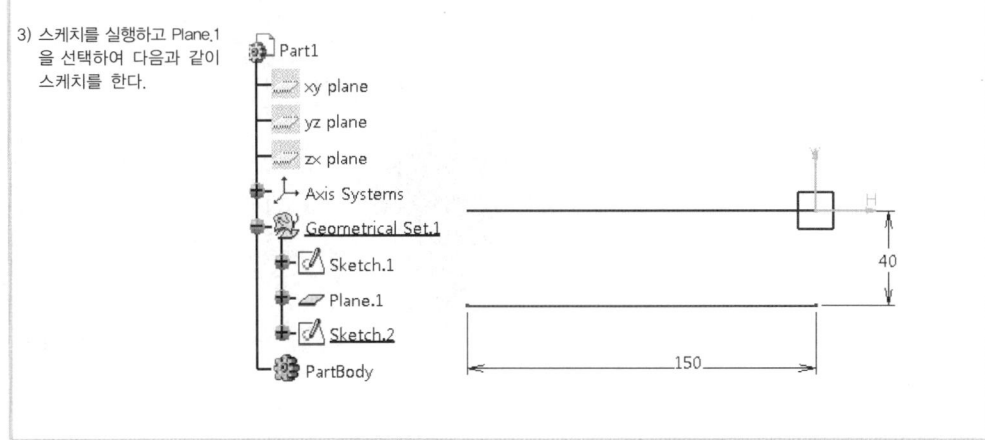

4) 스케치를 실행하고 Plane.1을 선택하여 다음과 같이 스케치를 한다.

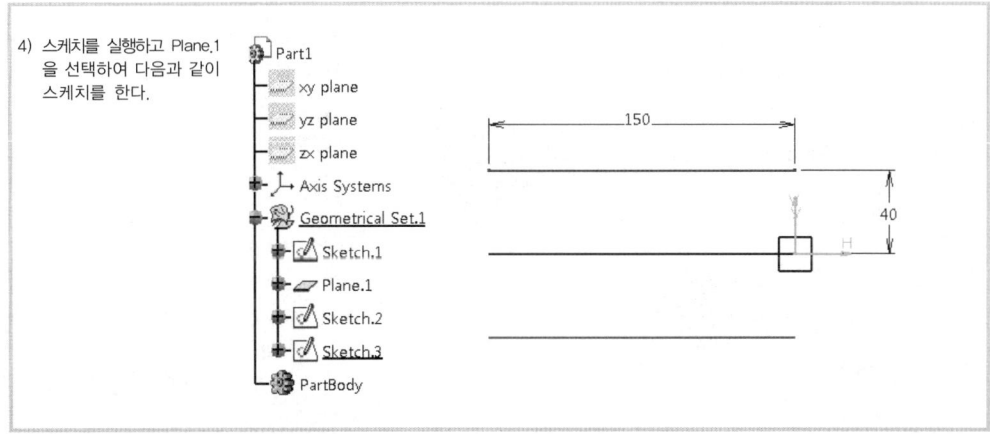

5) Plane을 실행하고 XY Plane을 기준으로 60mm 위치에 Plane을 생성한다.

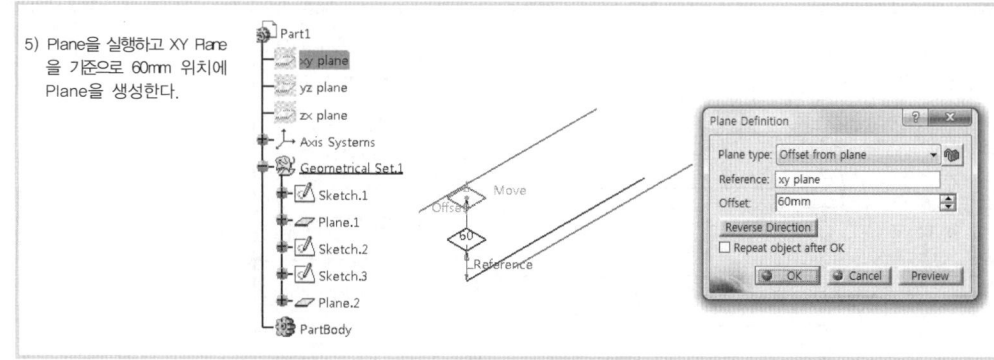

6) 스케치를 실행하고 Plane.2를 선택하여 다음과 같이 스케치를 한다.

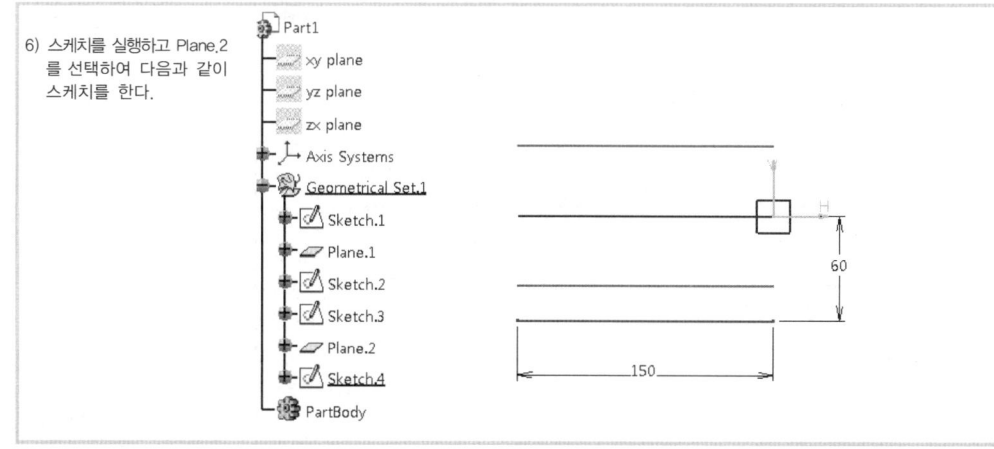

7) 스케치를 실행하고 Plane.2를 선택하여 다음과 같이 스케치를 한다.

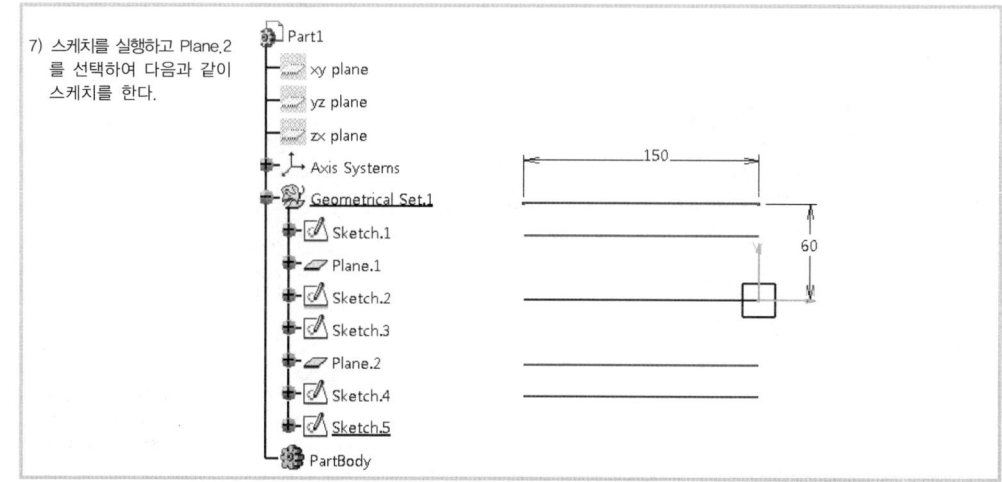

8) Sweep( )을 실행하고 4개 Guide Curves와 1개의 Tangency를 선택, 다음과 같이 선택한다.

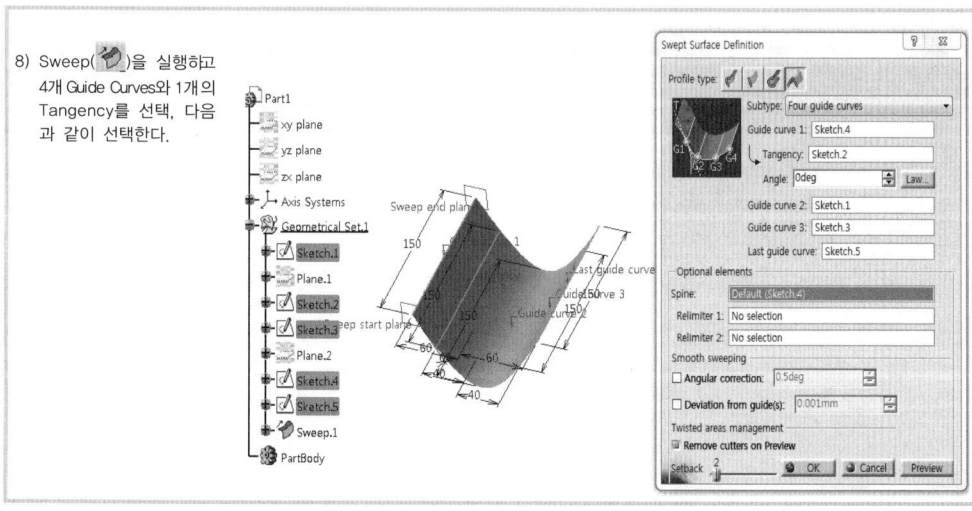

■ Sweep 결과

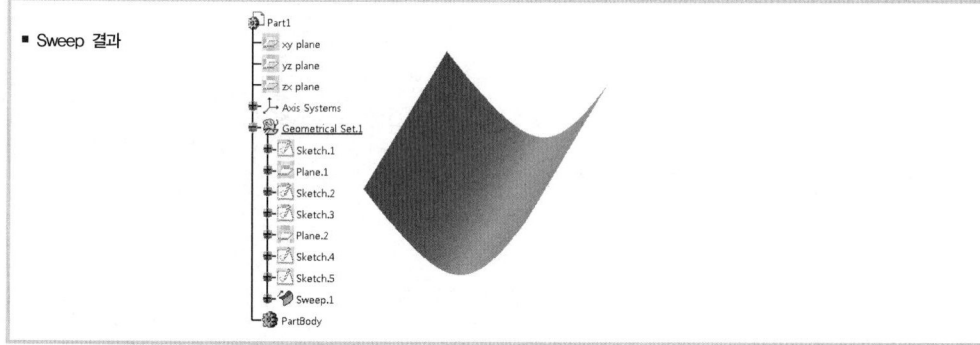

❹ Five Guides Curves

5개의 Guide Curve의 지나는 원뿔형의 Surface를 생성한다.

1) 스케치를 실행하고 XY Plane을 선택하여 다음과 같이 스케치를 한다.

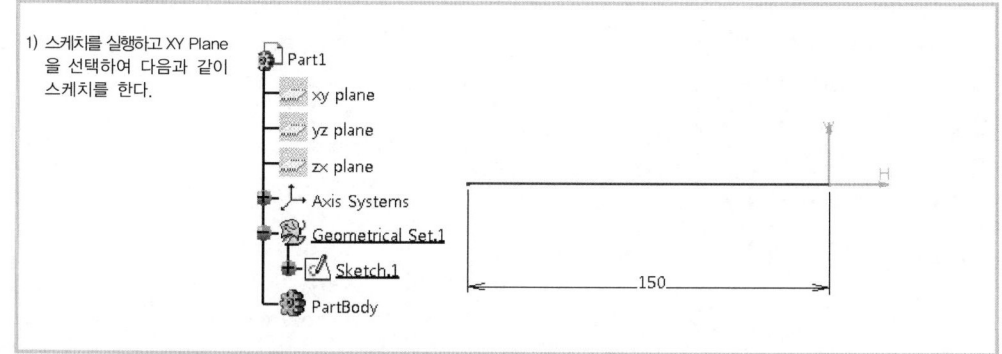

2) Plane을 실행하고 XY Plane을 기준으로 30mm 위치에 Plane을 생성한다.

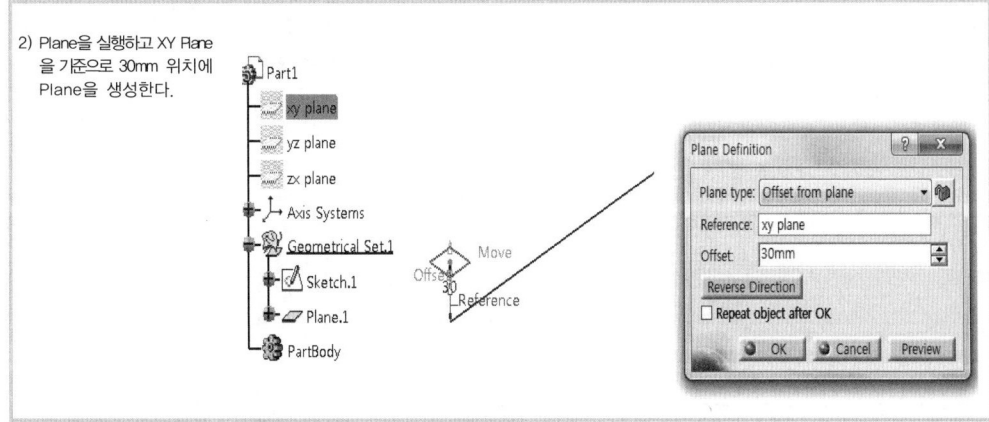

3) 스케치를 실행하고 Plane.1을 선택하여 다음과 같이 스케치를 한다.

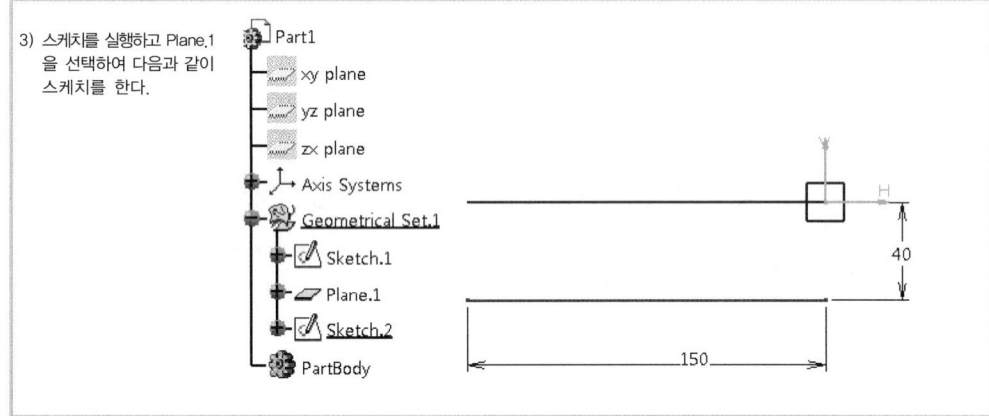

4) 스케치를 실행하고 Plane.1을 선택하여 다음과 같이 스케치를 한다.

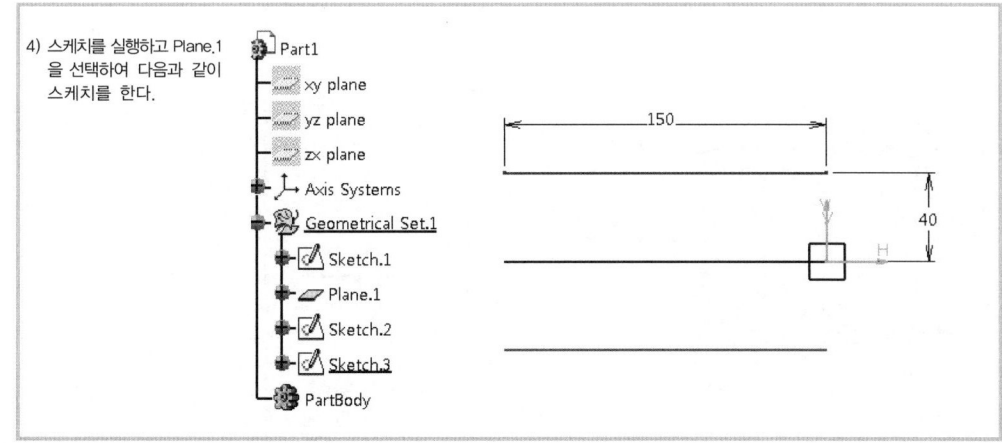

5) Plane을 실행하고 XY Plane을 기준으로 60mm 위치에 Plane을 생성한다.

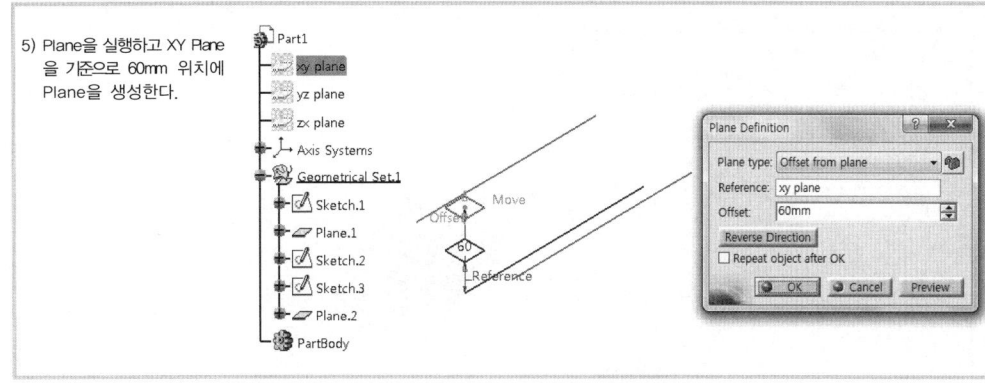

6) 스케치를 실행하고 Plane.2를 선택하여 다음과 같이 스케치를 한다.

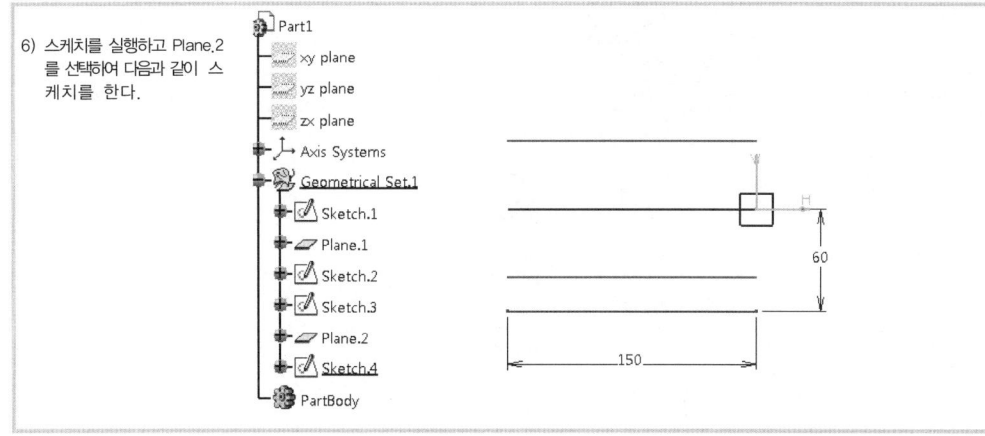

7) 스케치를 실행하고 Plane.2를 선택하여 다음과 같이 스케치를 한다.

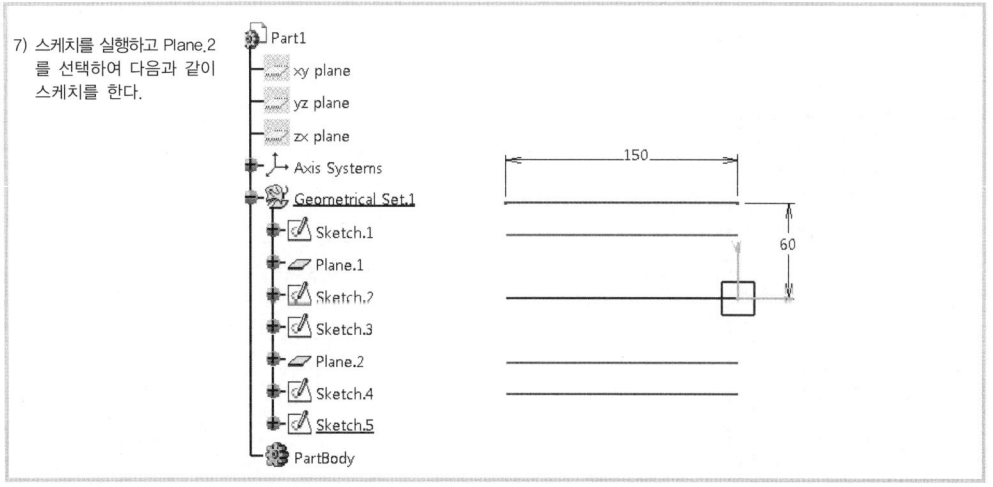

8) Sweep( )을 실행하고 5개 Guide Curves를 선택한다.

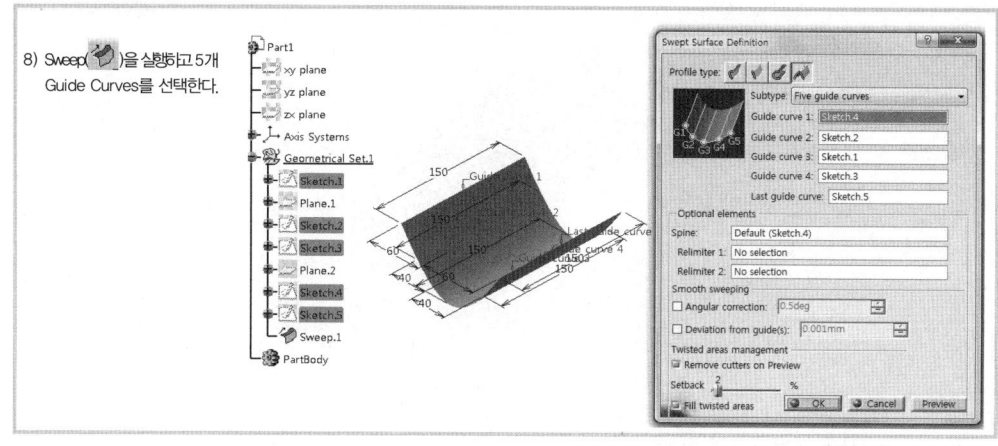

■ Sweep 결과

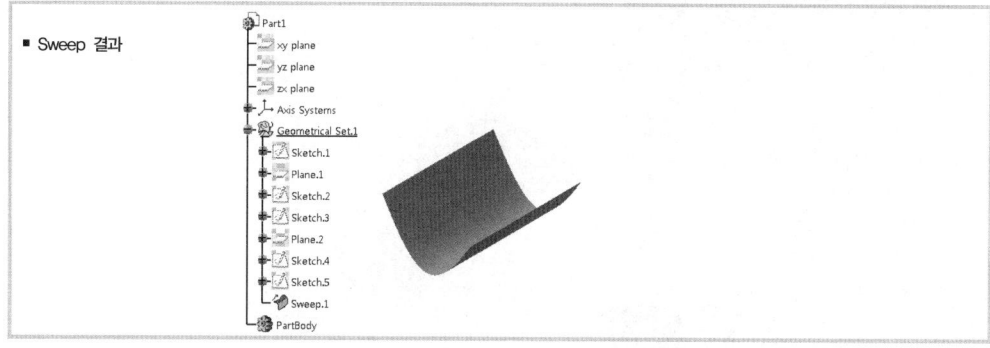

■ Spine : Spine은 척추를 의미한다. Spine을 지정하면 최대한 Spine을 중심으로 Sweep Surface가 따라가면서 생성한다. 생성되는 Sweep Surface는 Spine의 시작지점에서 끝지점까지 만들어진다.
 - Relimiter : Spine에서 지정하는 것으로 Point나 Plane이 Relimiter로 지정할 수 있다.
 - Relimiter1과 Relimiter 2를 지정하면 그 사이만 Surface가 생성된다.

Sweep 실습 1 Spine, Relimiter(Plane)

1) 스케치를 실행하고 YZ Plane을 선택하여 다음과 같이 스케치를 한다.

2) Points & Plane Repetition 을 실행하고 Sketch를 선택하여 10개의 Plane을 생성한다.

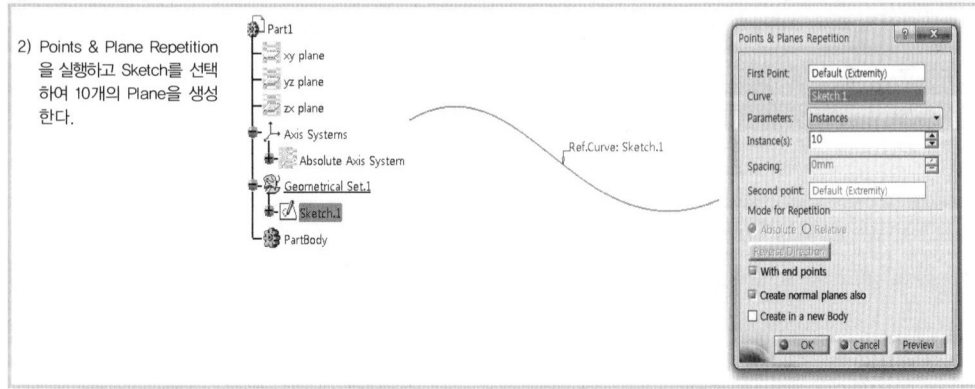

3) 스케치를 실행하고 좌측에서 3번째 Plane을 선택하여 다음과 같이 스케치를 한다.

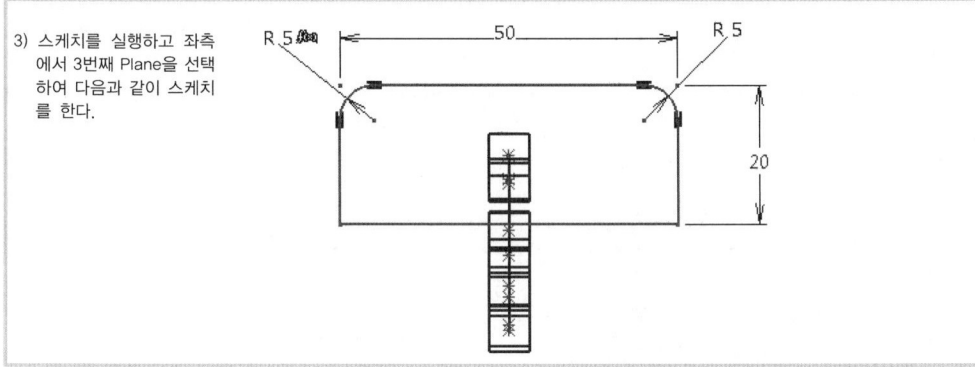

4) Sweep을 실행하고 Profile : Sketch.2를 선택, Guide Curve : Sketch.1을 선택, Spine : Sketch.1을 선택, Relimiter 1 : Plane.4, Relimiter 2 : Plane.7을 선택한다.

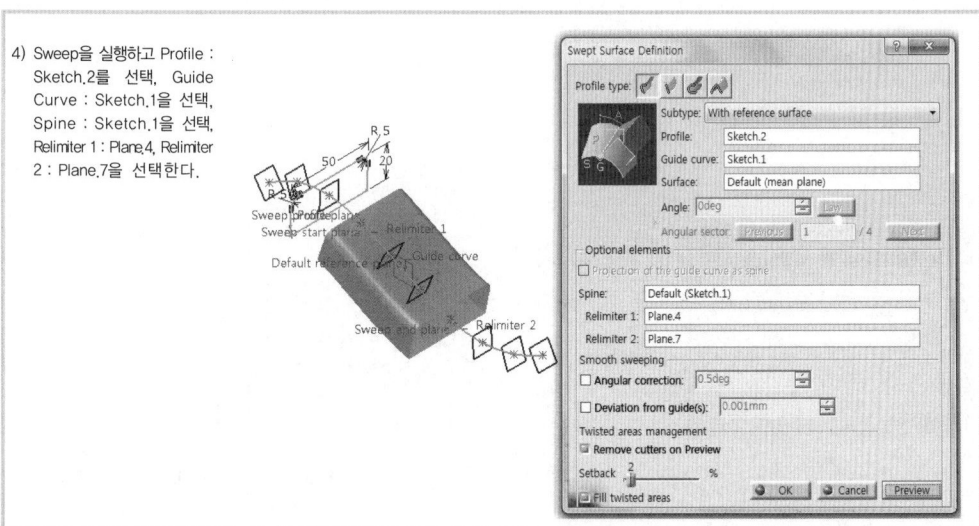

5) Plane.4와 Plane.7 사이만 Surface가 생성된다.

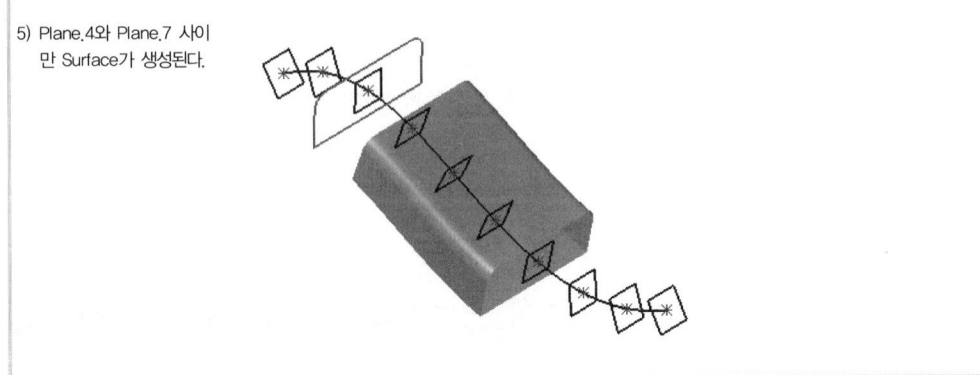

6) Relimiter 1 : Plane.4만 지정한 경우

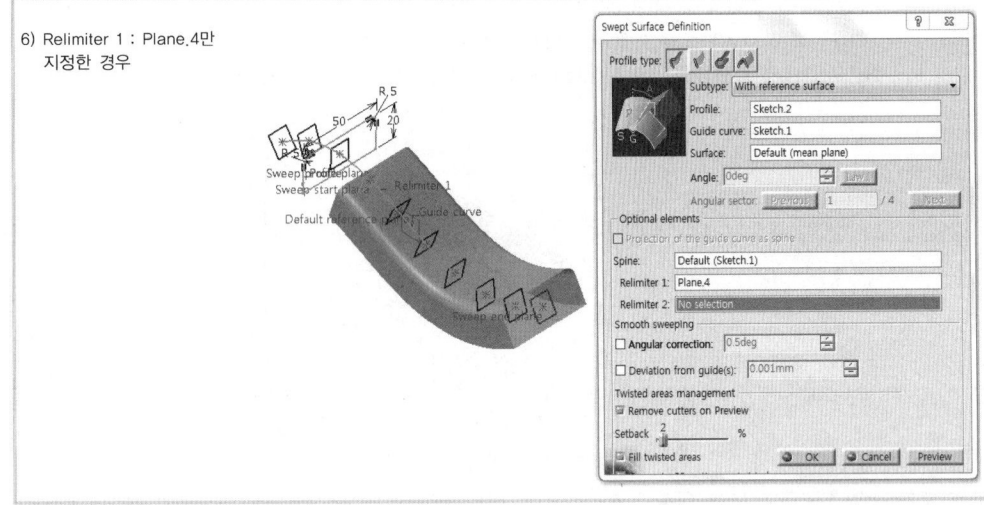

7) Plane.4부터 마지막 Plane.10까지 Surface를 생성한다.

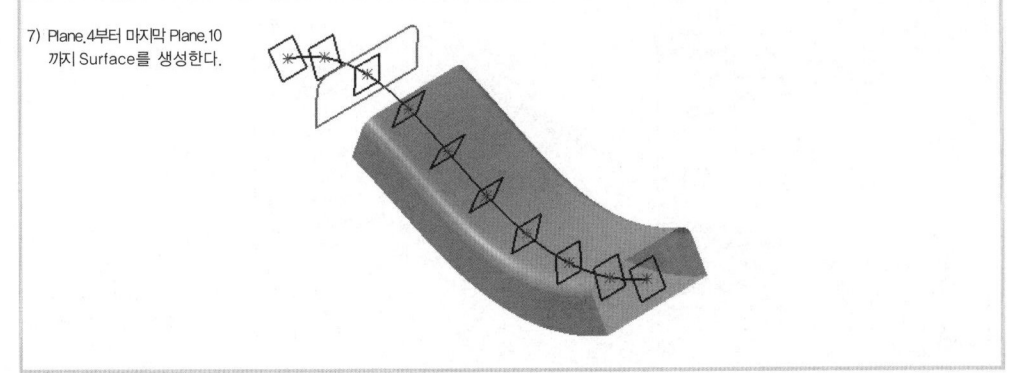

Sweep 실습 2 — Spine, Relimiter(Point)

1) 스케치를 실행하고 YZ Plane 을 선택하여 다음과 같이 스케치를 한다.

2) Points & Plane Repetition 을 실행하고 Sketch를 선택하여 5개의 Point를 생성한다.

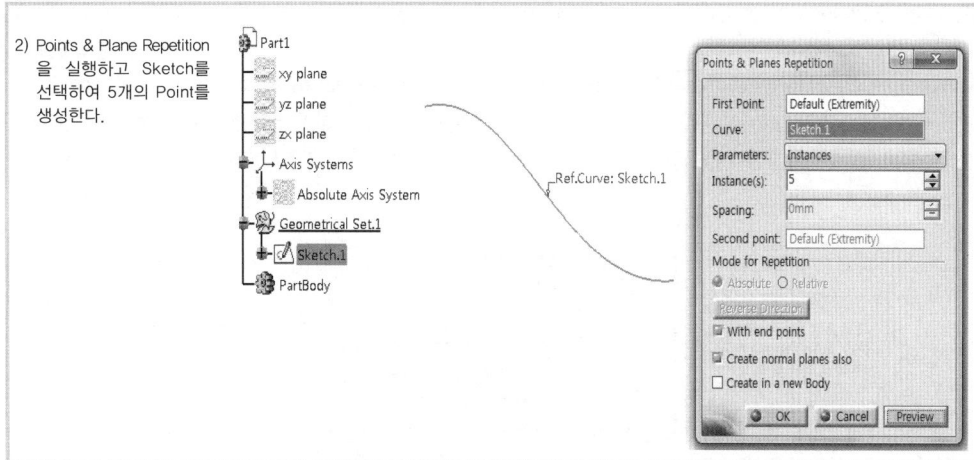

3) 스케치를 실행하고 Plane.1 을 선택하여 다음과 같이 스케치를 한다.

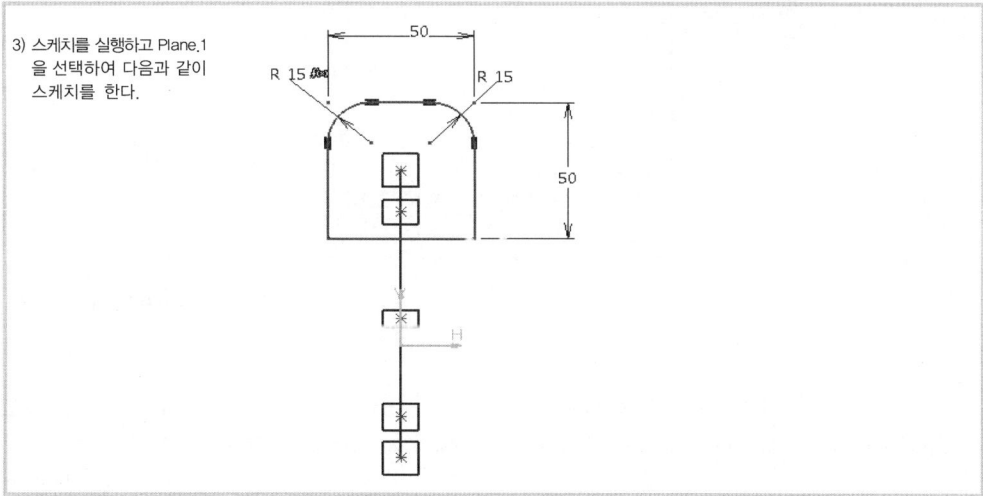

4) Sweep을 실행하고 Profile : Sketch.2를 선택, Guide Curve : Sketch.1을 선택, Spine : Sketch.1을 선택, Relimiter 1 : Point.4, Relimiter 2 : Point.3을 선택한다.

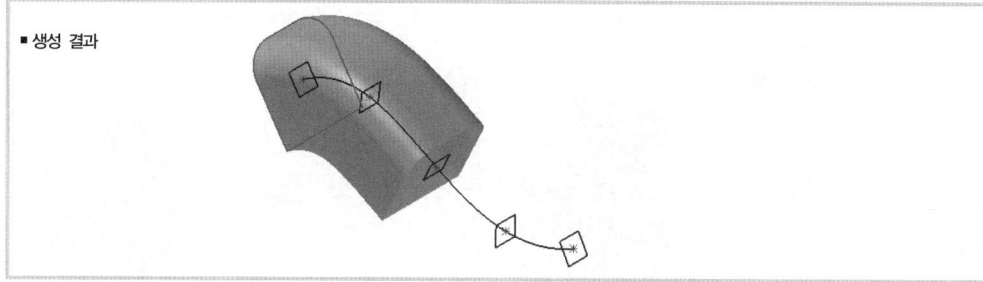

■ 생성 결과

- Smooth Sweeping : Sweep Surface를 부드럽게 해주는 역할을 한다.

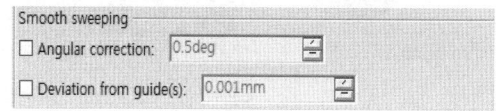

- Angular Correction
  Reference Surface를 따라 형성되는 Sweep Surface를 부드럽게 만들어 준다. 생성되는 Sweep Surface가 Spine의 Tangency나 Reference Surface 수직방향에 불연속지점이 있을 경우 이를 감지하면 각도 편차를 부여하는 기능을 가진다. Surface의 각도 편차가 0.01°이내라면 의미가 없다.
- Deviation from Guides
  Guide Curve에 Deviation 값을 부여하여 생성되는 Surface를 부드럽게 한다.

■ Twisted Areas Management
Sweep Surface를 생성하거나 수정할 때 임의의 부분이 꼬여지게 되면 꼬인 부분으로 인하여 Sweep Surface의 생성이 어려워 질 수 있다. 이 문제를 해결하기 위해서 Twisted Areas Management 옵션을 사용한다.
- Remove Cutters on Preview
  꼬인 부분을 잘라버리고 Surface를 생성하는 옵션이다.
- Fill Twisted Areas
  Remove Cutters on Preview 옵션에 의해 잘려지는 부분을 새로운 Surface로 채우는 옵션이다.

4. Fill(🔲)

형상의 경계 모서리나 Curve들이 폐곡선 안쪽을 Surface로 채워주는 명령이다. 스케치로 하나의 닫힌 형상을 그렸을 때 이것을 Fill로 Surface를 채울 수 있다. 다각형의 닫힌 형상을 채울 때 편리하다.

• Fill(🔲) Definition

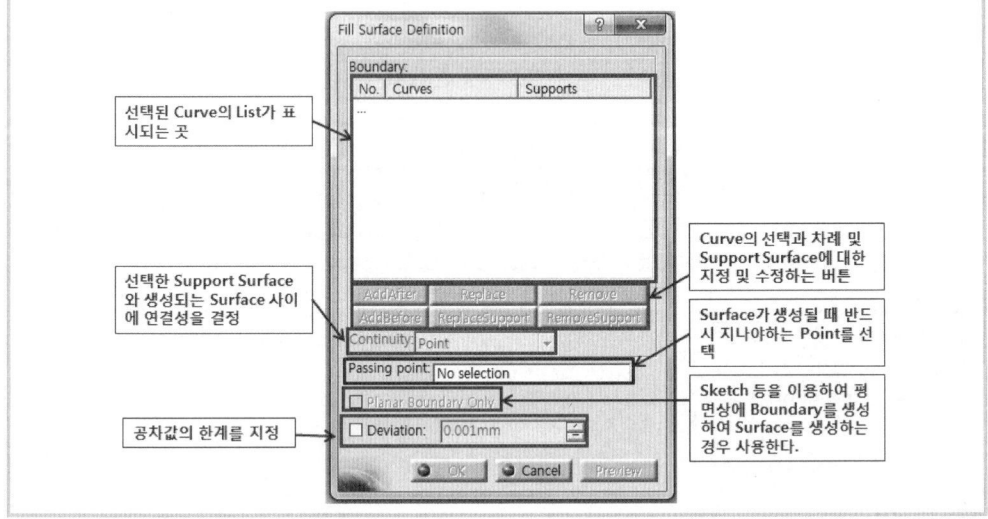

■ Boundary

Curve : 각 형상의 모서리나 Curve들을 시계 방향이나 시계 반대 방향으로 선택해 주어야 한다. Boundary의 Curve 목록에 하나씩 쌓이는 것을 확인할 수 있다.

Supports : Fill Surface를 생성할 때 지정하는 Boundary Curve와 접해있는 Surface로 생성되는 Fill Surface와 연결성을 부여할 수 있다.

- Continuity : Support Surface가 지정되었을 경우만 활성화되며, 생성되는 Fill Surface와 Support Surface 사이에 연결성을 부여한다. (Point, Tangent, Curvature)
- Passing Point : 생성되는 Fill Surface가 반드시 지나가야할 점을 선택한다.
- Deviation : Fill Surface를 생성할 때 선택하는 Boundary Curve가 반드시 폐곡선이 되지 않아도 Fill Surface의 생성이 가능하게 끔 할 수 있는 것이 Deviation 값이다. 최대 Deviation 값은 0.1mm 미만이어야 되며 이 값을 초과하는 경우 Error 메시지가 나타난다.

최종적으로 시작 모서리와 끝 모서리가 이어지거나 교차하면 'Closed Contour'라는 표시가 되면 곡면이 만들어진다. Curve를 순서대로 선택하지 않으면 Error가 발생하고 완전히 닫혀 있지 않으면 Fill을 만들지 못하고 Curve와 Curve 사이에 떨어진 간격(Deviation)이 0.1mm를 넘어서는 안된다. 간격의 값이 크면 Fill 곡면으로 갭(Gap)을 메울 수 없다.

■ Continuity 속성 부여

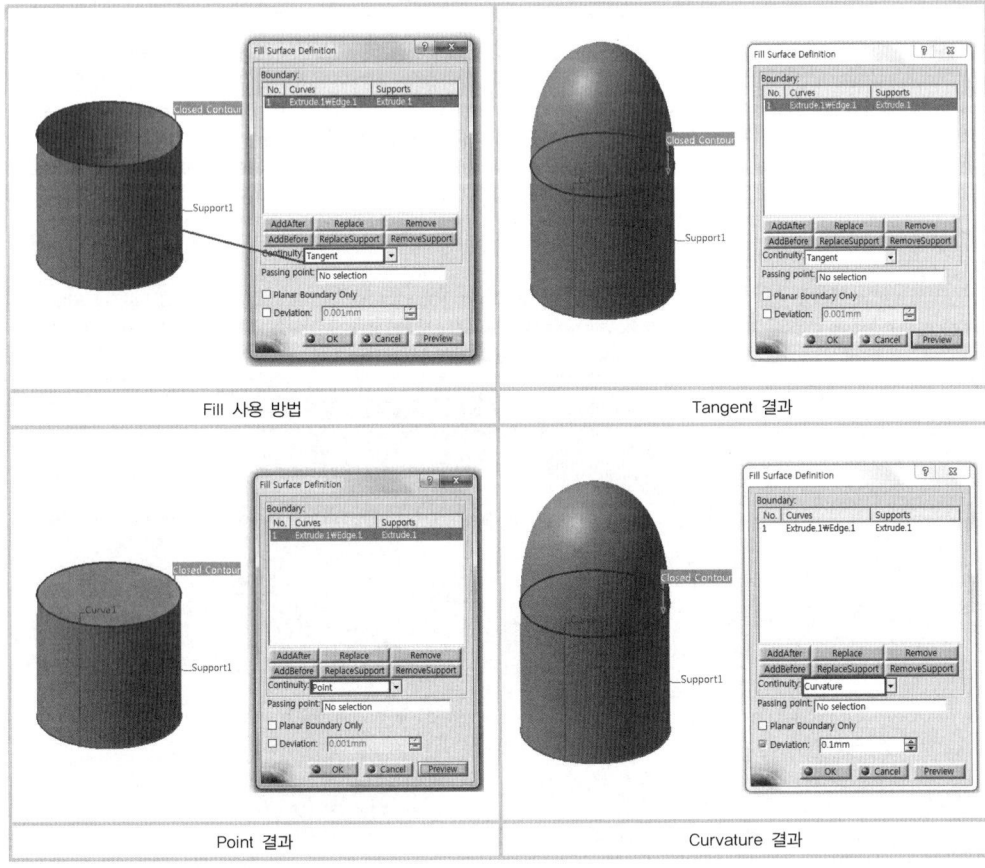

■ Fill의 Passing Point가 의미 : 채우기를 할 때 모서리와 한 점에 한해서만 그 지점을 지나가게 만들 수도 있다.

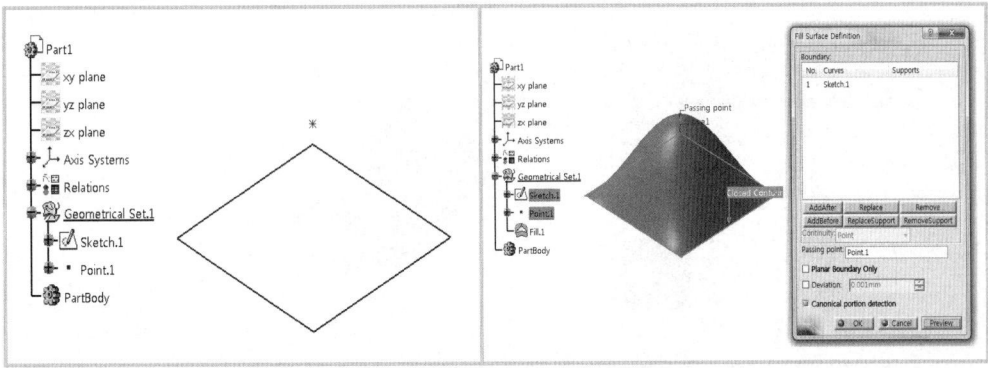

Fill 실습 1

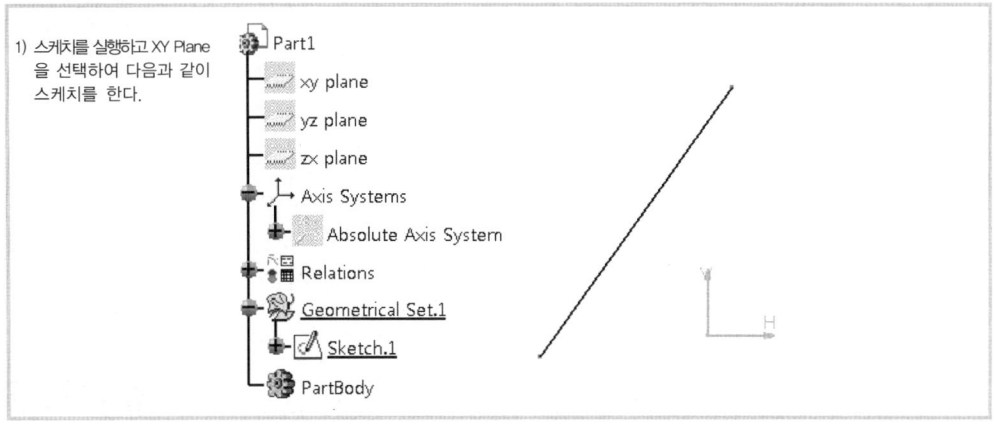

1) 스케치를 실행하고 XY Plane을 선택하여 다음과 같이 스케치를 한다.

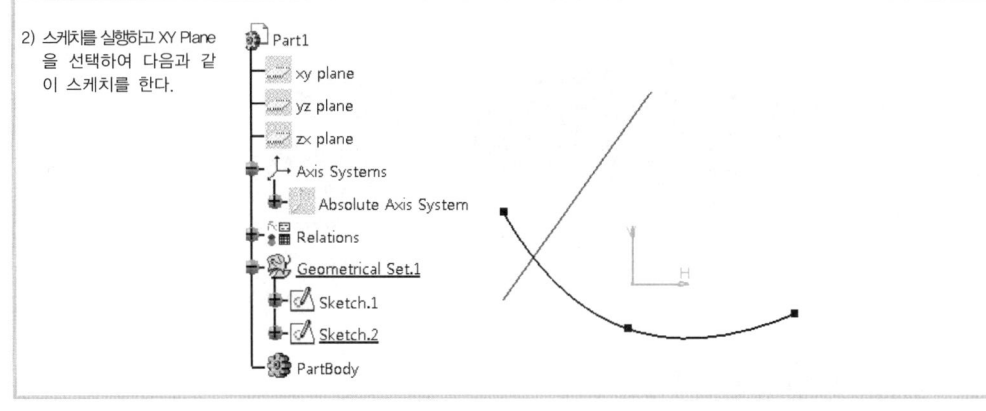

2) 스케치를 실행하고 XY Plane을 선택하여 다음과 같이 스케치를 한다.

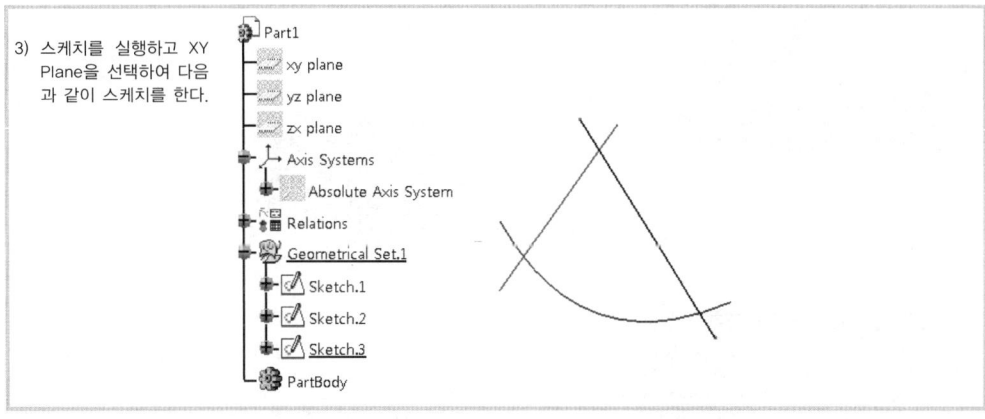

3) 스케치를 실행하고 XY Plane을 선택하여 다음과 같이 스케치를 한다.

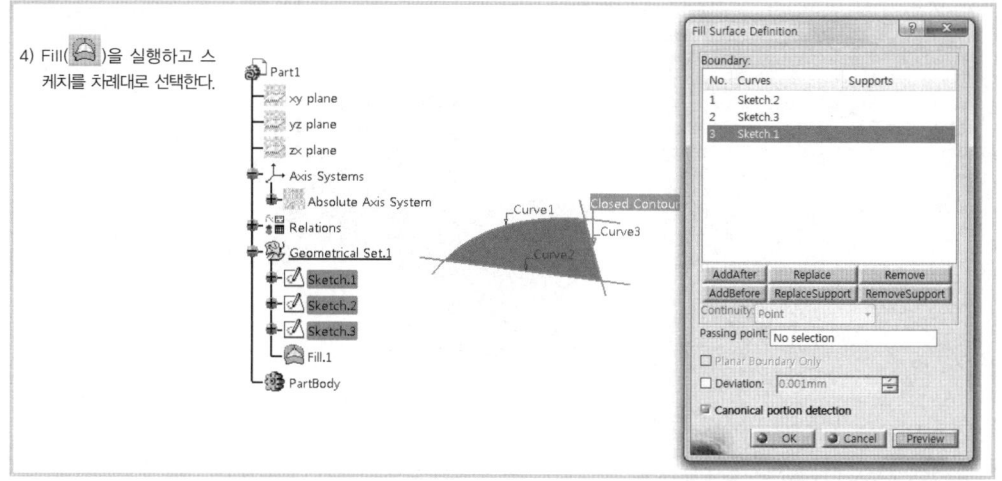

4) Fill( )을 실행하고 스케치를 차례대로 선택한다.

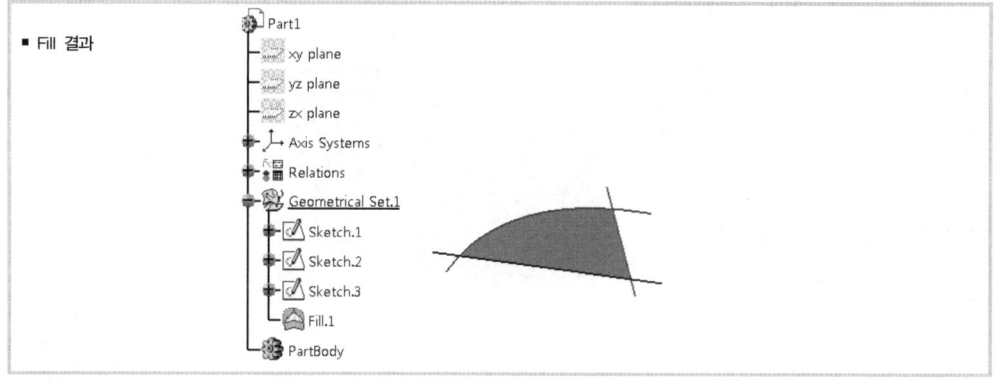

- Fill 결과

Fill 실습 2

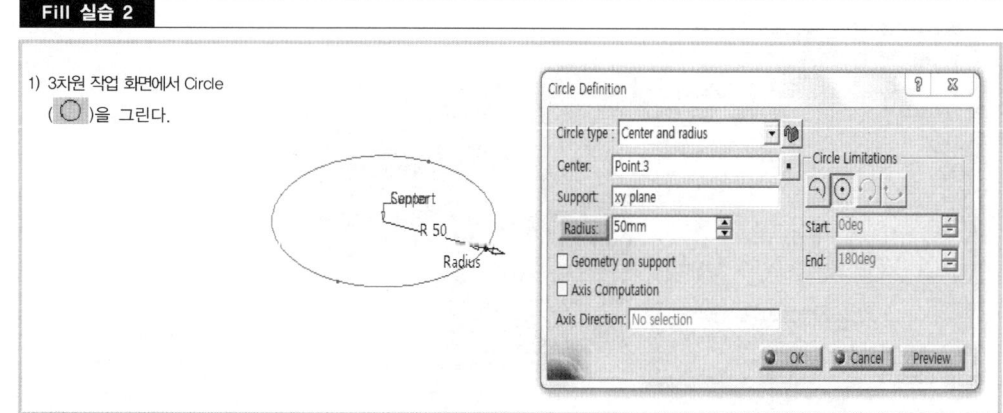

1) 3차원 작업 화면에서 Circle ( )을 그린다.

2) Fill(　)을 실행하고 Circle 모서리를 선택한다.

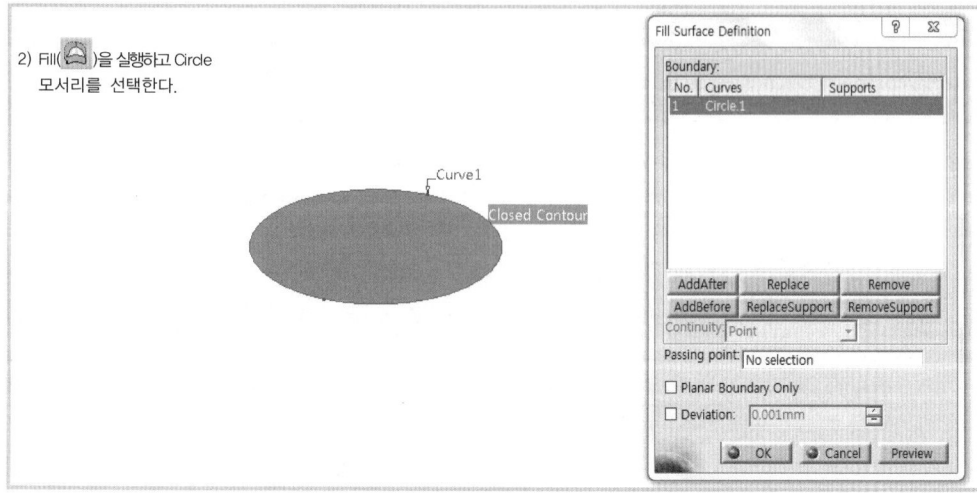

- Fill 결과

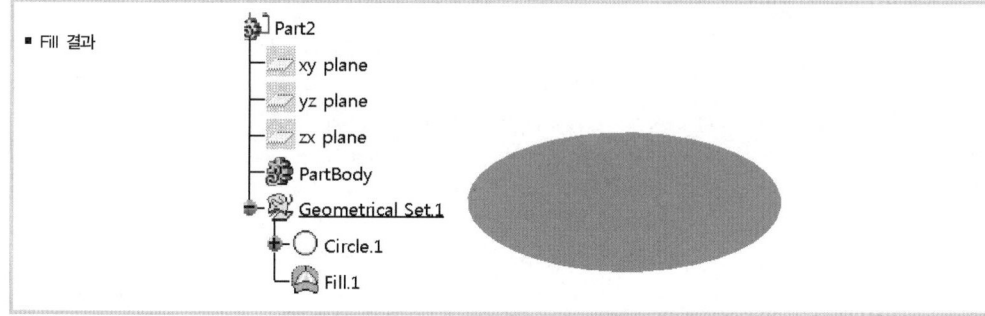

Fill 실습 3

1) 스케치를 실행하고 XY Plane 을 선택하여 다음과 같이 스케치를 한다.

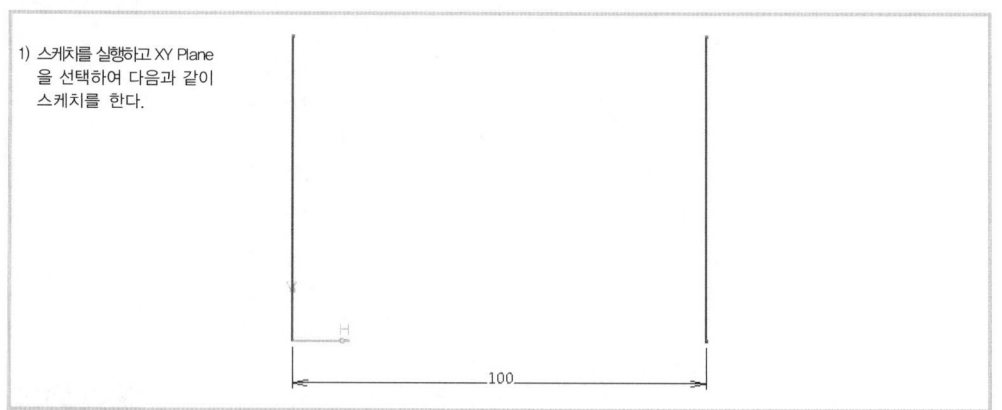

2) Extrude(　)을 실행하고 60mm 돌출을 한다.

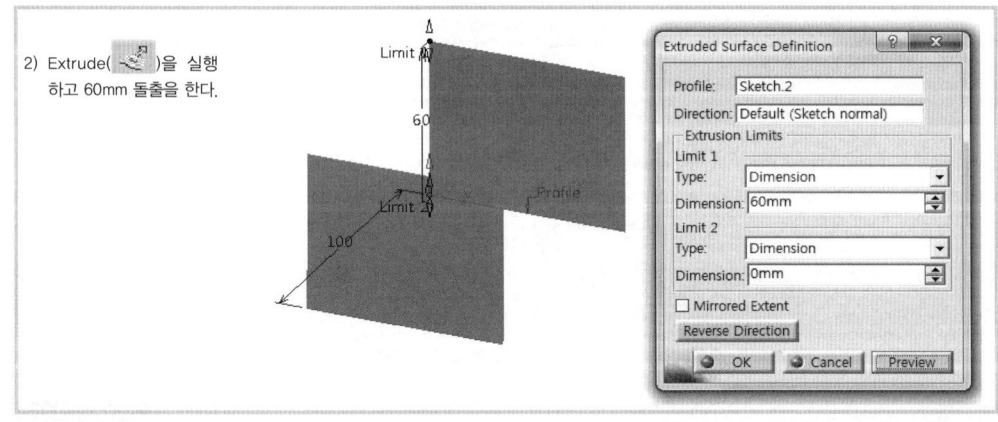

3) Line을 실행하고 끝점과 끝점을 선택하여 스케치를 한다.

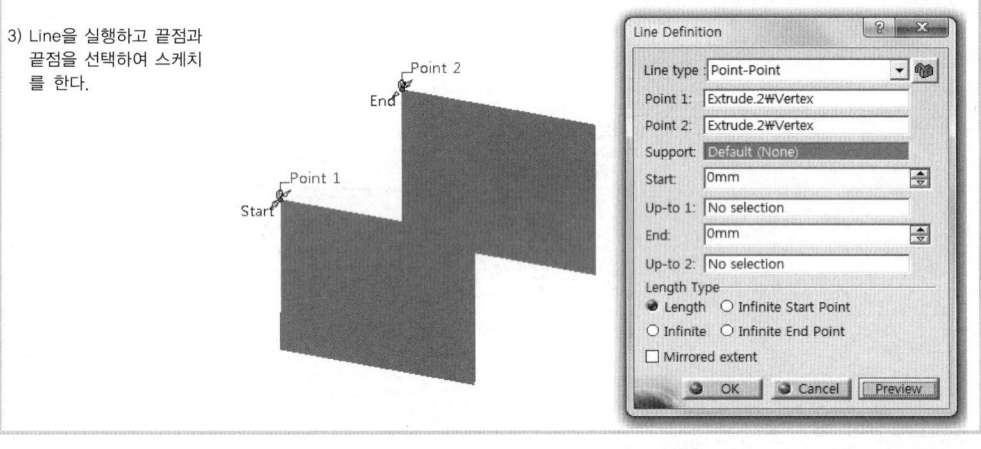

4) Line을 실행하고 끝점과 끝점을 선택하여 스케치를 한다.

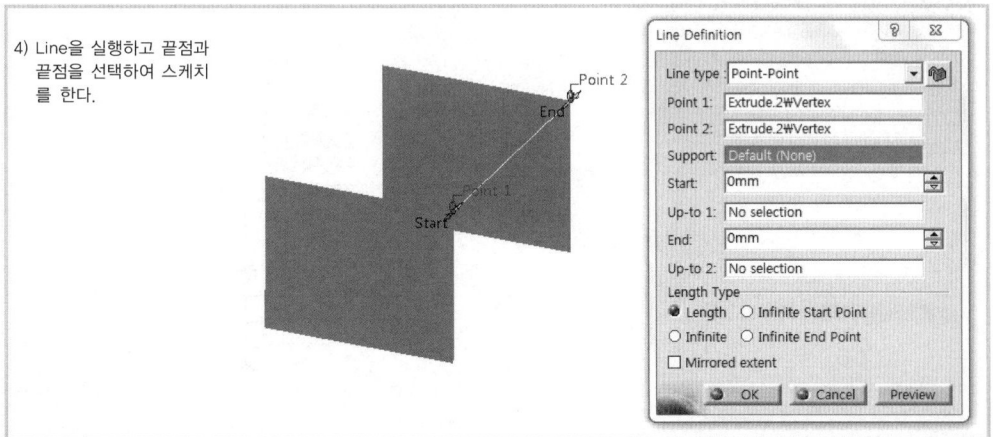

5) Fill( )을 실행하고 모서리를 차례대로 선택한다.

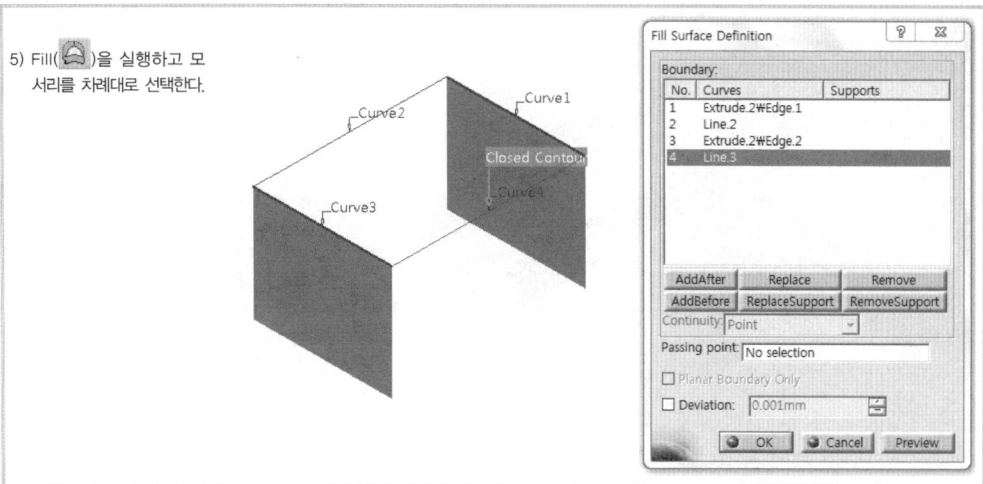

■ Fill 결과

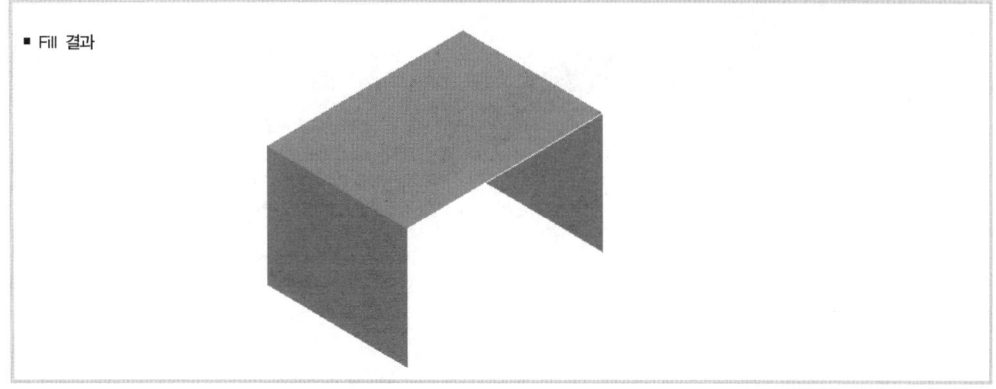

Fill 실습 4

1) 스케치를 실행하고 ZX Plane을 선택하여 다음과 같이 스케치를 한다.

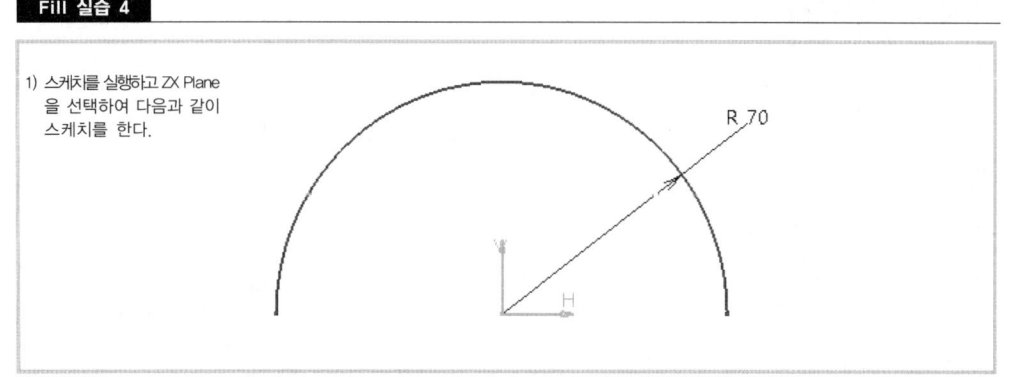

2) Plane을 실행하고 ZX Plane을 기준으로 300mm 위치에 Plane을 생성한다.

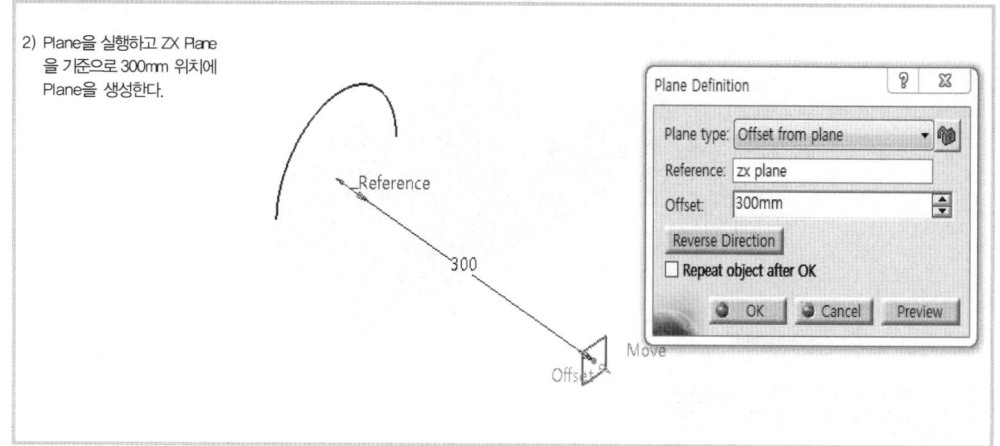

3) 스케치를 실행하고 Plane.1을 선택하여 다음과 같이 스케치를 한다.

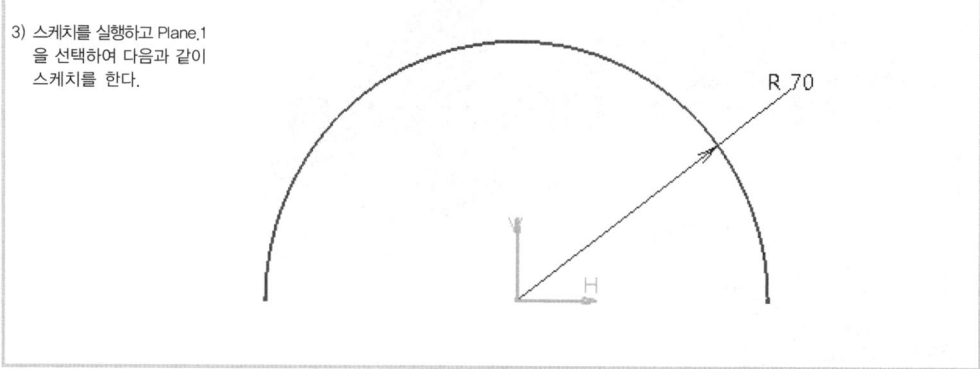

4) Line을 실행하여 다음과 같이 끝점을 연결하여 생성한다.

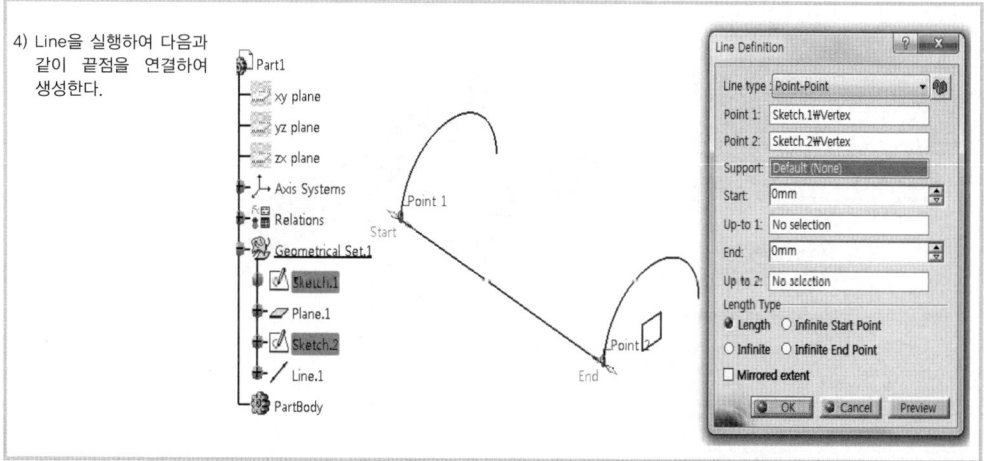

5) Line을 실행하여 다음과 같이 끝점을 연결하여 생성한다.

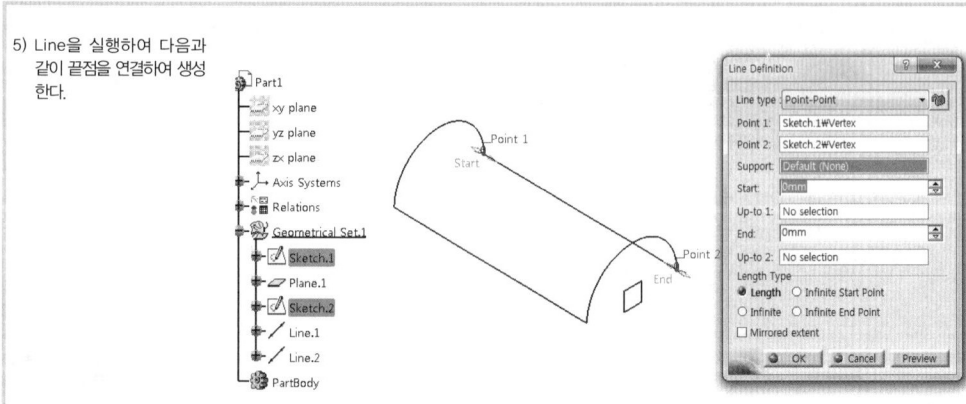

6) Extrude(   )을 실행하고 60mm 돌출을 한다.

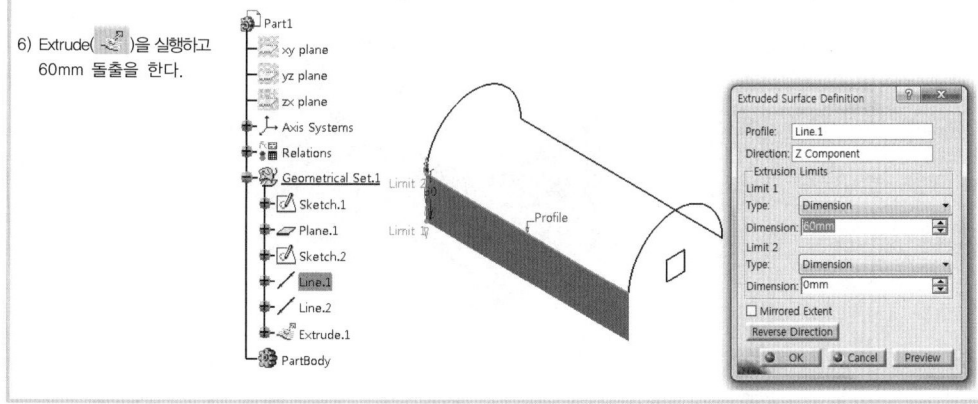

7) Extrude(   )을 실행하고 60mm 돌출을 한다.

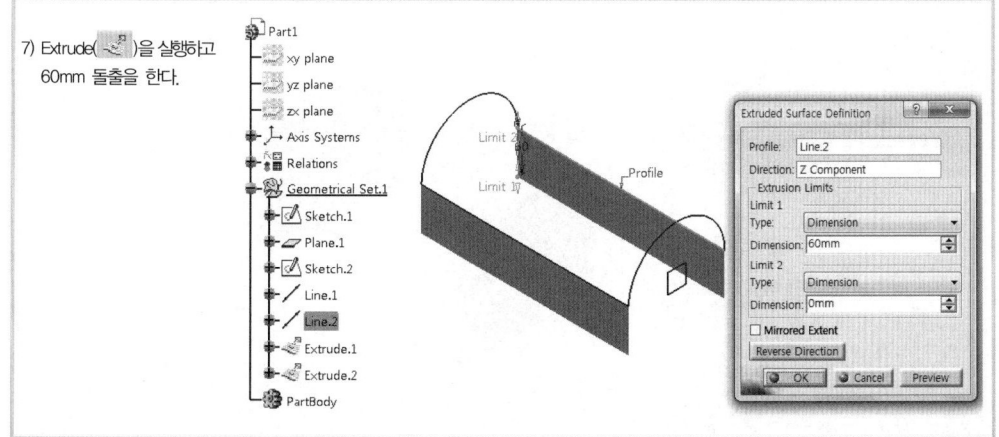

8) 다음과 같이 Curve와 Support 부분을 선택한다.

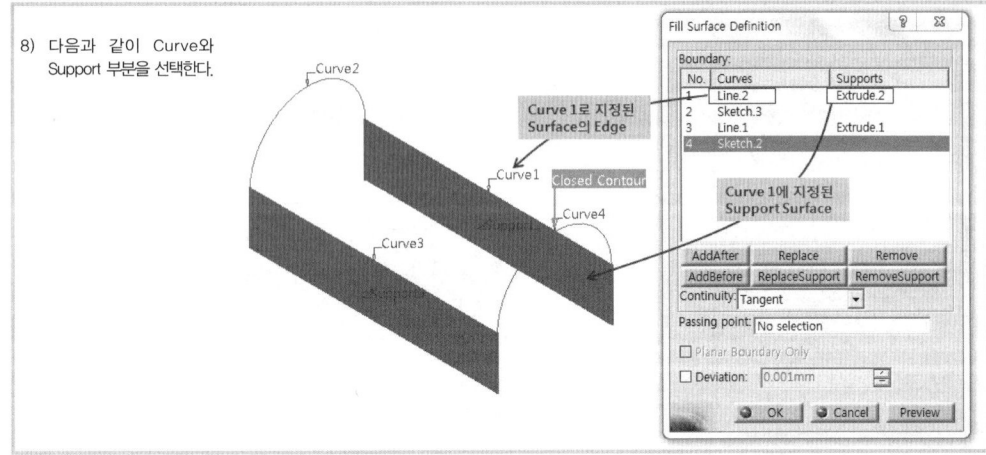

9) Preview를 수행한 결과

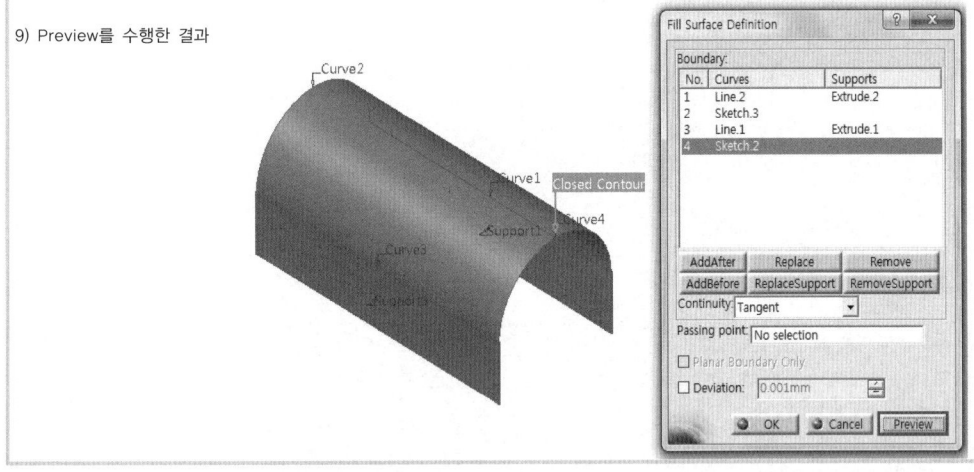

- Fill 결과

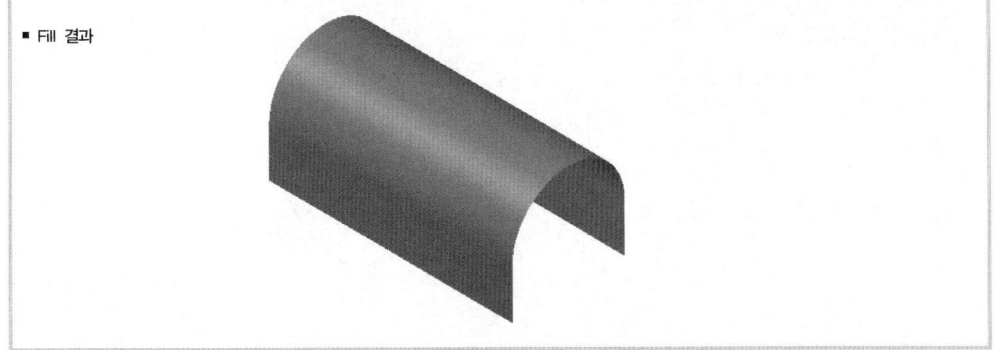

10) Support를 지정하지 않은 경우

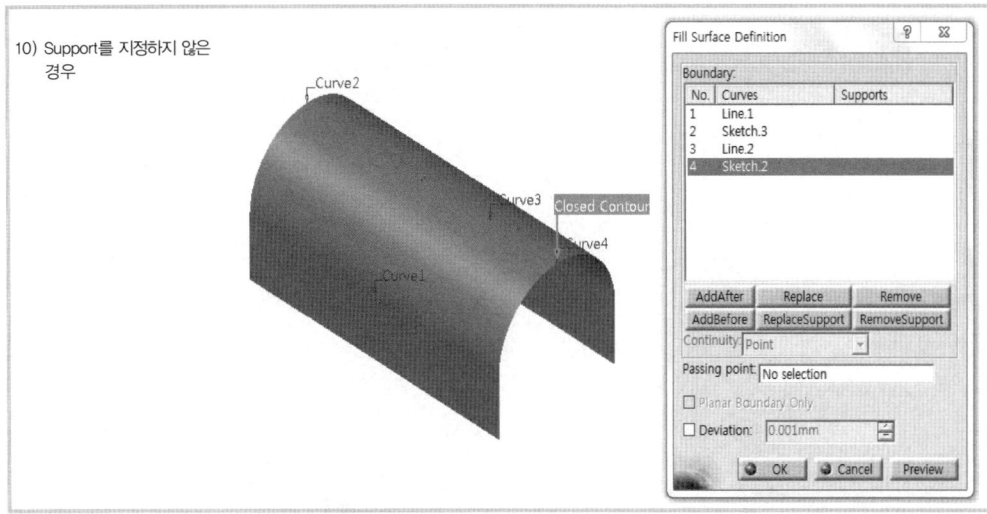

- Fill 결과

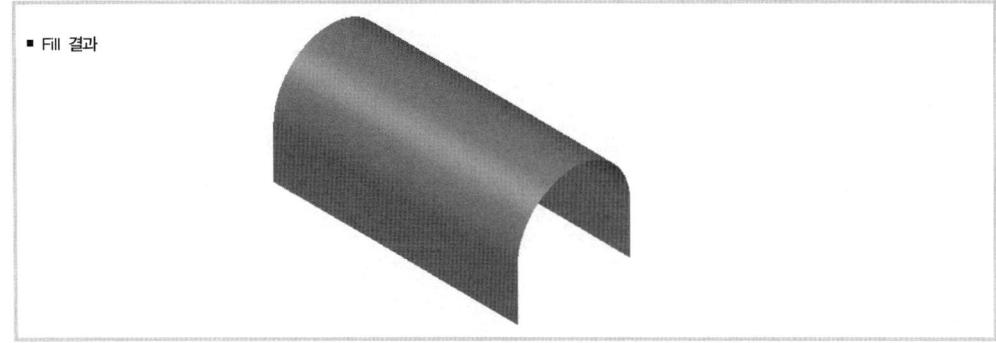

- Boundary Curve가 서로 교차하는 경우 – 교차하는 부분이 1군데 인 경우

1) 다음과 같이 1군데만 교차하도록 다음과 같이 스케치를 한다.

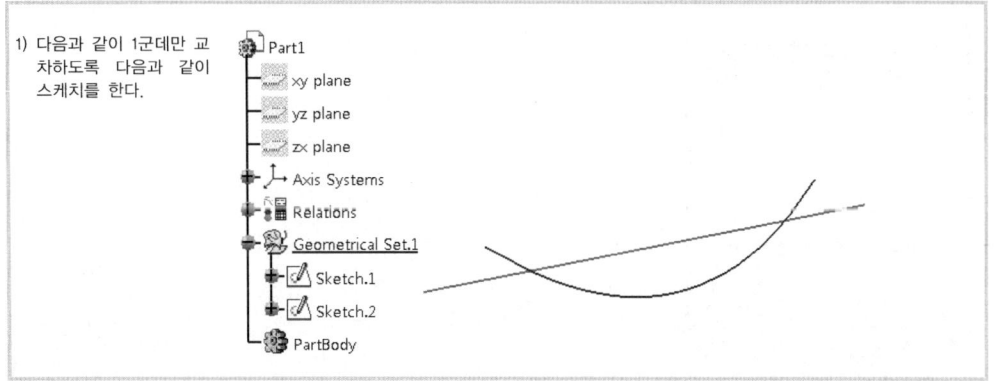

2) Fill을 실행하고 두 개의 Sketch를 선택한다. 두 개의 Sketch에서 교차하는 부분 중 폐곡선 부분만 Fill Surface를 생성한다.

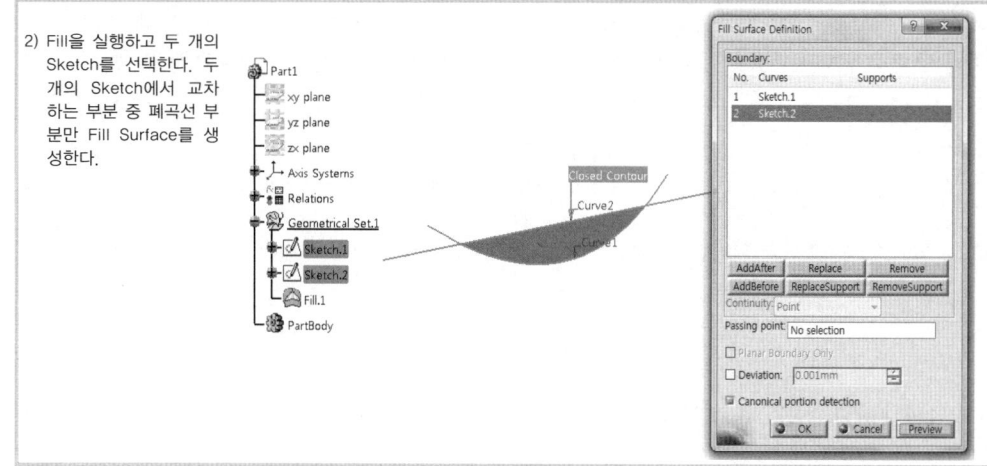

- Fill 결과

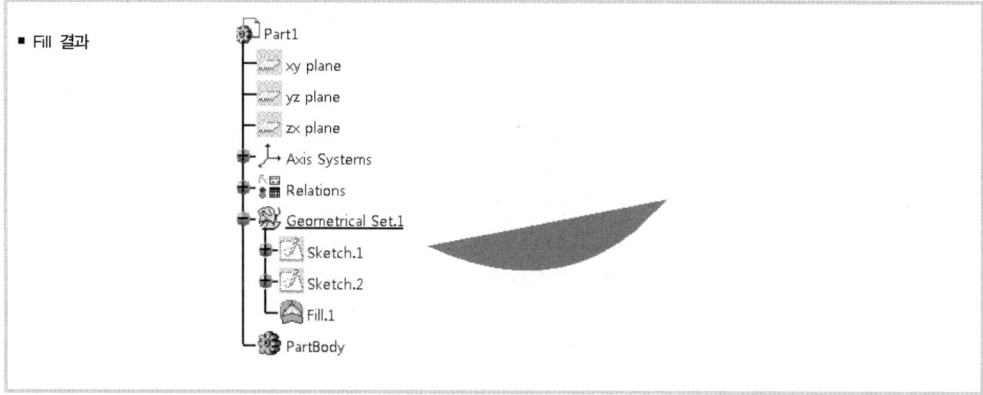

- Boundary Curve가 서로 교차하는 경우 – 교차하는 부분이 2군데 인 경우

1) 다음과 같이 2군데만 교차하도록 다음과 같이 스케치를 한다.

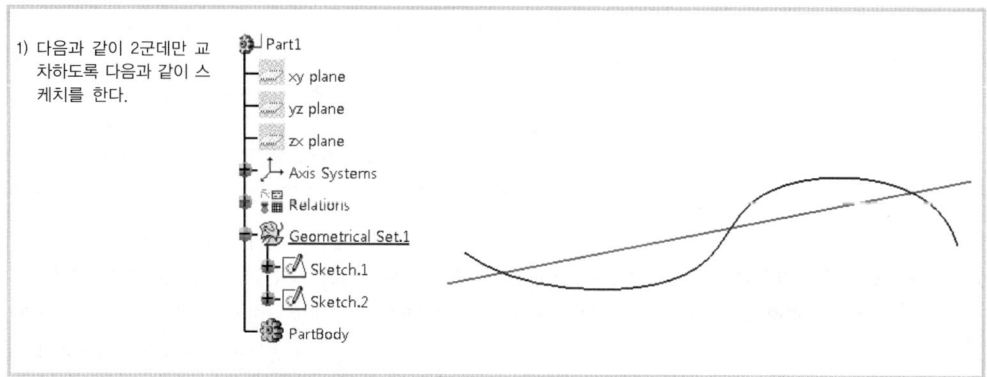

2) 다음과 같이 2개의 Sketch를 선택하면 교차하는 부분이 2군데라 Surface가 생성되지 않는다.

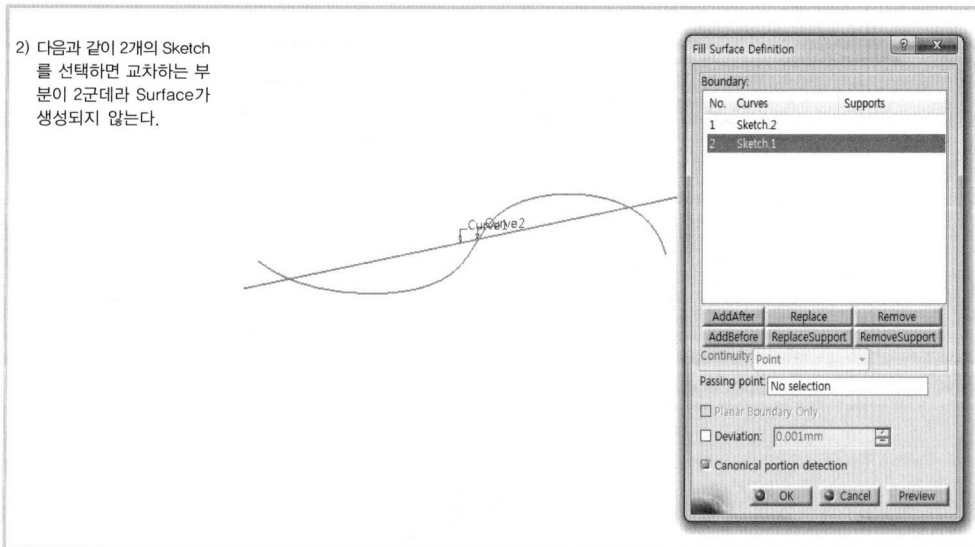

■ Fill을 생성하지 못하는 경우

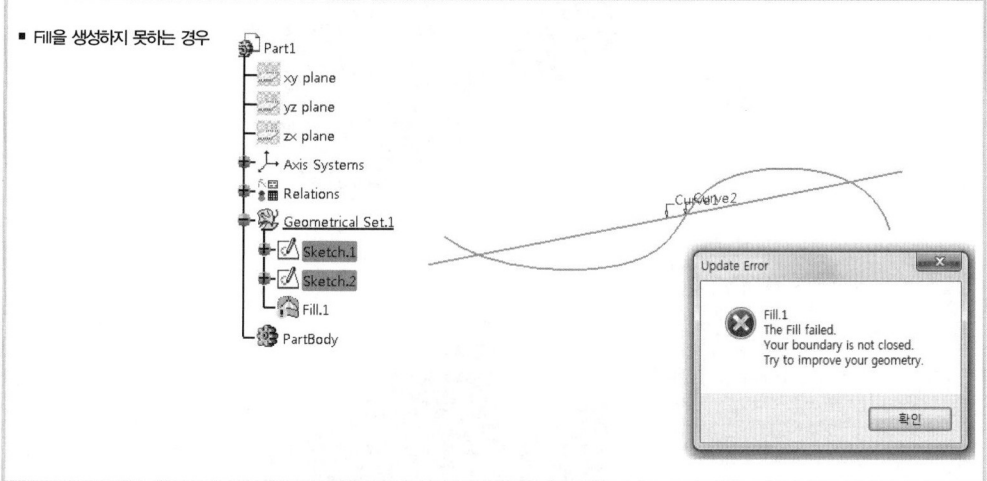

5. Multi-Section Surface

Multi-Section Surface : 여러 개의 단면 Profile을 이용하여 곡면을 만드는 명령으로 항공기의 동체 단면을 이어 외형을 입히거나 날개 형상을 그리는 경우 유용하게 사용할 수 있다. 복잡한 형상의 경우 여러 개의 단면 Profile 외에 Guide Curve나 Spline 등을 필요로 한다.

- Coupling : 두 Profile의 연결성 Type을 설정해 준다. 연결할 Profile의 꼭지점 개수가 같을 경우에는 Vertices를 지정하여 매끄러운 Surface를 생성한다.
- 2개 이상의 단면이 있어야 한다.
- 단면을 선택할 때는 반드시 순서대로 선택해야 한다.
- Multi-Section Surface는 [Closing Point] 탭이 별도로 없기 때문에 명령어를 실행한 후에는 임의의 위치에 Point를 생성할 수 없다. Closing Point를 Point가 없는 임의의 위치로 이동하기 위해서는 사전에 이동하고자 하는 위치에 Point를 미리 생성해 주어야 한다. Multi-Section Surface을 실행하여 이동할 Closing Point위에서 마우스 우측 버튼을 눌러 [Replace]를 선택한 후 Closing Point를 변경할 수 있다.
- 복잡한 형상의 경우 여러 개의 단면 Profile 외에 Guide Curve나 Spine 등을 필요로 한다.
- Guides는 단면 Profile에 대해서 형상의 각 마디마다 그려주어야 한다.
- 단면의 Profile이 닫혀있지 않아도 된다.
- 단면에 대한 방향성은 중요하기 때문에 각 단면들의 방향을 잘 맞춰 주어야 한다.
- 닫힌 Profile에서는 Closing Point가 표시되며 이 Closing Point의 위치를 맞추어 주면 되고, 회전방향과 Closing Point를 반드시 일치시켜야 한다.
  열린 형상의 경우에는 화살표만 나타난다. 이웃하는 단면과 화살표의 배열 방향이 다르면 반드시 방향을 하나의 방향으로 맞추어 주어야 한다. (단면의 방향 조절은 해당 화살표를 클릭해 주면 된다.)

[Guide] 탭

- 선택한 Sketch를 Guides에 지정한 Curve를 따라서 로프트를 생성할 수 있다.
- 여러 개의 Section을 지나는 Guide로 다양한 형상을 만들 수 있다.
- Blend에서는 Guide를 지정할 수 없기 때문에 Multi-Section Surface에서 Guide를 통해 만들 수 있는 다양한 형상을 만드는데 제약이 있다.
- 각각의 단면 Profile의 형상을 잇는 선으로 임의로 Guide line을 그려주었을 때 이 탭에서 선택해 준다.
- Guide는 실제 라인을 따라 형상을 만든다.

[Spine] 탭

- 척추 역할을 한다.
- Spine 곡선으로 사용될 Curve는 될 수 있는 한 모든 Section Curve가 생성되어 있는 Section Plane과 수직인 평면에 생성된 Curve이어야 한다.
- 전체 단면 형상을 가로지르는 Center Curve를 형상 정의에 사용한다.
- 단면 형상들을 지나는 단 하나의 Center Curve로 형상을 정의한다.

[Coupling] 탭 : Section Curve 사이에 연결성 Type을 설정해 준다.

- Ratio : Section들의 동일한 비율로 연결하여 Surface 생성한다. Selecting된 곡선의 좌표비율에 따라 Coupling이 이루어지며 가장 쉽게 Multi-Section Surface를 생성할 수 있으며 품질이 떨어진다.

- Tangency : Section간의 Tangency 조건으로 연결하여 Surface 생성한다. 불연속 Point의 접선 방향을 따라서 Curve가 Coupling된다. 각 단면상에서 선택한 Curve가 가지는 정점의 개수가 동일하지 않을 경우 이 옵션을 사용하면 Error가 발생한다.
- Tangency with Curvature : Curve는 접선연속성에 따라 Coupling을 실행하고 Curvature 연속성을 이용하여 Discontinuity Point에 대하여 Coupling을 실행한다. 각 단면상에서 선택한 Curve가 가지는 정점의 개수가 동일하지 않을 경우 이 옵션을 사용하면 Error가 발생한다.
- Vertices : Curve는 Vertex에 의해 Coupling된다. 연결할 Profile의 꼭지점 개수가 같을 경우에는 Vertices를 지정하여 매끄러운 Surface를 생성한다.
  각각의 단면 Profile이 가지고 있는 꼭지점(Vertex)들을 각각의 위치에 맞게 이어줄 때 사용한다.
  단면의 Vertex가 다음 단면의 Vertex와 이어지고 계속적으로 다음 단면의 Vertex에 이어진다.
  정점의 개수가 동일하지 않을 경우 이 옵션을 사용하면 Error가 발생한다.

[Relimitation] 탭 : Multi-Section Surface으로 생성되는 Surface의 시작단면과 끝 단면을 어떻게 결정할 것인가를 지정하는 곳이다.
- Relimited on Start Section과 Relimited on End Section 체크 한 경우 : 첫 번째 Section과 마지막 Section까지만 Surface가 생성된다. Guides 선분이 선택되어 있어도 길이에 있어서 Surface가 생성에 영향을 주지 않는다.
- Relimited on Start Section과 Relimited on End Section 체크 해제한 경우 : 첫 번째 Section과 마지막 Section까지 선택하면 Guides와 상관없이 선분 끝까지 Surface가 생성된다. Guides 선분이 선택되어 있어야 한다.

[Canonical Element] 탭
- Multi-Section Surface로 생성된 Surface에 완전히 평평한 Surface가 존재할 경우 CATIA가 자동적으로 이를 감지하여 평면을 이용할 수 있게 한다.
- Smooth Parameters : Multi-Section Surface를 부드럽게 해주는 역할을 한다.
  - Angular correction : 각진 부분 교정 각도를 지정한다.
  - Deviation(편차 : 점과 표적 사이의 거리) : 점과 표적 사이의 거리 값을 지정한다.

• Multi-Section Surface( ) Definition

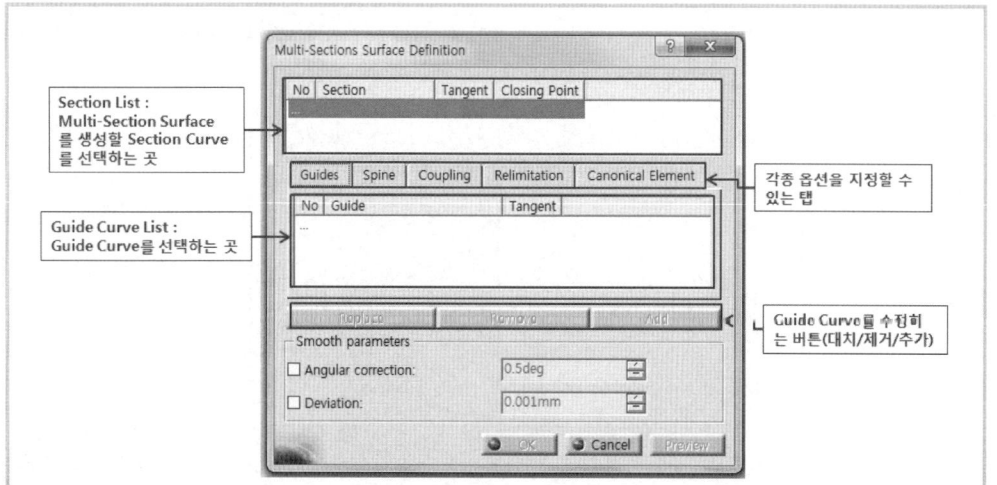

Multi-Section Surface 실습 1

1) Plane( )을 실행하고 거리 : 30mm 위치에 ZX Plane을 기준으로 8개의 Plane을 생성한다.

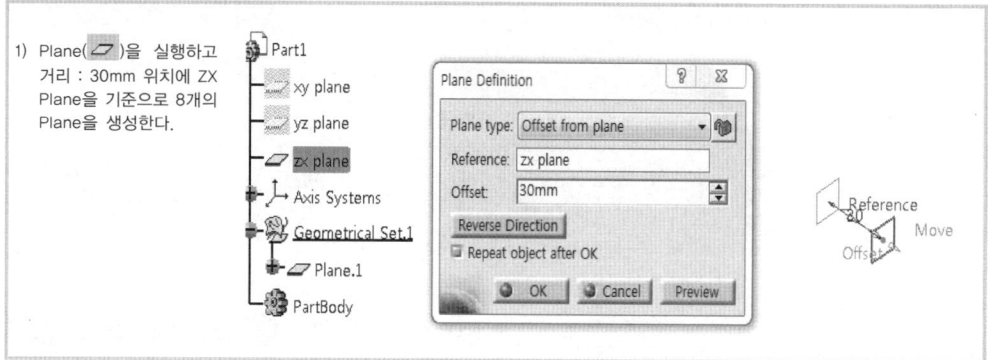

2) Plane 개수 : 7개를 지정한다.

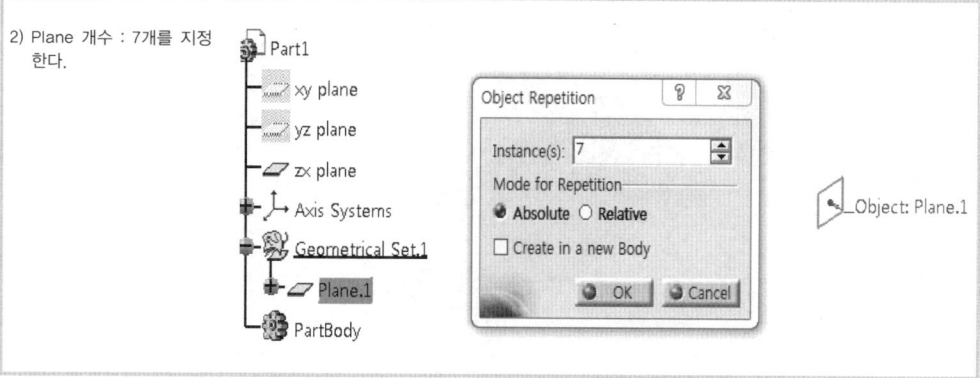

3) Plane이 8개 생성되었다.

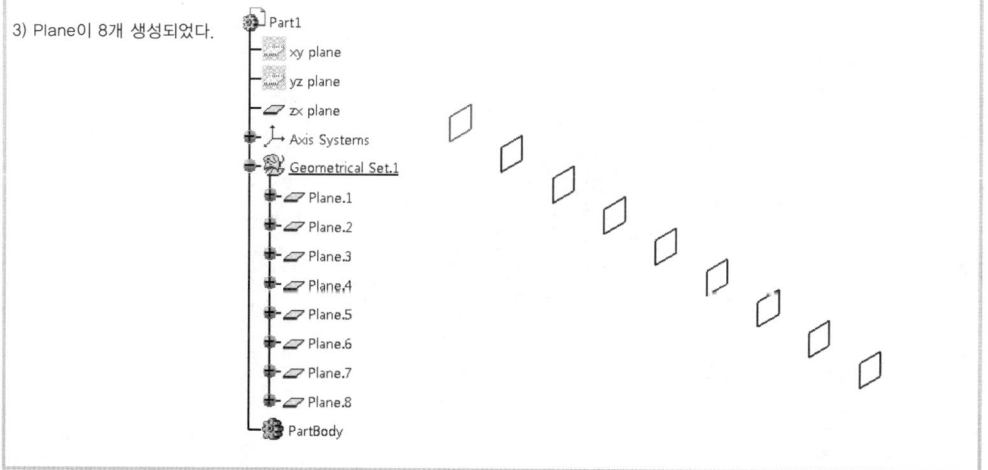

4) 스케치를 실행하고 ZX Plane을 선택하여 다음과 같이 스케치를 한다.

5) Sketch.1을 선택하고 [복사]를 선택한다.

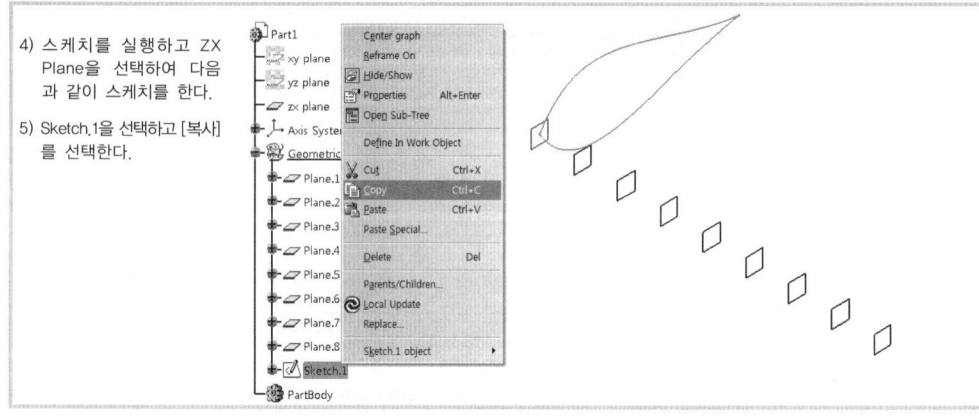

6) 생성한 Plane.2를 선택하여 [Paste]를 한다.
  나머지 8개도 같은 방법으로 복사한다.

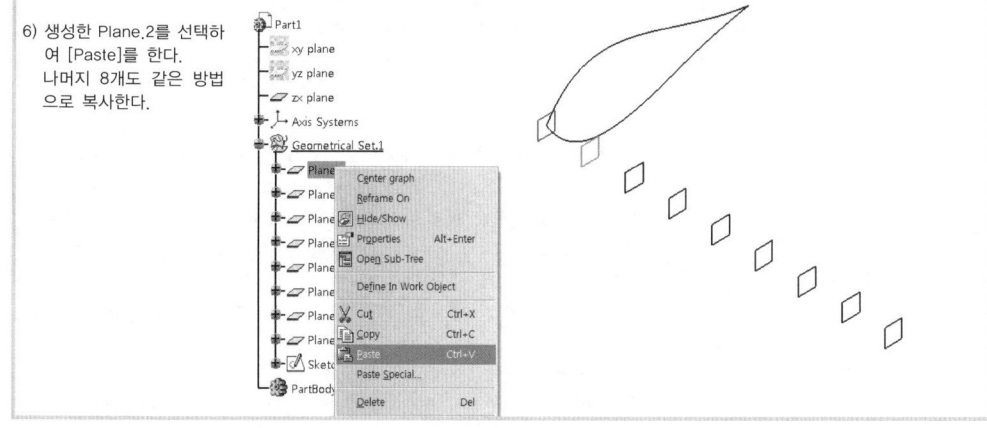

7) Plane에 스케치가 복사된다.

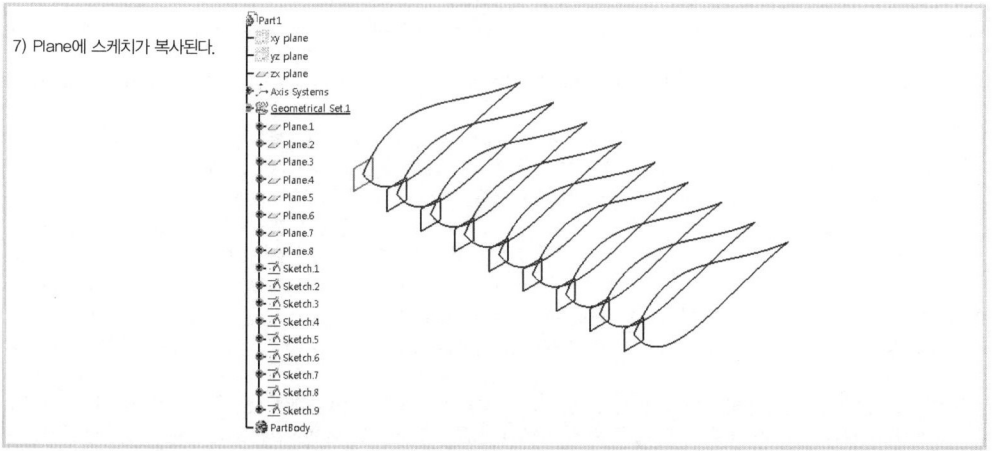

8) Multi-Section Surface( )을 실행하고 스케치를 차례대로 선택한다.

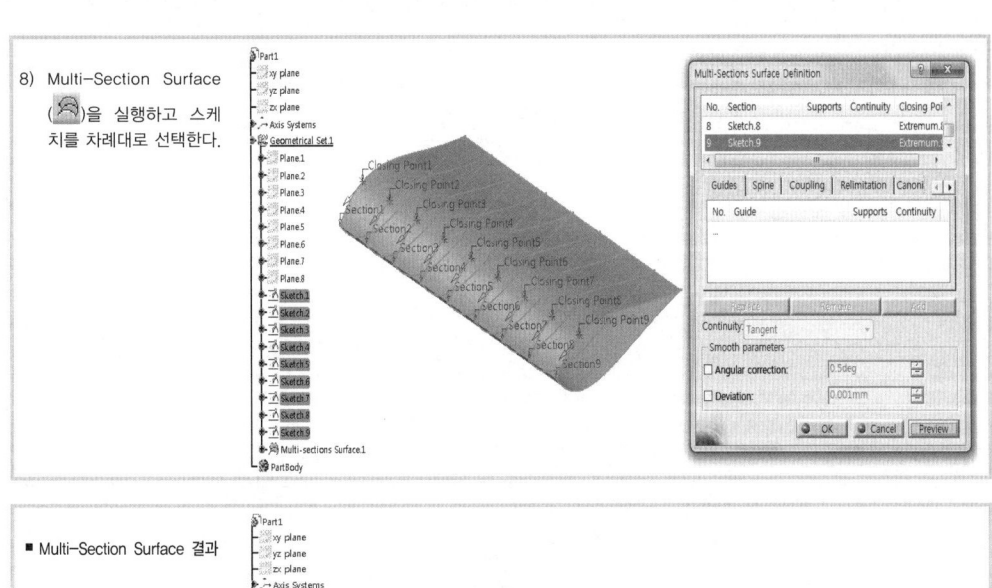

■ Multi-Section Surface 결과

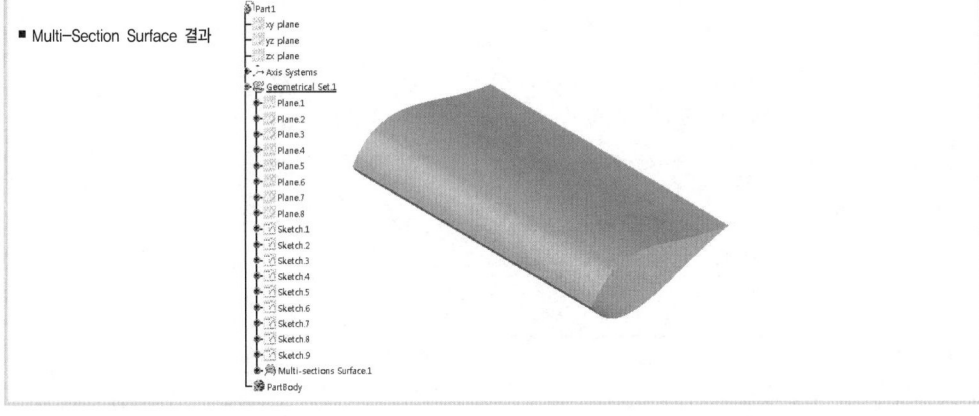

Multi-Section Surface 실습 2 | Guide Curve 사용

1) Plane( )을 실행하고 거리 : 60mm 위치에 XY Plane을 기준으로 Plane을 생성한다.

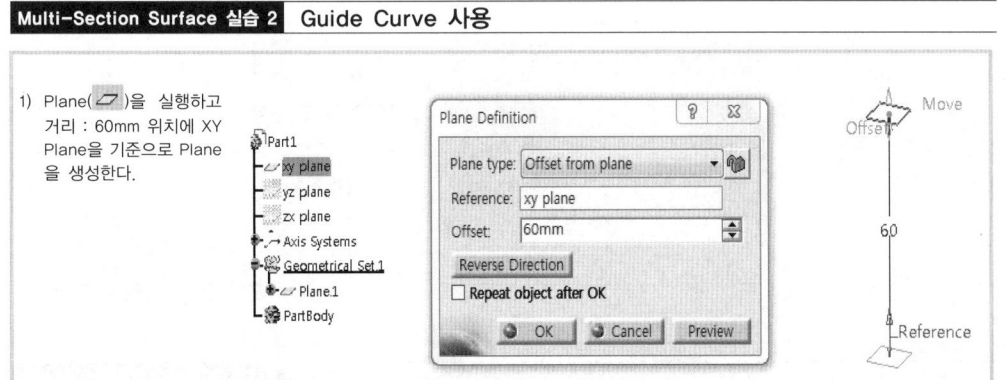

2) Plane( )을 실행하고 거리 : 128mm 위치에 XY Plane을 기준으로 Plane 을 생성한다.

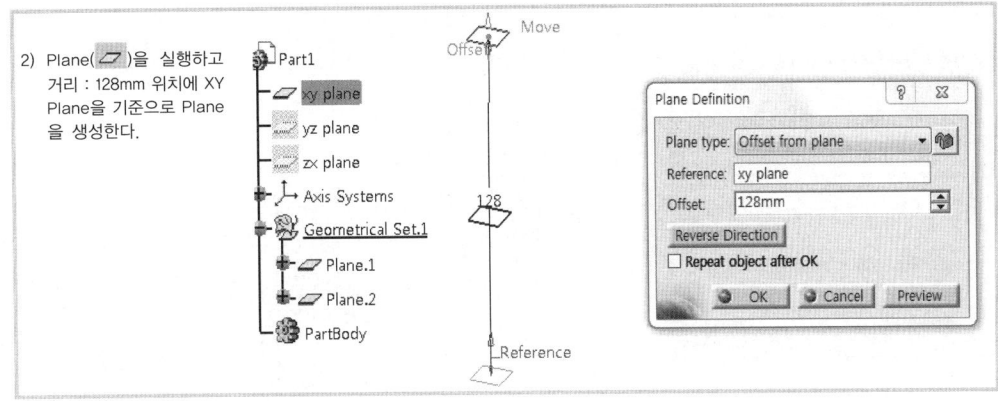

3) 스케치를 실행하고 XY Plane을 선택하여 다음 과 같이 스케치를 한다.

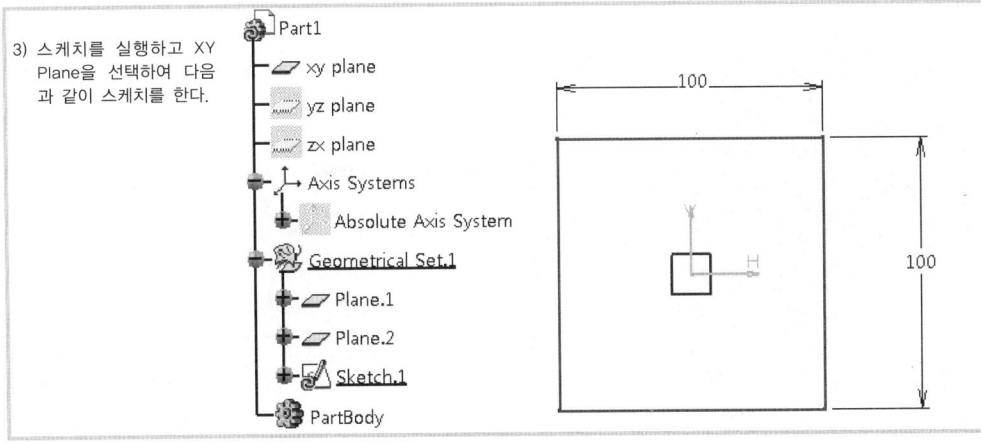

4) 스케치를 실행하고 Plane.1 을 선택하여 다음과 같이 스케치를 한다.

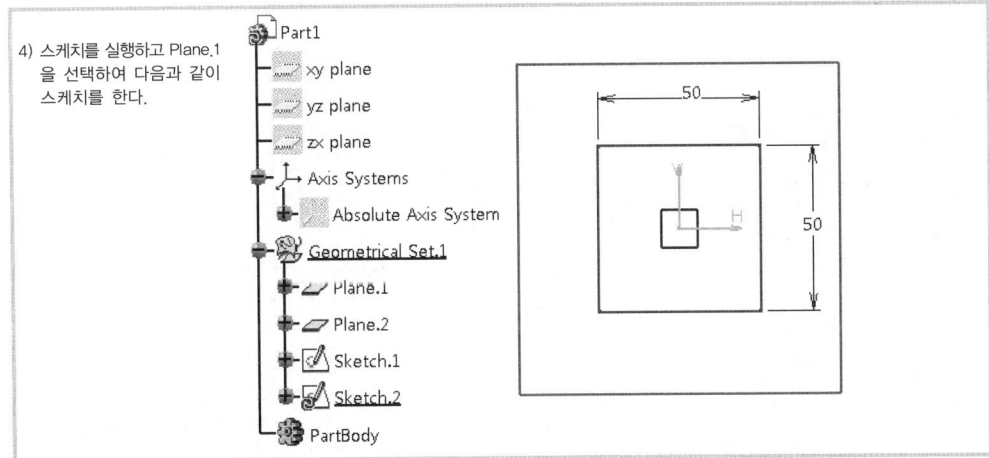

5) 스케치를 실행하고 Plane.2 를 선택하여 다음과 같이 스케치를 한다.

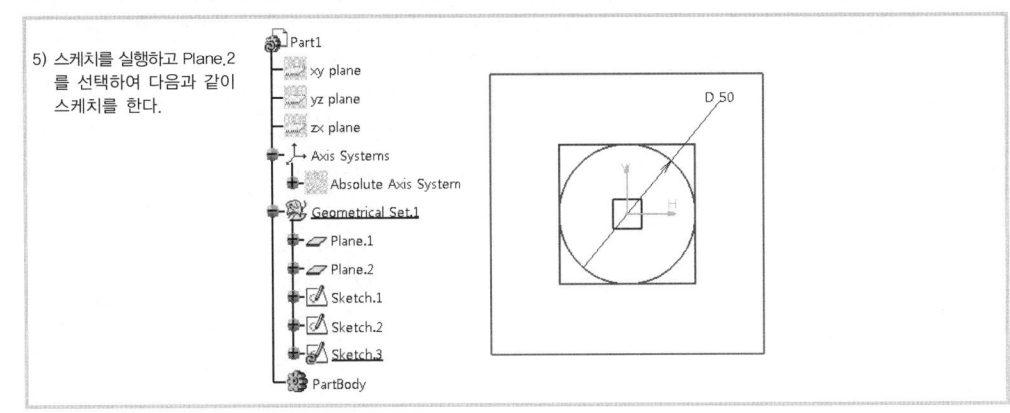

6) Point를 실행하고 On Curve를 지정, Curve를 선택하여 다음 위치에 Point를 생성한다.

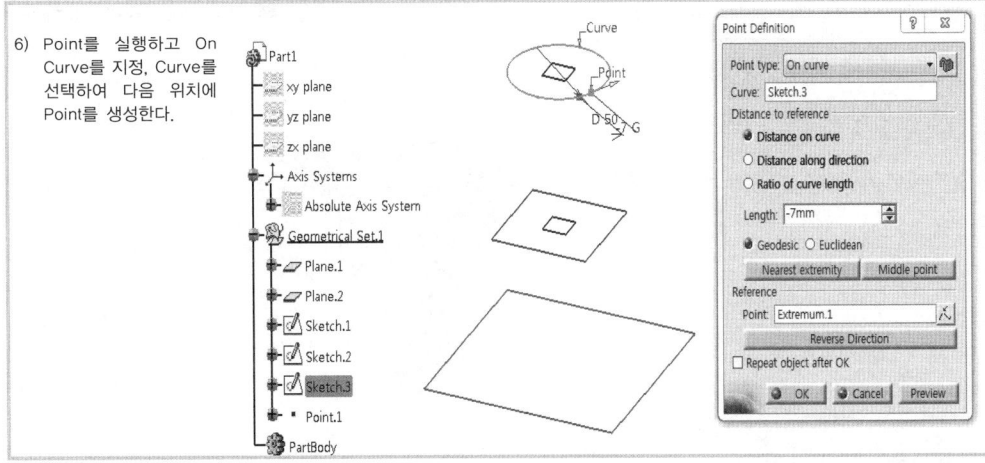

7) Point를 실행하고 On Curve를 지정, Curve를 선택하여 다음 위치에 Point를 생성한다.
- 3D상에서 원에 4개의 교점을 설정할 수 있는 방법을 생각해보자.

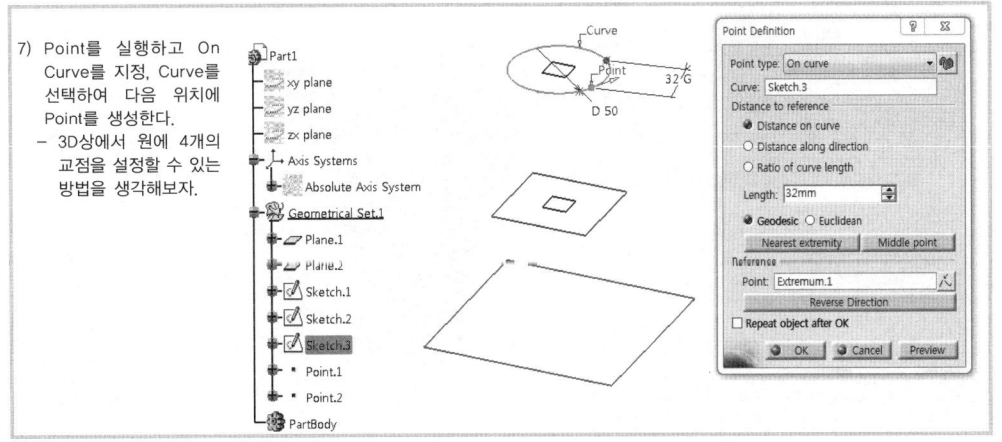

8) Point를 실행하고 On Curve를 지정, Curve를 선택하여 다음 위치에 Point를 생성한다.

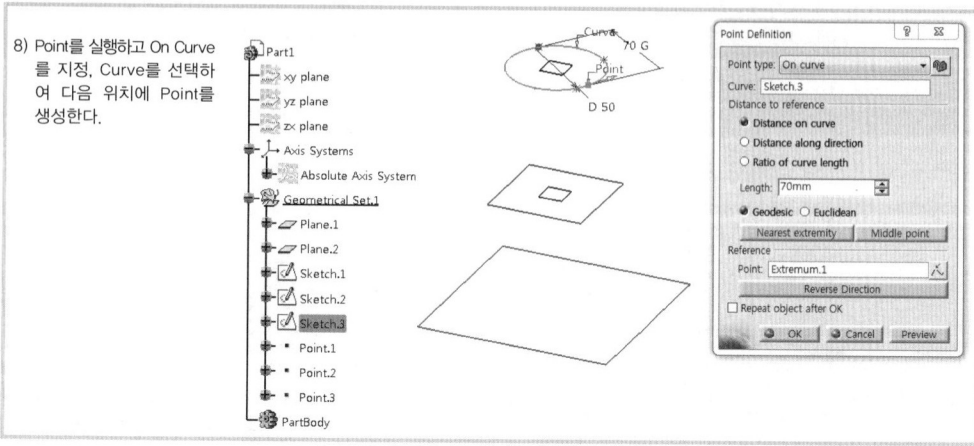

9) Point를 실행하고 On Curve를 지정, Curve를 선택하여 다음 위치에 Point를 생성한다.

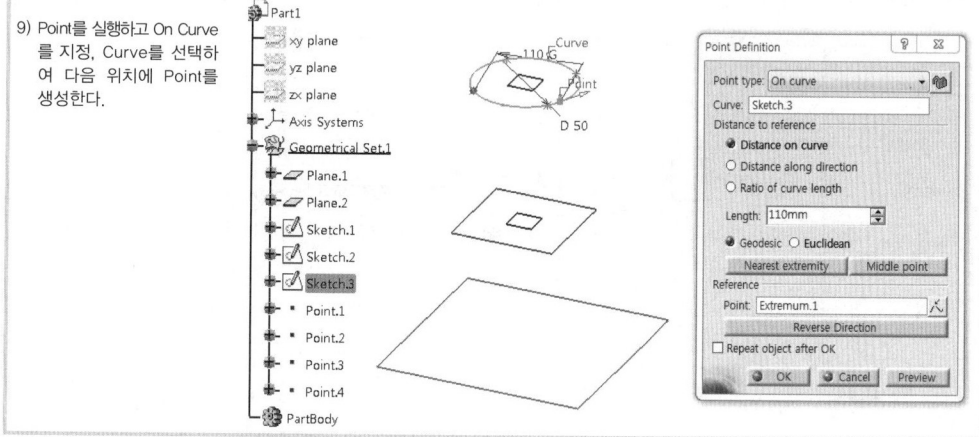

10) Spline을 실행하고 다음과 같이 연결한다.

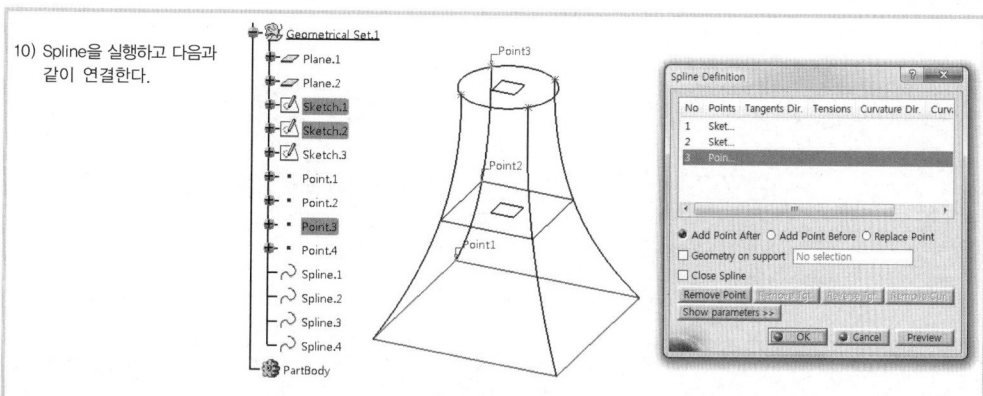

11) Multi-Section Surface (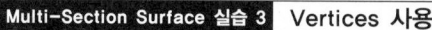)을 실행하고 스케치를 차례대로 선택하여 Guides 탭에서 4개의 Spline을 선택한다.

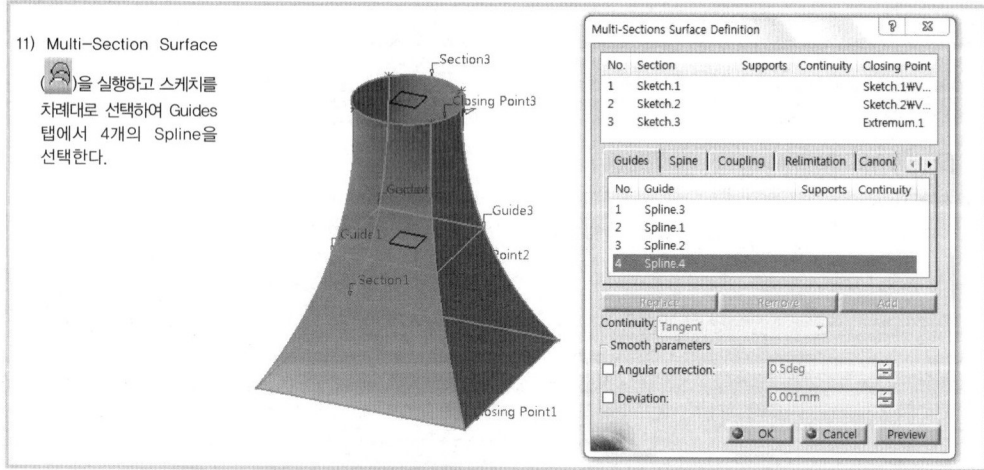

■ Multi-Section Surface 결과

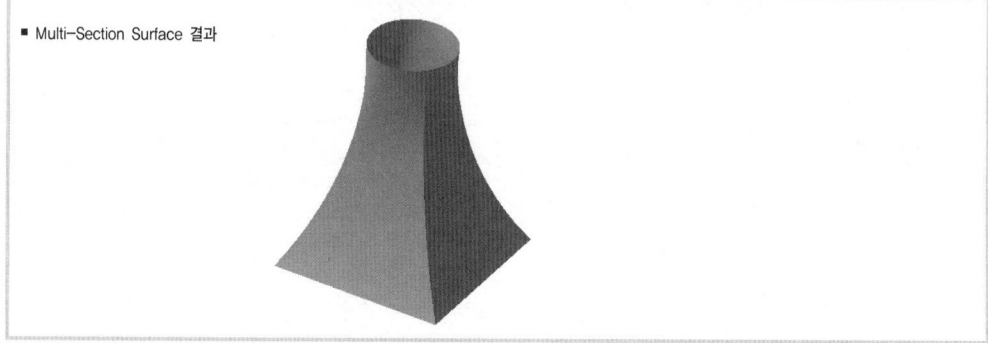

Multi-Section Surface 실습 3 | Vertices 사용

1) 스케치를 실행하고 ZX Plane을 선택하여 다음과 같이 스케치를 한다.

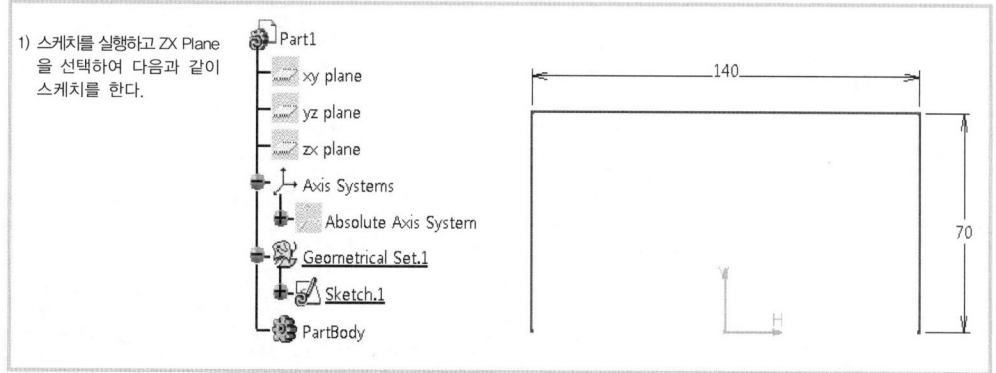

2) Plane을 실행하고 ZX Plane을 기준으로 150mm 위치에 Plane을 생성한다.

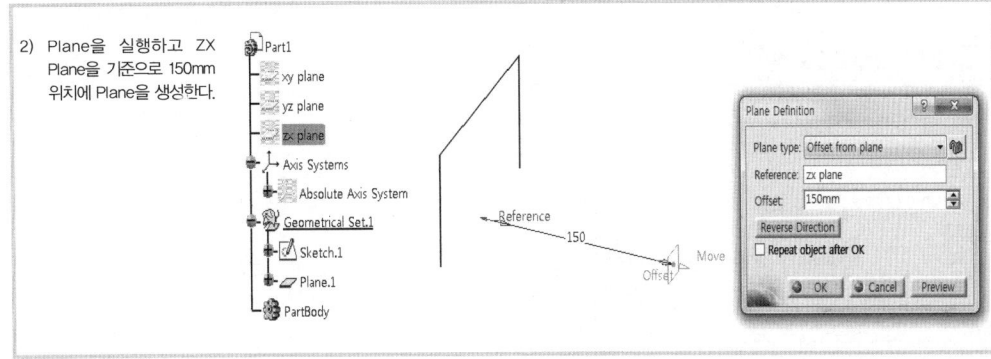

3) 스케치를 실행하고 Plane.1 을 선택하여 다음과 같이 스케치를 한다.

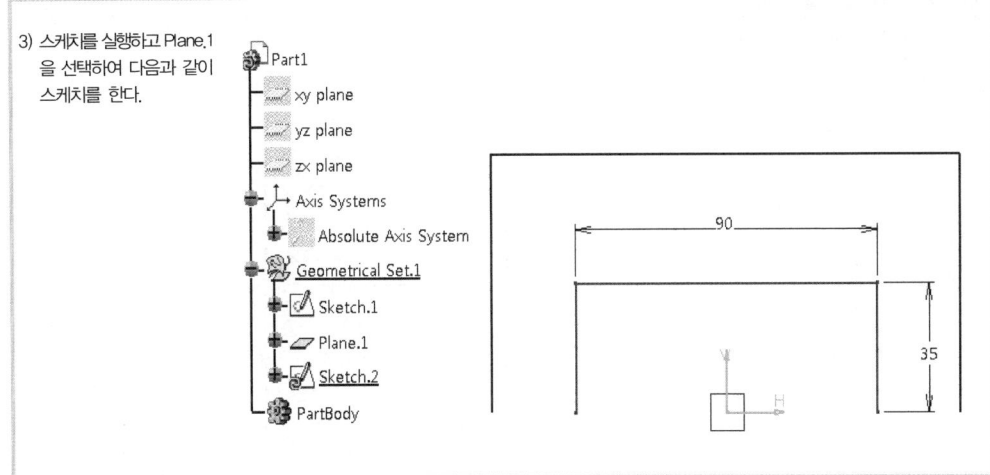

4) Multi-Section Surface 를 실행하고 두 개의 Sketch 를 차례로 선택한다. 너비가 달라서 모서리가 맞지 않아 비틀어진 모양이 생성된다.
이것을 꼭지점이 맞도록 서로 맞추어 주려면 다음과 같이 선택한다.

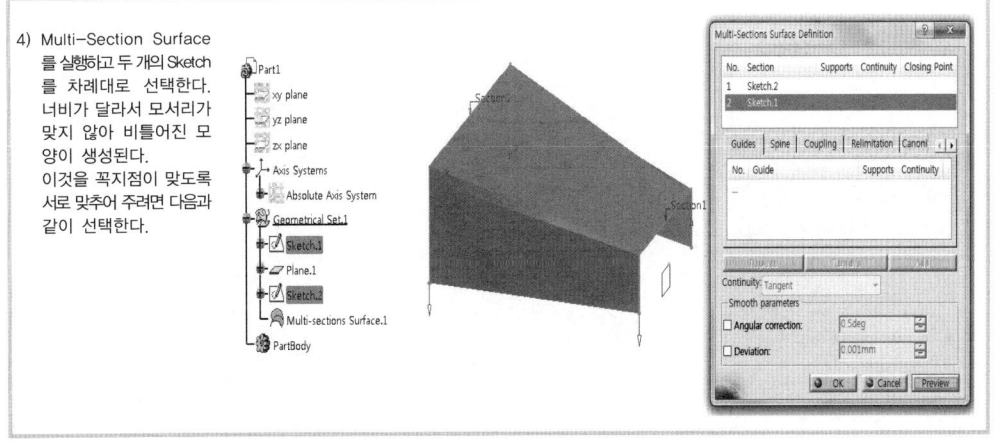

5) 모서리가 일치하도록 맞추어 주려면 [Coupling] 탭에서 Vertices를 선택한다.

- Vertices : Curve의 Point 수가 같은 경우 선택한다.

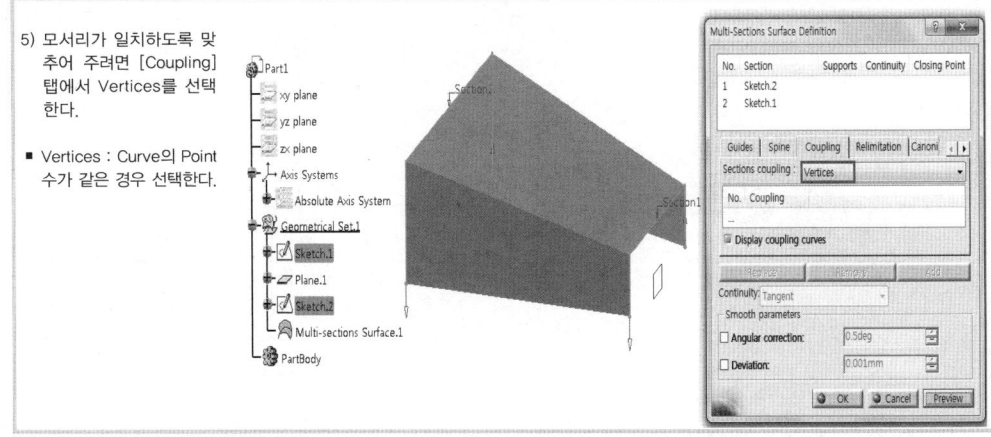

6) Blend와 같은 결과가 얻어진다.

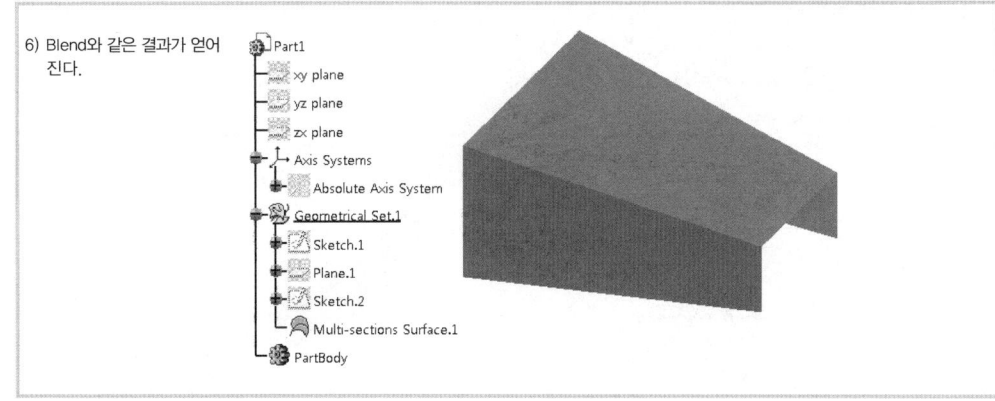

Multi-Section Surface 실습 4   Support Surface의 Tangent 사용

● 곡면과 곡면 사이를 이어주기
1) 스케치를 실행하고 XY Plane 을 선택하여 다음과 같이 스케치를 한다.

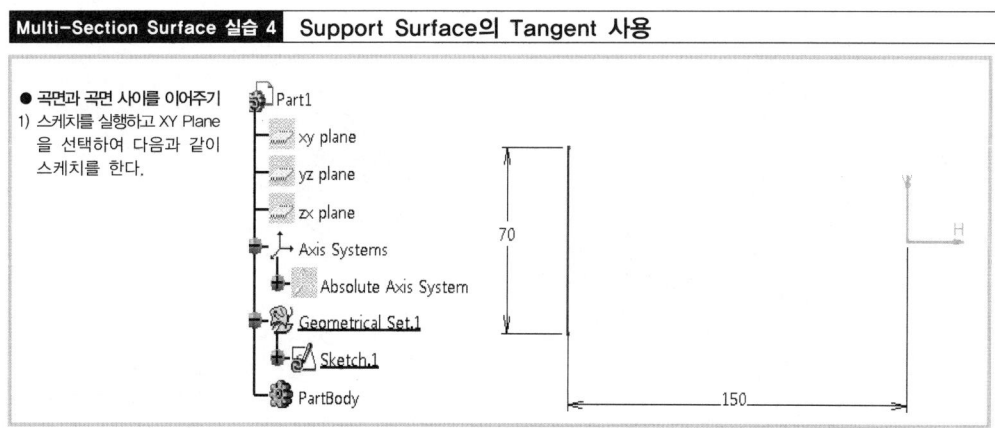

95

2) Plane을 선택하여 XY Plane을 선택하여 60mm 위치에 Plane을 생성한다.

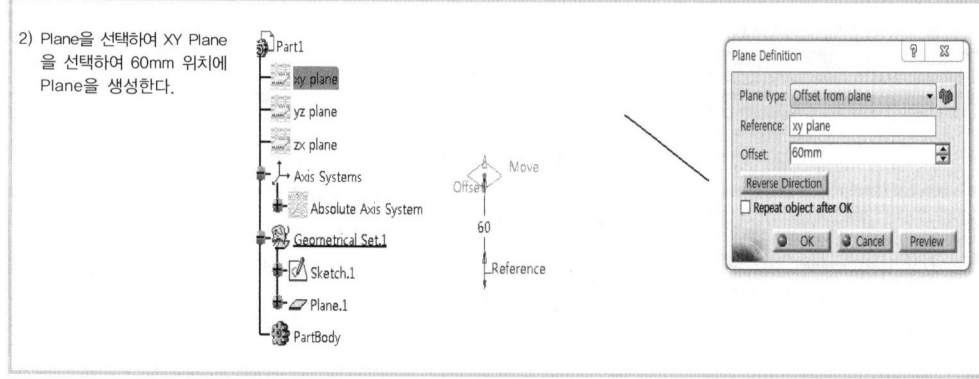

3) 스케치를 실행하고 Plane.1을 선택하여 다음과 같이 스케치를 한다.

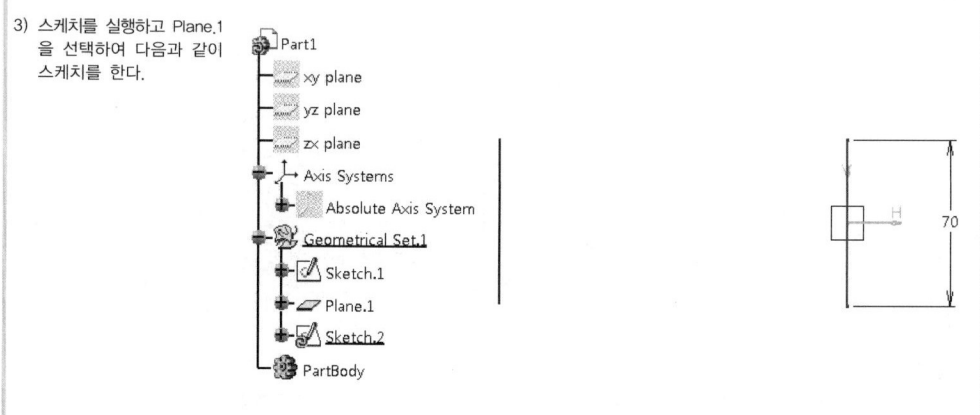

4) Extrude를 실행하고 Sketch.1을 다음과 같이 돌출을 한다.

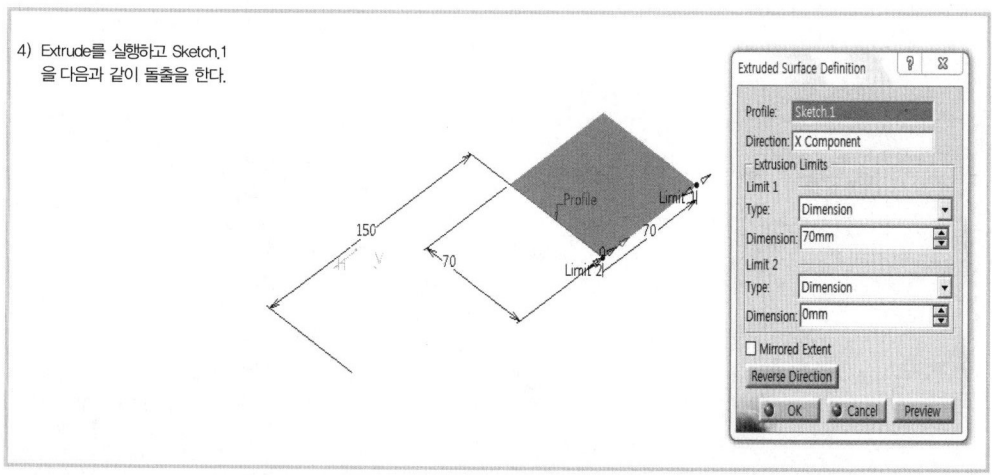

5) Extrude를 실행하고 Sketch.2를 다음과 같이 돌출을 한다.

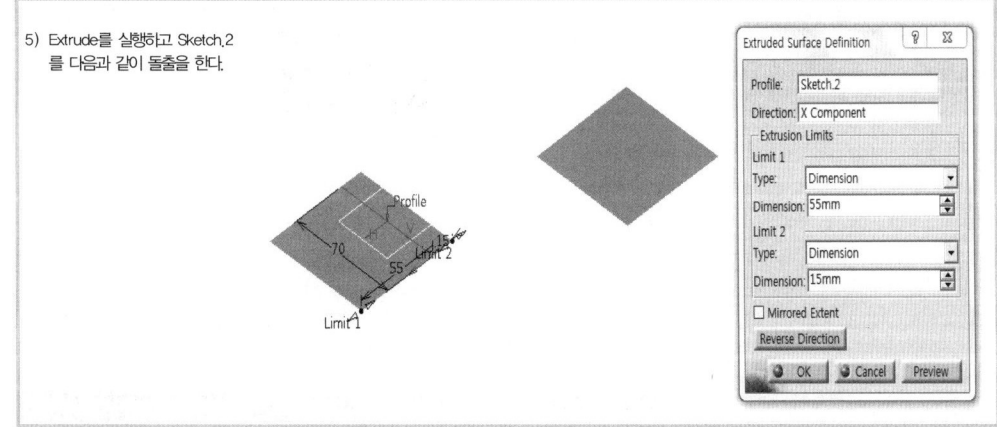

6) Multi-Section Surface를 선택하여 Curve와 Surface 쌍으로 각각 선택한다.

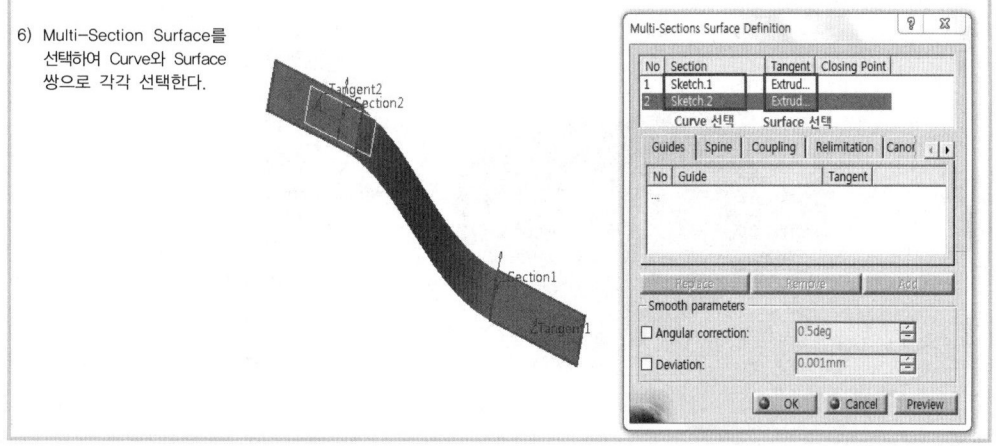

7) Blend와 같은 결과가 얻어진다.
Multi-Section Surface는 Support로 사용된 Surface에서 뾰족하게 나온 부분을 Trim할 수 있는 기능이 없다.

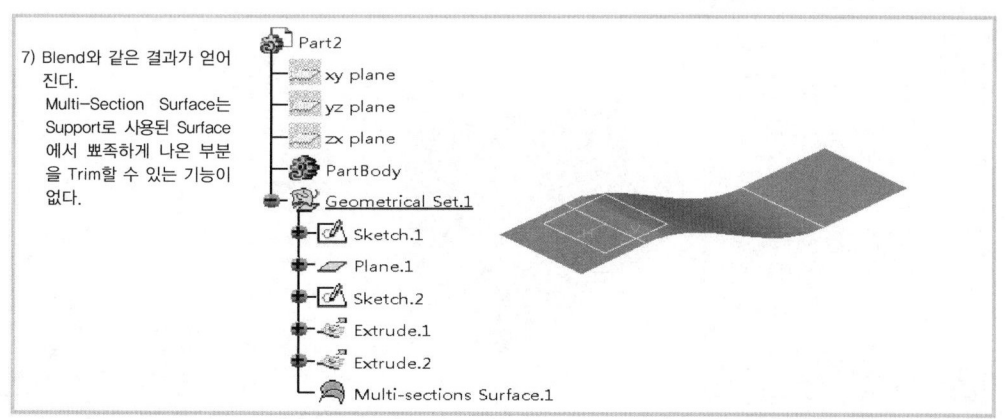

Multi-Section Surface 실습 5 — 임의의 위치에 Closing Point 생성하여 Replace

1) Plane을 선택하여 ZX Plane을 선택하여 150mm 위치에 Plane을 생성한다.

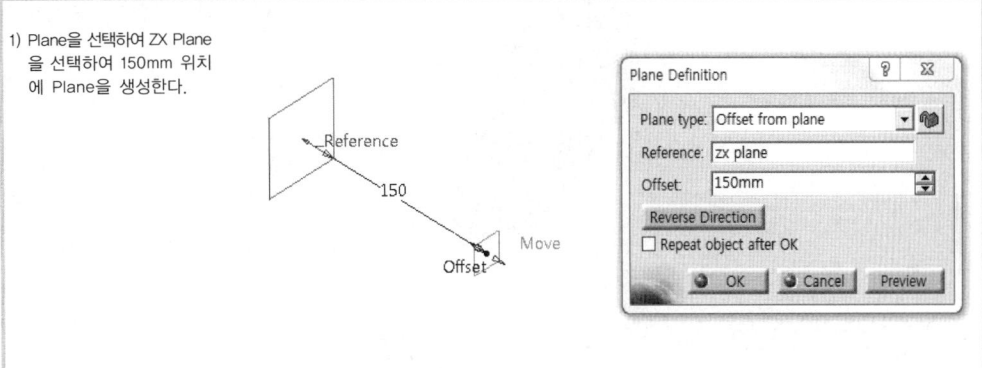

2) 스케치를 실행하고 ZX Plane을 선택하여 다음과 같이 스케치를 한다.

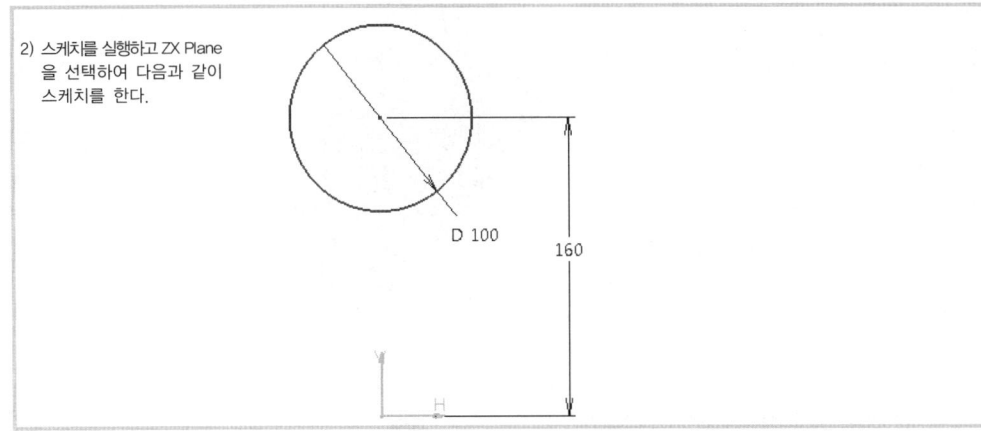

3) 스케치를 실행하고 Plane.1을 선택하여 다음과 같이 스케치를 한다.

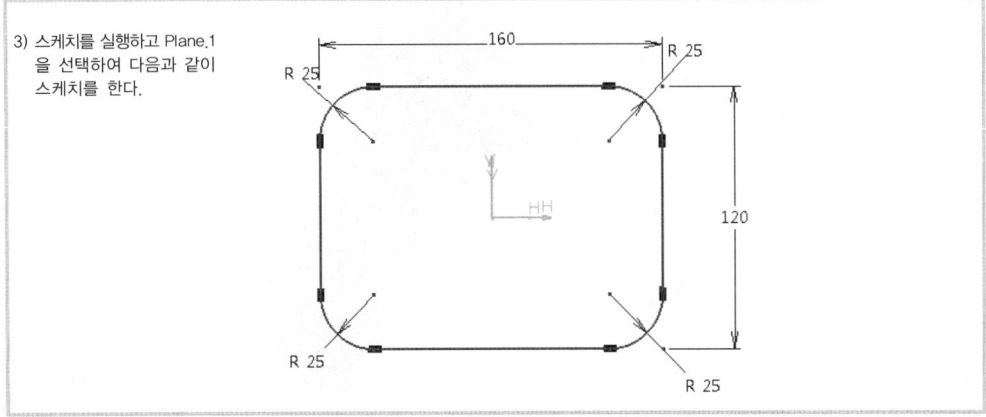

4) Multi-Section Surface를 선택하여 두 개의 Curve를 차례대로 선택한다. Closing Point가 엇갈려 엇갈린 Surface가 생성된다.

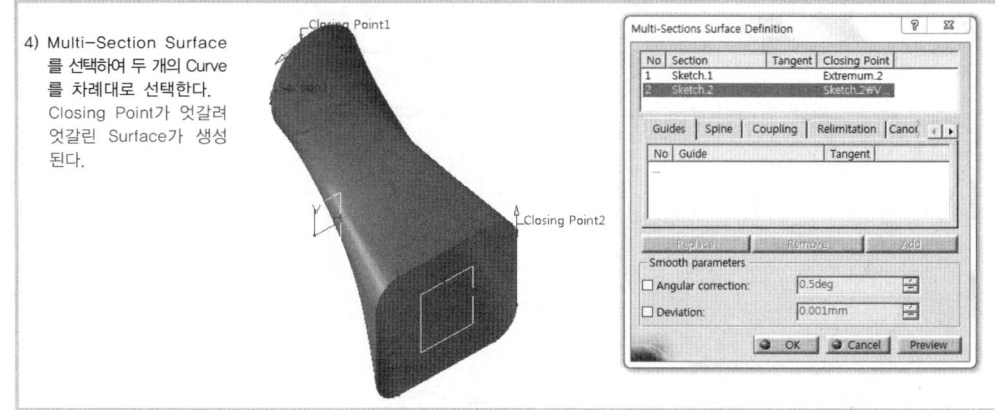

5) Multi-Section Surface에서는 [Closing Point] 탭이 없기 때문에 Curve의 Point가 없는 임의의 위치로 이동하려면 미리 Point를 생성해 주어야 한다.

6) Point를 실행하고 On Curve를 선택하여 80mm 위치에 Point를 생성한다.

7) Multi-Section Surface을 다시 실행하고 이동할 Closing Point2 위에서 마우스 우측 버튼을 눌러 [Replace]를 선택한다.

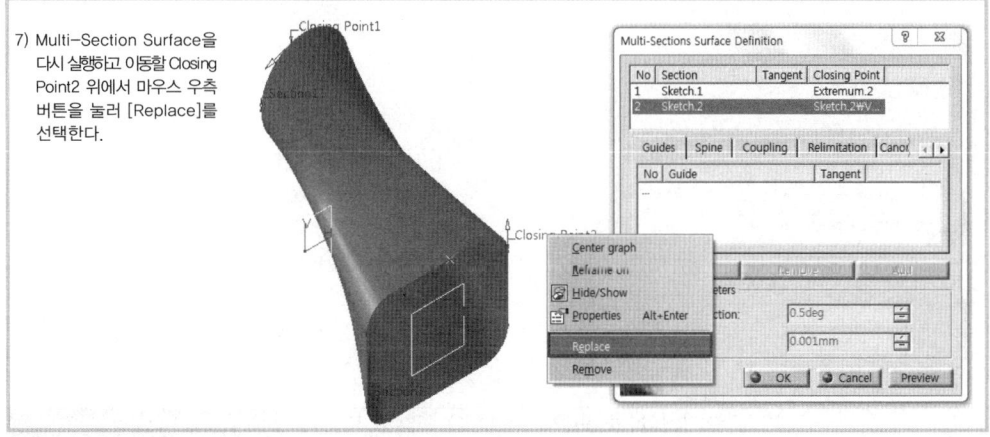

8) 6)번에서 생성한 Point를 선택한다.
Closing Point 2가 이동된다.

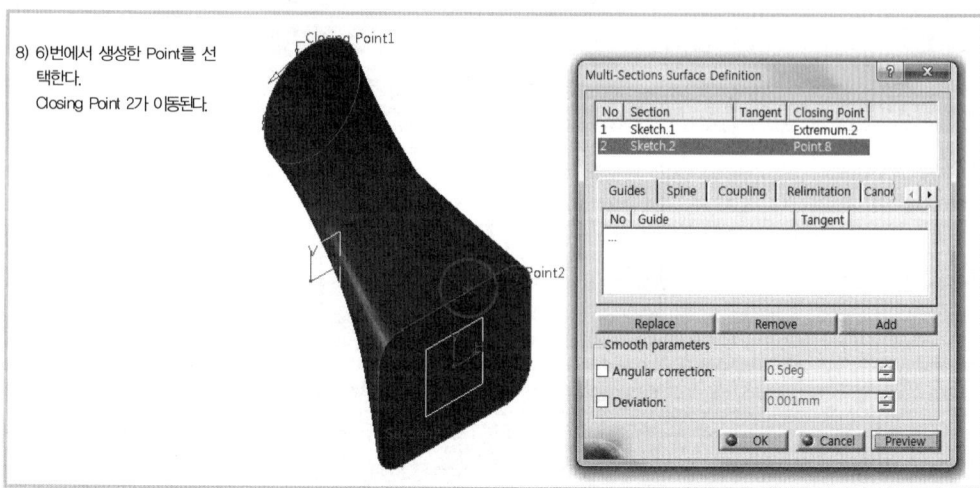

9) 엇갈렸던 Surface가 바로 잡히게 된다.

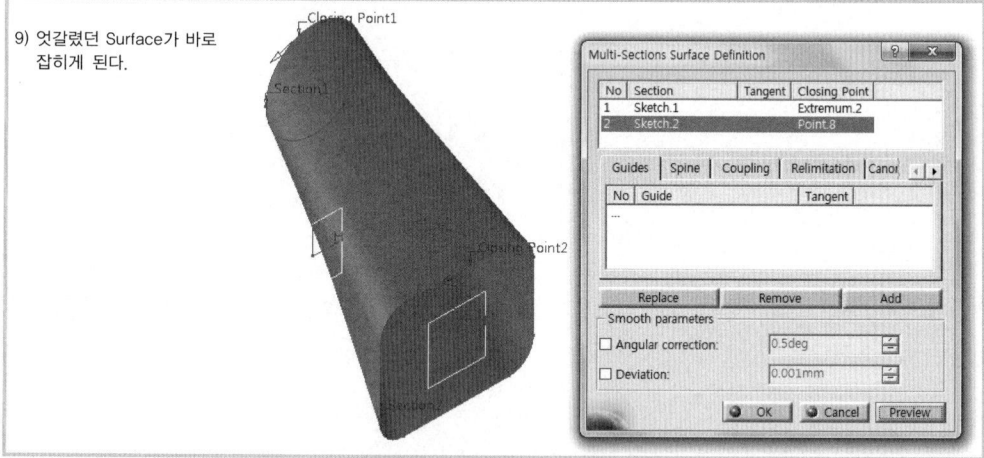

10) 결과는 Blend와 같다.

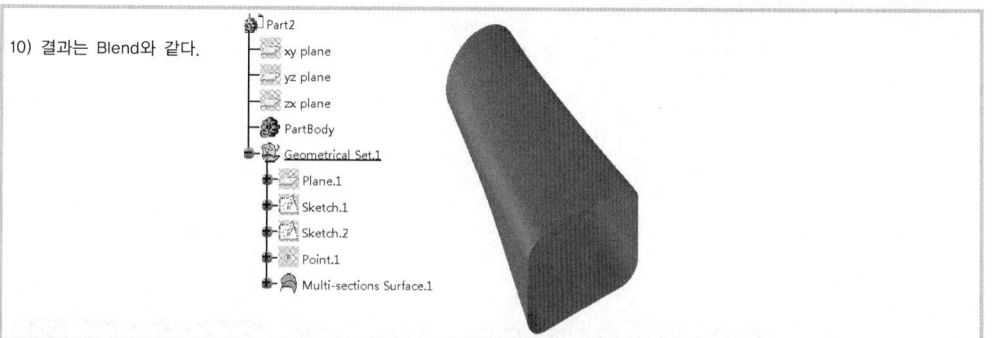

Multi-Section Surface 실습 6   임의의 위치에 Closing Point 생성하여 Replace

1) Plane을 선택하여 YZ Plane을 선택하여 300mm 위치에 Plane을 생성한다.

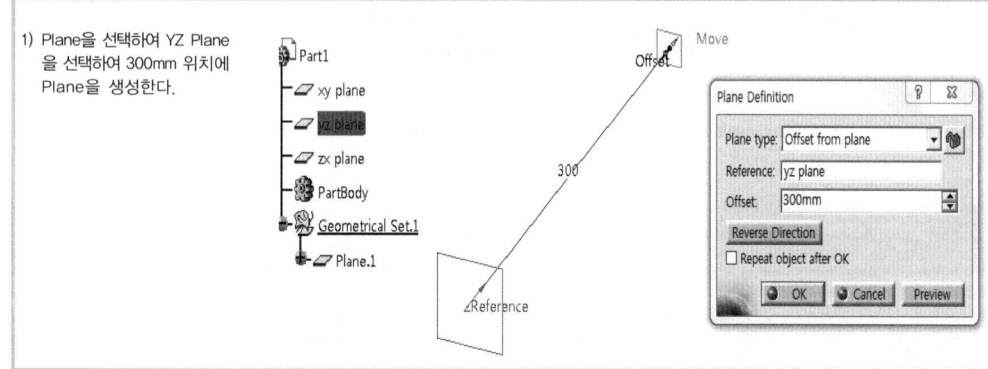

2) 스케치를 실행하고 YZ Plane을 선택하여 다음과 같이 스케치를 한다.

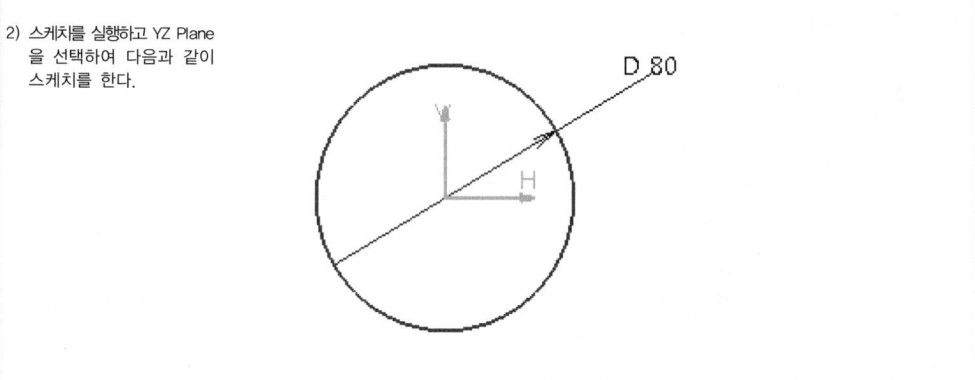

3) 스케치를 실행하고 Plane.1을 선택하여 다음과 같이 스케치를 한다.

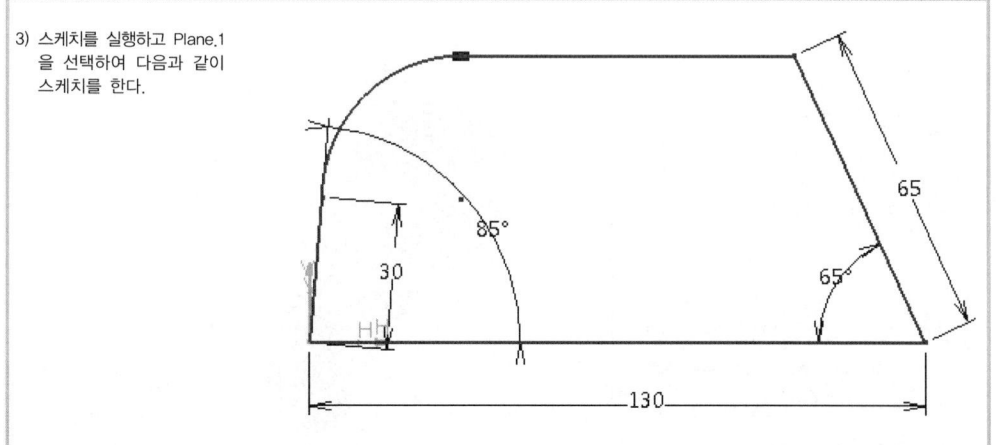

4) Multi-Section Surface 를 선택하여 두 개의 Curve 를 차례대로 선택한다. Closing Point의 위치가 일치하지 않기 때문에 꼬인 모양이 표시된다.

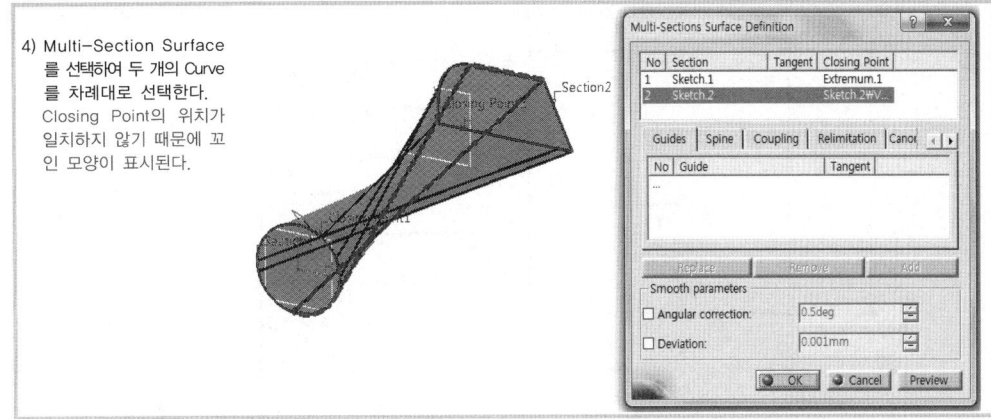

5) [OK]를 누르면 다음과 같은 에러 메시지가 표시되고 Surface는 생성되지 않는다.

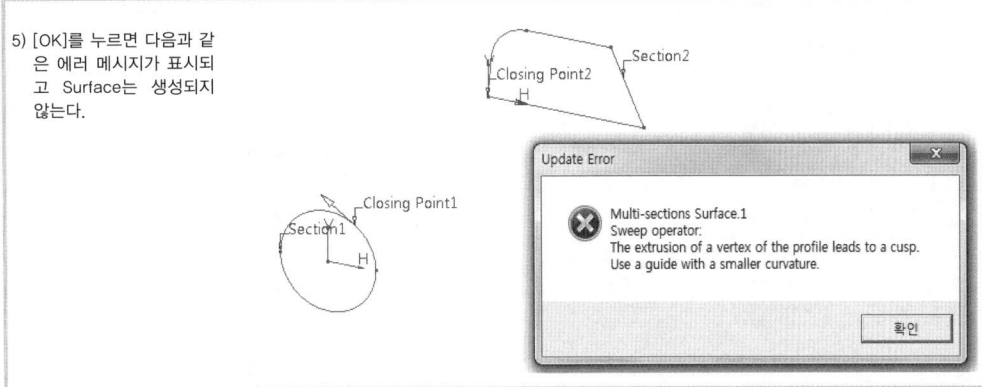

6) Point를 실행하고 On Curve 를 지정하여 다음 위치에 Point를 생성한다.

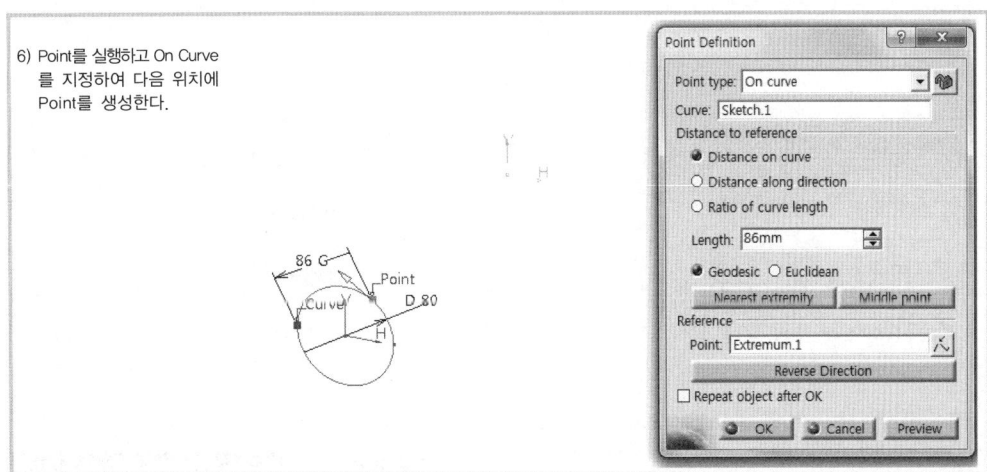

7) Multi-Section Surface를 선택하여 두 개의 Curve 를 차례대로 선택한다. 생성한 Point로 대치하기 위해 Closing Point 위에서 마우스 우측버튼을 눌러 [Replace] 를 선택한다.

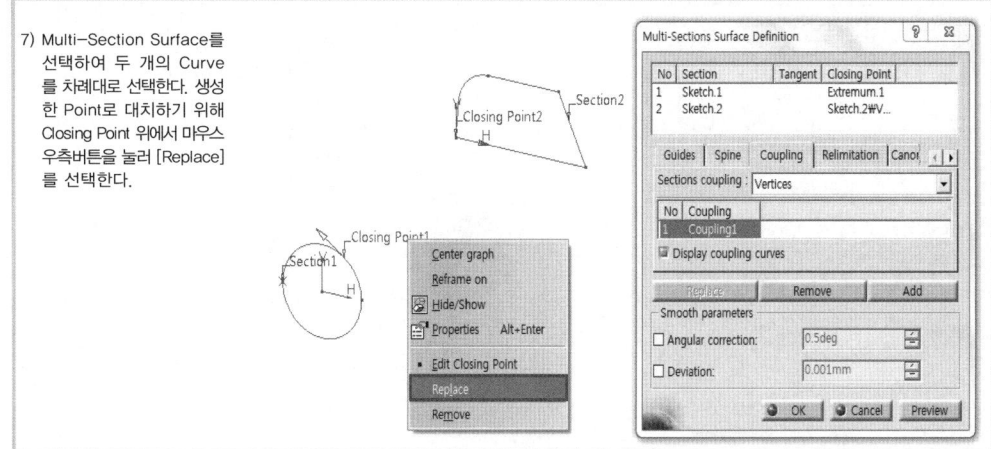

8) 생성한 Point를 선택하여 [Preview]를 눌러 보면 다음과 같은 Surface가 미리보기 된다.

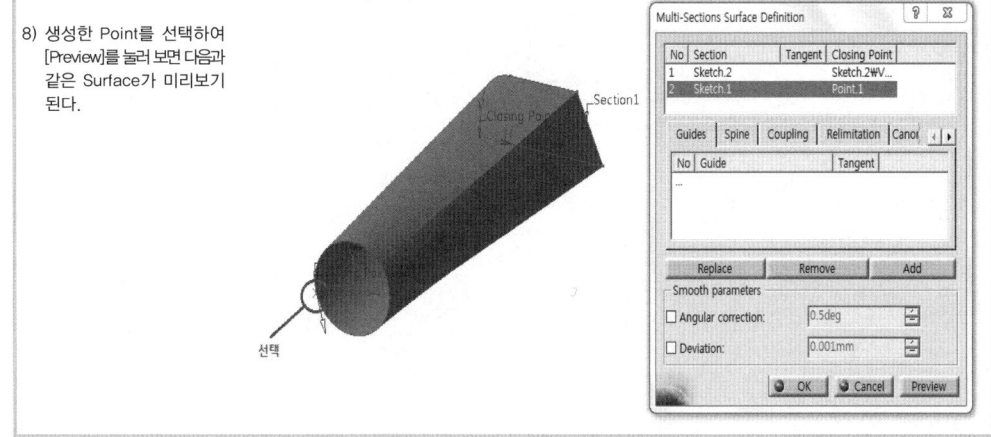

9) 결과는 Blend와 같다.

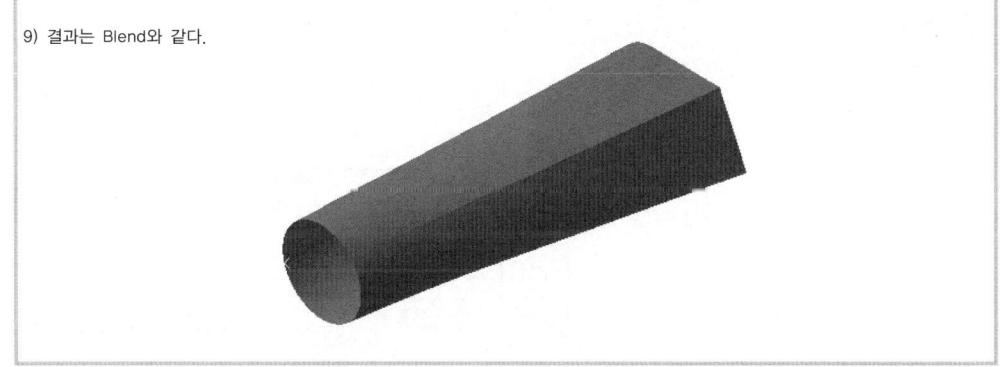

Multi-Section Surface 실습 7   Tangent 적용

1) Plane을 실행하고 ZX Plane을 선택하여 150mm 위치에 2개의 Plane을 생성한다.

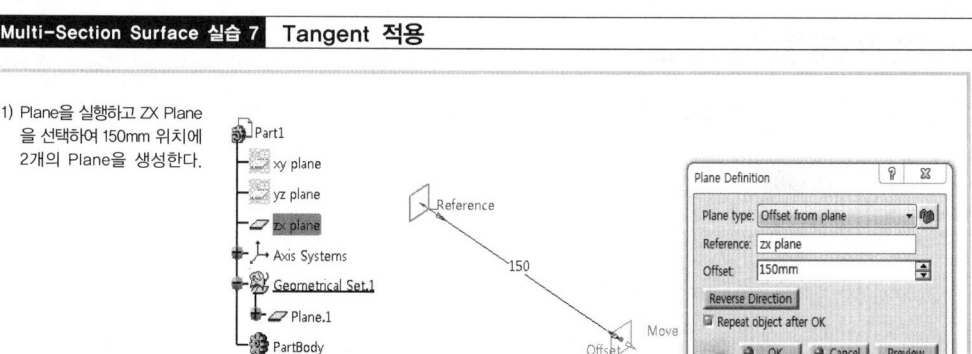

2) Plane을 하나 더 생성한다.

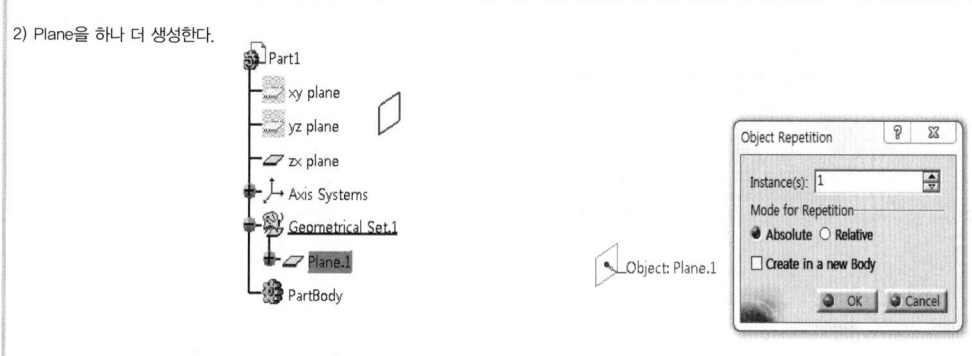

3) 스케치를 실행하고 ZX Plane을 선택하여 다음과 같이 스케치를 한다.

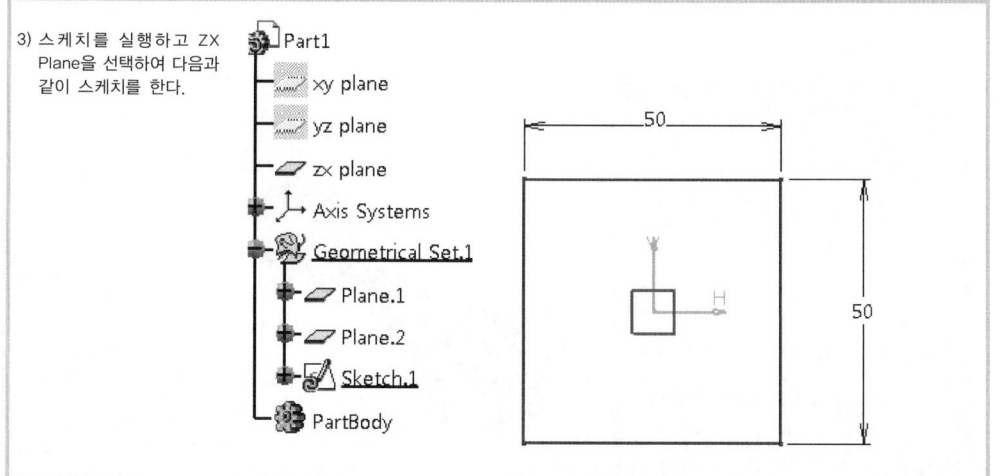

4) Sketch.1을 복사하여 Plane.2에 붙여넣기를 한다.

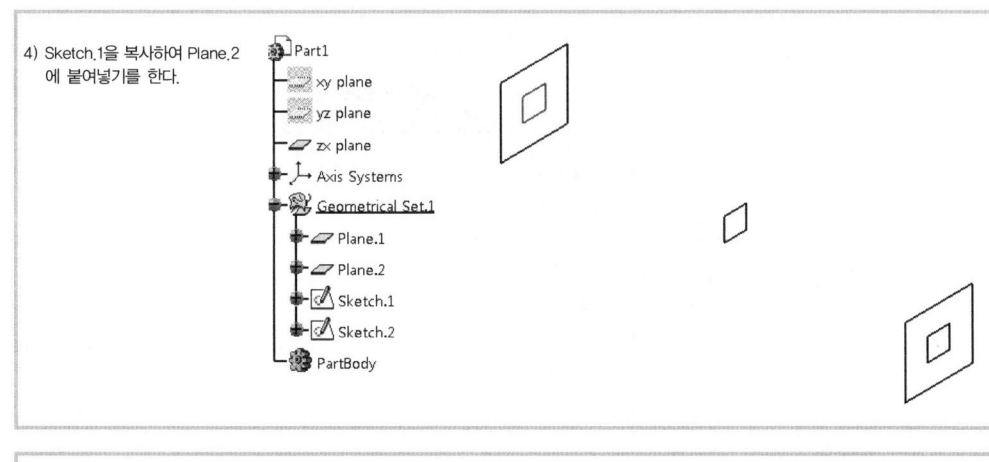

5) 스케치를 실행하고 Plane.1을 선택하여 다음과 같이 스케치를 한다.

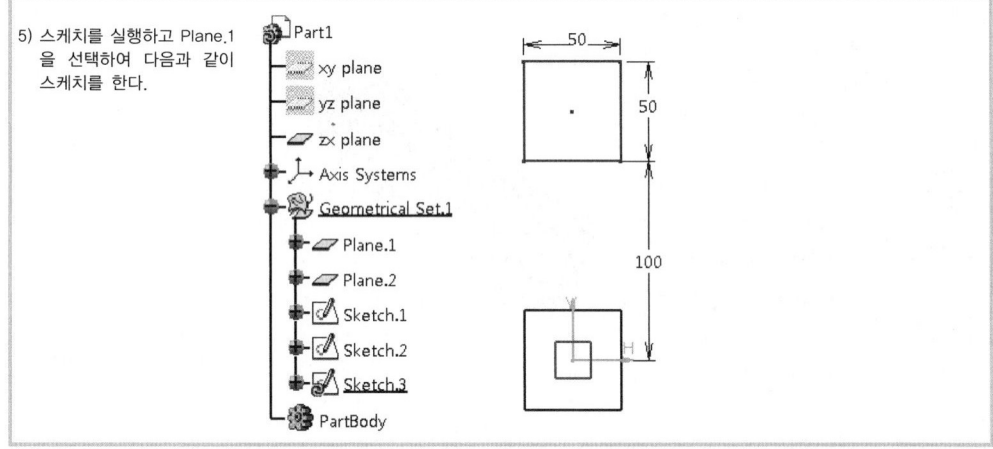

6) Extrude를 실행하고 70mm 돌출을 한다.

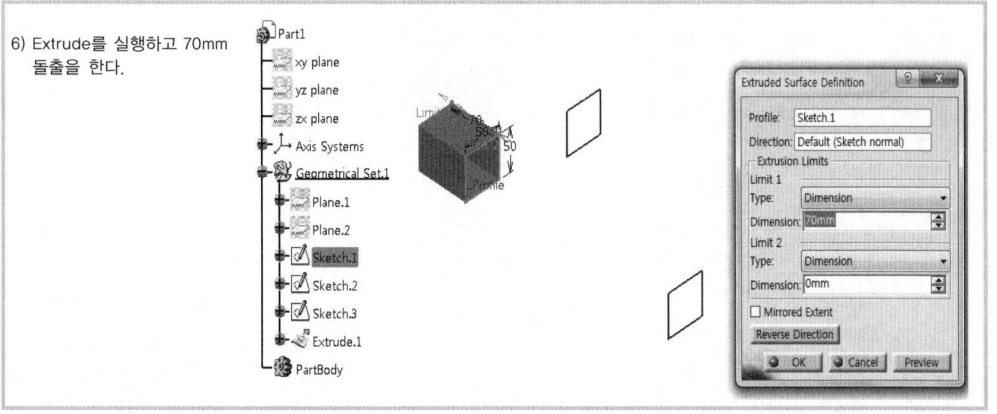

7) Extrude를 실행하고 70mm 돌출을 한다.

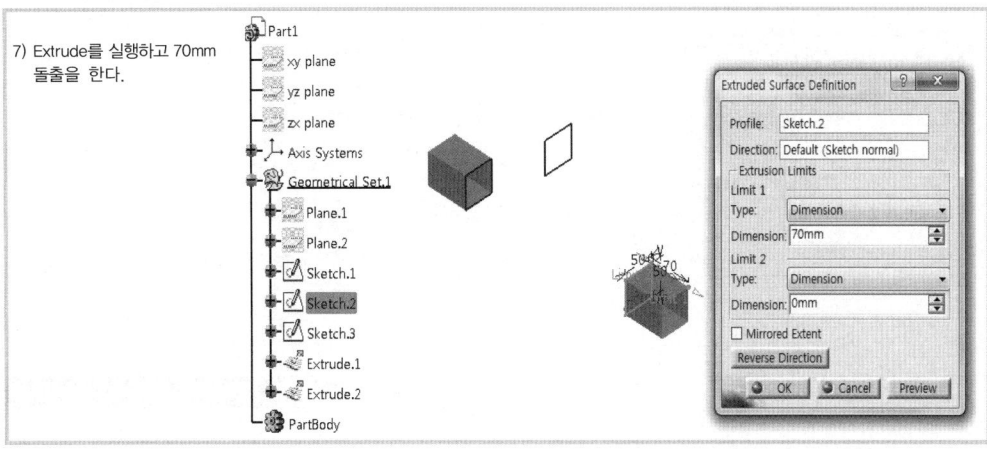

8) Multi-Section Surface를 실행하고 스케치를 차례대로 선택한다. Closing Point가 맞지 않아 다음과 같은 결과가 생성된다.

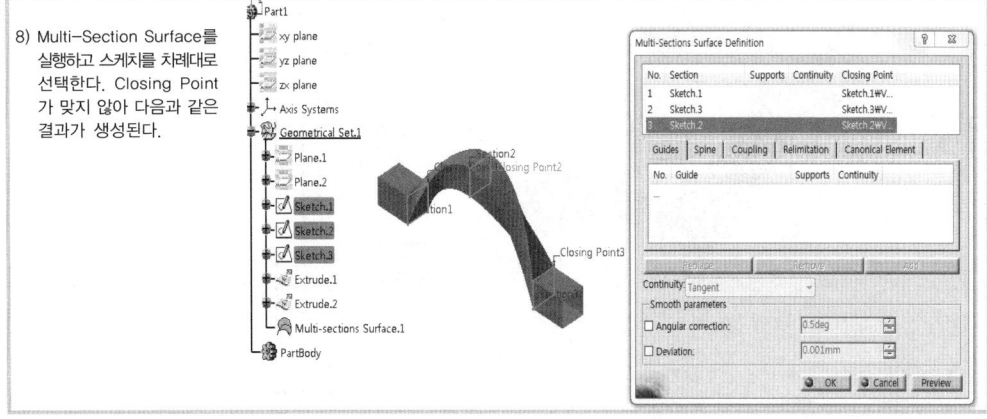

9) Closing Point2 위에서 마우스 우측버튼을 눌러 [Replace]를 선택한다.

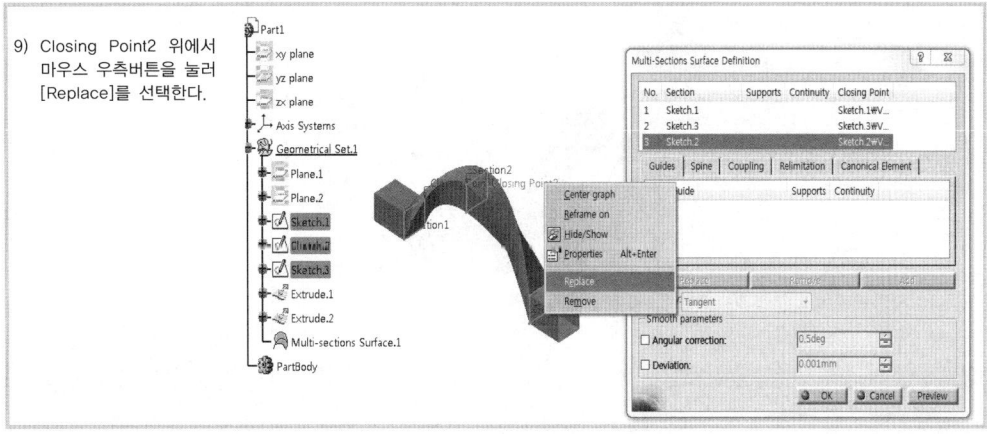

10) 다음 위치의 Point를 선택한다.

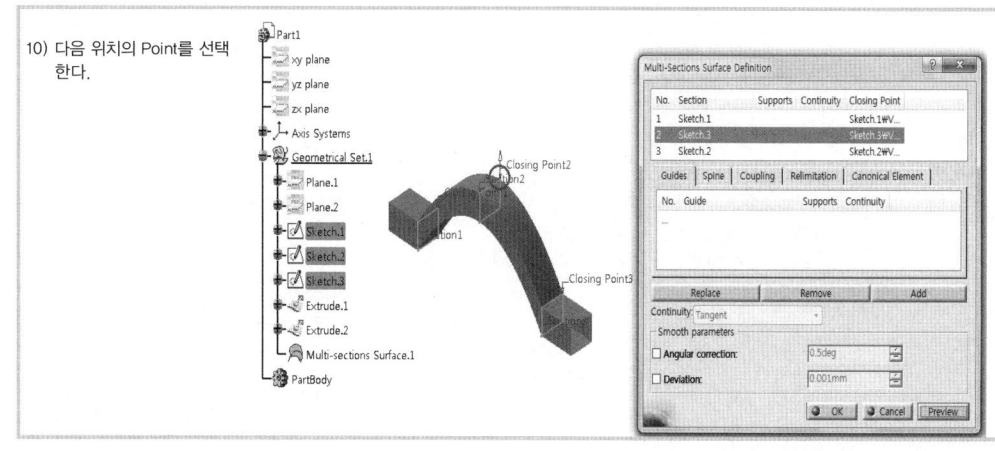

11) Closing Point의 위치는 같은데 화살표 방향이 다르면 다음과 같이 형상이 일그러진 모양이 된다.

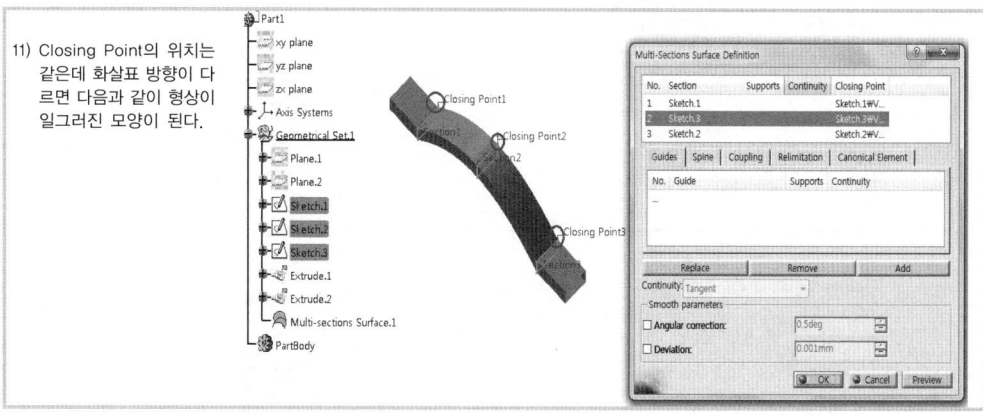

12) Blend로는 여러 개의 단면 Profile을 선택할 수 없기 때문에 이런 형상을 만들기가 어렵다.

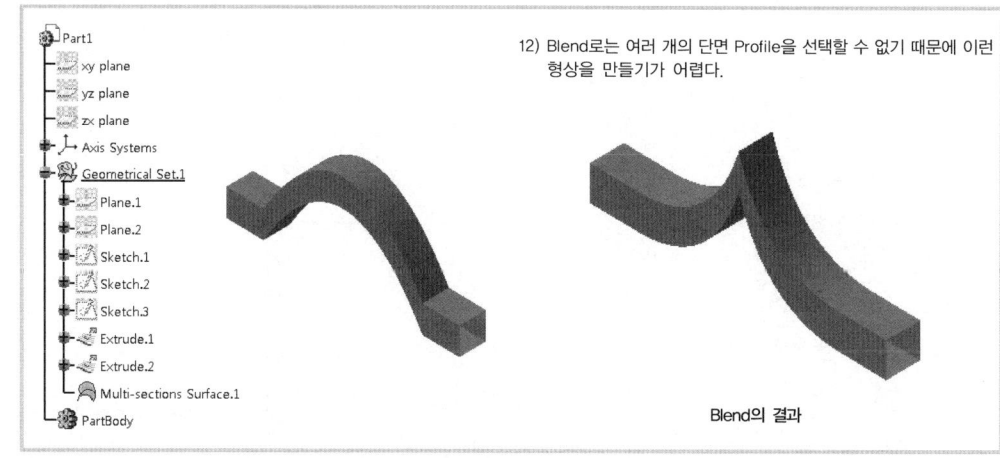

Blend의 결과

13) 양쪽 Surface를 Tangent로 삽입한 경우 다음과 같은 부드러운 Surface를 생성한다.

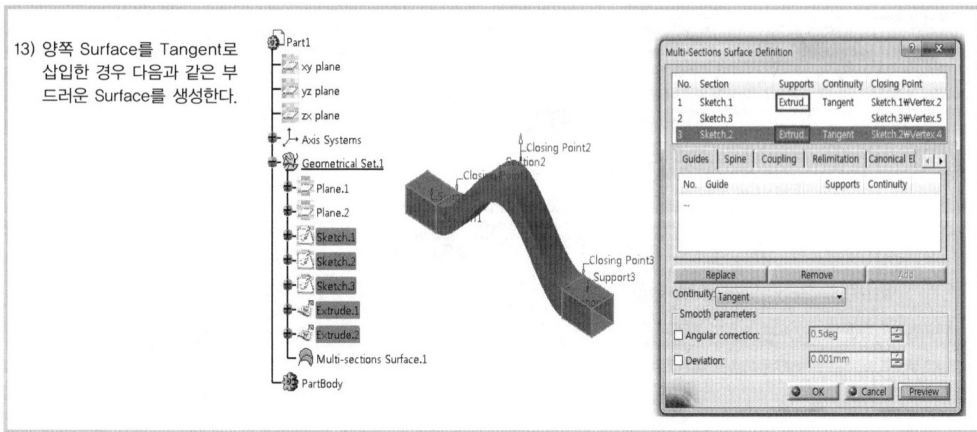

14) Multi-Section Surface는 여러 개의 단면을 선택할 수 있기 때문에 그림과 같은 자연스러운 형상을 만들어 낼 수 있다.

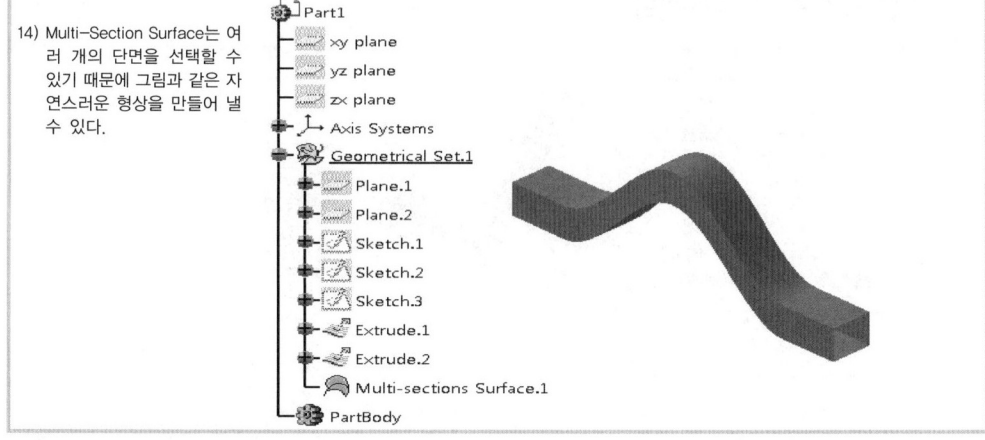

Multi-Section Surface 실습 8 | Open Curve

1) Plane을 선택하여 ZX Plane을 선택하여 50mm 위치에 4개의 Plane을 생성한다.

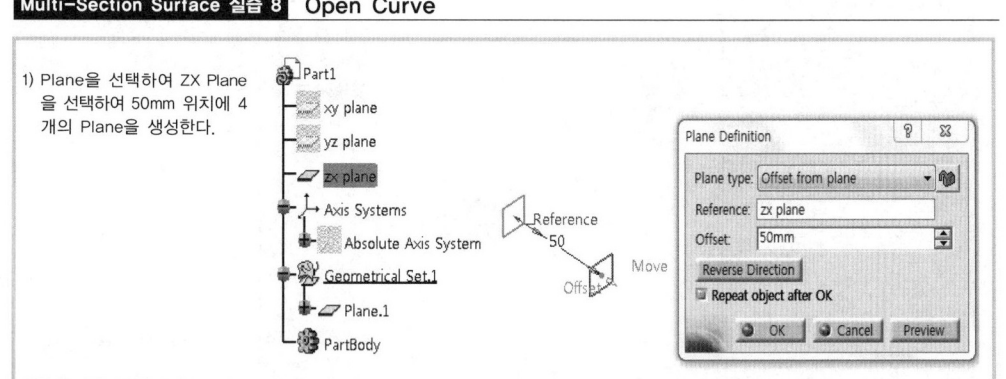

2) Plane을 4개 생성한다.

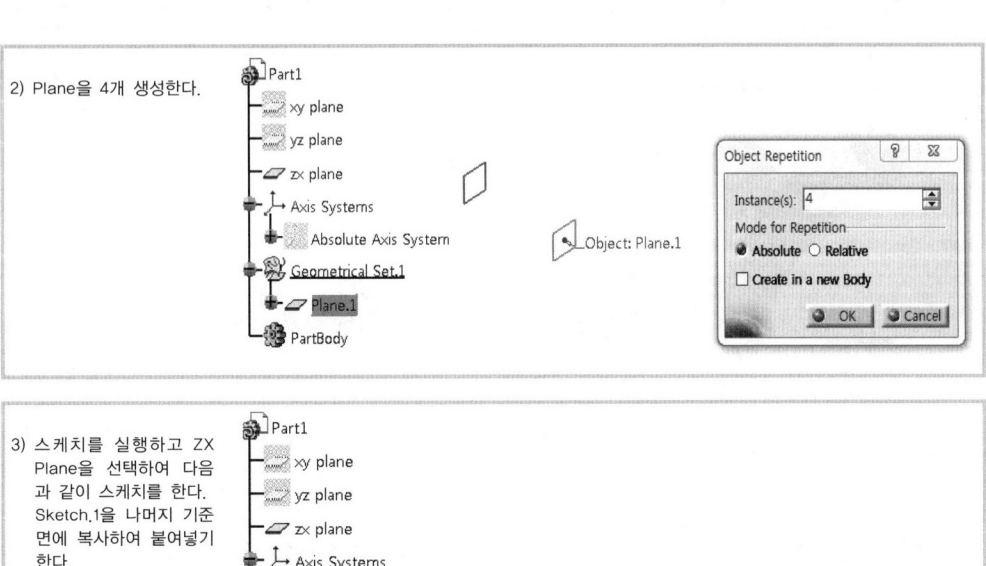

3) 스케치를 실행하고 ZX Plane을 선택하여 다음과 같이 스케치를 한다. Sketch.1을 나머지 기준면에 복사하여 붙여넣기 한다.

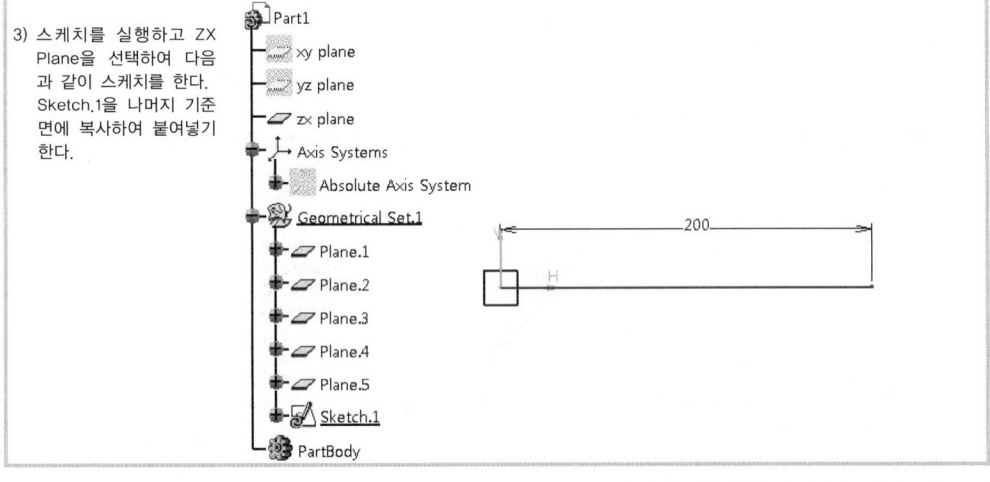

4) 다음 스케치는 선의 길이가 20mm씩 작게 지정한다.

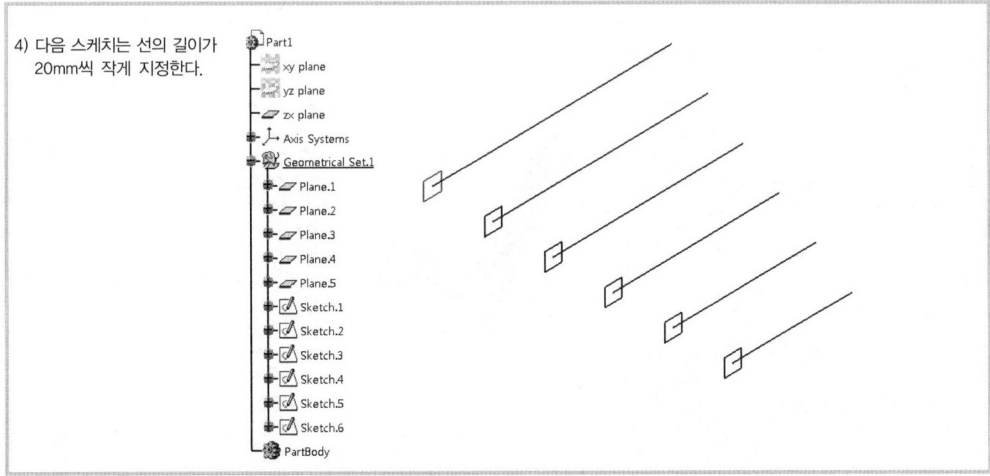

5) Multi-Section Surface를 실행하고 스케치를 차례대로 선택한다. 열린 객체이기 때문에 화살표만 나타난다.

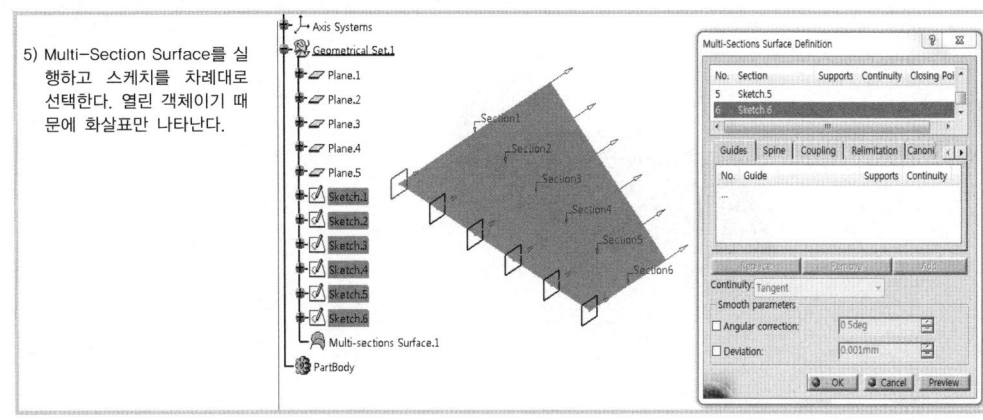

6) 열린 객체도 Multi-Section Surface를 생성할 수 있다

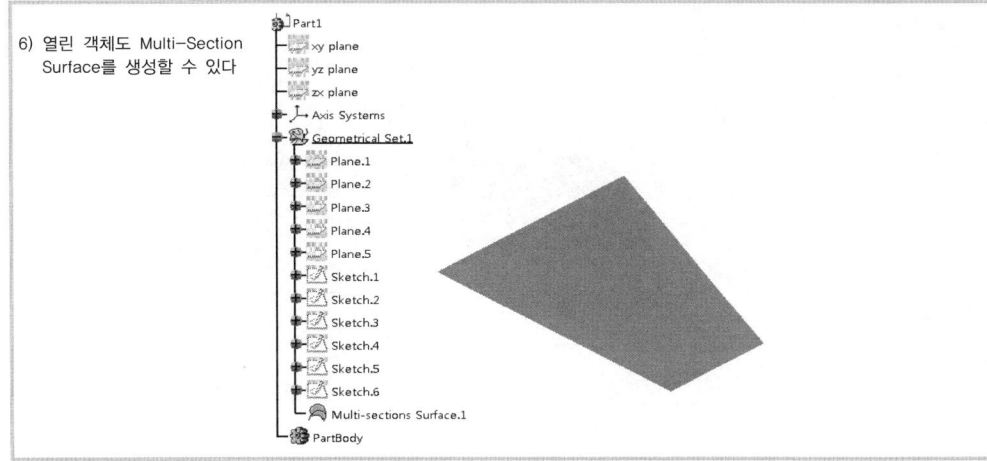

Multi-Section Surface 실습 9 | Spine 사용

1) Plane을 선택하여 YZ Plane을 선택하여 200mm 위치에 1개의 Plane을 생성한다.

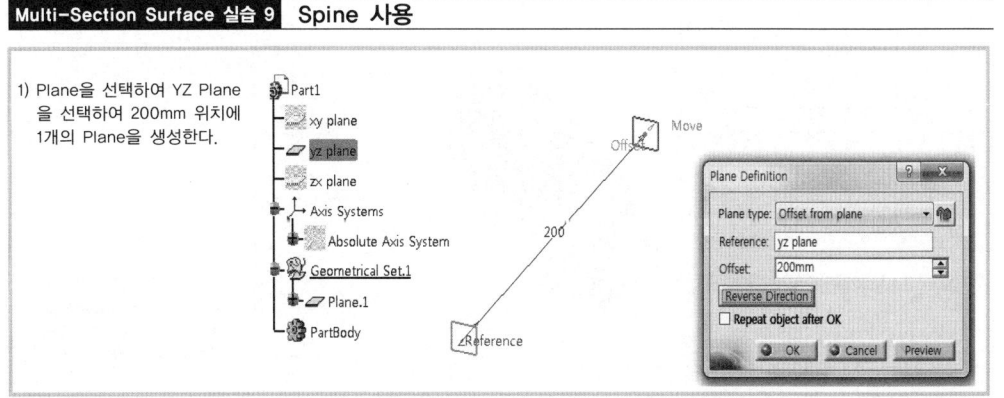

2) 스케치를 실행하고 YZ Plane을 선택하여 다음과 같이 스케치를 한다.

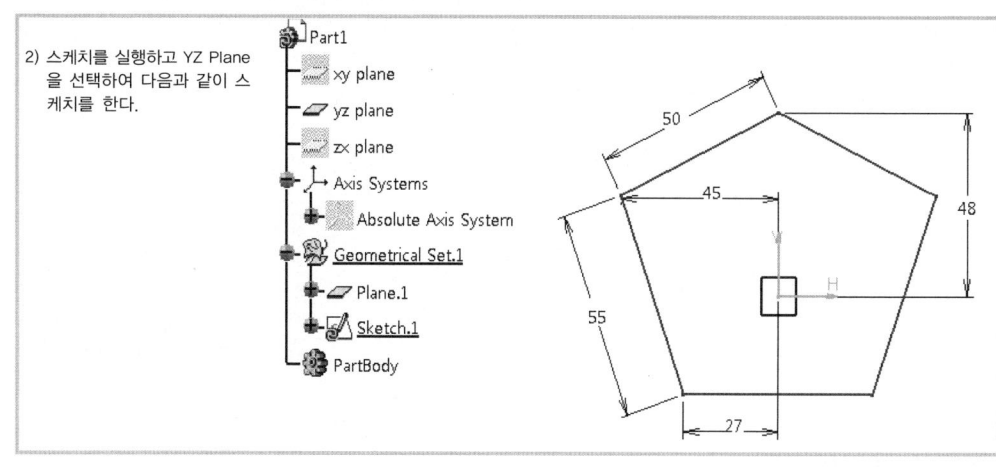

3) Sketch.1을 복사하여 Plane.1에 붙여넣기 한다.

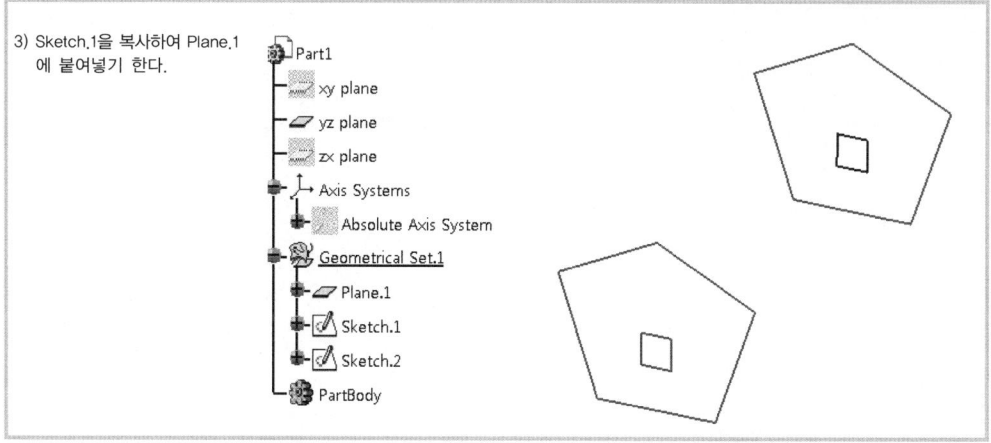

4) 스케치를 실행하고 ZX Plane을 선택하여 다음과 같이 스케치를 한다. Spine을 사용되기 때문에 중심부에 스케치를 한다.

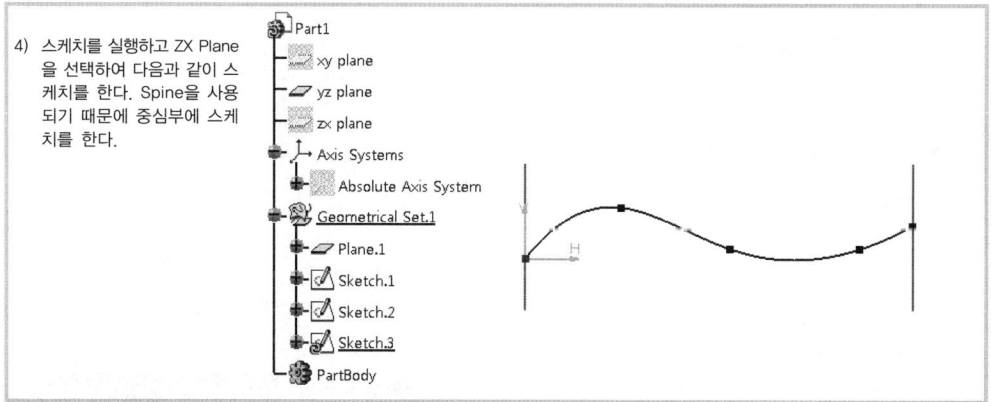

5) Multi-Section Surface를 실행하고 스케치를 차례대로 선택한다. Spine을 지정하지 않고 [Preview]를 선택한다.

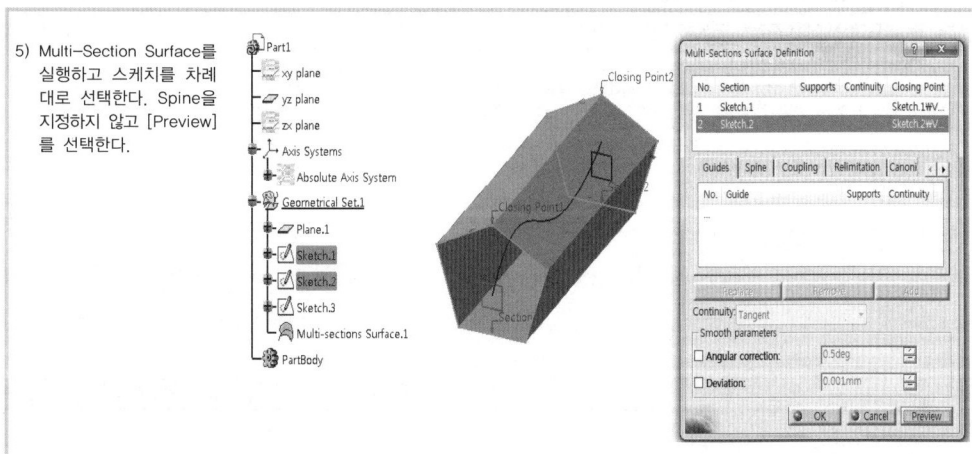

6) Multi-Section Surface를 실행하고 스케치를 차례대로 선택한다. [Spine] 탭에서 Sketch.3을 선택한다.

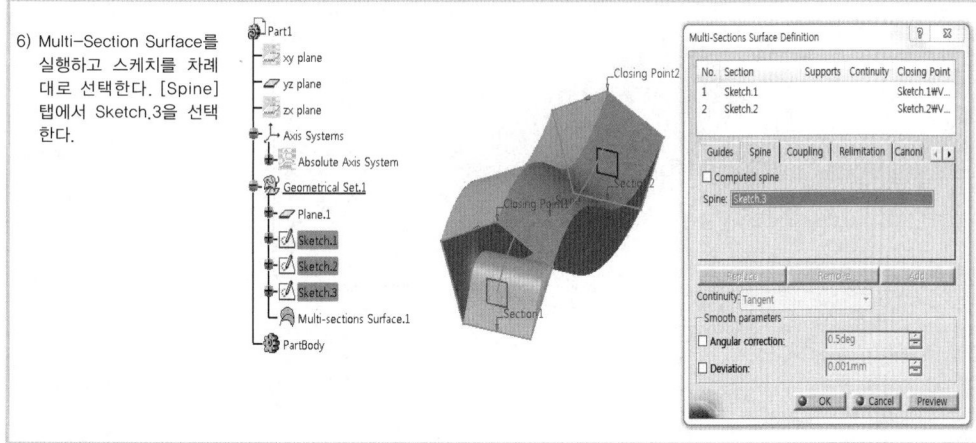

■ 완성 결과

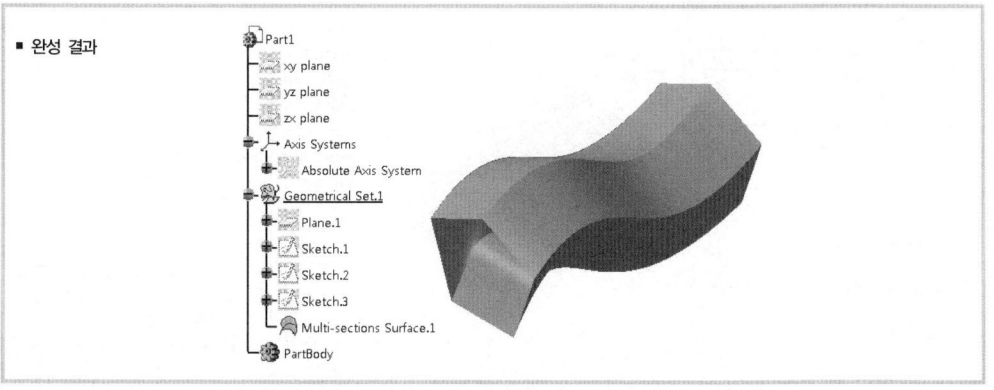

Multi-Section Surface 실습 10 Spine 사용

1) Plane을 선택하여 YZ Plane을 선택하여 200mm 앞 위치에 Plane을 생성한다.

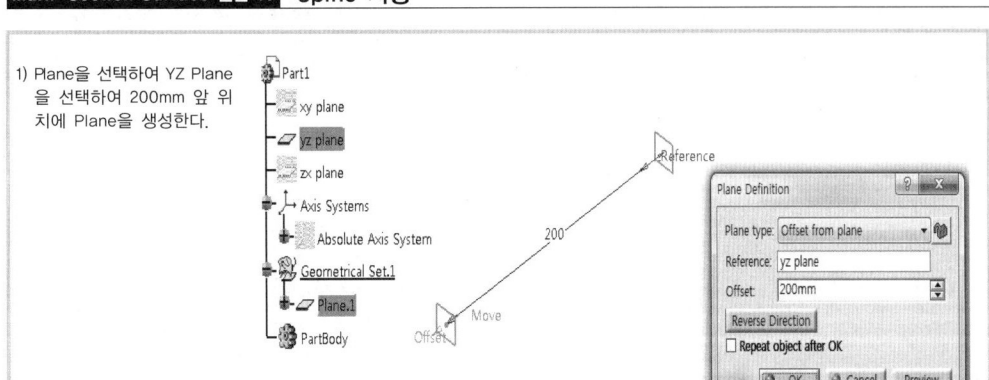

2) Plane을 선택하여 YZ Plane을 선택하여 200mm 뒤 위치에 Plane을 생성한다.

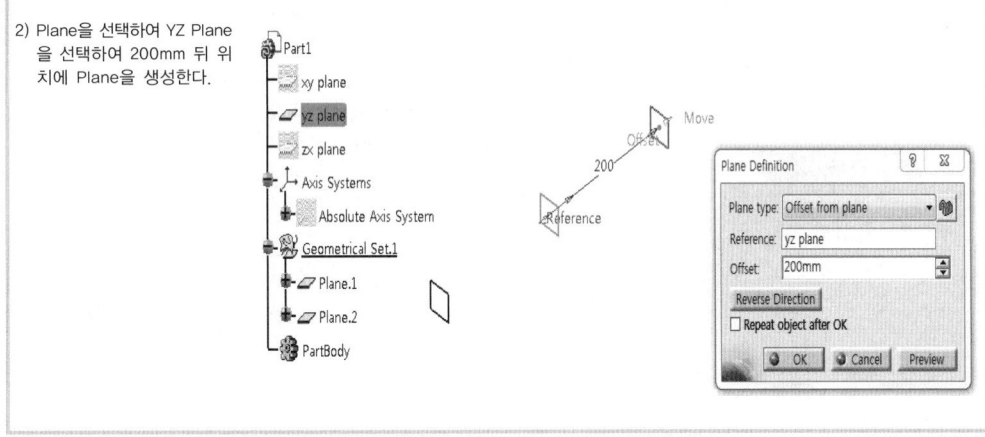

3) 스케치를 실행하고 Plane.1을 선택하여 다음과 같이 스케치를 한다.

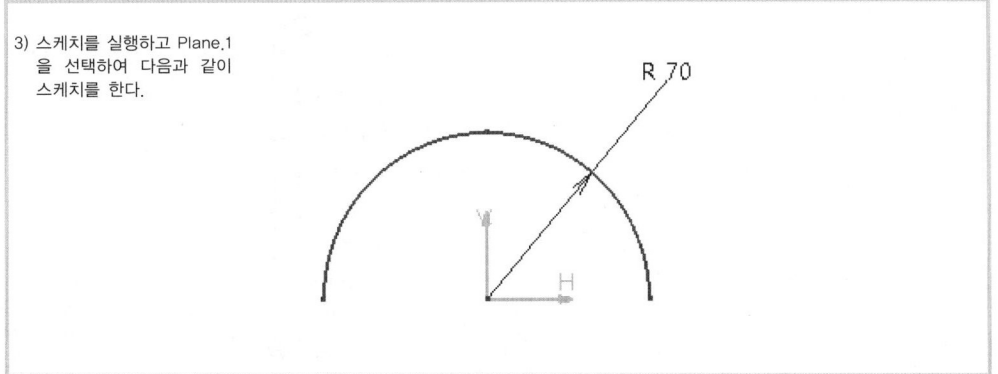

4) 스케치를 실행하고 YZ Plane 을 선택하여 다음과 같이 스케치를 한다.

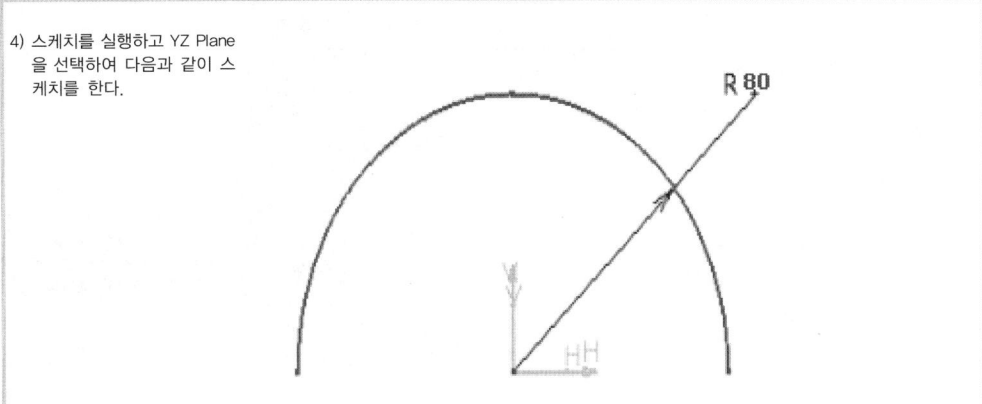

5) 스케치를 실행하고 Plane.2를 선택하여 다음과 같이 스케치를 한다.

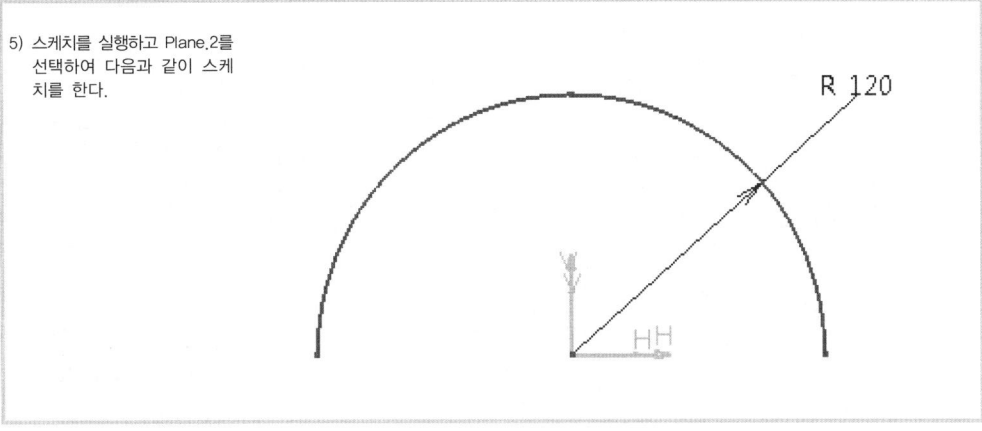

6) 스케치를 실행하고 ZX Plane 를 선택하여 다음과 같이 스케치를 한다.
　Spine의 Curve는 Section Plane과 수직인 평면에 생성되어야 한다.

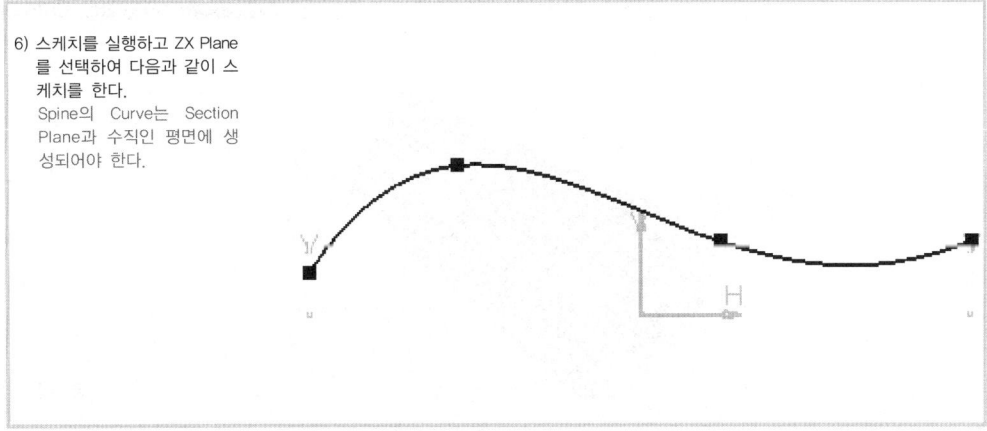

7) Multi-Section Surface를 실행하고 스케치를 차례대로 선택한다. [Spine]탭에서 6)번에서 생성한 Sketch를 선택한다.

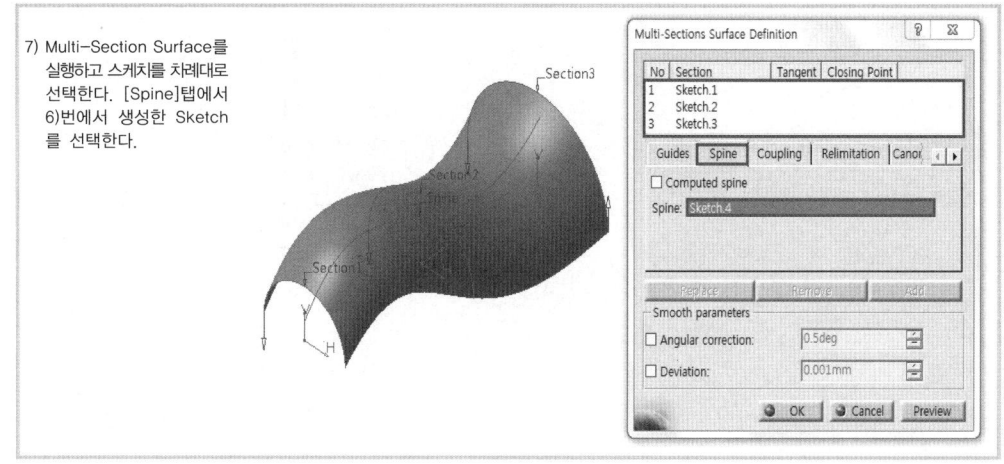

■ 완성 결과

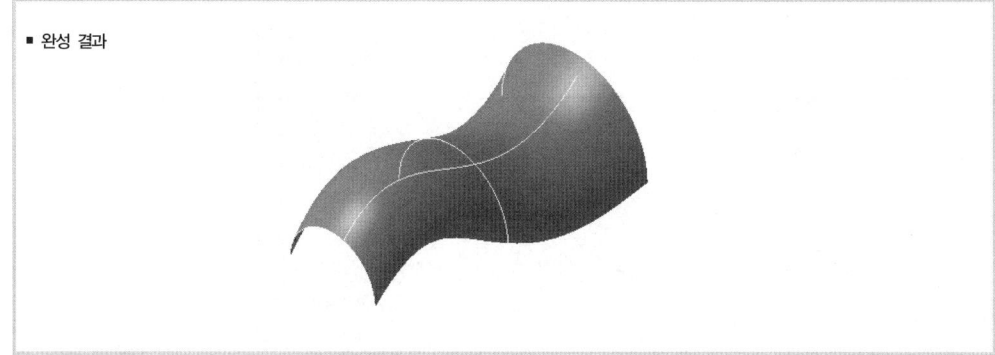

8) Multi-Section Surface를 실행하고 스케치를 차례대로 선택한다. Spine을 지정하지 않았을 경우

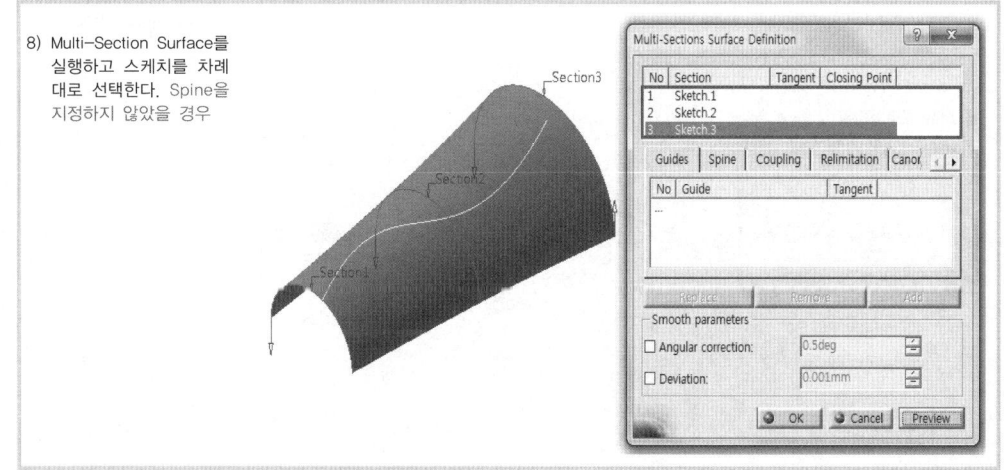

■ 완성 결과

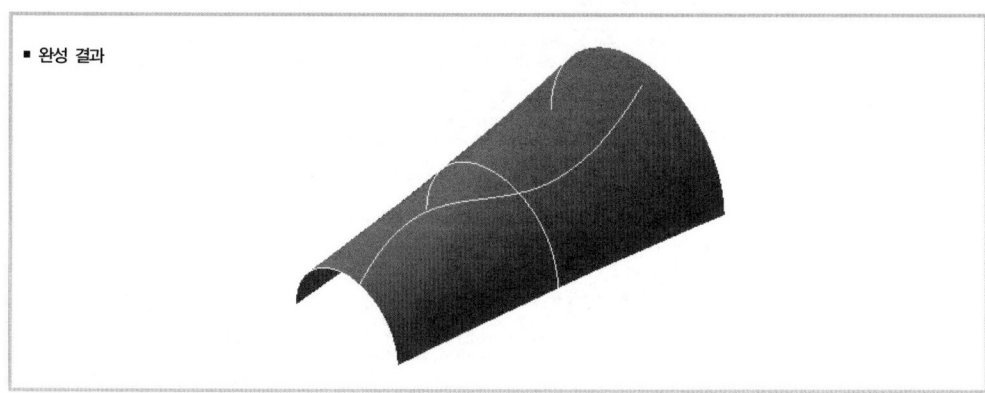

Multi-Section Surface 실습 11 | Guide Curve와 Relimitation 사용

1) 스케치를 실행하고 XY Plane을 선택하여 다음과 같이 스케치를 한다.

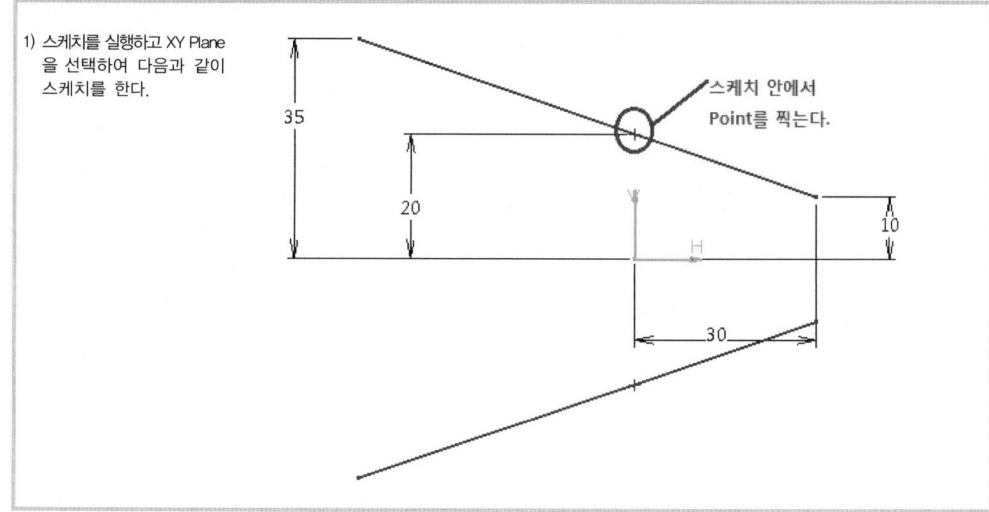

2) 스케치를 실행하고 YZ Plane을 선택하여 다음과 같이 스케치를 한다.

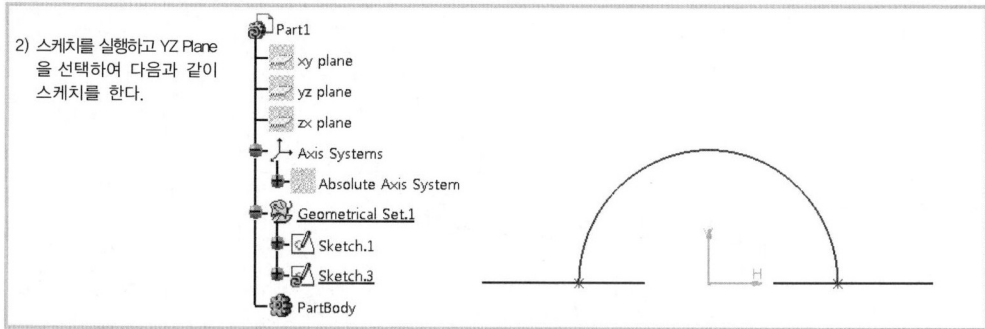

3) Plane을 실행하고 Parallel through Point를 지정, YZ Plane과 끝점을 이용하여 Plane을 생성한다.

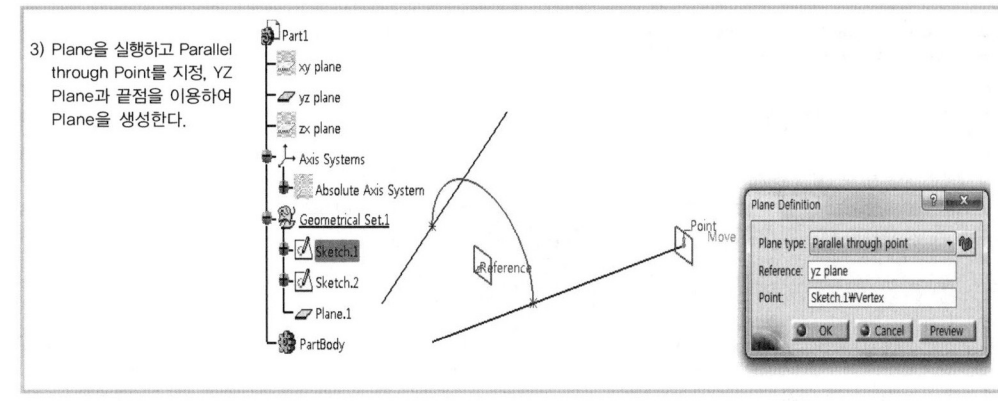

4) 스케치를 실행하고 Plane.1을 선택하여 다음과 같이 스케치를 한다.

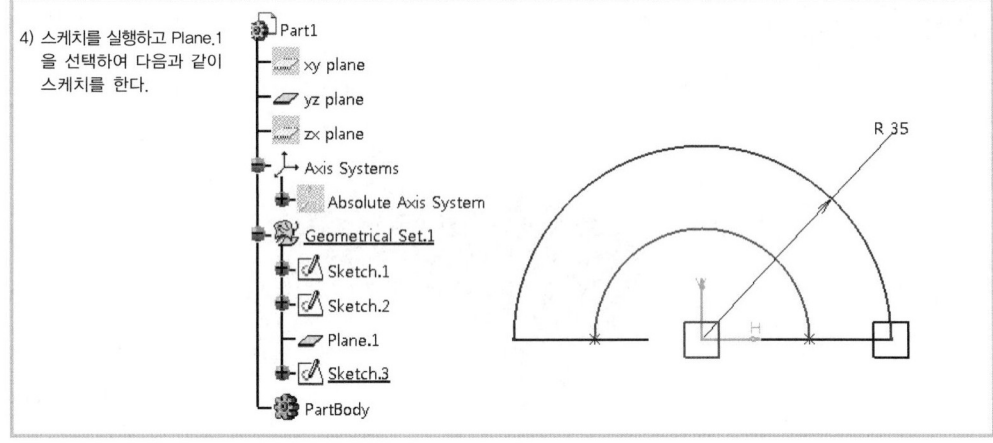

5) 다음과 같이 스케치가 준비되었다.

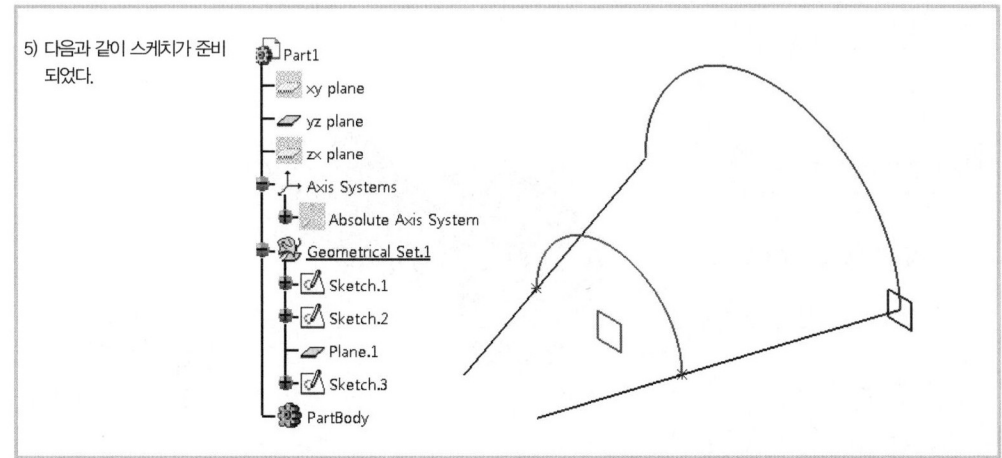

6) Multi-Section Surface를 실행하고 스케치를 차례로 선택한다. Guides탭을 선택하고 양쪽 2개의 Line을 지정한다.

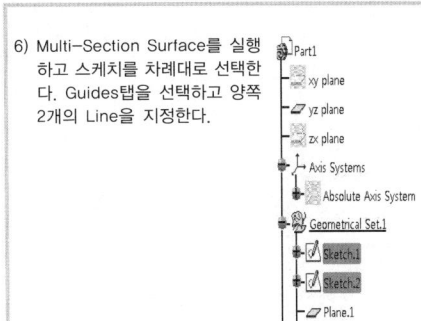
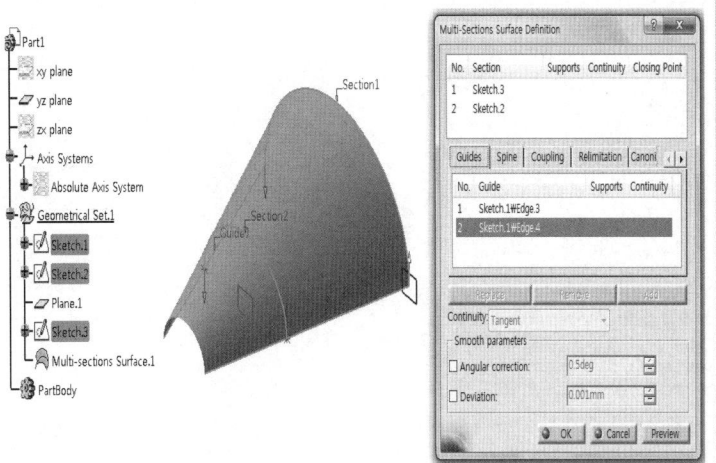

7) [Relimitation]탭에서 Relimited on Start Section과 Relimited on End Section을 해제하면 두 개의 Section을 지나 Guide의 끝 영역까지 Surface가 연장되어 생성된다.

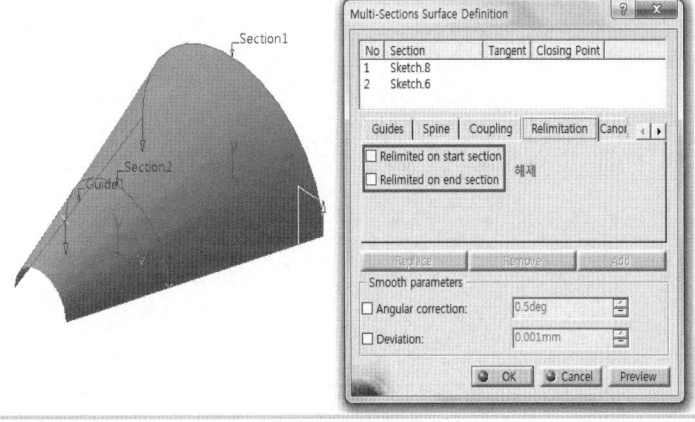

8) Relimited on Start Section과 Relimited on End Section을 해제한 결과

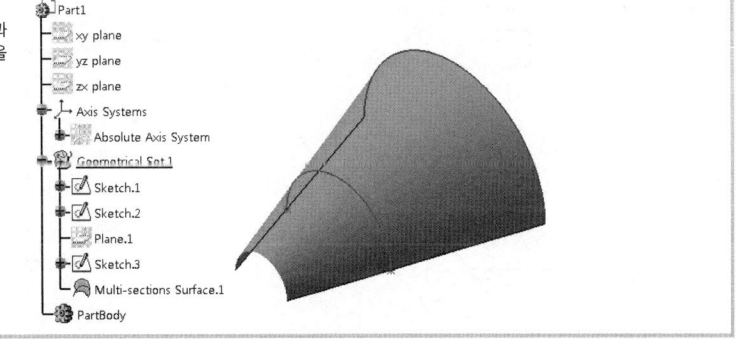

9) [Relimitation]탭에서 Relimited on Start Section과 Relimited on End Section을 선택하면 첫 번째 Section에서 마지막 Section까지만 Surface가 생성된다.

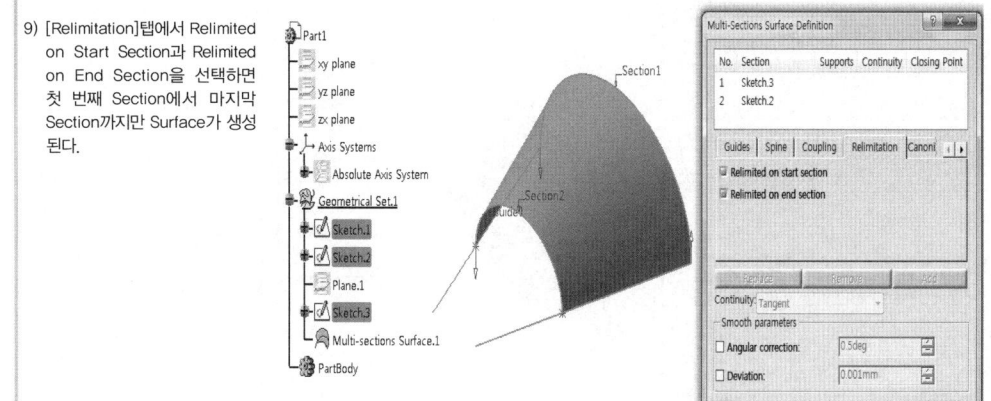

10) Relimited on Start Section과 Relimited on End Section을 선택한 결과

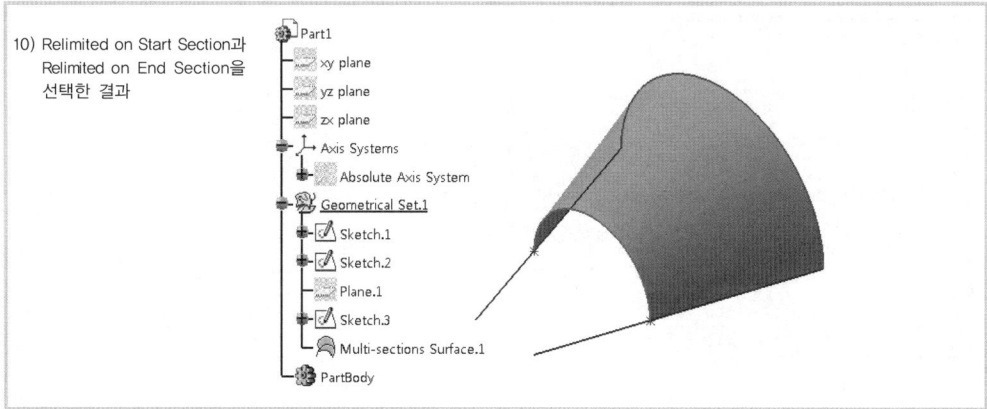

Multi-Section Surface 실습 12 | Canonical Element 사용

1) Plane을 실행하고 YZ Plane을 기준으로 300mm 위치에 Plane을 생성한다.

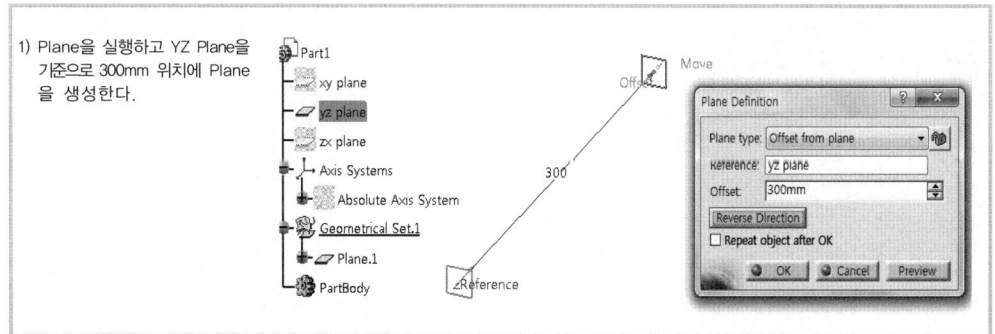

107

2) 스케치를 실행하고 YZ Plane 을 선택하여 다음과 같이 스케 치를 한다.

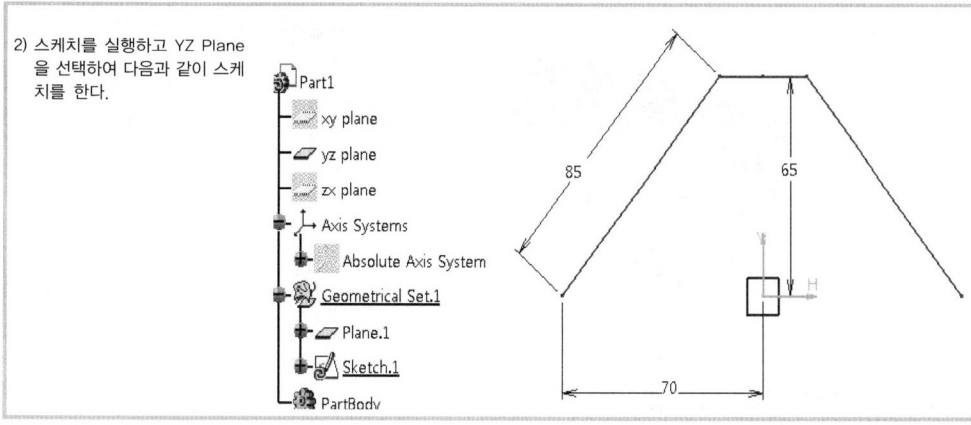

3) Sketch1을 Plane.1로 복사하 여 붙여넣기 한 후 다음과 같 이 치수를 수정한다.

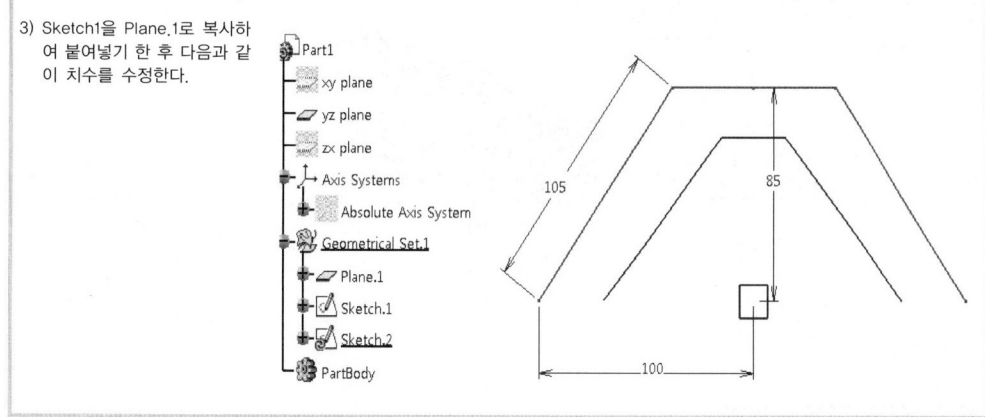

4) Multi-Section Surface를 실 행하고 스케치를 차례대로 선 택하면 다음과 같은 Surface 를 생성한다. 각도가 제대로 맞지 않는 것을 확인된다. 취 소를 한다.

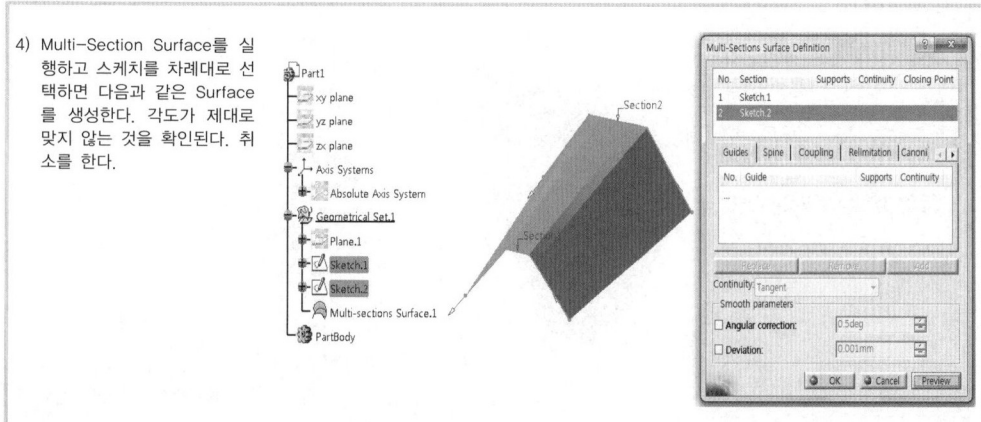

5) 다음 문제를 해결하기 위해 다음과 같이 Line을 이어본다.

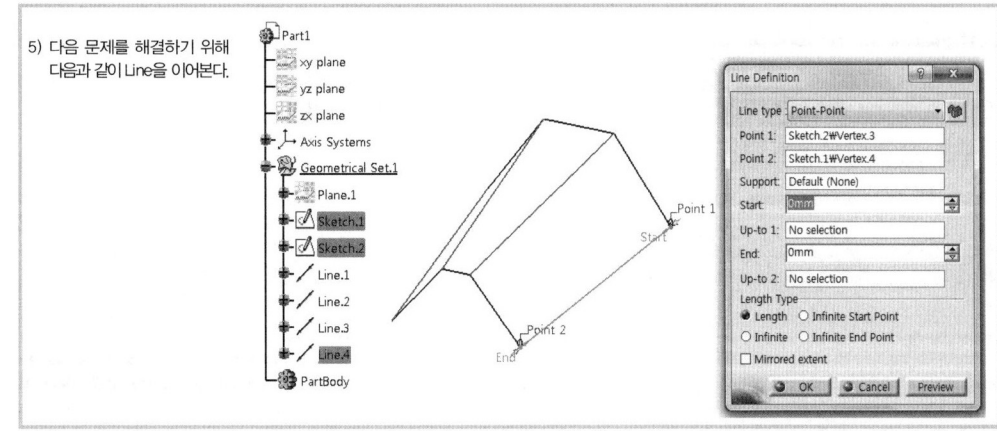

6) Multi-Section Surface를 실행하고 스케치를 차례 대로 선택하여 4개의 Line 을 Guide Curve로 선택한다.

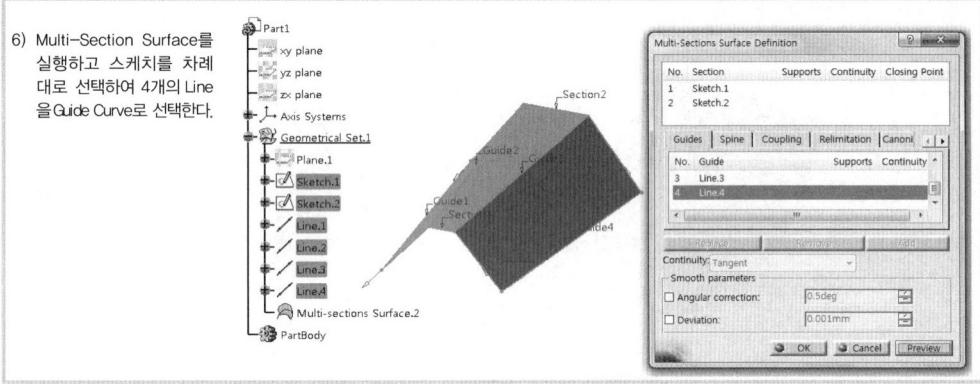

7) Canonical Element가 체 크된 상태

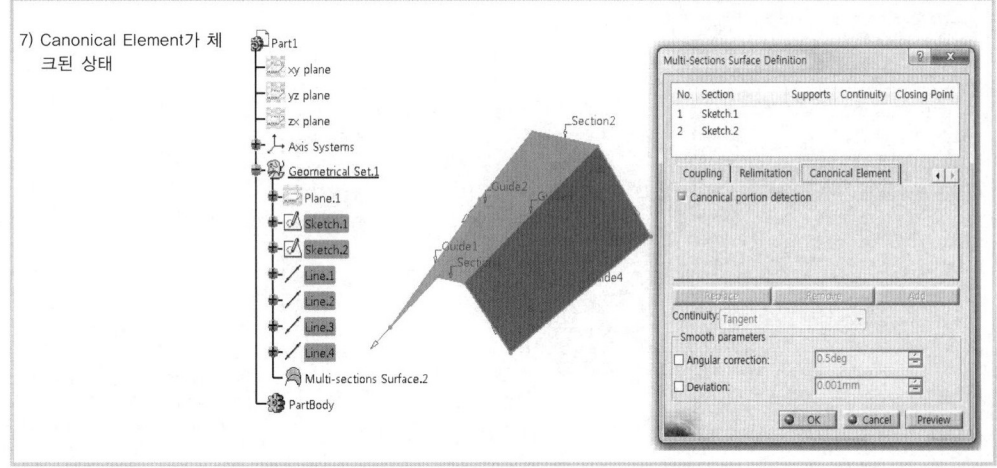

■ 완성 결과

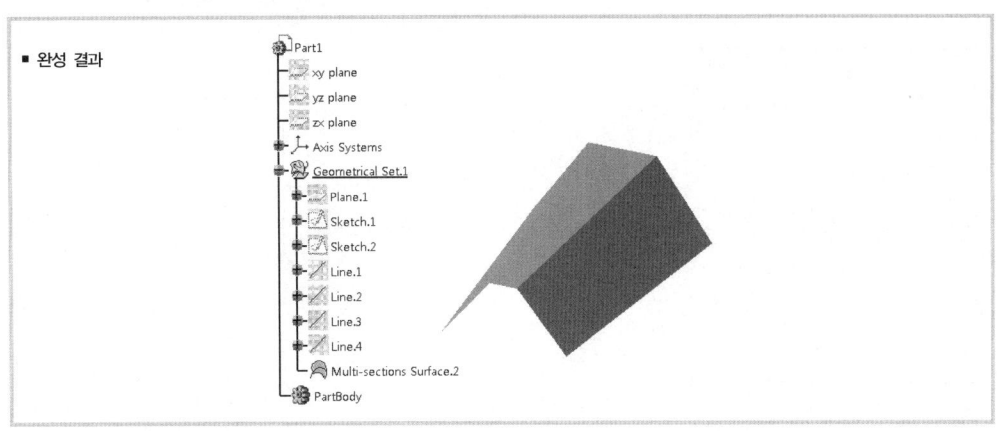

Multi-Section Surface 실습 13 | Guide Curve와 Relimitation 사용

1) 다음과 같이 기본 Geometrical Set을 생성한다.

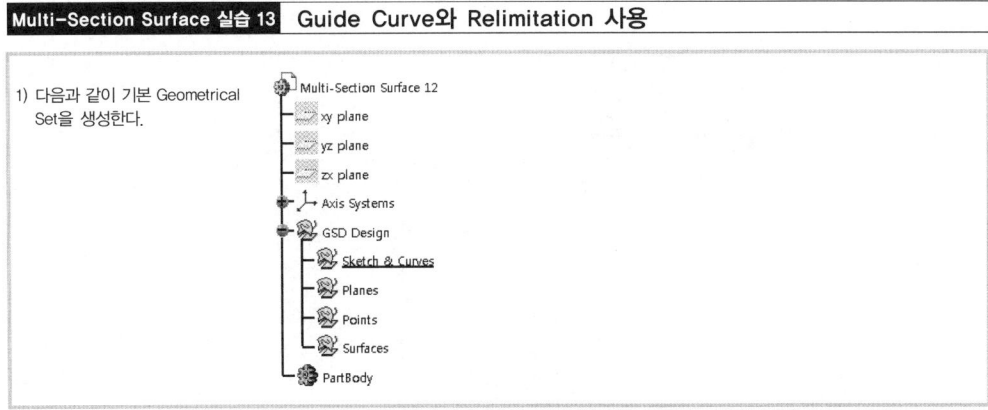

2) Positioned Sketch를 실행하고 XY Plane을 선택한 후 아래쪽에 두 가지 옵션을 선택한다.

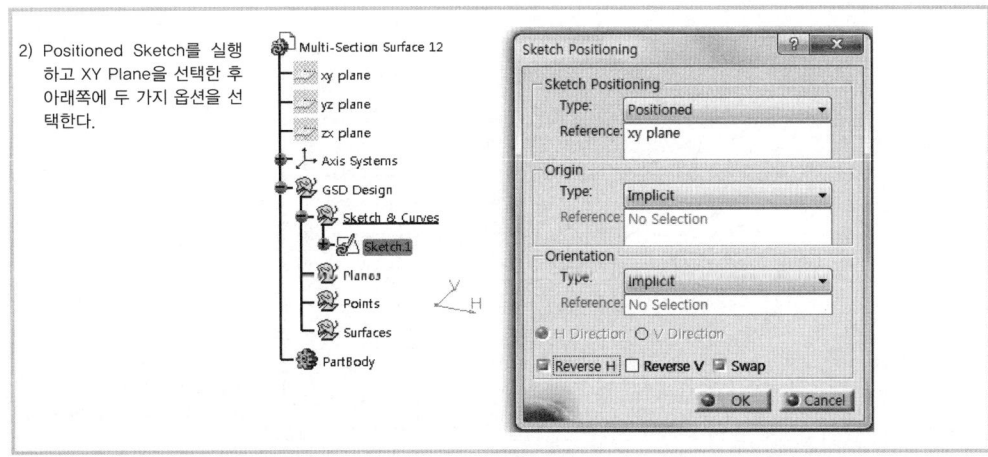

3) Construction/Standard Element를 실행하고 Rectangle을 선택하여 다음과 같이 사각형을 스케치한다.

4) Sketch.1안에 Constraints 속에 있는 구속을 모두 선택하여 [Delete]로 삭제한다.

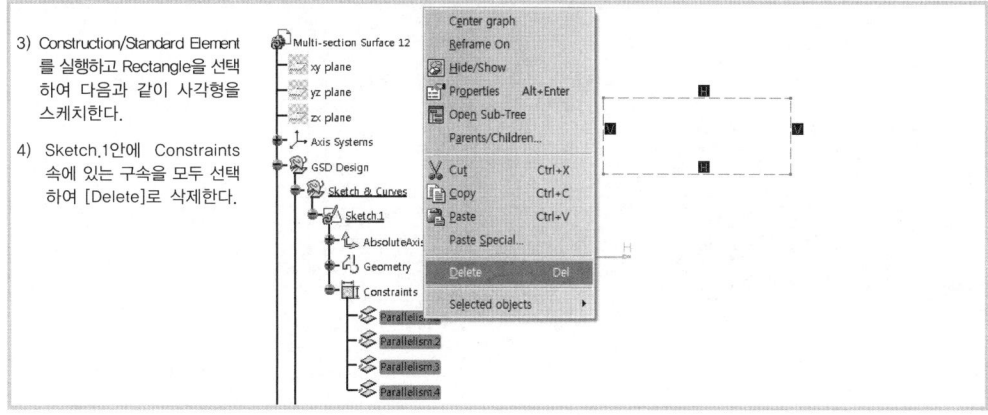

5) 다음과 같이 스케치를 한다. Intersection Point를 선택하여 원과 수직 보조선이 교차되는 지점에 Point를 생성한다.

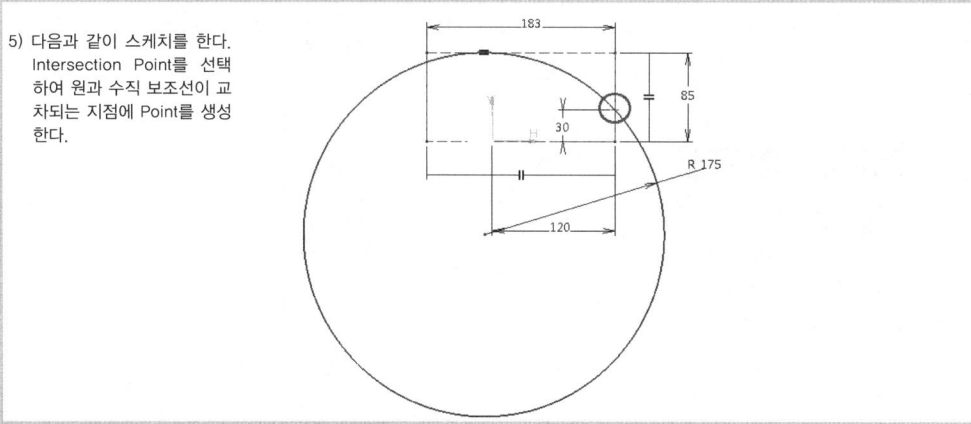

6) Quick Trim을 실행하여 다음 부분만 남기고 모두 잘라낸다.

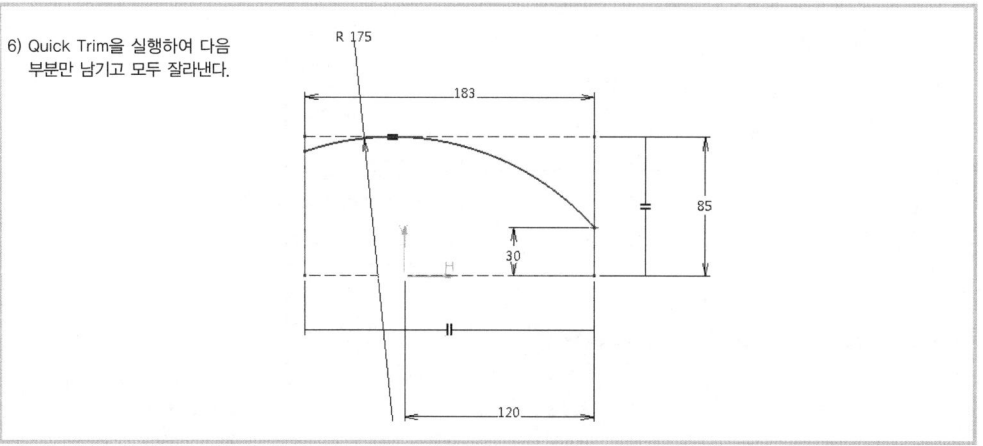

7) Sketch.1을 복사하여 붙여넣 기를 하여 Sketch.2를 생성 한다.

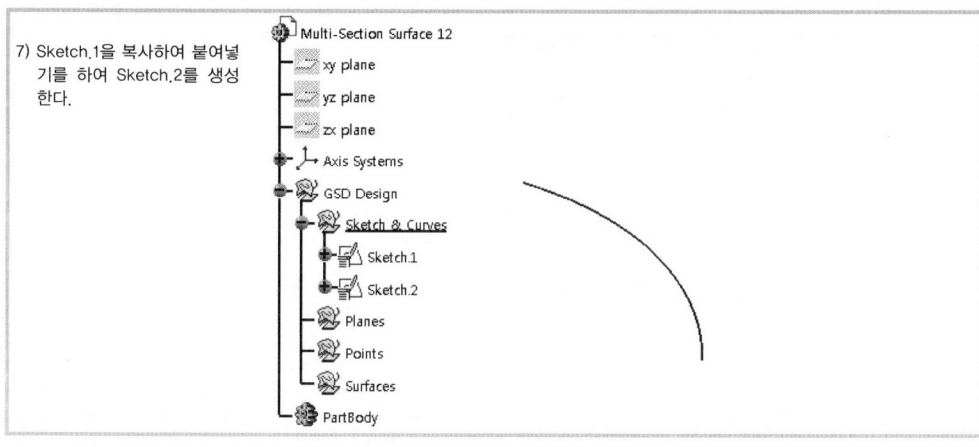

8) Spec Tree에서 Sketch.2를 선택하고 마우스 우측버튼을 눌러 [Change Sketch Support] 를 선택한다.

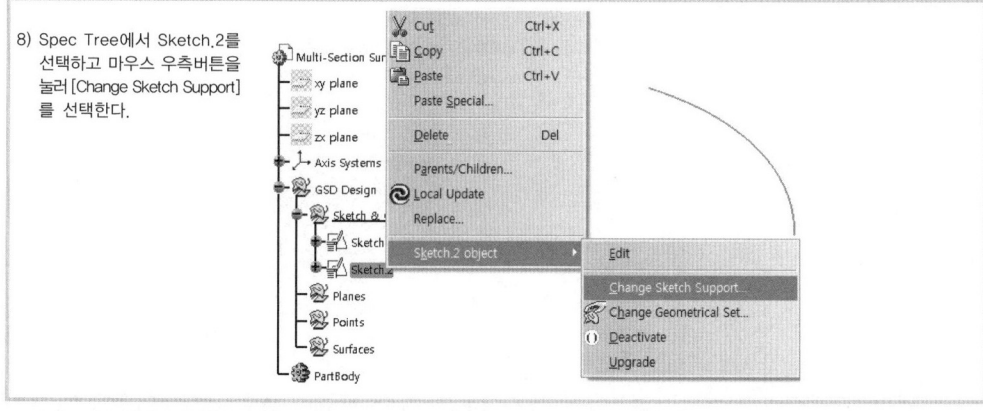

9) Reference : YZ Plane으로 평면을 수정하고 다음과 같이 아래 옵션을 모두 해제한다.

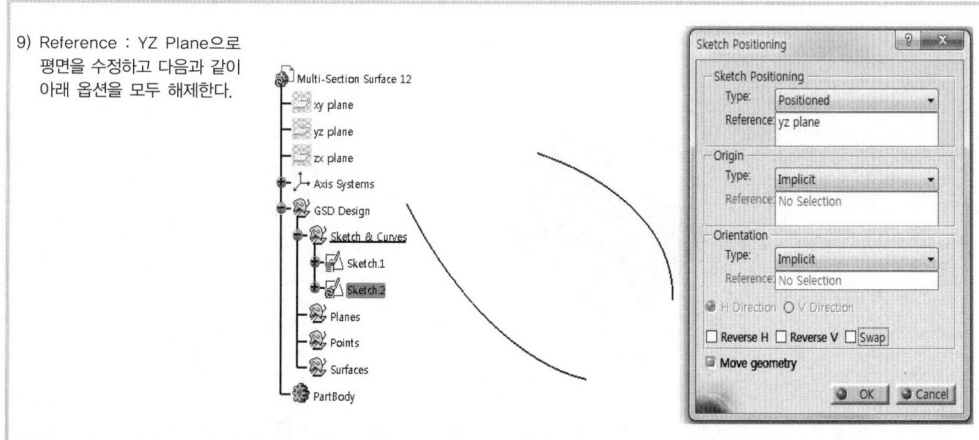

10) Sketch.2를 더블클릭하여 다 음과 같이 치수를 수정한다.

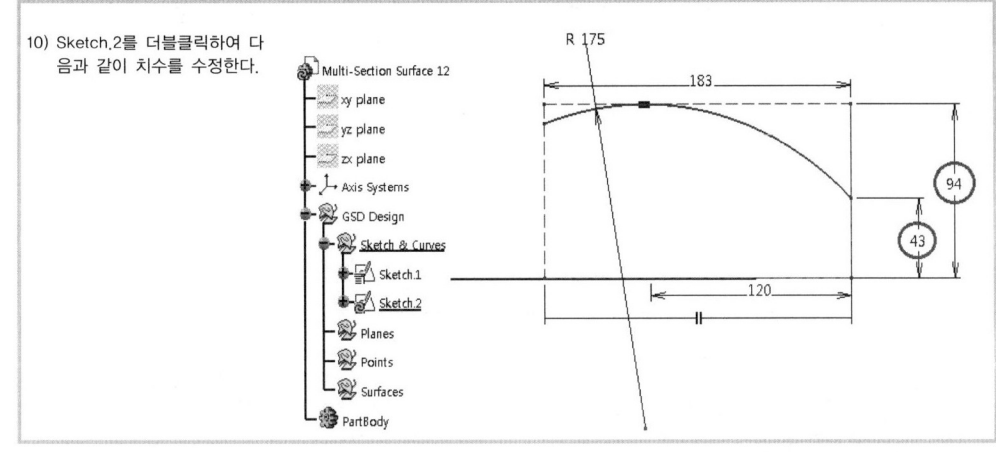

11) Symmetry를 실행하고 Sketch.1 을 YZ Plane를 기준으로 대칭 복사를 한다.

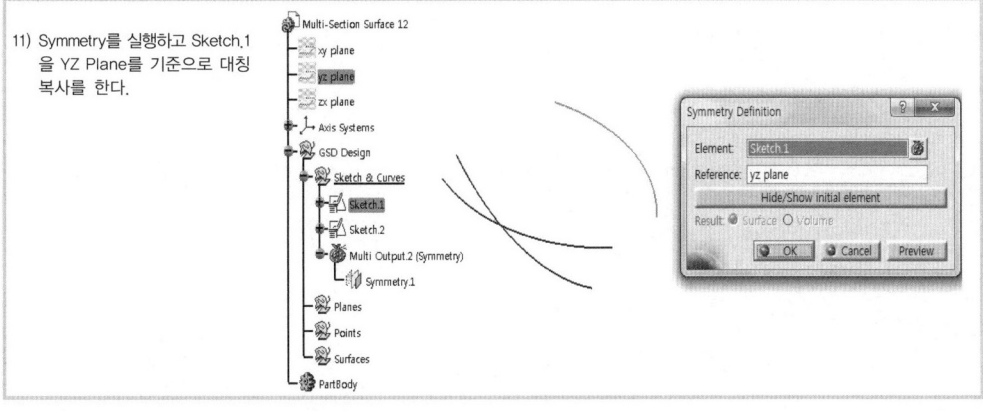

12) Plane을 실행하고 다음과 같이 지정하여 Plane을 생성한다.

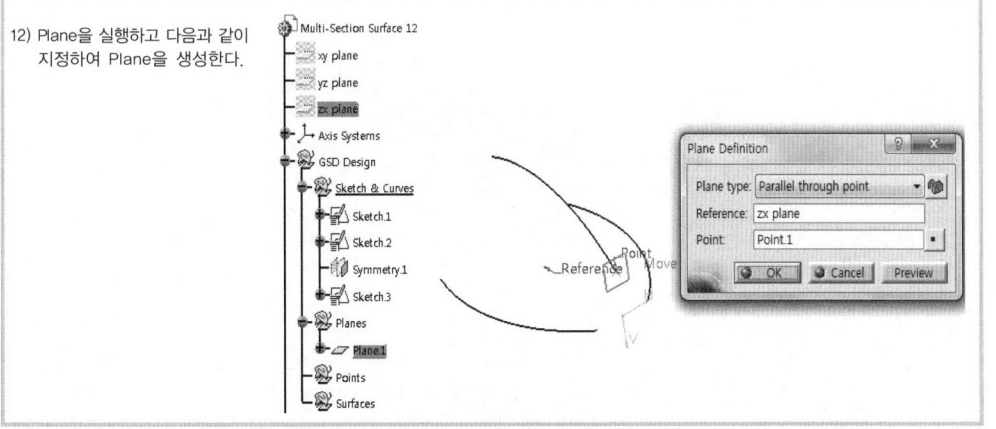

13) Positioned Sketch를 실행하고 Plane.1을 선택한다.

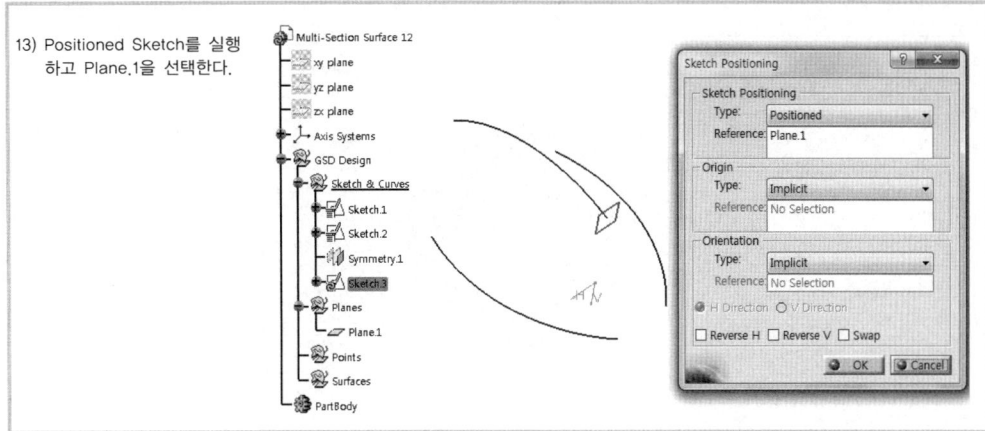

14) 다음과 같이 스케치를 하고 3개의 Sketch 끝점과 일치 시킨다.

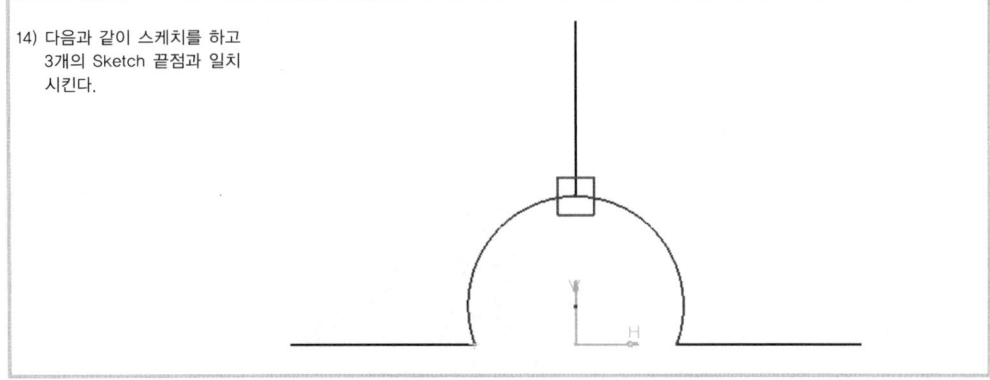

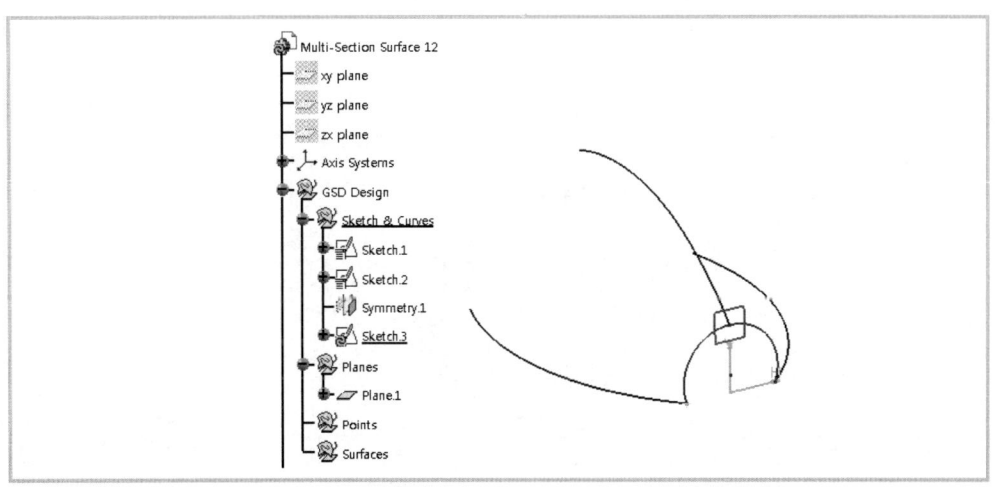

15) Multi-Section Surface를 실행하고 다음과 같이 지정하여 Surface를 생성한다.

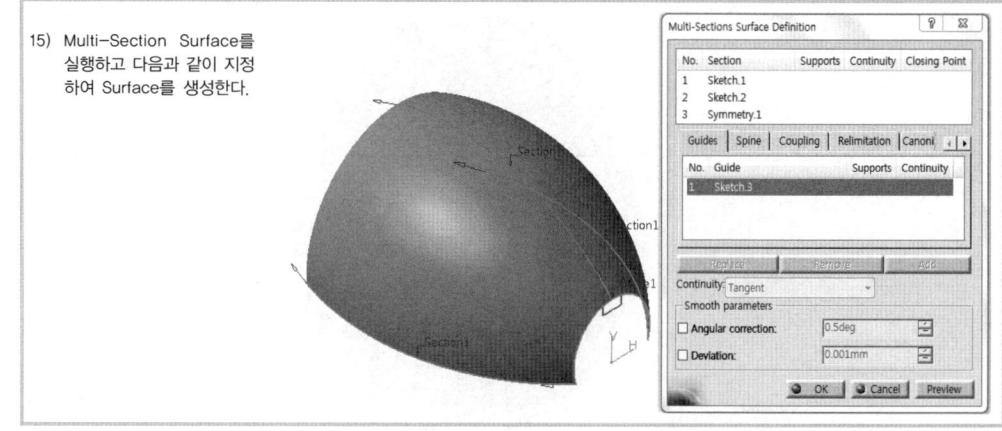

16) [Coupling]탭에서 Tangency Then Curvature를 지정한다.

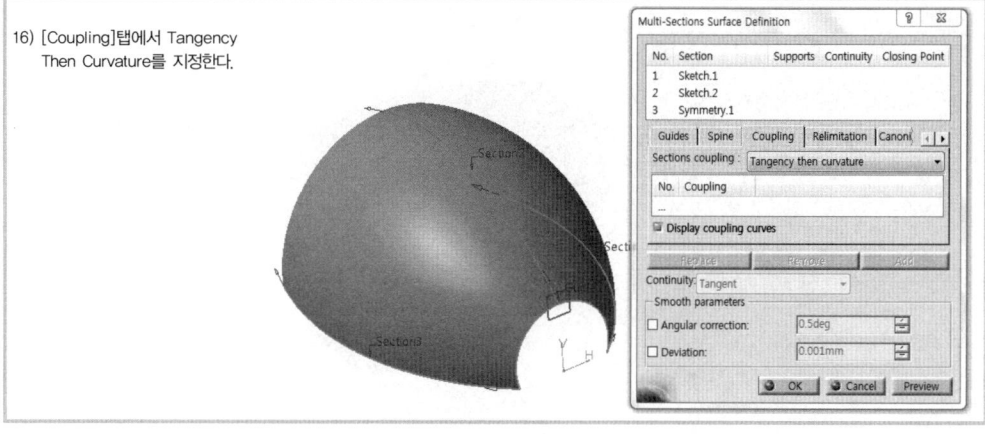

17) Positioned Sketch를 실행하고 YZ Plane를 선택하고 다음과 같이 스케치를 한다.

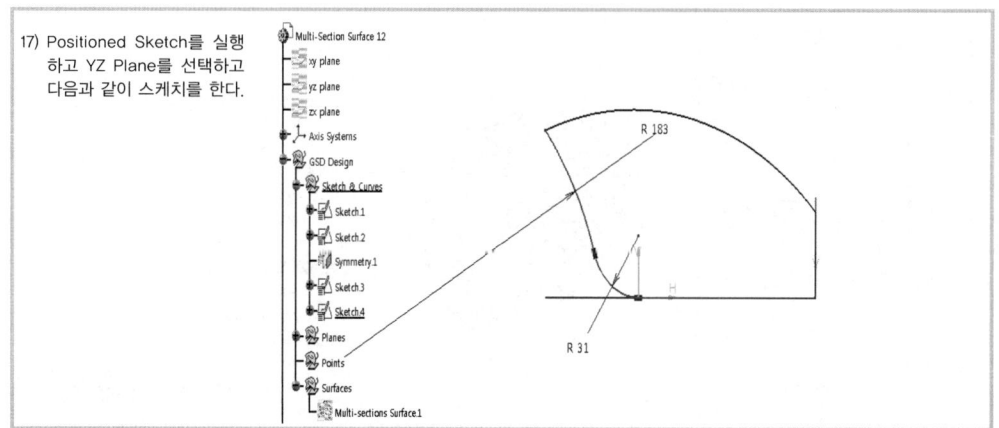

18) Extrude를 실행하고 100mm, Mirrored Extent를 지정하여 돌출을 한다.

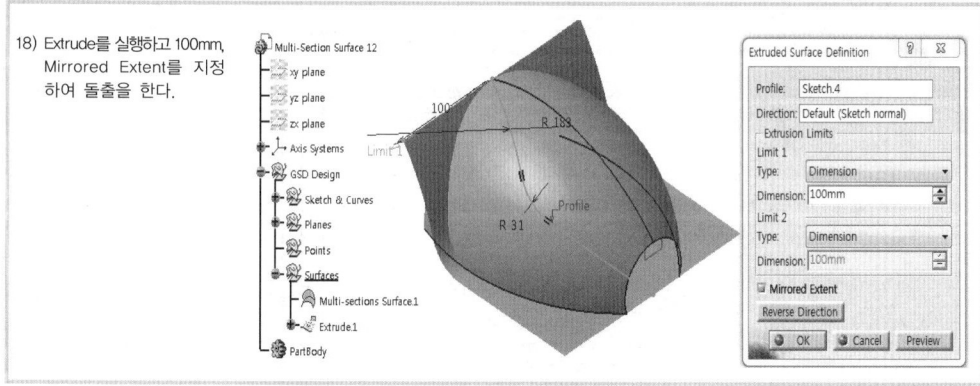

19) Split을 실행하고 다음과 같이 지정하여 잘라낸다.

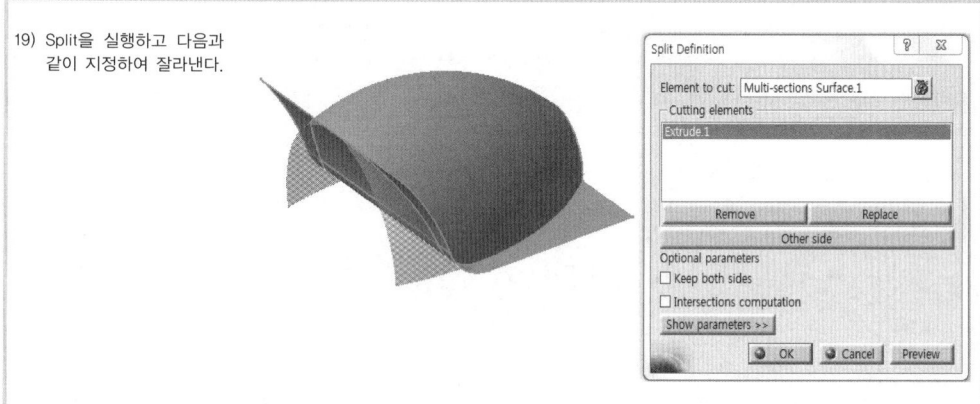

20) Line을 실행하고 다음 위치를 연결하는 Line을 생성한다.

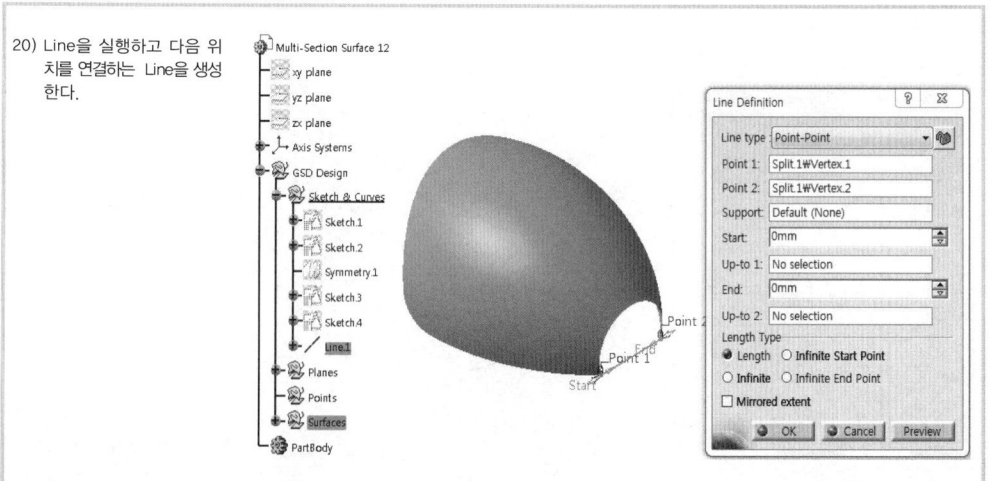

21) Fill을 실행하고 다음 모서리를 선택하여 채운다.

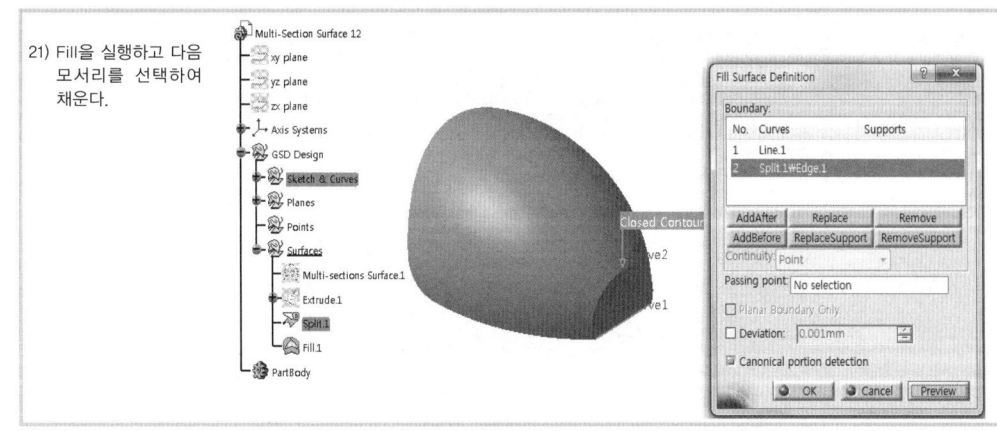

22) Positioned Sketch를 실행하고 XY Plane를 선택한 후 아래쪽 두 개의 옵션을 선택한다.

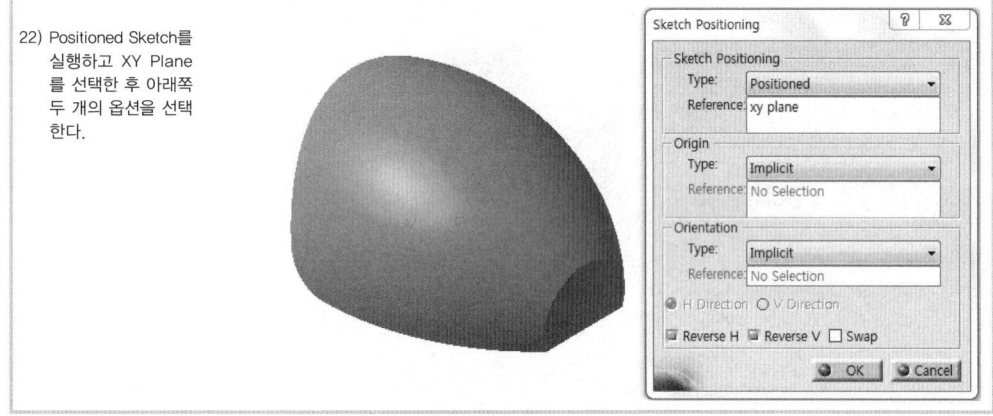

23) 다음과 같이 스케치를 한다.

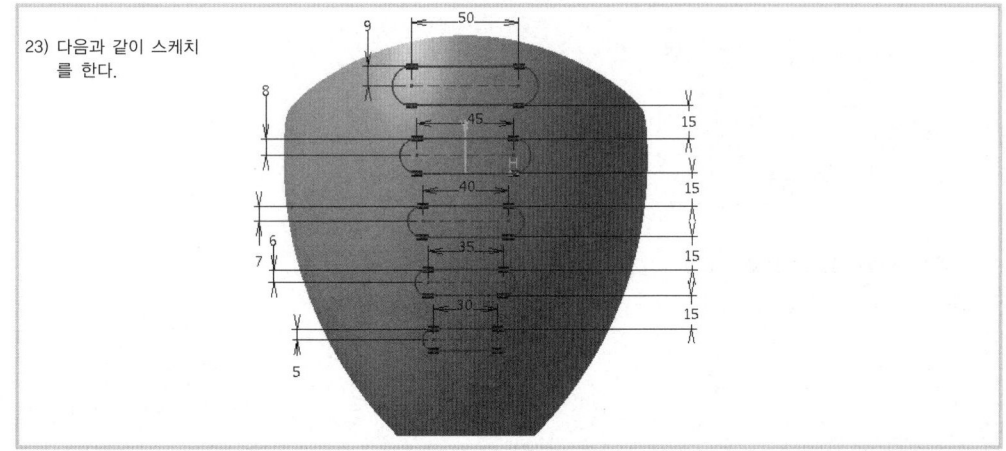

24) Projection을 실행하고 다음과 같이 지정하여 투영한다.

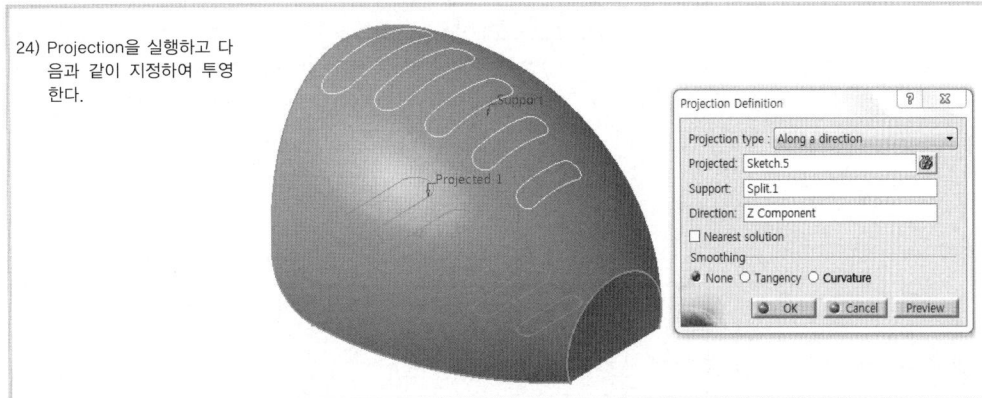

25) 세 번째 Type을 선택한다.

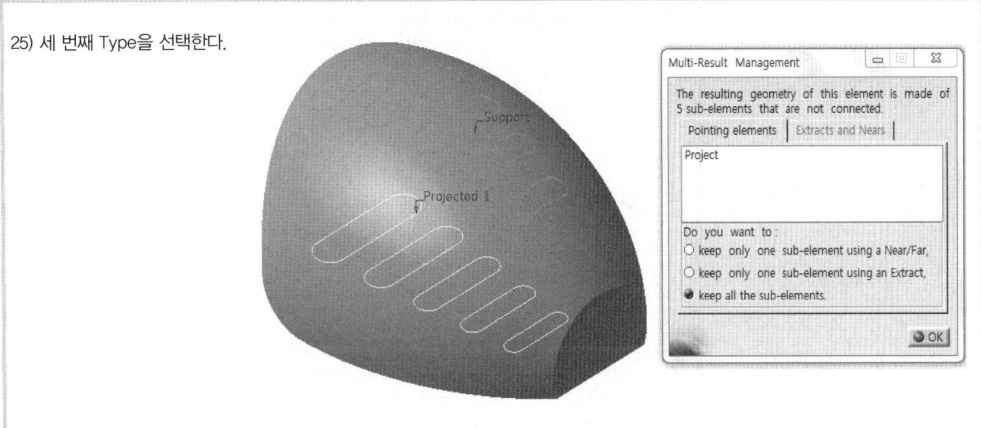

26) Split을 실행하고 Split.1을 Project.1로 다음 부분을 잘라낸다.

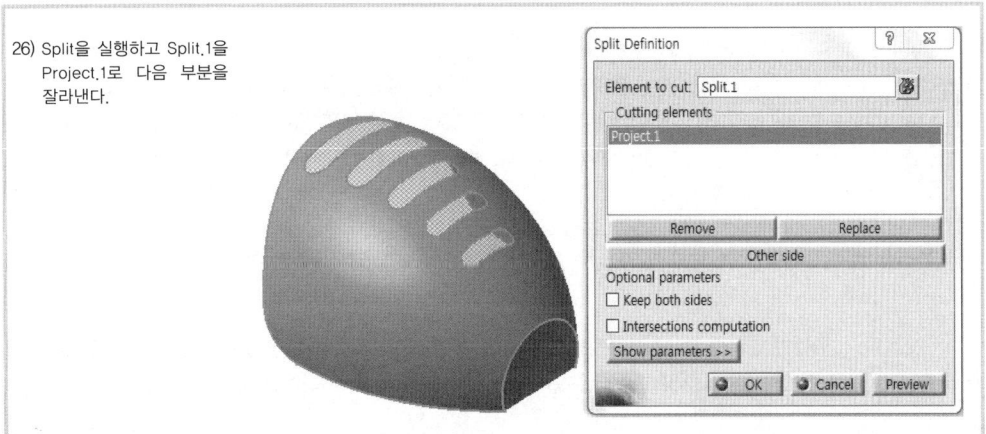

27) Join을 실행하고 두 개의 Surface를 결합한다.

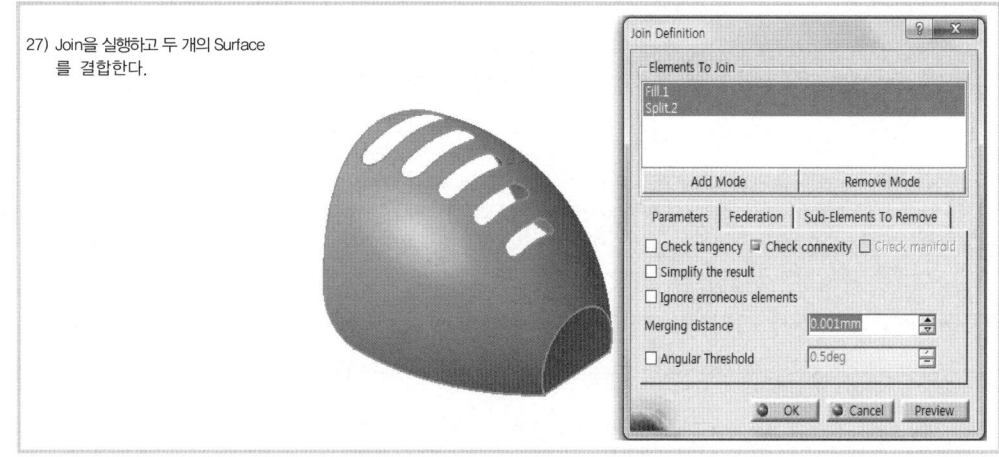

28) [Start]-[Mechanical Design]-[Part Design]을 선택한다.

29) Thick Surface를 두께 : 2mm를 지정한다.

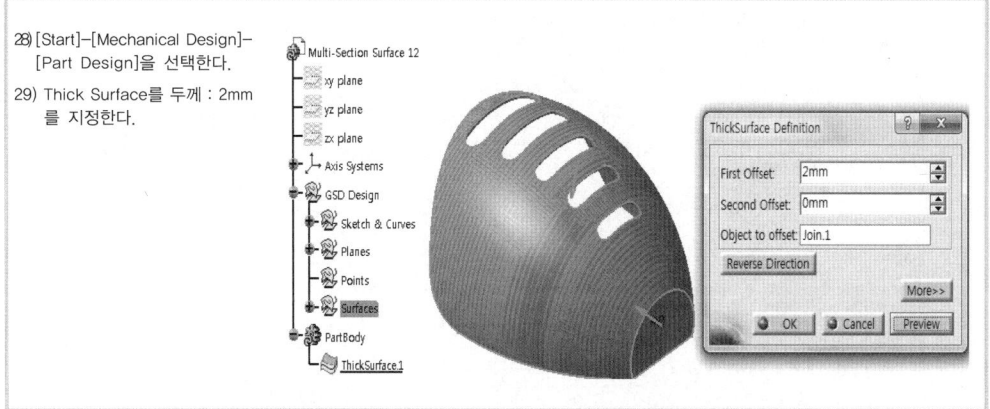

■ 완성 결과

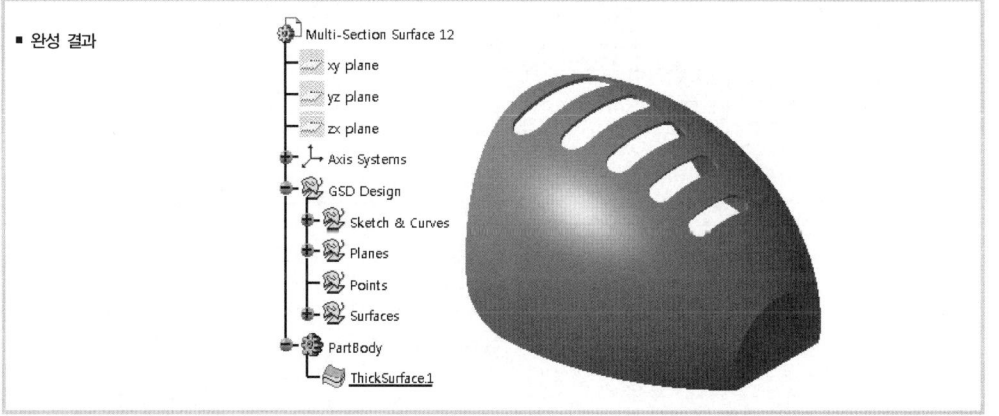

6. Blend(🔗)

Blend : Curve와 Curve 사이를 이어주는데 사용한다. 주로 곡면의 모서리들을 이어줄 때 사용한다. 곡면의 모서리를 이어줄 때 이웃하는 곡면은 Support로 선택할 수 있어 곡면과 곡면 사이의 틈을 부드럽게 이어준다.

- 곡면의 모서리를 이어줄 때 사용한다.
- 곡면의 모서리를 이어줄 때 이웃한 곡면을 Support로 선택할 수 있어 곡면과 곡면 사이의 틈을 부드럽게 이어줄 수 있다.
- 두 개의 Curve만 이어줄 수 있다.
- 2개의 Wireframe Element 사이에 새로운 Surface를 생성하는 명령이다.
- 2개의 Wireframe Element로 제한되기 때문에 Multi-Section Surface와는 사용법과 옵션에 차이가 많다.
- 많은 옵션을 통하여 2개의 Wireframe Element(Line, Profile, Edge, Point 등이 가능, 폐곡선도 지정 가능) 사이에서 생성되는 Surface를 미세하게 조정하여 품질 좋은 Surface를 생성할 수 있다.

• Blend(🔗) Definition

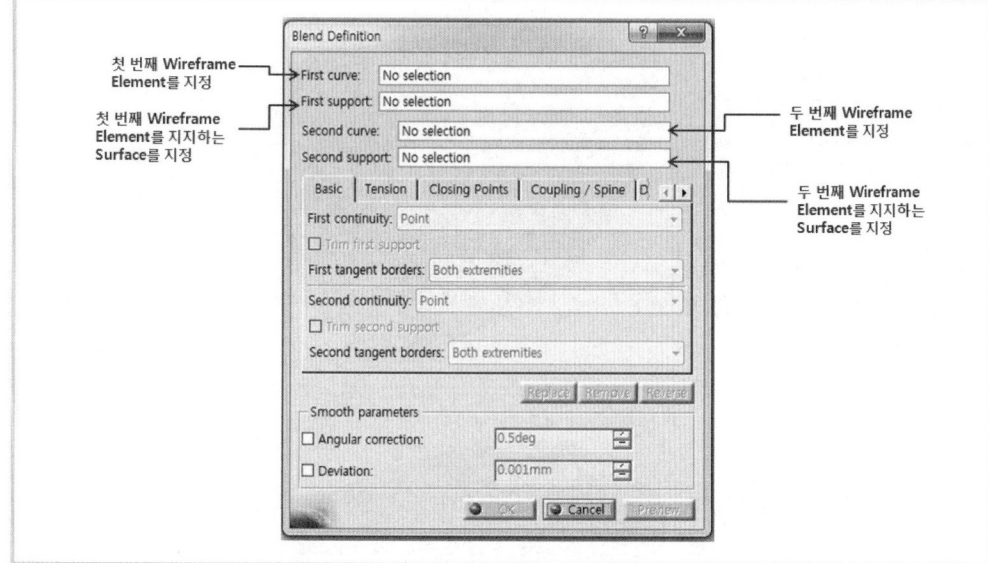

[Basic] 탭

Blend는 아래 옵션들을 선택하여 다양하게 제어할 수 있다.

- First Support와 Second Support 항목에서 지정한 Surface사이에 연결성을 부여한다.
- First Continuity와 Second Continuity : Point, Tangency, Curvature의 연속성을 부여한다.
- First Continuity와 Second Continuity의 연결 방식(연속성)을 부여한다.

  - Point-Point : 직선으로 연결한 효과를 얻을 수 있다.
  - Tangency-Tangency : Tangency한 곡면을 얻을 수 있다.
  - Curvature-Curvature : Curvature한 곡면을 얻을 수 있다.
  - Point-Tangency : 직선과 Tangency한 곡면을 연결할 수 있다.
  - Tangency-Curvature : Tangency와 Curvature한 곡면을 얻을 수 있다.
  - Point-Curvature : 직선과 Curvature한 곡면을 연결할 수 있다.
  - First Continuity : First Curve와 Surface와의 관계를 지정한다.
  - Second Continuity : Second Curve와 Surface와의 관계를 지정한다.
  - 서로 엇갈리게 선택할 수 있다.

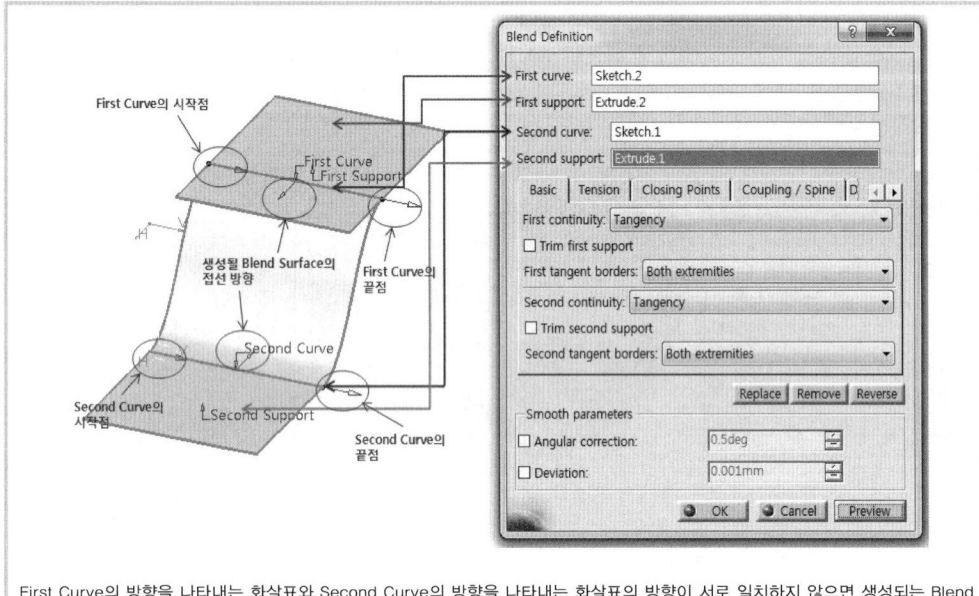

First Curve의 방향을 나타내는 화살표와 Second Curve의 방향을 나타내는 화살표의 방향이 서로 일치하지 않으면 생성되는 Blend Surface가 꼬이게 되므로 방향이 같도록 지정해 주어야 한다. 화살표 방향이 어긋나지 않도록 방향을 잘 맞춰 주어야 한다. 방향 설정은 마우스로 클릭하면 된다.

- First Tangent borders와 Second Tangent borders 부여 : 화살표 시작 부분의 양쪽 경계선 부분을 어떻게 연결할지 지정한다.

  - Both extremities : 양쪽 끝이 Tangency 하게 들어간다(한쪽이 Tangency하게 나와서 다른 한쪽도 Tangency 들어간다).
  - None-None : 직선으로 나와서 직선으로 들어간다. 테두리 경계에 Tangency 연속성을 부여하지 않는다.
  - Start extremity Only-Start extremity Only : 시작 끝이 Tangency 나와서 Tangency 하게 들어간다.
  - End extremity Only : 끝 부분 끝이 Tangency 하게 들어간다.
  서로 엇갈리게 선택할 수 있다. 구별하기 어려워서 윗면에서 확인한다.

- Trim First Support와 Trim Second Support : Support로 사용된 Surface에서 튀어나온 Surface를 잘라낸다.
- Smooth Parameters : Blend Surface을 부드럽게 해준다.

- Angular Correction : Reference Guide Curve를 따라 생성되는 Blend Surface을 부드럽게 만들어 준다. 각진 부분 교정 각도를 지정한다.

  특히 생성되는 Surface가 Spine의 Tangency나 기준이 되는 Guide Curve의 수직방향에 불연속지점이 존재할 경우 각도 편차를 부여하는 기능. 만일 생성되는 Surface의 각도 편차 0.01°이내라면 이 체크박스는 아무런 의미가 없으면, Default 값으로 CATIA는 0.5°를 부여해 놓고 있다.

- Deviation : Guide Curve로부터 벗어나는 Blend에 대하여 Smooth를 부여하게 하기위한 일종의 공차값을 부여한다. 점과 표적 사이의 거리 값을 지정한다. Smoothing의 결정은 Tangency와 Curvature의 Default Parameter값과 주어진 Deviation값을 이용하여 Catia 내부에서 이루어진다.

  기본 Parameter 값의 조정은 Option-Tools-Generative Shape Design에서 수정한다.

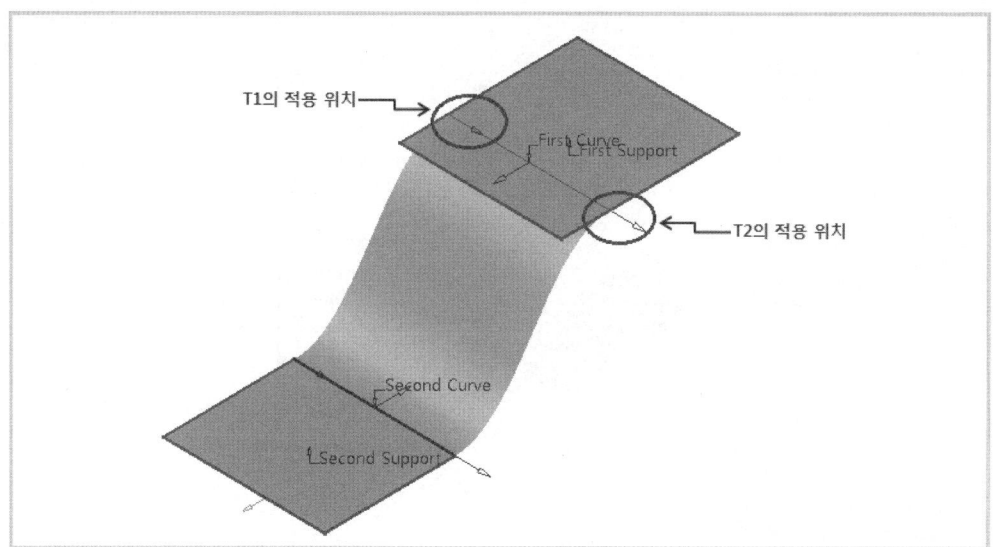

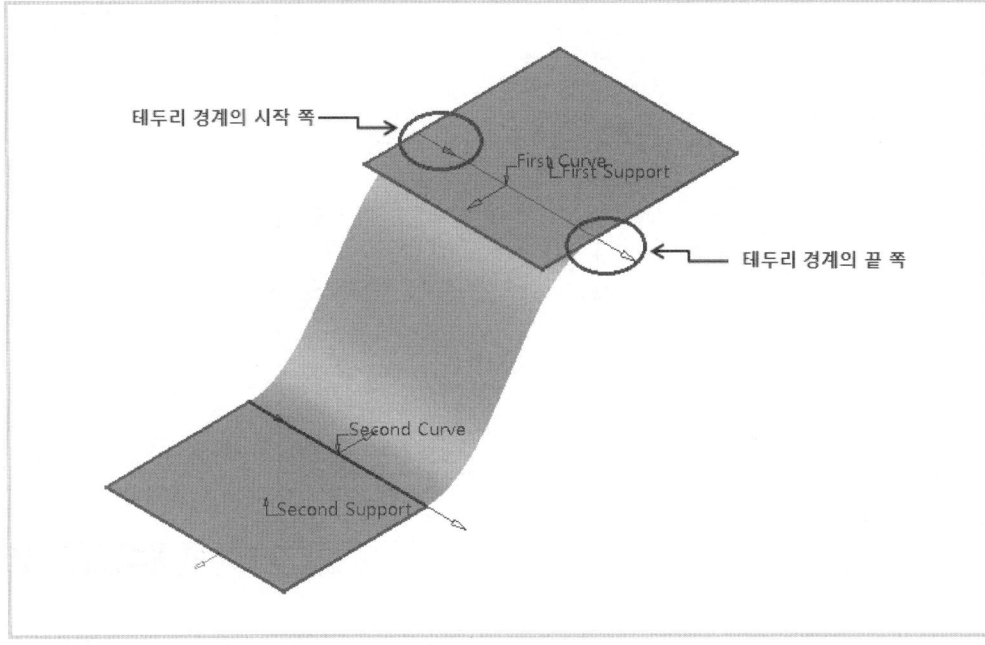

[Tension] 탭 : 연결성이 부여된 부분을 잡아당기는 강도를 말한다.

- Tangency와 Curvature는 Tension(장력 : 잡아당기는 힘)을 조절할 수 있다.
- First Tension과 Second Tension 부여

  - Default(Constant : 변환 없음)-Default(Constant) ∴ Default Tension : 1
    Constant : First Curve와 Second Curve로 지정한 Curve를 따라 일정한 값으로 Tension을 부여한다.
  - Linear-Linear
  - Linear : First Curve와 Second Curve로 지정한 Curve를 따라 1차 함수 형태로 Tension 값을 부여한다.
  - S-Type-S-Type
  - S-Type : First Curve와 Second Curve로 지정한 Curve를 따라서 S자 형태의 Tension 값을 부여한다. 서로 엇갈리게 선택할 수 있다.

[Closing Points] 탭

- Blend는 [Closing Points] 탭이 별도로 있어서 임의의 위치로 Closing Point를 이동하려고 할 때 다양한 방법으로 Point를 생성하여 그 위치로 Closing Point를 변경할 수 있다. Multi-Section Surface보다 다양한 방법으로 Blend 명령 안에서 Closing Point를 생성할 수 있다.
- First Curve와 Second Curve가 폐곡선일 경우 Closing Point의 일치가 반드시 필요하며 위치가 일치되지 않는다면 생성되는 Blend Surface가 꼬이게 된다.
- 닫혀있는 Curve 요소를 선택할 경우 Closing Point의 위치를 지정해 줄 수 있다.
- Open된 객체에는 Closing Point탭이 의미가 없다.
- First Closing Point : First Curve의 Closing Point를 지정한다.
- Second Closing Point : Second Curve의 Closing Point를 지정한다.

[Coupling/Spine] 탭

- Ratio : First Curve와 Second Curve사이에 적용되는 Coupling이 각 Curve의 가로좌표 비로 Coupling이 이루어진다. Section들의 동일한 비율로 연결하여 Surface 생성한다.
- Tangency : 불연속 Point의 접선방향을 따라서 Curve가 Coupling된다. Section간의 Tangency 조건으로 연결하여 Surface 생성한다.
  중요한 것은 First Curve와 Second Curve가 가지는 정점의 개수가 동일하지 않을 경우 이 옵션을 사용하면 Error가 발생한다.
- Tangency with Curvature : Curve는 접선연속성에 따라 Coupling을 실행하고 Curvature 연속성을 이용하여 Discontinuity Point에 대하여 Coupling을 실행한다.

- Vertices : Curve는 Vertex에 의해 Coupling된다. 연결할 Profile의 꼭지점 개수가 같을 경우에는 Vertices를 지정하여 매끄러운 Surface를 생성한다.
  각각의 단면 Profile이 가지고 있는 꼭지점(Vertex)들을 각각의 위치에 맞게 이어줄 때 사용한다.
  단면의 Vertex가 다음 단면의 Vertex와 이어지고 계속적으로 다음 단면의 Vertex에 이어진다.
  정점의 개수가 동일하지 않을 경우 이 옵션을 사용하면 Error가 발생한다.
- Spine : 척추 역할을 하며 Spine으로 선택한 Curve를 따라 Coupling이 이루어진다. 전체 단면 형상을 가로지르는 Center Curve를 형상 정의에 사용한다. 단면 형상들을 지나는 단 하나의 Center Curve로 형상을 정의한다.
- Avoid Twists : 꼬임이 발생되는 문제를 피해서 CATIA가 자동으로 Blend Surface를 생성한다.

[Developable] 탭

- Developable Surface로 만드는 기능을 가진다. Ruled Surface라고도 하며 Zero Gaussian Curvature를 가지고 이는 Surface를 의미한다. 기준 Surface에 대하여 수직으로 Surface를 생성한다.

Blend 실습 1 　[Basic] 탭

1) 스케치를 실행하고 XY Plane을 선택하여 다음과 같이 스케치를 한다.

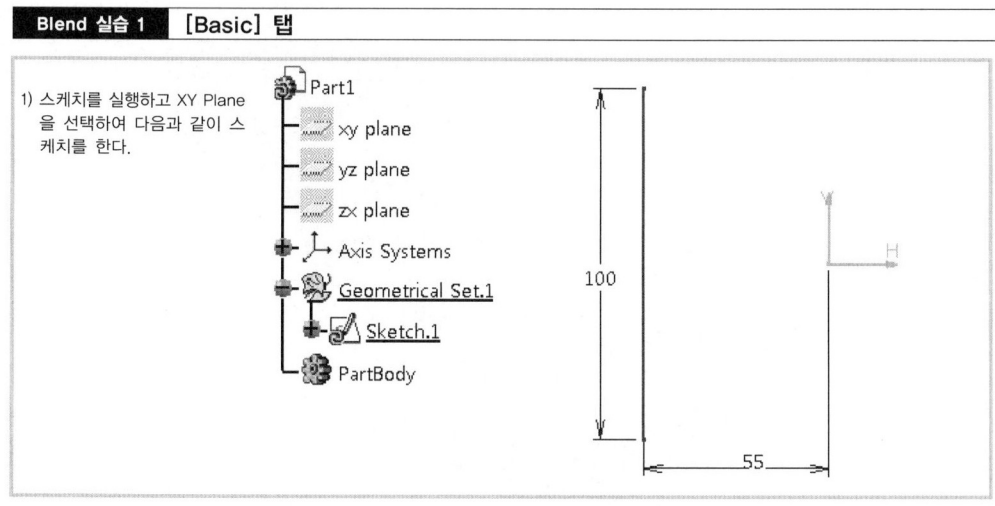

2) Plane을 실행하고 XY Plane을 기준으로 80mm 위치에 Plane을 생성한다.

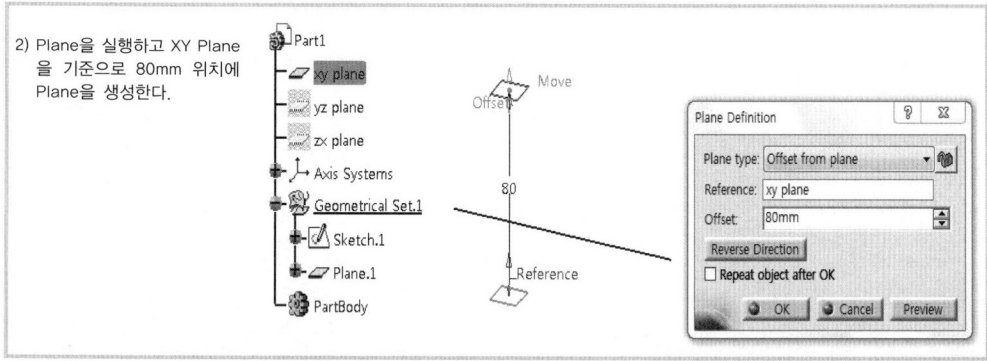

3) 스케치를 실행하고 Plane.1을 선택하여 다음과 같이 스케치를 한다.

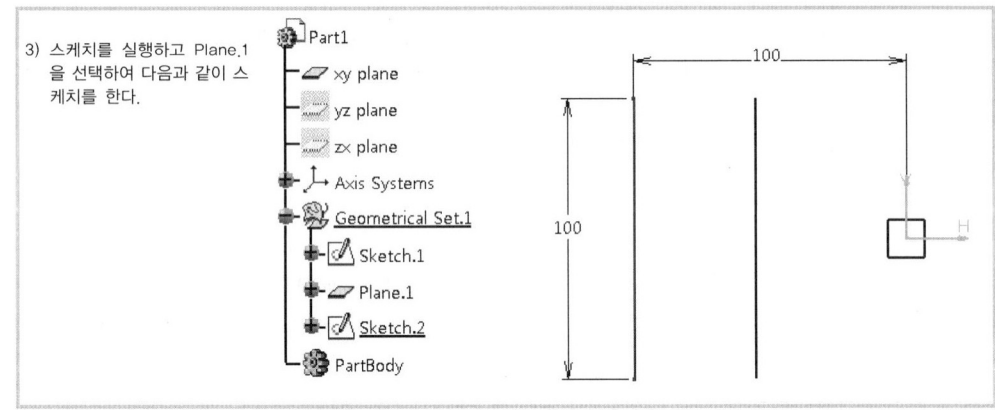

4) Extrude를 실행하고 50mm 돌출을 한다.

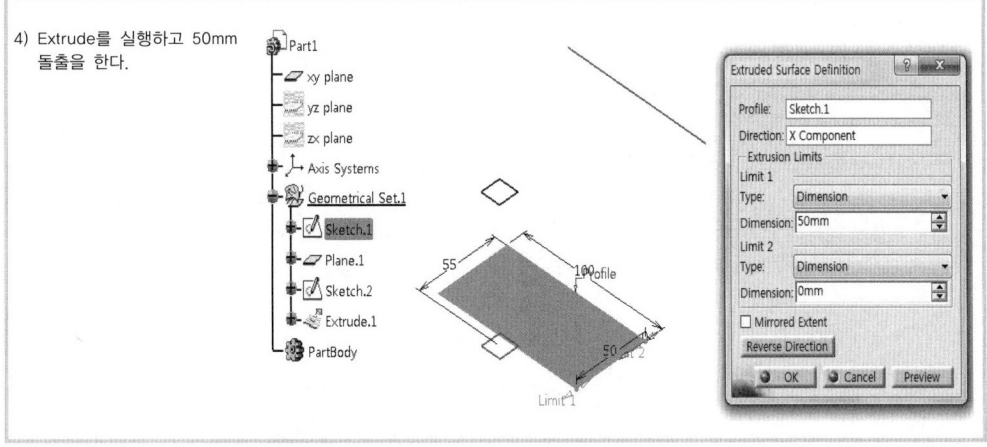

5) Extrude를 실행하고 50mm 돌출을 한다.

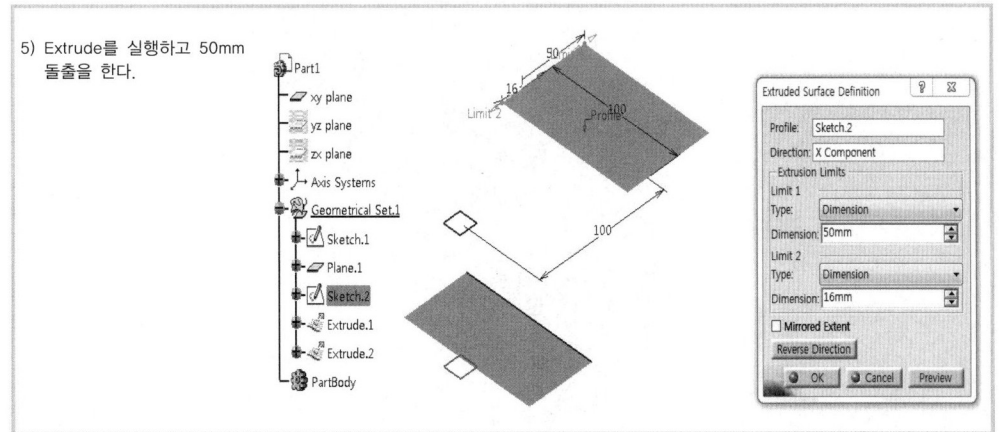

6) 다음과 같이 준비한다.

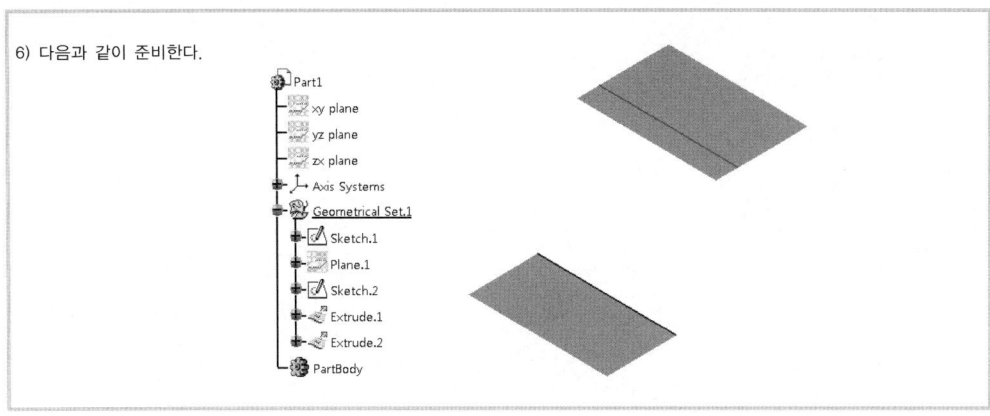

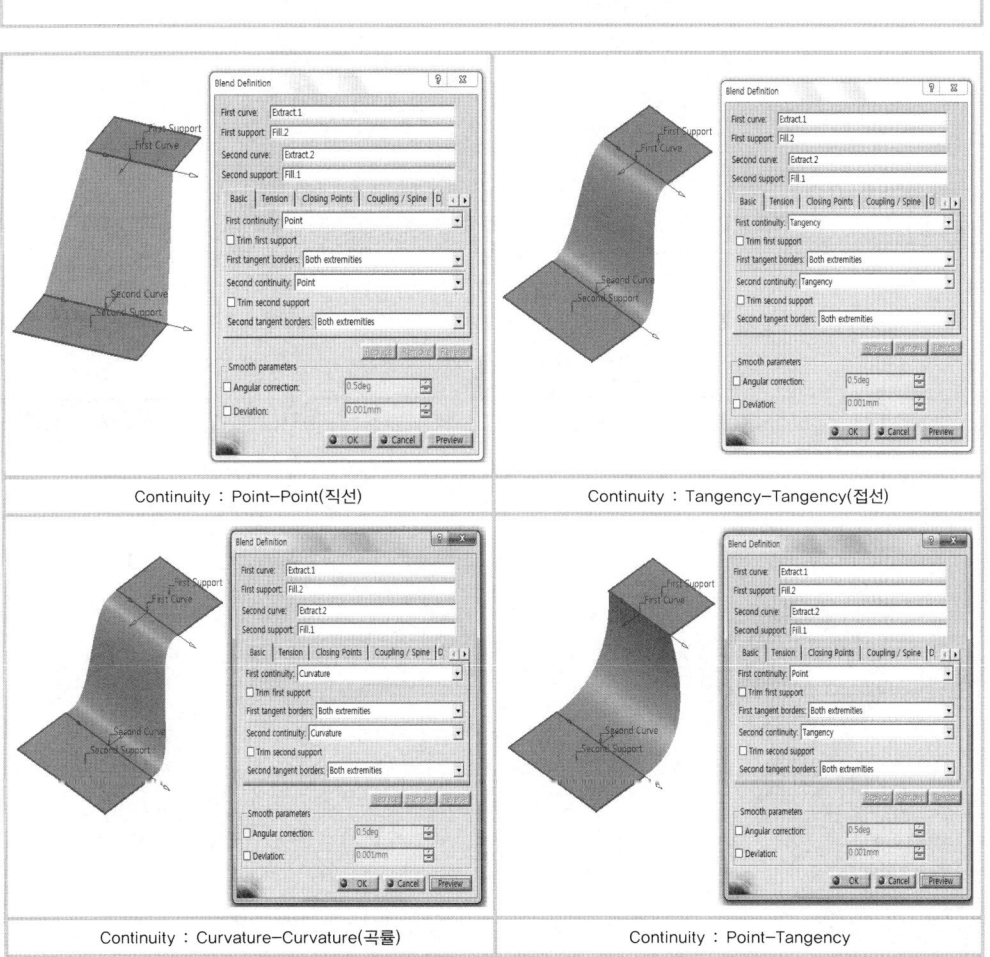

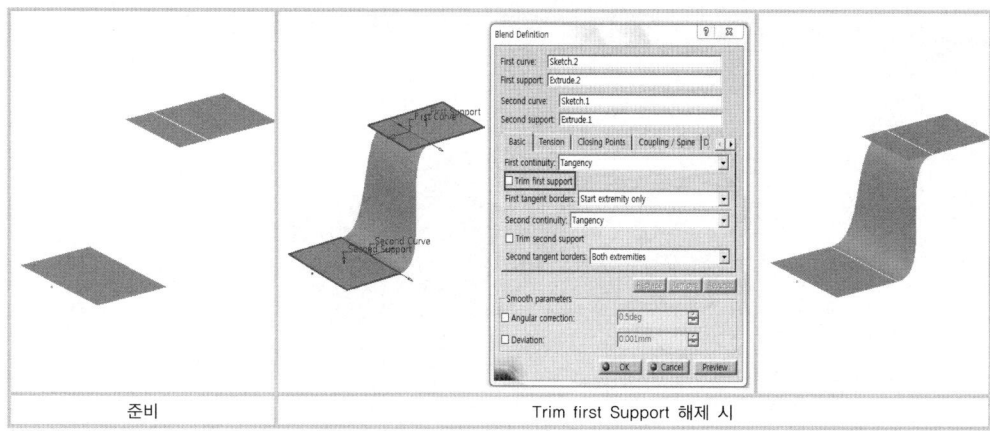

준비 | Trim first Support 해제 시

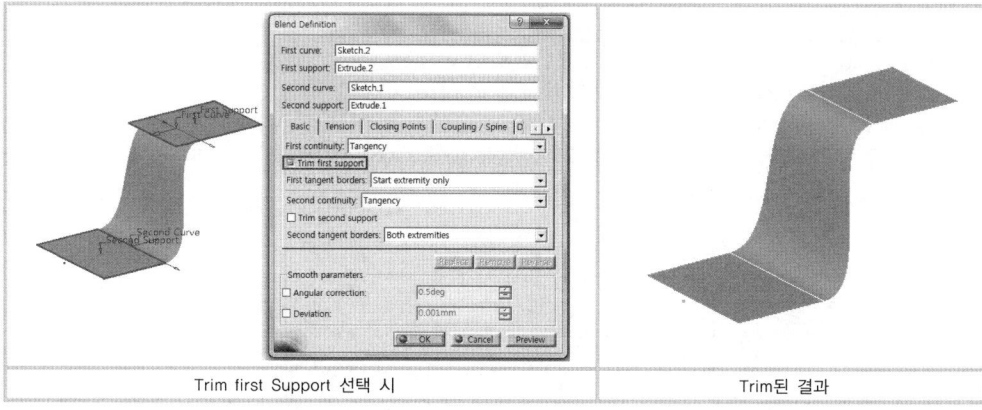

Trim first Support 선택 시 | Trim된 결과

■ **Tension 적용** : 생성할 Surface에 뒤틀림을 적용한다.

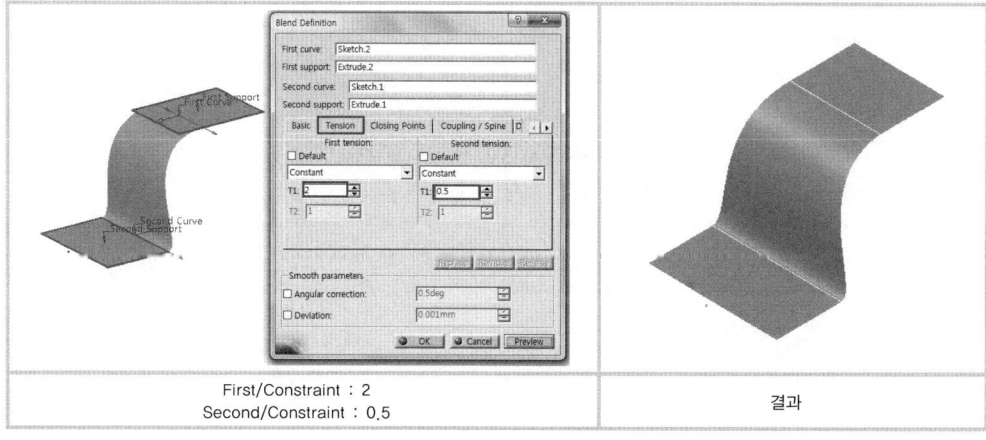

First/Constraint : 2
Second/Constraint : 0.5 | 결과

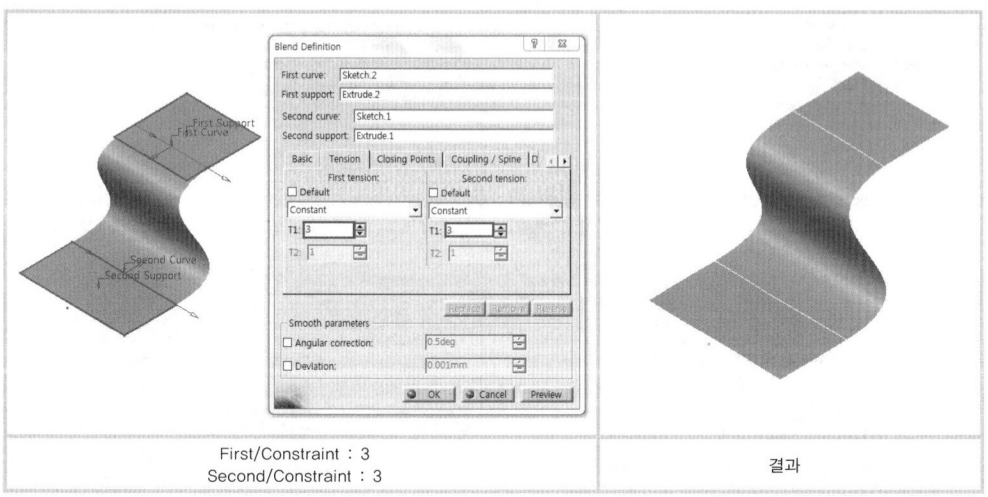

First/Constraint : 3
Second/Constraint : 3
결과

Blend 실습 2　Vertices 사용

1) 스케치를 실행하고 ZX Plane을 선택하여 다음과 같이 스케치를 한다.

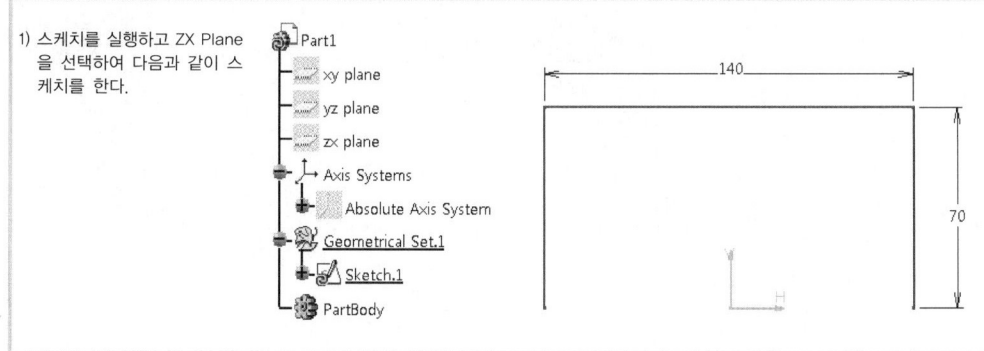

2) Plane을 실행하고 ZX Plane을 기준으로 150mm 위치에 Plane을 생성한다.

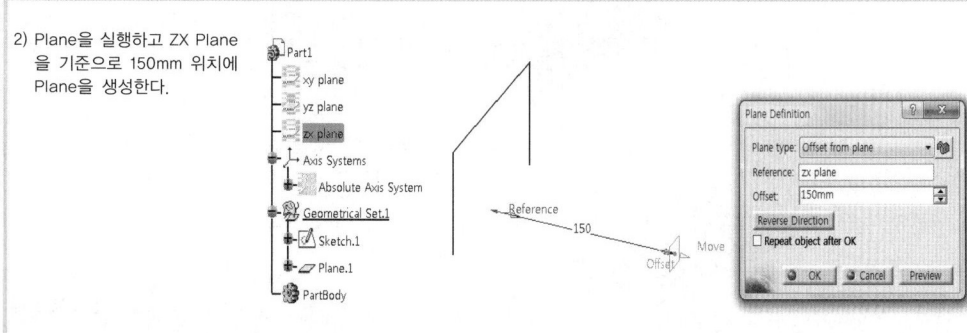

3) 스케치를 실행하고 Plane.1을 선택하여 다음과 같이 스케치를 한다.

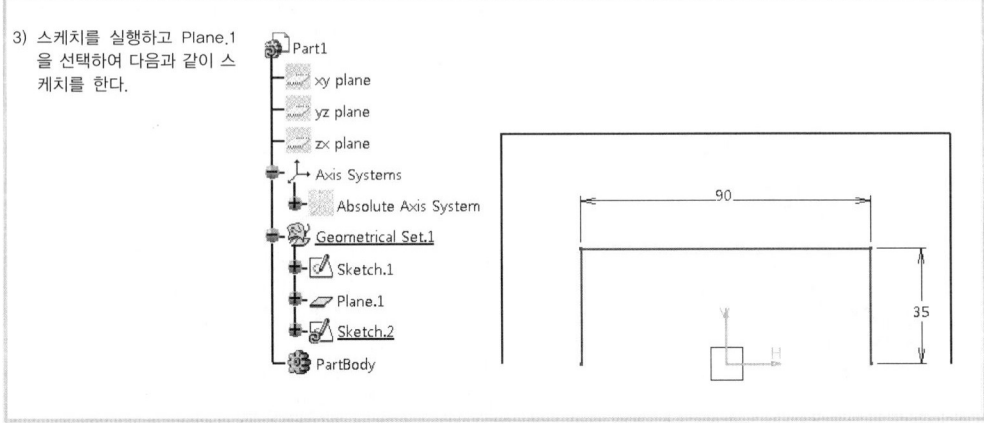

4) 단면에 두 개의 스케치를 준비한다.

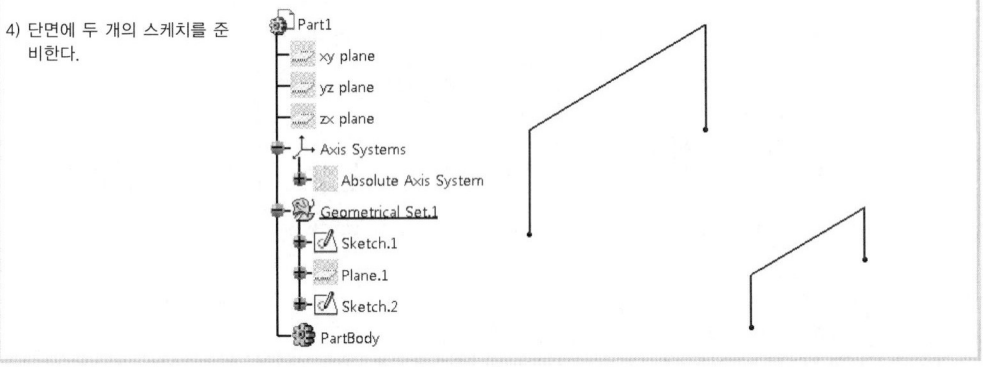

5) Blend를 실행하고 두 개의 Curve를 선택한다. 너비가 달라서 모서리가 맞지 않아 비틀어진 모양이 생성된다. 이것을 꼭지점이 맞도록 서로 맞추어 주려면 다음과 같이 선택한다.

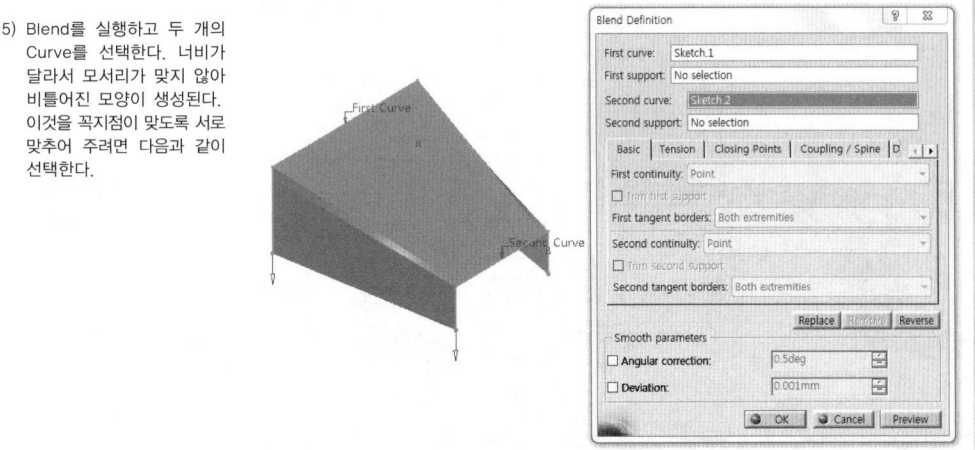

6) 모서리가 일치하도록 맞추어 주려면 [Coupling/Spine]탭에서 Vertices를 선택해준다.
- Vertices : Curve의 Point 수가 같은 경우 선택한다.

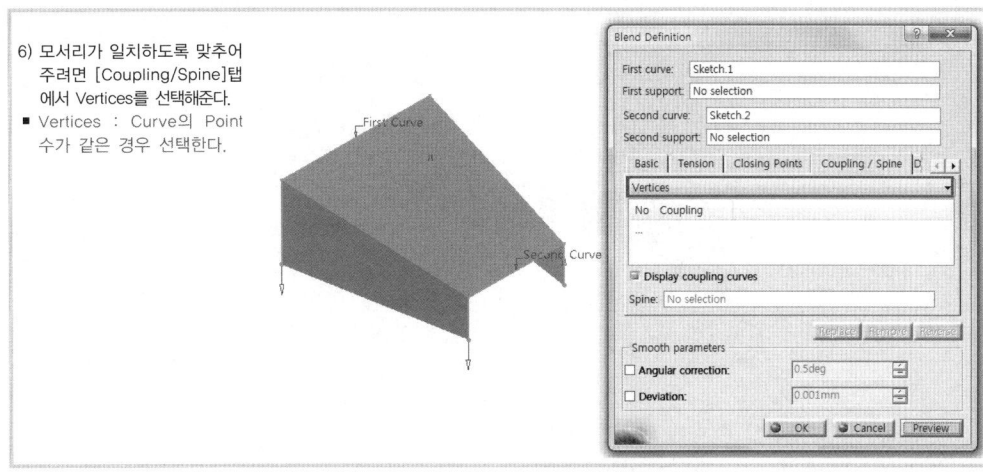

7) Multi-Section Surface과 같은 결과가 얻어진다.

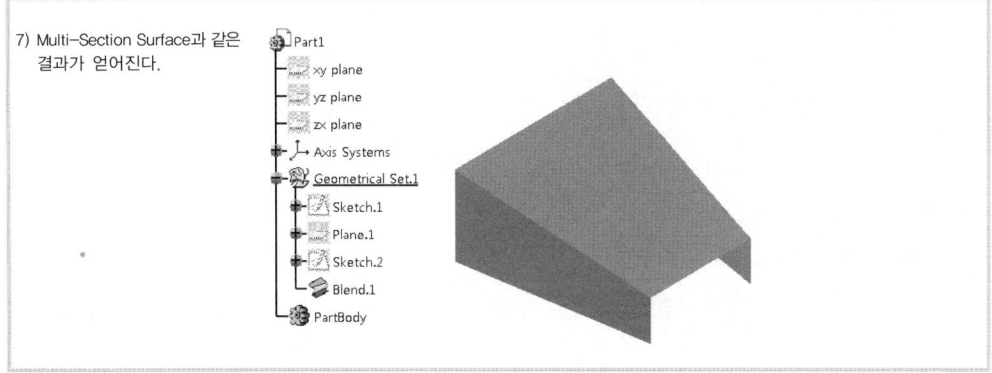

Blend 실습 3

● 곡면과 곡면 사이를 이어주기

1) 스케치를 실행하고 XY Plane을 선택하여 다음과 같이 스케치를 한다.

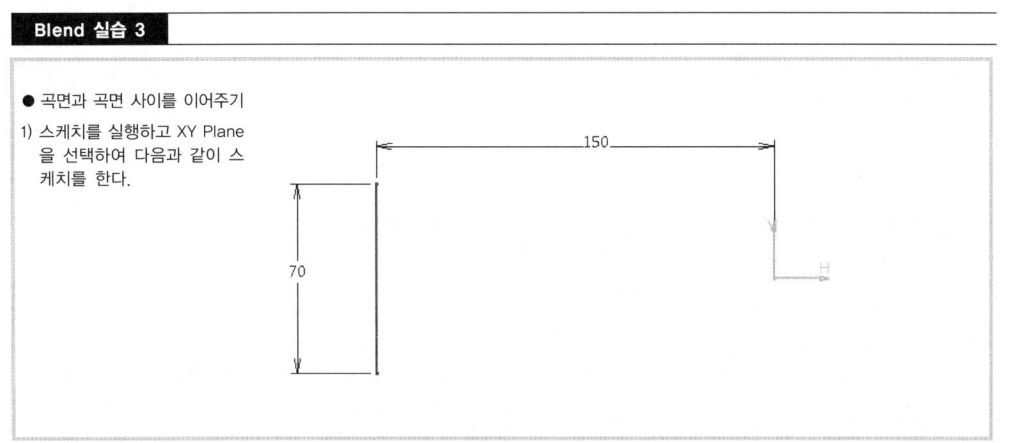

2) Plane을 선택하여 XY Plane을 선택하여 60mm 위치에 Plane을 생성한다.

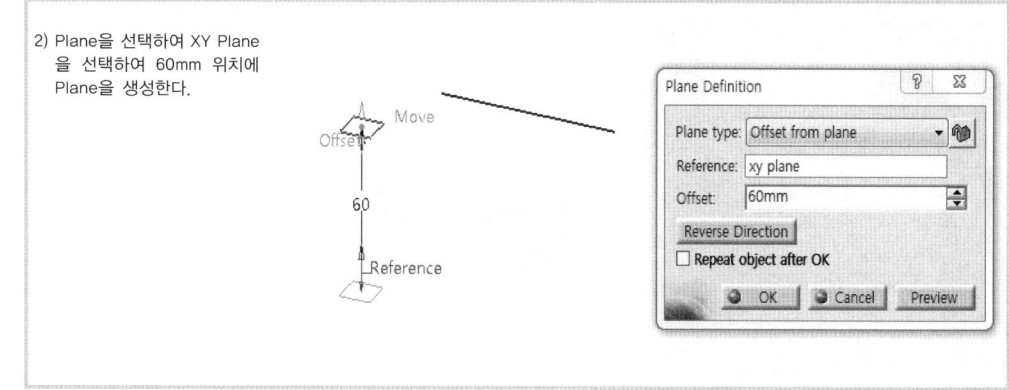

3) 스케치를 실행하고 Plane.1을 선택하여 다음과 같이 스케치를 한다.

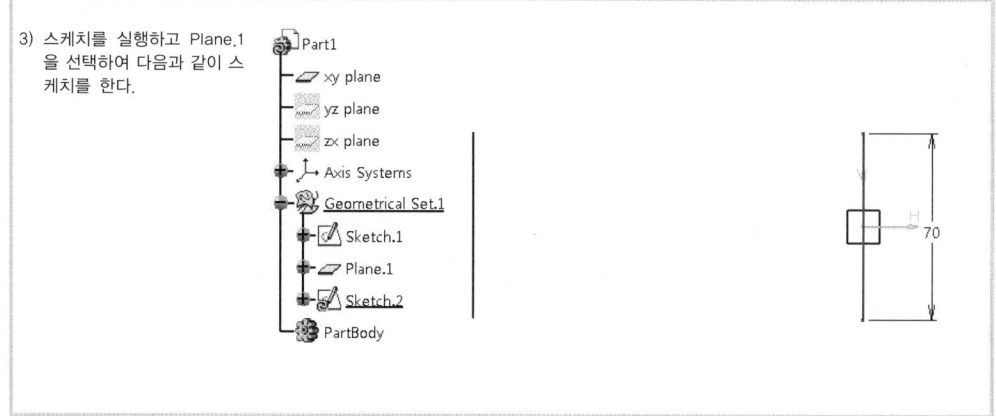

4) Extrude를 실행하고 Sketch.2를 다음과 같이 돌출을 한다.

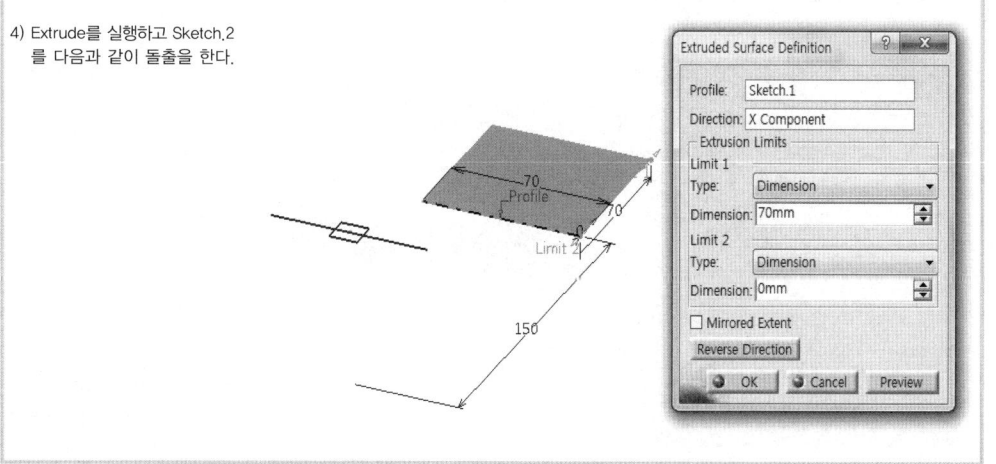

5) Extrude를 실행하고 Sketch.1을 다음과 같이 돌출을 한다.

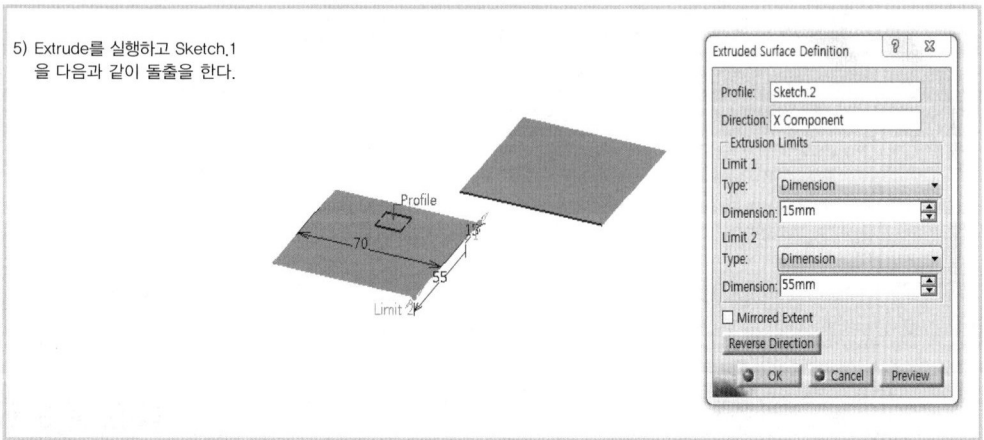

6) Blend를 실행하고 Curve와 Surface를 각각 선택한다.

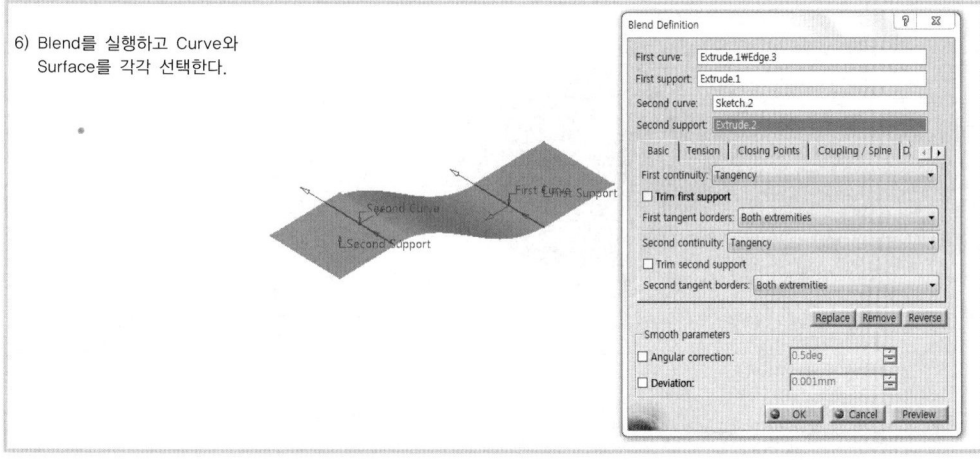

7) Multi-Section Surface과 같은 결과가 얻어진다.

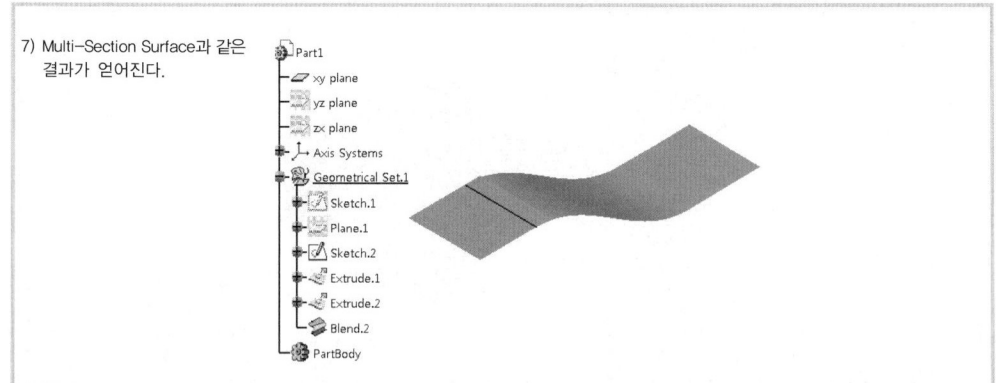

[Basic] 탭

8) Blend는 더 다양하게 제어할 수 있다.
- First Continuity : Tangency
- Second Continuity : Tangency
로 제어

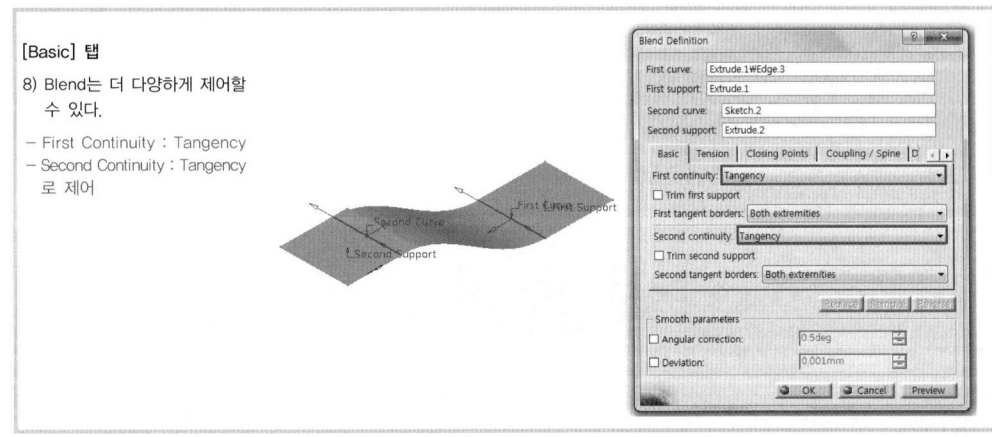

9) Blend는 더 다양하게 제어할 수 있다.
- First Continuity : Point
- Second Continuity : Tangency
로 제어

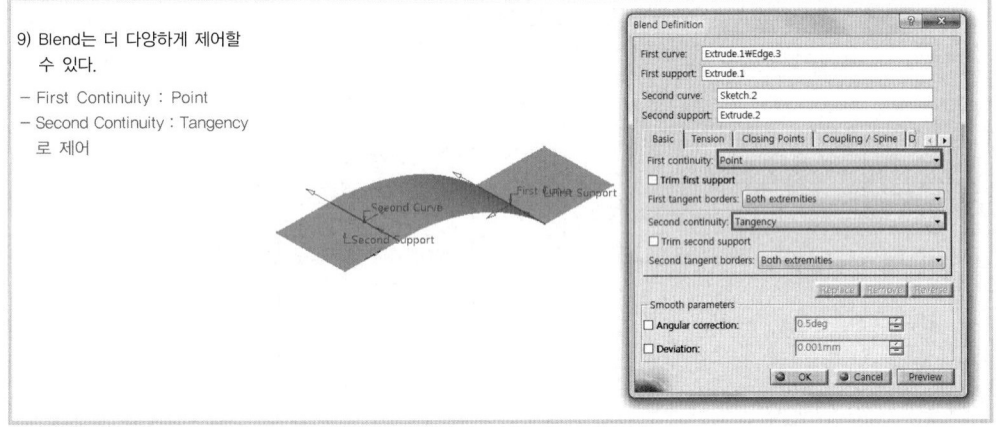

10) Blend는 더 다양하게 제어할 수 있다.
- First Continuity : Point
- Second Continuity : Point로 제어

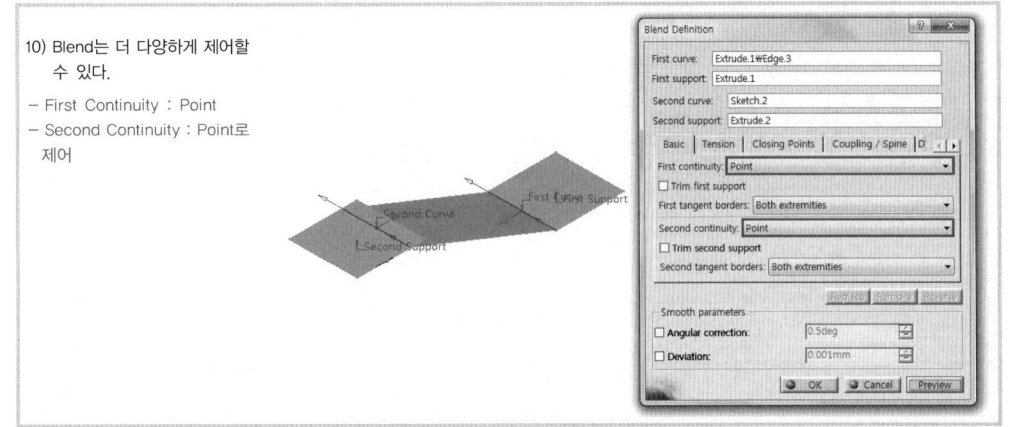

11) Blend는 더 다양하게 제어할 수 있다.
 - First Continuity : Curvature
 - Second Continuity : Point로 제어

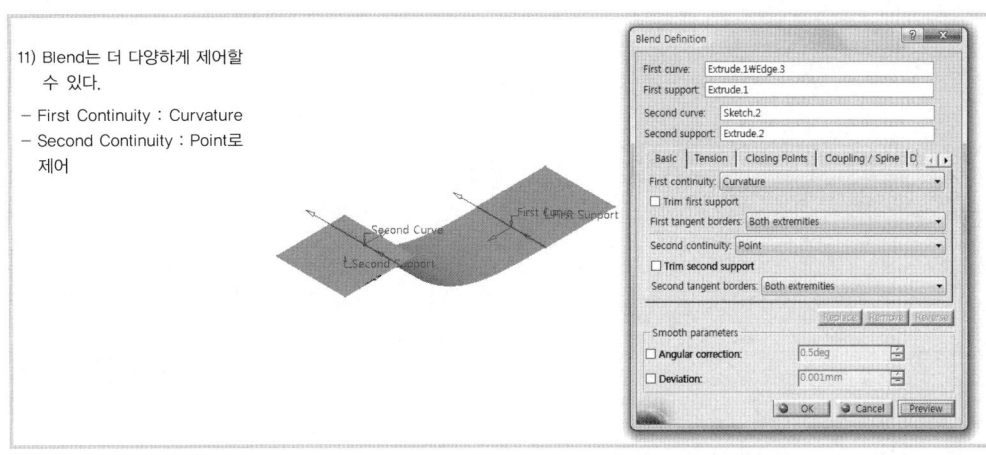

12) Blend로 경계성 생성 여부를 다양하게 제어할 수 있다.
 - First Tangent Borders : Start extremity only (Tangency로 들어간다)
 - Second Tangent Borders : Start extremity only(Tangency로 들어간다.)

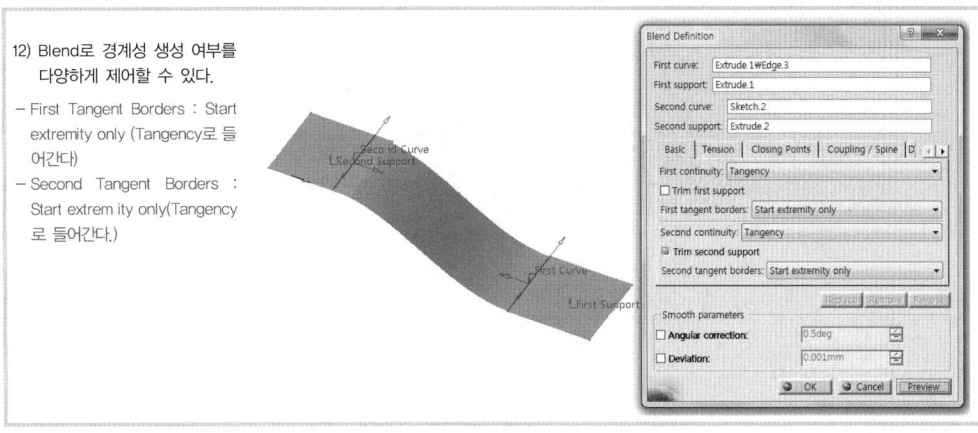

● [Base] 탭-경계선 생성 여부 지정

13) Blend로 경계성 생성 여부를 다양하게 제어할 수 있다.
 - First Tangent Borders : None (직선으로 들어간다)
 - Second Tangent Borders : None(직선으로 들어간다.)

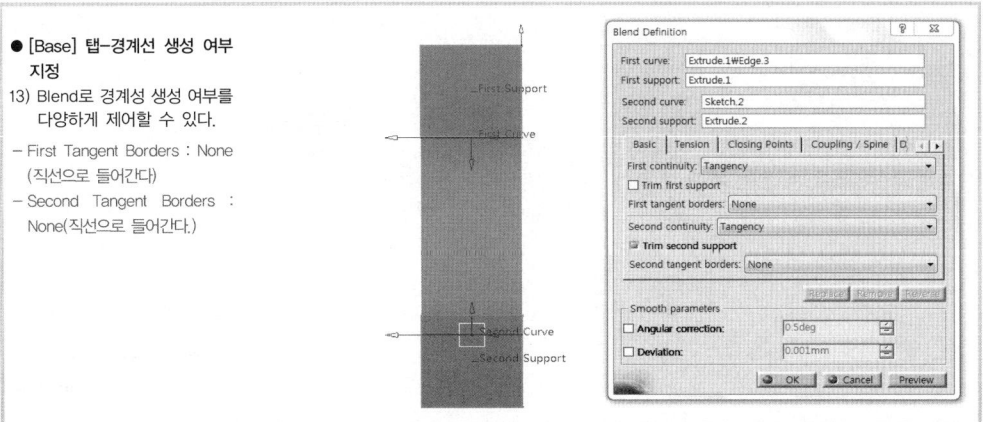

14) Blend로 Support로 사용된 Surface에서 뾰족하게 나온 Surface를 잘라낼 수 있다.
 - Trim First Support : 첫 번째 Surface의 뾰족한 부분을 잘라 낸다.
 - Trim Second Support : 두 번째 Surface의 뾰족한 부분을 잘라 낸다.

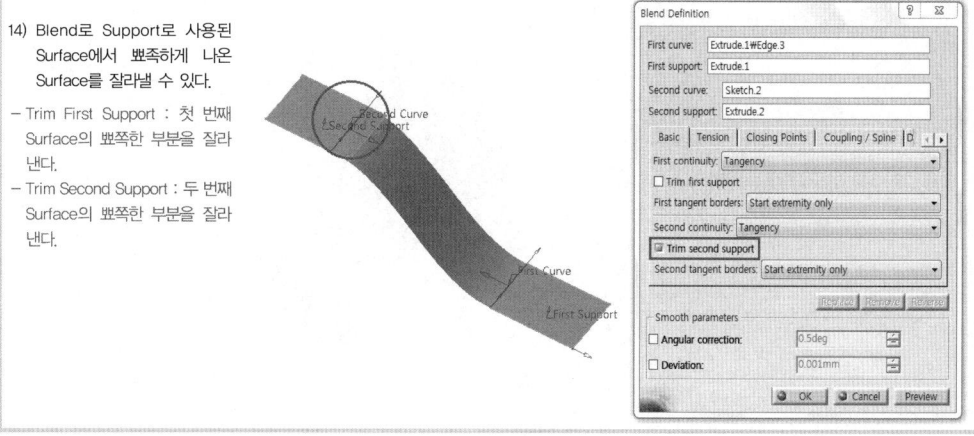

● [Base] 탭-Surface Trim 여부

15) 뾰족한 부분이 잘려진 결과

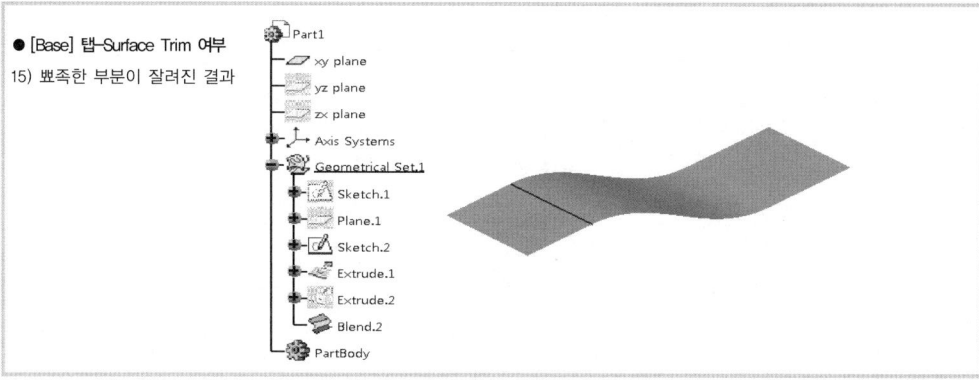

● [Tension] 탭-장력 부여

16) [Tension]탭을 지정 양쪽 모두 Linear로 지정하고 T1 값과 T2 값을 조절해 본다.

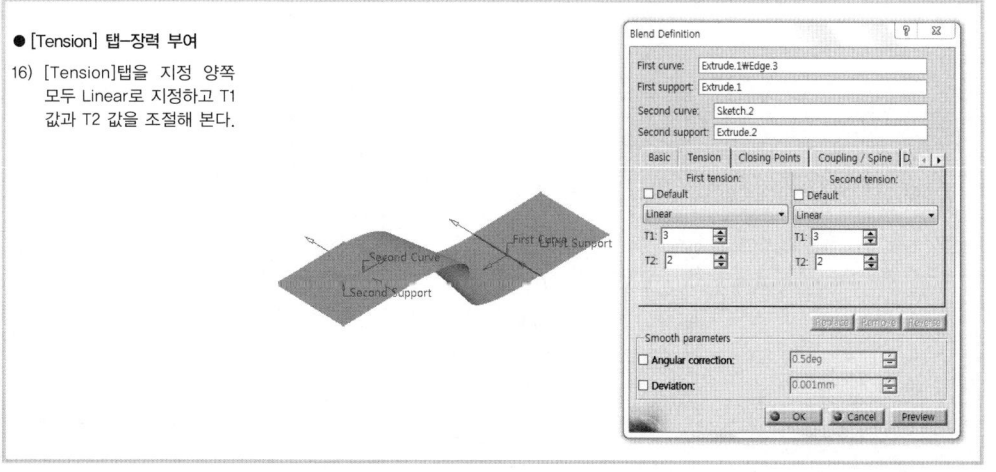

● [Tension] 탭-장력 부여

17) [Tension]탭을 지정 양쪽 모두 Linear로 지정하고 T1 값과 T2 값을 조절해 본다.

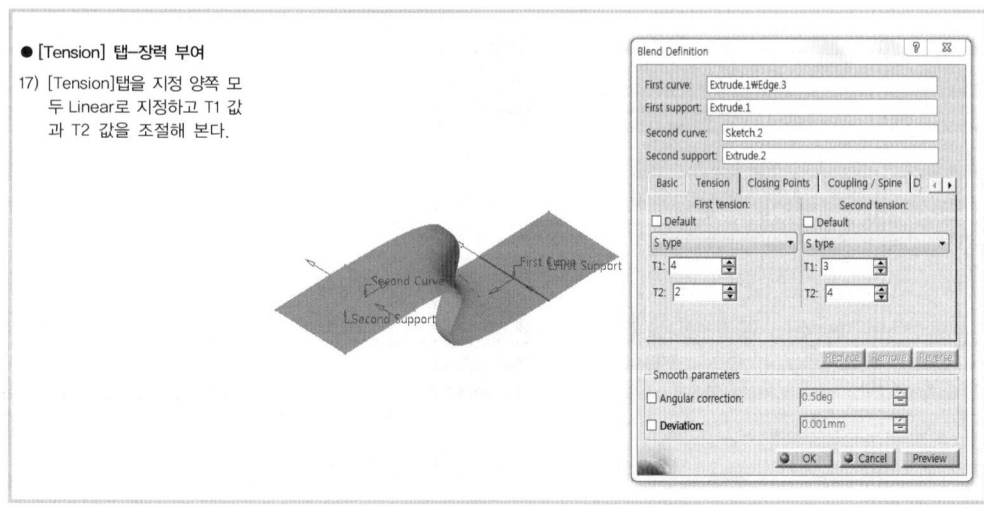

■ Tension 부여 결과

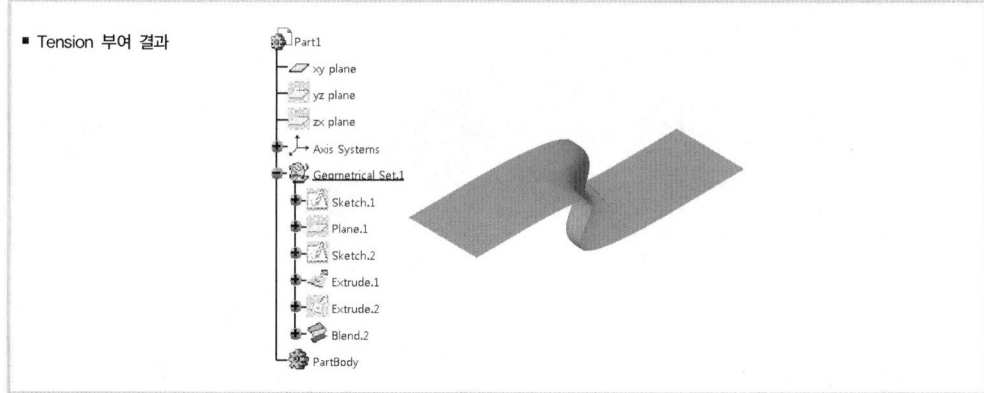

Blend 실습 4   폐곡선 지정

1) Plane을 선택하여 ZX Plane을 선택하여 150mm 위치에 Plane을 생성한다.

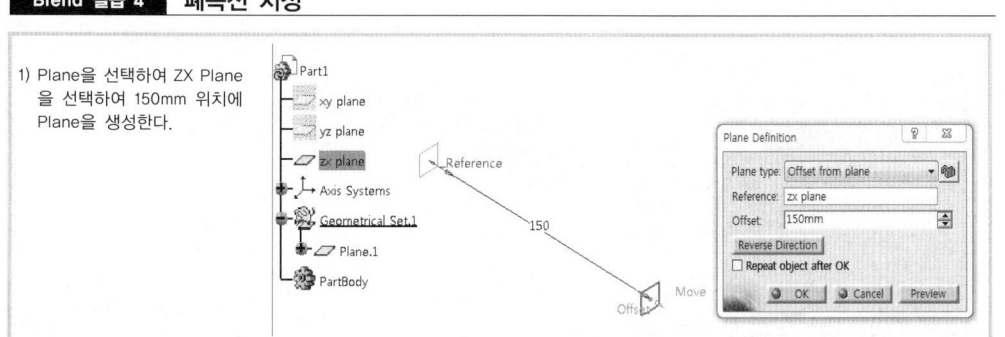

2) 스케치를 실행하고 ZX Plane을 선택하여 다음과 같이 스케치를 한다.

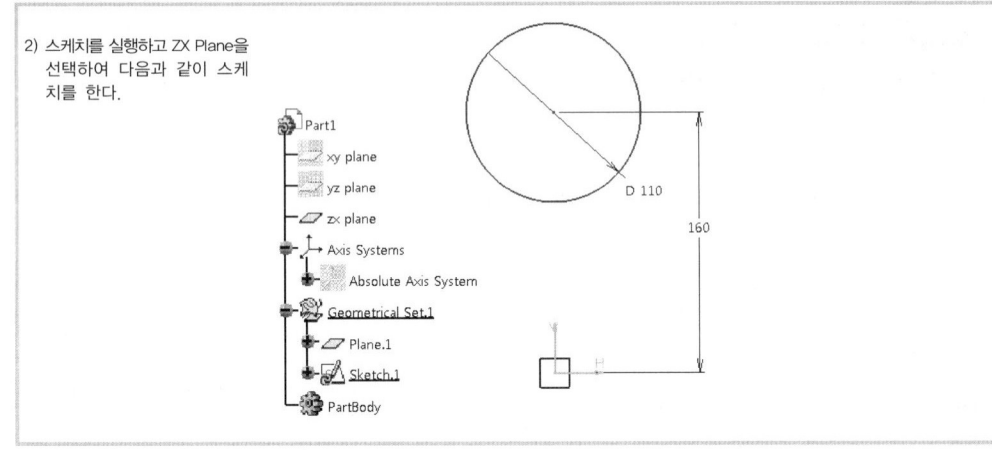

3) 스케치를 실행하고 Plane.1을 선택하여 다음과 같이 스케치를 한다.

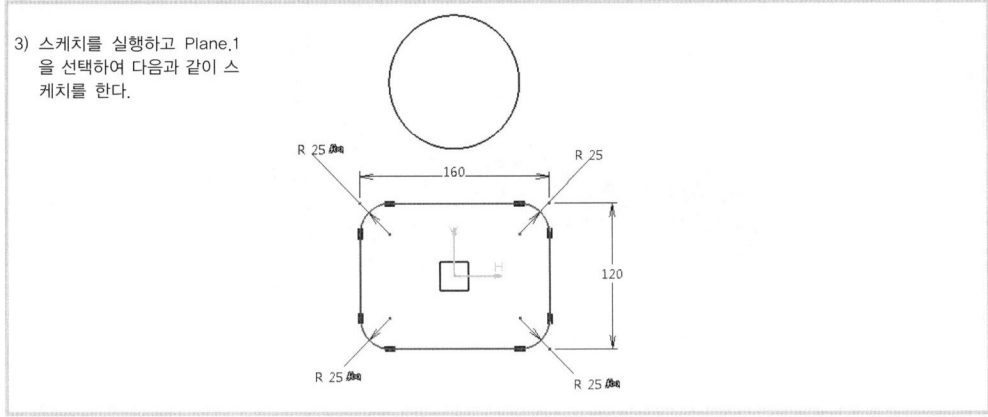

4) Blend를 실행하고 두 개의 Sketch를 차례대로 선택한다. Closing Point가 맞지 않아서 엇갈린 Surface가 생성된다.

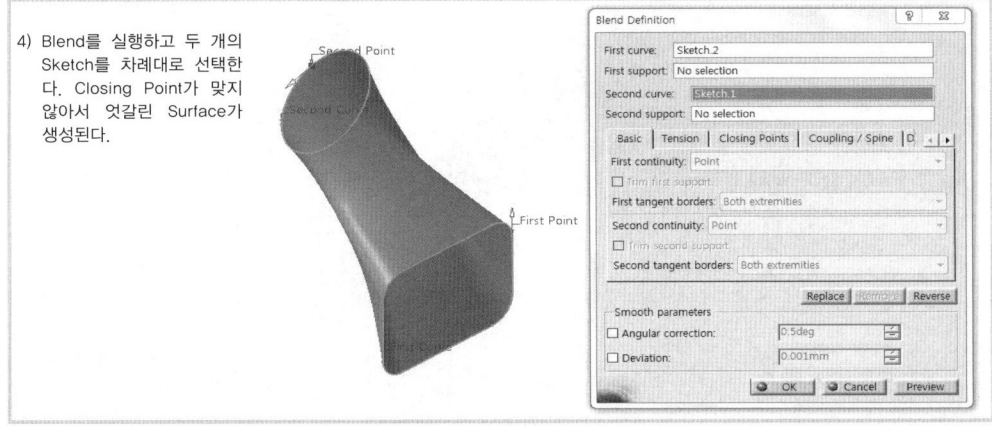

5) Second closing Point를 새롭게 생성하기 위해서 다음 위치에서 마우스 우측 버튼을 눌러 [Create Point]를 클릭한다.

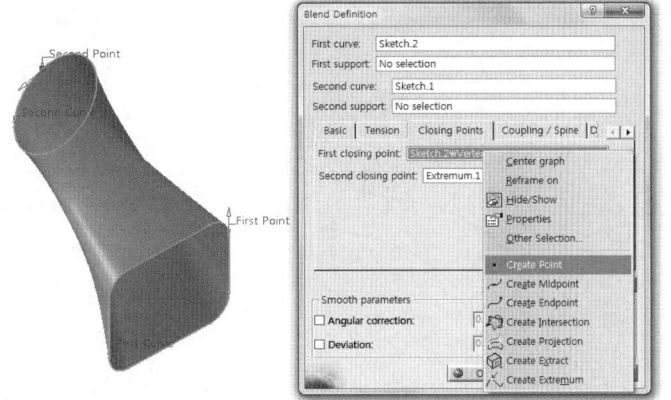

6) Point Definition 창에서 On Curve 를 지정하고 길이 80mm를 지정하여 수평선 중간에 Point를 생성한다.

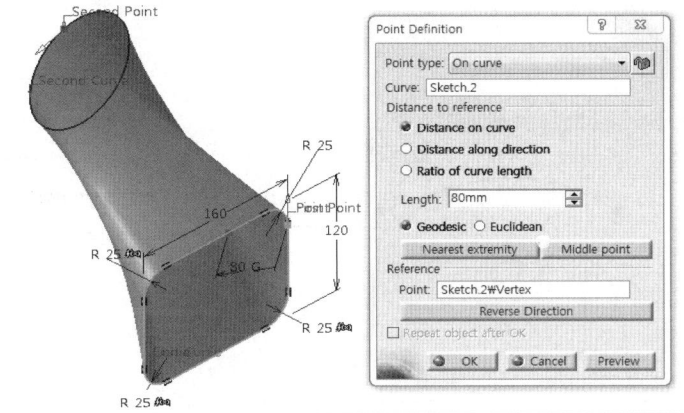

7) First Point가 이동해서 엇갈렸던 Surface가 바르게 잡힌 Surface 로 바뀌어 생성된다.

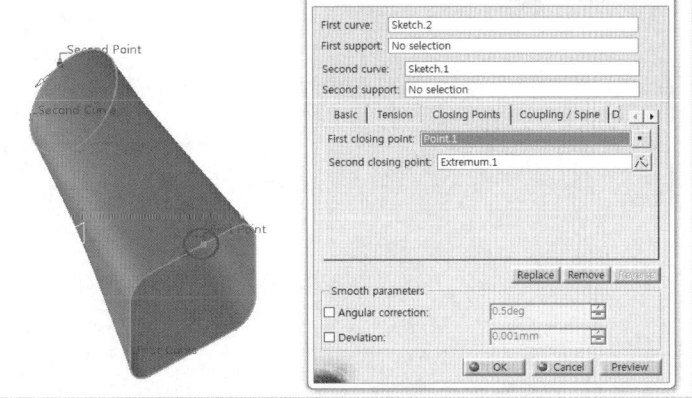

8) Closing Point를 맞추어 주어야 해서 복잡하다.

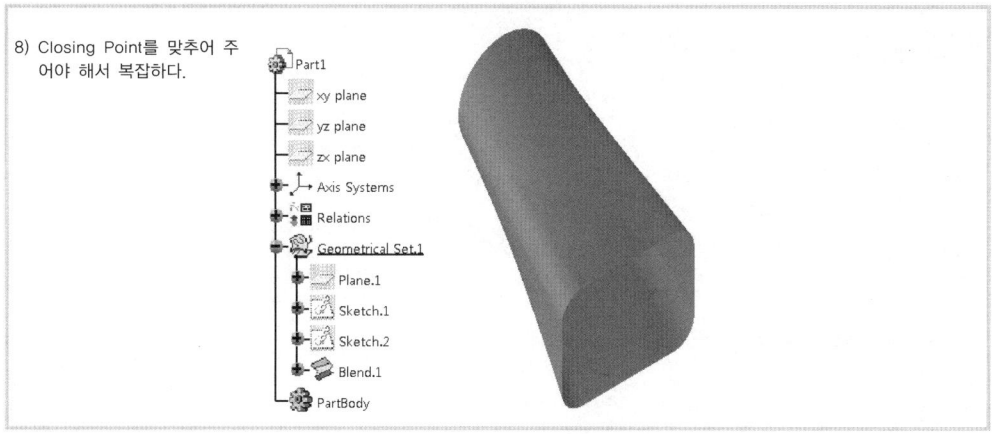

Blend 실습 5

1) Plane( )을 실행하고 ZX Plane을 기준으로 30mm 위치에 2개의 Plane을 생성한다.

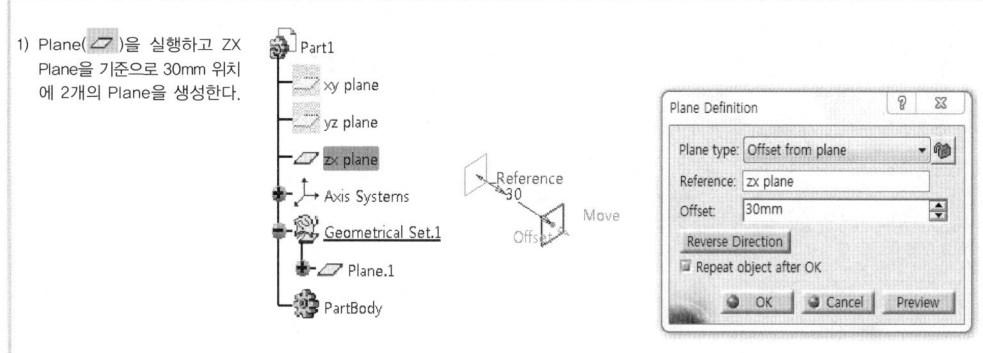

2) Plane 개수 : 1개를 지정한다.

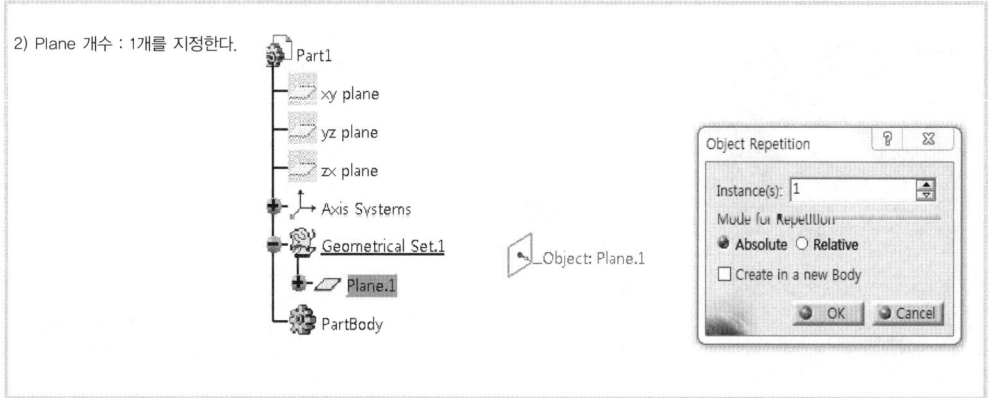

3) Plane이 2개 생성되었다.

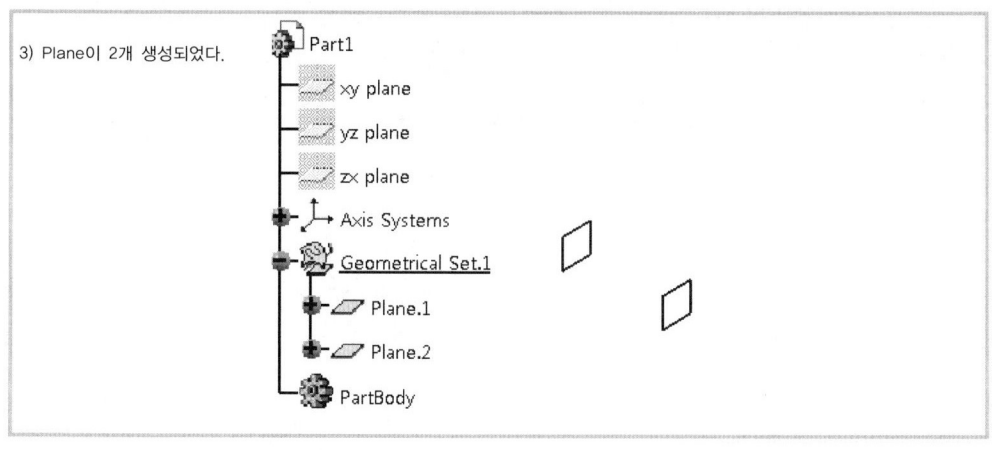

4) 스케치를 실행하고 Plane.1을 선택하여 다음과 같이 스케치를 한다.

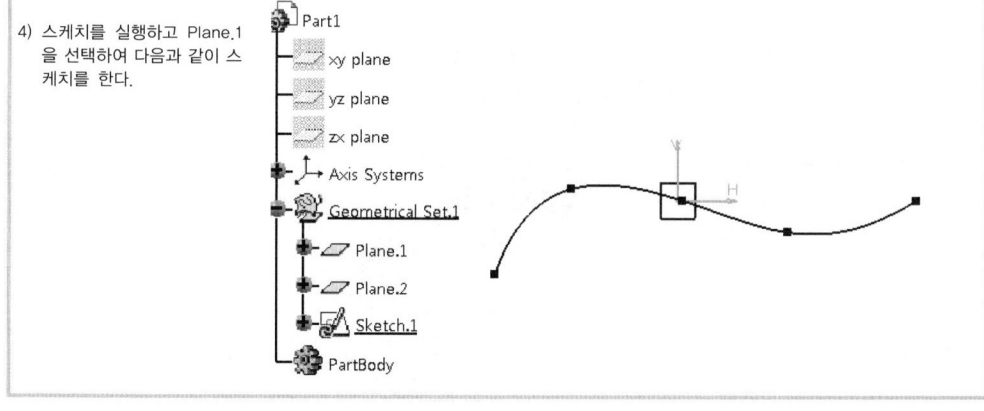

5) Plane.1에 스케치한 Sketch.1을 선택하여 [Copy]를 선택하고 Plane.2를 선택하여 [Paste]를 한다.

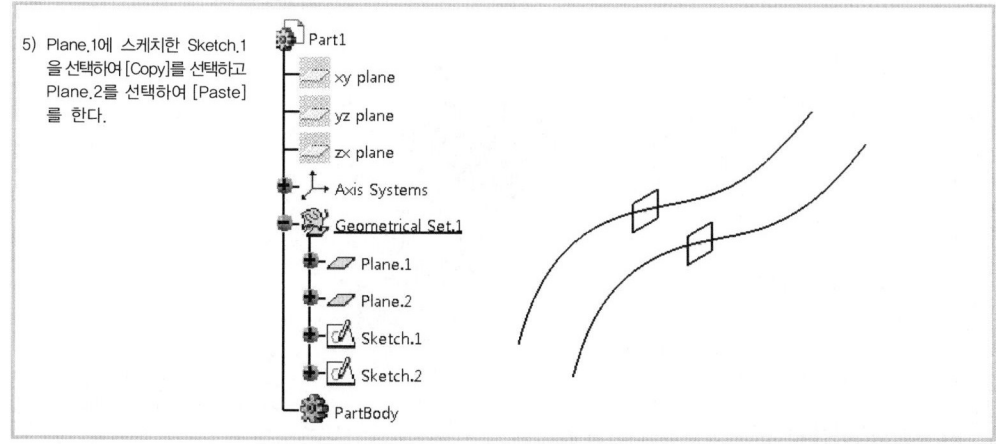

6) Extrude( )을 실행하고 20mm 돌출을 한다.

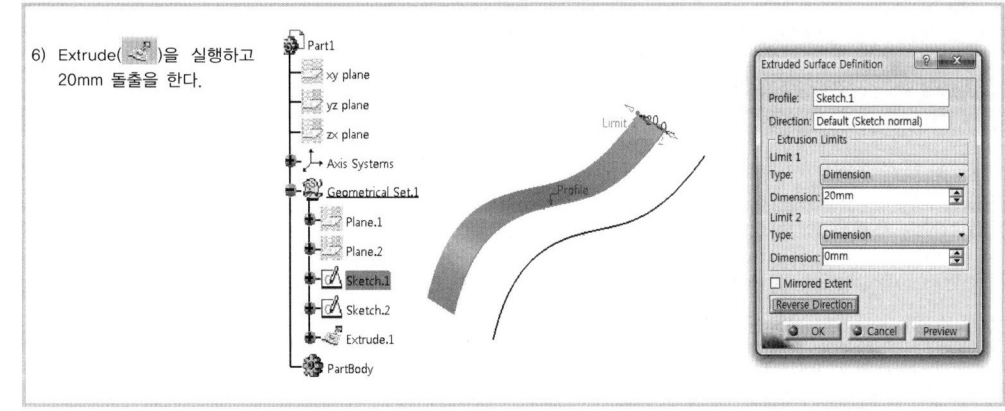

7) Extrude( )을 실행하고 20mm 돌출을 한다.

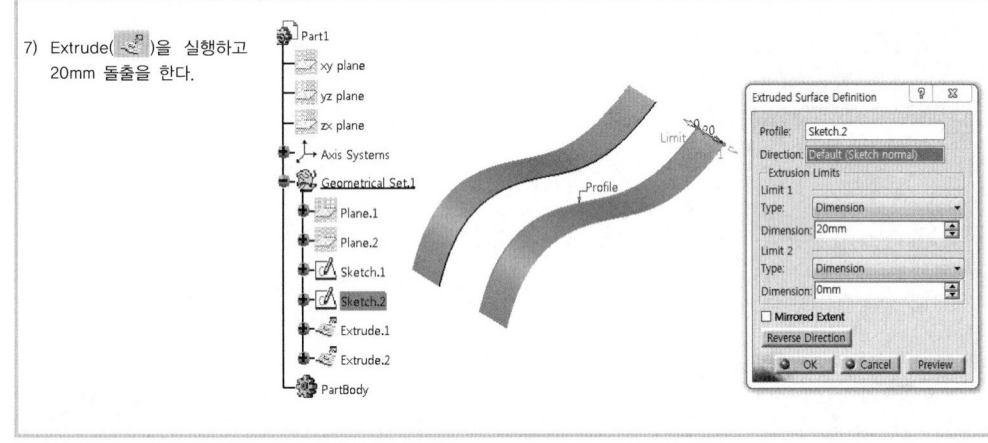

8) Blend( )을 실행하고 모서리를 차례대로 선택한다.

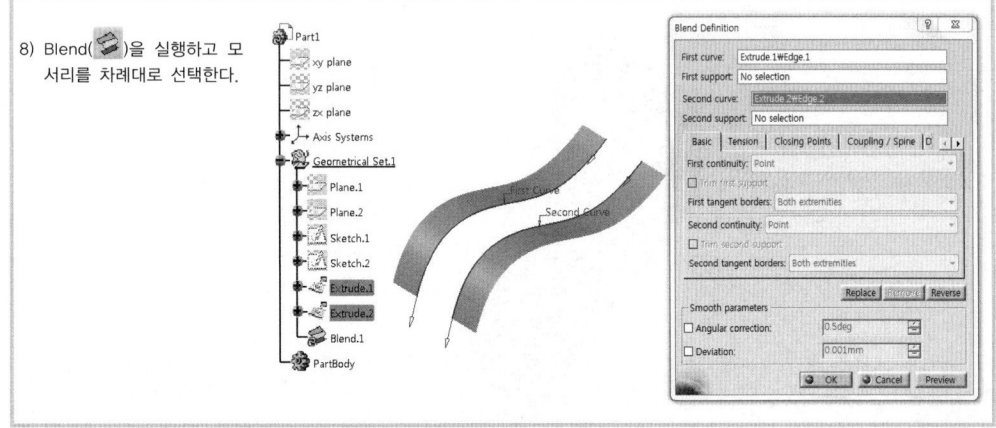

■ Blend 결과

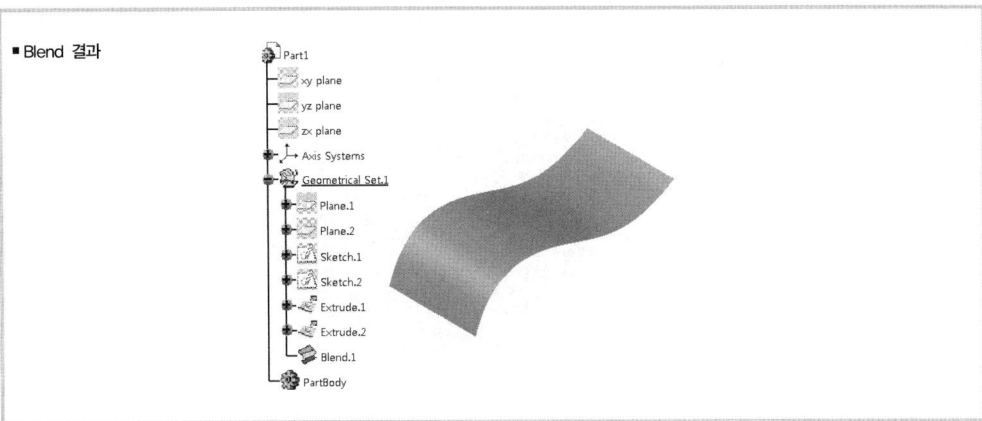

Projection-Combine Toolbar

1. Projection( )

Surface 면에 스케치나 Wireframe 요소를 투영시키는 명령이다. Surface 위에 놓인 Point를 만들 수도 있다. Surface 위에 놓여진 Wireframe을 만드는 명령이다. Surface 위를 따라가는 Curve를 만들거나 Surface를 자르기 위해 Surface 위에 놓여진 Curve를 만들 때 사용한다.

• Projection( ) Definition

- Projection Type : Project를 어떤 방식으로 할지 선택한다.
  - Normal : Surface 면에 수직으로 투영한다.
    Surface의 곡률을 따라 Curve가 투영된다.
    투영전과 투영후의 모양이 다르다.
  - Along a direction : 곡면에 상관없이 지정해준 방향으로 투영한다.
    Surface에 인히는 방향으로 Wireframe이나 스케치를 투영하고자 할 때 지정한다.

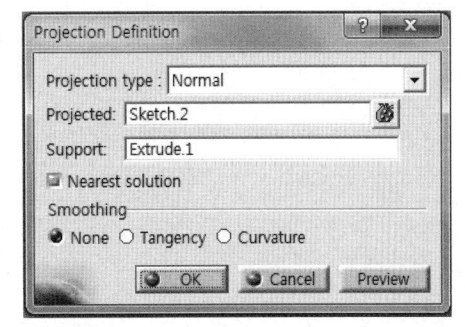

Projection( ) 실습 1

1) 스케치를 실행하고 YZ Plane을 선택하여 다음과 같이 스케치를 한다.

2) Extrude( )을 실행하고 50mm 돌출을 한다.

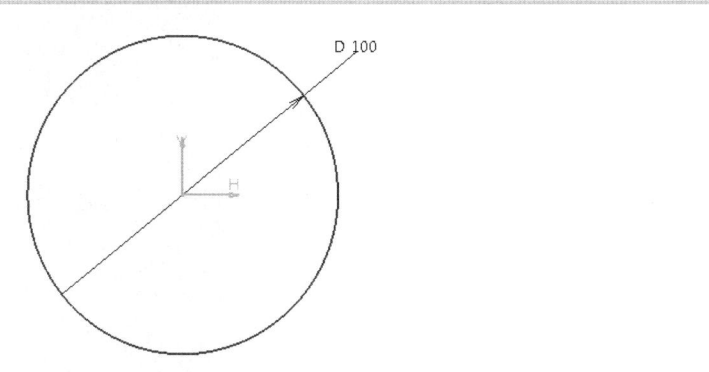

3) Plane( )을 실행하고 XY Plane을 기준으로 60mm 위치에 Plane을 생성한다.

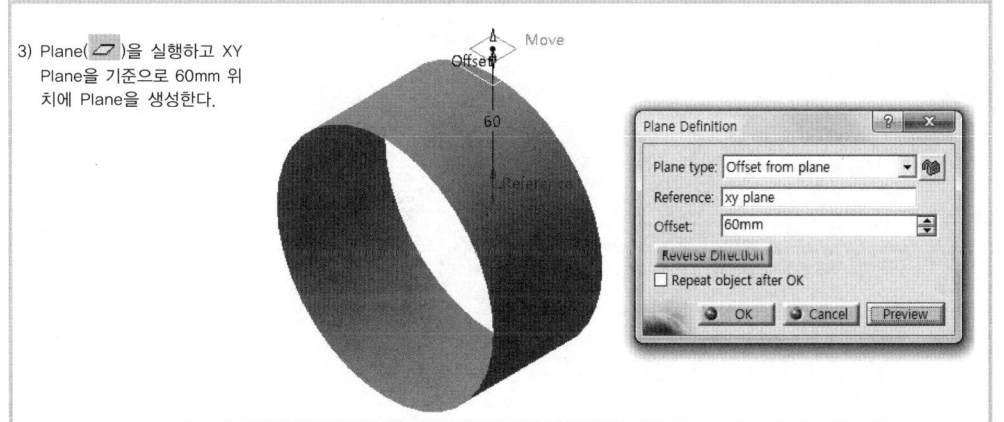

4) 스케치를 실행하고 Plane.1을 선택하여 다음과 같이 스케치를 한다.

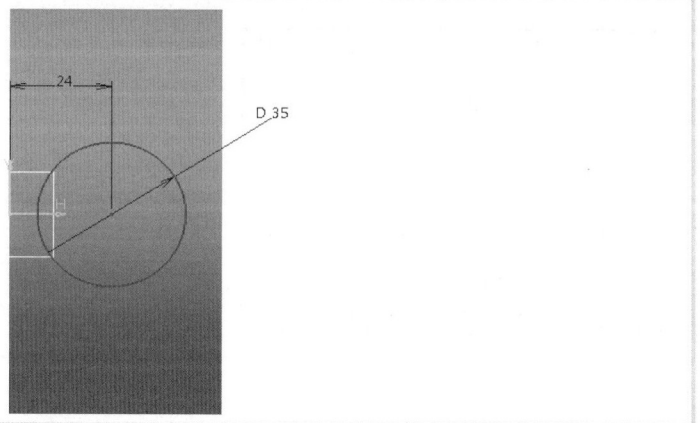

5) Projection( )을 실행하고 Projected : 투영시킬 스케치를 선택, Support : 곡면을 선택, Nearest solution을 체크한다.

- Nearest solution의 의미?

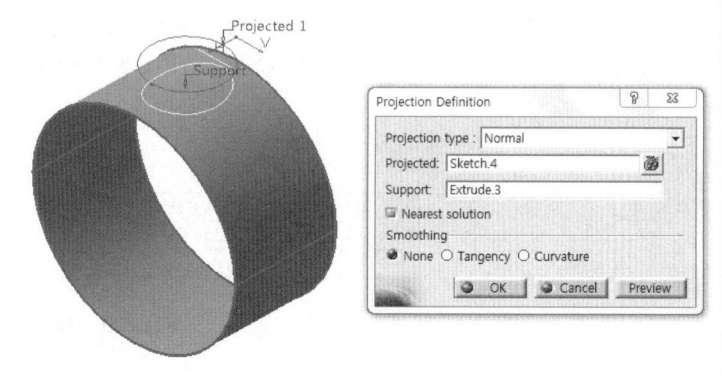

- Projection( ) 결과

6) Projection( )을 실행하고 Projected : 투영시킬 스케치를 선택, Support : 곡면을 선택, Nearest solution을 체크 해제하고 확인을 한다.

- Nearest solution을 체크하면 가장 가까운 Surface에만 투영되고 해제하면 선택할 수 있는 Multi Result Management 창이 뜬다. 여기에서 3가지 방법 중 한 가지를 선택하여 투영할 수 있다.

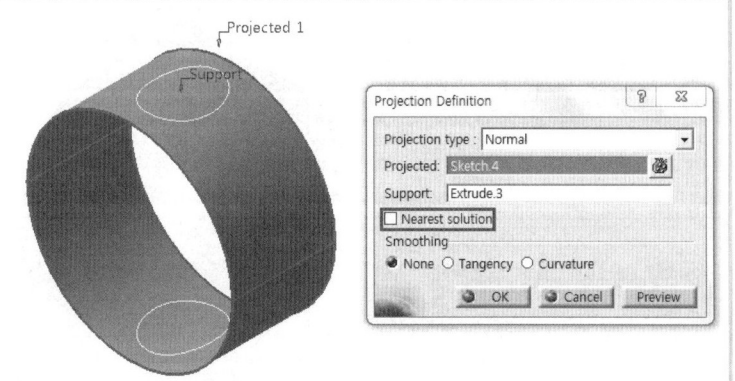

- Projection( ) 결과

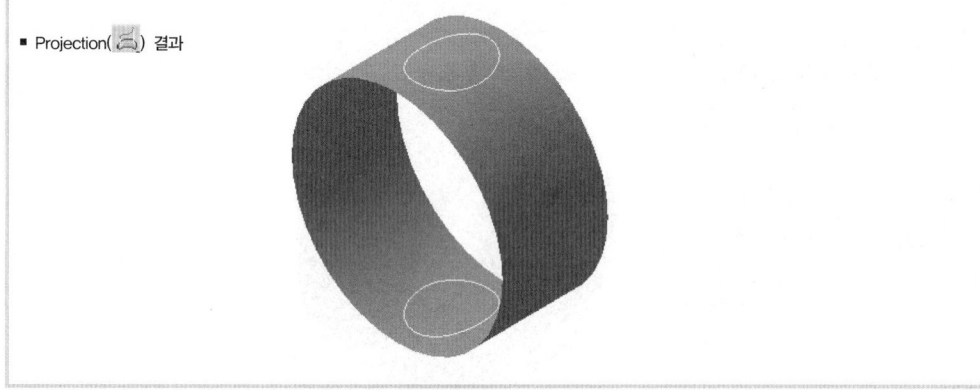

7) Sketch.1을 더블클릭하여 다음과 같이 스케치를 수정한다.

8) Spec Tree에서 Projection.1을 더블클릭하고 Projected : 투영시킬 스케치를 선택, Support : 곡면을 선택, Nearest solution을 체크한다.

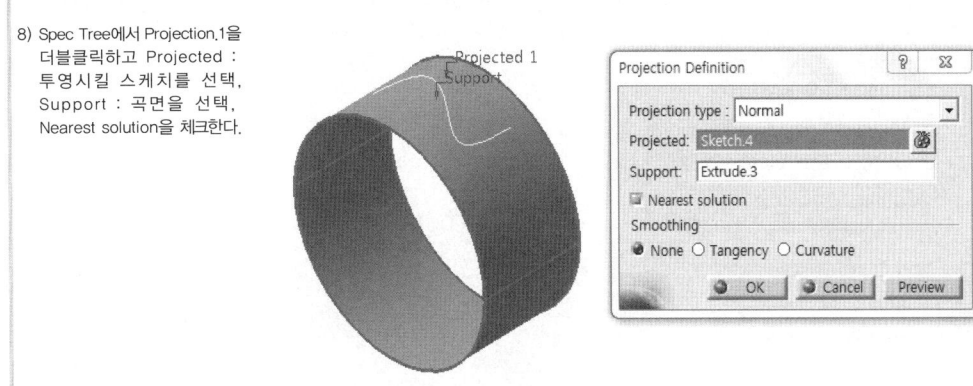

■ Projection 결과

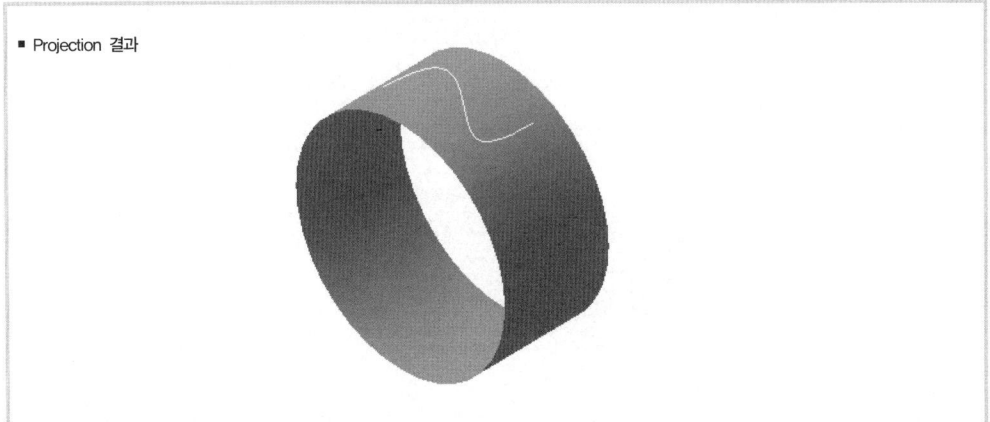

Projection( ) 실습 2

1) 스케치를 실행하고 ZX Plane을 선택하여 다음과 같이 스케치를 한다.

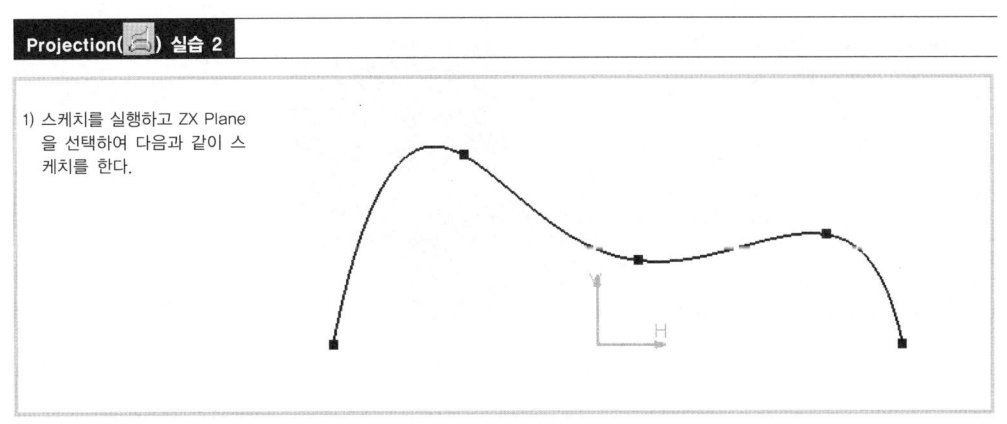

2) Extrude( )을 실행하고 50mm, Mirrored extent를 지정하여 돌출을 한다.

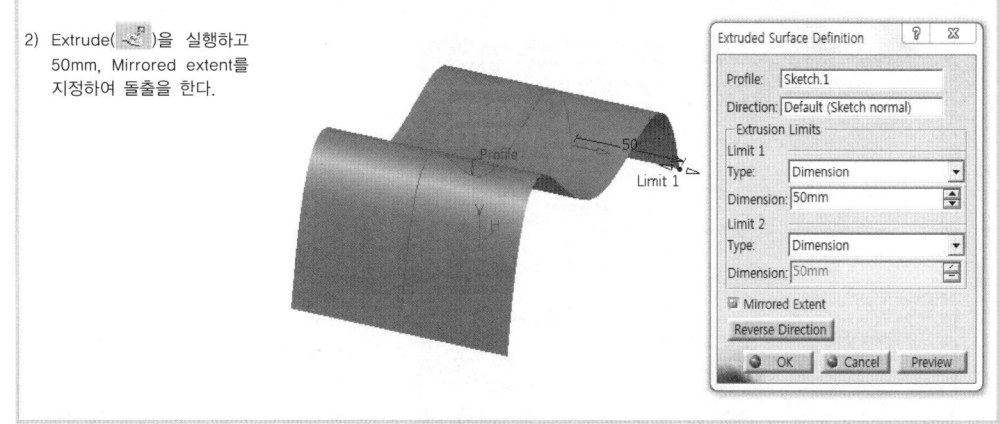

3) Plane( )을 실행하고 XY Plane을 기준으로 65mm 위치에 Plane을 생성한다.

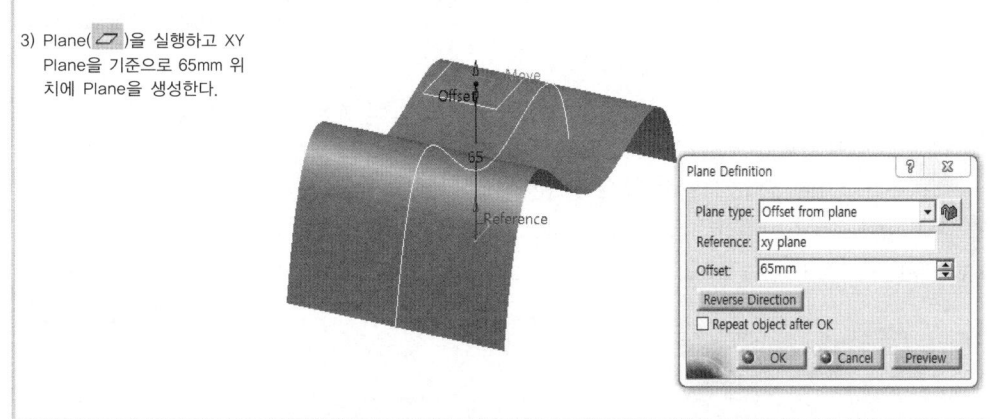

4) 스케치를 실행하고 Plane.1을 선택하여 다음과 같이 스케치를 한다.

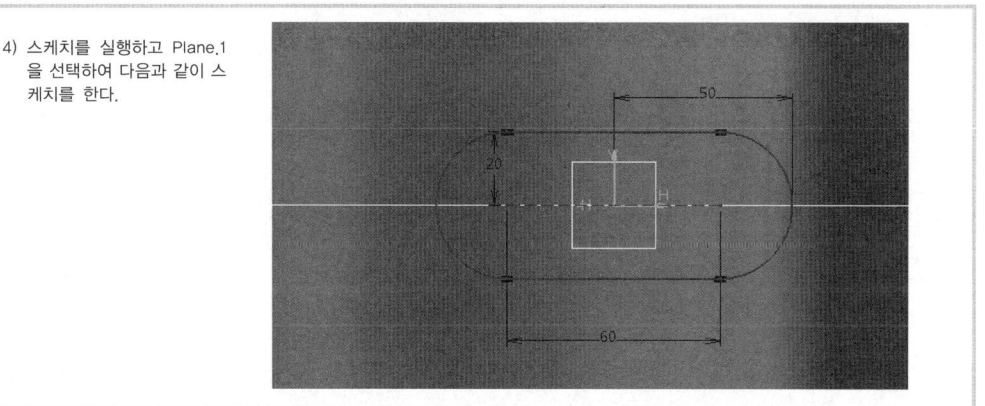

5) Projection(아이콘)을 실행하고 Projected : 투영시킬 스케치를 선택, Support : 곡면을 선택, Nearest solution을 체크한다.

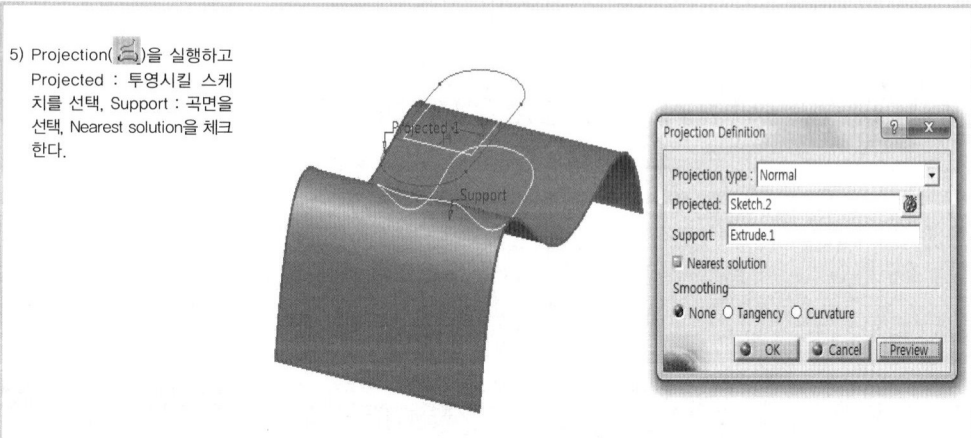

■ Projection(아이콘) 결과

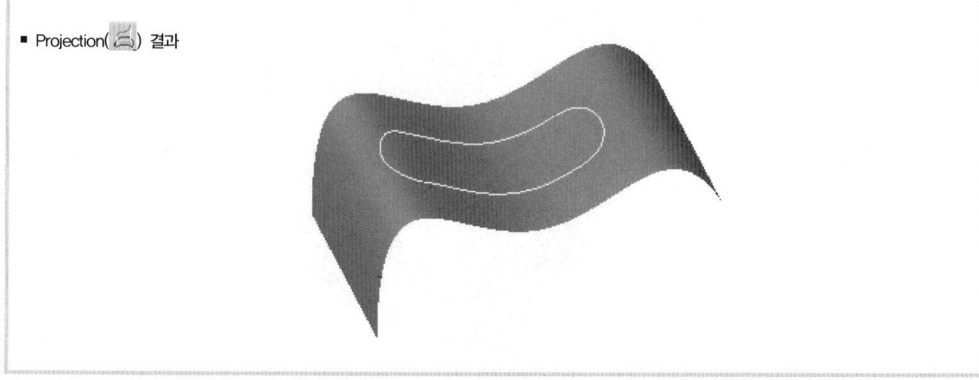

6) Projection(아이콘)을 실행하고 방향을 지정하기 위해 Along to Direction을 선택, Projected : 투영시킬 스케치를 선택, Support : 곡면을 선택, Nearest solution을 체크한다.

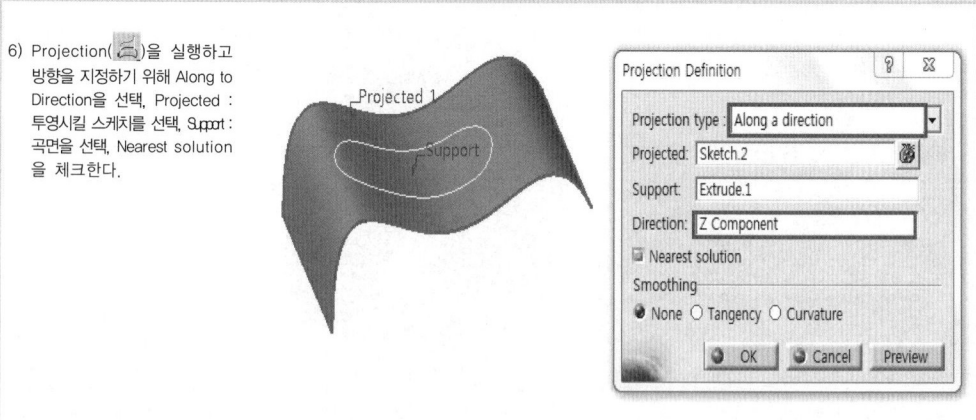

■ Projection 결과

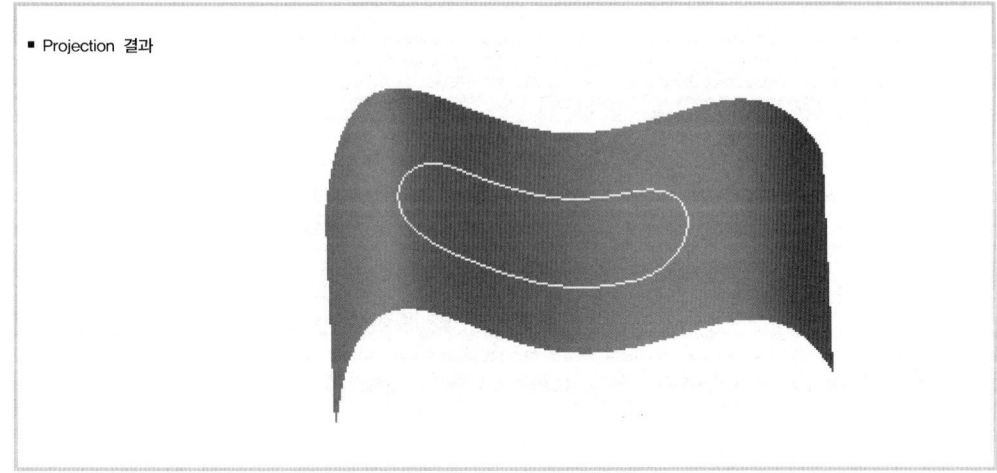

2. Combine(아이콘)

Combine : 두 개의 Wireframe 요소에 대해서 이 두 개의 각 방향에서의 형상을 모두 가지는 한 개의 요소를 만든다. 각 방향의 형상을 모두 가지는 결과물을 만들어 3차원 곡률을 가진 형상을 만든다. 각각의 Curve를 선택하게 되면 계산을 통하여 두 개의 Curve의 곡률을 모두 가지는 Curve가 만들어진다.

2개의 Curve나 Line을 가상의 무한 Surface로 Extrusion 시키고 만일 무한으로 Extrusion된 가상 Surface가 서로 교차한다면 그 교차하는 곳에 새로운 Curve를 생성한다.

• Combine(아이콘) Definition

■ Curve1과 Curve2는 각각 모서리 또는 선분을 선택한다.
■ 두 개의 Curve의 요소는 같은 Plane상에 만든 요소여서는 안 된다.

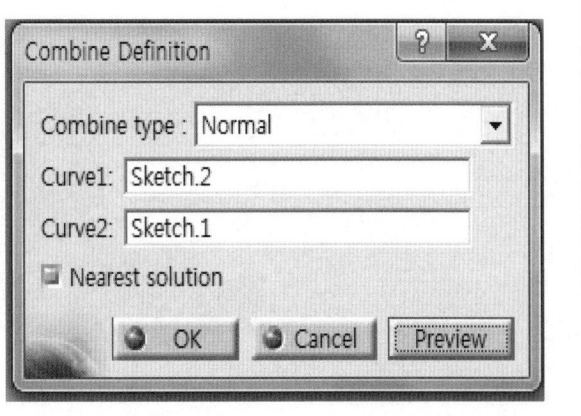

Combine( ) 실습 1

1) 다음과 같은 Wireframe 곡선을 두 개 만든다.

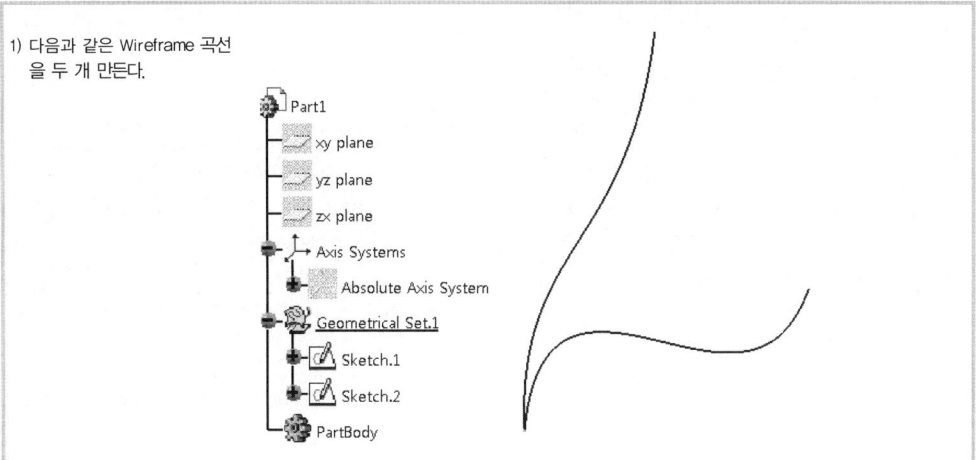

2) Combine( )을 실행하고 두 개의 모서리를 선택한다.

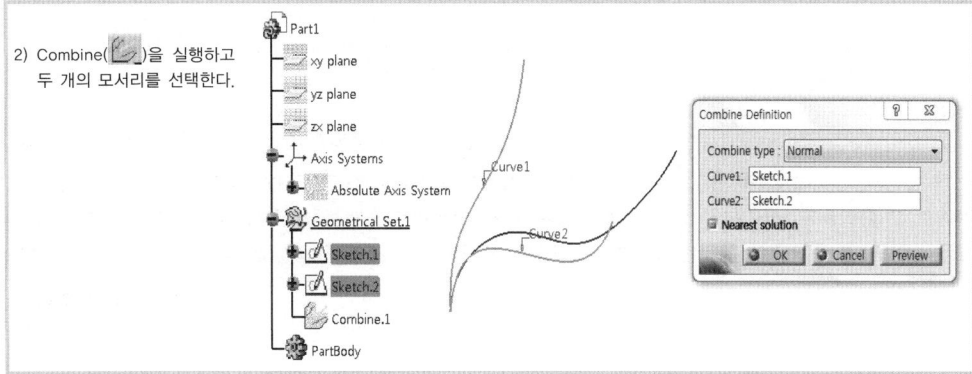

■ Combine 결과

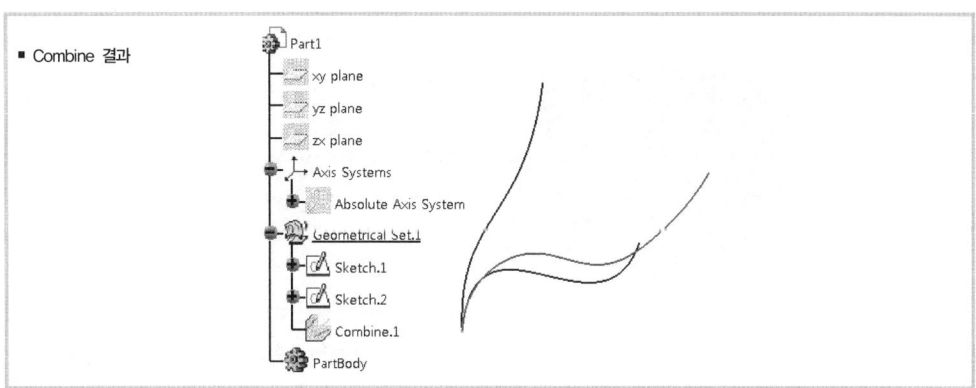

3. Reflect Line( )

Reflect Line : 선택한 Surface에 대해서 임의의 기준점으로부터 선택한 방향으로 일정한 각도를 가지는 점들을 이어 Curve를 만들어 주는 명령이다.

• Reflect Line( )

- Support : Surface를 선택한다.
- Direction : Reflect line을 만들기 위한 기준 방향을 지정한다.
- Angle : Direction에 대해서 각도를 입력한다.

Reflect Line( ) 실습 1

1) Sphere를 실행하고 다음과 같이 구를 만든다.

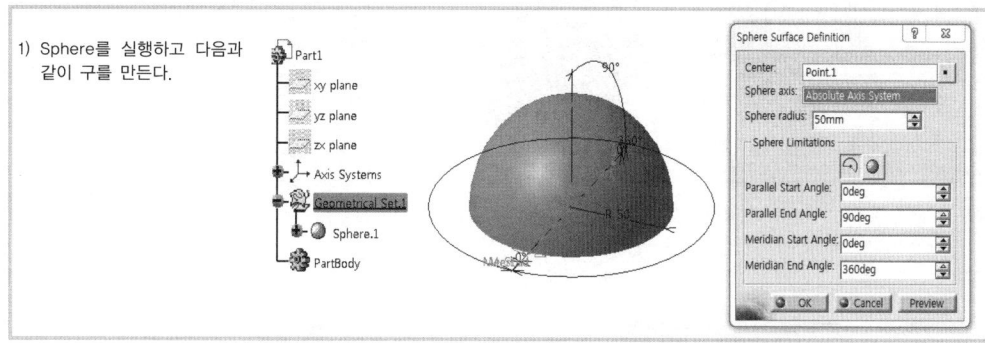

2) Reflect Line( )을 실행하고 다음과 같이 지정한다.

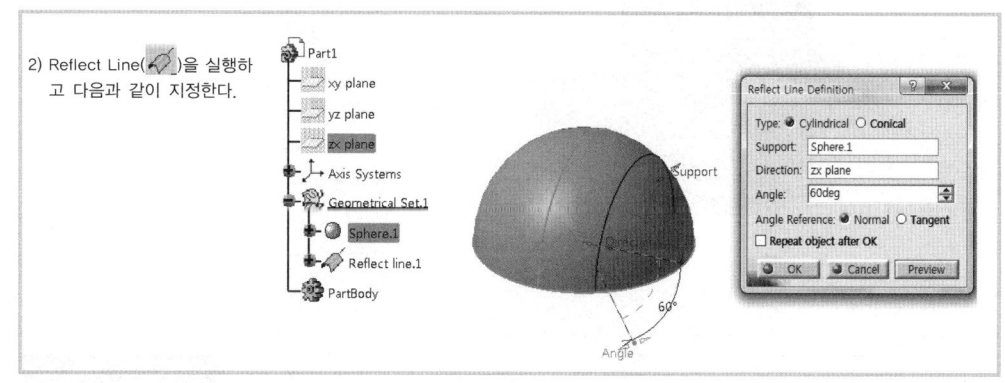

▪ Reflect Line 결과

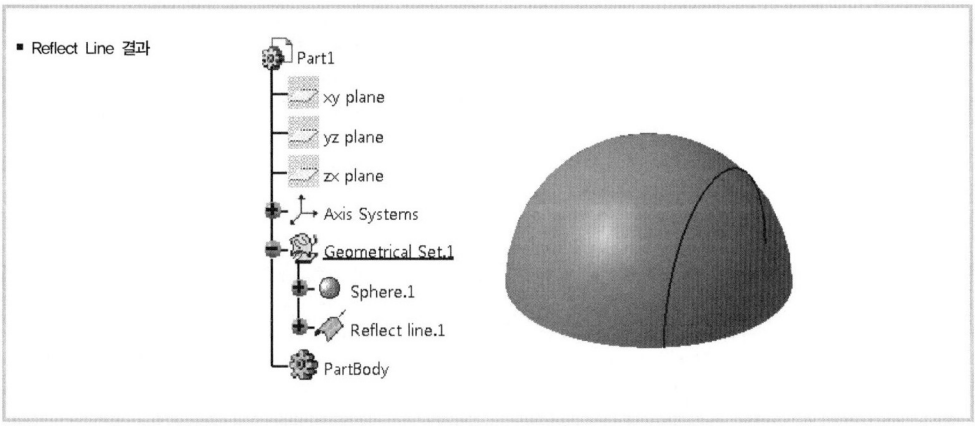

4. Intersection(🗝)

Intersection : 두 Surface에 접해진 곳에 Curve를 생성해 준다. 모델링 작업을 하면서 필요에 의해 앞서 작업된 형상들 사이에 교차하는 형상을 만들어 주고자 할 경우에 유용하다. 선과 선이 교차하면 그 교차하는 부분에 Point가 만들어 지고 Surface와 Surface가 교차하면 Curve가 만들어진다.
Intersection에서 선택할 수 있는 요소는 다음과 같다.

| • Wireframe | • Solid | • Surface | • Plane |

• Intersection(🗝) Definition

- First Element와 Second Element : 교차시킬 요소를 선택한다.
- Extend linear supports for Intersection : 각 형상을 선형 확장 하여 실제로 교차하는 부분까지 형상이 이어져 있지 않더라도 교차하는 위치에 결과물을 만들어 준다.
- Intersection 형상으로 Solid와 Surface, Surface와 Surface, Solid와 Solid 가능
- Contour : 윤곽선만 생성
  - Surface : 교차하는 곳에 Surface 생성
- Extrapolate intersection on first element : 교차하는 Curve가 연장되어 생성된다. 직선과 같은 Linear한 객체에 한해서 적용 가능하다.

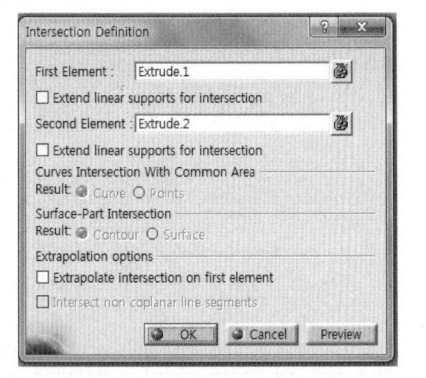

Intersection 실습 1

1) 다음과 같은 Surface 두개를 준비한다.

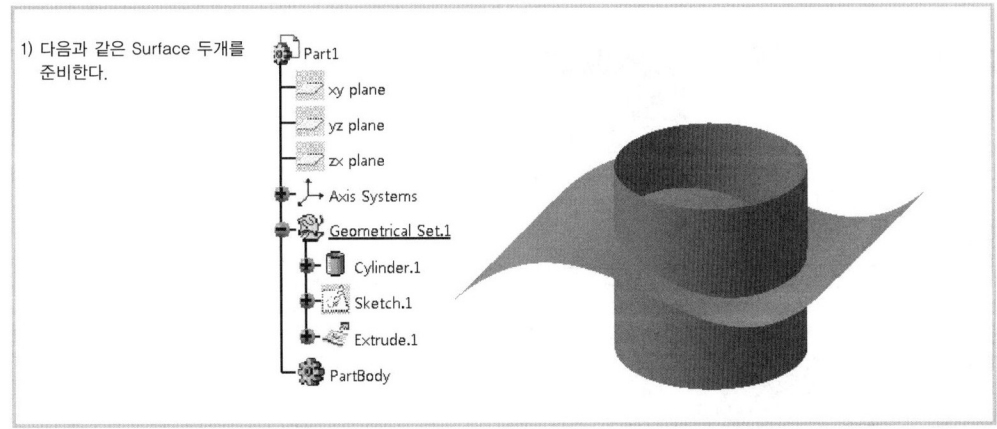

2) Intersection(🗝)을 실행하고 다음과 같이 지정한다.

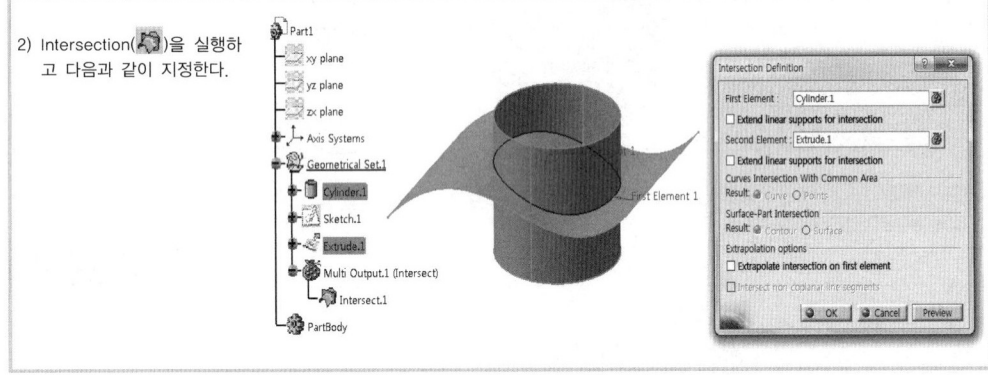

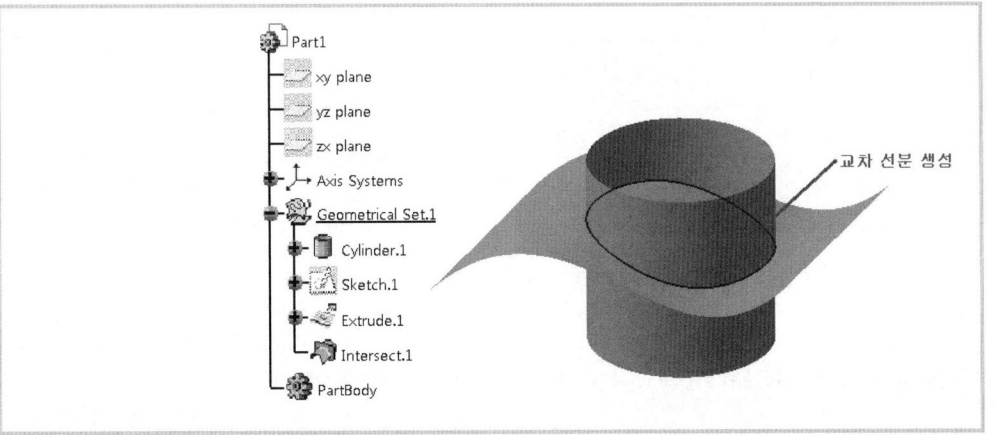

■ Intersection 결과

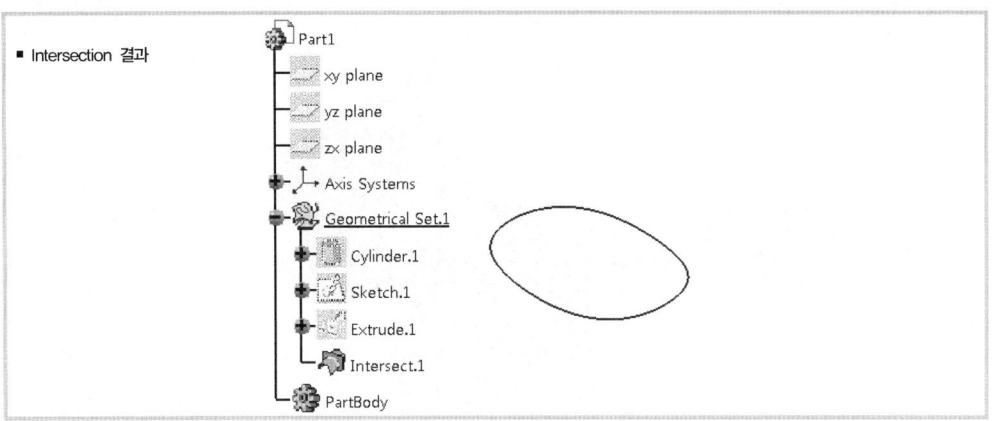
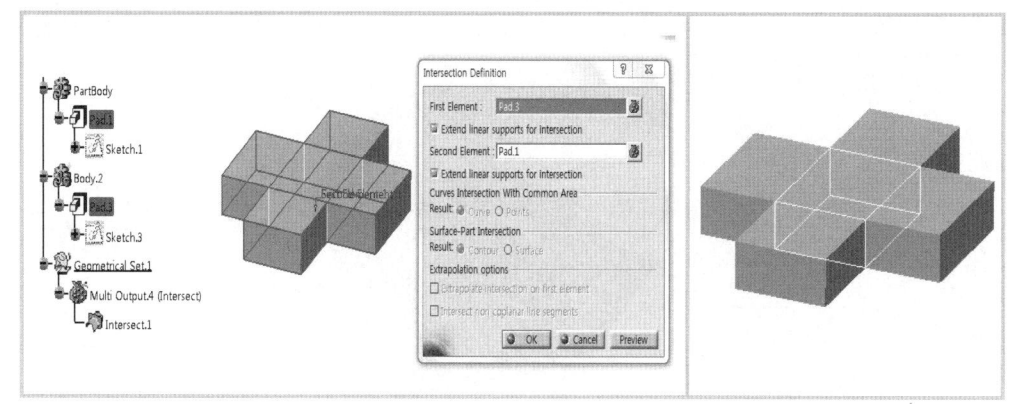

Intersection 실습 2

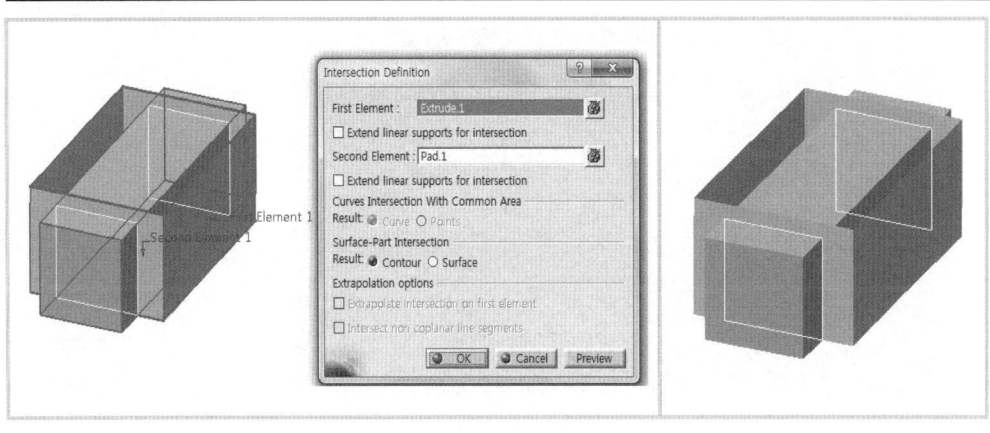

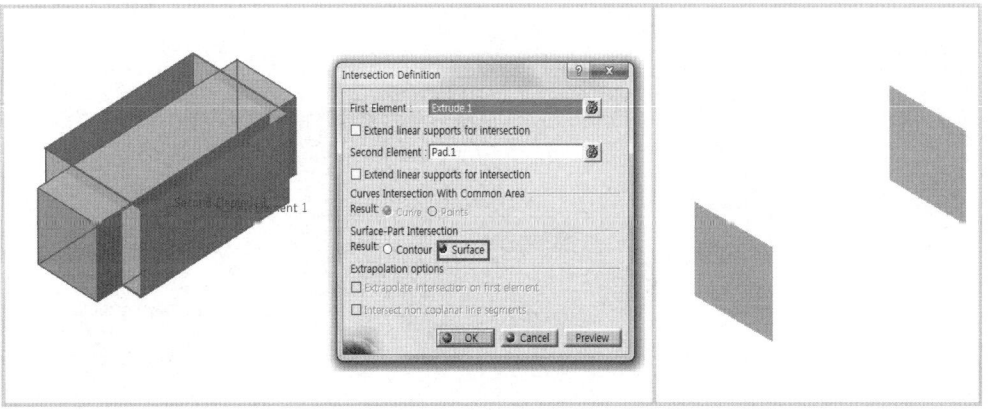

Intersection 실습 3

1) 스케치를 실행하고 ZX Plane 을 선택하여 다음과 같이 스케치를 한다.

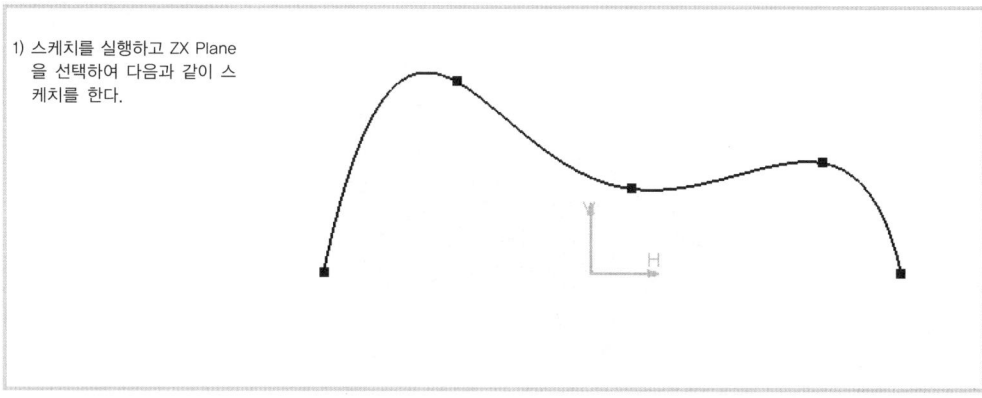

2) Extrude( )을 실행하고 50mm, Mirrored extent를 지정하여 돌출을 한다.

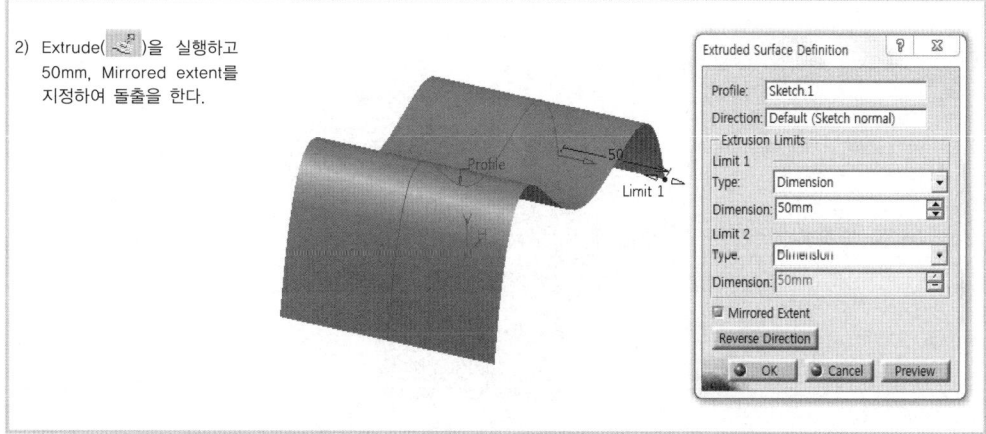

131

3) Plane( )을 실행하고 XY Plane을 기준으로 65mm 위치에 Plane을 생성한다.

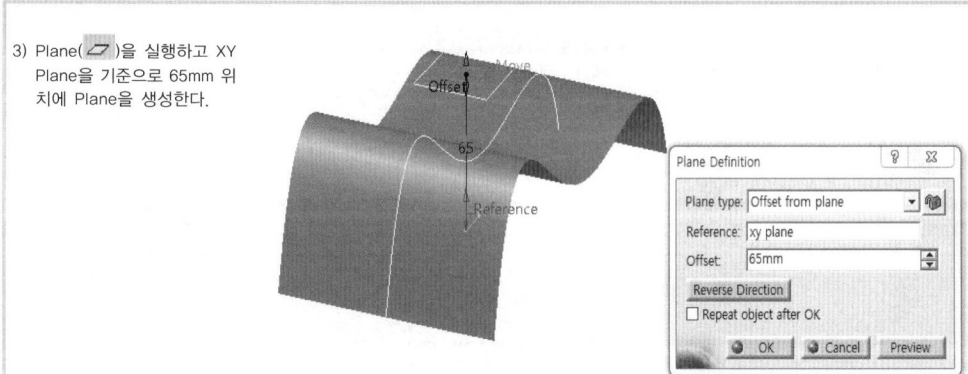

4) 스케치를 실행하고 Plane.1을 선택하여 다음과 같이 스케치를 한다.

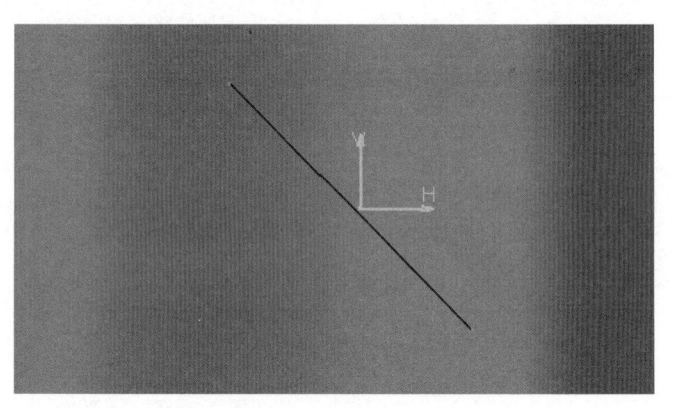

5) Extrude를 실행하고 방향1 : Up to Element를 지정하고 돌출 곡면을 선택, 방향2 : 50mm 돌출을 한다.

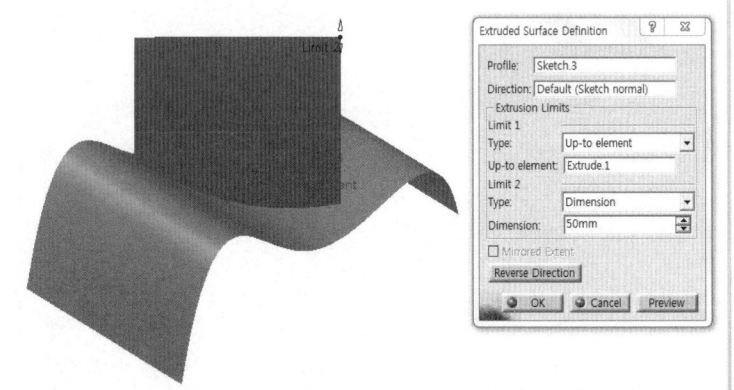

6) Intersection( )을 실행하고 Projected : 투영시킬 스케치를 선택, Support : 곡면을 선택, Nearest solution을 체크한다.

- Extrapolate intersection on first element를 선택하지 않은 경우 연장되지 않고 길이 그대로 교차선이 생성된다.

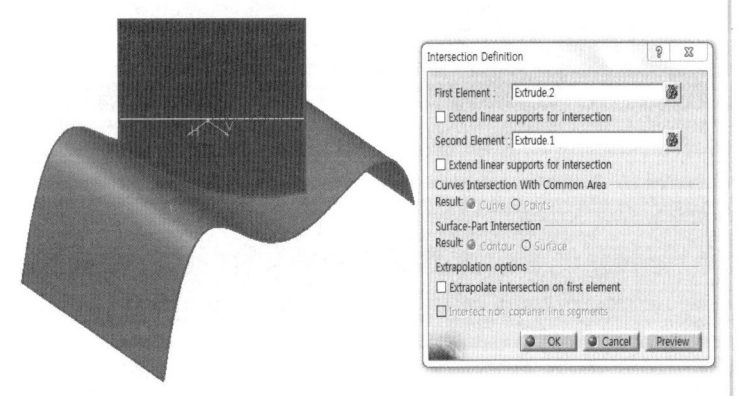

- Intersection 결과

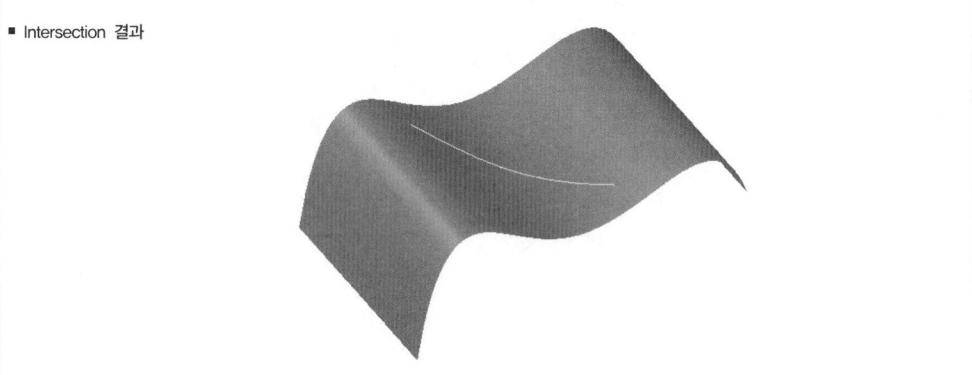

7) Intersection( )을 실행하고 Projected : 투영시킬 스케치를 선택, Support : 곡면을 선택, Nearest solution을 체크한다. 아래 곡면부터 선택한다.

- Extrapolate intersection on first element를 선택한 경우 연장되어 교차선이 생성된다.

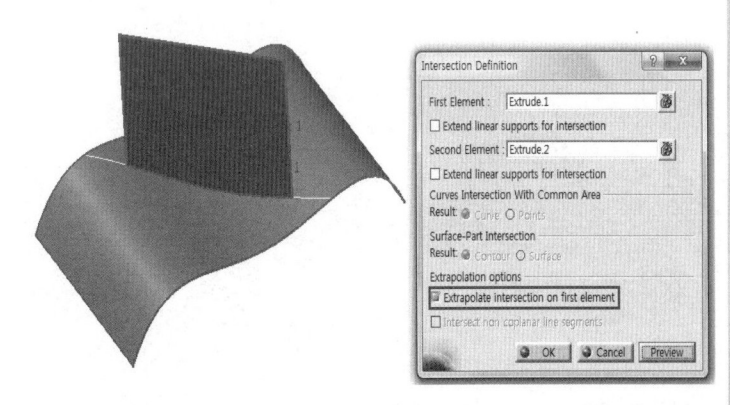

■ Intersection 결과

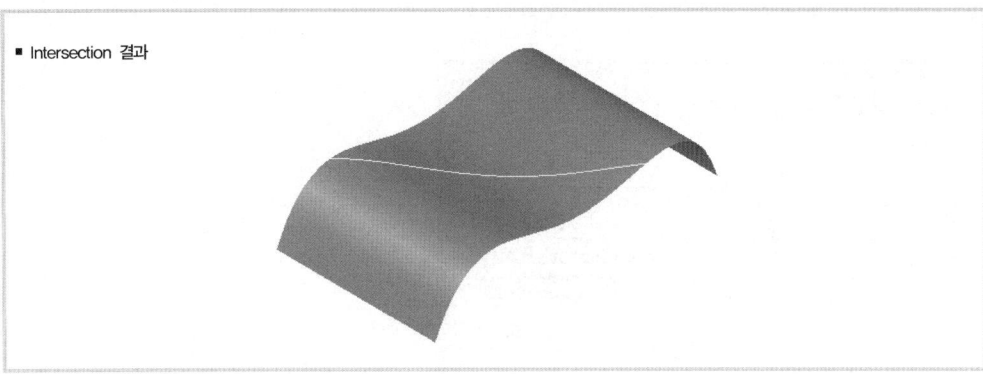

📁 Offset2D3D Toolbar

1. Parallel Curve( )

Parallel Curve : Surface 위의 Curve나 Surface의 모서리를 Surface면 위를 따라 평행하게 이동시켜 Curve를 만들어 주는 명령이다.
Curve는 반드시 Surface 위에 있어야 하며 Surface 위에 있지 않으면 Projection을 사용하여 우선 Surface 위에 있도록 Curve를 만들어야 한다.

• Parallel Curve( ) Definition

- Curve : 만들고자 하는 Curve의 기준이 되는 Surface 위의 Curve나 스케치 또는 모서리를 선택한다.
  Curve가 지나갈 Surface를 선택해 준다.
- Constant : 기준이 되는 Curve와 거리 값을 입력해 준다. Point 부분에 옮겨지고자 하는 위치의 Point를 입력해 주어 거리값 없이 Parallel Curve를 만들 수 있다.
- Point : Parallel Curve가 만들어질 위치를 거리로 지정하지 않고 Point의 위치에 생성할 수 있다.
- Parallel Corner type
  - Sharp : Curve 항목에서 지정한 Line의 모서리 부분이 원본의 형상대로 Offset된다.
  - Round : Curve 항목에서 지정한 Line의 모서리 부분을 Round로 처리하여 Offset을 한다.

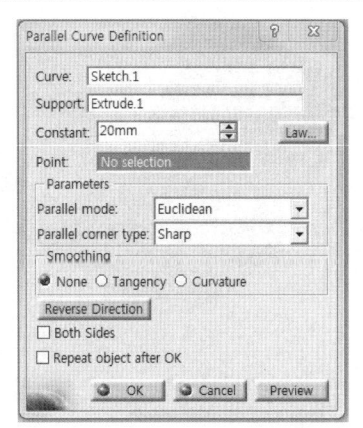

Parallel Curve( ) 실습 1

1) 다음과 같은 Surface을 준비한다.

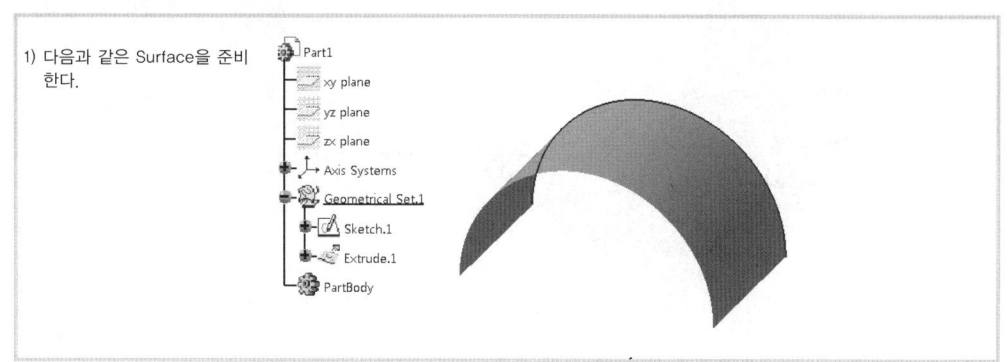

2) Parallel Curve( )을 실행하고 다음과 같이 지정한다.

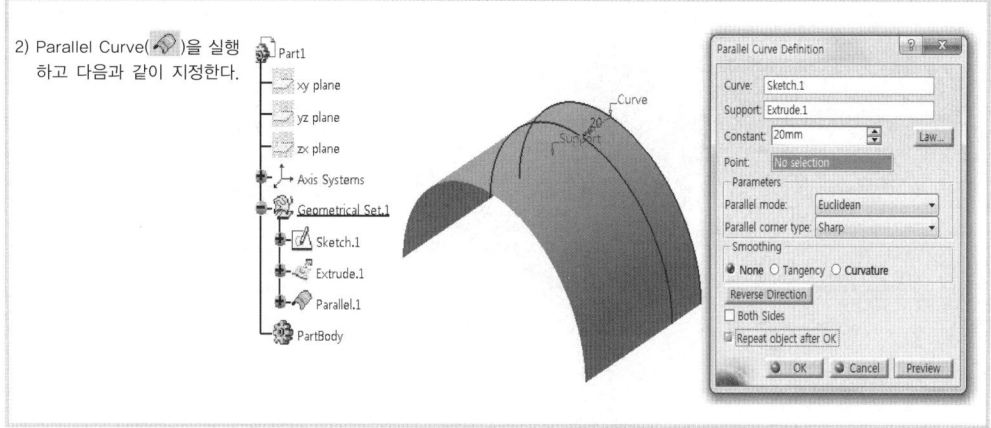

3) Repeat object after Ok를 지정해서 offset 개수(n+1)를 지정할 수 있다.
2개를 지정한다. 전체 3개가 생성된다.

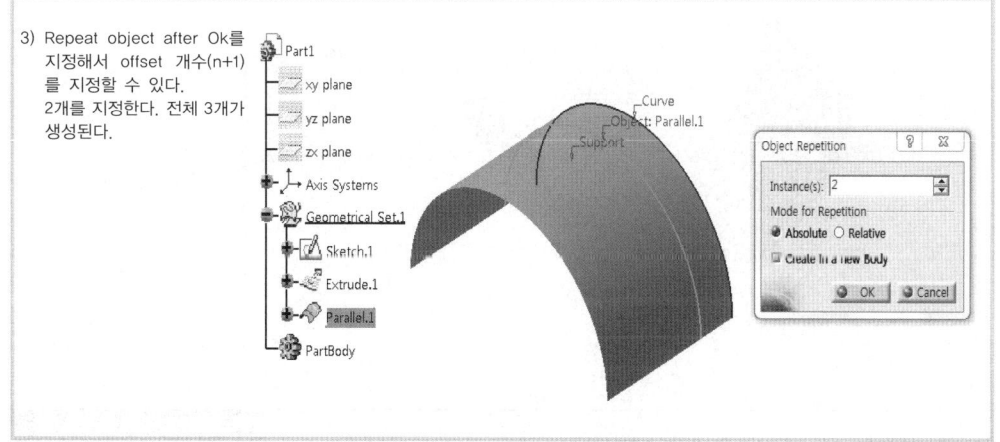

- Parallel Curve 결과

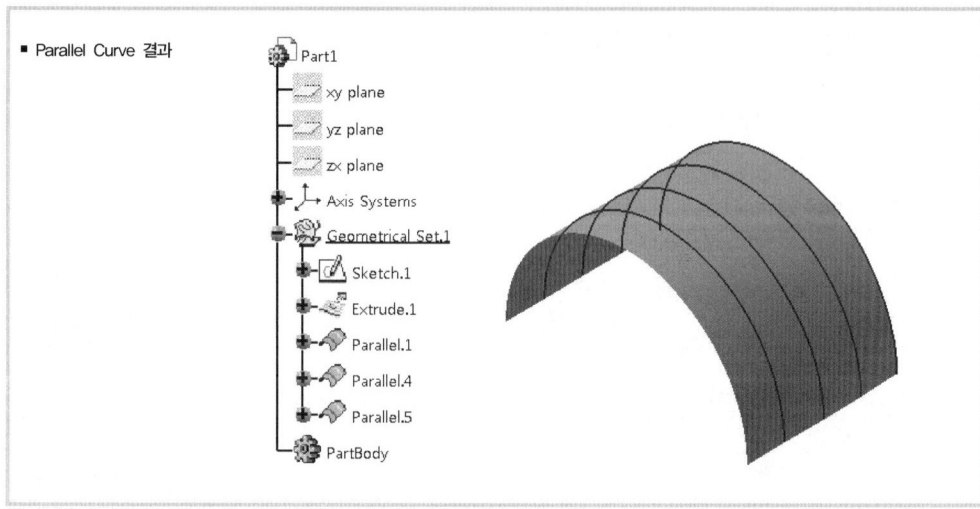

2. 3D Curve Offset( )

3D Curve Offset : 3차원 상에서 Wireframe이나 Sketch 요소를 Offset하는 명령이다. 선택한 방향에 따라 Offset 할 수 있다. Curve와 평행한 방향으로는 만들 수 없다.

• 3D Curve Offset( ) Definition

- Curve : 만들고자 하는 Curve나 스케치 선택한다.
- Pulling direction : Offset하고자 하는 방향을 선택해 준다. Contextual Menu를 사용하거나 실제 형상에서 원하는 방향을 가리키는 선 요소를 선택한다.
- Offset : Offset하고자 하는 거리를 입력해 준다.
- 3D corner parameter : offset을 하는 과정에서 형상이 가진 곡률 반경 등의 이유로 결과에 에러가 생기지 않도록 Radius와 Tension 값을 정의할 수 있다.

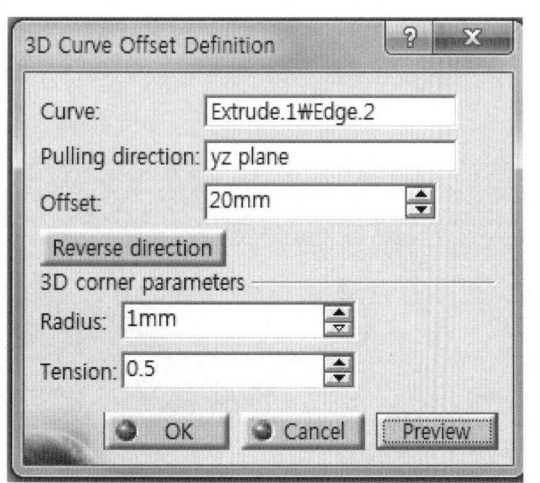

3D Curve Offset 실습 1

1) 다음과 같은 Surface을 준비한다.

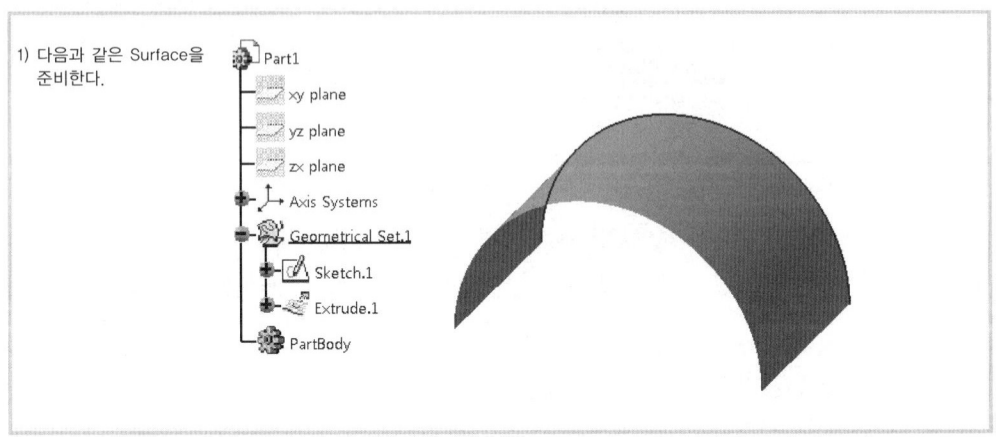

2) 3D Curve Offset( )을 실행하고 다음과 같이 지정한다.

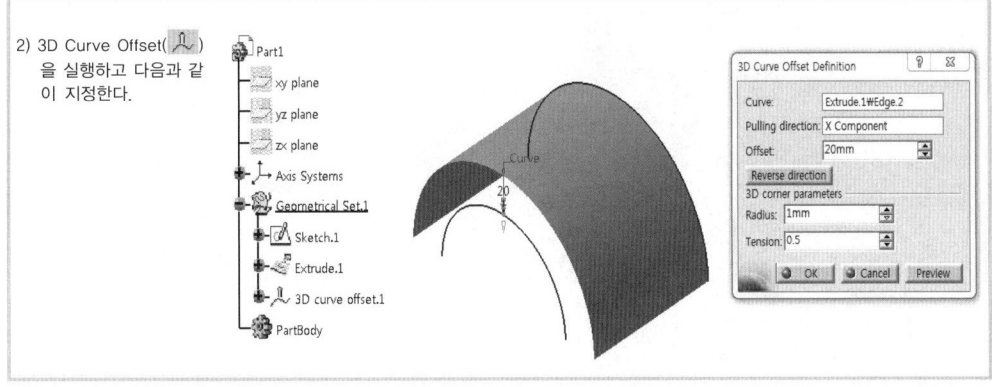

- 3D Curve Offset 결과

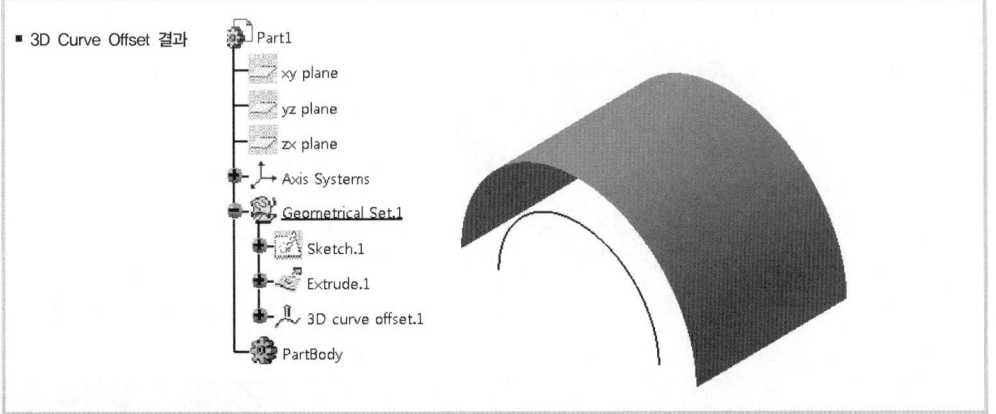

Circles-Corner-Connect Toolbar

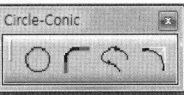

1. Circle(○)

Circle : 3차원 상에서 원이나 호를 만드는 명령이다.

• Circle(○) Definition

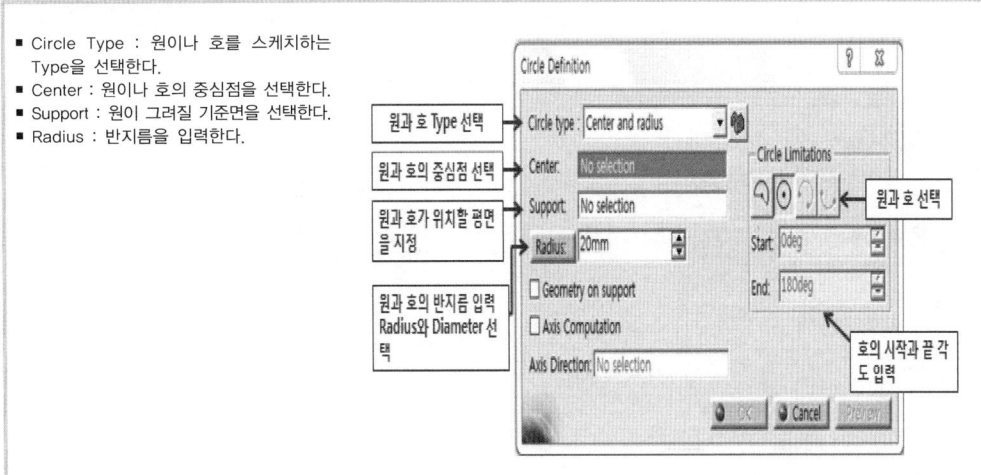

- Circle Type : 원이나 호를 스케치하는 Type을 선택한다.
- Center : 원이나 호의 중심점을 선택한다.
- Support : 원이 그려질 기준면을 선택한다.
- Radius : 반지름을 입력한다.

■ Circle Type
 - Center and Radius : 원의 중심과 반경 입력하여 모델링한다.
 - Center and Point : 원 또는 호의 중심과 반경을 지정할 Point를 선택하여 원이나 호를 모델링한다.
 - Two Points and Radius : 2개의 Point에 접하고 입력한 반경을 가지는 원이나 호를 모델링한다.
 - Three Points : 3개의 Point에 접하는 원이나 호를 모델링한다.
 - Center and Axis : 원의 중심이 통과하는 중심축을 지정하고 한 개의 Point를 지정하여 원이 생성되는 면이 Point를 통과하게 하여 원이나 호를 모델링한다.
 - Bitangent and Radius : 2개의 Element를 지정하며, 지정되는 Element는 Curve 또는 Point로 선택한 2개의 Element에 접하는 원만 모델링한다.
 - Bitangent and Point : 1개의 Curve와 1개의 Point 그리고 기타 Element 1개를 선택하여 3가지 항목에 모두 접하는 원을 모델링한다.
 - Tritangent : 3개의 객체에 접하는 원을 모델링한다.
 - Center and Tangent : 원의 중심을 구성할 객체와 원이 접할 Curve를 선택하여 원을 모델링한다.

Circle 실습 1

● Center and Radius

1) Circle(○)을 실행하고 원의 중심점(원점)을 선택, 원이 그려질 기준면, 반경을 입력한다.

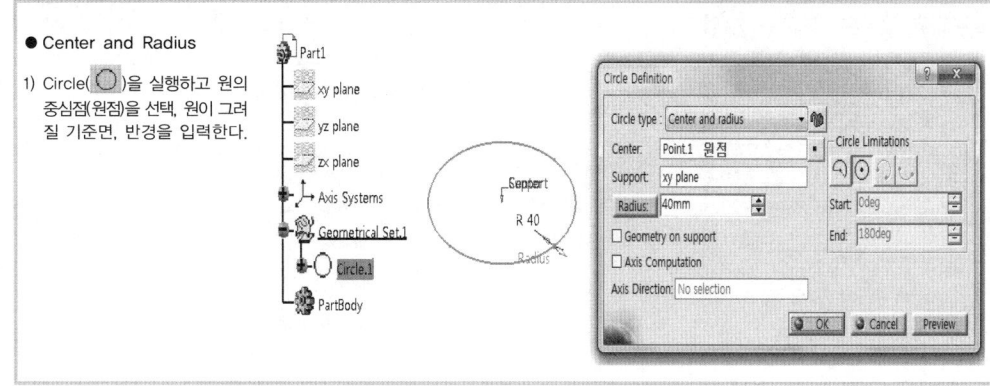

■ Circle 결과

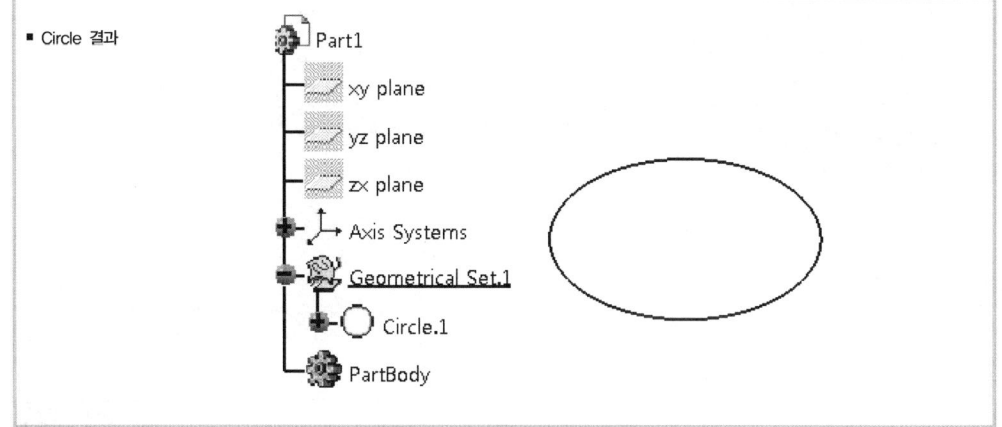

2) Spec Tree에서 Circle을 더블클릭하여 다음과 같이 변형해 본다.

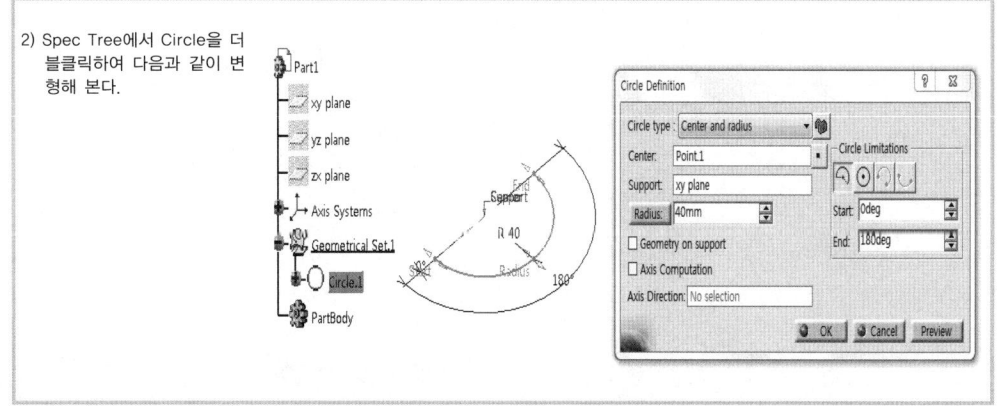

■ Arc 결과

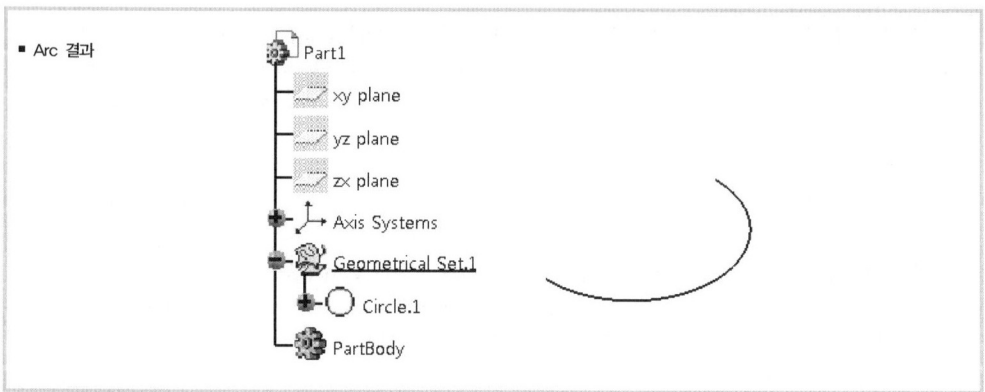

■ Circle 결과

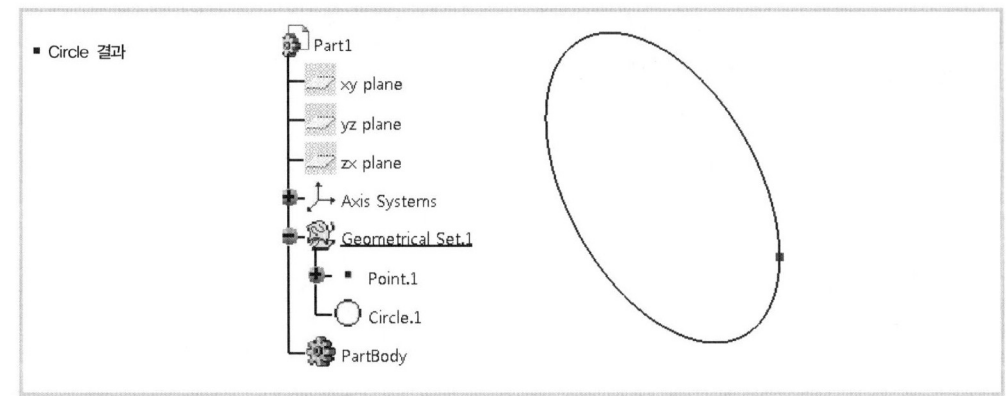

Circle 실습 2

● Center and Point

1) Point를 실행하고 Y : 60mm를 지정하여 Point를 생성한다.

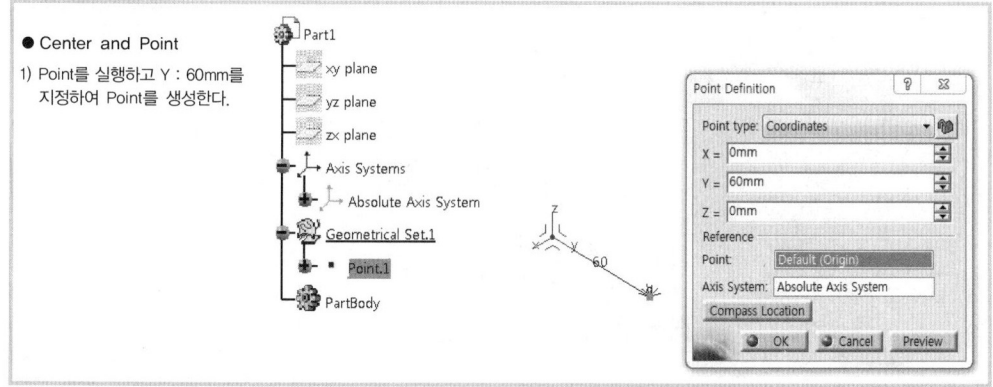

2) Circle( )을 실행하고 원의 중심점(원점)을 선택, Point : Point.1을 선택, 원이 그려질 기준면, 반경을 입력한다.

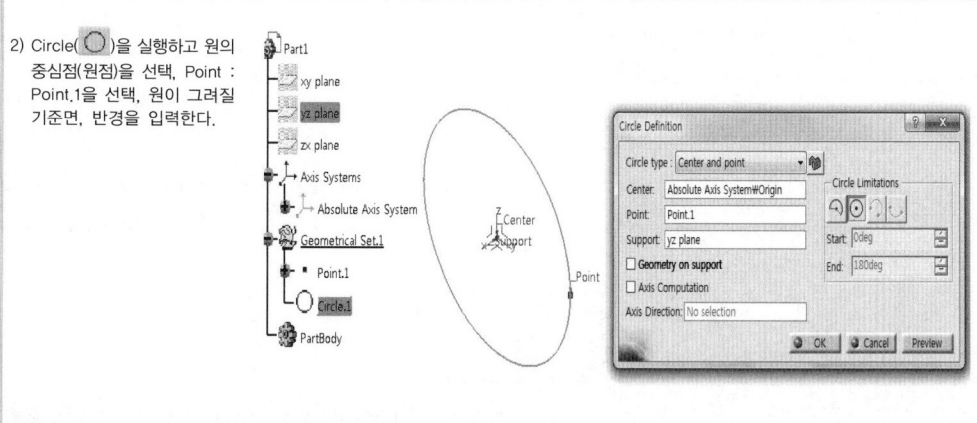

Circle 실습 3

● Two Point and Radius

1) Point를 실행하고 Z : 70mm를 지정하여 Point를 생성한다.

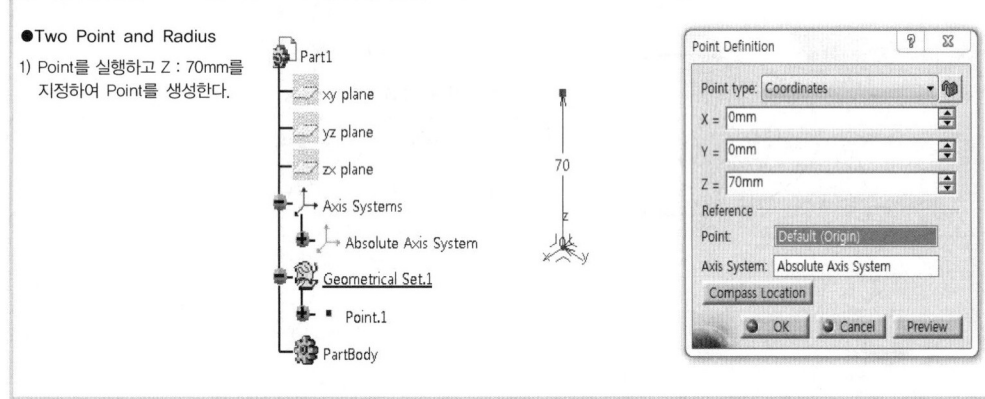

2) Point를 실행하고 Z : 10mm, Y : 80mm를 지정하여 Point를 생성한다.

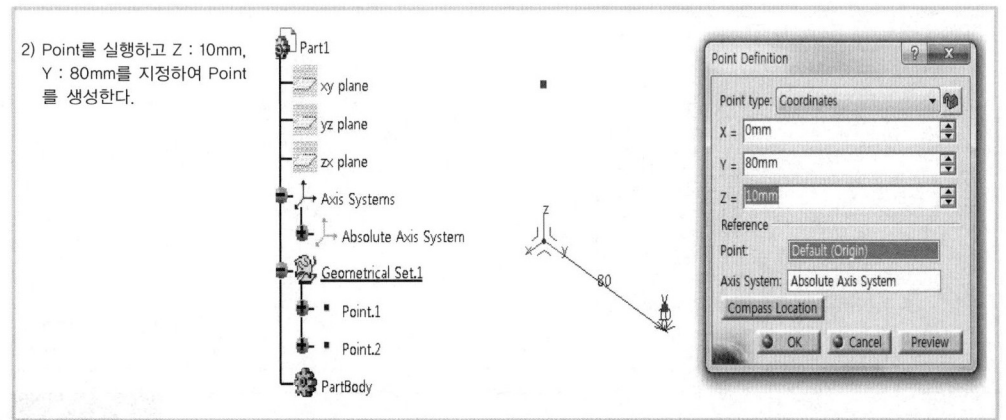

3) Circle( )을 실행하고 Point 1 과 Point 2를 선택, 원이 그려질 기준면, 반경을 입력한다. 둘 중에 하나를 선택할 수 있다.

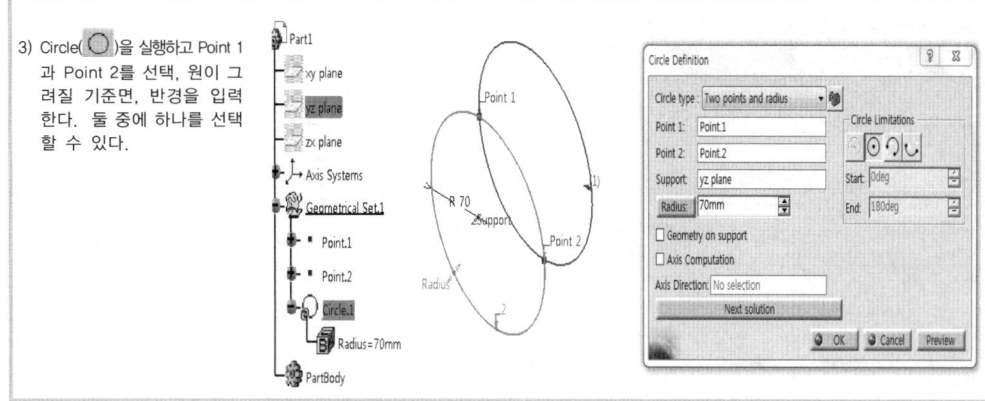

■ Circle 결과

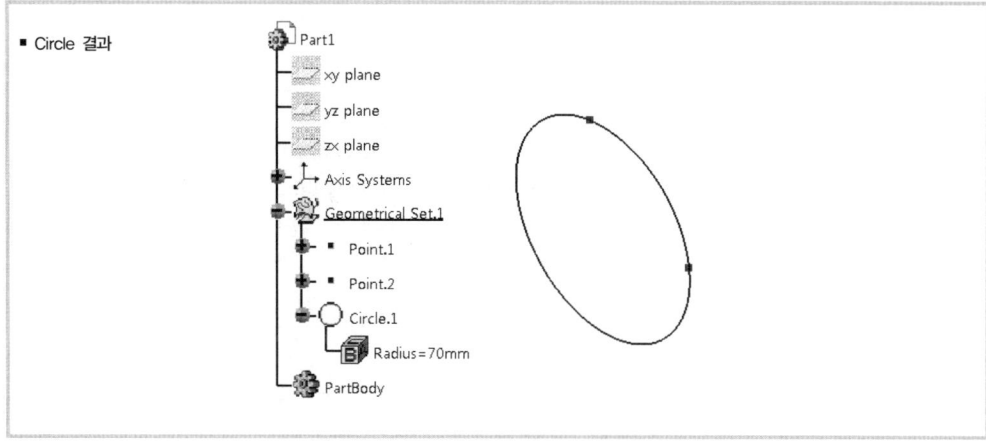

4) Spec Tree에서 Circle( )을 더블클릭하여 위쪽 원을 선택한다.

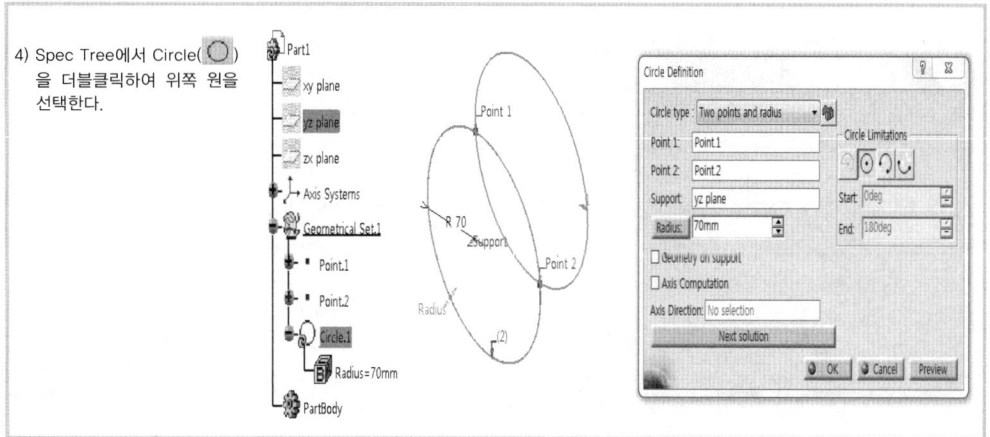

■ Circle 결과

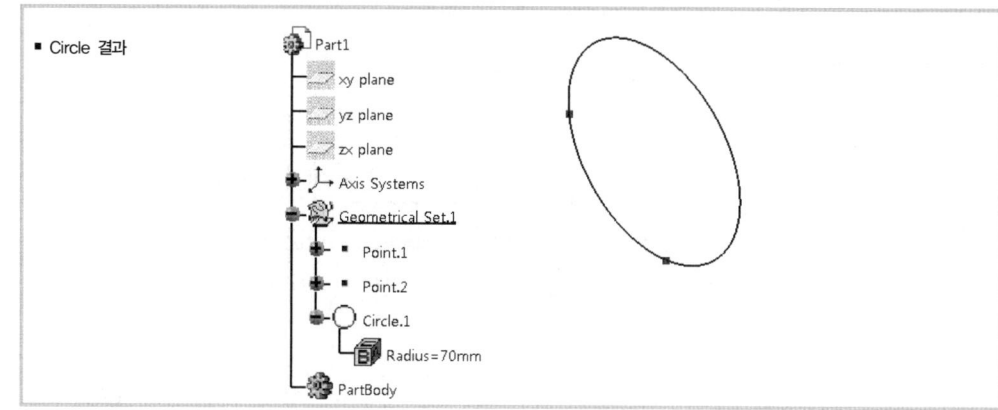

Circle 실습 4

● Bitangen and Radius

1) 스케치를 실행하고 YZ Plane을 선택하여 다음과 같이 스케치를 한다.

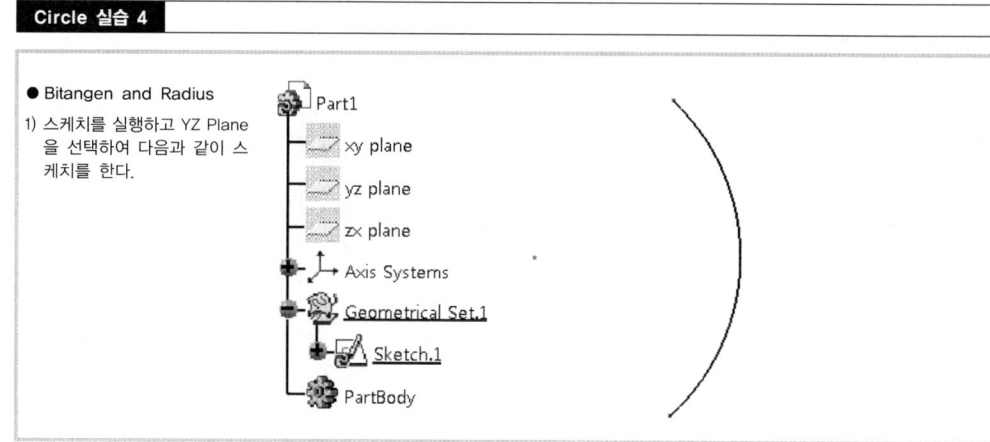

2) 스케치를 실행하고 YZ Plane을 선택하여 다음과 같이 스케치를 한다.

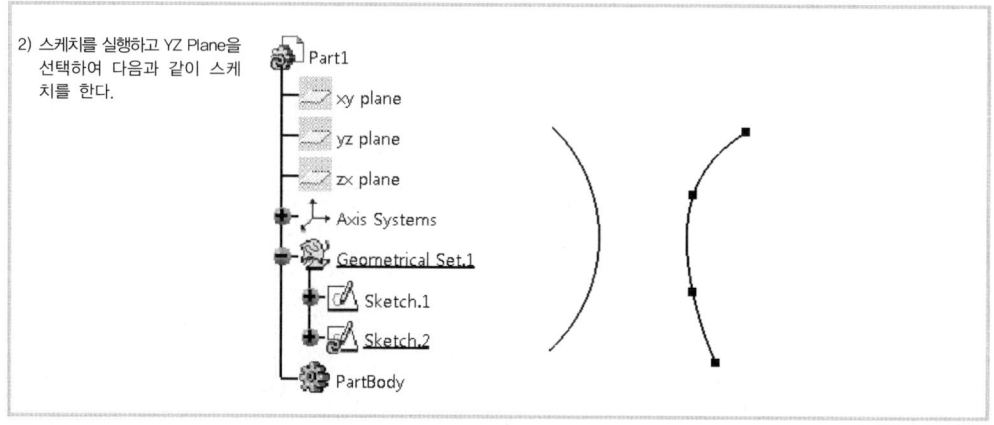

3) Circle( )을 실행하고 두 개의 스케치를 선택하고 반경 : 30mm를 입력한다. Circle Limitations : Whole Circle 를 선택한다.

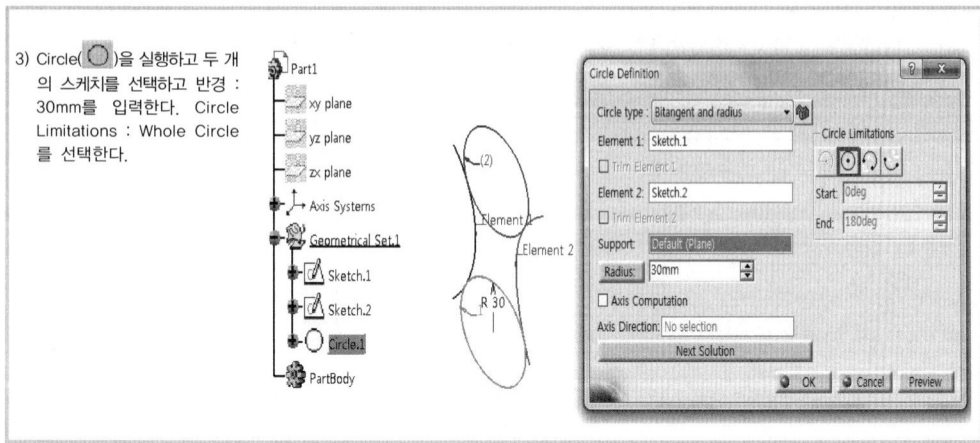

■ Circle 결과

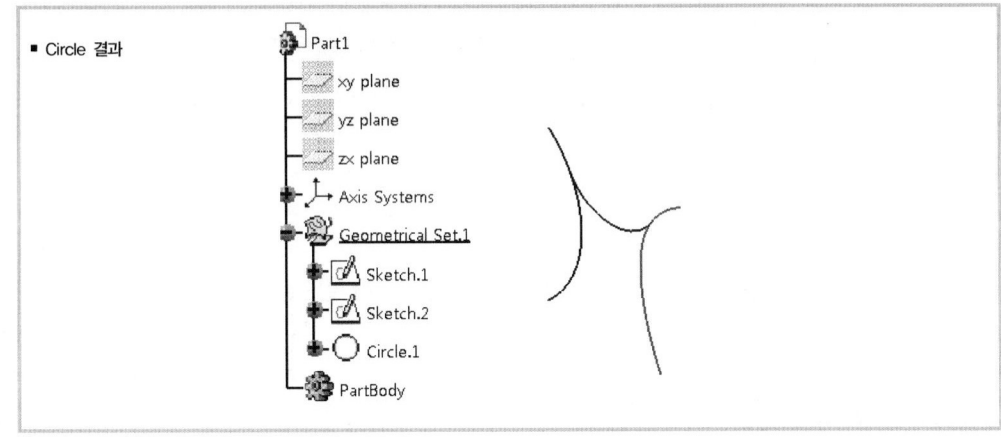

■ Circle 결과

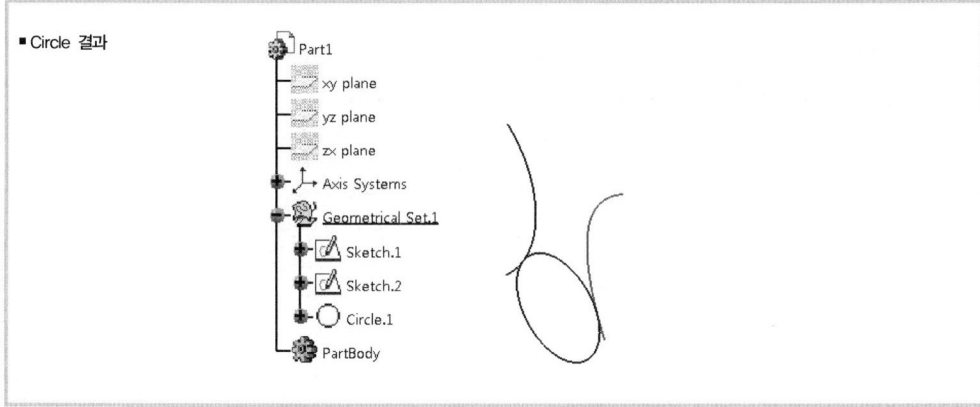

4) Spec Tree에서 Circle( )을 더블클릭한다. Circle Limitations : Trimmed Circle를 선택한다.

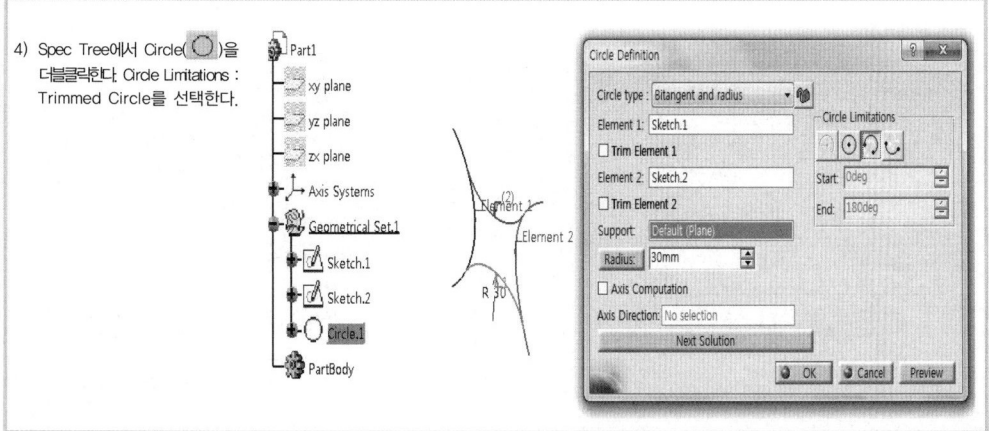

5) Spec Tree에서 Circle( )을 더블클릭한다. Circle Limitations : Complementary Circle를 선택한다.

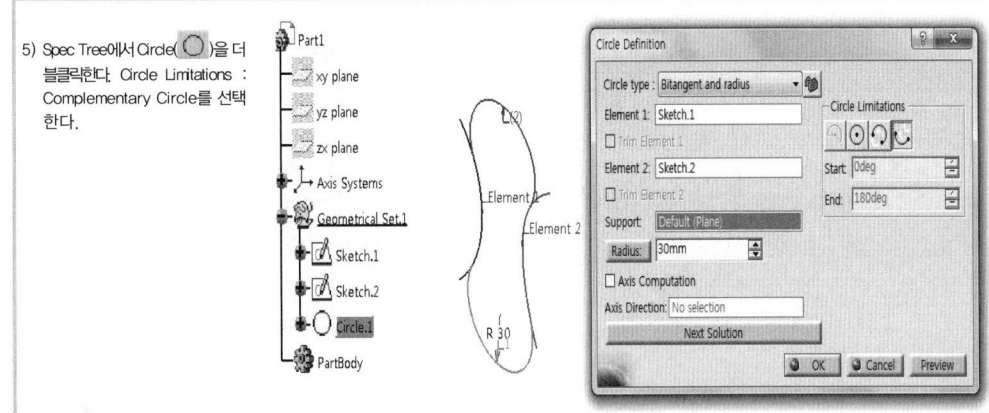

■ Circle 결과

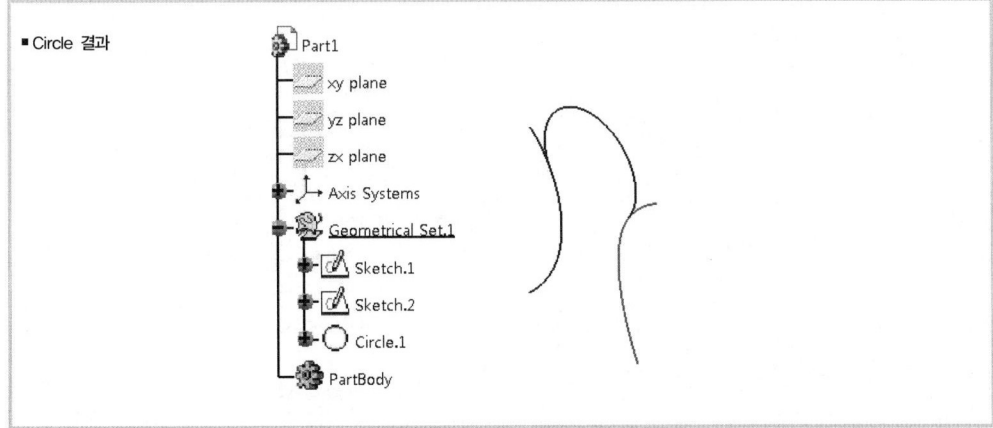

2. Corner( )

Corner : 3차원 상에서 2개의 Curve 사이 또는 Point와 Curve 사이를 둥글게 만들어 주는 명령이다.

• Corner( ) Definition

- **Corner Type** : Type을 지정한다.
  - Coner On Support : Support 항목에 지정한 Surface나 Plane 위에 Corner 를 생성한다.
    반드시 Support를 지정해야 한다.
  - 3D Corner : 같은 평면상의 Element를 사용하지 않은 경우 사용한다. Support 대신 Direction이 필요하다.
    3차원 공간상에 입체적으로 연결된 Curve 에도 만들 수 있다.
    Direction : 방향을 나타낼 수 있는 객체 를 선택한다.
- Trim Element 1과 Trim Element 2로 Trim 여부 선택한다.
- Corner를 수행한 선분은 Join으로 결합된다.

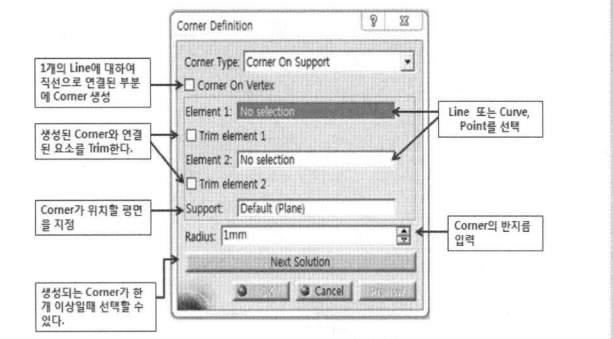

Corner( ) 실습 1

● Corner On Support

1) Line을 실행하고 원점으로부터 100mm Line을 다음과 같이 생성한다.

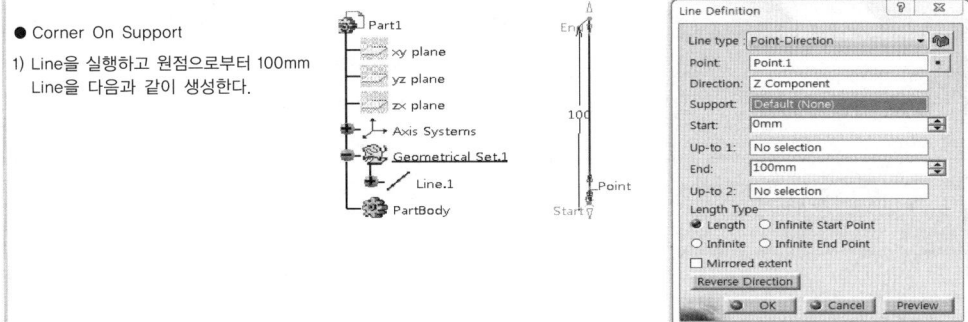

2) Line을 실행하고 원점으로부터 100mm Line을 다음과 같이 생성한다.

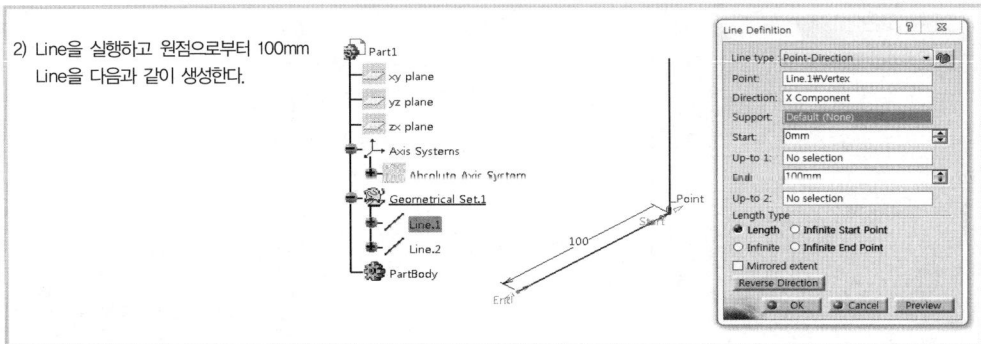

3) Corner( )를 실행하고 선분 두 개를 선택, 반경 : 30mm 를 지정한다.

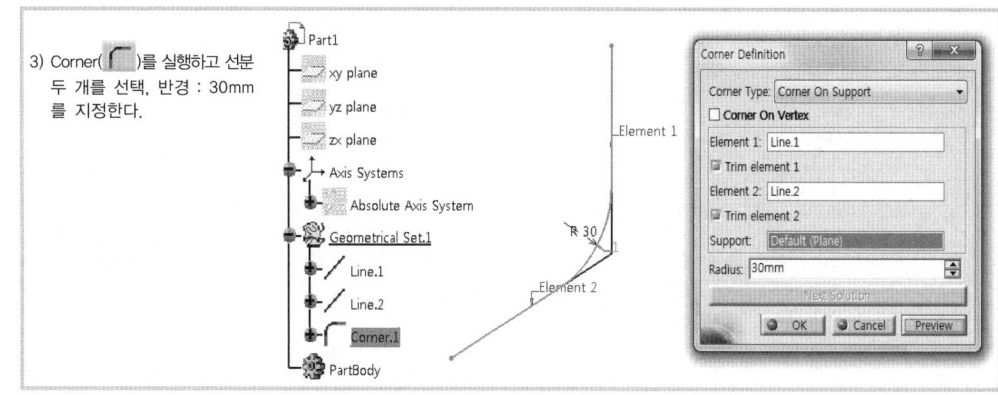

■ Corner 결과

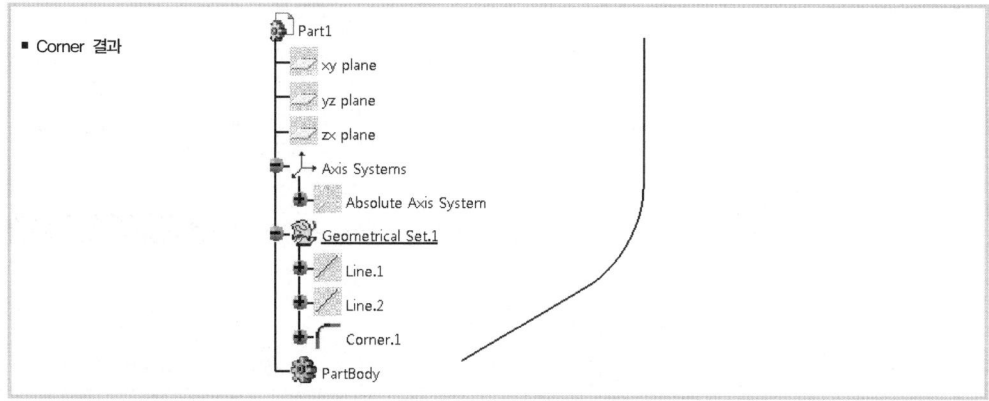

Corner( ) 실습 2

● 3D Corner

1) Circle을 실행하고 다음과 같이 생성한다.

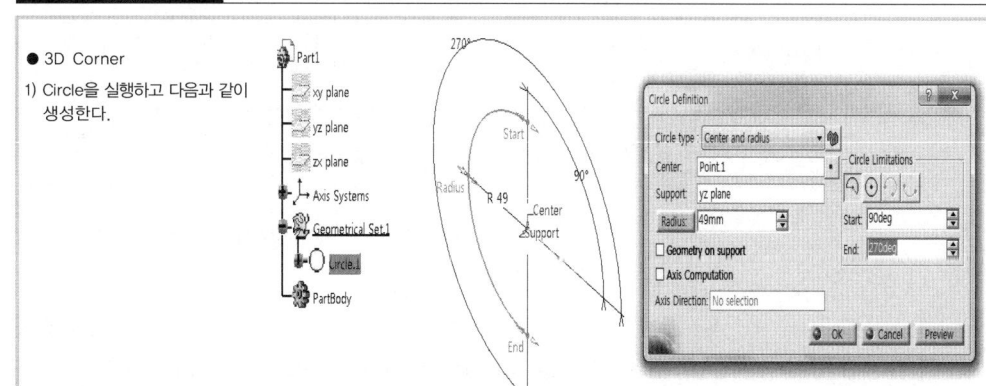

2) Circle을 실행하고 다음과 같이 생성한다.

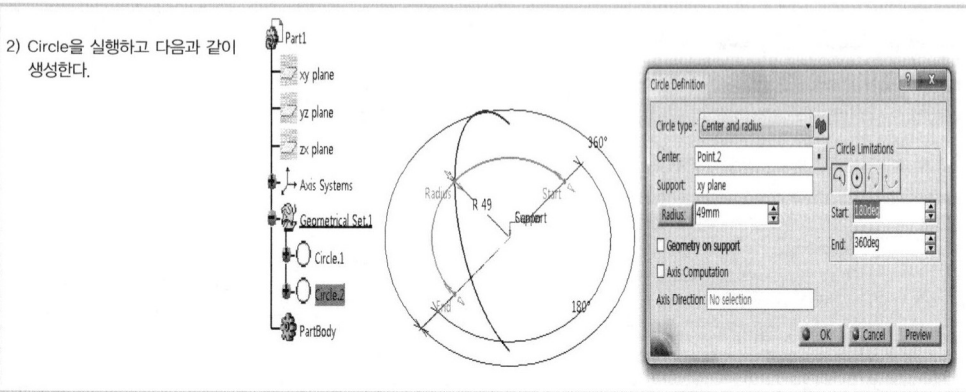

3) Corner( )를 실행하고 선분 두 개를 선택, 반경 : 25mm를 지정한다.

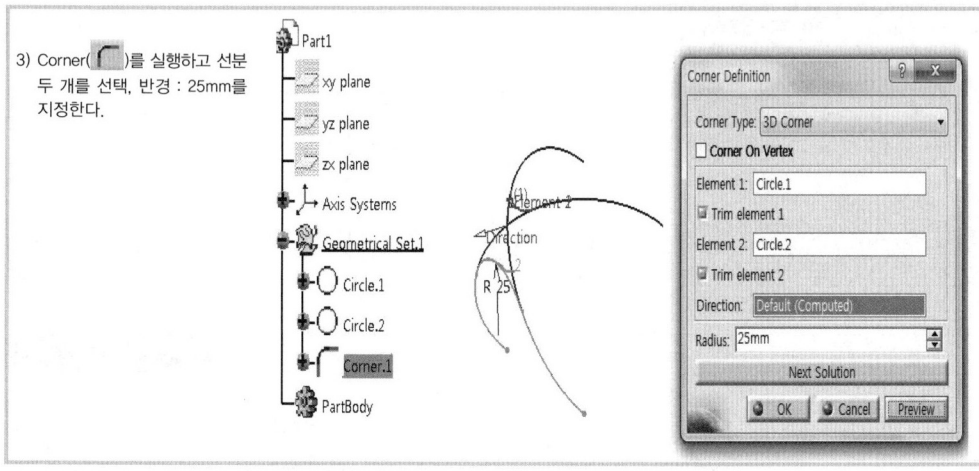

■ Corner 결과

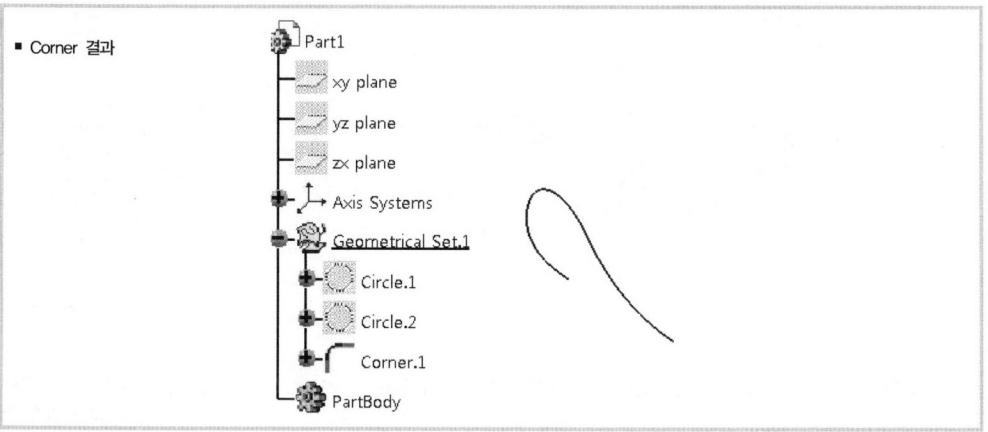

3. Connect Curve( )

Connect Curve : 떨어져 있는 Curve와 Curve를 부드럽게 연결해주는 명령이다. Curve에 있는 Point를 선택하여 연결한다.

• Connect Curve( ) Definition

■ Connect Type : Normal과 Base Curve가 있다.
 - Base Curve : Connect Curve 생성 방향을 결정하는 Curve를 지정한다.
   First Curve와 Second Curve에 연결할 두 점을 선택한다.
   Continuity : 연결될 Curve와 선택한 Point가 위치한 Curve 사이에 연결성을 결정한다.
 - Point : Point와 Point가 직선 연결된다.
 - Tangency : 점에 연결되는 곡선이 서로 접선으로 연결되게 한다.
 - Curvature : 점에 곡률이 있게 연결, 선택한 Point 지점이 가지는 곡률로 연결성을 부여한다.
   Tension : 장력을 부가, 각 Curve의 연속성에 따른 영향력을 의미, 값이 크면 연속성에 따른 영향력이 크다. Curve간의 장력, 당기는 힘의 정도를 설정한다.

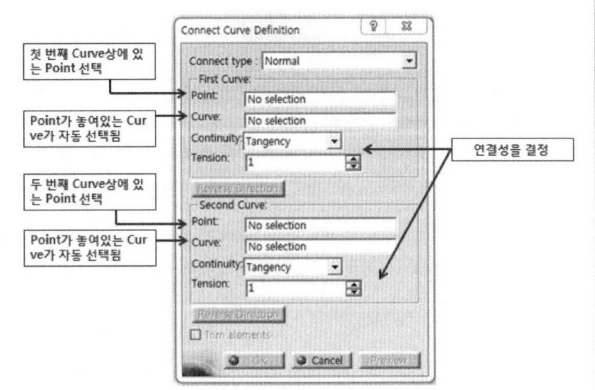

Connect Curve 실습 1 | Connect Type : Normal

1) 스케치를 실행하고 XY Plane을 선택하여 다음과 같이 스케치를 한다.

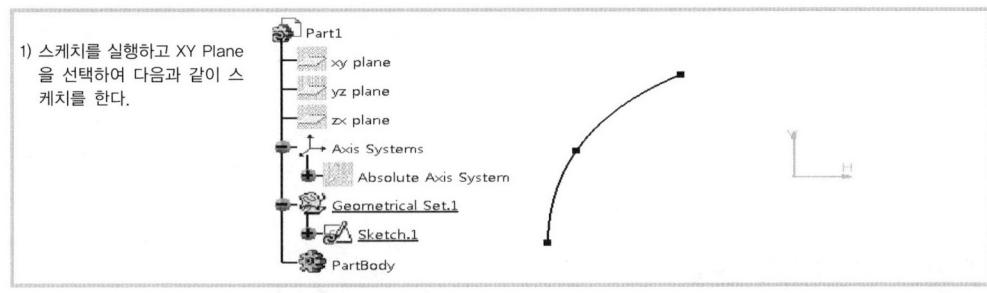

2) 스케치를 실행하고 XY Plane을 선택하여 다음과 같이 스케치를 한다.

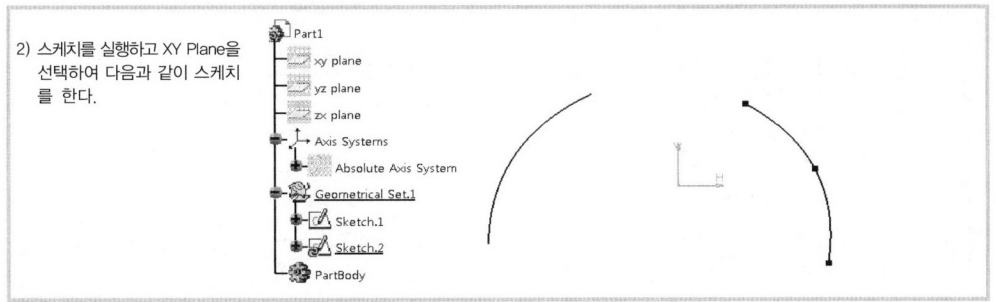

3) Connect Curve( )를 실행하고 First Curve와 Second Curve에 연결할 두 점을 선택한다.

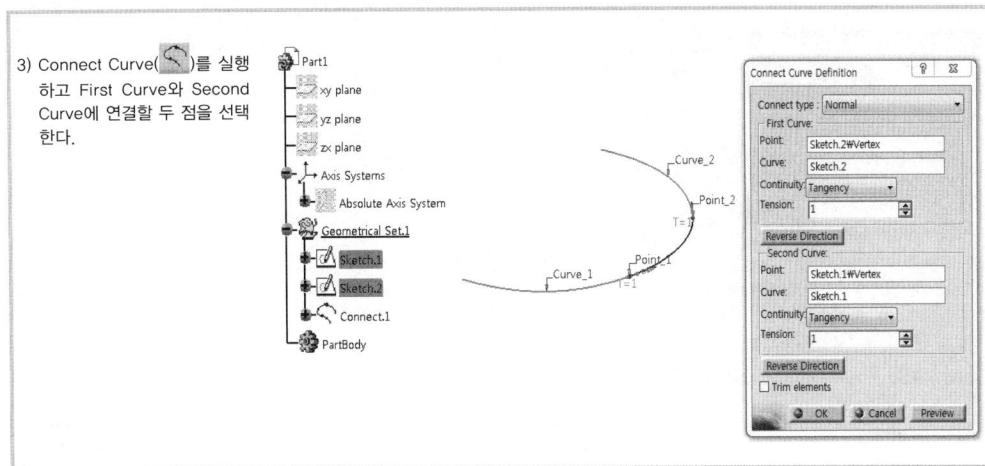

■ Connect Curve 결과

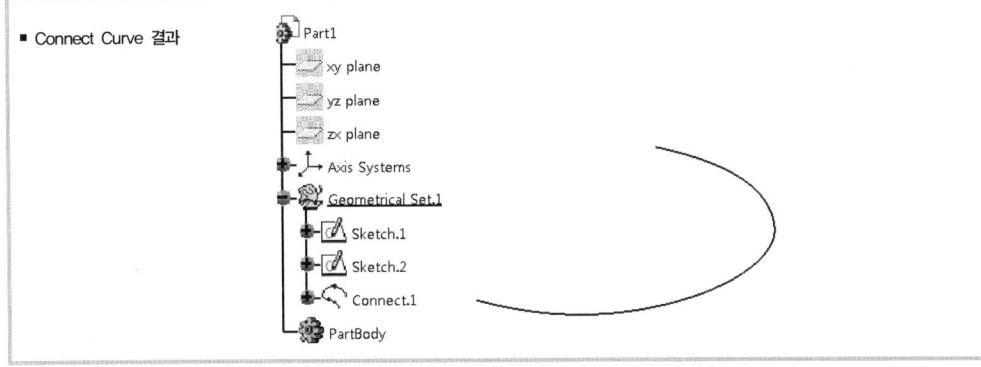

| Connect Curve 실습 2 | Connect Type : Normal |

1) 스케치를 실행하고 YZ Plane을 선택하여 다음과 같이 스케치를 한다.

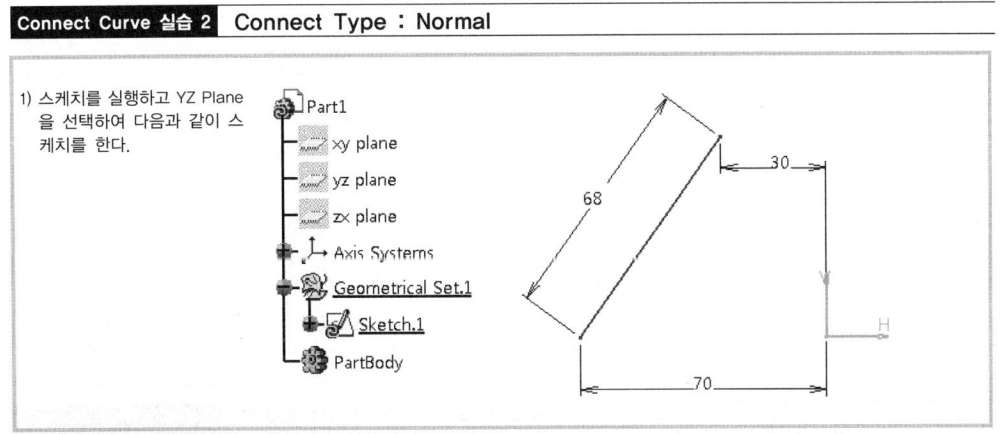

2) Symmetry를 실행하고 Sketch.1을 ZX Plane을 기준으로 대칭 복사를 한다.

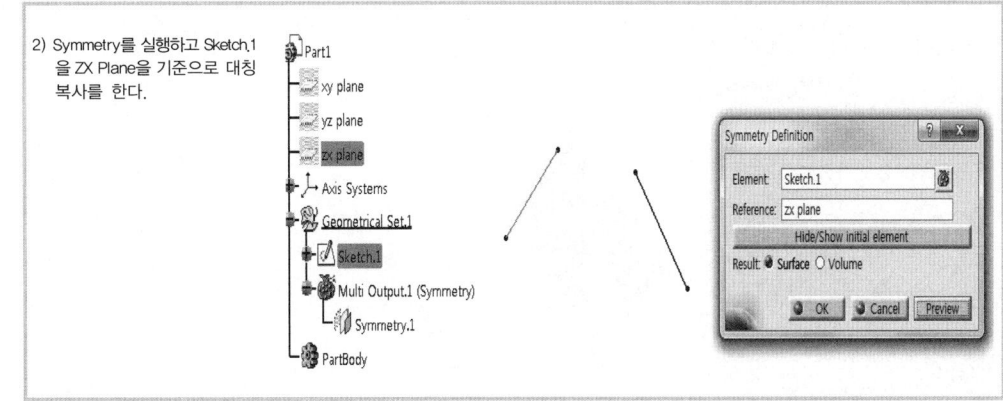

3) Connect Curve( )를 실행하고 First Curve와 Second Curve에 연결할 두 점을 선택한다. 다음과 같은 모양이 되지 않을 때 Reverse Direction을 방향을 변경해 본다.

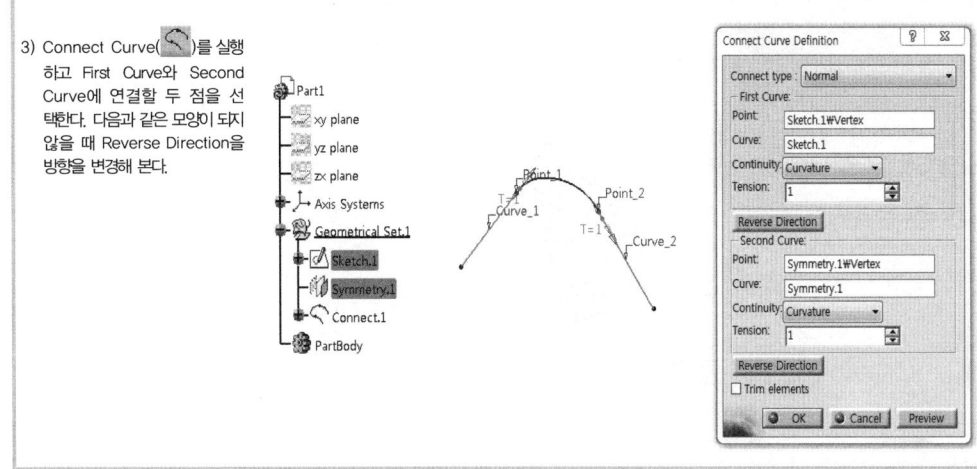

■ 완성 결과

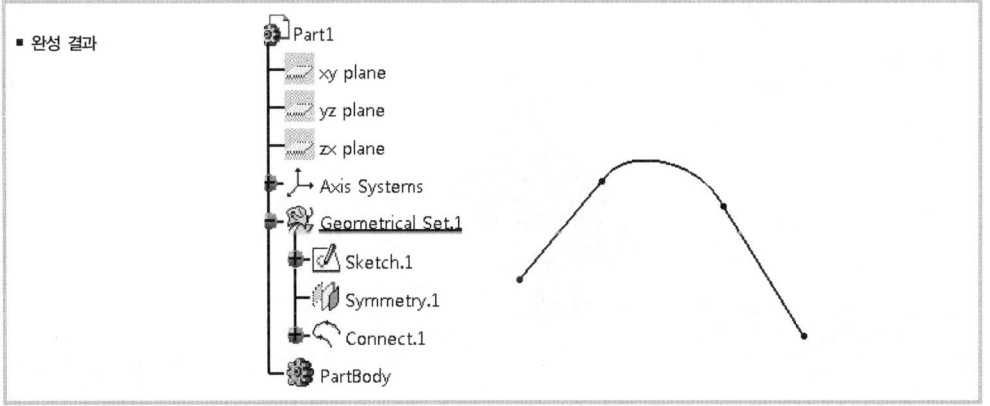

141

Connect Curve 실습 3 — Connect Type : Base Curve

1) 스케치를 실행하고 YZ Plane을 선택하여 다음과 같이 스케치를 한다.

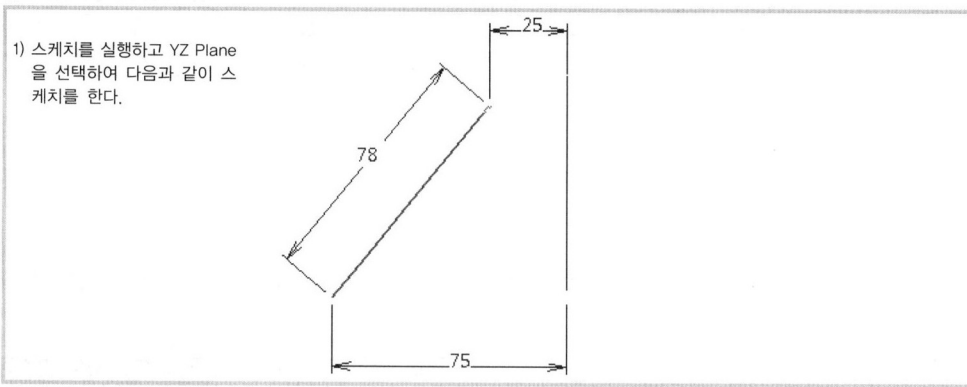

2) 스케치를 실행하고 YZ Plane을 선택하여 다음과 같이 스케치를 한다.

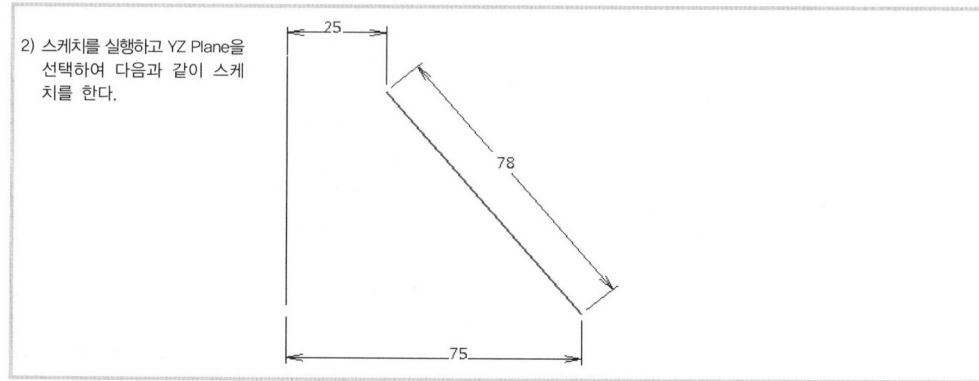

3) Extrude를 실행하고 150mm 돌출을 한다.

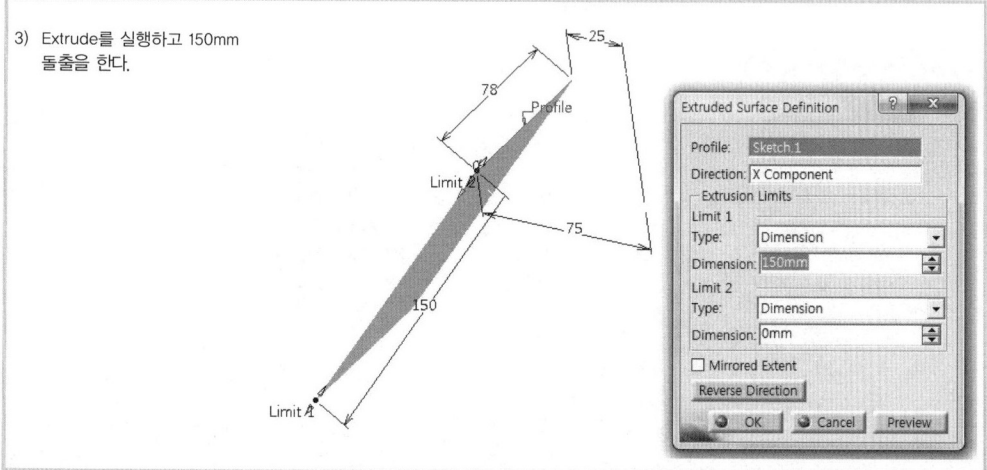

4) Extrude를 실행하고 150mm 돌출을 한다.

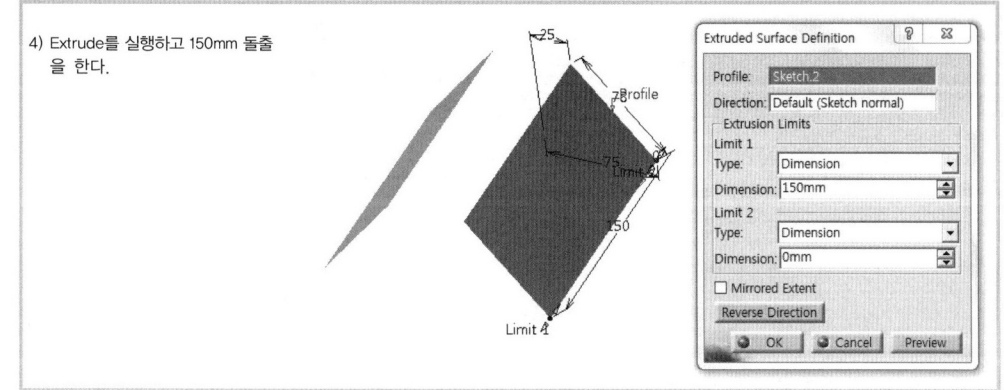

5) Point를 실행하고 Middle Point를 지정하여 중간점을 찍는다.

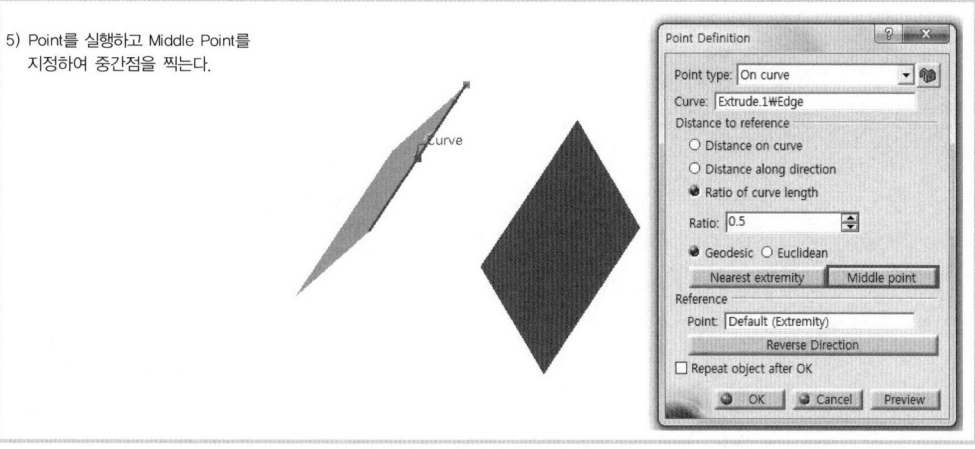

6) Point를 실행하고 Middle Point를 지정하여 중간점을 찍는다.

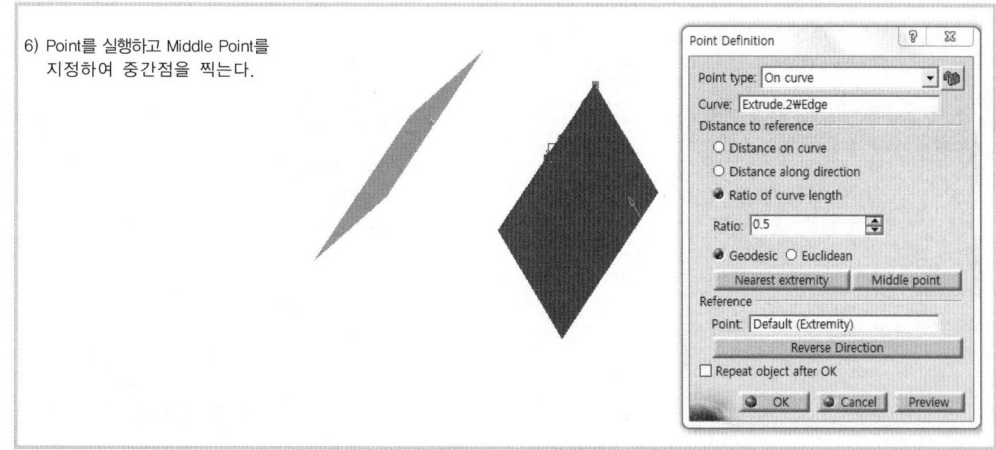

7) Connect Curve(⌒)를 실행하고 First Curve와 Second Curve에 연결할 두 점을 선택한다. 다음과 같은 모양이 되지 않을 때 Reverse Direction을 방향을 변경해 본다.

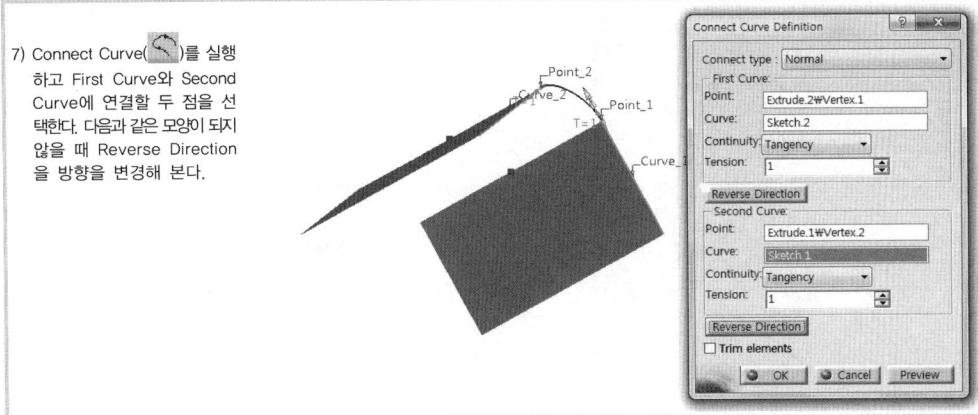

8) Connect Curve(⌒)를 실행하고 First Curve와 Second Curve에 연결할 두 점을 선택하고 Base Curve를 Type을 지정하고 7번에서 생성한 Curve를 Base Curve로 지정한다.

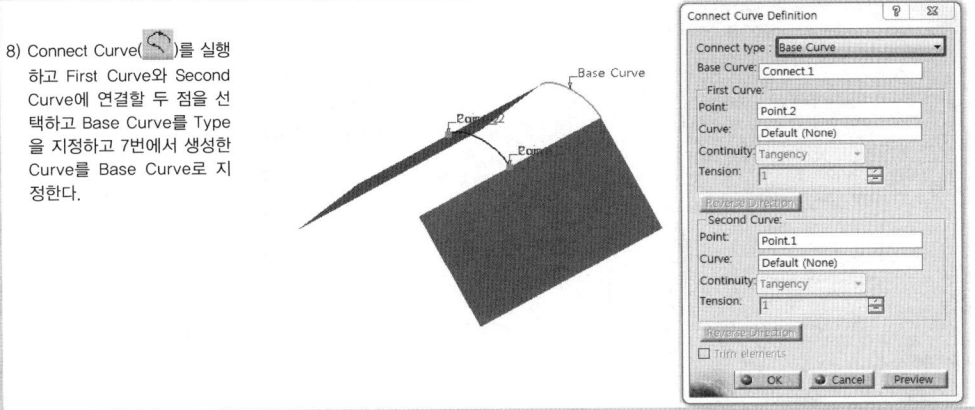

9) Connect Curve(⌒)를 실행하고 First Curve와 Second Curve에 연결할 두 점을 선택하고 Base Curve를 Type을 지정하고 8번에서 생성한 Curve를 Base Curve로 지정한다.

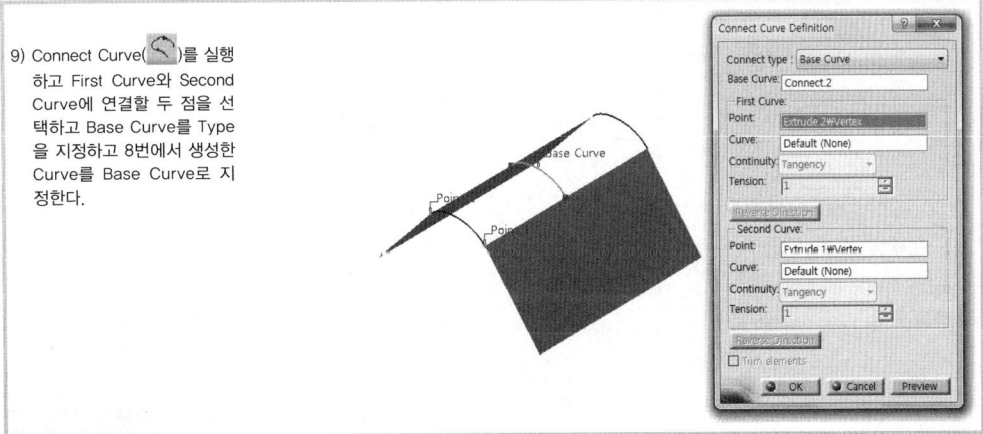

- Connect Curve 결과

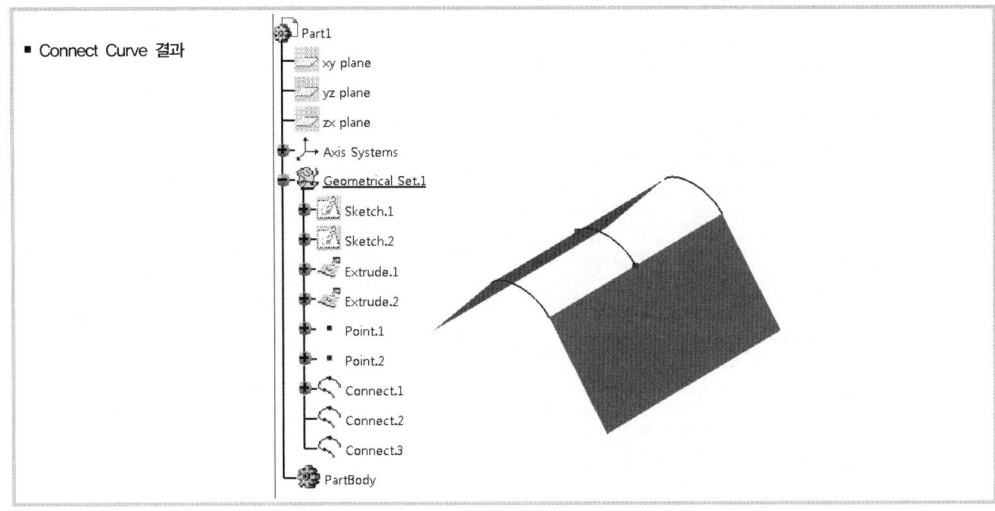

4. Conic(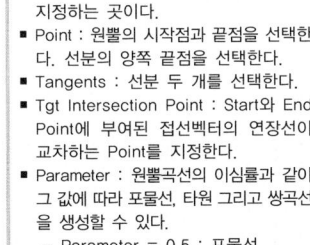)

Conic : 3차원 상에서 선과 선 사이에 뾰족한 부분을 둥글게 만들어 주는 명령이다.

원추곡선은 5개의 변수(Points(Start Point, End Point), Tangents(Start Line, End Line), Passing Point)에 의해 생성된다.

• Conic( ) Definition

- Support : 원뿔곡선이 생성될 평면을 지정하는 곳이다.
- Point : 원뿔의 시작점과 끝점을 선택한다. 선분의 양쪽 끝점을 선택한다.
- Tangents : 선분 두 개를 선택한다.
- Tgt Intersection Point : Start와 End Point에 부여된 접선벡터의 연장선이 교차하는 Point를 지정한다.
- Parameter : 원뿔곡선의 이심률과 같이 그 값에 따라 포물선, 타원 그리고 쌍곡선을 생성할 수 있다.
  - Parameter = 0.5 : 포물선
  - 0.0 〈 Parameter 〈 0.5 : 타원의 호
  - 0.5 〈 Parameter 〈 1.0 : 쌍곡선

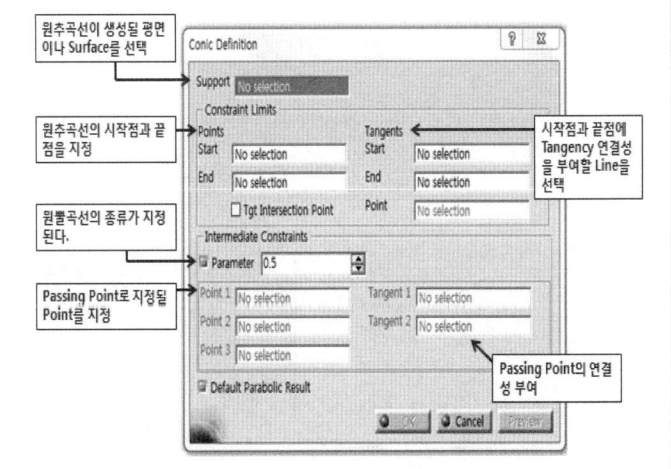

143

Conic 실습 1 — Connect Type : Base Curve

1) Line을 실행하고 원점으로부터 100mm Line을 다음과 같이 생성한다.

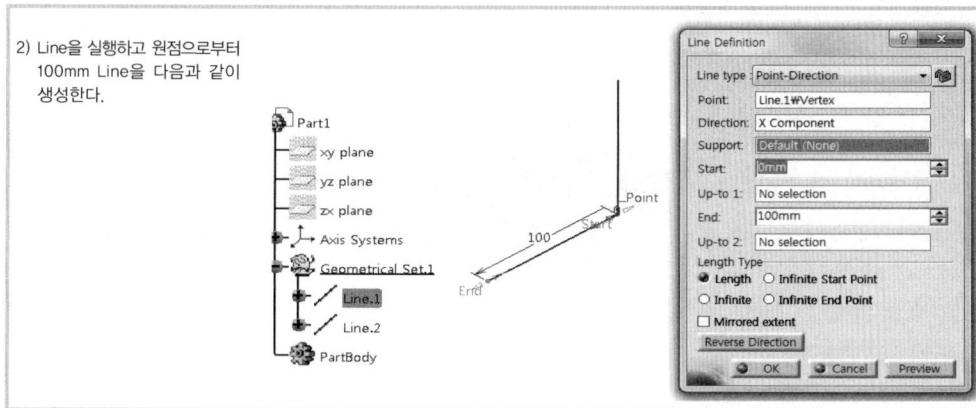

2) Line을 실행하고 원점으로부터 100mm Line을 다음과 같이 생성한다.

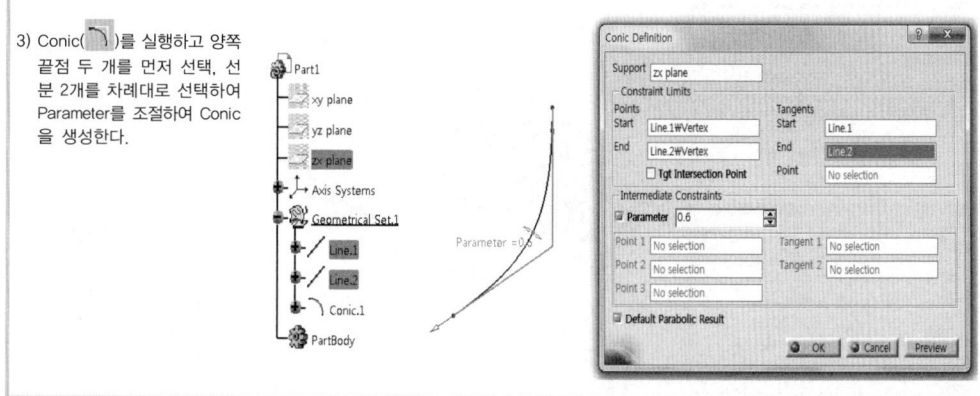

3) Conic( )를 실행하고 양쪽 끝점 두 개를 먼저 선택, 선분 2개를 차례대로 선택하여 Parameter를 조절하여 Conic을 생성한다.

■ Conic 결과

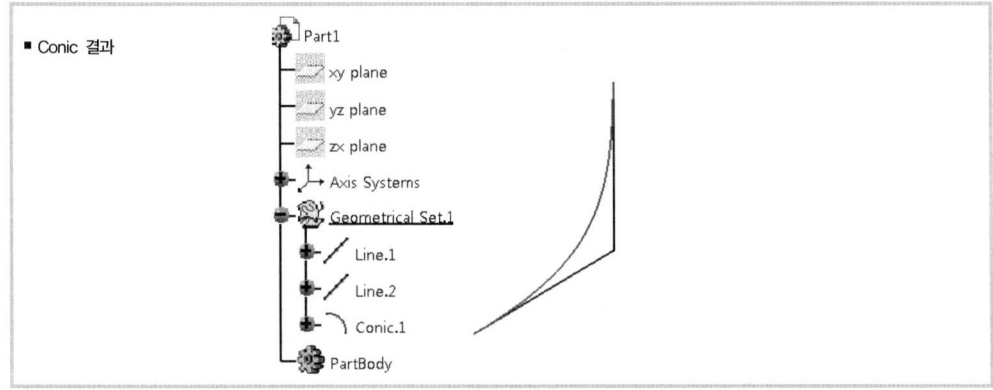

Curve Toolbar

1. Spline( )

Spline은 3차원 상의 Point를 이용하여 Curve를 만드는 명령이다. Point는 실제의 3차원 상의 Point 또는 형상의 Vertex 등을 사용할 수 있다.

• Spline( ) Definition

- 3차원 상에 점들을 선택한다.
- Geometry on Support : Support 개체를 선택하라는 메시지가 나타난다.
- Close Spline : 시작점과 끝점을 연결하는 닫힌 자유 곡선을 그려준다.
- 연결성 종류
  - Explicit : 접선과 곡률로 연결성을 결정한다.
  - From Curve : Geometry상의 임의의 Curve를 선택하여 그 Curve가 가지는 연결성을 복사하여 사용한다.

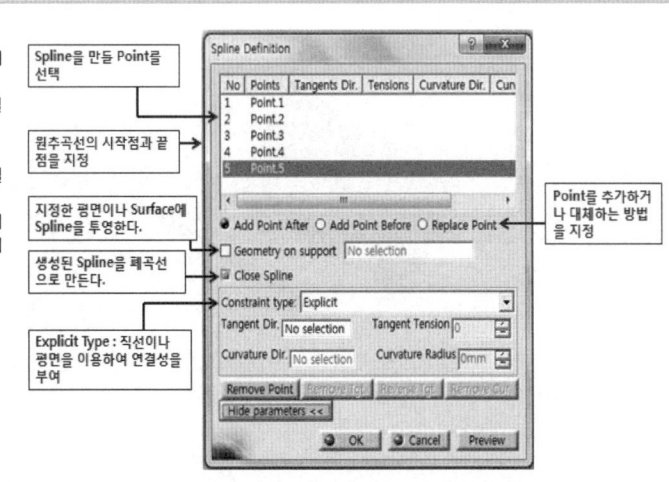

144

1) Point를 실행하고 3차원 상에 있는 점을 준비한다.

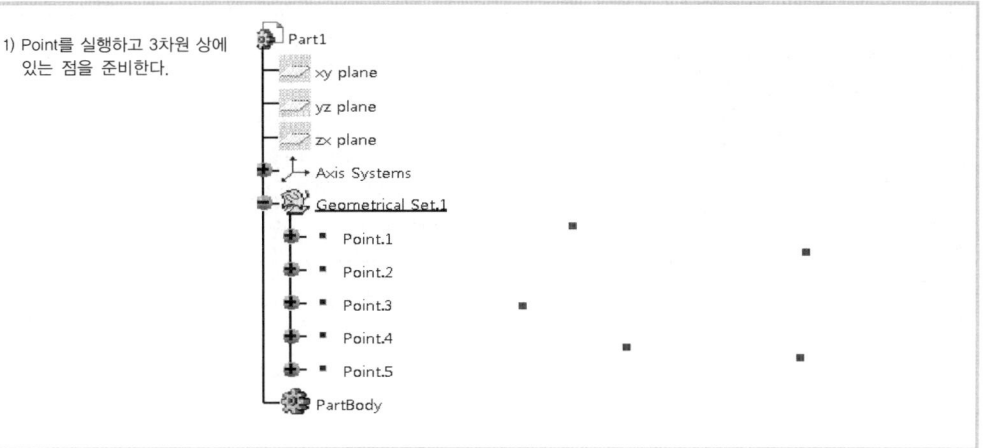

2. Helix( )

Helix : 용수철과 같이 회전하면서 축을 따라 올라오는 나선형 Curve 형상을 그리는데 사용하는 명령이다.

Helix 형상을 만드는데 필요한 요소는 회전의 반경, 지름선상의 점, 회전축이 되는 Axis가 필요하다.

• Helix( ) Definition

- Starting Point : 용수철의 반경에 해당되는 미리 준비한 점을 선택한다.
- Axis : 용수철이 향할 방향 축을 선택한다.
- Pitch : Helix가 1회전해서 같은 위치에 올 때까지 올라간 높이이다.
- Height : 전체 Helix 형상의 높이이다.

- Radius variation : 수직이 아닌 경사각을 주어 Helix를 만들 때 사용한다.
  - Taper Angle : 값을 지정하여 나선의 테이퍼 각도를 추가할 수 있다.
  - Way
    Inward : 안쪽으로 기울어진 Helix 생성한다.
    Outward : 바깥쪽으로 기울어진 Helix 생성한다.

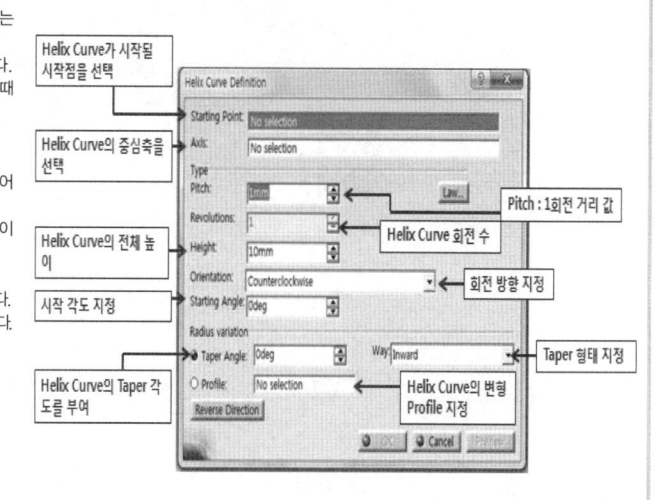

2) Spline( )을 실행하고 3차원 상에 있는 점들을 선택한다.

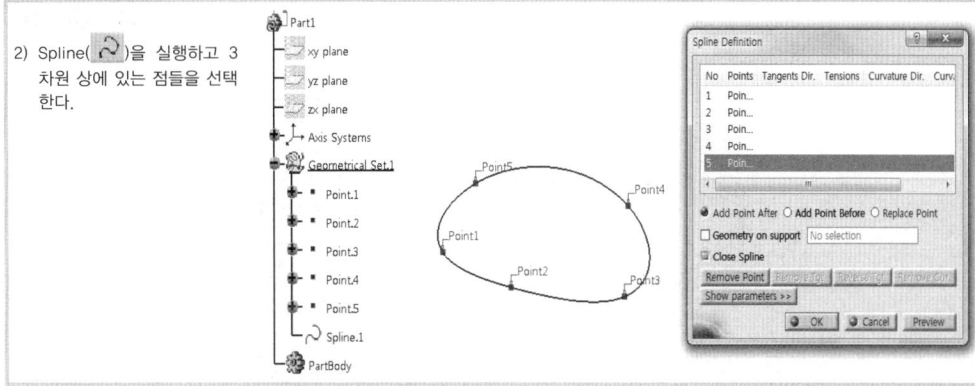

Helix 실습 1

1) Point를 실행하고 X축으로 100mm 위치에 점을 찍는다.

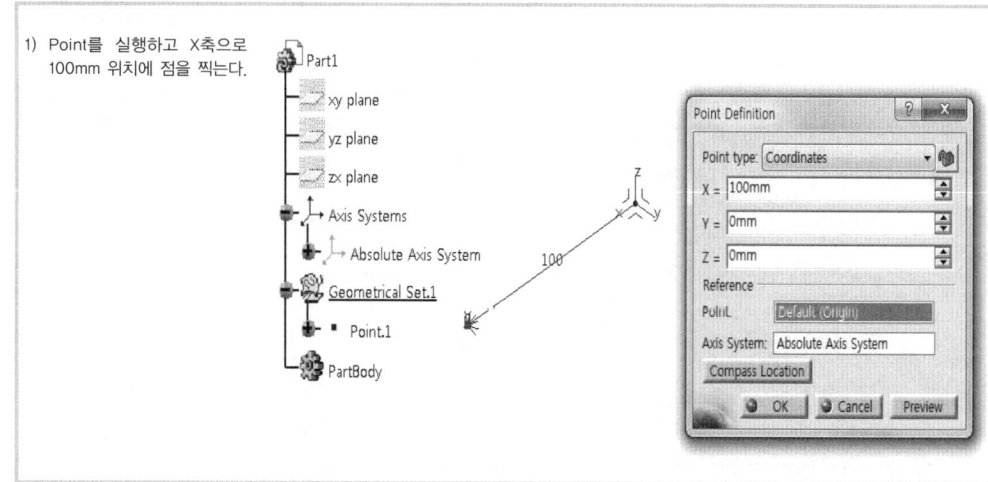

■ Spline 결과

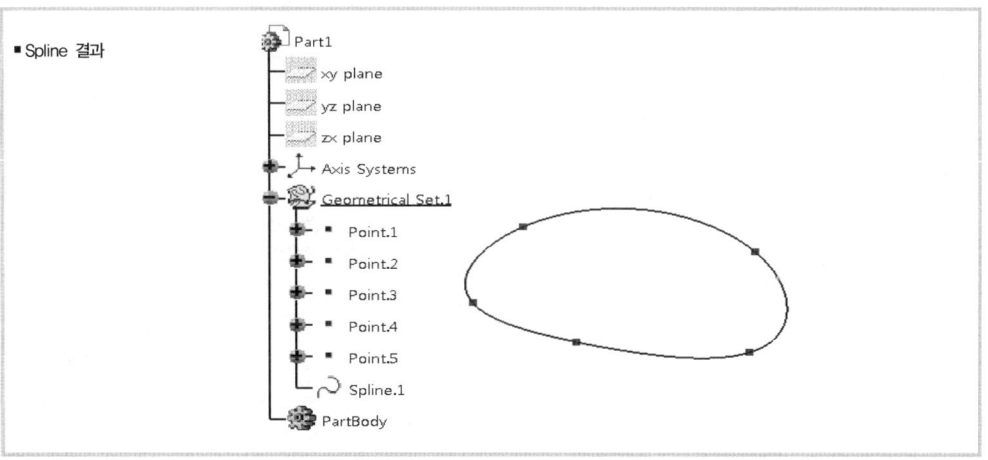

145

2) Helix( )을 Starting Point : Point.1 지정, Axis, Pitch, Height를 다음과 같이 지정하여 생성한다.

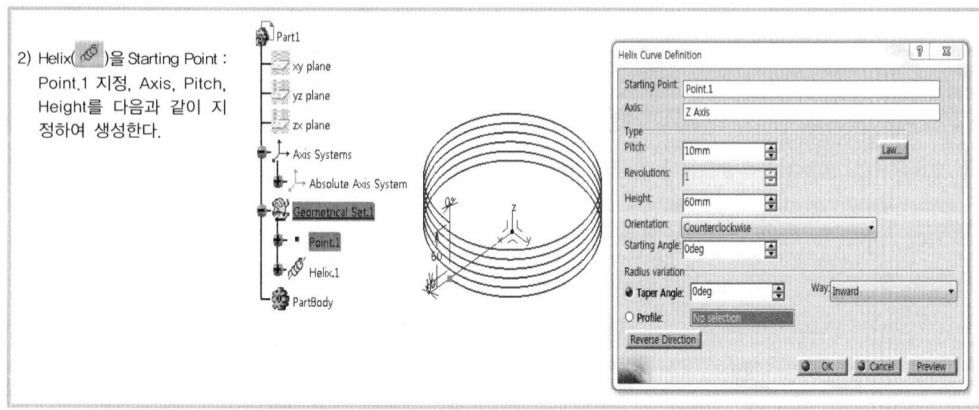

■ Helix 결과

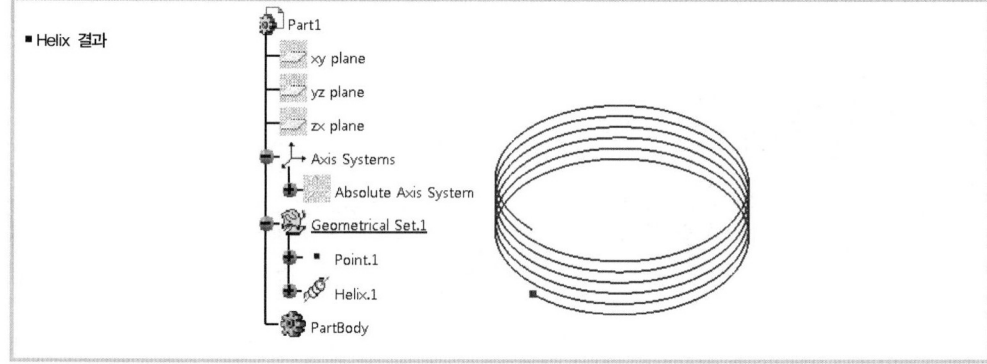

Helix 실습 2

1) Point를 실행하고 X축으로 100mm 위치에 점을 찍는다.

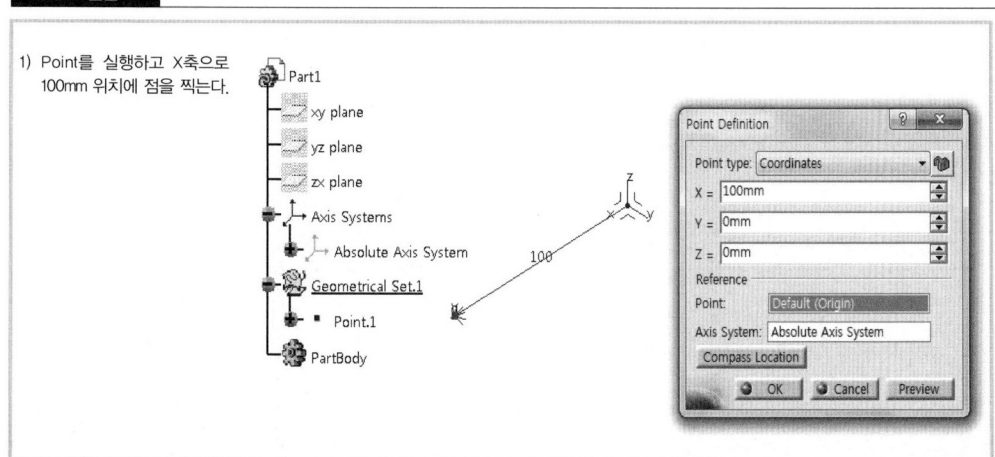

2) Helix( )을 Starting Point : Point.1을 지정 Axis, Pitch, Height를 다음과 같이 지정하여 생성한다. Radius variation에서 경사각도 : 15deg를 지정한다.

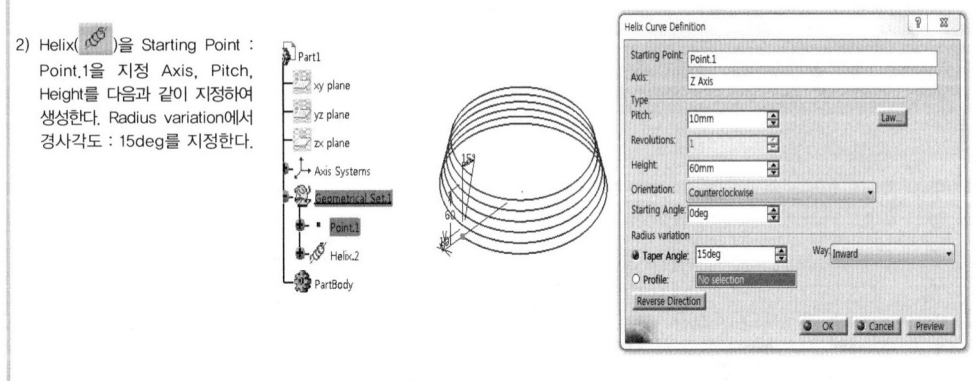

3) Circle을 실행하고 Helix의 끝 점을 선택하여 다음과 같이 원을 생성한다.

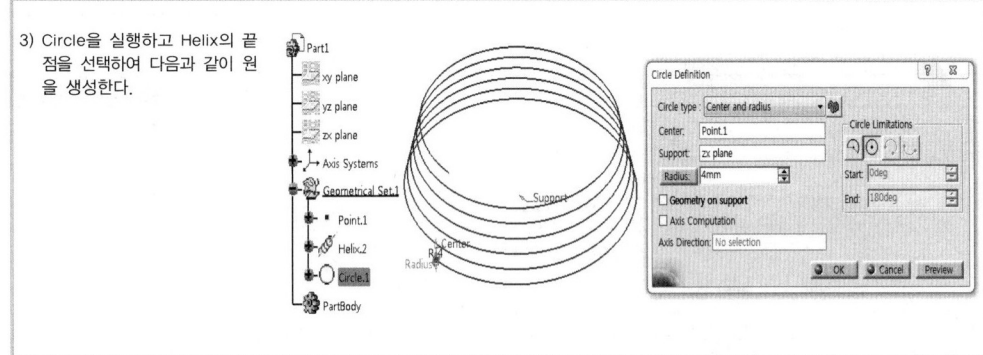

4) Sweep을 실행하고 Profile : Sketch.1을 선택 Guide Curve : Helix.1을 선택한다.

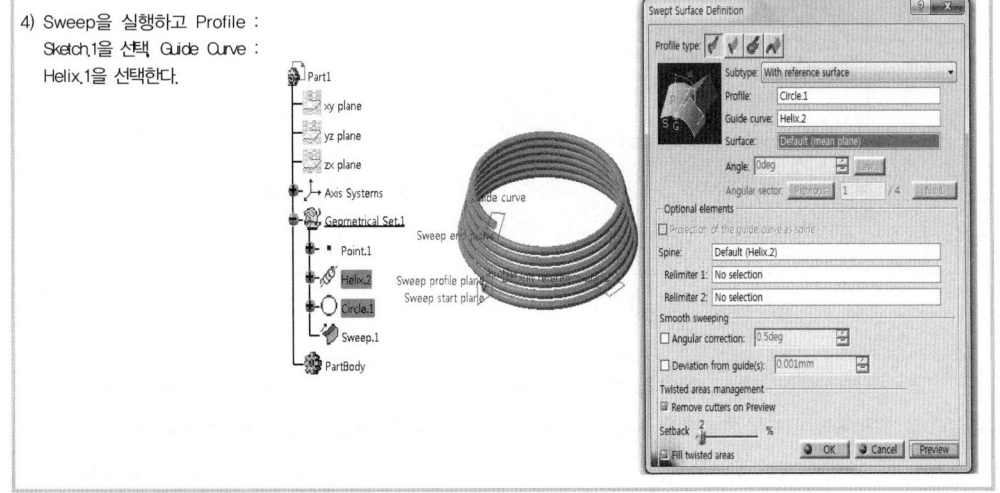

■ Helix 결과

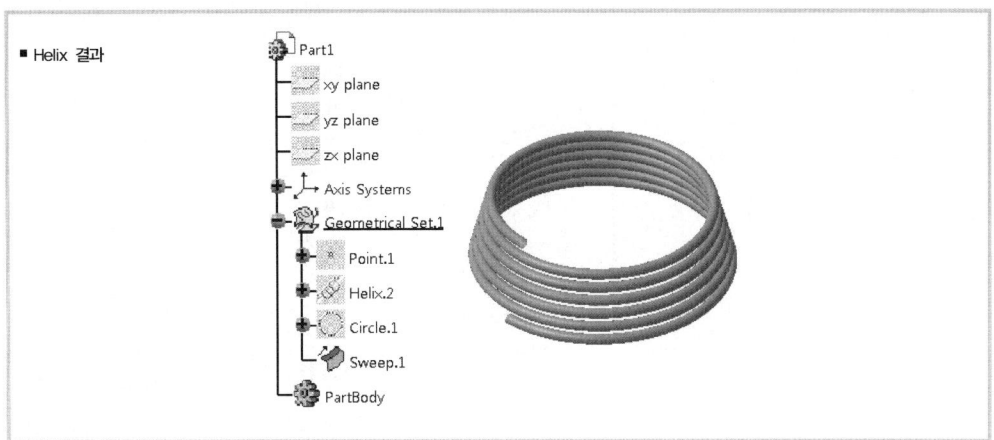

Helix 실습 3

1) Helix를 실행하고 Starting Point에서 [Create Point]를 선택한다.

2) Point 창에서 X축으로 30mm를 지정하여 Point를 생성한다.

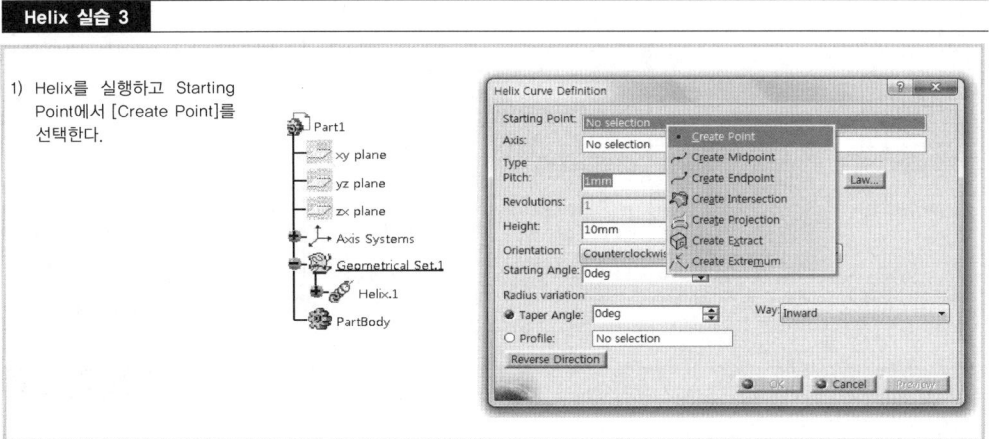
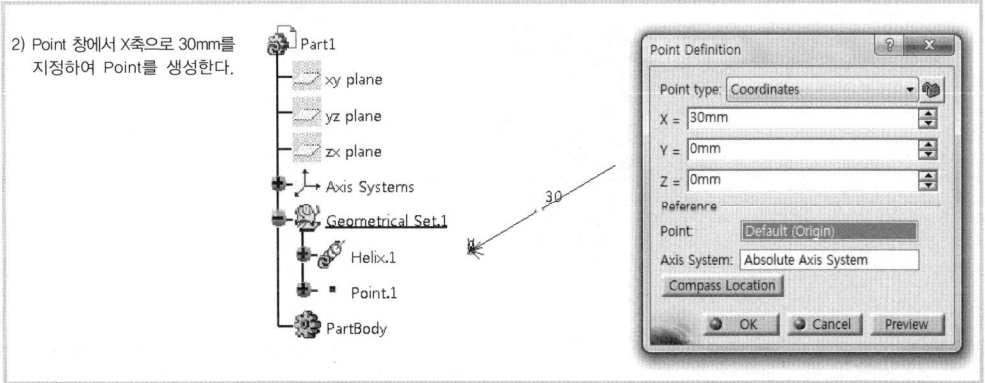

3) Axis : Z Axis, Pitch : 10mm, Height : 120mm, Taper Angle : 15deg를 지정하여 다음과 같이 Helix를 생성한다.

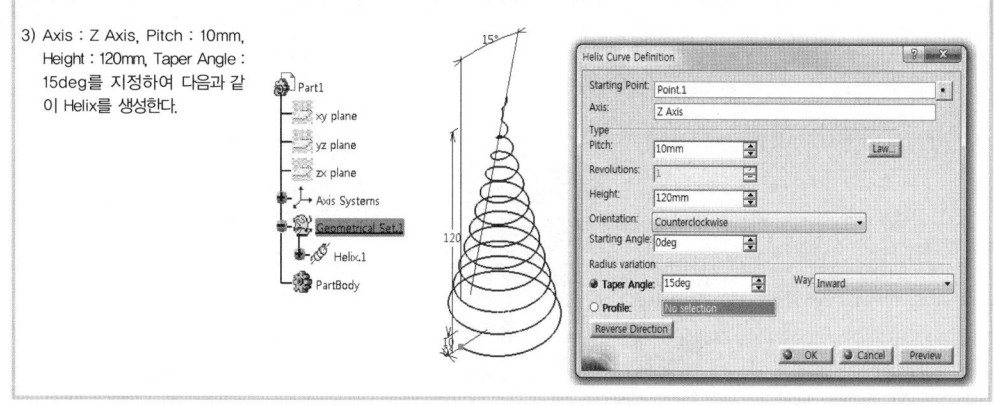

4) Circle을 실행하고 Center : Helix의 끝점을 선택, 반경 : 4mm, Support : ZX Plane 방향으로 생성한다.

5) Sweep을 실행하고 Circle.1과 Helix.1을 이용하여 Surface를 생성한다.

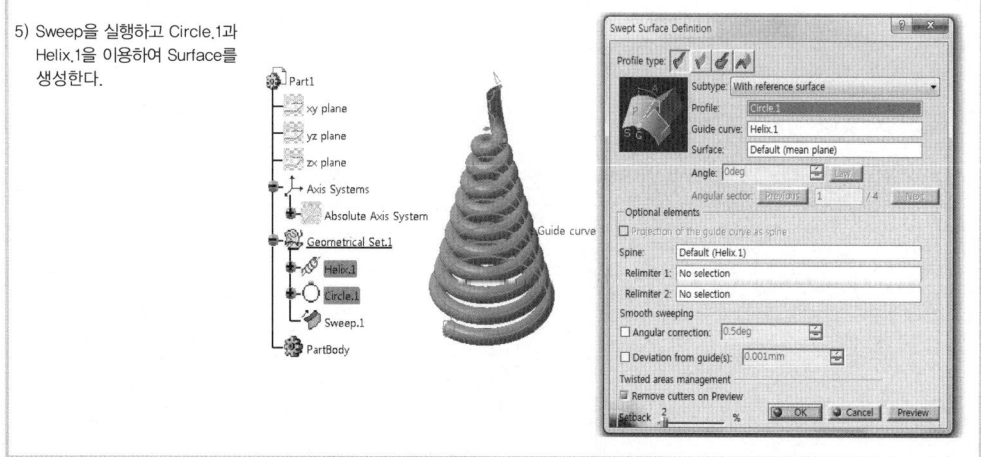

■ 완성 결과

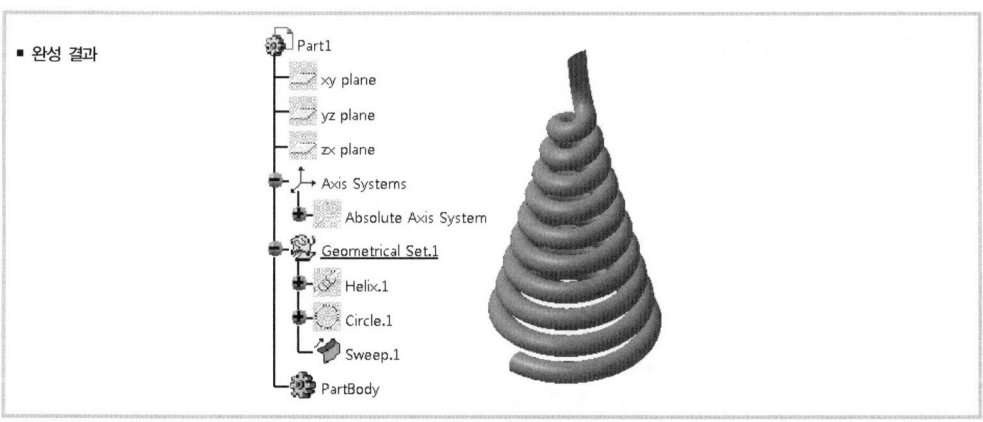

Helix 실습 4

1) 스케치를 실행하고 YZ Plane을 선택하여 다음과 같이 스케치를 한다.

2) 스케치를 실행하고 YZ Plane을 선택하여 다음과 같이 스케치를 한다.
Profile의 끝점은 반드시 Starting Point를 지나야 한다.

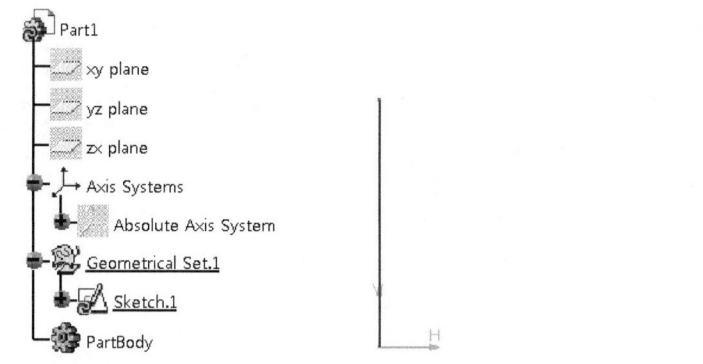
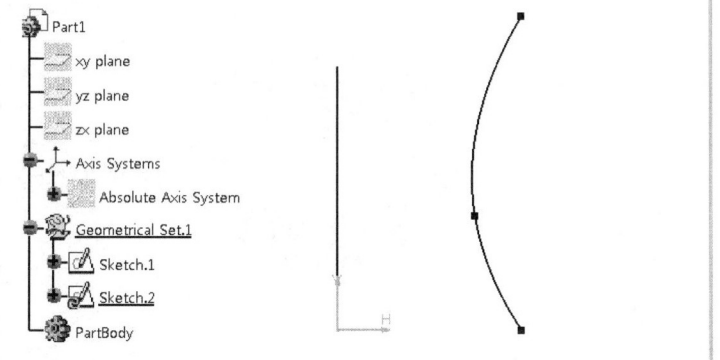

3) Helix( )을 실행하고 Starting Point로 Sketch.2의 자유곡선의 아래 끝점을 선택, Direction : Sketch.1을 선택하고 Pitch : 1mm, Height : 100mm, Profile : Sketch.2를 선택한다.

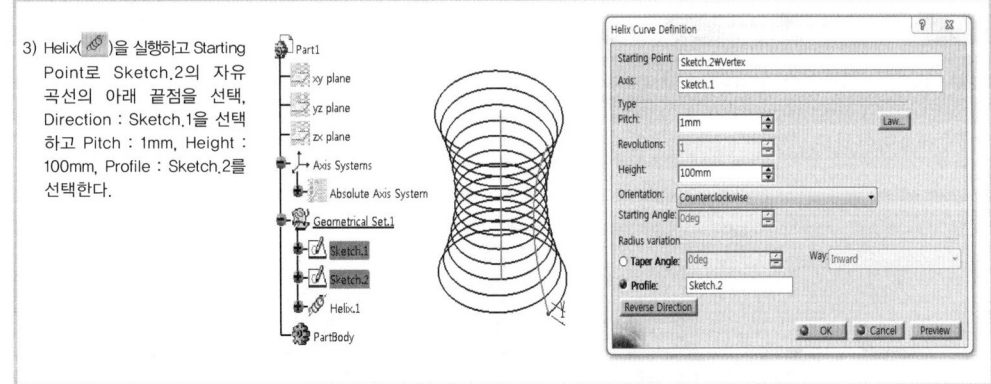

4) Circle을 실행하고 Center : Helix의 끝점을 선택, 반경 : 0.5mm, Support : ZX Plane 방향으로 생성한다.

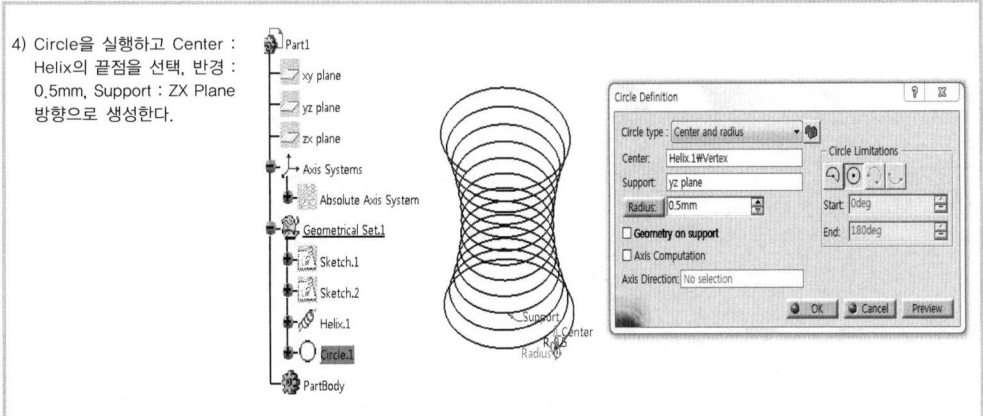

5) Sweep을 실행하고 Profile : Sketch.3을 선택, Guide Curve : Helix.1을 선택한다.

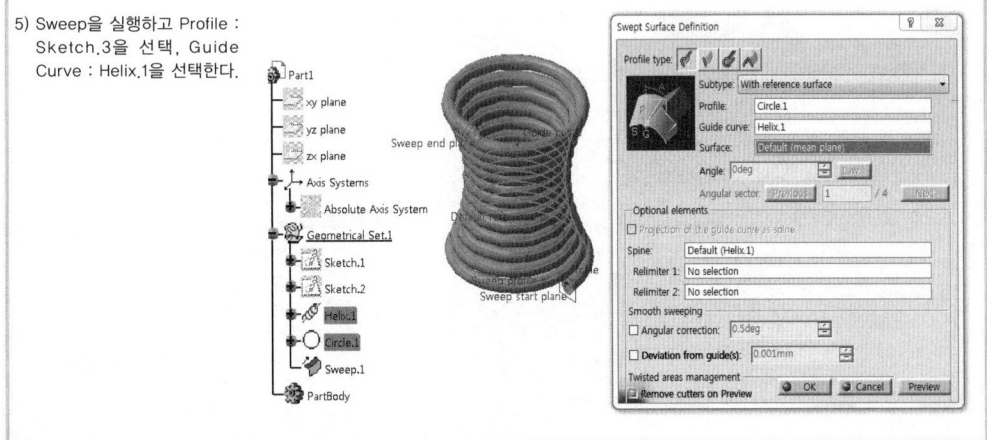

■ Helix 결과

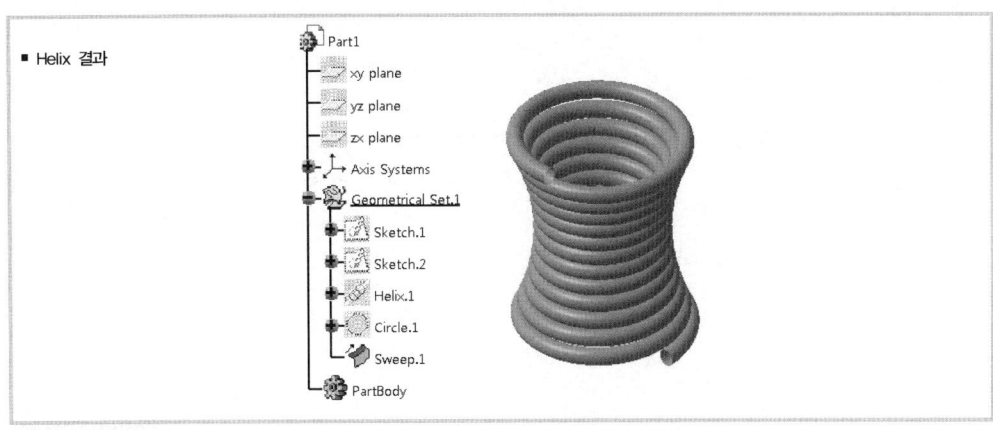

Helix 실습 5

1) 스케치를 실행하고 YZ Plane을 선택하여 다음과 같이 스케치를 한다.

2) 스케치를 실행하고 YZ Plane을 선택하여 다음과 같이 스케치를 한다.

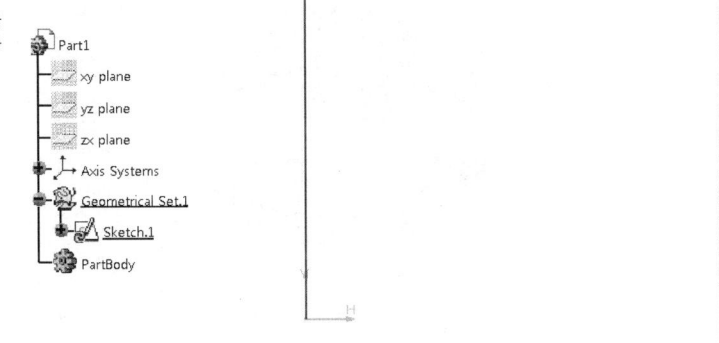

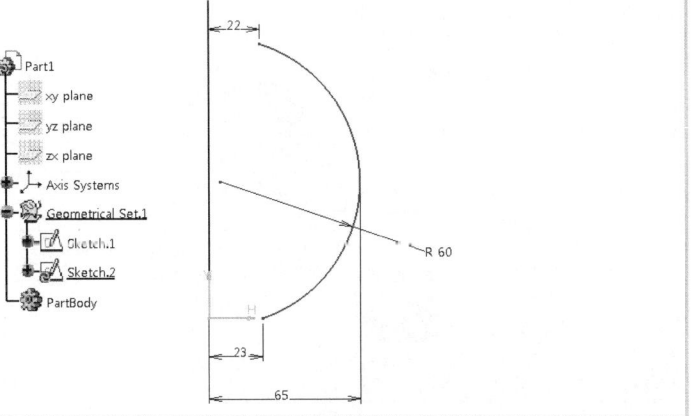

3) Helix()을 실행하고 Starting Point로 Sketch.2의 자유곡선의 아래 끝점을 선택, Direction : Sketch.1을 선택하고 Pitch : 10mm, Height : 100mm, Profile : Sketch.2를 선택한다.

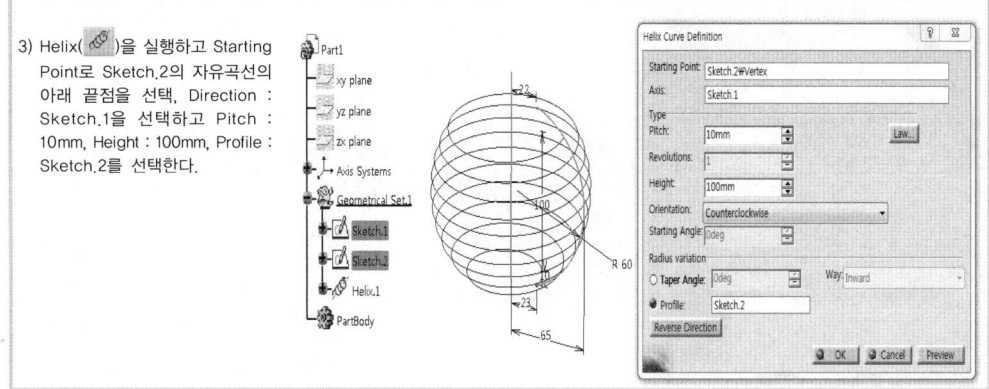

4) Plane을 실행하고 Helix와 끝점을 이용하여 Plane을 생성한다.

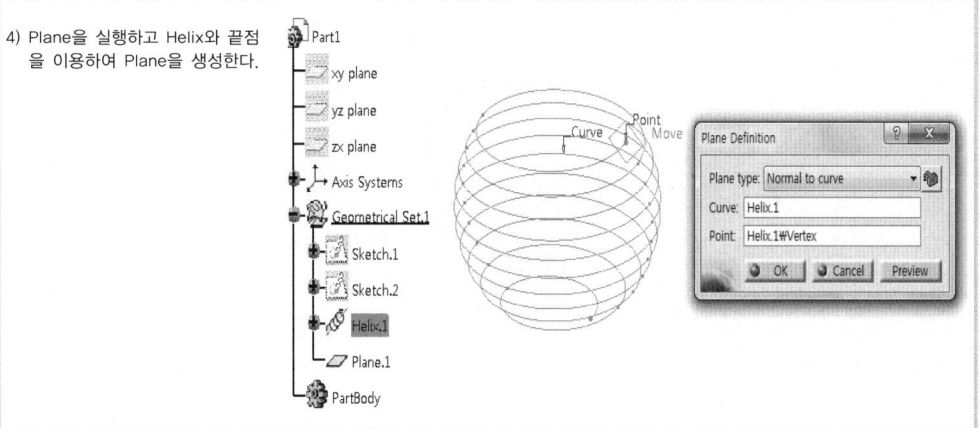

5) 스케치를 실행하고 Plane을 선택하여 임의의 크기의 Ellipse를 스케치를 한다.

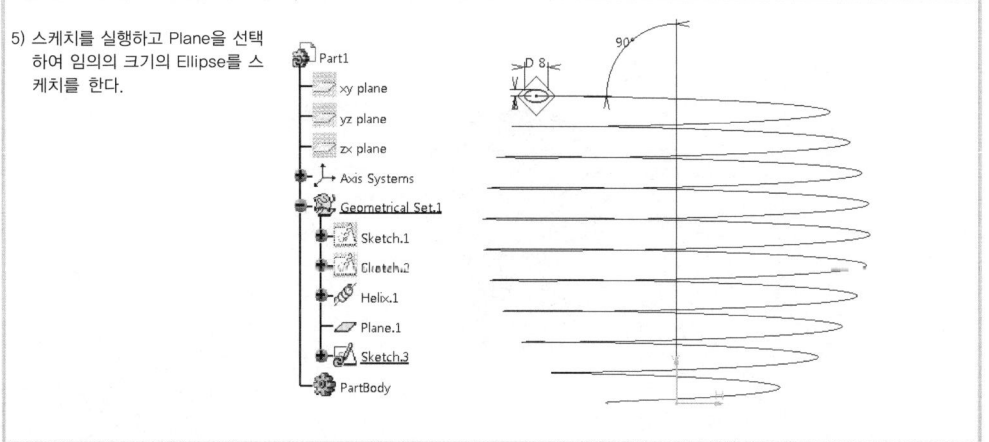

6) Sweep을 실행하고 Profile : Sketch.3을 선택, Guide Curve : Helix.1을 선택한다.

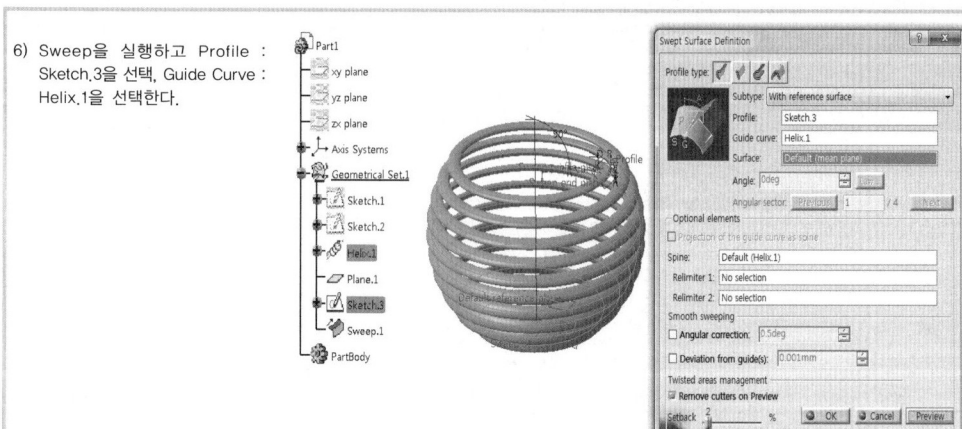

- Helix 결과

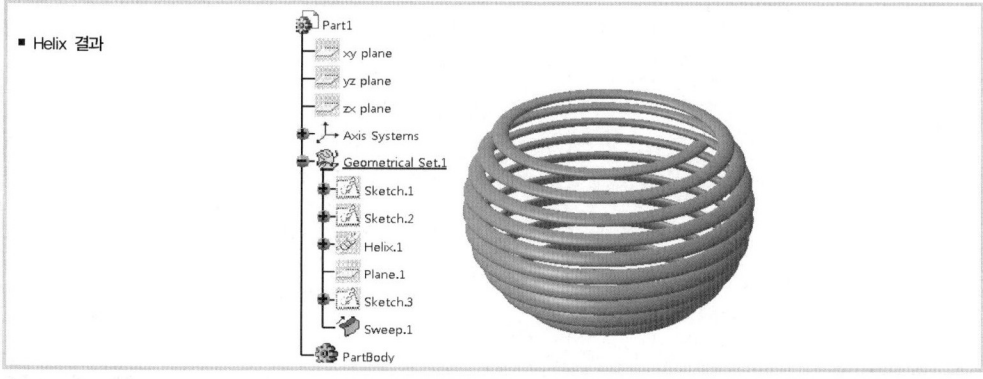

Helix 실습 6

1) 스케치를 실행하고 YZ Plane을 선택하여 다음과 같이 스케치를 한다.

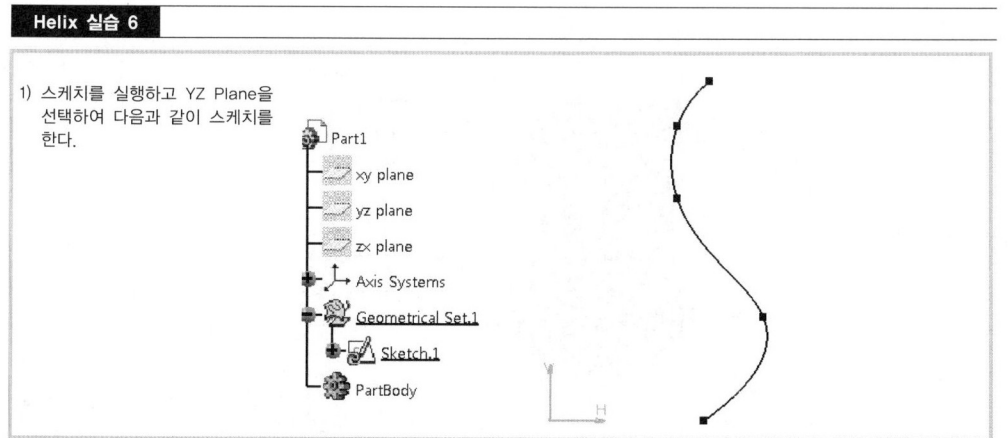

2) Helix( )을 실행하고 Starting Point로 Sketch.1의 자유곡선의 아래 끝점을 선택, Direction : Z Axis를 선택하고 Pitch : 2mm, Height : 116mm, Profile : Sketch.1 을 선택한다.

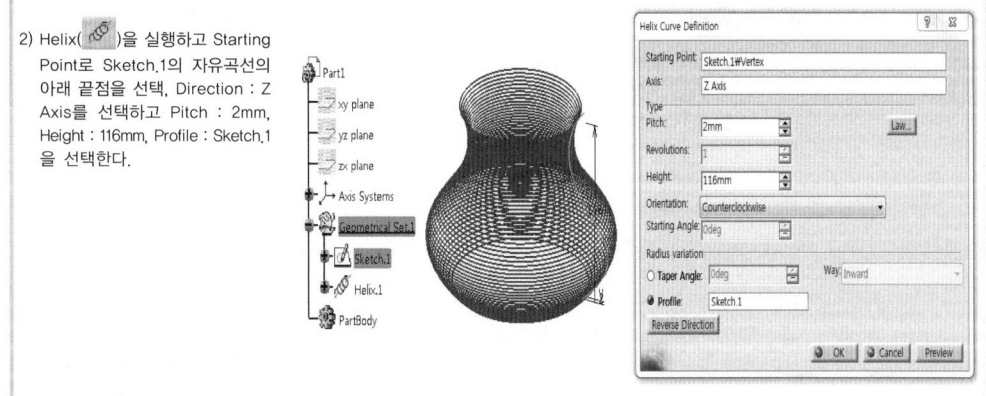

3) Circle을 실행하고 Center : Helix 의 끝점을 선택, 반경 : 2mm, Support : YZ Plane 방향으로 생성한다.

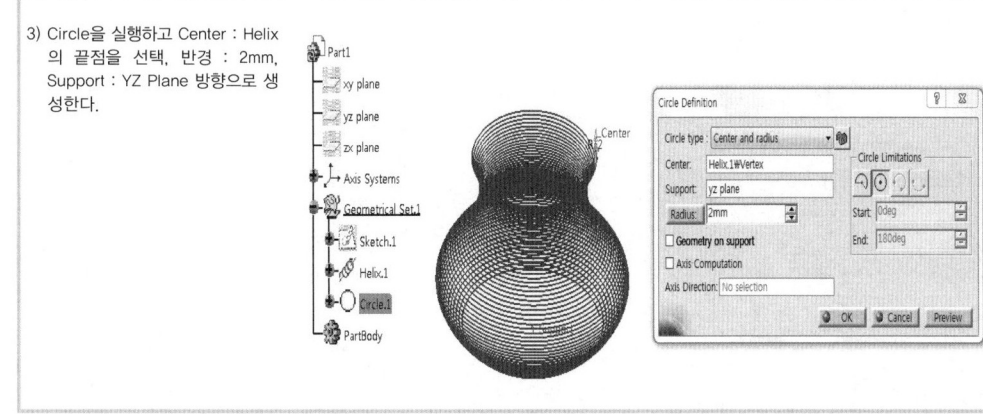

4) Sweep을 실행하고 Profile : Sketch.2를 선택, Guide Curve : Helix.1을 선택한다.

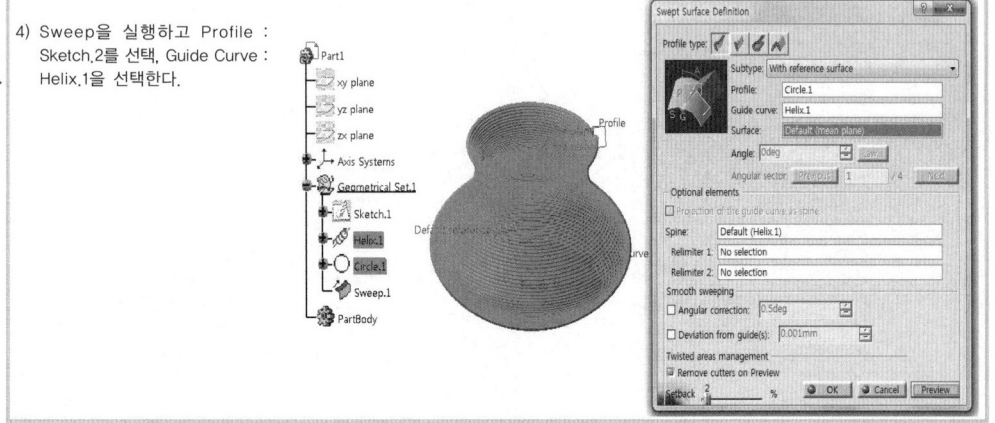

■ Helix 결과

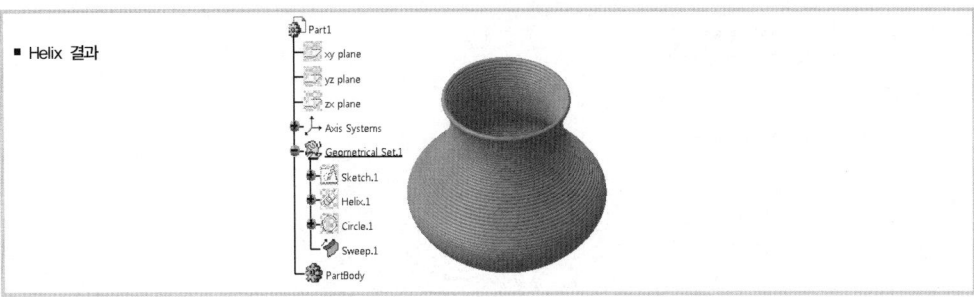

3. Spiral( )

Spiral : 시계태엽에 사용하는 스프링처럼 기준면을 중심으로 반경 방향으로 회전하면서 반경이 커지는 형상을 그리는 명령이다.

• Spiral( ) Definition

- Support : Spiral이 생성될 기준면을 선택한다.
- Center Point : 중심점을 선택한다.
- Reference direction : 기준 방향을 선택한다.
- Start radius : 0mm을 지정하면 원점부터 시작한다.
- Type
  - Angle & Radius : 각도와 반경을 지정할 수 있다.
  - Angle & Pitch : 각도와 피치를 지정할 수 있다.
  - Radius & Pitch : 반경과 피치를 지정할 수 있다.

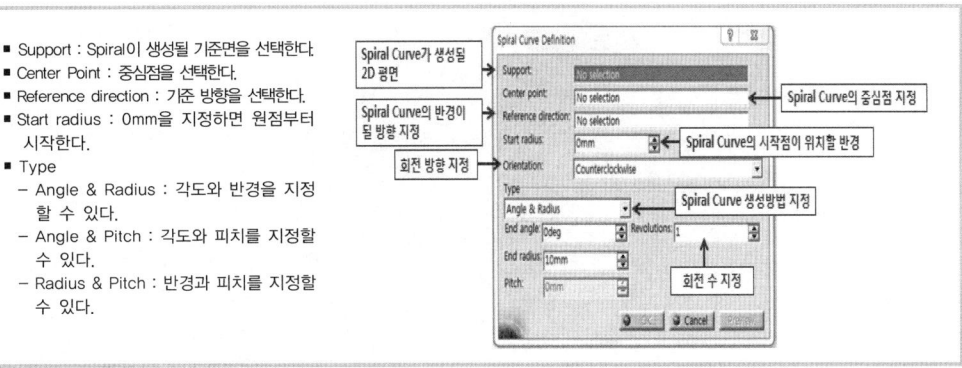

Spiral 실습 1

1) Spiral( )을 실행하고 다음과 같이 지정한다.
   - Support : XY Plane
   - Center Point : 원점 선택
   - 기준 방향 : X축
   - 시작 반경 : 0
   - 끝 반경 : 30
   - 회전 수 : 6

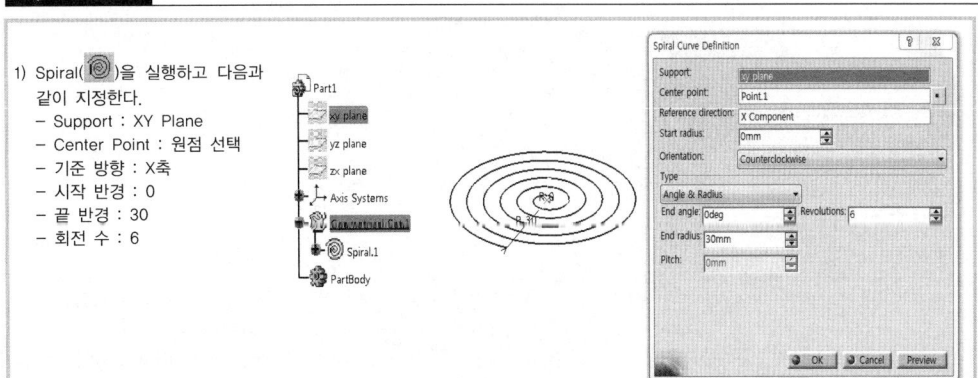

2) Plane을 실행하고 Spire 경로선과 끝점을 이용하여 Plane을 생성한다.

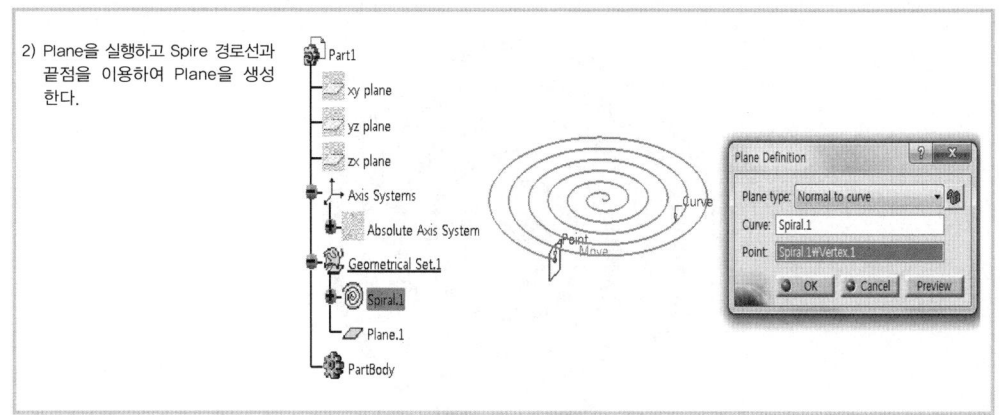

3) 스케치를 실행하고 Plane.1을 선택하여 다음과 같이 스케치를 한다.

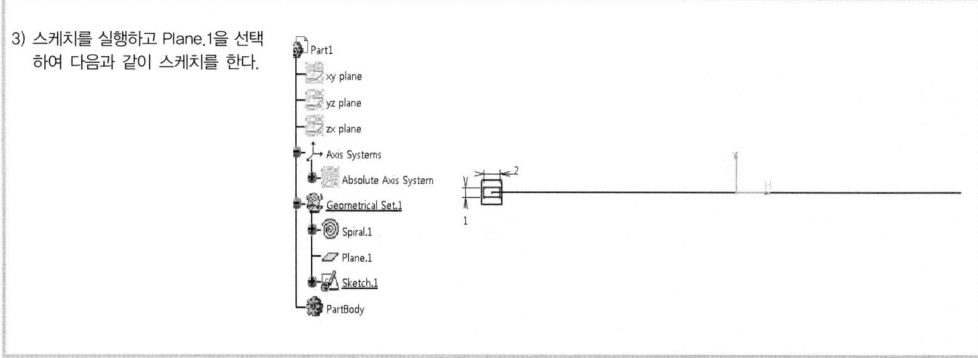

4) Sweep을 실행하고 Profile : Sketch.1 을 선택, Guide Curve : Spiral.1 을 선택하여 Sweep을 생성한다.

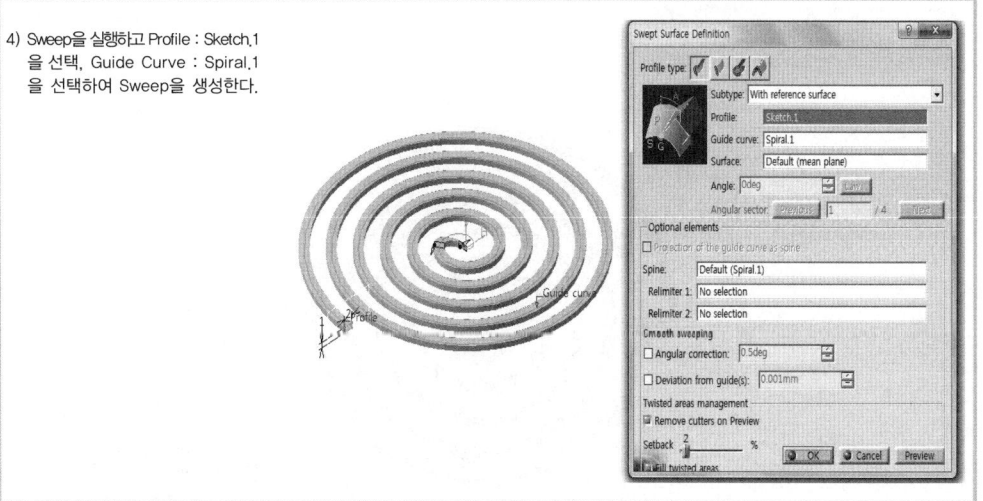

5) [Start]-[Part Design]를 선택한다.
6) Close Surface()를 실행하고 Sweep.1을 선택하여 Solid로 전환한다.
7) Sweep Surface를 [Hide]로 숨긴다.

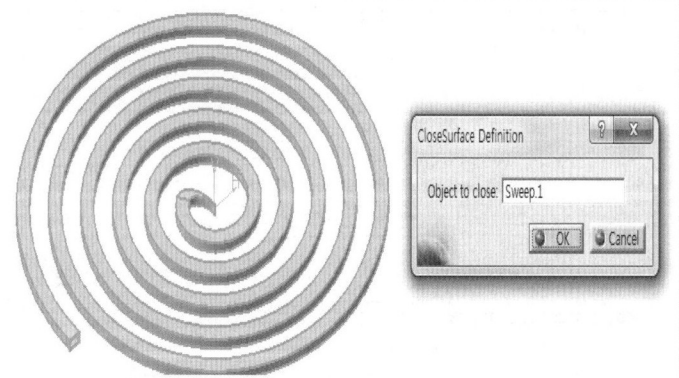

8) 스케치를 실행하고 XY Plane을 선택하여 다음과 같이 스케치를 한다.

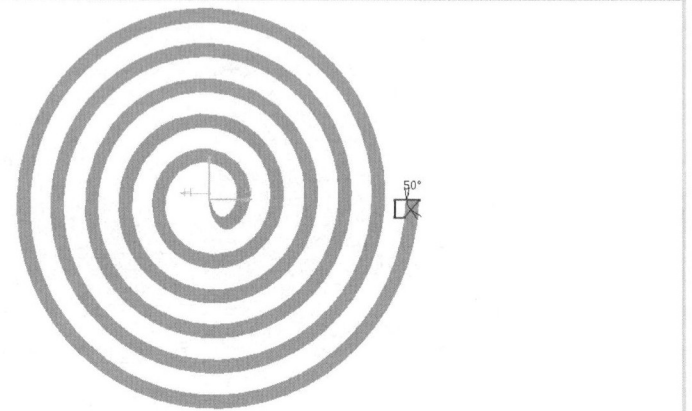

9) Pocket을 실행하고 2mm, Mirrored extent를 지정하여 돌출 컷을 한다.

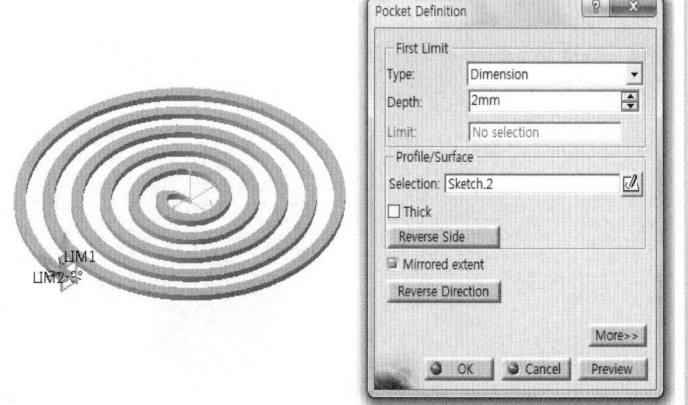

10) 스케치를 실행하고 XY Plane을 선택하여 다음과 같이 스케치를 한다.

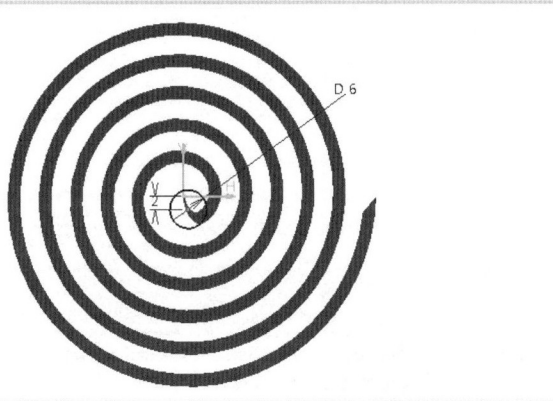

11) Pad를 실행하고 0.5mm, Mirrored extent를 지정하여 돌출을 한다.

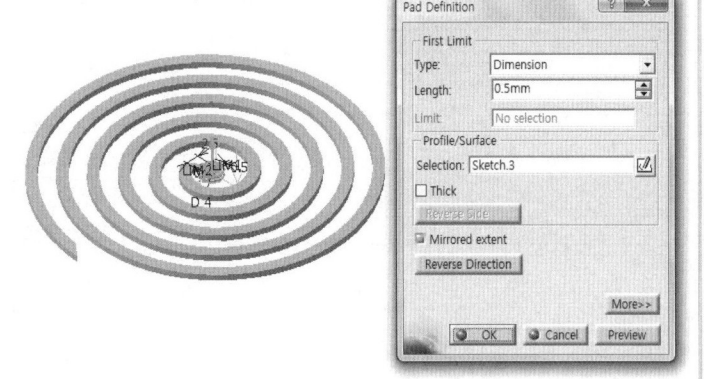

12) 스케치를 실행하고 Pad.1 객체의 윗면을 선택하여 다음과 같이 스케치를 한다.

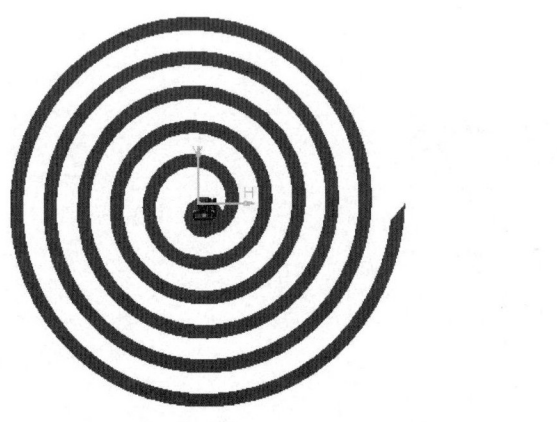

13) Pocket을 실행하고 10.5mm 돌출 컷을 한다.

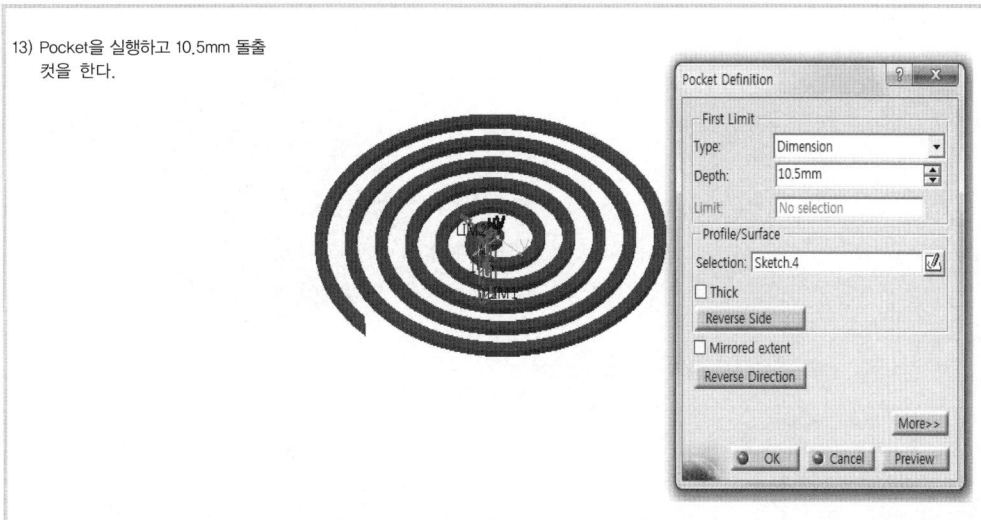

- Spiral 결과

📁 Multi-Result Management

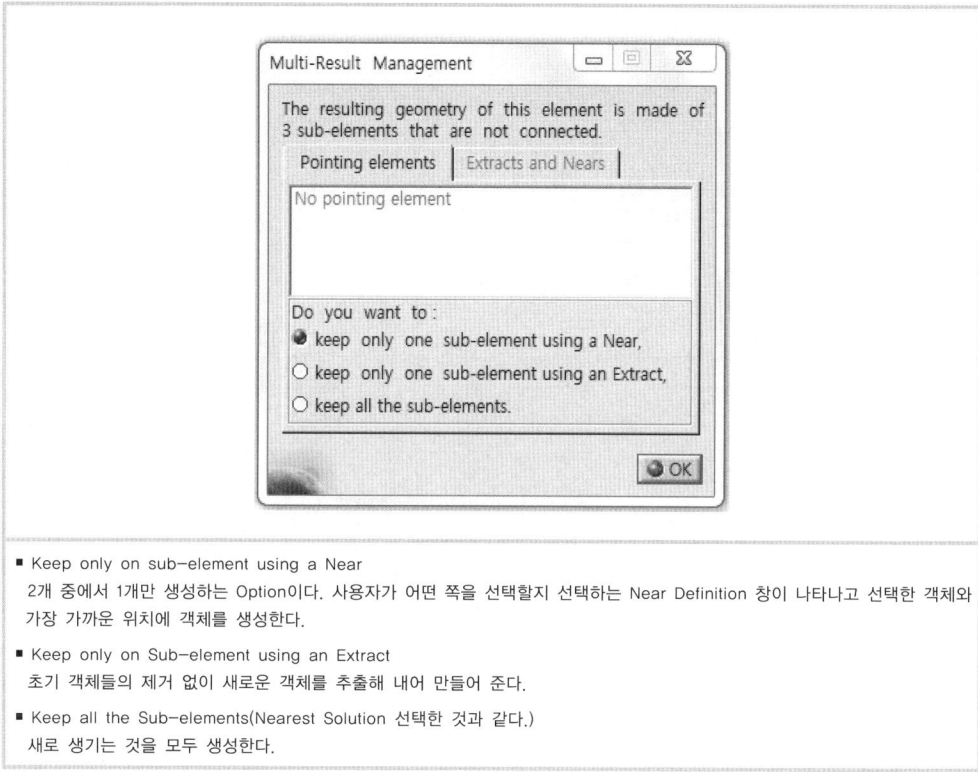

- Keep only on sub-element using a Near
  2개 중에서 1개만 생성하는 Option이다. 사용자가 어떤 쪽을 선택할지 선택하는 Near Definition 창이 나타나고 선택한 객체와 가장 가까운 위치에 객체를 생성한다.
- Keep only on Sub-element using an Extract
  초기 객체들의 제거 없이 새로운 객체를 추출해 내어 만들어 준다.
- Keep all the Sub-elements(Nearest Solution 선택한 것과 같다.)
  새로 생기는 것을 모두 생성한다.

Type 1 : 복수의 결과로 나타난 형상 중에 임의의 기준 요소(모서리, Vertex)와 가장 가까운 부분을 살리고 나머지는 제거하는 방식이다.

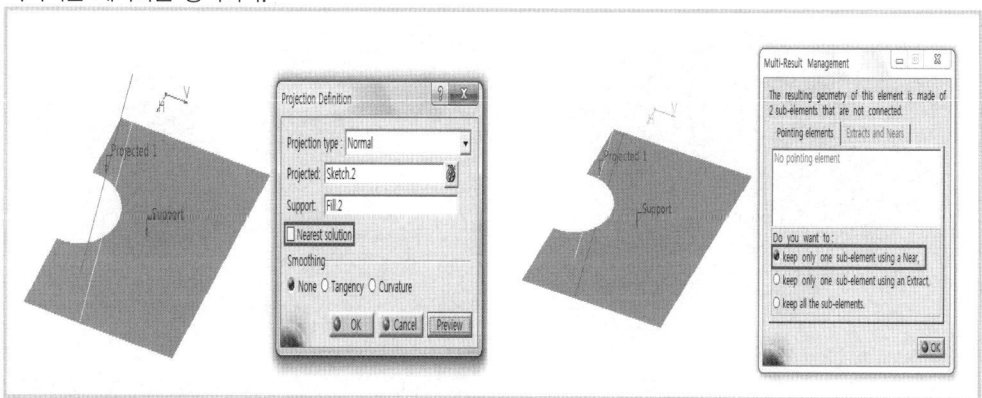

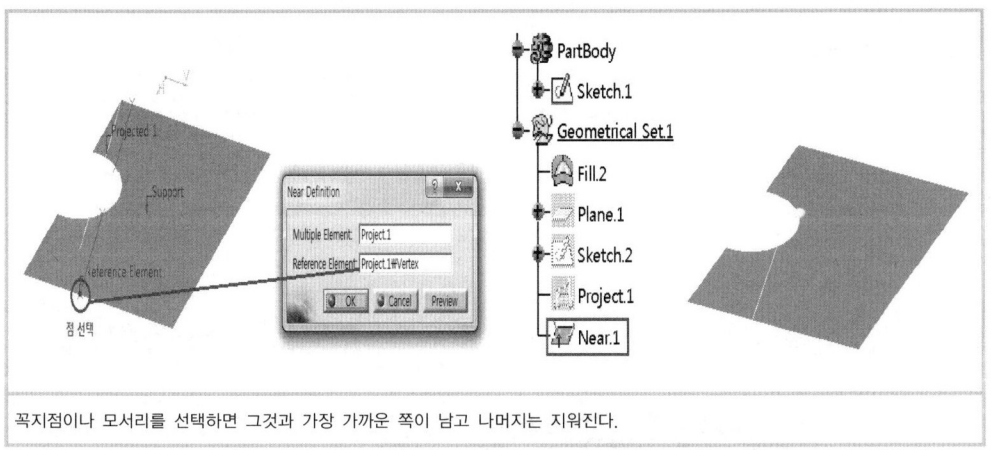

꼭지점이나 모서리를 선택하면 그것과 가장 가까운 쪽이 남고 나머지는 지워진다.

Type 2 : 복수의 결과로 나타난 형상 중에 원하는 부분만을 Extract 명령을 사용하여 남기는 방법

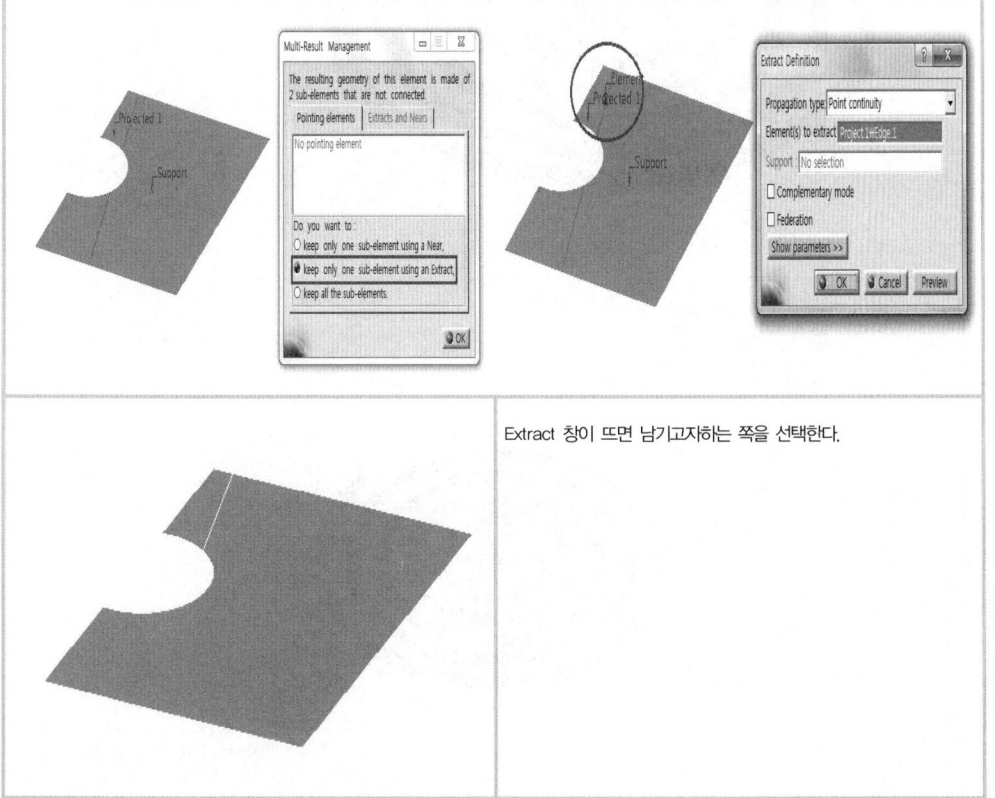

Extract 창이 뜨면 남기고자하는 쪽을 선택한다.

Type 3 : 복수의 결과로 나온 형상을 변경하지 않고 있는 그대로 두는 방법

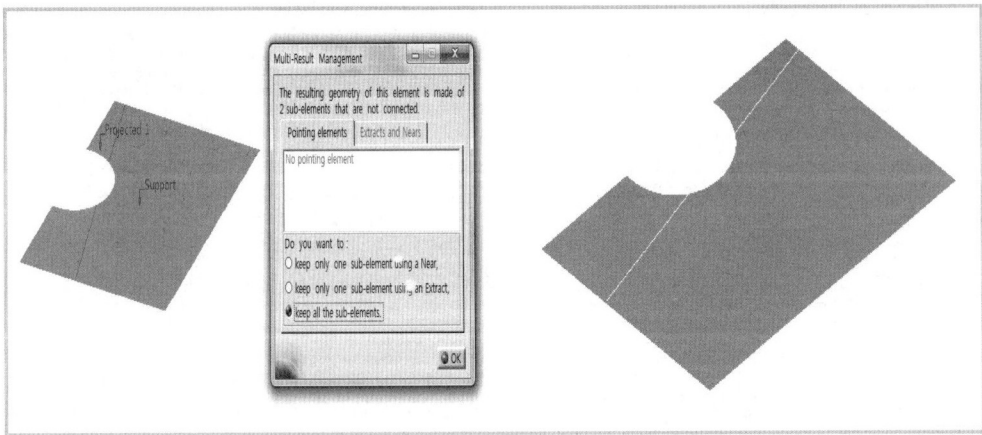

03 | GSD 실습하기

응용하기 1 파이프 만들기

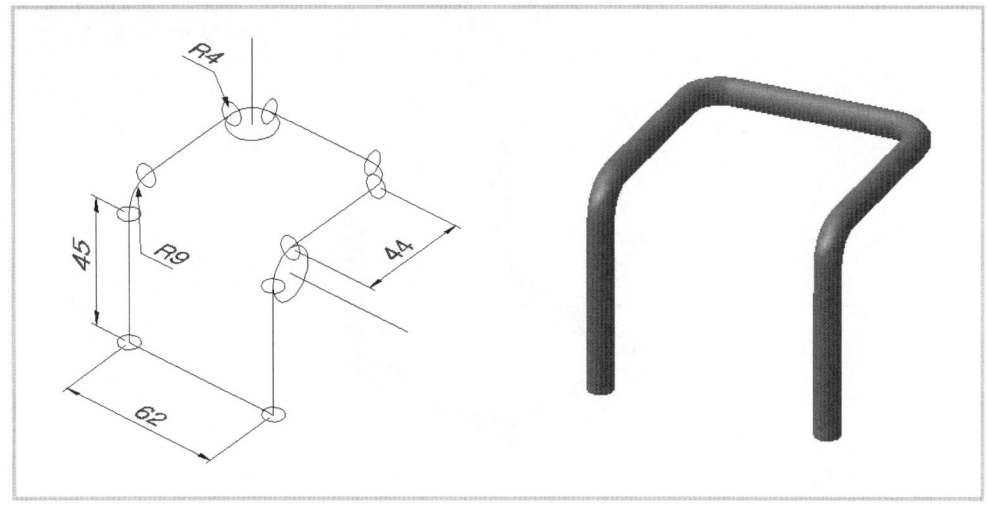

1) Point와 Line을 이용하여 다음과 같이 모형을 만든다.

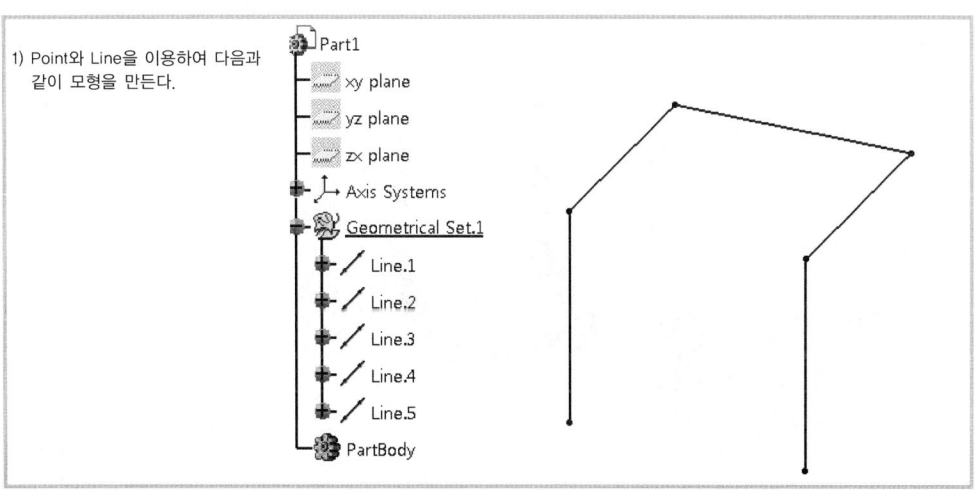

2) Corner를 실행하여 반경 : 9mm로 Corner를 한다.

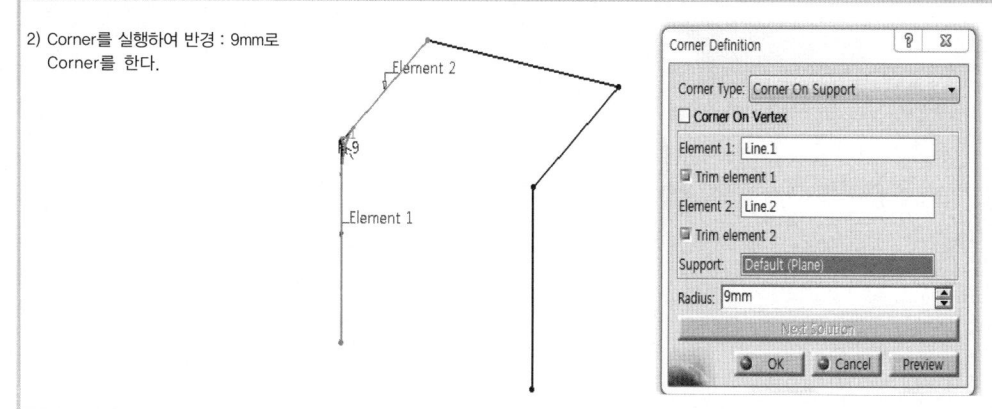

3) Corner를 실행하여 반경 : 9mm로 Corner를 모두 생성한다.

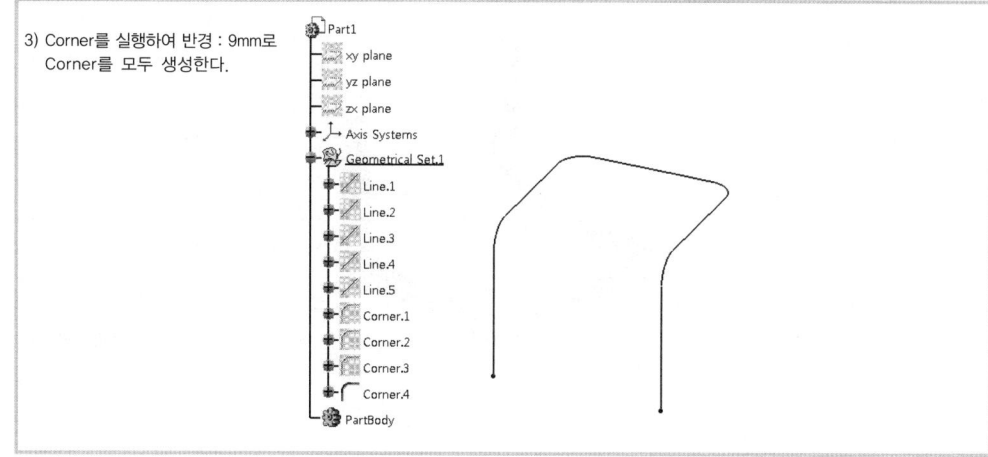

4) Circle을 실행하여 다음과 같이 원을 생성한다.

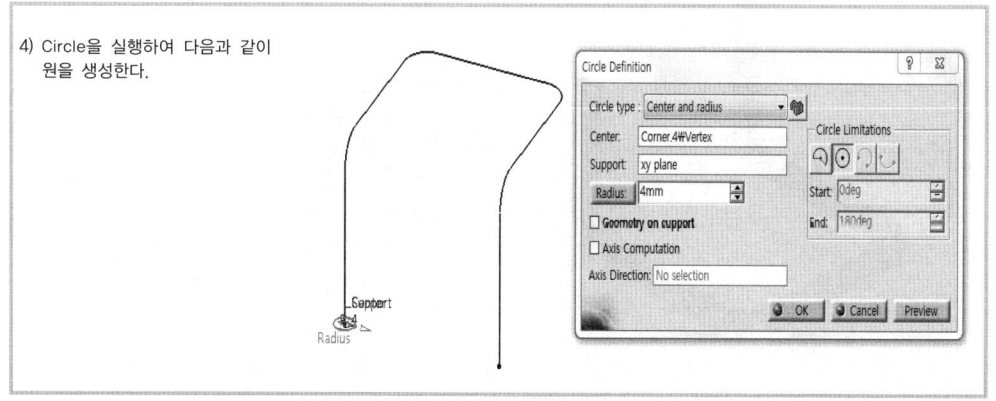

5) Sweep을 실행하고 Profile : Circle.1 을 선택, Guide Curve : Corner.4 를 선택한다.

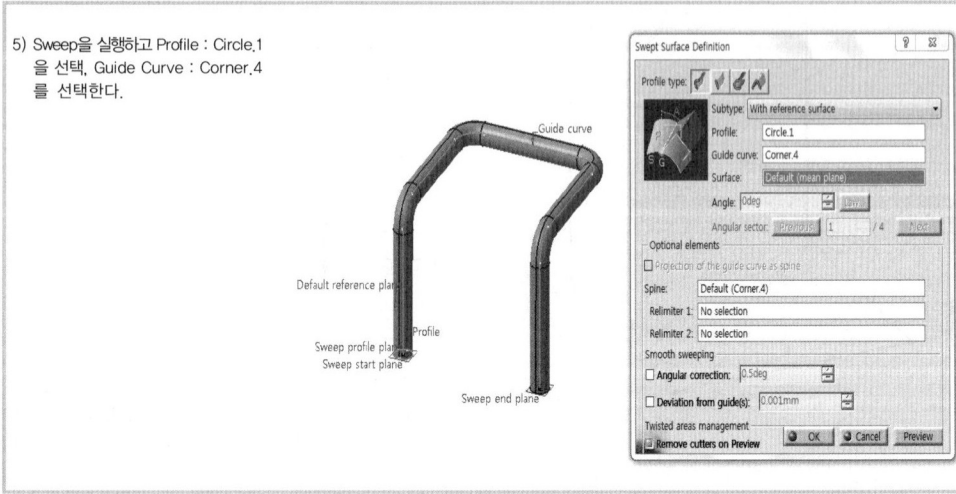

■ Surface 완성

6) [Start]-[Mechanical Design]-[Part Design]을 선택한다.
7) ThickSurface를 실행하고 Sweep.1 을 선택하여 두께 : 1mm를 지정 하여 Solid를 생성한다.

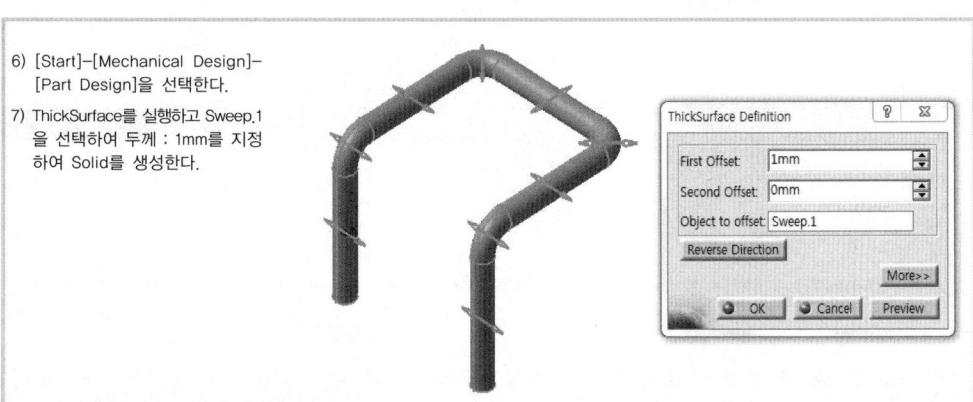

8) Spec Tree에서 Sweep.1 객체를 [Hide]로 숨긴다.

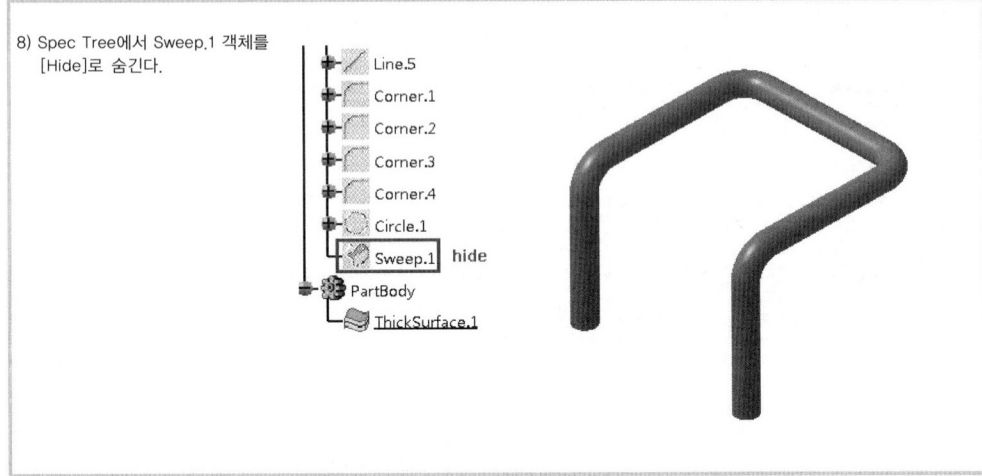

■ Solid 완성

응용하기 2   의자 만들기

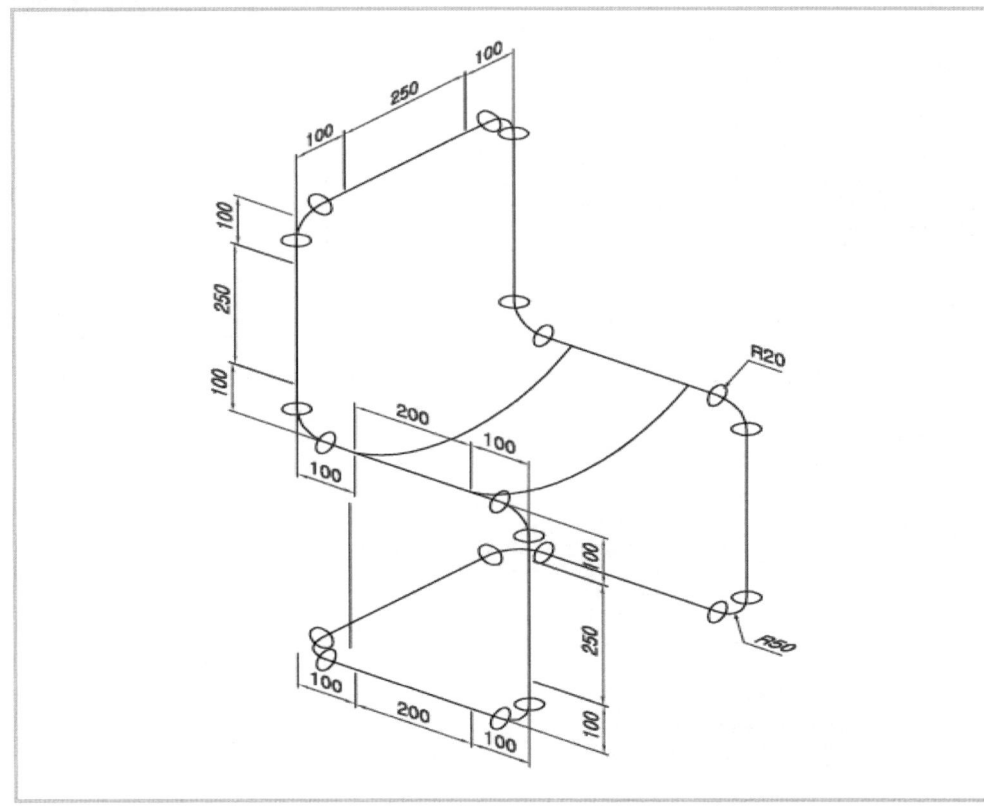

1) Point와 Line을 이용하여 다음과 같이 모형을 만든다.

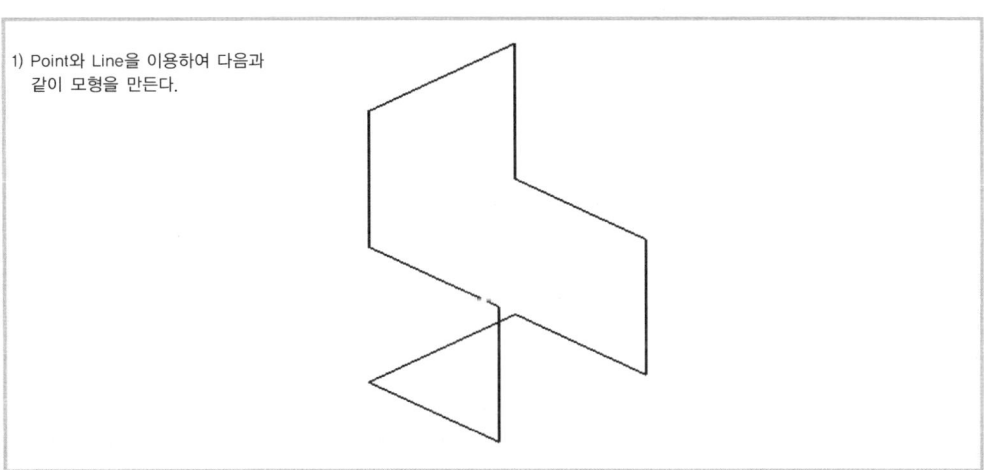

2) Corner를 실행하고 반경 : 50mm로 Corner를 생성한다.

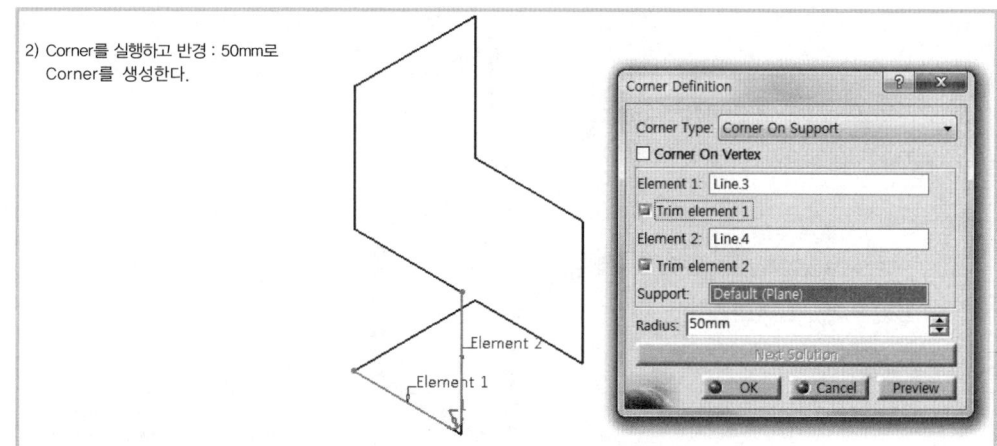

3) Corner를 실행하여 반경 : 50mm로 모두 Corner를 한다.
   Corner를 하면 Corner를 한 부분이 Join으로 결합된다. 그렇기 때문에 다음 부분이 Corner가 되지 않는다. Corner의 조건을 선분이 서로 결합되어 있지 않아야 가능하다.

4) Corner가 되지 않는 부분이 있다. 이런 경우 Disassemble을 실행하여 Corner로 묶인 것을 해체한 다음 Corner를 수행한다.

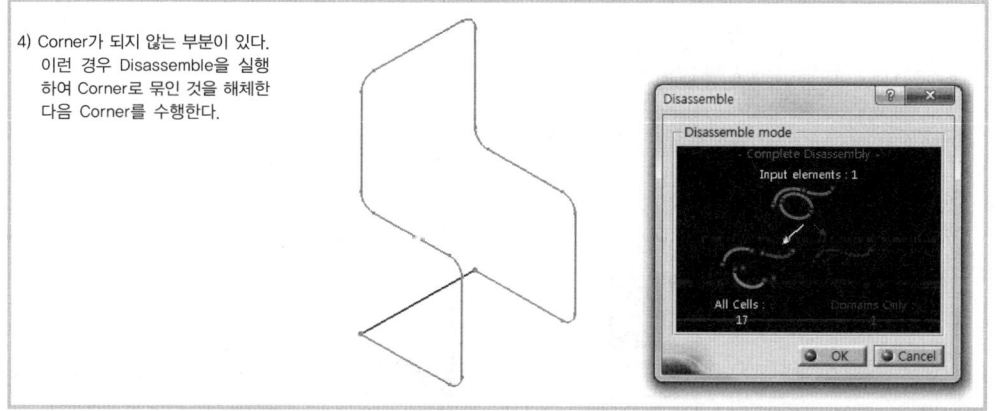

5) 나머지 부분을 Corner를 수행한다.
   끝부분이 Trim이 되지 않고 남는데
   깔끔하게 자르려면 Disassemble을
   수행한 후 Split으로 잘라낸다.

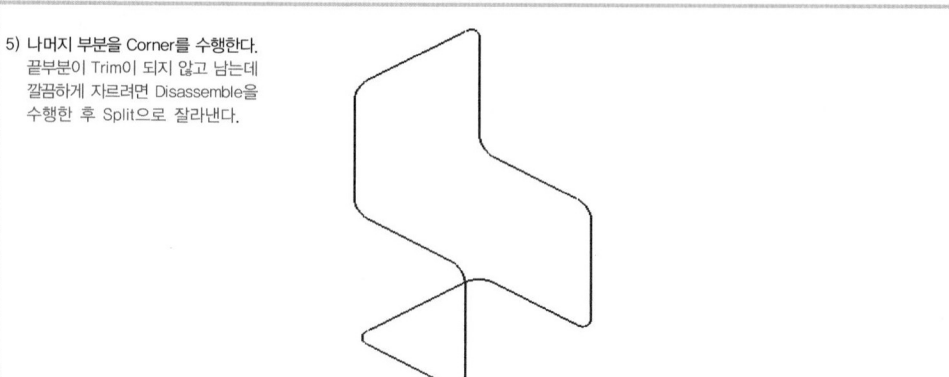

6) Join을 실행하여 모든 선분을 결합한다.

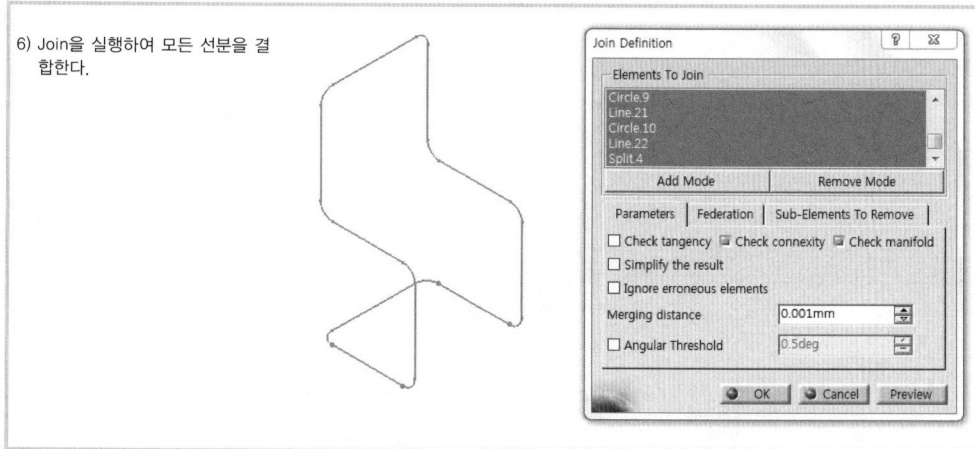

7) Circle을 실행하여 다음과 같이 원을 생성한다.

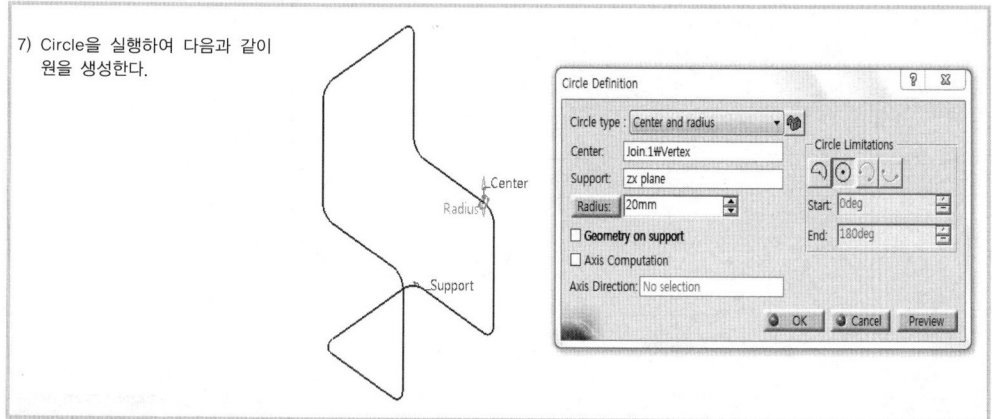

8) Sweep을 실행하고 Profile : Circle.1을 선택, Guide Curve : Corner.4를 선택한다.

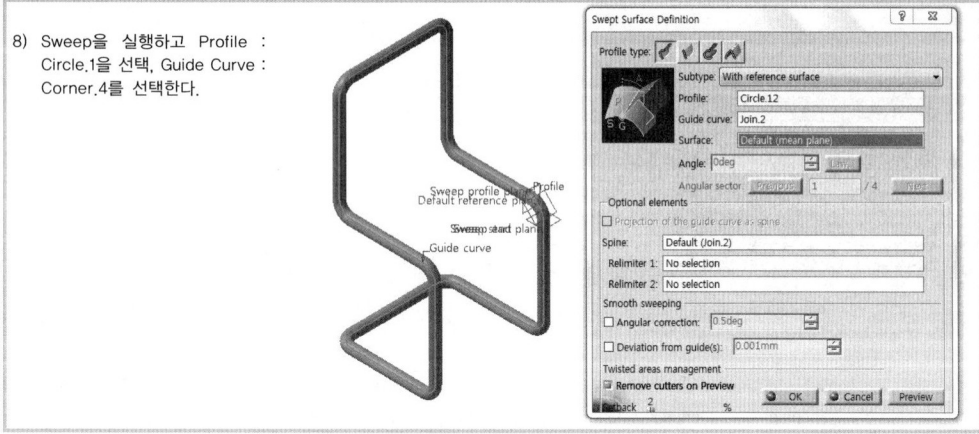

■ Surface 완성

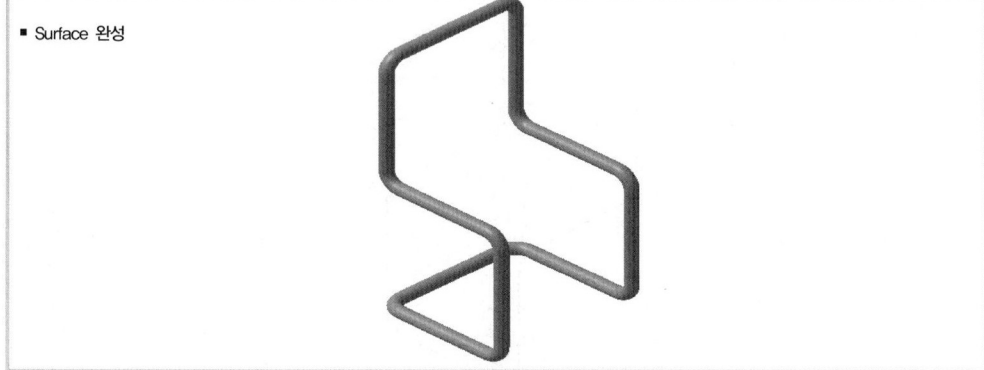

9) Point를 실행하고 다음 위치에 Point를 찍는다.
   의자 골격을 기반으로 다양하게 변경해보자.

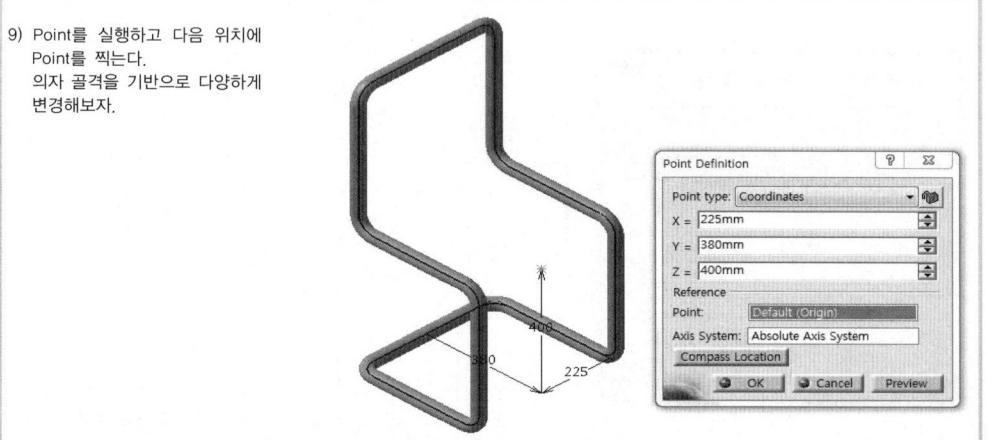

10) Spline을 실행하고 Joint 라인의 Point와 9번에서 찍은 Point를 이용하여 다음과 같이 Spline을 그린다.

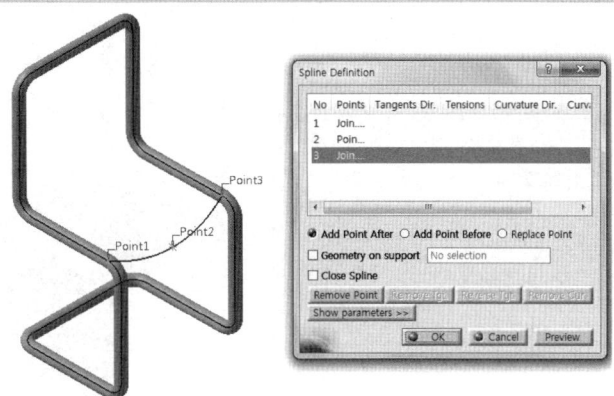

11) Point를 실행하고 다음 위치에 Point를 찍는다.

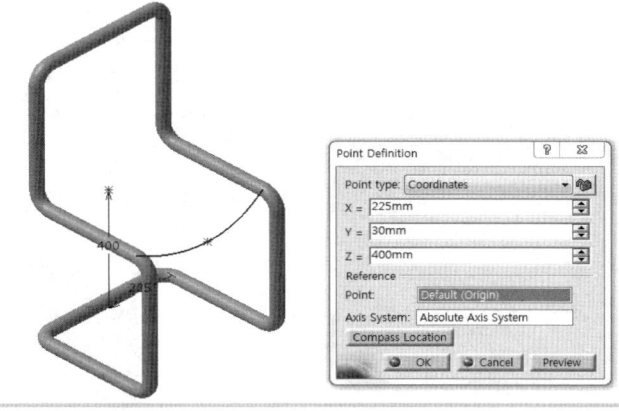

12) Spline을 실행하고 Joint 라인의 Point와 11번에서 찍은 Point를 이용하여 다음과 같이 Spline을 그린다.

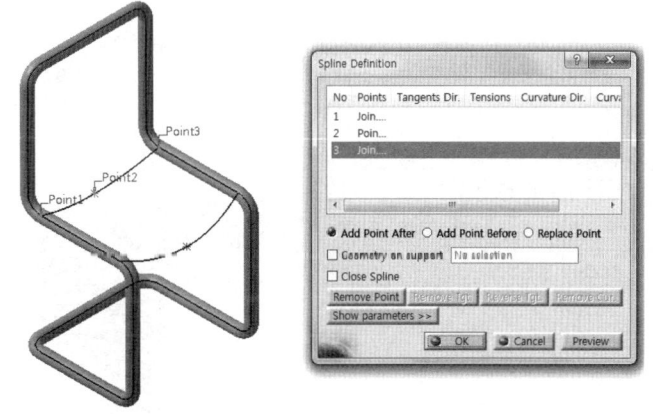

13) Blend를 실행하고 두 개의 선분을 선택하여 Surface를 생성한다.

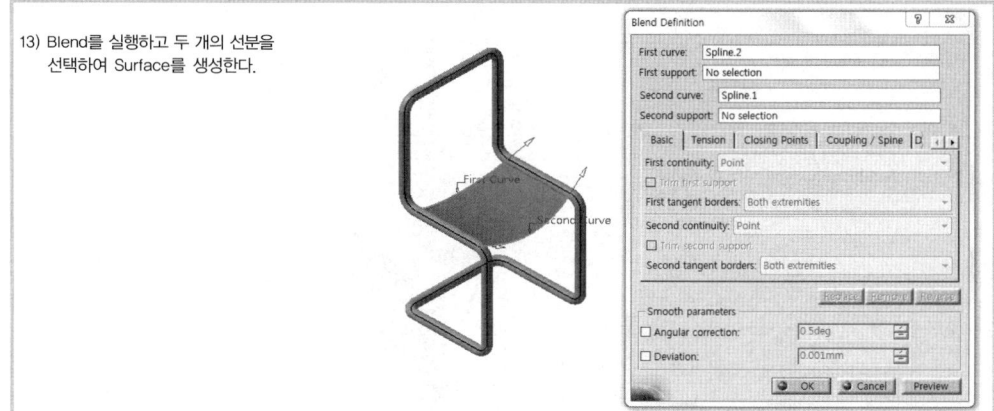

14) Line을 실행하고 Joint 라인의 Point를 선택하여 다음과 같이 Line를 그린다.

15) Blend를 실행하고 두 개의 선분을 선택하여 Surface를 생성한다.

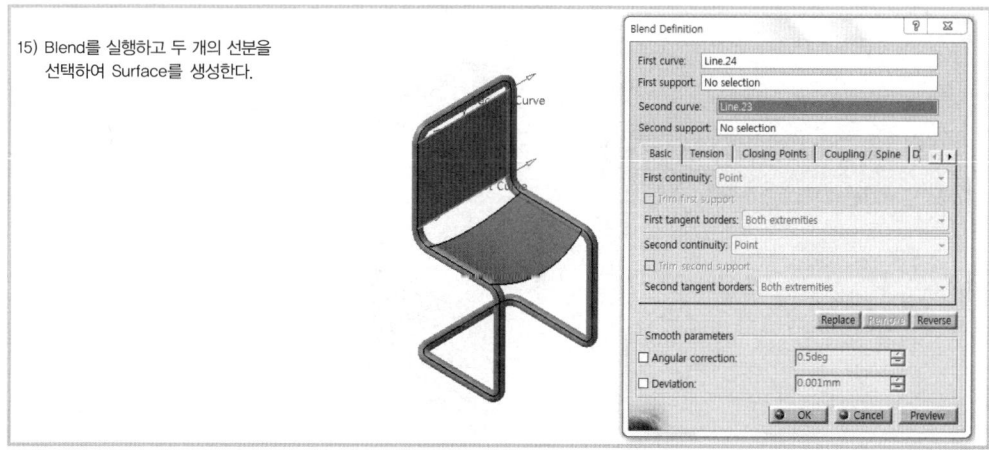

16) [Start]-[Mechanical Design]-[Part Design]를 선택한다.
17) Close Surface를 실행하고 Sweep.1 객체를 선택한다.

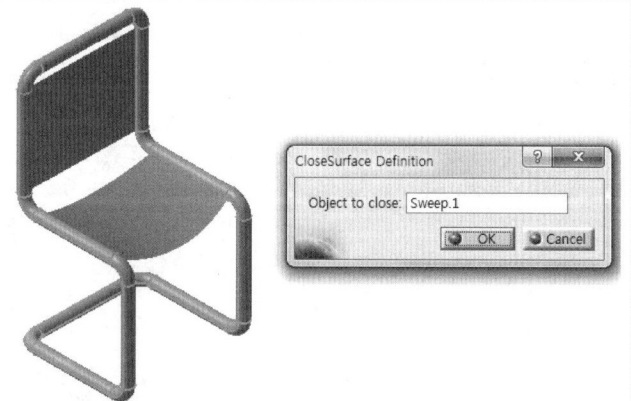

18) Thick Surface를 실행하고 측면 Surface를 선택, 두께 : 1.5mm를 양쪽으로 주워지도록 지정하여 Solid를 생성한다.

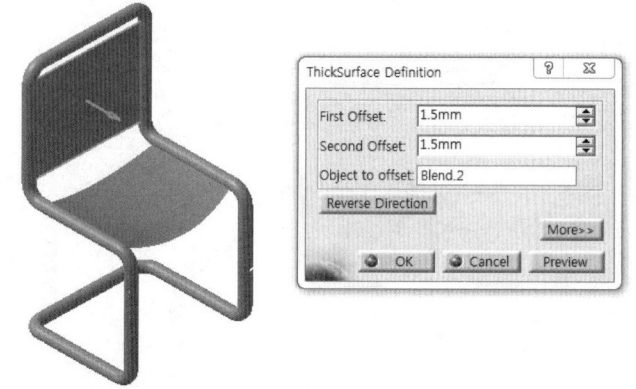

19) Thick Surface를 실행하고 측면 Surface를 선택, 두께 : 1.5mm를 양쪽으로 주워지도록 지정하여 Solid를 생성한다.

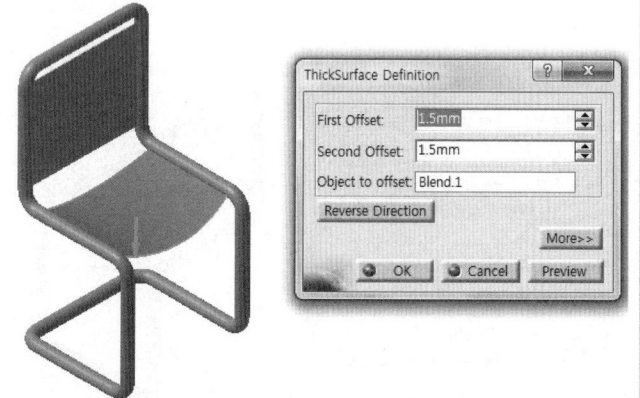

20) Spec tree에서 Surface를 모두 [Hide] 한다.

21) 스케치를 실행하고 ZX Plane을 선택하여 다음과 같이 스케치를 한다.

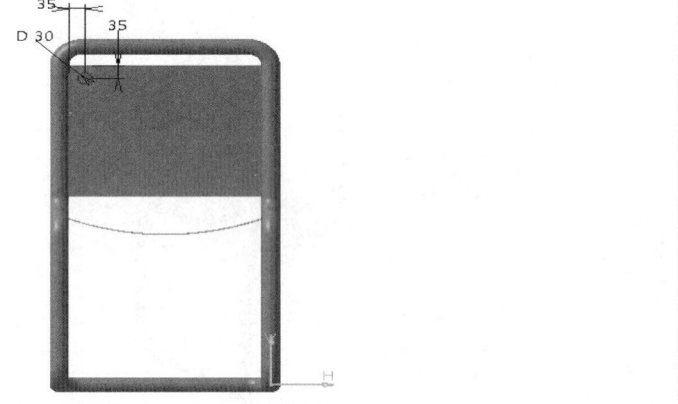

22) Pocket를 실행하고 Up to Next로 돌출 컷을 한다.

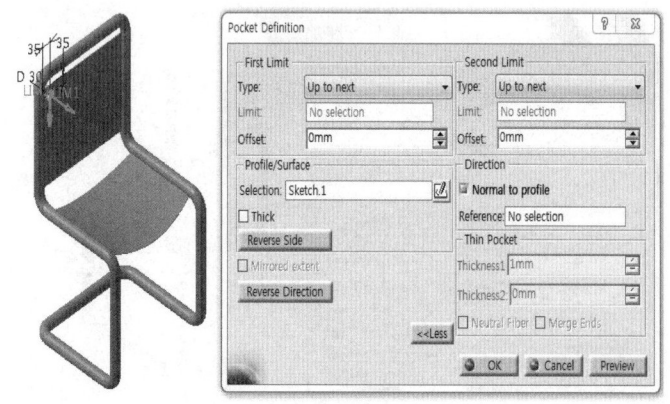

23) Rectangular Pattern을 실행하고 방향1 : 수직 모서리 선택, 다음과 같이 지정한다.

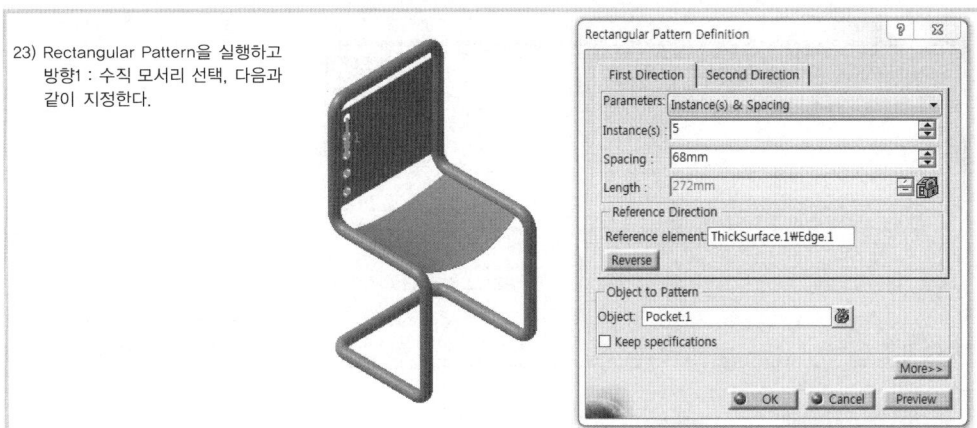

24) 방향2 : 수평 모서리 선택, 다음과 같이 지정한다.

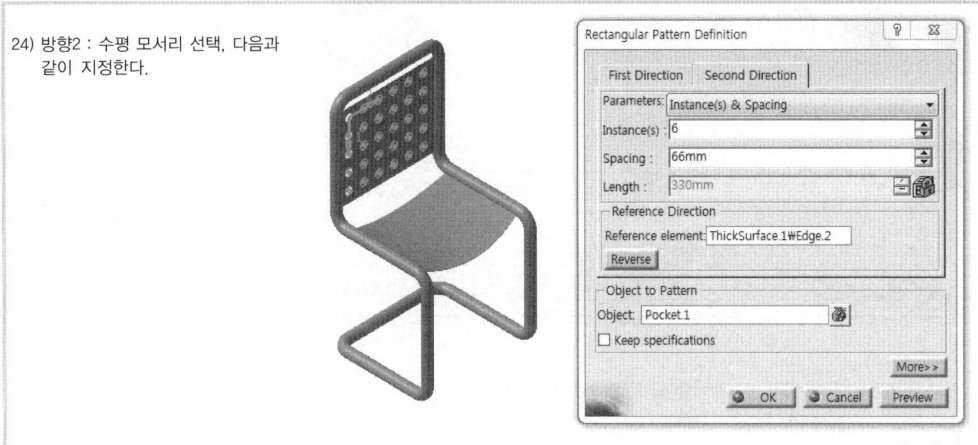

- 의자 완성

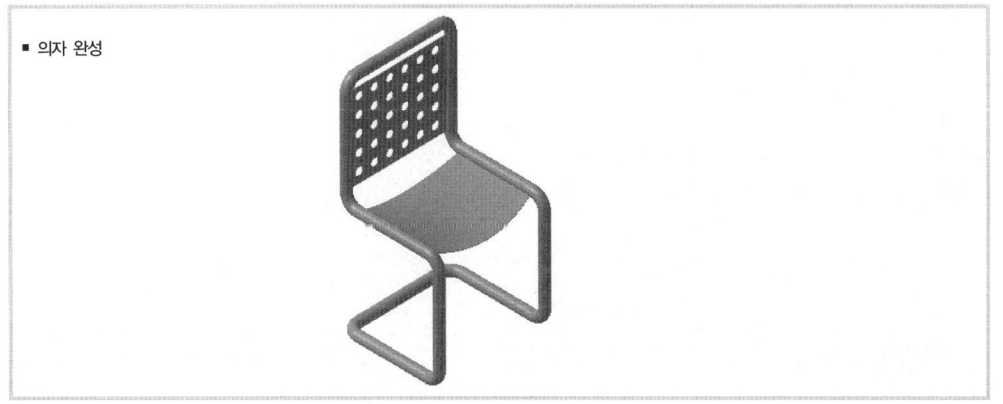

응용하기 3   Pipe 만들기 1

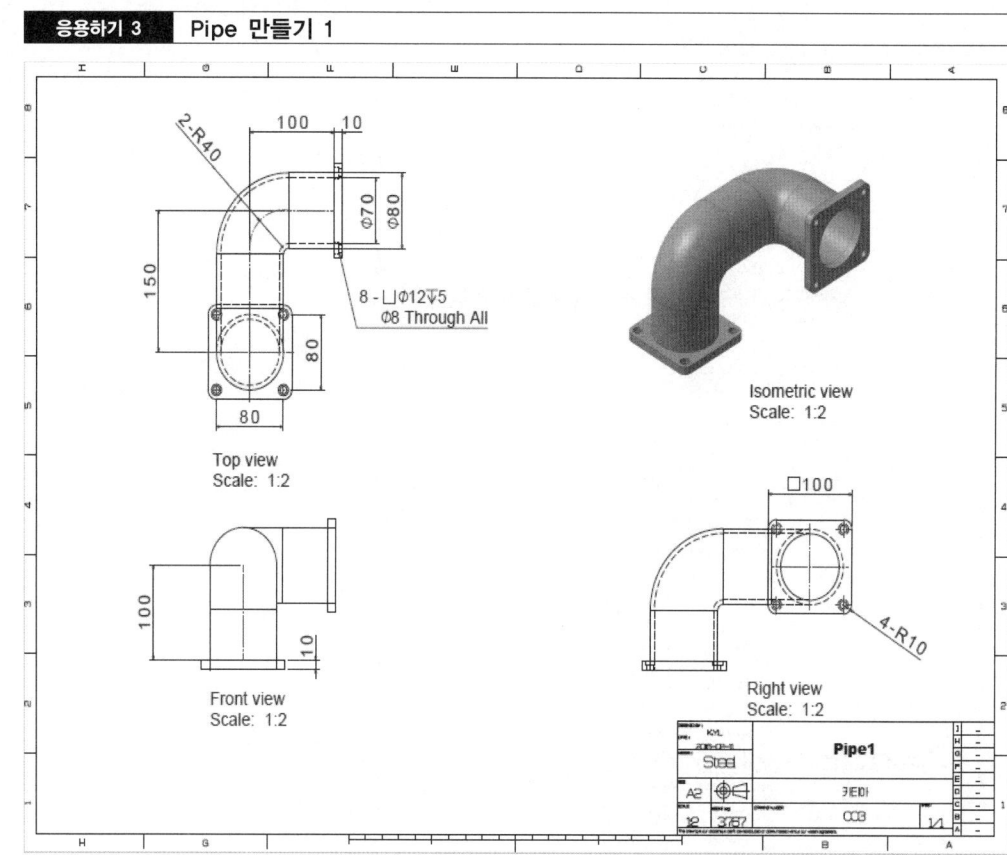

1) [Start]-[Shape]-[Generative Shape Design]을 선택한다.

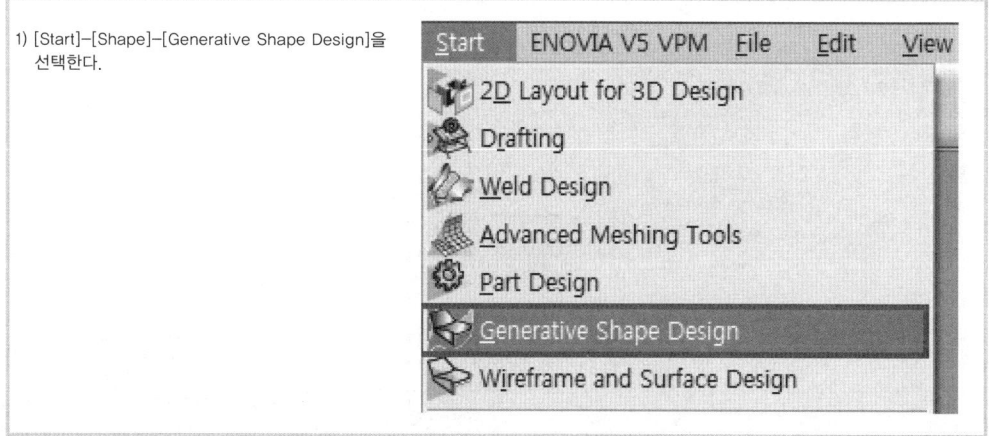

2) Spec Tree에 Geometrical Set 위에서 마우스 우측버튼을 눌러 [Properties]를 선택한다.
   [Feature Properties]탭에서 Feature Name : Pipe Design을 입력한다.

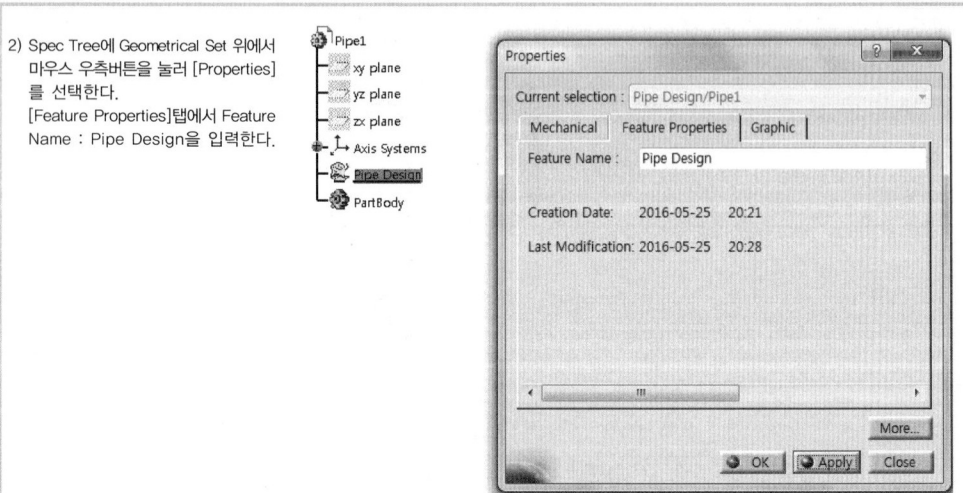

3) [Insert]-[Geometrical Set]을 선택, Name : Sketch & Curves를 입력한다.

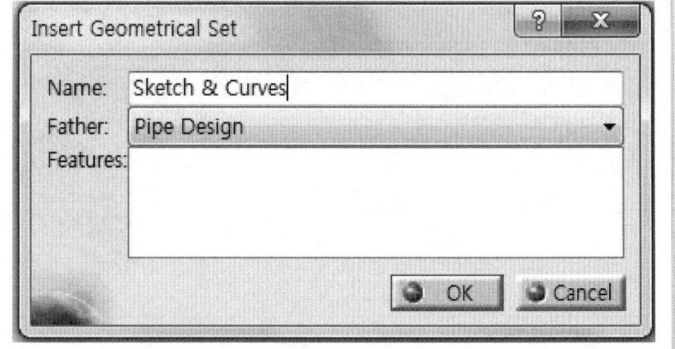

4) [Insert]-[Geometrical Set]을 선택, Name : Surfaces를 입력한다.

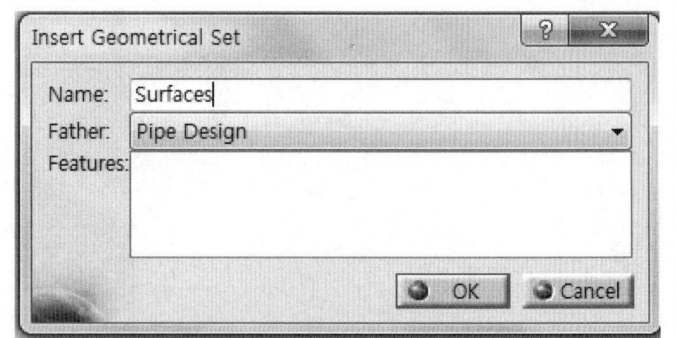

5) Sketch & Curves 위에서 마우스 우측버튼을 눌러 [Define In Works Object]를 선택한다.

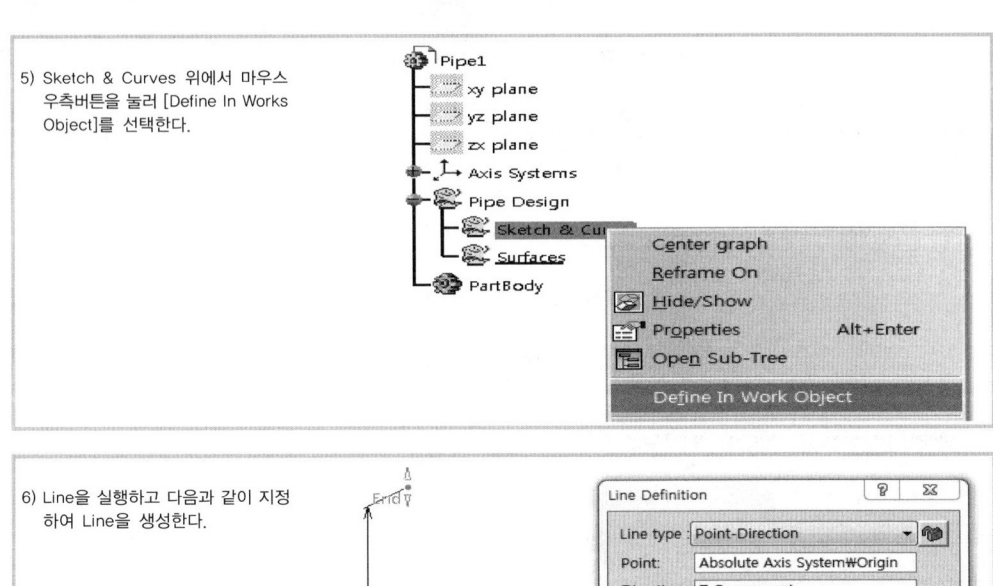

6) Line을 실행하고 다음과 같이 지정하여 Line을 생성한다.

7) Line을 실행하고 다음과 같이 지정하여 Line을 생성한다.

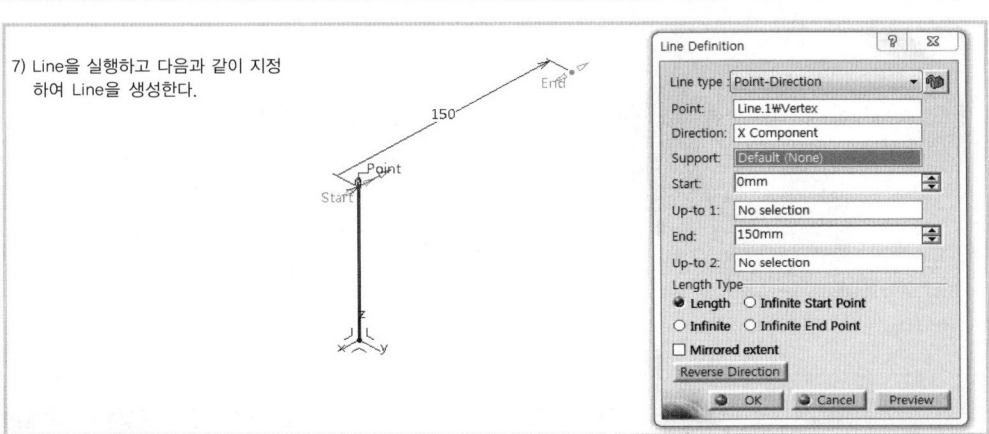

8) Line을 실행하고 다음과 같이 지정하여 Line을 생성한다.

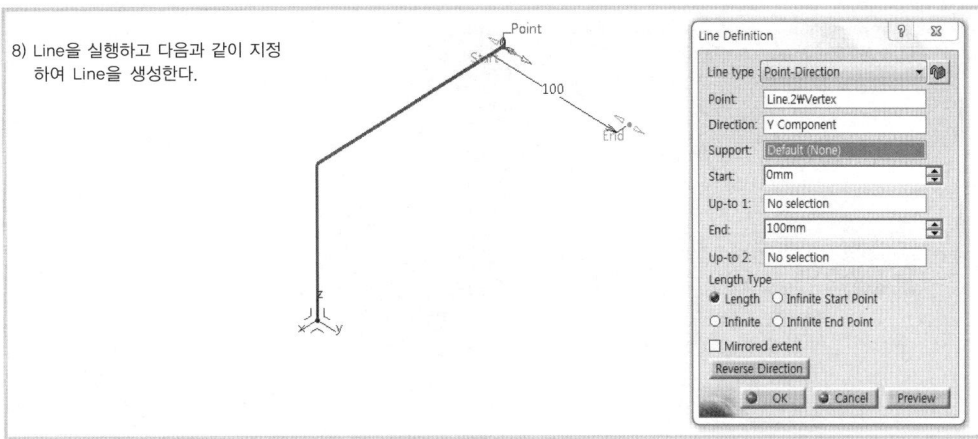

9) Corner를 실행하고 Radius : 40mm를 지정, 두 개의 선분을 선택하여 필렛을 한다.
원본 선분을 Trim으로 잘라주려면 Trim Element 1과 Trim Element 2를 선택한다.

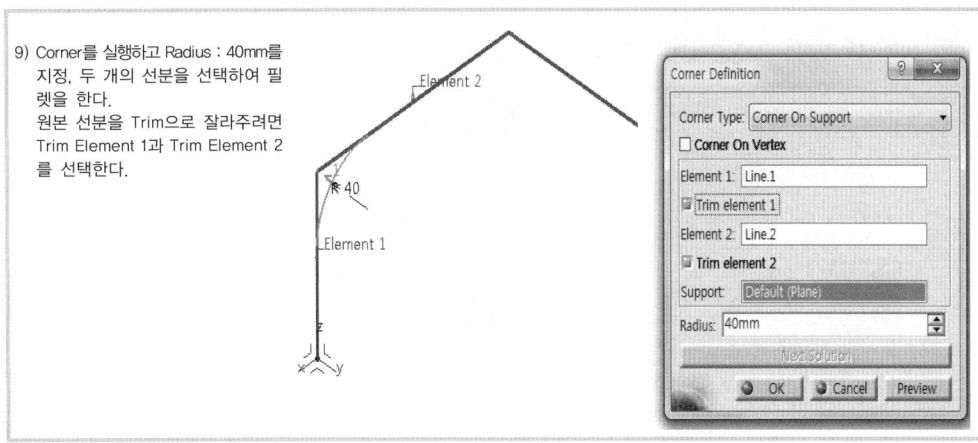

10) Corner를 실행하고 Radius : 40mm를 지정, 두 개의 선분을 선택하여 필렛을 한다.

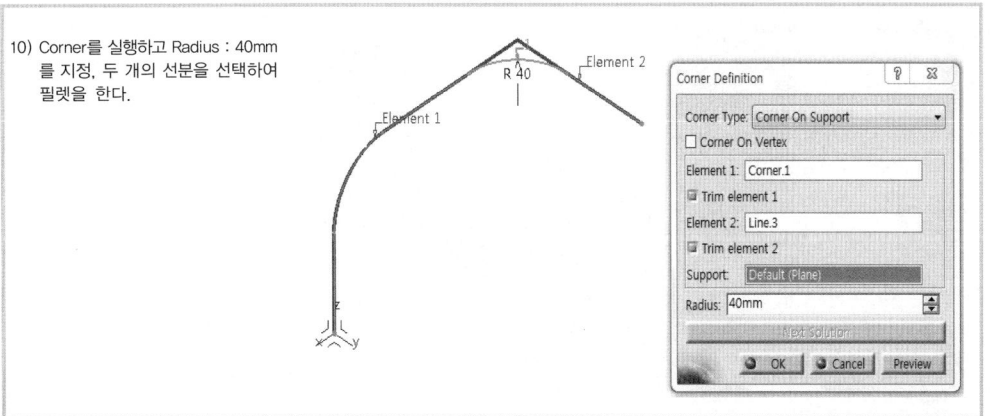

11) Surfaces 위에서 마우스 우측버튼을 눌러 [Define In Works Object]를 선택한다.

12) Sweep을 실행하고 Center Curve : Corner.2를 선택, Radius : 40mm를 지정하여 Sweep 객체를 생성한다.

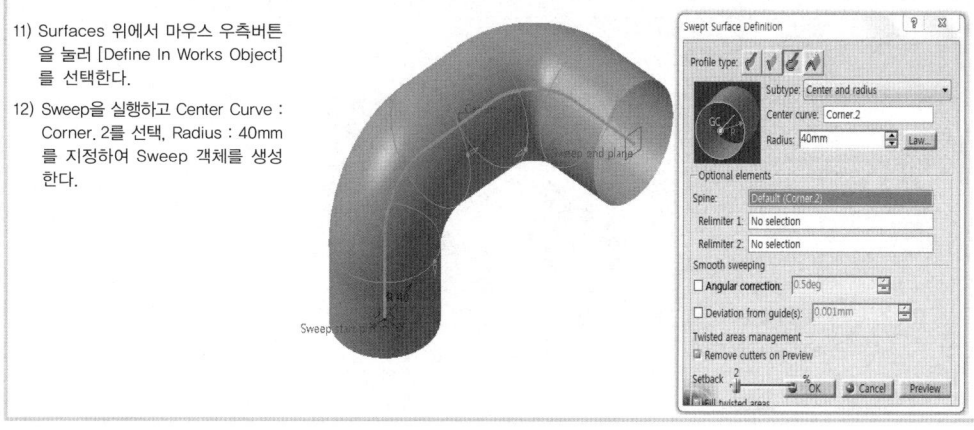

13) [Start]-[Mechanical Design]-[Part Design]을 선택한다.

14) ThickSurface를 실행하고 두께 : 5mm를 지정하여 Solid로 전환한다.

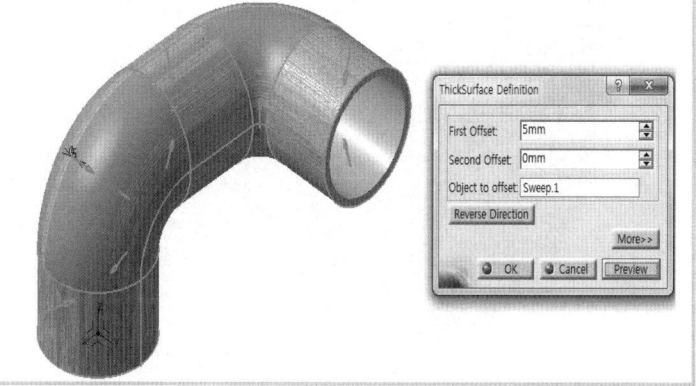

15) Sketch & Curves 위에서 마우스 우측버튼을 눌러 [Define In Works Object]를 선택한다.

16) 스케치를 실행하고 ThickSurface.1 객체의 우측면을 선택하여 다음과 같이 스케치를 한다.

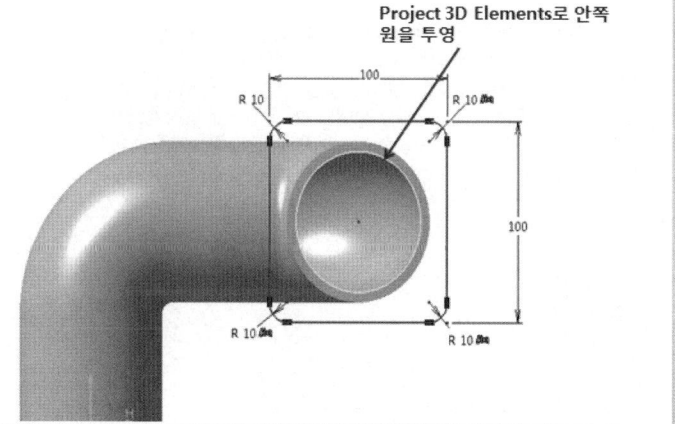

163

17) Pad를 실행하고 10mm 돌출을 한다.

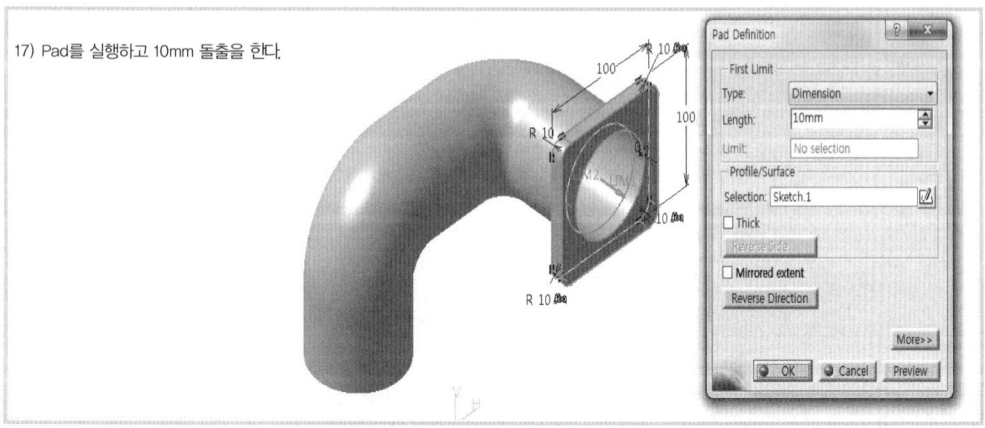

18) Hole을 실행하고 Up to Next를 지정한다.

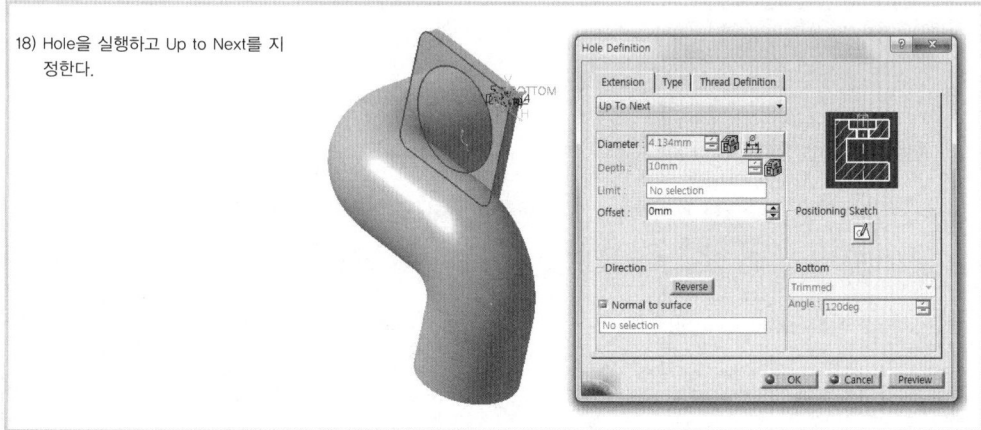

19) [Type]탭에서 Counterbored를 선택한다.

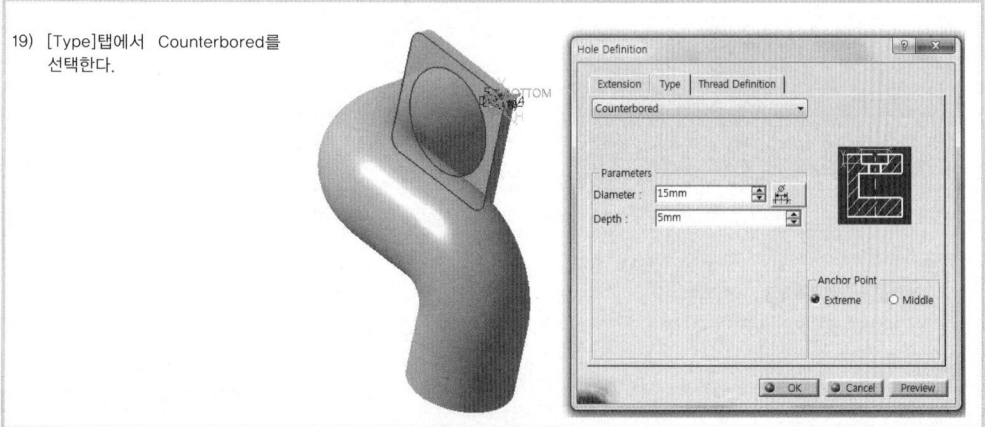

20) Threaded를 선택 Type : Metric Thick Ptich를 선택, M5를 선택한다.

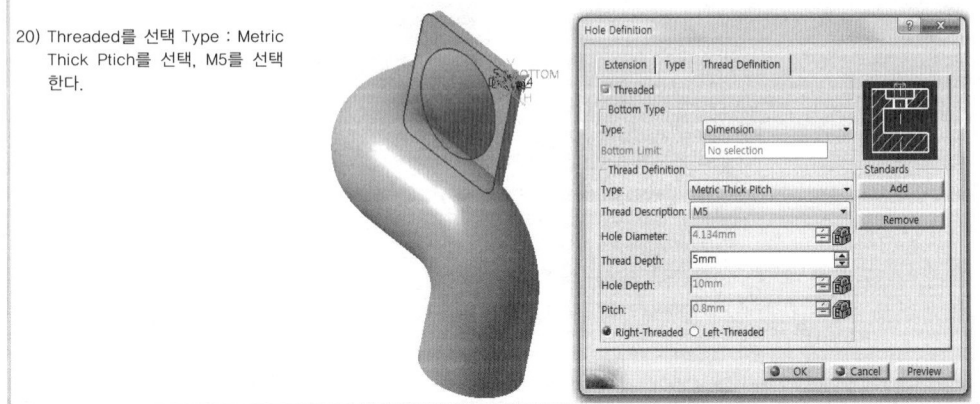

21) [Extension]탭에서 Sketch Positioning 을 선택하여 필렛의 중심점에 구멍이 위치하도록 Concentricity로 구속을 한다.

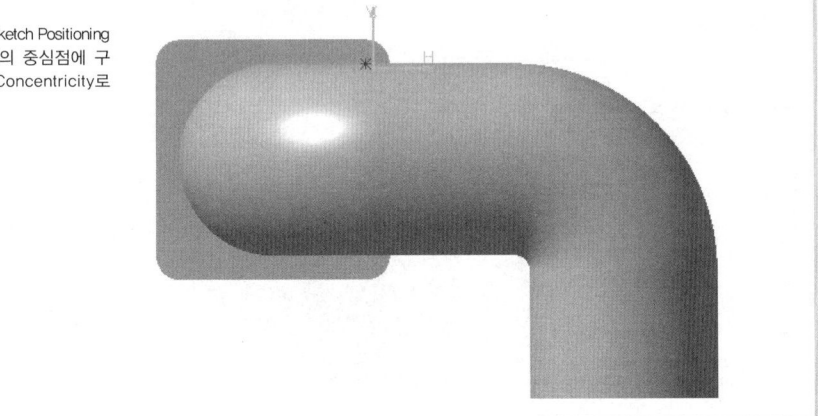

22) Rectangualr Pattern을 실행하고 Instance : 2, Spacing : 80mm, Reference Element : Solid의 수평 모서리를 선택, Object : Hole.1 을 패턴 복사한다.

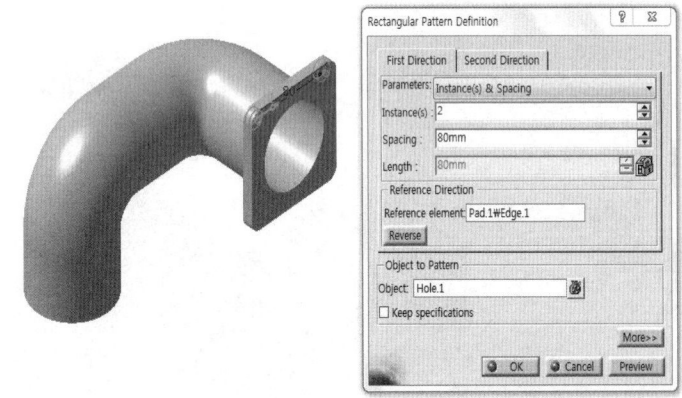

23) [Second Direction]탭을 선택, Instance : 2, Spacing : 80mm, Reference Element : Solid의 수직 모서리를 선택한다.

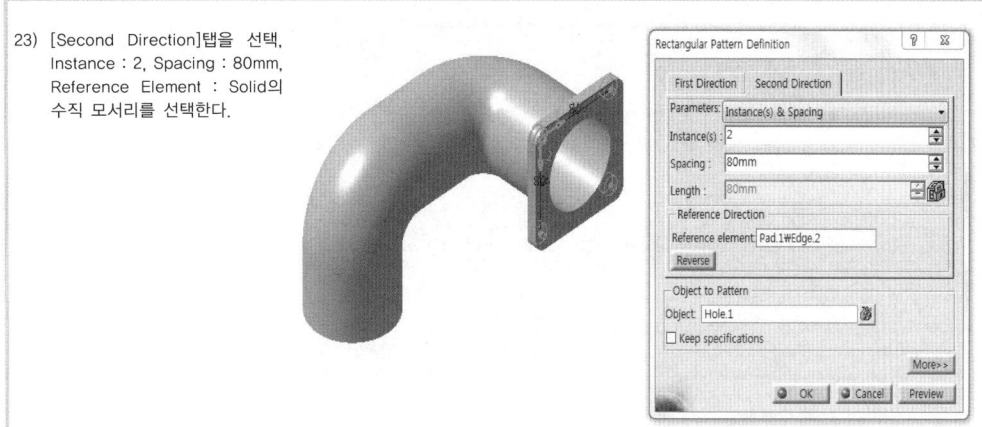

■ 완성 결과

24) 아래쪽 플랜지도 같은 방법으로 생성한다.

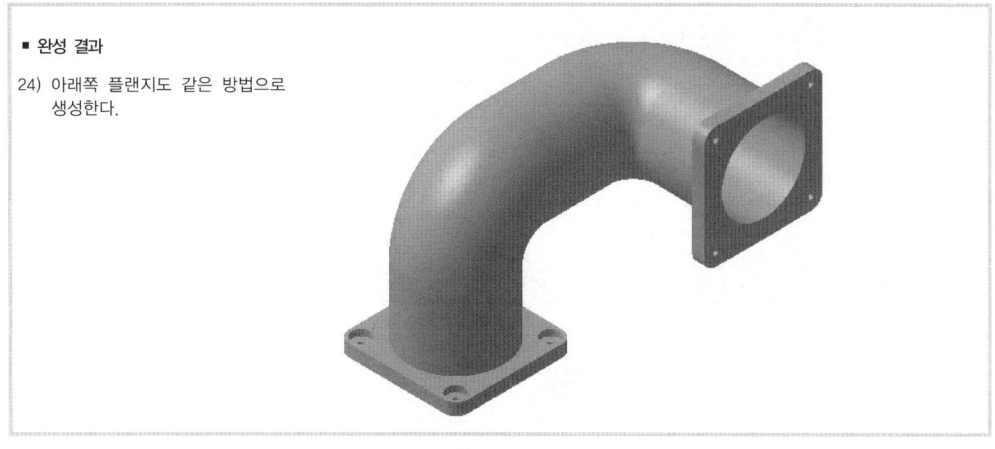

응용하기 4   Pipe 만들기 2

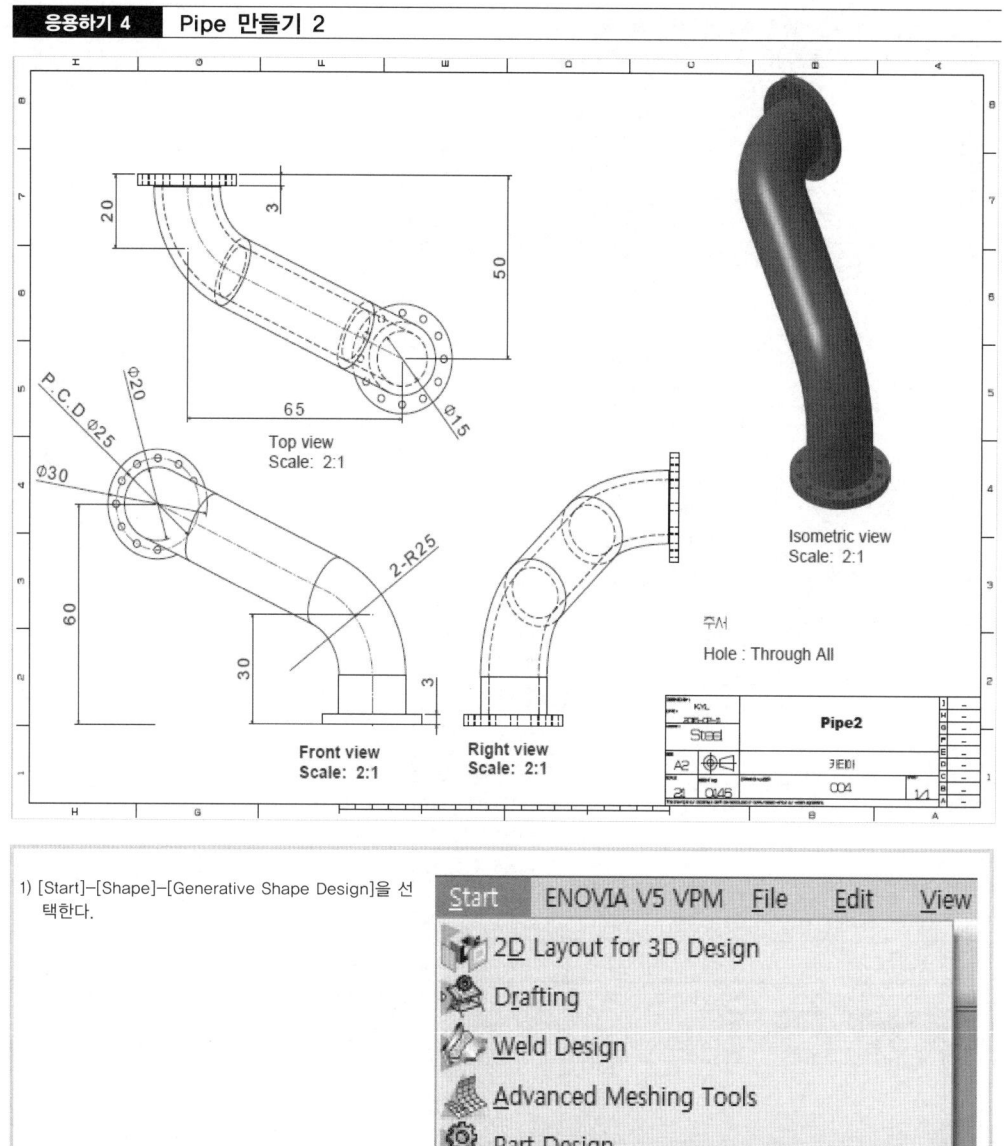

1) [Start]-[Shape]-[Generative Shape Design]을 선택한다.

2) Spec Tree에 Geometrical Set 위에서 마우스 우측버튼을 눌러 [Properties]를 선택한다.
[Feature Properties]탭에서 Feature Name : Pipe Design을 입력한다.

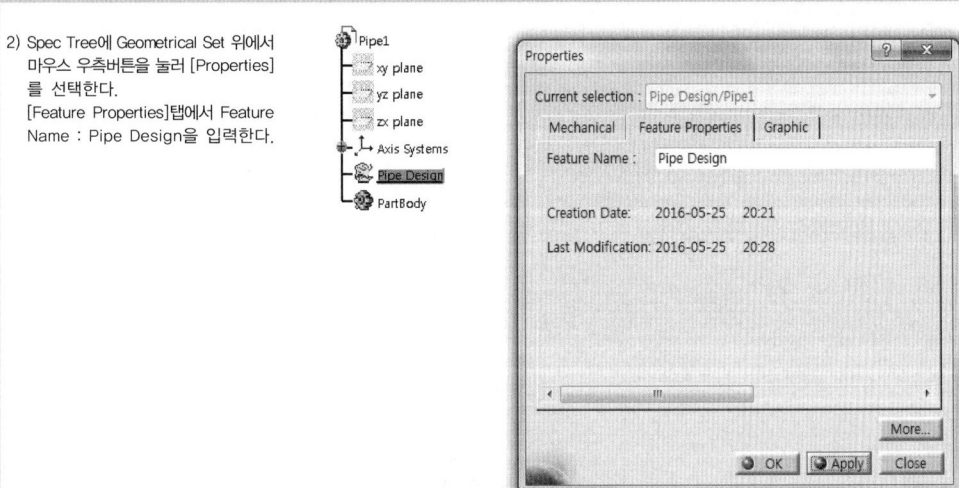

3) [Insert]-[Geometrical Set]을 선택, Name : Sketch & Curves를 입력한다.

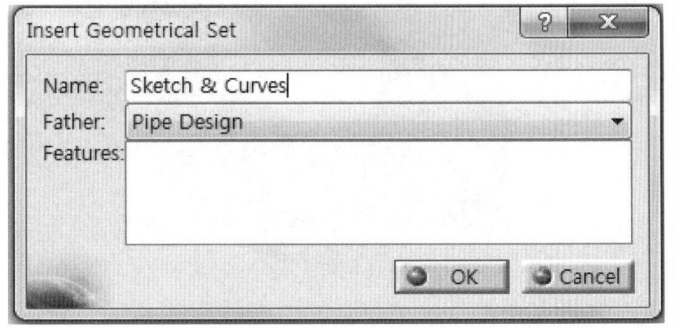

4) [Insert]-[Geometrical Set]을 선택, Name : Surfaces를 입력한다.

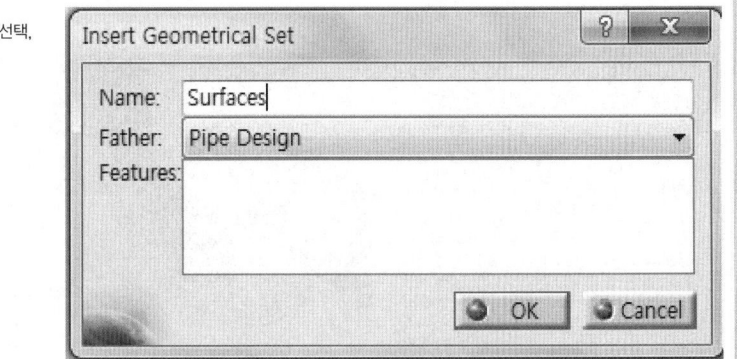

5) [Insert]-[Geometrical Set]을 선택, Name : Points를 입력한다.

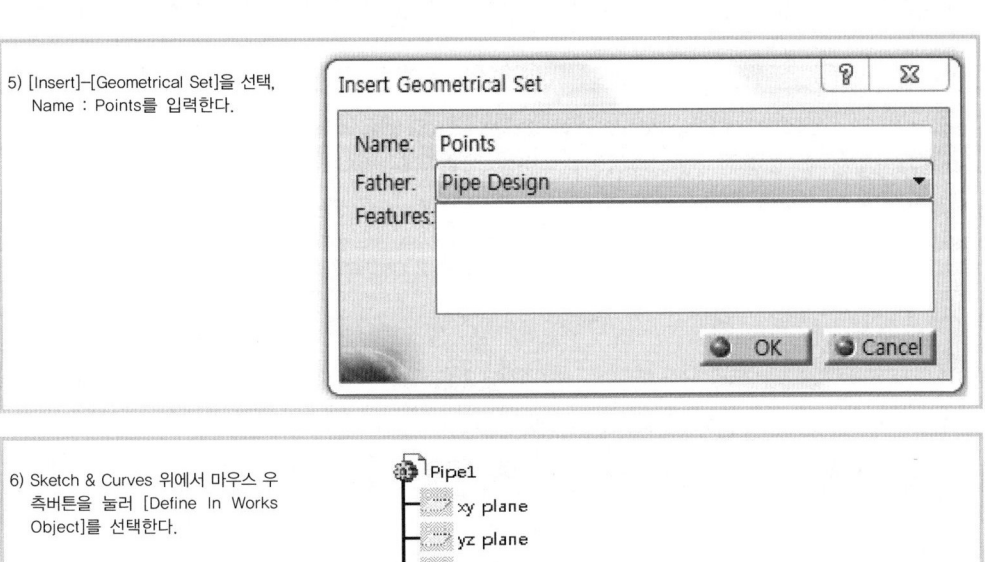

6) Sketch & Curves 위에서 마우스 우측버튼을 눌러 [Define In Works Object]를 선택한다.

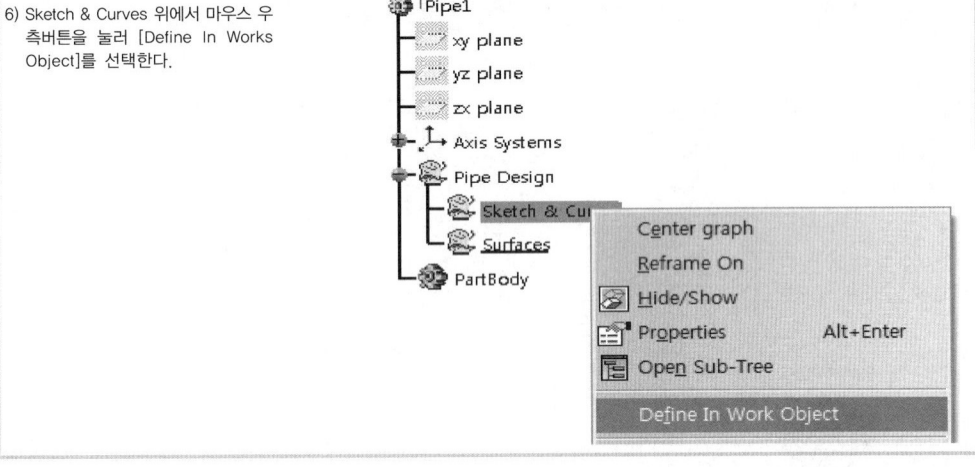

7) Line을 실행하고 다음과 같이 지정하여 Line을 생성한다.

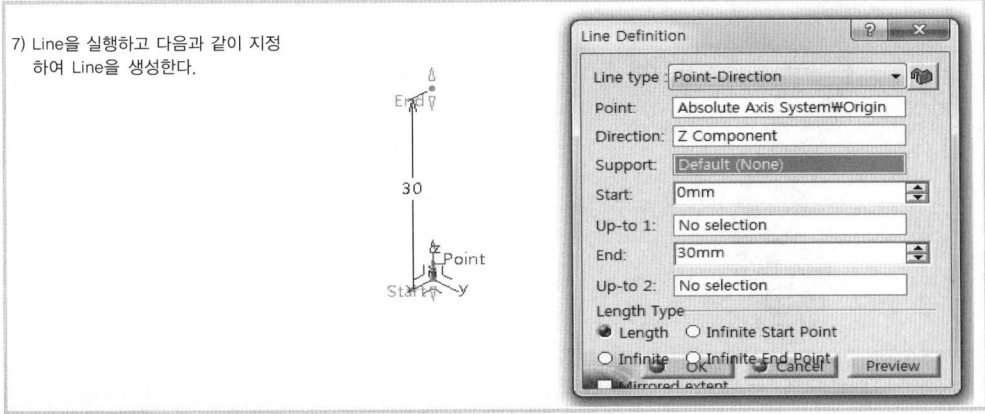

166

8) Points 위에서 마우스 우측버튼을 눌러 [Define In Works Object]를 선택한다.
9) Point를 실행하고 다음과 같이 지정하여 Point를 생성한다.

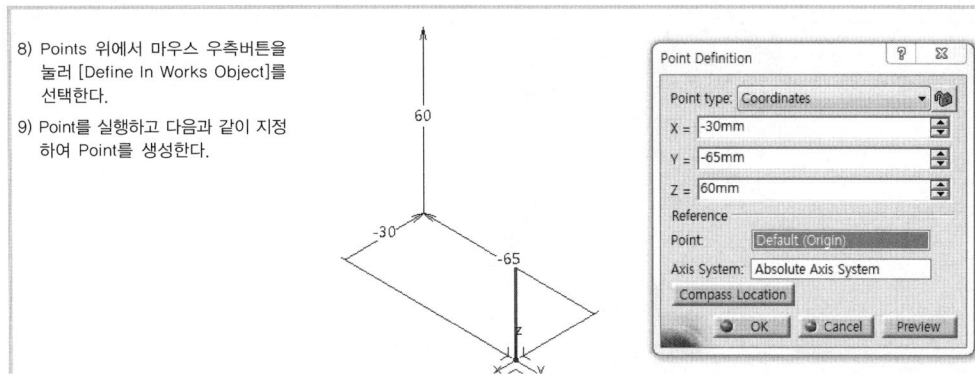

10) Sketch & Curves 위에서 마우스 우측버튼을 눌러 [Define In Works Object]를 선택한다.
11) Line을 실행하고 다음과 같이 지정하여 Line을 생성한다.

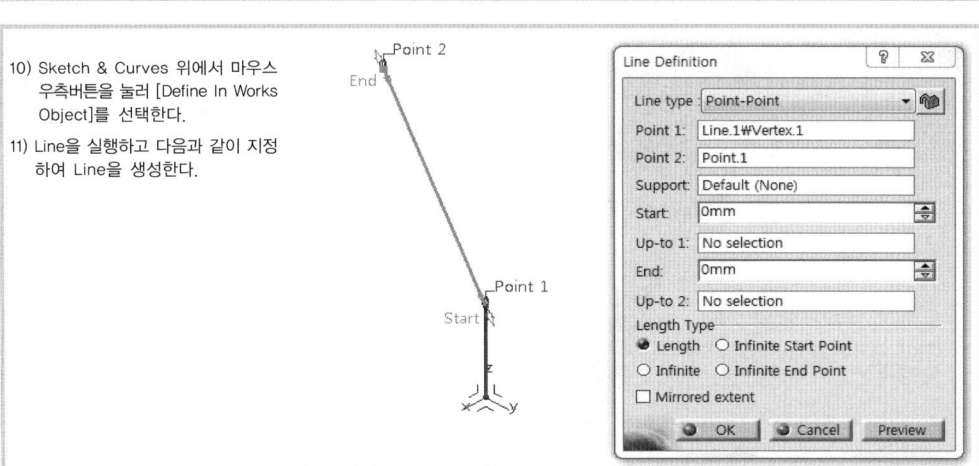

12) Line을 실행하고 다음과 같이 지정하여 Line을 생성한다.

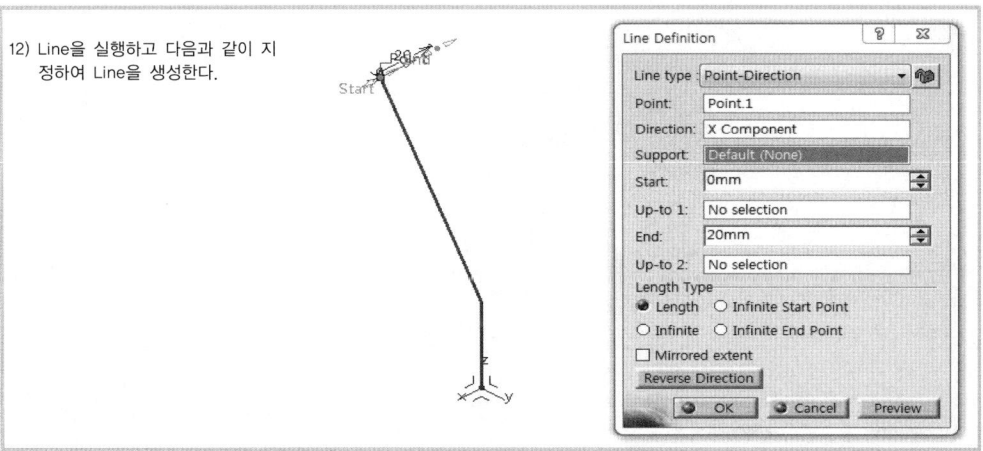

13) Corner를 실행하고 Radius : 25mm를 지정, 두 개의 선분을 선택하여 필렛을 한다.
원본 선분을 Trim으로 잘라주려면 Trim Element 1과 Trim Element 2를 선택한다.

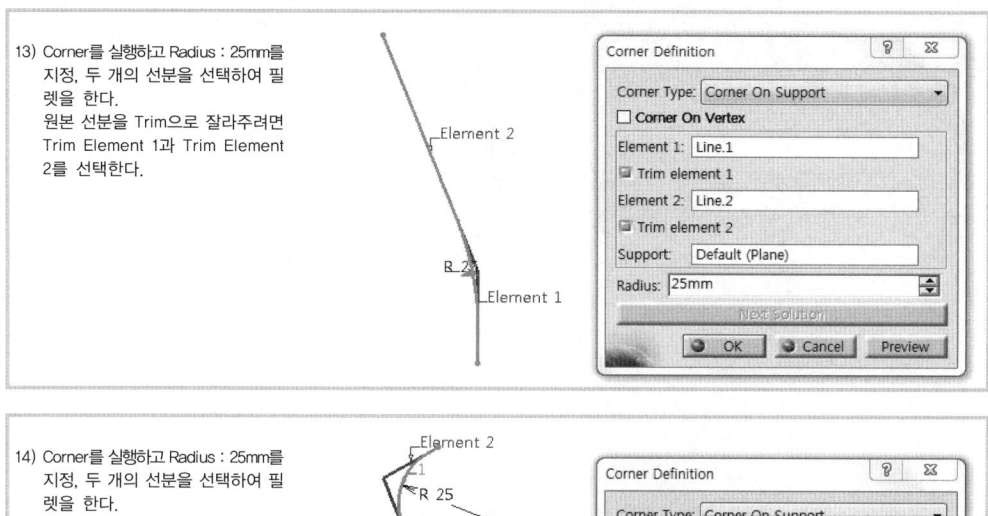

14) Corner를 실행하고 Radius : 25mm를 지정, 두 개의 선분을 선택하여 필렛을 한다.

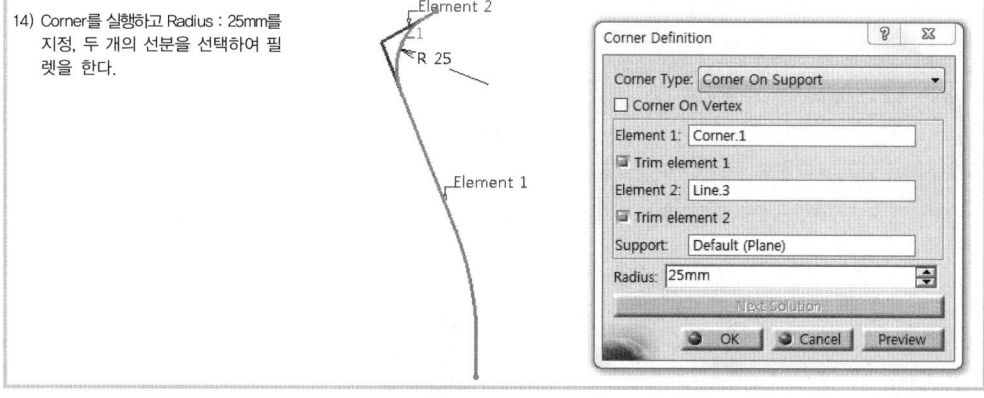

15) Surfaces 위에서 마우스 우측버튼을 눌러 [Define In Works Object]를 선택한다.
16) Sweep을 실행하고 Center Curve : Corner.2를 선택, Radius : 10mm를 지정하여 Sweep 객체를 생성한다.

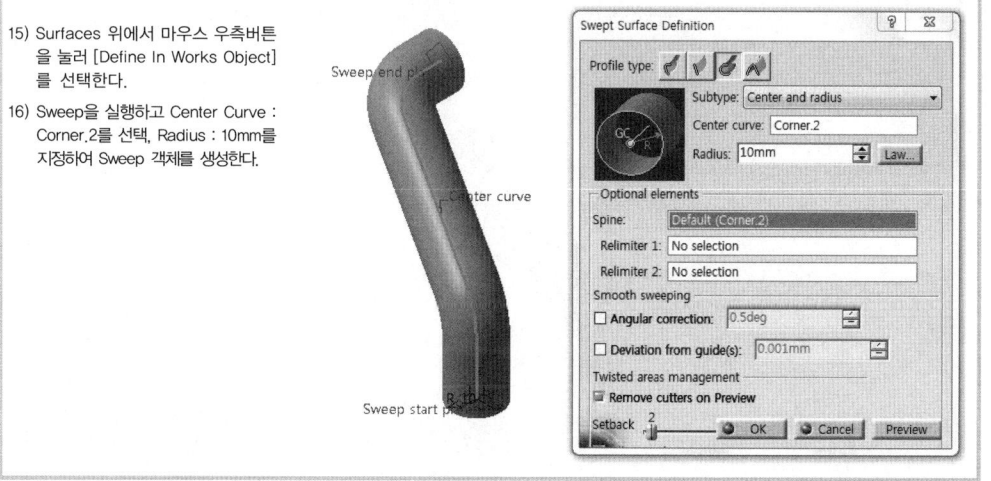

17) [Start]-[Mechanical Design]-[Part Design]을 선택한다.
18) ThickSurface를 실행하고 두께 : 2.5mm를 지정하여 Solid로 전환한다.

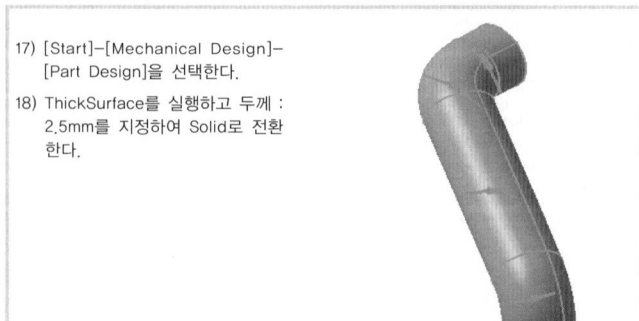
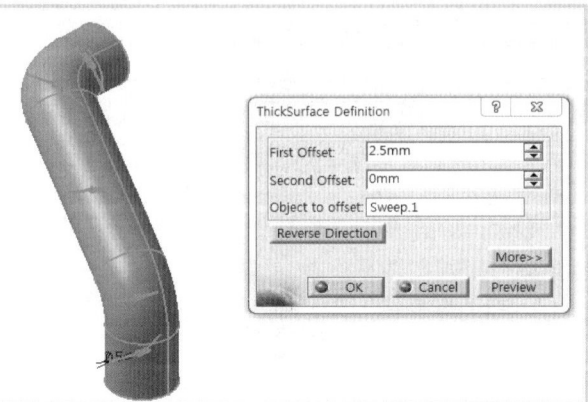

19) Sketch & Curves 위에서 마우스 우측버튼을 눌러 [Define In Works Object]를 선택한다.
20) 스케치를 실행하고 ThickSurface.1 객체의 밑면을 선택하여 다음과 같이 스케치를 한다.

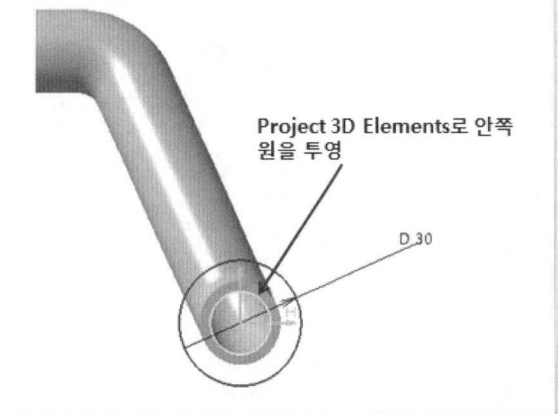

Project 3D Elements로 안쪽 원을 투영

21) Pad를 실행하고 3mm 돌출을 한다.

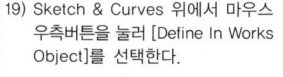
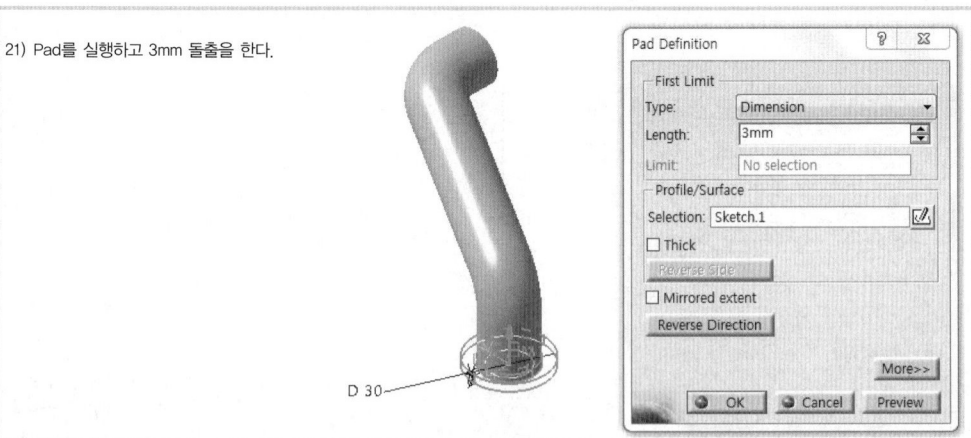

22) 스케치를 실행하고 Pad.1 객체의 윗면을 선택하여 다음과 같이 스케치를 한다.

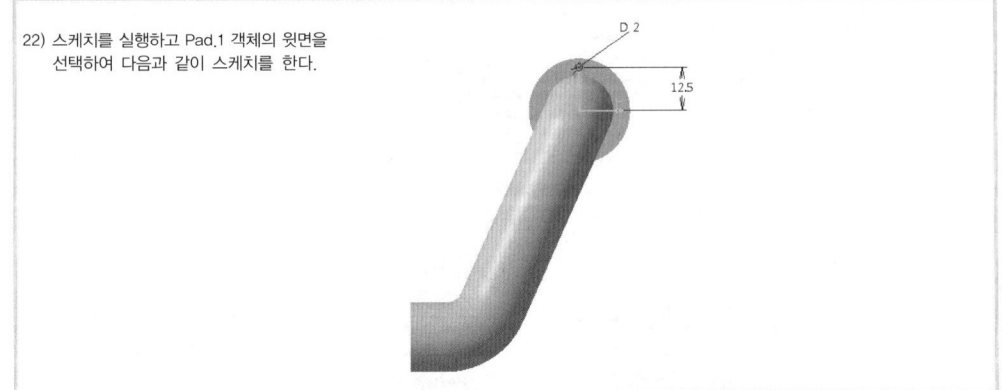

23) Pocket을 실행하고 Up To Next를 지정하여 돌출 컷을 한다.

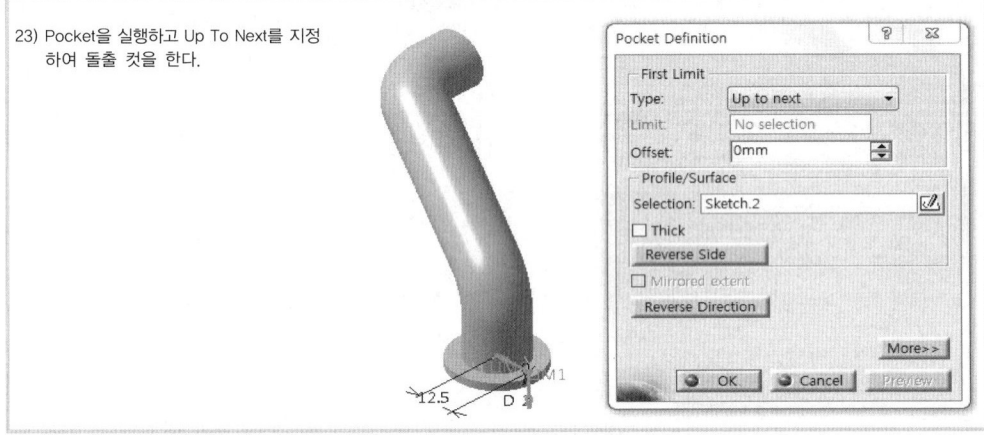

24) Circular Pattern을 실행하고 Instance : 12를 지정, Object : Pocket.1을 패턴 복사한다.

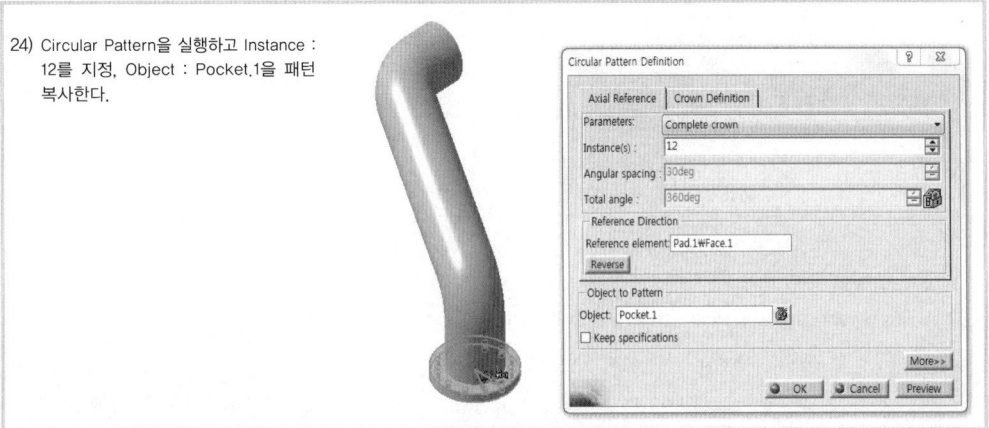

■ 완성 결과

25) 위쪽도 같은 방법으로 플랜지를 생성한다.

응용하기 5   GSD 응용

1) [Start]-[Shape]-[Generative Shape Design]을 선택한다.

2) 스케치를 실행하고 ZX Plane을 선택하여 다음과 같이 스케치를 한다.

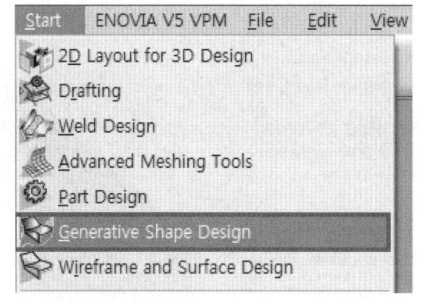

3) Revolution을 실행하고 360deg 회전을 한다.

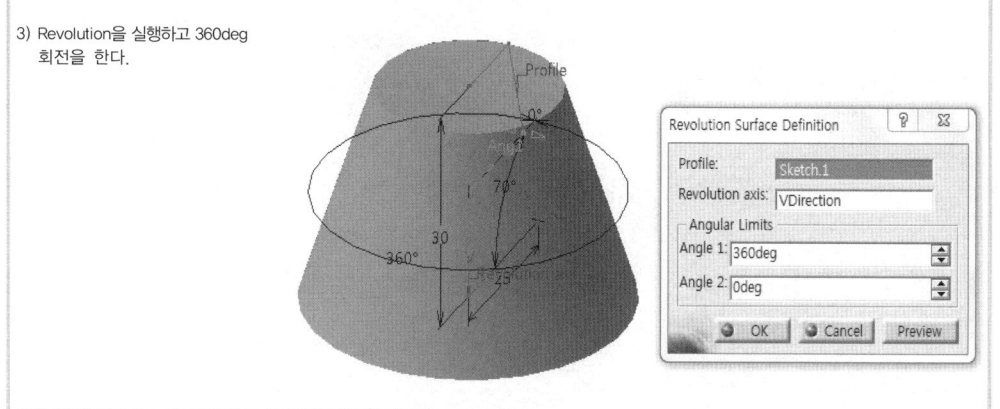

4) 스케치를 실행하고 XY Plane을 선택하여 다음과 같이 스케치를 한다.

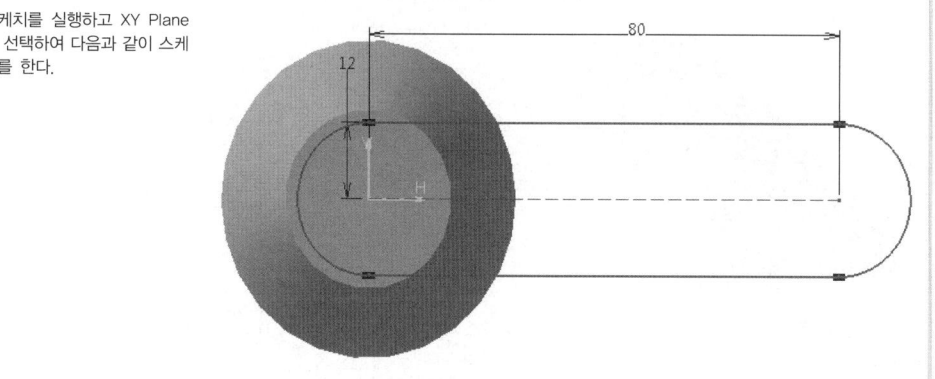

5) Extrude를 실행하고 15mm 돌출을 한다.

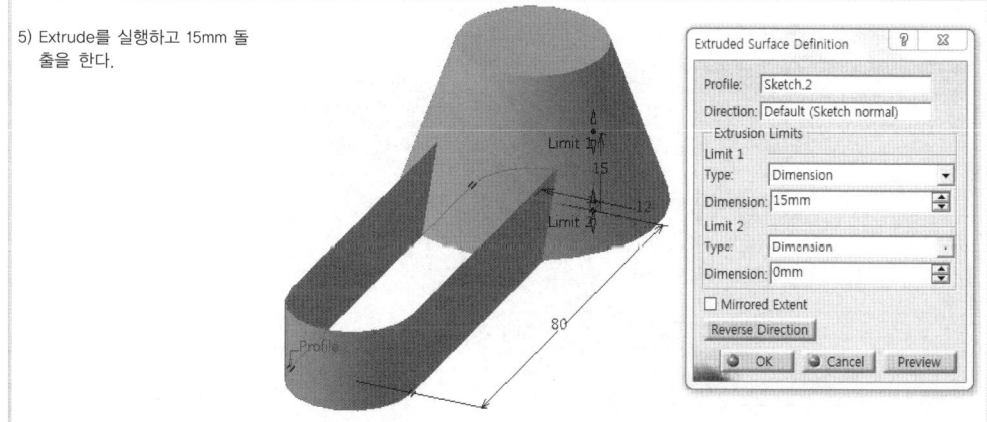

6) Revolution.1 Surface를 [Hide]로 숨긴다.

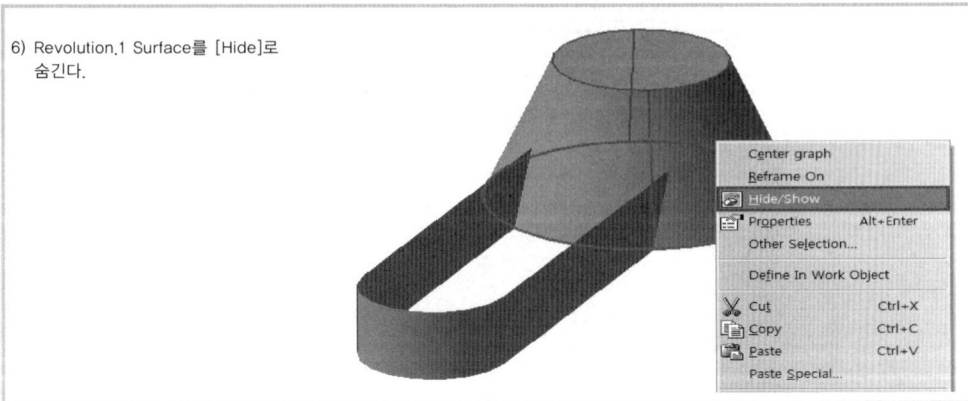

7) Fill을 실행하고 돌출 Surface 위를 채운다.

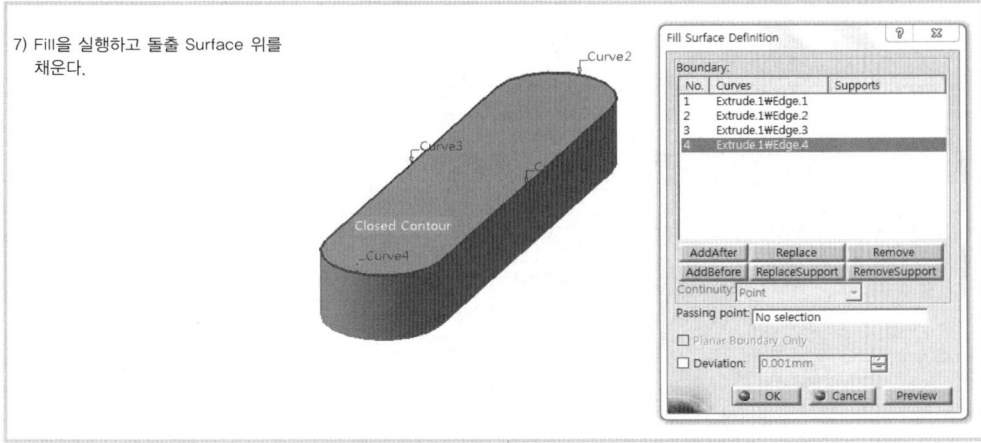

8) Join을 실행하고 Extrude.1과 Fill 객체를 결합을 한다.

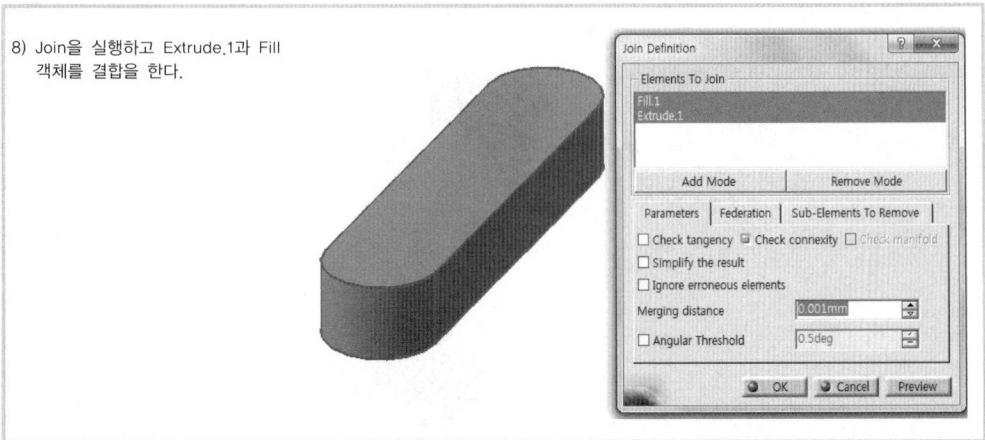

9) Edge Fillet을 실행하고 반경 : 5mm로 필렛을 한다.

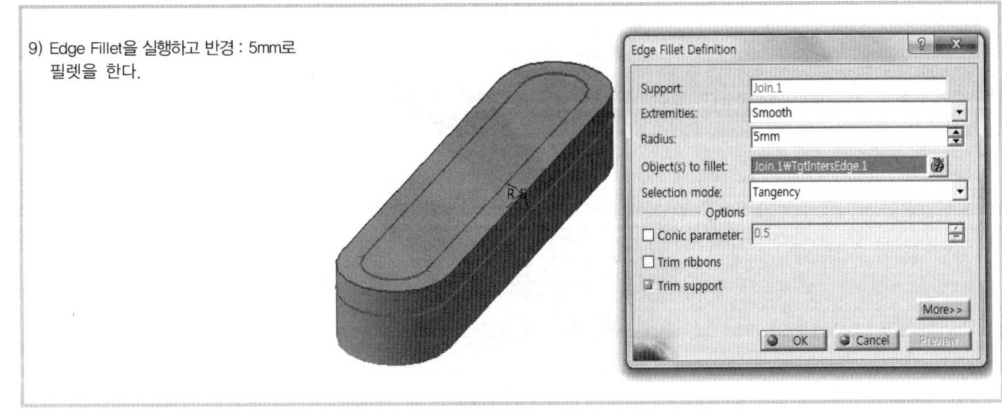

10) Revolution 객체를 [Show]을 한다.

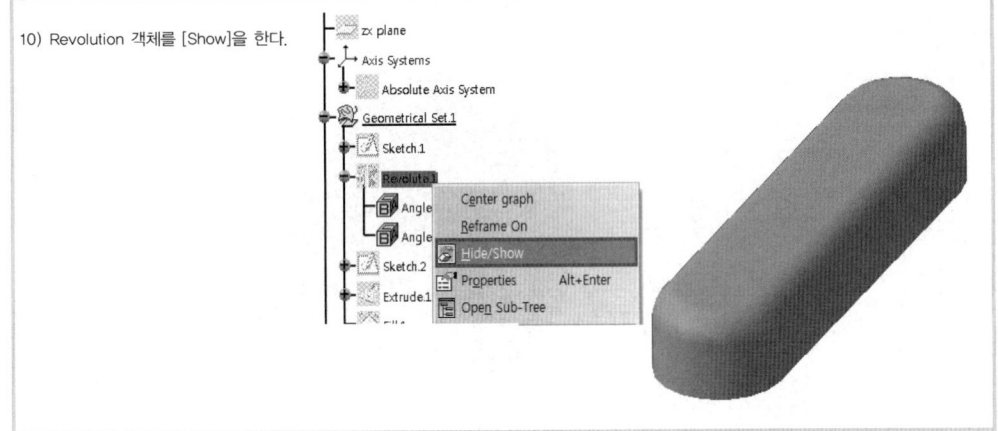

11) Edge Fillet을 실행하고 반경 : 5mm로 필렛을 한다.

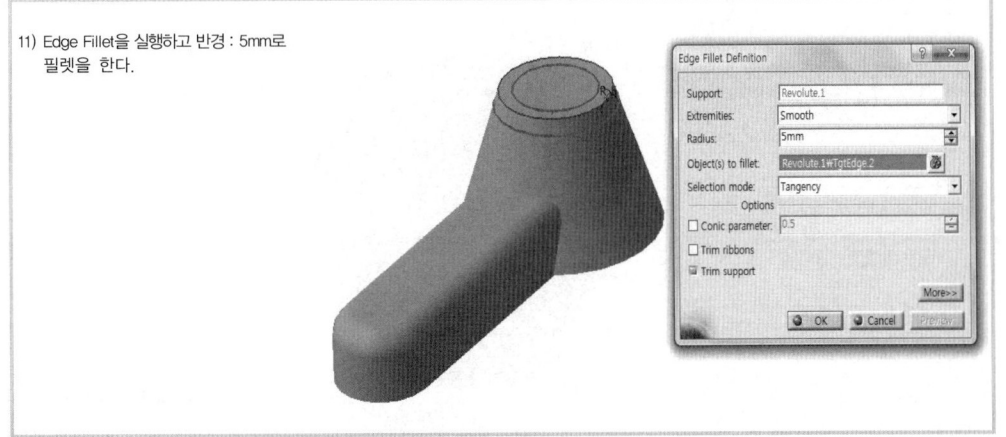

12) Trim을 실행하고 두 개의 Surface를 선택하여 안쪽이 잘리도록 설정한다.

• Trim은 선택한 부분이 남고 경계의 반대편이 삭제된다.

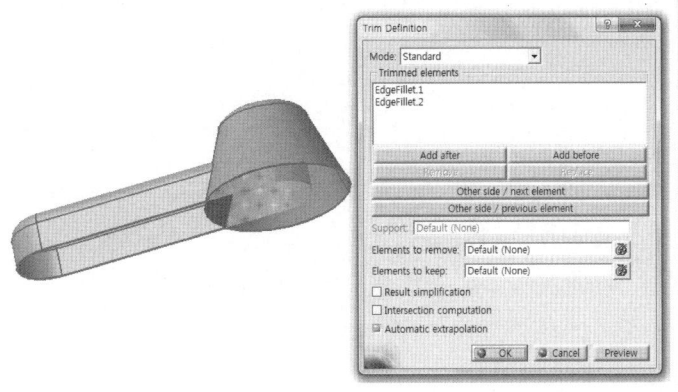

13) 스케치를 실행하고 XY Plane을 선택하여 다음과 같이 스케치를 한다.

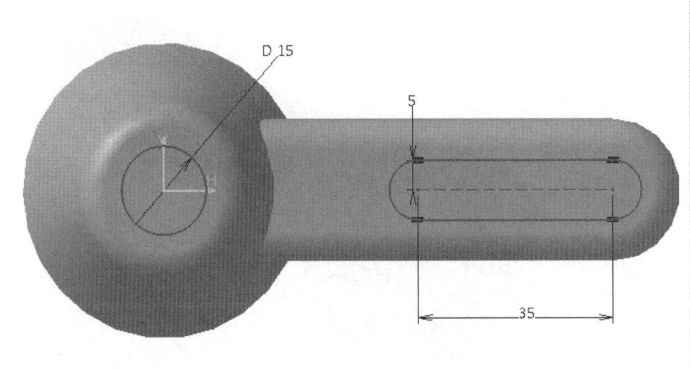

14) Extrude를 실행하고 40mm 돌출을 한다.

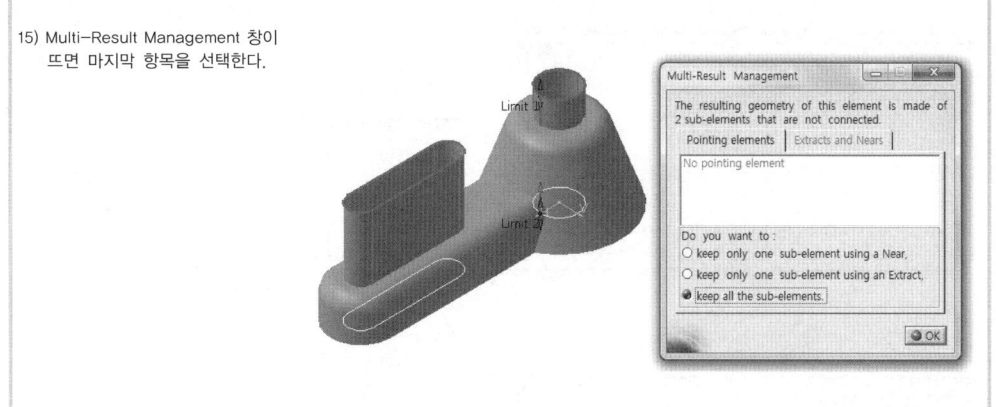

15) Multi-Result Management 창이 뜨면 마지막 항목을 선택한다.

16) Split을 실행하고 다음과 같이 Extrude.2의 안쪽이 잘리도록 설정한다.

17) Extrude.2를 [Hide]로 숨긴다.

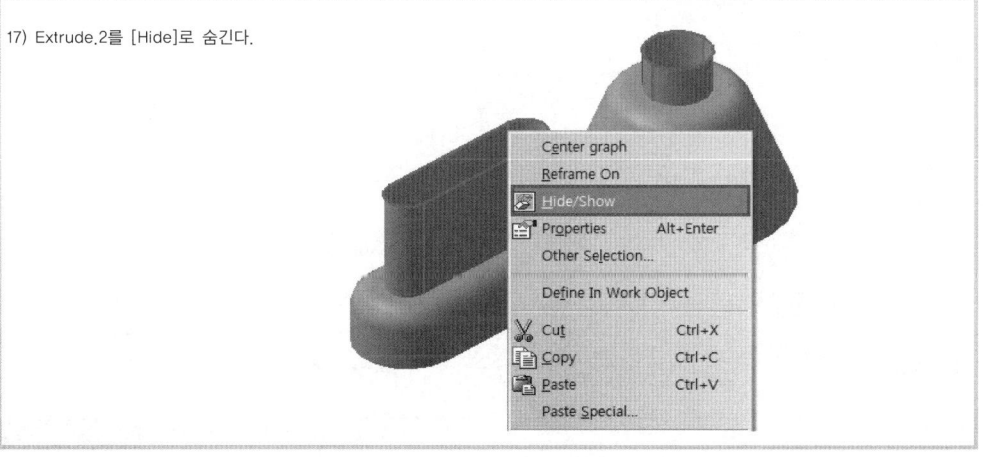

18) [Start]-[Mechanical Design]-[Part Design]을 선택한다.

19) ThickSurface를 실행하고 두께 : 2mm로 지정하여 솔리드로 전환한다.

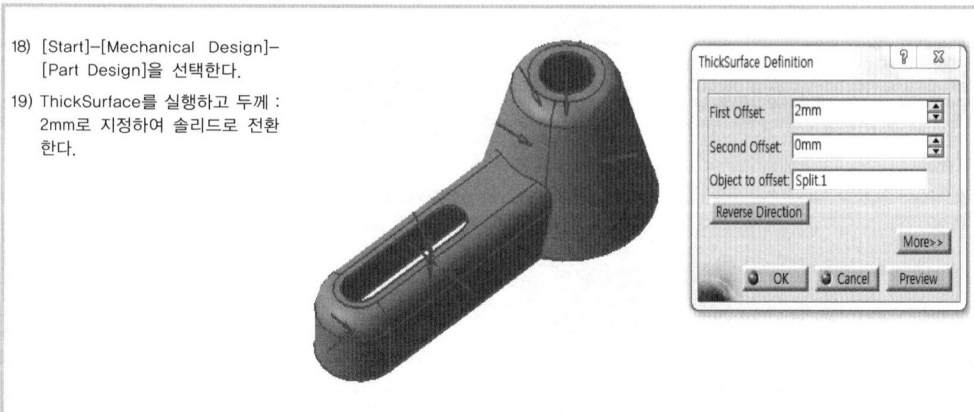

■ 완성 결과

20) 재질을 다음과 같이 변경해 본다.

응용하기 6   Mouse Base 만들기 1

1) Part1 위에서 마우스 우측버튼을 눌러 [Properties]를 선택, Part Number : Mouse Base를 지정한다.

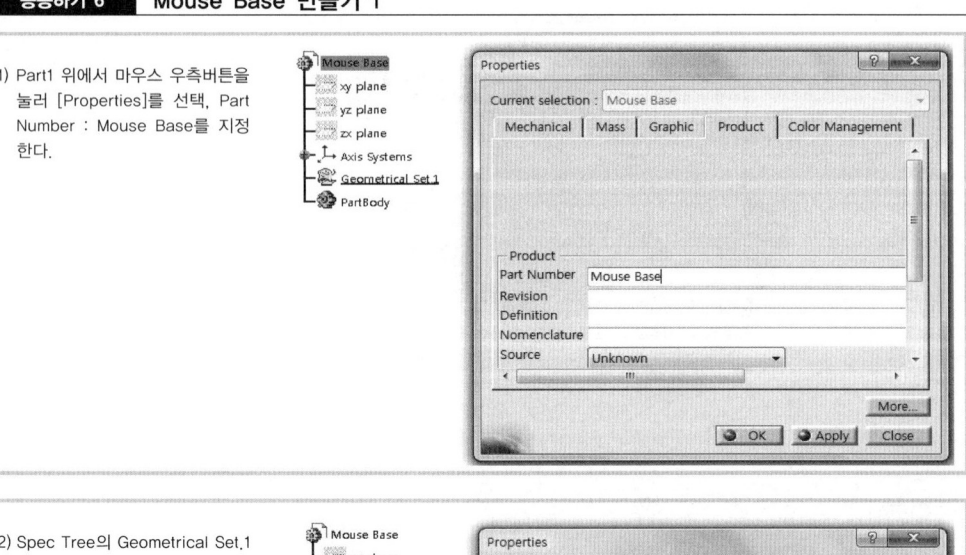

2) Spec Tree의 Geometrical Set.1 위에서 마우스 우측버튼을 눌러 [Properties]를 선택, Feature Name : Mouse Design을 입력한다.

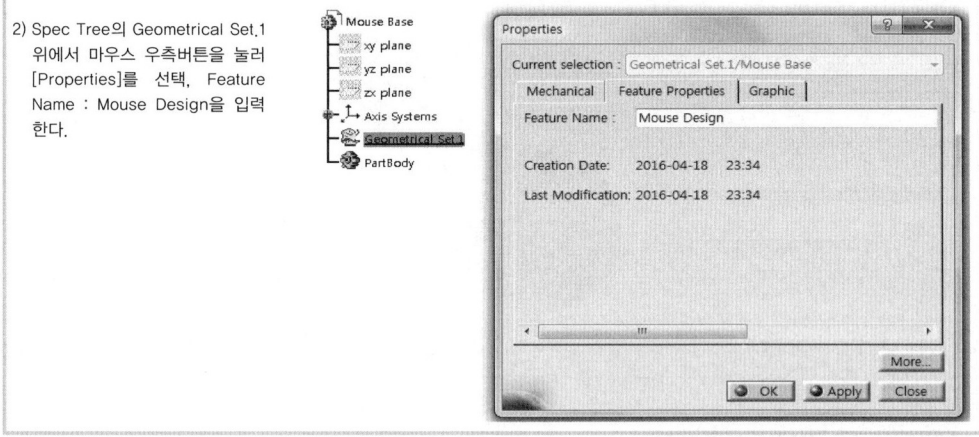

3) [Insert]-[Geometrical Set]을 선택, Father : Mouse Design을 선택, Name : Sketch & Curves 를 입력한다.

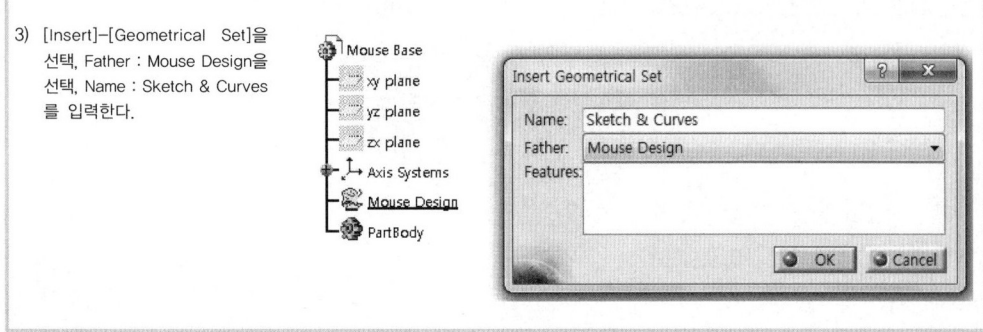

4) 3번과 같은 방법으로 다음과 같이 Geometrical Set을 생성한다.

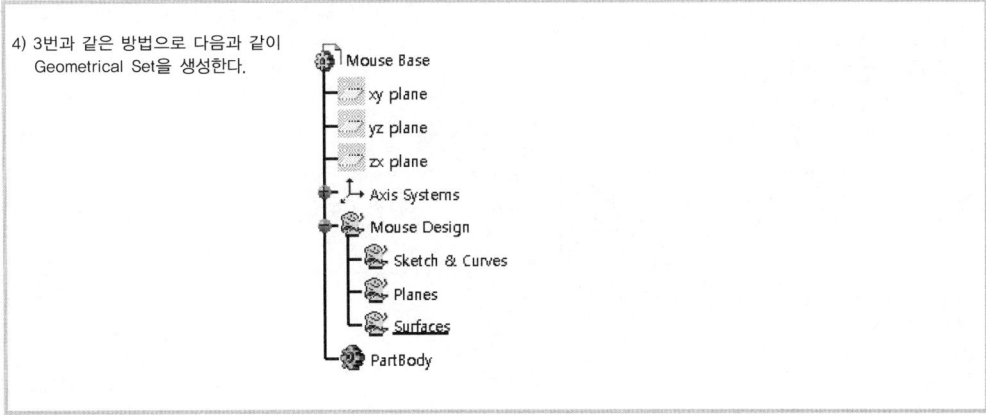

5) Sketch & Curves 위에서 마우스 우측버튼을 눌러 [Define In Work Object]를 선택한다.
6) 스케치를 실행하고 XY Plane을 선택하여 다음과 같이 스케치를 한다.

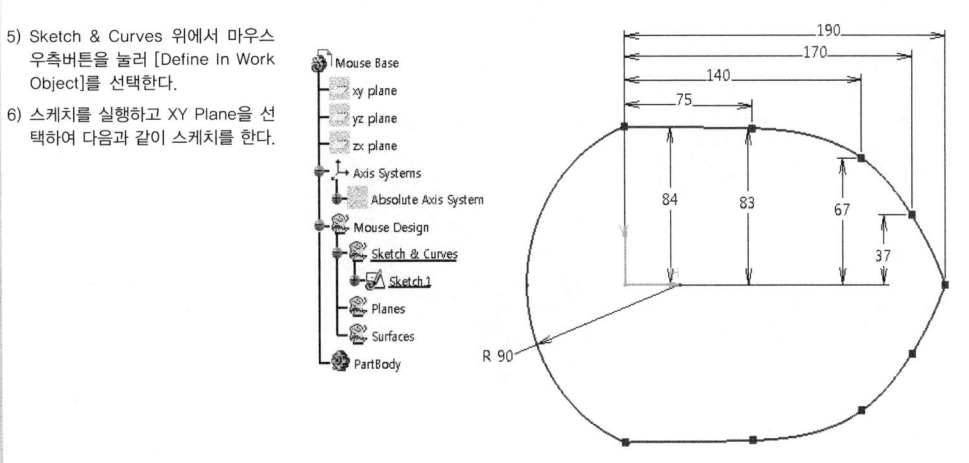

7) 스케치를 실행하고 ZX Plane를 선택하여 자유 곡선을 실행하고 다음과 같이 스케치를 한다.

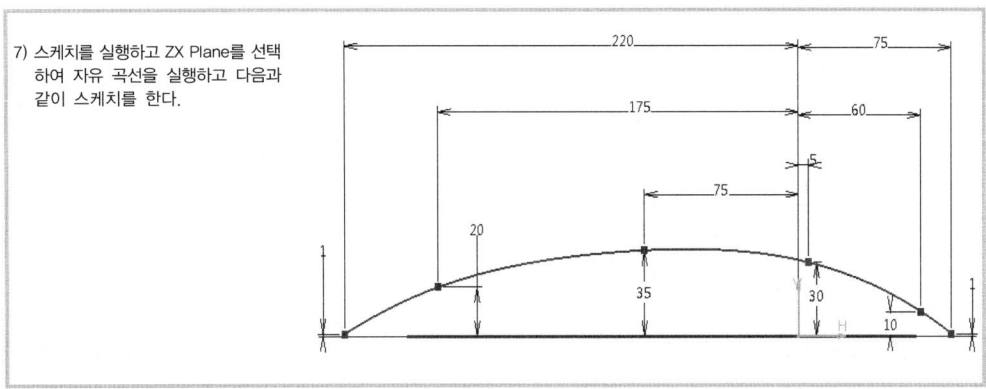

■ 자유곡선 생성

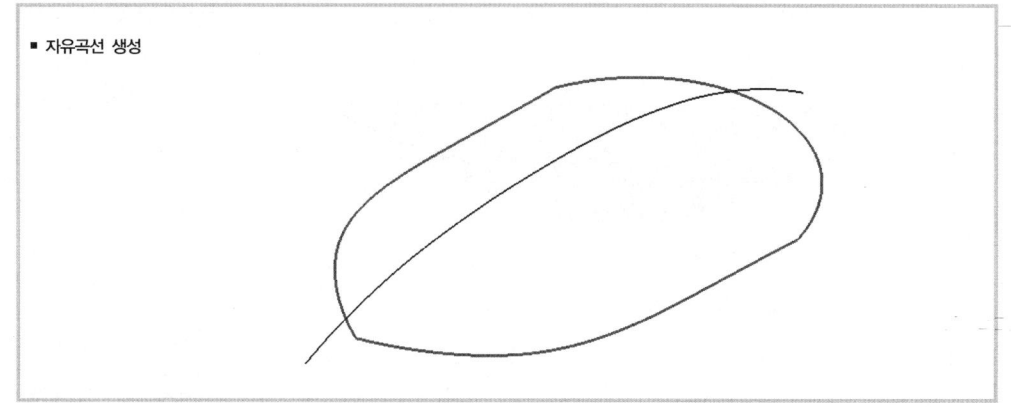

8) Planes 위에서 마우스 우측버튼을 눌러 [Define In Work Object]를 선택한다.
9) Plane을 실행하고 ZX Plane을 기준으로 70mm 위치에 Plane을 생성한다.

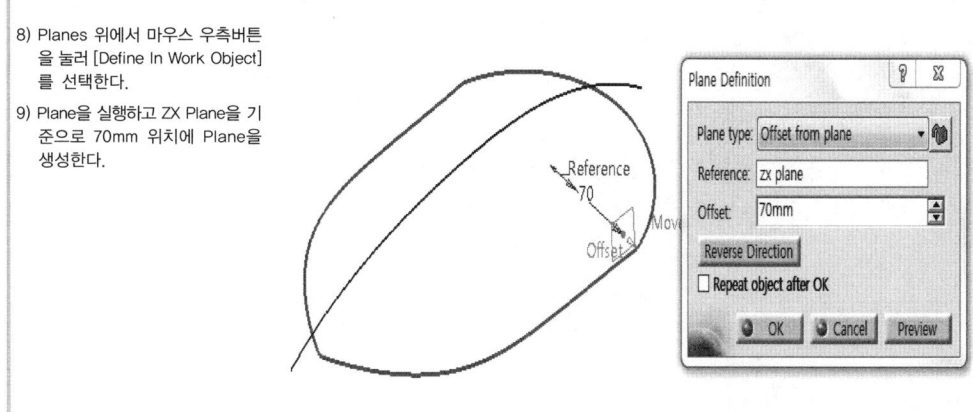

10) Plane을 실행하고 ZX Plane을 기준으로 반대편 70mm 위치에 Plane을 생성한다.

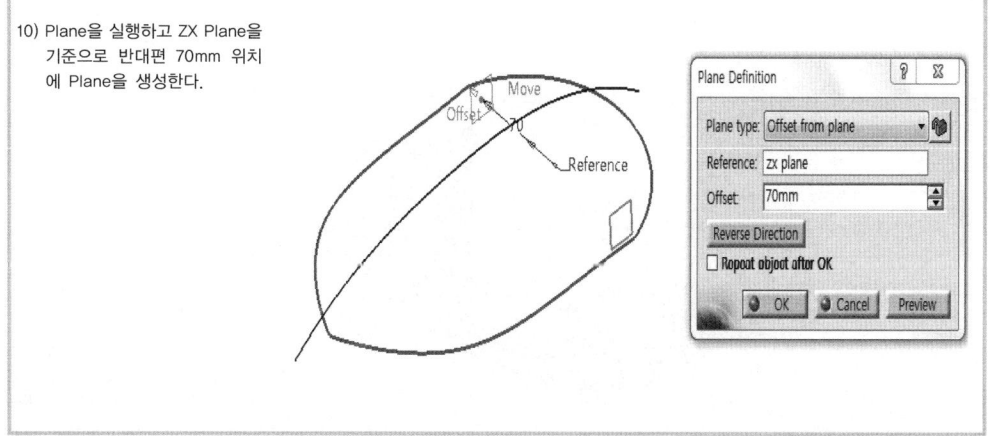

11) Sketch.2를 선택 [Copy]를 선택, Plane.1을 선택하여 [Paste]를 한다.
Plane.2에서 같은 방법으로 복사한다.

12) Surfaces 위에서 마우스 우측 버튼을 눌러 [Define In Work Object]를 선택한다.
13) [Start]-[Shape]-[Generative Shape Design]을 선택한다.
14) Multi-Section Surface( )을 실행하고 3개의 Spline을 차례대로 선택한다.

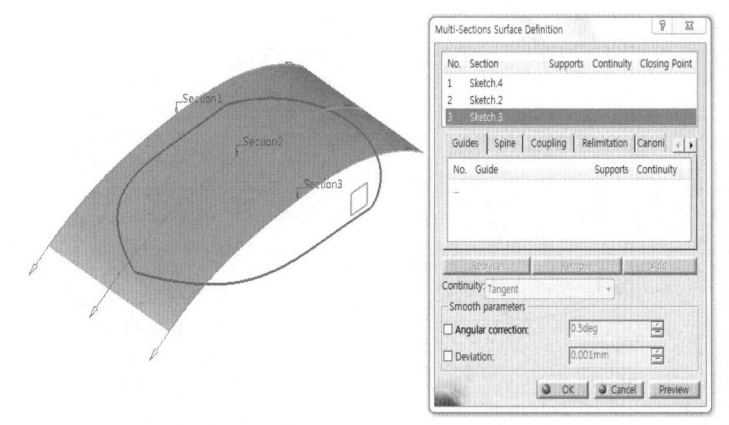

15) [Start]-[Mechanical Design]-[Part Design]을 선택한다.
Pad를 실행하고 Up to Surface를 지정 Multi-Section Surface.1 곡면을 선택, Sketch.1을 돌출을 한다.

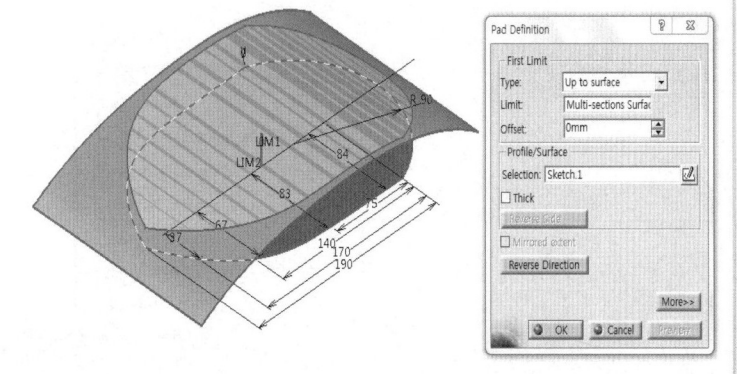

16) 다음과 같은 오류 메시지가 발생하는 원인을 찾아보자.

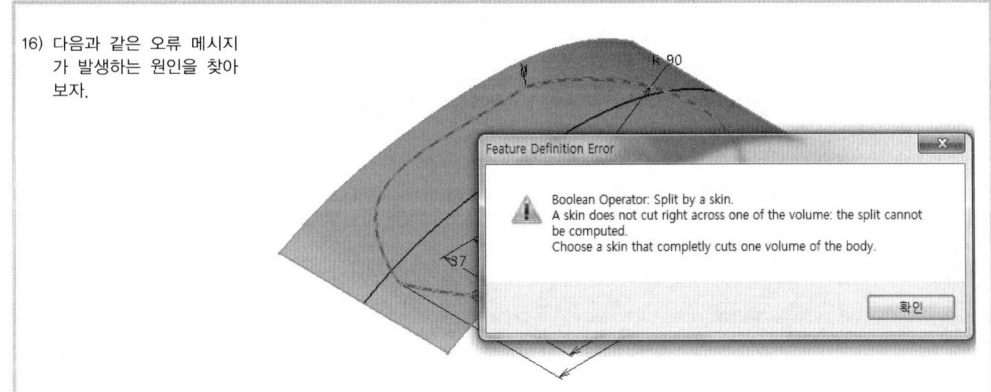

17) 16번에서 발생한 Error 원인을 해결하여 다음과 같이 돌출을 한다.

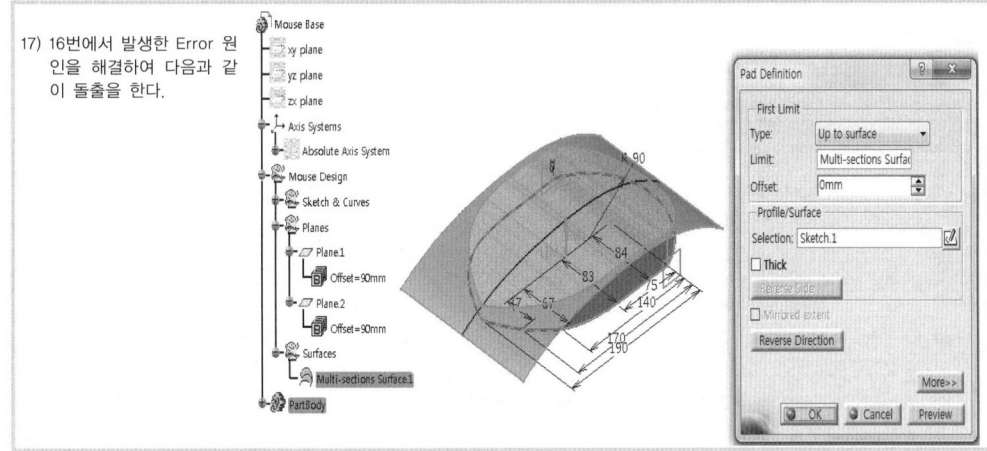

18) Sketch.2를 더블클릭하여 편집 상태로 들어가서 다음과 같이 수정한다.

19) 트리에서 곡면 객체를 선택하여 [Hide]를 한다.

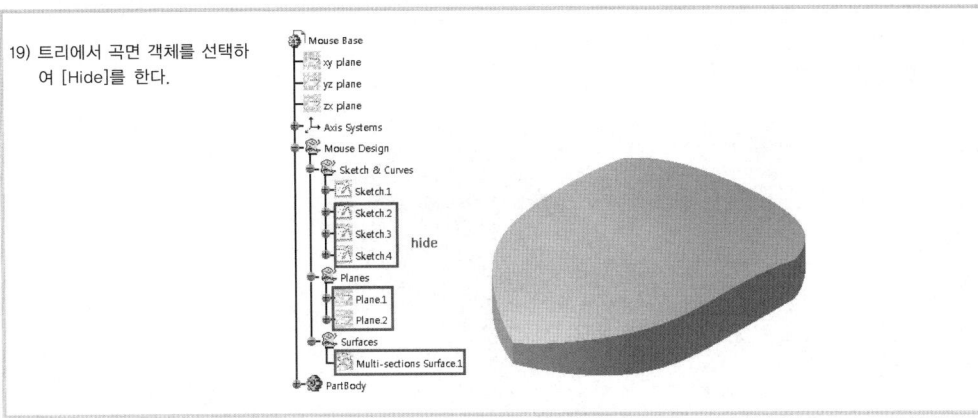

■ 완성 결과
Solid를 기반으로 변형하여 마우스를 완성해 보자.

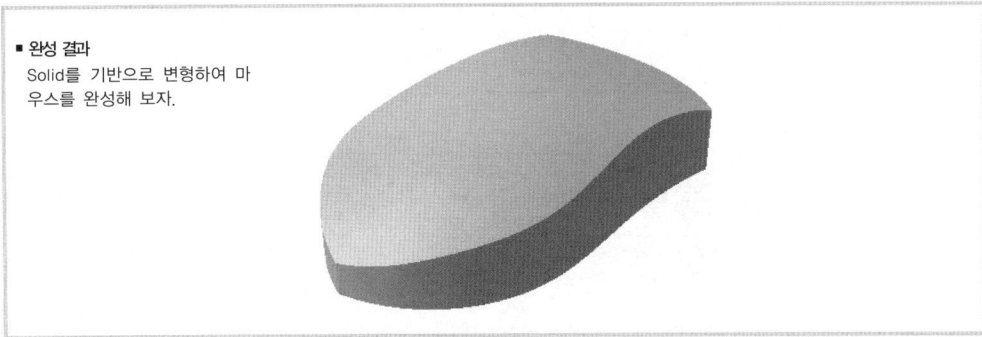

응용하기 7 Phone Base 만들기 1

1) 스케치를 실행하고 XY Plane을 선택하여 다음과 같이 스케치를 한다.

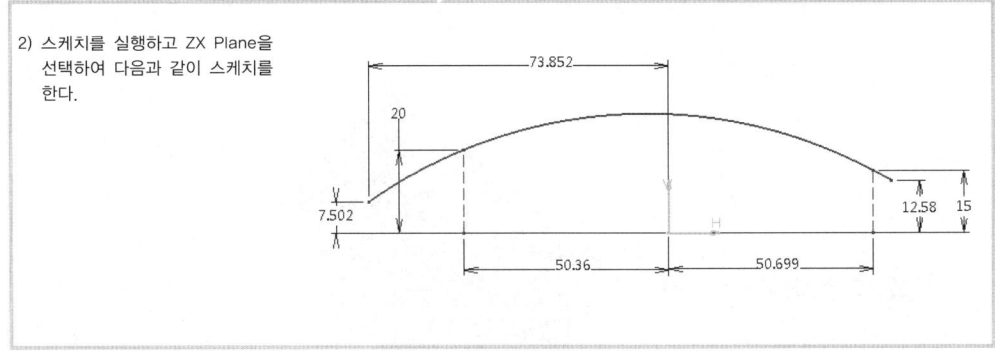

2) 스케치를 실행하고 ZX Plane을 선택하여 다음과 같이 스케치를 한다.

3) Extrude( )를 실행하고 Sketch.2를 방향1과 방향2 모두 30mm 돌출을 한다.

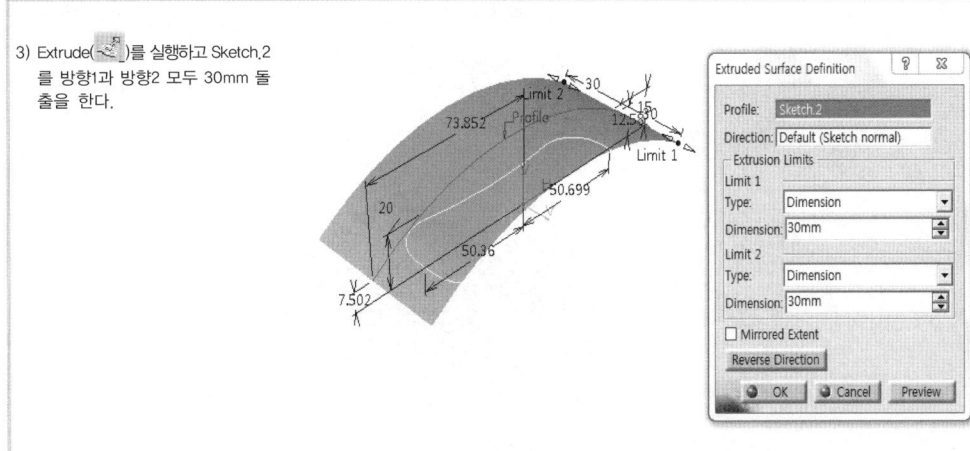

4) [Start]-[Mechanical Design]-[Part Design]을 선택한다.
Pad를 실행하고 Up to Surface를 지정, Extrude.1 곡면을 선택하여 돌출을 한다.

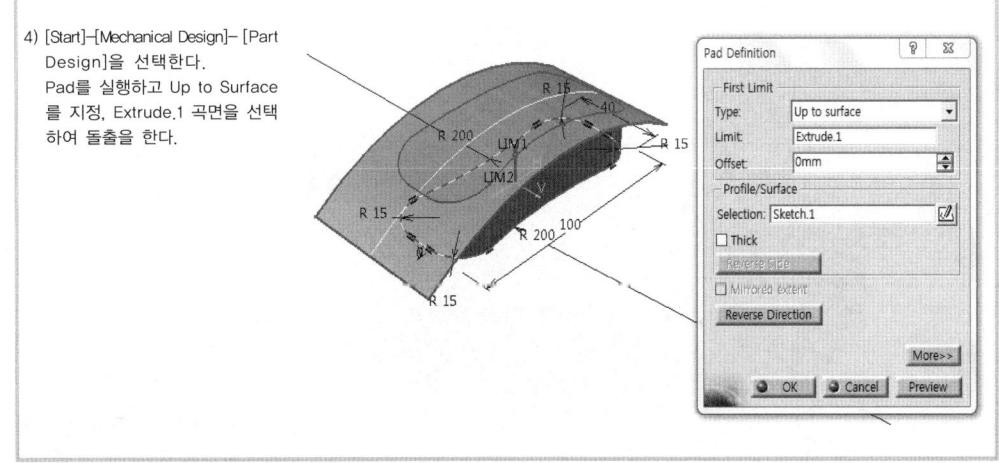

5) 트리에서 곡면 피처를 [Hide]를 한다.

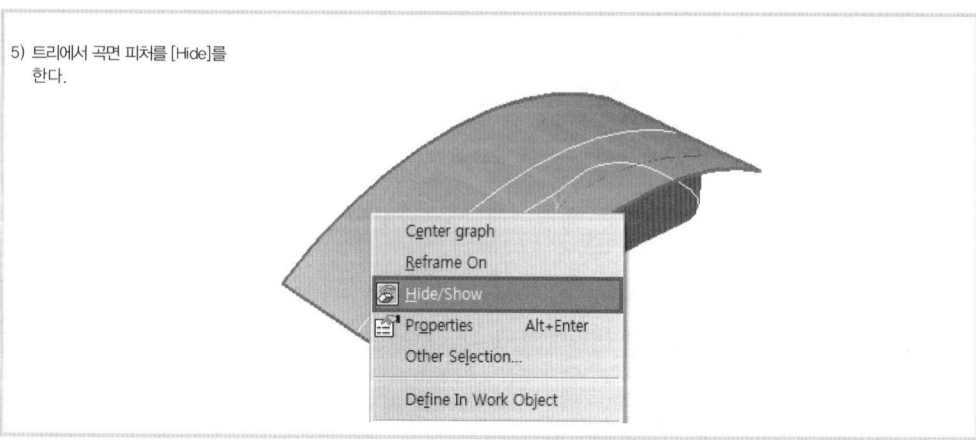

6) 스케치를 실행하고 XY Plane을 선택하여 다음과 같이 스케치를 한다.

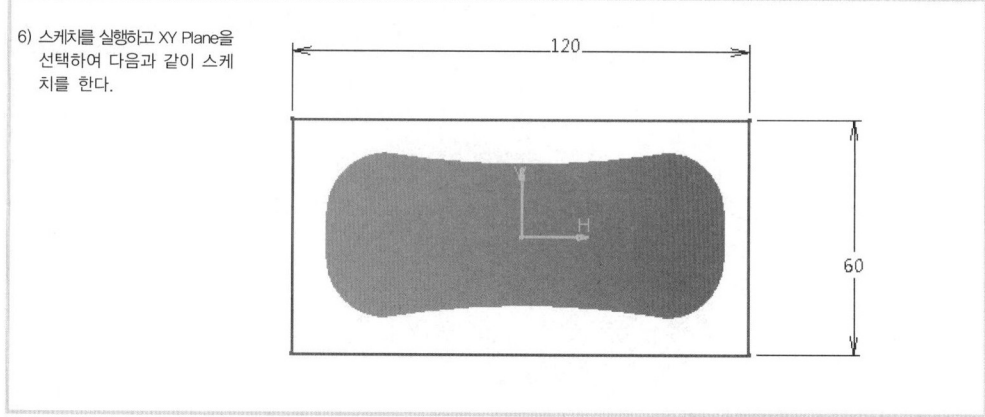

7) Pad를 실행하고 아랫방향으로 10mm 돌출을 한다.

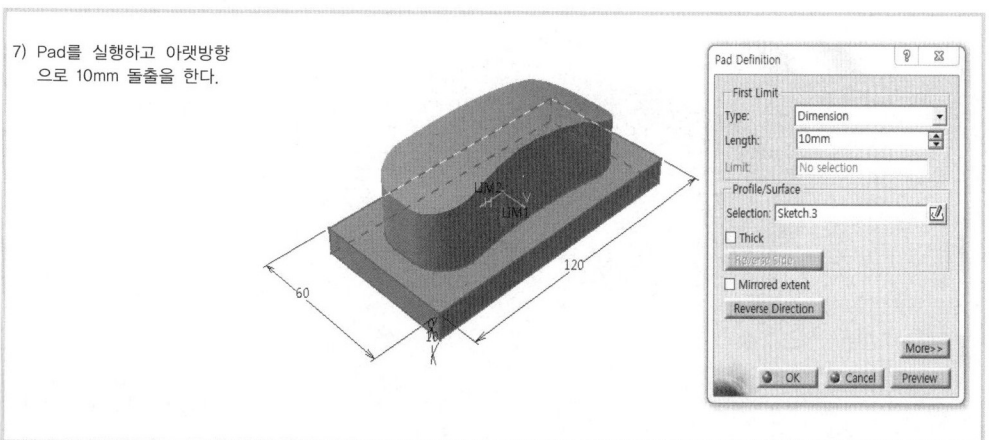

8) 스케치를 실행하고 Pad.2 객체의 우측면을 선택하여 다음과 같이 스케치를 한다.

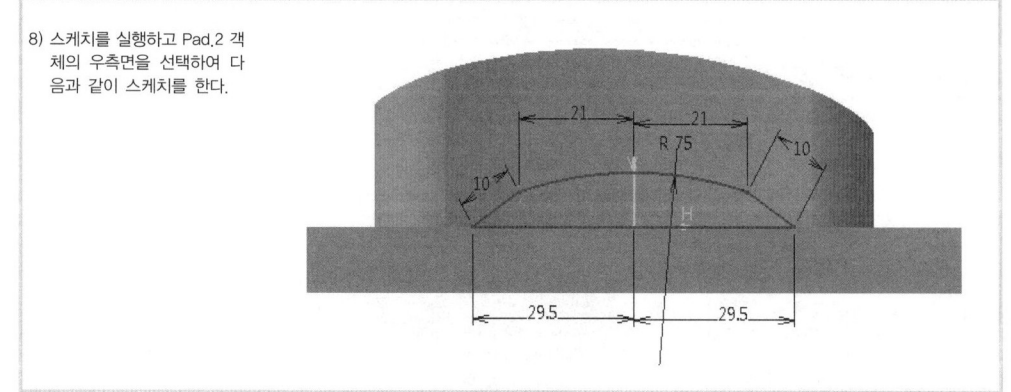

9) Pad를 실행하고 60mm 돌출을 한다.

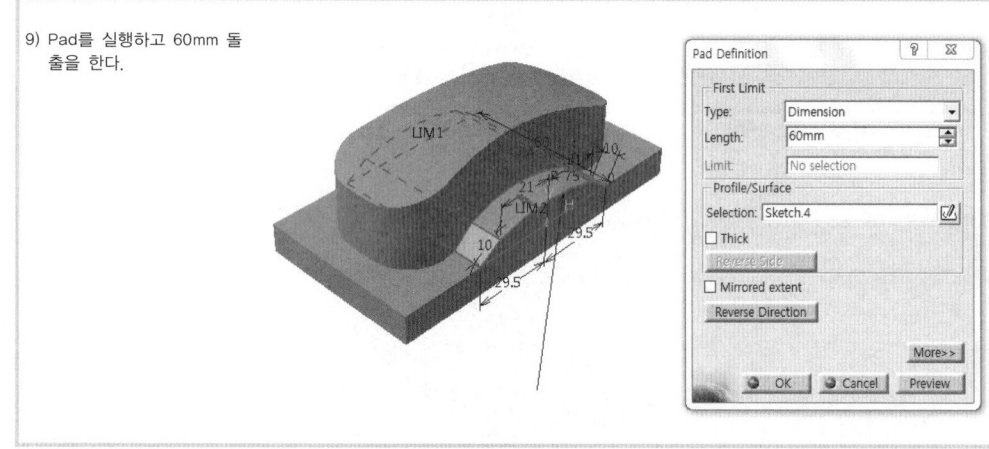

10) Edge Fillet을 실행하고 반경 5mm로 필렛을 한다.

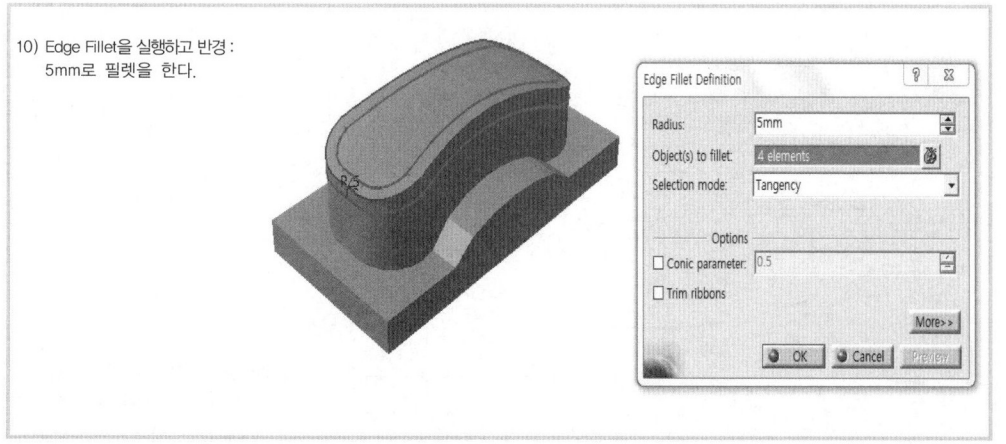

■ 중간 결과

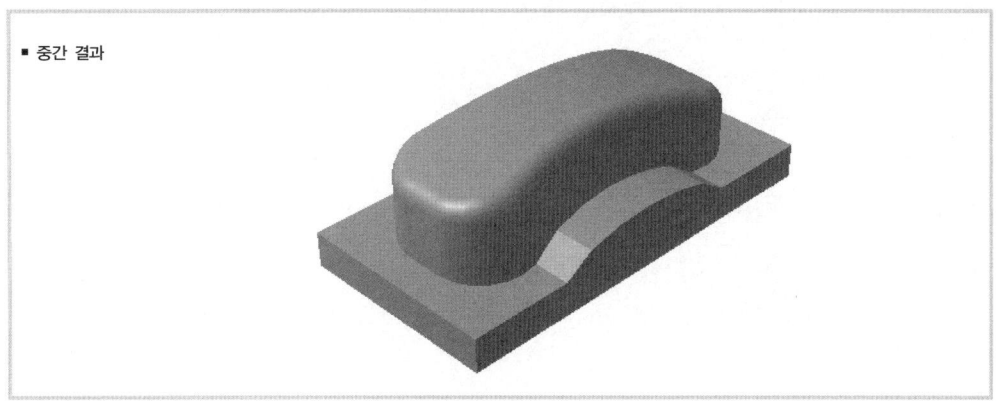

11) Plane을 실행하고 사각형 밑바닥을 기준으로 42mm 위쪽에 Plane을 생성한다.

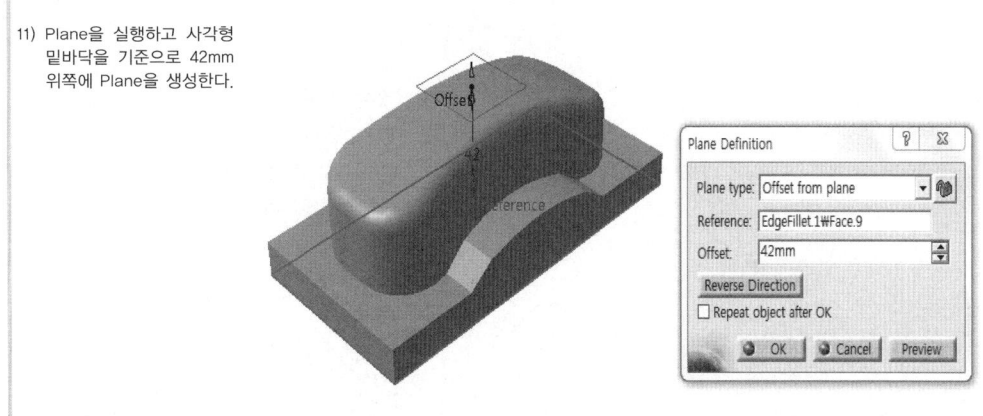

12) 스케치를 실행하고 Plane.1을 선택하여 스케치를 한다.

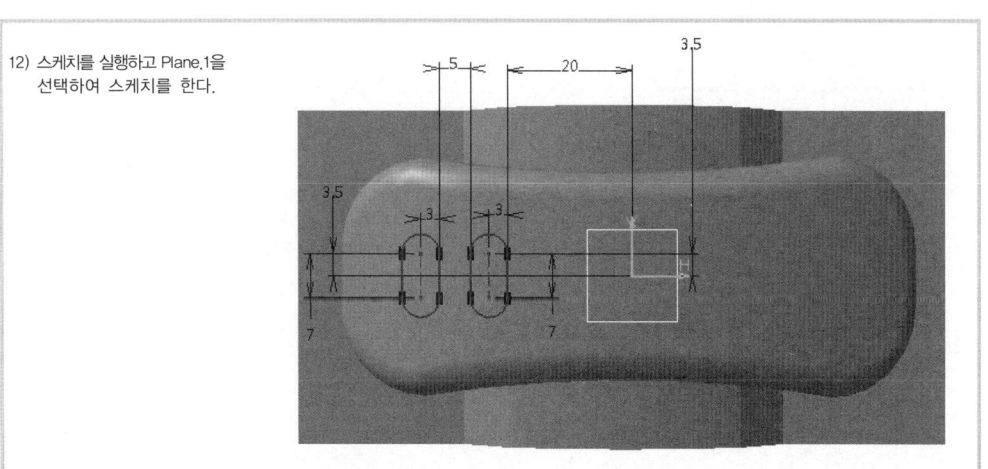

13) Pocket을 실행하고 13mm 돌출 컷을 한다.

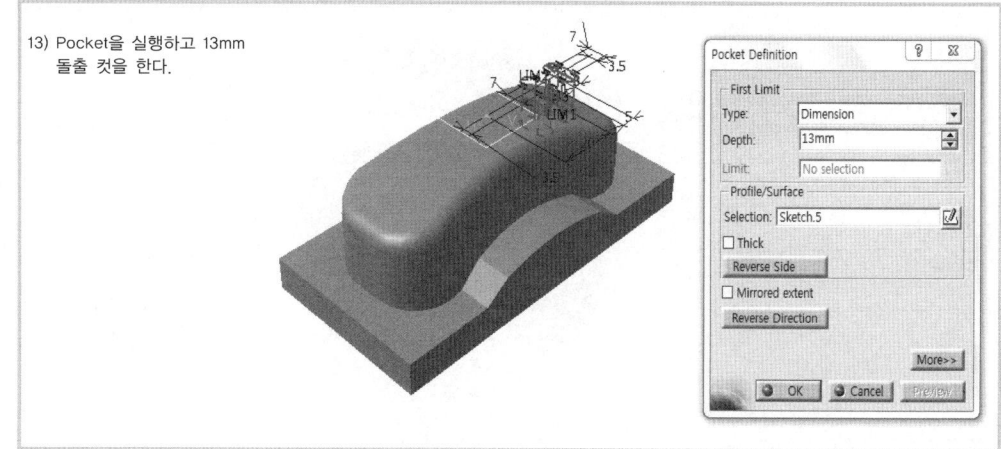

■ 완성 결과

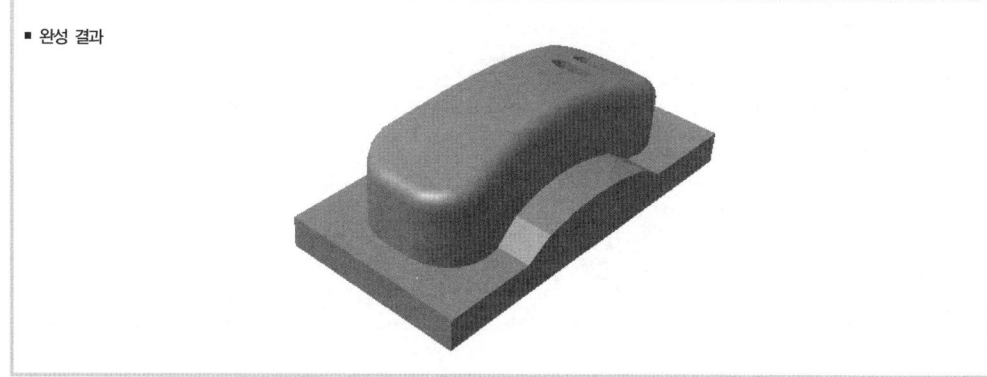

응용하기 8 Spring 만들기

1) [Start]-[Generative Shape Design]을 선택한다.

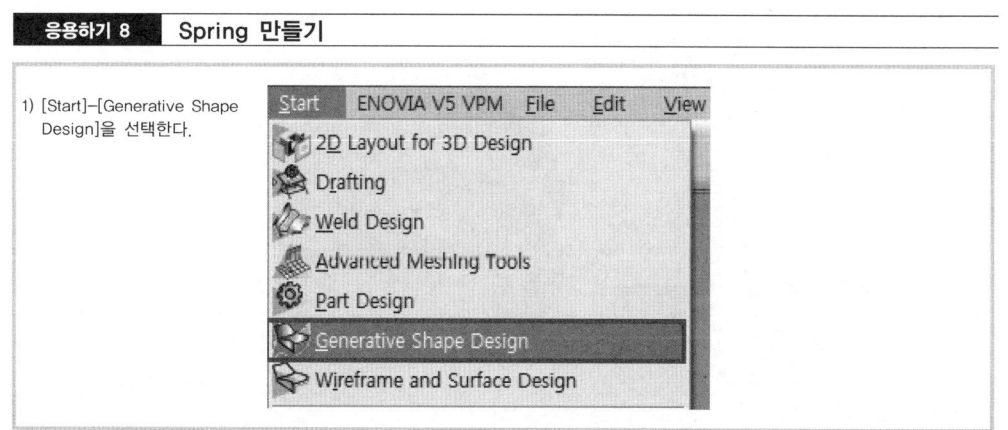

2) Point( )을 실행하고 X축으로 20mm 지정하여 Point를 생성한다.

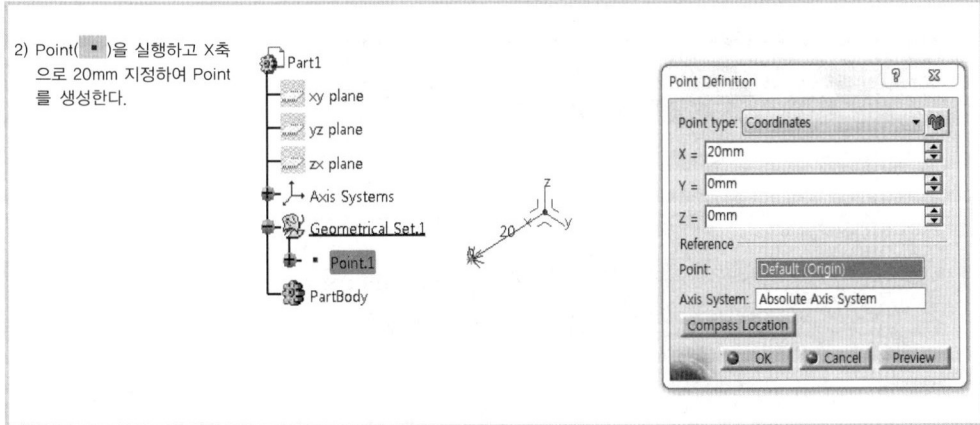

3) 스케치를 실행하고 ZX Plane을 선택하여 다음과 같이 스케치를 한다.

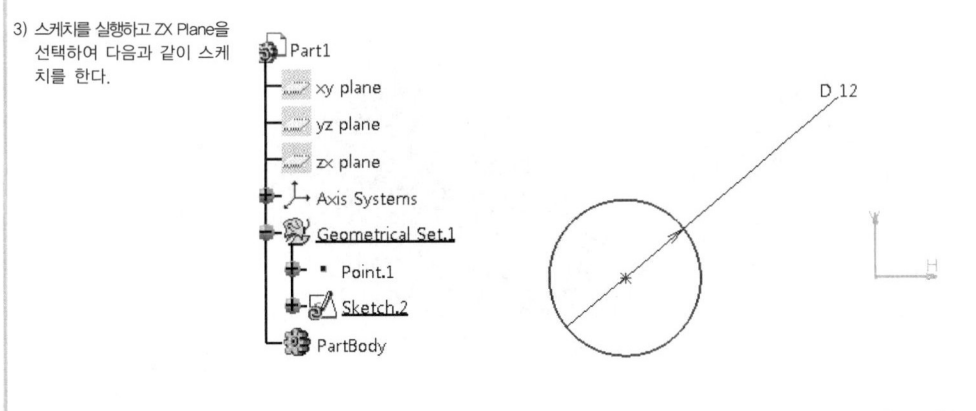

4) Helix( )를 실행하고 Starting Point : Point.1을 선택, Axis : Z Axis를 선택, Pitch : 20mm, Height : 30mm를 지정, Taper Angle을 선택한다.

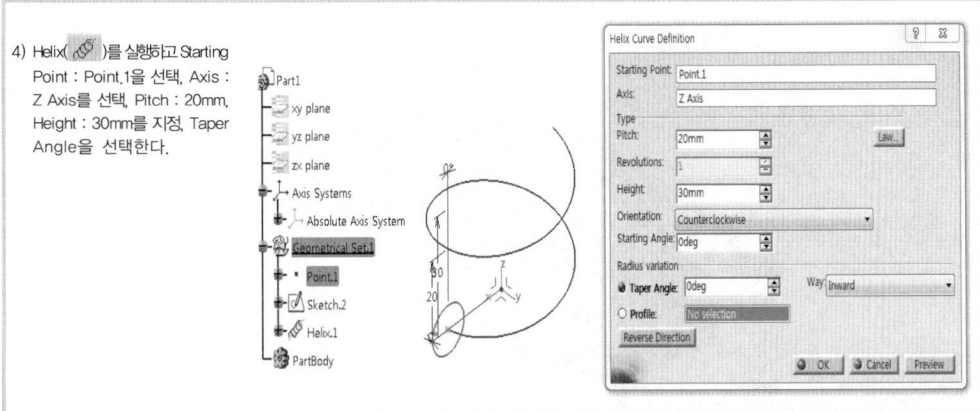

5) Sweep( )을 실행하고 Profile : Sketch.1을 선택, Guide Curve : Helix.1을 선택하여 Sweep Surface를 생성한다.

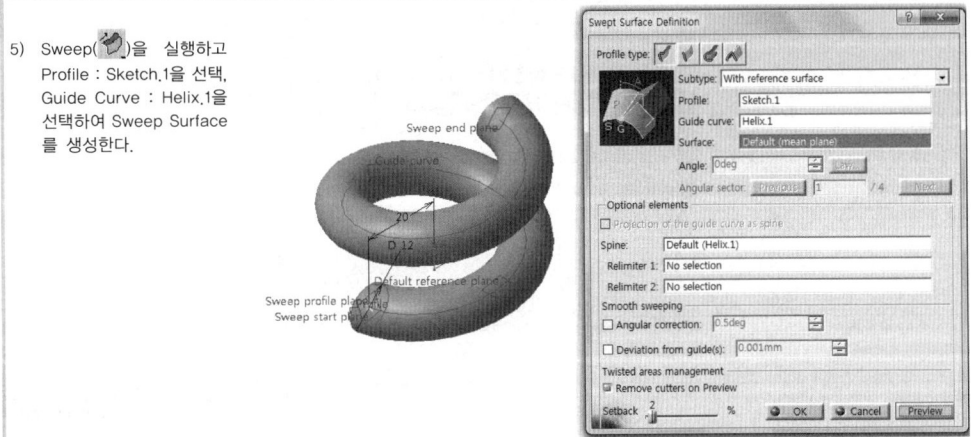

6) 3D 스케치 공간에서 Line ( )아이콘을 누르고 라인 유형 : Angle/Normal to Curve를 지정, Curve : Helix1, Support : Sweep1, Point : Helix 아래 끝점, 75deg 지정, end : 1500mm 지정, Geometry on support를 체크한다.

■ Geometry on support의 의미?

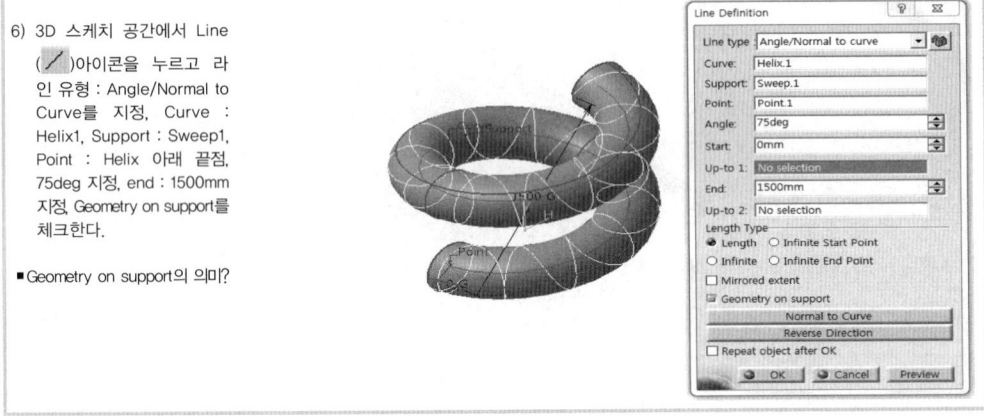

7) Plane( )을 실행하고 Plane 유형 : Normal to Curve를 선택, Line.1을 선택, Line.1의 끝점을 선택하여 Plane을 생성한다.

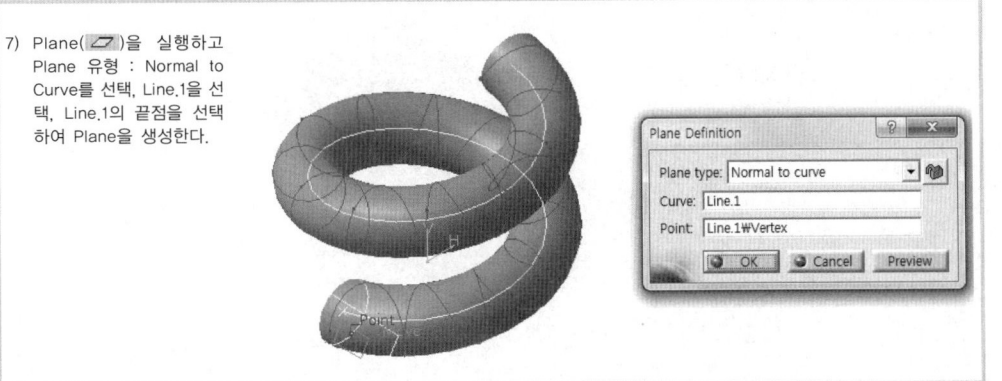

8) 스케치를 실행하고 Plane.1을 선택하여 지름 1mm 원을 스케치를 한다.

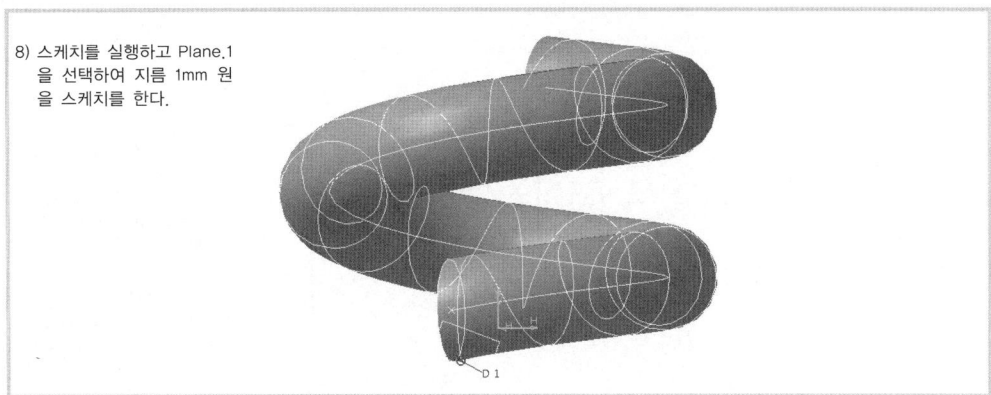

9) Sweep( )을 실행하고 Profile : Sketch.3을 선택, Guide Curve : Line.1을 선택한다.

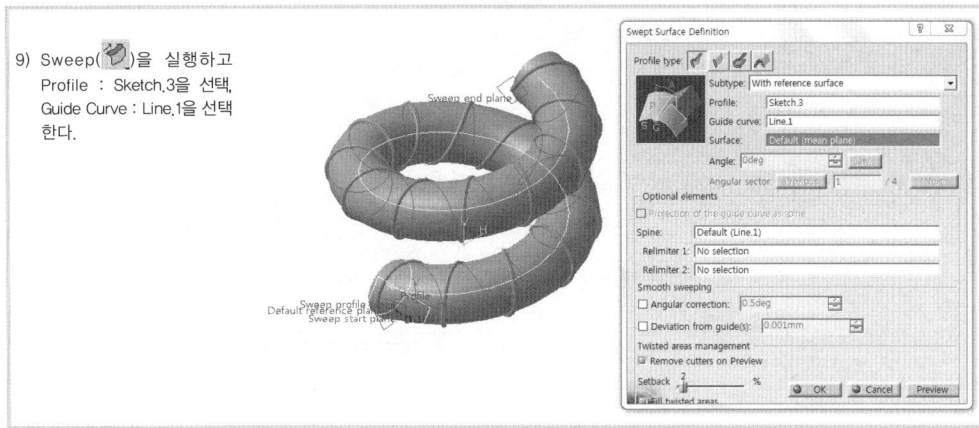

10) 트리에서 안쪽 Sweep.1을 [Hide]를 한다.

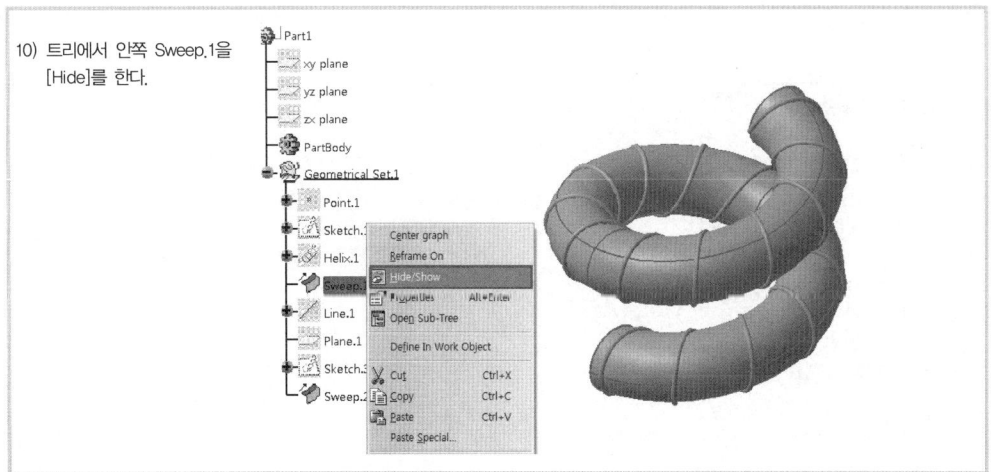

■ 스프링 완성 결과

응용하기 9   배 모형 만들기

1) [Start]-[Shape]-[Generative Shape Design]을 선택한다.

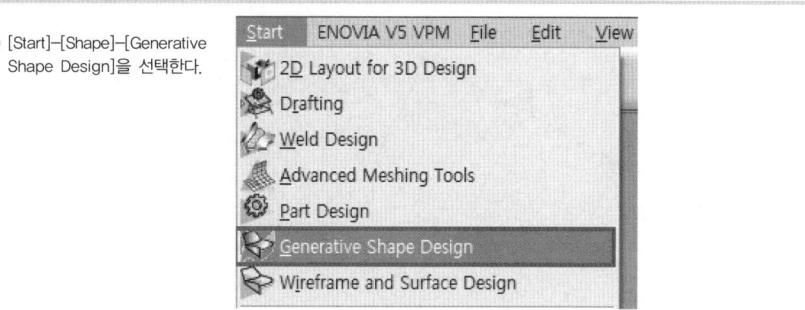

2) Line을 실행하고 Point-Direction을 선택, 원점으로부터 700mm Line을 그린다.

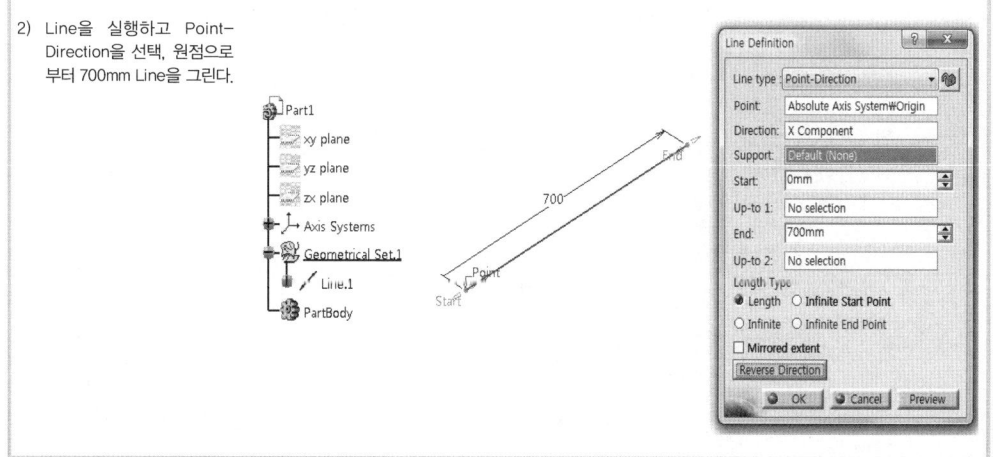

3) Point and Plane Repetition (　) 을 실행하고 Curve : Line.1을 선택, Instance : 5, With end Points, Create Normal plane also을 지정한다.

- Create Normal plane also의 의미?

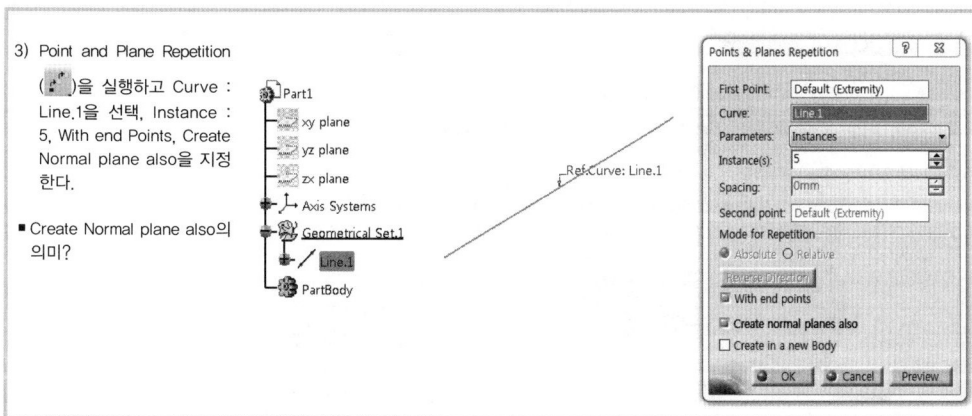

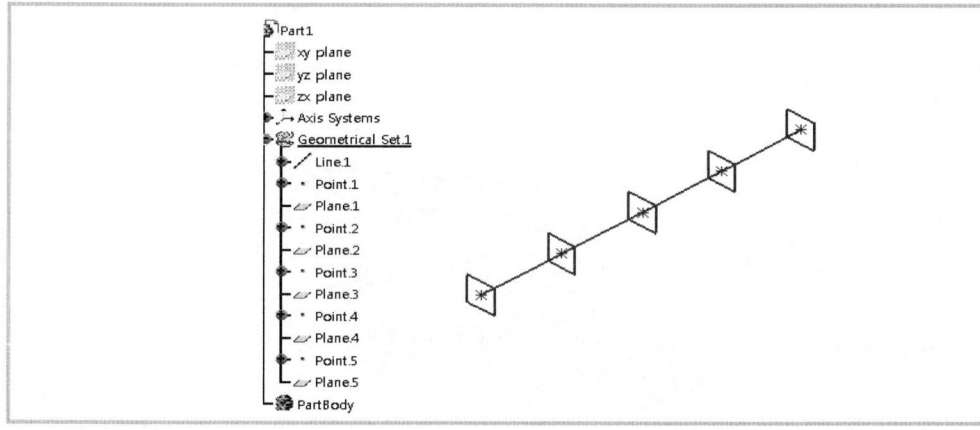

4) [Insert]-[Geometrical Set]을 선택하여 Name : Surface로 지정한다.
Geometrical Set.1을 선택하여 마우스 우측버튼을 눌러 바로가기 메뉴에서 [Define In Work Object]를 선택한다.

5) 스케치를 실행하고 Plane.2를 선택하여 다음과 같이 스케치를 한다.

- Define In Work Object의 의미?

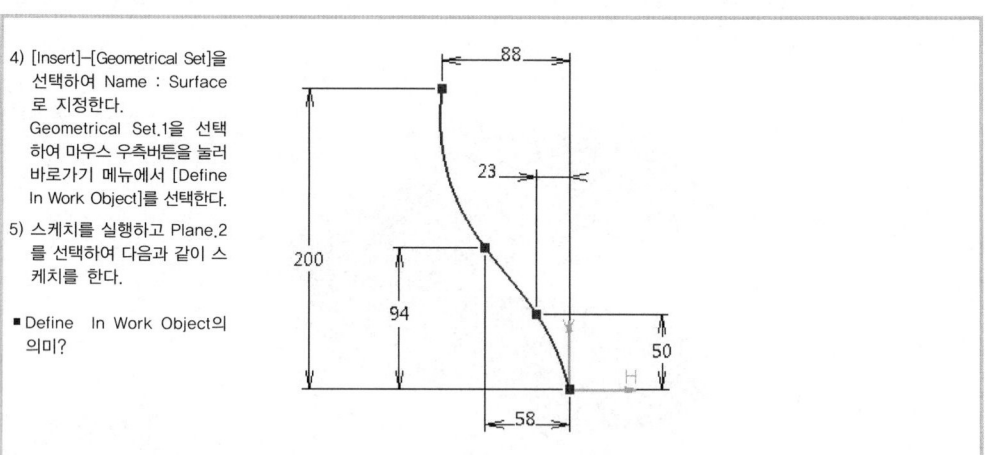

6) Project(　)를 실행하고 Projected : Sketch.1을 선택, Support : Plane.3을 선택한다.

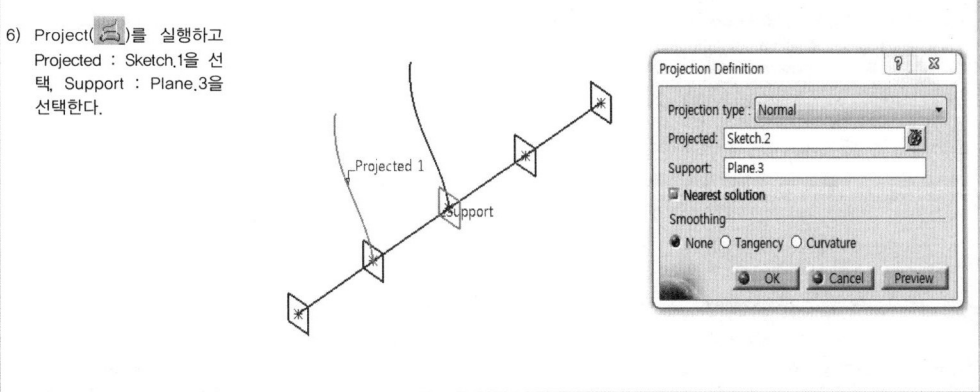

7) 6번 작업을 나머지 Plane까지 반복 투영을 한다.

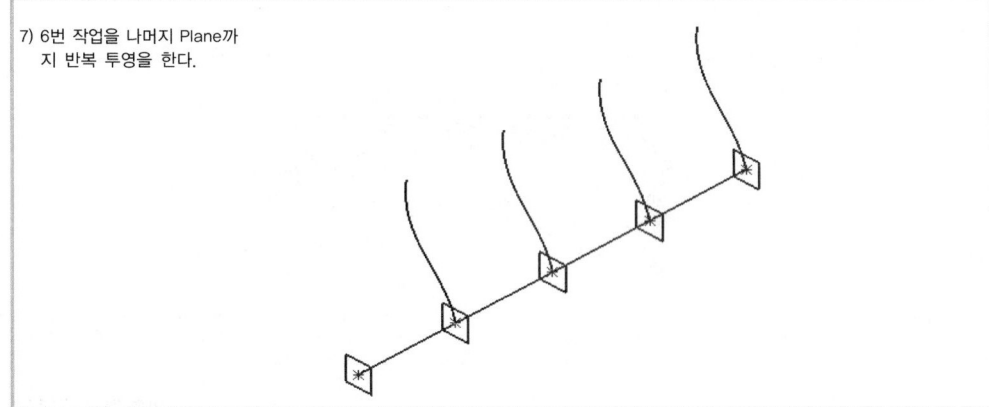

8) Axis를 다음과 같이 수직/수평으로 스케치를 하고 Intersection Point(　)을 실행하고 수직 Axis와 수평 Axis를 차례대로 선택하여 교점 Point를 생성한다. 요소 변환한 곡선을 보조선으로 전환한다.

- Intersection Point의 의미?

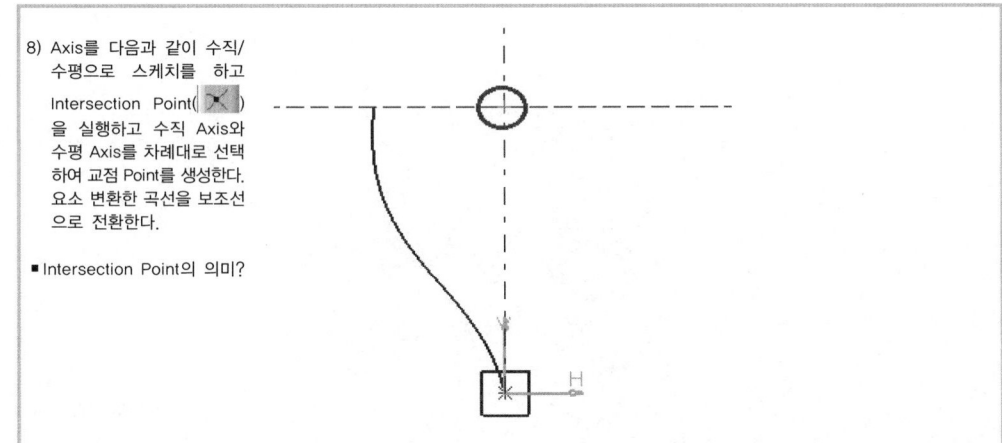

9) Intersection Point( ) 를 찍은 결과

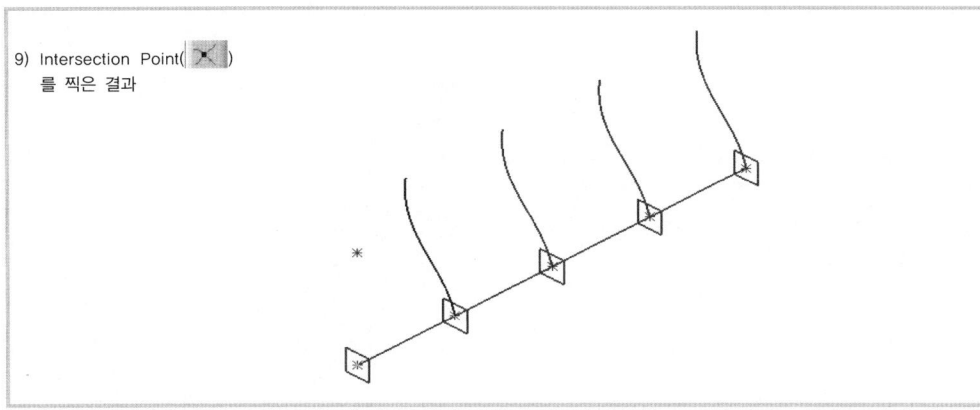

10) Point, Line, Plane 등 불필요한 객체를 [Hide]로 숨긴다.
11) Spline을 실행하고 다음과 같이 연결한다.

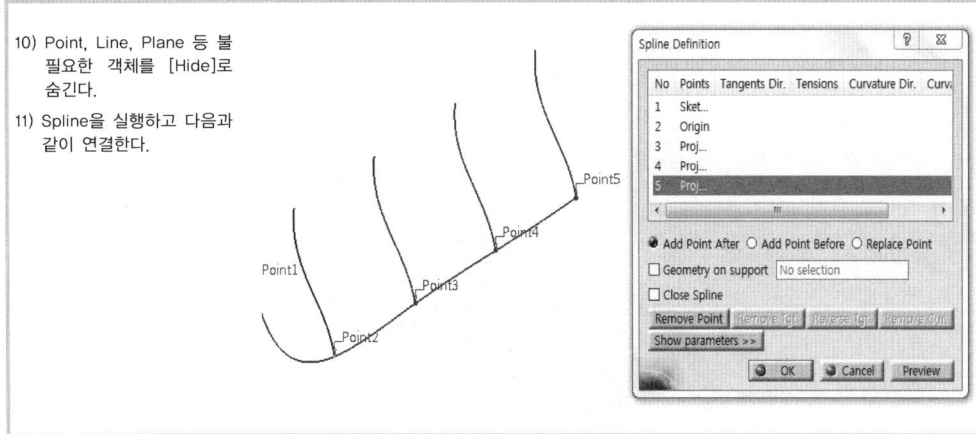

12) Spline을 실행하고 다음과 같이 연결한다.

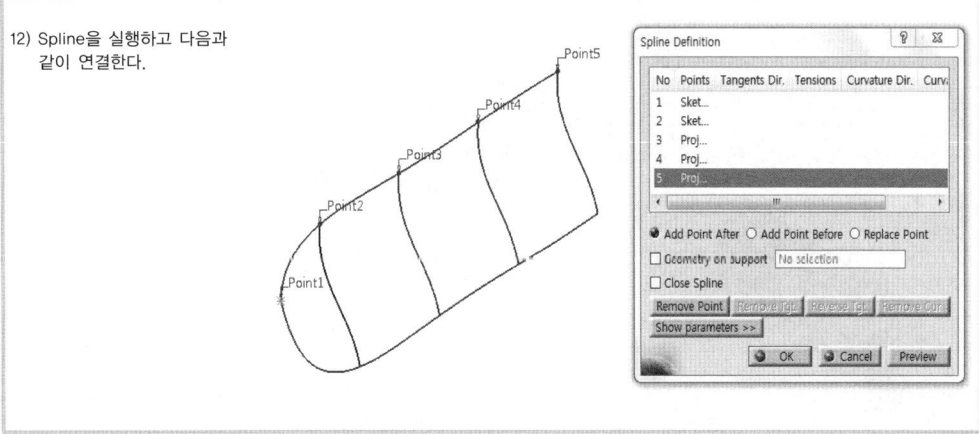

13) Multi-Section Surface( )을 실행하고 수평 Spline 2개는 위쪽에서 선택, 수직 곡선 4개를 Guides 부분에 선택한다.

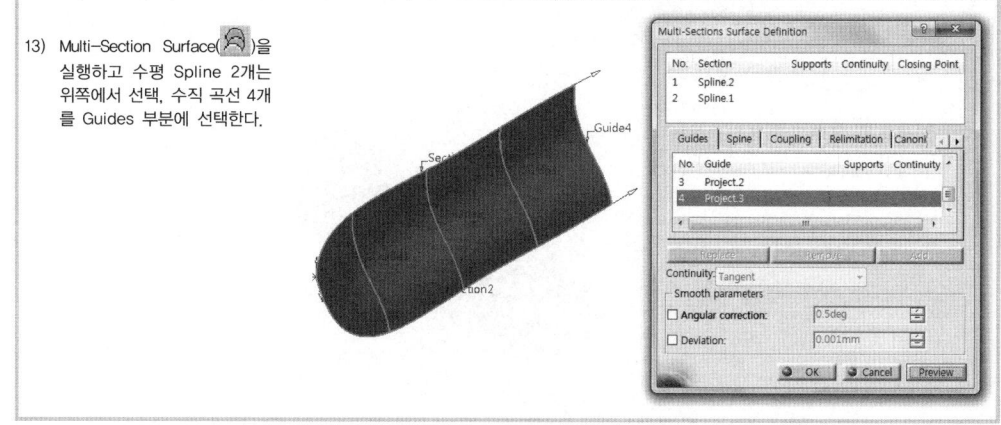

14) Symmetry( )를 실행하고 Surface를 ZX Plane을 기준으로 대칭복사를 한다.

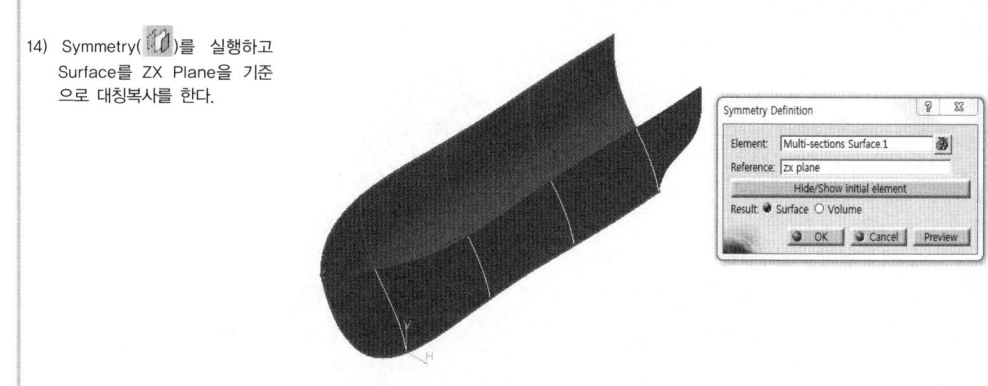

15) Join을 실행하고 Multi-Section Surface.1과 Symmetry.1을 결합한다.

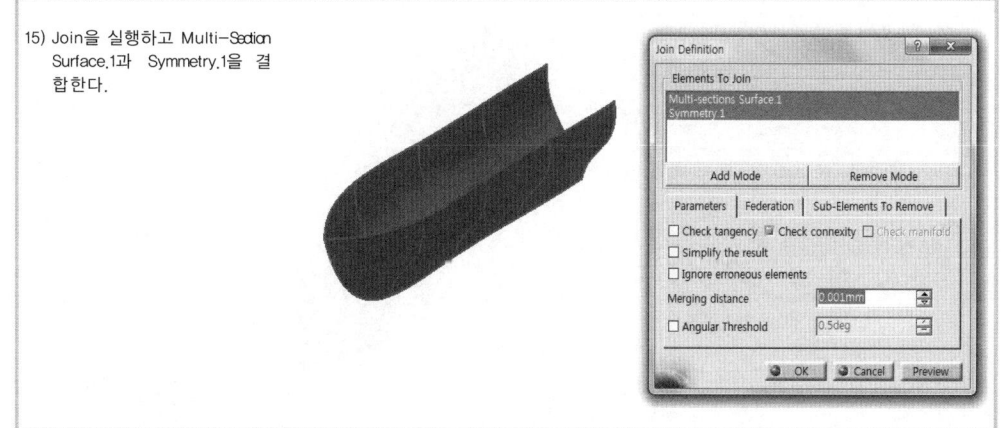

16) Spec Tree에서 Join.1 객체를 선택하고 우측버튼을 눌러 [Change Geometrical Set]을 선택하여 Surface로 이동한다.
- Change Geometrical Set의 의미?

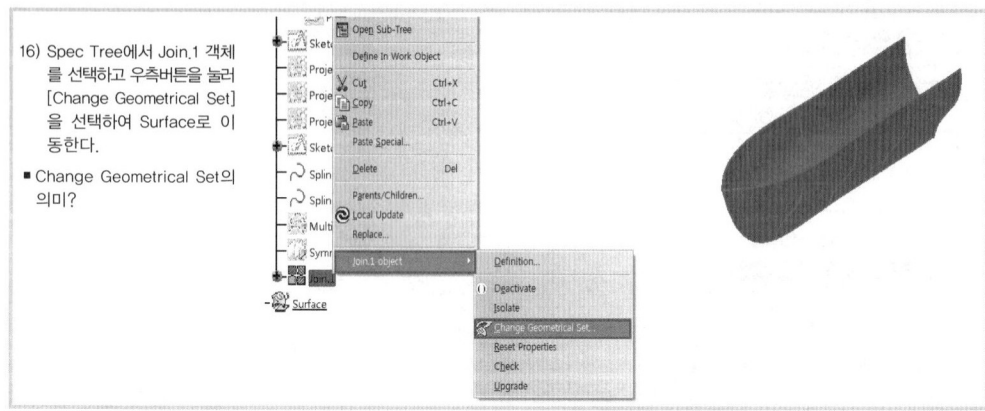

17) Join.1이 Surface로 이동한다.
해당 객체를 드래그 하여 이동해도 된다.

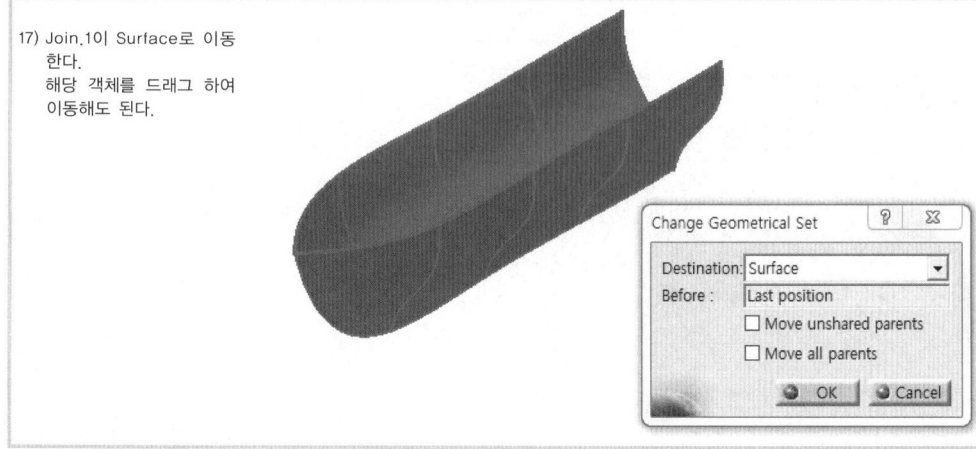

18) Boundary를 실행하고 Surface를 선택하여 경계선이 모두 녹색으로 변하면 화살표 부분을 조정하여 다음과 같이 경계선이 선택되도록 한다.

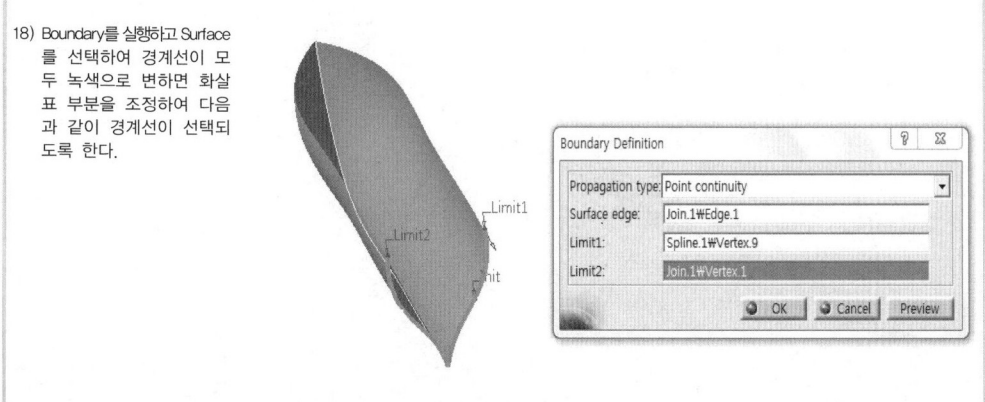

19) Line을 실행하고 다음 부분에 그린다.

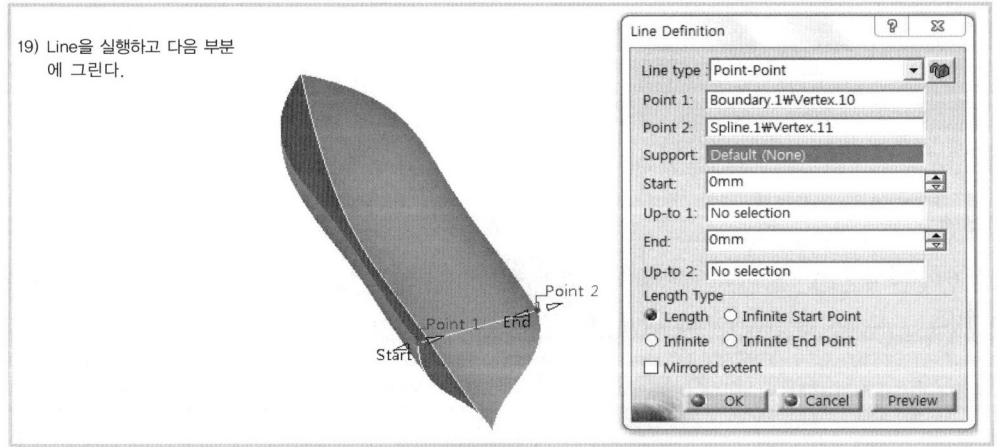

20) Fill( )을 실행하고 다음 부분의 모서리를 선택하여 채운다.

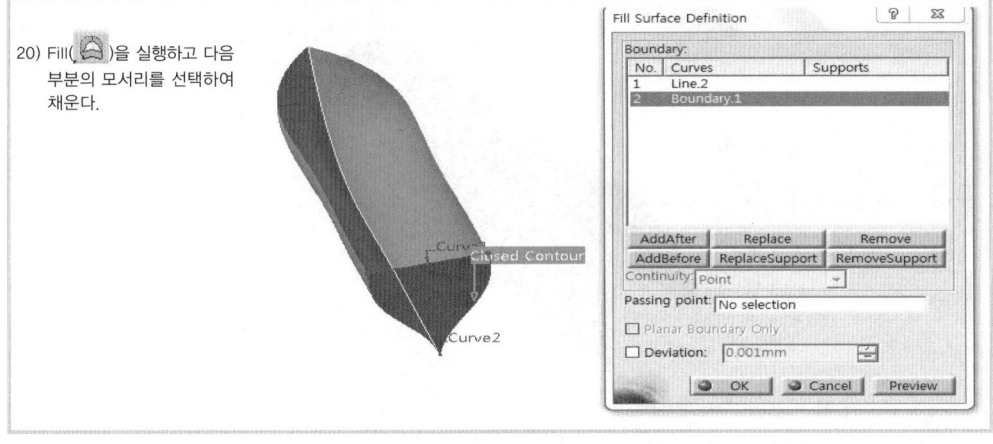

21) Join을 실행하고 Join.1과 Fill.1 객체를 결합한다.

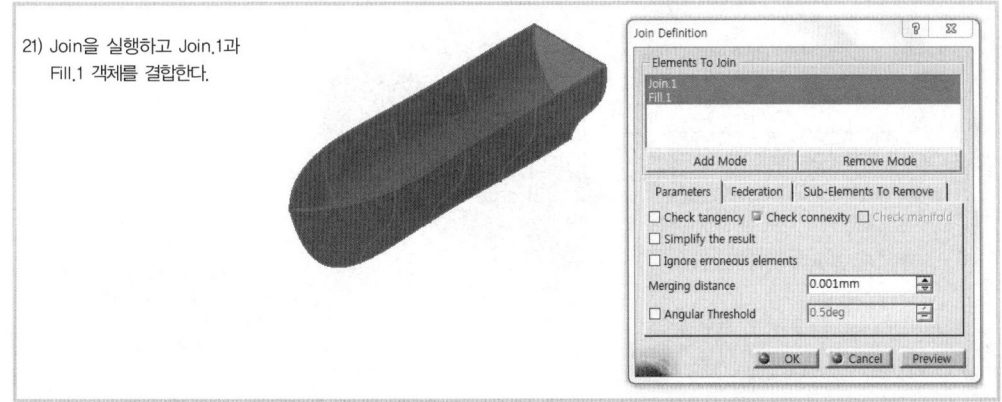

22) [Start]-[Mechanical Design]-[Part Design]을 선택한다.
23) ThickSurface( )를 선택하여 두께 : 3mm를 지정하여 Solid로 전환한다.

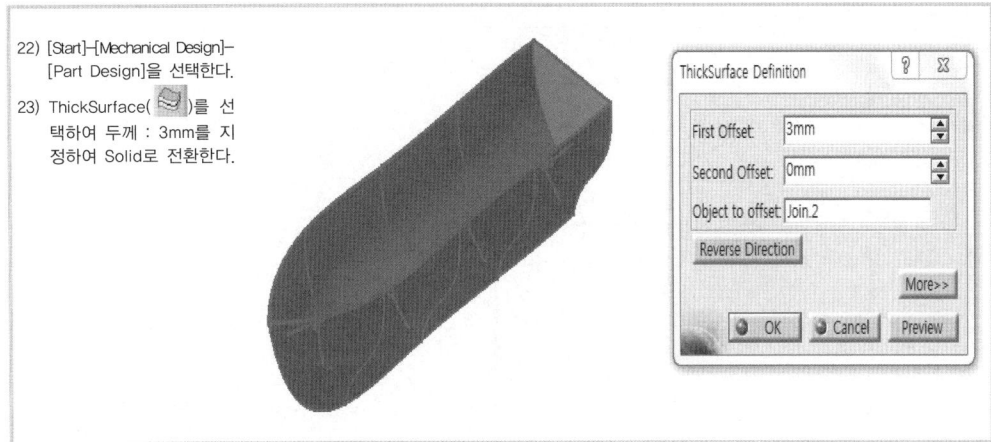

■ 완성 결과

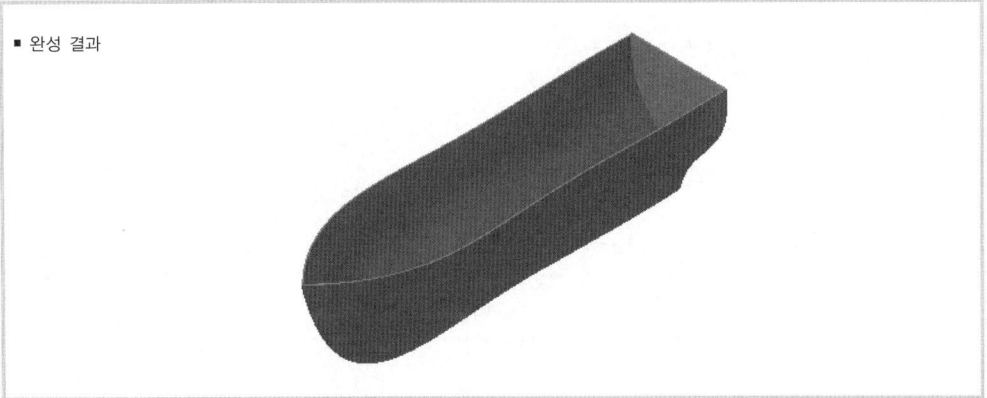

응용하기 10   가습기 Cover 만들기

1) [Start]-[Shape]-[Generative Shape Design]을 선택한다.

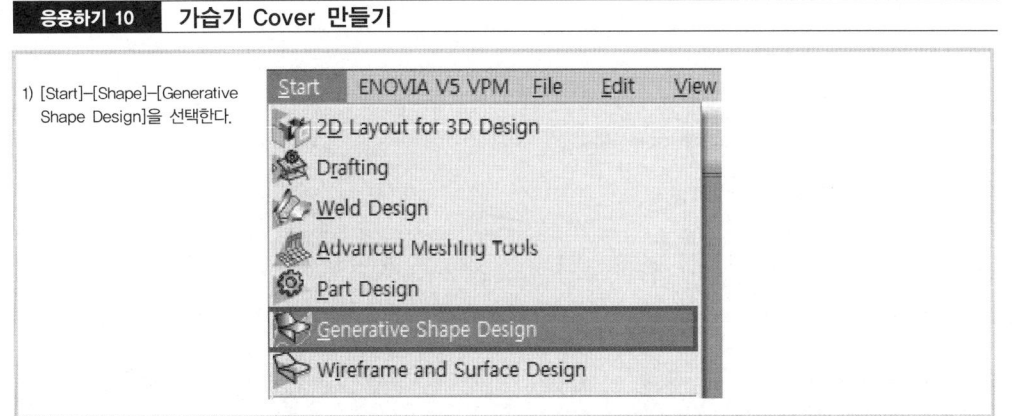

2) [Insert]-[Geometrical Set]을 선택하여 다음과 같이 3개의 Sketchs, Curves, Surfaces를 만든다.

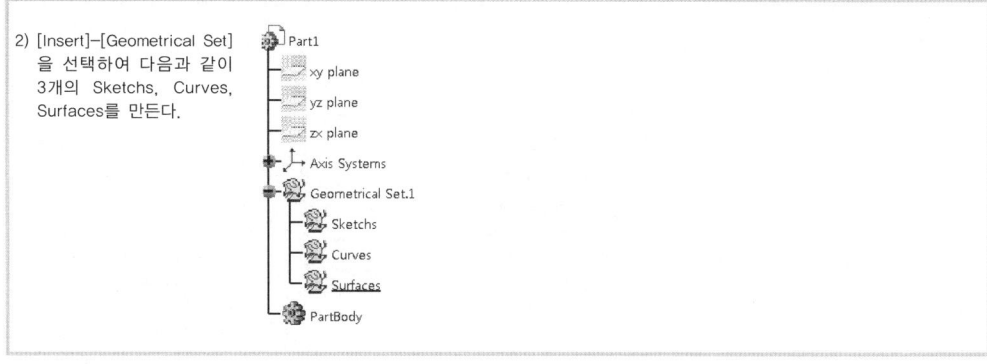

3) Sketchs 위에서 마우스 우측버튼을 눌러 [Define in Works Object]를 선택한다.
4) 스케치를 실행하고 XY Plane을 선택하여 Ellipse로 스케치를 한다.
  세로로 길게 스케치해야 한다.

Catia **Tip**

• Ellipse를 스케치를 할 때 주의 사항은 장축을 먼저 선택하고 단축을 나중에 선택하여 스케치를 한다.

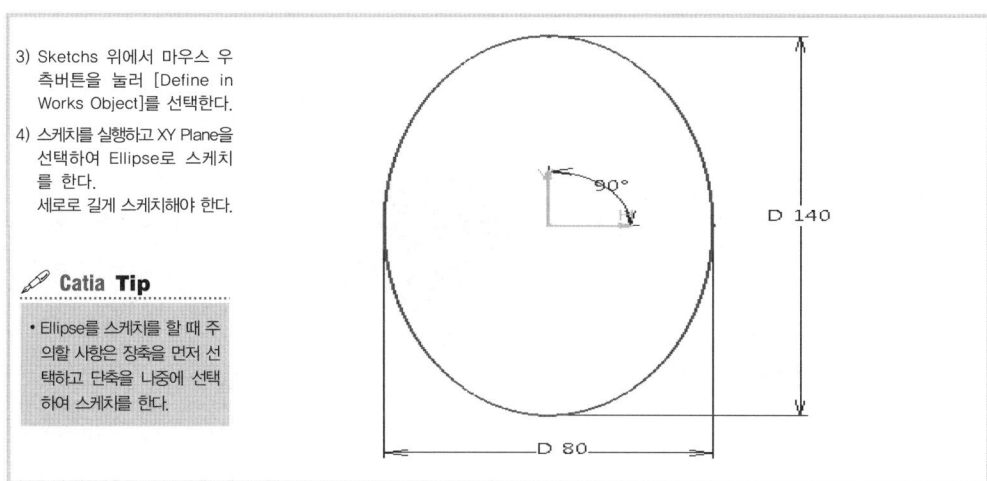

5) Curves 위에서 마우스 우측버튼을 눌러 [Define in Works Object]를 선택한다.
6) Disassemble( )를 실행하고 타원을 선택하여 두 개로 분해한다.

Catia **Tip**

Disassemble을 하게 되면 분해와 동시에 종속이 끊어진다. 스케치가 업데이트 되어도 연결이 끊어진 Disassemble 객체는 업데이트 되지 않는다. 스케치가 자주 변경되는 경우 사용을 고려해야 한다.

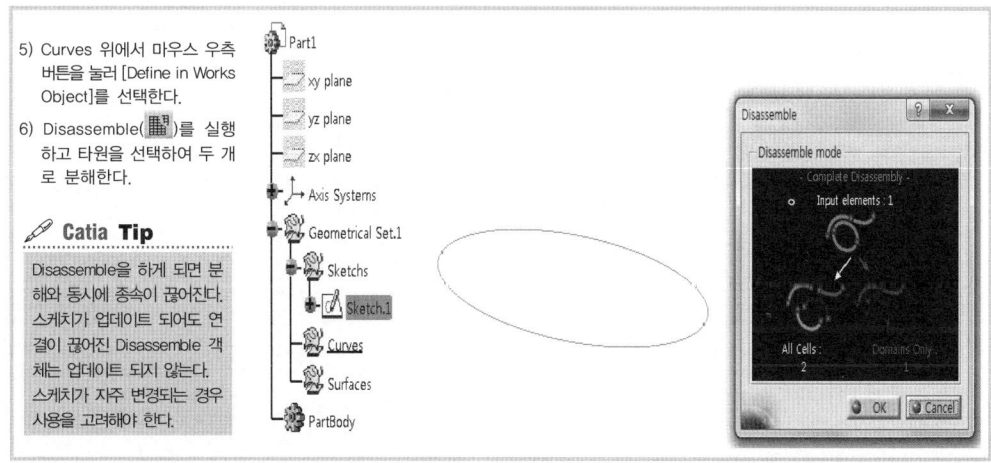

■ Disassemble(🔳) 분해 상태

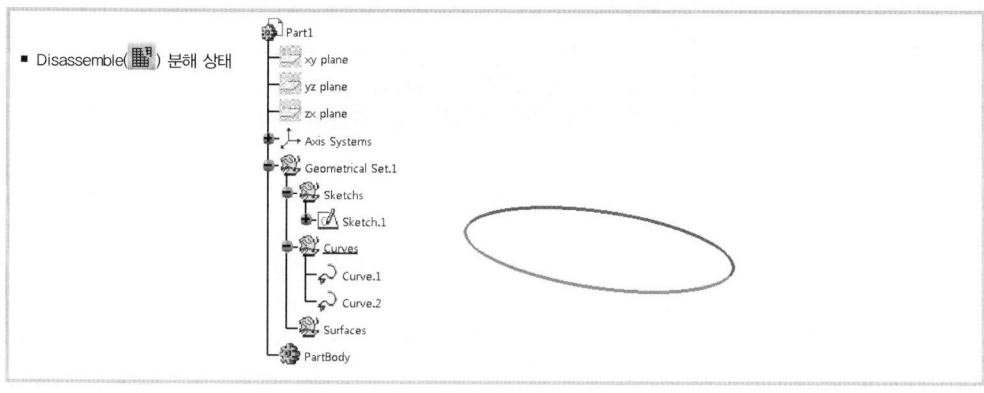

7) Sketchs 위에서 마우스 우측 버튼을 눌러 [Define in Works Object]를 선택한다.

8) 스케치를 실행하고 YZ Plane 을 선택하여 Ellipse로 스케치를 한다. 중간 부분에 수평 보조선을 스케치하고 타원의 아래 부분을 잘라낸다.

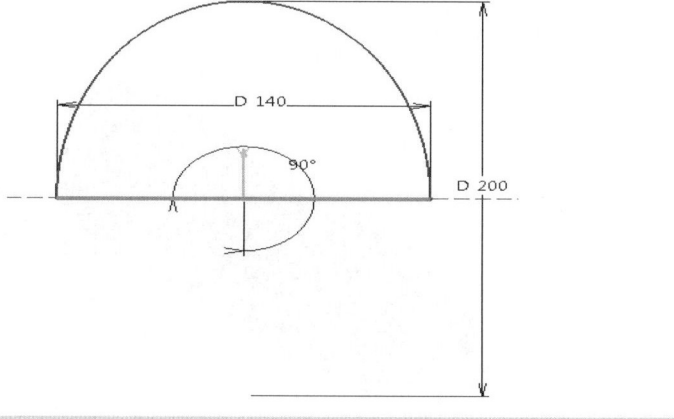

9) 스케치를 실행하고 ZX Plane 을 선택하여 타원을 스케치를 한다.

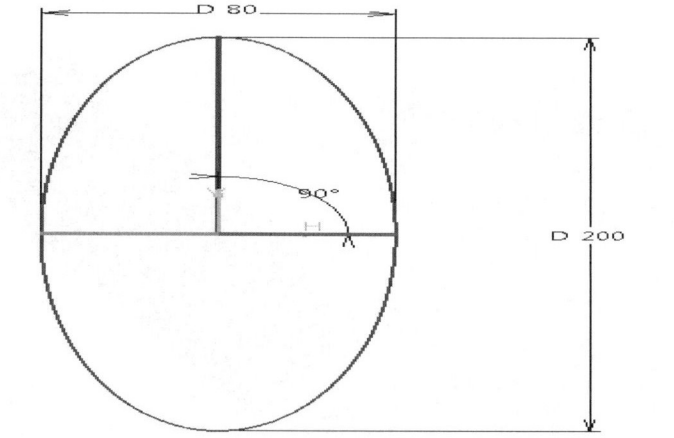

10) 중간에 보조선을 스케치하고 Quick Trim을 사용하여 아래 부분을 잘라낸다.

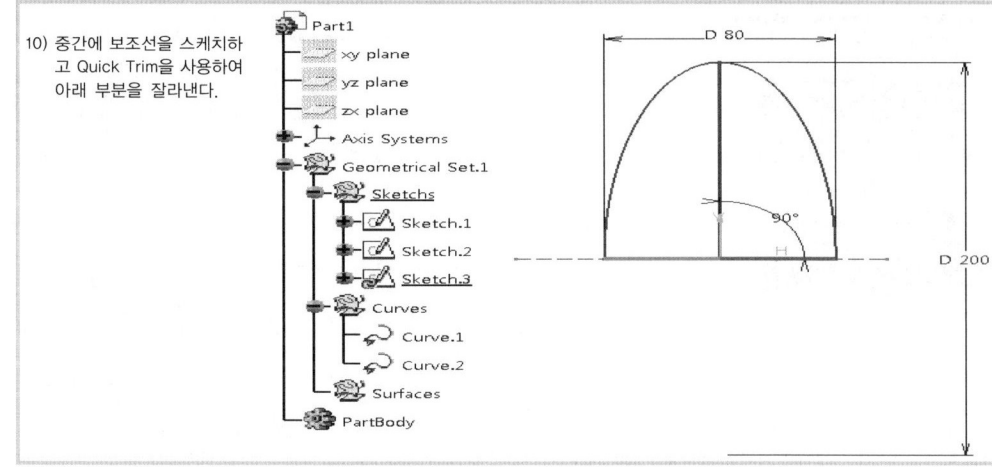

11) Surfaces 위에서 마우스 우측버튼을 눌러 [Define in Works Object]를 선택한다.

12) Multi-Section Surface (🗠)을 실행하고 상단 부분에 Curve.2와 Sketch.2를 선택, 하단 부분에 Guides : Sketch.3을 선택한다. 화살표 방향을 확인한다.

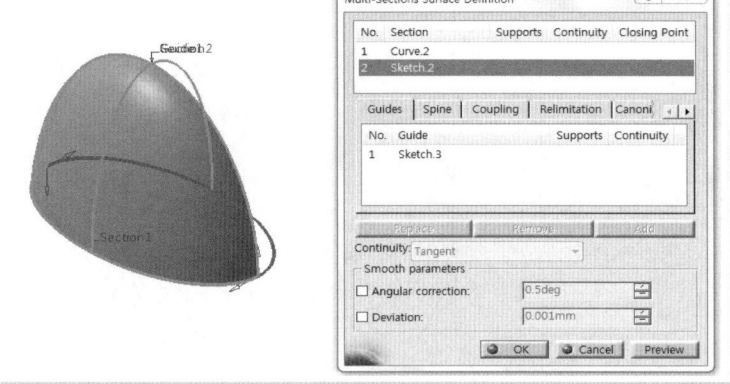

13) Multi-Section Surface (🗠)을 실행하고 상단 부분에 Curve.1과 Sketch.2를 선택, 하단 부분에 Guides : Sketch.3을 선택한다. 화살표 방향을 확인한다.

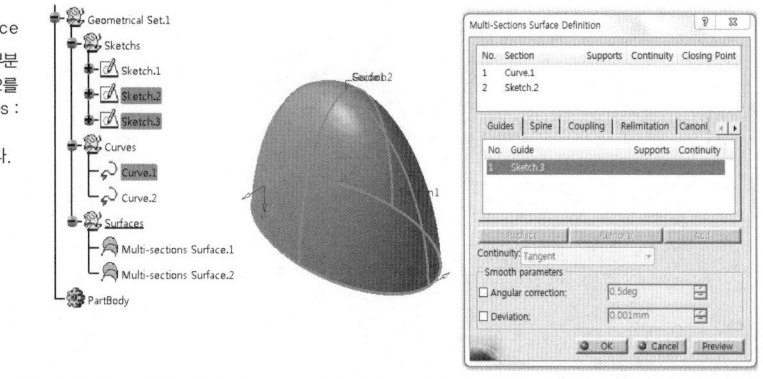

14) Sketchs 위에서 마우스 우측버튼을 눌러 [Define in Works Object]를 선택한다.
15) 스케치를 실행하고 YZ Plane을 선택하여 다음과 같이 스케치를 한다.

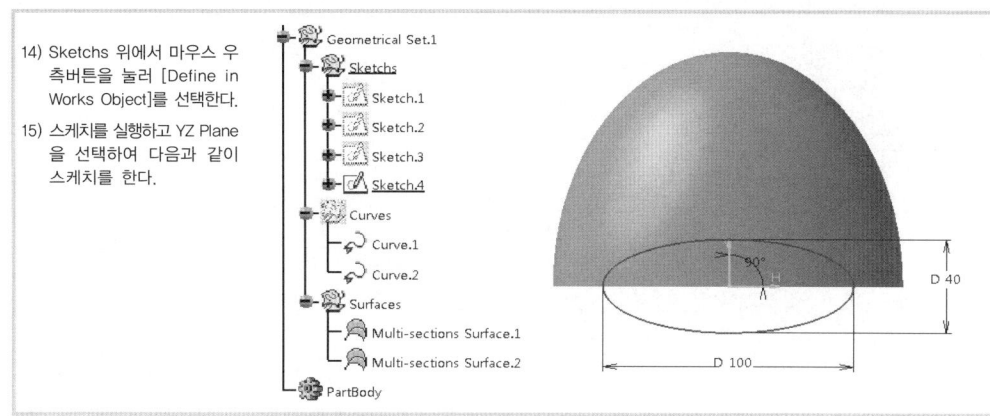

16) Surfaces 위에서 마우스 우측 버튼을 눌러 [Define in Works Object]를 선택한다.
17) Extrude를 실행하고 70mm, Mirrored extend를 지정하여 돌출을 한다.

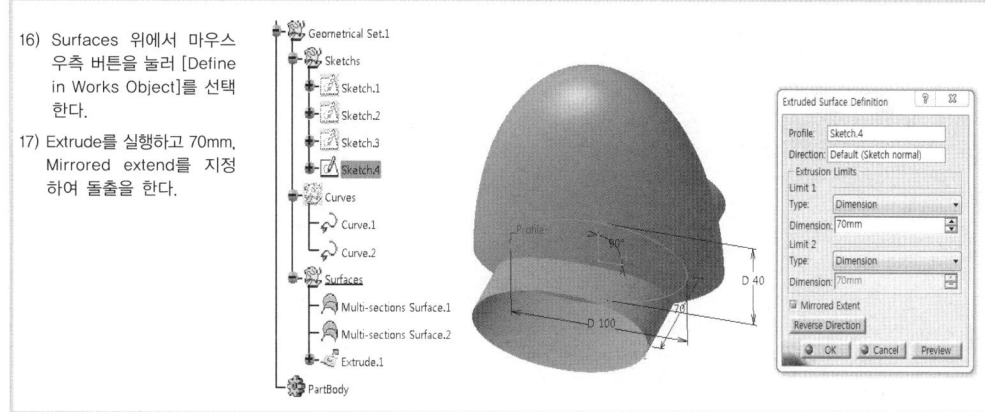

18) Join을 실해하고 두 개의 Multi-sections Surface를 묶어준다.

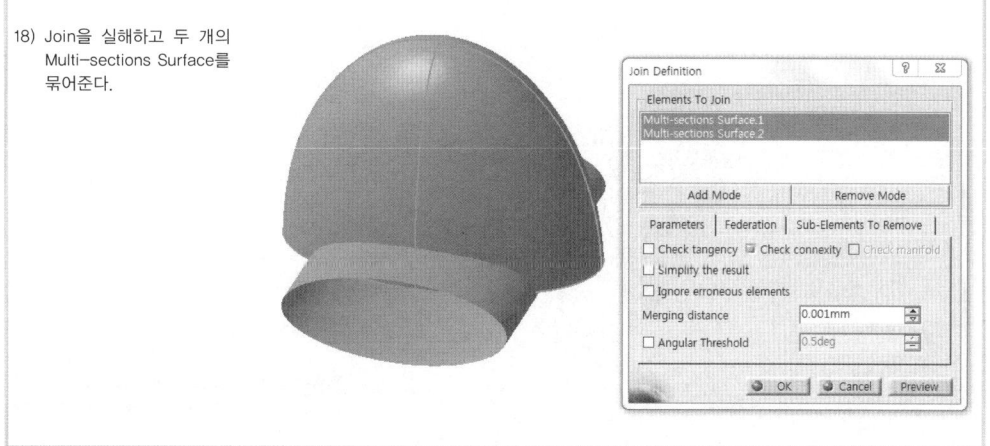

19) Split을 실행하고 Element to Cut : Join.1을 선택, Cutting elements : Extrude.1을 선택한다.
    Extrude Surface 안쪽이 잘린다.

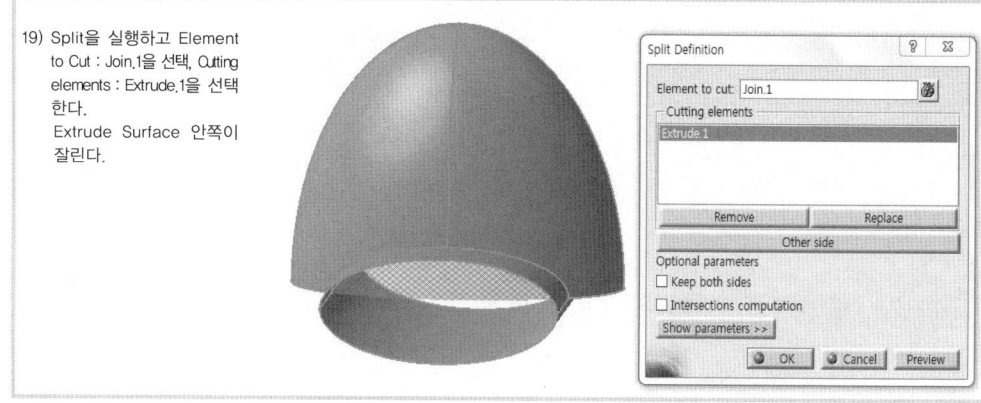

20) Spec Tree에서 Extrude.1을 [Hide]로 숨긴다.

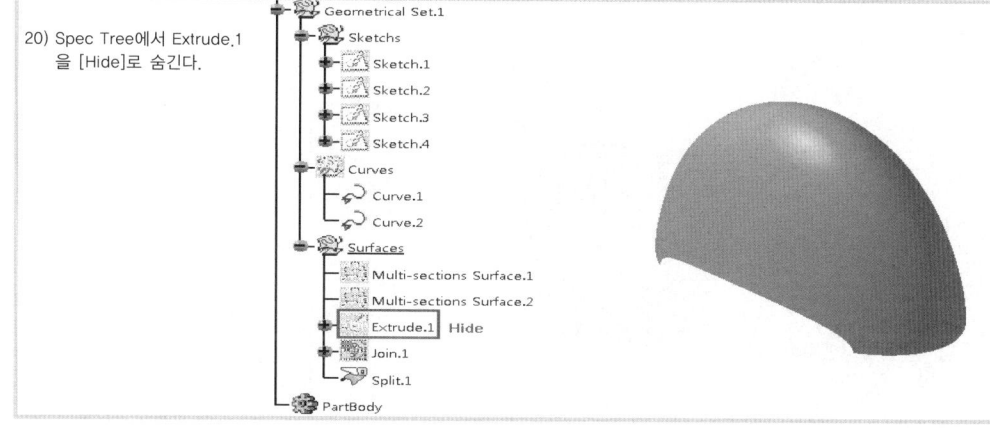

21) Sketchs 위에서 마우스 우측버튼을 눌러 [Define in Works Object]를 선택한다.
22) 스케치를 실행하고 YZ Plane을 선택하여 다음과 같이 스케치를 한다.

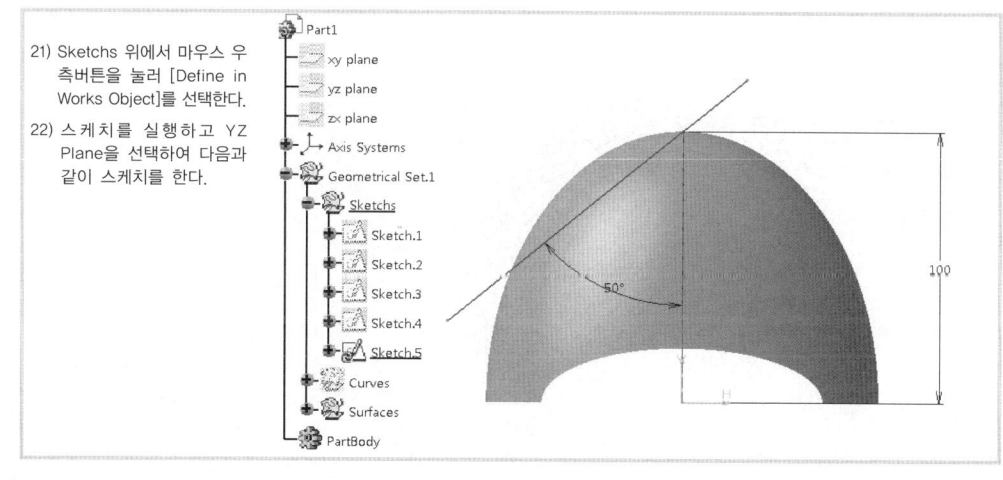

185

23) Surfaces 위에서 마우스 우측버튼을 눌러 [Define in Works Object]를 선택한다.
24) Extrude를 실행하고 다음과 같이 양 방향으로 35mm 돌출을 한다.

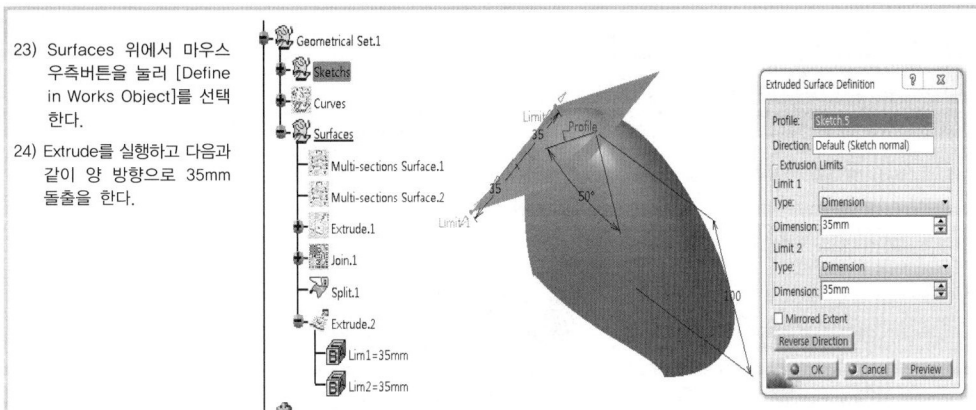

25) Split을 실행하고 Element to Cut : Split.을 선택, Cutting elements : Extrude.2를 선택한다.
    잘리는 부분을 확인한다.

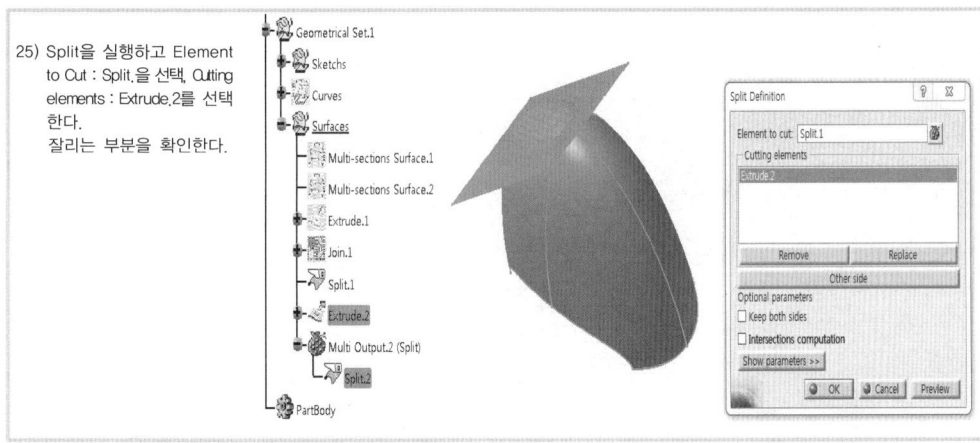

26) Spec Tree에서 Extrude.2를 [Hide]로 숨긴다.

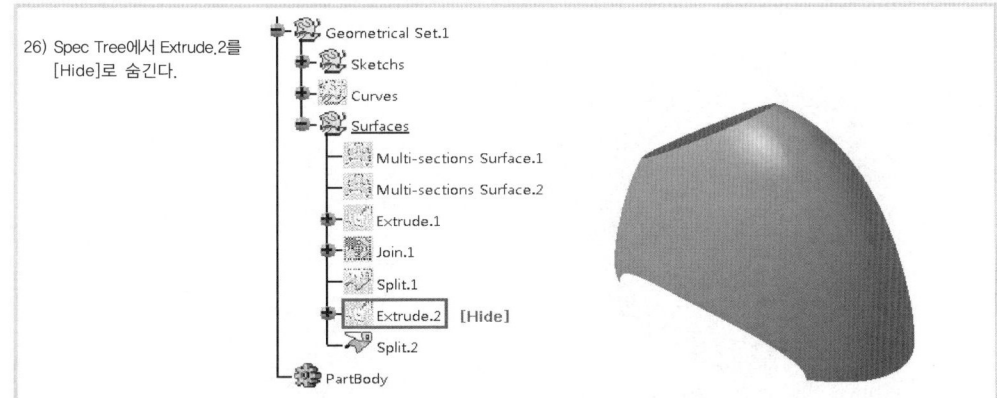

27) Curves 위에서 마우스 우측버튼을 눌러 [Define in Works Object]를 선택한다.
28) Extract를 실행하고 Propagation Type : Point Continuity를 지정, 다음과 같이 모서리를 추출한다.

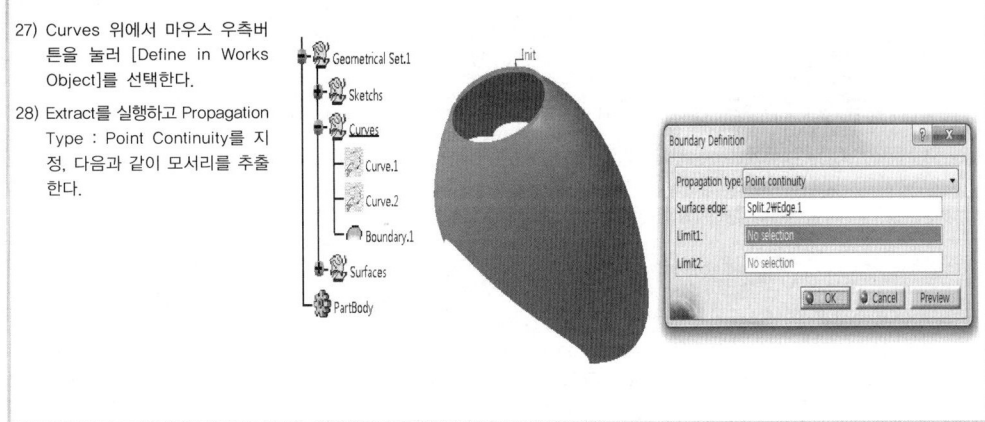

29) Surfaces 위에서 마우스 우측버튼을 눌러 [Define in Works Object]를 선택한다.
30) Extrude를 실행하고 Direction : XY plane를 지정, Limit 2 Type : Up-to element, Up-to element : XY Plane을 선택한다.

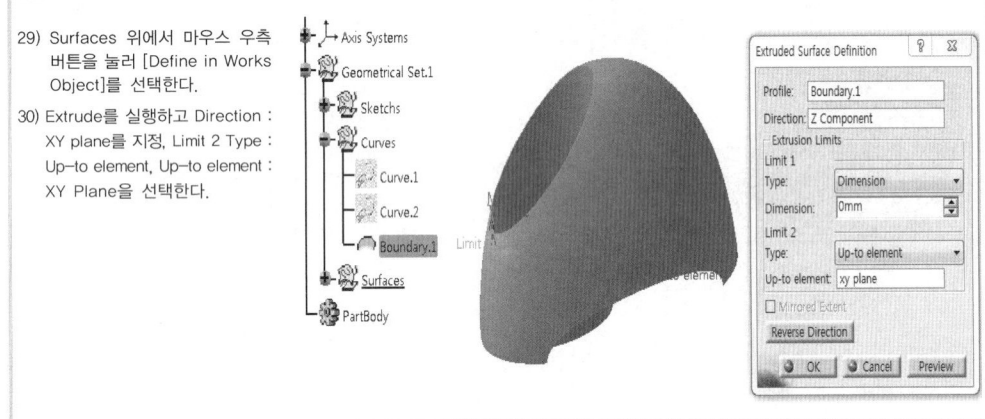

31) Join을 실행하고 Extrude.3과 Split.2를 묶어준다.

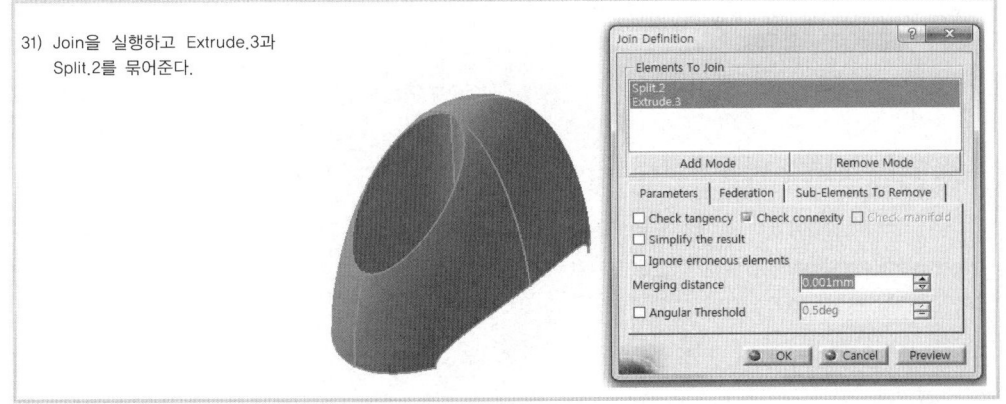

32) [Start]-[Mechanical Design]-[Part Design]을 선택한다.
33) ThickSurface를 실행하고 두께 : 0.5mm로 두께를 준다.

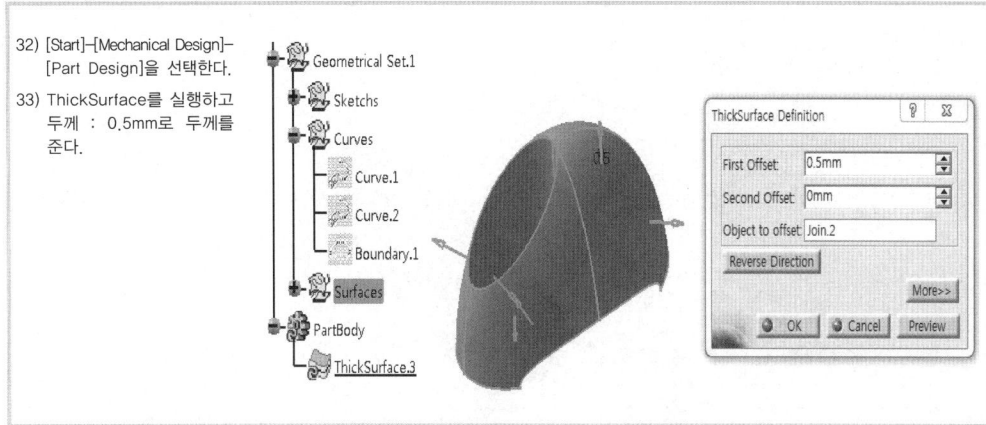

■ Solid 완성

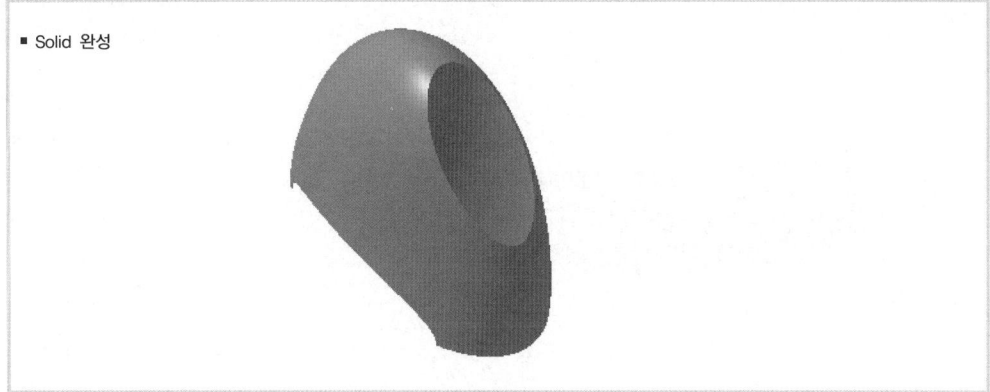

응용하기 11   Internet Phone Base 만들기 1

1) [Start]-[Shape]-[Generative Shape Design]을 선택한다.

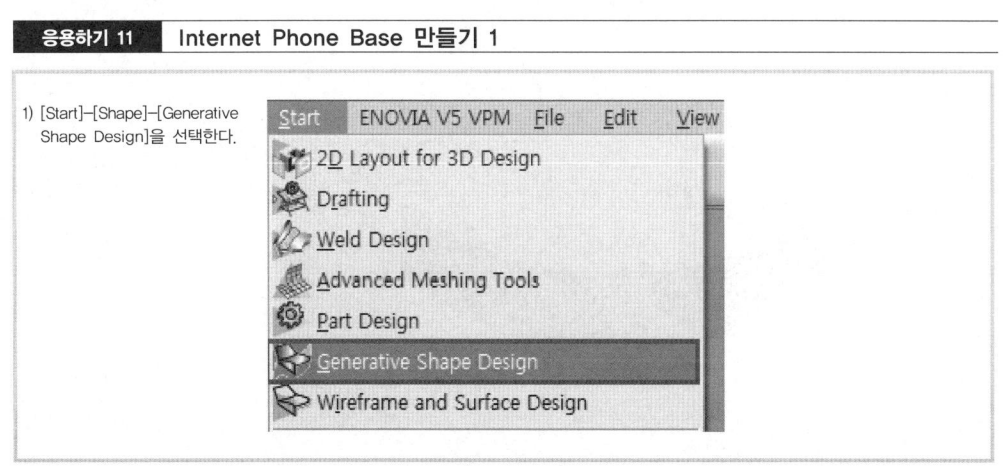

2) 스케치를 실행하고 YZ Plane을 선택하여 다음과 같이 스케치를 한다.

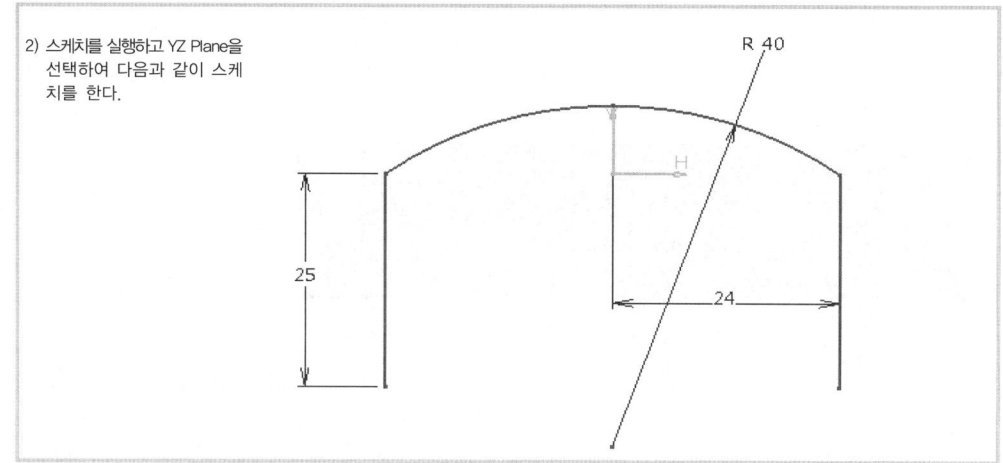

3) 스케치를 실행하고 ZX Plane을 선택하여 다음과 같이 스케치를 한다.

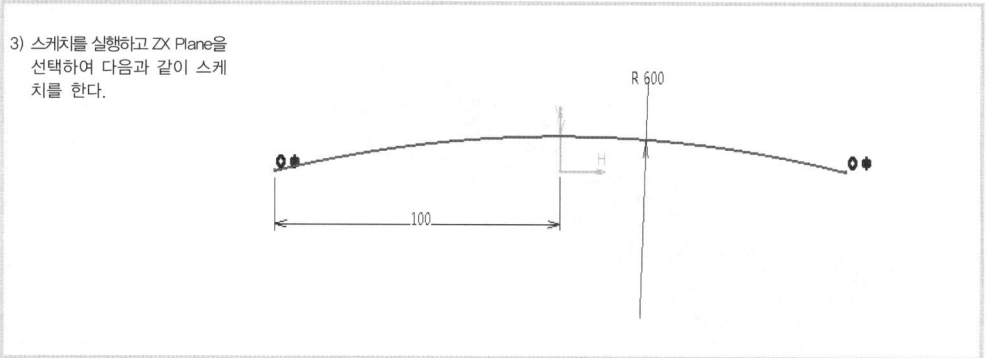

4) Sweep을 실행하고 Profile : Sketch.1을 선택, Guide Curve : Sketch.2를 지정하여 Surface를 생성한다.

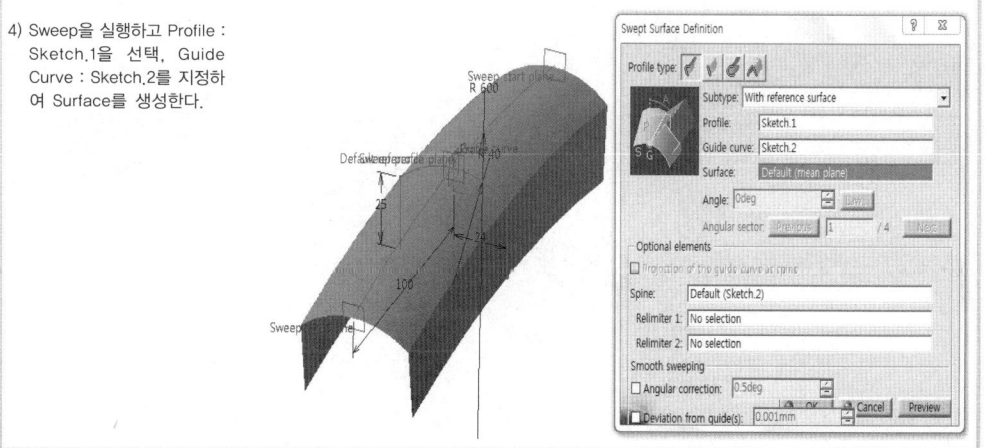

5) 스케치를 실행하고 YZ Plane을 선택하여 다음과 같이 스케치를 한다.

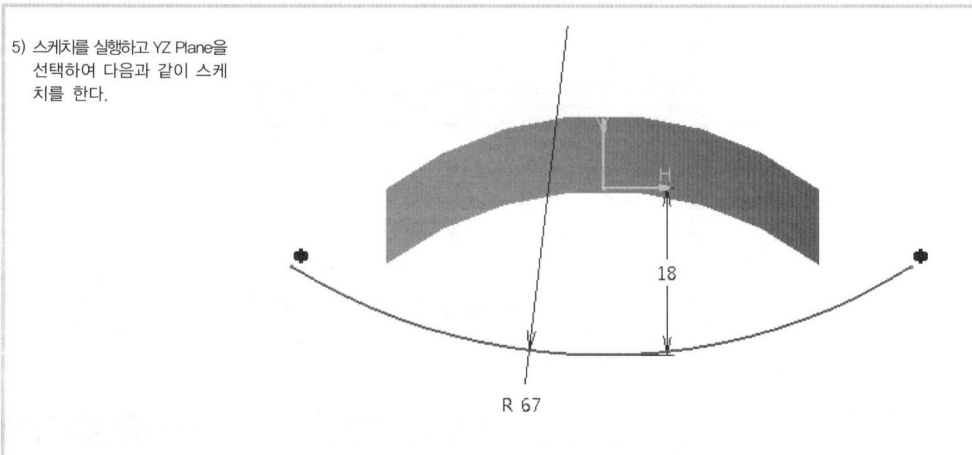

6) 스케치를 실행하고 ZX Plane을 선택하여 다음과 같이 스케치를 한다.

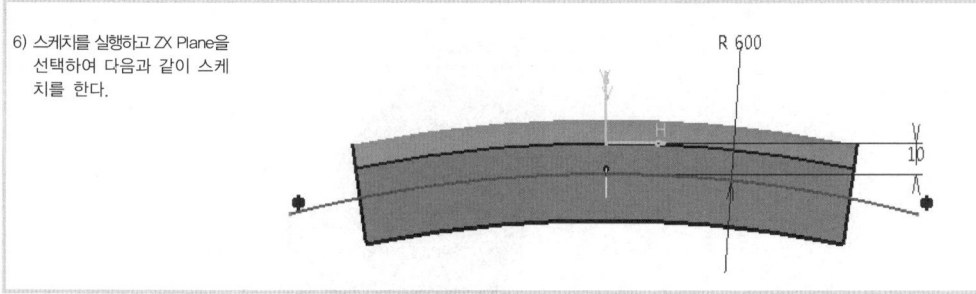

7) Sweep을 실행하고 Profile : Sketch.3을 선택, Guide Curve : Sketch.4를 지정하여 Surface를 생성한다.

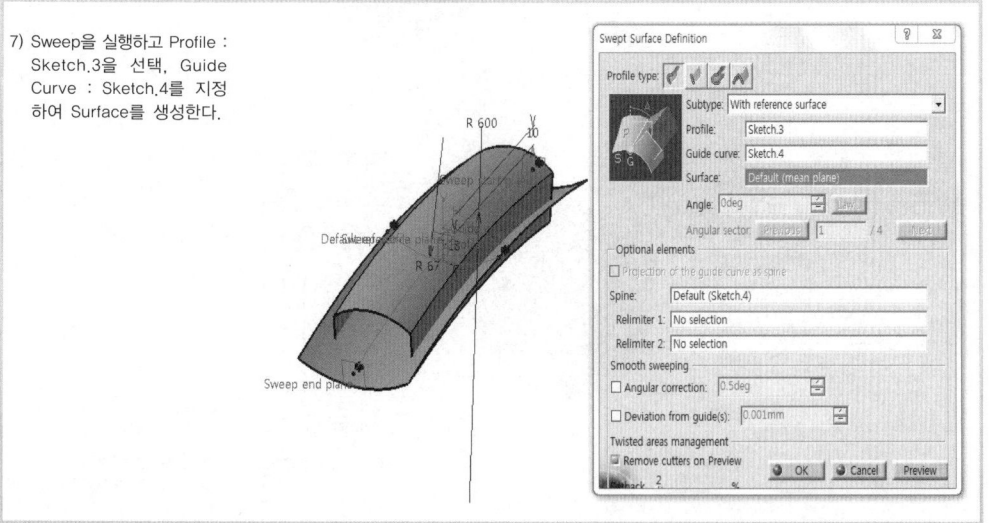

8) Trim을 실행하고 다음과 같이 바깥쪽 Surface가 잘리도록 [Other Side] 버튼을 눌러 조절한다.

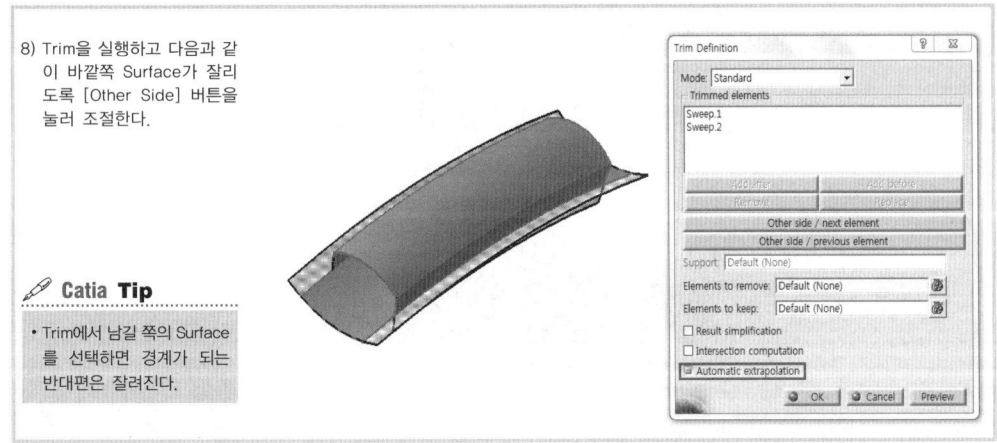

Catia Tip
- Trim에서 남길 쪽의 Surface를 선택하면 경계가 되는 반대편은 잘려진다.

■ Trim 결과

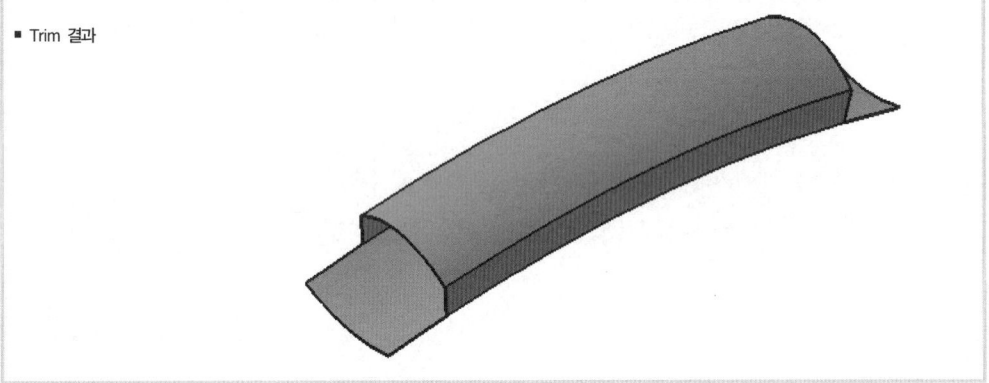

9) 스케치를 실행하고 XY Plane을 선택하여 다음과 같이 스케치를 한다.

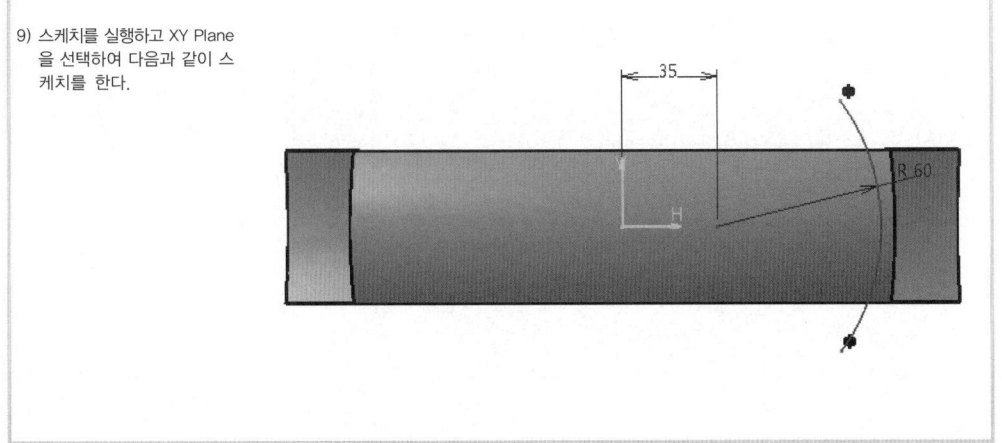

10) Extrude를 실행하고 11mm, Mirrored Extent를 지정하여 돌출을 한다.

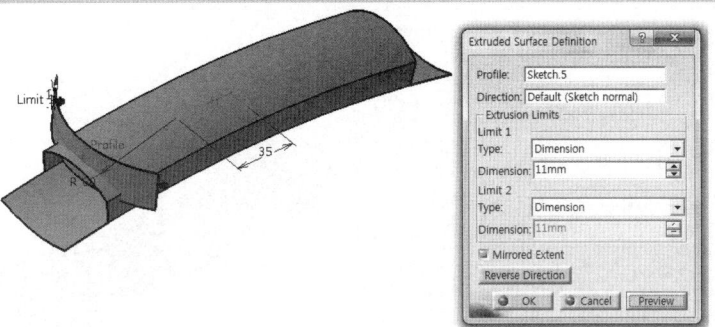

11) Sweep을 실행하고 Line Type을 선택하고 Guide Curve 1 : Sketch.5, Reference Surface : Extrude.1, 각도 : 340deg, Length 1 : 12mm, Length 2 : 8mm을 지정하여 Surface를 생성한다.

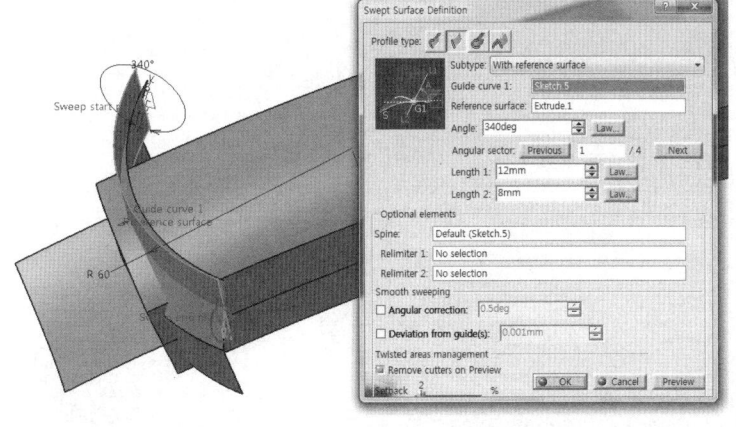

12) Sweep을 실행하고 Line Type을 선택하고 Guide Curve 1 : Sweep.3의 모서리 선택, Reference Surface : Sweep.3, Angle : 330deg, Length 1 : 20mm을 지정하여 Surface를 생성한다.

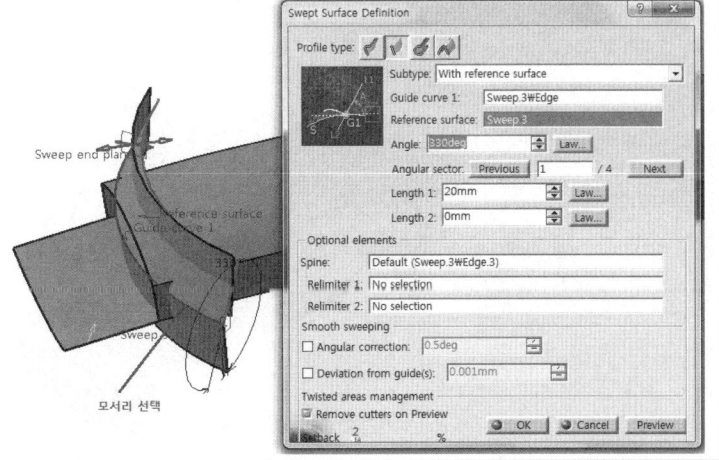

13) Join을 실행하고 Sweep.3과 Sweep.4를 선택하여 결합을 한다.

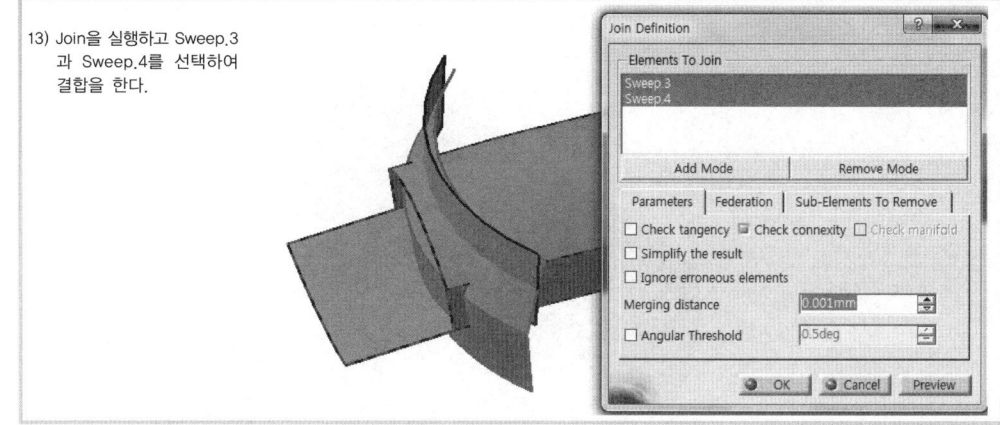

14) Trim을 실행하고 다음과 같이 바깥쪽 Surface가 잘리도록 [Other Side]를 조절한다.

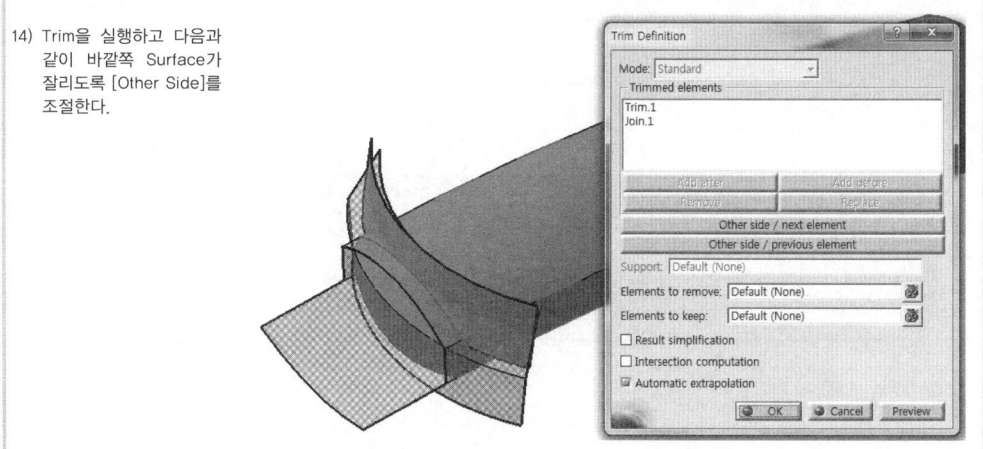

15) Symmetry를 실행하고 YZ Plane을 기준으로 Sweep.3을 대칭복사 한다.

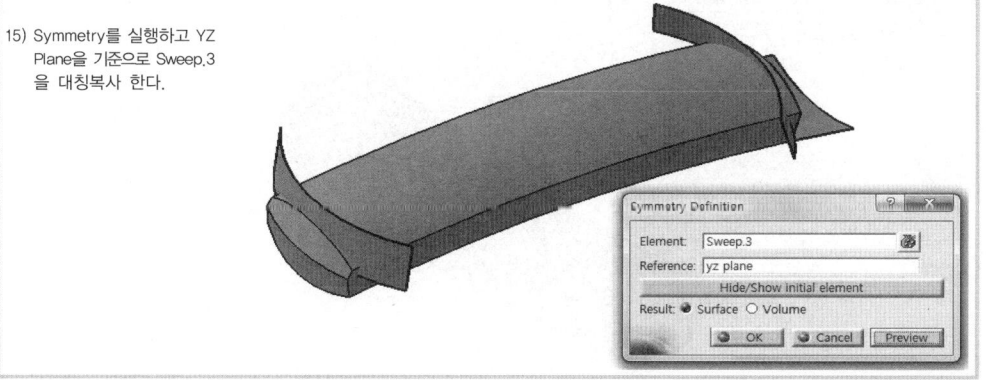

16) Extrude를 실행하고 Symmetry.1의 아래 모서리를 선택, XY Plane 방향으로 28mm 돌출을 한다.

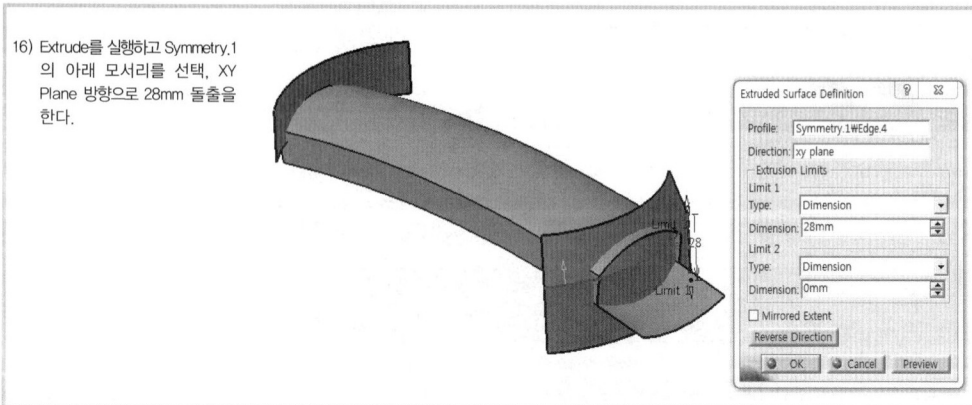

17) Join을 실행하고 Extrude.2와 Symmetry.1을 선택하여 결합을 한다.

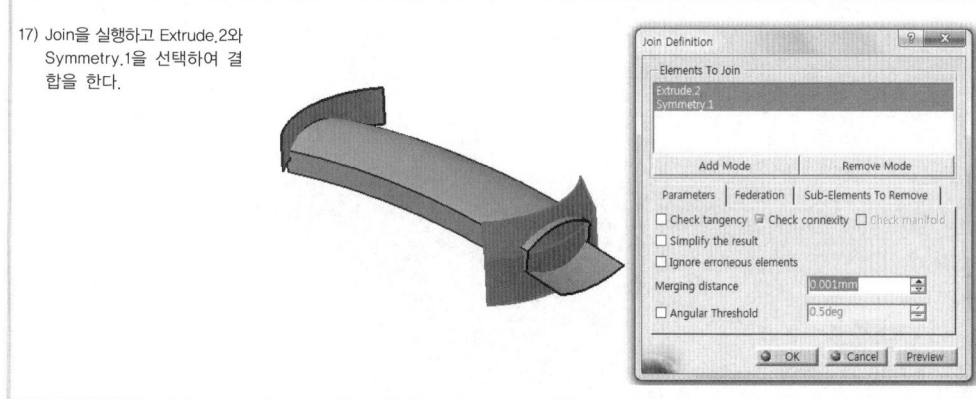

18) Trim을 실행하고 다음과 같이 바깥쪽 Surface가 잘리도록 [Other Side]를 조절한다.

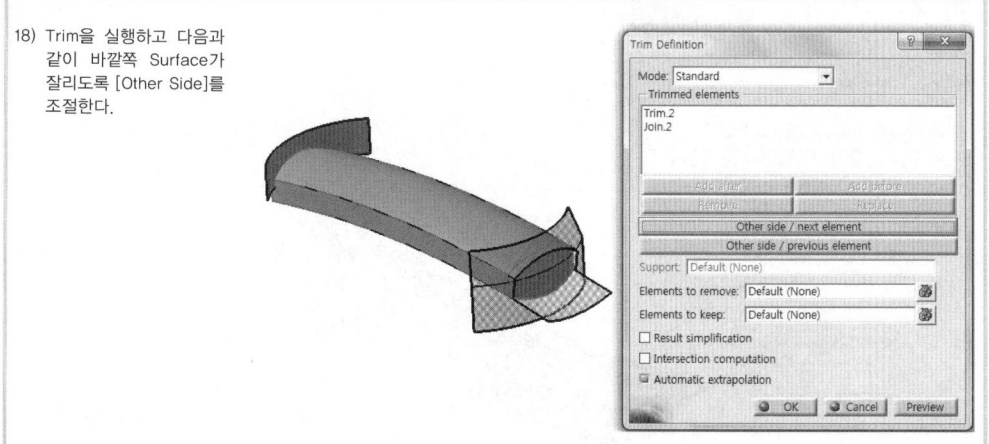

19) Plane을 실행하고 XY Plane을 기준으로 34mm 아래쪽에 Plane을 생성한다.

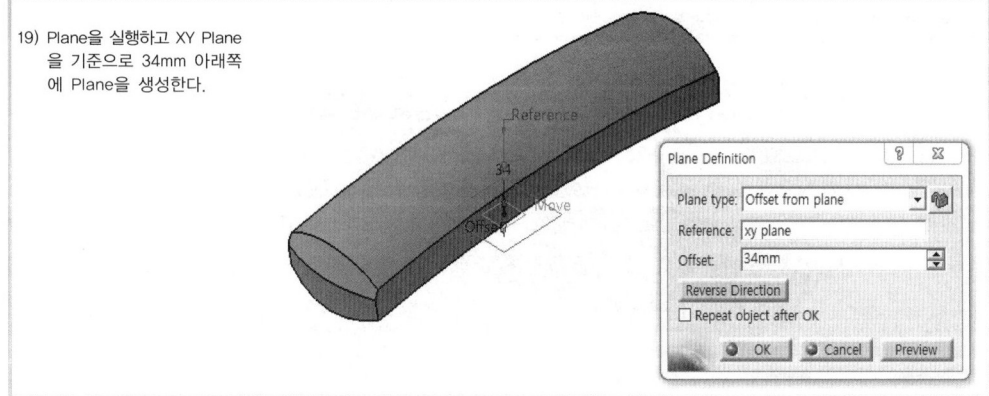

20) 스케치를 실행하고 Plane.1을 선택하여 다음과 같이 스케치를 한다.

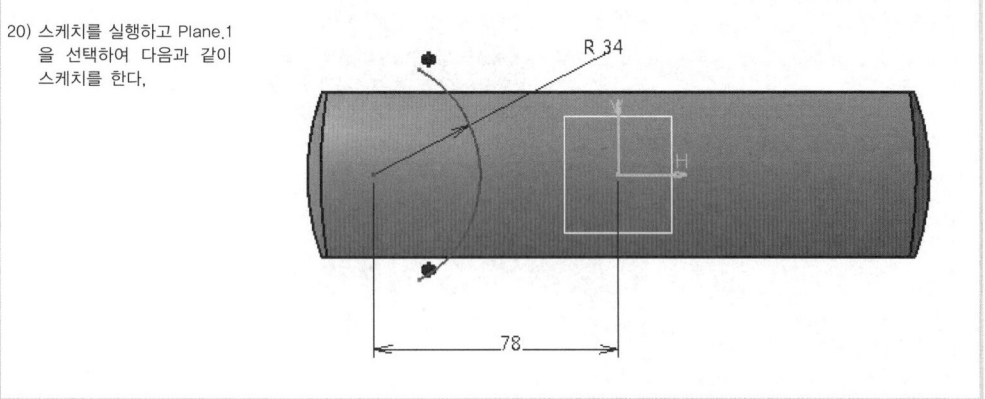

21) Projection을 실행하고 Sketch.6을 아래쪽 Surface에 투영을 한다.

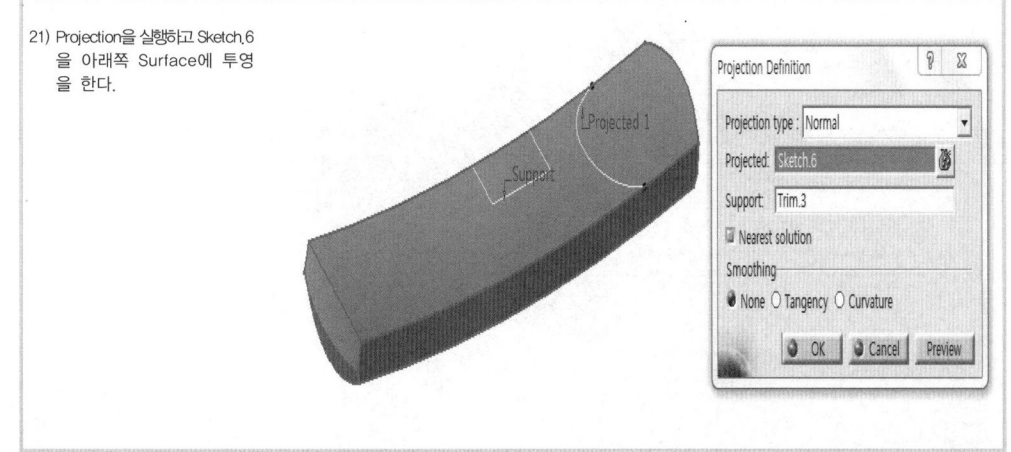

22) Extract를 실행하고 다음과 같이 모서리를 선택하여 모서리를 추출한다.

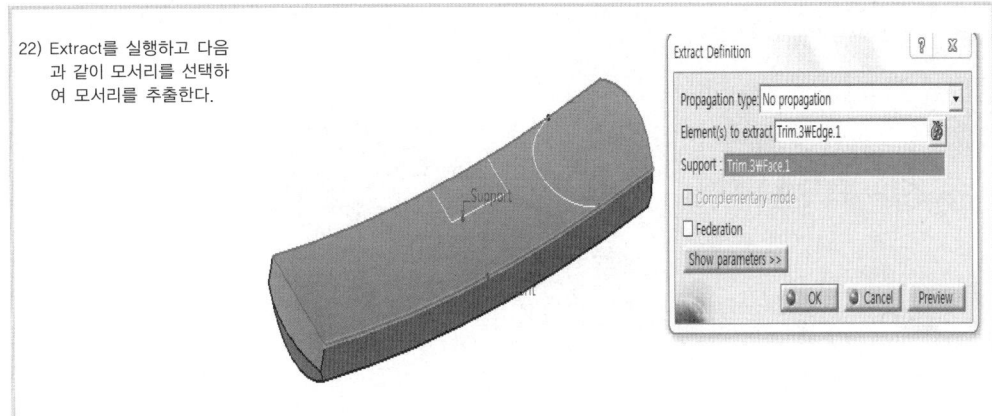

23) Extract를 이용하여 다음과 같이 모서리를 추출한다.

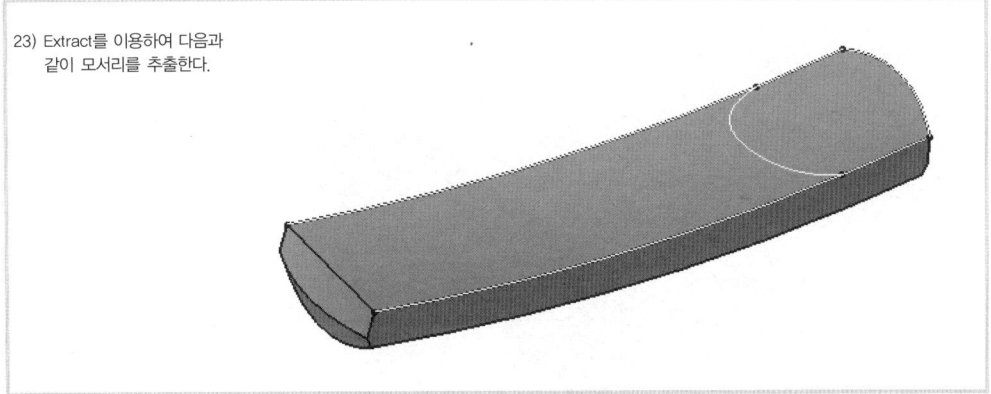

24) Split을 실행하여 다음 부분이 남도록 잘라낸다.

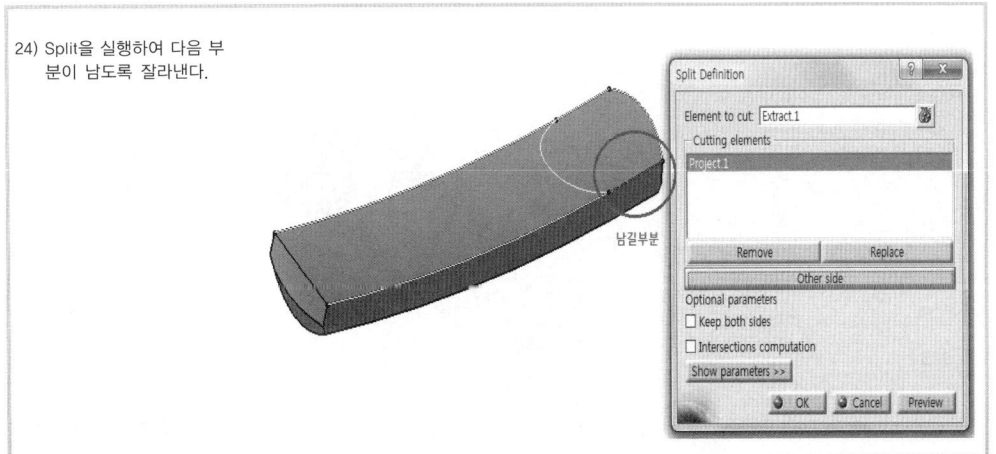

25) Split을 실행하여 다음 부분이 남도록 잘라낸다.

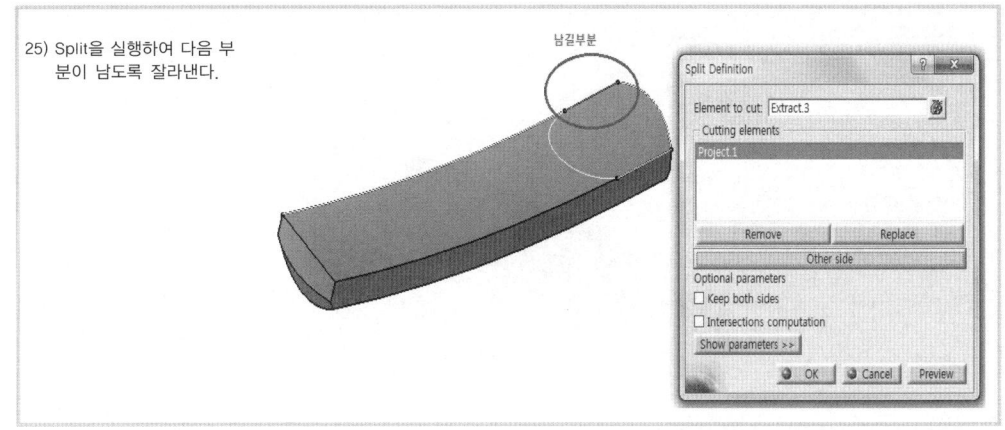

26) Join을 실행하고 Curve들을 결합을 한다.

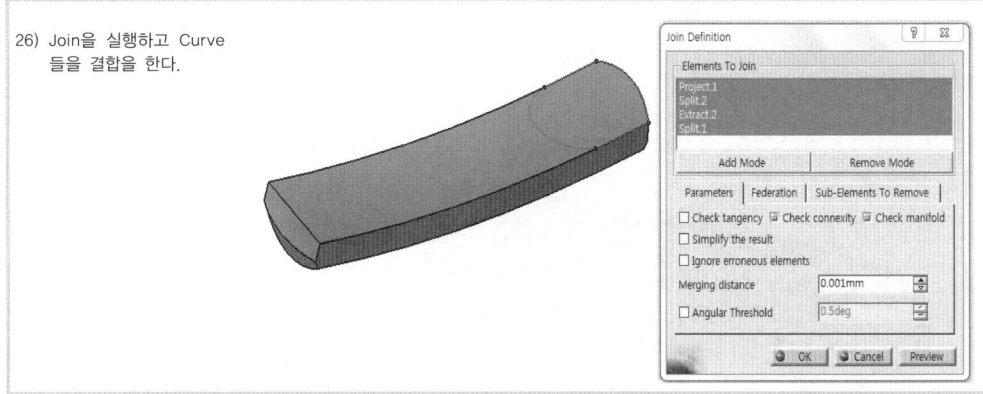

27) Extrude를 실행하고 Join.3을 Plane.1까지 돌출을 한다.

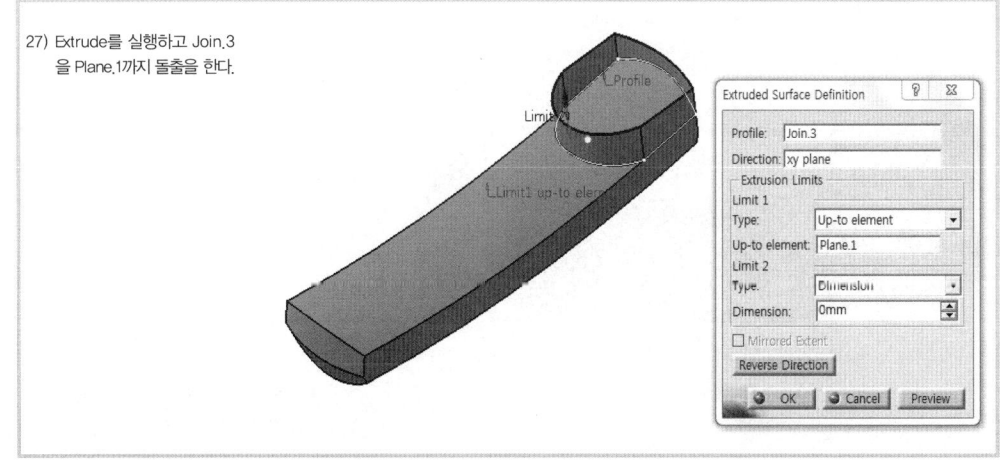

28) Intersection을 실행하고 Trim.3과 Extrude.30이 교차하는 부분에 Curve를 생성한다.

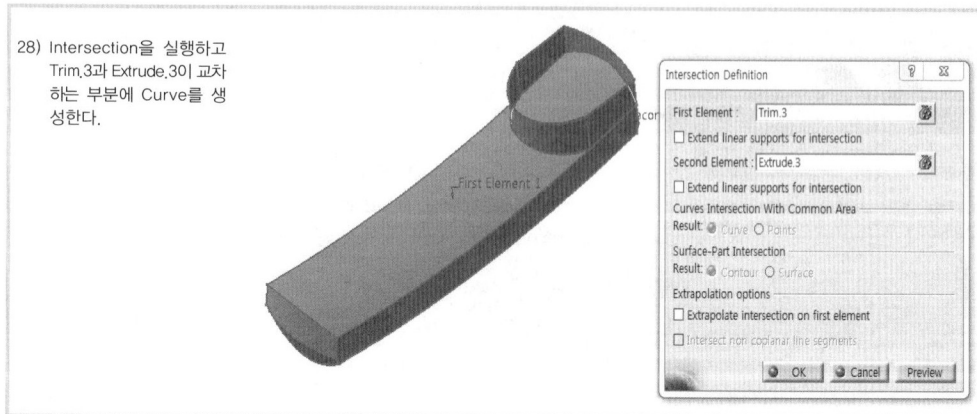

29) Split을 실행하고 Trim.3을 Intersection.2로 안쪽을 잘라낸다.

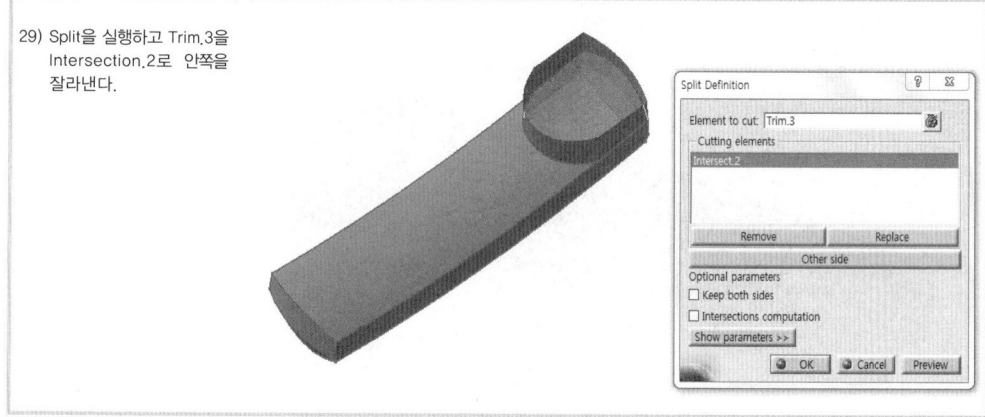

30) Fill을 이용하여 다음과 같이 모서리를 선택하여 채운다.

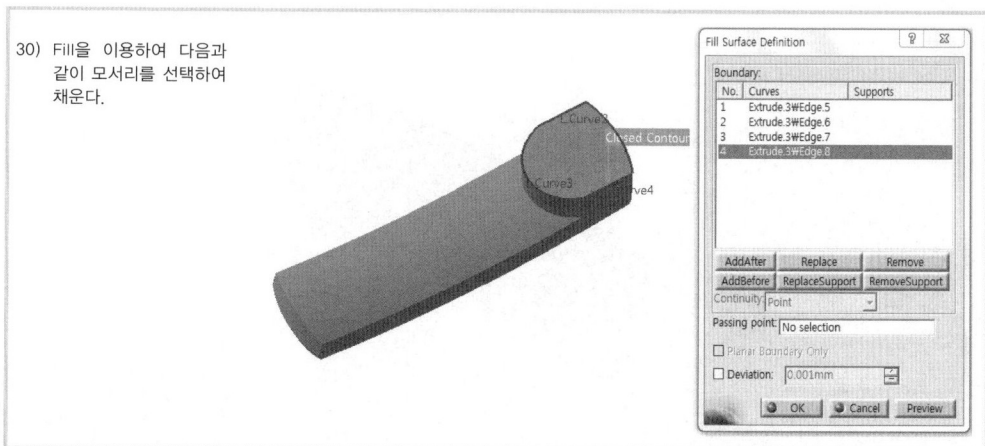

31) 스케치를 실행하고 ZX Plane을 선택하여 다음과 같이 스케치를 한다.

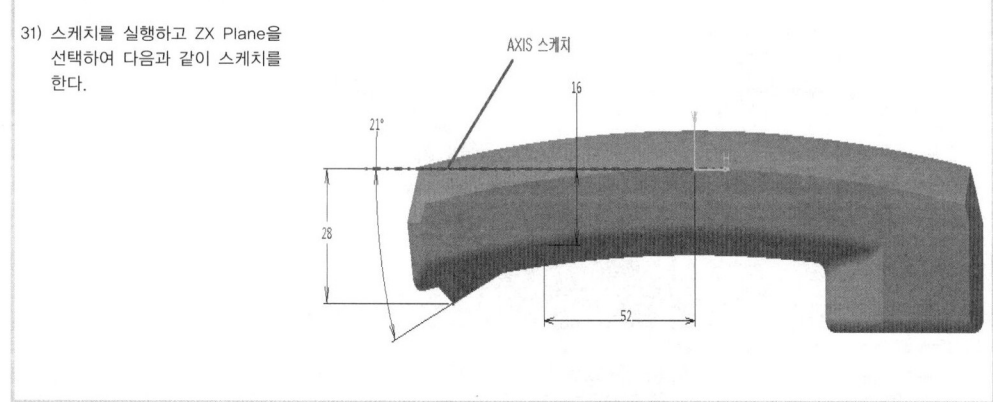

32) Revolution을 실행하고 다음과 같이 지정하여 Surface를 생성한다.

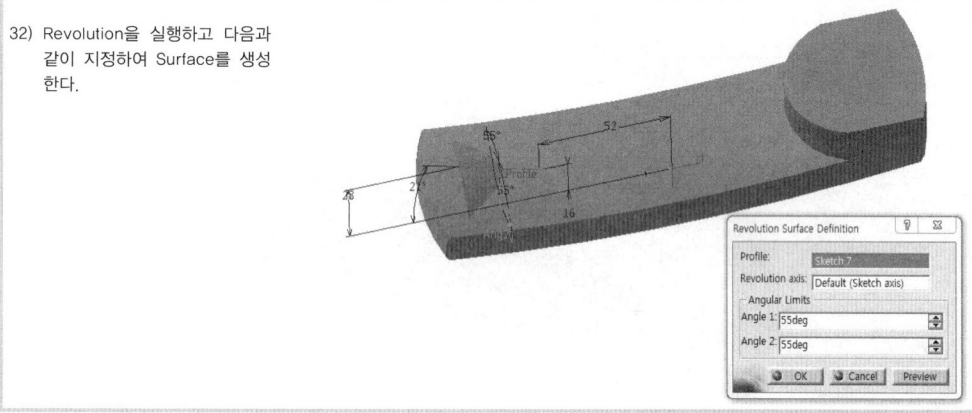

33) Sweep을 실행하고 Line Type을 선택하고 Guide Curve 1 : Revolution의 모서리 선택, Reference Surface : Revolution.1, Angle : 305deg, Length 1 : 15mm를 지정하여 Surface를 생성한다.

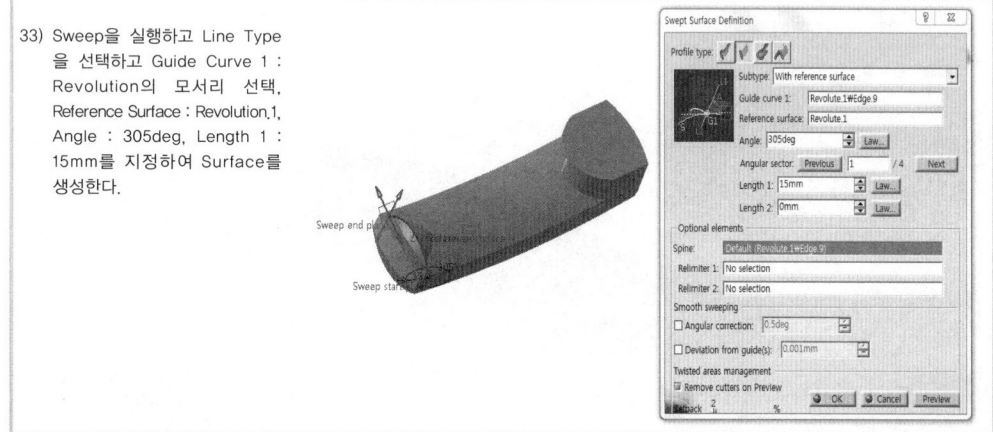

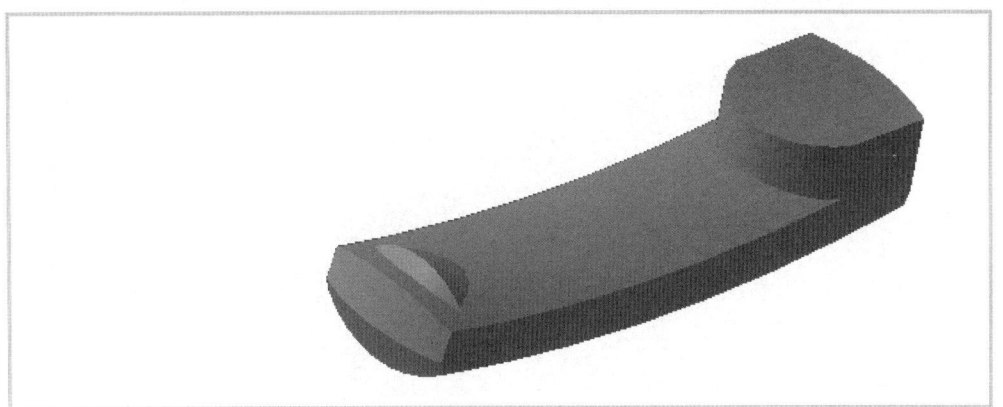

34) Join을 실행하고 다음 Surface들을 결합을 한다.

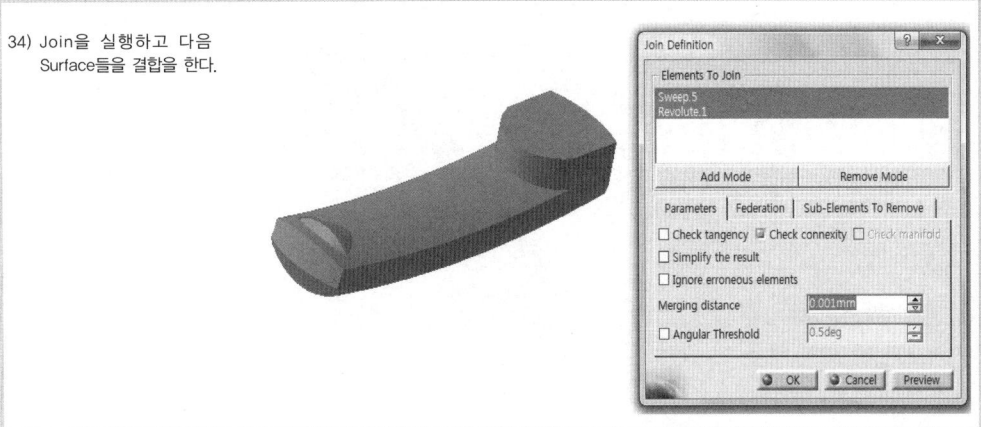

35) Split을 실행하고 Join.4를 Split.3으로 잘라낸다.

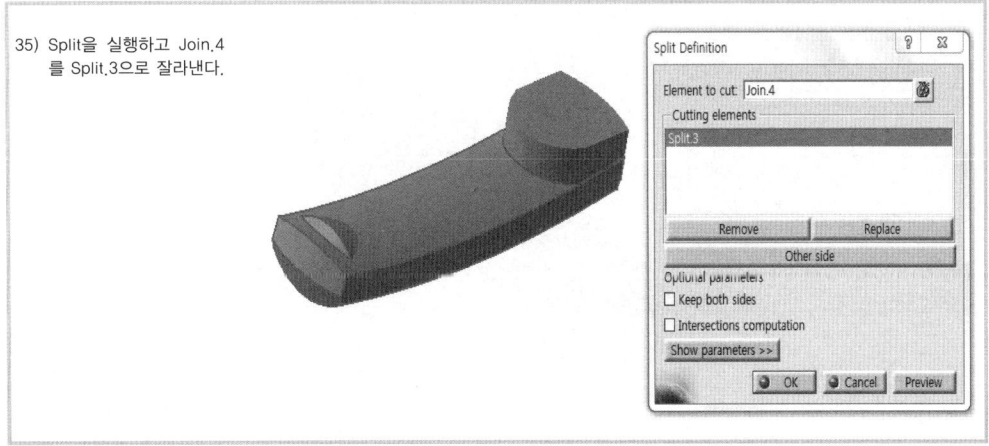

36) Join을 실행하고 다음 Surface들을 결합을 한다.

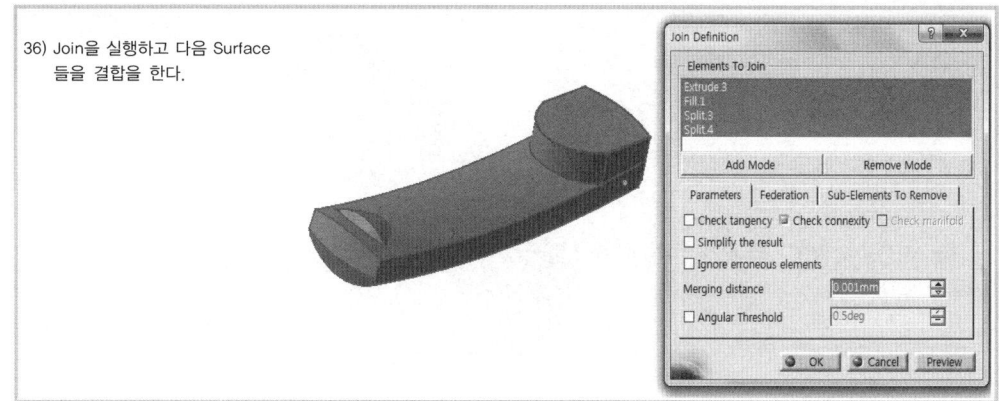

37) Edge Fillet을 실행하고 반경 : 3mm로 필렛을 한다.

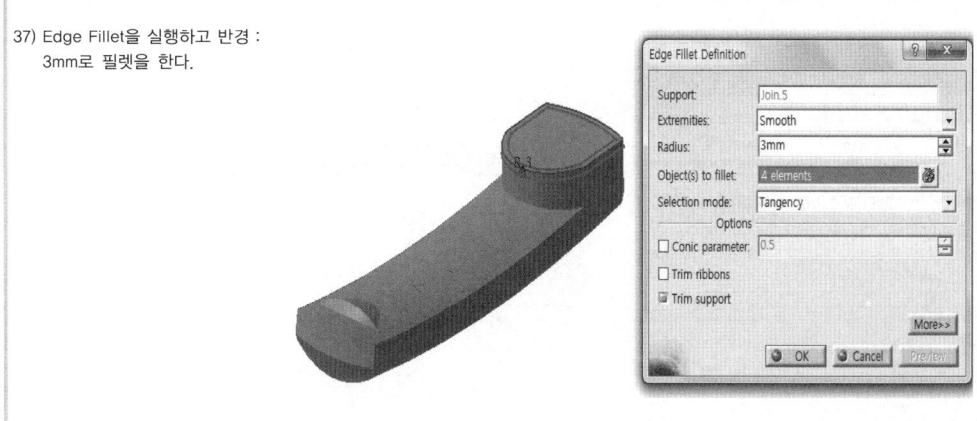

38) Edge Fillet을 실행하고 반경 : 3mm로 필렛을 한다.

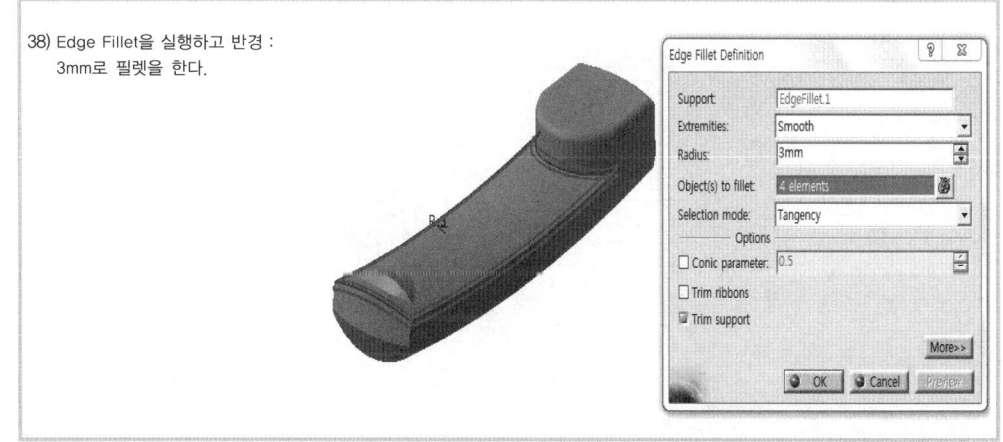

39) [Start]-[Mechanical Design]-[Part Design]을 선택한다.
40) ThickSurface를 실행하고 두께 : 1mm로 두께를 주어 솔리드로 전환한다.

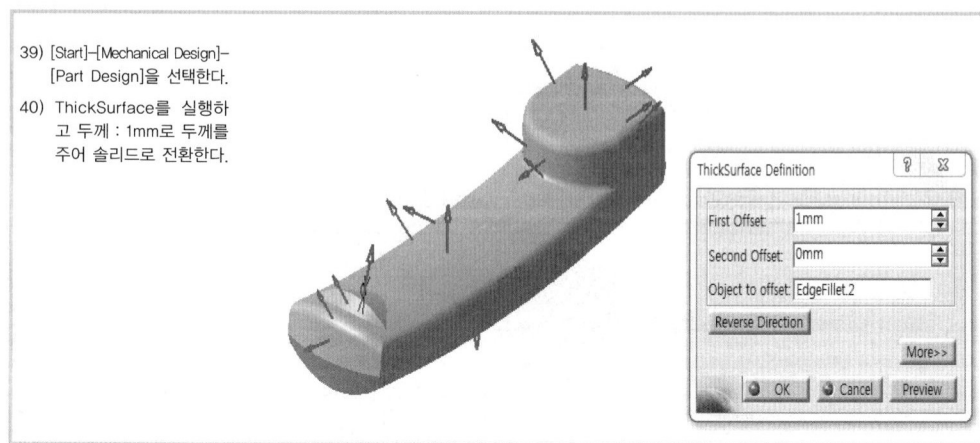

41) Edge Fillet을 실행하고 반경 : 3mm로 필렛을 한다.

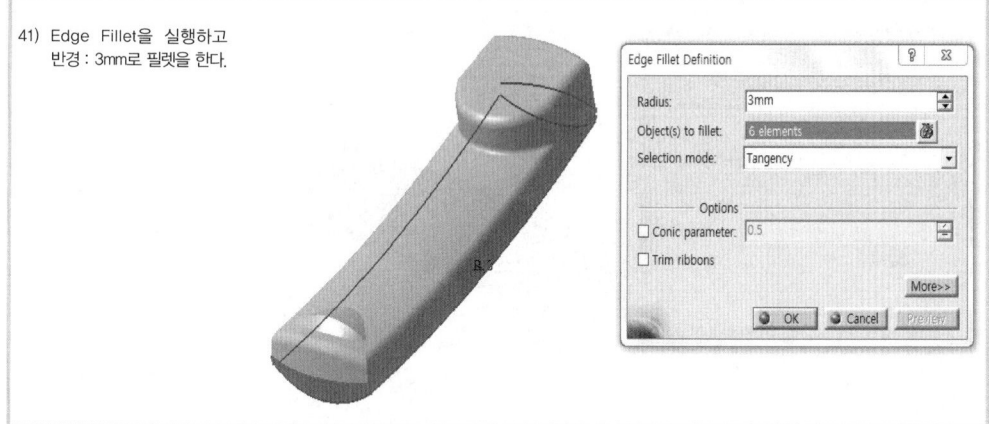

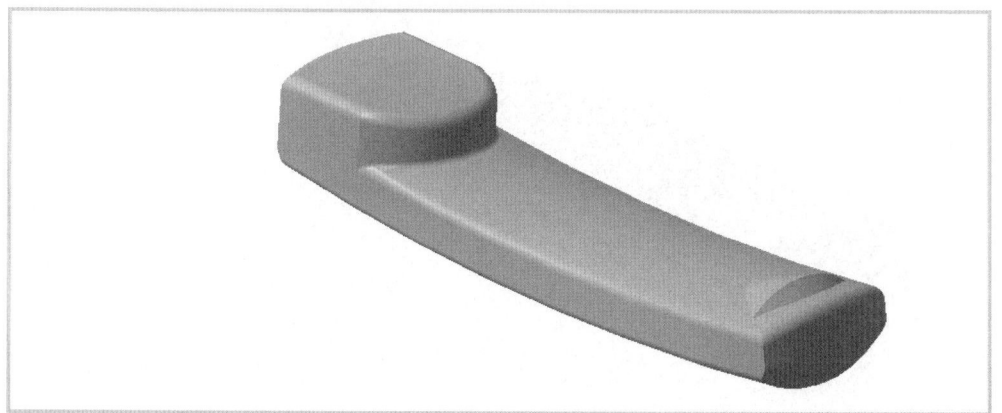

42) Measure Inertia를 실행하고 다음 그림 부분을 선택한다. 다음과 같은 창이 뜨고 [Create Geometry] 버튼을 누른다.

- Measure Inertia의 의미?
- Create Geometry의 의미?

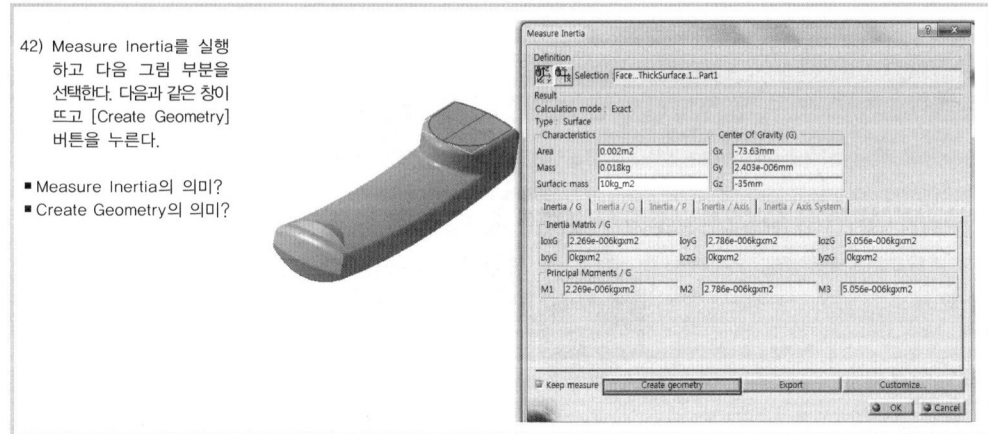

43) Point를 생성 위해 [Center of gravity] 버튼을 누른다.

- Center of gravity의 의미?

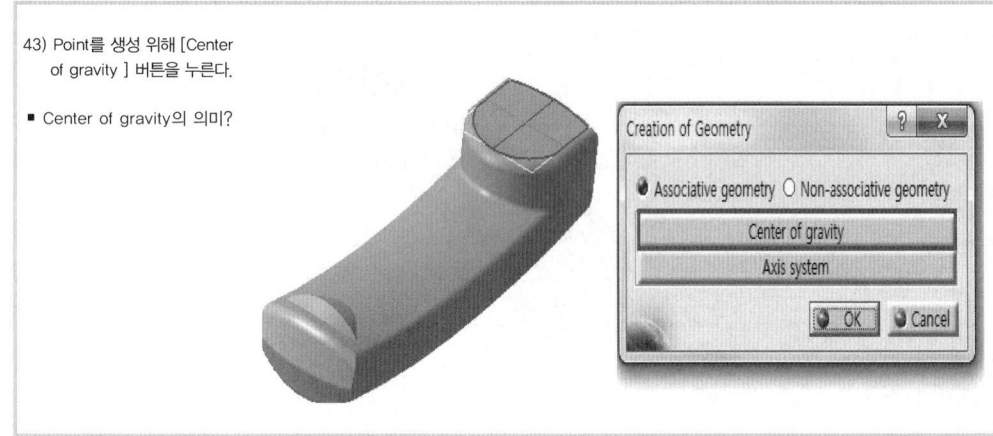

44) 중심부에 Point가 생성된다.

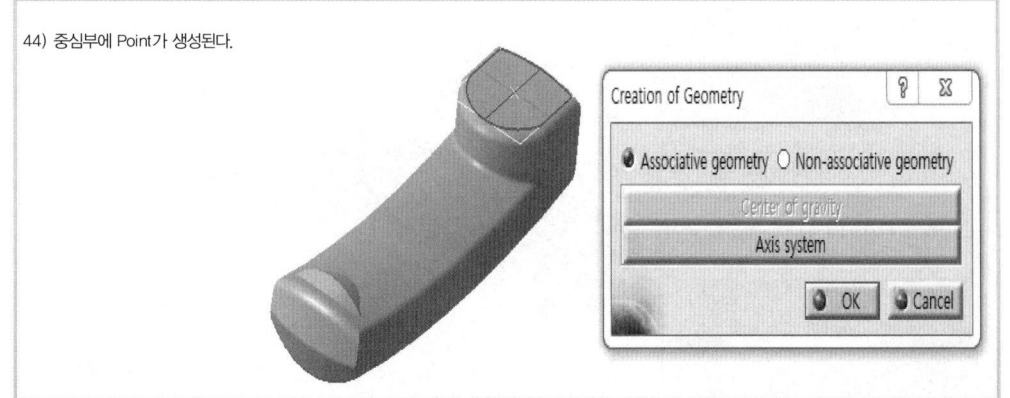

45) [Start]-[Shape]-[Generative Shape Design]을 선택한다.

46) Point를 실행하고 Z : -50mm 위치에 Point를 생성한다.

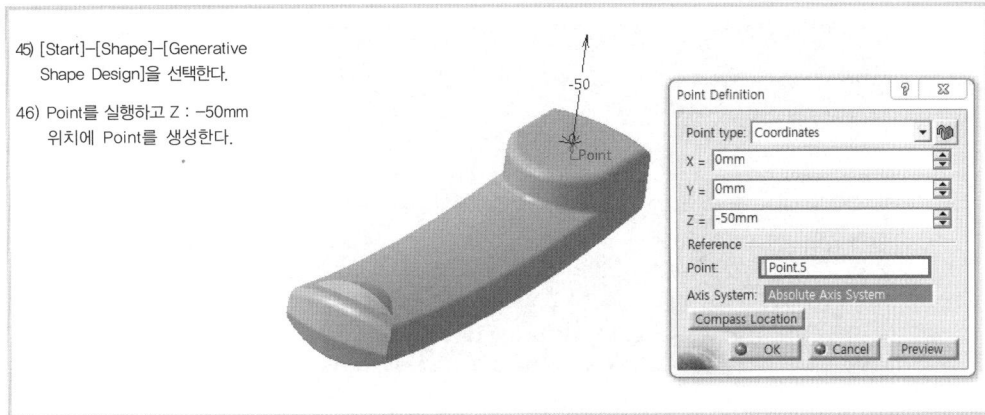

47) Sphere를 실행하고 반지름 : 53mm 완전한 구를 생성한다.

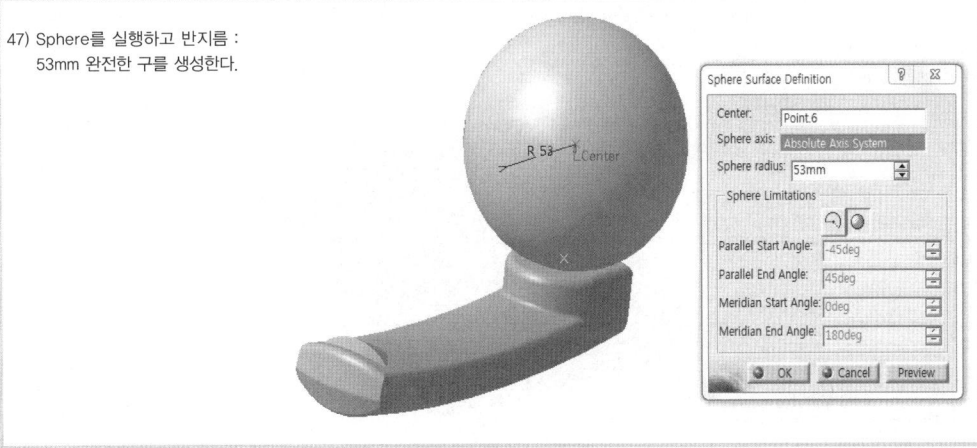

48) [Start]-[Mechanical Design]-[Part Design]을 선택한다.
49) Split을 실행하고 Surface를 선택하여 다음과 같이 잘라낸다.
50) Sphere Surface를 숨긴다.
51) [Start]-[Shape]-[Generative Shape Design]을 선택한다.
52) 구멍은 Fill로 채운다.
53) ThickSurface를 실행하고 두께 : 1mm로 두께를 주어 솔리드로 전환한다.

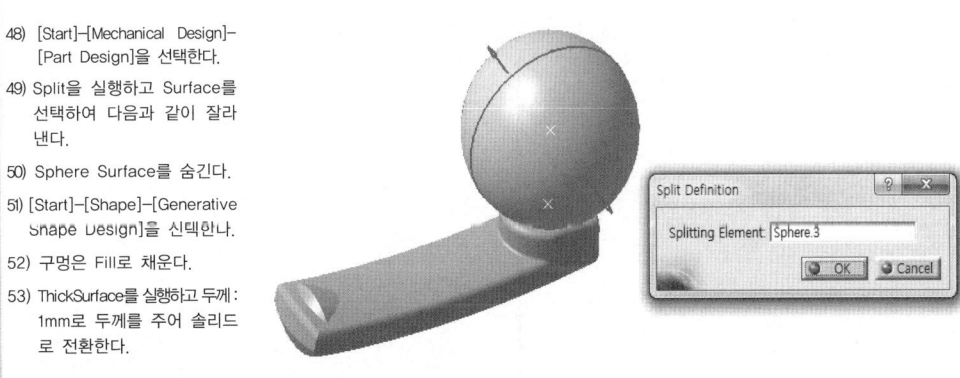

■ Solid 완성

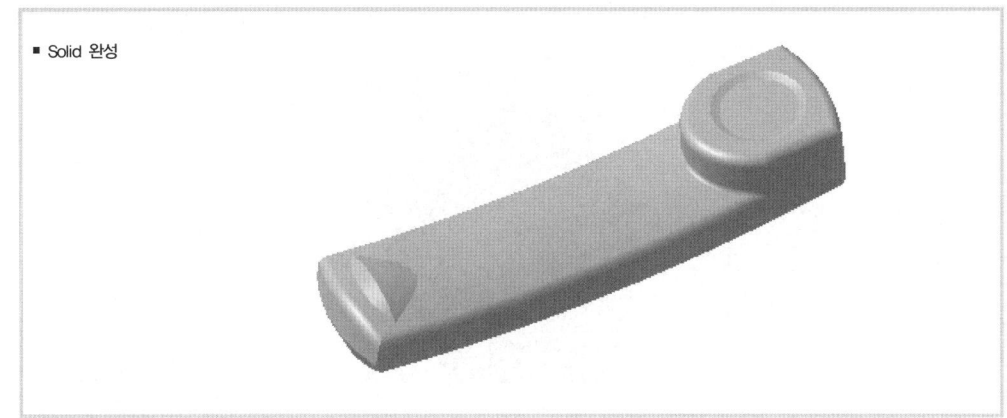

응용하기 12   응용가공

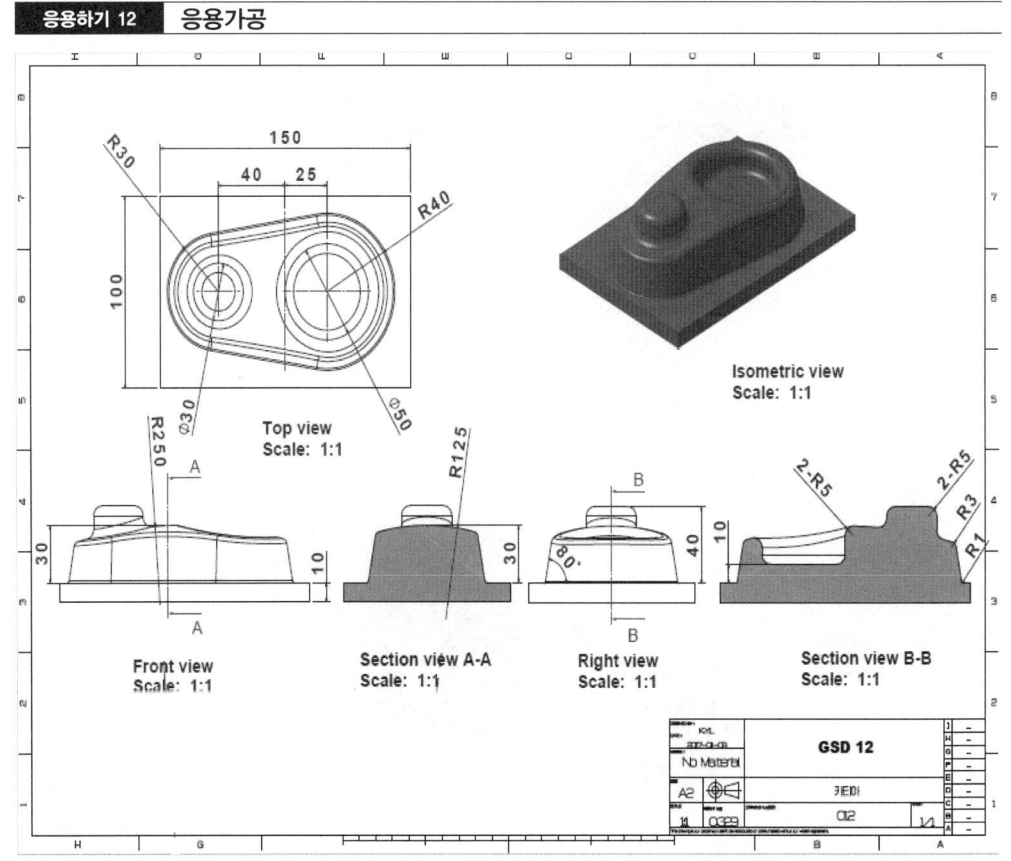

195

1) 스케치를 실행하고 XY Plane 을 선택하여 다음과 같이 스케치를 한다.

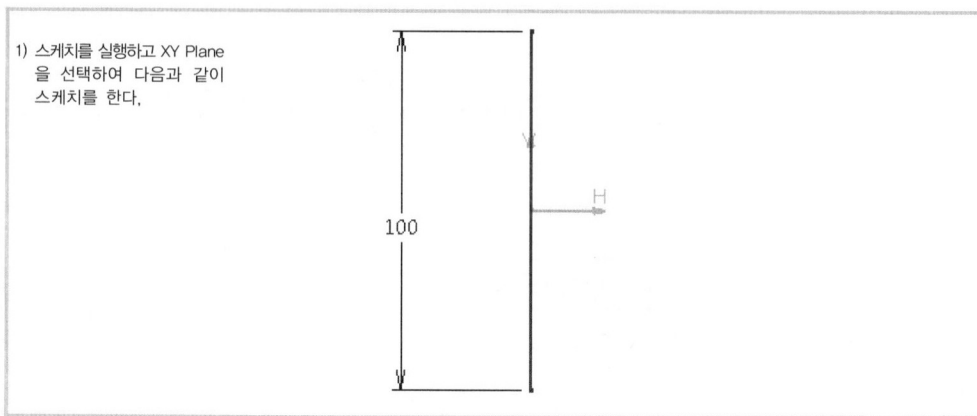

2) Extrude를 실행하고 75mm, Mirrored Extent를 지정하여 돌출을 한다.

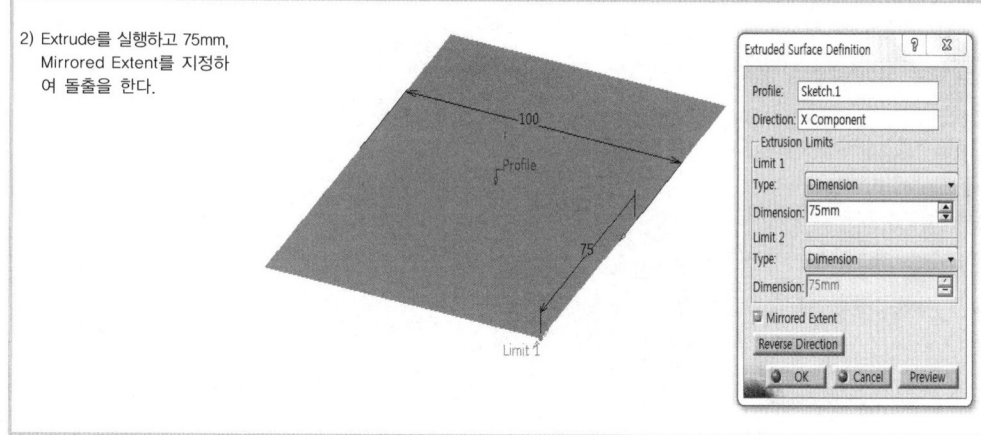

3) 스케치를 실행하고 XY Plane 을 선택하여 다음과 같이 스케치를 한다.

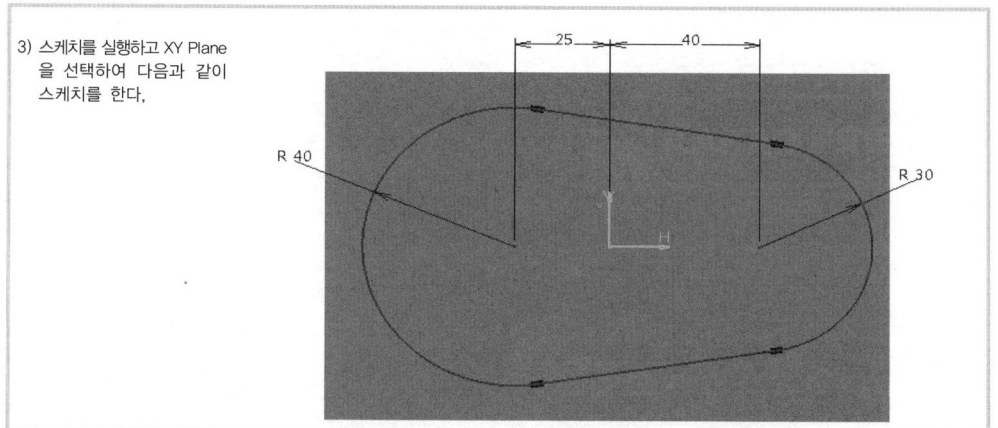

4) Sweep을 실행하고 다음과 같이 설정하여 Surface를 생성한다.

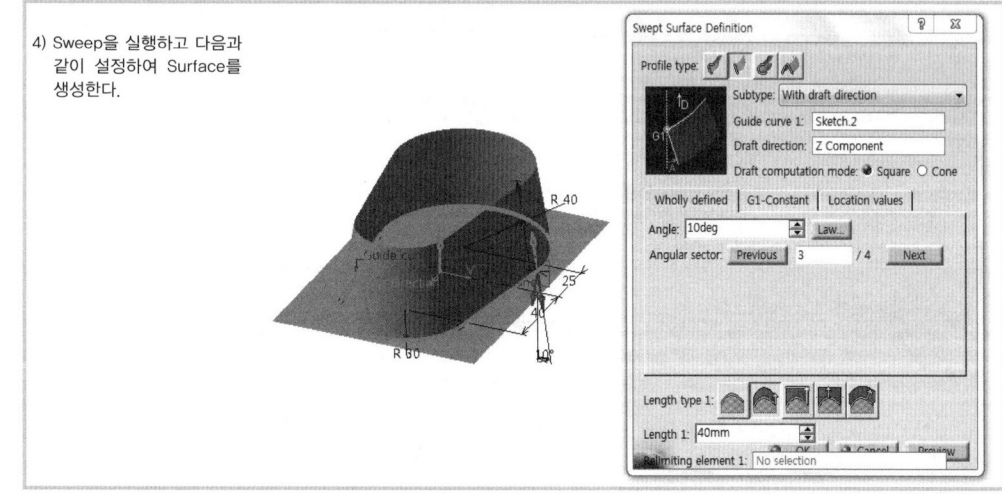

5) 스케치를 실행하고 ZX Plane 을 선택하여 다음과 같이 스케치를 한다.

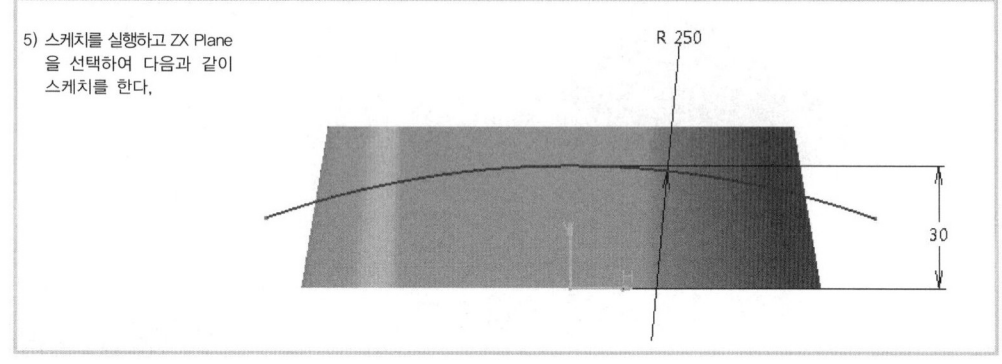

6) Plane을 실행하고 Normal to Curve를 선택, Curve 의 끝점을 선택하여 Plane 을 생성한다.

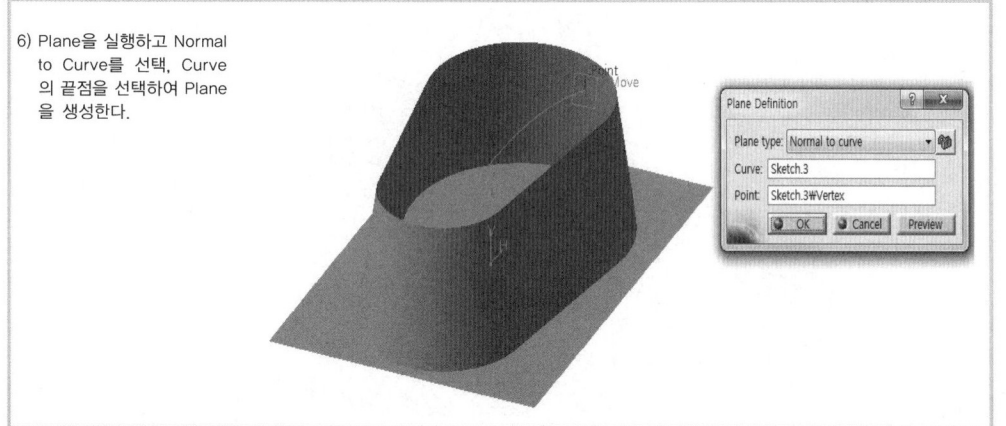

7) 스케치를 실행하고 Plane.1을 선택하여 다음과 같이 스케치하고 Arc와 끝점을 일치 구속을 한다.

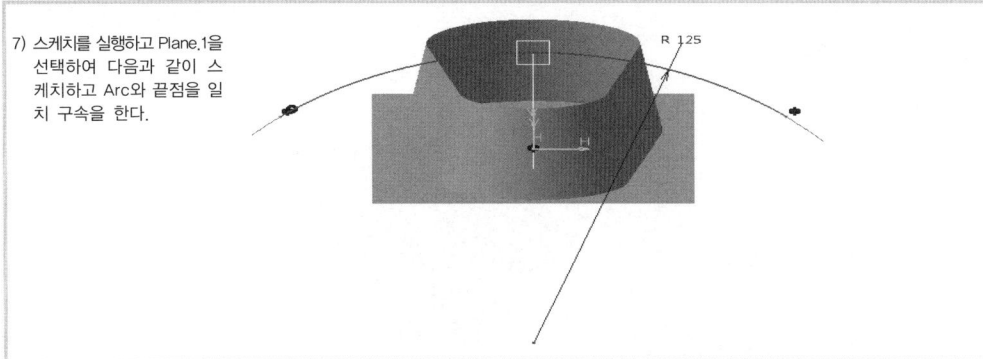

8) Sweep을 실행하고 Type : With reference Surface, Profile : Sketch.4, Guide Curve : Sketch.3을 선택하여 Surface를 생성한다.

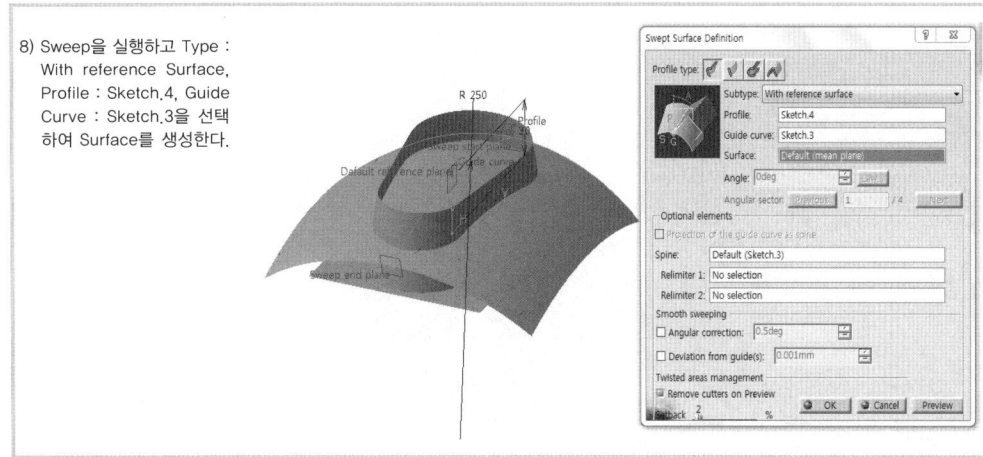

9) Trim을 실행하고 다음 두 개의 Surface를 선택하여 다음과 같이 잘라낸다.

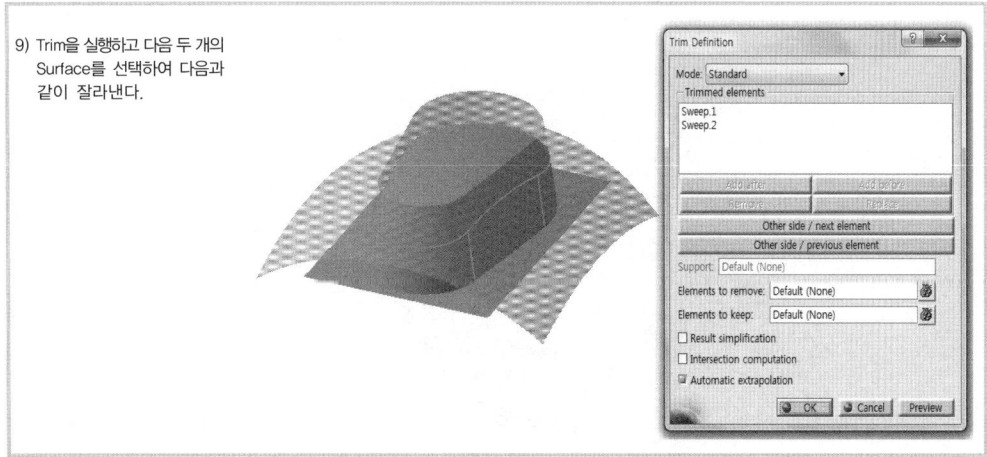

10) Plane을 실행하고 XY Plane을 기준으로 40mm 위치에 Plane을 생성한다.

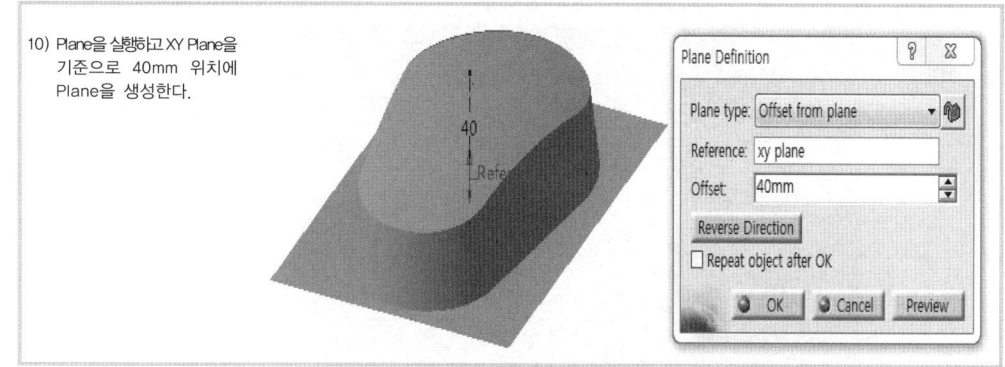

11) 스케치를 실행하고 Plane.2를 선택하여 다음과 같이 스케치를 한다.

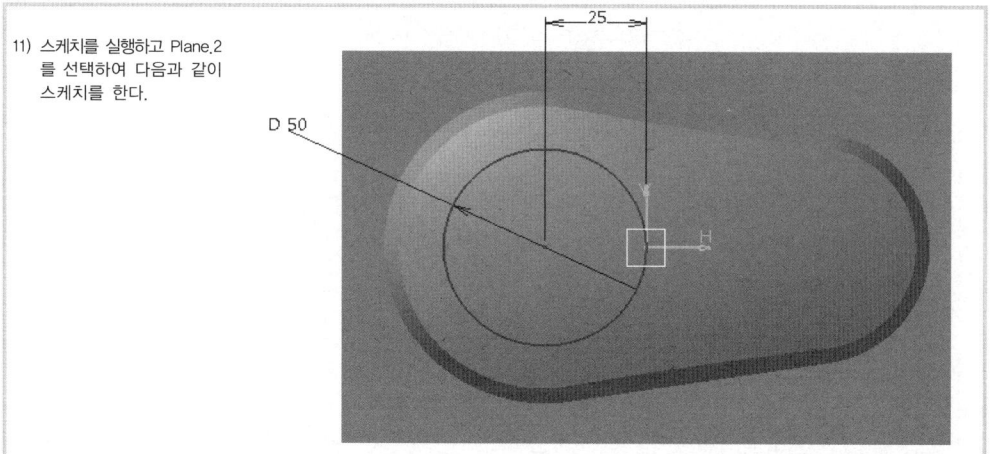

12) Extrude를 실행하고 30mm 아래쪽으로 돌출을 한다.

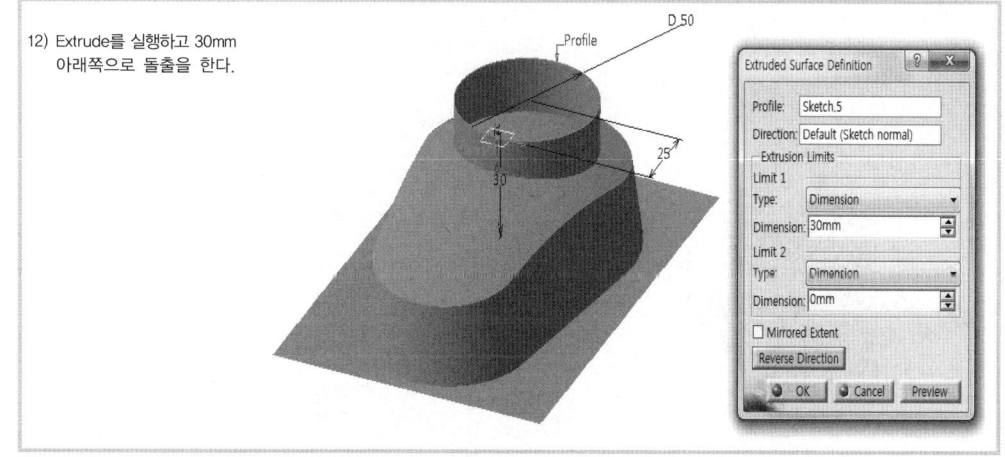

13) Trim Surface를 [Hide]을 한다.

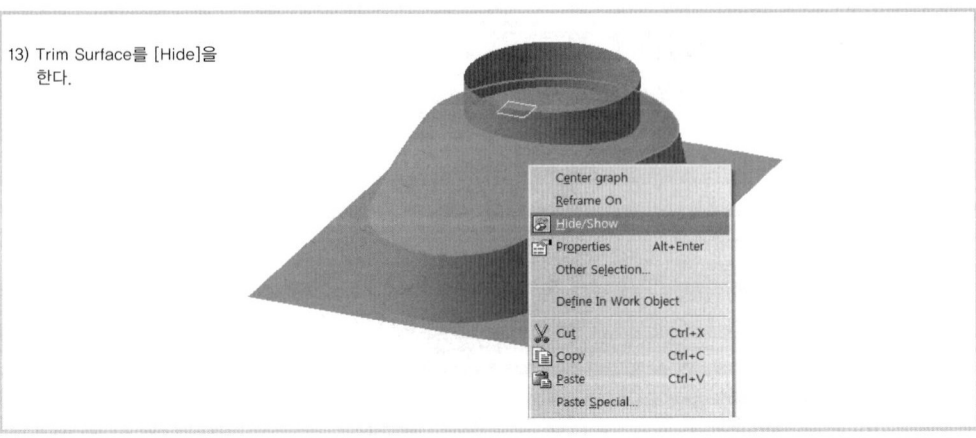

14) Fill을 실행하고 원기둥 아래쪽을 채운다.

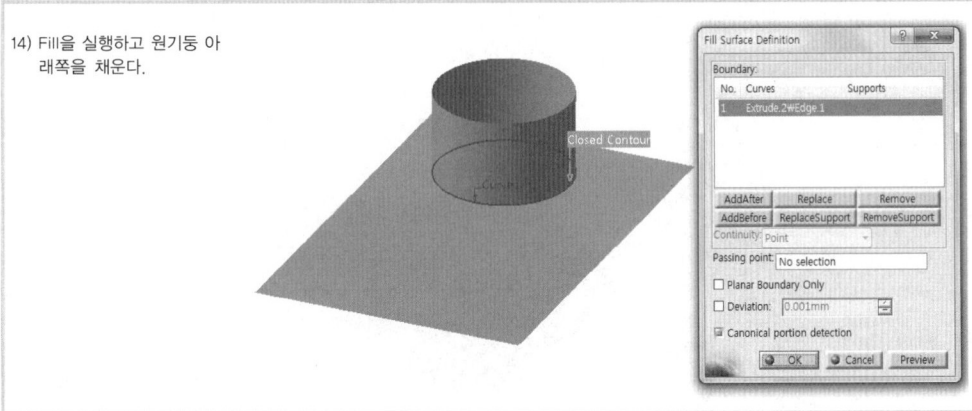

15) Join을 실행하고 Fill.1과 Extrude.2를 결합한다.

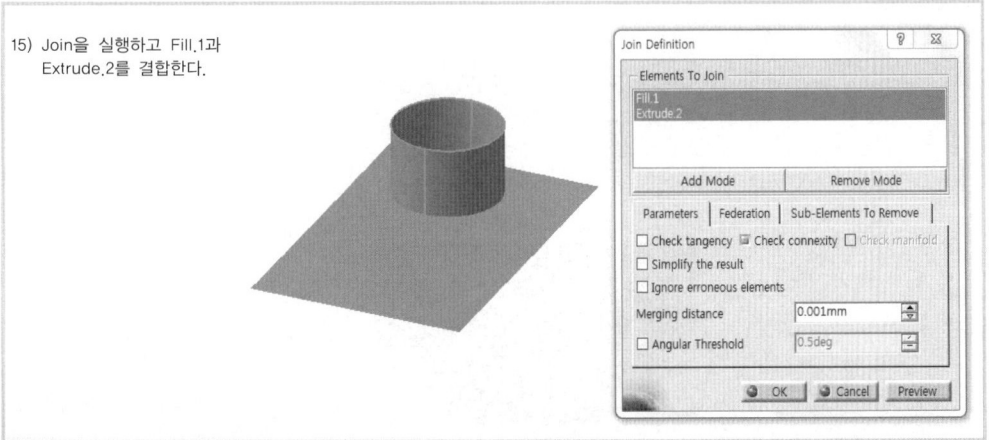

16) Trim 객체를 선택하여 [Show]을 한다.

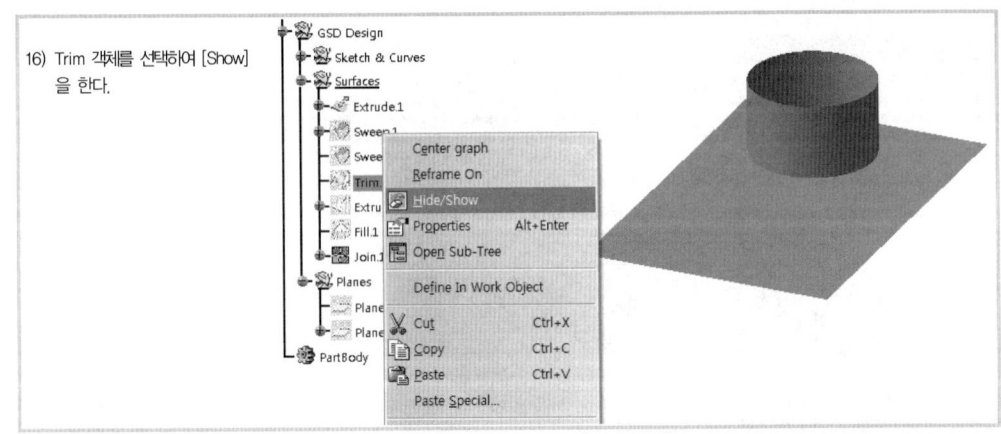

17) Extrude.1을 [Hide]를 한다.
Trim을 실행하고 Trim.1과 Join.1을 다음과 같이 잘리도록 설정한다.
Extrude.1을 [Show]를 한다.

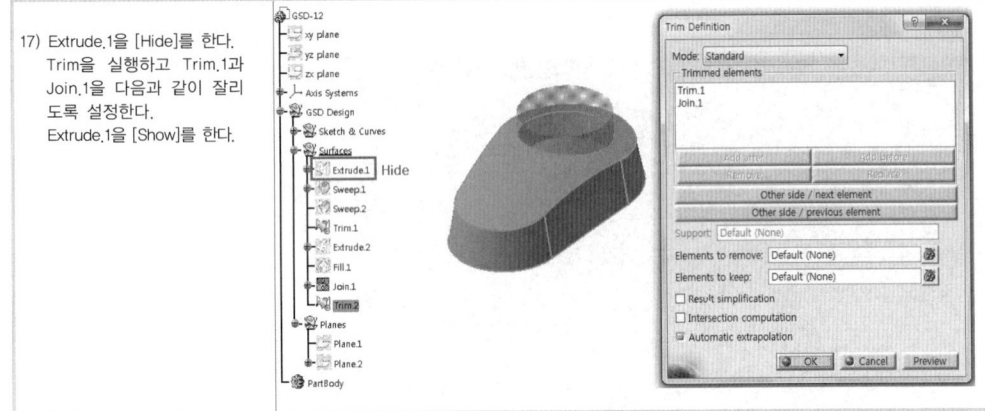

18) 스케치를 실행하고 XY Plane를 선택하여 다음과 같이 스케치를 한다.

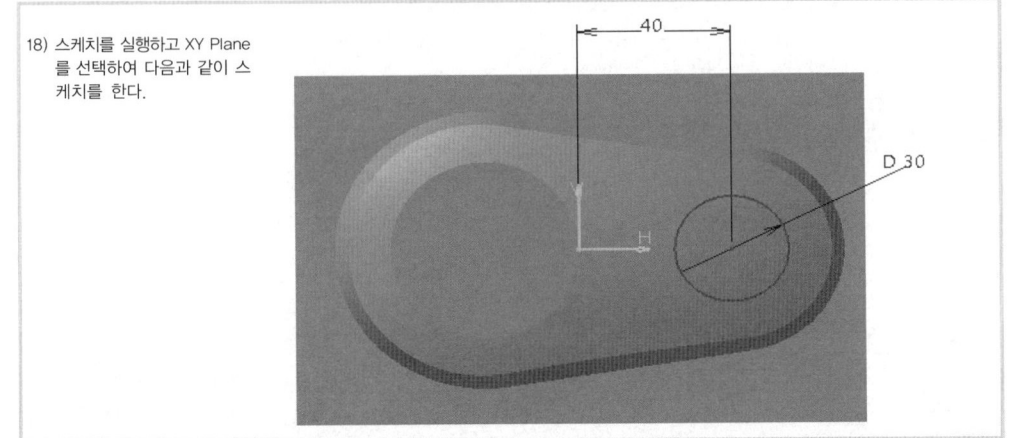

198

19) Extrude를 실행하고 40mm 돌출을 한다.

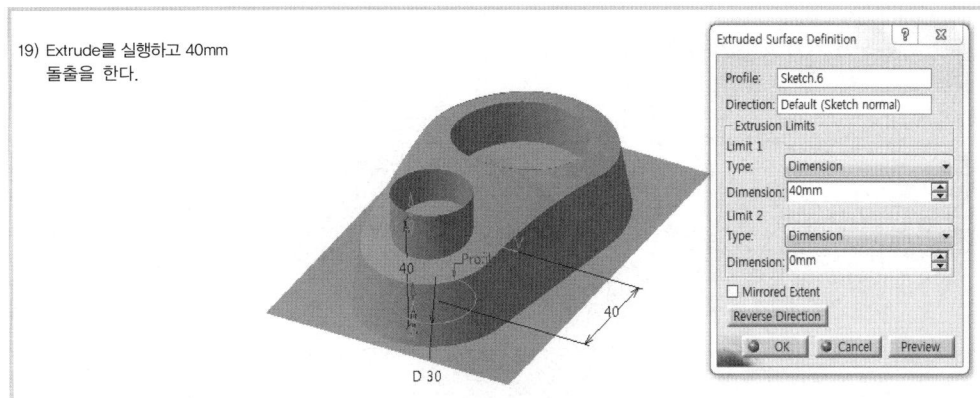

20) Trim을 실행하고 원기둥 안쪽을 잘라낸다.

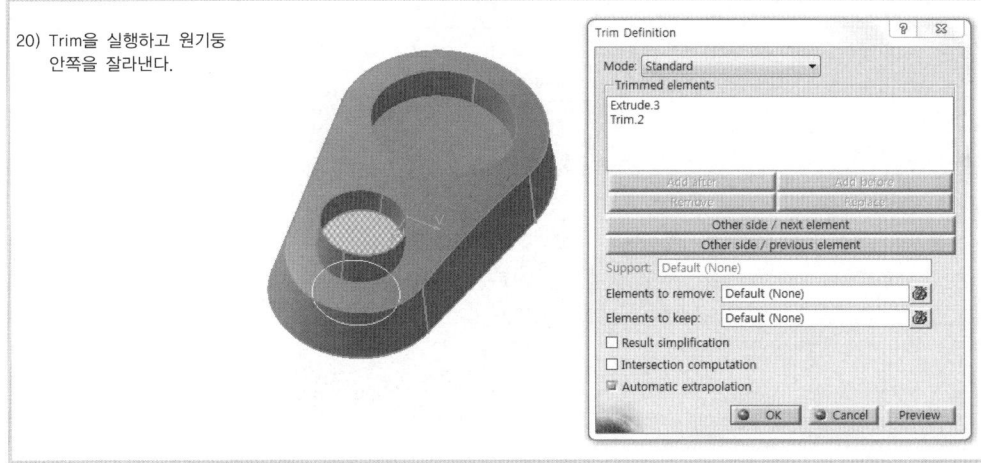

21) Fill을 실행하고 원기둥 위쪽을 채운다.

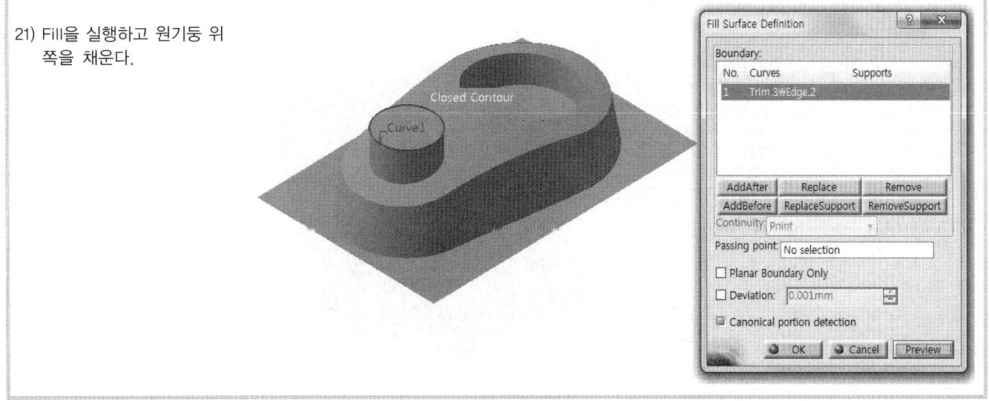

22) Join을 다음 두 개의 Surface를 결합한다.

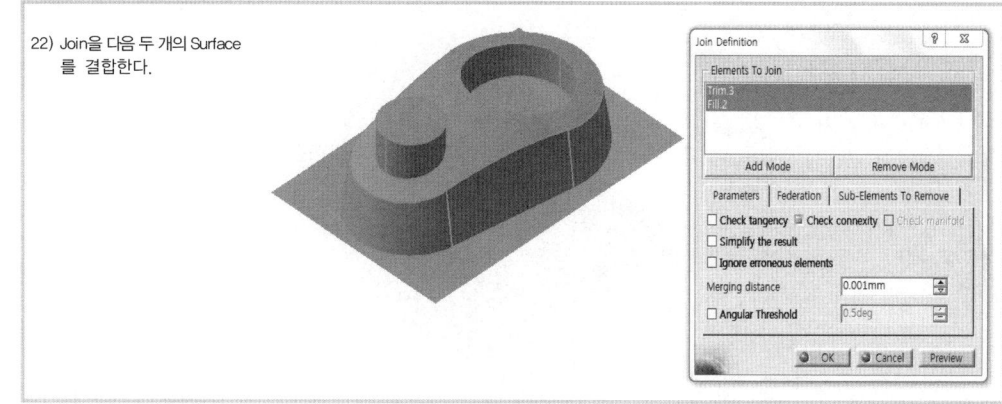

23) Edge Fillet을 실행하고 반경 : 5mm로 필렛을 한다.

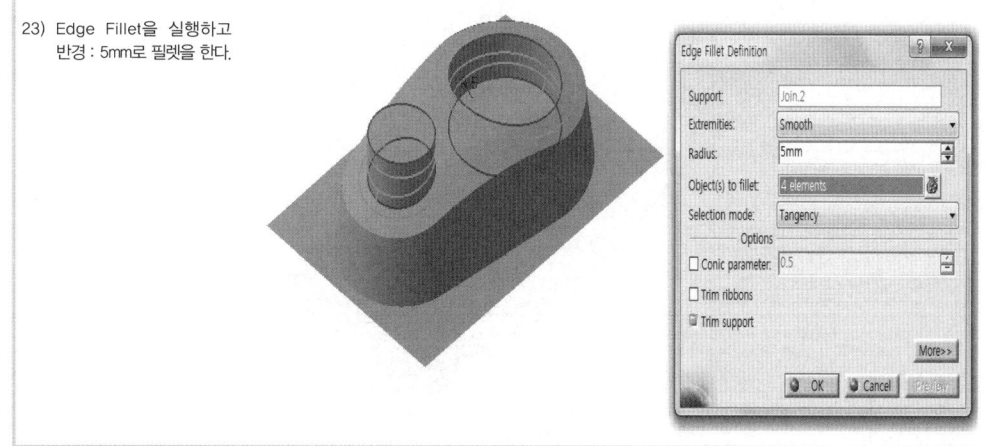

24) Edge Fillet을 실행하고 반경 : 3mm로 필렛을 한다.

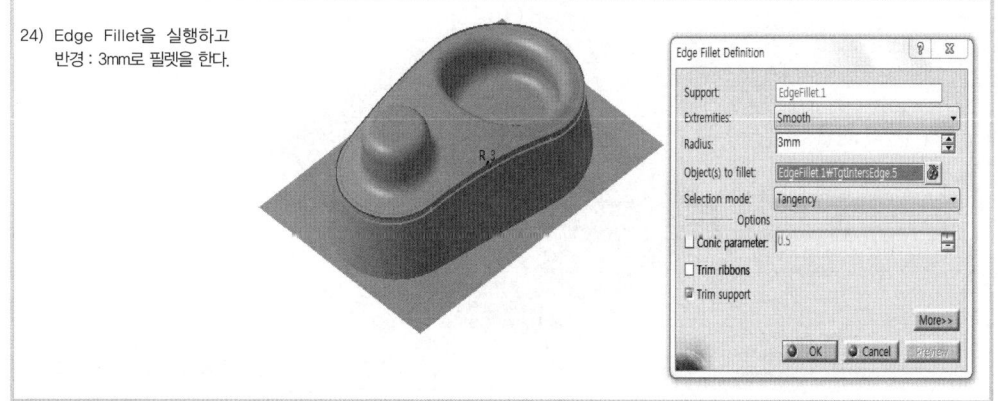

25) Trim을 실행하여 다음과 같이 잘라낸다.

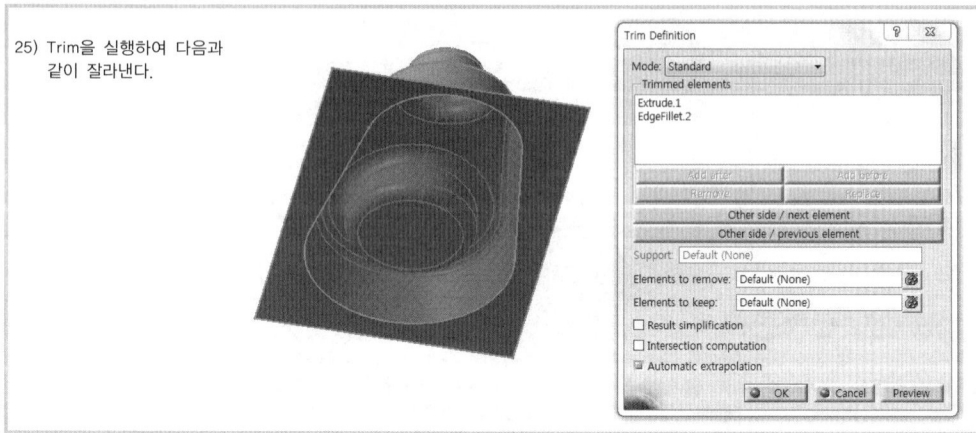

26) Boundary를 실행하여 다음과 같이 모서리 경계선을 생성한다.

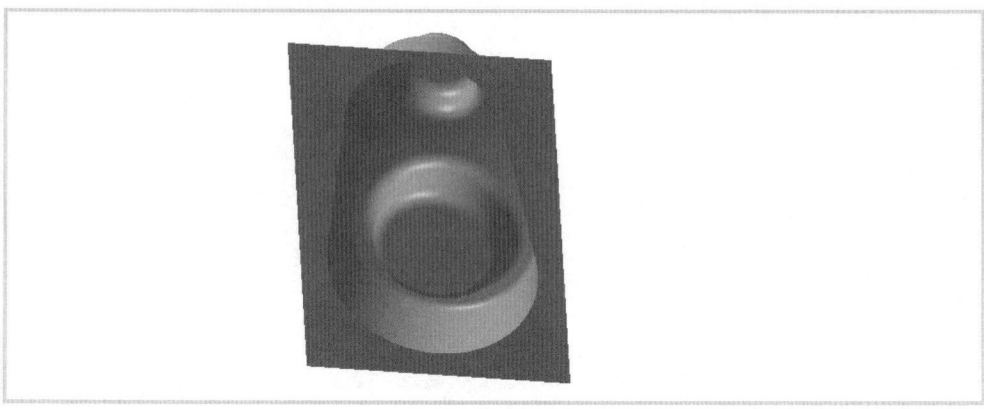

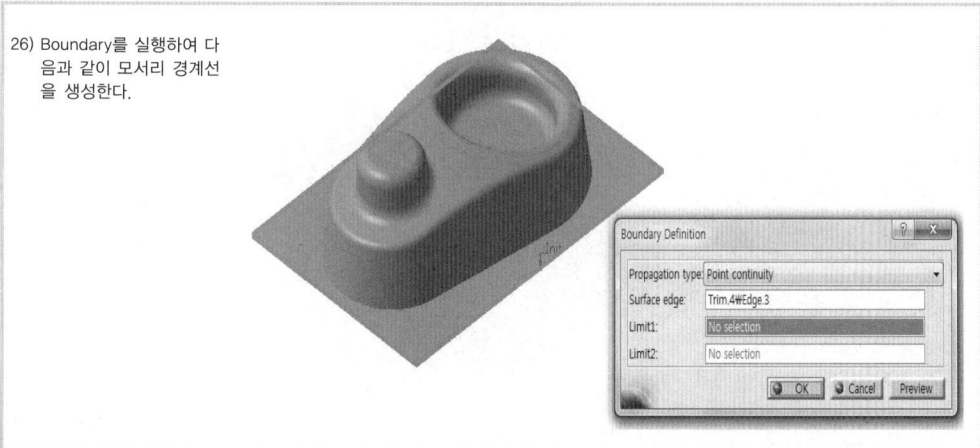

27) Extrude를 실행하고 10mm 돌출을 한다.

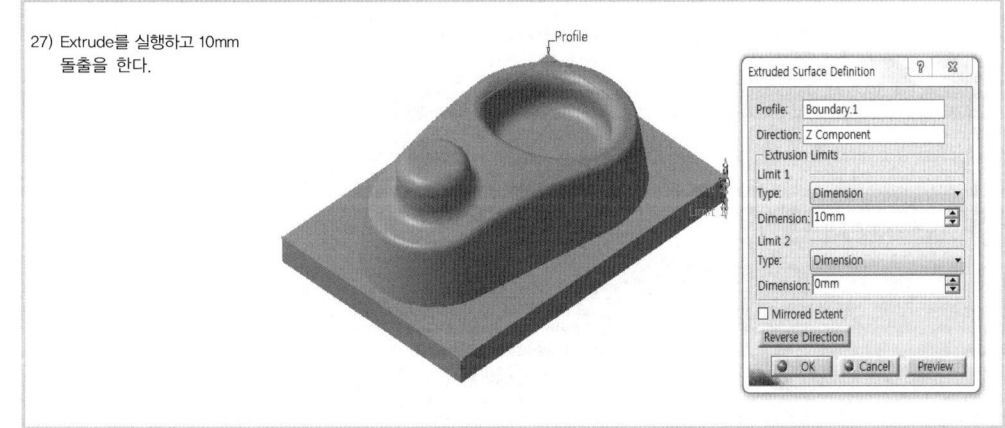

28) Fill을 실행하여 아래 부분을 채운다.

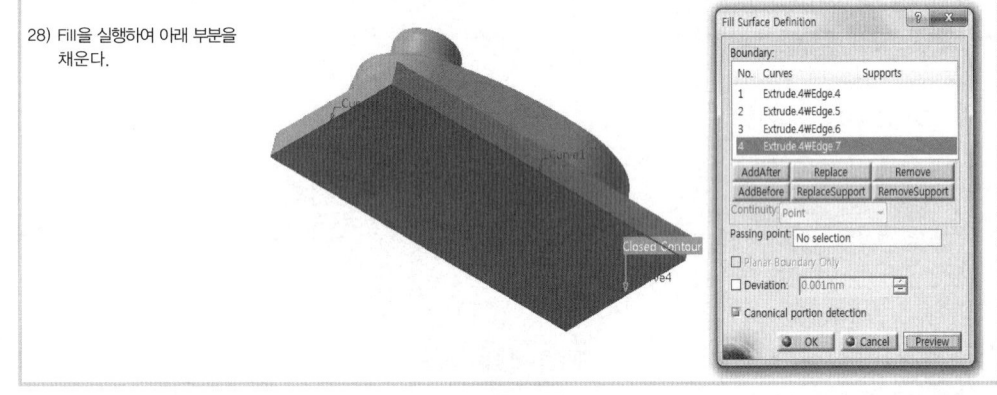

29) Edge Fillet을 실행하고 반경 : 1mm로 필렛을 한다.

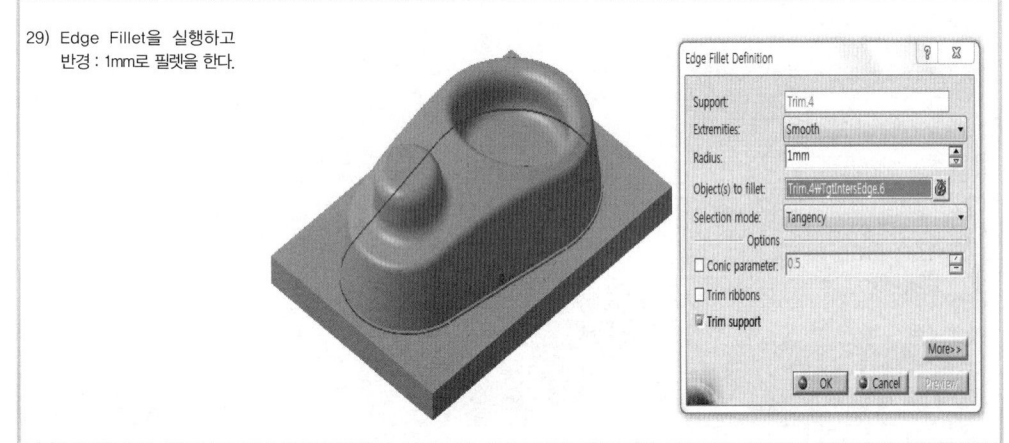

30) Join을 실행하여 다음 객체들을 모두 결합한다.

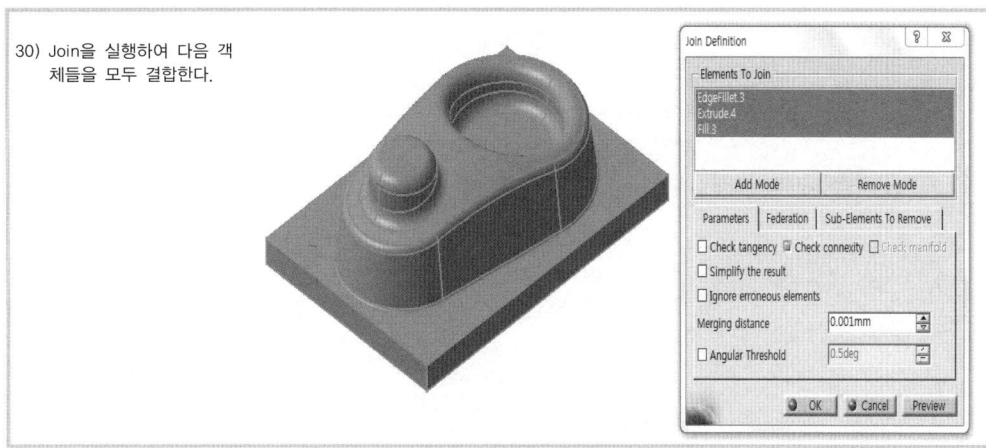

31) [Start]-[Mechanical Design]-[Part Design]을 선택한다.
32) CloseSurface를 실행하고 Join.3을 선택하여 Solid로 전환한다.

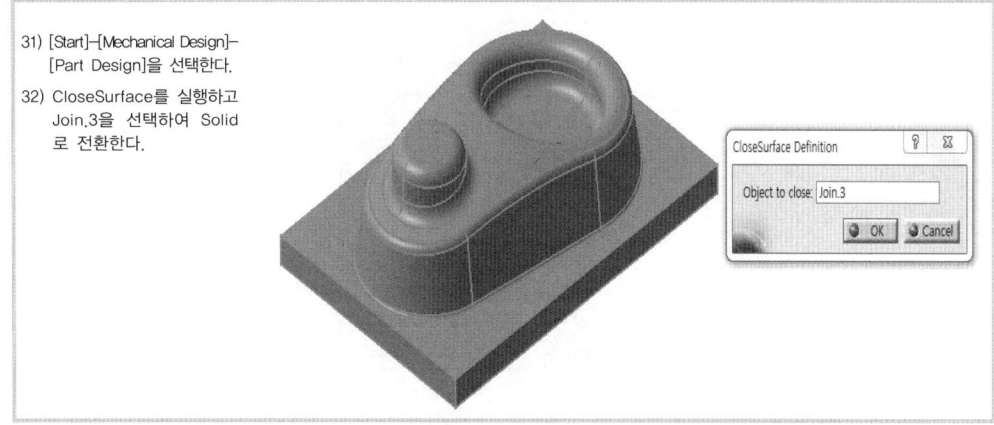

■ Solid 완성

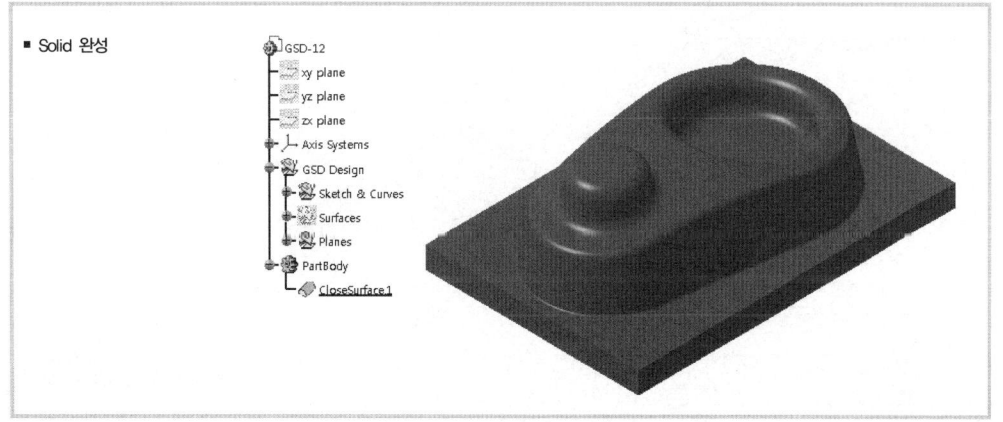

응용하기 13 응용가공

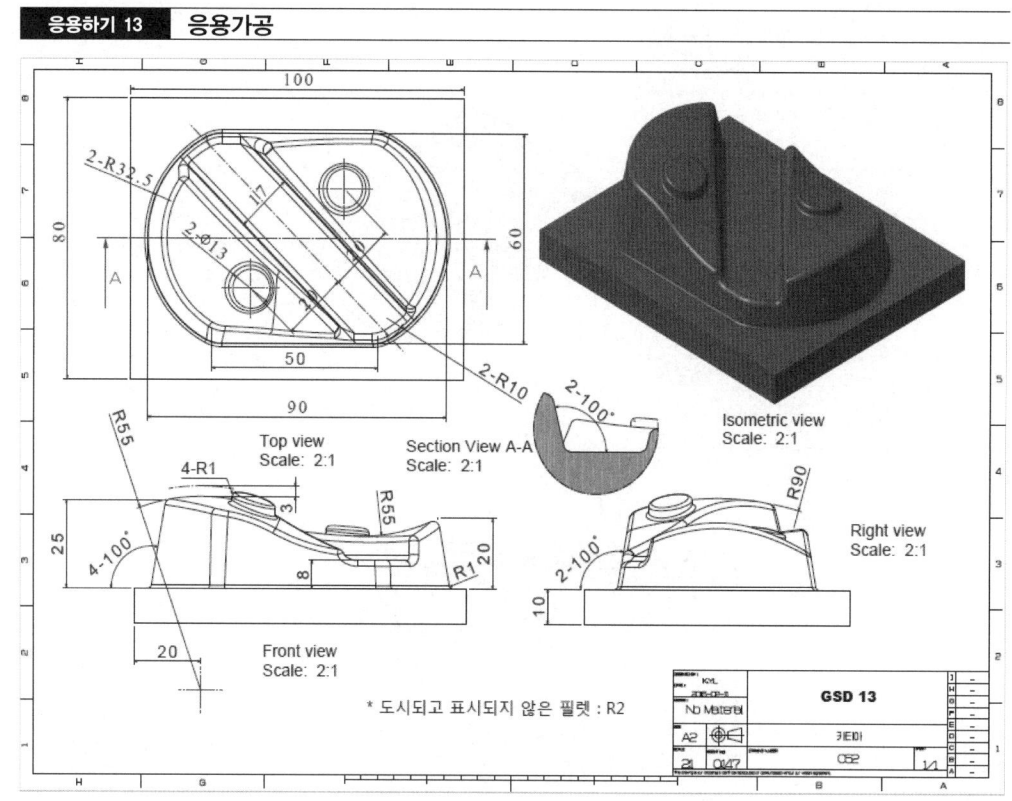

* 도시되고 표시되지 않은 필렛 : R2

1) [Insert]-[Geometrical Set]을 선택하고 Name : Sketch & Curves를 생성한다.
2) 스케치를 실행하고 XY Plane을 선택하여 다음과 같이 스케치를 한다.

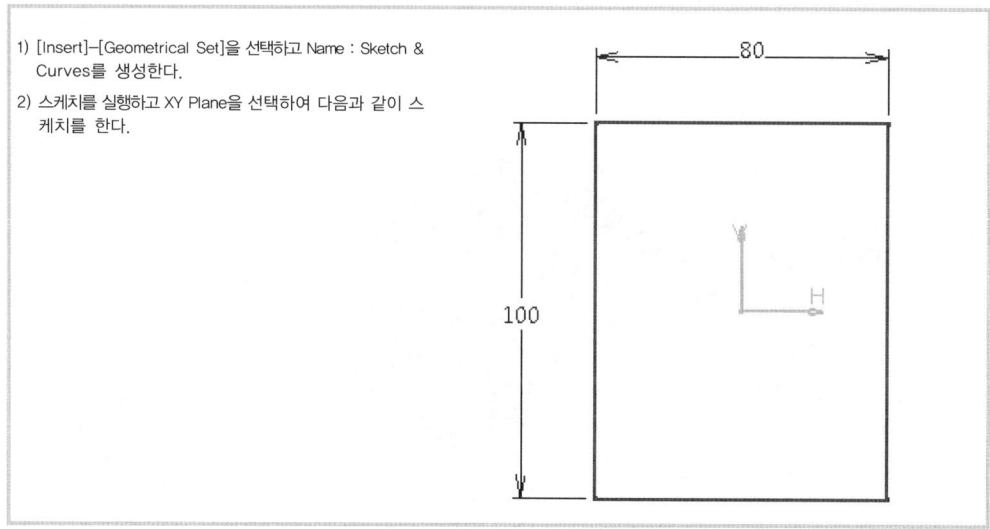

3) Pad를 실행하고 10mm 돌출을 한다.

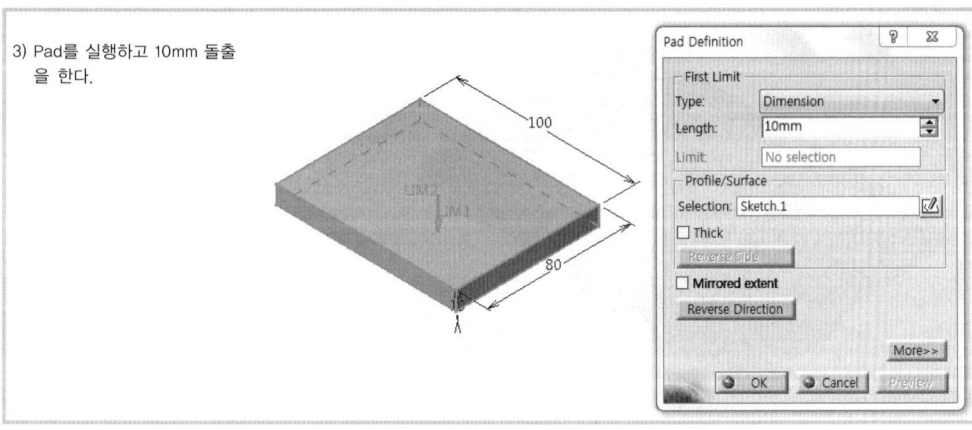

4) Sketch & Curves 위에서 마우스 우측버튼을 눌러 [Define In Work Object]를 선택한다.

5) 스케치를 실행하고 Pad.1 객체의 윗면을 선택하여 다음과 같이 스케치를 한다.

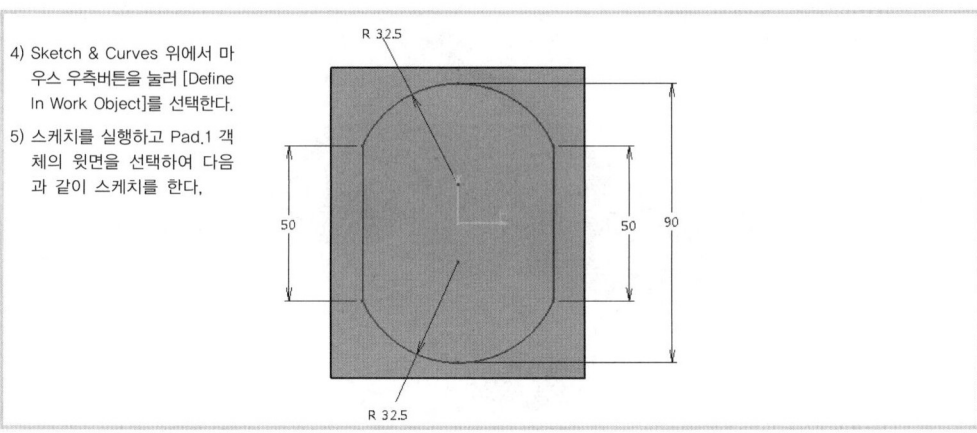

6) 스케치를 실행하고 YZ Plane을 선택하여 다음과 같이 스케치를 한다.

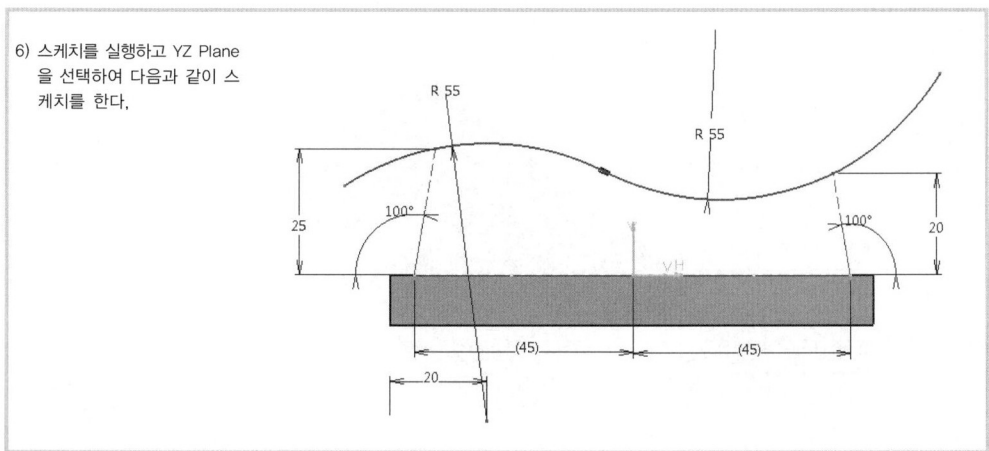

7) [Insert]-[Geometrical Set]을 선택하고 Name : Planes를 생성한다.

8) Plane을 실행하고 다음과 같이 지정하여 Plane을 생성한다.

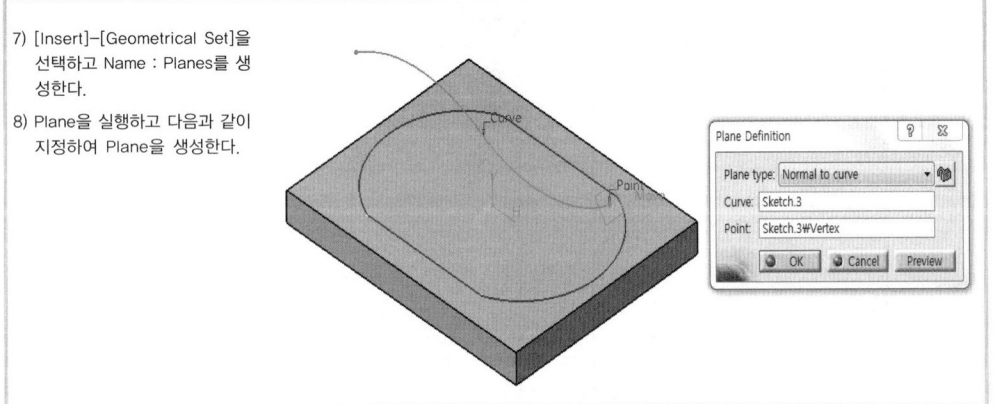

9) Sketch & Curves 위에서 마우스 우측버튼을 눌러 [Define In Work Object]를 선택한다.

10) 스케치를 실행하고 Plane.1을 선택하여 다음과 같이 스케치를 한다.

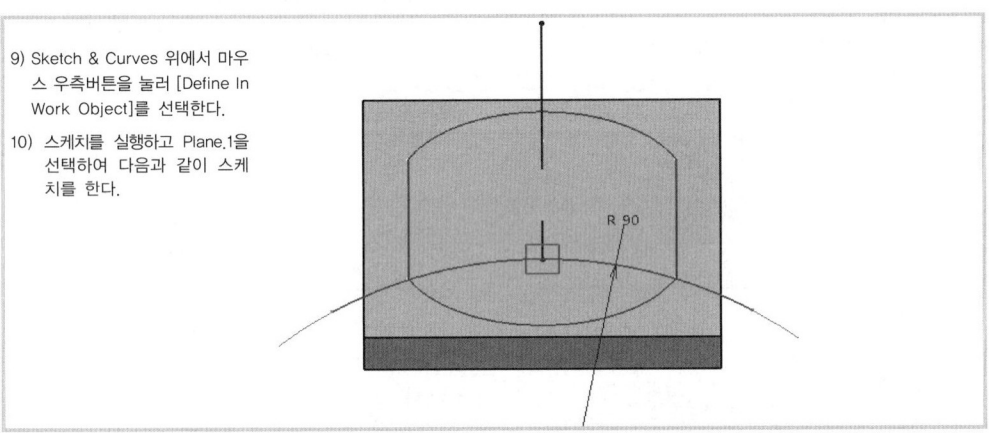

11) [Start]-[Shape]-[Generative Shape Design]을 선택한다.

12) [Insert]-[Geometrical Set]을 선택하고 Name : Surface를 생성한다.

13) Sweep을 실행하고 다음과 같이 지정하여 Surface를 생성한다.

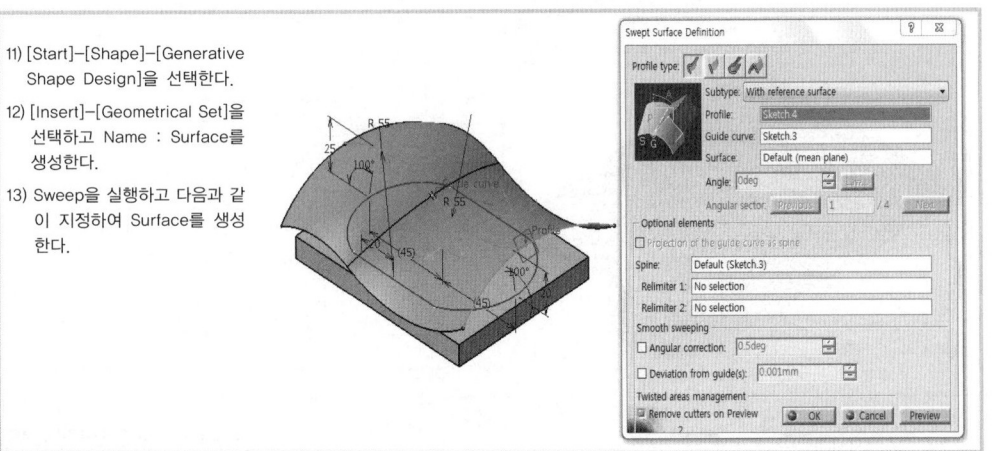

14) Sweep을 실행하고 다음과 같이 지정하여 Surface를 생성한다.

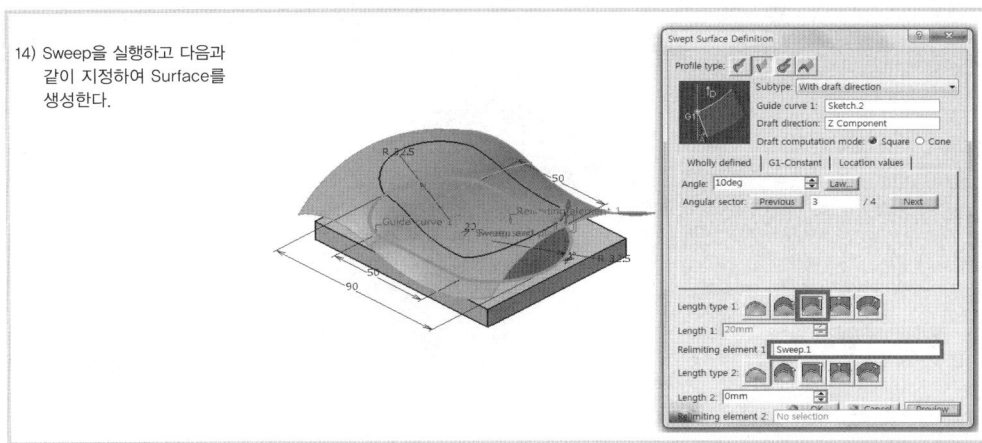

15) Trim을 실행하고 두 개의 Surface를 선택하여 다음 부분이 남도록 잘라낸다.

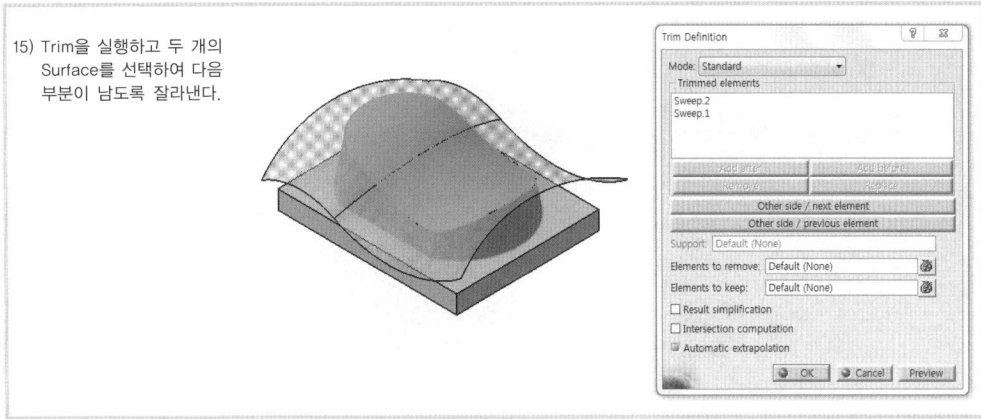

16) Edge Fillet을 실행하고 반경 : 10mm로 필렛을 한다.

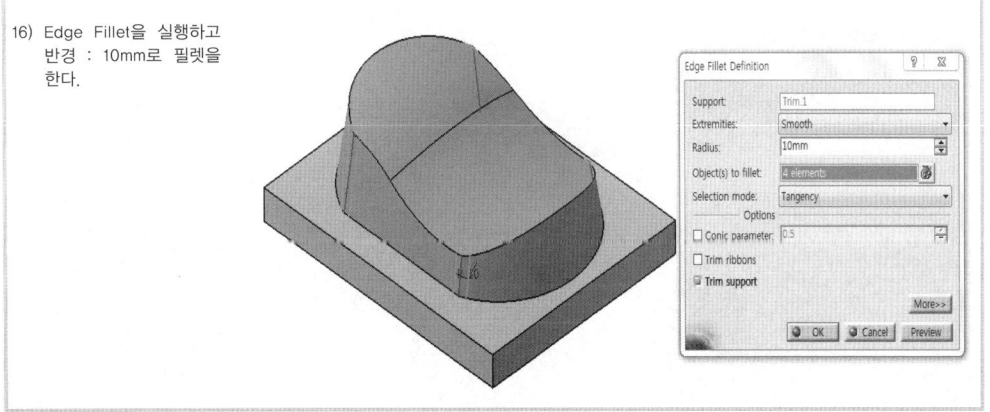

17) Planes 위에서 마우스 우측버튼을 눌러 [Define In Work Object]를 선택한다.

18) Plane을 실행하고 XY Plane을 기준으로 8mm 위치에 Plane을 생성한다.

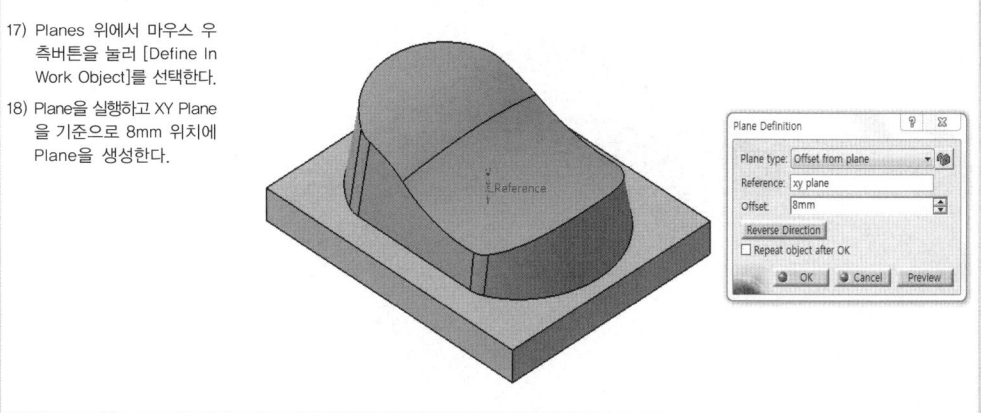

19) Sketch & Curves 위에서 마우스 우측버튼을 눌러 [Define In Work Object]를 선택한다.

20) 스케치를 실행하고 Plane.2를 선택하여 다음과 같이 스케치를 한다.

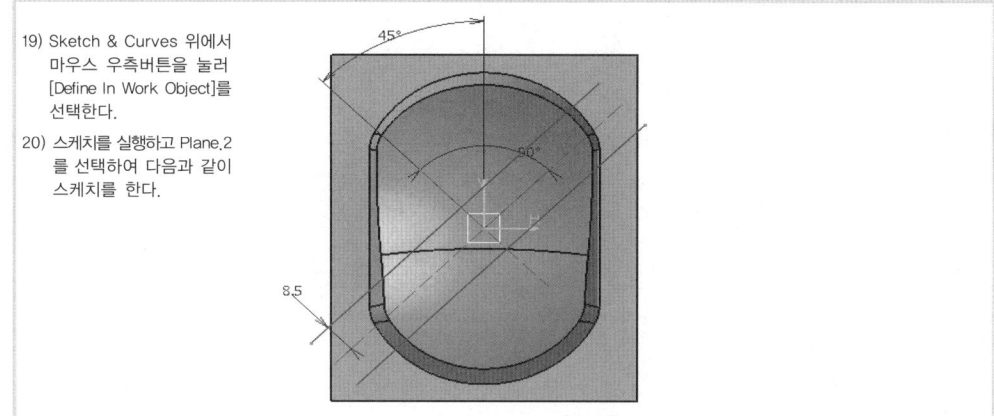

21) Disassemble을 실행하고 다음과 같이 분해한다.

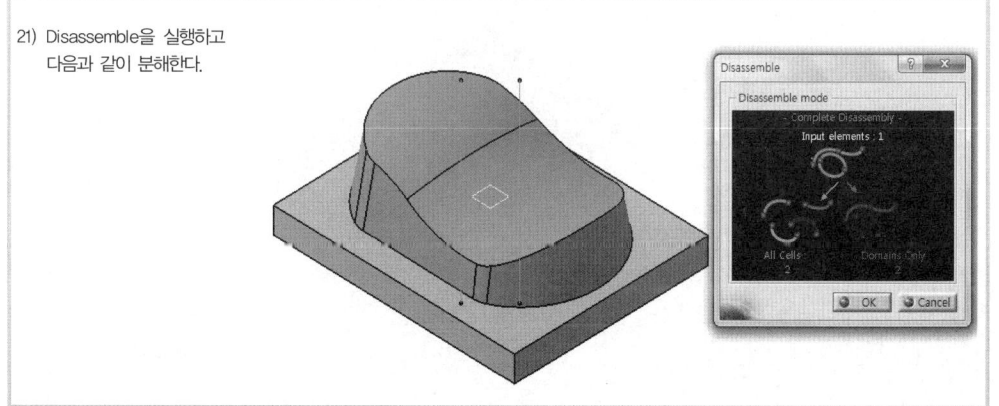

22) Surface 위에서 마우스 우측버튼을 눌러 [Define In Work Object]를 선택한다.
23) Sweep을 실행하고 다음과 같이 지정하여 Surface를 생성한다.

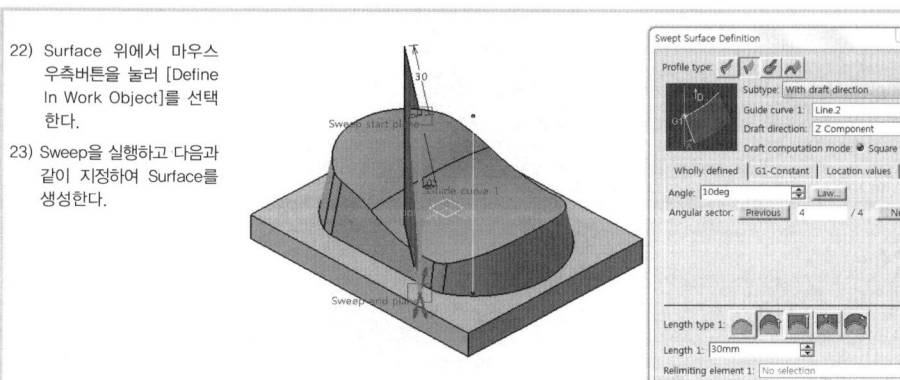

24) Sweep을 실행하고 다음과 같이 지정하여 Surface를 생성한다.

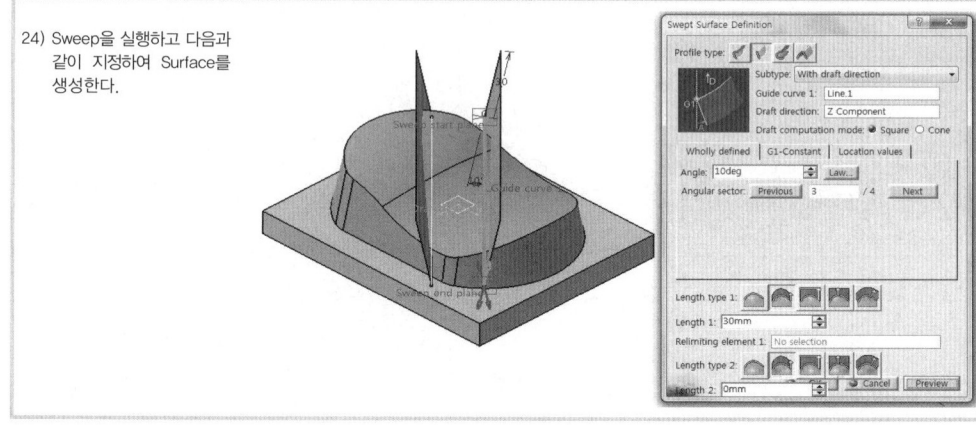

25) Blend를 실행하고 두 개의 Line을 연결하는 Surface를 생성한다.

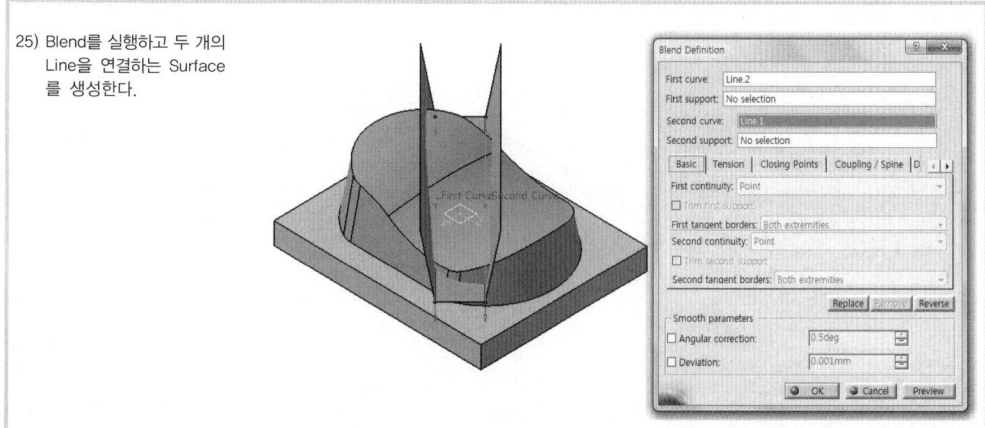

26) Join을 실행하고 3개의 Surface를 결합한다.

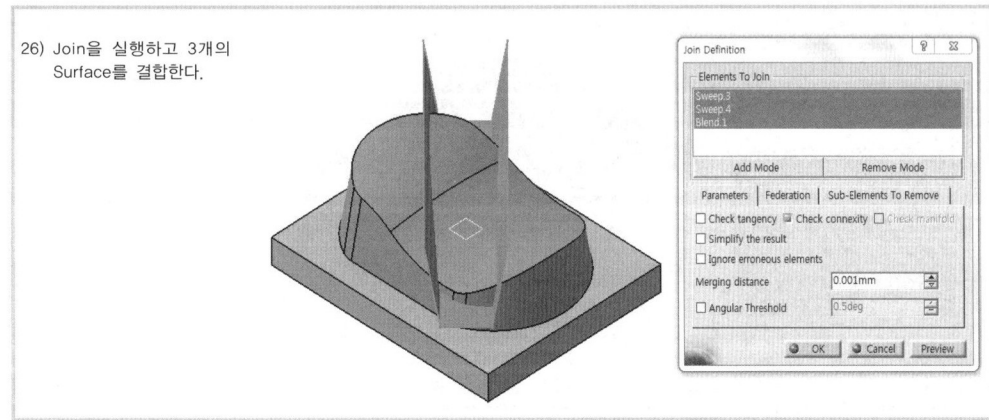

27) Trim을 실행하고 다음과 같이 남도록 잘라준다.

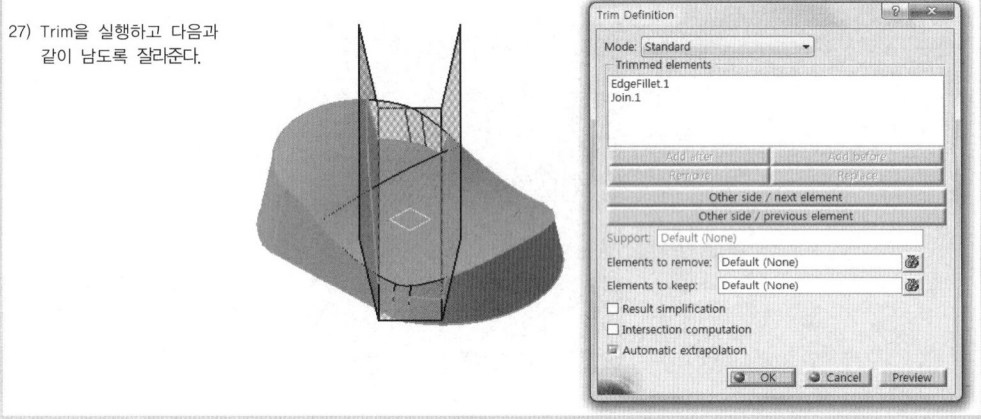

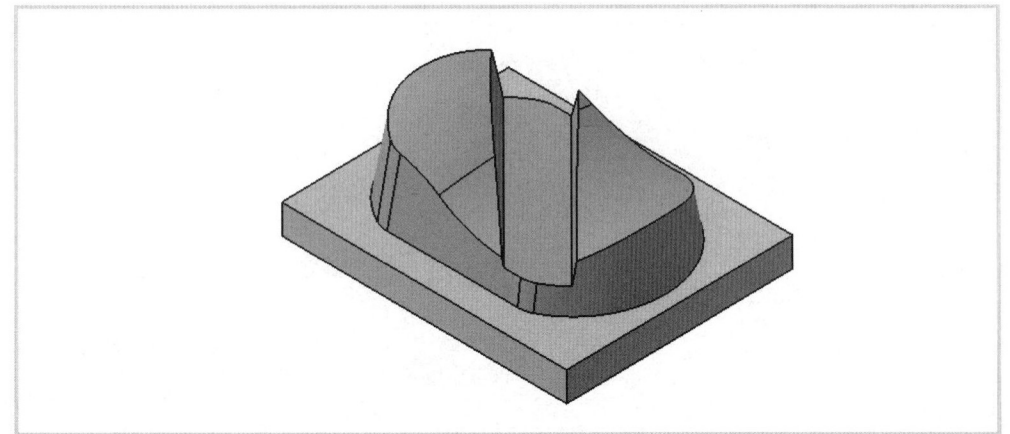

28) Sketch & Curves 위에서 마우스 우측버튼을 눌러 [Define In Work Object]를 선택한다.
29) 스케치를 실행하고 XY Plane을 선택하여 다음과 같이 스케치를 한다.

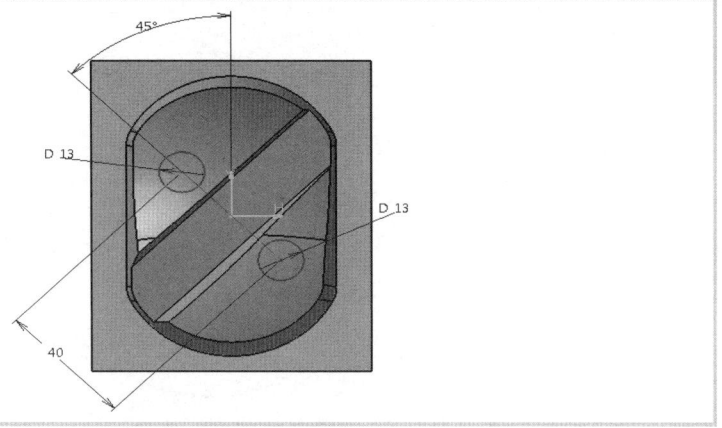

30) [Start]-[Mechanical Design]-[Part Design]을 선택한다.
31) CloseSurface을 실행하고 다음과 같이 Solid로 전환한다.

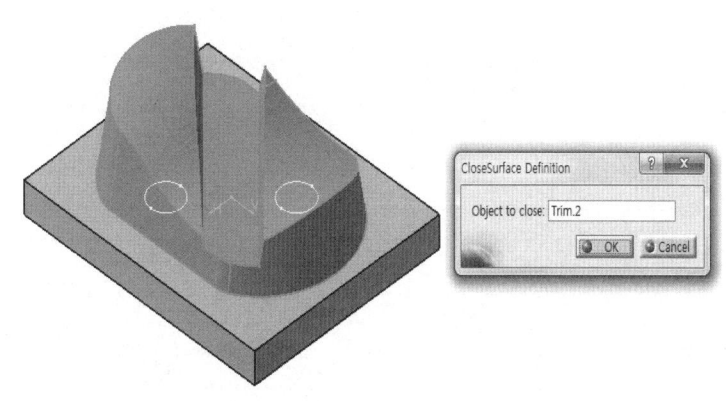

32) Pad를 실행하고 Up to Surface를 지정, Limit : Sweep1을 선택, Offset : 3mm를 지정하여 돌출을 한다.

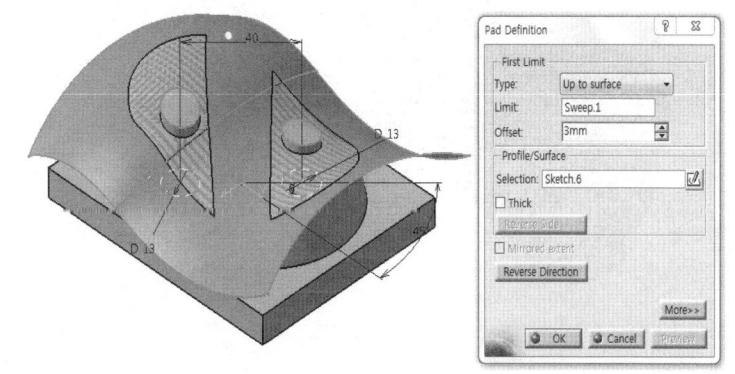

33) Edge Fillet을 실행하고 반경 : 1mm로 필렛을 한다.

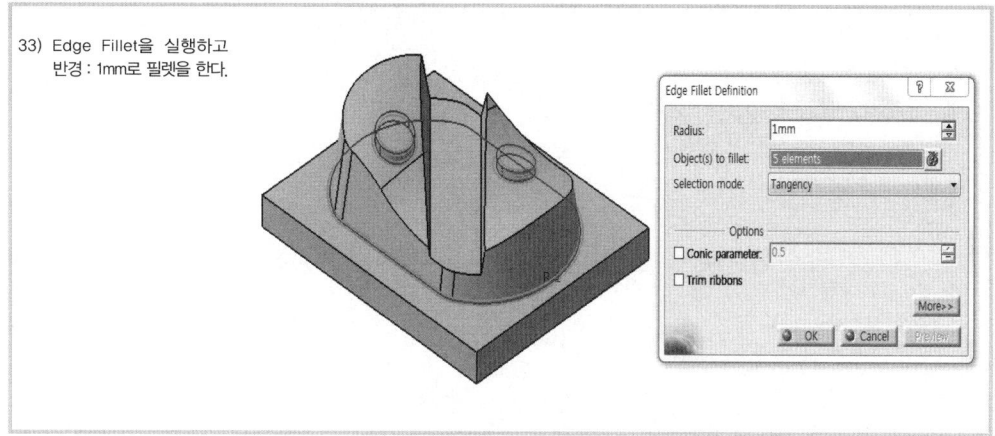

34) Edge Fillet을 실행하고 반경 : 2mm로 필렛을 한다.

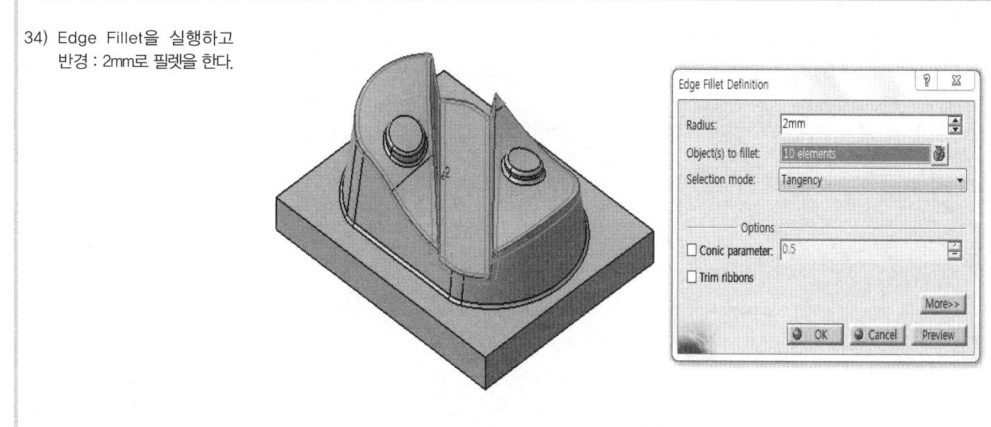

■ 완성결과

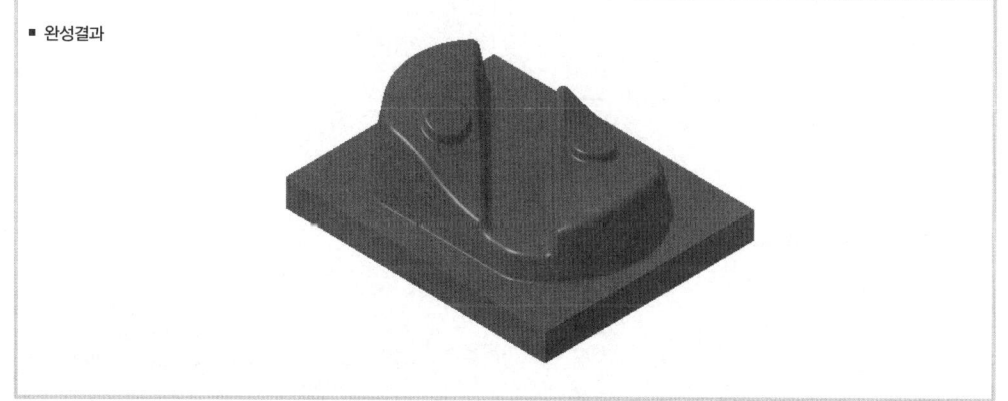

응용하기 14 응용가공

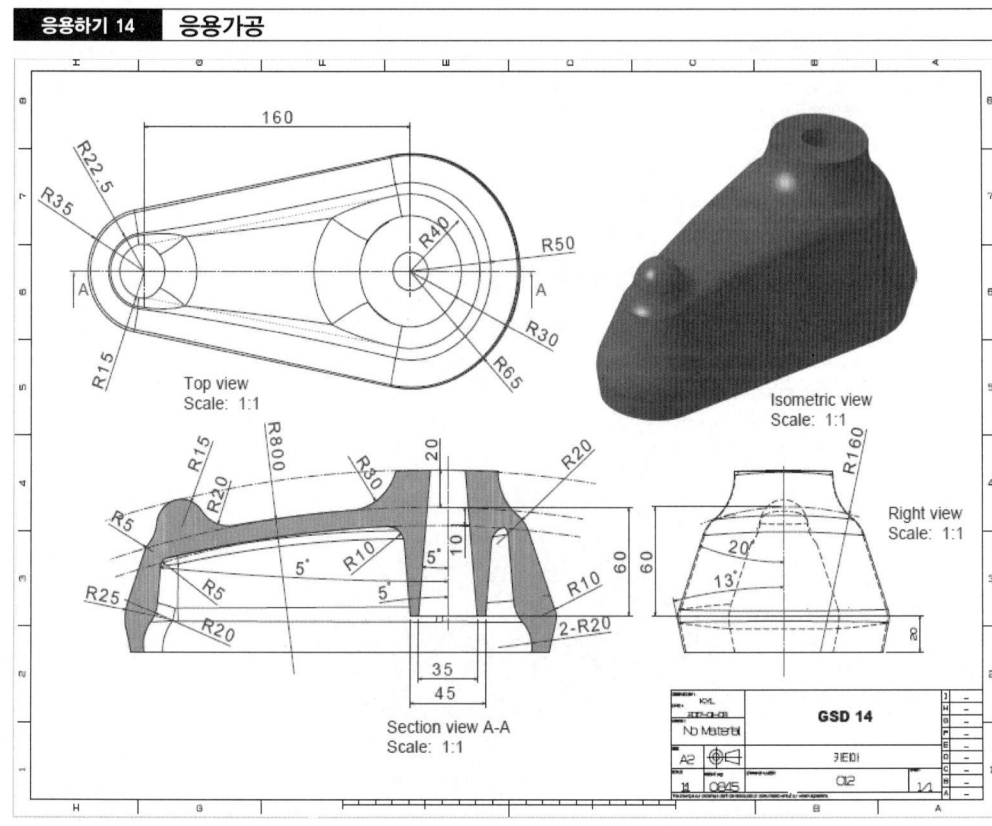

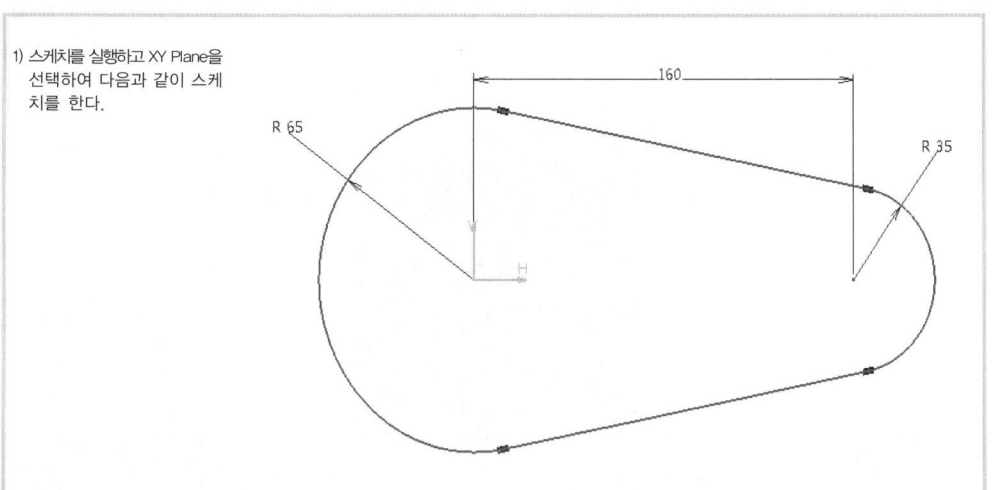

1) 스케치를 실행하고 XY Plane을 선택하여 다음과 같이 스케치를 한다.

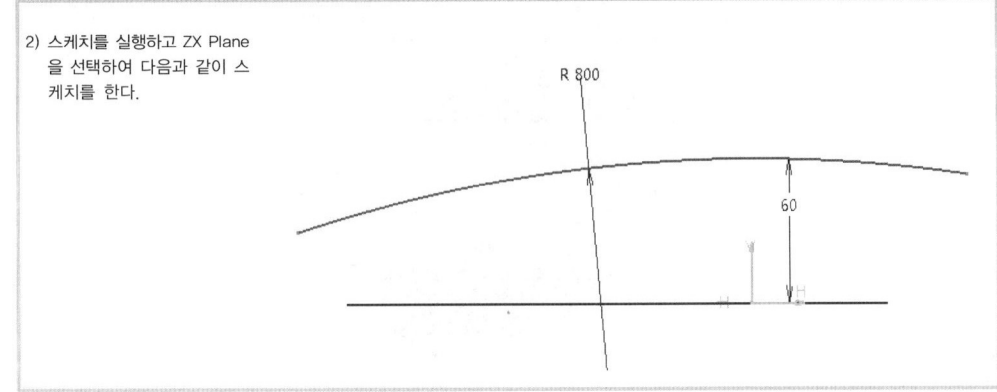

2) 스케치를 실행하고 ZX Plane을 선택하여 다음과 같이 스케치를 한다.

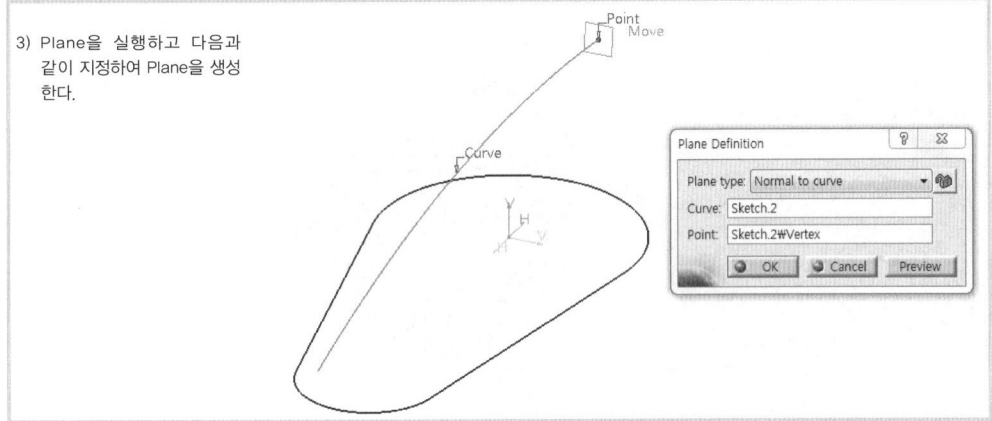

3) Plane을 실행하고 다음과 같이 지정하여 Plane을 생성한다.

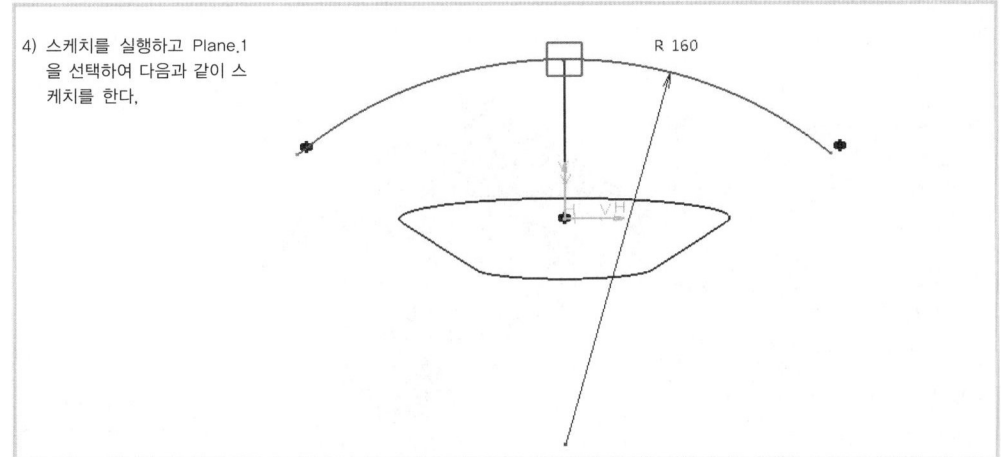

4) 스케치를 실행하고 Plane.1을 선택하여 다음과 같이 스케치를 한다.

5) Plane을 실행하고 다음과 같이 지정하여 Plane을 생성한다.

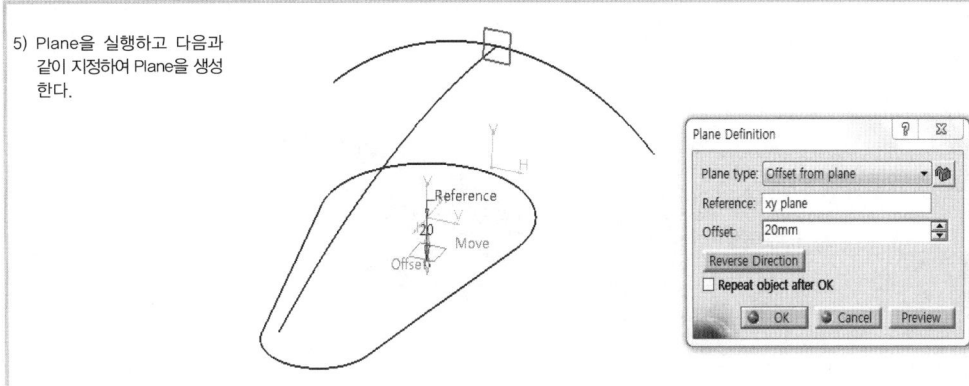

6) Sweep을 실행하고 Guide curve 1 : Sketch.1, Draft direction : Z Component, Angle : 13deg, Relimiting element 1 : Plane.2를 지정하여 Surface를 생성한다.

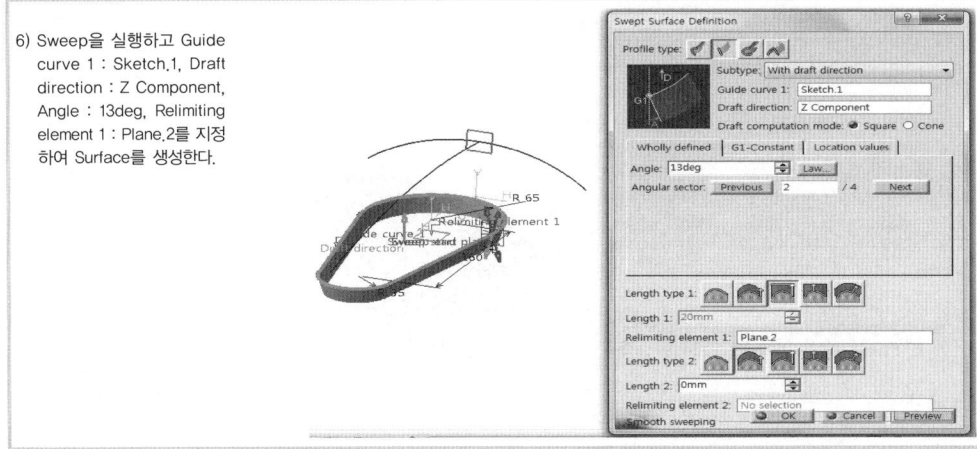

7) Sweep을 실행하고 다음과 같이 지정하여 Surface를 생성한다.

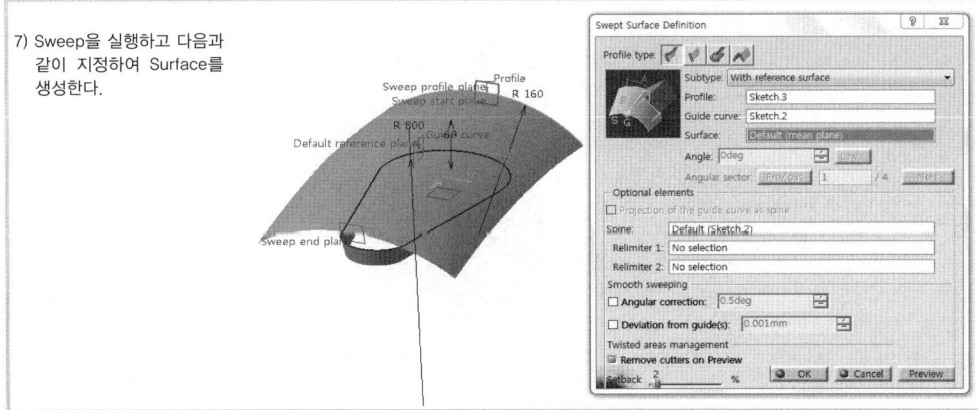

8) Sweep을 실행하고 Guide curve 1 : Sketch.1, Draft direction : Z Component, Angle : 20deg, Relimiting element 1 : Sweep.2를 지정하여 Surface를 생성한다.

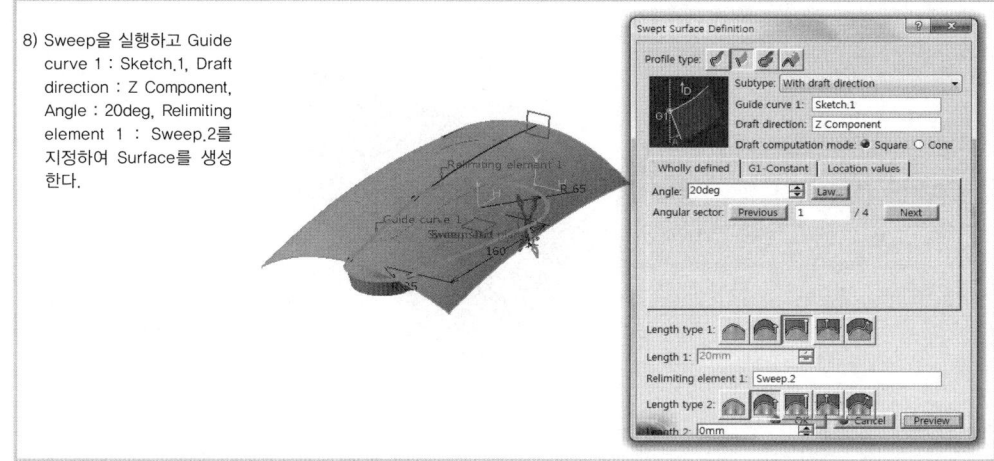

9) Offset을 실행하고 10mm 아래쪽으로 Offset을 한다.

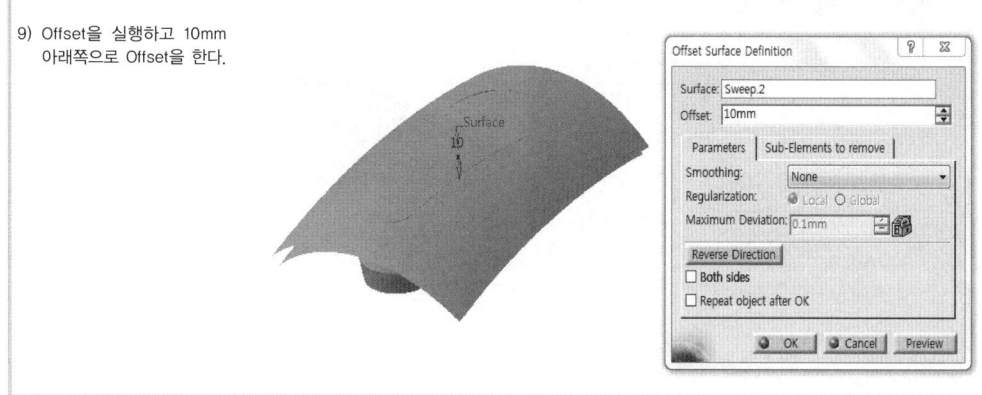

10) Offset을 실행하고 20mm 위쪽으로 Offset을 한다.

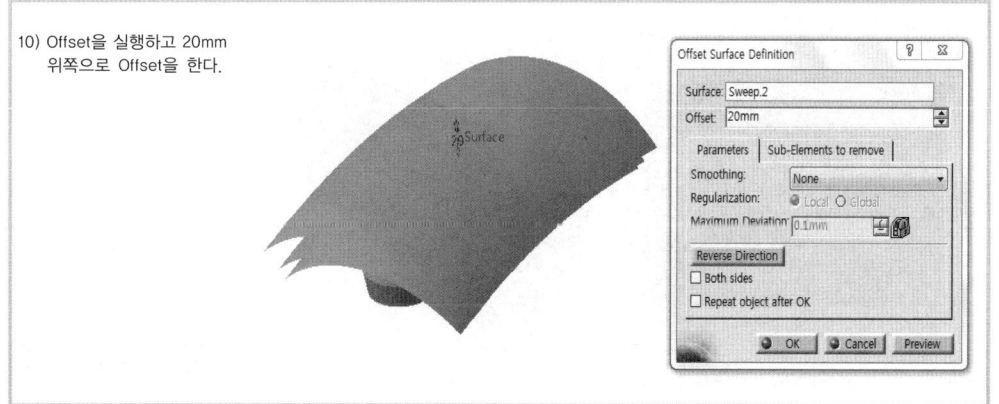

11) Trim을 실행하고 두 개의 Sweep Surface를 선택하여 다음 부분이 남도록 잘라낸다.

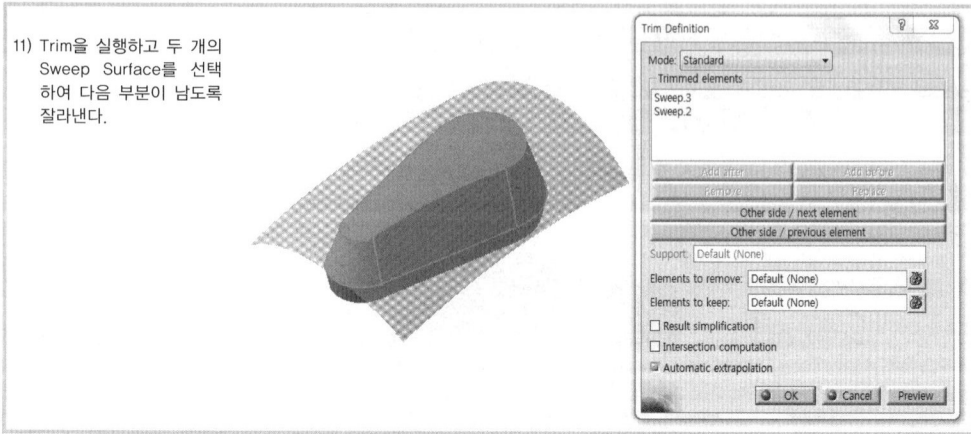

12) Join을 실행하고 두 개의 Surface를 선택하여 결합한다.

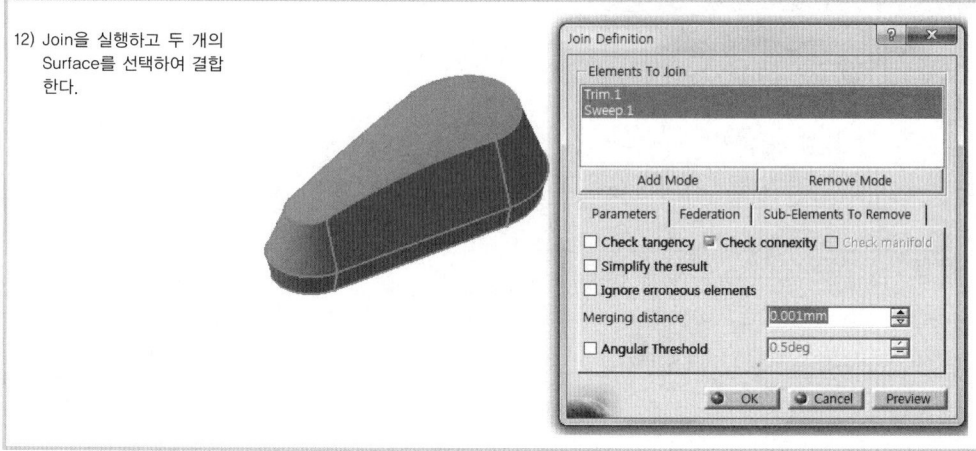

13) Intersection을 실행하고 Sketch.1과 ZX Plane을 교차하여 두 개의 Point를 생성한다.

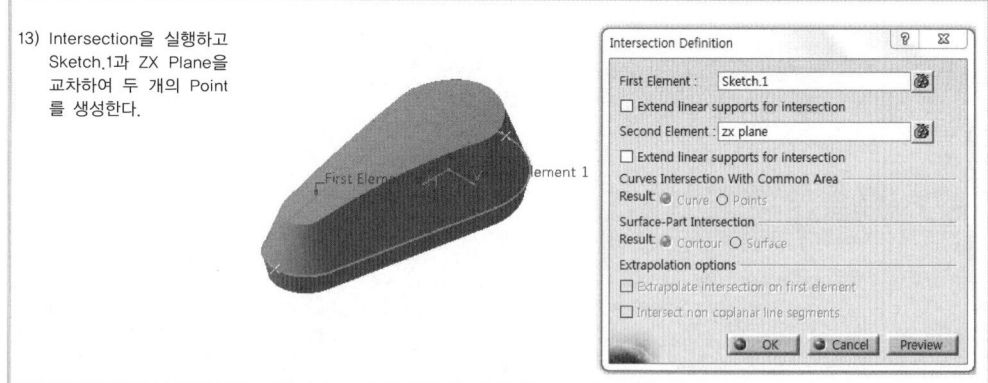

14) Disassemble을 실행하고 Intersect.1을 선택하여 다음과 같이 분해한다.

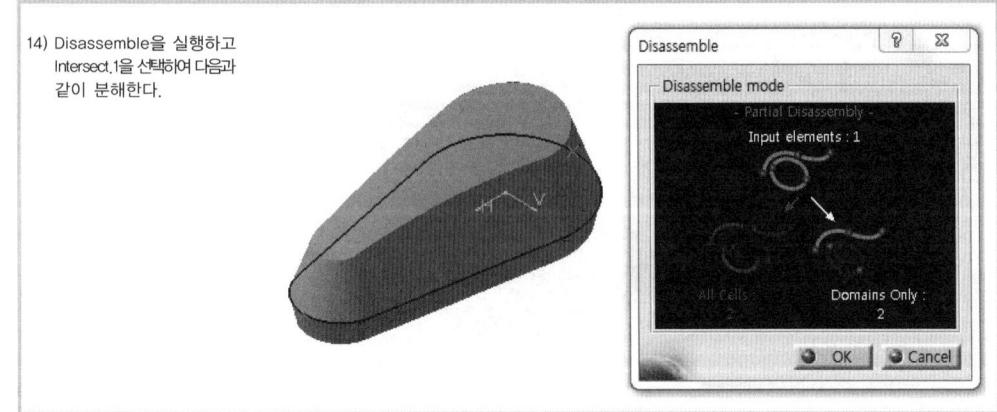

15) Variable Fillet을 실행하고 분해한 Point 두 개를 선택, R25, R10으로 필렛을 한다.

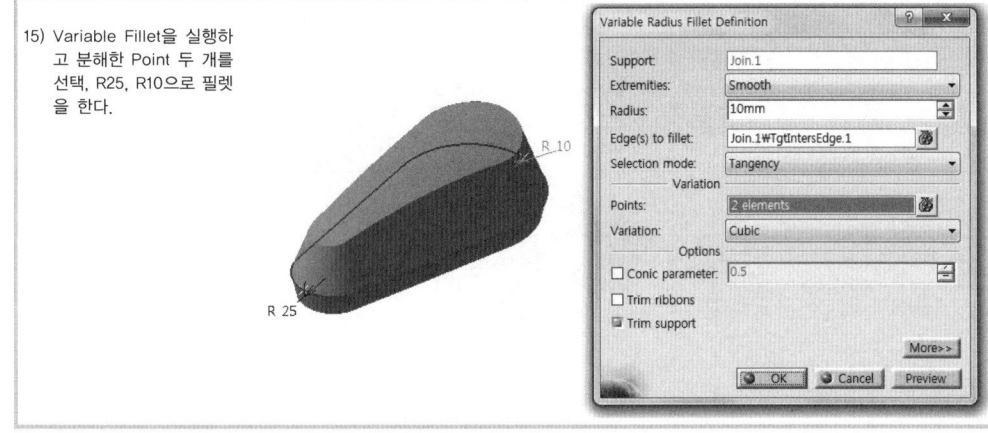

16) [Start]-[Mechanical Design]-[Part Design]을 선택한다.

17) CloseSurface를 실행하고 EdgeFillet.1을 선택하여 Solid로 채운다.

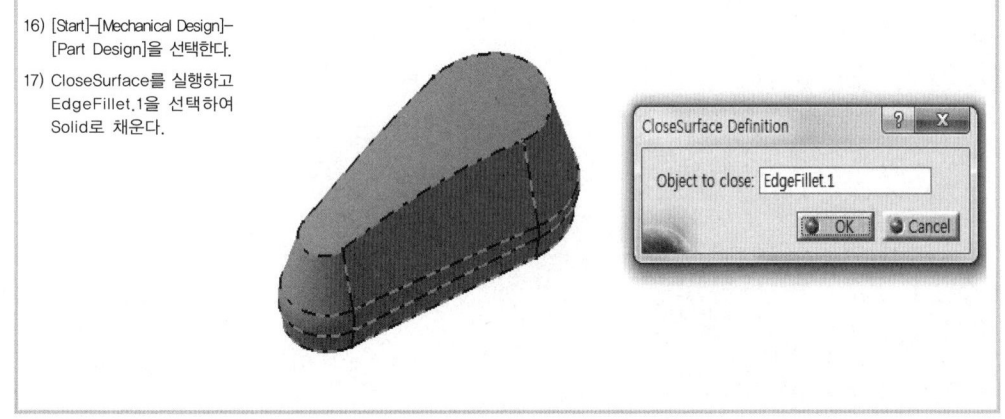

18) 스케치를 실행하고 CloseSurface.1 객체의 밑면을 선택하여 다음과 같이 스케치를 한다.

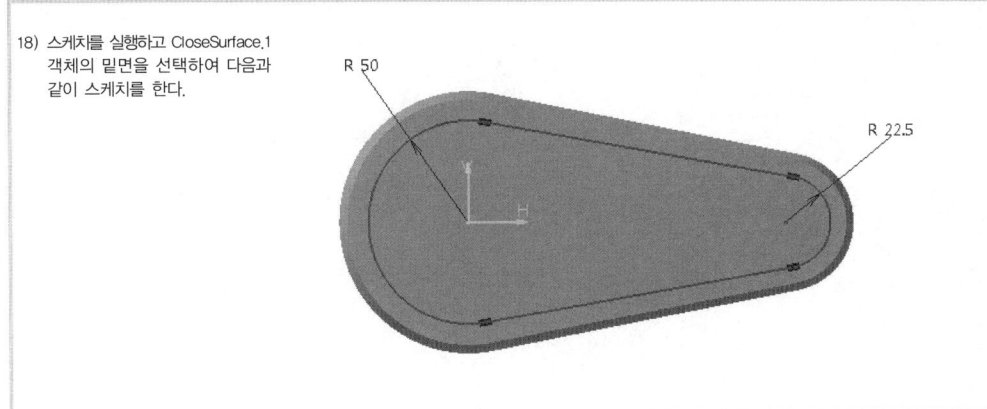

19) 스케치를 실행하고 XY Plane을 지정하여 다음과 같이 스케치를 한다.

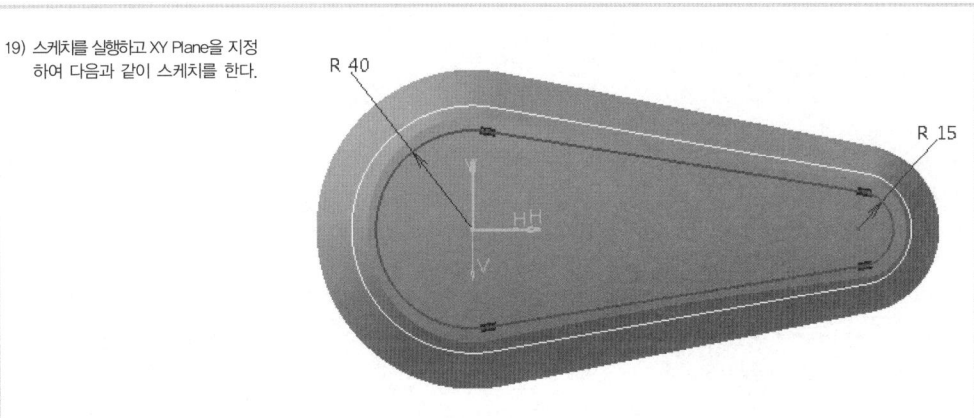

20) [Start]-[Shape]-[Generative Shape Design]을 선택한다.

21) Intersection을 실행하고 Sketch.4와 ZX Plane을 선택하여 교차 Point를 생성한다.

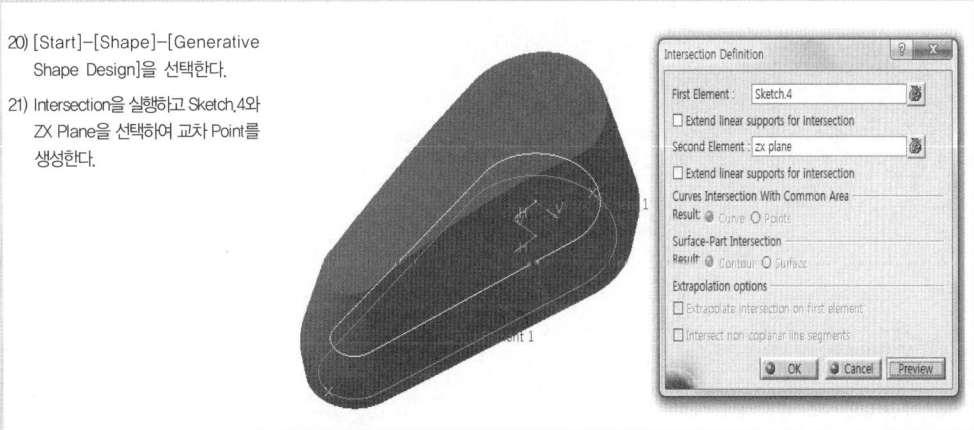

22) Intersection을 실행하고 Sketch.5와 ZX Plane을 선택하여 교차 Point를 생성한다.

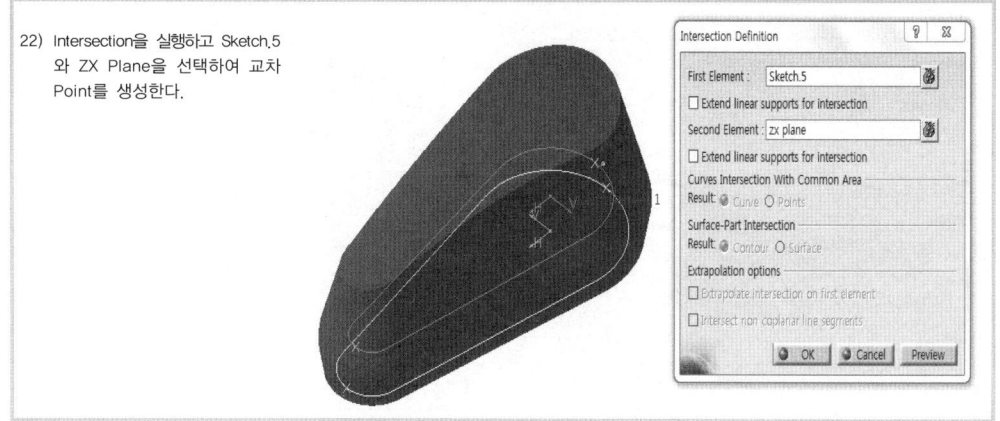

23) 스케치를 실행하고 ZX Plane을 지정하여 다음과 같이 스케치를 한다.

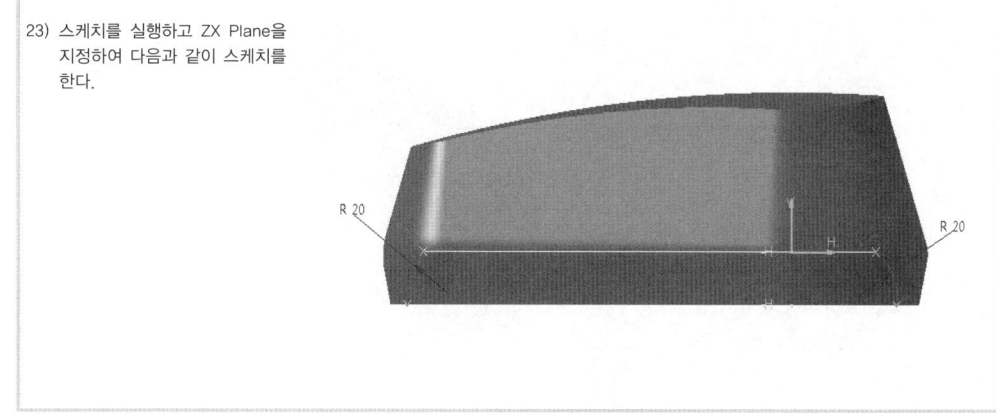

24) Disassemble을 실행하고 Sketch.6을 선택하여 다음과 같이 분해한다.

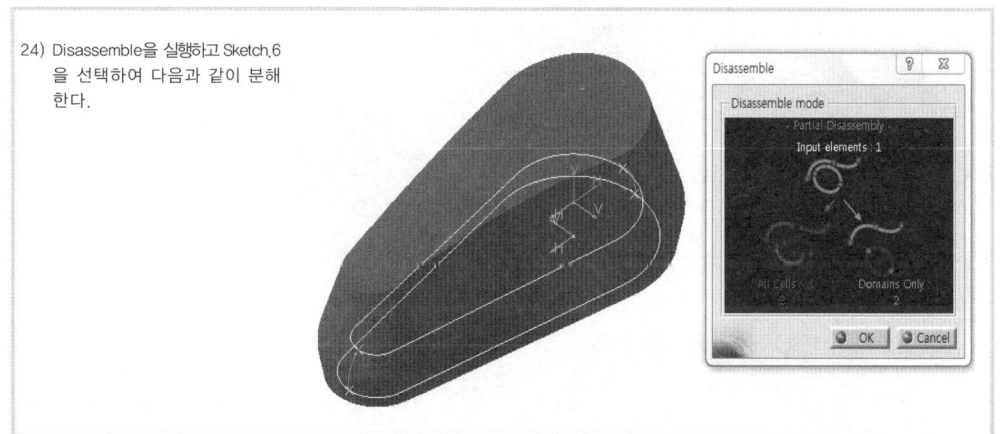

25) Multi-Section Surface를 실행하고 다음과 같이 지정하여 Surface를 생성한다.

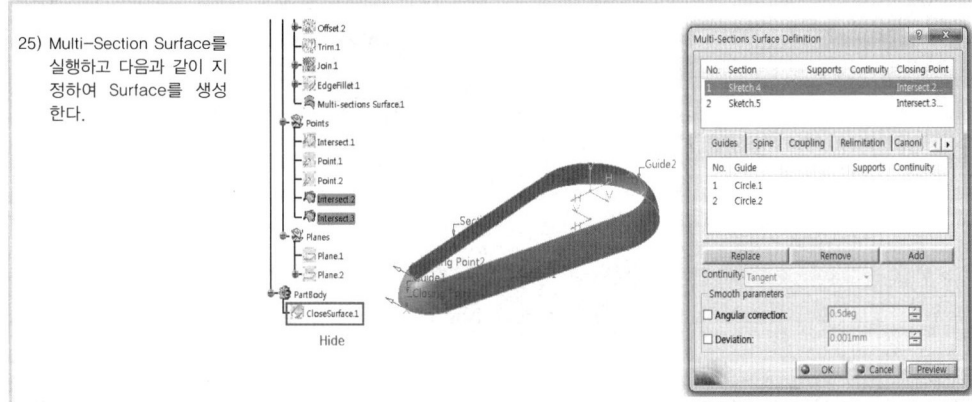

26) Sweep을 실행하고 Guide curve 1 : Sketch.5, Draft direction : Z Component, Angle : 5deg, Relimiting element 1 : Offset.1을 지정하여 Surface를 생성한다.

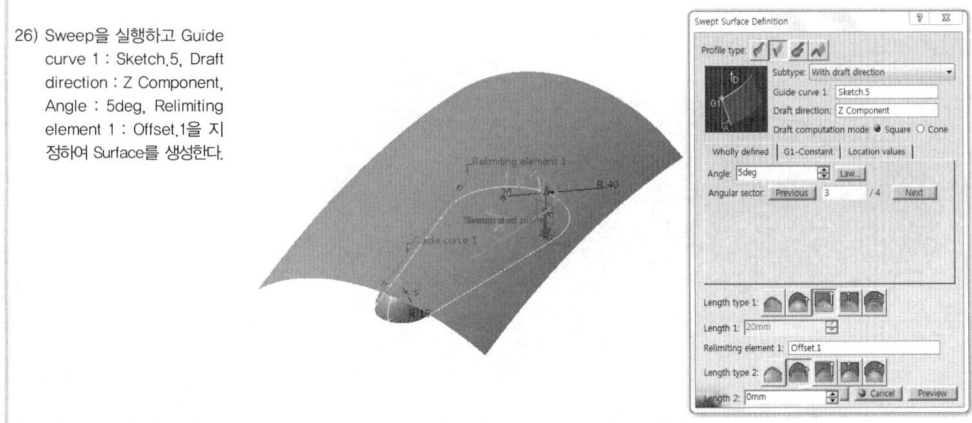

27) Trim를 실행하고 두 개의 Surface를 선택하여 다음 부분이 남도록 잘라낸다.

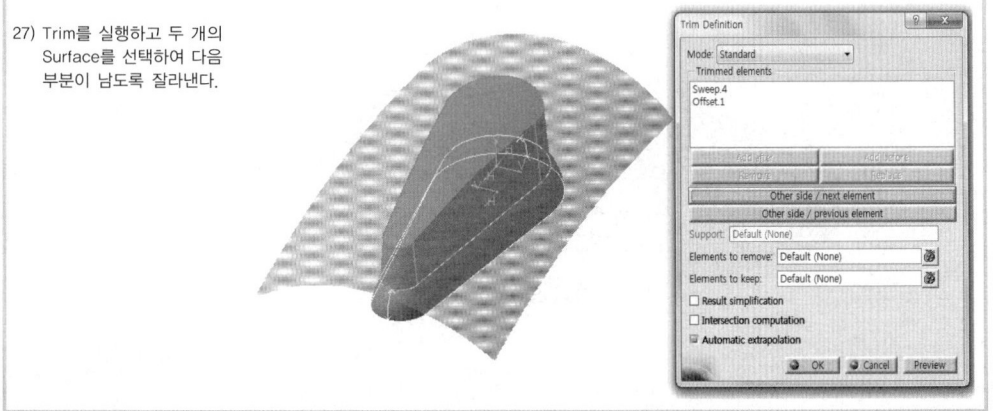

28) Join을 실행하고 두 개의 Surface를 결합한다.

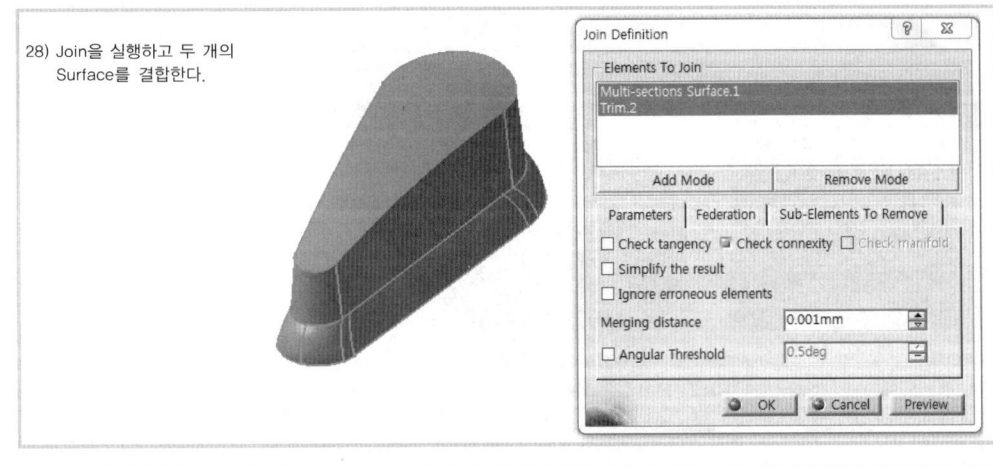

29) EdgeFillet을 실행하고 반경 : 20mm로 필렛을 한다.

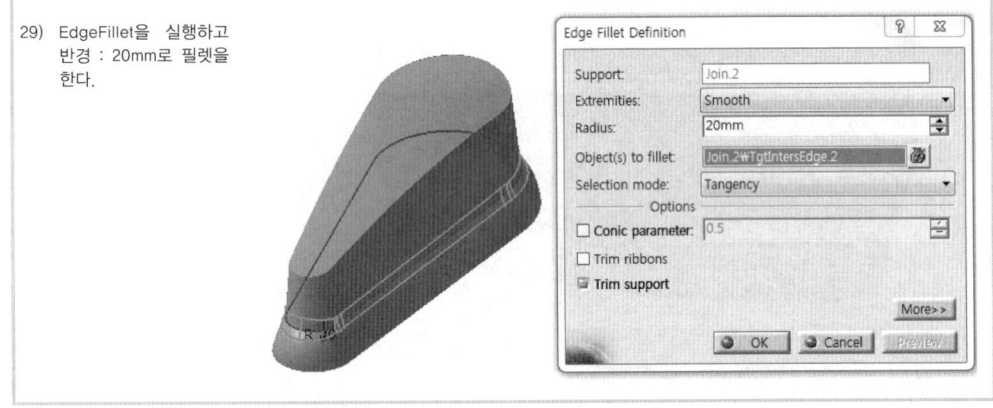

30) EdgeFillet을 실행하고 반경 : 5mm로 필렛을 한다.

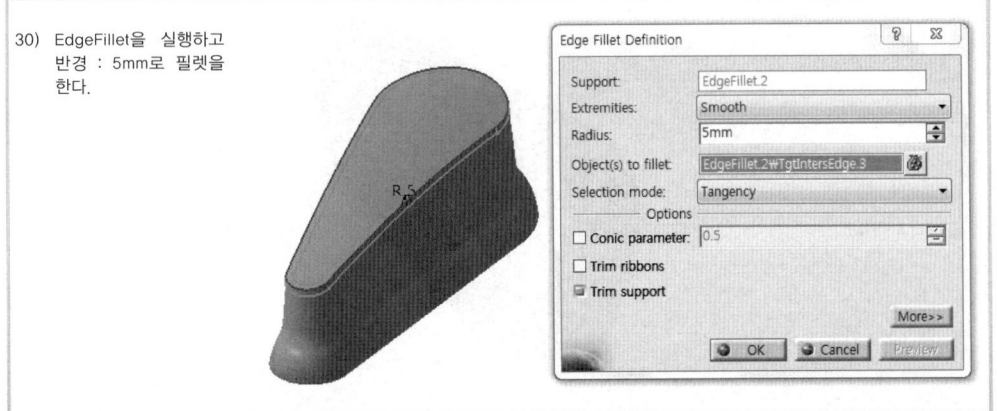

31) 스케치를 실행하고 ZX Plane 을 지정하여 다음과 같이 스케치를 한다.

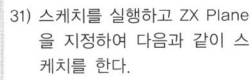
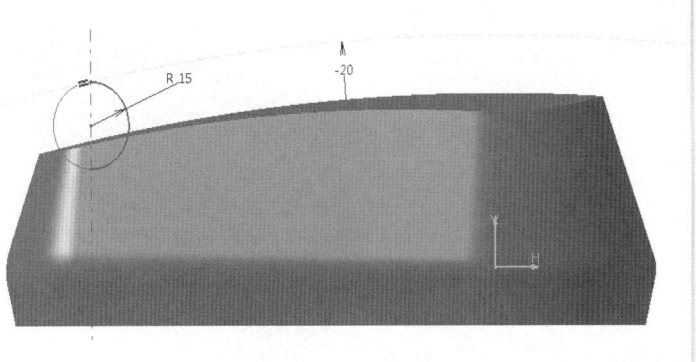

32) [Start]-[Mechanical Design]-[Part Design]을 선택한다.
33) Shaft를 실행하고 360deg 회전을 한다.

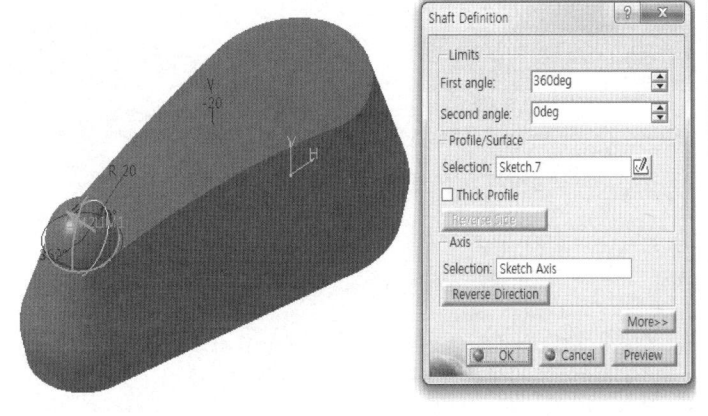

34) Split을 실행하고 EdgeFillet.1 을 선택하여 다음과 같이 잘라낸다.

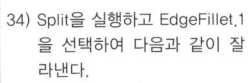
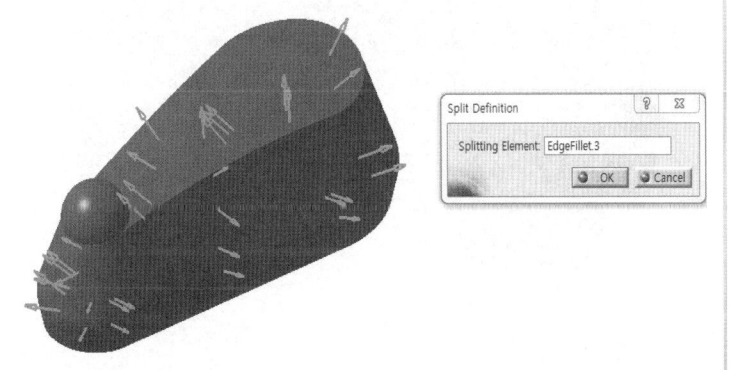

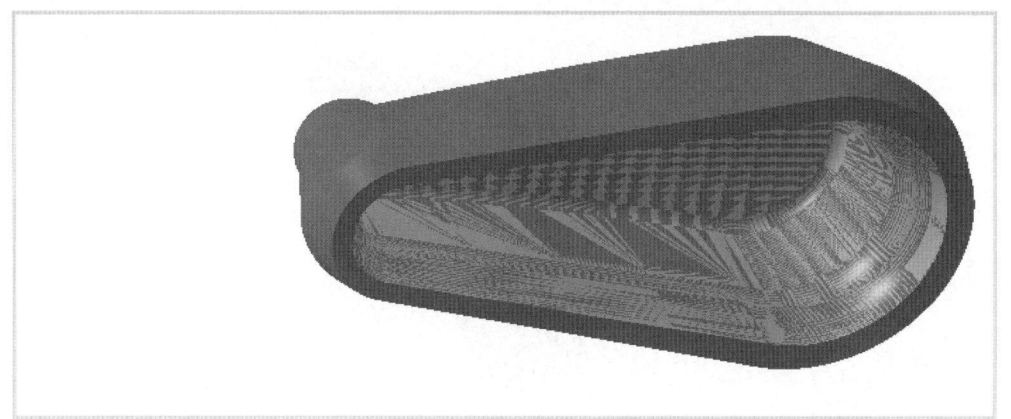

35) 스케치를 실행하고 ZX Plane을 지정하여 다음과 같이 스케치를 한다.

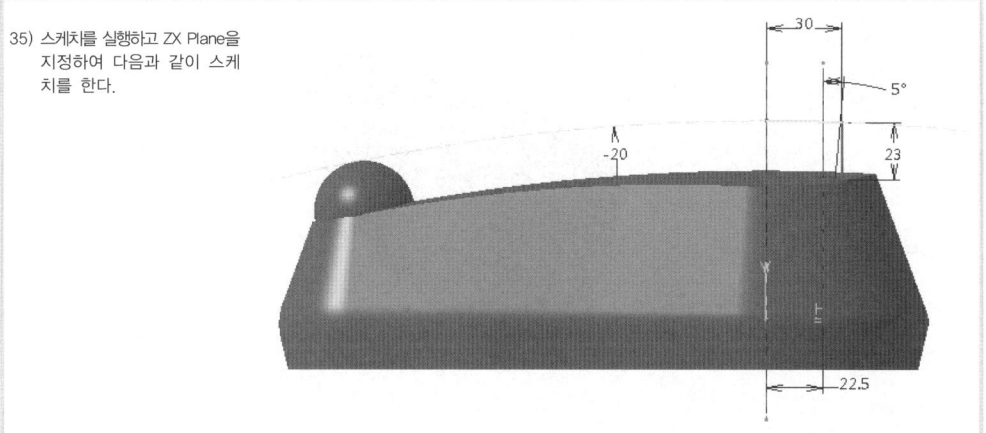

36) Shaft를 실행하고 360deg 회전을 한다.

37) 스케치를 실행하고 ZX Plane 을 지정하여 다음과 같이 스케치를 한다.

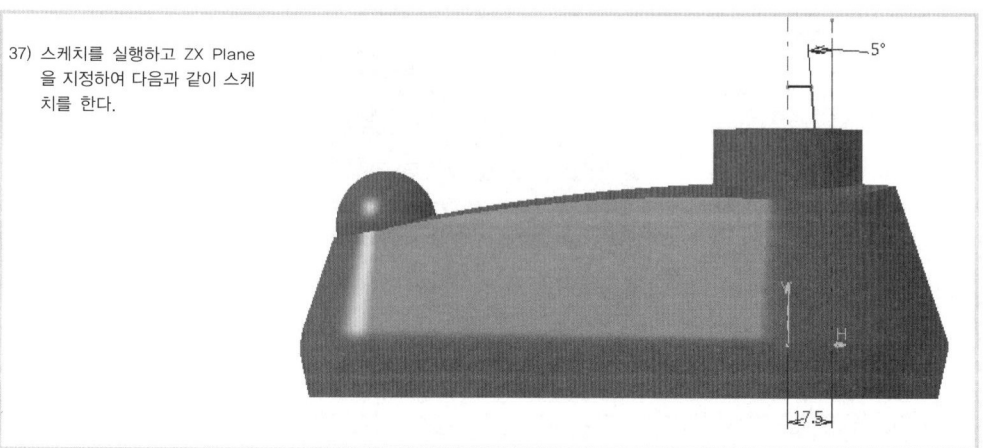

38) Groove를 실행하고 360deg 회전 컷을 한다.

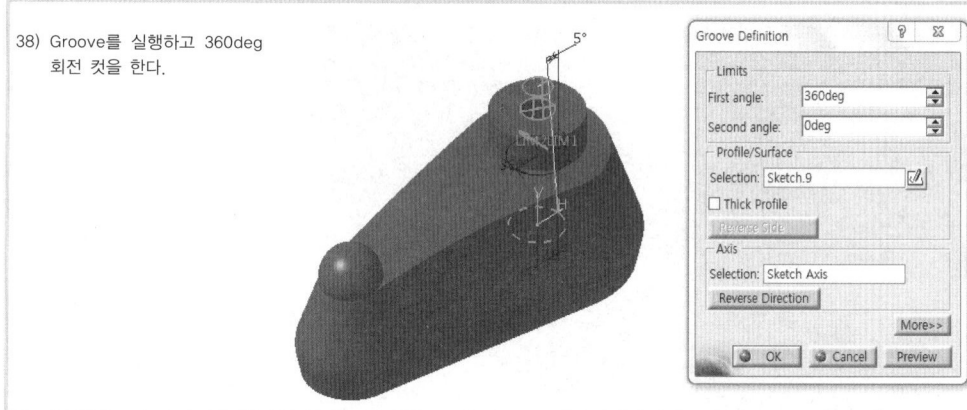

39) Point를 실행하고 다음과 같이 모서리를 선택, Middle Point 를 선택하여 중간지점에 Point 를 생성한다.

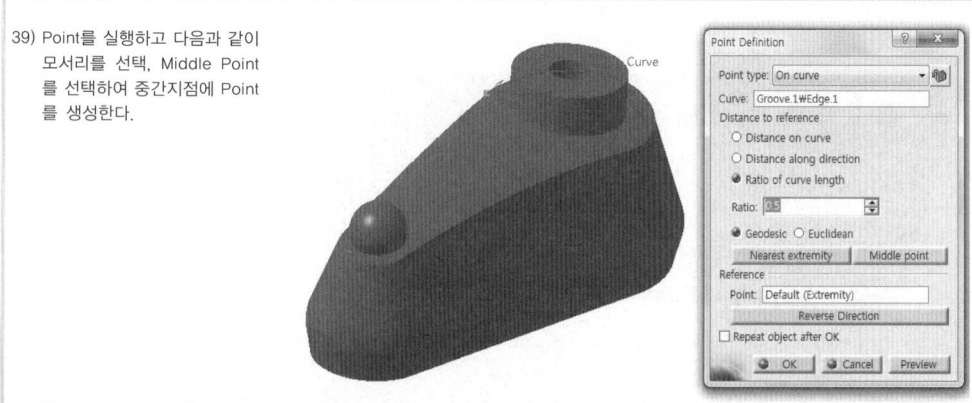

40) Point를 실행하고 다음과 같이 모서리를 선택, Middle Point 를 선택하여 중간지점에 Point 를 생성한다.

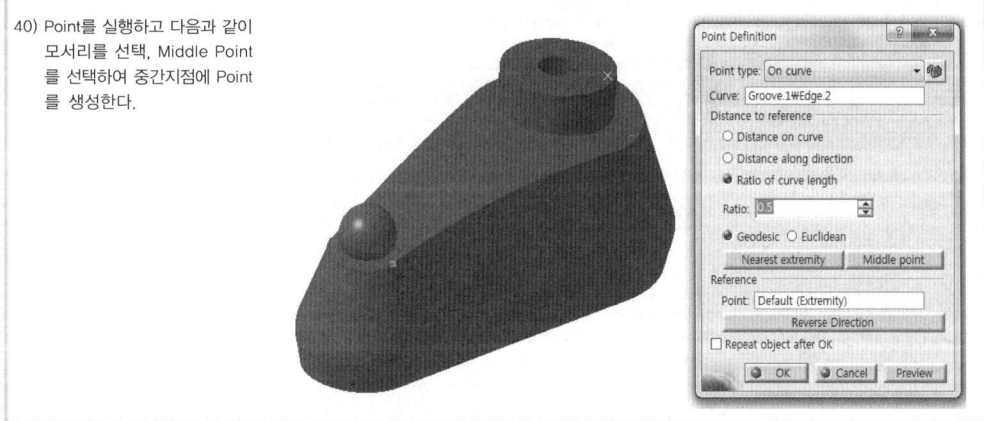

41) Variable Fillet을 실행하고 앞에서 생성한 두 개의 Point를 선택, R20, R5로 필렛을 한다.

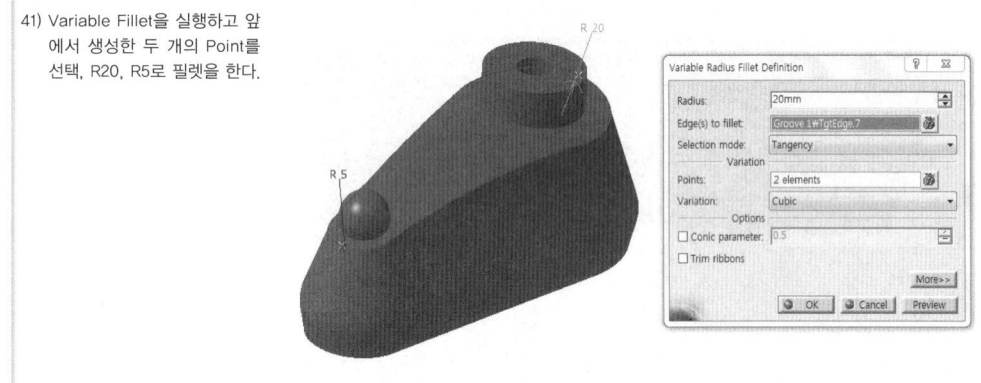

42) EdgeFillet을 실행하고 반경 : 30mm로 필렛을 한다.

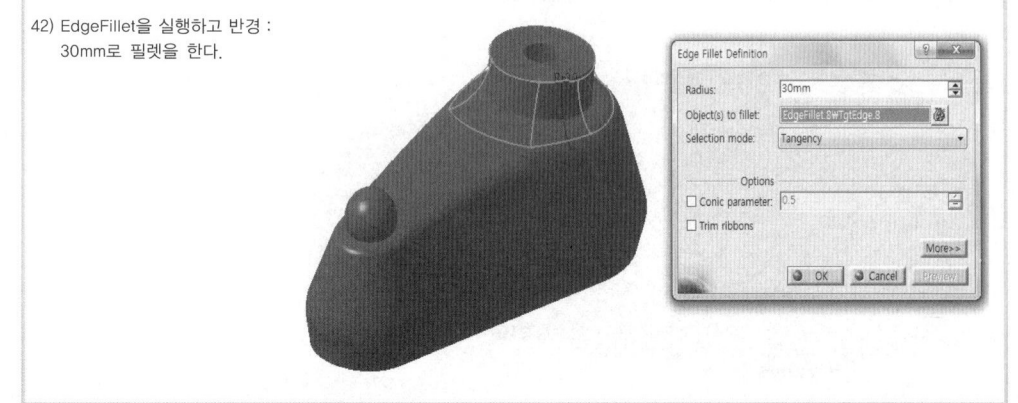

43) EdgeFillet을 실행하고 반경 :
   30mm로 필렛을 한다.

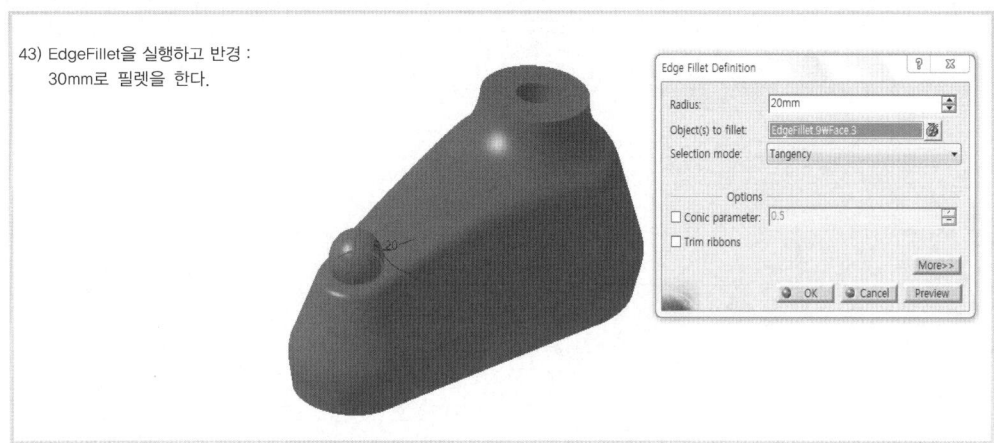

44) EdgeFillet을 실행하고 반경 :
   10mm로 필렛을 한다.

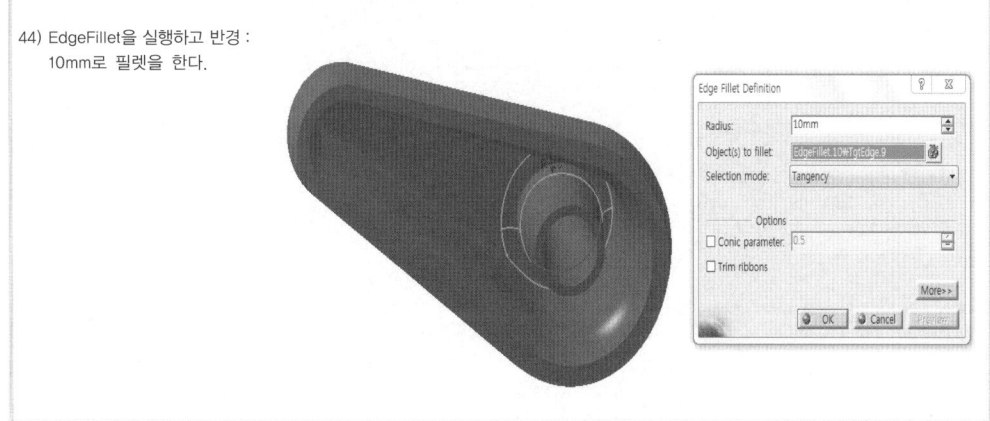

■ 완성결과

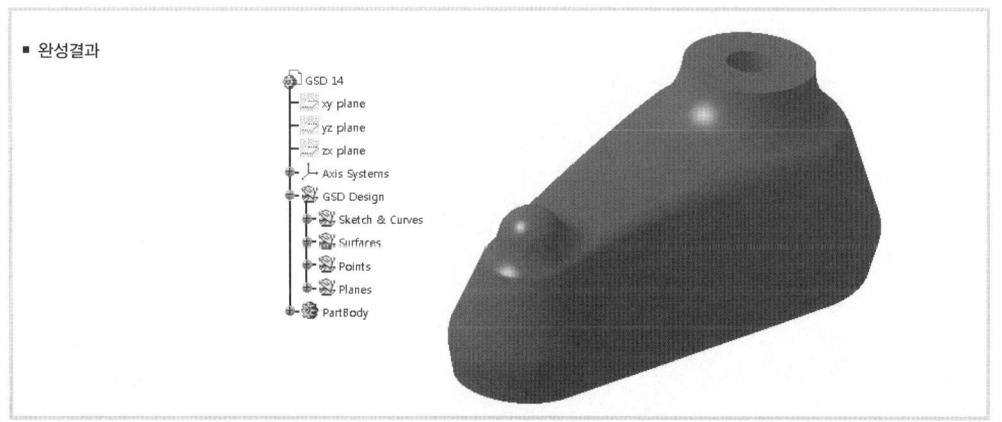

응용하기 15 응용가공

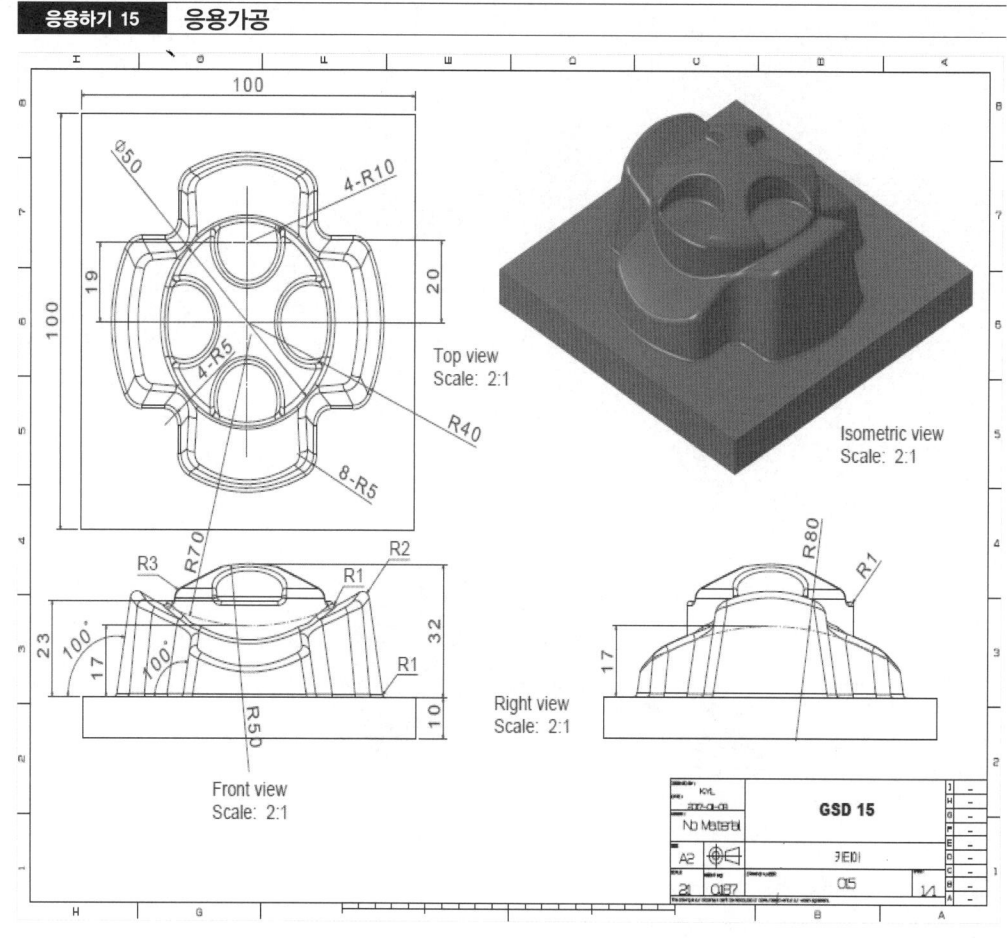

1) 다음과 같이 기본 Geometrical Set을 생성한다.

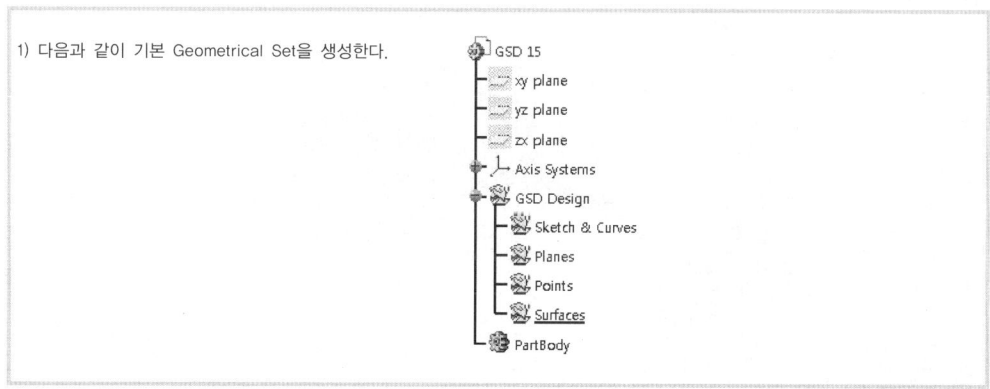

2) 스케치를 실행하고 XY Plane 을 선택하여 다음과 같이 스케치를 한다.

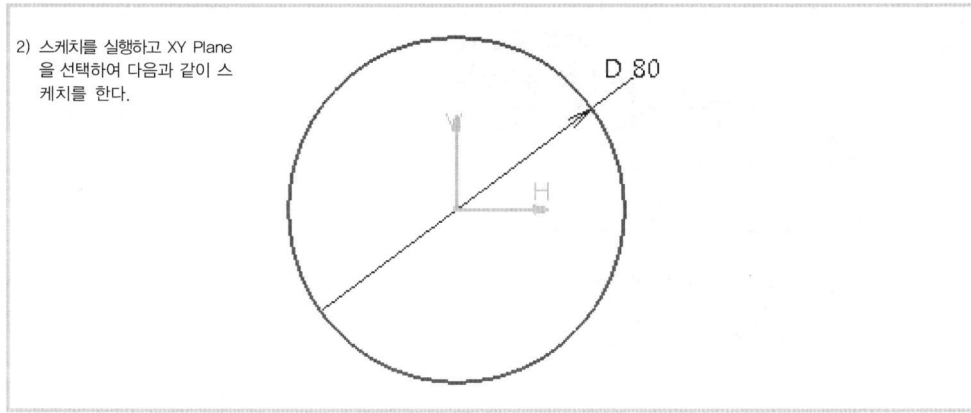

3) 스케치를 실행하고 YZ Plane 을 선택하여 다음과 같이 스케치를 한다.

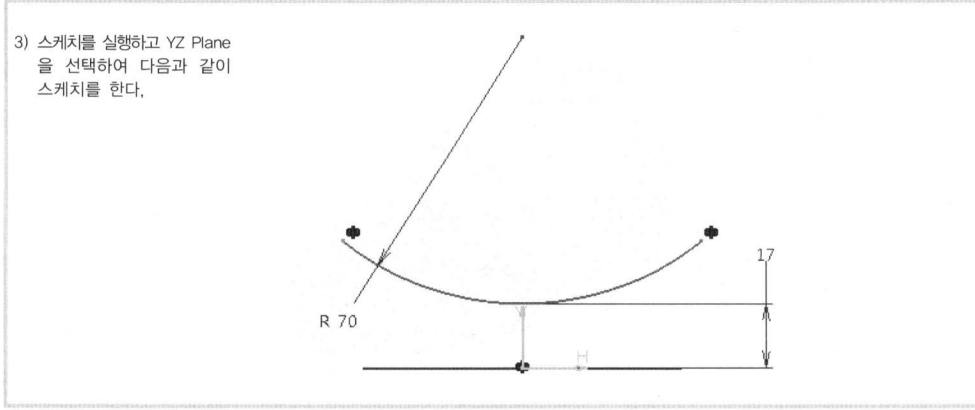

4) 스케치를 실행하고 ZX Plane 을 선택하여 다음과 같이 스케치를 한다.

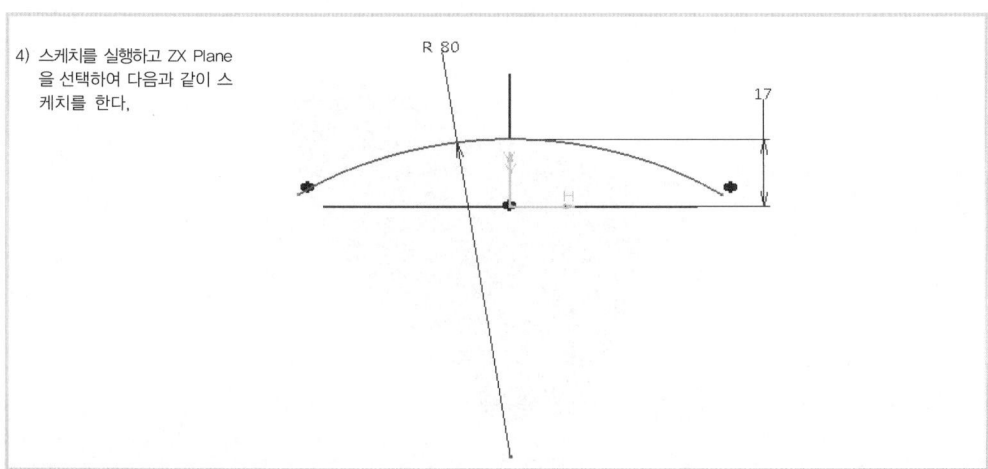

5) Sweep을 실행하고 다음과 같이 지정하여 Surface를 생성한다.

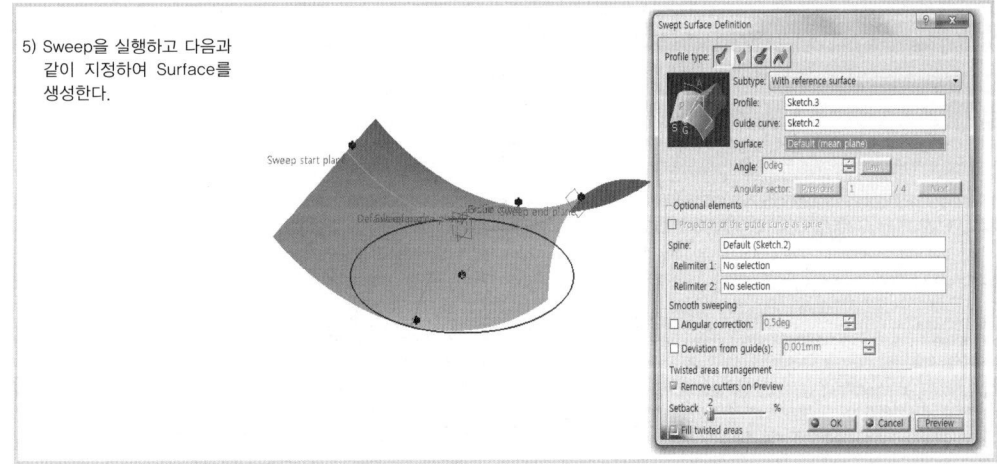

6) Sweep을 실행하고 다음과 같이 지정하여 Surface를 생성한다.

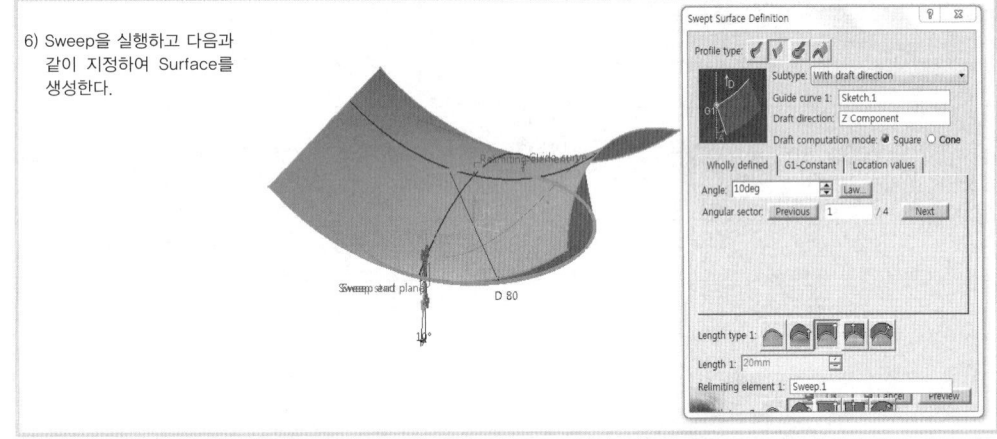

7) Trim을 실행하고 다음과 같이 선택하여 다음 부분이 남도록 잘라낸다.

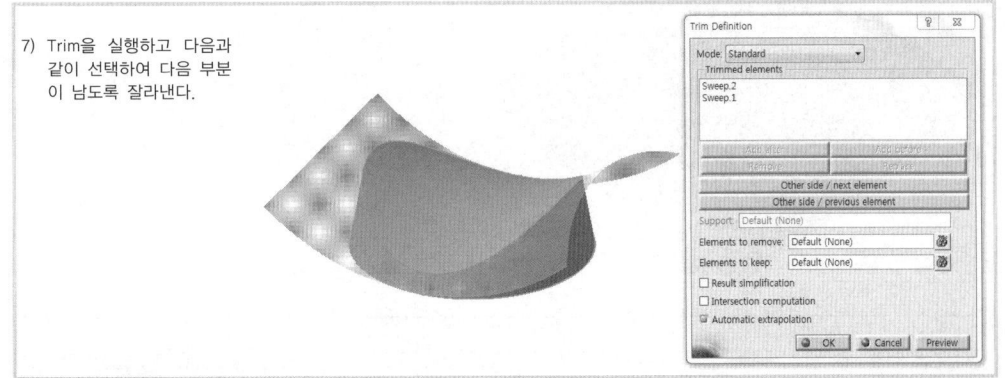

8) 스케치를 실행하고 XY Plane 을 선택하여 다음과 같이 스케치를 한다.

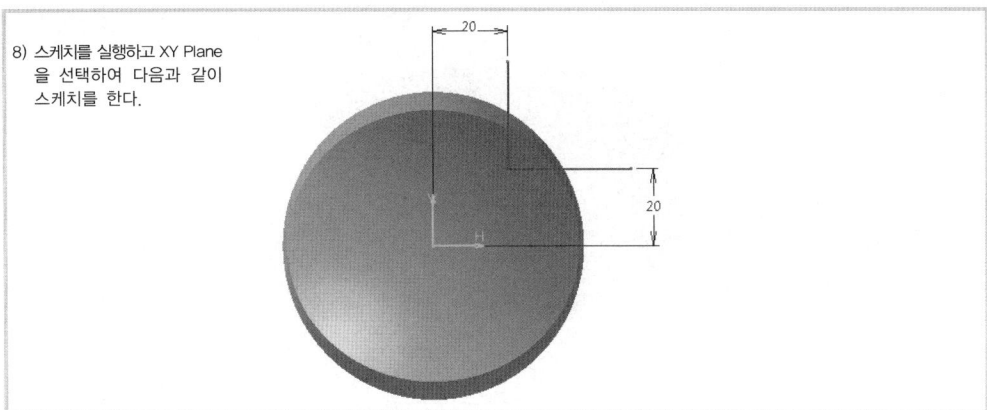

9) Sweep을 실행하고 다음과 같이 지정하여 Surface를 생성한다.

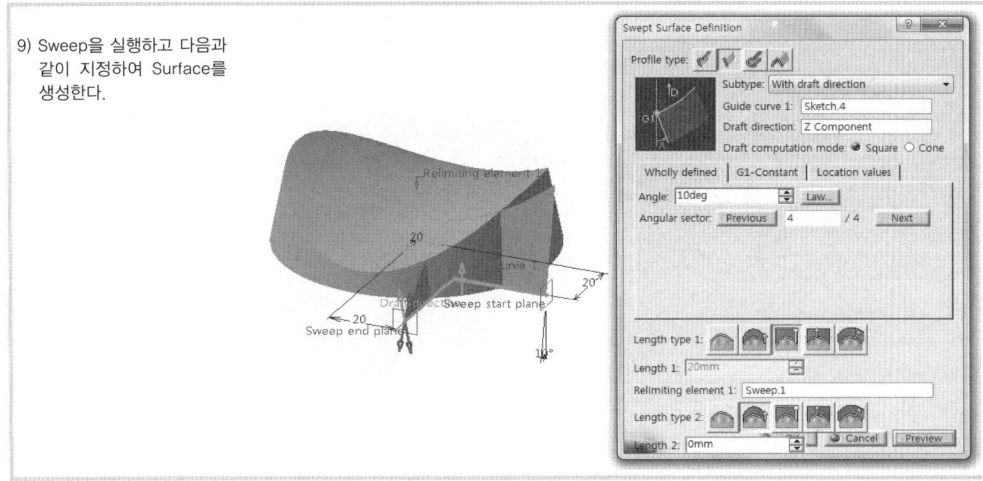

10) EdgeFillet을 실행하고 반경 : 5mm로 필렛을 한다.

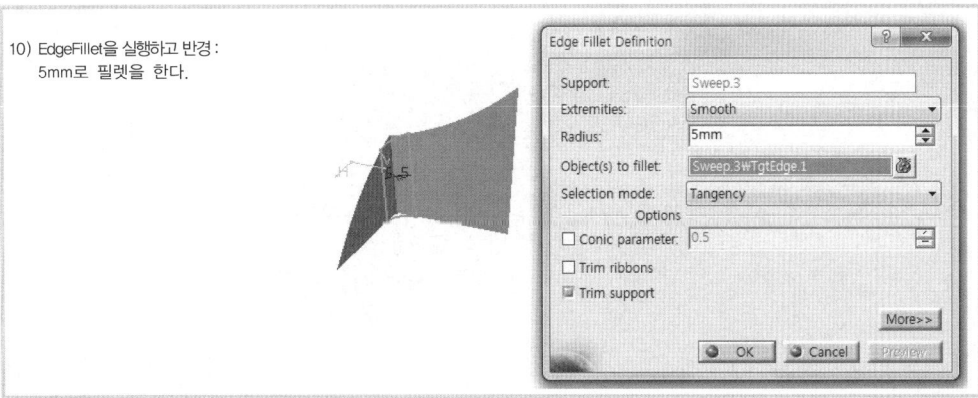

11) Symmetry를 실행하고 다음과 같이 지정하여 대칭 복사 한다.

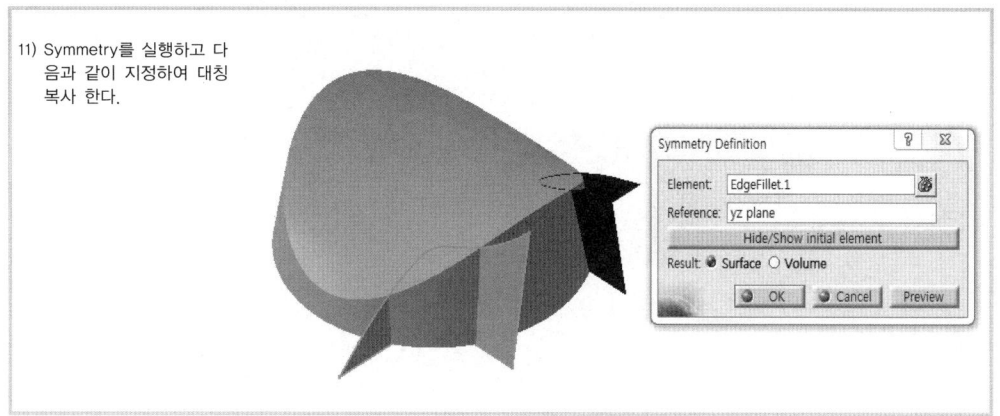

12) Symmetry를 실행하고 다음과 같이 지정하여 대칭 복사 한다.

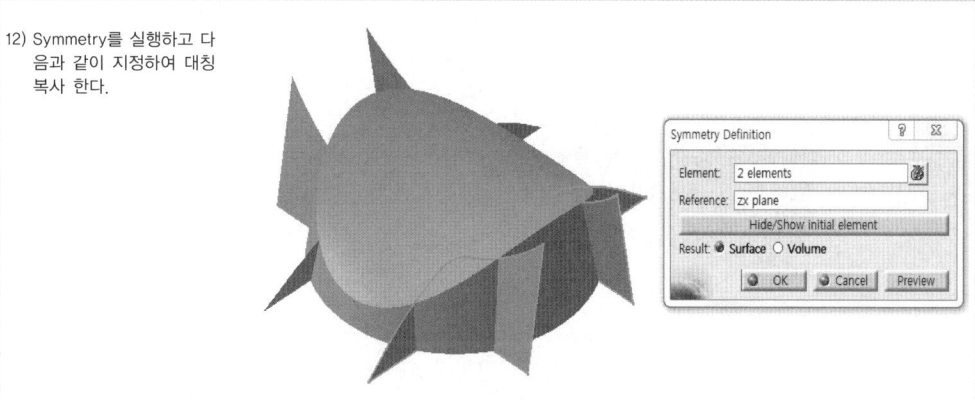

13) Trim을 실행하고 다음과 같이 선택하여 다음 부분이 남도록 잘라낸다.

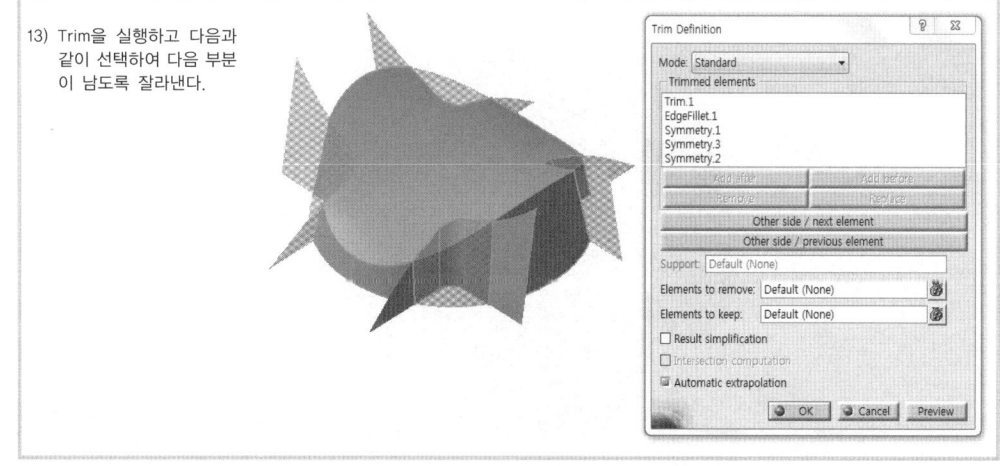

14) EdgeFillet을 실행하고 반경 : 5mm로 필렛을 한다.

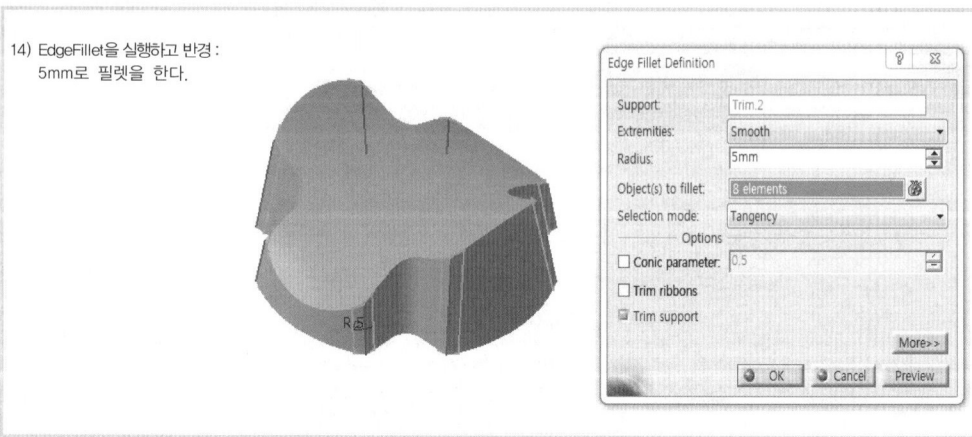

15) EdgeFillet을 실행하고 반경 : 2mm로 필렛을 한다.

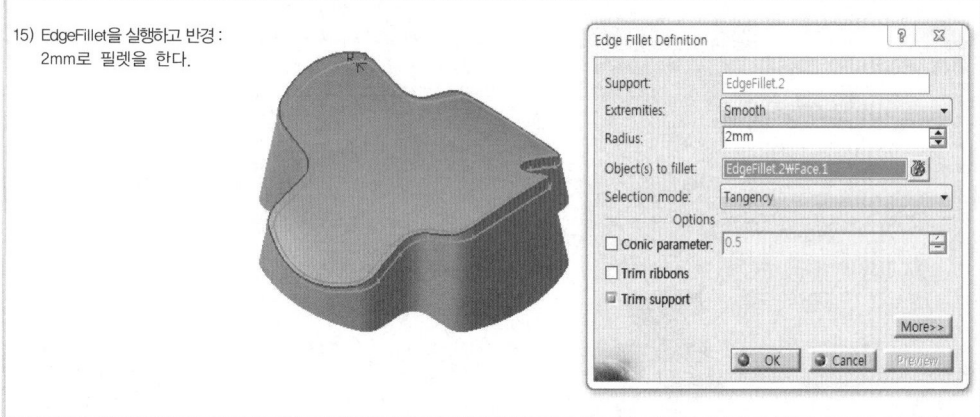

16) 스케치를 실행하고 XY Plane을 선택하여 다음과 같이 스케치를 한다.

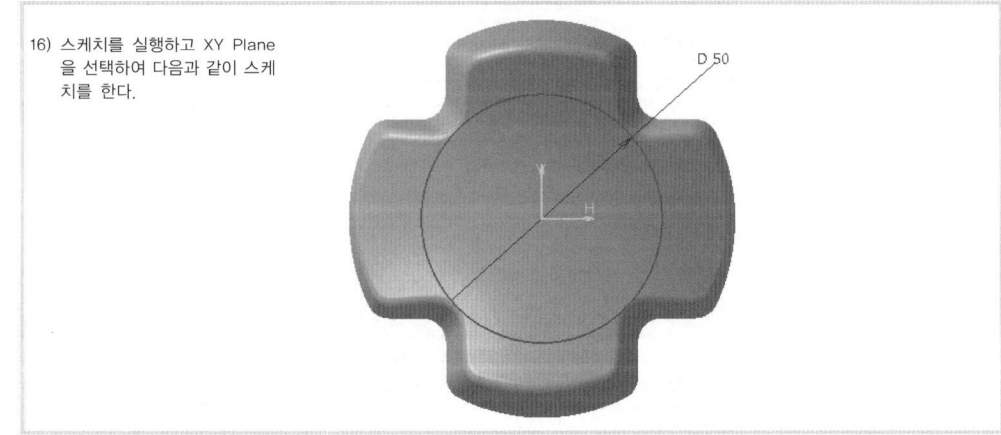

17) 스케치를 실행하고 YZ Plane을 선택하여 다음과 같이 스케치를 한다.

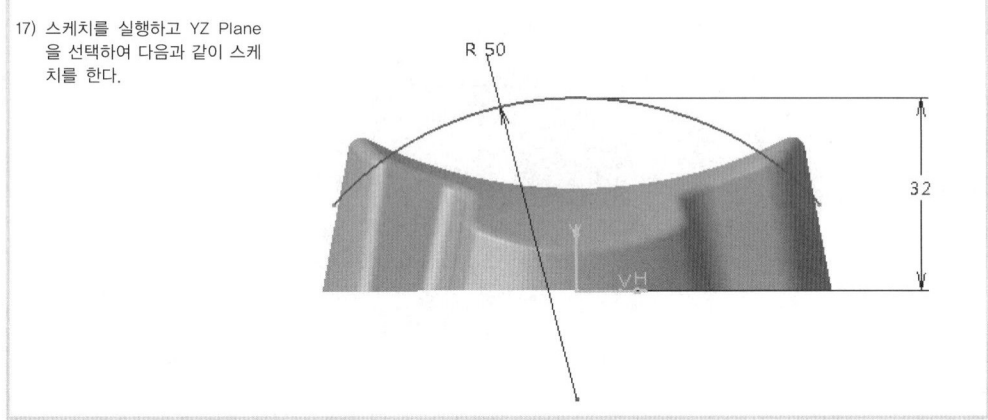

18) 스케치를 실행하고 ZX Plane을 선택하여 다음과 같이 스케치를 한다.

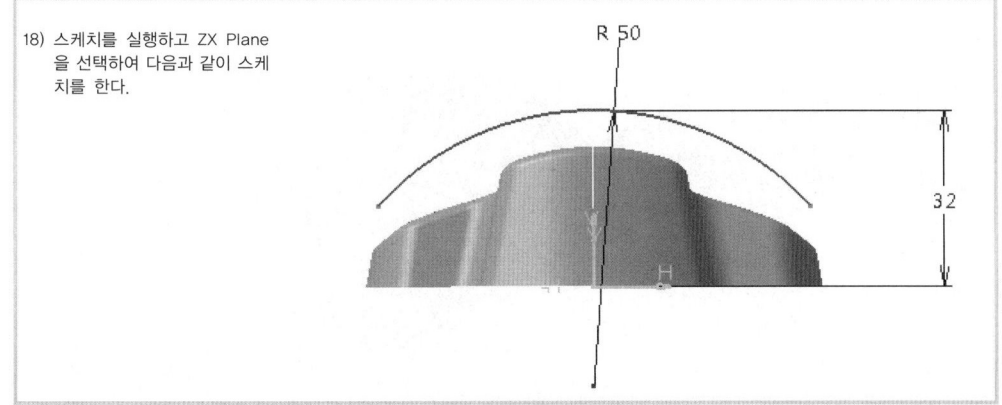

19) Sweep을 실행하고 다음과 같이 지정하여 Surface를 생성한다.

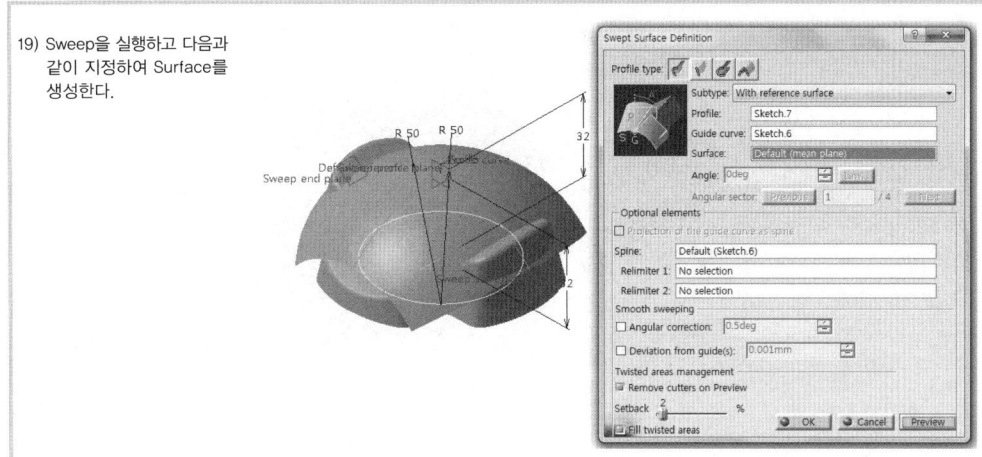

20) Extrude를 실행하고 Up-to element를 지정, Sweep.4 객체를 지정하여 돌출을 한다.

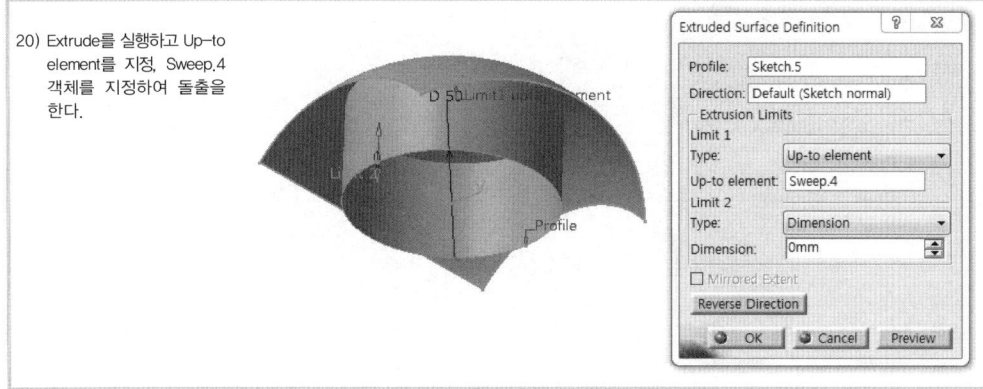

21) Trim을 실행하고 다음과 같이 선택하여 다음 부분이 남도록 잘라낸다.

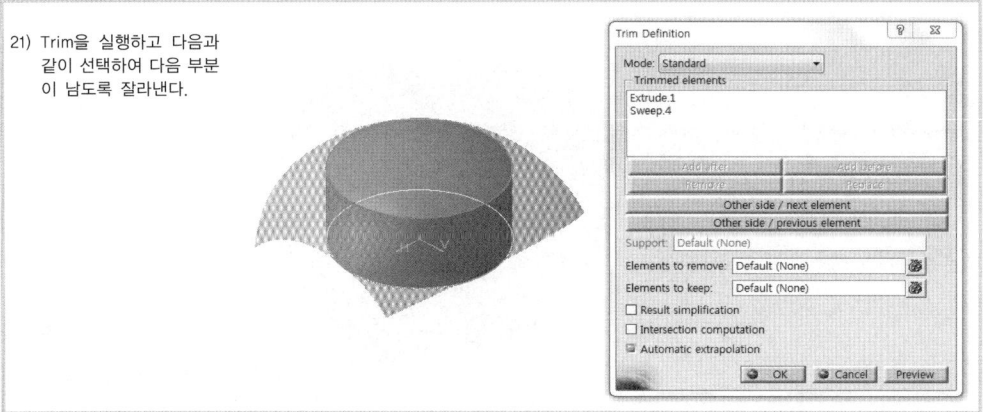

22) Plane을 실행하고 XY Plane을 기준으로 23mm 위쪽에 Plane을 생성한다.

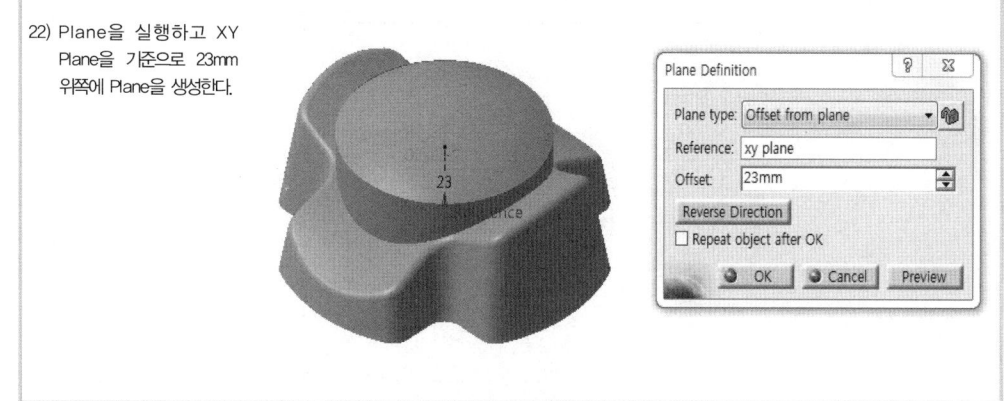

23) 스케치를 실행하고 Plane.1을 선택하여 다음과 같이 스케치를 한다.

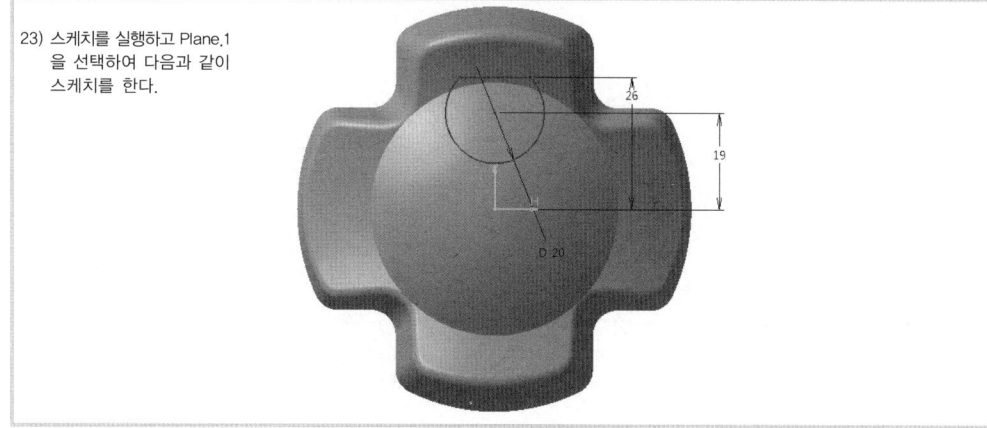

24) [Start]-[Mechanical Design]-[Part Design]을 선택한다.

25) CloseSurface를 실행하고 EdgeFillet.3을 선택하여 Solid로 채운다.

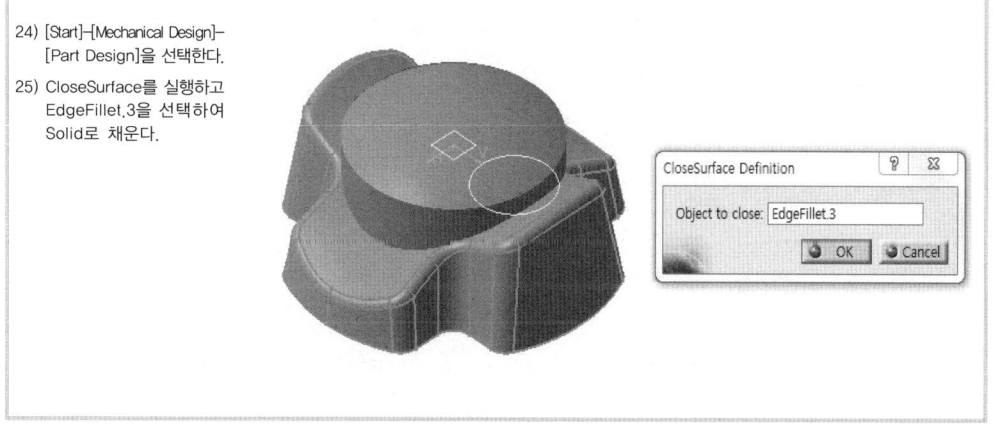

26) CloseSurface를 실행하고 Trim.3을 선택하여 Solid 로 채운다.

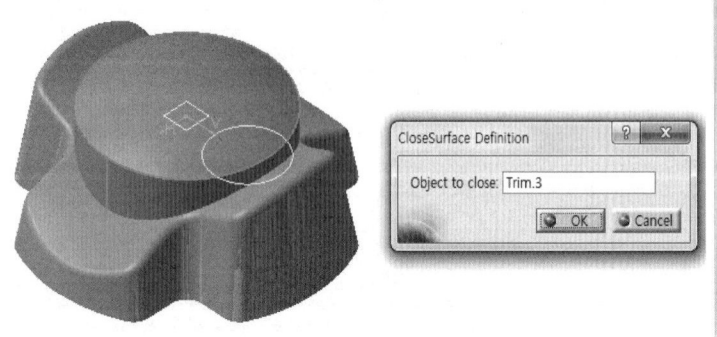

27) Pocket을 실행하고 20mm 위쪽으로 돌출 컷을 한다.

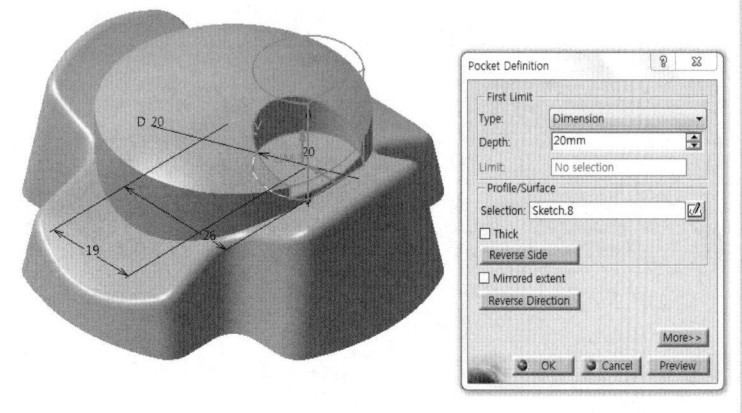

28) Circular Pattern을 실행하고 Instance : 4, Pocket.1 객체를 패턴복사 한다.

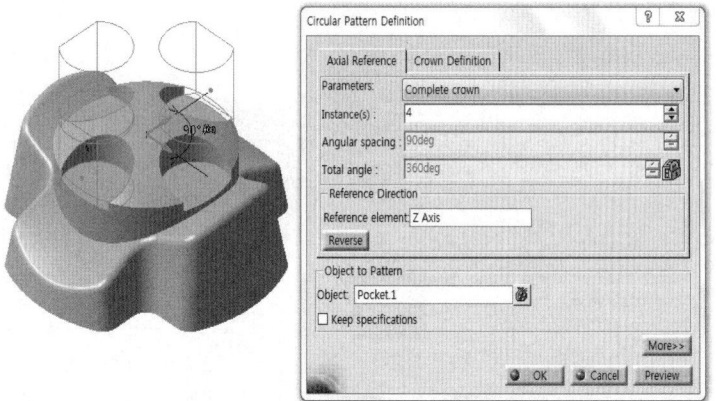

29) EdgeFillet을 실행하고 반경 : 3mm로 필렛을 한다.

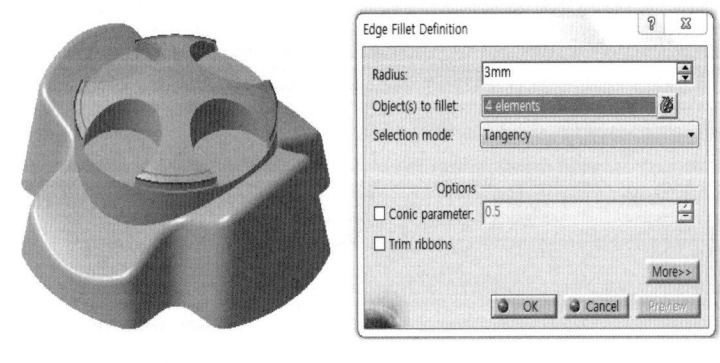

30) EdgeFillet을 실행하고 반경 : 1mm로 필렛을 한다.

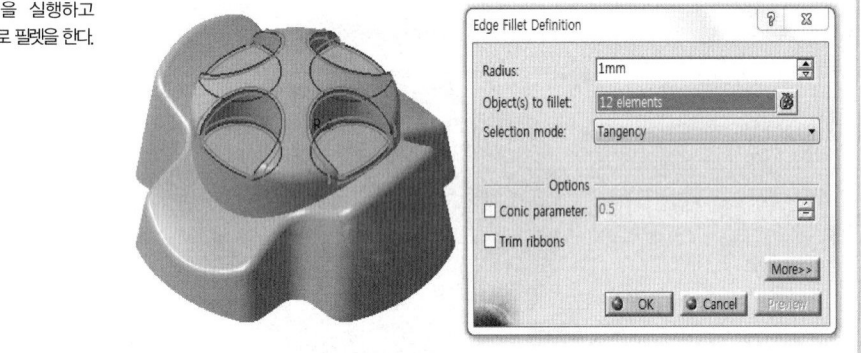

31) 스케치를 실행하고 XY Plane 을 지정하여 다음과 같이 스케치를 한다.

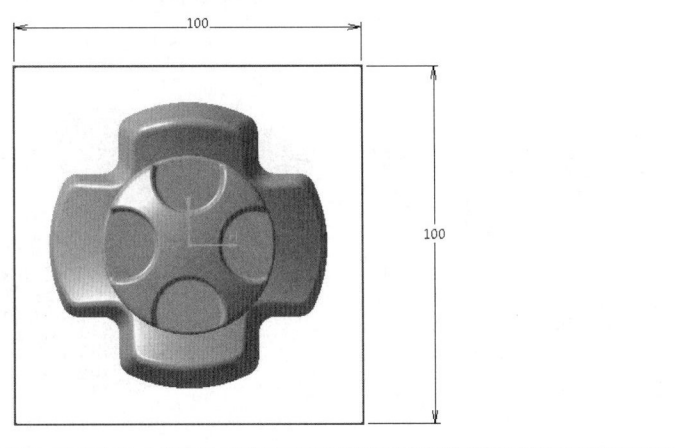

32) Pad를 실행하고 10mm 돌출을 한다.

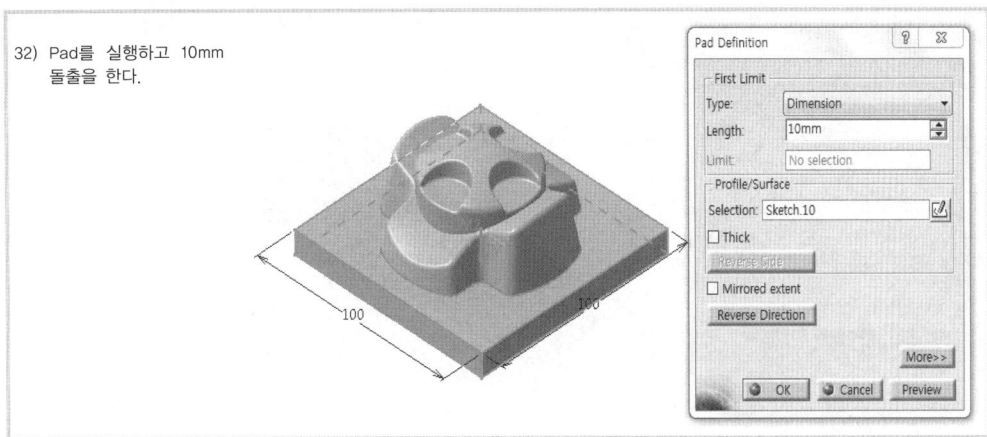

33) EdgeFillet을 실행하고 반경 : 1mm로 필렛을 한다.

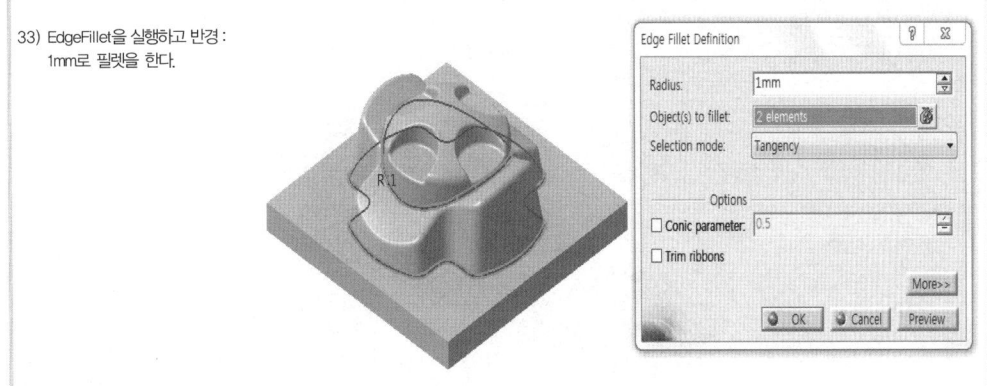

■ 완성 결과

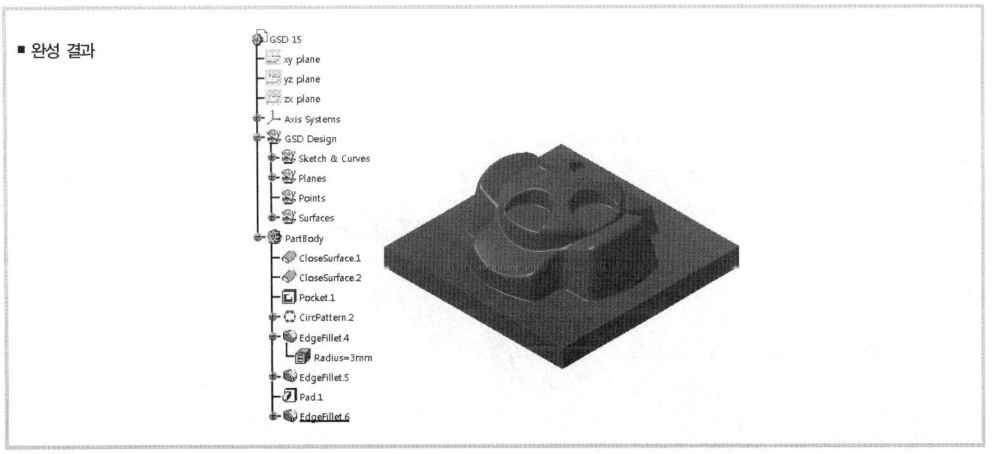

응용하기 16   치약통 만들기

1) Plane을 실행하고 YZ Plane을 기준으로 200mm 위치에 Plane을 생성한다.

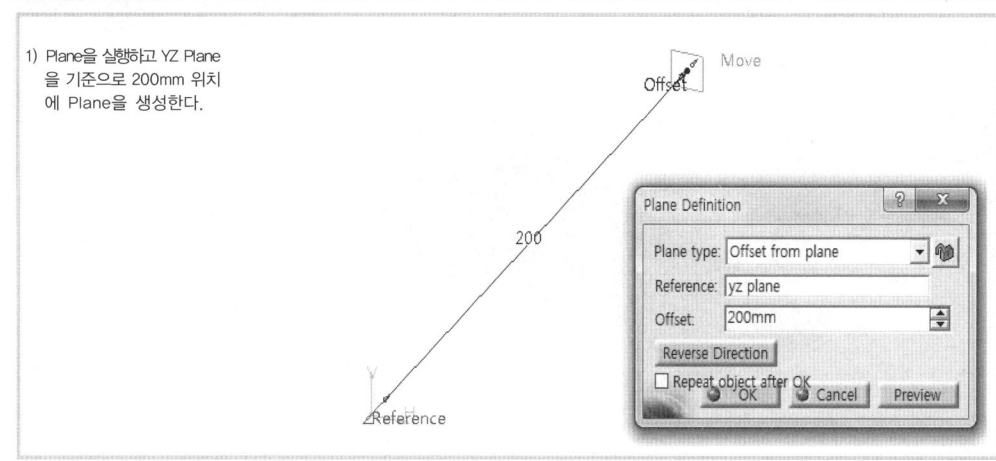

2) 스케치를 실행하고 YZ Plane을 선택하여 음과 같이 스케치를 한다.

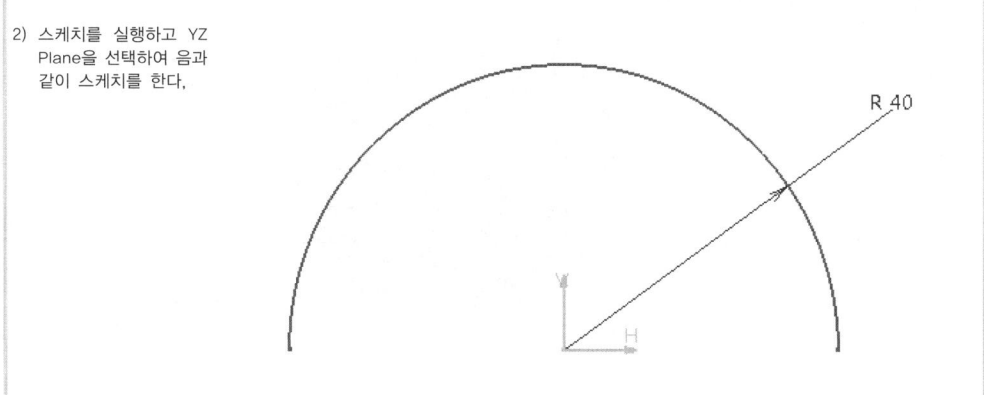

3) 스케치를 실행하고 Plane.1을 선택하여 다음과 같이 스케치를 한다.

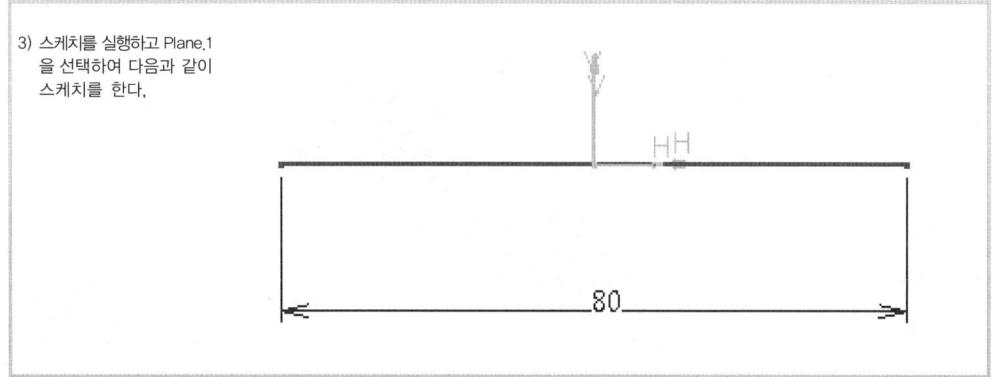

4) Multi-Section Surface를 실행하고 두 개의 Sketch를 선택하여 Surface를 생성한다. 꼬인 경우 화살표 방향을 다음과 같이 맞춰 준다.

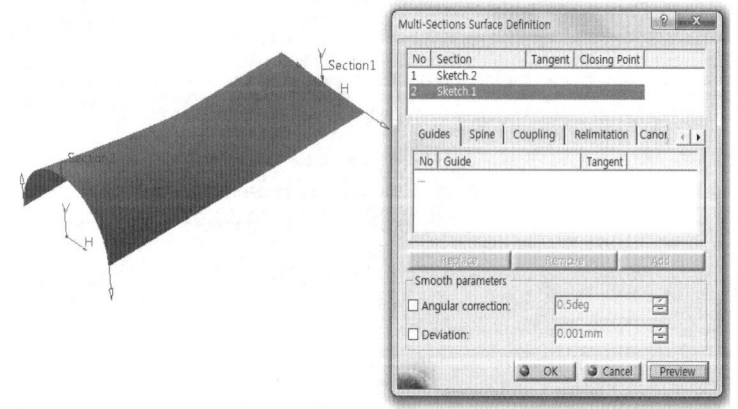

5) Symmetry를 실행하고 XY Plane을 기준으로 대칭복사를 한다.

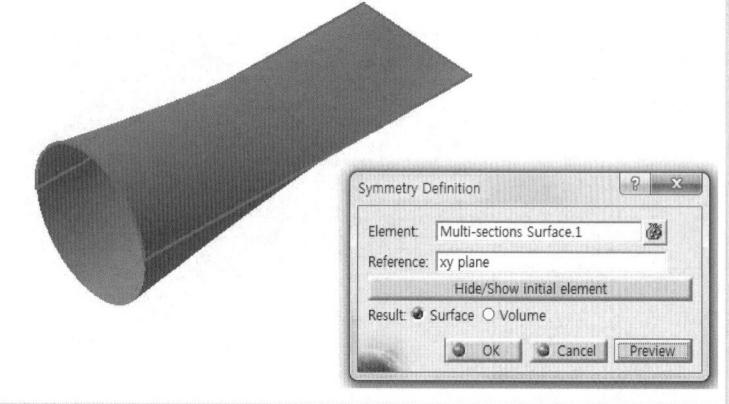

6) Join을 실행하고 두 개의 객체를 결합한다.

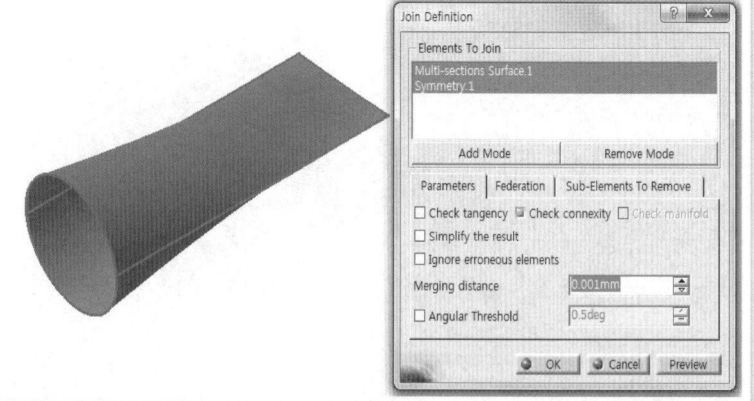

7) Plane을 실행하고 YZ Plane을 기준으로 15mm 위치에 Plane을 생성한다.

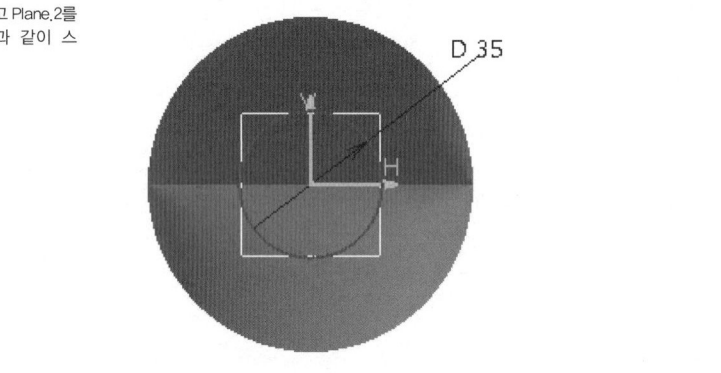

8) 스케치를 실행하고 Plane.2를 선택하여 다음과 같이 스케치를 한다.

9) Plane을 실행하고 YZ Plane을 기준으로 50mm 위치에 Plane을 생성한다.

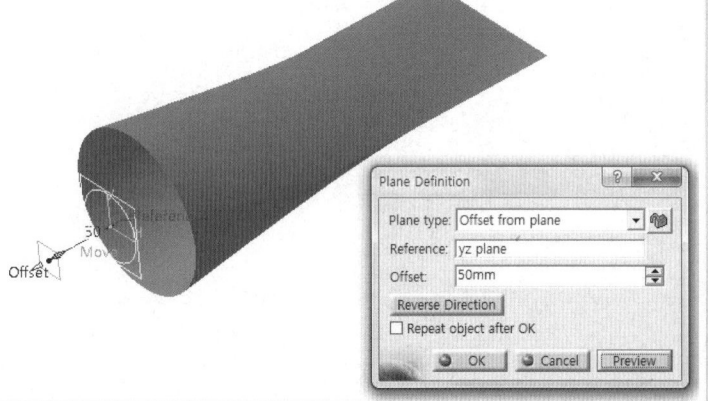

10) 스케치를 실행하고 Plane.3을 선택하여 다음과 같이 스케치를 한다.

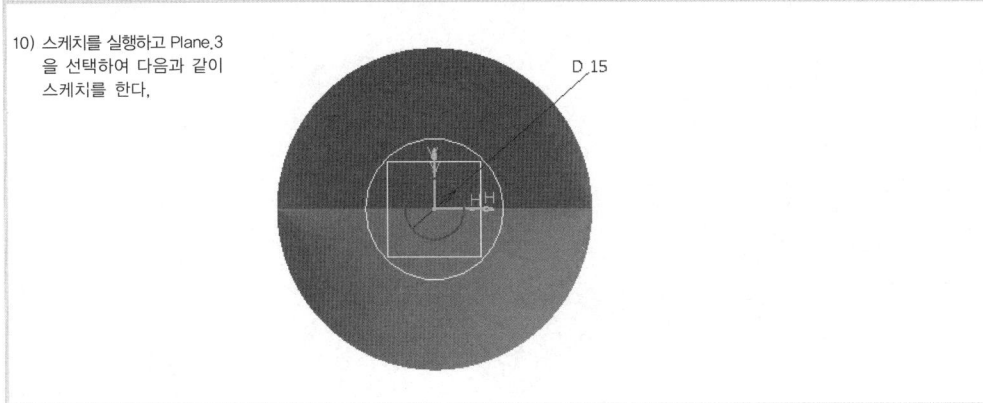

11) Boundary를 실행하고 다음과 같이 경계선을 생성한다.

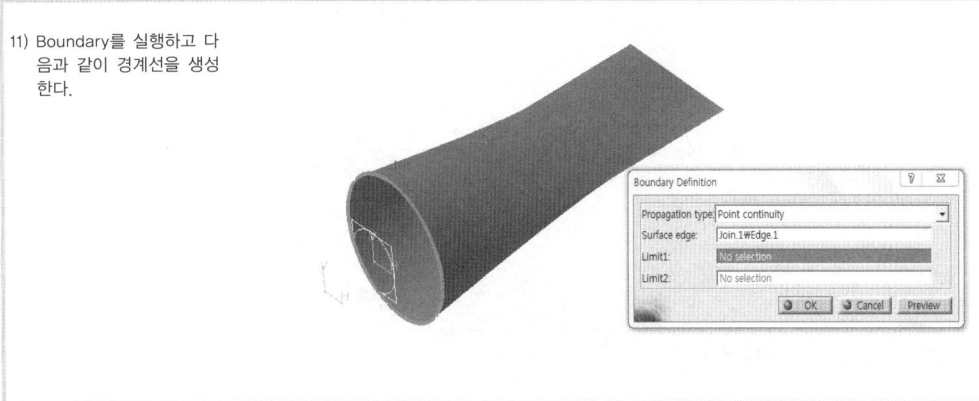

12) Multi-Section Surface를 실행하고 3개의 Sketch를 선택하여 Surface를 생성한다.

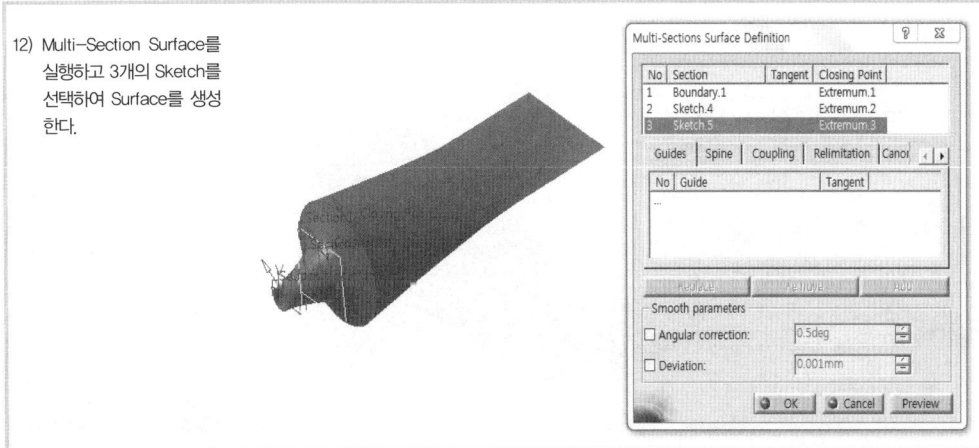

13) Join을 실행하고 두 개의 객체를 결합한다.

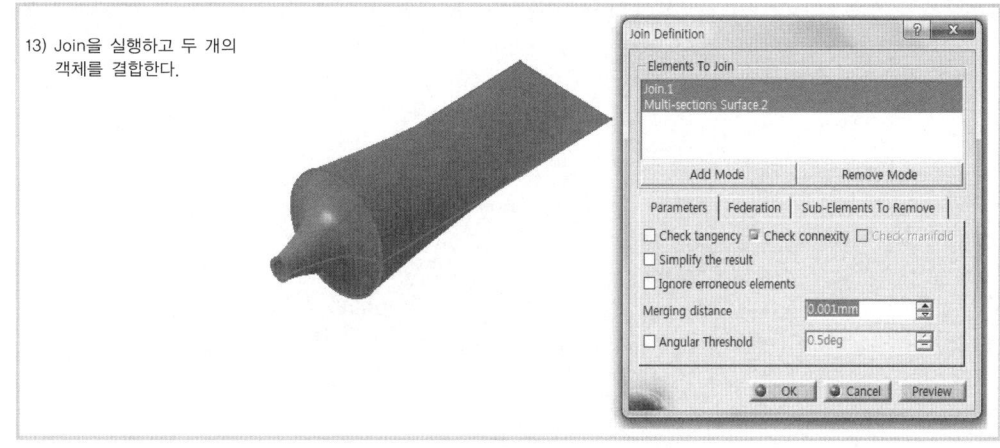

14) 스케치를 실행하고 ZX Plane을 선택하여 다음과 같이 스케치를 한다.

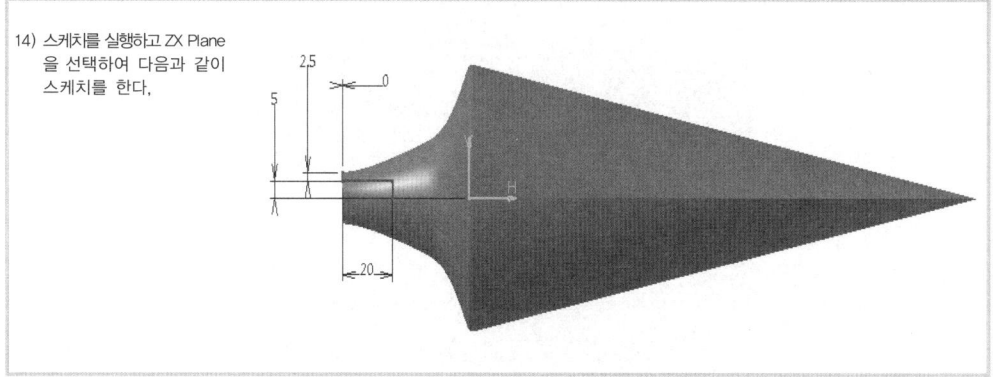

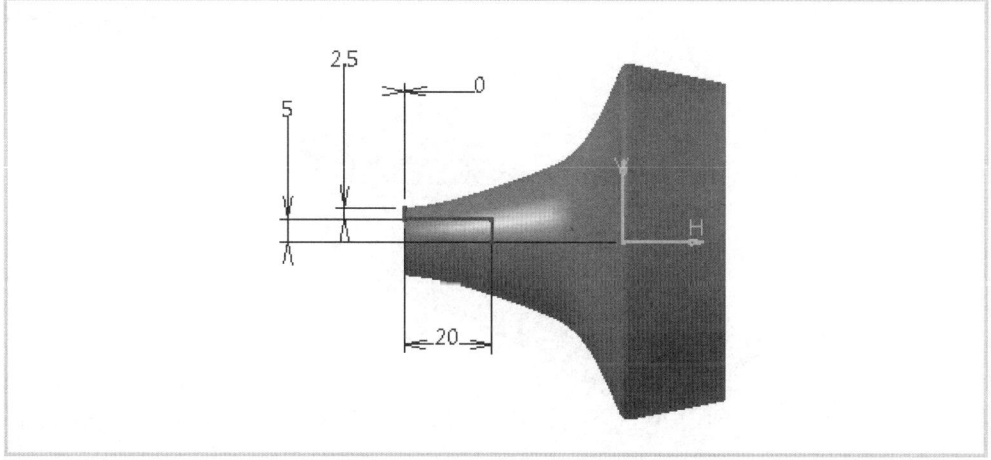

15) Revolution을 실행하고 360deg 회전을 한다.

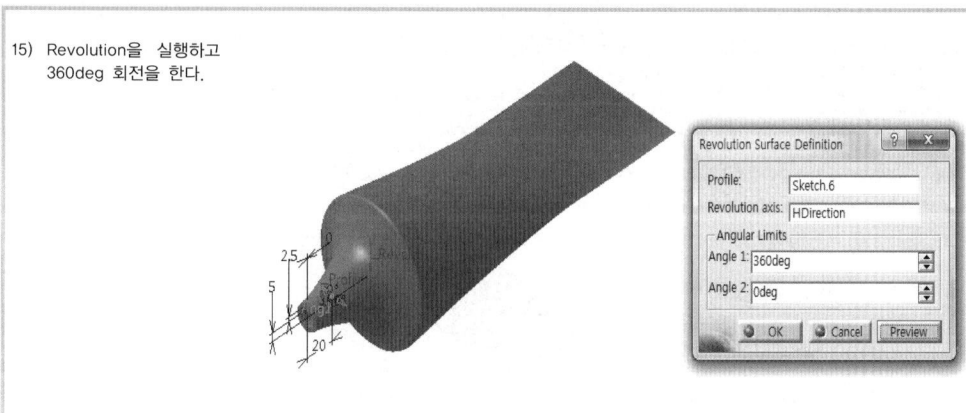

16) Join을 실행하고 두 개의 객체를 결합한다.

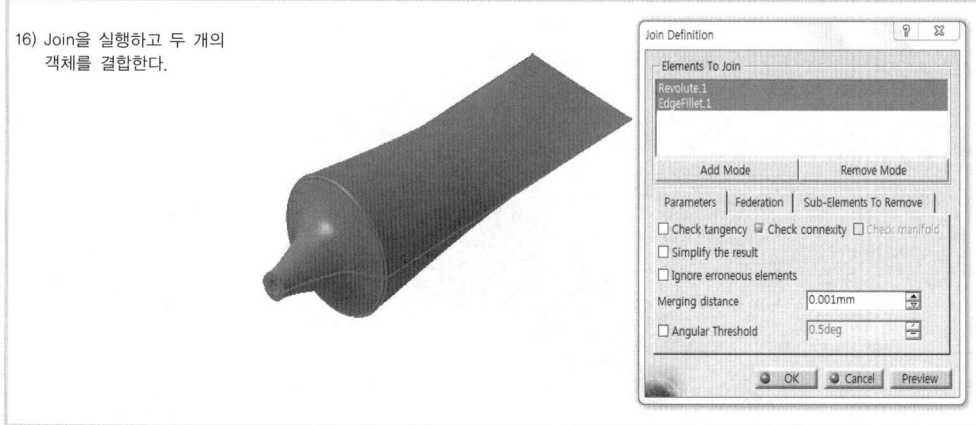

17) Edge Fillet을 실행하고 반경 : 2mm로 필렛을 한다.

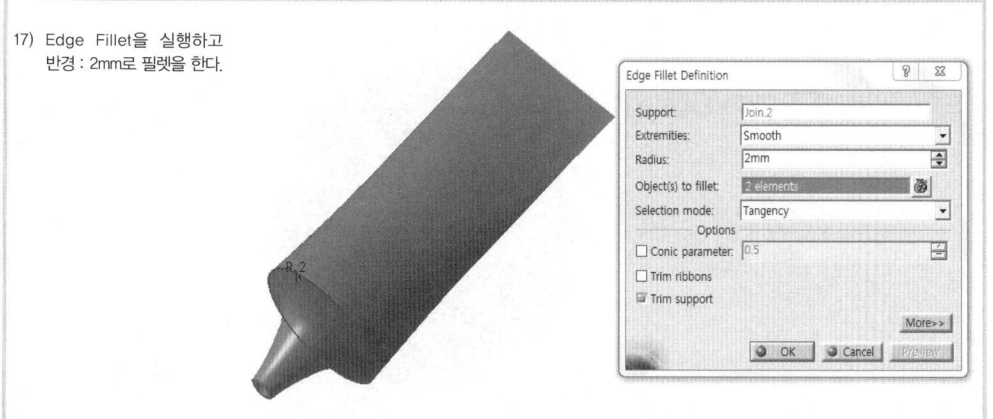

■ 완성 결과

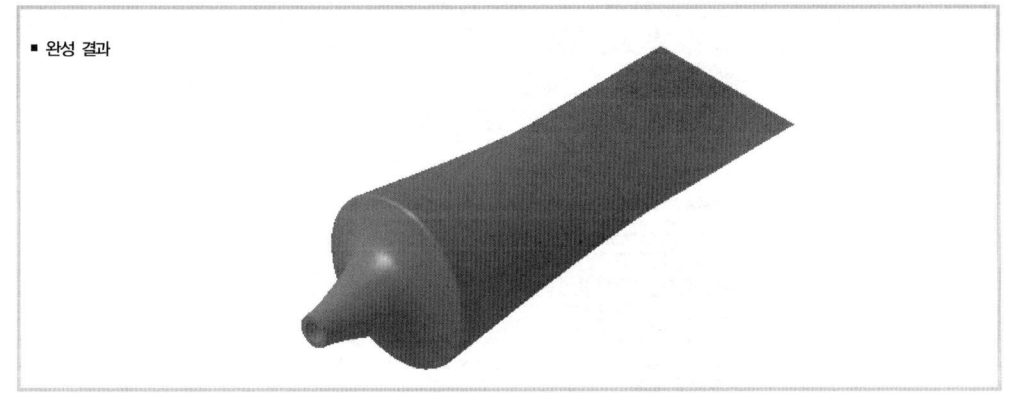

응용하기 17 Soap 틀 만들기

1) [Start]-[Shape]-[Generative Shape Design]을 선택한다.

2) 스케치를 실행하고 XY Plane을 선택하여 다음과 같이 스케치를 한다. (3점호 사용)

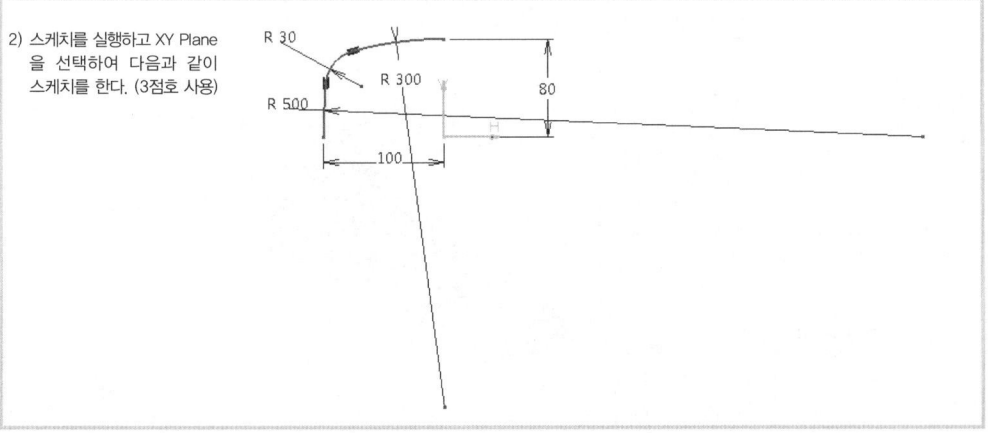

3) 스케치를 실행하고 YZ Plane을 선택하여 다음과 같이 스케치를 한다. (3점호 사용)

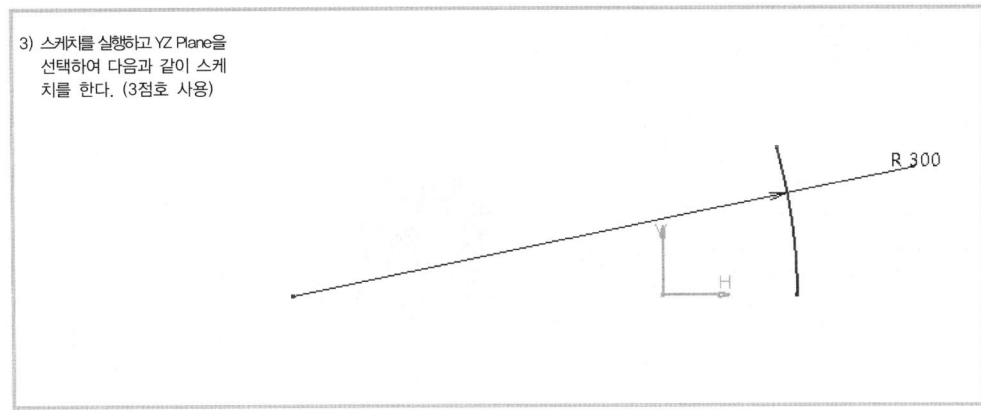

4) 스케치를 실행하고 YZ Plane을 선택하여 다음과 같이 스케치를 한다. (3점호 사용)

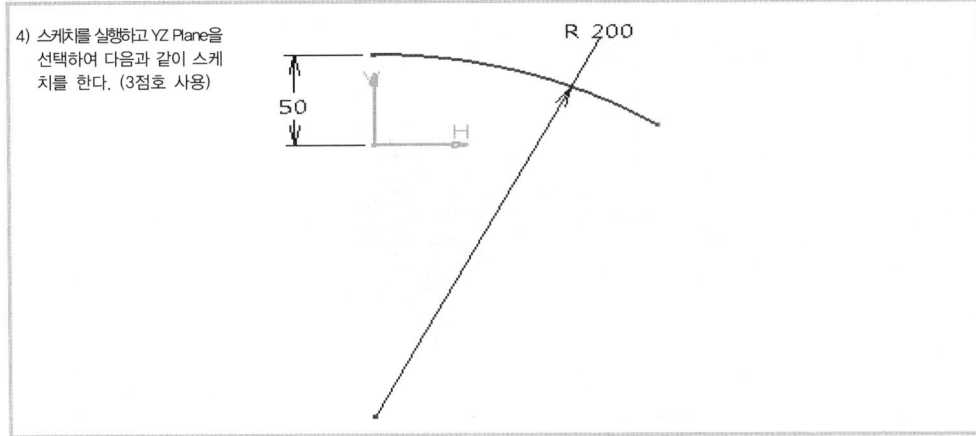

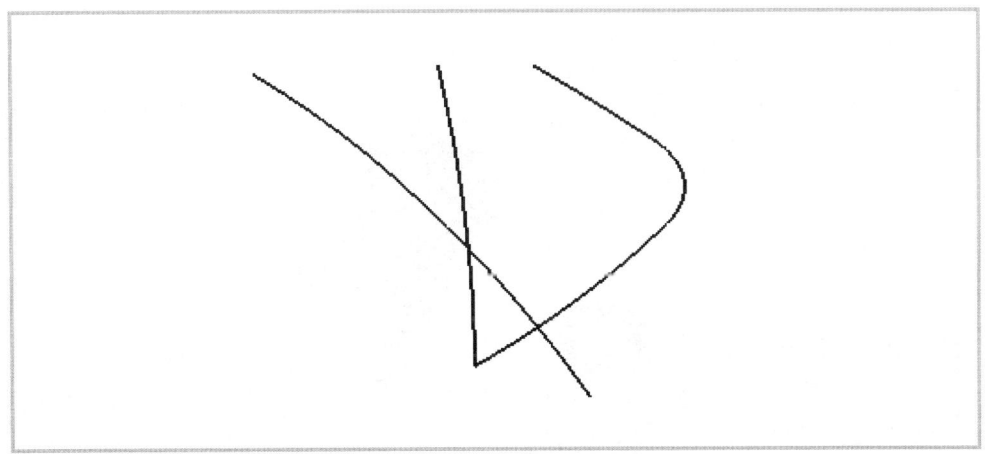

5) 스케치를 실행하고 ZX Plane을 선택하여 다음과 같이 스케치를 한다. (3점호 사용)

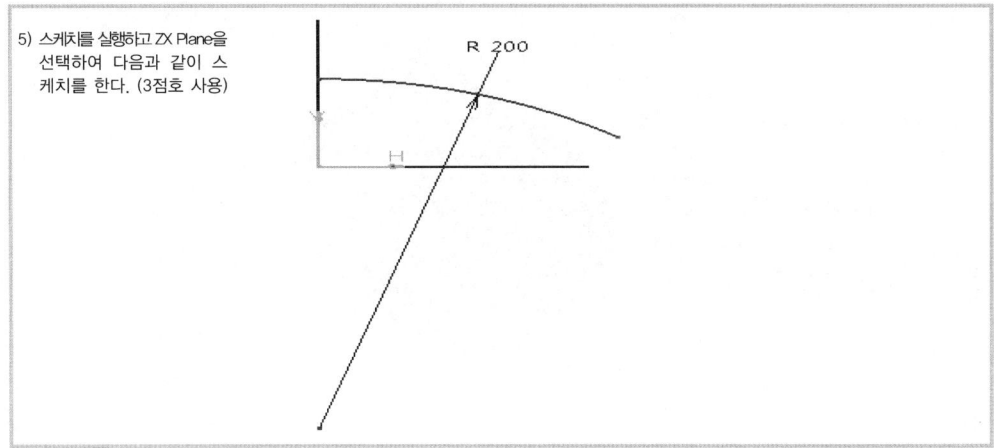

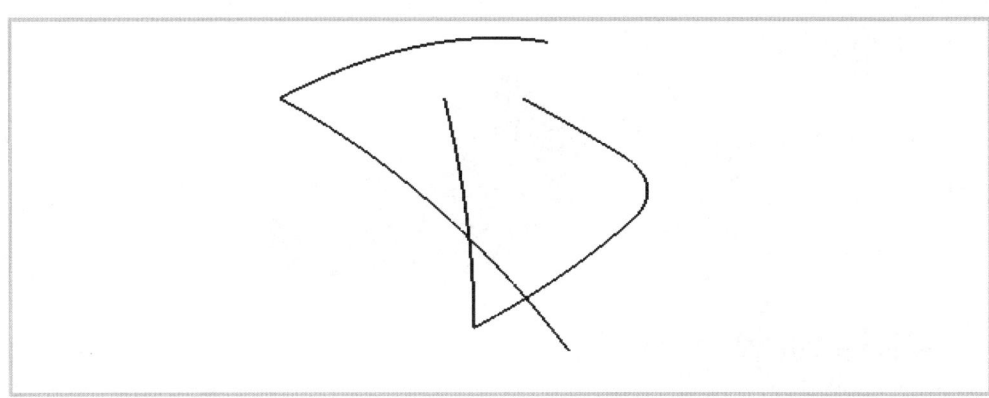

6) Sweep을 실행하고 Profile : Sketch.2, Guide Curve : Sketch.1을 선택한다.

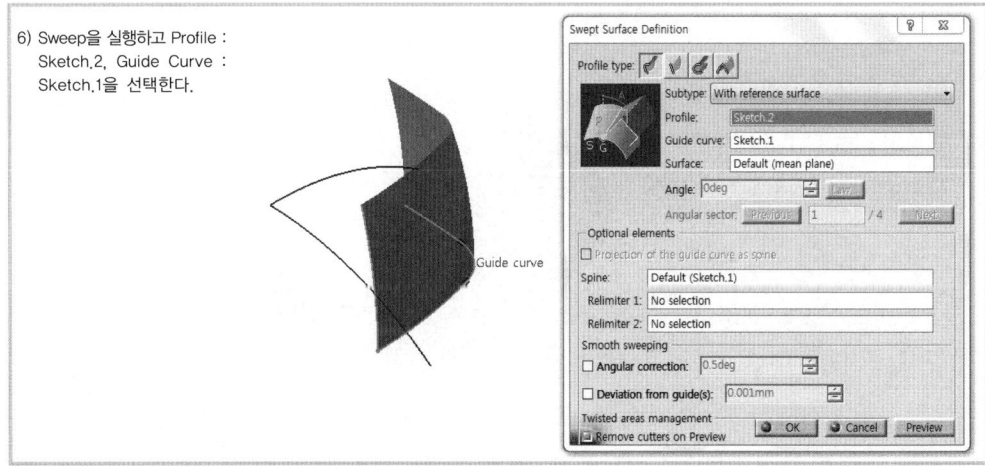

7) Sweep을 실행하고 Profile : Sketch.4, Guide Curve : Sketch.3을 선택한다.

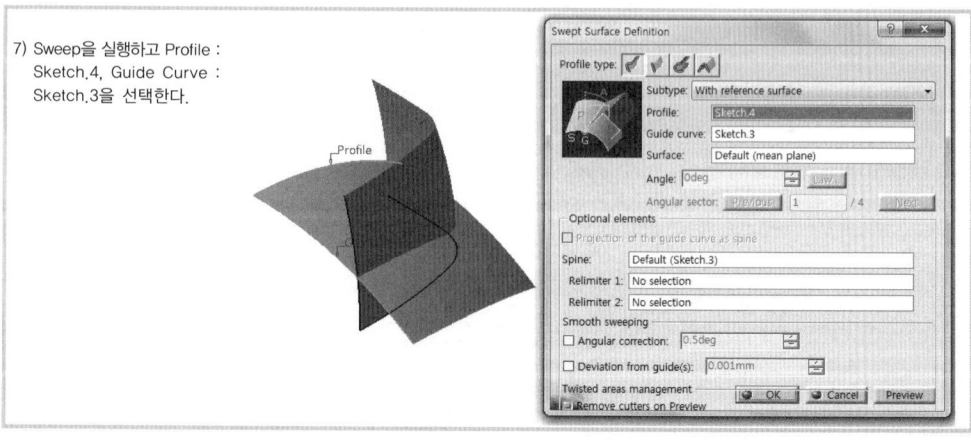

8) Trim을 실행하고 Sweep.1과 Sweep.2를 선택하여 다음과 같이 위와 우측면을 잘라낸다.

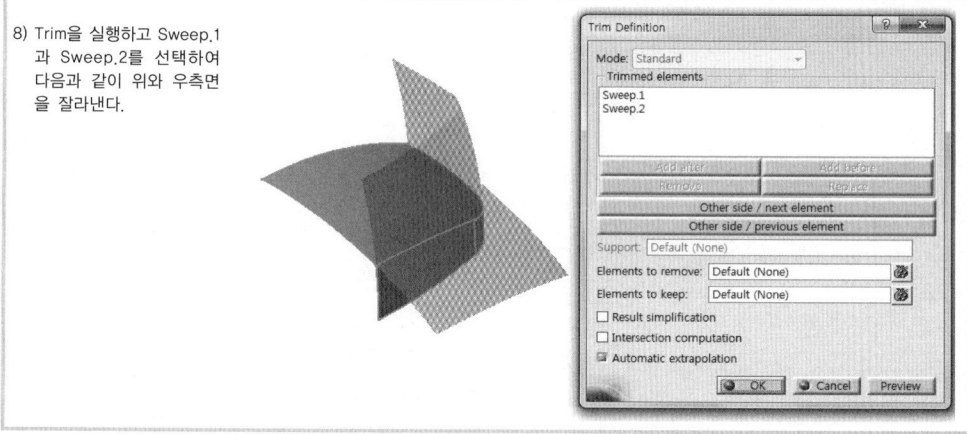

9) Variable Fillet을 실행하고 모서리을 선택하여 2개의 Point를 더 추가 한 후 다음과 같이 반경을 지정한다.
R24, R17, R21, R27을 지정한다.

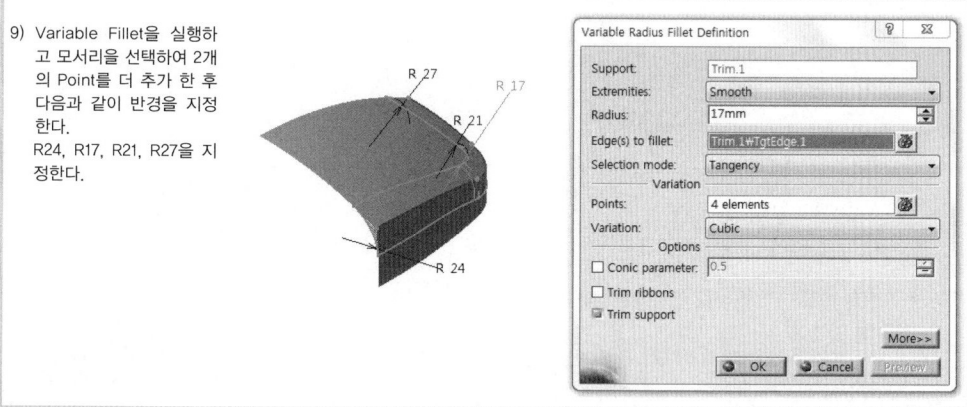

10) Symmetry를 실행하고 ZX Plane을 대칭축으로 곡면 전체를 대칭복사 한다.

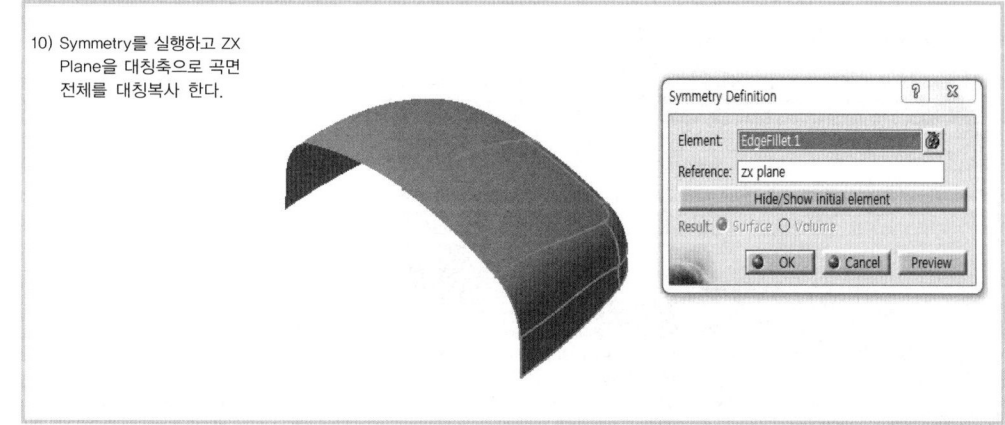

11) Join을 실행하고 두 개의 곡면을 선택하여 결합을 한다.

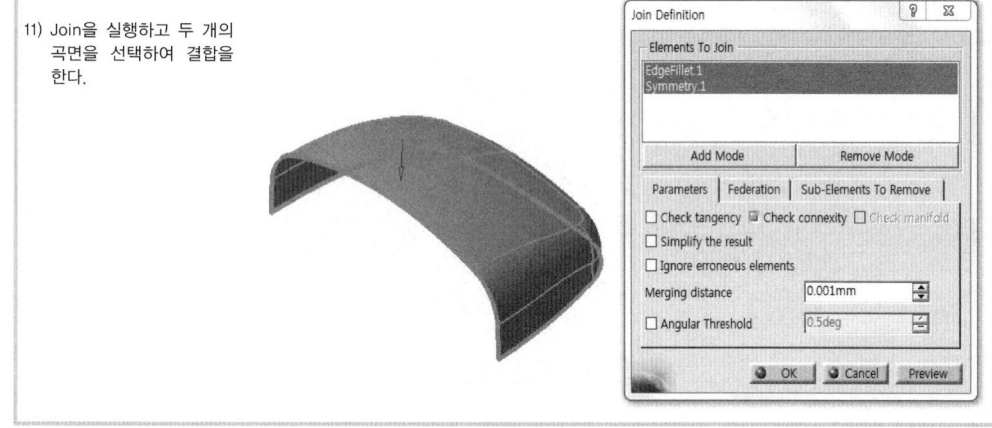

12) Symmetry를 실행하고 YZ Plane을 대칭축으로 곡면 전체를 대칭복사 한다.

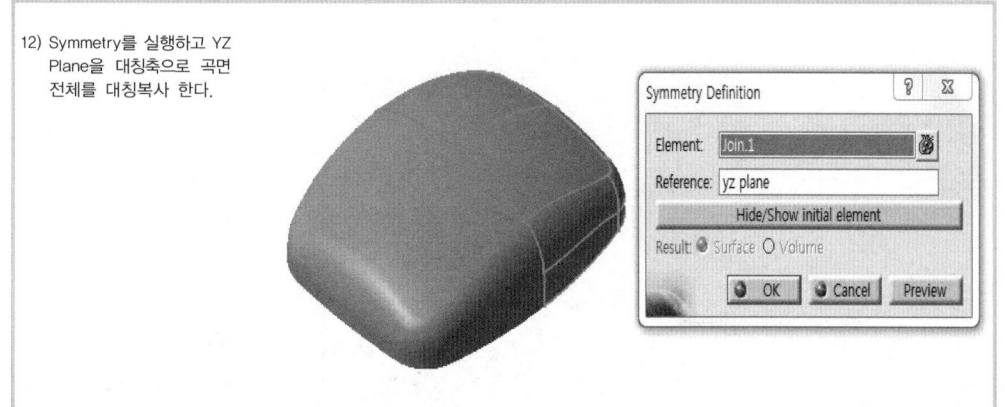

13) Join을 실행하고 두 개의 곡면을 선택하여 결합을 한다.

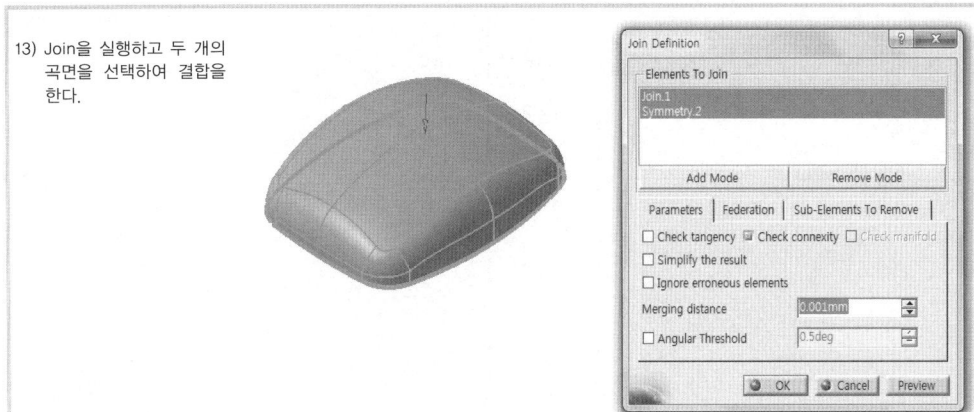

14) Symmetry를 실행하고 XY Plane를 대칭축으로 곡면 전체를 대칭복사 한다.

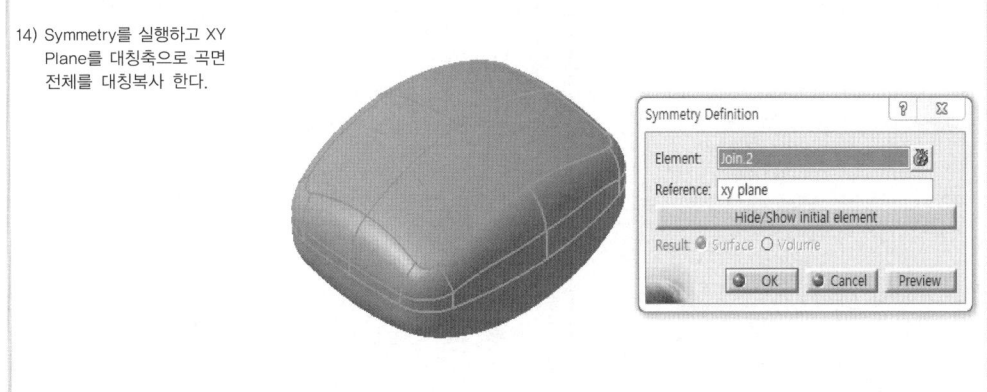

15) Join을 실행하고 두 개의 곡면을 선택하여 결합을 한다.

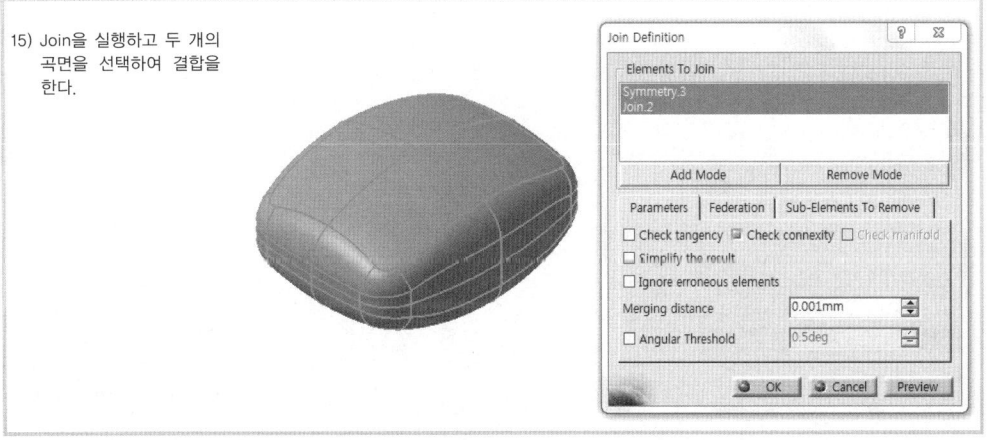

■ 완성 결과

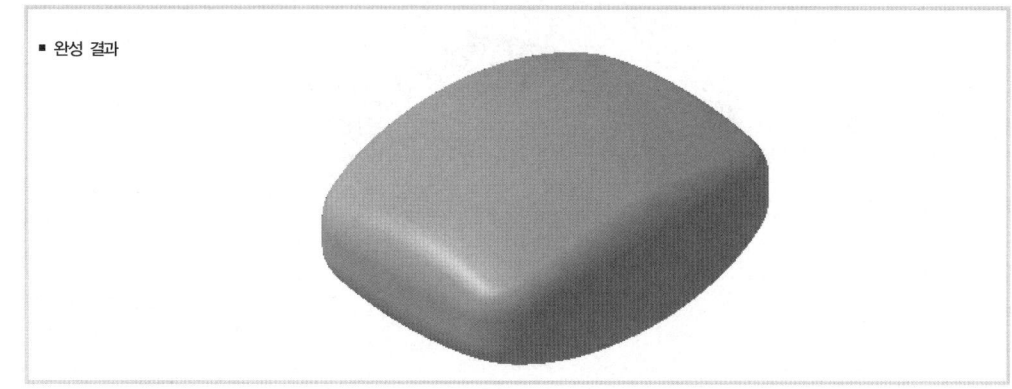

응용하기 18   Mouse Base 만들기 2

1) Geometrical Set 위에서 마우스 우측버튼에서 [Properties]를 선택, Feature Name : Mouse Design을 지정한다.
[Insert]-[Geometrical Set]을 선택, Father : Mouse Design을 선택, Sketch & Curves를 입력하여 생성한다. 나머지도 같은 방법으로 생성한다.

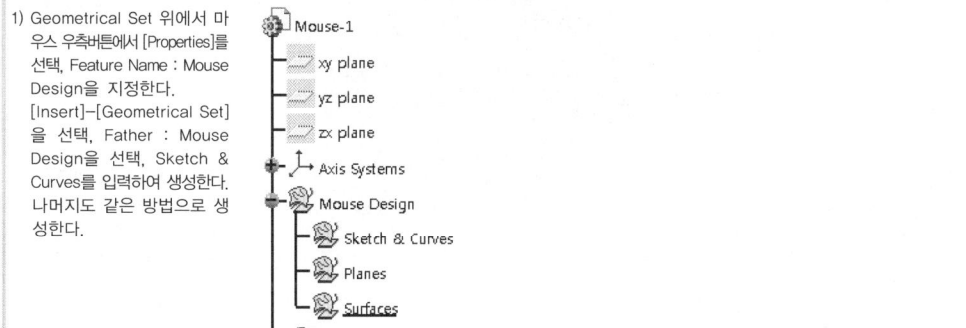

2) Sketch & Curves 위에서 [Define In Works Object]를 선택한다.
3) 스케치를 실행하고 YZ Plane을 선택하여 다음과 같이 스케치를 한다.

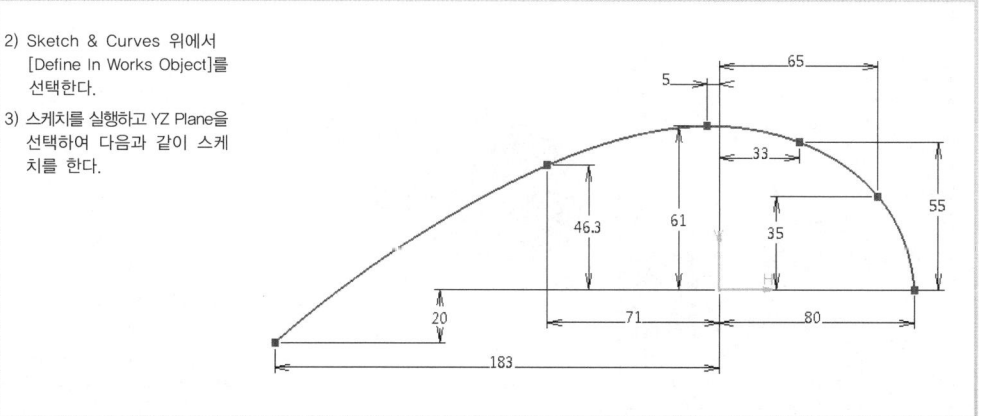

4) Planes 위에서 [Define In Works Object]를 선택한다.
5) Plane을 실행하고 다음과 같이 지정하여 Plane을 생성한다.

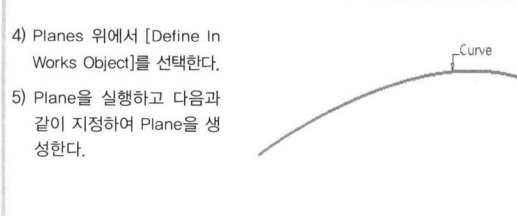
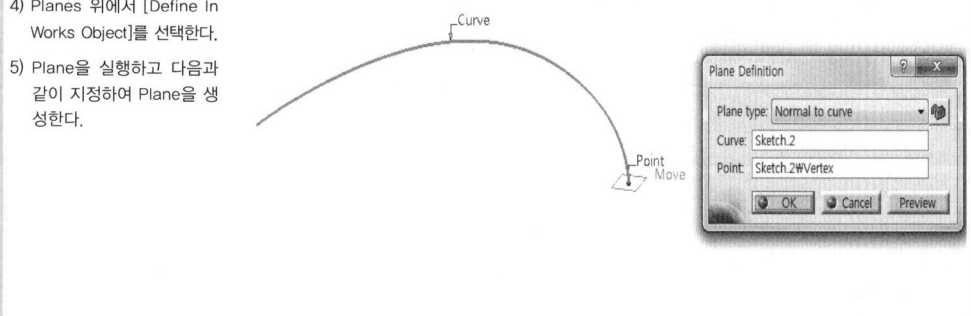

6) Sketch & Curves 위에서 [Define In Works Object]를 선택한다.
7) 스케치를 실행하고 Plane.1을 선택하여 다음과 같이 스케치를 한다.

8) 스케치를 실행하고 XY Plane을 선택하여 다음과 같이 스케치를 한다.

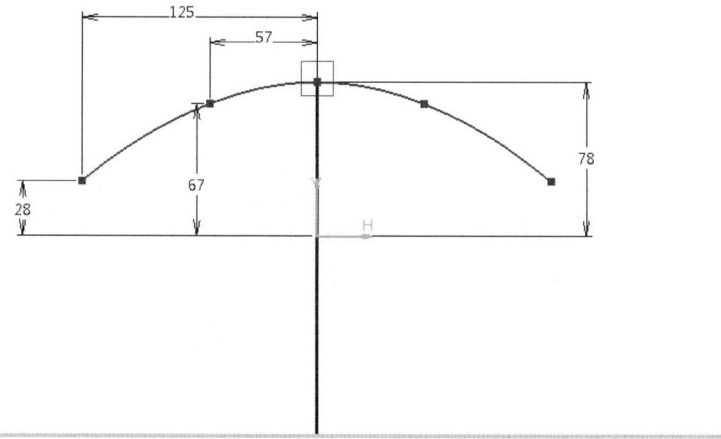

9) [Start]-[Shape]-[Generative Shape Design]을 선택한다.
10) Surfaces 위에서 [Define In Works Object]를 선택한다.
11) Sweep을 실행하고 다음과 같이 지정하여 Sweep Surface를 생성한다.

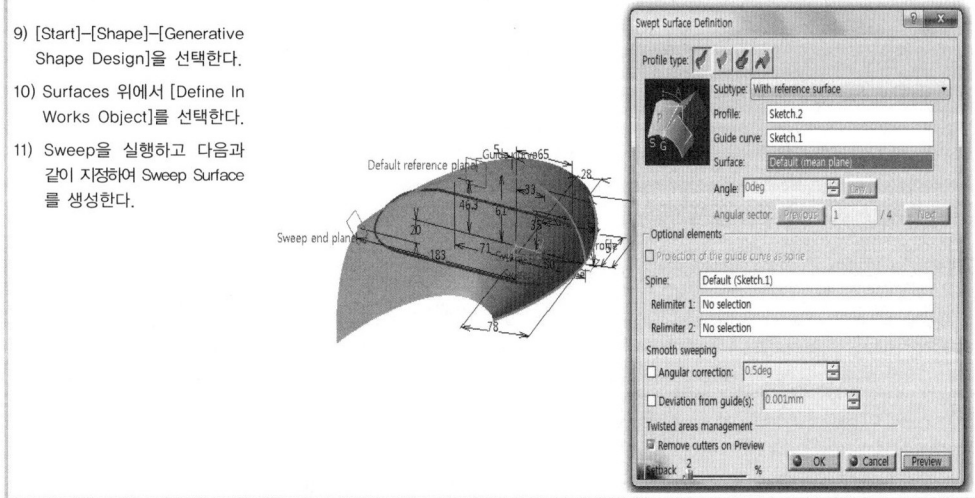

12) [Start]-[Mechanical Design]-[Part Design]를 선택한다.
13) Pad를 실행하고 72mm 돌출을 한다.

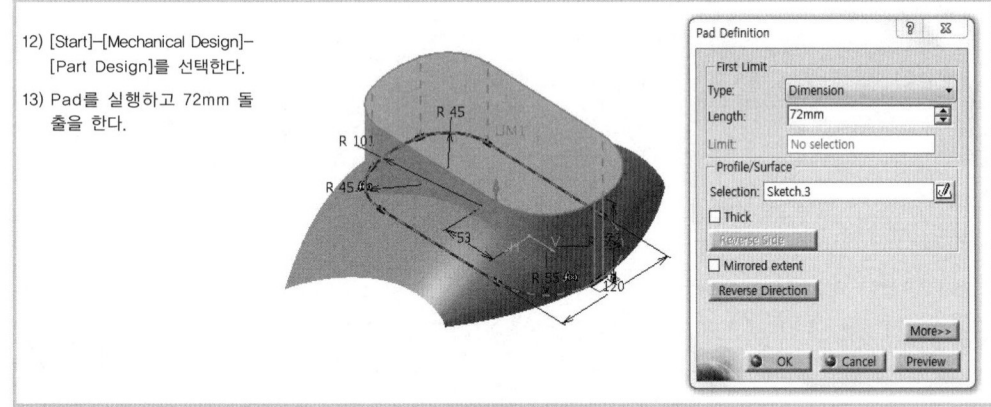

14) Split을 실행하고 다음부분이 남도록 잘라준다.

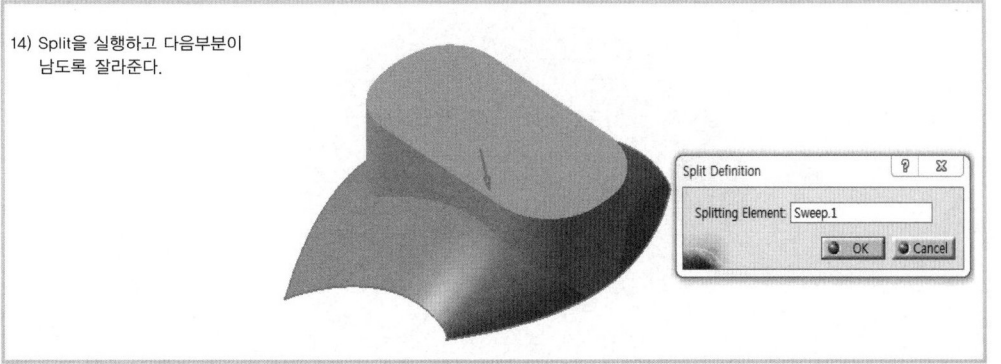

15) Sketch & Curves 위에서 [Define In Works Object]를 선택한다.
16) 스케치를 실행하고 Pad.1의 밑면을 선택하여 다음과 같이 스케치를 한다.

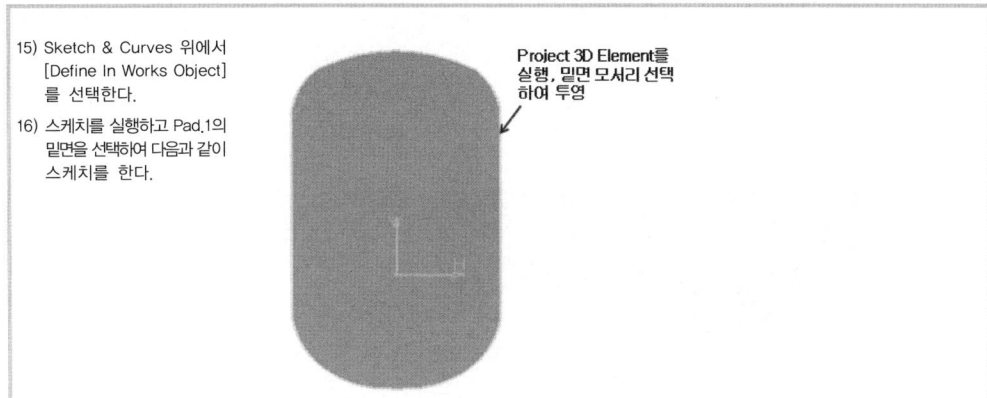

Project 3D Element를 실행, 밑면 모서리 선택 하여 투영

17) Pad를 실행하고 7mm 아래쪽으로 돌출을 한다.

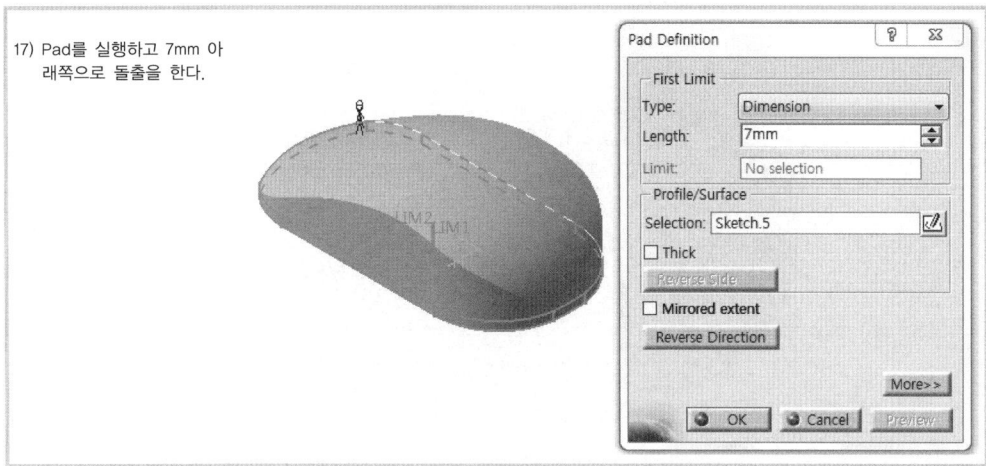

18) Edge Fillet을 실행하고 반경 : 50mm로 필렛을 한다.

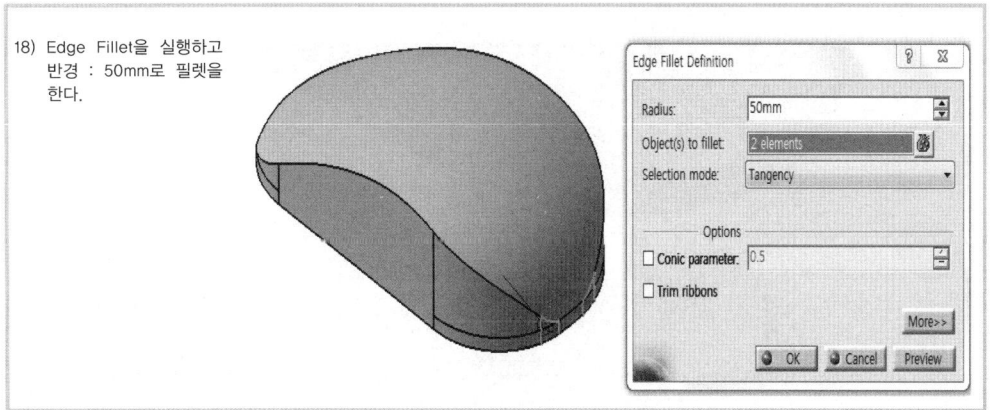

19) Edge Fillet을 실행하고 반경 : 15mm로 필렛을 한다.

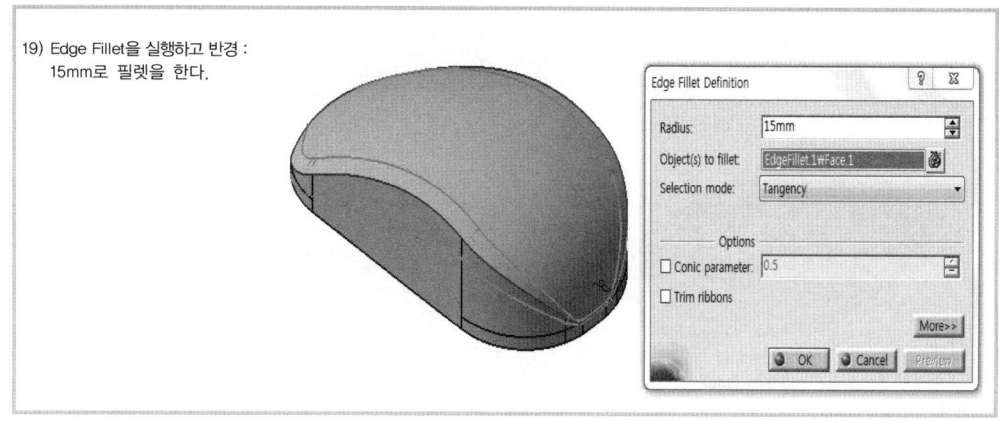

20) Edge Fillet을 실행하고 반경 : 5mm로 필렛을 한다.

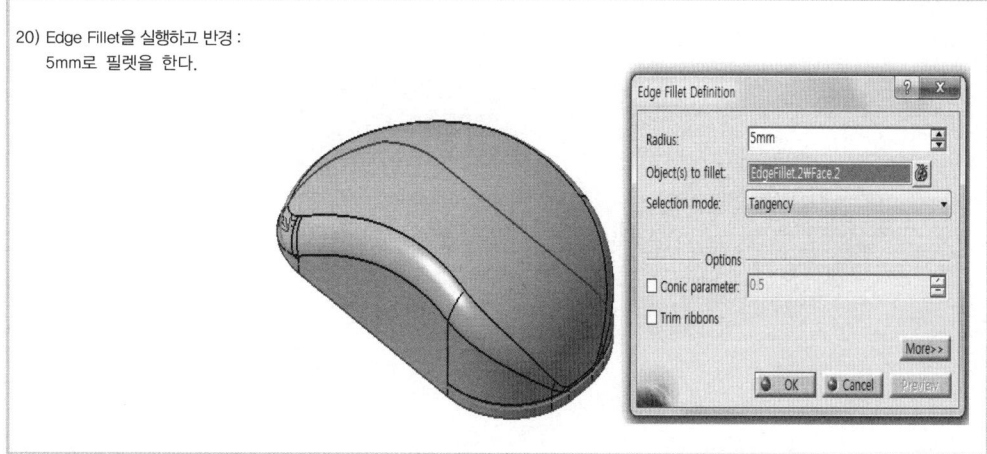

21) Shell을 실행하고 두께 : 2mm로 Shell을 생성한다.

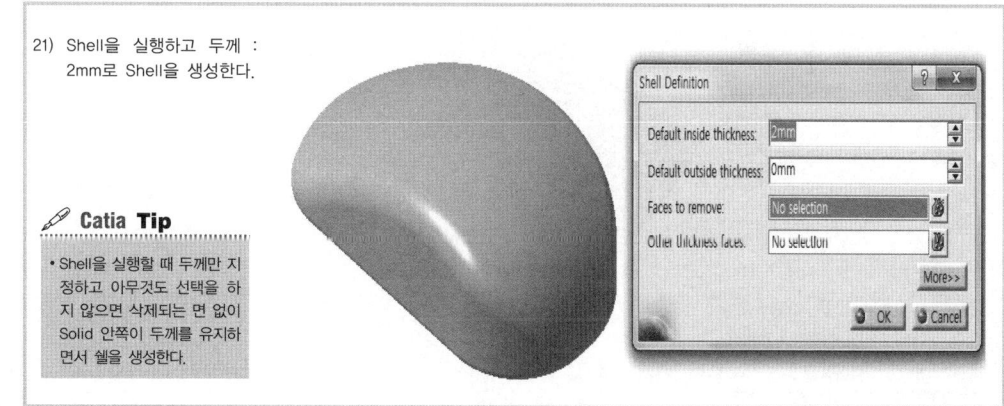

Catia Tip
• Shell을 실행할 때 두께만 지정하고 아무것도 선택을 하지 않으면 삭제되는 면 없이 Solid 안쪽이 두께를 유지하면서 쉘을 생성한다.

22) 스케치를 실행하고 YZ Plane을 선택한다. Cut Part By Sketch Plane 을 실행해서 내부를 확인 한다. Exit Workbench를 선택한다.

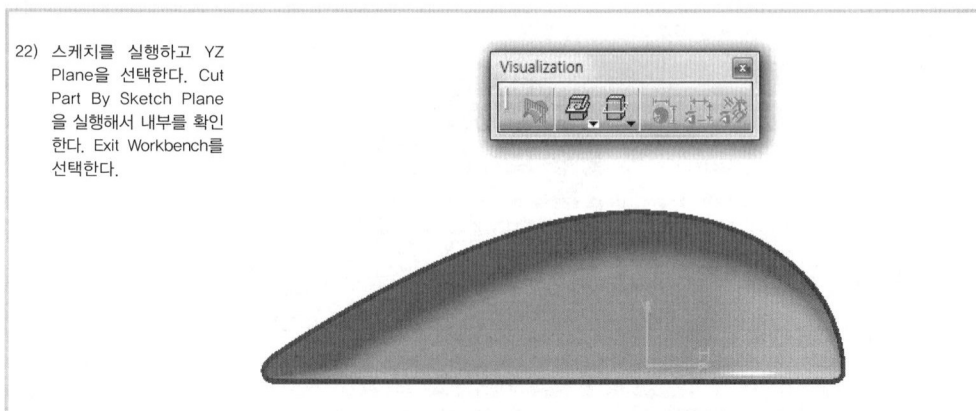

■ 마우스 Body 완성

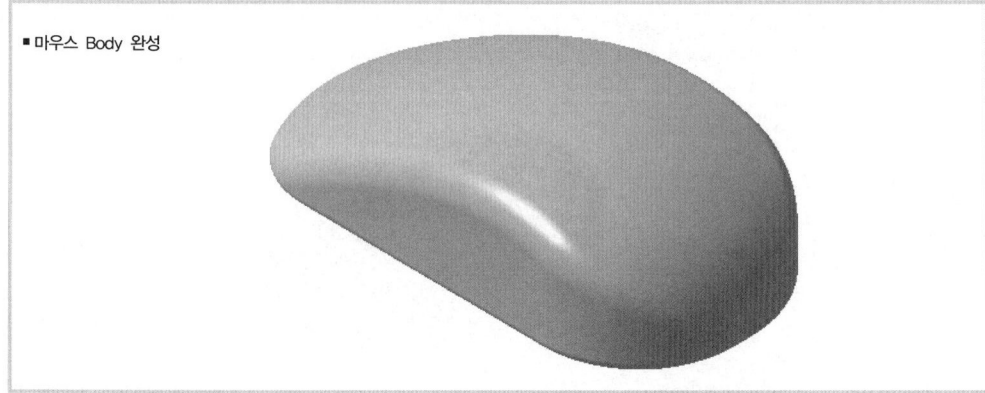

23) Sketch & Curves 위에서 [Define In Works Object]를 선택한다.

24) 스케치를 실행하고 YZ Plane 을 선택하여 다음과 같이 스케치를 한다.

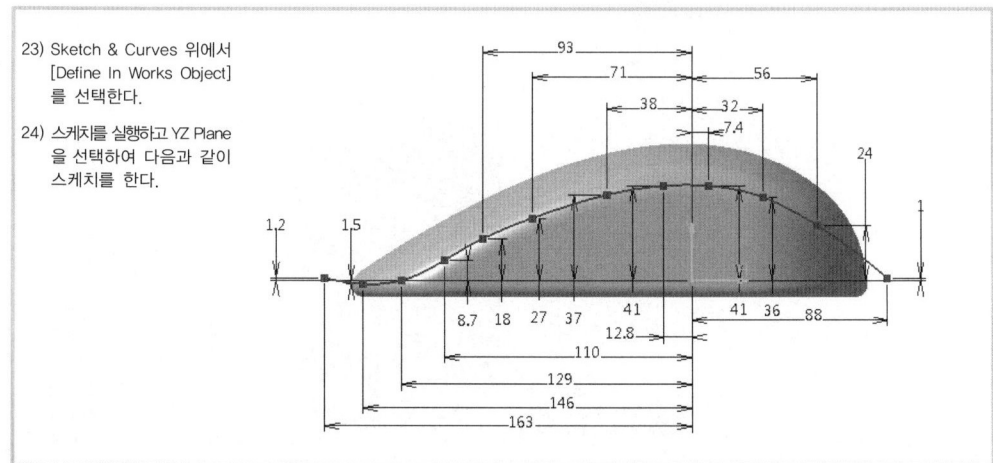

25) [Start]-[Shape]-[Generative Shape Design]을 선택한다.

26) Surfaces 위에서 [Define In Works Object]를 선택한다.

27) Extrude를 실행하고 74mm, Mirrored Extent를 지정 하여 돌출을 한다.

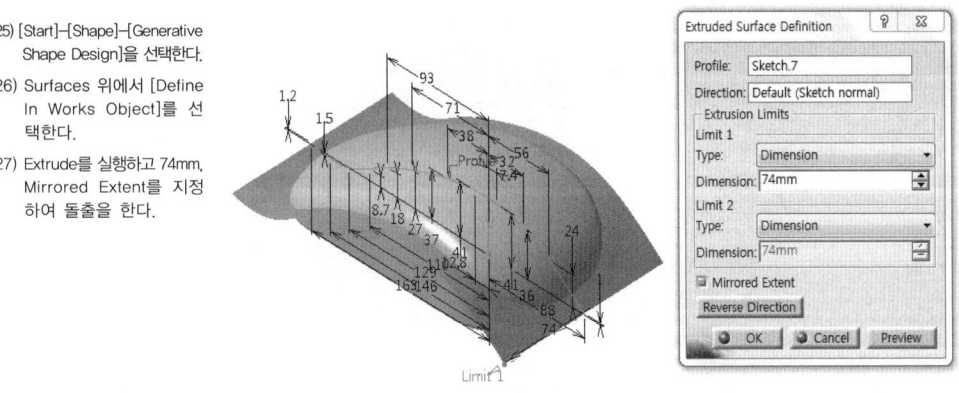

28) PartBody를 선택하고 마우스 우측버튼을 눌러 [Copy]를 선택한다.

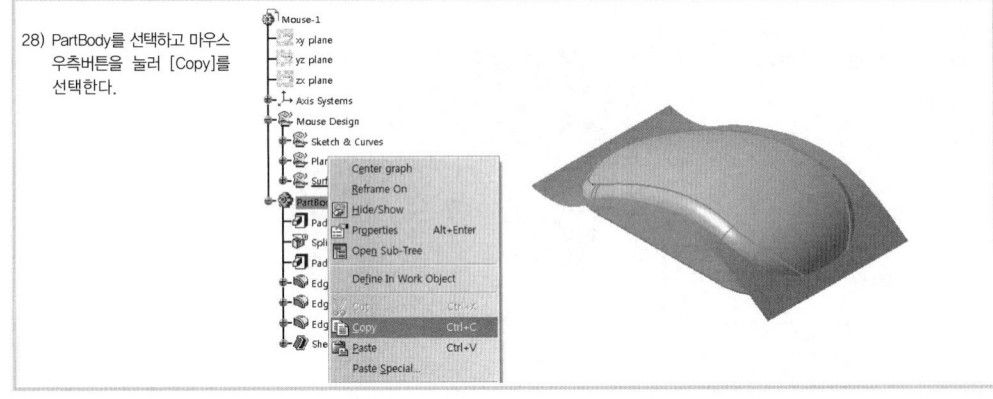

29) PartBody 위에서 마우스 우측버튼을 눌러 [Paste Special]을 선택한다.

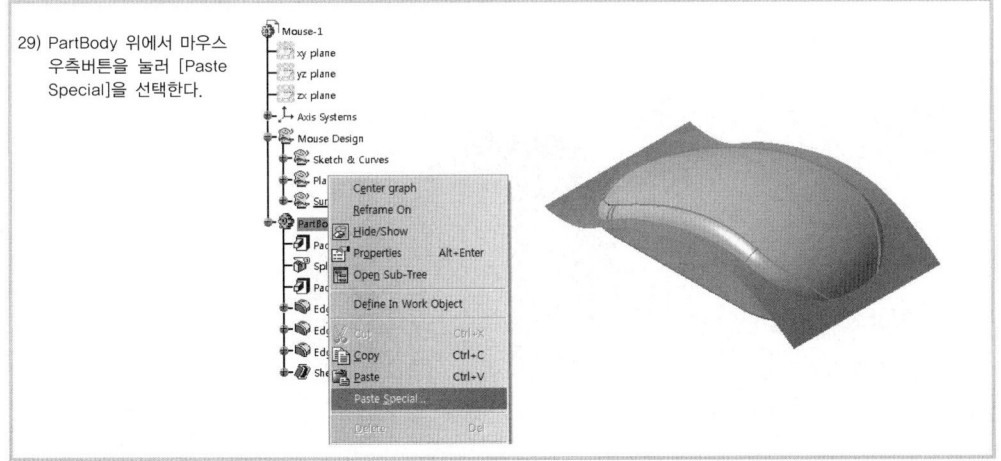

30) [As Result]를 선택하여 복사한다.

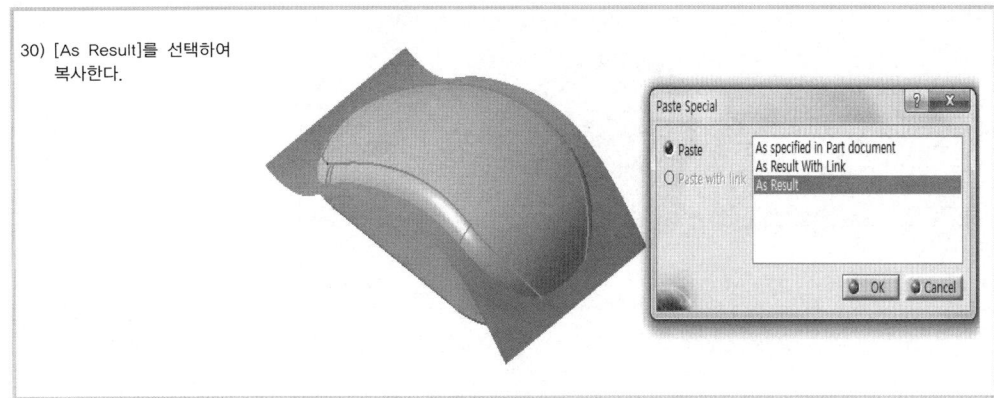

31) [Start]-[Mechanical Design]-[Part Design]를 선택한다.
32) Split을 실행하고 다음 부분이 남도록 잘라낸다.

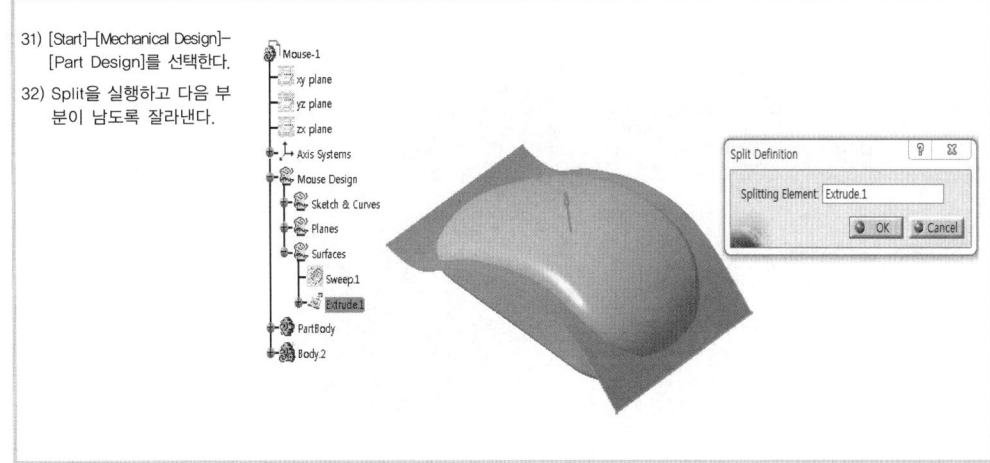

33) PartBody 위에서 마우스 우측버튼을 눌러 [Define In Work Object]를 선택한다.
34) Split을 실행하고 다음 부분이 남도록 잘라낸다.

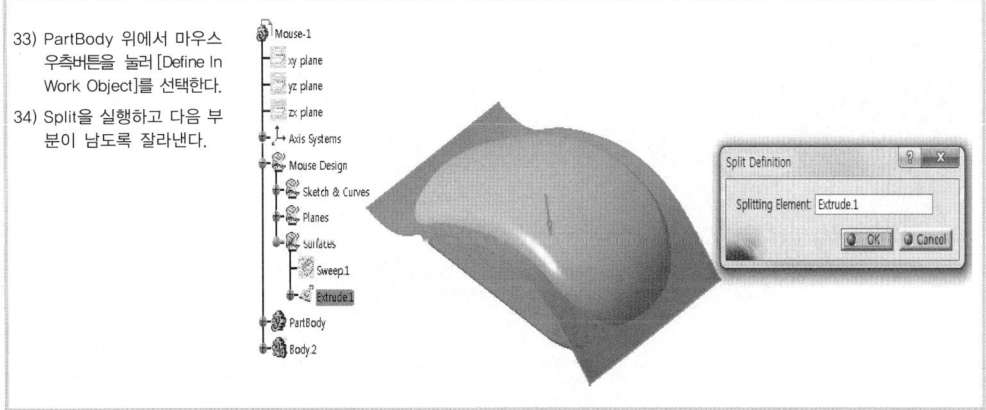

35) Planes 위에서 마우스 우측 버튼을 눌러 [Define In Work Object]를 선택한다.
36) Plane을 실행하고 다음 위치에 Plane을 생성한다.

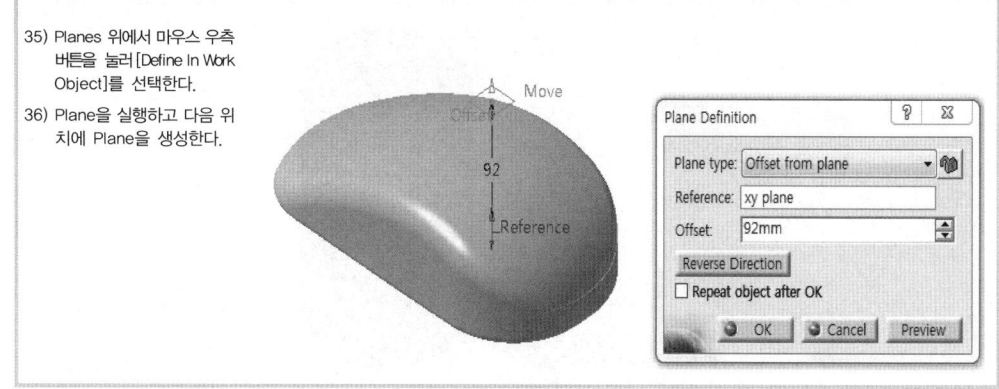

37) Sketch & Curves 위에서 [Define In Works Object]를 선택한다.
38) 스케치를 실행하고 Plane.2를 선택하여 다음과 같이 스케치를 한다.

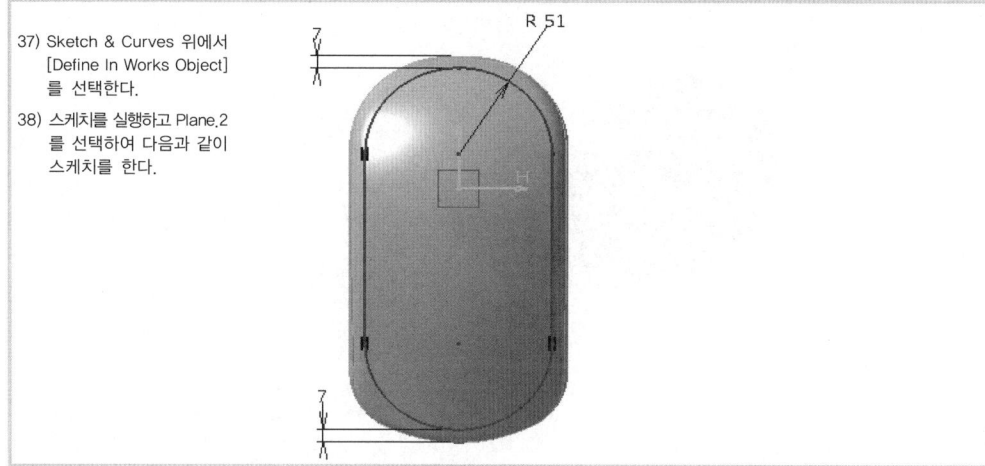

39) [Start]-[Shape]-[Generative Shape Design]을 선택한다.
40) Surfaces 위에서 [Define In Works Object]를 선택한다.
41) Extrude를 실행하고 다음과 같이 돌출을 한다.

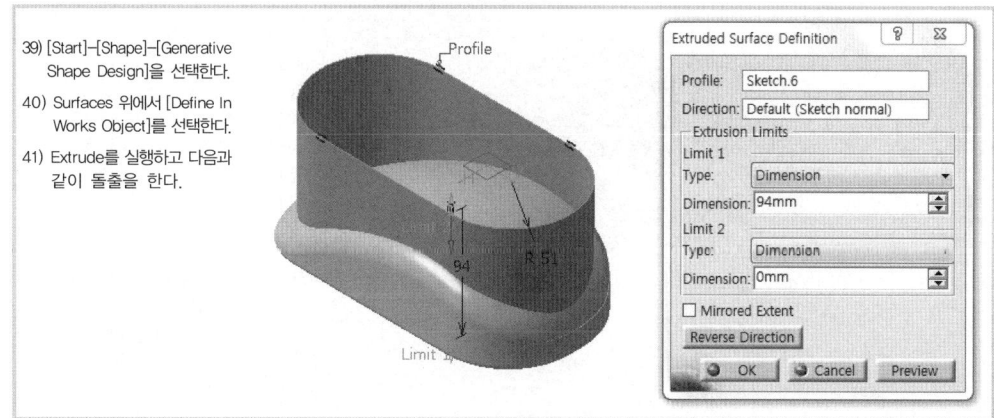

42) Body.2를 선택하고 마우스 우측버튼을 눌러 [Copy]를 선택한다.

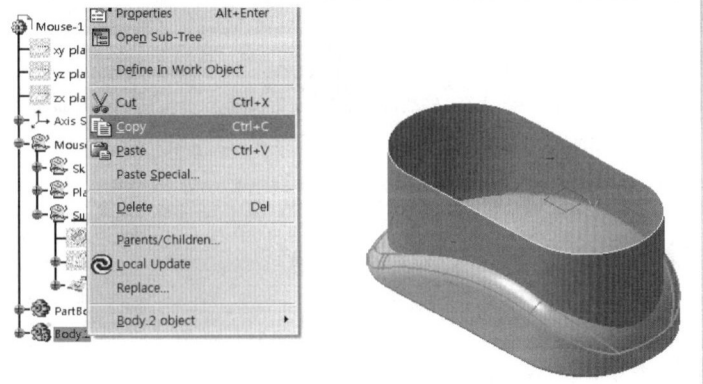

43) Body.2 위에서 마우스 우측 버튼을 눌러 [Paste Special]을 선택하고 [As Result]를 선택한다.

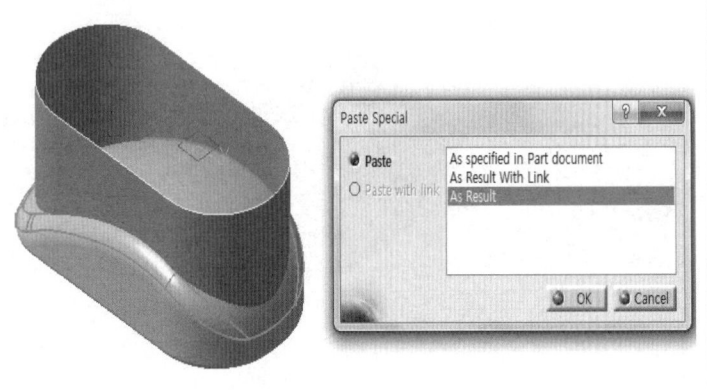

44) [Start]-[Mechanical Design]-[Part Design]를 선택한다.
45) Split을 실행하고 다음 부분이 남도록 잘라낸다.

46) Body.2 위에서 마우스 우측 버튼을 눌러 [Define In Work Object]를 선택한다.
47) Split을 실행하고 다음 부분이 남도록 잘라낸다.

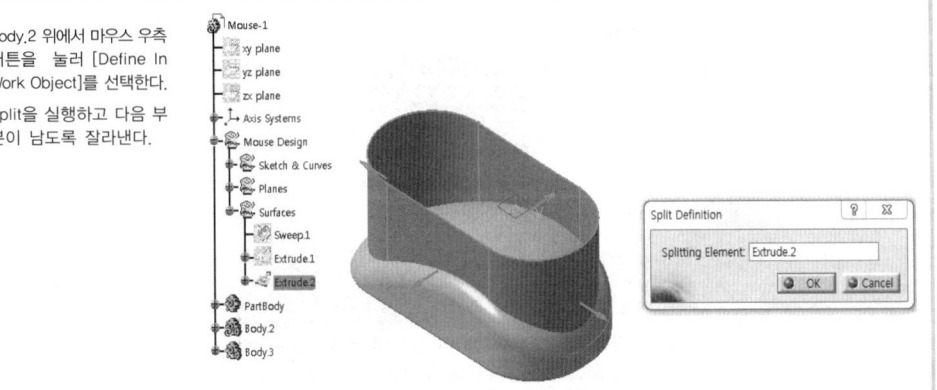

48) 다음과 같이 3개의 Body로 분리하는 작업을 하였다.

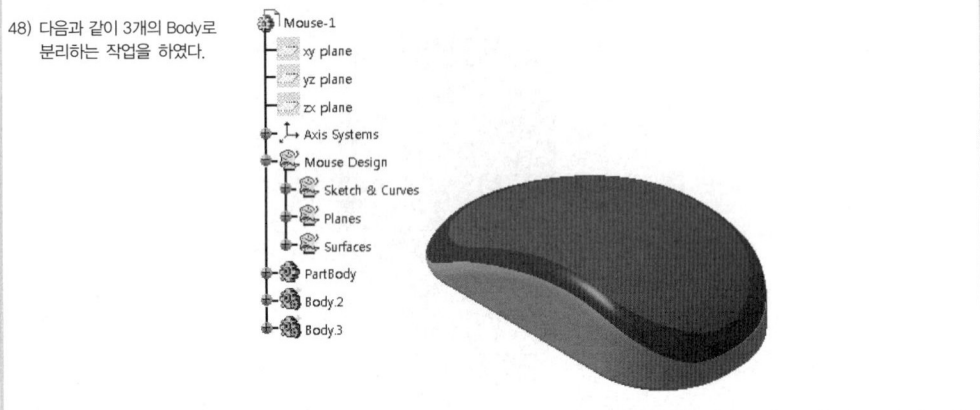

49) Sketch & Curves 위에서 [Define In Works Object]를 선택한다.
50) 스케치를 실행하고 Plane.2를 선택하여 다음과 같이 스케치를 한다.

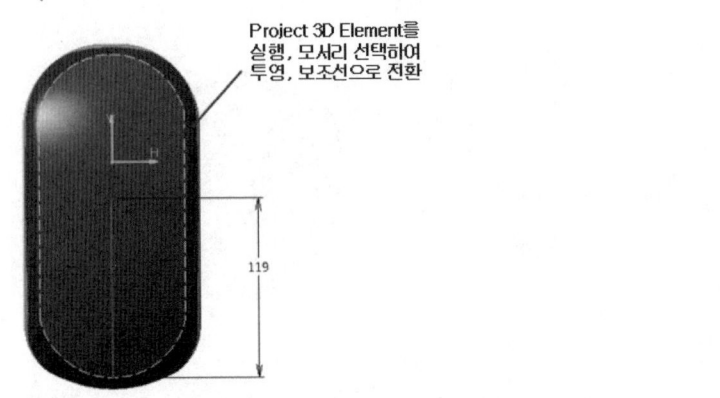

51) Body.3 위에서 마우스 우측 버튼을 눌러 [Define In Work Object]를 선택한다.
52) Pocket을 실행하고 91mm, Thick을 체크, 두께 : 2mm, Neutral Fiber를 선택하여 돌출 컷을 한다.

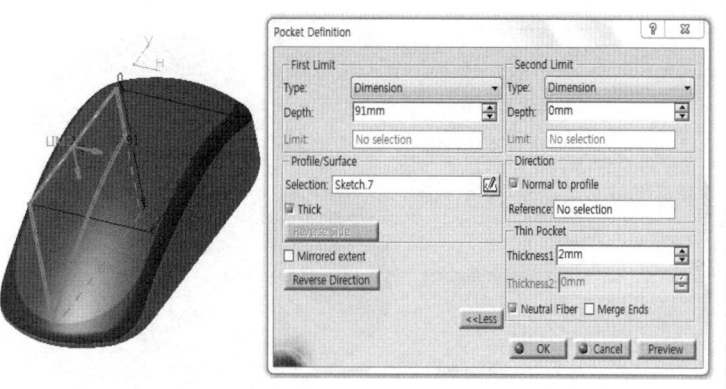

53) Sketch & Curves 위에서 [Define In Works Object]를 선택한다.
54) 스케치를 실행하고 Plane.2를 선택하여 다음과 같이 스케치를 한다.

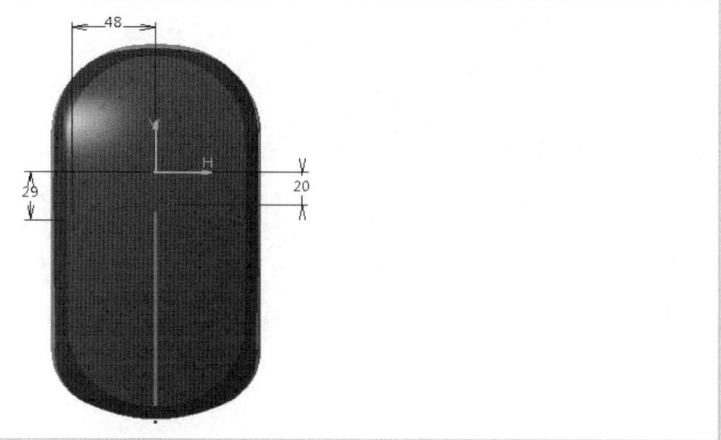

55) Body.3 위에서 마우스 우측 버튼을 눌러 [Define In Work Object]를 선택한다.
56) Pocket을 실행하고 60mm, Thick을 체크, 두께 : 1mm 지정하여 돌출 컷을 한다.

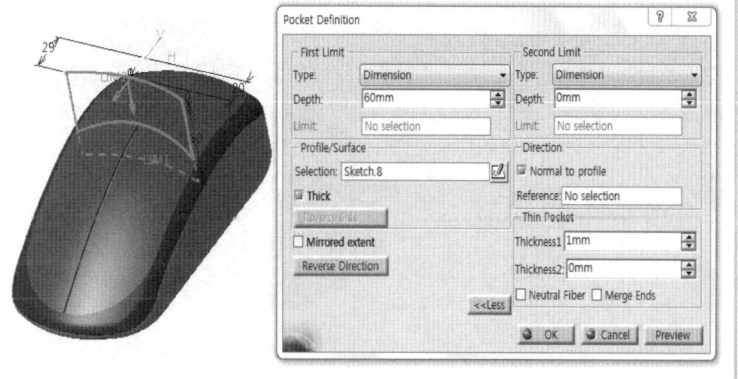

57) Sketch & Curves 위에서 [Define In Works Object]를 선택한다.
58) 스케치를 실행하고 Plane.2를 선택하여 다음과 같이 스케치를 한다.

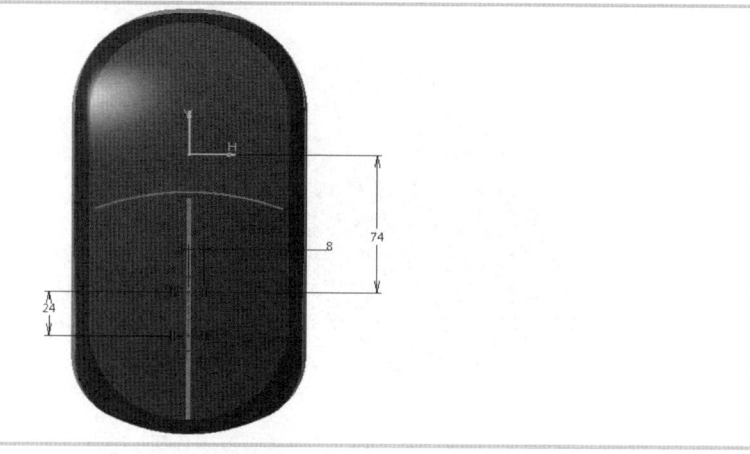

59) Body.3 위에서 마우스 우측 버튼을 눌러 [Define In Work Object]를 선택한다.
60) Pocket을 실행하고 70mm 돌출 컷을 한다.

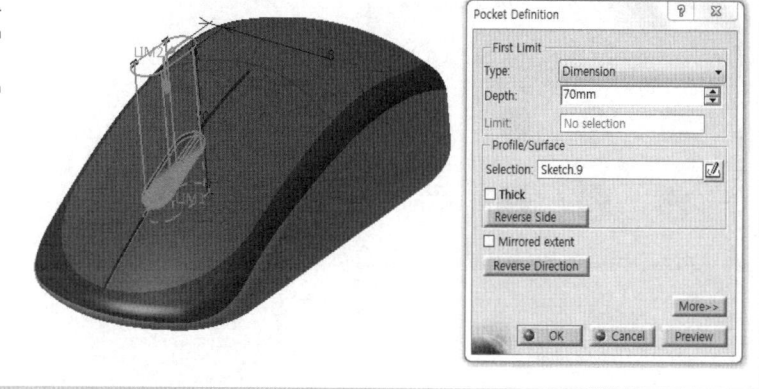

61) Sketch & Curves 위에서 [Define In Works Object]를 선택한다.
62) 스케치를 실행하고 Plane.2를 선택하여 다음과 같이 스케치를 한다.

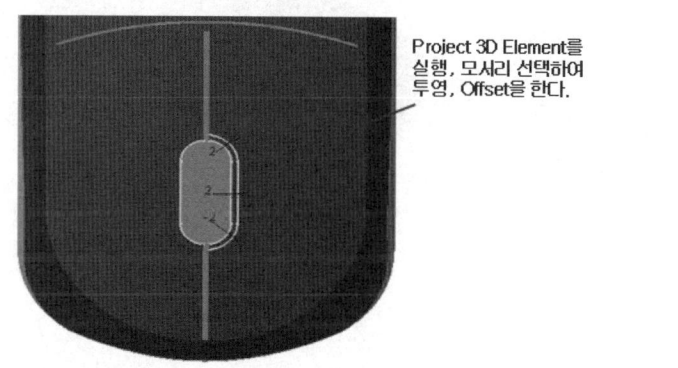

Project 3D Element를 실행, 모서리 선택하여 투영, Offset을 한다.

63) Surfaces 위에서 [Define In Works Object]를 선택한다.
64) [Start]-[Shape]-[Generative Shape Design]을 선택한다.
65) Extract를 실행하고 Solid 면을 선택하여 추출한다.

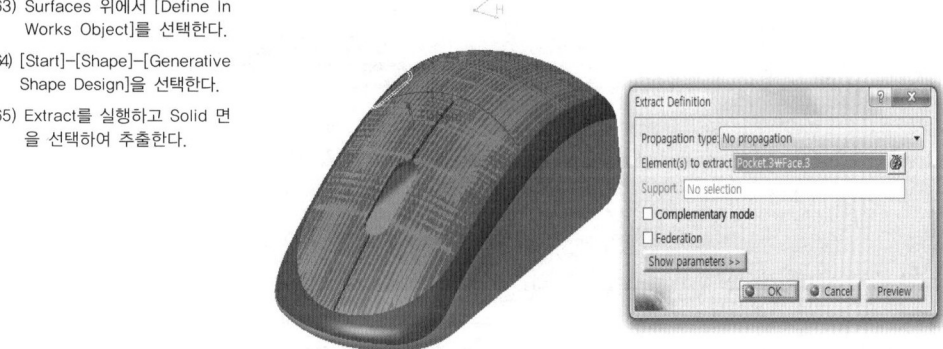

66) Extrude를 실행하고 67mm 돌출을 한다.

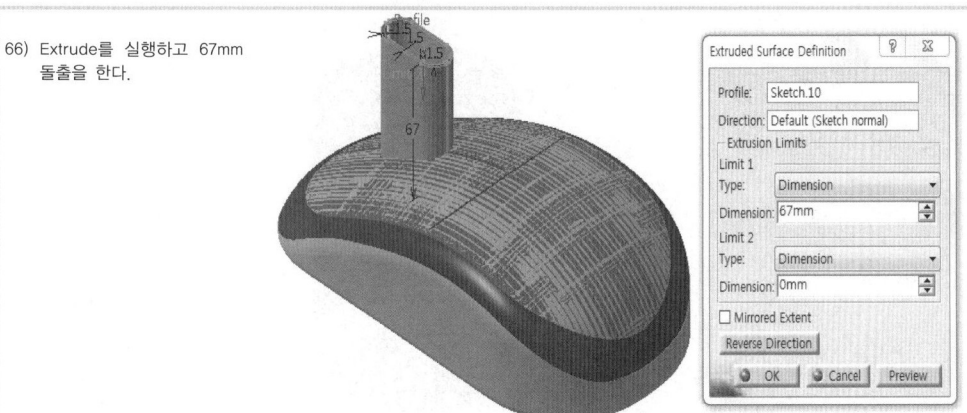

67) Split을 실행하고 Element to Cut : Extract.1을 선택, Cutting elements : Extrude.3을 선택하여 스케치 안쪽 Surface가 남도록 잘라낸다.

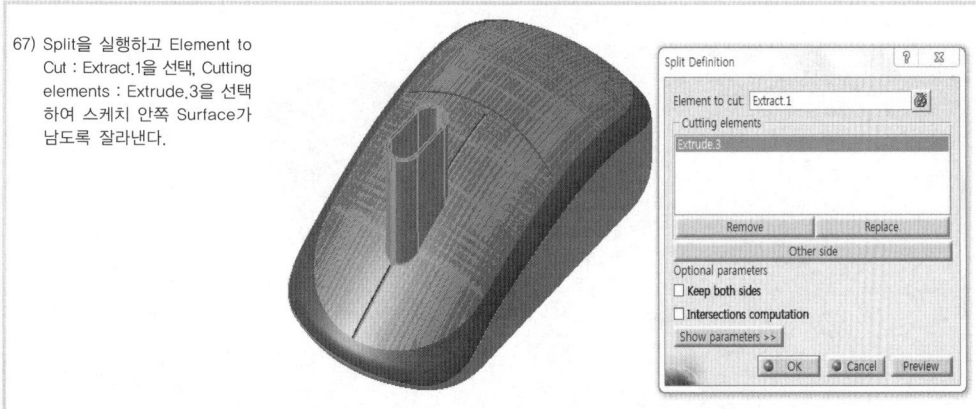

68) Body.3 위에서 마우스 우측 버튼을 눌러 [Define In Work Object]를 선택한다.
69) [Start]-[Mechanical Design]-[Part Design]를 선택한다.
70) ThickSurface를 실행하고 두께 : 0.8mm을 지정하여 Solid로 전환한다.

71) Apply Material을 실행하고 다음 재질로 변경한다.

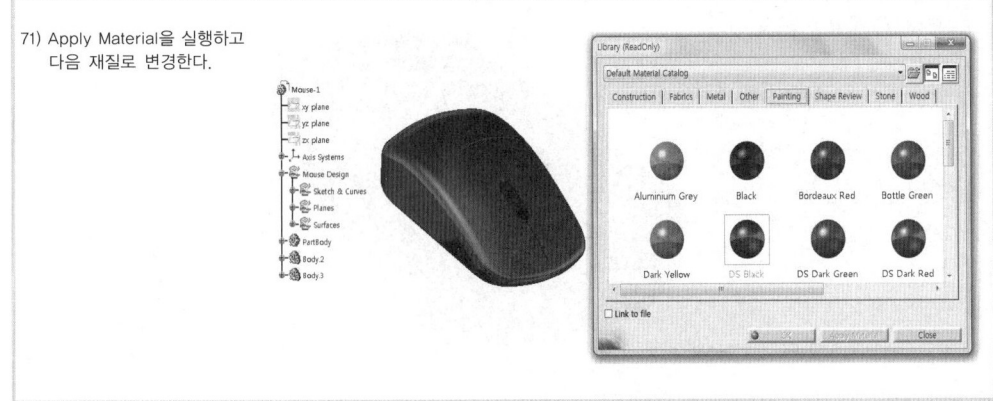

■ Mouse Body 완성

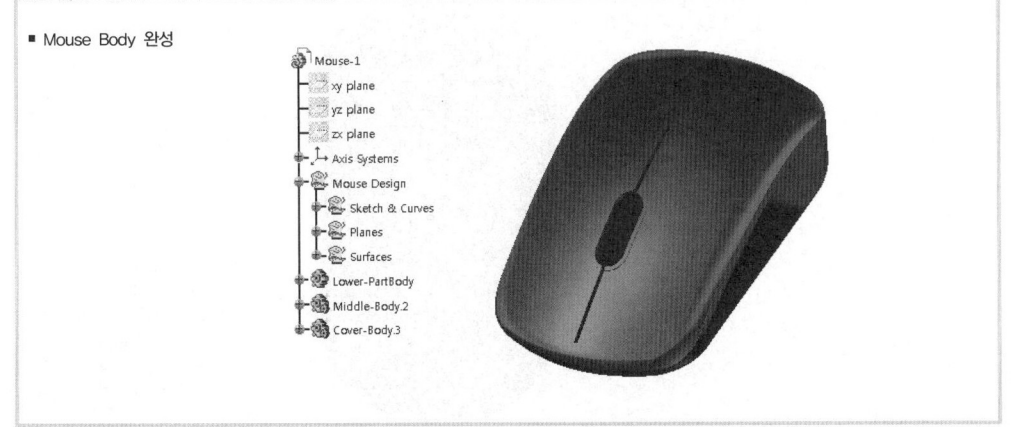

04 | Advanced Surface Toolbar

1. Spine( )

Spine : 실제 형상을 만드는 명령이 아니고 Guide line이 필요한 작업에서 여러 개의 Guide line 대신에 하나의 기준선을 사용하여 형상을 만들 때 하나의 기준선을 그려주는 명령이다. 여러 개의 무한평면이나 평평한 Surface 및 Curve에 수직인 Curve를 생성한다. Multi-Section Surface/Solid나 Sweep 등과 같은 형상을 그려줄 때 사용한다.

• Spine( ) Definition

■ 평면에 수직으로 Curve를 생성한다.

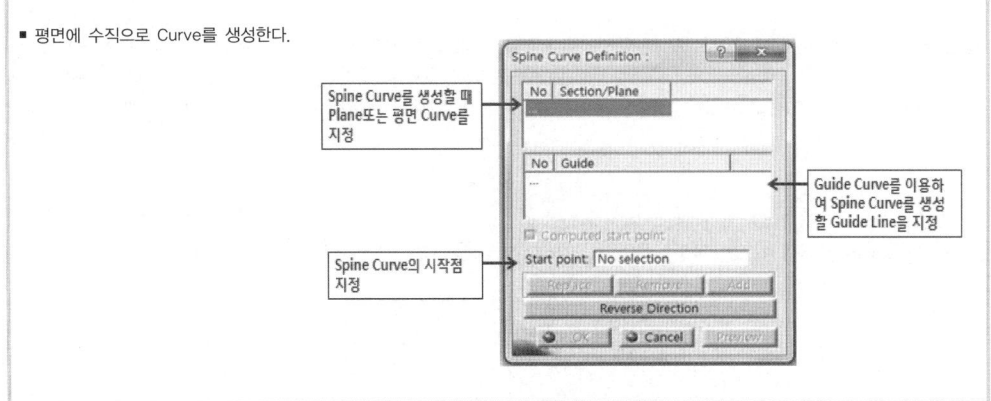

실습 과제 1. Wireframe Modeling(Point-Line), Surface

1) 스케치를 실행하고 YZ Plane을 선택하여 다음과 같이 자유 곡선을 스케치 한다.

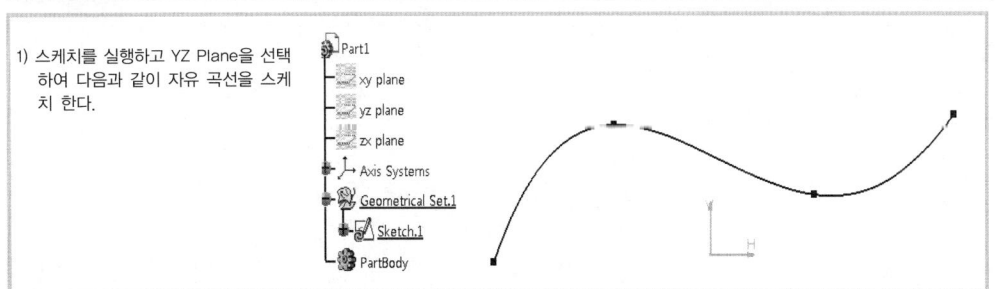

2) Points & Planes Repetition( )을 실행하고 선분을 선택하여 6개의 Plane을 생성한다.
Create normal planes also를 체크한다.

■ Create normal planes also의 의미?

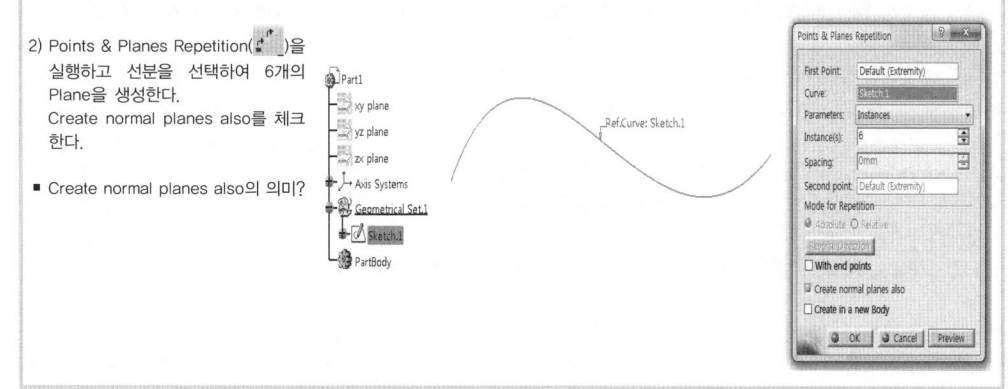

3) 트리에서 Sketch.1을 선택하여 [Hide/Show]를 선택한다.

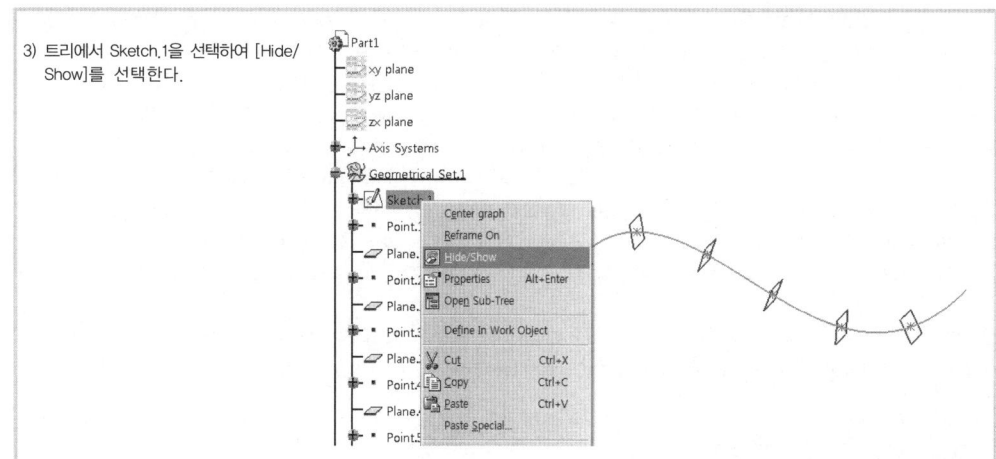

4) Spine( )을 실행하고 첫 번째 Plane 부터 차례대로 선택한다.

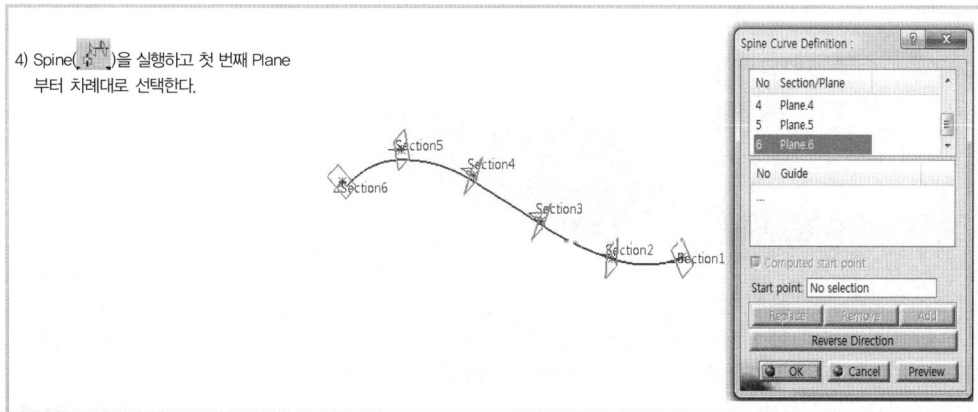

5) Plane들의 중심에 수직한 Spine이 만들어진다.

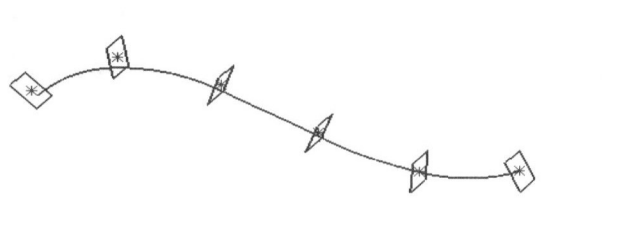

Operation Surface Toolbar

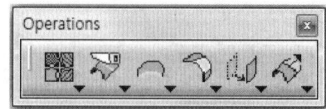

Generative Shape Design에서 Operation 명령들은 각각의 곡면들끼리 이어 주기도 하고 불필요한 부분을 잘라낼 수도 있는 명령들이 있다.

1. Join( )

Join : Generative Shape Design Workbench에서 여러 개의 Geometrical Set에서 만들어진 형상(Surface 또는 Curve)들을 서로 이어주어 하나의 형상을 만들어 주는 명령이다.
Surface는 Surface 요소끼리, Curve는 Curve 요소끼리 선택해 주어야 Join 할 수 있다. Surface와 Curve는 하나로 Join할 수 없다.

• Join( ) Definition

- Elements To Join : Join할 요소를 선택하면 표시된다.
- Add Mode : 추가하고자 하는 대상이 있다면 이 버튼을 누른다.
- Remove Mode : 선택한 대상을 선택에서 제외하고자 하는 경우 이 버튼을 누른다.
- Elements To Join에 선택한 Element들이 Join이 가능하면 초록색으로 나타난다.

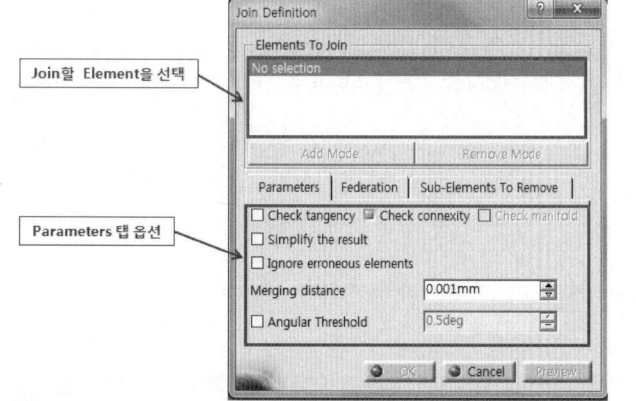

[Parameters] 탭

- Check Tangency : 선택한 Element가 서로 Join될 때 연결부분의 Tangency 연결성을 검사한다. Tangency 연결성에 문제가 발생된다면 Error 메시지를 나타낸다. Tangent한 형상만 Join하고자할 때 유용하다.

- Check tangency를 체크

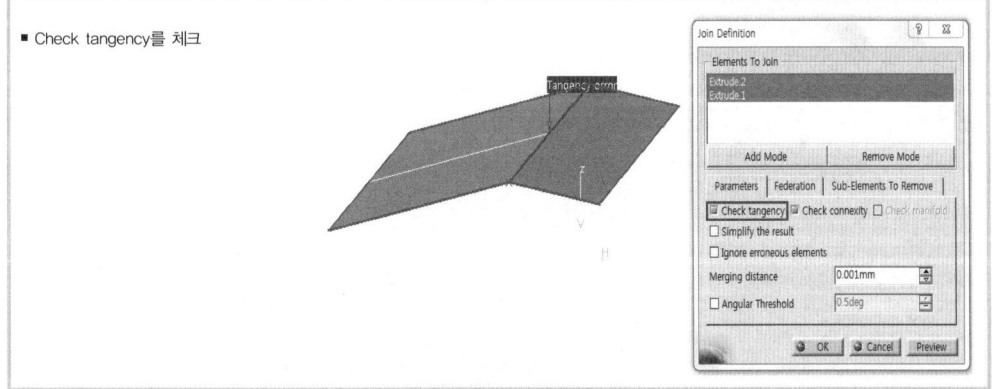

- Check Connexity : Join하고자 하는 요소가 Connexity로 연결되는지 아닌지를 체크하는 옵션이다. CATIA가 제공하는 기본 값들을 충족시키는지 체크한다. 요소들 사이의 떨어진 거리가 0.1mm보다 클 경우에 Error 메시지를 나타낸다.
- Check Manifold : Join 하려는 Element의 Edge나 Curve가 겹쳐져 있는 상태를 의미한다. 체크될 경우 Manifold를 찾아 존재할 경우 Error 메시지를 나타낸다. 지정된 Vertex 주변의 Surface는 Non-Mainfold(복합다양체)로 구성되어 있으며 이것을 해결하기 위해서는 이 부분을 수정해야 한다. Non-Mainfold(복합다양체)는 선, 점, 2차원 Surface등이 함께 표현된 것을 의미한다.
- Simplify the result : Join이 완료된 Surface에는 Join할 때 사용된 Edge나 Face 등이 그대로 보이게 된다. 체크를 하면 Join 가능한 결과 요소를 최소로 줄일 수 있도록 하여 단순화시킨 Join Surface가 생성된다. Join으로 여러 개의 형상을 합치다 보면 복잡하게 형상이 나타날 수 있다. 이 때 이 옵션을 체크하면 형상을 단순화할 수 있다.
- Ignore Erroneous Elements : Join을 생성될 Surface에 대하여 CATIA에 의해서 무시되고 포함하지 않는 Surface와 Edge를 확인할 수 있도록 한다. 생성될 Join을 한 번에 많은 부분을 하다보면 일부를 Join하지 못하는 요소가 발생할 수 있다. 이때 이러한 Error로 인식되는 부분을 무시하도록 한다.
- Merging Distance : 떨어져 있는 Element의 Join 가능한 거리를 입력한다. Join하려고 하는 형상이 반드시 이어져 있는 것은 아니다. Surface의 경우 사이에 틈이 있을 수도 있고 Curve와 Curve가 이어지지 않은 경우가 있을 수도 있다.
  이러한 경우 Join은 허용된 범위 안의 거리나 틈에 대해서는 컴퓨터 스스로 형상을 수정하여 틈을 제거하고 합쳐주는 작업이 가능하다.
  틈 허용 범위가 Merging Distance로 공차(Tolerance)라고 할 수 있다.
  Merging Distance는 최대가 0.1mm의 값을 갖는다. 그 이상의 값을 입력해 줄 수 없으며 이 보다 공차가 큰 경우에는 Healing 명령을 사용한다.
  - 거리 값 ≤ 0.001mm : 2개의 Edge가 공유되면서 Join이 생성되며 완전히 결합된다.
  - 0.001 < 거리 값 ≤ Merging distance 값 : 2개의 Edge가 공유되지만 단지 Topological하게 Join될 뿐 완전히 결합이 이루어지지 않는다.
  - 거리 값 > Merging distance 값 : 2개의 Edge가 공유되지 않기 때문에 Join은 이루어지지 않는다.

- **Angular Threshold** : 체크하고 각도를 입력하면 CATIA는 입력한 각도 이하의 Join Element에 대해서 Join을 한다. Edge사이를 중심으로 한 Surface 사이의 각도가 입력한 임계 각도보다 큰 경우 Join이 실행되지 않으며 Error가 발생된다.
  Join 대상 Surface에 Overlap 부분이 있는지 검사하기 위해 사용된다.

[Federation] 탭

- Join을 하기 위해 선택한 여러 개의 Element를 지정한 방법에 따라 하나의 Group으로 재편성해준다. 현재 연결되어 있는 Surface를 수정할 경우 입력된 Element의 재지정을 피할 수 있어 아주 유용하다.

- **Federation 선택방법**
  - No Federation : Federation을 실시하지 않는다.
  - All : 현재 Join하려는 모든 Element를 Federation한다.
  - Point Continuity : 선택한 Element와 Point 연속성으로 연결된 모든 대상을 Federation한다.
  - Tangent Continuity : 선택한 Element와 Tangent 연속성으로 연결된 모든 대상을 Federation한다.
  - No Propagation : Federation List창에 등록된 Element에 대해서만 Federation 한다.

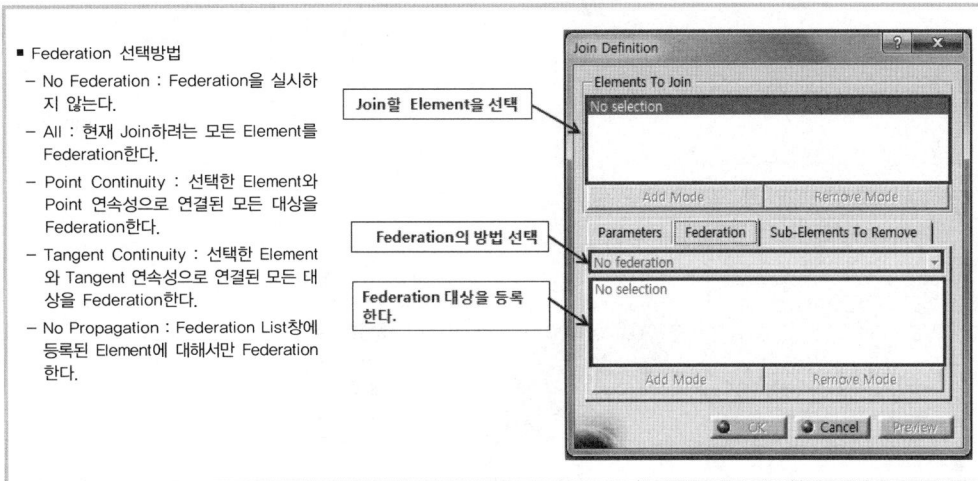

[Sub-Elements to Remove] 탭

- 지정한 Element를 Join으로부터 제거한다.

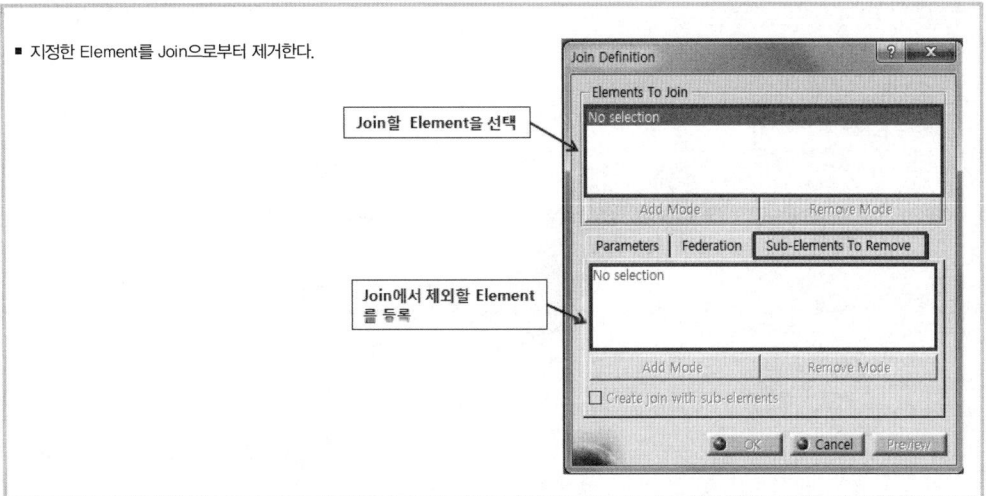

Join 실습 1   Surface와 Surface

1) 스케치를 실행하고 YZ Plane을 선택하여 다음과 같이 자유 곡선을 스케치 한다.

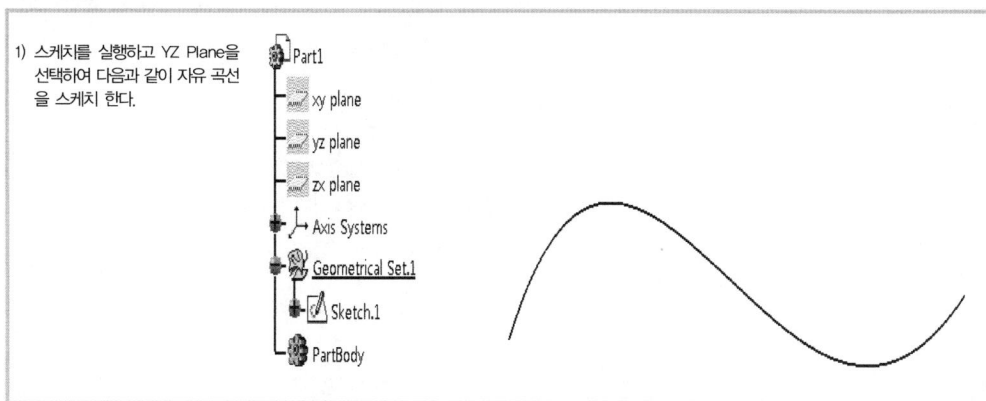

2) Extrude( )를 실행하고 60mm 돌출을 한다.

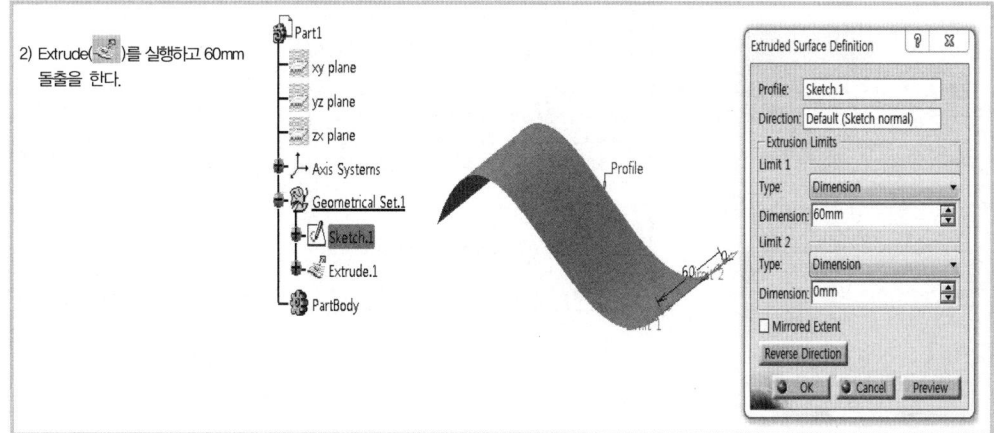

3) Boundary를 실행하고 모서리를 선택하여 추출한다.

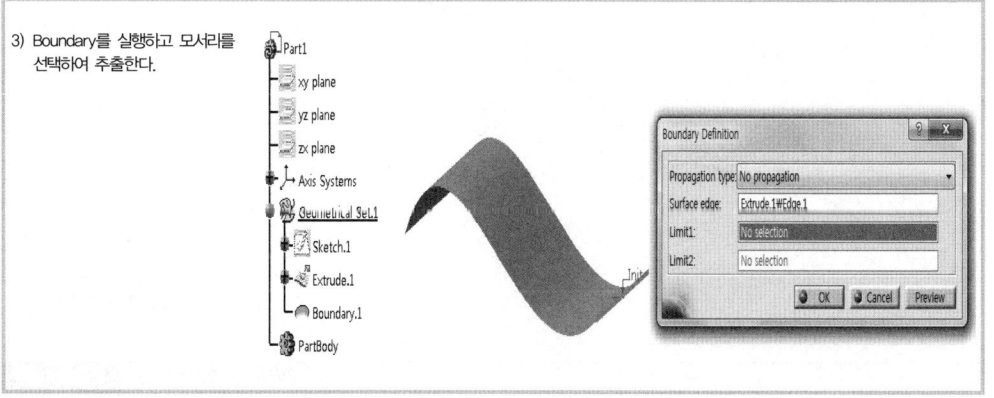

235

4) Extrude( )를 실행하고 60mm 돌출을 한다.

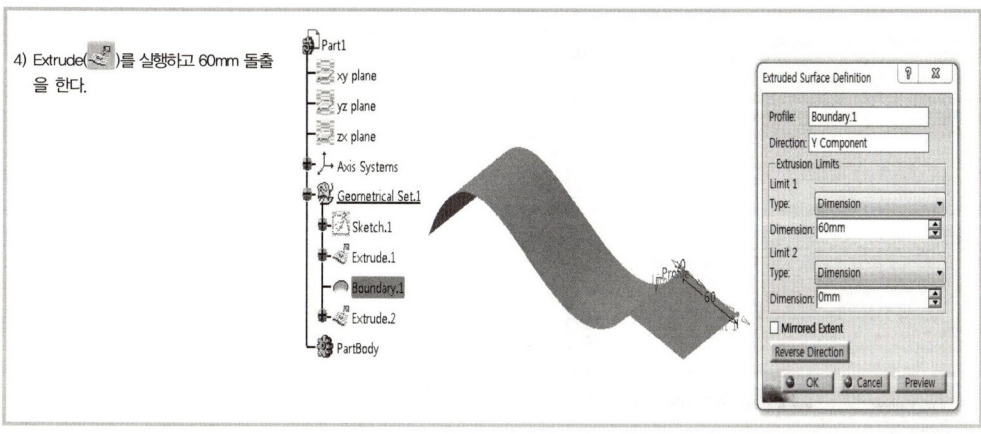

5) Join( )을 실행하고 Extrude.1과 Extrude.2를 선택하여 결합한다. Join으로 형상을 합친 후에 미리보기를 선택하면 녹색의 Boundary가 보이게 된다.

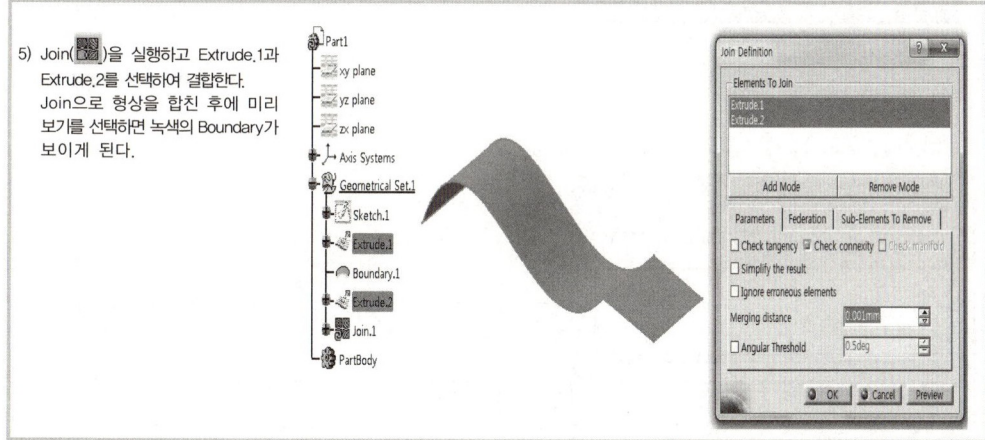

■ Join 결과

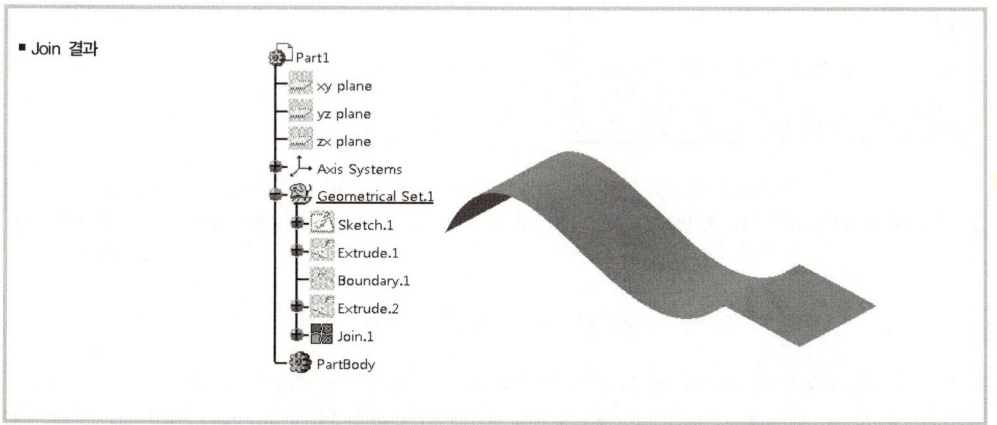

Join 실습 2   Curve와 Curve

1) 스케치를 실행하고 YZ Plane을 선택하여 다음과 같이 직선을 스케치를 한다.

2) Join( )을 실행하고 Sketch.1을 선택하여 Join을 한다.

■ Join 결과

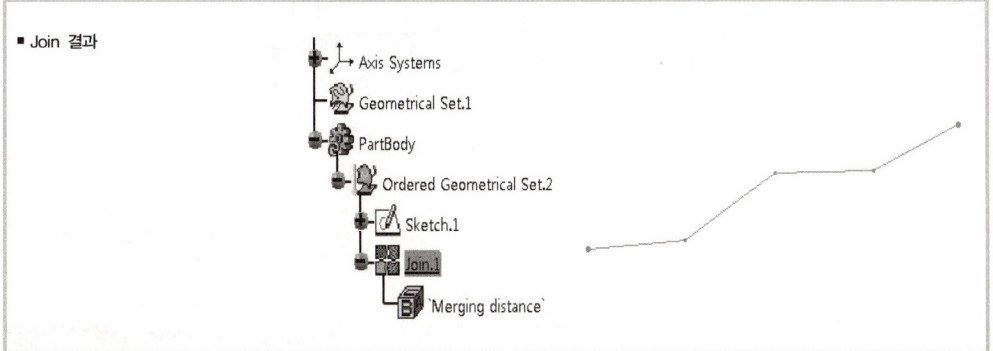

2. Healing( )

Healing은 두 Surface사이에 Gap이나 Hole이 존재할 때 이것들을 메워서 하나의 Surface로 합친다.
- Surface와 Surface를 하나로 합쳐준다.
- Curve 요소에는 사용할 수 없다.
- Join이 해결하지 못할 정도로 큰 공차를 가진 Surface들을 하나로 합쳐준다.
  합치고자 하는 Surface들을 선택하여 적절한 Merging Distance 범위 안에서 형상들을 합친다.
  Healing은 Merging Distance 최대 크기는 제한이 없고 최소크기는 0.001mm이다. Healing은 형상의 대 변형을 이용하여 형상의 벌어진 틈을 제거하여 합쳐준다. 사용에 주의를 할 것은 원본 형상을 크게 변형시킬 수 있기 때문에 가급적으로 Merging Distance 값은 최소로 해주어야 한다.
- Healing은 Connect Checker(: Surface와 Surface의 틈 사이의 간격을 측정)와 함께 사용한다.

• Healing( ) Definition

- Elements To Heal : 결합할 Surface을 선택해준다.
- Distance Objective : Healing할 때 허용할 수 있는 최대 차이 값이다. 최대 0.1mm까지 입력 가능하다.
- Tangency Angle : Tangency로 연결성이 부여되면 활성화되며 두 Surface와 Healing되는 Surface가 가지는 접선 각도를 입력한다. 최소값 0.5°이며 최대값 : 10°이다.
- Tangency Objective : Tangency로 연결성이 부여되면 활성화되며 최소 0.1°이며 최대값 : 2.0°이다.

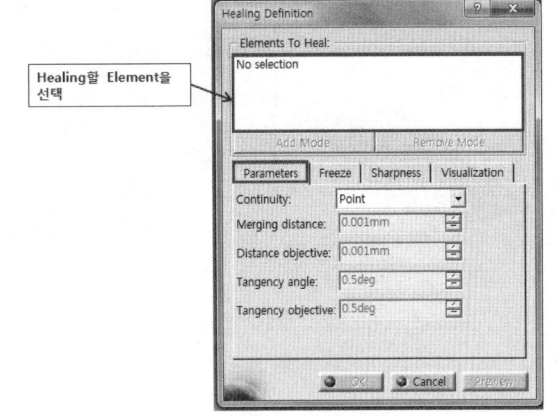

- Elements To Heal : 결합할 Surface을 선택해준다.
- Elements to Freeze : 사용자가 지정한 임의의 Surface는 형태나 곡률이 변하지 않고 원본 상태를 그대로 유지시킨다.
- Freeze Plane Elements : 평면 Surface는 자동적으로 Freeze된다.
- Freeze Canonic elements : Canonic elements는 자동적으로 Freeze된다.
  Canonic elements는 원통, 원뿔, 구 등이다.

- Elements To Heal : 결합할 Surface을 선택해준다.
- Edges to keep sharp : Healing할 때 Sharp edge를 그대로 유지할 항목을 선택한다.
- Sharpness angle : Sharpness angle과 flat angle 사이의 각도를 제한한다. 기본값 : 0.5°이며, 그 값을 변경할 수 있다.

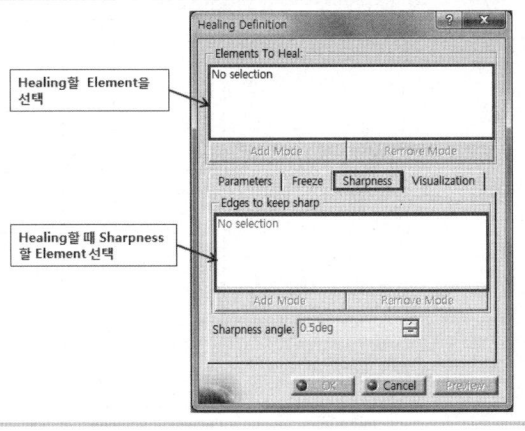

[Visualization 탭]

Healing 작업 중에 나타나는 Error나 Deviation 등을 표시할 것인지 결정한다.

- Shown solution
  All : 화면에 표시할 수 있는 모든 메시지를 다 표시한다.
  연속성의 변화가 Point인 경우 ")(" 표시, Tangency인 경우는 "^"의 형태로 화면에 표시된다. Healing 작업을 수행할 수 없는 경우 가 표시된다.

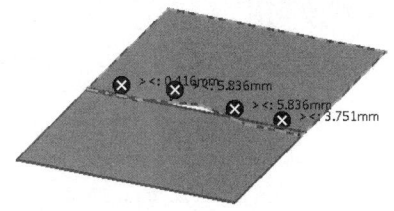

- No corrected : 불연속성이 수정되지 못하고 계속적으로 남아 있어 Healing 작업이 불가능한 경우에만 메시지를 화면에 표시한다.
- None : 어떠한 메시지도 화면에 출력하지 않는다.

Healing 실습 1

1) 스케치를 실행하고 XY Plane을 선택하여 나음과 같이 사유 곡선을 스케치 한다.

2) Extrude를 실행하고 40mm로 돌출을 한다.

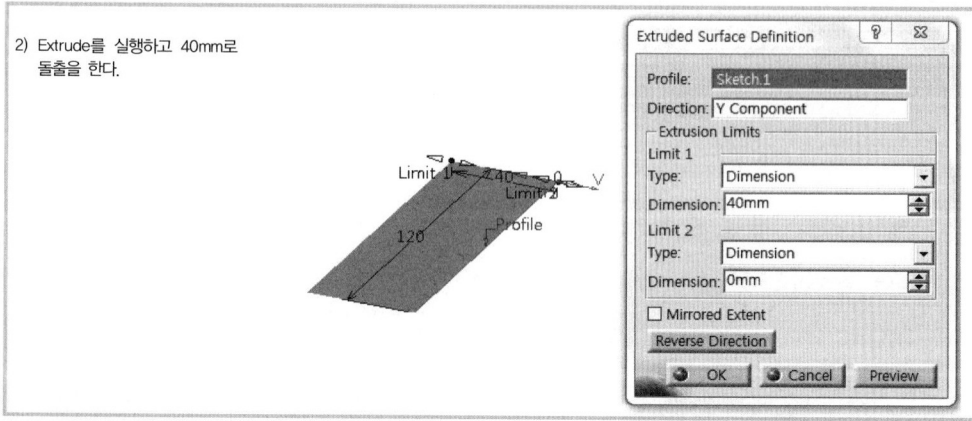

3) Tree에서 Extrude.1을 선택하고 우측버튼을 눌러 [Copy]를 누르고 [Paste]를 눌러 복사한다.

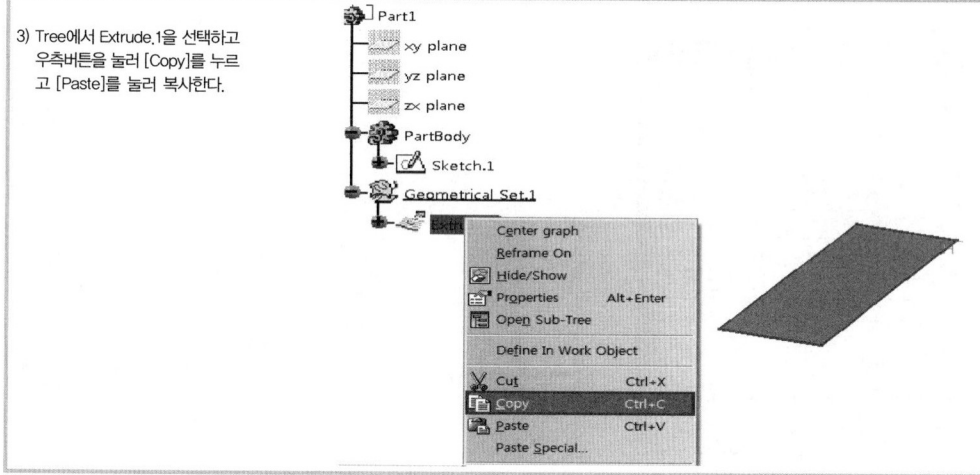

4) Tree에서 Extrude.2를 더블클릭하여 돌출 방향을 변경한다.

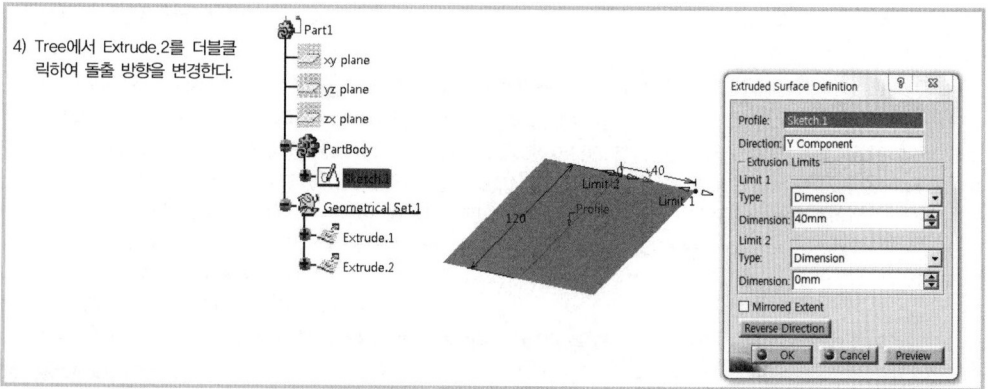

5) Healing( )을 실행하고 Elements To Heal에 연결할 돌출 객체를 모두 선택한다.

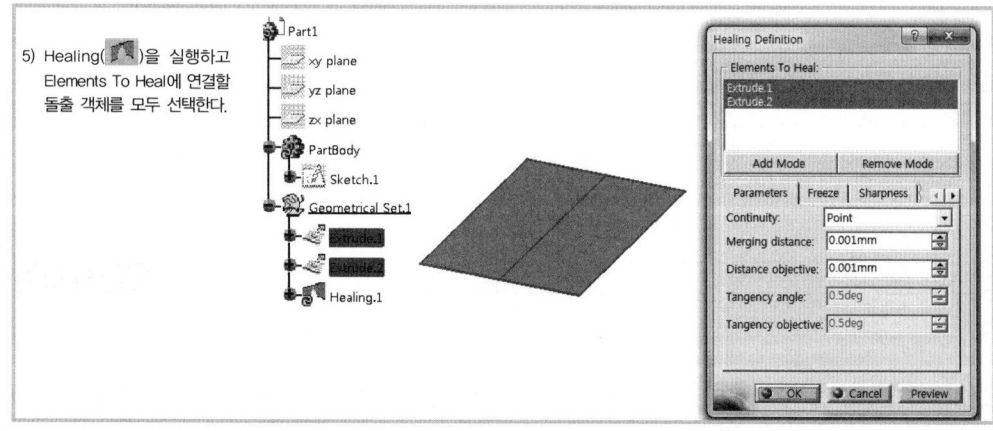

■ Healing 결과

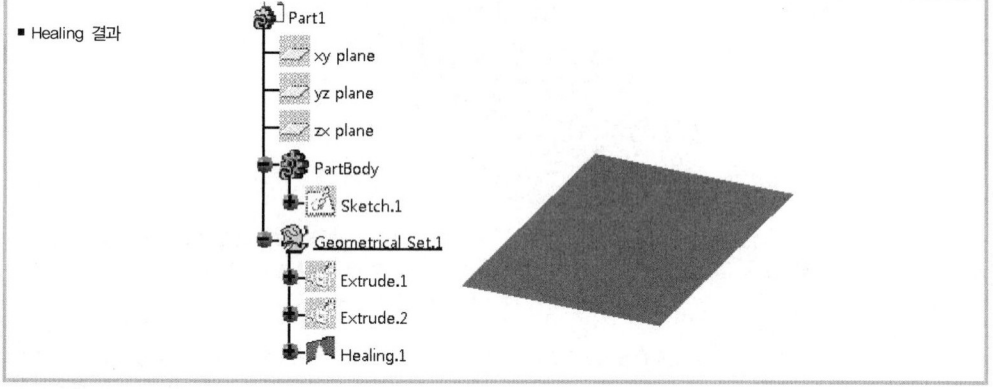

Healing 실습 2

1) 스케치를 실행하고 XY Plane을 선택하여 스케치 한다.

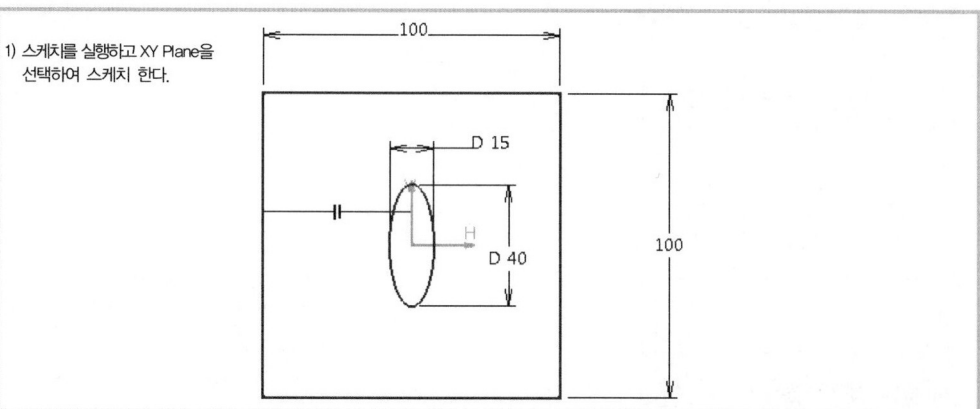

2) Fill을 실행하고 다음과 같이 채운다.

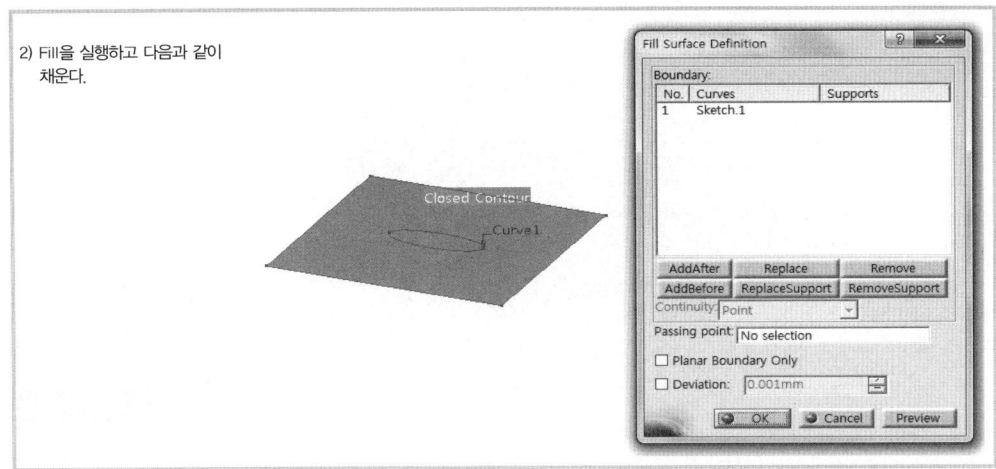

3) Extrude를 실행하고 Sketch.1 에서 타원만 을 선택하기 위해 Profile 위에서 마우스 우측 버튼을 눌러 [Create Extract] 를 선택한다.

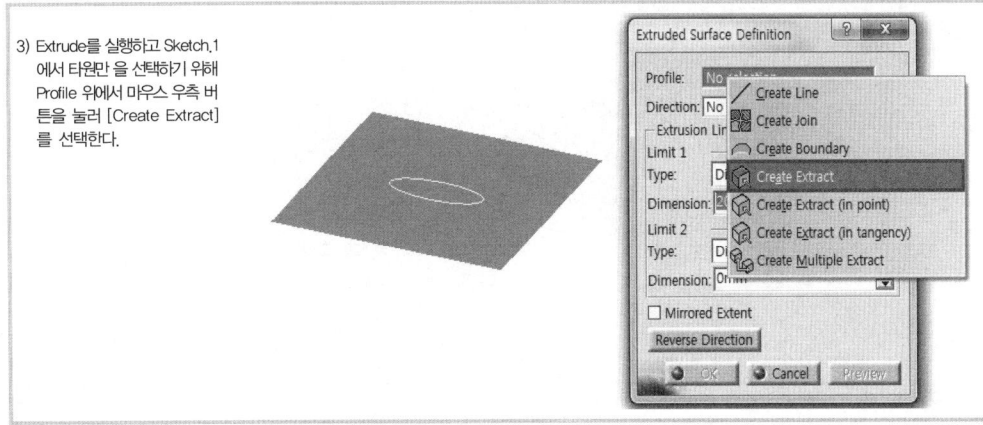

4) 타원 Edge만 선택한다.

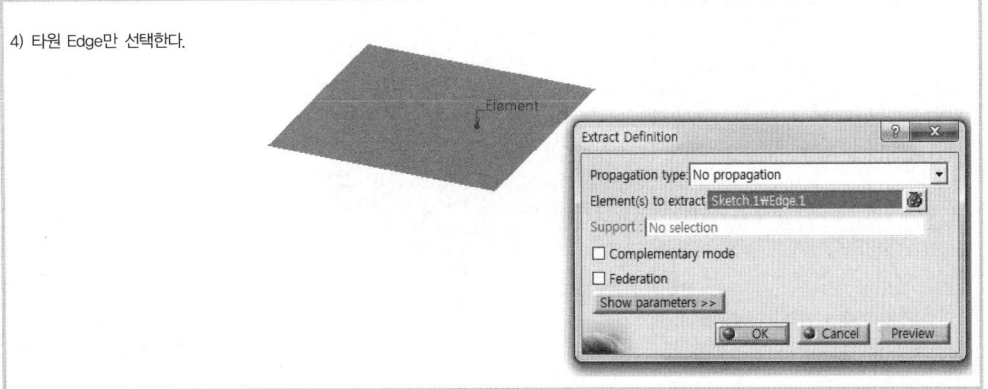

5) 다음과 같이 돌출방향과 길이를 지정하여 돌출을 한다.

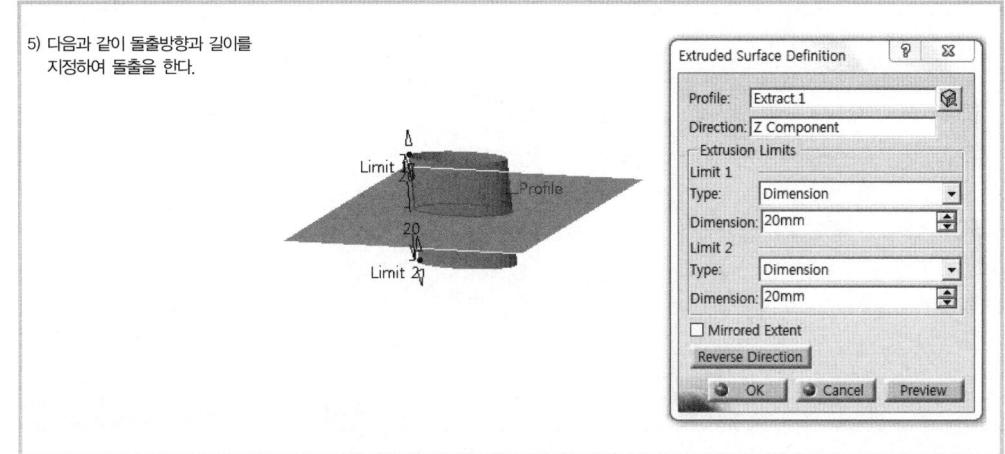

6) Split을 실행하여 다음과 같이 타원 안쪽이 잘리도록 설정한다.

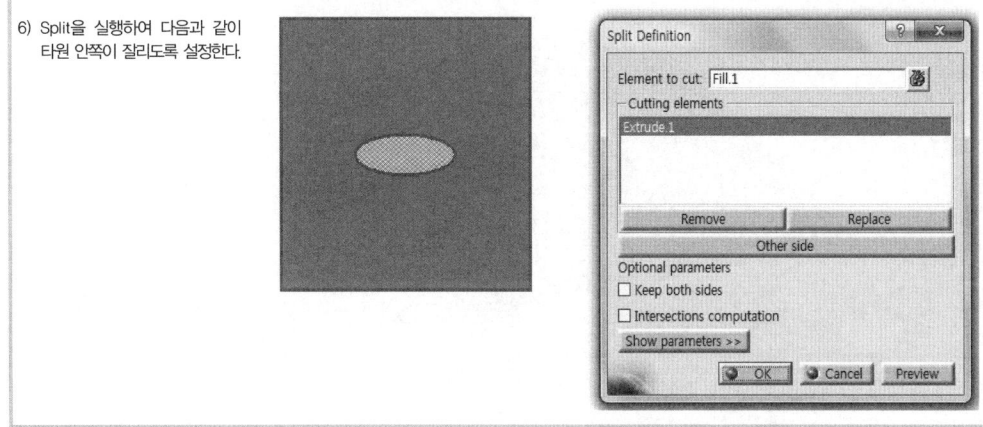

7) 준비 완료

8) Healing( )을 실행하고 Elements To Heal에 연결할 객체를 선택하고 Merging distance : 46mm 이상 값을 지정하면 다음과 같이 타원이 채워진다.

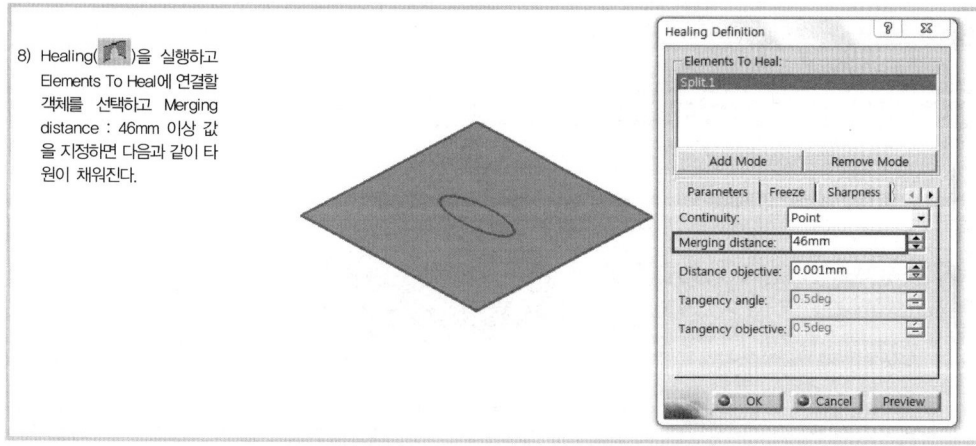

2) Healing( )을 실행하고 Elements To Heal에 연결할 객체를 선택하고 Merging distance : 틈을 메울 정도로 조절해 본다.

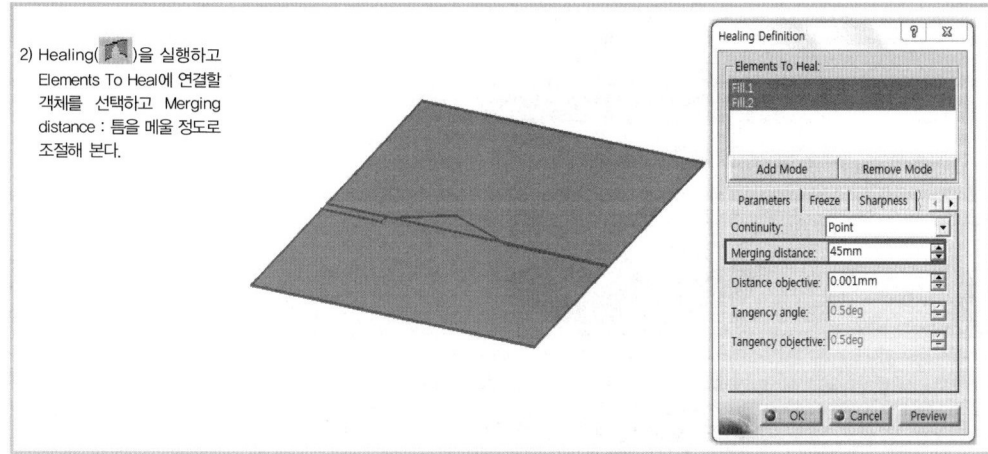

■ Healing 결과

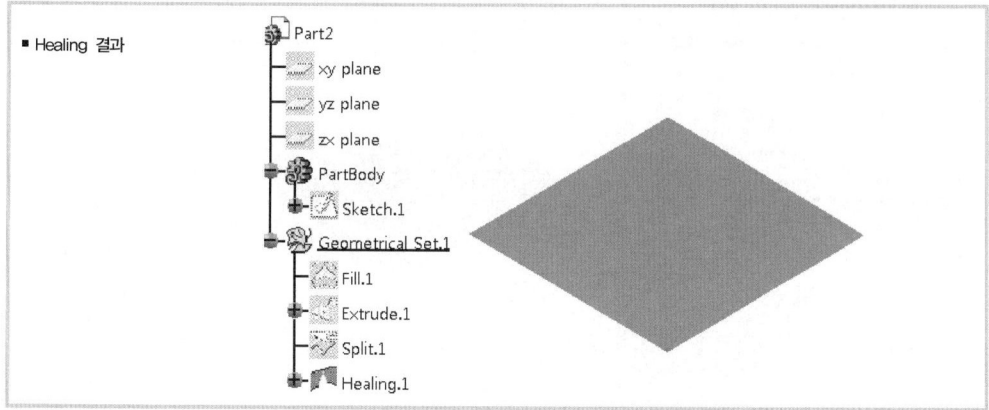

■ Healing 결과

Healing 실습 3

1) 다음과 같이 Surface를 준비한다.

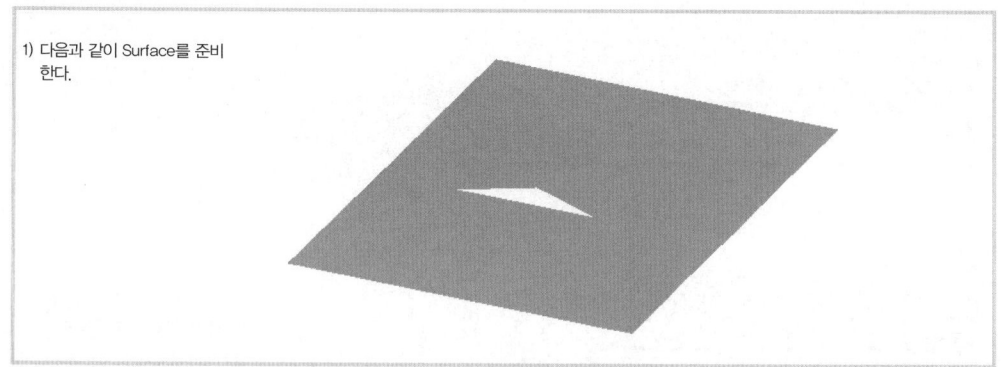

Healing 실습 4 곡면과 곡면의 Healing

1) 스케치를 실행하고 YZ Plane을 선택하여 다음과 같이 스케치를 한다.

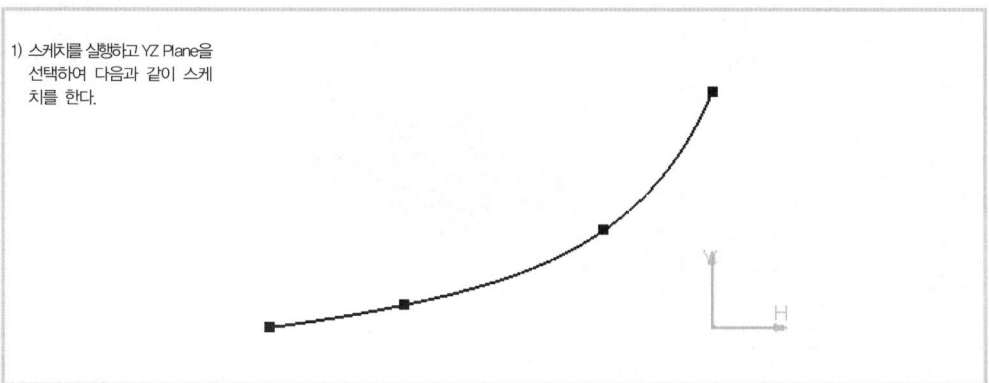

2) 스케치를 실행하고 YZ Plane을 선택하여 다음과 같이 스케치를 한다.

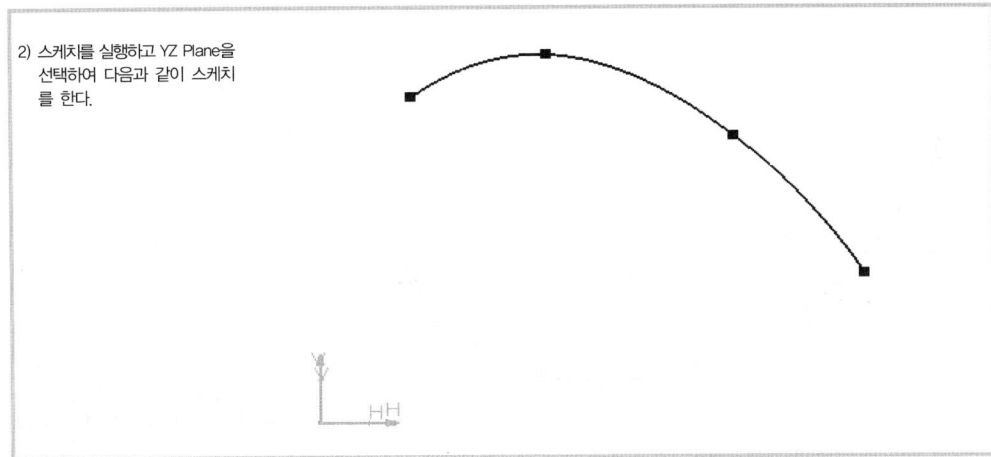

3) Extrude를 실행하고 다음과 같이 돌출을 한다.

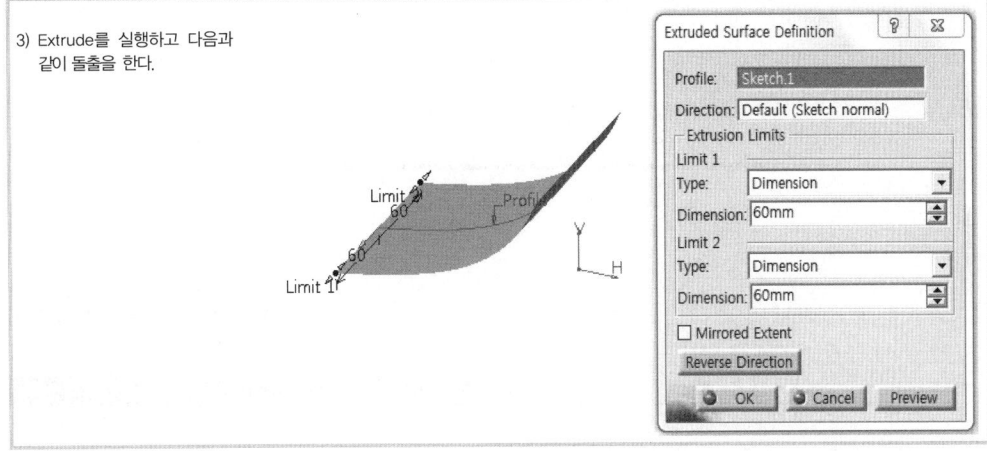

4) Extrude를 실행하고 다음과 같이 돌출을 한다.

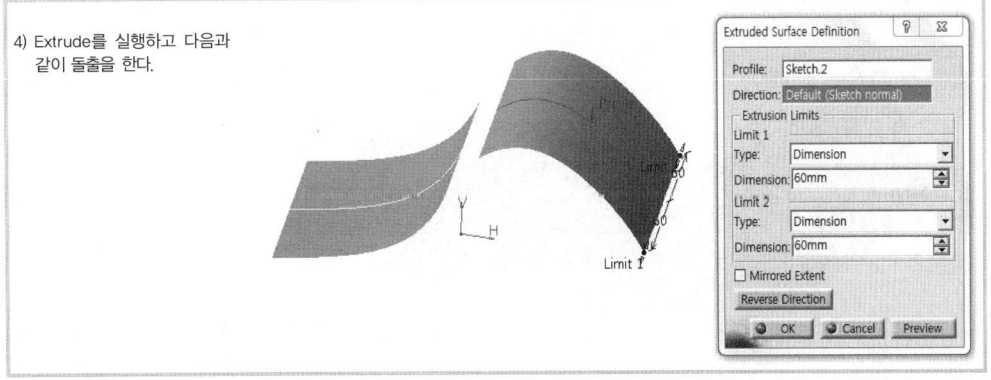

5) Healing( )을 실행하고 Elements To Heal에 연결할 객체를 선택하고 Merging distance : 값을 입력, 틈을 메울 정도로 조절해 본다.

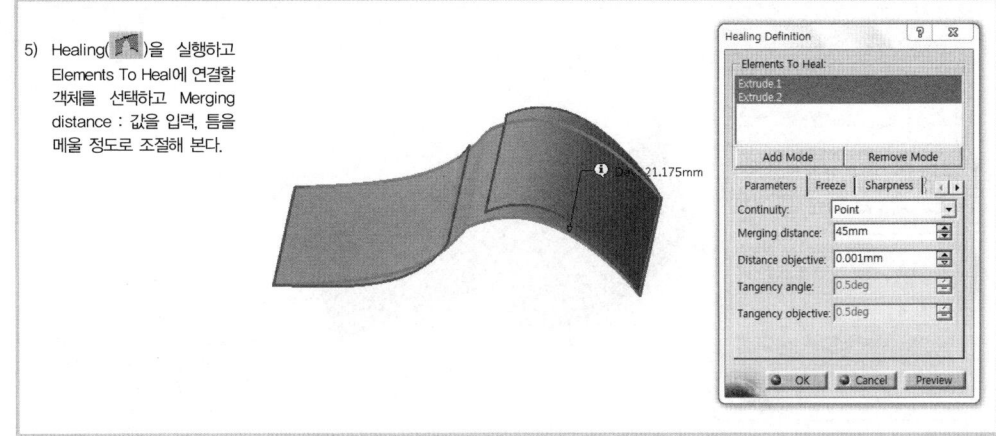

■ Healing 결과

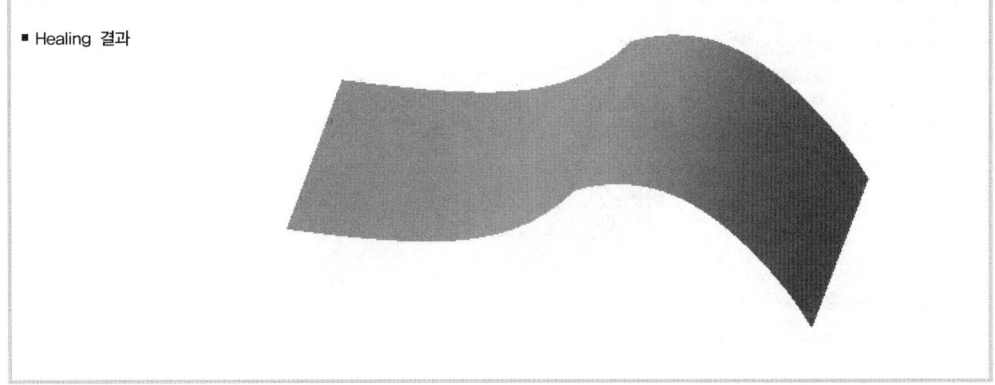

6) Spec Tree에서 Healing.1을 더블클릭하여 실행하고 [Freeze]탭을 선택하고 좌측 Surface를 고정시킨다. 한쪽 곡면을 고정시켜 놓고 다른 쪽 곡면이 틈을 메워서 합쳐준다.

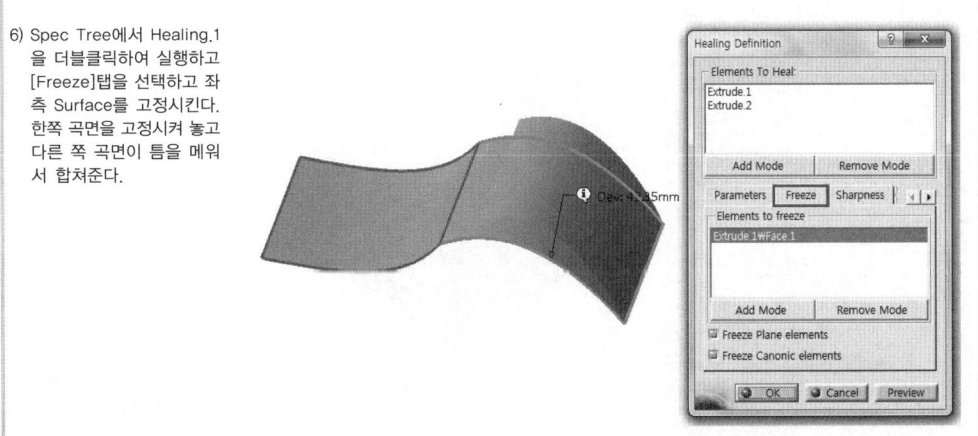

■ Healing 결과

| Healing 실습 5 | 평면과 곡면의 Healing-Freeze 사용 |

1) 스케치를 실행하고 YZ Plane을 선택하여 다음과 같이 스케치를 한다.

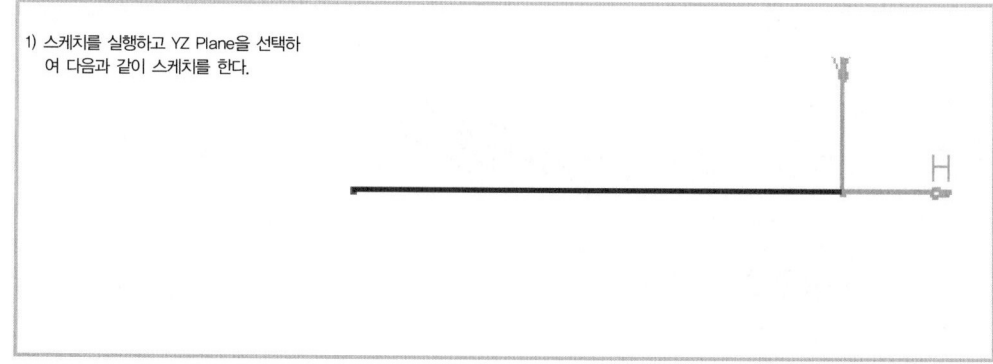

2) 스케치를 실행하고 YZ Plane을 선택하여 다음과 같이 스케치를 한다.

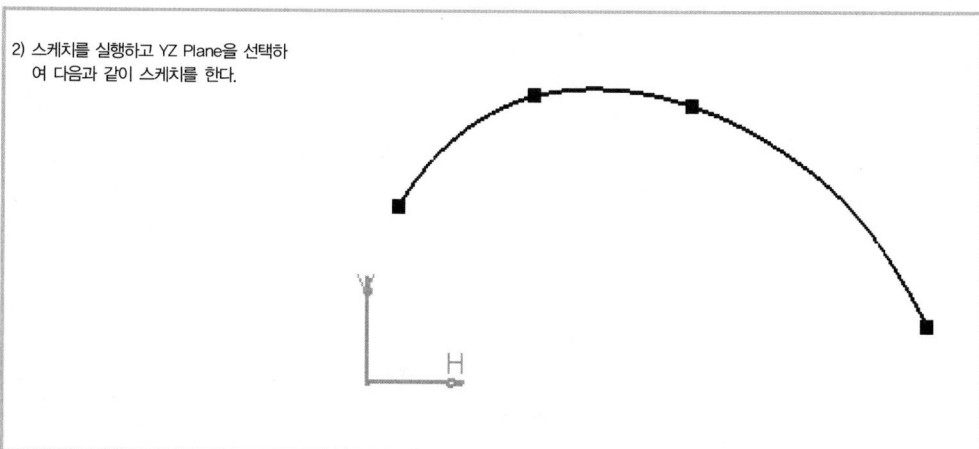

3) Extrude를 실행하고 다음과 같이 돌출을 한다.

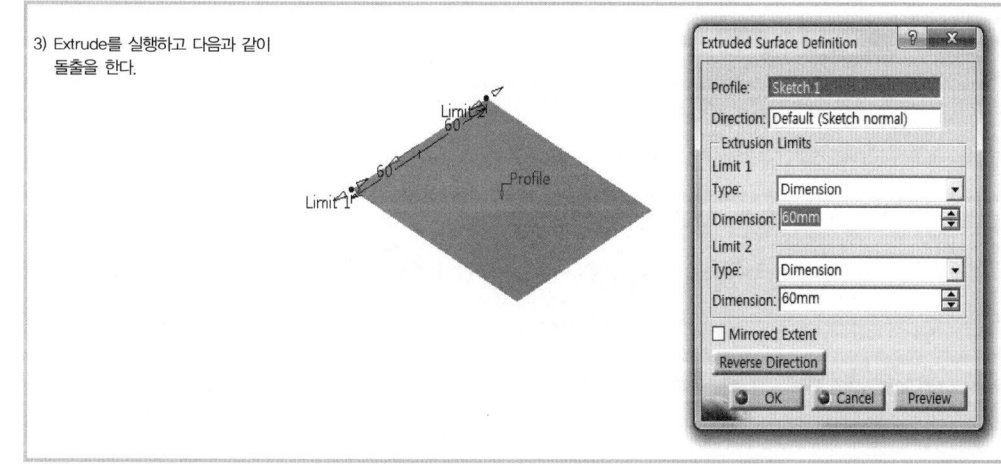

4) Extrude를 실행하고 다음과 같이 돌출을 한다.

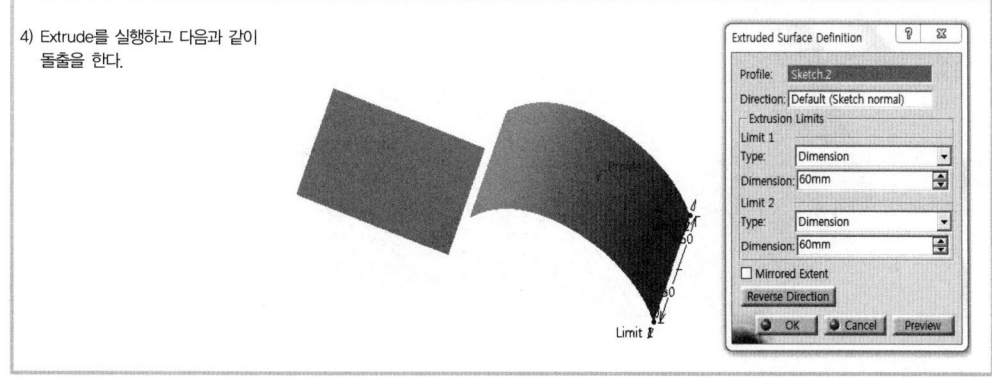

5) Healing( )을 실행하고 Elements To Heal에 연결할 객체를 선택하고 Merging distance : 틈을 메울 정도로 조절해 본다.

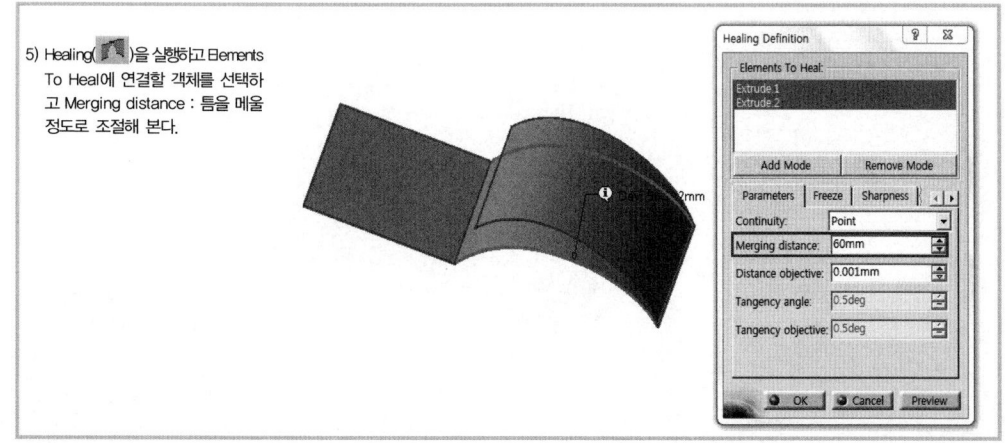

6) [Freeze]탭에 Freeze Plane elements의 체크로 평면 곡면은 자동으로 Freeze된다.

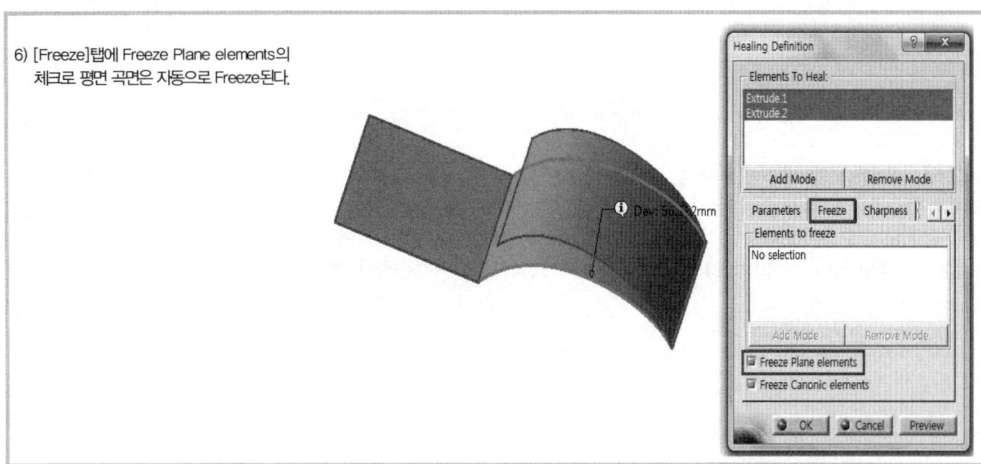

■ Healing 결과

Healing 실습 6

1) 스케치를 실행하고 XY Plane을 선택하여 다음과 같이 스케치를 한다.

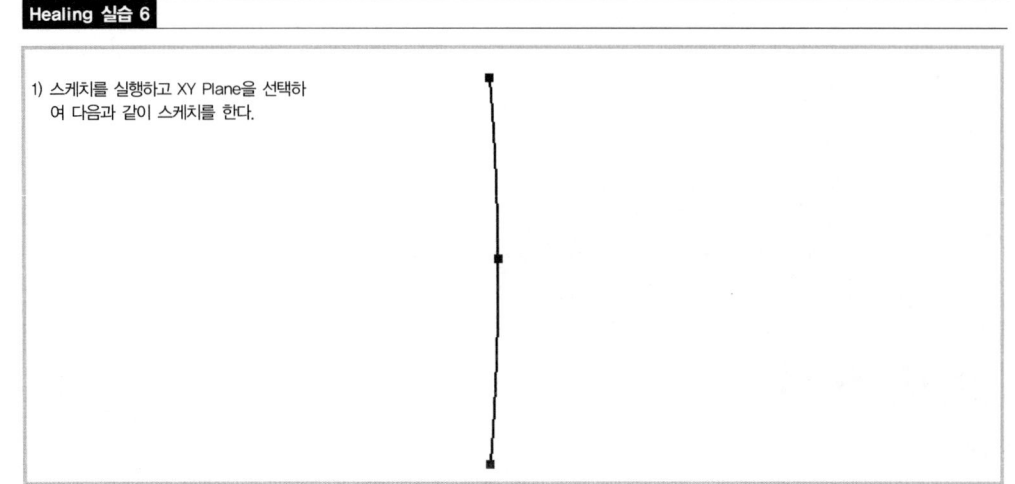

2) Extrude를 실행하고 40mm 돌출을 한다.

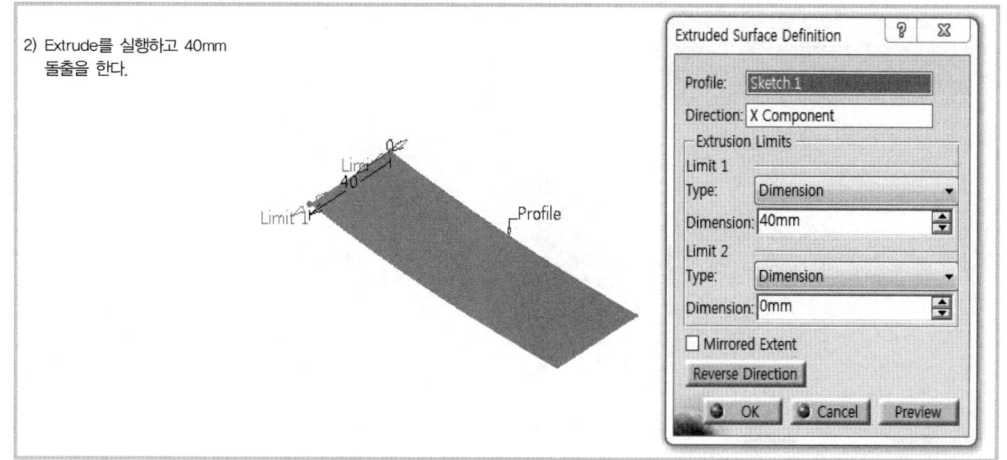

3) 스케치를 실행하고 YZ Plane을 선택하여 다음과 같이 스케치를 한다.

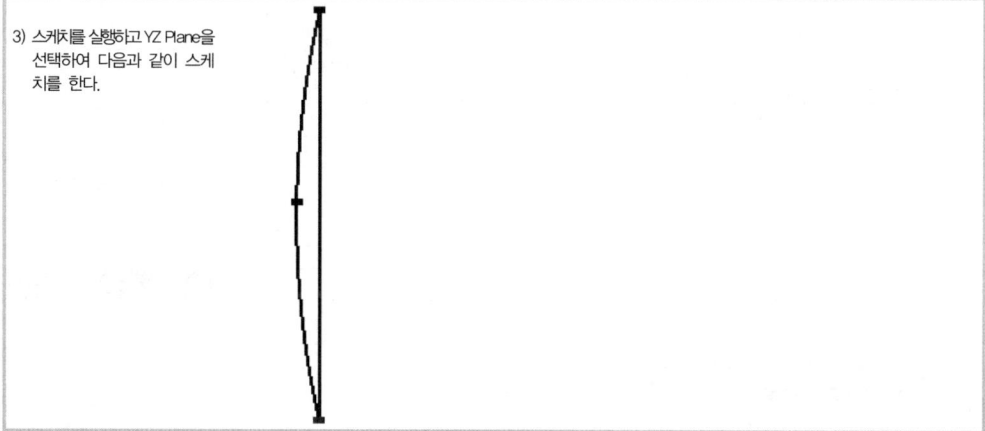

4) Extrude를 실행하고 40mm 돌출을 한다.

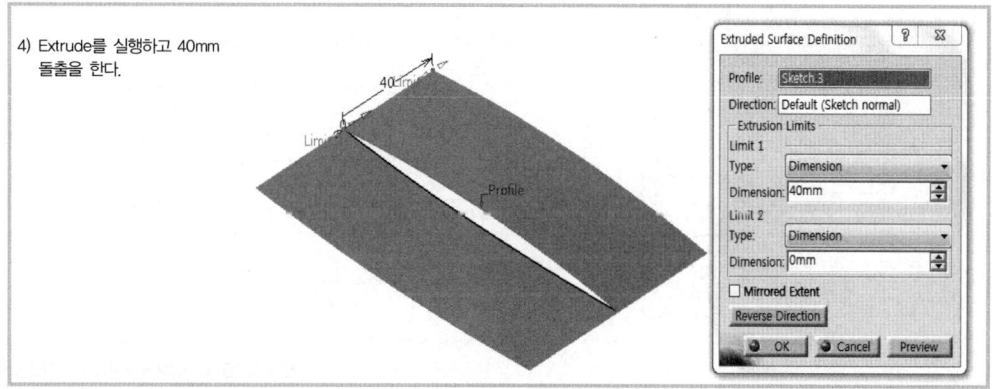

5) Healing( )을 실행하고 Elements To Heal에 연결할 돌출 객체를 모두 선택한다.

Merging distance : 값을 입력, 조절해 본다.

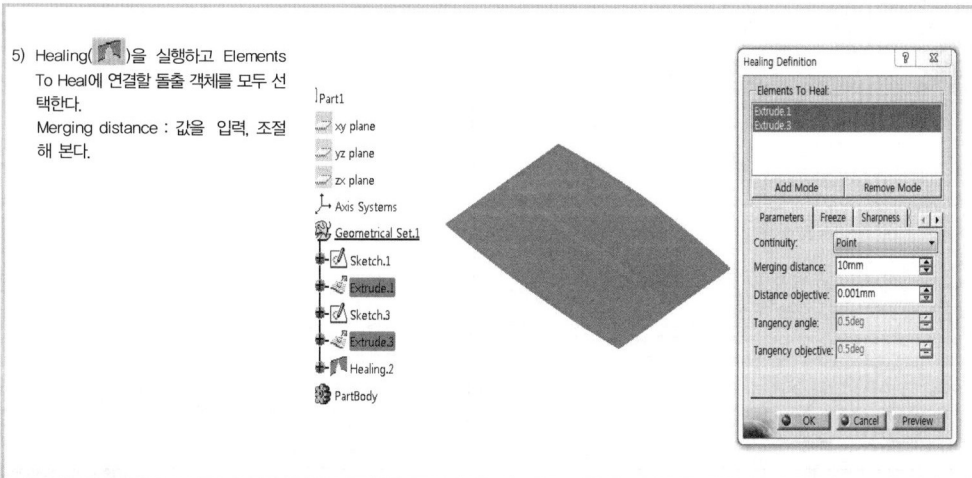

■ Healing 결과

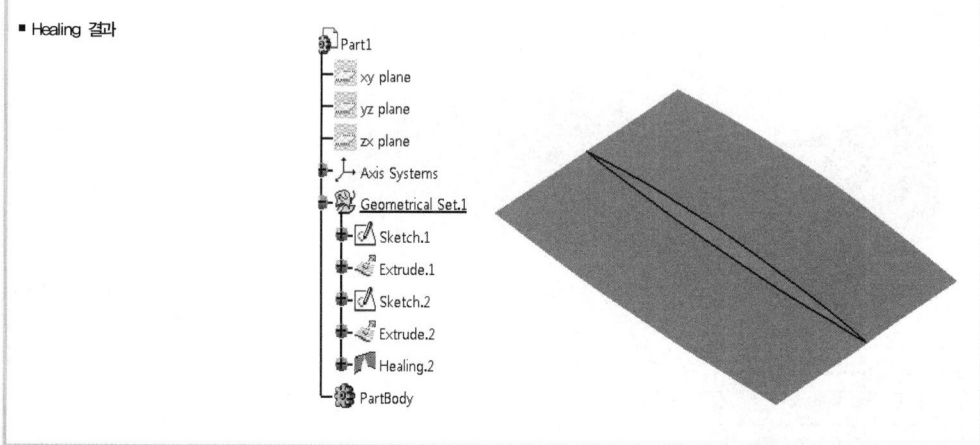

3. Curve Smooth( )

Curve Smooth : Curve를 기반으로 만들어지는 Surface 형상은 Curve가 불연속적이거나 마디가 나누어져 있으며 부분이 그대로 영향을 받기 때문에 Surface를 부드럽게 만들고자 한다면 Curve Smooth를 사용하여 부드럽게 만들 수 있다. 여러 개의 Curve를 이어서 작업을 하다 보면 Curve들 끼리 이어지는 부분이 연속적이지 않고 마디가 생긴다. 이러한 부분을 가지고 Surface 작업을 하면 불필요한 부분이 나뉘지는데 이런 경우 Curve Smooth를 사용하여 부드럽게 이어줄 수 있다.

불연속적인 부분이 제거 되면 화면에서 붉은색으로 나타나던 Vertex 부분이 녹색으로 바뀌면서 'Vertex Erased'라고 표시된다.

'Out : Vertex Erased'

• Curve Smooth( ) Definition

- Smooth할 Curve는 반드시 연결되어 있어야 한다.
- Parameters 탭 : 연결성에 관련된 각종 옵션을 이용하여 Smooth시킨다.
  - Tangency threshold : 선택한 곡선이 Smooth 되기 위한 Tangency 한계 각도를 입력한다. 기본 값 : 0.5deg
  - Curvature threshold : 선택한 곡선을 Smooth시키기 위하여 필요한 곡률 한계값이다. 0~1사이의 값이며 기본 값 : 0.980이다.
- Freeze 탭 : 곡선을 이루는 Sub element 중에서 Smooth에서 제외시킬 element를 선택한다.
- Extremities 탭 : 각 곡선의 끝점에서 연속성 조건을 정의한다.
- Visualization 탭 : 화면에 표시할 각종 메시지에 대한 표시 여부를 결정한다.

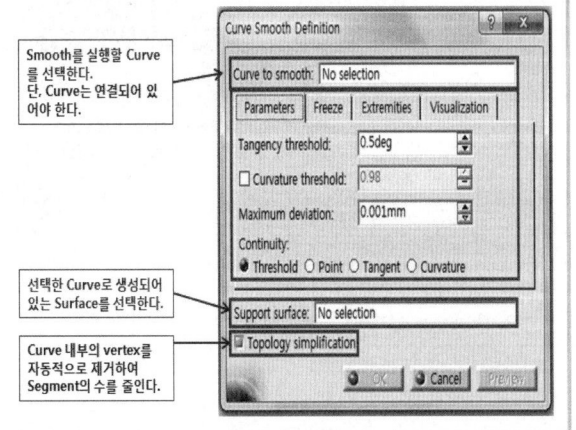

Curve Smooth 실습 1

1) 스케치를 실행하고 ZX Plane을 선택하여 다음과 같이 스케치를 한다.

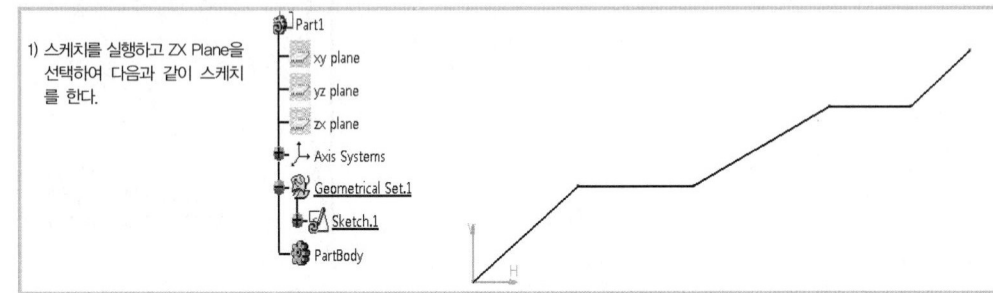

2) Extrude를 실행하고 50mm 돌출을 한다.
Curve Smooth를 하지 않고 Extrude를 한 상태

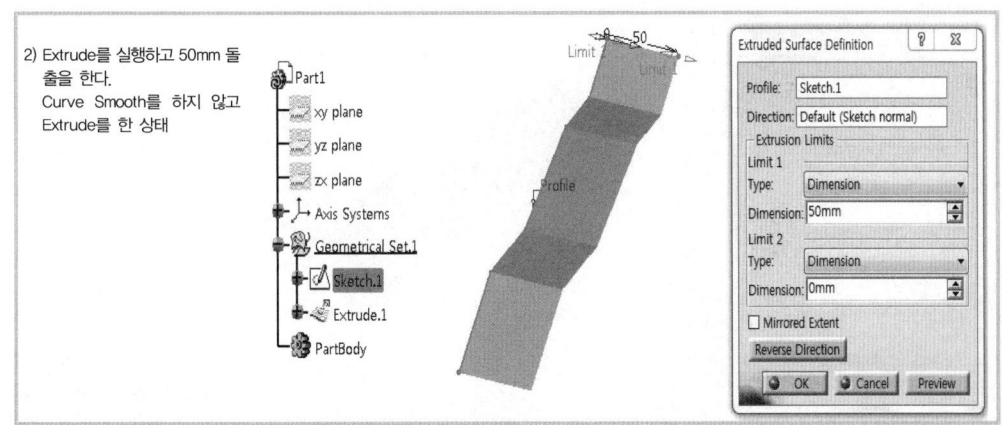

3) Curve Smooth를 실행하고 Curve smooth : Sketch.1을 선택, Continuity : Tangent 를 선택한다.
- 곡선에 대한 연속성 표시
  - Point Discontinuous (C0 Continuity)
  - Tangency Discontinuous (C1 Continuity)
  - Curvature Discontinuous (C2 Continuity)
- 연속적이지 못한 부분이 표시된다.
  'In: 현재 연속인 상태'

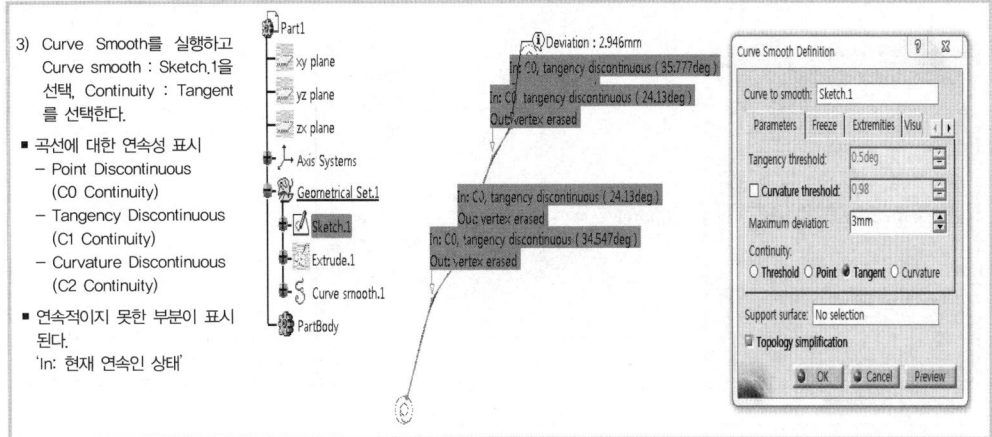

4) Extrude를 실행하고 50mm 돌출을 한다.

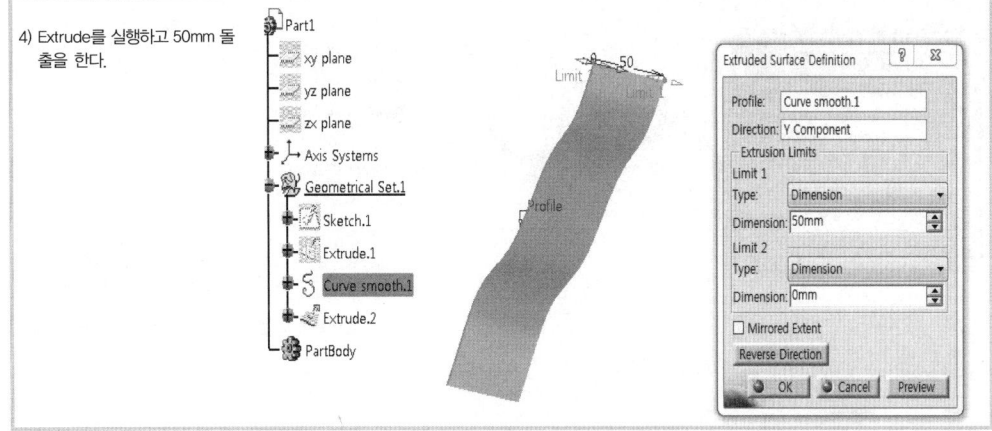

- Curve Smooth 결과
  Curve Smooth를 하고 Extrude를 한 상태

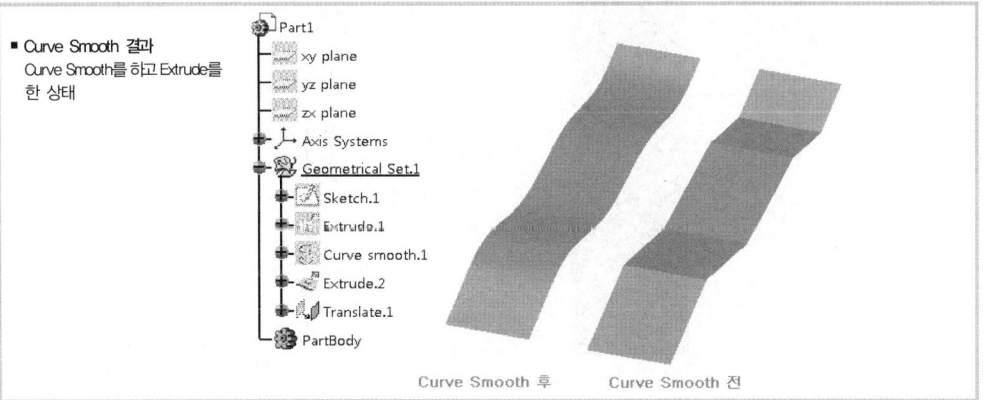

4. Untrim

Untrim : Generative Shape Design의 Split이나 FreeStyle Workbench의 Break Surface or Curve로 절단한 후 사라진 부분을 복구하는 명령이다. 명령 취소하는 방법도 있을 수 있지만 명령을 취소할 수 없거나 형상이 Isolate된 경우라면 Untrim 명령을 사용하는 것이 제일 적합하다.

• Untrim Definition

- Elements : 복구할 Surface를 선택한다. Surface, Curve, Surface의 Edge 등이 선택 대상이다.
- Split이나 Break Surface or Curve로 일부를 자르거나 구멍을 뚫은 경우에 대해서만 사용할 수 있다.
- Create Curve : 선택한 Element Boundary를 추출할 수 있다.
  - ON : 선택한 모든 요소의 Boundary Edge의 datum Curve가 생성된다.
  - OFF : Datum Curve는 생성되지 않는다.

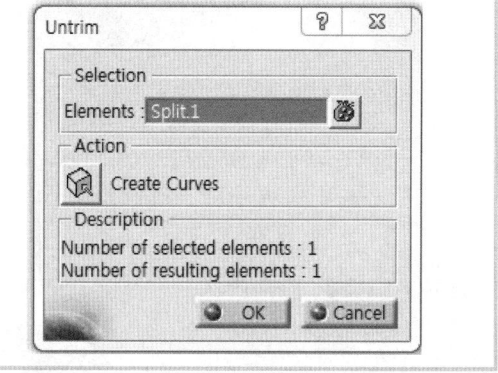

Untrim 실습 1

1) 스케치를 실행하고 YZ Plane을 선택하여 다음과 같이 자유 곡선을 스케치 한다.

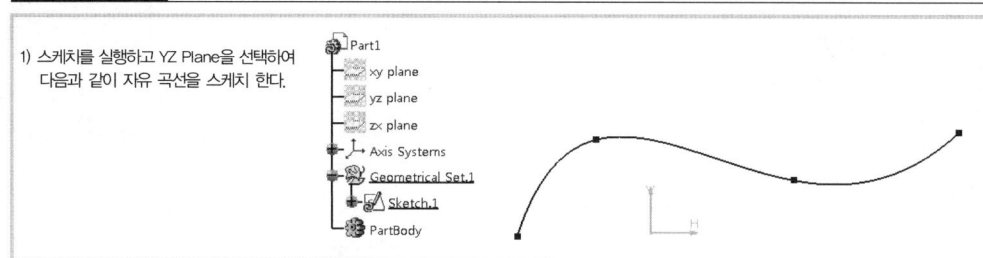

2) Extrude를 실행하고 30mm, Mirrored extent를 지정하여 돌출을 한다.

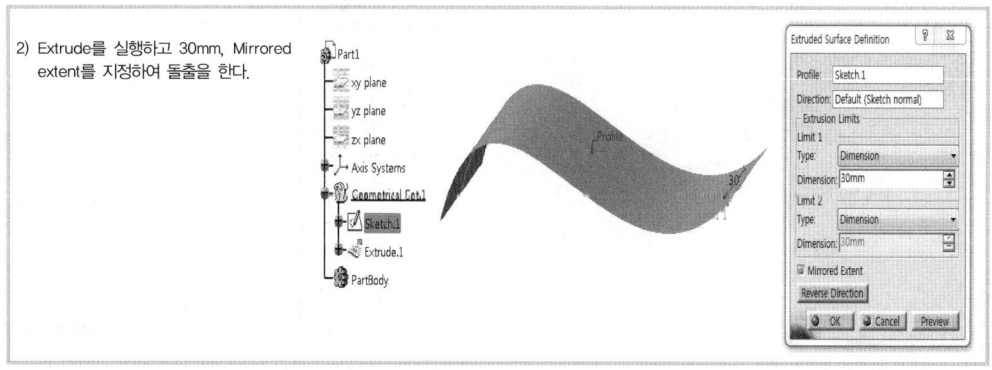

3) 스케치를 실행하고 XY Plane을 선택하여 다음과 같이 스케치를 한다.

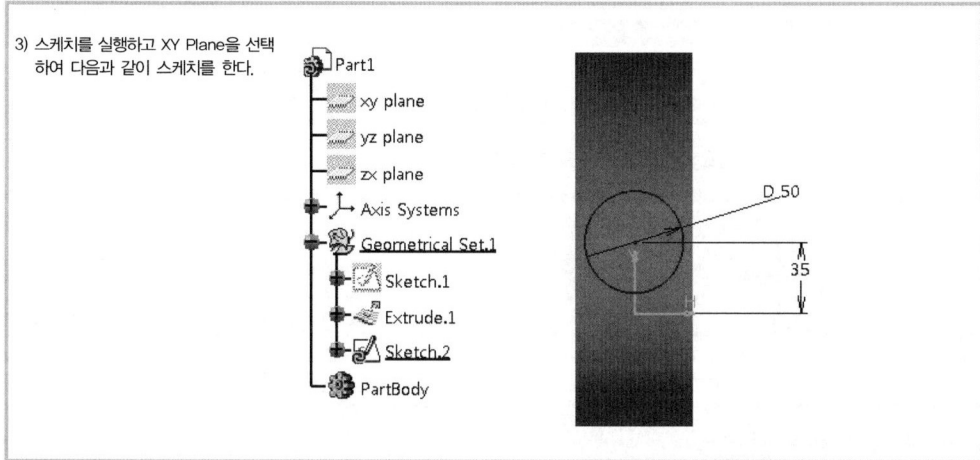

4) Projection을 실행하여 원을 곡면에 투영을 한다.
  Projected : 투영시킬 스케치 선택한다.
  Support : 투영될 곡면을 선택한다.

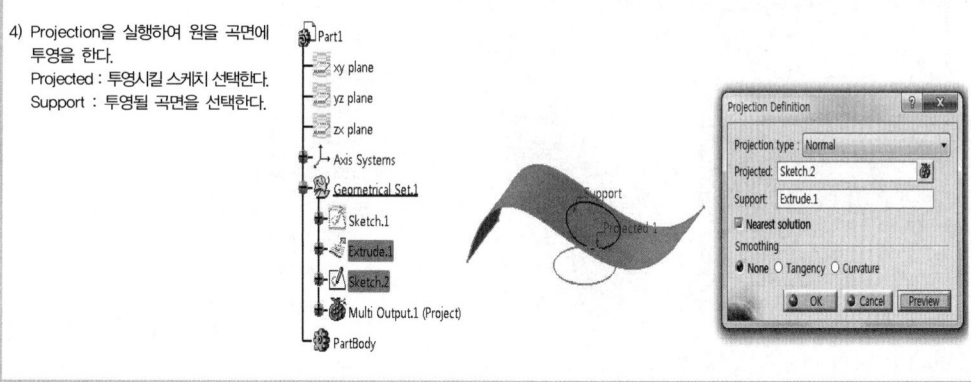

5) Split을 실행하고 Element to cut : Split 시킬 곡면 선택 Cutting Elements : 잘라낼 기준 요소를 선택한다.

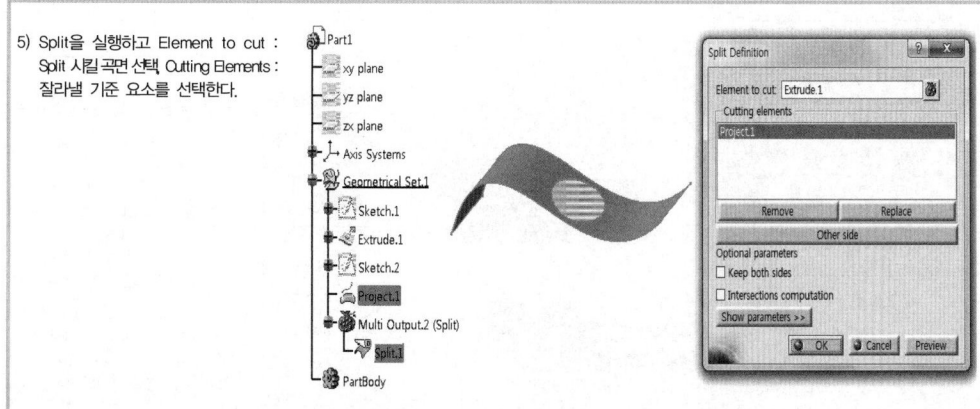

■ Split 결과

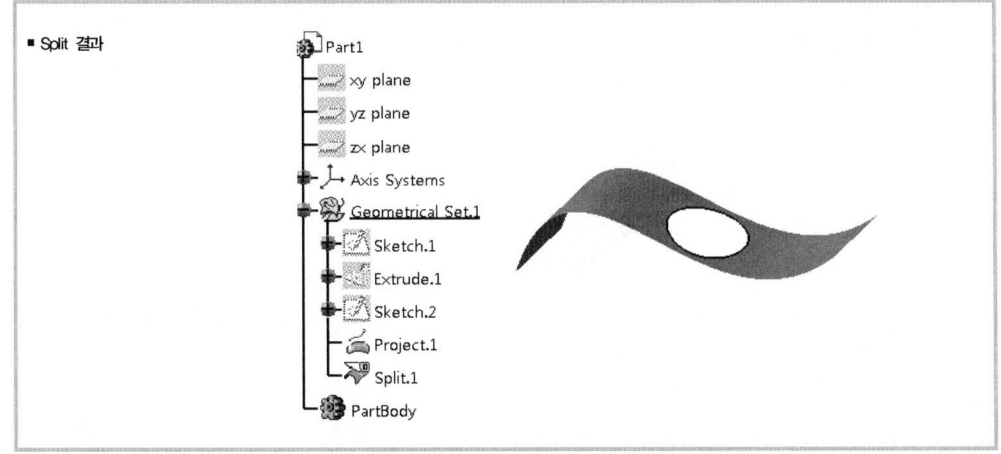

6) Untrim를 실행하고 Split.1 객체를 선택한다.

■ Untrim 결과

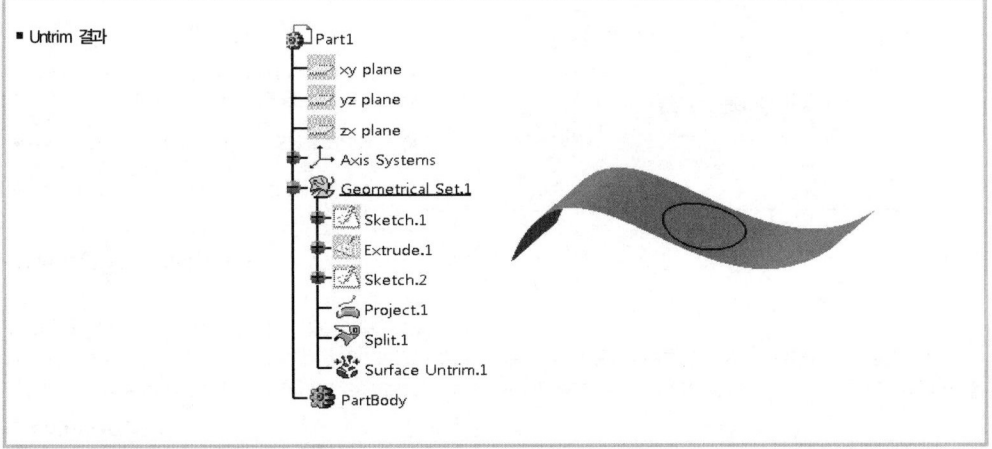

Untrim 실습 2

1) 스케치를 실행하고 XY Plane을 선택하여 다음과 같이 스케치를 한다.

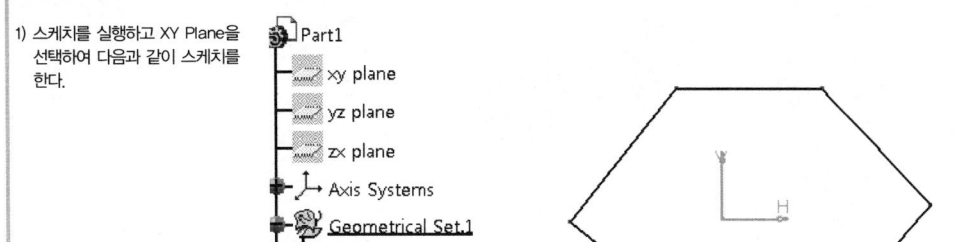

2) Fill을 실행하여 채운다.

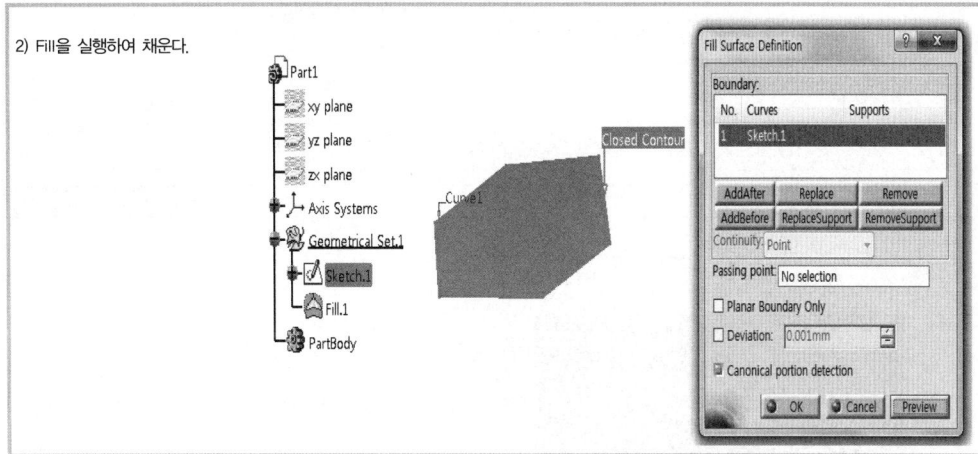

3) 스케치를 실행하고 XY Plane을 선택하여 다음과 같이 스케치를 한다.

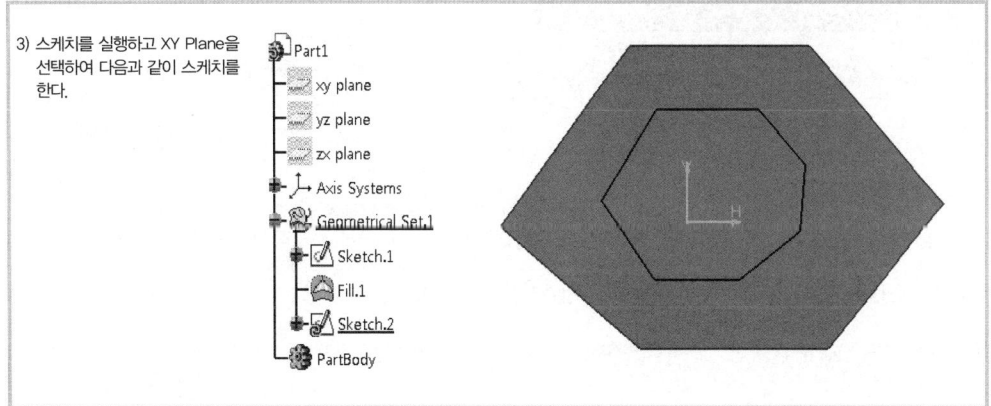

4) Split을 실행하고 Element to cut : Split 시킬 곡면 선택, Cutting Elements : 잘라낼 기준 요소를 선택한다.

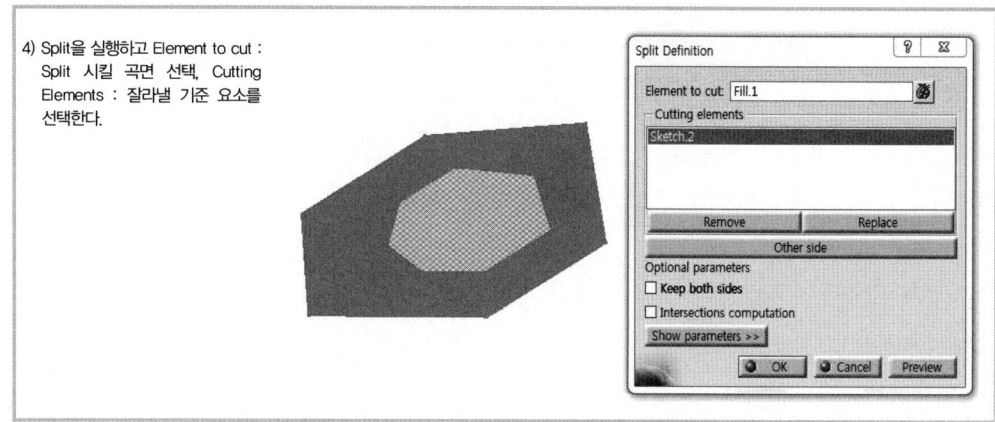

5) Untrim를 실행하고 Split.1 객체를 선택한다.

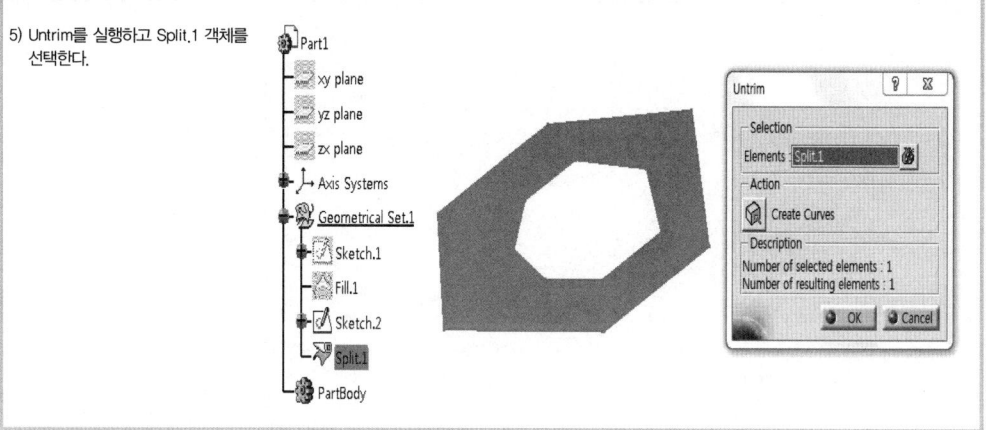

■ Untrim 결과

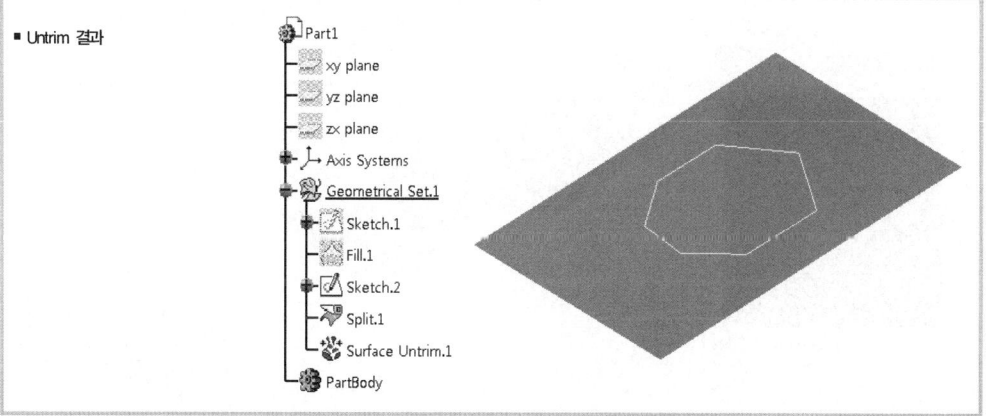

5. Disassemble( )

Disassemble : 여러 개의 Sub Element로 이루어진 Surface나 Curve를 도메인을 기준으로 쪼개어 버리거나 모든 Sub Element를 낱개의 요소로 쪼개어 버린다.
Surface의 경우 여러 개의 마디로 나누어 졌을 경우 이 각각을 낱개의 Surface들로 분리가 가능하다. 마디가 나누어진 부분들을 모두 쪼개어 낱개의 Curve 조각을 만들어낸다.
Disassemble된 Surface/Curve는 Isolate된 상태이기 때문에 Spec Tree 상에서 Parent/Children 관계가 모두 끊어진다.(종속이 끊어진다.) Profile을 수정하거나 변경이 불가능하다.

• Disassemble( ) Definition

- Input elements : 분해시킬 객체를 선택하면 객체 개수 표시한다.
- All Cell : 모든 Sub Element 단위로 Disassemble 한다. 개별적인 Surface 또는 Profile을 구성한 최소 단위까지 분리한다. 쪼개지는 조각 수를 표시한다.
- 도메인 단위로 Disassemble하고자 한다면 "Domain Only"를 선택한다.
  - Domains Only : 영역 단위의 Profile 단위로 분리한다.

Disassemble 실습 1

1) 스케치를 실행하고 YZ Plane을 선택하여 다음과 같이 스케치 한다.

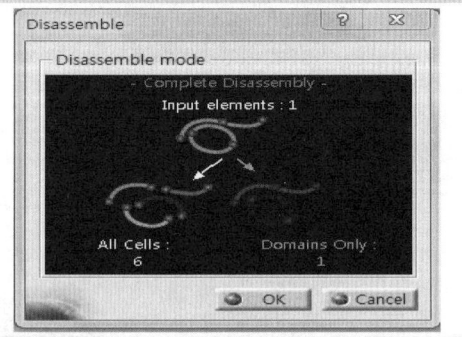

2) Extrude를 실행하고 30mm, Mirrored extent를 지정하여 돌출을 한다.

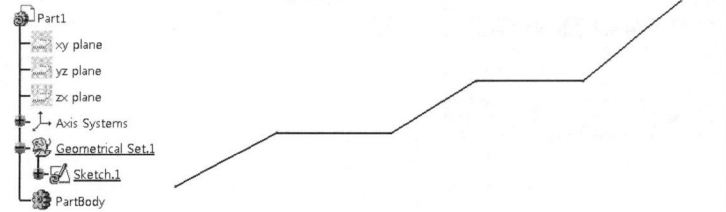

3) Disassemble( )를 실행하고 다음과 같이 창이 뜨면 잘게 쪼갤 곡면을 선택한다.

4) Tree에 Surface.1~6으로 6개의 조각으로 쪼개진 것을 확인할 수 있다.

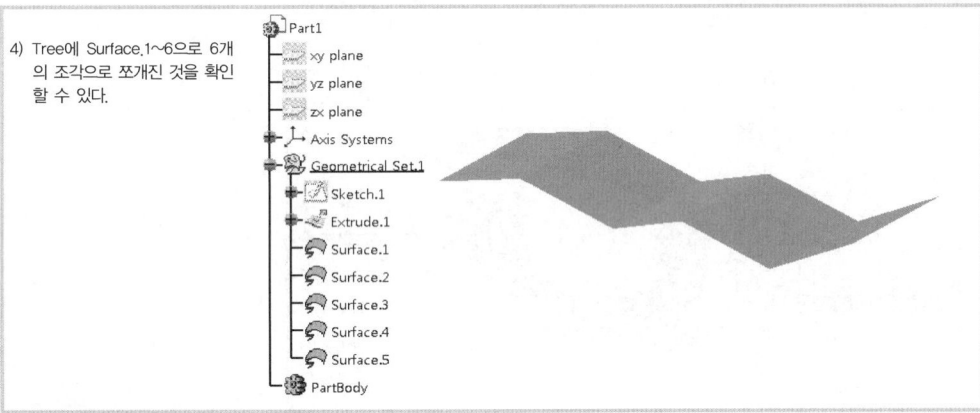

Disassemble 실습 2

1) 스케치를 실행하고 XY Plane을 선택하여 다음과 같이 스케치 한다.

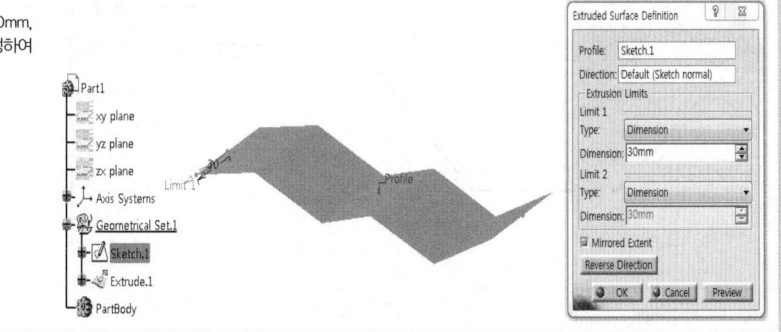

2) Disassemble(📋)를 실행하고 다음과 같이 창이 뜨면 Sketch를 선택한다.

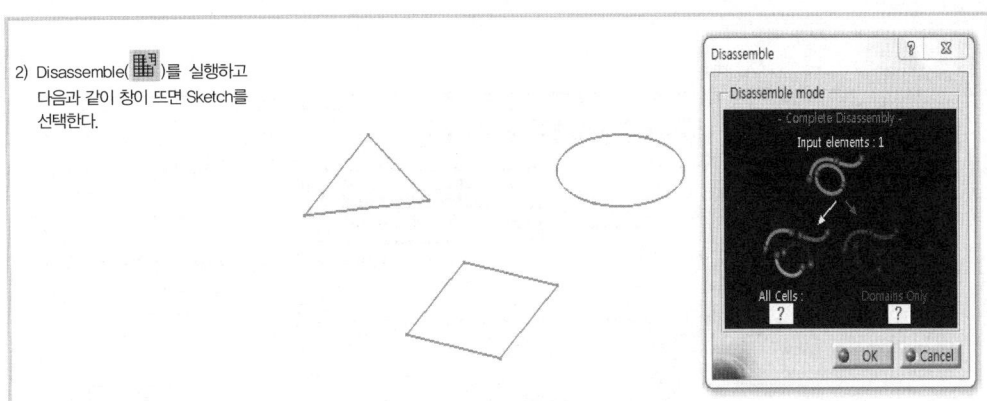

Disassemble 실습 3

1) 스케치를 실행하고 YZ Plane을 선택하여 다음과 같이 스케치 한다.

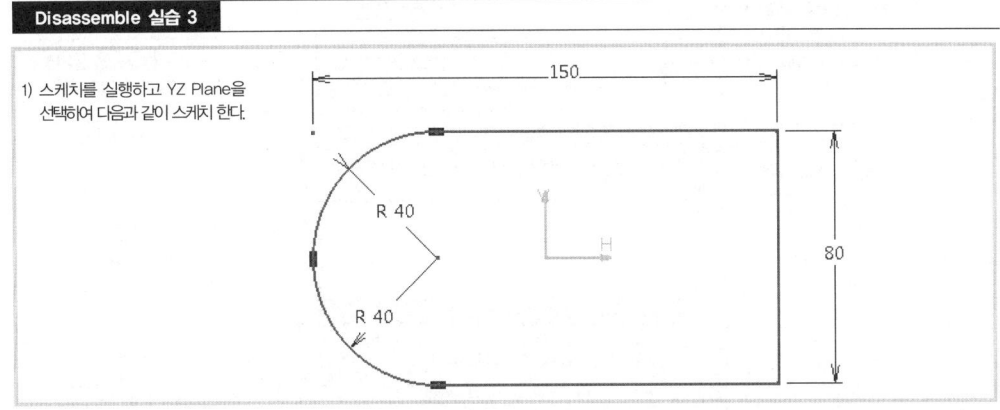

2) Extrude를 실행하고 50mm, Mirrored extent를 지정하여 돌출을 한다.

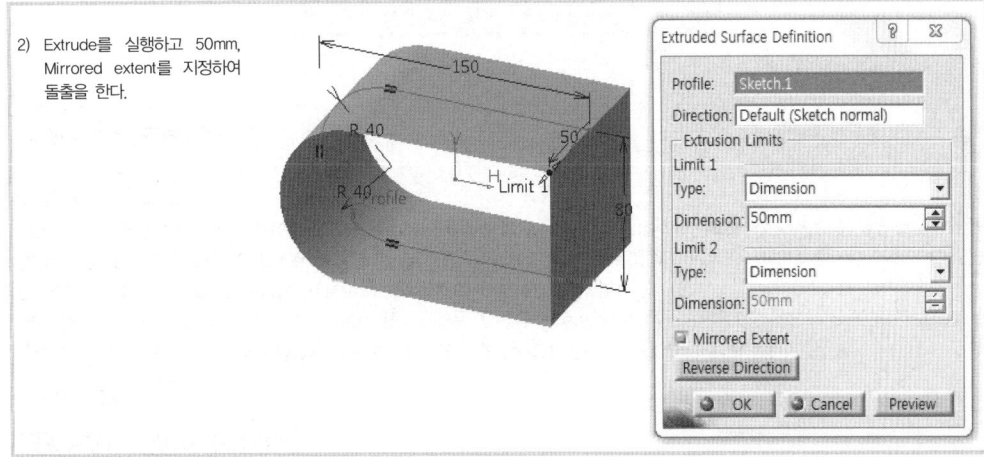

3) Edge Fillet을 실행하고 반경 : 8mm로 필렛을 한다.

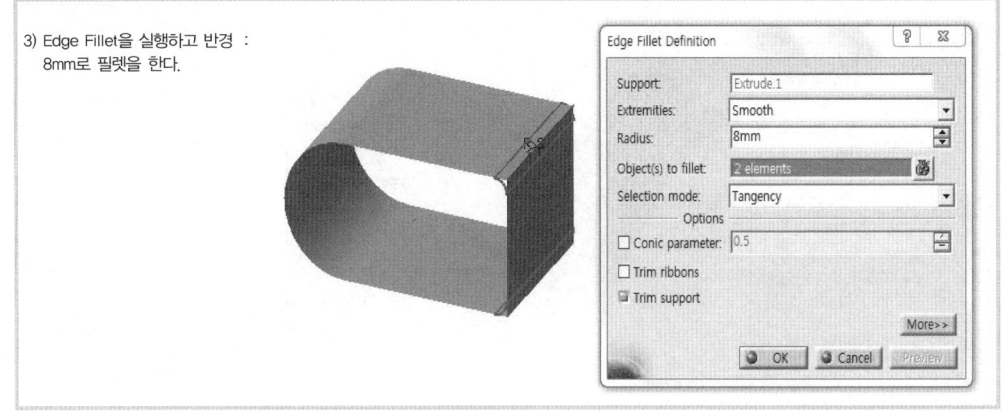

4) Disassemble(📋)를 실행하고 다음과 같이 창이 뜨면 잘게 쪼갤 곡면을 선택한다.

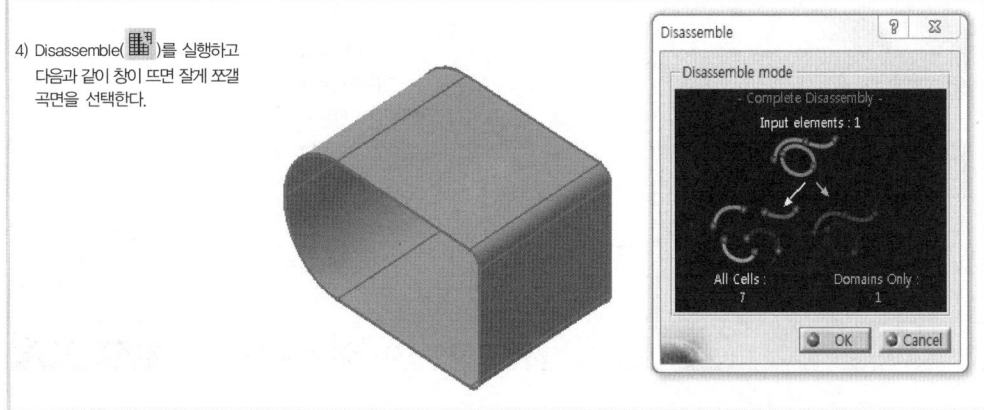

5) Domain Only : 1, All Cells : 7, Domains Only : 1

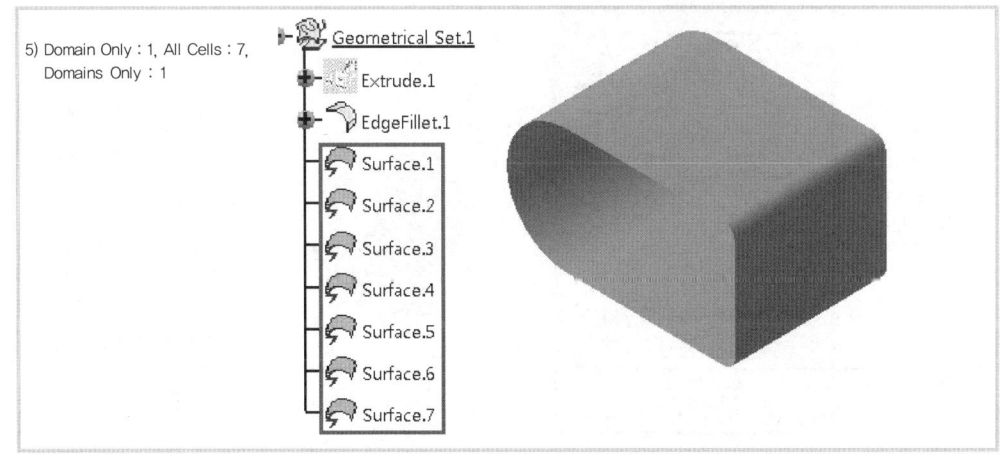

Split-Trim Toolbar

1. Split

Split : Surface 또는 Curve 형상을 임의의 기준 요소를 경계로 하여 절단하는 명령이다.
Generative Shape Design Workbench에서는 형상을 만드는 과정에서 형상을 만들고 불필요한 부분을 잘라내어 다른 형상과 이어주는 작업 방식을 사용하기 때문에 이 Split이 필요하다.
Surface를 교차하는 다른 Surface 면을 기준으로 절단하거나 또는 평면이나 Surface 위에 놓인 Curve를 사용하여 절단이 가능하다. Curve의 경우에는 교차하는 다른 Curve를 기준으로 절단하거나 평면, Curve 위의 포인트를 사용하여 절단이 가능하다.

• Split Definition

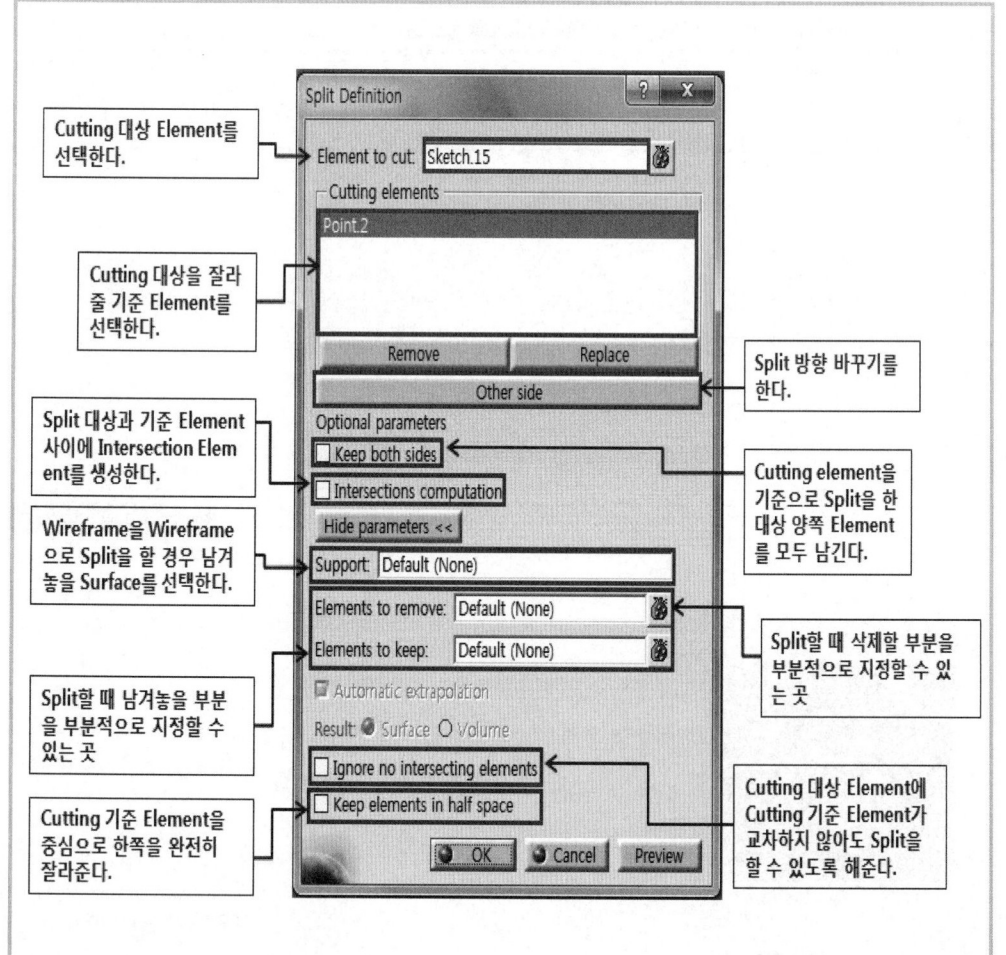

- Element to Cut : 잘라내고자 하는 대상을 선택한다. 복수 선택이 가능하기 때문에 동시에 여러 개의 요소를 잘라낼 수 있다. Surface와 Curve를 동시에 선택할 수 있다.
- Cutting elements : 잘라낼 기준이 되는 요소를 선택해 준다.
- Keep Both Sides : Cutting element로 자른 후 양쪽 모두를 남긴다.
- Intersections Computation : 잘려질 요소와 자를 요소 사이의 교차 지점에 Curve를 생성한다.

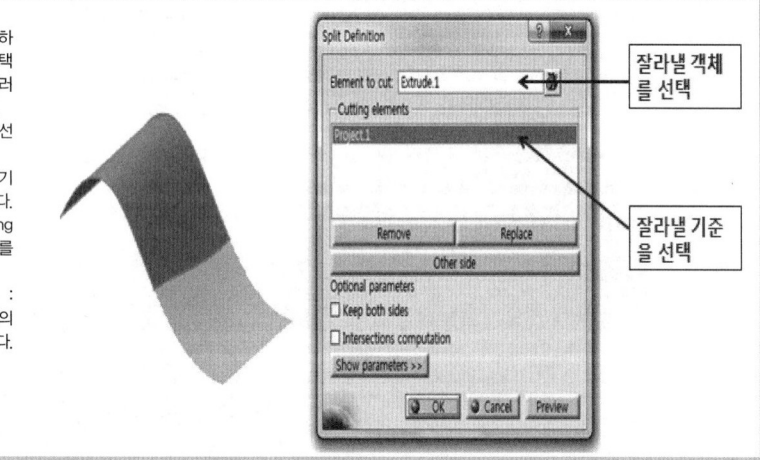

Split 실습 1 — Surface 위에 있는 Curve로 Split

1) 스케치를 실행하고 YZ Plane을 선택하여 다음과 같이 자유 곡선을 스케치 한다.

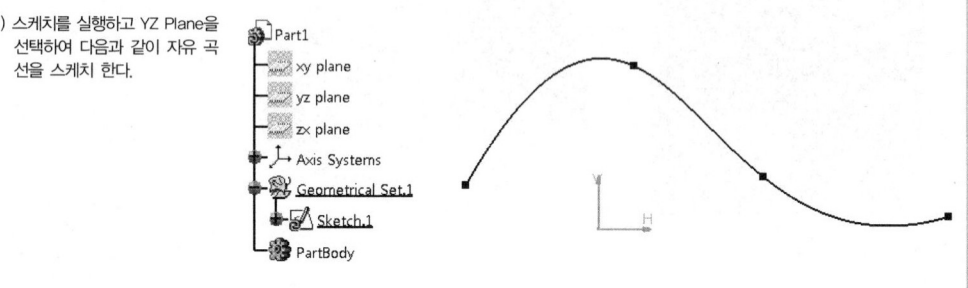

2) Extrude를 실행하고 40mm, Mirrored extent를 지정하여 돌출을 한다.

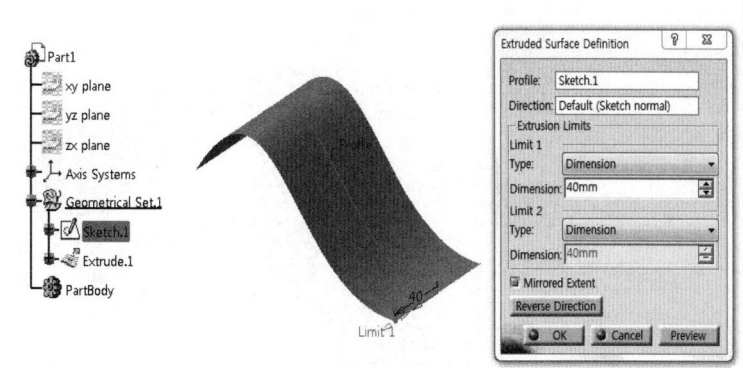

3) 스케치를 실행하고 XY Plane을 선택하여 다음과 같이 스케치를 한다.

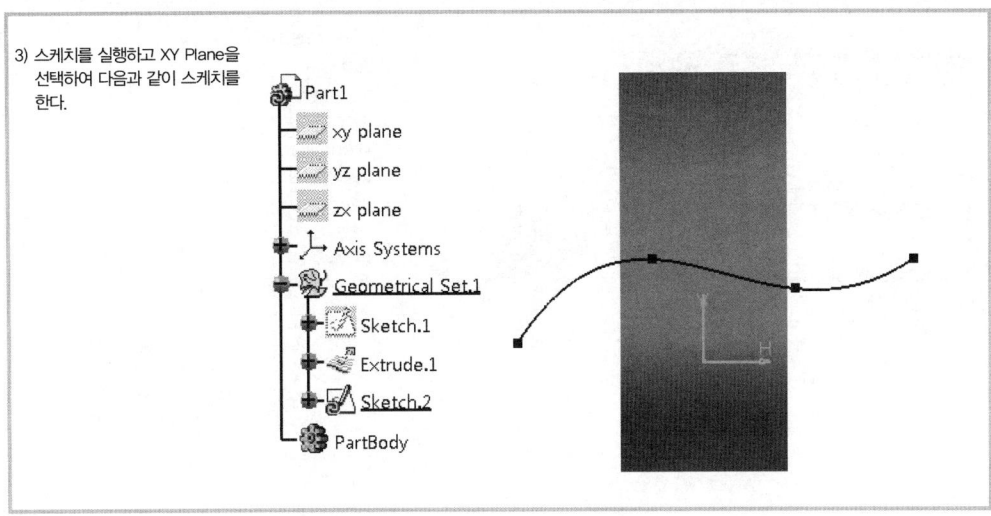

4) Projection을 실행하여 원을 곡면에 투영을 한다.
   Projected : 투영시킬 스케치 선택한다.
   Support : 투영될 곡면을 선택한다.

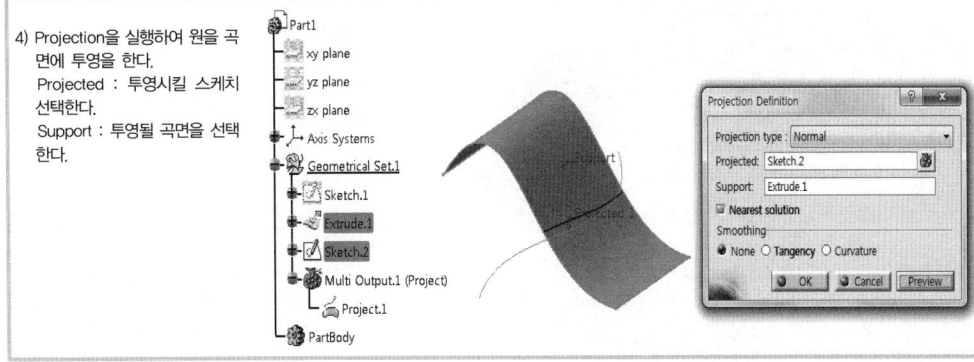

5) Split을 실행하고 Element to cut : Split 시킬 곡면 선택, Cutting Elements : 잘라낼 기준 요소를 선택한다.
   Spline의 한쪽 곡면만 남고 반대편은 잘려서 없어진다.

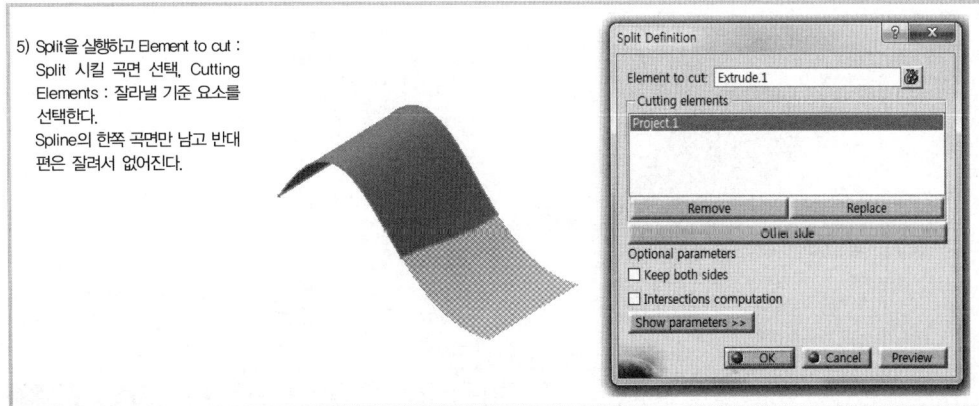

■ Split 결과

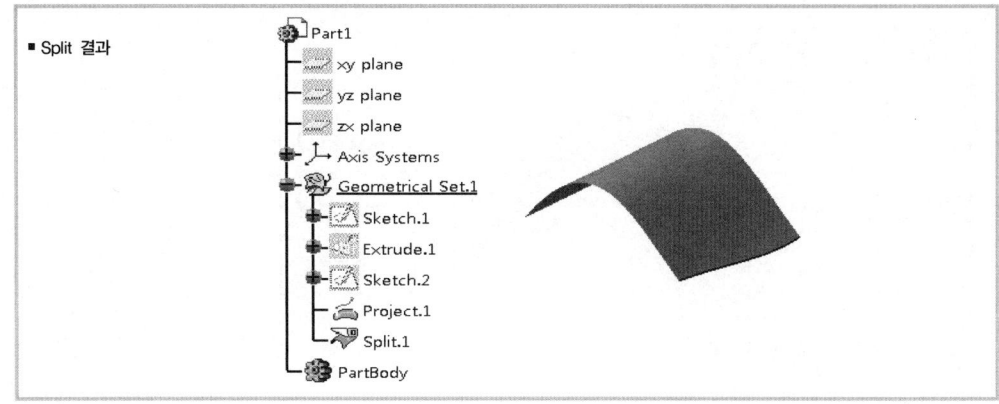

6) Spec Tree에서 Split.1을 더블 클릭하여 실행하고 Element to cut : Split 시킬 곡면 선택, Cutting Elements : 잘라낼 기준 요소를 선택하고 Keep Both sides를 선택한다.

Catia Tip
- Keep Both sides를 선택하면 자르기만 하고 양쪽 곡면이 모두 남는다.

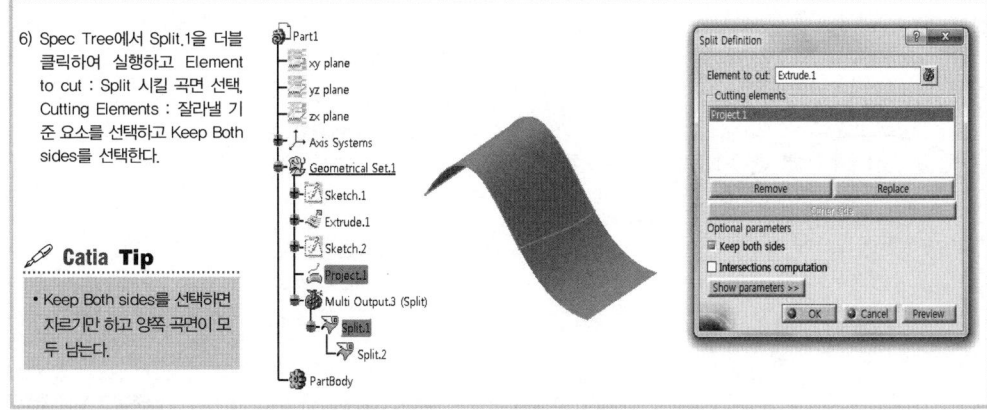

■ Split 결과

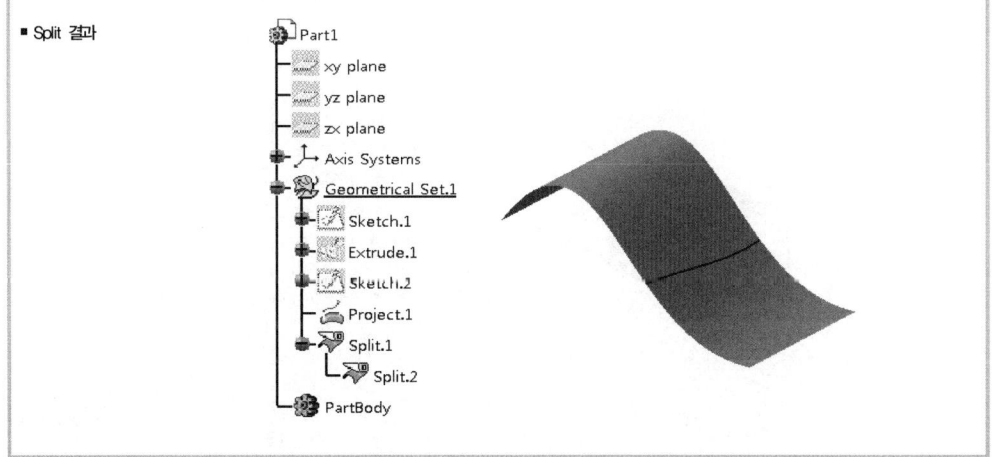

251

Split 실습 2   자를 기준을 여러 개 선택이 가능

1) 앞 곡면에 다음 스케치를 추가한다.
2) 스케치를 실행하고 XY Plane을 선택하여 다음과 같이 스케치를 한다.

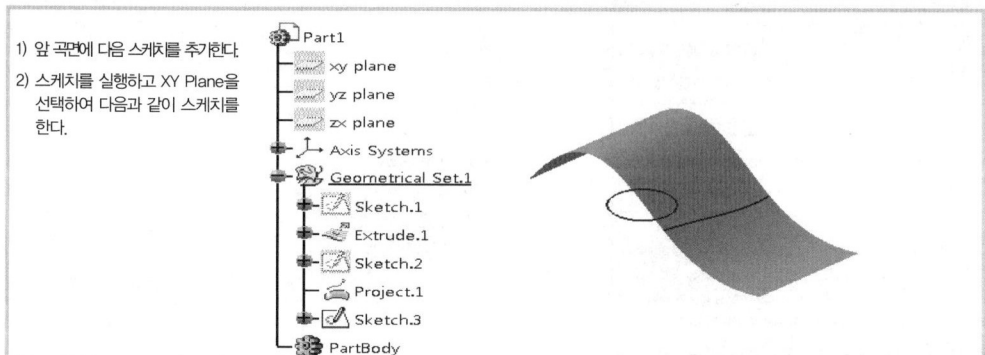

3) Projection을 실행하여 원을 곡면에 투영을 한다.
   - Projected : 투영시킬 스케치 선택한다.
   - Support : 투영될 곡면을 선택한다.

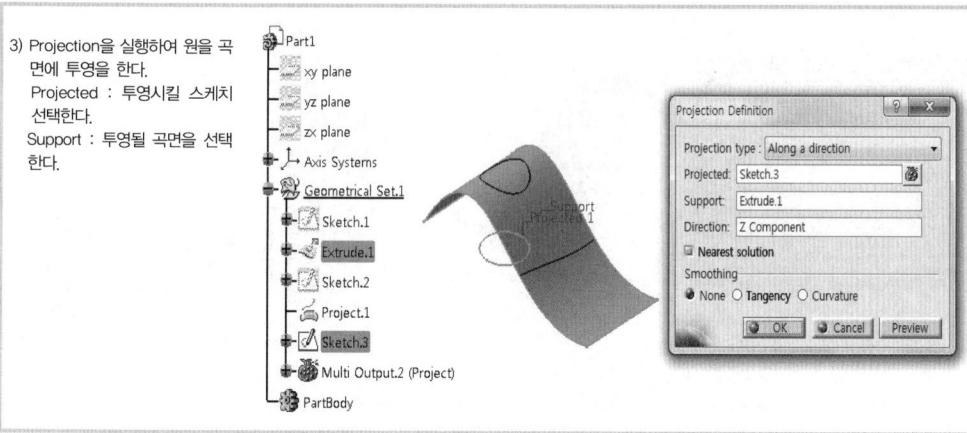

4) Split을 실행하고 Element to cut : Split 시킬 곡면 선택, Cutting Elements : 여러 개 잘라낼 기준 요소를 선택한다.

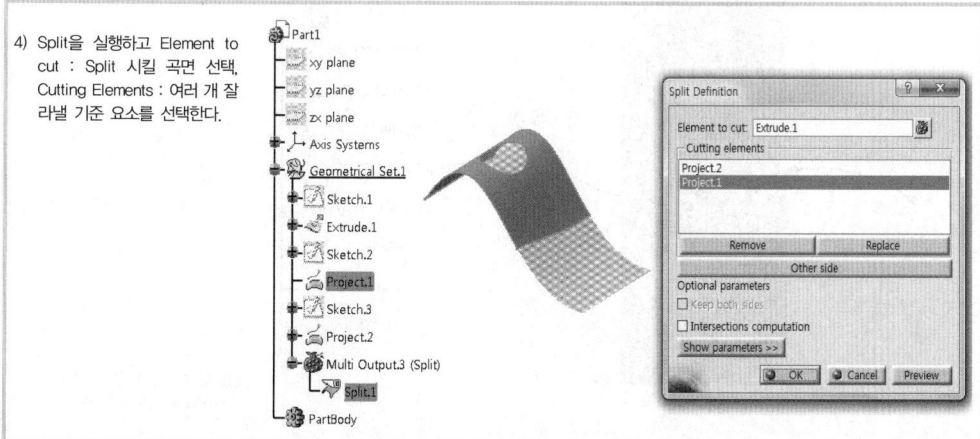

■ Split 결과

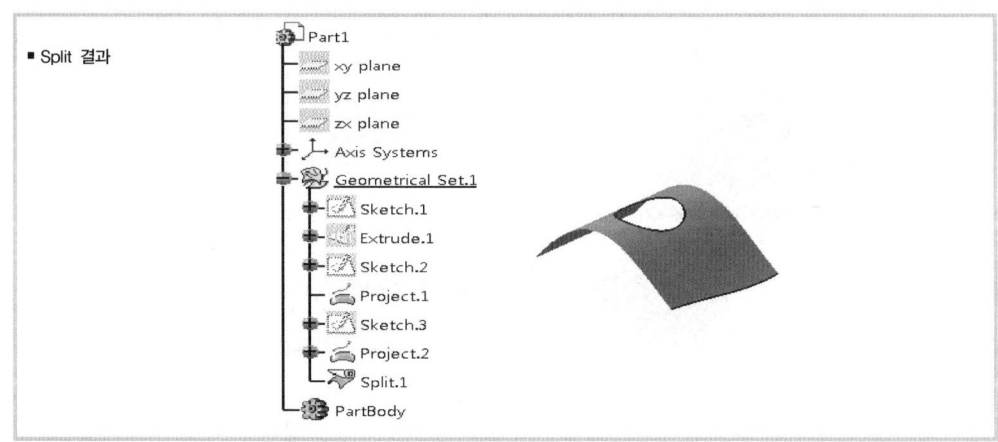

Split 실습 3   Surface를 교차하는 다른 Surface로 Split

1) 스케치를 실행하고 YZ Plane을 선택하여 다음과 같이 자유 곡선을 스케치 한다.

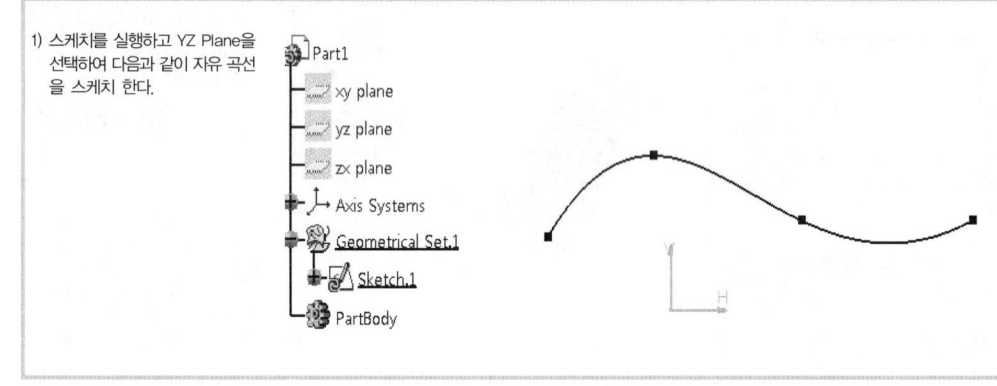

2) Extrude를 실행하고 40mm, Mirrored extent를 지정하여 돌출을 한다.

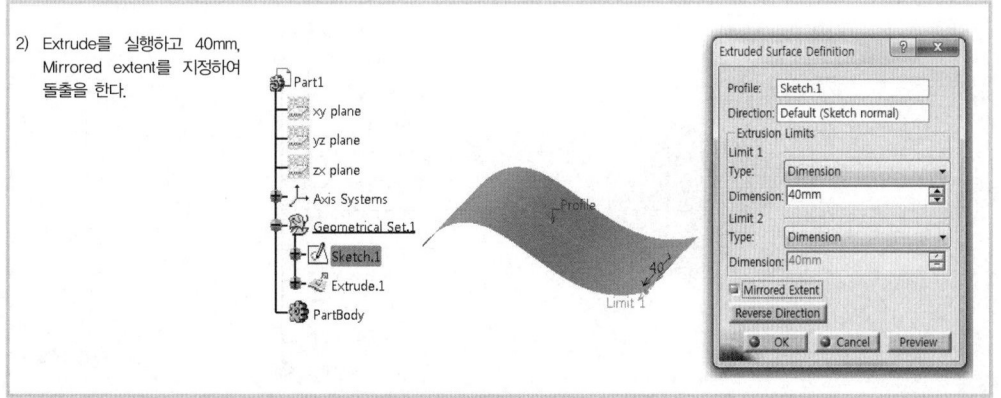

3) 스케치를 실행하고 XY Plane을 선택하여 다음과 같이 스케치를 한다.

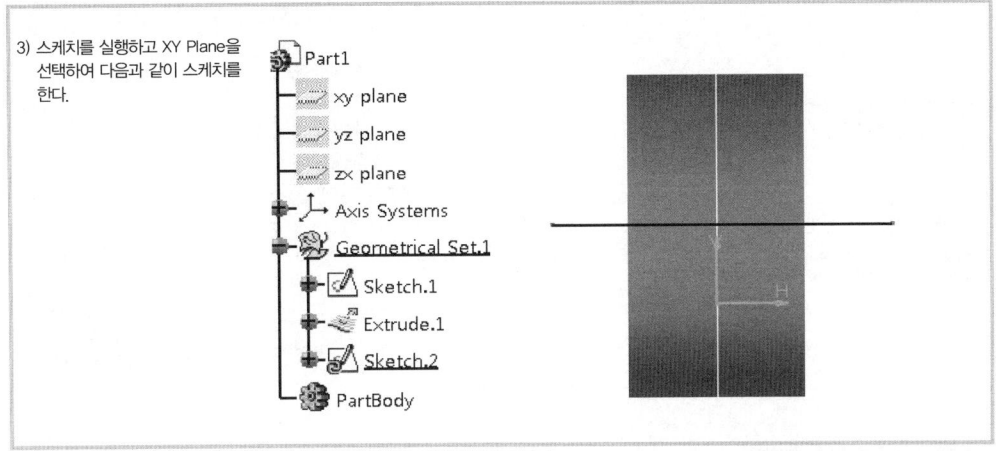

4) Extrude를 실행하고 66mm 돌출을 한다.

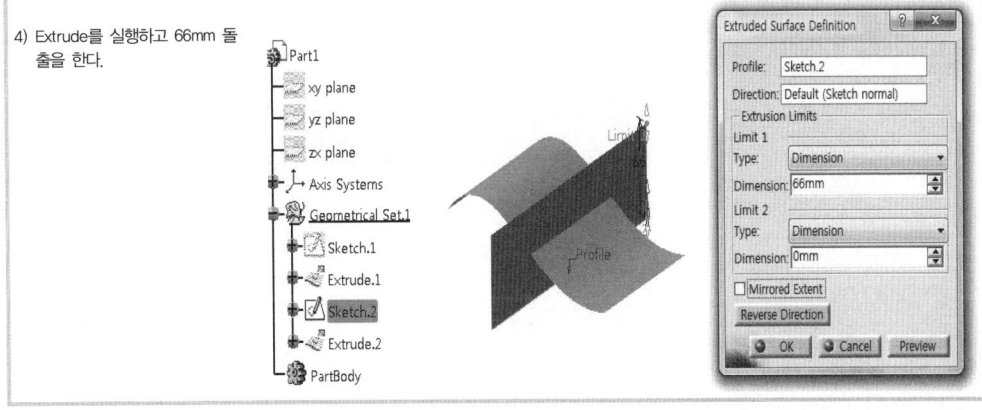

5) Split을 실행하고 Element to cut : Split 시킬 곡면 선택, Cutting Elements : 잘라낼 기준 요소를 선택한다.
Spline의 한쪽 곡면만 남고 반대편은 잘려서 없어진다.

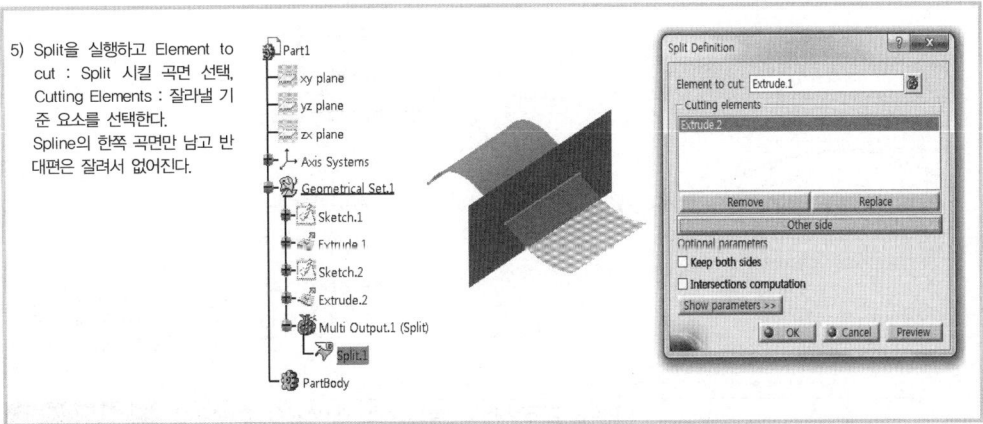

■ Split 결과

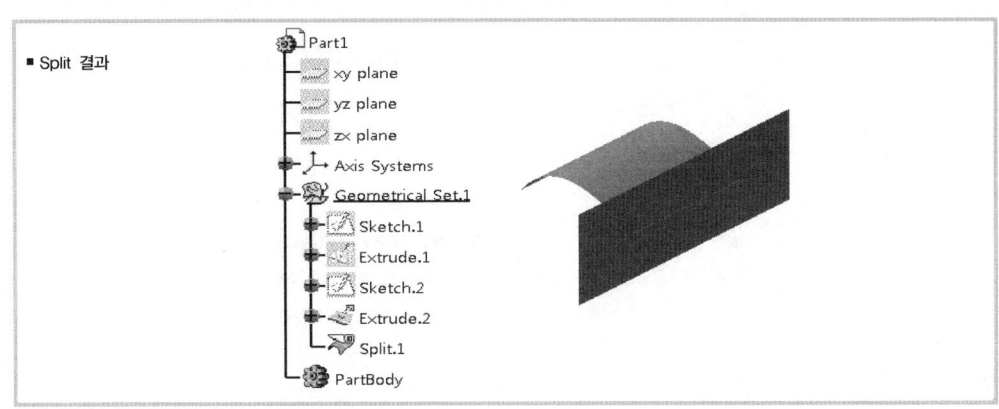

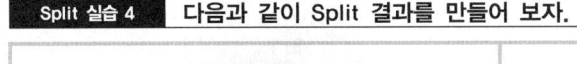
Split 실습 4 — 다음과 같이 Split 결과를 만들어 보자.

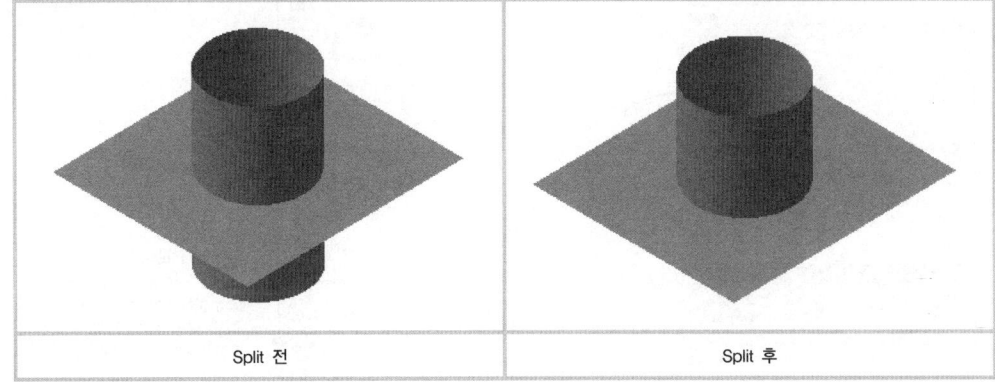

| Split 전 | Split 후 |

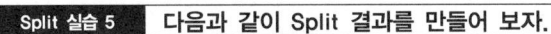
Split 실습 5 — 다음과 같이 Split 결과를 만들어 보자.

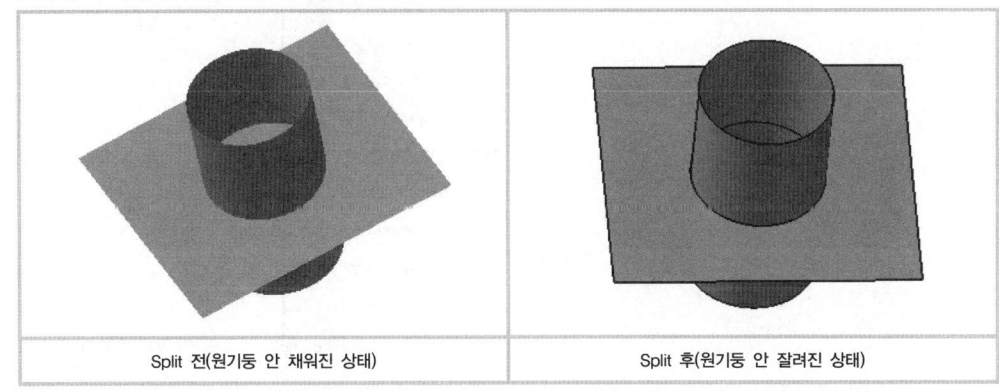

| Split 전(원기둥 안 채워진 상태) | Split 후(원기둥 안 잘려진 상태) |

Split 실습 6 — Curve를 Curve와 교차하는 Plane으로 Split

1) 스케치를 실행하고 YZ Plane을 선택하여 다음과 같이 자유 곡선을 스케치 한다.

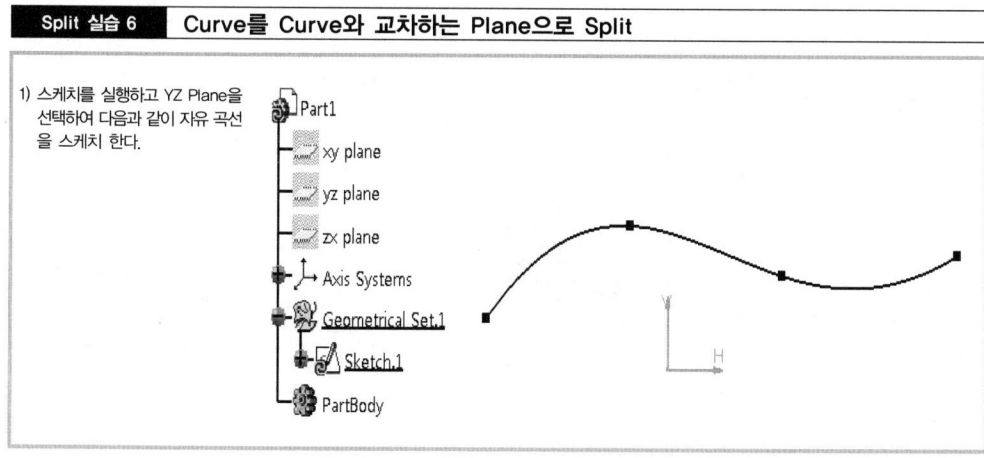

2) Point를 실행하고 Curve의 임의의 위치에 Point를 찍는다.

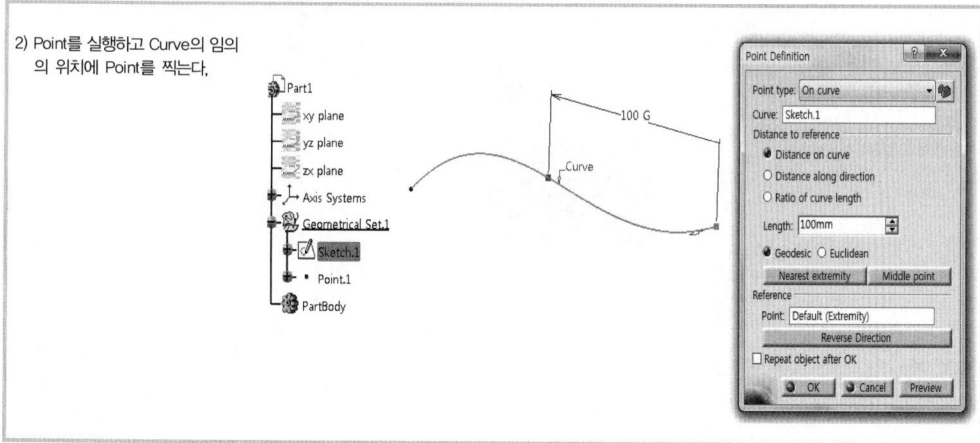

3) Plane을 실행하고 Point와 Curve를 이용하여 Plane을 생성한다.

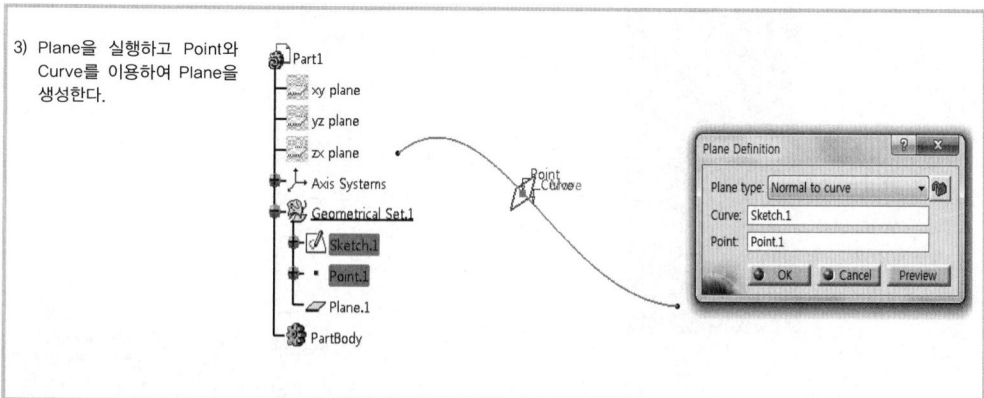

4) 다음과 같이 준비한다.

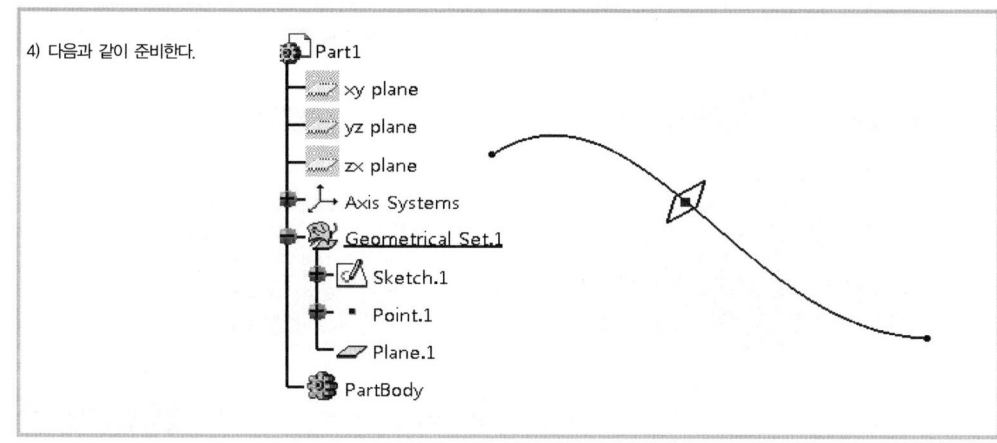

5) Split을 실행하고 Element to cut : Split 시킬 곡면 선택, Cutting Elements : 잘라낼 기준 요소를 선택한다.
   Spline의 한쪽 곡면만 남고 반대편은 잘려서 없어진다.

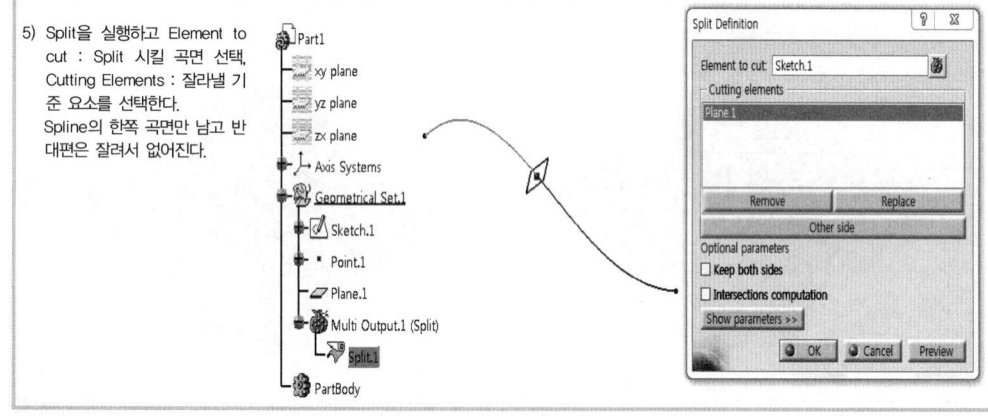

■ Split 결과

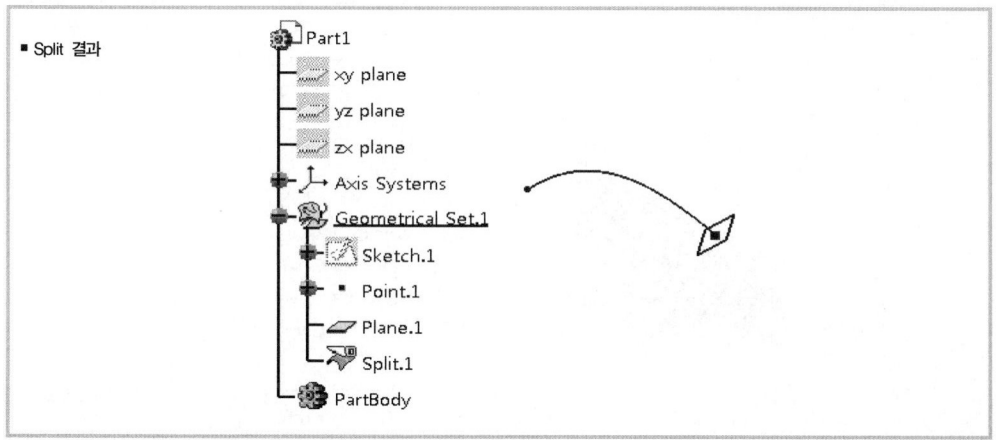

Split 실습 7 — Curve를 Curve와 교차하는 다른 Curve로 Split

1) 스케치를 실행하고 YZ Plane을 선택하여 다음과 같이 자유 곡선을 스케치 한다.

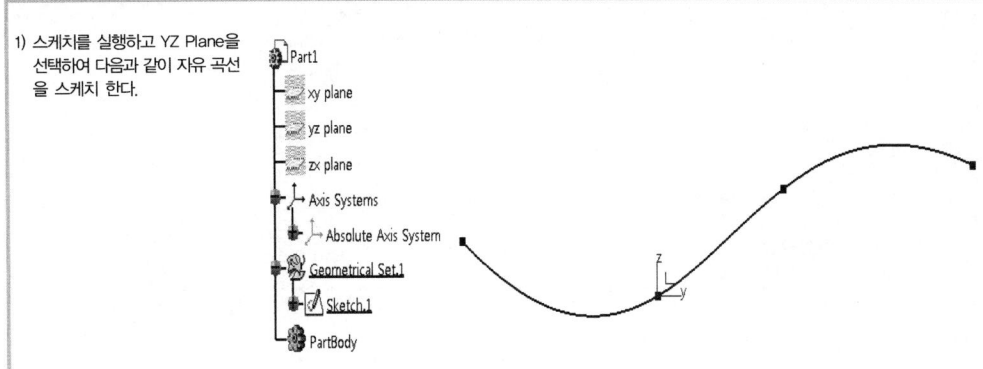

2) 스케치를 실행하고 XY Plane을 선택하여 다음과 같이 자유 곡선을 스케치 한다.

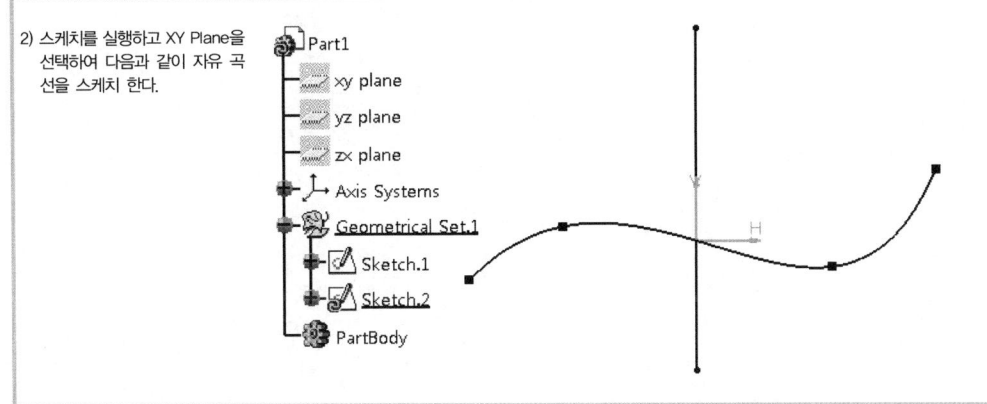

3) 다음과 같이 준비한다.

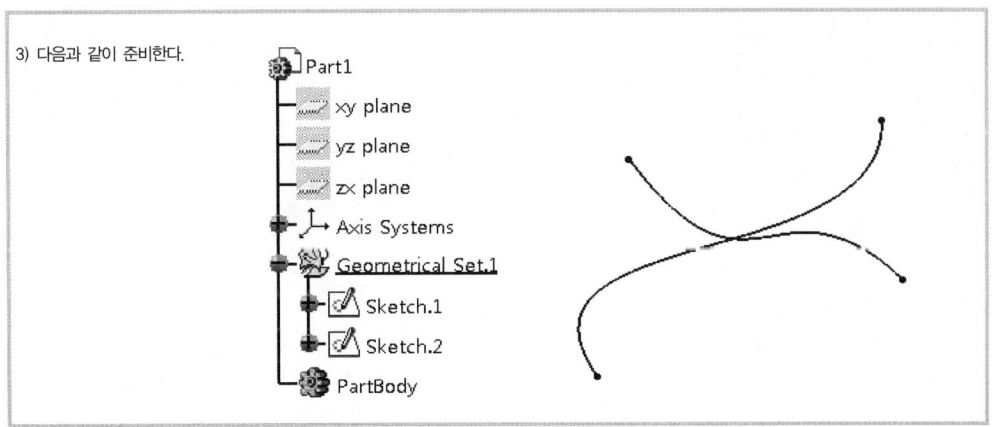

4) Split을 실행하고 Element to cut : Split 시킬 곡면 선택, Cutting Elements : 잘라낼 기준 요소를 선택한다.
Spline의 한쪽 곡면만 남고 반대편은 잘려서 없어진다.

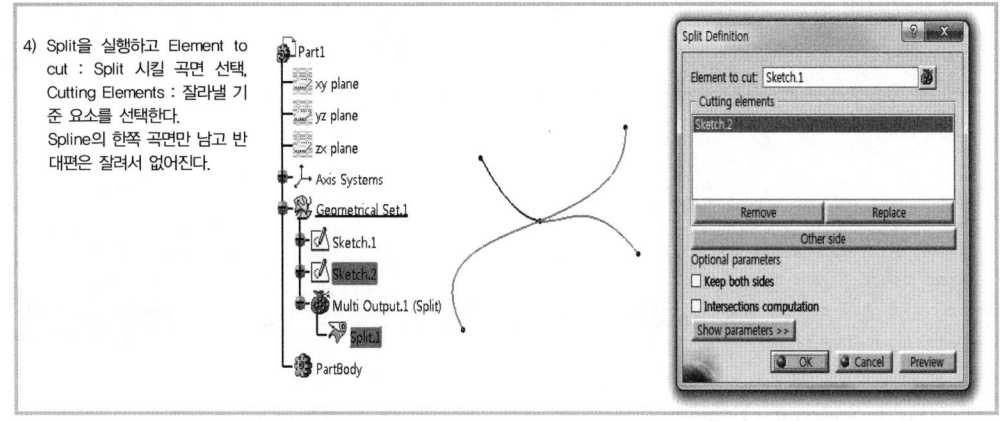

- Split 결과

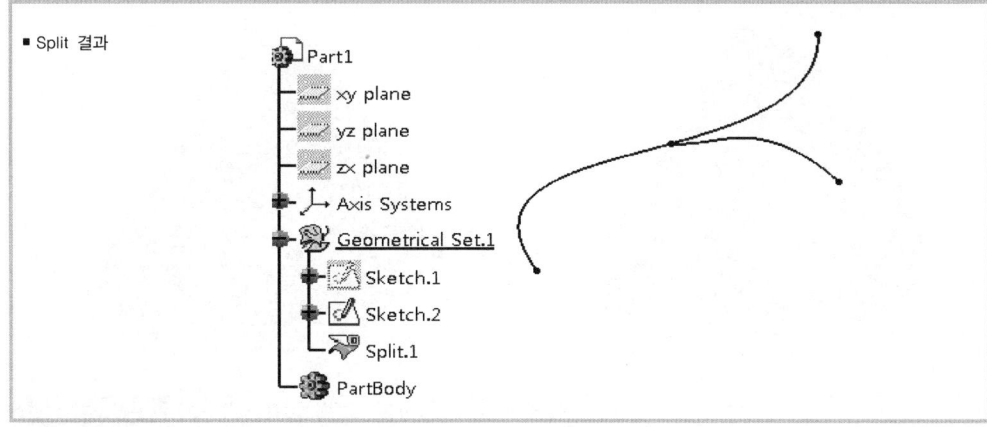

Split 실습 8 — Curve를 Curve위의 포인트로 Split

1) 스케치를 실행하고 YZ Plane을 선택하여 다음과 같이 자유 곡선을 스케치 한다.

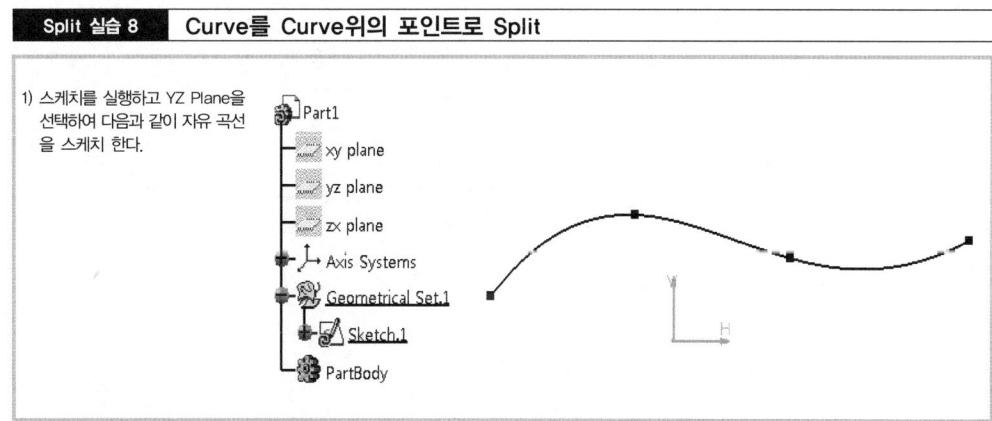

2) Point를 실행하고 Curve의 임의의 위치에 Point를 찍는다.

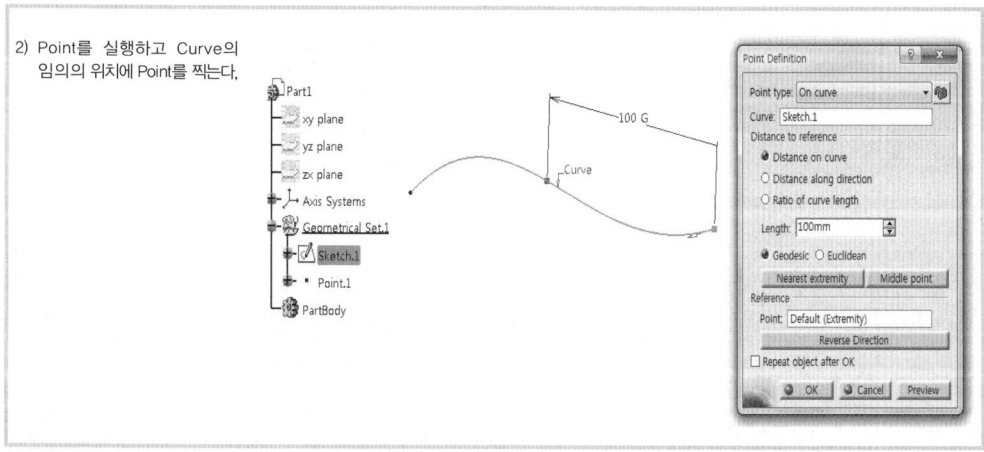

3) 다음과 같이 준비한다.

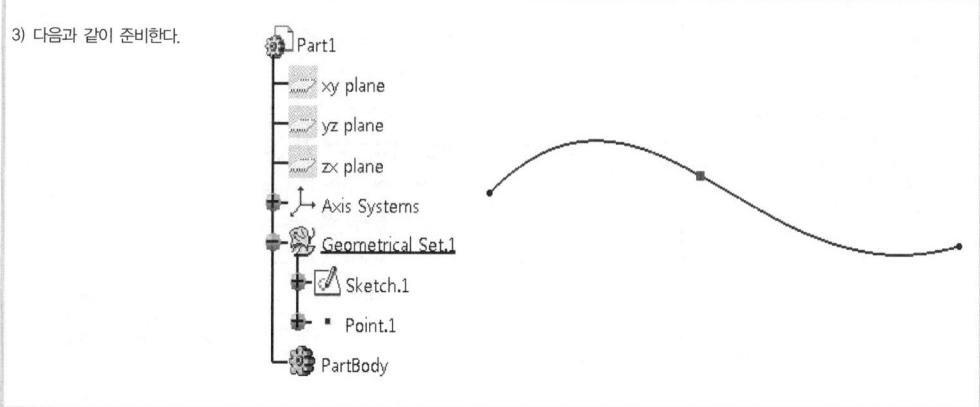

4) Split을 실행하고 Element to cut : Split 시킬 곡면 선택, Cutting Elements : 잘라낼 기준 요소를 선택한다.
Spline의 한쪽 곡면만 남고 반대편은 잘려서 없어진다.

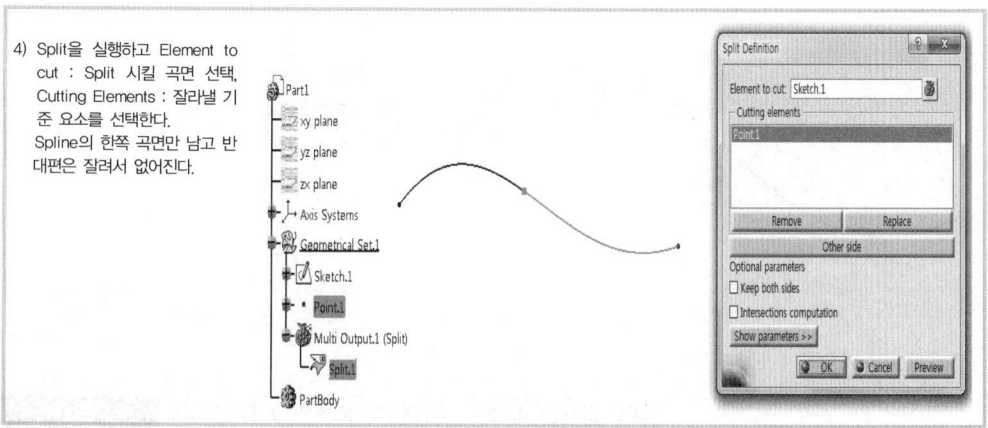

■ Split 결과

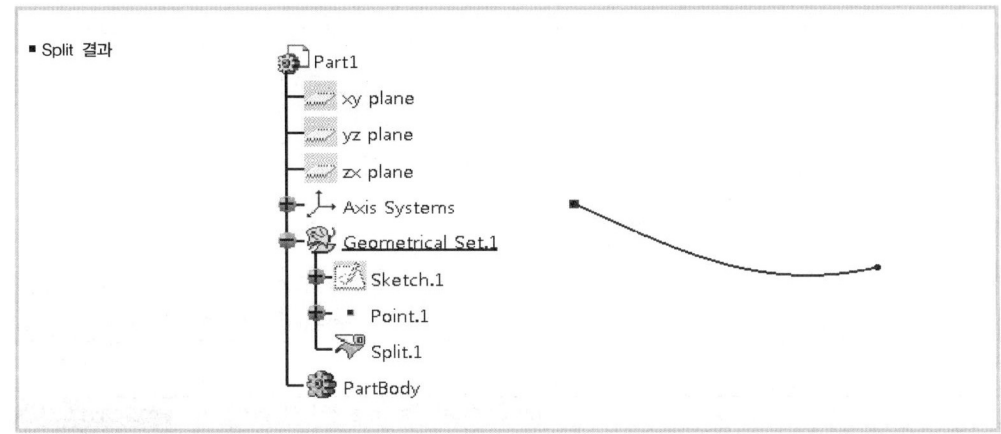

Split 실습 9   다음과 같이 Split 결과를 만들어 보자.

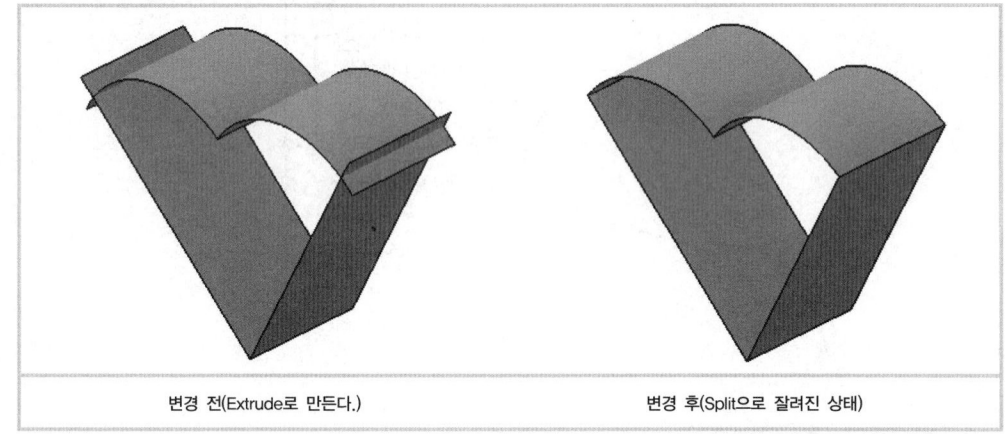

변경 전(Extrude로 만든다.)   변경 후(Split으로 잘려진 상태)

Split 실습 10   Surface를 Curve로 Split-Automatic Extrapolate 사용

1) 스케치를 실행하고 XY Plane을 선택하여 다음과 같이 스케치 한다.

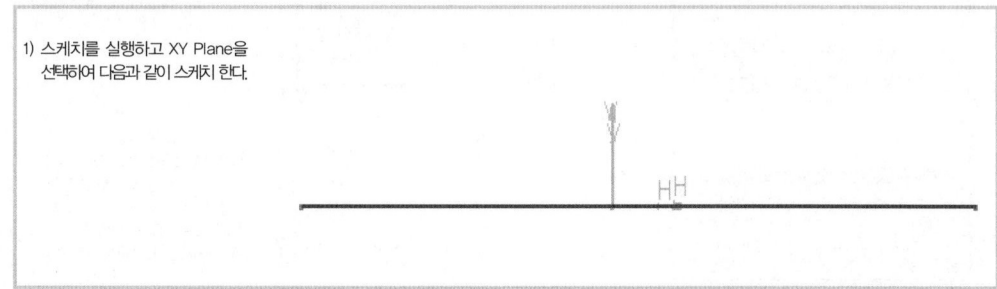

2) Extrude를 실행하여 다음과 같이 돌출을 한다.

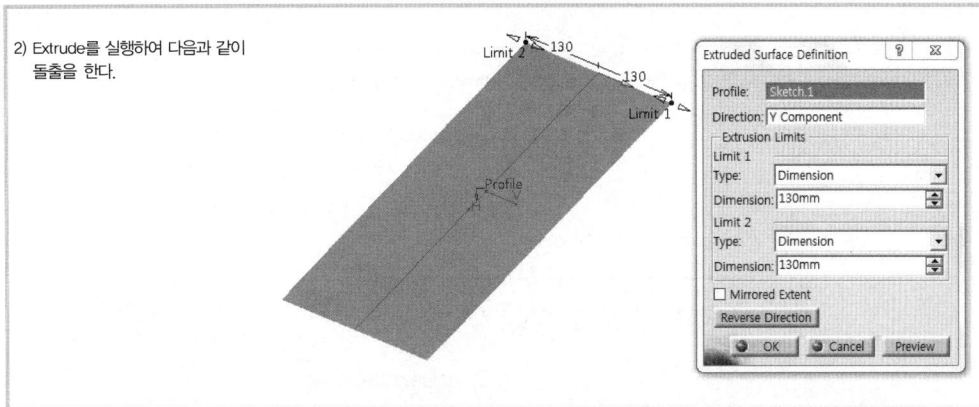

3) 스케치를 실행하고 Surface를 선택하여 다음과 같이 스케치를 한다.

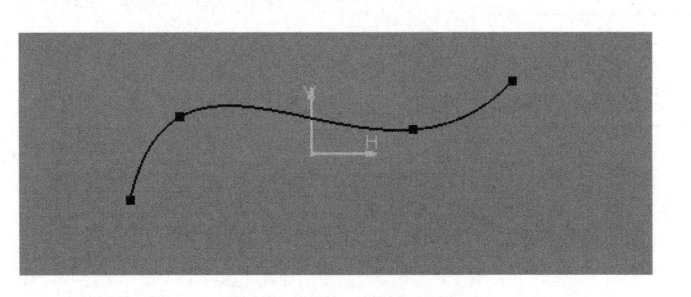

4) Split을 실행하고 Element to cut : Split 시킬 곡면 선택, Cutting Elements : 절단 기준 요소를 선택한다.

- Automatic extrapolation은 Cutting 기준 Element의 크기가 Cutting 대상 Element의 경계를 넘지 못하더라도 Extrapolation을 통하여 Cutting 기준 Element의 크기를 Cutting 대상 Element의 경계와 일치시켜 Split이 이상 없이 진행되도록 해준다.
절단 기준 요소가 짧기 때문에 Automatic extrapolation을 체크한다. 이 상태에서 Automatic extrapolation을 체크 해제하면 Error 메시지가 표시된다.

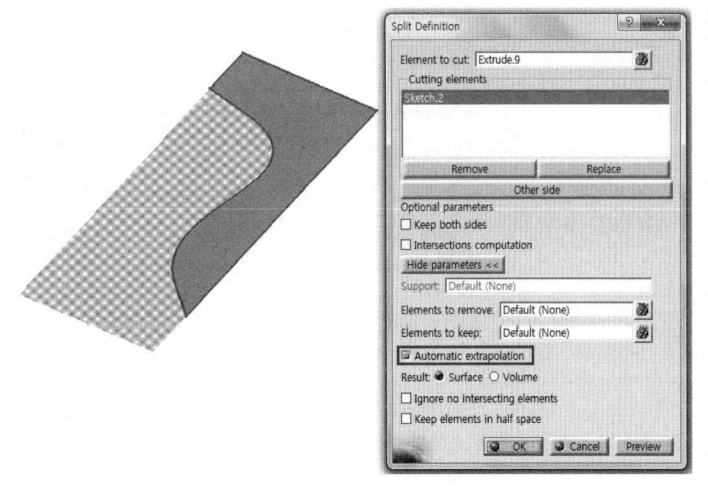

5) Automatic extrapolation을 체크 해제하면 Error 메시지가 표시된다. Split이 되지 않는다.

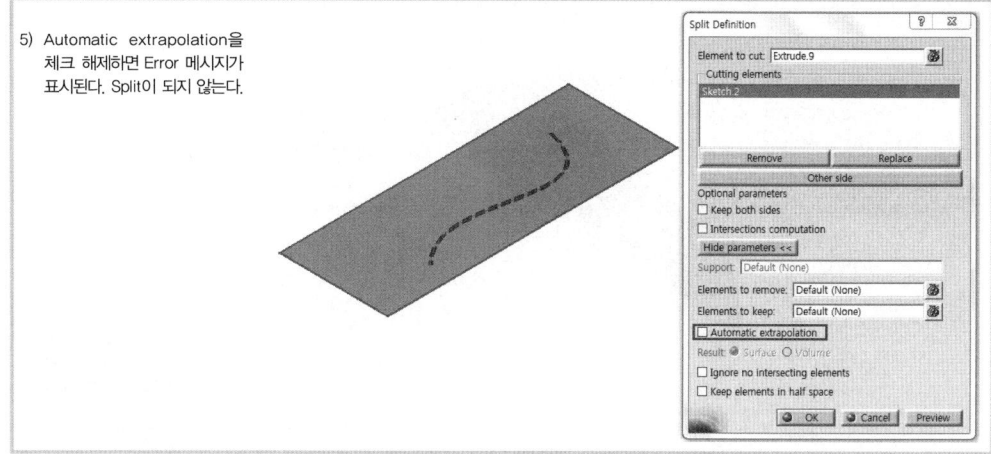

- Split 결과

2. Trim

Trim : 2개 또는 그 이상의 Surface나 Wireframe 요소를 Trim 한다. 선택한 형상들을 서로를 기준으로 절단을 하면서 동시에 이 두 형상을 하나의 요소로 결합해준다. (Trim 1회 = Split 2회 + Join 1회)

• Trim( ) Definition

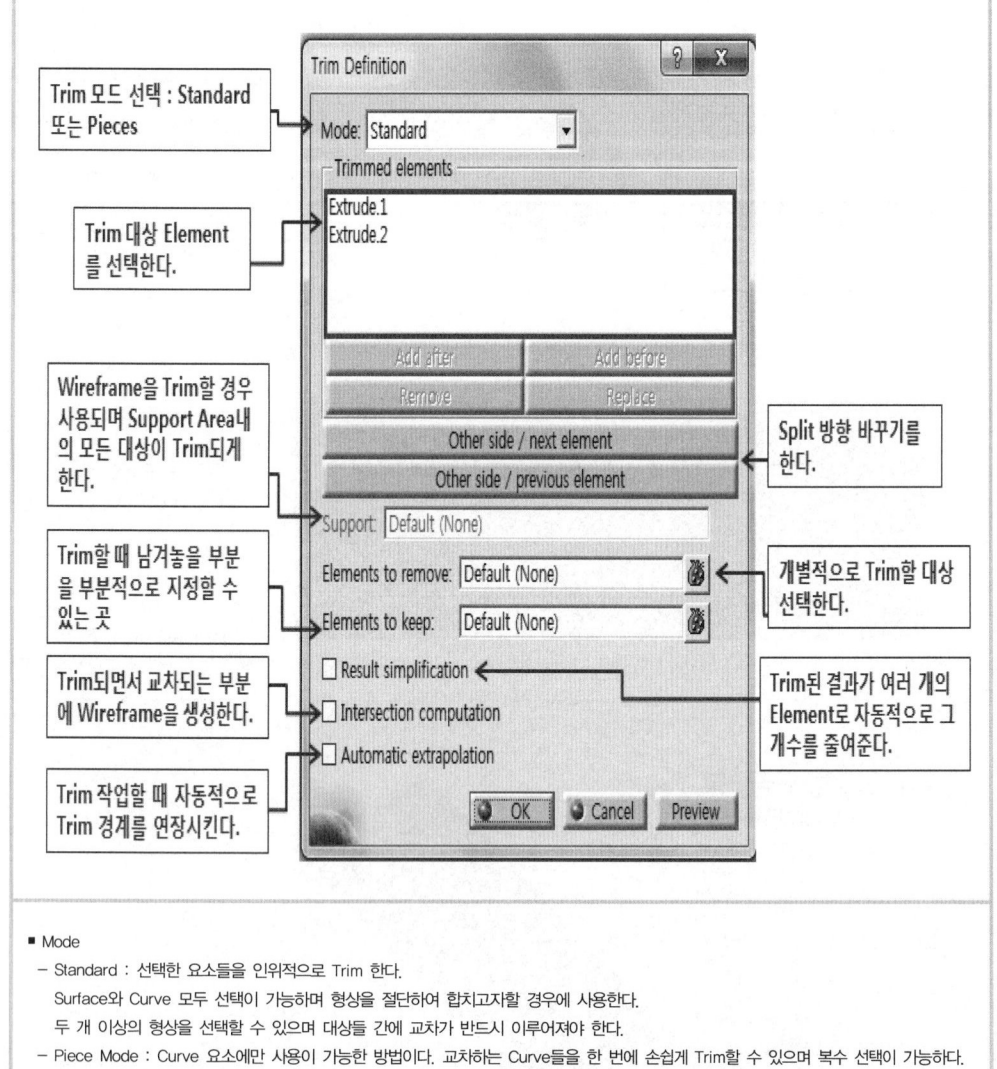

■ Mode
 - Standard : 선택한 요소들을 인위적으로 Trim 한다.
   Surface와 Curve 모두 선택이 가능하며 형상을 절단하여 합치고자할 경우에 사용한다.
   두 개 이상의 형상을 선택할 수 있으며 대상들 간에 교차가 반드시 이루어져야 한다.
 - Piece Mode : Curve 요소에만 사용이 가능한 방법이다. 교차하는 Curve들을 한 번에 손쉽게 Trim 할 수 있으며 복수 선택이 가능하다.
   Trim을 실행하고 스케치에서 남길 부분을 선택한다. Curve 요소에서 마우스로 선택한 부분이 다른 Curve 요소를 경계로 남는다.

Trim 실습 1

1) 스케치를 실행하고 YZ Plane을 선택하여 다음과 같이 스케치 한다.

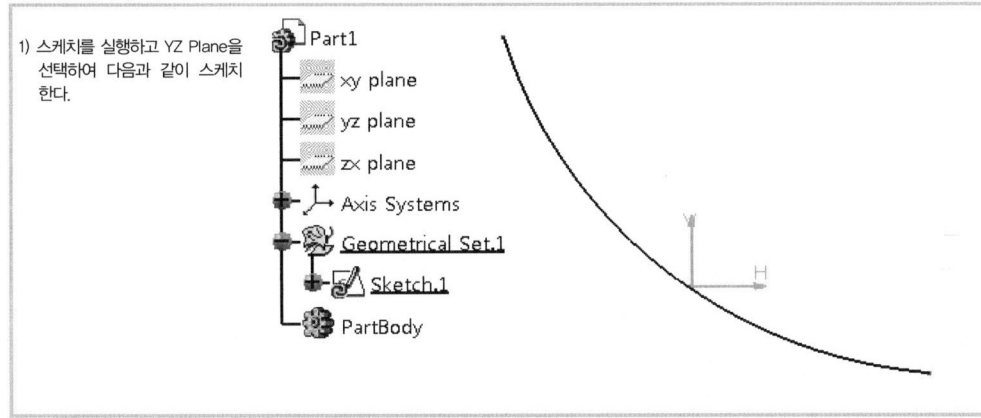

2) 스케치를 실행하고 YZ Plane을 선택하여 다음과 같이 스케치 한다.

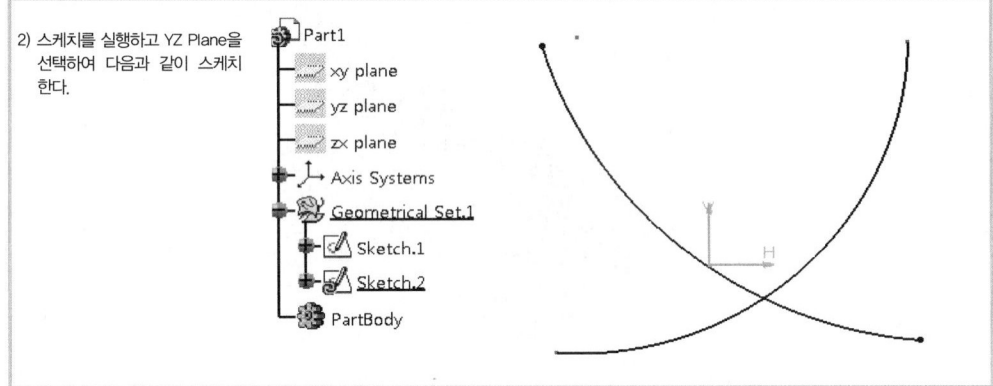

3) Extrude를 실행하고 60mm, Mirrored extent를 지정하여 돌출을 한다.

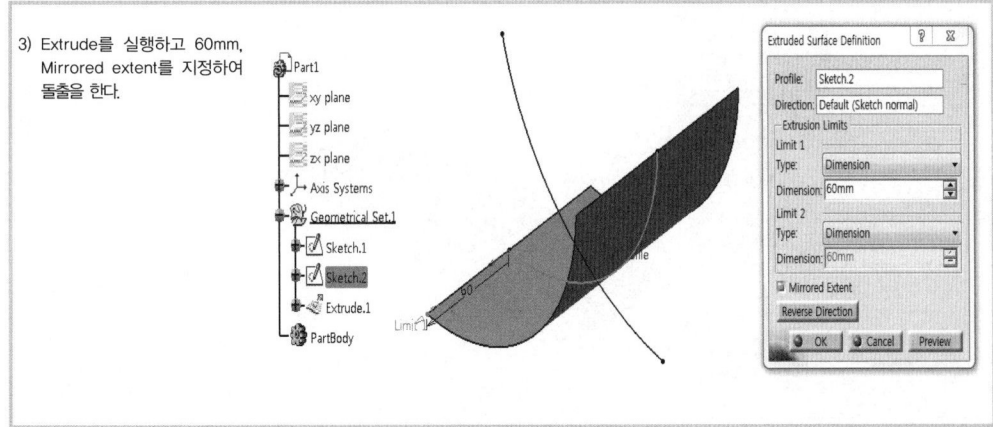

4) Extrude를 실행하고 60mm, Mirrored extent를 지정하여 돌출을 한다.

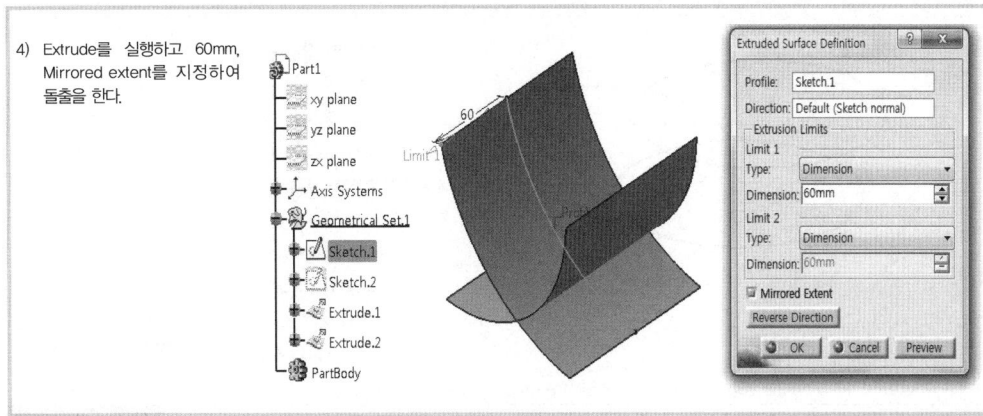

5) Trim( )을 실행하고 Mode : Standard로 지정, Trimmed Curves 영역에 Extrude 객체를 차례대로 선택한다.

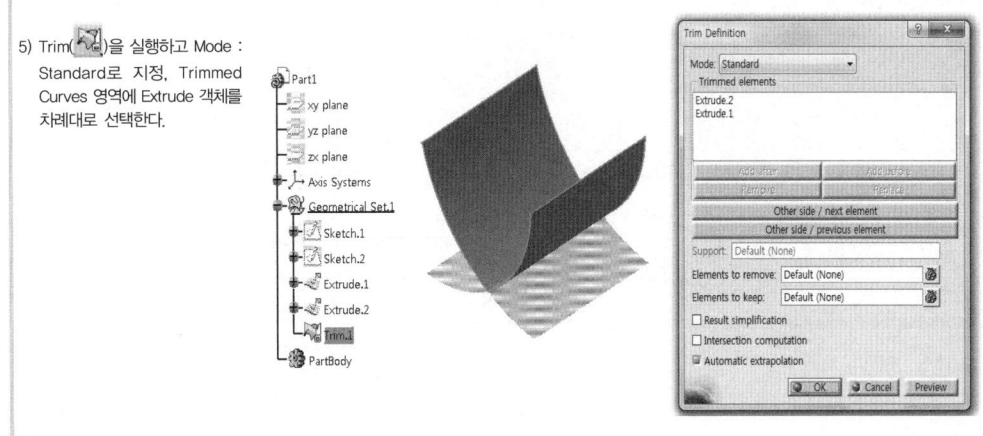

■ Trim 결과

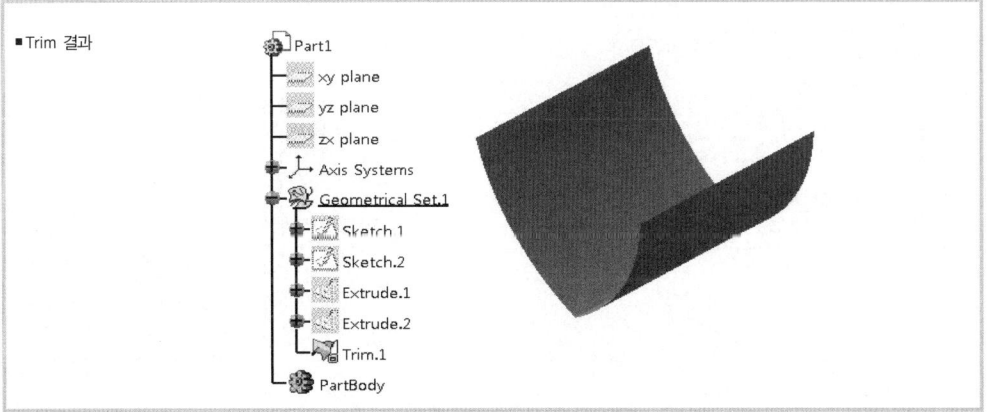

Trim 실습 2

1) 스케치를 실행하고 XY Plane을 선택하여 다음과 같이 스케치를 한다.

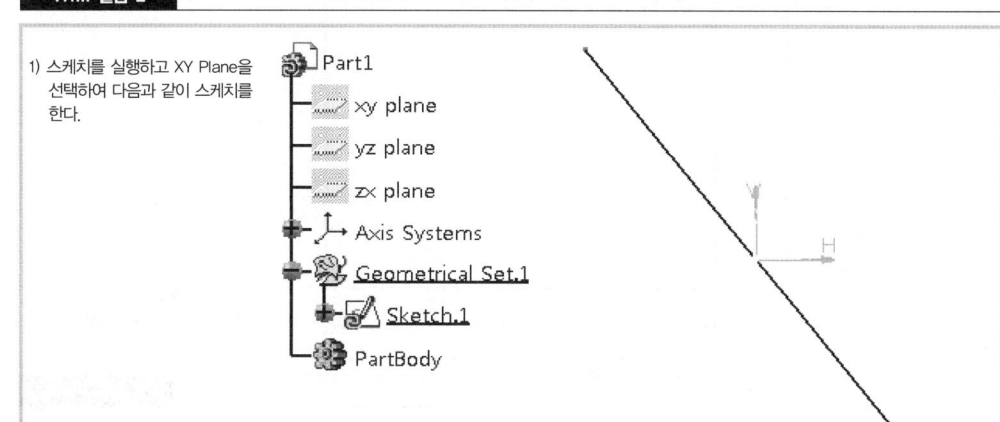

2) 스케치를 실행하고 XY Plane을 선택하여 다음과 같이 스케치를 한다.

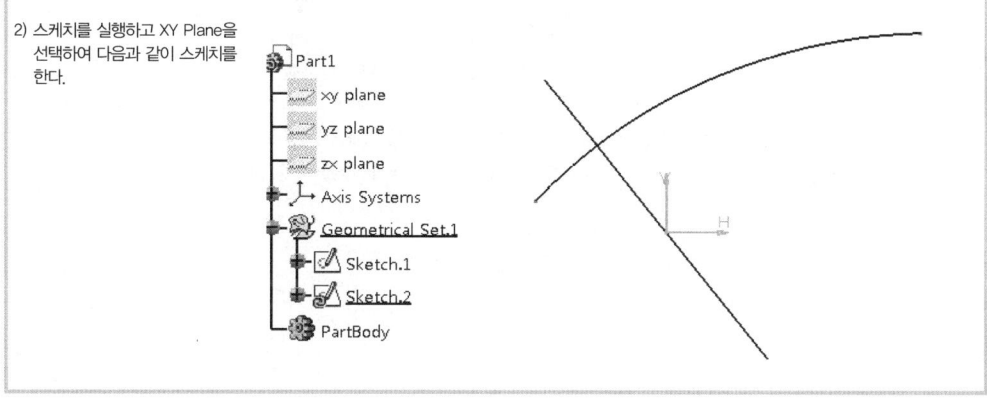

3) 스케치를 실행하고 XY Plane을 선택하여 다음과 같이 스케치를 한다.

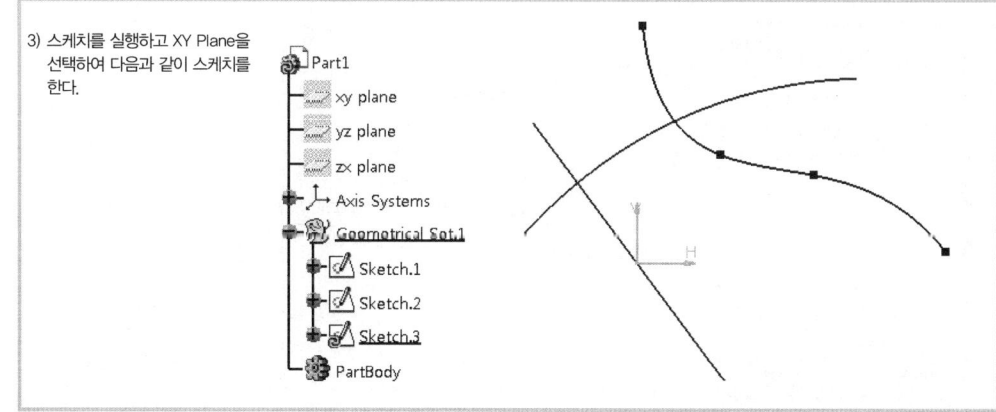

4) Trim( )을 실행하고 Mode : Standard로 지정. Trimmed Curves 영역에 위에서 스케치한 것을 차례대로 선택한다.
   Mode : Pieces를 선택하여도 같은 결과가 나온다.

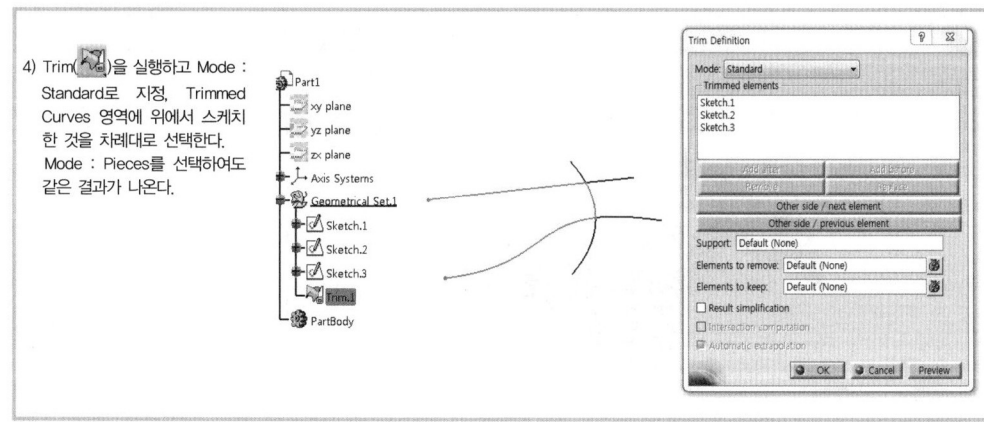

■ Trim 결과

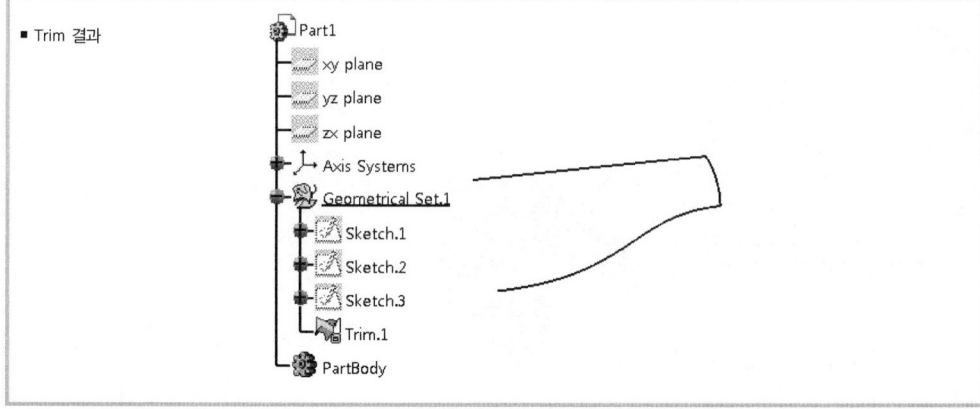

Trim 실습 3

1) 다음과 같이 스케치를 준비한다.

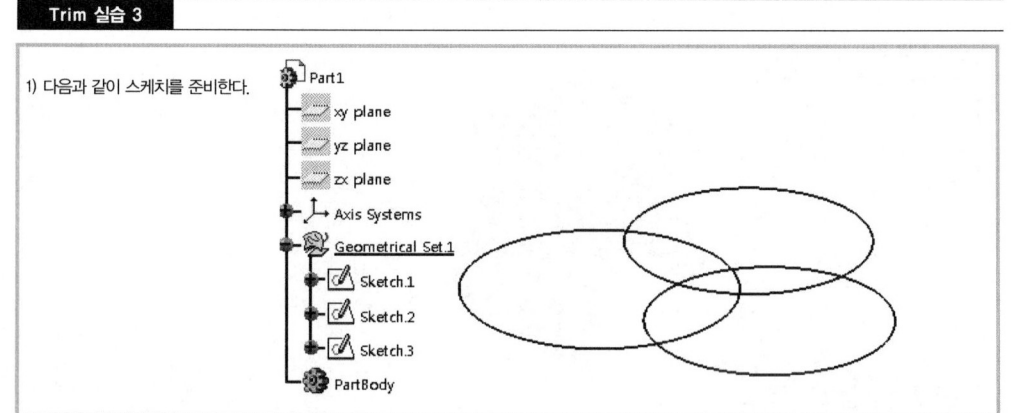

2) Trim( )을 실행하고 Mode : Pieces로 지정. Trimmed Curves 영역에 위에서 스케치한 것을 차례대로 선택한다.
   Check connexity와 Check Manifold를 체크 해제해야 한다.

- Check connexity의 의미?
- Check Manifold의 의미?

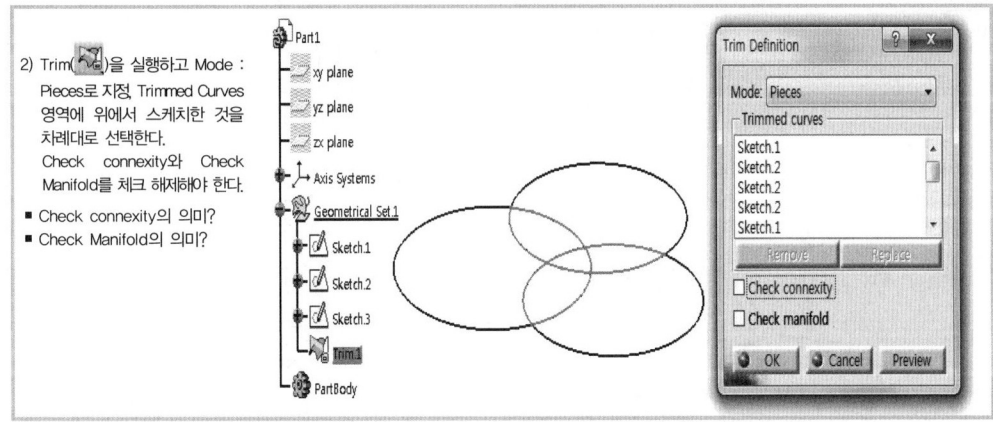

■ Trim 결과

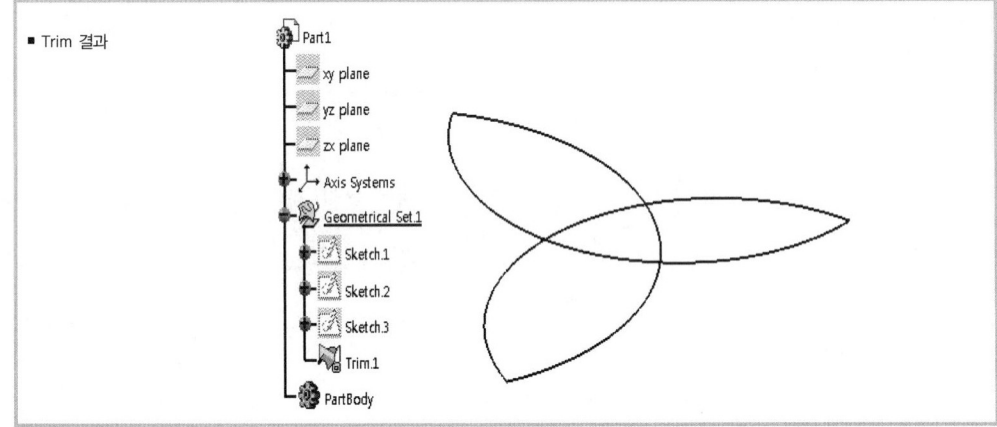

Trim 실습 4

1) 스케치를 실행하고 XY Plane을 선택하여 다음과 같이 스케치를 한다.

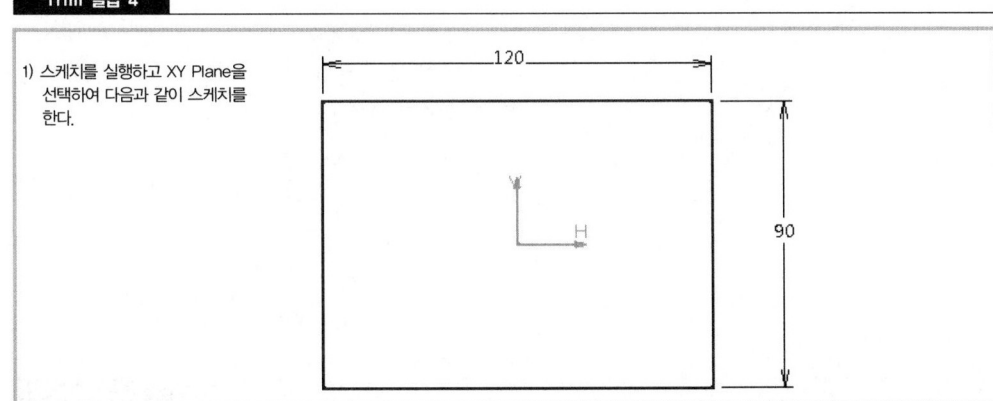

2) Fill을 실행하고 스케치를 선택하여 채운다.

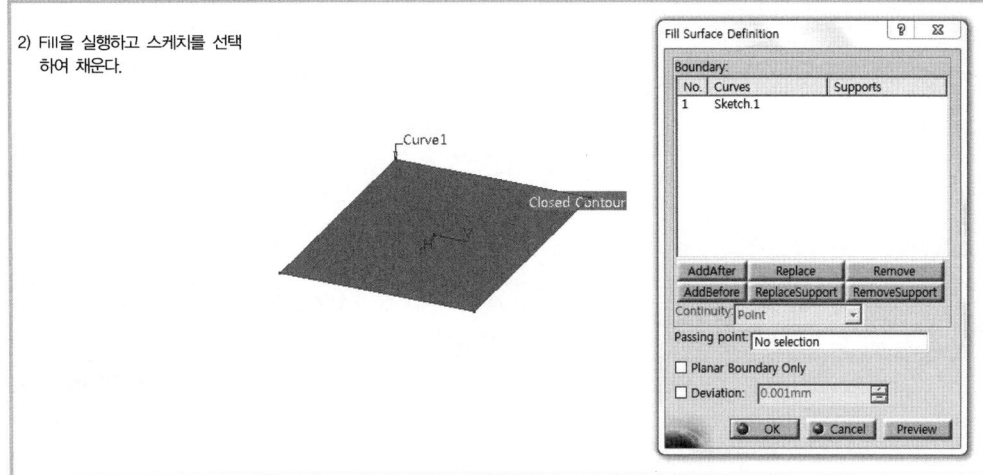

3) 스케치를 실행하고 Surface 위를 선택하여 다음과 같이 스케치를 한다.

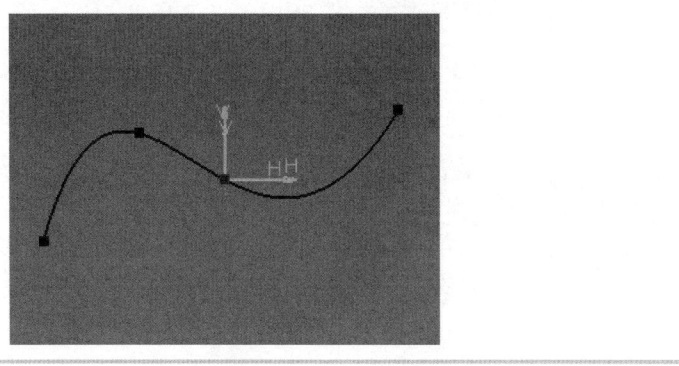

4) Extrude를 실행하고 50mm 돌출을 한다.

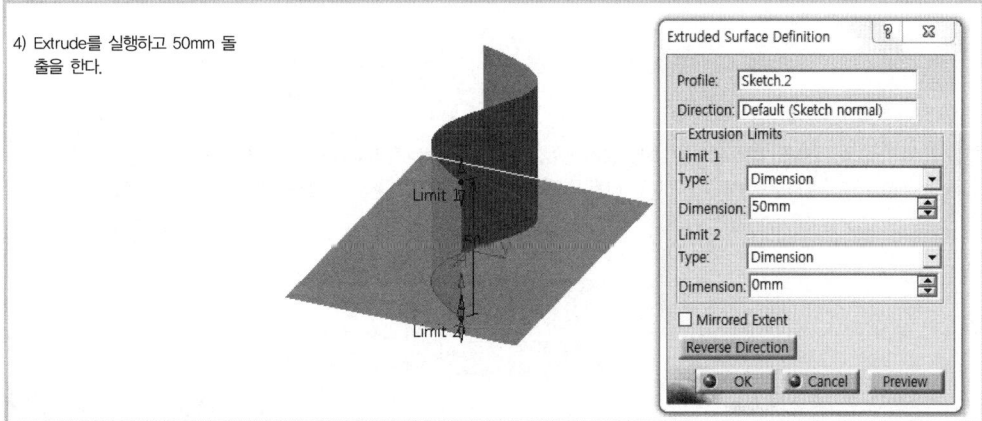

5) Trim(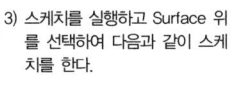)을 실행하고 Mode : Standard로 지정 두 개의 Surface를 선택하여 아래 옵션에서 Automatic extrapolation을 체크하지 않으면 다음과 빨간색으로 표시되고 Trim 오류가 발생한다.

- Automatic extrapolation의 의미?

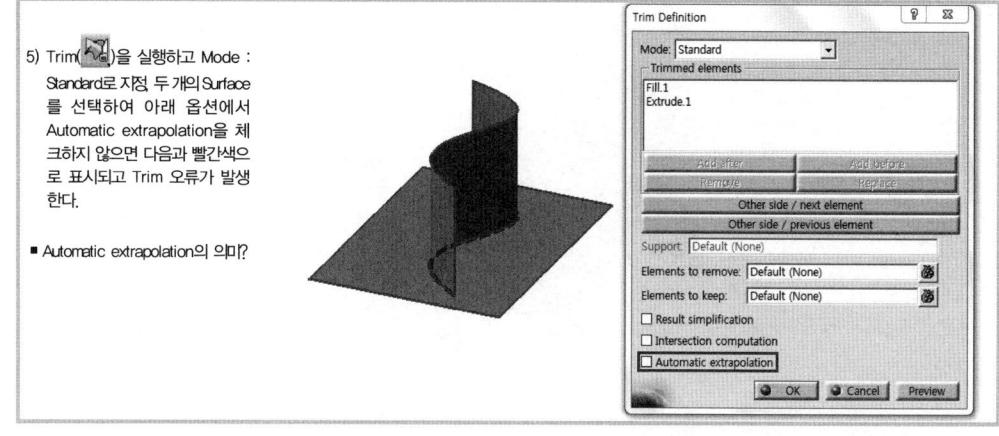

6) Automatic extrapolation을 체크하면 오류 없이 연장되어 다음과 같이 잘라준다.

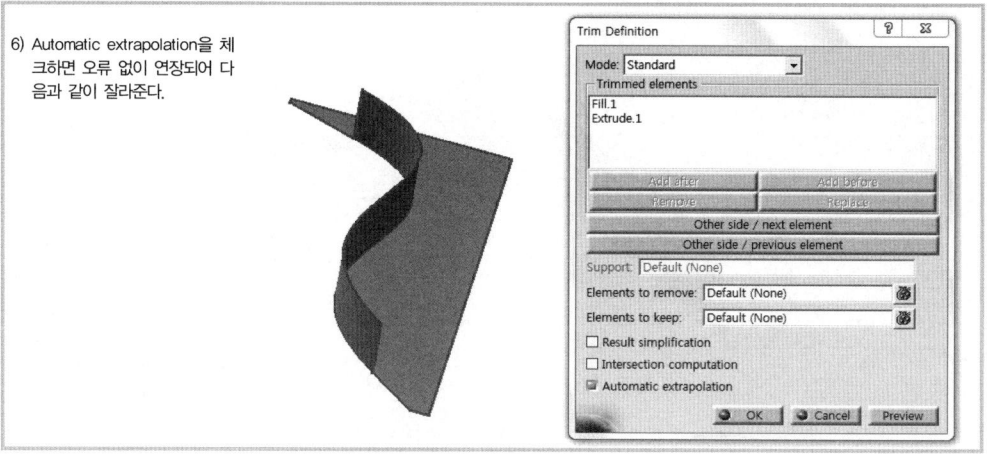

- Trim 결과

📁 Extracts Toolbar

1. Boundary( )

Boundary : Surface 형상의 모서리를 Curve 요소로 추출하는 명령이다. 그러나 이 모서리는 내부 요소이기 때문에 수정하여 길이를 조절하거나 임의의 길이만큼 잘라서 사용할 수 없다. 형상의 모서리를 따로 추출하여 변형 없이 사용하고자 할 경우에 Boundary를 사용한다.
- Limit 1, 2 : 추출할 Curve의 한계범위를 지정할 수 있다.
  선택한 Edge상의 한계지점을 Point로 지정하여 원하는 부분만 Curve로 추출할 수 있다.

• Boundary( ) Definition

- **Propagation Type** : Boundary를 생성할 때 어떤 방법으로 생성할 것인지를 결정하는 항목이다.
  - Complete Boundary : Surface의 edge를 선택하면 Surface를 구성하는 모든 edge를 Boundary로 생성한다.
  - Point Continuity : 선택한 edge와 Point Continuity(점 연속성)를 가진 부분은 모두 선택되어 Boundary를 생성한다.
  - Tangent Continuity : 선택한 edge와 Tangency continuity(접선 연속성)를 가진 edge는 모두 선택되어 Boundary를 생성한다.
  - No Propagation : 현재 선택된 edge에 대해서만 Boundary를 생성한다.

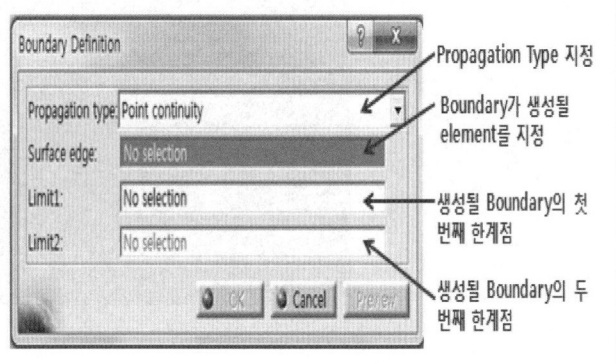

Boundary 실습 1

1) 스케치를 실행하고 YZ Plane을 선택하여 다음과 같이 스케치 한다.

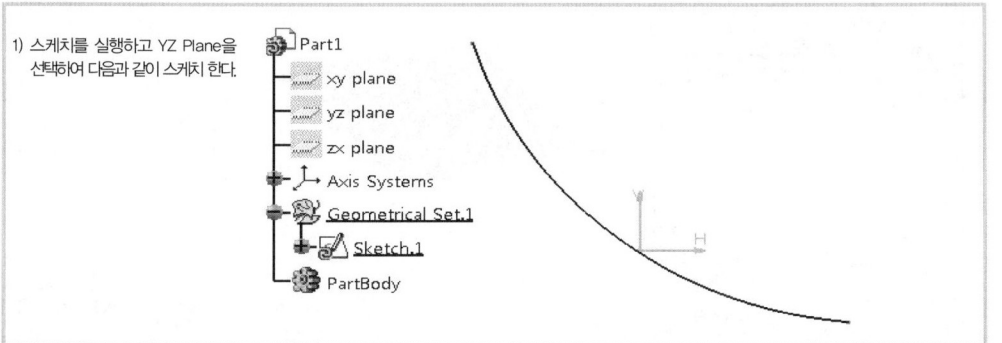

2) 스케치를 실행하고 YZ Plane을 선택하여 다음과 같이 스케치 한다.

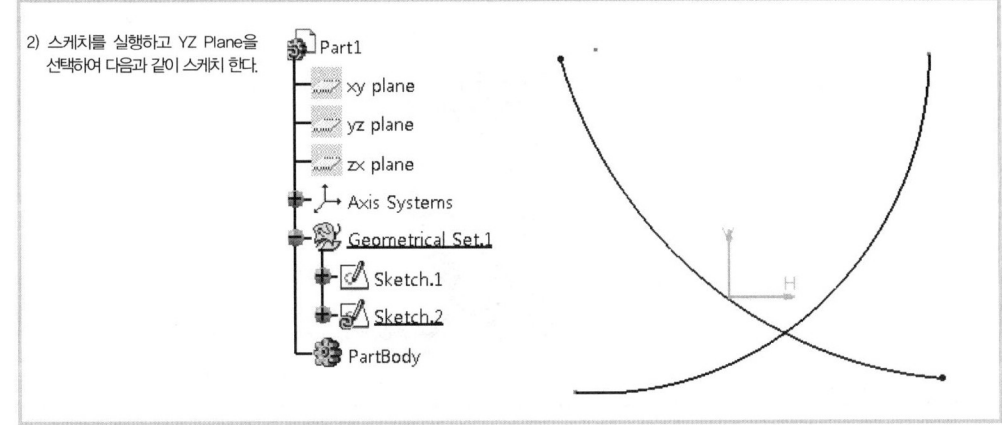

3) Extrude를 실행하고 60mm, Mirrored extent를 지정하여 돌출을 한다.

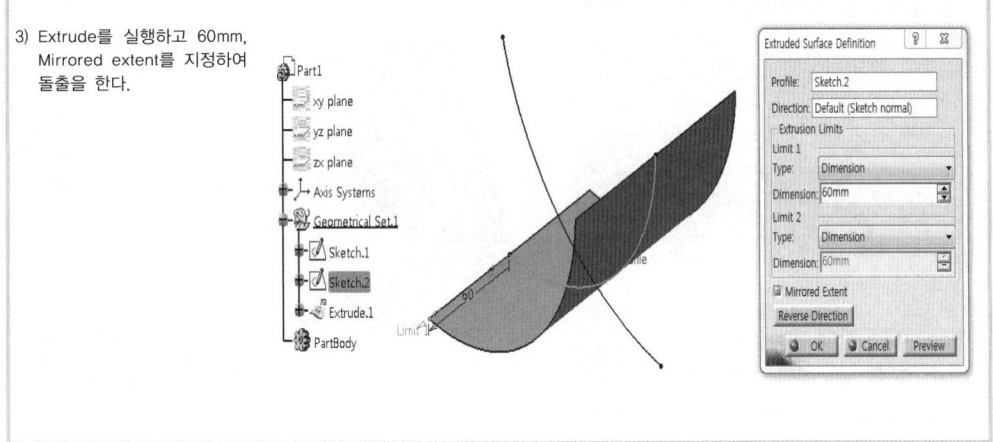

4) Extrude를 실행하고 60mm, Mirrored extent를 지정하여 돌출을 한다.

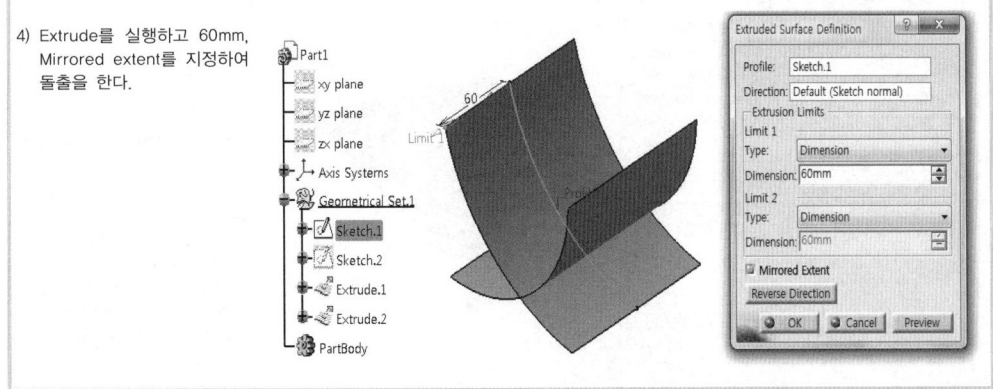

5) Trim( )을 실행하고 Mode : Standard로 지정, Trimmed Curves 영역에 Extrude 객체를 차례대로 선택한다.

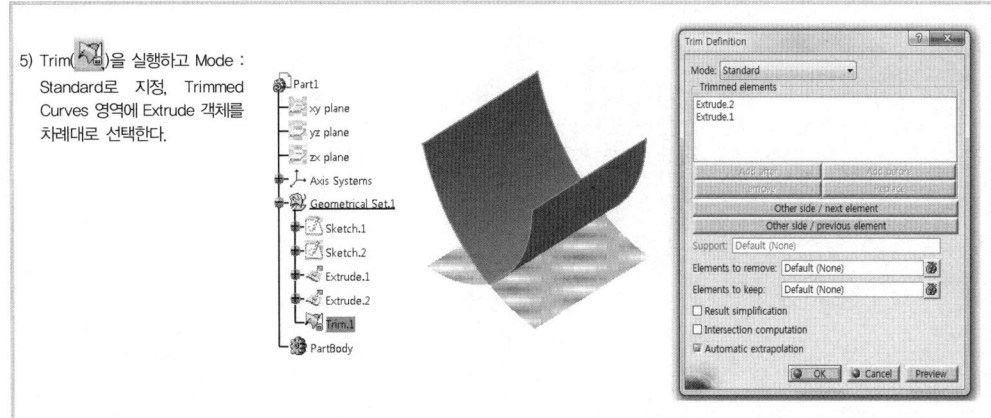

6) Boundary( )을 실행하고 Point Continuity로 지정, 모서리를 선택한다.

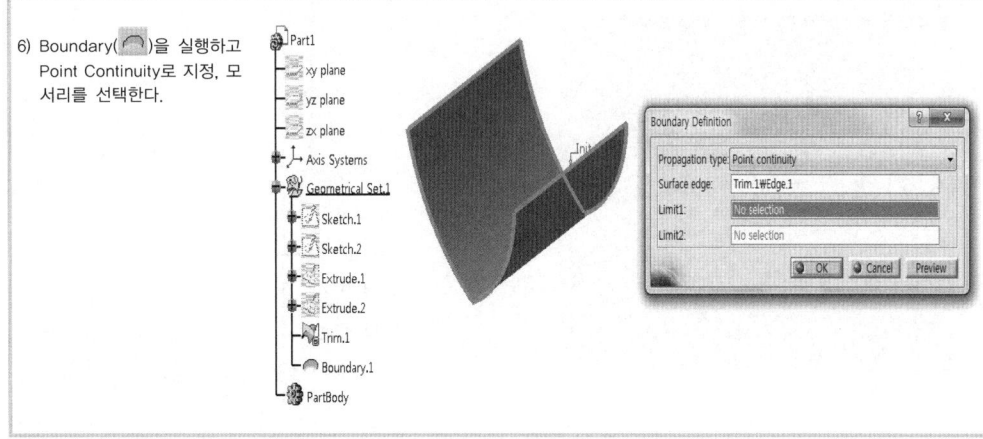

■ Boundary 결과 Surface를 숨겨본다.

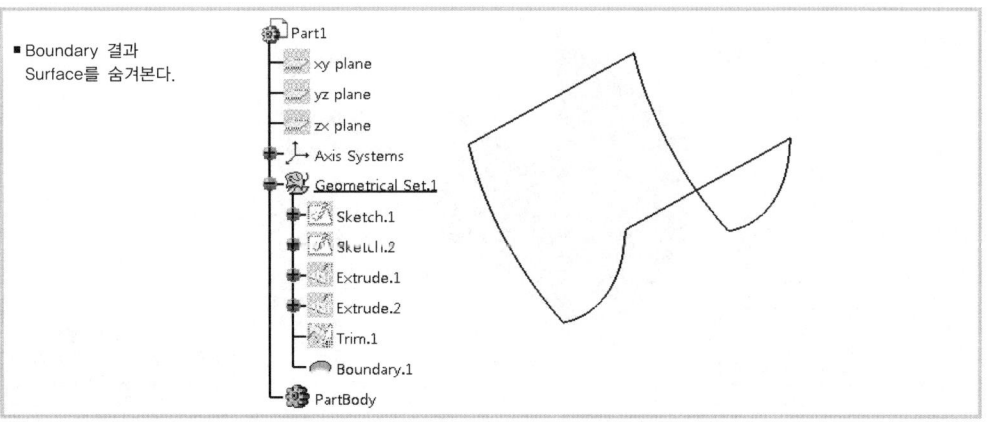

7) Spec Tree에서 Boundary.1을 더블클릭을 하여 Limit1과 Limit2에 다음과 같이 선택한다. Limit1과 Limit2 지점을 기준으로 화살표로 두 부분 중 하나를 선택할 수 있다.

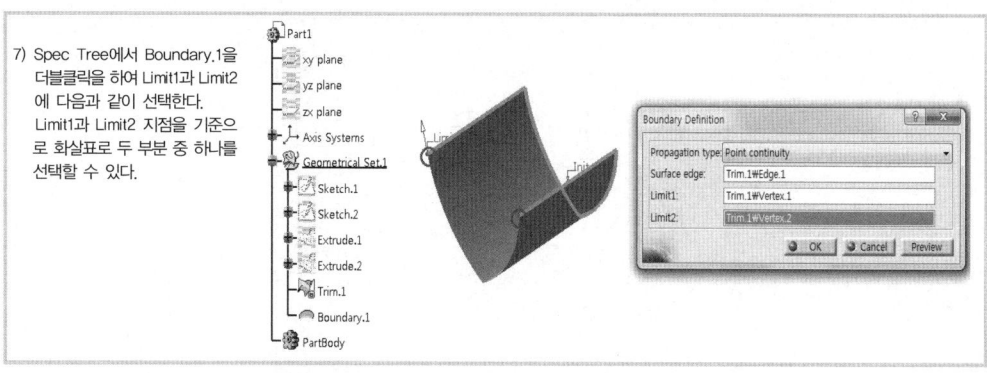

■ Boundary 결과 Surface를 숨겨본다.

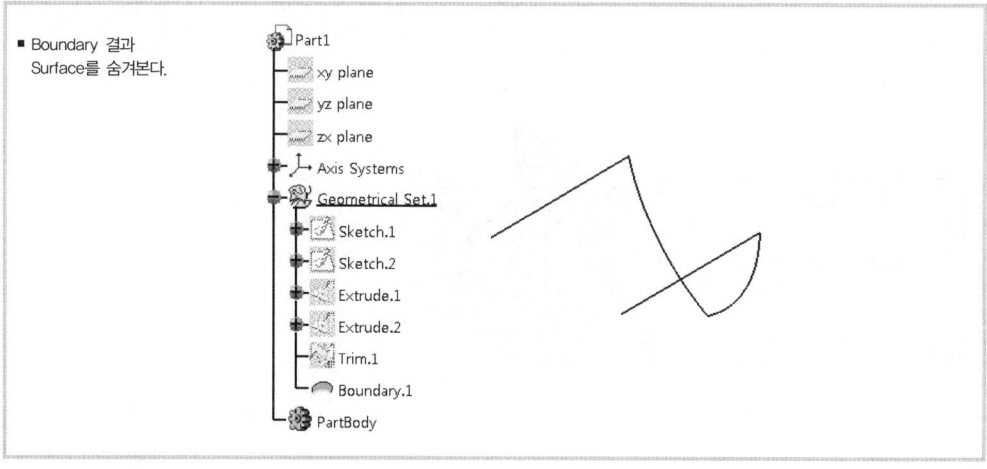

Boundary 실습 2

1) 스케치를 실행하고 YZ Plane을 선택하여 다음과 같이 스케치한다.

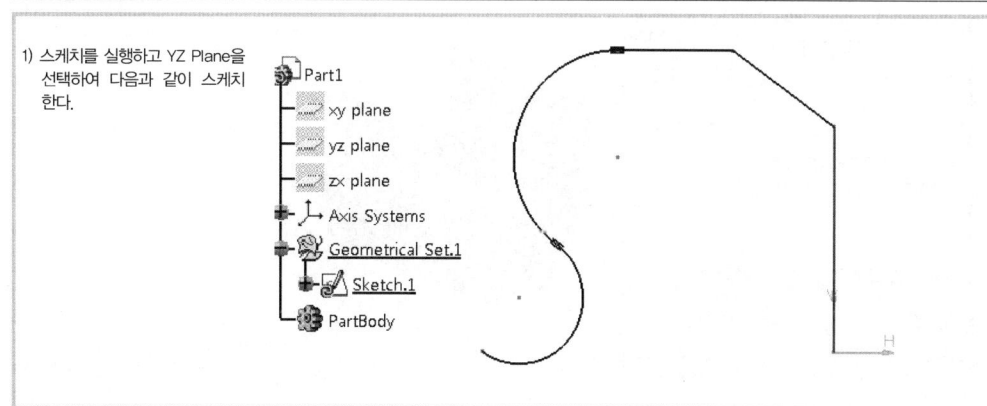

2) Extrude를 실행하고 80mm, Mirrored extent를 지정하여 돌출을 한다.

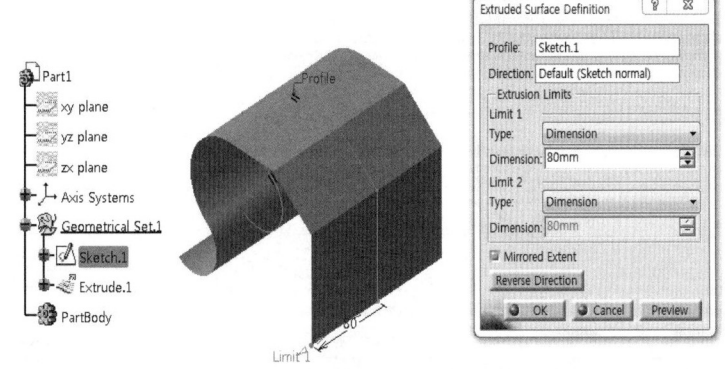

3) 스케치를 실행하고 돌출 Surface 우측면을 선택하여 임의의 크기의 원을 스케치를 한다.

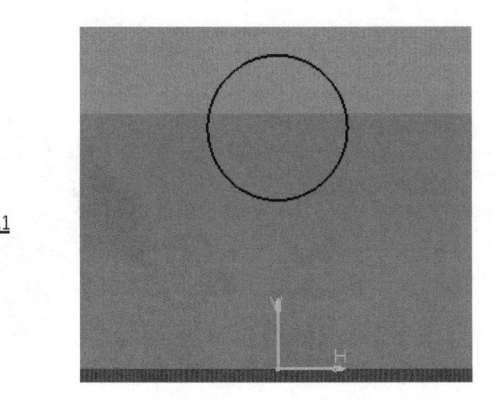

4) Projection을 실행하고 원을 Surface에 투영을 한다.

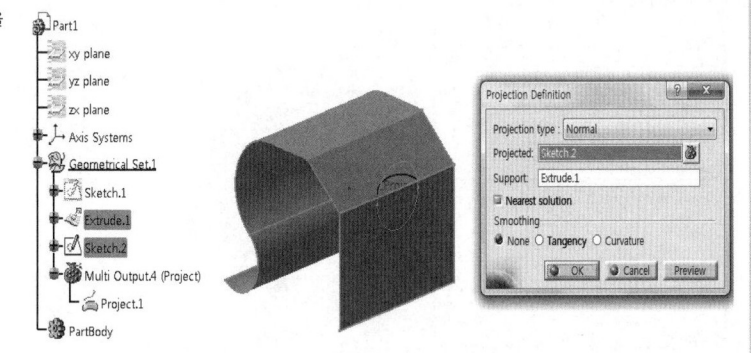

5) Split을 실행하고 Element to Cut : Extrude.1을 선택, Cutting elements : Project.1을 선택한다.

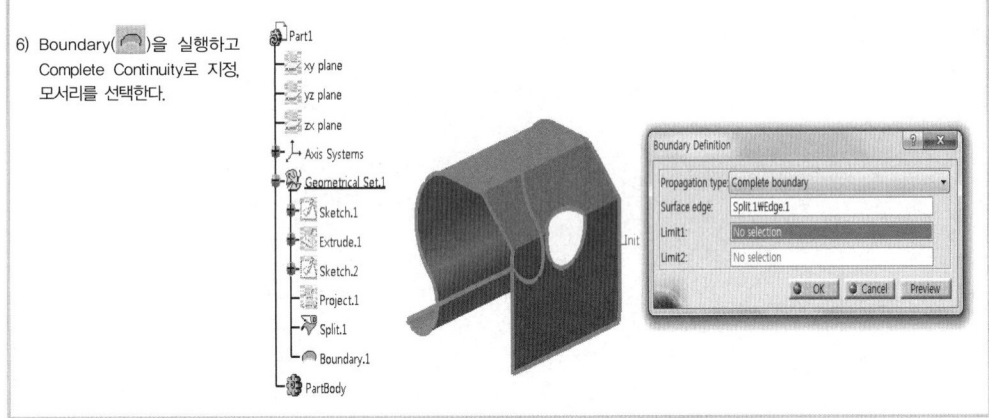

6) Boundary( )을 실행하고 Complete Continuity로 지정, 모서리를 선택한다.

■ Boundary 결과

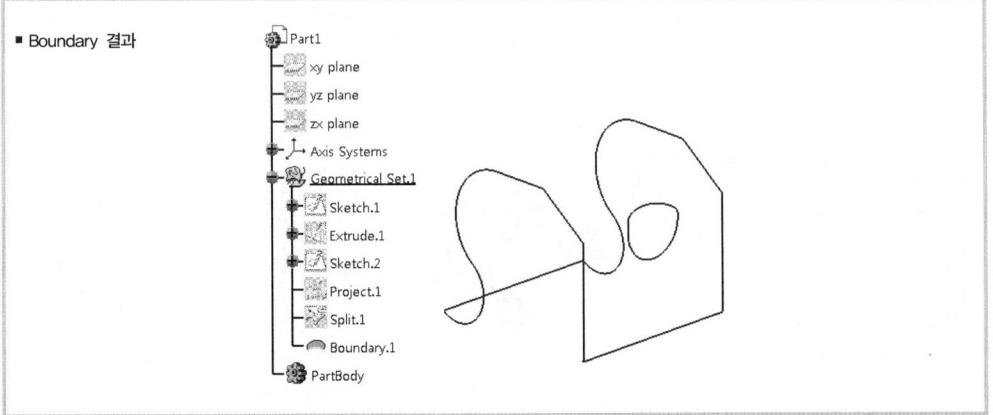

7) Spec Tree에서 Boundary.1을 더블클릭하여 Point Continuity 로 지정, 모서리를 선택한다.

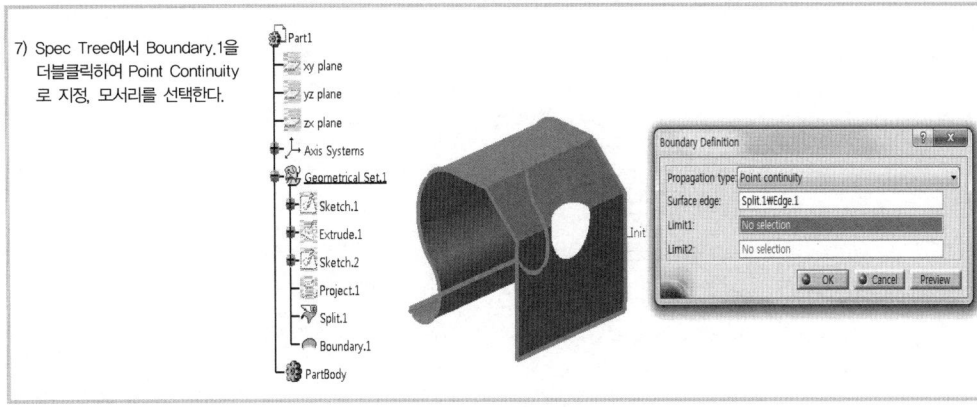

■ Boundary 결과

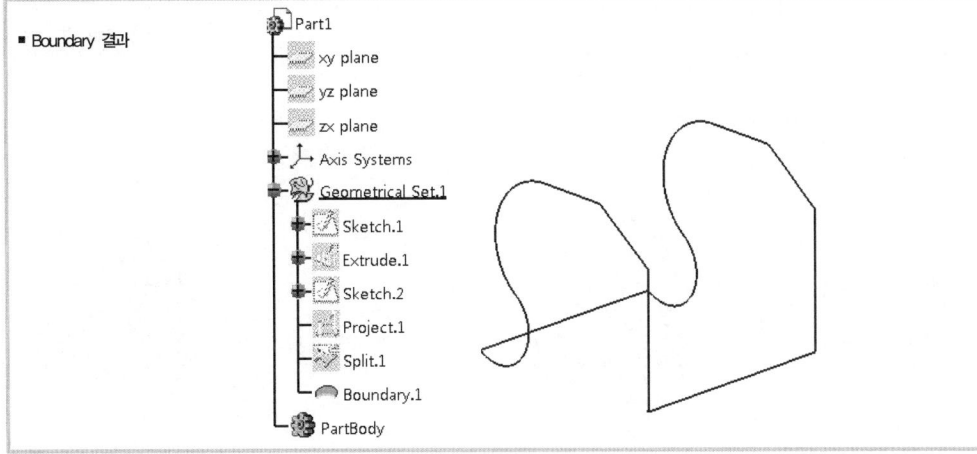

8) Spec Tree에서 Boundary.1을 더블클릭하여 Tangent Continuity 로 지정, 모서리를 선택한다.

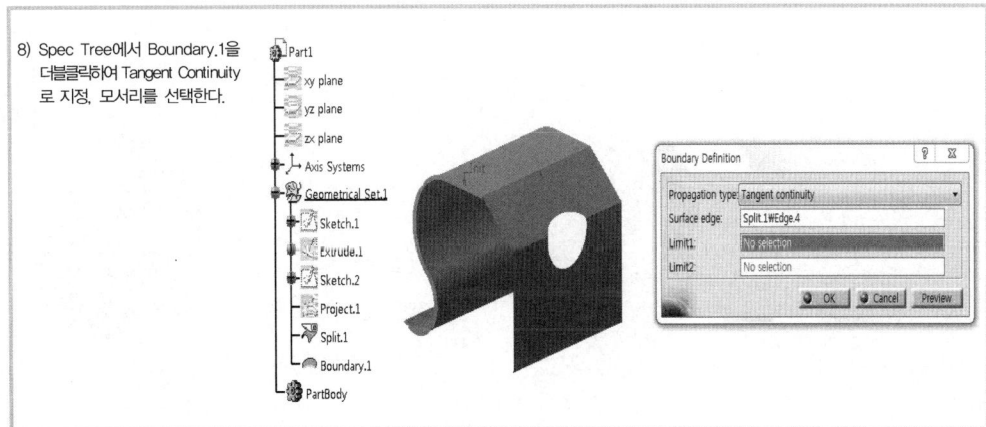

■ Boundary 결과

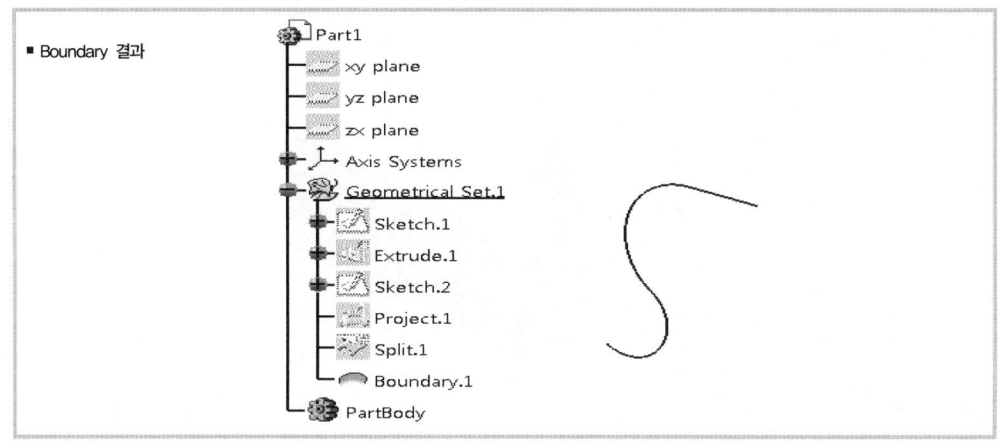

9) Spec Tree에서 Boundary.1을 더블클릭하여 No propagation 로 지정, 모서리를 선택한다.

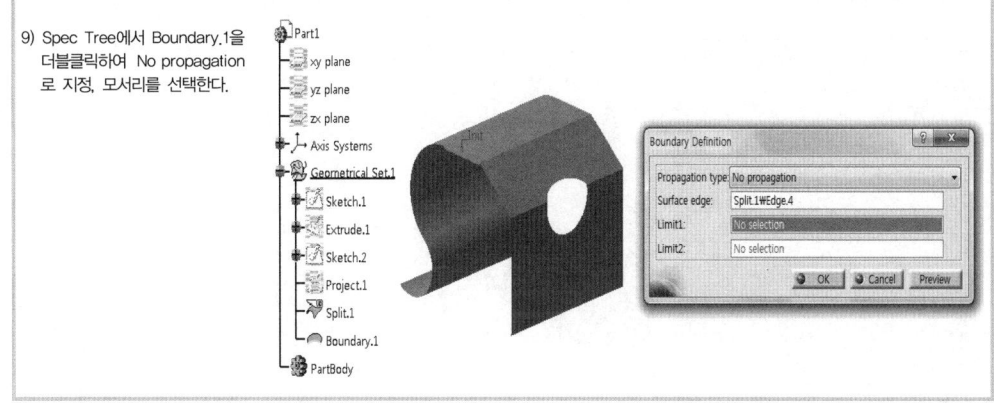

■ Boundary 결과

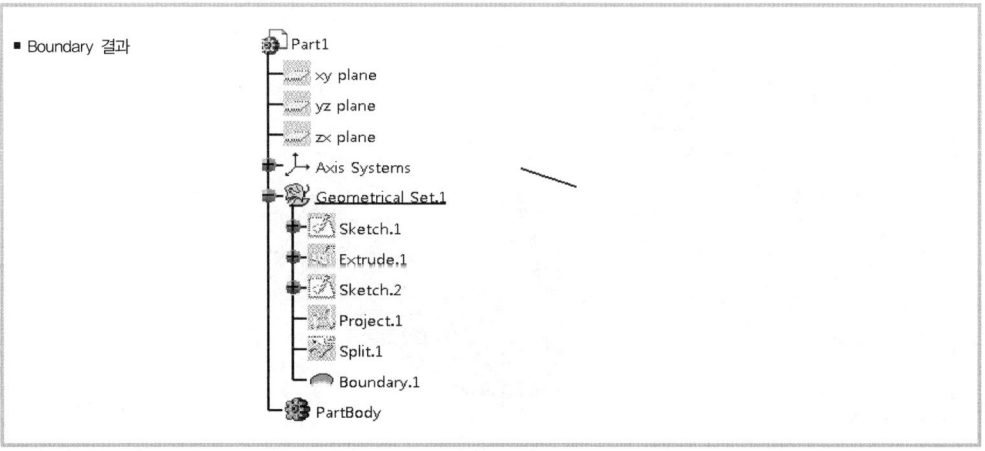

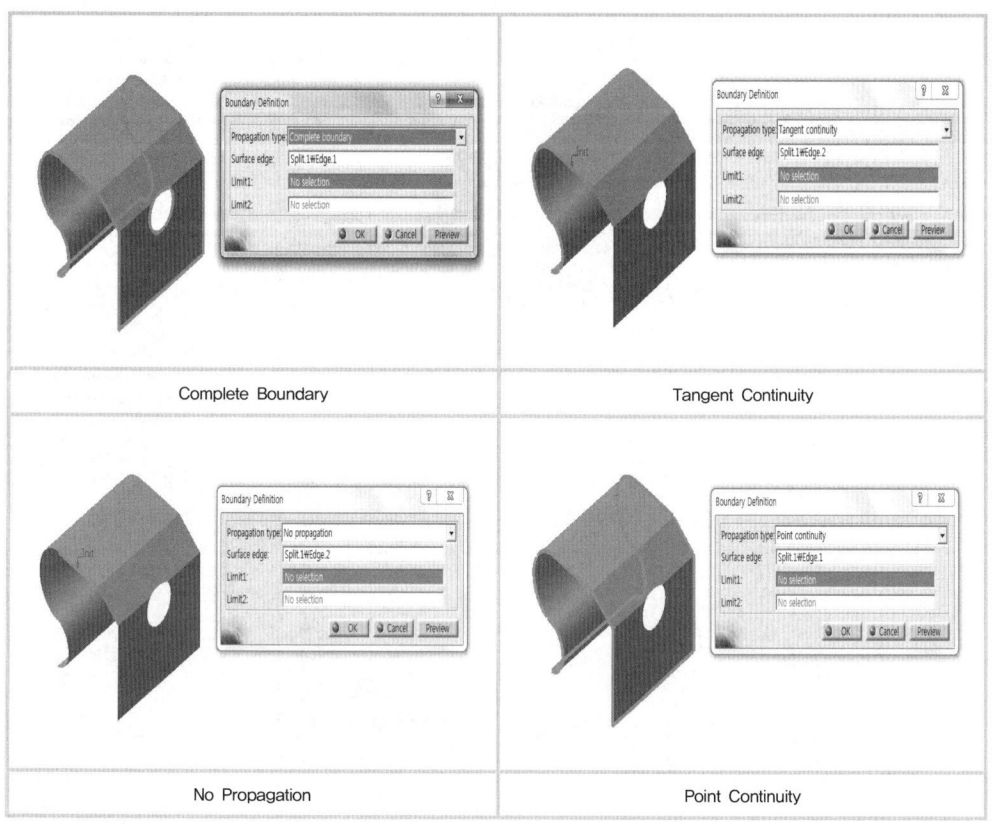

Complete Boundary

Tangent Continuity

No Propagation

Point Continuity

Boundary 실습 3

1) 스케치를 실행하고 XY Plane을 선택하여 다음과 같이 스케치를 한다.

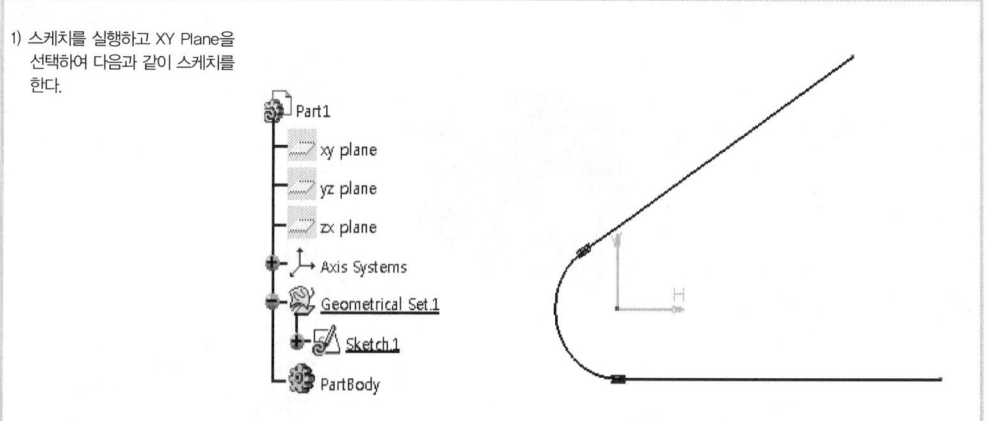

2) Extrude를 실행하고 80mm 돌출을 한다.

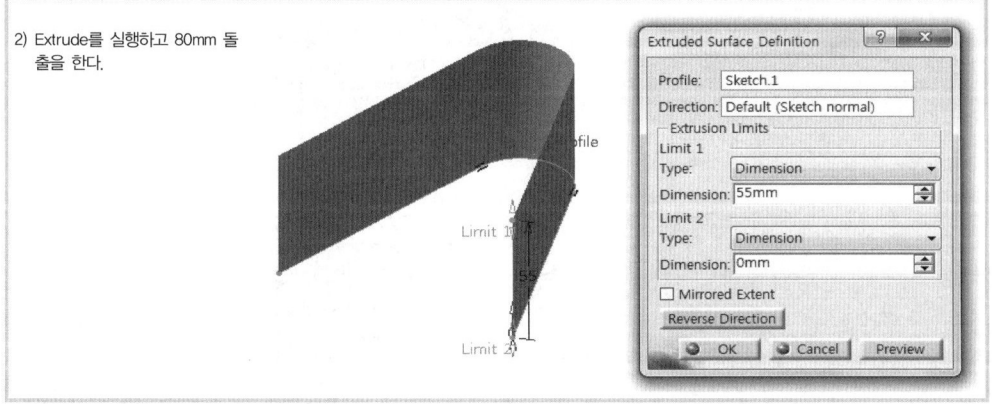

3) Point를 실행하고 On Curve를 지정, 모서리를 선택하여 중심에 Point를 생성한다.

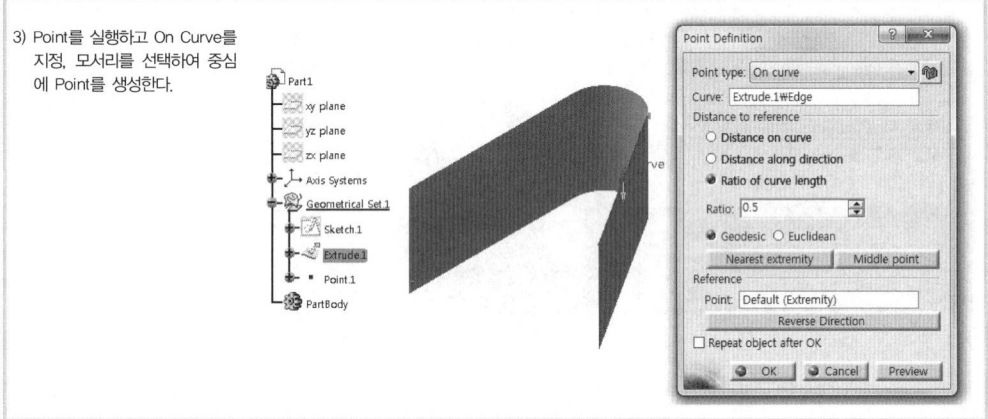

4) Point를 실행하고 On Curve를 지정, 모서리를 선택하여 중심에 Point를 생성한다.

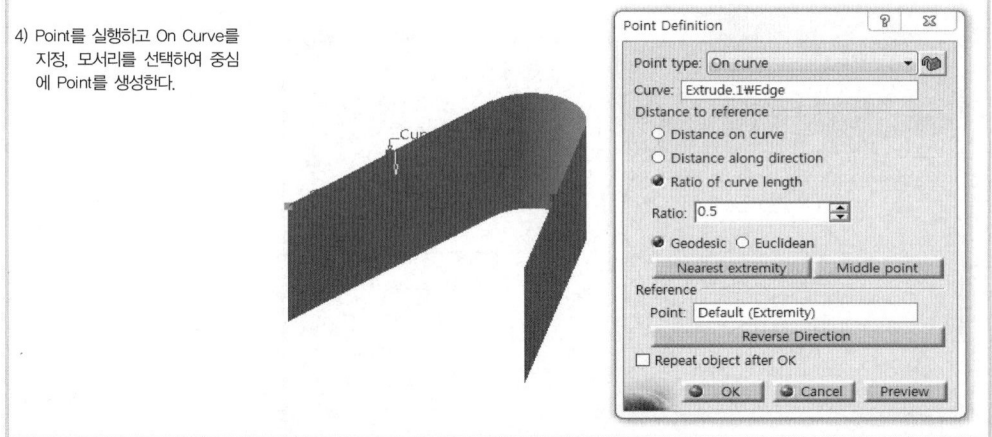

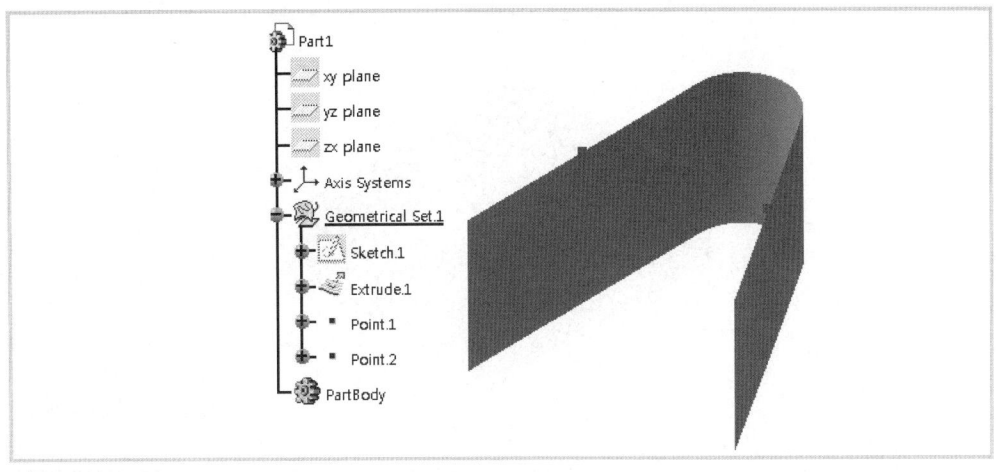

5) Boundary(⌒)을 실행하고 Point Boundary로 지정, 모 서리를 선택, Limit 1과 Limit 2에 Point를 선택한다.

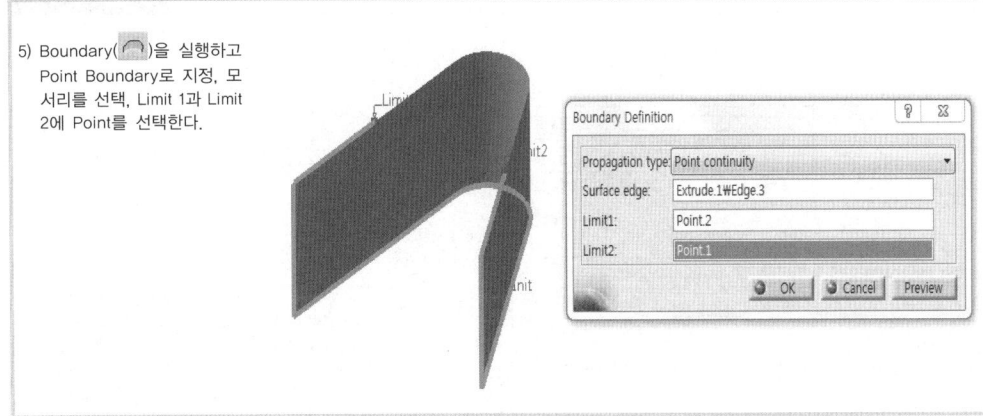

6) 화살표를 클릭하여 방향을 전환 한다.

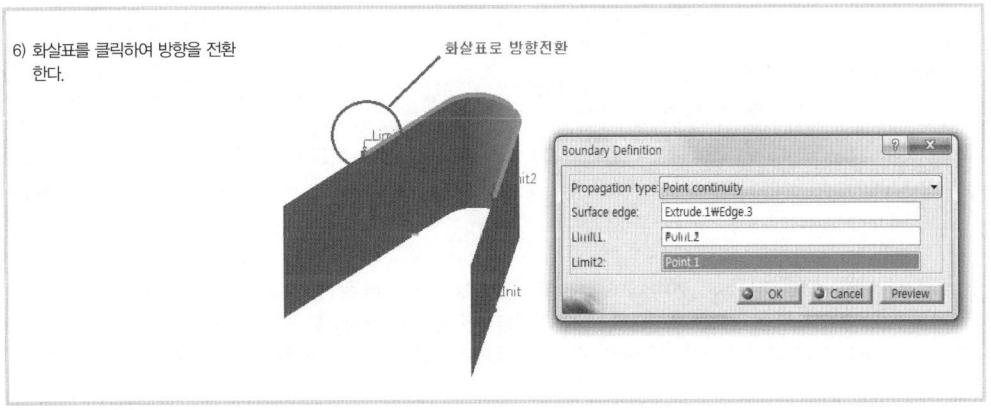

■ Boundary 결과

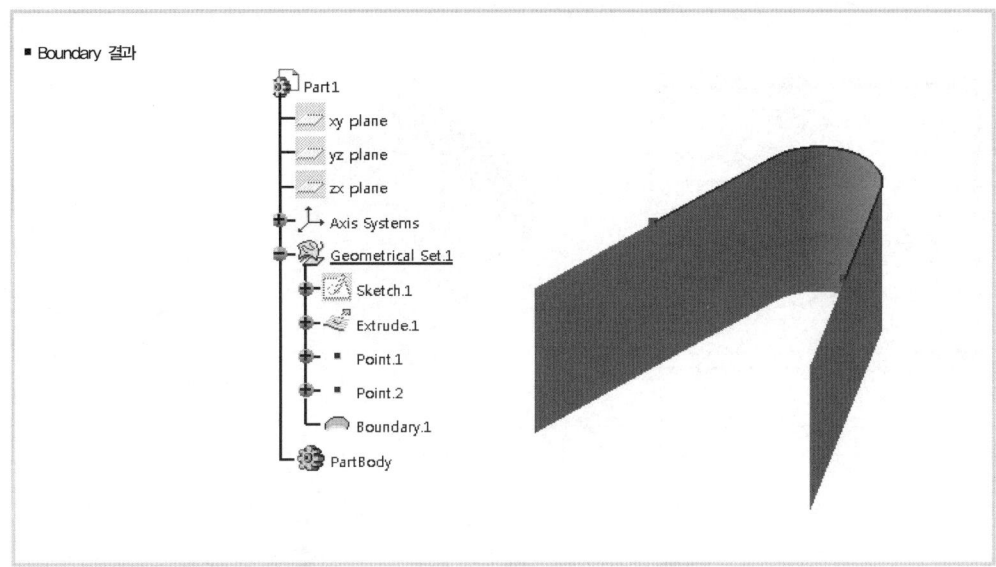

Boundary 실습 4   다음과 같이 Boundary를 추출해 보자.

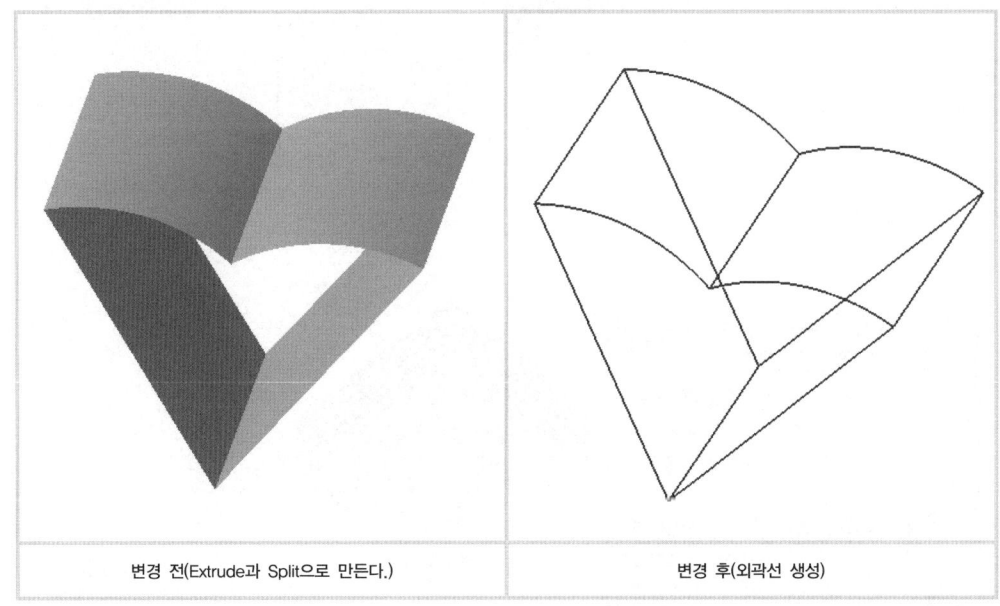

| 변경 전(Extrude과 Split으로 만든다.) | 변경 후(외곽선 생성) |

2. Extract(🔲)

Extract : 3차원 형상에서 Sub Elements를 추출하는 명령으로 Curves, Points, Surfaces, Solid 등 선택이 가능하다. Solid의 모서리를 선택하면 모서리가 추출, Face을 선택하면 Face가 Surface 형태로 추출 가능하다.
곡면의 모서리를 선택하면 선택한 모서리를 Curve 요소로 추출하고 Surface을 선택하면 Surface가 추출된다.

• Extract(🔲) Definition

- Propagation Type
  - Point Continuity : 선택한 edge와 Surface 점 연속성을 가진 부분은 모두 추출한다.
  - Tangent Continuity : 선택한 edge와 Tangency continuity(접선 연속성)를 가진 edge 또는 Surface를 추출한다.
  - Curvature Continuity : 선택대상이 Wire frame 일 경우에 대해서만 적용되며 선택대상 Element 와 그 주변 element가 Curvature Continuity(곡률 연결성)로 이루어진 경우 선택이 전파된다.
  - No Propagation : 현재 선택된 edge 또는 Surface에 대해서만 추출한다.

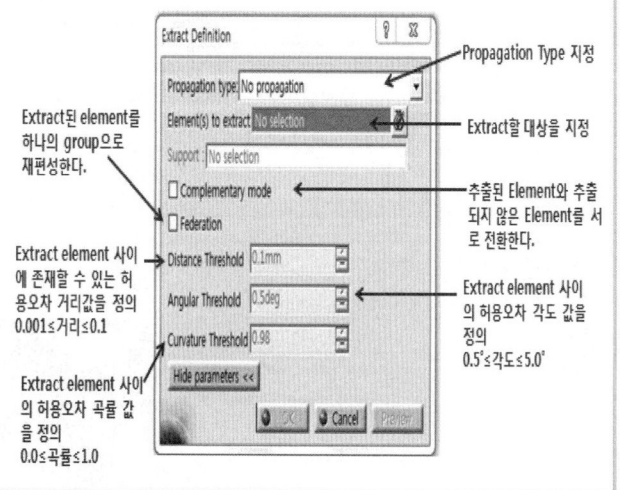

Extract 실습 1

1) 다음과 같이 Solid 객체를 준비한다.

2) Extract(🔲)를 실행하고 No propagation을 지정, Solid 면을 선택한다.

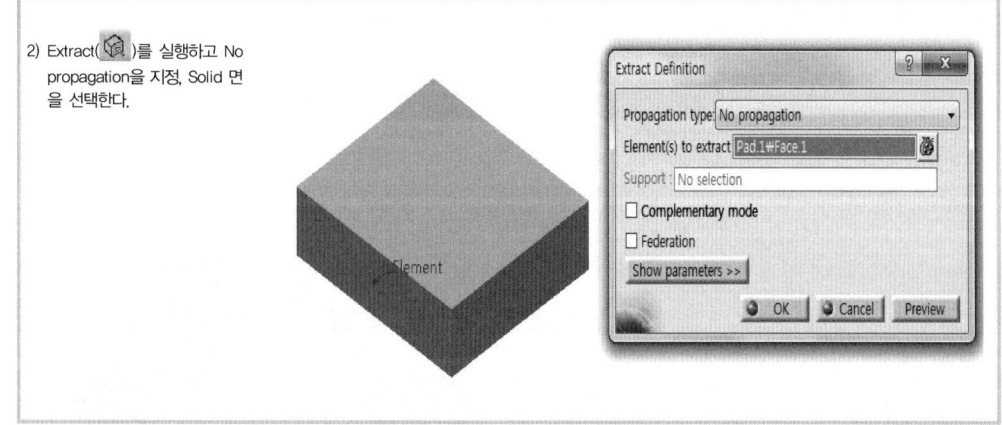

■ Solid 객체에서 면 추출

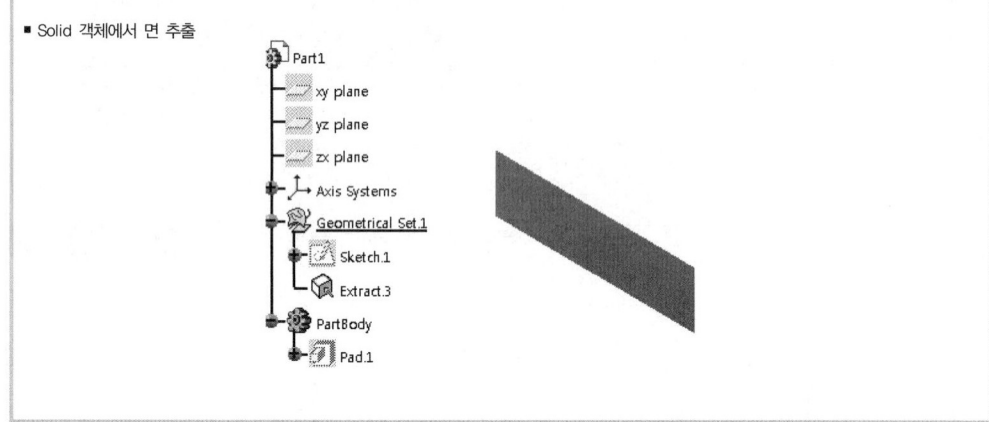

3) Spec Tree에서 Extract.1을 더블클릭하여 실행하고 Point Continuity를 지정, 모서리을 선택, Support에서 면을 선택한다.

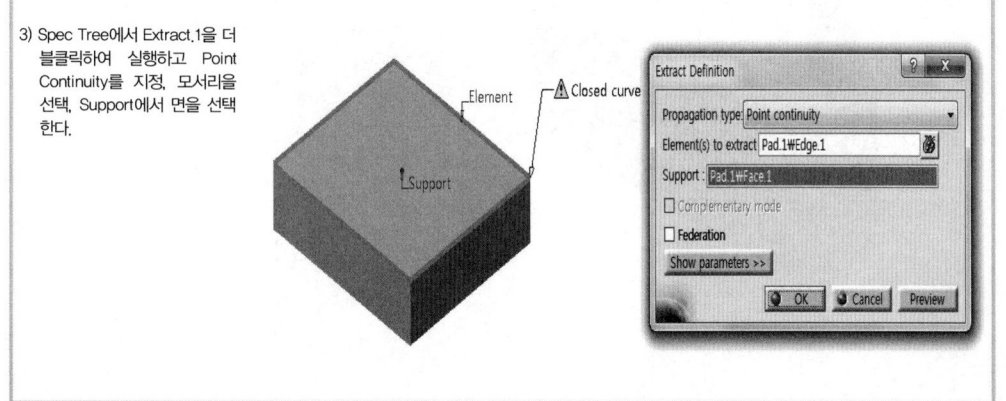

■ Solid 객체에서 모서리 추출

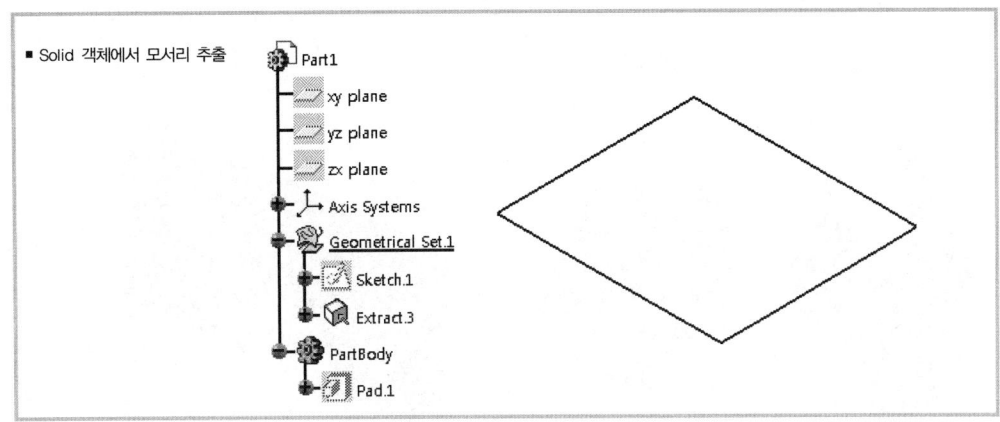

Extract 실습 2

1) 다음과 같은 Surface 준비한다.

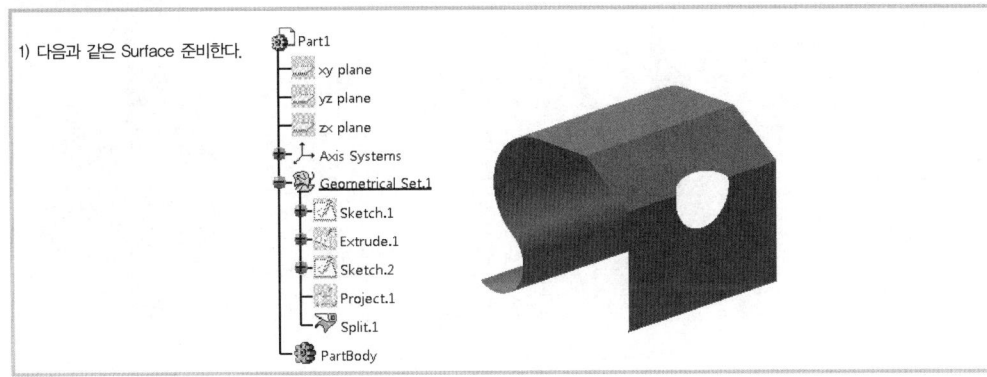

2) Extract()를 실행하고 No propagation을 지정, Surface 면을 선택한다.

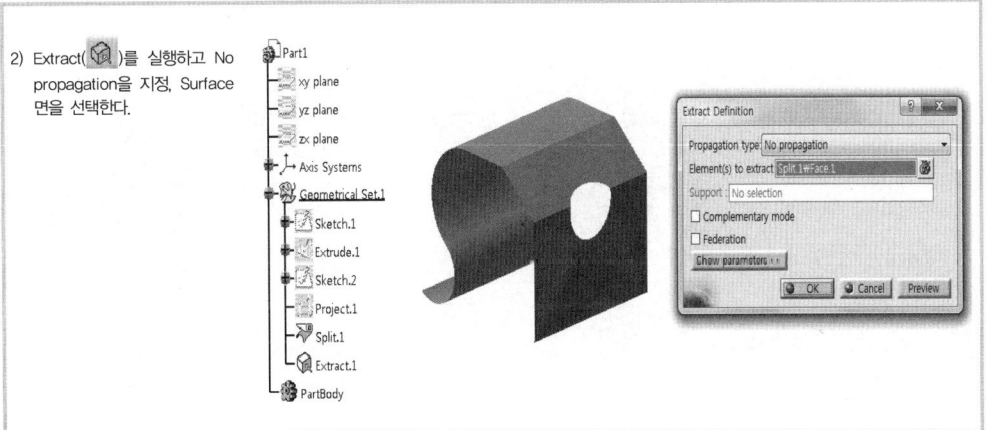

■ Extract 결과
Surface를 숨겨본다.

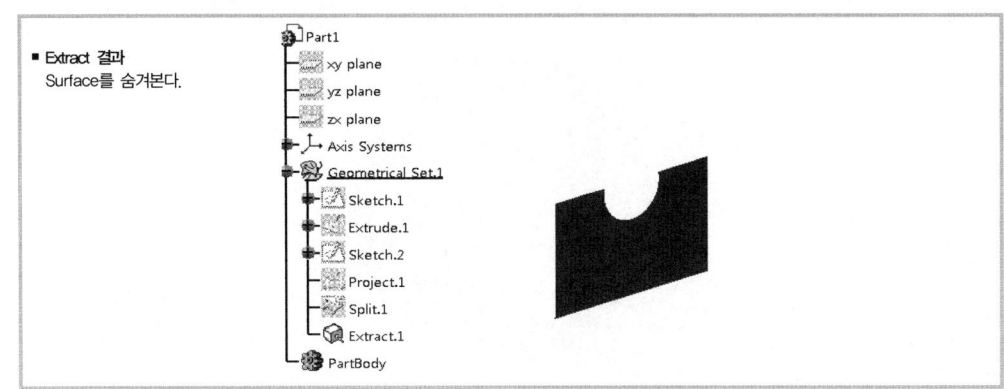

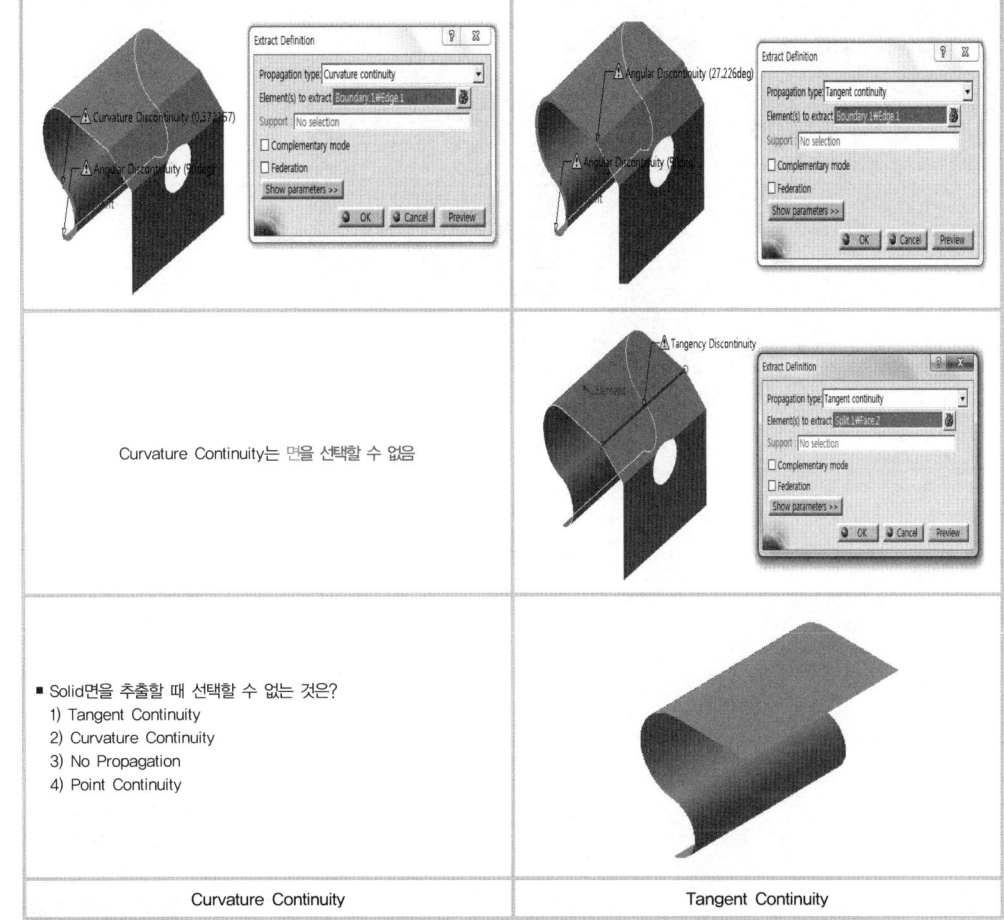

Curvature Continuity는 면을 선택할 수 없음

■ Solid면을 추출할 때 선택할 수 없는 것은?
1) Tangent Continuity
2) Curvature Continuity
3) No Propagation
4) Point Continuity

| Curvature Continuity | Tangent Continuity |

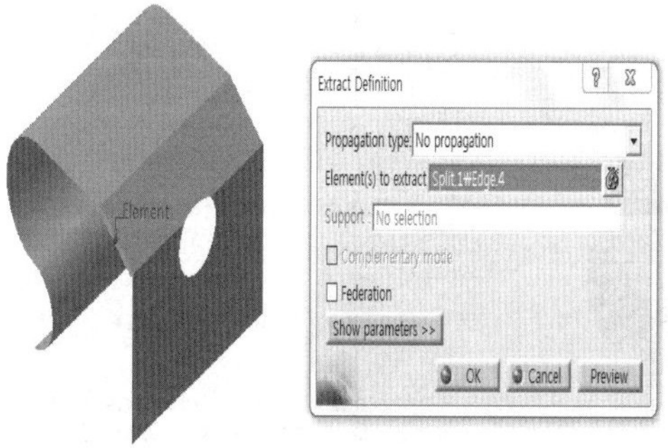

Extract 실습 3

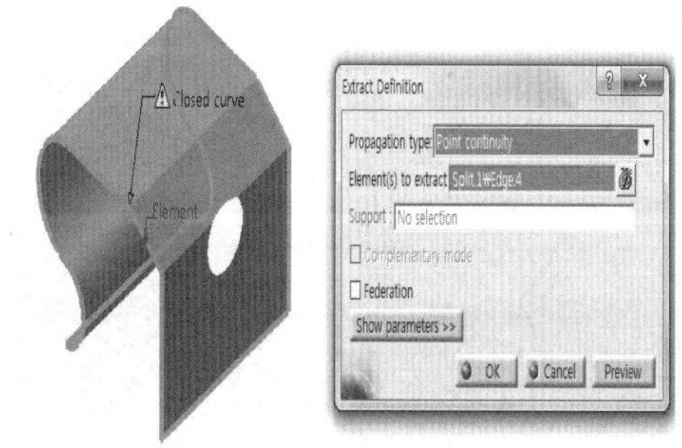

1) 스케치를 실행하고 XY Plane을 선택하여 다음과 같이 스케치를 한다.

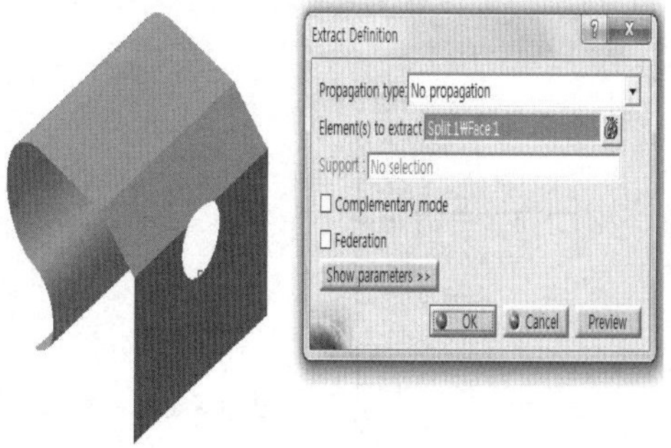

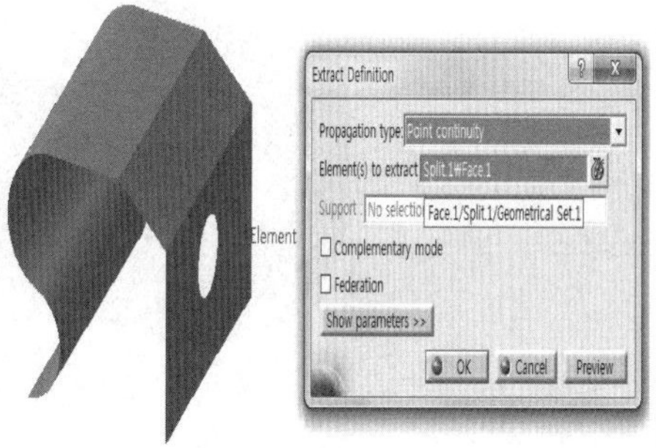

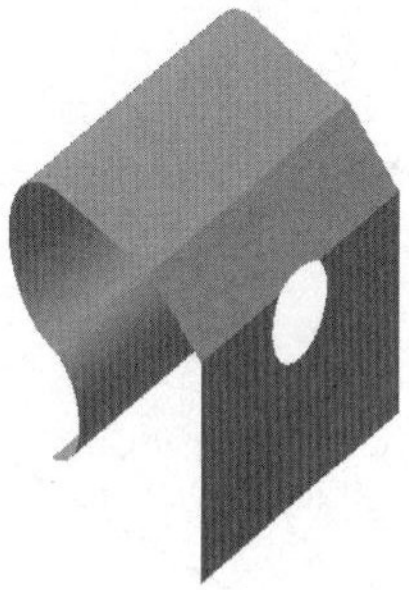

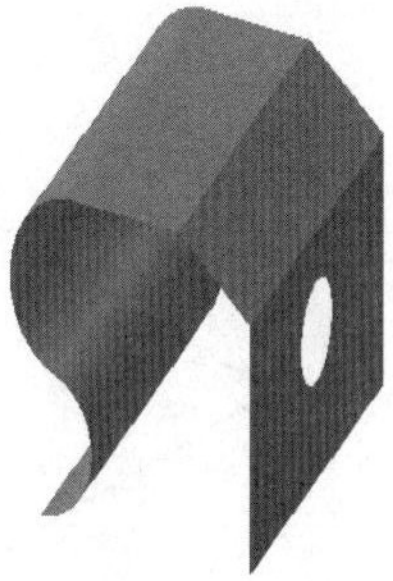

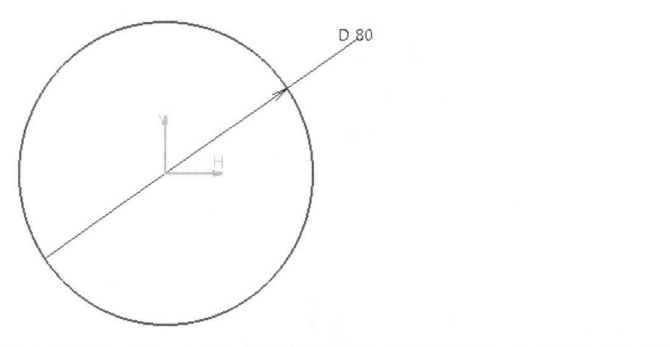

2) [Start]-[Mechanical Design]-[Part Design]를 선택한다.
3) Pad를 실행하고 80mm 돌출을 한다.

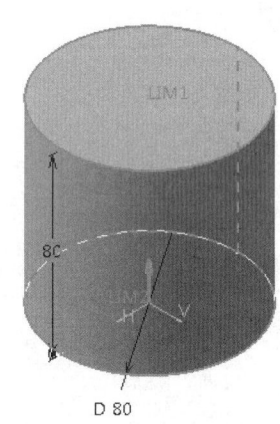
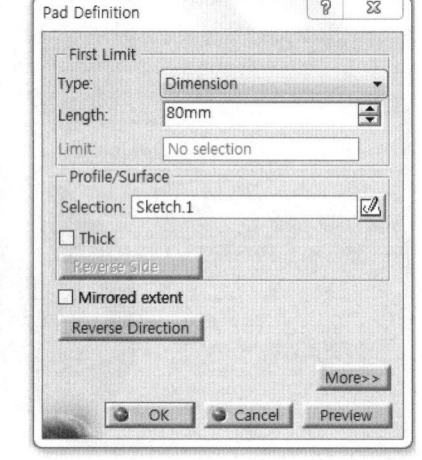

4) 스케치를 실행하고 Pad.1 객체의 윗면을 선택하여 다음과 같이 스케치를 한다.

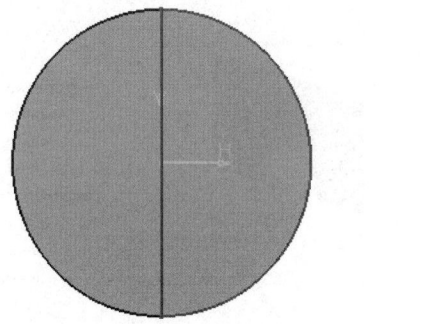

5) Pocket을 실행하고 30mm 돌출 컷을 한다.

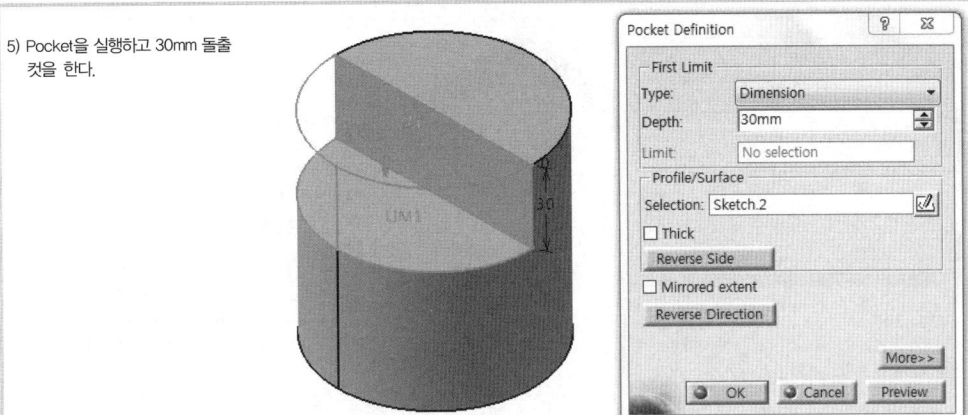

6) [Start]-[Shape]-[Generative Shape Design]을 선택한다.

7) Extract를 실행하고 Solid 객체에서 Surface를 추출한다. 밑면만 빼고 나머지 부분도 모두 추출한다.

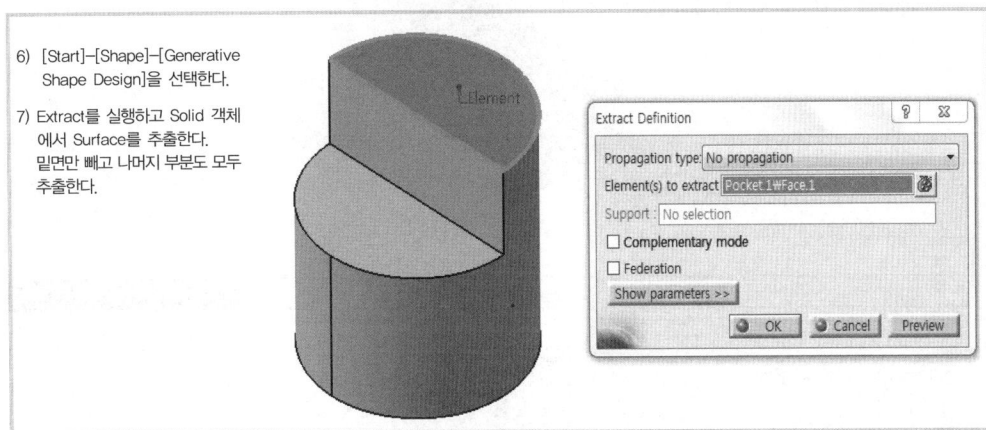

■ Extract로 추출한 결과

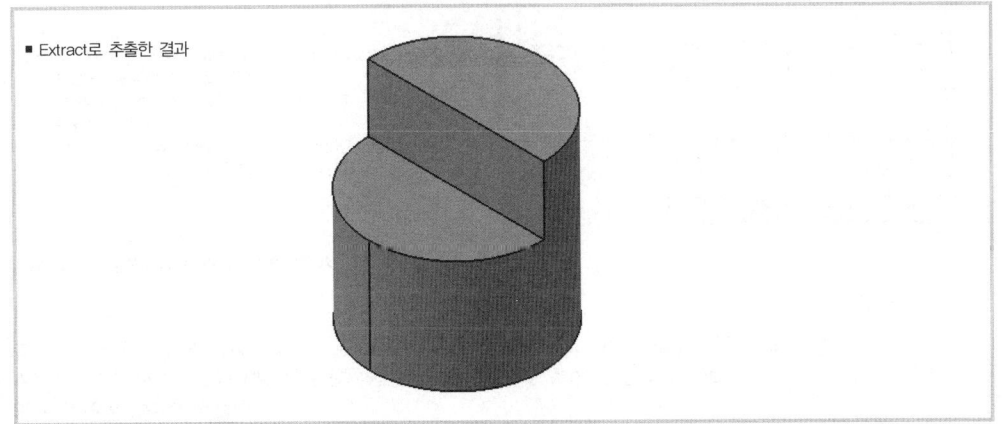

8) Join으로 추출한 Surface를 모두 결합한다.

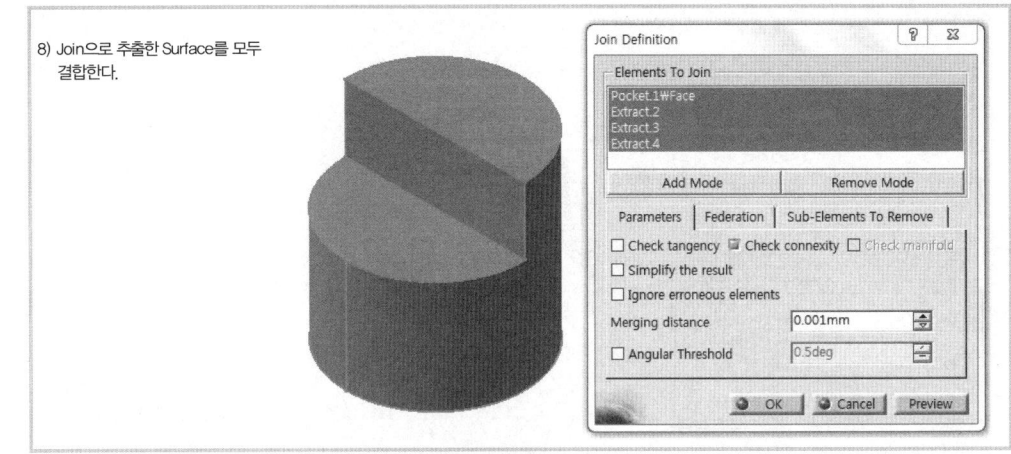

9) Rough Offset을 실행하고 Join.1을 선택하여 다음과 같이 지정하여 오프셋을 한다.

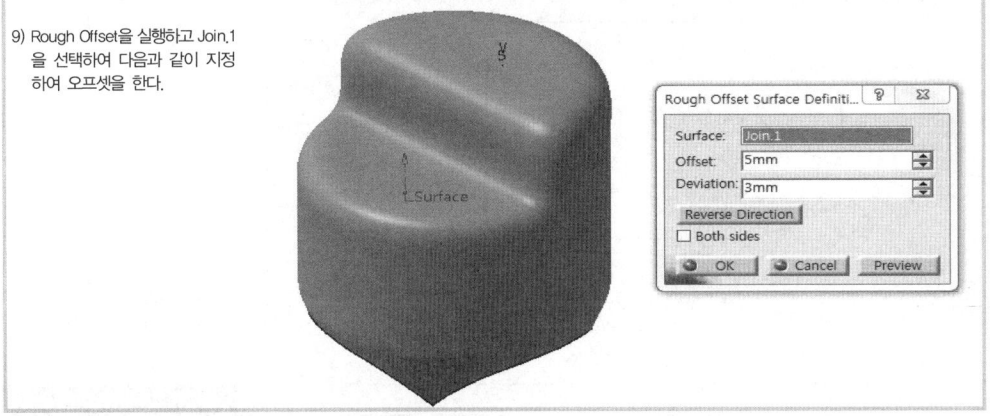

■ Extract 결과

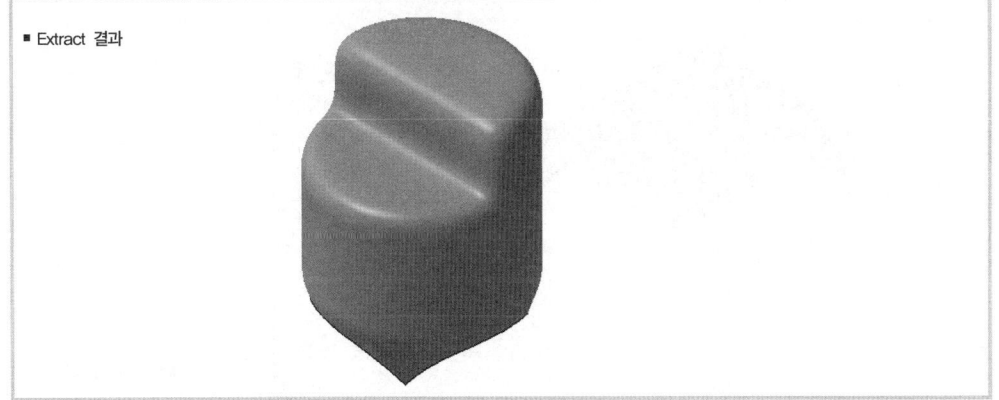

3. Multiple Extract

Multiple Extract : 선택한 대상에서 동시에 여러 개의 요소를 같이 추출할 수 있다.
복수 선택으로 대상을 선택하면 선택된 대상이 Join으로 결합되고, 비연속적인 부분 선택이 가능하다.

• Multiple Extract Definition

- **Propagation Type**
  - Curvature Continuity : 곡률부분이 추출된다.
  - Point Continuity : 현재 선택한 모서리와 이어져 있는 모든 모서리가 추출된다.
  - Tangent Continuity : 현재 선택한 모서리와 Tangent하게 접하고 있는 모서리까지 추출된다.
  - No propagation : 현재 선택한 것만 추출된다.

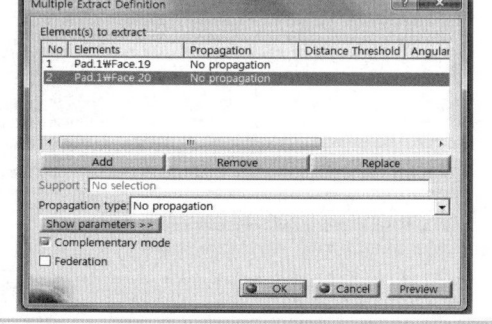

Multiple Extract 실습 1

1) 다음과 같은 Solid 객체를 준비 한다.

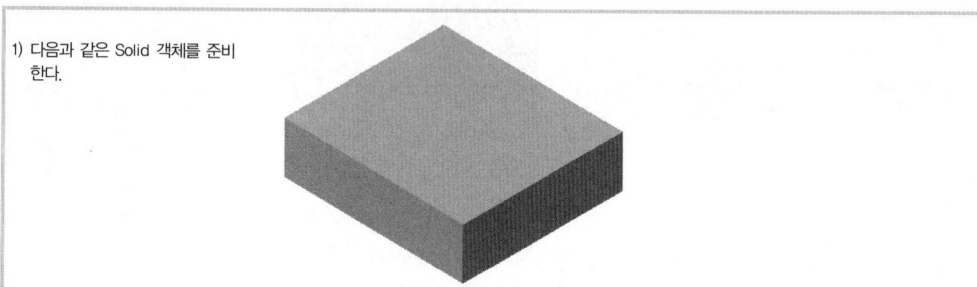

2) Multiple Extract( )을 실행 하고 Element to extract : 곡면 을 선택하면 그 선택된 면만 제 외하고 Extract 된다.

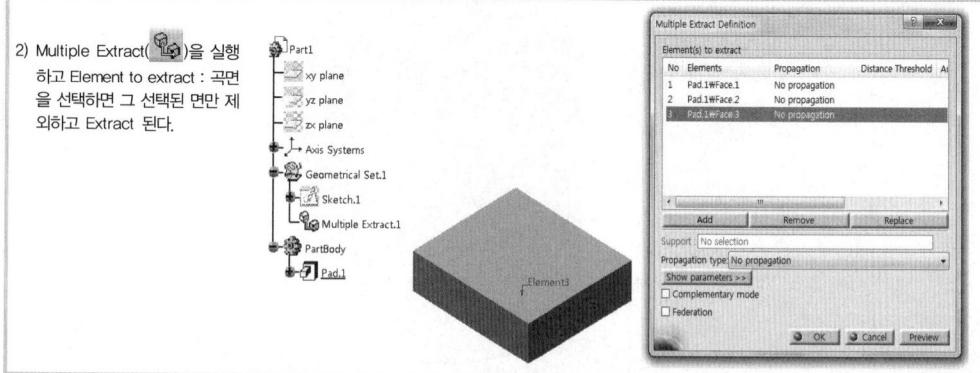

■ Multiple Extract 결과

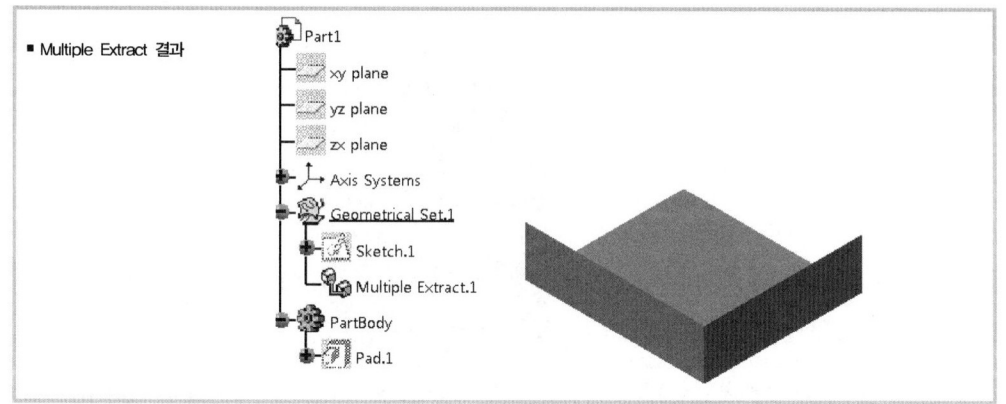

Multiple Extract 실습 2

1) 스케치를 실행하고 XY Plane을 선택하여 다음과 같이 스케치를 한다.

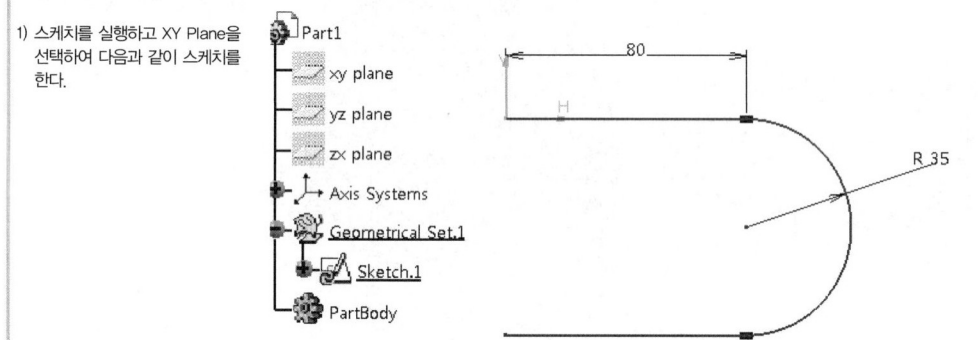

2) Extrude를 실행하고 40mm 돌출을 한다.

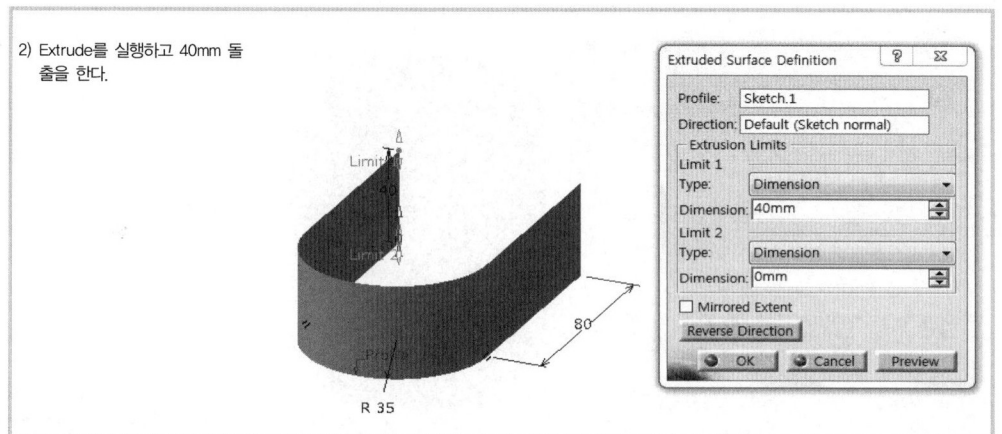

3) 스케치를 실행하고 Extrude.1 객체의 우측면을 선택하여 다음과 같이 원을 스케치를 한다.

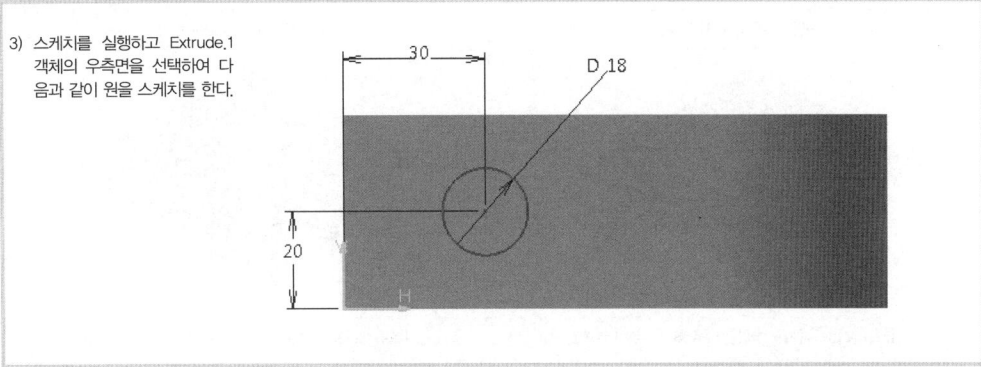

4) Extrude를 실행하고 Up to element 선택하여 반대편 면을 선택하여 돌출을 한다.

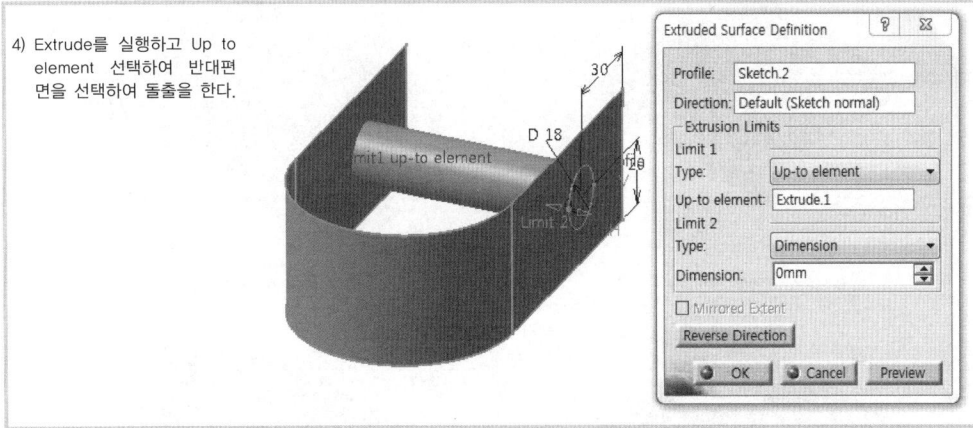

5) Multiple Extract( )을 실행하고 Element to extract : 곡면을 선택하면 그 곡면이 Extract 된다.

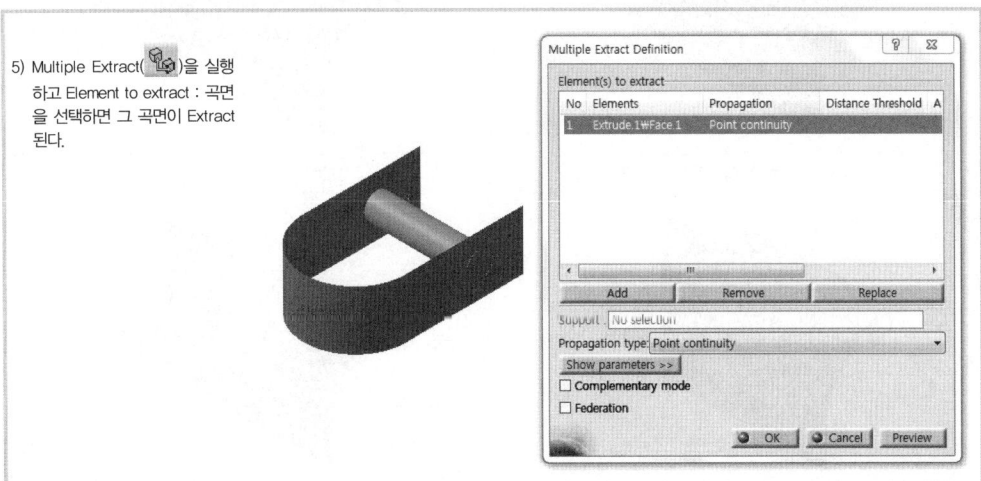

■ Multiple Extract 결과 Surface를 숨겨본다.

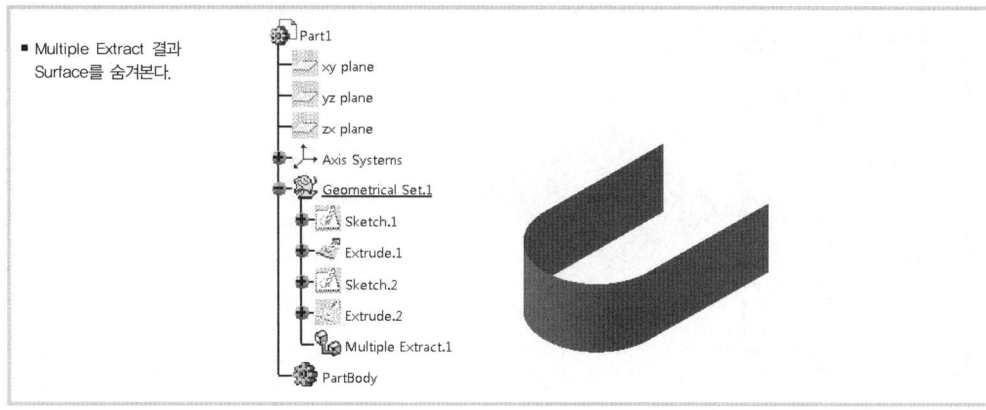

Fillets Toolbar

1. Shape Fillet( )

Shape Fillet : 두 개 또는 세 개의 Surface 사이에 Fillet을 수행하는 명령으로 서로 합쳐지지 않은 Surface들 간의 Fillet을 한다.

• Shape Fillet( ) Definition

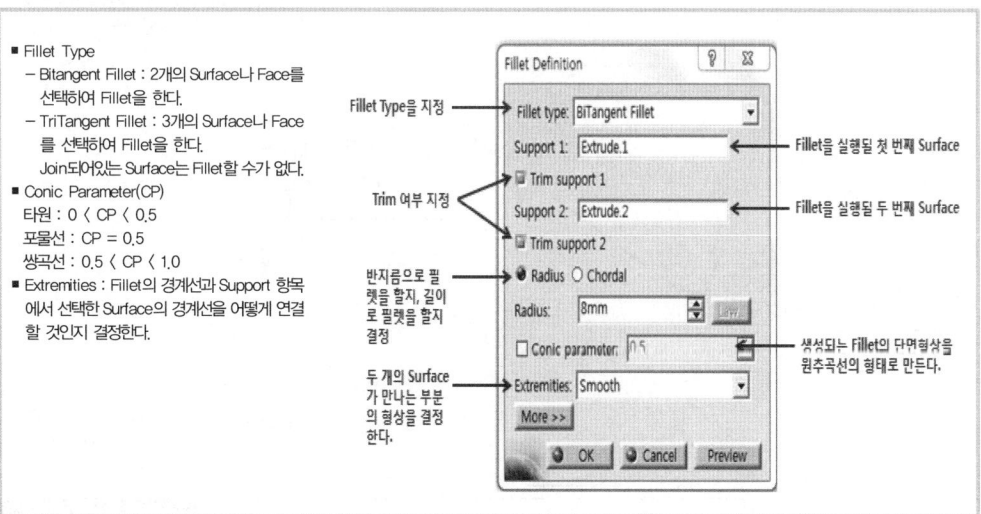

- Fillet Type
  - Bitangent Fillet : 2개의 Surface나 Face를 선택하여 Fillet을 한다.
  - TriTangent Fillet : 3개의 Surface나 Face를 선택하여 Fillet을 한다.
    Join되어있는 Surface는 Fillet할 수가 없다.
- Conic Parameter(CP)
  타원 : 0 < CP < 0.5
  포물선 : CP = 0.5
  쌍곡선 : 0.5 < CP < 1.0
- Extremities : Fillet의 경계선과 Support 항목에서 선택한 Surface의 경계선을 어떻게 연결할 것인지 결정한다.

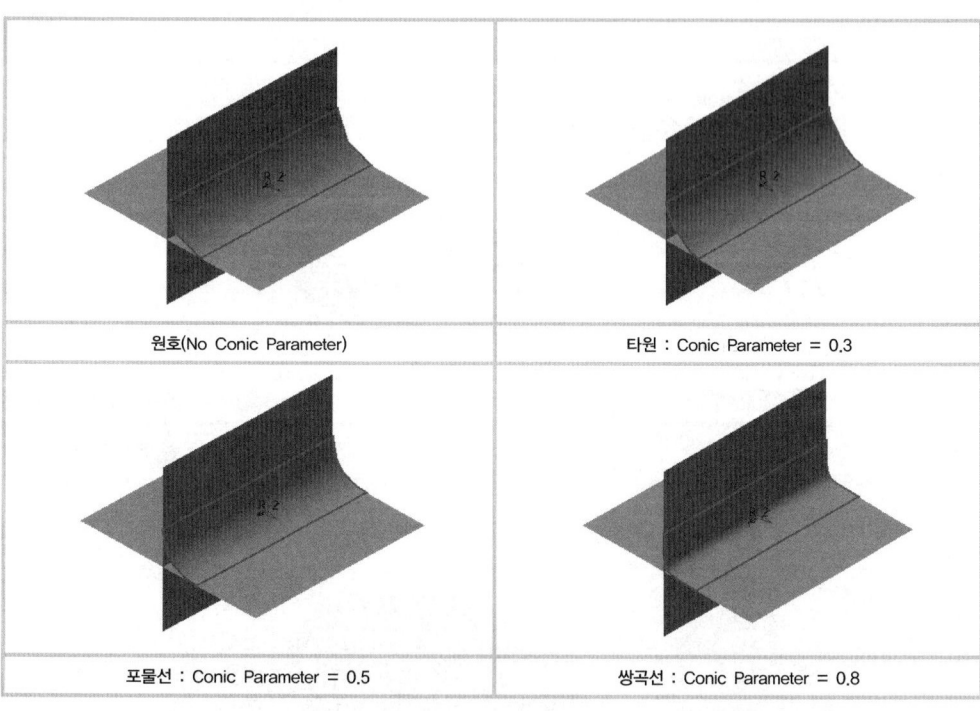

| 원호(No Conic Parameter) | 타원 : Conic Parameter = 0.3 |
| 포물선 : Conic Parameter = 0.5 | 쌍곡선 : Conic Parameter = 0.8 |

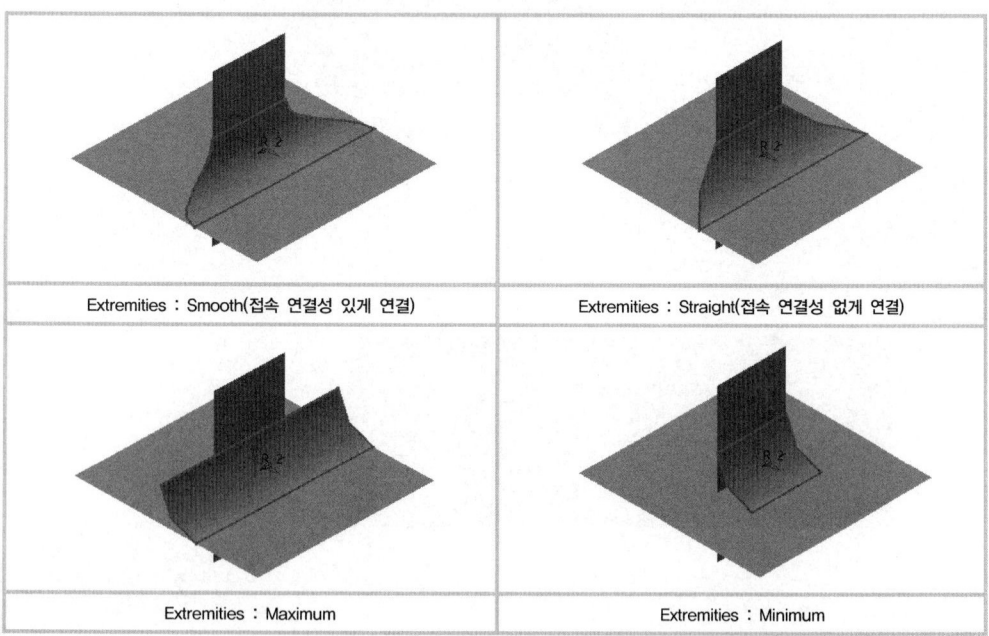

| Extremities : Smooth(접속 연결성 있게 연결) | Extremities : Straight(접속 연결성 없게 연결) |
| Extremities : Maximum | Extremities : Minimum |

Shape Fillet 실습 1

1) 스케치를 실행하고 YZ Plane을 선택하여 다음과 같이 스케치 한다.

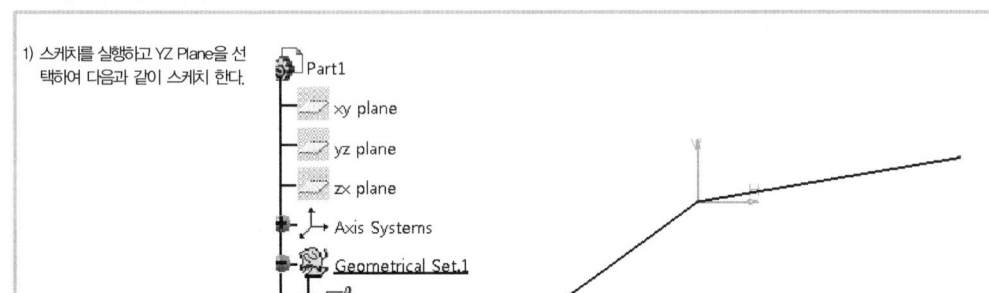

2) 스케치를 실행하고 YZ Plane을 선택하여 다음과 같이 스케치를 한다.

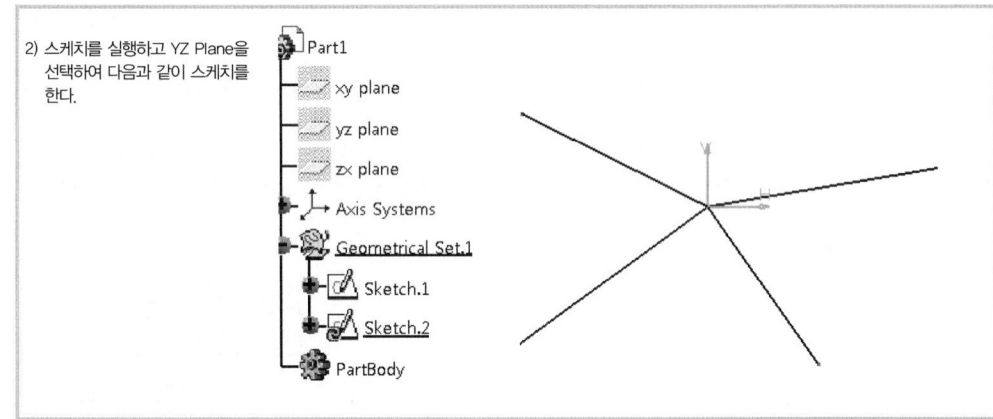

3) Extrude를 실행하고 50mm, Mirrored extent를 지정하여 돌출을 한다.

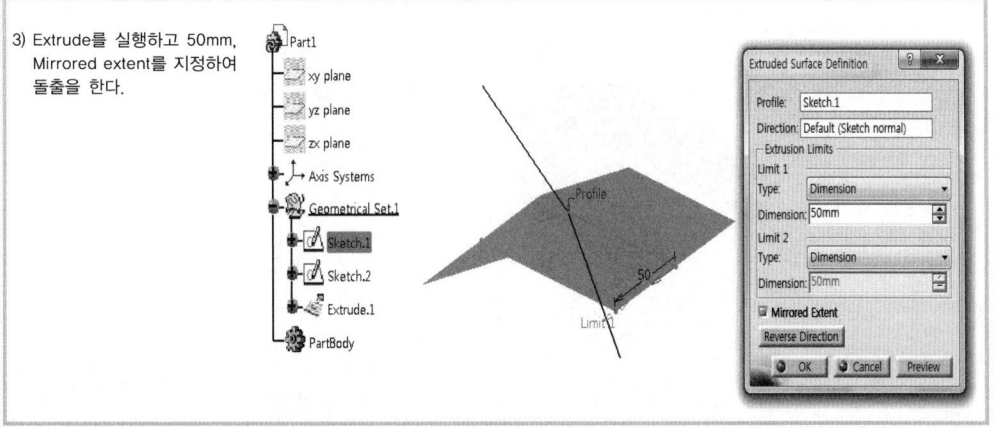

4) Extrude를 실행하고 50mm, Mirrored extent를 지정하여 돌출을 한다.

5) Shape Fillet을 실행하고 Fillet type : BiTangent Fillet을 지정, 돌출 곡면을 차례대로 선택, Radius : 5mm 지정한다. 화살표 방향을 변경하여 다른 선택도 가능하다.

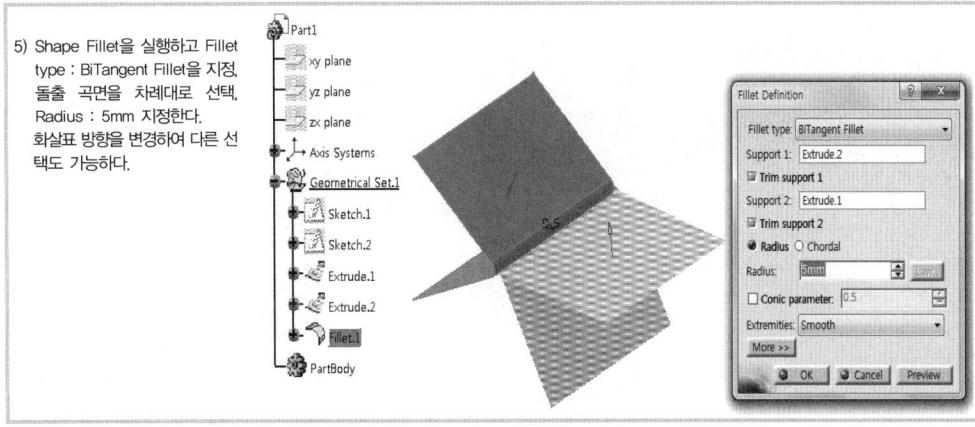

■ Shape Fillet 결과

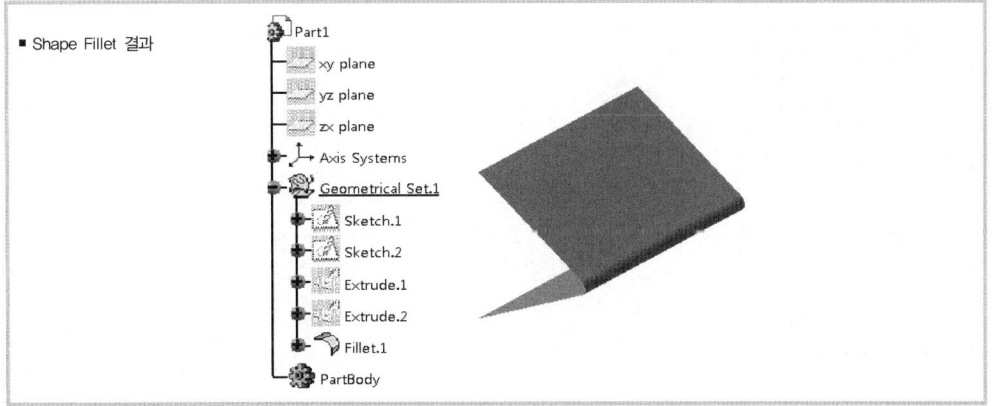

Shape Fillet 실습 2

1) 스케치를 실행하고 YZ Plane을 선택하여 다음과 같이 스케치를 한다.

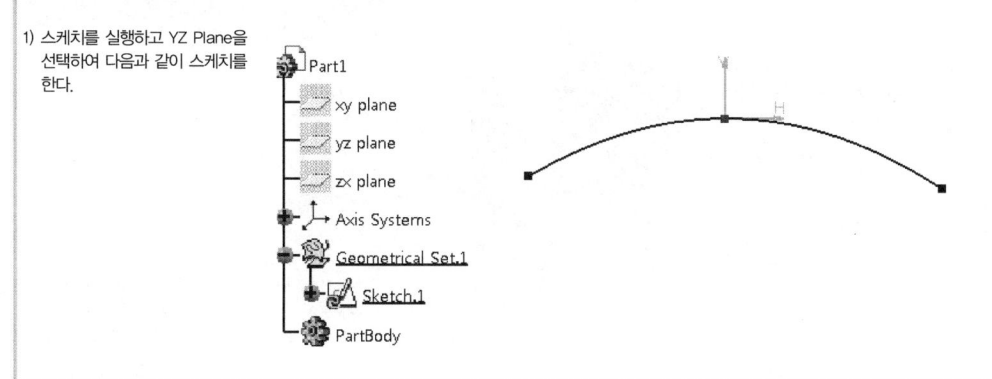

2) 스케치를 실행하고 YZ Plane을 선택하여 다음과 같이 스케치를 한다.

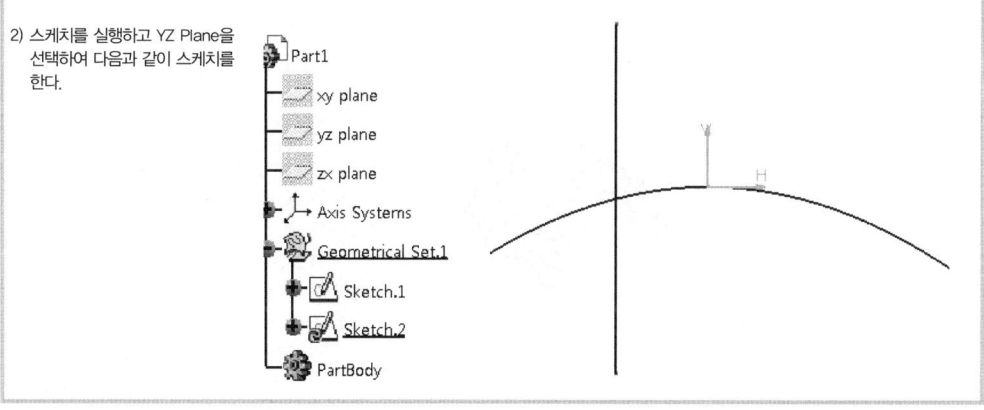

3) 스케치를 실행하고 YZ Plane을 선택하여 다음과 같이 스케치를 한다.

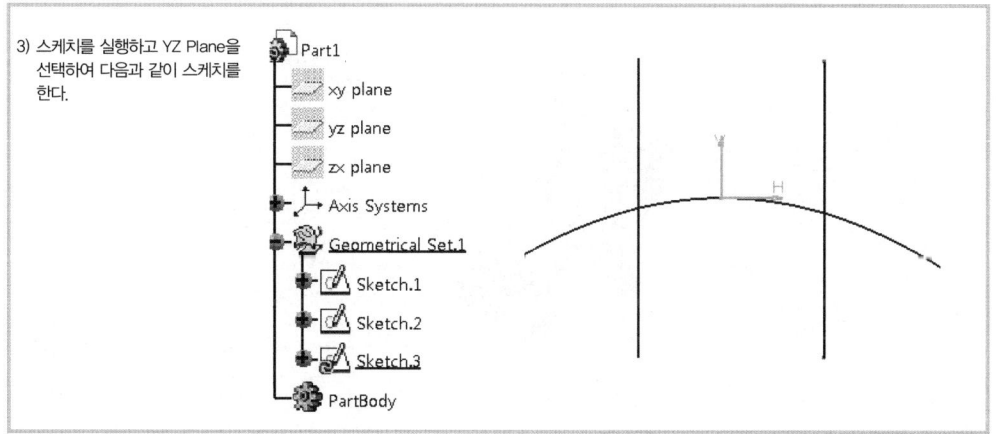

4) Extrude를 실행하고 35mm, Mirrored extent를 지정하여 돌출을 한다.

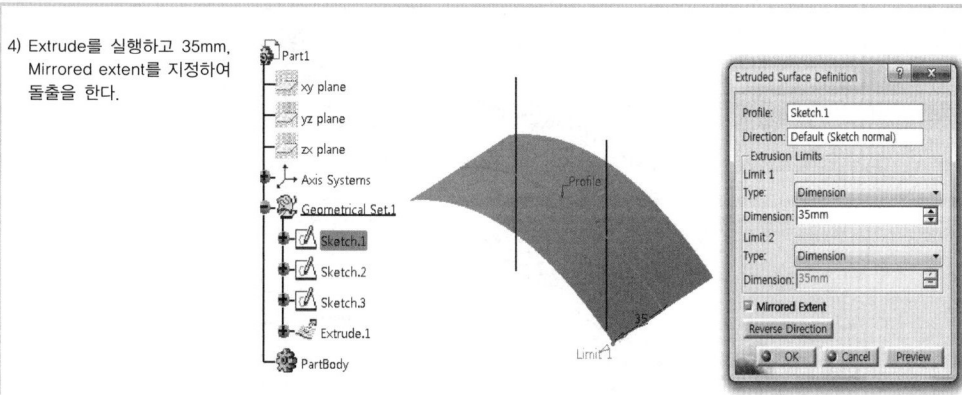

5) Extrude를 실행하고 35mm, Mirrored extent를 지정하여 돌출을 한다.

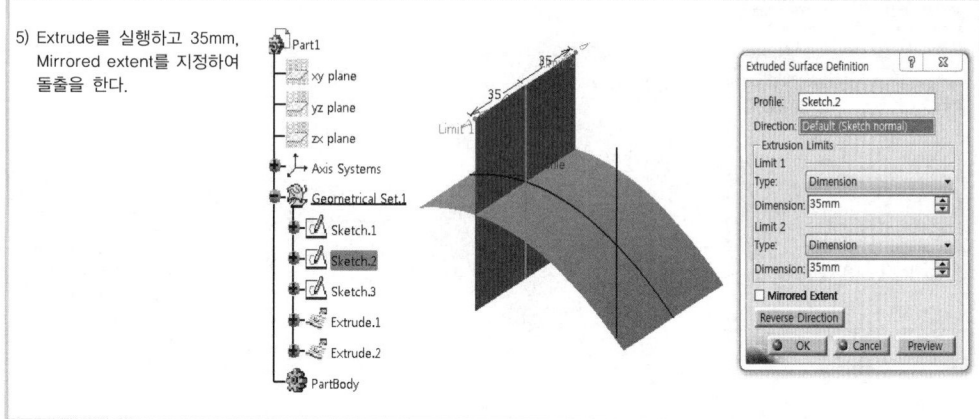

6) Extrude를 실행하고 35mm, Mirrored extent를 지정하여 돌출을 한다.

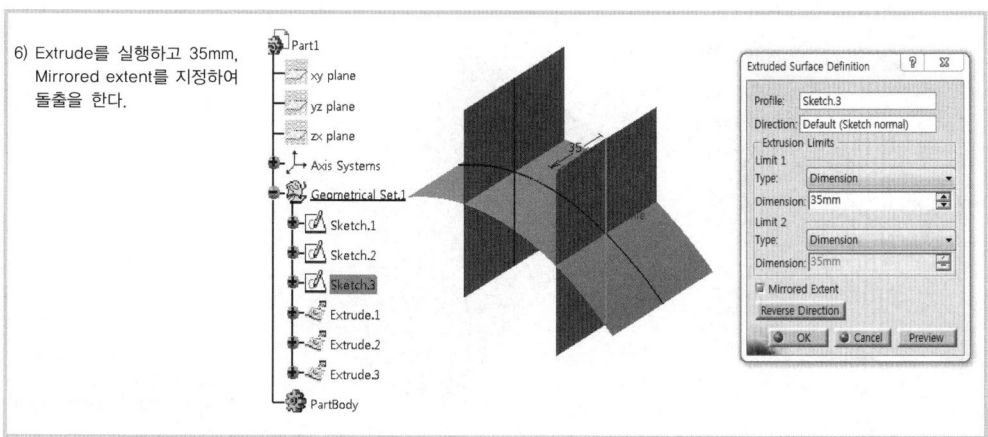

7) Shape Fillet을 실행하고 Fillet type : TriTangent Fillet을 지정, 돌출 곡면을 차례대로 선택한다.

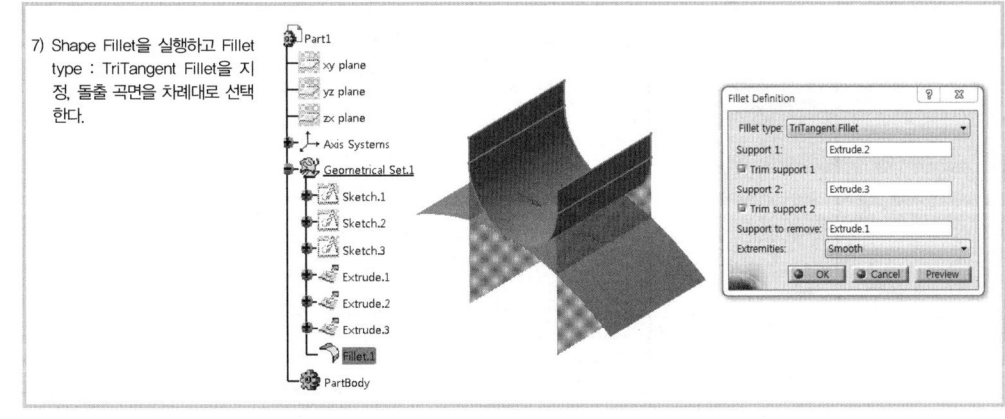

■ Shape Fillet 결과
Extrude.1을 숨긴다.

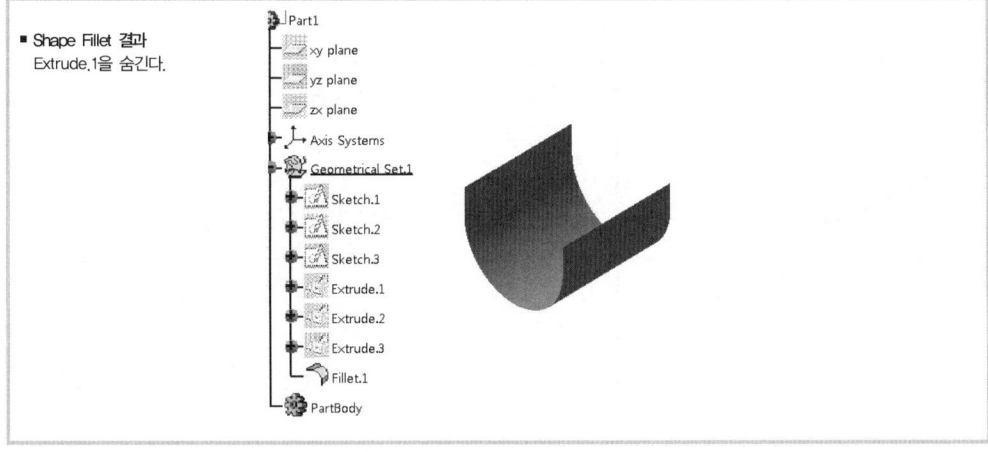

8) Spec Tree에서 Shape Fillet.1을 더블클릭하여 실행하고 화살표 방향을 바꾼다.

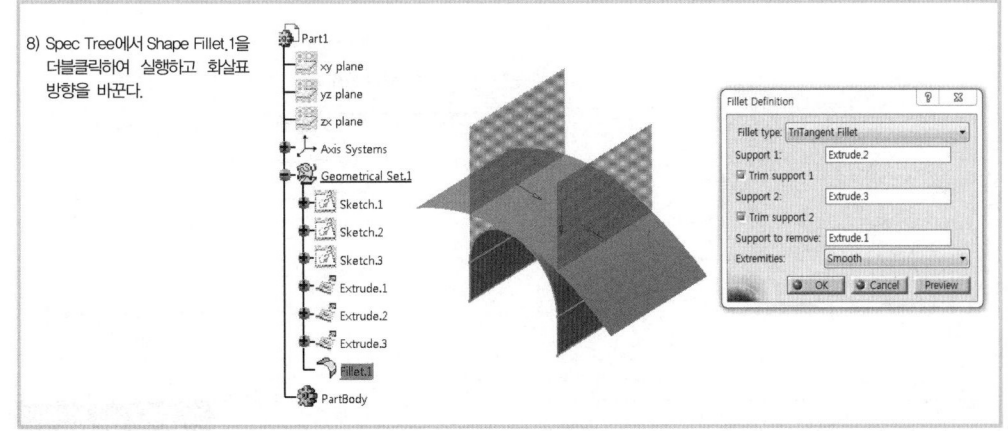

■ Shape Fillet 결과
Extrude.1을 숨긴다.

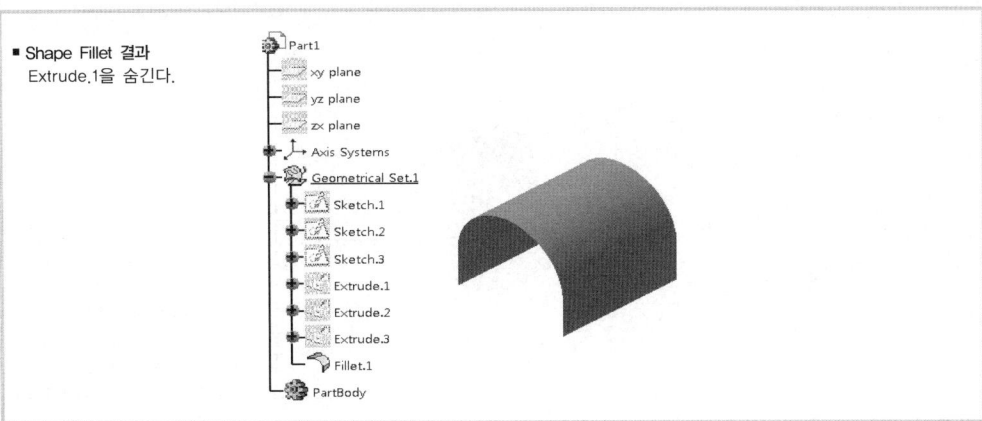

Shape Fillet 실습 3

1) Geometrical Set 위에서 마우스 오른쪽 버튼을 눌러 [Properties]-[Feature Properties]에서 Feature Name : GSD Design으로 지정한다.
2) Circle을 실행하고 Center : 원점을 선택, Support : XY Plane을 선택, Radius : 20mm를 지정한다.

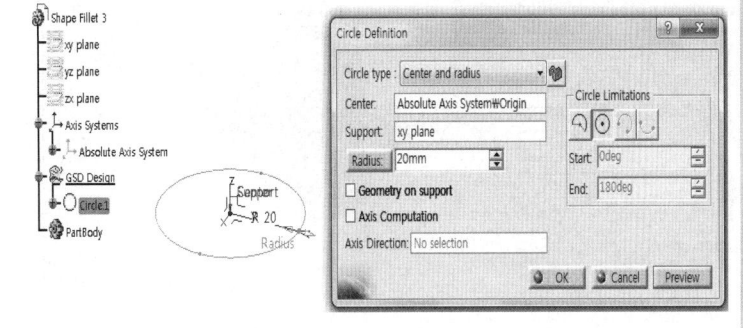

3) 스케치를 실행하고 ZX Plane을 선택하여 다음과 같이 스케치를 한다.

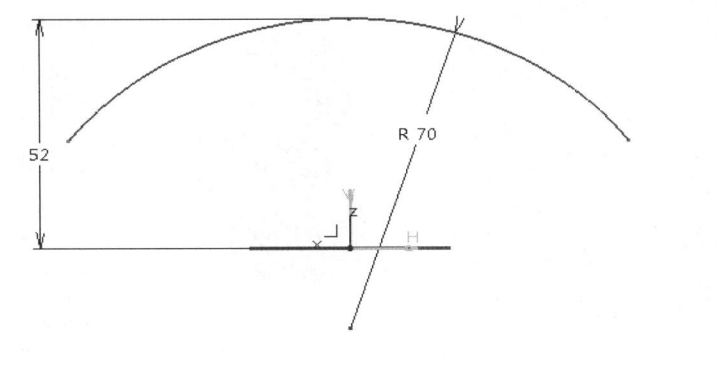

4) Spec Tree에서 Circle.1과 Sketch.1을 선택하고 [Insert]-[Geometrical Set]을 선택한다. Name : Sketch & Curves로 지정한다.

5) [Insert]-[Geometrical Set]을 선택한다. Name : Surfaces로 지정한다.
6) Extrude를 실행하고 30mm, Mirrored Extent를 지정하여 돌출을 한다.

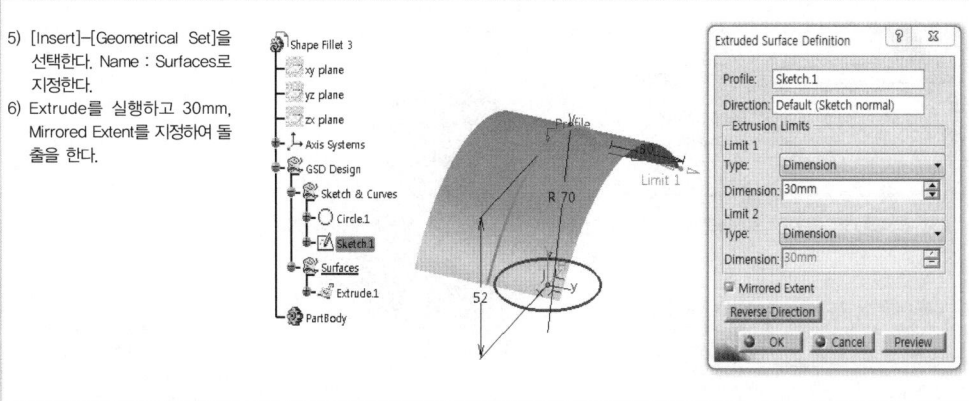

7) Sweep을 실행하고 Circle Curve : Circle.1을 선택, Draft Direction : Z Component, Draft Angle : 6deg, Length 1 : 70mm로 지정한다.

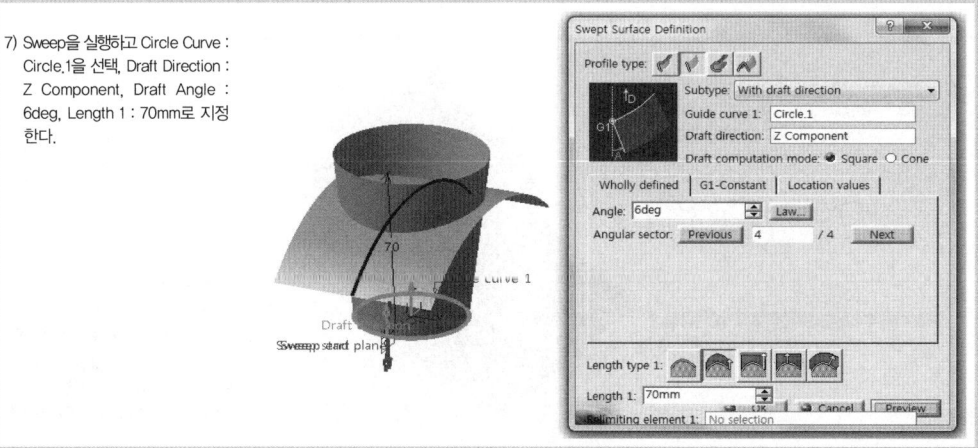

8) Shape Fillet을 실행하고 Support 1 : Sweep.1, Support 2 : XY Plane, Radius : 3mm 지정한다.
   - Trim support 체크 : Surface를 잘라낸다.

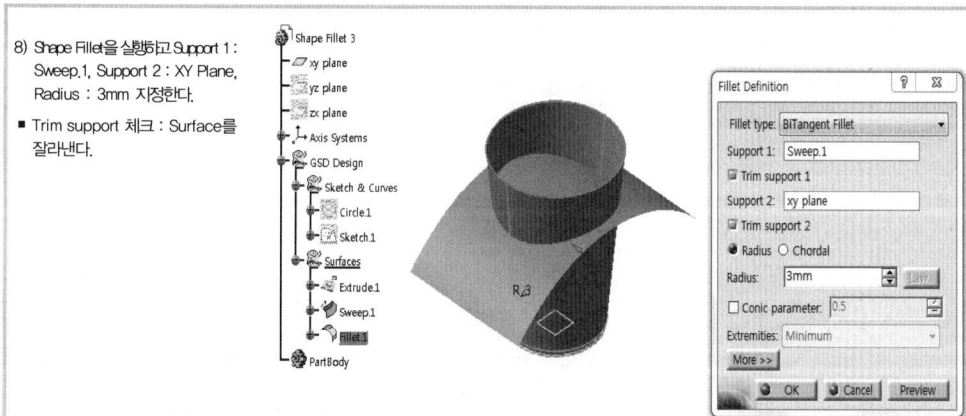

9) Shape Fillet을 실행하고 Support 1 : Fillet.1, Support 2 : Extrude.1, Radius : 4mm 지정한다.
   - 화살표 방향이 중요하다.

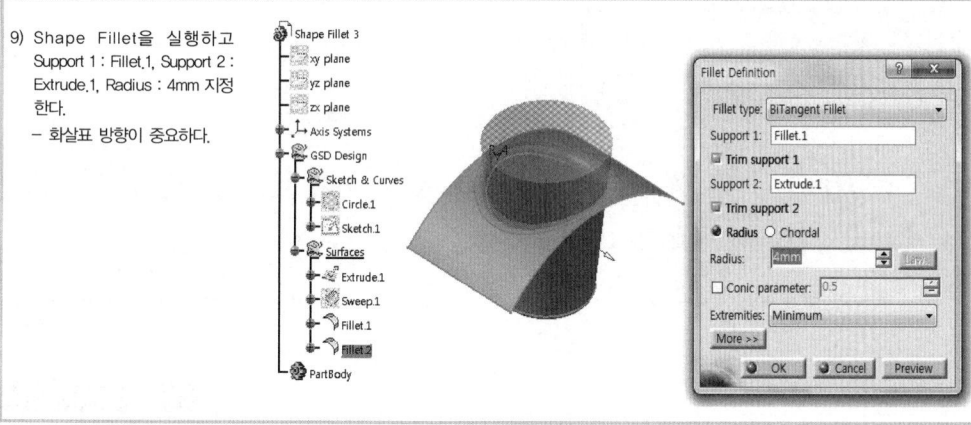

10) Sketch & Curves 위에서 마우스 우측 버튼을 눌러 [Define in work Object]를 선택한다.
11) Circle을 실행하고 Center : 원점을 선택, Support : XY Plane을 선택, Radius : 6mm를 지정한다.

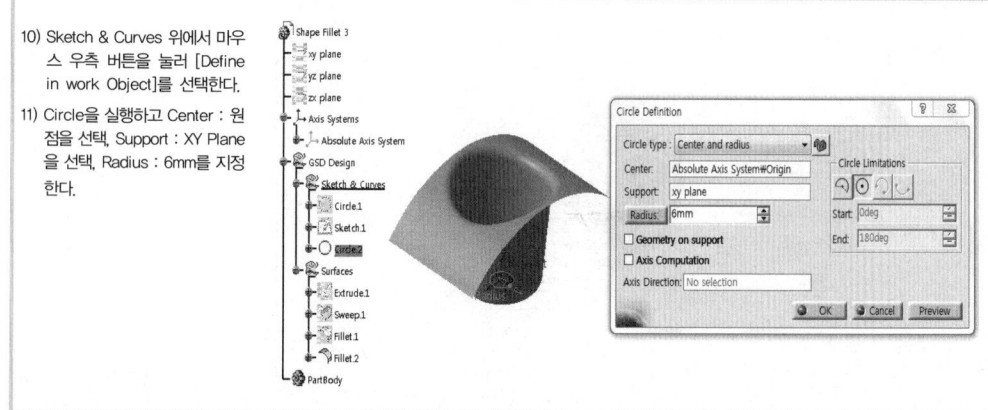

12) Surfaces 위에서 마우스 우측 버튼을 눌러 [Define in work Object]를 선택한다.
13) Split을 실행하고 Element to Cut : Fillet 객체를 선택, Cutting elements : Circle.2를 선택한다.

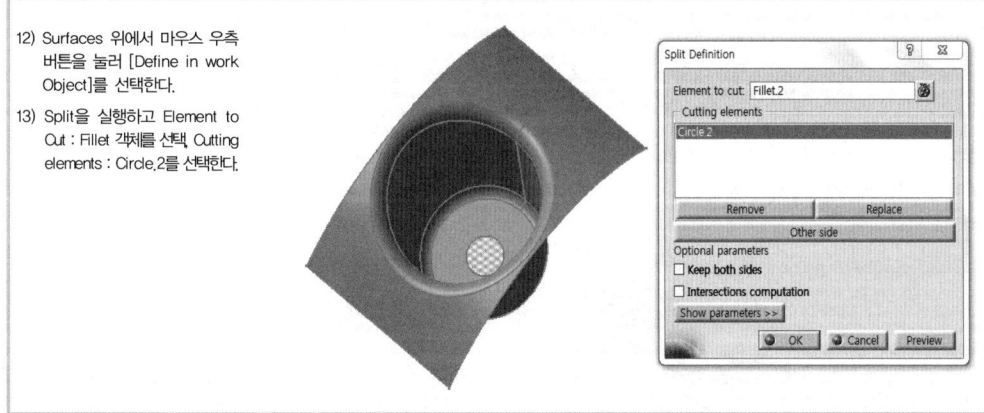

14) Split을 실행하고 Element to Cut : Split.1 객체를 선택, Cutting elements : Split.1 객체의 모서리를 선택한다.

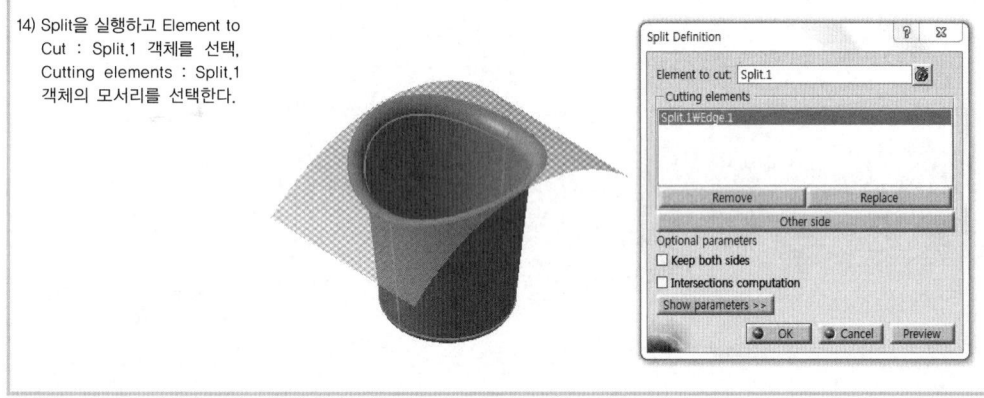

- Surface 완성 결과

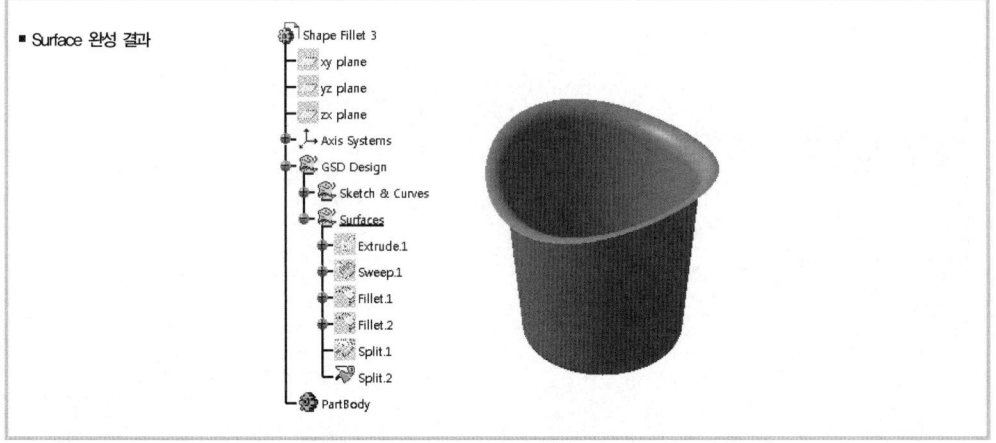

15) [Start]-[Mechanical Design]-[Part Design]을 선택한다.

16) Thick Surface를 실행하고 두께 : 2mm를 지정하여 Solid로 전환한다.

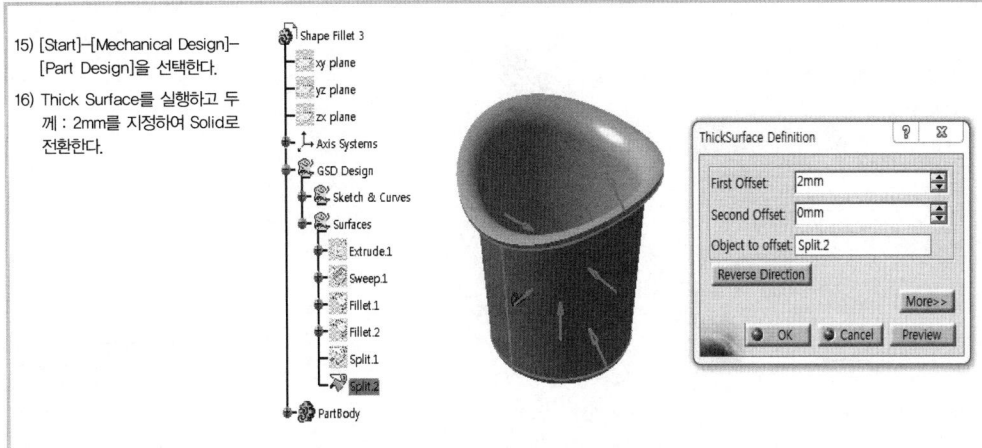

■ 완성 결과

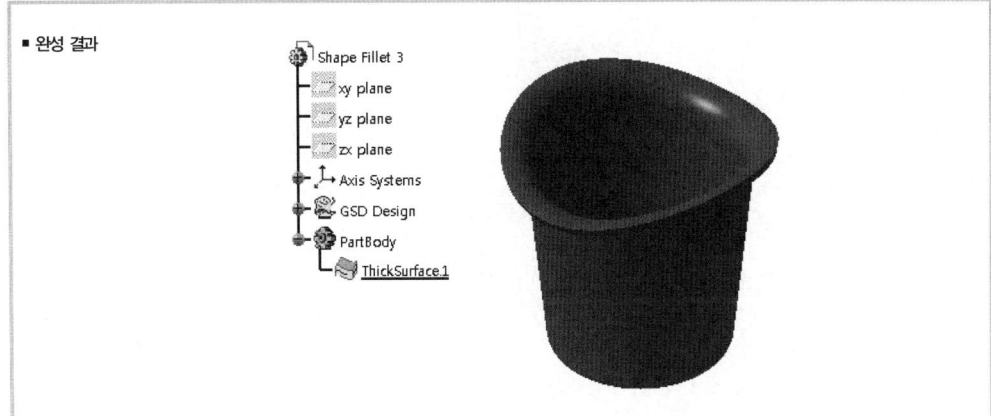

2. Edge Fillet( )

Edge Fillet : Surface의 모서리를 Fillet하는 명령으로 하나로 묶여있는 형상들의 모서리를 둥글게 라운드 처리하는데 사용한다.

Edge Fillet을 사용하기 위해서는 우선 하나의 곡면으로 만들어진 형상인지 확인하거나 Join으로 이웃하는 Surface들을 묶어준 후에 작업해야 한다.

• Edge Fillet( ) Definition

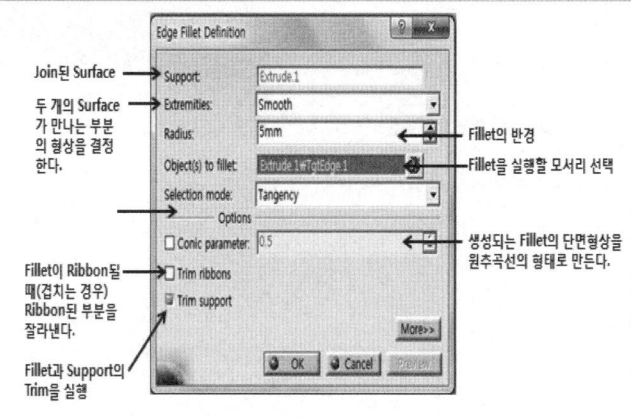

- Selection Mode : Propagation의 방법을 지정한다.
  - Tangency : Object to Fillet에서 선택된 Internal Edge가 접선으로 연결되어 있다면 연결된 모든 Internal Edge에 Fillet이 생성된다.
  - Minimal : 첫 번째 선택한 Edge에 대해서만 Fillet을 생성한다.
  - Intersection : 서로 교차하고 있는 Edge에 대하여 Fillet을 형성한다.
- Edge(s) to keep : Fillet의 크기를 제한하는 edge를 선택할 수 있게 하는 항목이다. 임의의 Edge나 선택되지 않고 Sharp Edge에 한하여 선택된다.
  Sharp Edge : Join Surface에서 두 Surface의 각도가 0.5° 또는 179.5°를 초과하는 각도를 가지고 만나는 곳에 생성되는 Edge이다.

■ Trim ribbons
생성되는 Fillet이 서로 겹쳐진 곳을 Ribbon이라고 하며, 기본적으로 Ribbon이 발생되면 Fillet 형상이 아주 복잡하고 이상하게 되거나 생성할 수 없을 수도 있다.
이것을 체크하면 Ribbon 부분을 Trim시켜 Fillet을 생성해 준다.

■ Trim Support
체크하면 Fillet이 실행된 이후 Fillet과 원본이 만나는 곳에서 원본을 Trim하여 그 결과를 나타낸다.
체크하지 않으면 원본이 Trim되지 않고 그대로 남아있게 된다.

■ Limiting element(s)
Fillet이 Propagation될 때 지정한 element까지만 Propagation되도록 제한하는 기능이다. 제한 객체로 Plane을 사용할 수 있다.

■ Blend Corner(s)와 Setback distance
Fillet을 생성 위하여 여러 개의 edge를 선택할 경우 어떤 한 Vertex를 중심으로 Fillet의 형상이 복잡하게 생성될 수 있다.
이렇게 생성된 Fillet을 그대로 사용할 수도 있지만 CAM 작업 등을 할 경우 너무 복잡한 형상으로 인하여 작업이 불가능할 수도 있다.
이때 Blend Corner를 지정하고 그 지정된 곳에 Setback Distance 값을 사용자가 직접 조절하여 복잡하던 Fillet의 형상을 수정할 수 있다.
Blend Corner 항목은 Setback distance 값이 기준이 되는 Point나 Vertex를 선택하는 곳이며, 필요에 따라서는 Vertex나 Point를 생성하여 사용할 수도 있다.

Edge Fillet 실습 1

1) 스케치를 실행하고 YZ Plane을 선택하여 다음과 같이 스케치를 한다.

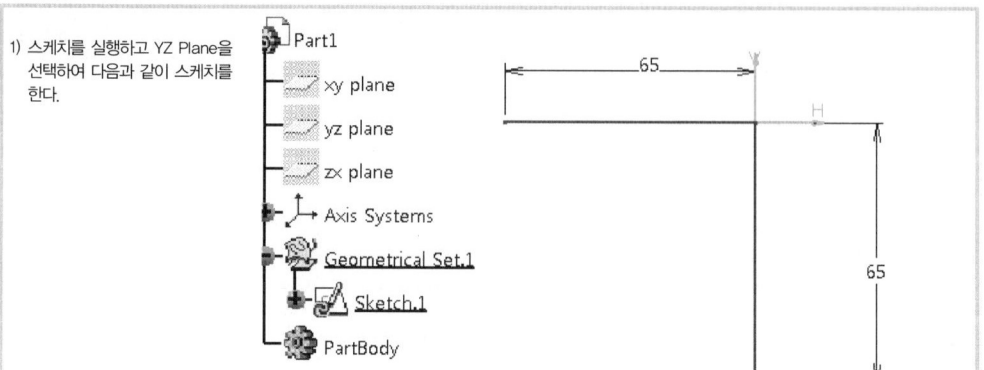

2) Extrude를 실행하고 80mm 돌출을 한다.

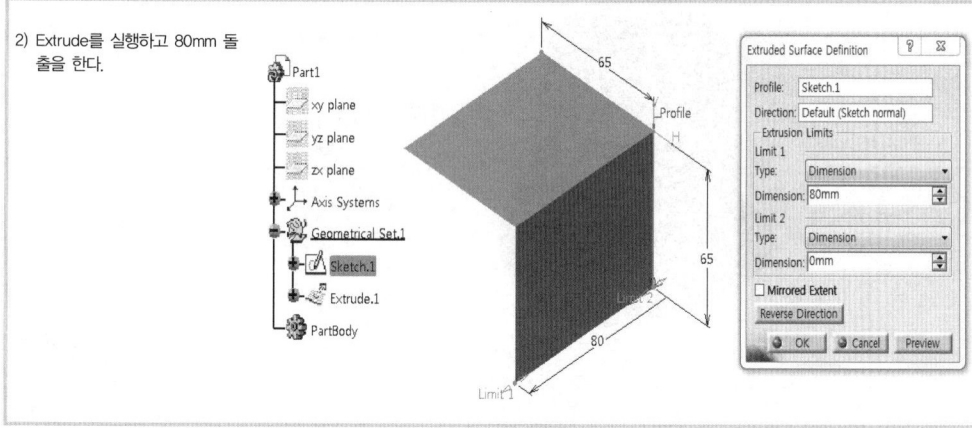

3) Edge Fillet을 실행하고 반경: 10mm로 필렛을 한다.

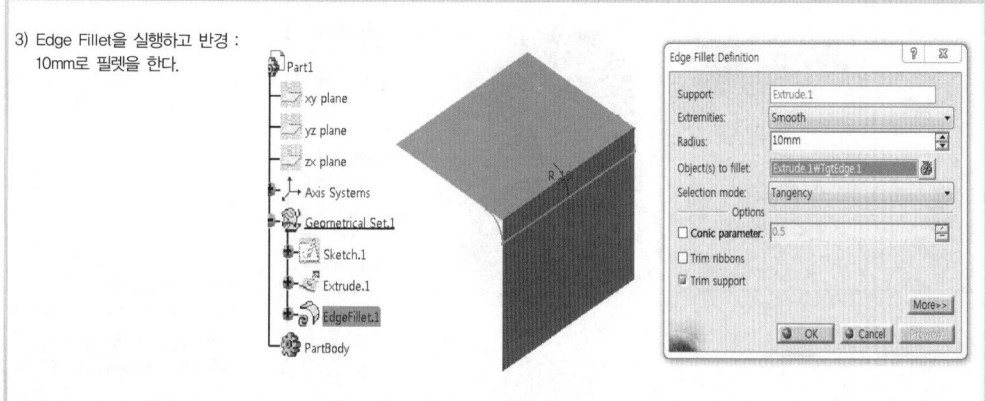

■ Edge Fillet 결과

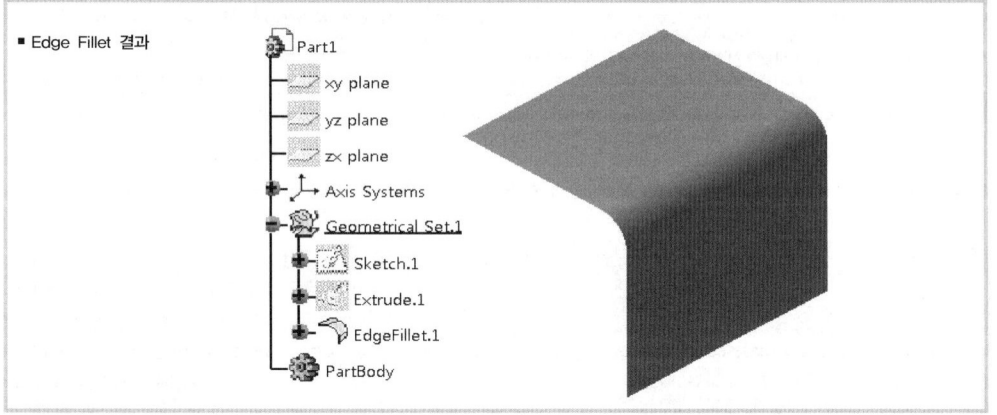

Edge Fillet 실습 2

1) 스케치를 실행하고 XY Plane을 선택하여 다음과 같이 스케치를 한다.

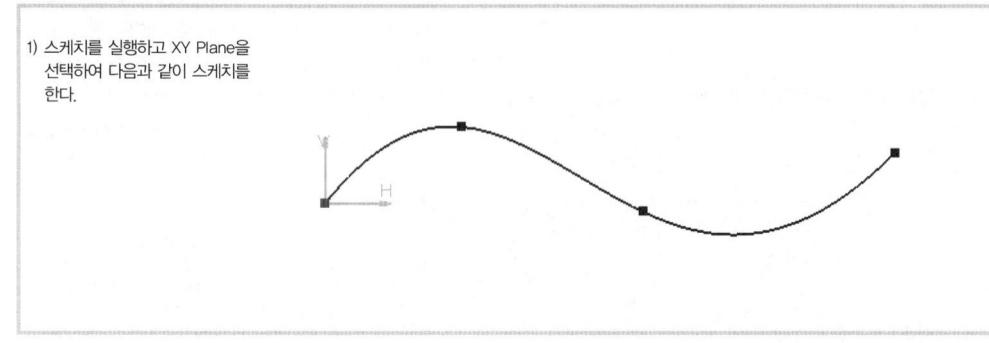

2) Extrude를 실행하고 50mm 돌출을 한다.

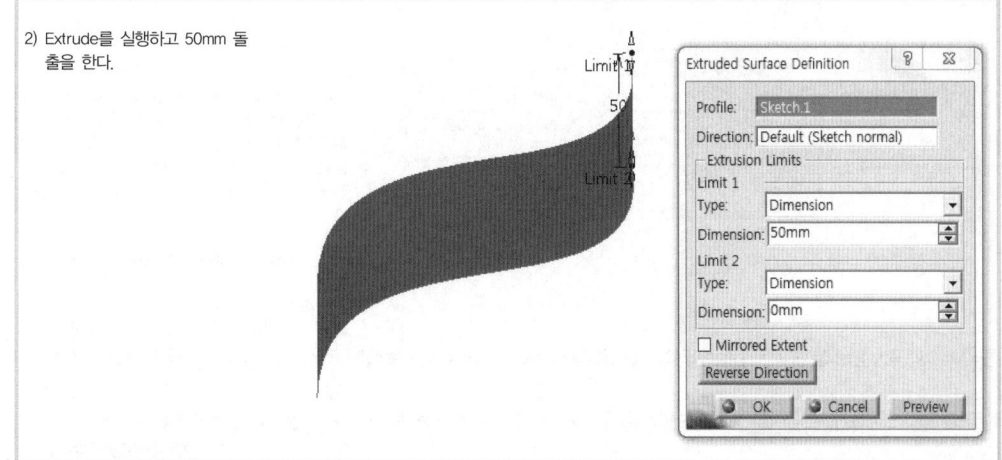

3) Extrude를 실행하고 50mm 돌출을 한다.

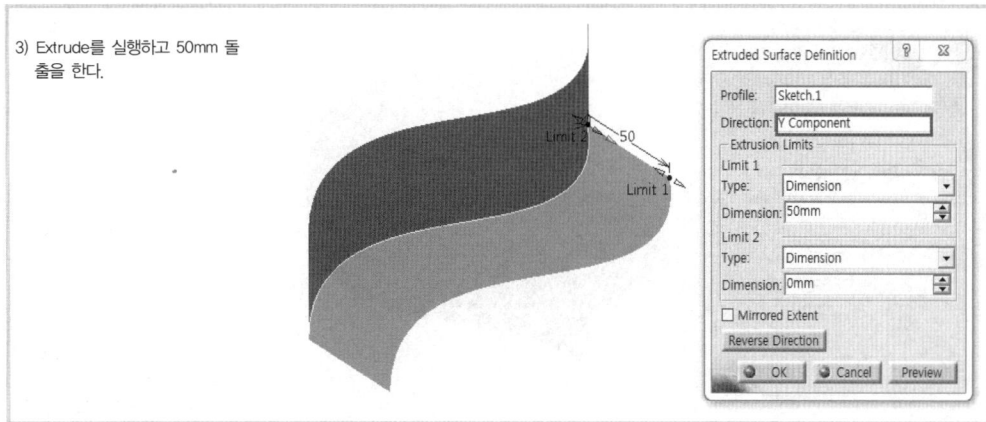

4) Join을 실행하고 두 개의 Surface를 선택하여 결합을 한다.

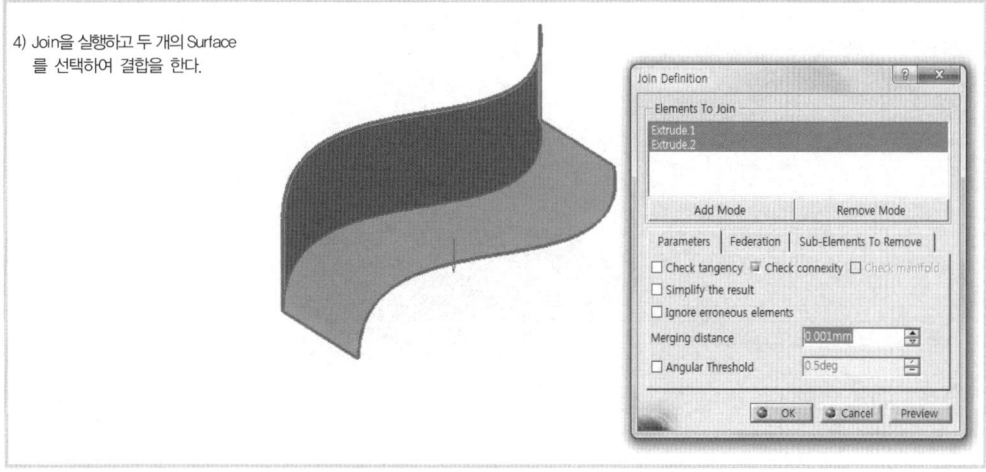

5) Edge Fillet을 실행하고 반경: 15mm로 필렛을 한다.

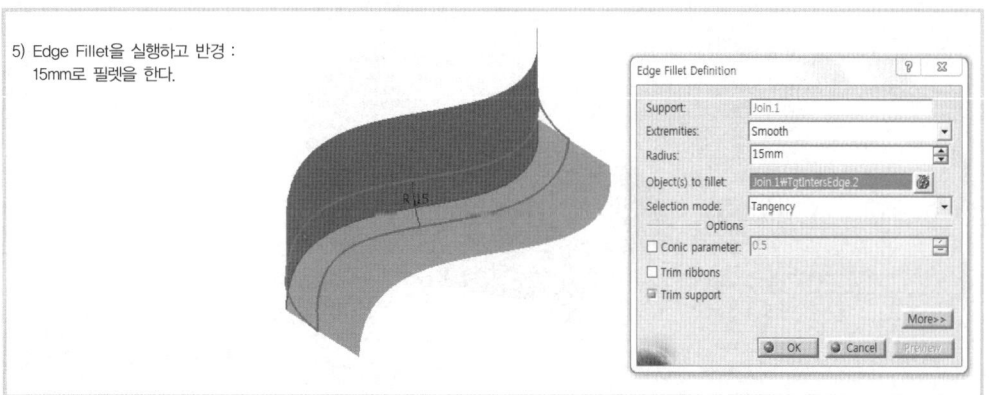

■ Edge Fillet 결과

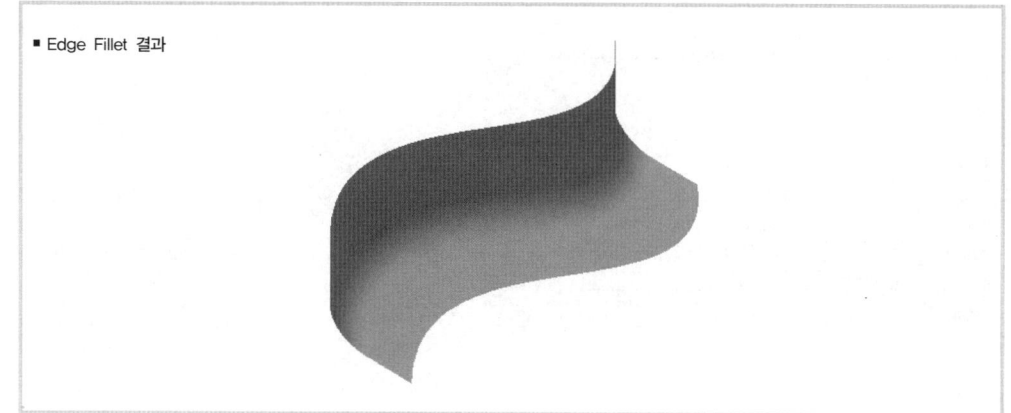

Edge Fillet 실습 3

1) 스케치를 실행하고 XY Plane을 선택하여 다음과 같이 스케치를 한다.

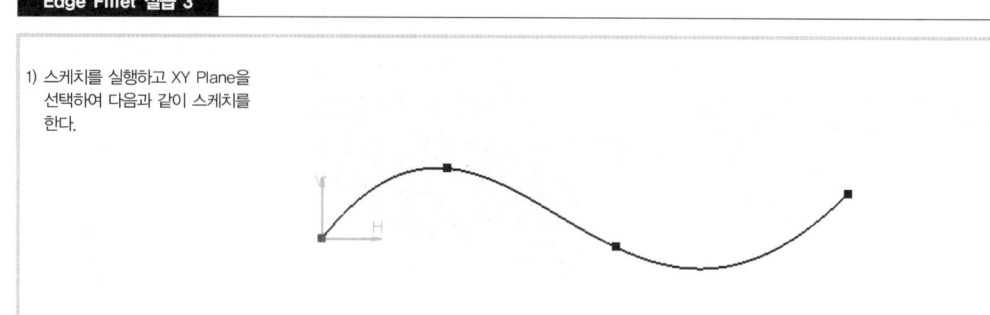

2) Extrude를 실행하고 50mm 돌출을 한다.

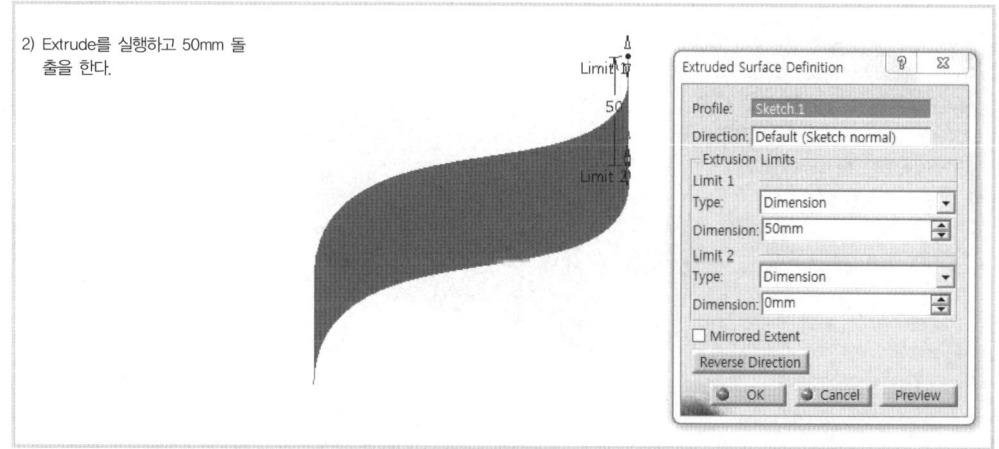

3) Extrude를 실행하고 50mm 돌출을 한다.

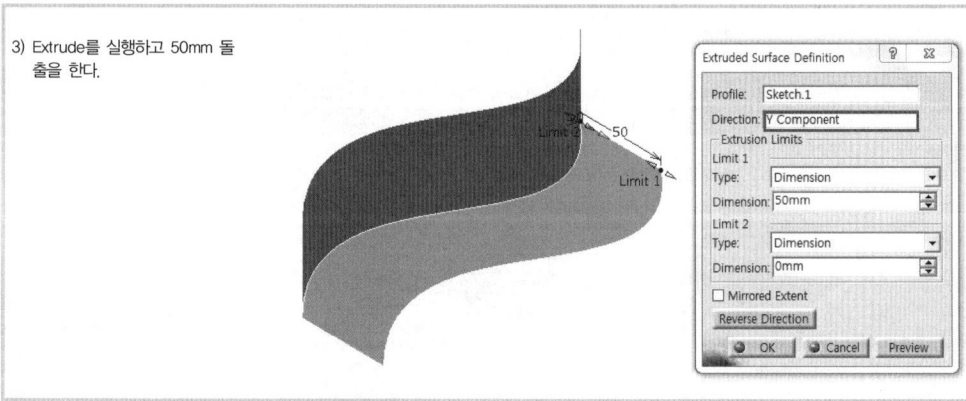

4) Join을 실행하고 두 개의 Surface를 선택하여 결합을 한다.

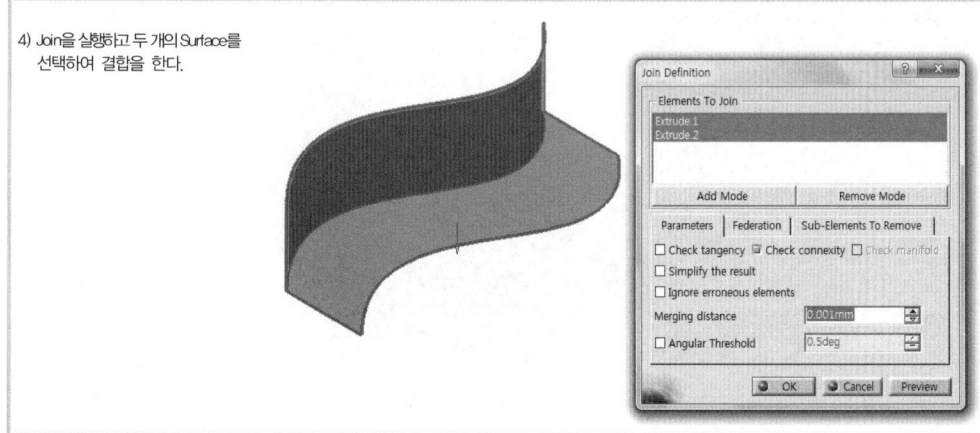

5) Point를 실행하고 On Curve를 지정, 35mm 위치에 Point를 생성한다.

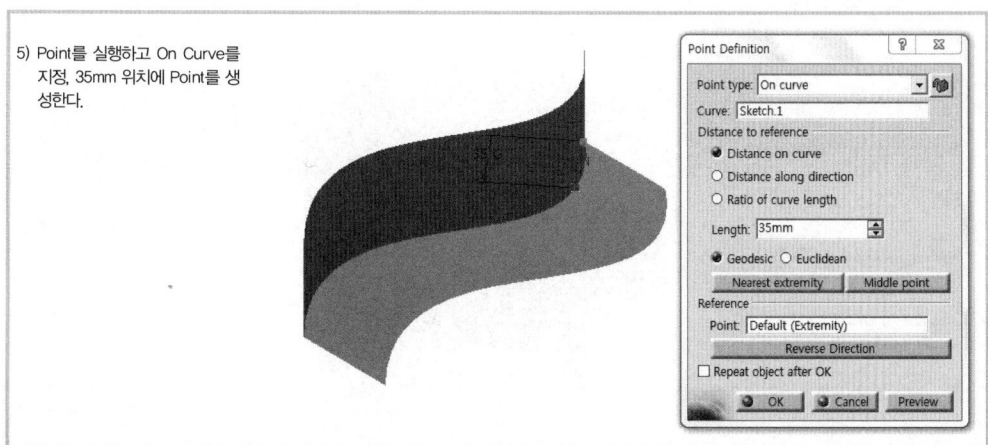

6) Point를 실행하고 On Curve를 지정, 130mm 위치에 Point를 생성한다.

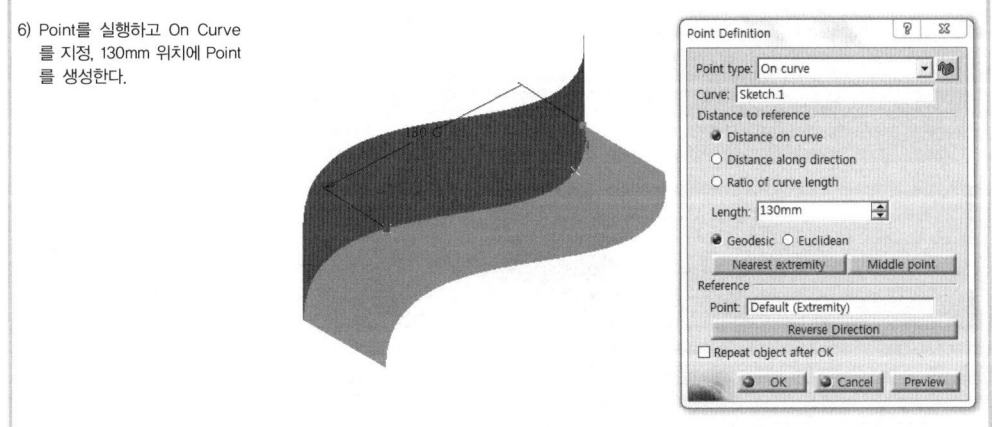

7) Plane을 실행하고 Normal to Curve를 지정, Curve와 Point를 지정하여 Plane을 생성한다. Point.10에도 같은 방법으로 Plane을 생성한다.

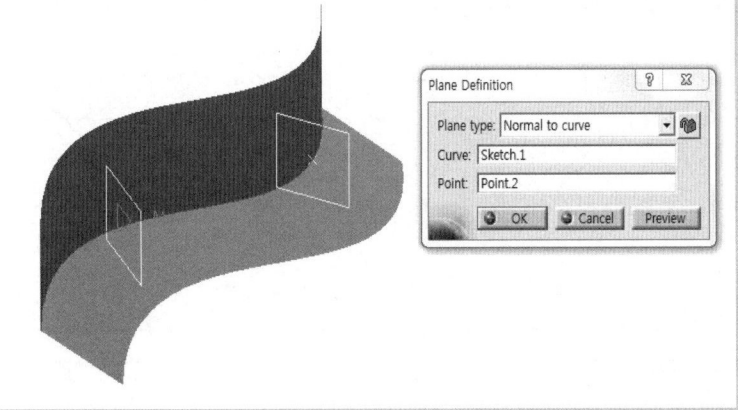

8) Edge Fillet을 실행하고 반경 : 10mm, Limiting element를 선택하여 Plane 두 개를 선택하여 다음과 같이 제한된 범위 안쪽만 Fillet을 생성한다.

- Limiting element(s) : Fillet이 Propagation될 때 지정한 element까지만 Propagation되도록 제한하는 기능이다. 범위 지정 객체로 Point도 가능하다.

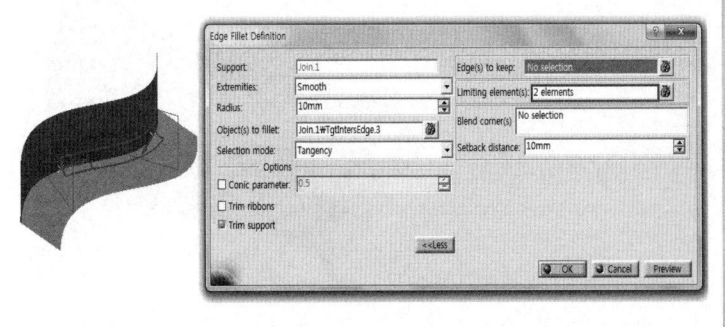

■ Edge Fillet 결과

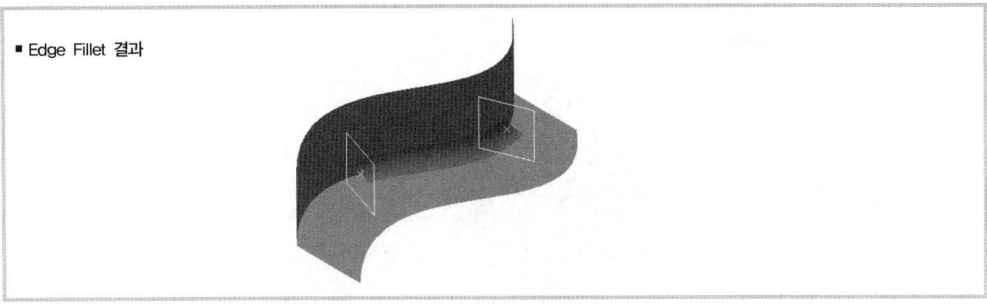

3. Chordal Fillet( )

Chordal Fillet : Fillet을 부여하는데 현의 길이로 Fillet을 주는 방법이다.

• Chordal Fillet( ) Definition

■ Extremities
Fillet의 한계 값을 정의하는 부분으로 선택한 모서리에 대해서 Fillet을 어떻게 줄지를 선택할 수 있다.
 - Smooth : 두 Surface 사이에 Tangent 구속을 부여한 채로 Fillet 형상을 만든다.
 - Straight : 두 Surface 사이에 Tangent 구속 없이 Fillet 형상을 만든다.
 - Maximum : Fillet을 만들 수 있는 가장 최대의 값으로 Fillet 형상을 만든다.
 - Minimum : Fillet을 만들 수 있는 가장 최소의 값으로 Fillet 형상을 만든다.
■ Edge to Keep : 형상의 Fillet 값을 주고자 하는 부분 외에 그 주변의 모서리에 의해 그 범위가 제한이 된다.
■ Chordal length : 현의 길이로 Fillet을 한다.

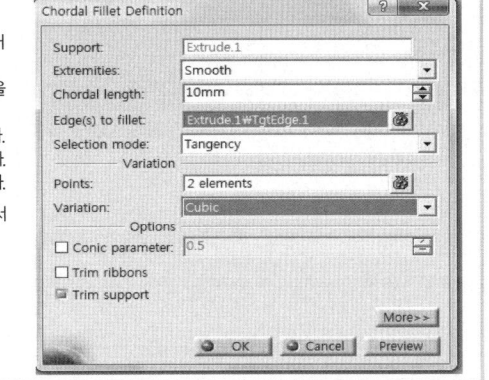

Chordal Fillet 실습

1) 스케치를 실행하고 YZ Plane을 선택하여 다음과 같이 스케치를 한다.

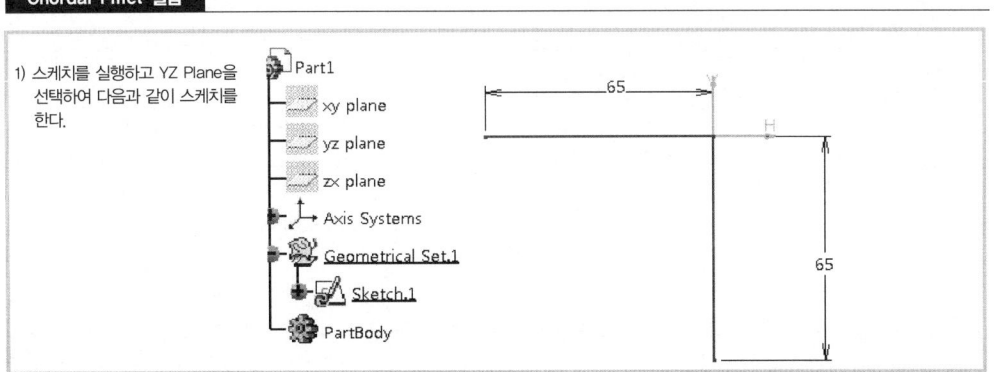

2) Extrude를 실행하고 80mm 돌출을 한다.

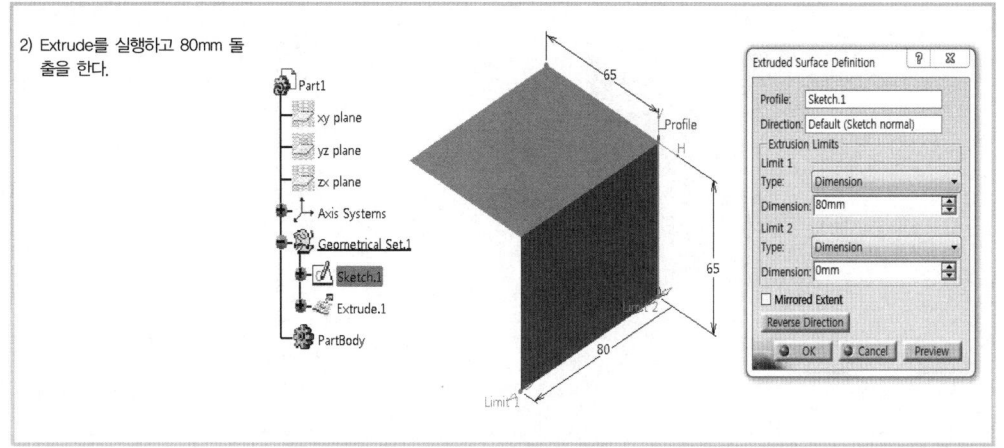

3) Chordal Fillet을 실행하고 반경 : 10mm로 필렛을 한다.

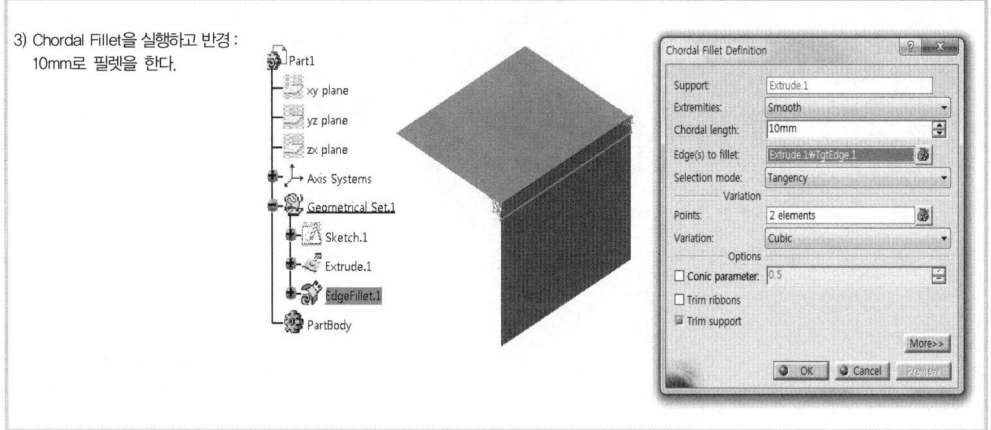

■ Chordal Fillet 결과

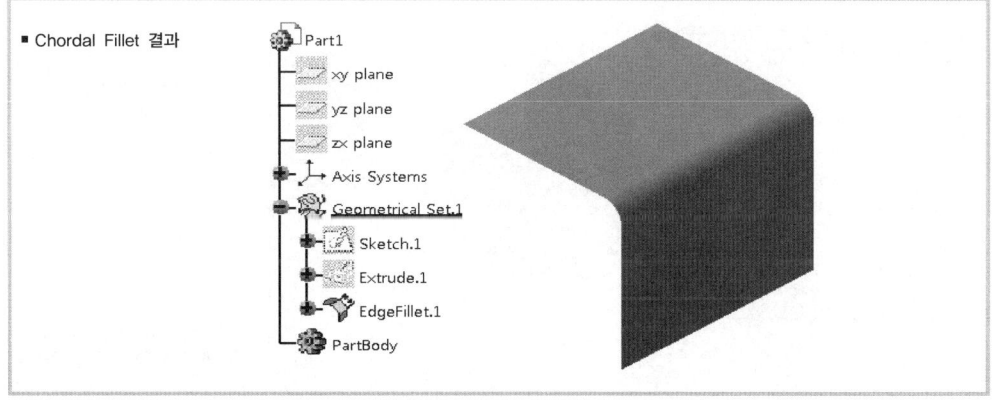

4. Face-Face Fillet( )

Face-Face Fillet : 두 개의 Surface면과 Tangent하게 Fillet을 하는 명령으로 모서리가 아닌 형상의 면(Face)을 선택하여 면과 면 사이에 Fillet을 주는 명령이다.

• Face-Face Fillet( ) Definition

- **Extremities**
  Fillet의 한계 값을 정의하는 부분으로 선택한 면에 대해서 Fillet을 어떻게 줄지를 선택할 수 있다.
  - Smooth : 두 Surface 사이에 Tangent 구속을 부여한 채로 Fillet 형상을 만든다.
  - Straight : 두 Surface 사이에 Tangent 구속 없이 Fillet 형상을 만든다.
  - Maximum : Fillet을 만들 수 있는 가장 최대의 값으로 Fillet 형상을 만든다.
  - Minimum : Fillet을 만들 수 있는 가장 최소의 값으로 Fillet 형상을 만든다.
- **Faces to fillet** : 두 면을 순서대로 선택한다.

Face-Face Fillet 실습

1) 스케치를 실행하고 YZ Plane을 선택하여 다음과 같이 스케치를 한다.

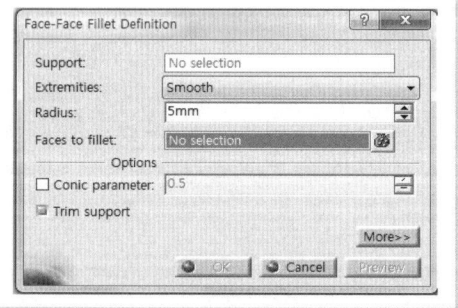

2) Extrude를 실행하고 90mm 돌출을 한다.

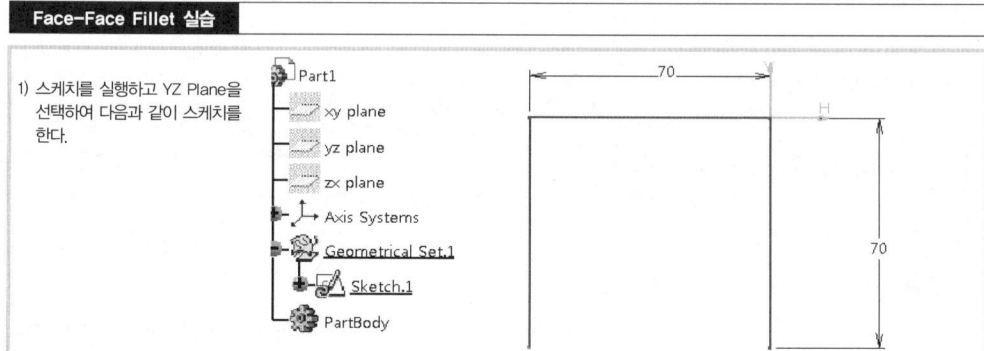

3) Face-Face Fillet을 실행하고 다음 두면을 차례대로 선택한다.

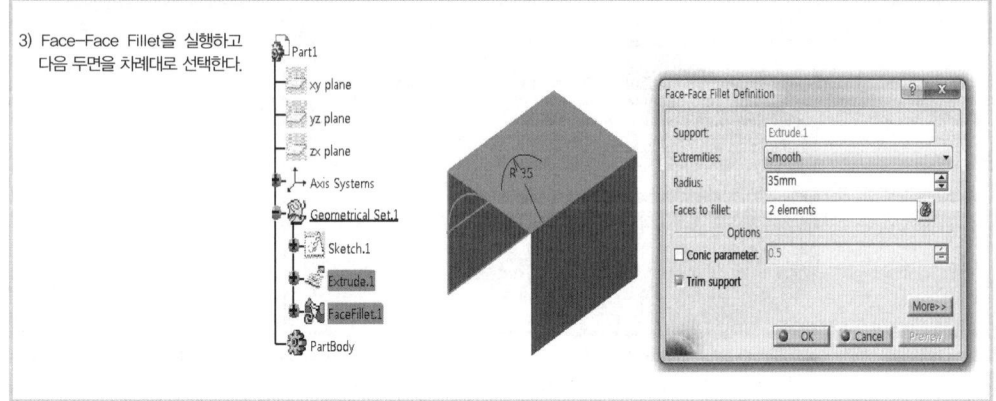

4) Face-Face Fillet을 실행하고 다음 두면을 차례대로 선택한다.

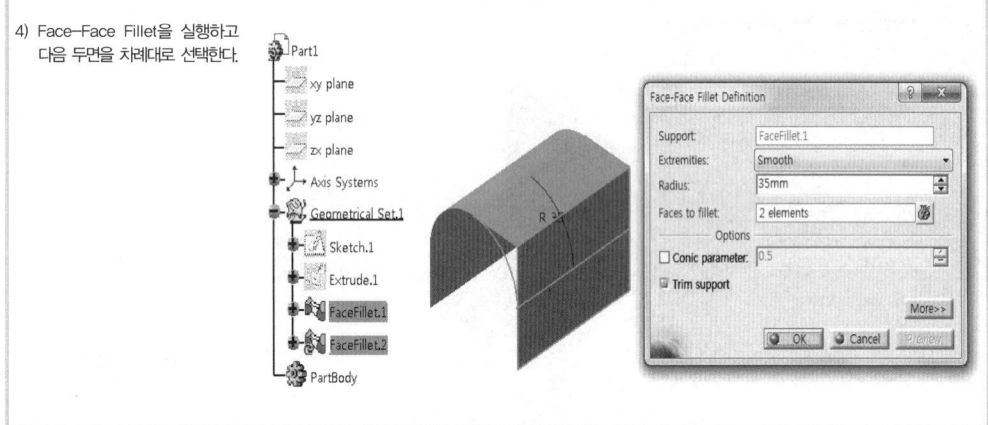

■ Face-Face Fillet 결과

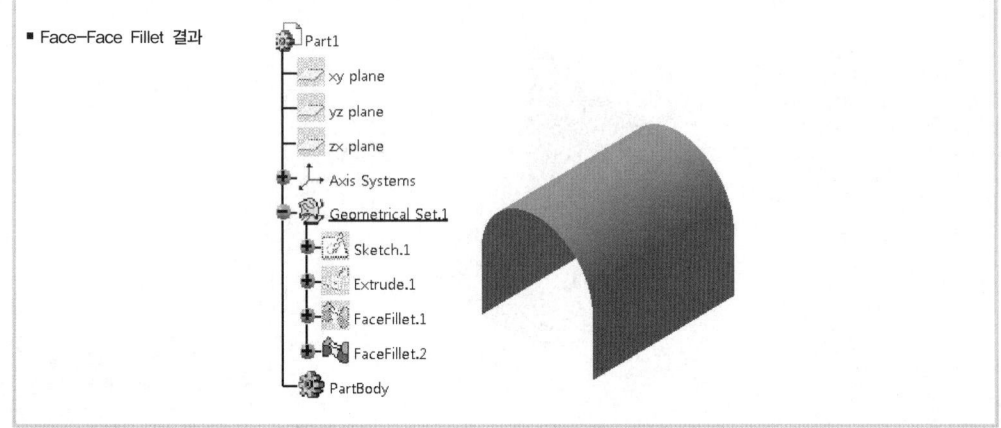

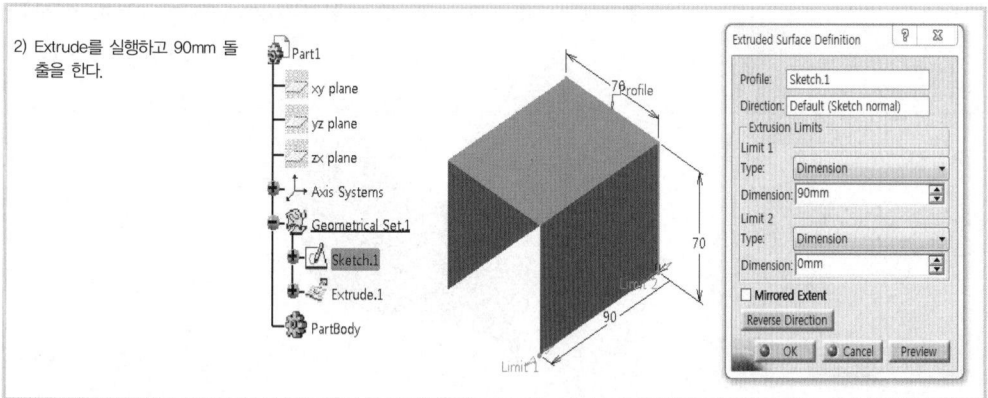

5. Tritangent Fillet( )

Tritangent Fillet : 곡률 값을 따로 지정하지 않고 3개의 면에 대해서 접하도록 Fillet을 주는 명령이다. Surface나 Volume 요소에 대해서 사용한다.
3개의 Sub-Surface로 구성된 단일 Surface에 접하는 Fillet을 생성할 때 사용한다.

- 양 옆 면을 먼저 선택한다.
- 마지막으로 Fillet이 생길 면을 Face to remove 부분에 선택해 준다.

• Tritangent Fillet( ) Definition

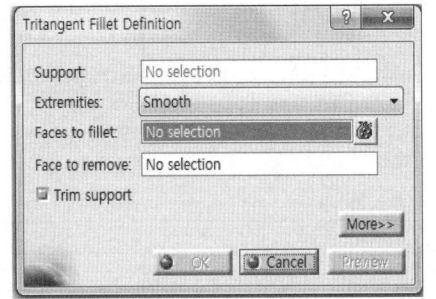

- **Face to Fillet**
  선택할 수 있는 3개의 Surface 중에서 2개의 Surface를 선택한다.
  2개의 Surface는 Fillet 후에도 남아 있게 된다.
- **Face to remove**
  3개의 Surface 중에서 Face to Fillet에서 지정하지 않은 마지막 한 개의 Surface를 지정한다. 이 Surface가 Fillet이 이루어지는 Surface로 Fillet 실행 후 지워진다.
- **Trim support** : Fillet 후 Trim 여부를 지정한다.
- **limiting element** : 지정할 수 있는 element는 Plane이나 Surface이다. 1개의 element만 지정할 수 있다.

- **Extremities**
  Fillet의 한계 값을 정의하는 부분으로 선택한 면에 대해서 Fillet을 어떻게 줄지를 선택할 수 있다.
  - Smooth : 두 Surface 사이에 Tangent 구속을 부여한 채로 Fillet 형상을 만든다.
  - Straight : 두 Surface 사이에 Tangent 구속 없이 Fillet 형상을 만든다.
  - Maximum : Fillet을 만들 수 있는 가장 최대의 값으로 Fillet 형상을 만든다.
  - Minimum : Fillet을 만들 수 있는 가장 최소의 값으로 Fillet 형상을 만든다.
- **Faces to fillet** : 양쪽 옆면을 순서대로 선택한다.
- **Face to remove** : Fillet이 생길 면을 선택한다.

Tritangent Fillet 실습

1) 스케치를 실행하고 YZ Plane을 선택하여 다음과 같이 스케치를 한다.

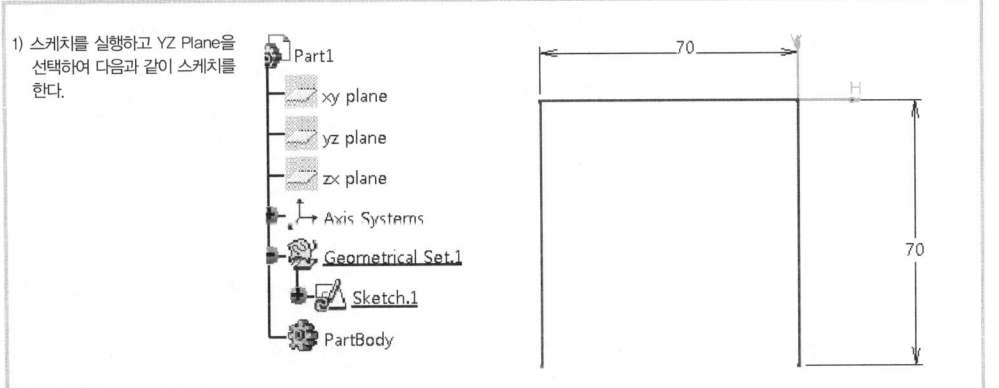

2) Extrude를 실행하고 90mm 돌출을 한다.

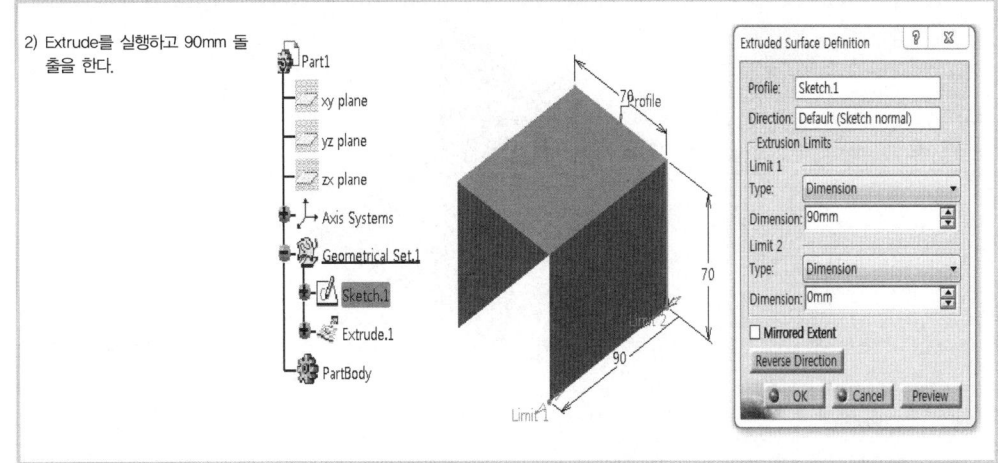

3) TritangentFillet을 실행하고 양 옆면을 차례대로 선택, Face to remove : 윗면을 선택한다.

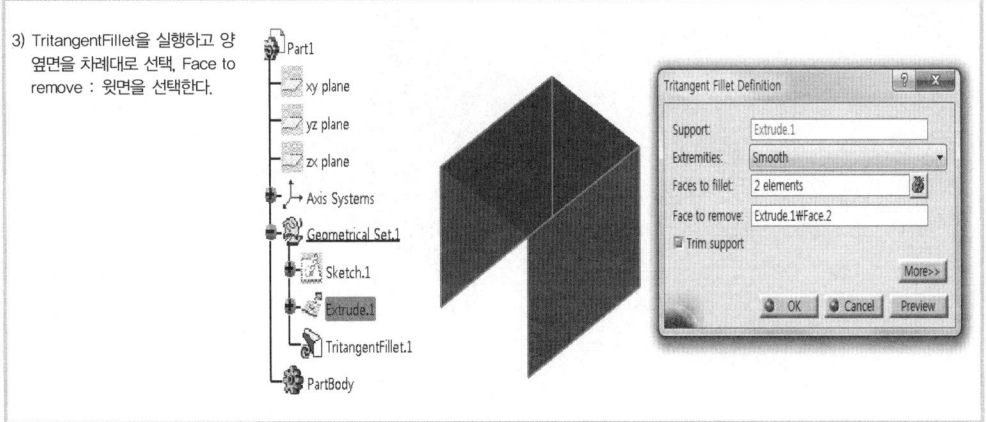

- **TritangentFillet 결과**

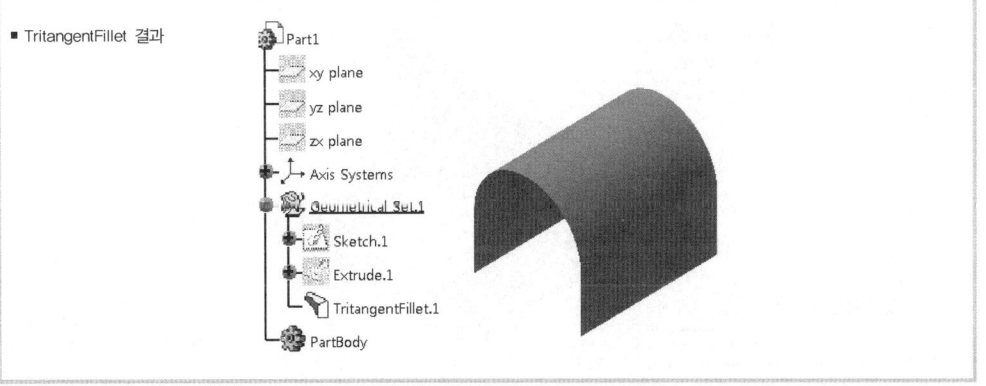

6. Variable Fillet

Variable Fillet : 지정한 Point에서 Fillet의 반경을 사용자가 임으로 변경하여 Fillet을 생성한다.

• Variable Fillet( ) Definition

- Point : Variable Radius Fillet을 생성 위해서는 사용자가 원하는 지점에 Fillet을 반경 값을 입력한다.
- Variation : 사용자가 지정한 Point에서 Fillet의 반경을 변경하여 Variable Fillet이 생성되는 형태를 결정하는 함수를 선택한다.
  - Cubic : Variable Fillet의 형태가 3차 함수의 형상을 가진다.
  - Linear : Variable Fillet의 형태가 1차 함수의 형상을 가진다.

Variable Fillet 실습

1) 스케치를 실행하고 YZ Plane을 선택하여 다음과 같이 스케치를 한다.

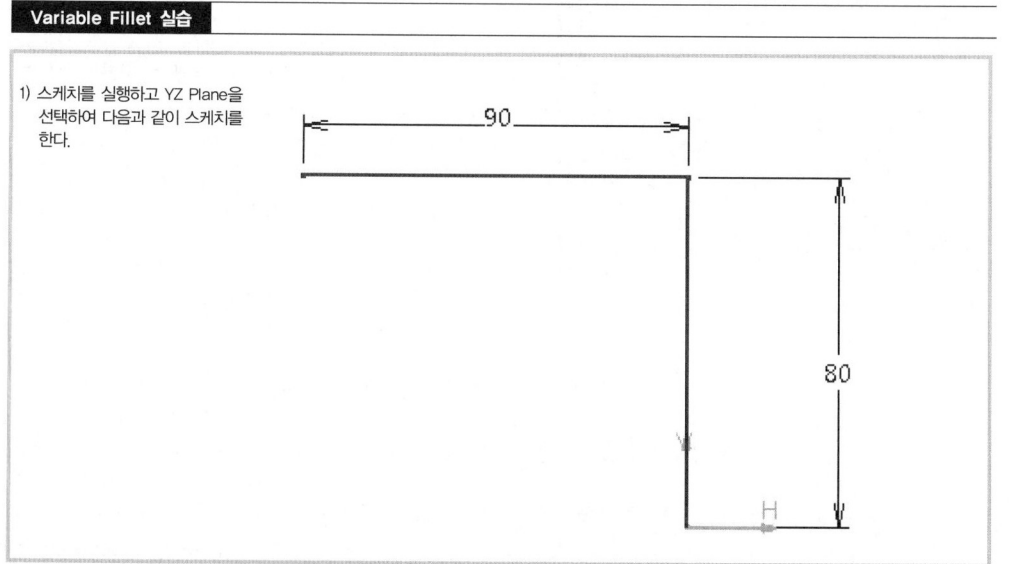

2) Extrude를 실행하고 150mm 돌출을 한다.

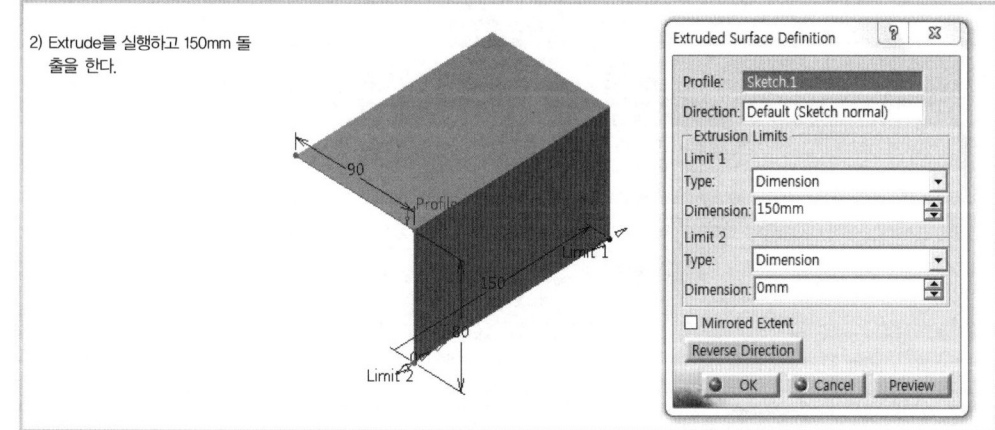

3) Variable Fillet을 실행하고 모서리를 선택하여 가운데 두 부분에 Point를 생성하고 다음과 같이 반경을 입력한다.

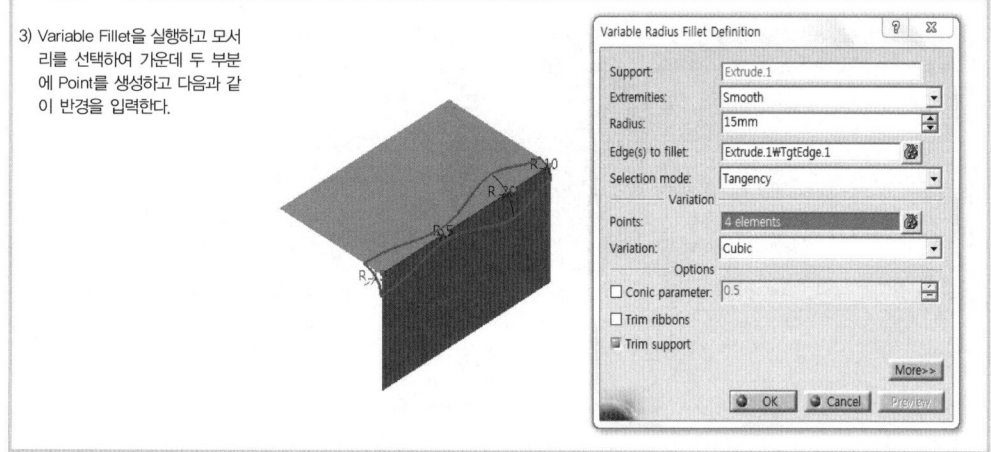

- Variable Fillet 결과

7. Styling Fillet

Styling Fillet : 주어진 두 개의 Surface를 가지고 Fillet을 생성한다.

- **Styling Fillet( ) Definition**

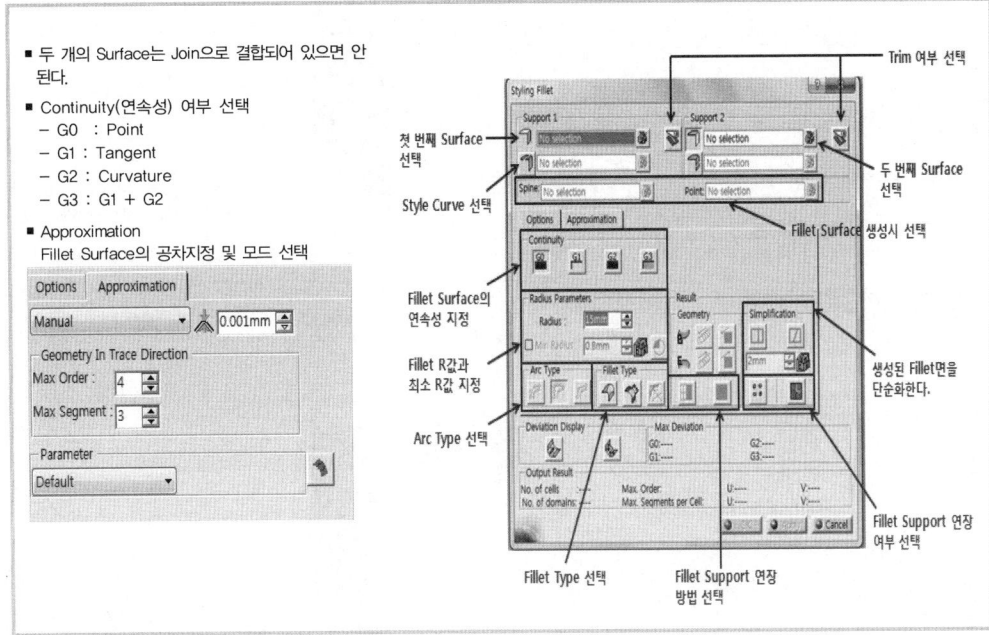

Styling Fillet 실습

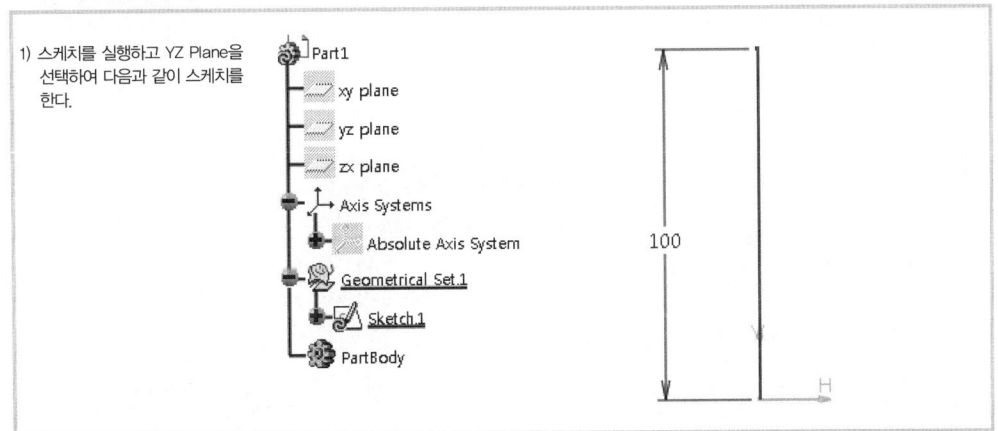

1) 스케치를 실행하고 YZ Plane을 선택하여 다음과 같이 스케치를 한다.

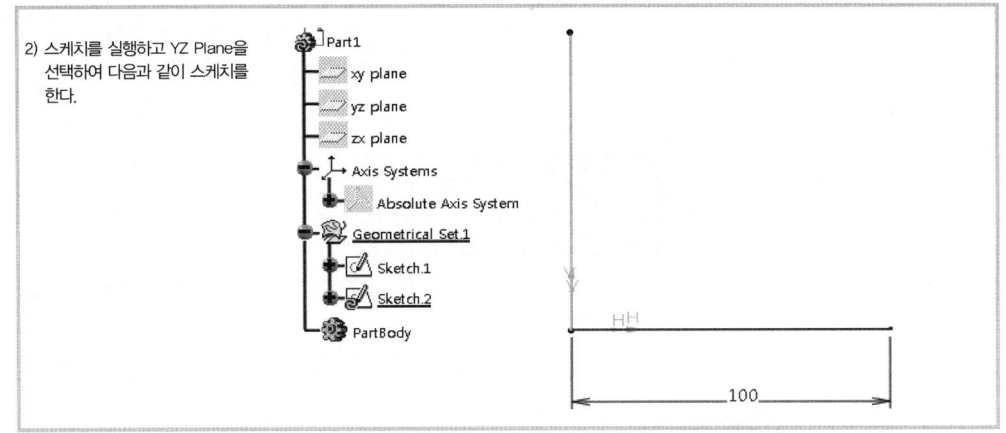

2) 스케치를 실행하고 YZ Plane을 선택하여 다음과 같이 스케치를 한다.

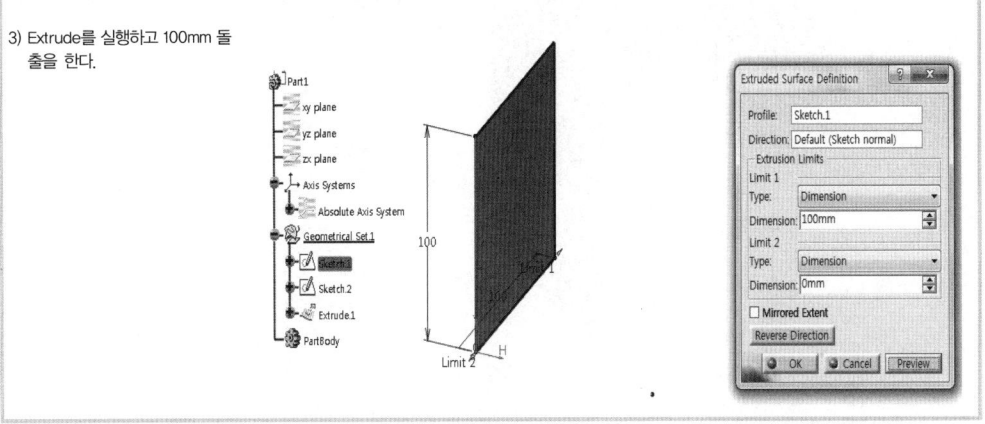

3) Extrude를 실행하고 100mm 돌출을 한다.

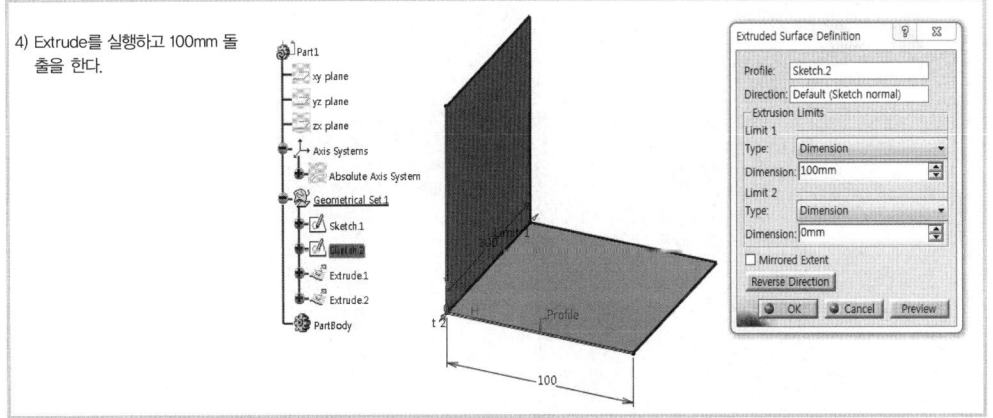

4) Extrude를 실행하고 100mm 돌출을 한다.

5) Styling Fillet을 실행하고 면을 선택하여 Continuity : G0을 선택, 반경 : 15mm를 지정한다.

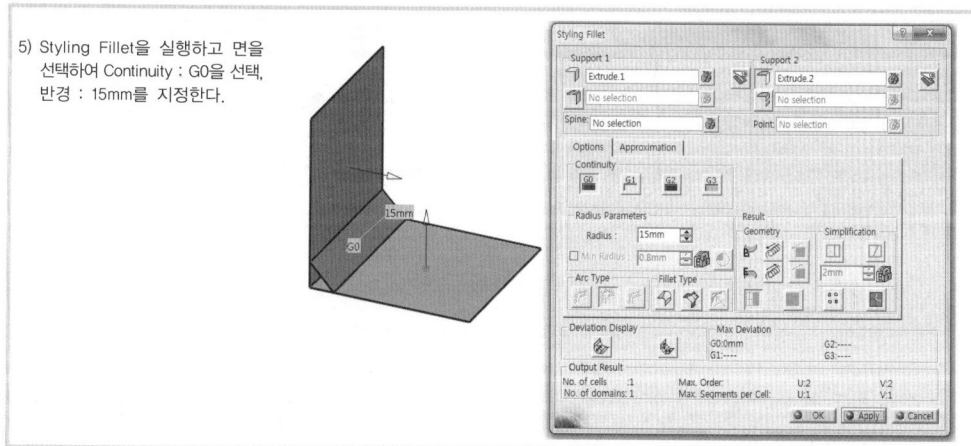

6) Styling Fillet을 실행하고 면을 선택하여 Continuity : G1을 선택, 반경 : 15mm를 지정한다.

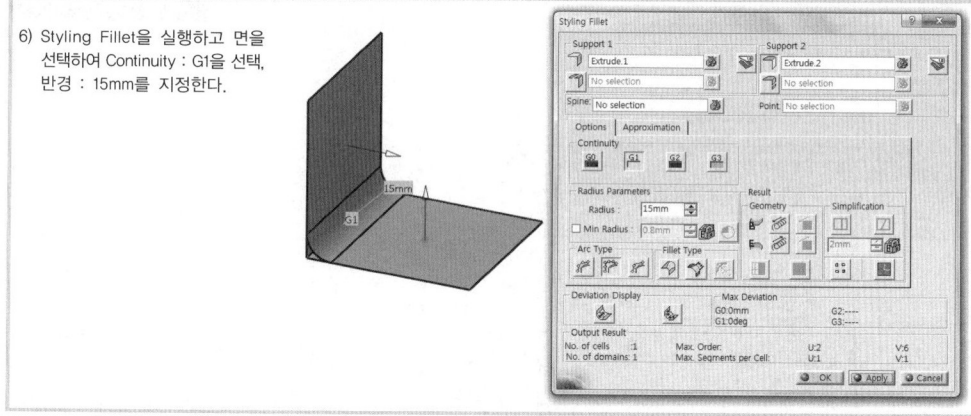

7) Styling Fillet을 실행하고 면을 선택하여 Continuity : G2를 선택, 반경 : 15mm를 지정한다.

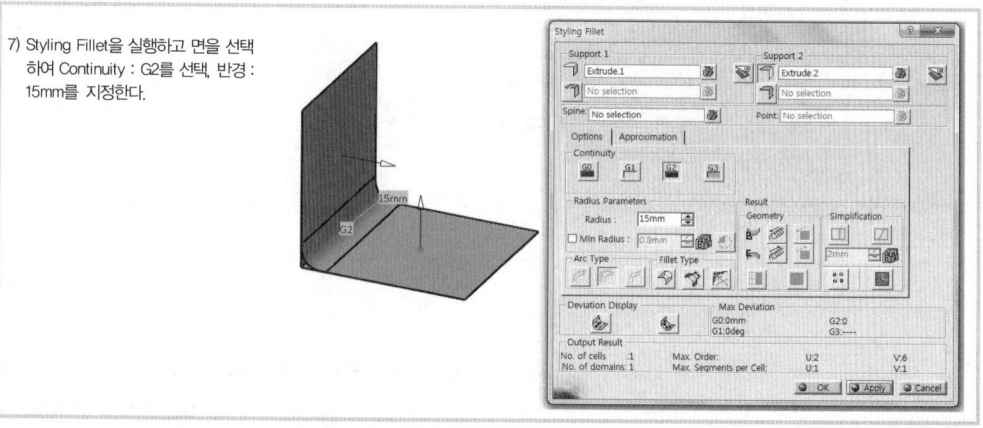

8) Styling Fillet을 실행하고 면을 선택하여 Continuity : G3을 선택, 반경 : 15mm를 지정한다.

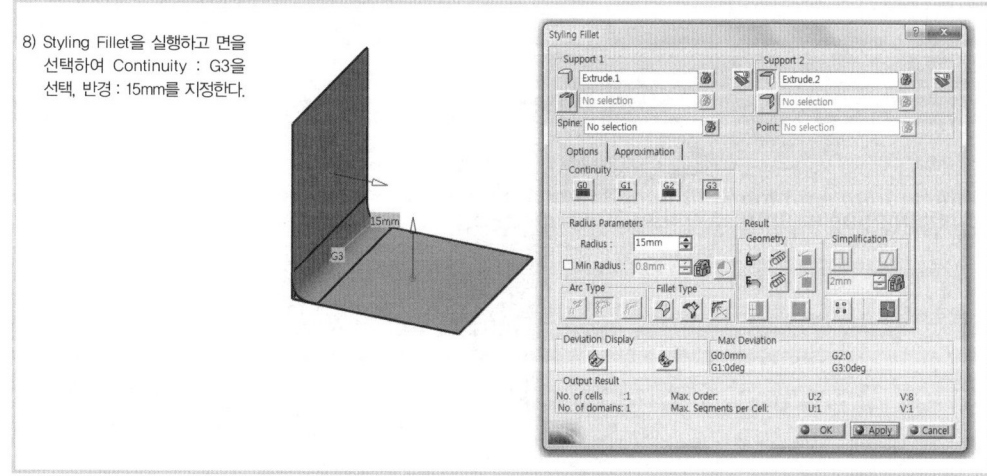

■ Styling Fillet 결과

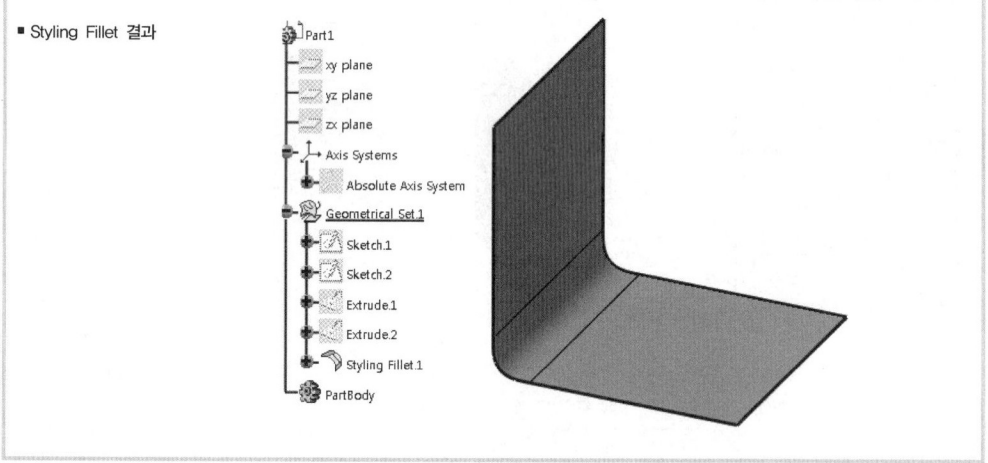

Transformation Toolbar

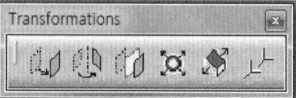

1. Translate( )

Translate : Surface나 Curve, Point, Sketch 등의 요소를 평행 이동시키는데 사용하는 명령이다. Geometrical Set 안에서 선택한 요소만을 이동시킬 수 있으며 복수 선택 가능하다.

• Translate( ) Definition

- Vector Definition
  - Direction, distance : 방향과 거리를 지정하여 이동한다.
  - Point to Point : 두 점을 이용하여 이동한다.
  - Coordinates : 좌표계를 이용하여 이동한다.
- Element : 이동할 객체를 선택한다.
- Direction : 방향을 지정한다.
  방향성분은 Line, 축, 평면 등이 가능
- Distance : 이동할 거리 값을 입력한다.
- Hide/Show initial element : 이 버튼으로 원본 형상을 화면에 나타나게도 숨길 수도 있다.

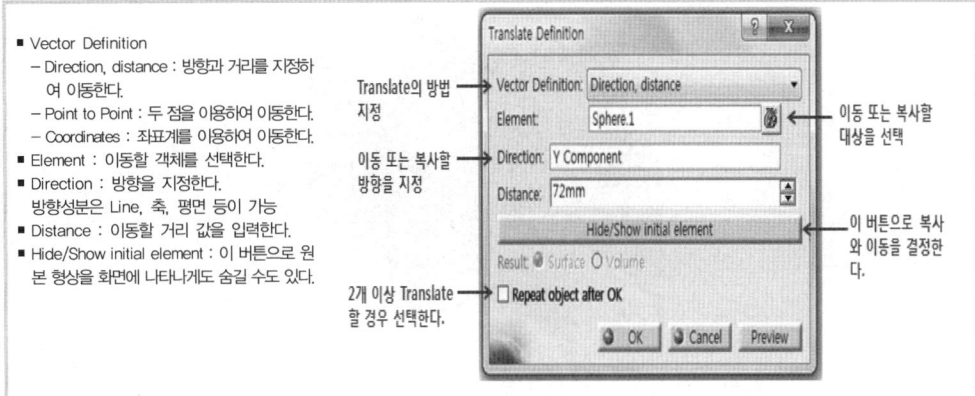

Translate 실습 1

1) 스케치를 실행하고 XY Plane을 선택하여 다음과 같이 스케치를 한다.

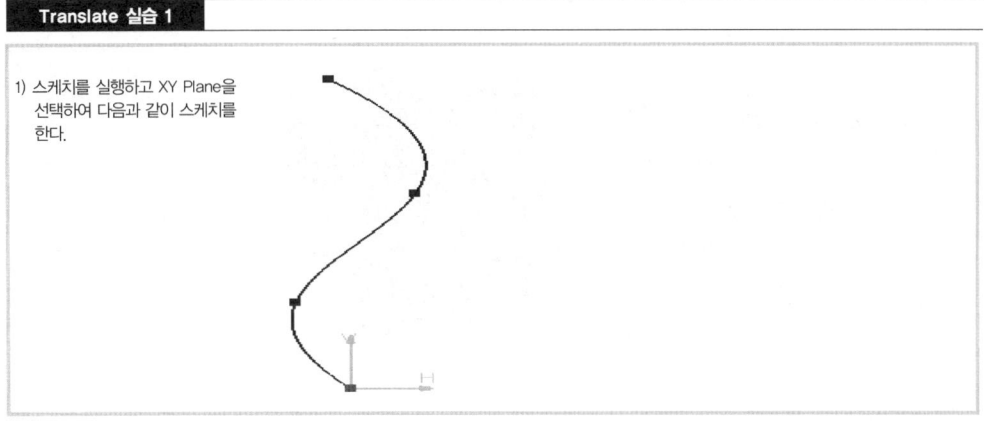

2) Extrude를 실행하고 70mm 돌출을 한다.

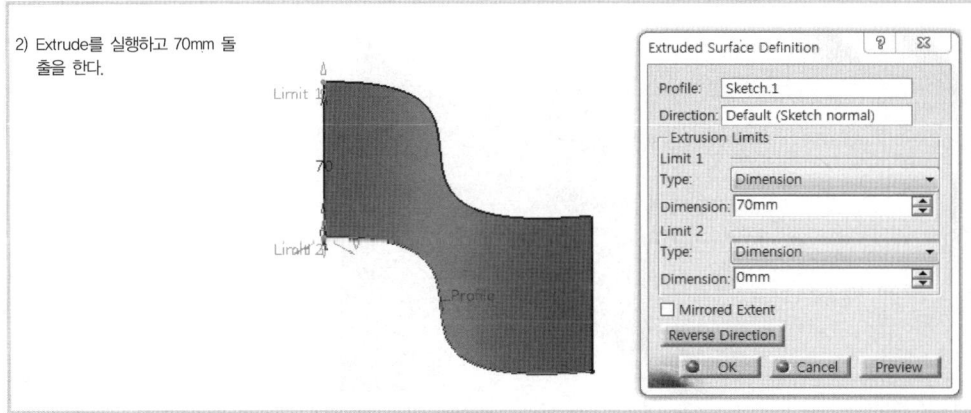

3) 스케치를 실행하고 XY Plane을 선택하여 다음과 같이 스케치를 한다.

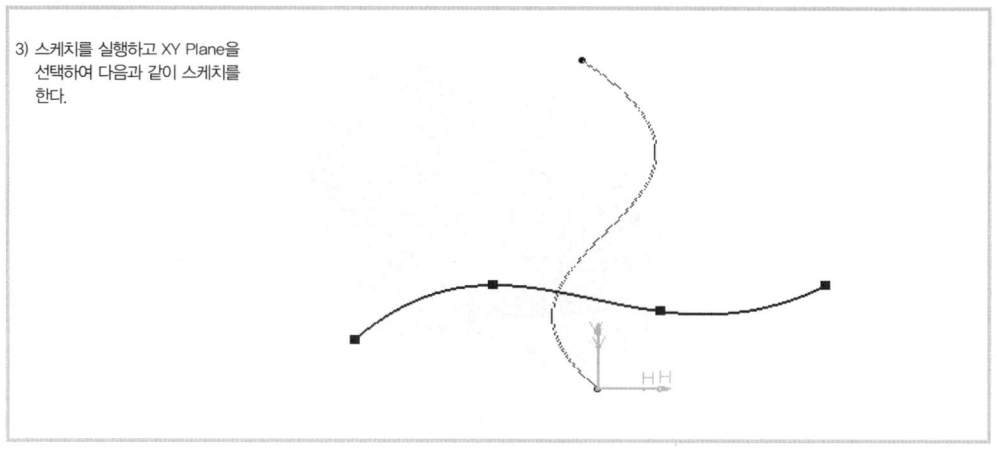

4) Extrude를 실행하고 70mm 돌출을 한다.

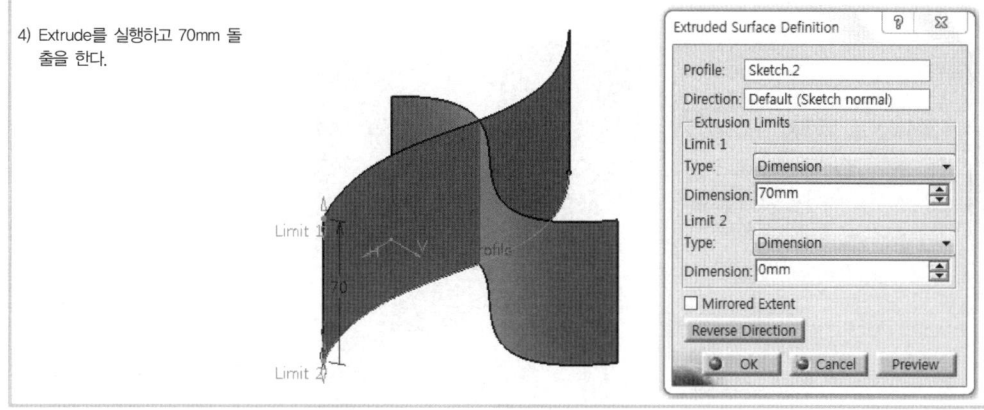

5) Translate를 실행하고 Element : Extrude.2를 선택, Direction : ZX Plane을 선택, Distance : 48mm, [Hide/Show Initial element] 버튼을 눌러 원본 형상을 숨기고 이동을 한다.

- Hide/Show Initial element의 의미?

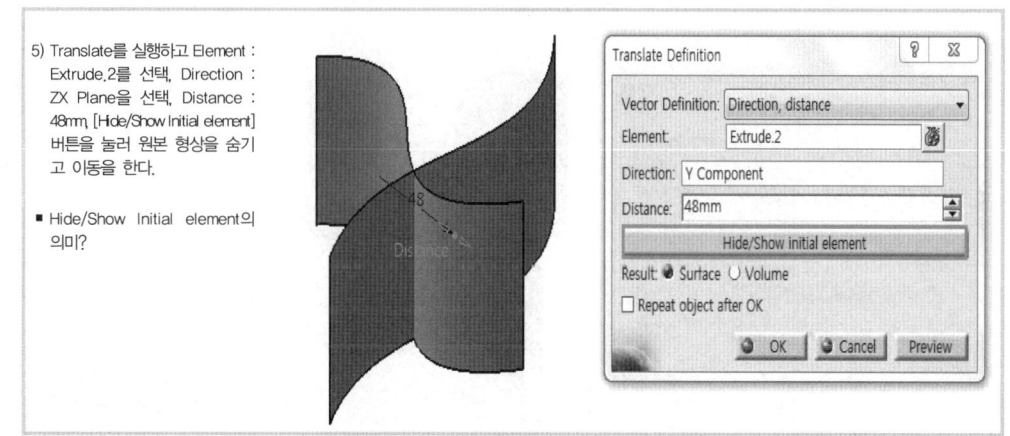

■ Translate 결과

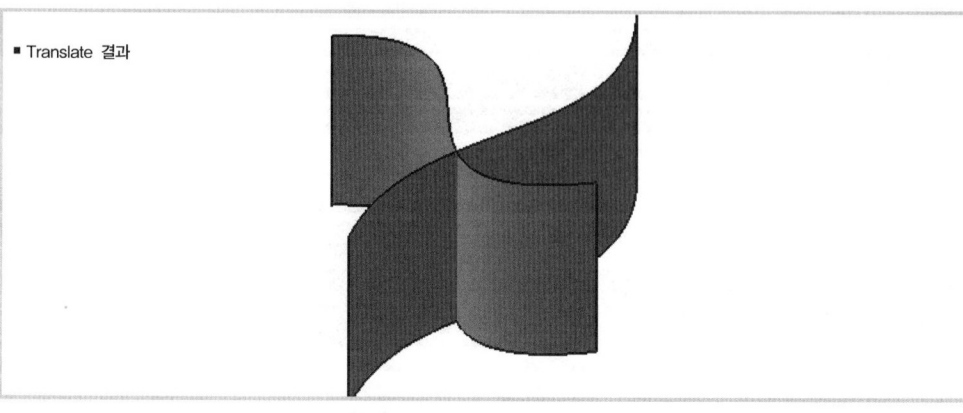

6) Spec Tree에서 Translate.1을 더블클릭하여 실행하고 [Hide/Show Initial element] 버튼을 누르지 않으면 원본 형상을 복사한다.

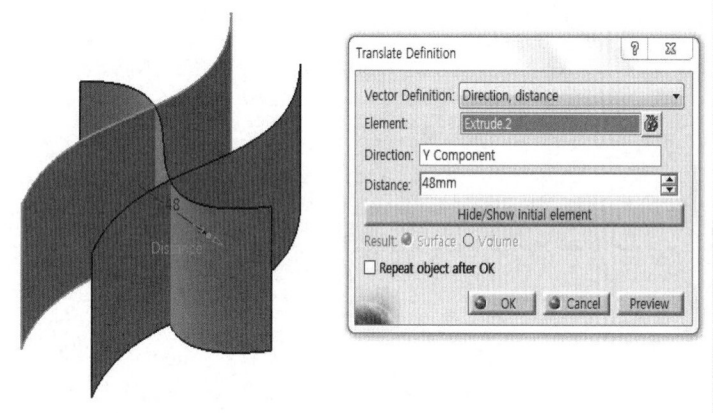

■ Translate 결과

7) Spec Tree에서 Translate.1을 더블클릭하여 실행하고 [Hide/Show Initial element] 버튼을 누르지 않고 [Repeat object after OK]를 선택한다.

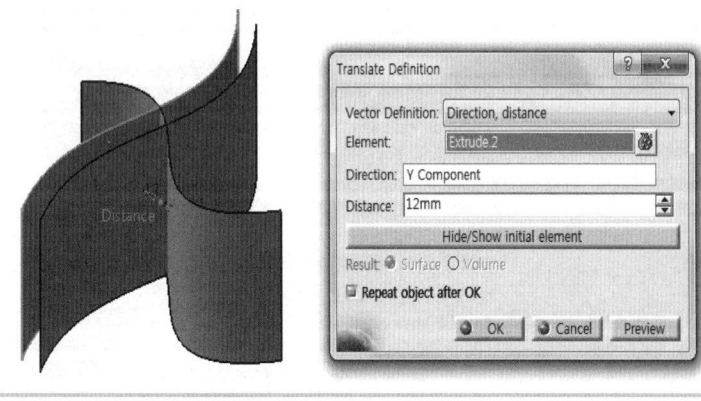

8) Instance : 4를 지정한다.
별도로 4개가 12mm 간격으로 복사된다.

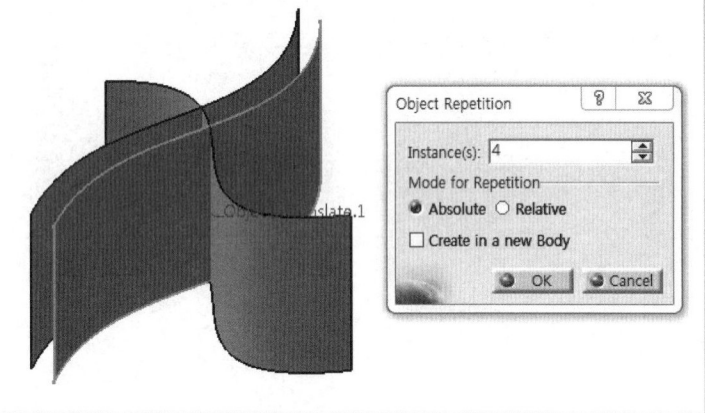

■ Translate 결과

Translate 실습 2

1) Sphere를 실행하고 Center 위치에서 마우스 우측 버튼을 눌러 [Create Point]를 선택한다.

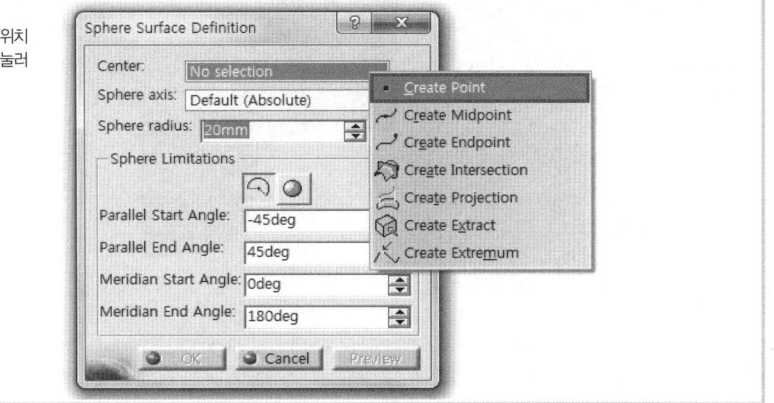

2) Point Type : Coordinates를 지정, 원점(X=Y=Z=0)을 지정한다.

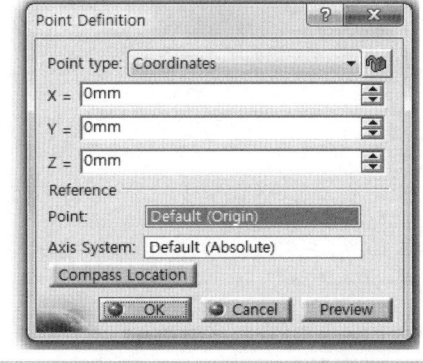

3) 반지름 : 20mm을 지정, 완전 구를 선택한다.

4) Point를 실행하고 Y=100mm 위치에 Point를 생성한다.

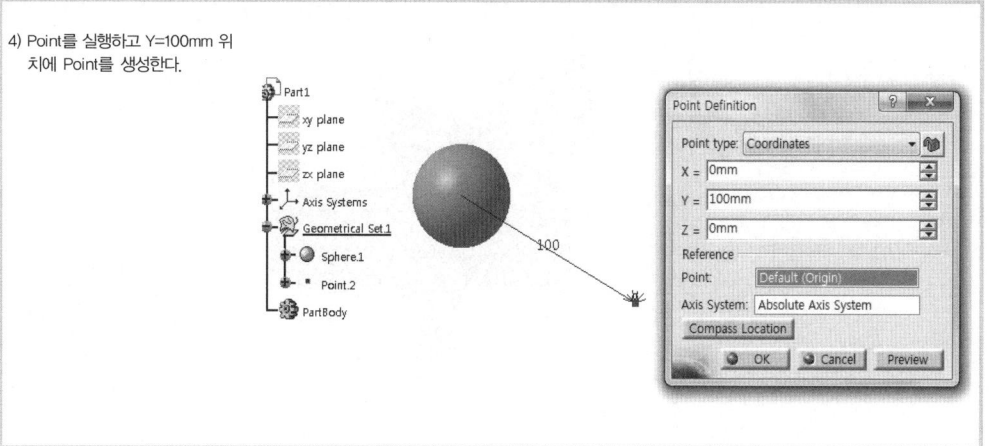

5) Translate를 실행하고 Element : Sphere.1을 선택, Start Point : Point.1을 선택, End Point : Point.2를 선택한다.

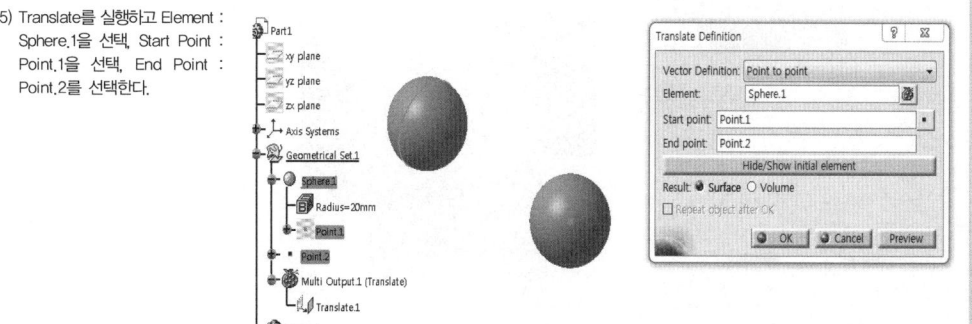

■ Translate 결과

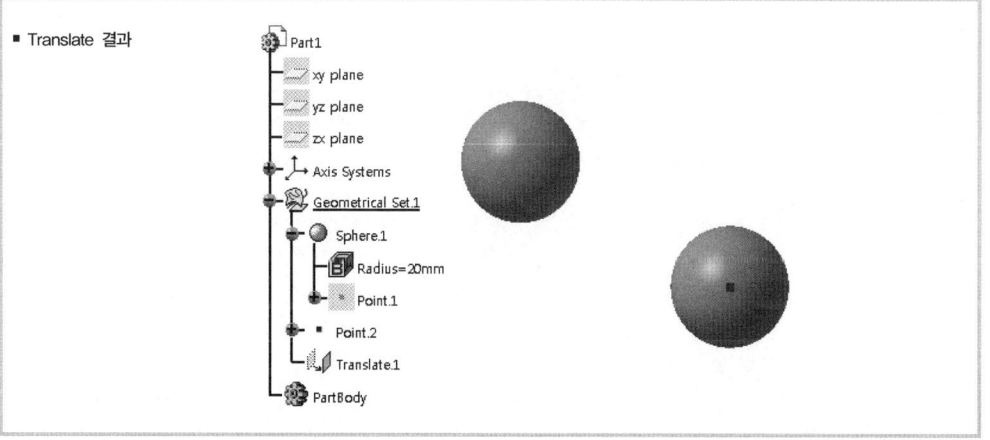

2. Rotate()

Rotate : Surface나 Curve, Point, Sketch 등의 요소를 임의의 기준을 이용하여 회전시키는 명령이다. Geometrical Set 안에서 선택한 요소만을 회전시킬 수 있으며 복수 선택 가능하다.

• Rotate( ) Definition

- Definition Mode
  - Axis-Angle : 축과 각도로 회전을 한다.
  - Axis Two Element : 축과 두 개의 요소로 회전을 한다.
  - Three Point : 3개의 Point로 회전을 한다.
- Element : 회전시킬 객체를 선택한다.
- Axis : 회전축을 지정한다.
- Angle : 각도를 입력한다.
- Hide/Show initial element : 이 버튼으로 원본 형상을 화면에 나타나게도 숨길 수도 있다.

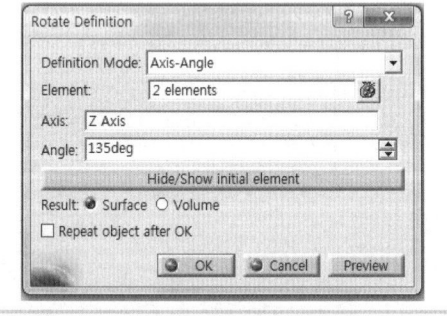

Rotate 실습

1) 스케치를 실행하고 XY Plane을 선택하여 다음과 같이 스케치를 한다.

2) Extrude를 실행하고 70mm 돌출을 한다.

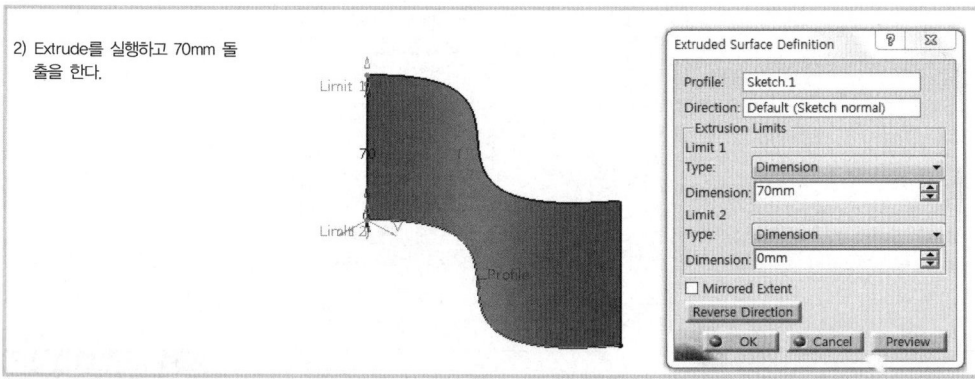

3) 스케치를 실행하고 XY Plane을 선택하여 다음과 같이 스케치를 한다.

4) Extrude를 실행하고 70mm 돌출을 한다.

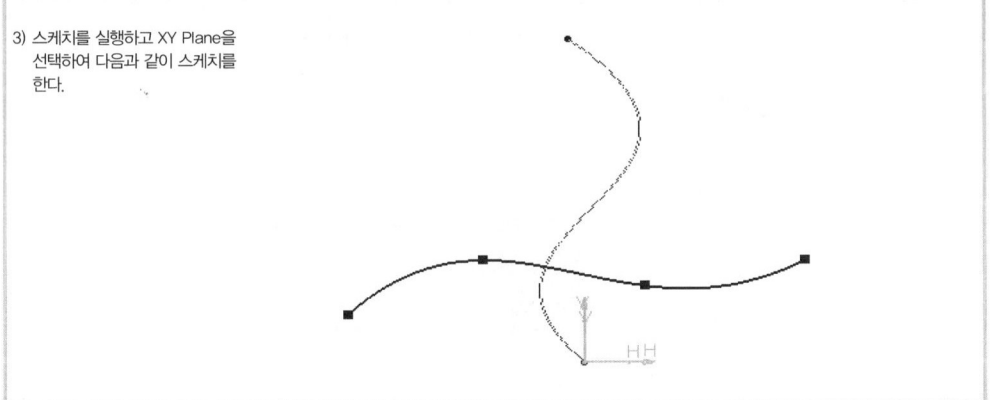

5) Rotate를 실행하고 Element : 두 개의 돌출 객체를 선택, Axis : Z Axis를 선택 Angle : 135deg, [Hide/Show Initial element] 버튼을 누르지 않고 원본 형상을 보이기하여 회전을 한다.

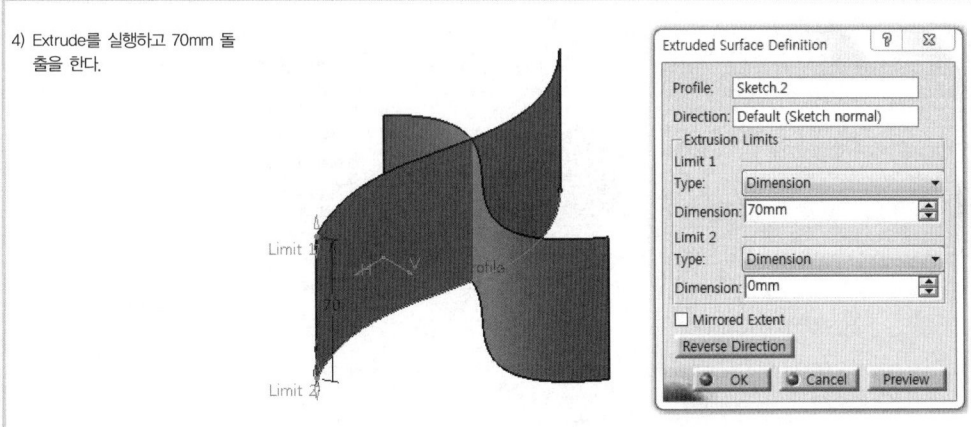
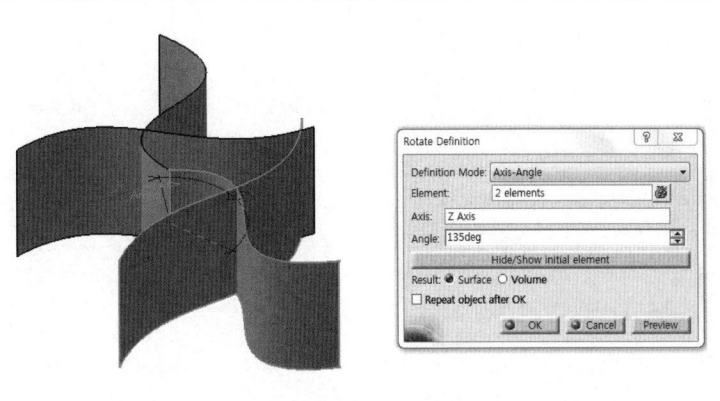

■Rotate 결과

3. Symmetry( )

Symmetry : Surface나 Curve, Point, Sketch 등의 형상의 대칭 형상을 만드는 명령으로 Hide/Show initial element를 이용하면 형상을 대칭 복사/대칭 이동할 수도 있다.

• Symmetry( ) Definition

- Element : 대칭 복사/이동할 객체를 선택한다.
- Reference : 대칭면을 선택한다.

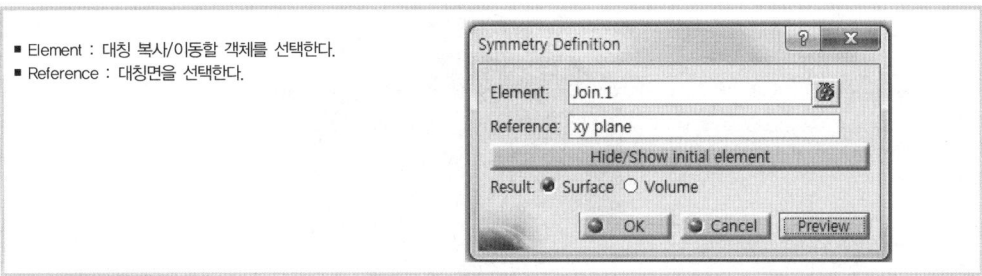

Symmetry 실습

1) 스케치를 실행하고 XY Plane을 선택하여 다음과 같이 스케치 한다.

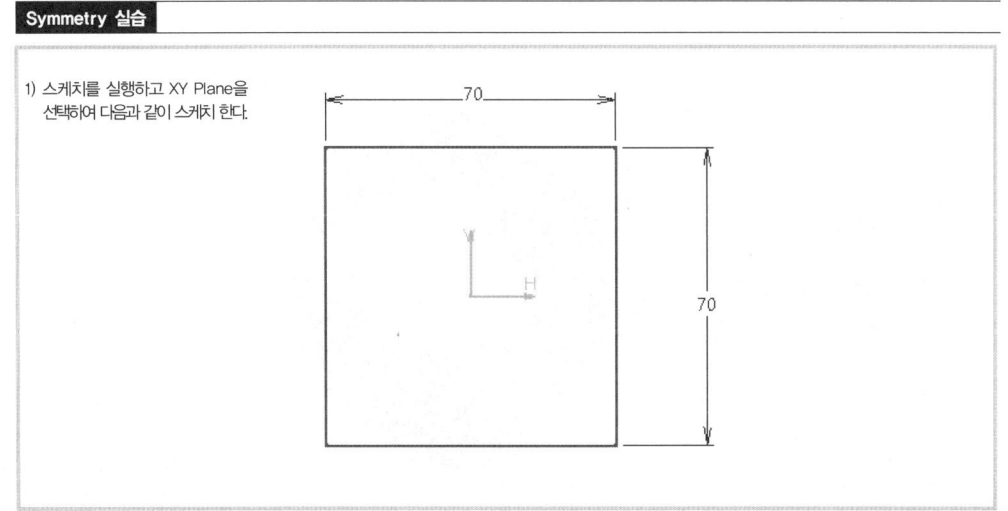

2) Extrude을 실행하고 30mm 돌출을 한다.

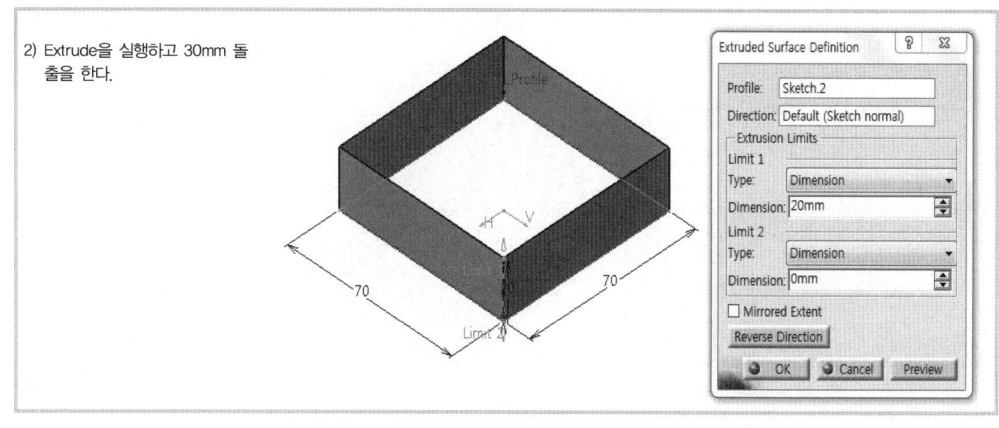

3) Edge Fillet을 실행하고 반경 : 15mm로 필렛을 한다.

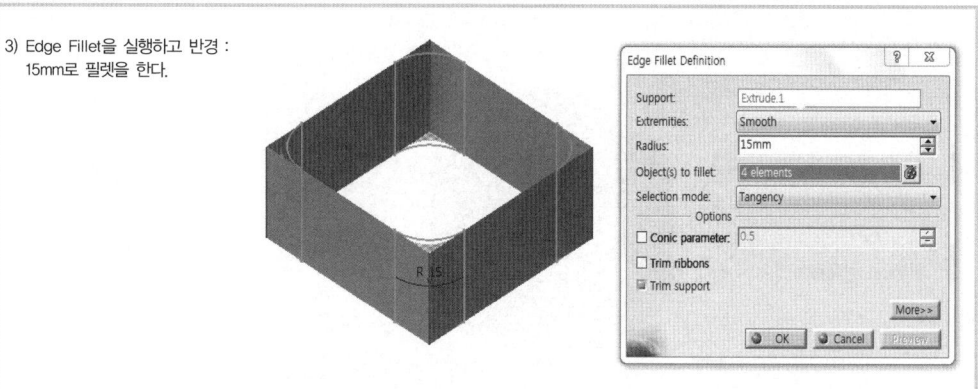

4) Fill을 실행하고 Curves 위에서 마우스 오른쪽 버튼을 눌러 [Create Boundary]를 선택한다.

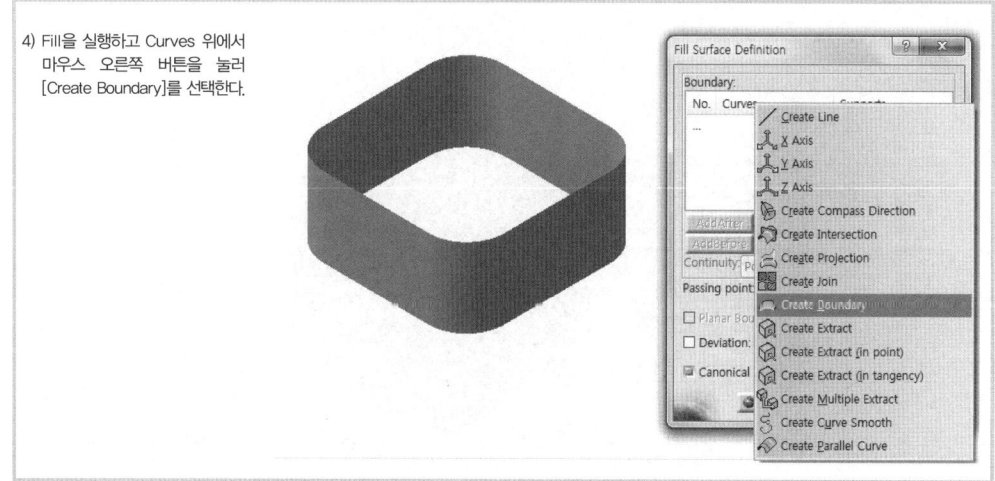

5) Boundary 창이 뜨면 다음과 같이 선택하고 [OK]를 누른다.

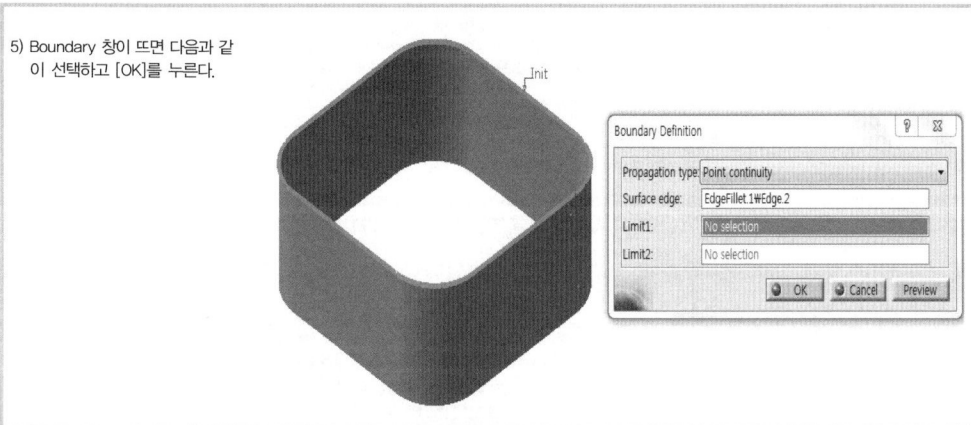

6) 다음과 같이 Surface가 채워진다.

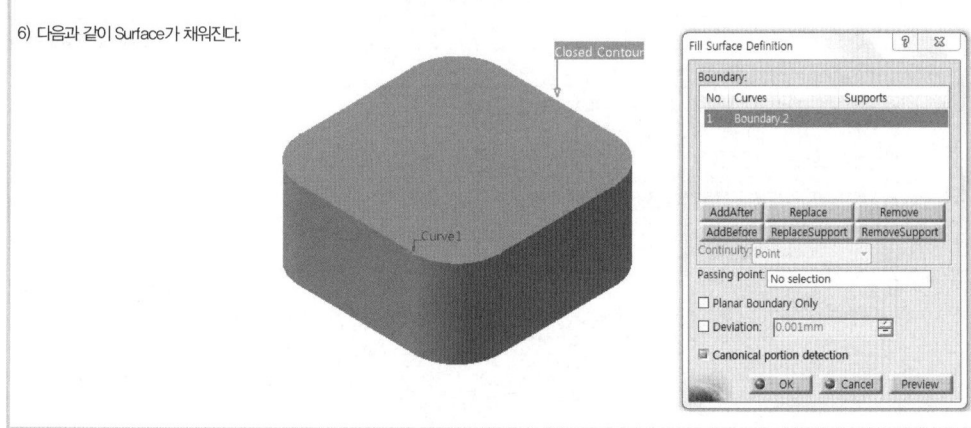

7) Shape Fillet을 두 개의 객체를 선택하고 반경 : 10mm로 필렛을 한다.

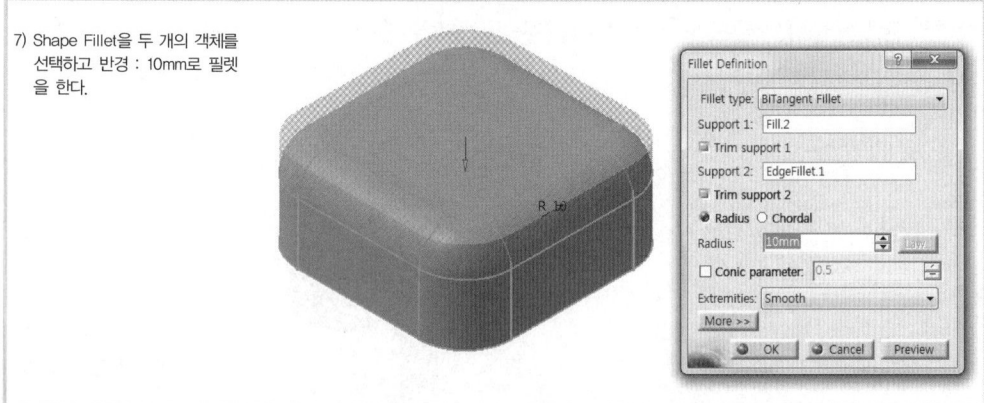

8) Symmetry를 실행하고 Element : 객체를 선택, Reference : XY Plane을 선택, [Hide/Show Initial element] 버튼을 누르지 않고 원본 형상을 보이기하여 대칭복사 한다.

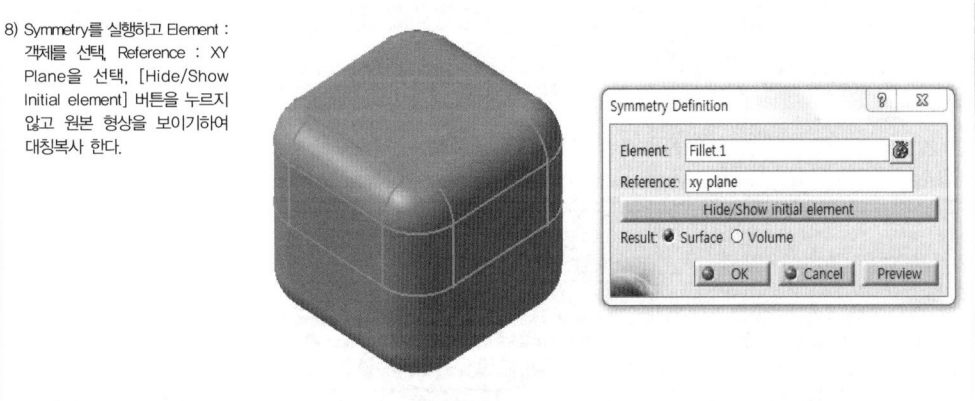

■ 대칭복사 결과

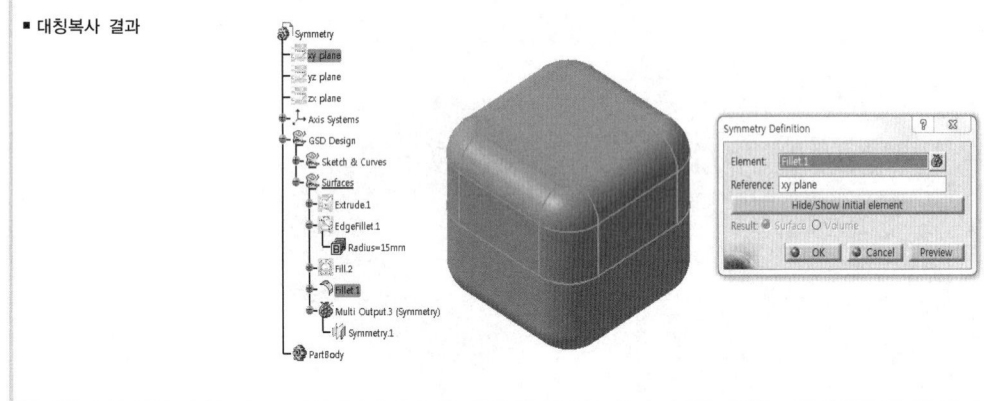

9) Spec Tree에서 Symmetry.1을 더블클릭하여 실행하고 [Hide/Show Initial element] 버튼을 눌러 대칭 이동을 한다.

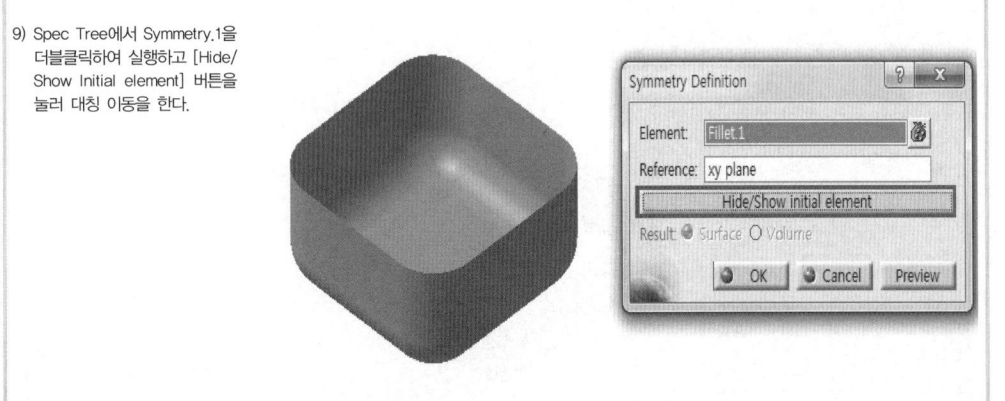

■ 대칭이동 결과

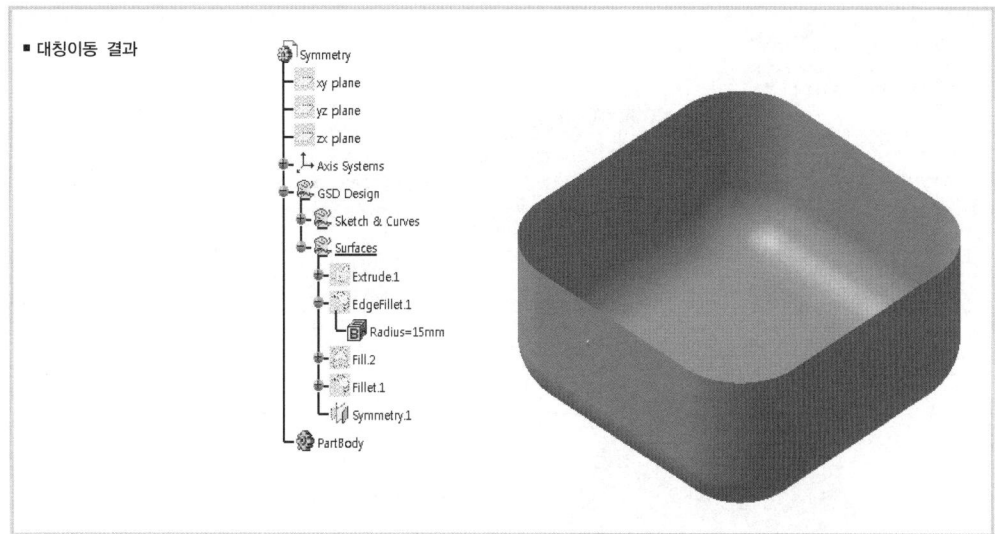

4. Scaling()

Scaling : Surface나 Curve, Point, Sketch 등의 형상을 임의의 방향을 기준으로 크기를 조절하는 명령이다. 3차원 방향은 각 방향으로 크기를 따로 주어야 한다.

• Scaling( ) Definition

- Element : Scaling 할 객체를 선택한다.
- Reference : Scaling할 방향을 지정한다.
- Ratio : 비율을 지정한다.

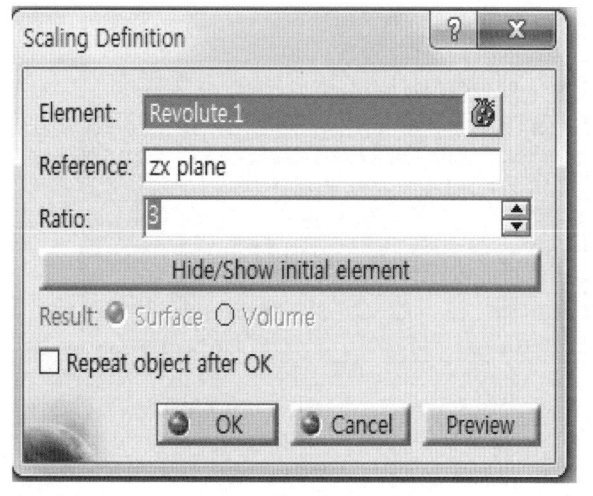

Scaling 실습

1) Sphere Surface 객체를 준비한다.

2) Scaling을 실행하고 Element : Sphere 객체 선택, Reference : ZX Plane을 선택, 3배 크기 한다.

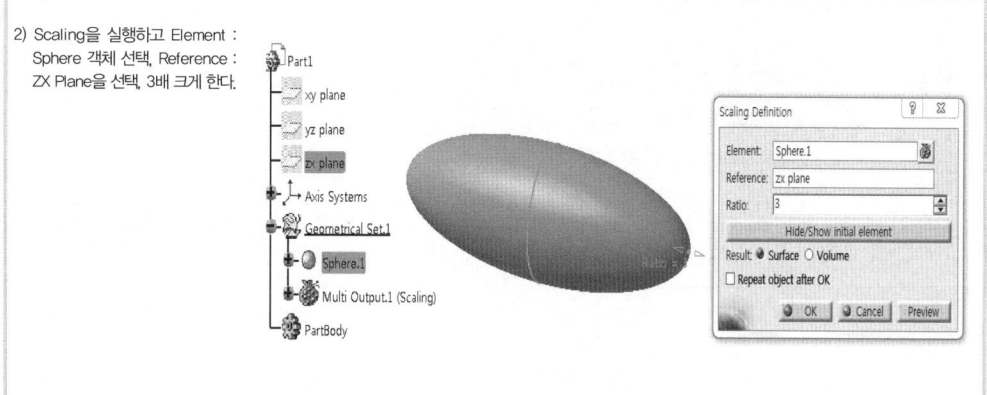

■ Scaling 결과

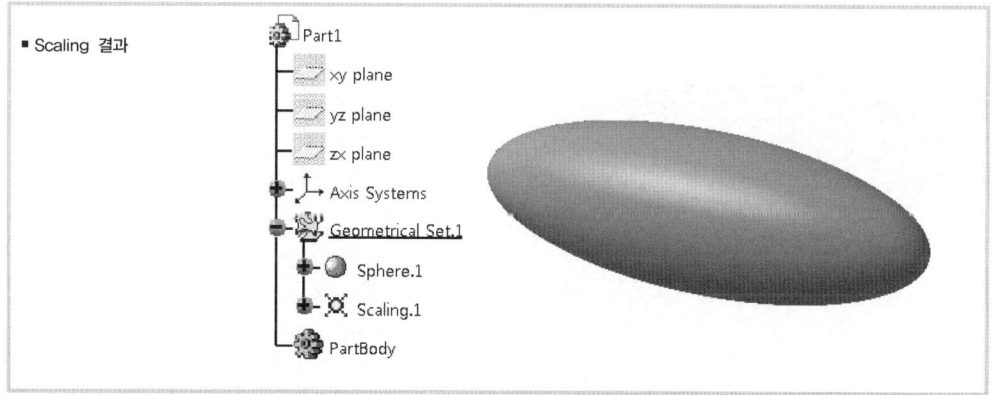

5. Affinity( )

Affinity : Scaling보다 업그레이드된 명령이다. 대상을 3차원 모든 방향으로 크기를 조절할 수 있다.

• Affinity( ) Definition

- Element : Affinity 할 객체를 선택한다.
- Origin : 원점을 선택한다.
- XY Plane : 평면을 선택한다.
- X Axis : 축을 선택한다.
- Ratios
  - X : X 축 비율을 입력한다.
  - Y : Y 축 비율을 입력한다.
  - Z : Z 축 비율을 입력한다.

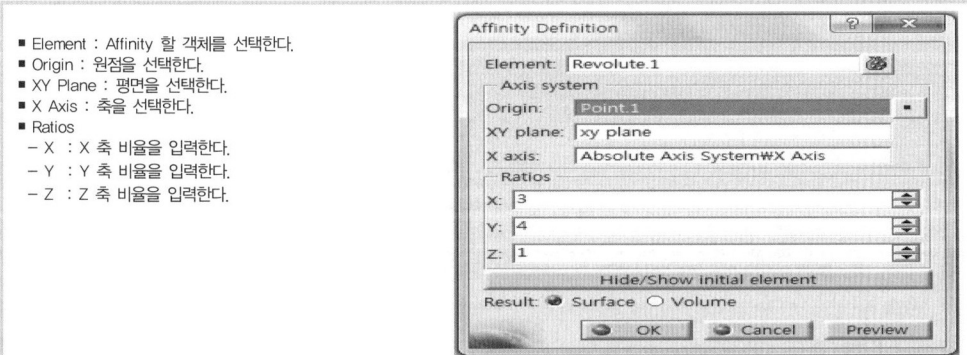

Affinity 실습

1) Sphere Surface 객체를 준비한다.

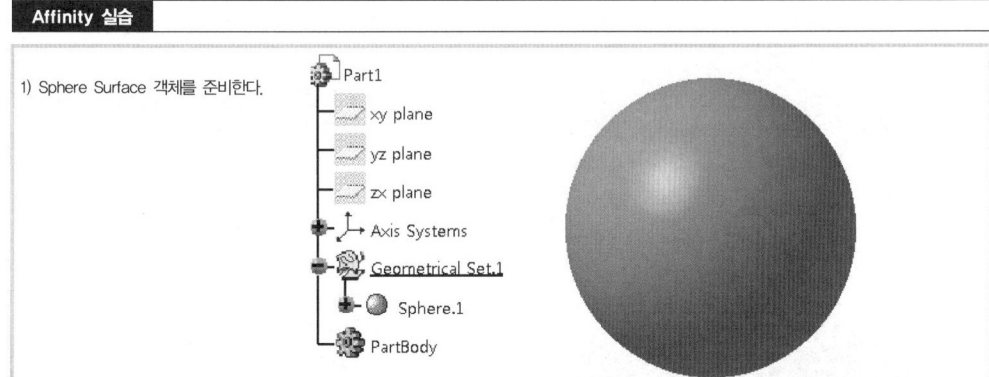

2) Affinity( )을 실행하고 Element : Sphere 객체 선택, Origin : 원점을 선택, XY Plane : 평면을 선택, X Axis : 축을 선택하고 다음과 같이 비율을 입력한다.

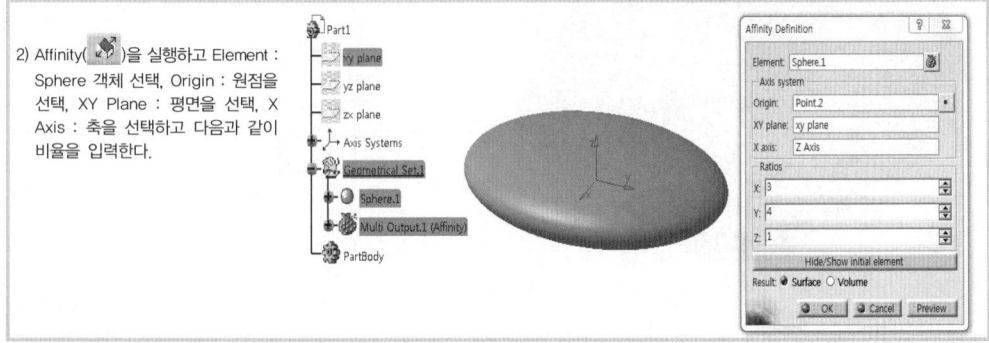

■ Affinity 결과

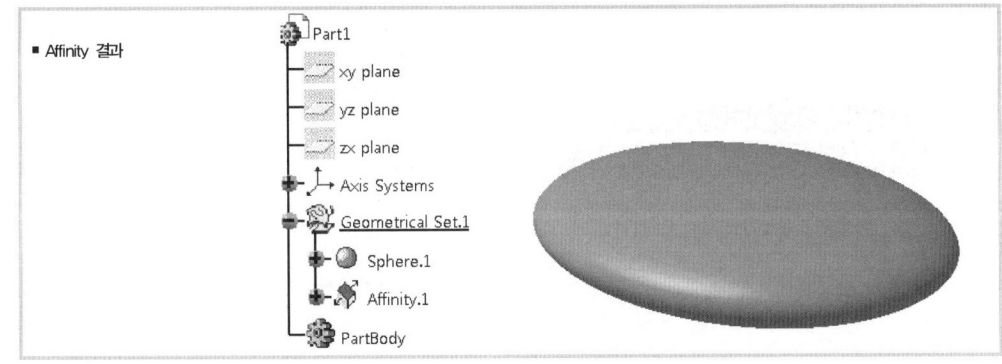

6. Axis to Axis( )

Axis to Axis : 이동하고자 하는 대상을 Axis System을 이용하여 이동시키는 명령이다.

• Axis to Axis( ) Definition

- Element : 이동 할 객체를 선택한다.
- Reference : 형상이 있는 부위의 Axis를 선택한다.
- Target : 새로이 옮기고자 하는 위치의 Axis를 선택한다.
  - 원본 형상이 수정되면 Axis to Axis로 복사한 형상 역시 같이 수정된다.

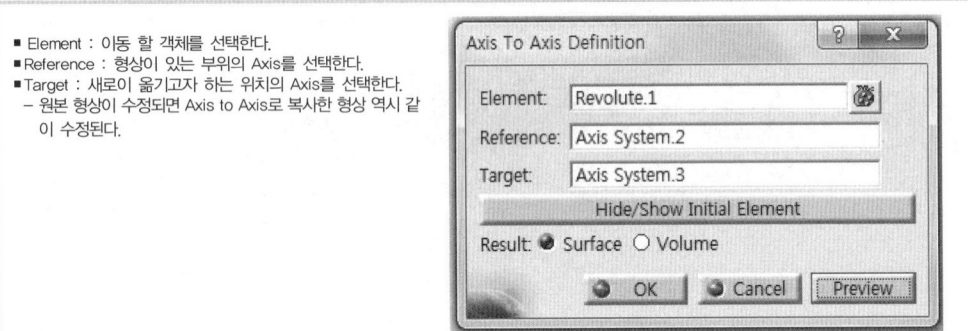

Axis to Axis 실습

1) Sphere Surface 객체를 준비한다.

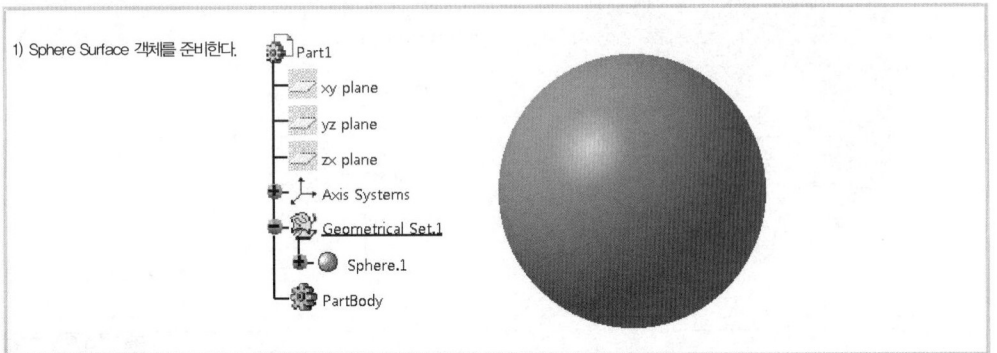

2) Axis to Axis( )을 실행하고 다음과 같이 지정한다.

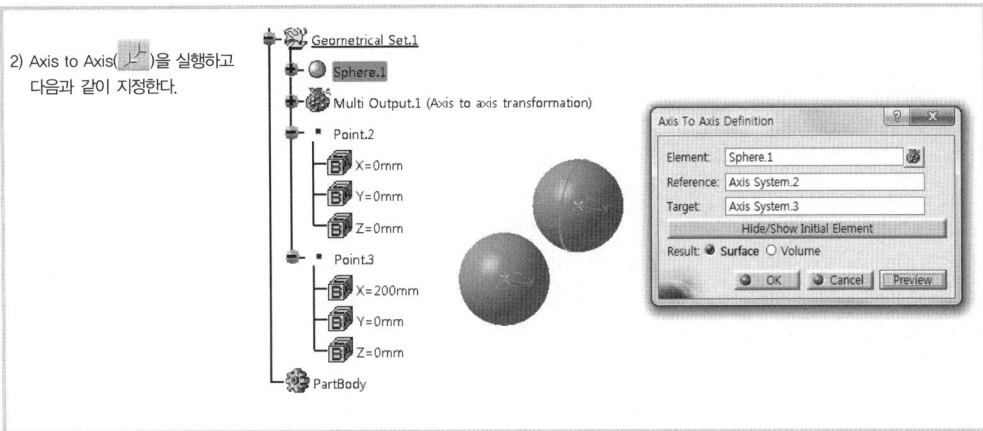

7. Extrapolate( )

Extrapolate : Surface나 Curve 요소에 대해서 선택한 지점을 기준으로 그 길이를 연장시켜주는 명령이다. Surface나 Curve를 이용하여 어떠한 작업을 하려고 할 때 그 길이가 모자란 경우 간단히 그 형상을 늘리고자 하는 위치의 Vertex나 Edge를 Boundary에 선택하고 대상을 Extrapolated에 선택해 준다.

• Extrapolate( ) Definition

- Boundary : 연장할 객체의 모서리를 선택한다.
- Extrapolated : 연장할 대상을 선택한다.
- Type
  - Length : 길이를 지정하여 연장한다.
  - Up to element : 선택한 요소까지 연장한다.
- Length : 길이를 입력한다.
- Continuity
  - Tangent : 선택한 Surface로부터 탄젠트 되도록 직선방향으로 연장한다.
  - Curvature : 선택한 Surface의 곡률을 그대로 유지하도록 연장한다.

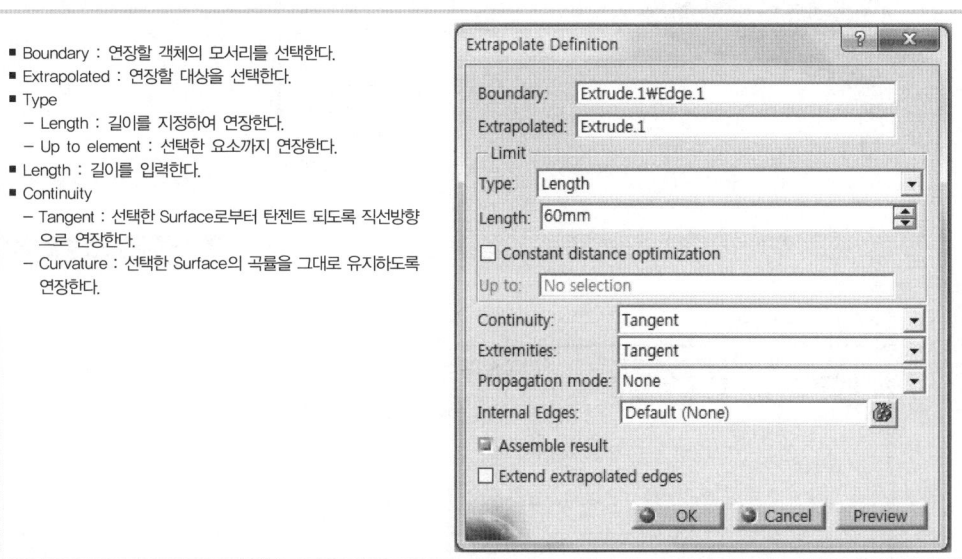

■ Axis to Axis 결과

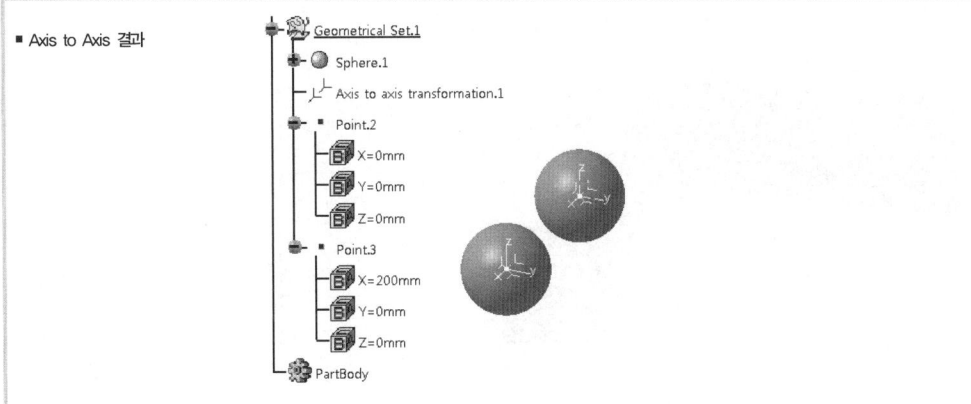

Extrapolate 실습

1) Extrude Surface 객체를 준비한다.

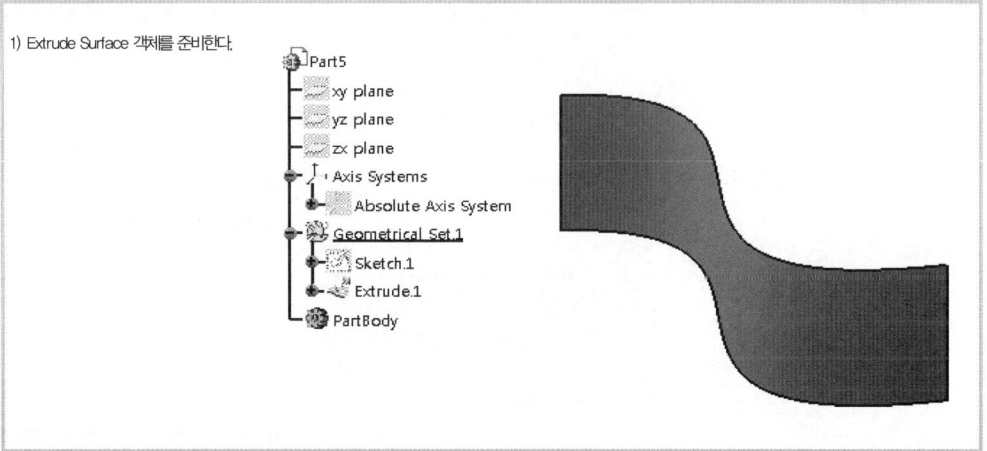

297

2) Extrapolate( ) 을 실행하고 돌출 곡면의 모서리를 선택하여 Length : 60mm를 지정하여 연장한다.

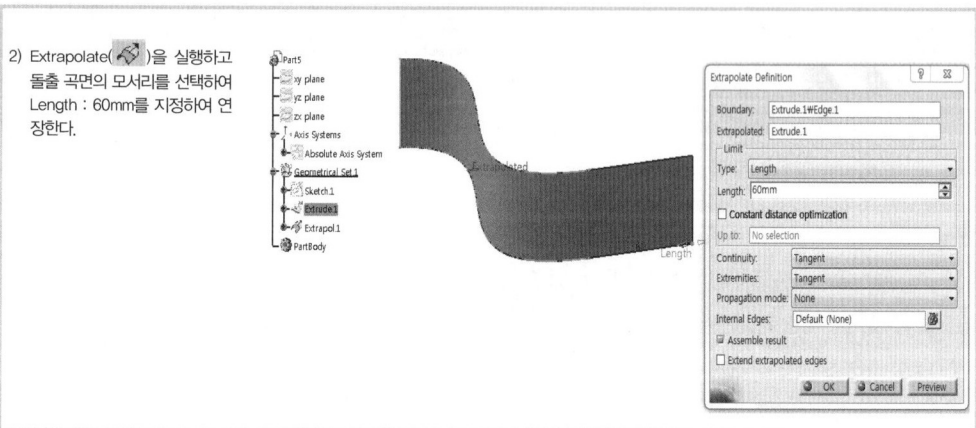

■ Extrapolate 결과

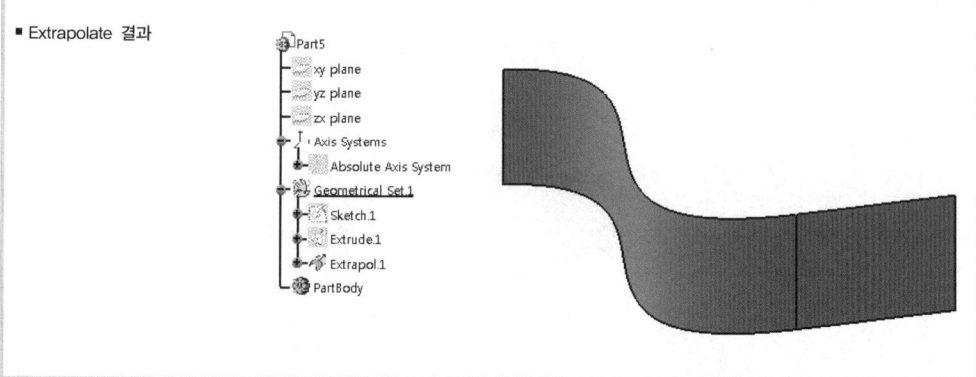

📁 Replication Toolbar

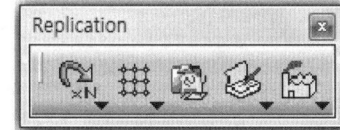

1. Object Repetition( )

Object Repetition은 어떤 대상에 대하여 Translate, Symmetry 등의 작업 등을 수행 했을 때 그 생성 작업을 반복해서 하게 하는 명령이다.
일부 작업에서 Repeat object after Ok를 선택한 것과 같다.

■ Instance : 반복 생성 개수를 입력한다.

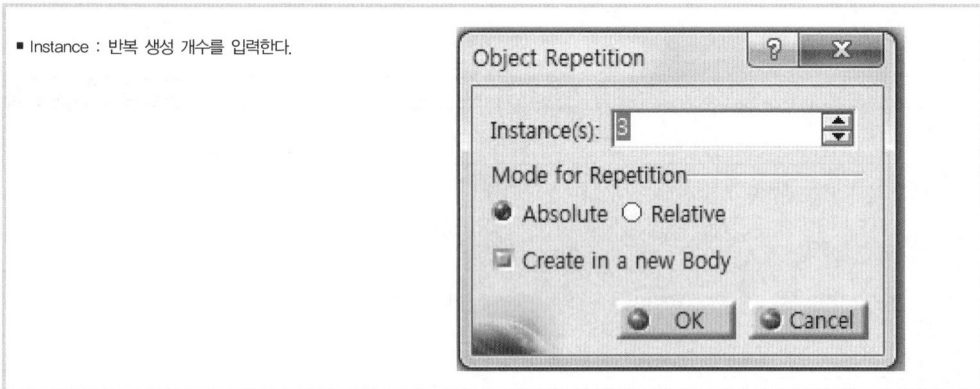

Object Repetition 실습

1) Extrude Surface 객체를 준비한다.

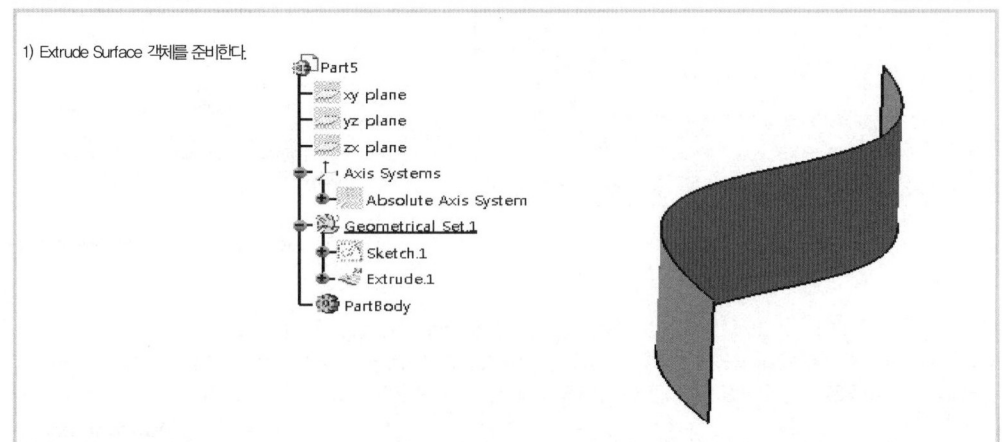

2) Translate를 실행하고 Element : 이동 객체 선택, Direction : X Component를 지정, Distance : 20mm를 지정한다.

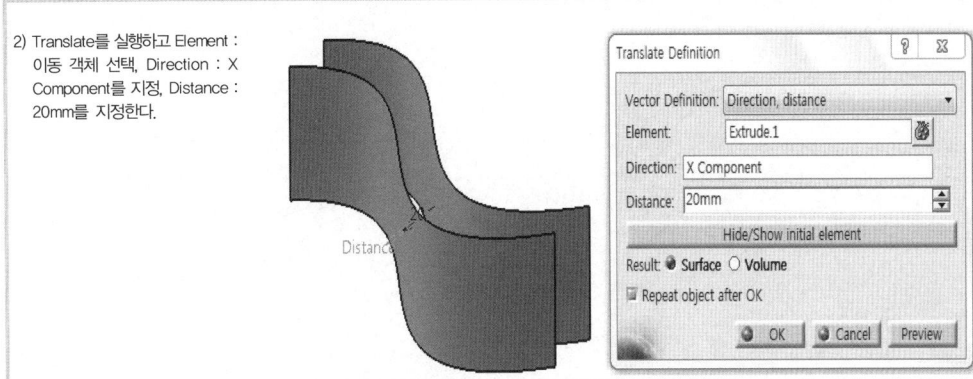

3) Object Repetition을 실행하고 Instance : 3을 지정하여 Translate 작업을 3번 반복한다.

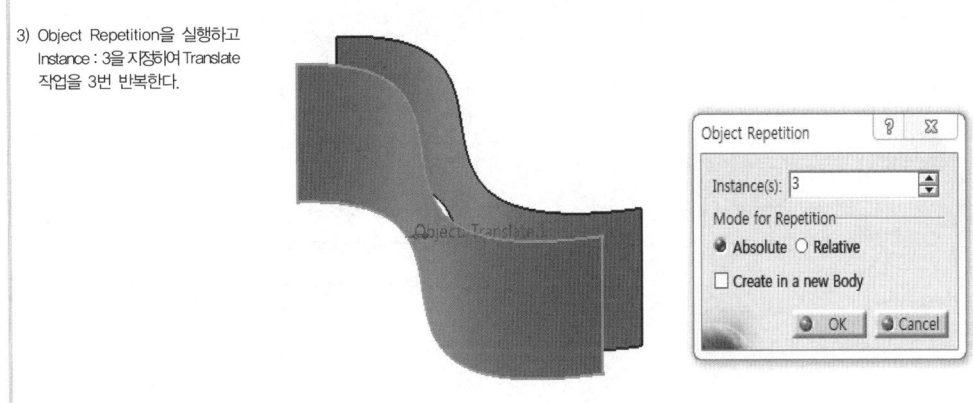

■ Object Repetition 결과

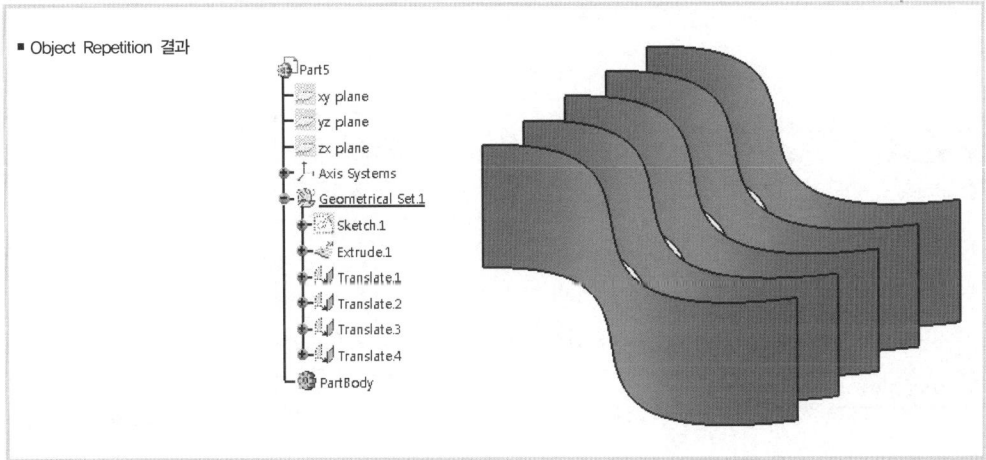

2. Plane Between

Plane Between : 두 개의 Plane 사이에 등 간격으로 평면을 만드는 명령이다. 평행한 두 평면이 있다고 했을 때 이 사이에 일정한 간격으로 평면을 만들고자 할 때 사용할 수 있다.

• Plane Between( ) Definition

■ Instance : 반복 생성 개수를 입력한다.

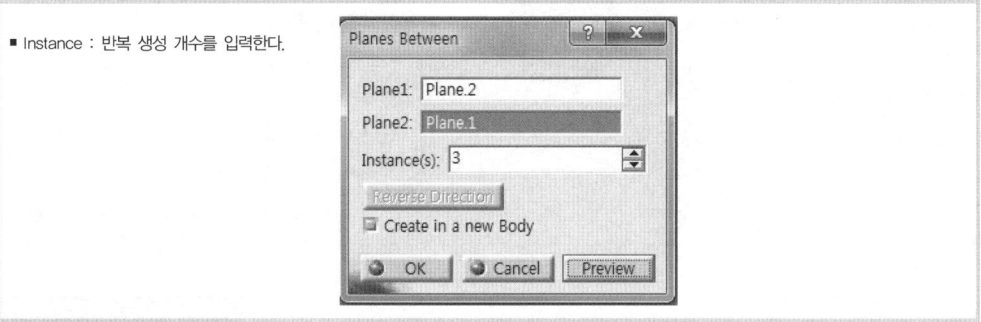

Plane Between 실습

1) Plane을 실행하고 XY Plane을 선택하여 20mm 위쪽에 Plane을 생성한다.

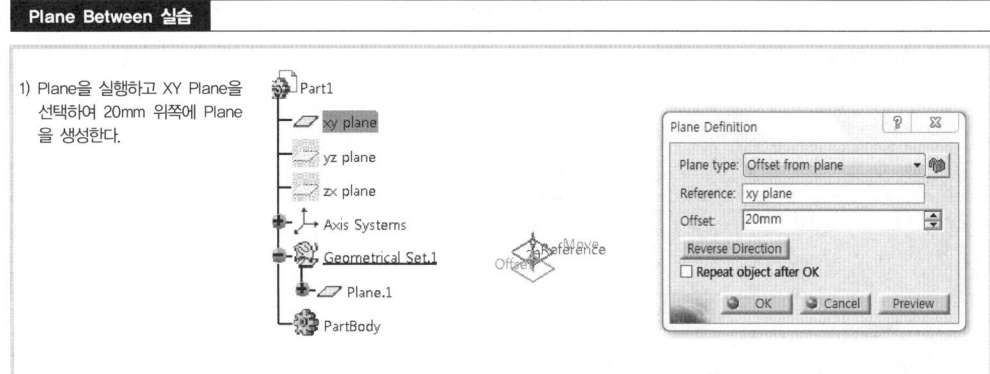

2) Plane을 실행하고 XY Plane을 선택하여 160mm 위쪽에 Plane을 생성한다.

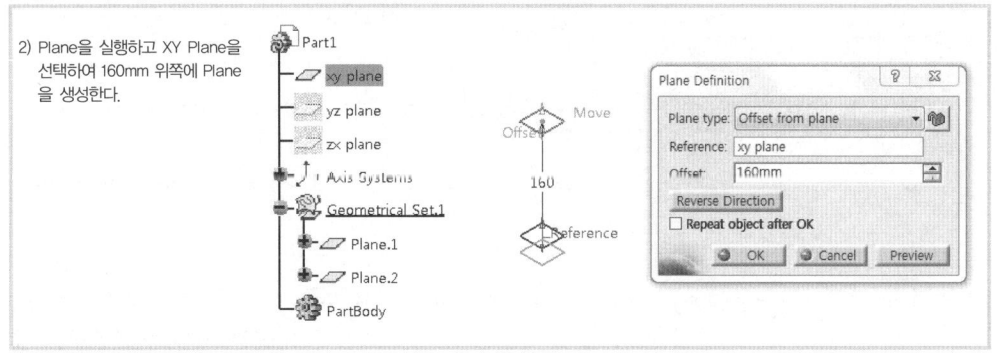

3) Plane Between을 실행하고 두 개의 Plane을 차례대로 선택하고 Instance : 3을 지정한다.

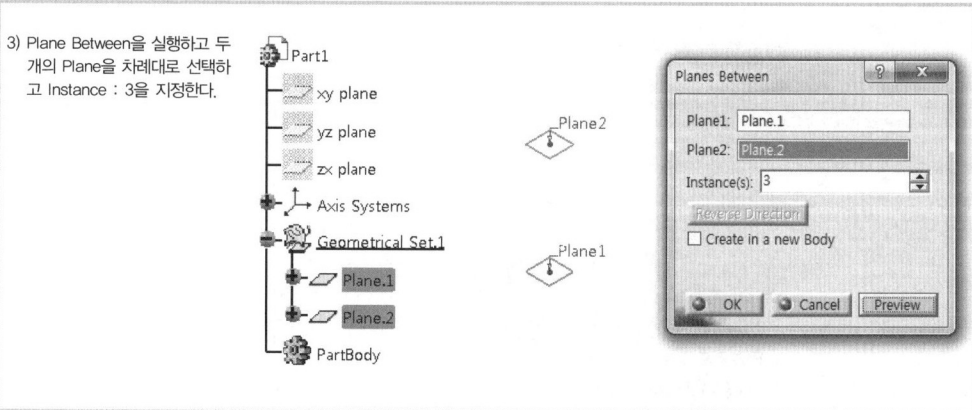

4) 두 개의 Plane 사이에 등 간격으로 3개의 Plane이 생성되었다.

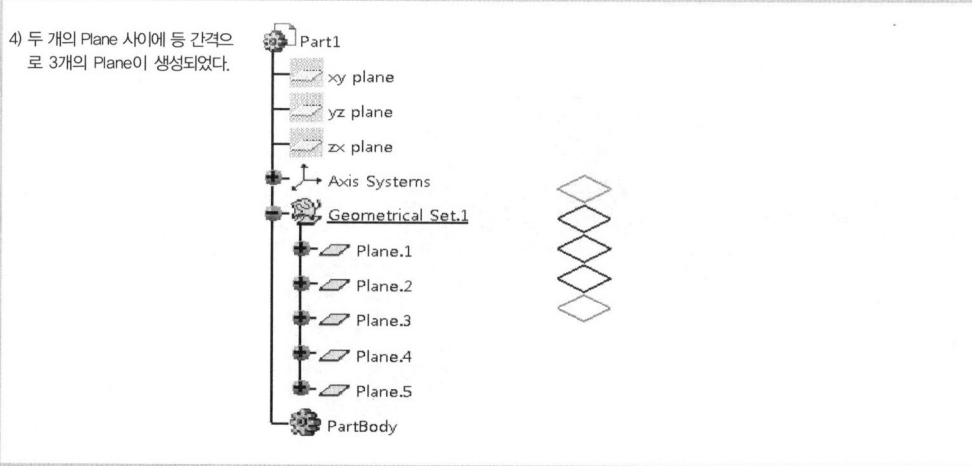

3. Rectangular Pattern(▦)

Rectangular Pattern : 일정한 규칙성을 가진 채 반복되는 형상을 두 방향으로 선택한 Surface, Curve 형상을 복사하는 명령이다.

• Rectangular Pattern(▦) Definition

- First Direction과 Second Direction을 지정하여 두 방향으로 패턴을 복사한다.
- Instance : 패턴 복사할 개수를 지정한다.
- Spacing : 패턴간의 간격을 지정한다.
- Reference element : 방향을 모서리나 Axis를 선택한다.

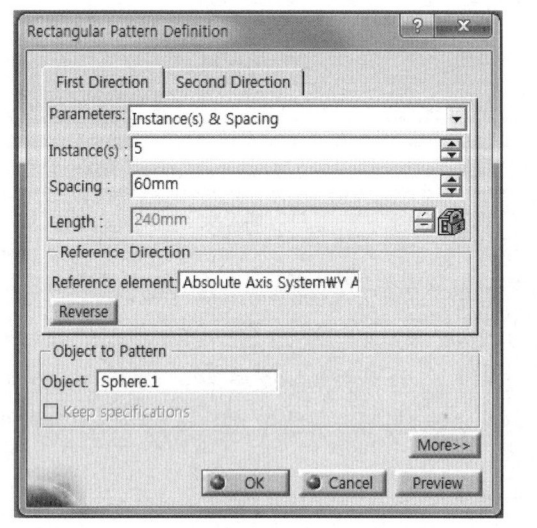

Rectangular Pattern 실습

1) Sphere를 실행하고 Center : 원점을 선택 반경 : 20mm로 Sphere 생성한다.

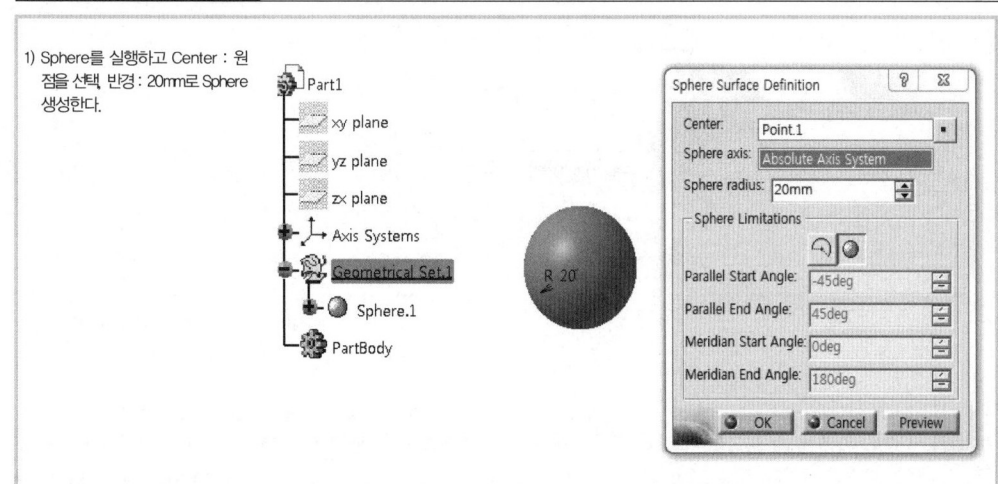

2) Rectangular Pattern을 실행하고 Instance :
   5, Spacing : 60mm, Reference element :
   Y Axis를 선택, 패턴객체로 Sphere.1을
   선택한다.

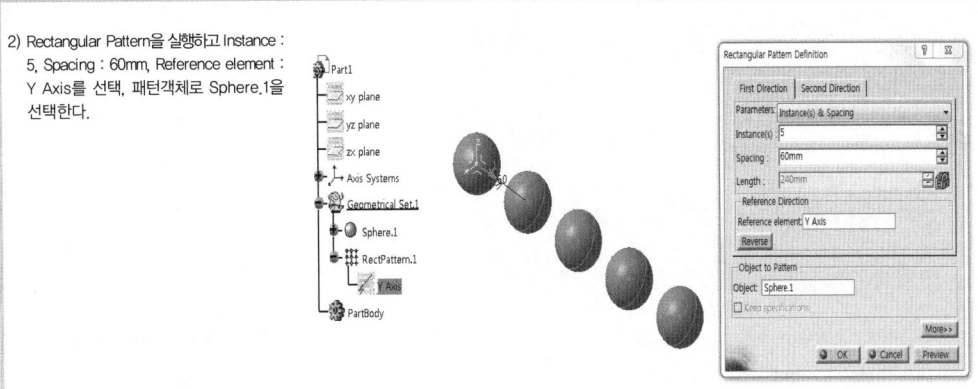

3) [Second Direction]탭에서 Instance :
   4, Spacing : 60mm, Reference element :
   X Axis를 선택한다.

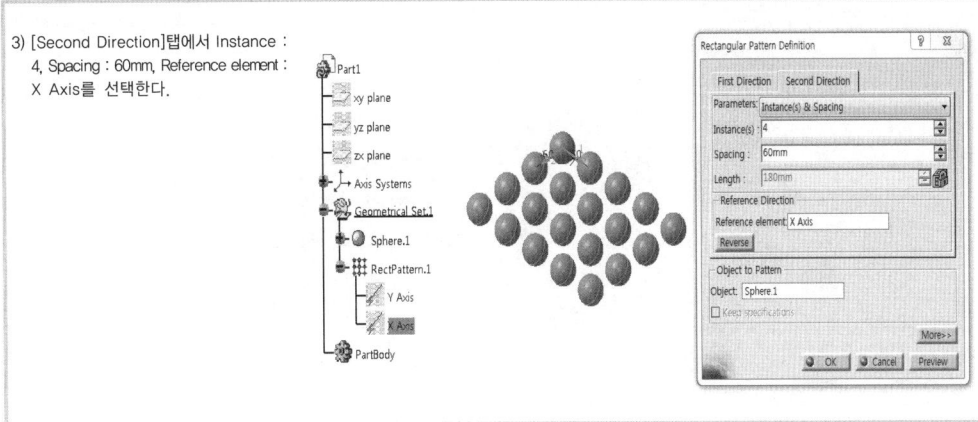

■ Rectangular Pattern 결과

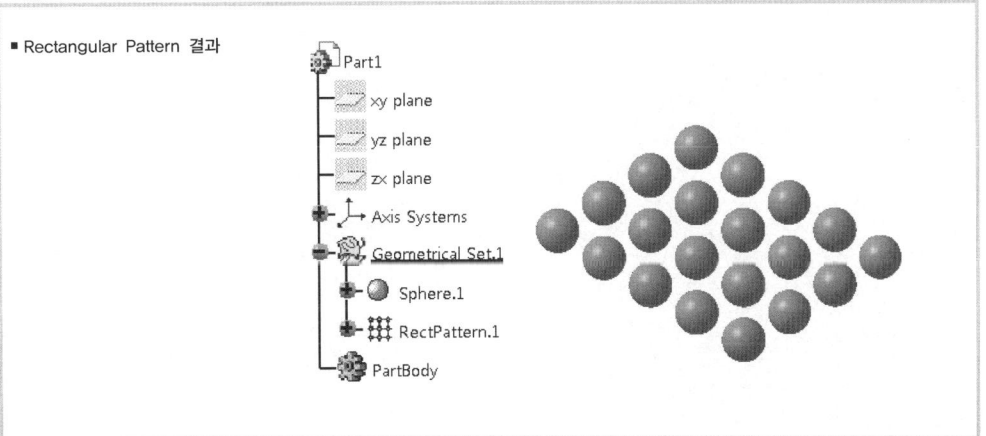

4. Circular Pattern( )

Circular Pattern : 회전축을 잡아 그 축을 중심으로 회전하여 원형으로 형상을 복사한다.

• Circular Pattern( ) Definition

■ Parameters : Pattern 유형을 선택한다.
■ Instance : 패턴 복사할 개수를 지정한다.
■ Angle Spacing : 패턴간의 각도를 지정한다.
■ Reference element : 회전축을 선택한다.

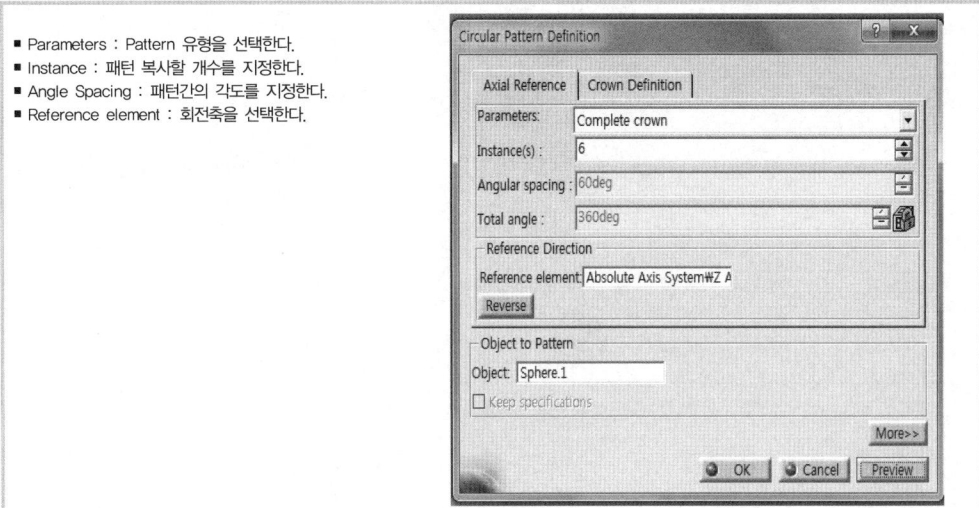

Circular Pattern 실습

1) Sphere를 실행하고 원점으로 Y :
   150mm 위치에, 반경 : 20mm로
   Sphere 생성한다.

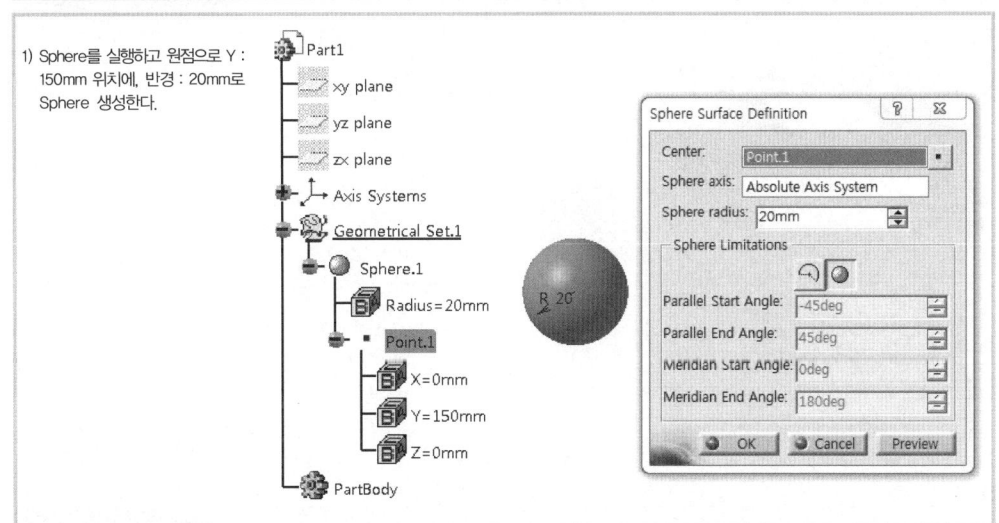

301

2) Circular Pattern을 실행하고 Complete crown을 지정하고, Instance : 6, Reference element : Z Axis를 선택, Sphere.1 객체를 패턴복사 한다.

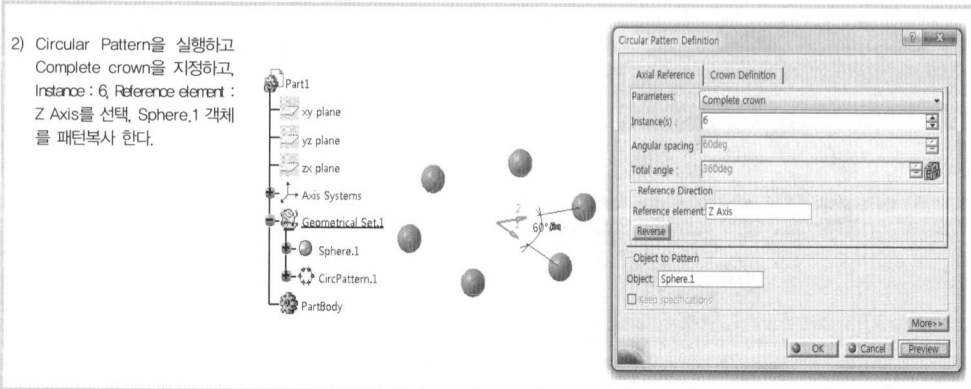

■ Circular Pattern 결과

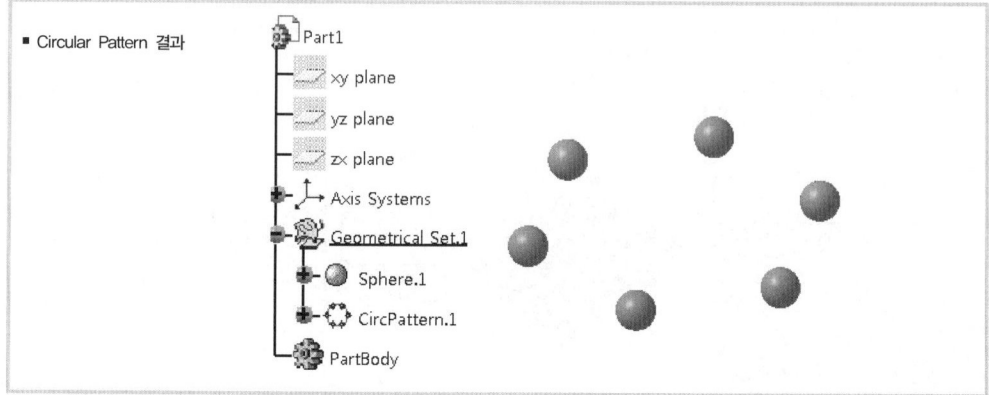

5. User Pattern( )

User Pattern : 복사할 지점을 스케치에서 Point를 만들어서 이 지점에 형상을 복사한다.

• User Pattern( ) Definition

■ Positions : Point를 생성한 Sketch를 선택한다.
■ Object : 패턴 복사할 객체를 선택한다.

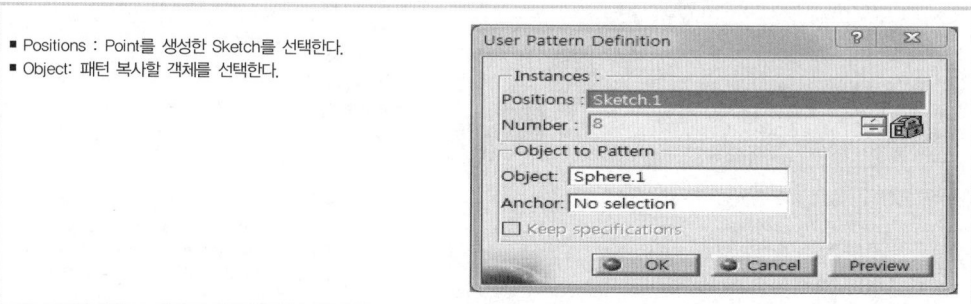

User Pattern 실습

1) Sphere를 실행하고 원점으로 Y : 150mm 위치에, 반경 : 20mm로 Sphere 생성한다.

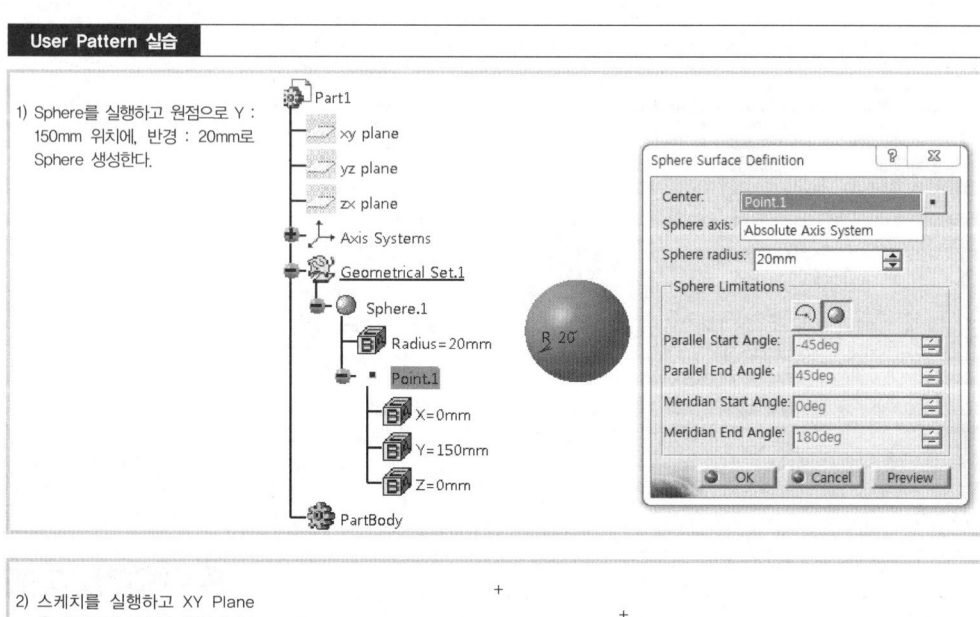

2) 스케치를 실행하고 XY Plane을 선택하여 다음과 같이 Point를 찍는다.

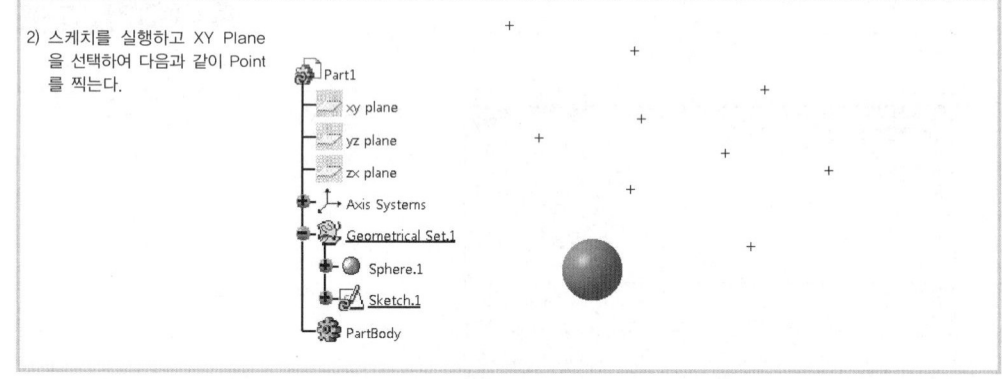

3) User Pattern을 실행하고 Position에 Sketch.1을 선택한다.

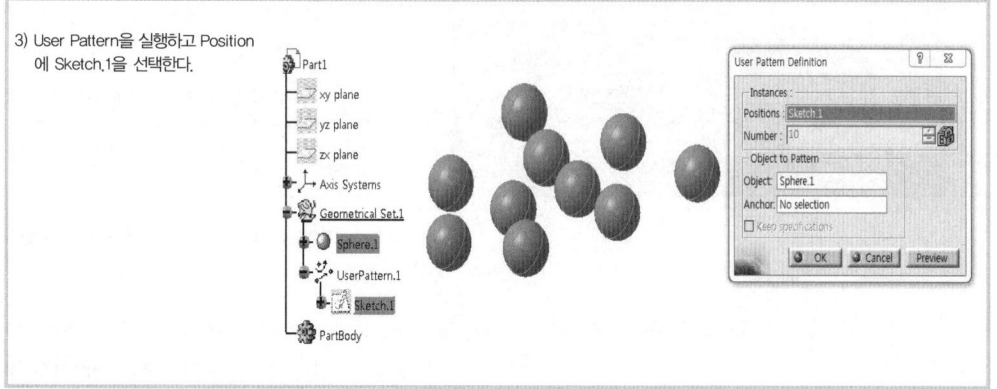

■ User Pattern 결과

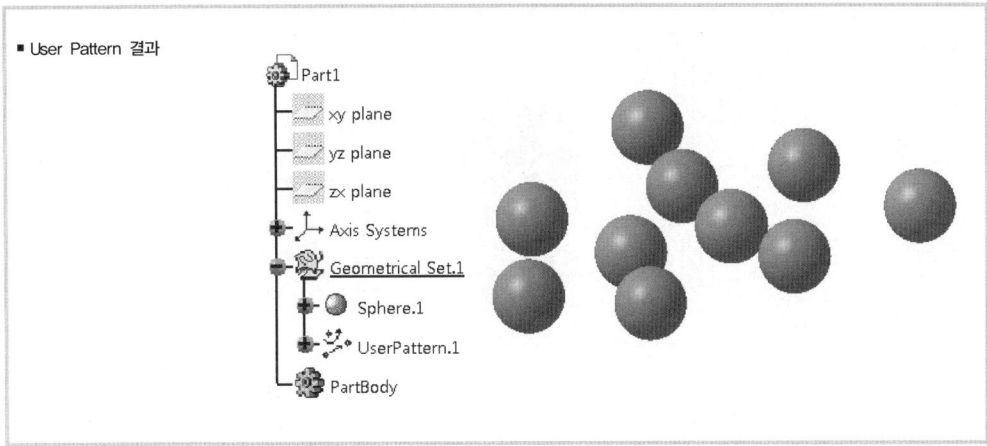

6. Duplicate Geometrical Set( )

Duplicate Geometrical Set의 형상 전체를 복사해서 새로운 기준에 복사하여 붙여 넣는 방법이다. 하나의 Geometrical Set에서 만들어진 형상과 전체의 작업을 이에 사용된 기준 요소(Plane, Axis, Point, Line, Face 등)를 이용하여 새로이 옮기고자 하는 위치에 같은 기준 요소를 준비하여 그대로 복사를 시킬 수가 있다.

- Reference : 참고할 Geometrical Set을 지정한다.
- Destination : 복사될 Geometrical Set의 위치를 지정한다. After : 선택한 Geometrical Set과 같은 계층에, Inside : 선택한 Geometrical Set 안쪽에 복사된다.
- Inputs : 원본 Geometrical Set의 형상을 구성하는데 사용한 Plane이나 Axis 같은 기준 요소를 복사할 위치에 맞게 선택해 준다.

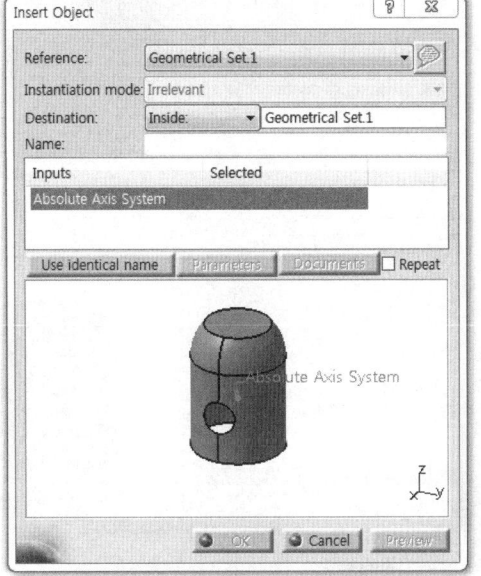

Duplicate Geometrical Set 실습

1) Cylinder를 실행하고 Point : 원점을 지정, Direction : XY Plane을 선택, Radius : 50mm, Length 1 : 50mm를 지정, Mirrored extent를 지정한다.

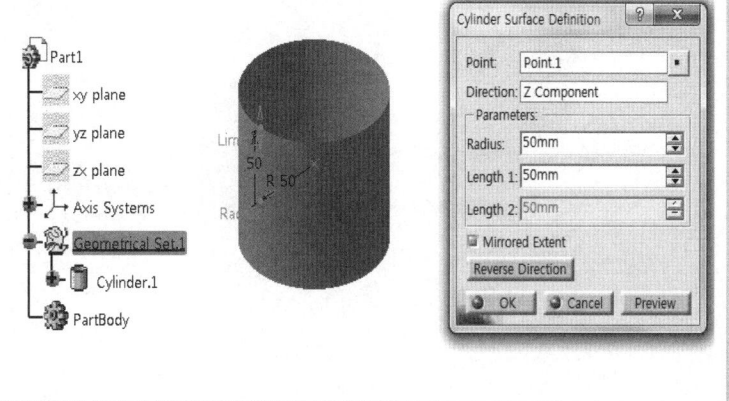

2) Point를 실행하고 Cylinder의 윗부분의 원을 선택하여 중심에 Point를 찍는다.

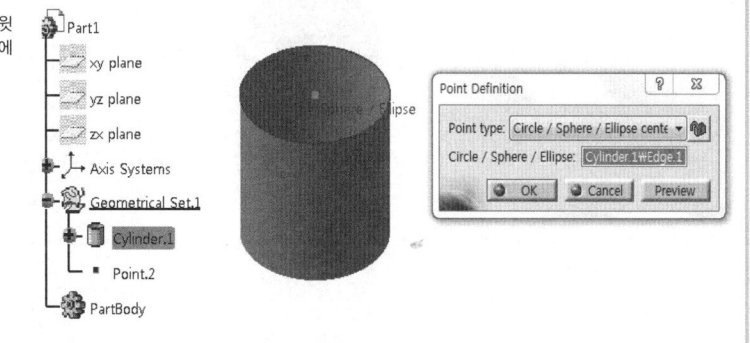

3) Sphere를 실행하고 2)에서 찍은 Point를 Center로 Radius : 50mm을 지정한 후 다음 부분은 대화 창에 표시된 대로 설정하여 Sphere를 생성한다.

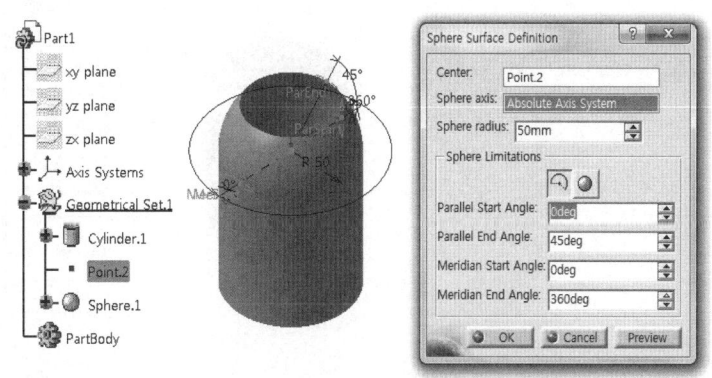

4) Fill을 실행하고 상단부분을 채운다.

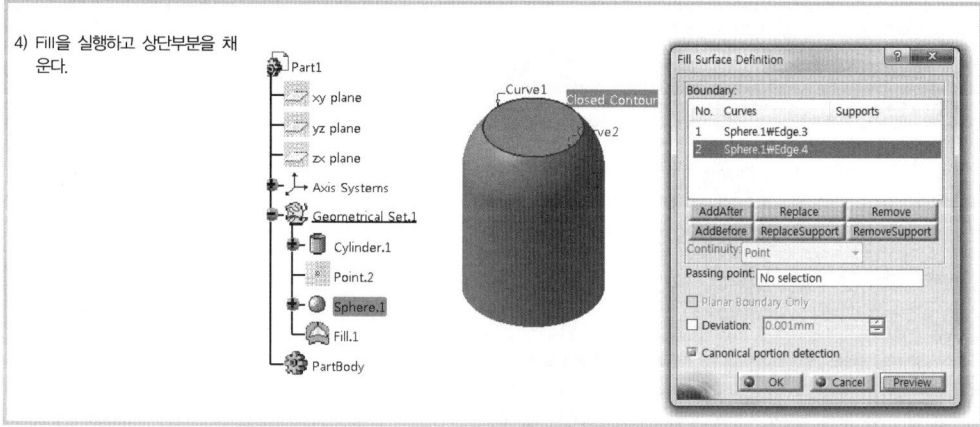

5) Cylinder를 실행하고 다음과 같이 지정하여 생성한다.

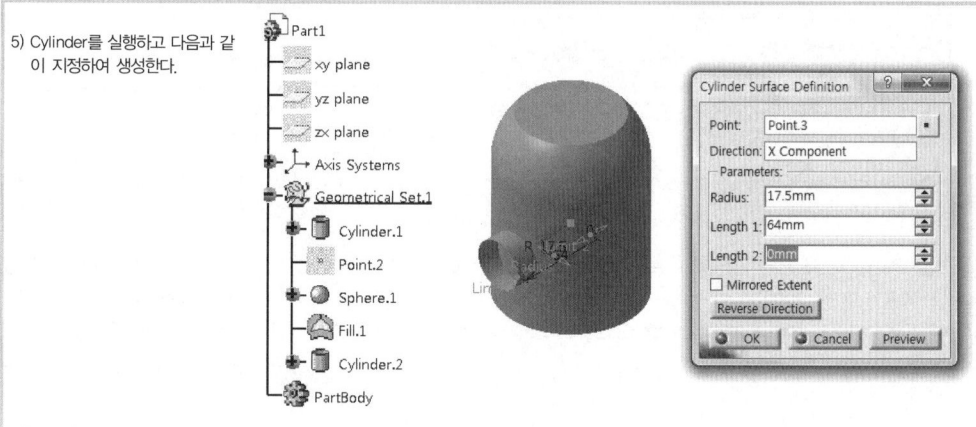

6) Split을 실행하고 Cylinder.1을 Cylinder.2로 안쪽을 잘라낸다.

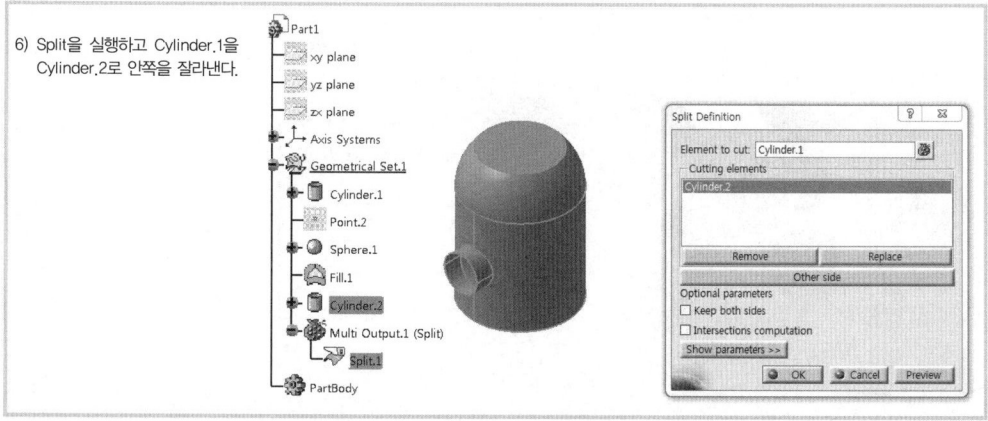

7) Spec Tree에서 Cylinder.2를 [Hide]를 한다.

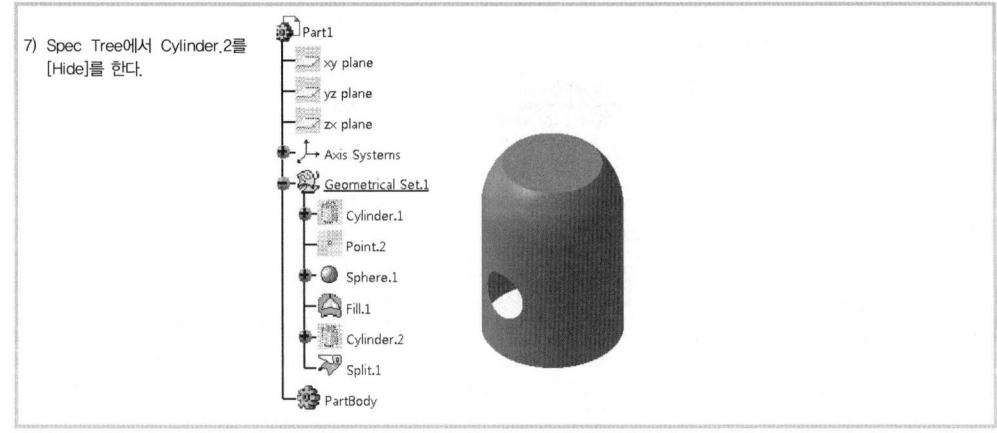

8) Duplicate Geometrical Set을 위한 준비 완료

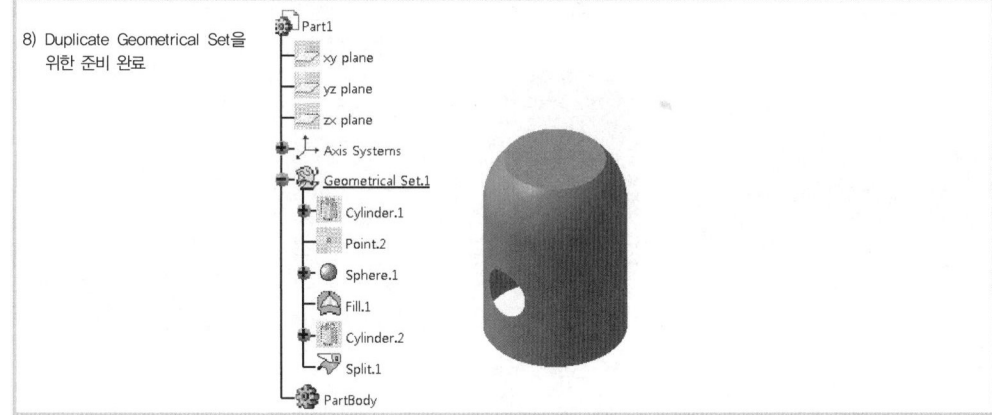

9) Destination : After를 지정, [Use identical name] 버튼을 누른다.

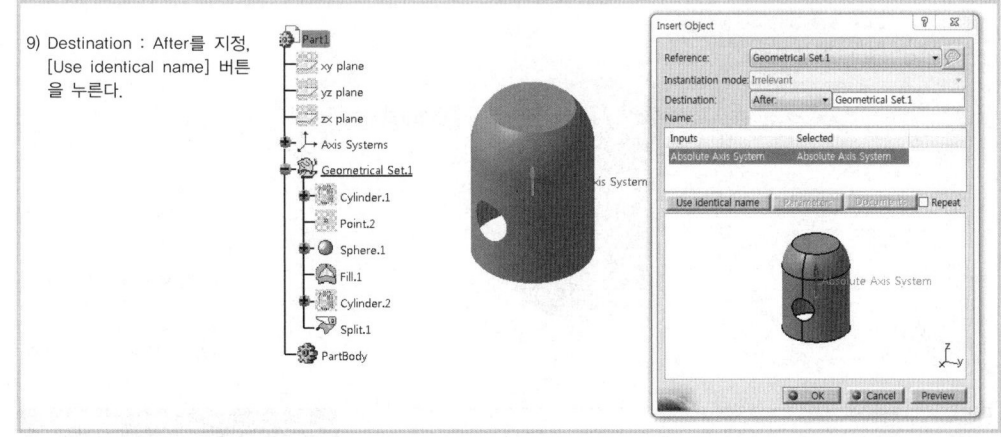

■ Duplicate Geometrical Set 결과

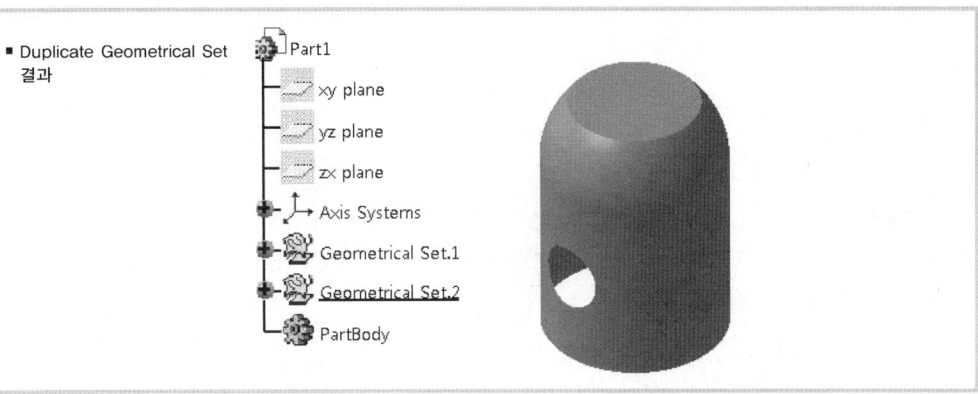

10) Destination : Inside를 지정, [Use identical name] 버튼을 누른다.

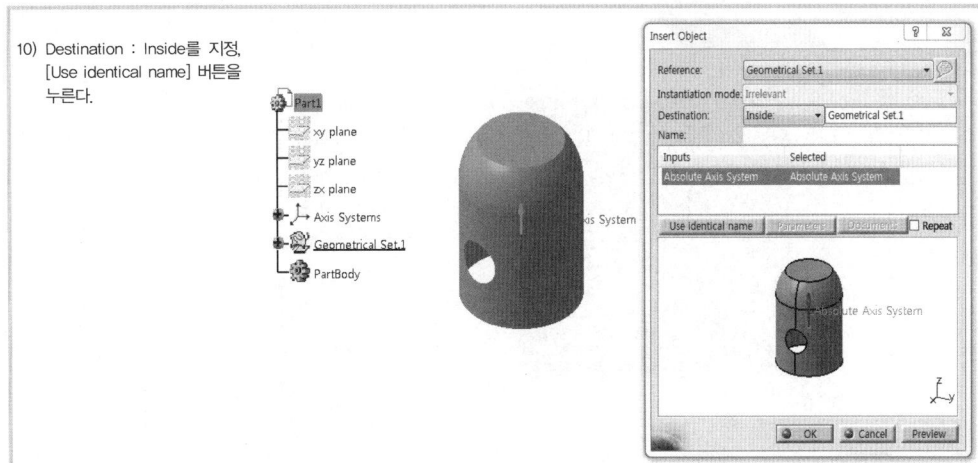

■ Duplicate Geometrical Set 결과

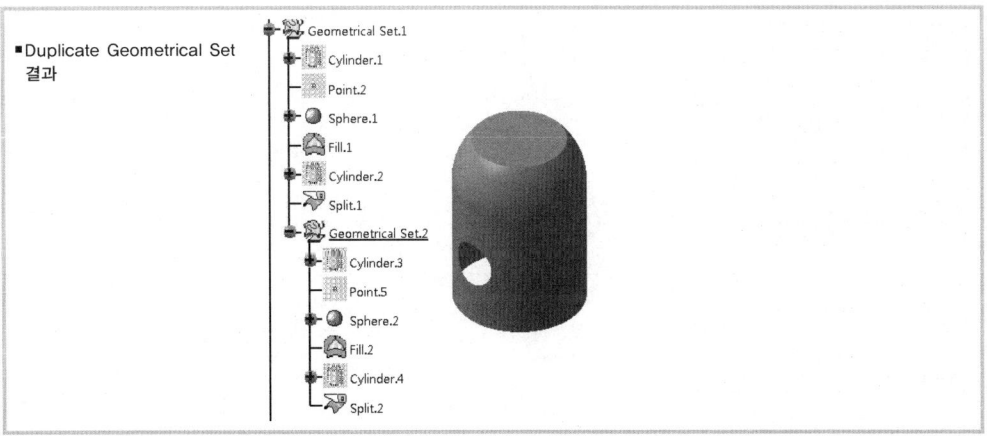

Advance Surfaces

Advanced Surface에 속하는 명령들은 이미 만들어진 형상을 여러 가지 방법을 사용하여 변형시키는 명령이다.

Dump

Dump( ) : Surface 형상을 돌출시킨 모양을 만들어 준다.

• Dump( ) Definition

- Surface to deform : 변형시킬 Surface 형상을 선택한다.
- Limit Curve : 변형이 일어날 범위를 제한하는 Curve를 선택한다.
- Deformation Center : 변형이 일어날 부위의 중심위치를 선택해 주어야 한다.
- Deformation direction : 변형이 일어날 방향을 선택한다.
- Deformation distance : 돌출되는 거리 값을 입력한다.

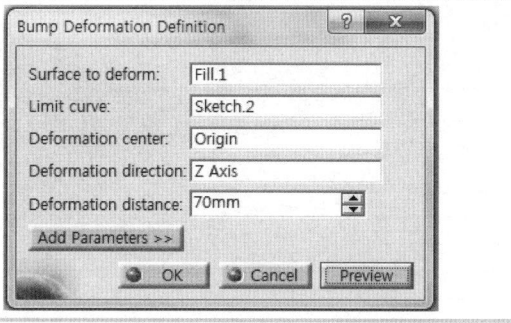

Dump( ) 실습

1) 스케치를 실행하고 XY Plane을 선택하여 다음과 같이 스케치를 한다.

2) Fill을 실행하고 Sketch.1을 선택하여 채운다.

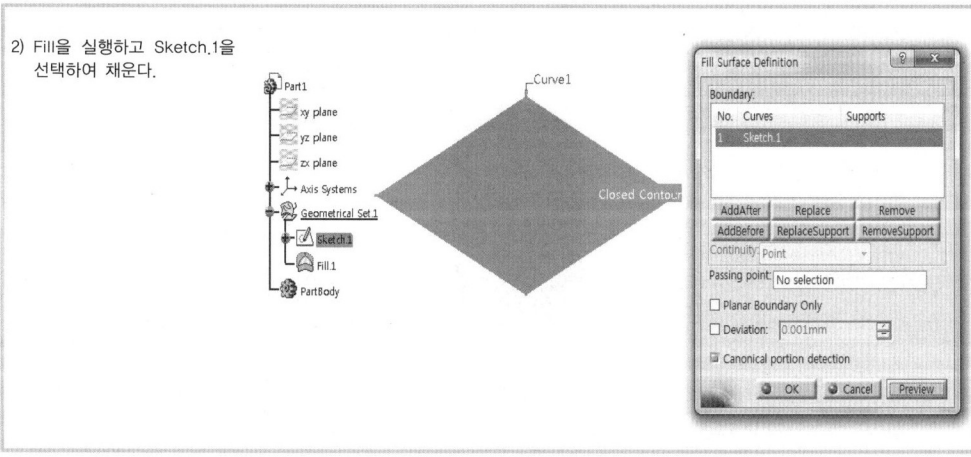

■ 완성 결과

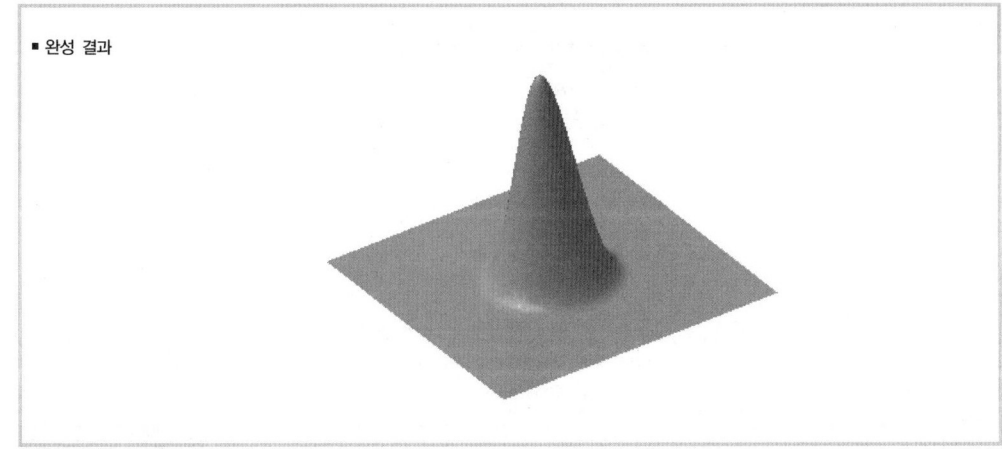

3) 스케치를 실행하고 Fill.1 객체 윗면을 선택하여 다음과 같이 스케치를 한다.

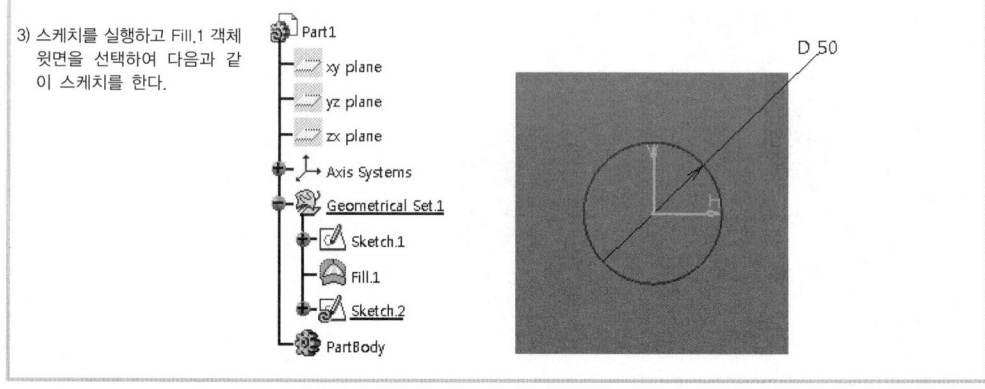

■ Continuity : Point 지정한 경우

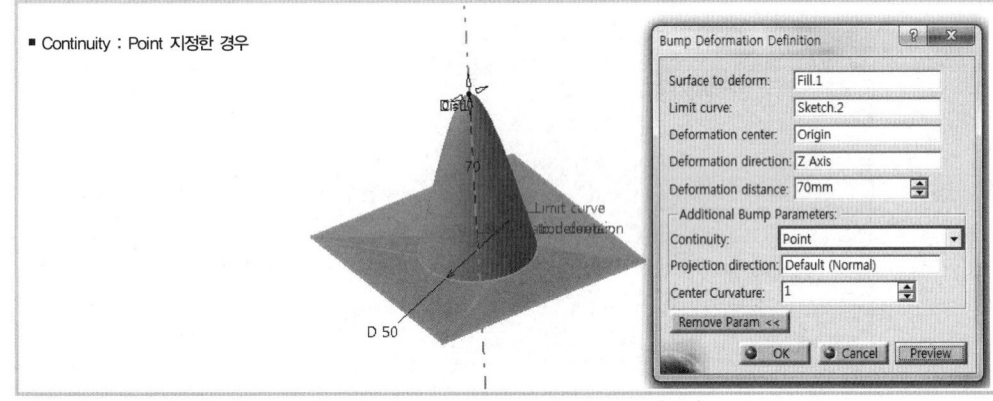

4) Bump를 실행하고 Surface to deform : Fill.1 Surface를 선택, Limit Curve : Sketch.2를 선택, 나머지는 다음과 같이 선택한다.

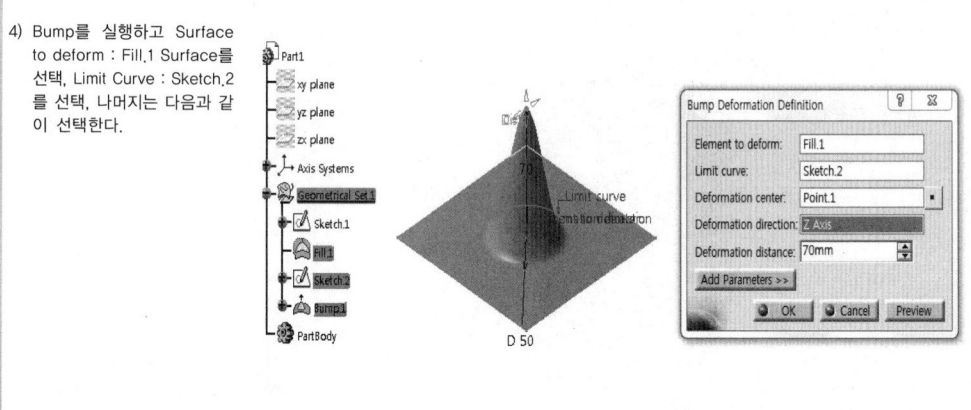

■ Continuity : Point 결과

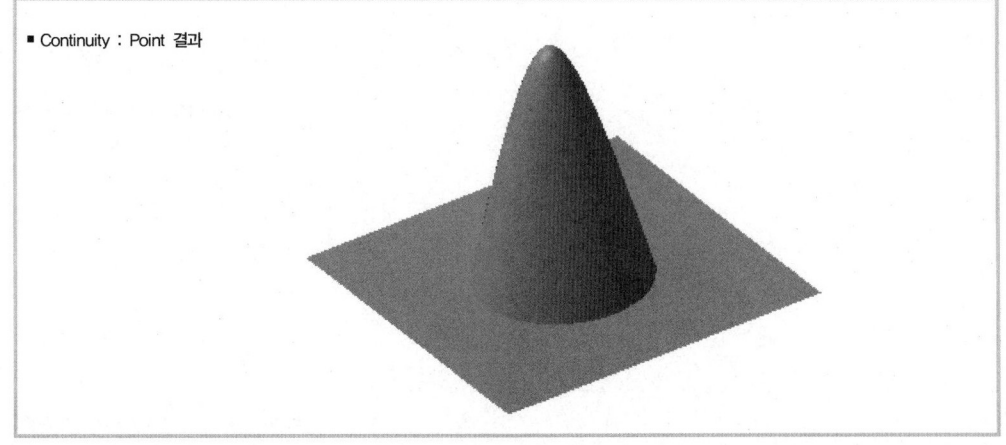

- Continuity : Tangent 지정한 경우

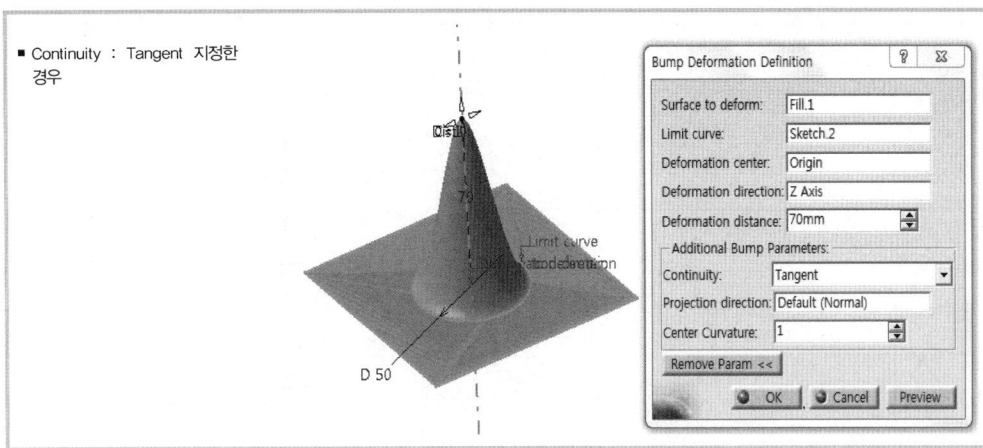

- Continuity : Tangent 결과

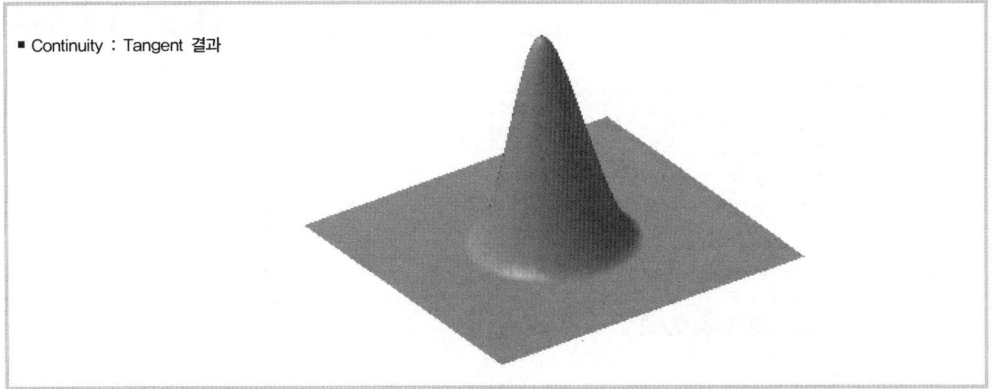

- Continuity : Curvature 지정한 경우

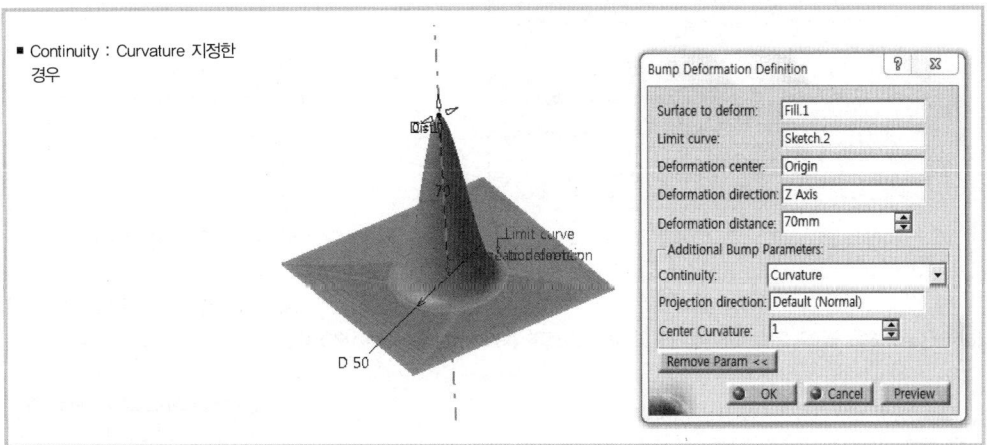

- Continuity : Curvature 결과

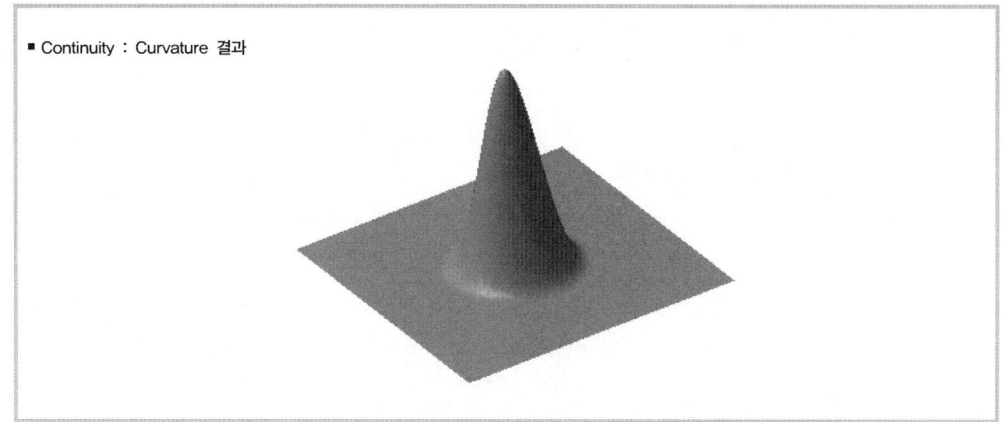

- Center Curvature : 꼭대기 부분 곡률지정

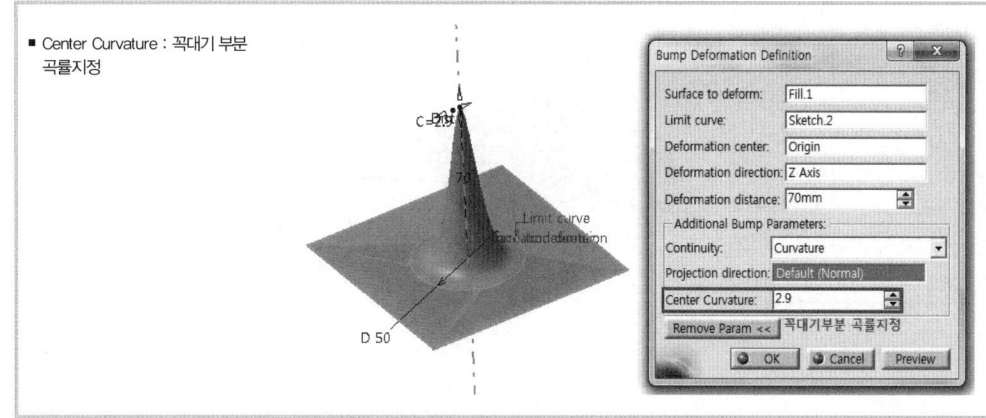

Wrap Curve

Wrap Curve( ) : Surface 형상을 Curve를 이용하여 구부러트리는 명령이다. 현재의 Surface를 임의의 Curve의 형상으로 휘게 하거나 펼치는 작업이 가능하다.

• Wrap Curve( ) Definition

- Surface to deform : 변형시킬 Surface 형상을 선택한다.
- Limit Curve : 변형이 일어날 범위를 제한하는 Curve를 선택한다.
- Curves : 변형 시킬 형상의 모양을 지닌 Curve
- Reference : 현재 형상에서 변형시키고자 하는 방향으로의 기준 Curve
- Target : 변형을 원하는 부위의 Curve를 선택한다.
- Fixed reference curve : 체크하면 변형 후에도 현재 형상을 유지하게 된다.

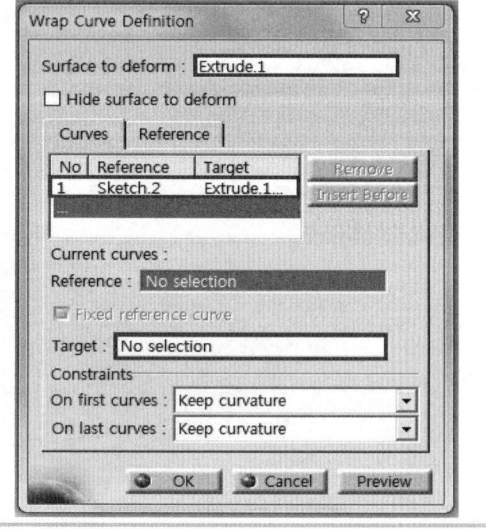

Wrap Curve( ) 실습

1) 스케치를 실행하고 YZ Plane을 선택하여 다음과 같이 스케치를 한다.

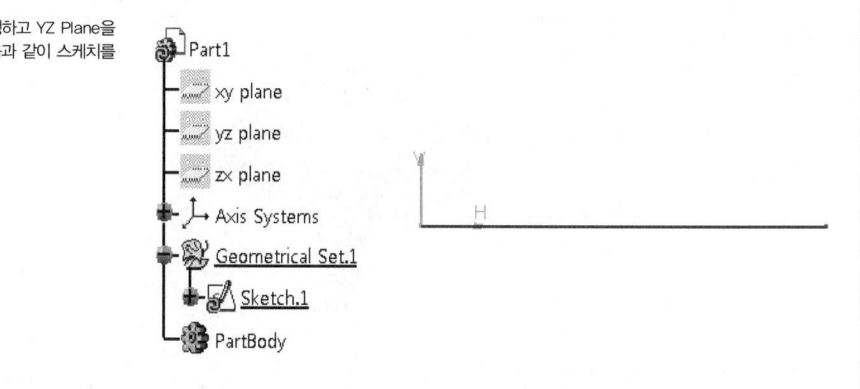

2) Extrude를 실행하고 양쪽으로 다음과 같이 돌출을 한다.

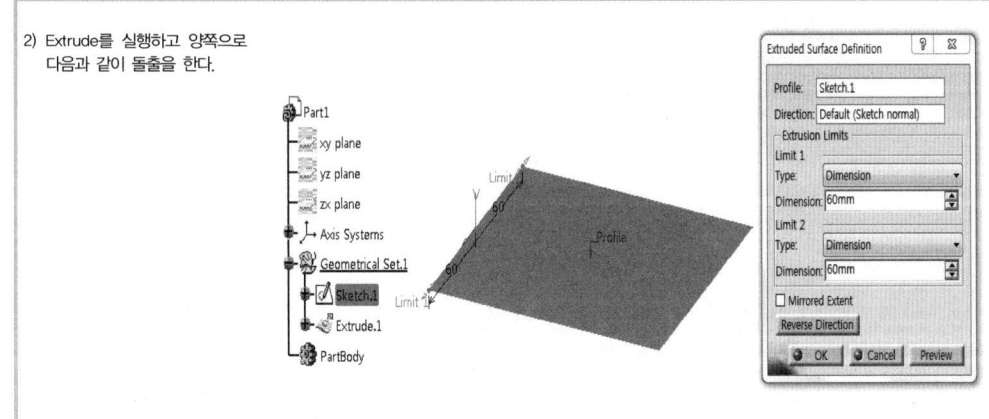

3) Plane을 실행하고 ZX Plane을 선택하여 20mm 위치에 Plane을 생성한다.

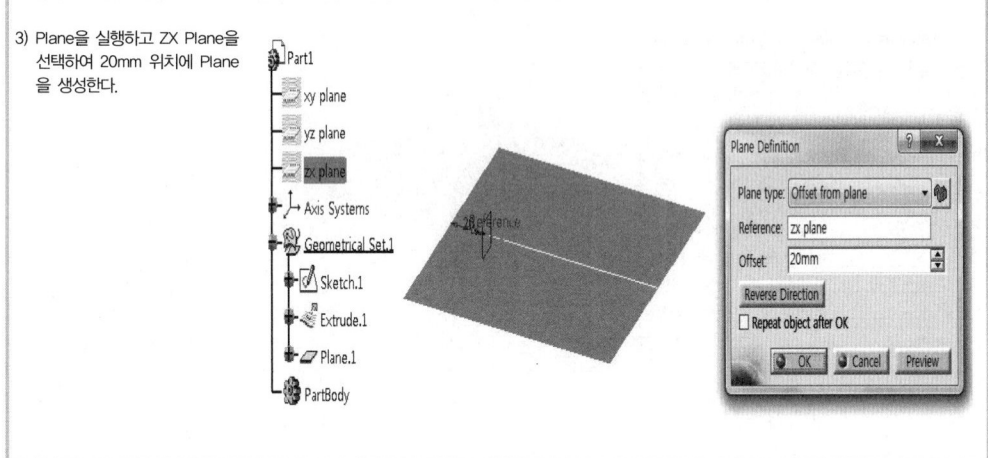

4) 스케치를 실행하고 Plane.1을 선택하여 다음과 같이 스케치를 한다.

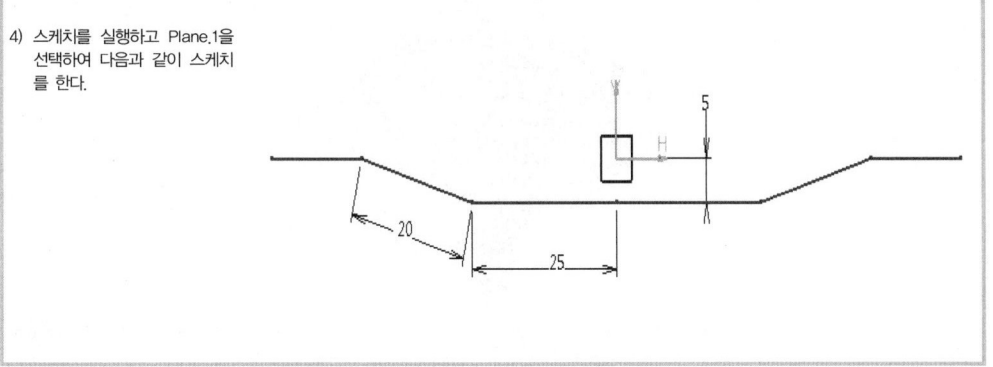

5) Wrap Curve를 실행하고 다음과 같이 선택한다.
   - Surface to deform : Extrude.1을 선택
   - Curves : Sketch.2를 선택
   - Target : Surface의 앞 모서리 선택

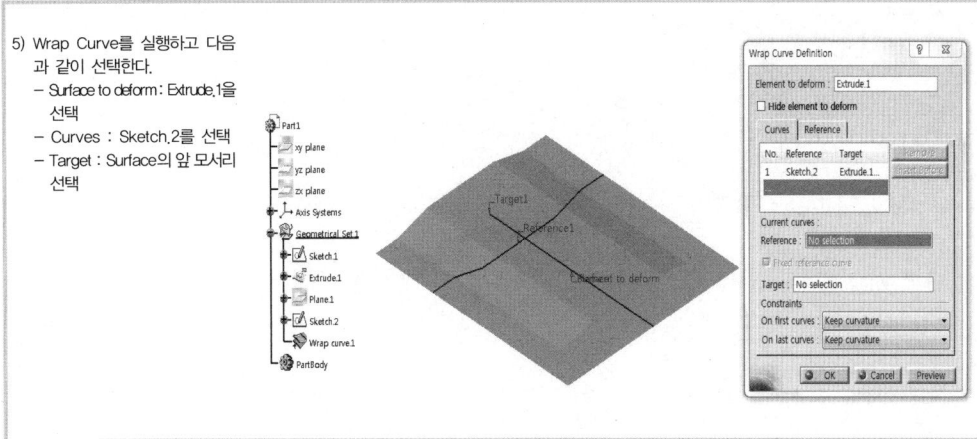

■ 완성 결과

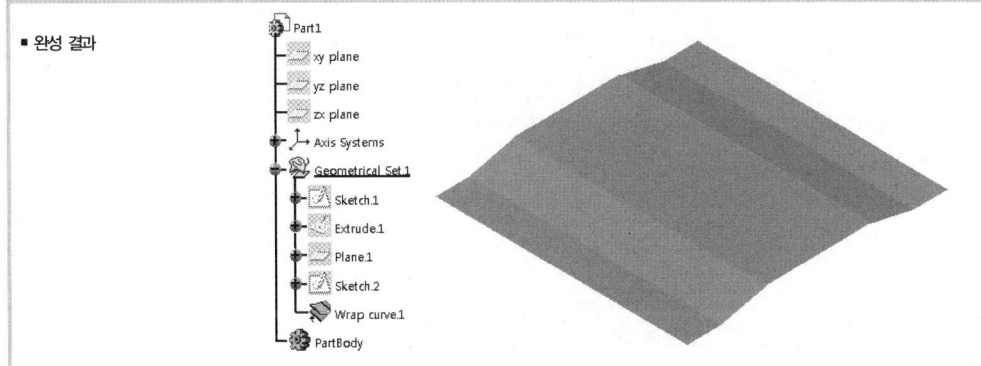

Isoparametric Curve

Isoparametric Curve( ) : Isoparametric Curve를 지정한 Surface상에 투영하여 생성하는 명령이다.

• **Isoparametric Curve( ) Definition**

- Support : 1개의 Surface 또는 Join 등으로 연결된 여러 개의 Surface도 지정 가능하다.
- Point : Surface 위에 임의의 위치로 이동하여 Isoparametric Curve가 표시되는 곳을 선택한다.
- Direction : Surface위에 임의의 지정을 선택하여 Point를 찍으면 자동으로 선택된다.

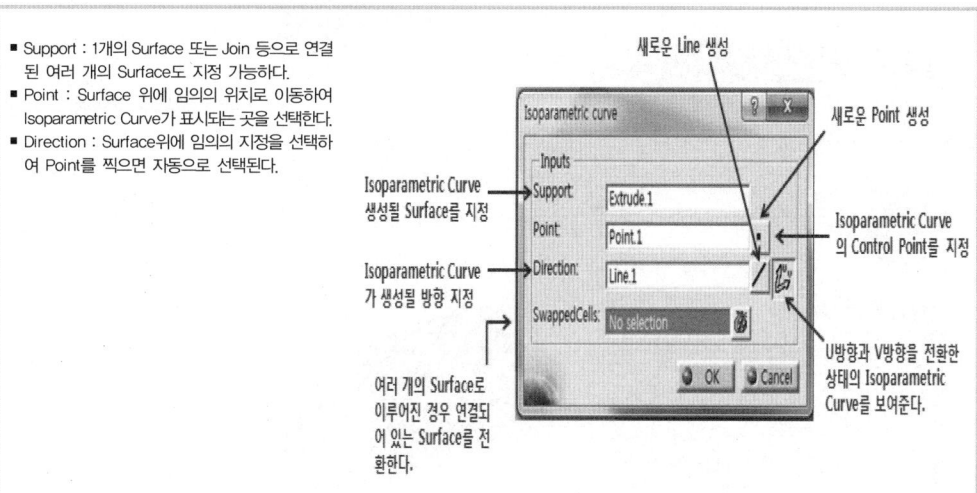

- Point를 지정하면 Isoparametric Curve가 나타나고 지정된 Point 위에 Moving Control Point가 나타나고 움직이면 u값과 v값이 변하고 그 변화되는 값에 따른 Isoparametric Curve가 나타난다.
- Swap Curve Direction( ) : 토글버튼으로 누를 때마다 u방향과 v방향을 따라 Isoparametric Curve가 전환된다.

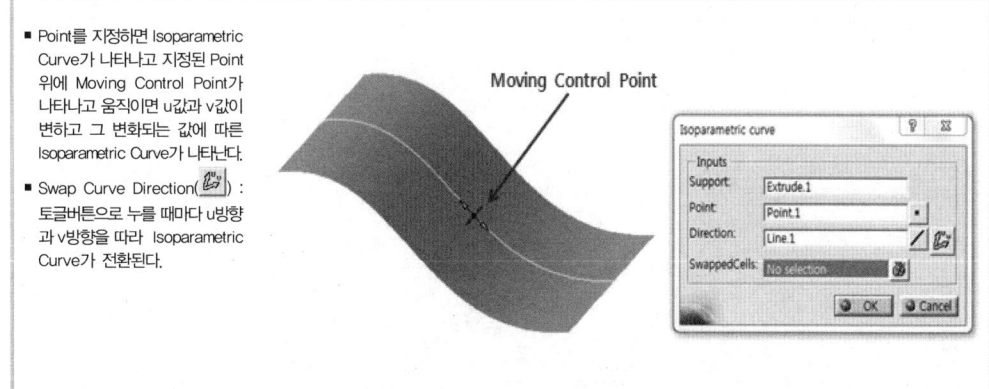

■ Swapped Cells : 여러 개의 Surface가 하나의 Surface로 되어 있을 사용할 수 있다. 특정 Surface에 연결되어 있는 Surface가 여러 개 있을 수 있고 Isoparametric Curve는 연결되어 있는 Surface 중 하나만 선택하여 생성할 수 있으며 선택하지 않으면 여러 개의 Surface를 연결된 Isoparametric Curve를 생성할 수 있다.

Isoparametric Curve와 Parallel Curve 실습

1) 스케치를 실행하고 XY Plane을 선택하여 다음과 같이 스케치를 한다.

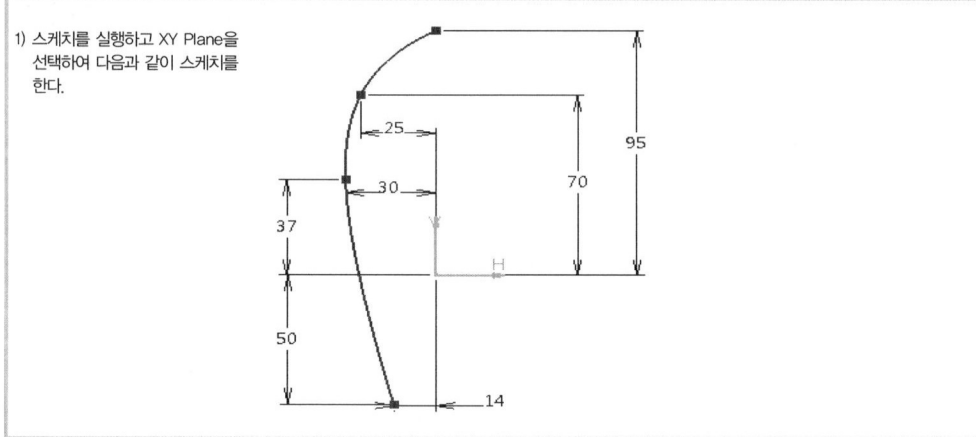

2) 스케치를 실행하고 XY Plane을 선택하여 다음과 같이 스케치를 한다.

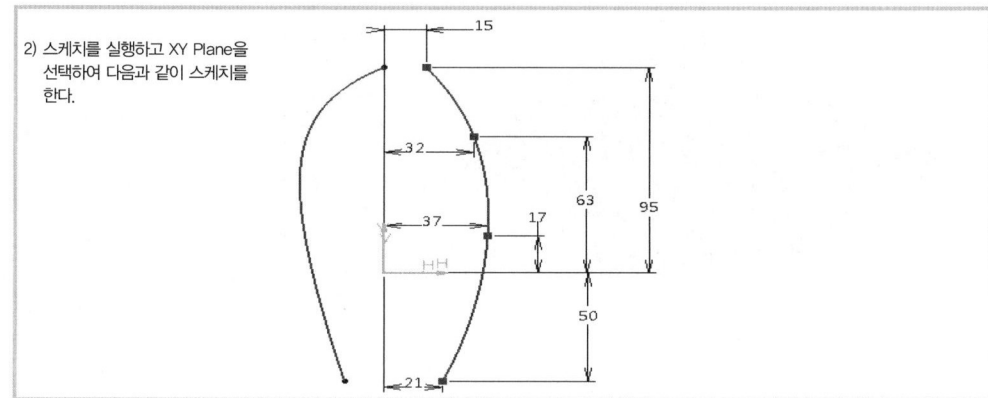

3) Extrude를 실행하고 10mm 돌출을 한다.

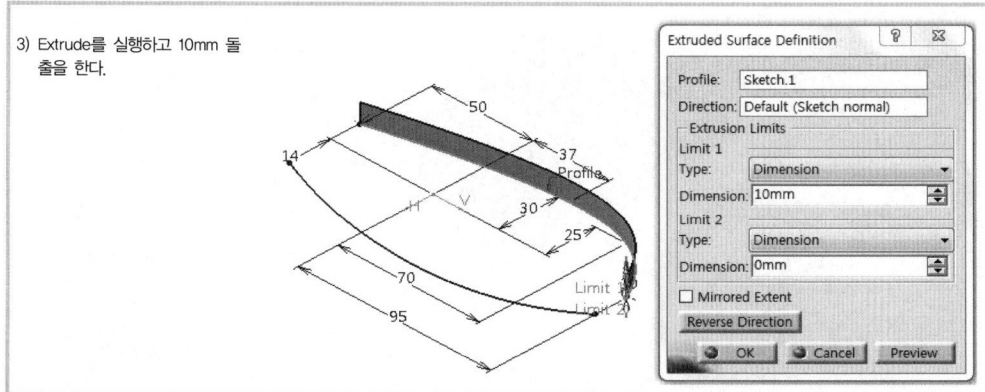

4) Extrude를 실행하고 10mm 돌출을 한다.

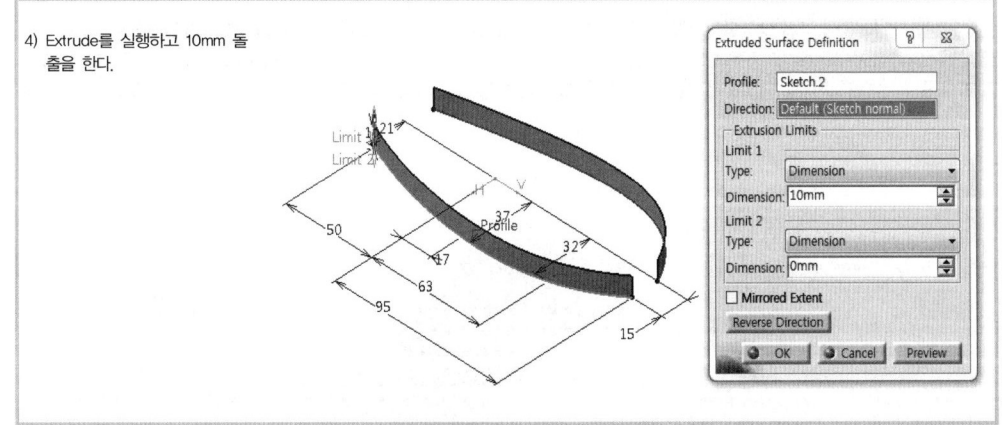

5) Blend를 실행하고 Edge와 Surface를 선택하여 Surface를 생성한다.

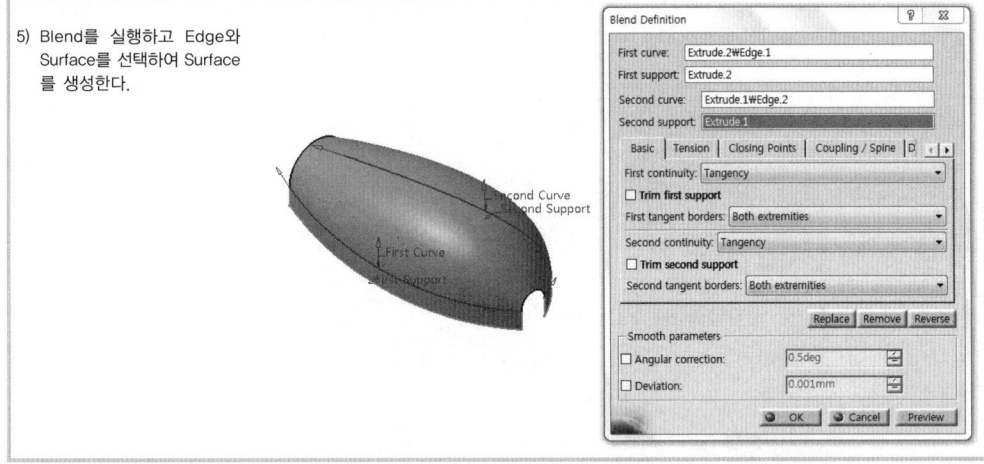

6) Join을 실행하고 3개의 Surface를 결합한다.

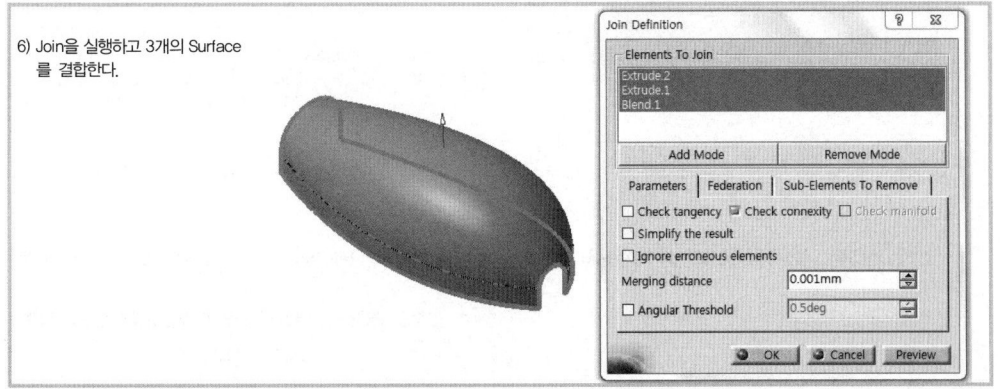

7) Isoparametric Curve를 실행하고 Support : Join.1을 Surface로 선택, Surface의 임의의 위치에 Point를 찍어 Curve를 생성한다.

   주의 CATIA 버전에 따라 선분이 끊겨서 나오는 경우가 있다. R20에서는 정상적으로 나타난다.

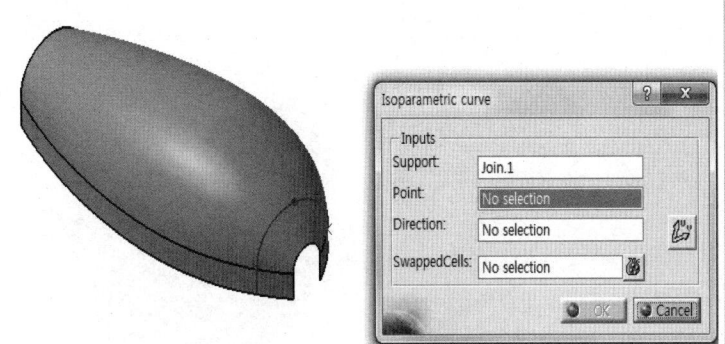

8) Isoparametric Curve를 실행하고 Support : Join.1을 Surface로 선택, Surface의 임의의 위치에 Point를 찍어 Curve를 생성한다.

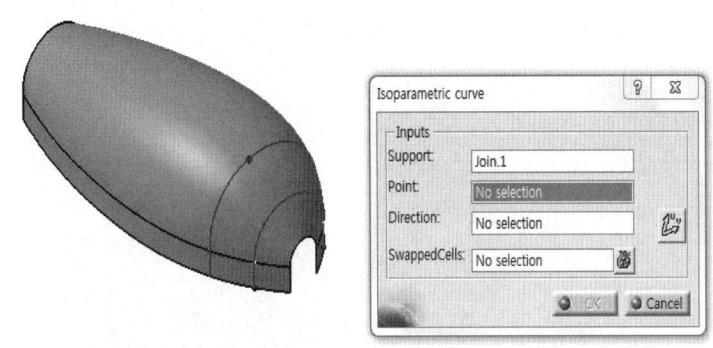

9) Sweep을 실행하고 Profile type : Circle, 두 개의 Guide Curve로 Isoparametric Curve를 차례대로 선택, 반경 : 30mm를 지정하여 Sweep을 생성한다.

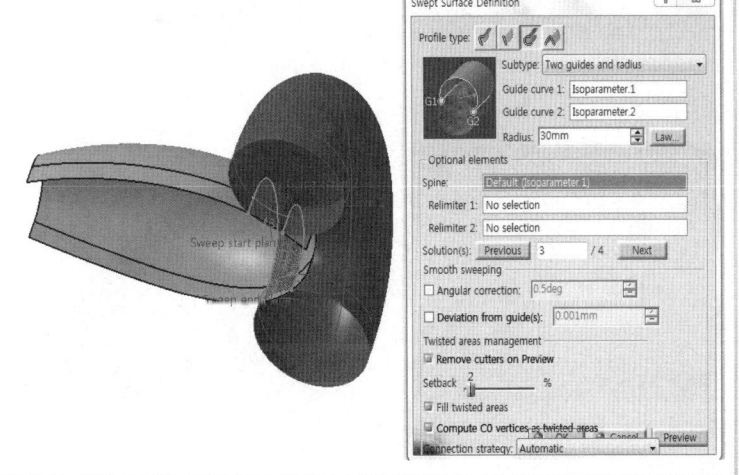

10) Split을 실행하고 Sweep Surface를 Join Surface로 다음부분이 잘려지도록 설정한다.

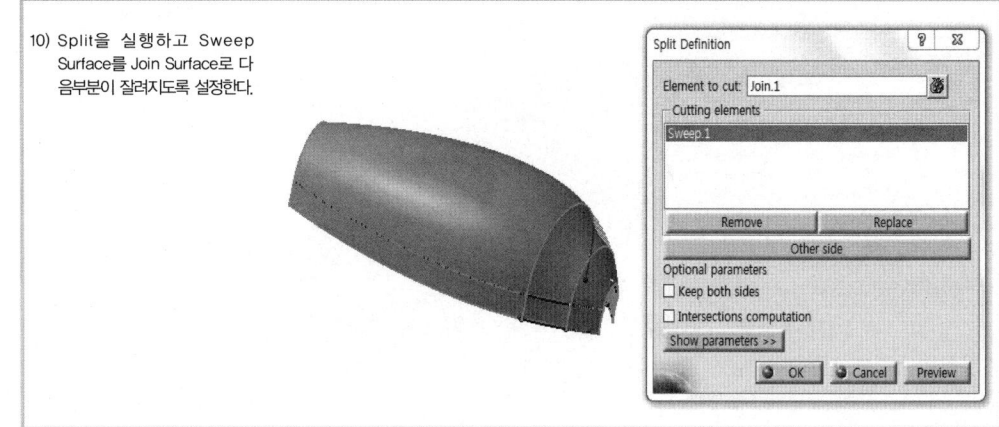

11) Join을 실행하고 두 개의 Surface를 결합한다.

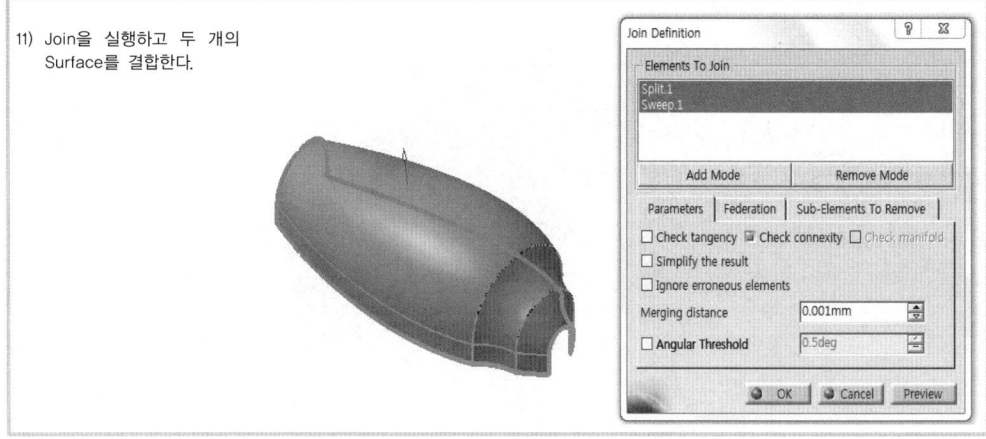

12) Isoparametric Curve를 실행하고 Support : Join.1을 Surface로 선택, Surface의 임의의 위치에 Point를 찍어 Curve를 생성한다.

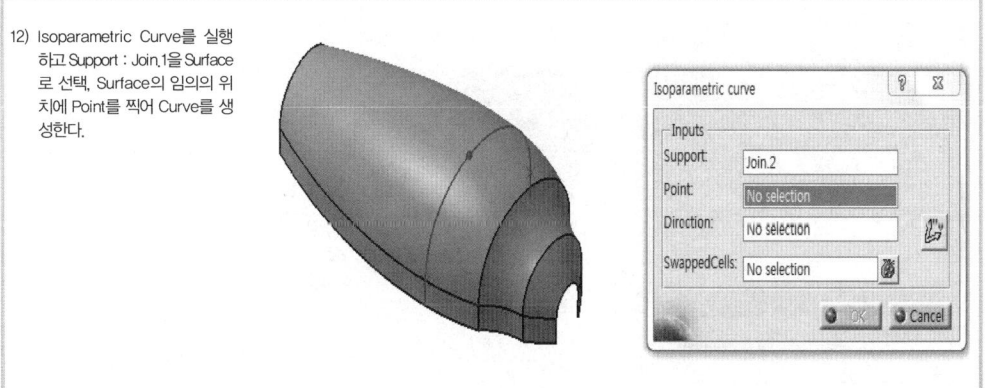

13) Isoparametric Curve를 실행하고 Support : Join.1을 Surface로 선택, Surface의 임의의 위치에 Point를 찍어 Curve를 생성한다.

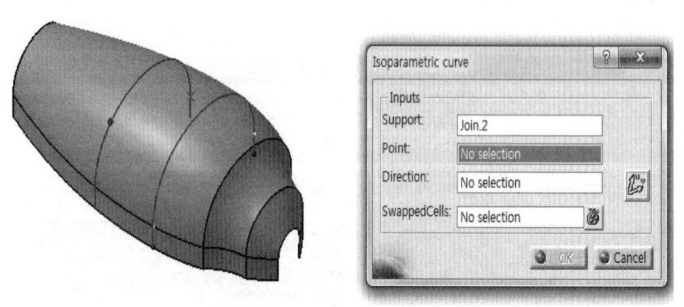

14) Sweep을 실행하고 Profile type : Circle, 두 개의 Guide Curve로 Isoparametric Curve를 차례대로 선택, 반경 : 30mm를 지정하여 Sweep을 생성한다.

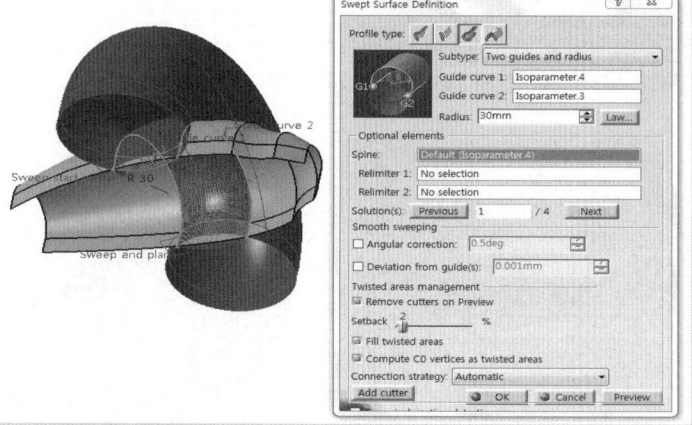

15) Split을 실행하고 Sweep Surface를 Split Surface로 다음부분이 잘려지도록 설정한다.

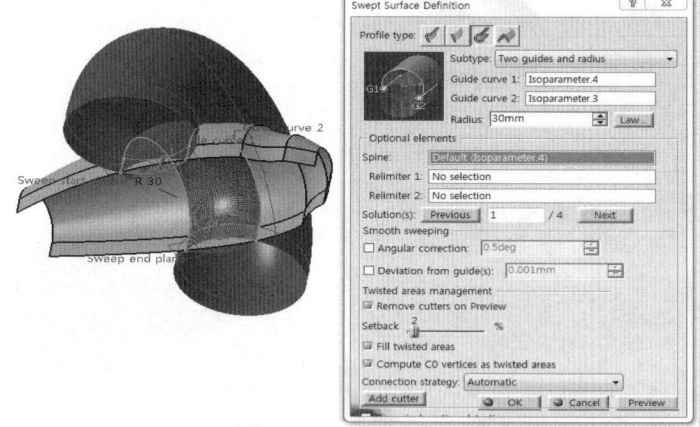

16) Join을 실행하고 두 개의 Surface를 결합한다.

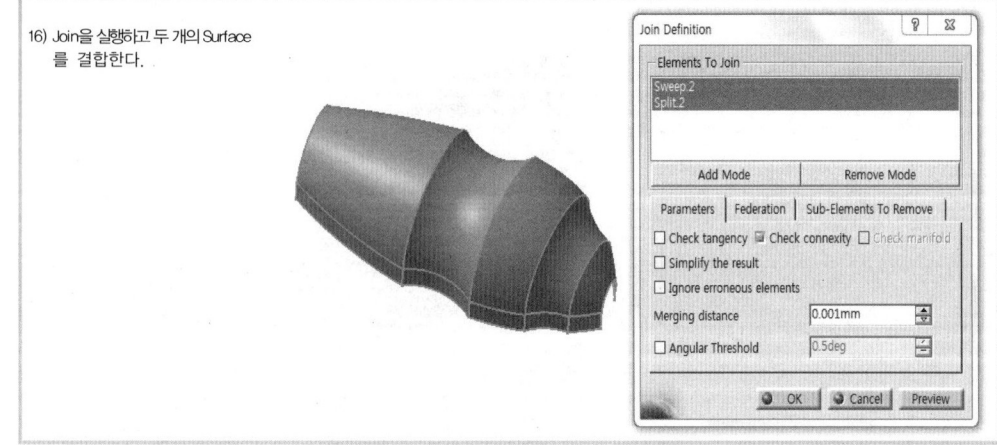

17) Boundary를 실행하고 다음과 같이 모서리를 추출한다.

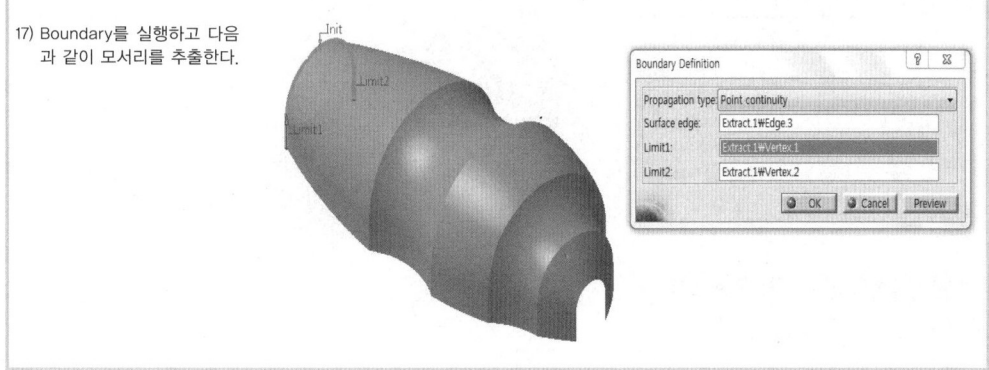

18) Parallel Curve를 실행하고 40mm 위치에 병렬 투영한다.

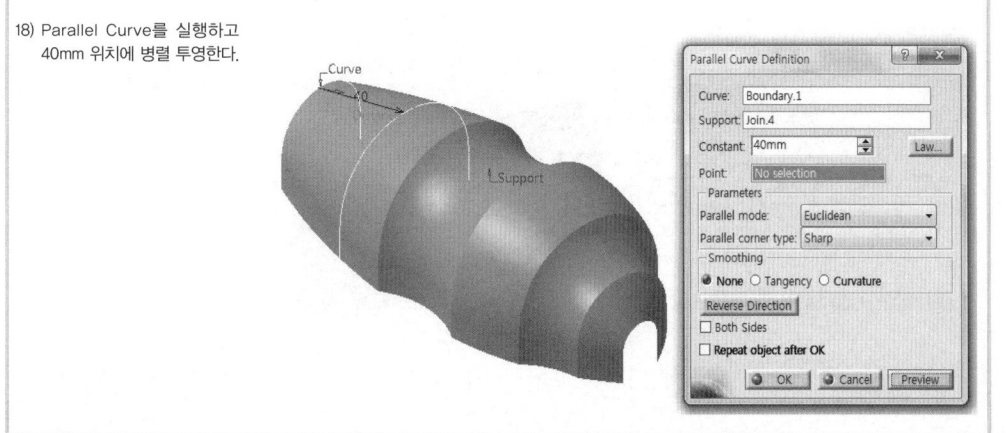

19) Parallel Curve를 실행하고 20mm 위치에 병렬 투영한다.

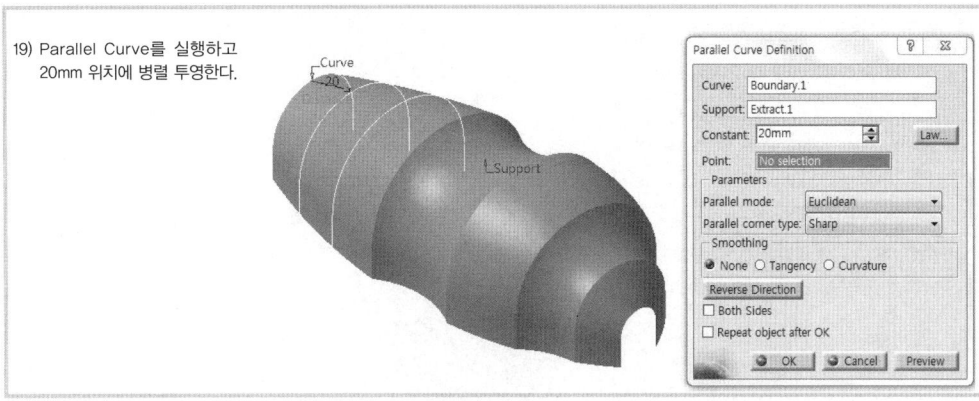

20) Sweep을 실행하고 Profile type : Circle, 두 개의 Guide Curve로 Parallel.1, Parallel.2를 차례대로 선택, 반경 : 30mm를 지정하여 Sweep을 생성한다.

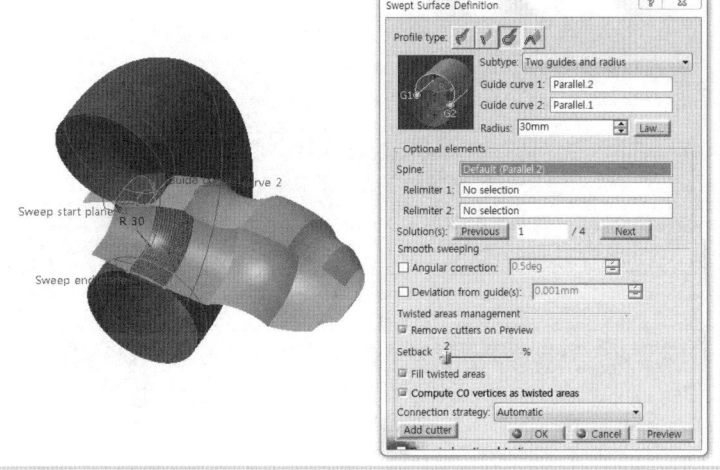

21) Split을 실행하고 Sweep Surface를 Join Surface로 다음부분이 잘려지도록 설정한다.

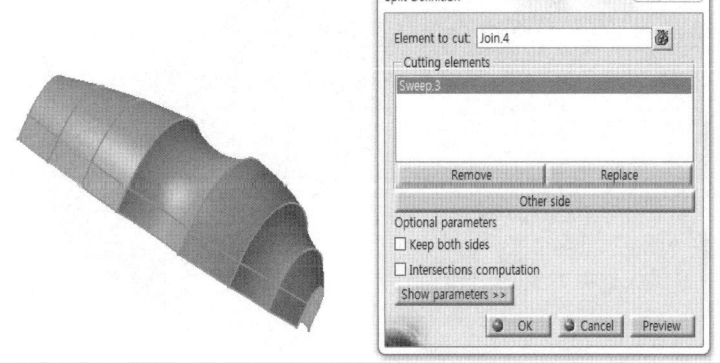

22) Join을 실행하고 두 개의 Surface를 결합한다.

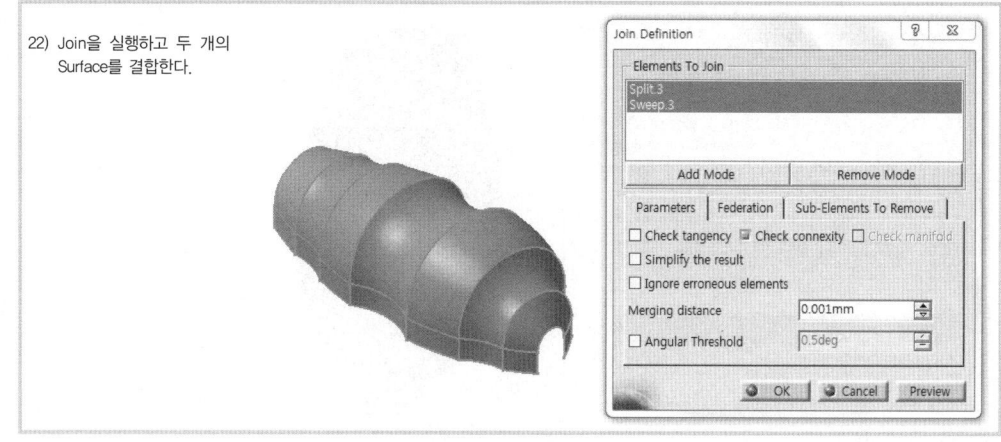

23) Symmetry를 실행하고 XY Plane을 기준으로 Join Surface를 대칭복사 한다.

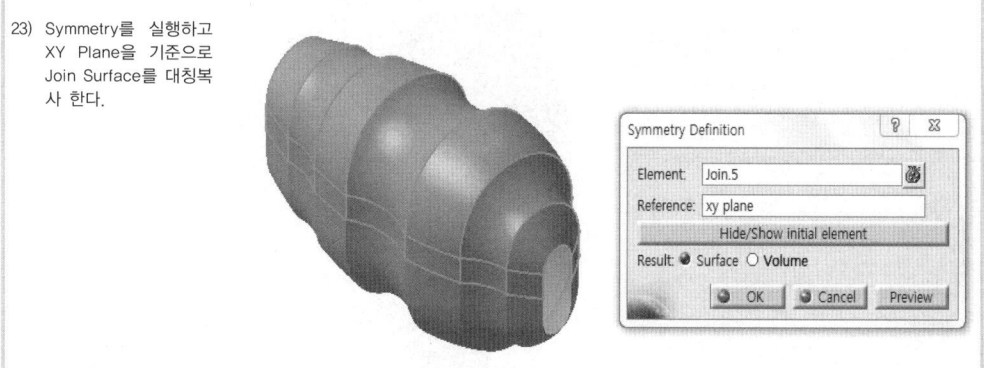

24) 스케치를 실행하고 XY Plane 선택하여 다음과 같이 스케치를 한다.

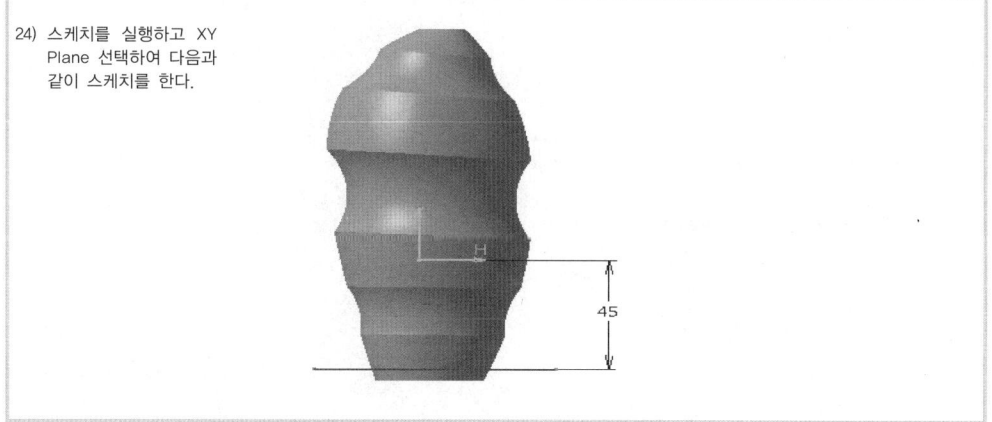

25) Extrude를 실행하고 41mm, Mirrored Extent를 지정하여 돌출을 한다.

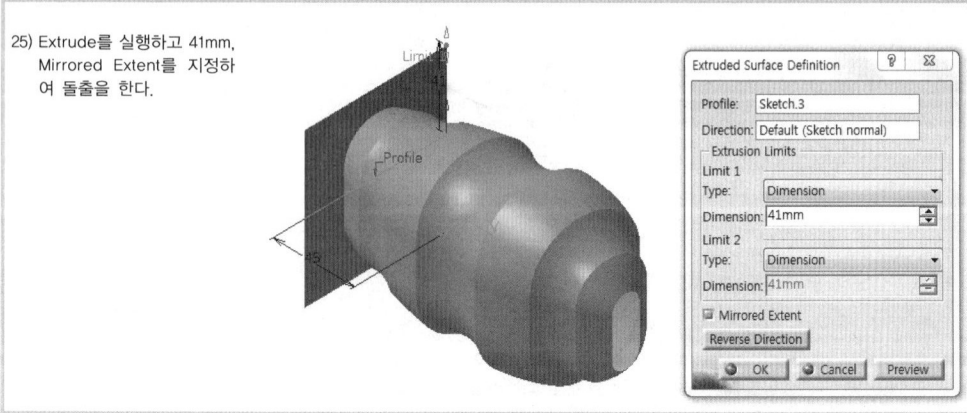

26) Join을 실행하고 두 개의 Surface를 결합한다.

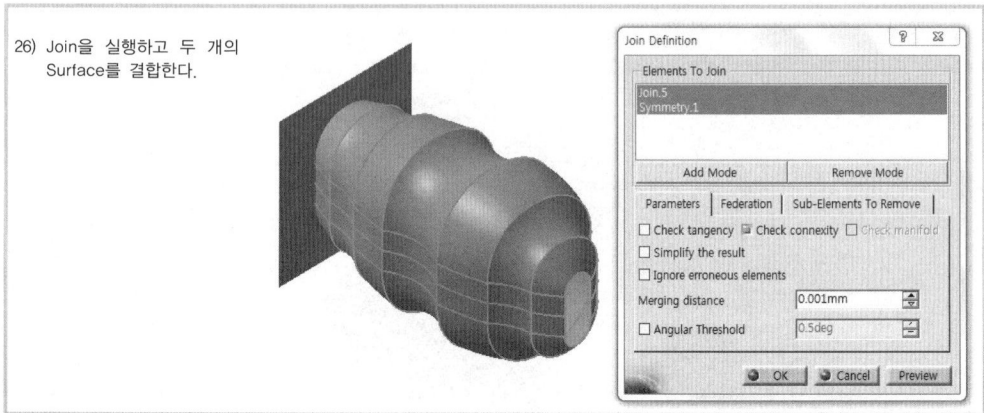

27) Trim을 실행하고 다음 부분이 잘리도록 설정한다.

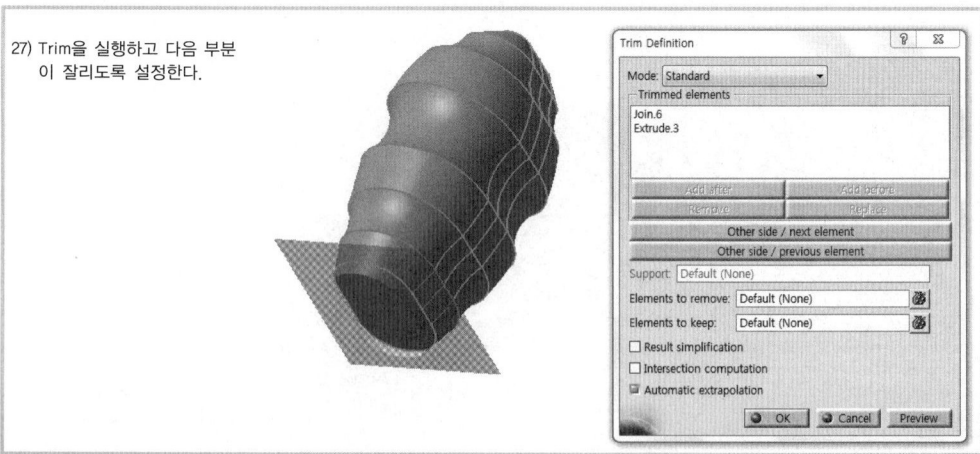

28) Boundary를 실행하고 모서리를 선택하여 Curve를 추출한다.

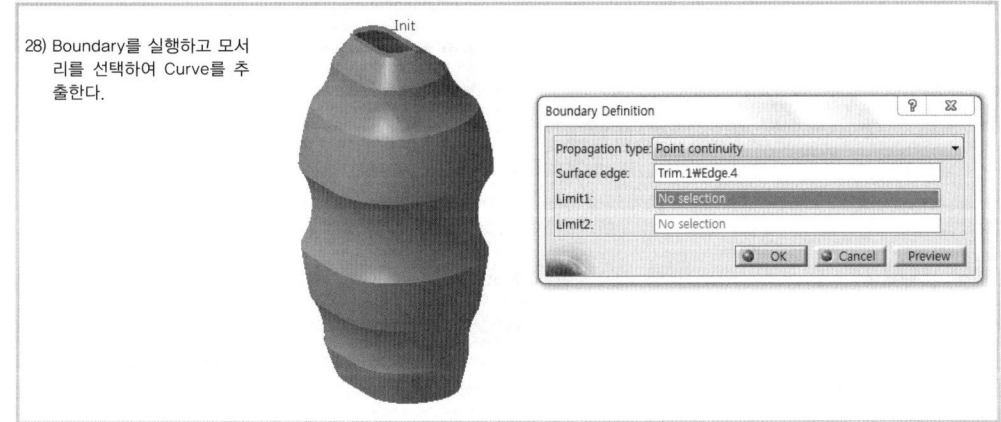

29) Extrude를 실행하고 10mm 돌출을 한다.

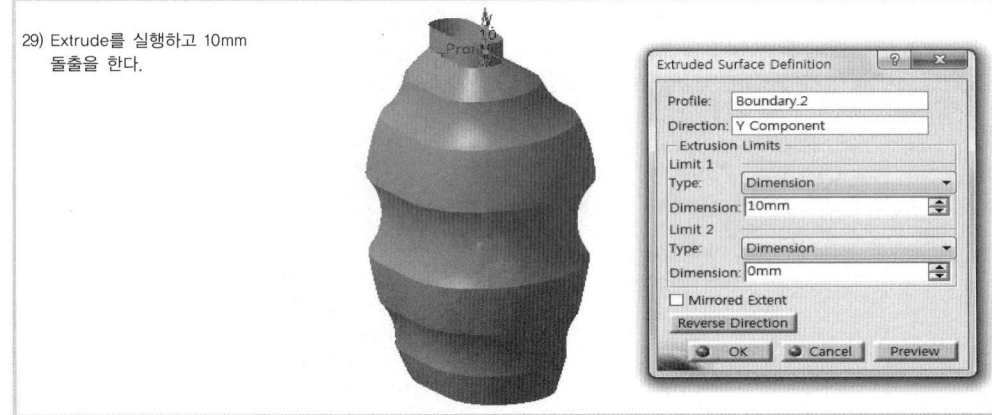

30) Join을 실행하고 두 개의 Surface를 결합한다.

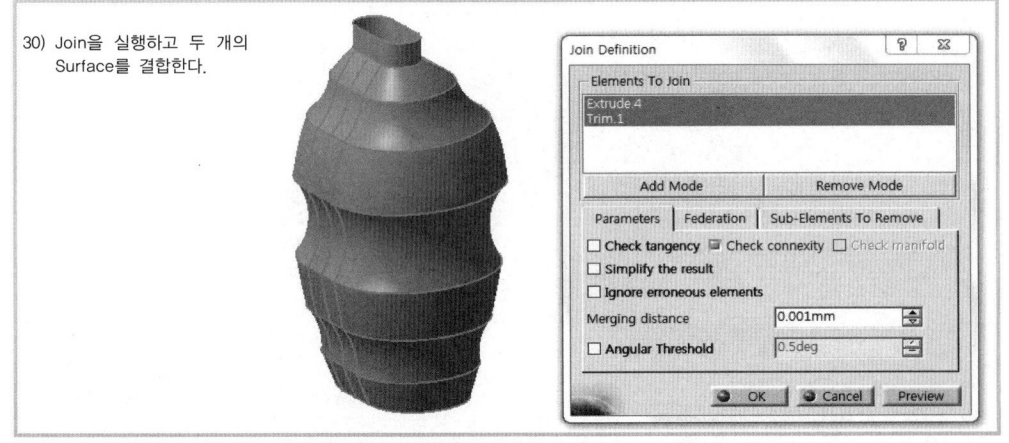

31) [Start]-[Mechanical Design]-[Part Design]을 선택한다.
32) Thick Surface를 실행하고 두께 : 1mm로 두께를 부여한다.

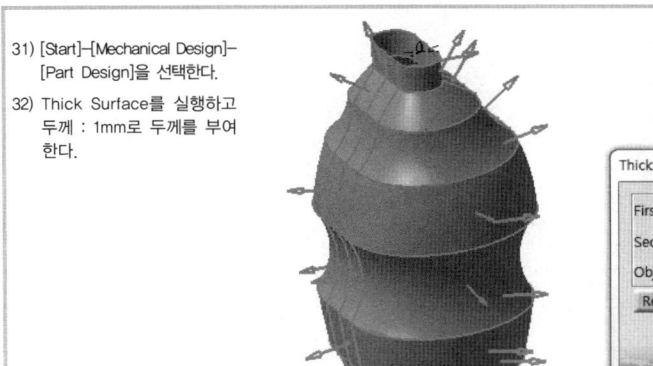
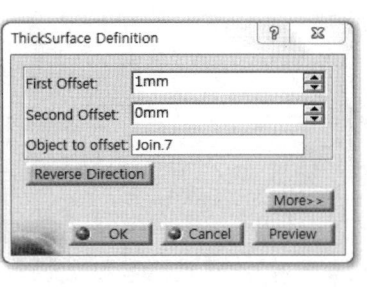

■ 완성 결과

Wrap Surface

Wrap Surface( ) : Surface 형상을 다른 Surface를 기준으로 형상을 이용하여 구부러트리거나 펼치는 명령이다. Wrap Surface 명령을 이용하려면 우선 변경시키고자 하는 Surface 형상(Surface to deform)과 이에 기준이 되는 Surface 형상(Reference Surface) 그리고 변형의 기준이 될 Surface 형상(Target Surface)을 필요로 한다.

• Wrap Surface( ) Definition

- Surface to deform : 변형시킬 Surface 형상을 선택한다.
- Reference Surface : 기준이 되는 Surface를 선택한다.
- Target Surface : 변형의 기준이 될 Surface 형상을 선택한다.
- Wrap Type
  - 3D : 원본 형상에 비하여 곡면들에 영향을 받아 형상이 변형된다.
  - Normal : Target Surface에 대해서 수직하게 결과 형상을 만든다.
  - With Direction Type : 방향을 축 요소나 직선 요소로 지정해 준다.

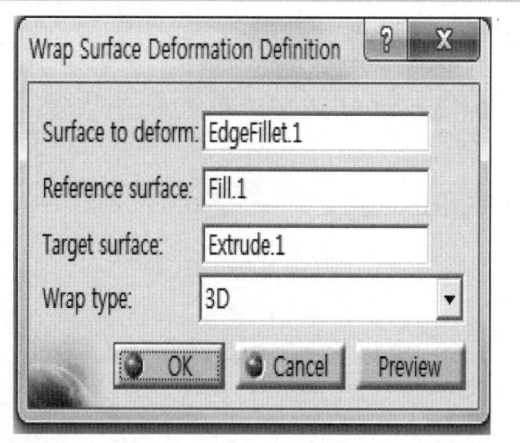

Wrap Surface 실습

1) 스케치를 실행하고 XY Plane을 선택하여 다음과 같이 스케치 한다.

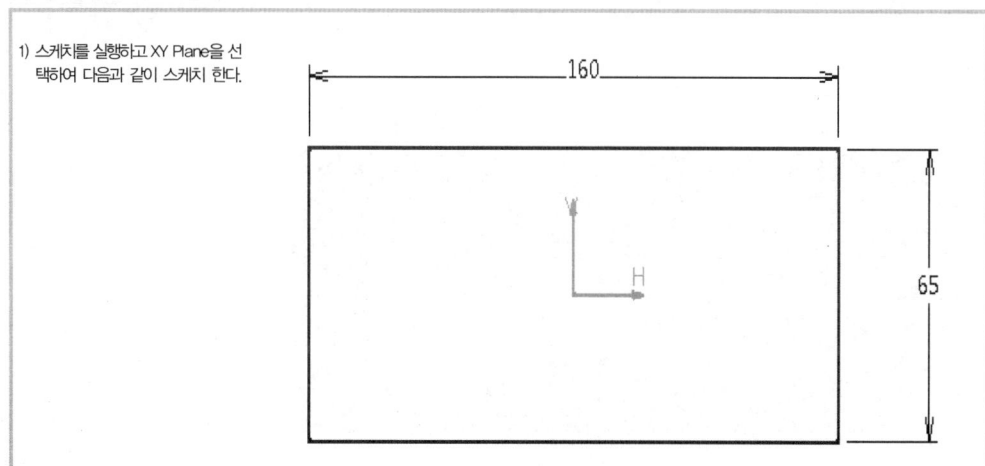

2) Fill을 실행하고 Sketch.1을 선택하여 다음과 같이 Surface로 채운다.

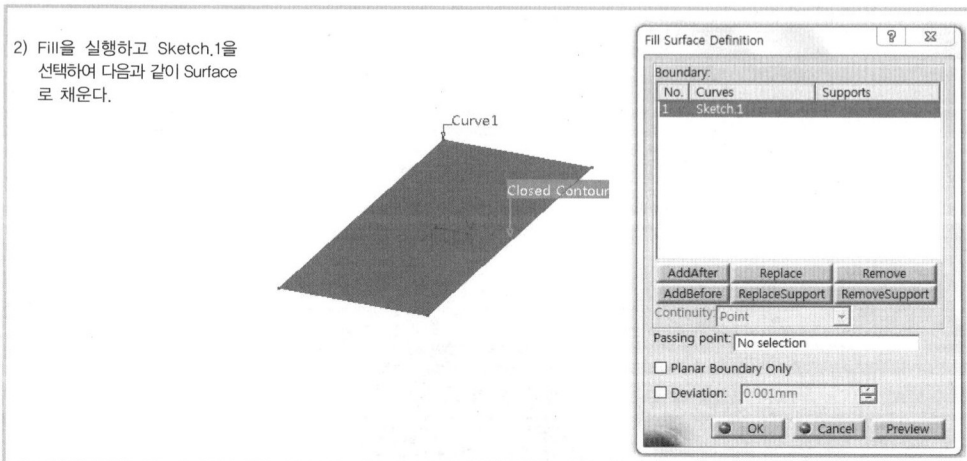

3) 스케치를 실행하고 ZX Plane을 선택하여 다음과 같이 Three Point Arc로 스케치를 한다.

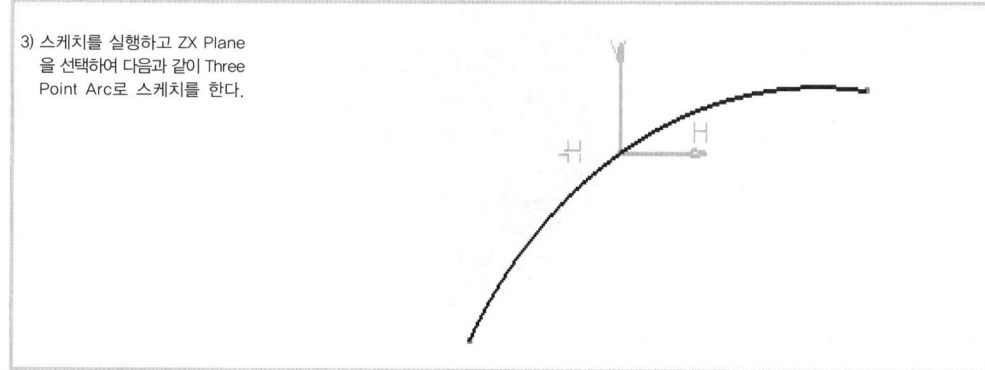

4) Extrude를 실행하고 33mm, Mirrored extent를 지정하여 돌출을 한다.

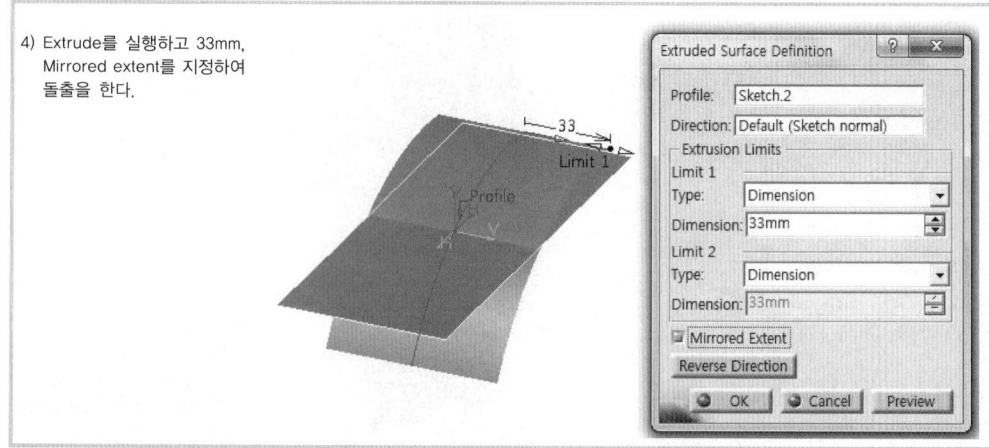

5) 스케치를 실행하고 XY Plane을 선택하여 다음과 같이 스케치를 한다.

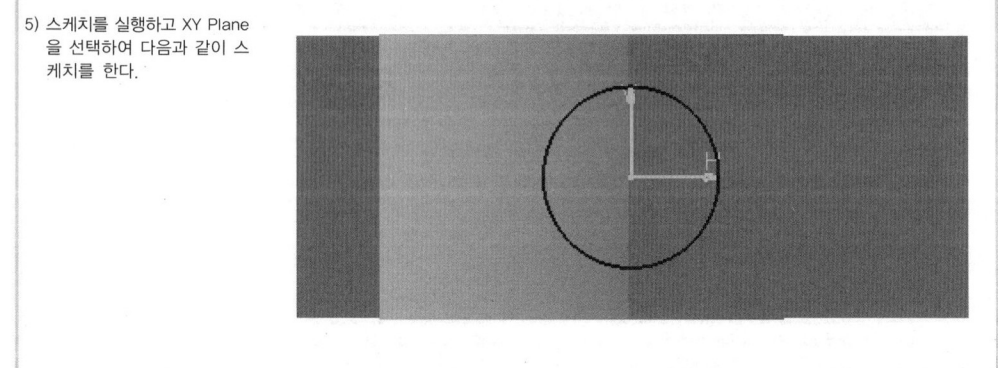

6) Extrude를 실행하고 20mm 돌출을 한다.

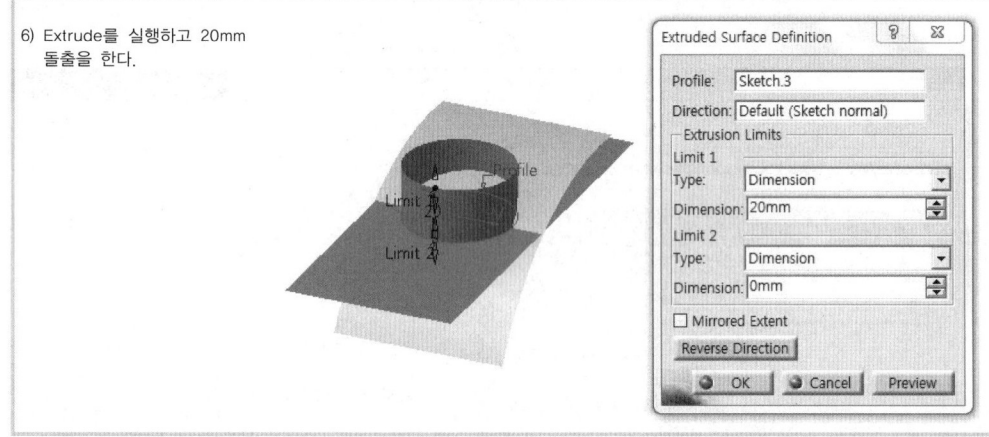

7) Fill을 실행하고 원 모서리를 선택하여 Surface로 채운다.

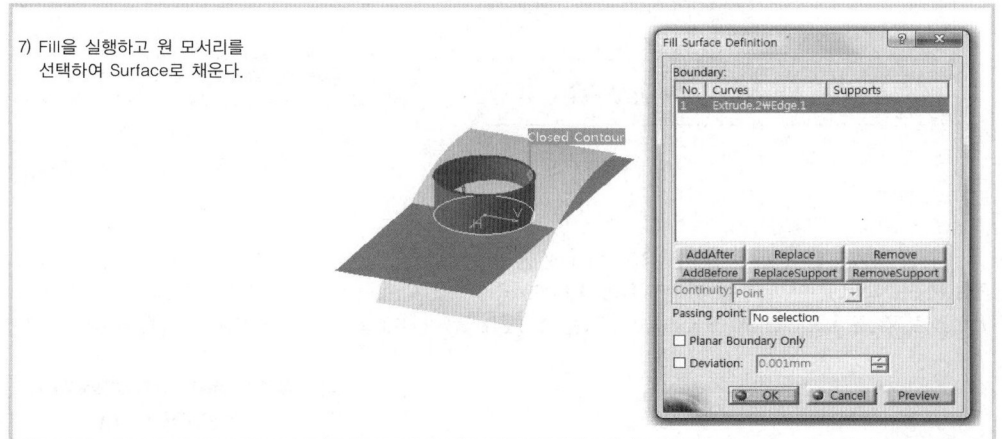

8) Join을 실행하여 Extrude.2 와 Fill.2 객체를 결합한다.

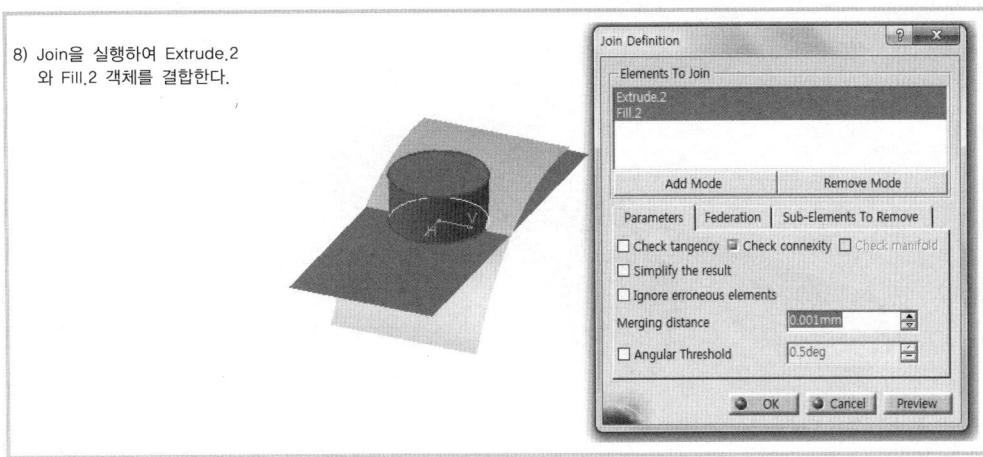

9) Edge Fillet을 실행하고 반경 : 5mm로 필렛을 한다.

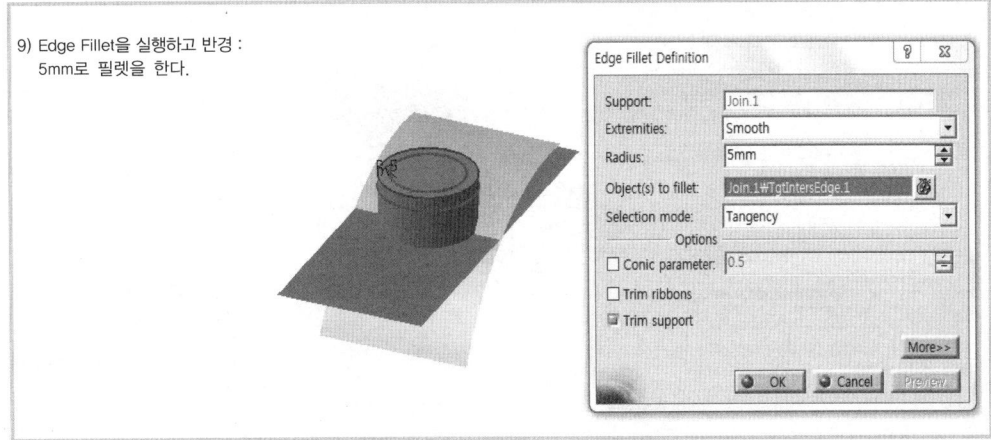

10) 준비 완료

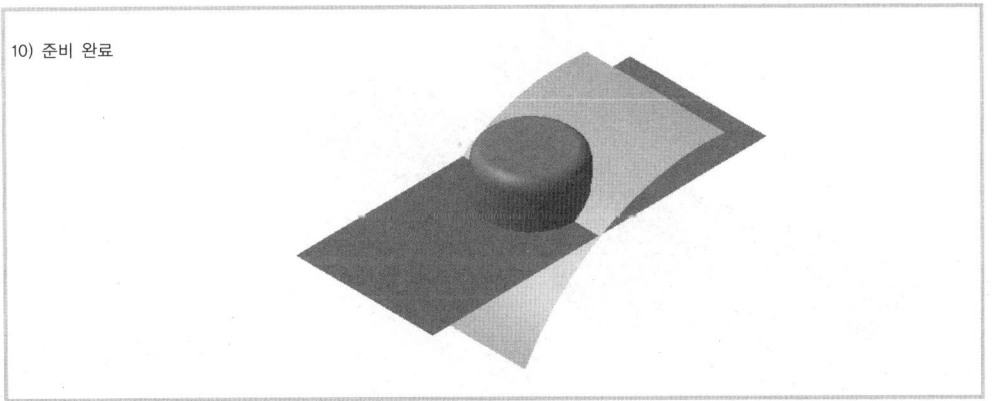

11) Wrap Surface를 실행하고 Surface to deform : 변형시킬 Surface를 선택, Reference Surface : 기준이 되는 Surface 선택, Target Surface : 변형 기준이 될 Surface 선택, Wrap Type : 3D를 지정한다.

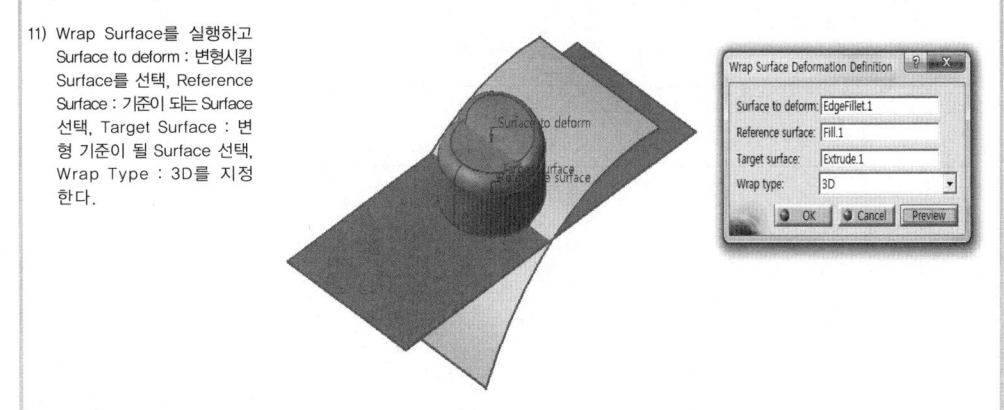

12) 3D로 변형된 결과

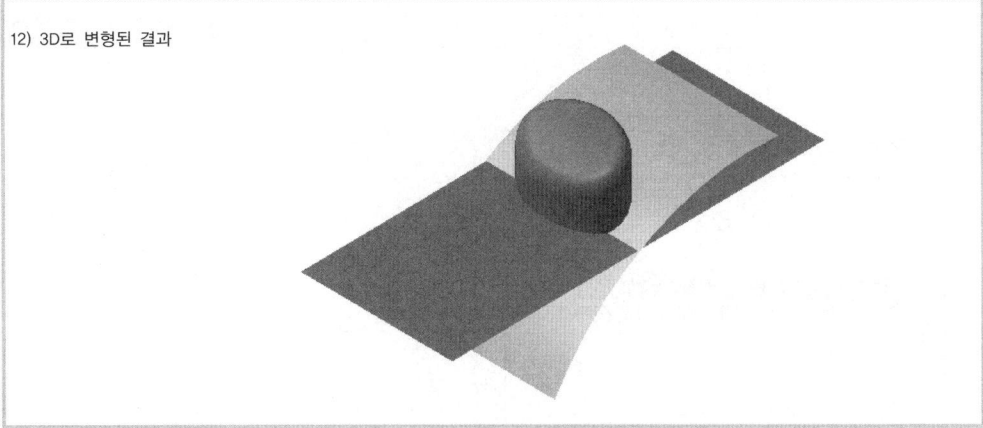

13) Spec Tree에서 Wrap Surface.1 을 더블클릭하여 Wrap Type : Normal을 지정한다.

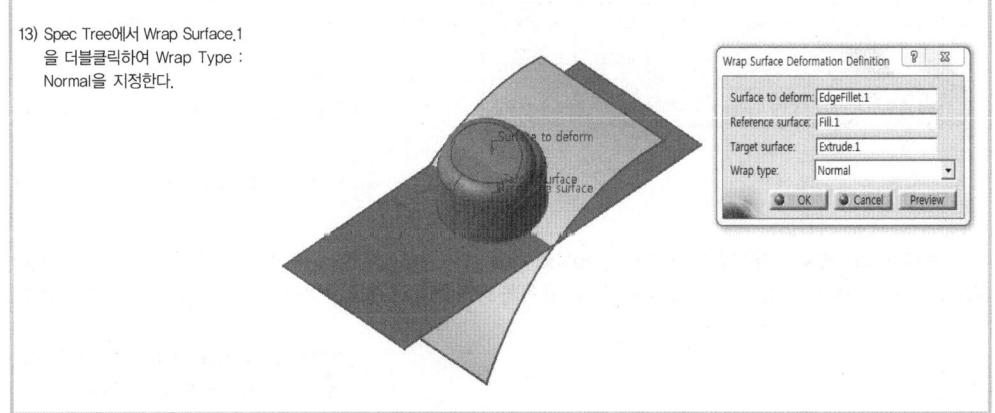

14) Normal로 변형된 결과

15) Spec Tree에서 Wrap Surface.1 을 더블클릭하여 Wrap Type : With direction을 지정하고 방향 을 Z Component를 선택한다.

16) With direction으로 변형된 결과

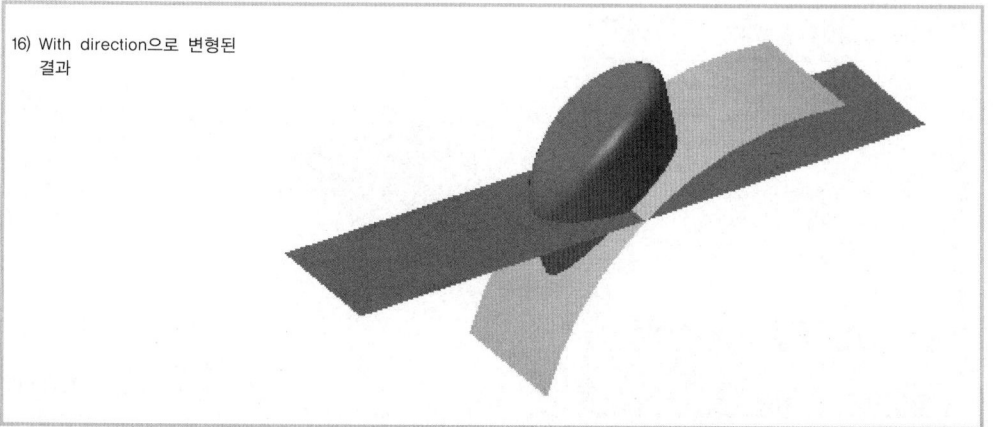

Shape Morphing

Shape Morphing( ) : Wrap Curve의 한 단계 진보된 형상을 만드는 명령으로 변형시키고자 하는 Surface 형상 (Surface to deform)을 기준이 되는 Curve(Reference)에서 대상이 될 Curve(Target)로 형상을 변형시킨다.

• Shape Morphing( ) Definition

- Surface to deform : 변형시킬 Surface 형상을 선택한다.
  - Curve요소는 Reference에서 Target 순으로 선택해 준다.
  - Target 부분을 비워두면 현재 Reference를 그대로 유지한다.

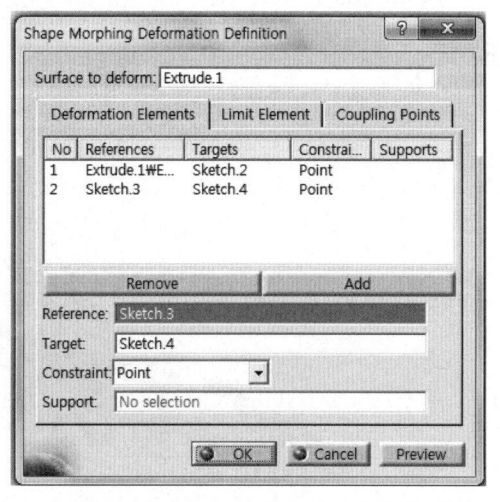

Shape Morphing 실습

1) 스케치를 실행하고 YZ Plane을 선택하여 다음과 같이 스케치를 한다.

2) Extrude를 실행하고 50mm, Mirrored extent를 지정하여 돌출을 한다.

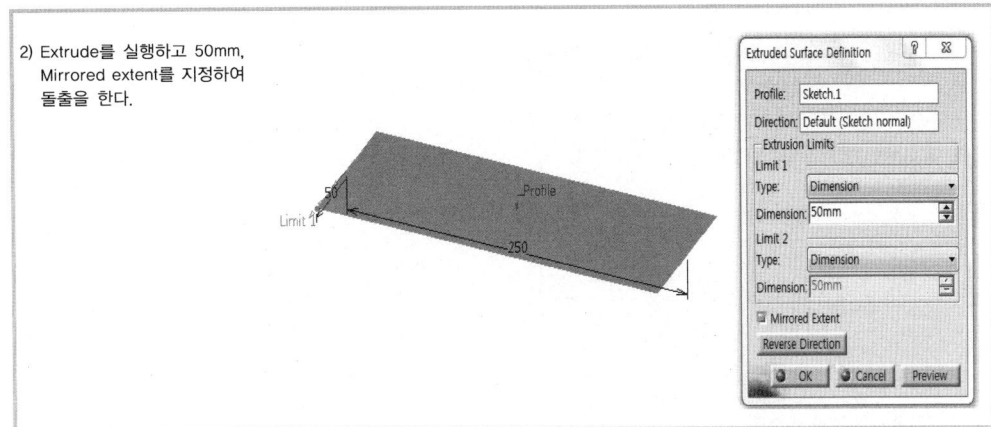

3) Plane을 실행하고 ZX Plane을 기준으로 다음 위치에 Plane을 생성한다.

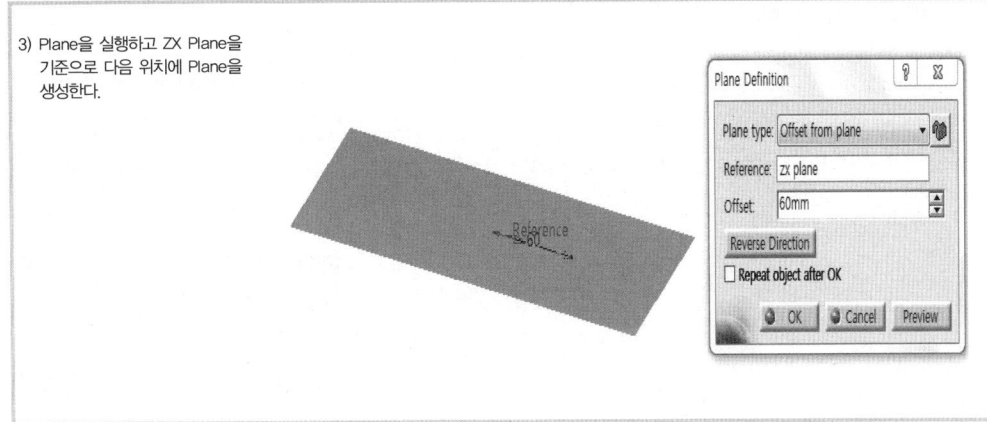

4) Plane을 실행하고 ZX Plane을 기준으로 다음 위치에 Plane을 생성한다.

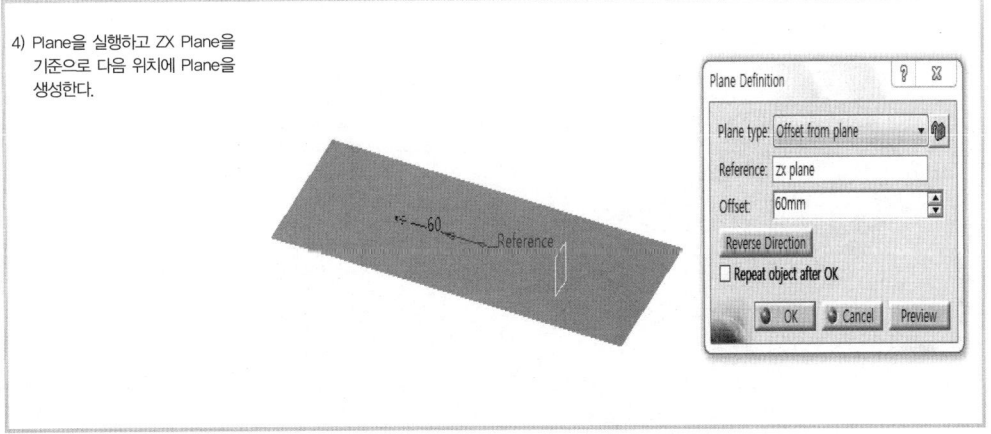

5) 스케치를 실행하고 Plane.1을 선택하여 다음과 같이 스케치를 한다.

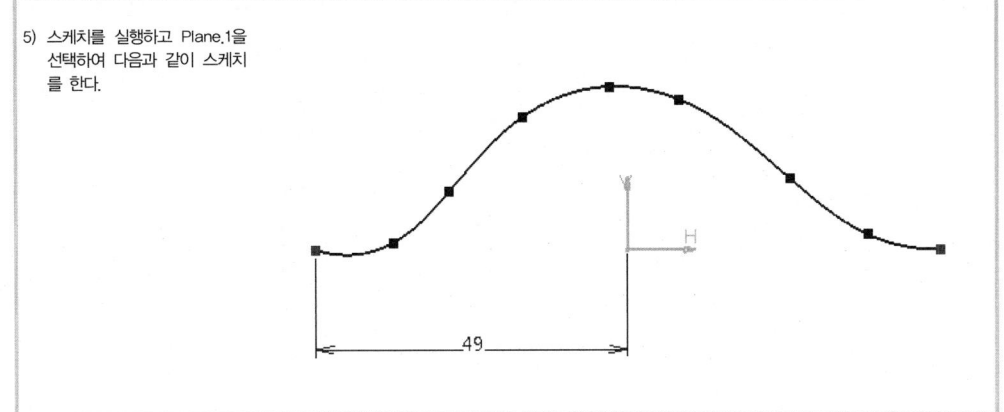

6) Sketch.2를 Copy를 하여 ZX Plane과 Plane.2에 붙여넣기를 한다.

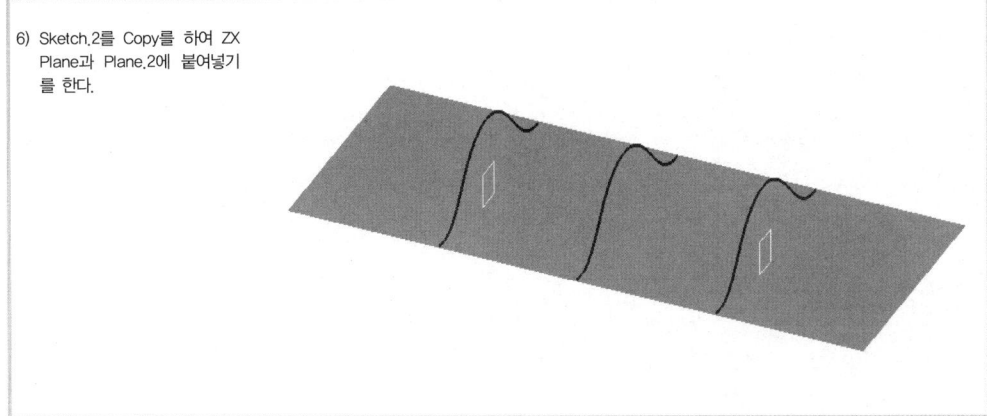

7) Shape Morphing을 실행하고 Surface to deform : 변형시킬 Surface를 선택, Reference와 Target을 모서리를 차례대로 선택한다.

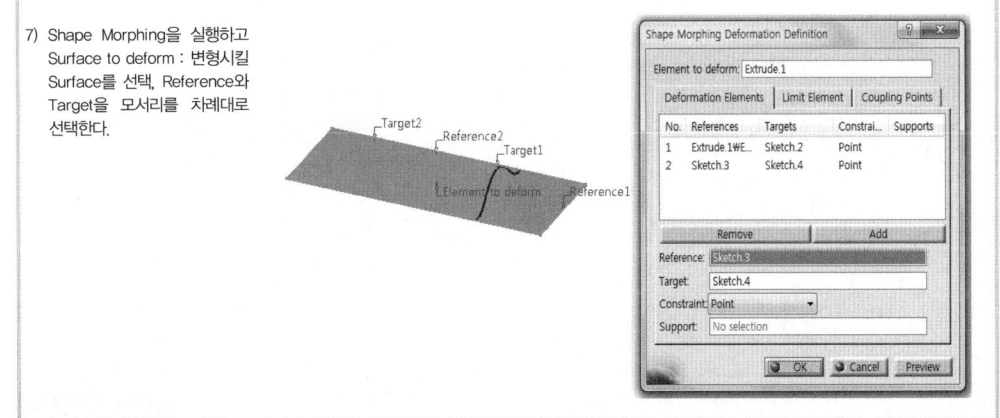

319

- Shape Morphing 결과

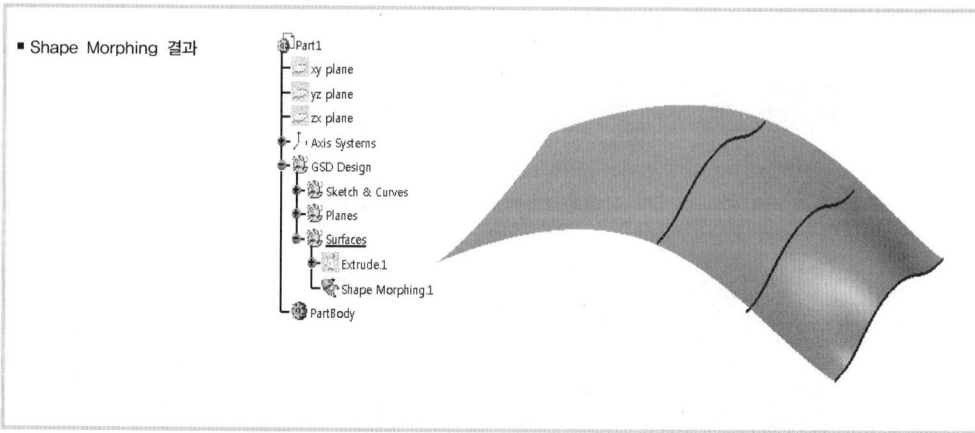

Developed Shapes

Unfold

Unfold( ) : 단 차원으로 구부러진 Surface 형상을 하나의 기준 평면에 펼치는 명령이다. 단 차원 Surface란 Multi-section이나 Sweep 등과 같이 각 단면의 형상이 일정하지 않게 그려진 Surface 형상을 일컫는다.

• Unfold( ) Definition

- Surface to unfold : 펼칠 Surface를 선택한다.

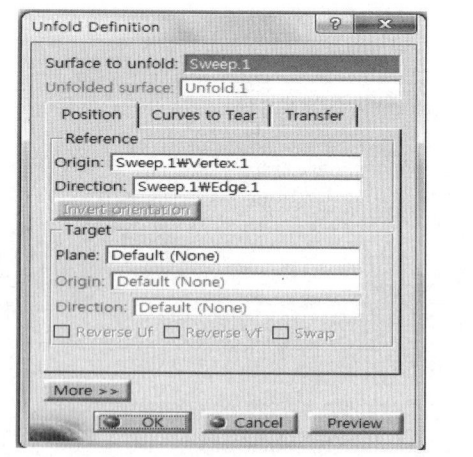

Unfold 실습

1) 스케치를 실행하고 YZ Plane을 선택하여 다음과 같이 스케치를 한다.

2) Plane을 실행하고 YZ Plane을 기준으로 다음 위치에 Plane을 생성한다.

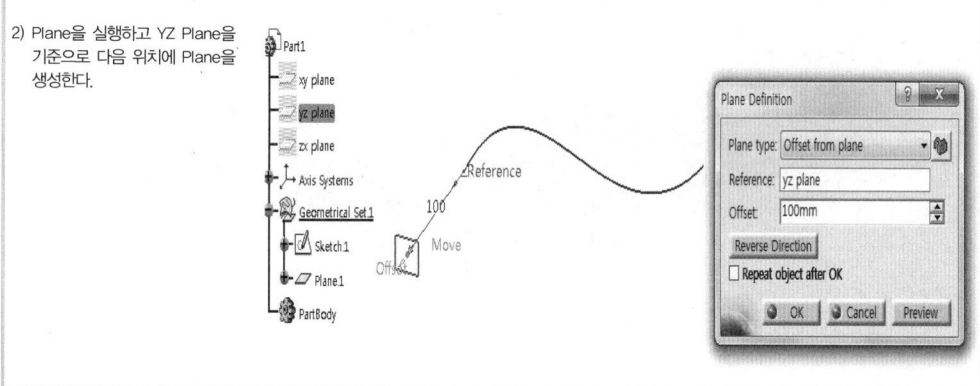

3) Sketch.1을 Copy하여 Plane.1에 붙여넣기를 한다.

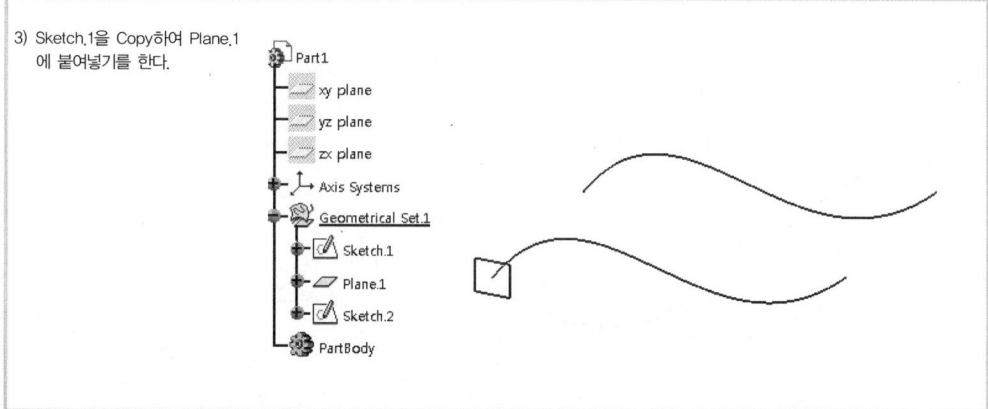

4) Sweep을 실행하고 다음과 같이 지정하여 Sweep 객체를 생성한다.

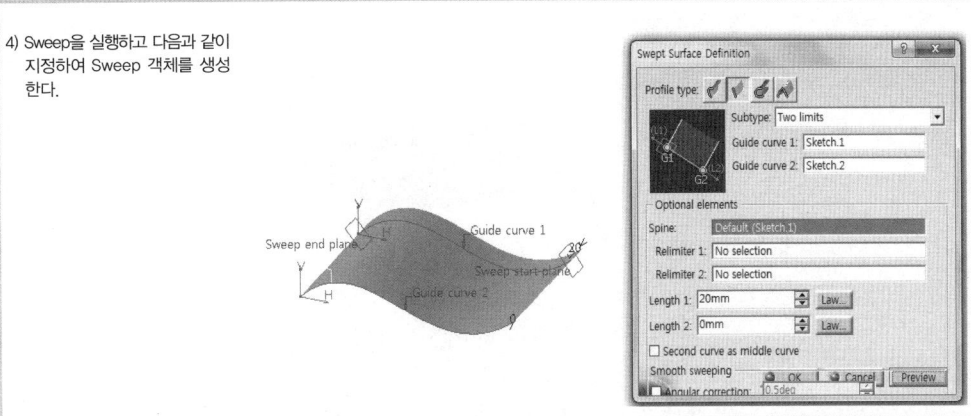

5) Unfold를 실행하고 Surface to unfold : 펼칠 Surface를 선택한다.

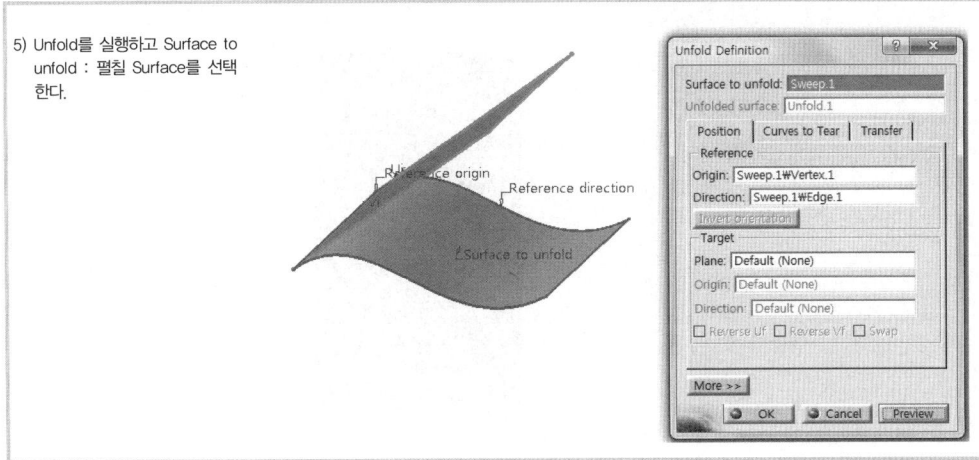

- Unfold 결과

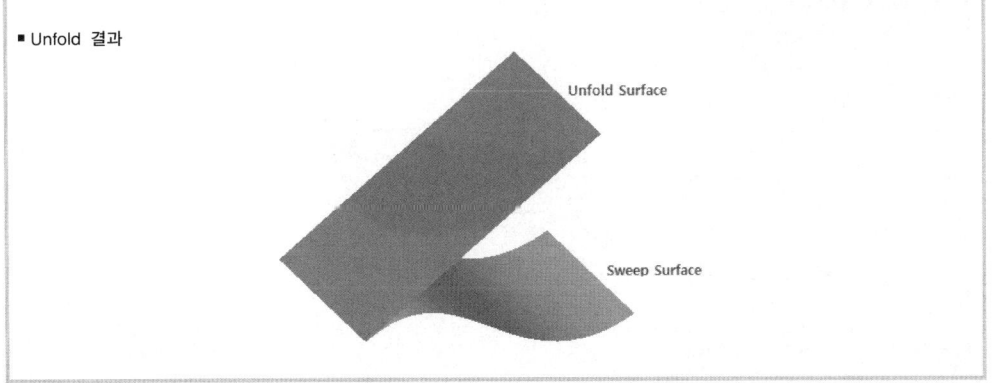

Transfer

Transfer(⊥) : Point, Curve, Sketch와 같은 Wireframe 요소를 기준이 되는 곡면의 Unfold 형상에 맞추어 기존 위치에서 Unfold 후의 위치로 전송한다. Unfold 이전의 형상을 기준으로 만든다.

• Transfer(⊥) Definition

- Surface to unfold : 펼쳐진 Surface를 선택한다.
- Unfold Surface : 펼쳐지기 전 Surface를 선택한다.
- Transfer : 전송할 객체를 지정한다.
- Transfo
  - Unfold와 Fold 중 선택한다.

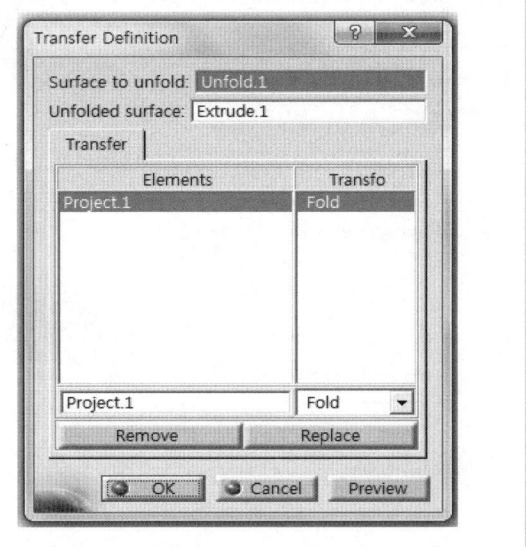

Transfer(⊥) 실습

1) 스케치를 실행하고 YZ Plane을 선택하여 다음과 같이 스케치를 한다.

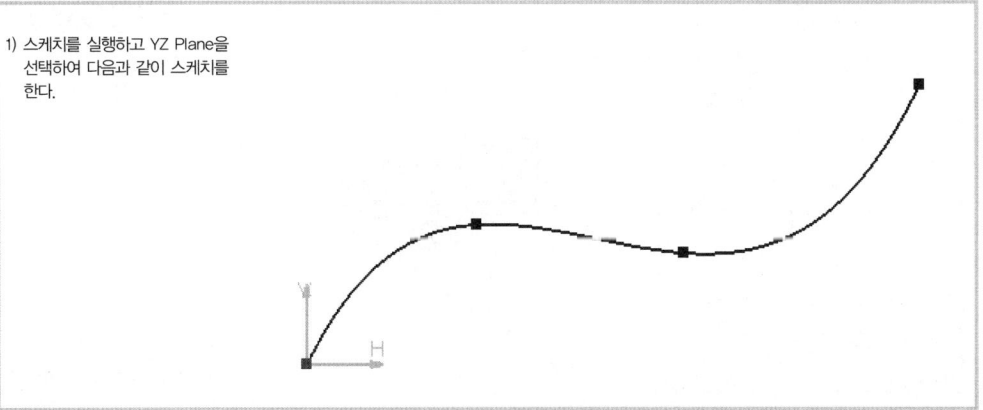

2) Extrude를 실행하고 50mm, Mirrored extent를 지정하여 돌출을 한다.

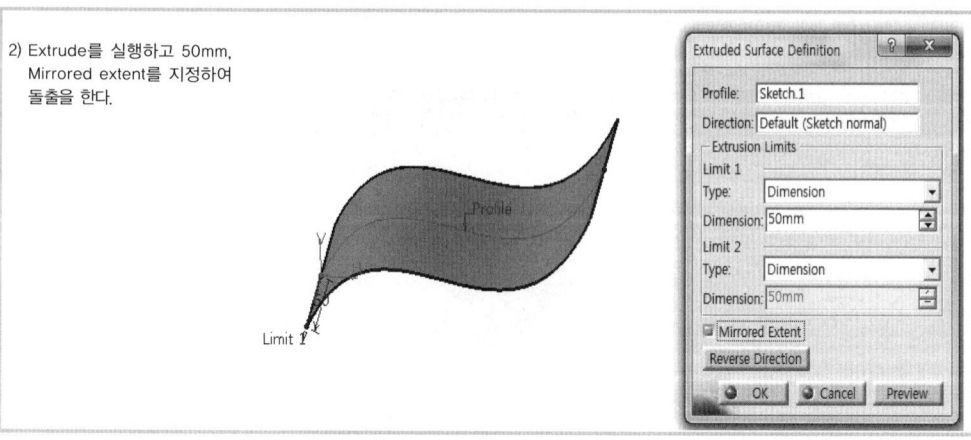

3) 스케치를 실행하고 XY Plane을 선택하여 다음과 같이 스케치를 한다.

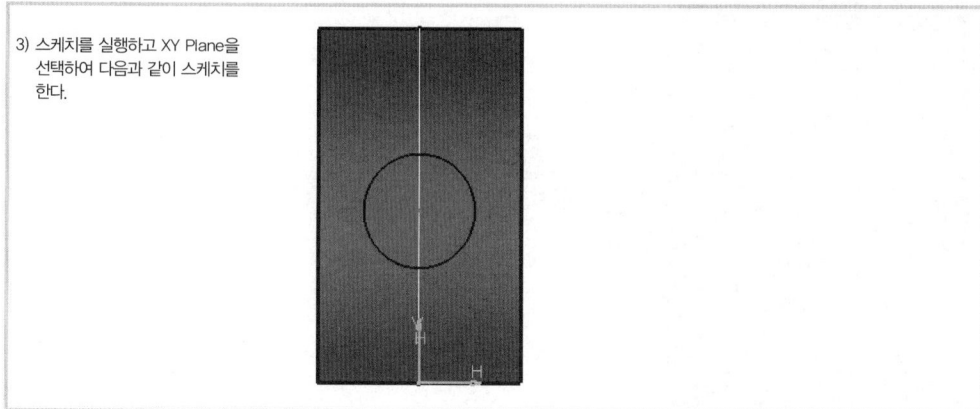

4) Unfold를 실행하고 Extrude.1 Surface를 다음과 같이 펴진다.

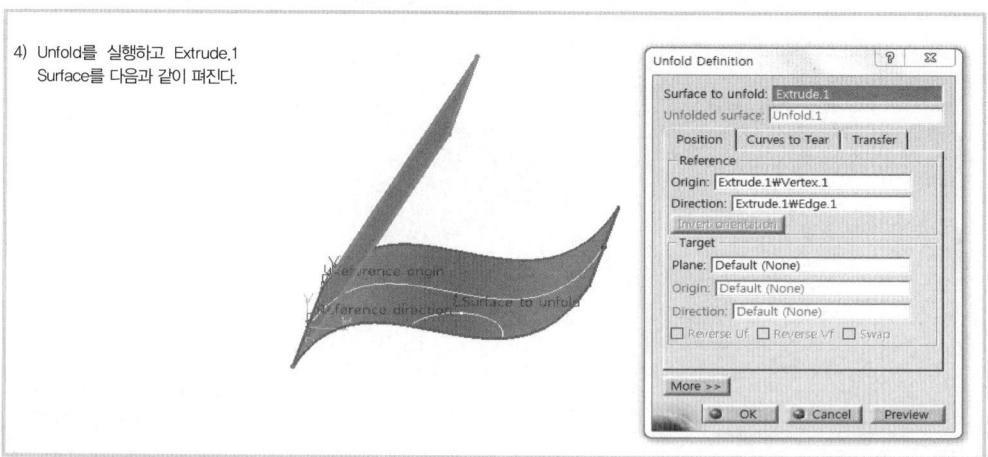

5) Projection을 실행하고 Sketch.2를 Extrude.1에 투영을 한다.

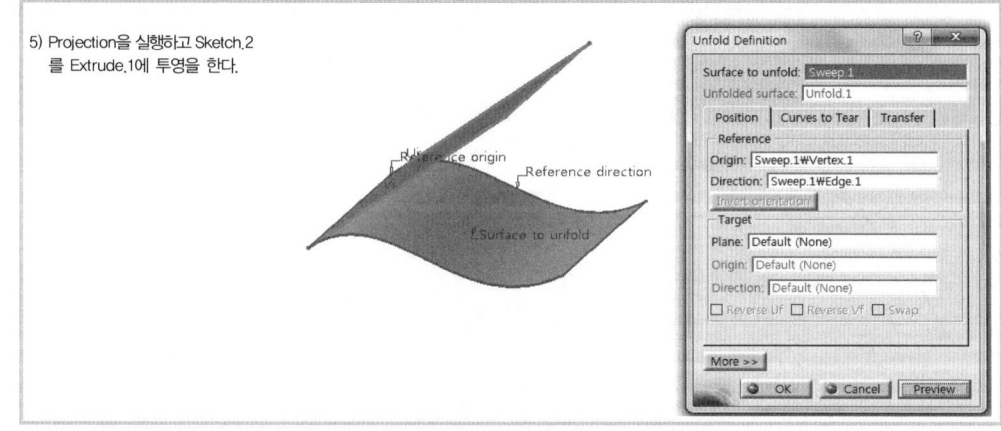

6) Projection을 실행하고 Sketch.2를 Extrude.1에 투영을 한다.

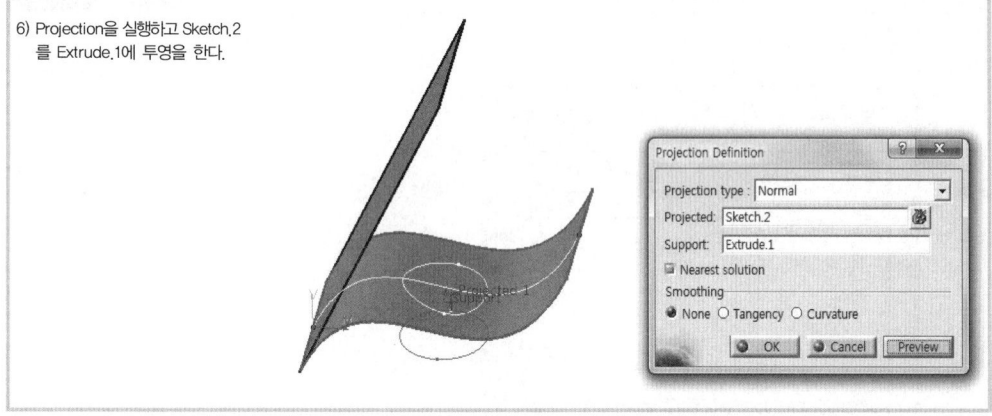

7) Transfer를 실행하고 Surface to unfold : Unfold된 Surface 선택, Unfolded Surface : Unfolded Surface(원본)을 선택, 전송(Transfer) 객체로 Project.1을 선택, Transfo : Fold를 선택한다.

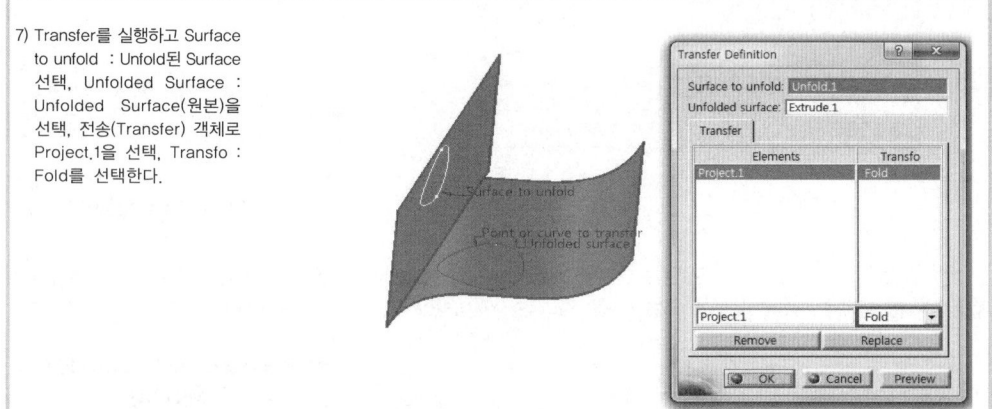

■ Transfer 결과

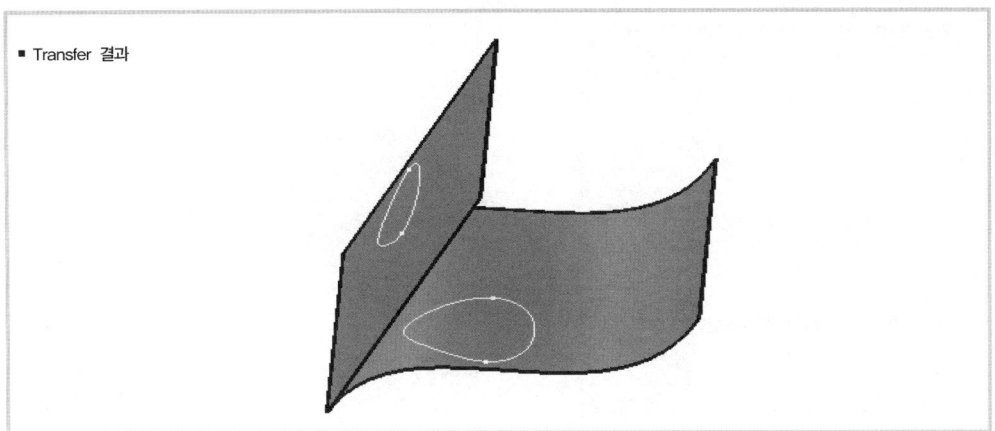

Develop

Develop(🗻) : Curve, Sketch, Point와 같은 Wireframe 요소를 회전체의 곡면 형상 위에 전개해준다. 도메인이 교차하지 않는 Open된 형상이나 완전히 Closed된 Wireframe 요소만을 수행할 수 있다. 또한 회전체가 아닌 곡면은 사용할 수 없다.

• Develop(🗻) Definition

- Wire to develop : 전개시킬 Sketch를 선택한다.
- Support Surface : 스케치를 전개시킬 Surface를 선택한다.
- Development optional parameters
  - Radiantness : 방사점을 기준으로 퍼지게 한다.
  - Inclination : 궤도의 경사 각도를 지정한다.
  - Intermediate radius : 중간지점에서 반경을 지정하여 변경시킨다.

Develop(🗻) 실습

1) 스케치를 실행하고 XY Plane을 선택하여 다음과 같이 스케치를 한다.

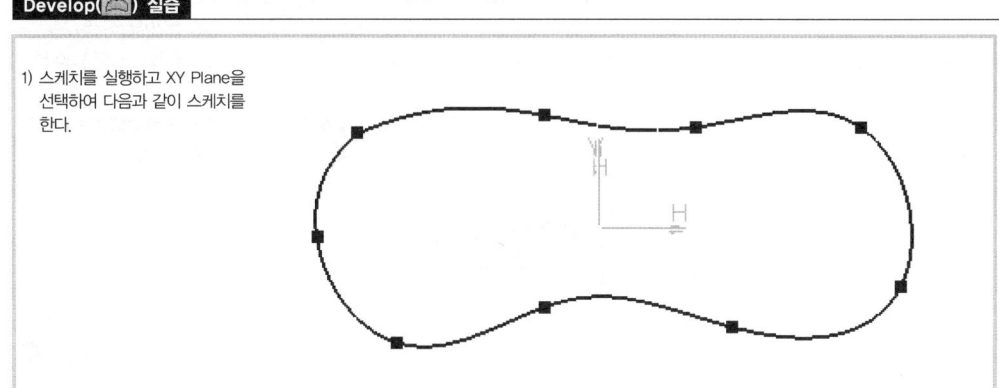

2) 스케치를 실행하고 YZ Plane을 선택하여 다음과 같이 스케치를 한다.

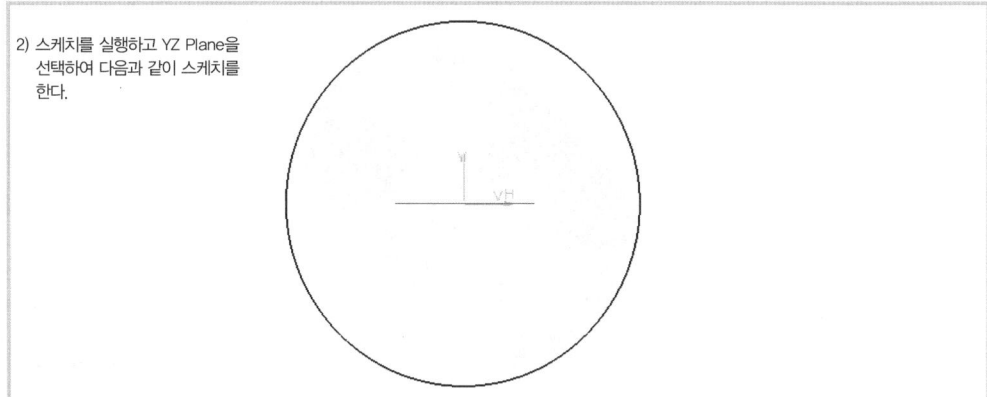

3) Extrude를 실행하고 80mm, Mirrored extent를 지정하여 돌출을 한다.

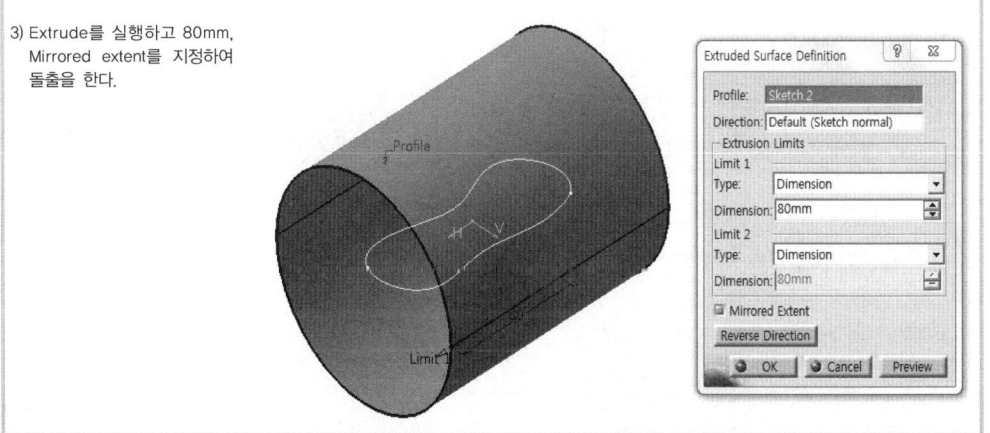

4) Develop를 실행하고 Wire to develop : 전개시킬 스케치를 선택, Support Surface : 스케치를 전개시킬 Surface를 선택한다.

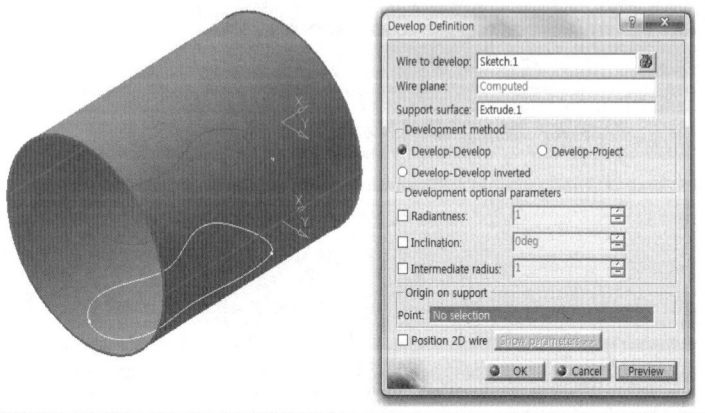

5) Symmetry를 실행하고 XY Plane을 기준으로 전개도를 대칭복사한다.

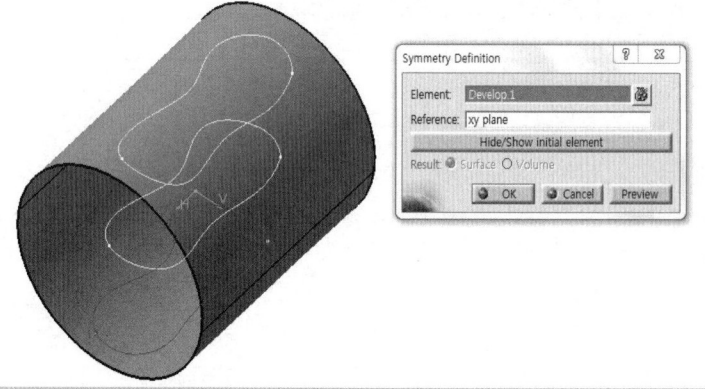

6) Split을 실행하고 다음과 같이 잘라낸다.

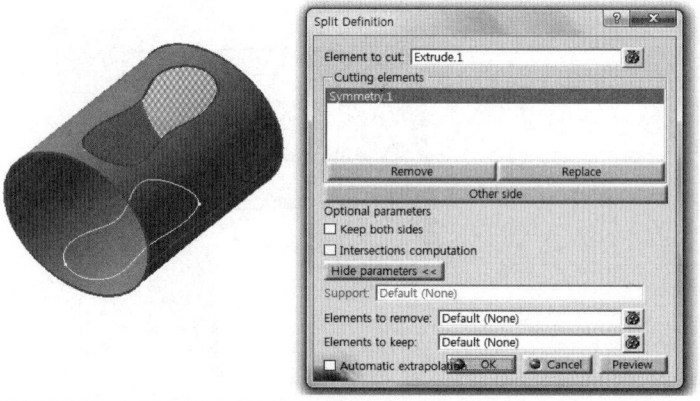

7) Split을 실행하고 다음과 같이 잘라낸다.

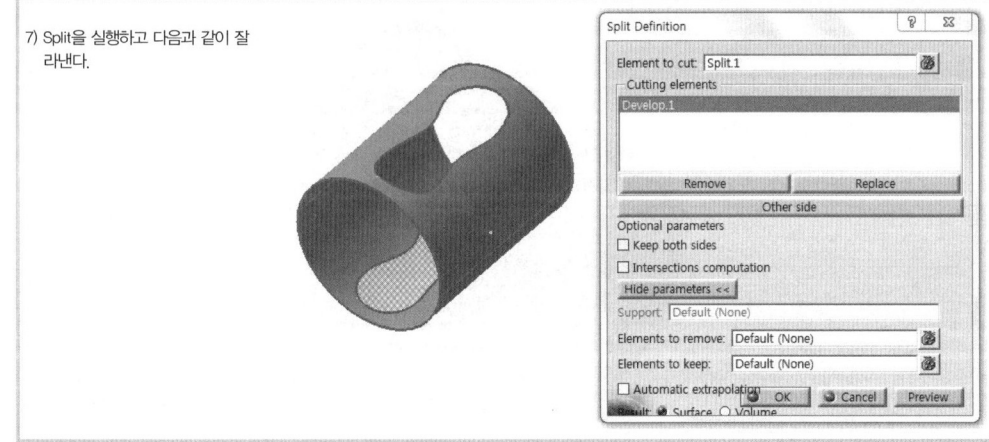

■ Develop 결과

📁 BIW Template

Diabolo

Diabolo( ) : 하나의 Surface 형상에 또 다른 Surface 형상을 합쳐 넣는 명령이다. 작업한 곡면 형상의 중간에 임의의 공간을 설계하기 위한 경우에 유용하게 사용할 수 있다. 여기서 기준이 되는 Surface 형상을 Base Surface라고 부르고 이 Base Surface에 합쳐질 Surface 형상을 Seat Surface이다.

• Diabolo() Definition

- Seat Surface : Base Surface에 합쳐질 Surface 형상을 선택한다.
- Base Element : 기준이 되는 Surface 형상을 선택한다.

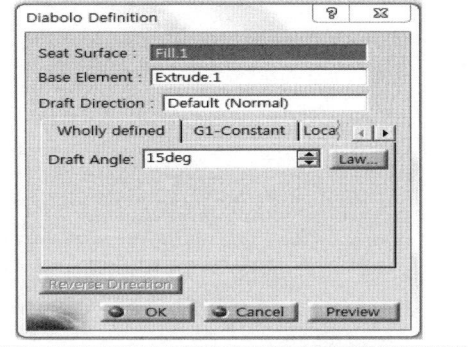

Diabolo 실습

1) 스케치를 실행하고 YZ Plane을 선택하여 다음과 같이 스케치를 한다.

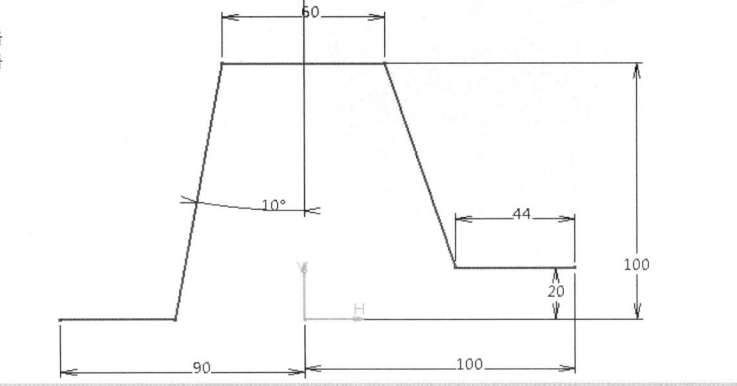

2) Extrude를 실행하고 73mm 돌출을 한다.

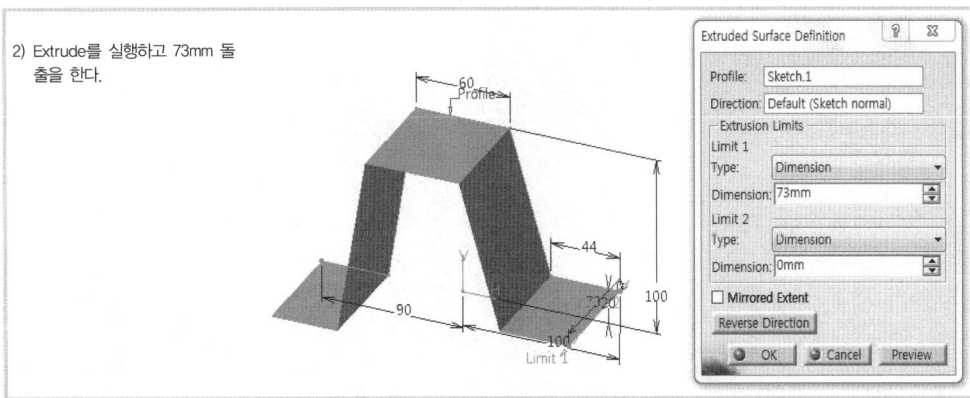

3) Plane을 실행하고 XY Plane을 기준으로 110mm 위치에 Plane을 생성한다.

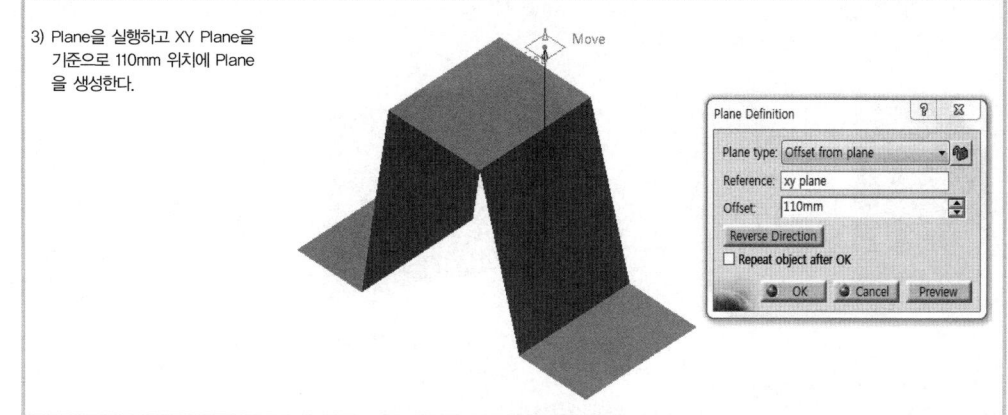

4) 스케치를 실행하고 Plane.1을 선택하여 다음과 같이 스케치를 한다.

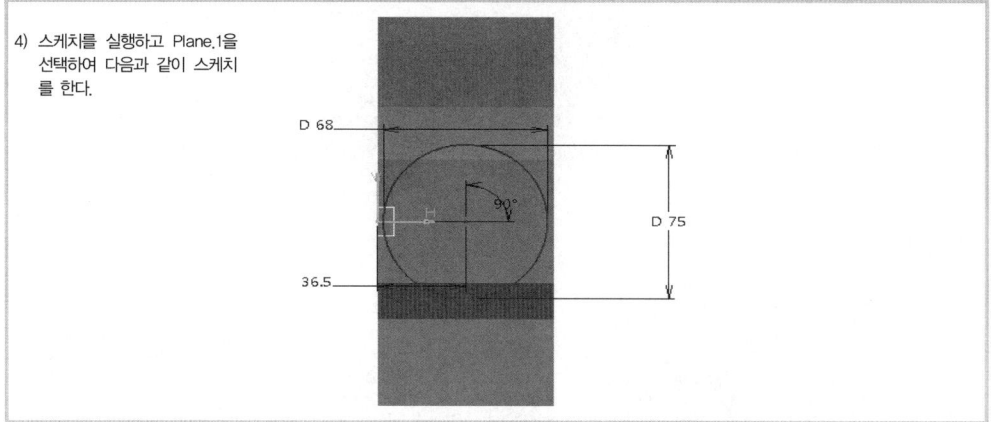

5) Fill을 실행하고 원 안쪽을 채운다.

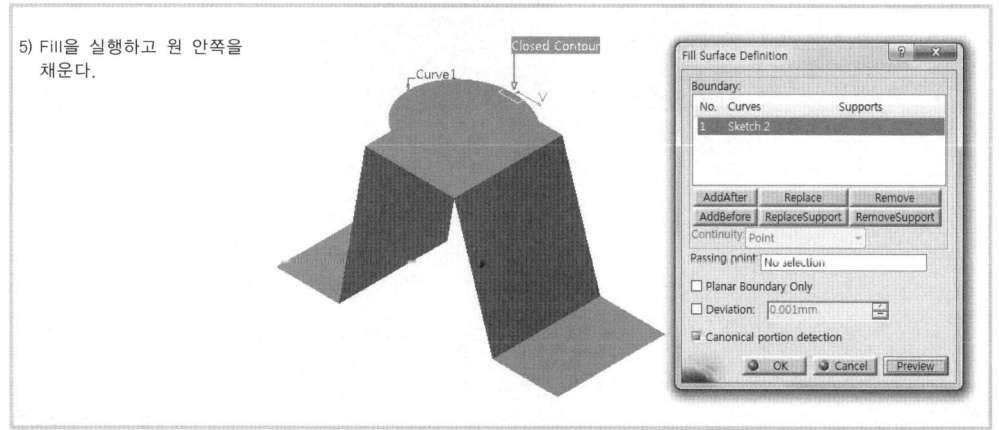

325

6) Diabolo를 실행하고 Seat Surface : Base Surface에 합쳐질 Surface 를 선택, Base Element : 기준 이 되는 Surface를 선택, 각도 를 지정한다.

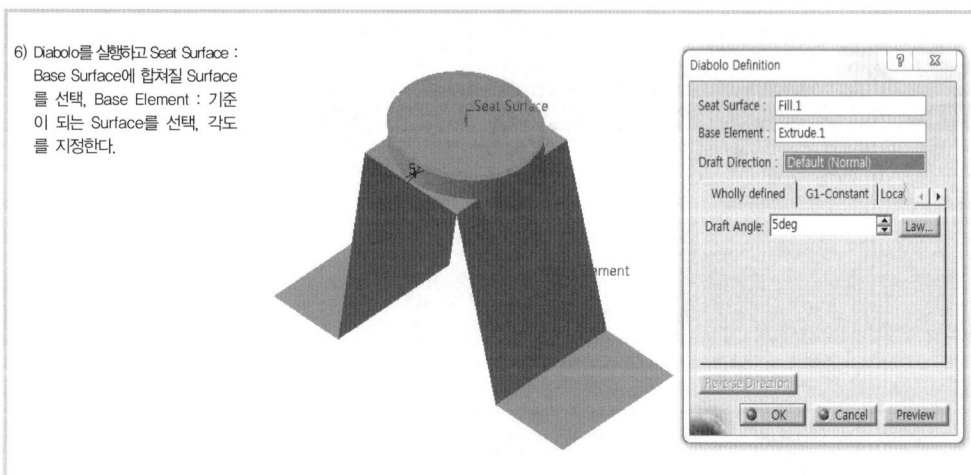

- Diabolo 결과

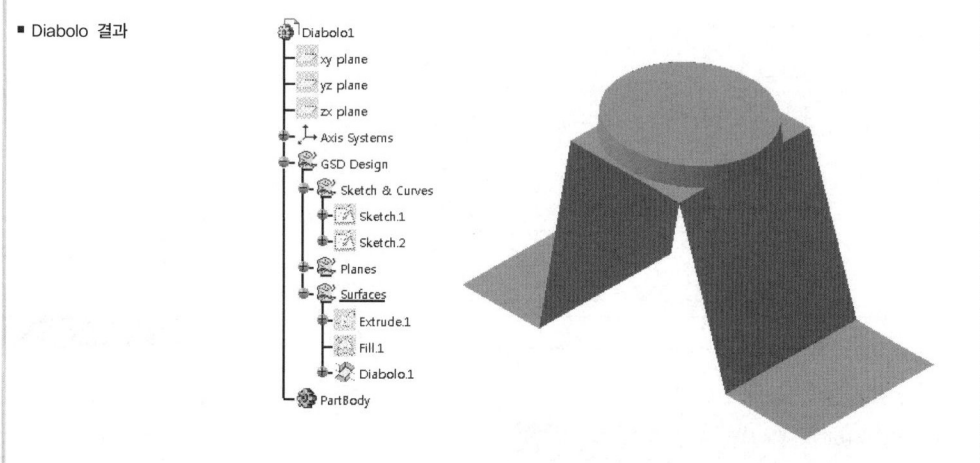

Analysis

Surfacic Curvature Analysis()

- Surface의 곡률을 분석하여 Graphic으로 표시해 주는 기능이다.
- Hardware의 성능에 따라서 그 정확도가 달라지기도 한다.
- Surfacic Curvature Analysis를 하기 위해서는 View Mode가 shading with Material( )로 되어 있어야 한다.

- Type
  - Gaussian : Gaussian Curvature 에 대한 분석
  - Minimum : 최소 곡률에 대한 분석
  - Maximum : 최대 곡률에 대한 분석
  - Mean : 평균 곡률에 대한 분석
  - Limited : 사용자가 입력한 곡률 값 이상에 대한 분석
  - Inflection Area : 변곡면을 색 으로 표시

- 다음 경고 메시지는 View Mode 를 Shading with Material을 지 정하지 않은 경우 나타나는 메시 지이다.

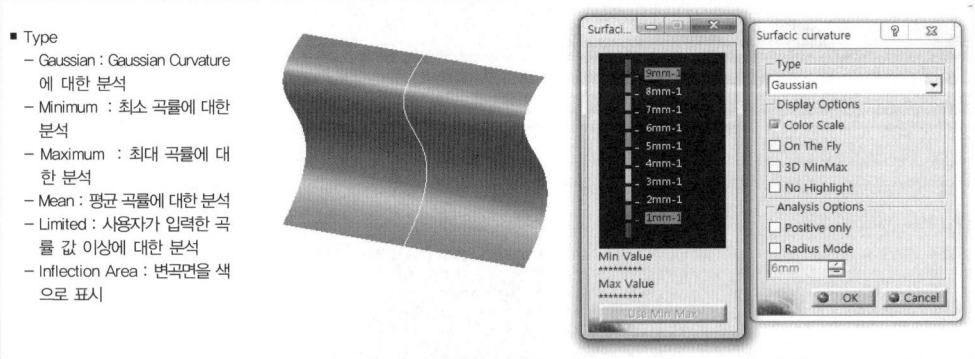

- Color Scale과 On the Fly 출력 형태
- On the Fly : 마우스 Point가 위 치한 곳의 Curvature 값을 나타 낸다.

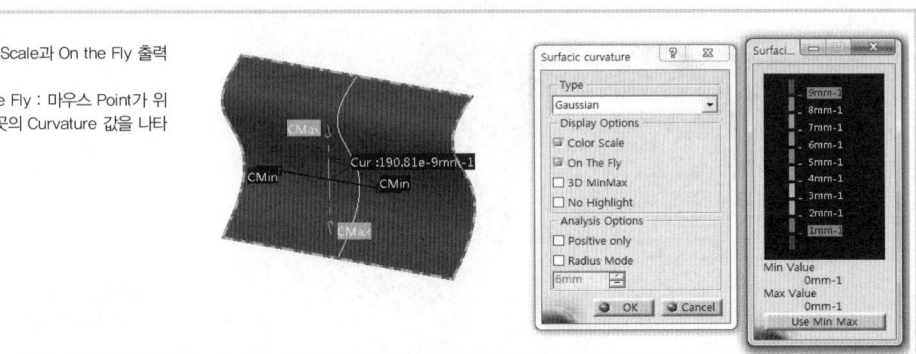

- Color Scale과 3D MinMax 출력 형태
  - 3D MinMax : 최대 및 최소 곡률 값을 표시해 준다.
  - Color Scale이 표현되기 위해서는 반드시 체크박스나 옵션을 사용한 이후에 [Use Min Max] 버튼을 누른다.

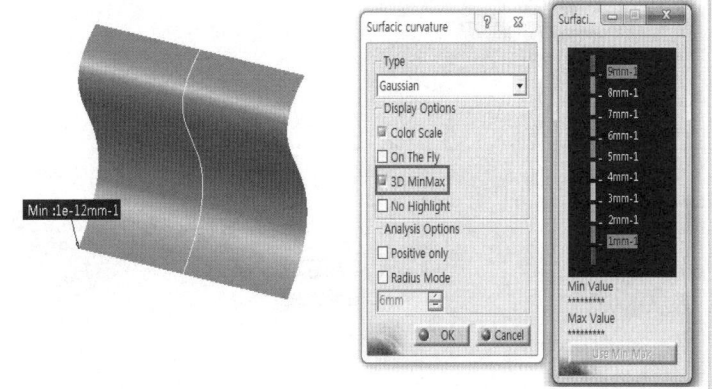

- Color Scale과 No Highlight 선택해제 된 형태
  - 보라색 선 보인다.
  - No Highlight : Surface의 Edge 부분에서 보이는 Highlight를 제거한다.

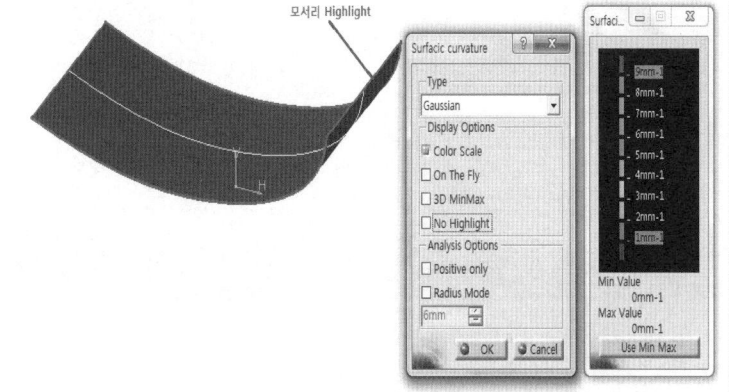

- Color Scale과 No Highlight 선택 된 형태
  - 보라색 선 안 보인다.

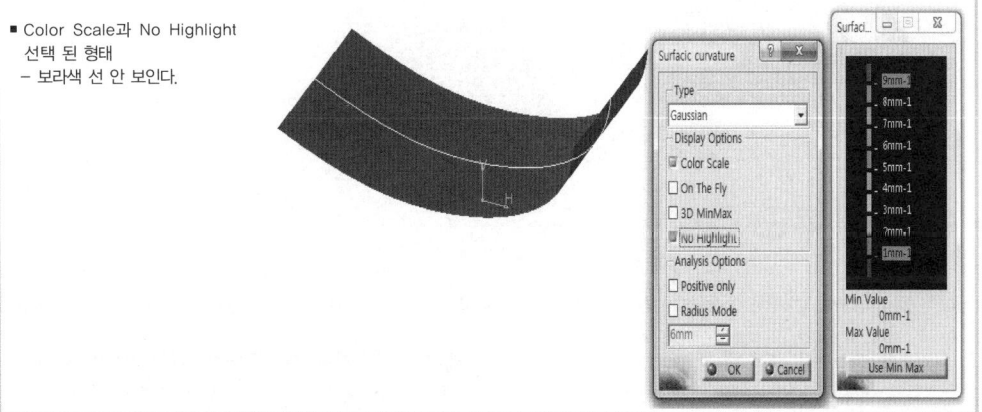

- Type : Minmum, 4가지 옵션이 선택 된 형태

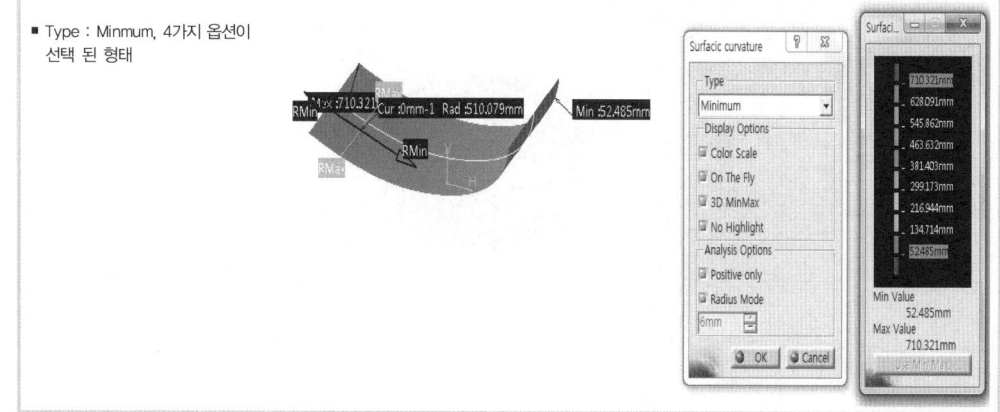

- Type : Maximum, 4가지 옵션이 선택 된 형태

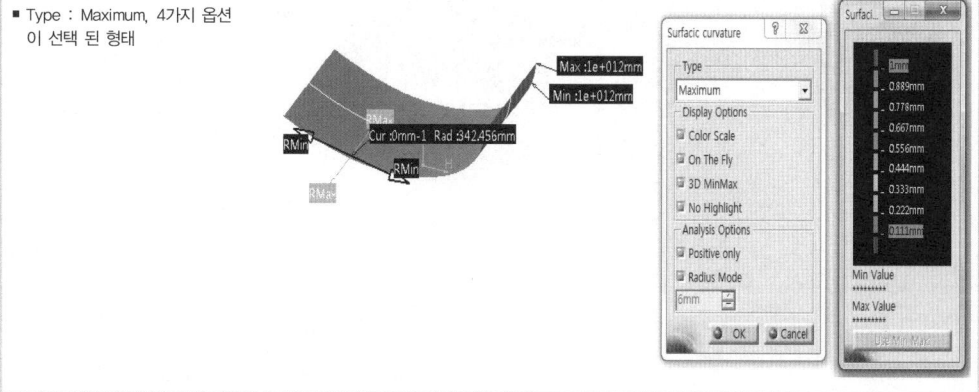

- Type : Mean, 4가지 옵션이 선택 된 형태
- Positive Only : 양(+)의 값을 갖는 곡률을 표시한다.
- Radius Mode : Radius에 대한 Analysis를 실행한다.

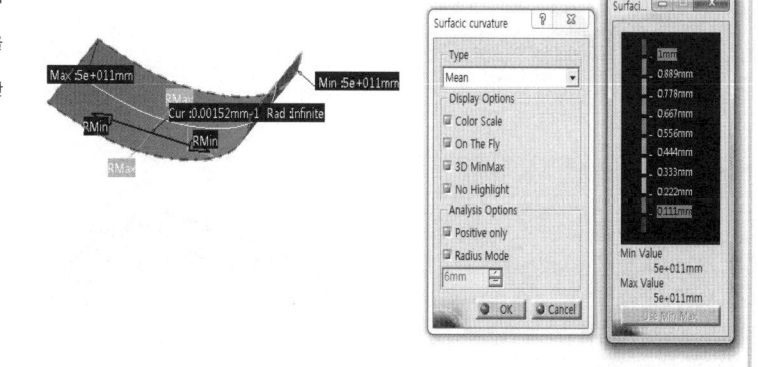

Porcupine Curvature Analysis( )

Surface를 구성하는 edge의 Curvature Analysis의 결과를 아래 그림과 같이 보여주거나 2D Diagram을 통하여 Curvature의 분석 Graph를 나타낼 수도 있다.

- Type : Curvature, 모서리에 대한 곡률을 다음과 같이 보여 준다.

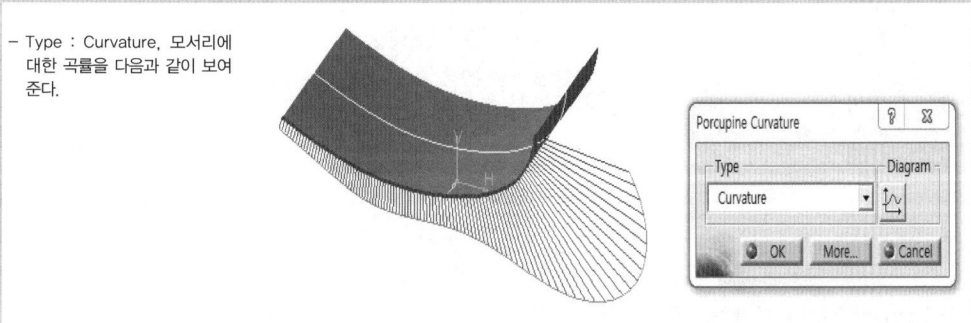

- Diagram( ) 버튼을 누르면 다음과 같이 그래프로 표시된다.

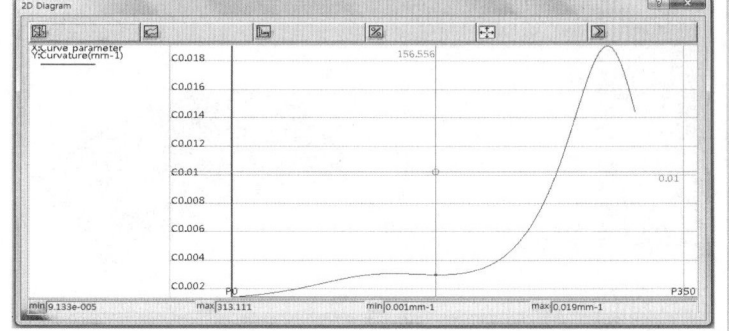

- Type : Maximum, 4가지 옵션 이 선택 된 형태

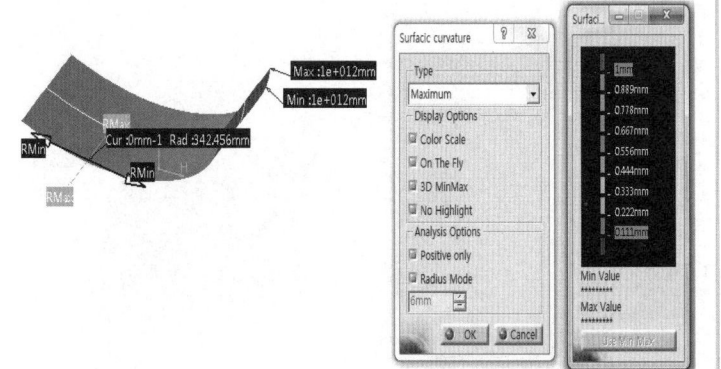

- Type : Mean, 4가지 옵션이 선택 된 형태
- Positive Only : 양(+)의 값을 갖는 곡률을 표시한다.
- Radius Mode : Radius에 대한 Analysis를 실행한다.

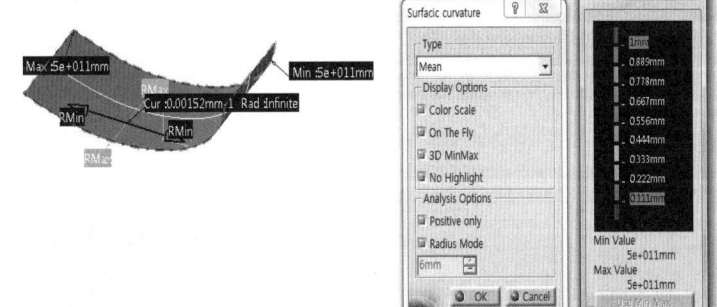

Feature Draft Analysis()

Draft를 생성한 Surface에 대한 해석을 시행하여 Draft Angle 상태를 표시해 준다.

- Draft가 생성된 지점 선택하면 그 결과를 Graphic으로 나타낸다.
- 분석 결과는 degree로 나타내며 단위는 변경할 수 있다.
- Mode
- Quick Analysis : Color range로 화면에 출력된다. 3등분으로 표시
- Full Analysis : Color range로 화면에 출력된다. 6등분으로 표시
- Display : 앞에 두 개의 아이콘은 분석 결과와 관련 있는 아이콘이고 나머지 두 개는 조명을 조절하는 버튼이다.
- Surface 뿐만 아니라 Solid에서도 사용할 수 있다.

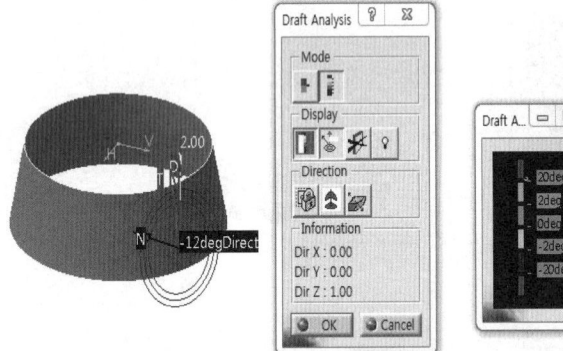

- Running Point( ) : On되면 Mouse의 Point를 이용하여 Draft angle을 측정할 수 있다.

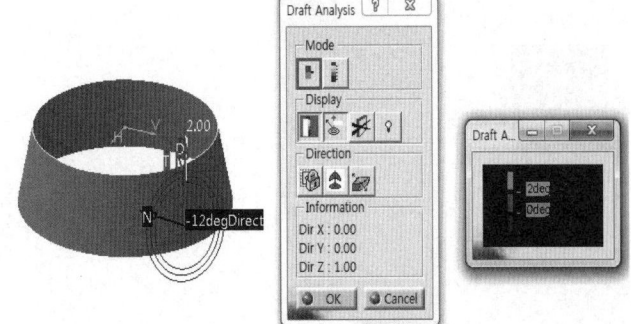

- 빨간색 화살표 : 현재 Surface의 Point가 가지는 Draft Angle의 방향
- 파란색 화살표 : 현재 Surface의 Point가 가지는 Tangent의 방향
- 초록색 화살표 : 현재 Surface의 Point가 가지는 Normal의 방향
- 파란색 화살표 : 현재 Surface에 Tangency한 면을 보여준다.

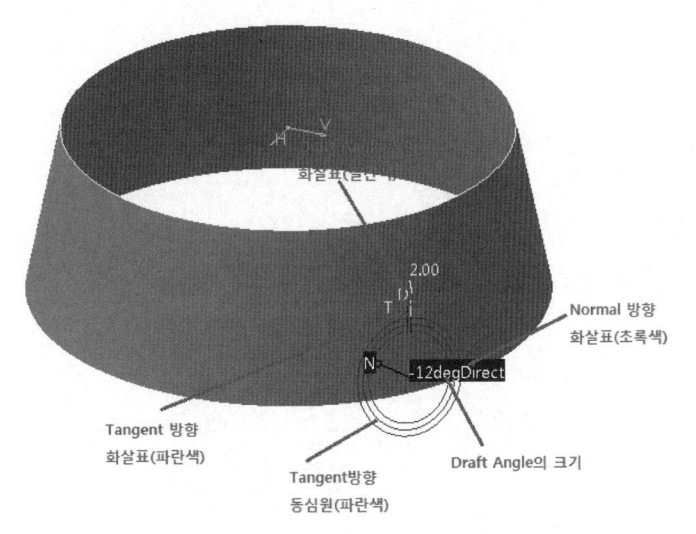

- Source : Analysis의 대상이 될 Surface나 Surface의 Boundary 등을 선택하는 곳이다.
- Target : Type이 Projection일 때만 활성화 된다. Source 항목에서 지정한 원본과 떨어져 있는 Surface(원본 Surface의 어떤 Boundary와도 만나고 있지 않은 상태)를 지정한다.

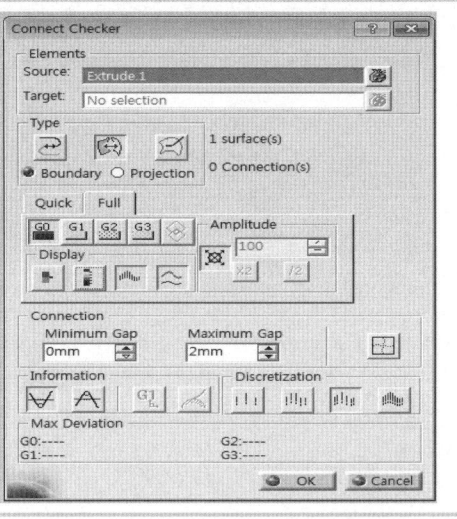

Surface가 서로 Join이나 Healing등으로 연결되어져 있을 경우나 독립된 2개의 Surface 등에 대한 연결성(Connection) 또는 연속성(Continuity)을 검사하는 기능이다.
Wireframe이나 Profile은 Analysis의 대상이 아니며 단지 Surface와 Surface 사이에서 발생되는 각종 연결성이나 연속성을 검사한다.

- Type : Surface나 Curve등의 연결성이나 연속성을 해석할 때 무엇을 중점으로 해석할 것인지 Analysis의 Type을 설정한다.
  - Curve-Curve Connection( ) : Curve와 Curve 사이의 연결성을 조사하는데 Curve는 Surface를 구성하는 경계나 edge 등이다. Analysis는 단순히 Surface border에 대한 해석을 한다.
    Source나 Target 항목으로 Surface를 구성하는 Boundary Board나 edge 등만을 선택할 수 있다.
  - Surface-Surface Connection( ) : Surface와 Surface 사이의 연결성을 조사하는 기능이다. Surface와 Target으로 Surface만 선택할 수 있다.
  - Surface-Curve Connection( ) : Surface와 Surface의 edge를 선택하여 그들 사이의 연결성을 조사하는 기능이다. Analysis 하기 위해서는 Source 항목에서 Surface와 Surface의 Boundary를 쌍으로 Multi-Section 해야 한다.
  - Boundary : Source 또는 Target 항목에서 선택한 Surface나 edge 등에 대하여 그 경계에 대한 해석을 실시한다.
  - Projection : 서로 독립적인 Surface Boundary에 대하여 Analysis 한다.

- 연결성 상태 List : Analysis Type 버튼의 선택에 따라서 Source나 Target 항목에서 선택된 Surface에 대하여 연결된 부분이 몇 개인지 나타낸다.

[Quick 탭]
빠른 Analysis를 위하여 Analysis Graph는 나타내지 않고 수치적으로만 그 결과를 나타낸다.

- Overlap Defect( )
  선택한 Surface 사이의 Boundary가 서로 Overlap되는 부분을 보여준다.
- G0 : Distance Analysis
  선택한 객체사이의 G0 연속성에 해당되는 Distance Analysis를 실행한다. Distance 값을 입력하면 입력된 값을 초과하는 결과를 화면상에 보여준다.
- G1 : Tangent Analysis
  선택한 객체사이의 G1 연속성에 해당되는 Tangency Analysis를 실행한다. 결과는 Degree 값으로 나타난다. 각도를 입력하는 곳에 최소 값은 0.05°이며, 최소한 이보다 더 큰 각도를 가지는 곳은 굵은 노란색 Curve로 화면에 표시된다.
- G2 : Curvature Analysis
  선택한 객체사이의 G2 연속성에 해당되는 Curvature Analysis를 실행한다. G2 연속성의 불일치성에 대한 결과는 백분율로 표시된다. 백분율을 입력하는 곳이 있으며 입력한 백분율을 초과하는 부분을 화면에 굵은 파란색 Curve로 화면에 표시된다.
- G3 : Curvature-Tangency Analysis
  선택한 객체사이의 G3 연속성에 해당되는 Curvature-Tangency Analysis를 실행한다. 결과는 G3 연속성을 가지는 곳의 degree를 화면에 표시한다. 최소한 이보다 더 큰 각도를 가지는 곳은 굵은 Cyan색 Curve로 화면에 표시된다.

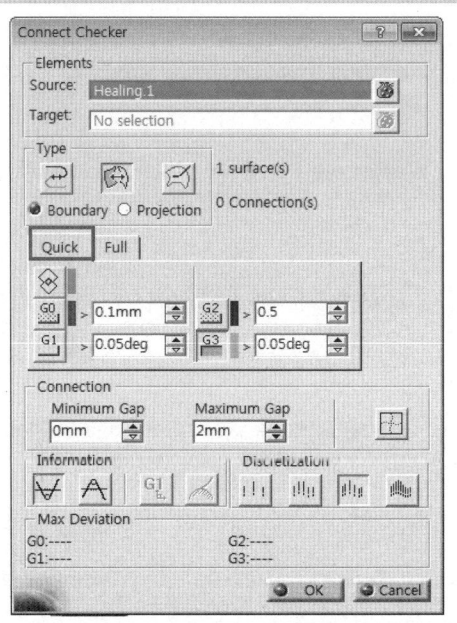

• Surface가 서로 Isolated된 경우

기하학적으로 서로 연결되어 있는지를 확인한다. 주어진 Maximum Gap 값 내에 있는 모든 Gap에 대하여 Analysis한다. Internal Edge( ) 버튼은 비활성화 된다.

• Surface가 서로 Join되어져 있는 경우

Catia default 값으로 Internal Edge이 On된 상태로 활성화된다. Topological Connection을 체크하며 Topological Connection 체크는 2개의 Topological Surface에 의해 모든 edge가 공유되는 지를 우선 체크하며 주어진 Maximum Gap 값을 최대값으로 하여 선택된 한 쌍의 Surface edge에 대한 Tolerance를 조사하게 된다. Tolerance 값이 Maximum Gap 값을 초과할 경우 Analysis를 할 수 없다.

[Full 탭]

Text 및 Analysis Graphic으로 Analysis의 결과를 화면에 표시해 주는 기능이다.

- G0 : Distance Analysis
- G1 : Tangent Analysis
- G2 : Curvature Analysis
- G3 : Curvature-Tangency Analysis

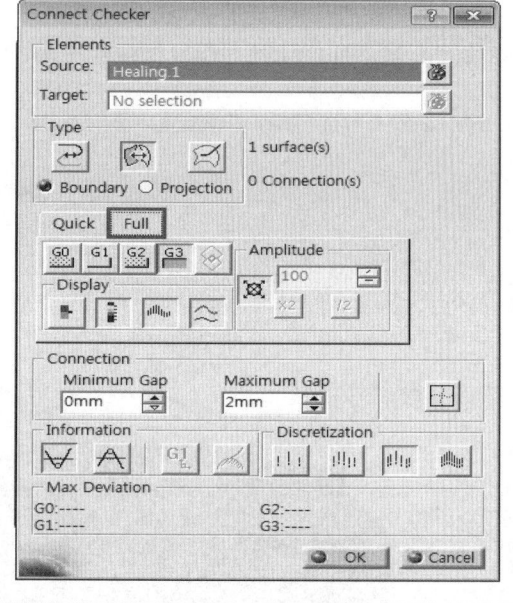

- Minimum Gap과 Maximum Gap

  Analysis를 위한 Gap의 최대값과 최소값을 지정하는 곳이다. 지정한 범위를 넘어서는 Gap이 존재한다면 해석되지 않고 Error 메시지가 출력된다. Maximum Gap의 최대값은 1,000mm이다.

- Internal Edge( )

  Surface를 구성하는 Internal Edge를 Analysis의 대상에 포함시킬 경우 선택한다. Boundary가 On된 상태에서만 활성화된다.

- Information 항목

  - Mininfo( ) : Geometry에 Analysis의 최소값 결과를 표시해준다.
  - Maxinfo( ) : Geometry에 Analysis의 최대값 결과를 표시해준다.

- G1 values within range of 0 to 90 degree( )

  G1 Mode에서만 활성화 되면 G1 값의 범위가 0°~90° 사이인 값에 대해서만 화면상에 표시해 준다.

- Concavity Defect( )

  G2 Mode에서만 활성화되며 다음 2가지 사항을 체크한다.
  - Surface-Surface Connection 또는 Surface-Curve Connection에서 Concavity Defect을 체크한다.
  - Curve-Curve Connection에서 Plane과 접촉된 사이 각을 체크한다.

- Discretization

  Analysis된 결과의 이산값(Discretization)을 Graph으로 나타내는 정도를 아래 버튼을 사용하여 제어한다.
  - Light Discretization( )
    이산값을 5개의 Spike로 표시된다.
  - Coarse Discretization( )
    이산값을 15개의 Spike로 표시된다.
  - Medium Discretization( )
    이산값을 30개의 Spike로 표시된다.
  - Fine Discretization( )
    이산값을 45개의 Spike로 표시된다.

- Max Deviation 정보

  G1, G2, G3, G4에 대한 Maximum Deviation 값을 표시해 준다.

- Display

  Analysis의 결과를 화면에 Graphic으로 출력하는 방식을 선택한다.
  - Limited Color Scale( )
    최대값과 최소값을 그래프로 나타내 준다.
  - Full Color Scale( )
    선택한 객체에 대한 Analysis 결과의 전체 경향을 살펴볼 수 있다.
  - Comb( )
    Analysis의 결과를 Graphic Spikes로 Geometry상에 보여준다. Graphic Spikes를 조절하는 버튼 Discretization 항목에 있는 4가지 버튼이다.
  - Envelop( )
    Comb 버튼이 On된 상태에서는 Graphic Spikes의 끝을 Curve로 연결하며 만일 Comb 버튼이 Off된 상태에서는 Analysis의 결과가 굵은 선으로 나타난다.

05 실습하기 2

응용하기 19 Internet Phone 만들기 2

1) 스케치를 실행하고 YZ Plane을 선택하여 다음과 같이 스케치를 한다.

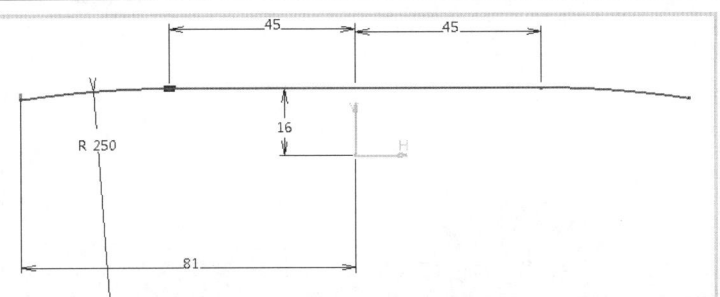

2) Extrude( )을 실행하고 31mm, Mirrored extent를 지정하여 돌출을 한다.

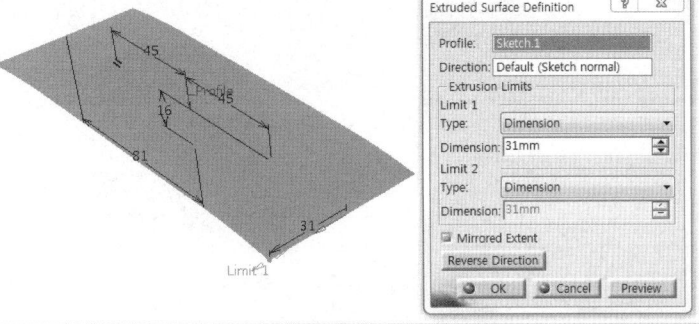

3) 스케치를 실행하고 ZX Plane을 선택하여 다음과 같이 R300인 호를 스케치 한다.
호의 양끝 점을 선택하여 좌우 대칭을 한다.

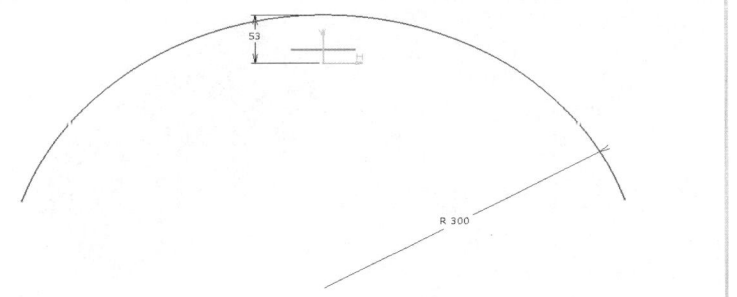

4) Projection( )을 실행하고
Projected : Sketch.2를 선택,
Support : Extrude.1을 선택한다.

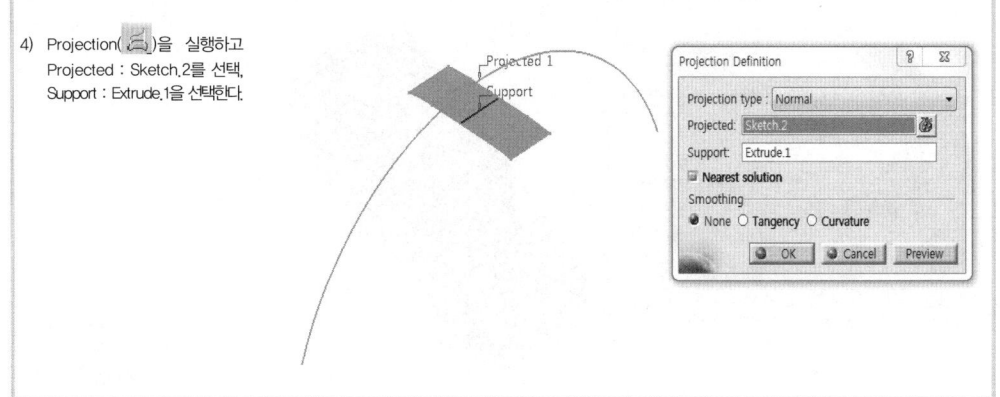

5) 호 선분이 곡면에 그대로 투영된다. Sketch.2를 [Hide] 한다.

6) 스케치를 실행하고 XY Plane을 선택하여 다음과 같이 스케치를 한다.

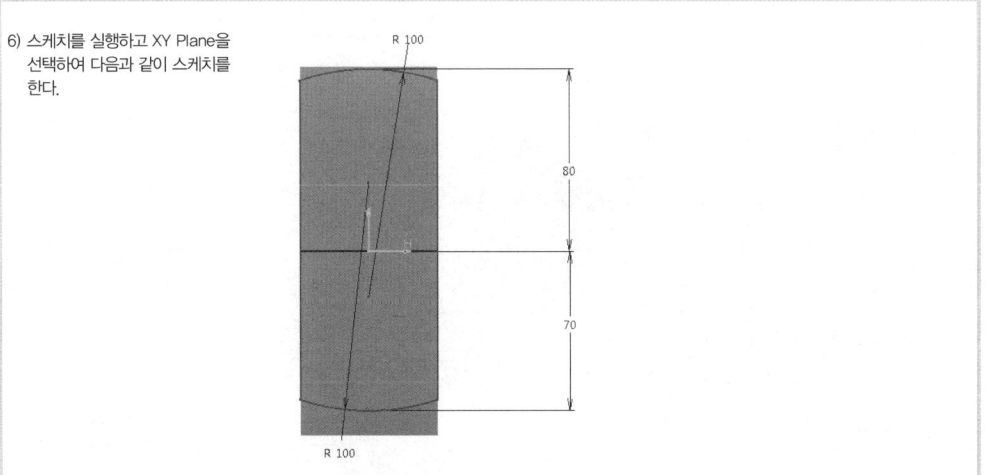

7) [Start]-[Mechanical Design]-[Part Design]를 선택한다.

8) Pad를 실행하고 방향1 : Up to Surface를 지정, Extrude.1 객체의 곡면을 선택, 방향2 : 5.4mm 돌출을 한다.

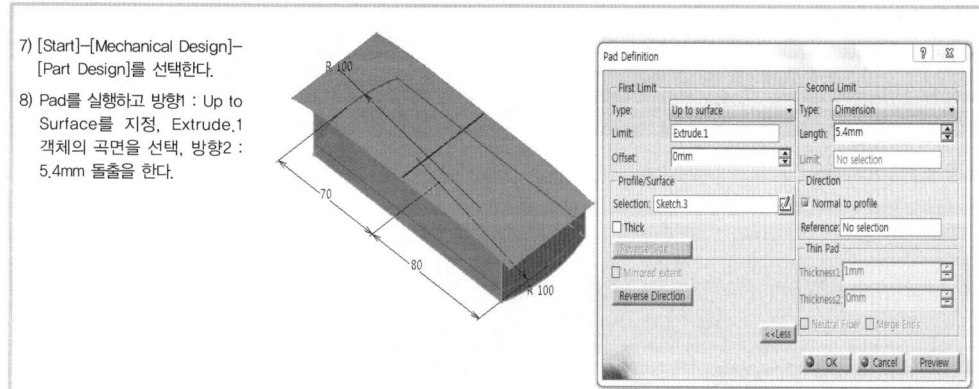

9) Spec Tree에서 Extrude.1과 Project.1 객체를 [Hide] 한다.

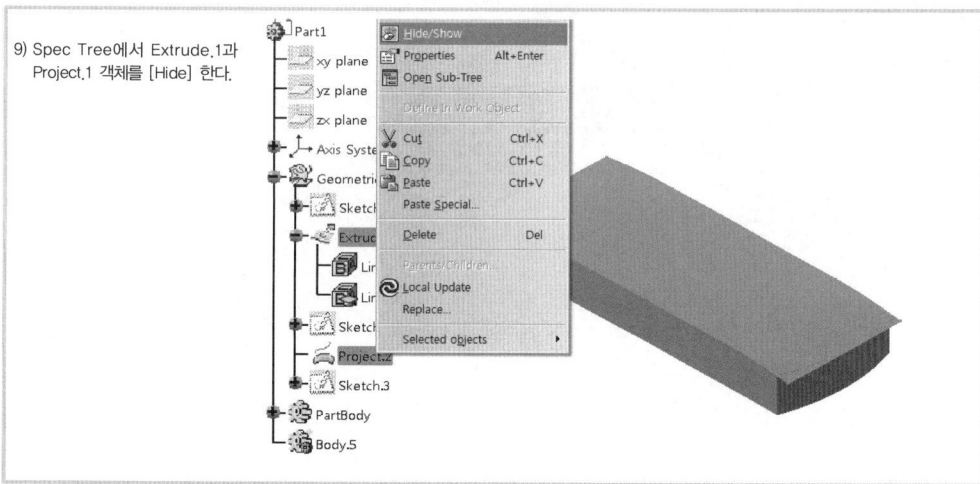

10) Draft( )를 실행하고 15deg로 4개의 측면을 선택하여 구배를 준다.
Pad.1 객체의 3개의 면은 기준면으로 선택한다.

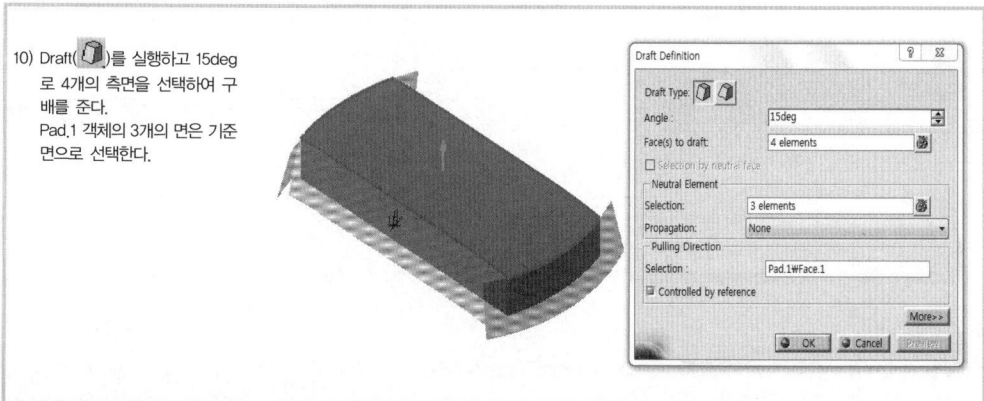

11) Edge Fillet를 실행하고 반경 : 15mm로 필렛을 한다.

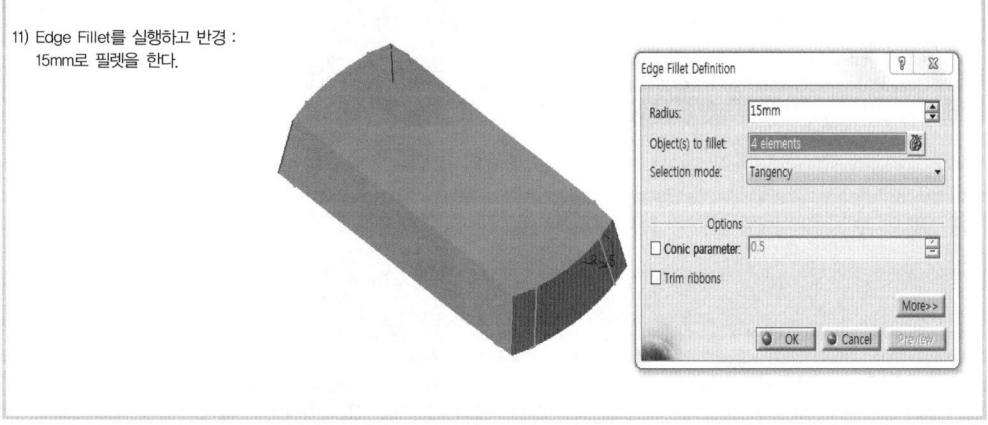

12) Edge Fillet를 실행하고 반경 : 5mm로 필렛을 한다.

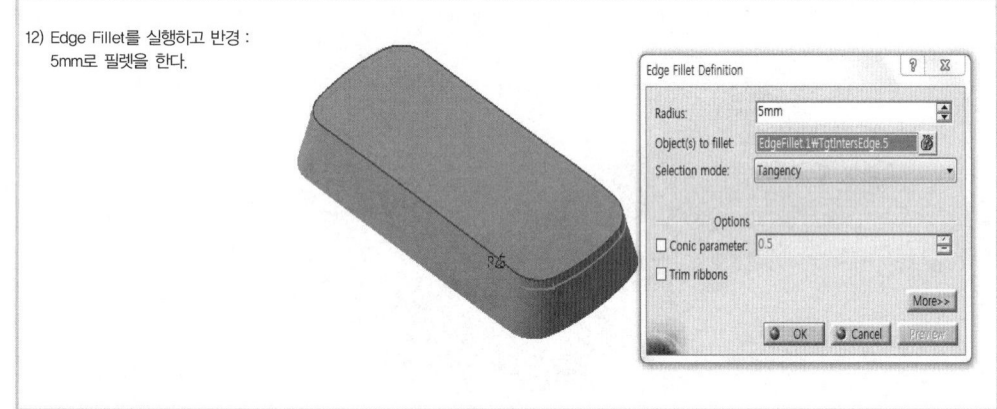

13) Shell( )을 실행하고 두께 : 2.5mm로 아랫면을 선택하여 쉘을 생성한다.

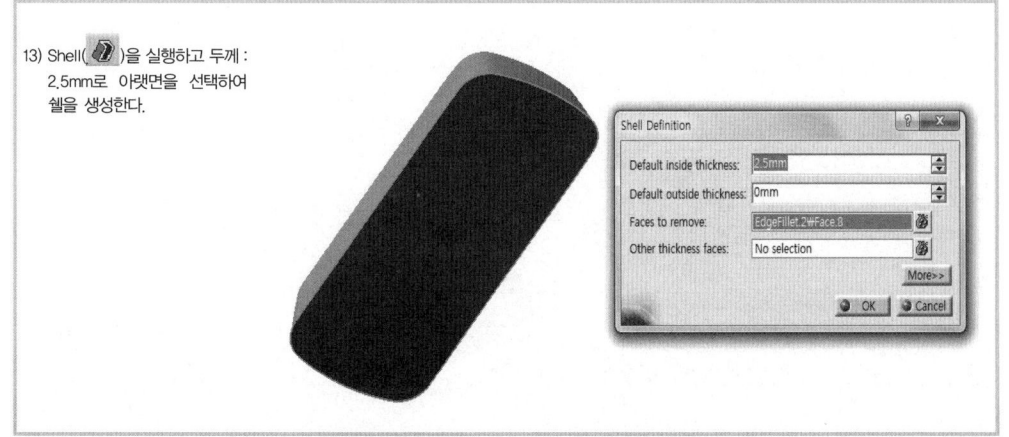

14) Shell 결과

15) [Insert]-[Body]를 선택한다. 스케치를 실행하고 YZ Plane을 선택하여 다음과 같이 스케치를 한다.

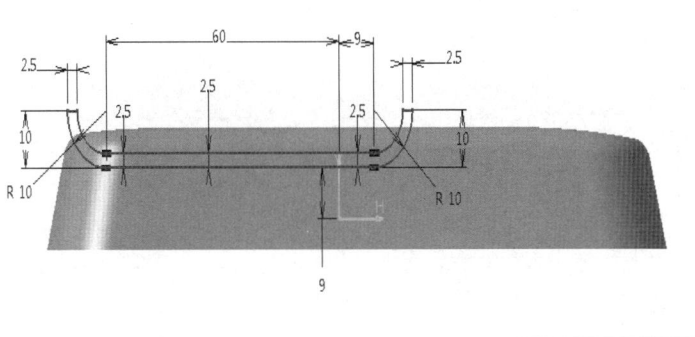

16) Pad를 실행하고 44mm, Mirrored extent를 지정하여 돌출을 한다.

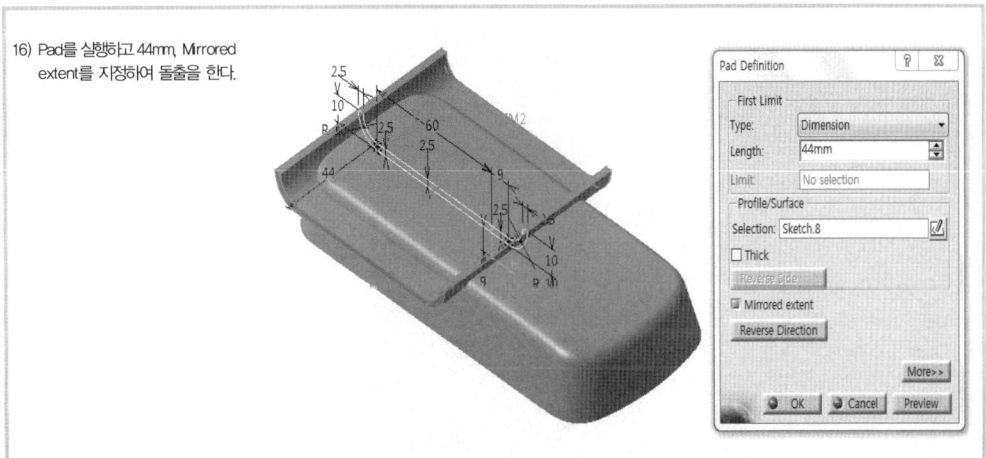

17) Union Trim( )을 실행하고 Trim : Body.2를 선택, with : PartBody를 선택, 제거할 면으로 두 개의 면을 선택한다.

Catia Tip

- Union Trim( )은 Faces to remove에 선택한 면은 제거되고, 나머지는 기본 Body에 합쳐진다.

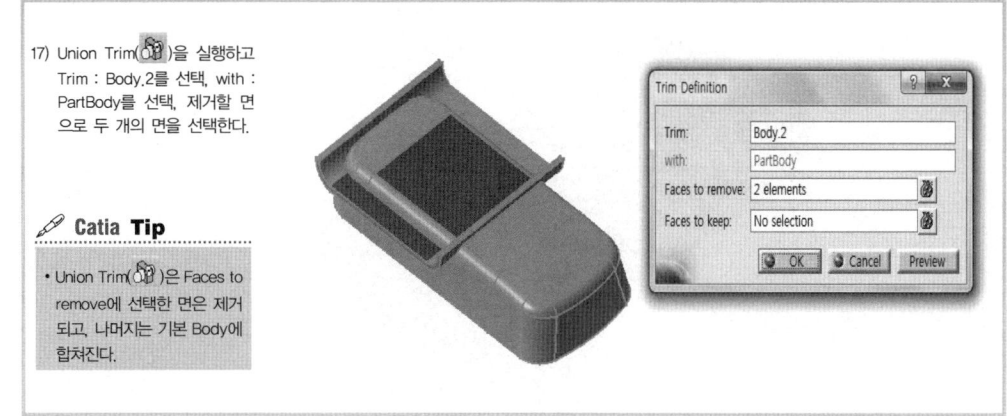

18) Union Trim 결과(윗면)

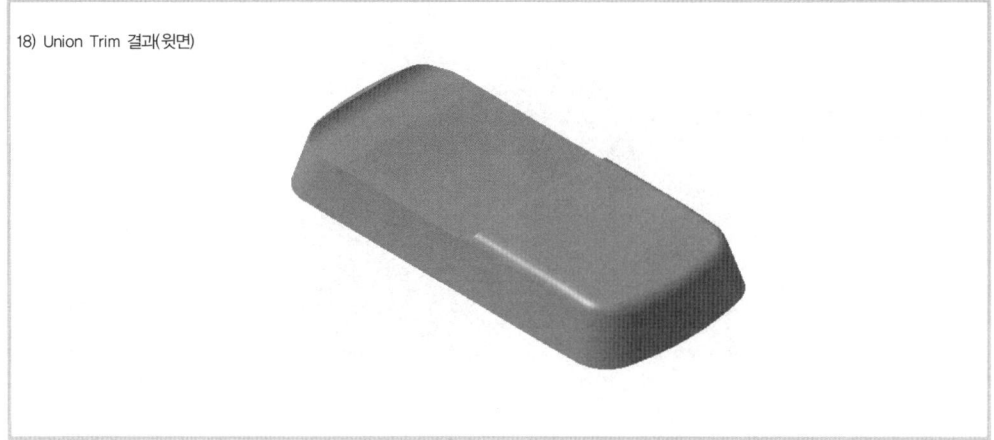

19) Union Trim 결과(아랫면)

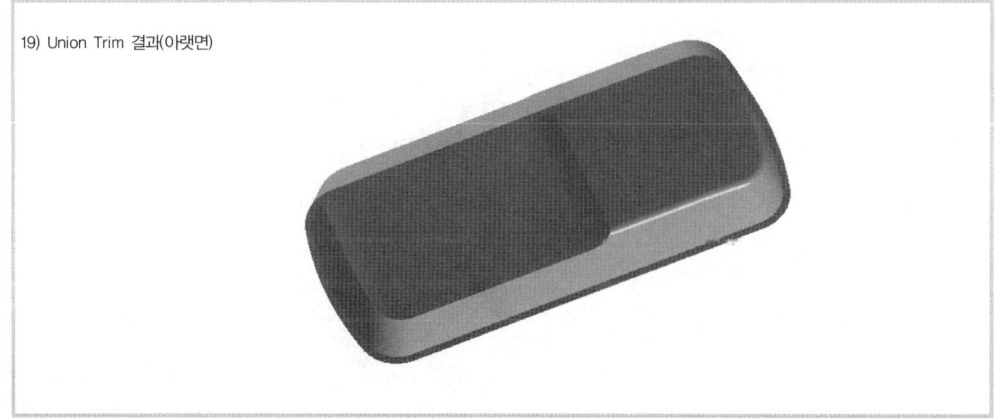

20) [Insert]-[Body]를 한다. 스케치를 실행하고 Pad.1 객체의 우측 윗면을 선택하여 다음과 같이 스케치를 한다.

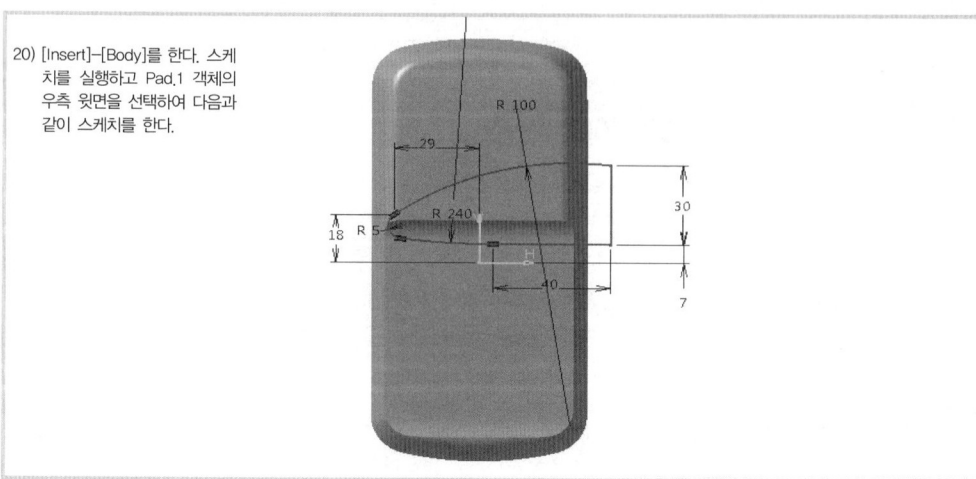

21) Pad를 실행하고 아래쪽 : 9mm, 위쪽 : 6mm로 돌출을 한다.

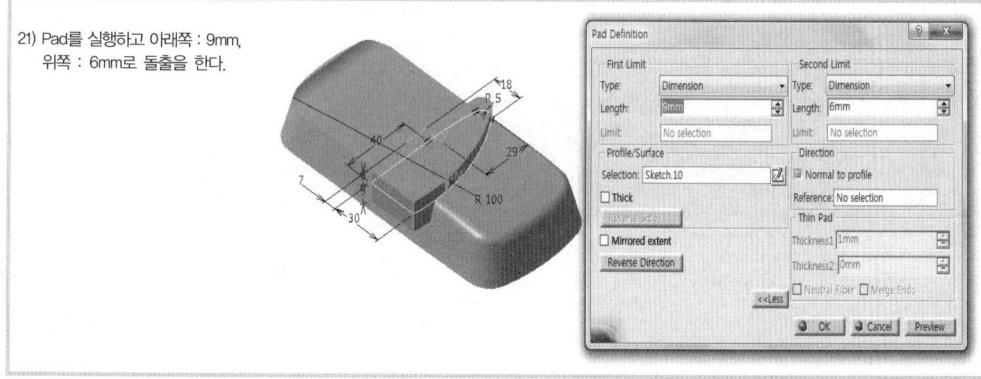

22) PartBody를 [Hide]로 숨긴다. Edge Fillet를 실행하고 반경 : 3mm로 아래 모서리 부분을 필렛을 한다.

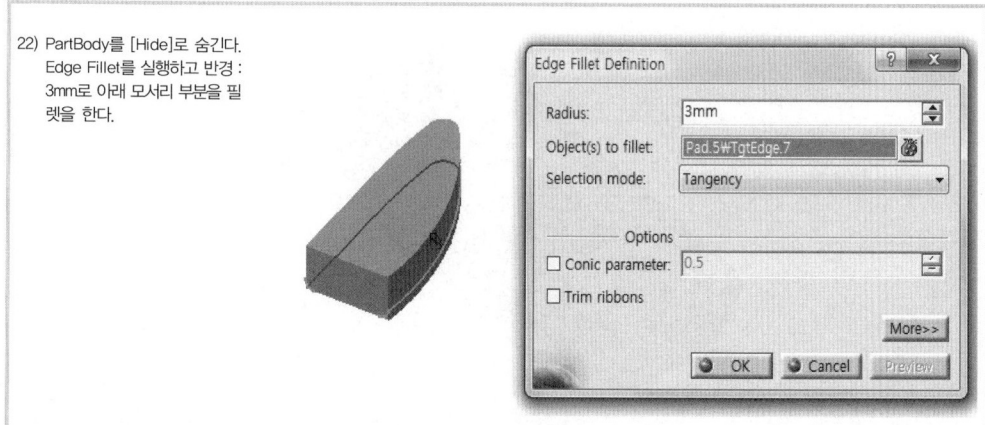

23) 쉘( )을 실행하고 두께 : 2.5mm로 Pad.3 객체의 윗면과 앞면을 선택하여 쉘을 생성한다.

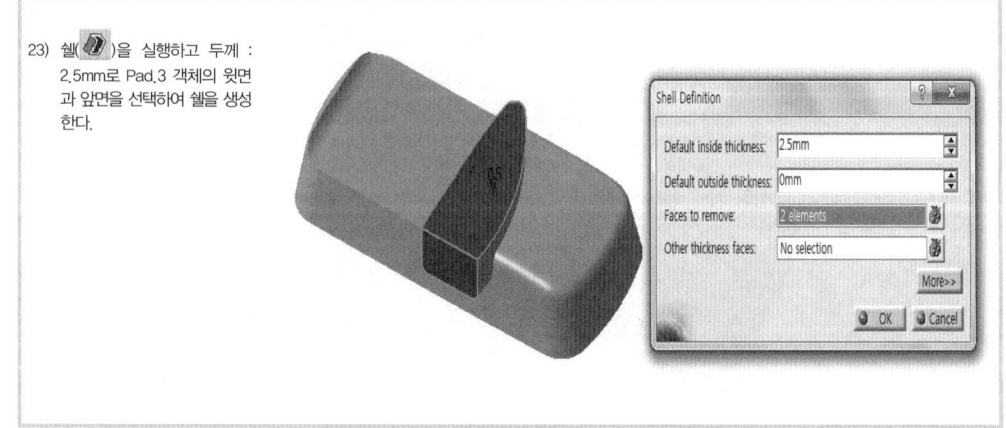

24) Union Trim( )을 실행하고 Trim : Body.3을 선택, Face to remove로 다음 두면을 선택한다.

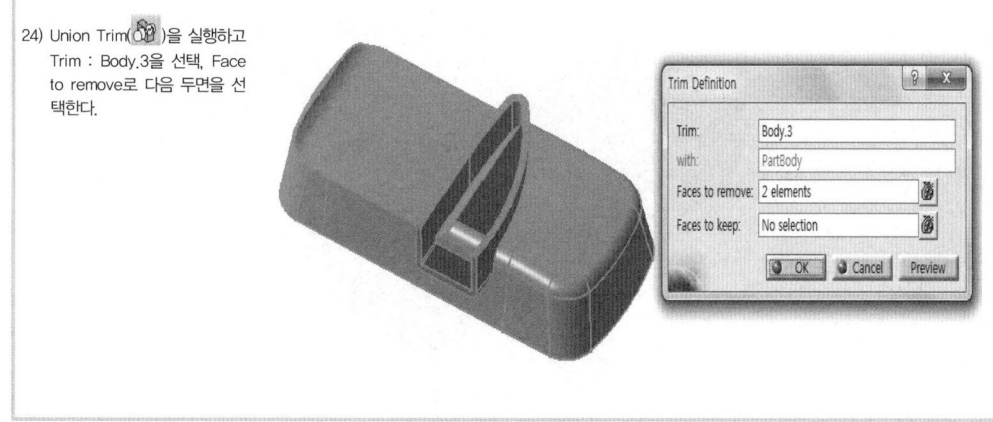

25) Union Trim( ) 결과

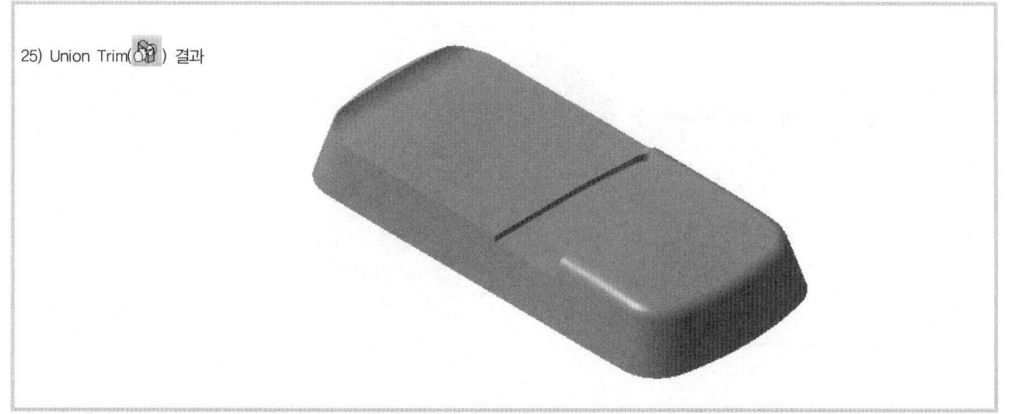

26) Edge Fillet를 실행하고 반경 : 2mm로 필렛을 한다.

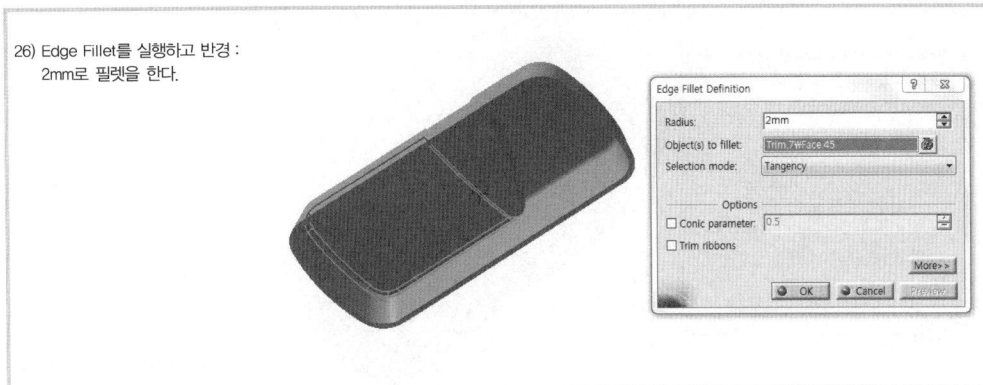

27) Edge Fillet를 실행하고 반경 : 1mm로 필을 한다.

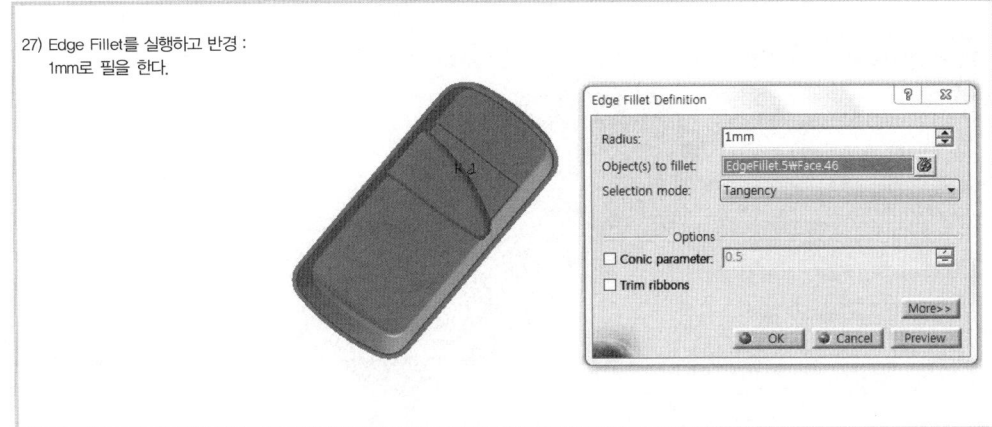

28) Union Trim한 면을 선택하고 다음과 같이 스케치를 한다.

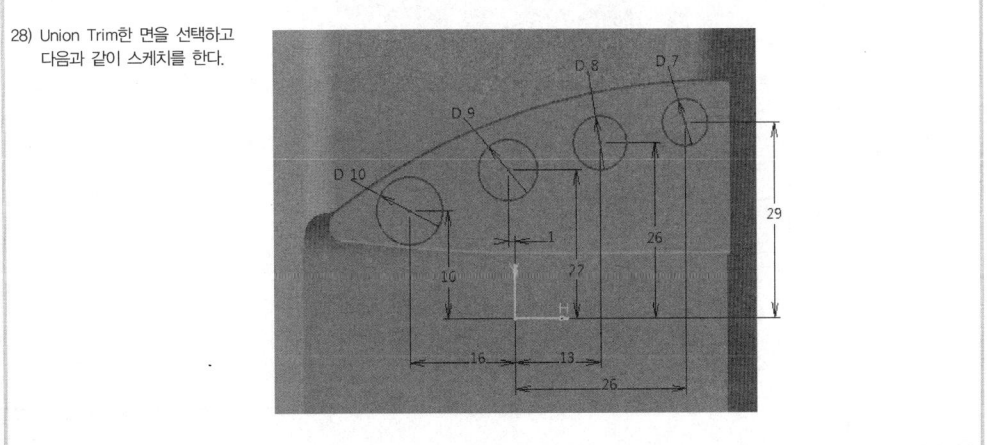

29) Pocket을 실행하고 1mm 돌출 컷을 한다.

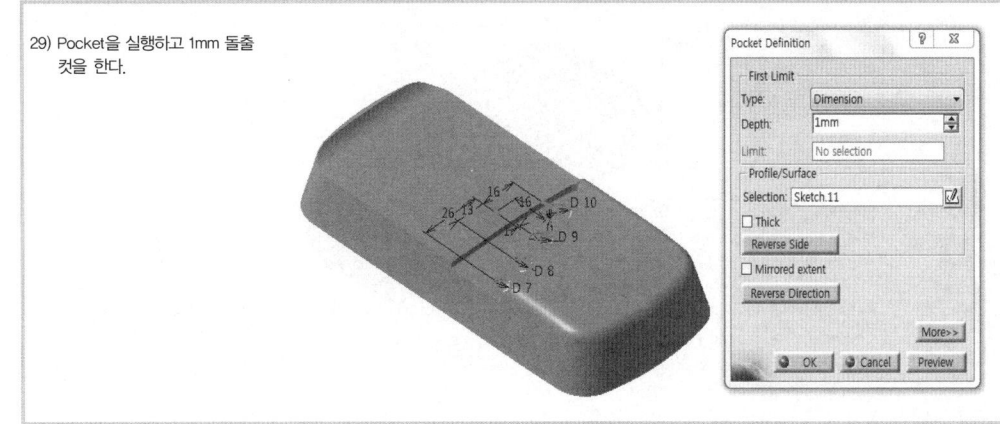

30) Edge Fillet를 실행하고 반경 : 1mm로 필렛을 한다.

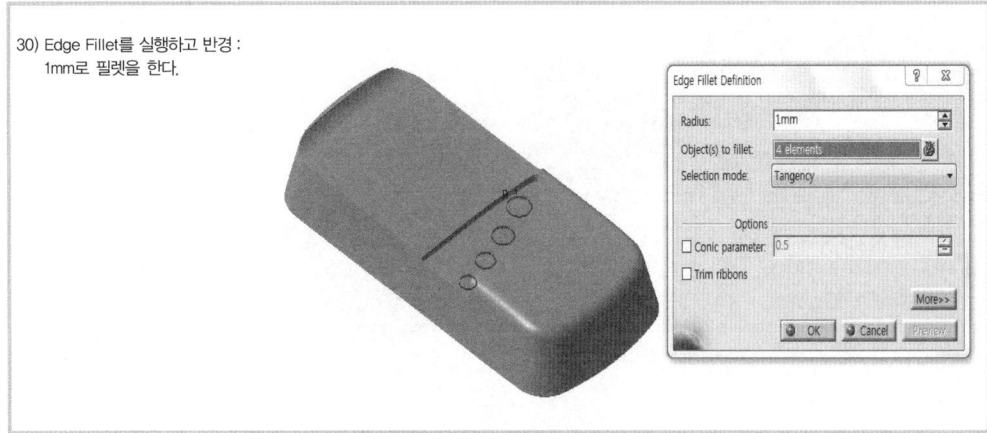

31) Plane을 실행하고 XY Plane을 기준으로 17mm 위쪽에 Plane을 생성한다.

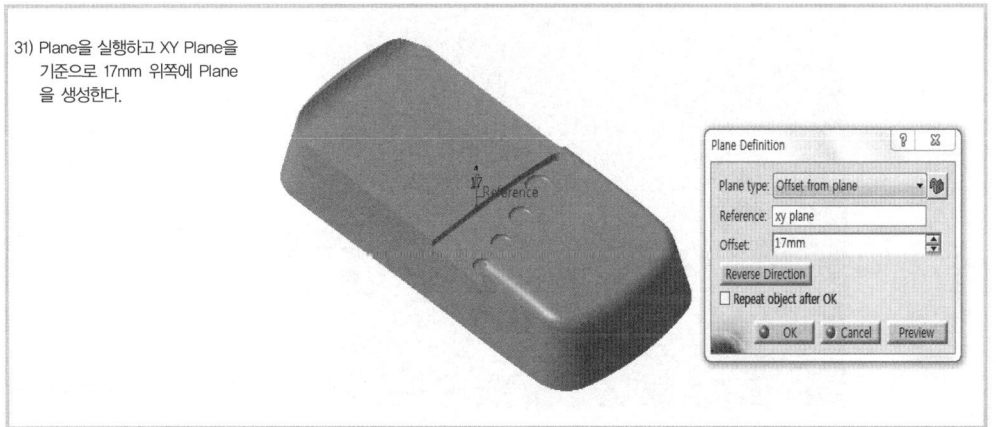

32) 스케치를 실행하고 Plane.1을 선택하여 다음과 같이 스케치를 한다.

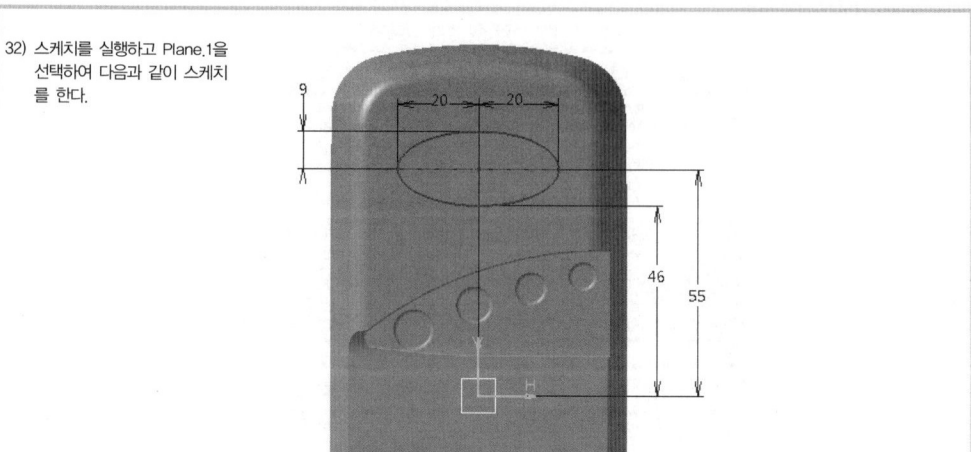

33) Pocket을 실행하고 3mm 돌출 컷을 한다.

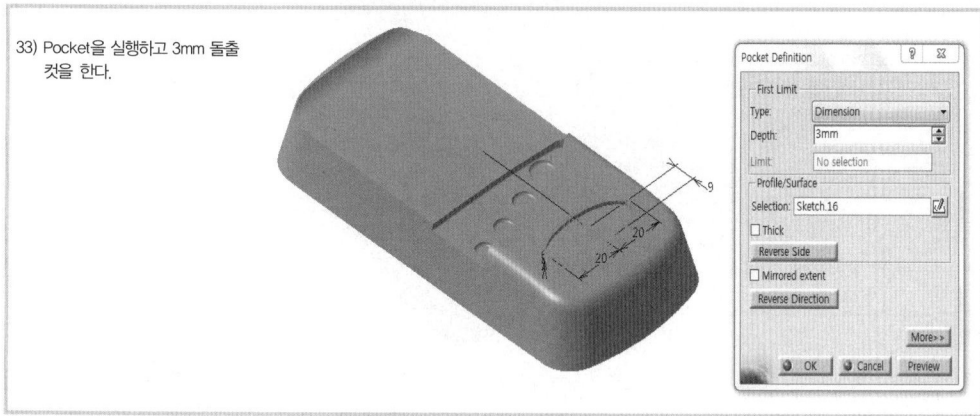

34) Edge Fillet를 실행하고 반경 : 1mm로 필렛을 한다.

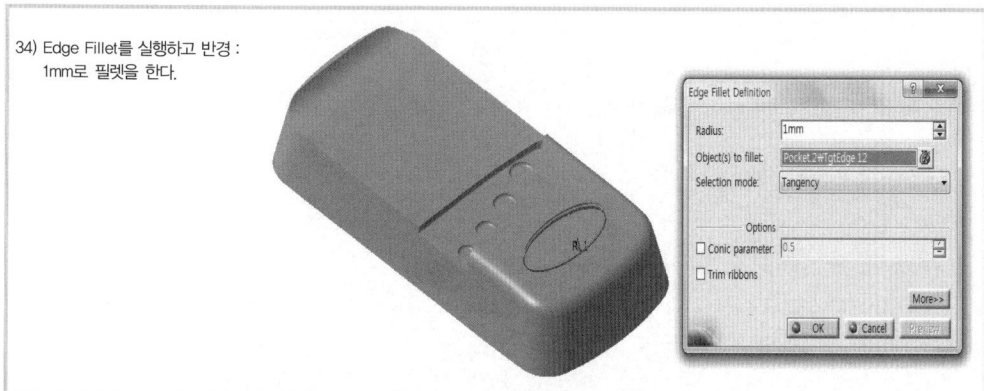

35) 스케치를 실행하고 Pad.1 객체의 좌측 윗면을 선택하여 다음과 같이 스케치를 한다.

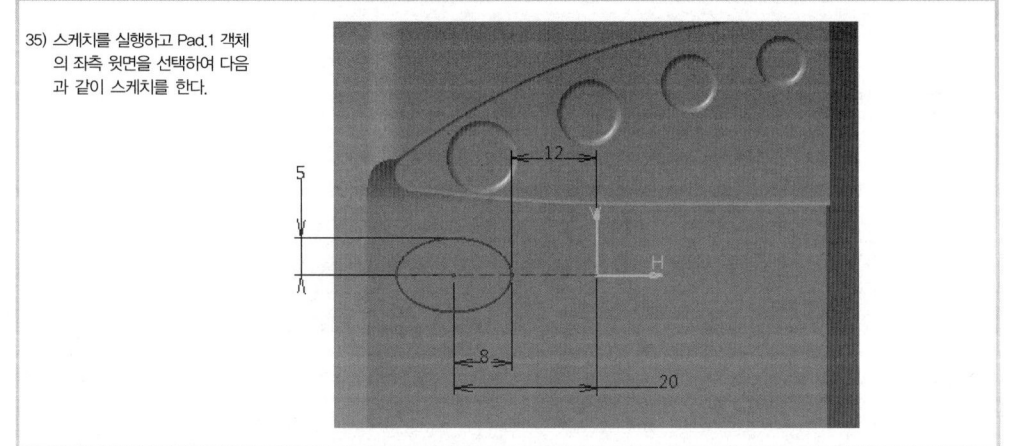

36) Pocket을 실행하고 Up to last를 지정하여 돌출 컷을 한다.

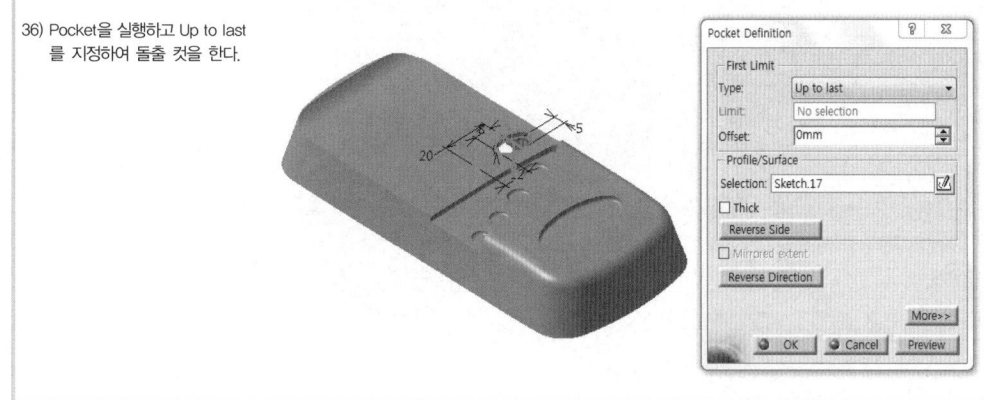

37) Rectangular Pattern( )을 실행하고 방향 : 우측 모서리를 선택, Instance : 3, Spacing : 20mm 지정한다.

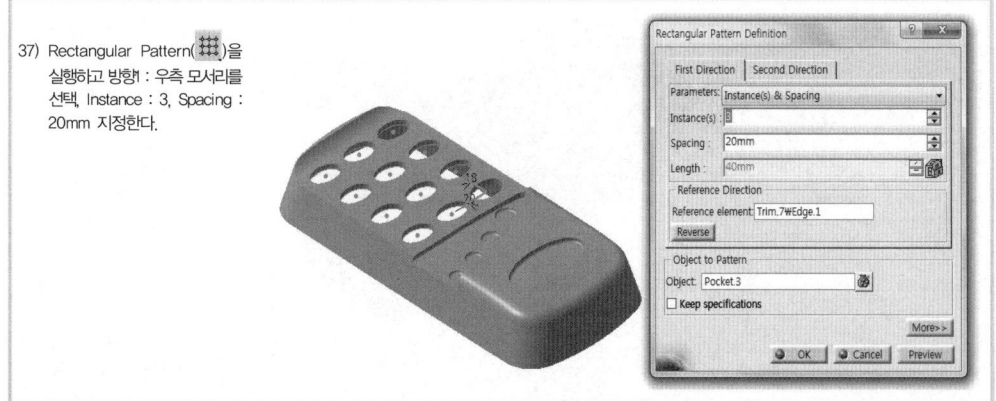

38) 방향2 : 앞면 모서리 선택 Instance : 4, Spacing : 18mm를 지정, Packet.3 객체를 패턴복사 한다.

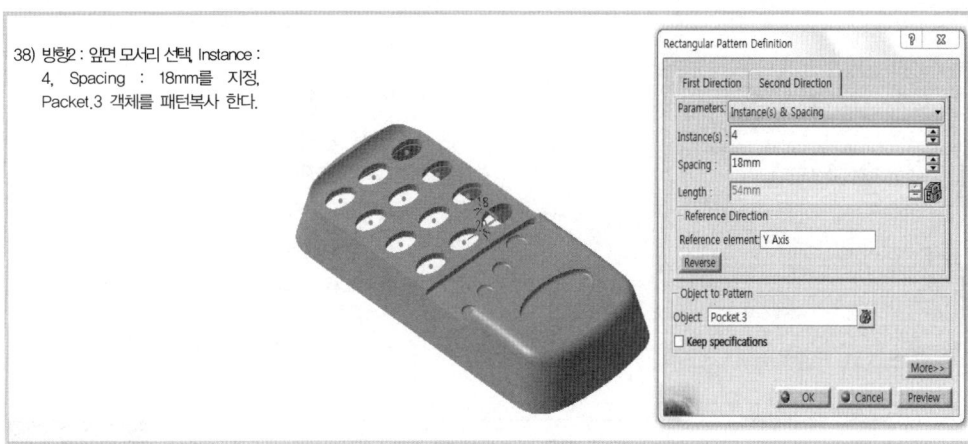

39) 선형 패턴 결과

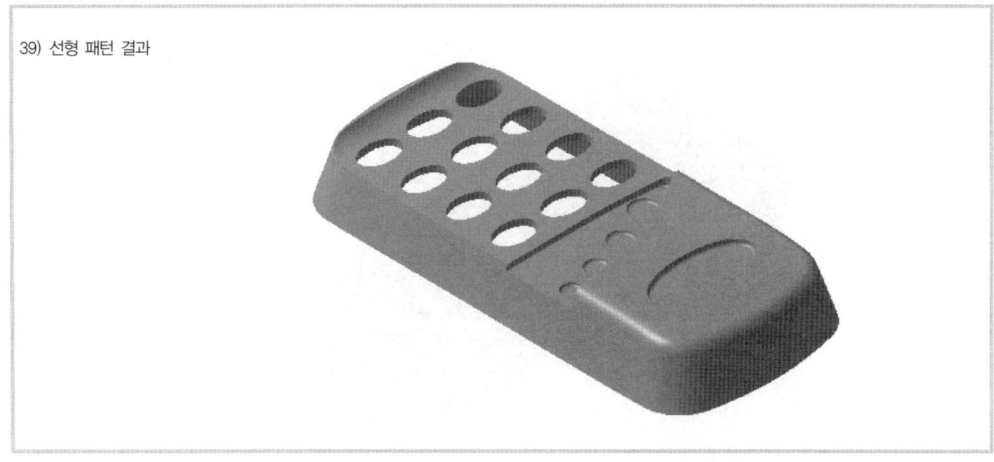

40) 스케치를 실행하고 Union Trim.2 객체의 윗면을 선택하여 다음과 같이 스케치를 한다.

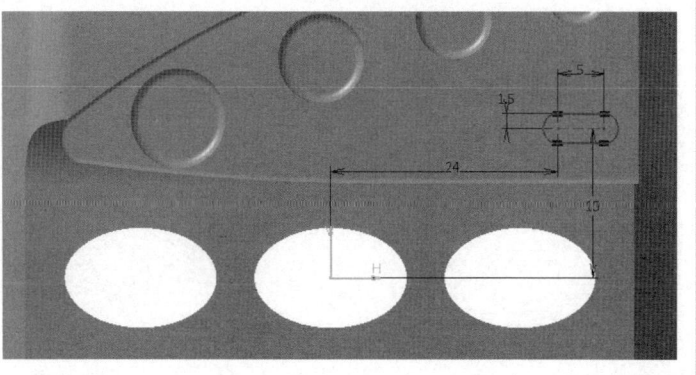

41) Pocket을 실행하고 Up to next 를 지정하여 돌출 컷을 한다.

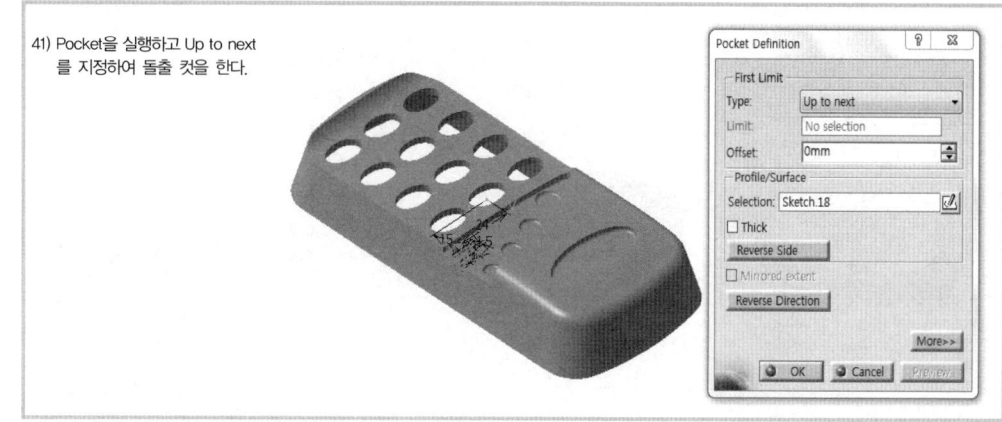

42) Rectangular Pattern(⌗)을 실행하고 방향 : 우측 모서리를 선택 Instance : 3, Spacing : 10mm 지정, Pocket.4 객체를 패턴복사 한다.

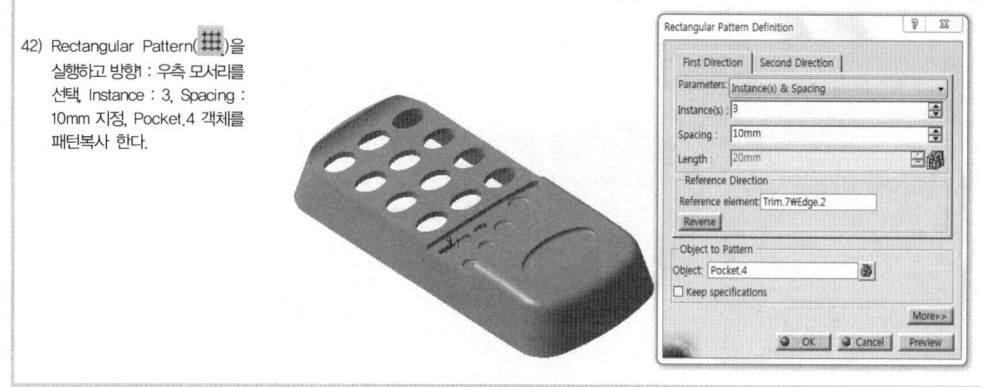

43) 스케치를 실행하고 Pocket.2 객체의 윗면을 선택하여 다음과 같이 스케치를 한다.

44) Pocket을 실행하고 Up to next 를 지정하여 돌출 컷한다.

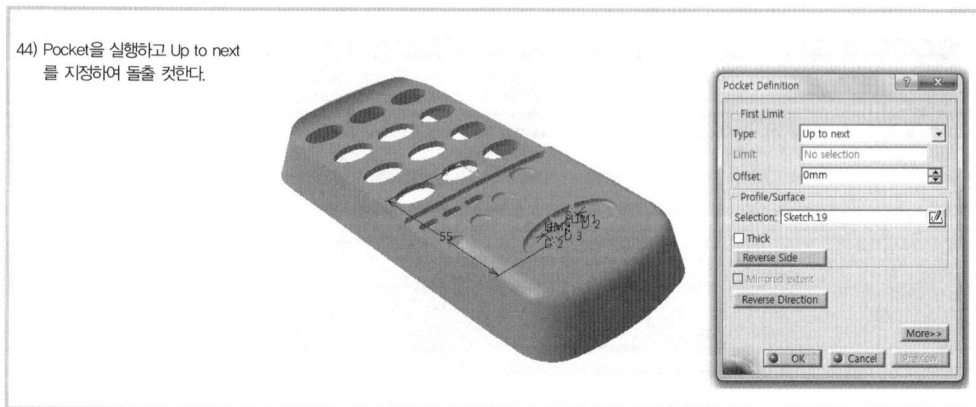

■ 완성 결과

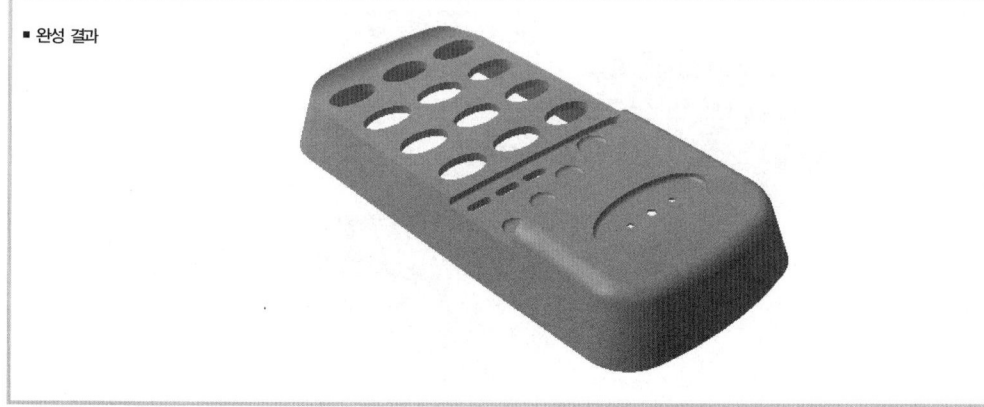

응용하기 20

1) Point( )을 실행하고 Z : -300mm 위쪽에 Point를 생성한다.

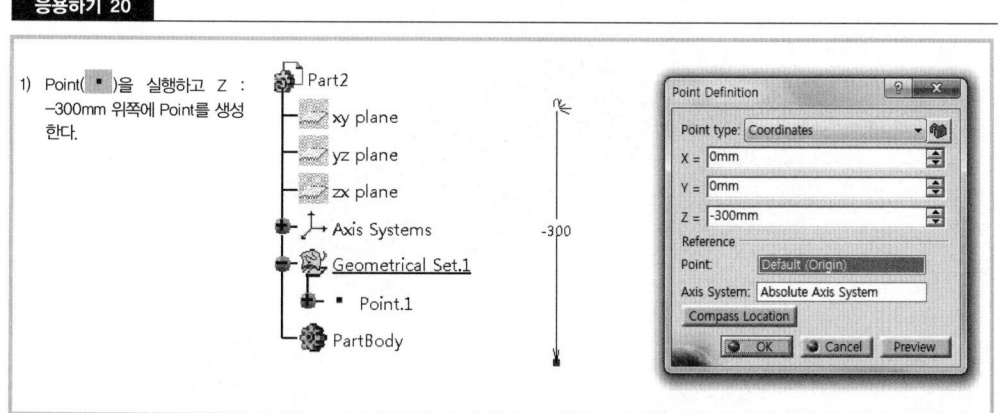

2) Sphere( )을 실행하고 다음과 같이 지정한다.
   Sphere : 350mm
   Parallel Start Angle : 10deg
   Parallel end Angle : 90deg
   Meridian Start Angle : -180deg
   Meridian Start Angle : 180deg

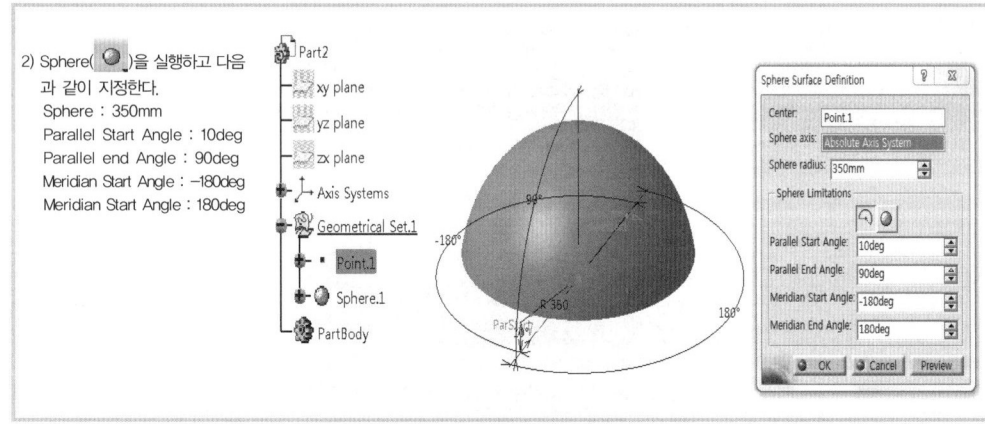

3) Point( )을 실행하고 Z : -450mm 위치에 점을 생성한다.

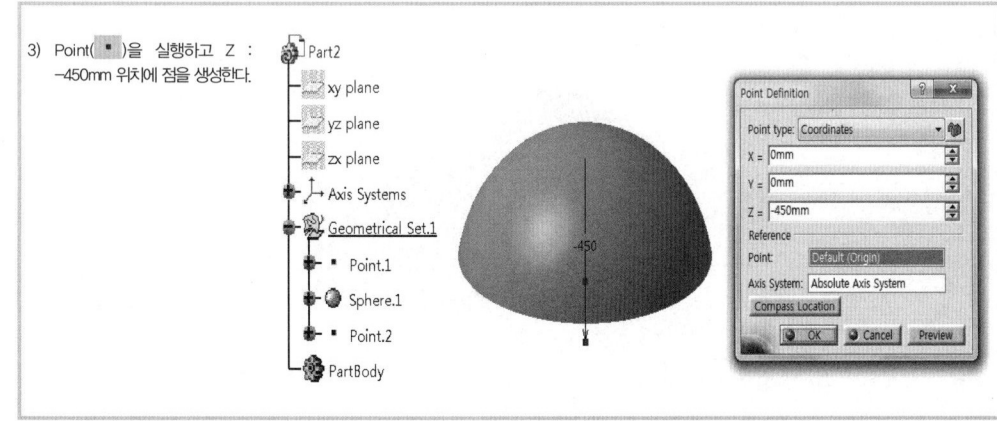

4) Sphere( )을 실행하고 다음과 같이 지정한다.
   Sphere : 450mm
   Parallel Start Angle : 30deg
   Parallel end Angle : 90deg
   Meridian Start Angle : 0deg
   Meridian Start Angle : 360deg

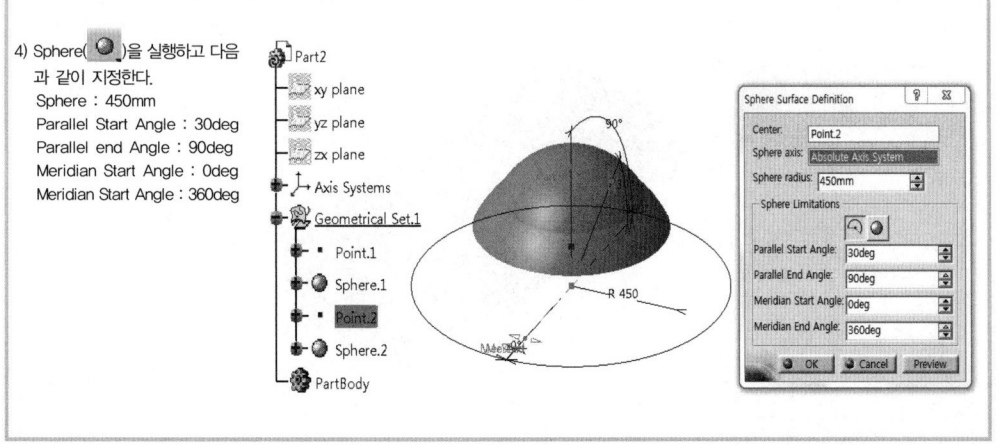

5) 두 개의 Sphere Surface를 생성한다.

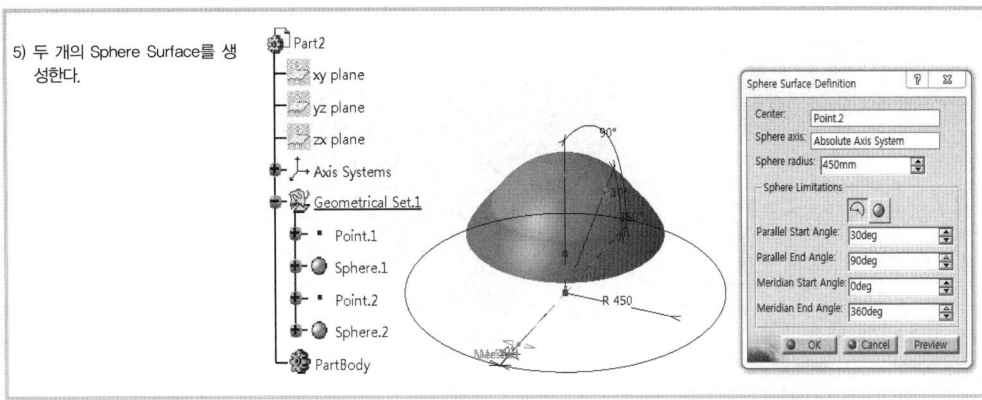

6) 스케치를 실행하고 XY Plane을 선택하여 지름 : 542mm 원을 스케치 한다.

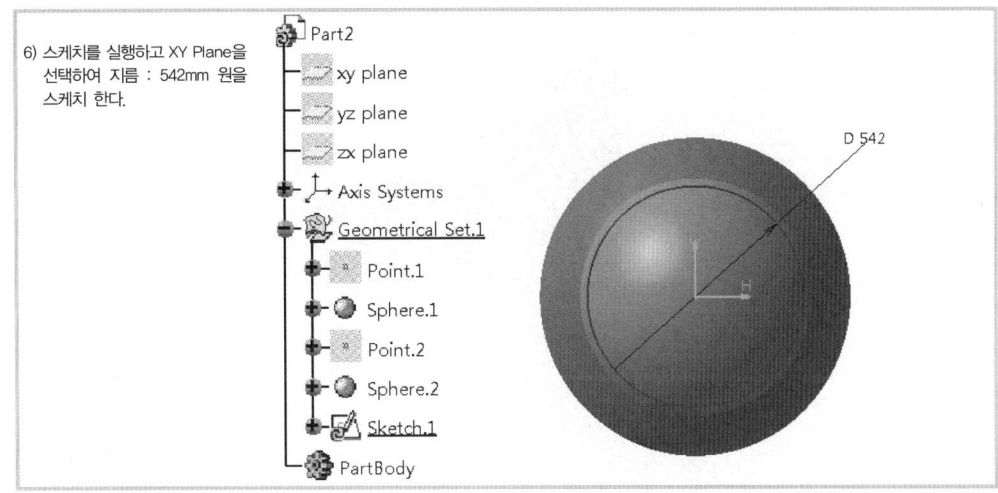

7) Pad를 실행하고 Limit.1에서 Up to Surface를 지정하고 Sphere.1을 선택하고, Limit.2에서 Up to Surface를 지정하고 Sphere.2를 선택하여 돌출을 한다.

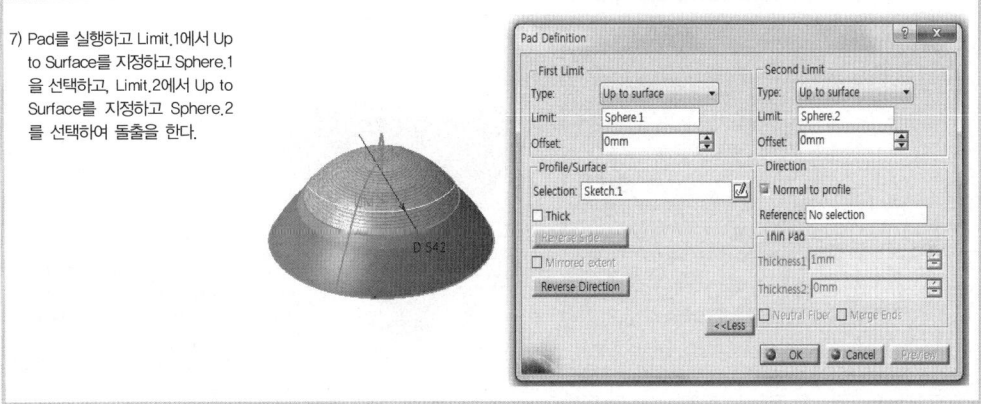

8) Spec Tree에서 Sphere.1과 Sphere.2를 [Hide/Show]를 선택하여 숨긴다.

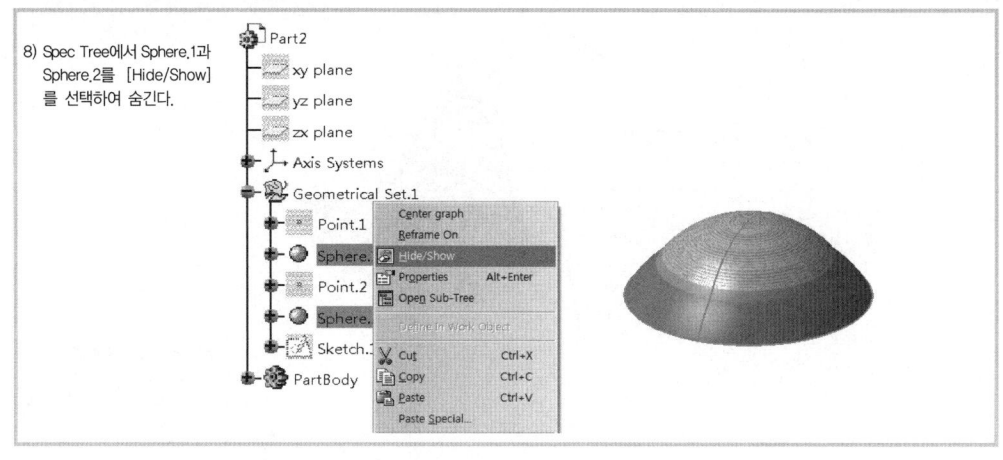

9) 스케치를 실행하고 XY Plane을 선택하여 다음과 같이 스케치를 한다.

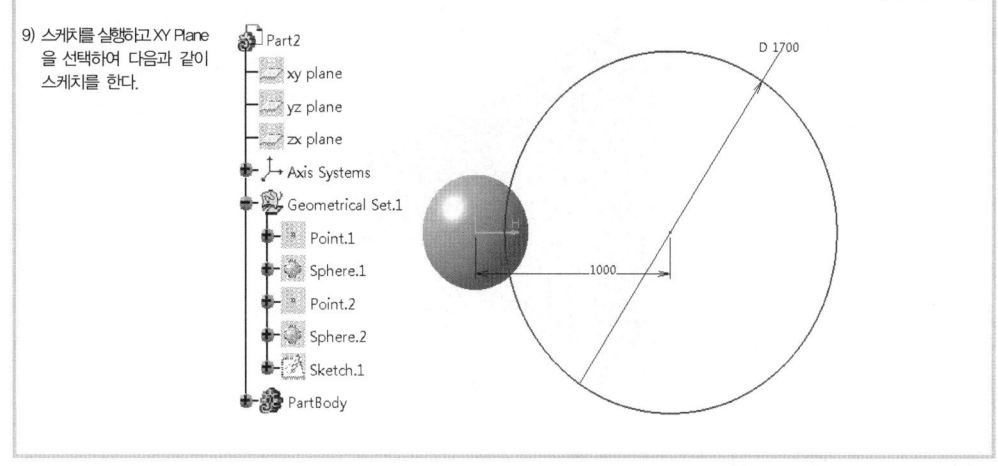

10) Pocket을 실행하고 Limit.1과 Limit.2 모두 Up to Next를 지정하여 돌출 컷을 한다.

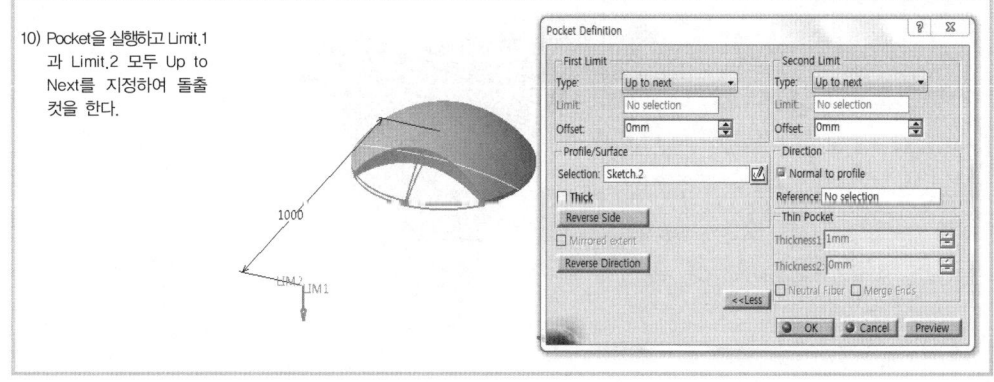

11) Circular Pattern을 실행하고 Instance : 3, Angle : 120deg, Reference element : 위 Surface 곡면을 선택, Pocket.1 객체를 패턴복사 한다.

12) 스케치를 실행하고 XY Plane 을 선택하여 다음과 같이 스케치를 한다.

13) Pocket을 실행하고 Up to Next 를 지정하여 돌출 컷을 한다.

14) Circular Pattern을 실행하고 Instance : 3, 각도 : 120deg, Reference element : 위 Surface 곡면을 선택, Pocket.2 객체를 패턴복사 한다.

15) 스케치를 실행하고 XY Plane 을 선택하여 다음과 같이 스케치를 한다.

16) Pocket을 실행하고 Limit.1과 Limit.2를 모두 Up to Next를 지정하여 돌출 컷을 한다.

17) Circular Pattern을 실행하고 Instance : 3, 각도 : 120deg, Reference element : 위 Surface 곡면을 선택, Pocket.3 객체를 패턴복사 한다.

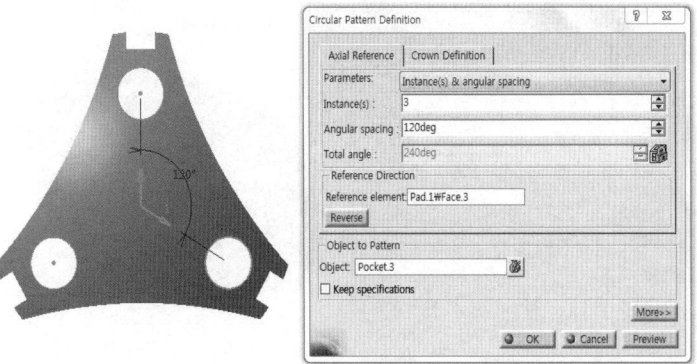

18) [Insert]-[Body]를 선택한다. 스케치를 실행하고 XY Plane 을 선택하여 다음과 같이 스케치를 한다.

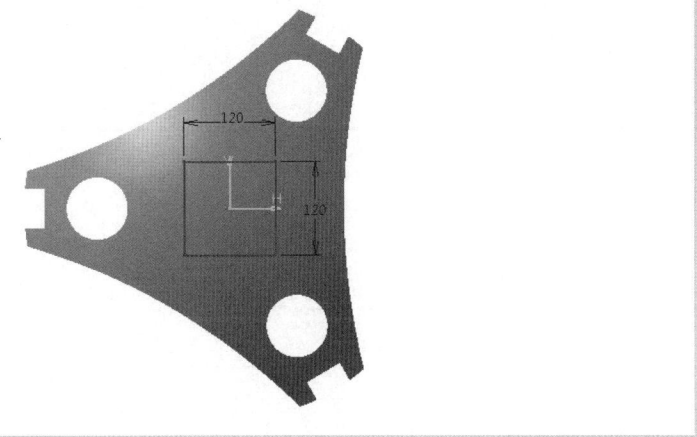

19) Pad를 실행하고 위쪽으로 92mm, 아래쪽으로 Up to Surface까지 돌출을 한다.

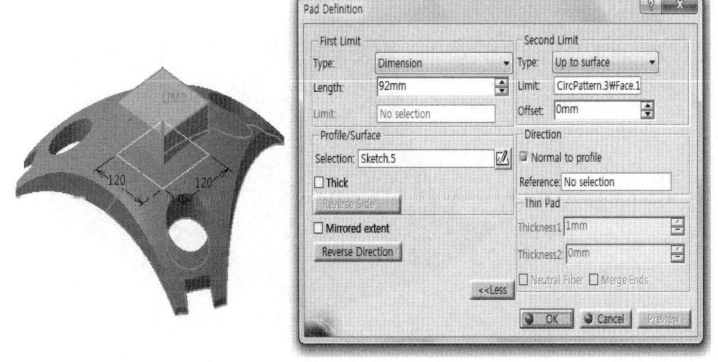

20) Edge Fillet를 실행하고 반경 : 15mm로 필렛을 한다.

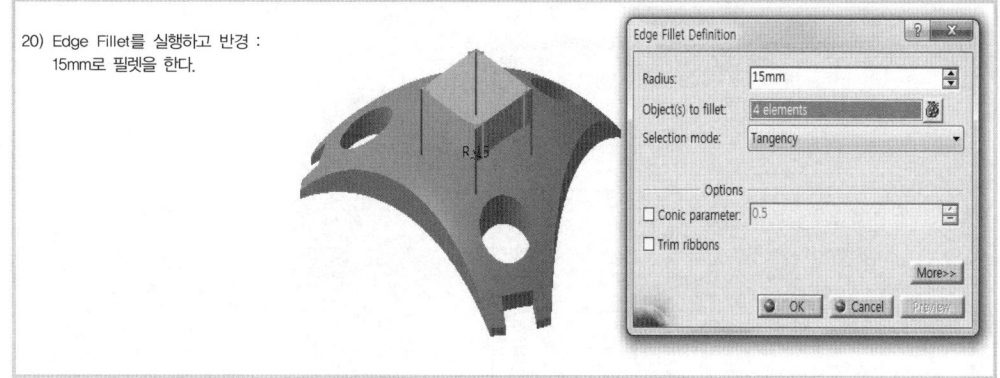

21) 스케치를 실행하고 Pad.1 객체의 윗면을 선택하여 다음과 같이 원을 스케치 한다.

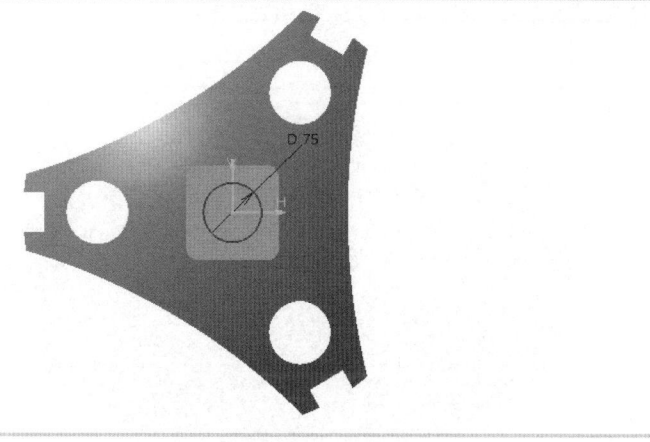

22) Pocket을 실행하고 45mm 돌출 컷을 한다.

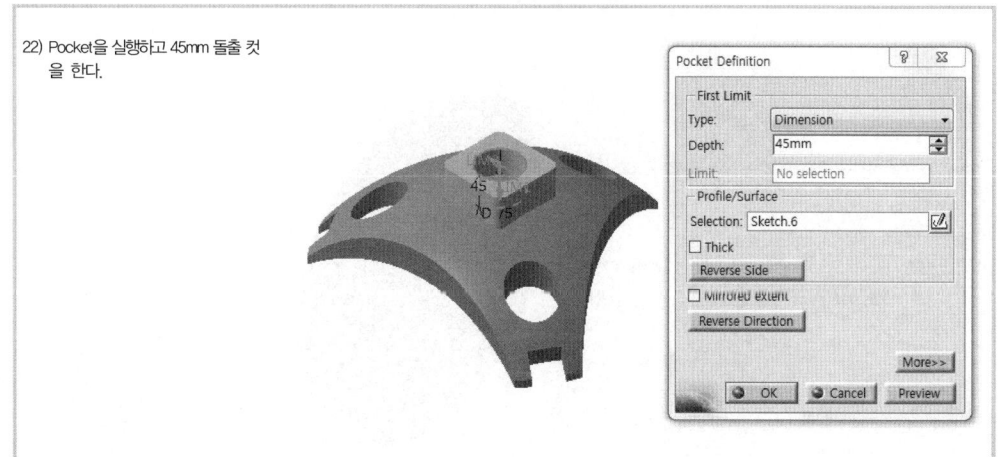

■ 완성 결과

응용하기 21   Cover 만들기 1

1) 스케치를 실행하고 XY Plane을 선택하여 다음과 같이 스케치를 한다.

2) Shaft를 실행하고 180deg 회전을 한다.

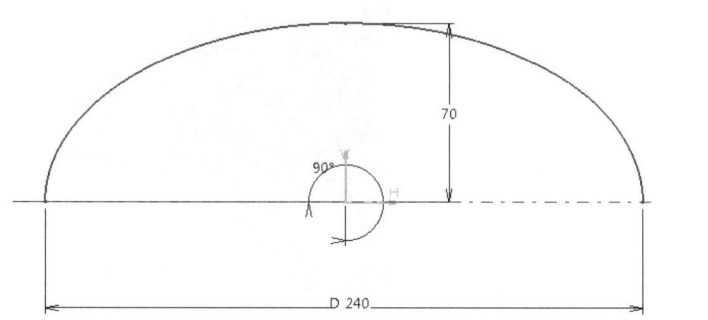

3) Shell을 실행하고 Shaft.1 객체의 밑면을 두께 : 2mm로 쉘을 생성한다.

4) 스케치를 실행하고 XY Plane을 선택하여 다음과 같이 스케치를 한다.

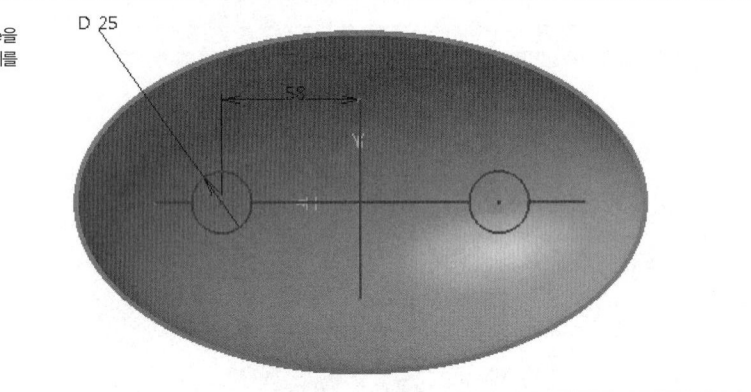

5) Pad를 실행하고 Thickness 1 : 3mm로 얇은 피처로 Pad를 생성하고 돌출 방향 : Up to Next를 지정, 지정한 두께로 좌우로 두께를 나누어 가지기 위해 Neutral Fiber를 체크, Merge Ends를 체크하여 모서리 튀어 나온 부분을 면 끝까지 Pad를 생성한다.
Stiffener를 수행하여도 된다.

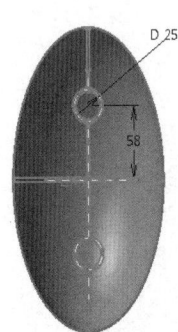
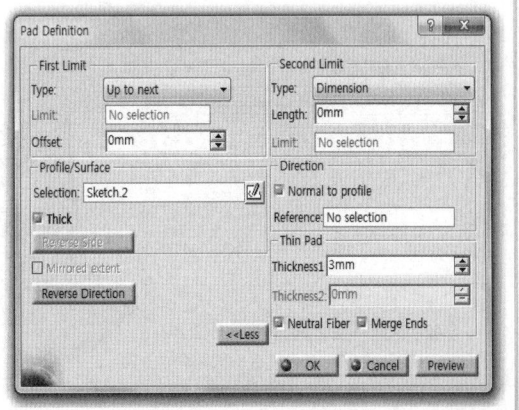

6) Pad 결과이다.

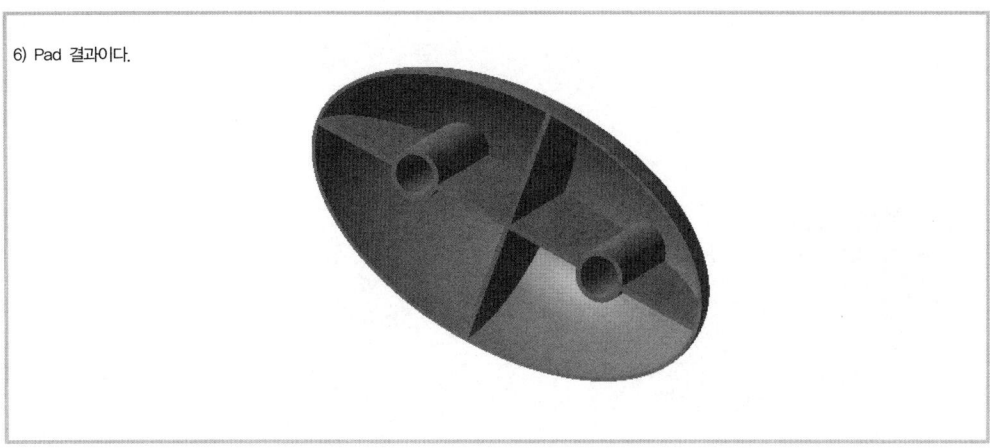

7) 스케치를 실행하고 YZ Plane을 선택하여 다음과 같이 스케치를 한다.

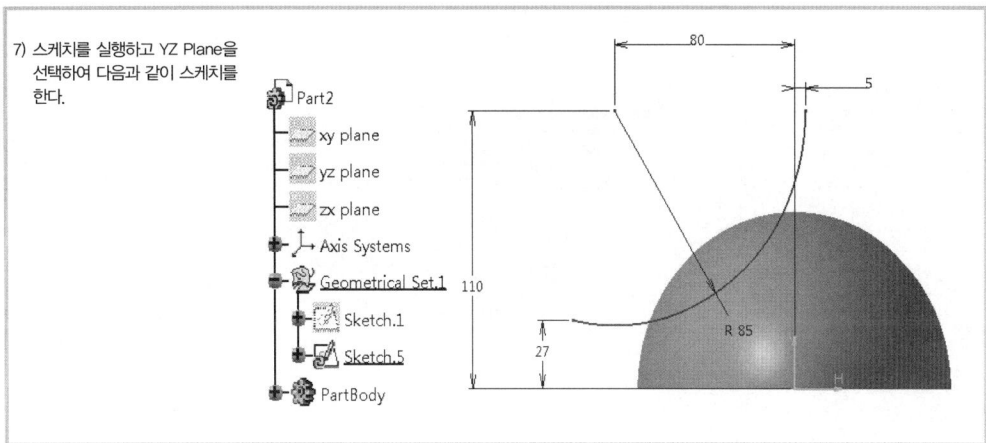

8) [Start]-[Shape]-[Generative Shape Design]을 선택한다.

9) Extrude( )를 실행하고 Limit.1 : 115mm, Limit.2 : 110mm 돌출을 한다.

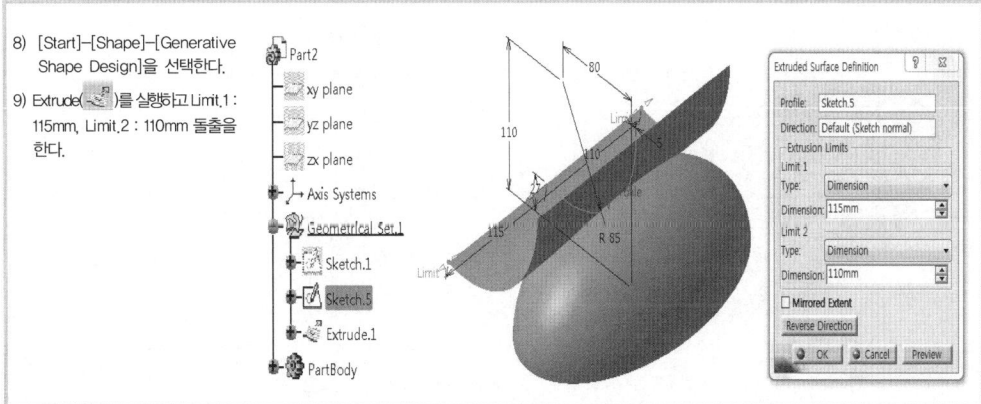

10) Spec Tree에서 Shaft.1 객체 위에서 우측 버튼을 눌러 [Define in Work Object]를 선택한다.

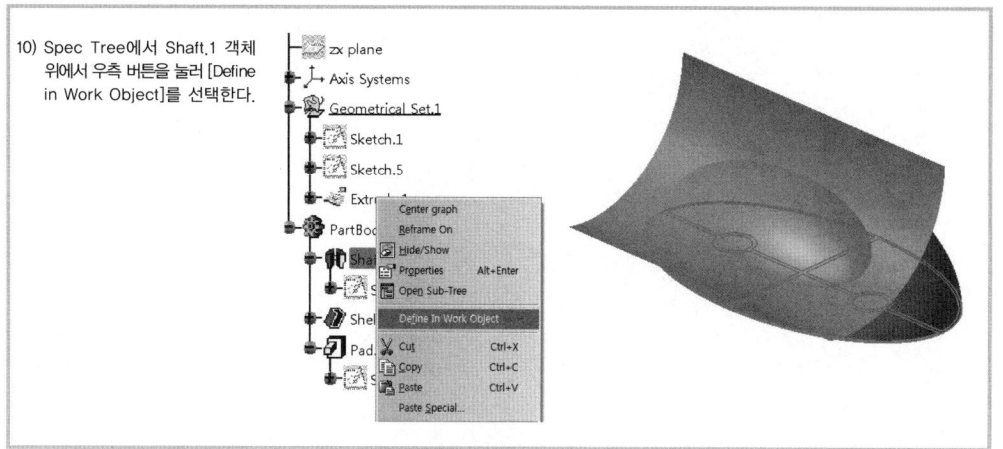

11) [Start]-[Mechanical Design]-[Part Design]를 선택하고 Spec Tree에서 Extrude.1을 선택하여 Split( )을 실행한다.

✎ Catia Tip

- Part Design의 Split에서 화살표 방향 쪽 Solid가 남는다.

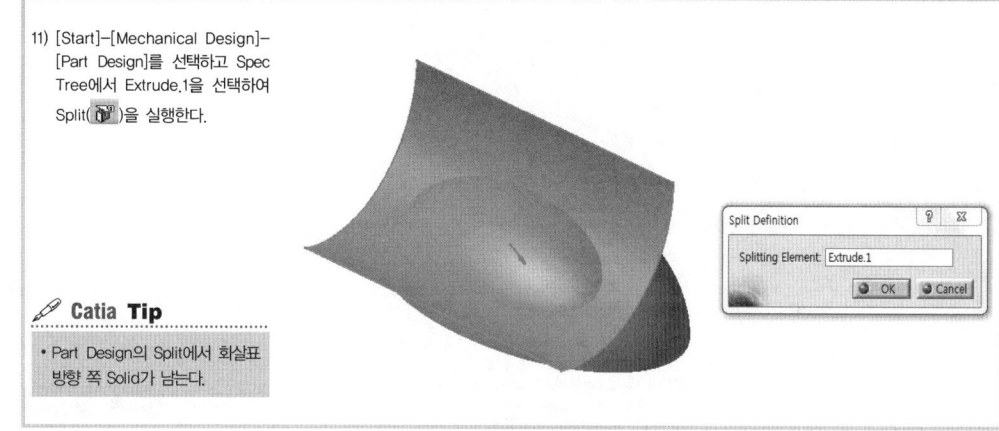

12) Shaft Features가 Surface 곡면으로 잘리게 된다.

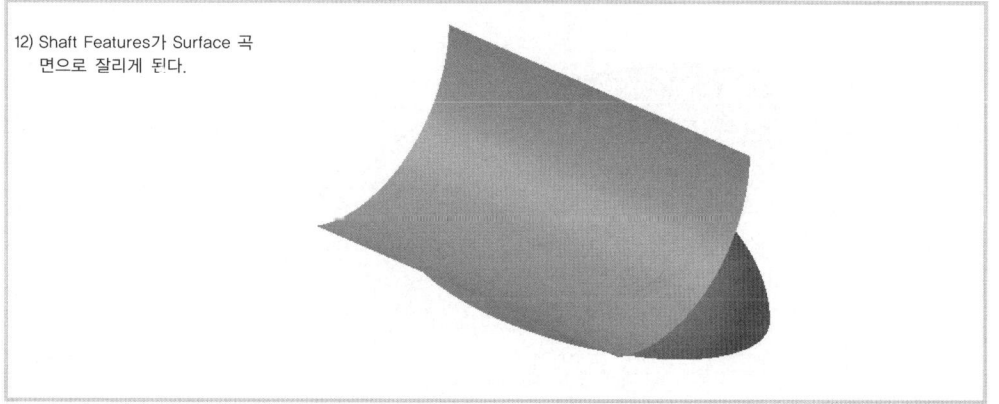

13) Spec Tree에서 Extrude.1 Surface 곡면을 [Hide/Show]로 숨긴다.

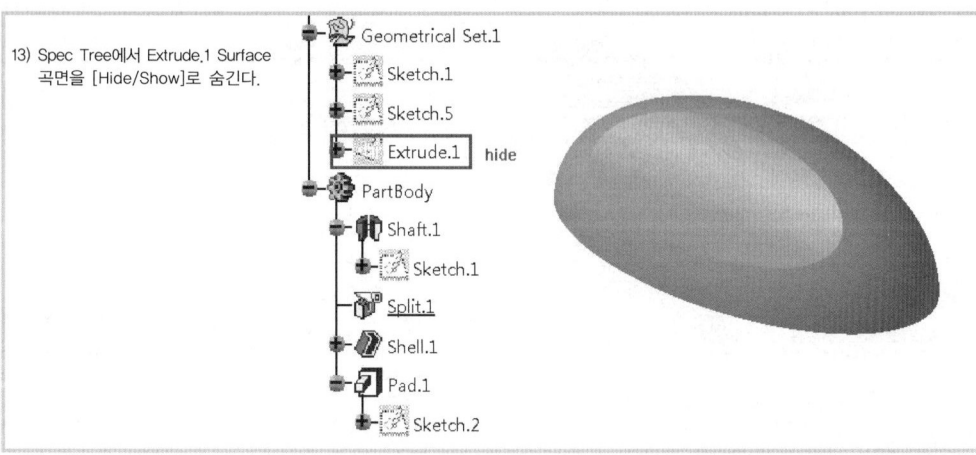

14) Edge Fillet를 실행하고 반경 : 15mm로 필렛을 한다.

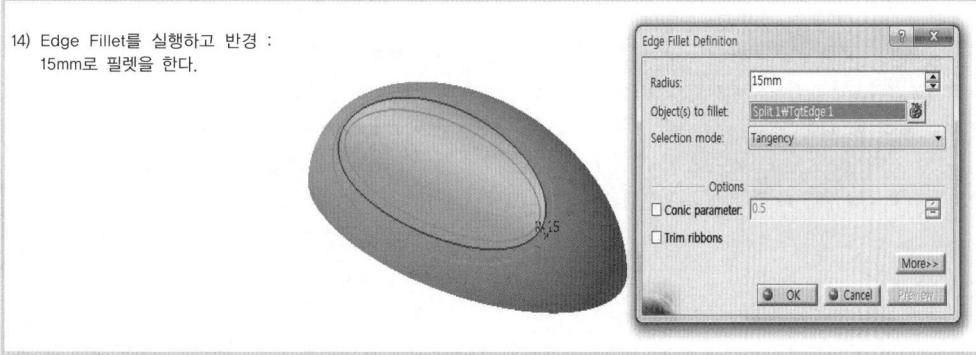

15) Spec Tree에서 PartBody를 선택하고 우측버튼을 눌러 [Define in Work Object]를 선택하여 정상 상태로 되돌린다. 마지막 작업으로 되돌린다.

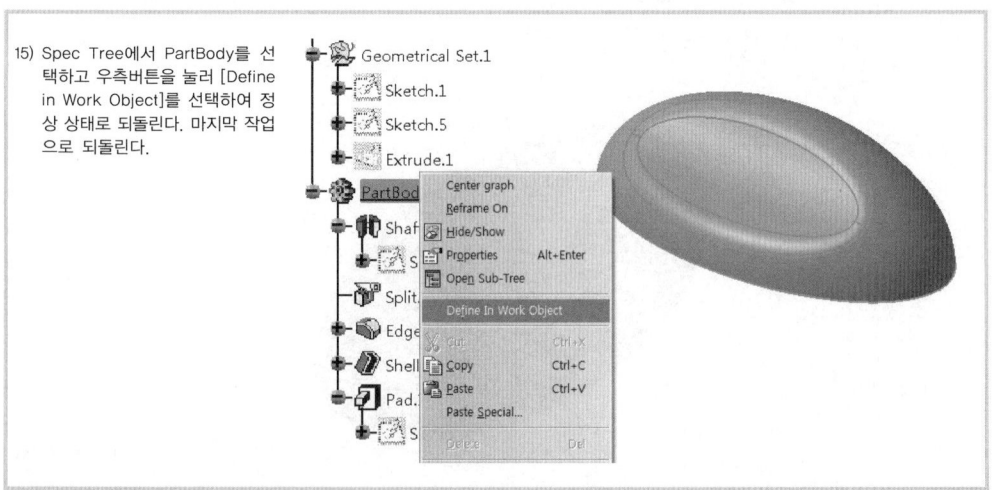

■ 완성 결과

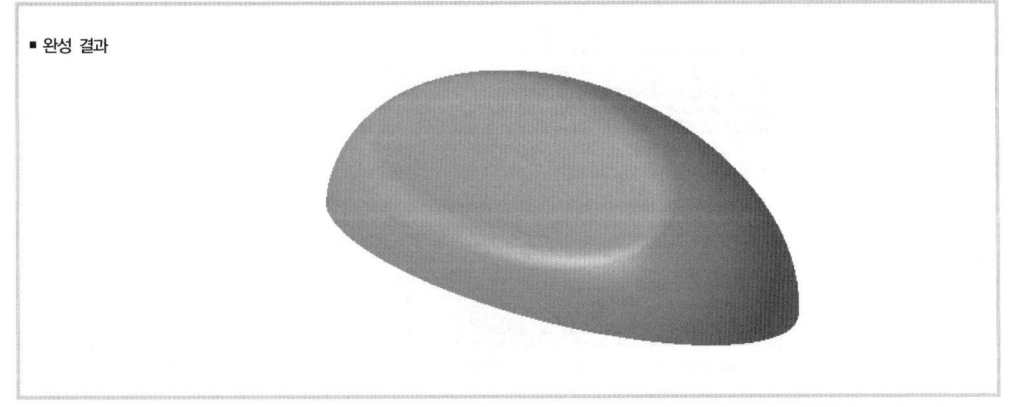

응용하기 22 면도기 틀 만들기

1) [Start]-[Shape]-[Generative Shape Design]을 선택한다.

2) 스케치를 실행하고 YZ Plane을 선택하여 지름 : 20mm 원을 다음과 같이 스케치를 한다.

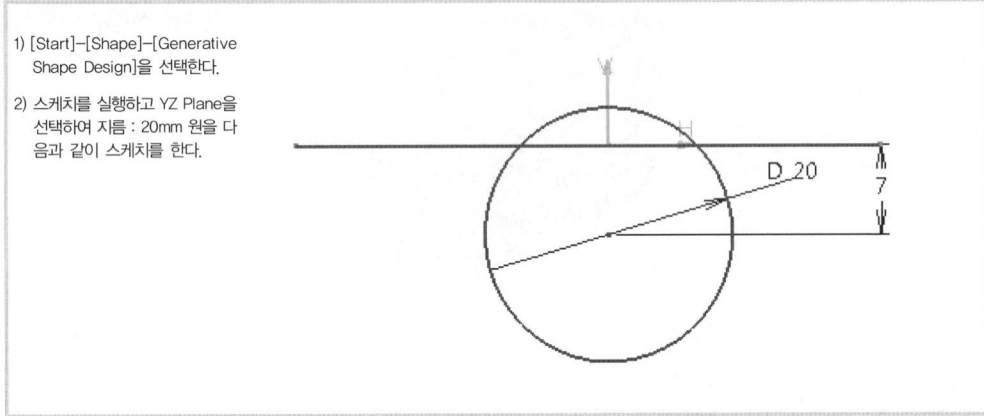

3) Quick Trim으로 다음과 같이 스케치를 정리한다.

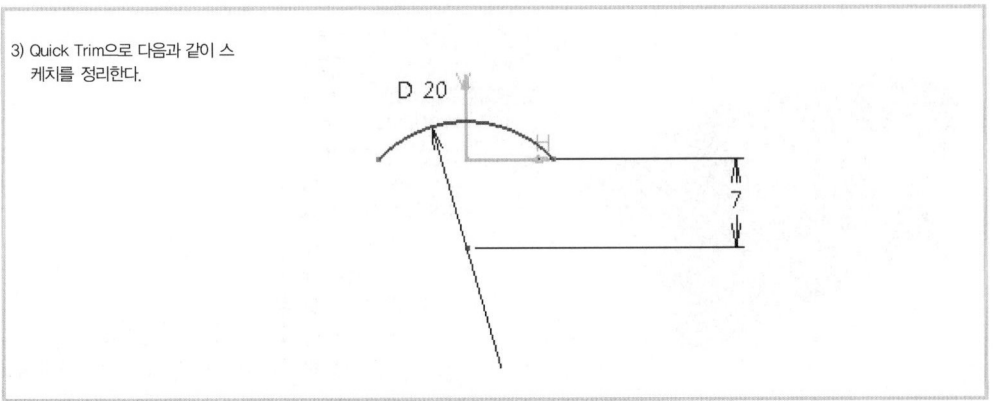

4) 스케치를 실행하고 ZX Plane을 선택하여 Arc와 Line으로 다음과 같이 스케치를 한다.

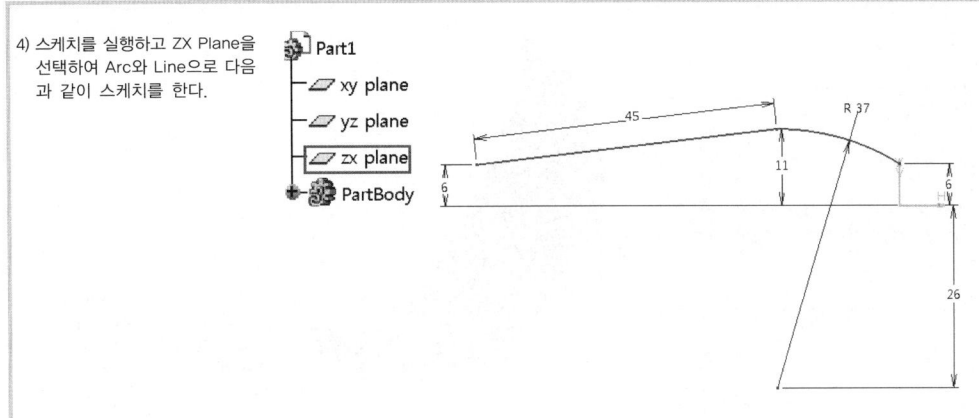

5) Sweep( )을 실행하고 Profile : Sketch.1을 선택, Guide Curve : Sketch.2를 선택한다.

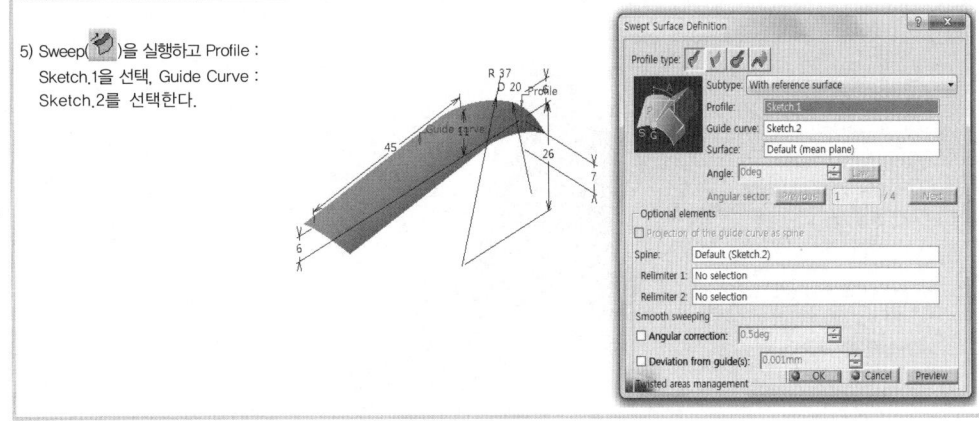

6) 스케치를 실행하고 XY Plane을 선택하여 다음과 같이 스케치를 한다.

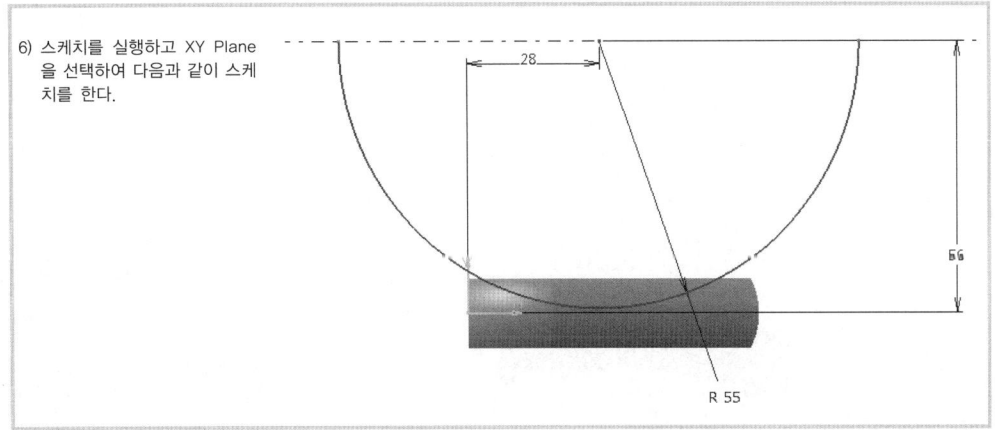

7) Revolution( )을 실행하고 Angle 1과 Angle 2를 모두 55deg를 지정한다.

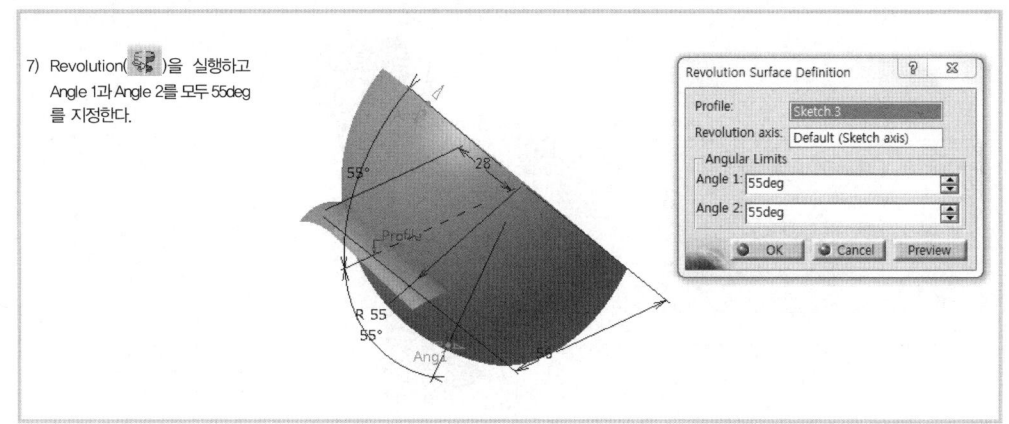

8) Split( )을 실행하고 Element to Cut : Sweep.1, Cutting elements 요소로 Revolve.1을 선택, [Other side] 버튼을 눌러 자를 부분을 전환한다.

- Other side의 의미?

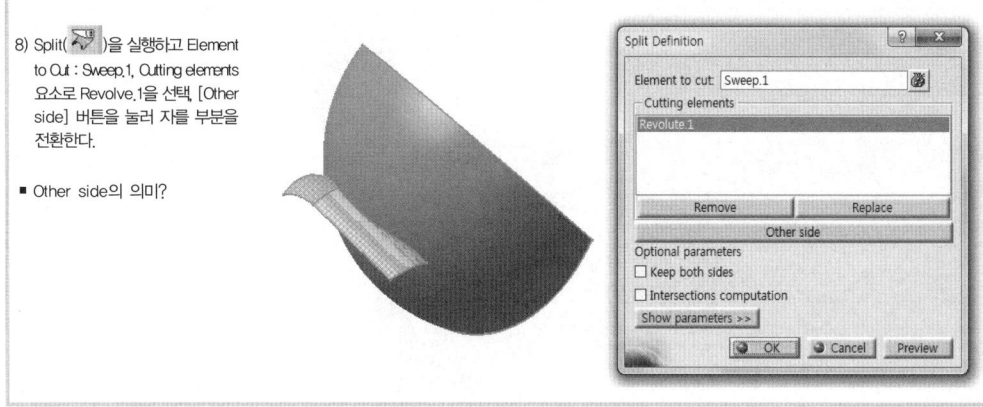

9) Tree에서 다음 항목들을 [Hide/Show]로 숨긴다.

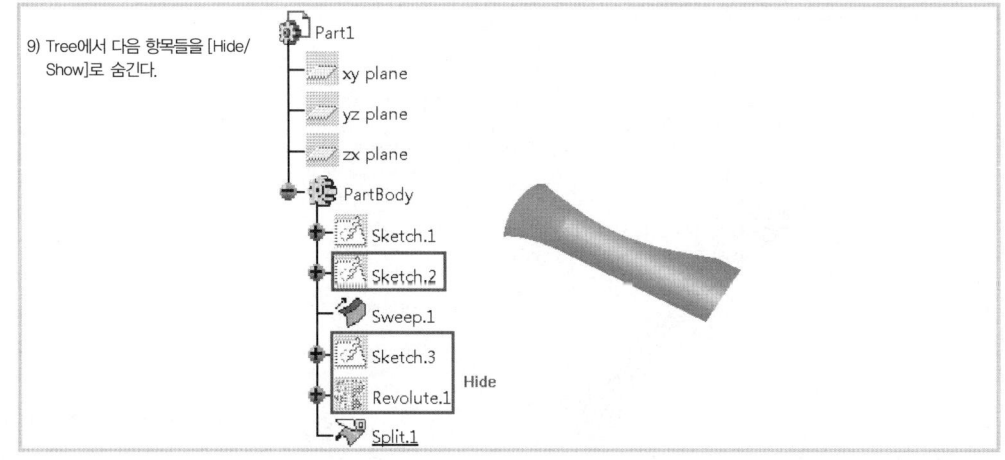

10) 스케치를 실행하고 XY Plane을 선택하여 다음과 같이 스케치를 한다.

- 스케치를 하지 않고 다음 작업을 효율적으로 할 수 있는 방법을 찾아보자. 10), 11)을 하지 않고 반대편 객체를 만들어 낼 수 있는 방법

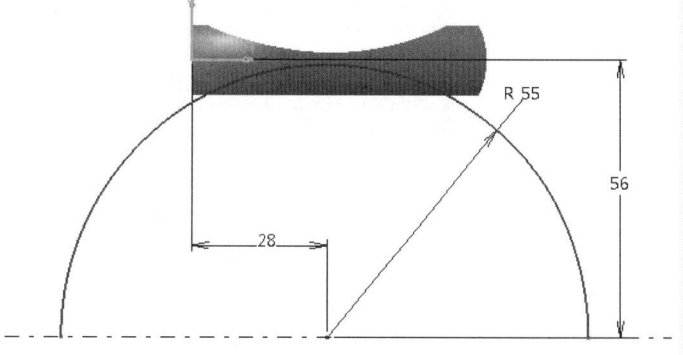

11) Revolution(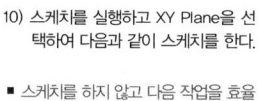)을 실행하고 Angle 1과 Angle 2를 모두 55deg를 지정한다.

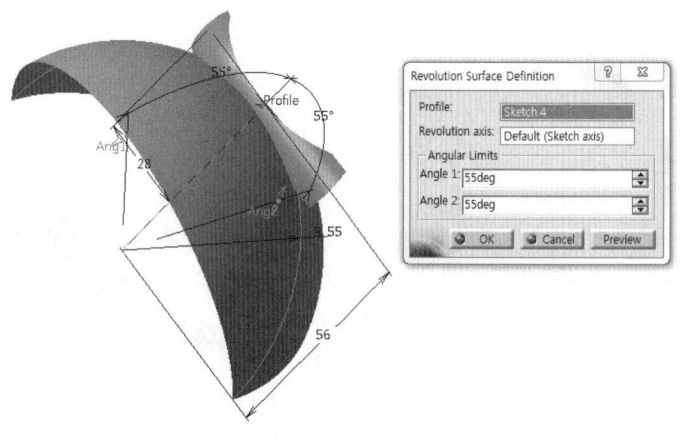

12) Split( )을 실행하고 Element to Cut : Sweep.1, Cutting elements 요소로 Revolve.2를 선택, [Other side] 버튼을 눌러 자를 부분을 전환한다.

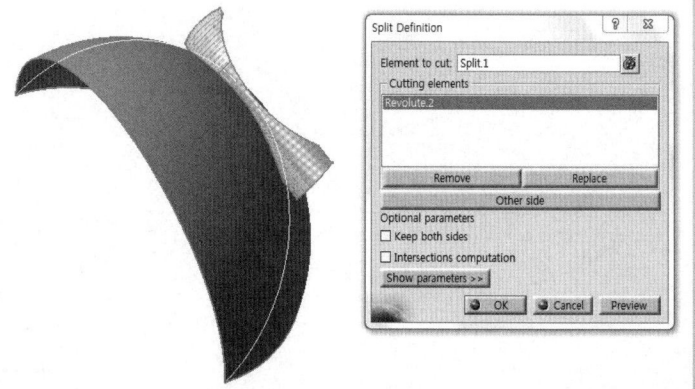

13) Spec Tree에서 다음 항목들을 [Hide/Show]로 숨긴다.

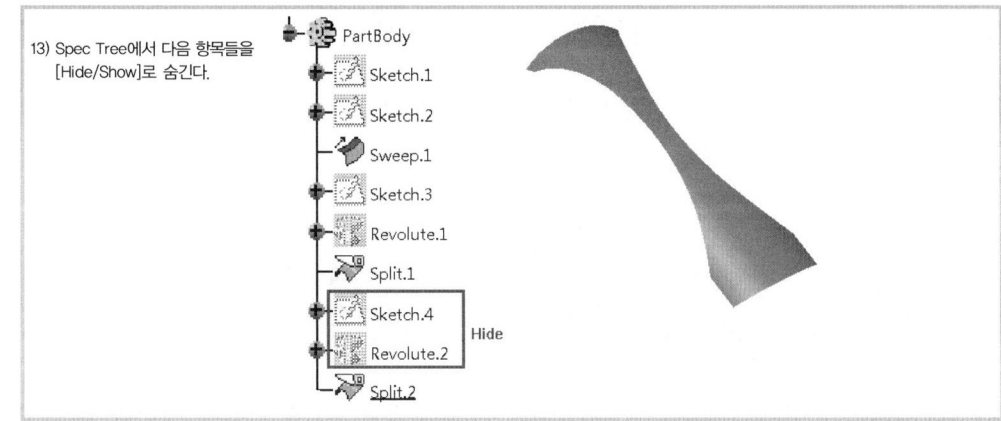

14) Boundary( )을 실행하고 Surface Edge로 Split.2의 Edge를 선택, Limit 1과 Limit2로 다음 위치의 점을 선택한다.

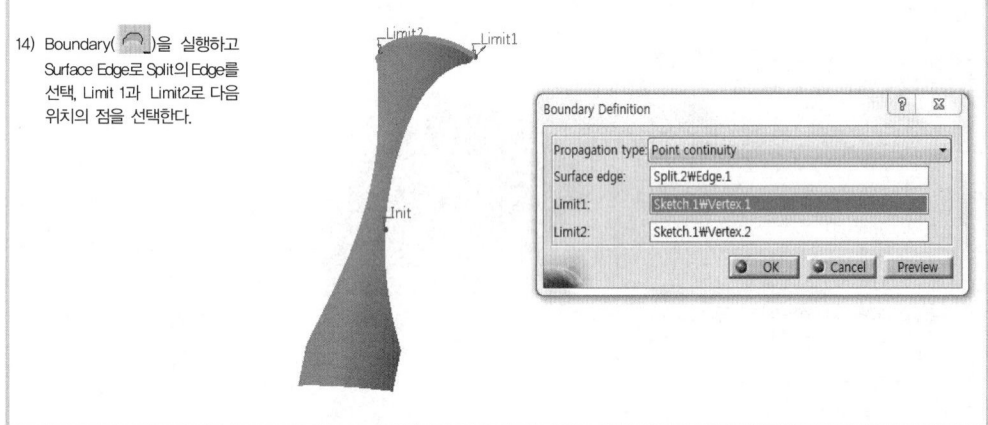

15) 14번의 화면에서 Limit.1의 화살표 방향을 클릭하여 Surface 쪽으로 향하도록 한다.

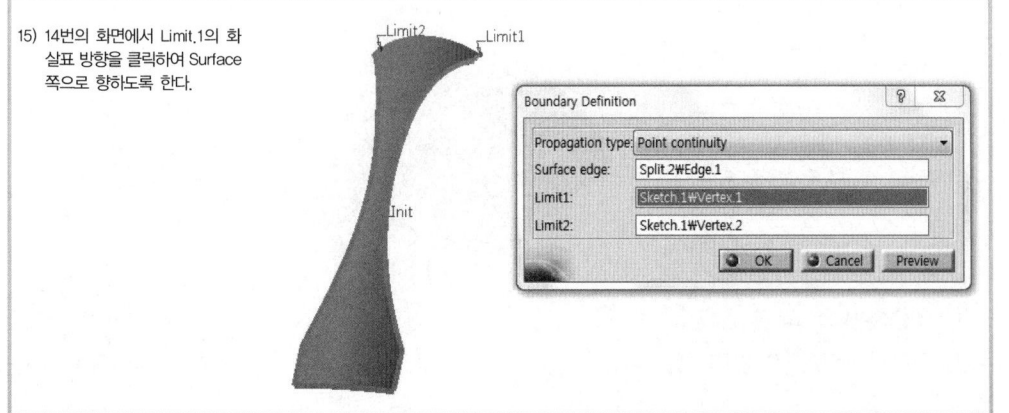

16) Extrude를 실행하고 Profile로 Boundary.1을 선택, Direction : XY Plane 선택, 돌출 길이 : 3mm, Reverse Direction 버튼을 눌러 돌출 방향을 전환한다.

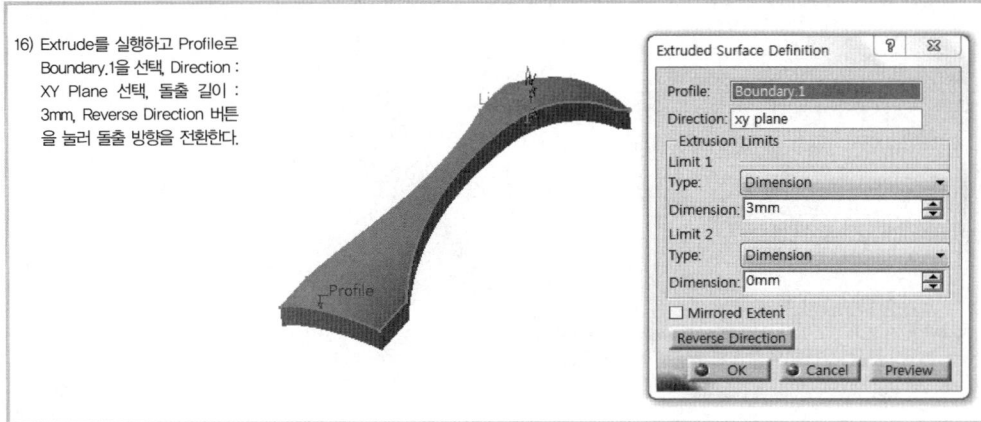

17) Tree에서 다음 항목들을 [Hide/Show]로 숨긴다.

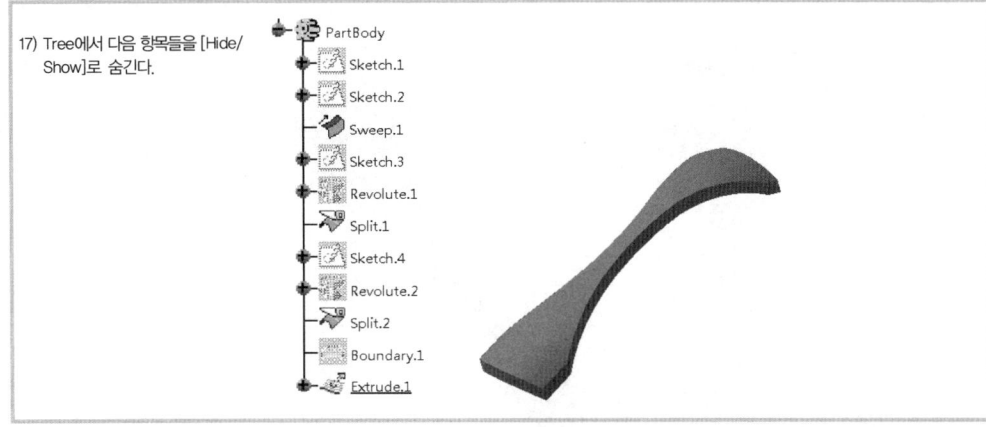

18) Join( )을 실행하고 Extrude.1과 Split.2를 Join을 한다.

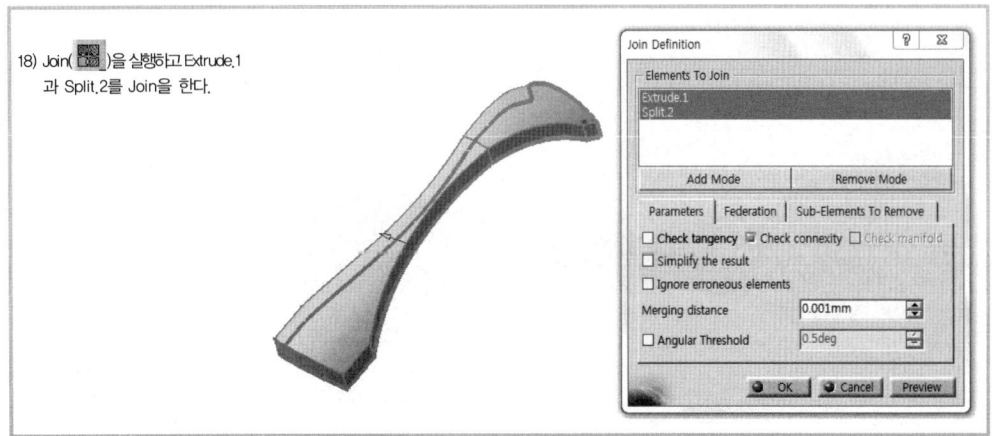

19) [Start]-[Mechanical Design]-[Part Design]을 선택한다.

20) ThickSurface( )을 실행하고 First Offset : 0.5mm, Object to Offset : Join.1을 선택한다.

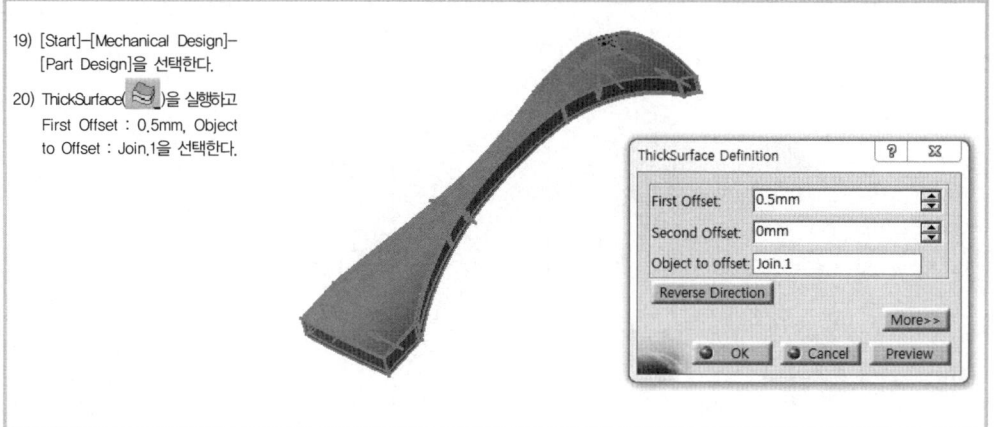

21) Tree에서 다음 항목들을 [Hide/Show]로 숨긴다.

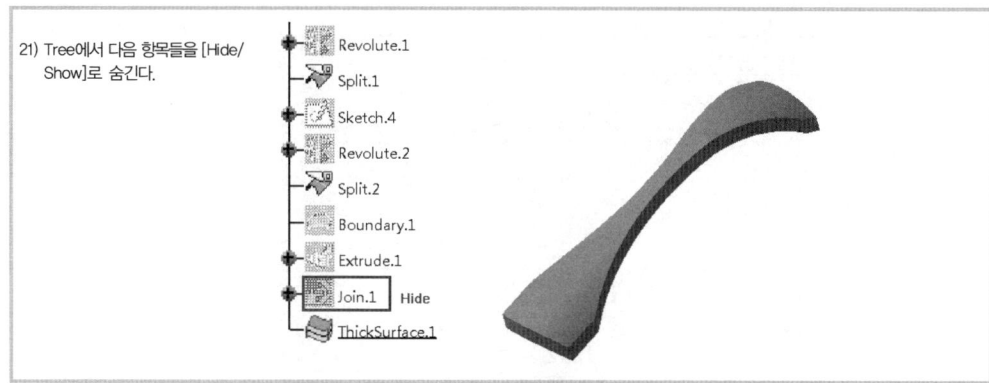

22) Measure Inertia( )을 실행하여 Mass를 측정해 본다.

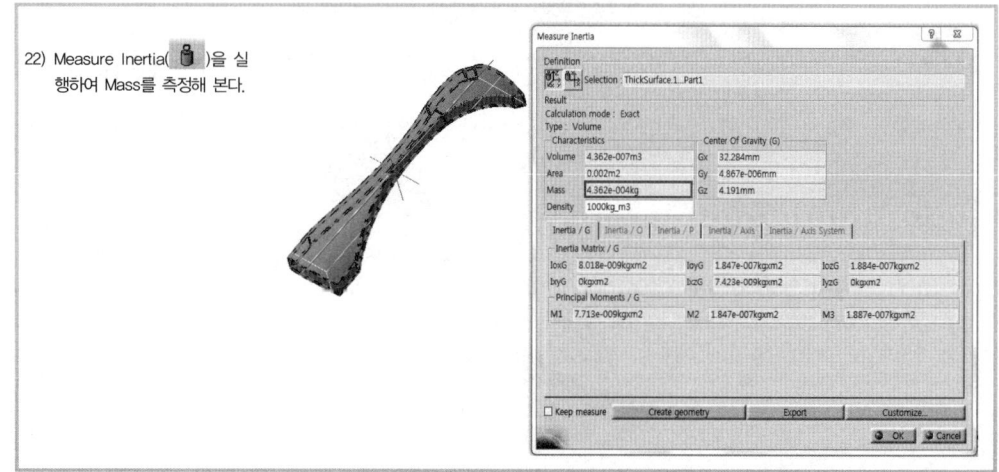

347

23) 스케치를 실행하고 XY Plane 선택하여 다음과 같이 스케치를 한다.

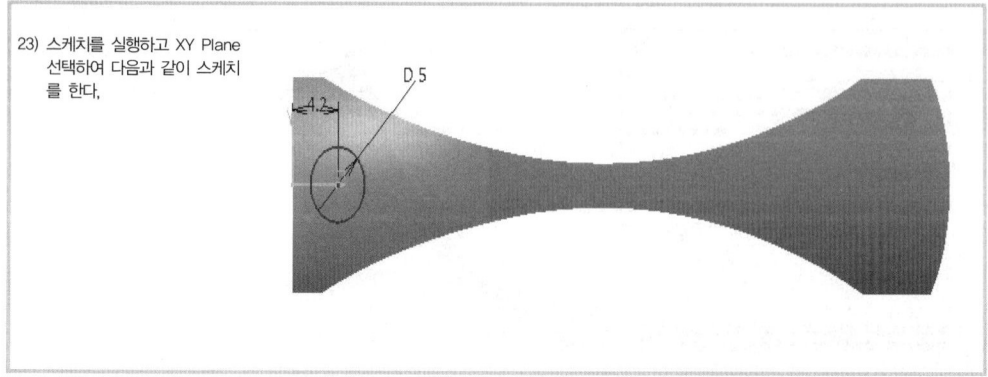

24) Pocket을 실행하고 Up to Next 를 지정하여 돌출 컷을 한다.

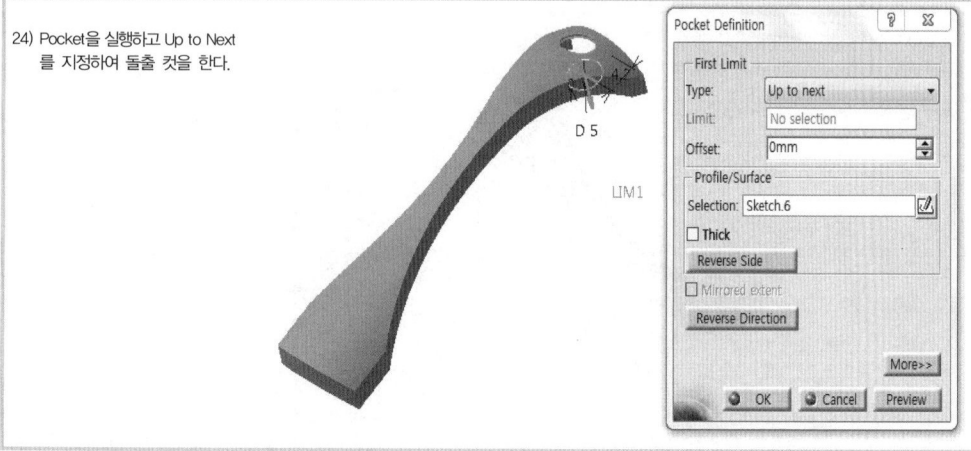

25) Edge Fillet를 실행 1mm로 두 개의 모서리를 필렛을 한다.

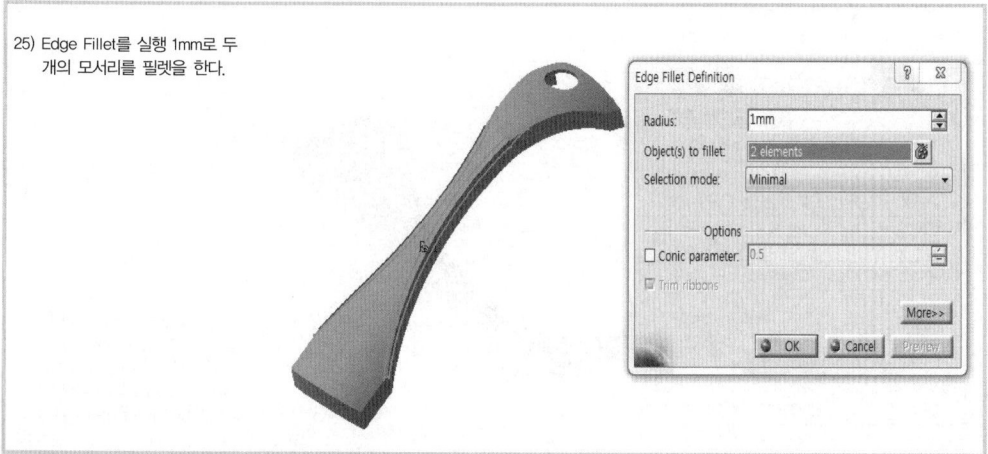

■ 완성 결과

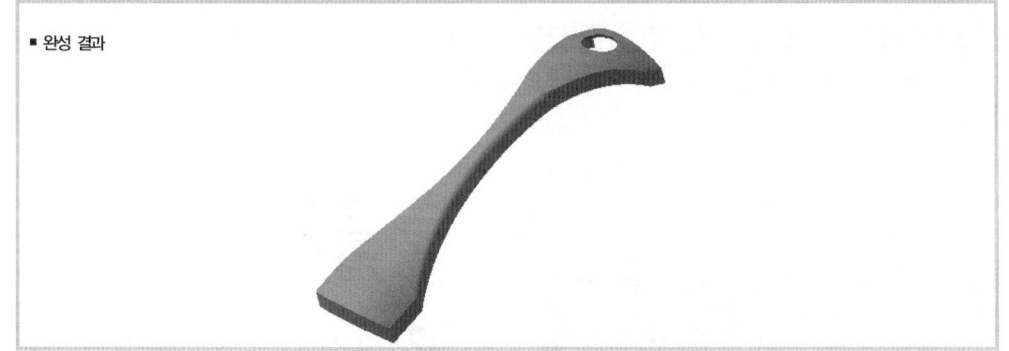

응용하기 23 Propeller 만들기 1

1) [Tools]-[Option]을 선택하고 [Infrastructure]-[Part Infrastructure] 에서 다음 두 개의 항목을 선택한다.

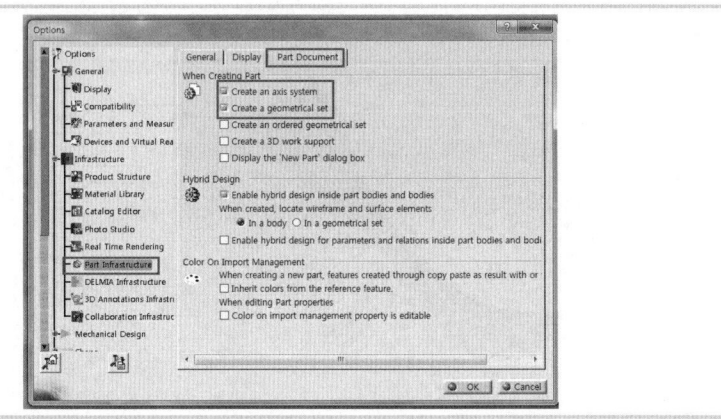

2) [Start]-[Shape]-[Generative Shape Design]를 선택한다.

3) 스케치를 실행하고 YZ Plane을 선택하여 다음과 같이 스케치를 한다.

4) Revolution( ) 을 실행하고 Revolution Axis : Z Axis를 선택 Profile : Sketch.1을 360deg 회전을 한다.

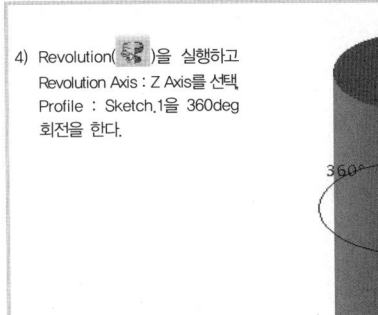
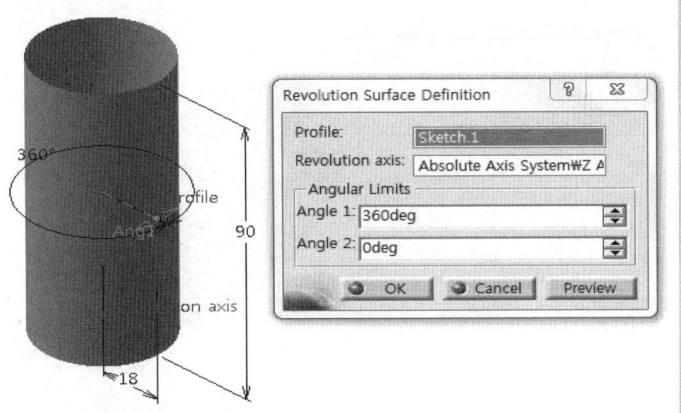

5) 스케치를 실행하고 YZ Plane을 선택하여 다음 위치에 Point를 찍는다.

6) Helix( ) 을 실행하고 5)번에서 생성한 Sketch.2를 Starting Point로 지정, Axis : Z Axis, Pitch : 122mm, Height : 55mm를 지정한다.

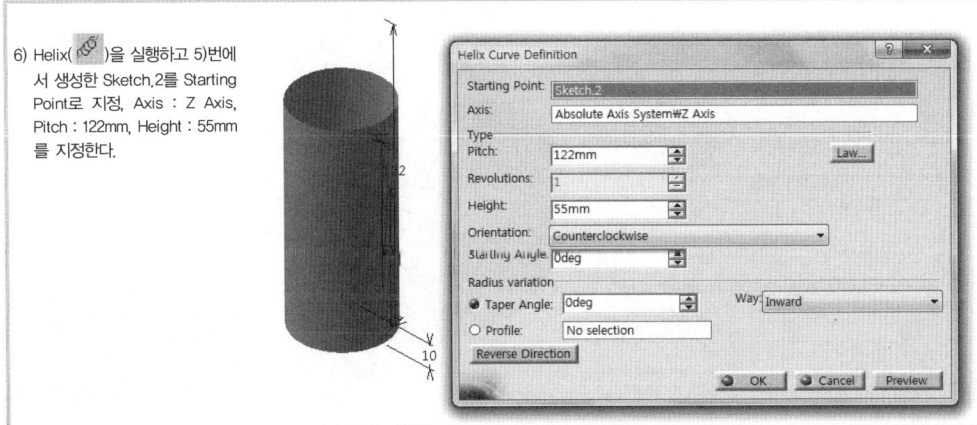

7) Sweep을 실행하고 Profile Type : Line을 지정, Guide Curve 1 : Helix.1, Reference Surface : Revolution.1을 Angle : 300deg, Length 1 : 0mm, Length 2 : 100mm 지정한다.

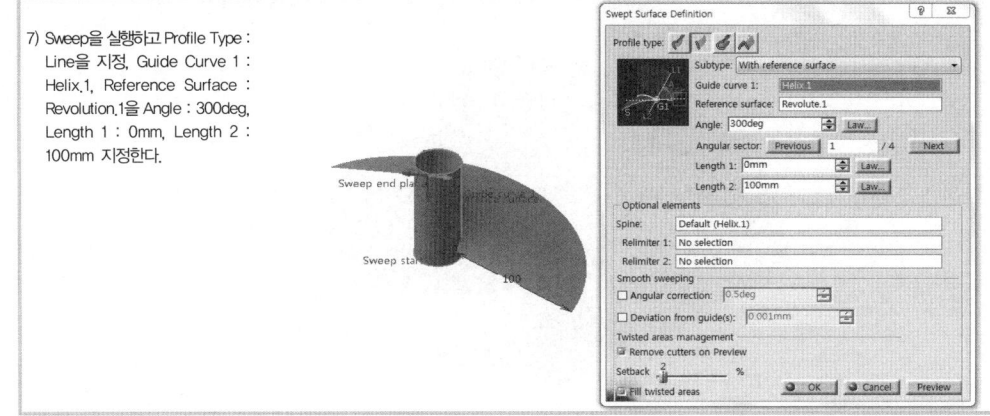

8) 스케치를 실행하고 XY Plane을 선택하여 Project 3D Element ( ) 을 이용, Surface에서 모서리를 생성한다.

9) Corner를 실행하여 다음과 같이 필렛을 수행한다.

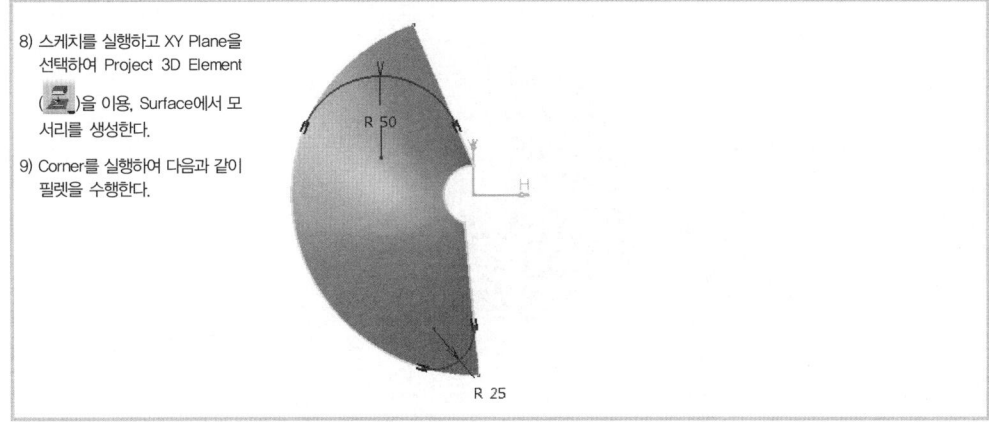

10) Extrude를 실행하고 50mm, Mirrored extent를 지정하여 돌출을 한다.

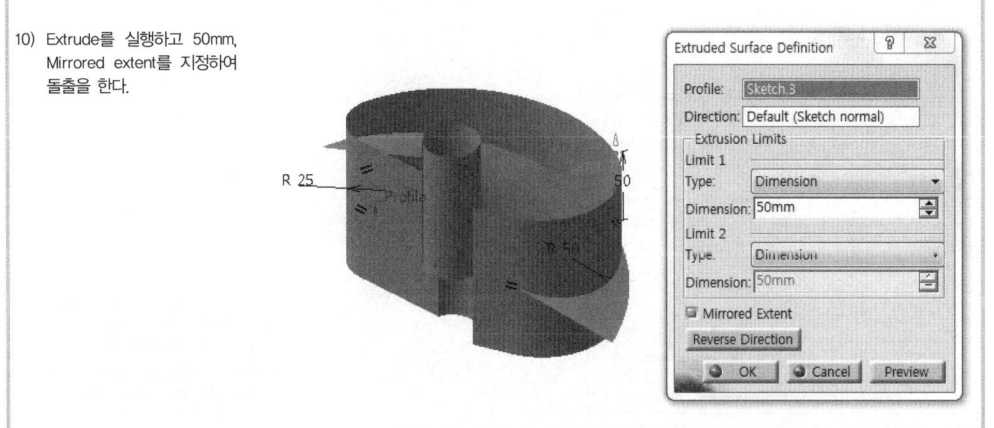

11) Split( )을 실행하고 Element to Cut : Sweep.1, Cutting elements 요소로 Extrude.1을 선택, [Other side] 버튼 눌러 자를 면을 변경하여 자르기를 한다.

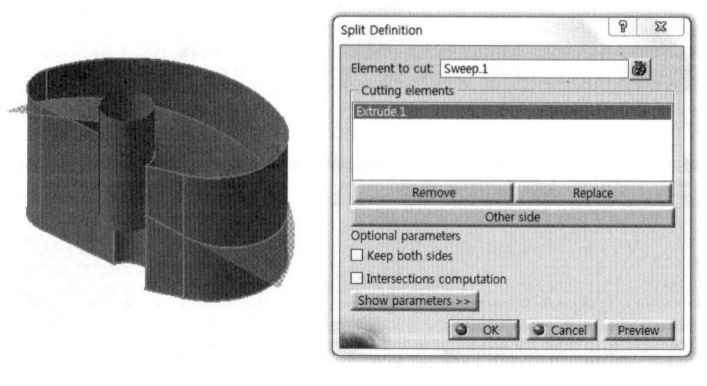

12) Spec Tree에서 Extrude.1과 Sketch.3을 [Hide/Show]로 숨긴다.

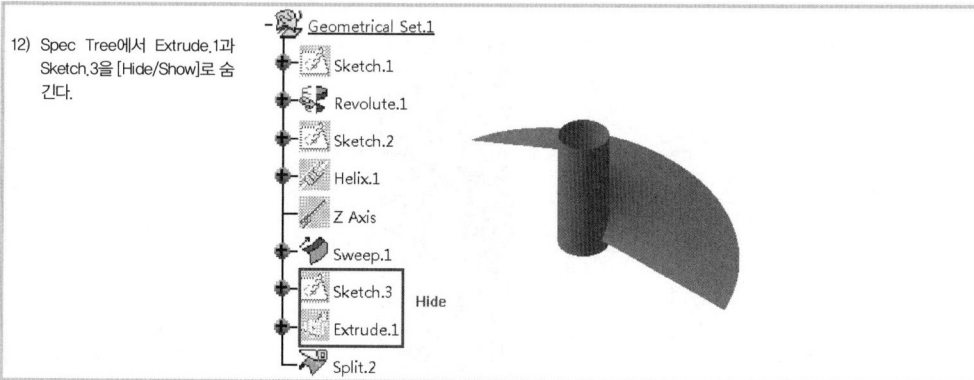

13) [Start]-[Mechanical Design]-[Part Design]을 선택한다.
14) Thick Surface( )을 실행하고 First Offset : 1mm, Second Offset : 1mm, Object to Offset : Split.2를 선택한다.

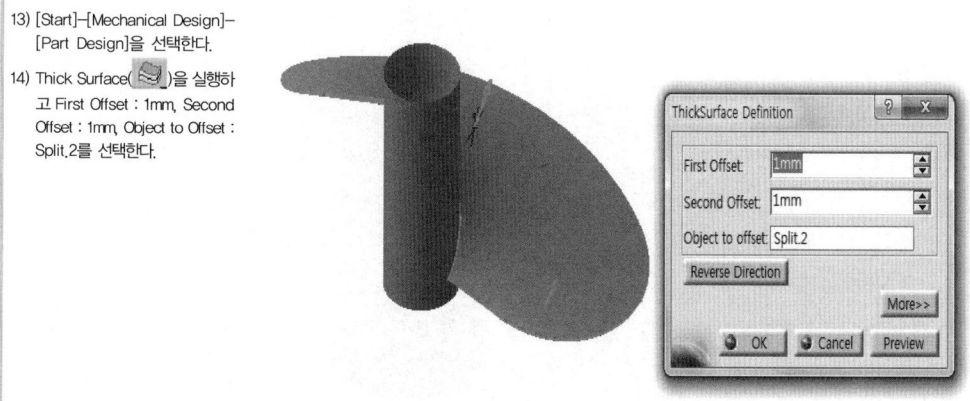

15) Circular Pattern을 실행하고 Parameters : Complete Crown, Instance : 3, Reference element : 원통면 선택, ThickSurface.1 객체를 패턴복사 한다.

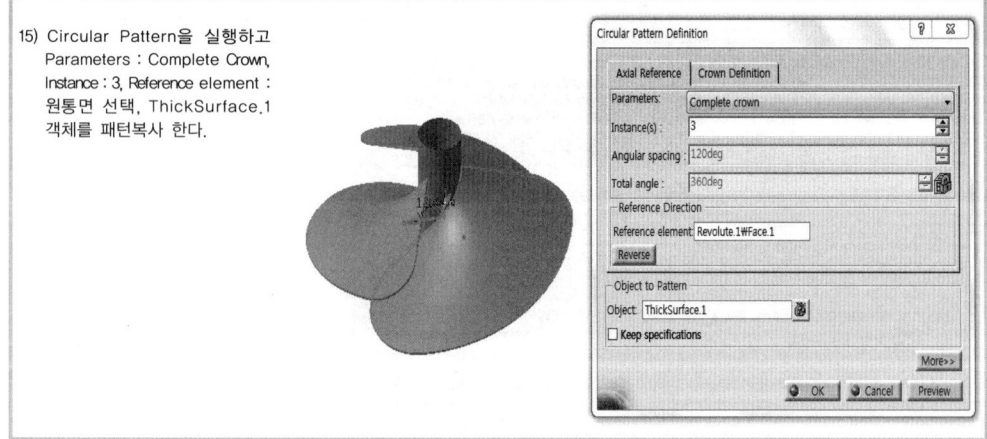

16) CloseSurface( )을 실행하고 Revolute.1을 선택하여 원통 안쪽을 Solid로 채워 닫아 준다.

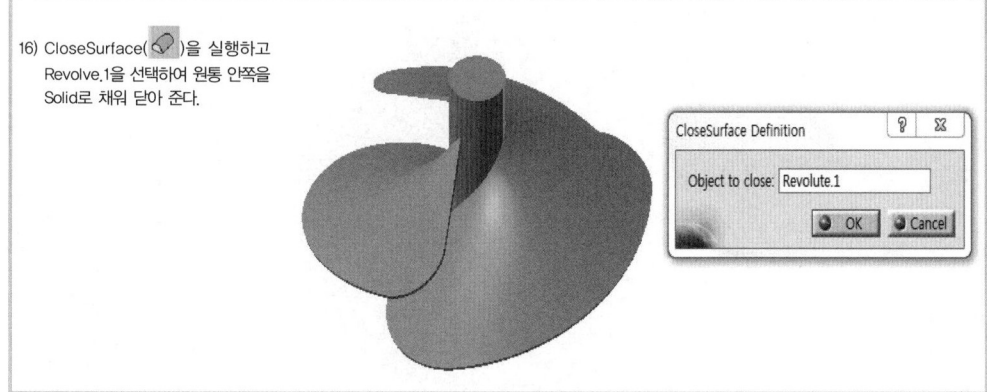

17) Close Surface 결과

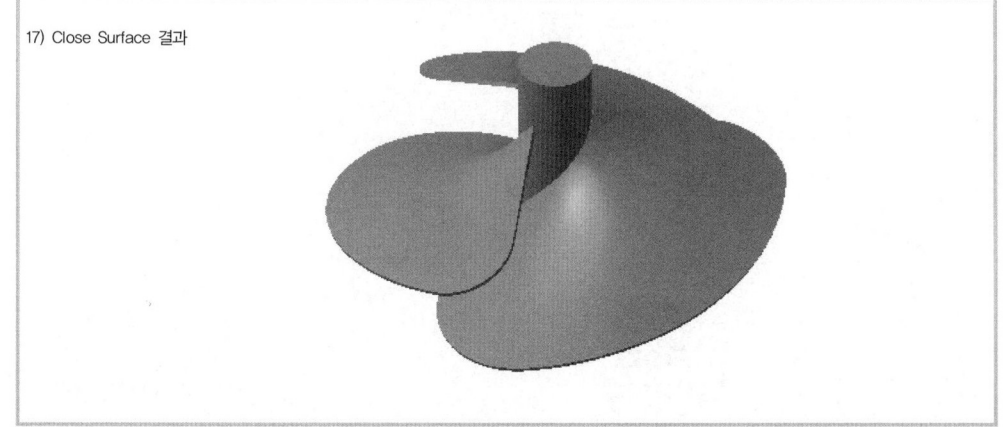

18) Hole을 실행하고 Up to Next를 지정, Diameter : 10mm를 지정한다.

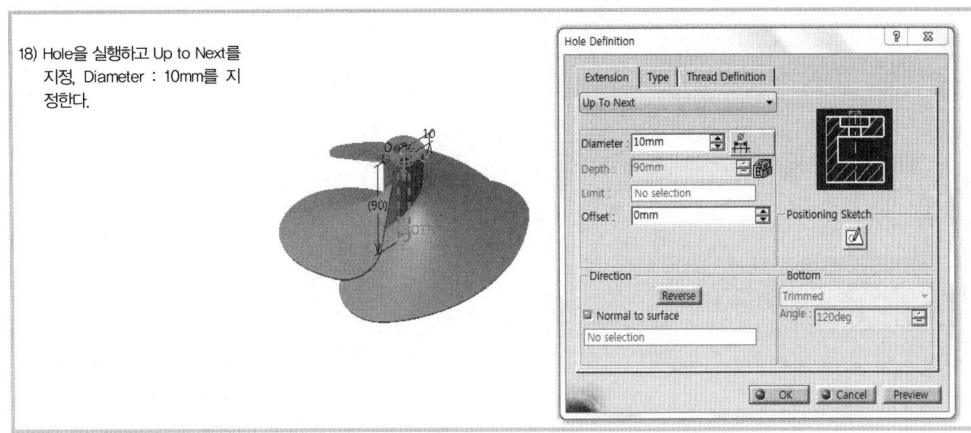

19) Hole Type : Counterbored, Diameter : 20mm, Depth : 10mm 지정한다.

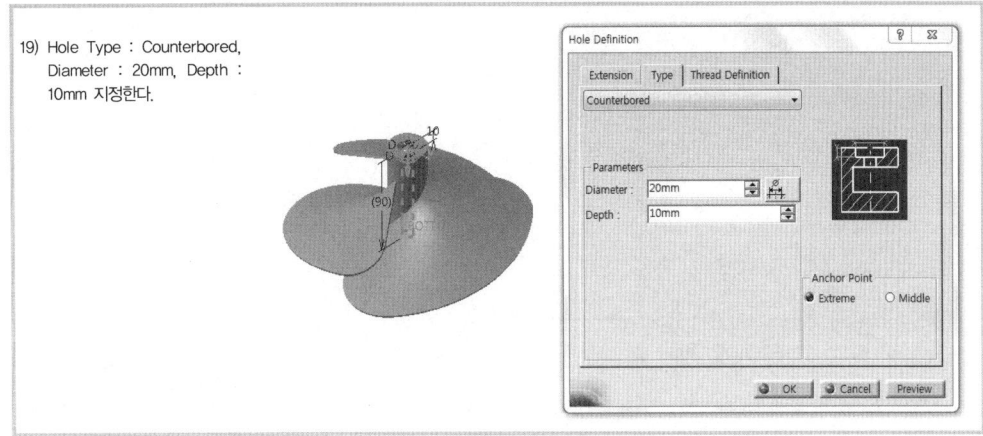

20) 스케치를 실행하고 Hole 안쪽 면을 선택하여 다음과 같이 스케치를 한다.

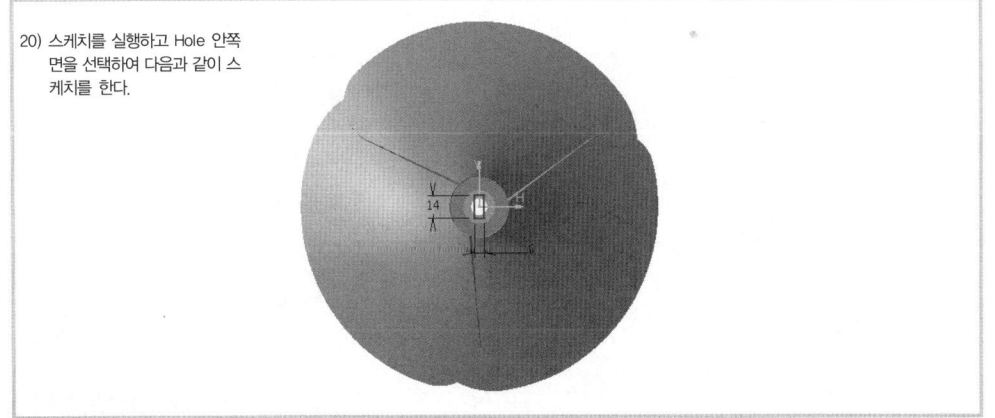

21) Pocket을 실행하고 Up to Next를 지정하여 돌출 컷을 한다.

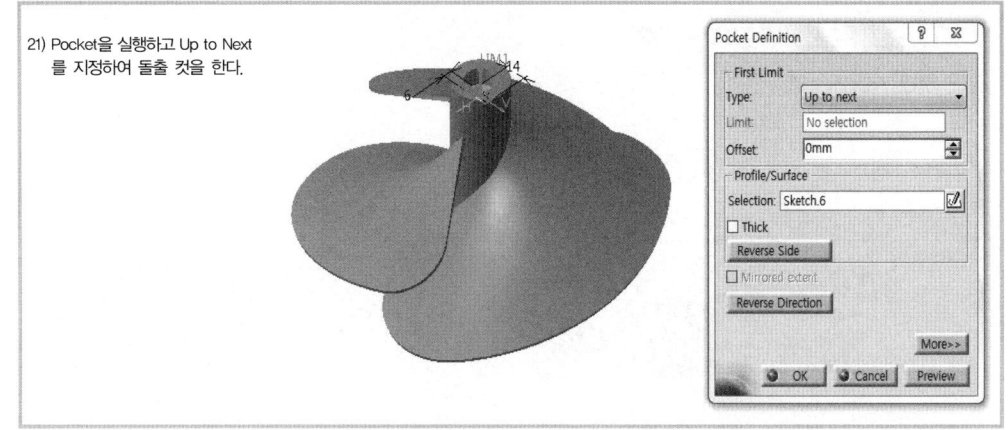

22) Edge Fillet을 실행하고 반경 : 3mm로 원통 모서리를 필렛을 한다.

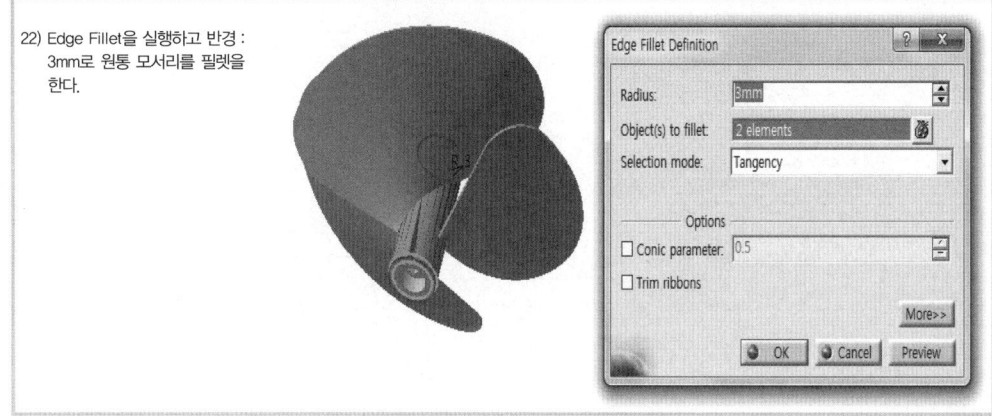

■ 완성 결과

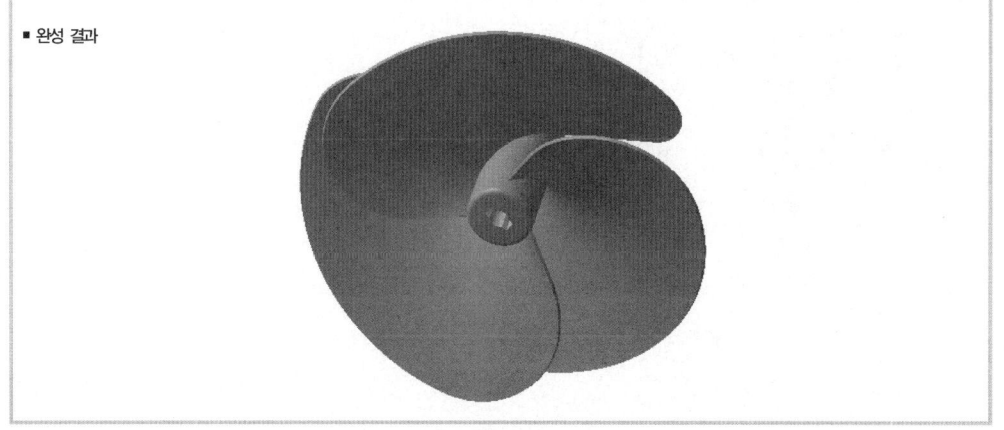

응용하기 24   Propeller 만들기 2

1) 스케치를 실행하고 YZ Plane을 선택하여 다음과 같이 스케치를 한다.
   자유 곡선을 이용한다.

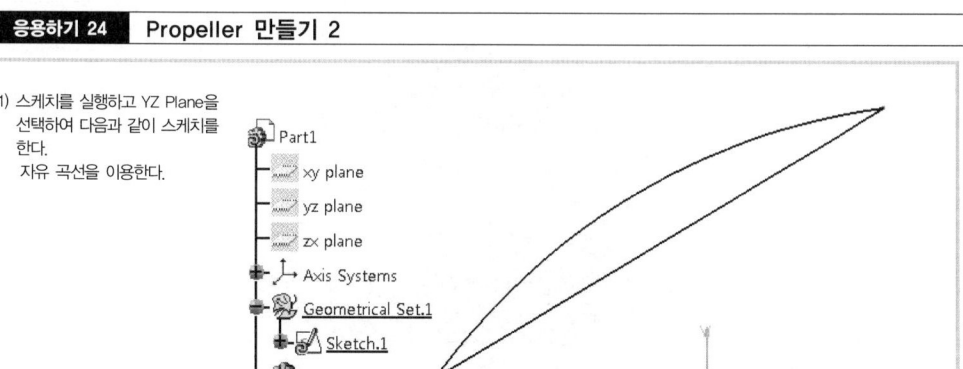

2) Line type : Point-Direction을 선택, Point : 우측버튼을 눌러 [Create Point]를 선택한다.

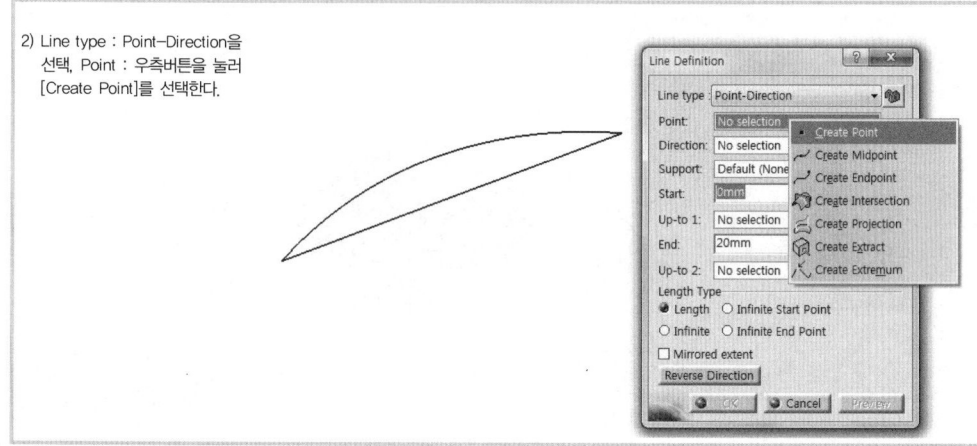

3) Point Type : Coordinates, X=0mm, Y=0mm, Z=0mm를 지정, 원점을 선택한다.

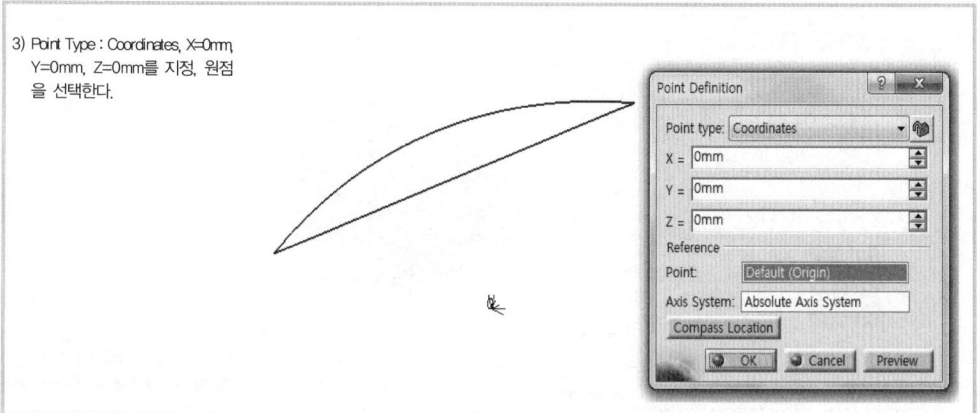

4) Direction : 우측버튼을 눌러 X Component(Current)를 선택한다.
   - X Axis

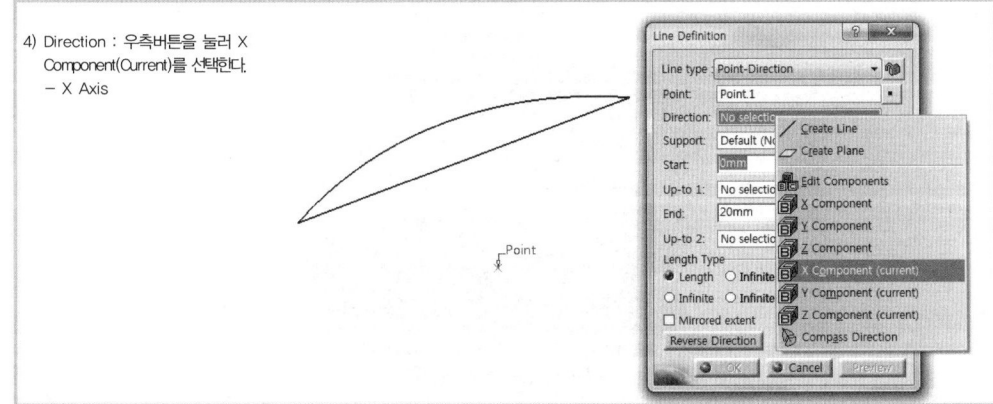

5) Start : -290mm를 지정한다.

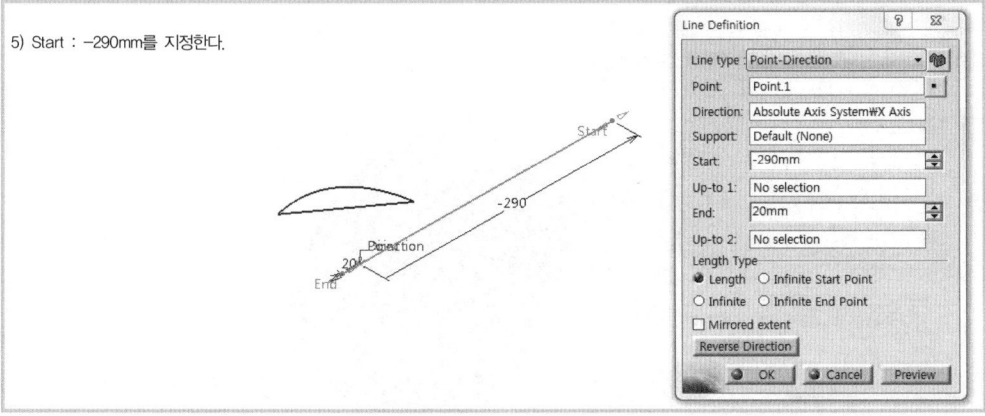

6) [Start]-[Shape]-[Generative Shape Design]을 선택한다.

7) Sweep을 실행하고 Subtype : With Pulling direction, Profile : Sketch.1, Guide curve : Line.1을 선택, Direction : Y Component (Current)를 선택한다.
   - Y Axis

■ Law의 의미?

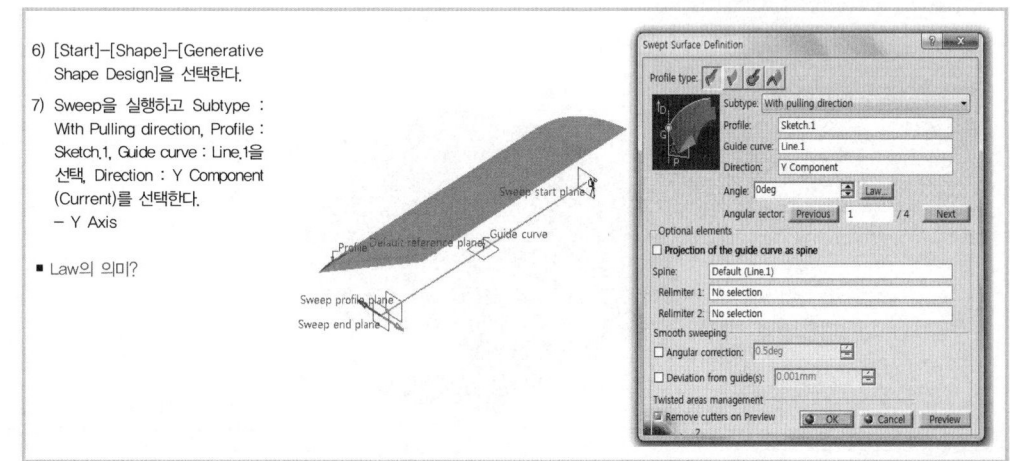

8) [Law] 버튼을 누르고 다음 창에서 [Linear]을 선택. End value : 45deg를 입력한다.

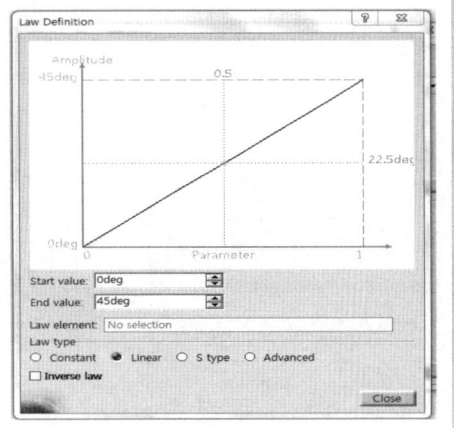

9) 모두 선택이 끝나면 [OK]를 누른다.

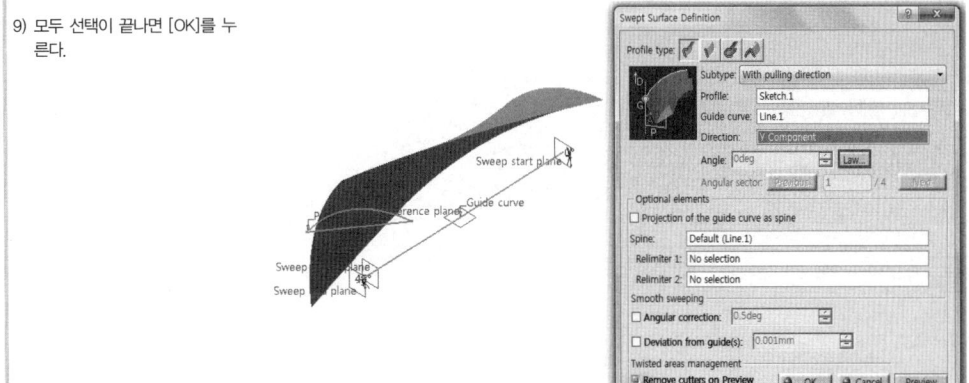

10) Spec Tree에서 다음 두 개의 객체를 [Hide]로 숨긴다.

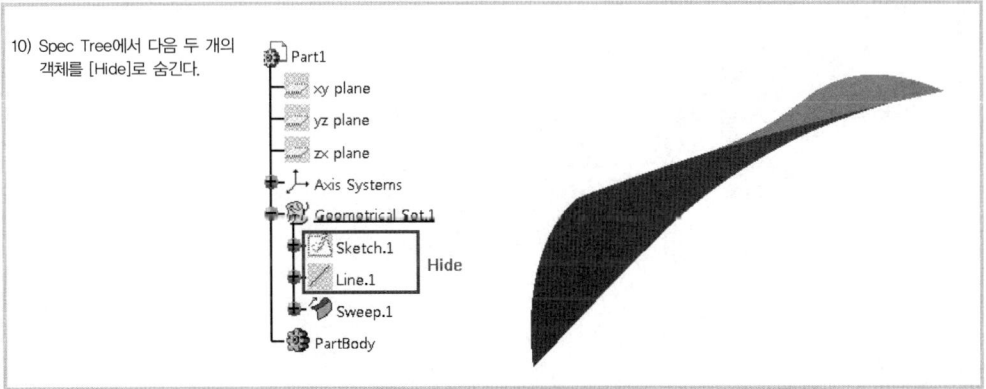

11) Fill을 실행하고 Boundary 항목에서 우측버튼을 눌러 [Create Boundary]를 선택한다.

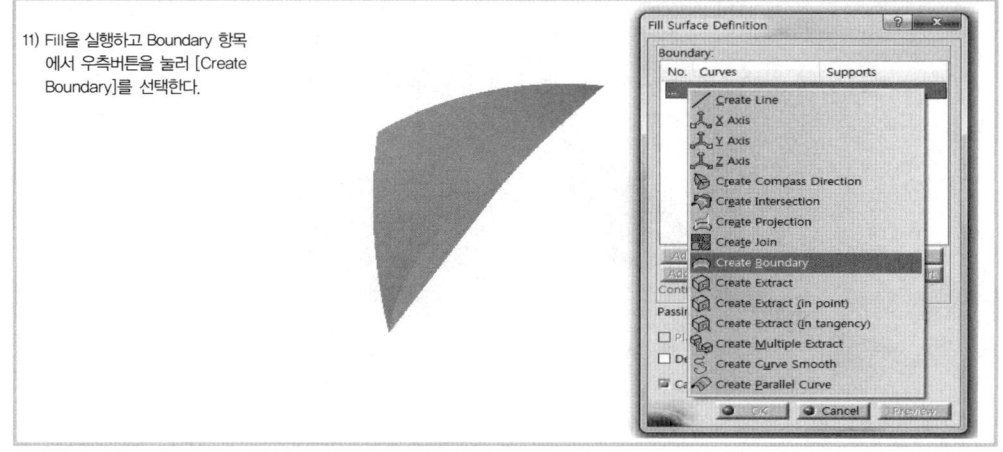

12) Surface edge : 다음과 같이 모서리를 선택한다.

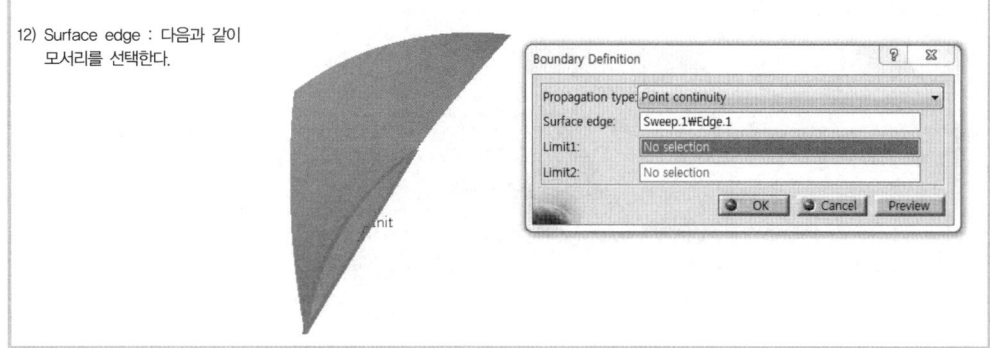

13) [OK]를 누른다.

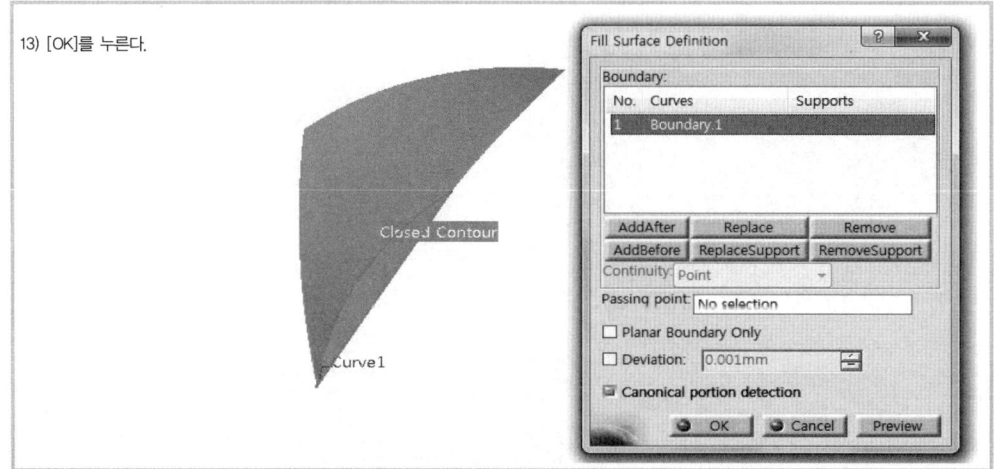

353

14) 반대편도 Fill을 실행하고 Boundary 항목에서 우측버튼을 눌러 [Create Boundary]를 선택한다.

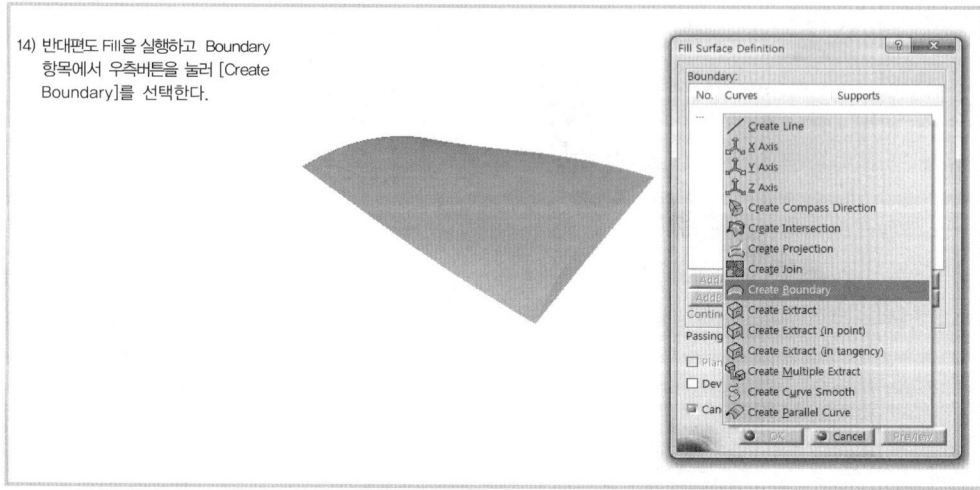

15) Surface edge : 다음과 같이 모서리를 선택한다.

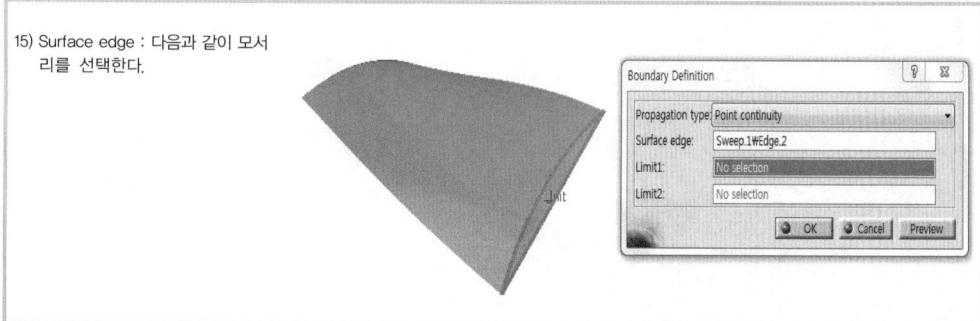

16) [OK]를 누른다.

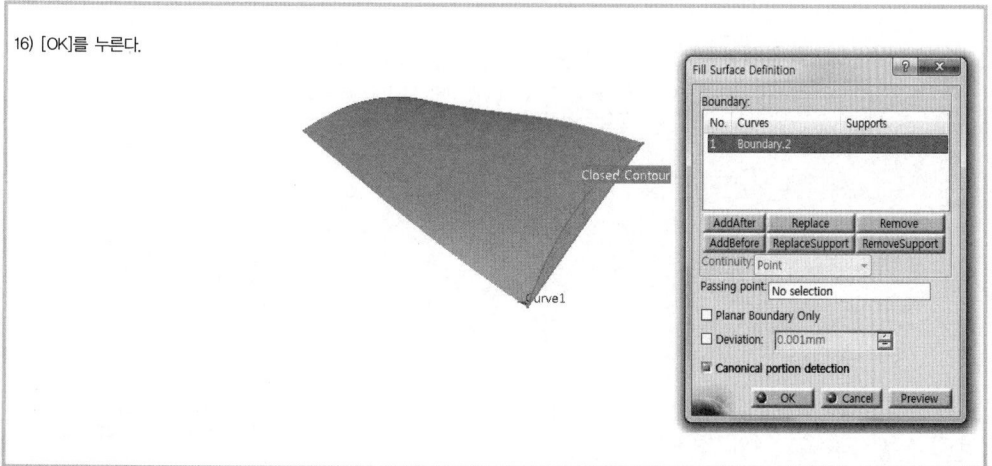

17) [Start]-[Mechanical Design]-[Part Design]을 선택한다.

18) [Insert]-[Body]를 한다.

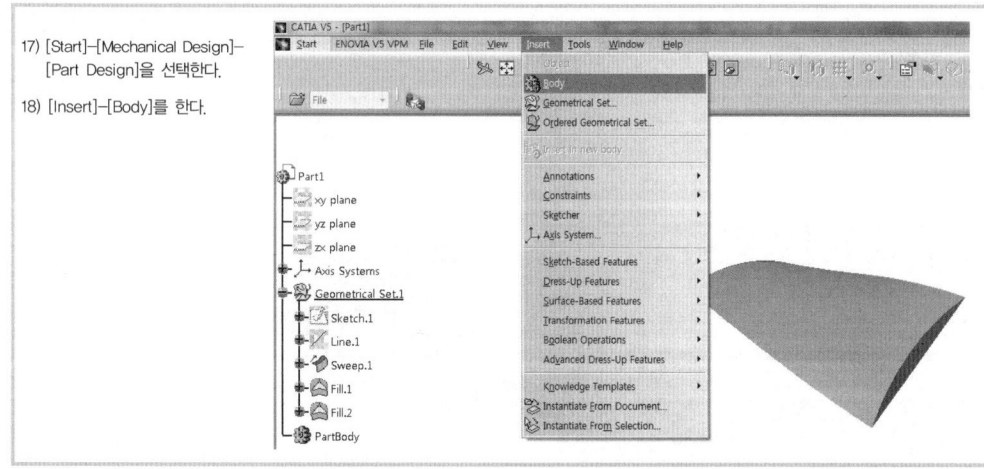

19) CloseSurface( )을 실행하고 곡면을 선택한다.

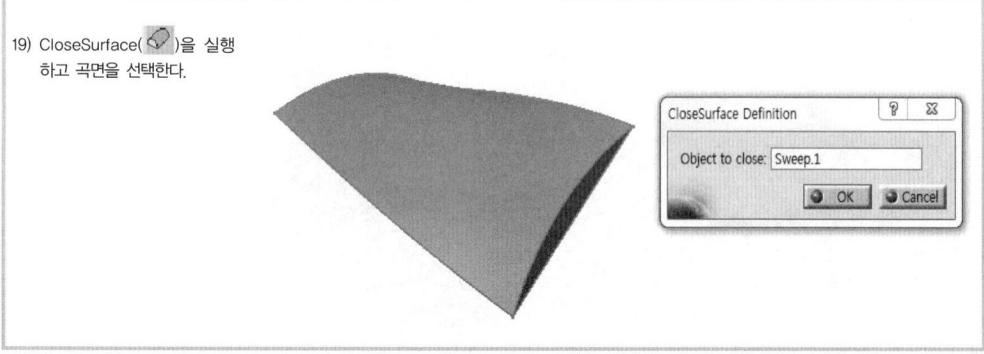

20) Spec Tree에서 다음 세 개의 객체를 [Hide]로 숨긴다.

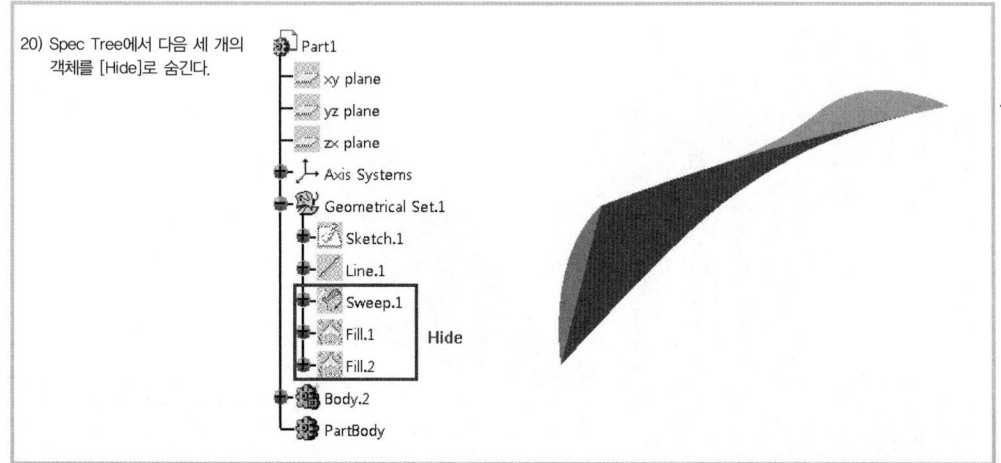

21) Circular Pattern을 실행하고 Complete crown, Instance : 5, Reference element : Y Axis를 지정한다.

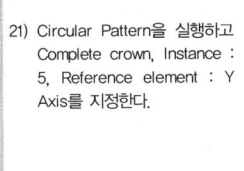
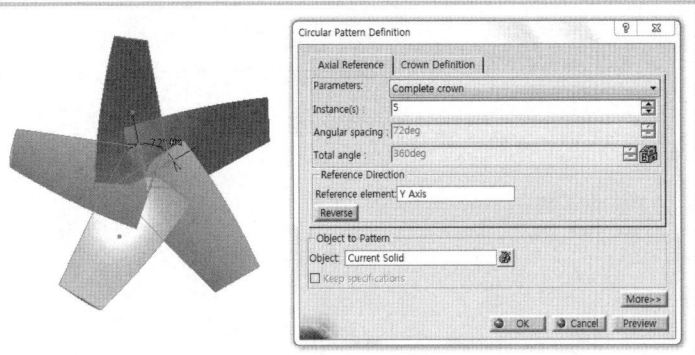

22) 패턴 복사 결과

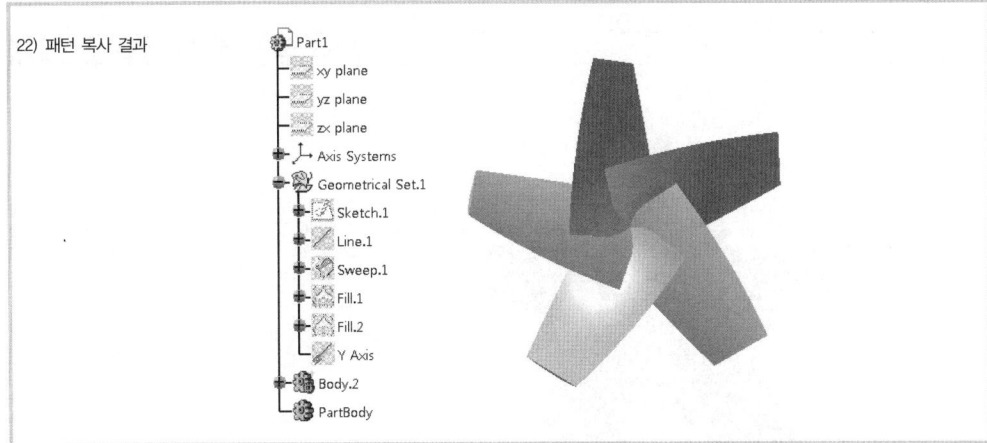

23) [Insert]-[Body]를 한다.

24) 스케치를 실행하고 ZX Plane을 선택하여 다음과 같이 스케치를 한다.

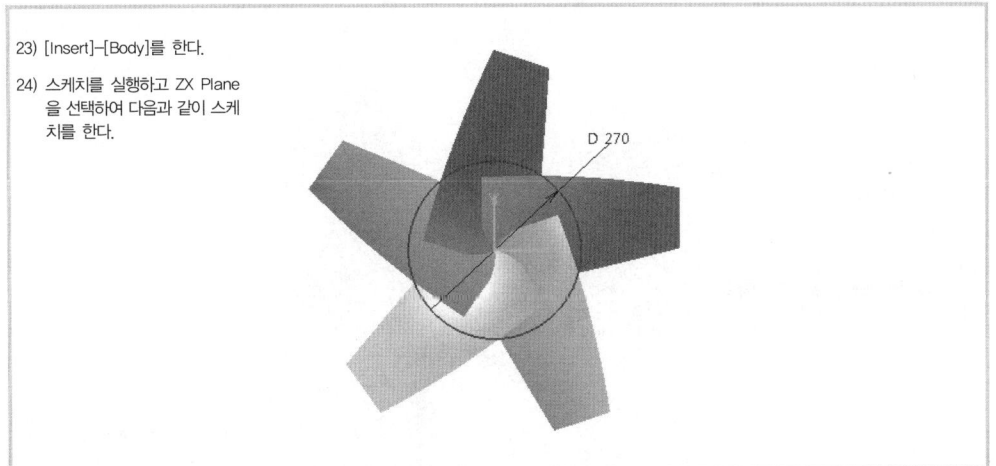

25) Pad를 실행하고 방향1 : 253mm, 방향2 : 153mm로 돌출을 한다.

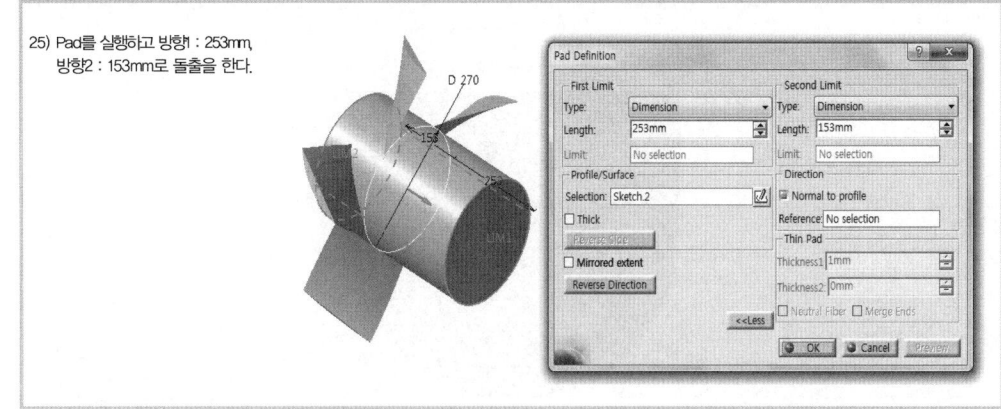

26) Edge Fillet을 실행하고 반경 : 150mm로 필렛을 한다.

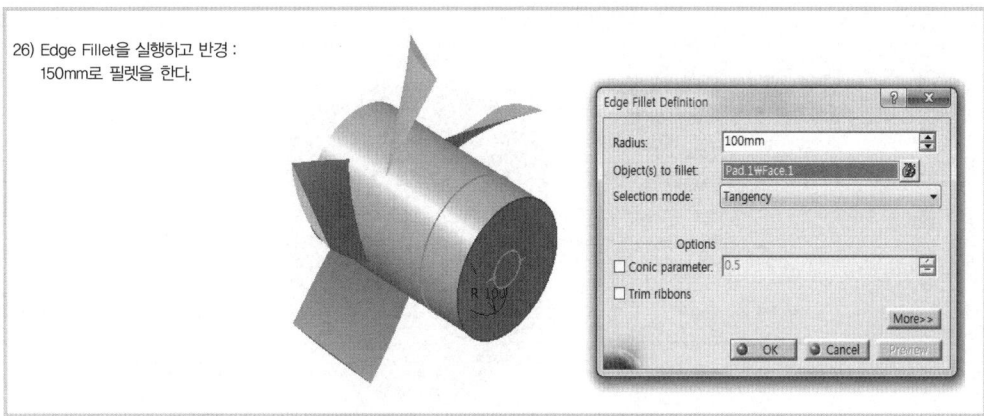

27) Spec Tree에서 Body.2 위에서 우측버튼을 눌러 [Union Trim]을 선택한다.

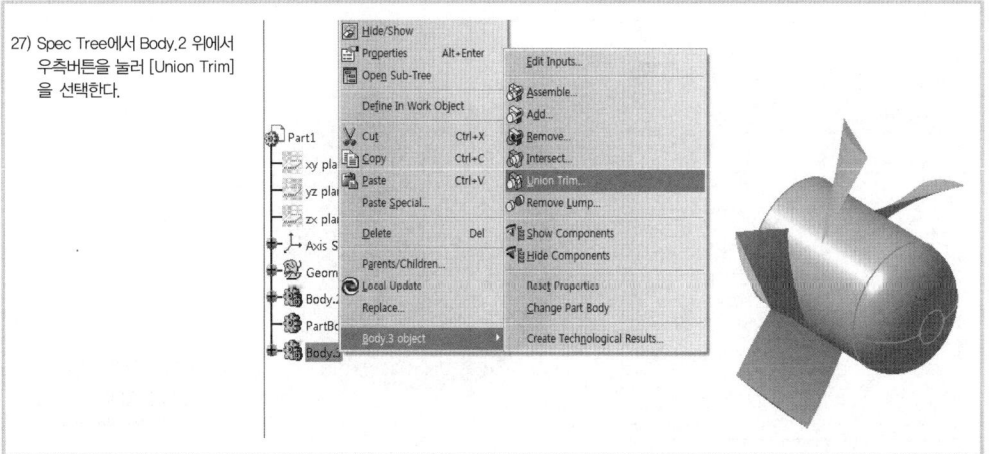

355

28) Trim : Body.2, With : Body.3
을 지정한다.

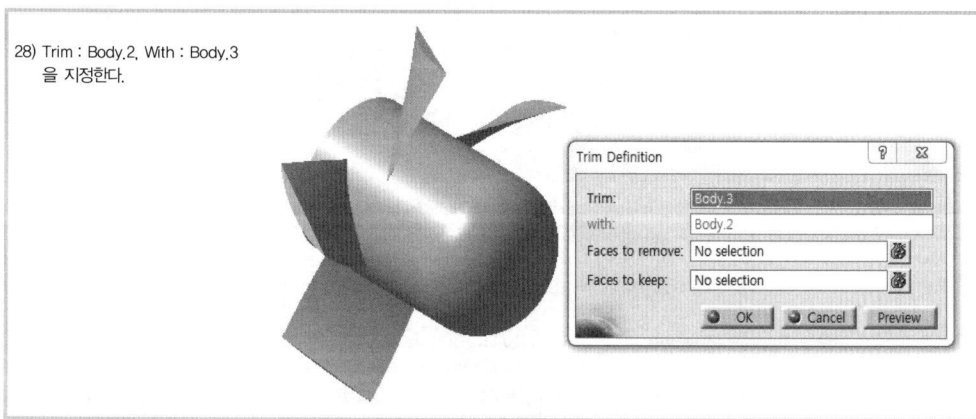

■ 완성 결과

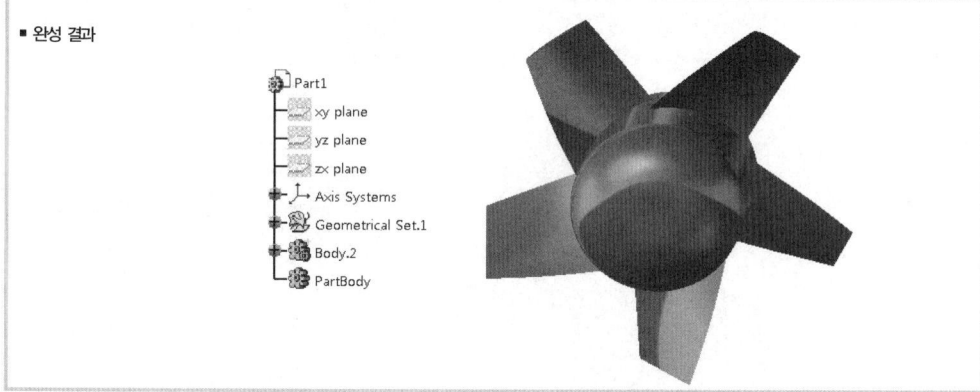

응용하기 25   Propeller 만들기 3

1) 스케치를 실행하고 YZ Plane을 선택하여 다음과 같이 스케치를 한다.

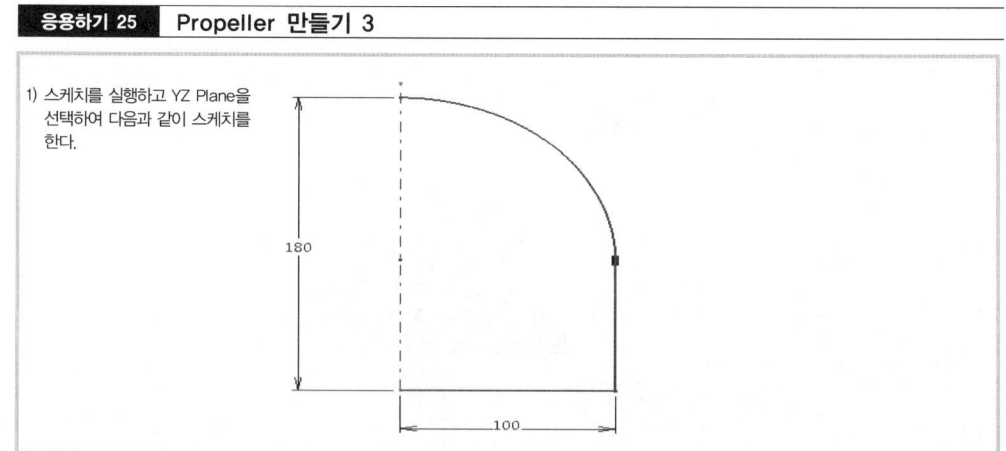

2) [Start]-[Mechanical Design]-[Part Design]을 선택한다.
3) Shaft를 실행하고 360deg 회전을 한다.

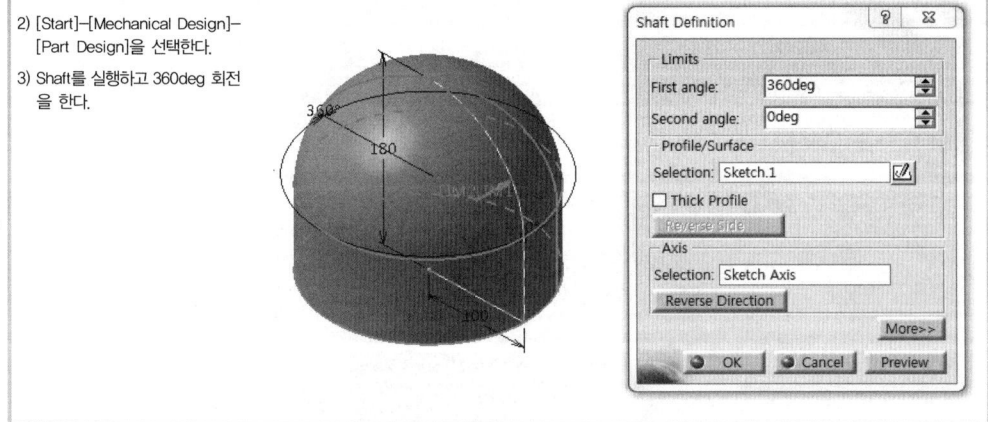

4) Plane을 실행하고 ZX Plane을 기준으로 110mm 위치에 Plane을 생성한다.

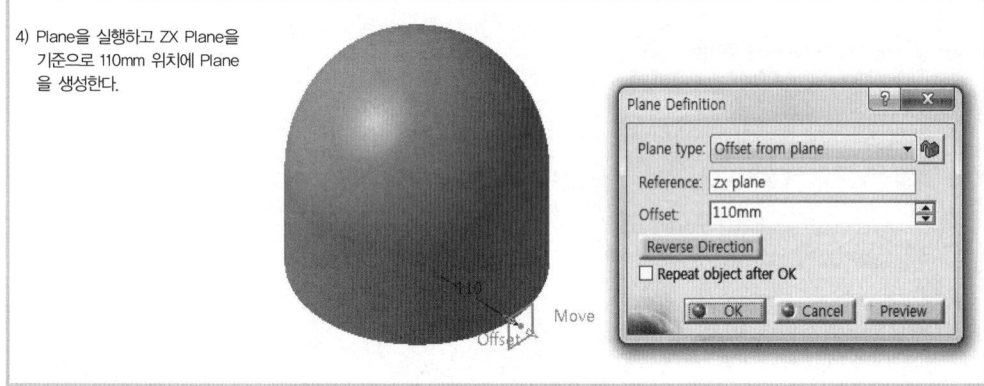

5) 스케치를 실행하고 Plane.1을 선택하여 다음과 같이 스케치를 한다.

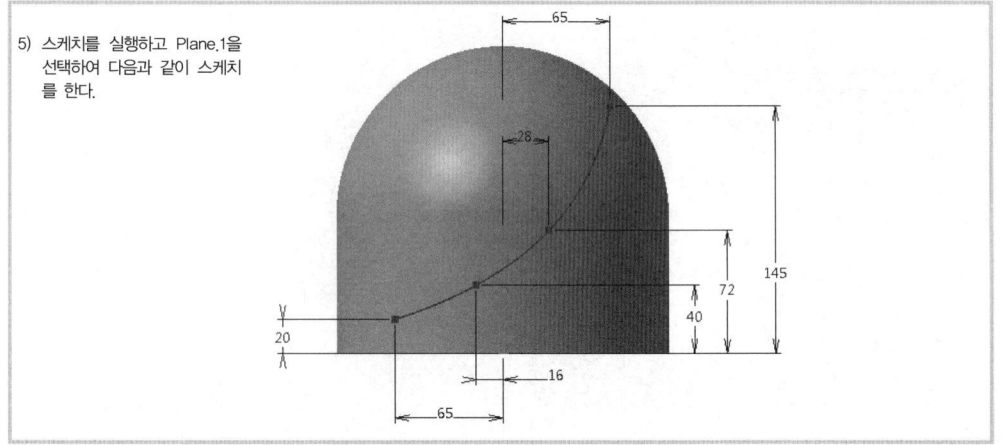

6) [Start]-[Shape]-[Generative Shape Design]을 선택한다.
7) Projection을 실행하고 Sketch를 Shaft 곡면에 투영을 한다.

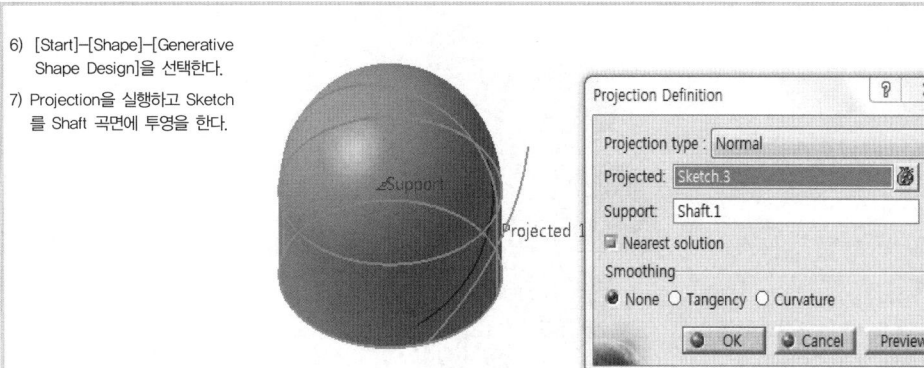

8) Extrude를 실행하고 Project.2를 ZX Plane 방향으로 100mm 돌출을 한다.

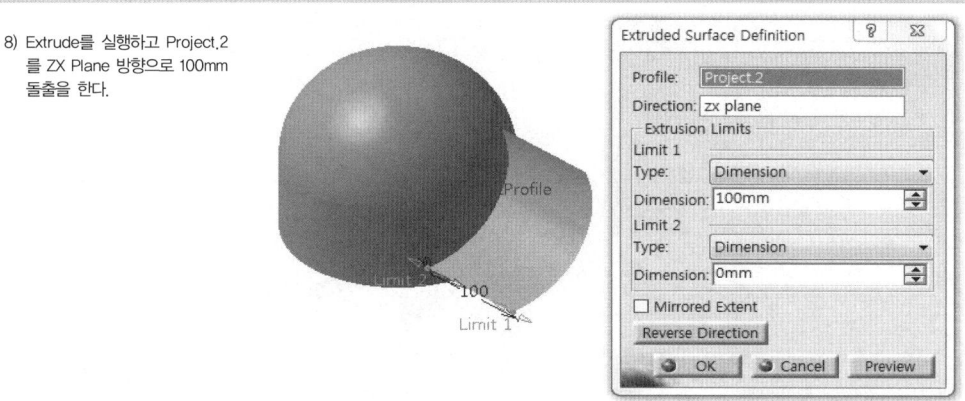

9) [Start]-[Mechanical Design]-[Part Design]를 선택한다.
10) Thick Surface를 실행하고 First Offset과 Second Offset 모두 1.5mm 지정하여 두께를 준다.

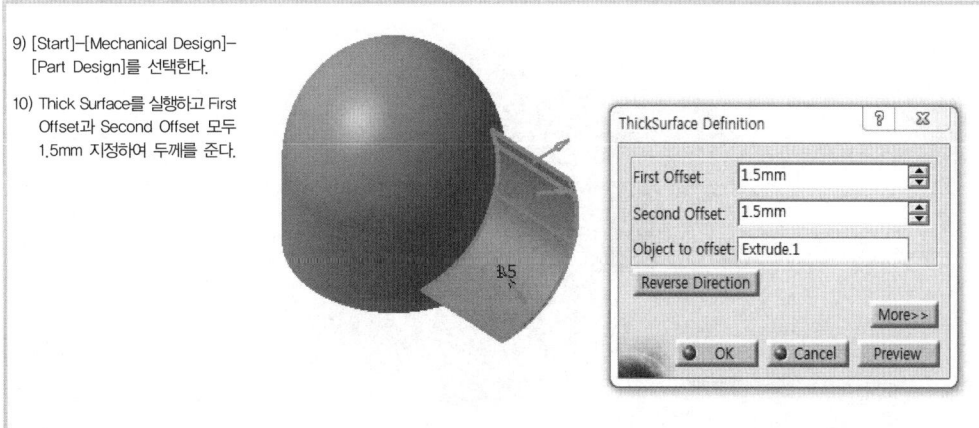

11) Edge Fillet을 실행하고 반경 : 20mm로 필렛을 한다.

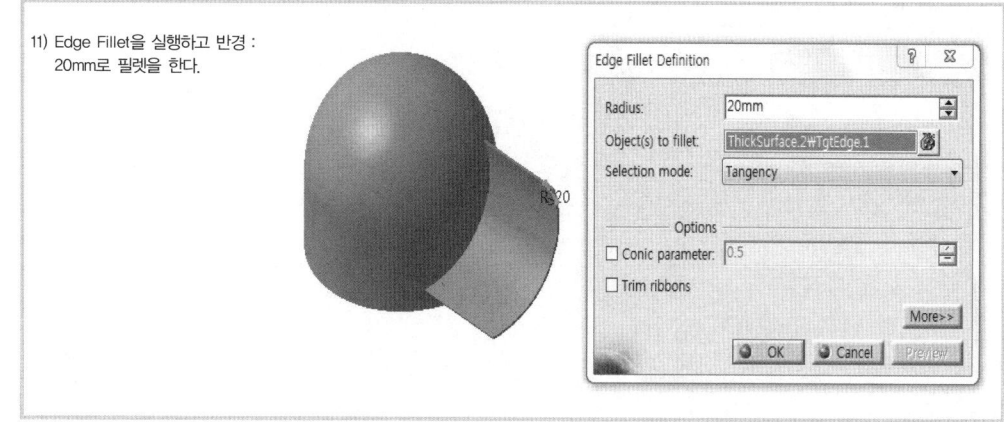

12) Edge Fillet을 실행하고 반경 : 20mm로 필렛을 한다.

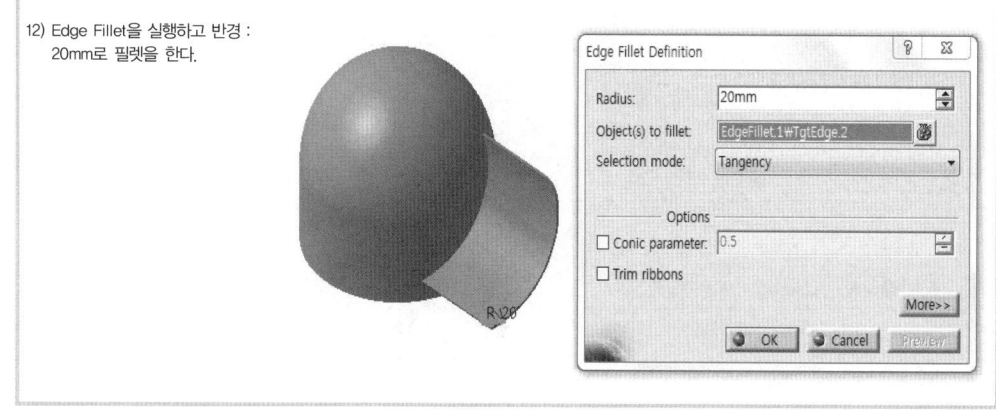

13) Circular Pattern을 실행하고 패턴 수 : 8, 45deg로 패턴복사 한다.

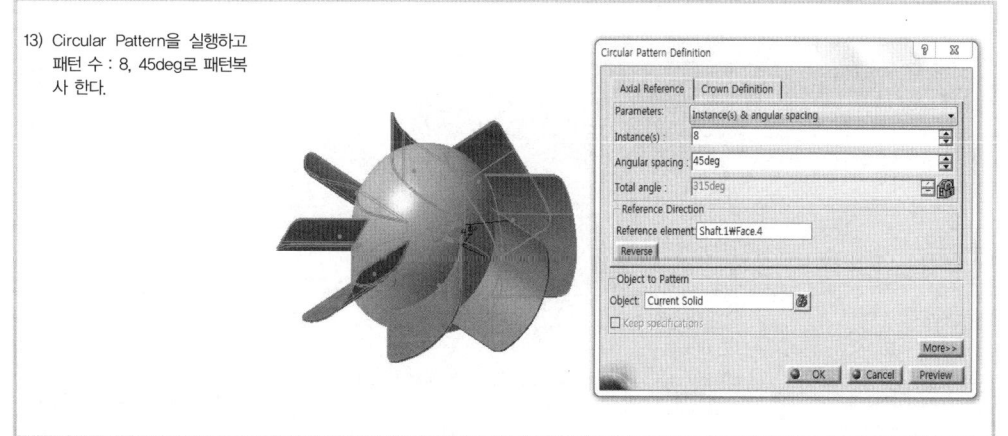

14) 스케치를 실행하고 Shaft 객체 아랫면을 선택하여 다음과 같이 스케치를 한다.

15) Pocket을 실행하고 Up to Next로 돌출 컷을 한다.

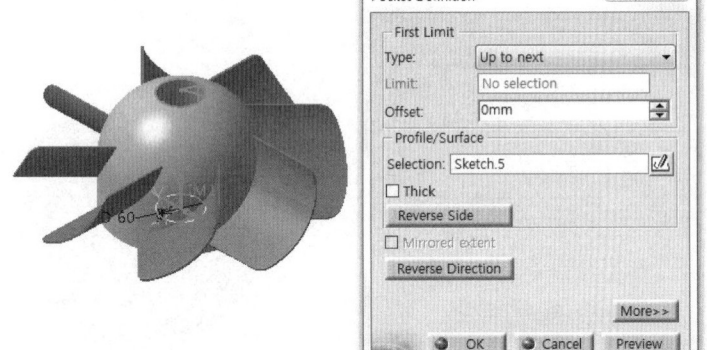

16) 스케치를 실행하고 Shaft 객체 아랫면을 선택하여 다음과 같이 스케치를 한다.

17) Pad를 실행하고 185mm로 돌출을 한다.

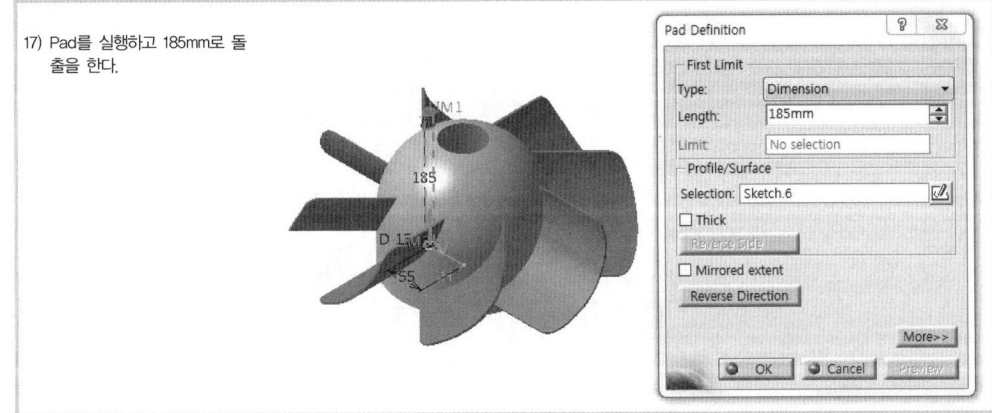

18) Edge Fillet을 실행하고 반경 : 6mm로 필렛을 한다.

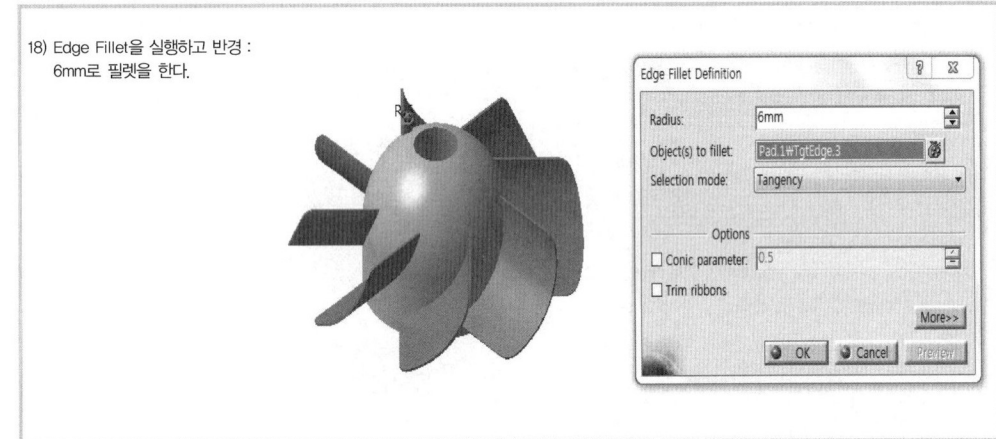

19) Circular Pattern을 실행하고 패턴 수 : 8, 45deg로 패턴복사 한다.

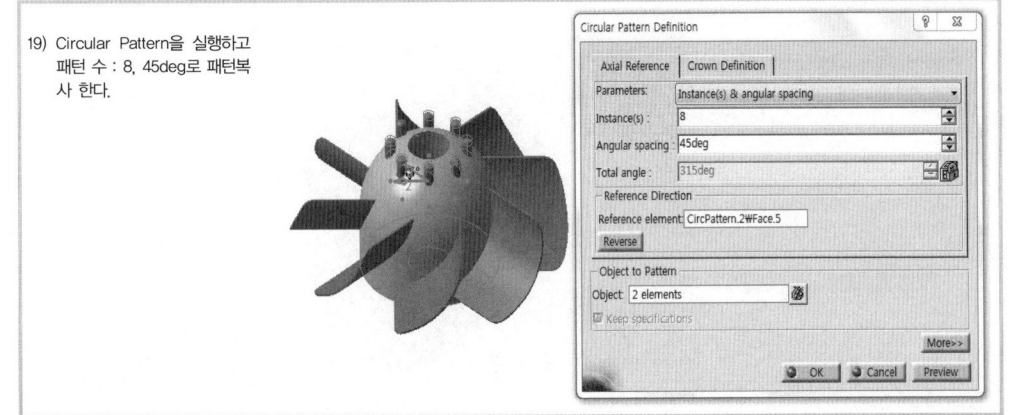

20) 스케치를 실행하고 Shaft 객체 아랫면을 선택하여 다음과 같이 스케치를 한다.

21) Pocket을 실행하고 50mm로 돌출 컷을 한다.

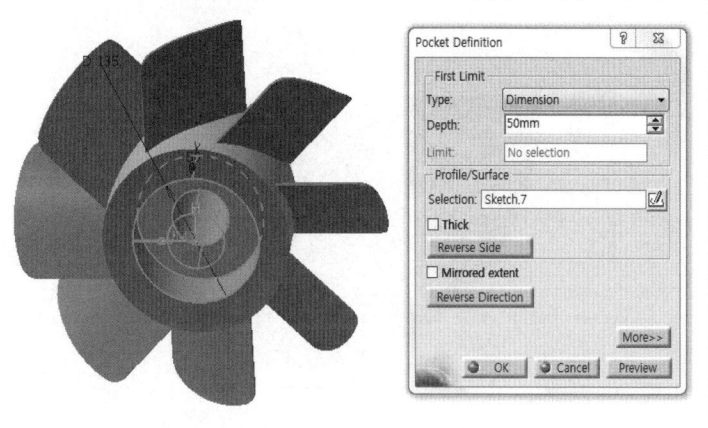

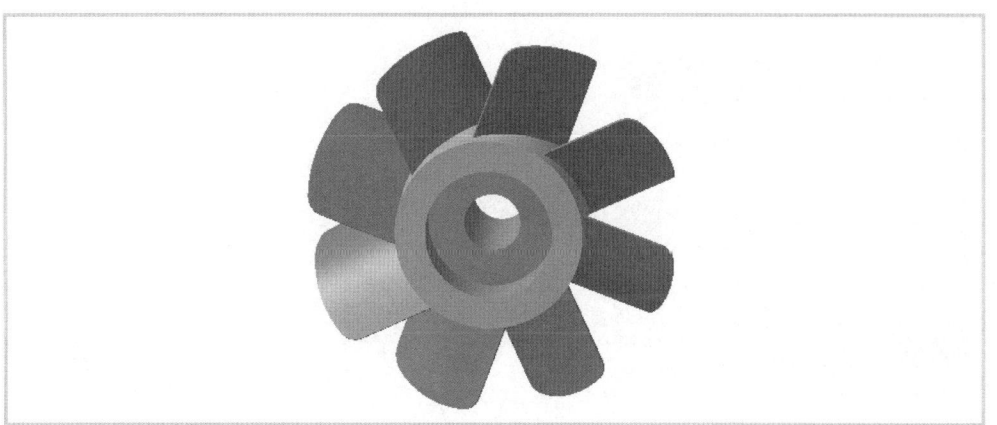

■ 완성 결과

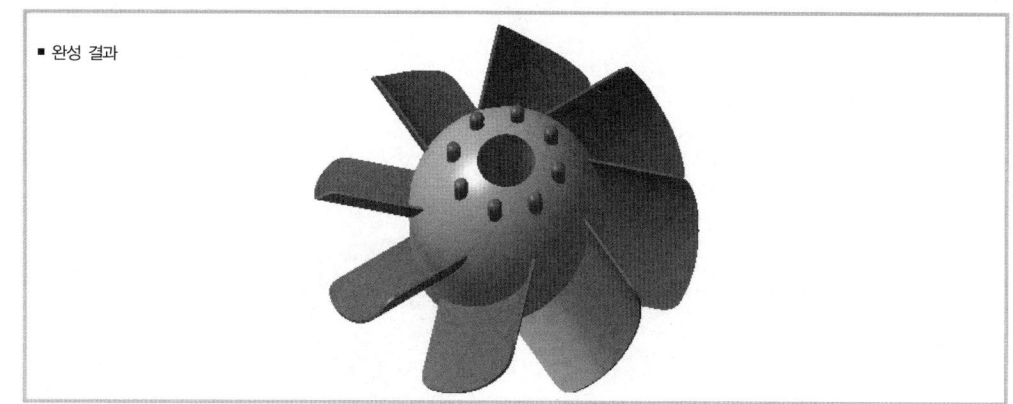

응용하기 26 Propeller 만들기 4

1) 스케치를 실행하고 YZ Plane을 선택하여 다음과 같이 스케치를 한다.

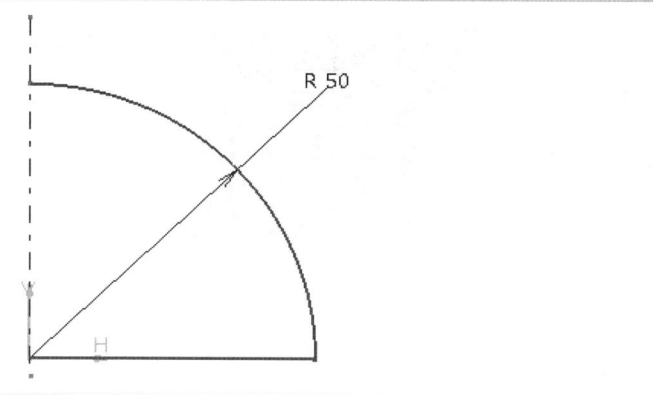

2) [Start]-[Mechanical Design]-[Part Design]을 선택한다.

3) Shaft를 실행하고 360deg 회전을 한다.

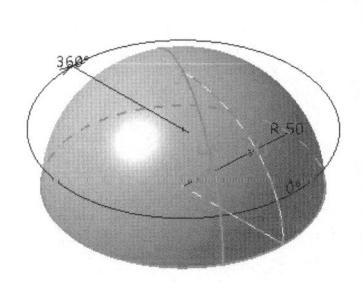

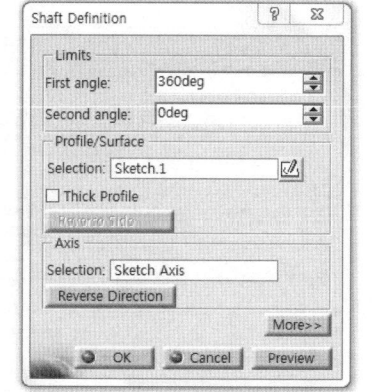

4) Plane을 실행하고 ZX Plane을 기준으로 55mm 위치에 Plane을 생성한다.

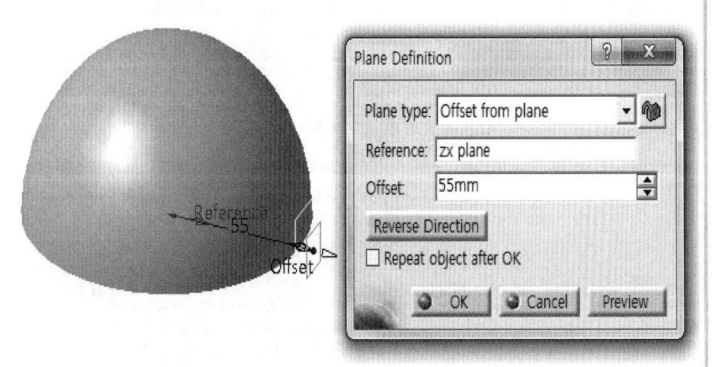

5) 스케치를 실행하고 Plane.1을 선택하여 다음과 같이 스케치를 한다.

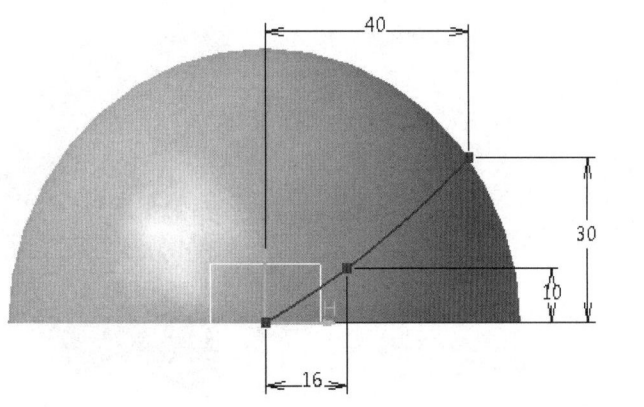

6) [Start]-[Shape]-[Generative Shape Design]을 선택한다.
7) Projection을 실행하고 Sketch를 shaft 곡면에 투영을 한다.

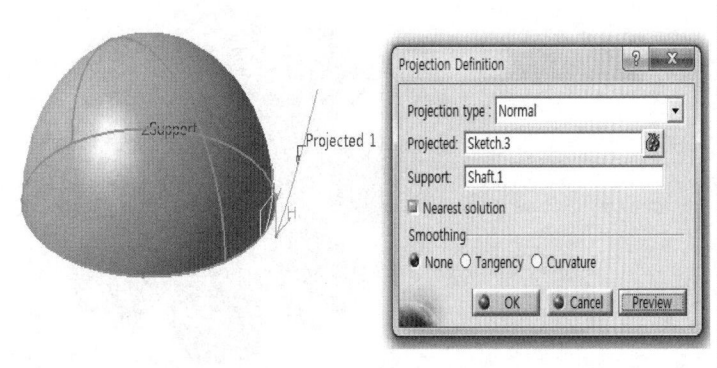

8) Plane을 실행하고 ZX Plane을 기준으로 300mm 위치에 Plane을 생성한다.

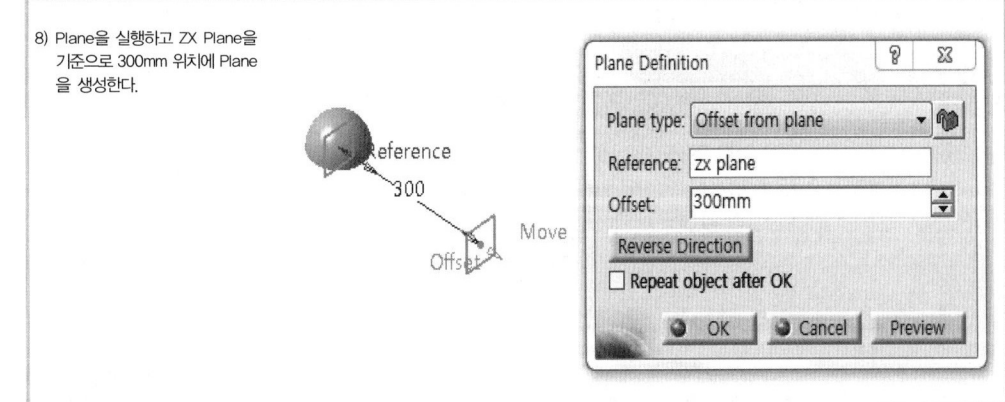

9) 스케치를 실행하고 Plane.2를 선택하여 다음과 같이 스케치를 한다.

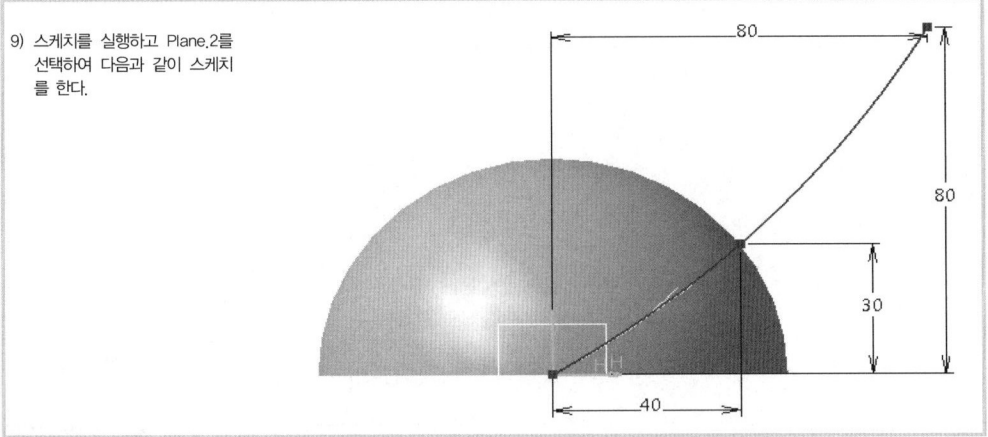

10) Line으로 두 개의 스케치를 연결한다.

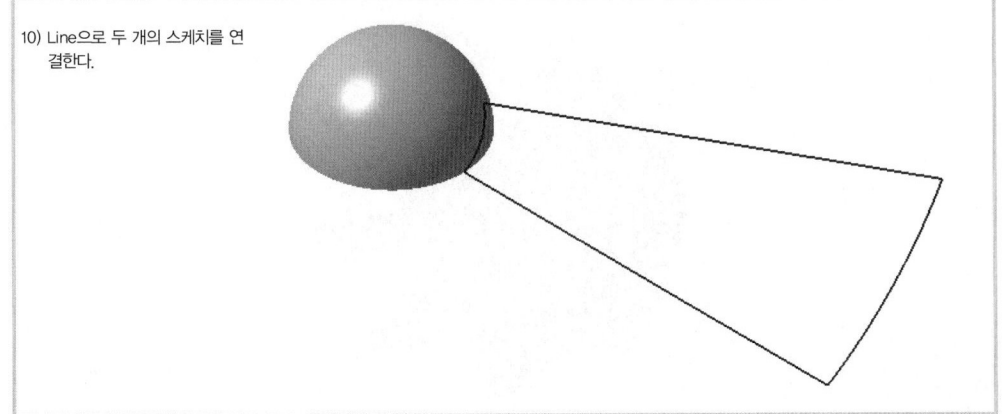

11) Multi Section Surface를 실행하고 다음과 같이 스케치 두 개를 선택. [Spine]탭에서 아래쪽 Line을 선택한다.

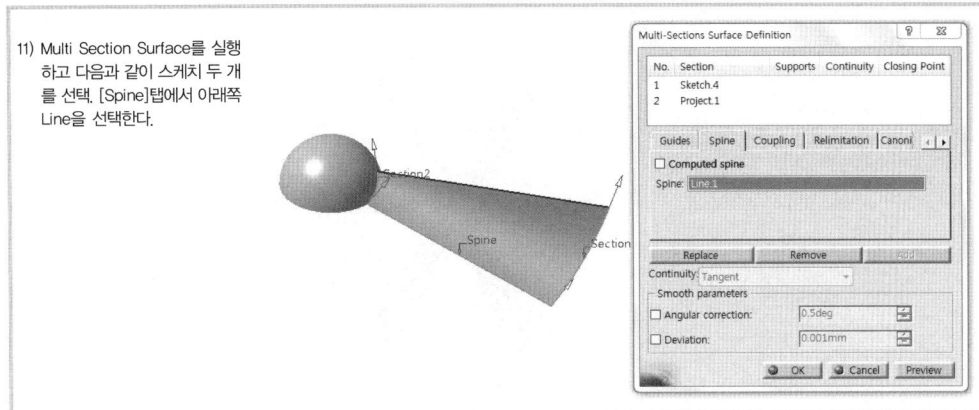

12) 스케치를 실행하고 XY Plane을 선택하여 다음과 같이 요소 변환을 하고 모서리를 필렛을 한다.

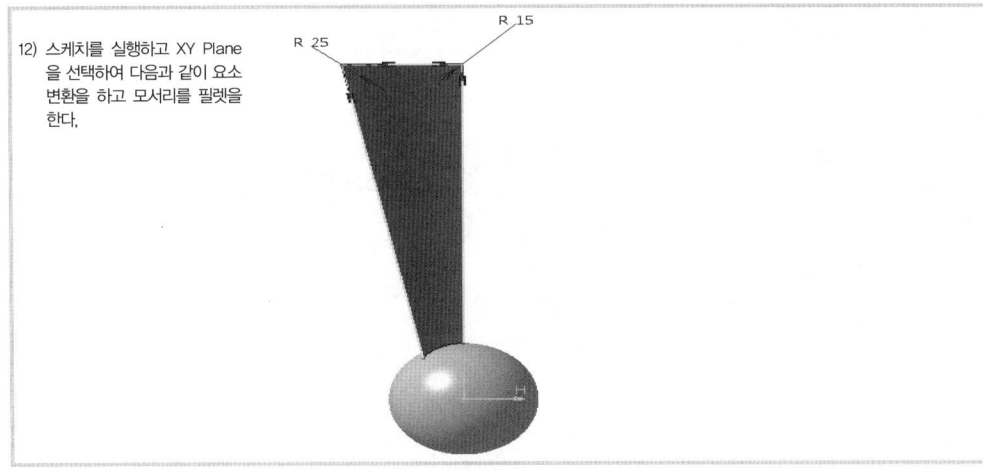

13) Extrude를 실행하고 110mm 돌출을 한다.

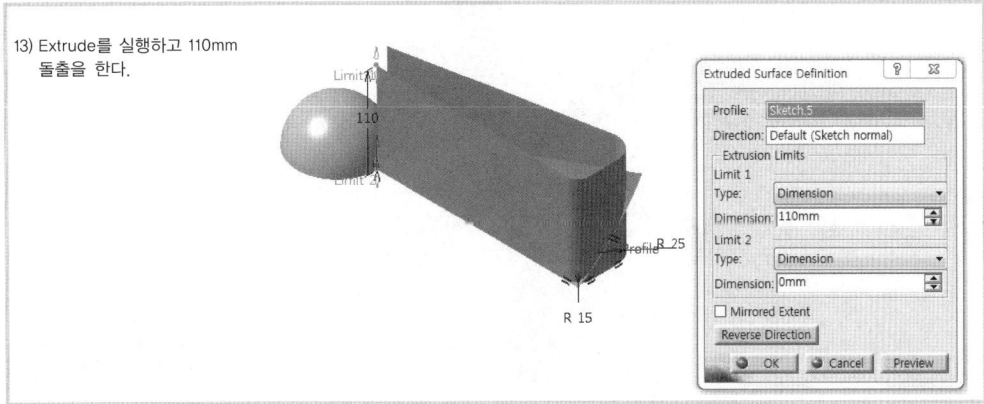

14) Split을 실행하고 Multi-Section Surface를 Extrude.1을 기준으로 바깥쪽을 잘라낸다.

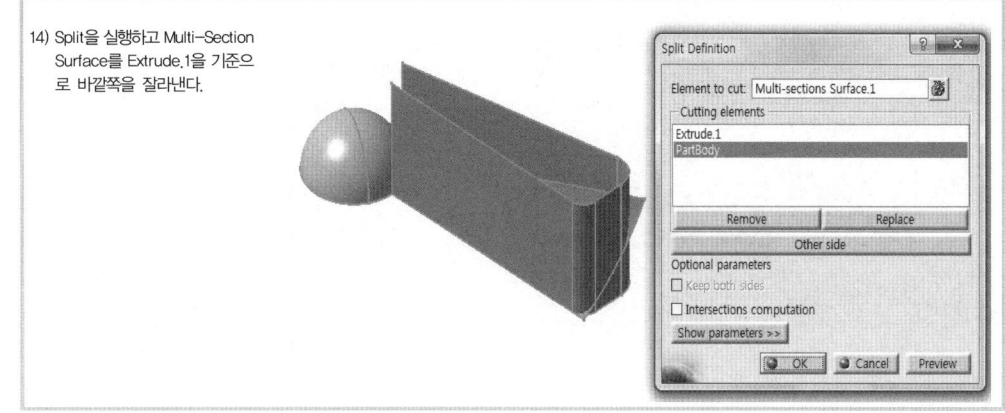

15) Extrude.1을 [Hide]로 숨긴다. ThickSurface를 실행하고 두께 : 1mm를 지정하여 Solid로 전환한다.

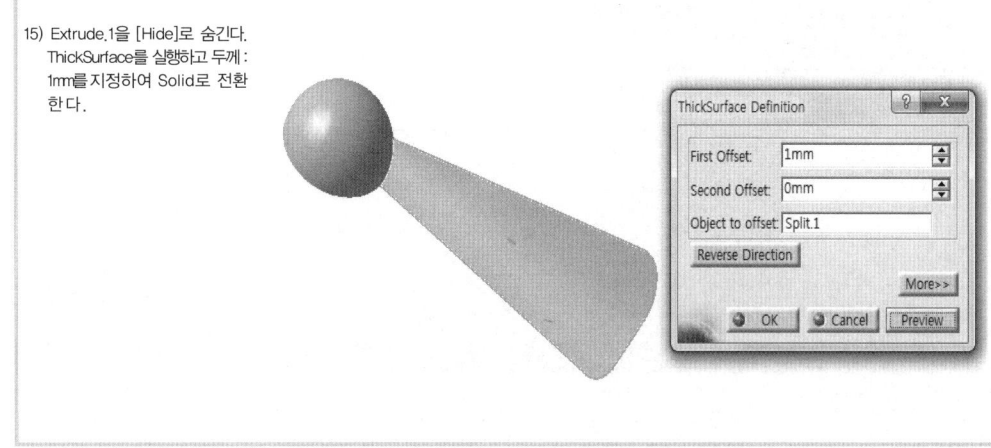

16) Circular Pattern을 실행하고 패턴 수 : 6으로 지정하여 다음 객체를 패턴복사 한다.

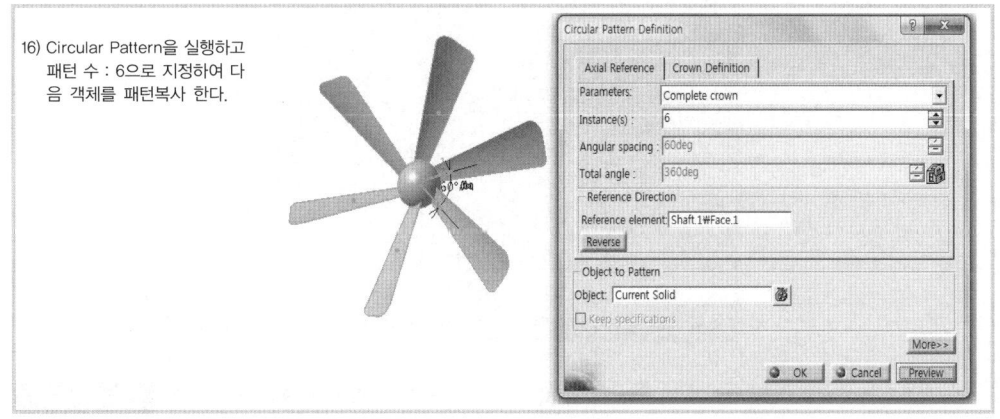

17) 스케치를 실행하고 Shaft의 아랫면을 선택하여 Project 3D Elements로 요소변환을 한다.

18) Pad를 실행하고 50mm 돌출을 한다.

■ 완성 결과

응용하기 27   Gas Range Handle Cover 만들기 방법 1

1) [Tools]-[Option]을 선택하고 [Infrastructure]-[Part Infrastructure] 에서 다음 두 개의 항목을 선택한다.

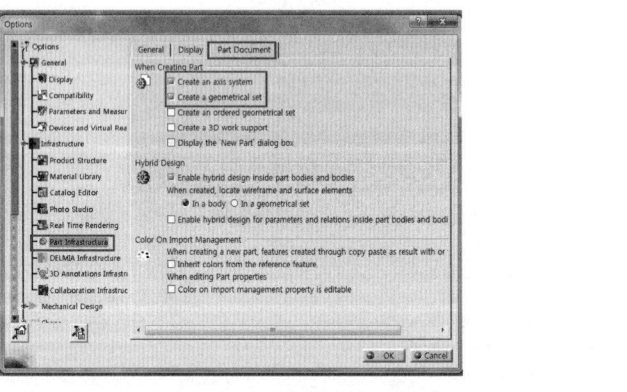

2) [Start]-[Shape]-[Generative Shape Design]를 선택한다.

3) [Tools]-[Grid]-[Workon Support]를 선택한다.

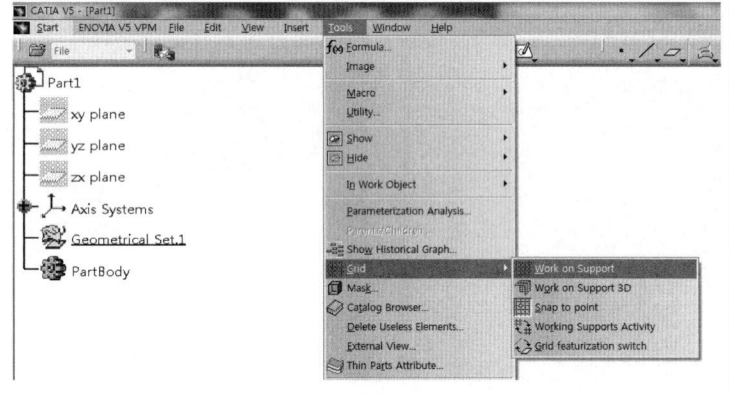

4) Circle을 실행하고 Circle Type : Center and radius, Center : 마우스 우측 버튼을 눌러 [Create Point]를 선택한다.

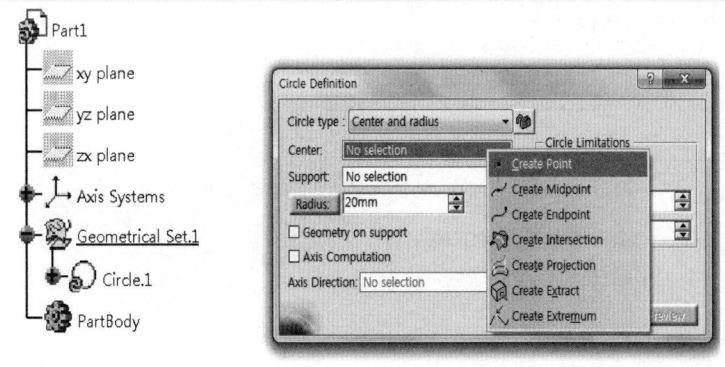

5) Point Type : Coordinates로 지정, X = 0mm, Y = 0mm, Z = 0mm를 지정 원점을 선택한다.

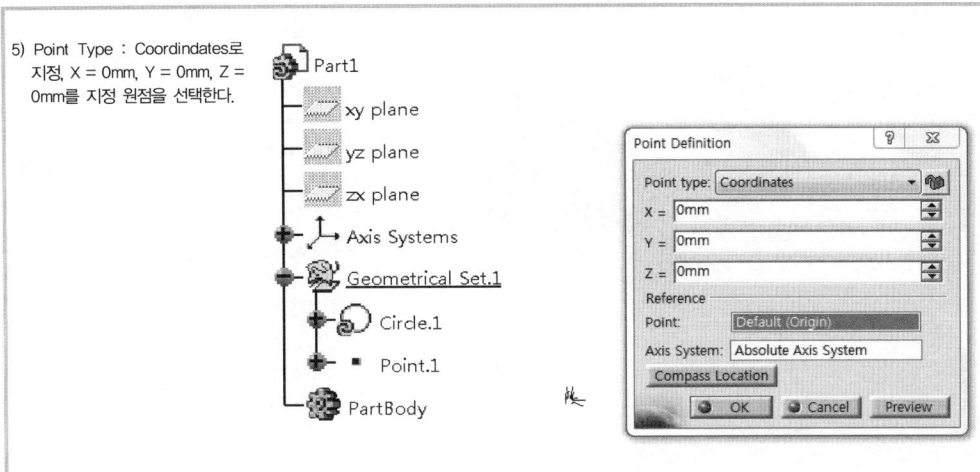

6) Support : ZX Plane 지정, Radius : 64mm, Start : 90deg, End : 180deg를 지정한다.

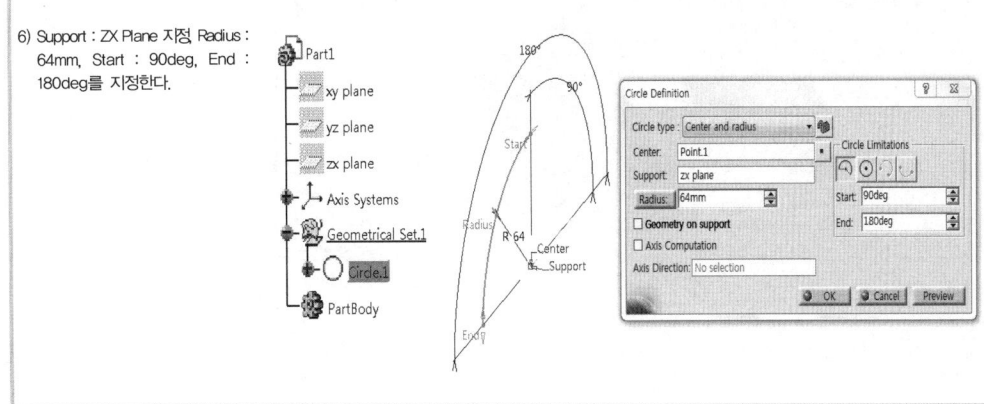

7) [Tools]-[Grid]-[Workon Support]를 선택한다.
8) Circle을 실행하고 Circle Type : Center and radius, Center : 마우스 우측 버튼을 눌러 [Create Point]를 선택한다.

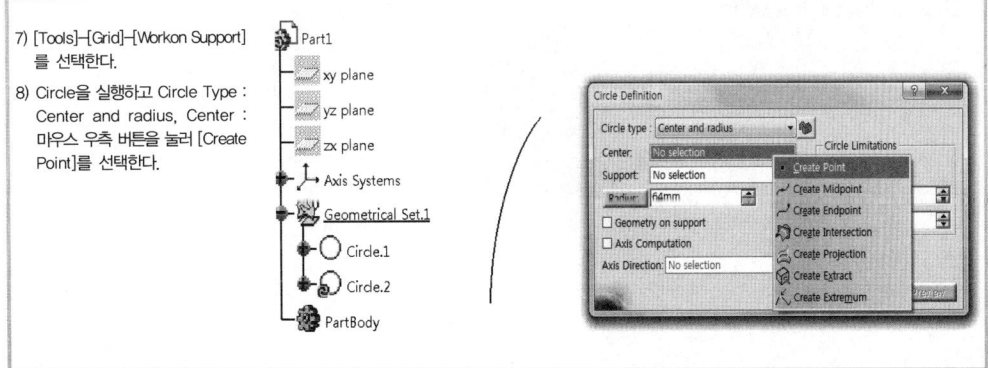

9) Point Type : On plane으로 지정, H : 30mm, V : 50mm를 지정한다.

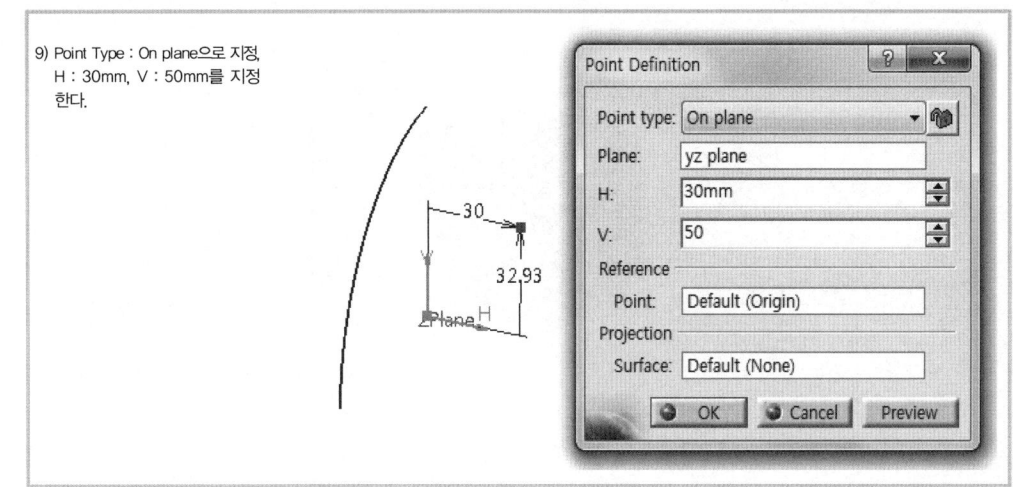

10) Support : YZ Plane 지정, Radius : 20mm, Start : 190deg, End : 260deg를 지정한다.

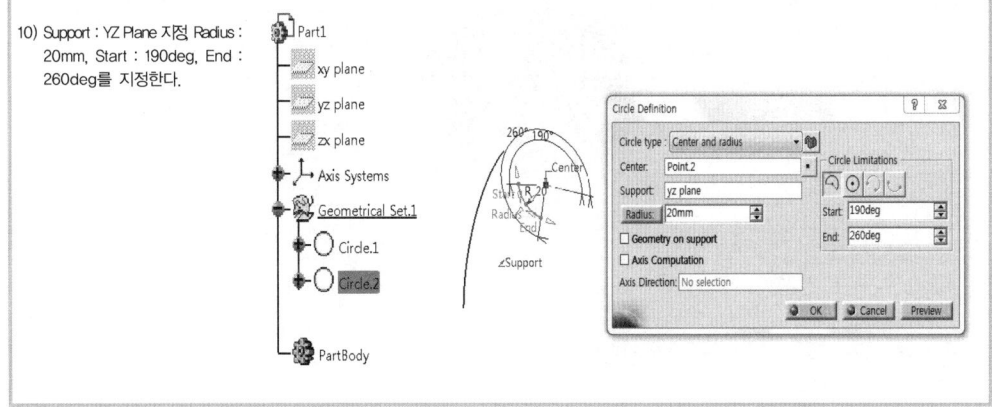

11) 스케치를 실행하고 YZ Plane을 선택하여 다음과 같이 직선을 스케치를 한다.

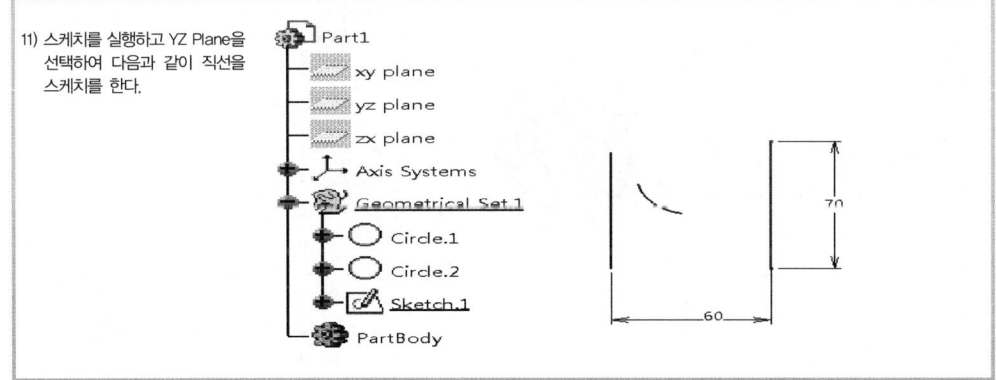

363

12) Extrude를 실행하고 ZX Plane을 돌출 방향으로 지정, 70mm 돌출을 한다.

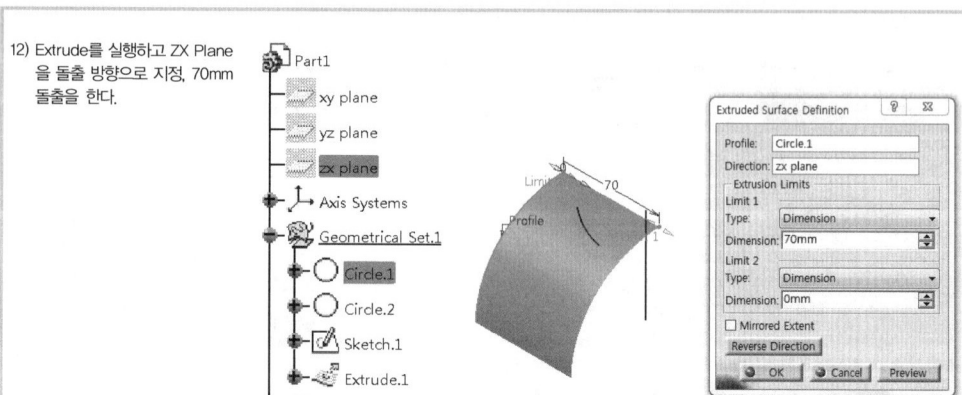

13) Extrude를 실행하고 YZ Plane을 돌출 방향으로 지정, 70mm 돌출을 한다.

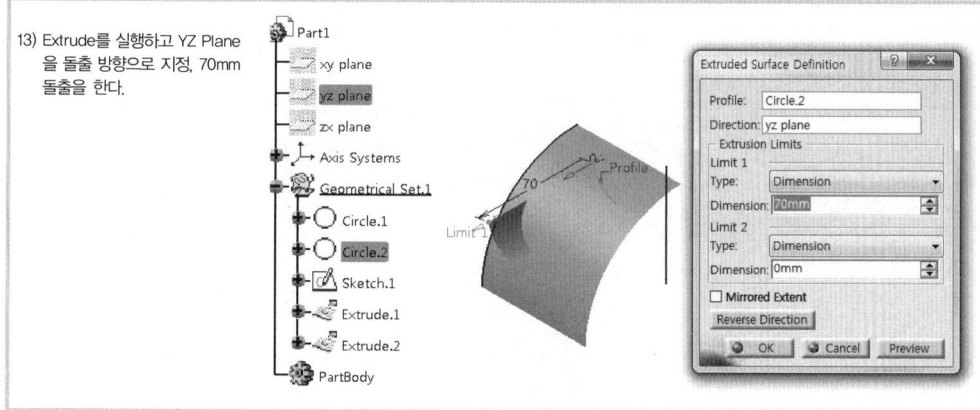

14) Revolution을 실행하고 Profile : Sketch.2를 지정, Revolution axis : Z Axis, Angle 1 : 0deg, Angle 2 : 90deg를 지정한다.

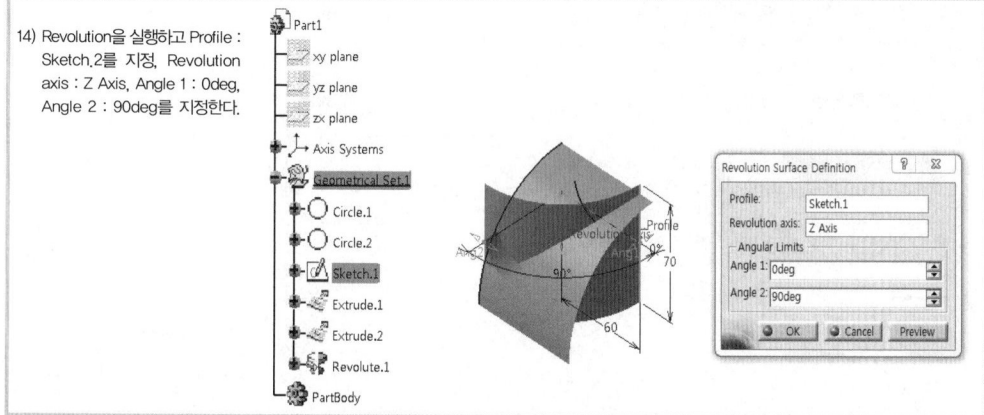

15) Trim( )을 실행하고 Trimmed Elements로 Extrude.1과 Revolution.1을 선택하고 다음 두 개의 버튼을 차례대로 선택한다.

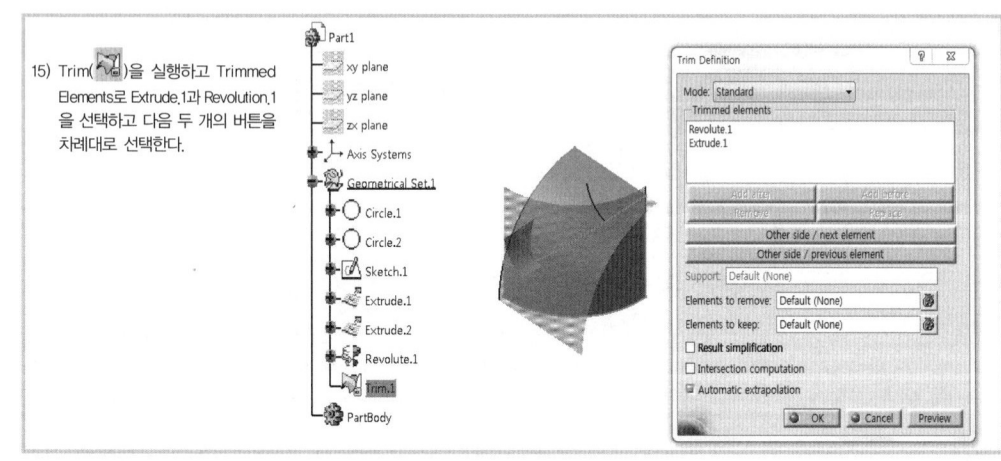

16) Trim 결과이다.

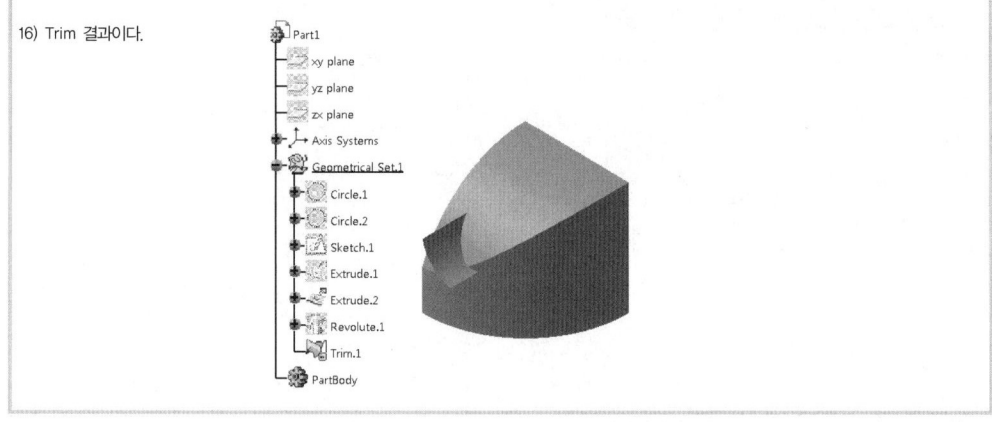

17) Split( )을 실행하고 Element to Cut : Extrude.2, Cutting elements : Trim.1을 선택 [Other side] 버튼을 누른다.

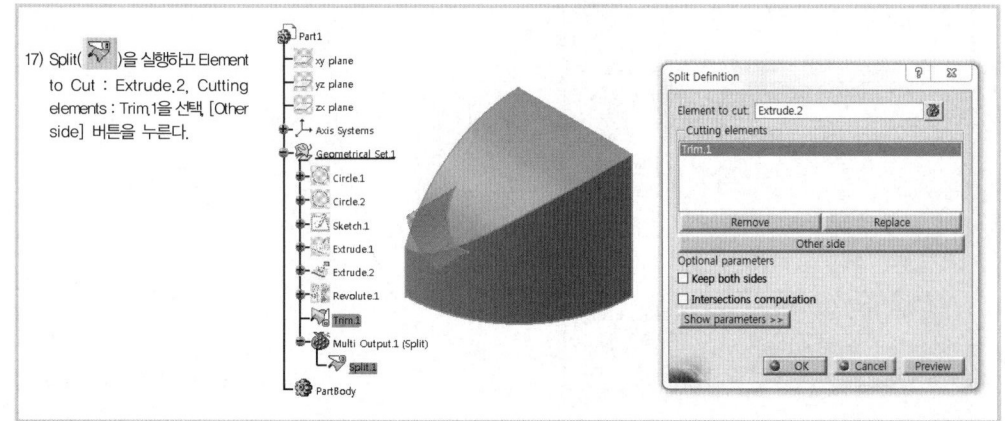

18) Extrapolate( )를 실행하고 모서리를 선택하여 다음과 같이 곡면을 늘려준다.

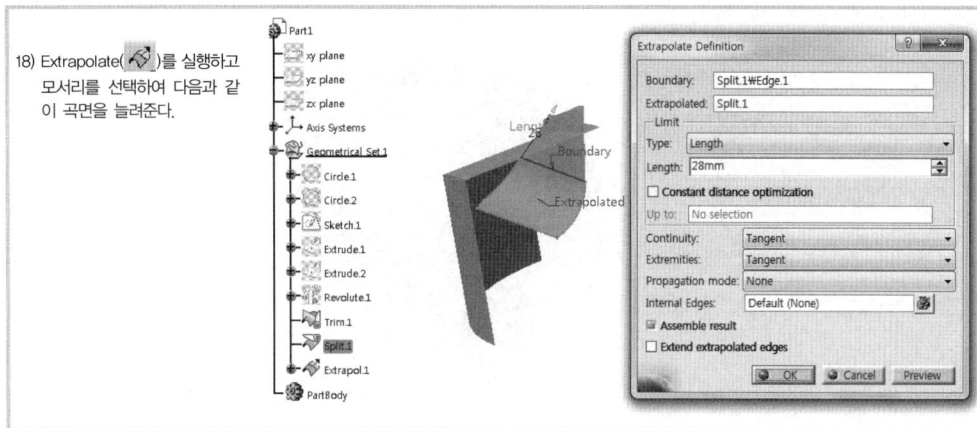

19) Extrapolate( )를 실행하고 모서리를 선택하여 다음과 같이 곡면을 늘려준다.
Extrapolated 부분이 선택이 잘되지 않을 때 곡면을 선택한다.

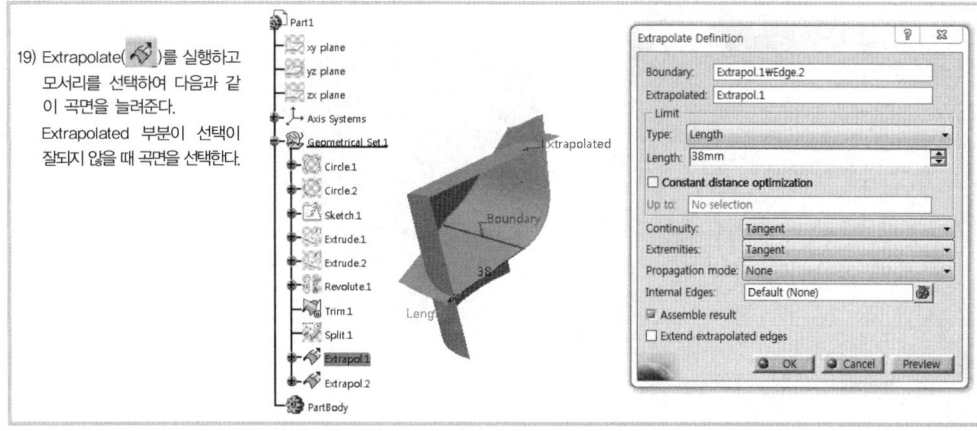

20) Trim( )을 실행하고 Trimmed Elements : Extrapol.2, Trim.1을 선택하고 [Other side/...] 버튼을 누른다.

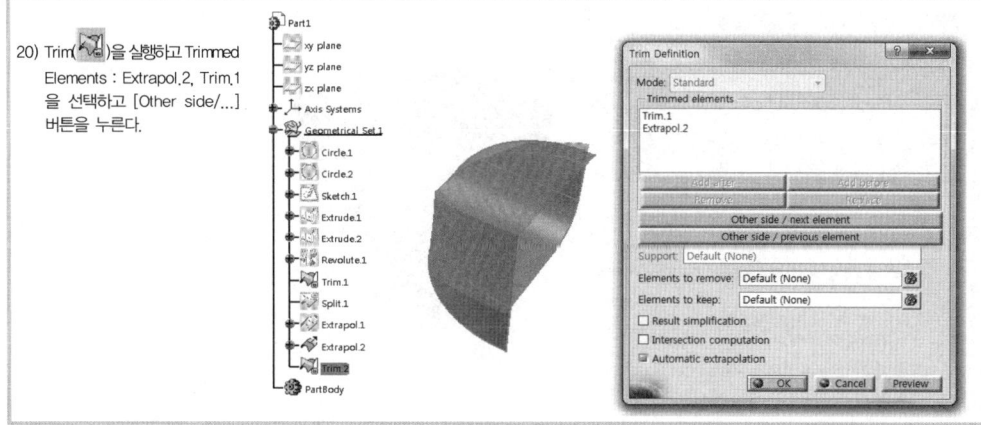

21) Trim 결과이다.

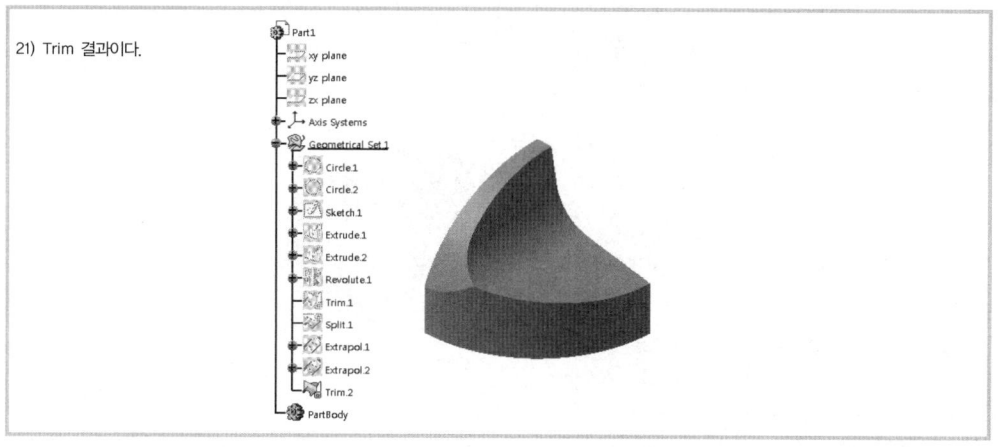

22) Variable Fillet( )을 실행하고 반경 : 10mm로 다음 모서리를 필렛을 한다.

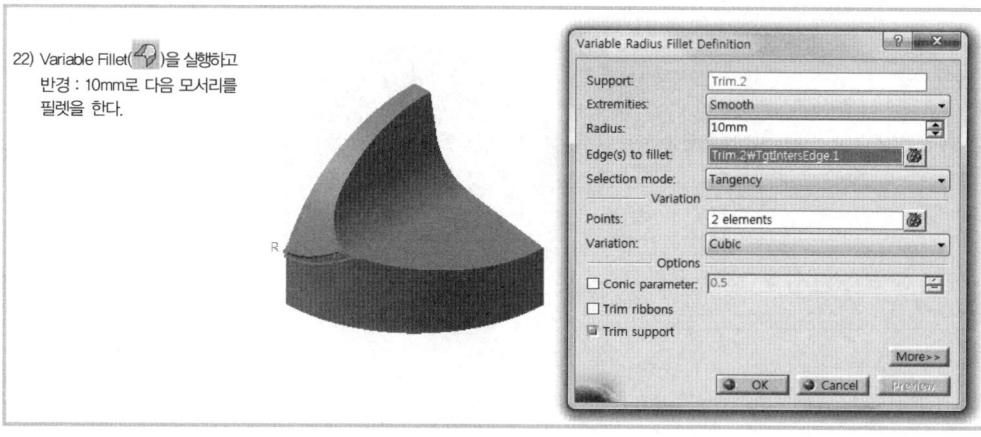

23) Variable Fillet을 준 부분을 더블클릭하여 왼쪽 부분의 치수를 20mm로 수정한다.

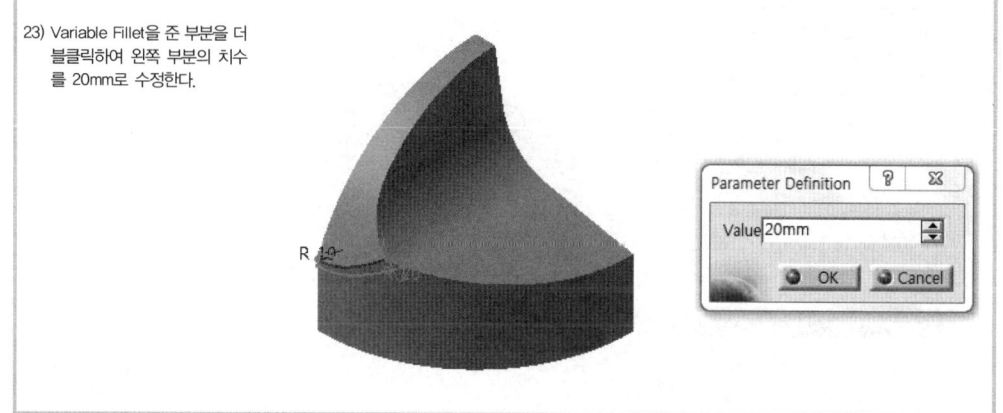

24) Variable Fillet 결과이다.

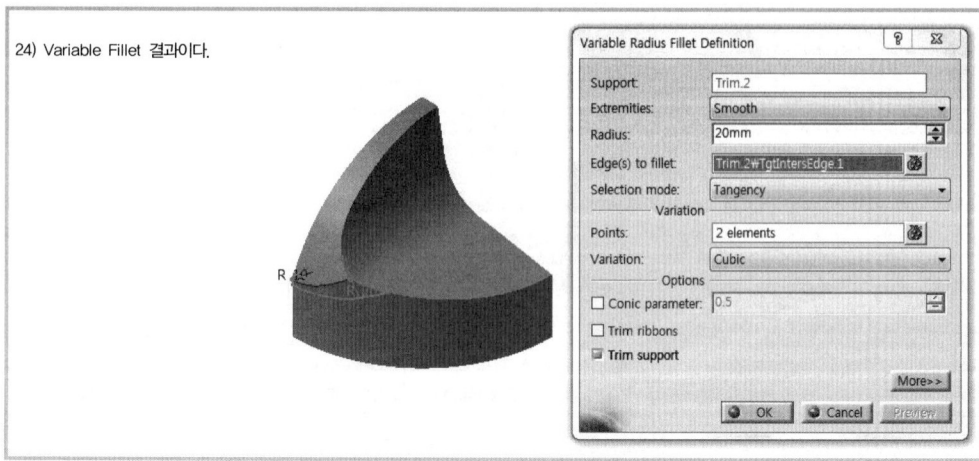

25) Edge Fillet( )을 실행하고 반경 : 5mm로 다음 모서리를 필렛을 한다.

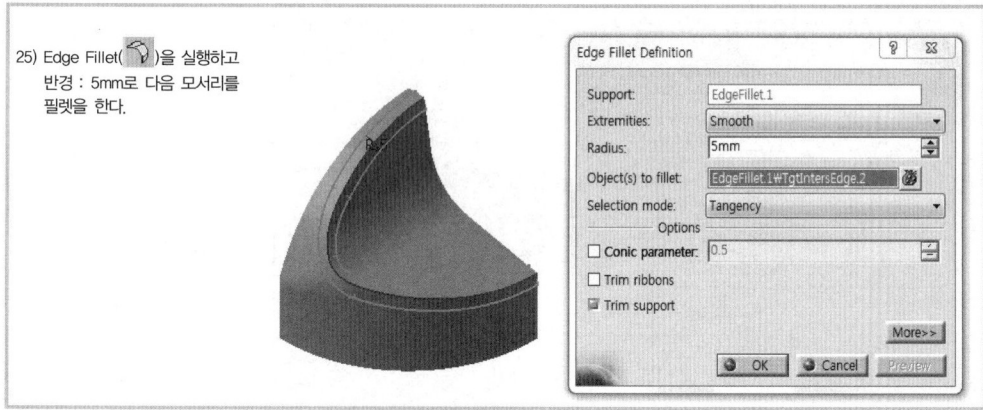

26) Symmetry( )을 실행하고 마지막 작업한 EdgeFillet.2 를 YZ Plane을 선택하여 대칭 복사한다.

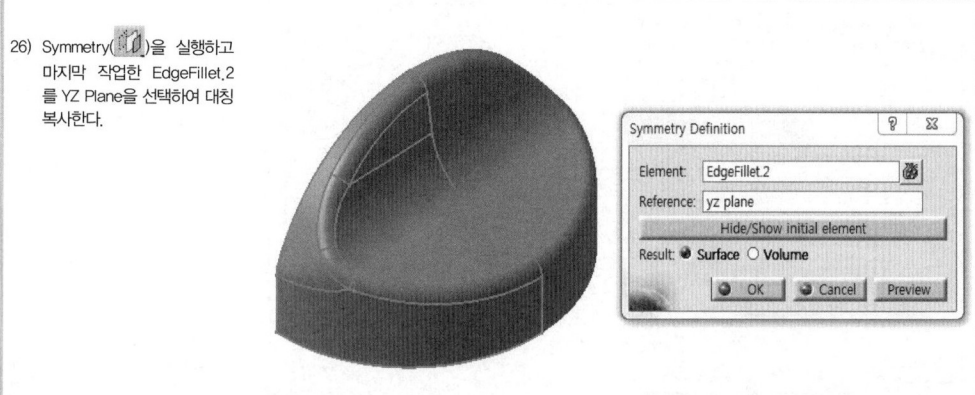

27) Join( )을 실행하고 두 개의 곡면을 결합을 한다.

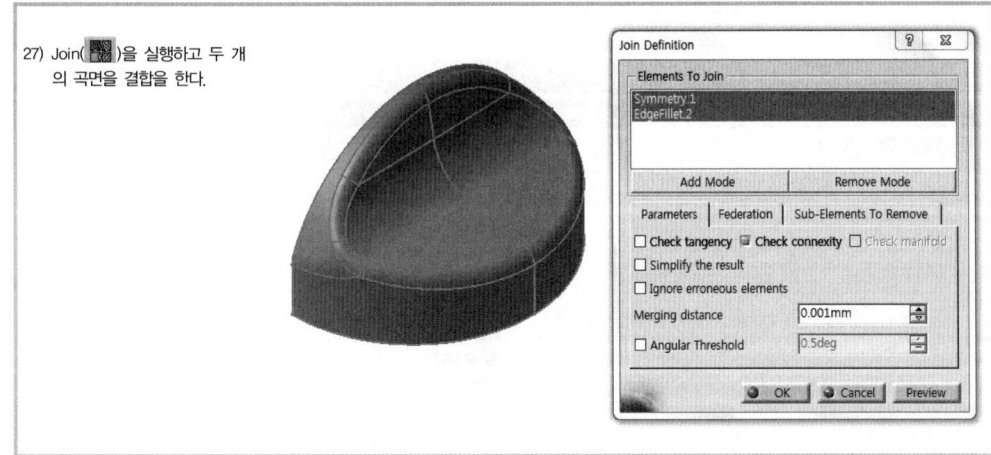

28) Symmetry( )을 실행하고 마지막 작업한 Join.1을 ZX Plane을 기준으로 대칭복사 한다.

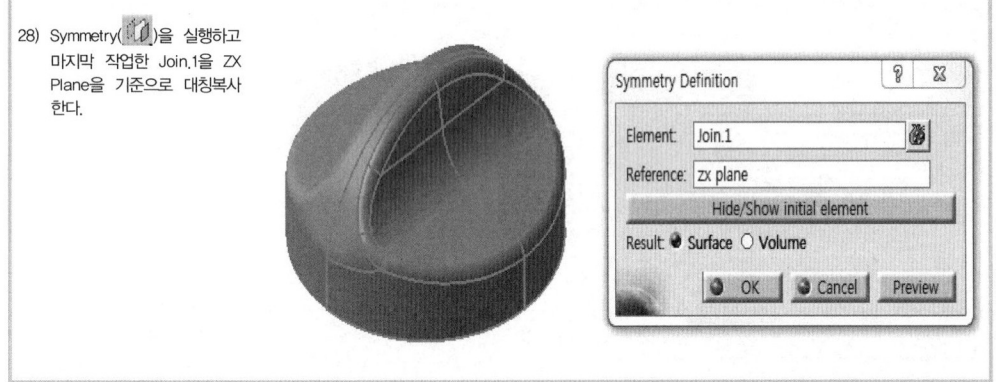

29) Join( )을 실행하고 두 개의 곡면을 결합을 한다.

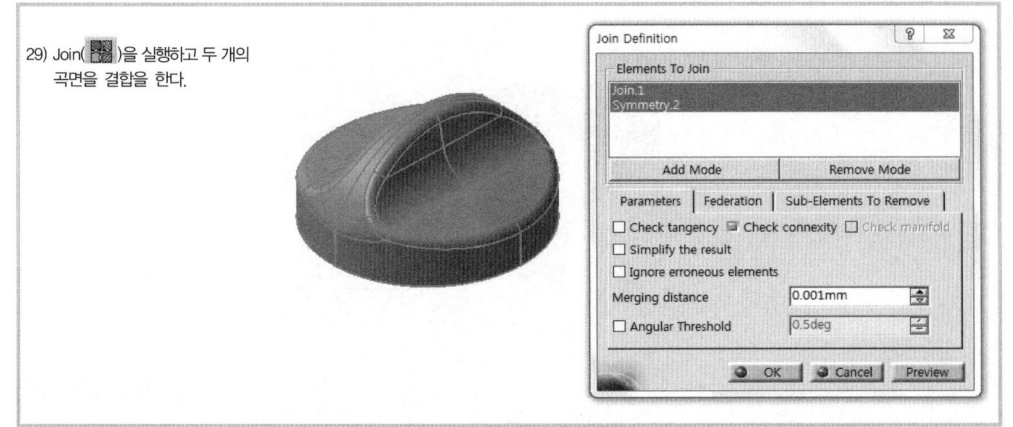

■ 완성 결과

응용하기 28 Gas Range Handle Cover 만들기 방법 2

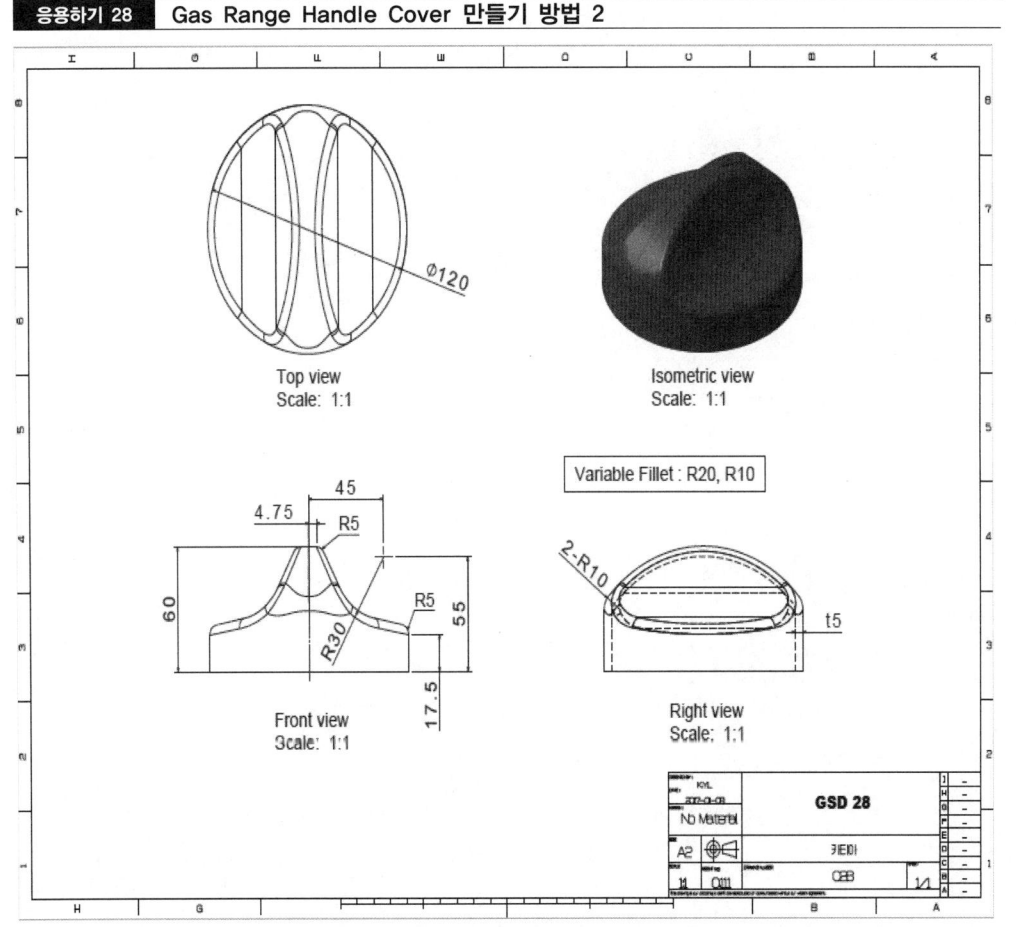

응용하기 29 Joystick 판 만들기-Space Mouse Base

1) 스케치를 실행하고 XY Plane을 선택하여 다음과 같이 스케치를 한다.

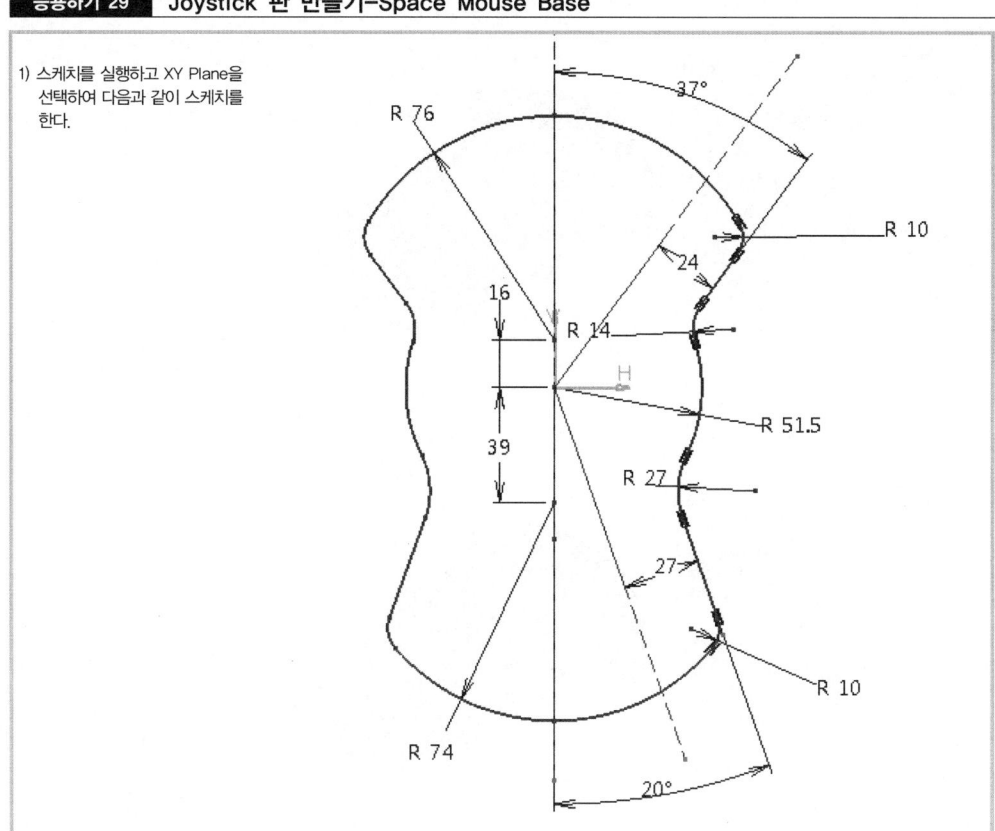

2) Line을 실행하고 원점을 기준으로 X축으로 20mm를 지정하여 Line을 생성한다.

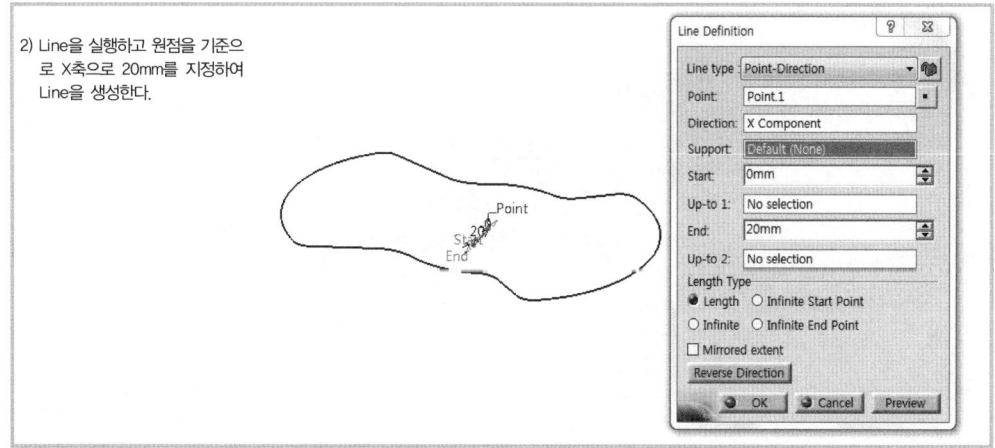

3) Plane을 실행하고 Plane Type : Angle/Normal to Plane, Rotation axis : Line.1, Reference : XY Plane, Angle : 6.5deg를 지정하여 Plane을 생성한다.

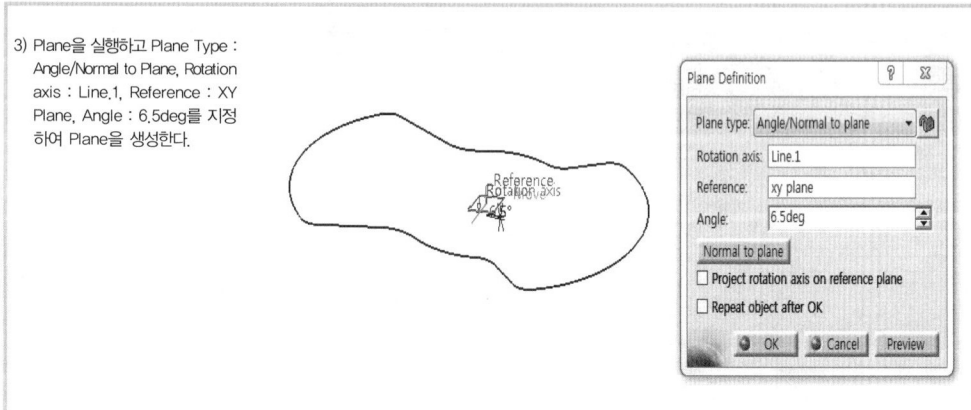

4) Plane을 실행하고 Plane.1을 기준으로 15mm 위치에 Plane을 생성한다.

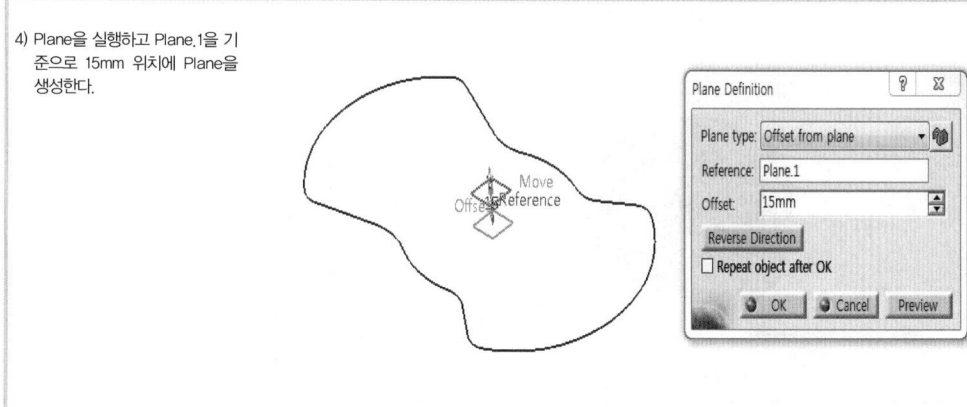

5) Pad를 실행하고 Up to Plane을 지정, Plane.2를 선택하여 돌출을 한다.

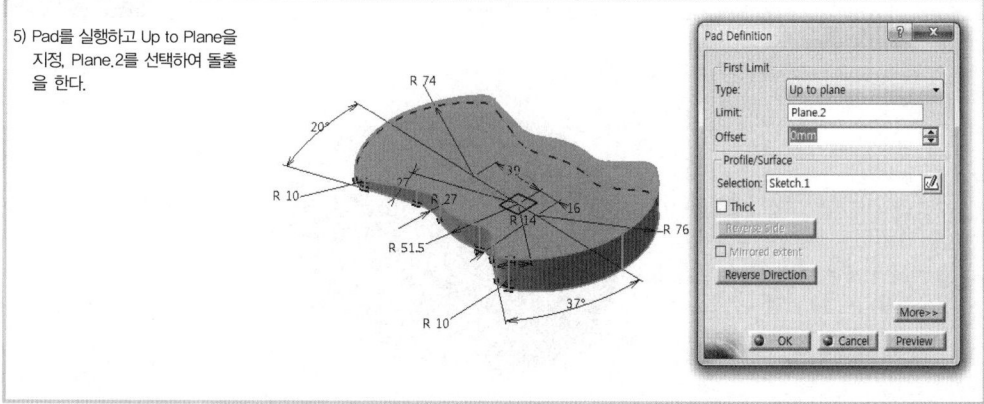

6) Edge Fillet을 실행하고 반경 : 3mm로 모서리를 필렛을 한다.

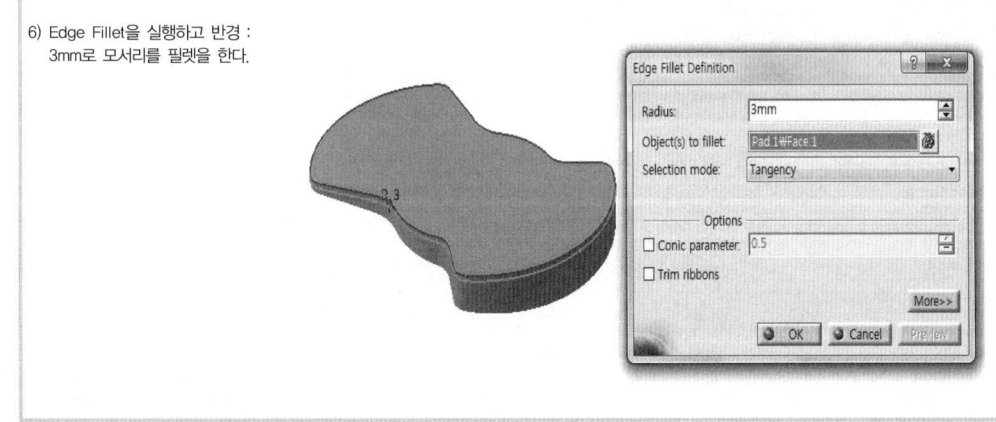

7) [Start]-[Shape]-[Generative Shape Design]를 선택한다.

8) Plane을 실행하고 ZX Plane을 기준으로 10mm 위치에 Plane을 생성한다.

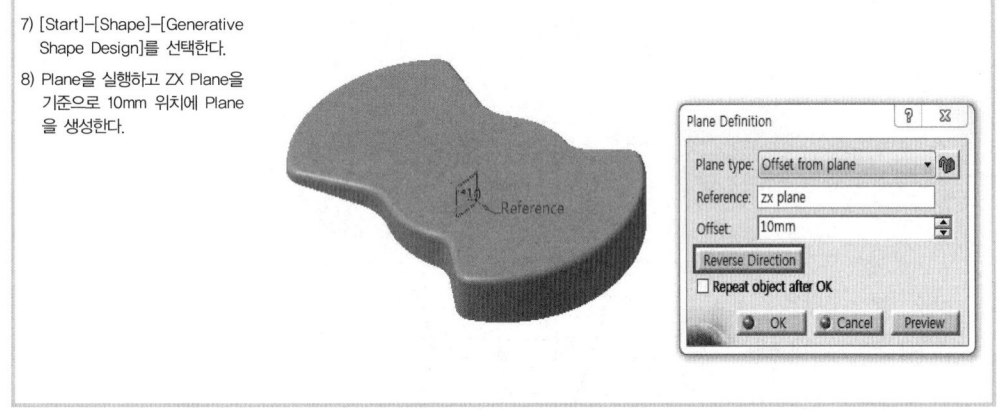

9) Plane을 실행하고 ZX Plane을 기준으로 110mm 위치에 Plane을 생성한다.

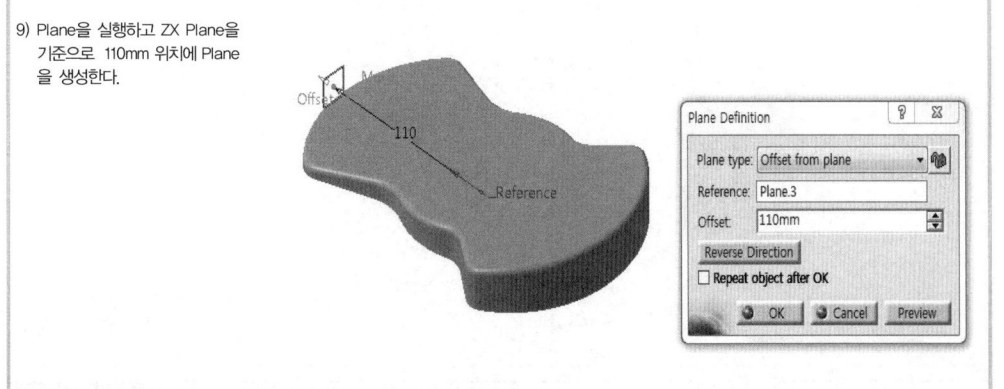

10) 스케치를 실행하고 Plane.3을 선택하여 다음과 같이 스케치를 한다.

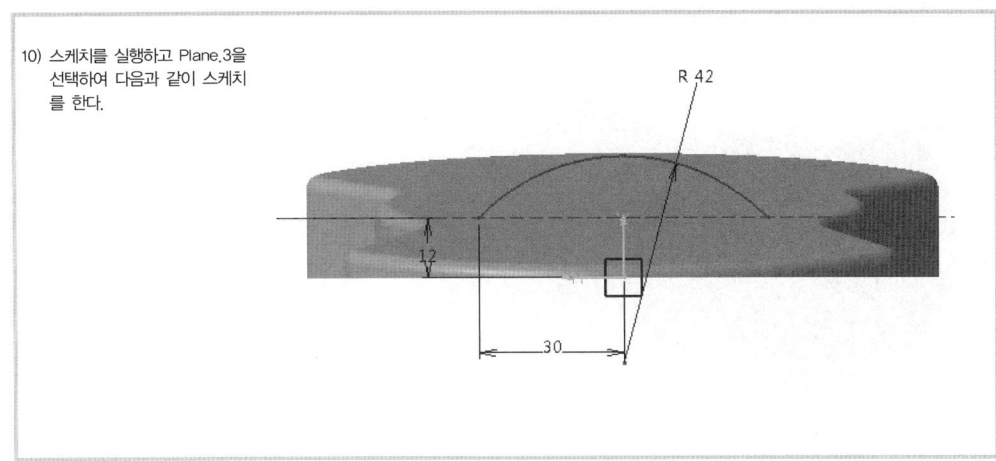

11) 스케치를 실행하고 Plane.4를 선택하여 다음과 같이 스케치를 한다.

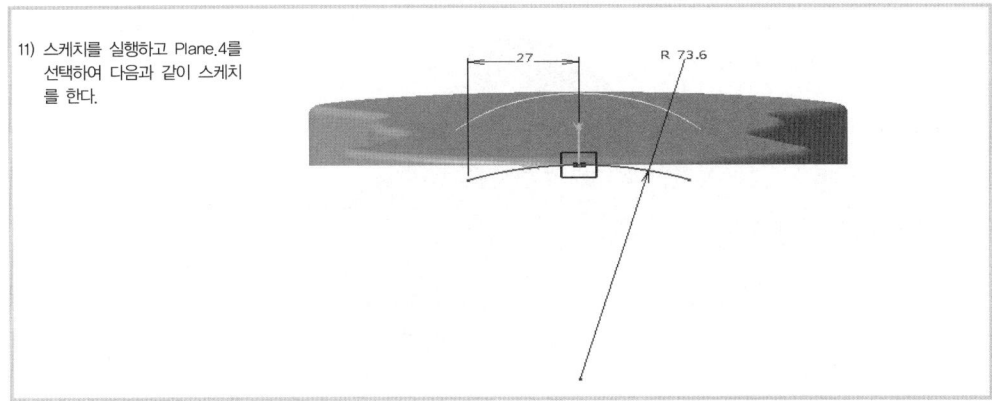

12) Line을 실행하고 호의 끝점을 이용해서 Line을 생성한다.

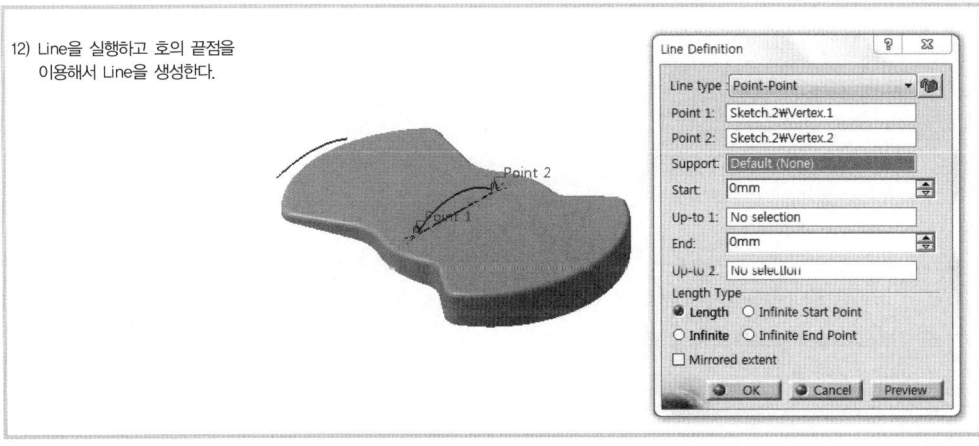

13) Line을 실행하고 호의 끝점을 이용해서 Line을 생성한다.

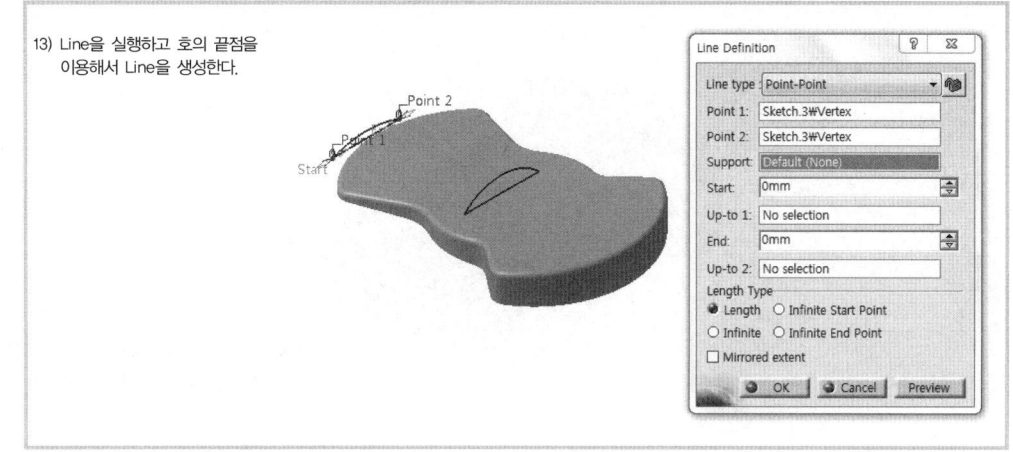

14) Join을 실행하고 Line과 Arc를 결합을 한다.

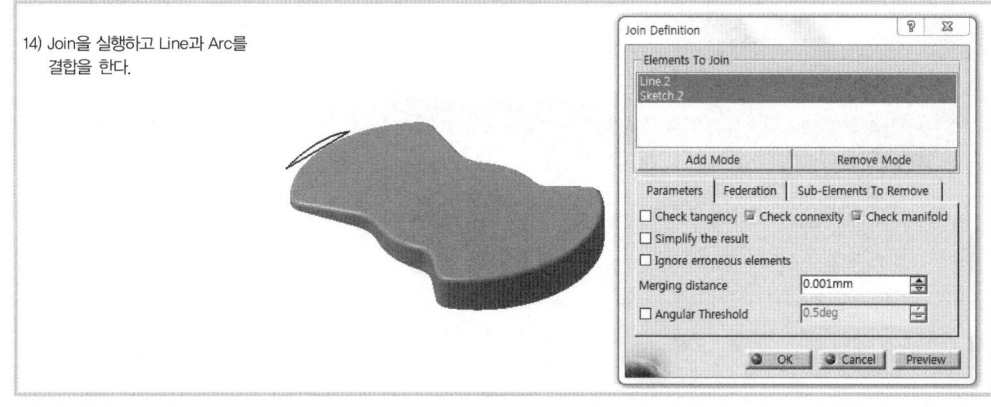

15) Join을 실행하고 Line과 Arc를 결합을 한다.

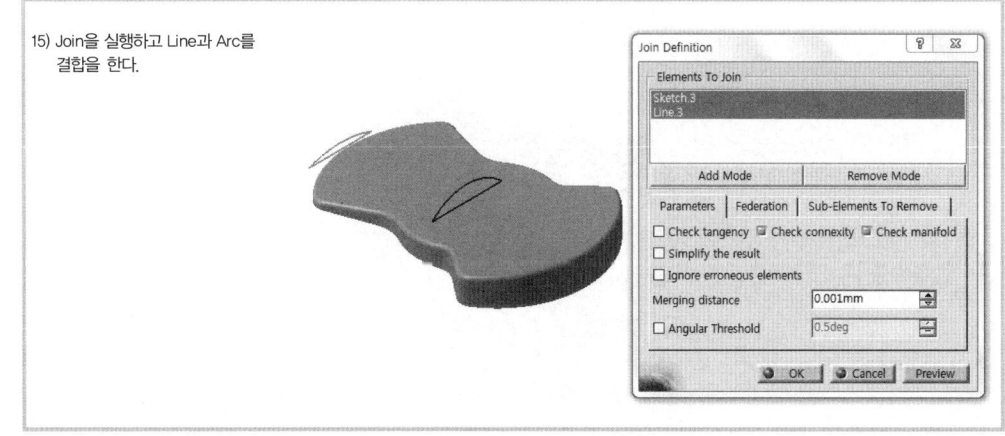

16) [Start]-[Mechaical Design]-[Part Design]을 선택한다.

17) Multi-Section Solid를 실행하고 Join 두 개를 차례대로 선택하여 Multi-Section Solid를 생성한다.

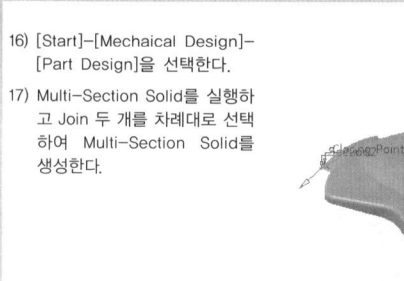
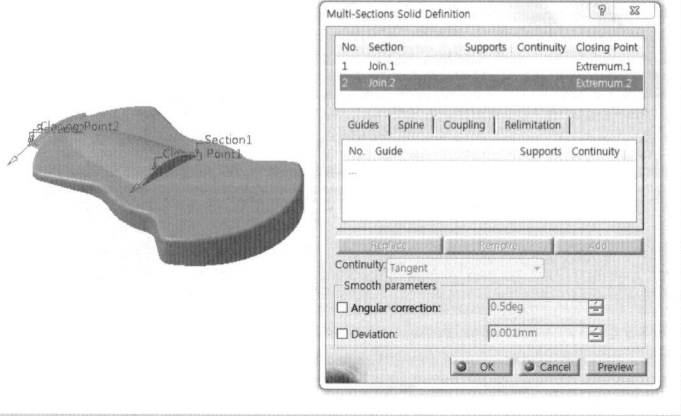

18) Split을 실행하고 XY Plane을 기준으로 아래 튀어나온 부분을 제거한다.

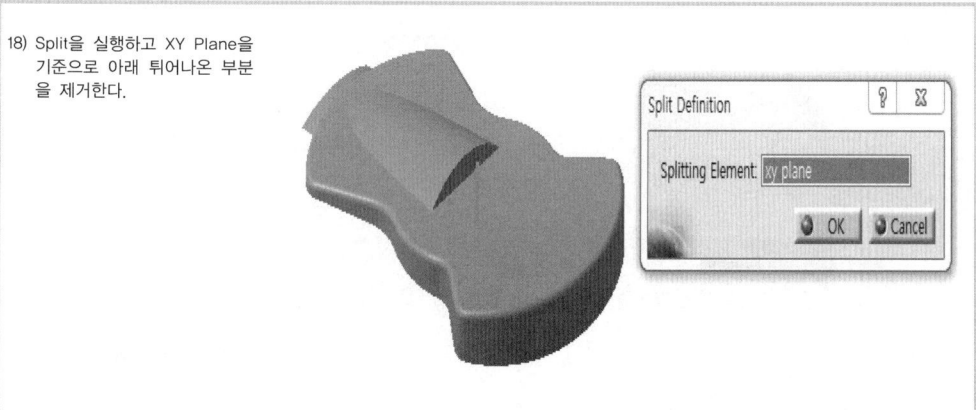

19) Split 결과가 원하는 모양대로 잘리지 않았다.

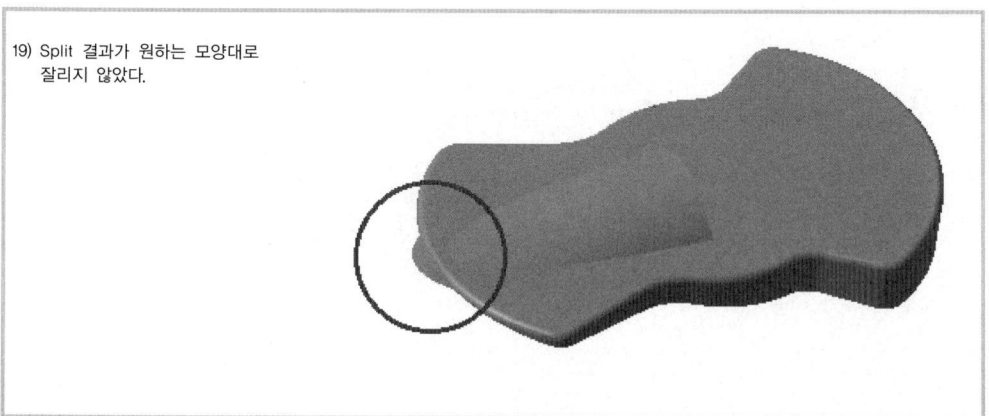

20) Plane.4를 더블클릭하여 100mm로 수정한다.

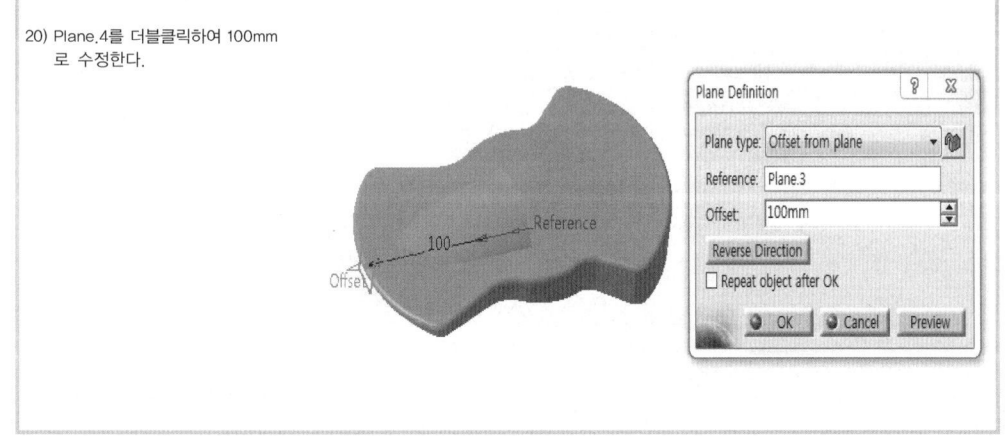

21) 스케치를 실행하고 YZ Plane을 선택하여 다음과 같이 스케치를 한다.

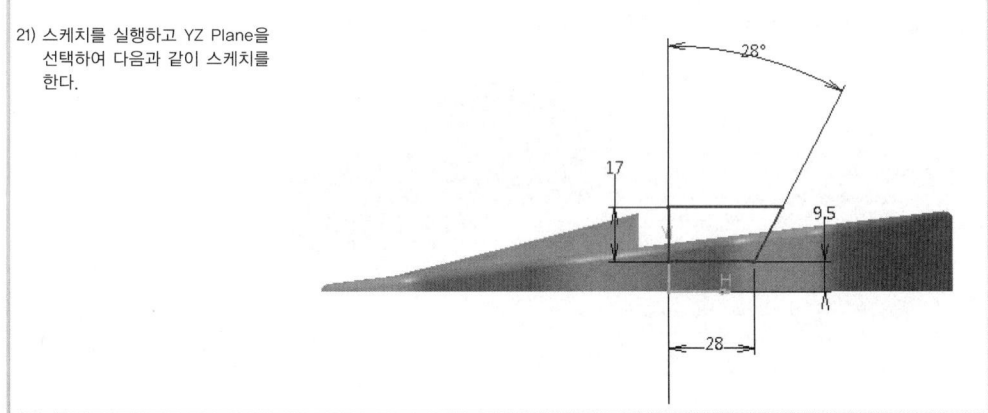

22) Groove를 실행하고 Z Axis를 회전축으로 360도 회전 컷을 한다.

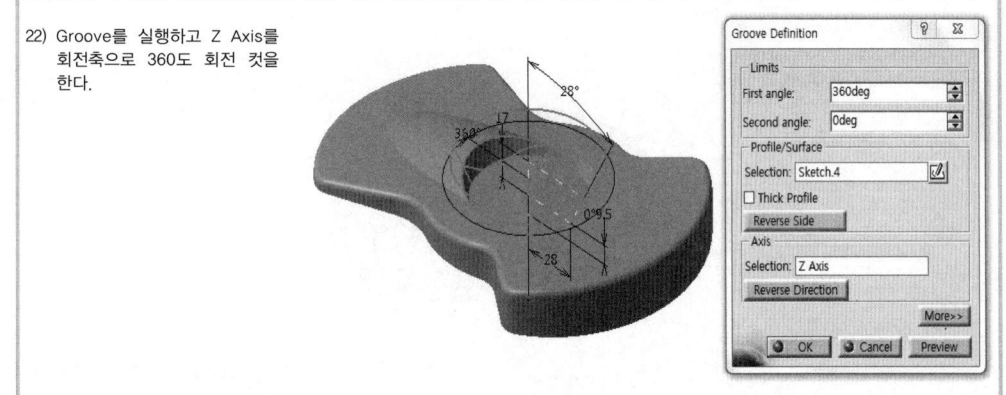

23) Shell을 실행하고 두께 : 2mm로 쉘을 생성한다.

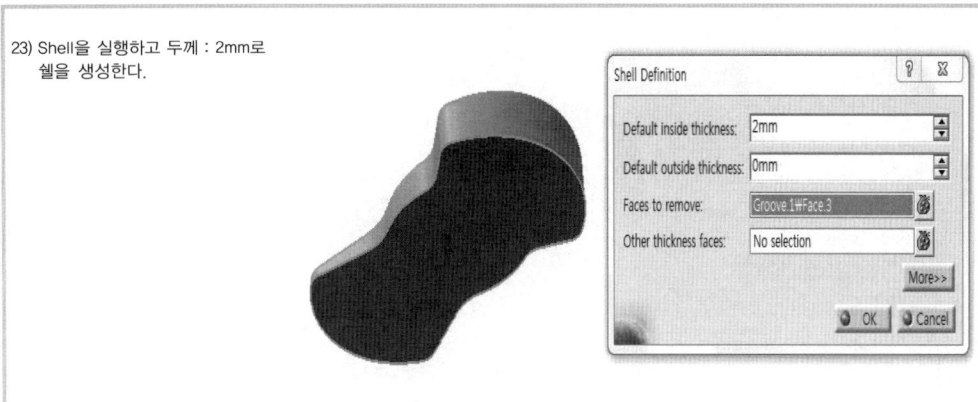

24) 스케치를 실행하고 원 윗면을 선택하여 다음과 같이 스케치를 한다.

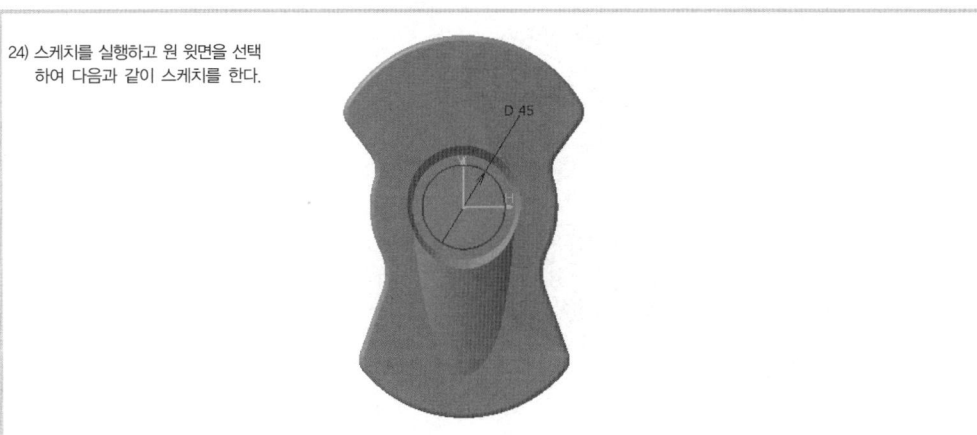

25) Drafted Filleted Pad를 실행하고 돌출 길이 : 4mm, Second Limit : XY Plane을 선택, Draft Angle : 15deg로 지정, Fillets 는 모두 체크 해제한다.

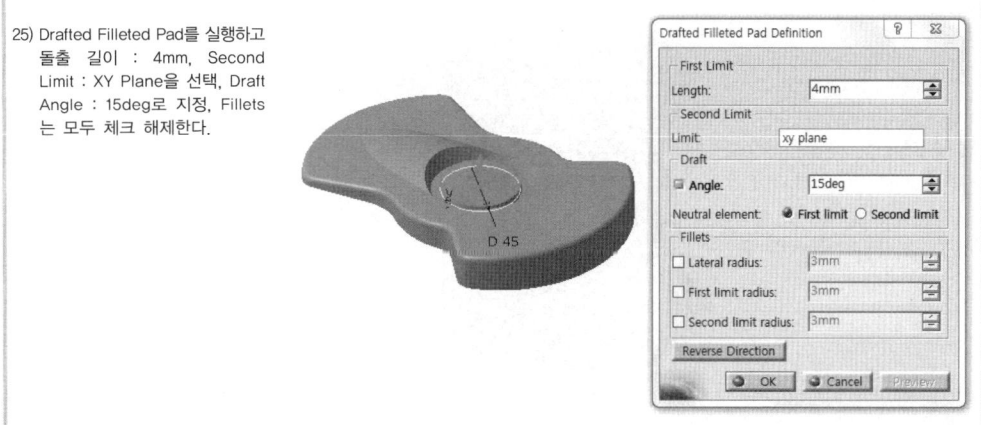

26) 스케치를 실행하고 Draft 객체 윗면을 선택하여 다음과 같이 스케치를 한다.

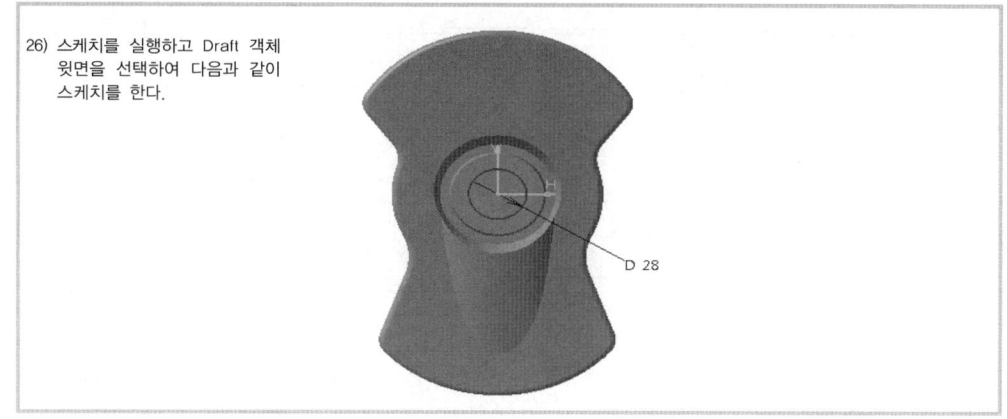

27) Pocket을 실행하고 Up To Next 를 지정하여 돌출 컷을 한다.

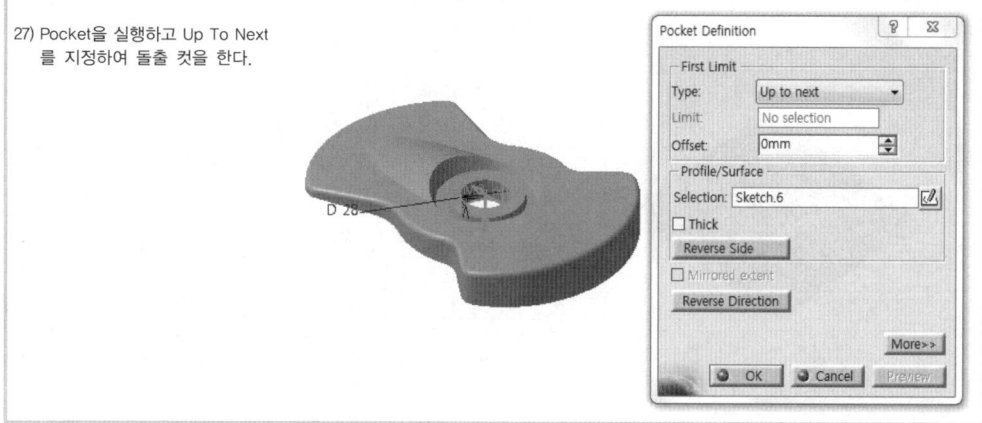

28) Hole을 실행하고 임의의 위치에 11mm Simple 구멍을 뚫는다.

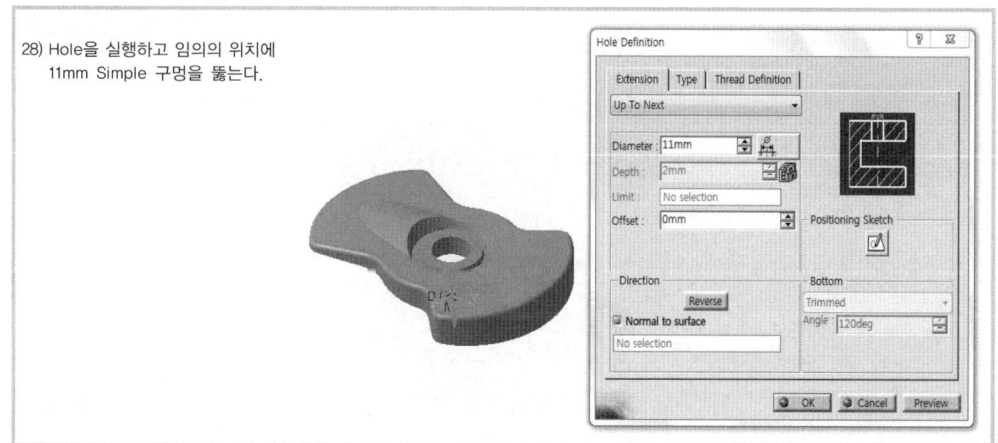

29) Tree에서 Hole안에 Sketch를 더블클릭하여 Hole 위치에 치수를 기입한다.

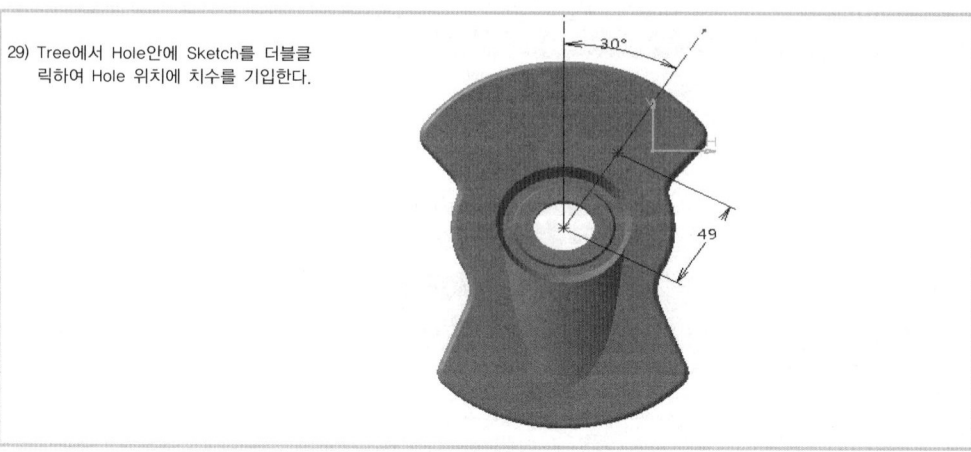

30) 스케치를 실행하고 Pad.1 객체의 윗면을 선택하여 다음과 같이 구멍 위치를 스케치 한다.
빨간색 원이 구멍 위치
Point를 먼저 찍고 보조선은 나중에 스케치를 한다.

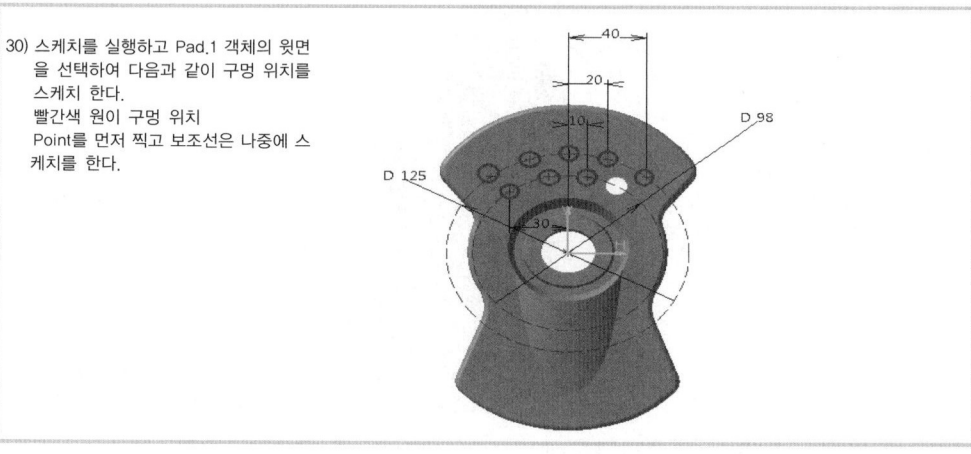

31) User Pattern( )을 실행하고 Positions : 점 위치를 스케치한 것을 선택, Object : Hole.1을 선택한다.

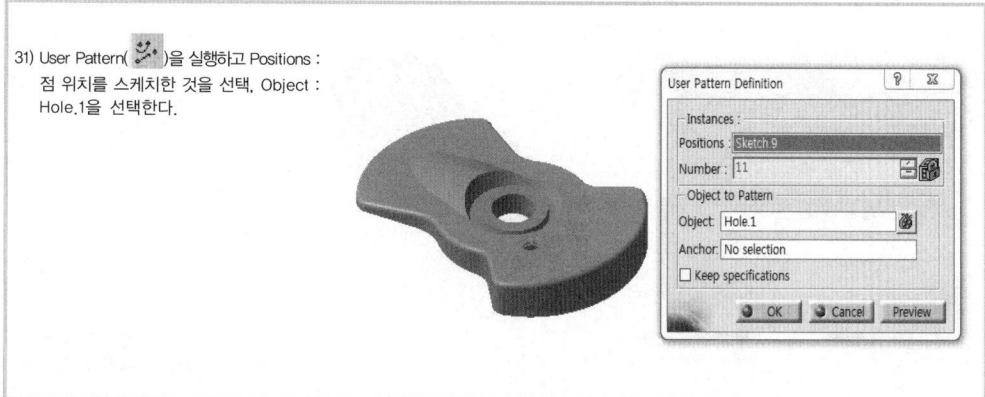

■ 완성 결과

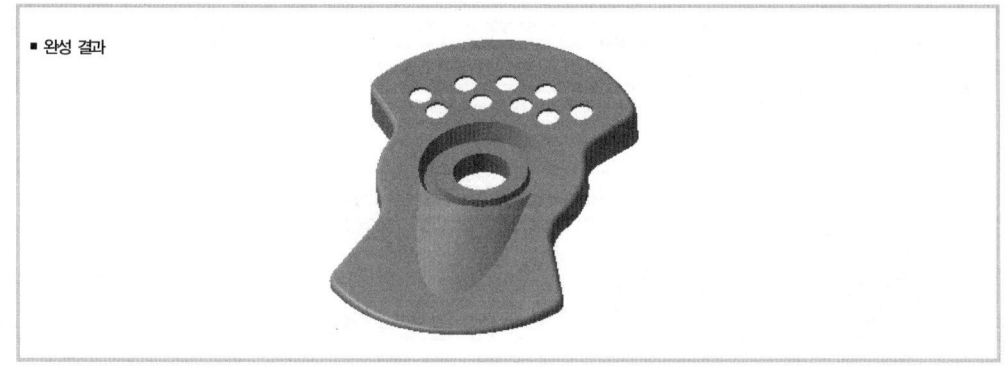

응용하기 30 응용 가공

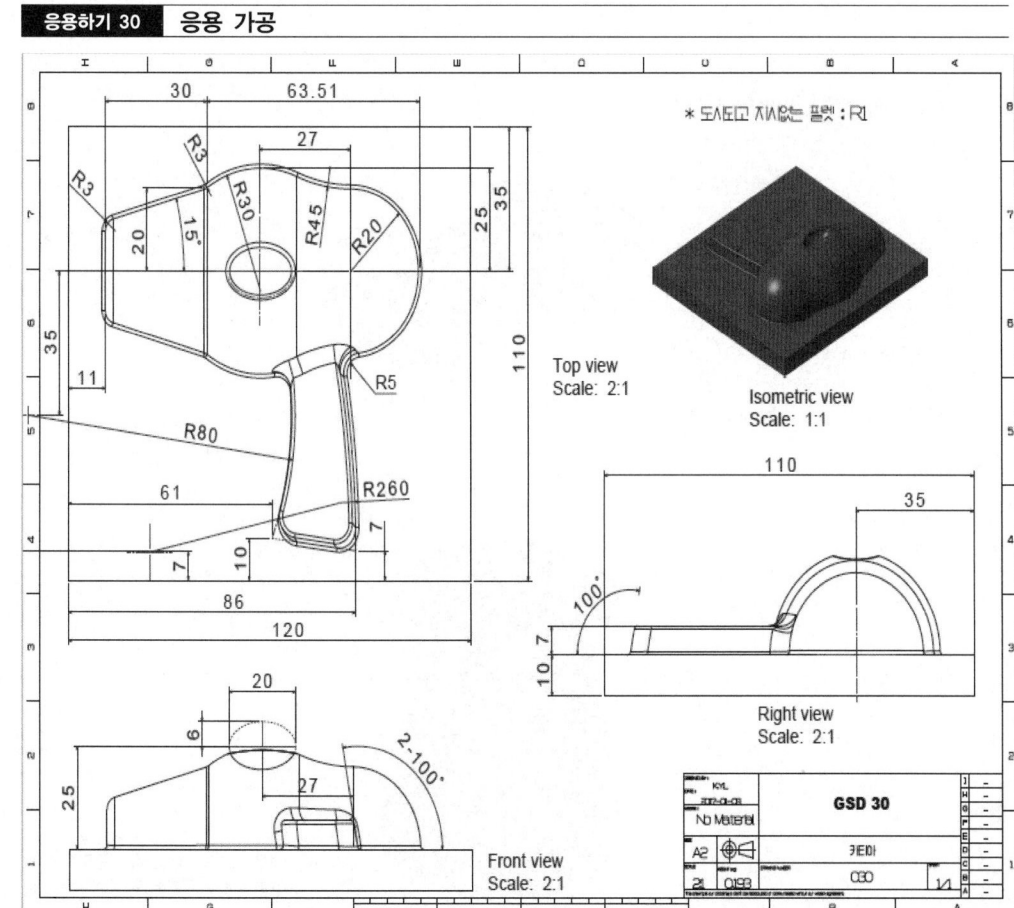

응용하기 31 Assembly Mouse Base 만들기 3

1) 스케치를 실행하고 XY Plane을 선택하여 다음과 같이 스케치를 한다.

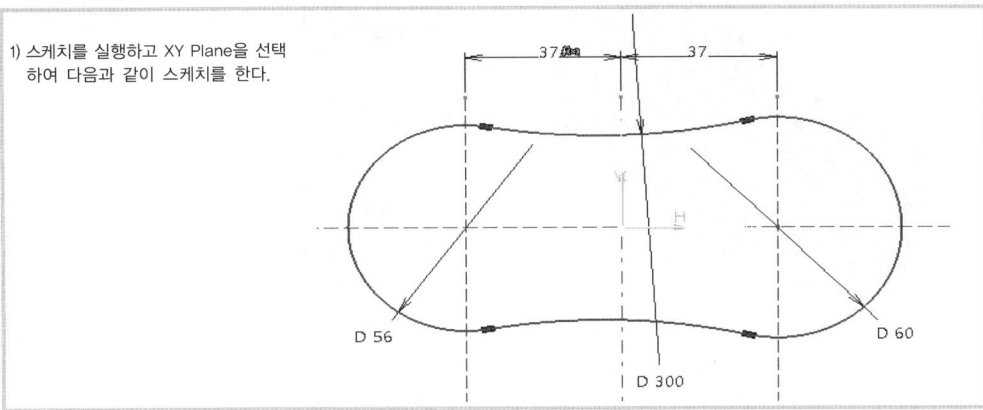

2) Pad를 실행하고 38mm 돌출을 한다.

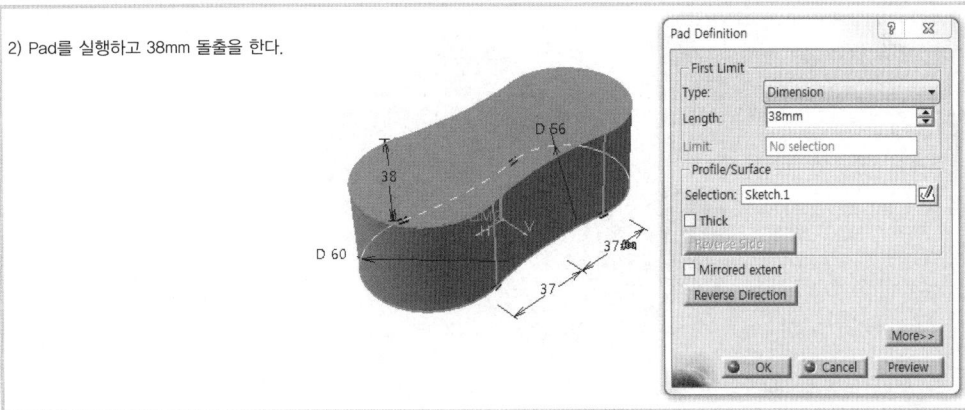

3) Edge Fillet을 실행하고 반경 : 3mm로 필렛을 한다.

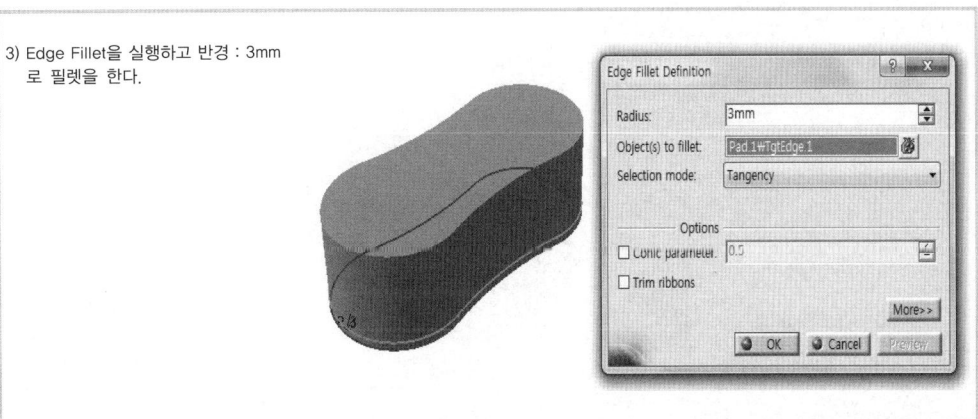

4) 스케치를 실행하고 ZX Plane을 선택하여 다음과 같이 스케치를 한다.

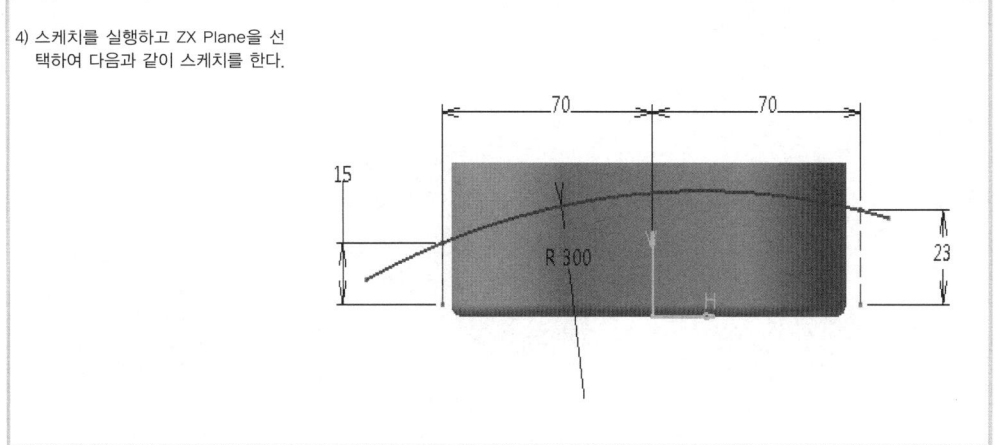

5) Plane을 실행하고 Sketch.2의 끝점과 Curve를 이용하여 Plane을 생성한다.

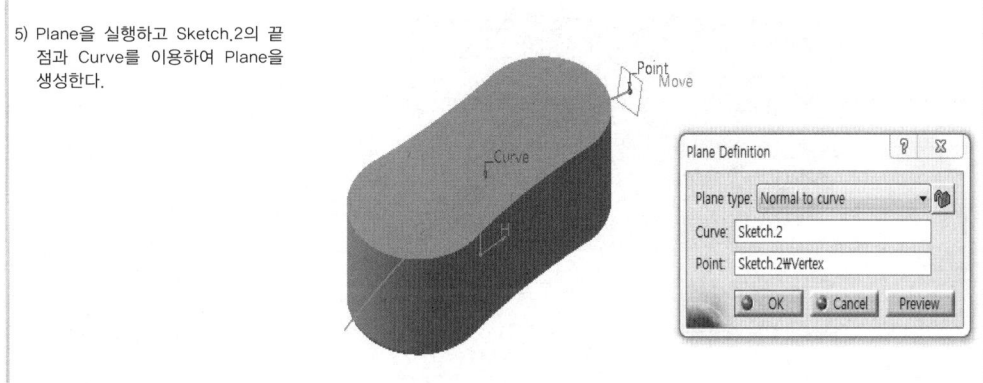

6) 스케치를 실행하고 Plane.1을 선택하여 다음과 같이 스케치를 한다.

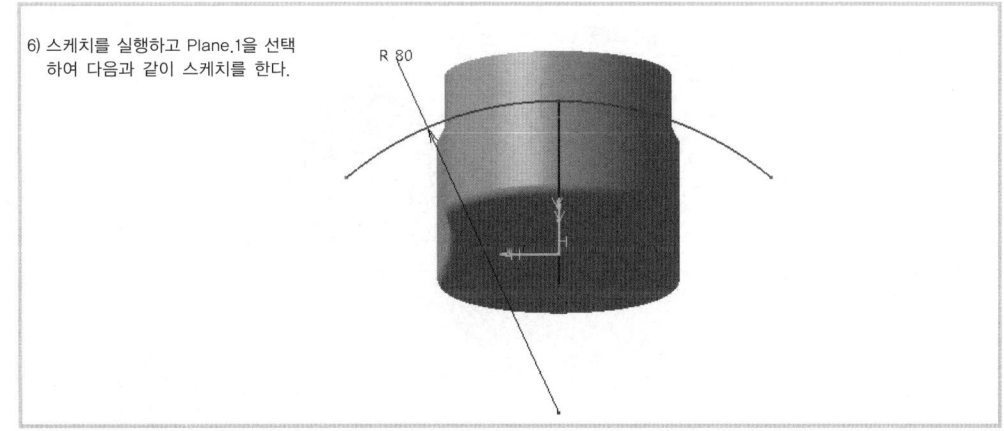

7) [Start]-[Shape]-[Generative Shape Design]을 선택한다.

8) Sweep을 실행하고 Profile : Sketch.3을 선택 Guide Curve : Sketch.2를 선택하여 Sweep Surface를 생성한다.

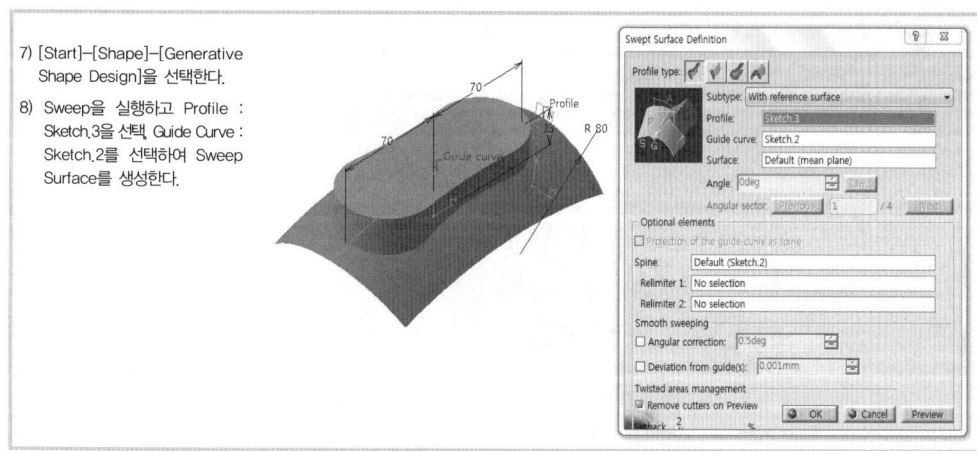

9) [Start]-[Mechanical Design]-[Part Design]을 선택한다.

10) Split을 실행하고 Splitting Element : Sweep.2 객체를 선택하여 아래 부분이 남도록 잘라낸다.

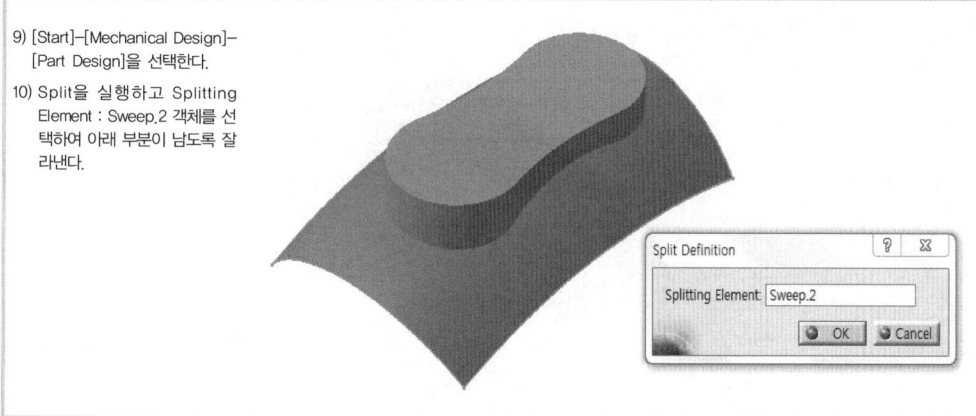

11) Spec Tree에서 Sketch.3과 Extrude.1을 [Hide] 한다.

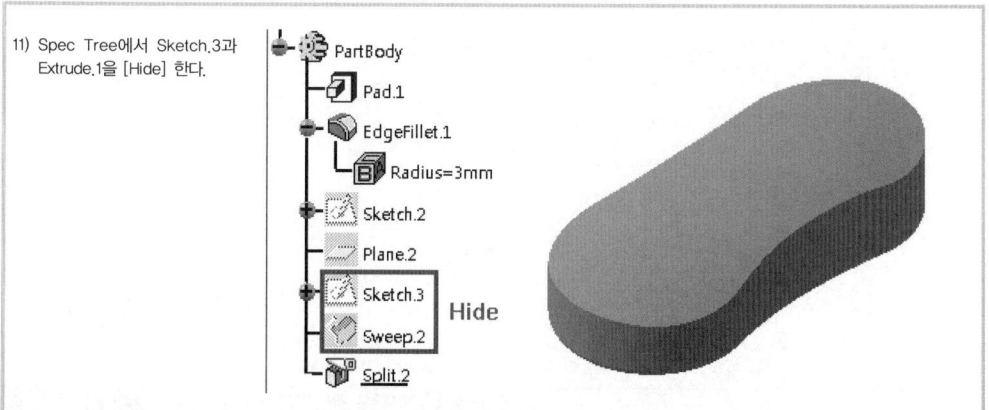

12) Edge Fillet을 실행하고 반경 : 6mm로 필렛을 한다.

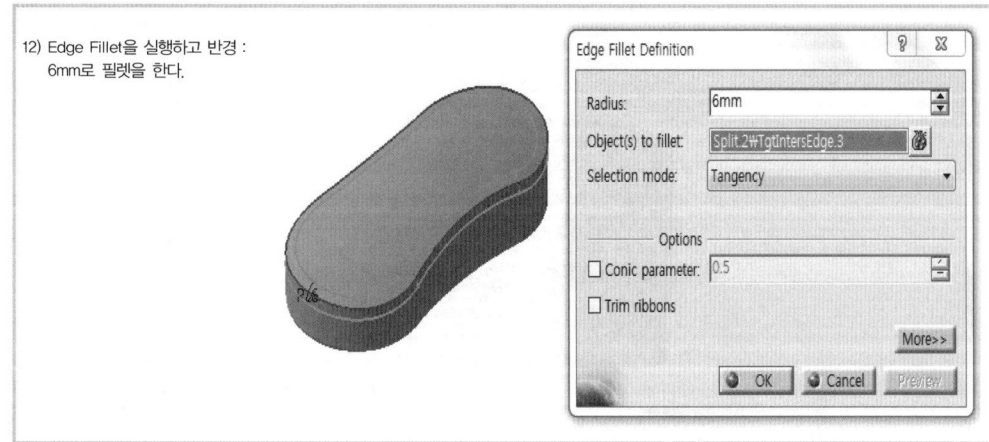

13) 스케치를 실행하고 YZ Plane을 선택하여 다음과 같이 스케치를 한다.

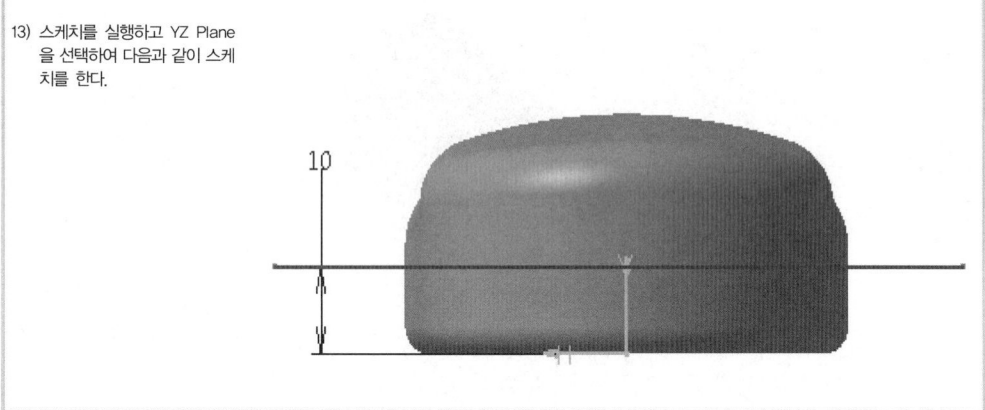

14) [Start]-[Shape]-[Generative Shape Design]을 선택한다.

15) Extrude를 실행하고 양쪽으로 75mm로 돌출을 한다.

16) [File]-[Save As]를 눌러 복사 파일을 하나 더 만든다.

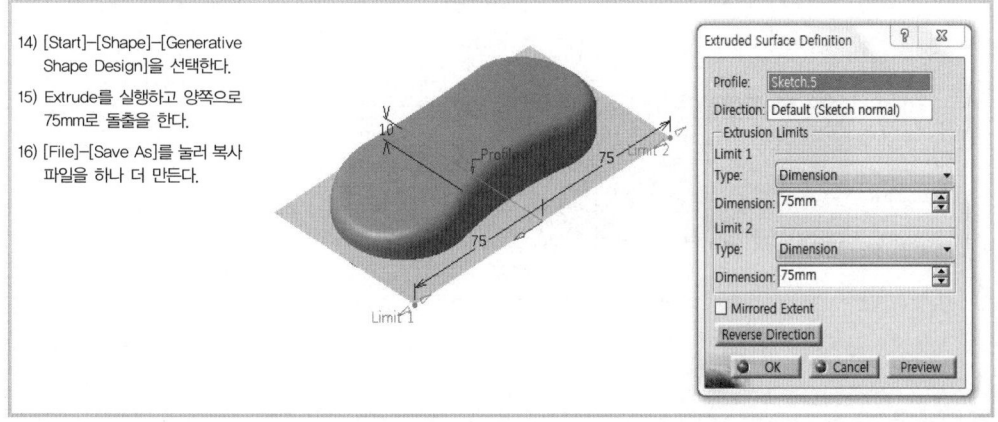

17) [Start]-[Mechanical Design]-[Part Design]을 선택한다.
18) Split을 실행하고 Splitting Element : Extrude.2 곡면을 선택한다.

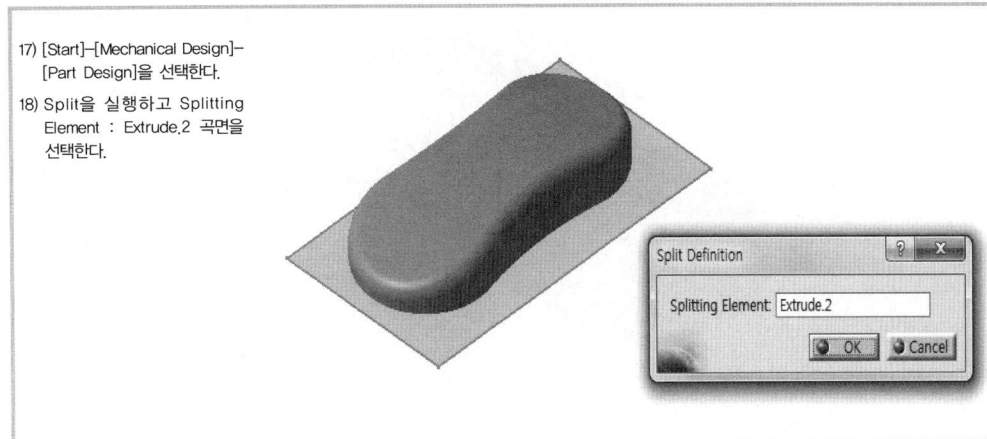

19) Plane을 실행하고 XY Plane을 기준으로 27mm 위쪽에 Plane을 생성한다.

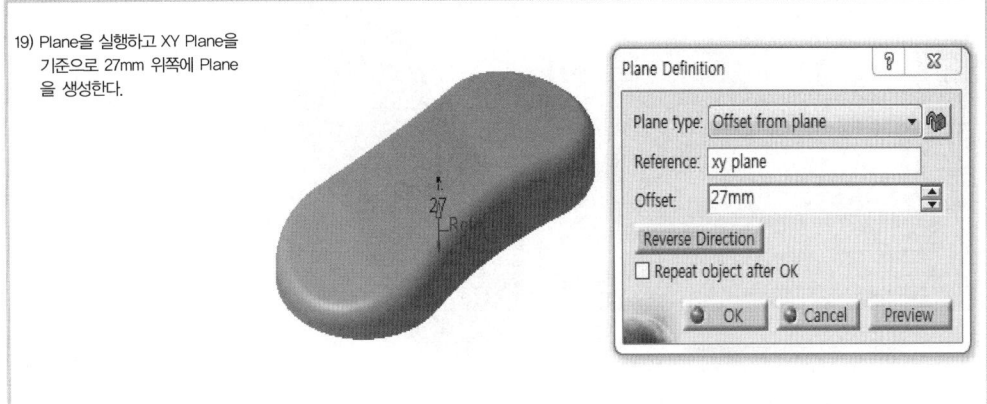

20) 스케치를 실행하고 Plane.2를 선택하여 다음과 같이 스케치를 한다.

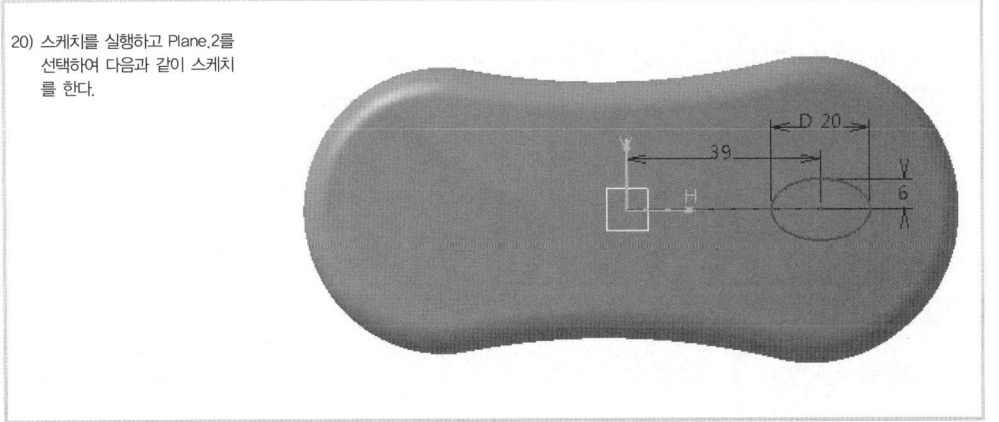

21) Pocket을 실행하고 8mm 돌출 컷을 한다.

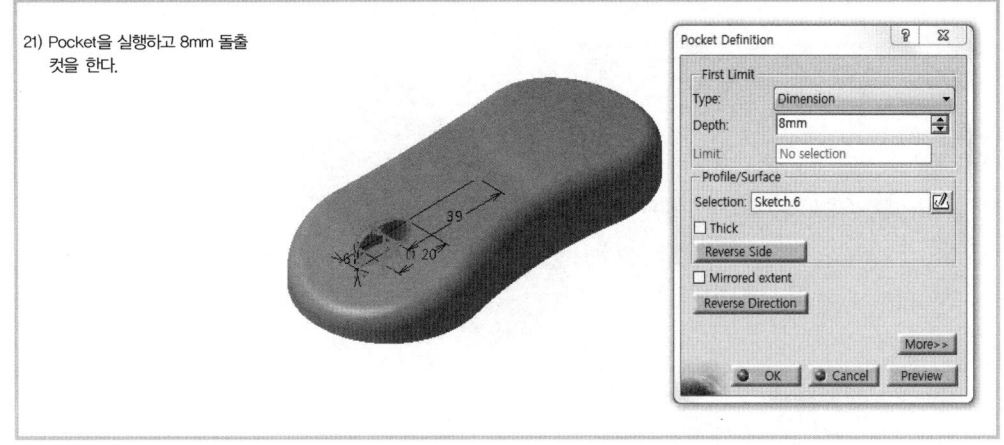

22) 스케치를 실행하고 Pocket.1 객체의 안쪽 면을 선택하여 다음과 같이 스케치를 한다.

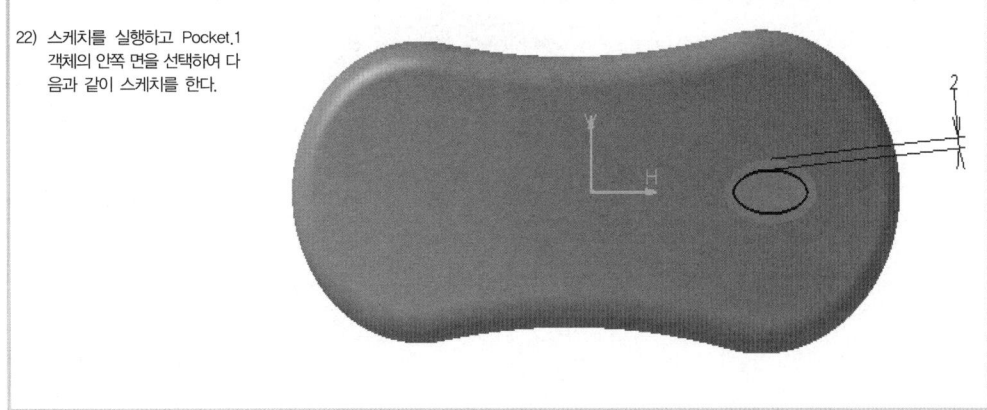

23) Pad를 실행하고 8mm로 돌출을 한다.

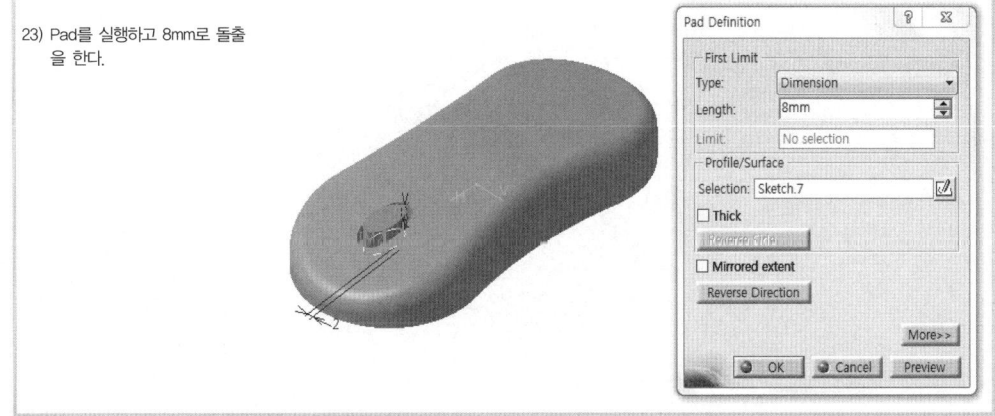

24) Edge Fillet을 실행하고 반경 : 2mm로 필렛을 한다.

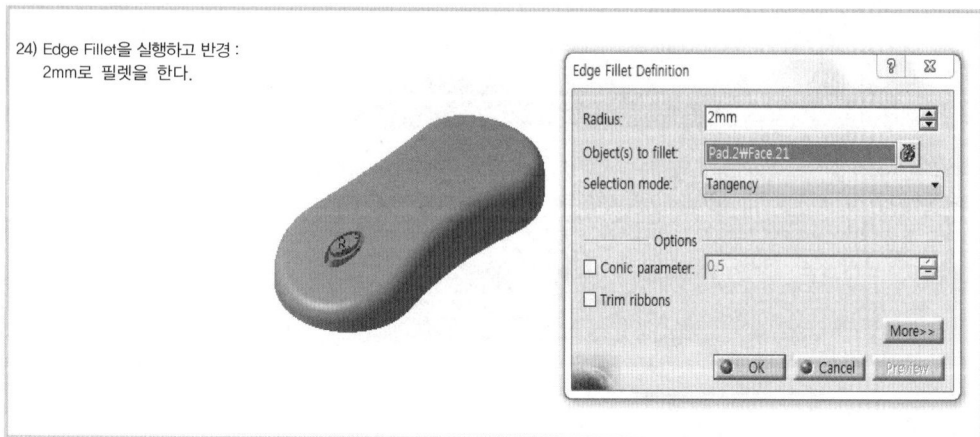

25) Shell을 실행하고 두께 : 1mm로 쉘을 생성한다.

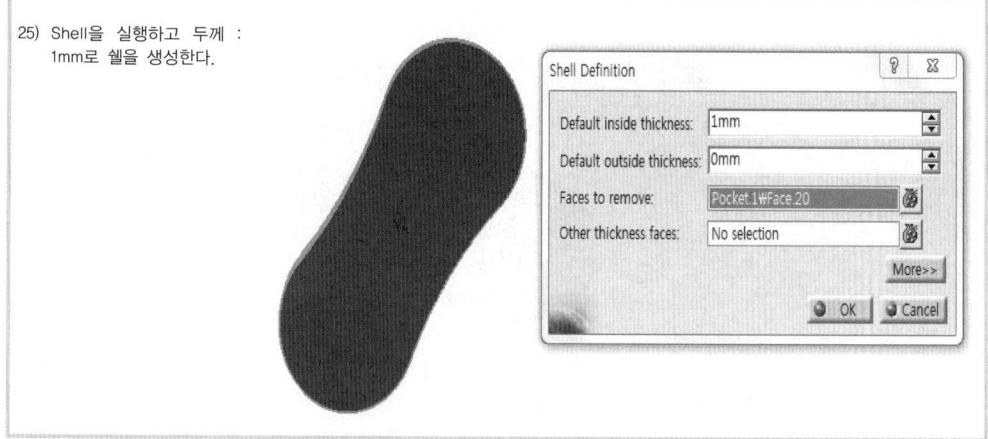

■ 마우스 상부 완성
26) Mouse-1로 저장한다.

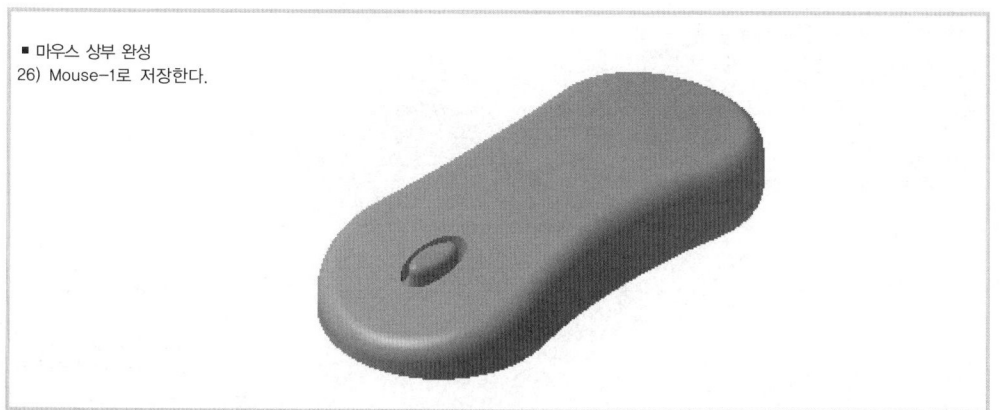

■ 마우스 하부 제작
27) 다른 이름으로 저장한 파일을 연다.
28) Split을 실행하고 Splitting Element : Extrude.2 곡면을 선택한다.
화살표를 아래로 향하도록 한다.

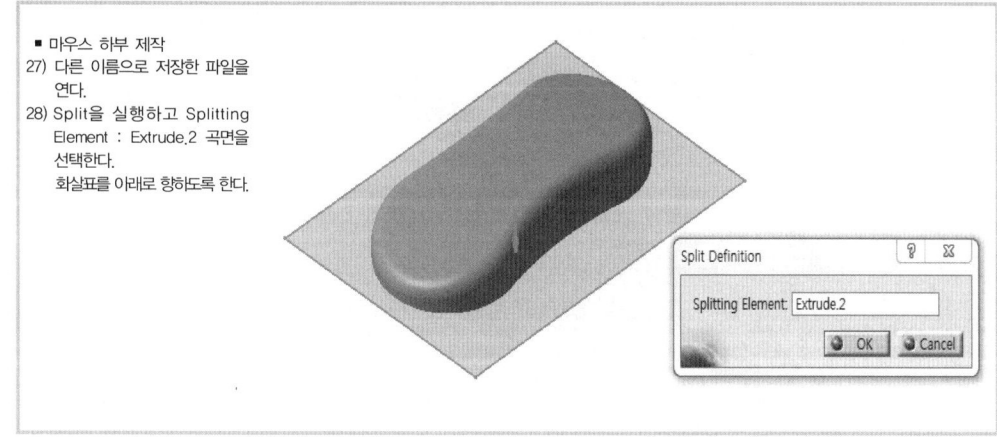

29) Extrude.1 Surface를 [Hide]을 한다.

30) Shell을 실행하고 두께 : 1mm로 쉘을 생성한다.

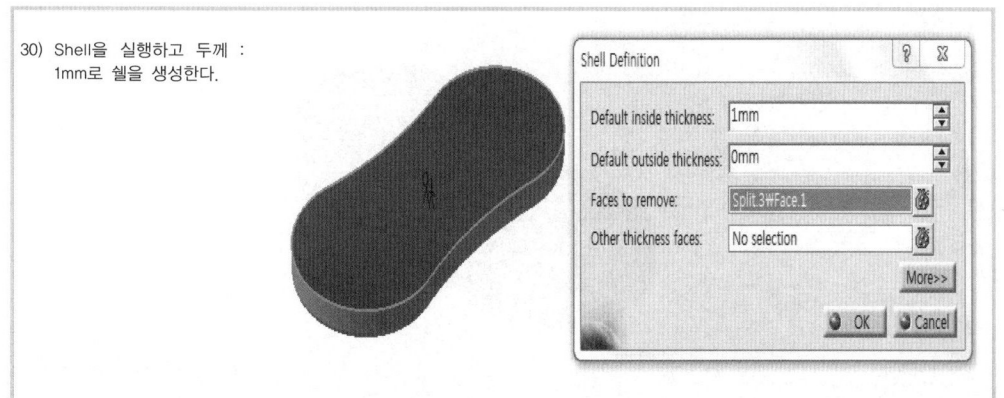

31) 스케치를 실행하고 YZ Plane 을 선택하여 다음과 같이 스케치를 한다.

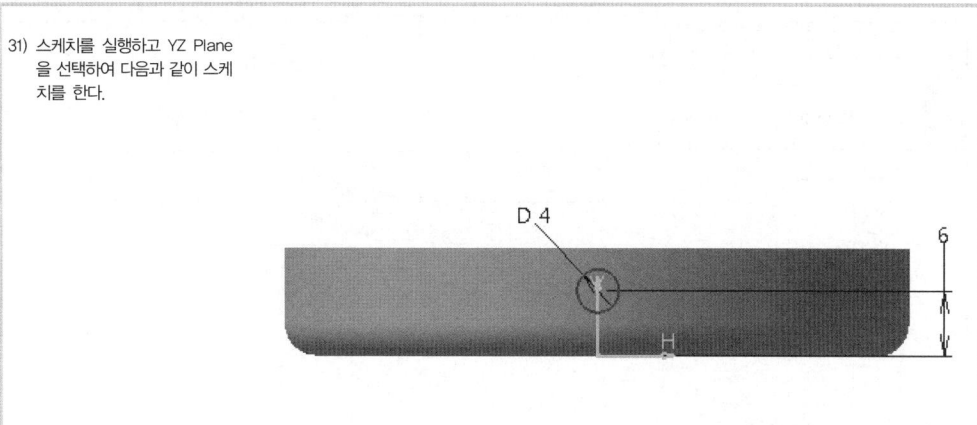

32) Pocket을 실행하고 Up to Next로 뒤쪽으로 돌출 컷을 한다.

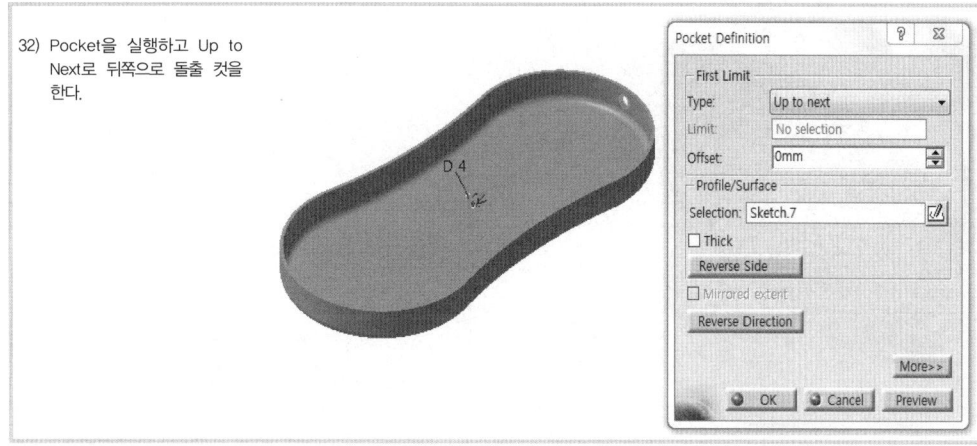

■ 마우스 하부 완성
33) Mouse-2로 저장한다.

34) [Start]-[Mechanical Design]-[Assembly Design]를 선택한다.
35) Spec Tree에서 우측버튼을 눌러 [Components]-[Existing Component with Positioning] 을 선택한다.

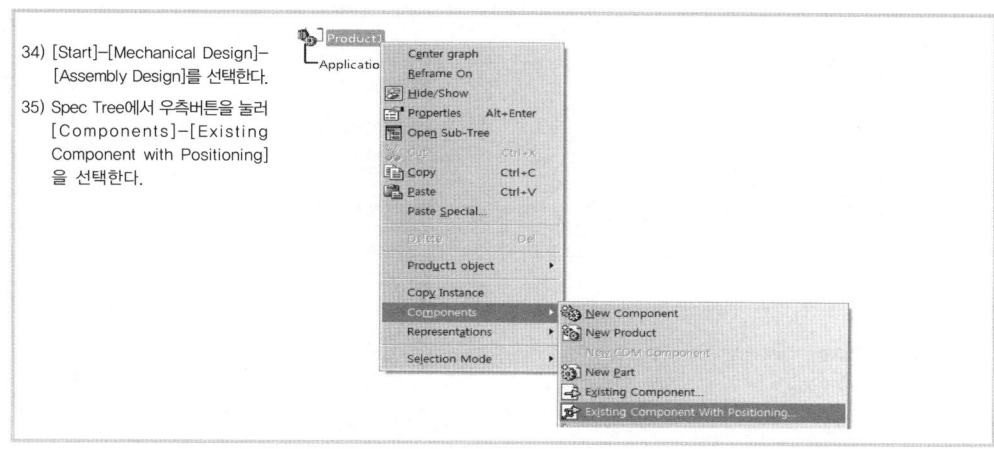

36) Mouse-2 파일을 선택하여 삽입한다.
37) Fix Component를 실행하여 부품을 고정을 한다.

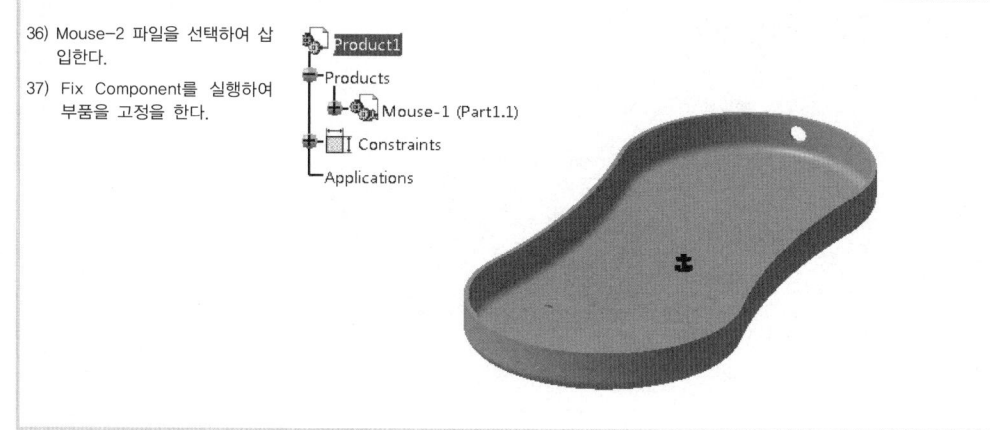

38) Spec Tree에서 우측버튼을 눌러 [Components]-[Existing Component with Positioning] 을 선택한다.
39) Mouse-1 파일을 선택하여 삽입한다.

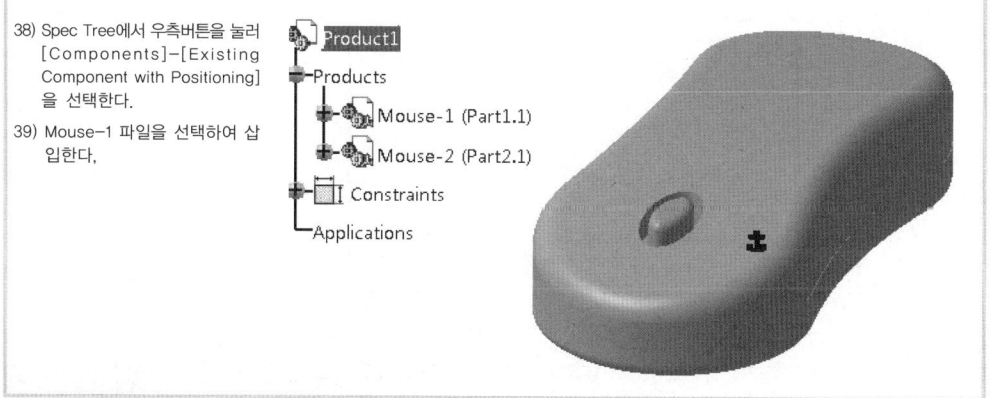

■ 어셈블리 완성
40) Mouse Assy로 저장한다.

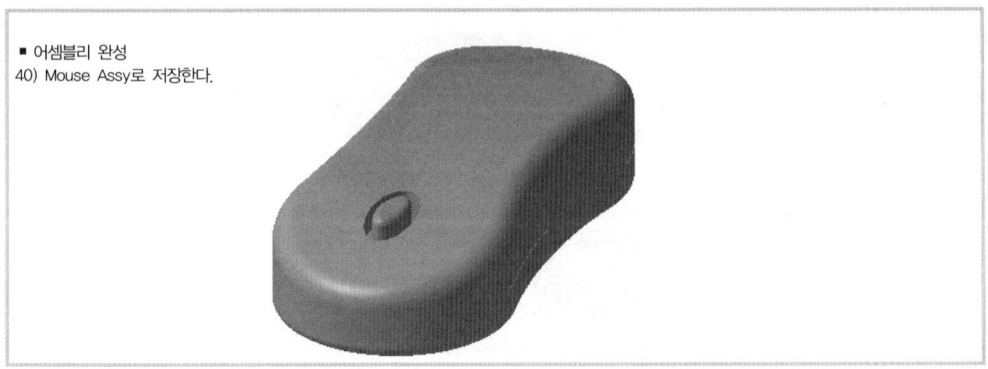

응용하기 32   응용 가공

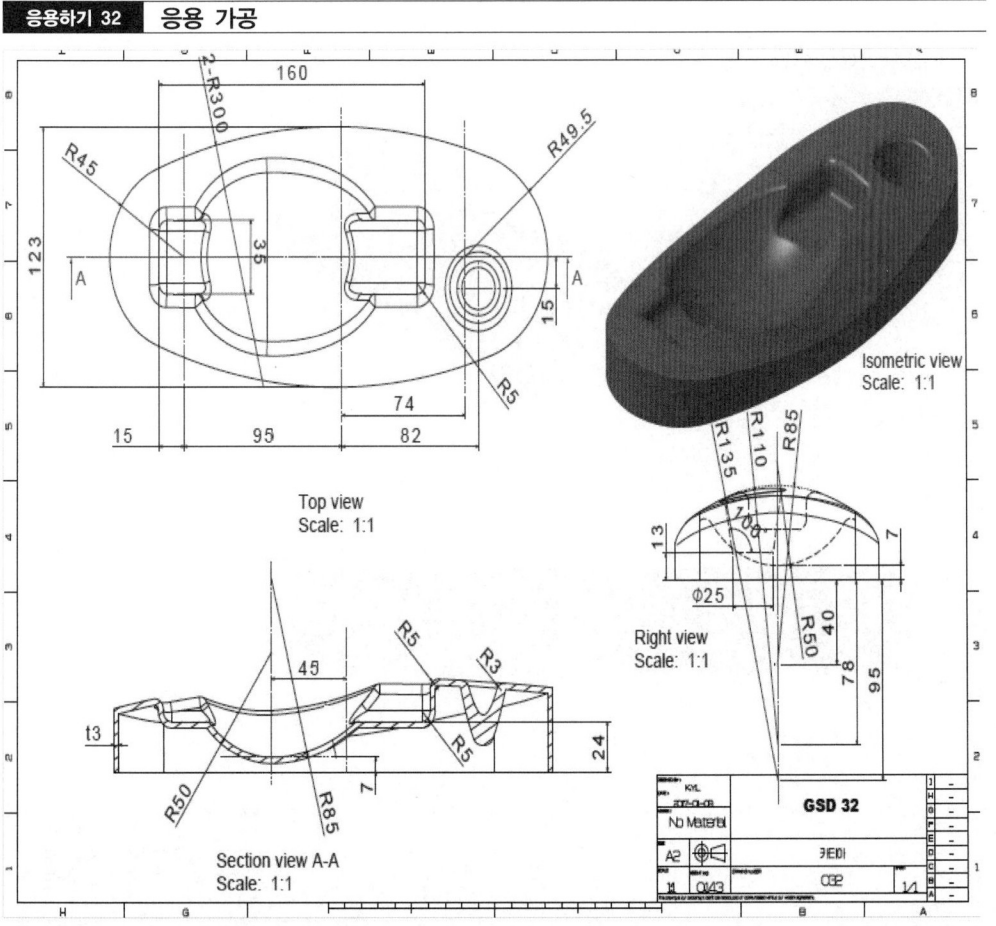

응용하기 33   Surface 위에 글자 세기기

1) [Start]-[Mechanical Design]-[Part Design]을 선택한다.
2) 스케치를 실행하고 YZ Plane을 선택하여 다음과 같이 스케치를 한다.

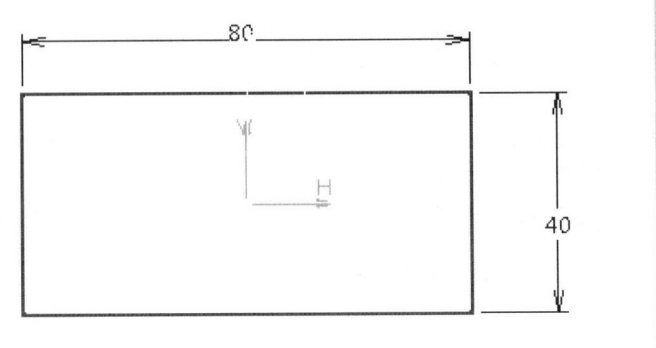

3) Pad를 실행하고 20mm 돌출을 한다. 돌출 방향을 뒤쪽으로 바꾼다.

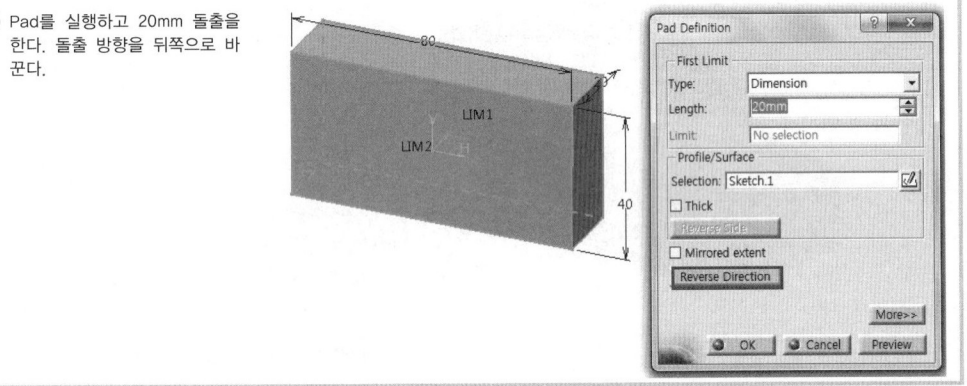

4) [Insert]-[Body]를 선택한다.
5) [Start]-[Mechanical Design]-[Drafting]을 선택한다.
6) [Insert]-[Annotations]-[Text]-[Text]를 클릭한다.

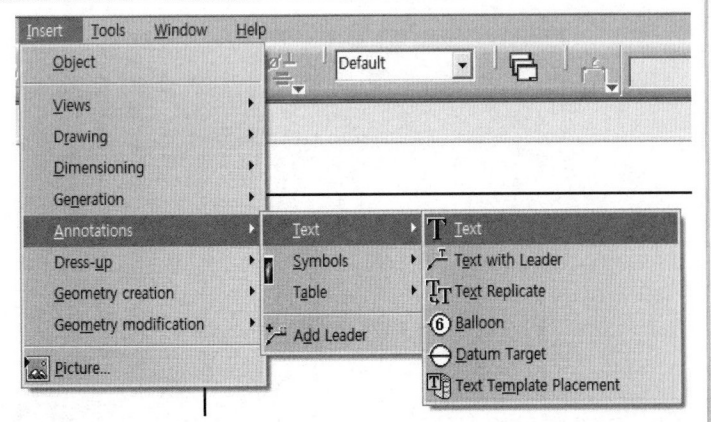

7) 다음과 같이 글자를 입력한다.
   - 글꼴 : Swis721 Bdoul BT
   - 글자 크기 : 3.5pt

11) Part 작업창으로 이동해서 삽입한 [Body]위에서 [Paste]를 눌러 붙여넣기 한다.

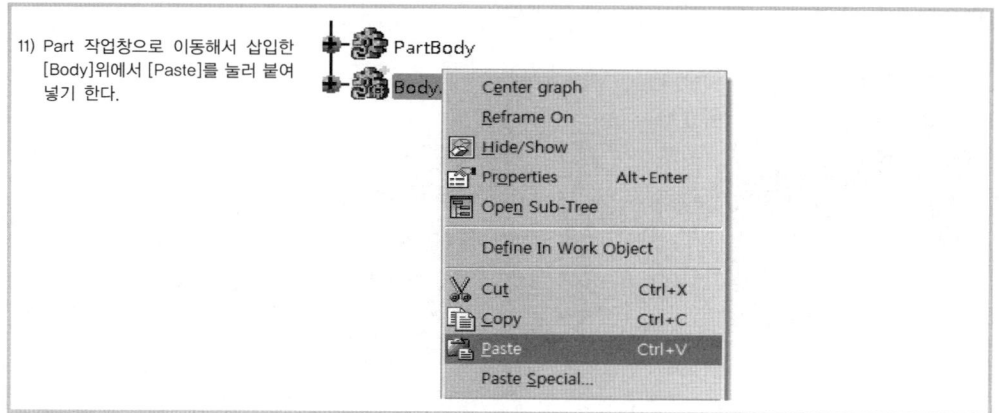

8) [File]-[Save]를 선택하고 확장자가 dwg로 저장한다.
   - text.dwg로 저장한다.

9) [File]-[Open]을 선택하고 저장한 text.dwg 파일 연다.

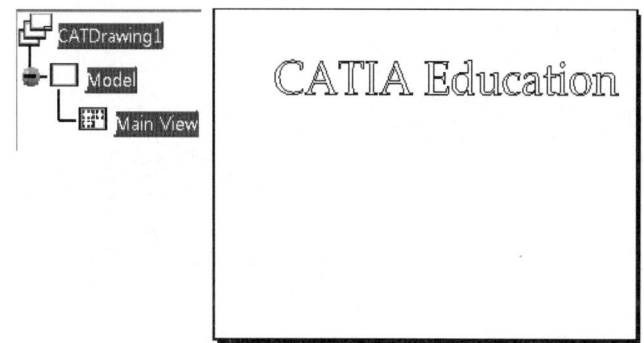

12) 글자를 원하는 위치로 이동하기 위해서 Spec Tree에서 Main View 위에서 [Main view Object]-[Change Sketch Support]를 선택한다.

10) Spec Tree에서 [Main View] 위에서 [Copy]를 선택한다.

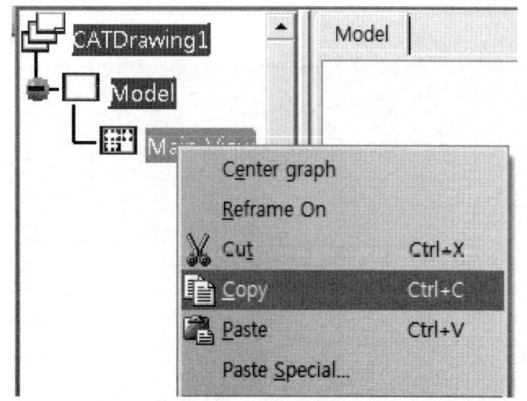

13) Sketch Positioning 창에서 Type : Positioned를 선택하여 YZ Plane을 선택한다.

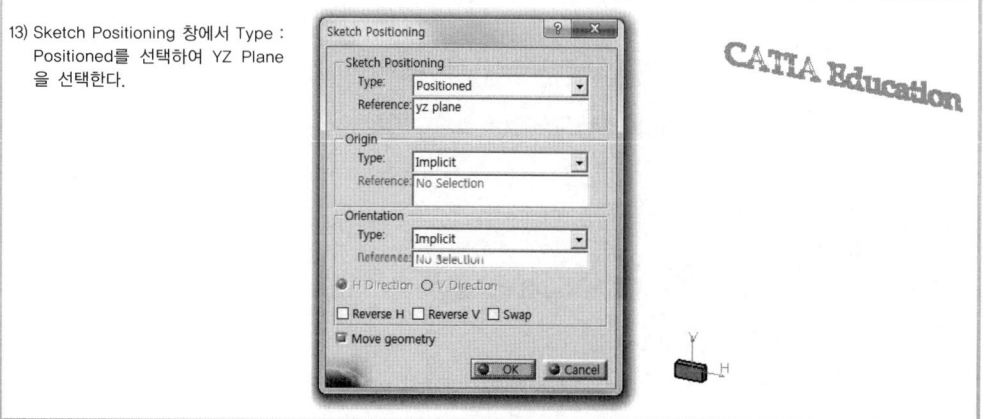

14) Spec Tree에서 Main View를 더블클릭하여 스케치 편집 상태로 들어가서 Translate로 글자를 돌출 객체 앞으로 이동을 한다.
 - Scale을 실행하여 글자를 2배 크게 한다.

15) Pad를 실행하고 2mm 돌출을 한다.

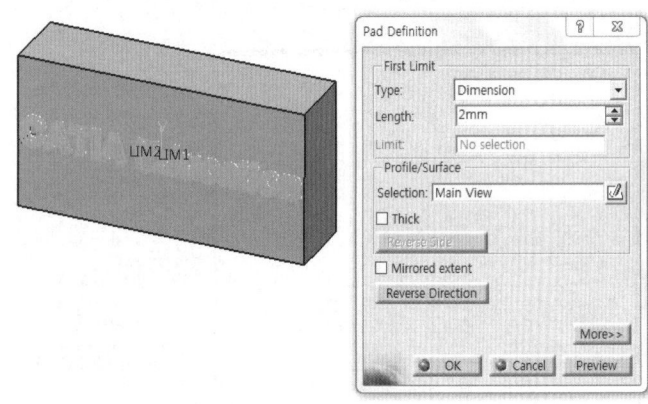

■ 글자 돌출 객체 생성

16) Boolean Operation Toolbar에서 [Add]를 실행하고 PartBody와 Body.2를 합친다.

17) [Start]-[Shape]-[Generative Shape Design]을 선택한다.

18) [Insert]-[Operations]-[Extract]를 선택한다.
 Extract Definition창에 Propagation type을 point continuity를 선택, 솔리드 형상을 선택하여 솔리드 형상에 Surface를 생성한다.

19) PartBody를 선택하고 우측버튼을 눌러 [Hide/Show]를 선택하여 솔리드 형상을 Hide 영역으로 보낸다.

20) [Insert]-[Geometrical set]를 선택하고 창이 뜨면 Name란에 extract로 생성한다.
 PartBody에 있는 Extract.2를 extract Geometrical set으로 이동을 한다.

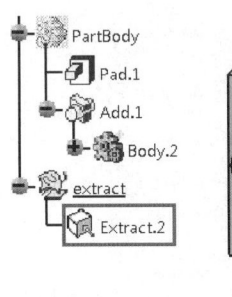 

21) Disassemble을 실행하고 Spec Tree에서 Extract.2를 선택한다.

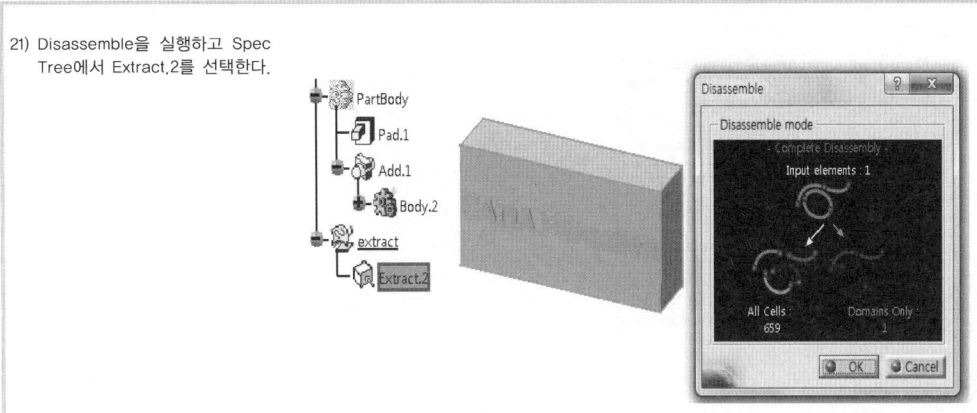

22) Surface를 선택하고 우측버튼을 눌러 [Hide/Show]를 선택하여 글자만 남기고 모두 숨긴다.

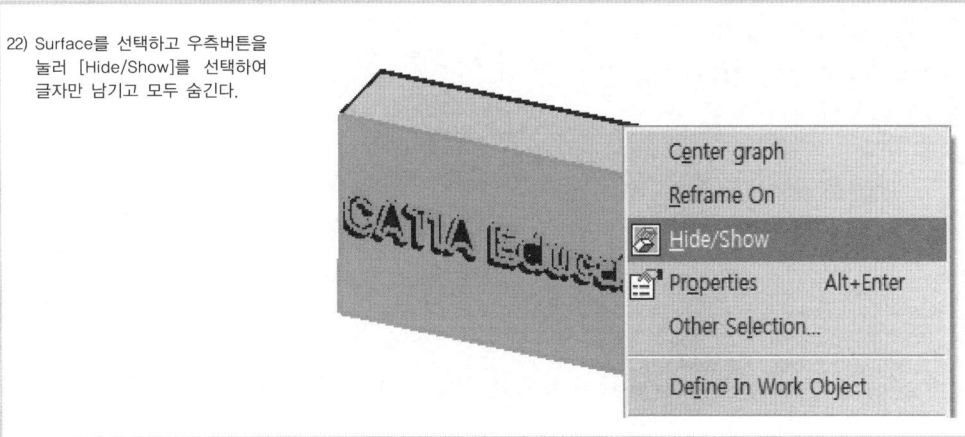

23) 글자만 남긴 상태

24) Join을 실행하고 모든 글자 Surface 드래그하여 선택하여 Check connexity 체크를 해제한다.
Surface위에 입힐 텍스트가 준비되었다.

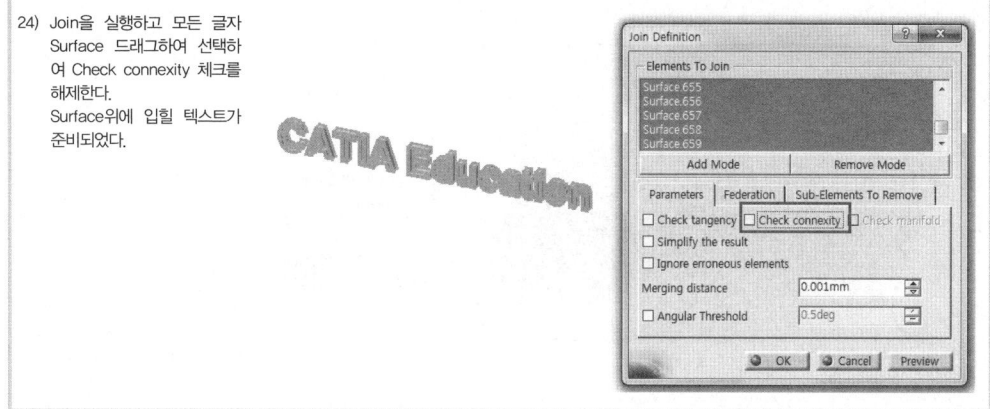

25) 스케치를 실행하고 ZX Plane을 선택하여 다음과 같이 스케치를 한다.

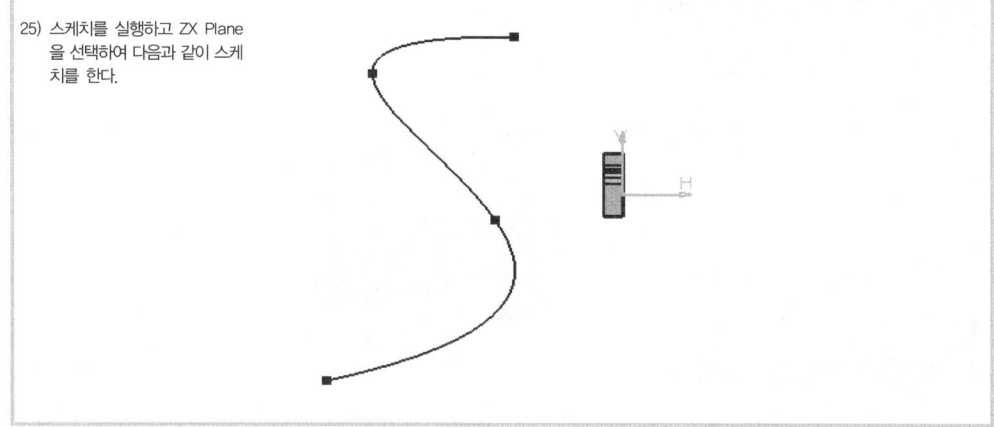

26) Extrude를 실행하고 다음과 같이 돌출을 한다.

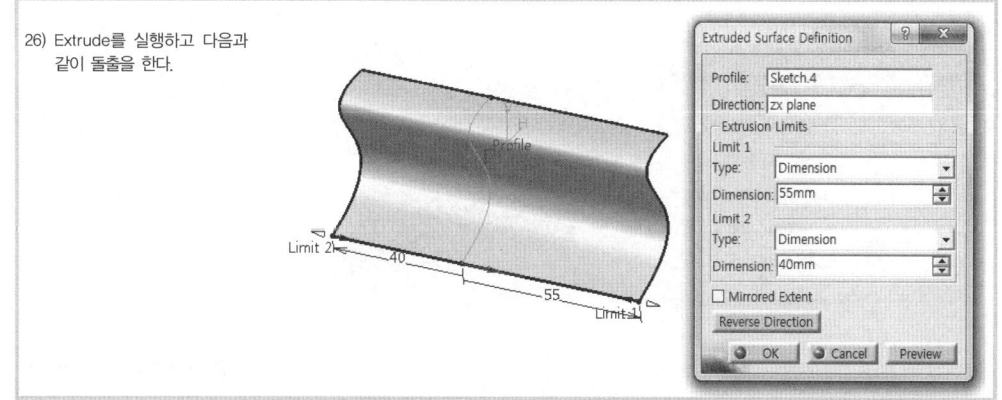

27) [Insert]-[Advanced Surfaces]-
    [WrapSurface]를 실행하고 Surface
    to deform : Join.1을 선택한다.

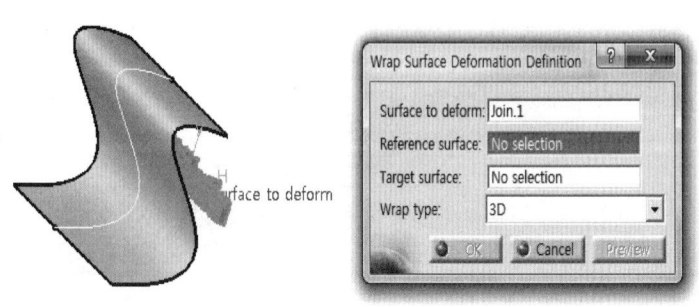

28) [Swap Visible Space( )]
    아이콘을 눌러 Hide영역으로
    들어가 텍스트가 튀어나오는
    벽을 선택해주고, 다시 Swap
    Visible Space 아이콘을 눌러
    Hide 영역에서 나온다.

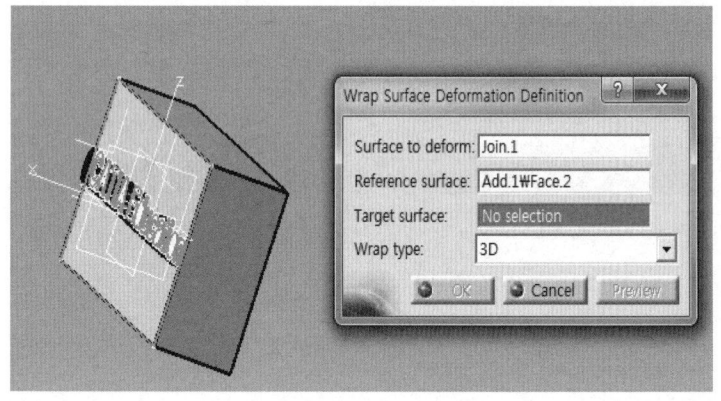

29) Target Surface는 오픈바디에
    있는 "s"자 형상에 Surface를
    선택한다.

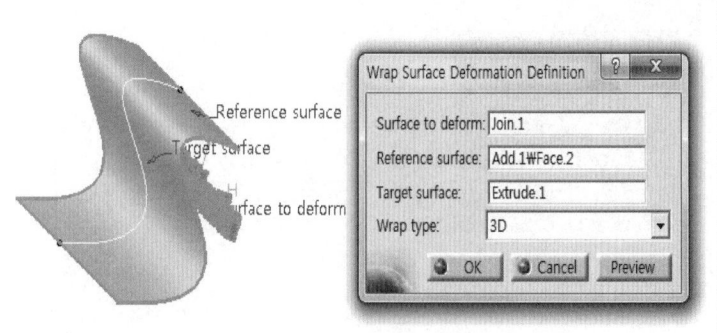

30) Wrap type : Normal을 선택한다.

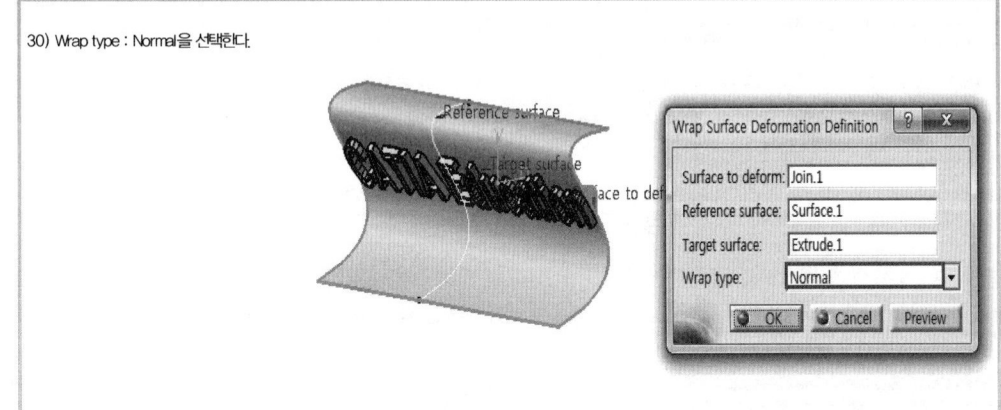

31) 다음 창에서 Keep all the Sub-
    elements를 선택한다.

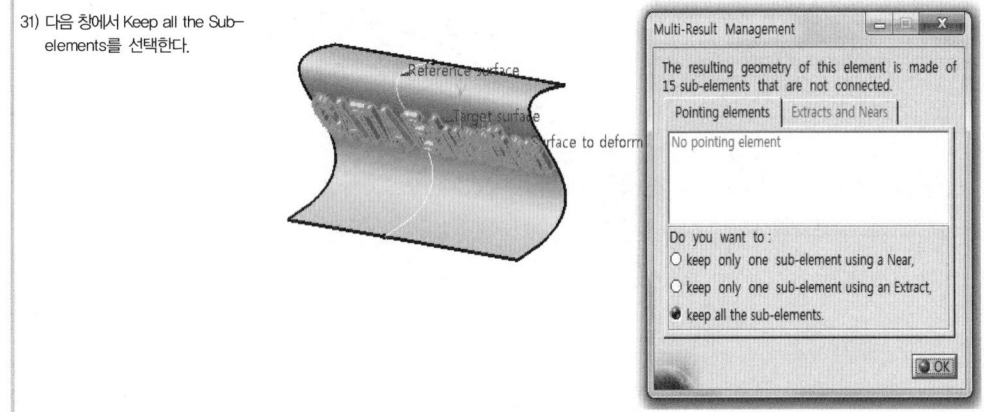

32) Spec Tree에서 다음 항목은
    Hide로 숨긴다.

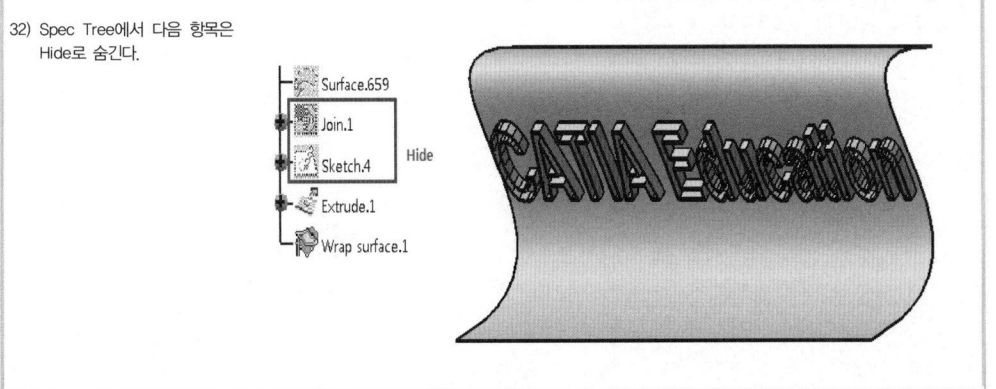

■ 완성 결과

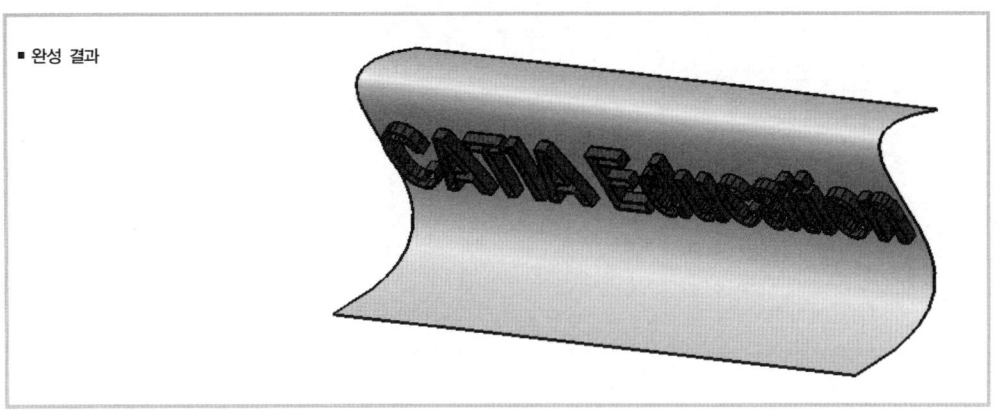

3) Geometrical Set 생성 결과

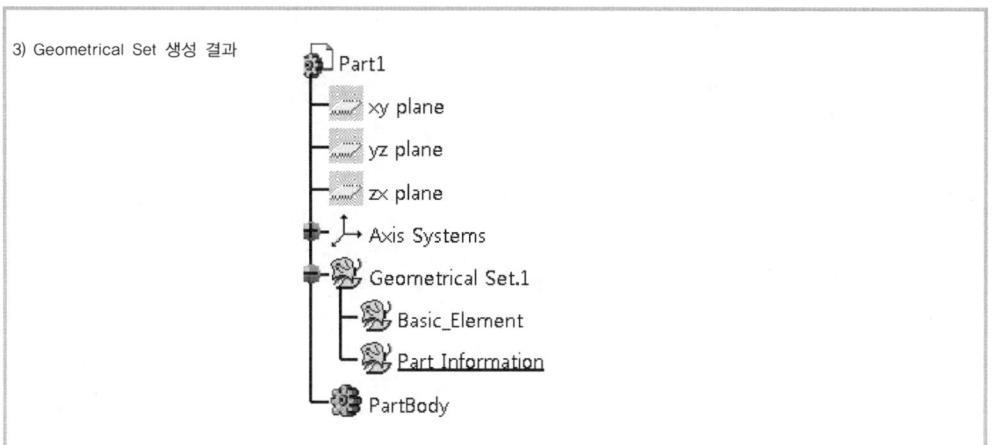

응용하기 34 Cover 만들기 2-Geometrical Design 관리

1) [Insert]-[Geometrical Set]을 선택하고 Name : Basic_Element로 지정한다.

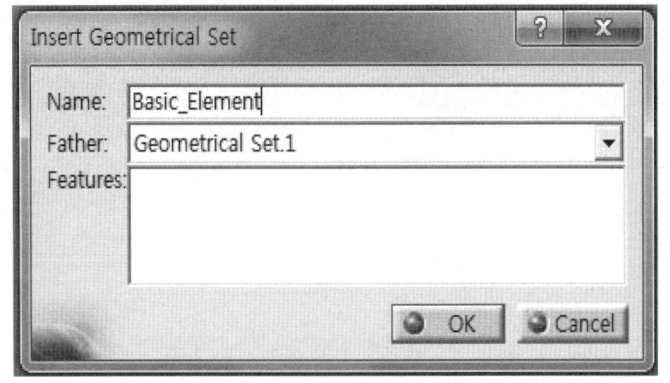

2) [Insert]-[Geometrical Set]을 선택하고 Name : Part_Information으로 지정한다.

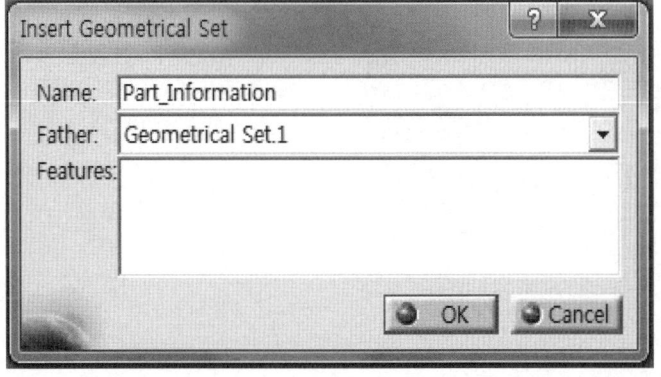

4) [Insert]-[Geometrical Set]을 선택하고 Name : Limits로 지정한다.

5) Plane를 실행하여 다음과 같이 Plane를 생성한다.

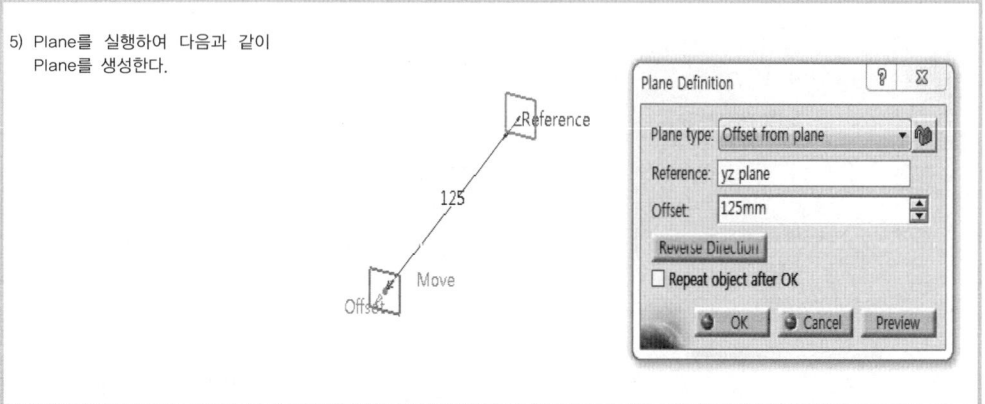

383

6) Plane를 실행하여 다음과 같이 Plane를 생성한다.

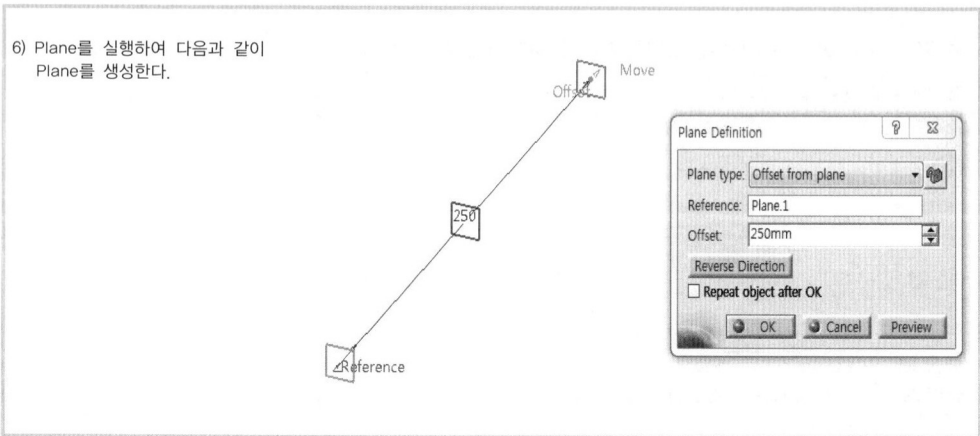

7) Plane를 실행하여 다음과 같이 Plane를 생성한다.

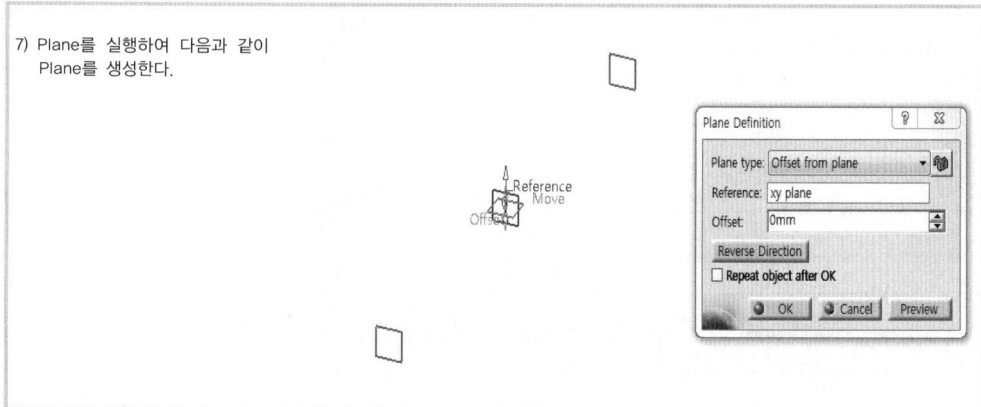

8) Plane를 실행하여 다음과 같이 Plane를 생성한다.

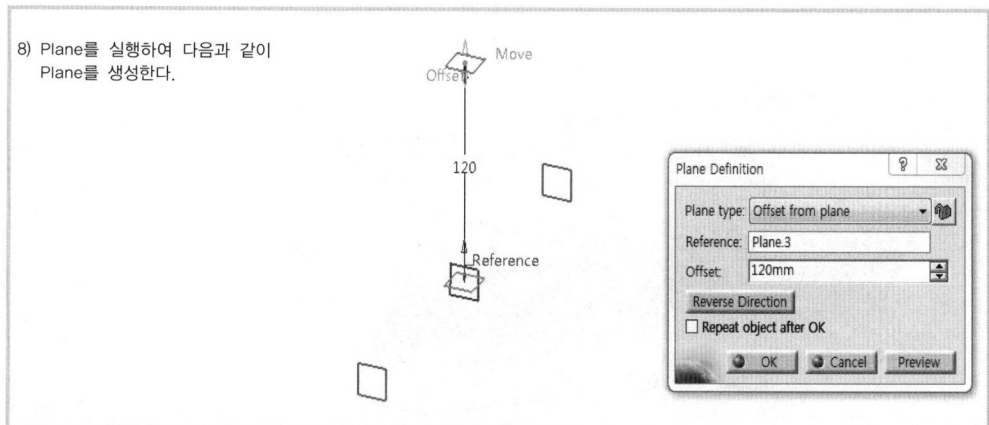

9) Plane를 실행하여 다음과 같이 Plane를 생성한다.

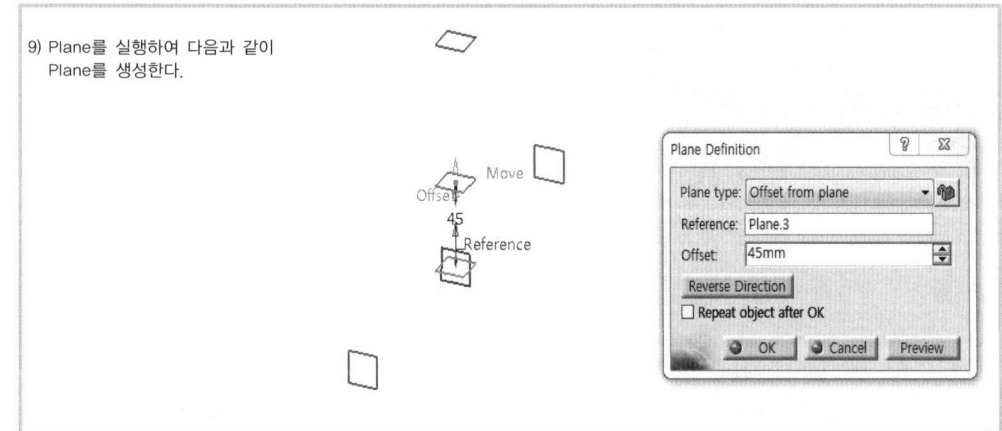

10) 5개의 Plane을 생성한 결과

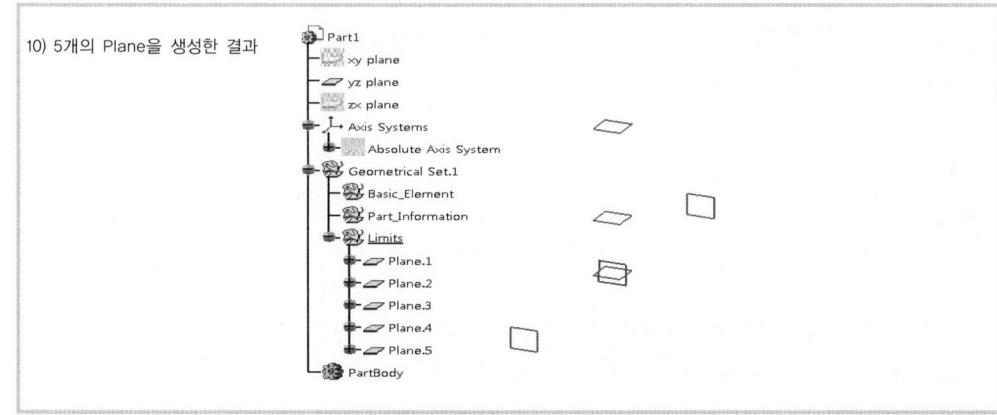

11) [Insert]-[Geometrical Set]을 선택하고 Name : Reference 로 지정한다.

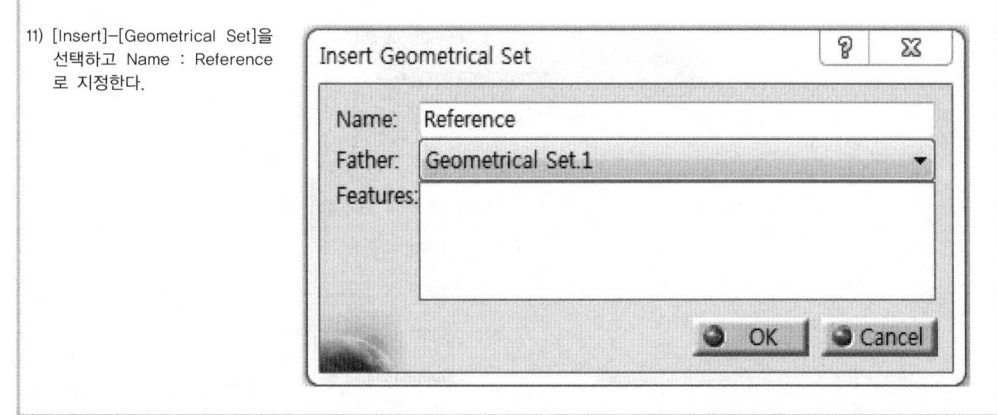

12) Plane과 Geometrical Set 생성 결과

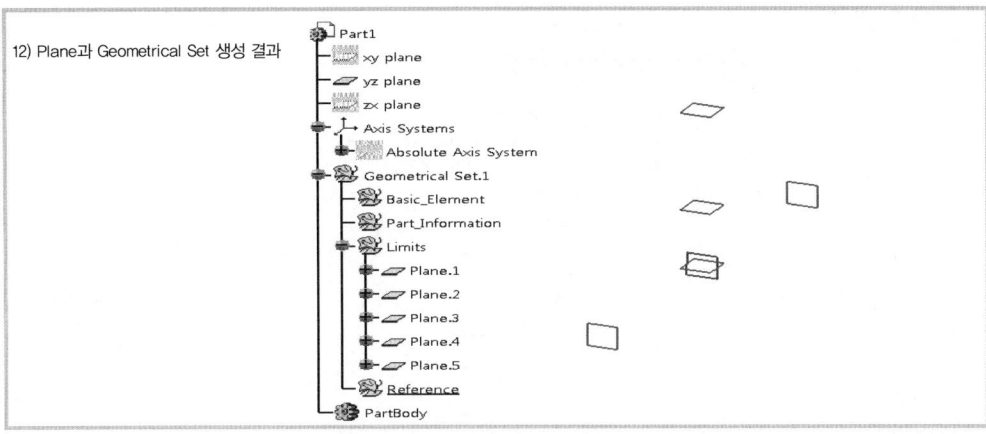

13) [Insert]-[Geometrical Set]을 선택하고 Name : Point로 지정한다.

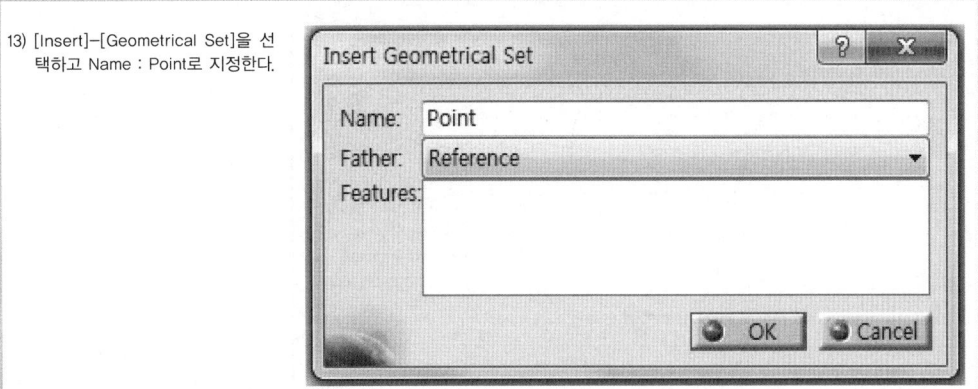

14) Plane를 실행하여 다음과 같이 Plane를 생성한다.

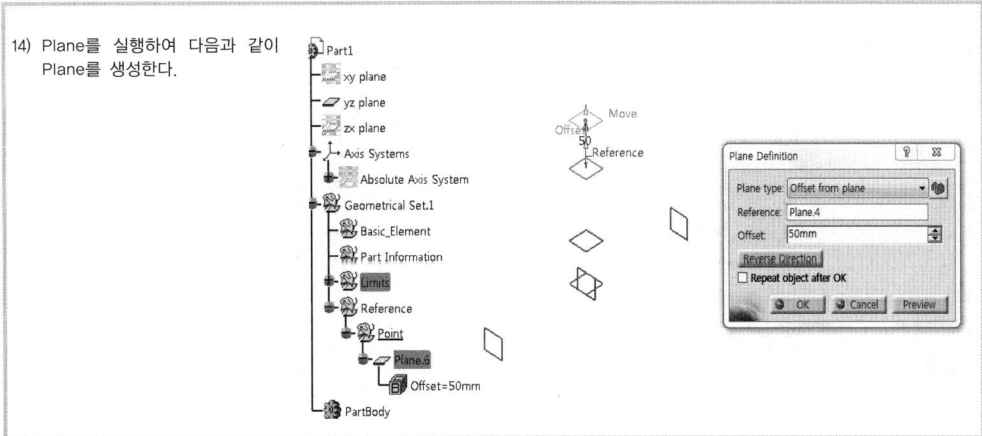

15) Point를 실행하고 Point type : On Plane, Plane : Reference에 생성한 Plane.6을 선택, H : 30mm, V : 80mm로 지정한다.

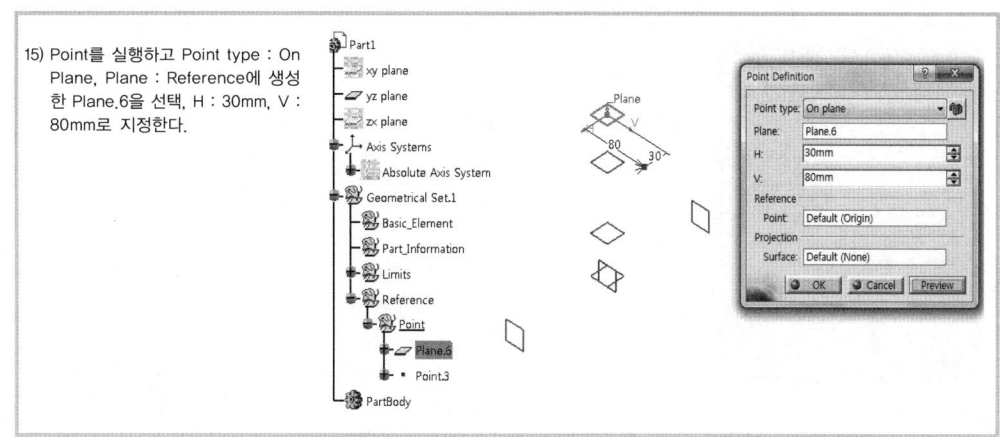

16) Point를 실행하고 Point type : On Plane, Plane : Reference에 생성한 Plane.6을 선택, H : 10mm, V : 70mm로 지정한다.

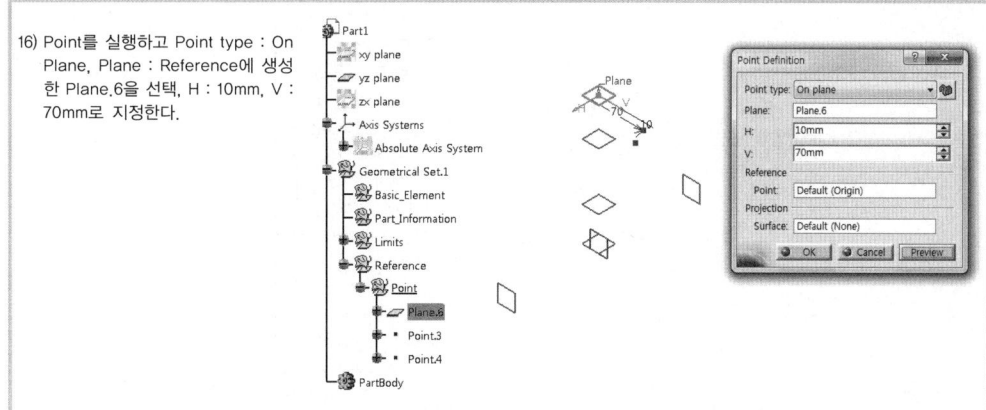

17) [Insert]-[Geometrical Set]을 선택하고 Name : Surface로 지정한다.

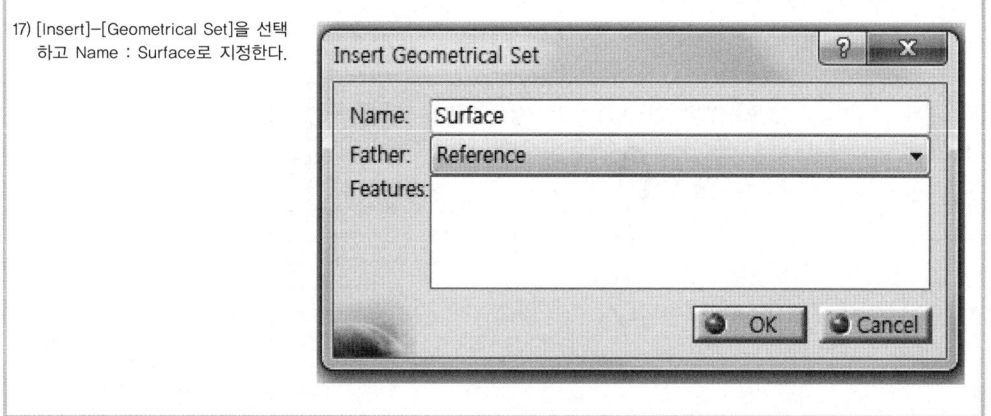

18) Positioned Sketch를 선택하고 Reference : ZX Plane을 지정한다.

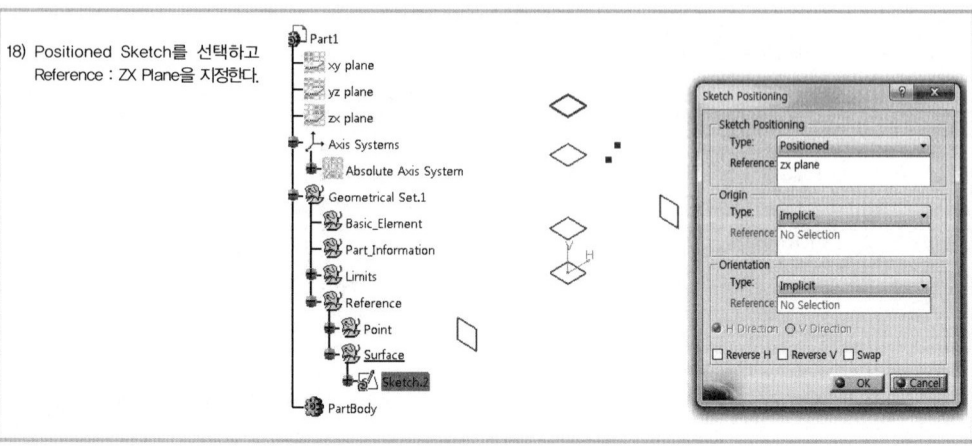

19) Arc를 실행하고 A-〉B-〉C 순으로 임의의 크기의 호를 스케치를 한다.

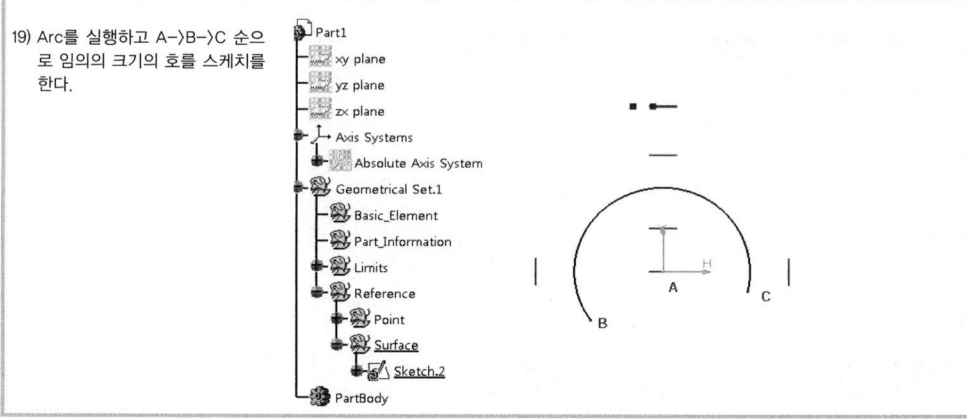

20) B와 C사이의 Point를 선택하고 Constraint를 눌러 치수를 기입하고 치수문자 위에서 우측버튼을 눌러 [Allow Symmetry Line]메뉴를 선택한다.

- Allow Symmetry Line의 의미?

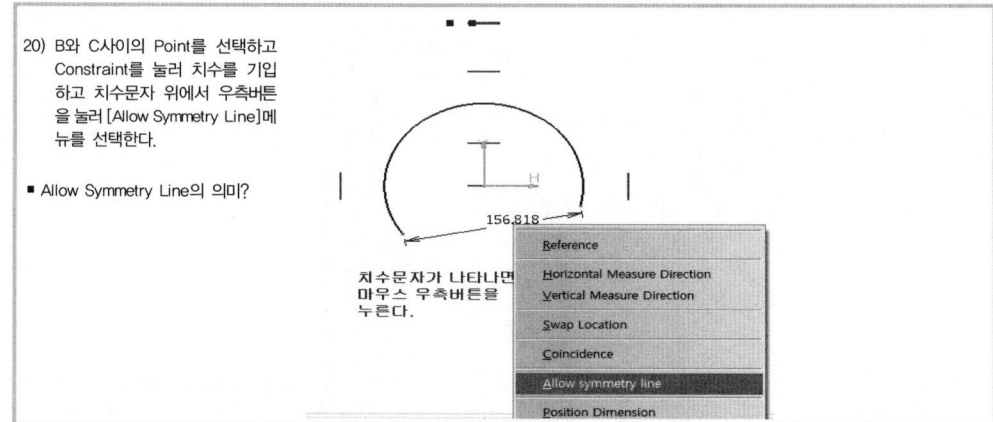

21) Allow Symmetry Line를 선택하고 바로 VDirection을 선택한다.

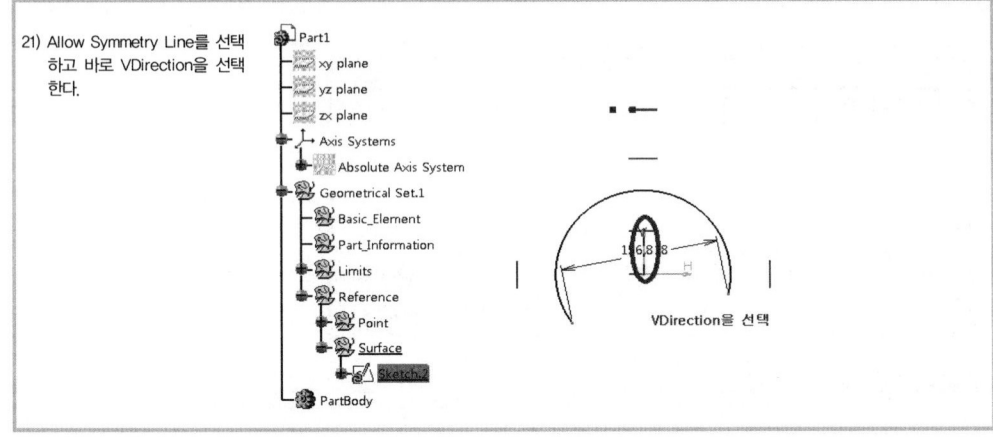

22) Allow Symmetry Line하면 좌우대칭이 된다.

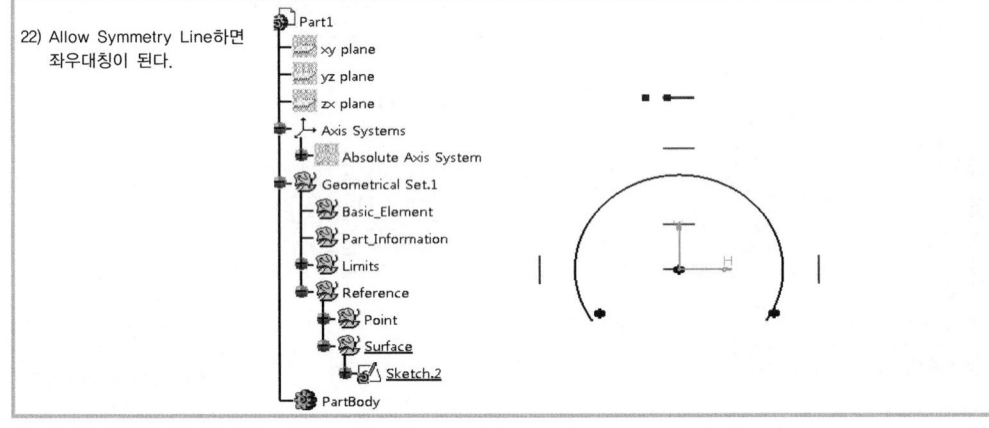

23) 120mm 위에 생성한 Plane.4와 Arc를 Tangency 구속을 한다.

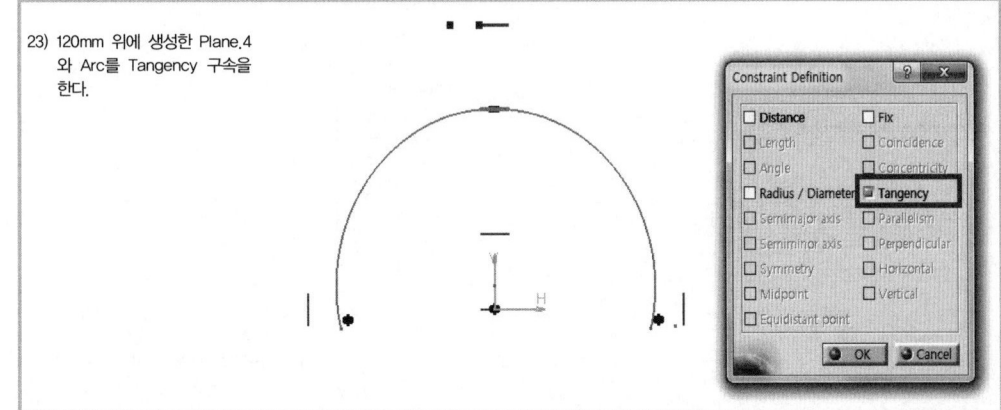

24) Arc에 다음과 같이 치수를 기입한다.

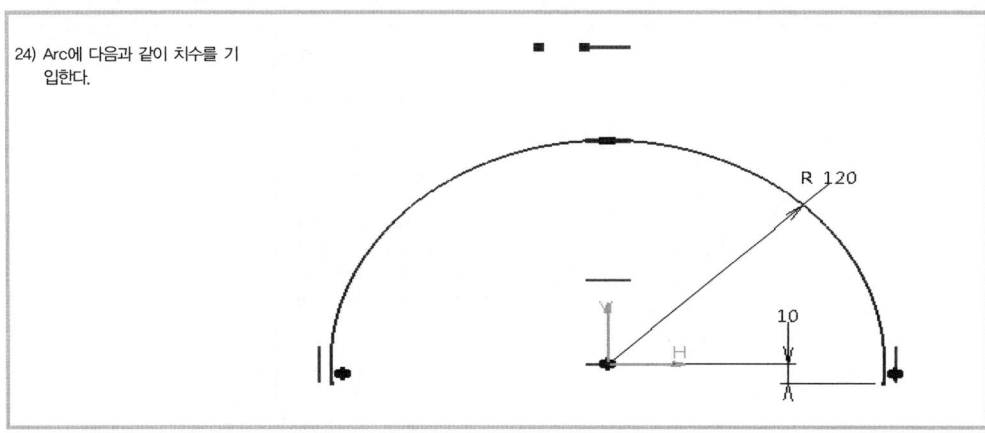

25) 두 번째 스케치를 생성 위해 Positioned Sketch를 선택하고 Reference : YZ Plane을 선택한다.

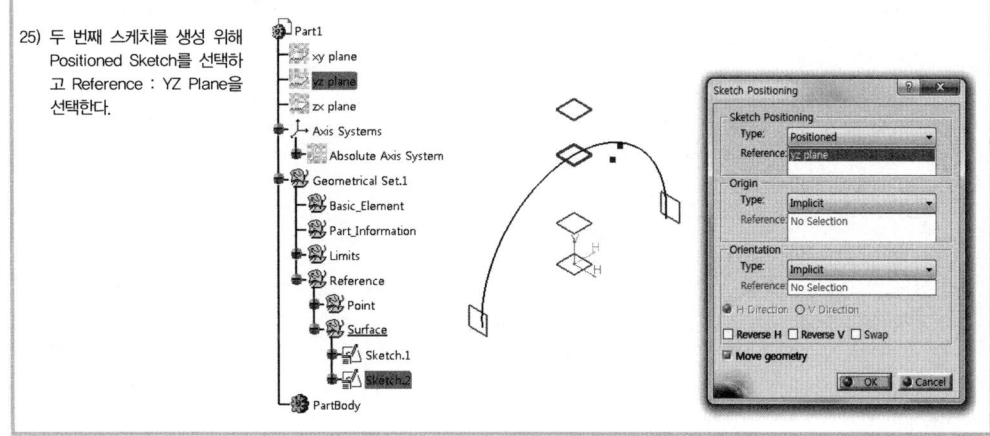

26) Arc를 실행하고 A-〉B-〉C 순으로 임의의 크기의 호를 스케치 한다.

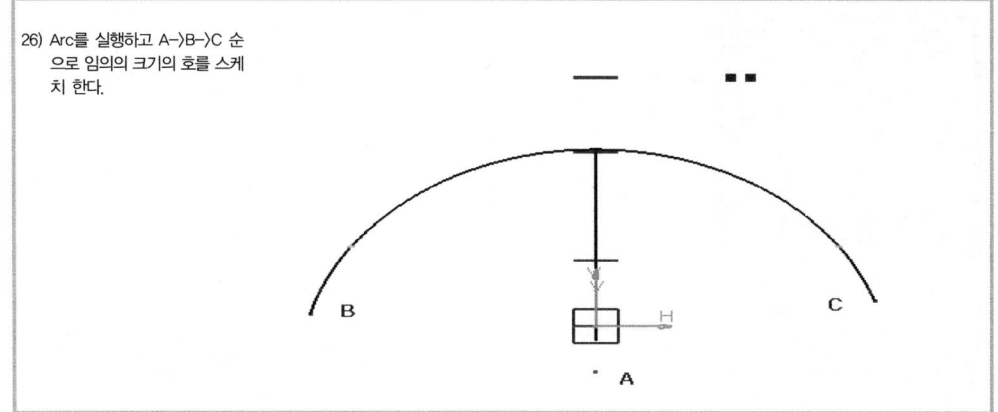

27) B와 C사이의 Point를 선택하고 Constraint를 눌러 치수를 기입하고 치수문자 위에서 우측 버튼을 눌러 [Allow Symmetry Line] 메뉴를 선택한다.

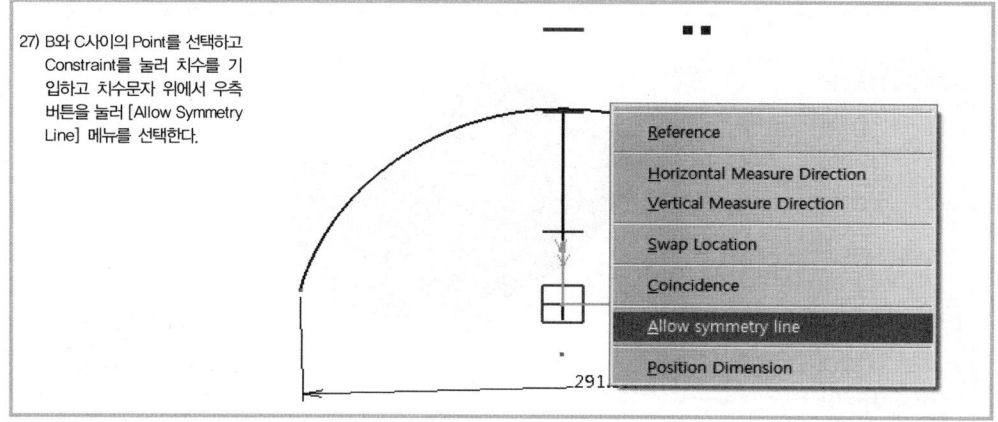

28) Allow Symmetry Line를 선택하고 바로 VDirection을 선택한다.

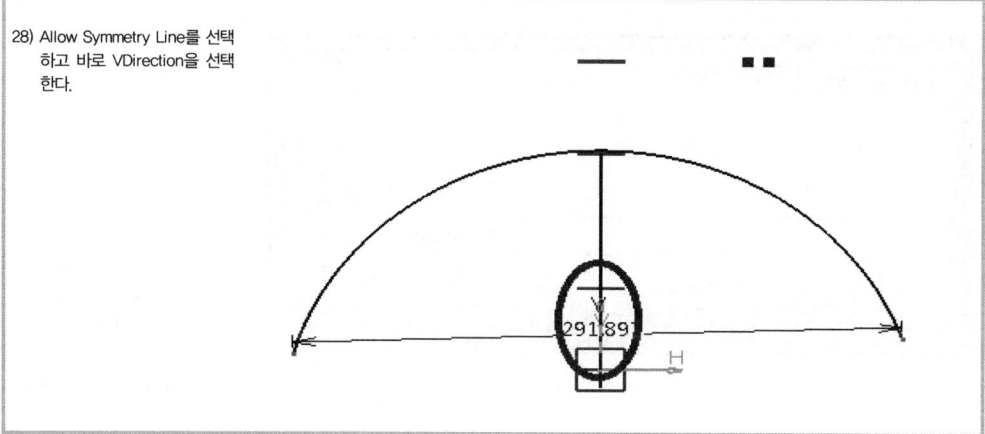

29) Allow Symmetry Line 선택한 결과

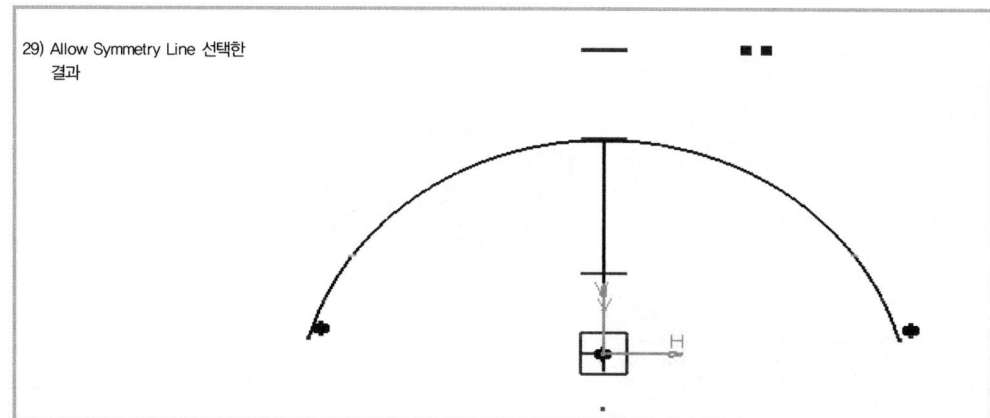

30) 120mm 위에 생성한 Plane.4 와 Arc를 Tangency 구속을 한다.

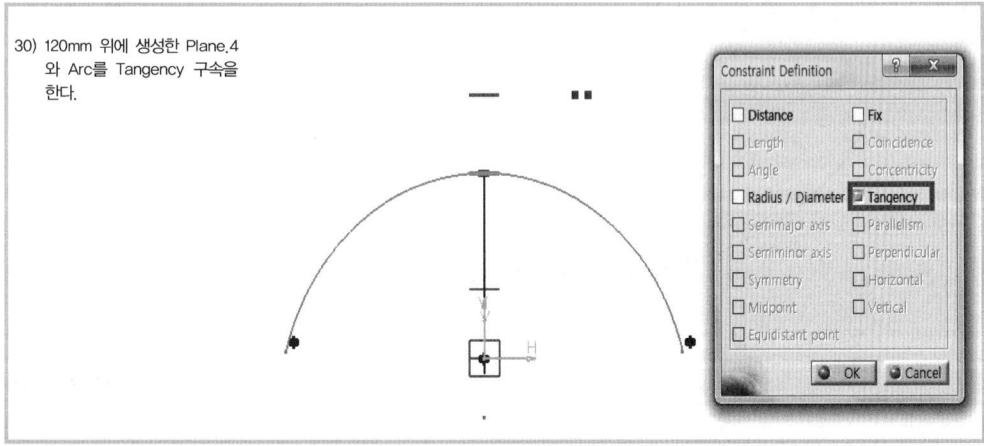

31) Arc에 다음과 같이 치수를 기입한다.

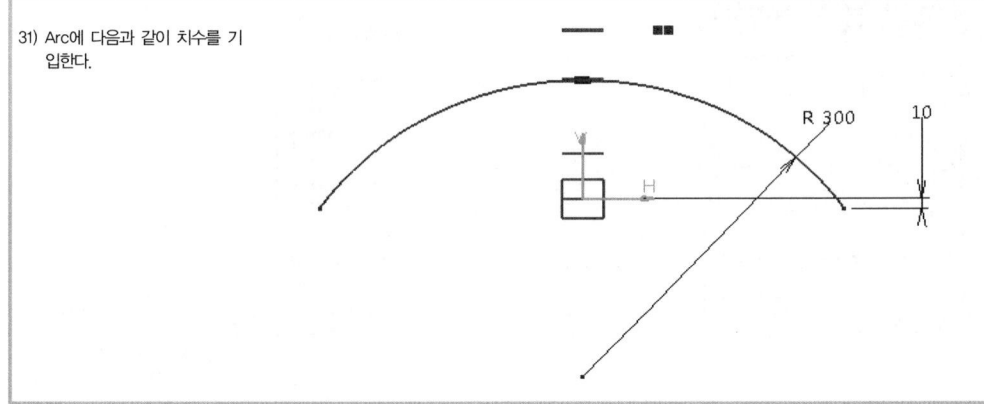

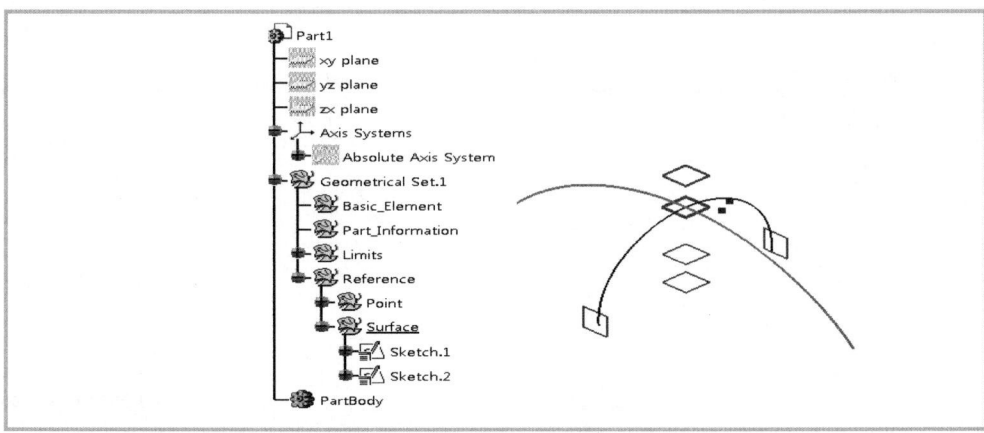

32) Sweep을 실행하고 Profile : Sketch.1, Guide Curve : Sketch.2를 선택한다.

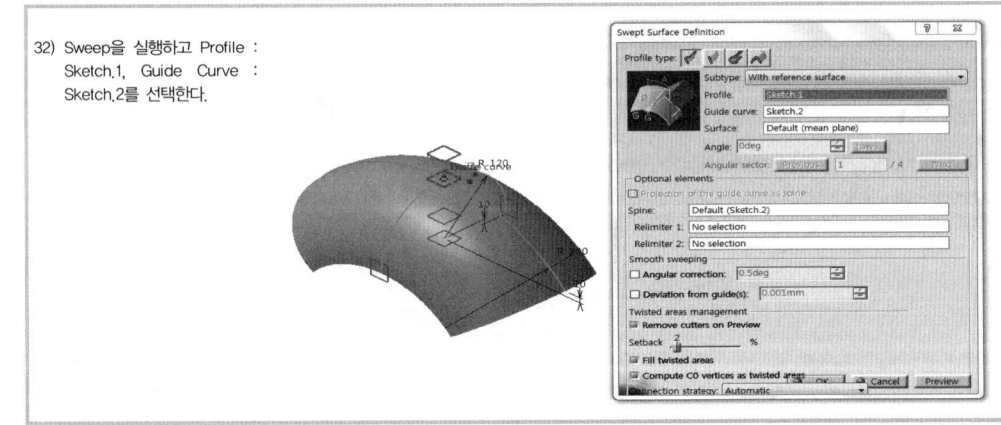

• Surface2 만들기

33) [Insert]-[Geometrical Set]을 선택하고 Name : Surface2로 지정한다.

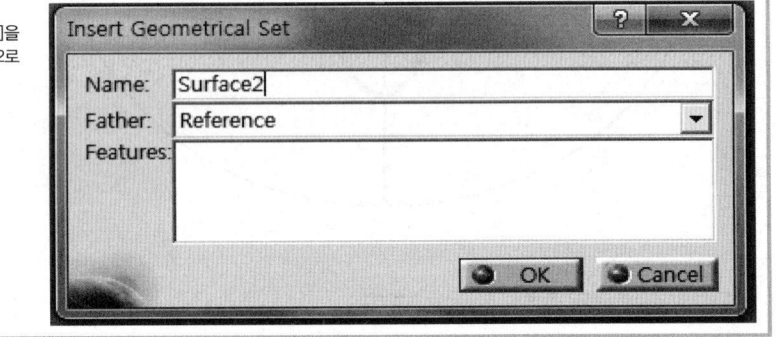

34) Positioned Sketch를 선택하고 Reference : ZX Plane을 선택한다.
Sweep.1을 [Hide]로 숨긴다.

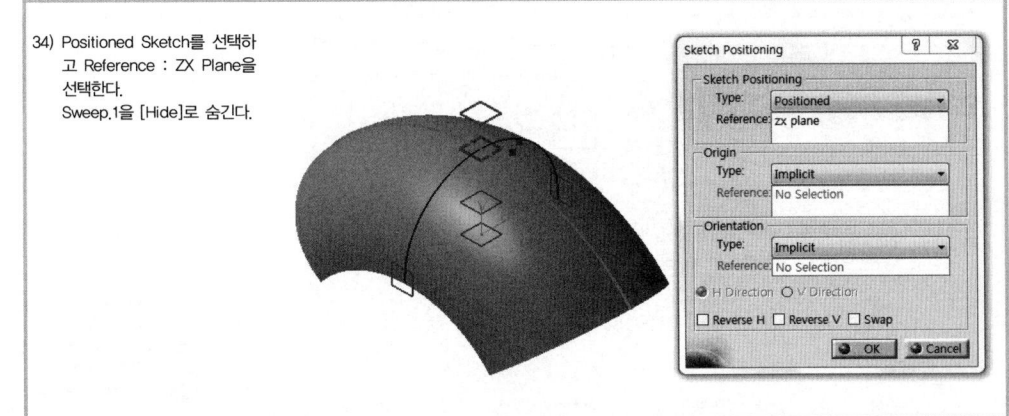

35) Arc를 실행하고 A-〉B-〉C 순으로 임의의 크기의 호를 스케치를 한다.

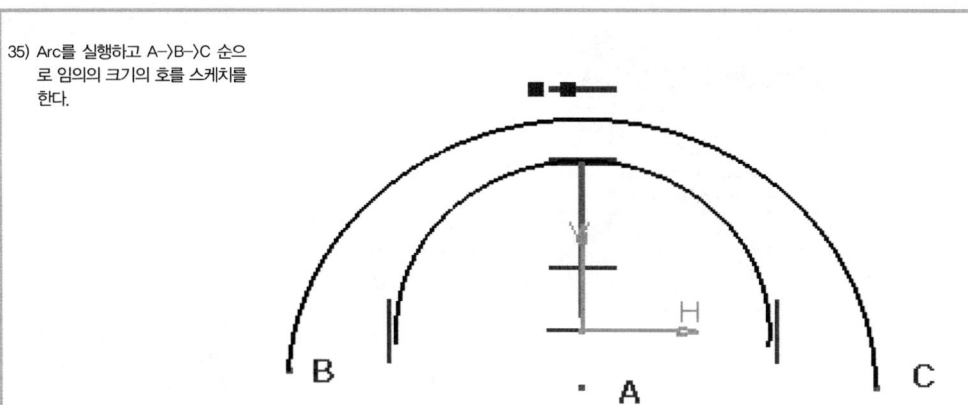

36) B와 C사이의 Point를 선택하고 Constraint를 눌러 치수를 기입하고 치수문자 위에서 우측버튼을 눌러 [Allow Symmetry Line] 메뉴를 선택한다.

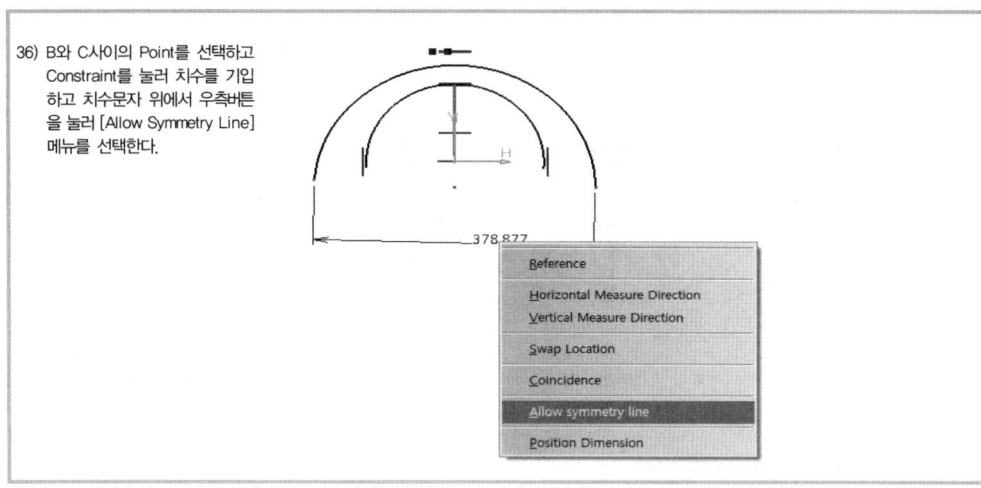

37) Allow Symmetry Line를 선택하고 바로 VDirection을 선택한다.

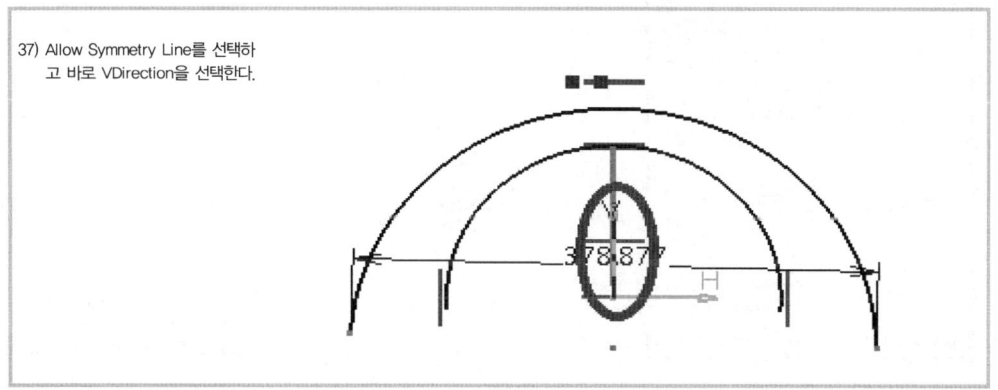

38) Allow Symmetry Line 메뉴를 선택한 결과

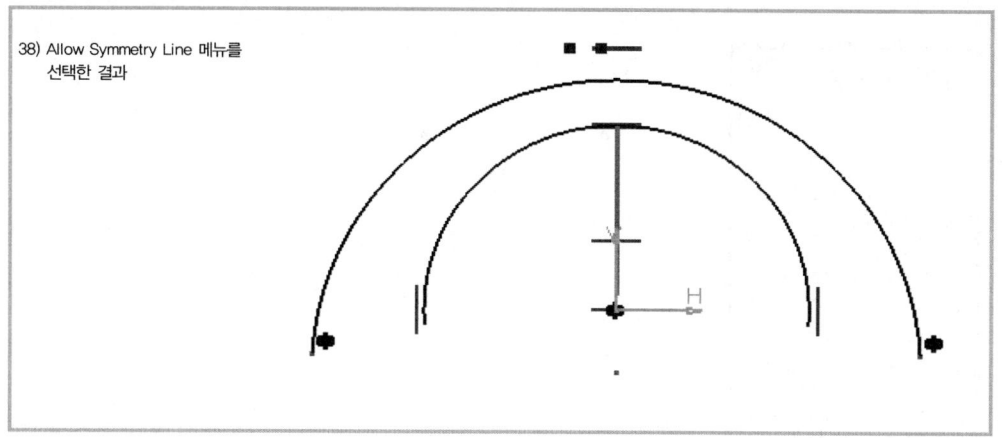

39) Plane.5와 Arc를 Tangency 구속을 한다.

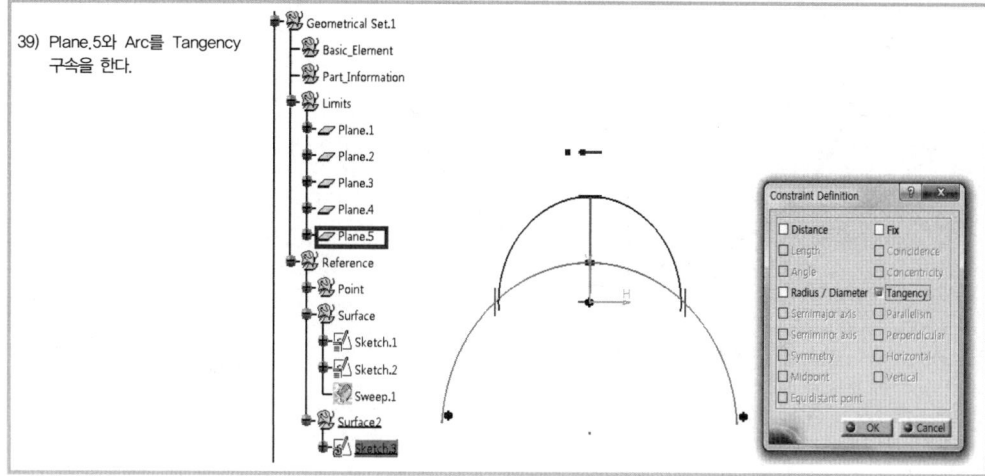

40) Arc에 다음과 같이 치수를 기입한다.

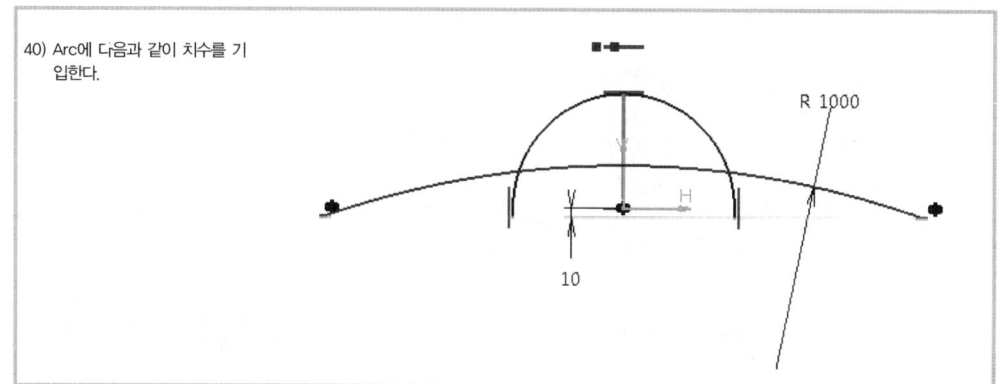

41) Positioned Sketch를 선택하고 Reference : YZ Plane을 선택한다.

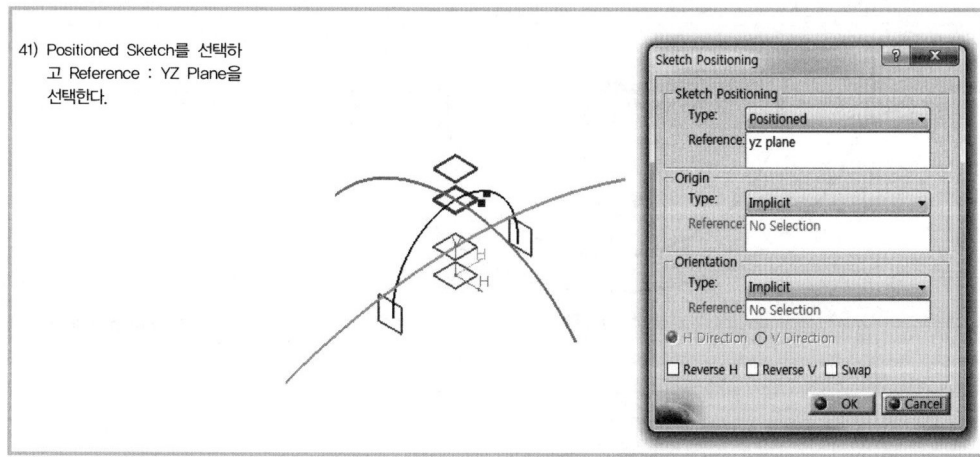

42) Arc를 실행하고 A→B→C 순으로 임의의 크기의 호를 스케치 한다.

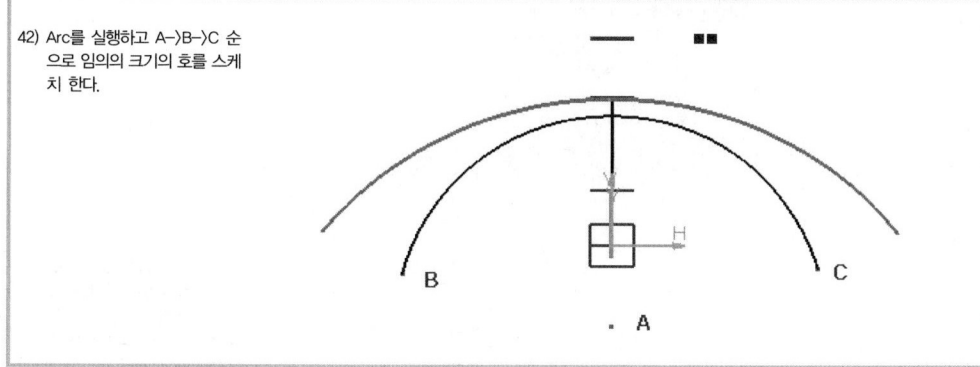

43) B와 C사이의 Point를 선택하고 Constraint를 눌러 치수를 기입하고 치수문자 위에서 우측 버튼을 눌러 [Allow Symmetry Line] 메뉴를 선택한다.

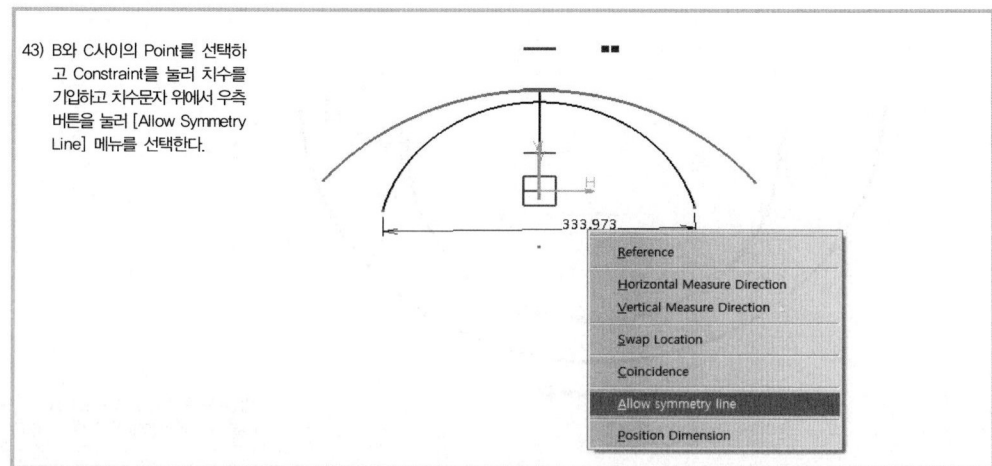

44) Allow Symmetry Line를 선택하고 바로 VDirection을 선택한다.

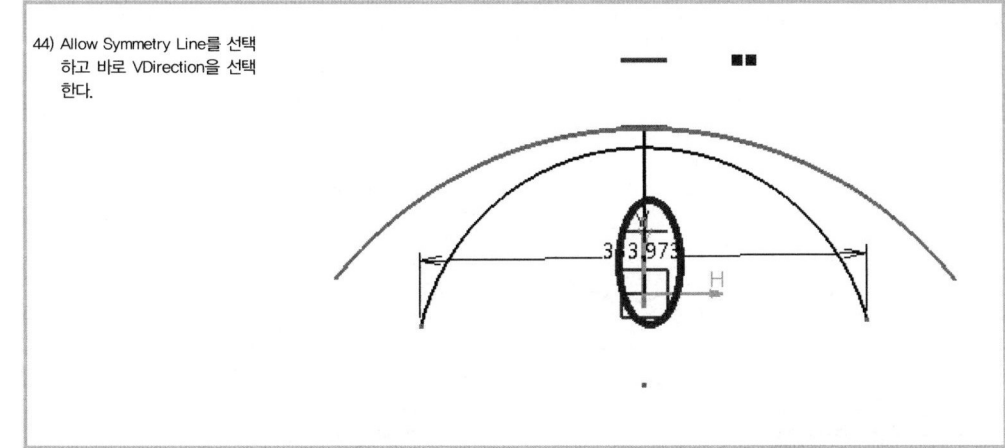

45) Allow Symmetry Line 메뉴를 선택한 결과

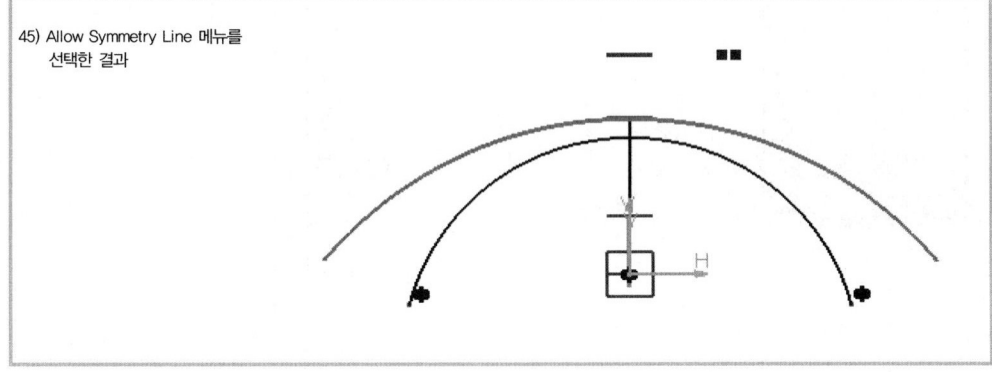

46) Plane.5와 Arc를 Tangency 구속을 한다.

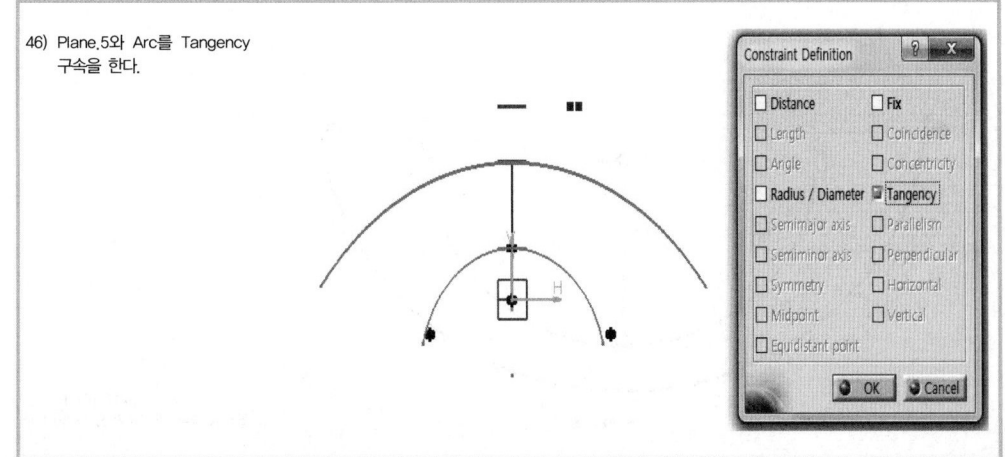

47) Arc에 다음과 같이 치수를 기입한다.

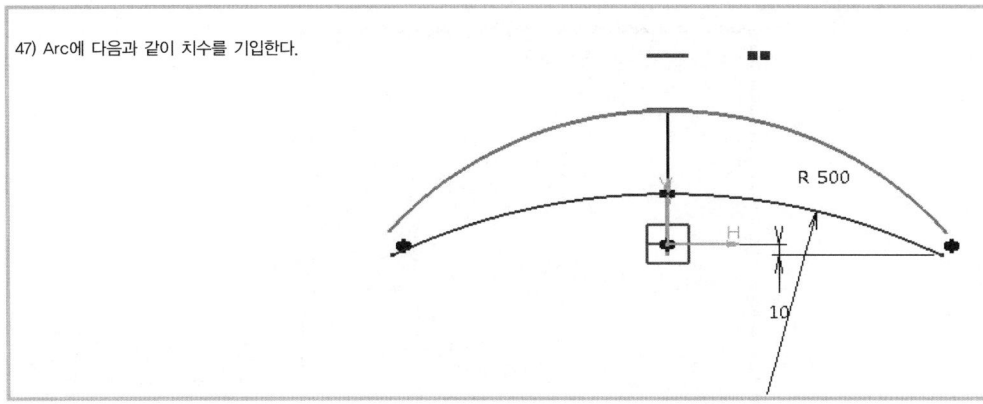

48) Sweep을 실행하고 Profile : Sketch.4, Guide Curve : Sketch.3을 지정한다.

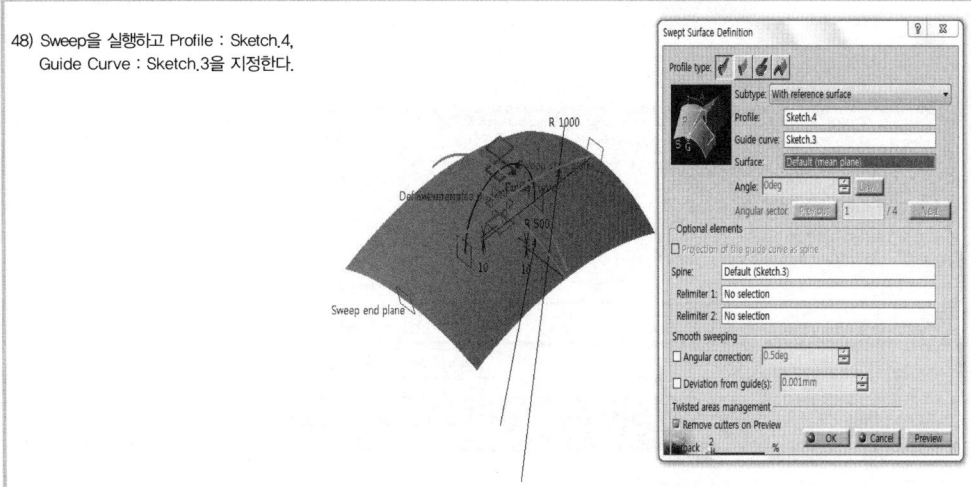

49) Sweep.1 Surface를 [Show]을 한다.

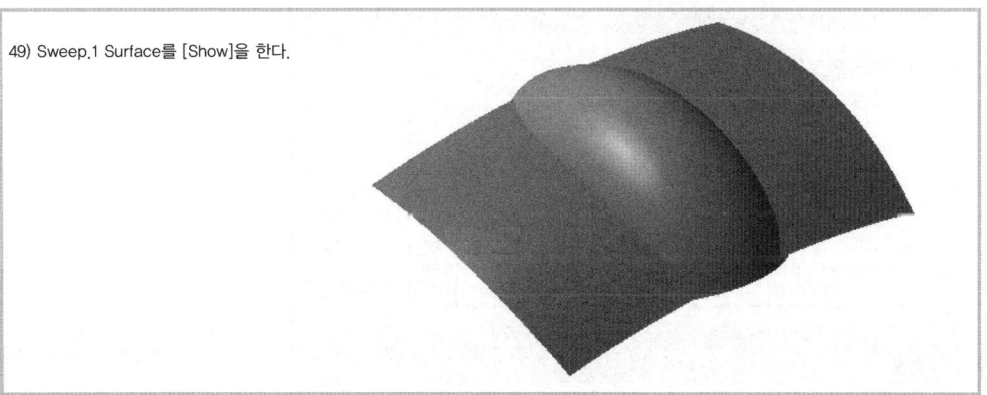

50) [Insert]-[Geometrical Set]을 선택하고 Name : Result로 지정한다.

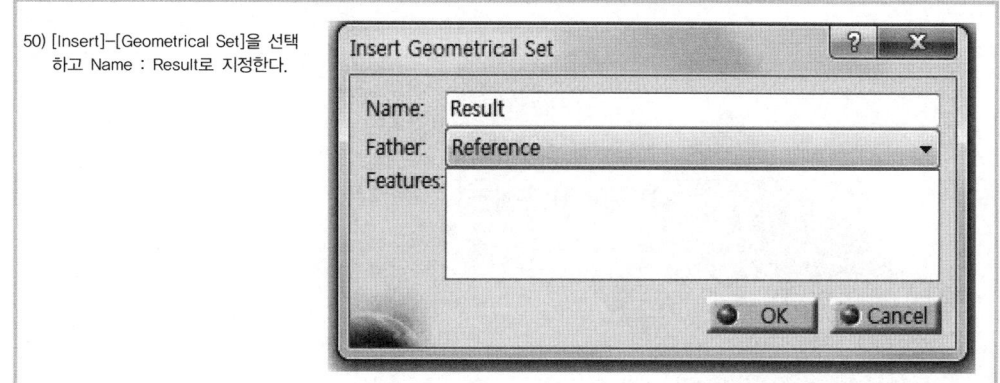

51) Trim를 실행하고 첫 번째 Surface 와 Surface2를 차례대로 선택하여 다음 창에서 Automatic extrapolation 을 체크한다.

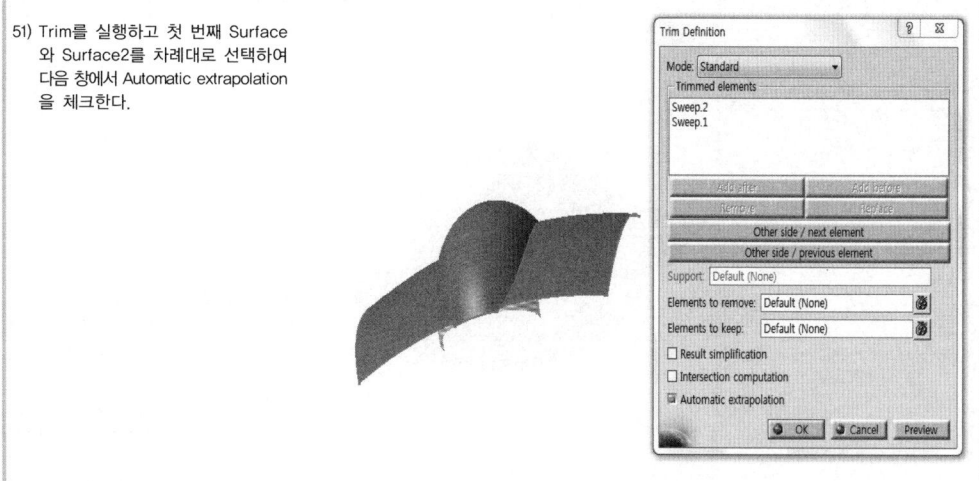

52) Trim 실행 결과

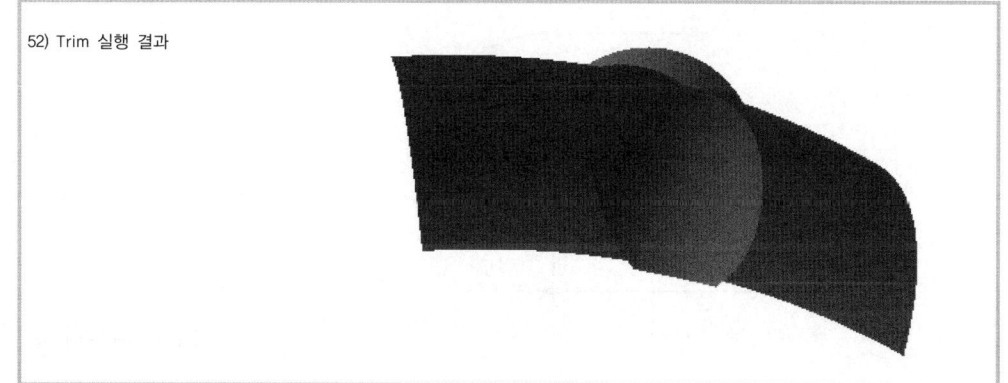

53) [Insert]-[Geometrical Set]을 선택하고 Name : Base로 지정한다.

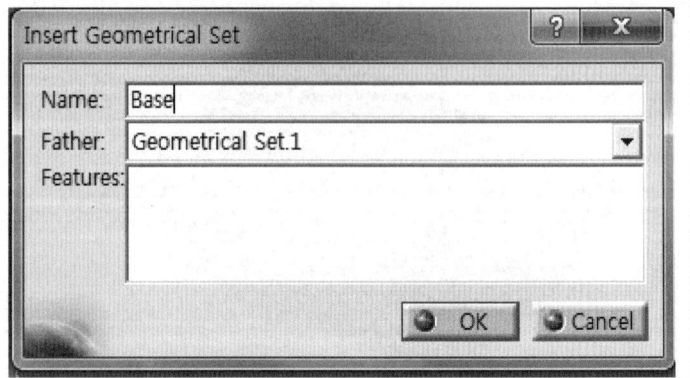

54) [Insert]-[Geometrical Set]을 선택하고 Name : Profile로 지정한다.

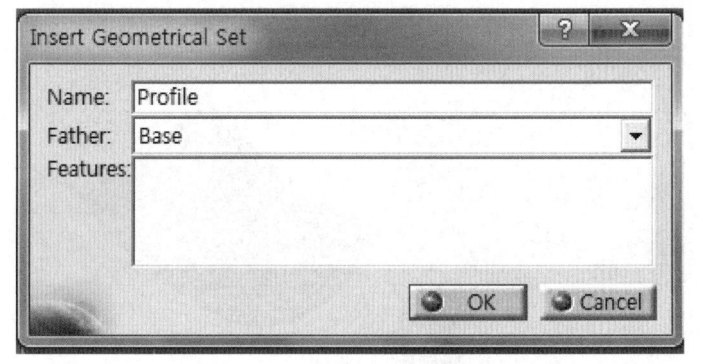

55) Trim.1 Surface를 [Hide]로 숨긴다.
56) Positioned Sketch를 선택하고 Reference : Plane.3을 선택한다.

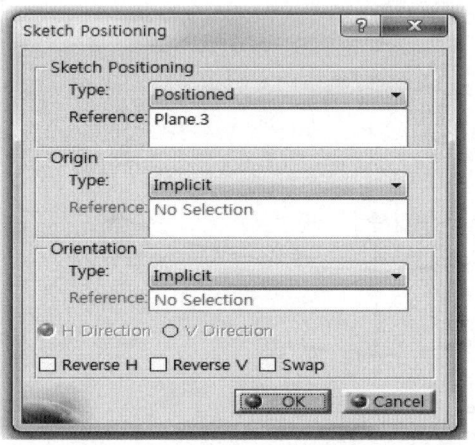

57) 다음과 같이 스케치를 한다.

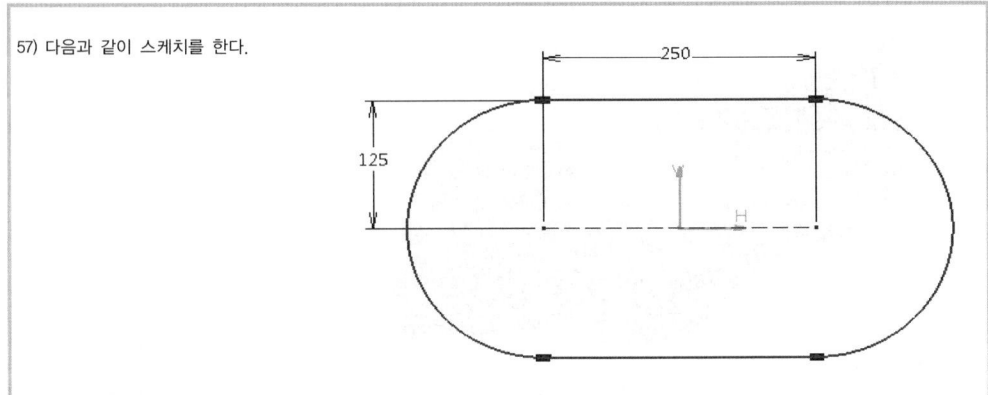

58) [Start]-[Mechanical Design]-[Part Design]를 선택한다.
    Trim.4를 [Show]를 한다.
59) [Insert]-[Body]를 선택한다.
60) Pad를 실행하고 Up to Surface를 지정, Surface의 윗면을 선택한다.

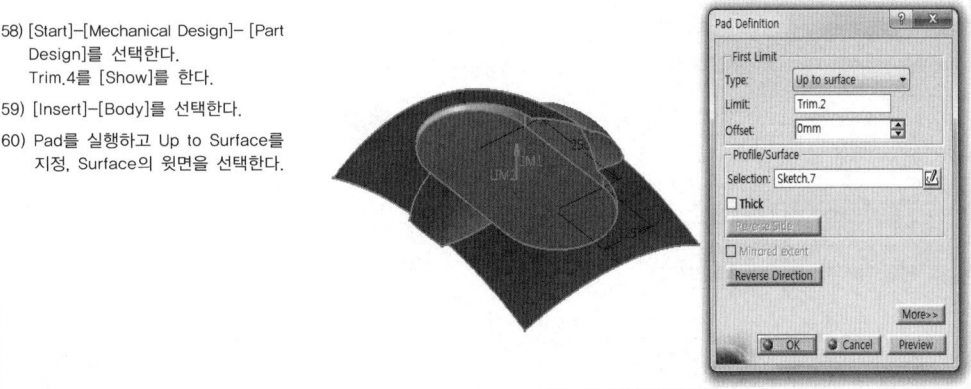

61) Spec Tree에서 Tim Surface를 [Hide]로 숨긴다.

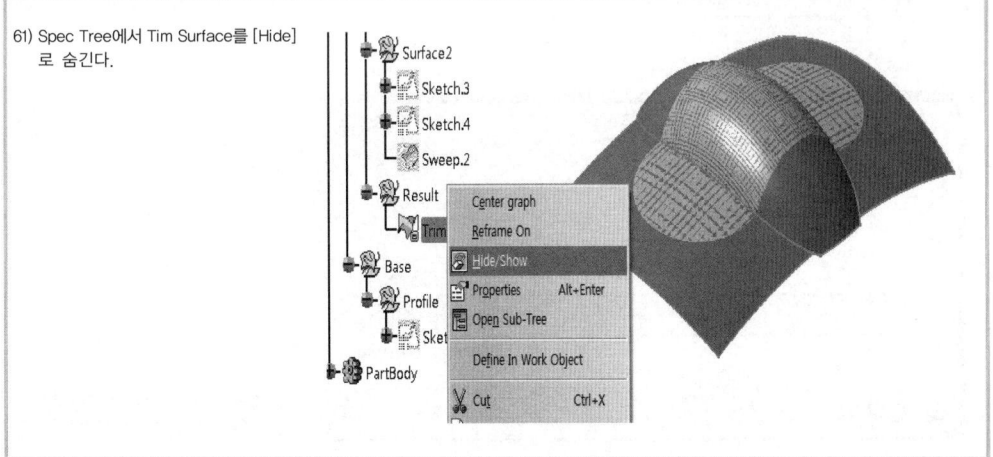

62) Draft를 실행하고 Angle : 5deg, Face to draft : 원의 우측면 선택, Selection : XY Plane을 선택한다.

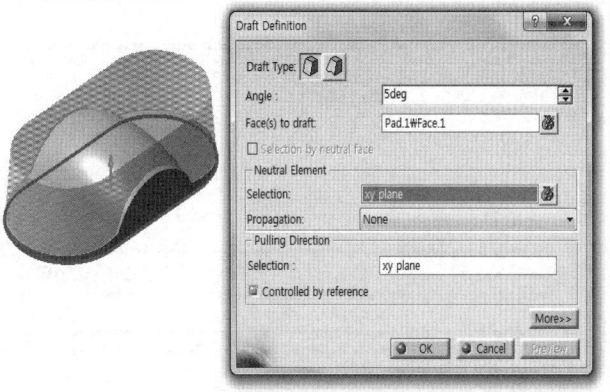

63) Draft 결과

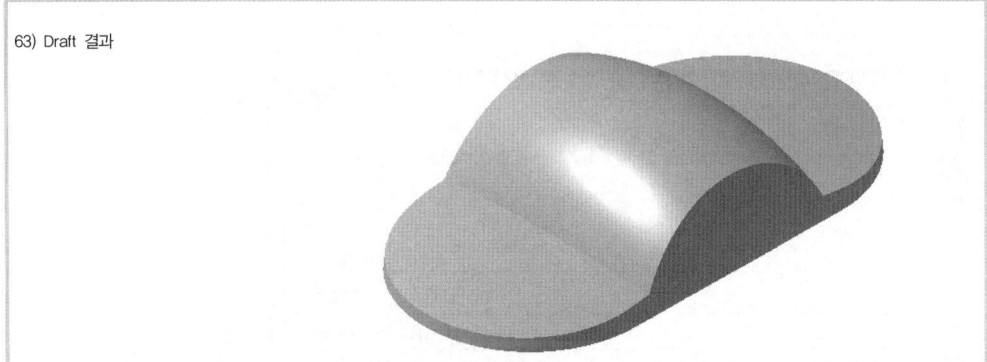

• 두 번째 형상 만들기

64) Spec Tree에서 Profile 위에서 [Define In Work Object]를 선택한다.
65) Positioned Sketch를 선택하고 Reference : Plane.3을 선택한다.
   Pad.1을 [Hide]로 숨긴다.

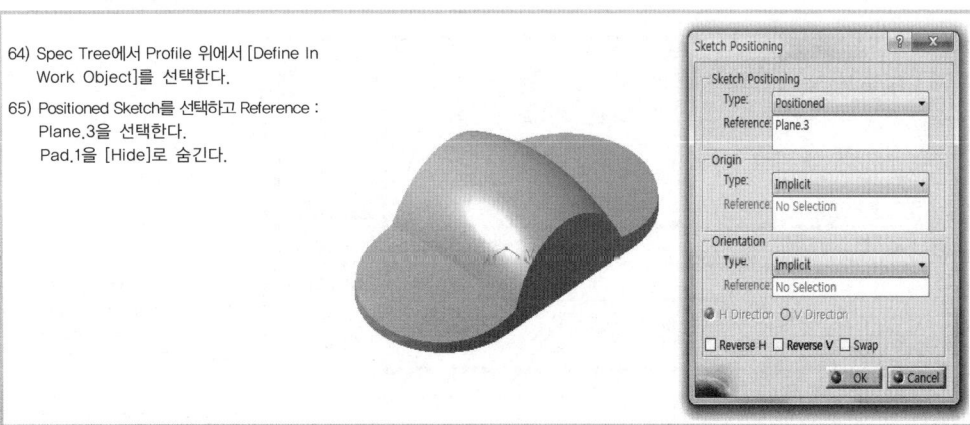

66) 다음과 같이 스케치를 한다.

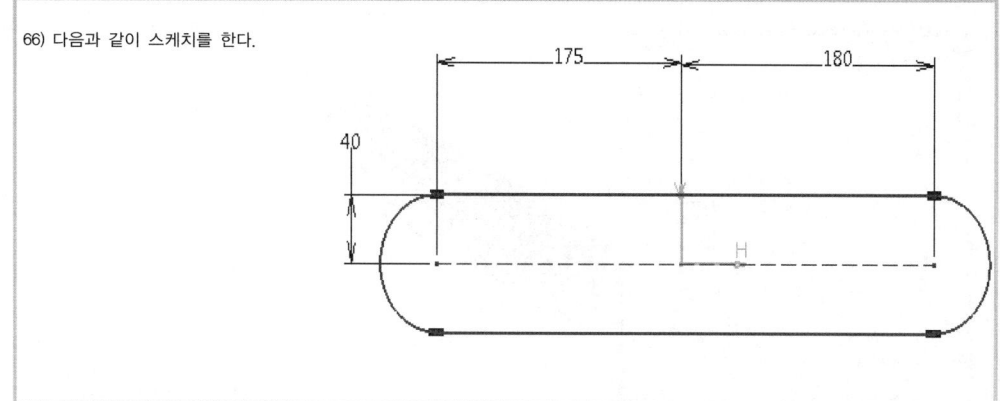

67) [Start]-[Mechanical Design]-[Part Design]를 선택한다.
68) [Insert]-[Body]를 선택한다.
69) Pad를 실행하고 90mm 돌출을 한다.

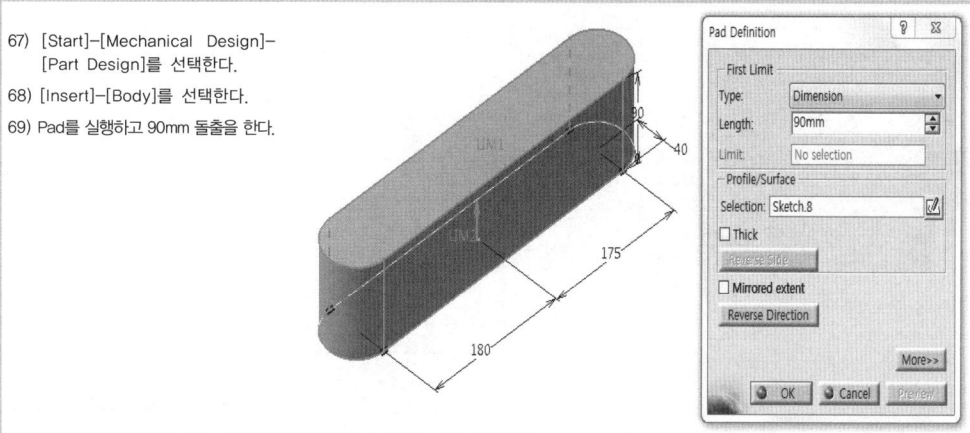

70) Draft를 실행하고 Angle : 10deg, Face to draft : 측면 선택, Selection : XY Plane을 선택한다.

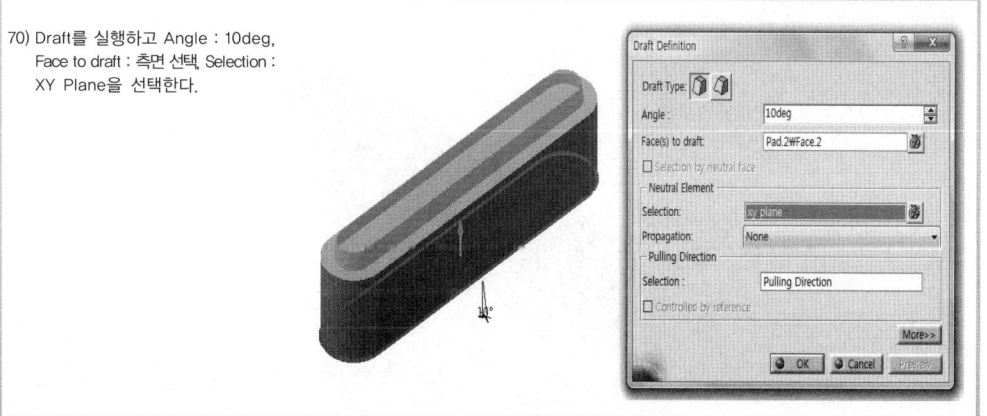

• 만든 형상 일부분 잘라내기 1

71) [Insert]-[Geometrical Set]을 선택한다. Name : CutOff 다음과 같이 3개의 Geometrical Set을 만든다.

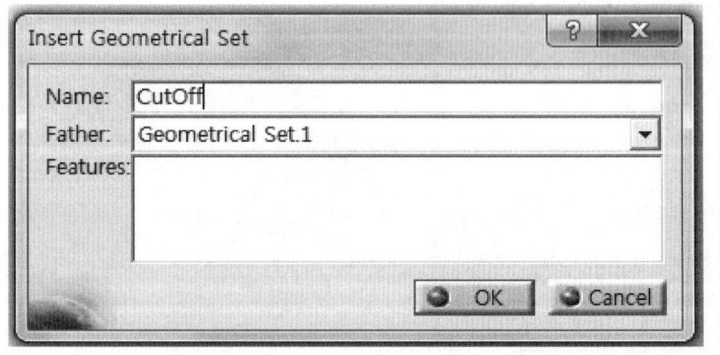

72) [Insert]-[Geometrical Set]을 선택한다. Name : CutOff_Side로 지정한다.

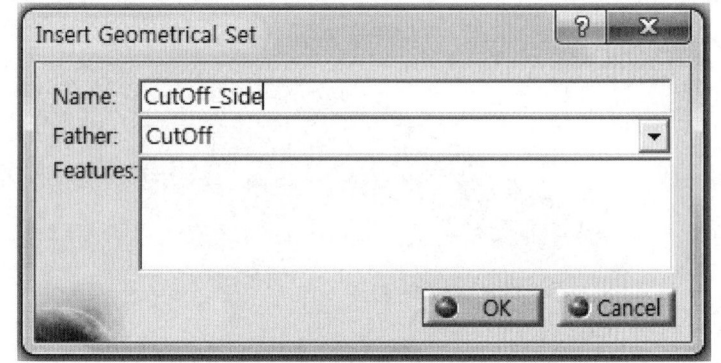

73) [Insert]-[Geometrical Set]을 선택한다. Name : Profile로 지정한다.

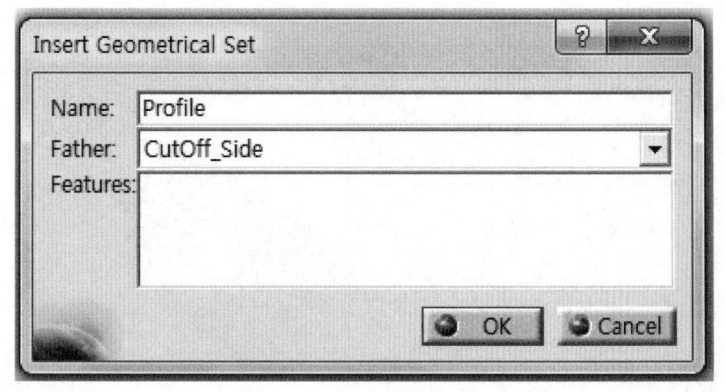

74) Positioned Sketch를 선택하고 Reference : ZX Plane을 선택한다.

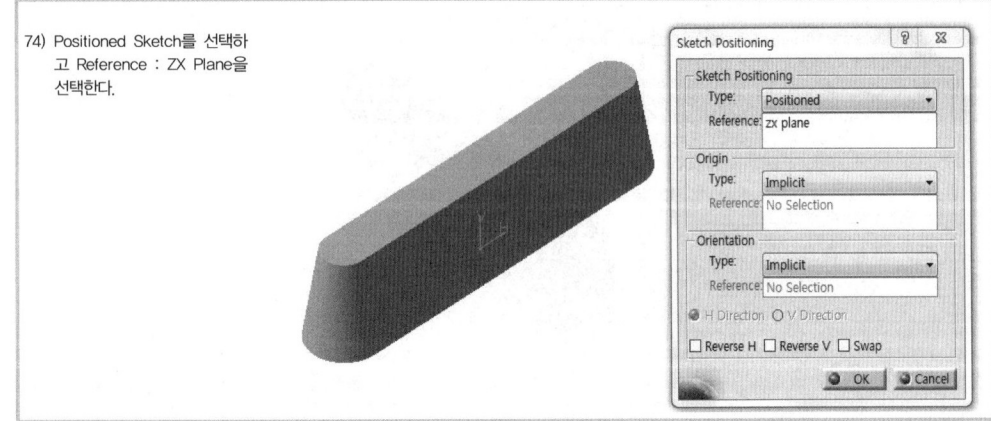

75) 다음과 같이 스케치를 한다.

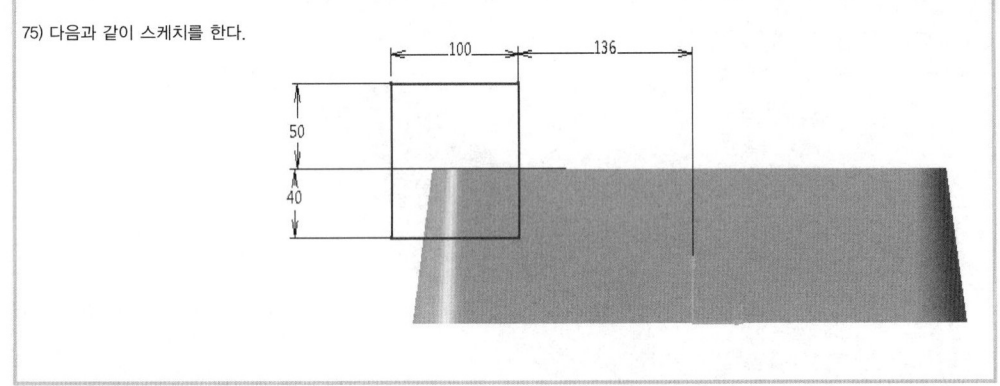

76) Positioned Sketch를 선택하고 Reference : ZX Plane을 선택한다.

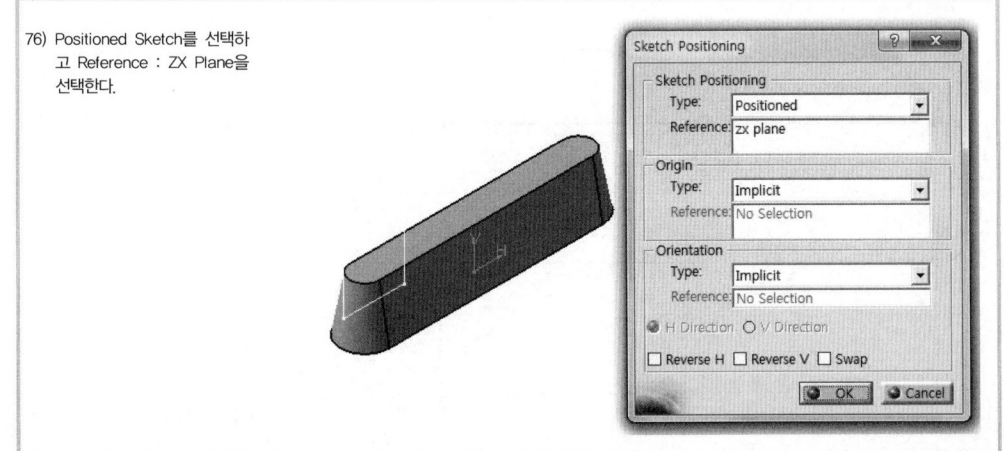

77) 다음과 같이 스케치를 한다.
  - Sketch.9의 오른쪽 수직선과 원의 중심점을 Coincidence 구속을 한다.
  - 돌출 객체의 윗면과 원을 Tangency 구속을 한다.

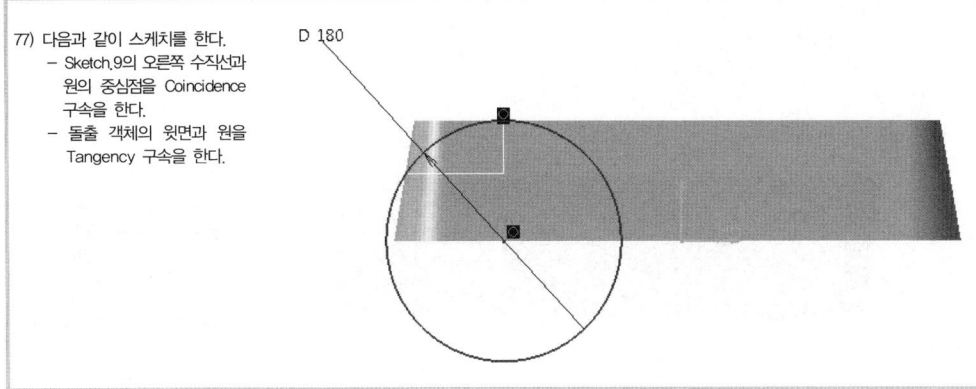

78) [Insert]-[Body]를 선택한다.
79) Pad를 실행하고 100mm, Mirrored extent를 선택하여 돌출을 한다.

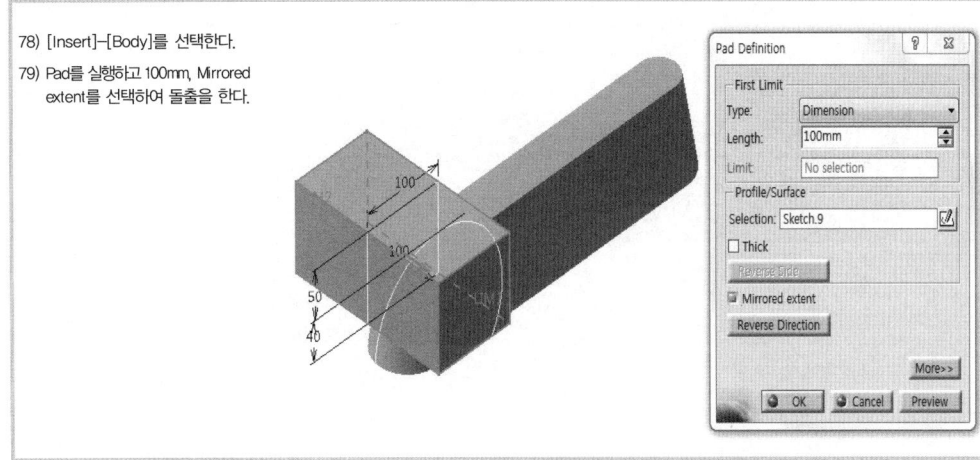

80) Pocket을 실행하고 양쪽으로 Up to Last를 지정하여 돌출 컷을 한다.

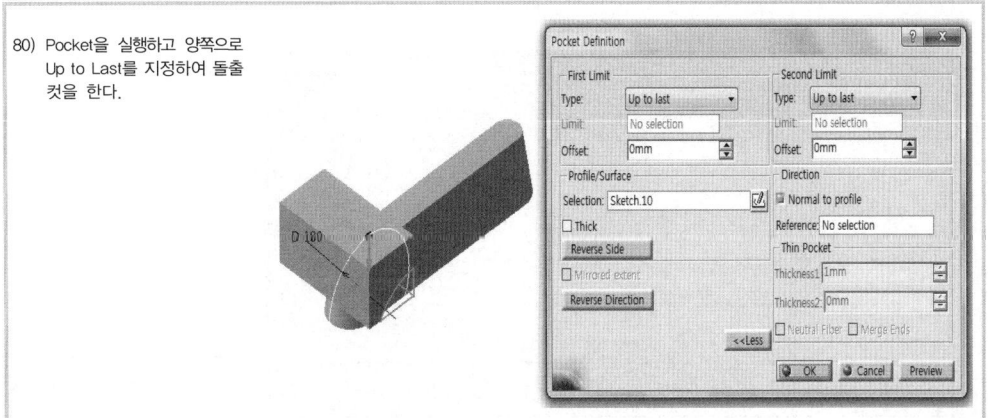

81) [Insert]-[Body]를 선택한다.
82) Assemble을 실행하고 Assemble : Body.4를, To : Body.3을 선택한다.

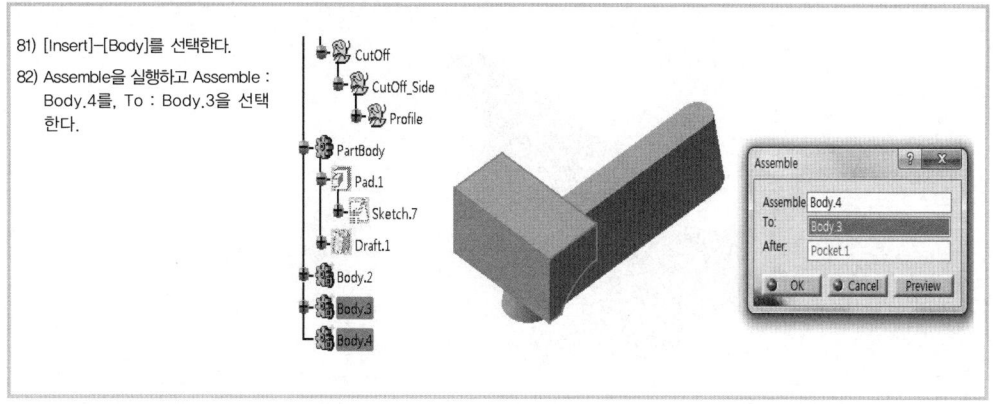

83) Remove를 실행하고 Remove : Body.3, From : Body.2를 선택한다.

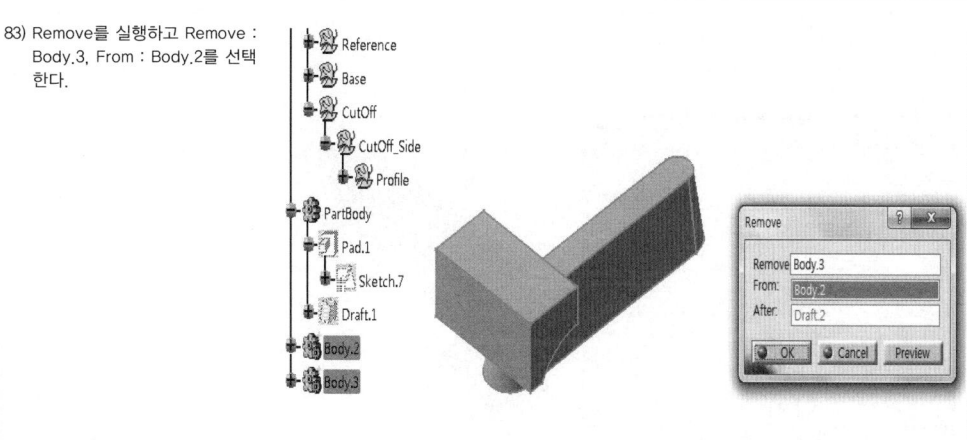

84) Remove한 결과

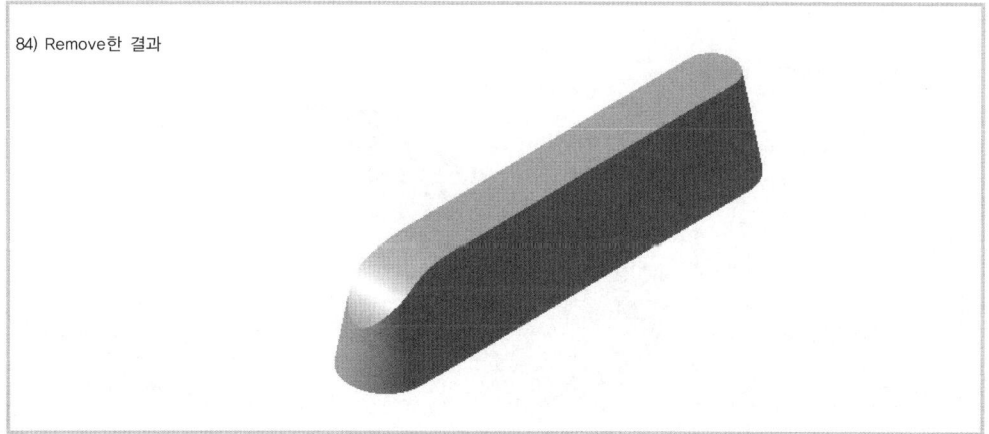

85) [Insert]-[Geometrical Set]을
    선택한다. Name : Profile2로
    지정한다.

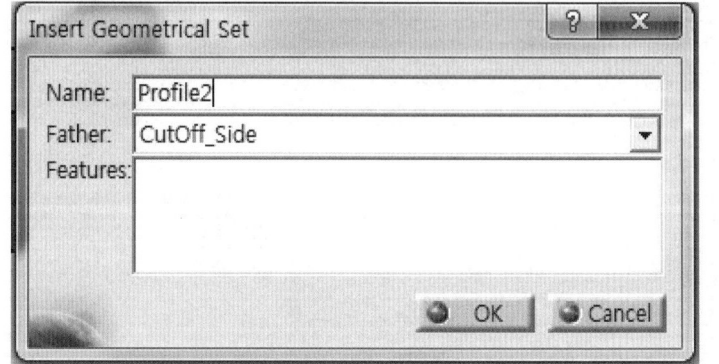

86) Positioned Sketch를 선택하
    고 Reference : ZX Plane을
    선택한다.
    다음과 같이 스케치를 한다.

87) Positioned Sketch를 선택하
    고 Reference : ZX Plane을
    선택한다.
88) 다음과 같이 스케치를 한다.
    - Sketch.11의 좌측 수직선과
      원의 중심 점을 Coincidence
      구속을 한다.
    - 돌출 객체의 윗면과 원을
      Tangency 구속을 한다.

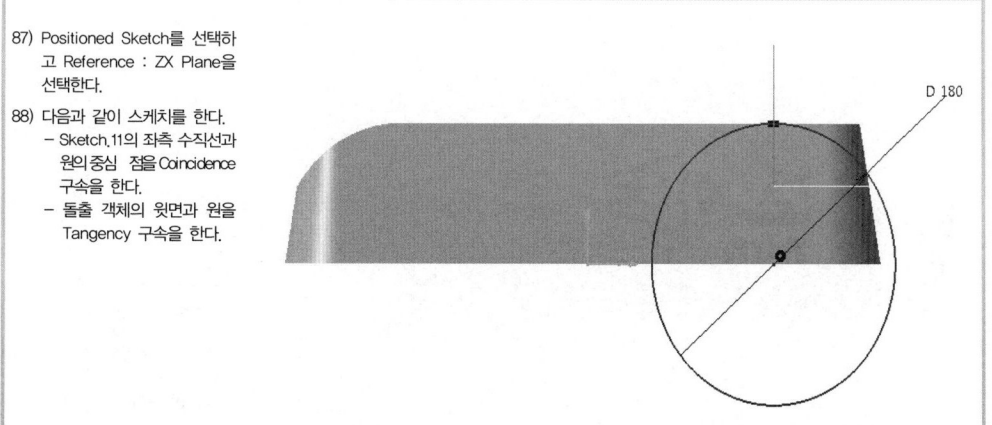

89) [Insert]-[Body]를 선택한다.
90) Pad를 실행하고 100mm, Mirrored
    extent를 지정하여 돌출을 한다.

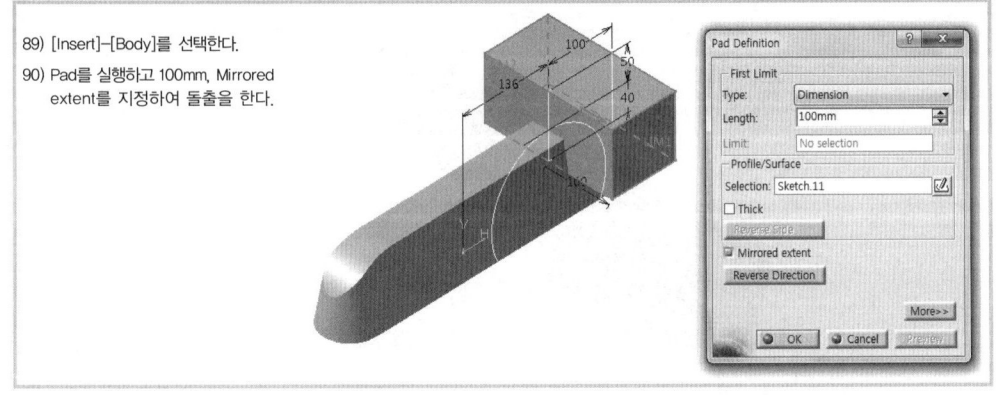

91) Pocket을 실행하고 양쪽으로
    Up to Last로 지정하여 돌출 컷
    을 한다.

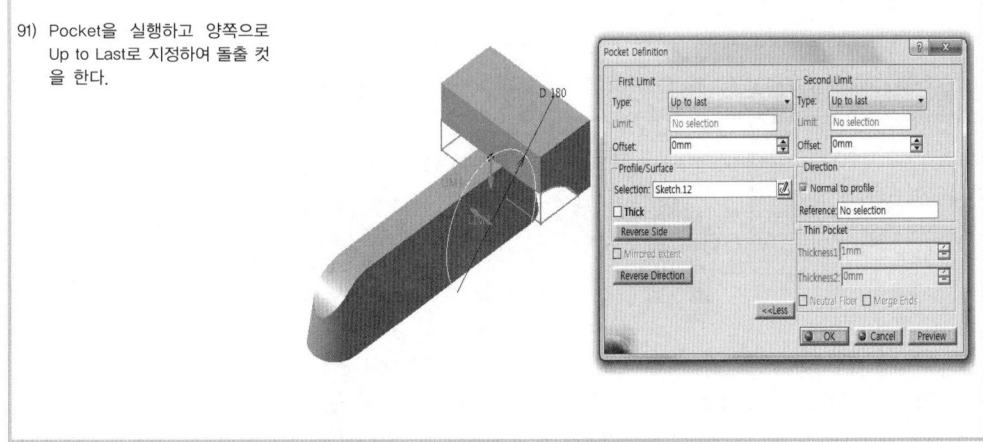

92) [Insert]-[Body]를 선택한다.
93) Assemble을 실행하고 Assemble :
    Body.6을, To : Body.5를 선택
    한다.

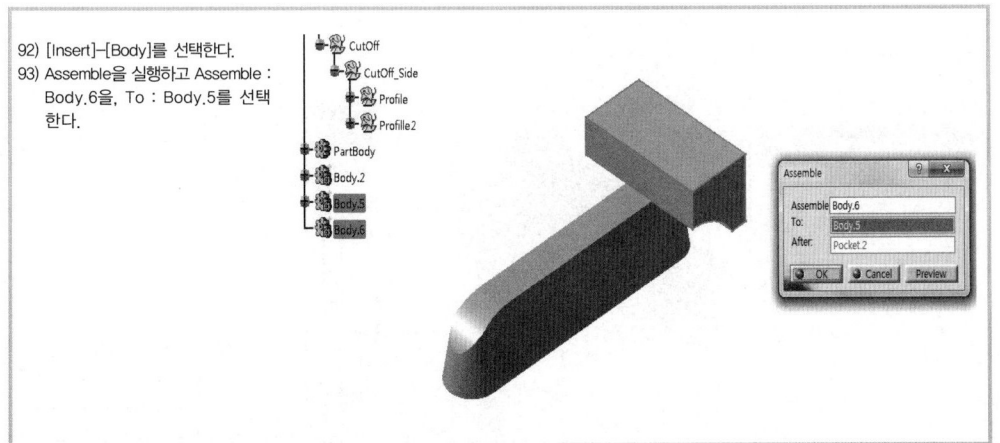

94) Remove를 실행하고 Remove : Body.5를, From : Body.2를 선택한다.

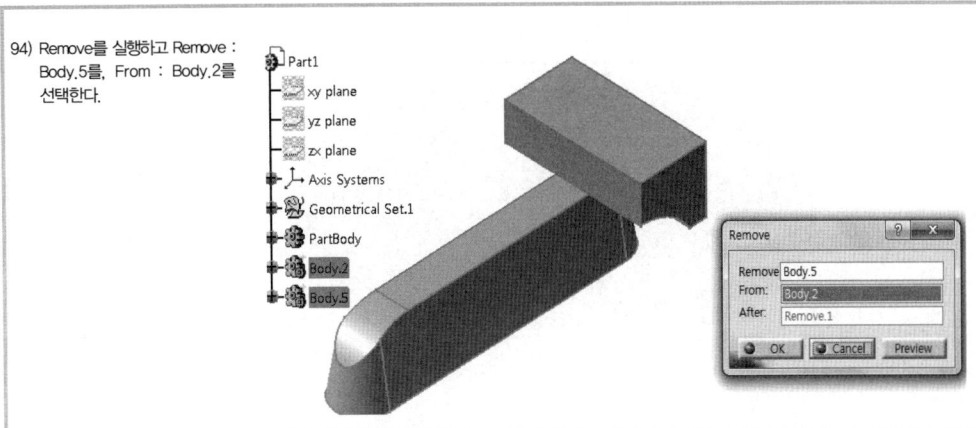

95) Edge Fillet을 실행하고 반경 : 10mm로 필렛을 한다.

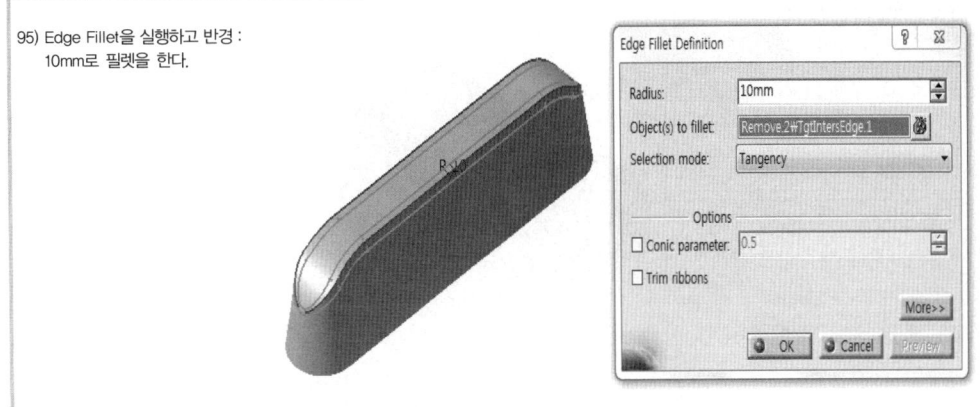

96) [Hide] 했던 본체를 [Show]를 한다.

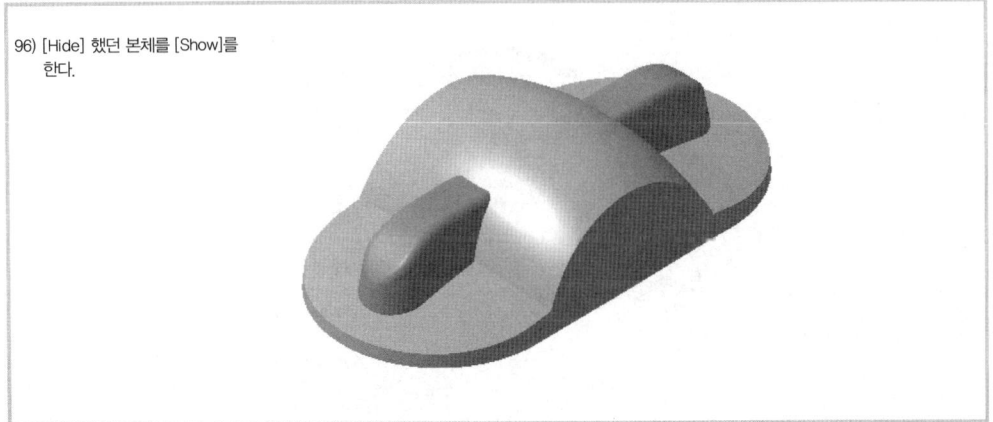

• 형상 일부 잘라내기 2

97) [Insert]-[Geometrical Set]을 선택한다. Name : CutOff_Top을 지정한다.

98) [Insert]-[Geometrical Set]을 선택한다. Name : Profile을 지정한다.

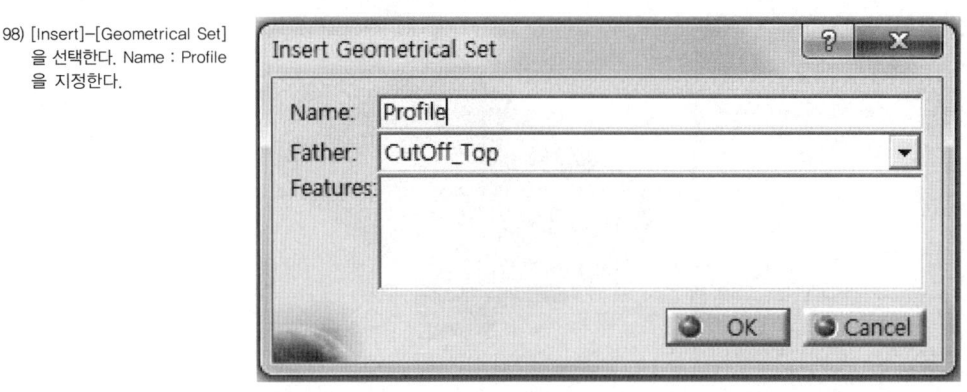

99) Plane을 실행하고 Plane.4를 기준으로 50mm 위쪽에 Plane을 생성한다.

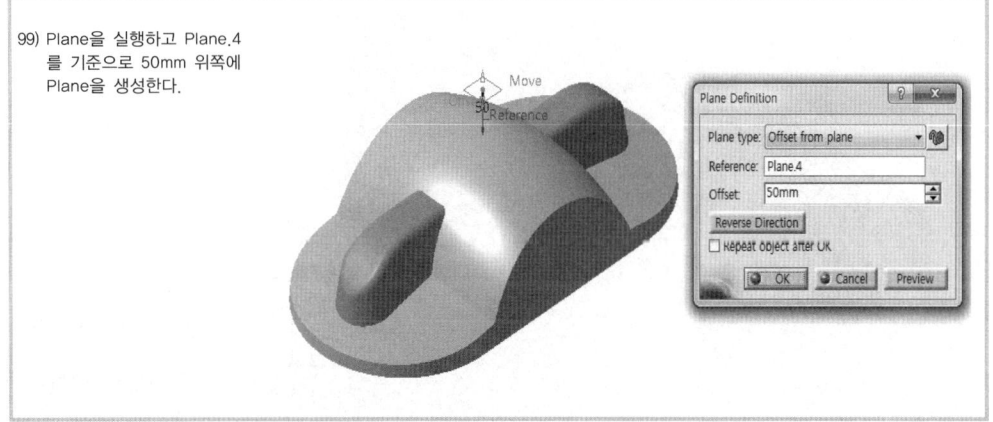

100) Point.4를 더블클릭하여 다음과 같이 수정한다. H : −10mm, Y : −70mm를 지정한다.

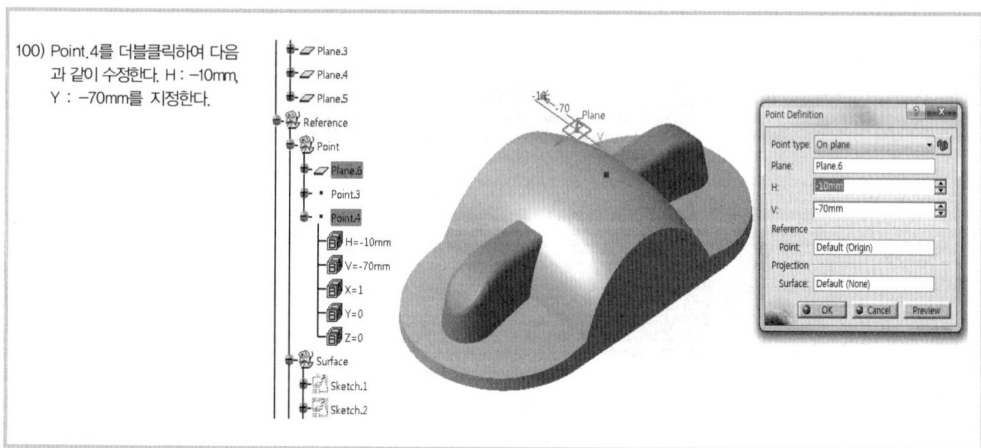

101) Positioned Sketch를 선택하고 Reference : Plane.7을 선택한다.

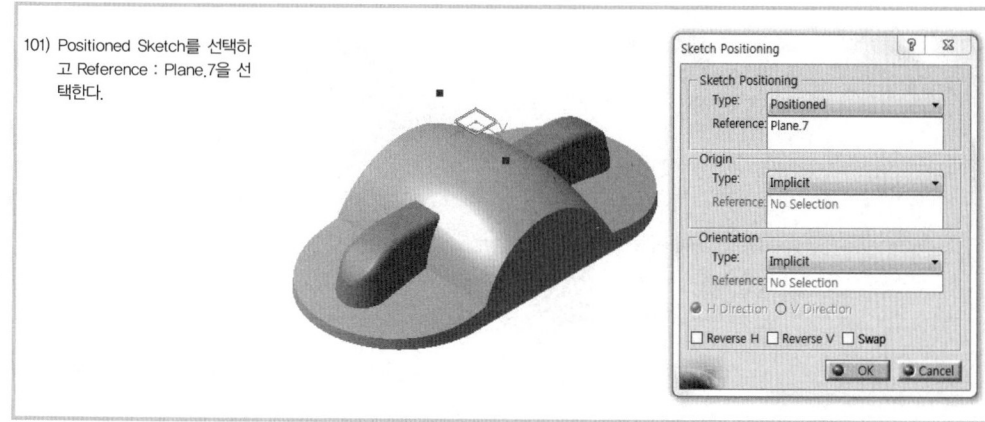

102) 다음과 같이 스케치를 한다. 사각형 끝점과 Point와 일치 구속을 한다.

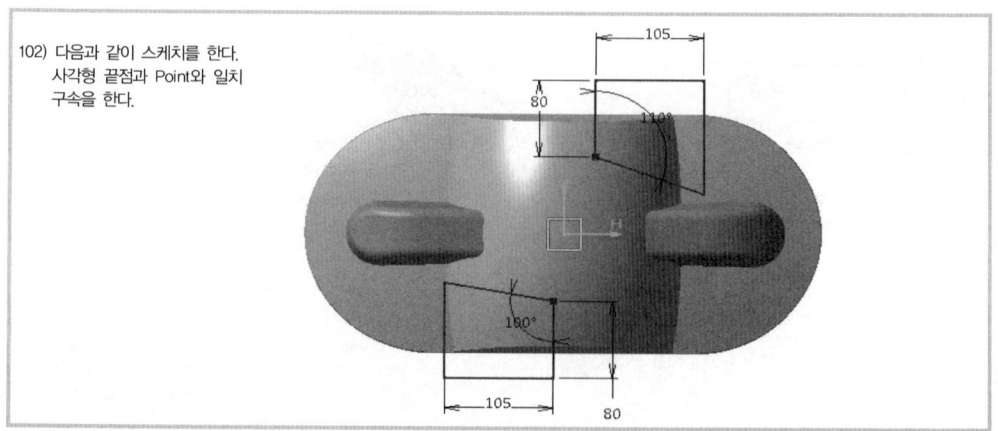

103) Sweep.2 Surface를 [Show]을 한다.
104) Body.2를 [Hide]을 한다.
105) [Insert]-[Body]를 선택한다.

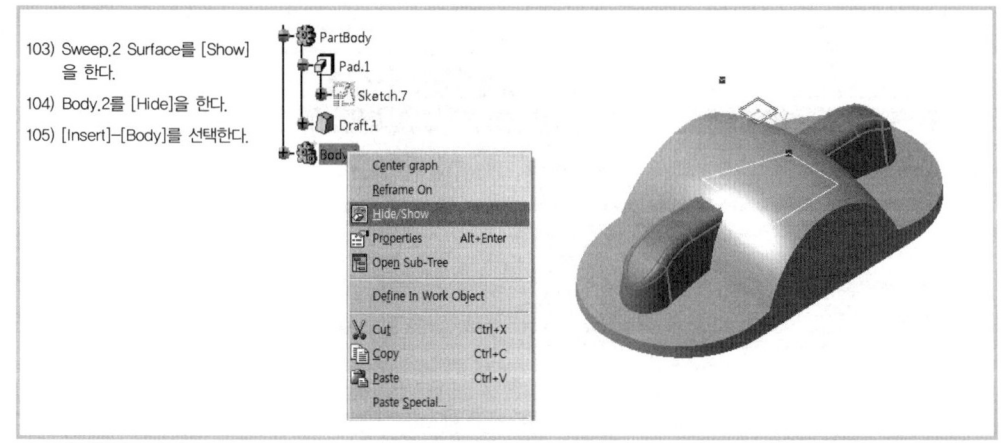

106) Pad를 실행하고 Up to Surface를 지정, Sweep.2를 곡면을 선택하여 돌출을 한다.

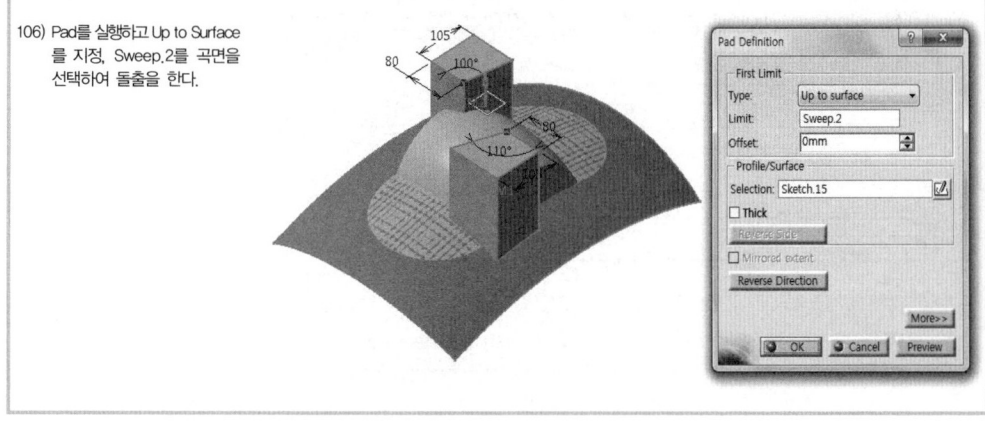

107) Remove를 실행하고 PartBody로부터 Body.8을 삭제한다.

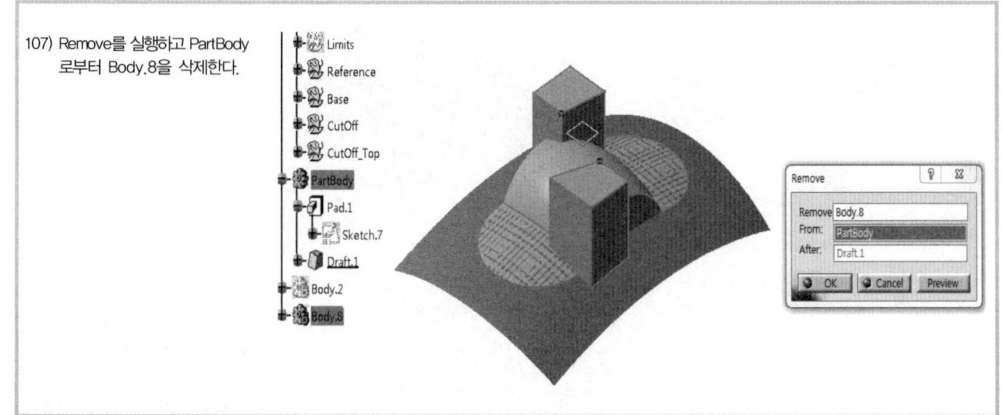

108) 숨겼던 Body.2를 [Show]을 한다.

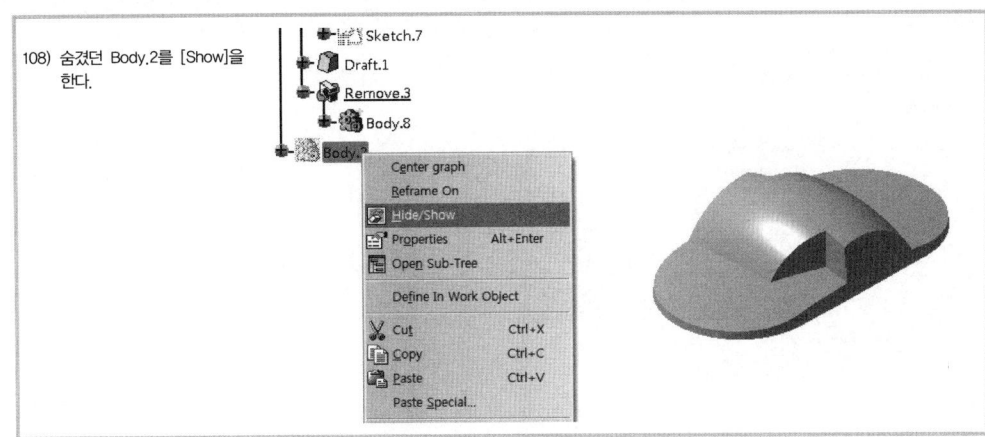

109) Add를 실행하고 PartBody와 Body.2를 합친다.

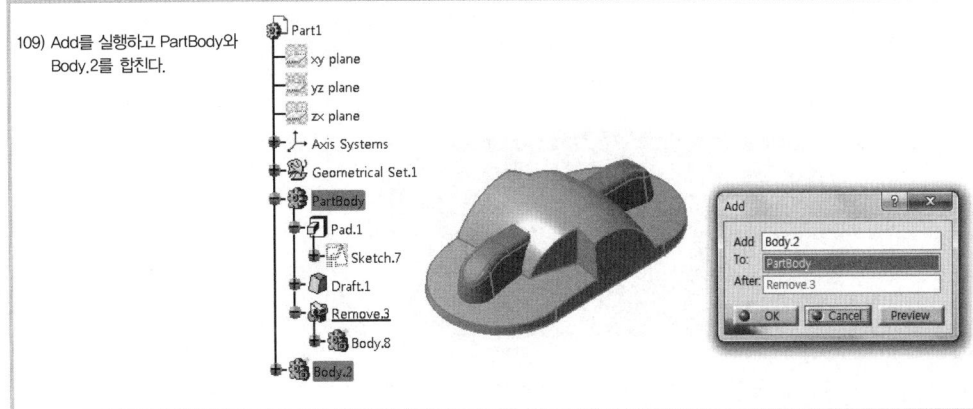

110) Edge Fillet을 실행하고 반경 : 10mm로 필렛을 한다.
 - 위쪽 모서리를 모두 선택한다.

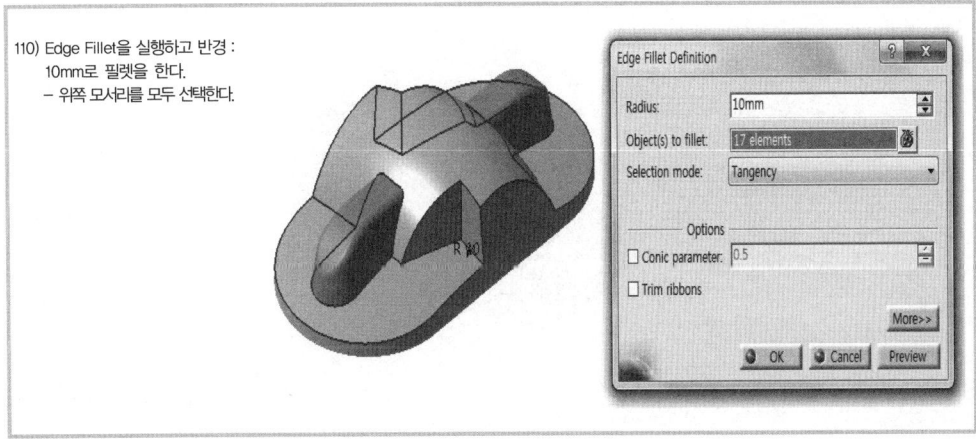

111) Add와 Edge Fillet을 수행한 결과

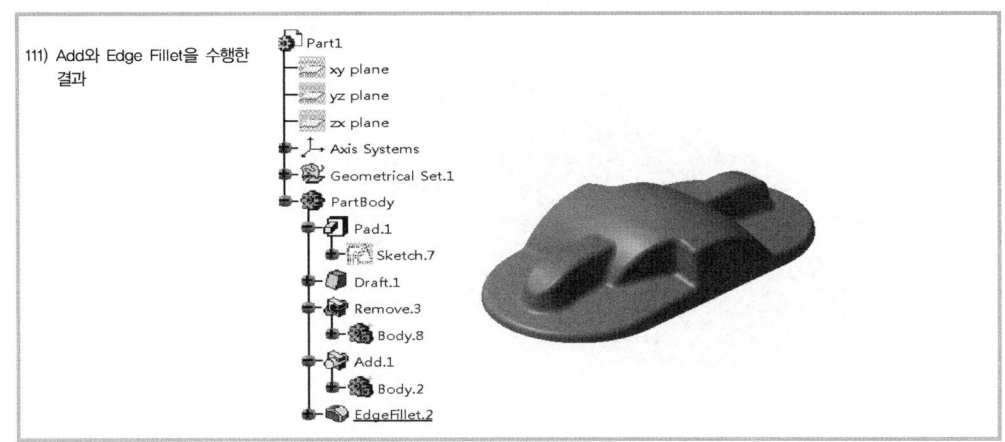

112) [Insert]-[Geometrical Set]을 선택한다. Name : Flange을 지정한다.

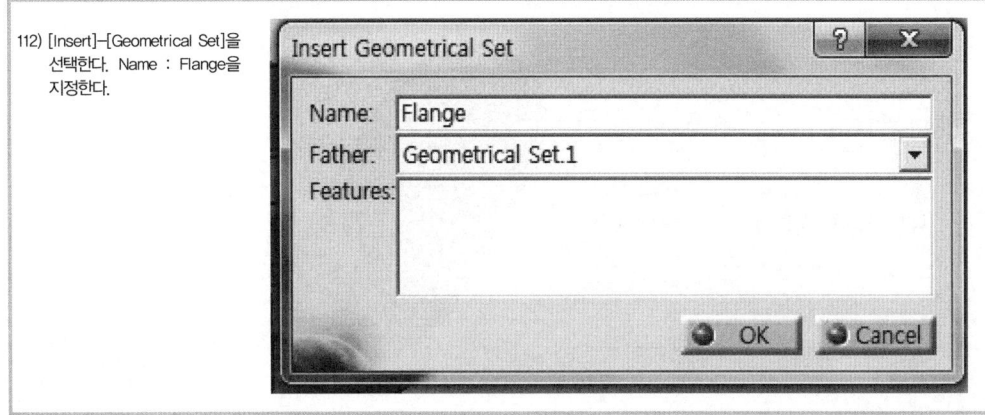

113) [Insert]-[Geometrical Set]을 선택한다. Name : Profile을 지정한다.

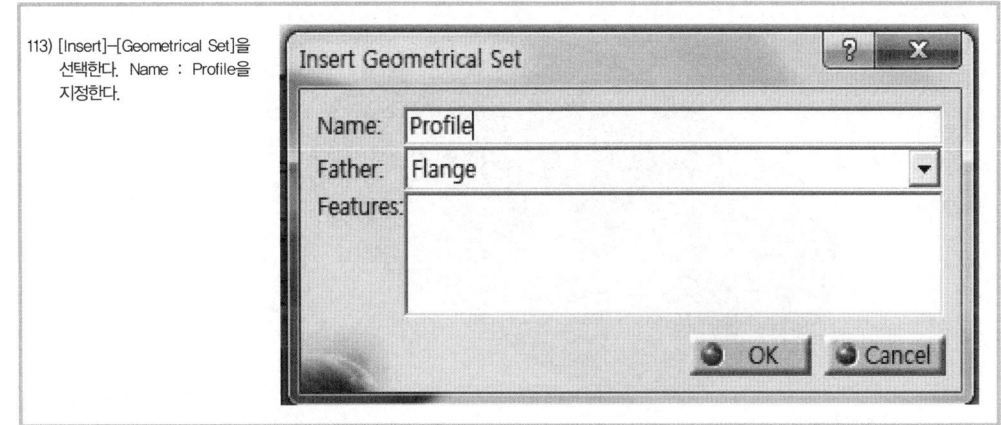

114) Positioned Sketch를 선택
하고 Reference : XY Plane을
선택한다.

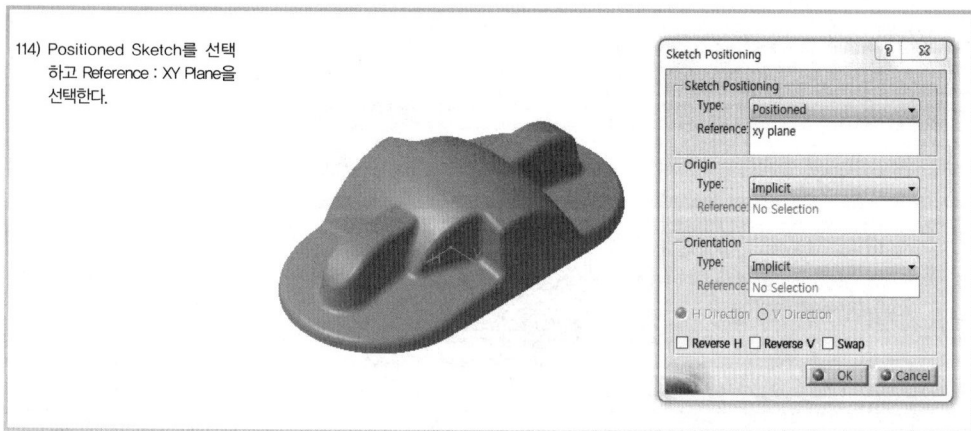

■ 중간 완성 결과

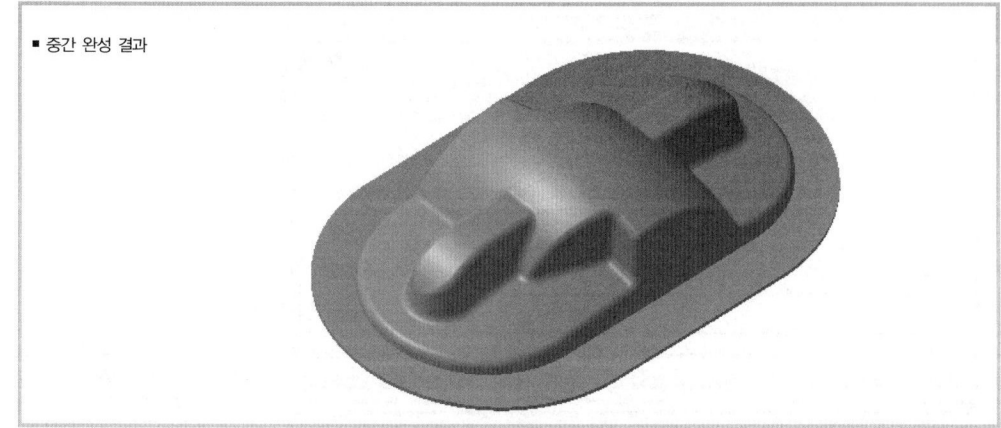

115) 다음과 같이 스케치를 한다.

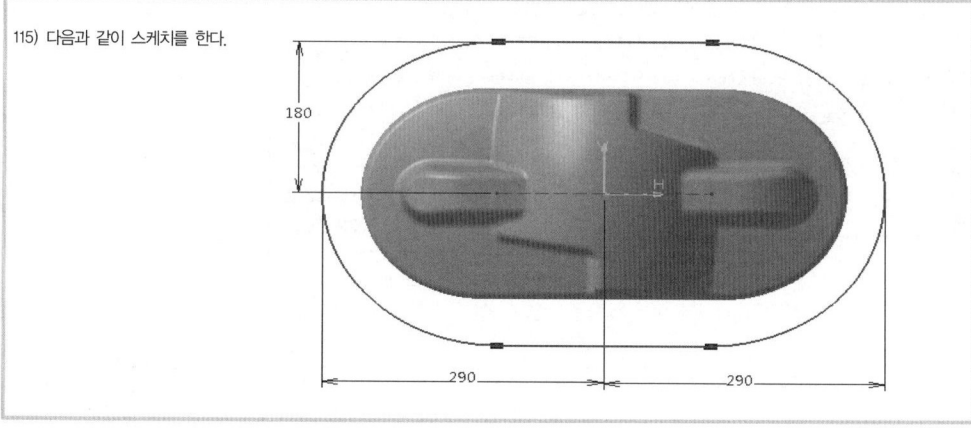

117) Shell을 실행하고 두께 : 3mm
로 밑면을 선택하여 쉘을 생성
한다.

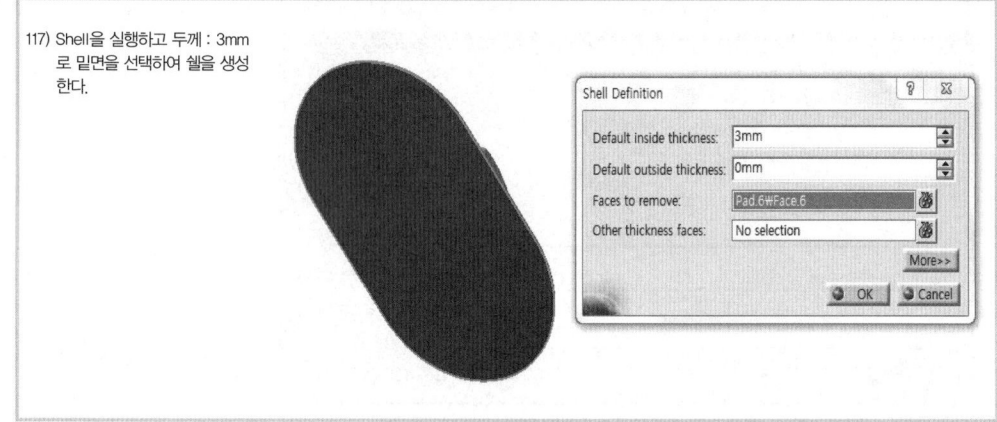

116) Pad를 실행하고 아래쪽으로
5mm 돌출을 한다.

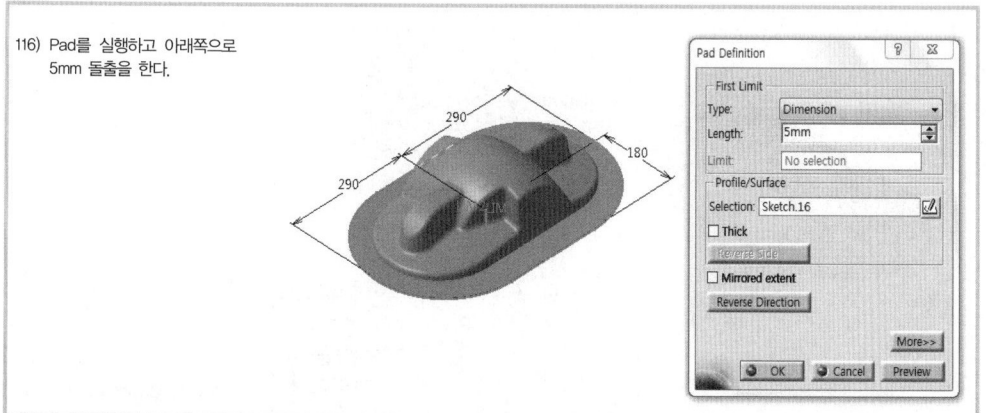

■ 완성 결과(윗면)

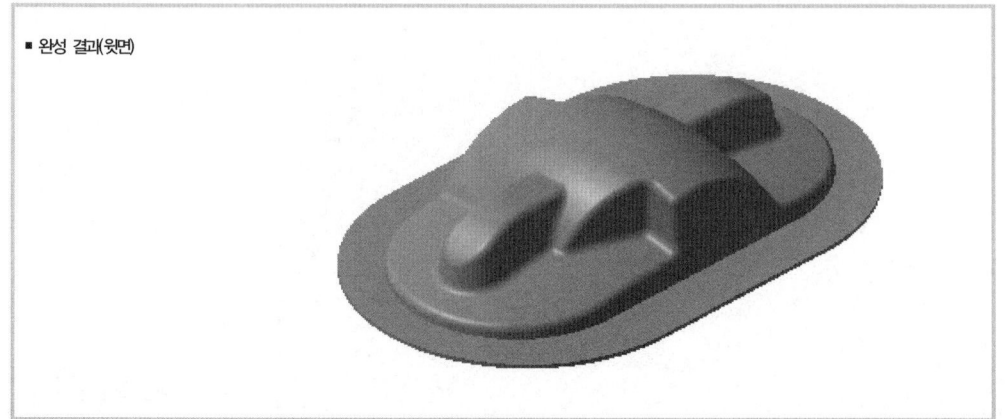

■ 완성 결과(아랫면)

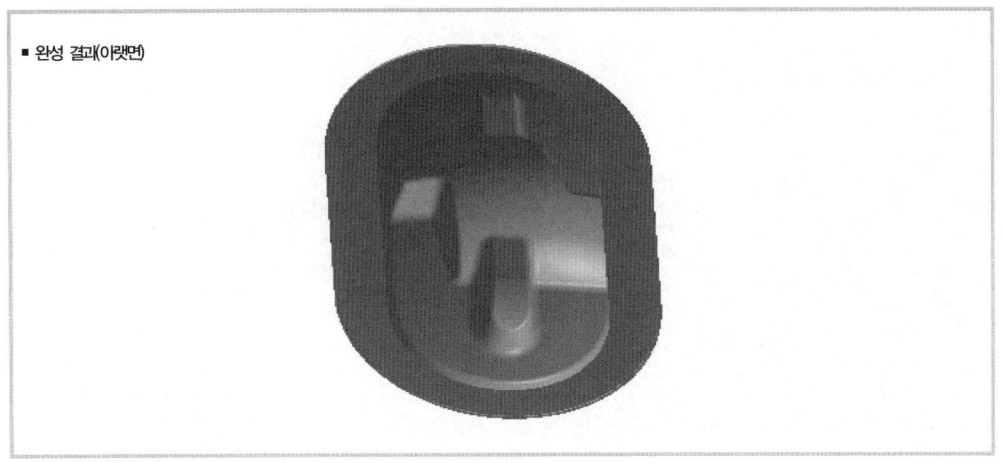

응용하기 35 Boat 만들기

1) [Start]-[Mechanical Design]-[Part Design]을 선택한다.
2) 스케치를 실행하고 XY Plane을 선택하여 다음과 같이 스케치를 한다.

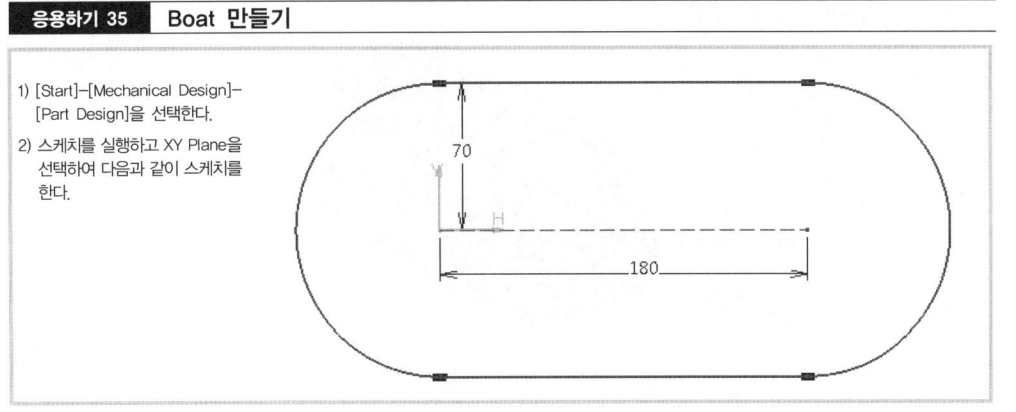

3) Pad를 실행하고 100mm 돌출을 한다.

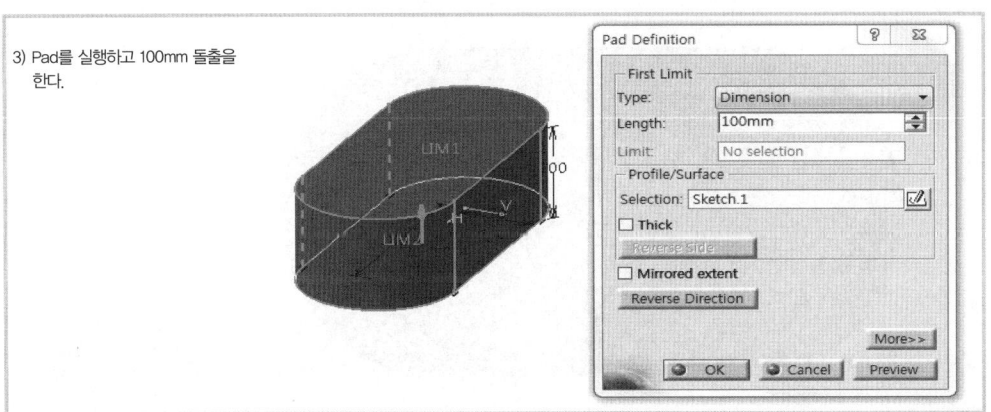

4) Plane을 실행하고 Pad.1 객체의 윗면을 기준으로 10mm 아래쪽으로 Plane을 생성한다.

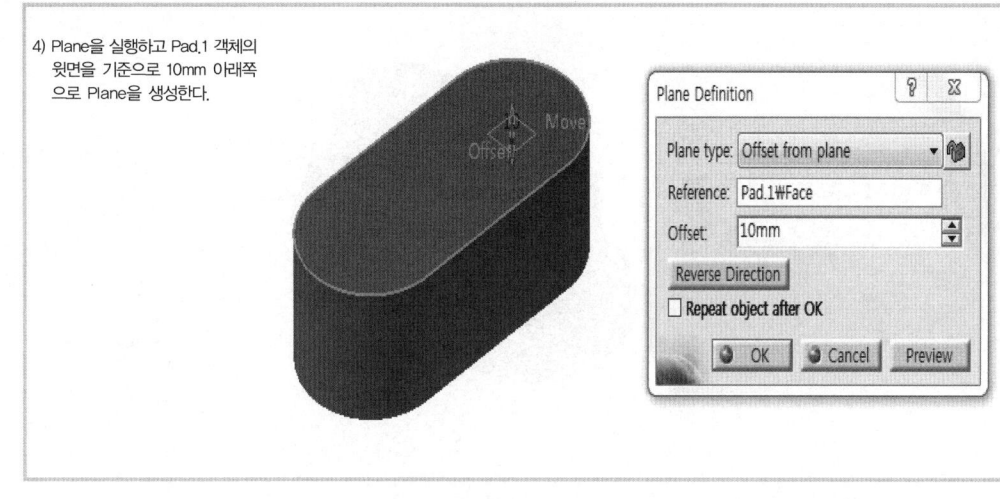

5) 스케치를 실행하고 Plane.1을 선택하여 다음과 같이 스케치를 한다.

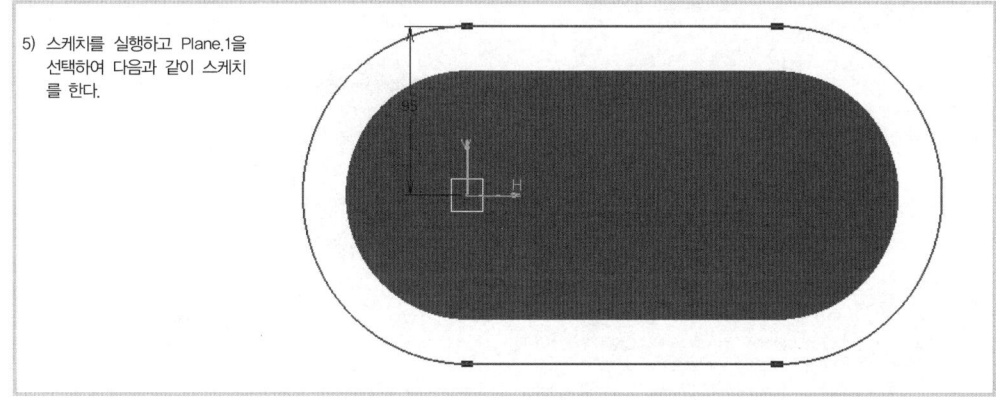

6) Pad를 실행하고 5mm 아래쪽으로 돌출을 한다.

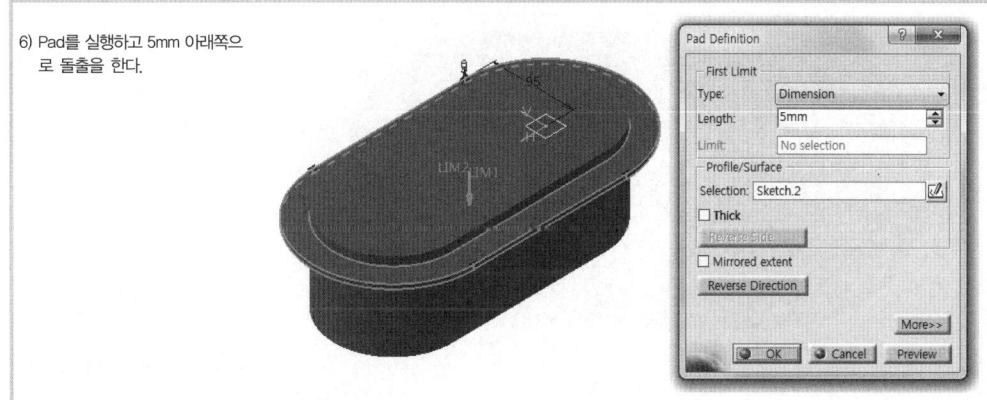

7) 스케치를 실행하고 Pad.2 객체의 윗면을 선택하여 다음과 같이 스케치를 한다.

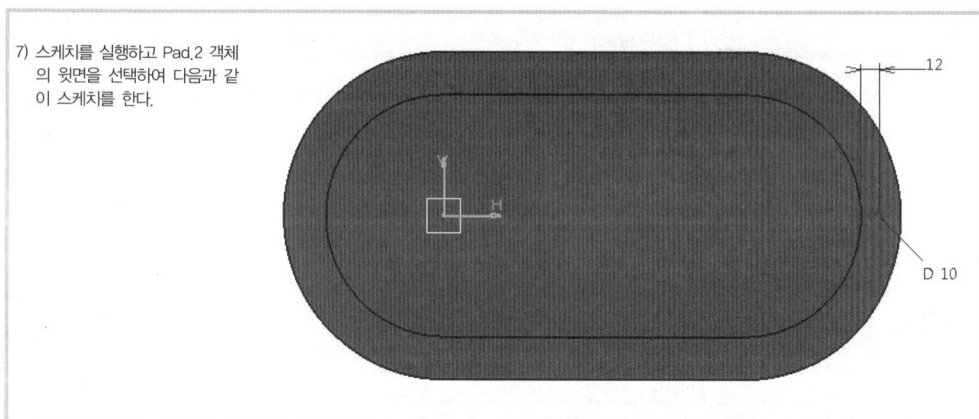

8) Pocket을 실행하고 Up to Next를 지정하여 돌출 컷을 한다.

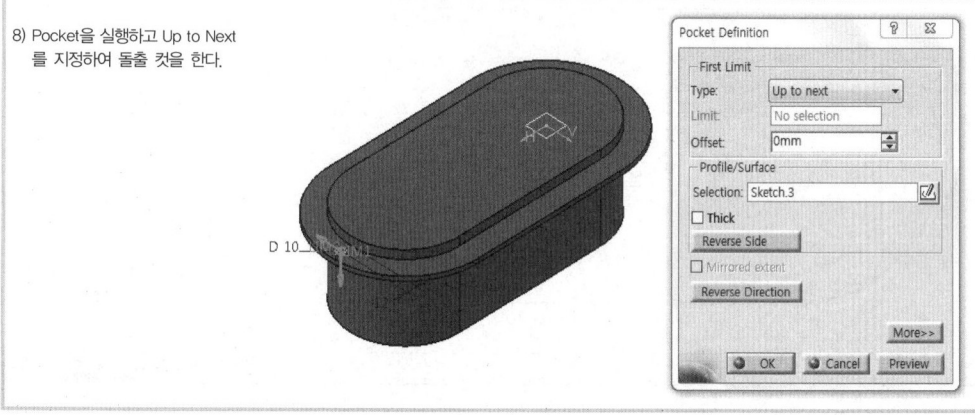

9) Circular Pattern을 실행하고 Total angle : 90deg, Instance : 6, Pocket.1 객체를 패턴복사 한다.

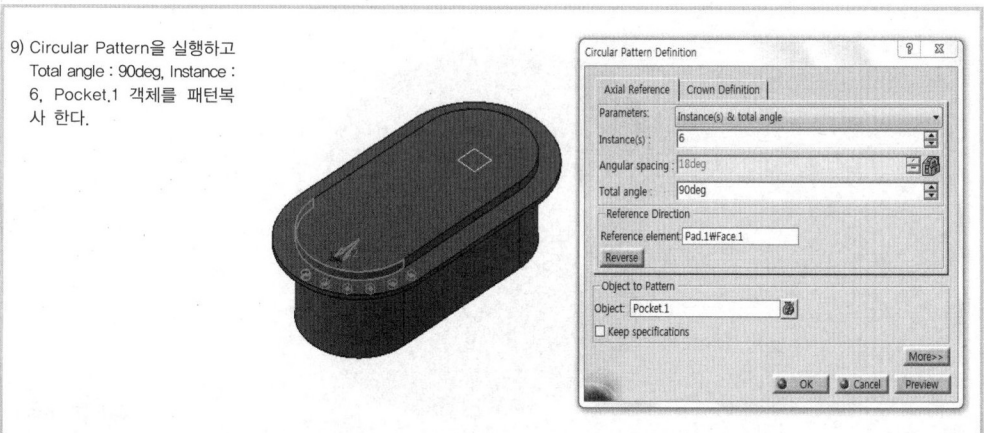

10) 스케치를 실행하고 Pad.2 객체의 윗면을 선택하여 다음과 같이 스케치를 한다.
 - Project 3D Element 이용

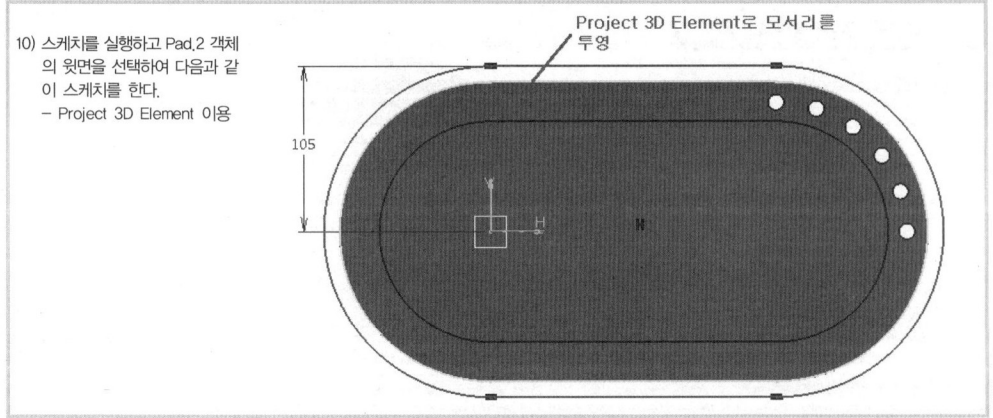

11) Pad를 실행하고 위쪽 : 5mm, 아래쪽 : 10mm 돌출을 한다.

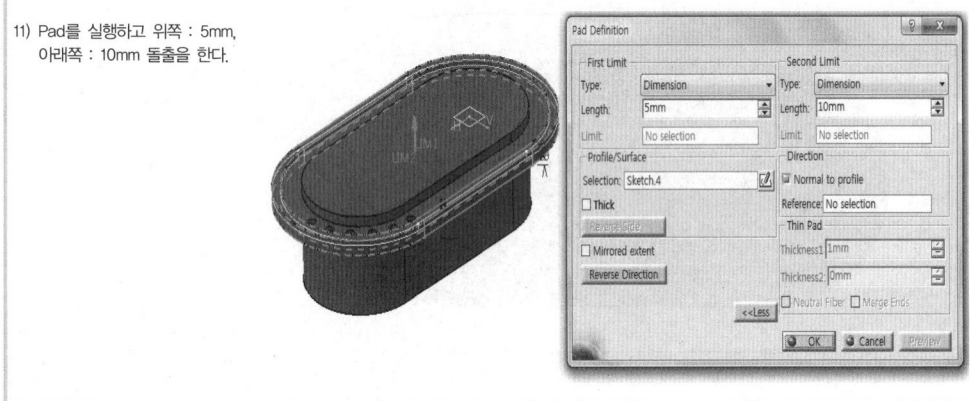

12) Tritangent Fillet을 실행하고 윗면과 아랫면 : Faces to Fillet으로 선택, Face to remove : 측면을 선택한다.

13) 스케치를 실행하고 ZX Plane을 선택하여 다음과 같이 스케치를 한다.

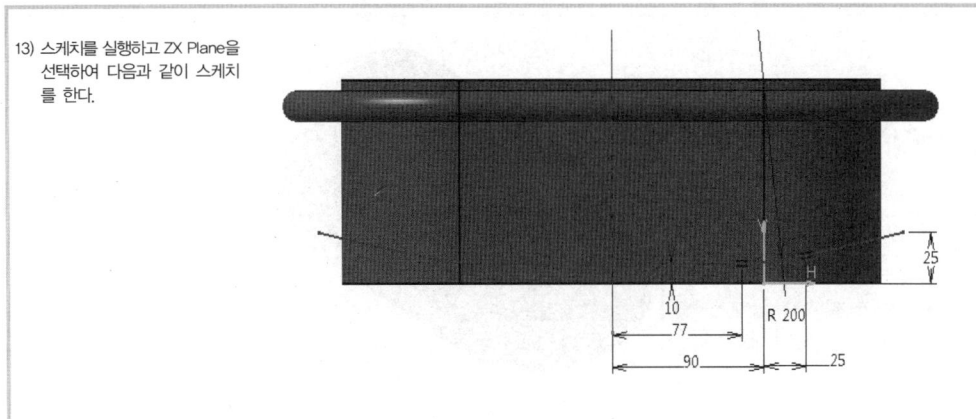

14) Plane을 실행하고 YZ Plane을 기준으로 250mm 위치에 Plane을 생성한다.

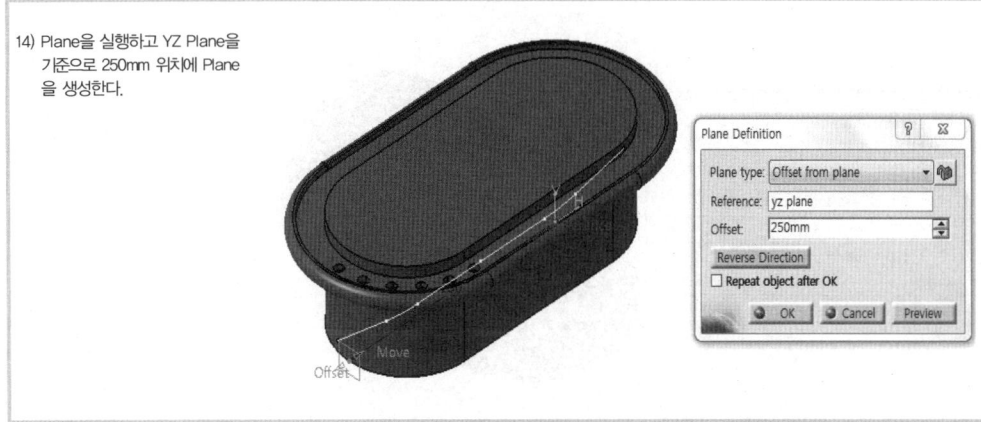

15) Plane.2를 선택하여 다음과 같이 스케치를 한다.

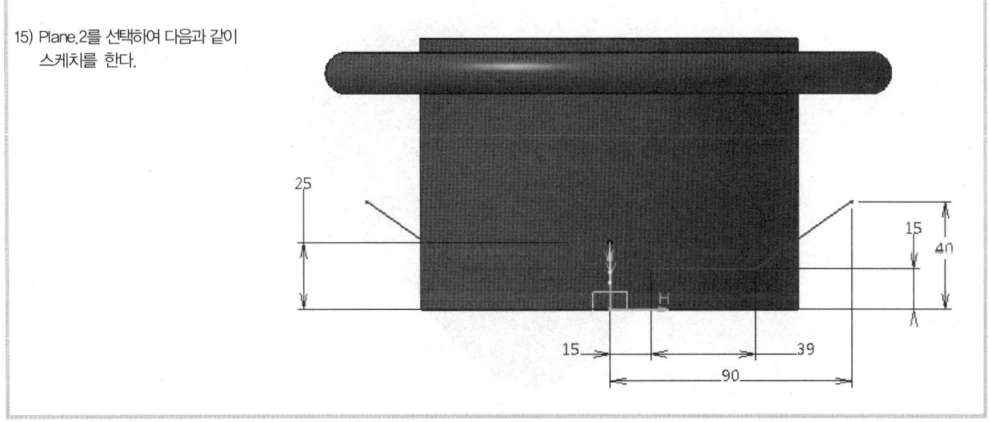

16) [Start]-[Shape]-[Generative Shape Design]을 선택한다.

17) Sweep을 실행하고 Profile : Sketch.6을 선택, Guide curve : Sketch.5를 선택하여 Sweep을 생성한다.

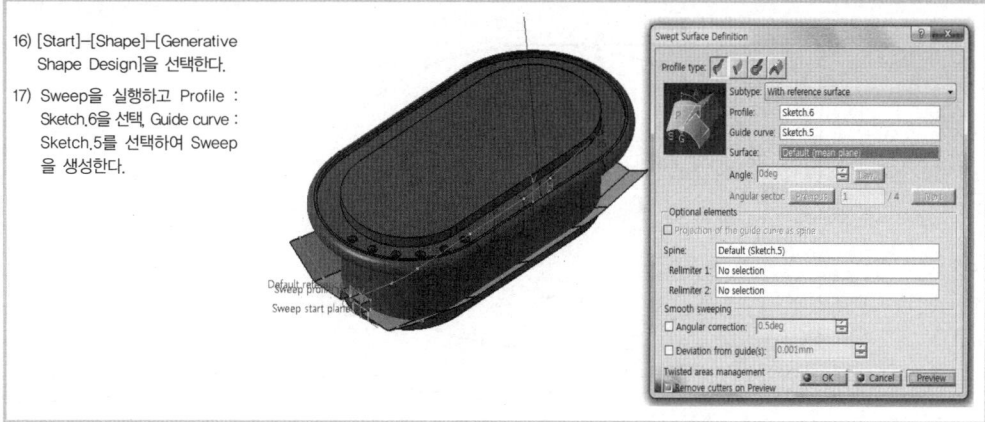

18) [Start]-[Mechanical Design]-[Part Design]을 선택한다.

19) Split을 실행하고 Surface를 선택하여 Solid 객체 아랫부분을 잘라낸다.

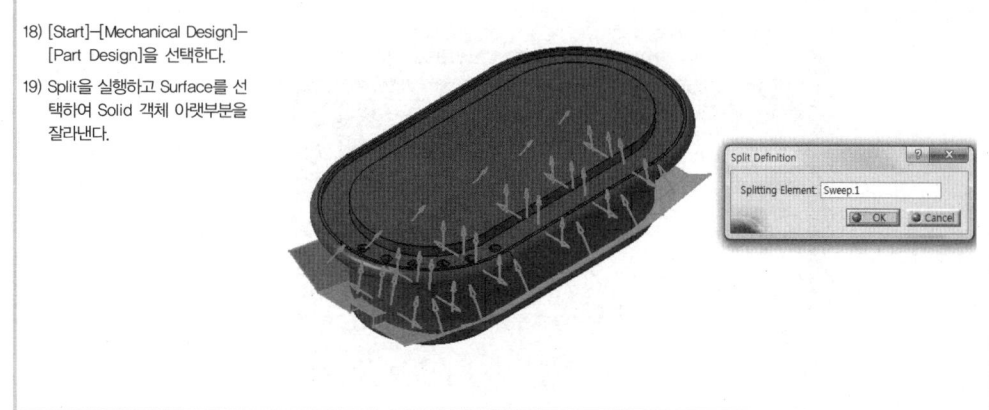

20) Edge Fillet을 실행하고 반경 : 5mm로 필렛을 한다.

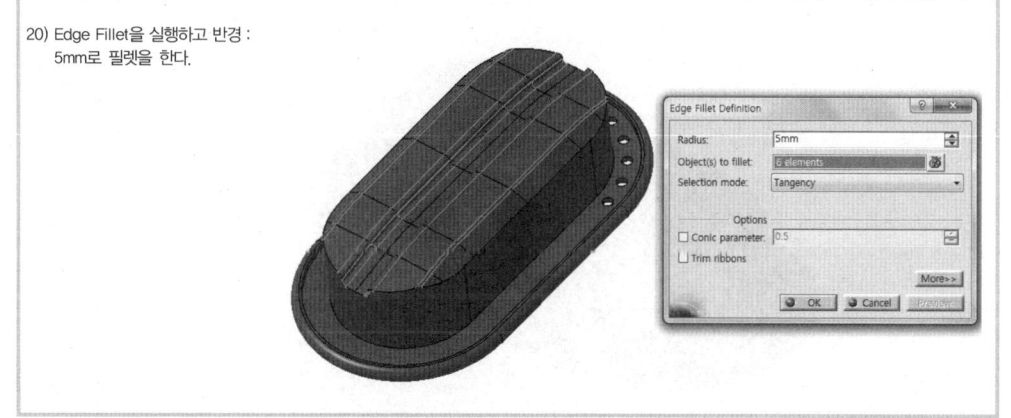

21) Edge Fillet을 실행하고 반경 :
    5mm로 필렛을 한다.

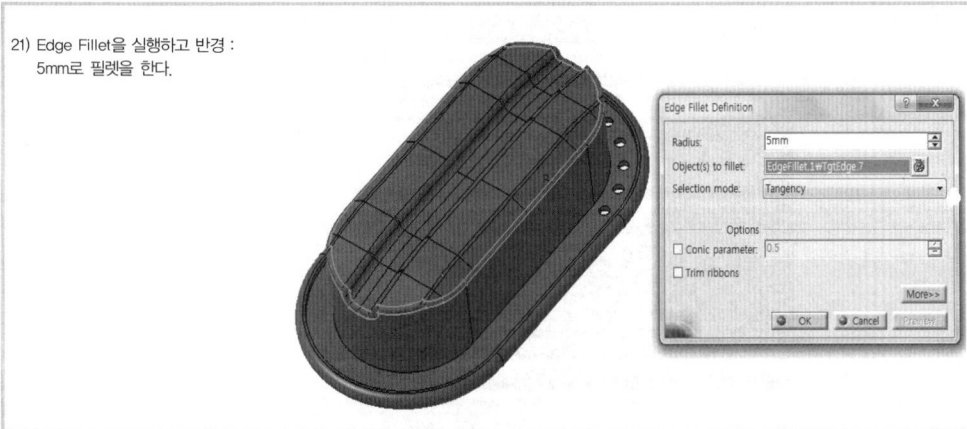

22) Shell을 실행하고 두께 : 2mm
    로 쉘을 생성한다.

23) Edge Fillet을 실행하고 반경 :
    5mm로 필렛을 한다.

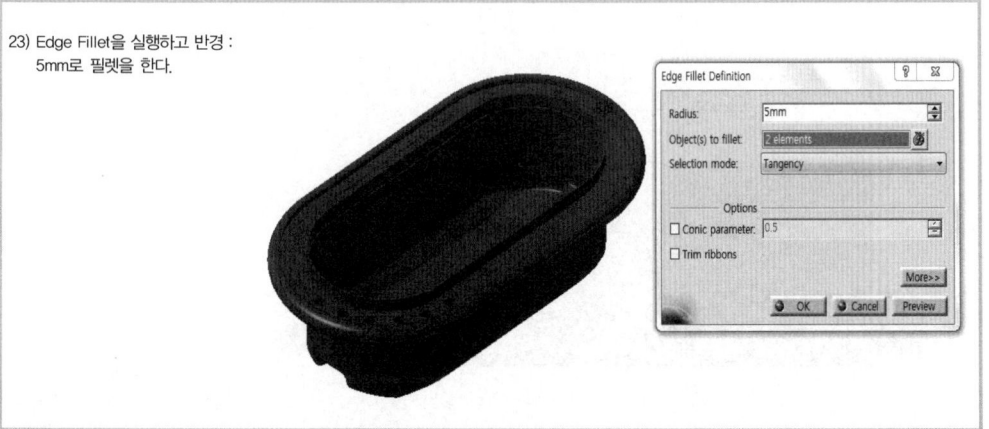

■ 완성 결과

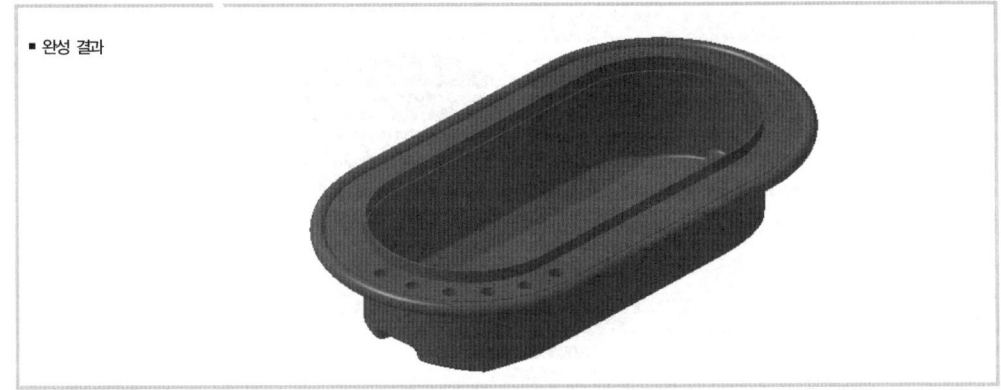

응용하기 36 헬멧 만들기

1) [Start]-[Shape]-[Generative
   Shape Design]을 선택한다.

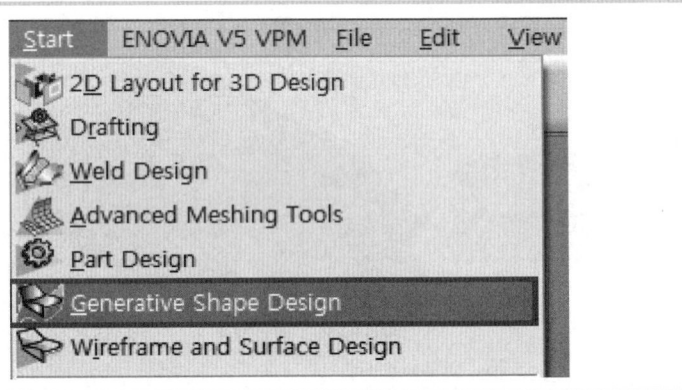

2) 스케치를 실행하고 XY Plane을
   선택하여 다음과 같이 타원을
   스케치 한다.

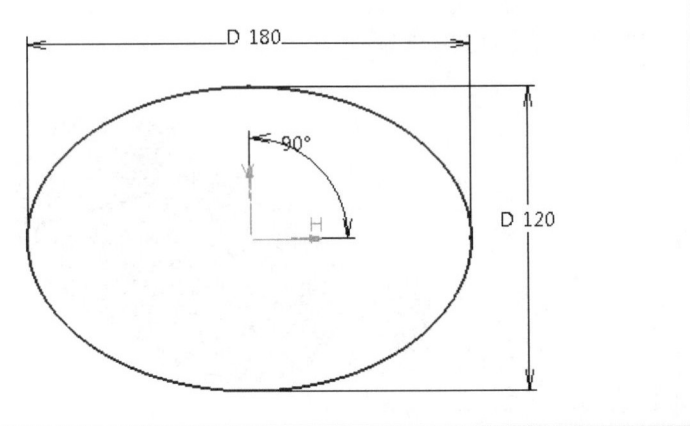

3) Sweep을 실행하고 Line Type을 선택, Guide Curve 1 : Sketch.1, Draft direction : Z Component, Angle : -16deg, Length 2 : 20mm를 지정한다.

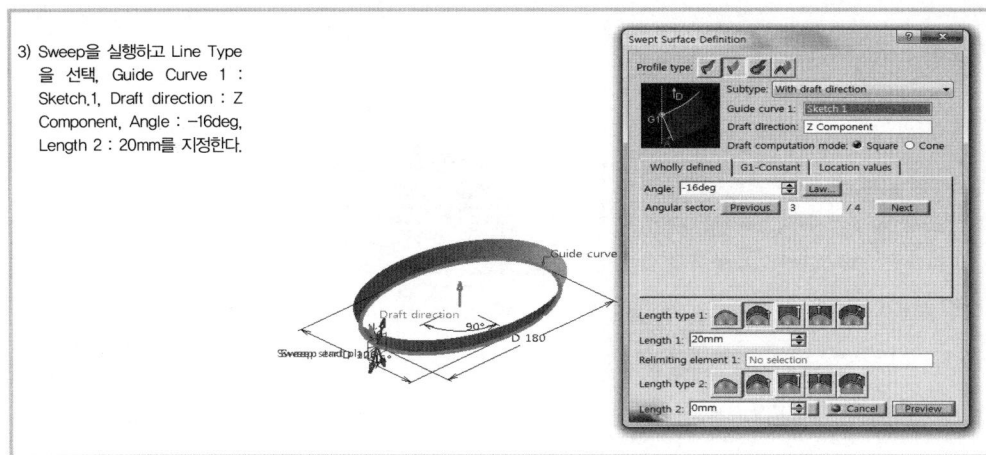

4) 스케치를 실행하고 ZX Plane을 선택하여 다음과 같이 스케치를 한다.

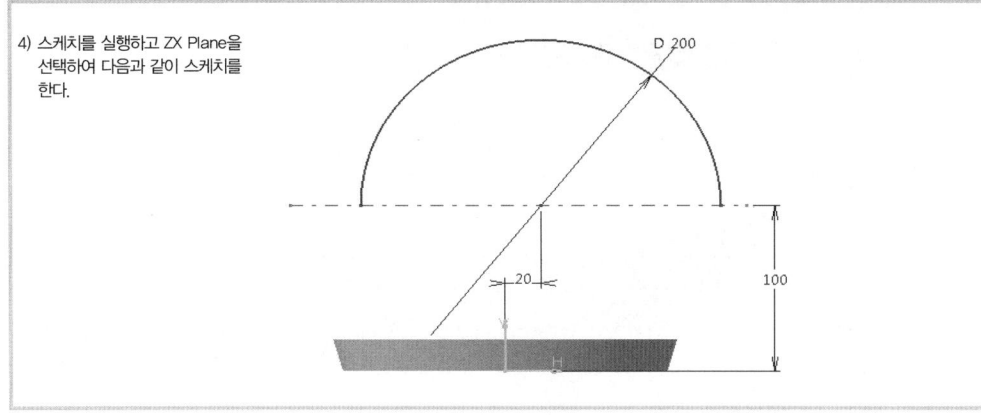

5) Revolution을 실행하고 Sketch.2를 다음 그림과 같이 360deg 회전을 한다.

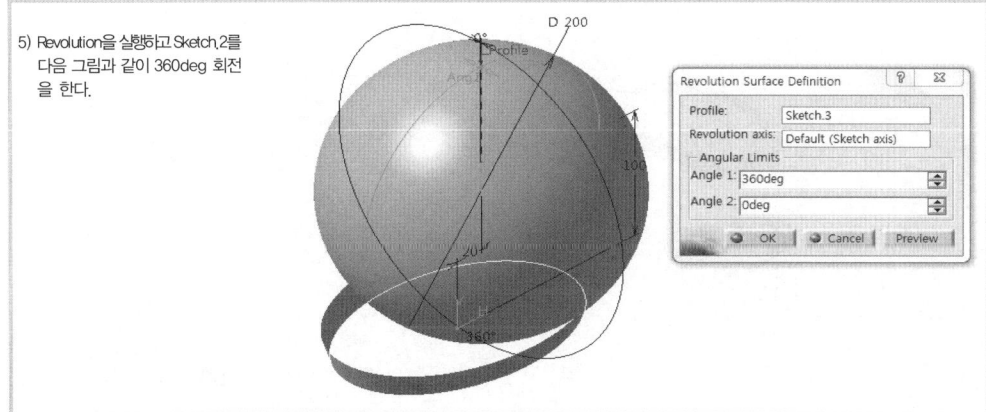

6) 스케치를 실행하고 ZX Plane을 선택하여 다음과 같이 스케치를 한다.

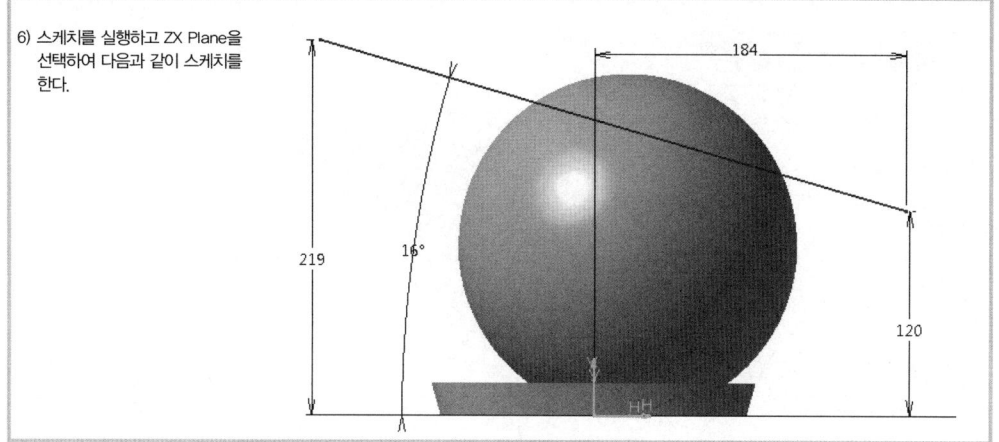

7) Extrude를 실행하고 90mm, Mirrored extent를 지정하여 돌출을 한다.

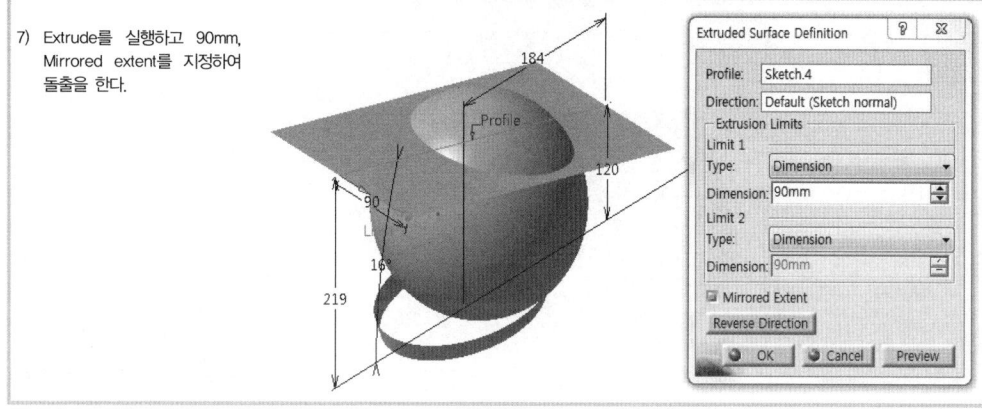

8) Split을 실행하고 [Other Side]를 선택하여 아래 부분이 잘리도록 설정한다.

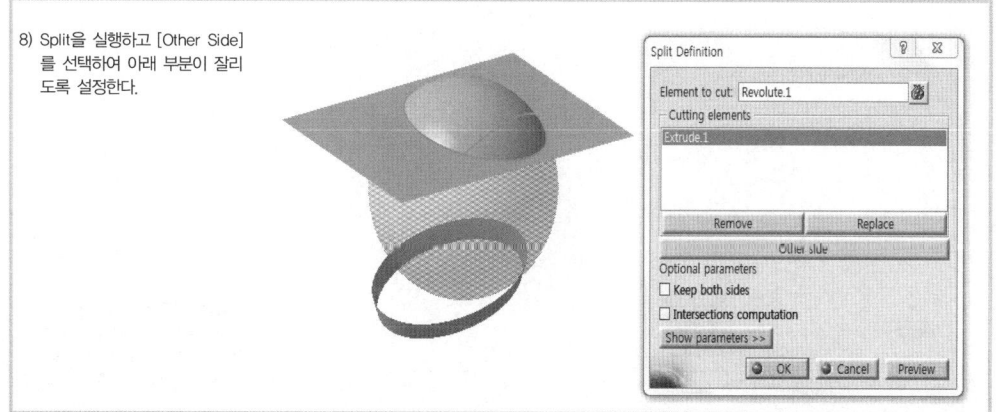

9) Spec Tree에서 다음 항목을 [Hide]로 숨긴다.

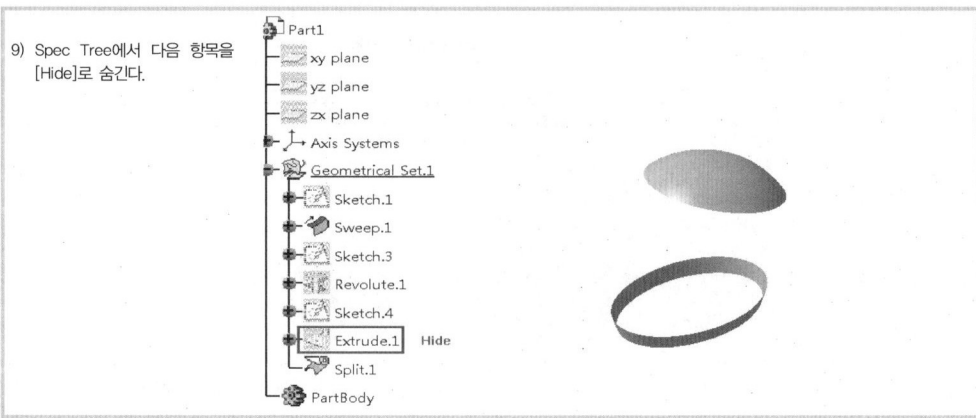

10) Spec Tree에서 Sketch.3을 더블클릭하여 편집 상태로 들어가서 120 → 100으로 수정한다.

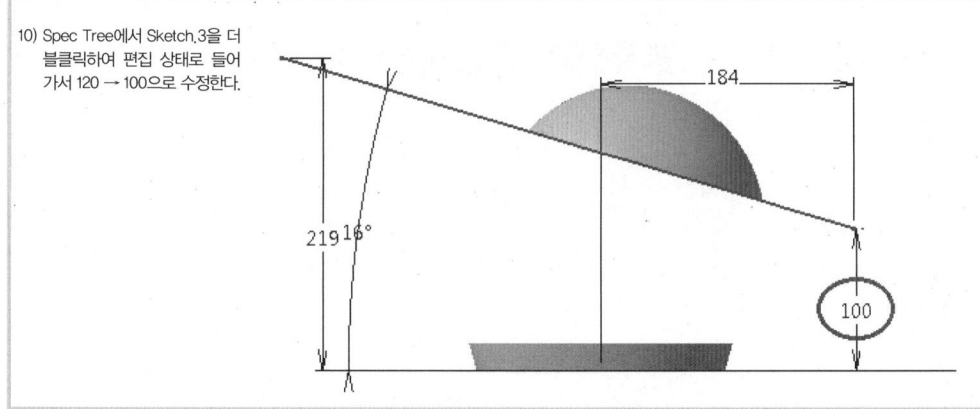

11) Sweep을 실행하고 Conic Type을 선택, Guide Curve 1 : 위 Split 원의 아래 모서리를 선택, Tangency : Split.1을 선택, Last Guide curve : 아래 Sweep.1의 모서리와 Tangency : Sweep.1을 선택한다.

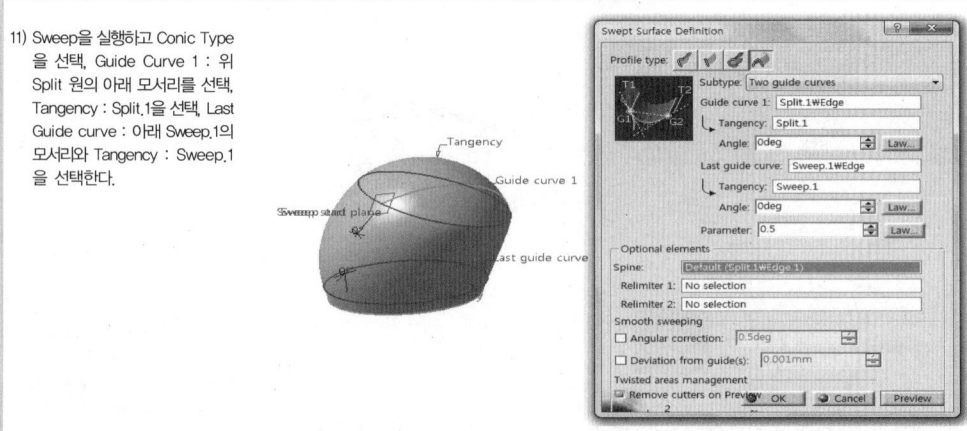

12) Spec Tree에서 Sweep.1을 더블클릭하여 편집 상태로 들어가서 20mm → 30mm으로, -16deg → -15deg로 수정한다.

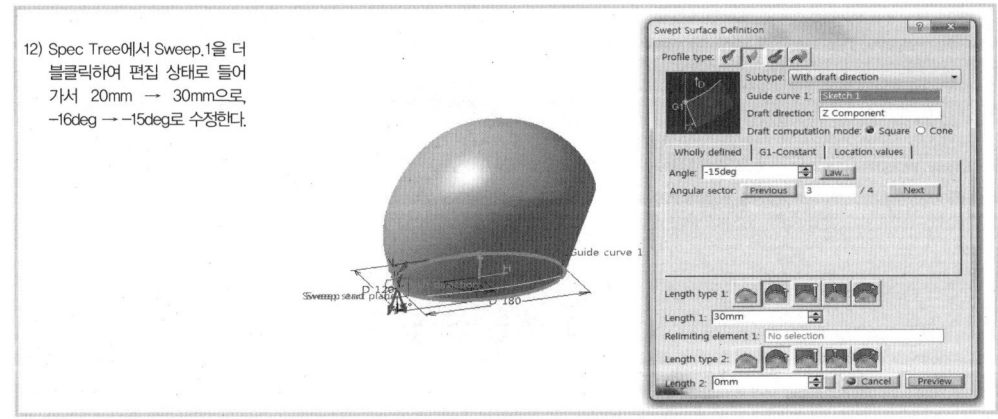

13) 스케치를 실행하고 ZX Plane을 선택하여 다음과 같이 스케치를 한다.

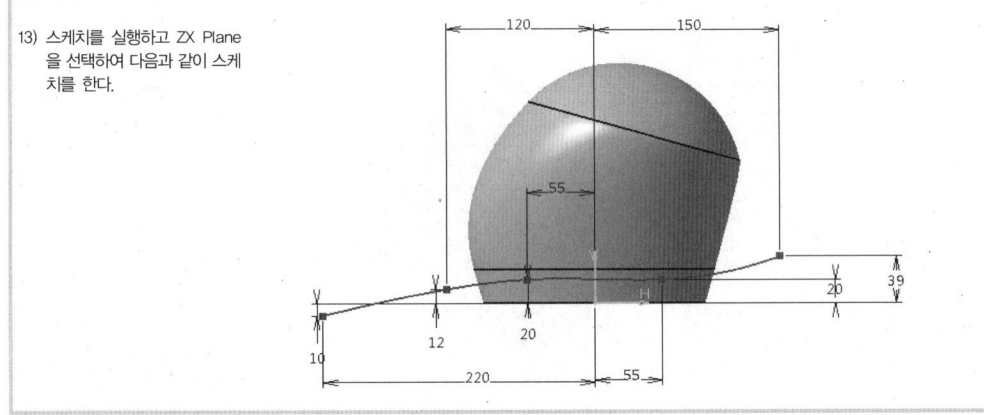

14) Extrude를 실행하고 90mm, Mirrored extent를 지정하여 돌출을 한다.

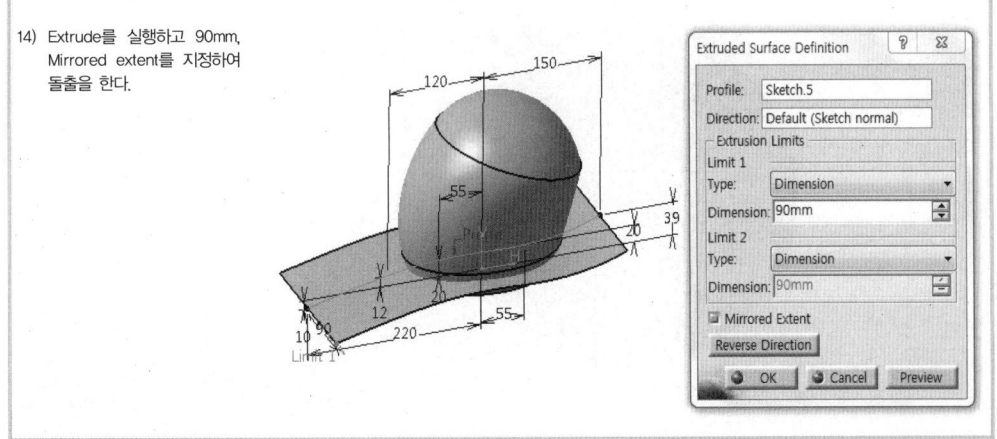

15) Split을 실행하고 Extrude.2를 기준으로 Sweep.1의 아래 부분이 잘리도록 설정한다.

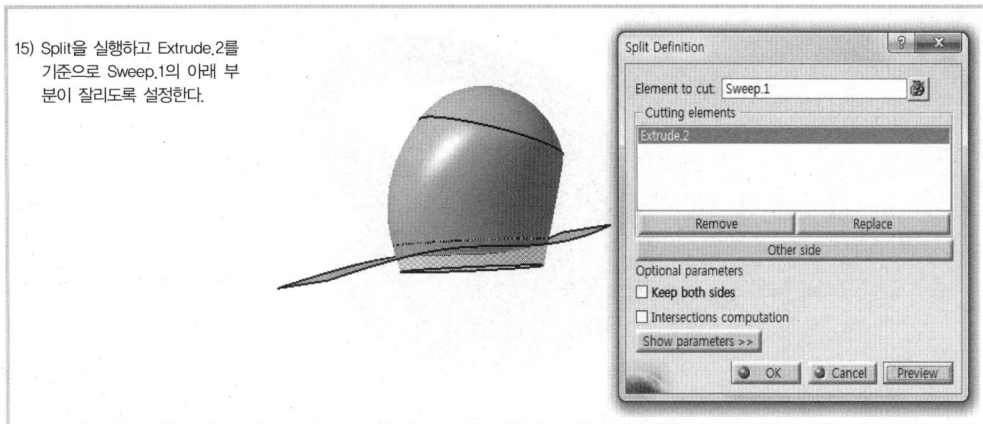

16) Split 결과

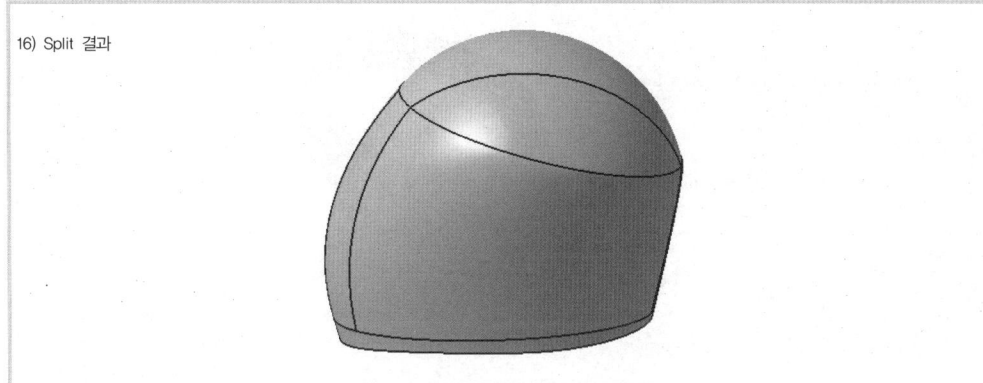

17) 스케치를 실행하고 ZX Plane을 선택하여 다음과 같이 스케치를 한다.

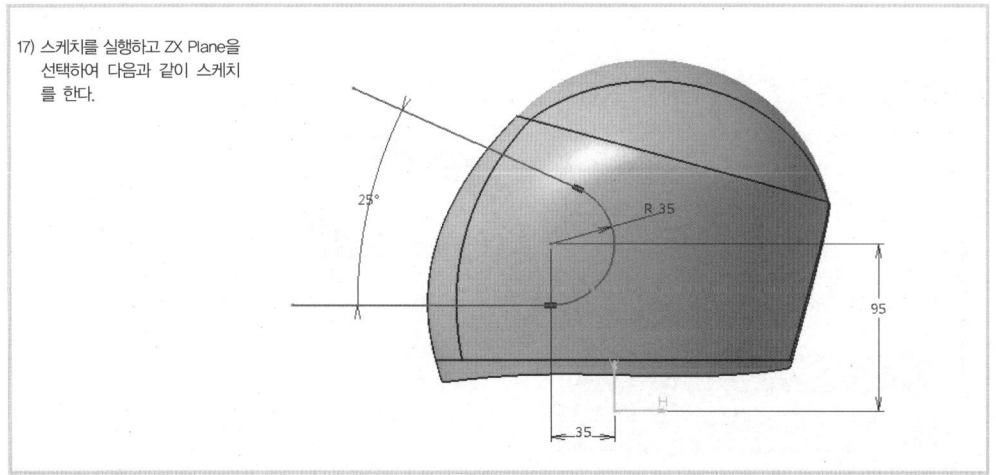

18) Extrude를 실행하고 100mm, Mirrored Extent를 지정하여 돌출을 한다.

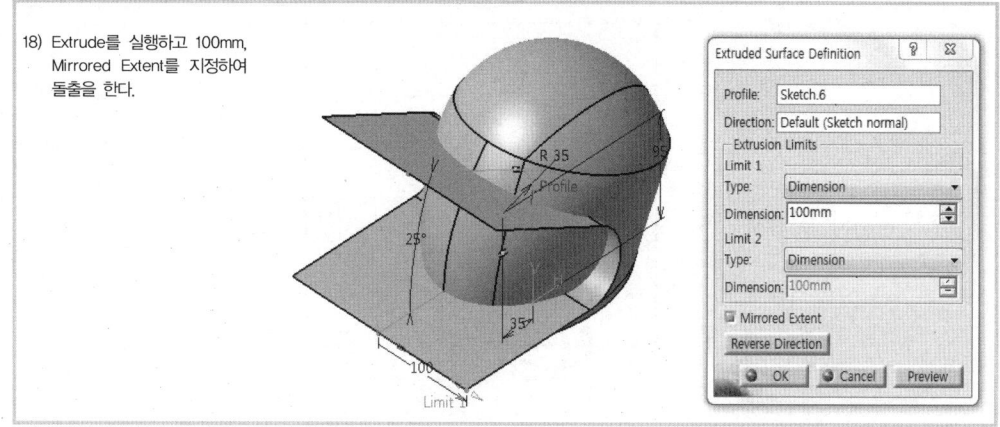

19) Split을 실행하고 Extrude.3을 기준으로 Sweep.2의 좌측 부분이 잘리도록 설정한다. Extrude를 [Hide]로 숨긴다.

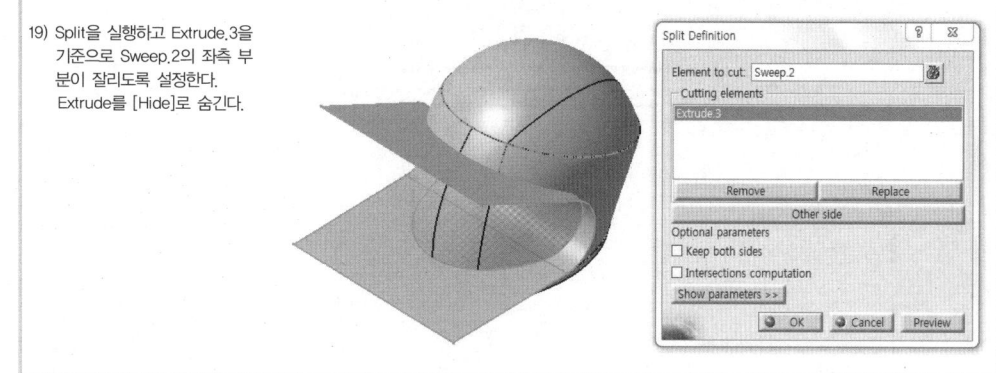

■ Surface 완성

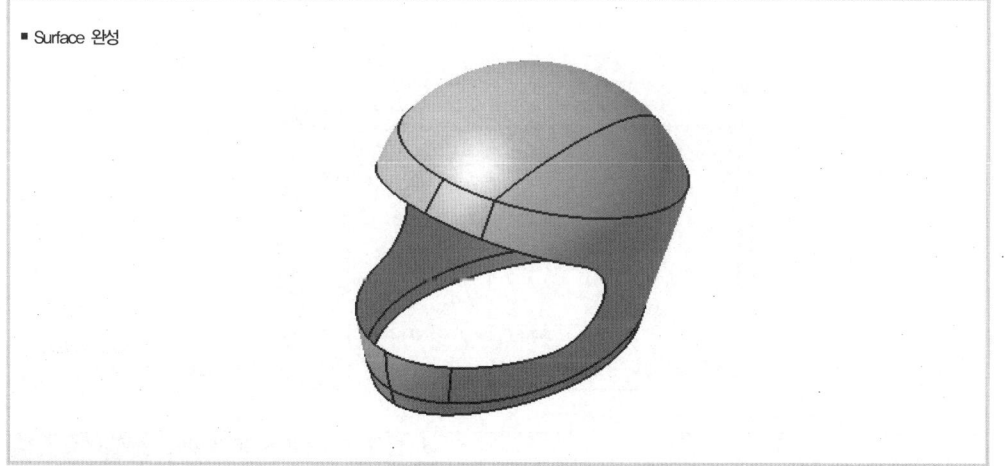

20) Join을 실행하고 3개의 객체를 결합한다.

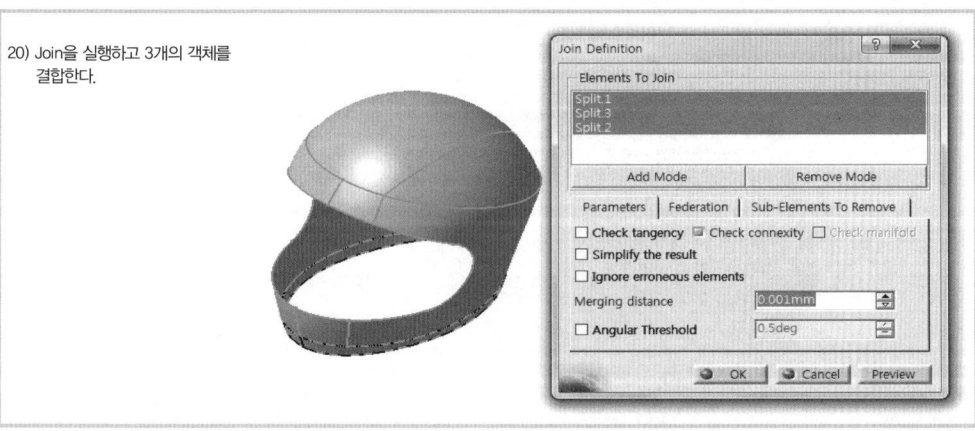

21) [Start]-[Mechanical Design]-[Part Design]을 선택한다.
22) Thick Surface를 실행하고 두께 : 5mm로 Solid를 생성한다. Join 객체는 [Hide]로 숨긴다.

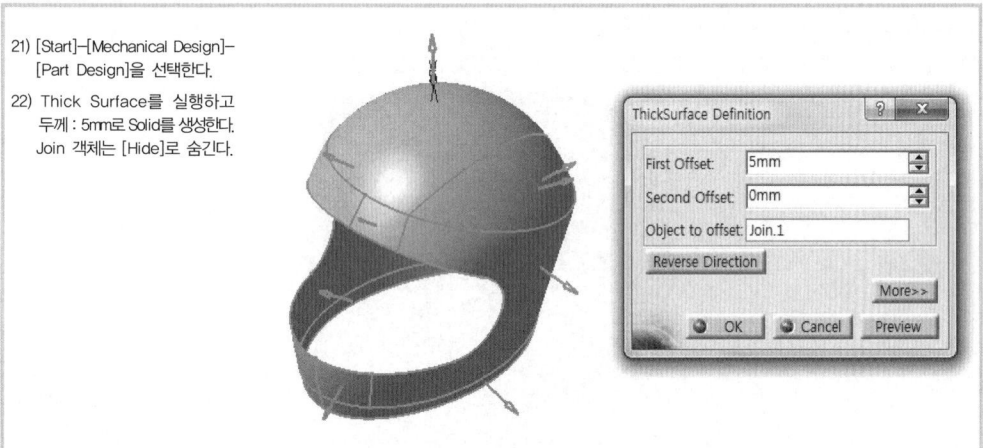

■ 완성 결과

응용하기 37 Exhaust Manifold 만들기

1) [Start]-[Shape]-[Generative Shape Design]을 선택한다.

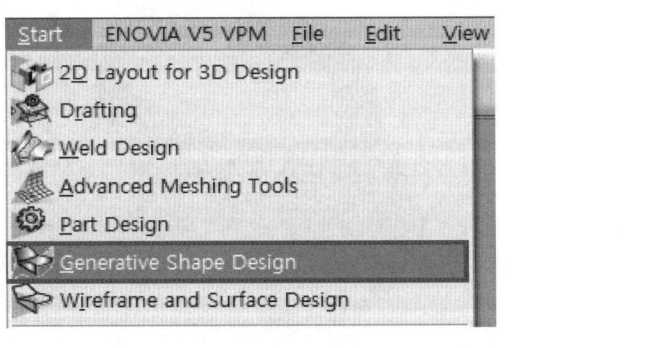

2) 스케치를 실행하고 YZ Plane을 선택하여 다음과 같이 스케치를 한다.
   아래쪽 수평선을 보조선으로 전환한다.

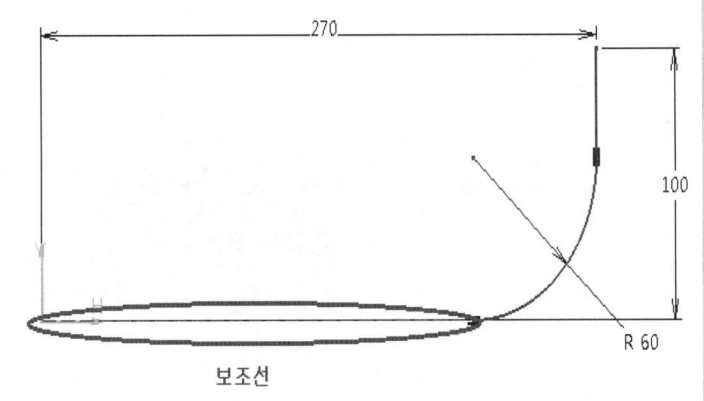

3) 스케치를 실행하고 ZX Plane을 선택하여 다음과 같이 스케치를 한다.
   위쪽 수평선은 보조선으로 전환한다.

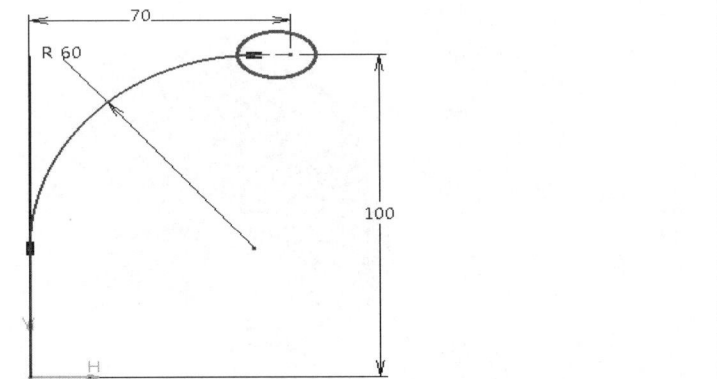

■ 두 개의 스케치 결과

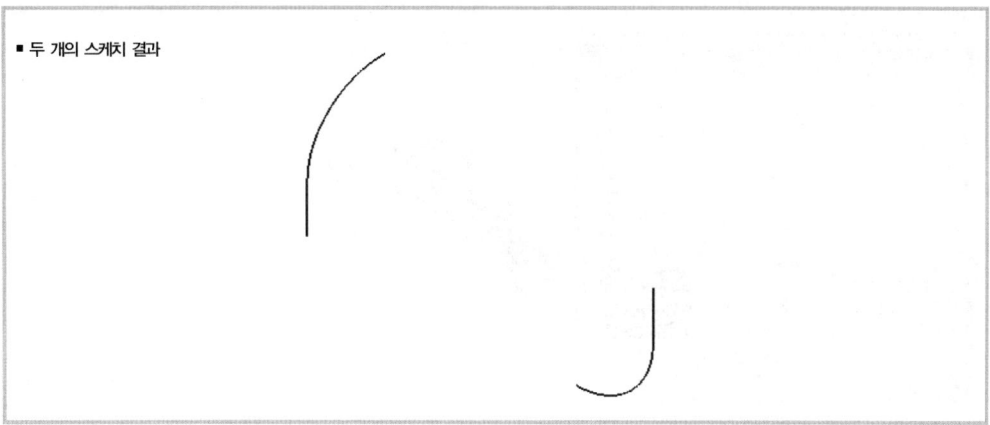

4) Combine을 실행하고 Curve1 : Sketch.2를 선택, Curve2 : Sketch.1을 선택한다.

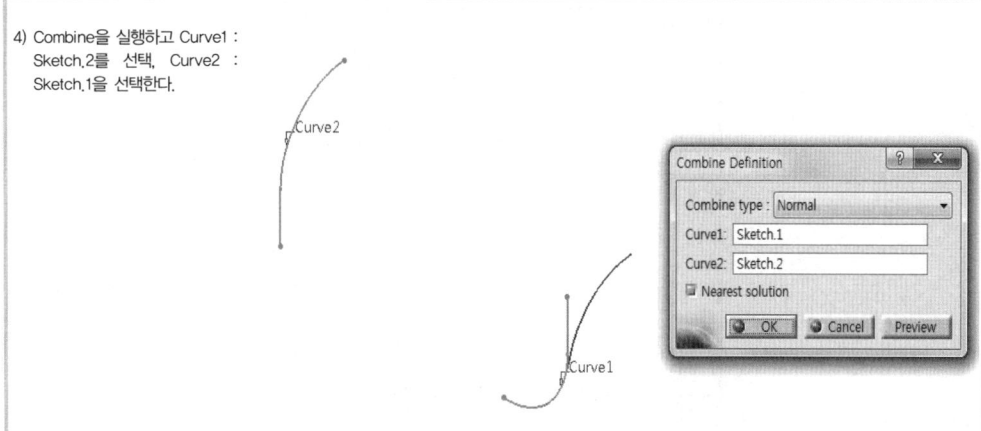

5) [Insert]-[Geometrical Set]을 선택하고 Name : Curve를 입력한다.

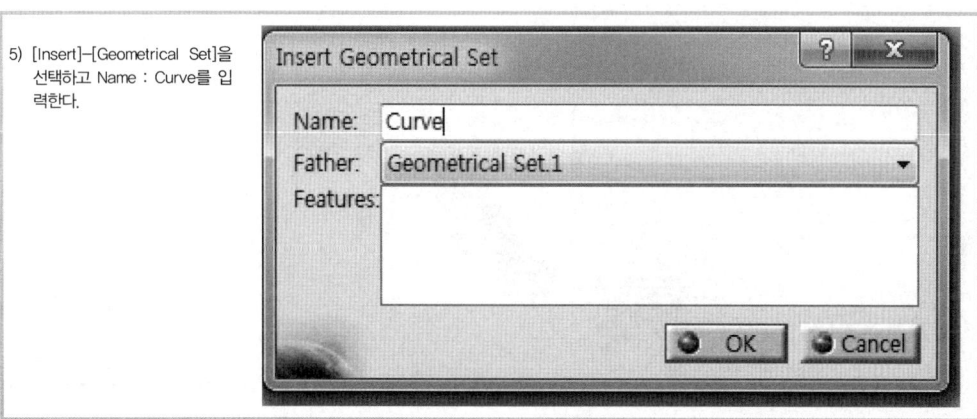

6) Combine 객체를 Curve Geometrical로 이동한다.

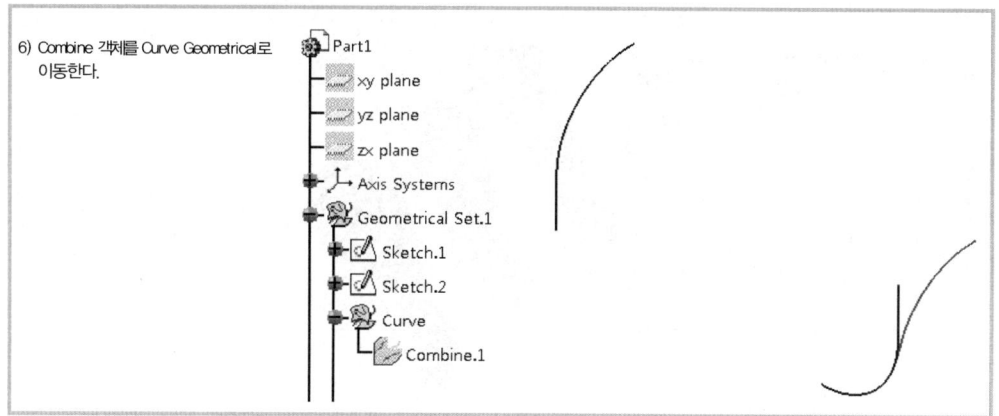

7) [Insert]-[Geometrical Set]을 선택하고 Name : Surface를 입력한다.

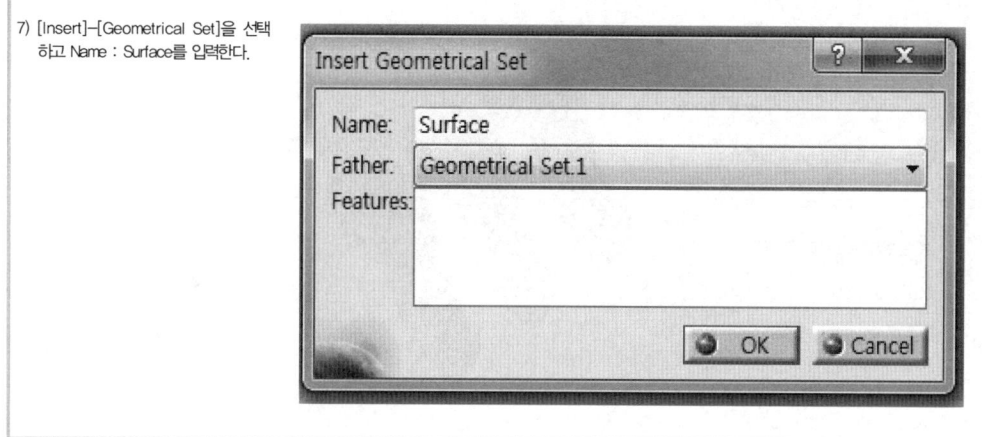

8) Spec Tree에서 다음 항목을 [Hide]로 숨긴다.

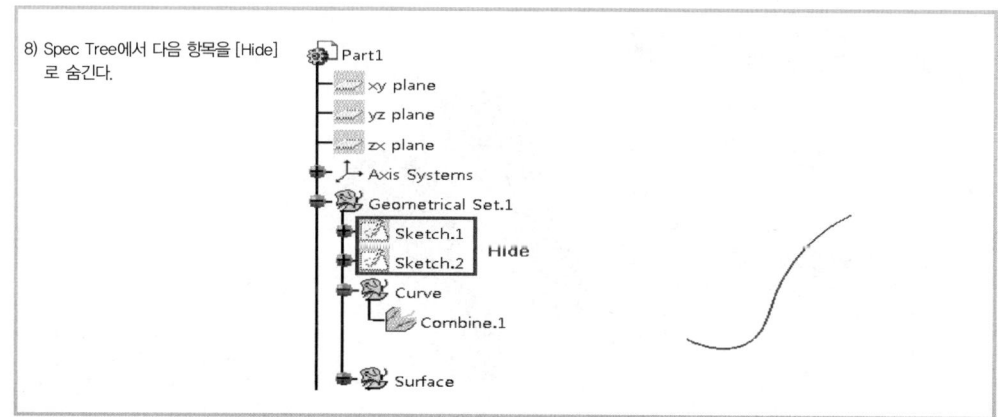

9) Sweep을 실행하고 Circle Type 을 선택하여 Center Curve : Combine.1을 선택, Radius : 26mm를 지정한 후 [Law] 버튼을 누른다.

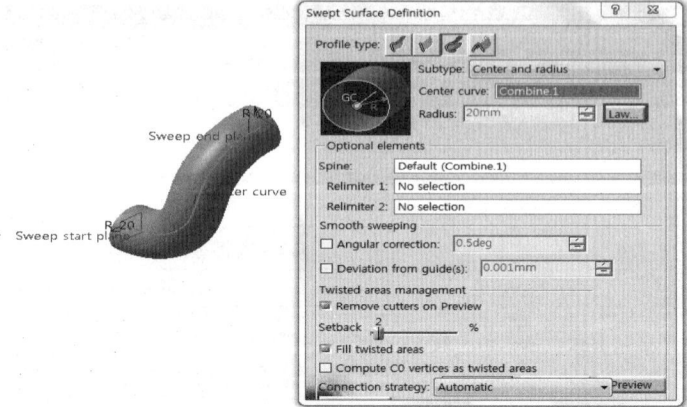

10) Linear을 선택하고 Start value : 20mm, End value : 25mm를 지정, [Close] 버튼을 누른다.

■ Inverse law?

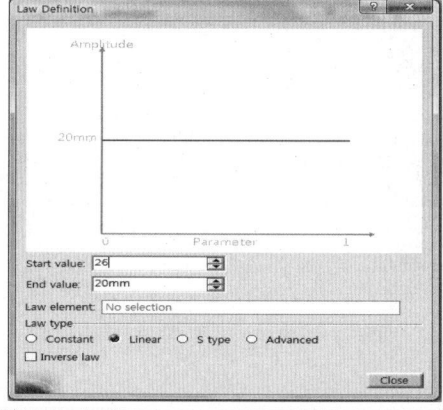

11) 아래쪽이 원이 26mm, 위쪽 원이 20mm가 되도록 한다.

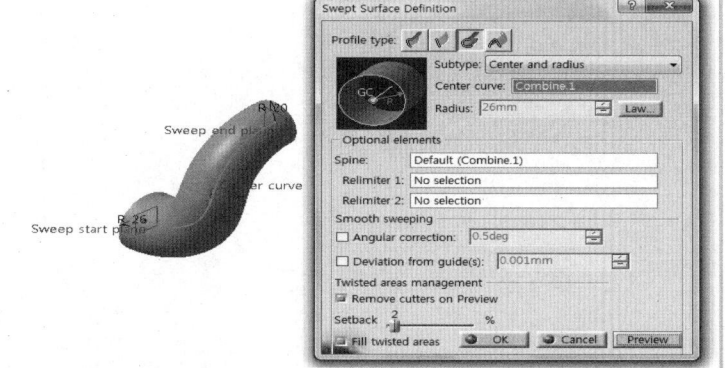

12) Translate를 실행하고 Sweep.1을 ZX Plane 방향으로 -82mm 위치에 복사한다.

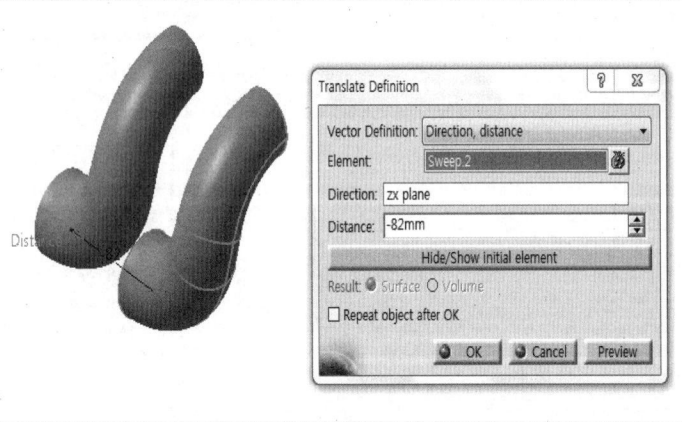

13) Translate를 실행하고 Translate.1을 ZX Plane 방향으로 -82mm 위치에 복사한다.

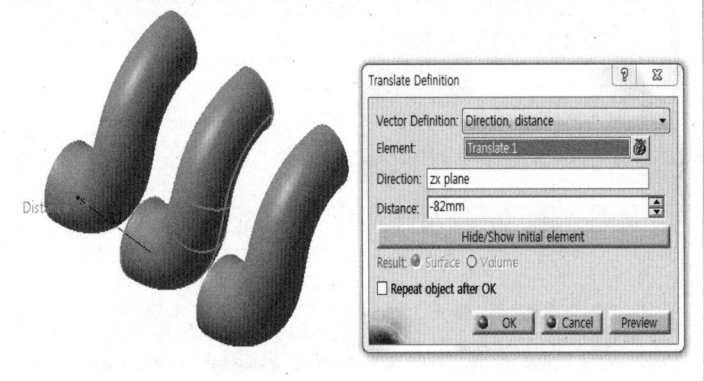

14) Extract를 실행하고 우측 첫 번째 객체의 원 경계선을 추출한다.

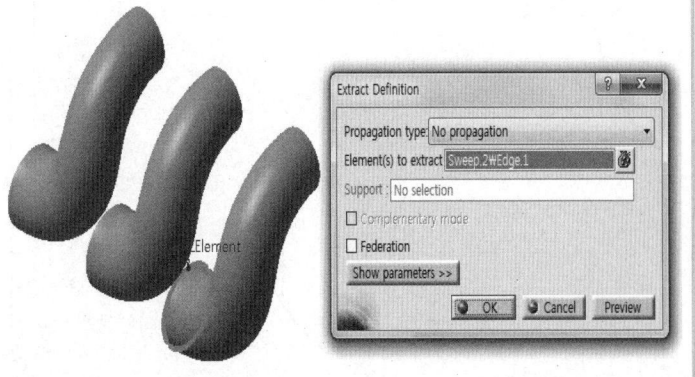

■ 중간 결과

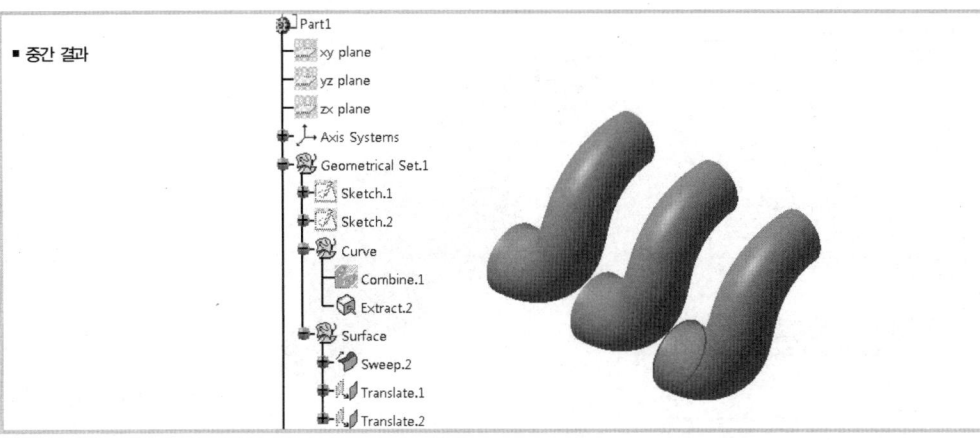

15) Extrude를 실행하고 ZX Plane 방향 지정, Up to element를 정하고 ZX Plane까지 돌출을 한다.

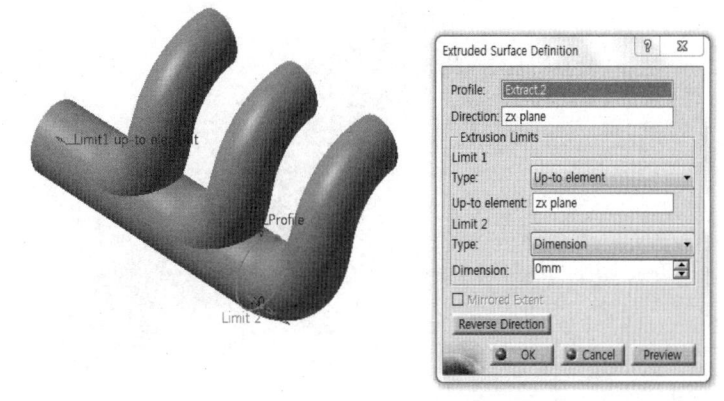

16) Join을 실행하고 다음 두 개의 객체를 결합을 한다.

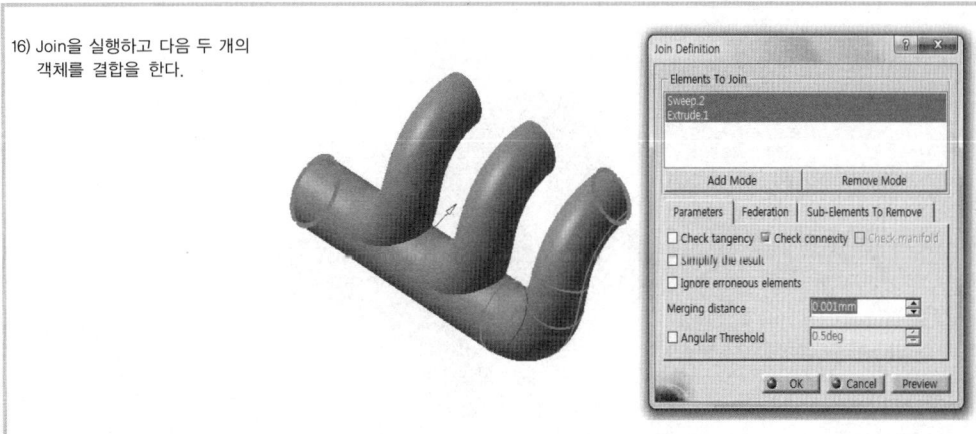

17) Trim을 실행하고 Join과 Translate.1을 선택하여 돌출 객체 안을 잘라낸다.

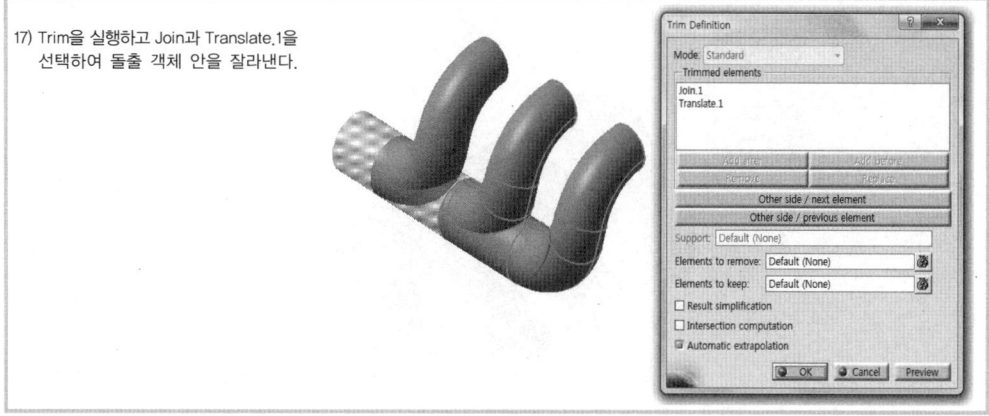

18) 다시 한번 잘려나간 부분을 Extrude를 실행하고 ZX Plane 방향 지정, Up to element를 정하고 ZX Plane을 선택하여 돌출을 한다.

19) Trim을 실행하고 Extrude.2와 Translate.2를 선택하여 돌출 객체 안을 잘라 낸다.

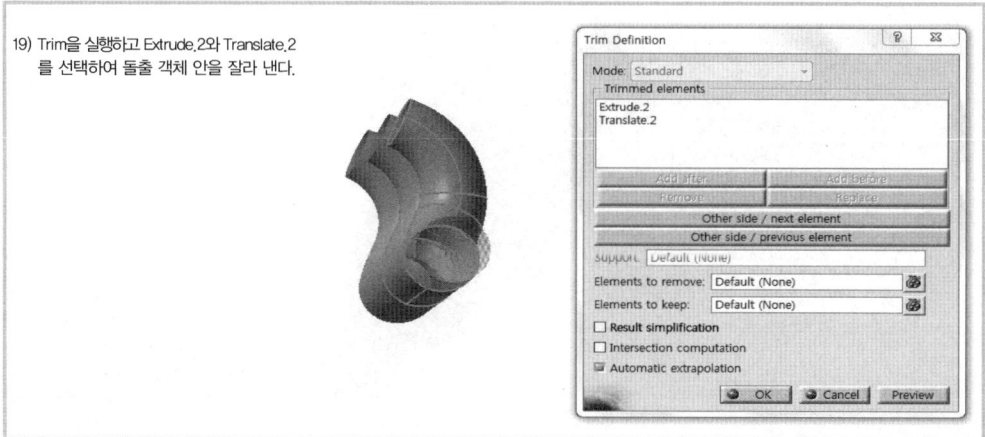

20) Extrude를 실행하고 ZX Plane 방향 지정, Up to element를 정하고 ZX Plane을 선택하여 돌출을 한다.

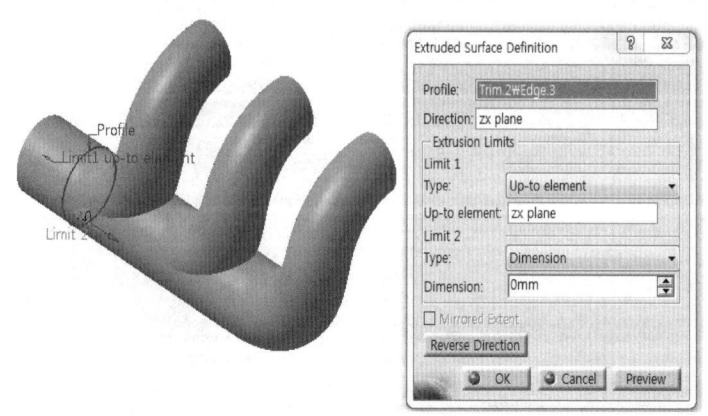

- Surface 완성
  안쪽이 모두 뚫렸는지 확인을 한다.

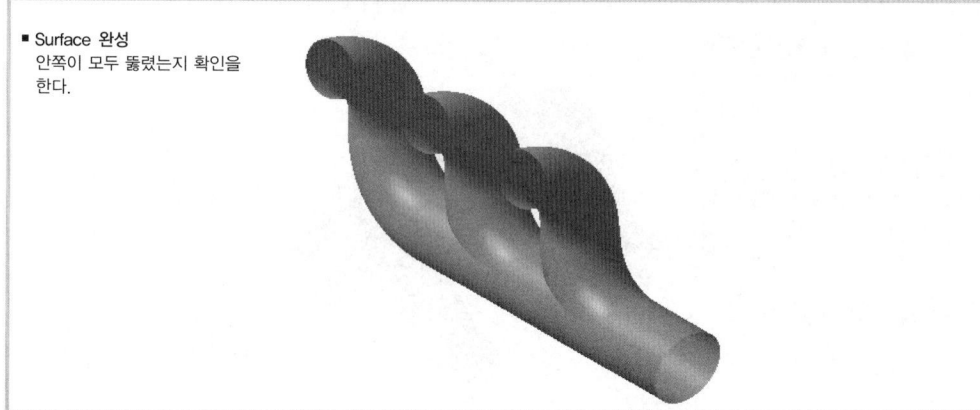

21) Join을 실행하고 객체를 모두 결합한다.

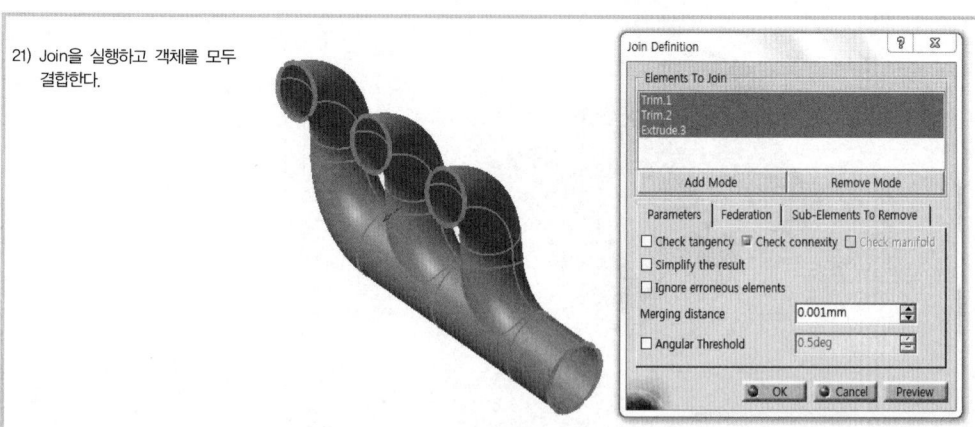

22) [Start]-[Mechanical Design]-[Part Design]을 선택한다.

23) Thick Surface를 실행하고 두께: 2mm로 Solid를 생성한다.
    Join 객체는 [Hide]로 숨긴다.

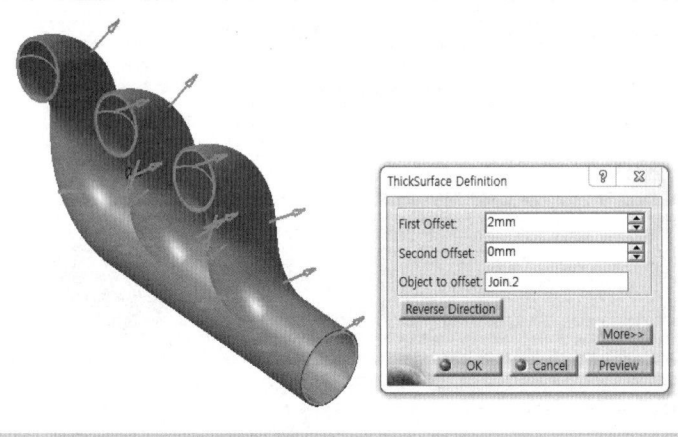

24) 스케치를 실행하고 ZX Plane을 선택하여 다음과 같이 스케치를 한다.
    안쪽 원은 Project 3D Elements로 투영한다.

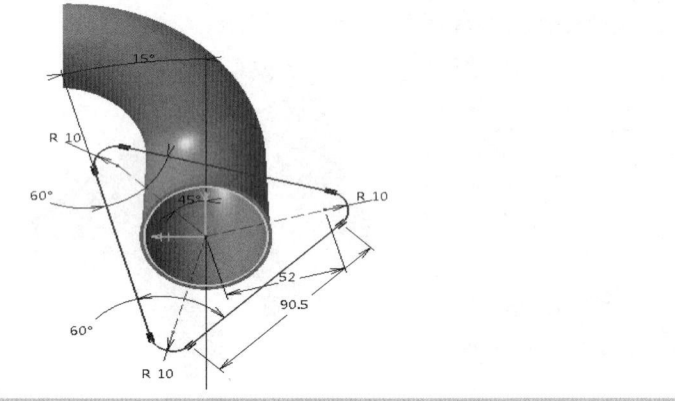

25) Pad를 실행하고 10mm 좌측으로 돌출을 한다.

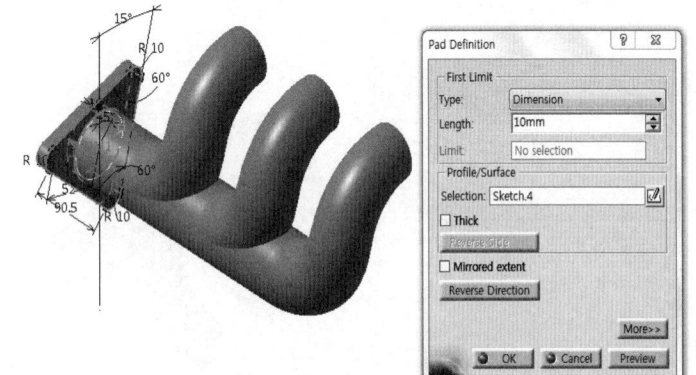

26) Hole을 실행하고 Diameter : 10mm, Depth : 10mm를 지정하여 구멍을 뚫는다.

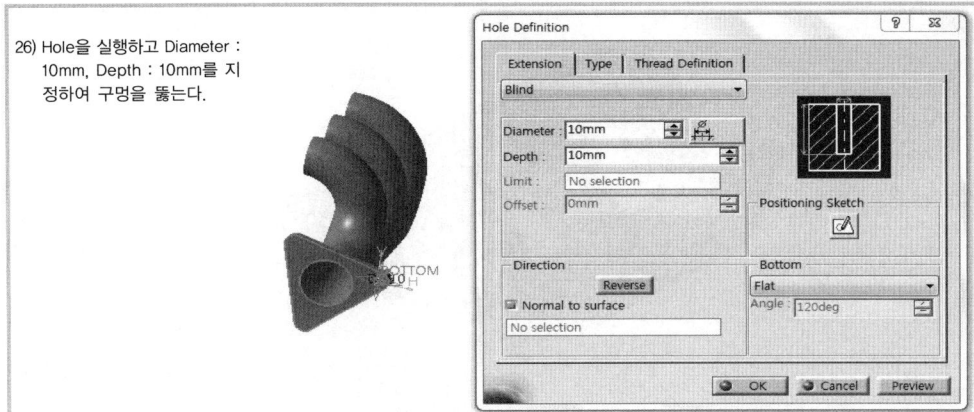

27) Spec Tree에서 Hole 안에 Sketch.4를 더블클릭하고 필렛 반경에 Concentricity 구속을 한다.

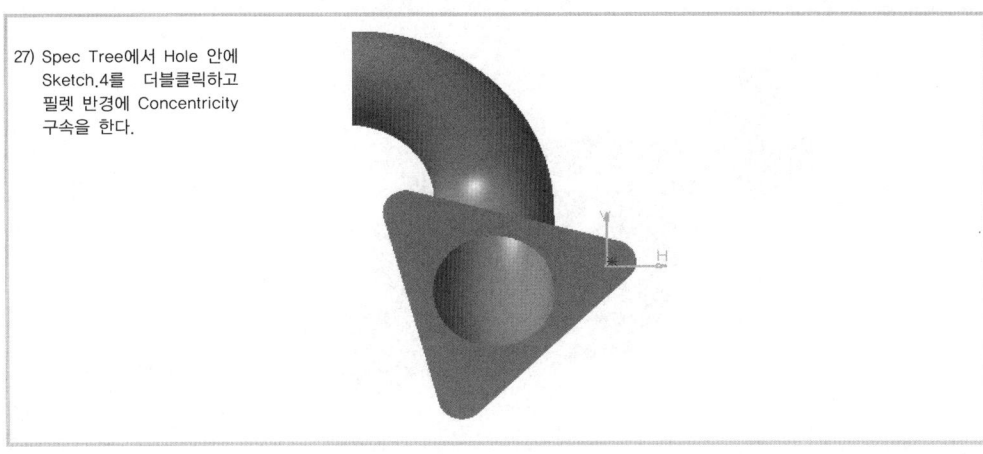

28) Circular Pattern을 실행하고 Complete crown, Instance : 3, Reference element : Y Axis, 패턴할 객체 : Hole.2 를 지정한다.

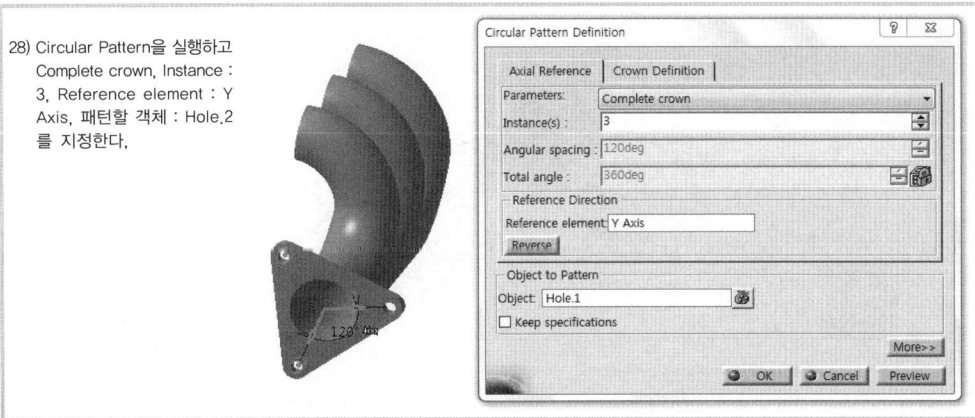

29) Plane을 실행하고 YZ Plane을 기준으로 65mm 위치에 Plane 을 생성한다.

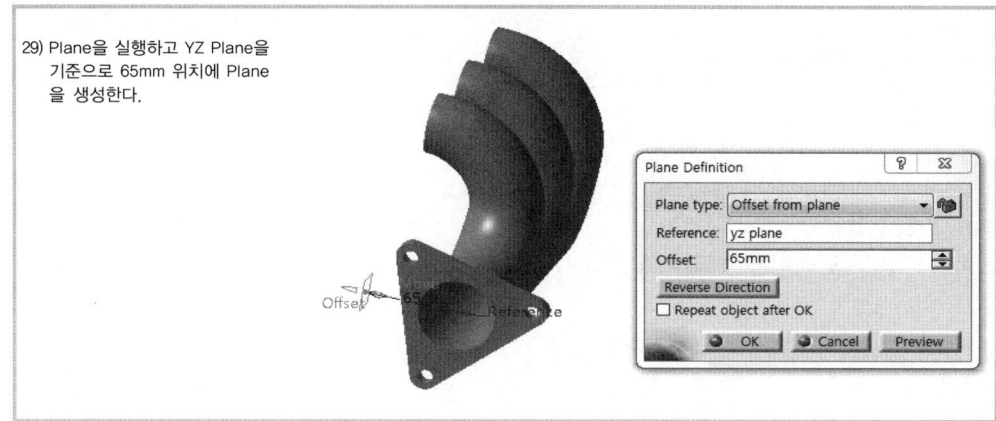

30) 스케치를 실행하고 Plane.1을 선택하여 다음과 같이 스케치 를 한다.
안쪽 원은 Project 3D Elements 로 투영한다.

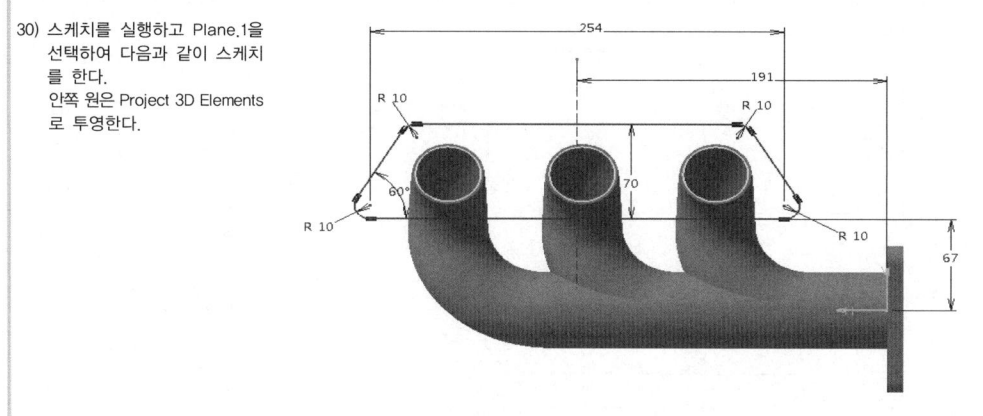

31) Pad를 실행하고 10mm 돌출을 한다.

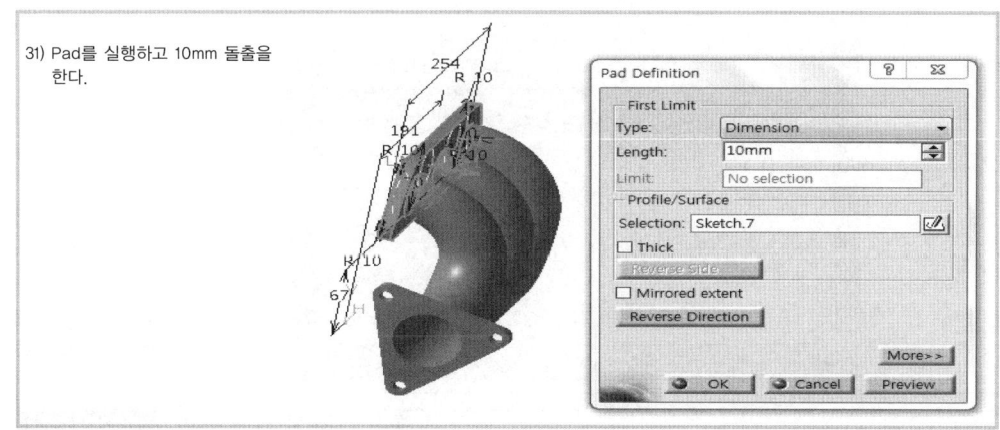

32) Hole을 실행하고 Diameter : 10mm, Depth : 10mm를 지정하여 구멍을 뚫는다.
구멍의 위치 : 호의 중심

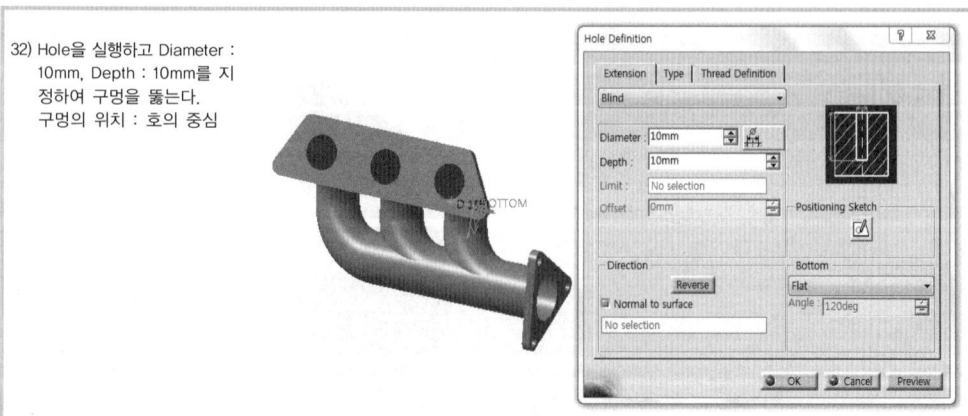

33) 나머지 3군데도 같은 방법으로 구멍을 뚫는다.
구멍의 위치 : 호의 중심

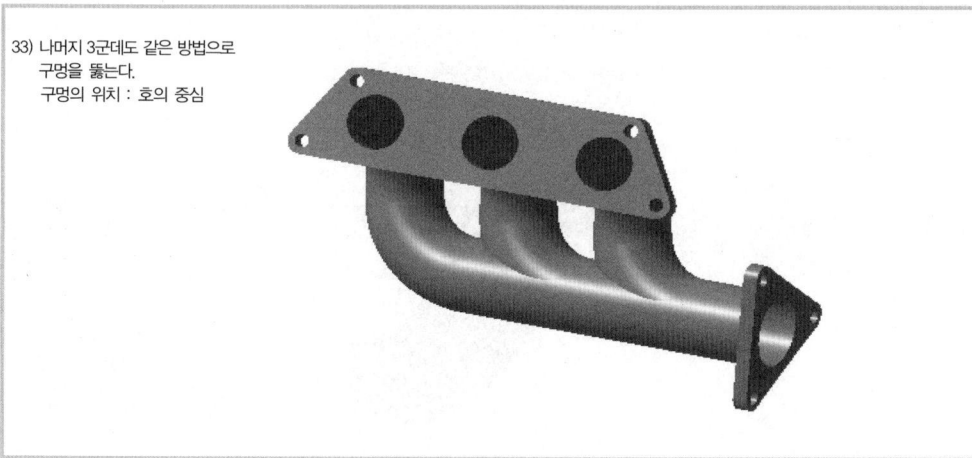

■ 다기관 파이프 결과

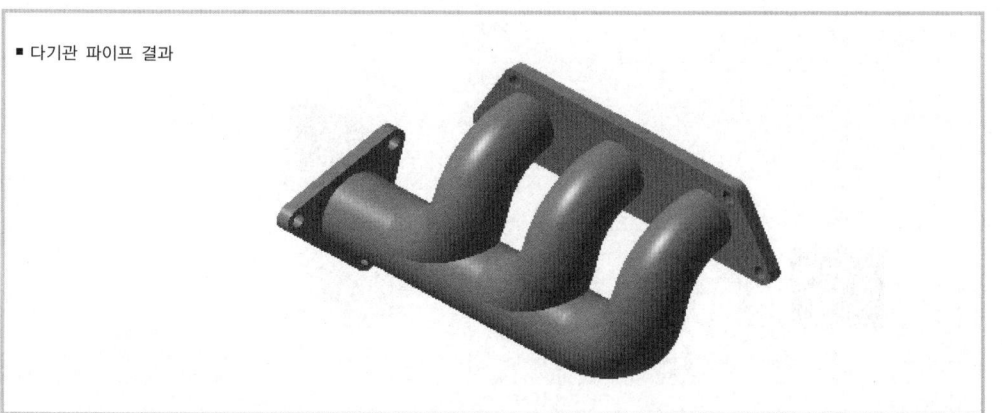

응용하기 38   상품 포장 캔 상자 만들기

1) [Start]-[Shape]-[Generative Shape Design]을 선택한다.

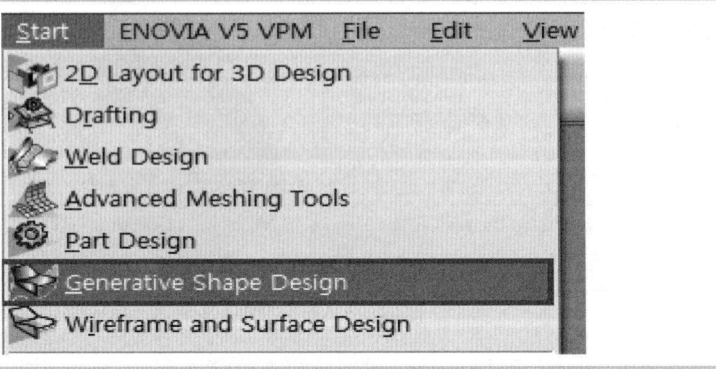

2) [Insert]-[Geometrical set]을 선택 Name : Sketch & Curves를 지정하여 생성한다.

3) [Insert]-[Geometrical set]을 선택 Name : Surfaces를 지정하여 생성한다.

4) Sketch & Curves 위에서 마우스 우측 버튼을 눌러 [Define in Work Object]를 선택한다.

5) 스케치를 실행하고 ZX Plane을 선택하여 다음과 같이 스케치를 한다.

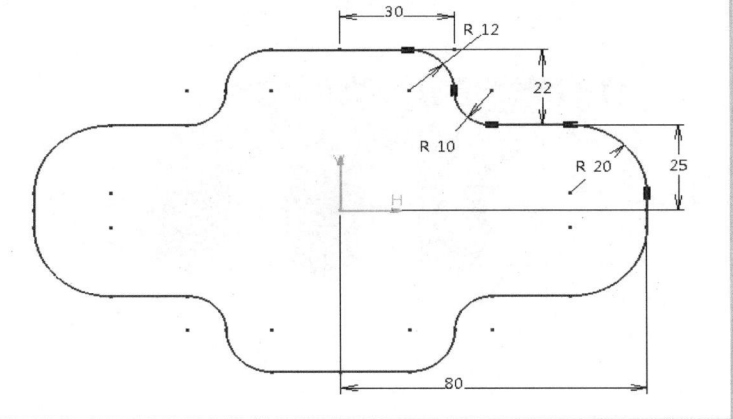

6) Join을 실행하고 Sketch.1을 결합한다.

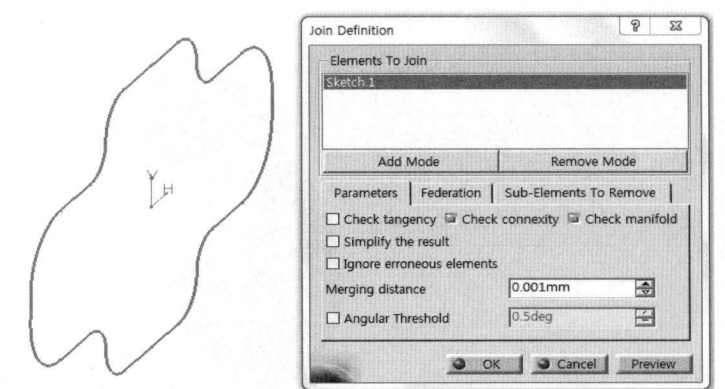

7) 스케치를 실행하고 ZX Plane을 선택하여 Offset : -3mm로 offset 한다. (바깥쪽으로)

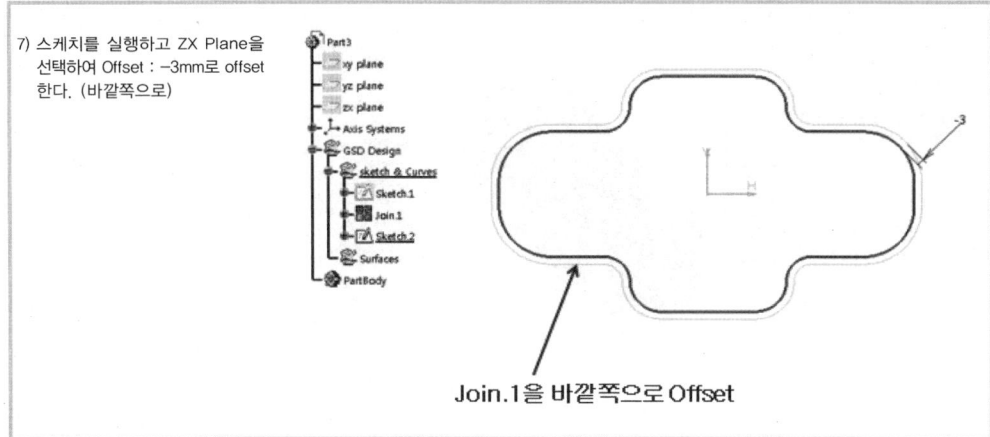

Join.1을 바깥쪽으로 Offset

8) 스케치를 실행하고 ZX Plane을 선택하여 Offset : 3mm 안쪽으로 offset 한다.

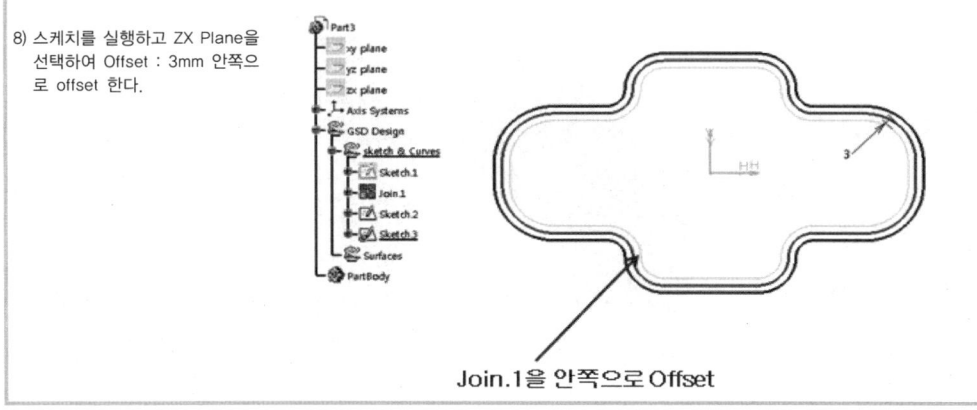

Join.1을 안쪽으로 Offset

9) 스케치를 실행하고 YZ Plane을 선택하여 다음과 같이 스케치를 한다.

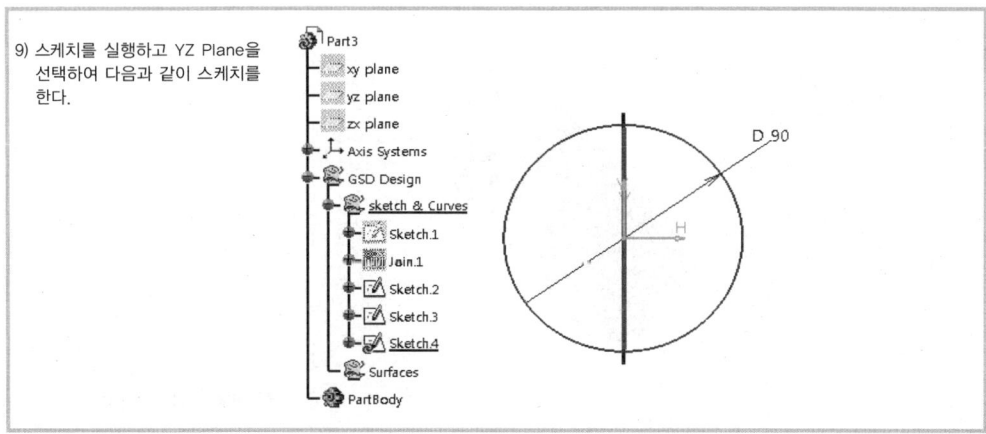

10) Surface 위에서 마우스 우측 버튼을 눌러 [Define in Work Object]를 선택한다.
11) Extrude를 실행하고 125mm, Mirrored extent를 지정하여 돌출을 한다.

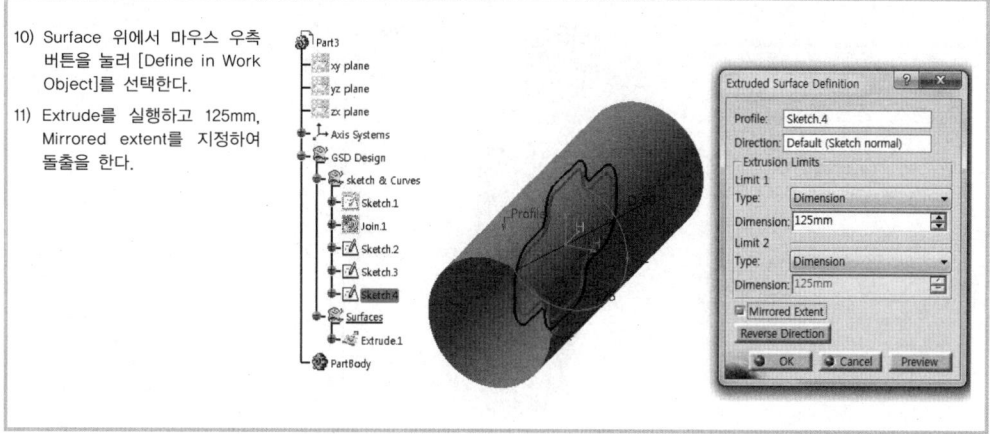

12) Sketch & Curves 위에서 마우스 우측버튼을 눌러 [Define in Work Object]를 선택한다.
13) [Insert]-[Developed Shapes]-[Develop]를 실행하고 Sketch.2를 Extrude.1 객체에 전개를 한다.

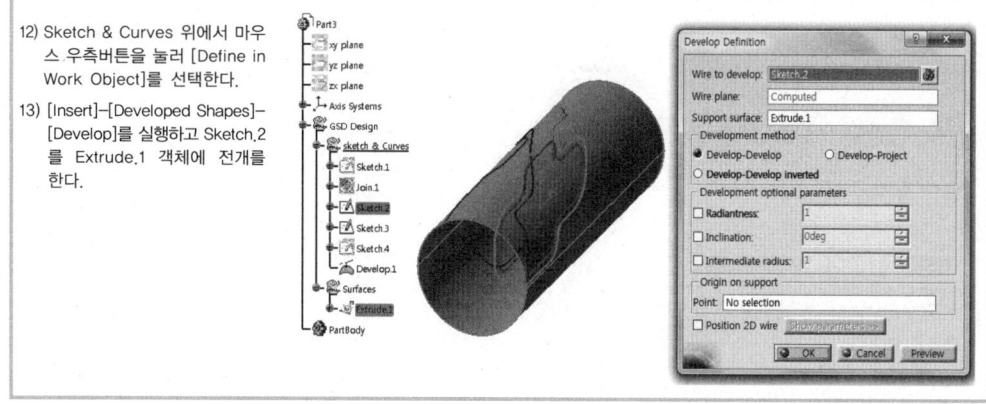

14) Develop를 실행하고 Sketch.3을 Extrude.1 객체에 전개를 한다.

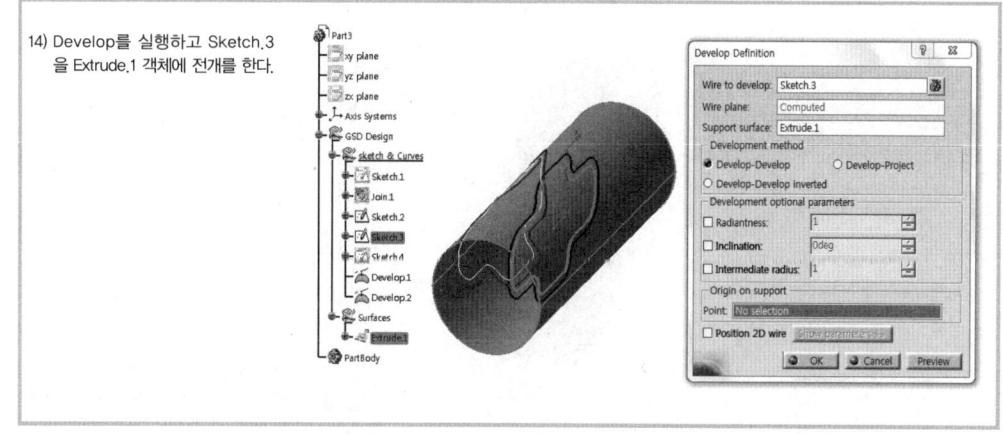

15) Surface 위에서 마우스 우측버튼을 눌러 [Define in Work Object]를 선택한다.
16) Offset을 실행하고 거리 : 8mm 바깥쪽으로 Offset을 한다.

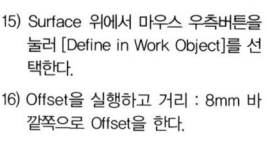
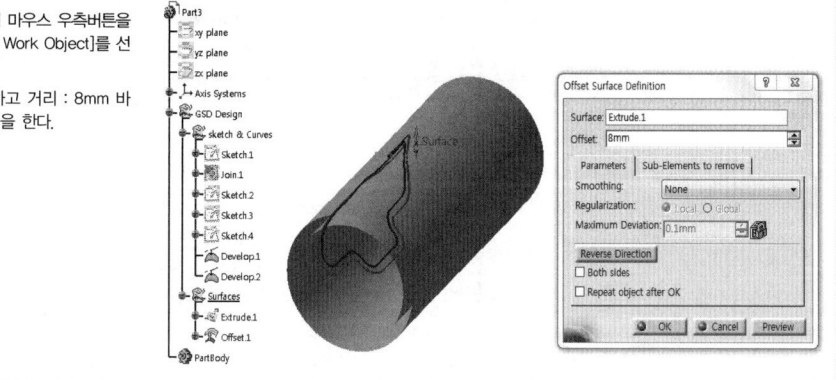

17) Sketch & Curves 위에서 마우스 우측버튼을 눌러 [Define in Work Object]를 선택한다.
18) Projection을 실행하고 Projected : Develop.1을 선택, Support : Offset.1을 선택하여 투영한다.

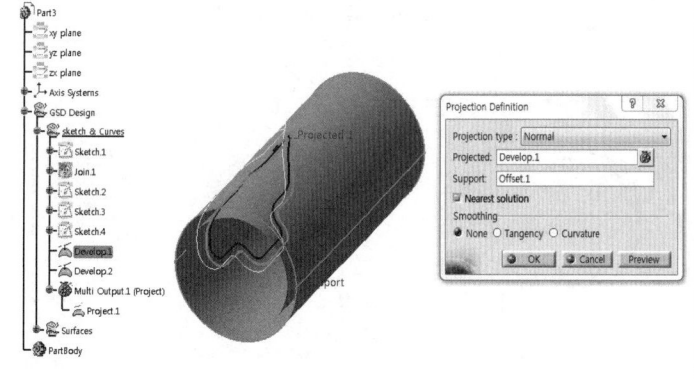

19) Projection을 실행하고 Projected : Develop.2를 선택, Support : Offset.1을 선택하여 투영한다.

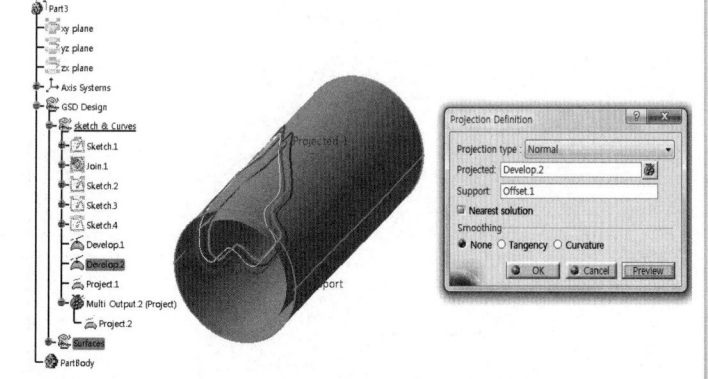

20) Surface 위에서 마우스 우측버튼을 눌러 [Define in Work Object]를 선택한다.
21) Split을 실행하고 Offset.1을 Project.1을 기준으로 바깥쪽 부분이 잘리도록 한다.

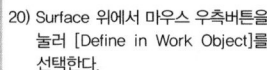
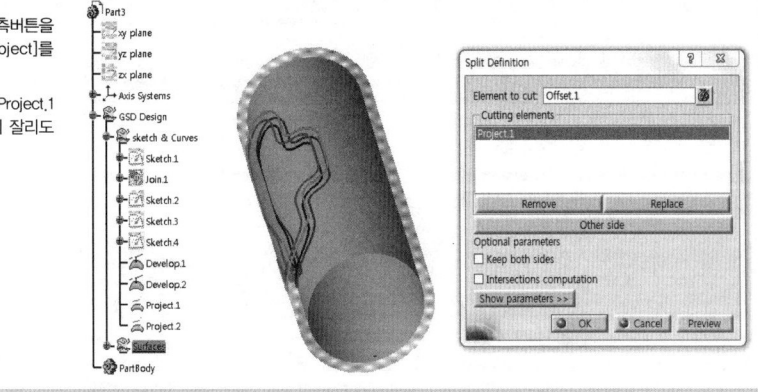

22) Split을 실행하고 Split.1을 Project.2를 기준으로 안쪽 부분이 잘리도록 한다.

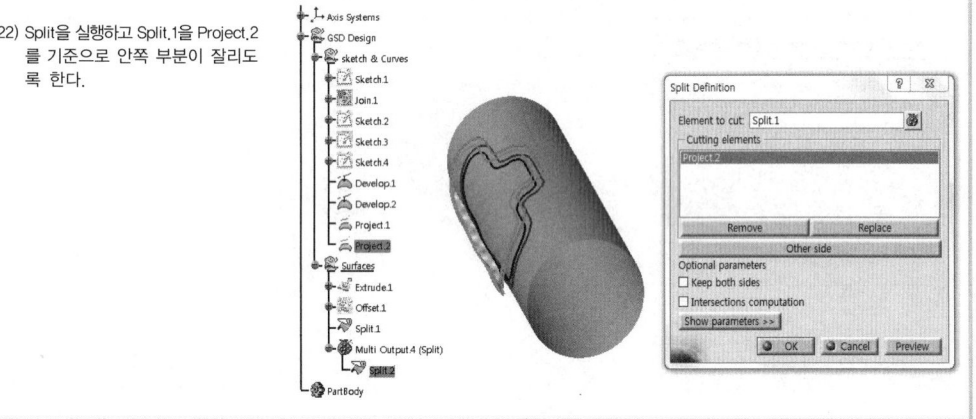

23) Split을 실행하고 Extrude.1을 Develop.1을 기준으로 안쪽 부분이 잘리도록 한다.

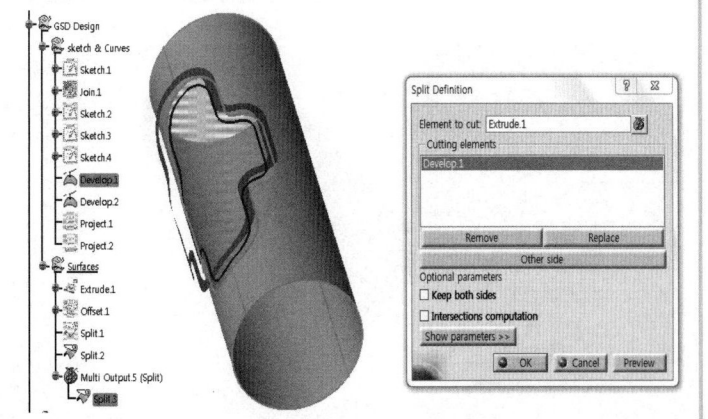

24) Split을 실행하고 Extrude.1을 Develop.2를 기준으로 바깥쪽으로 잘리도록 한다.

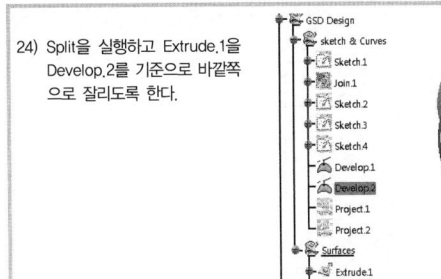
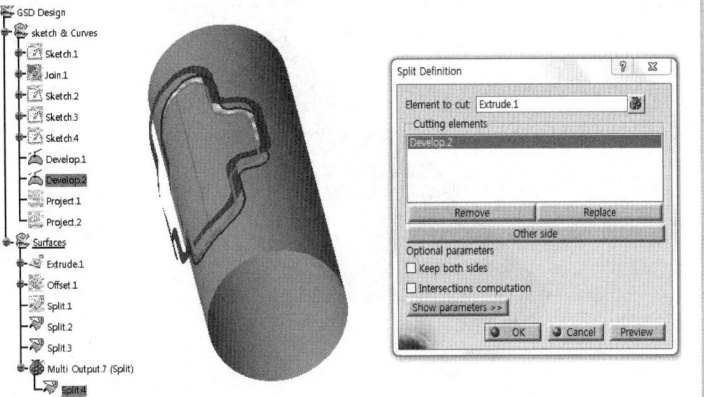
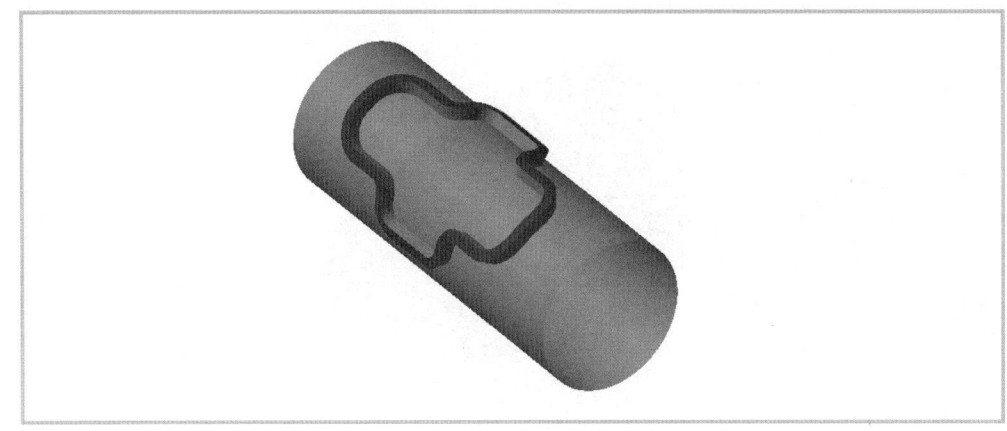

25) Blend를 실행하고 Develop.1과 Project.1 Curve 사이를 Blend로 채운다.

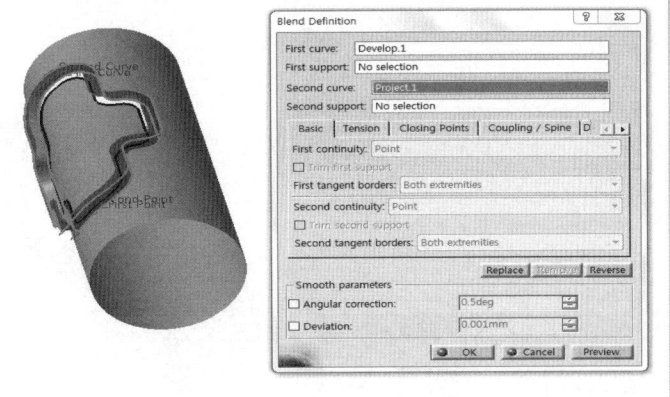

27) Join을 실행하고 다음 객체들을 결합한다.

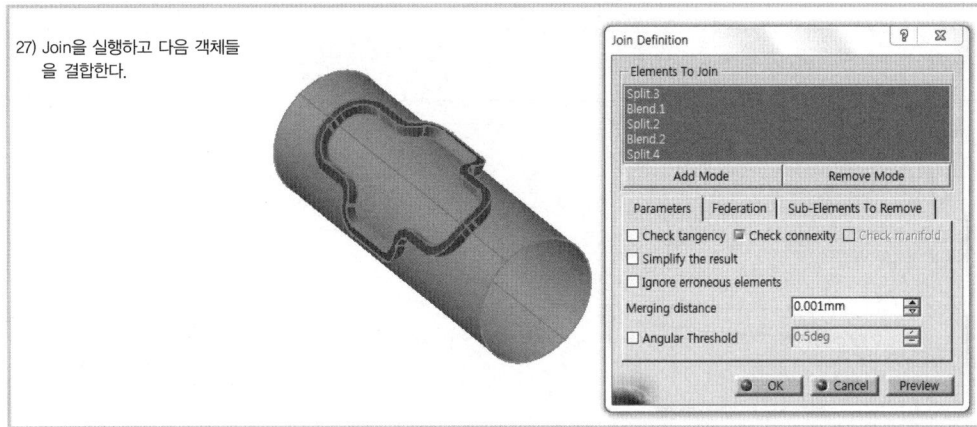

26) Blend를 실행하고 Develop.2와 Project.2 Curve 사이를 Blend로 채운다.

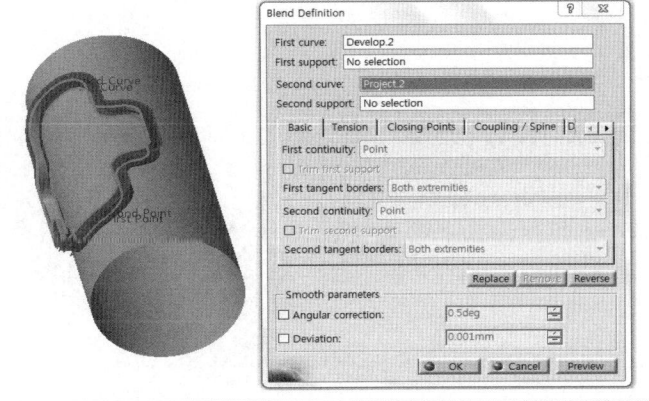

28) Split을 실행하고 Join.2 객체를 ZX Plane을 기준으로 반대편을 잘라낸다.

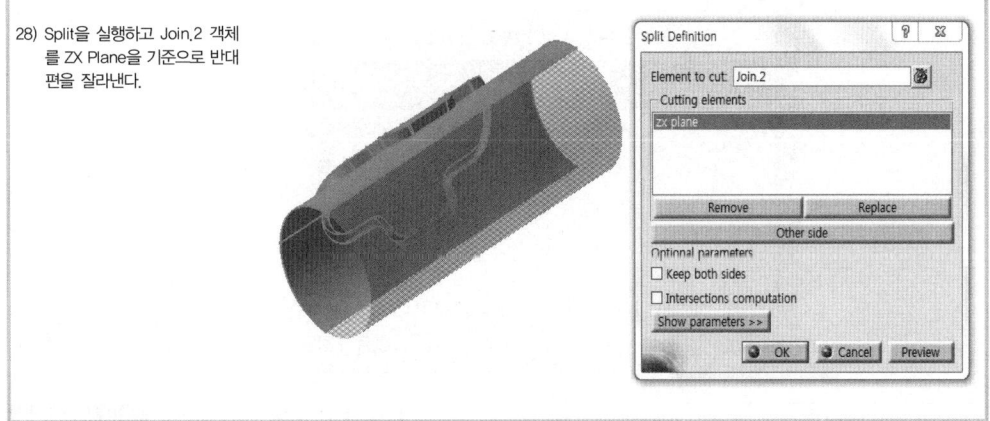

417

29) Symmetry를 실행하고 Split.5 객체를 ZX Plane을 기준으로 대칭복사 한다.

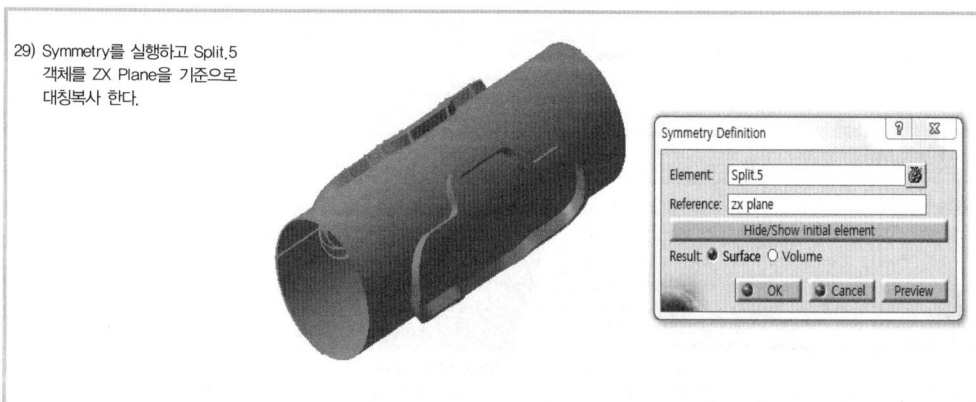

30) Join을 실행하고 다음 Surface 객체들을 결합한다.

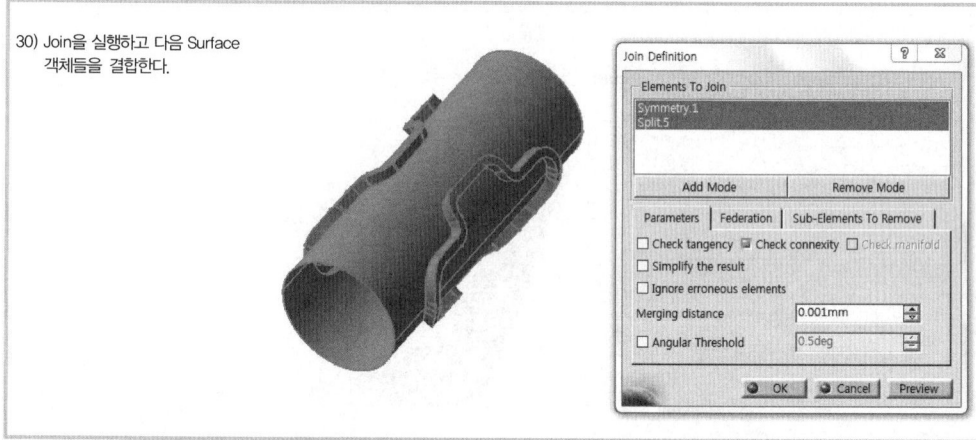

■ 완성 결과

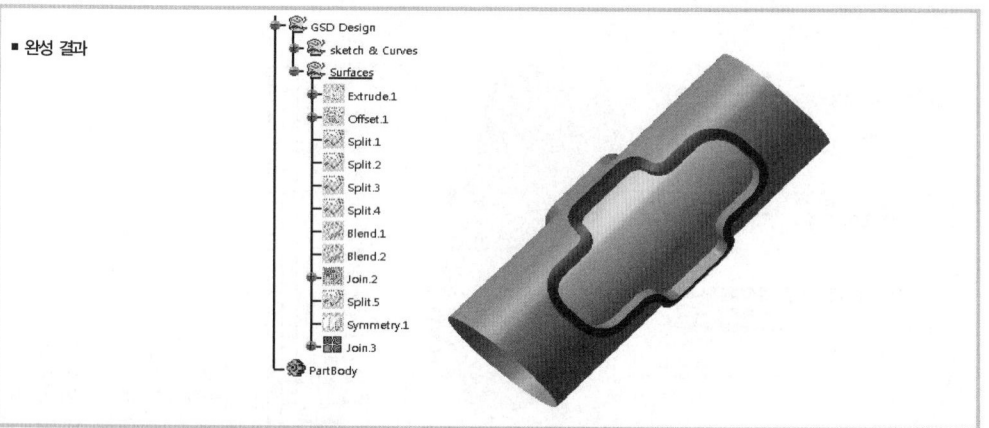

응용하기 39   Hair Dry 외형 만들기 1

1) [Start]-[Shape]-[Generative Shape Design]을 선택한다.

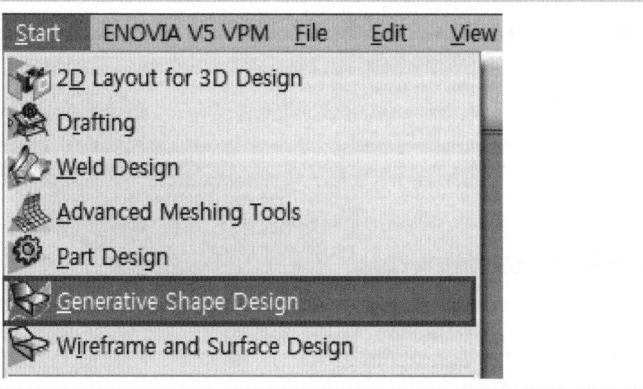

2) 스케치를 실행하고 YZ Plane을 선택하여 다음과 같이 스케치를 한다.
Three Point Arc와 Connect 이용

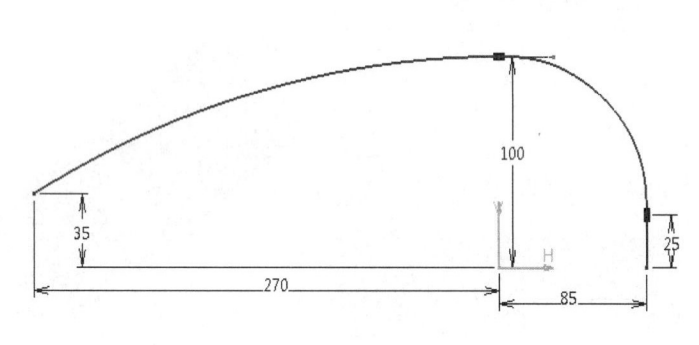

3) Revolution을 실행하고 Revolution Axis : HDirection을 선택, Angle 1 : 180deg를 지정한다.

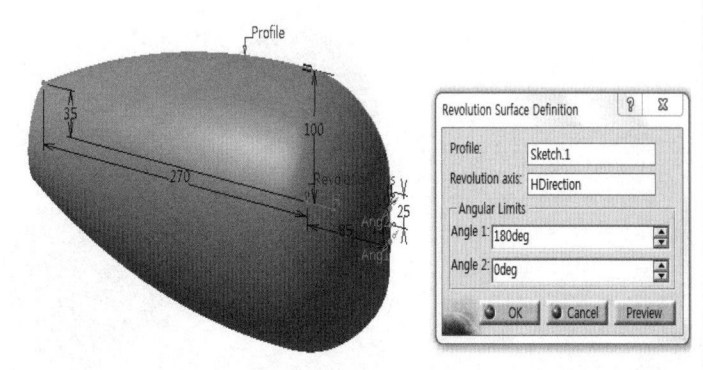

4) 스케치를 실행하고 YZ Plane을 선택하여 다음과 같이 스케치를 한다.
임의의 길이로 스케치 한다.

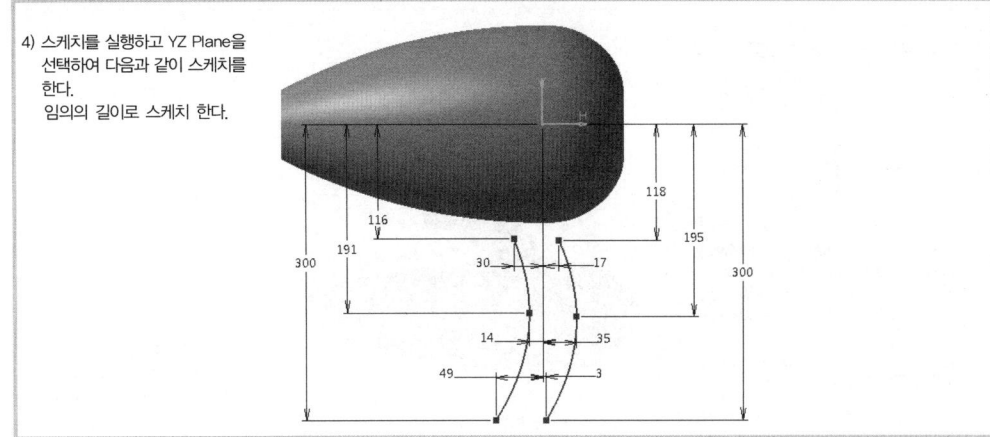

5) Extrude를 실행하고 30mm 돌출을 한다. Mirrored extent를 해제한다.

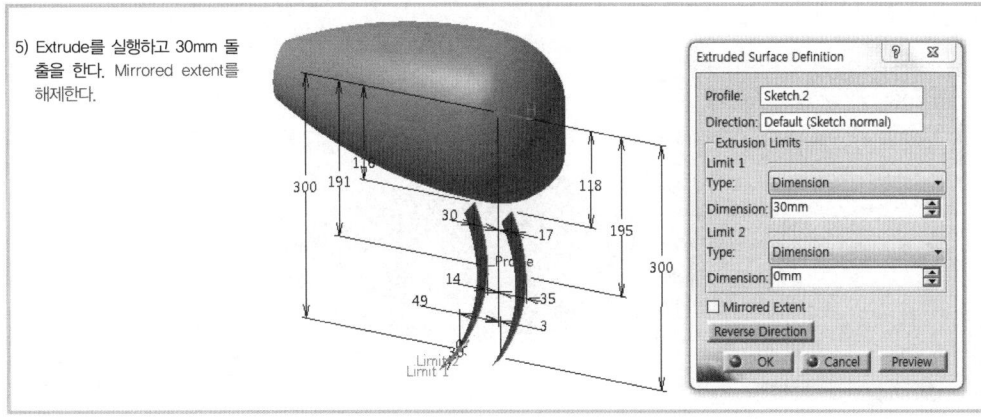

6) Blend를 실행하고 양쪽 모서리를 선택하여 생성한다.

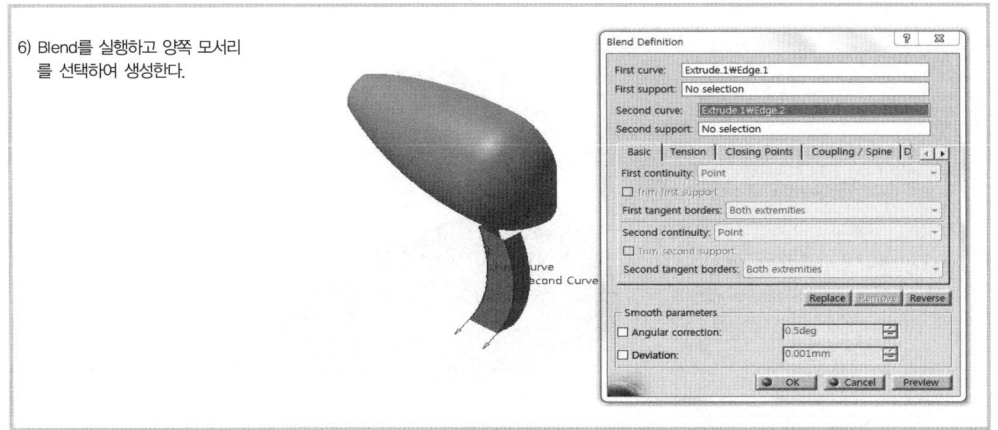

7) Join을 실행하고 다음 2개의 객체를 결합한다.

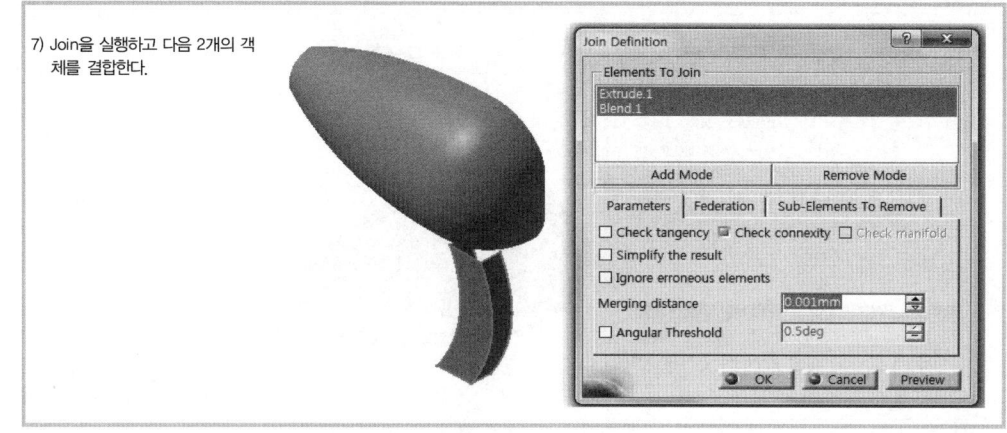

8) Edge Fillet을 실행하고 반경 : 15mm로 필렛을 한다.

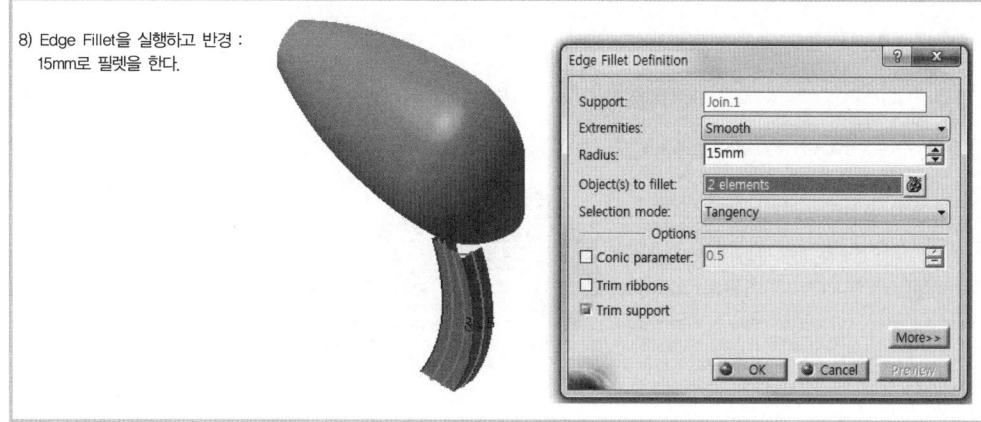

9) Point를 실행하고 On Surface를 선택하여 다음과 같이 Surface의 임의의 위치에 점을 찍는다.

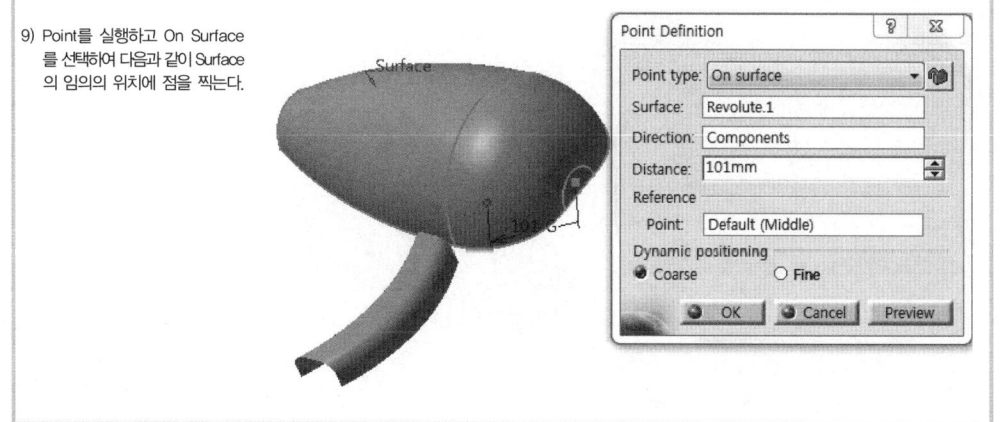

10) Point를 실행하고 On Curve를 선택하여 다음과 같이 Curve의 임의의 위치에 점을 찍는다.

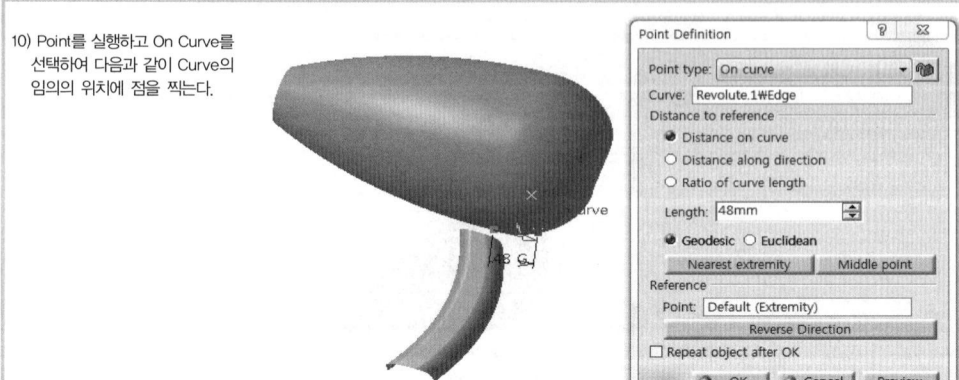

11) Point를 실행하고 On Surface를 선택하여 다음과 같이 Surface의 임의의 위치에 점을 찍는다.

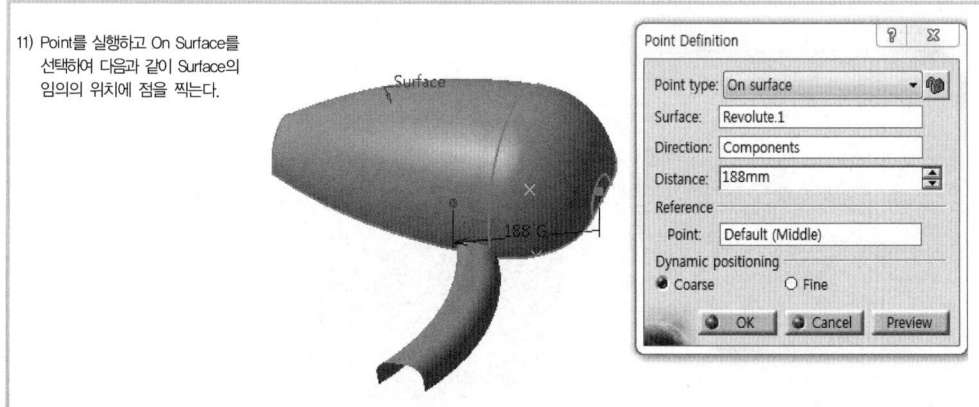

12) Point를 실행하고 On Curve를 선택하여 다음과 같이 Curve의 임의의 위치에 점을 찍는다.

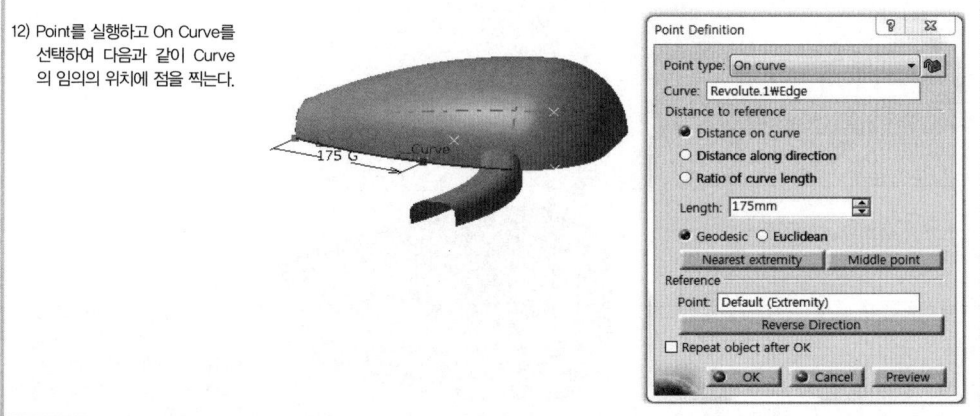

13) Spline을 실행하고 Point 4개를 연결하여 Spline을 그린다.

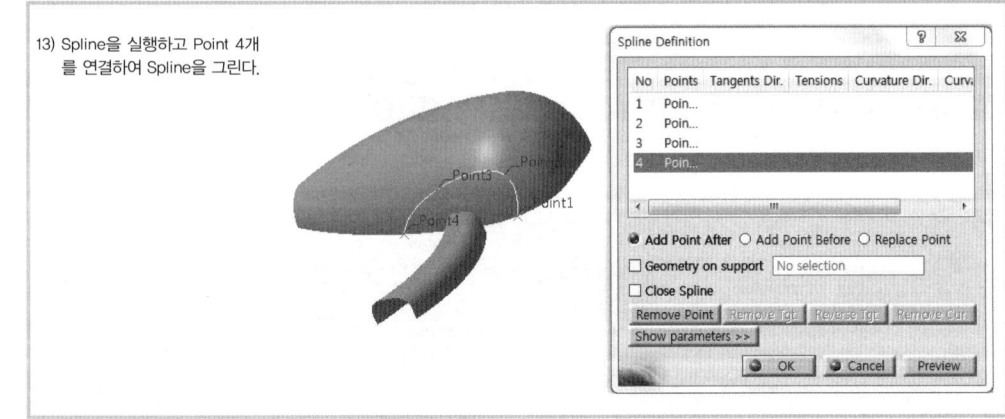

14) Projection을 실행하고 다음과 같이 지정하여 투영한다.

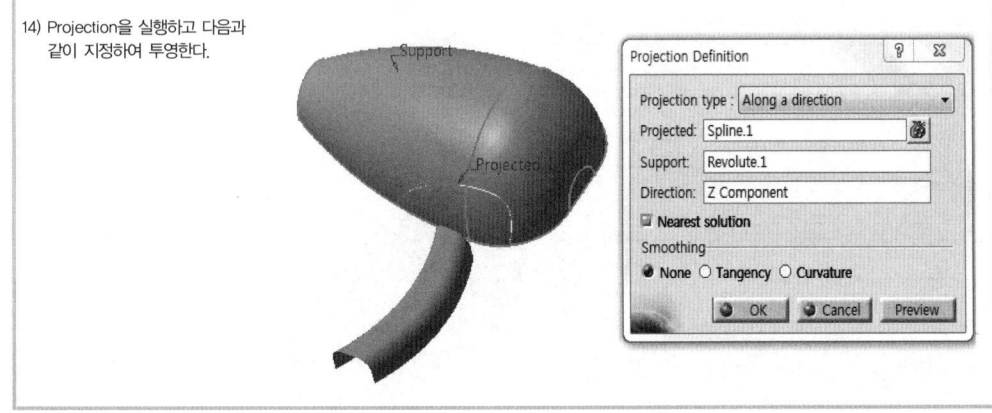

15) Split을 실행하고 다음과 같이 지정하여 잘라낸다.

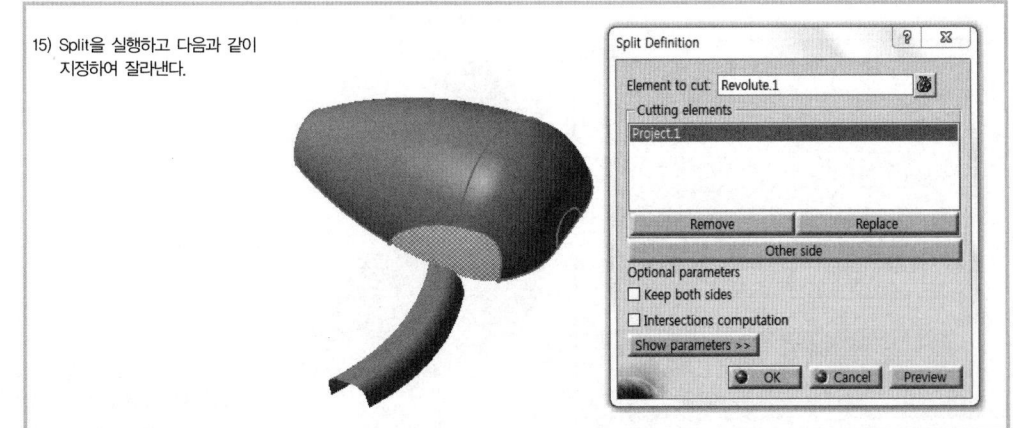

16) Isoparametric Curve를 실행하고 EdgeFillet곡면을 선택하여 다음 위치를 선택하여 곡면 모서리 모양의 Curve를 생성한다.

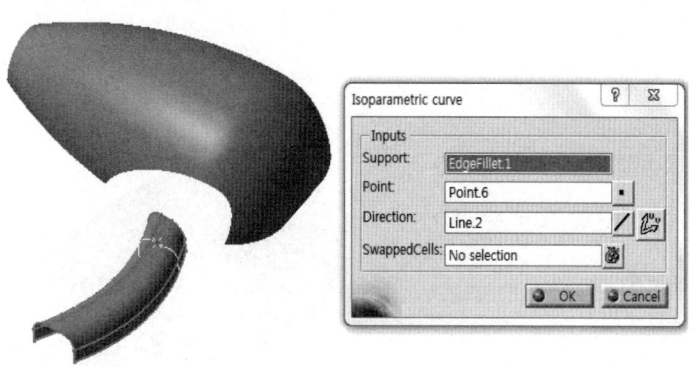

17) Split을 실행하고 다음과 같이 지정하여 잘라낸다.

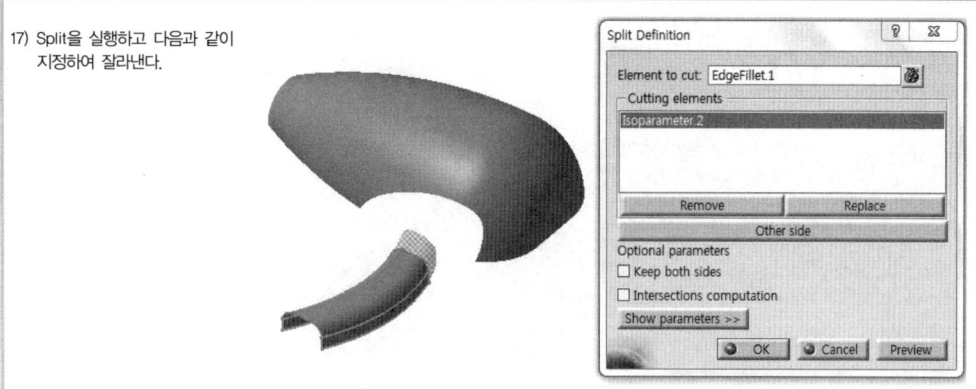

18) Blend를 실행하고 Isoparametric Curve와 Spline을 연결하는 Surface를 생성한다.

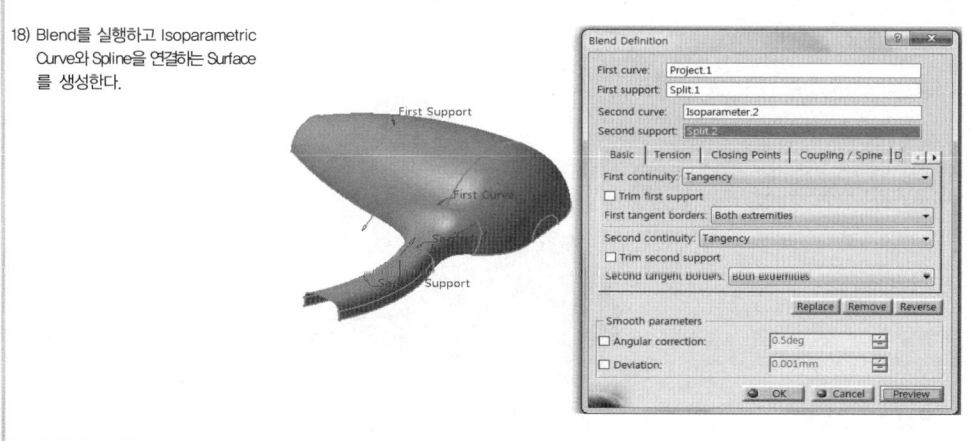

19) Boundary를 실행하고 다음 그림과 같이 경계선을 생성한다.

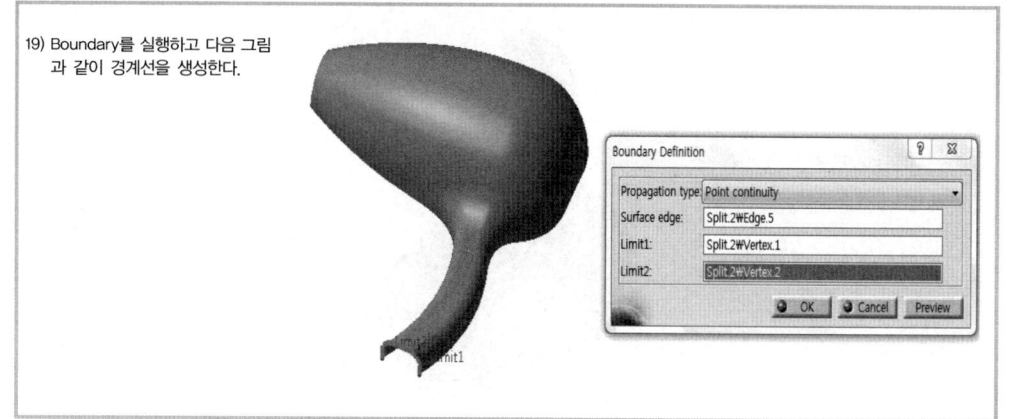

20) 다음과 같이 Line을 연결한다.

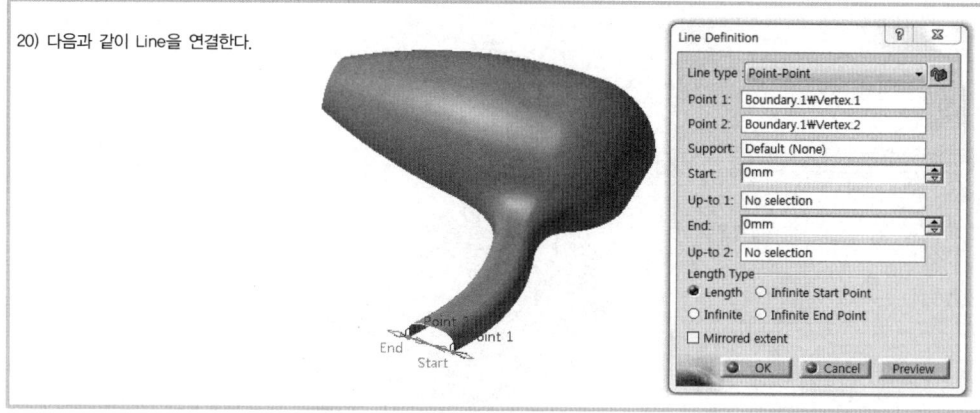

21) Fill을 실행하고 모서리를 선택하여 채운다.

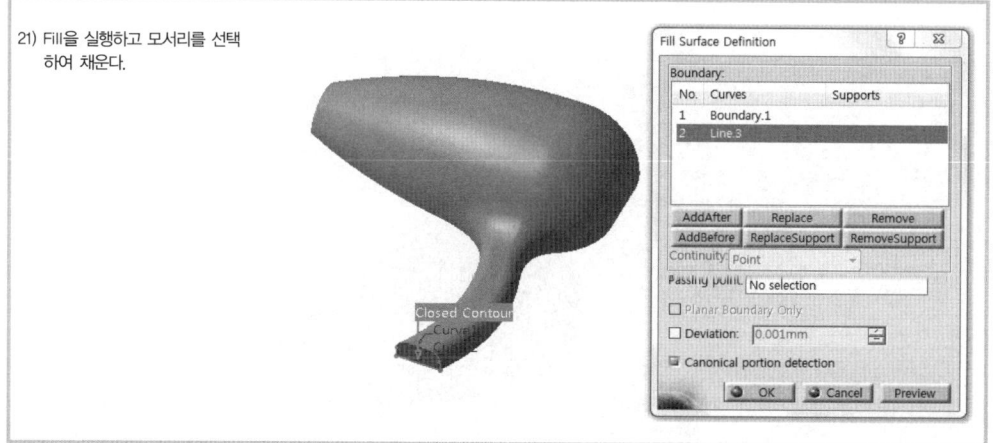

22) Shape Fillet을 실행하고 다음 두개의 면을 선택하여 반경 : 9mm로 필렛을 한다. 화살표 방향을 주의한다.

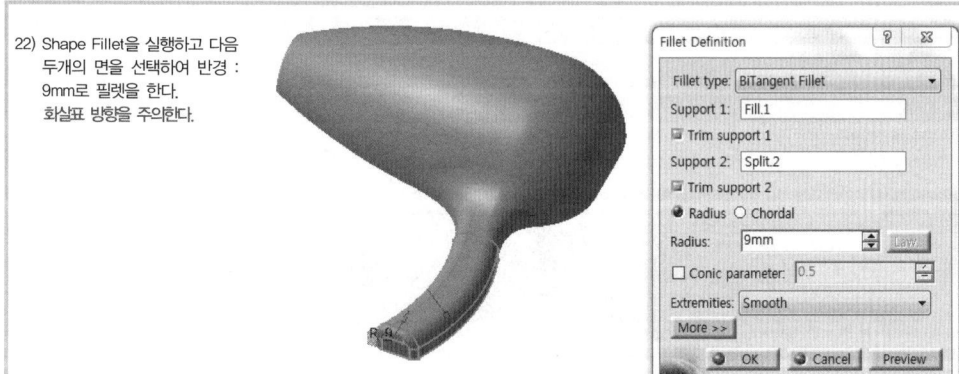

23) Join을 실행하고 다음 2개의 객체를 결합한다.

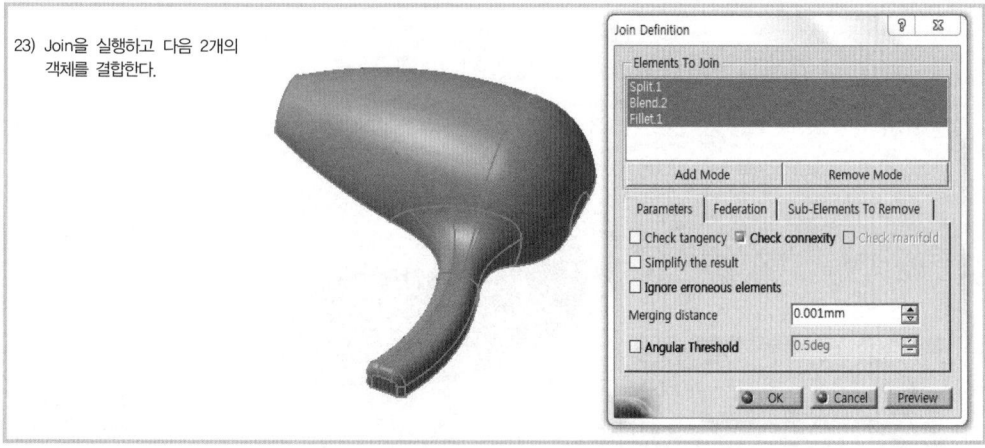

24) Symmetry를 실행하고 YZ Plane를 기준으로 Join.2 객체를 대칭복사 한다.

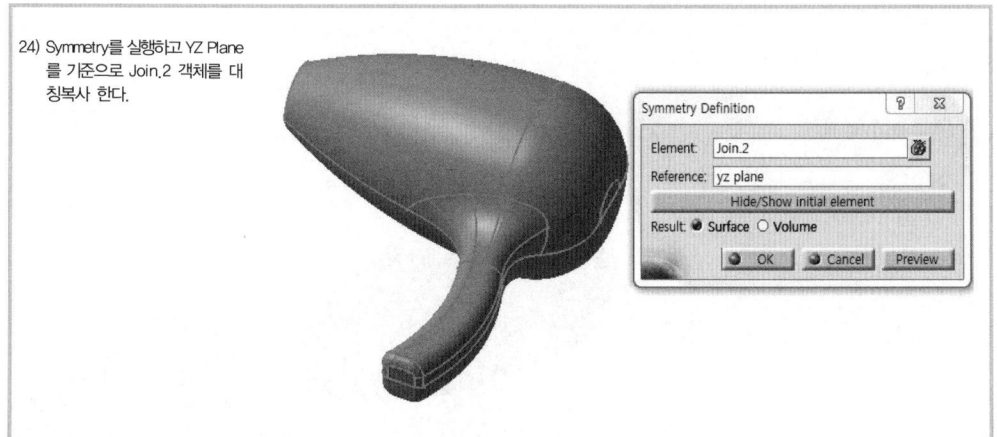

25) Join을 실행하고 다음 2개의 객체를 결합한다.

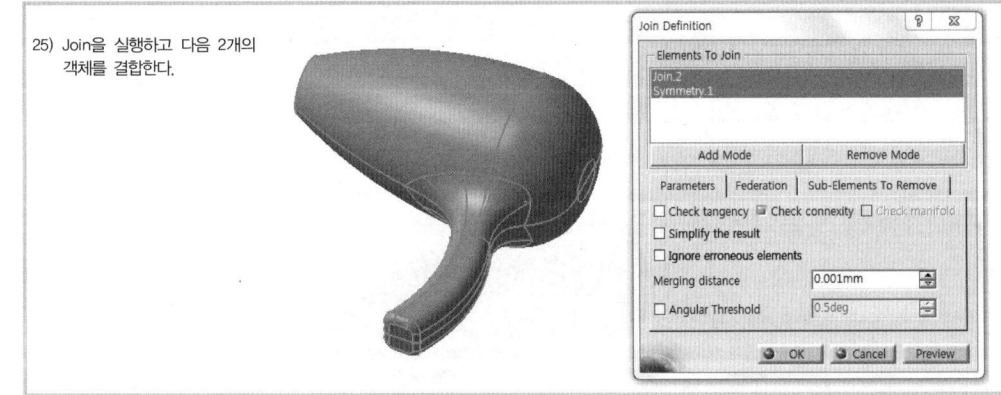

26) Plane을 실행하고 ZX Plane을 기준으로 240mm 앞쪽으로 Plane을 생성한다.

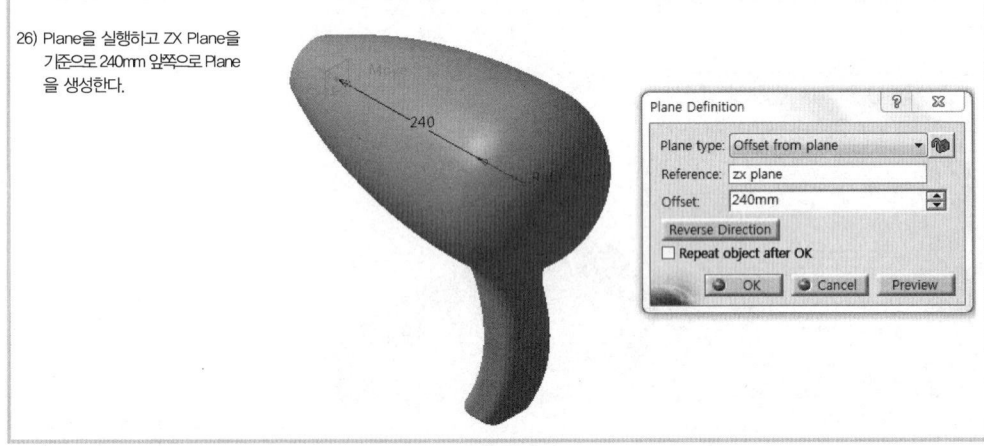

27) Plane을 실행하고 Plane.1을 기준으로 80mm 앞쪽에 Plane을 생성한다.

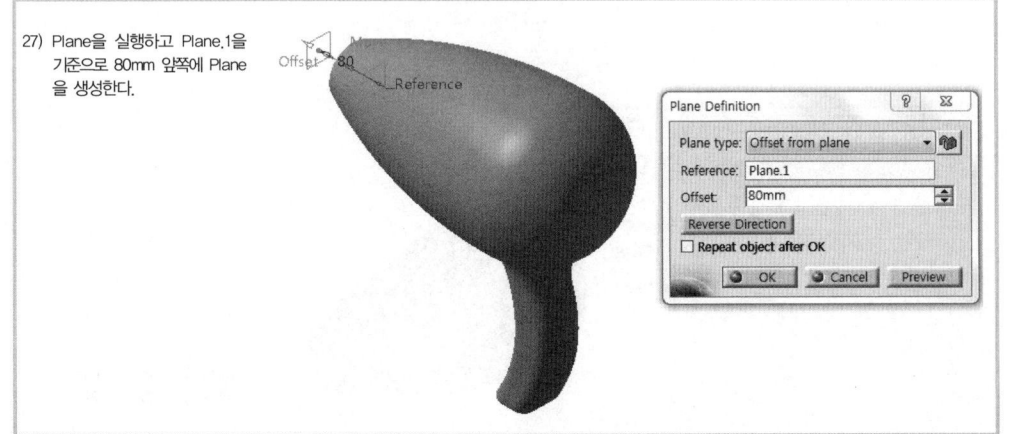

28) 스케치를 실행하고 Plane.1을 선택하여 다음과 같이 스케치를 한다.

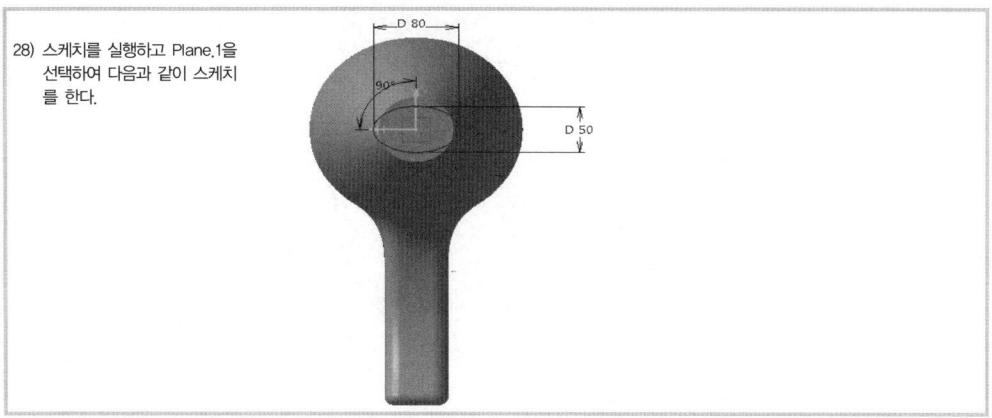

29) 스케치를 실행하고 Plane.2를 선택하여 다음과 같이 스케치를 한다.

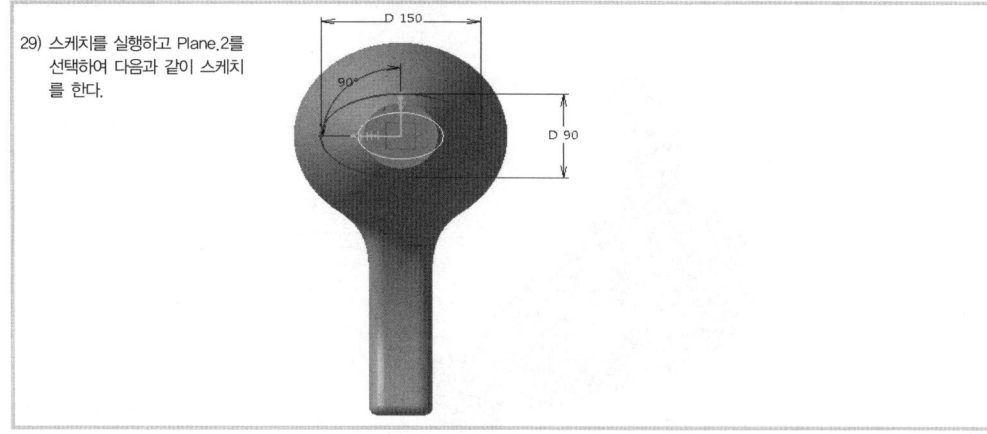

30) Multi-Section Surface를 실행하고 두 개의 타원을 연결하는 Surface를 생성한다.

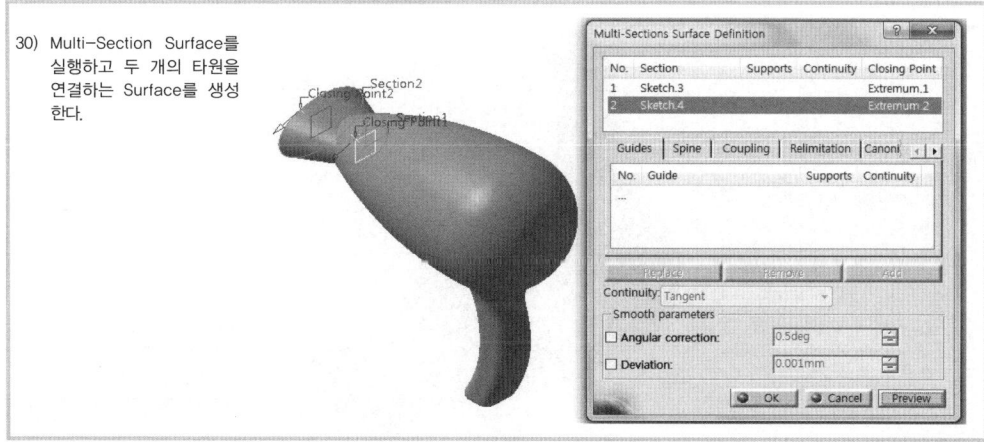

31) Split을 실행하고 Join.3 Surface를 Multi-Section Surface를 이용하여 잘라낸다.

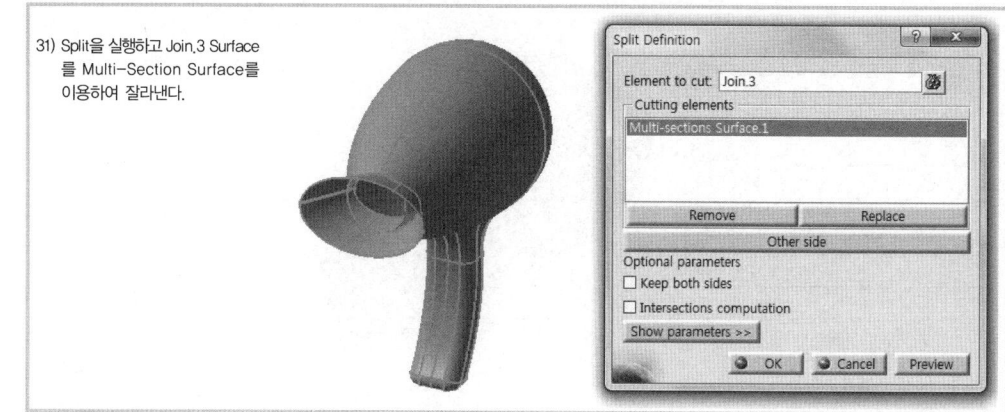

32) Healing을 실행하고 두 개의 Surface를 선택하여 결합한다.

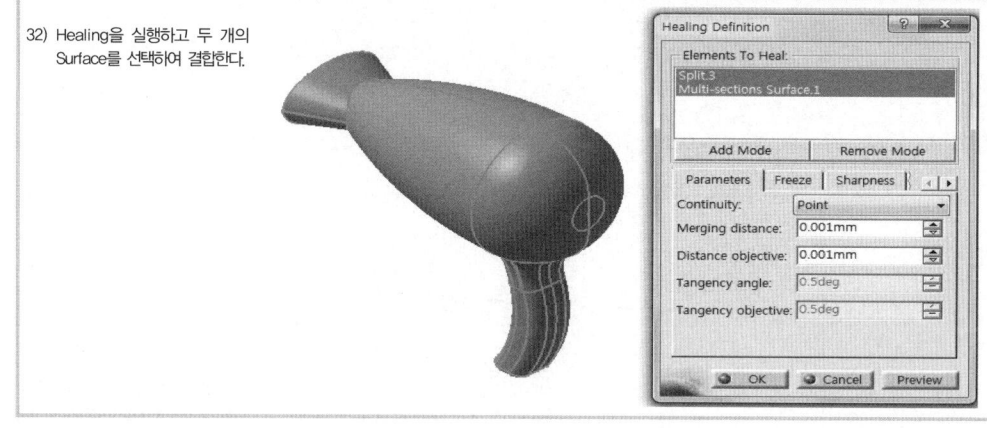

33) Sketch.3을 더블클릭하여 다음과 같이 치수를 수정한다. 스케치를 종료하고 자동으로 업데이트 되지 않는 경우 마지막 Surface를 선택하여 [Local Update]를 선택한다.

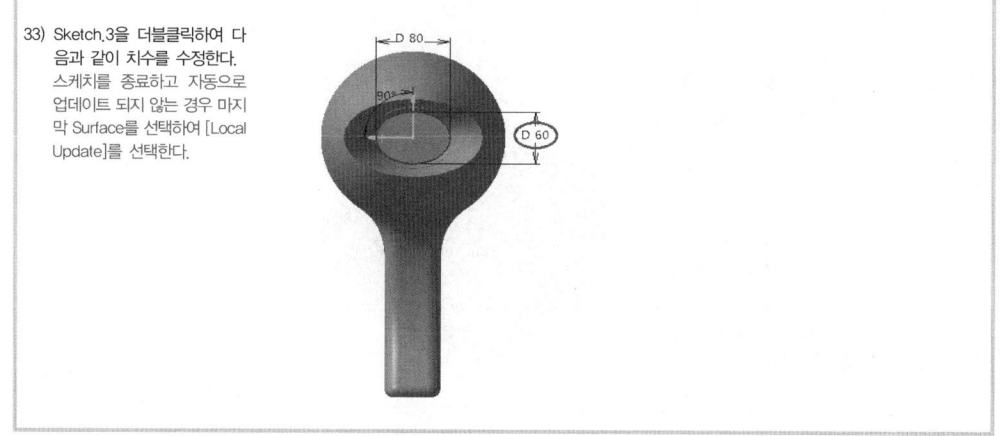

34) [Start]-[Mechanical Design]-[Part Design]을 선택한다.
35) Thick Surface를 실행하고 두께 : 1mm를 지정하여 솔리드를 생성한다.

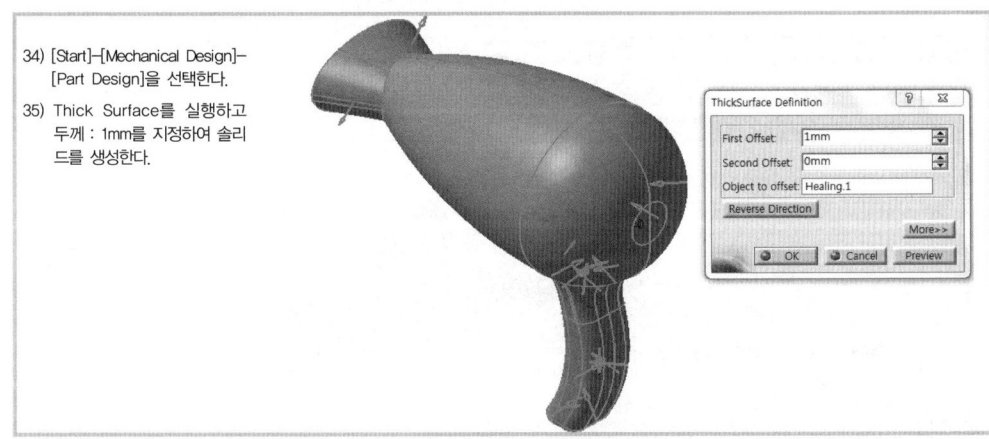

■ 헤어 드라이기 완성

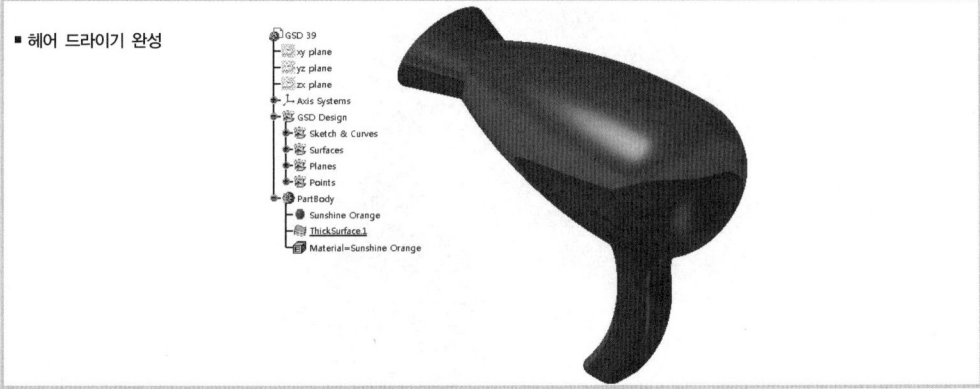

응용하기 40   Hair Dry 외형 만들기 2

1) 스케치를 실행하고 YZ Plane을 선택하여 다음과 같이 스케치를 한다.

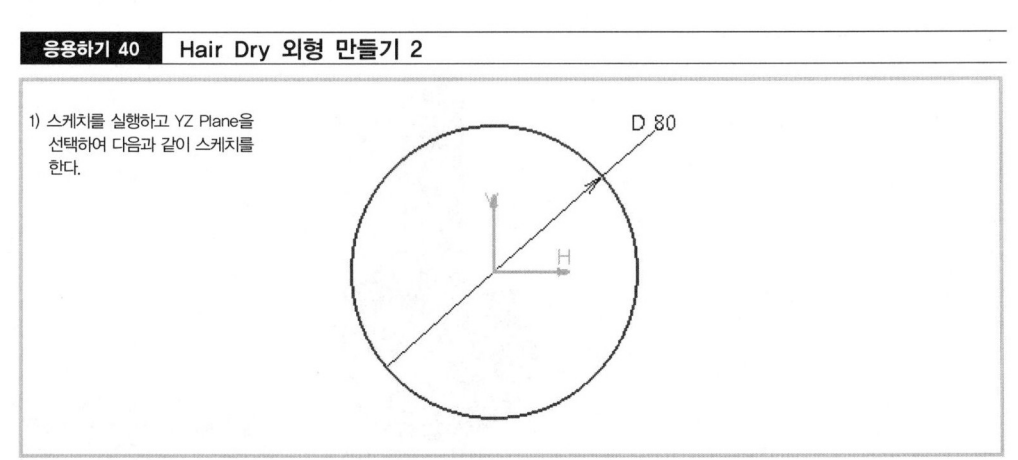

2) Extrude를 실행하고 55mm 돌출을 한다.

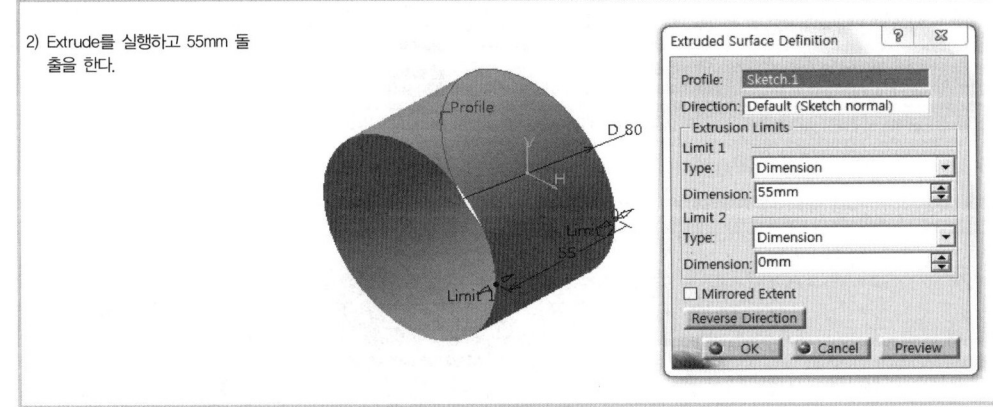

3) 스케치를 실행하고 YZ Plane을 선택하여 다음과 같이 스케치를 한다.

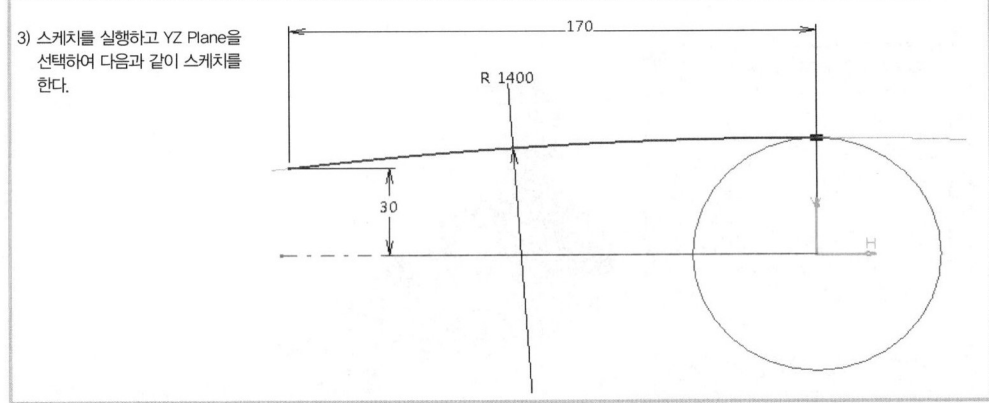

4) Revolution을 실행하고 방향1 : 360deg, 방향2 : -180deg 회전을 한다.

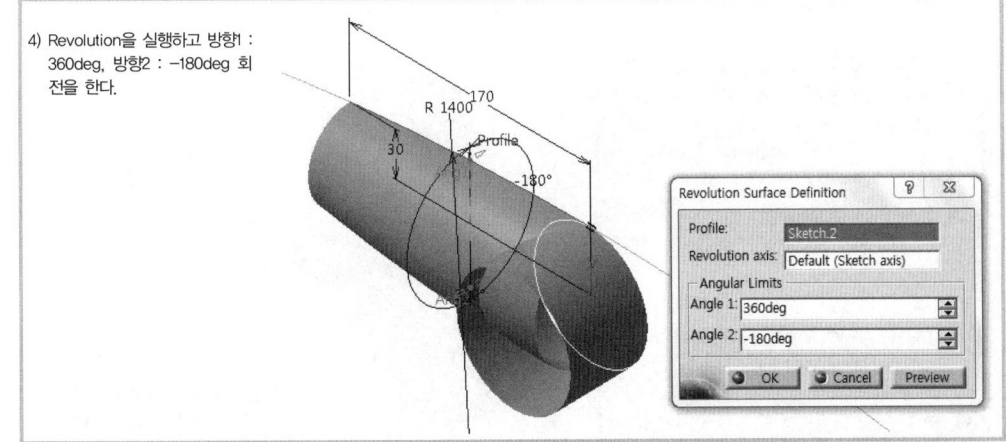

5) 스케치를 실행하고 ZX Plane을 선택하여 다음과 같이 스케치를 한다.

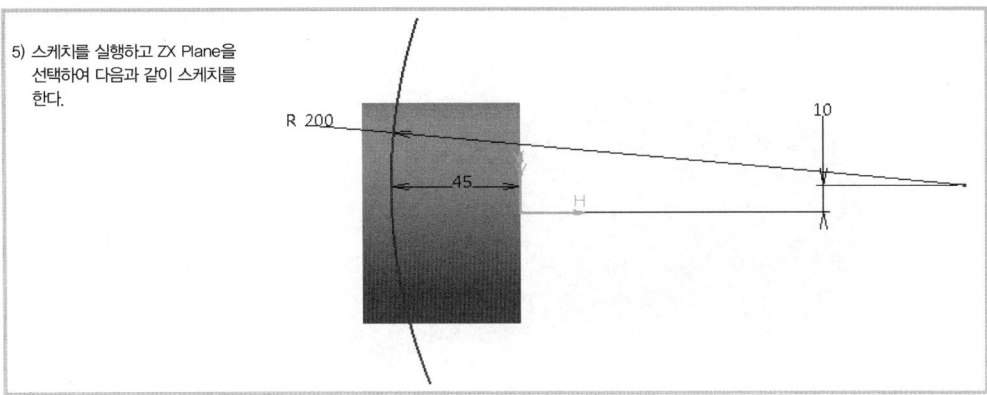

6) 스케치를 실행하고 XY Plane을 선택하여 다음과 같이 스케치를 한다.

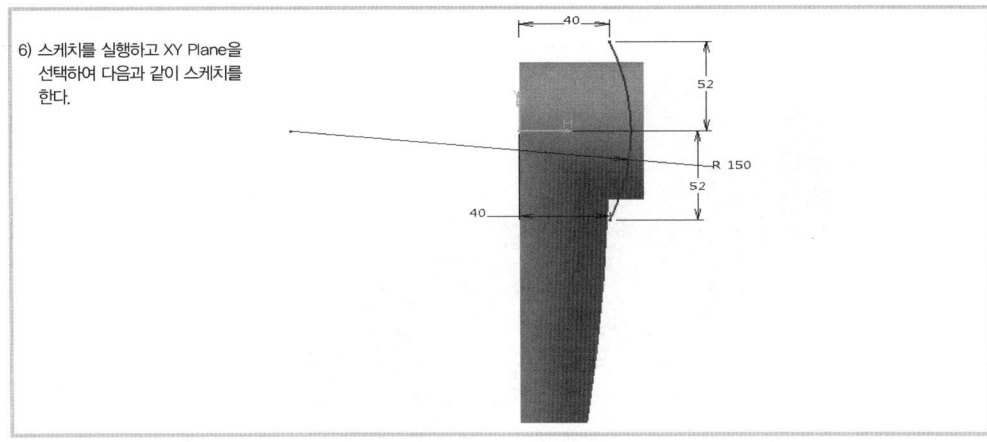

7) Sweep을 실행하고 Profile : Sketch.4를 선택, Guide Curve : Sketch.3을 선택하여 Sweep Surface를 생성한다.

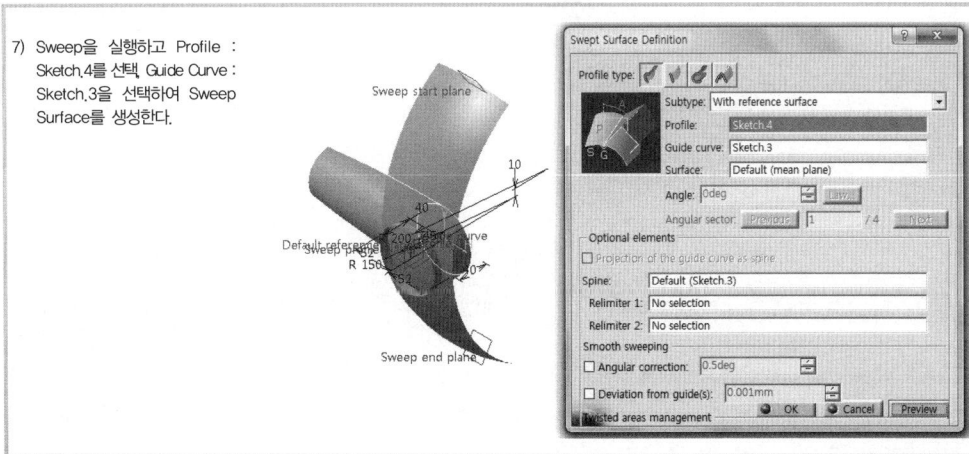

8) Split을 실행하고 Revolute.1 객체를 Extrude.1 객체를 기준으로 다음 부분을 잘라낸다.

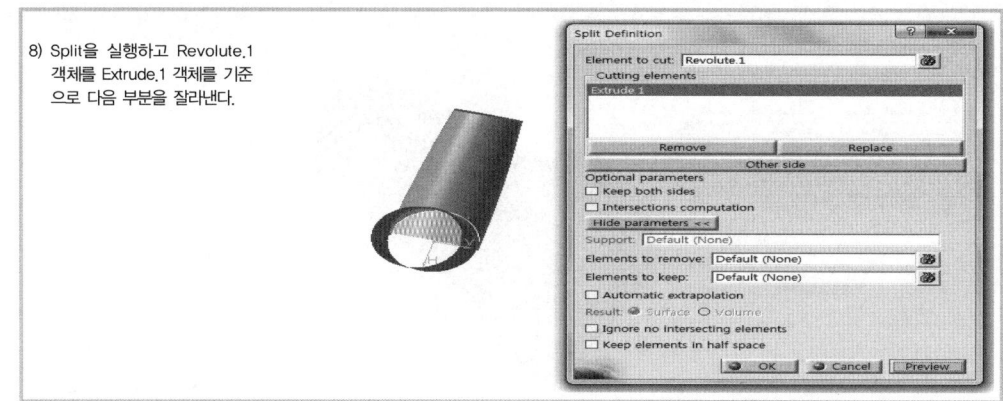

9) Split을 실행하고 Sweep.1 객체를 Extrude.1 객체를 기준으로 다음 부분을 잘라낸다.

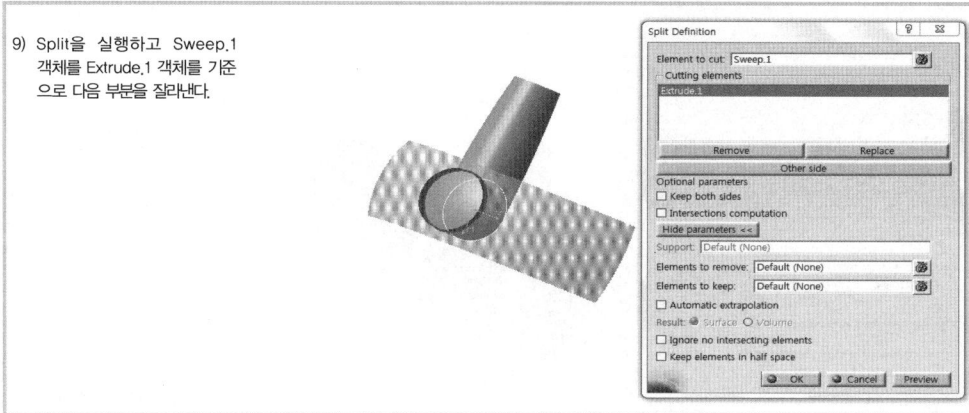

10) Split을 실행하고 Extrude.1 객체를 Split.2 객체를 기준으로 다음 부분을 잘라낸다.

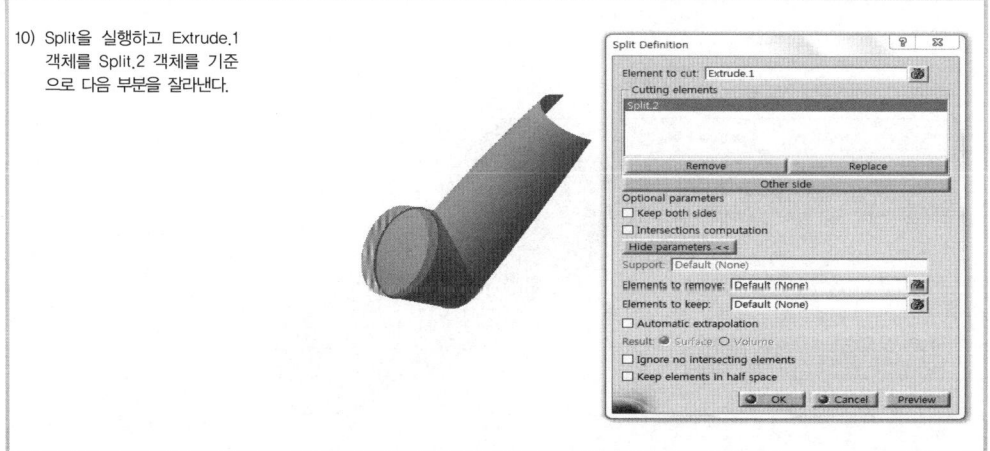

11) Split을 실행하고 Split.3 객체를 Split.1 객체를 기준으로 다음 부분을 잘라낸다.

- 8)번에서 11)번까지 한 번에 완성할 수 있는 방법은?

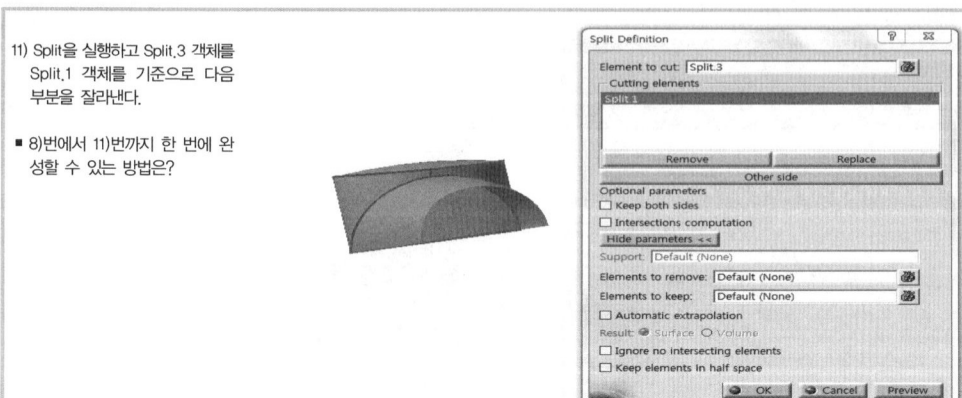

12) Join을 실행하고 다음 3개의 객체를 결합한다.

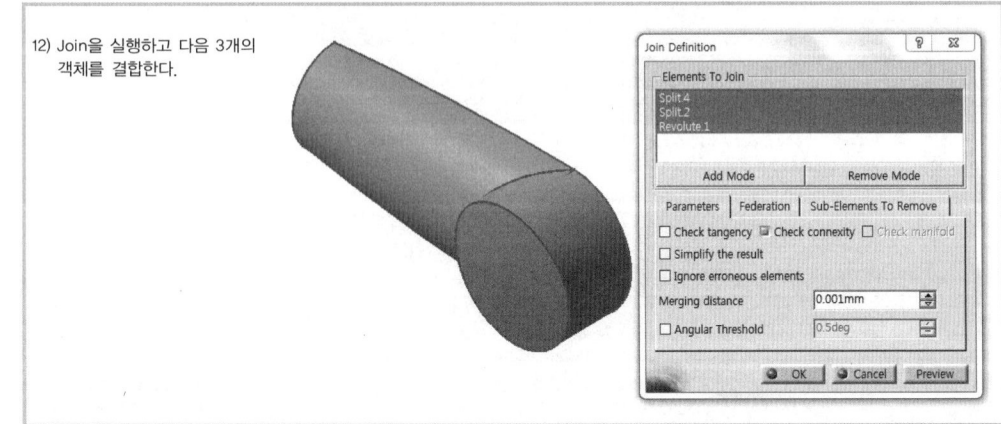

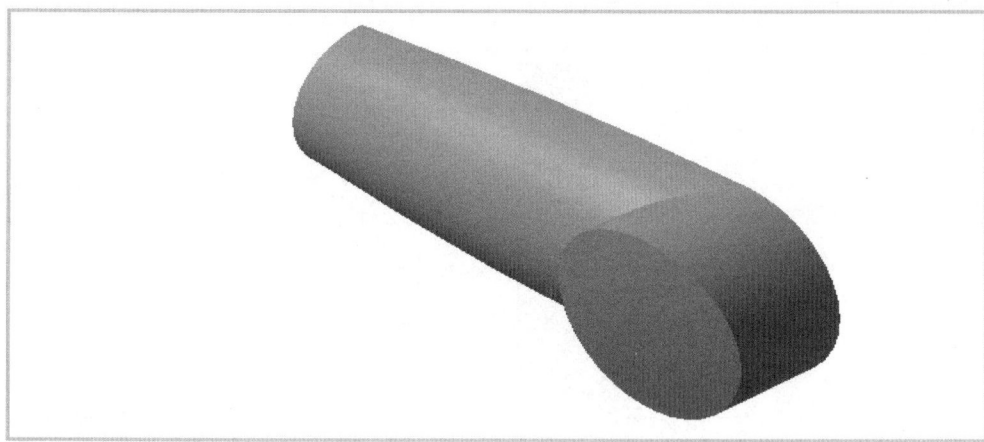

13) Edge Fillet을 실행하고 반경 : 10mm로 필렛을 한다.

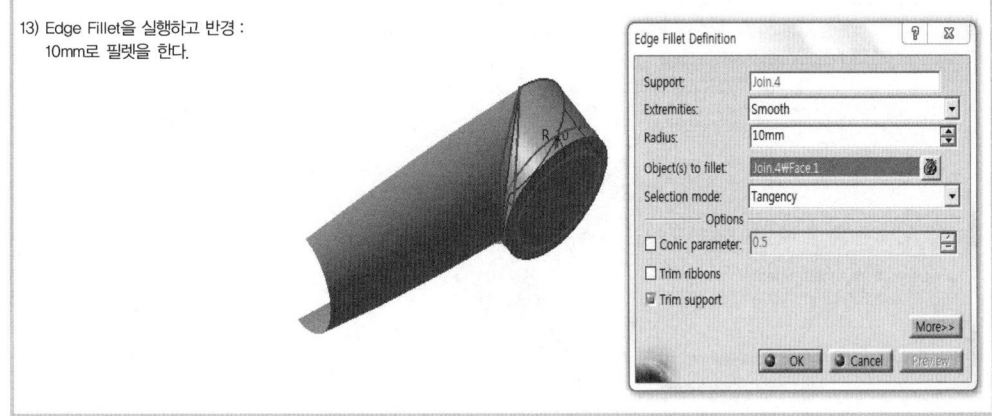

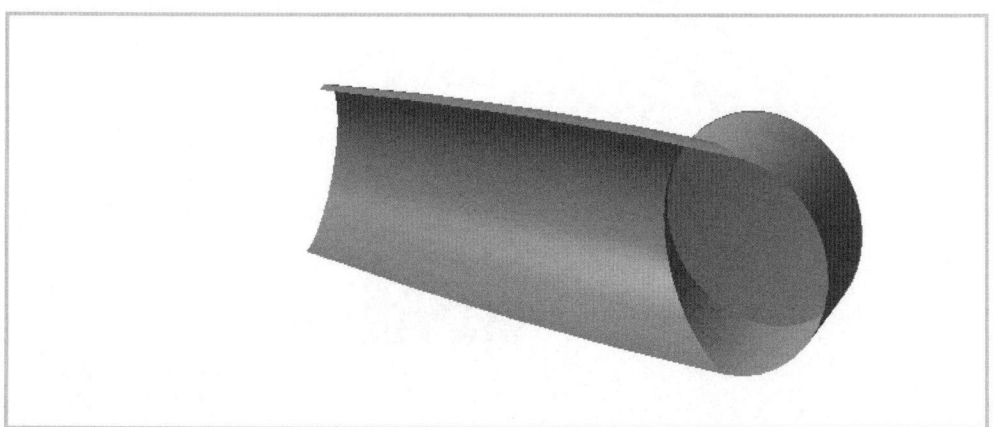

14) Symmetry를 실행하고 YZ Plane을 기준으로 다음 Surface를 대칭 복사한다.

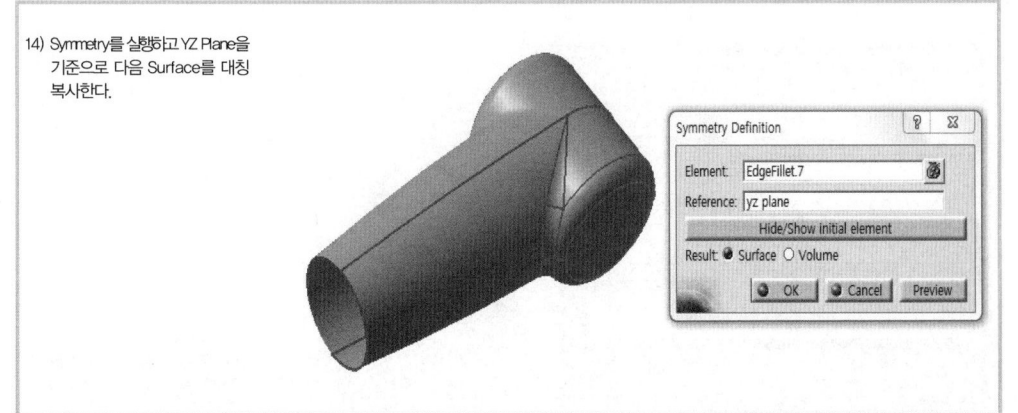

15) 스케치를 실행하고 YZ Plane을 선택하여 다음과 같이 스케치를 한다.

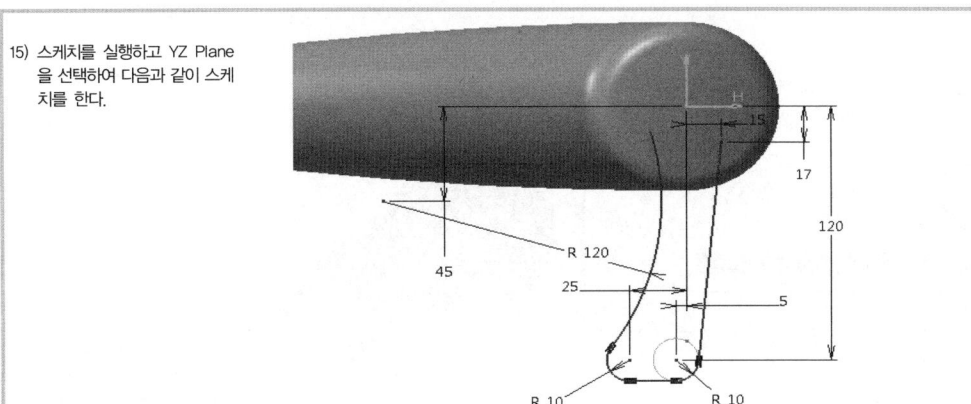

16) Extrude를 실행하고 20mm 돌출을 한다.

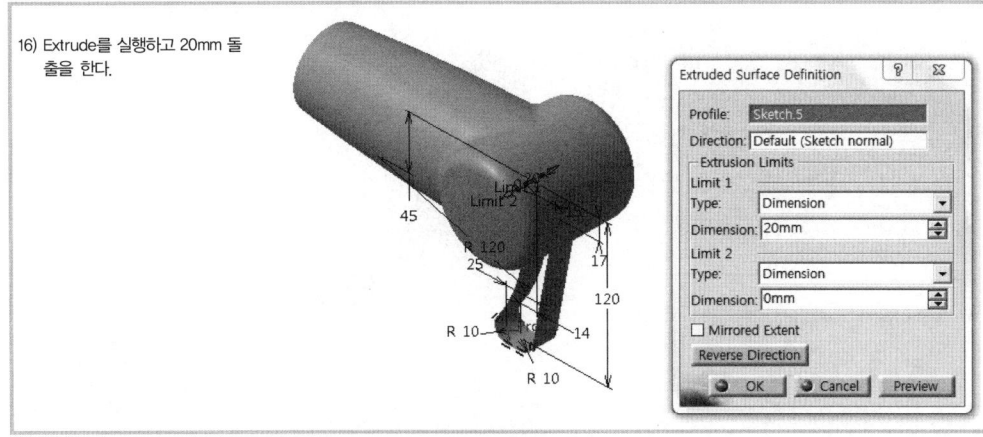

17) 스케치를 실행하고 ZX Plane을 선택하여 다음과 같이 스케치를 한다.

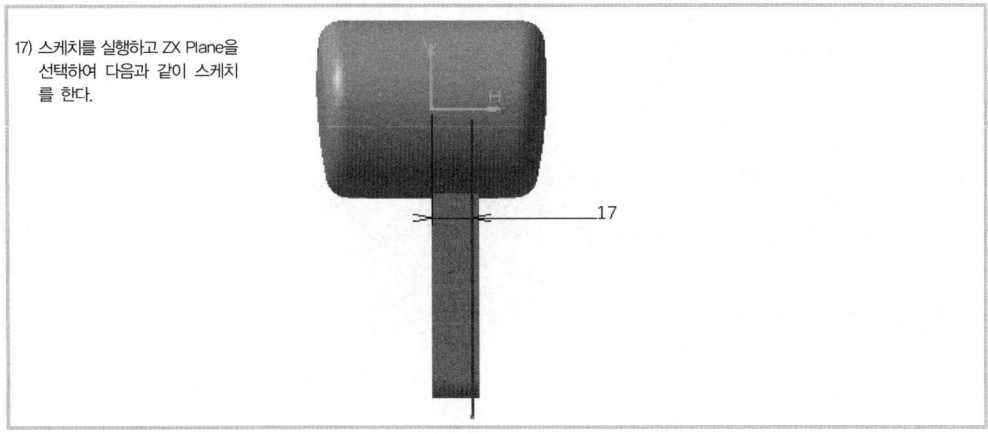

18) Extrude를 실행하고 방향1 : 30mm, 방향2 : 50mm 돌출을 한다.

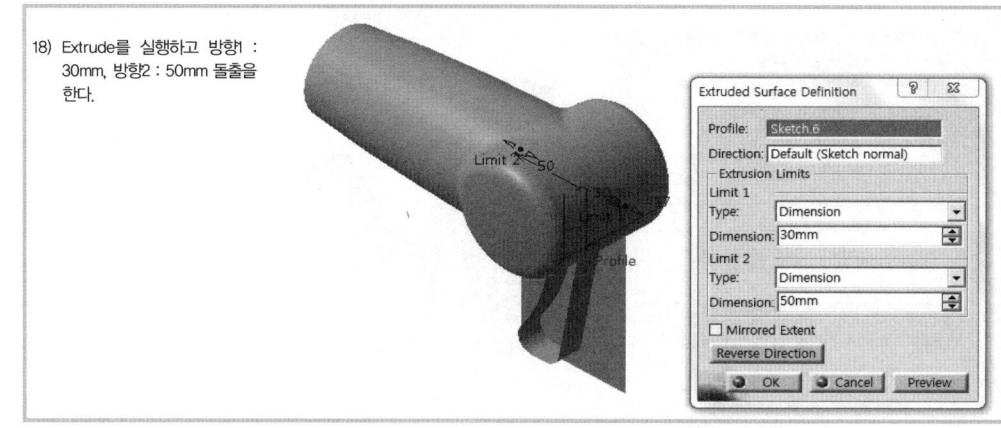

19) Split을 실행하고 Extrude.2 객체를 Extrude.3 객체를 기준으로 다음 부분을 잘라낸다.

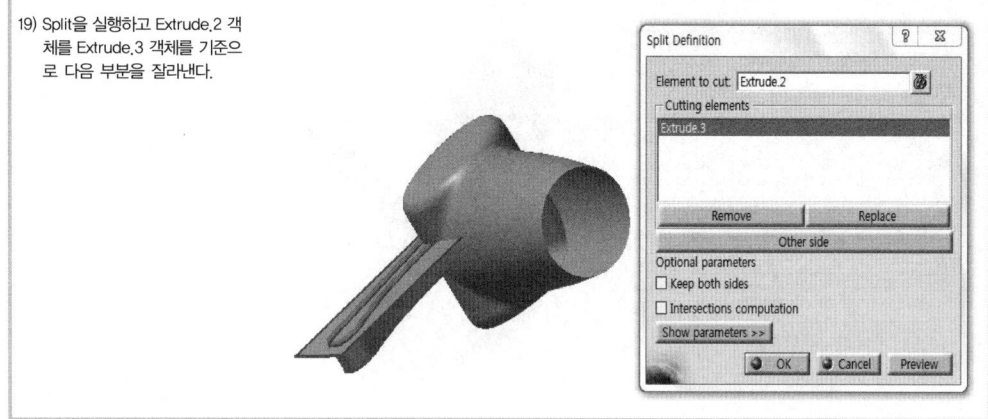

20) Split을 실행하고 Extrude.3 객체를 Split.3 객체를 기준으로 다음 부분을 잘라낸다.

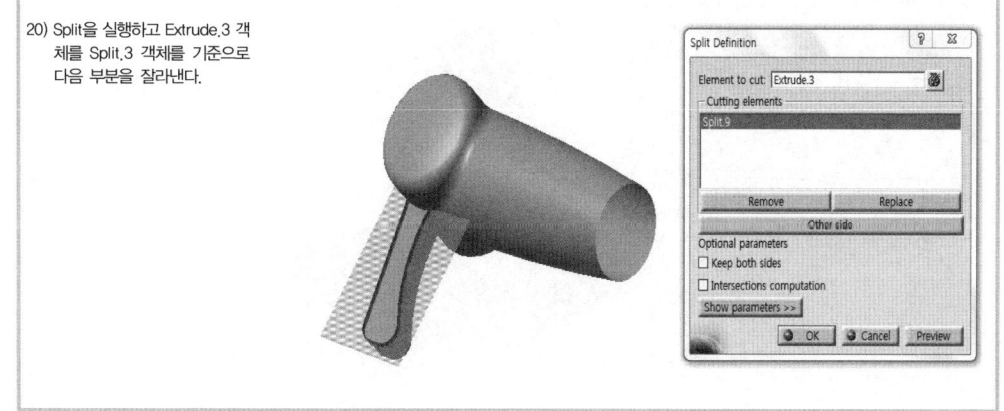

21) Join을 실행하고 두 개의 객체를 결합한다.

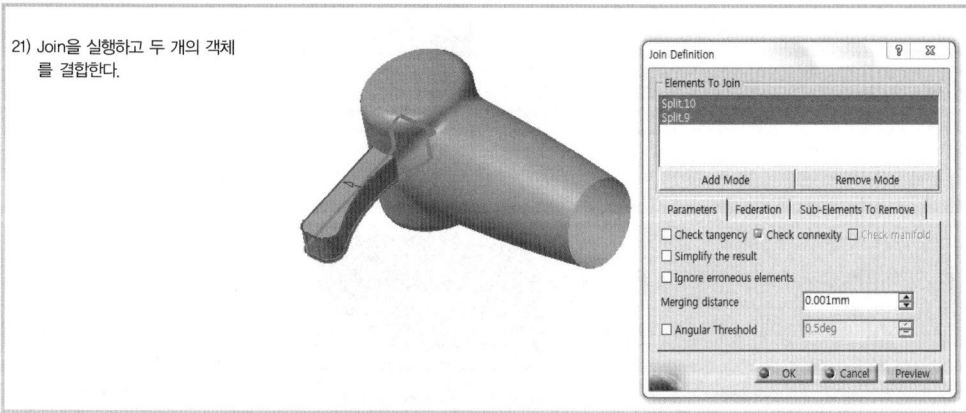

22) Split을 실행하고 Join.6 객체를 Join.5 객체를 기준으로 다음 부분을 잘라낸다. 안쪽이 잘려진다.

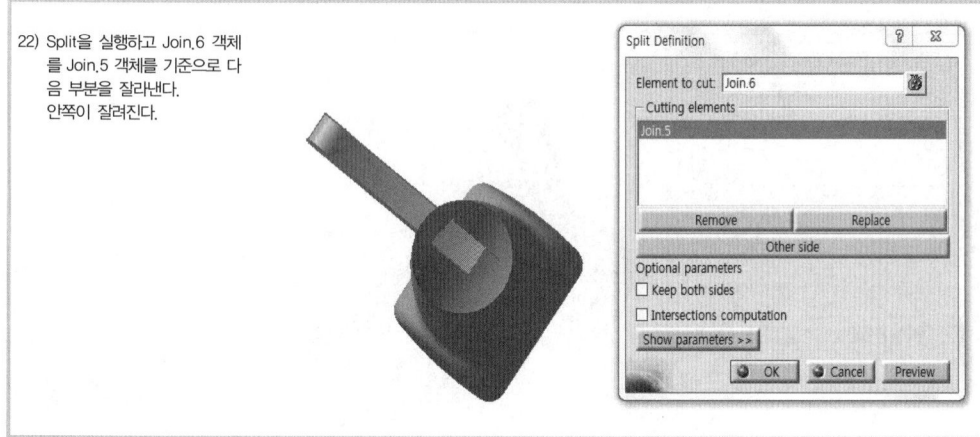

23) Symmetry를 실행하고 YZ Plane을 기준으로 다음 Surface를 대칭복사한다.

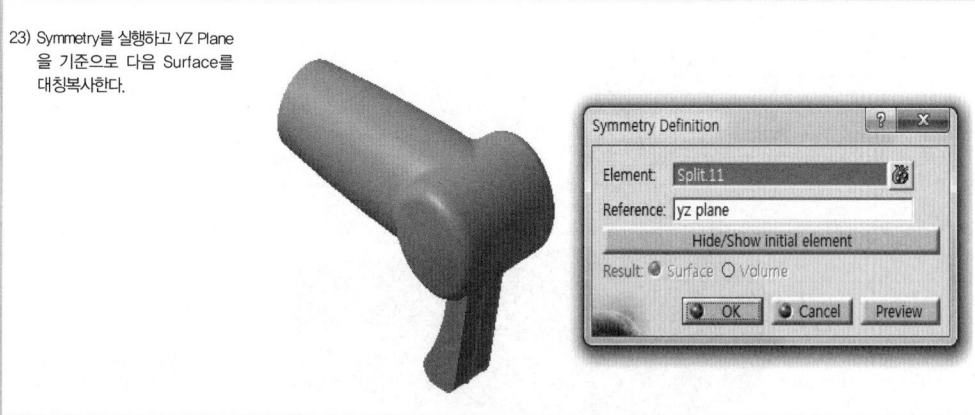

24) Edge Fillet을 실행하고 반경 : 5mm로 필렛을 한다.

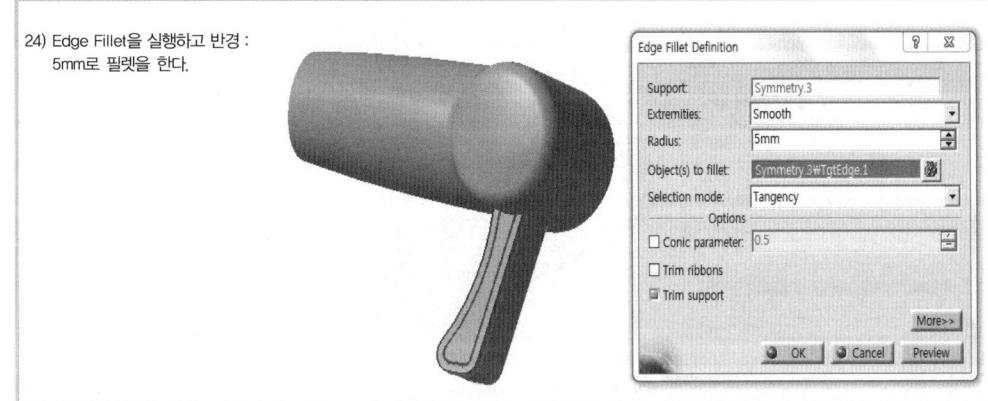

25) Edge Fillet을 실행하고 반경 : 5mm로 필렛을 한다.

26) Join을 실행하고 세 개의 객체를 결합한다.

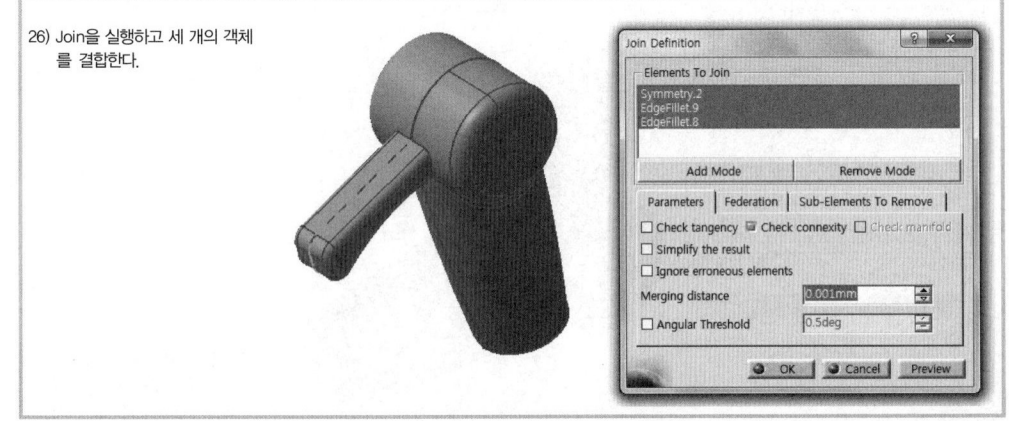

27) 스케치를 실행하고 YZ Plane을 선택하여 다음과 같이 스케치를 한다.

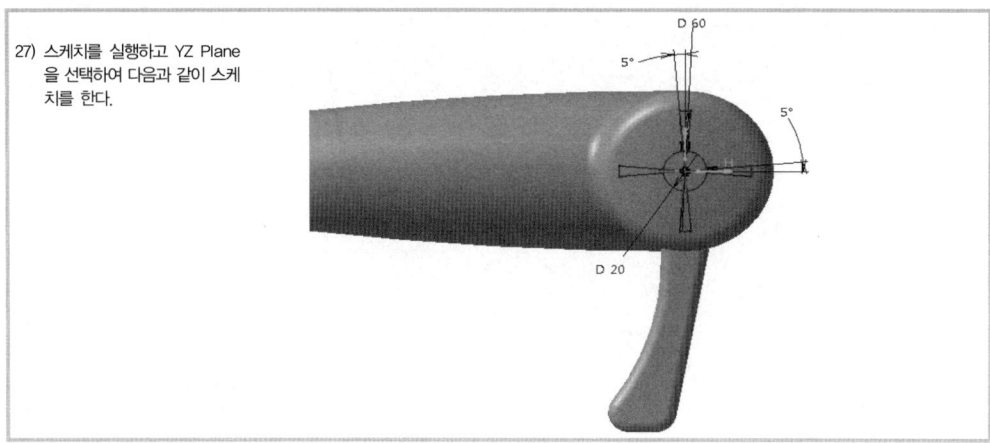

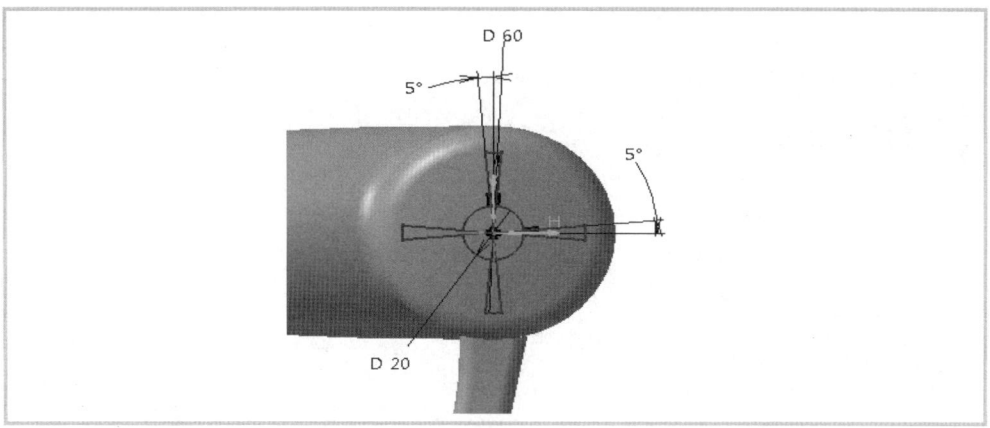

28) Extrude를 실행하고 100mm, Mirrored Extent를 지정하여 돌출을 한다.

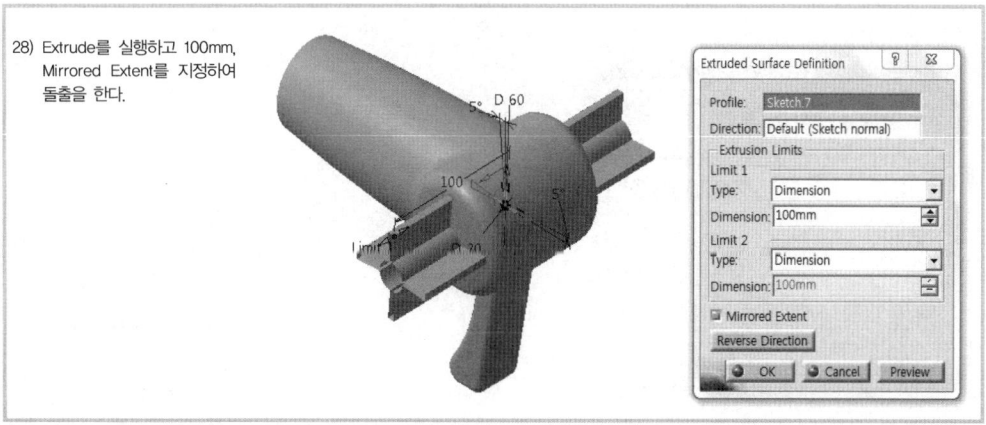

29) Split을 실행하고 Join.7 객체를 Extrude.4 객체를 기준으로 다음 부분을 잘라낸다.

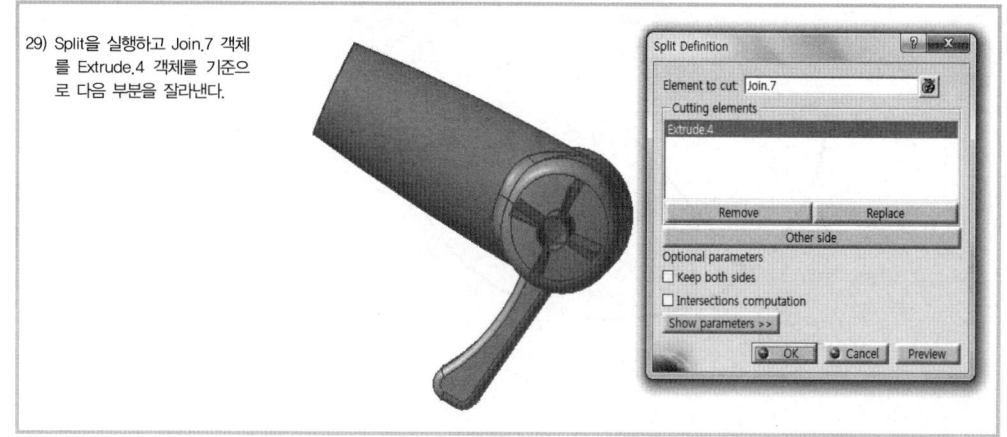

30) Extrude.4 객체를 [Hide]를 한다.

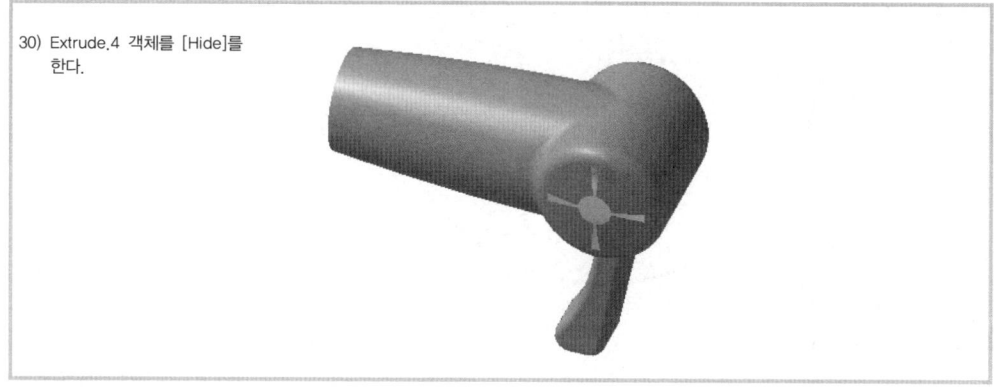

응용하기 41 Hair Dry 외형 만들기 3

1) Plane을 실행하고 YZ Plane을 기준으로 75mm 뒤쪽으로 Plane을 생성한다.

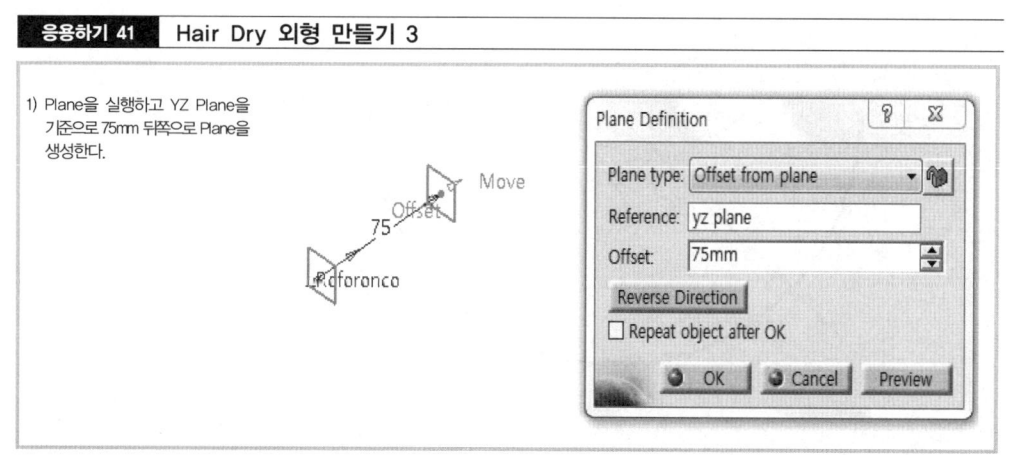

2) Plane을 실행하고 Plane.1을 기준으로 50mm 뒤쪽으로 Plane을 생성한다.
Repeat object after OK를 선택한다.

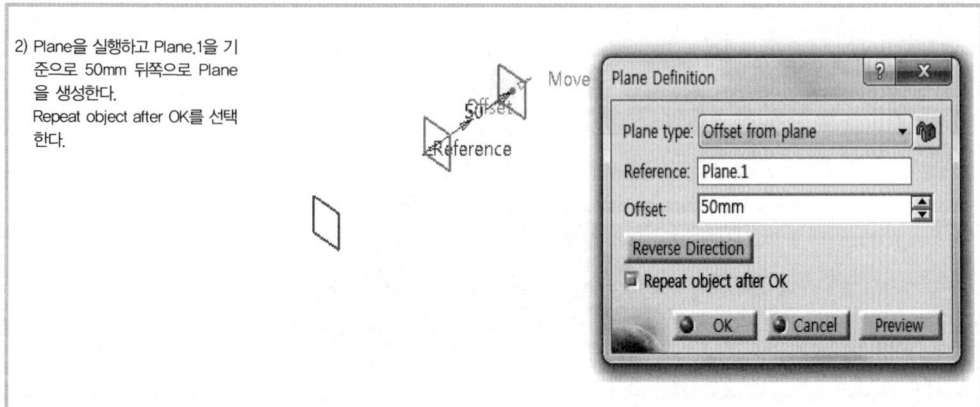

5) 스케치를 실행하고 Plane.1을 선택하여 다음과 같이 스케치를 한다.

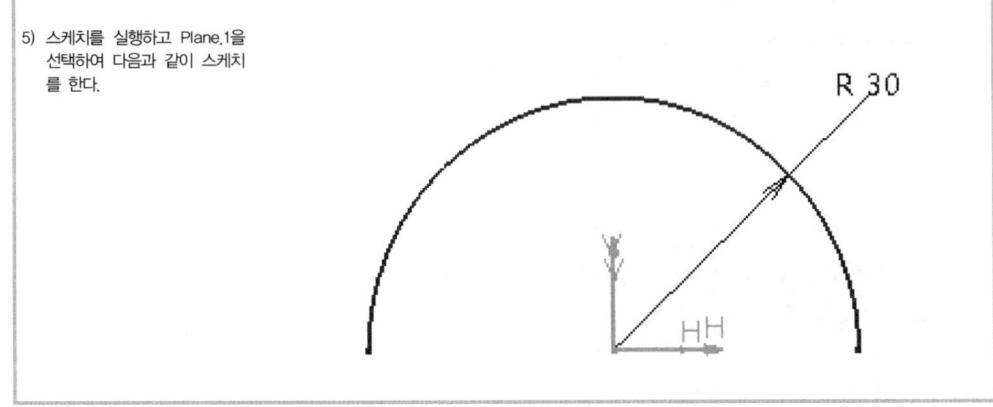

3) Instance : 1을 지정하여 총 2개의 Plane를 생성한다.

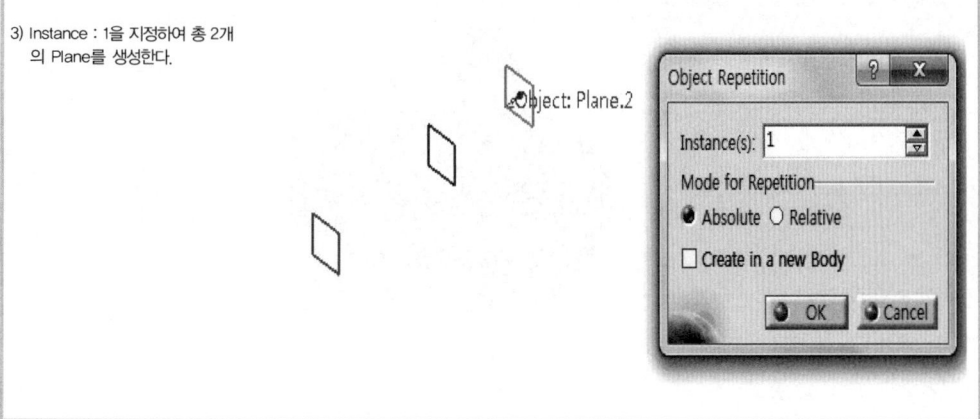

6) 스케치를 실행하고 Plane.2를 선택하여 다음과 같이 스케치를 한다.

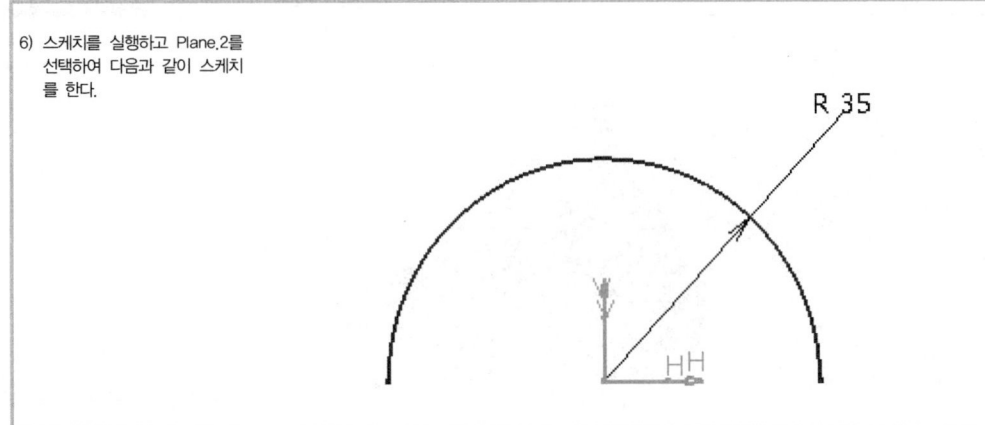

4) 스케치를 실행하고 YZ Plane을 선택하여 다음과 같이 스케치를 한다.

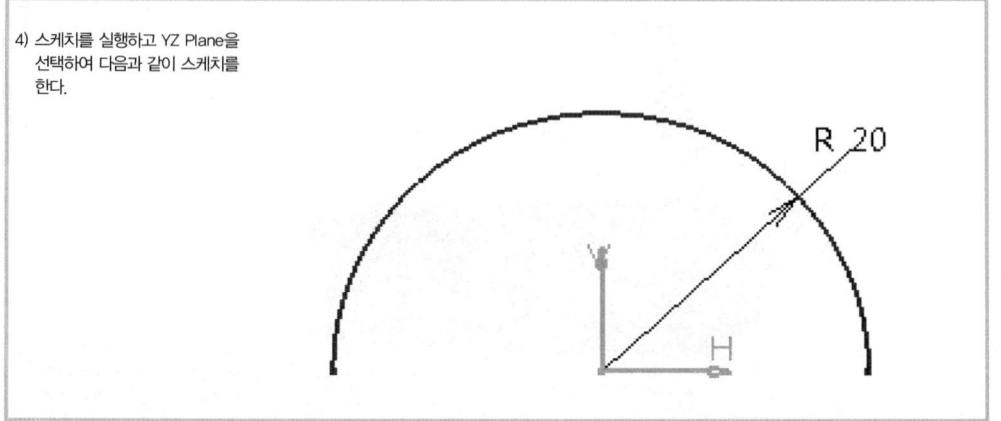

7) 스케치를 실행하고 Plane.3을 선택하여 다음과 같이 스케치를 한다.

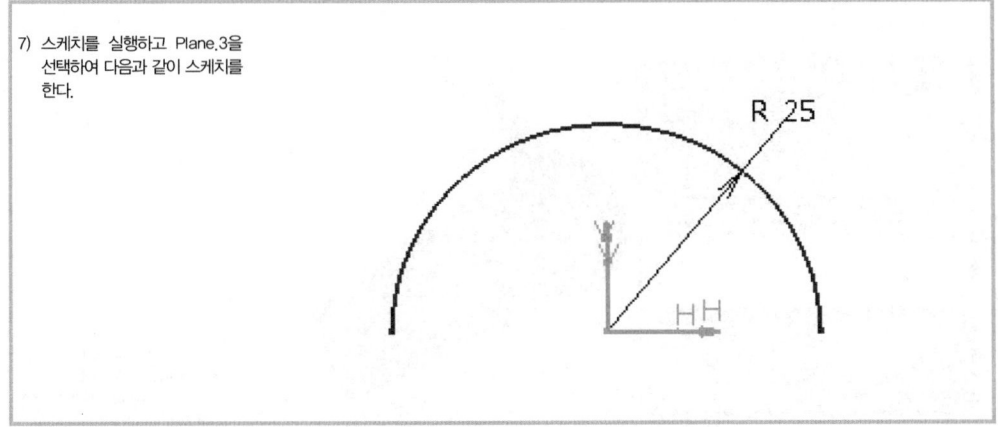

8) 스케치를 실행하고 XY Plane을 선택하여 다음과 같이 스케치를 한다.

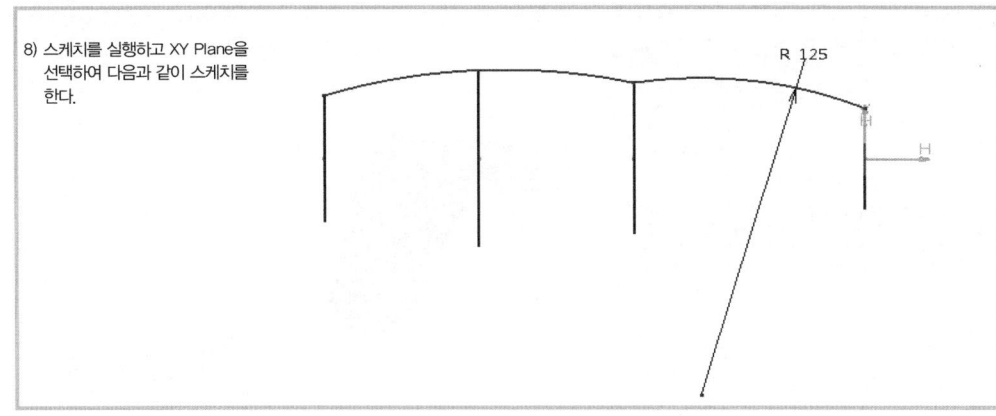

9) Symmetry를 실행하고 Sketch.5를 ZX Plane을 기준으로 대칭 복사 한다.

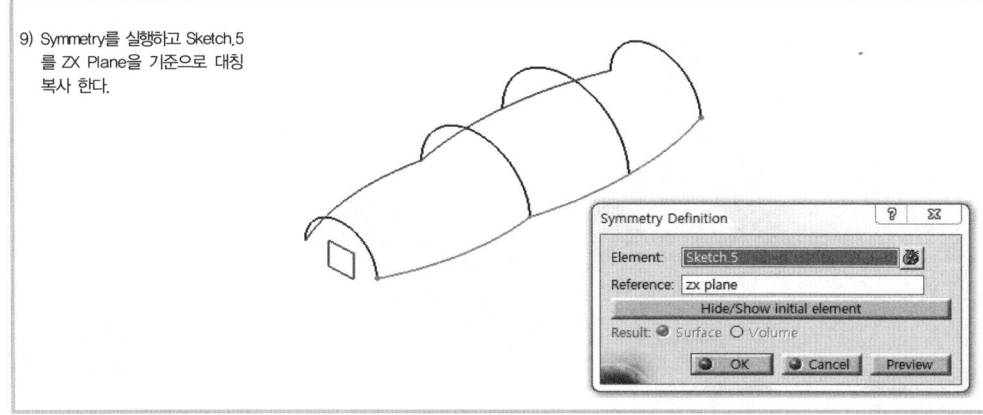

10) Multi-Section Surface를 실행하고 Sketch.1~4까지 선택, [Guides]탭을 선택하여 양쪽 2개의 Guide 선분을 선택한다.

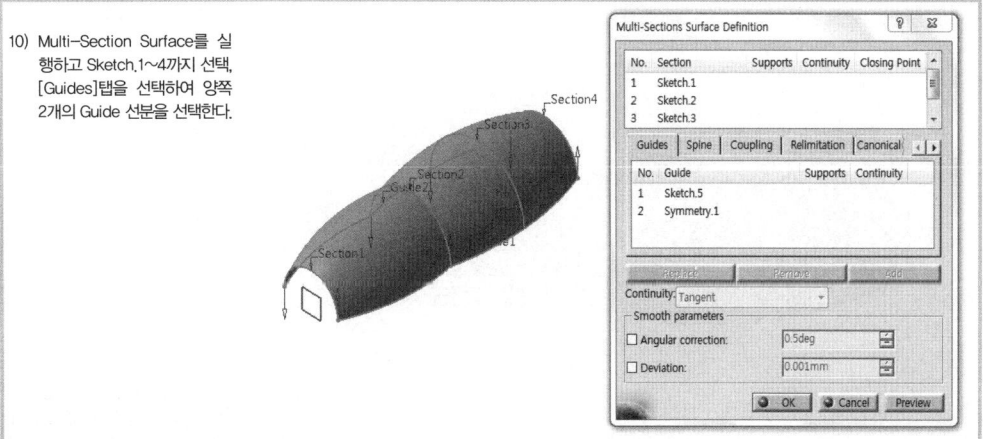

11) 스케치를 실행하고 XY Plane을 선택하여 다음과 같이 스케치를 한다.

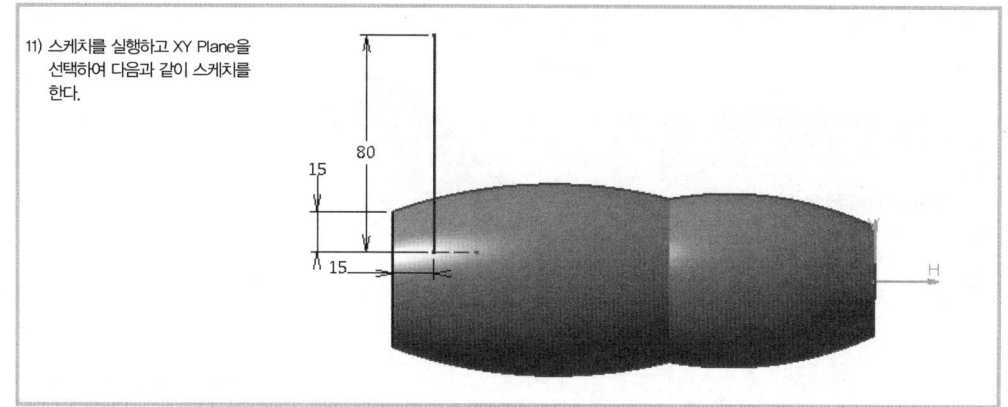

12) 스케치를 실행하고 XY Plane을 선택하여 다음과 같이 스케치를 한다.

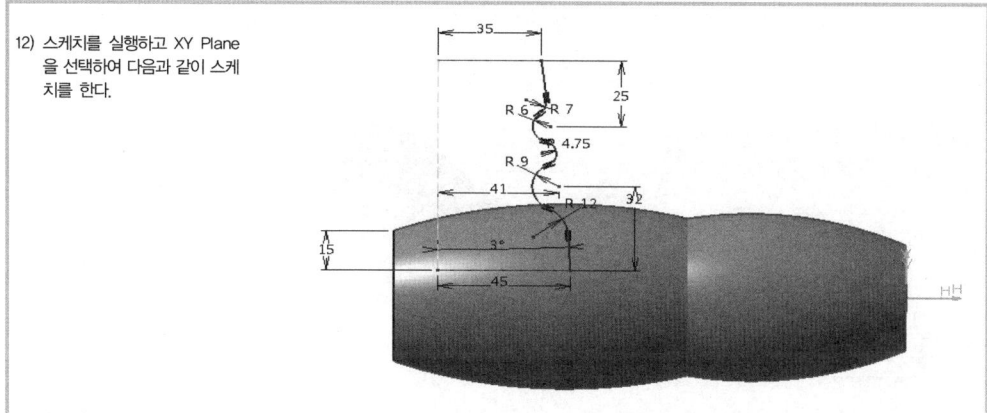

13) Plane을 실행하고 직선과 끝점을 선택하여 Plane을 생성한다.

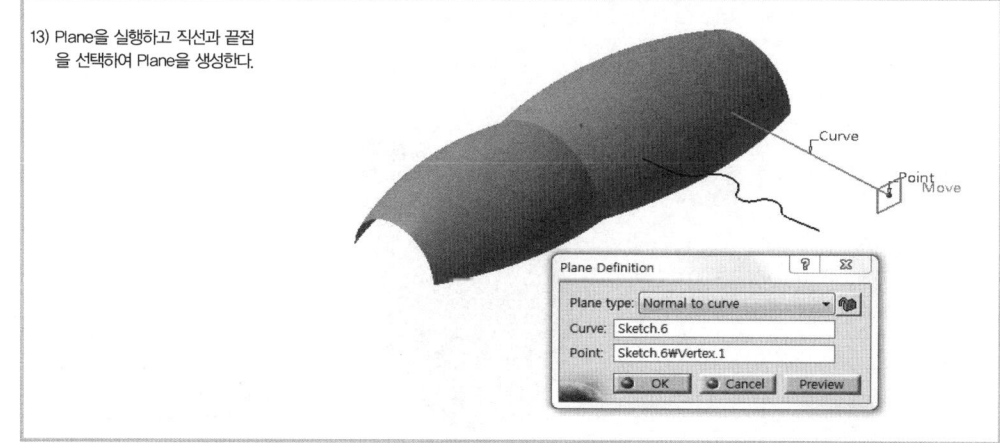

14) T스케치를 실행하고 Plane.4를 선택하여 다음과 같이 스케치를 한다.

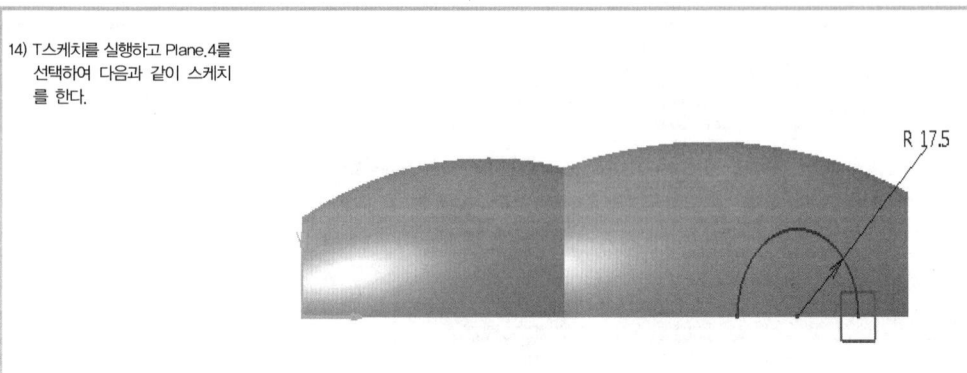

15) Sweep을 실행하고 Profile : Sketch.8, Guide Curve 1과 2는 Sketch.6, 7 차례대로 선택하고 양 끝에 Point를 Anchor Point로 선택한다.

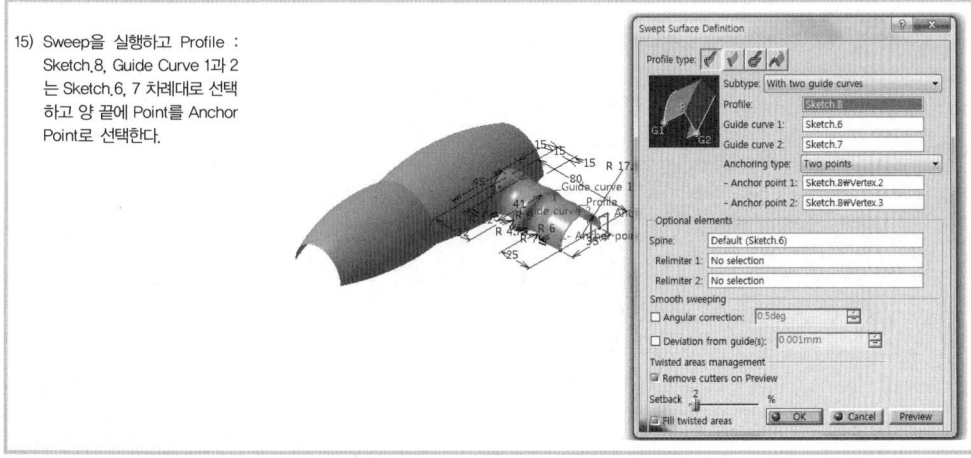

16) Trim을 실행하고 두 개의 Surface를 선택하여 안쪽 부분이 잘리도록 설정한다.

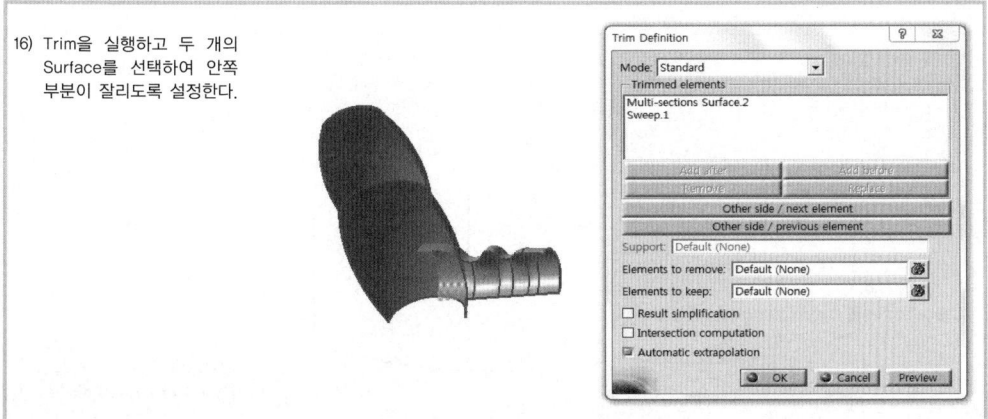

16) Trim을 실행하고 두 개의 Surface를 선택하여 안쪽 부분이 잘리도록 설정한다.

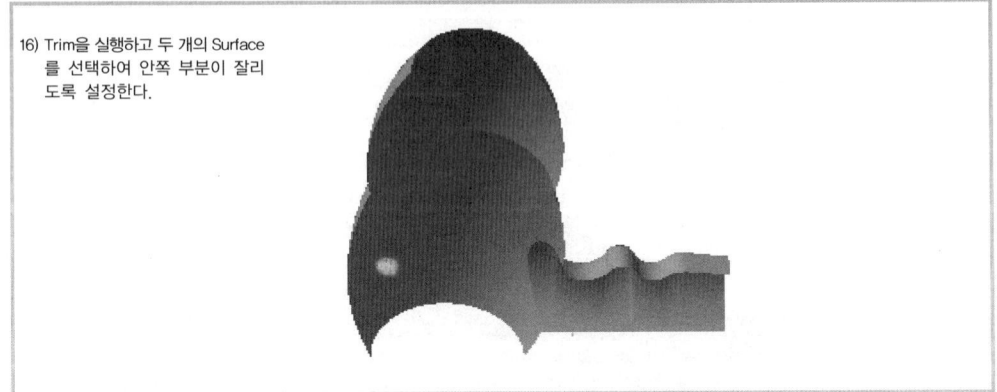

17) Symmetry를 실행하고 Trim Surface를 XY Plane을 기준으로 대칭복사 한다.

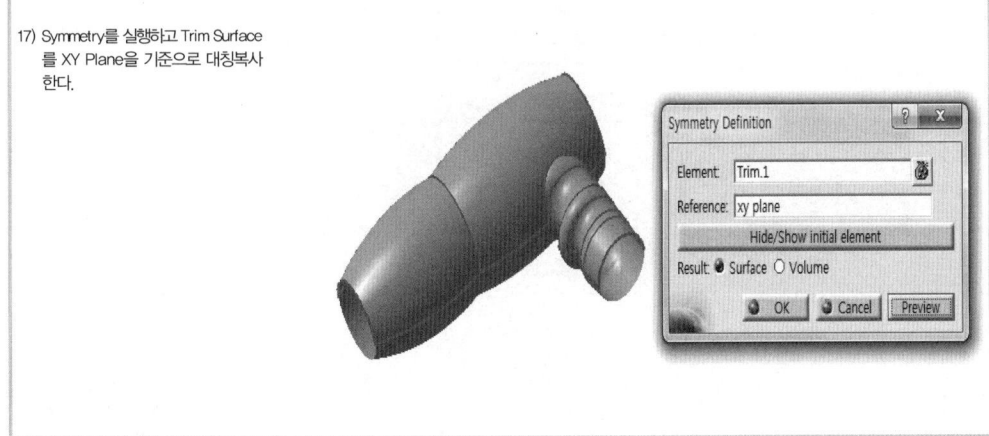

18) Boundary를 실행하고 모서리를 선택하여 경계선을 생성한다.

19) Axis를 실행하고 경계선을 선택하여 X Component를 지정하여 Axis를 생성한다.

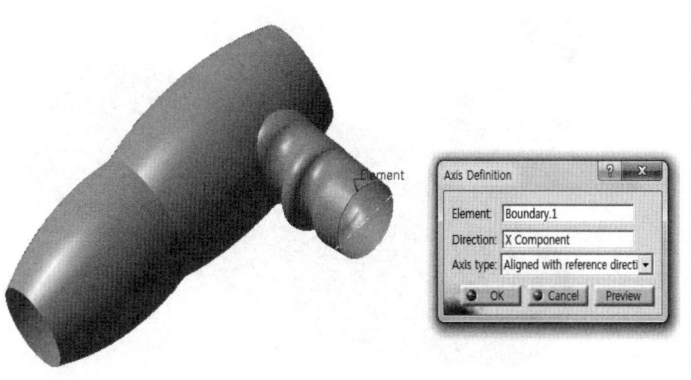

20) Revolution을 실행하고 Axis.1을 기준으로 180deg 회전시켜 객체를 생성한다.

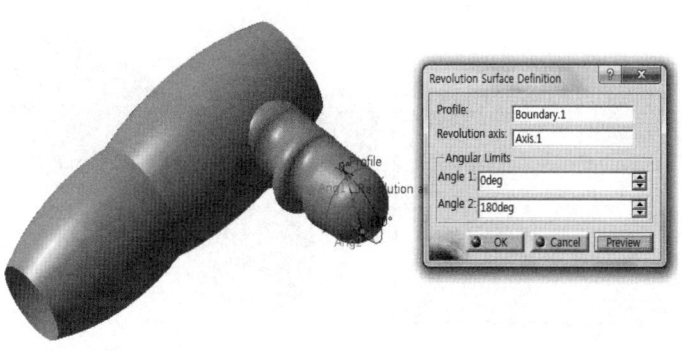

21) Boundary를 실행하고 모서리를 선택하여 경계선을 생성한다.

22) Axis를 실행하고 경계선을 선택하여 Y Component를 지정하여 Axis를 생성한다.

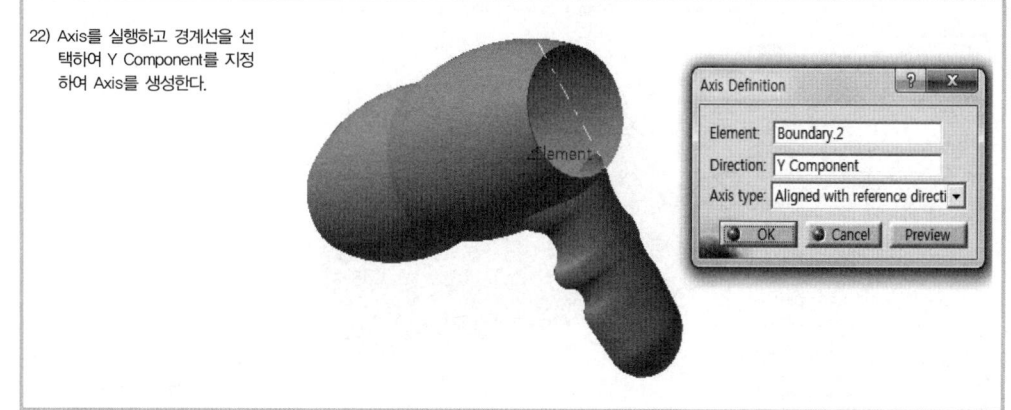

23) Revolution을 실행하고 Axis.2를 기준으로 180deg 회전시켜 객체를 생성한다.

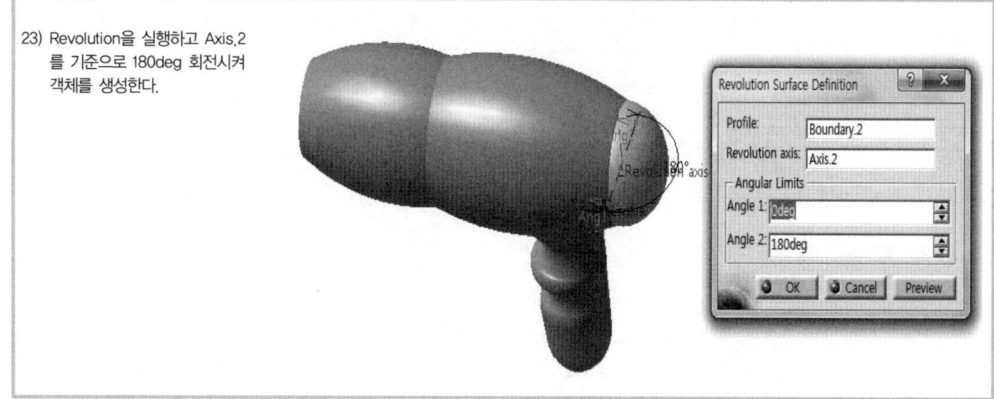

24) Join을 실행하고 4개의 Surface를 결합을 한다.

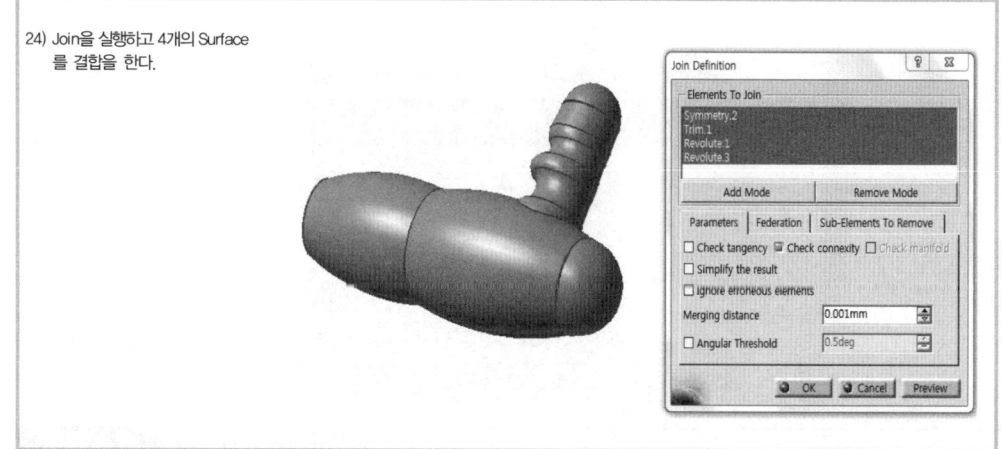

25) Edge Fillet을 실행하고 반경 : 27mm로 필렛을 한다.

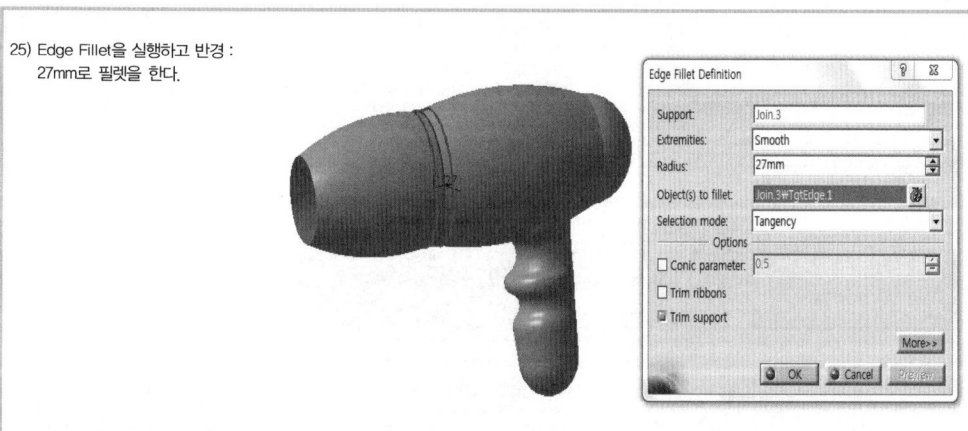

26) Thick Surface를 실행하고 두께 : 0.3mm을 지정하여 두께를 생성한다.

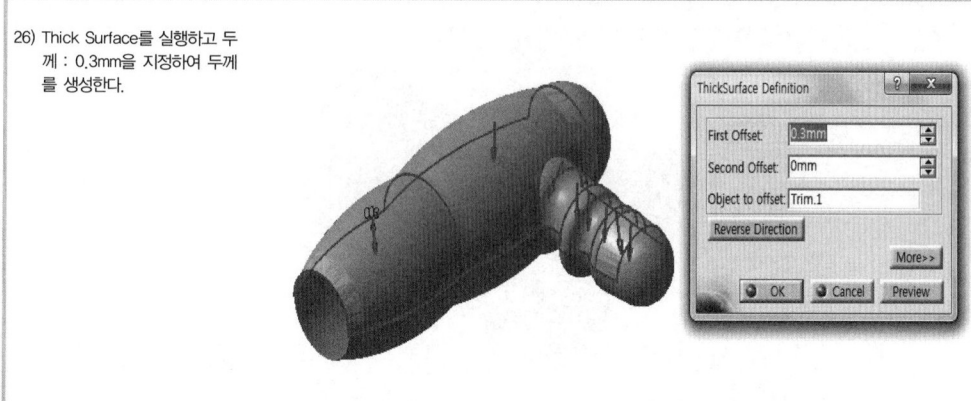

■ 완성 결과

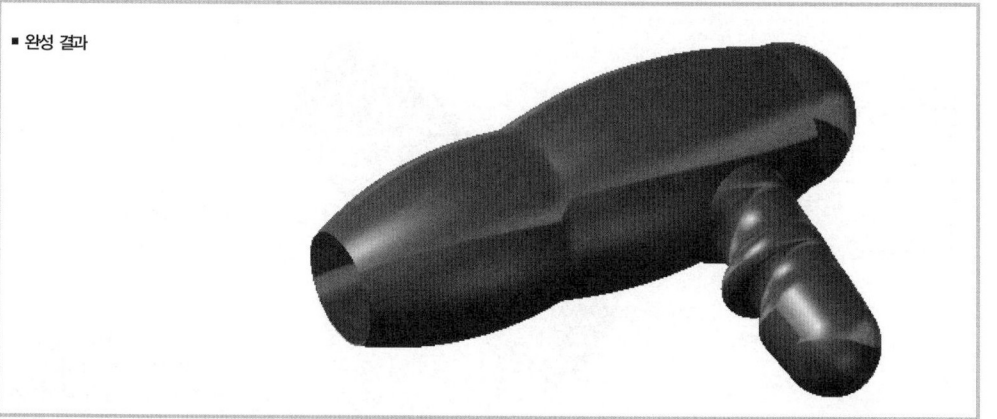

응용하기 42   미니카 외장 만들기

1) [Start]-[Shape]-[Generative Shape Design]을 선택한다.

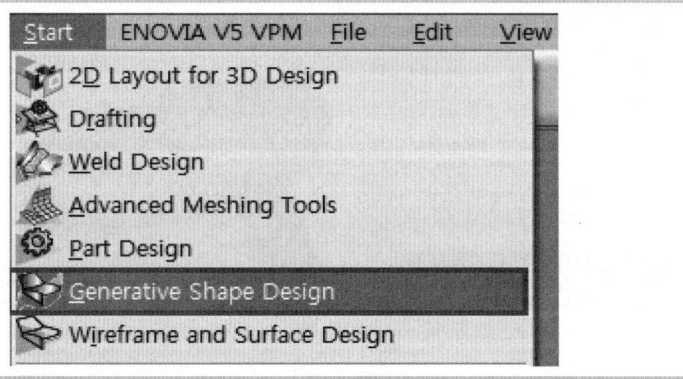

2) 스케치를 실행하고 ZX Plane을 선택하여 다음과 같이 스케치를 한다.

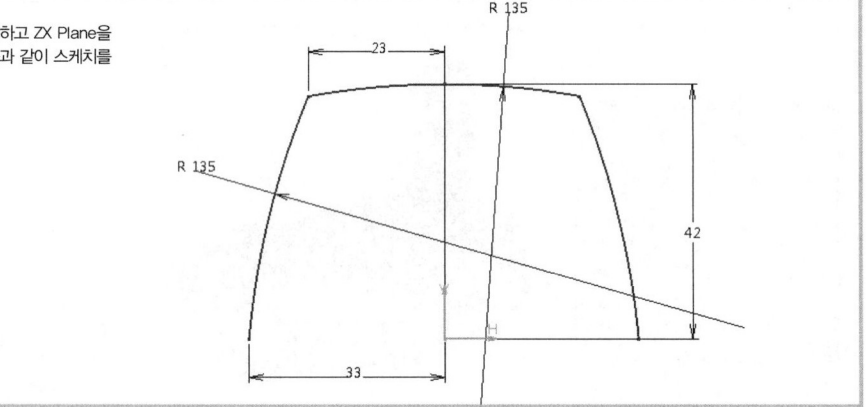

3) Extrude를 실행하고 70mm, Mirrored extent를 지정하여 돌출을 한다.

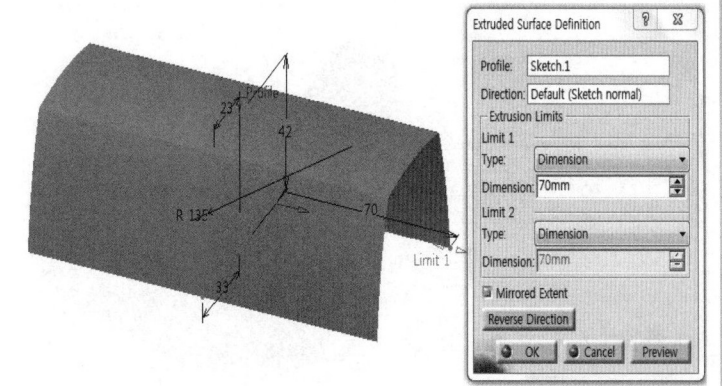

4) 스케치를 실행하고 YZ Plane을 선택하여 다음과 같이 스케치를 한다.

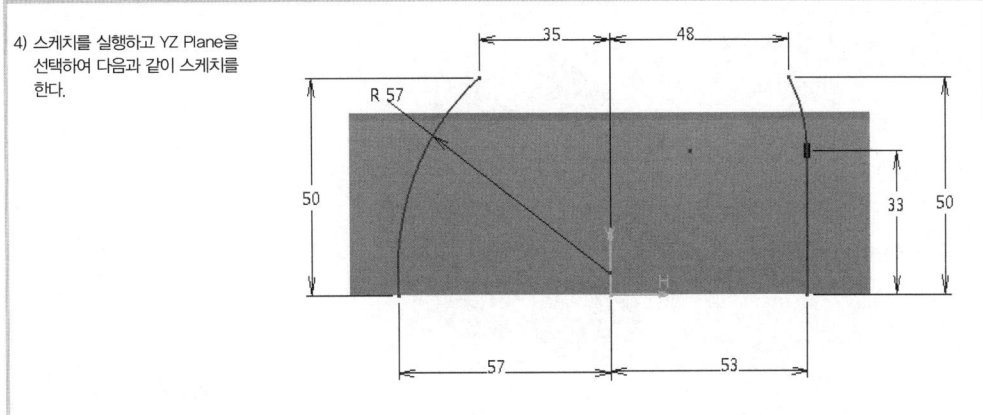

5) Extrude를 실행하고 70mm, Mirrored extent를 지정하여 돌출을 한다.

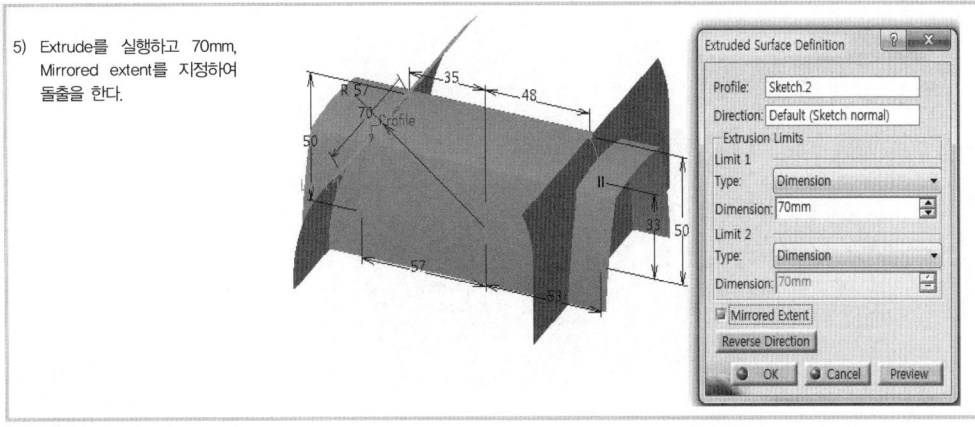

6) Trim을 실행하고 Extrude1과 Extrude2를 선택한다.

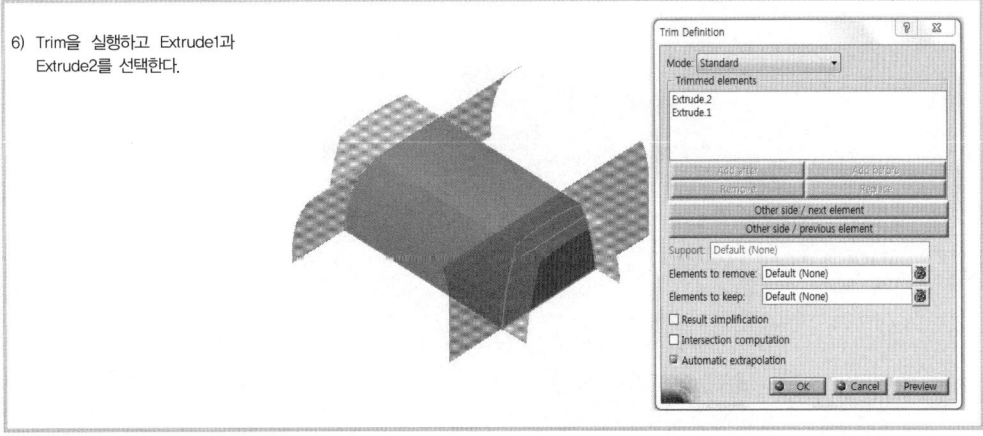

7) 스케치를 실행하고 YZ Plane을 선택하여 다음과 같이 스케치를 한다.

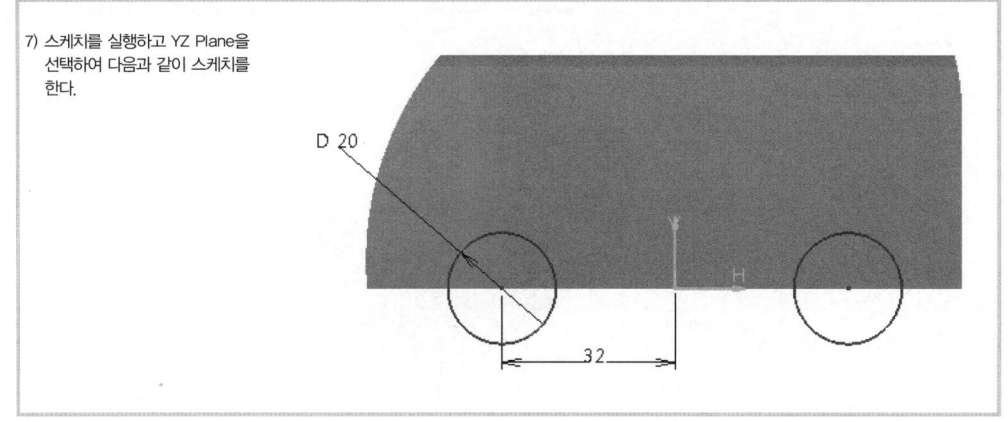

8) Extrude를 실행하고 70mm, Mirrored extent를 지정하여 돌출을 한다.

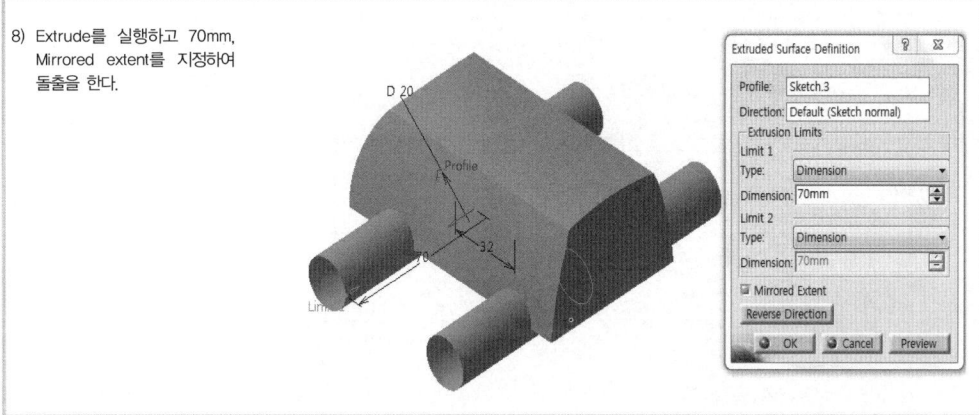

9) Split을 실행하고 자를 객체 : Trim.1을 선택. 자를 기준 : Extrude.3 객체를 선택한다.

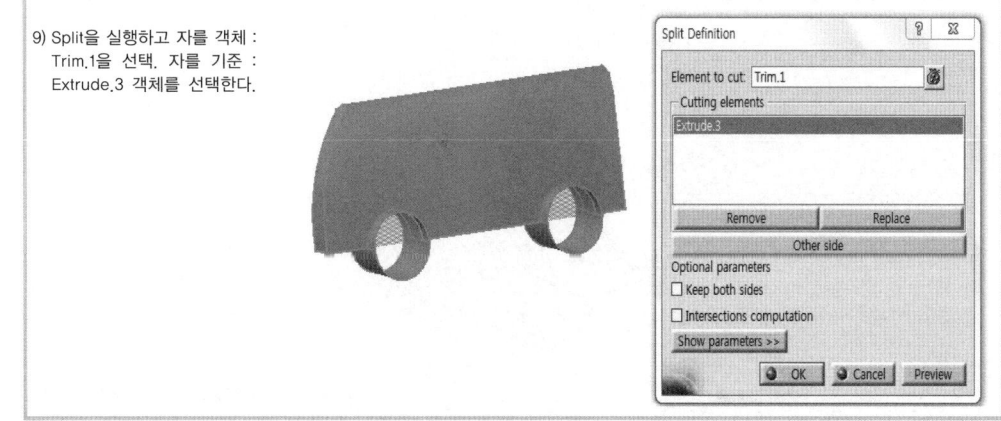

10) Spec Tree에서 Extrude.4 객체를 [Hide]로 숨긴다.

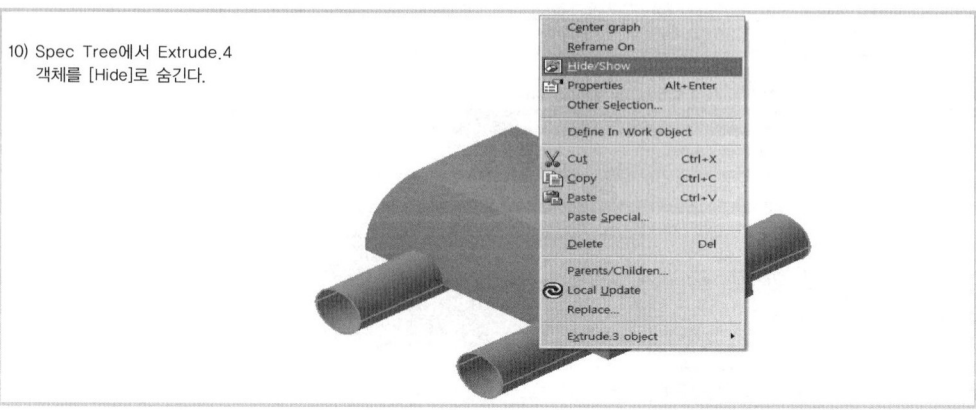

11) 스케치를 실행하고 YZ Plane을 선택하여 다음과 같이 스케치를 한다.

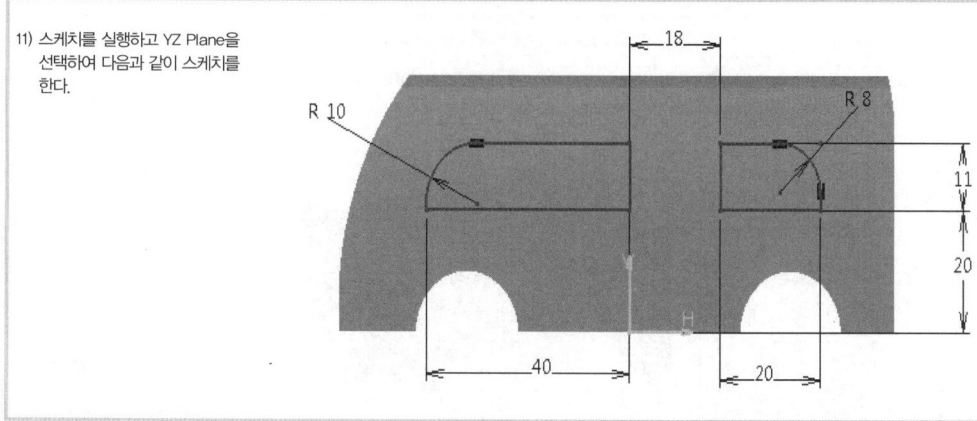

12) Extrude를 실행하고 70mm, Mirrored extent를 지정하여 돌출을 한다.

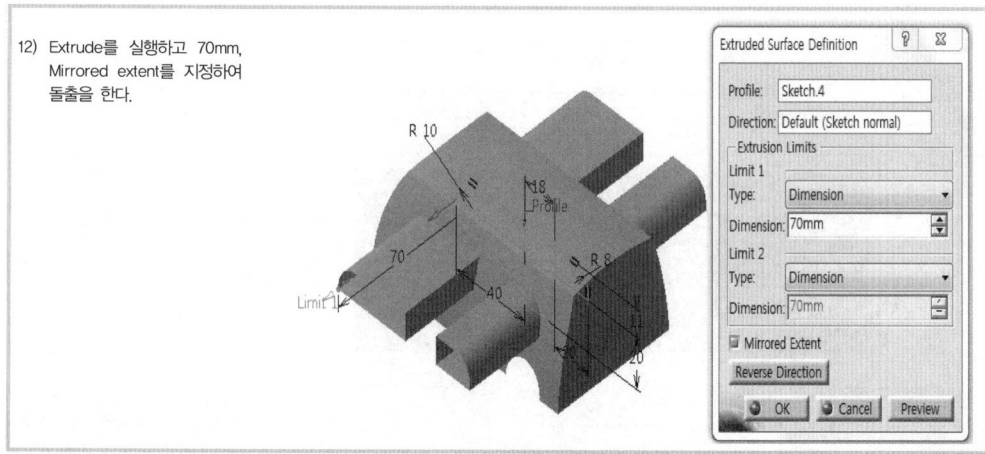

13) Split을 실행하고 자를 객체 : Trim.1, 자를 기준 : Extrude.5 객체를 선택한다.

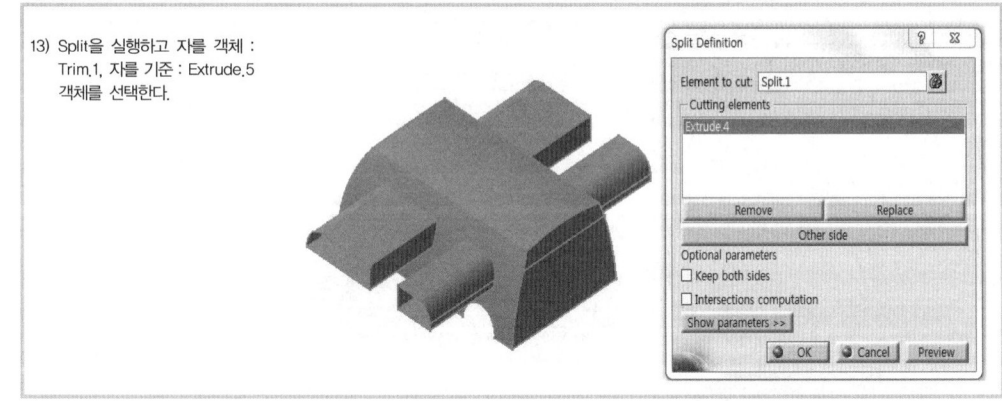

14) Spec Tree에서 Extrude.4 객체를 [Hide]로 숨긴다.

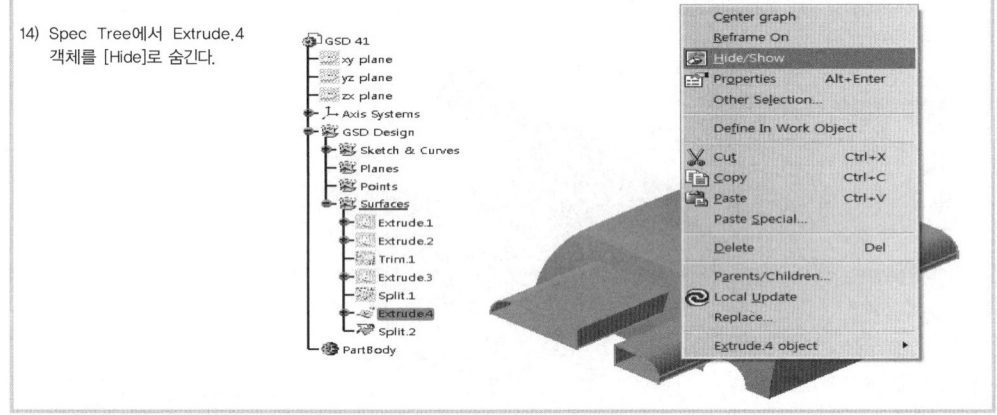

15) [Start]-[Mechanical Design]-[Part Design]을 선택한다.

16) Thick Surface를 실행하고 두께 : 3mm를 지정한다.

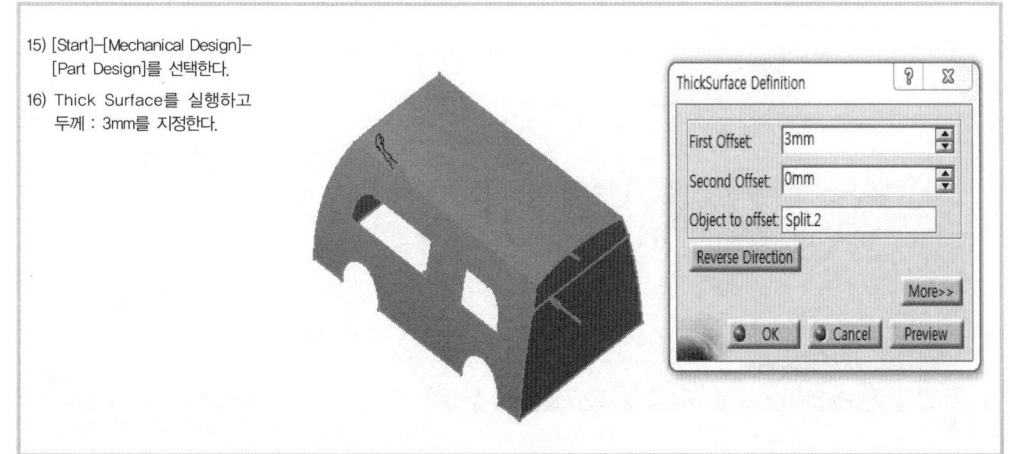

17) Spec Tree에서 Split.2 객체를 [Hide]로 숨긴다.

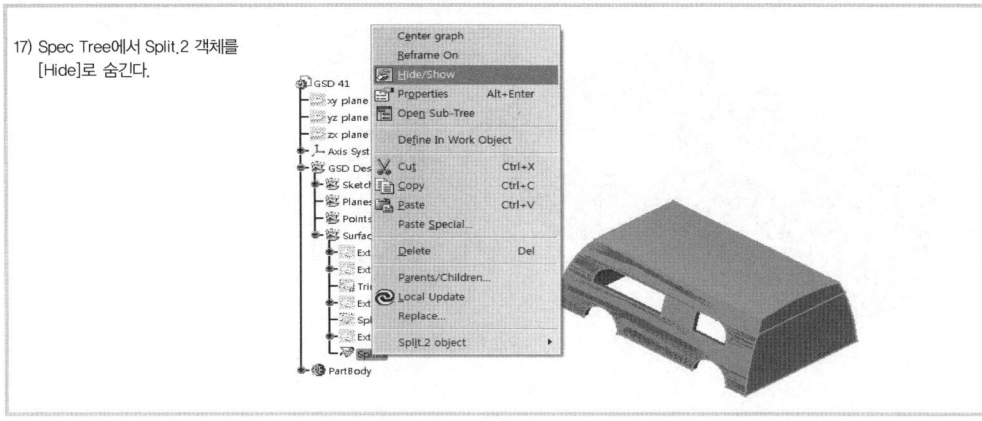

18) Edge Fillet을 실행하고 3mm로 필렛을 한다.

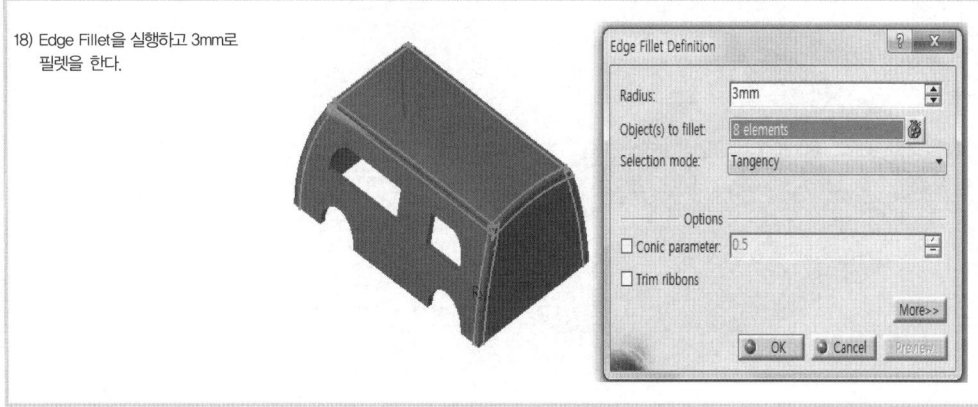

19) 스케치를 실행하고 ZX Plane을 선택하여 다음과 같이 스케치를 한다.

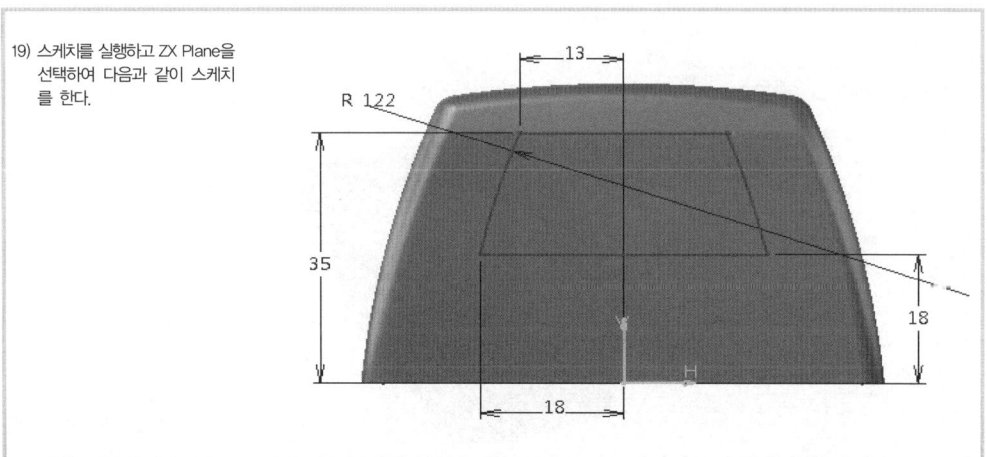

20) Pocket을 실행하고 Up to Next를 지정하여 돌출 컷을 한다.

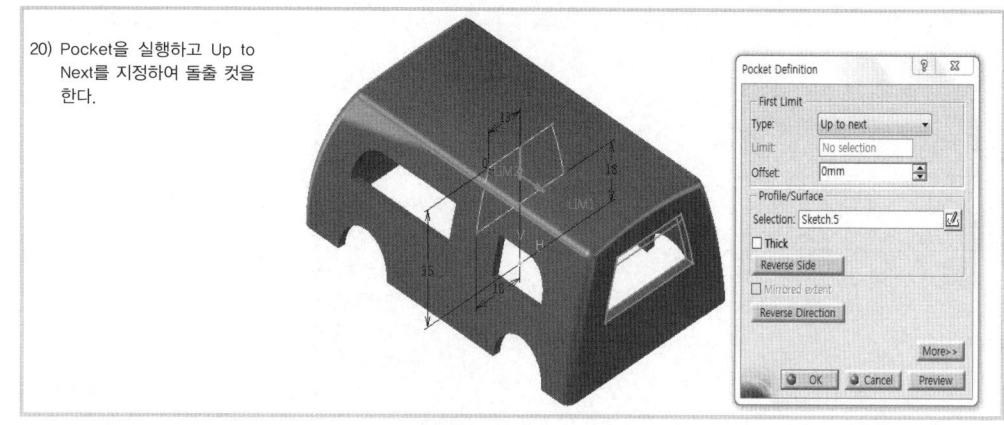

21) Edge Fillet을 실행하고 3mm로 필렛을 한다.

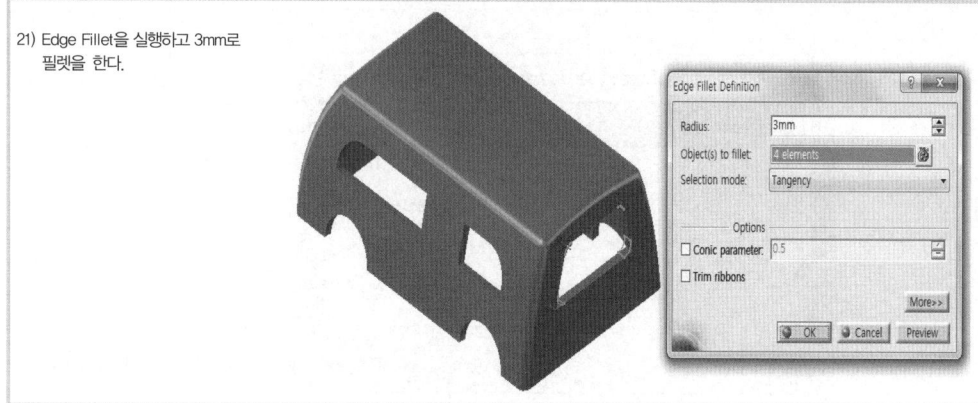

22) 스케치를 실행하고 ZX Plane을 선택하여 다음과 같이 스케치를 한다.

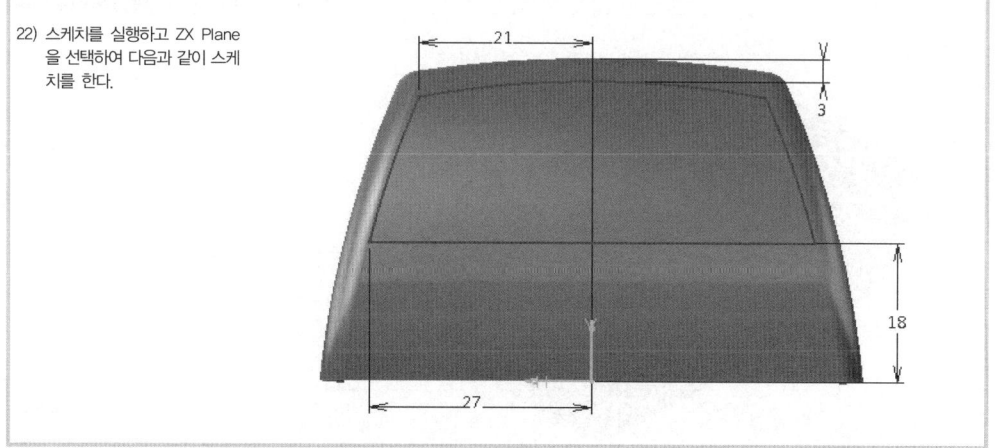

437

23) Pocket을 실행하고 Up to Next를 지정하여 돌출 컷을 한다.

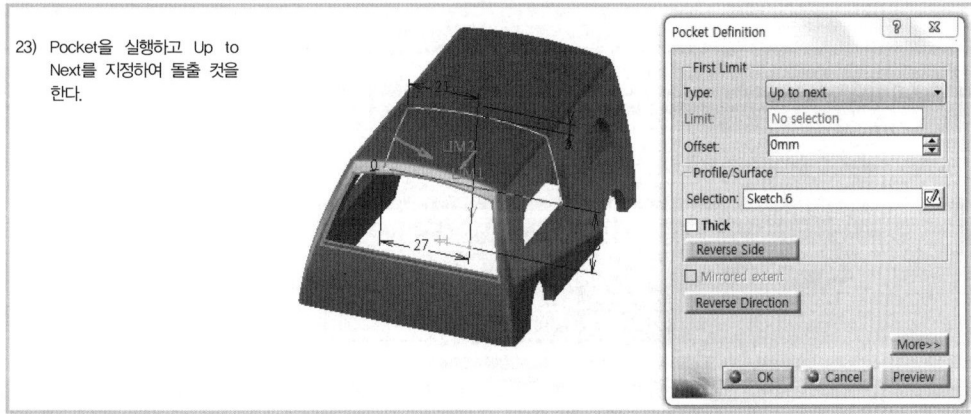

■ 응용 결과

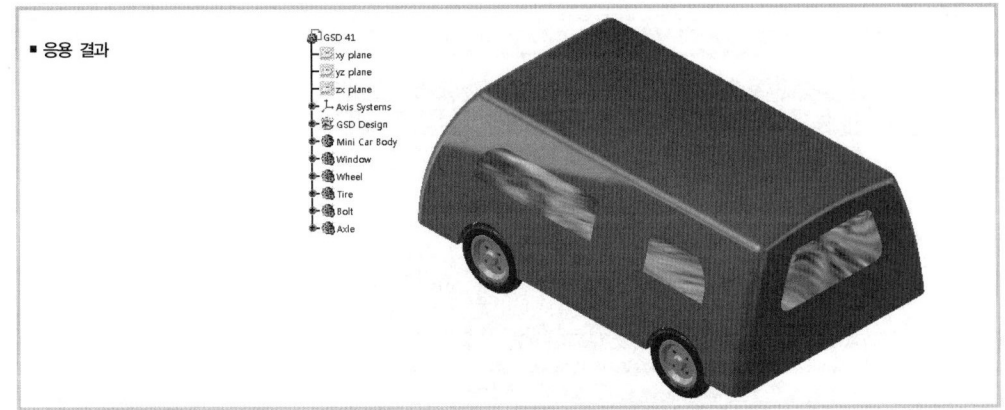

■ 완성 결과
Window, Wheel, Axle을 응용하여 만들어 본다.

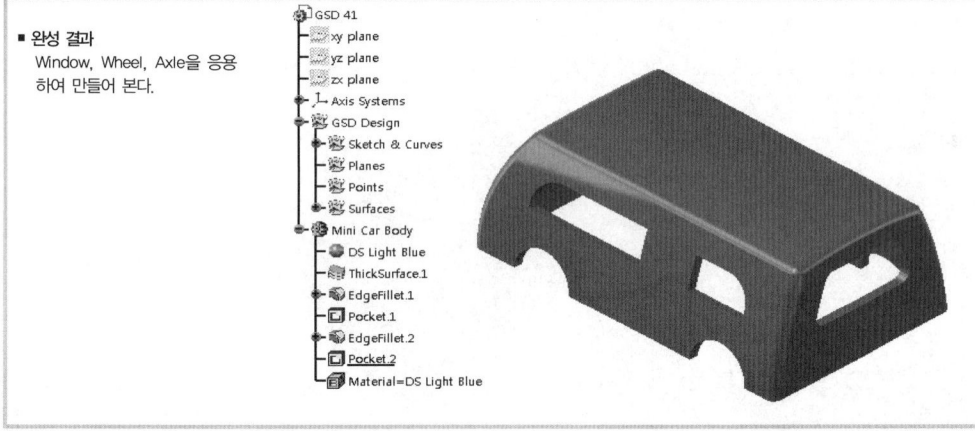

| 응용하기 43 | 황금 마스크 만들기 |

1) [Start]-[Shape]-[Generative Shape Design]을 선택한다.

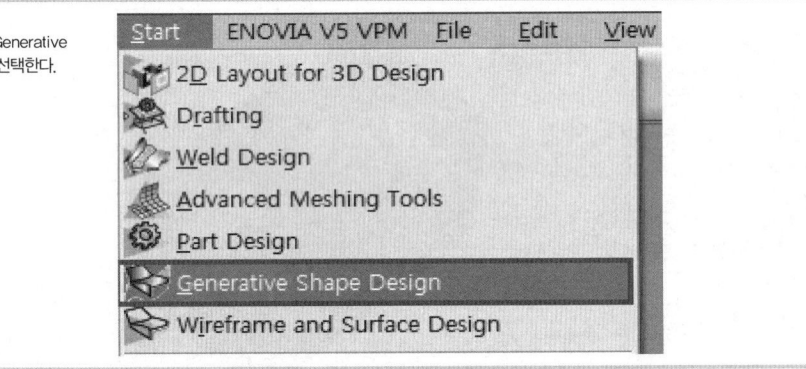

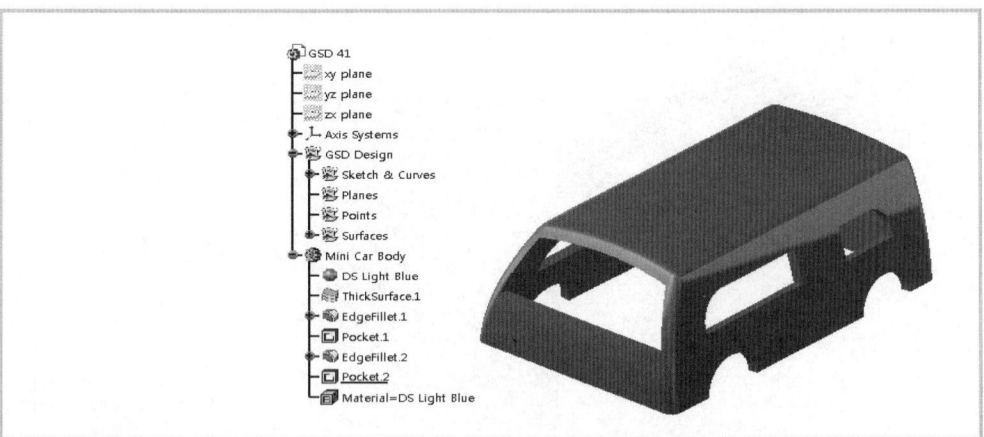

2) 다음과 같이 Geometrical Set을 생성한다.

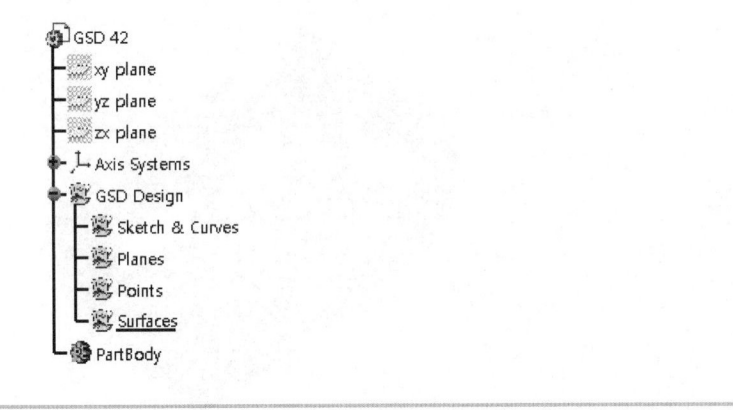

3) Point를 실행하고 다음과 같이 지정하여 Point를 생성한다.

- 원점에 또 다른 Point를 생성하는 이유?

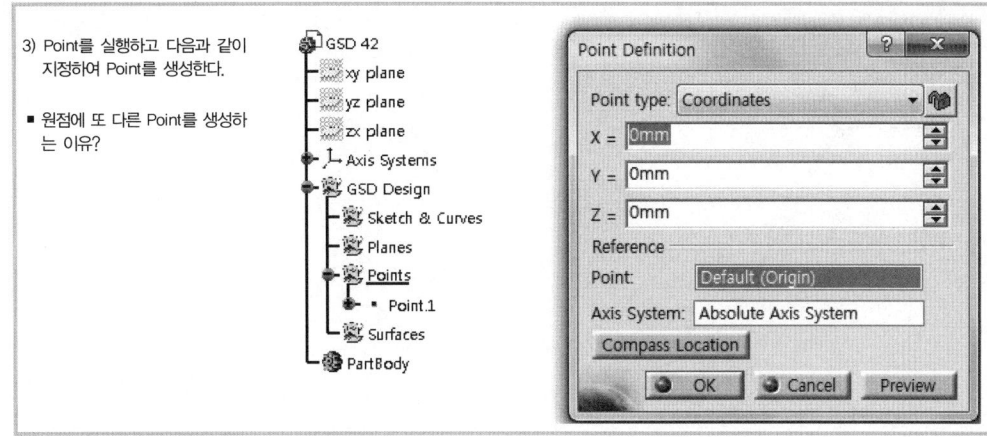

4) Plane을 실행하고 Parallel through point를 지정 Reference : ZX Plane, Point : Point.1을 선택한다.

- Point1을 이용하여 Plane을 생성하는 이유?

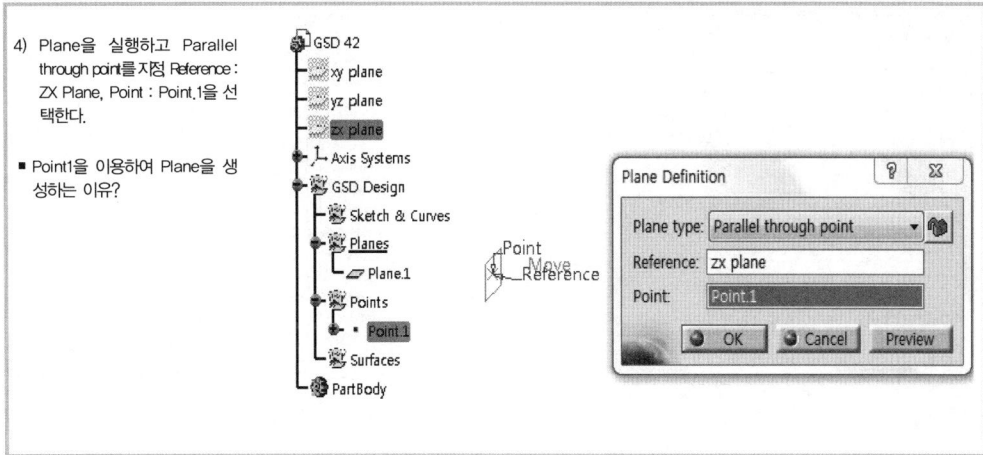

5) Plane을 실행하고 Parallel through point를 지정 Reference : YZ Plane, Point : Point.1을 선택한다.

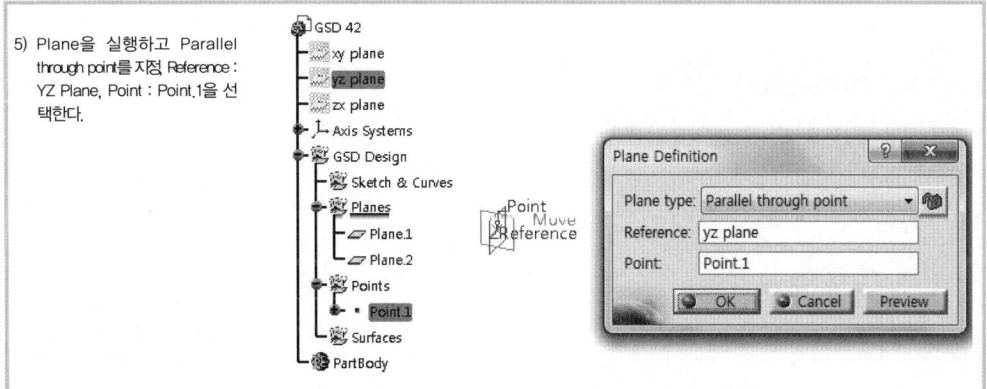

6) Plane을 실행하고 Parallel through point를 지정, Reference : XY Plane, Point : Point.1을 선택한다.

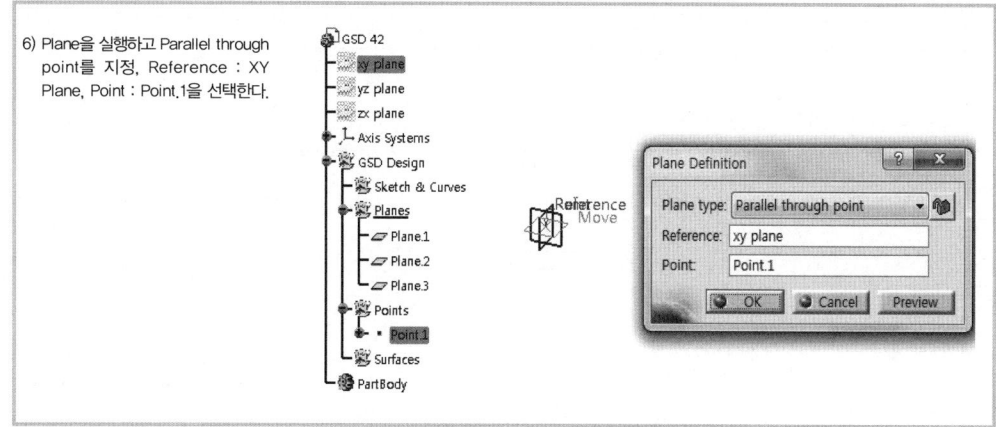

7) Plane을 실행하여 다음과 같이 생성한다.

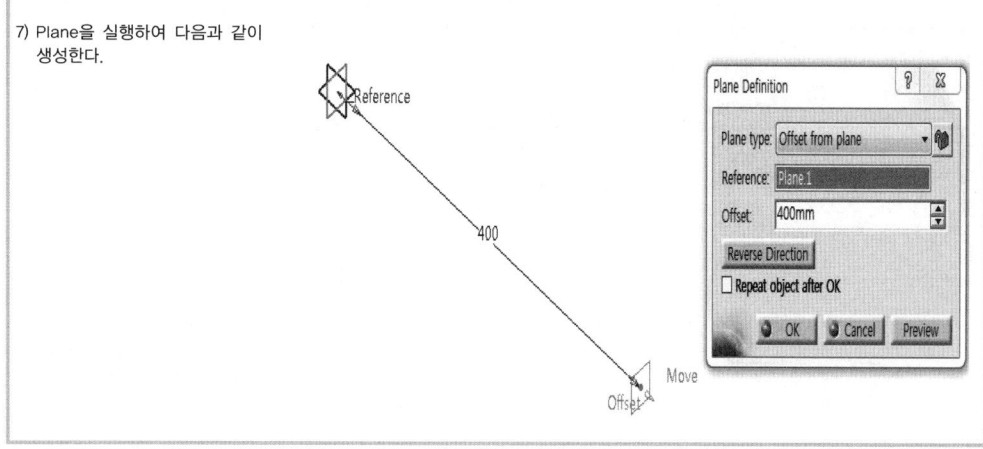

8) Plane을 실행하여 Plane.4를 기준으로 다음과 같이 생성한다.

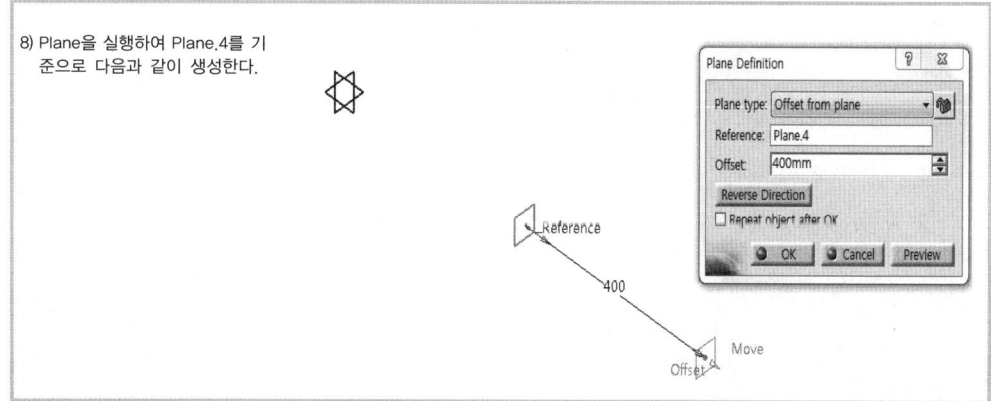

9) Plane을 실행하여 Plane.5를 기준으로 다음과 같이 생성한다.

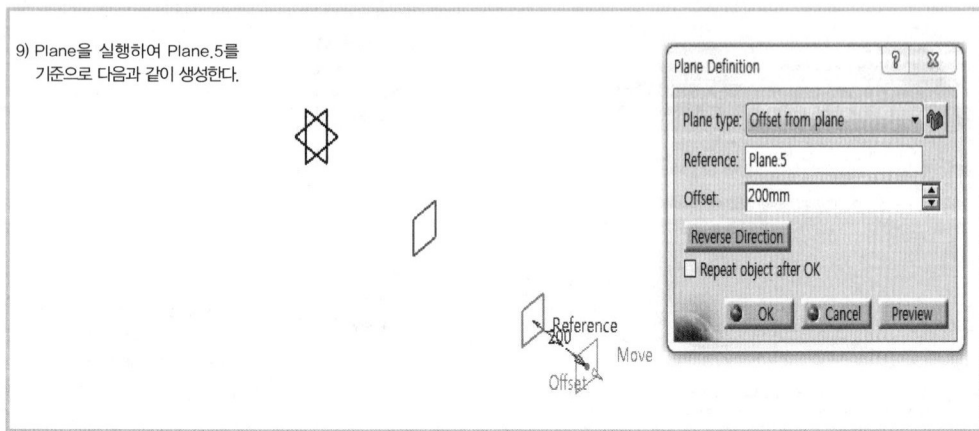

10) Sketch Positioning( ) 을 선택하고 Plane.1을 선택한다.

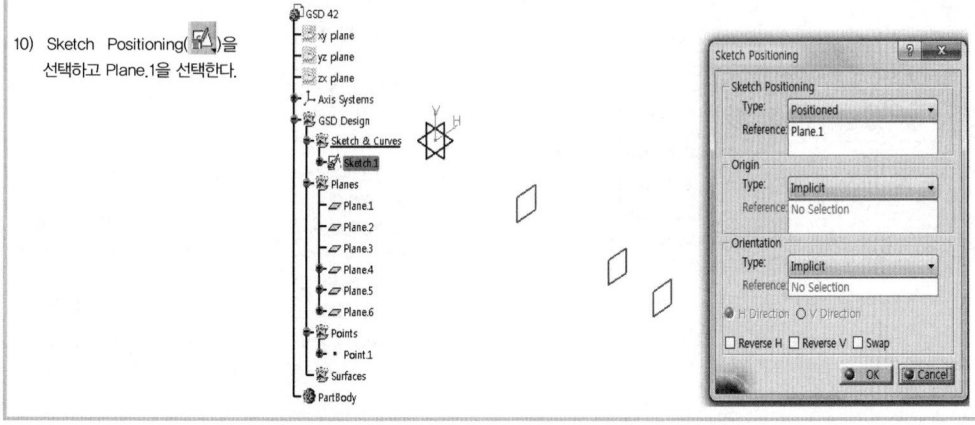

11) 다음과 같이 스케치를 한다.

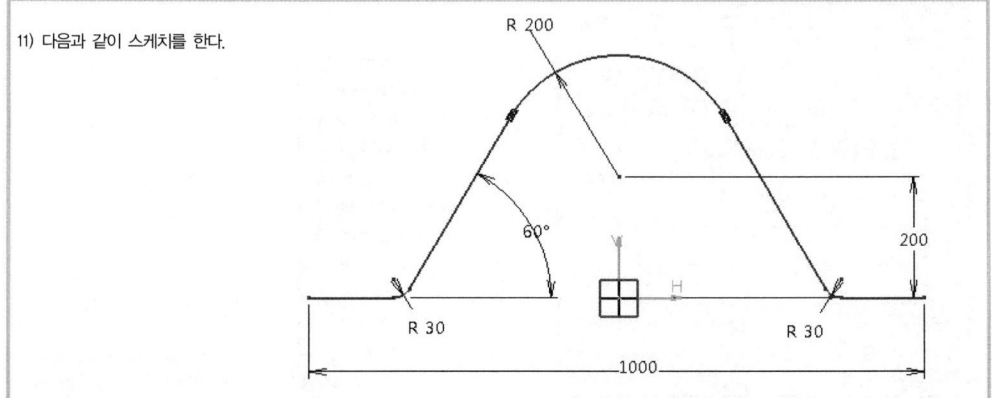

12) Sketch.1을 Plane.4, Plane.5, Plane.6에 복사한다.

13) Sketch.2를 더블클릭하여 다음과 같이 수정한다.

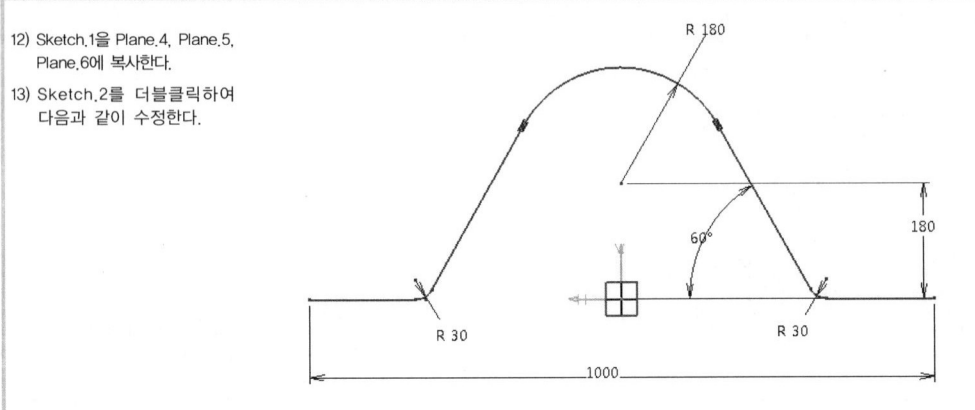

14) Sketch.3을 더블클릭하여 다음과 같이 수정한다.

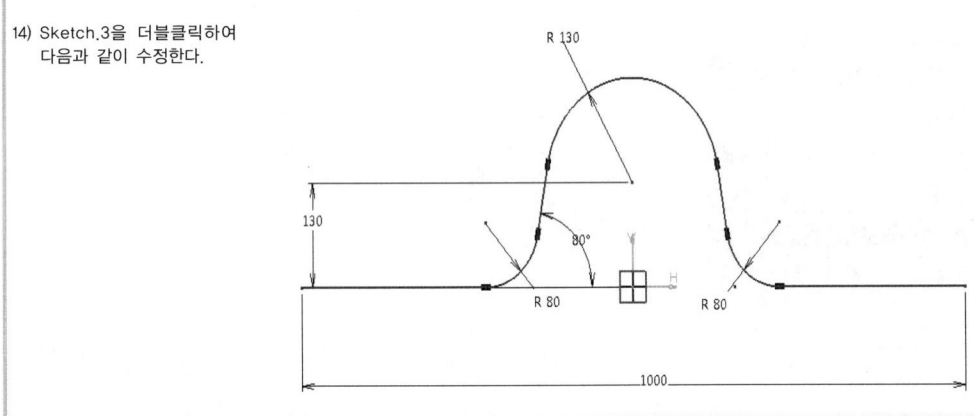

15) Sketch.4를 더블클릭하여 다음과 같이 수정한다.

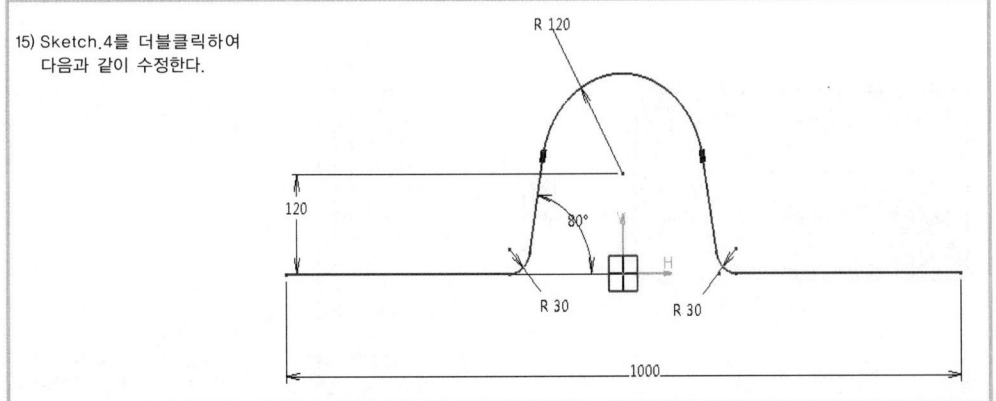

16) 다음과 같이 4개의 Sketch가 준비되었다.

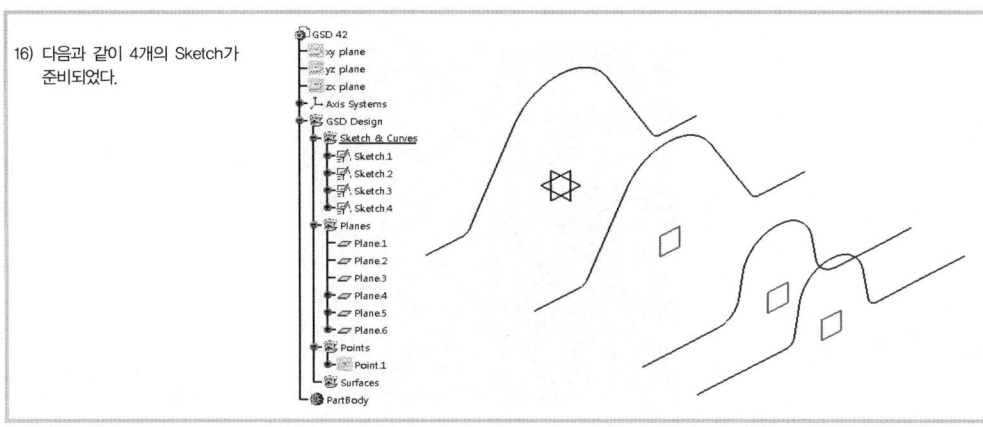

17) Multi-Section Surface를 실행하고 4개의 Sketch를 차례대로 선택하여 Surface를 생성한다.

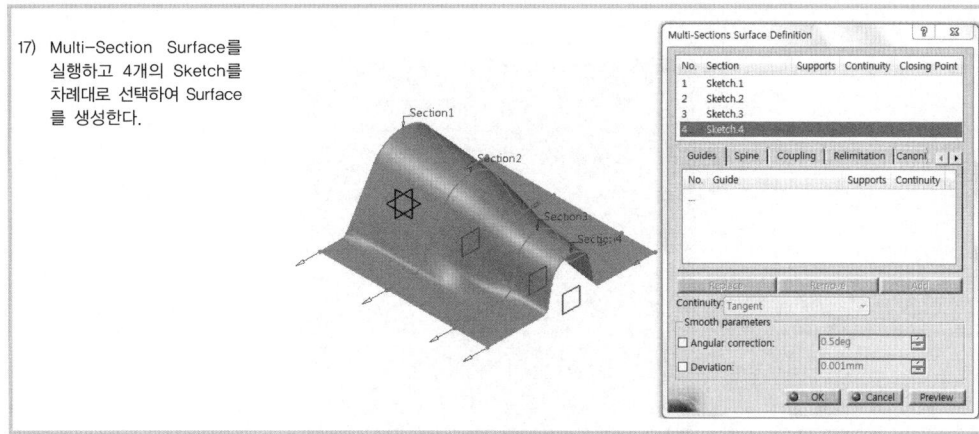

18) Sketch Positioning( )을 선택하고 Plane.2를 선택한다.

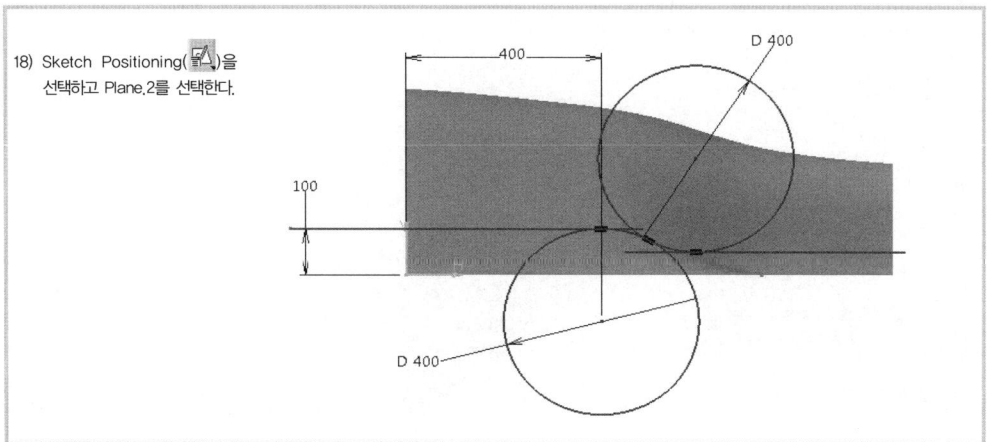

19) 18)번의 스케치를 Quick Trim 으로 다음과 같이 정리한다.

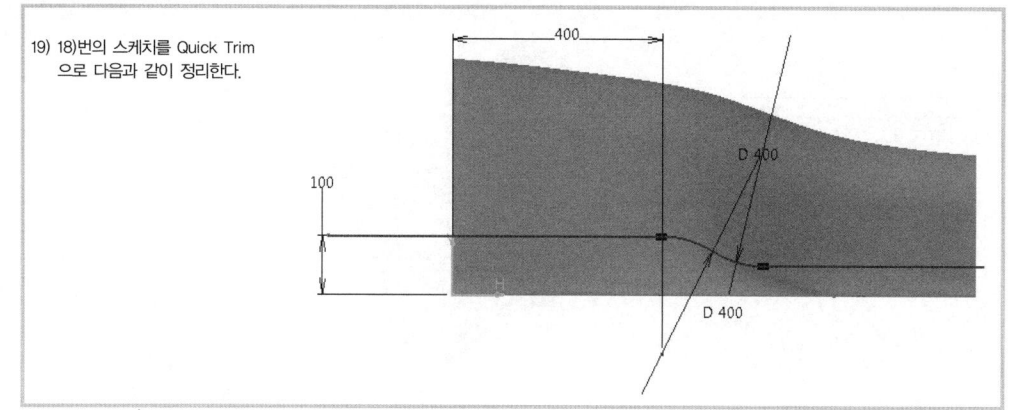

20) Projection을 실행하고 Along a direction, Projected : Sketch.5, Support : Multi-sections Surface.2, Direction : Plane.2를 지정 Tangency를 체크한다.
Nearest solution을 체크 해제한다.

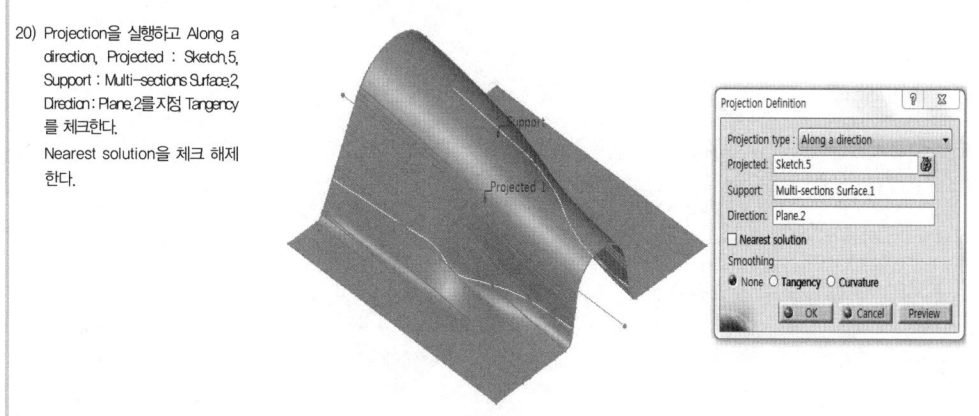

21) 두 번째 항목을 선택한다.

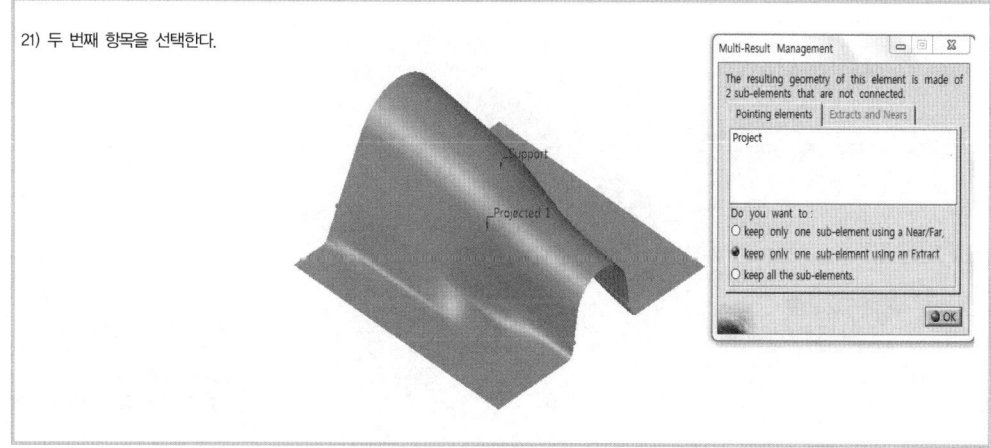

22) 앞쪽 항목을 Extract로 추출한다.

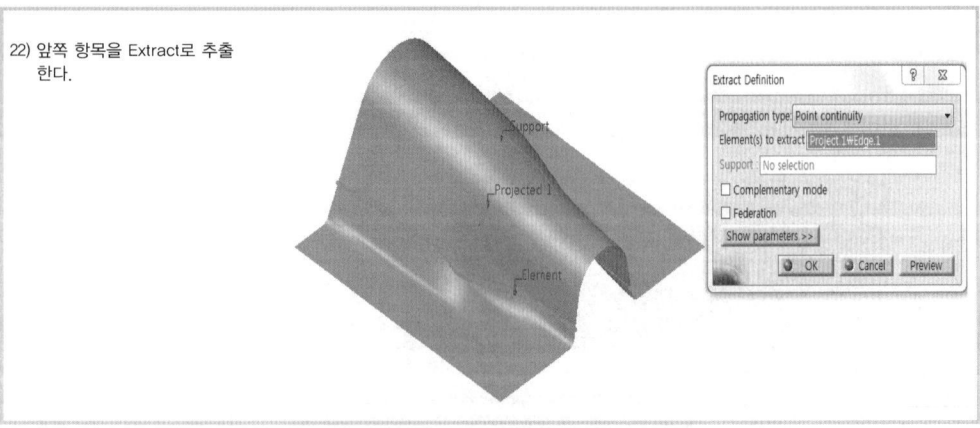

23) Sketch Positioning을 실행하여 Plane.3을 선택한다.

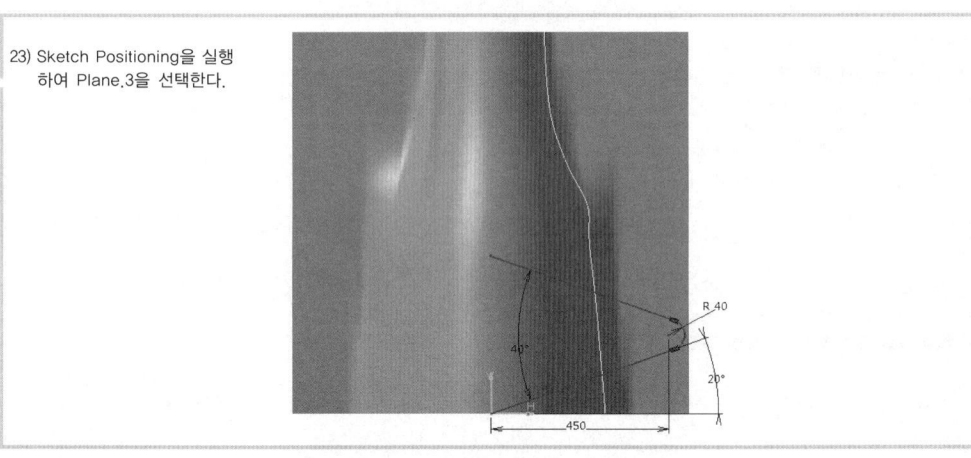

24) Sketch Positioning을 실행하여 Plane.3을 선택한다.

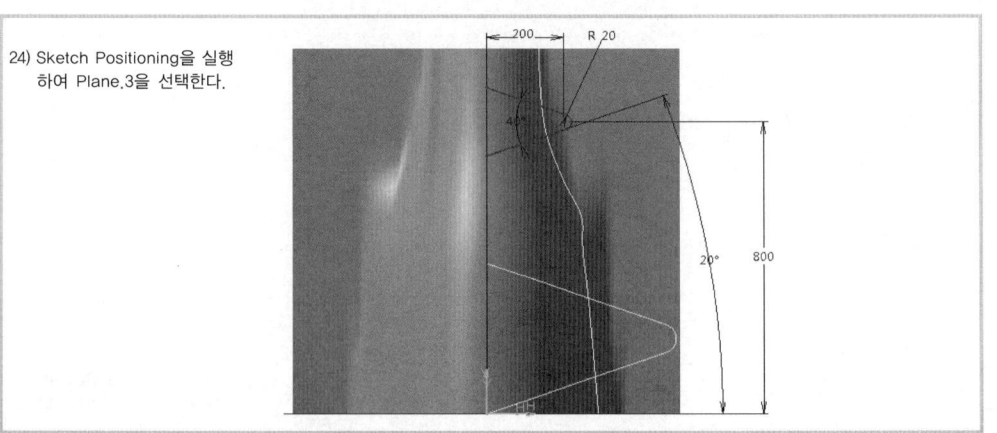

25) Projection을 실행하고 Along a direction, Projected : Sketch.6, Support : Multi-sections Surface.2, Direction : Plane.3을 지정한다.

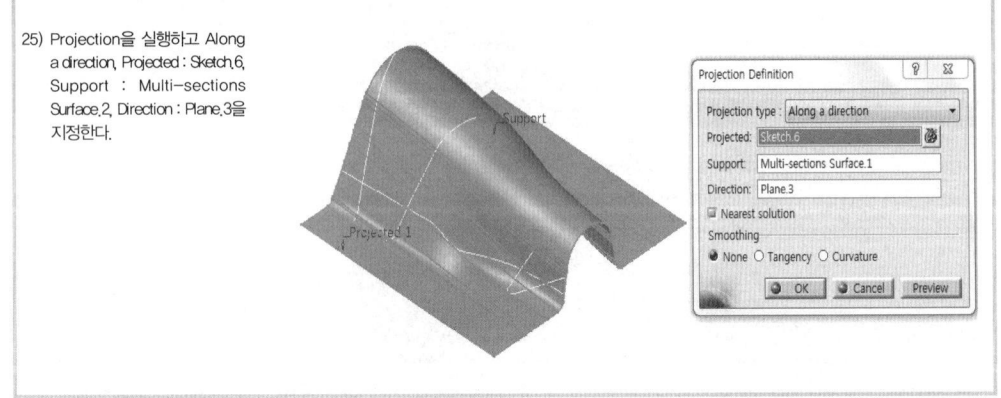

26) Projection을 실행하고 Along a direction, Projected : Sketch.7, Support : Multi-sections Surface.2, Direction : Plane.3을 지정한다.

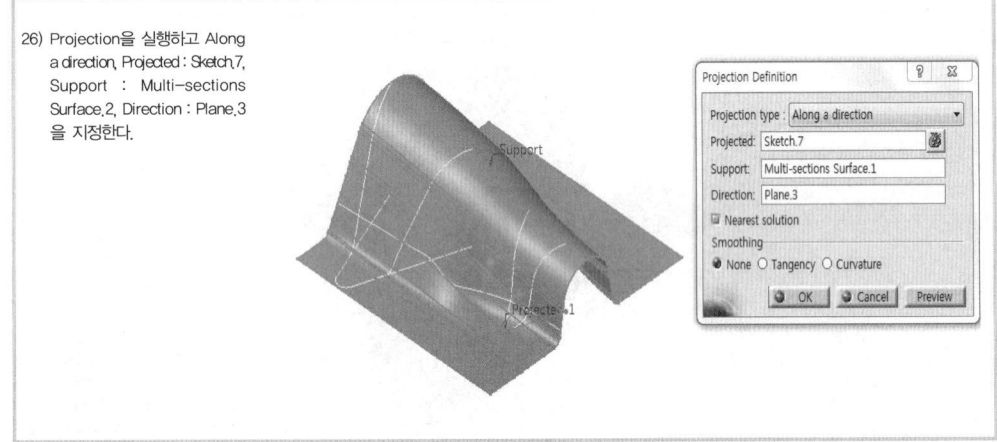

27) Trim을 실행하여 다음 부분을 남기고 잘라낸다.

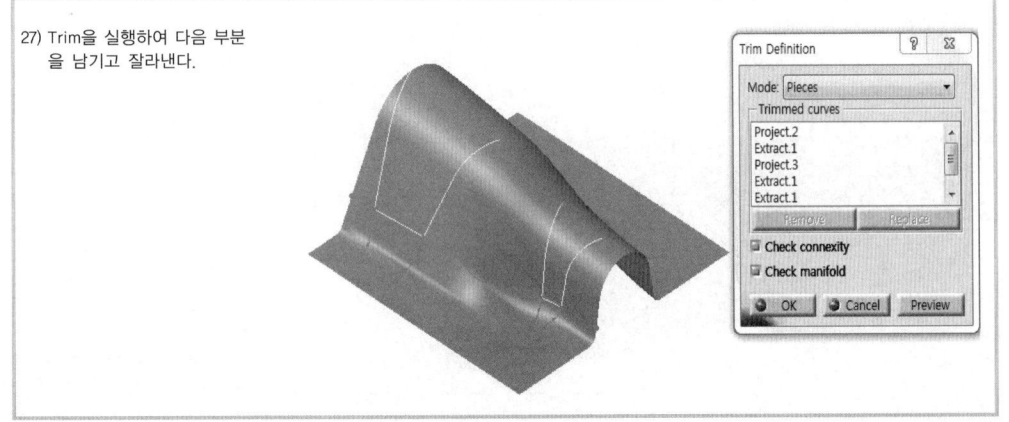

■ Trim 결과

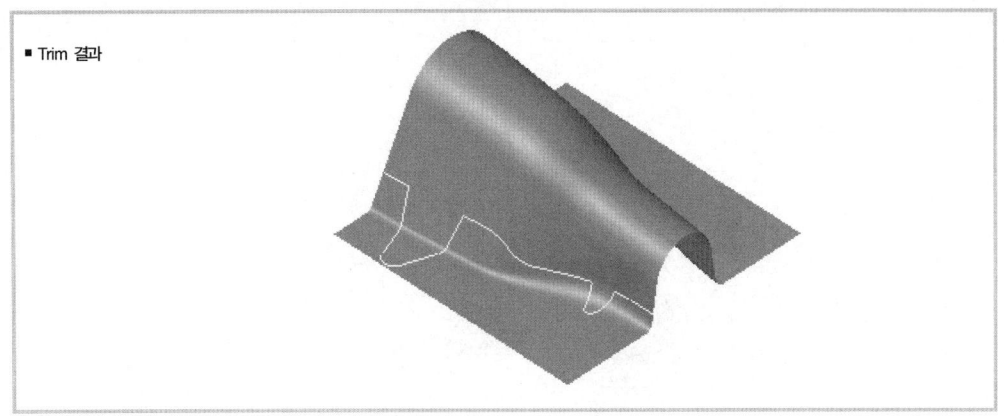

■ 완성 결과

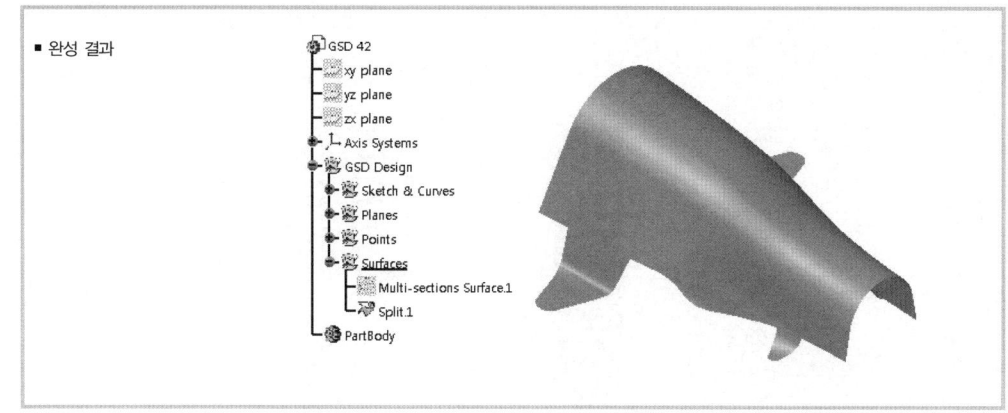

28) Symmetry를 실행하고 Trim.1 객체를 Plane.2를 기준으로 대칭복사를 한다.

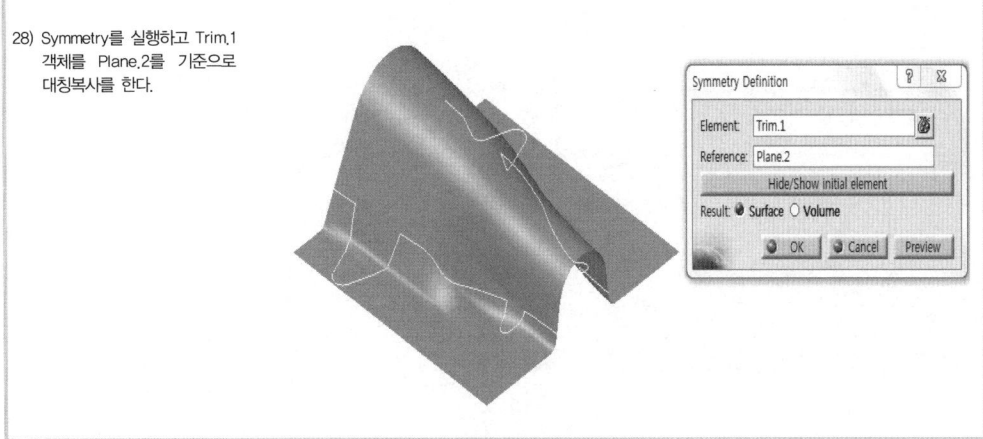

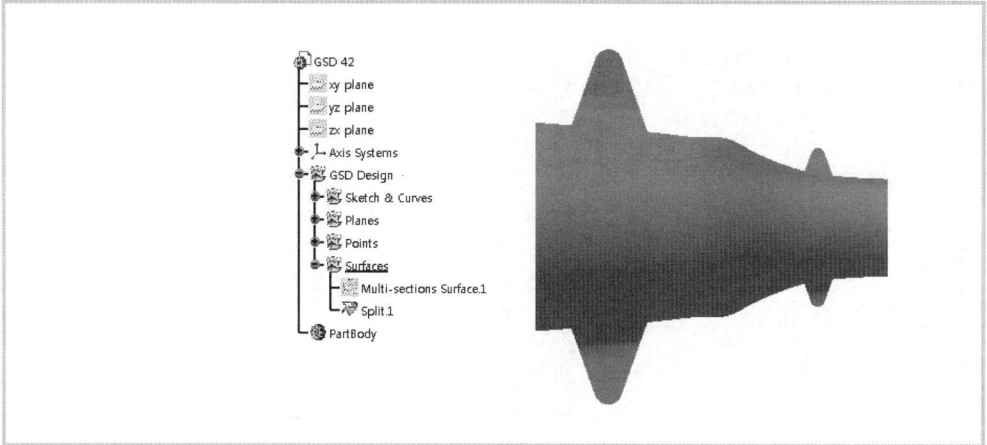

29) Split을 실행하여 다음과 같이 지정하여 잘라준다.

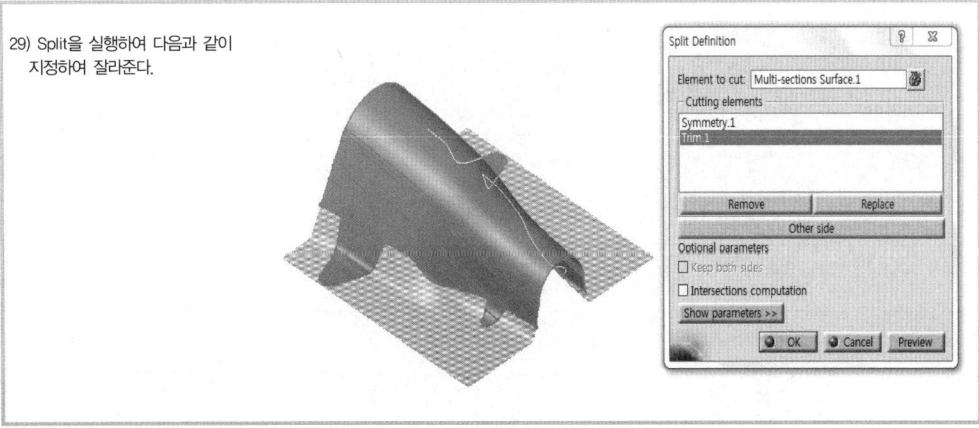

응용하기 44 로데오 만들기

1) Point를 실행하고 Y축으로 10mm를 지정하여 Point를 생성한다.

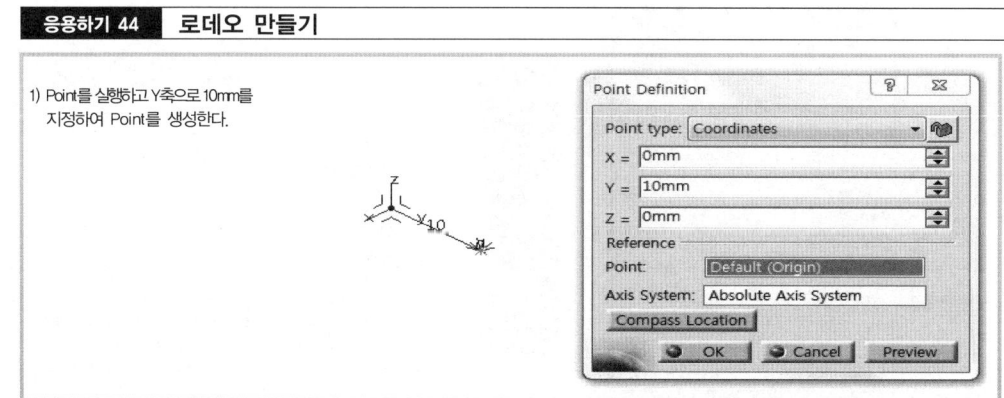

2) [Start]-[Shape]-[Generative Shape Design]을 선택한다.

3) Helix를 실행하고 Starting Point : Point.1을 선택, Axis : Z Axis, Pitch : 10mm, Height : 100mm를 지정하여 Helix를 생성한다.

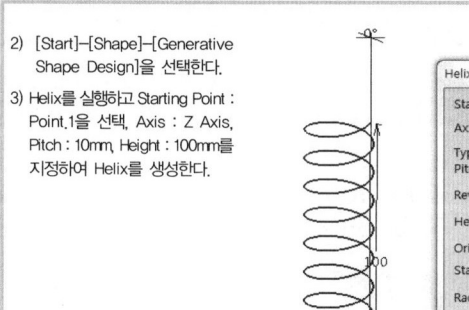
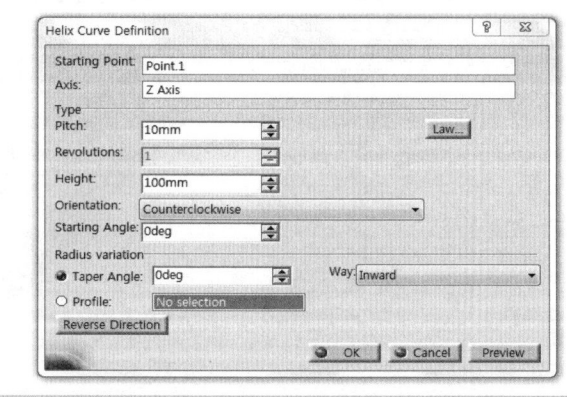

4) Circle을 실행하고 Center : Helix의 끝점 선택, Support : YZ Plane, 반경 : 3mm 원을 그린다.

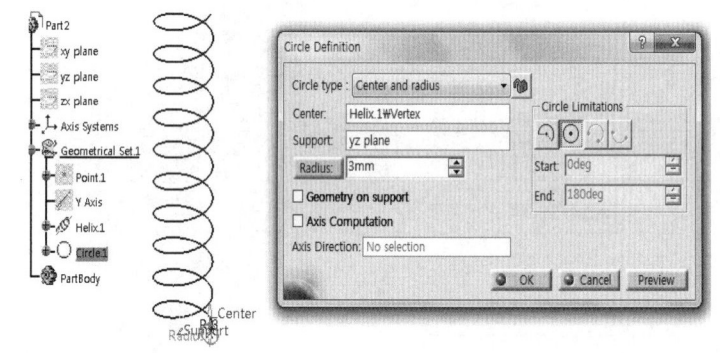

5) Sweep을 실행하고 Profile : Circle.1, Guide Curve : Helix.1을 선택하여 Sweep을 생성한다.

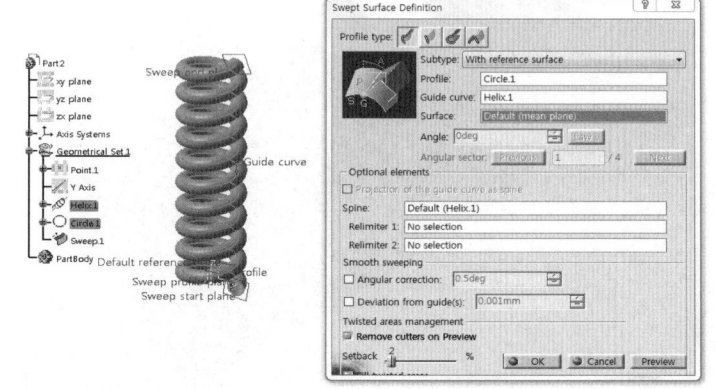

6) Line을 실행하고 Line Type : Point-Direction을 지정하고 Point를 지정하기 위해 마우스 우측 버튼을 눌러 [Create Point]를 선택한다.

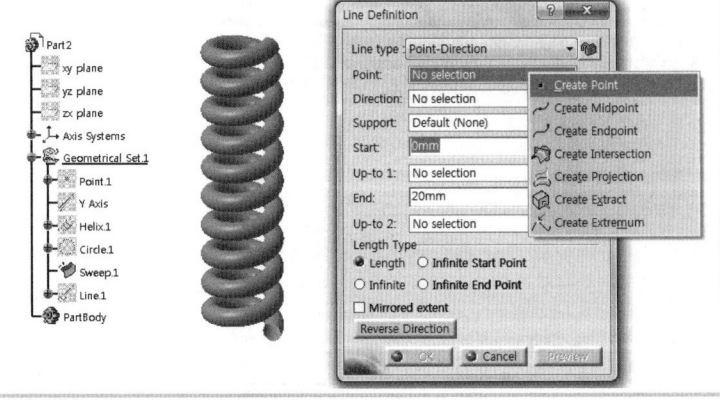

7) Z축으로 10mm를 지정한다.

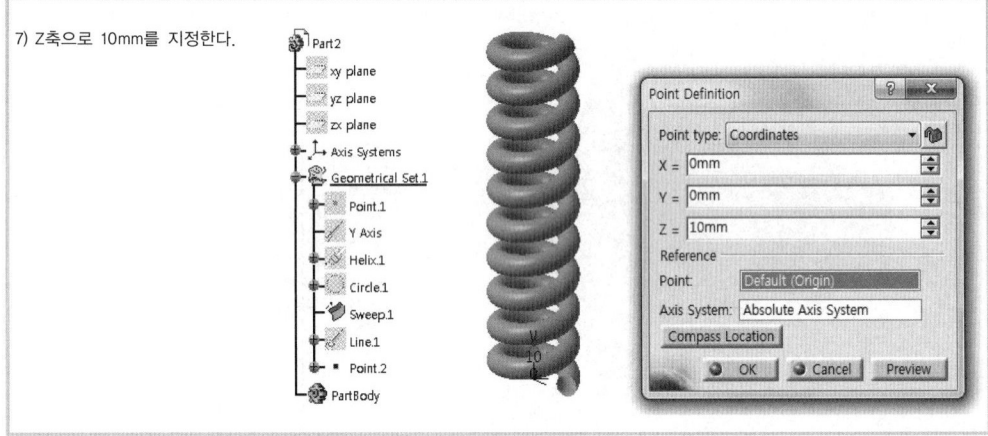

8) 나머지는 다음과 같이 지정한다.

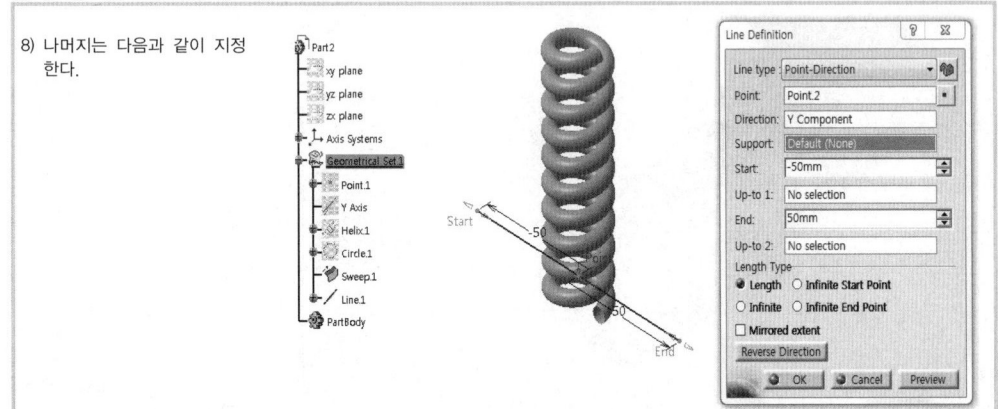

9) Extrude를 실행하고 Profile : Line.1을 선택, Direction : X Component, 50mm, Mirrored Extent를 지정하여 돌출을 한다.

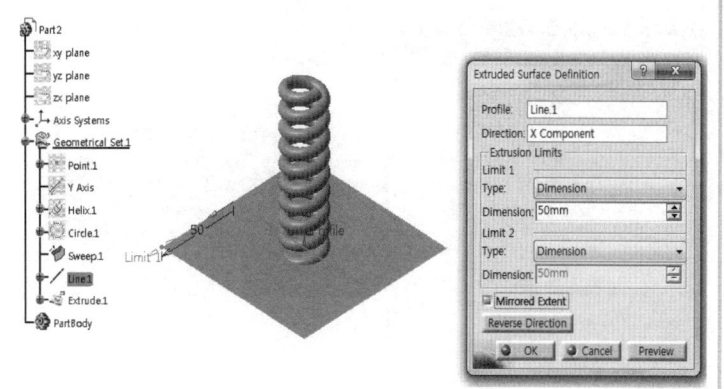

10) Boundary를 실행하고 모서리을 선택하여 경계선을 생성한다.

11) Sweep을 실행하고 Profile : Boundary.1, Draft direction : Z Component를 선택, Angle : 45deg를 지정한다.

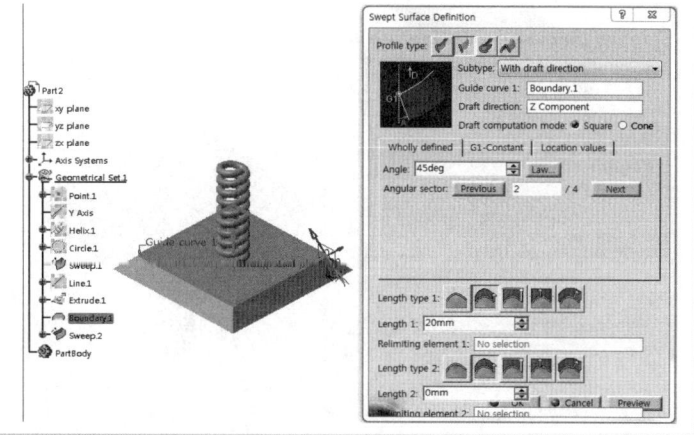

12) Extrapolate를 실행하고 Boundary를 선택하여 마우스 우측버튼을 눌러 [Create Boundary]를 선택한다.

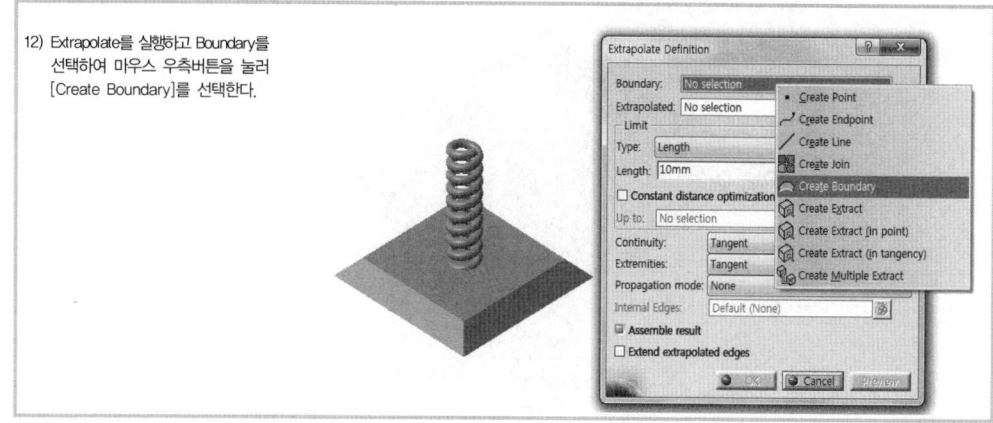

13) Surface edge : Extrude.1을 선택한다.

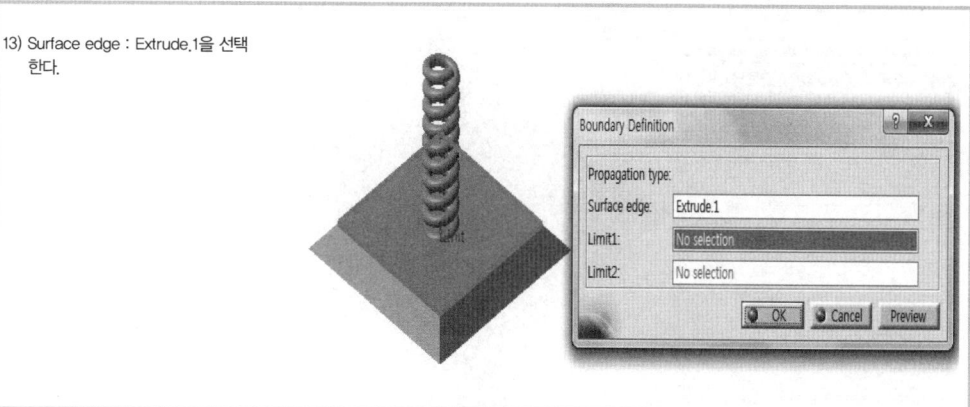

14) Extrapolated : Extrude.1을 선택, Length : 10mm를 지정한다.

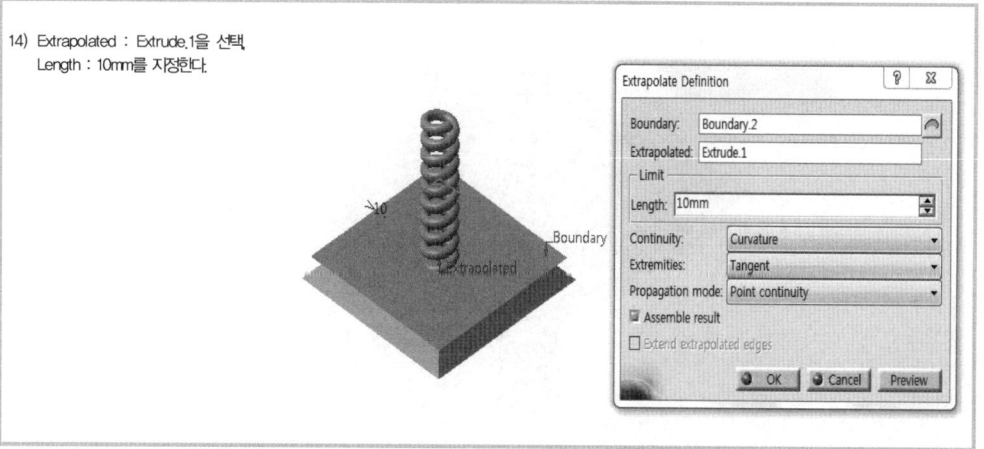

15) Extrapolate를 실행하고 Boundary를 선택하여 마우스 우측버튼을 눌러 [Create Boundary]를 선택한다.

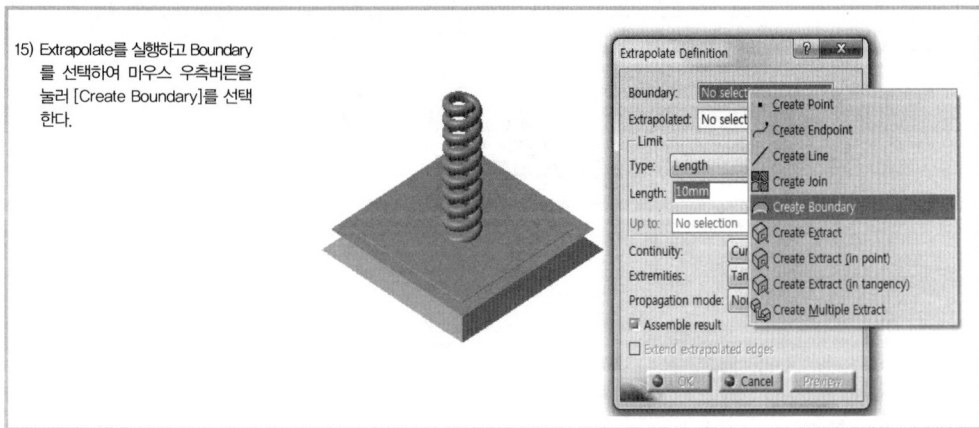

16) Surface edge : Sweep.2의 Edge.1을 선택한다.

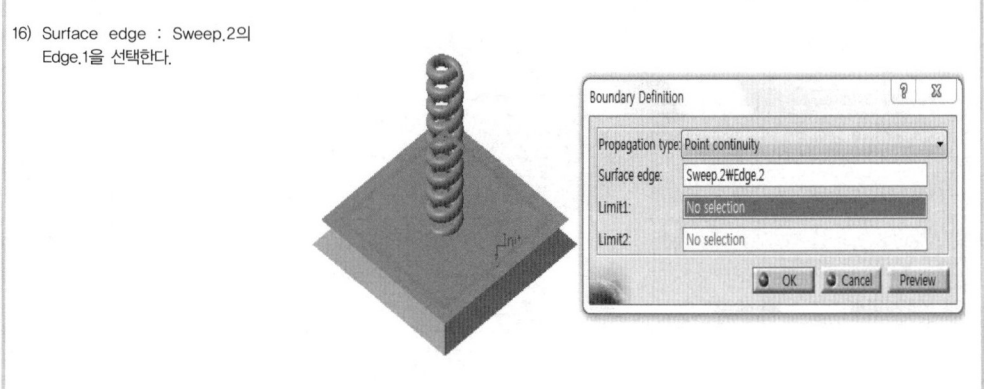

17) Extrapolated : Sweep.2를 선택, Length : 10mm를 지정한다.

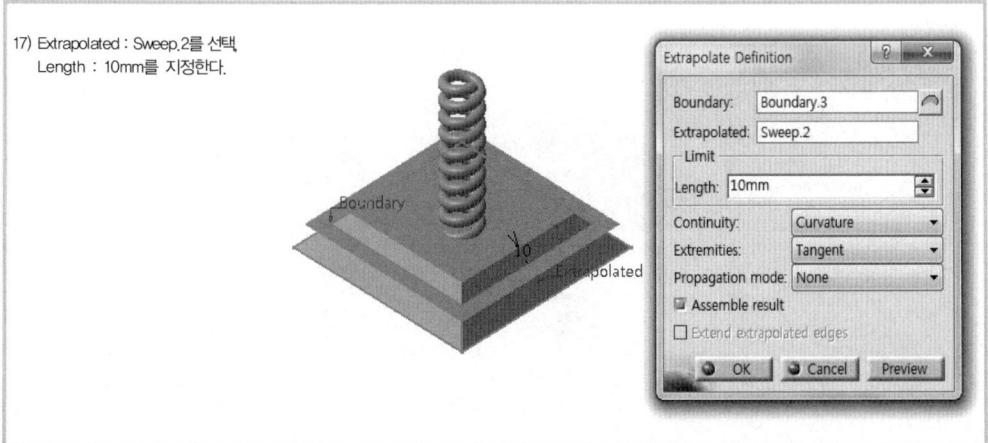

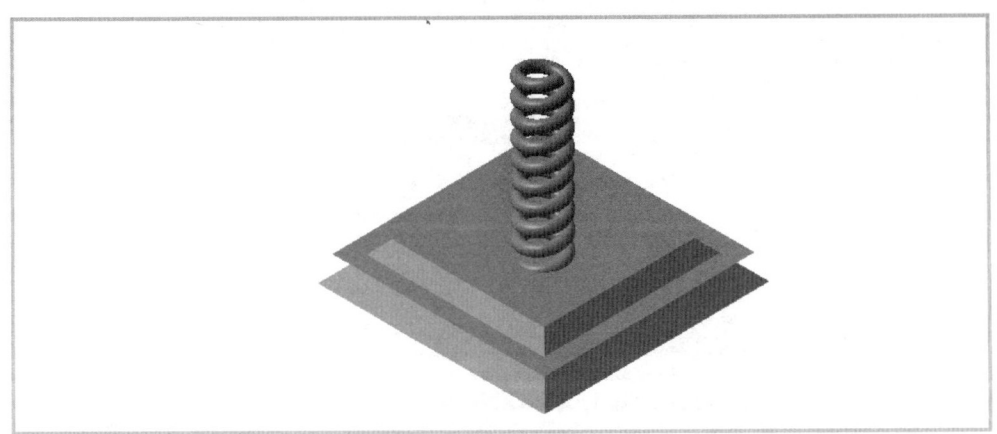

18) Shape Fillet을 실행하고 Extrapol.1과 Extrapol.2를 차례대로 선택, 반경 : 5mm를 지정한다.

주의 화살표 방향을 주의한다.

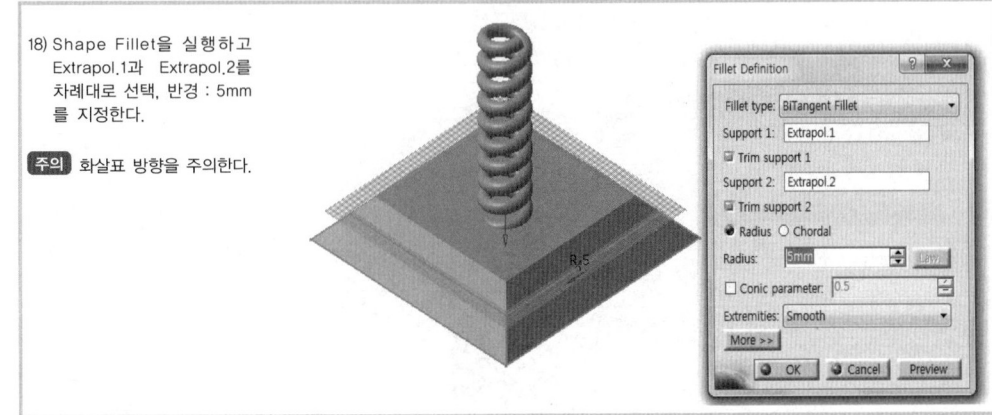

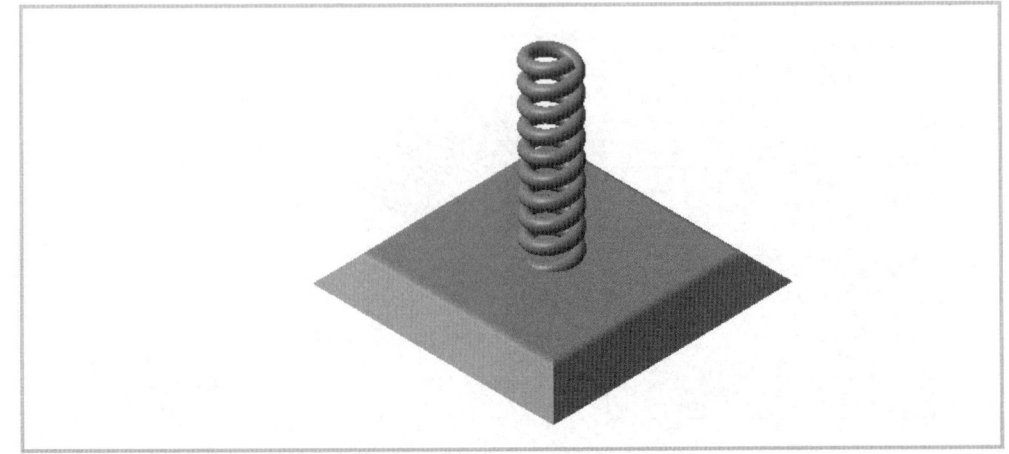

19) Edge Fillet을 실행하고 4개의 모서리를 선택하여 반경 : 5mm로 필렛을 한다.

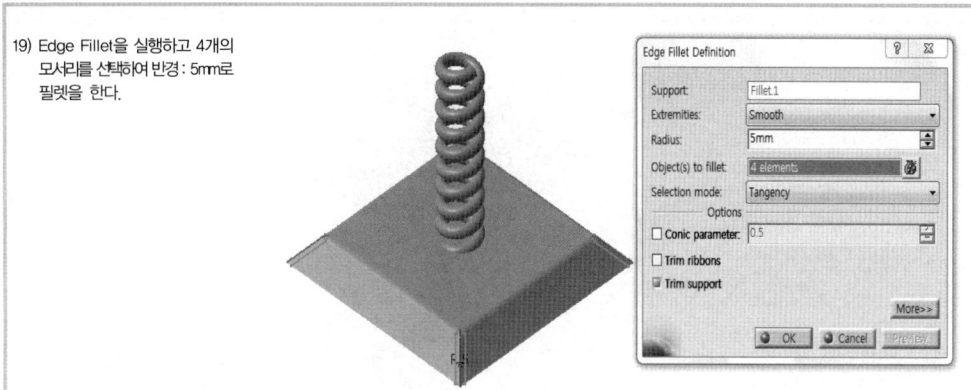

20) Line을 실행하고 Line Type : Point-Direction을 지정하고 Point를 지정하기 위해 마우스 우측 버튼을 눌러 [Create Point]를 선택한다.

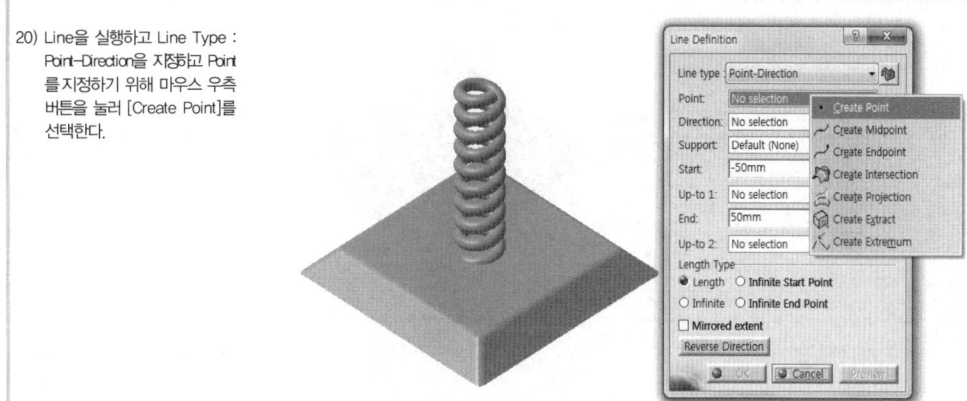

21) 원점 좌표를 지정한다.
X축 : 0mm, Y축 : 0mm, Z축 : 0mm

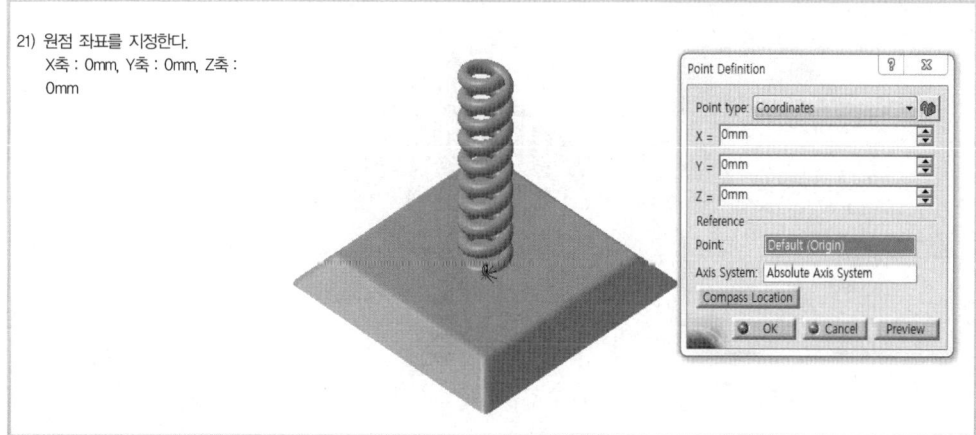

22) 방향(Z Axis)과 거리값(-50mm, 95mm)을 지정한다.

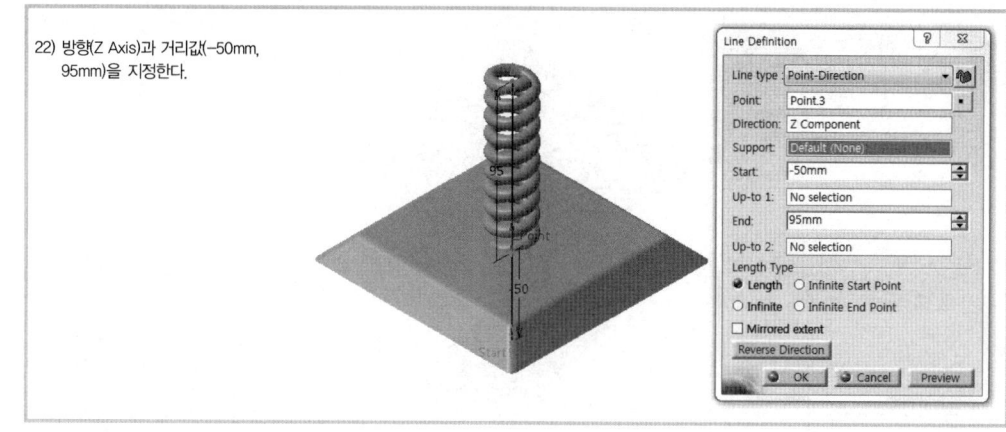

23) Line을 실행하고 Line Type : Point-Direction을 지정하고 Point로 21번에서 생성한 Line의 끝점을 선택, 방향 : Y Component를 지정, Start : -50mm, End : 50mm를 지정한다.

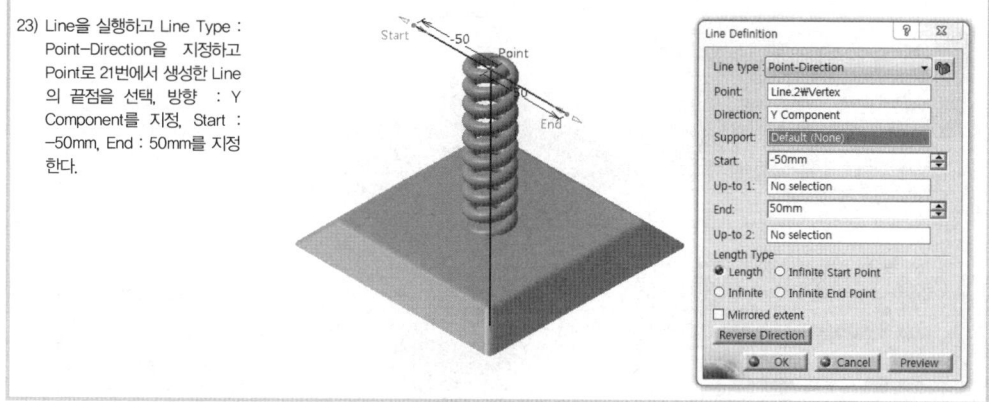

24) Points & Planes Repetition을 실행하고 Curve : Line.3을 선택, Instance : 5를 지정한다.
With end Points와 Create normal planes also를 지정한다.

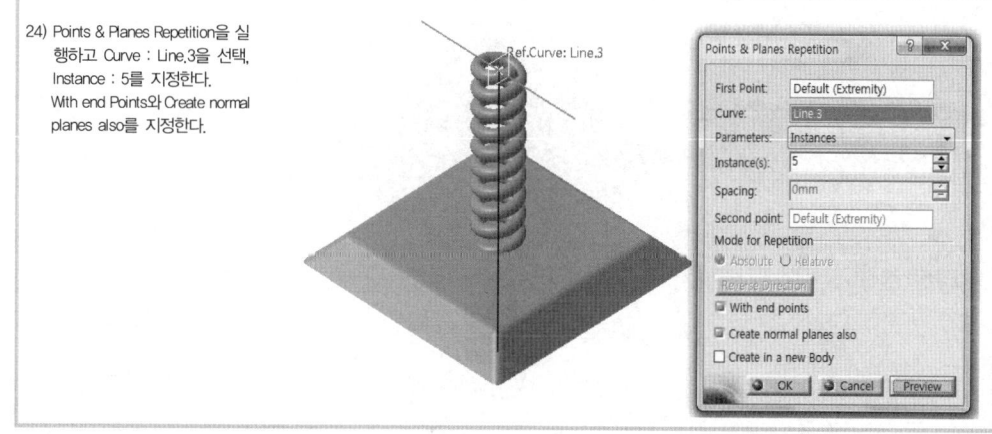

447

25) Circle을 실행하고 가운데 있는 평면에 있는 Point와 Plane을 선택하여 반지름 25mm인 Arc를 그린다.

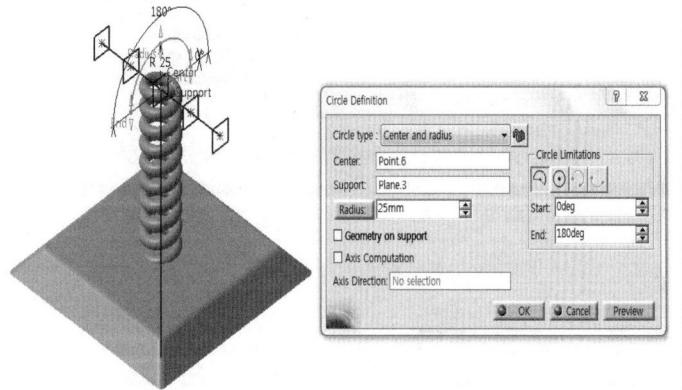

26) Circle을 실행하고 두 번째 평면에 있는 Point와 Plane을 선택하여 반지름 : 20mm인 Arc를 그린다.

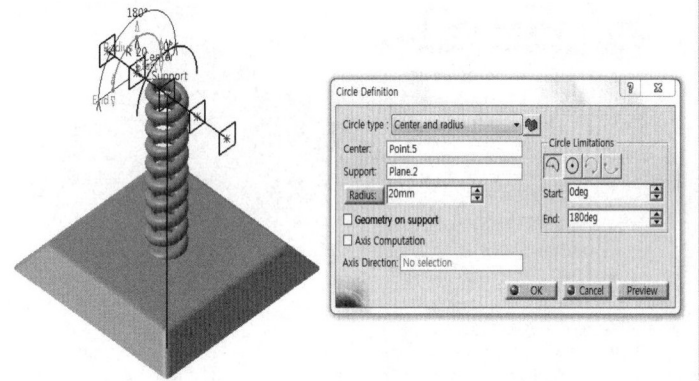

27) Circle을 실행하고 첫 번째 평면에 있는 Point와 Plane을 선택하여 반지름 15mm인 Arc를 그린다.

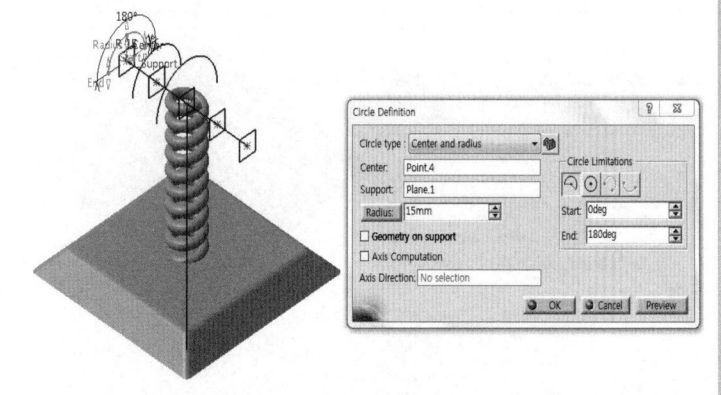

28) Symmetry를 실행하고 좌측에 Arc 두 개를 Ctrl를 눌러 선택하여 중간 평면을 기준으로 반대편에 대칭복사를 한다.

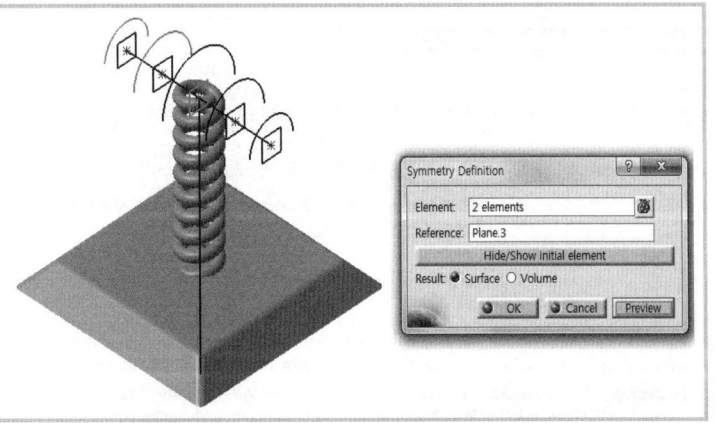

29) Multi-Section Surface를 실행하고 5개의 Arc를 앞에서부터 차례대로 선택하여 아래 [Spine]탭에서 Spine으로 Line.3을 선택한다.

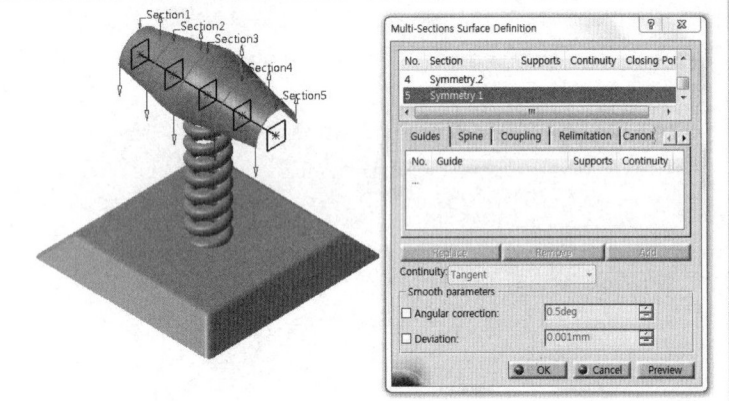

30) Line을 실행하고 Point : 수평선의 좌측 끝점 선택, Direction : X Component를 지정, Start : -50mm, End : 50mm를 지정한다.

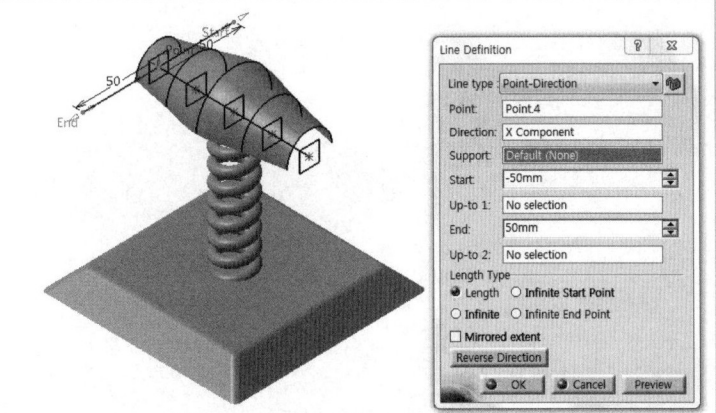

31) Revolution을 실행하고 첫 번째 Arc를 Profile로 선택, 회전축 : Line.4를 선택하여 90deg 회전을 한다.

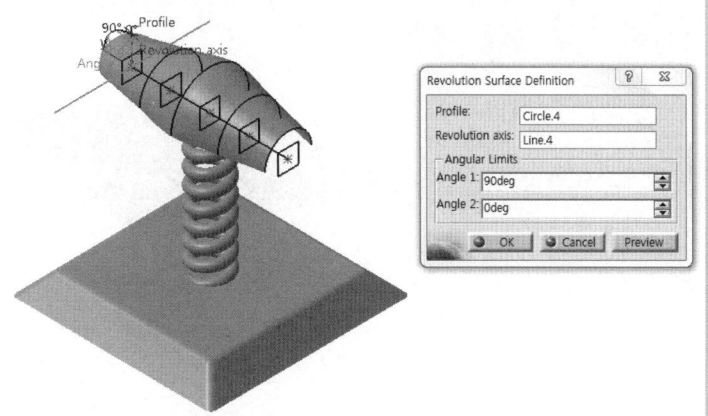

32) Symmetry를 실행하고 회전 객체를 중간 평면을 기준으로 반대편에 대칭복사 한다.

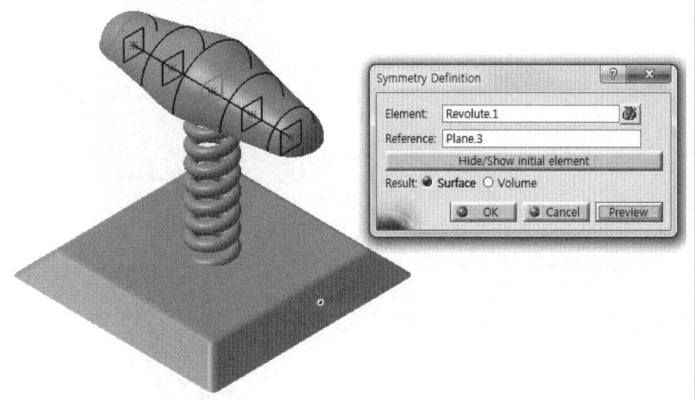

33) Join을 실행하고 상단에 3개의 객체를 결합을 한다.

34) Edge Fillet을 실행하고 반경 : 5mm로 다음 두 개의 모서리를 선택하여 필렛을 한다.

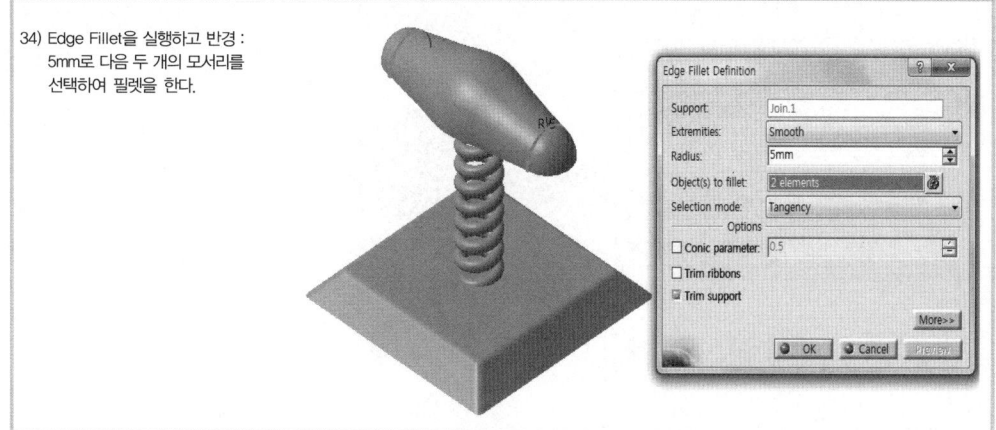

35) Boundary를 실행하고 모서리를 선택하여 경계선을 추출한다.

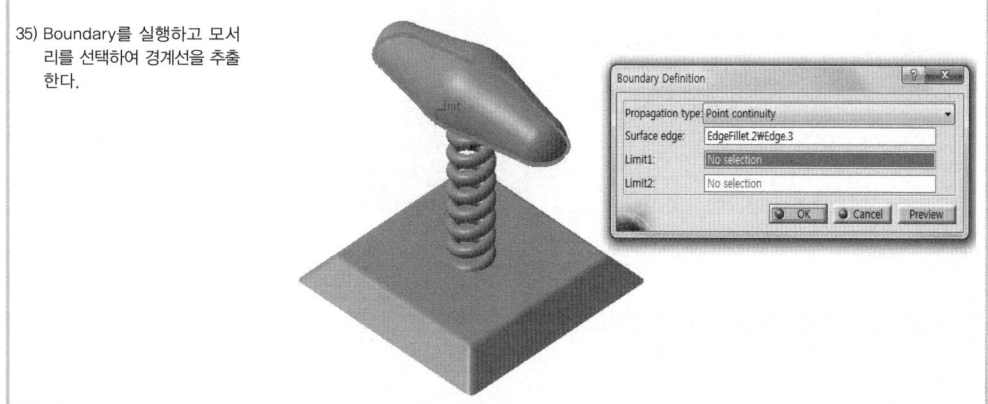

36) Fill을 실행하고 아래 경계선을 선택하여 채운다.

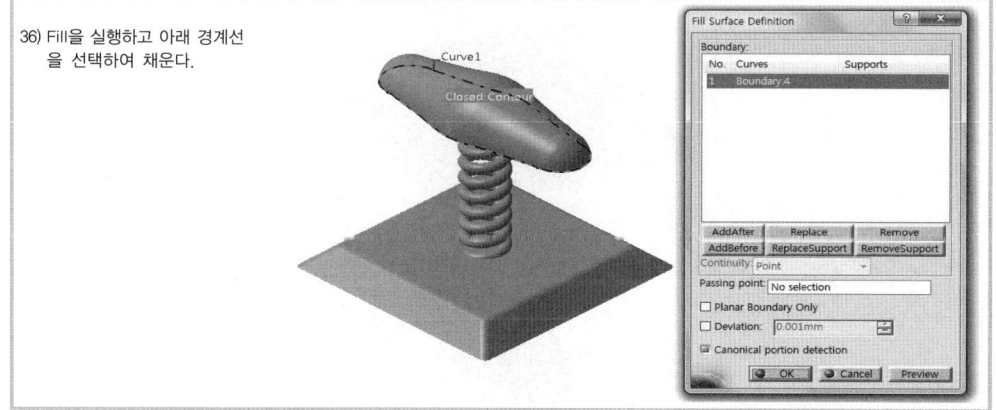

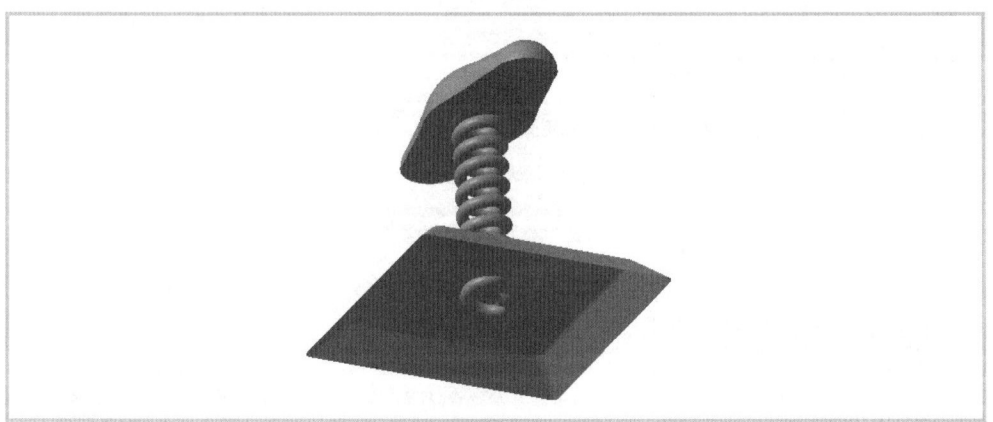

37) Boundary를 실행하고 모서리를 선택하여 경계선을 추출한다.

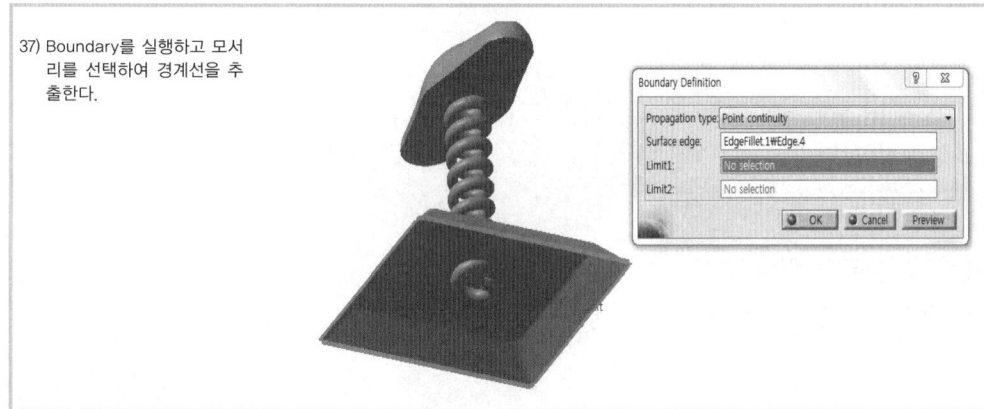

39) Join을 실행하고 다음 객체들을 연결한다.

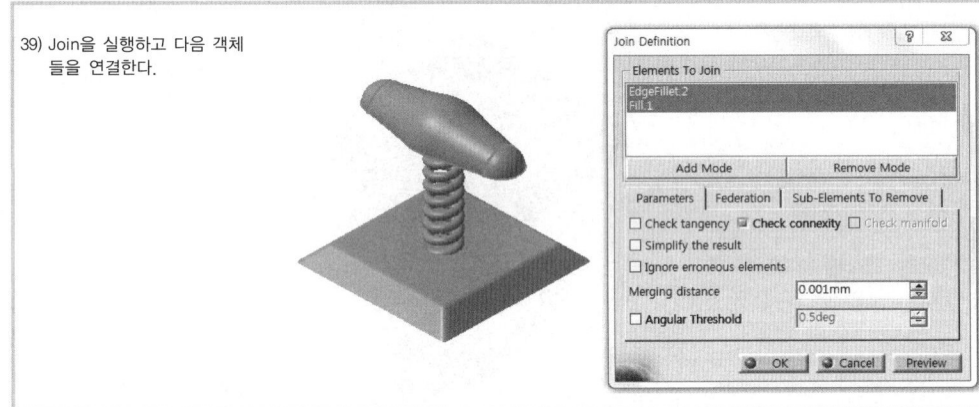

38) Fill을 실행하고 아래 경계선을 선택하여 채운다.

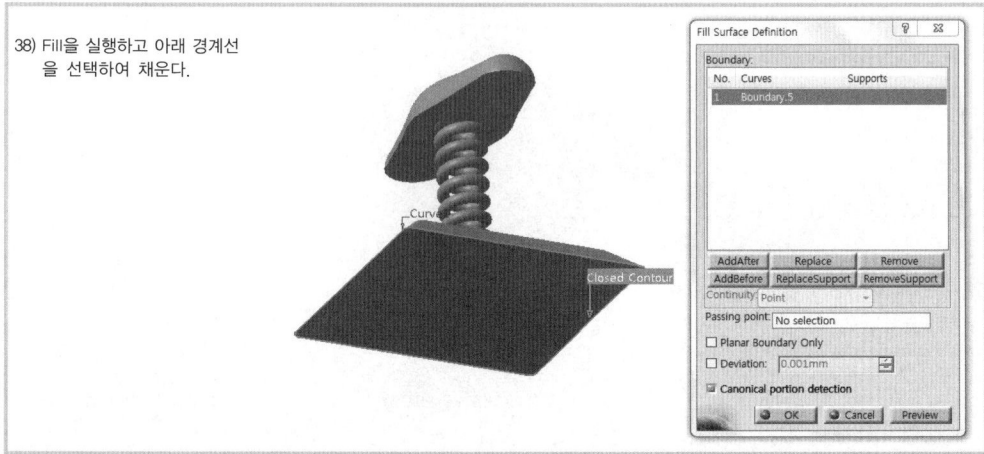

40) Join을 실행하고 다음 객체들을 연결한다.

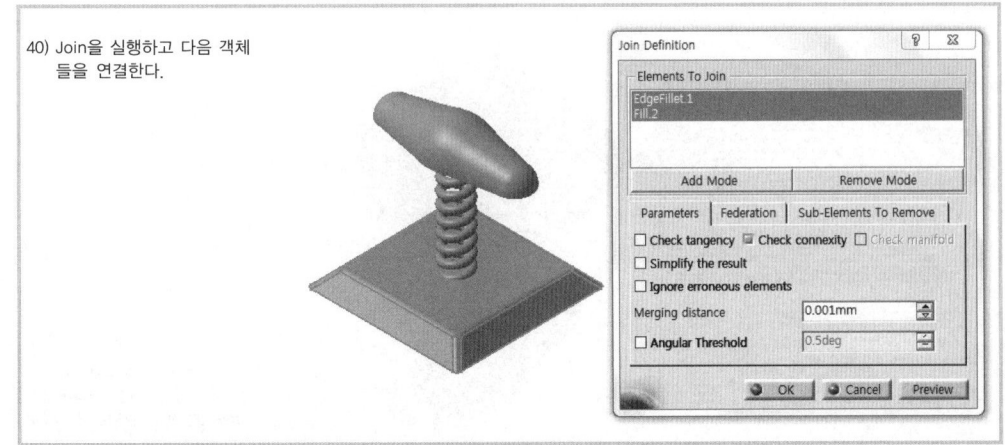

41) [Start]-[Mechanical Design]-[Part Design]를 선택한다.
42) Close Surface를 실행하고 Join Surface를 선택하여 Solid로 채운다.

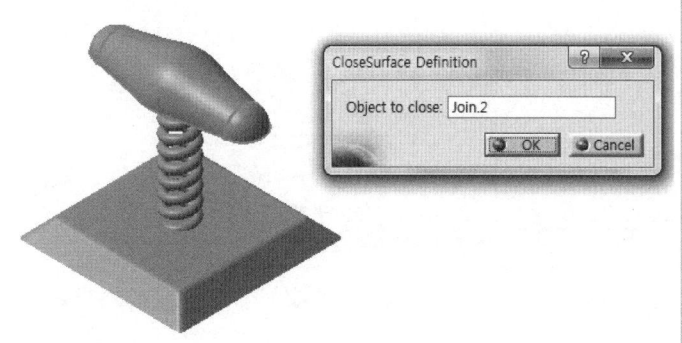

43) Close Surface를 실행하고 Sweep Surface를 선택하여 Solid로 채운다.

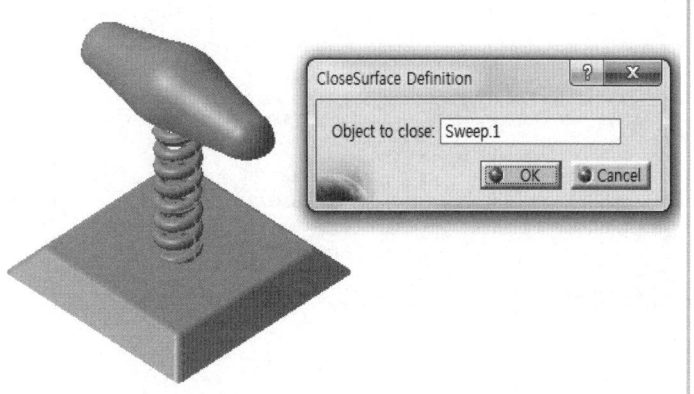

44) Close Surface를 실행하고 Join Surface를 선택하여 Solid로 채운다.

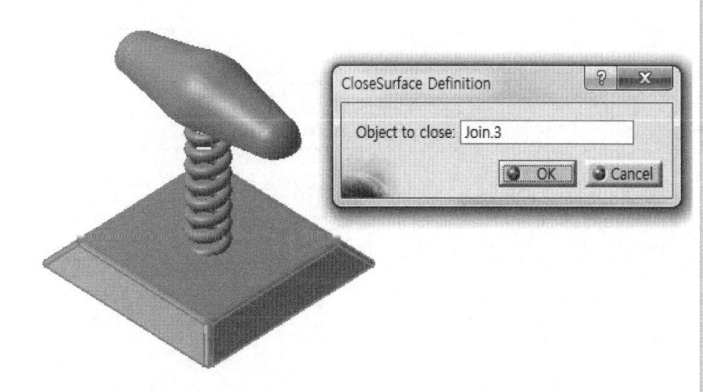

■ 완성 결과
45) Surface는 모두 [Hide]로 숨긴다.

응용하기 45 Bottle 만들기 1

1) Plane을 실행하고 XY Plane을 기준으로 6mm 위쪽에 Plane을 생성한다.

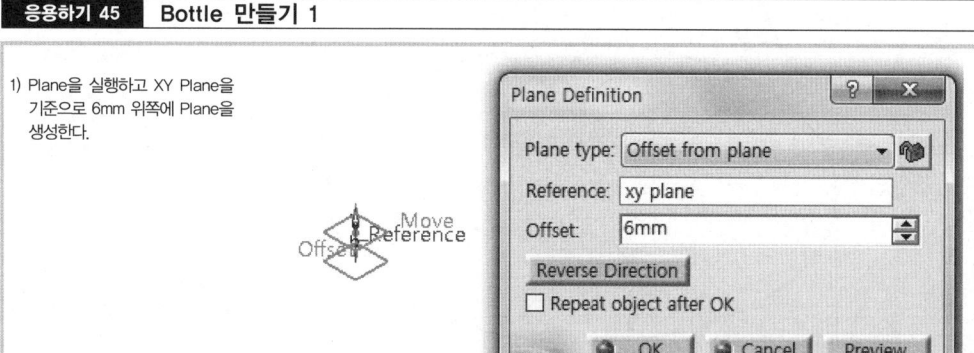

2) Plane을 실행하고 XY Plane을 기준으로 102mm 위쪽에 Plane을 생성한다.

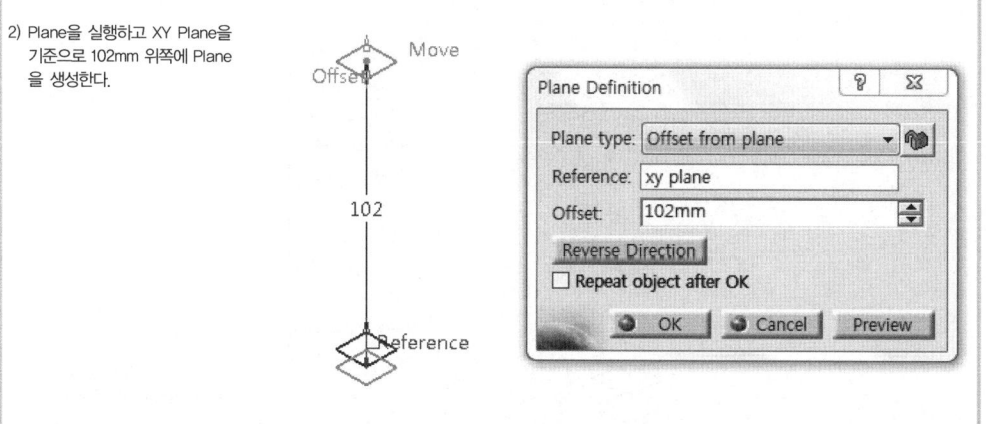

3) Plane을 실행하고 XY Plane을 기준으로 153mm 위쪽에 Plane을 생성한다.

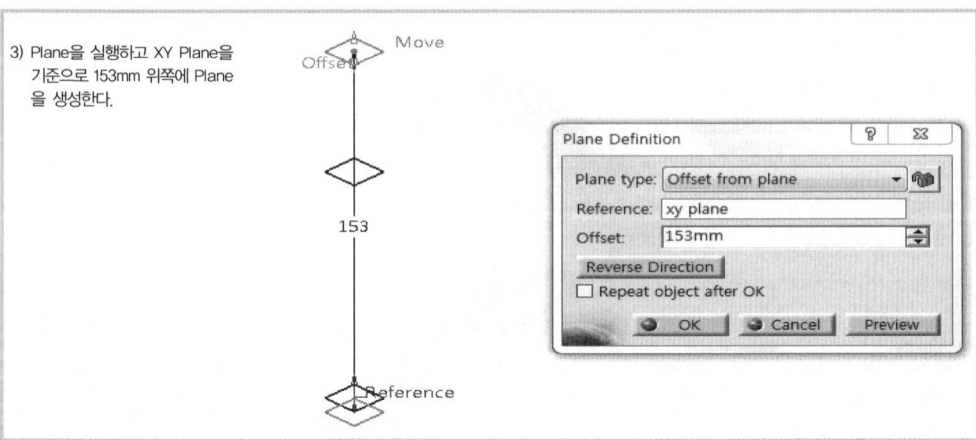

4) Plane을 실행하고 XY Plane을 기준으로 164mm 위쪽에 Plane을 생성한다.

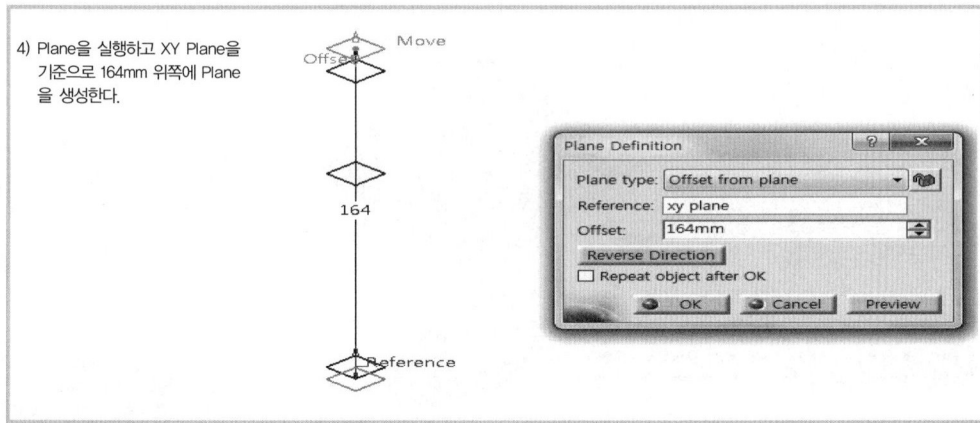

5) Plane을 실행하고 XY Plane을 기준으로 179mm 위쪽에 Plane을 생성한다.

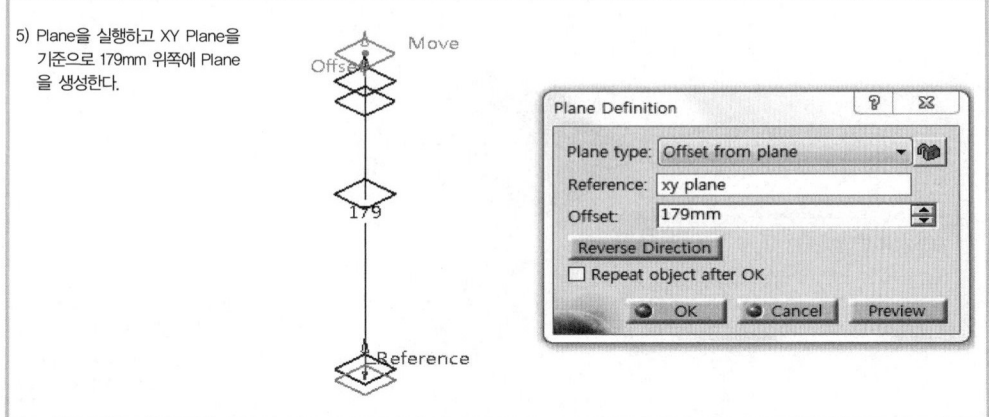

6) Geometric Set 이름을 Plane으로 변경한다.

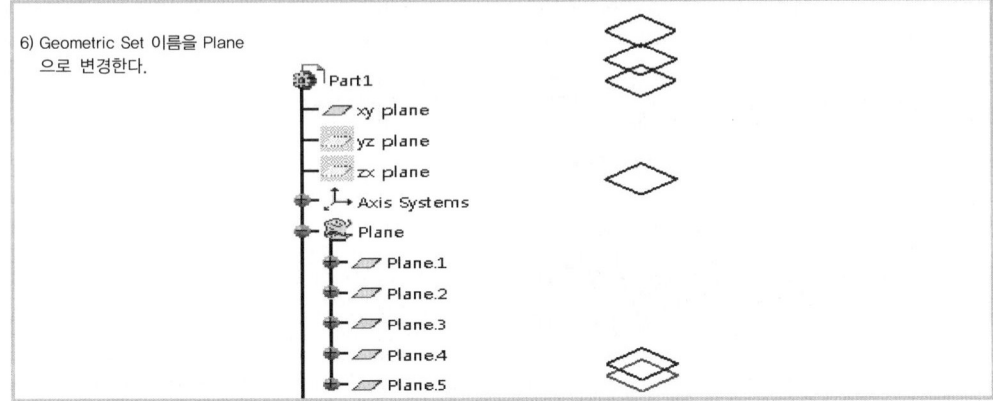

7) [Insert]-[Geometric Set]을 선택한다.
   Geometric Set 이름을 Curves로 지정한다.
8) 스케치를 실행하고 XY Plane을 선택하여 다음과 같이 스케치를 한다.

【힌트】 타원 차수 [Semiminor Axis]로 전환(장축 차수→단축 차수)한다.

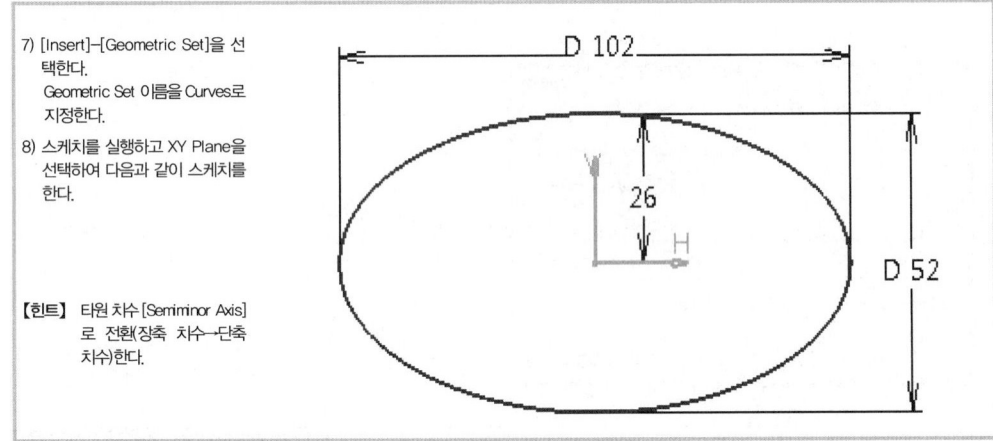

9) Sketch.1을 Plane.1부터 Plane.3까지 복사하여 붙여넣기 한다.

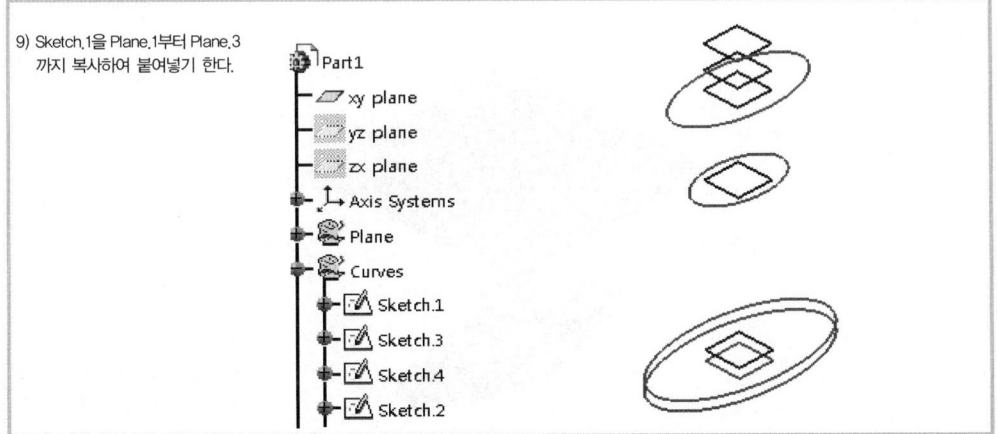

10) Sketch.3을 더블클릭하여 다음과 같이 수정한다.

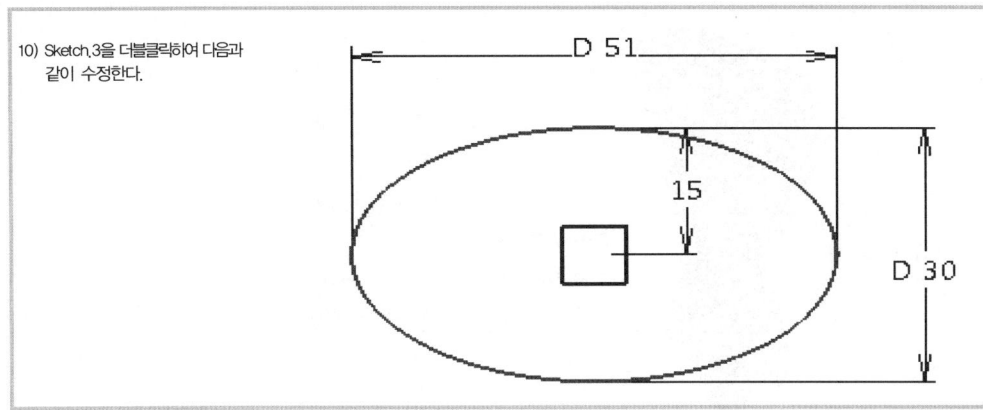

11) Sketch.4를 더블클릭하여 다음과 같이 수정한다.

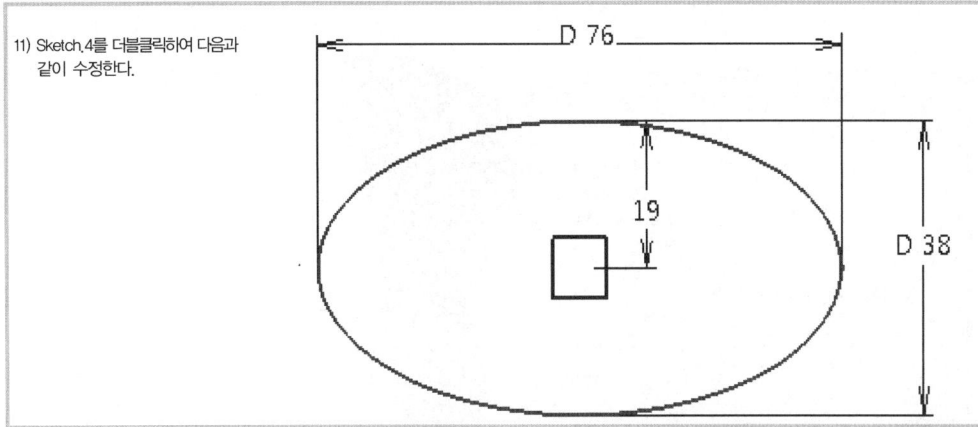

12) [Insert]-[Geometric Set]을 선택한다.
    Geometric Set 이름을 Surfaces로 지정한다.
13) Multi Section Surface를 실행하고 아래서부터 차례대로 4개의 스케치를 선택하여 [Coupling] 탭에서 다음과 같이 선택한다.

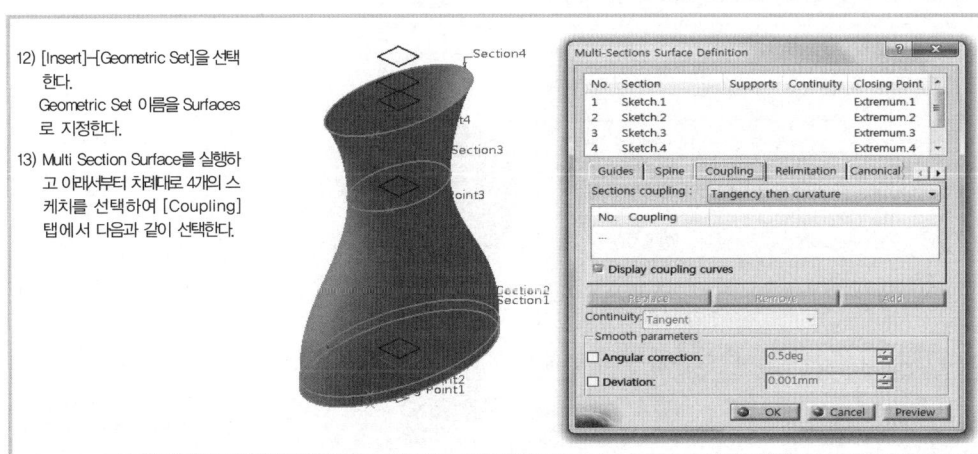

14) Spec Tree에서 Curves를 선택하여 [Define in Work Object]를 선택한다.
15) 스케치를 실행하고 Plane.4를 선택하여 다음과 같이 스케치한다.

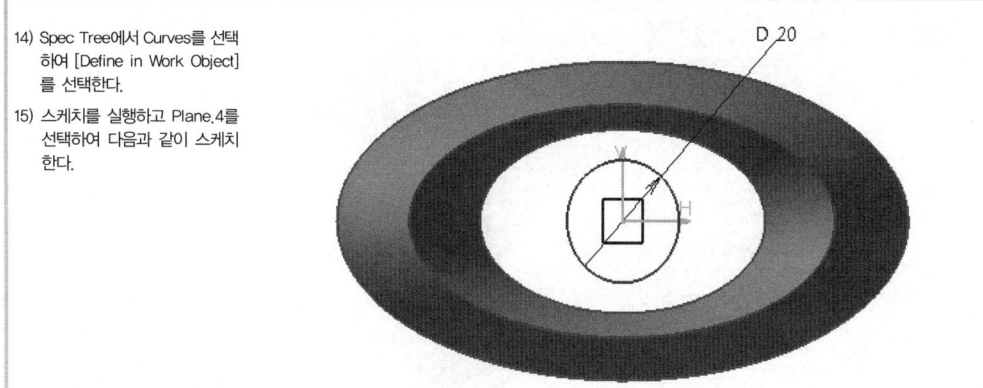

16) Spec Tree에서 Surface를 선택하여 [Define in Work Object]를 선택한다.
17) Multi-Section Surface를 실행하고 다음 두 개의 스케치를 선택하여 Surface를 생성한다.

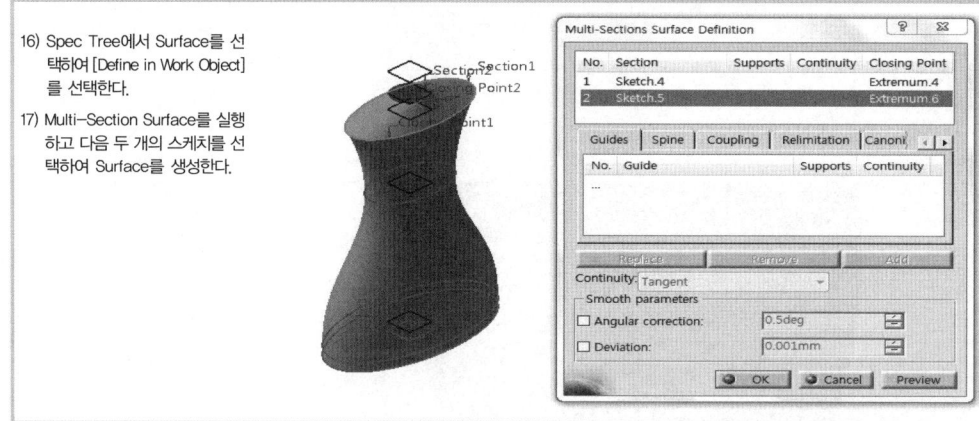

18) Extrude를 실행하고 Sketch.5를 Up-to element를 선택하여 Plane.5를 지정하여 돌출을 한다.

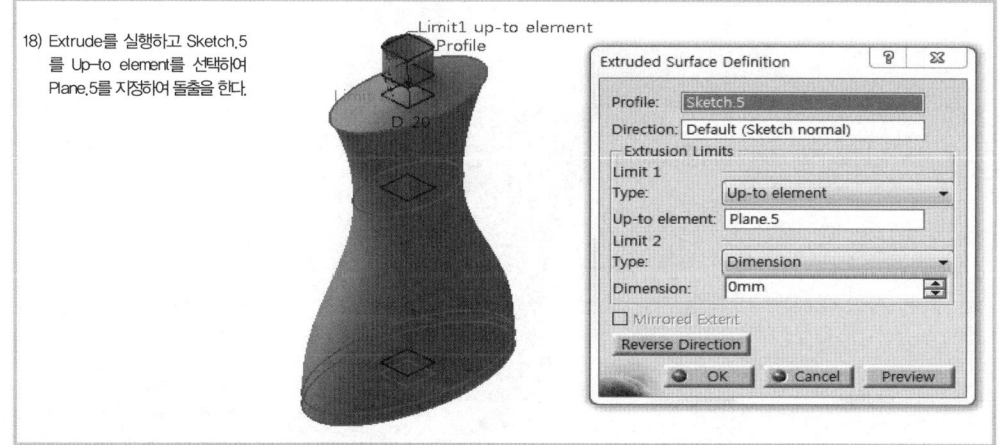

19) Join을 실행하고 3개의 Surface 를 차례대로 선택하여 결합한다.

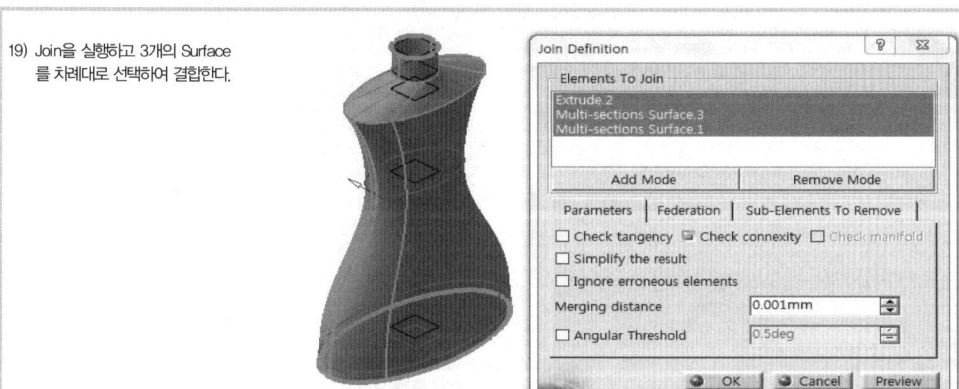

20) Edge Fillet을 실행하고 반경 : 5mm로 필렛을 한다.

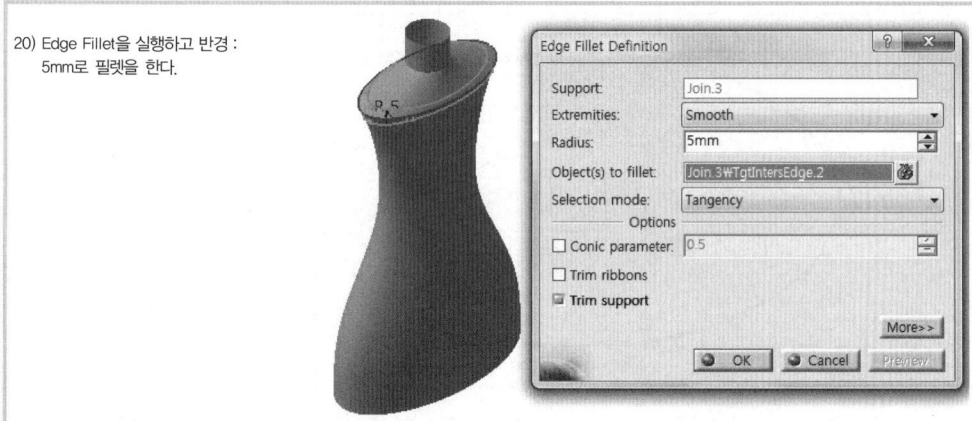

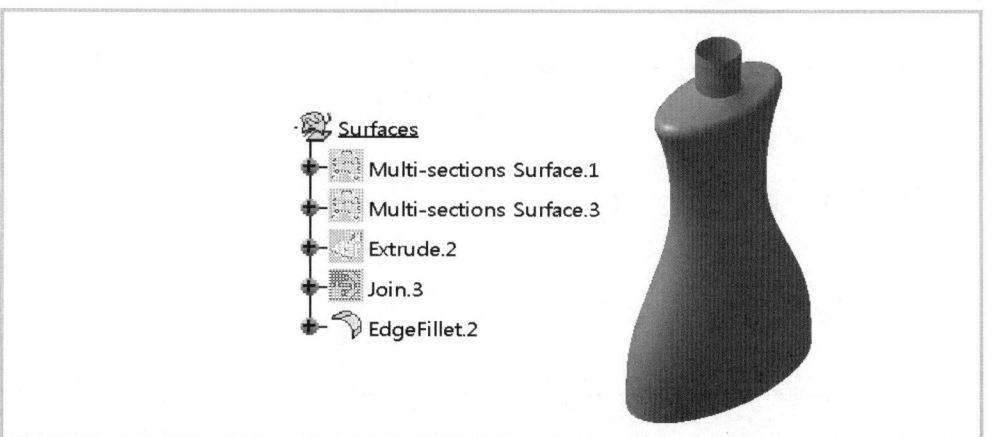

21) Spec Tree에서 Curves를 선택 하여 [Define in Work Object] 를 선택한다.

22) 스케치를 실행하고 ZX Plane 을 선택하여 다음과 같이 스케 치를 한다.

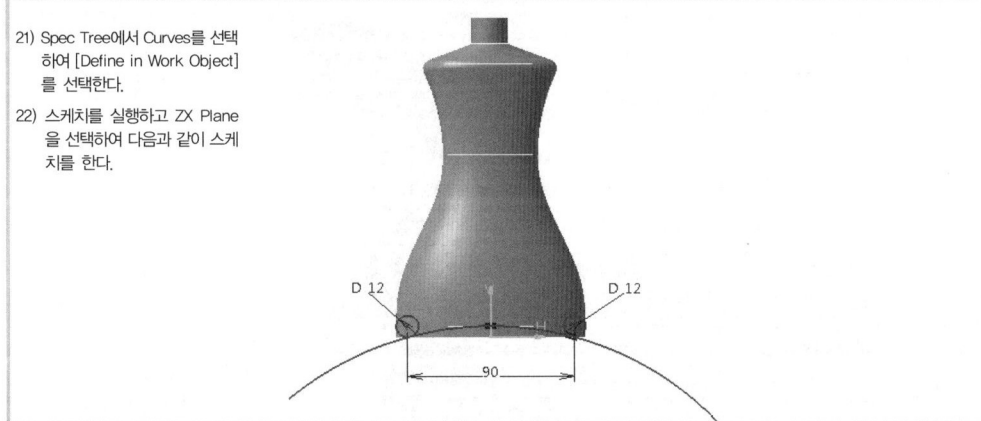

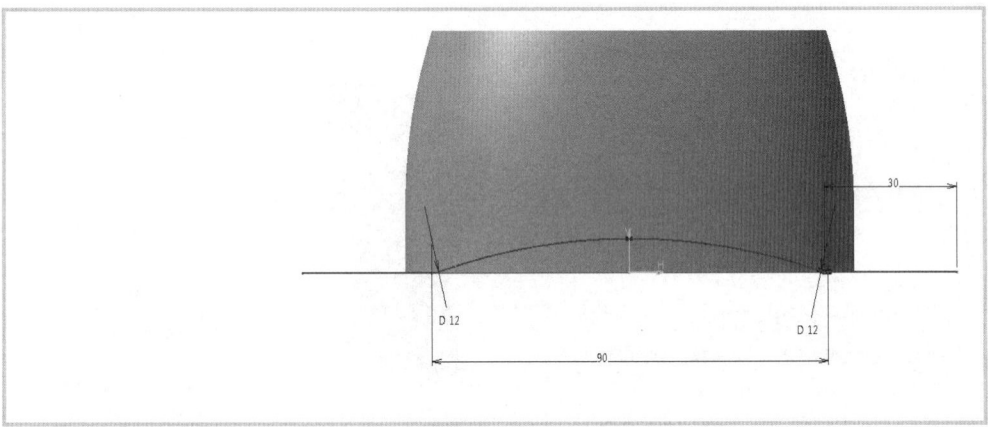

23) Extrude를 실행하고 40mm, Mirrored extent를 지정하 여 돌출을 한다.

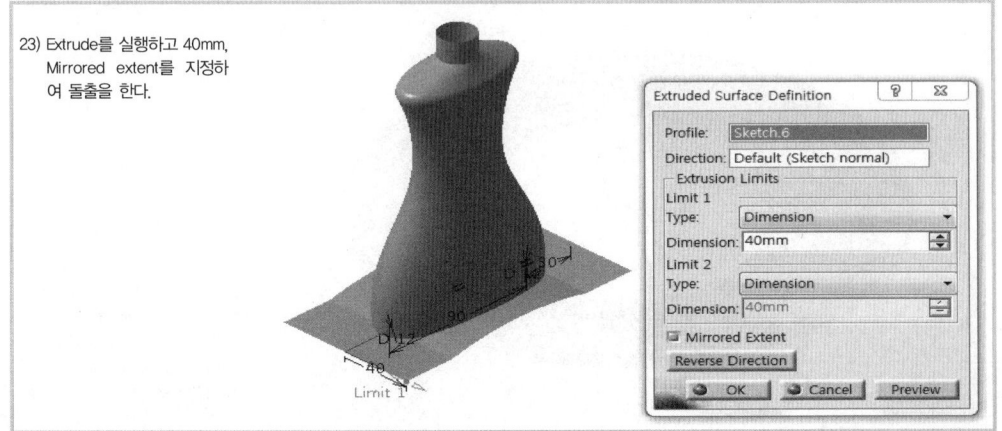

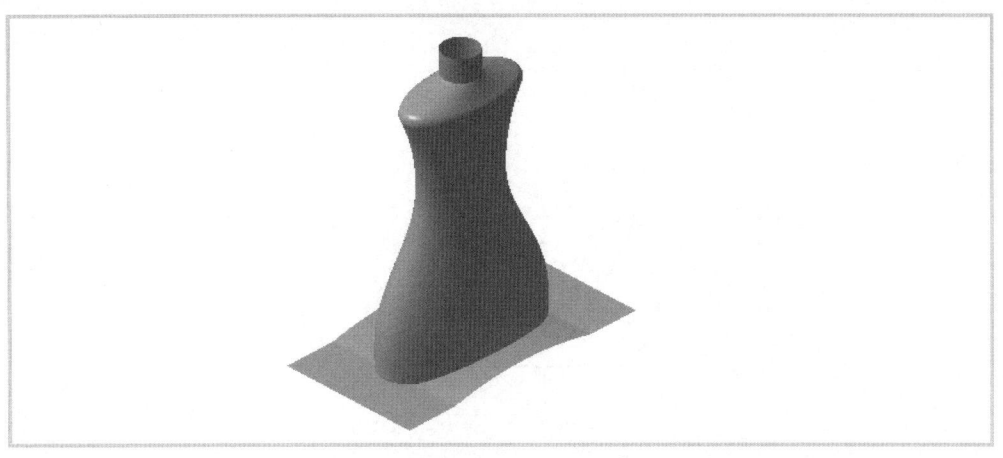

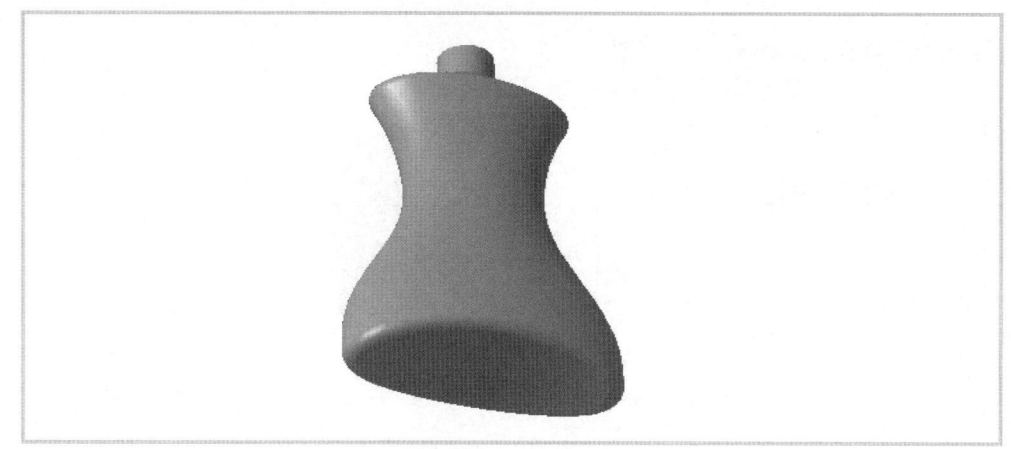

24) Trim을 실행하고 두 개의 Surface를 선택하여 바깥쪽이 잘려지도록 지정한다.

- Trim을 수행한 후 두 개의 Surface가 결합된다. 별도로 Join을 하지 않아도 된다.

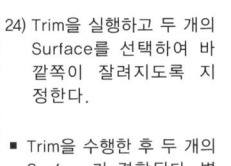 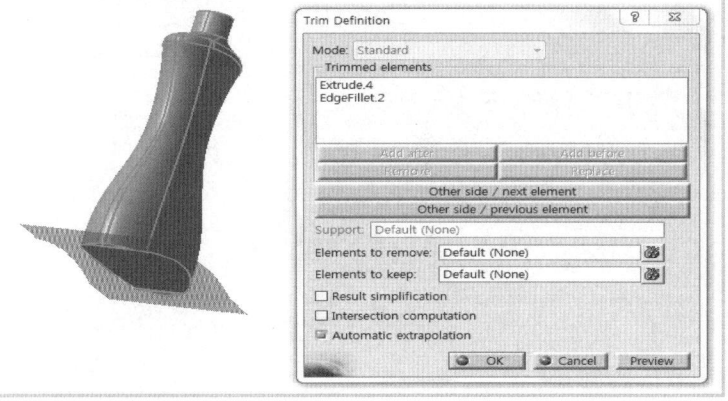

26) [Start]-[Mechanical Design]-[Part Design]을 선택한다.

27) ThickSurface를 실행하고 두께: 1mm로 두께를 부여한다.

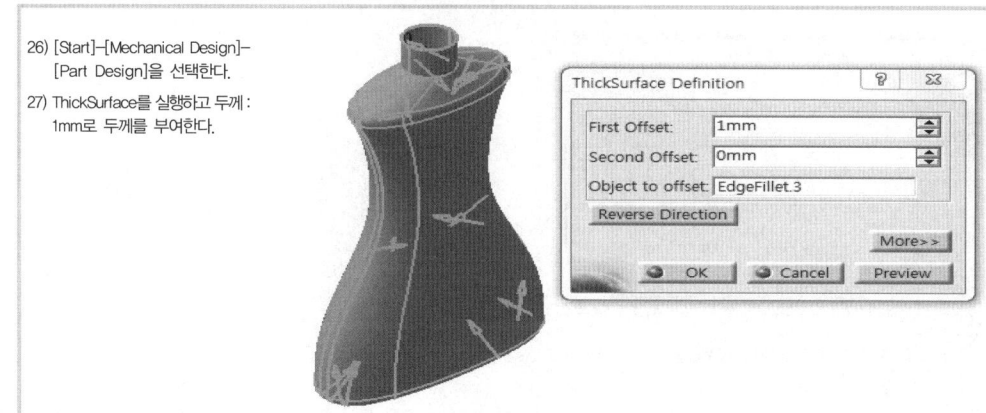

25) Edge Fillet을 실행하고 반경: 5mm로 필렛을 한다.

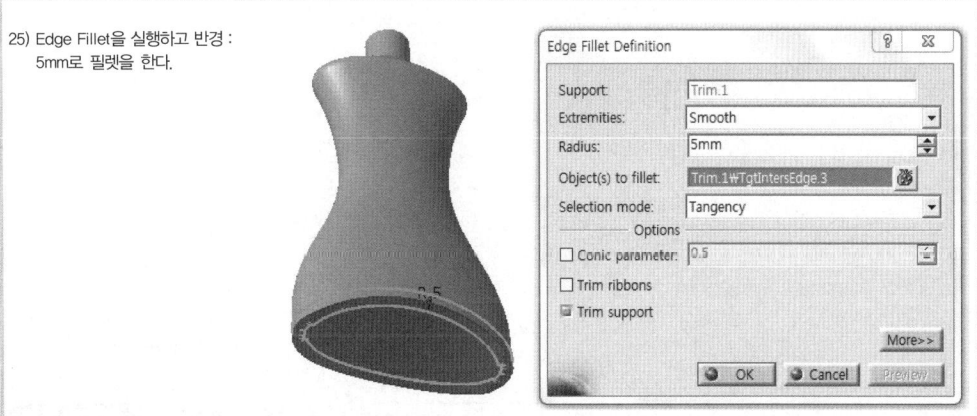

- 완성 결과

응용하기 46 Bottle 만들기 2

1) [Start]-[Shape]-[Generative Shape Design]을 선택한다.
2) 스케치를 실행하고 XY Plane을 선택하여 다음과 같이 스케치를 한다.

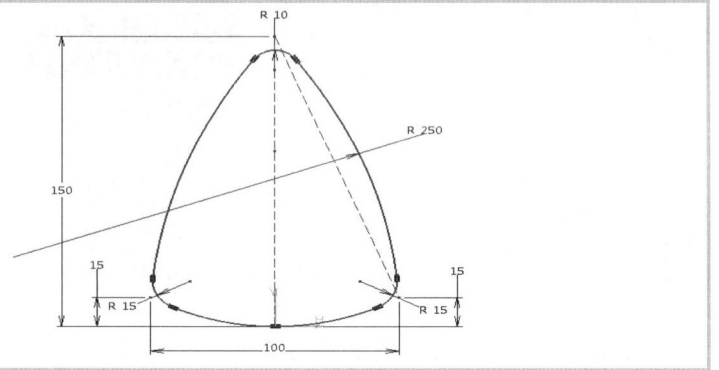

3) Plane을 실행하고 XY Plane을 기준으로 250mm 위치에 Plane을 생성한다.

4) 스케치를 실행하고 XY Plane을 선택하여 다음과 같이 스케치를 한다.

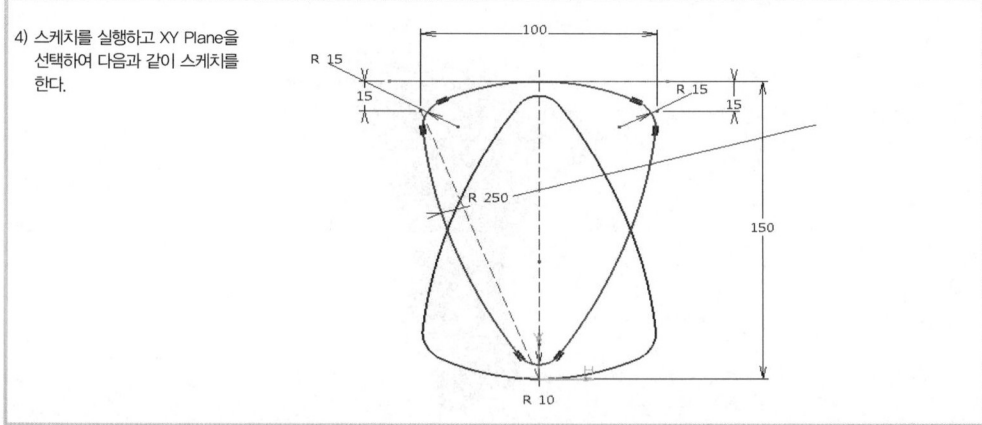

5) 스케치를 실행하고 YZ Plane을 선택하여 다음과 같이 스케치를 한다.

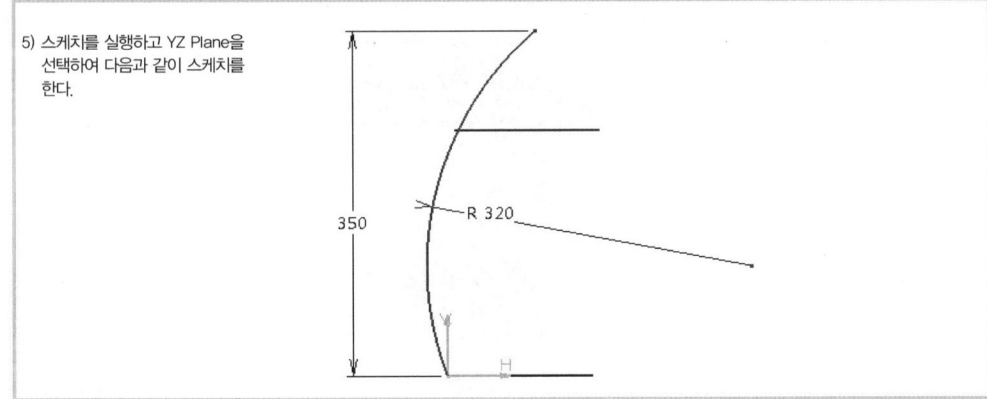

6) Multi-Section Surface를 실행하고 두 개의 Sketch.1과 Sketch.2를 Spline으로 지정하여 생성한다.

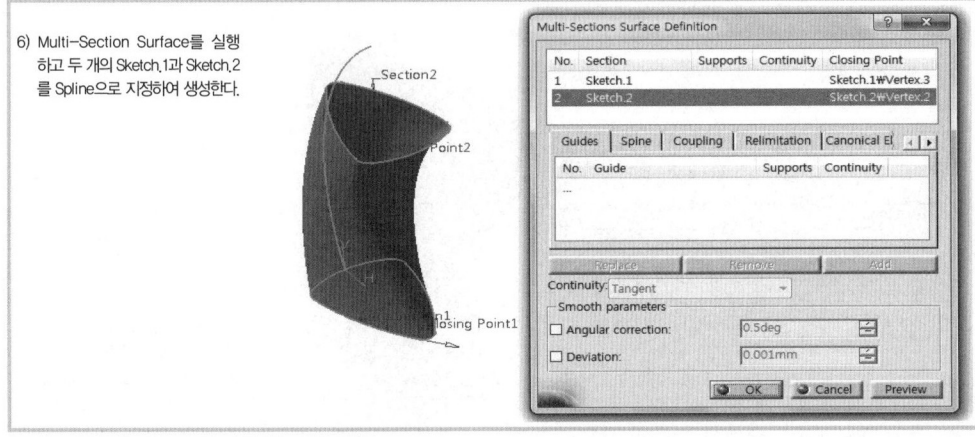

7) Fill을 실행하고 다음 모서리들을 모두 선택하여 채운다.

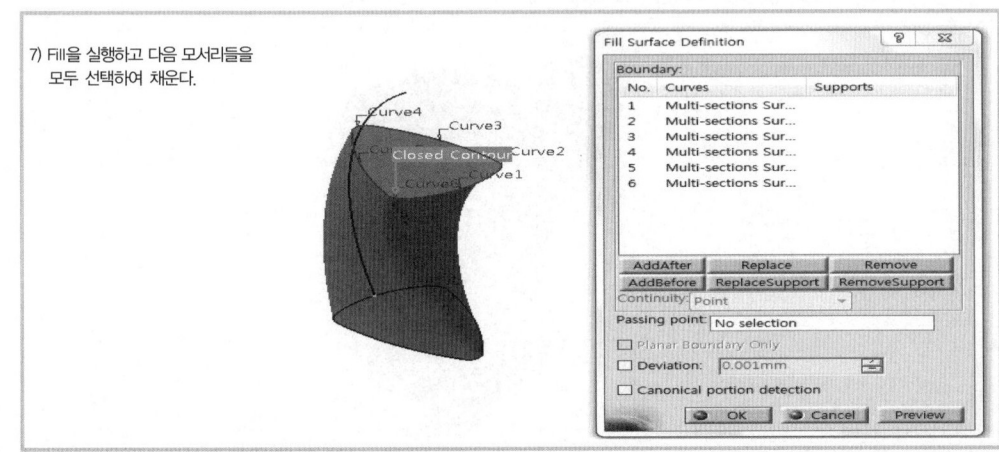

8) Fill을 실행하고 다음 모서리들을 모두 선택하여 채운다.

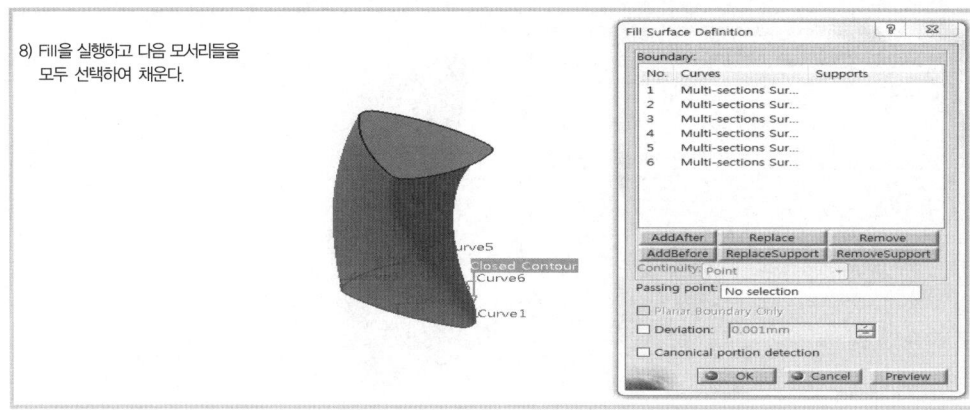

9) Join을 실행하고 3개의 Surface를 결합한다.

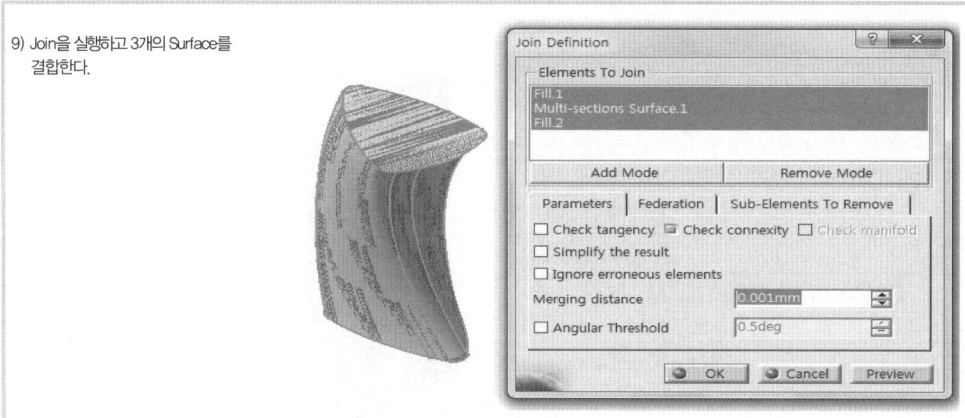

10) ThickSurface를 실행하고 두께 : 1mm로 Solid로 전환한다.

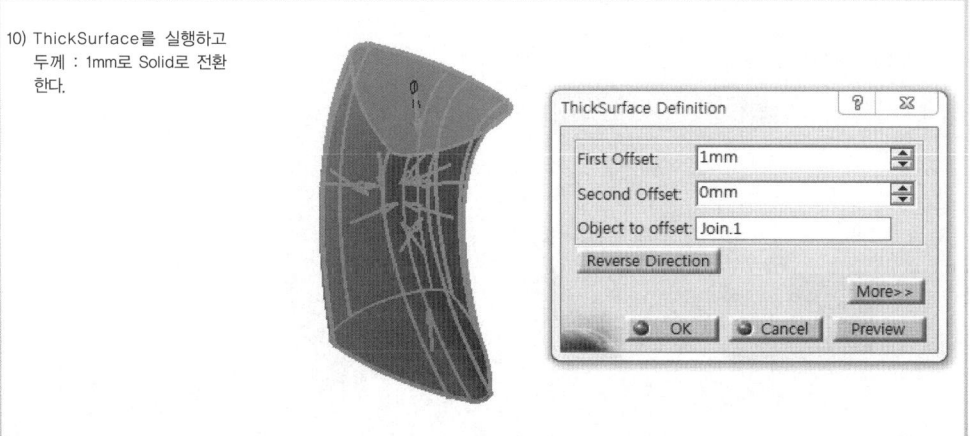

11) 스케치를 실행하고 Thick Surface 객체 윗면을 선택하여 다음과 같이 스케치를 한다.

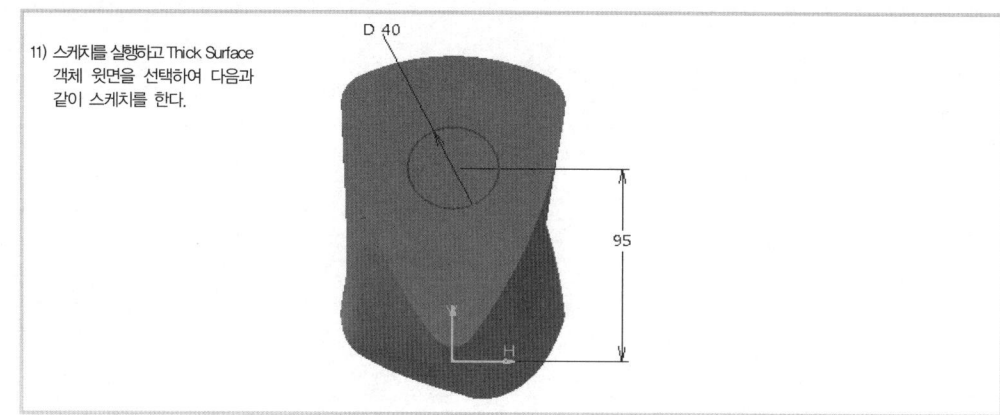

12) Pad를 실행하고 20mm 돌출을 한다.

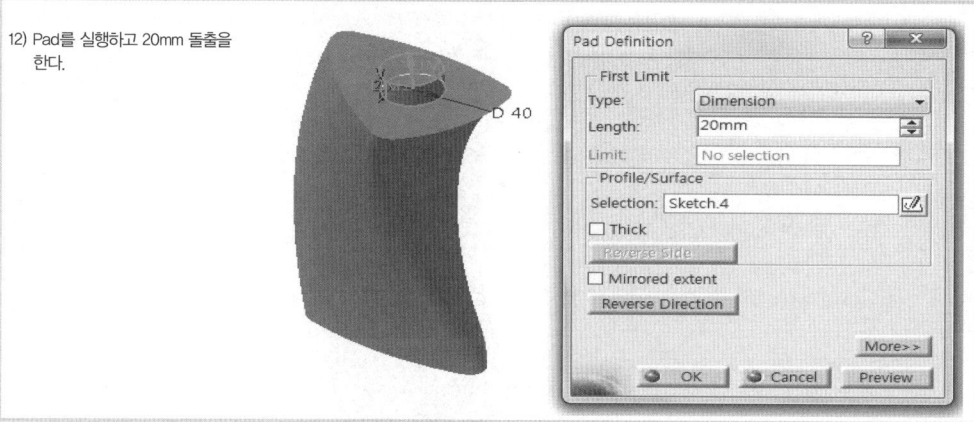

13) Edge Fillet을 실행하고 반경 : 10mm로 필렛을 한다.

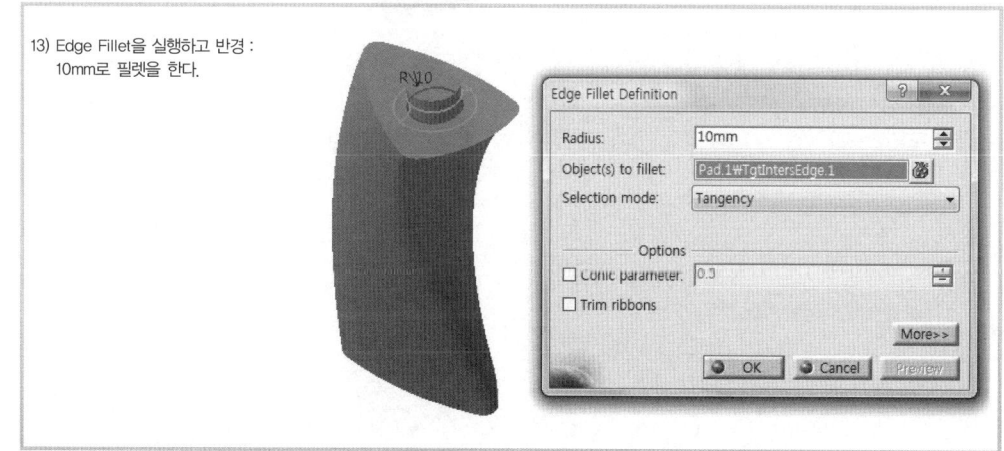

14) Hole을 실행하고 지름 : 20mm, Up to Next를 지정하여 구멍을 뚫는다.

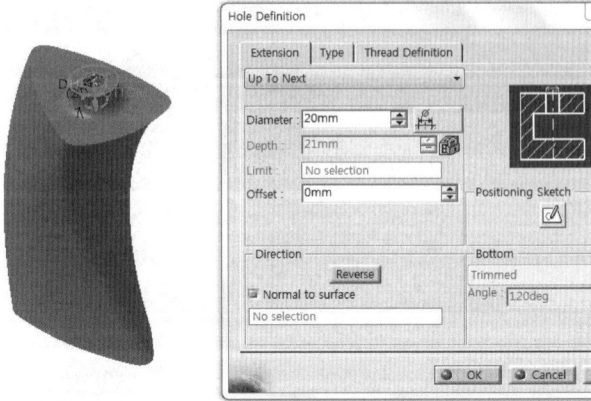

15) Edge Fillet을 실행하고 반경 : 10mm로 필렛을 한다. 모서리 뾰족한 것이 있을 경우 필렛을 한 번 더 실행한다.

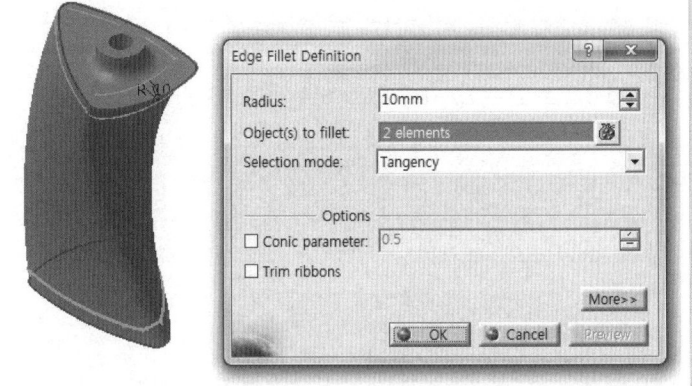

16) Edge Fillet을 실행하고 반경 : 10mm로 필렛을 한다.

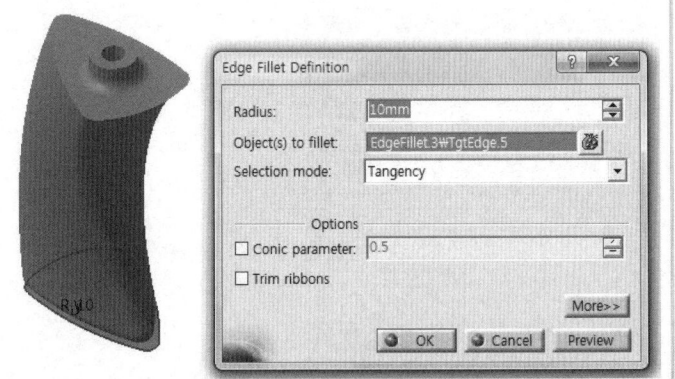

17) Edge Fillet을 실행하고 반경 : 10mm로 필렛을 한다.

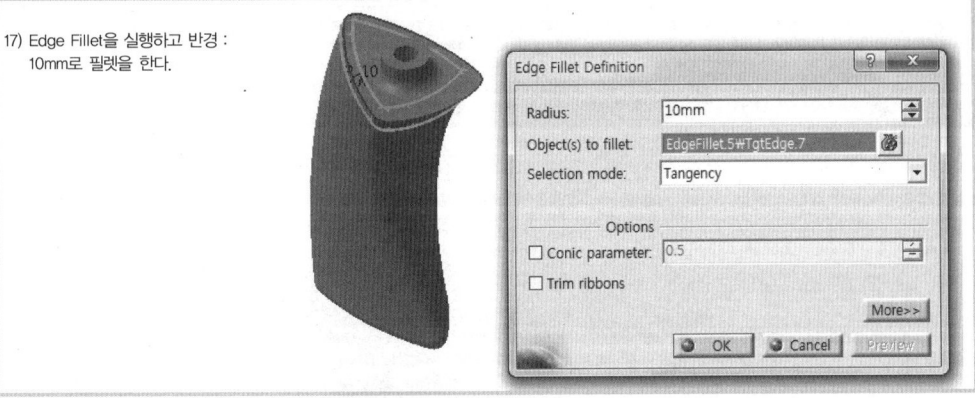

■ 완성 결과

응용하기 47 — Bottle 만들기 3

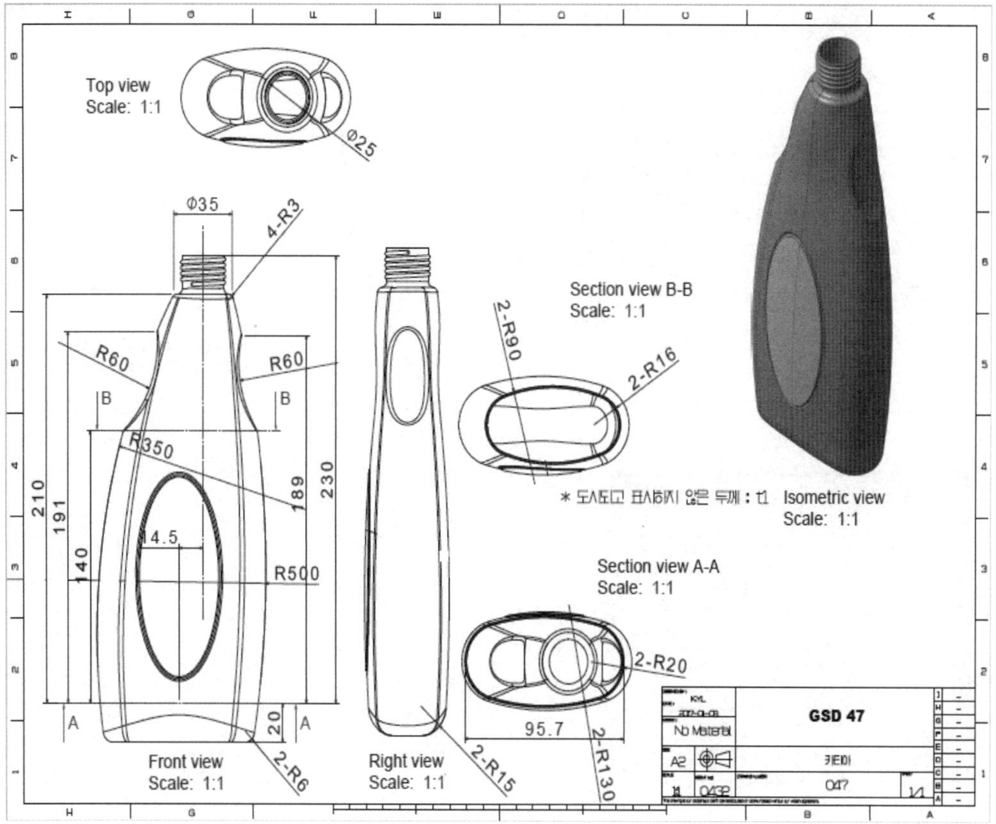

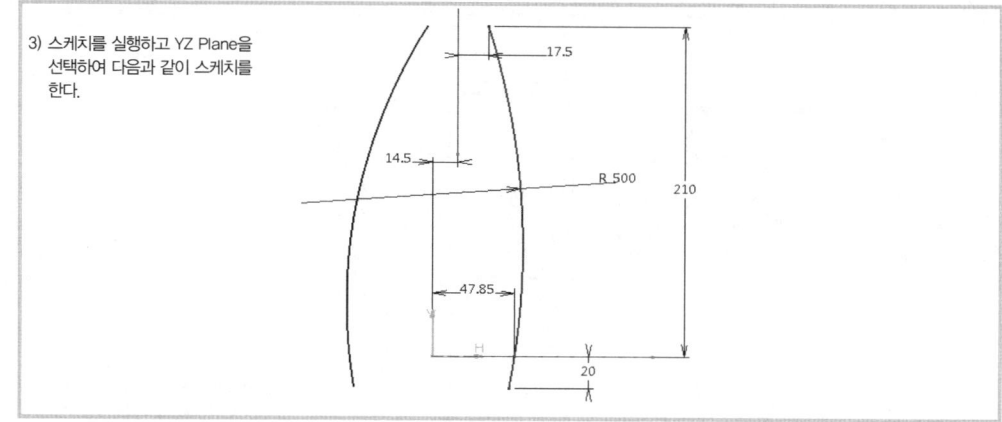

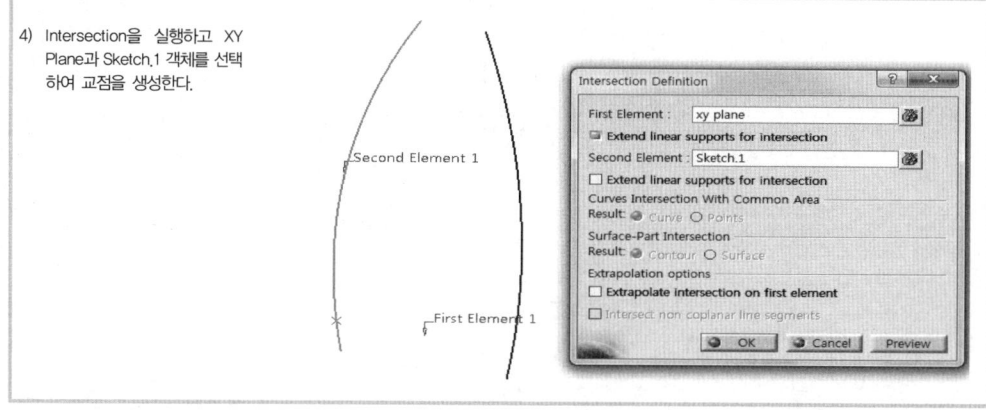

1) [Start]-[Shape]-[Generative Shape Design]을 선택한다.
2) 스케치를 실행하고 YZ Plane을 선택하여 다음과 같이 스케치를 한다.

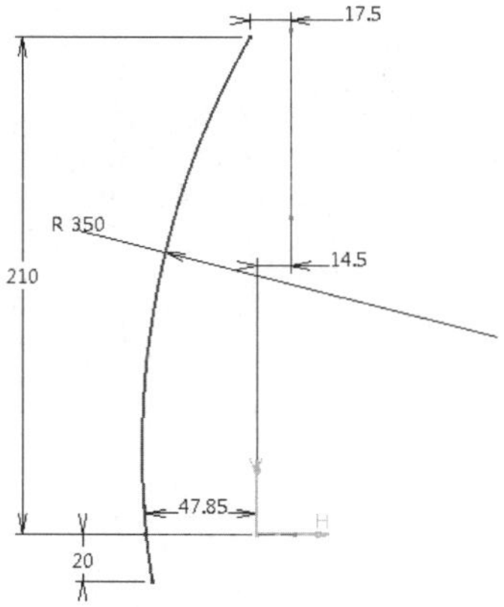

3) 스케치를 실행하고 YZ Plane을 선택하여 다음과 같이 스케치를 한다.

4) Intersection을 실행하고 XY Plane과 Sketch.1 객체를 선택하여 교점을 생성한다.

5) Intersection을 실행하고 XY Plane과 Sketch.2 객체를 선택하여 교점을 생성한다.

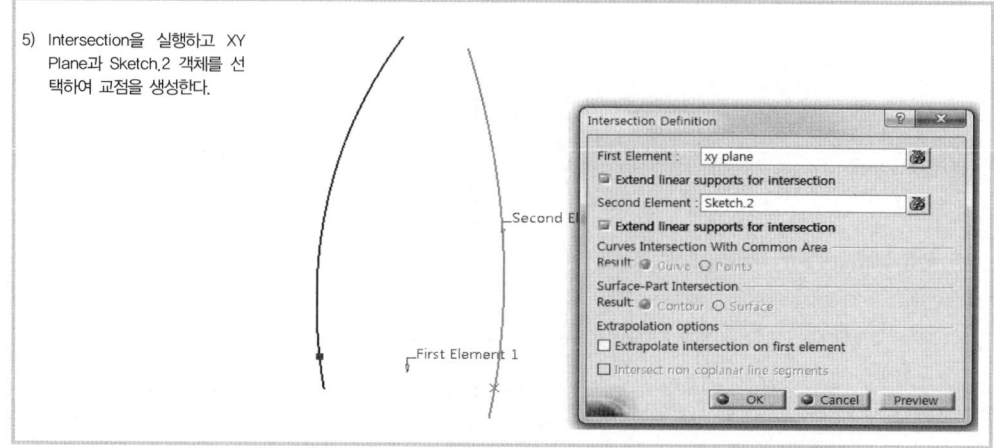

6) Plane을 실행하고 XY Plane을 기준으로 140mm 위쪽에 Plane을 생성한다.

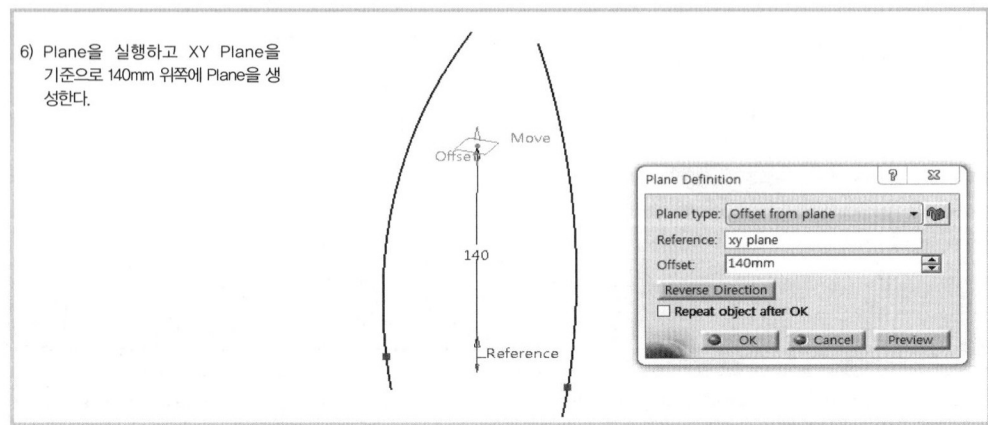

7) Intersection을 실행하고 Sketch.1과 Plane.1을 선택하여 교점을 생성한다.

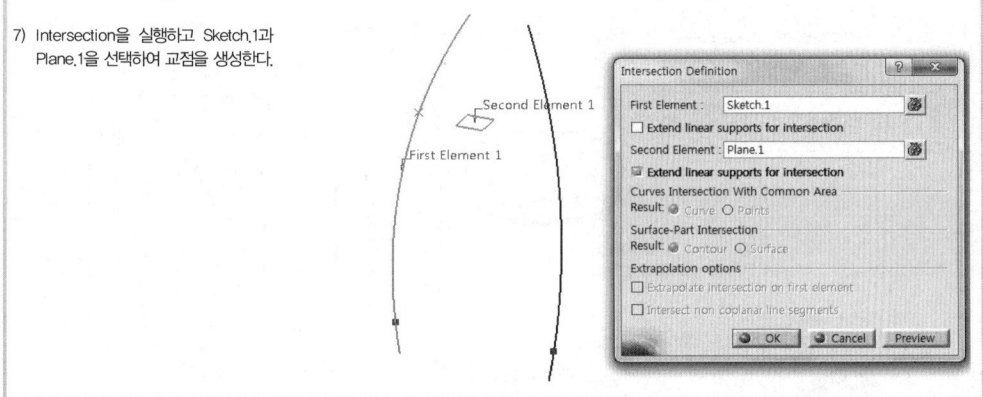

8) Intersection을 실행하고 Sketch.2와 Plane.1을 선택하여 교점을 생성한다.

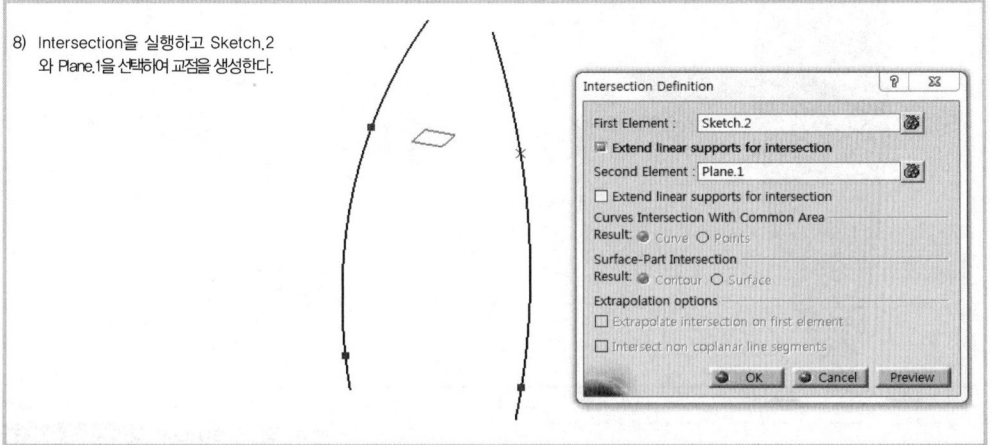

9) 스케치를 실행하고 XY Plane을 선택하여 다음과 같이 스케치를 한다.

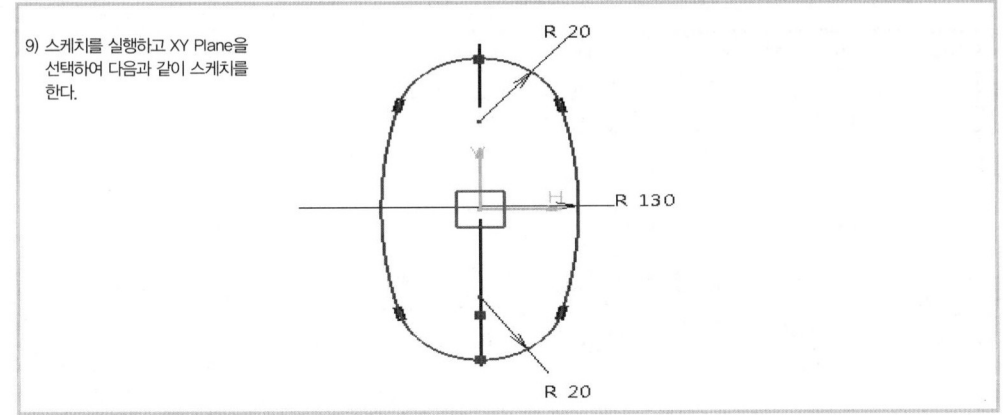

10) 스케치를 실행하고 Plane.1을 선택하여 다음과 같이 스케치를 한다.

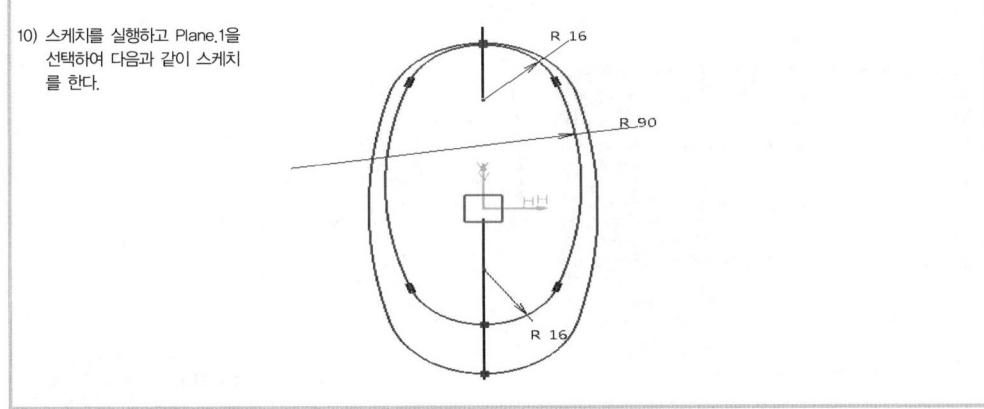

11) Plane을 실행하고 XY Plane을 기준으로 210mm 위쪽에 Plane을 생성한다.

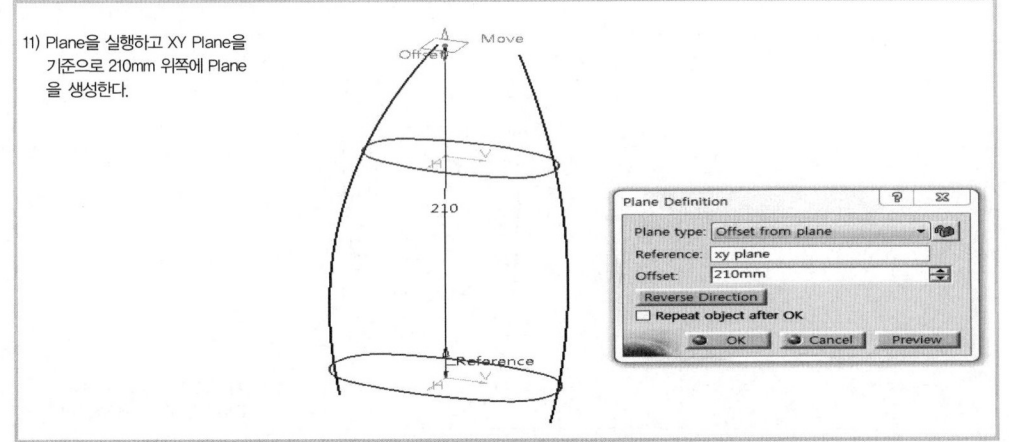

12) 스케치를 실행하고 Plane.2를 선택하여 다음과 같이 스케치를 한다.

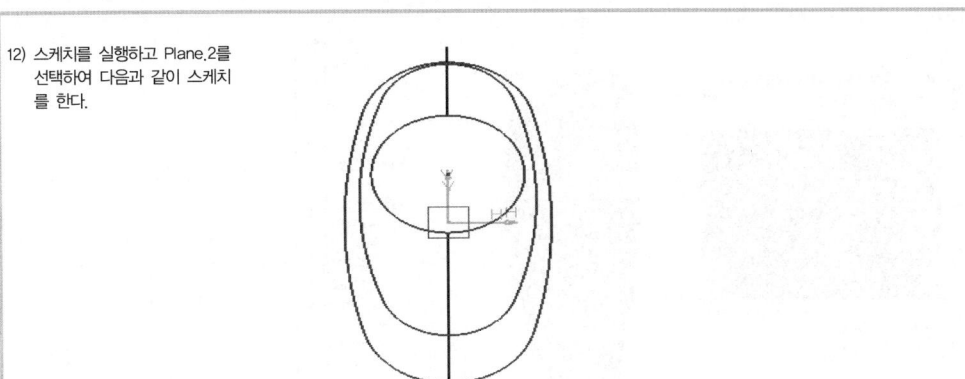

13) Multi-Section Surface를 실행하고 다음과 같이 선택한다.

【중요】 현재 상태에서 Section이 있는 부분까지만 Surface가 생성된다. Guide Curve로 선택된 Curve까지 연장되어 Surface가 생성이 되려면 무엇을 지정해야 할지 생각을 해야 한다.

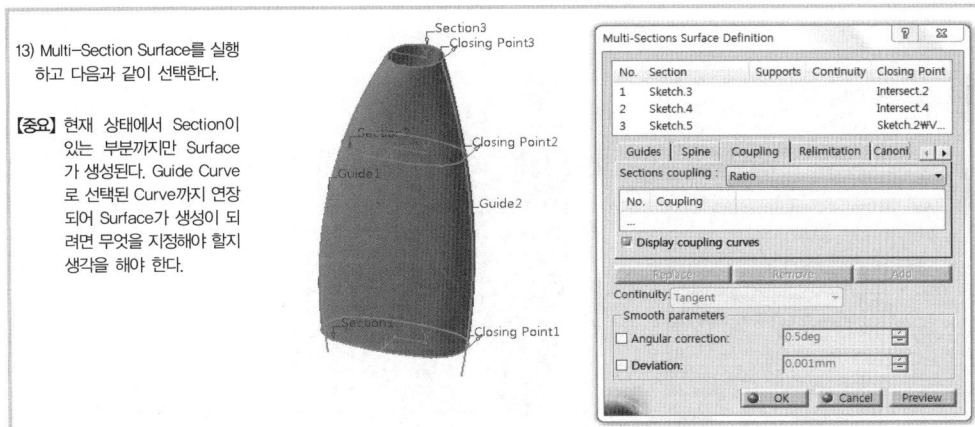

14) [Relimitation]탭에서 다음 첫 번째 항목을 선택해제 한다.

- Relimited on start section의 의미?
- Relimited on end section의 의미?

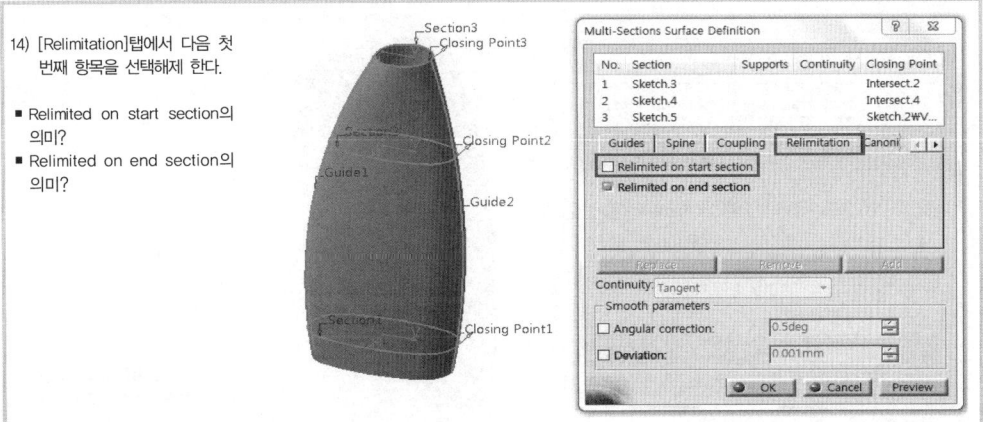

15) Fill을 실행하고 마우스 오른쪽 버튼을 눌러 [Create Boundary]를 선택한다.

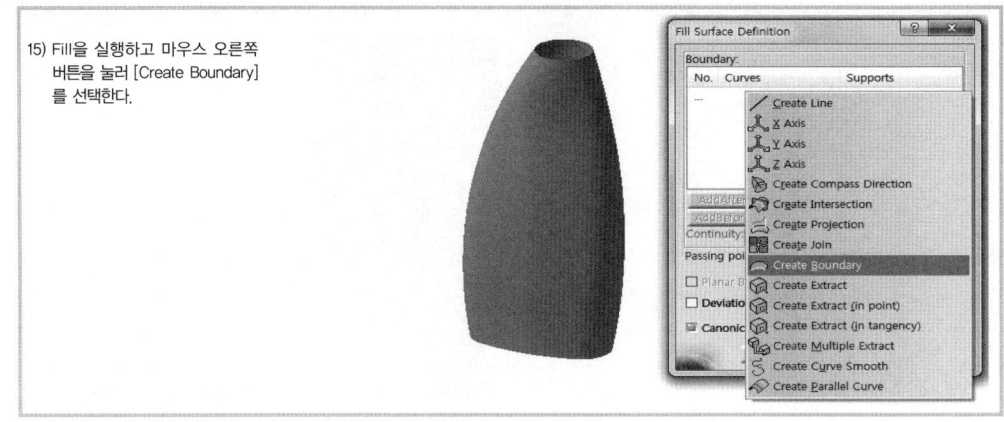

16) 아래쪽 Surface의 모서리를 선택하여 추출한다.

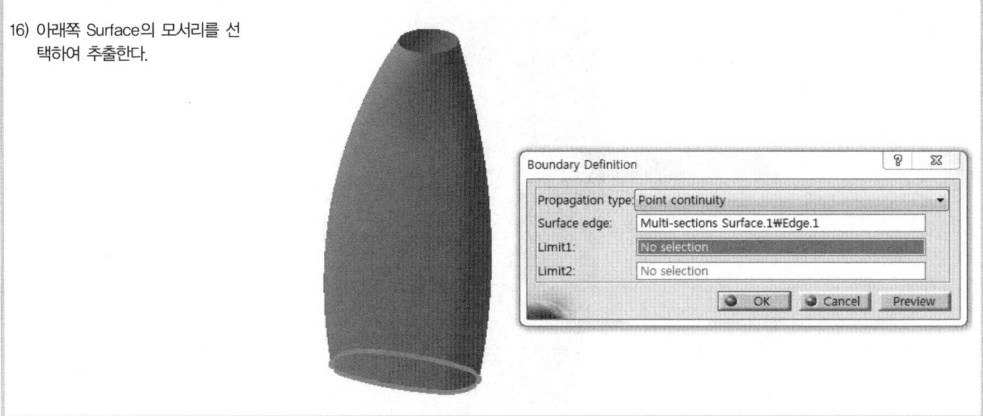

17) Surface를 채운다.

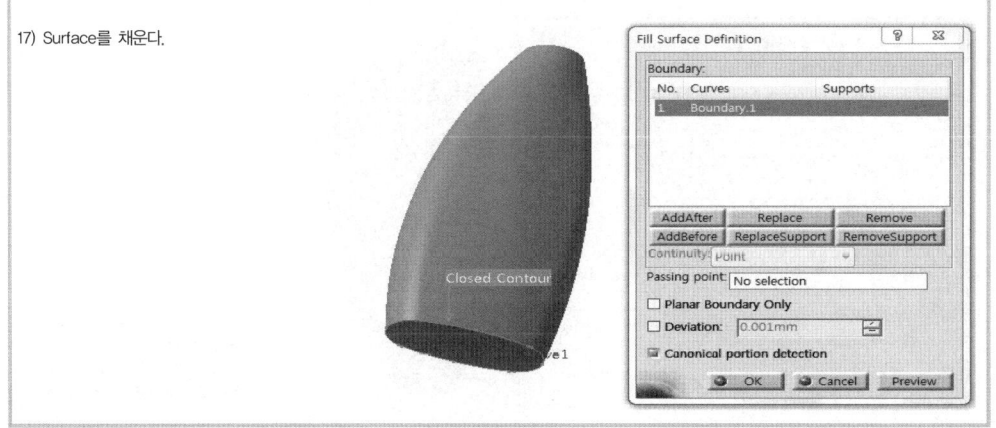

461

18) Join을 실행하고 두 개의 Surface 를 선택하여 결합한다.

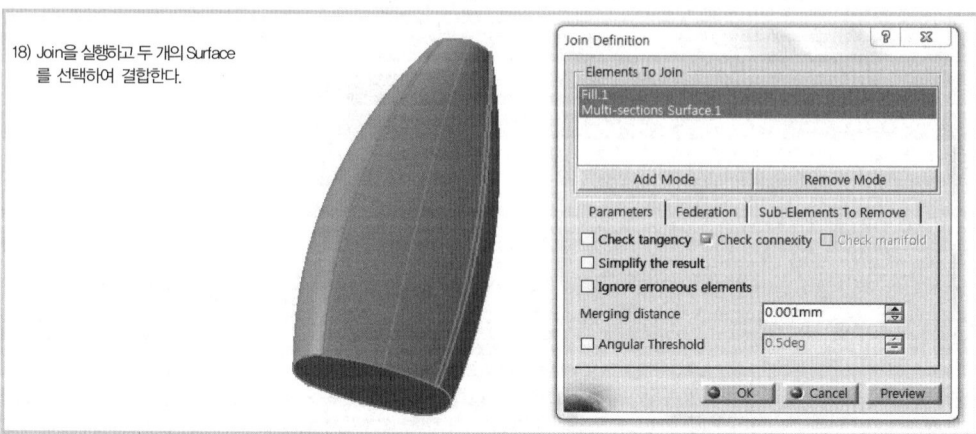

19) Intersection을 실행하고 ZX Plane과 Fill을 생성할 때 생성된 Boundary.1을 선택하여 교점을 생성한다.

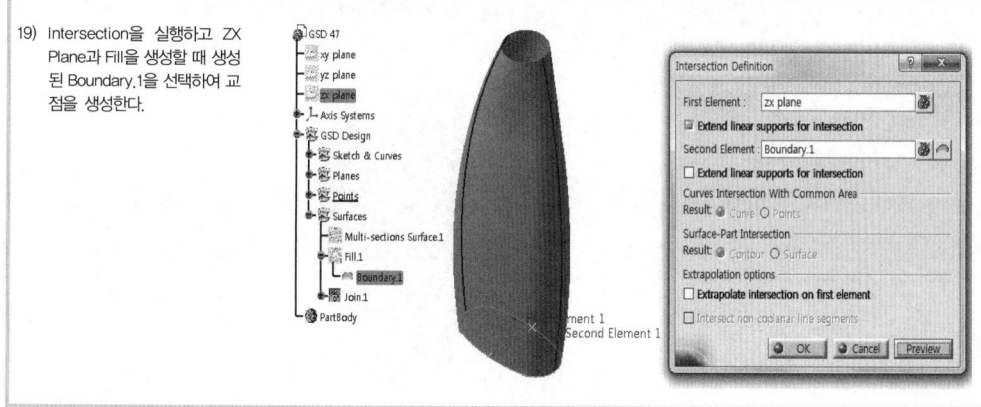

20) Dissassemble을 실행하고 Intersect.5를 선택하여 분해한다.

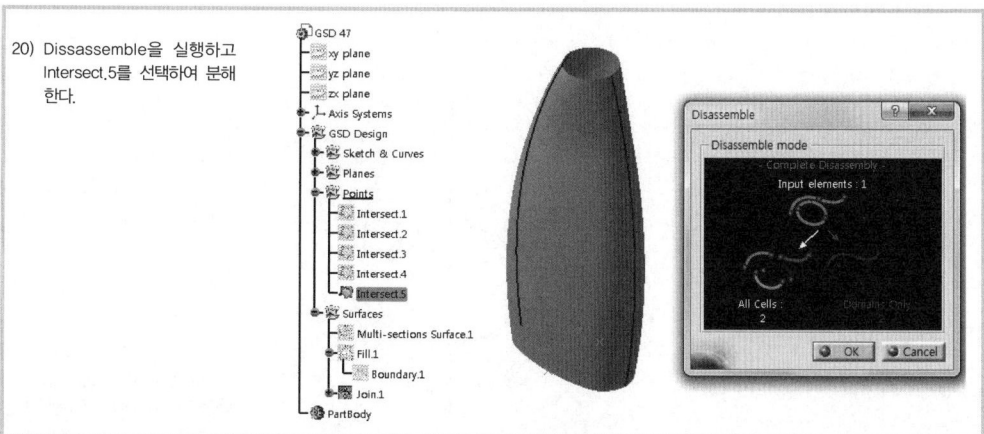

21) Variable Radius를 실행하고 앞/뒤 - 반경 : 15mm, 좌/우 - 반경 : 6mm를 지정하여 가변 필렛을 한다.

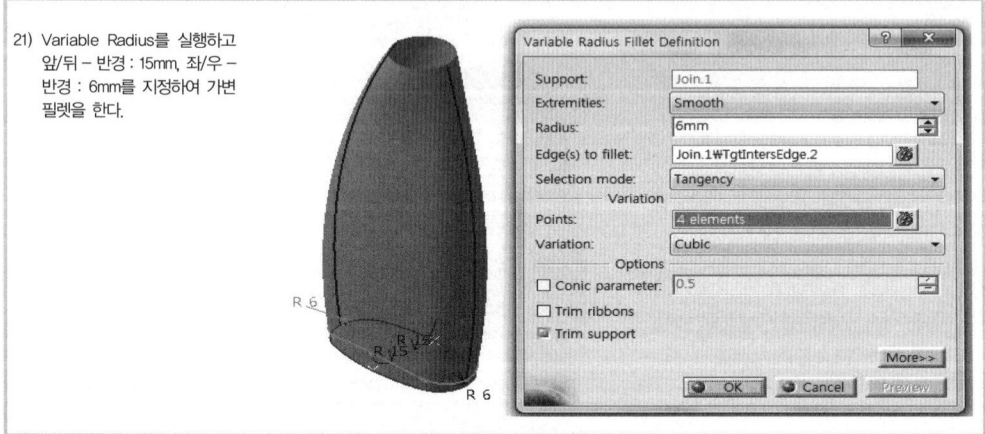

22) 스케치를 실행하고 YZ Plane을 선택하여 다음과 같이 스케치를 한다.

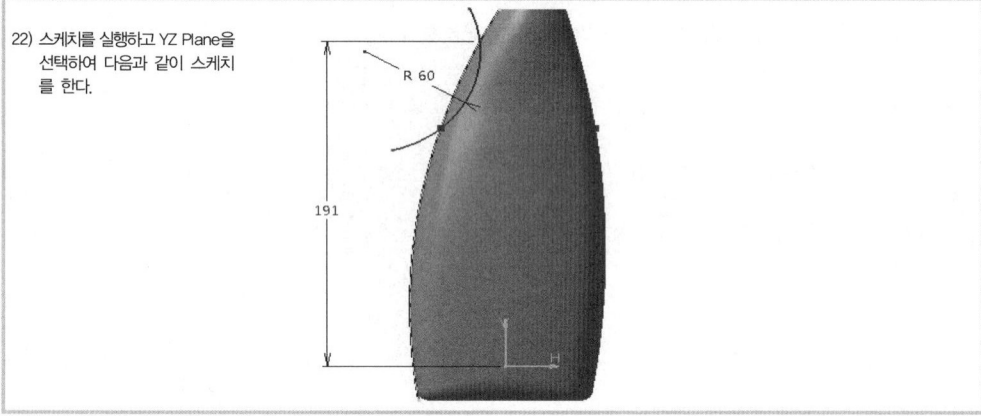

23) 스케치를 실행하고 YZ Plane을 선택하여 다음과 같이 스케치를 한다.

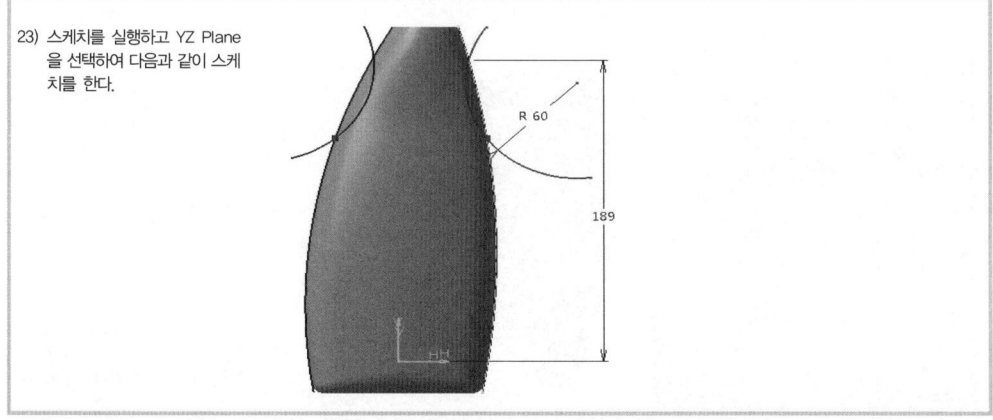

24) Extrude를 실행하고 23mm, Mirrored extent를 지정하여 돌출을 한다.

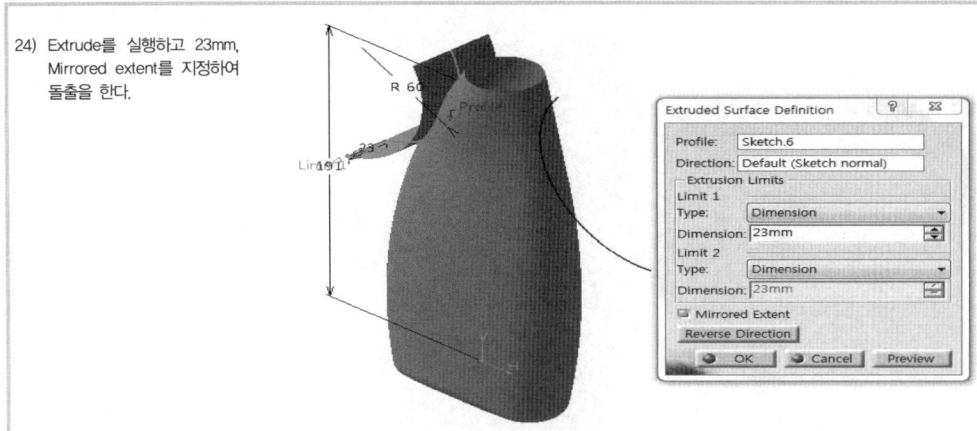

25) Extrude를 실행하고 23mm, Mirrored extent를 지정하여 돌출을 한다.

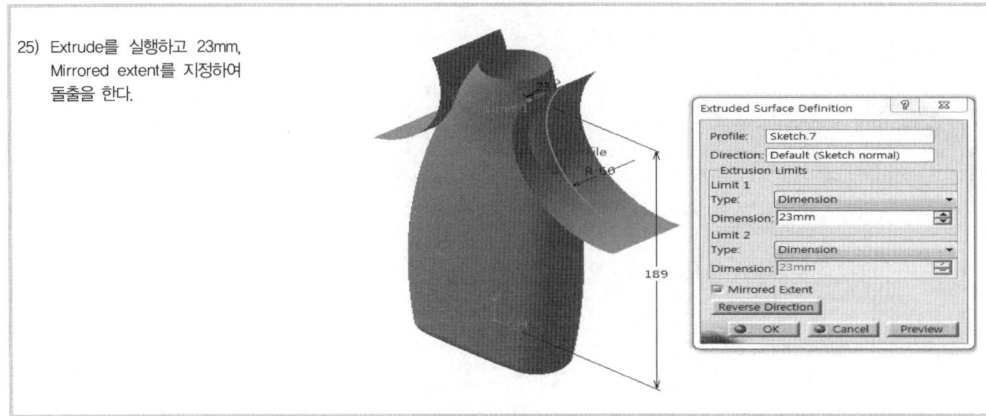

26) Trim을 실행하고 다음과 같이 잘리도록 선택한다.

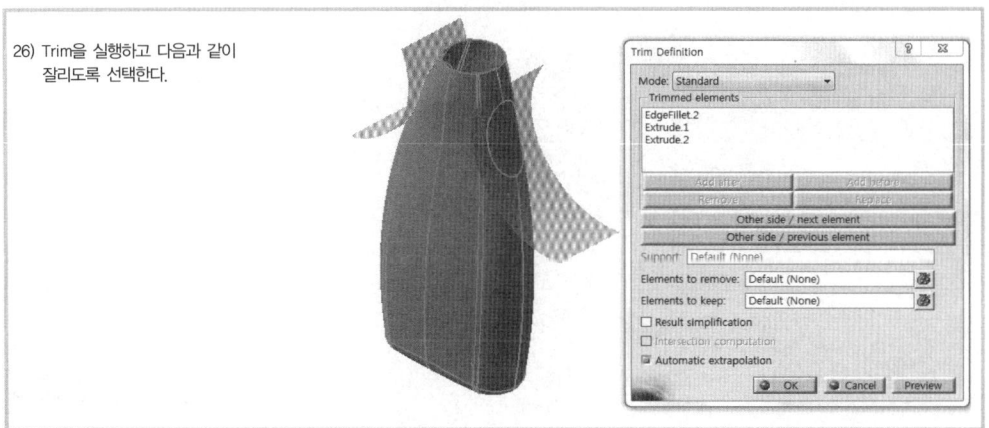

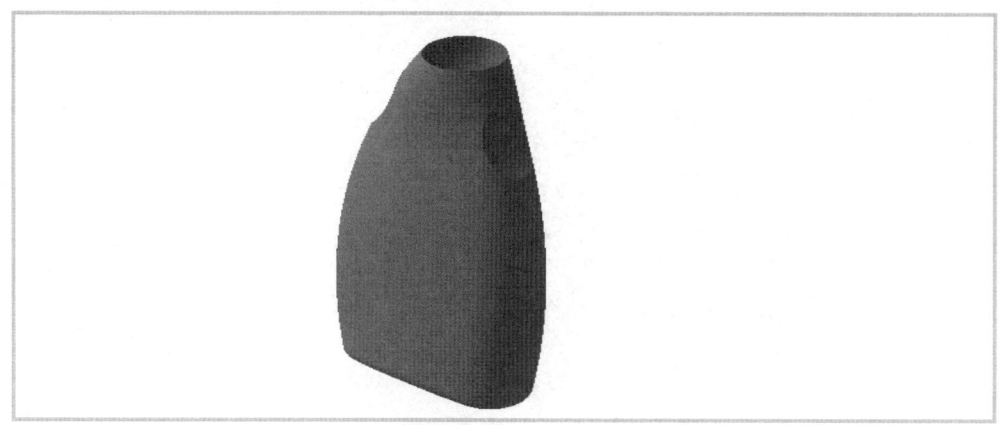

27) EdgeFillet을 실행하고 반경 : 3mm로 필렛을 한다.

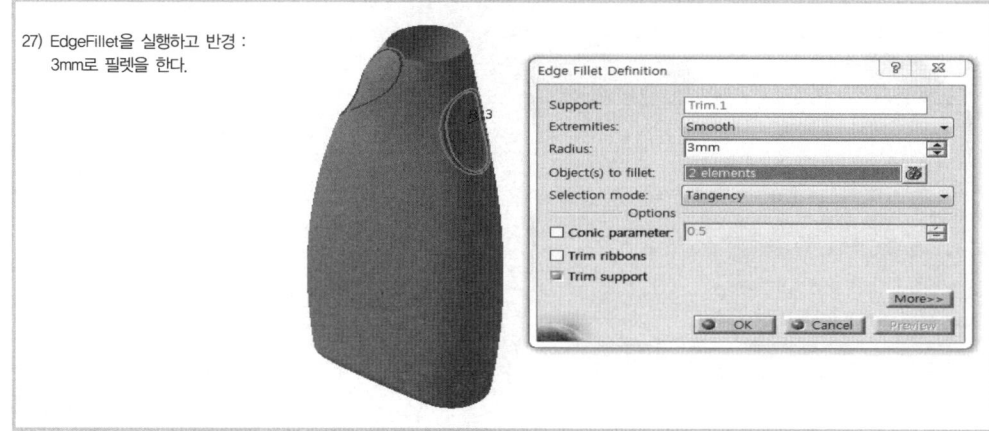

28) 스케치를 실행하고 Plane.2를 선택하여 다음과 같이 스케치를 한다.

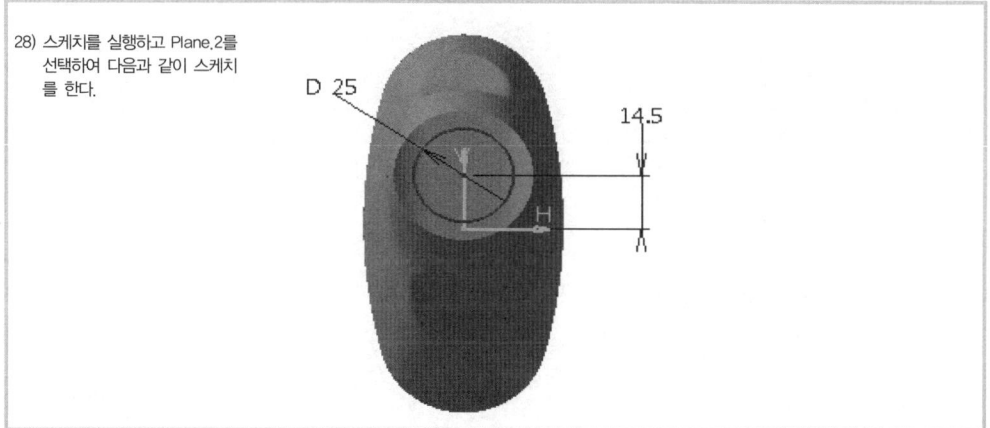

29) Extrude를 실행하고 20mm 돌출을 한다.

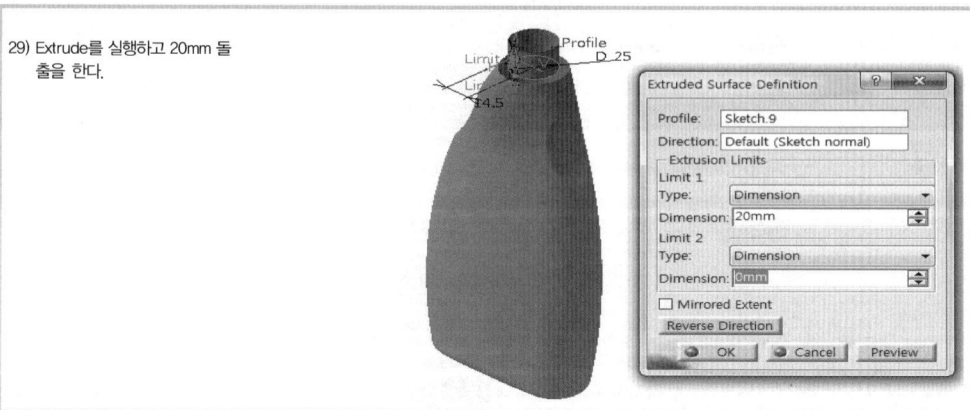

30) Blend를 실행하고 두 개의 모서리를 선택하여 Surface를 생성한다.

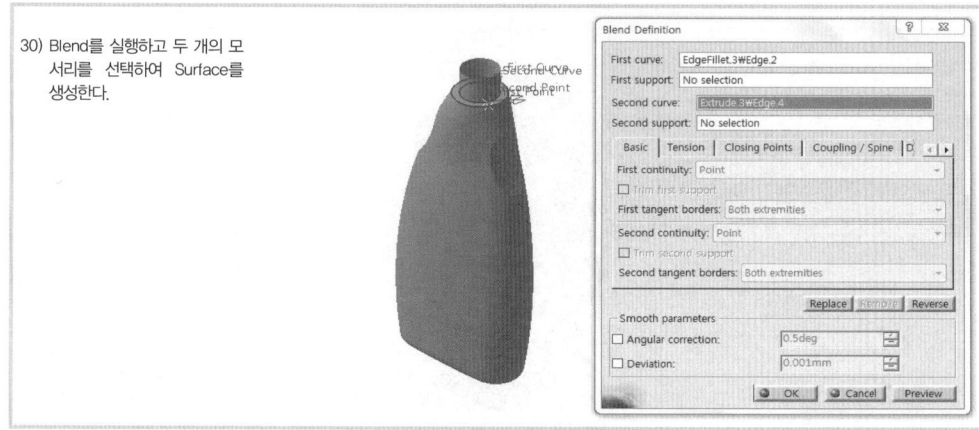

31) Shape Fillet을 실행하고 반경 : 3mm로 필렛을 한다.

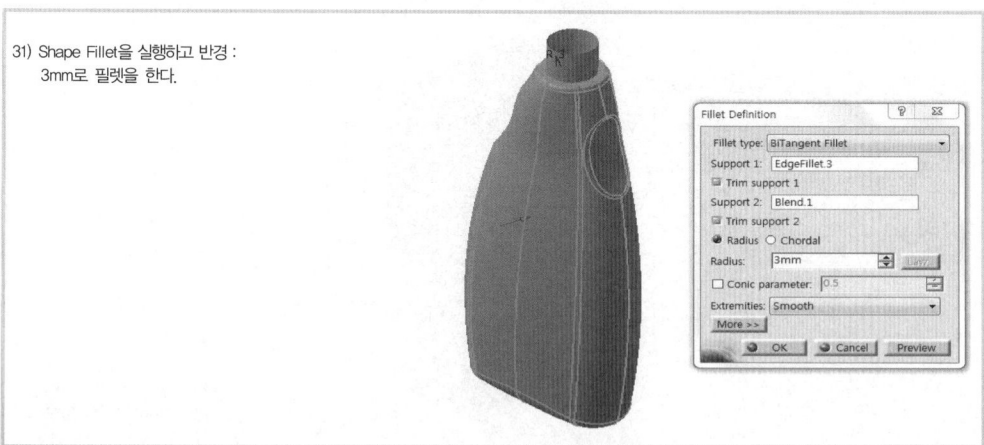

32) Join을 실행하고 두 개의 Surface를 선택하여 결합한다.

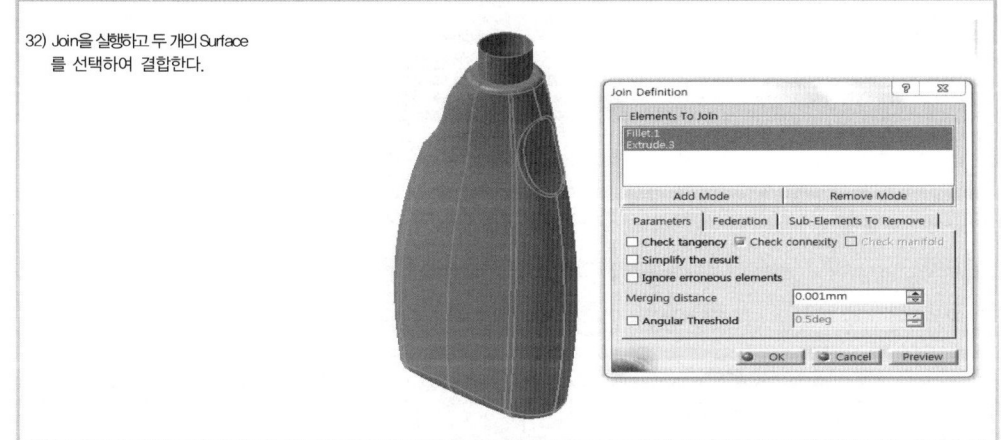

33) EdgeFillet을 실행하고 반경 : 3mm로 필렛을 한다.

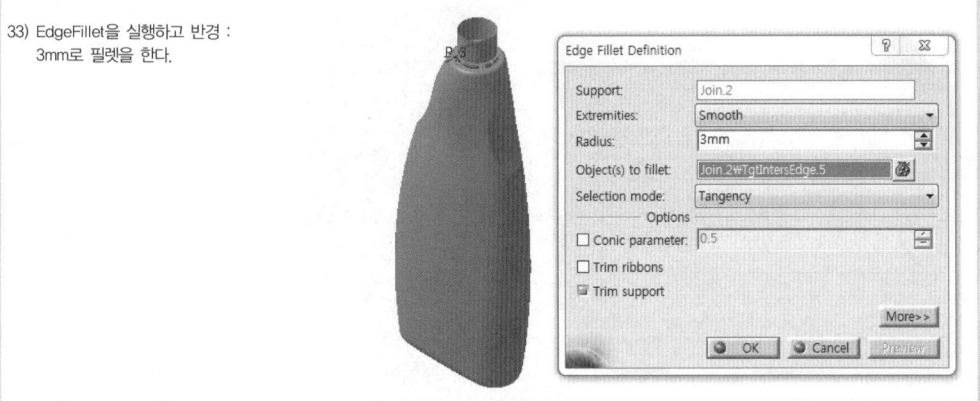

34) [Start]-[Mechanical Design]-[Part Design]을 선택한다.

35) Thickness를 실행하고 두께 : 1mm를 지정하여 Solid로 전환한다.

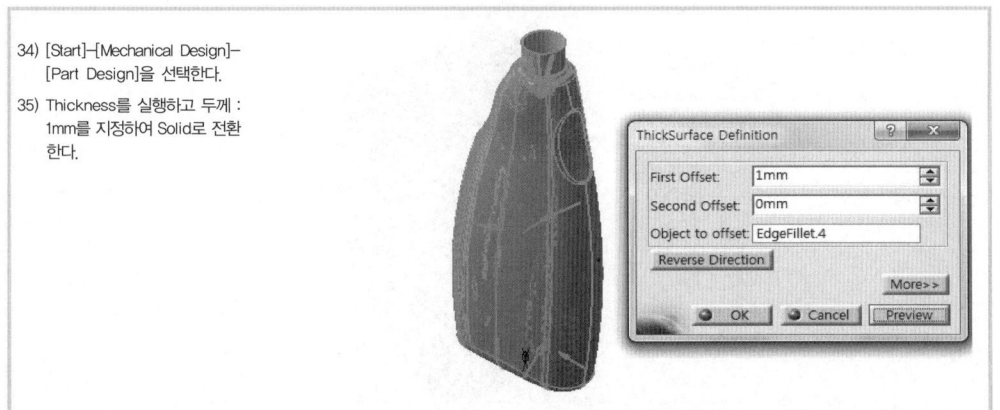

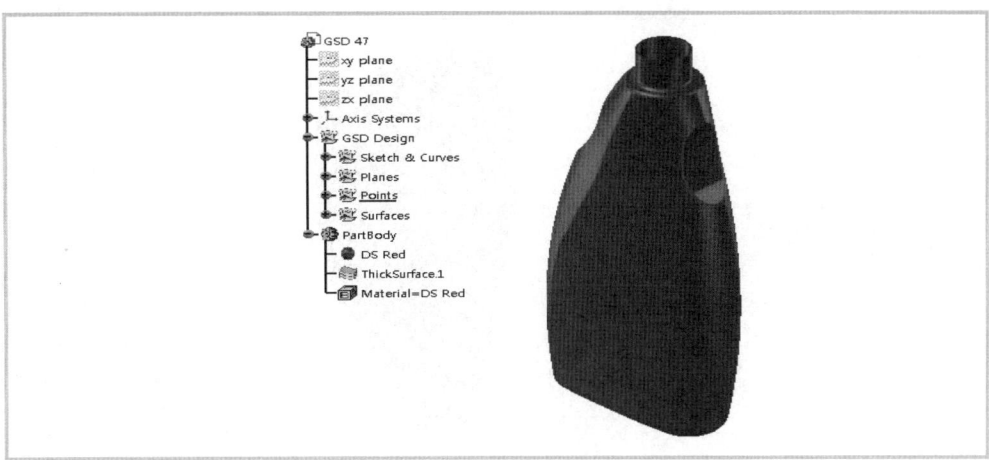

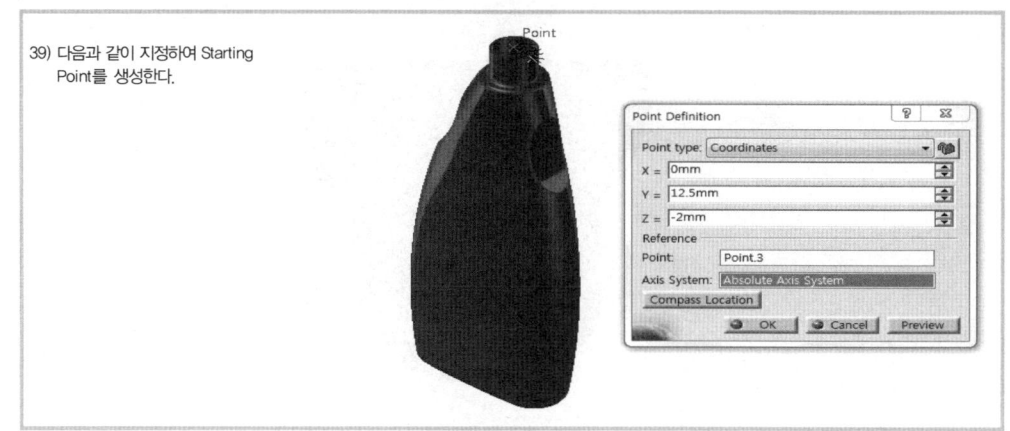

36) [Start]-[Shape]-[Generative Shape Design]을 선택한다.
37) Point를 실행하고 다음과 같이 지정하여 Point를 생성한다.

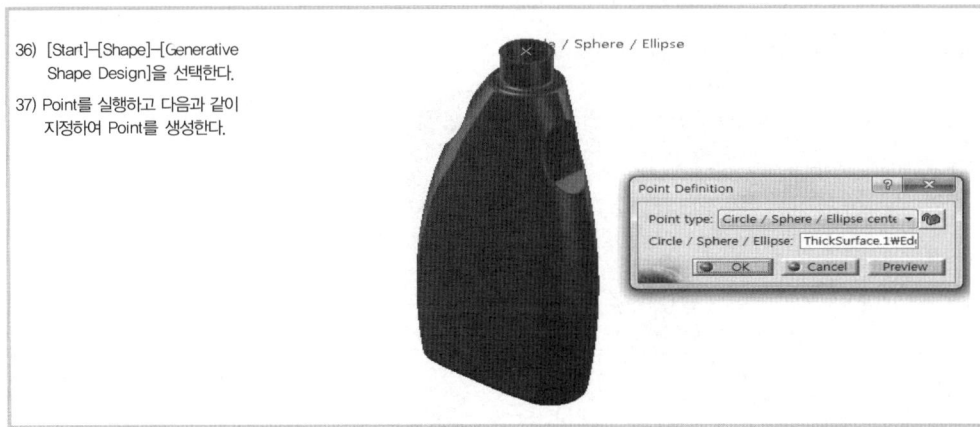

39) 다음과 같이 지정하여 Starting Point를 생성한다.

40) Axis 위에서 마우스 우측 버튼을 눌러 [Create Line]을 선택한다.

38) Helix를 실행하고 Starting Point 위에서 마우스 우측 버튼을 눌러 [Create Point]를 선택한다.

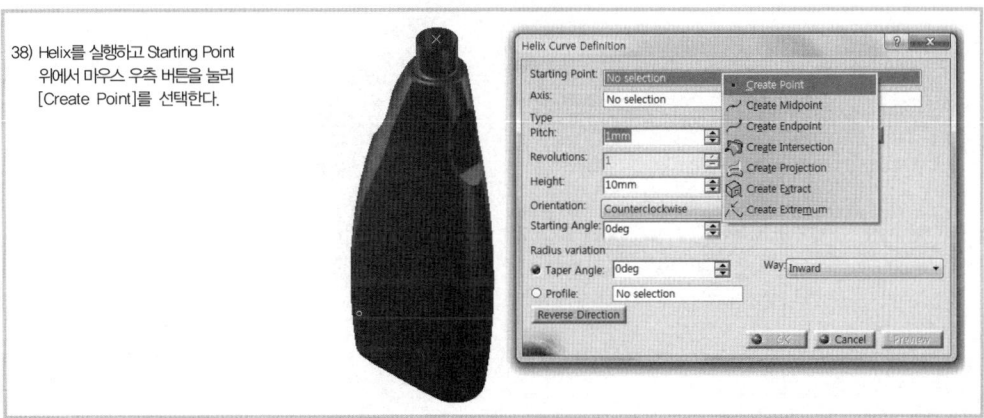

41) 다음과 같이 지정하여 Line을 생성한다.
    Axis로 사용된다.

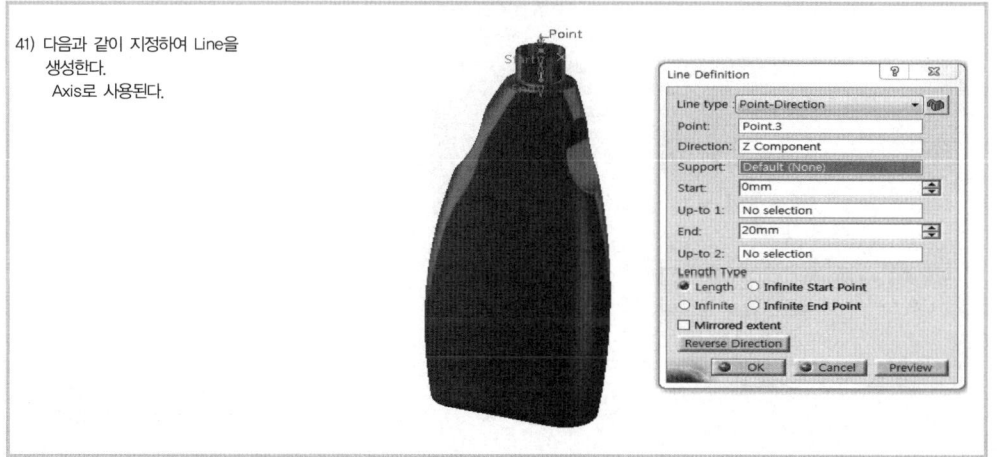

42) Helix창에서 나머지 항목을 선택하여 Helix를 생성한다.

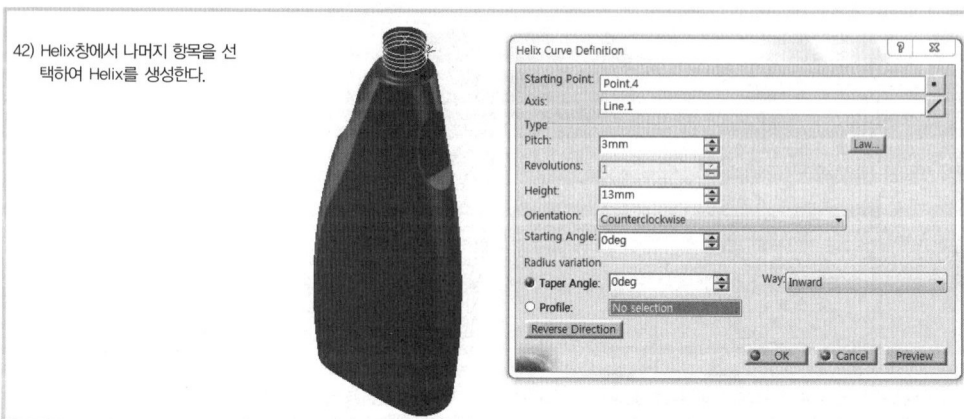

43) Sweep을 실행하고 다음과 같이 지정하여 Surface를 생성한다.

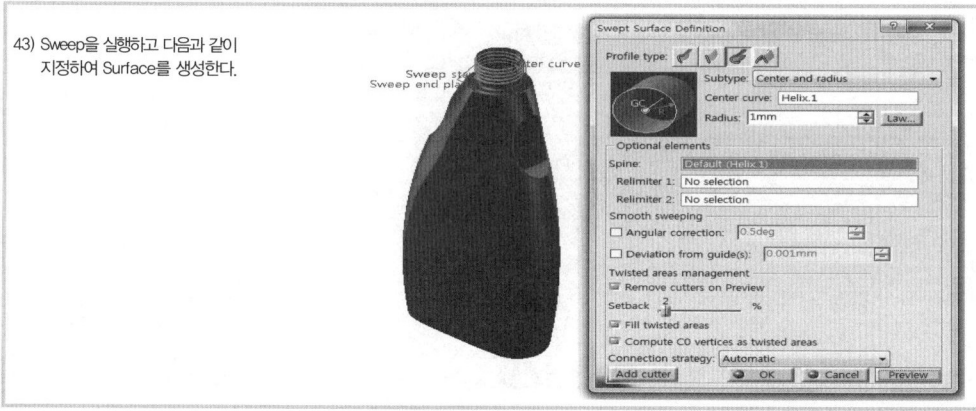

44) [Start]-[Mechanical Design]-[Part Design]을 선택한다.
45) [Insert]-[Body]를 선택한다.
46) CloseSurface를 실행하고 다음과 같이 지정하여 Solid로 전환한다.

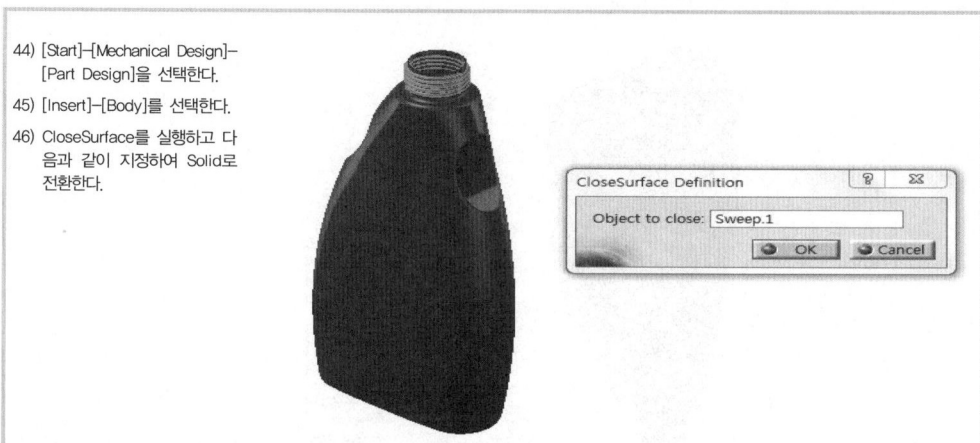

47) Split을 실행하고 Extrude.3을 지정하여 바깥쪽이 남도록 잘라준다.

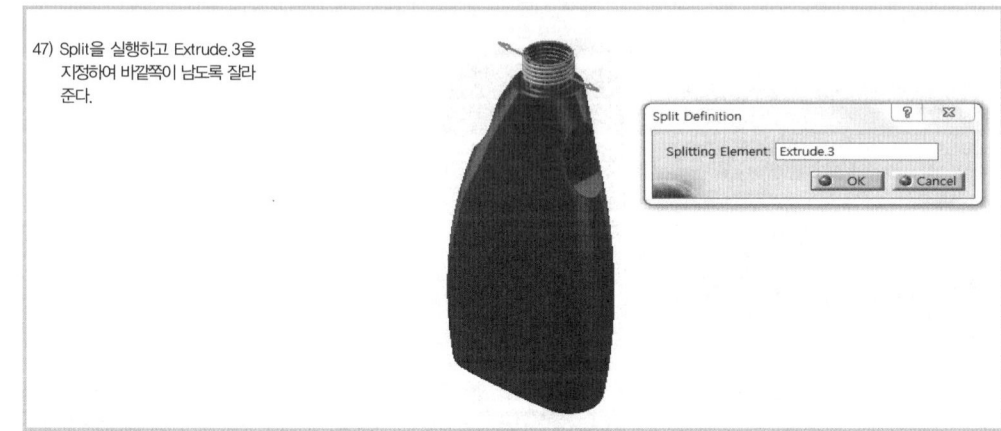

48) Add를 실행하고 Body.2와 PartBody를 합친다.

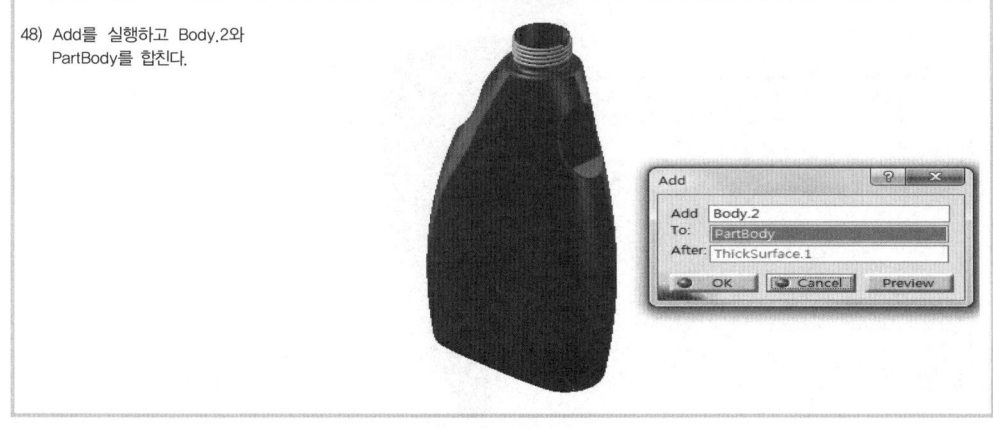

49) 스케치를 실행하고 Split.1 객체의 아래쪽 면을 선택하여 다음과 같이 투영한다.

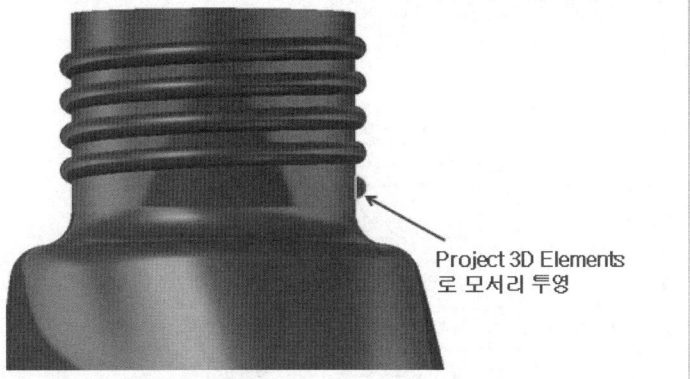

50) Shaft를 실행하고 90deg 회전을 한다.

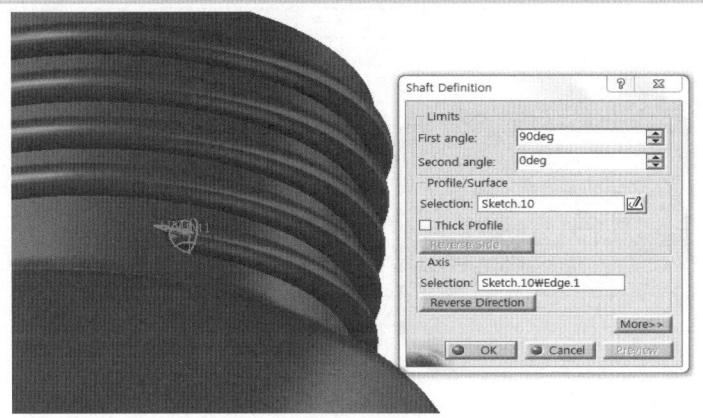

51) [스케치를 실행하고 Split.1 객체의 위쪽 면을 선택하여 다음과 같이 투영한다.

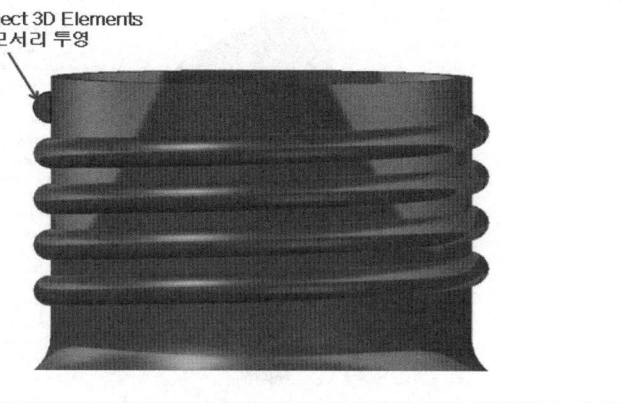

52) Shaft를 실행하고 90deg 회전을 한다.

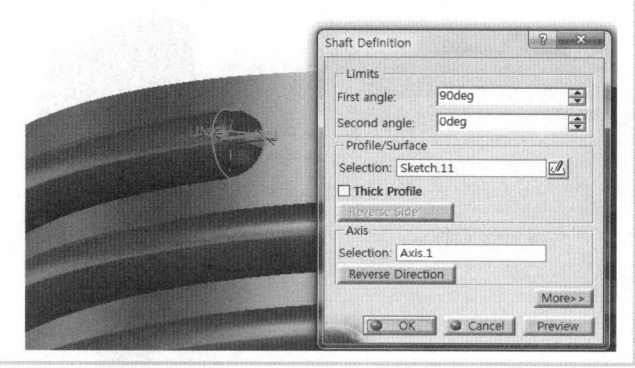

53) Plane을 실행하고 YZ Plane을 기준으로 50mm 앞쪽에 Plane을 생성한다.

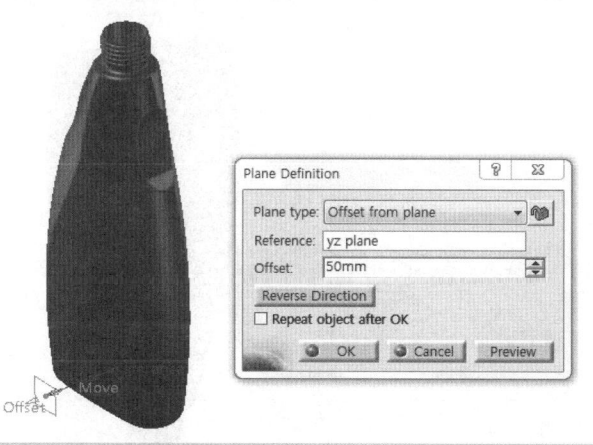

54) 스케치를 실행하고 Plane.3을 선택하여 다음과 같이 스케치를 한다.

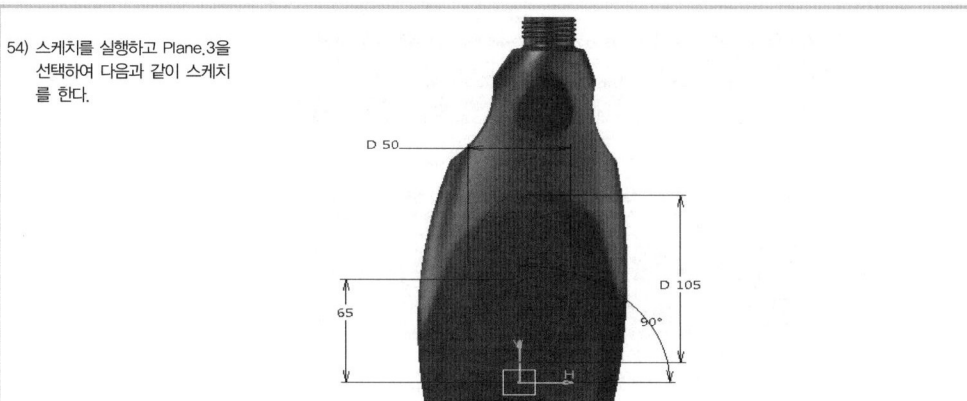

55) [Start]-[Shape]-[Generative Shape Design]을 선택한다.
56) Projection을 실행하고 다음과 같이 지정하여 투영한다.

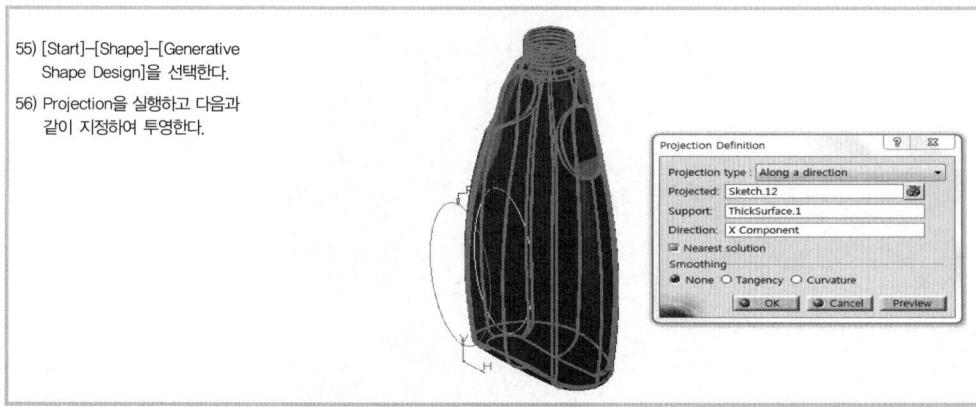

57) Sweep을 실행하고 다음과 같이 지정하여 Surface를 생성한다.

58) [Start]-[Mechanical Design]-[Part Design]을 선택한다.
59) Split을 실행하고 다음과 같이 지정하여 Sweep.1 객체의 안쪽을 잘라준다.

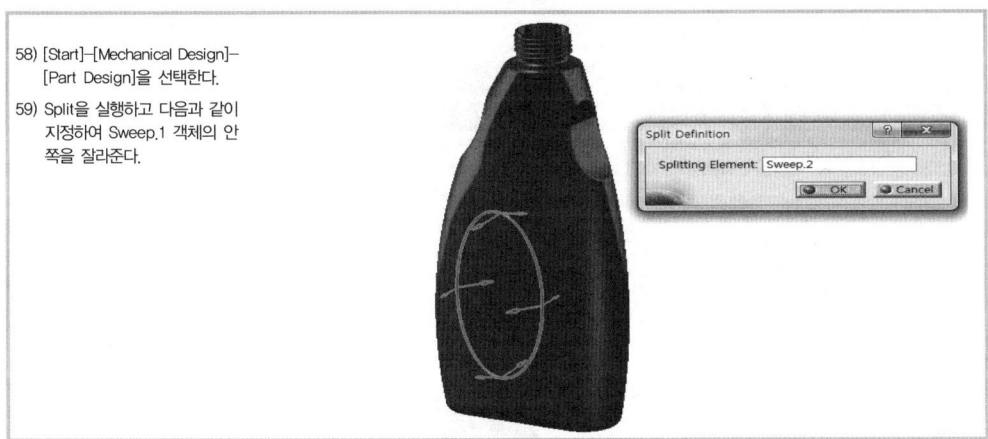

60) EdgeFillet을 실행하고 반경 : 1mm로 필렛을 한다.

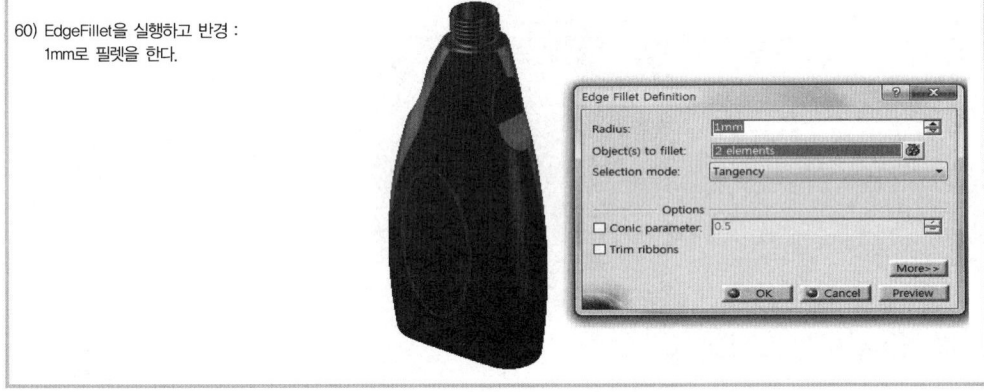

■ 완성 결과

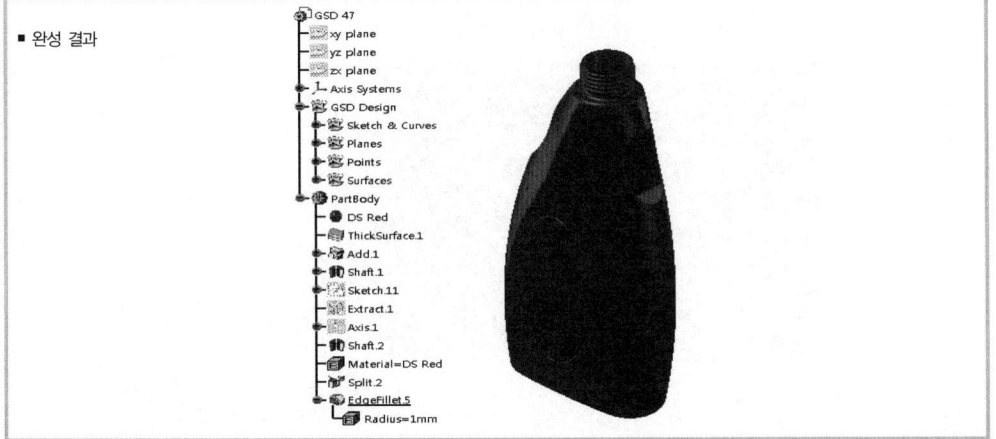

응용하기 48   Flower Bottle 만들기 4

1) 스케치를 실행하고 XY Plane을 선택하여 다음과 같이 스케치를 한다.
   2개의 Point를 다음과 같이 찍는다.

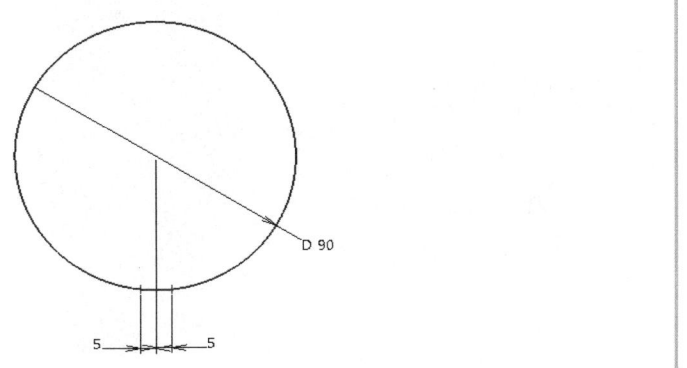

2) Plane을 실행하고 XY Plane을 기준으로 20mm 위쪽으로 Plane을 생성한다.

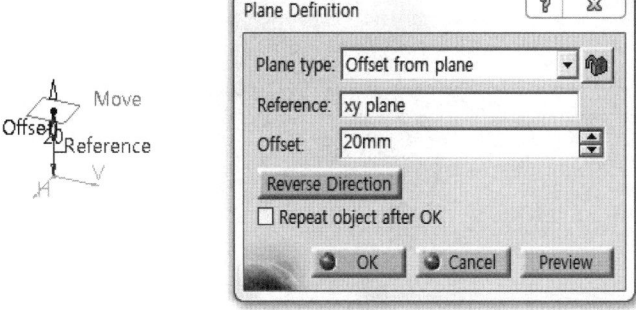

3) 스케치를 실행하고 Plane.1을 선택하여 다음과 같이 스케치를 한다.

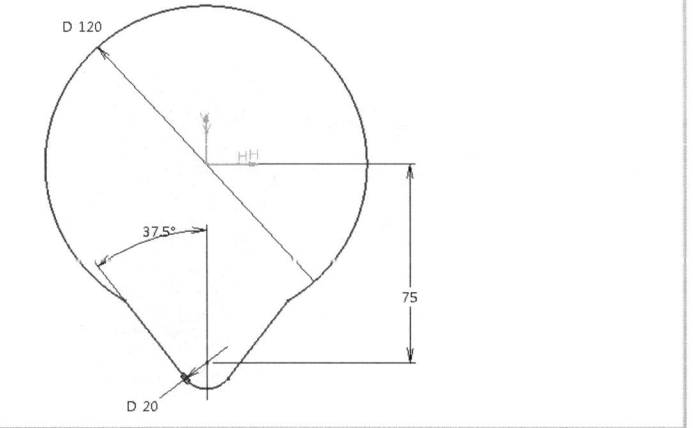

4) Line을 실행하고 Point-Point를 지정하고 두 개의 점을 연결하는 Line을 그린다.

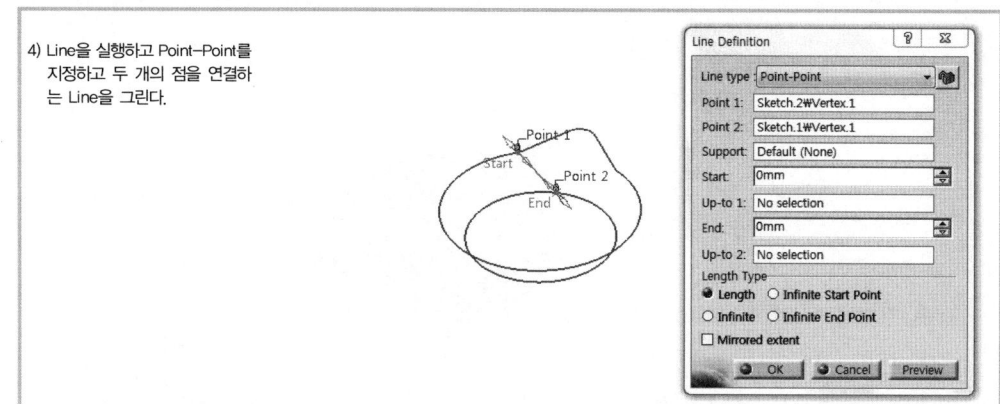

5) Multi-Section Surface를 실행하고 두 개의 스케치와 Guide : Line.1을 지정한다.

주의 Closing Point 위치를 다음과 같이 맞추어 주어야 한다.

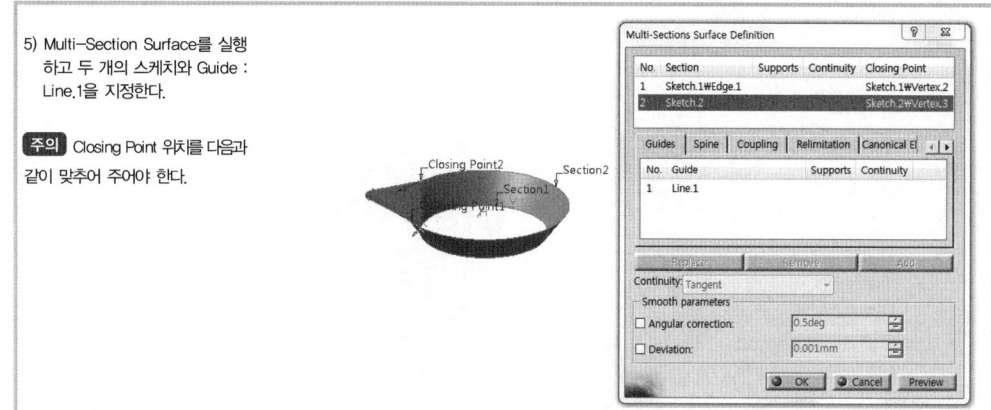

6) 스케치를 실행하고 YZ Plane를 선택하여 다음과 같이 스케치를 한다.

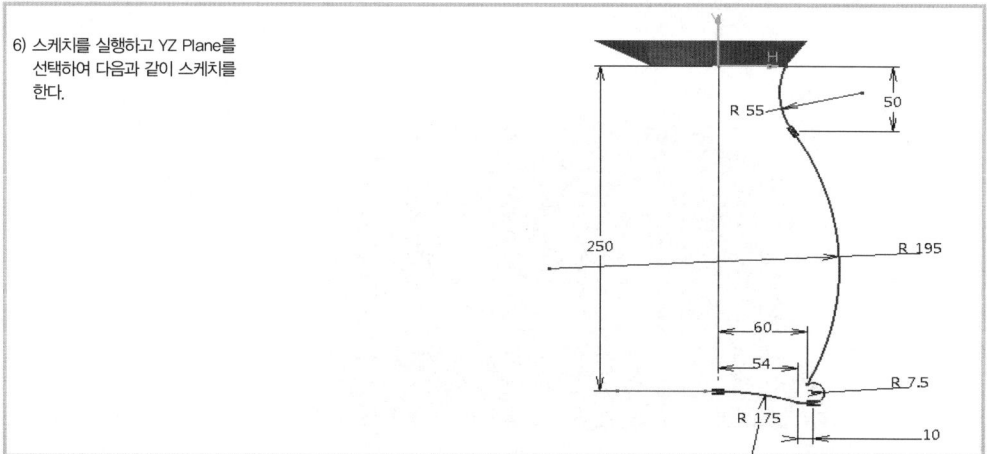

7) Revolution을 실행하고 360deg 회전을 한다.

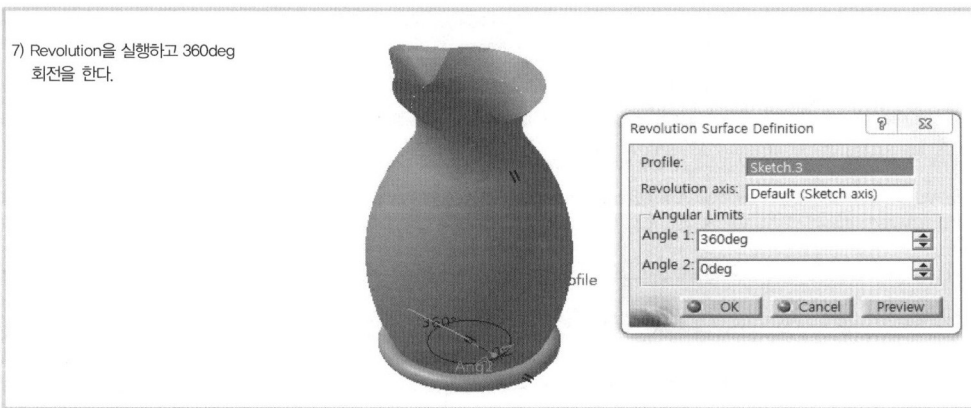

8) 스케치를 실행하고 YZ Plane을 선택하여 다음과 같이 스케치를 한다.

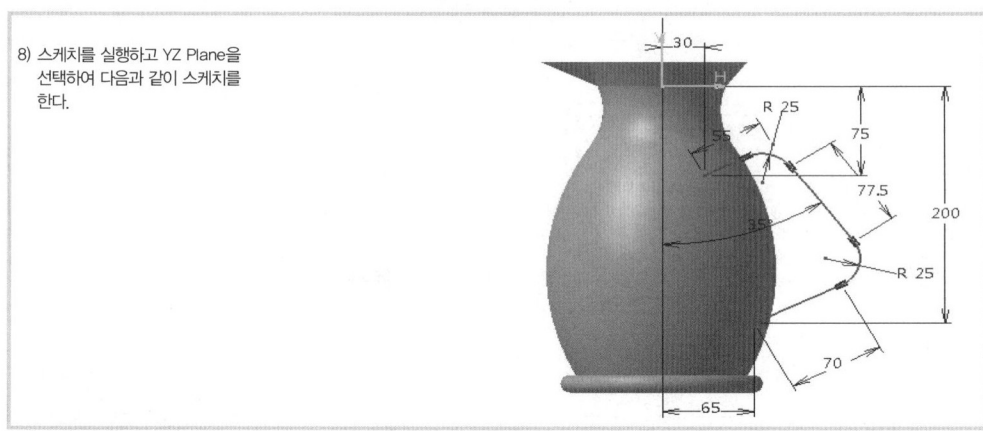

9) Plane을 실행하고 Normal to Curve를 지정, Curve와 끝점을 선택하여 Plane을 생성한다.

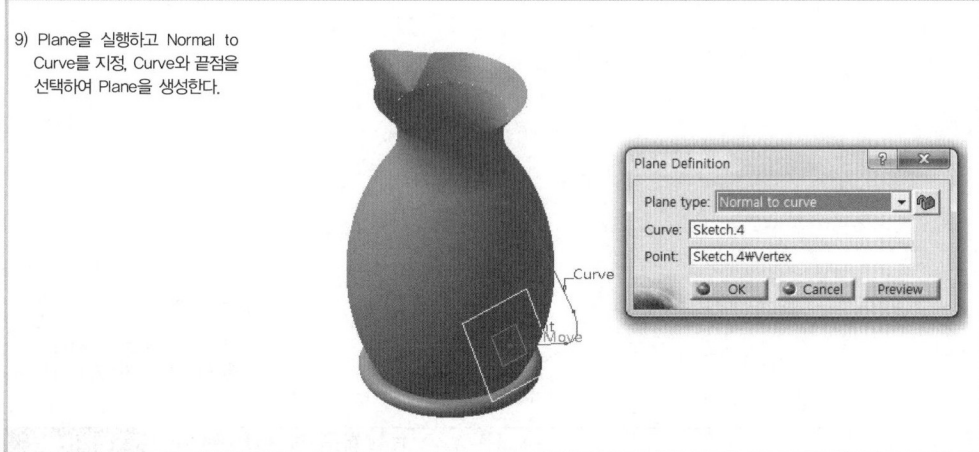

10) 스케치를 실행하고 Plane.2를 선택하여 다음과 같이 스케치를 한다.

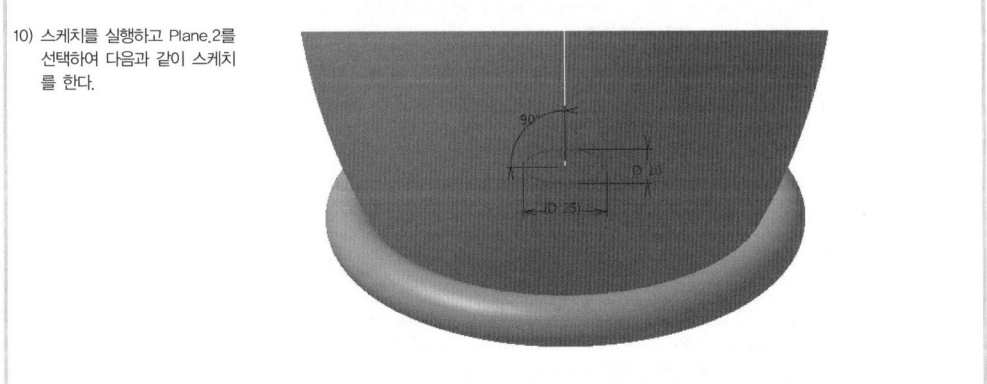

11) Sweep을 실행하고 Profile : Sketch.5를 선택, Guide Curve : Sketch.4를 지정한다.

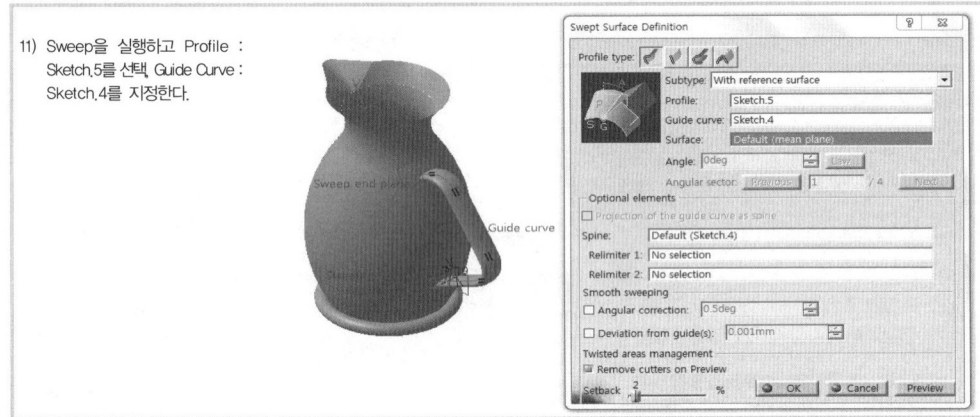

12) Split을 실행하고 Element to Cut : Sweep.1, Cutting elements : Revolution.1을 선택한다.

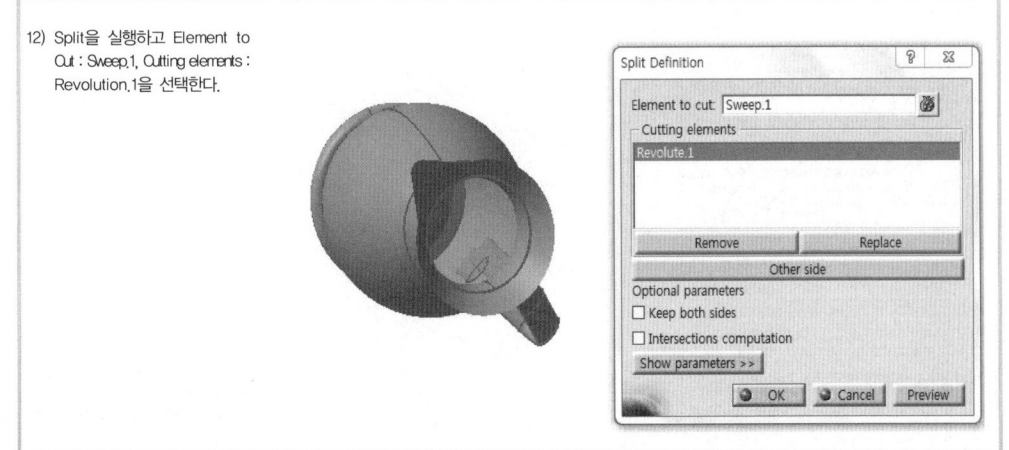

13) Plane을 실행하고 직선과 끝점을 선택하여 Plane을 생성한다.

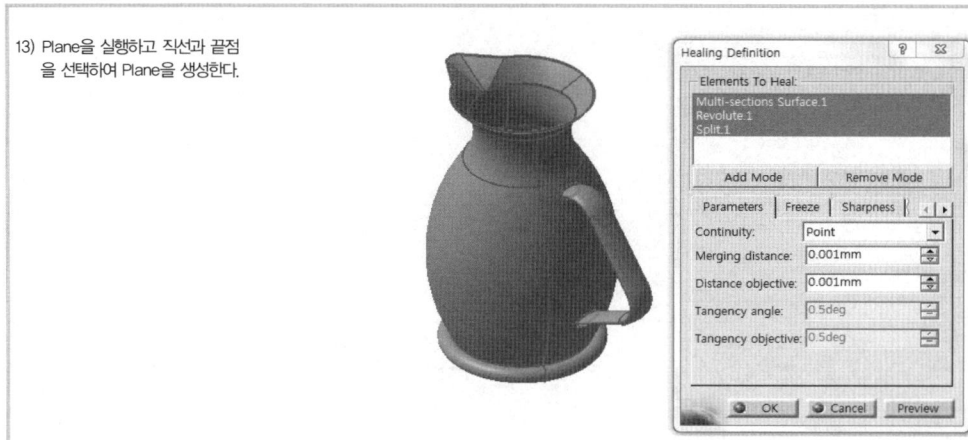

■ Surface 완성 결과

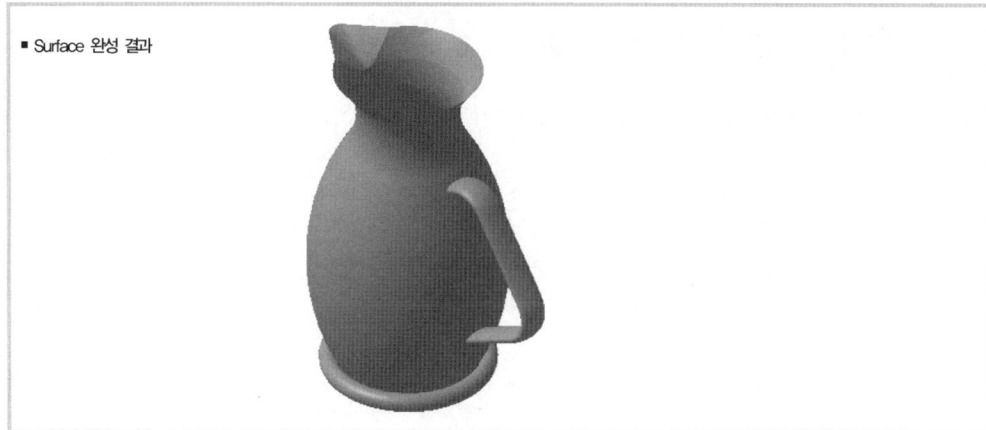

14) [Start]-[Mechanical Design]-[Part Design]을 선택한다.
15) ThickSurface를 실행하고 0.2mm를 지정하여 솔리드를 생성한다.

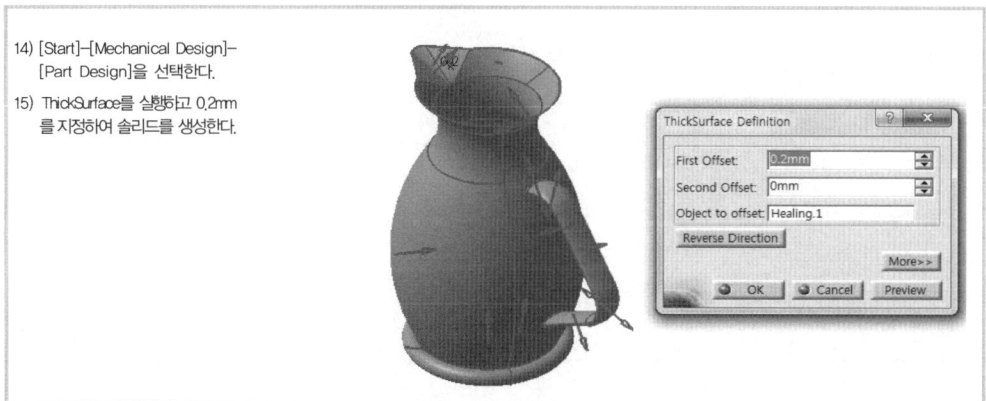

■ 완성 결과

응용하기 49 Bottle 만들기 5

1) [Start]-[Shape]-[Generative Shape Design]을 선택한다.
2) [Insert]-[Geometrical Set]을 선택한다.
   Name : Sketch & Curves로 지정한다.
3) Circle을 실행하고 Point 선택 위치에서 마우스 우측버튼을 눌러 [Create Point]를 선택한다.

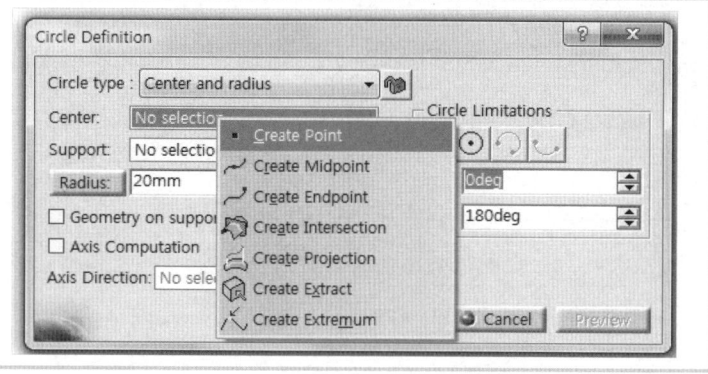

4) 원점을 선택한다.

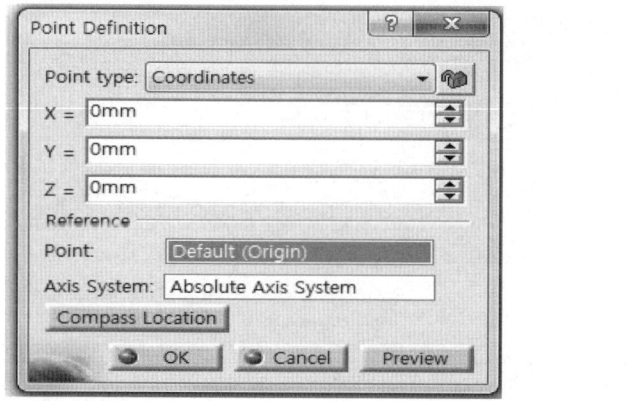

5) 다음과 같이 지정하여 Circle을 생성한다.

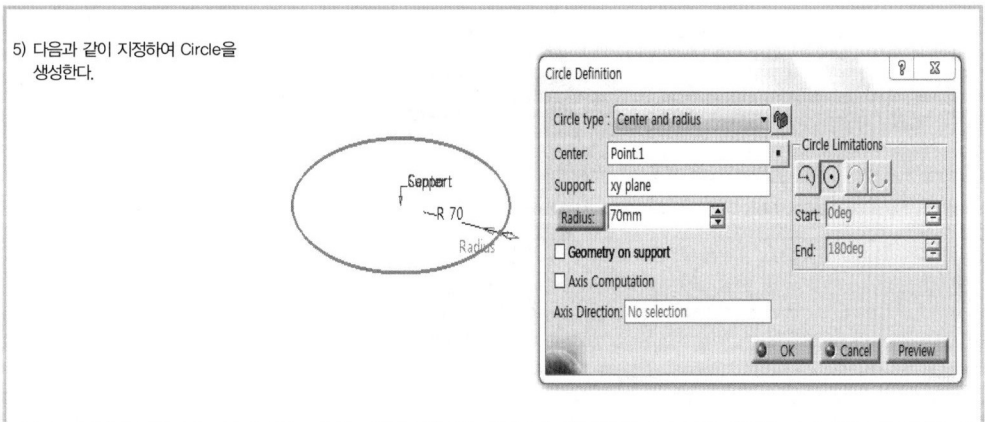

6) Circle을 실행하고 Point 선택 위치에서 마우스 우측버튼을 눌러 [Create Point]를 선택한다.

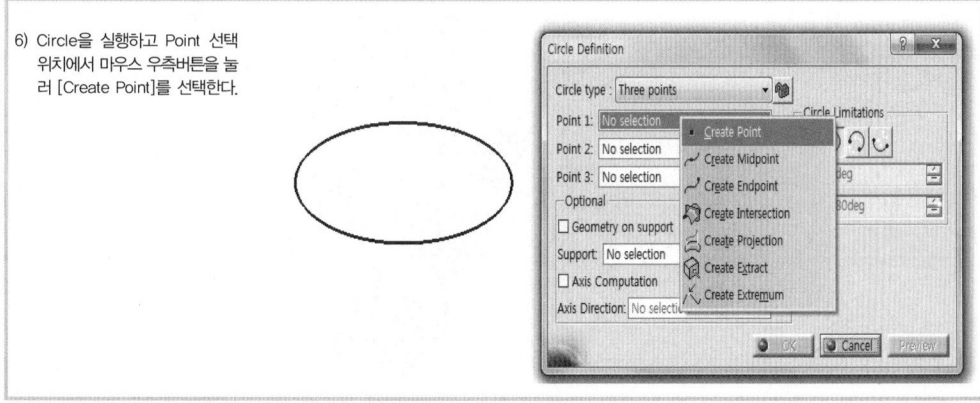

7) 다음과 같이 Point 위치를 지정한다.

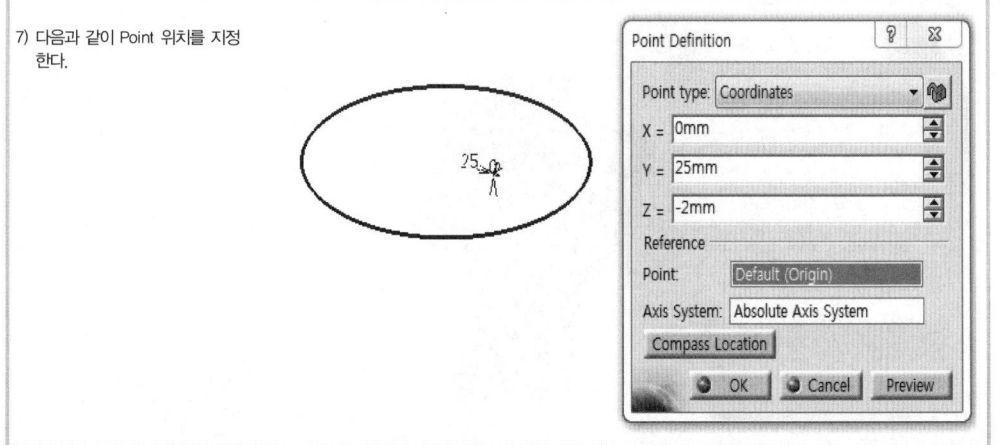

8) Point 선택 위치에서 마우스 우측버튼을 눌러 [Create Point]를 선택한다.

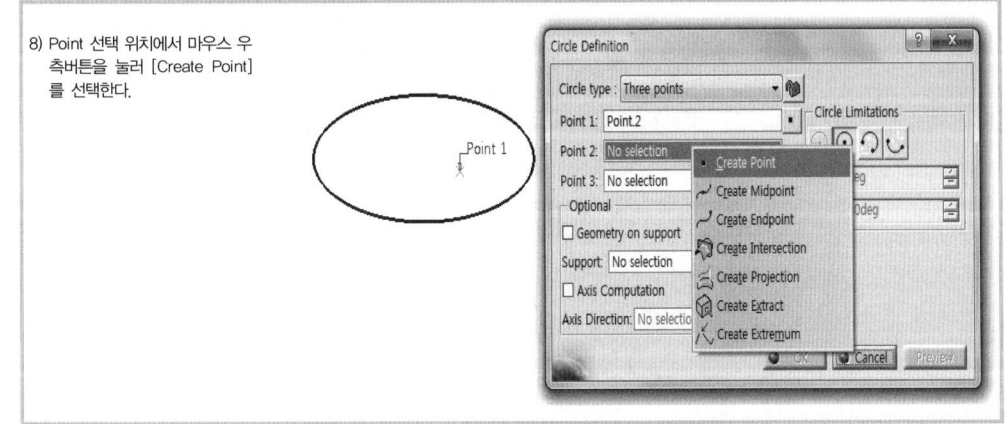

9) 다음과 같이 Point 위치를 지정한다.

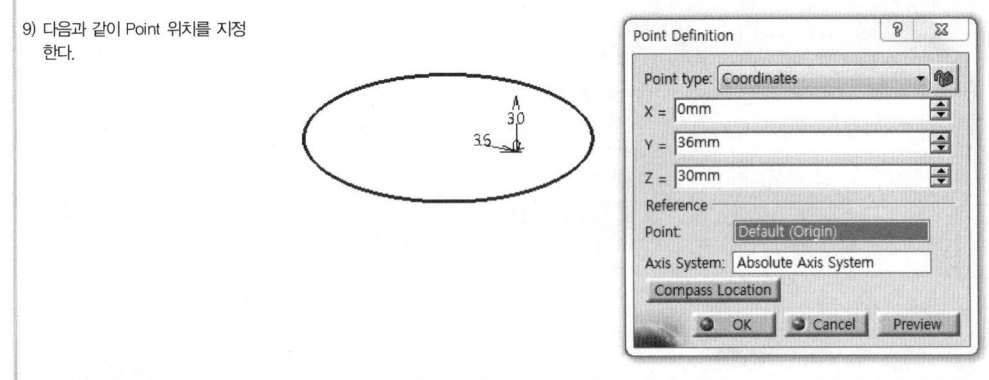

10) Point 선택 위치에서 마우스 우측버튼을 눌러 [Create Point]를 선택한다.

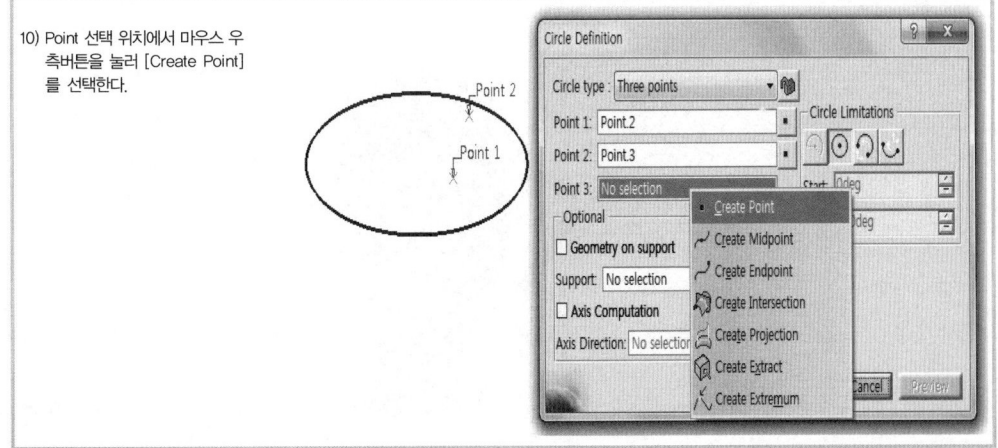

11) 다음과 같이 Point 위치를 지정한다.

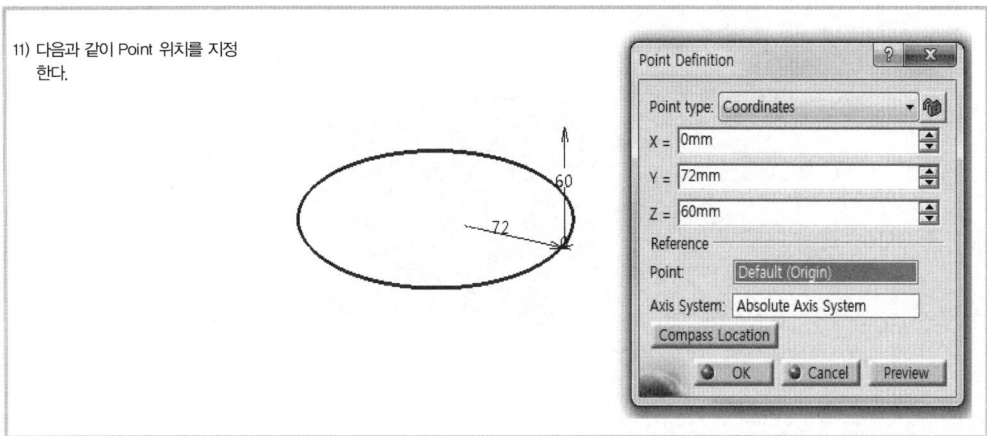

12) Arc를 선택하여 생성한다.

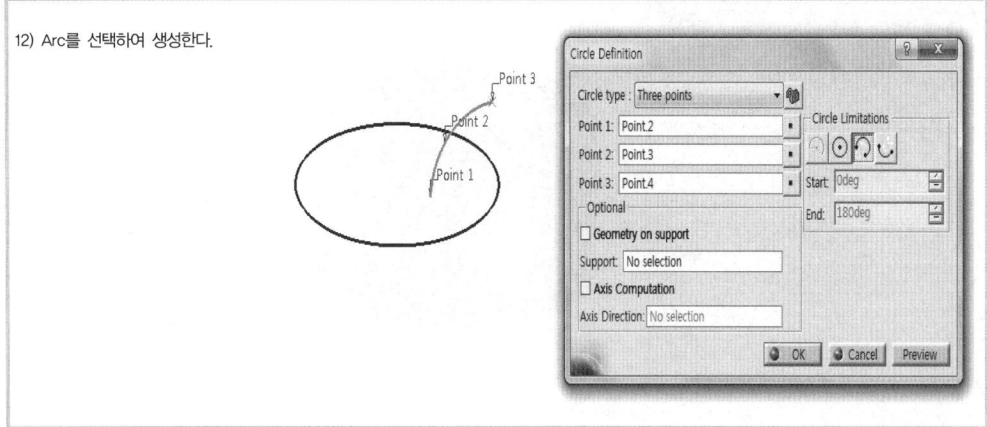

13) [Insert]-[Geometrical Set]을 선택한다.
    Name : Points로 지정한다.
14) Point를 실행하고 다음과 같이 지정하여 생성한다.

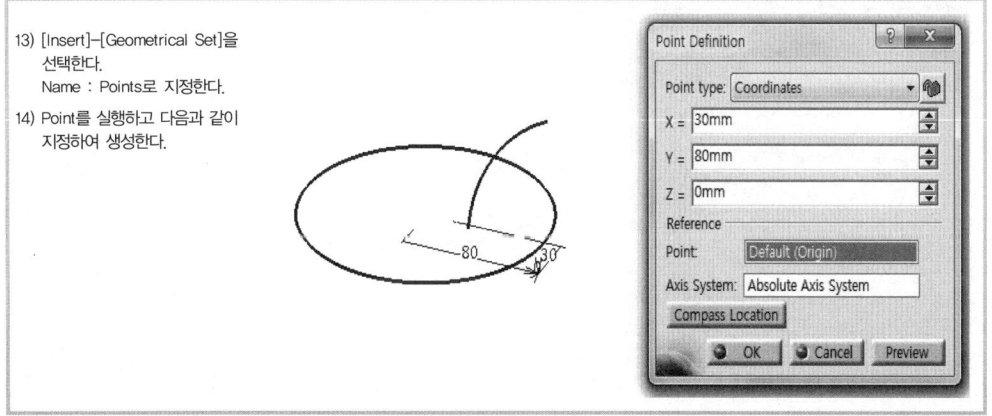

15) Point를 실행하고 다음과 같이 지정하여 생성한다.

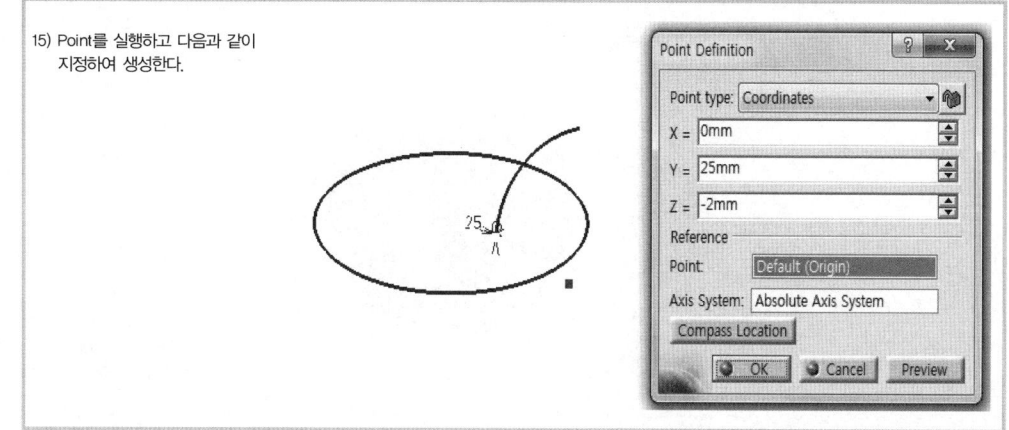

16) Point를 실행하고 다음과 같이 지정하여 생성한다.

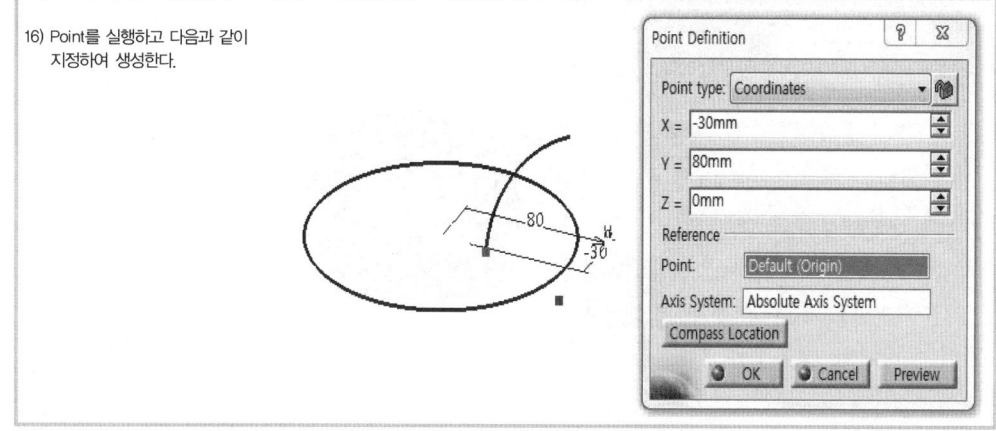

17) Sketch & Curves 위에서 마우스 우측 버튼을 눌러 [Define In Work Object]를 선택한다.
18) Spline을 실행하고 3개의 Point를 선택하여 다음과 같이 생성한다.

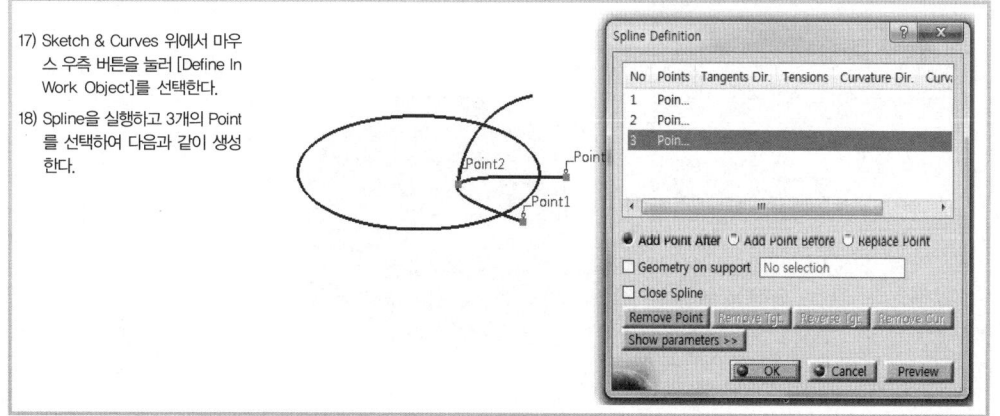

19) Points 위에서 마우스 우측 버튼을 눌러 [Define In Work Object]를 선택한다.
20) Point를 실행하고 다음과 같이 지정하여 생성한다.

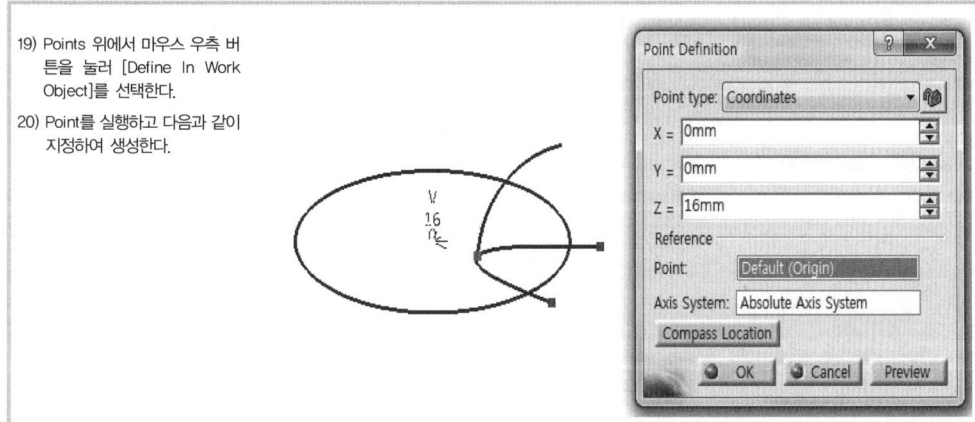

21) [Insert]-[Geometrical Set]을 선택한다.
    Name : Surfaces로 지정한다.
22) Extrude를 실행하고 75mm 돌출을 한다.

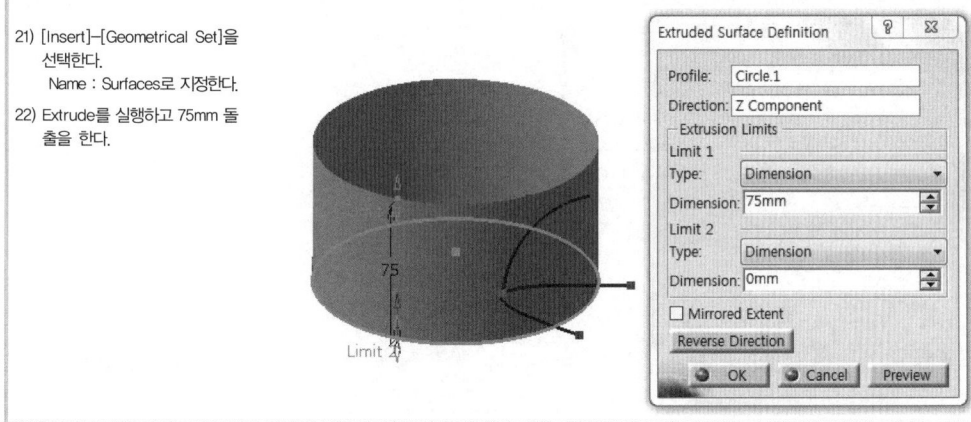

23) Fill을 실행하고 다음 모서리를 선택하여 채운다.

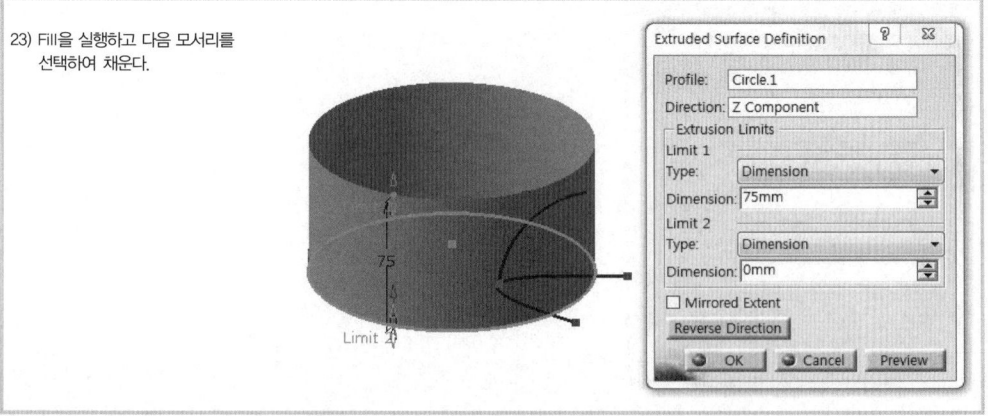

24) Shape Fillet을 실행하고 두 개의 Surface를 선택하여 반경 : 16mm로 필렛을 한다.

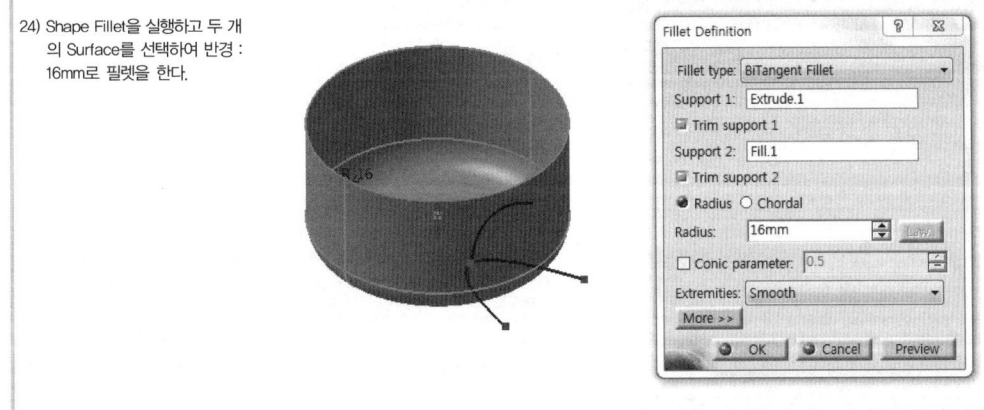

25) Sweep을 실행하고 다음과 같이 지정하여 Surface를 선택한다.

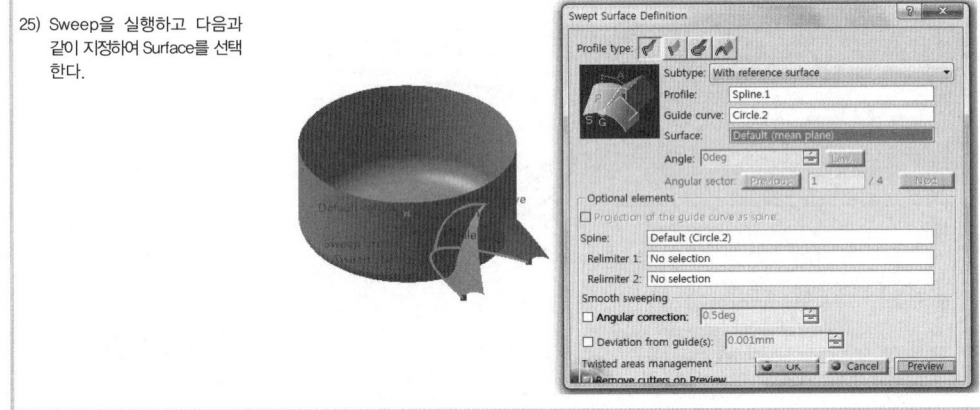

26) Circular Pattern을 실행하고 Instance : 5를 지정하여 Sweep.1 객체를 패턴 복사 한다.

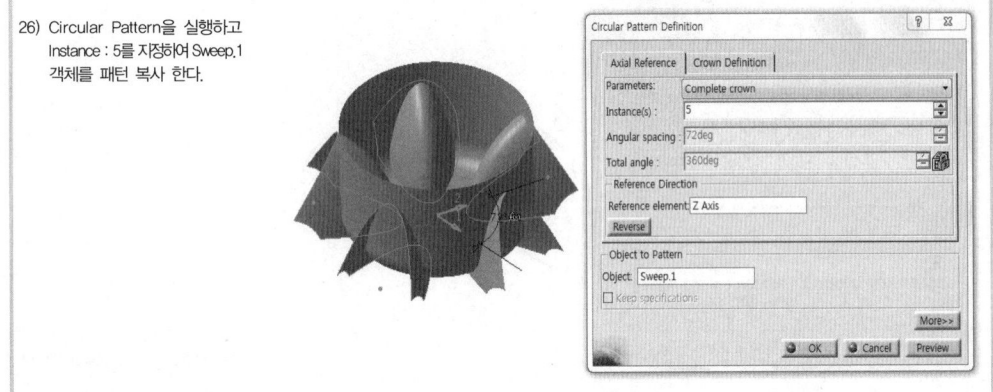

27) Trim을 실행하고 다음과 같이 지정하여 Surface를 잘라낸다.

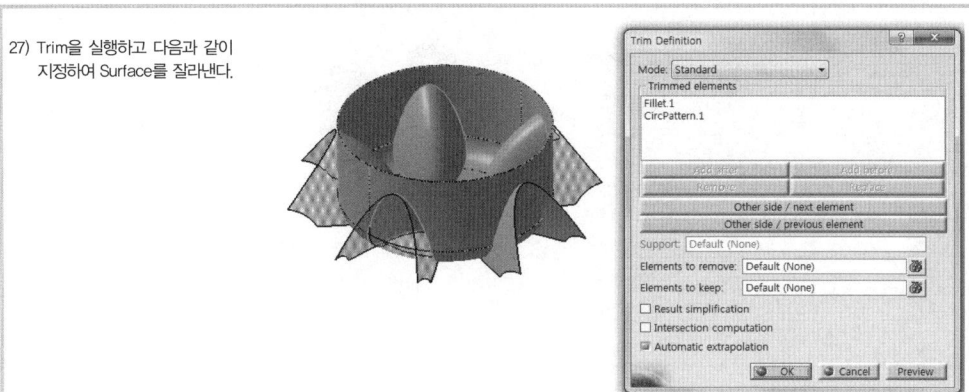

28) Trim을 실행하고 다음과 같이 지정하여 Surface를 잘라낸다.

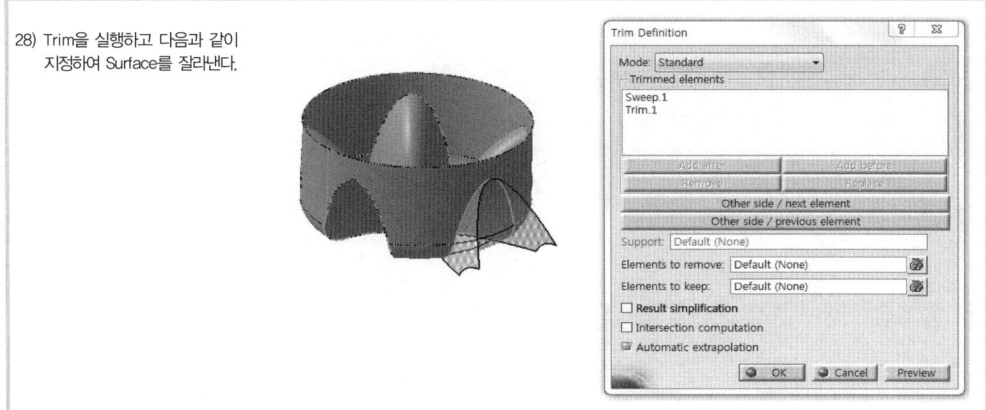

29) Edge Fillet을 실행하고 반경 : 12mm로 필렛을 한다.

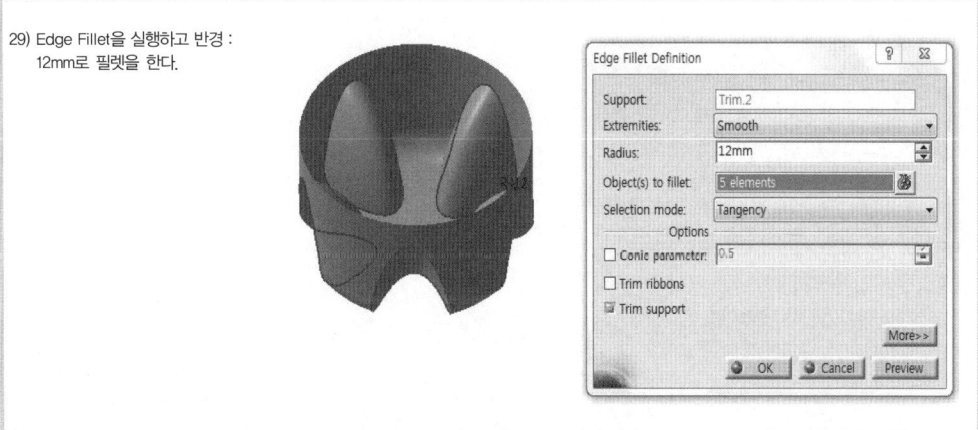

30) Sketch & Curves 위에서 마우스 우측 버튼을 눌러 [Define In Work Object]를 선택한다.

31) Circle을 실행하고 Point 선택 위치에서 마우스 우측버튼을 눌러 [Create Point]를 선택한다.

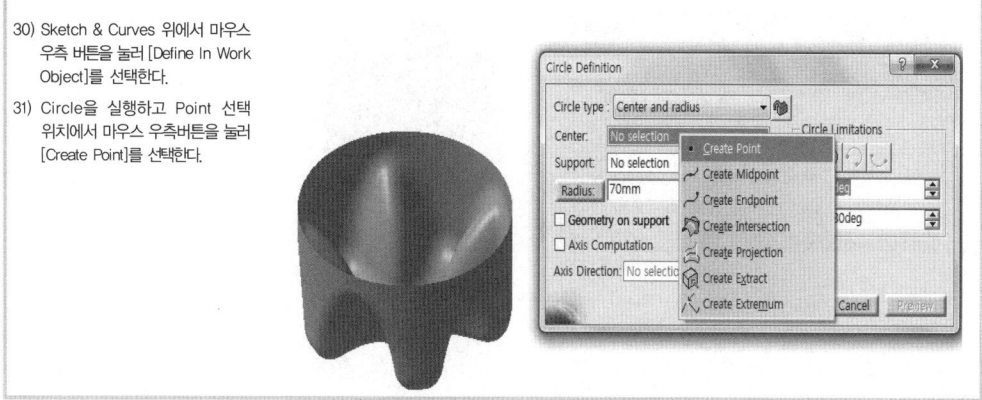

32) Point를 다음 위치에 생성한다.

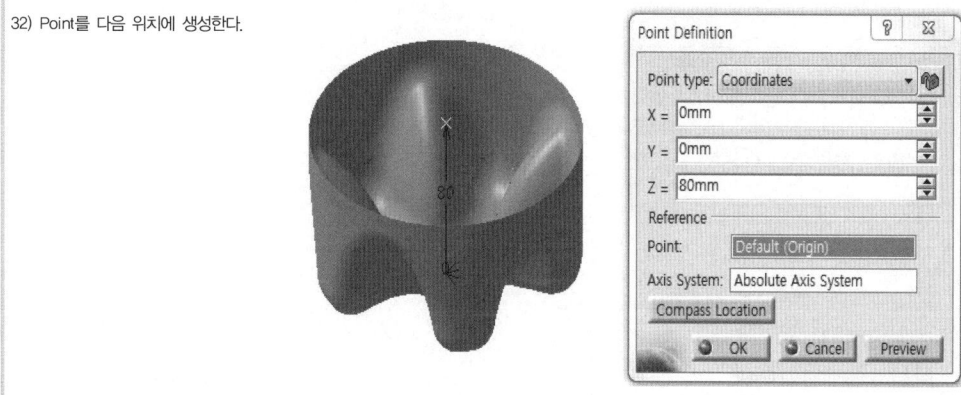

33) 다음과 같이 지정하여 Circle을 생성한다.

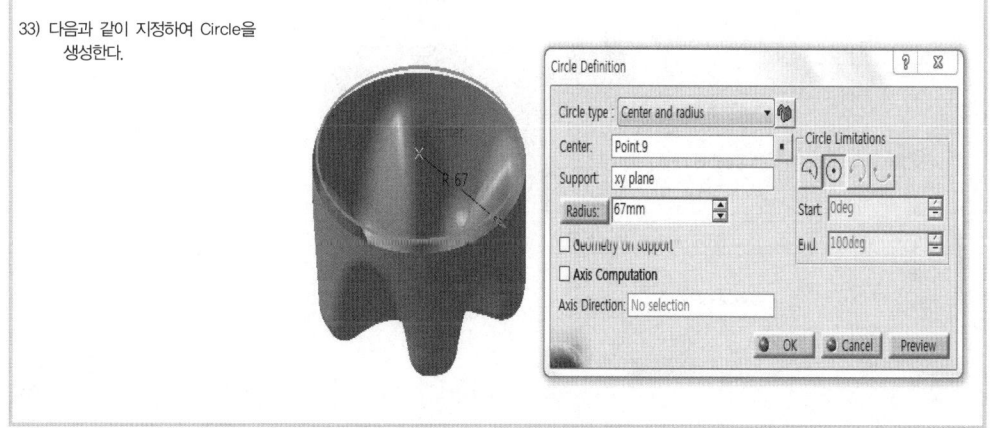

34) Points 위에서 마우스 우측 버튼을 눌러 [Define In Work Object]를 선택한다.
35) Point를 실행하고 다음 위치에 Point를 생성한다.

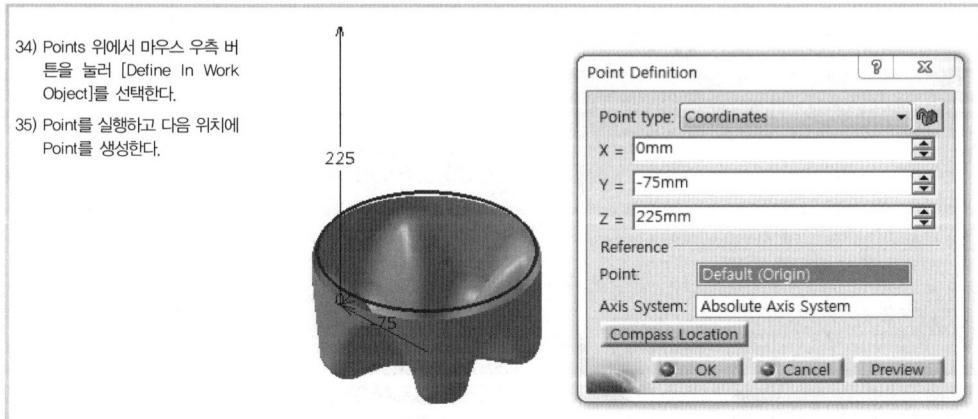

36) Point를 실행하고 다음 위치에 Point를 생성한다.

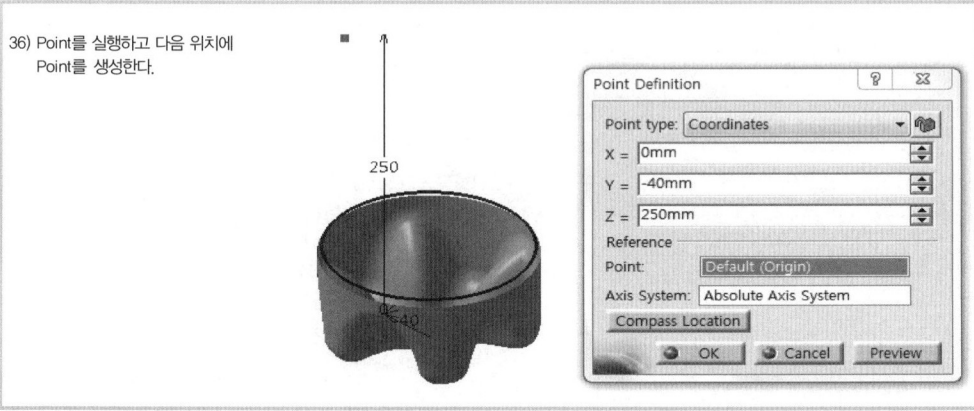

37) Point를 실행하고 다음 위치에 Point를 생성한다.

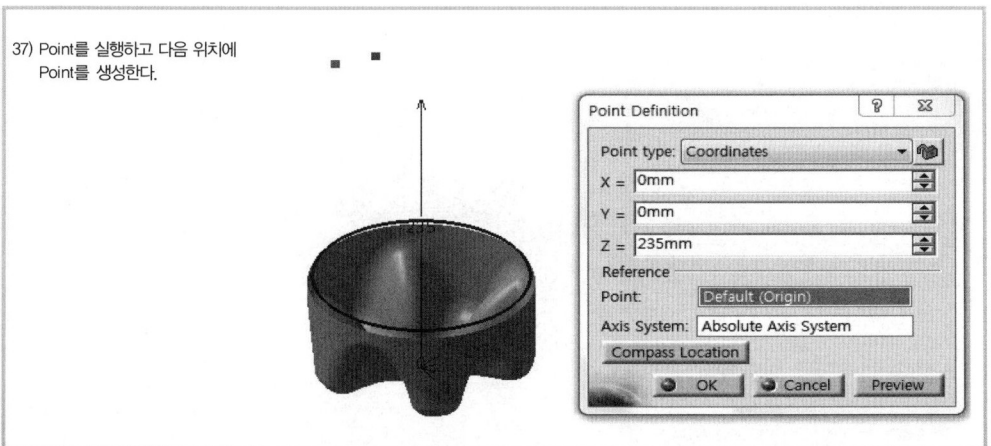

38) Point를 실행하고 다음 위치에 Point를 생성한다.

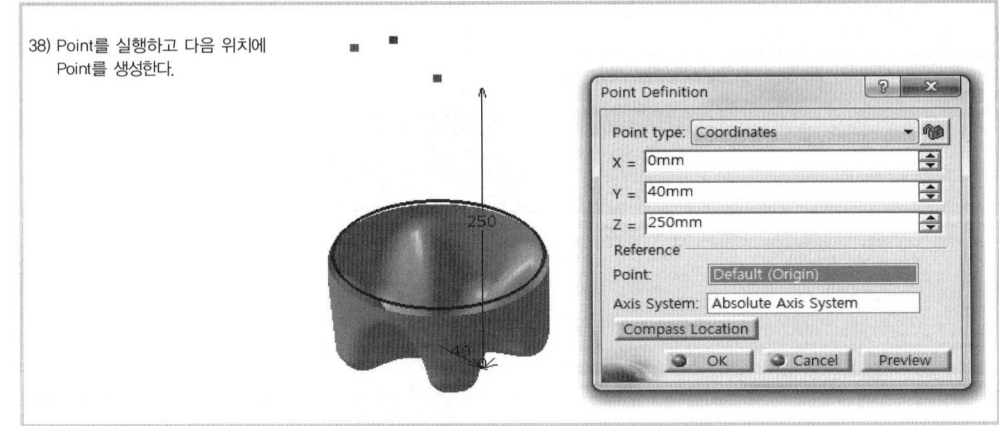

39) Point를 실행하고 다음 위치에 Point를 생성한다.

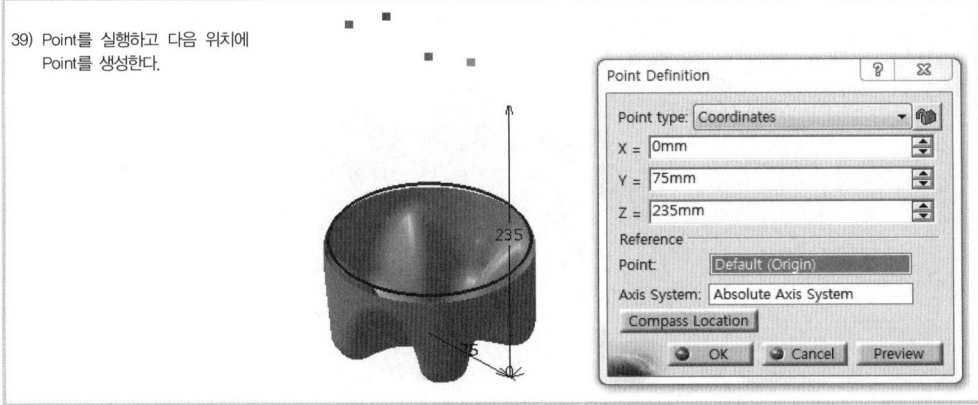

40) Sketch & Curves 위에서 마우스 우측 버튼을 눌러 [Define In Work Object]를 선택한다.
41) Spline을 실행하고 다음 Point들을 선택하여 생성한다.

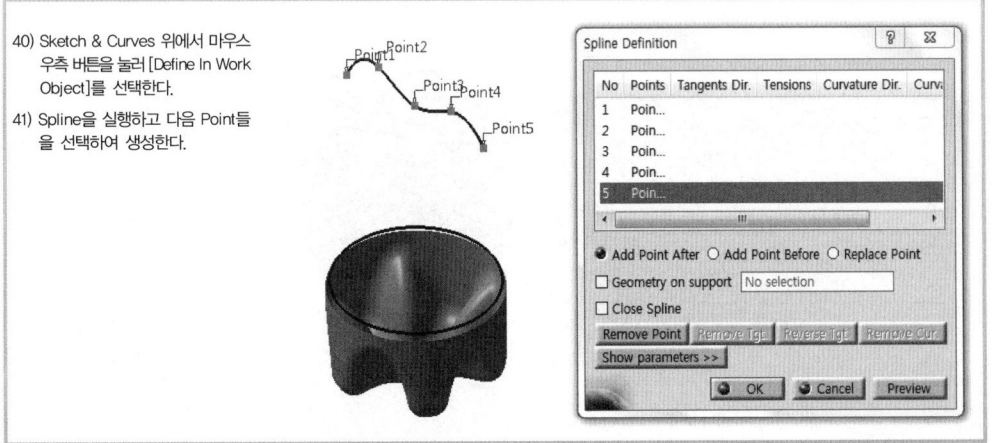

42) Combine을 실행하고 다음 두 개의 Curve를 선택하여 생성한다.

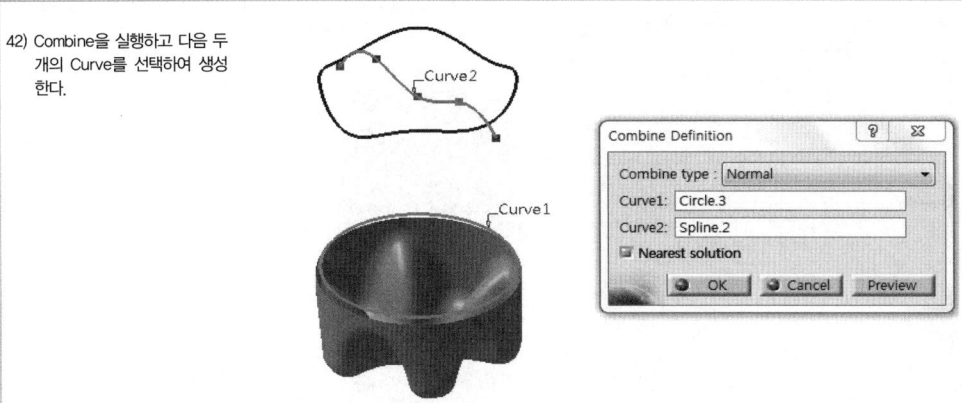

43) Points 위에서 마우스 우측 버튼을 눌러 [Define In Work Object]를 선택한다.
44) Point를 실행하고 다음 위치에 Point를 생성한다.

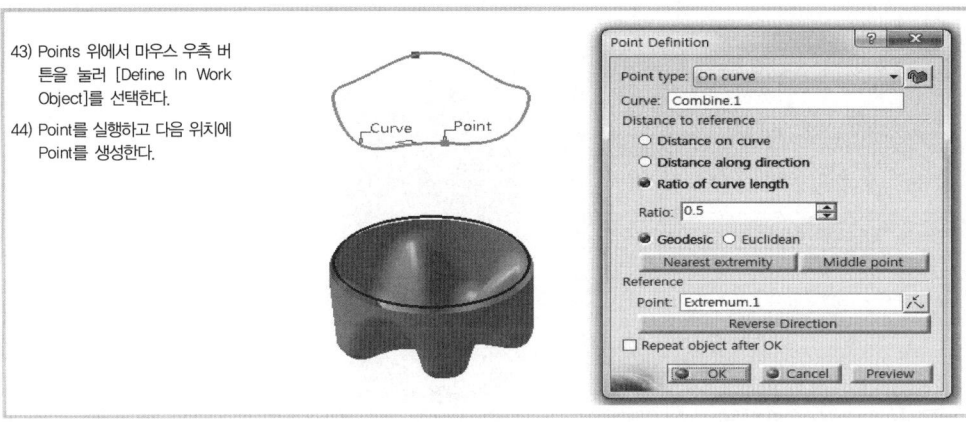

45) [Insert]-[Geometrical Set]을 선택한다.
   Name : Planes로 지정한다.
46) Plane을 실행하고 다음과 같이 지정하여 생성한다.

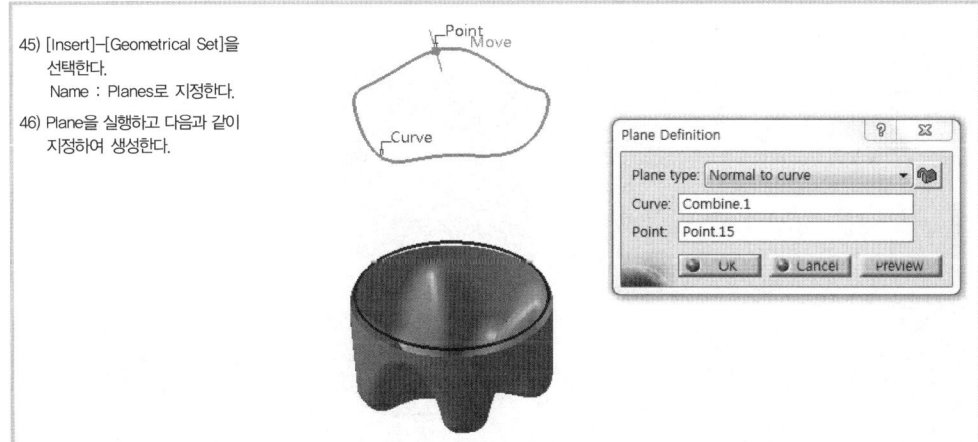

47) Sketch & Curves 위에서 마우스 우측 버튼을 눌러 [Define In Work Object]를 선택한다.
48) Circle을 실행하고 다음과 같이 지정하여 Circle을 생성한다.

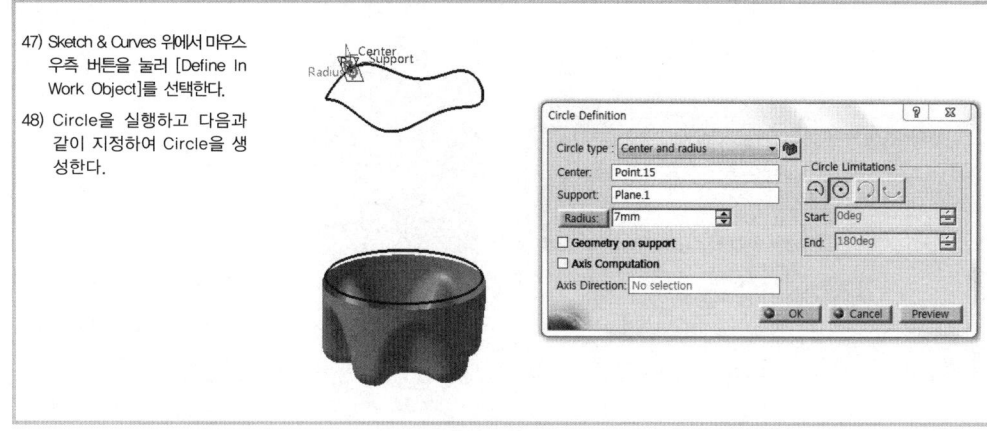

49) Surfaces 위에서 마우스 우측 버튼을 눌러 [Define In Work Object]를 선택한다.
50) Extrude를 실행하고 190mm 돌출을 한다.

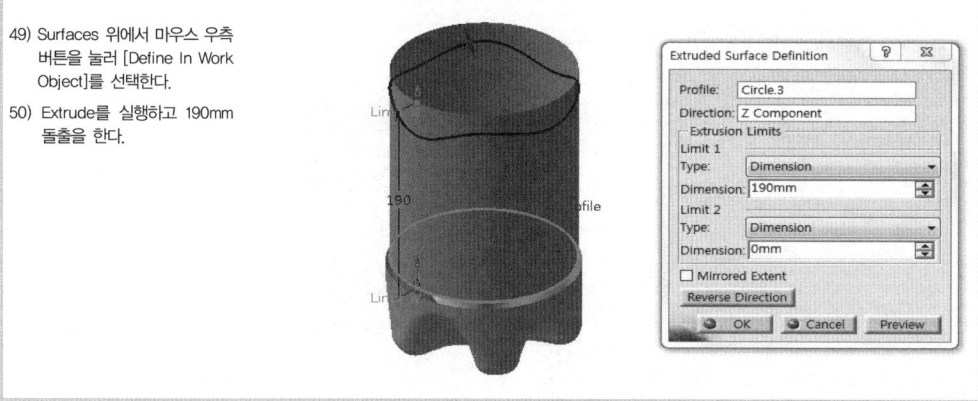

51) Sweep을 실행하고 다음과 같이 지정하여 Surface를 생성한다.

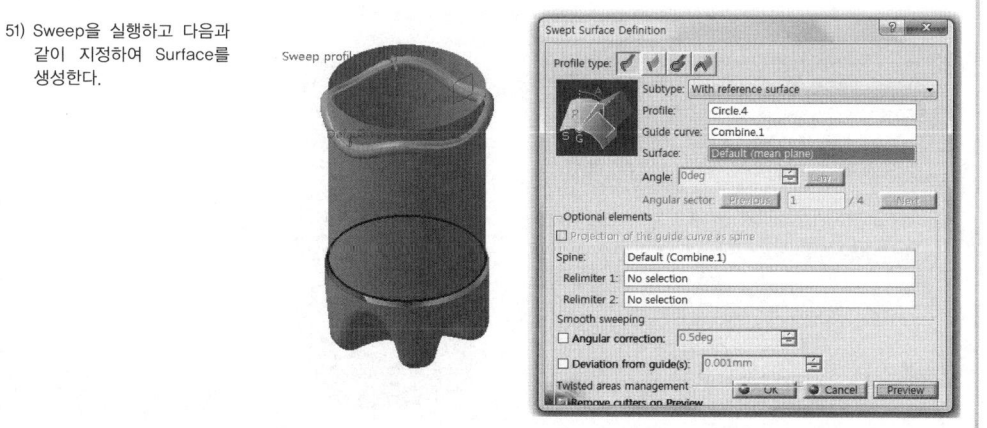

52) Rectangular Pattern을 실행하고 Instance : 7, Spacing : 22mm을 지정하여 Sweep.2 객체를 패턴 복사 한다.

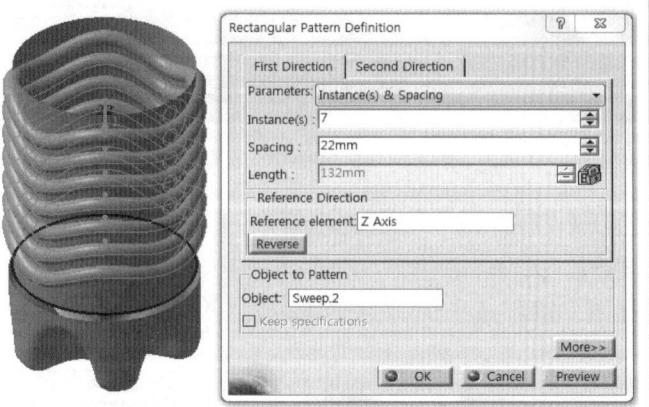

53) Trim을 실행하고 다음과 같이 지정하여 Surface를 잘라낸다.

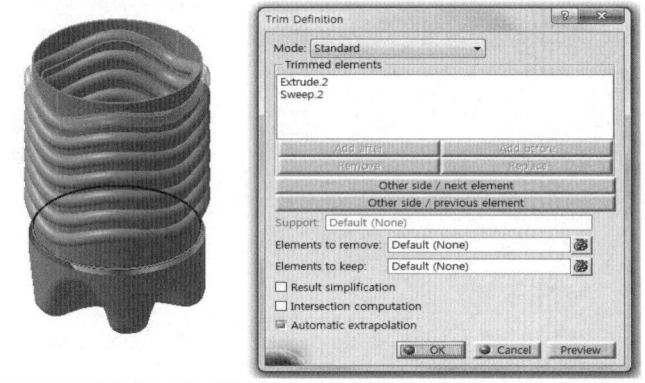

54) Trim을 실행하고 다음과 같이 지정하여 Surface를 잘라낸다.

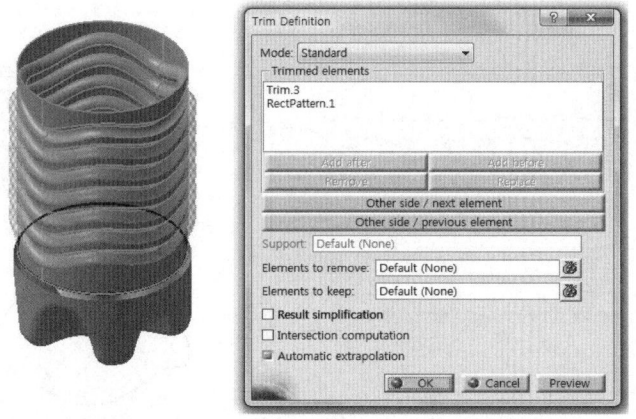

55) Edge Fillet을 실행하고 반경 : 5mm로 필렛을 한다.

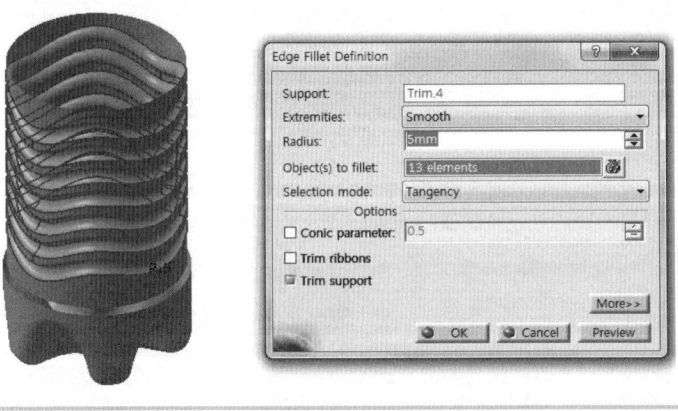

56) Blend를 실행하고 다음 두 개의 Surface를 선택하여 사이를 채운다.

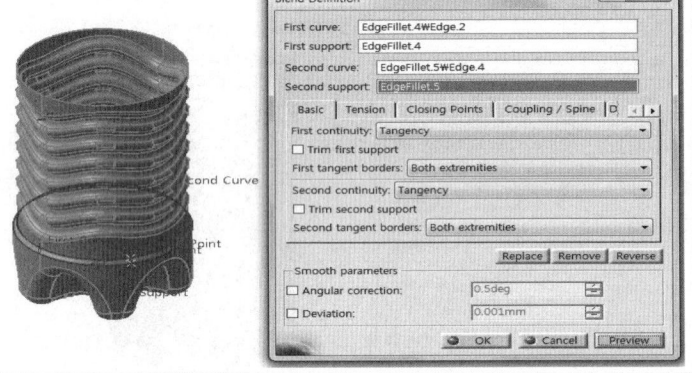

57) Sketch & Curves 위에서 마우스 우측 버튼을 눌러 [Define In Work Object]를 선택한다.

58) Circle을 실행하고 Point 선택 위치에서 마우스 우측버튼을 눌러 [Create Point]를 선택한다.

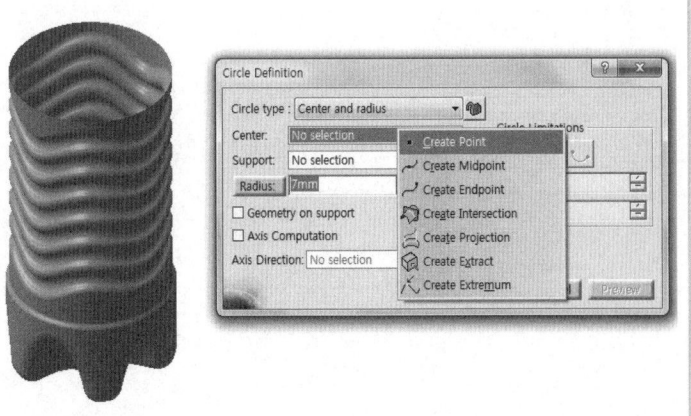

59) 다음 위치에 Point를 생성한다.

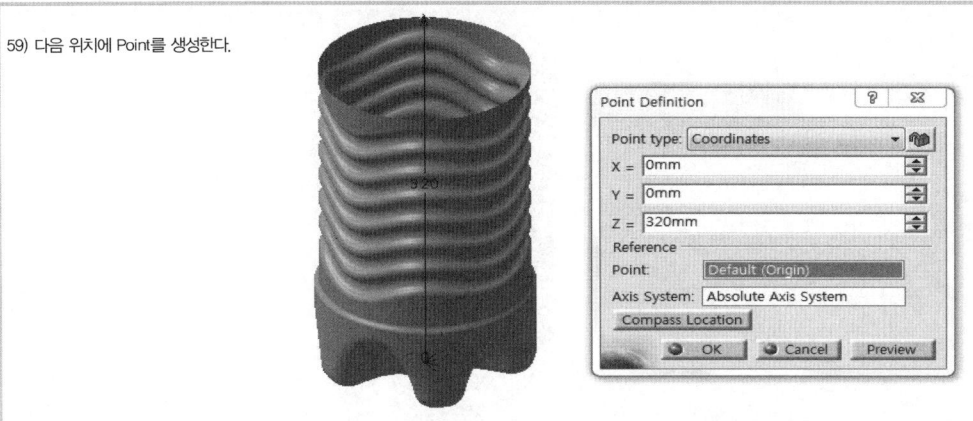

60) 나머지 부분을 지정하여 Circle을 생성한다.

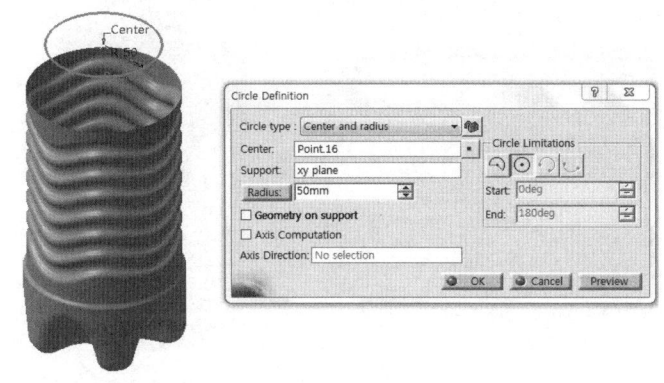

61) Circle을 실행하고 Point 선택 위치에서 마우스 우측버튼을 눌러 [Create Point]를 선택한다.

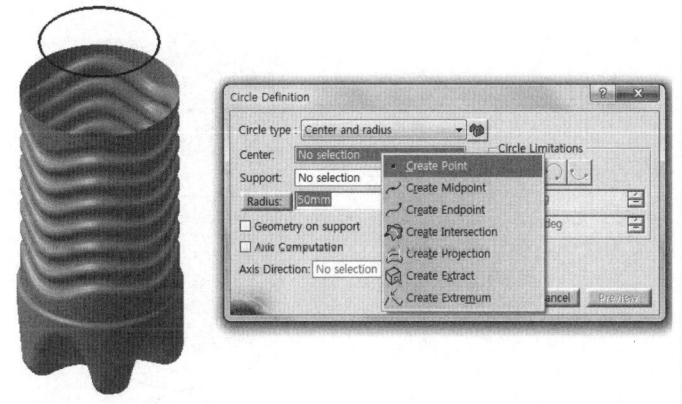

62) 다음 위치에 Point를 생성한다.

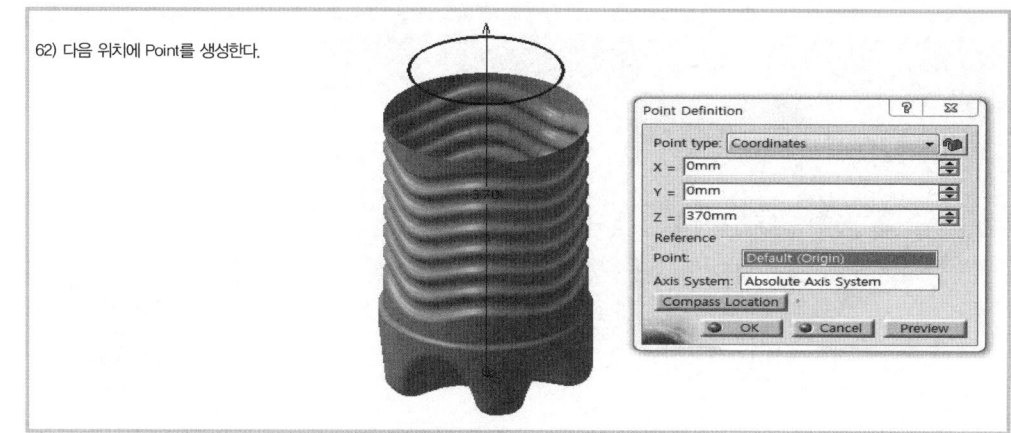

63) 다음과 같이 지정하여 Circle을 생성한다.

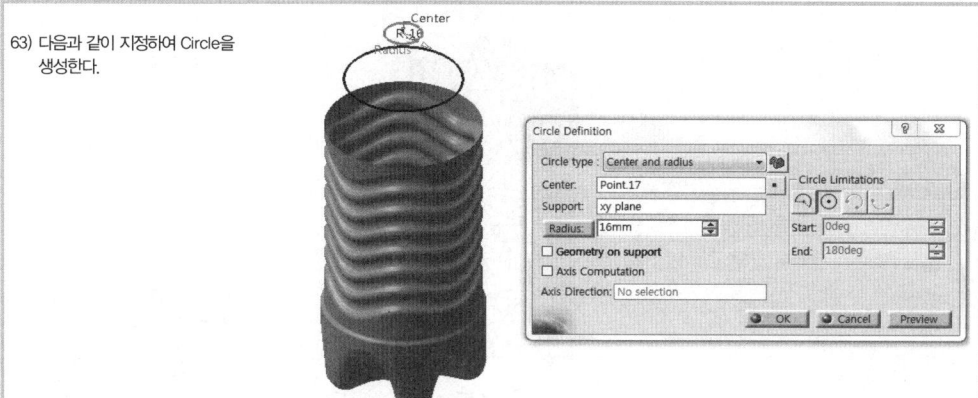

64) Circle을 실행하고 Point 선택 위치에서 마우스 우측버튼을 눌러 [Create Point]를 선택한다.

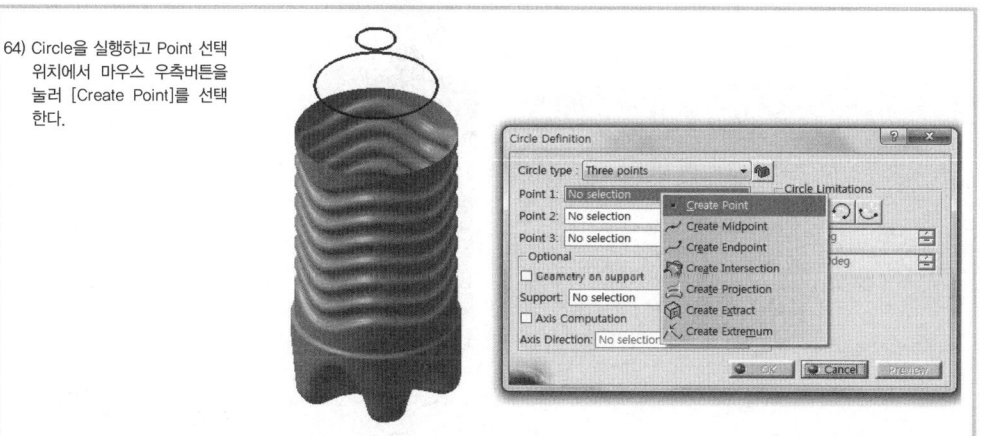

65) 다음 위치에 Point를 생성한다.

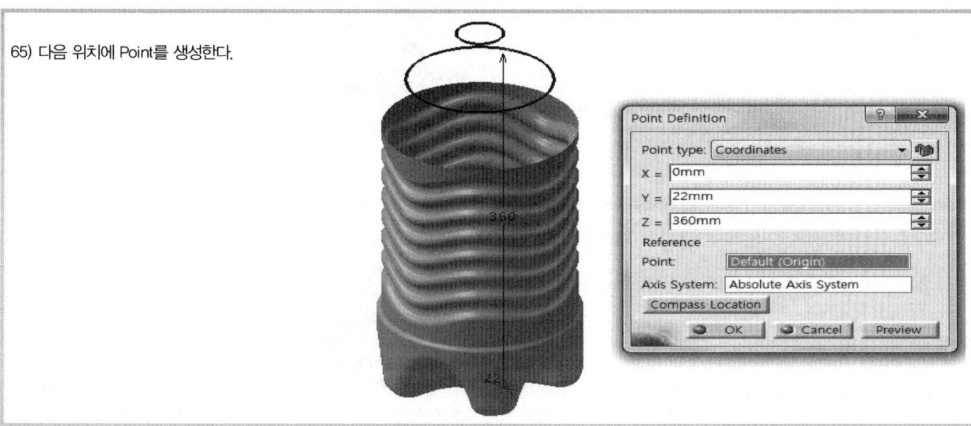

66) 두 번째 Point 위치를 다음과 같이 지정한다.

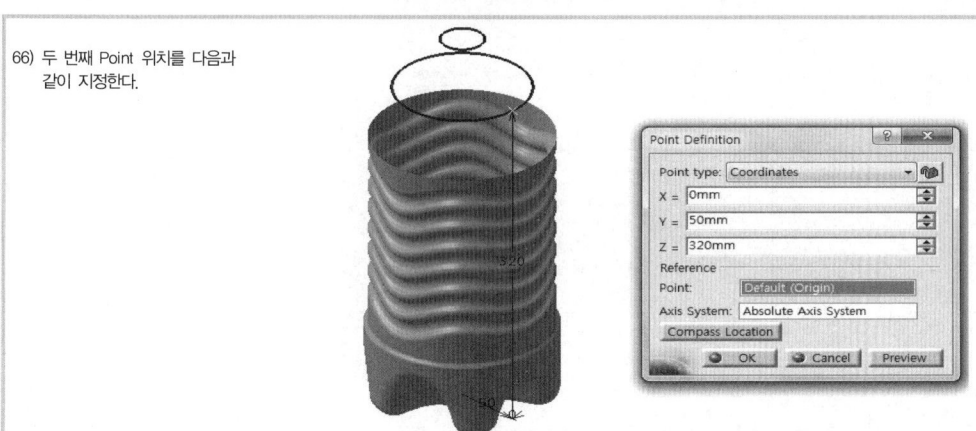

67) 세 번째 Point 위치를 다음과 같이 지정한다.

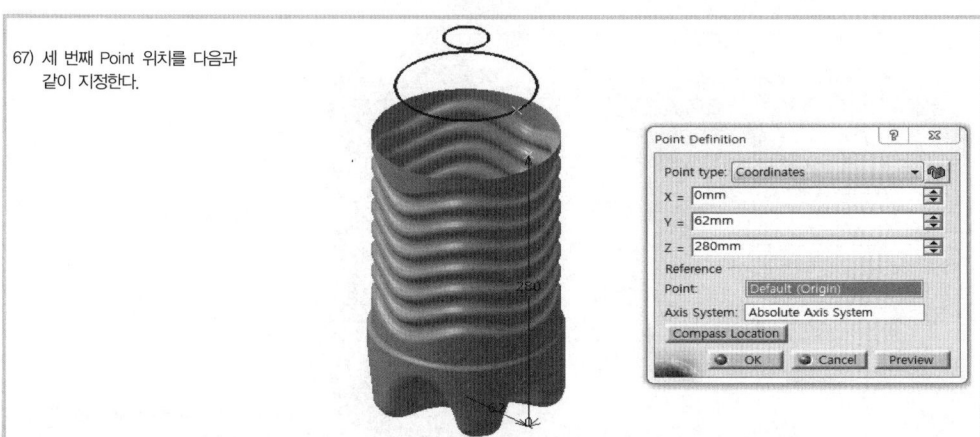

68) 다음과 같이 지정하여 Circle을 생성한다.

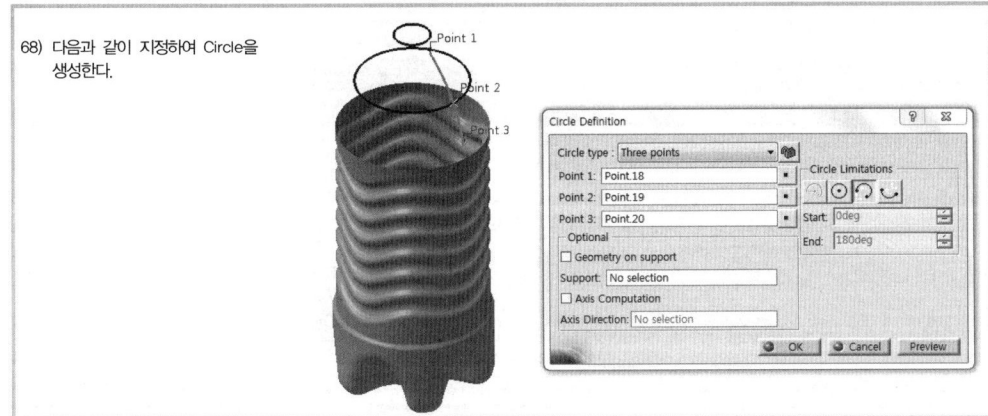

69) Planes 위에서 마우스 우측 버튼을 눌러 [Define In Work Object]를 선택한다.

70) Plane을 실행하고 다음과 같이 지정하여 Plane을 생성한다.

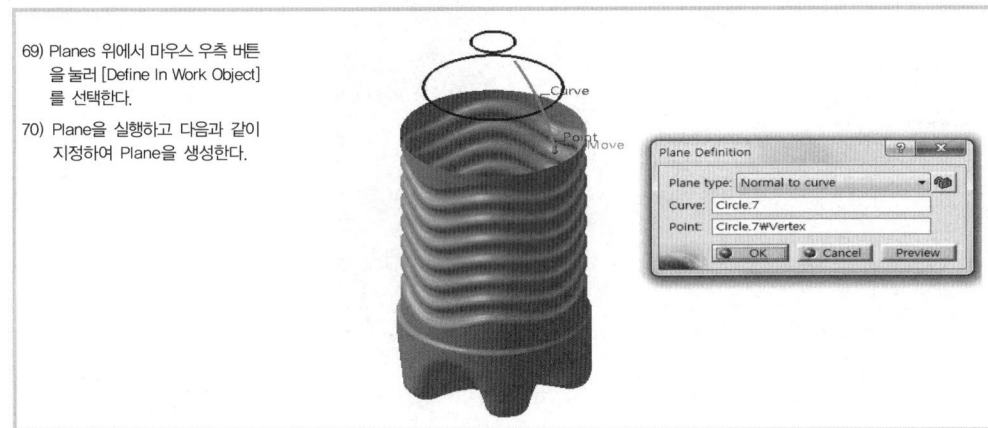

71) Sketch & Curves 위에서 마우스 우측 버튼을 눌러 [Define In Work Object]를 선택한다.

72) 스케치를 실행하고 Plane.2를 선택하여 다음과 같이 스케치를 한다.

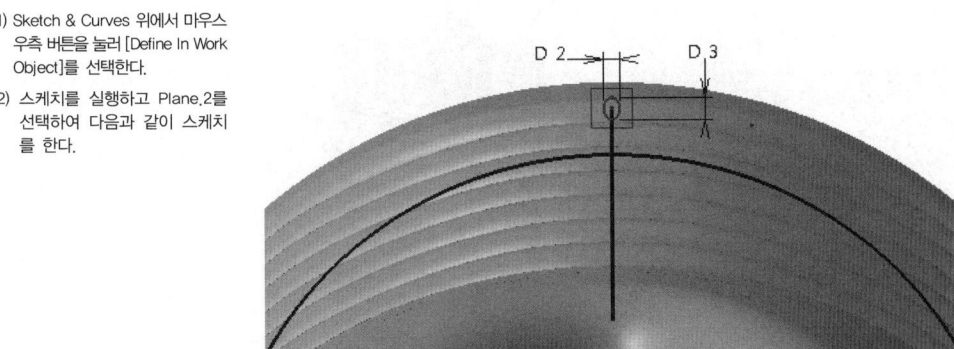

73) Surfaces 위에서 마우스 우측 버튼을 눌러 [Define In Work Object]를 선택한다.

74) Multi Section Surface를 실행하고 다음과 같이 선택하여 Surface를 생성한다.

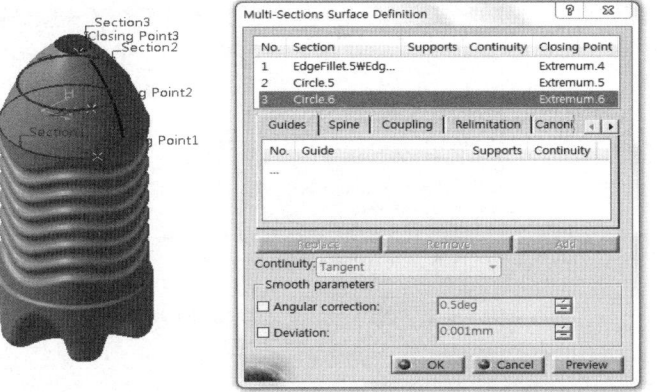

75) Sweep를 실행하고 다음과 같이 선택하여 Surface를 생성한다.

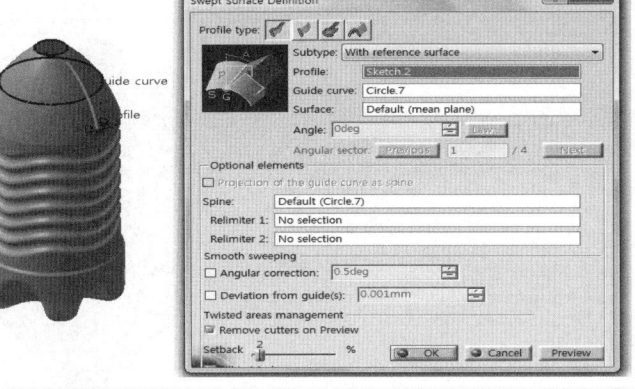

76) Circular Pattern을 실행하고 Instance : 12, Sweep.3 객체를 패턴 복사한다.

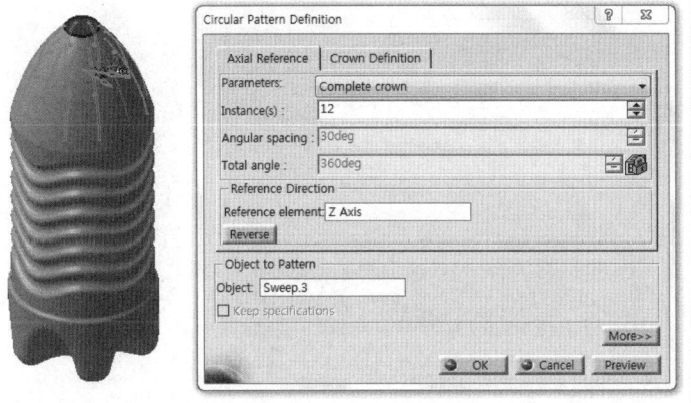

77) Trim을 실행하고 두 개의 Surface를 선택하여 Bottle 바깥쪽이 남도록 잘라낸다.

78) Trim을 실행하고 두 개의 Surface를 선택하여 Bottle 바깥쪽이 남도록 잘라낸다.

79) Extrude를 실행하고 15mm 돌출을 한다.

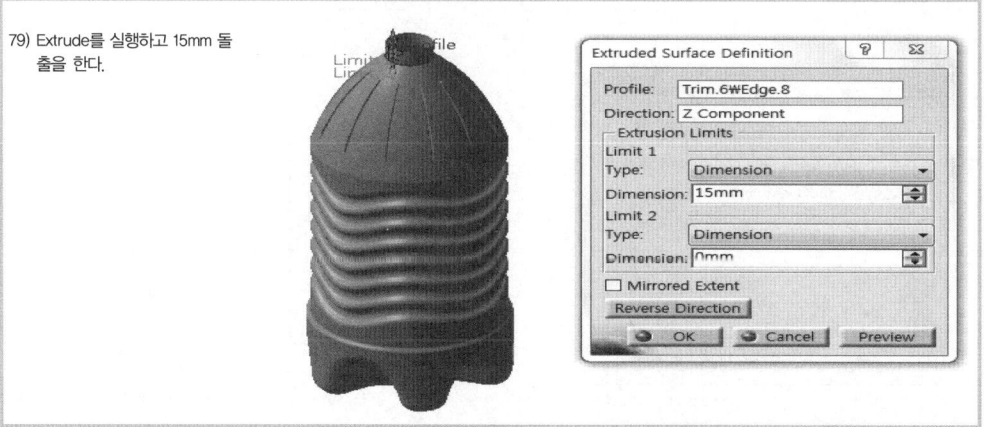

80) Join을 실행하고 다음 Surface들을 결합한다.

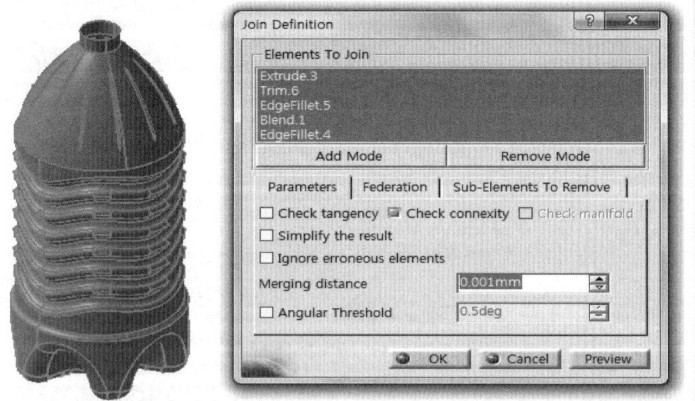

81) Bottle3으로 저장한다.

응용하기 50　비틀림 코일 스프링(Torsional Coil Spring)

1) [Start]-[Shape]-[Generative Shape Design]을 선택한다.
2) Helix를 실행하고 Starting Point를 찍기 위해서 마우스 우측 버튼을 눌러 [Create Point]를 선택한다.

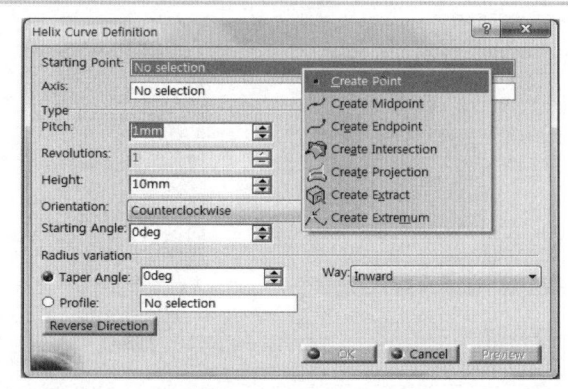

3) X축으로 50mm을 지정한다.

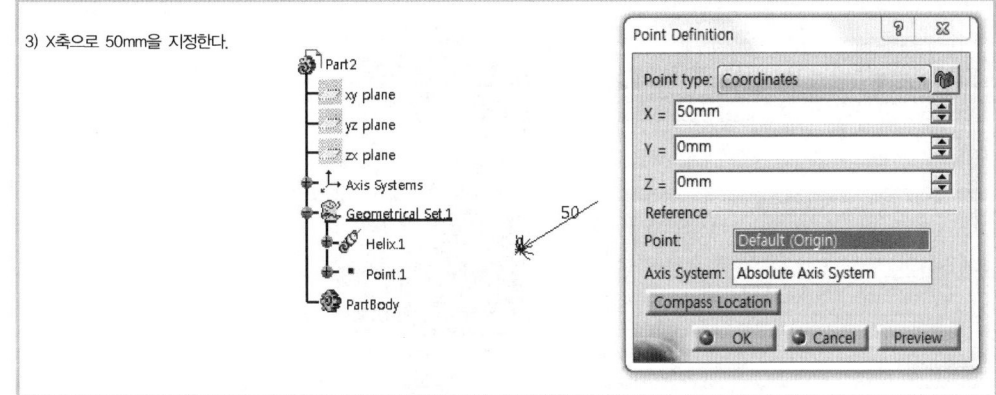

4) Axis : Y Axis를 선택, Pitch : 10mm, Height : 50mm, 시작각도 : 270deg를 지정하여 생성한다.

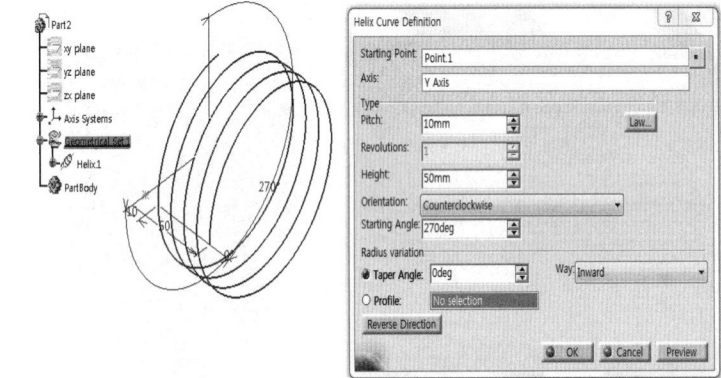

5) Line을 실행하고 Line Type : Point Direction을 지정 Point : Helix의 끝점 선택, Direction : Z Component를 선택, 선길이 : 140mm를 지정한다.

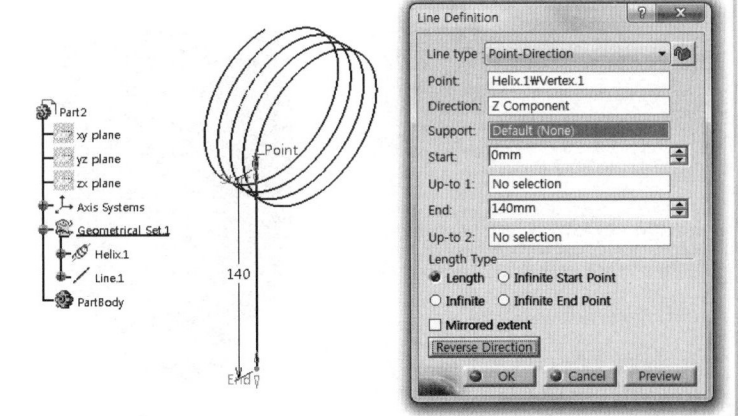

6) Line을 실행하고 Line Type : Point Direction을 지정, Point : Line의 끝점 선택, Direction : Y Component를 선택, 선길이 : 40mm를 지정한다.

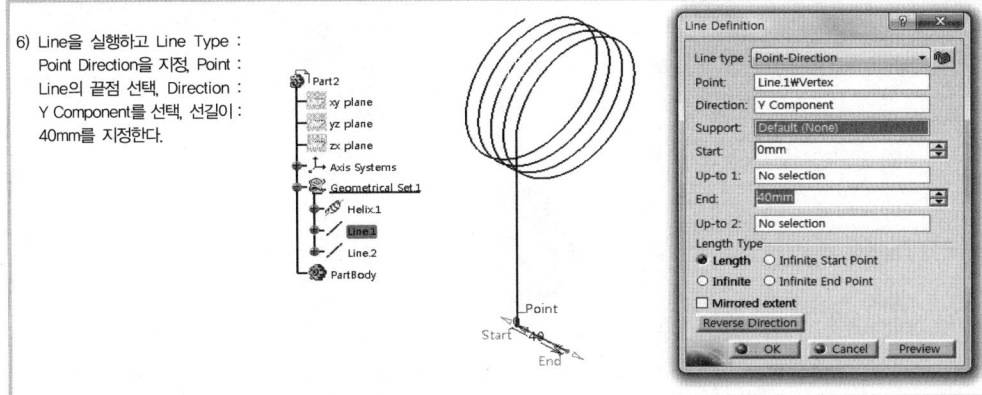

7) Corner를 실행하고 반경 : 10mm로 Corner를 생성한다. 모서리는 모두 Trim이 되도록 다음과 같이 선택한다.

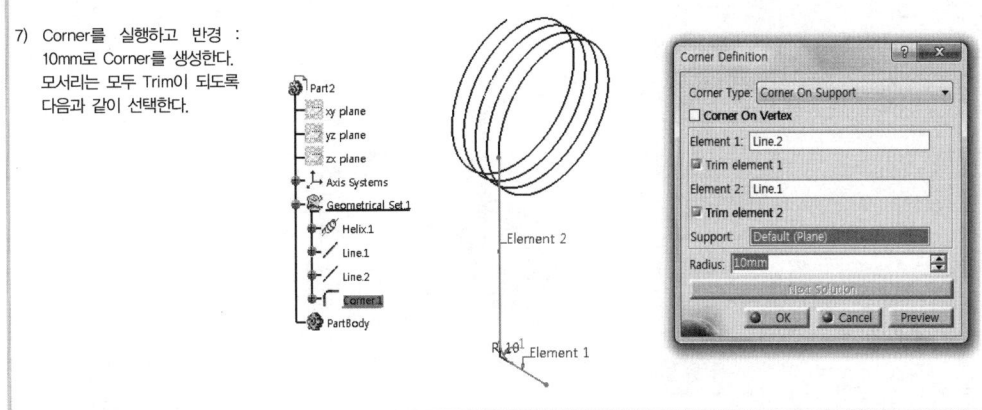

8) Line을 실행하고 Line Type : Point Direction을 지정, Point : Helix의 끝점 선택, Direction : X Component를 선택, 선길이 : 140mm를 지정한다.

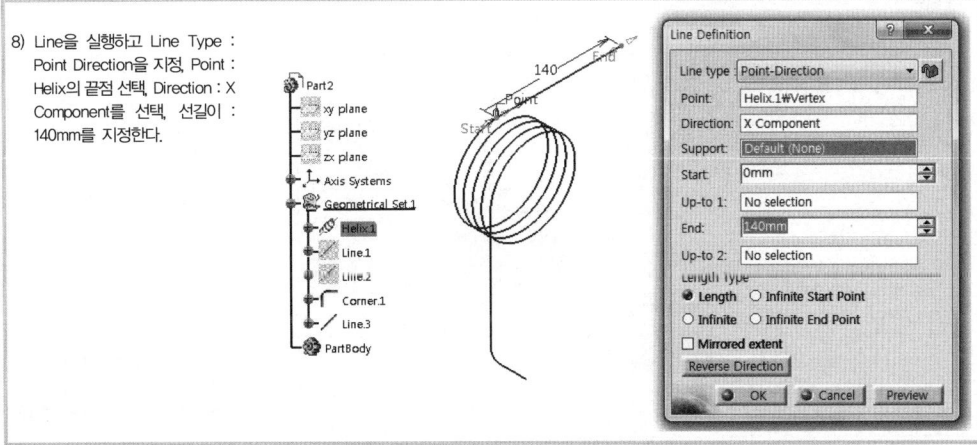

9) Line을 실행하고 Line Type : Point Direction을 지정, Point : Line의 끝점 선택, Direction : Y Component를 선택, 선길이 : 40mm을 지정한다.

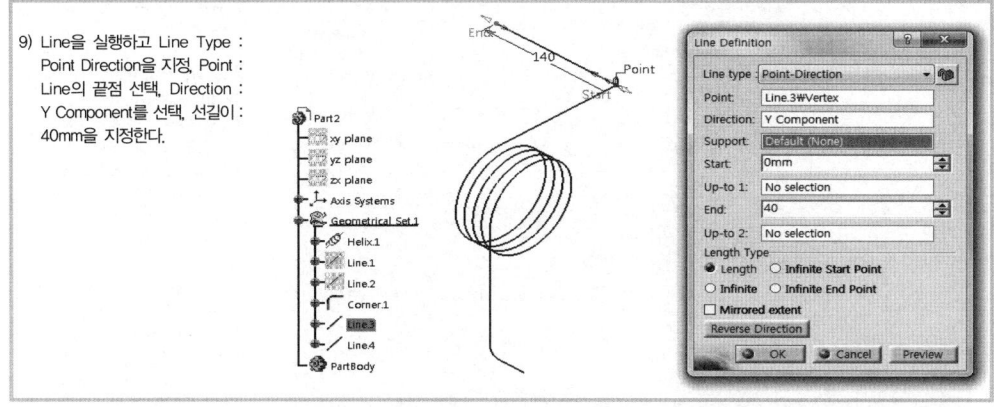

10) Corner를 실행하고 반경 : 10mm로 Corner를 생성한다. 모서리는 모두 Trim이 되도록 다음과 같이 선택한다.

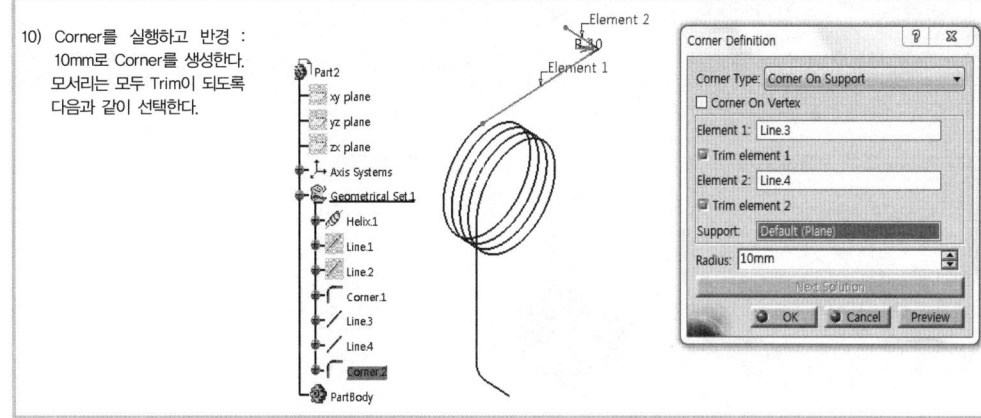

11) Sweep을 실행하고 Type : Circle 로 선택, Subtype : Center and radius를 지정, Center Curve : Corner.1을 선택, 반경 : 4mm를 지정한다.

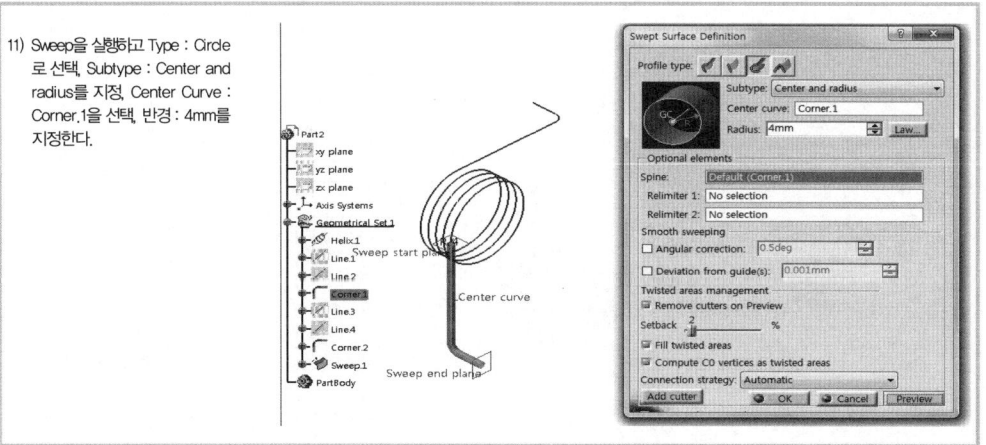

483

12) Sweep을 실행하고 Type : Circle로 선택, Subtype : Center and radius를 지정, Center Curve : Helix.1을 선택, 반경 : 4mm를 지정한다.

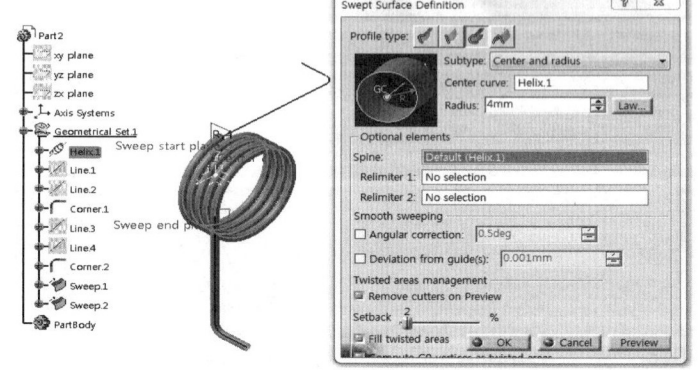

13) Sweep을 실행하고 Type : Circle로 선택, Subtype : Center and radius를 지정, Center Curve : Corner.2를 선택, 반경 : 4mm를 지정한다.

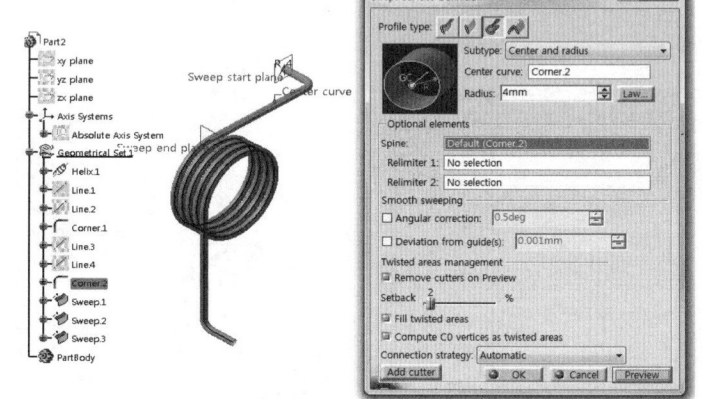

14) Healing을 실행하고 3개의 Surface를 결합한다.

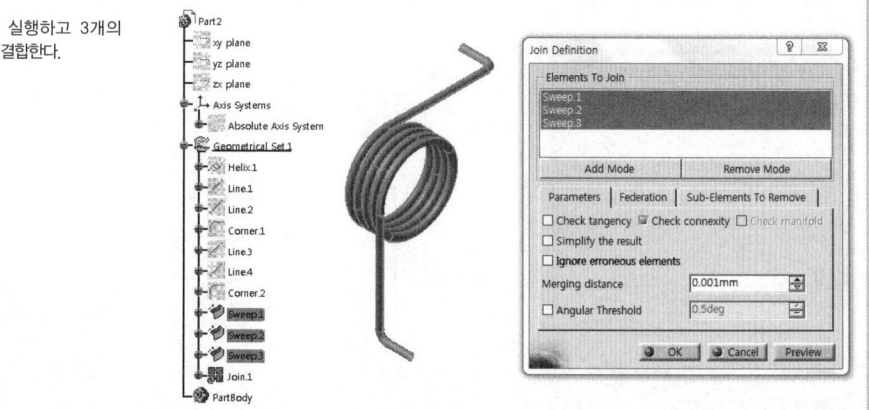

15) [Start]-[Mechanical Design]-[Part Design]을 선택한다.
16) Close Surface를 실행하고 Join.1을 선택하여 솔리드로 채운다.

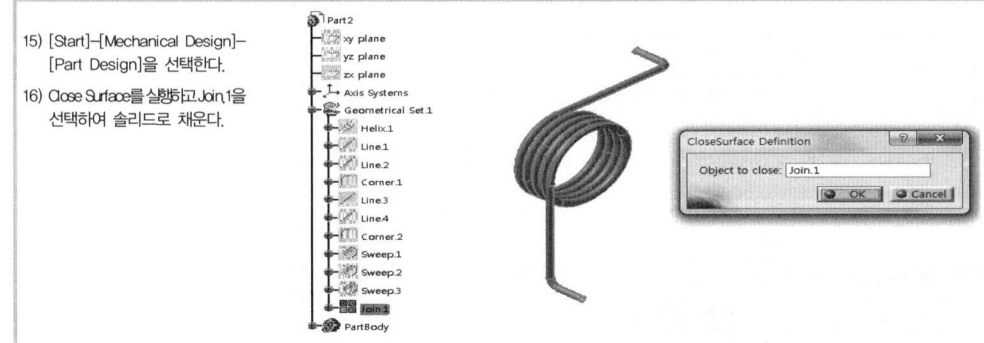

■ 완성 결과

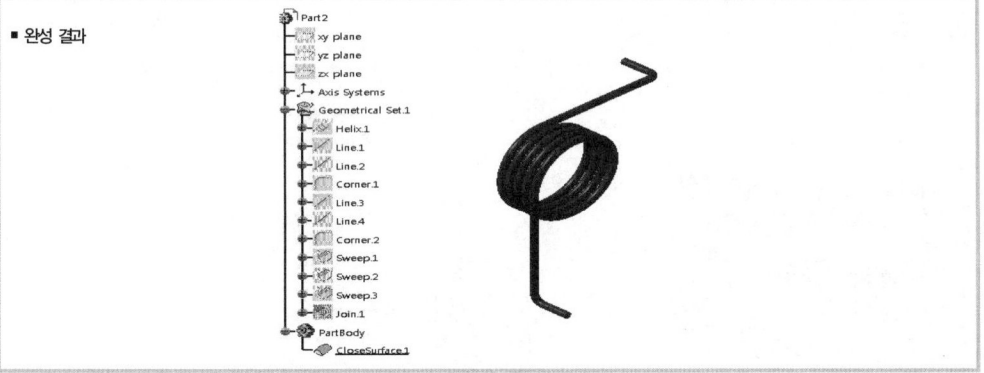

응용하기 51   인장 스프링(Tensional Spring)

1) [Start]-[Shape]-[Generative Shape Design]을 선택한다.
2) Geometrical Set 위에서 마우스 우측버튼을 눌러 [Properties]를 선택, [Feature Properties] 탭에서 Feature Name : GSD Design으로 지정한다.
   [Insert]-[Geometrical Set]을 선택하여 Sketch & Curves와 Surfaces를 각각 생성한다.
3) Sketch & Curves 위에서 마우스 우측버튼을 눌러 [Define In Work Object]를 선택한다.
   Helix를 실행하고 Starting Point를 찍기 위해서 마우스 우측버튼을 눌러 [Create Point]를 선택한다.

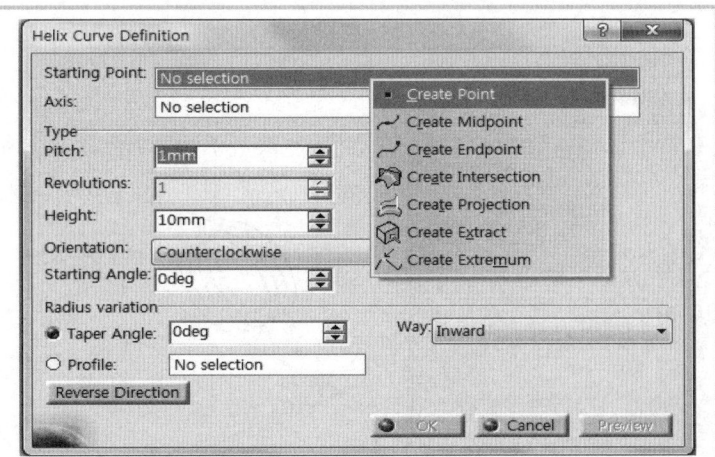

4) Y축으로 20mm을 지정한다.

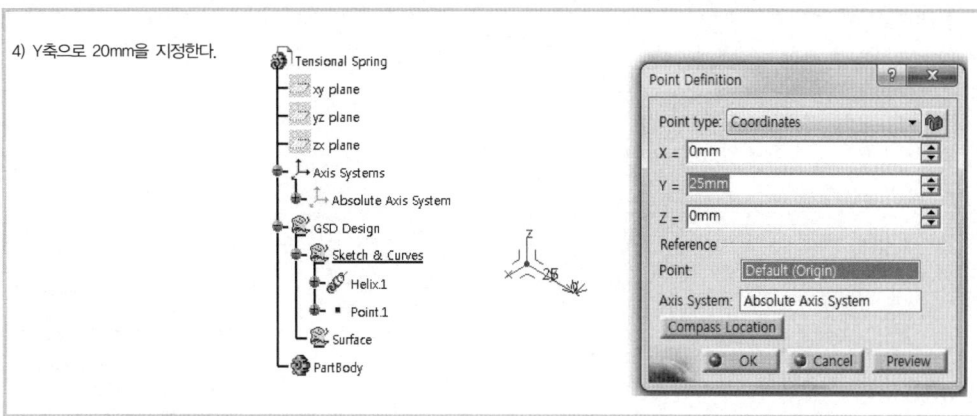

5) Axis : Z Axis를 선택, Pitch : 10mm, Height : 60mm, 시작 각도 : 0deg를 지정하여 생성한다.

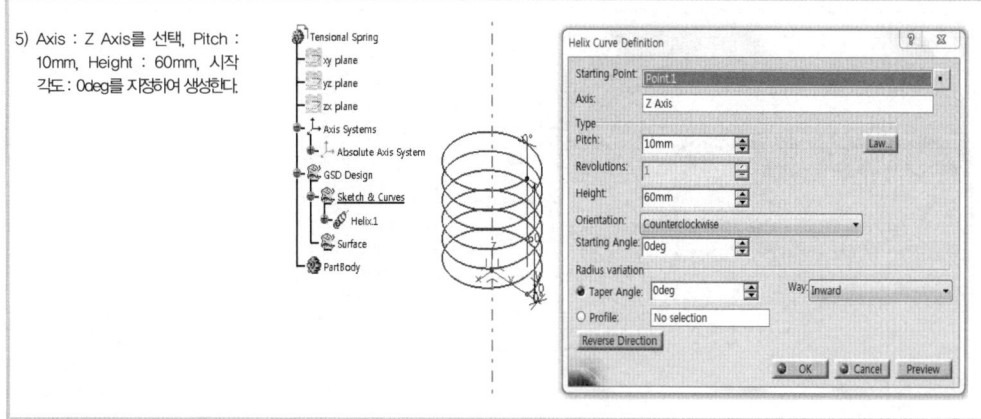

6) [Insert]-[Geometrical Set]을 선택, Planes를 생성한다.
7) Plane을 실행하고 다음과 같이 지정하여 Plane을 생성한다.

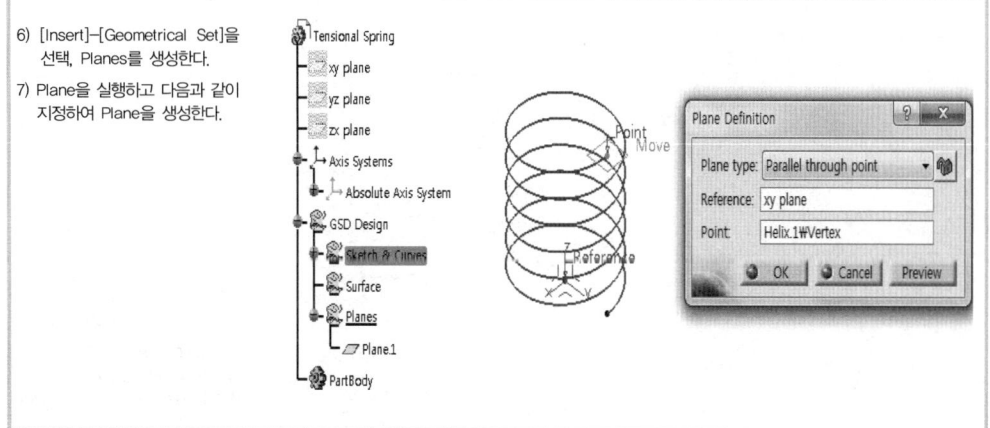

8) Sketch & Curves 위에서 마우스 우측버튼을 눌러 [Define In Work Object]를 선택한다.
9) 스케치를 실행하고 Plane.1을 선택하여 다음과 같이 스케치를 한다.

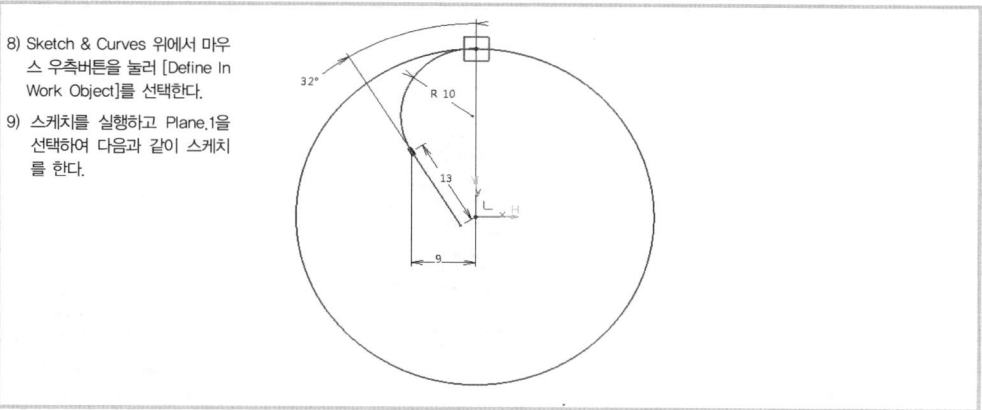

10) Extract를 실행하고 다음 선분을 선택하여 추출한다.

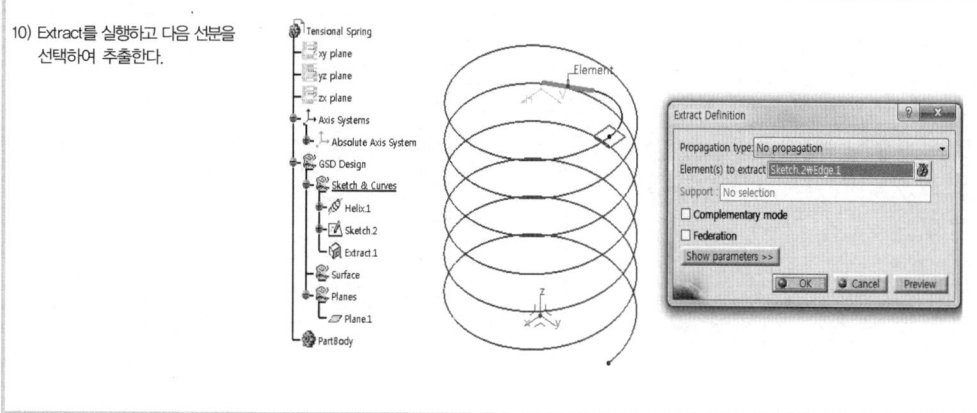

11) Planes 위에서 마우스 우측 버튼을 눌러 [Define In Work Object]를 선택한다.
12) Plane을 실행하고 다음과 같이 지정하여 Plane을 생성한다.

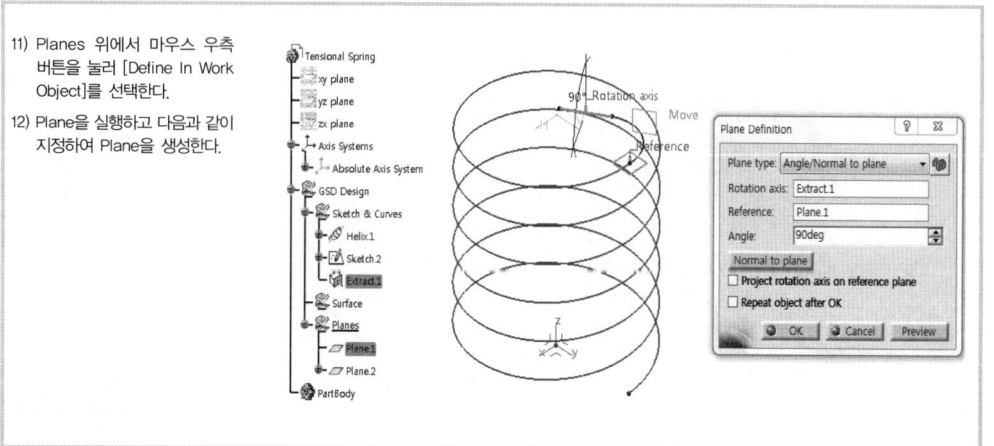

13) Sketch & Curves 위에서 마우스 우측버튼을 눌러 [Define In Work Object]를 선택한다.
14) 스케치를 실행하고 Plane.2를 선택하여 다음과 같이 스케치를 한다.

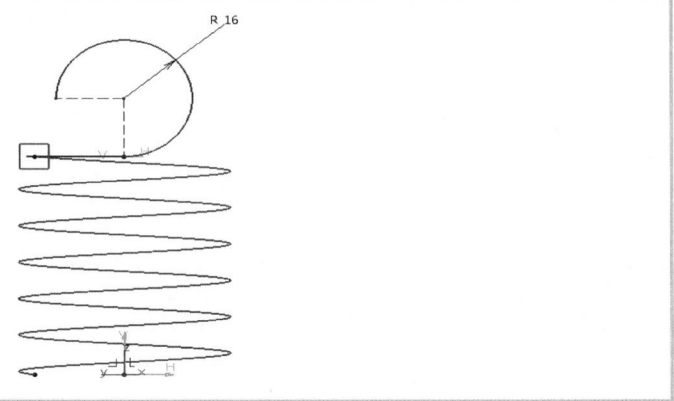

15) Planes 위에서 마우스 우측 버튼을 눌러 [Define In Work Object]를 선택한다.
16) Plane을 실행하고 다음과 같이 지정하여 Plane을 생성한다.

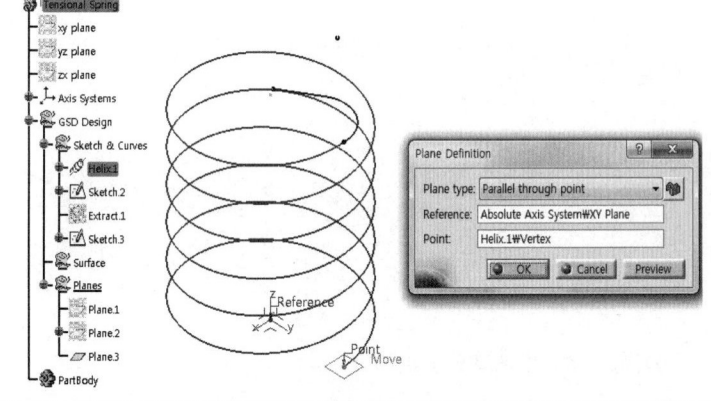

17) Sketch & Curves 위에서 마우스 우측 버튼을 눌러 [Define In Work Object]를 선택한다.
18) 스케치를 실행하고 Plane.3을 선택하여 다음과 같이 스케치를 한다.

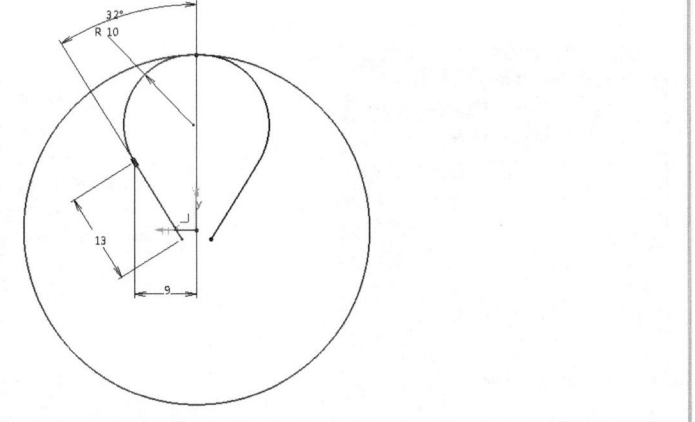

19) Extract를 실행하고 다음 선분을 선택하여 추출한다.

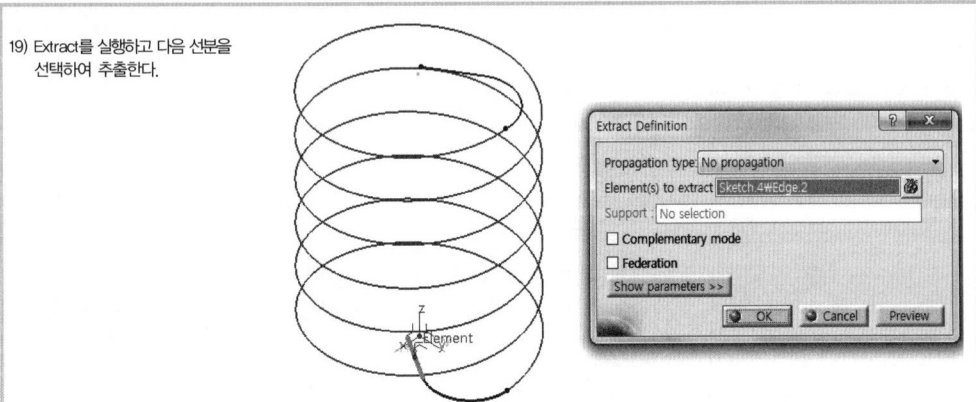

20) Planes 위에서 마우스 우측 버튼을 눌러 [Define In Work Object]를 선택한다.
21) Plane을 실행하고 다음과 같이 지정하여 Plane을 생성한다.

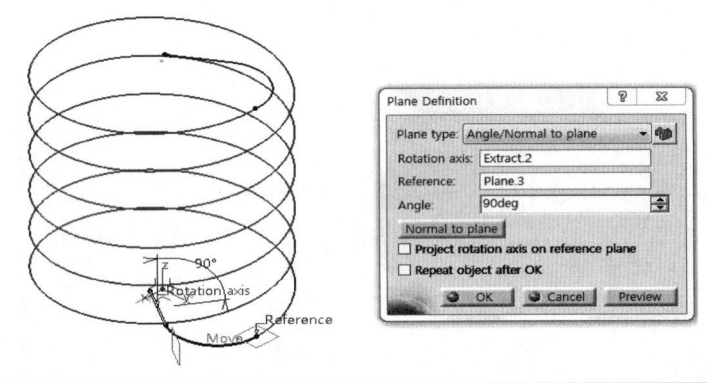

22) Sketch & Curves 위에서 마우스 우측 버튼을 눌러 [Define In Work Object]를 선택한다.
23) 스케치를 실행하고 Plane.4를 선택하여 다음과 같이 스케치를 한다.

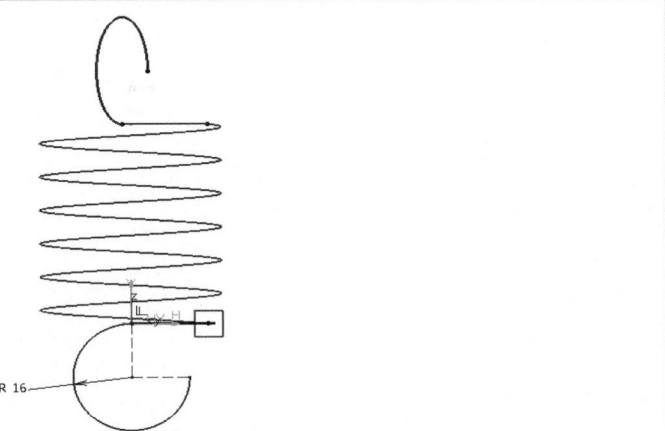

24) Join을 실행하고 다음 객체들을 Join을 한다.

- Merging distance의 의미?

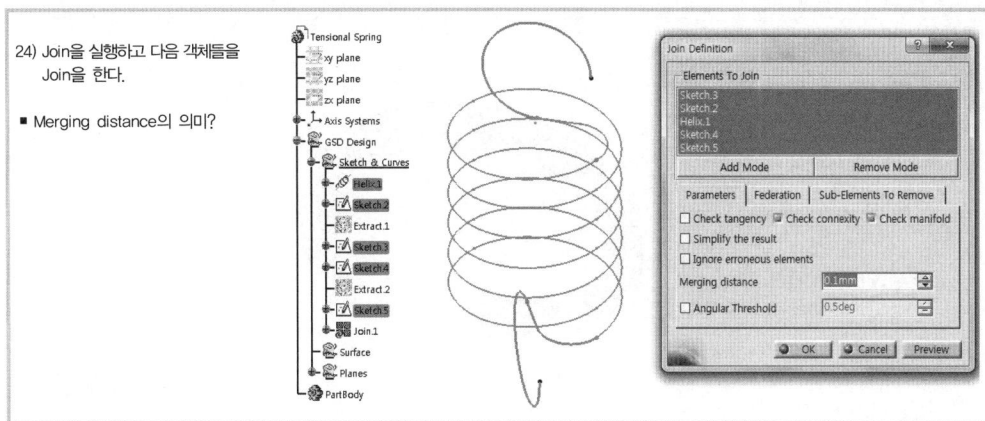

25) Surfaces 위에서 마우스 우측 버튼을 눌러 [Define In Work Object]를 선택한다.

26) Sweep을 실행하고 반경 : 2mm를 지정하여 Surface를 생성한다.

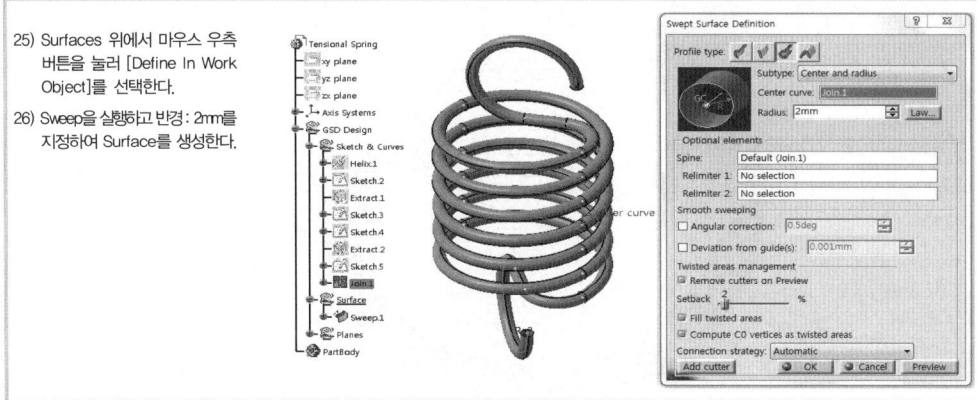

27) [Start]-[Mechanical Design]-[Part Design]을 선택한다.

28) Close Surface를 실행하고 Join.1을 선택하여 솔리드로 채운다.

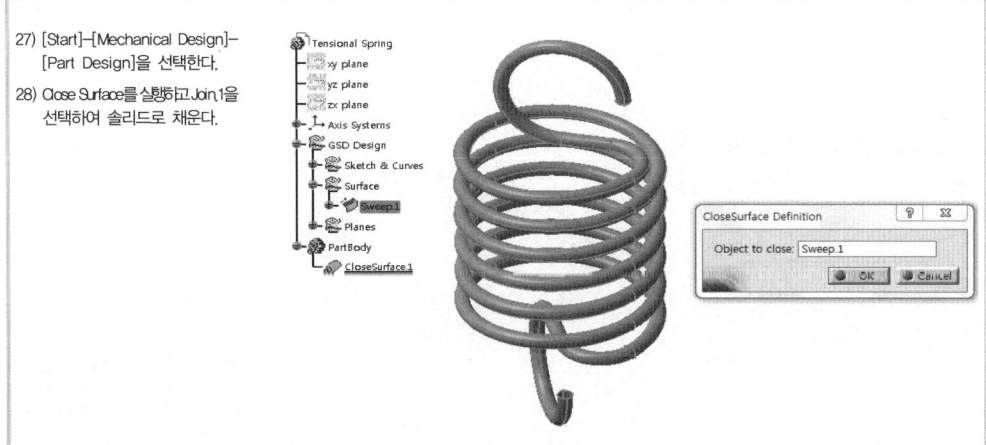

■ 완성 결과

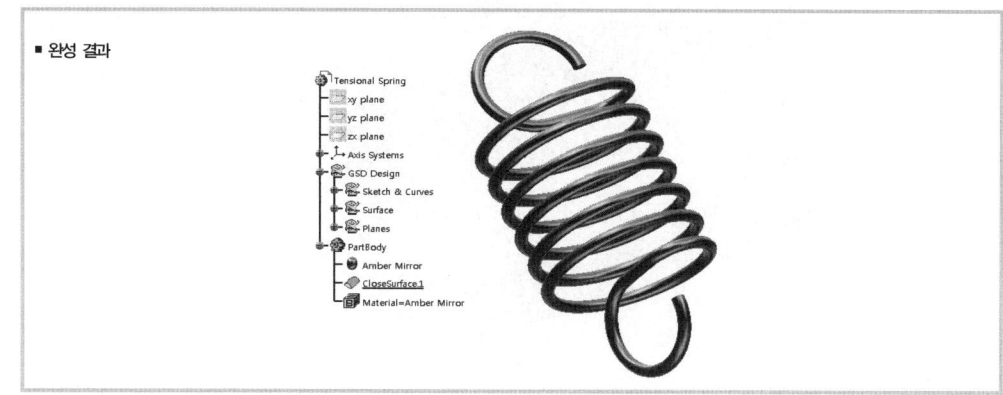

응용하기 52   Telephone Wire 만들기

1) [Start]-[Shape]-[Generative Shape Design]을 선택한다.

2) 스케치를 실행하고 XY Plane을 선택하여 다음과 같이 Spline으로 스케치를 한다.

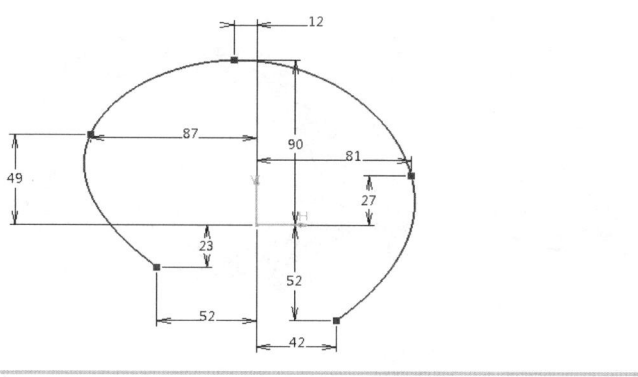

3) Sweep을 실행하고 Profile Type : Circle을 선택, Center and radius를 지정, Center curve : Sketch.1을 선택, 반경 : 10mm로 스윕을 생성한다.

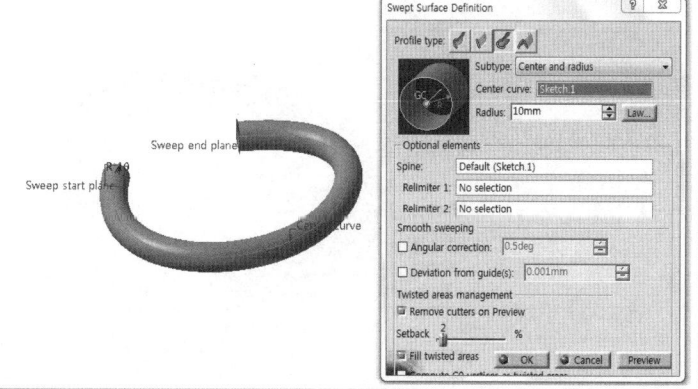

4) Plane을 실행하고 XY Plane을 기준으로 20mm 위쪽에 Plane을 생성한다.

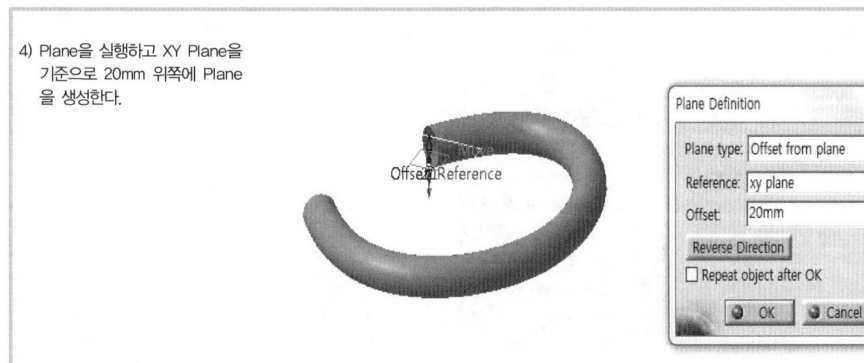

5) 스케치를 실행하고 Plane.1을 선택하여 다음과 같이 Line을 스케치 한다.

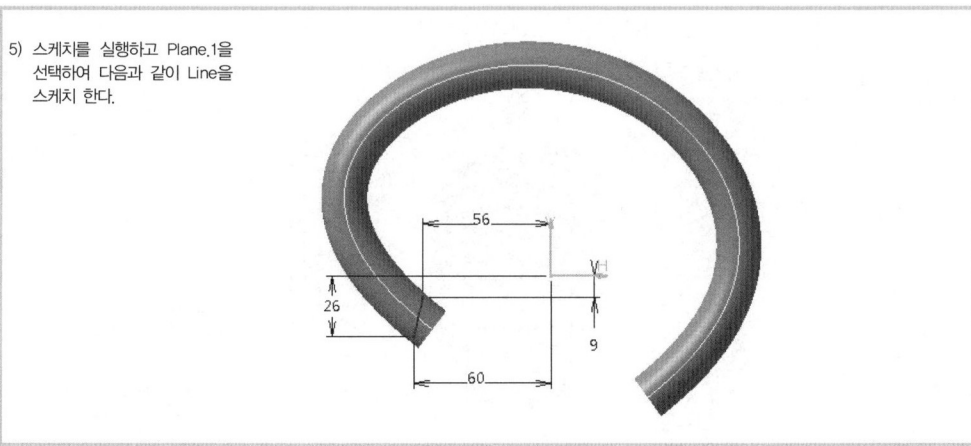

6) Projection을 실행하고 다음과 같이 지정하여 Line을 Sweep 곡면에 투영한다.

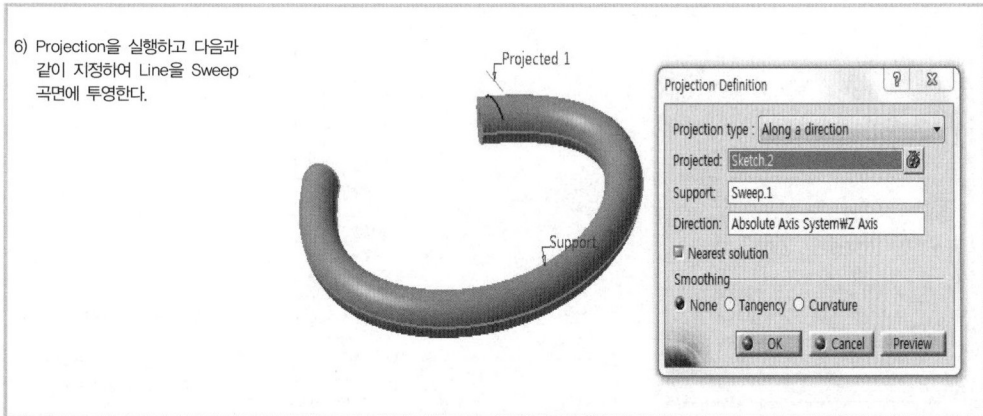

7) Extrapolate를 실행하고 Boundary : Project.1의 끝점을 선택 Extrapolated : Project.1 지정, 1400mm, Support : Sweep.1을 선택한다.

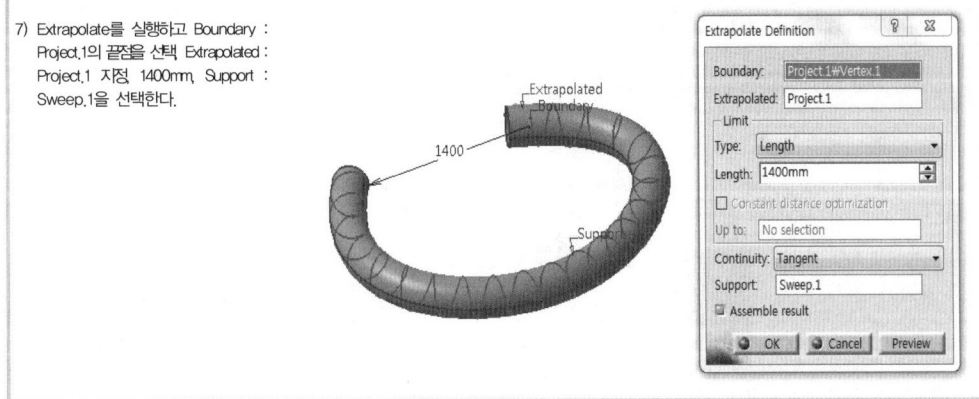

8) Plane을 실행하고 Curve : Extrapol.1, Point : Extrapol.1의 끝점을 선택하여 Plane을 생성한다.

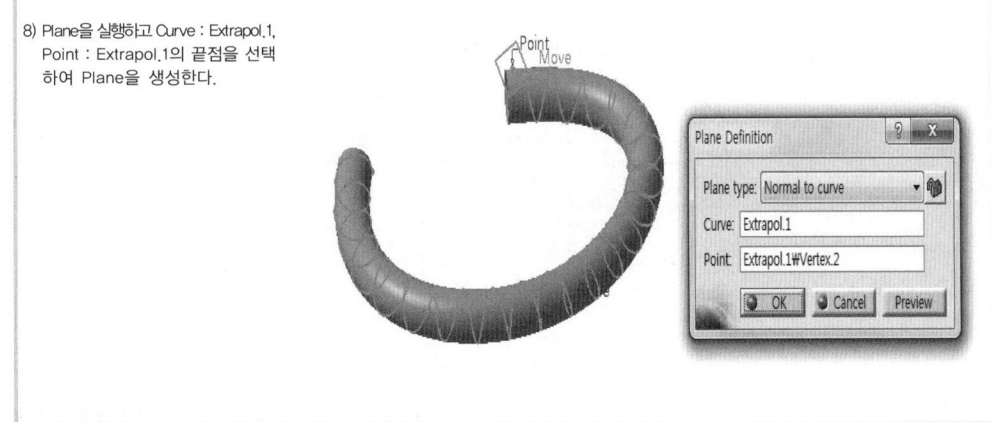

9) 스케치를 실행하고 Plane.2를 선택하여 다음과 같이 스케치를 한다.

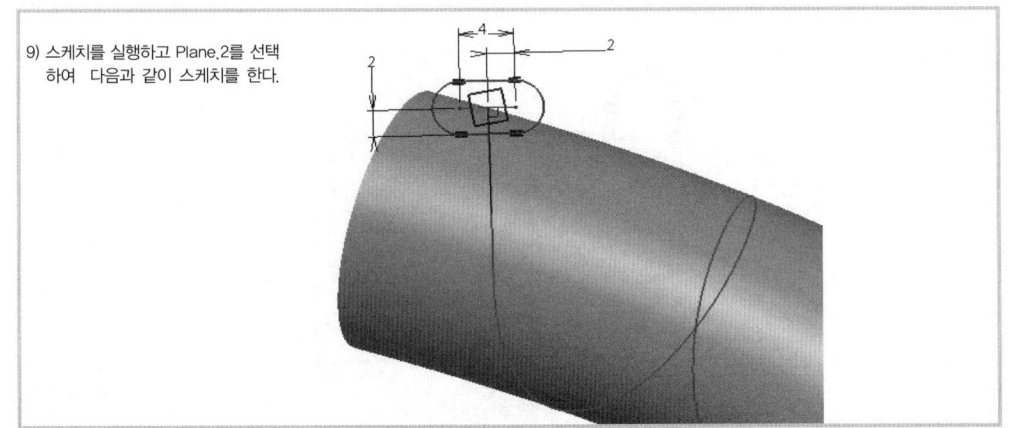

10) Sweep을 실행하고 Profile Type : Explicit을 선택, With reference surface를 지정, Profile : Sketch.3을 선택, Extrapol.1을 선택하여 스윕을 생성한다.

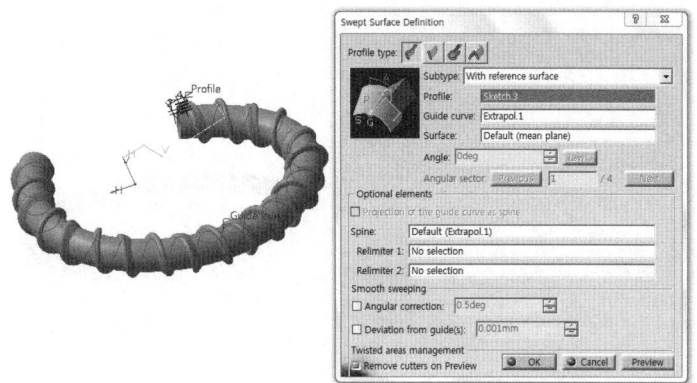

11) Extract를 실행하고 Wire의 끝 선을 선택하여 경계선을 추출한다.

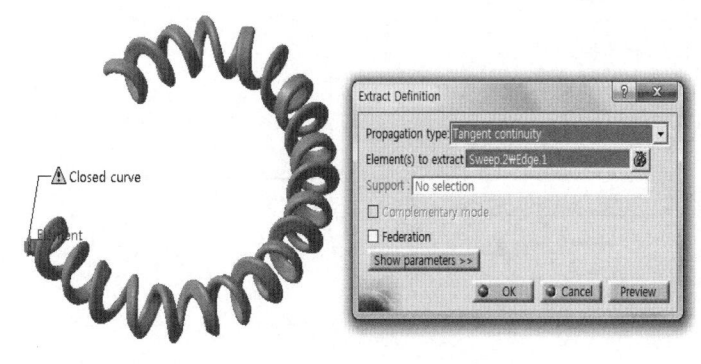

12) Extrapolate를 실행하고 Sweep 곡면을 40mm 연장한다.

13) Extract를 실행하고 Wire의 끝선을 선택하여 경계선을 추출한다.

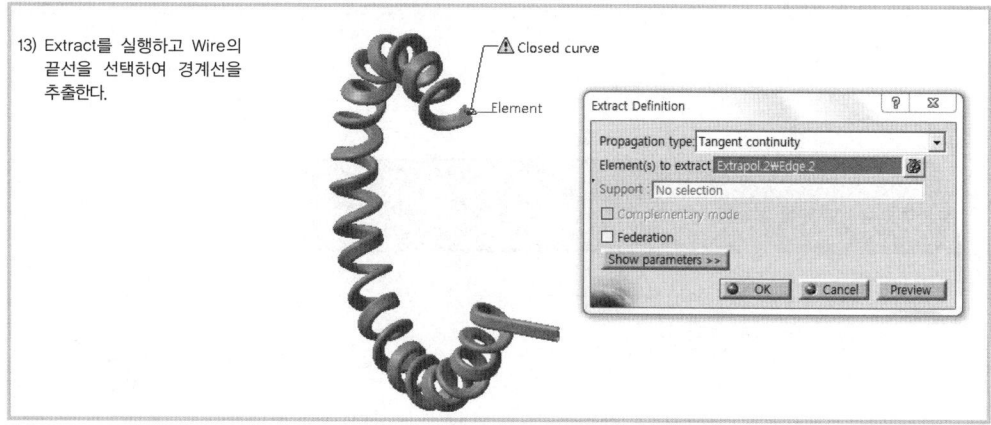

14) Extrapolate를 실행하고 Sweep 곡면을 70mm 연장한다.

■ 완성 결과

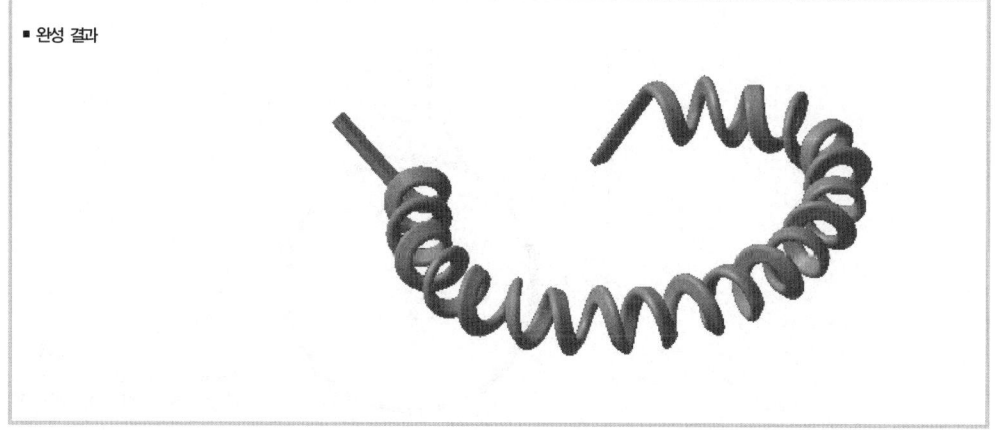

응용하기 53   Tennis 라켓 만들기

1) 스케치를 실행하고 XY Plane를 선택하여 다음과 같이 스케치를 한다.

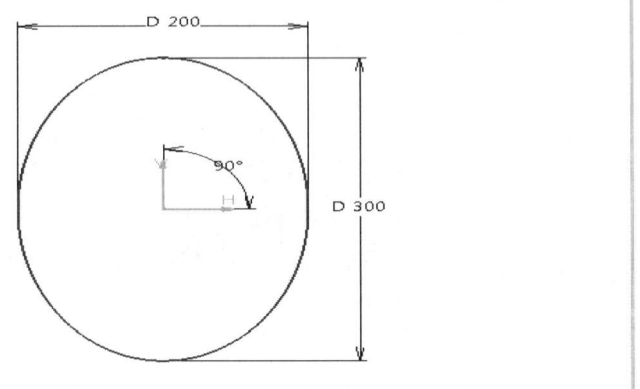

2) 스케치를 실행하고 ZX Plane를 선택하여 다음과 같이 스케치를 한다.

3) Sweep을 실행하고 Profile : Sketch.2 를 선택, Guide Curve : Sketch.1을 지정한다.

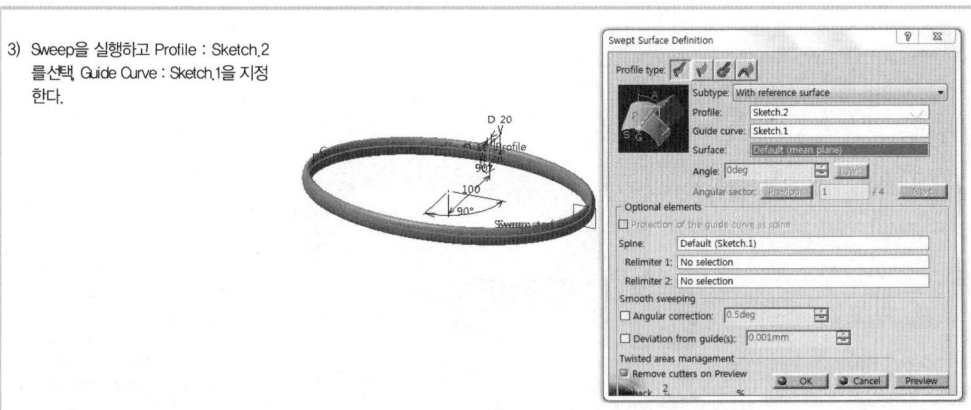

4) 스케치를 실행하고 XY Plane를 선택하여 다음과 같이 스케치를 한다.

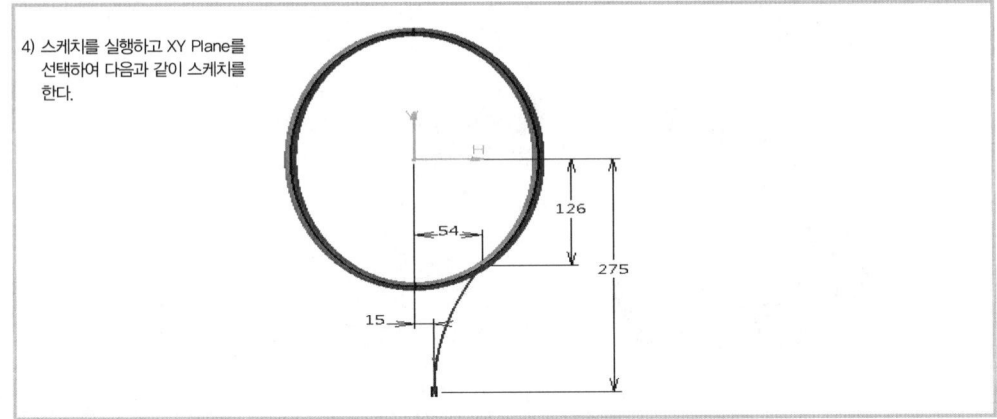

5) Plane을 실행하고 곡선과 끝점을 선택하여 Plane을 생성한다.

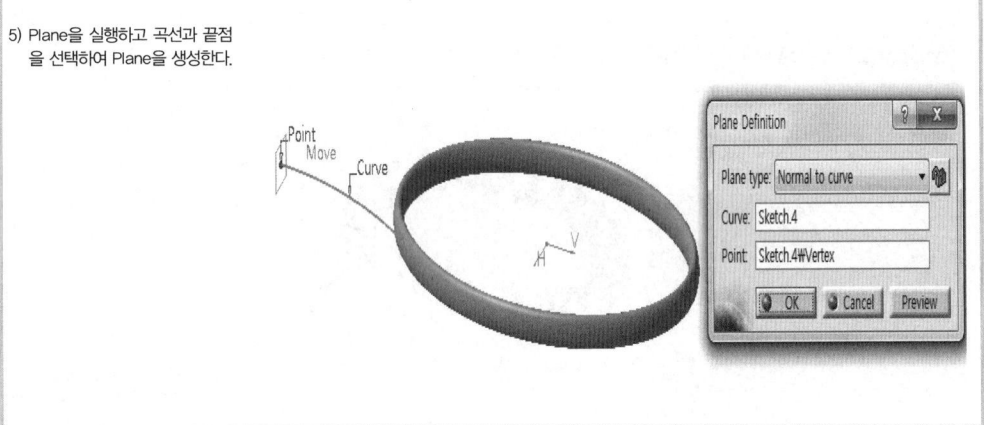

6) 스케치를 실행하고 Plane.1을 선택하여 다음과 같이 스케치를 한다.

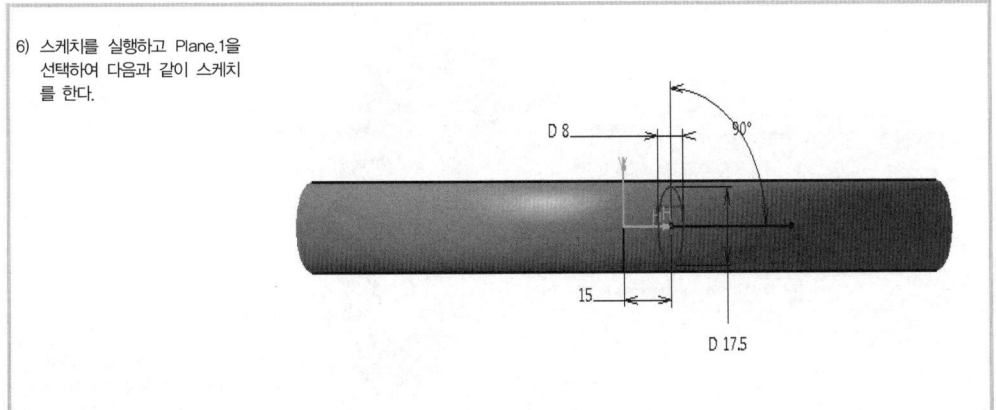

7) Sweep을 실행하고 Profile : Sketch.4를 선택, Guide Curve : Sketch.3을 지정한다.

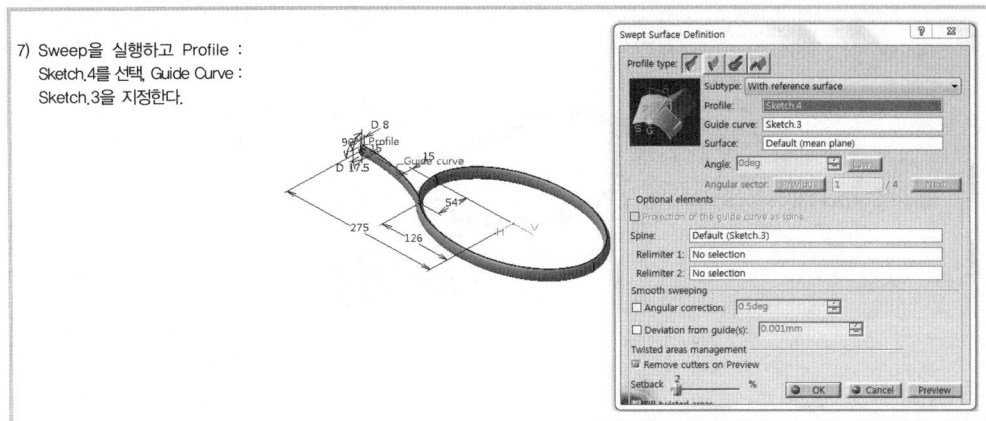

8) Symmetry를 실행하고 YZ Plane을 기준으로 Sweep.2를 대칭복사한다.

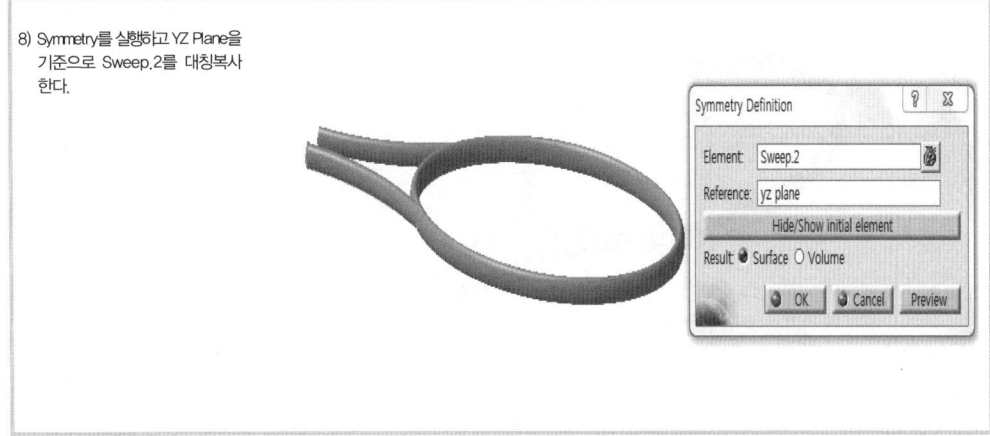

9) Trim을 실행하고 3개의 Surface를 선택하여 다음 부분이 남도록 잘라낸다.

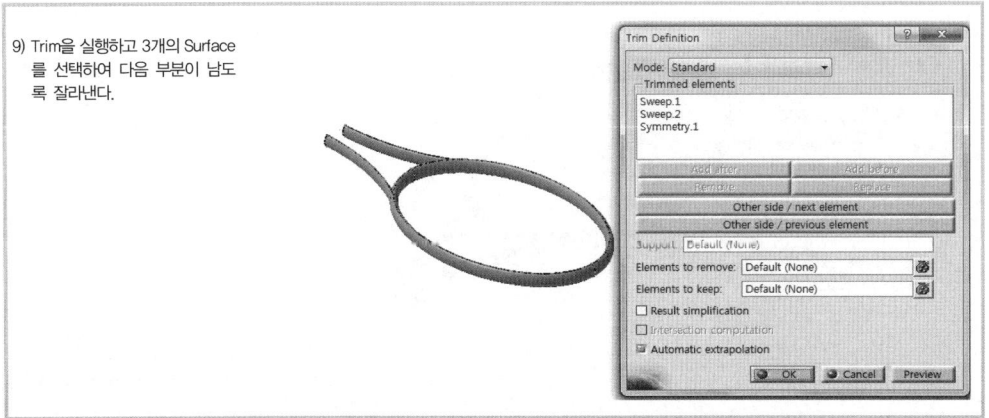

10) 스케치를 실행하고 Plane.1을 선택하여 다음과 같이 스케치를 한다.

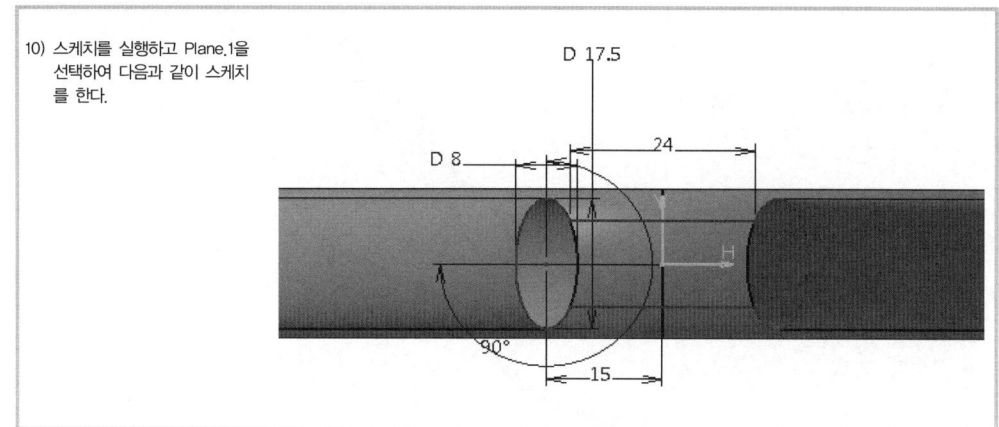

11) Plane을 실행하고 ZX Plane을 기준으로 420mm 위치에 Plane을 생성한다.

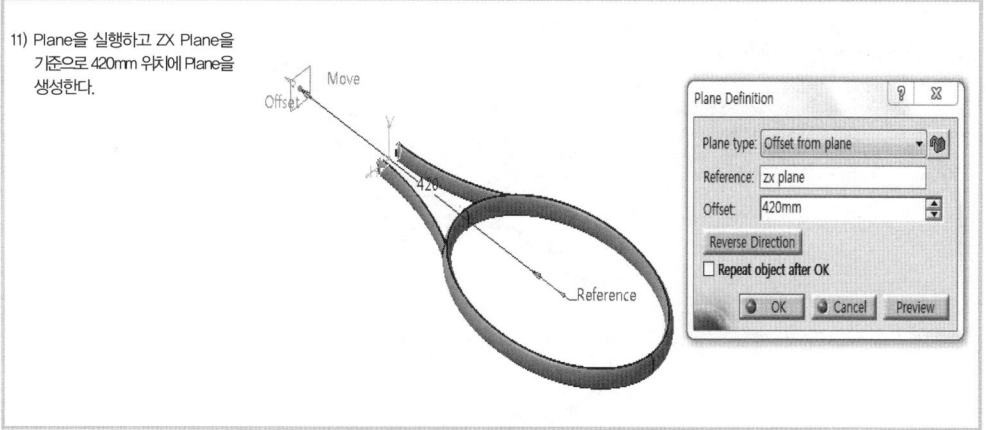

12) 스케치를 실행하고 Plane.2를 선택하여 다음과 같이 스케치를 한다.
4개의 Point를 찍는다.

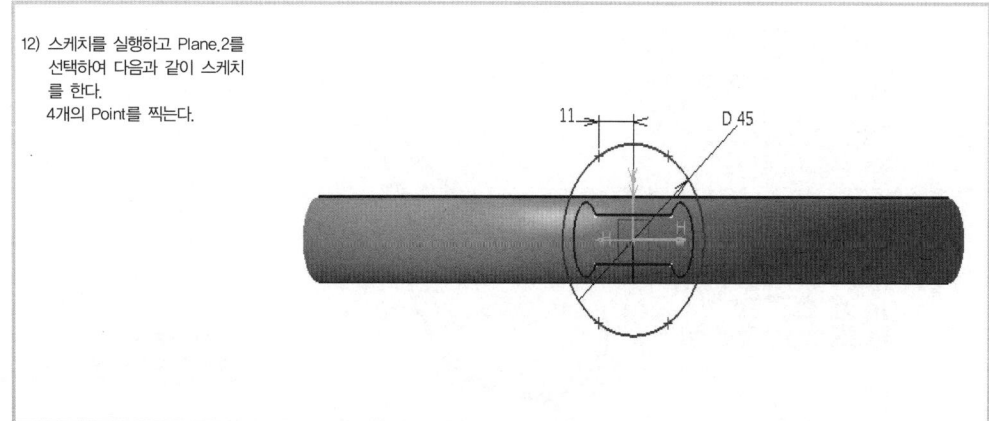

13) Line을 실행하고 다음 부분에 있는 Point를 이용하여 각각 Line을 생성한다.

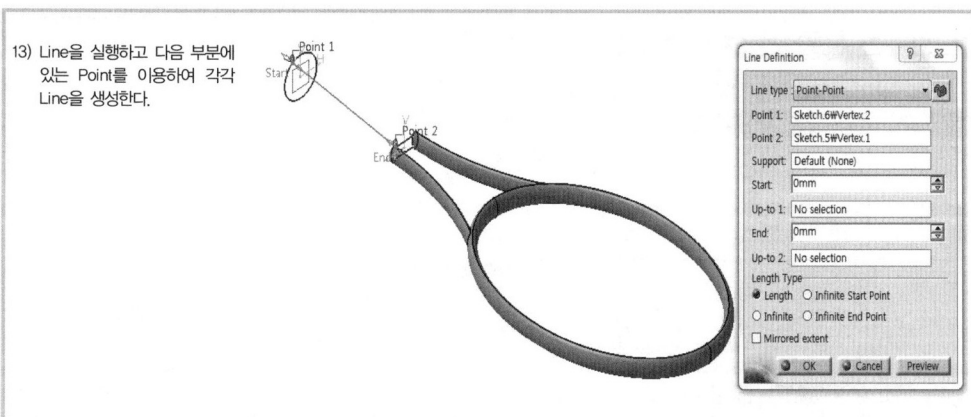

14) 나머지 3개의 Line도 같은 방법으로 생성한다.

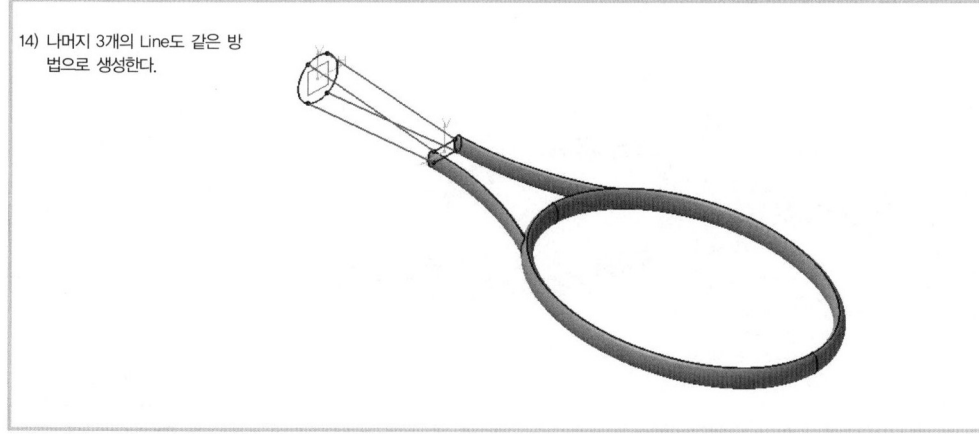

15) Multi-Section Surface를 실행하고 두 개의 스케치를 선택, Guides 탭을 선택하여 4개의 Line을 선택하여 생성한다.

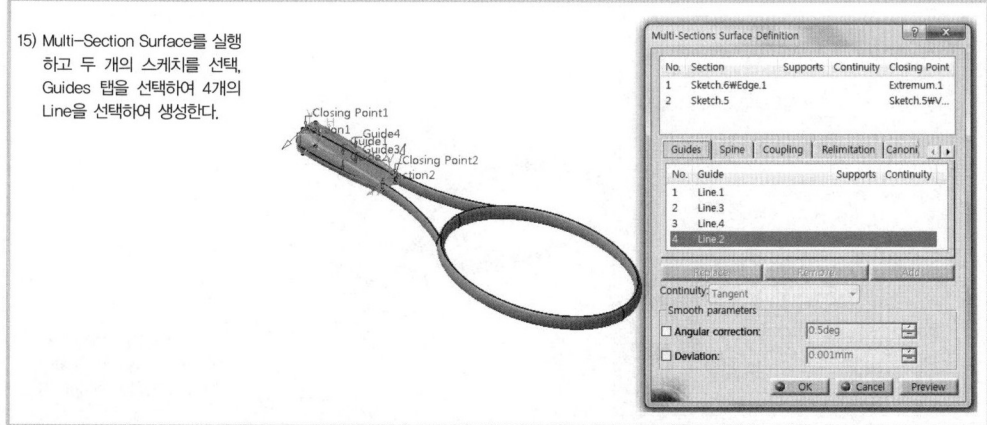

16) Extrude를 실행하고 Profile 항목 위에서 마우스 우측 버튼을 눌러 [Create Boundary]를 선택한다.

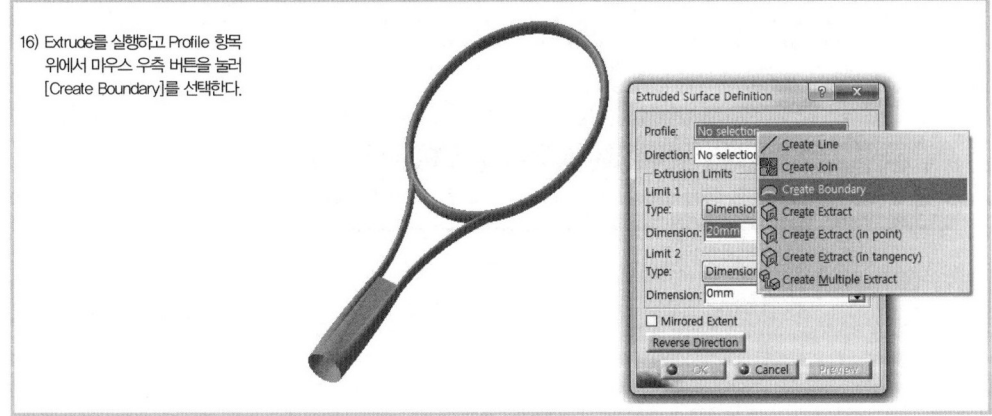

17) Surface의 모서리를 선택하여 추출한다.

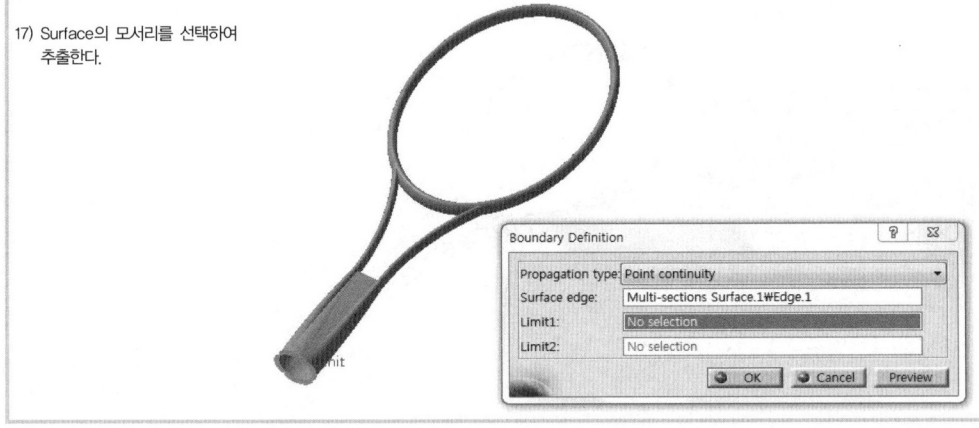

18) 150mm 돌출을 한다.

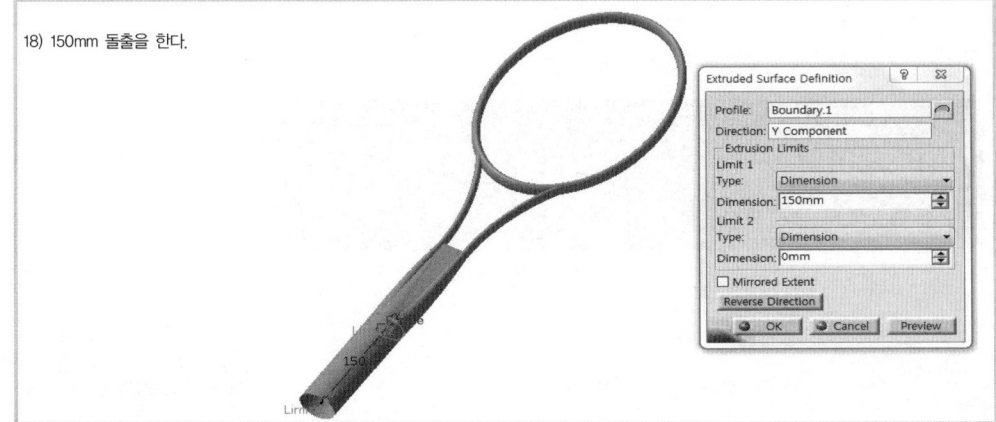

19) Fill을 실행하고 마우스 우측 버튼을 눌러 [Create Boundary]를 선택한다.

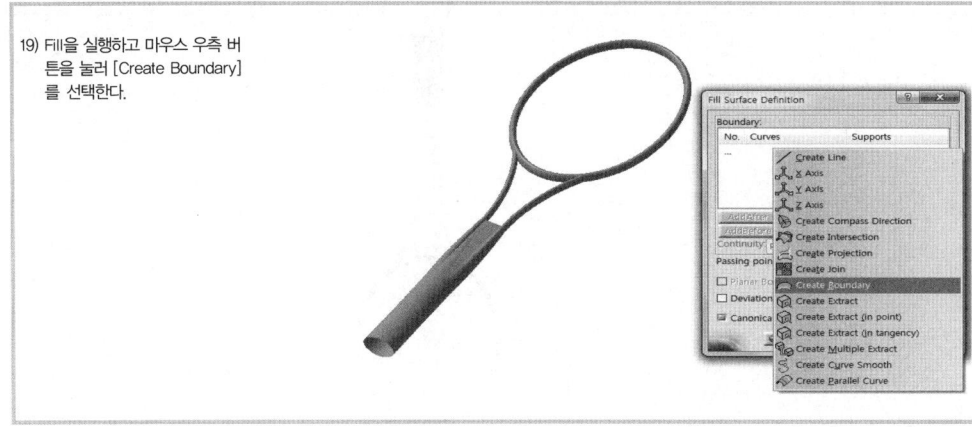

20) Surface의 모서리를 선택하여 추출한다.

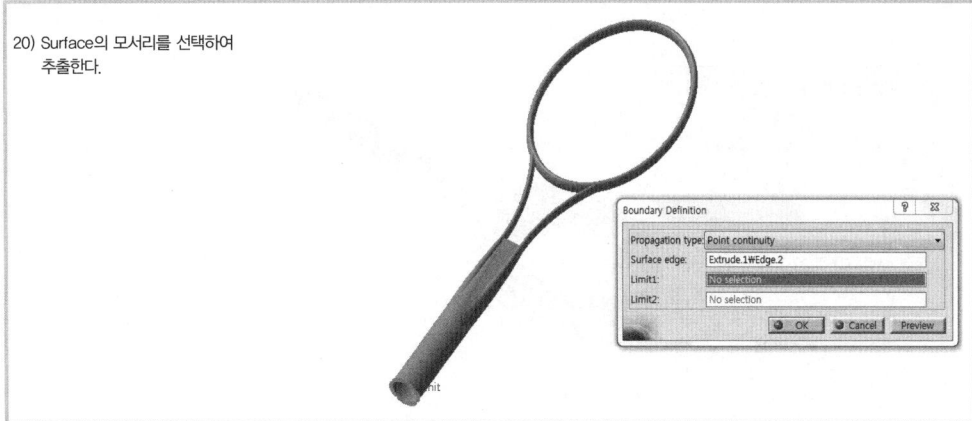

21) 다음과 같이 Surface를 채운다.

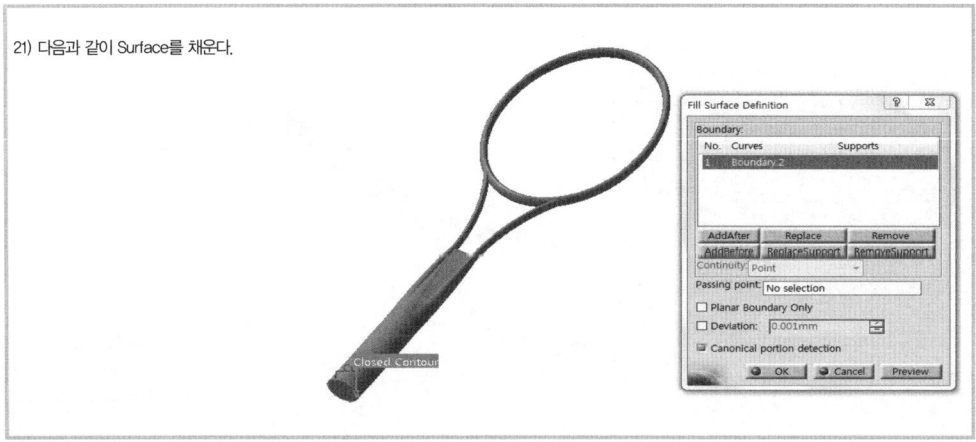

22) Join을 실행하고 두 개의 Surface를 결합한다.

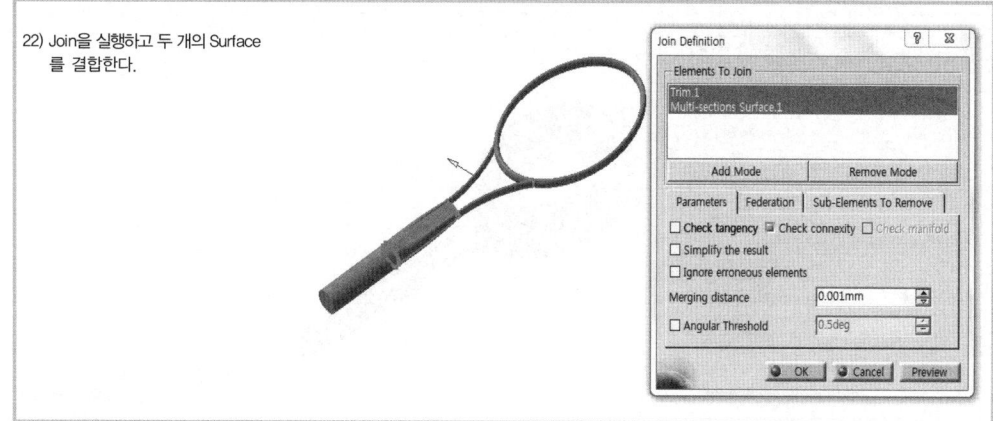

23) [Start]-[Mechanical Design]-[Part Desin]을 선택한다.

24) ClosedSurface를 실행하고 솔리드로 채운다.

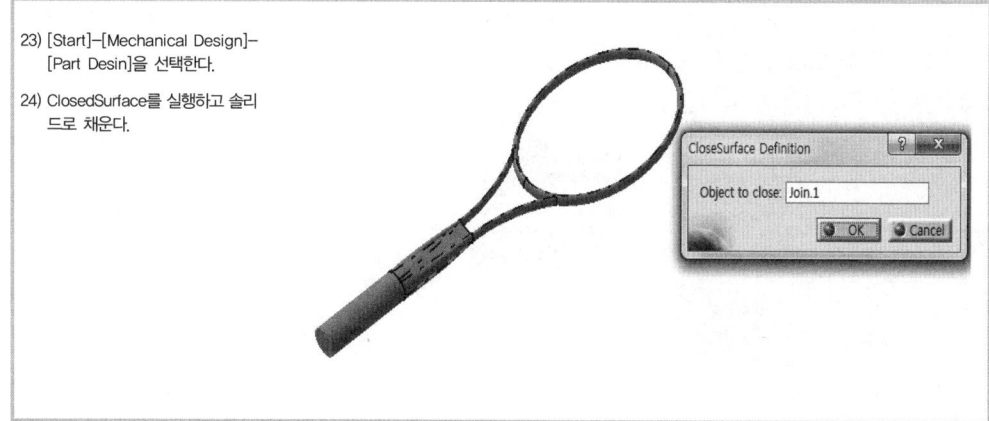

25) [Insert]-[Body]를 선택한다.

26) ClosedSurface를 실행하고 솔리드로 채운다.

27) 사용자 임의의 재질을 지정한다.
28) EdgeFillet을 실행하고 반경 : 5mm를 지정하여 필렛을 한다.

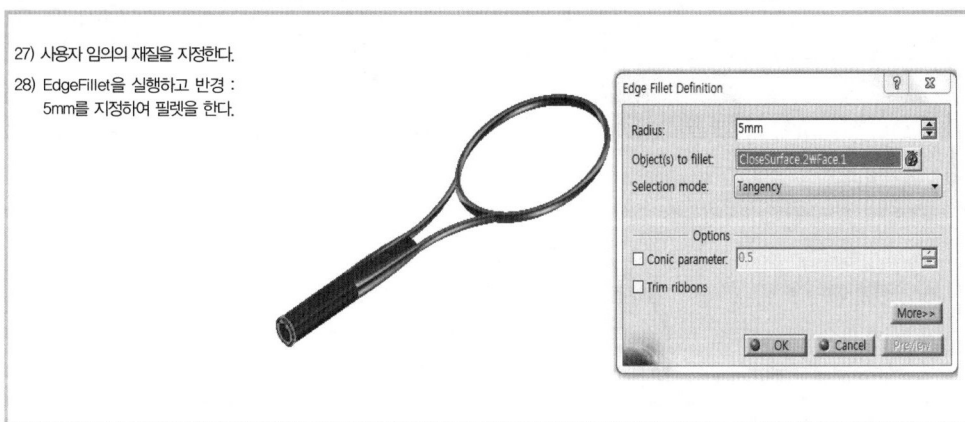

29) [Start]-[Shape]-[Generative Shape Design]을 선택한다.
30) Extrude를 실행하고 50mm, Mirrored Extent를 지정하여 돌출을 한다.

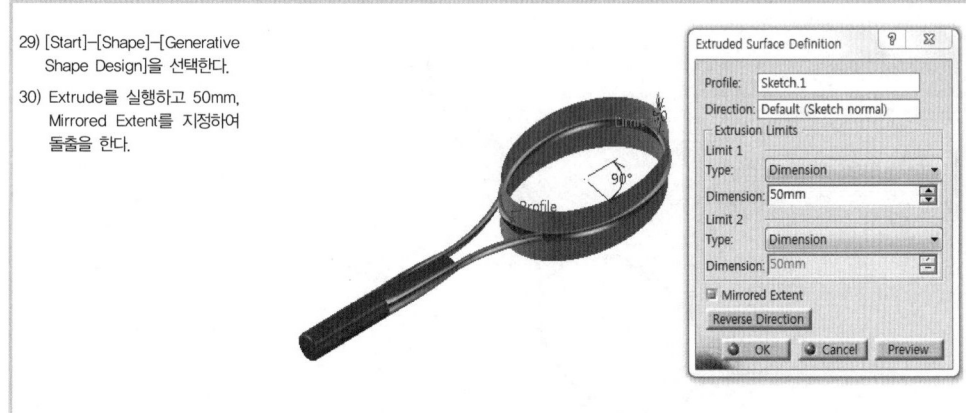

31) 스케치를 실행하고 XY Plane를 선택하여 다음과 같이 스케치를 한다.

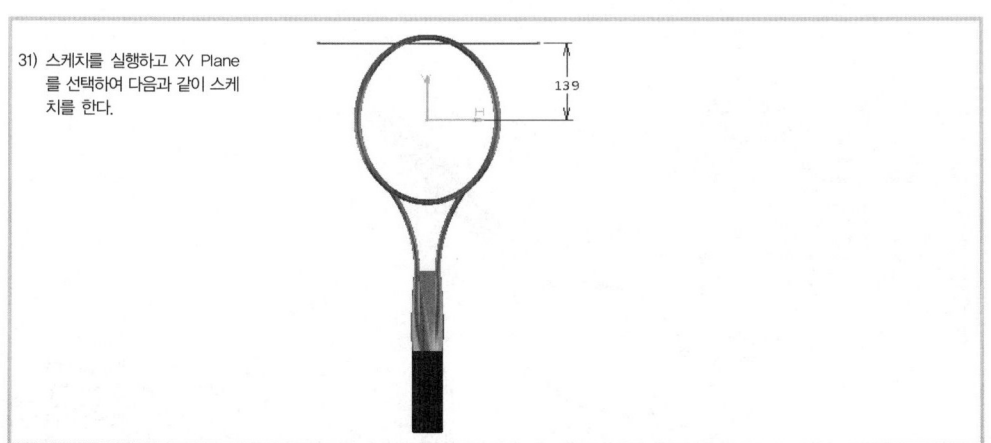

32) 스케치를 실행하고 XY Plane를 선택하여 다음과 같이 스케치를 한다.

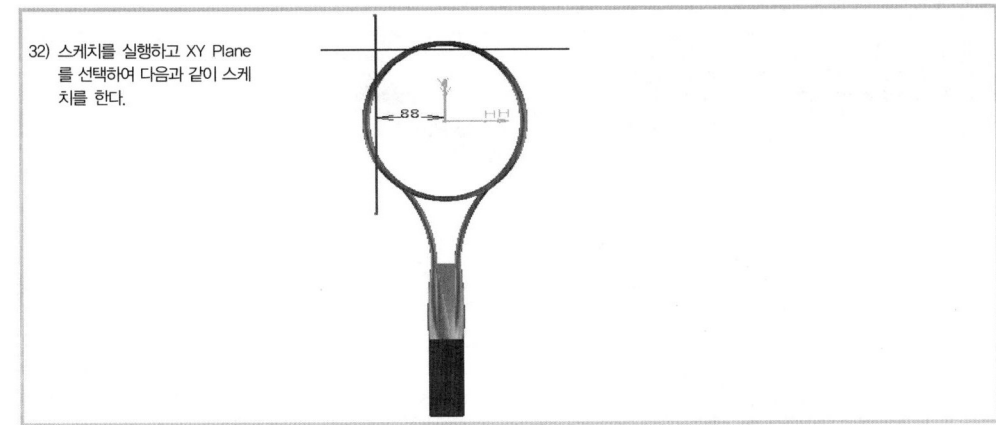

33) Sweep을 실행하고 다음과 같이 지정하여 Surface를 생성한다.

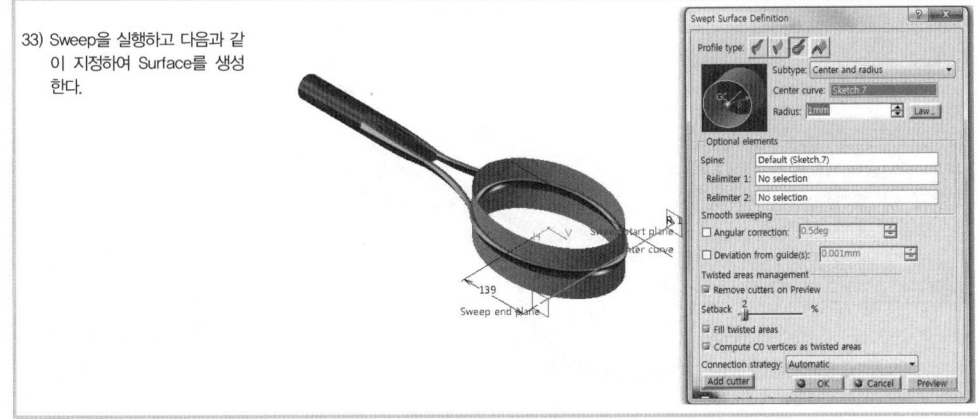

34) Sweep을 실행하고 다음과 같이 지정하여 Surface를 생성한다.

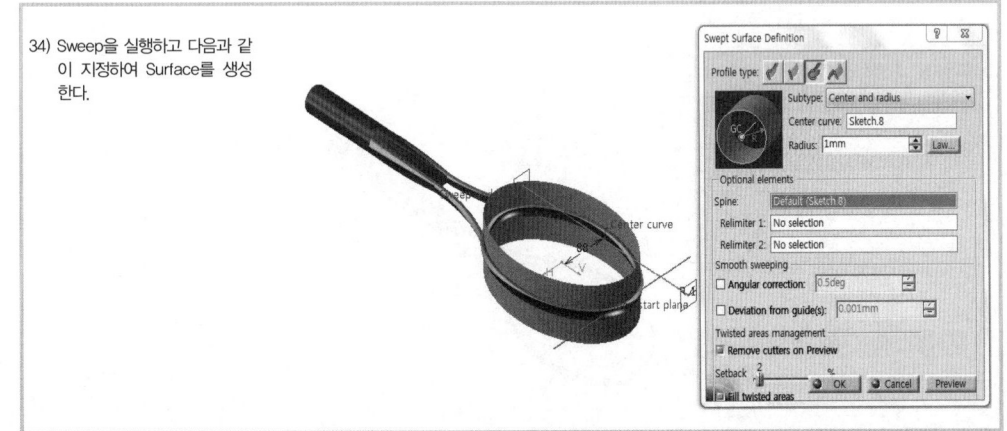

35) [Start]-[Mechanical Design]-
    [Part Design]을 선택한다.
36) [Insert]-[Body]를 선택한다.
37) ClosedSurface를 실행하고 솔리드로 채운다.

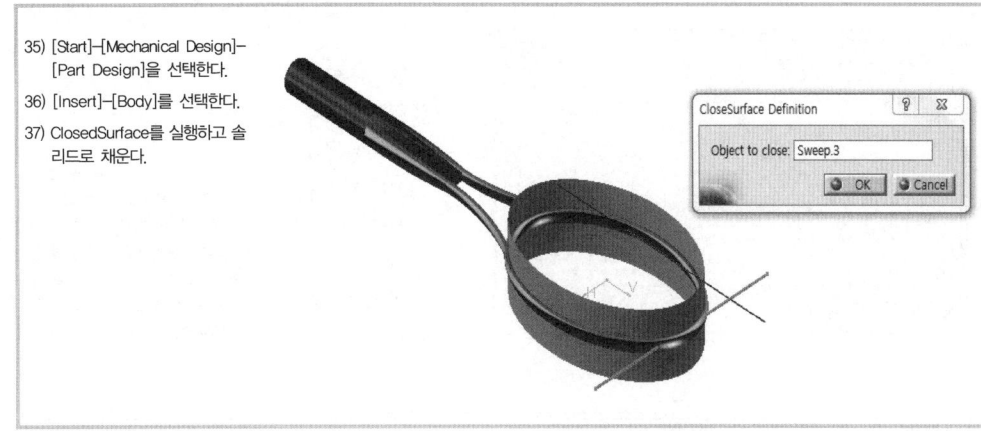

38) Rectangular Pattern을 실행하고 Instance : 41, Spacing : 7mm, CloseSurface.3 객체를 패턴복사 한다.

39) ClosedSurface를 실행하고 솔리드로 채운다.

40) Rectangular Pattern을 실행하고 Instance : 26, Spacing : 7mm, CloseSurface.4 객체를 패턴복사 한다.

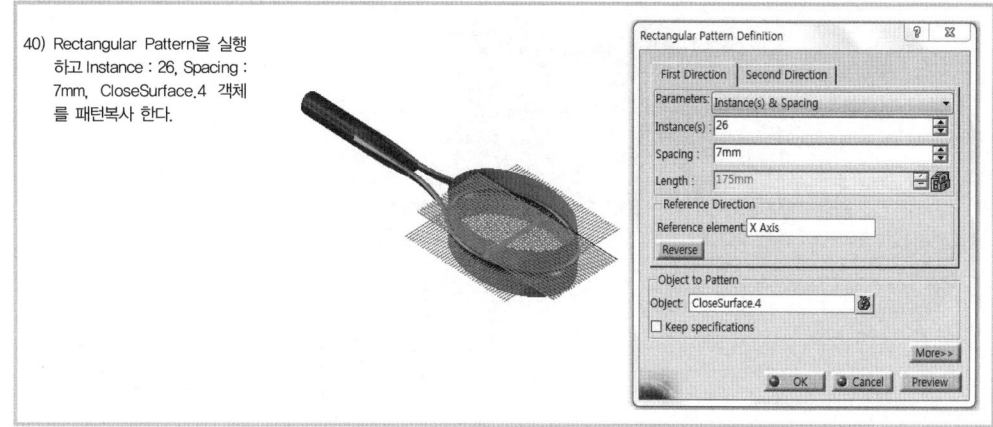

41) Split을 실행하고 Extrude.2 객체를 선택하여 잘라낸다.

■ 완성 결과

응용하기 54 Pipe 만들기 3

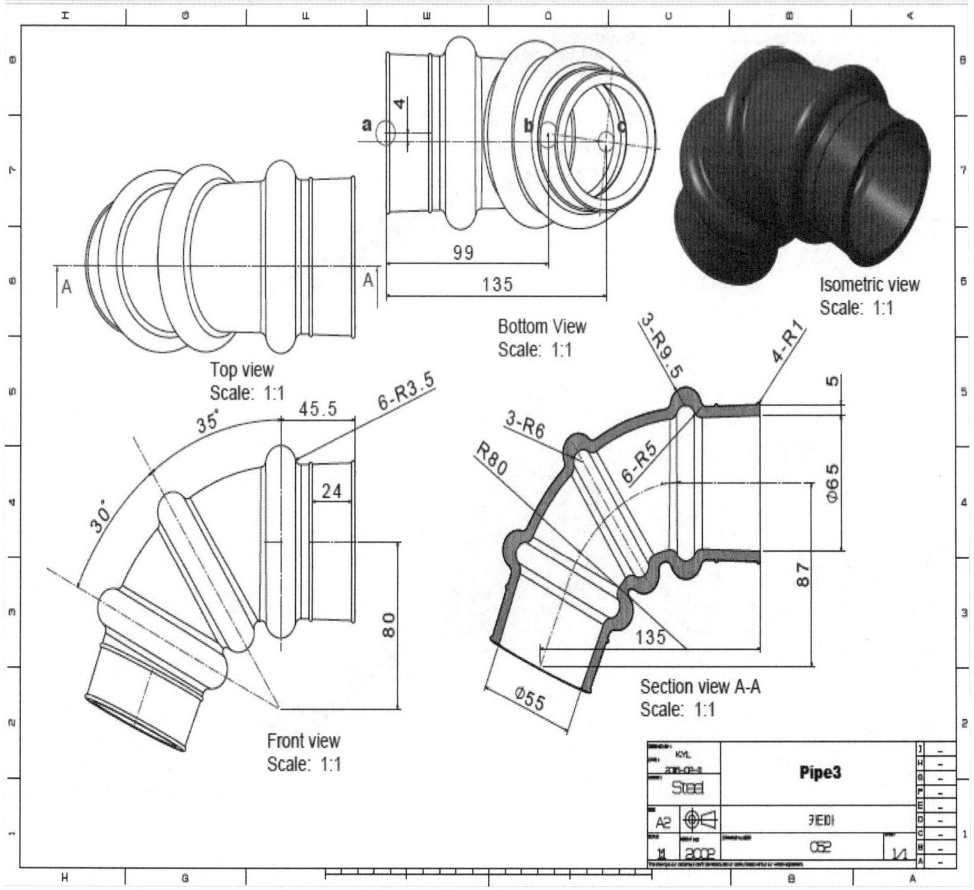

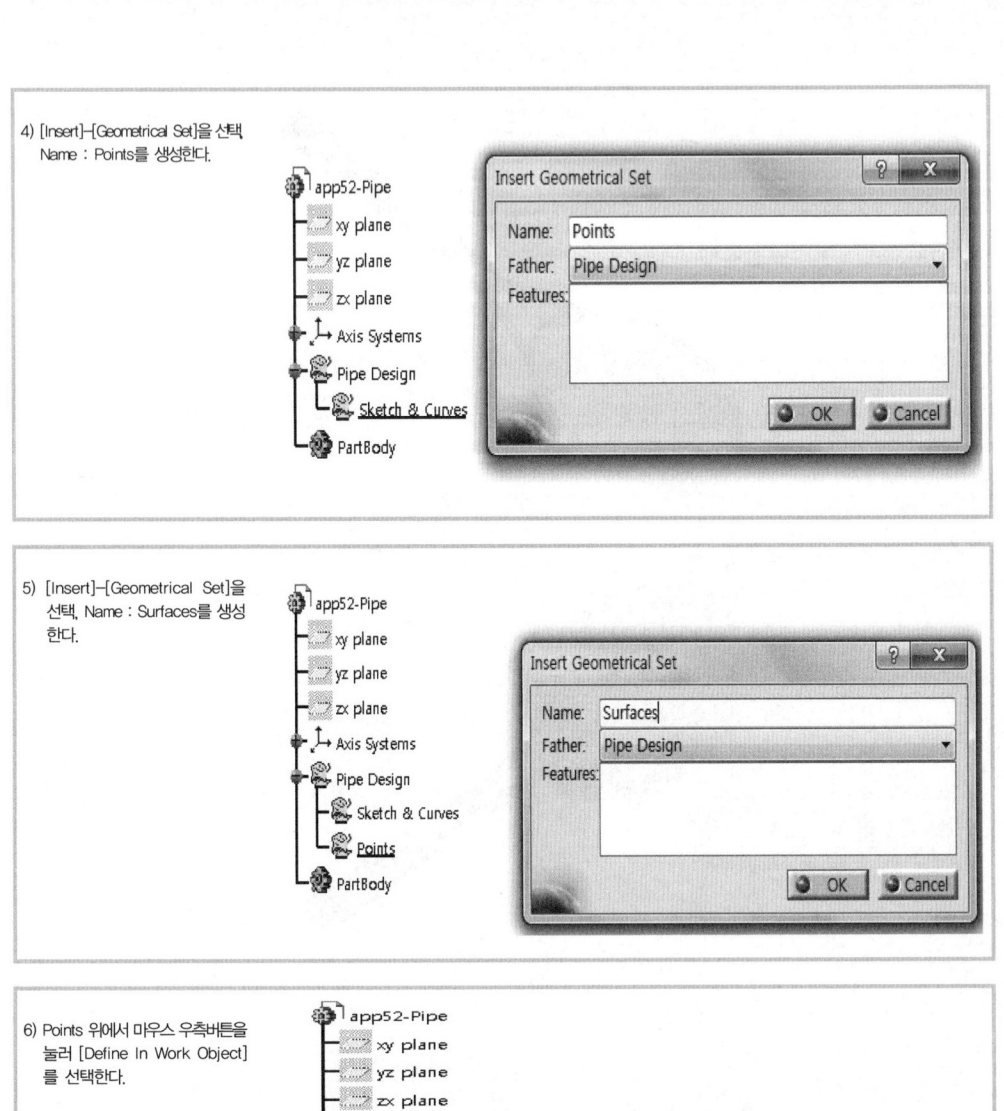

1) [Start]-[Shape]-[Generative Shape Design]을 선택한다.
2) Spec Tree의 Geometrical Set을 Pipe Design으로 변경한다.
3) [Insert]-[Geometrical Set]을 선택, Name : Sketch & Curves를 생성한다. 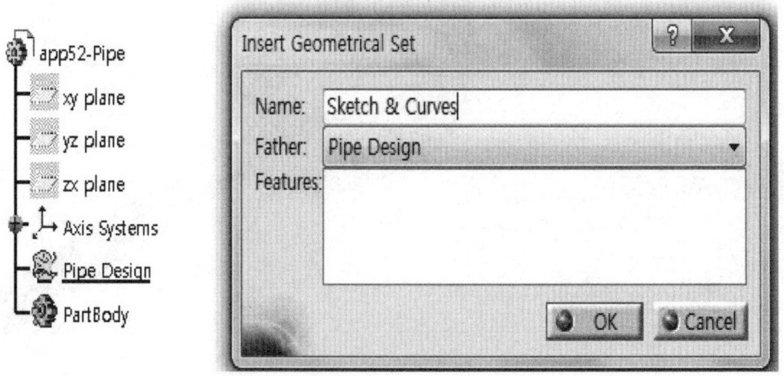
4) [Insert]-[Geometrical Set]을 선택, Name : Points를 생성한다.
5) [Insert]-[Geometrical Set]을 선택, Name : Surfaces를 생성한다.

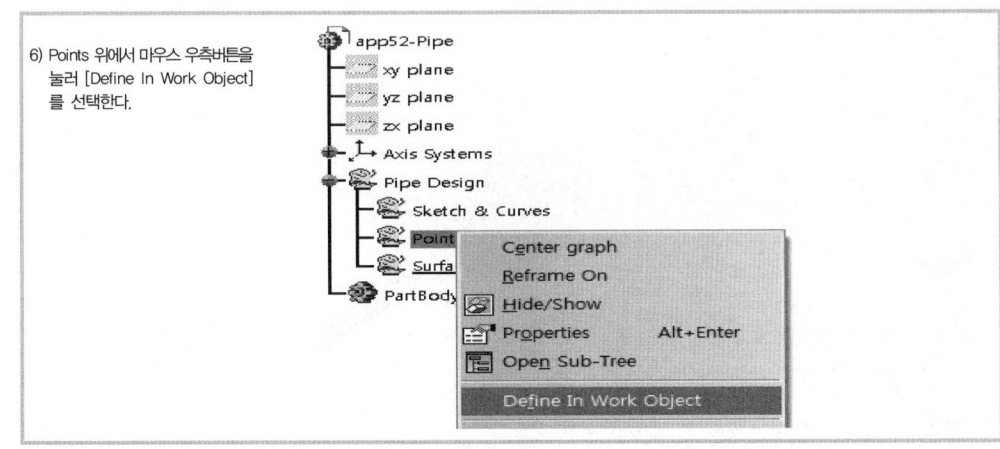

6) Points 위에서 마우스 우측버튼을 눌러 [Define In Work Object]를 선택한다.

7) Point를 실행하고 다음과 같이 지정하여 Point를 생성한다.

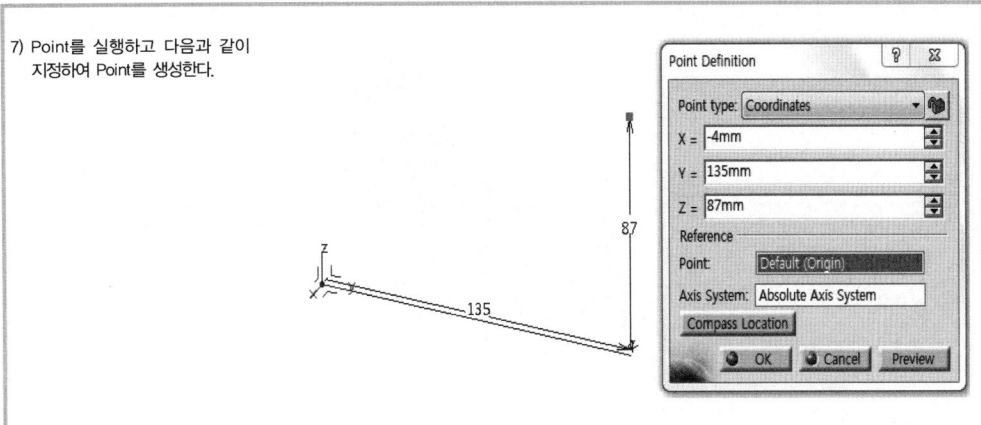

8) Point를 실행하고 다음과 같이 지정하여 Point를 생성한다.

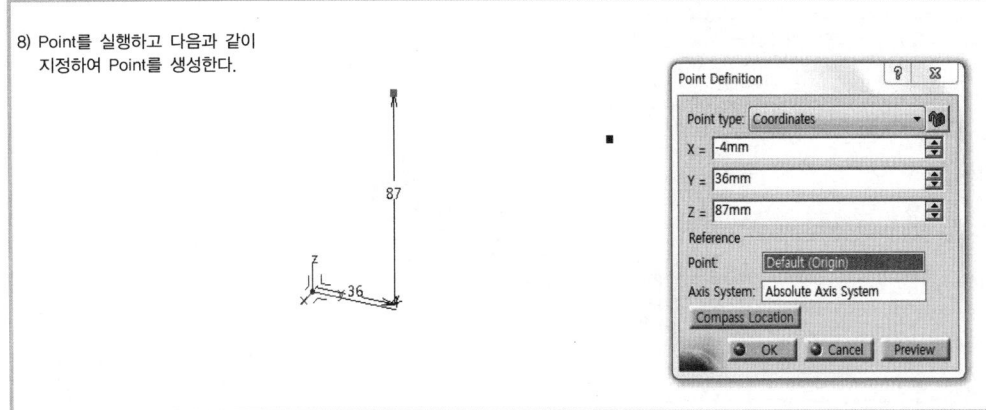

9) Sketch & Curves 위에서 마우스 우측버튼을 눌러 [Define In Work Object]를 선택한다.
10) Line을 실행하고 다음과 같이 두 개의 Point를 선택하여 Line을 생성한다.

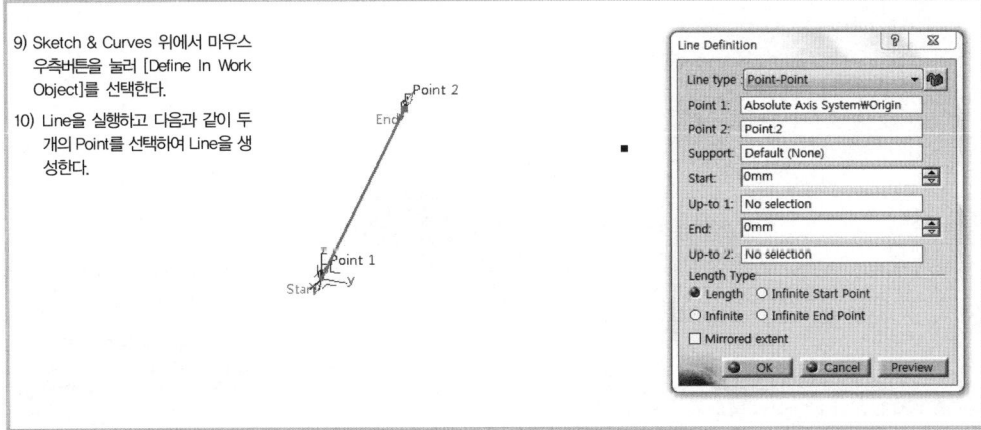

11) Line을 실행하고 다음과 같이 두 개의 Point를 선택하여 Line을 생성한다.

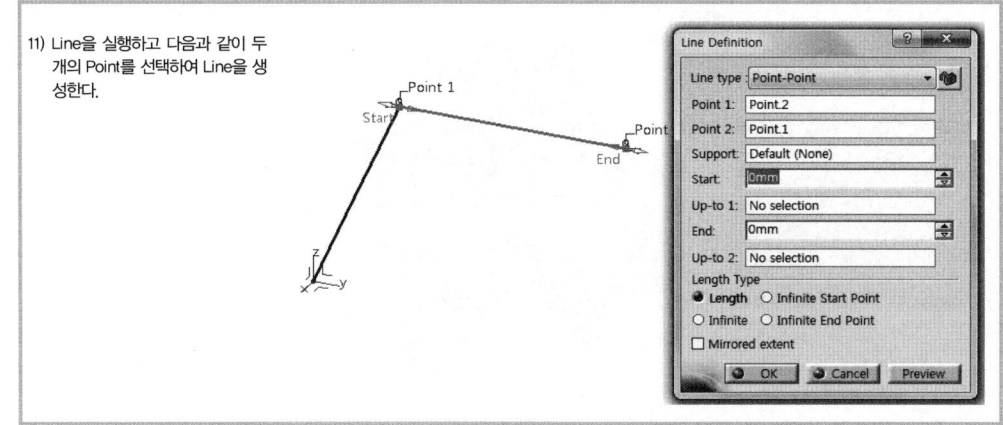

12) Corner를 실행하고 두 개의 선분을 선택, Radius : 80mm로 필렛을 한다.

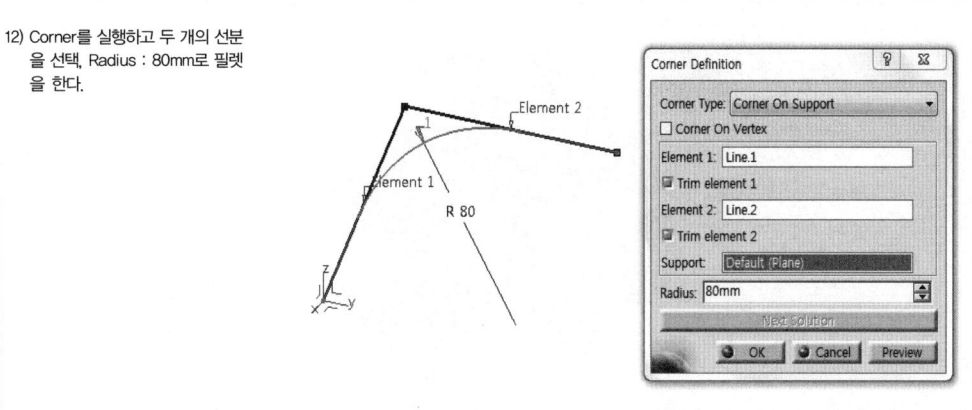

13) Surfaces 위에서 마우스 우측 버튼을 눌러 [Define In Work Object]를 선택한다.
14) Sweep을 실행하고 Type : Circle을 선택, Center Curve : Corner.1, Radius : 37.5mm를 입력 [Law]버튼을 누른다.

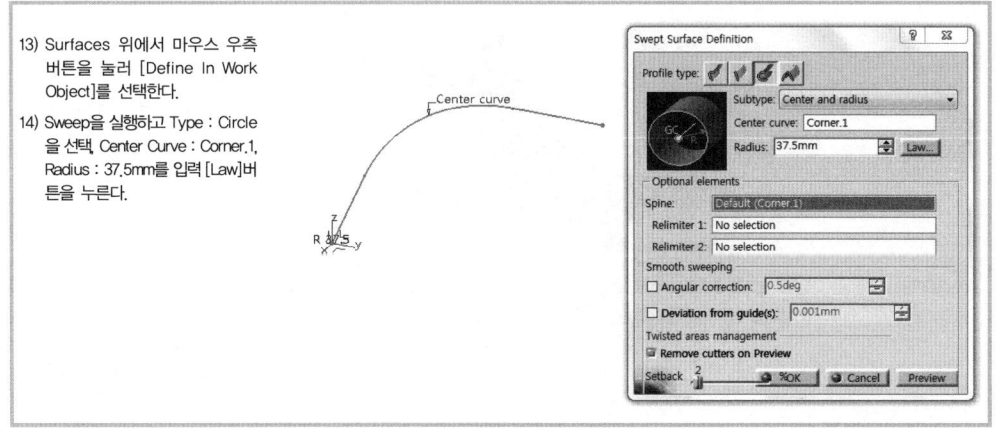

15) Linear를 선택 Start value : 37.5mm, End value : 32.5mm를 지정, Inverse law를 선택한다.

【중요】 CATIA에 LAW 기능은 실무에서 응용할 때 아주 유용한 기능이다.

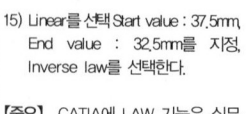
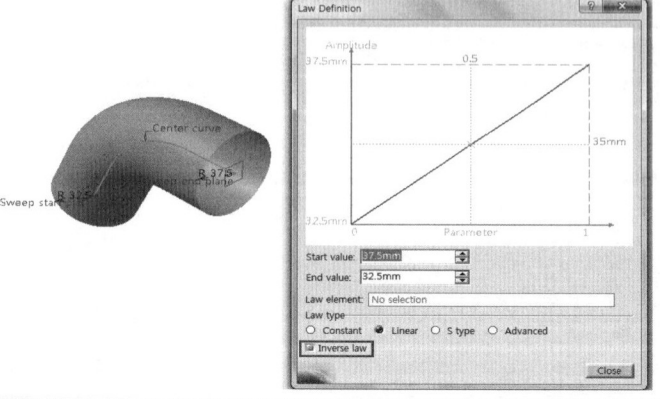

16) 다음과 같이 아래쪽 : 32.5mm, 위쪽 : 37.5mm가 되도록 한다.

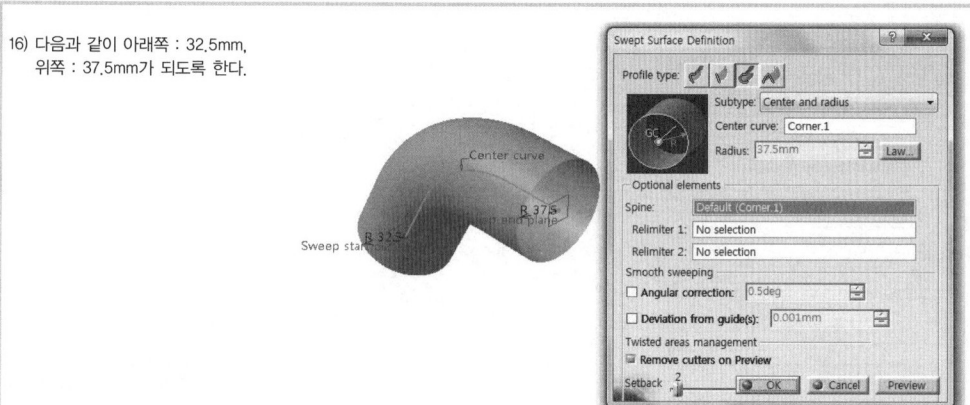

17) Points 위에서 마우스 우측 버튼을 눌러 [Define In Work Object]를 선택한다.

18) Point를 실행하고 다음과 같이 Point를 생성한다.

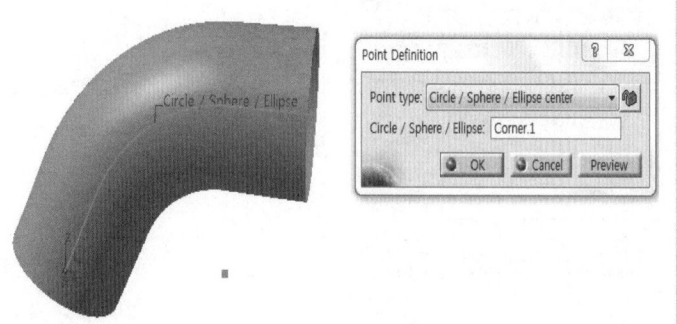

19) Sketch & Curves 위에서 마우스 우측버튼을 눌러 [Define In Work Object]를 선택한다.

20) Sketch를 실행하고 YZ Plane을 선택하여 다음과 같이 스케치를 한다.

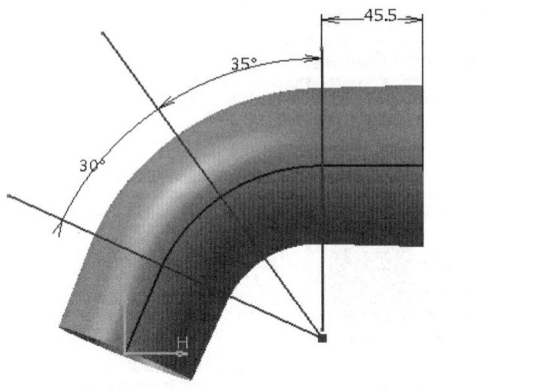

21) Surfaces 위에서 마우스 우측 버튼을 눌러 [Define In Work Object]를 선택한다.

22) Extrude를 실행하고 50mm, Mirrored Extent를 지정하여 돌출을 한다.

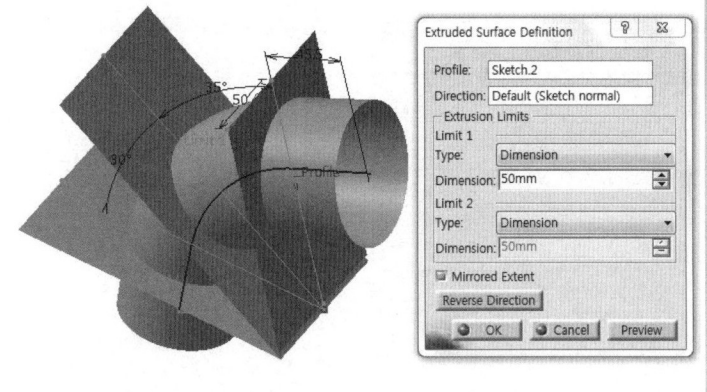

23) Disassemble을 실행하고 다음과 같이 All Cells로 분해를 한다.

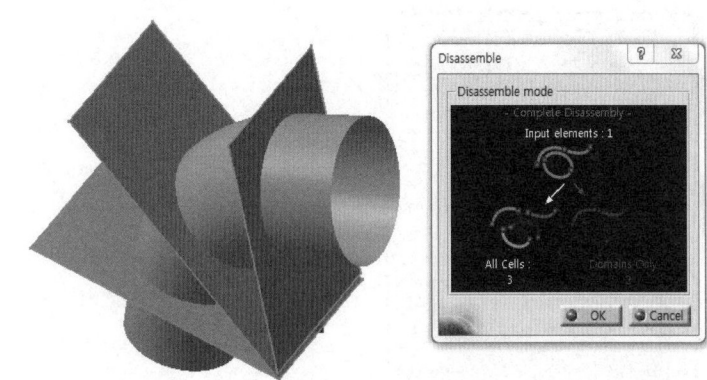

24) Sketch & Curves 위에서 마우스 우측버튼을 눌러 [Define In Work Object]를 선택한다.

25) Intersection을 실행하고 Sweep 객체와 Surface.1 객체를 선택하여 교선 원을 생성한다.

- 교선 원을 생성하는 다른 방법을 생각해보자.

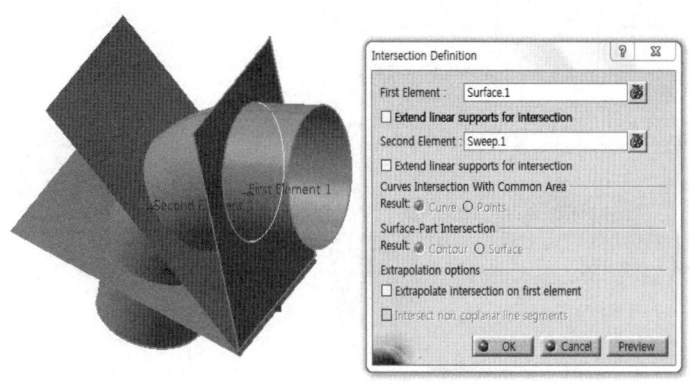

26) 나머지 Sweep 객체와 Surface.2, Sweep 객체와 Surface.3을 선택하여 교선 원을 각각 생성한다.

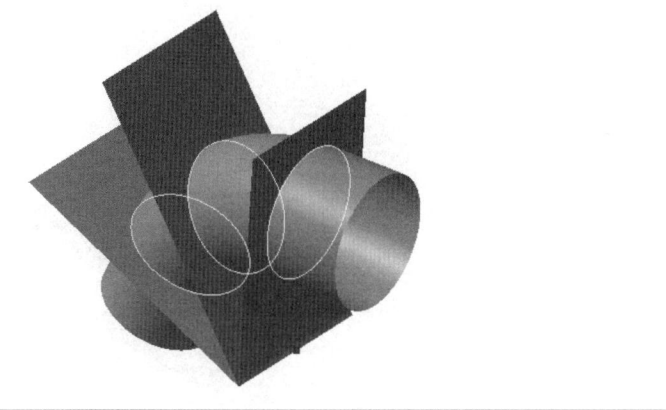

27) Surfaces 위에서 마우스 우측 버튼을 눌러 [Define In Work Object]를 선택한다.

28) Sweep을 실행하고 Type : Circle 을 선택 Center Curve : Intersect.1, Radius : 9.5mm를 입력한다.

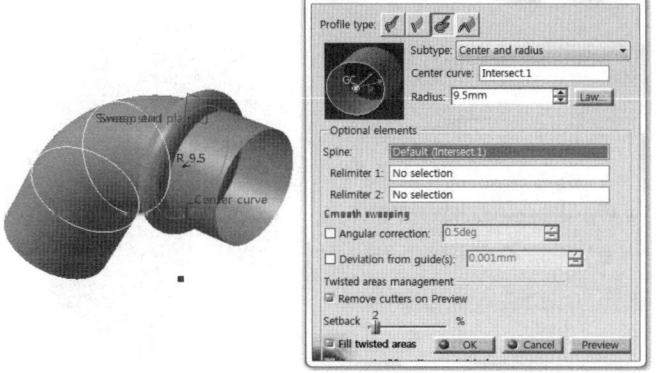

29) 나머지 두 개도 28)번과 같은 방법으로 Sweep 객체를 생성한다.

30) Offset을 실행하고 거리 : 5mm 를 지정하여 안쪽으로 Offset Surface를 생성한다.

31) Trim을 실행하고 다음 Surface 들을 모두 선택, 바깥쪽이 남도록 잘라낸다.

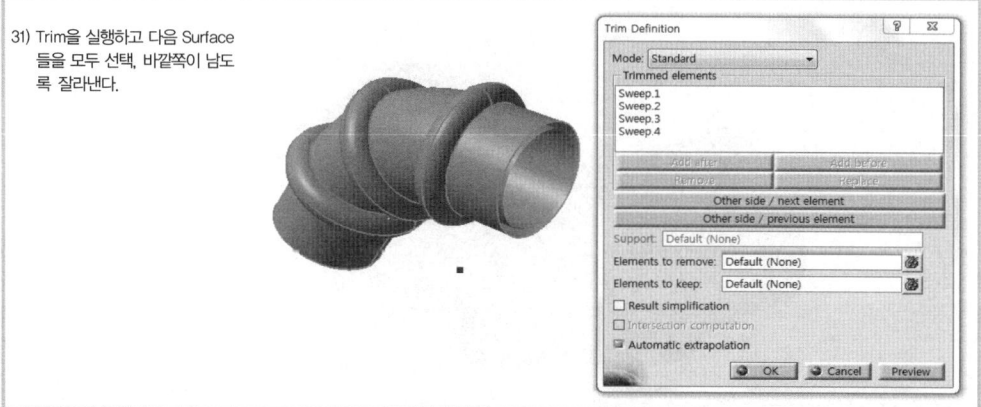

32) Trim.1을 [Hide]를 한다.
33) Sketch & Curves 위에서 마우스 우측버튼을 눌러 [Define In Work Object]를 선택한다.
34) Intersection을 실행하고 Offset.1 객체와 Surface.1을 선택하여 교선 원을 생성한다.

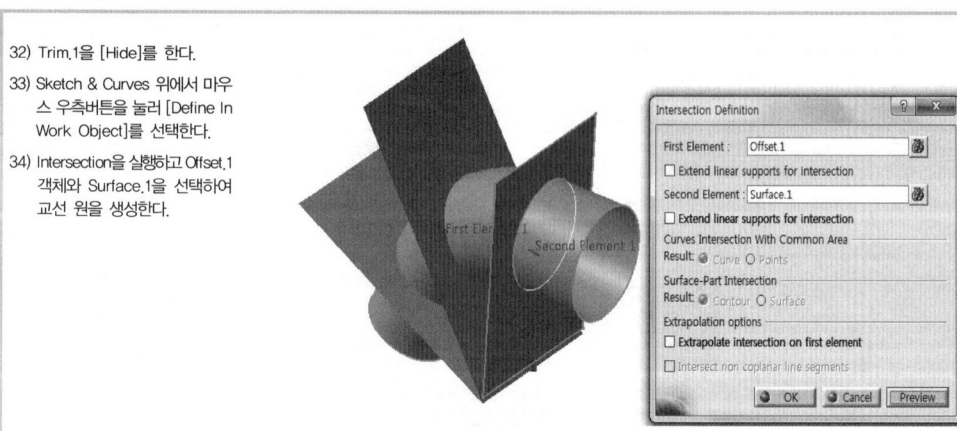

35) 나머지 Offset.1 객체와 Surface.2, Offset.1 객체와 Surface.3을 선택하여 교선 원을 각각 생성한다.

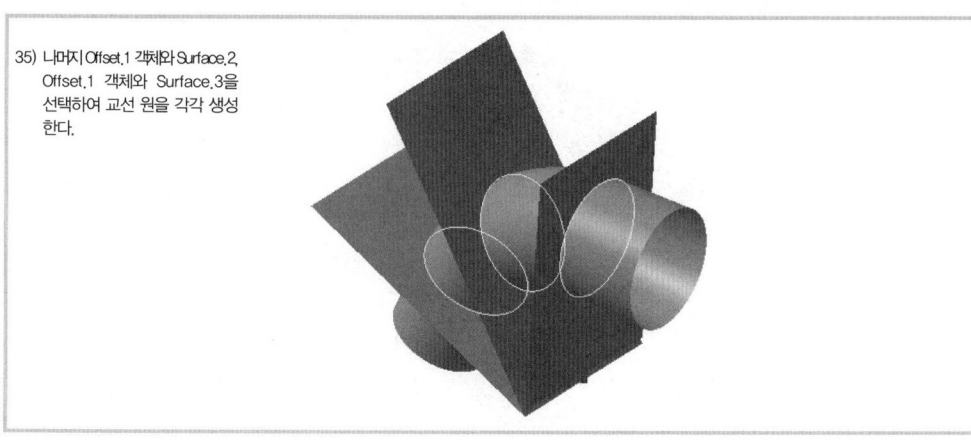

36) Surfaces 위에서 마우스 우측 버튼을 눌러 [Define In Work Object]를 선택한다.
37) Sweep을 실행하고 Type : Circle을 선택, Center Curve : Intersect.1, Radius : 6mm를 입력한다.

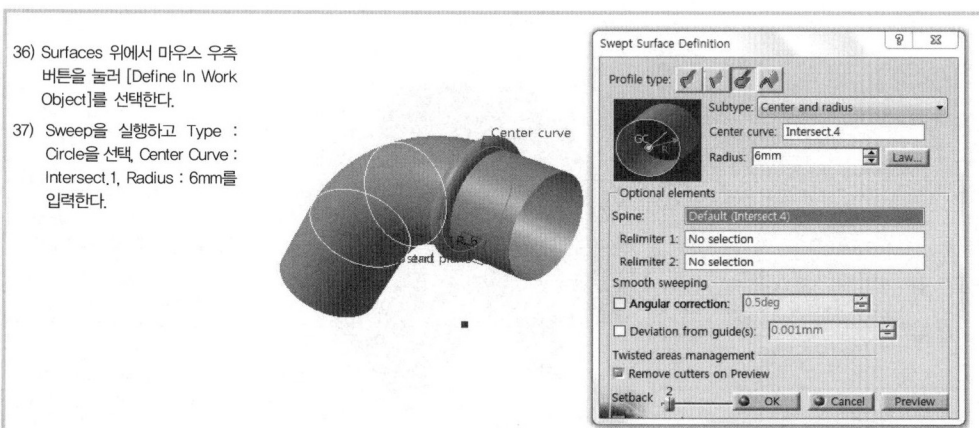

38) 나머지 두 개도 37)번과 같은 방법으로 Sweep 객체를 생성한다.

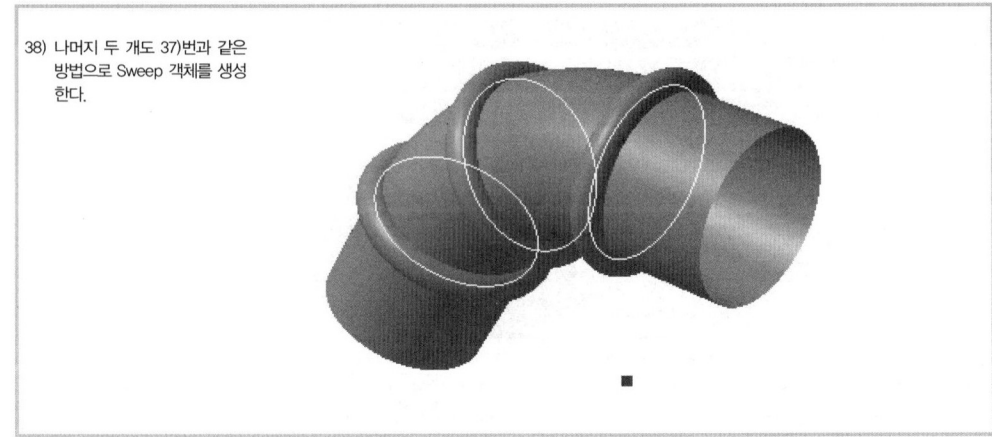

39) Trim을 실행하고 다음 Surface 들을 모두 선택, 바깥쪽이 남도록 잘라낸다.

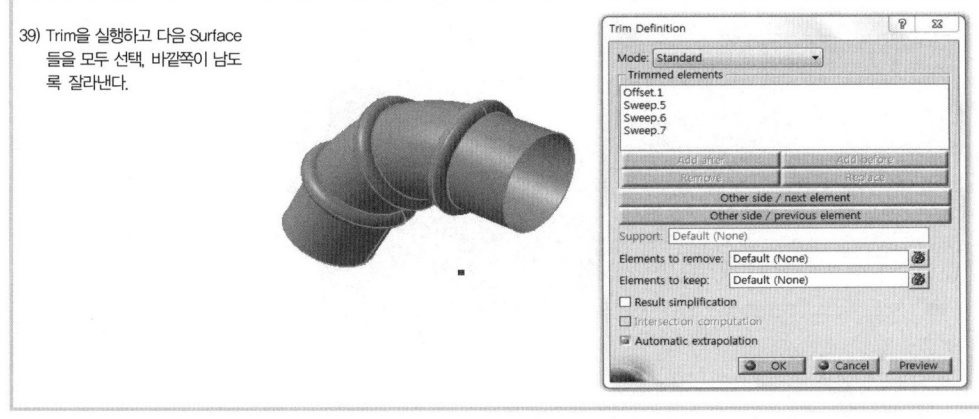

40) Blend를 실행하고 두 개의 Surface의 모서리를 선택하여 Surface를 생성한다.

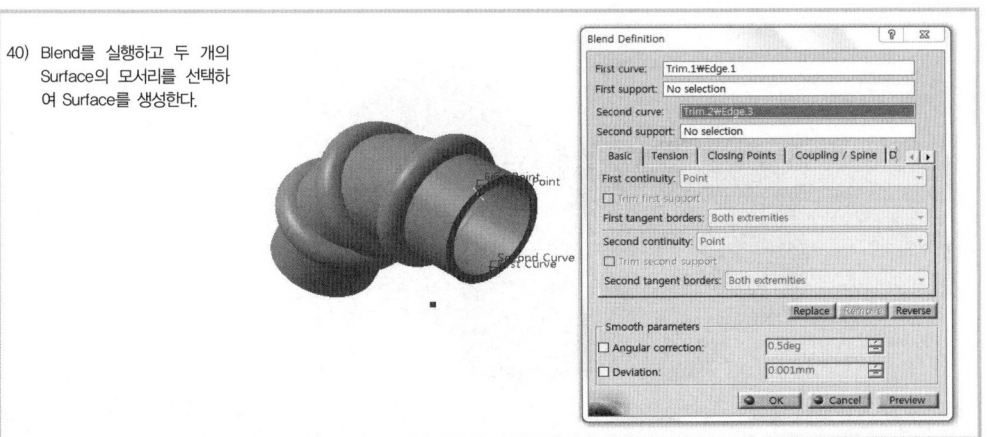

41) Blend를 실행하고 두 개의 Surface의 모서리를 선택하여 Surface를 생성한다.

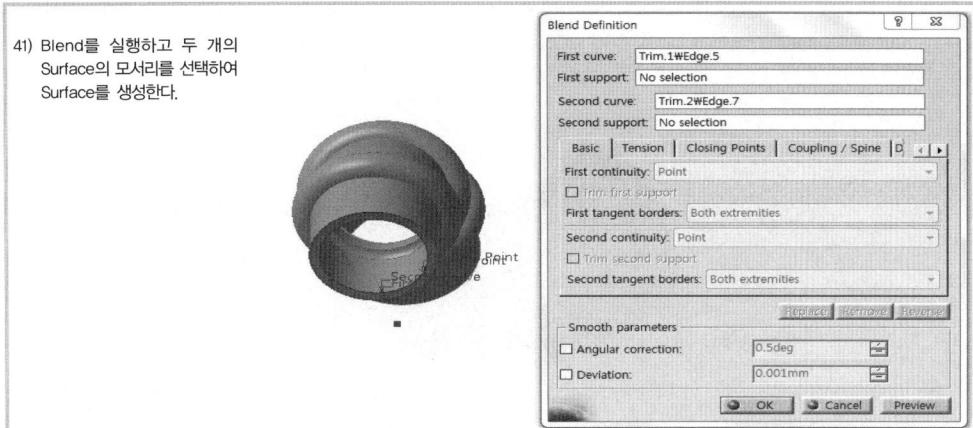

42) Join을 실행하고 다음 Surface 들을 선택하여 결합한다.

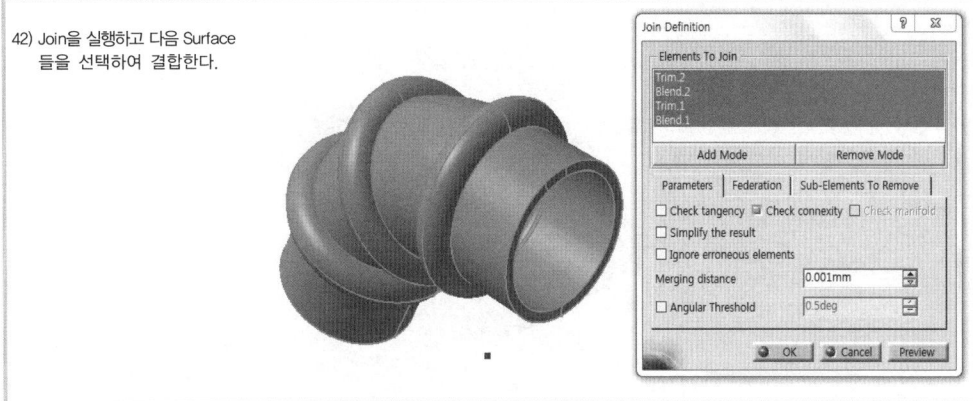

43) [Start]-[Mechanical Design]-[Part Design]을 선택한다.

44) CloseSurface을 실행하고 Join.1 을 선택하여 Solid로 채운다.

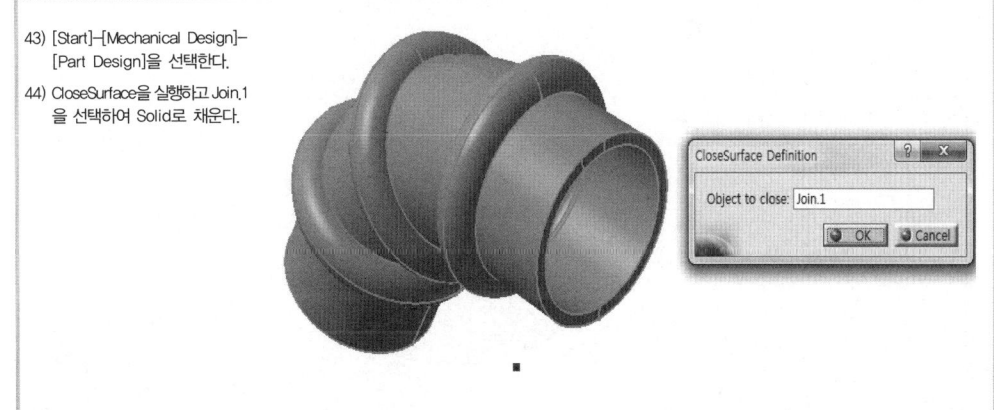

45) EdgeFillet을 실행하고 반경 : 3.5mm를 지정하여 필렛을 한다. Trim ribbons를 체크한다.

■ Trim ribbons의 의미?

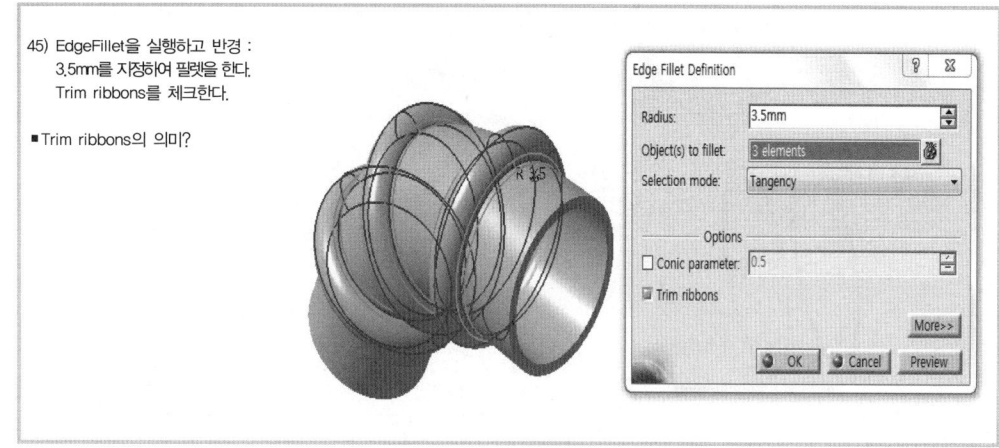

46) EdgeFillet을 실행하고 반경 : 5mm를 지정하여 필렛을 한다.

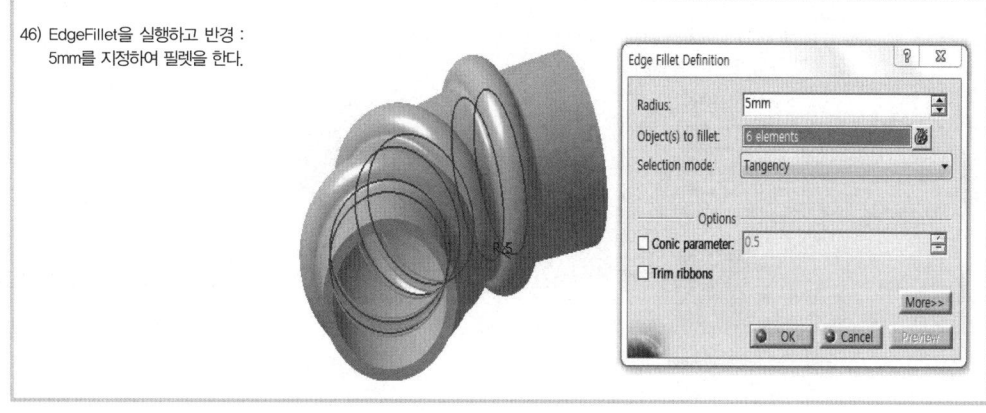

47) [Start]-[Shape]-[Generative Shape Design]을 선택한다.

48) Sketch & Curves 위에서 마우스 우측버튼을 눌러 [Define In Work Object]를 선택한다.

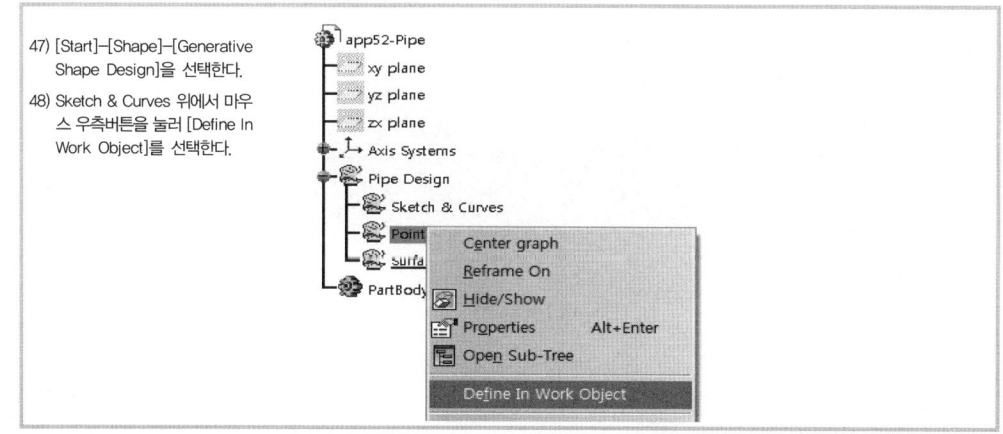

49) Sweep.1 객체를 [Show]를 한다.
50) PartBody를 [Hide]를 한다.
51) Parallel Curve를 실행하고 다음과 같이 선택하여 Curve를 생성한다.

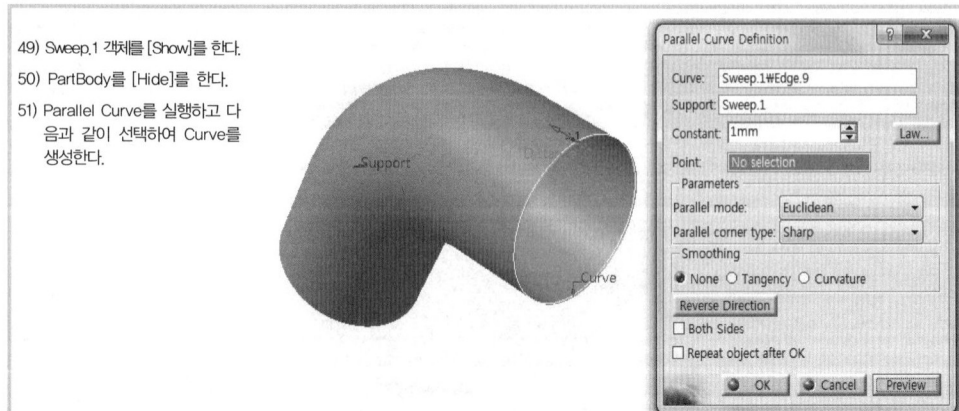

52) Parallel Curve를 실행하고 다음과 같이 선택하여 Curve를 생성한다.

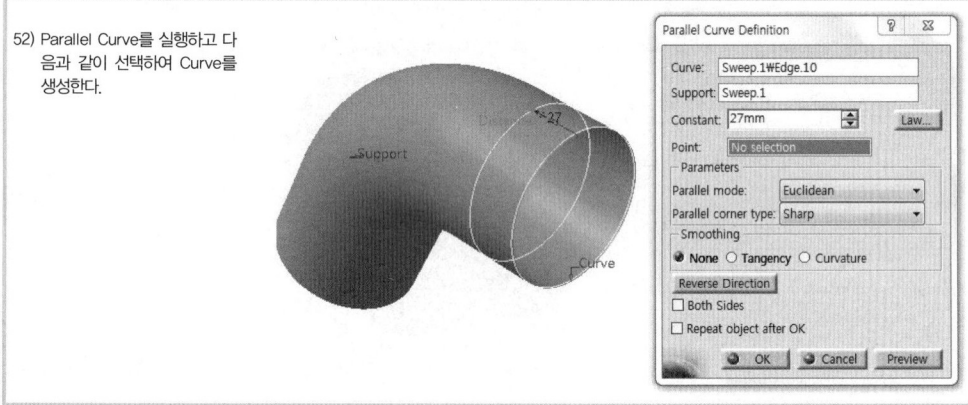

53) Parallel Curve를 실행하고 다음과 같이 선택하여 Curve를 생성한다.

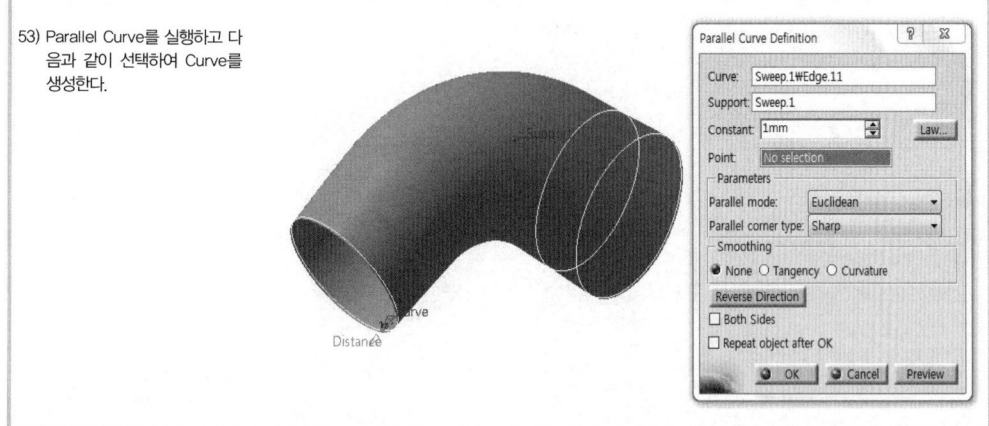

54) Parallel Curve를 실행하고 다음과 같이 선택하여 Curve를 생성한다.

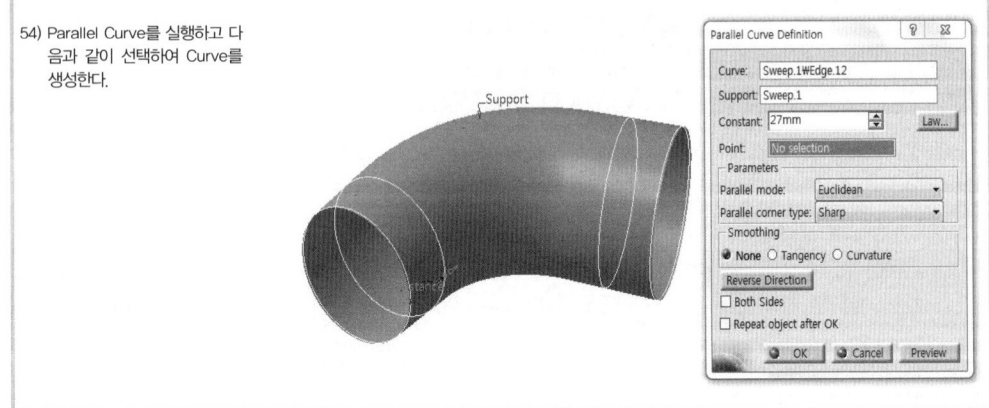

55) Surfaces 위에서 마우스 우측 버튼을 눌러 [Define In Work Object]를 선택한다.
56) Sweep을 실행하고 Type : Circle을 선택, Center Curve : Parallel.1, Radius : 1mm를 입력한다.

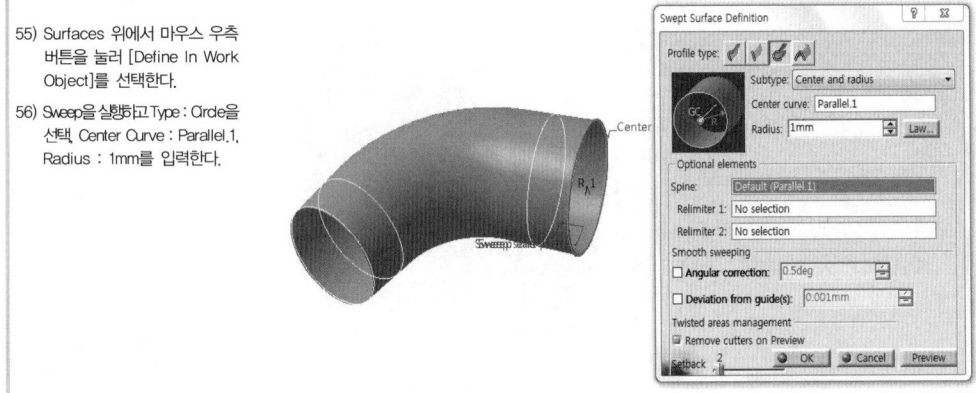

57) 나머지 3개도 같은 방법으로 Sweep 객체를 생성한다.

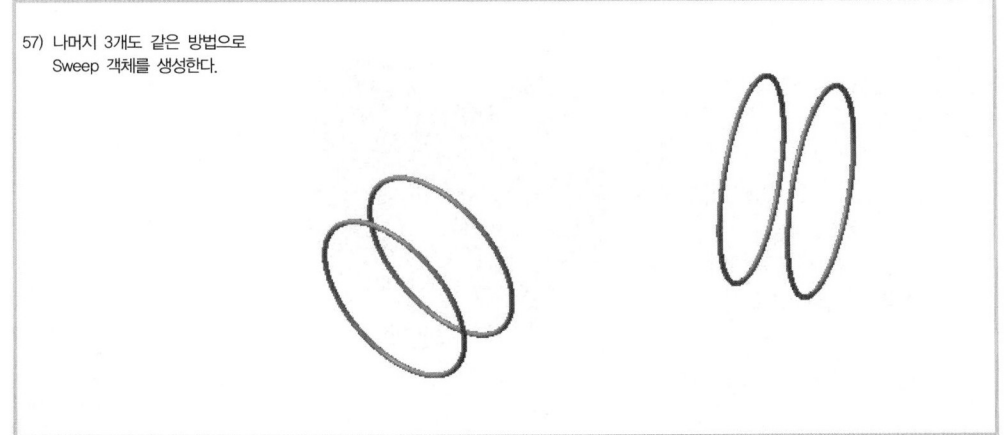

58) [Start]-[Mechanical Design]-[Part Design]을 선택한다.

59) CloseSurface을 실행하고 Sweep.8을 선택하여 Solid로 채운다.

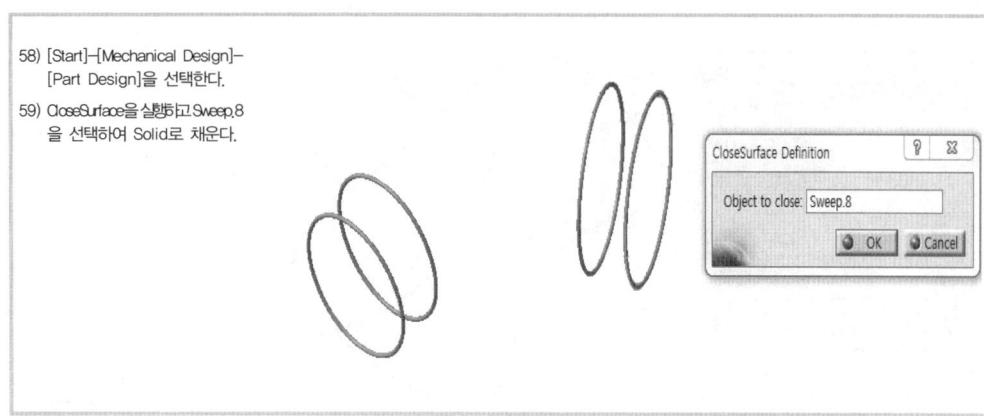

■ 완성 결과

60) 나머지 Sweep 객체도 같은 방법으로 CloseSurface를 실행하여 Solid로 채운다.

응용하기 55   Cover 만들기 3

1) [Start]-[Shape]-[Generative Shape Design]을 선택한다.

2) Spec Tree의 Geometrical Set을 GSD Design으로 변경한다.

3) [Insert]-[Geometrical Set]을 선택, Name : Sketch & Curves 를 생성한다.
Planes, Surfaces도 생성한다.

4) Sketch & Curves 위에서 마우스 우측버튼을 눌러 [Define In Work Object]를 선택한다.

5) 스케치를 실행하고 XY Plane을 선택하여 다음과 같이 스케치를 한다.

6) 스케치를 실행하고 XY Plane을 선택하여 다음과 같이 스케치를 한다.

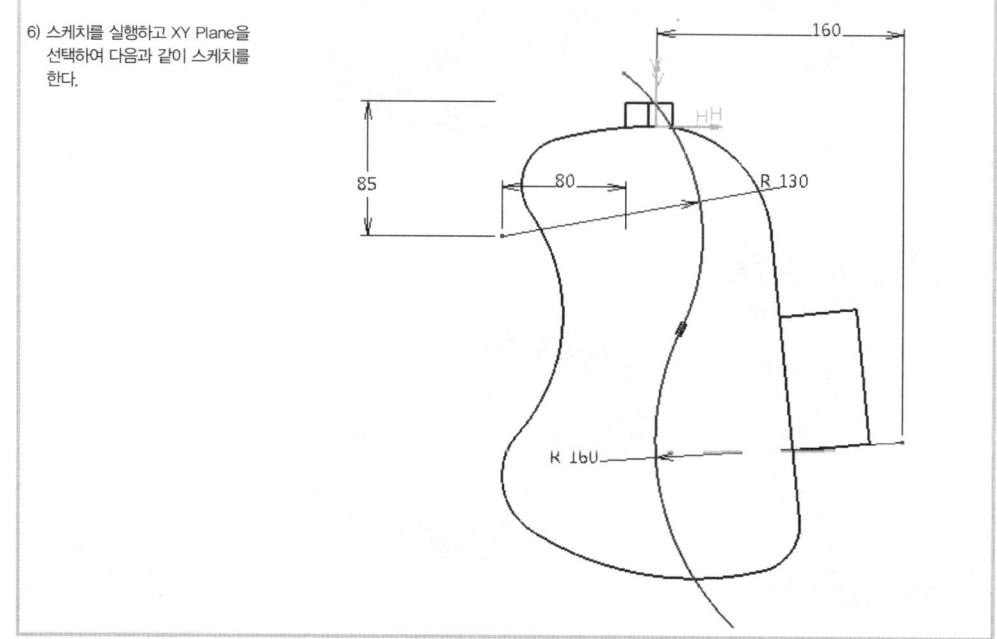

7) Multiple Extract를 실행하고 다음과 같이 선택하여 추출한다.

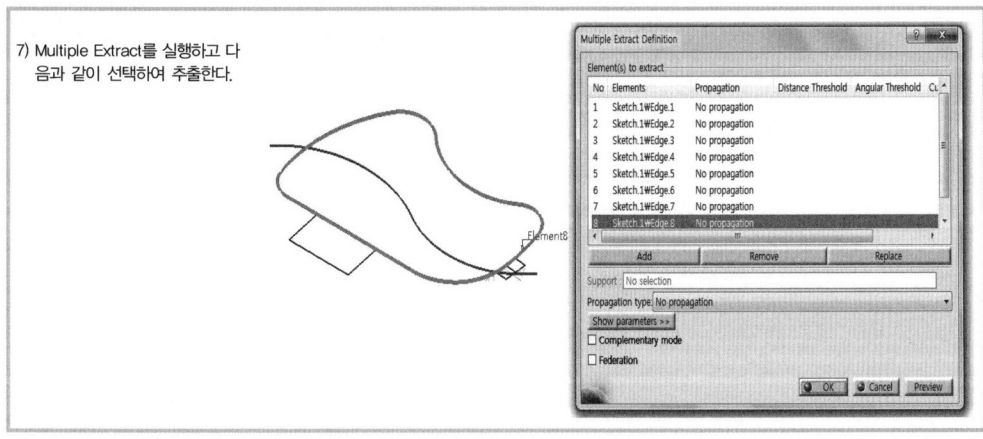

8) Planes 위에서 마우스 우측버튼을 눌러 [Define In Work Object]를 선택한다.
9) Plane을 실행하고 XY Plane을 기준으로 32mm 위쪽에 Plane을 생성한다.

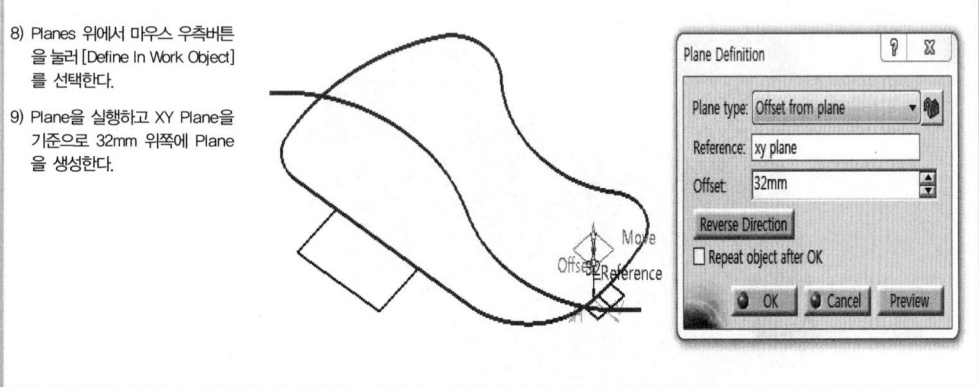

10) Plane을 실행하고 XY Plane을 기준으로 36mm 위쪽에 Plane을 생성한다.

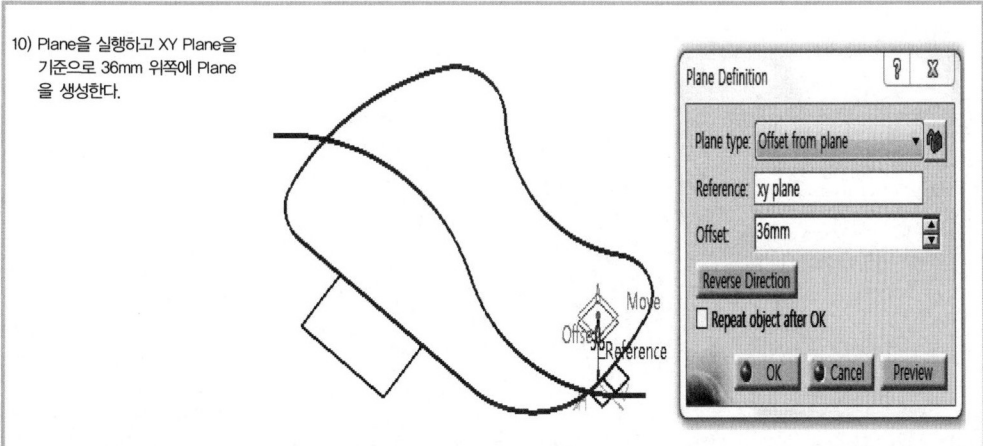

11) Surfaces 위에서 마우스 우측버튼을 눌러 [Define In Work Object]를 선택한다.
12) Extrude를 실행하고 다음과 같이 지정하여 돌출을 한다.

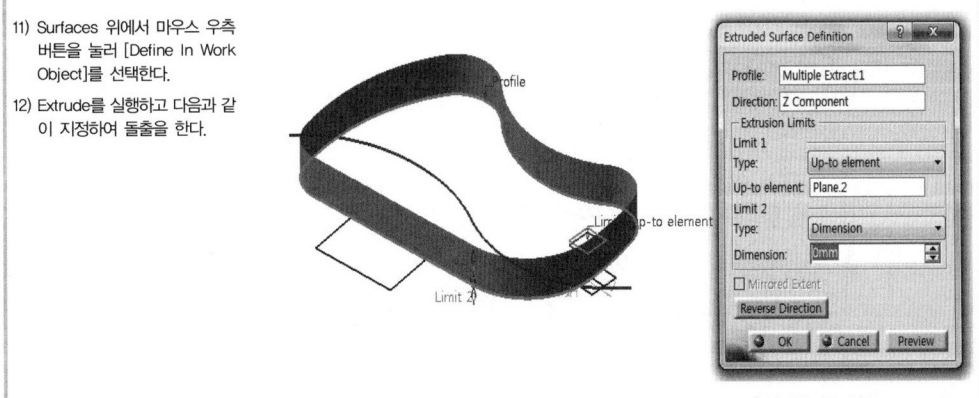

13) Extrude를 실행하고 다음과 같이 지정하여 돌출을 한다.

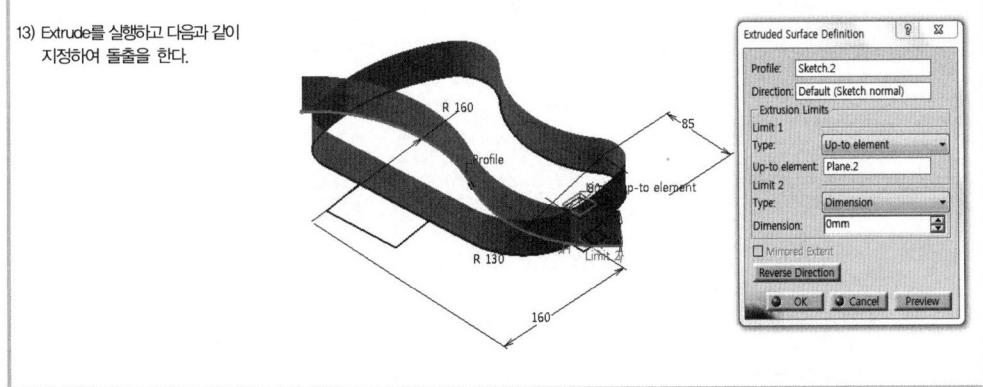

14) Sketch & Curves 위에서 마우스 우측버튼을 눌러 [Define In Work Object]를 선택한다.
15) 스케치를 실행하고 Plane.1을 선택하여 다음과 같이 스케치를 한다.

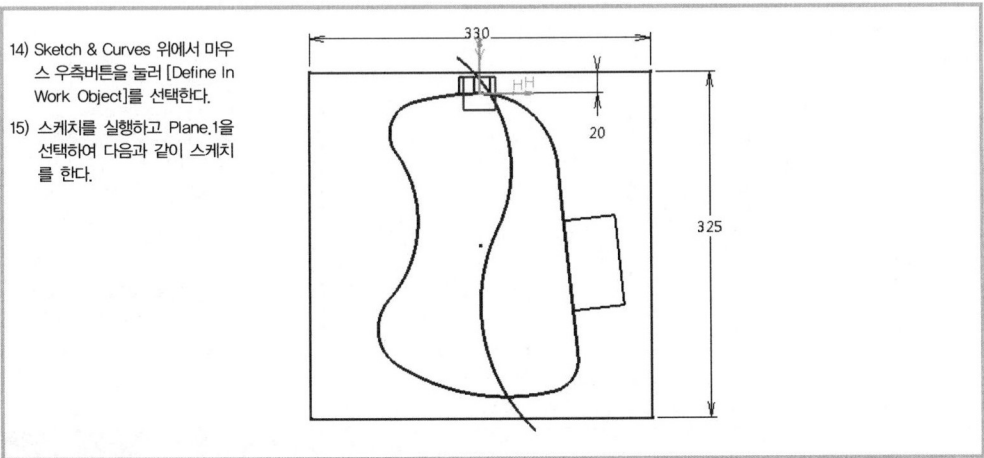

16) Surfaces 위에서 마우스 우측 버튼을 눌러 [Define In Work Object]를 선택한다.
17) Fill을 실행하고 다음과 같이 선택하여 채운다.

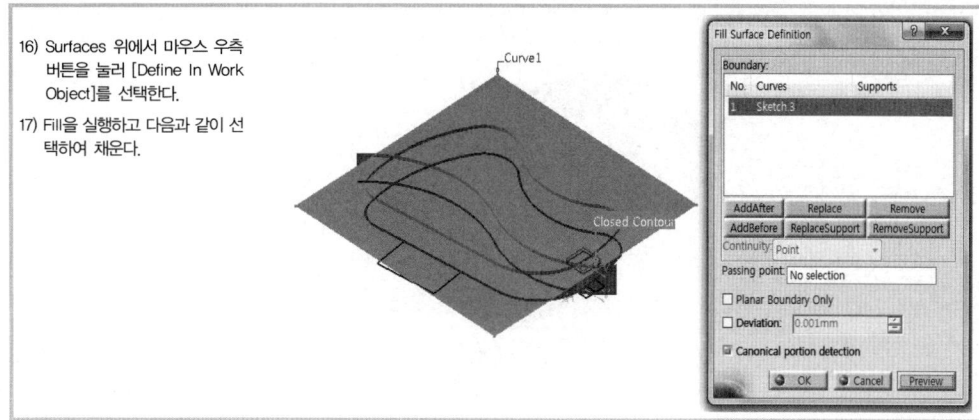

18) Offset을 실행하고 4mm 위쪽으로 Offset을 한다.

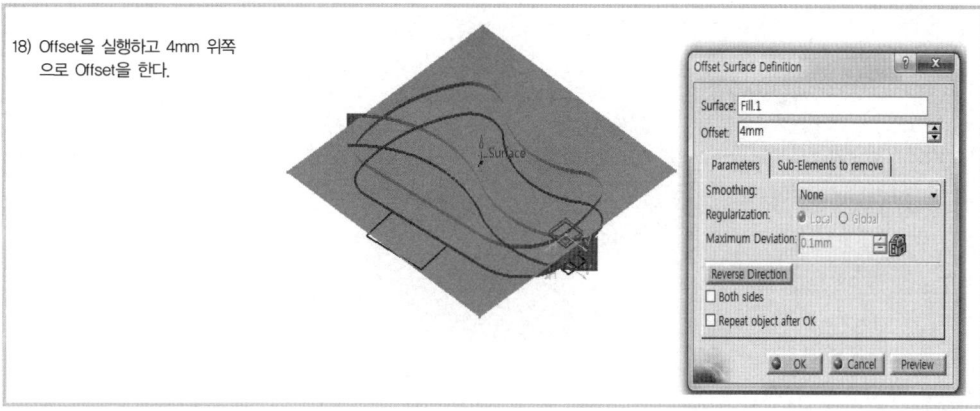

19) Split을 실행하고 안쪽이 남도록 잘라낸다.

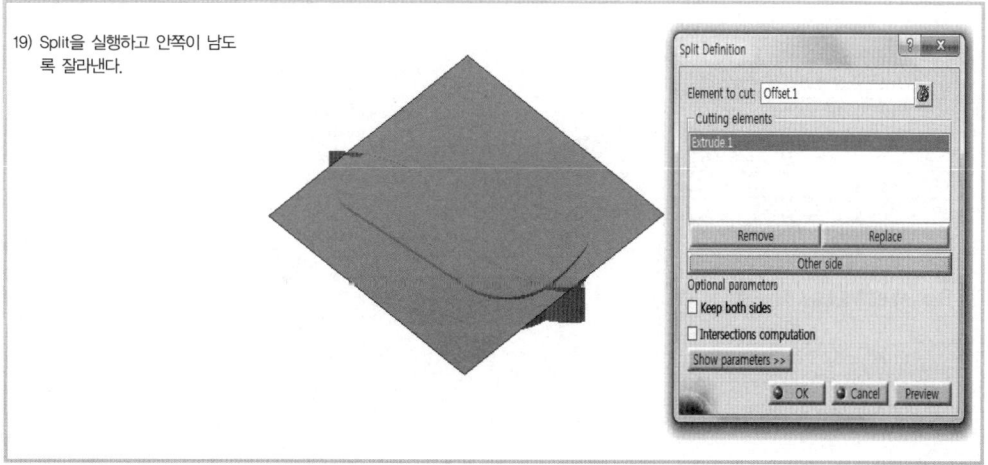

20) Split을 실행하고 안쪽이 남도록 잘라낸다.

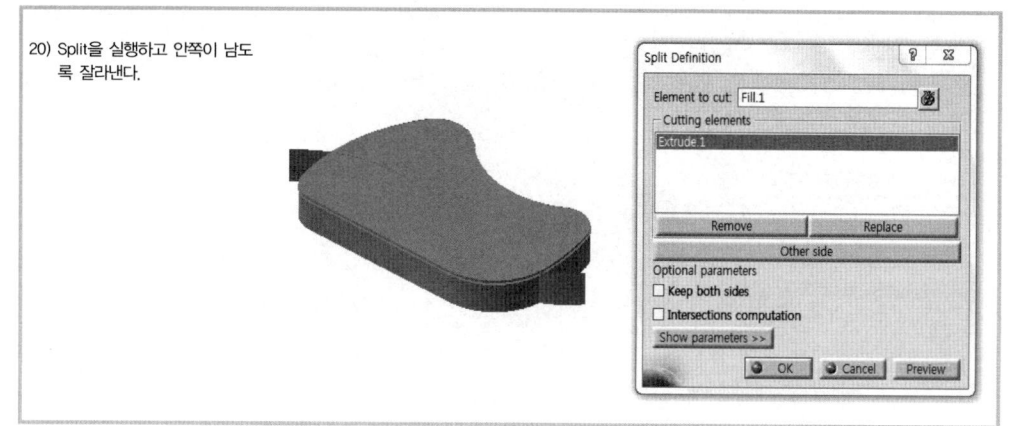

21) Spec Tree에서 Split.1과 Split.2 객체를 [Hide]를 한다.

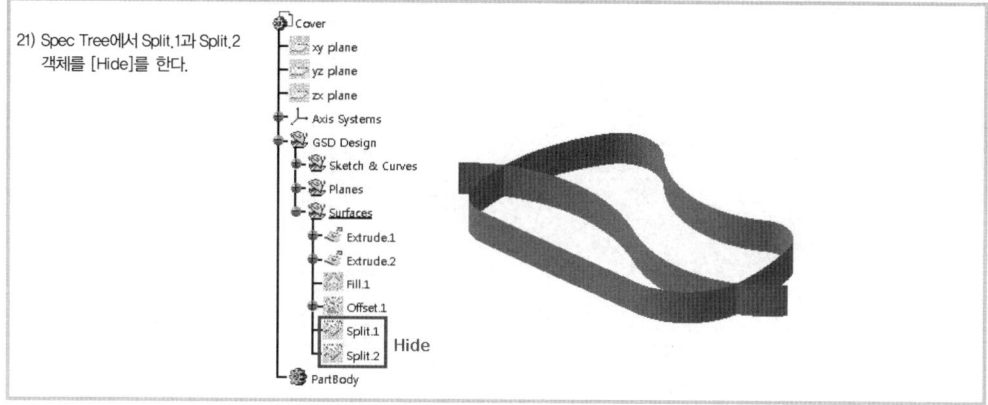

22) Split을 실행하고 안쪽이 남도록 잘라낸다.

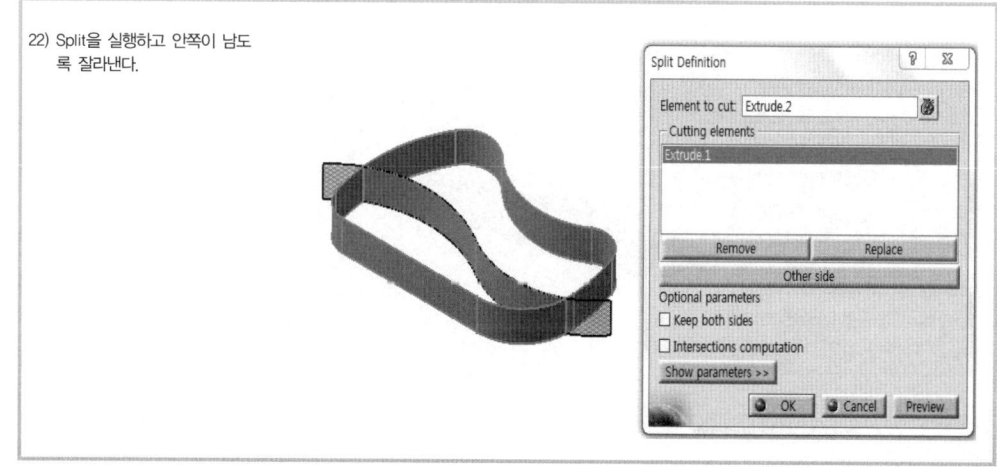

23) Split을 실행하고 앞쪽이 남도록 잘라낸다.

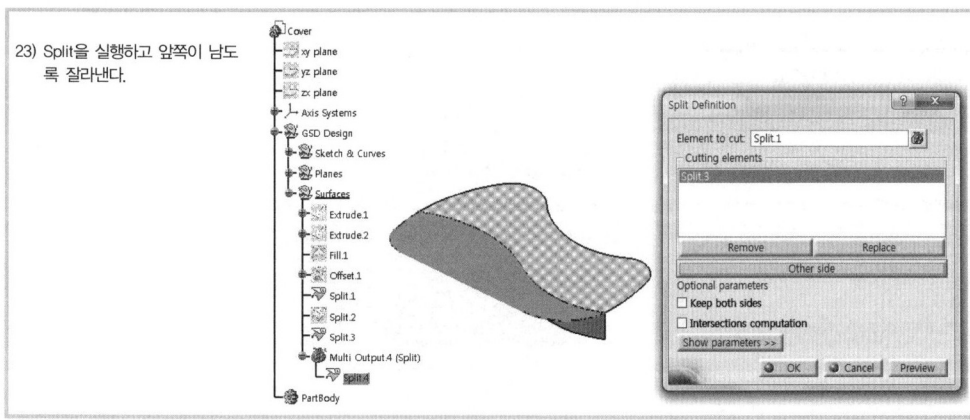

24) Split을 실행하고 뒤쪽이 남도록 잘라낸다.

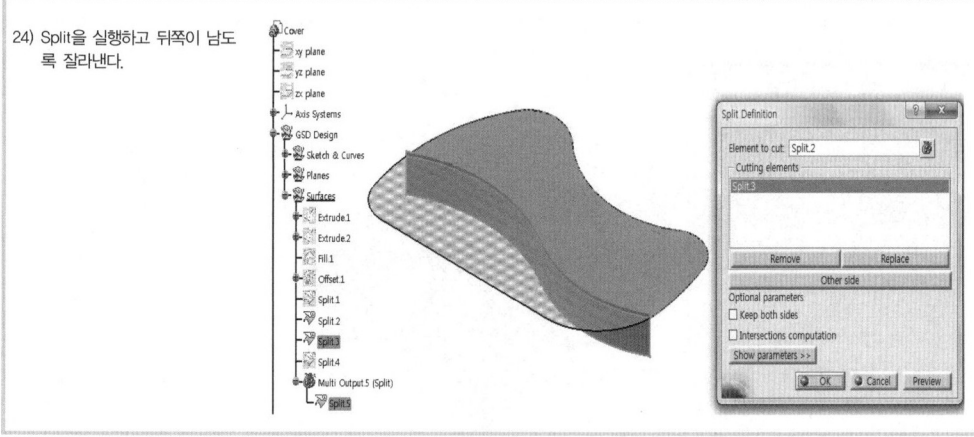

25) Split을 실행하고 Keep both sides를 선택하여 양쪽 모두 남도록 잘라준다.

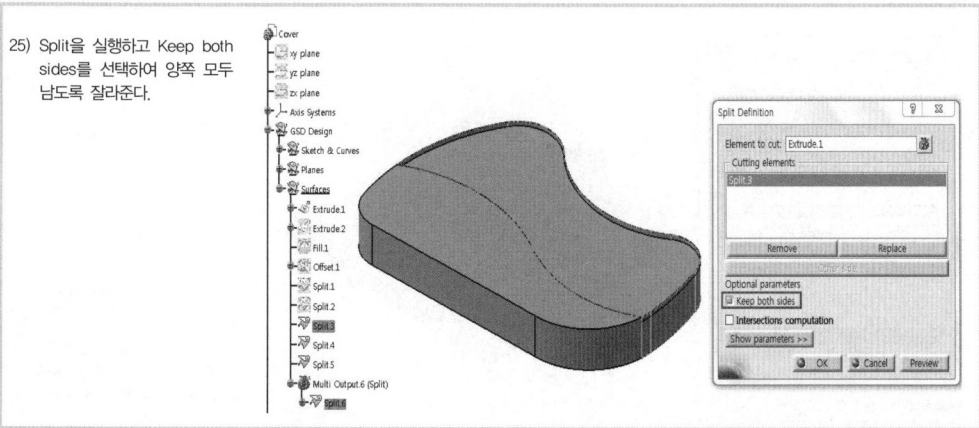

26) Split을 실행하고 Split.4와 Split.5 사이 Surface가 남도록 잘라준다.

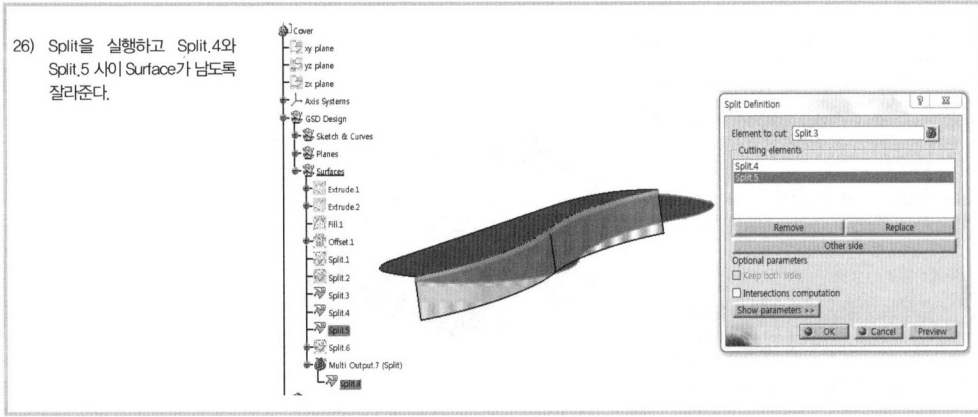

27) 잘라낸 결과

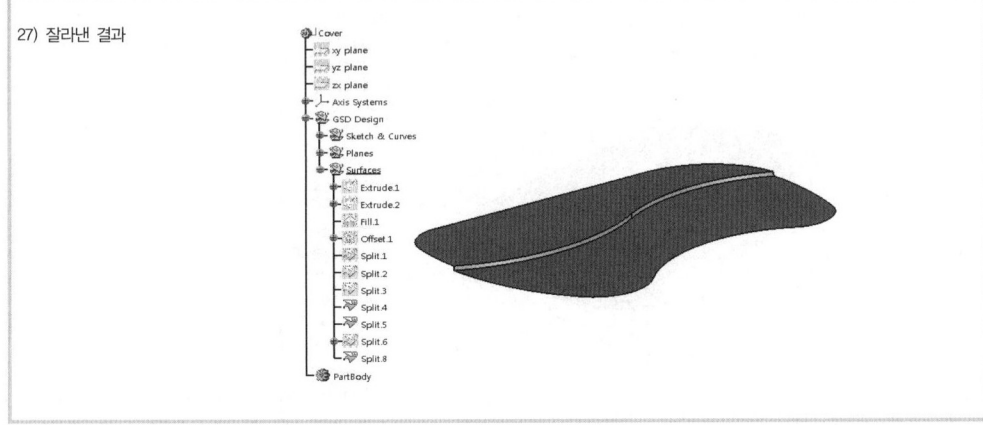

28) Split을 실행하고 위쪽이 남도록 잘라준다.

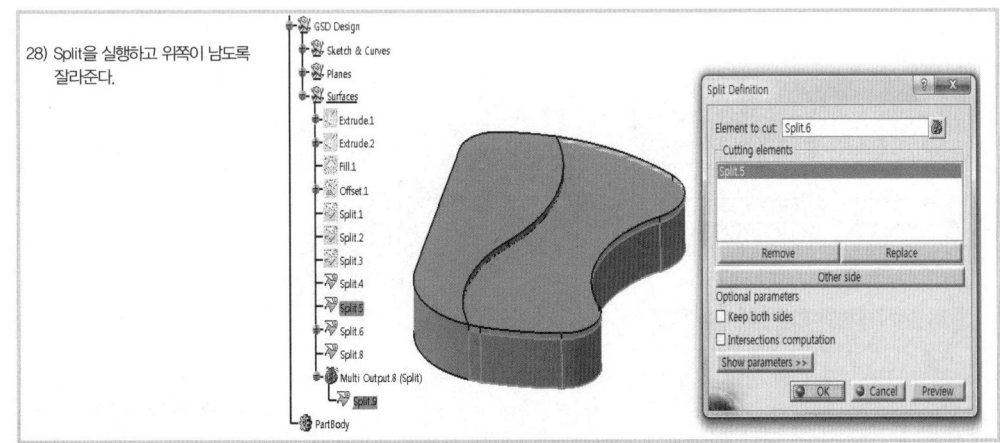

29) Join을 실행하고 다음 객체들을 선택하여 결합한다.

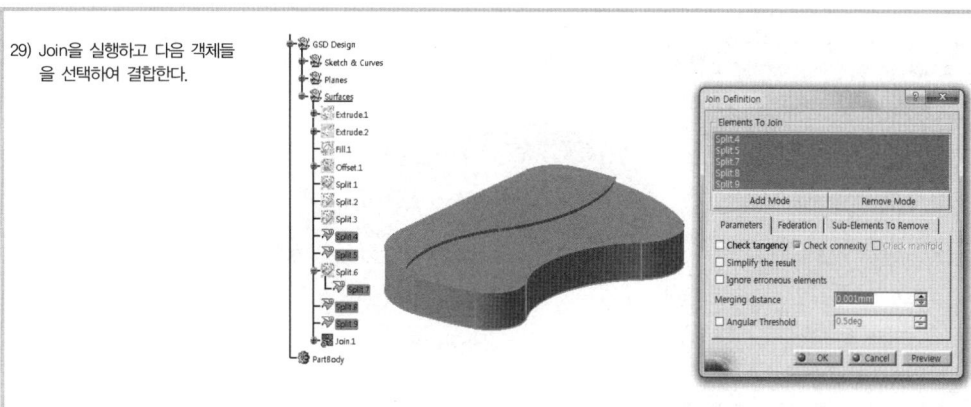

30) EdgeFillet을 실행하고 반경 : 20mm로 필렛을 한다.

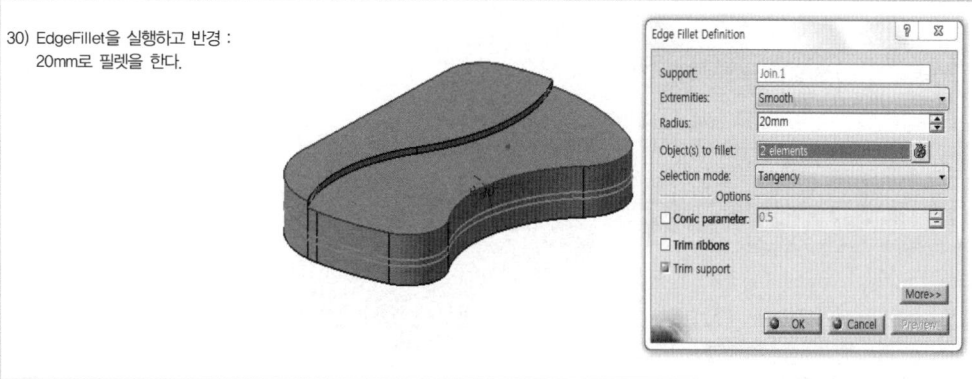

31) EdgeFillet을 실행하고 반경 : 5mm로 필렛을 한다.

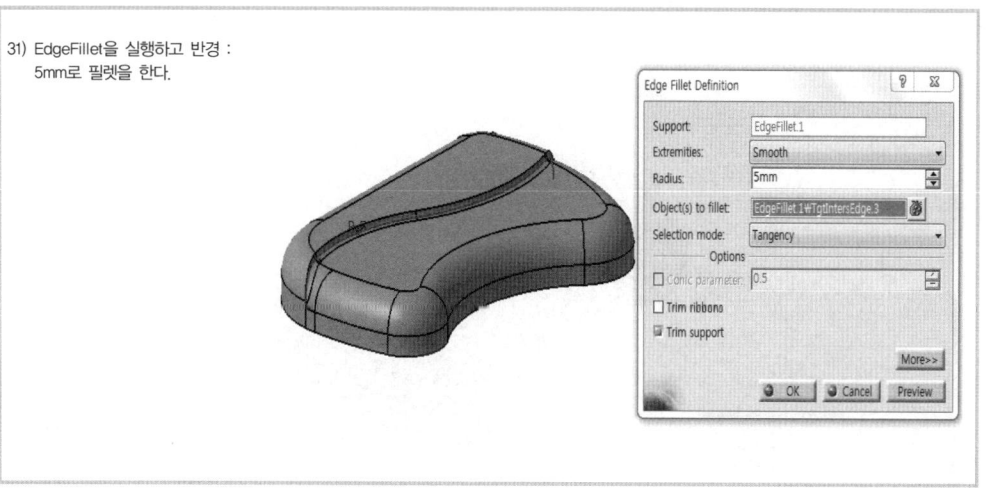

32) EdgeFillet을 실행하고 반경 : 6mm로 필렛을 한다.

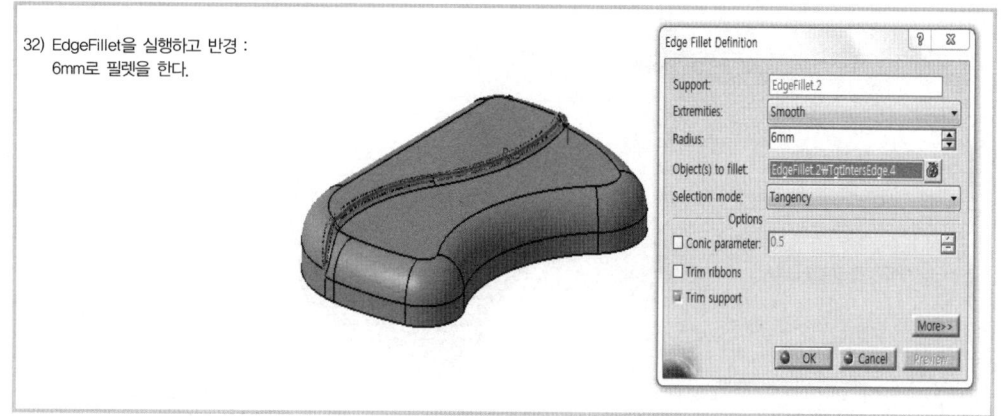

33) Sketch.1을 [Show]를 한다.
34) Cylinder를 실행하고 다음과 같이 지정하여 생성한다.

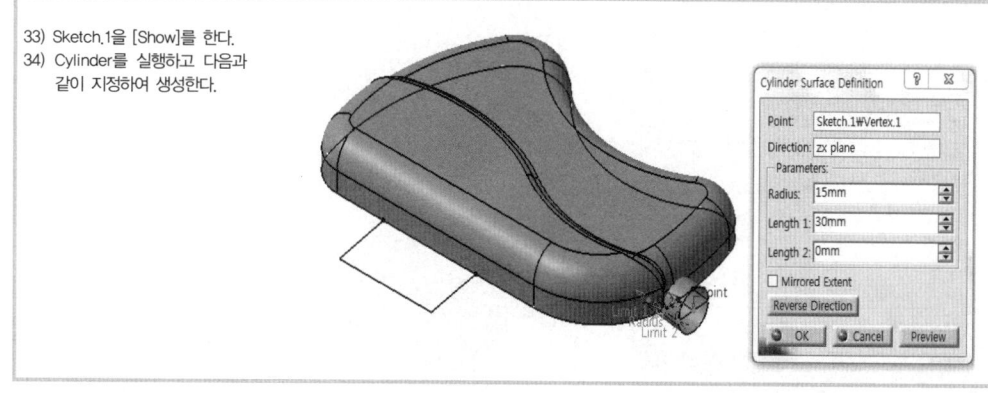

35) Split을 실행하고 위쪽이 남도록 잘라준다.

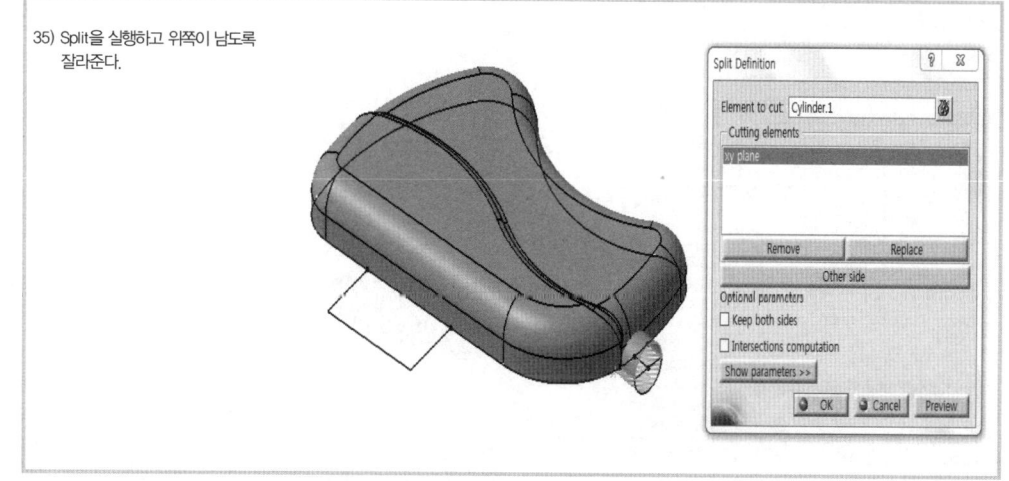

36) Shape Fillet을 실행하고 다음과 같이 지정하여 필렛을 한다.

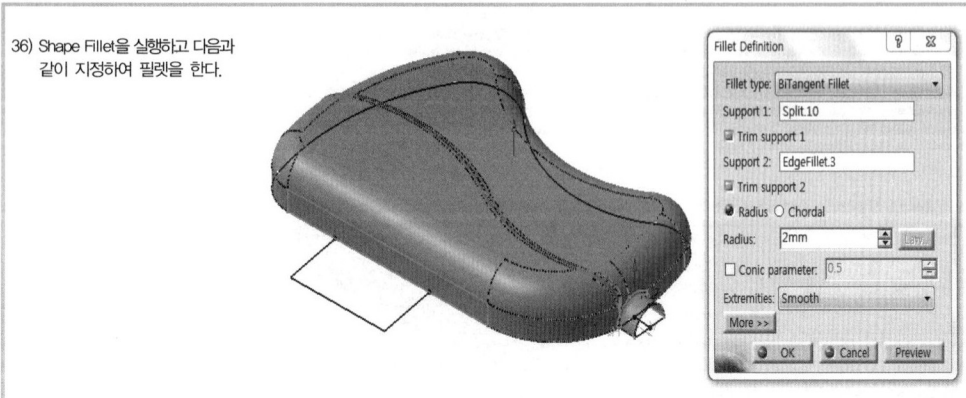

37) Sketch & Curves 위에서 마우스 우측버튼을 눌러 [Define In Work Object]를 선택한다.
38) Multiple Extract를 실행하고 다음과 같이 선택하여 추출한다.

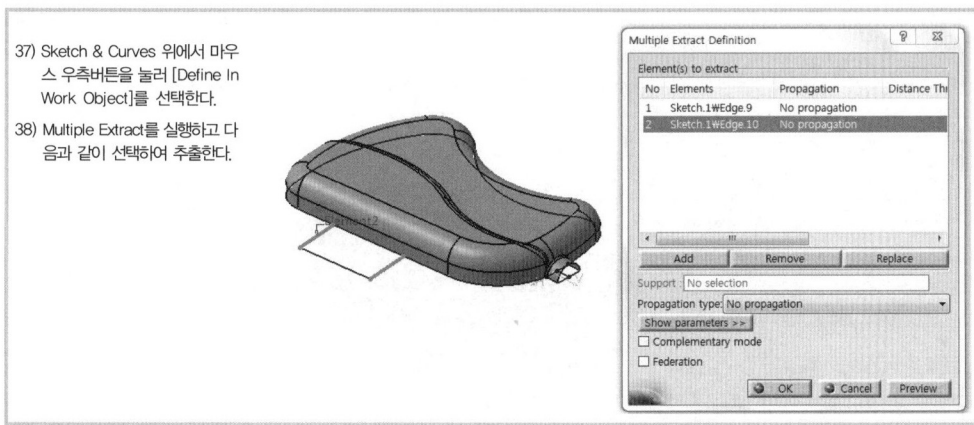

39) Surfaces 위에서 마우스 우측 버튼을 눌러 [Define In Work Object]를 선택한다.
40) Extrude를 실행하고 13mm 돌출을 한다.

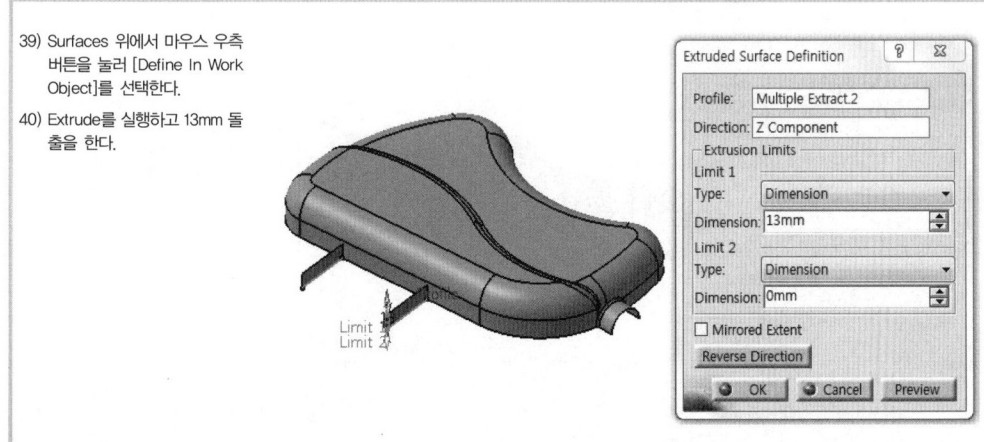

41) Blend를 실행하고 두 개의 모서리를 선택하여 Surface를 채운다.

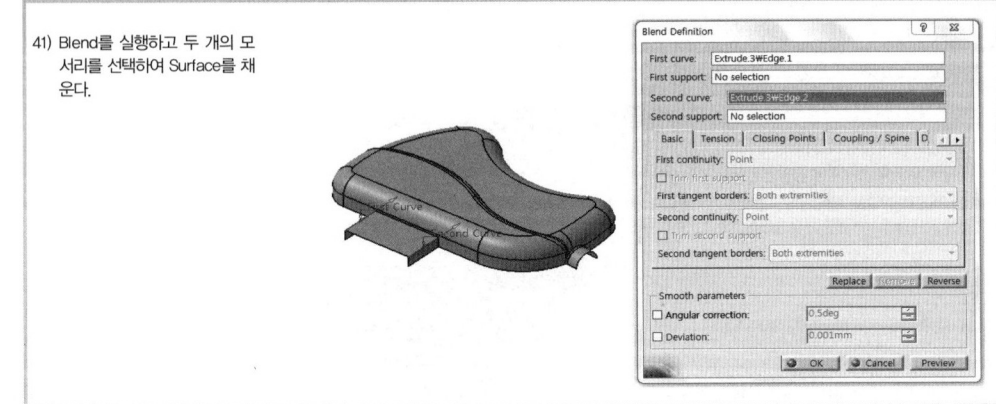

42) Join을 실행하고 두 개의 Surface를 결합한다.

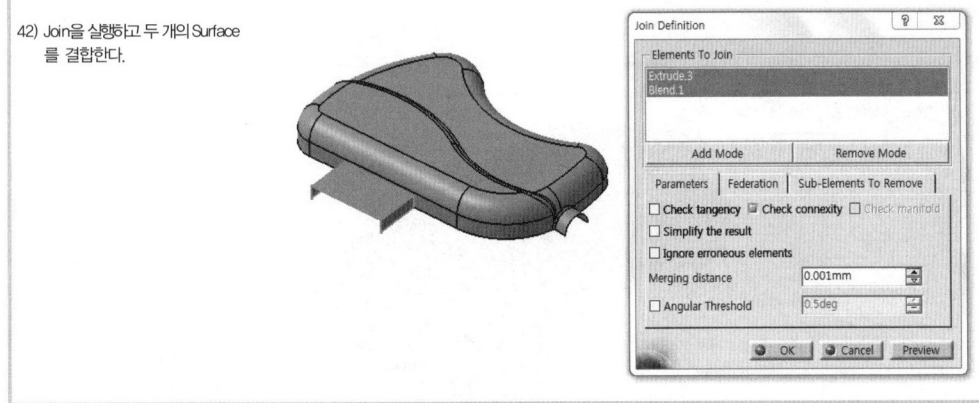

43) EdgeFillet을 실행하고 반경 : 10mm를 지정하여 필렛을 한다.

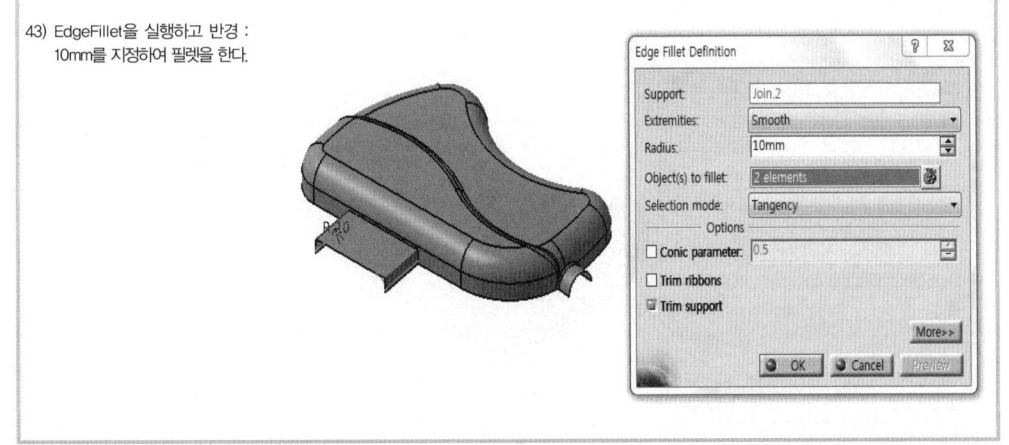

44) Shape Fillet을 실행하고 반경 : 2mm를 지정하여 필렛을 한다.

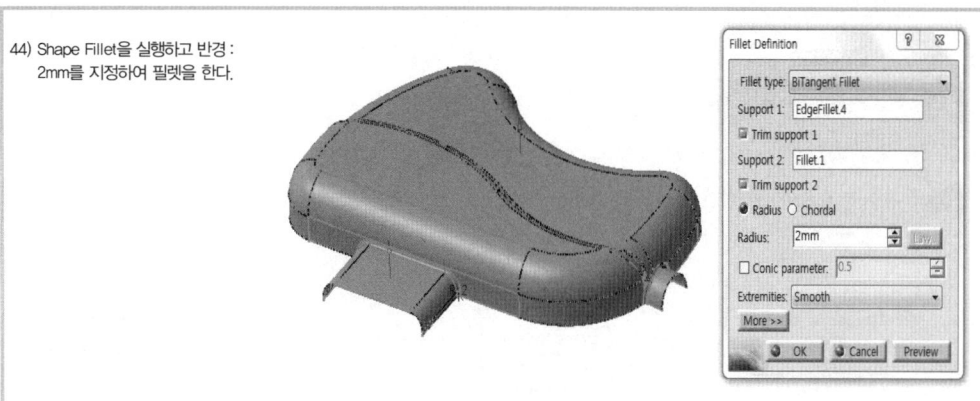

■ Cover Surface 완성

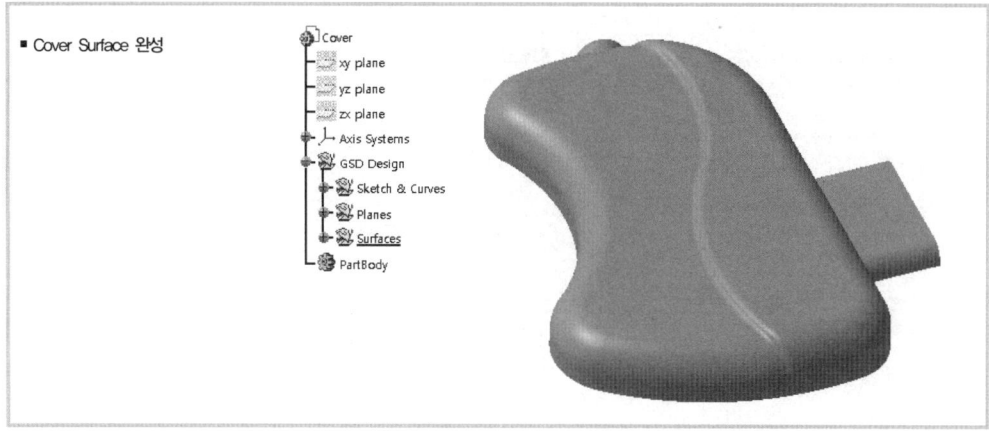

45) [Start]-[Mechanical Design]-[Part Design]을 선택한다.
46) ThickSurface를 실행하고 두께 : 1mm로 지정하여 Solid로 전환한다.

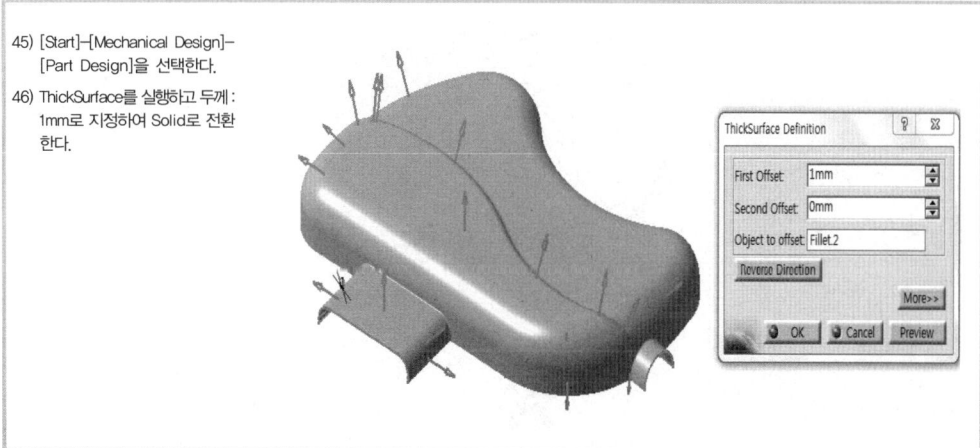

■ 완성 결과

47) Cover로 저장한다.

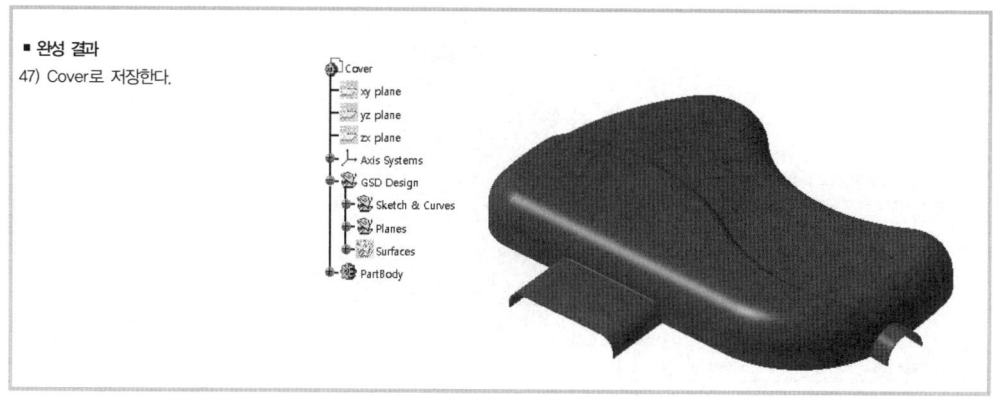

응용하기 56 물병 만들기-Sketch Tracer Design

1) [Start]-[Shape]-[Sketch Tracer]를 선택한다.
   물병 이미지를 준비한다.

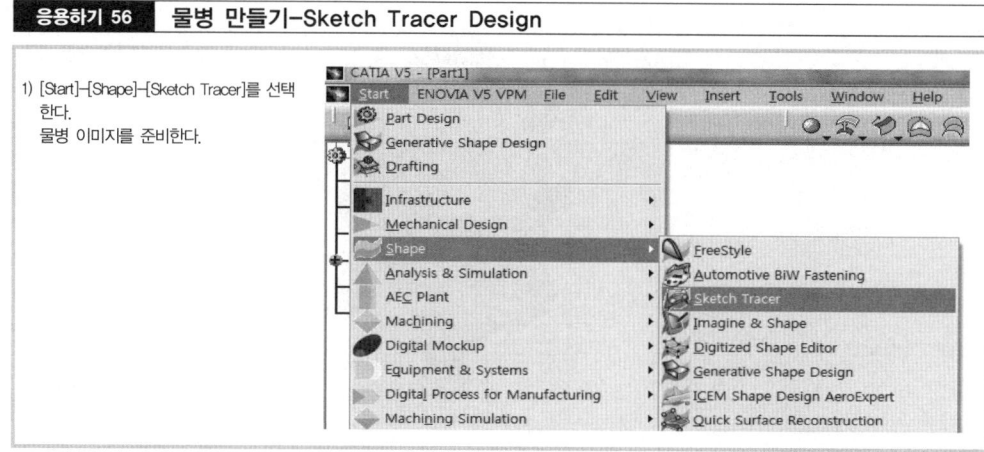

2) Quick View에서 Front View를 선택한다.

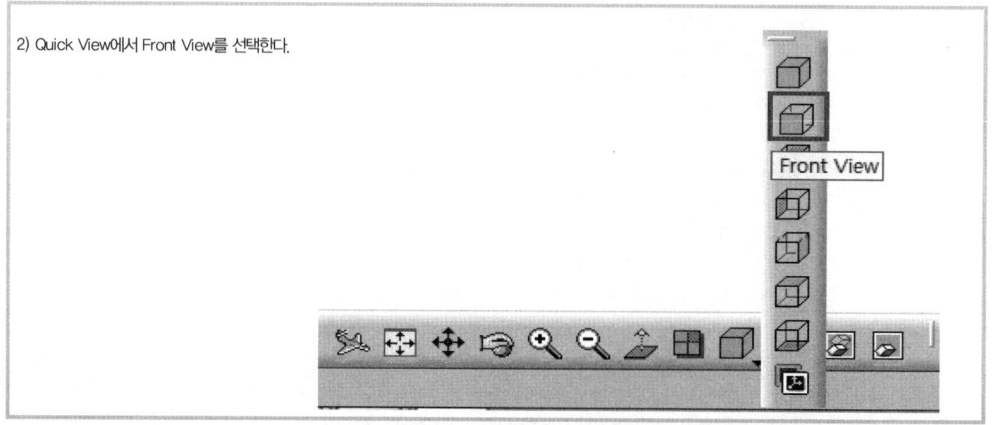

3) Create an mmersive Sketch()를 선택하여 물병 이미지를 연다.

4) 화살표를 드래그 하여 다음과 같이 조정 한다.

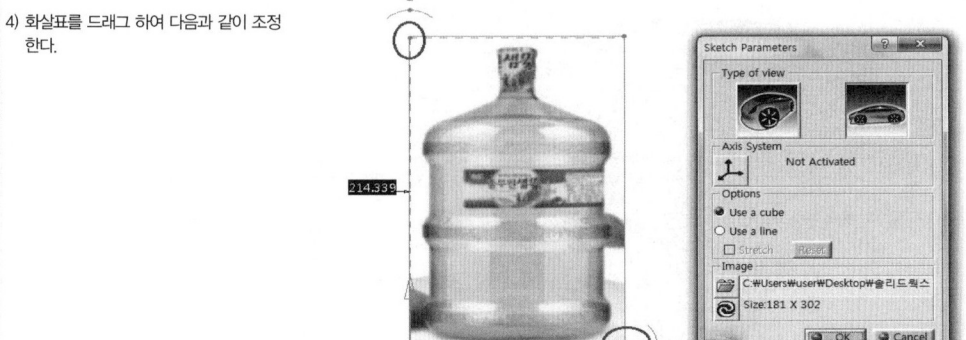

5) 모델링을 하기 위해서 [Insert]-[New Part]를 선택한다.
   Spec Tree에 Part가 표시된다.
6) Part 작업을 하기 위해 Part를 더블클릭 한다.

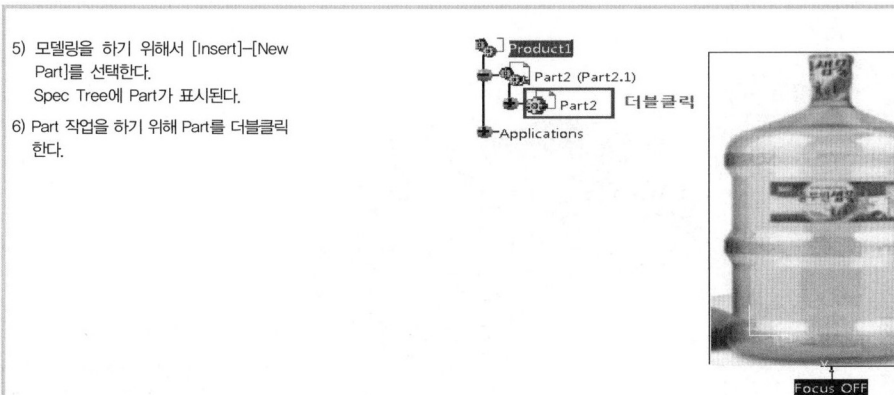

7) 다음과 같이 Part 작업 상태가 된다.

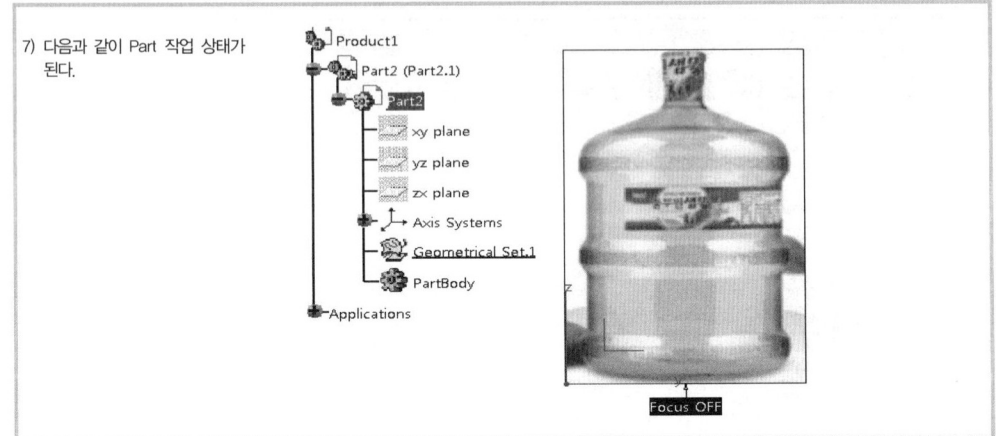

8) 스케치를 실행하고 YZ Plane을 선택하여 다음과 같이 스케치를 한다.

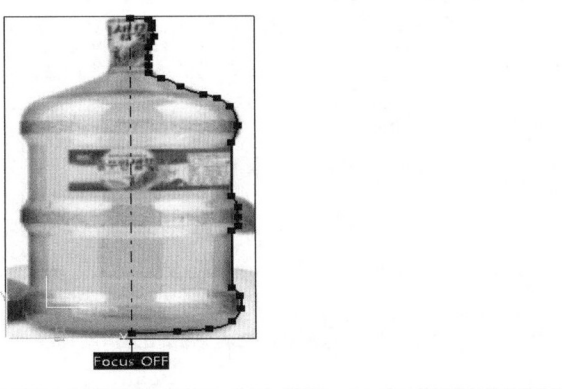

9) [Start]-[Shape]-[Generative Shape Design]을 선택한다.
10) Revolution을 실행하여 회전 Surface를 생성한다.

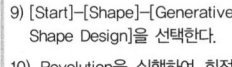
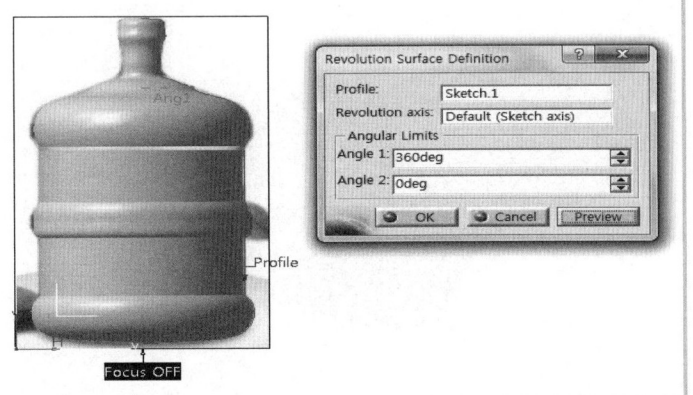

11) 이미지를 [Hide]로 숨긴다.

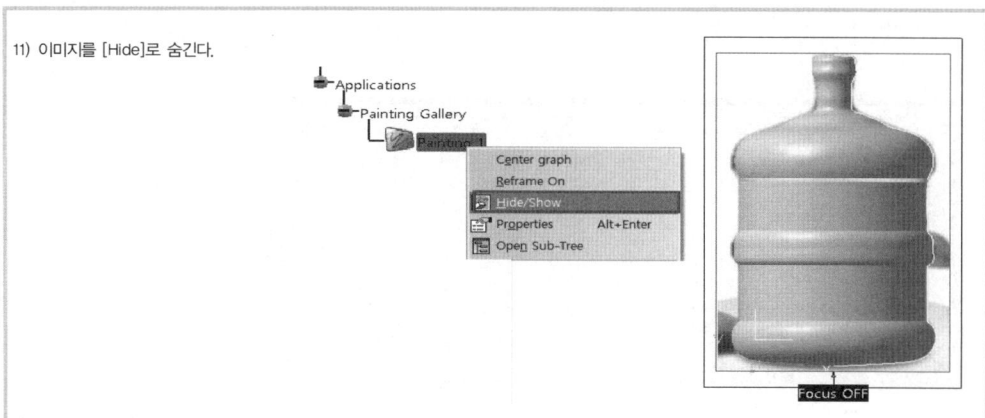

12) Surface 결과

13) Healing을 실행하고 Revolution.1 객체를 결합을 한다.

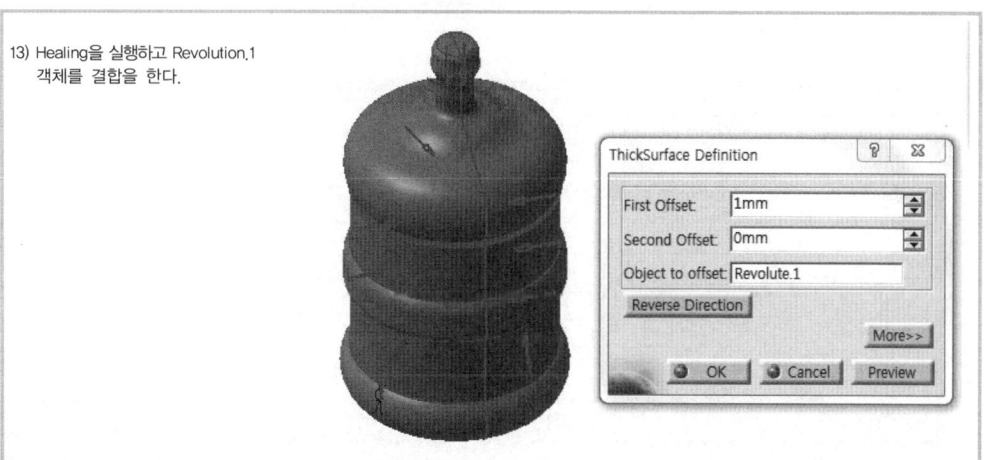

14) [Start]-[Mechanical Design]-[Part Design]를 선택한다.

15) Thick Surface를 실행하고 두께 : 1mm로 두께를 부여한다.

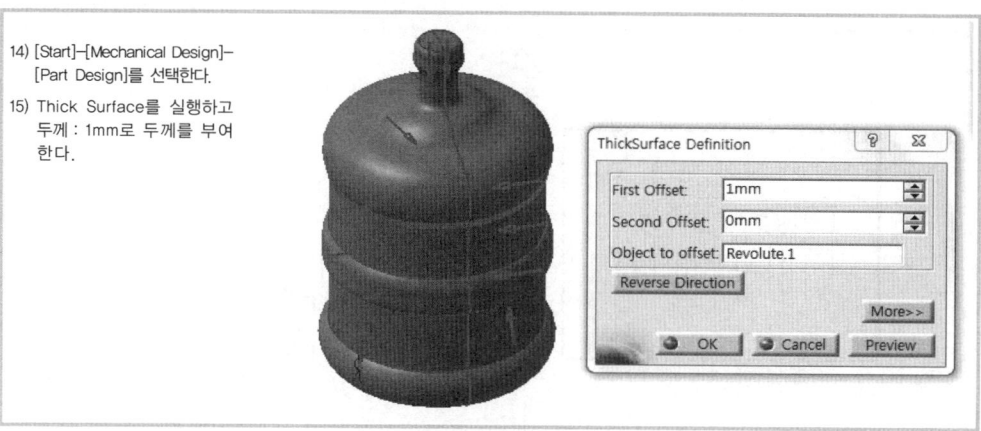

■ 솔리드로 전환된 결과

16) 물병에 글자를 입력하기 위해서 [Start]-[Mechanical Design]-[Drafting]을 선택한다.

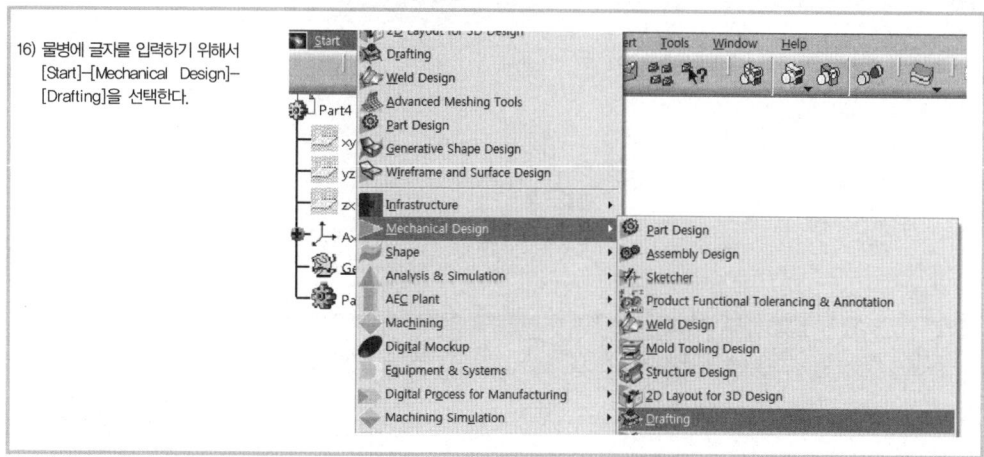

17) 다음 창에서 Empty Sheet를 선택한다.

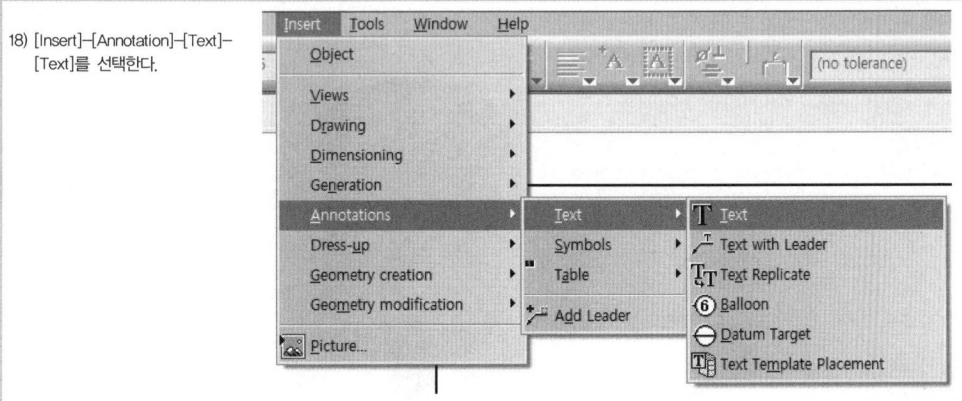

18) [Insert]-[Annotation]-[Text]-[Text]를 선택한다.

19) 다음과 같이 글자를 쓴다.

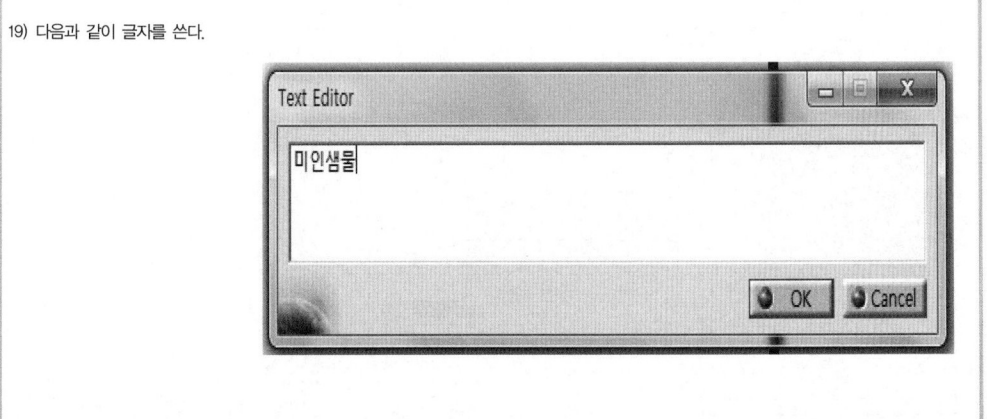

20) 글꼴과 글자크기를 다음과 같이 변경한다.

21) [File]-[Save]를 선택하고 Water.wg로 저장한다.

22) 현재 파일을 받고 dwg 확장자로 저장한 파일을 다시 연다. 파일을 열면 다음과 같이 표시된다.

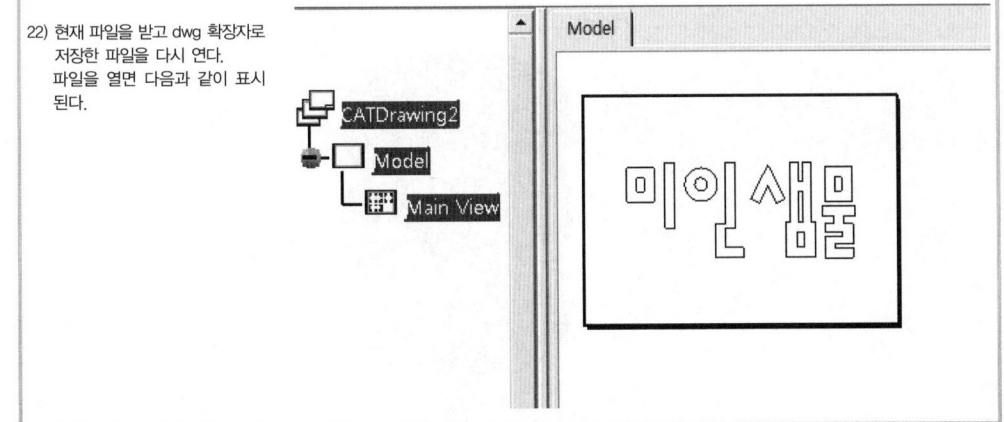

23) Main View를 선택하여 [Copy]를 한다.

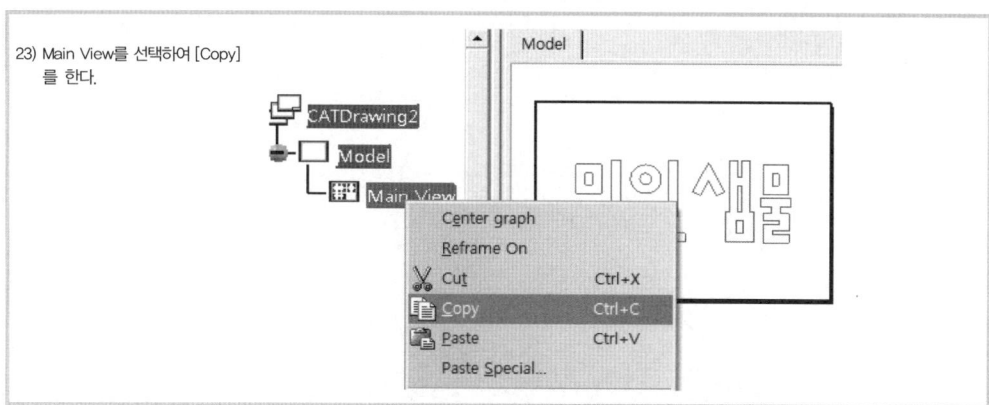

24) 다음 창으로 이동하여 YZ Plane 선택하여 [Paste]를 한다.

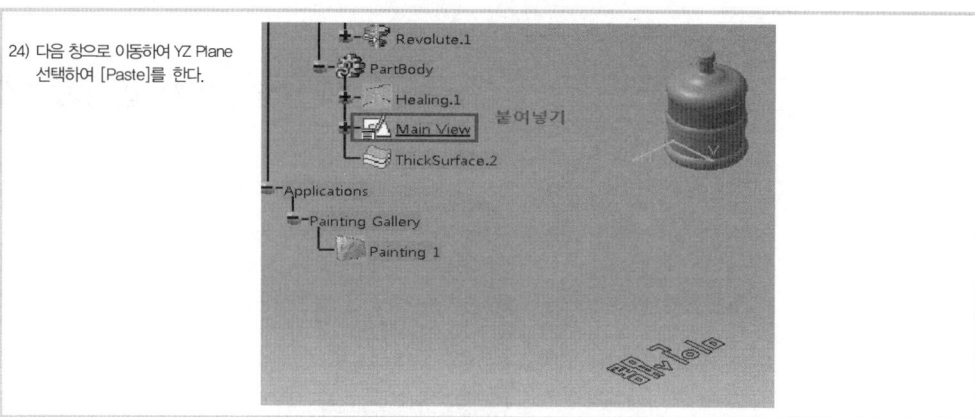

25) Spec Tree에서 Main View 더블클릭하여 편집 모드로 들어간다.
26) Translate를 이용하여 다음과 같이 이동한다.

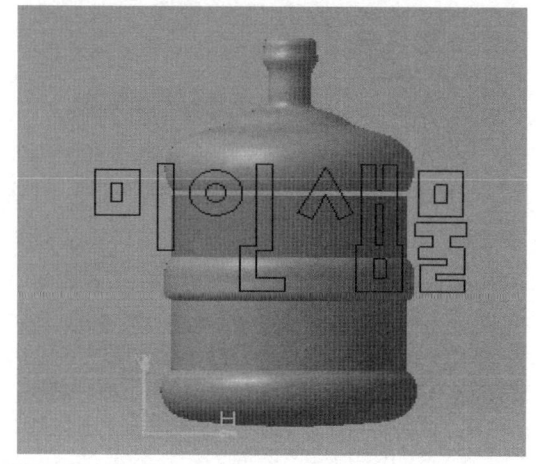

27) Scale을 실행하여 다음과 같이 크기를 줄인다.

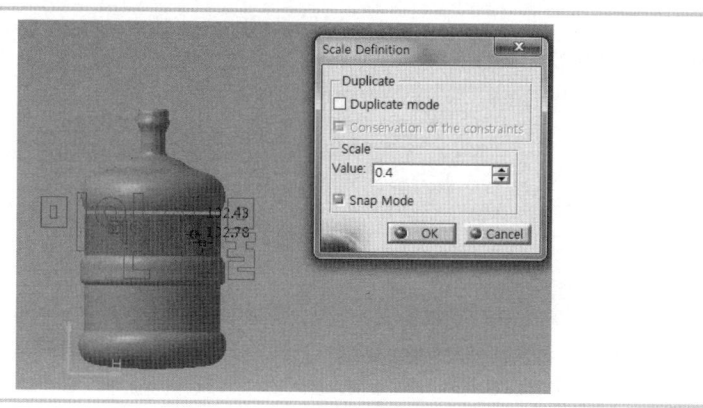

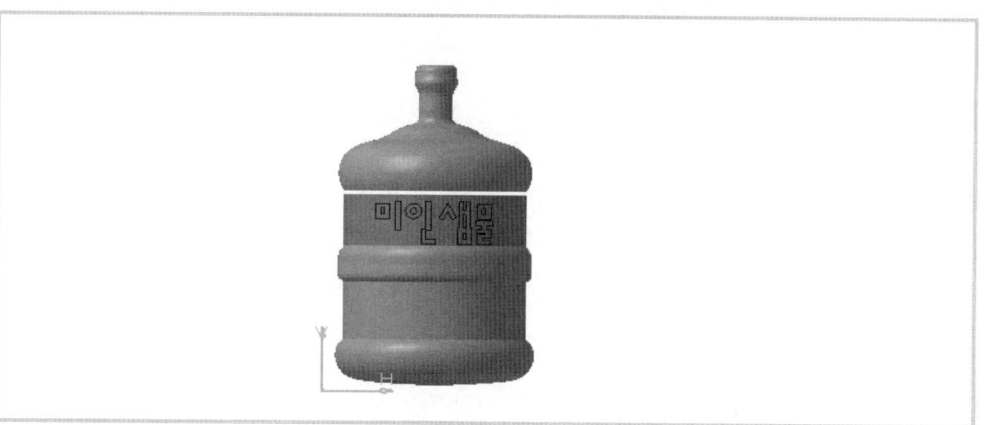

28) Pad를 실행하고 Up to Surface를 지정 곡면을 선택하고 Offset : 2mm 지정하여 돌출을 한다.

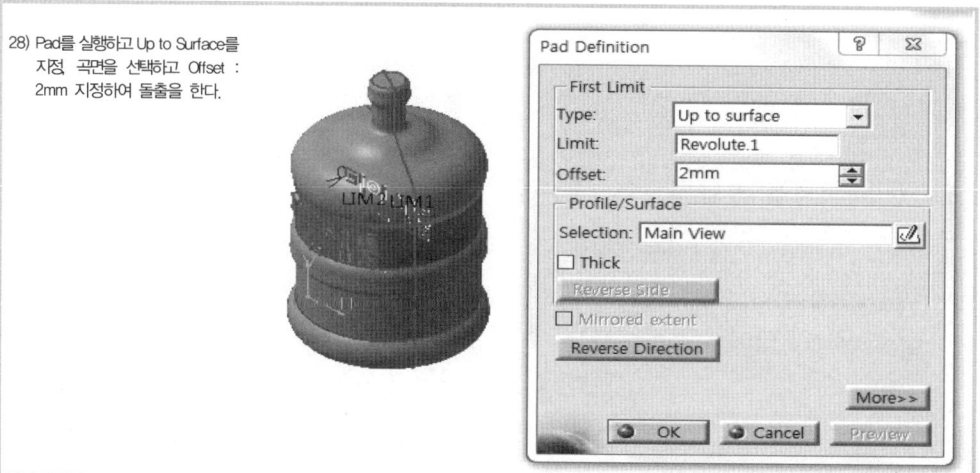

■ 완성 결과

2) Plane을 실행하고 XY Plane을 기준으로 118mm 위쪽에 Plane을 생성한다.

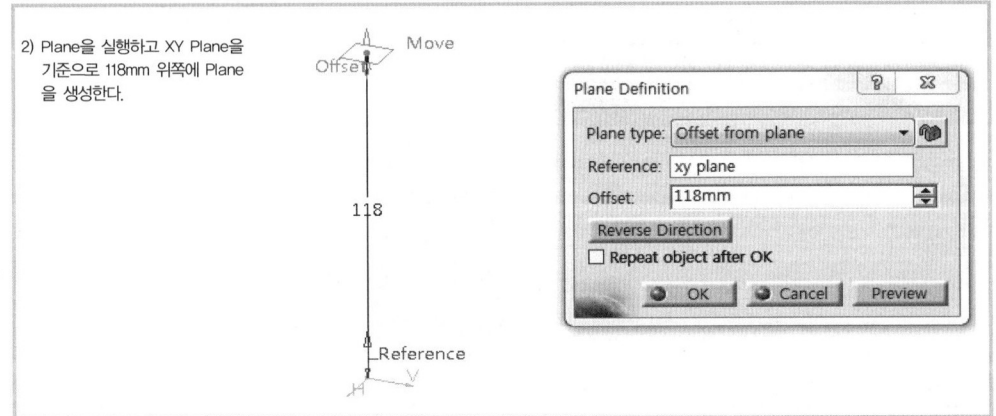

3) 스케치를 실행하고 Plane.1을 선택하여 다음과 같이 스케치를 한다.

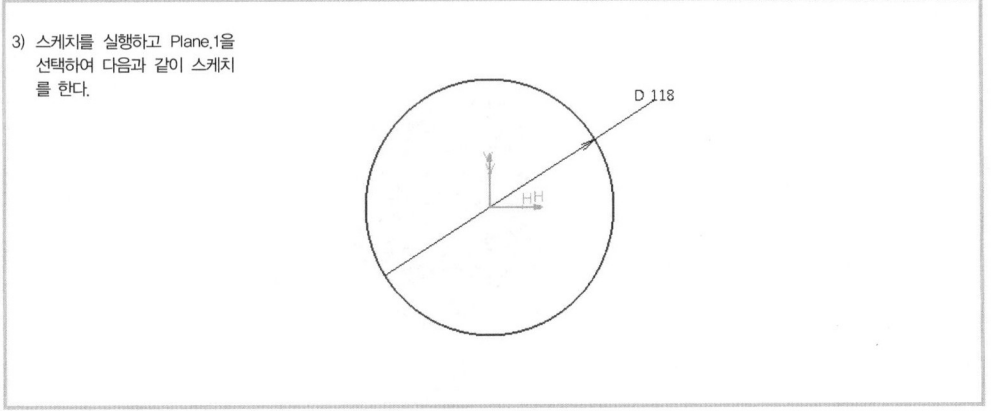

응용하기 57 | Waste Basket 만들기

1) 스케치를 실행하고 XY Plane을 선택하여 다음과 같이 스케치를 한다.

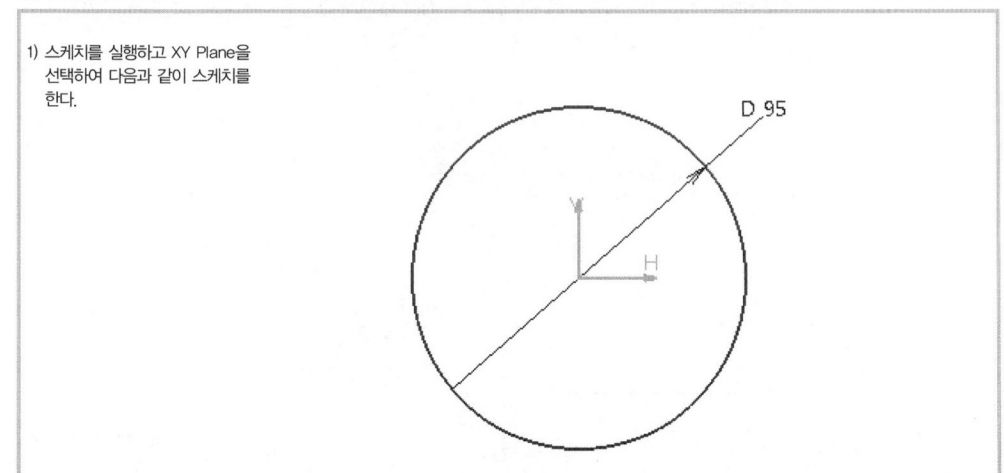

4) Multi-Section Solid를 실행하고 두 개의 스케치를 선택하여 Solid를 생성한다.

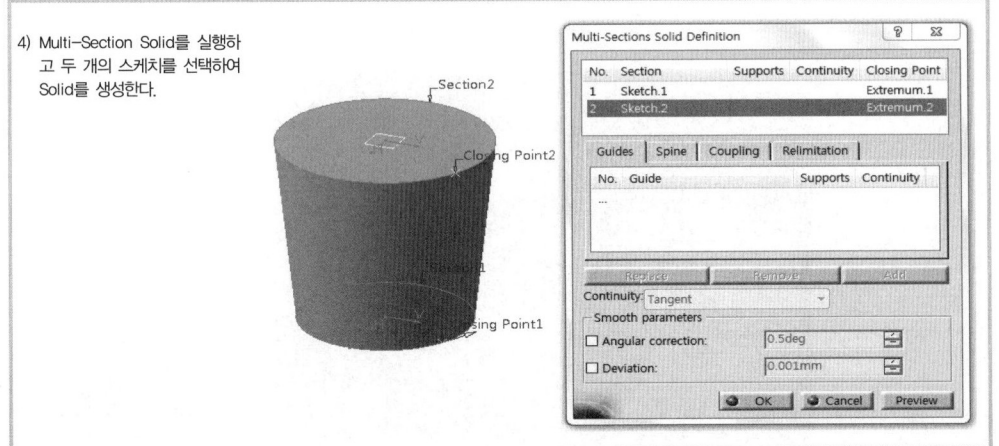

5) Edge Fillet을 실행하고 반경 : 5mm로 필렛을 한다.

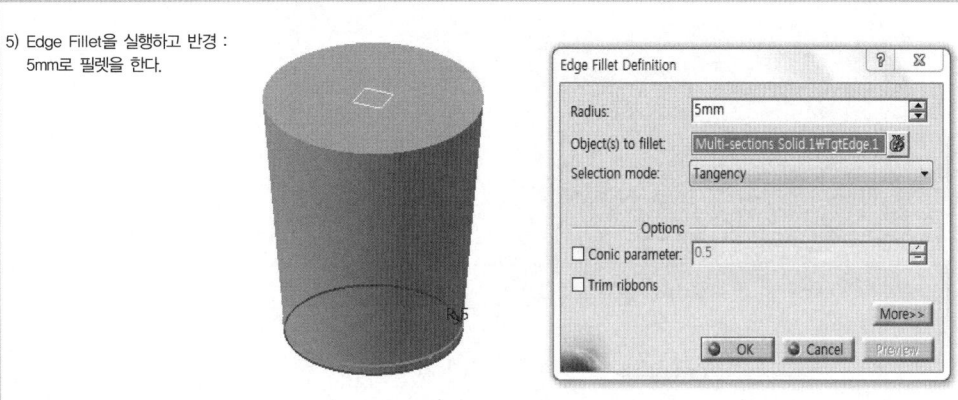

6) 스케치를 실행하고 Multi-Section Solid 객체의 밑면을 선택하여 다음과 같이 스케치를 한다.

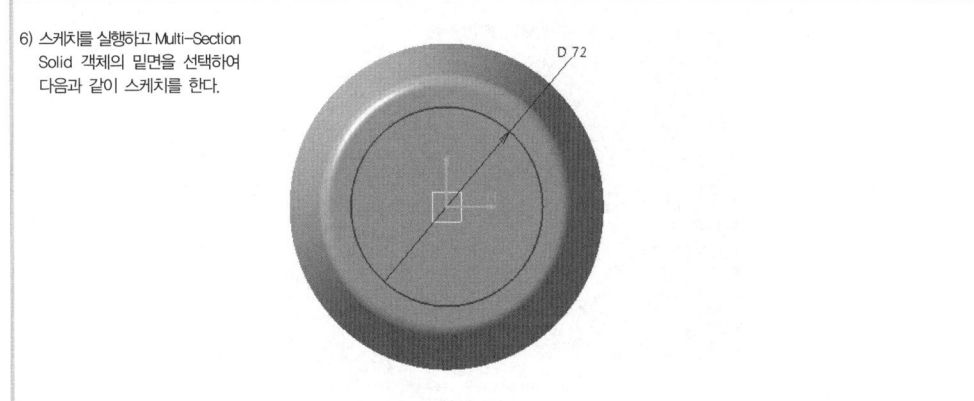

7) Pocket을 실행하고 3mm 돌출 컷을 한다.

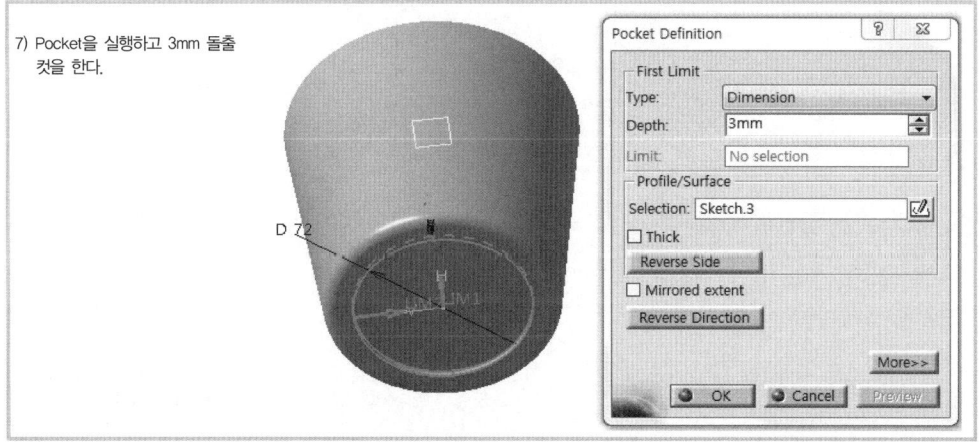

8) Draft를 실행하고 구배각도 : 5deg, 구배면 : Pocket.1 객치의 측면을 지정, 기준면 : Pocket.1 객체의 윗면을 선택한다.

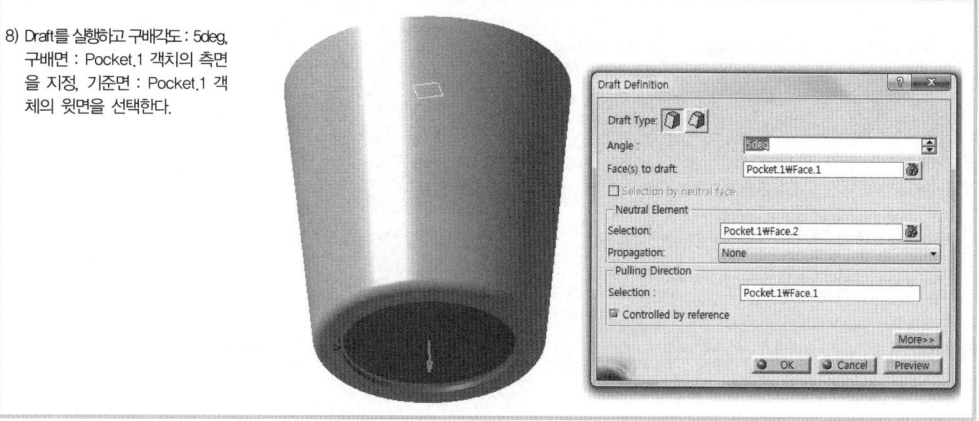

9) Shell을 실행하고 두께 : 1mm로 쉘을 생성한다.

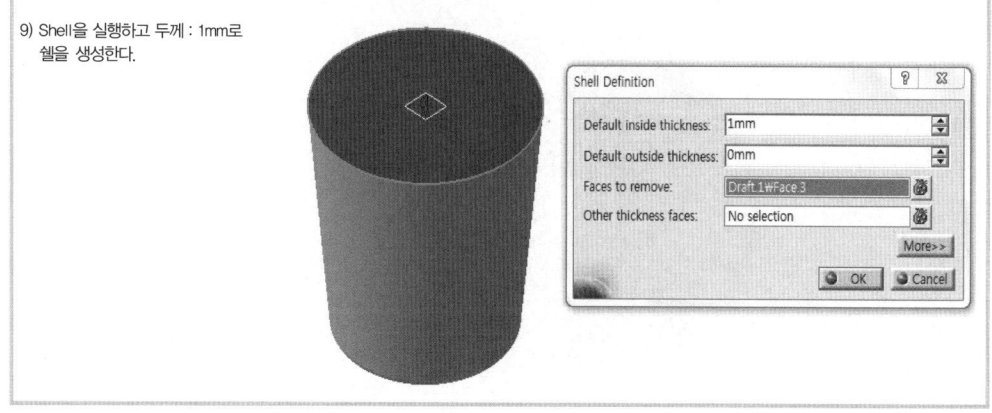

10) [Insert]-[Body]를 선택한다.

11) Plane을 실행하고 XY Plane을 기준으로 118mm 위쪽에 Plane을 생성한다.

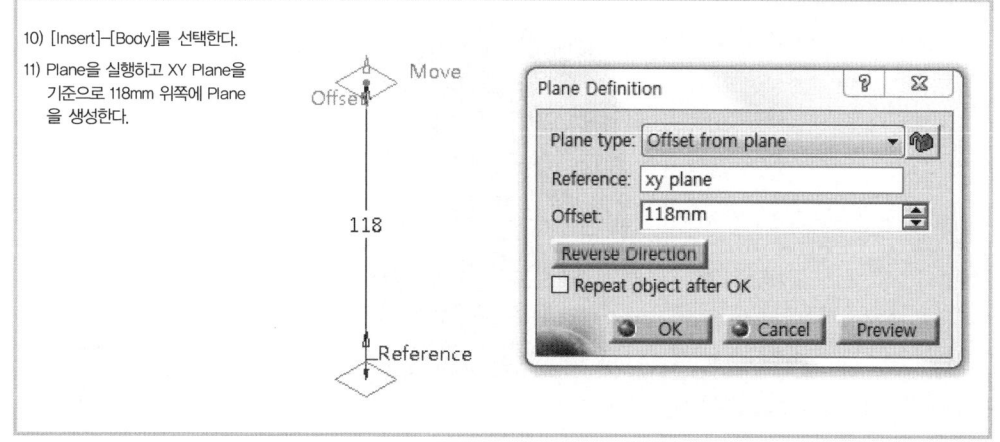

12) 스케치를 실행하고 Plane.2를 선택하여 다음과 같이 스케치를 한다.

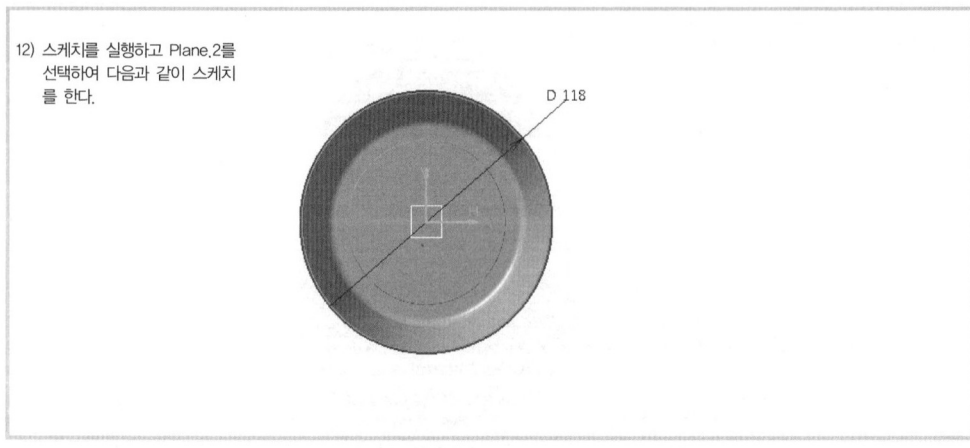

13) 스케치를 실행하고 YZ Plane을 선택하여 다음과 같이 스케치를 한다.

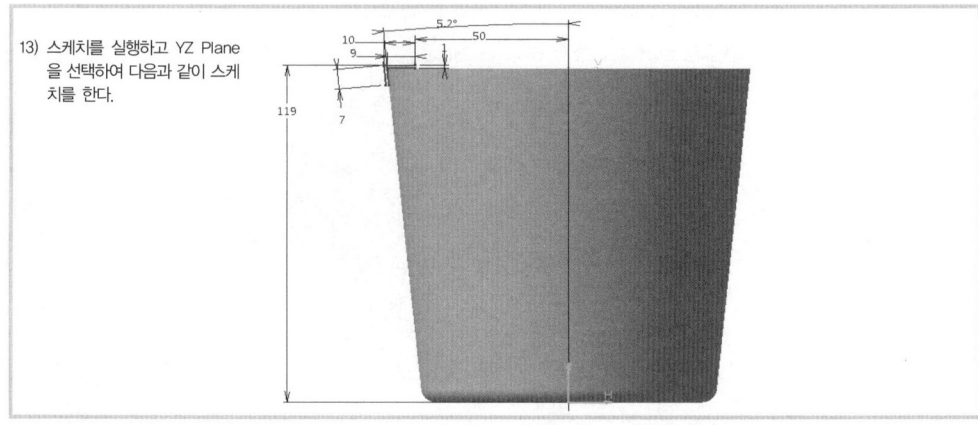

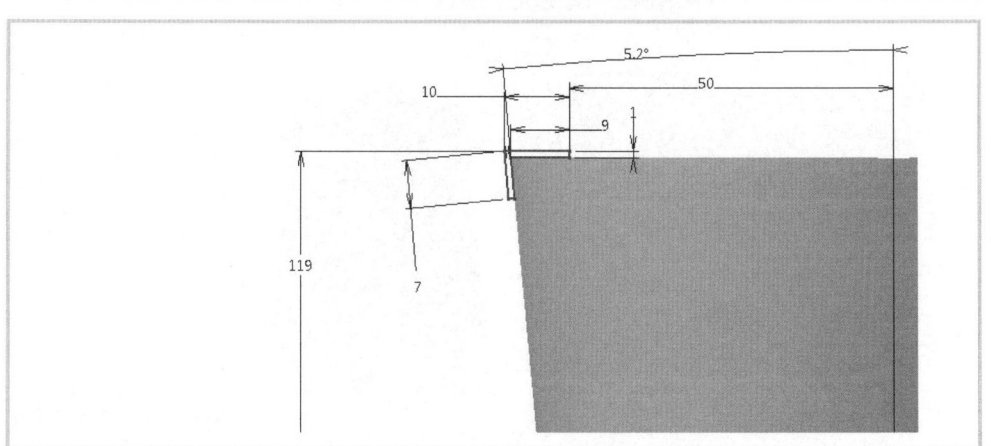

14) Rib을 실행하고 Profile : Sketch.5, Center Curve : Sketch.4를 선택하여 생성한다.

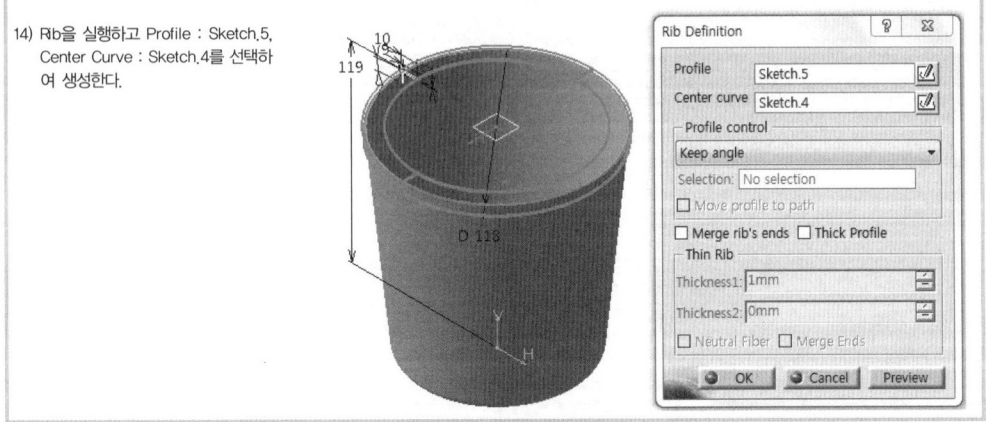

15) 스케치를 실행하고 Rib.1 객체의 윗면을 선택하여 다음과 같이 스케치를 한다.

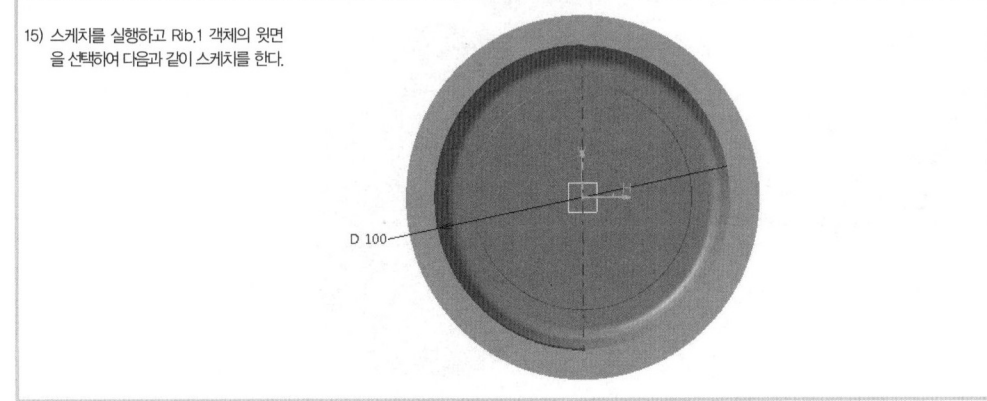

16) Shaft를 실행하고 Second angle : 90deg, Thick Profile을 체크, Thickness2 : 1mm를 지정한다.

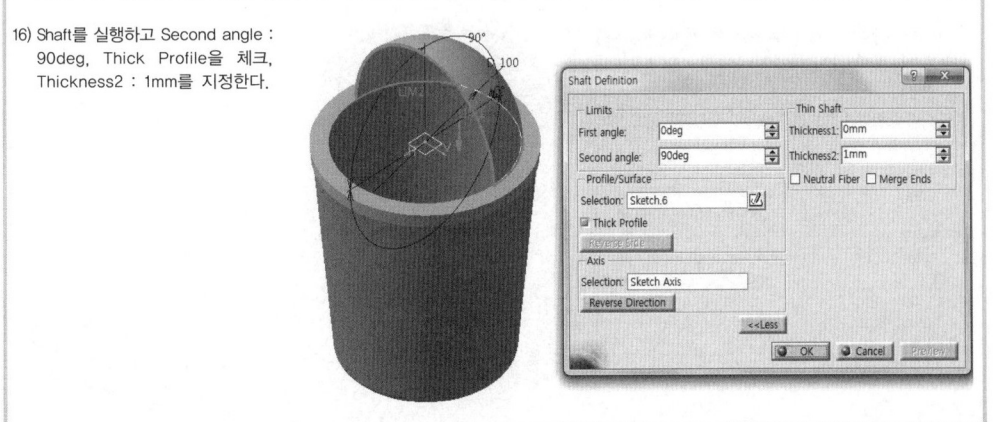

17) [Insert]-[Body]를 선택한다.
18) Plane을 실행하고 XY Plane을 기준으로 119mm 위쪽에 Plane을 생성한다.

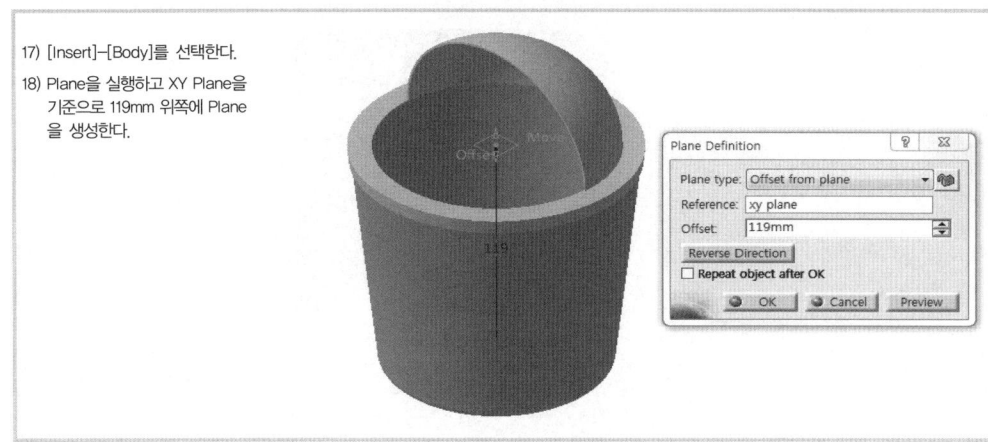

19) 스케치를 실행하고 Plane.3을 선택하여 다음과 같이 스케치를 한다.

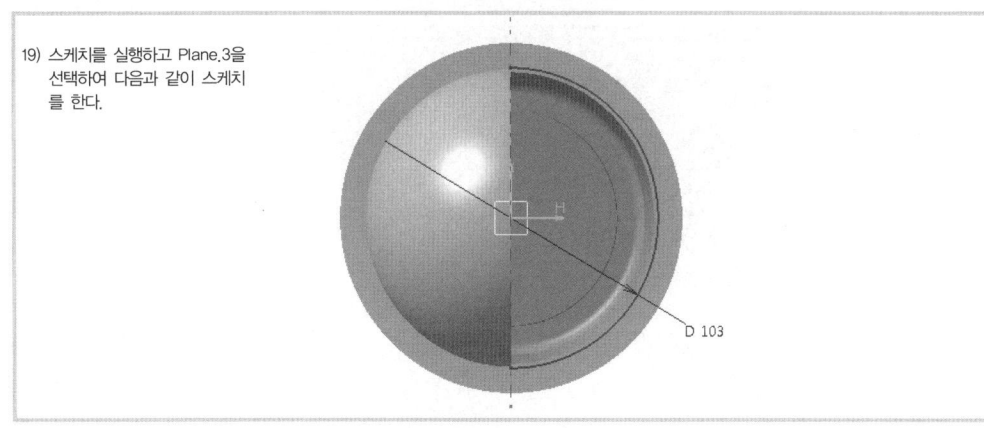

20) Shaft를 실행하고 First Angle : 90deg, Thick Profile 체크, Thickness2 : 1mm를 지정한다.

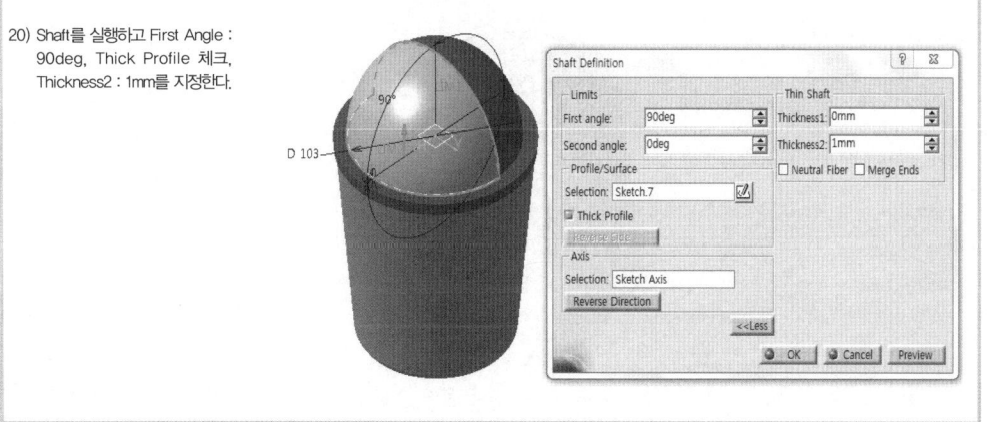

21) Thickness를 실행하고 Shaft.2 객체의 뒷면을 선택하여 두께 : 5mm를 추가한다.

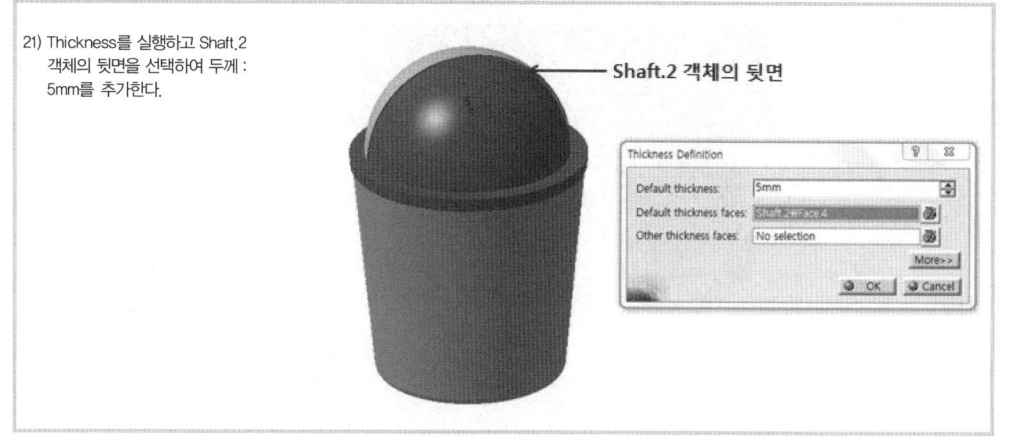

22) 스케치를 실행하고 Shaft.2 객체의 뒷면을 선택하여 다음과 같이 스케치를 한다.

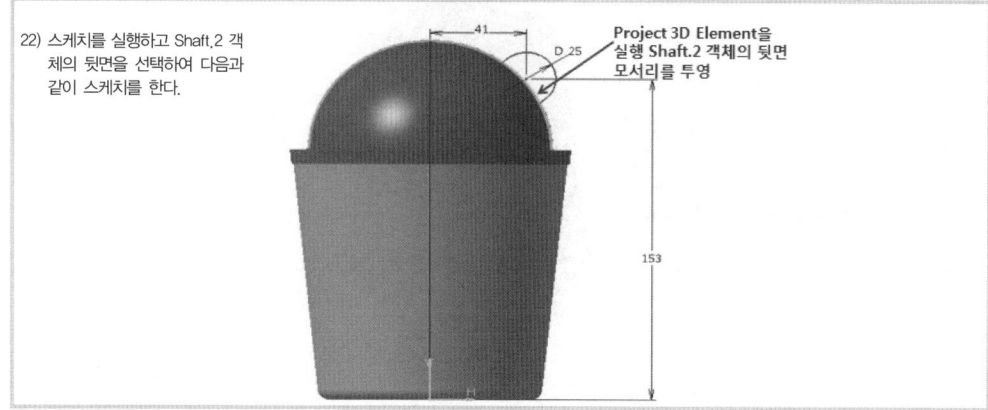

■ 원 안쪽 투영선만 남긴다.

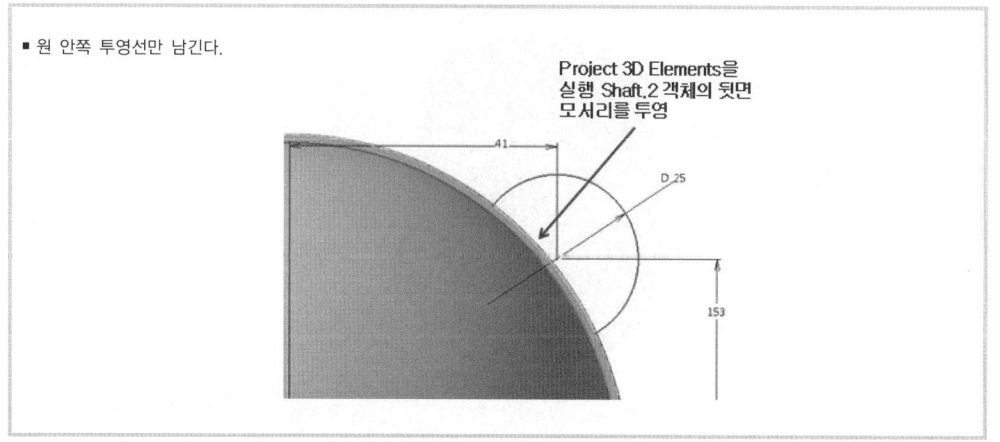

23) Pad를 실행하고 3mm 돌출을 한다.

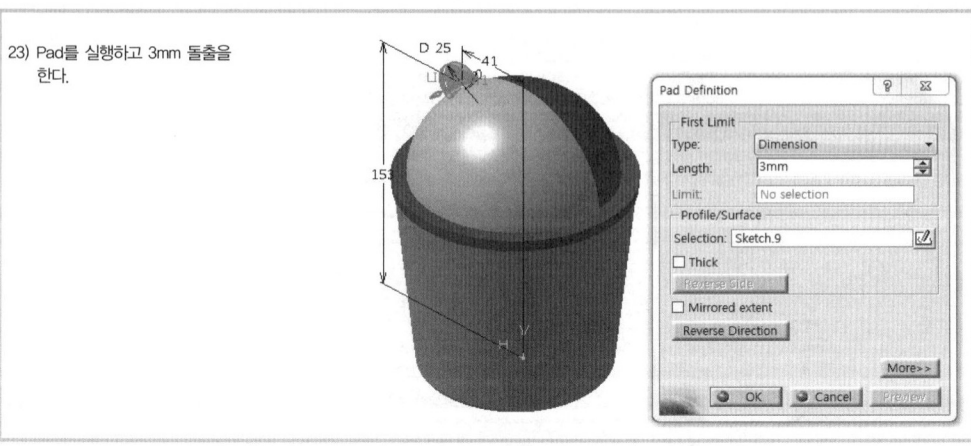

24) 스케치를 실행하고 Pad.2 객체의 뒷면을 선택하여 다음과 같이 스케치를 한다.

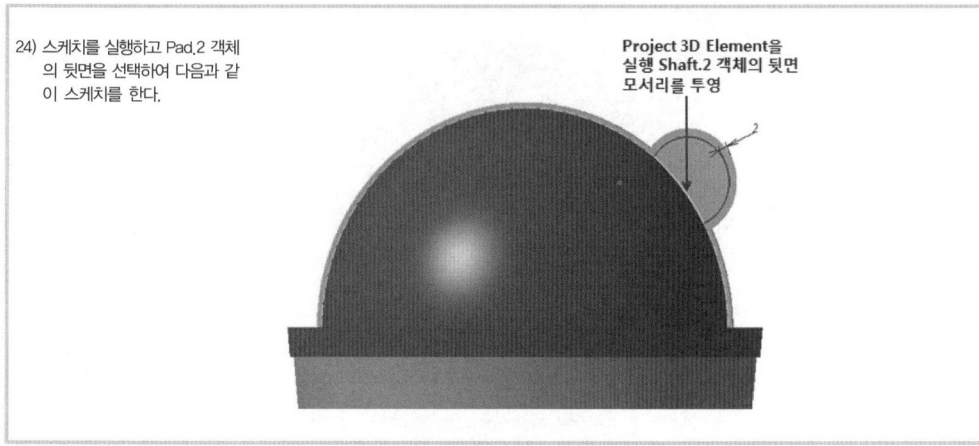

- 원 안쪽 투영선만 남긴다.

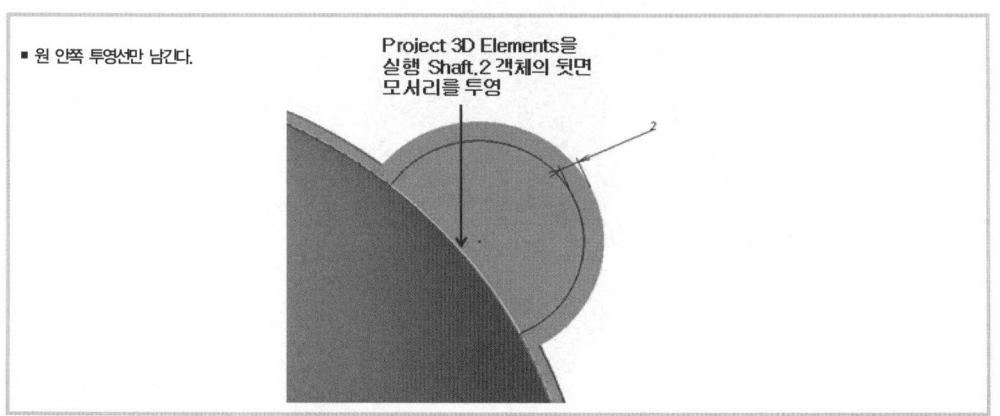

25) Pocket을 실행하고 2mm 돌출 컷을 한다.

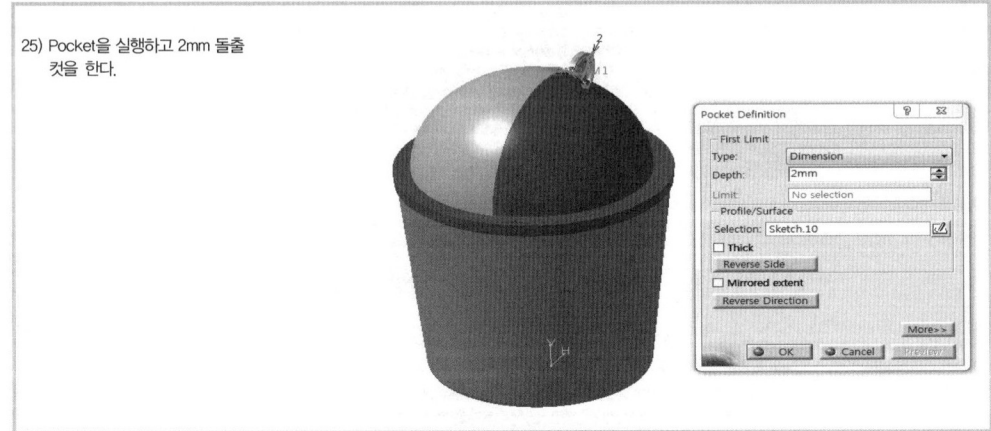

26) Mirror를 실행하고 대칭면 : ZX Plane을 선택, Pad.1과 Pocket.2 객체를 대칭복사 한다.

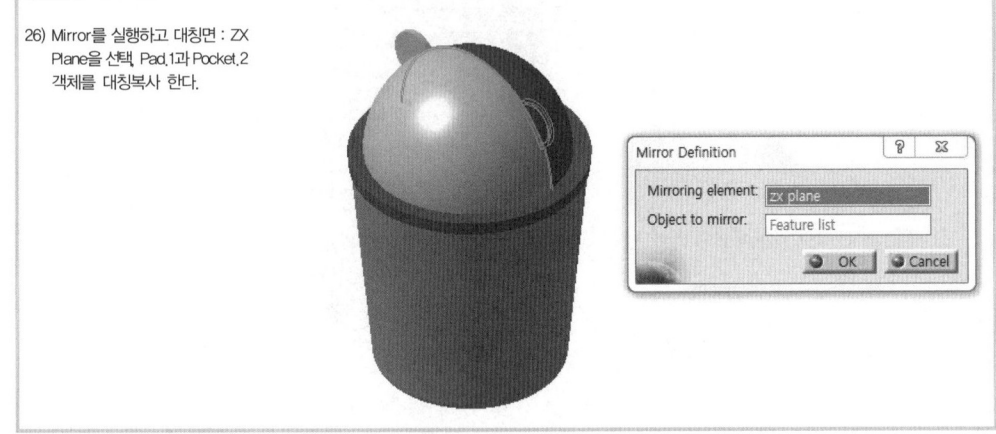

27) [Insert]-[Body]를 선택한다.

28) 스케치를 실행하고 Pad.1 객체의 앞면을 선택하여 다음과 같이 스케치를 한다.

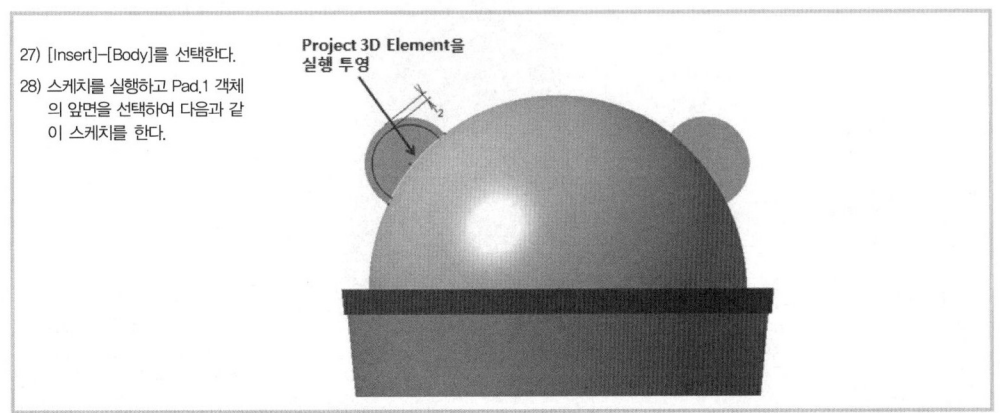

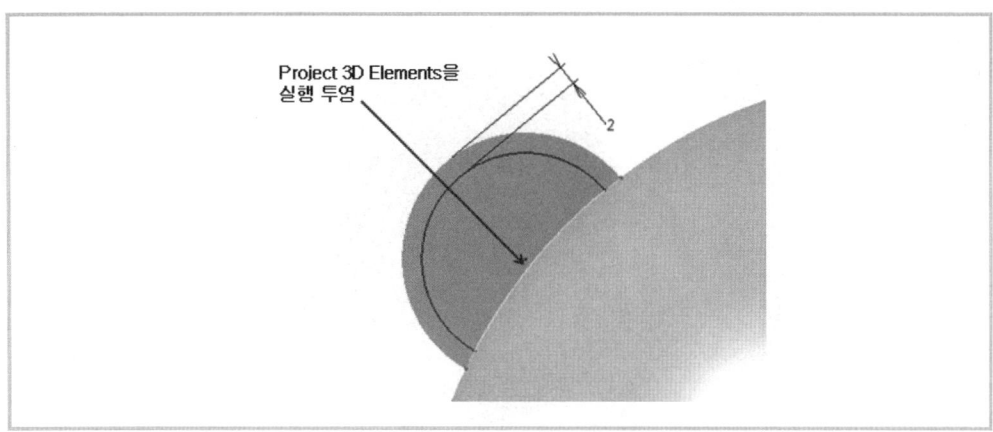
Project 3D Elements을 실행 투영

29) Pad를 실행하고 1mm 돌출을 한다.
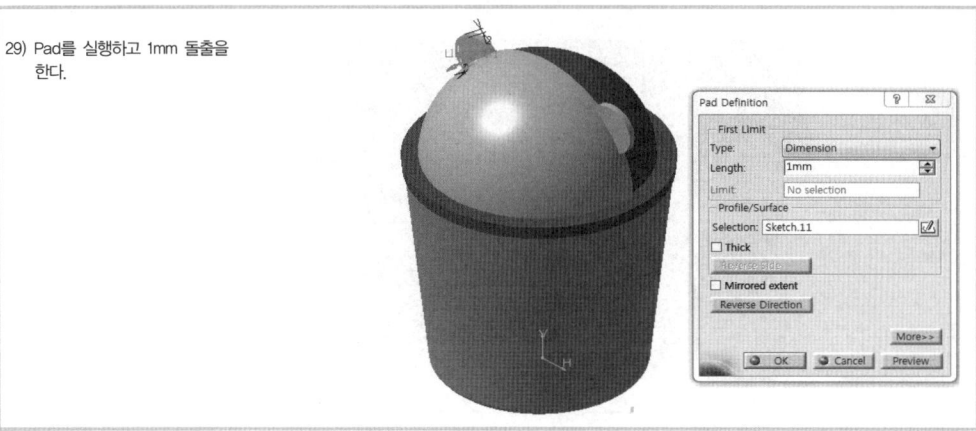

30) Apply Material을 실행하고 다음과 같이 재질을 부여한다.
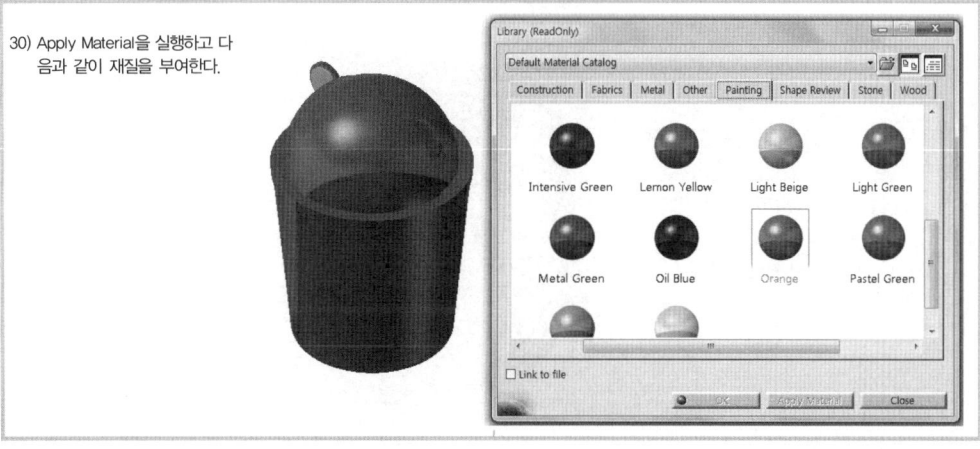

31) Mirror를 실행하고 대칭면 : ZX Plane을 선택, Pad.3 객체를 대칭복사 한다.

32) [Insert]-[Body]를 선택한다.
33) [Start]-[Shape]-[Generative Shape Design]을 선택한다.
34) Extract를 실행하고 Solid 면을 선택하여 추출한다.

35) Offset을 실행하고 0.3mm 바깥쪽으로 오프셋을 한다.
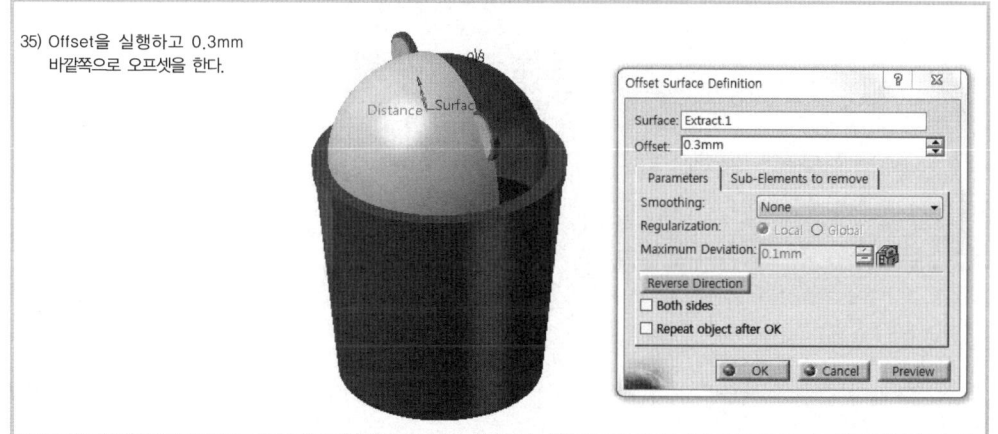

36) Plane을 실행하고 YZ Plane을 선택하여 58mm 앞쪽으로 Plane을 생성한다.

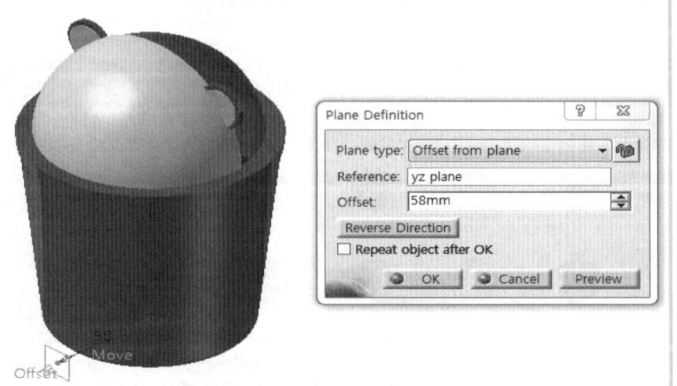

37) 스케치를 실행하고 Plane.4를 선택하여 다음과 같이 스케치를 한다.
아래 부분은 임의로 스케치 한다.

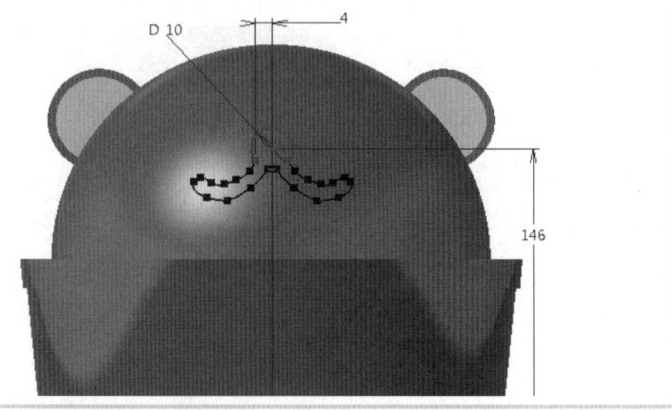

38) [Start]-[Mechanical Design]-[Part Design]을 선택한다.

39) Pad를 실행하고 Up to Surface를 지정, Limit : Extract.1을 선택하여 돌출을 한다.

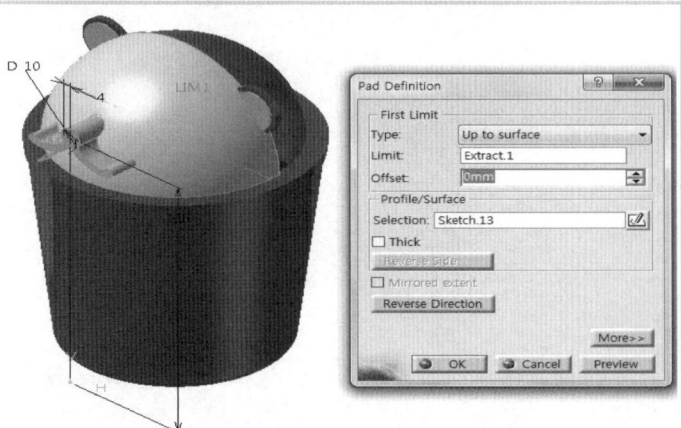

40) 스케치를 실행하고 Plane.4를 선택하여 다음과 같이 스케치를 한다.
Plane을 생성 위한 Axis로 이용된다.

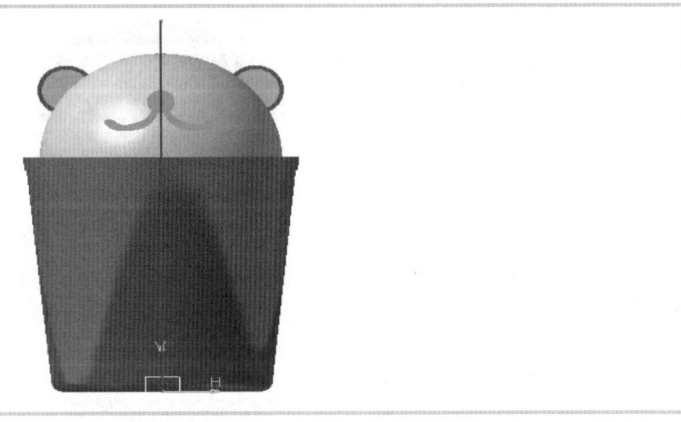

41) Plane을 실행하고 Rotation Axis : Sketch.14를 선택, Reference : Plane.4를 지정, -15deg를 선택하여 Plane을 생성한다.

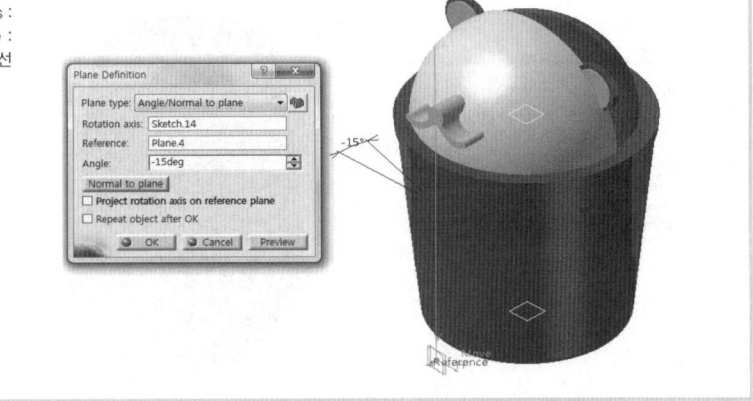

42) 스케치를 실행하고 Plane.5를 선택하여 다음과 같이 스케치를 한다.

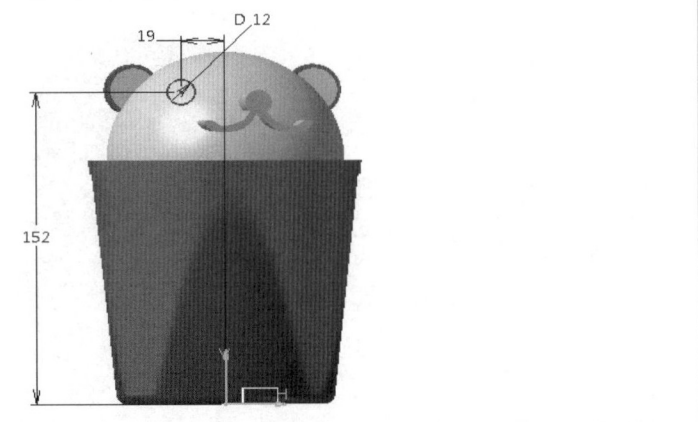

43) Pad를 실행하고 Up to Surface 를 지정, Limit : Extract.1을 선택하여 돌출을 한다.

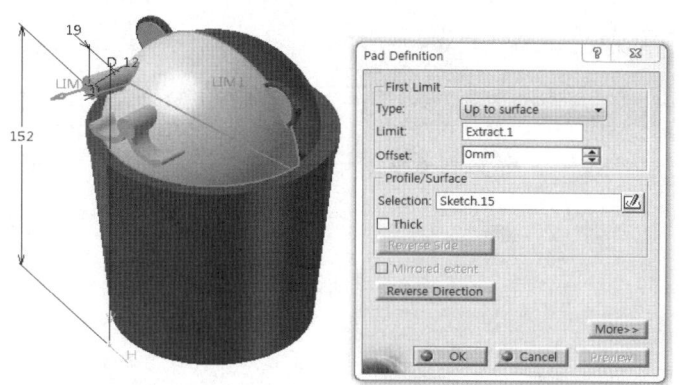

44) Mirror를 실행하고 대칭면 : ZX Plane을 선택, Pad.5 객체를 대칭복사 한다.

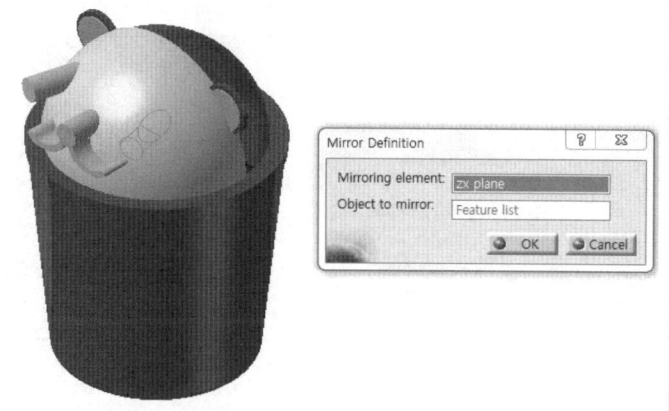

45) Split을 실행하고 Offset.1 Surface 를 선택하여 잘라낸다.
46) Extract.1, Offset.1 Surface를 [Hide]를 한다.

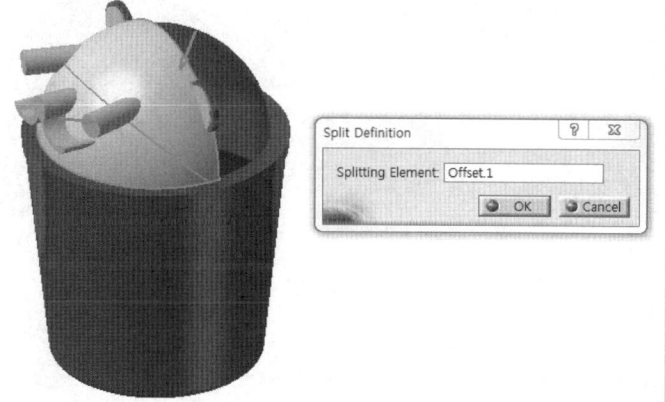

47) 코와 눈 Body에 검정색 재질을 부여한다.
48) Thickness를 실행하고 코 부분을 선택, 두께 : 0.5mm를 추가한다.

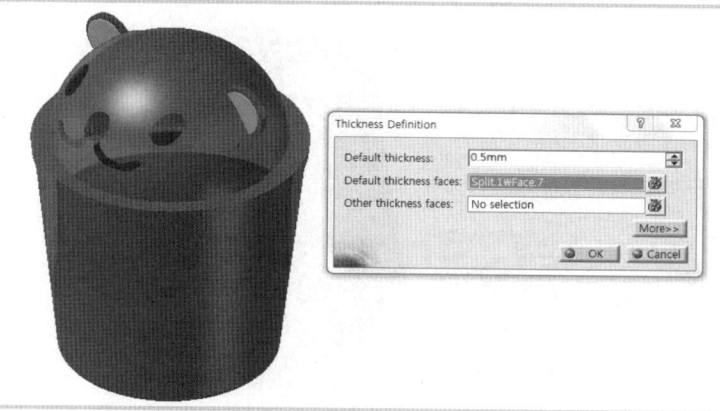

49) [Insert]-[Body]를 선택한다.
50) 스케치를 실행하고 Plane.4를 선택하여 다음과 같이 스케치를 한다.

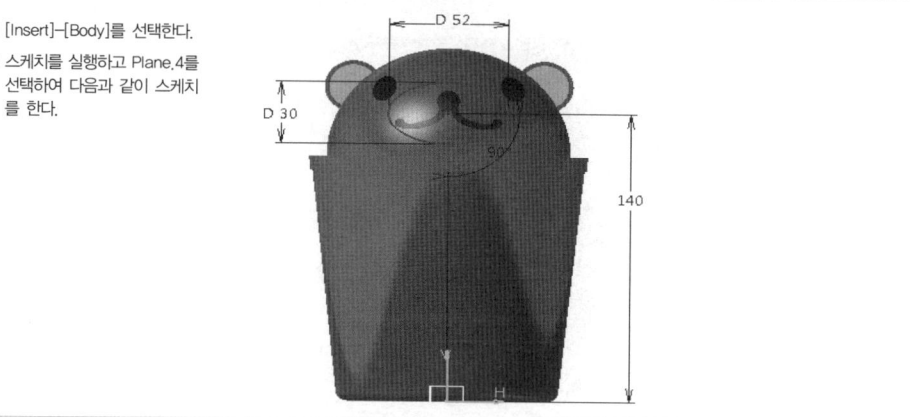

51) [Start]-[Shape]-[Generative Shape Design]을 선택한다.
52) Extrude를 실행하고 Up-to element : Extract.1을 선택하여 돌출을 한다.

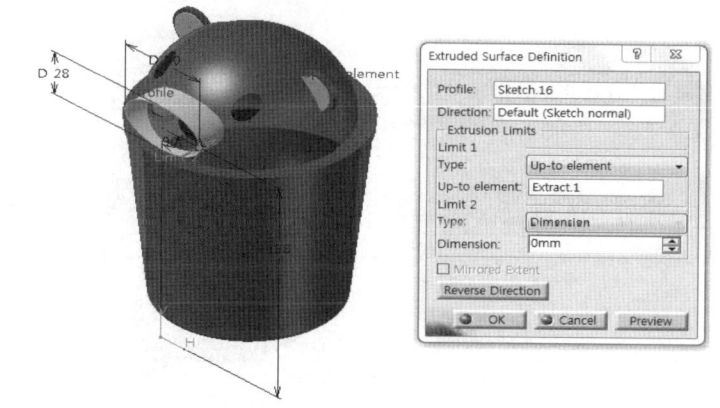

53) Split을 실행하고 Element to Cut : Extract.1을 선택, Cutting elements : Extrude.1을 선택하여 안쪽이 남고 바깥쪽이 삭제되도록 잘라낸다.

54) [Start]-[Mechanical Design]-[Part Design]을 선택한다.
55) ThickSurface를 선택하고 두께 : 0.1mm을 지정하여 Solid로 전환한다.

56) Apply Material을 실행하고 재질을 다음과 같이 변경한다.

57) [Insert]-[Body]를 선택한다.
58) [Start]-[Shape]-[Generative Shape Design]을 선택한다.
59) Extract를 실행하고 Shell.1 객체의 면을 선택하여 추출한다.

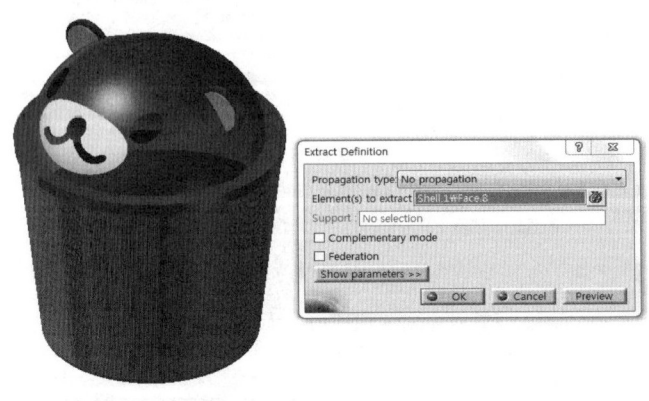

60) 스케치를 실행하고 YZ Plane을 선택하여 다음과 같이 스케치를 한다.

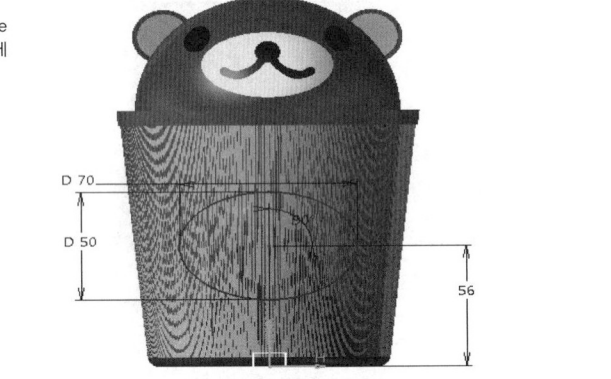

61) Extrude를 실행하고 63mm 돌출을 한다.

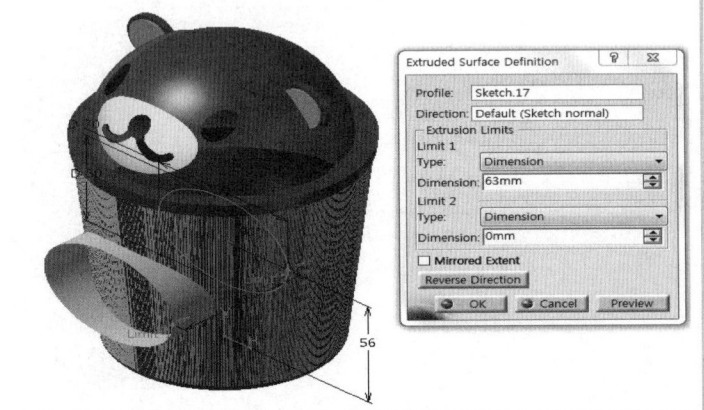

62) Split을 실행하고 Element to Cut : Extract.2를 선택 Cutting elements : Extrude.2를 선택하여 안쪽이 남고 바깥쪽이 삭제되도록 잘라낸다.

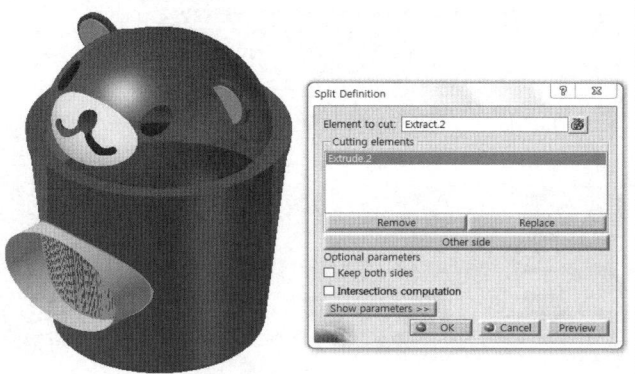

63) Plane을 실행하고 YZ Plane을 기준으로 58mm 앞쪽으로 Plane을 생성한다.

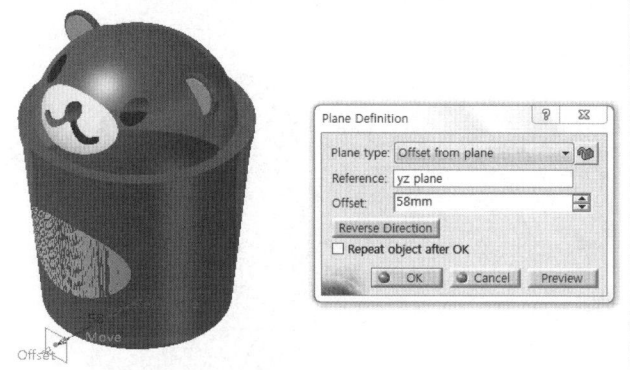

64) 스케치를 실행하고 Plane.6을 선택하여 다음과 같이 스케치를 한다.

65) Extract를 실행하고 Shell.1 객체의 면을 선택하여 추출한다.

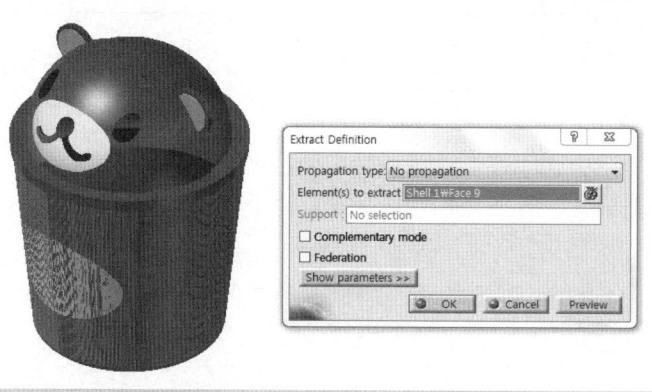

66) Offset을 실행하고 0.3mm 바깥쪽으로 오프셋을 한다.

67) [Start]-[Mechanical Design]-[Part Design]을 선택한다.

68) Pad를 실행하고 Up to Surface를 지정, Limit : Extract.3을 선택, Thick을 체크, Thickness2 : 2mm를 지정하여 돌출을 한다.

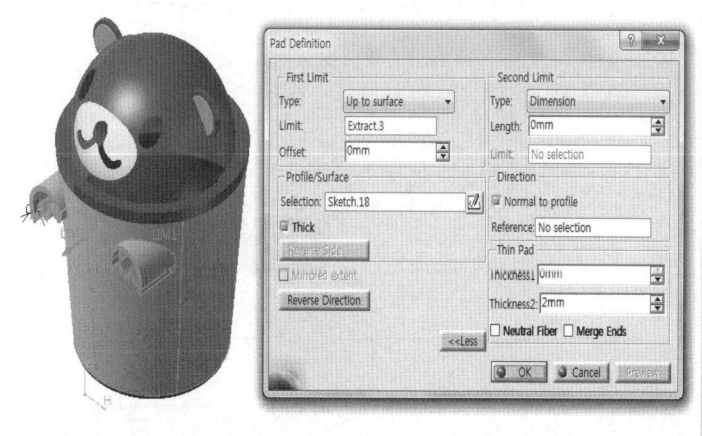

523

69) Split을 실행하고 Offset.2 Surface를 선택하여 안쪽이 남도록 잘라낸다.

70) ThickSurface를 실행하고 두께 : 0.3mm를 지정하여 Solid로 전환한다.

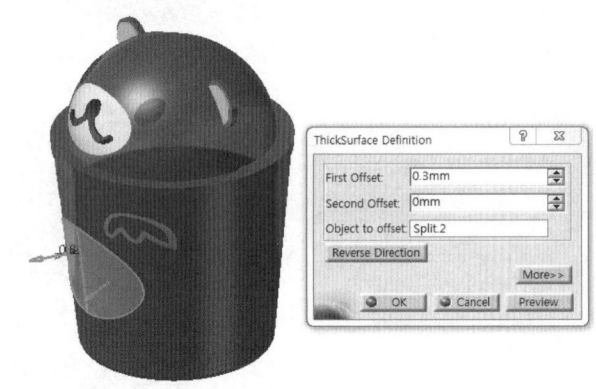

71) Apply Material을 실행하고 재질을 다음과 같이 변경한다.

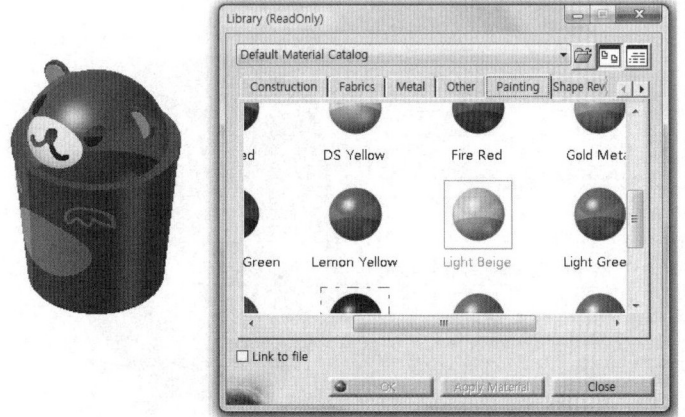

72) [File]-[New]-[Drawing]을 선택한다.

73) Text를 실행하고 다음과 같이 글자를 입력하고 크기 : 70, 글꼴 : Lucida Calligraphy를 지정한다.

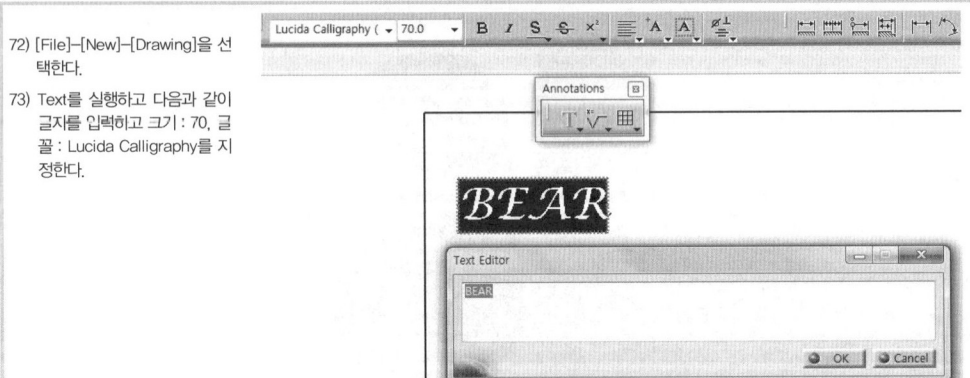

74) [File]-[Saveas]를 선택하고 Text.dwg로 저장한다.

75) [File]-[Open]을 선택하여 Text.dwg 파일을 연다.

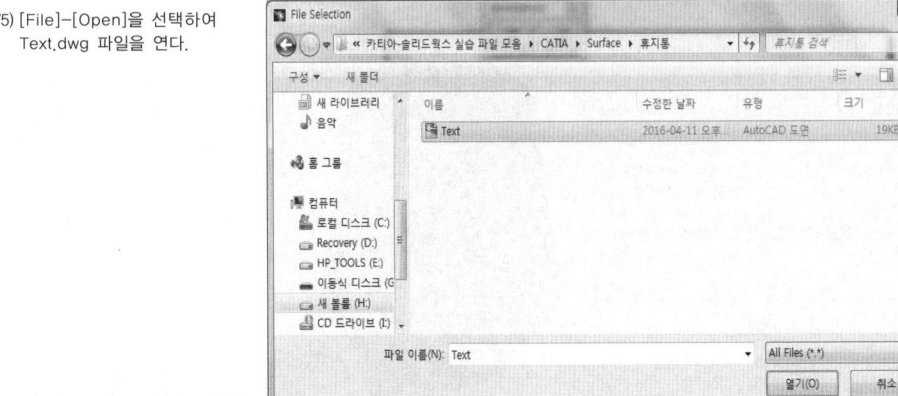

76) Main View를 Copy를 선택, Body.7을 선택하여 Paste를 한다.
77) Main View 위에서 마우스 우측버튼을 눌러 [Main View Object]-[Change Sketch Support]를 선택하여 Reference : Plane.5로 지정한다.

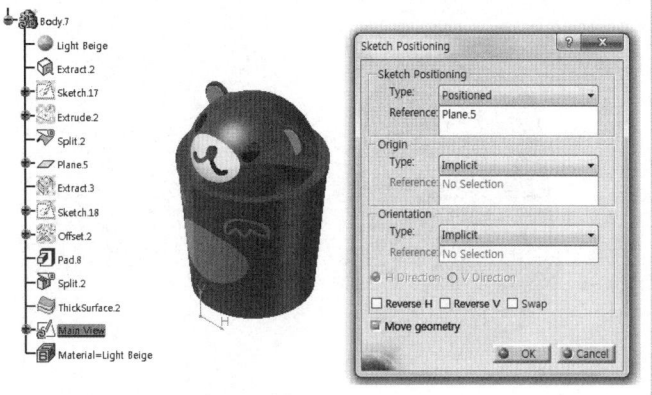

78) Main View 스케치를 더블클릭하여 스케치 안으로 들어간다.
79) Translate, Scaling을 이용하여 이동 및 크기를 조절한다.

80) Pocket을 실행하고 Up to Surface를 지정, Limit : Extract.3을 선택하여 돌출 컷을 한다.

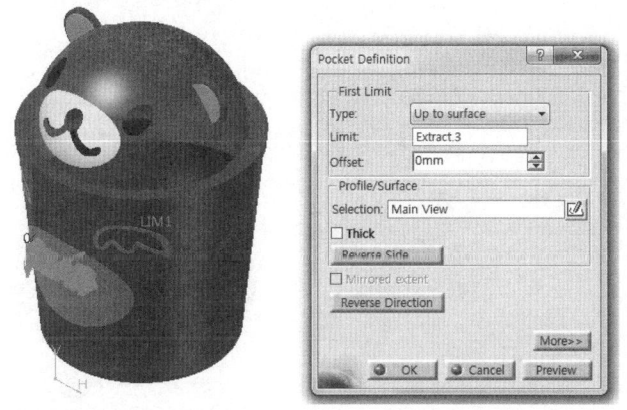

81) Drawing에서 다음과 같이 글자를 입력하고 "Beautiful people around you is beautiful." Text2.dwg로 저장한다.
82) [File]-[Open]을 실행 Text2.dwg 파일을 연다.
83) Main View를 Copy를 한다.

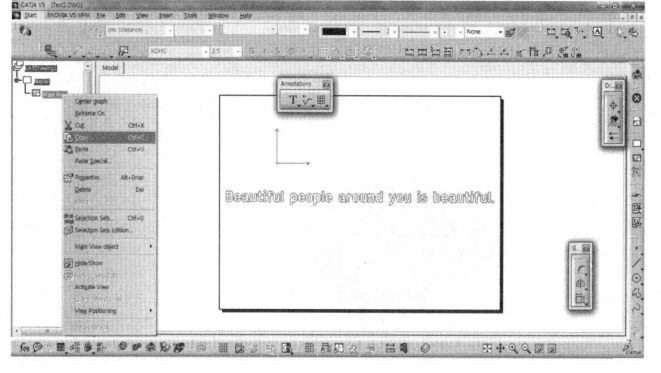

84) Body.7에 Paste를 한다.
85) Main View 위에서 마우스 우측버튼을 눌러 [Main View Object]-[Change Sketch Support]를 선택하여 Reference : Plane.5를 지정한다.

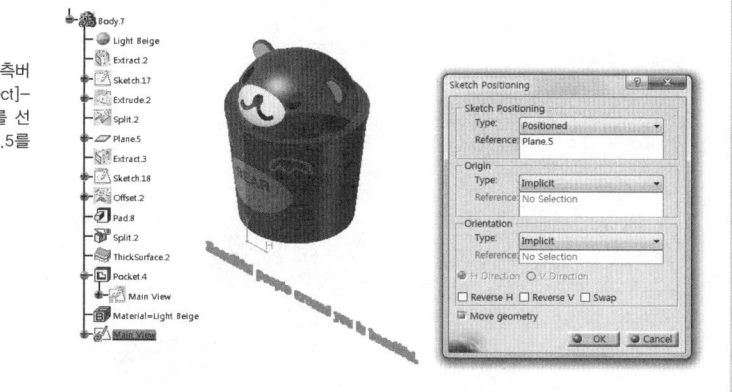

86) Main View 스케치를 더블클릭하여 스케치 안으로 들어가서 다음과 같이 편집을 한다.
Translate, Scale을 이용한다.

525

87) Pocket을 실행하고 Up to Surface를 지정, Limit : Extract.3을 지정하여 돌출 컷을 한다.

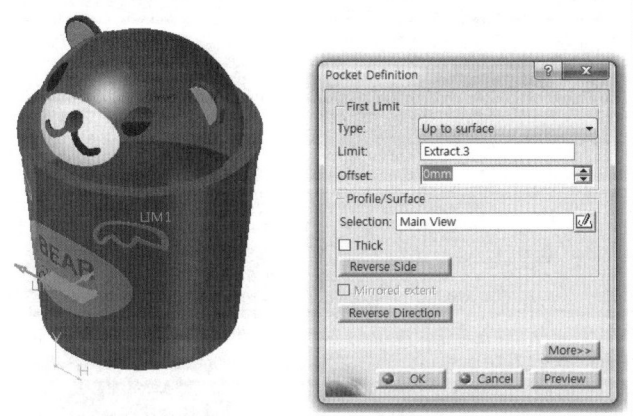

88) Body.2 위에서 마우스 우측버튼을 눌러 [Define in Work Object]를 선택한다.

89) 스케치를 실행하고 ZX Plane을 선택하여 다음과 같이 스케치를 한다.

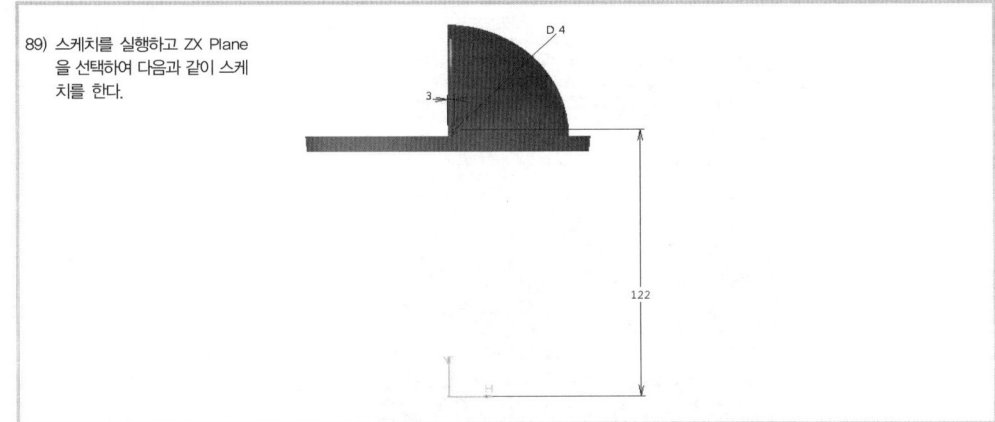

90) Pocket을 실행하고 방향1과 방향2 Up to Next를 지정하여 돌출 컷을 한다.

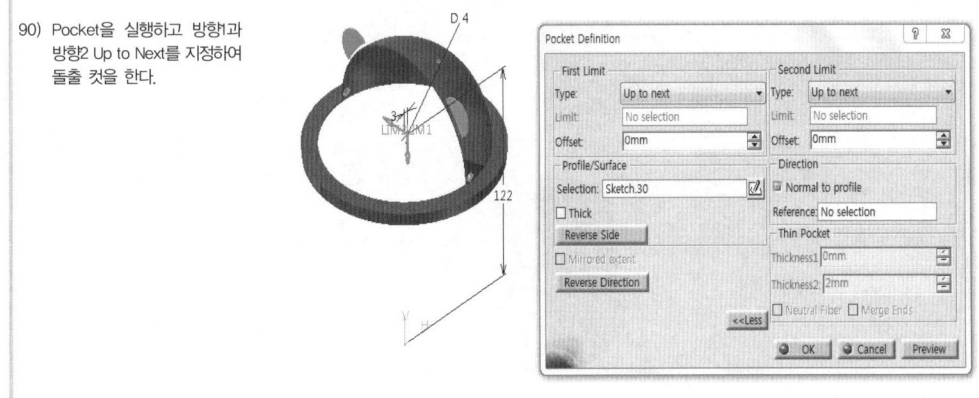

91) Body.3 위에서 마우스 우측버튼을 눌러 [Define in Work Object]를 선택한다.

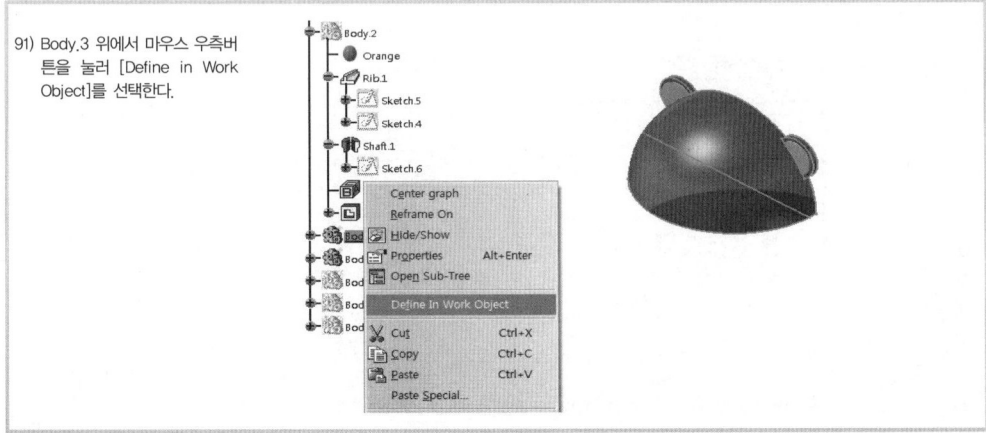

92) 스케치를 실행하고 ZX Plane을 선택하여 다음과 같이 스케치를 한다.

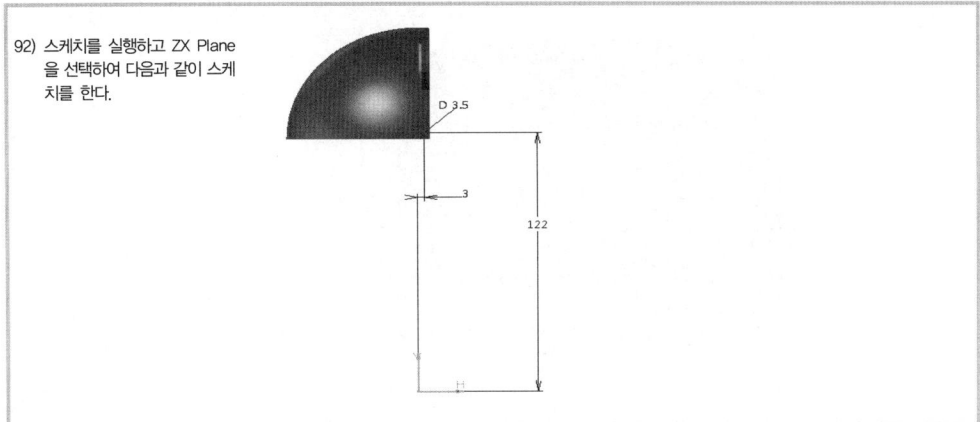

93) Pad를 실행하고 First Limit : Up to Surface를 지정, Limit : 안쪽 곡면을 선택, Second Limit : -48mm를 지정하여 돌출을 한다.

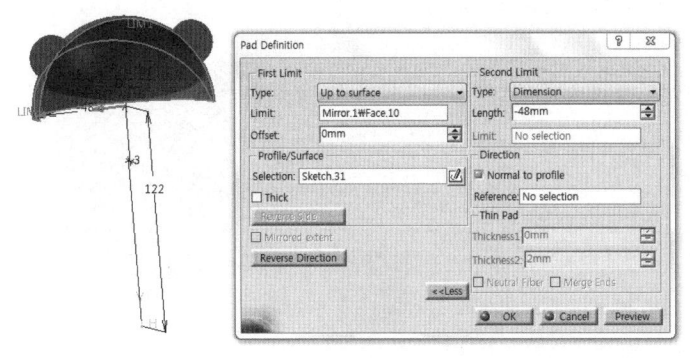

94) Mirror를 실행하고 대칭면 : ZX Plane을 선택, Pad.9 객체를 대칭복사 한다.

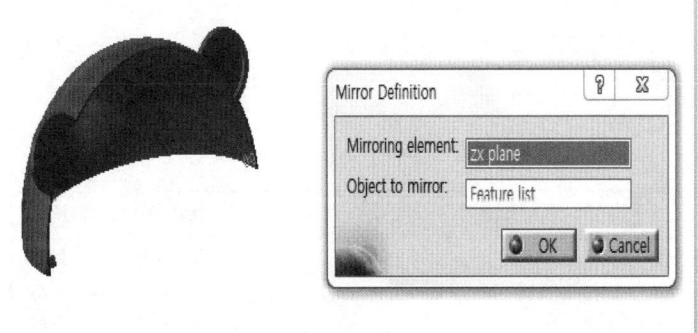

■ 완성 결과

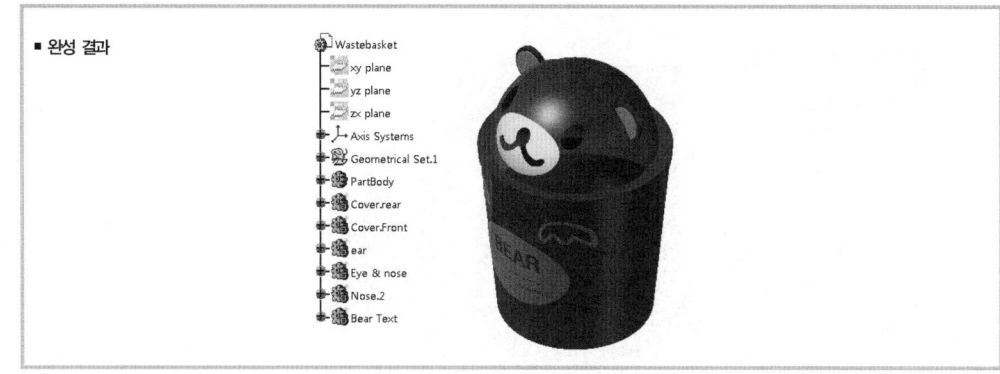

응용하기 58   Steering Wheel System 설계

1) [Insert]-[Geometrical Set]을 선택하고 Name : Sketch & Curves로 지정하여 생성한다.

2) 스케치를 실행하고 ZX Plane을 선택하여 다음과 같이 스케치를 한다.

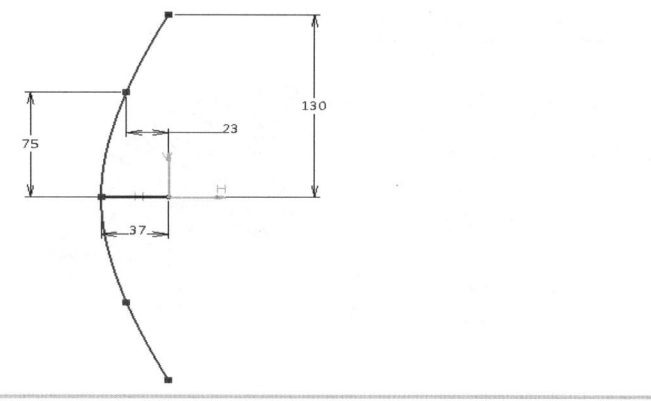

3) 스케치를 실행하고 XY Plane을 선택하여 다음과 같이 스케치를 한다.

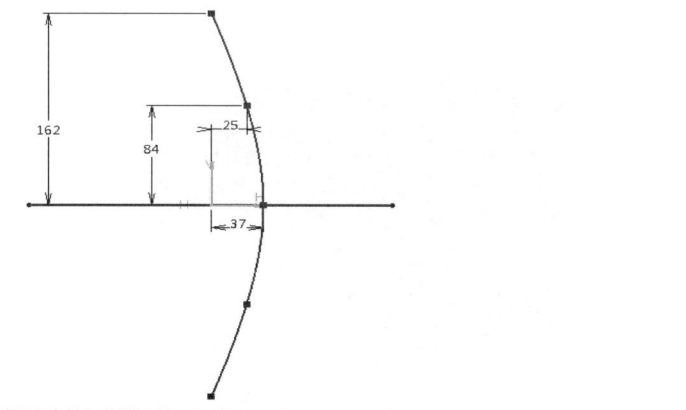

4) [Insert]-[Geometrical Set]을 선택하고 Name : Surfaces를 지정하여 선택한다.

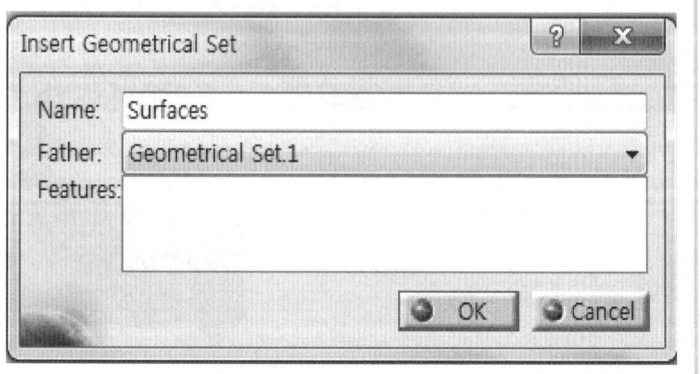

5) Sweep을 실행하고 Profile : Sketch.2, Guide Curve : Sketch.1 을 선택하여 생성한다.

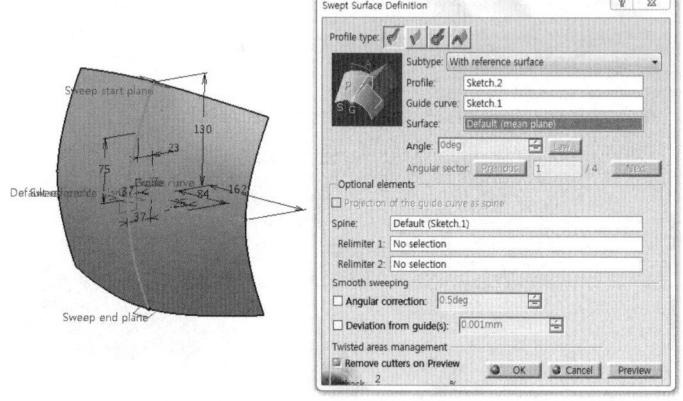

6) Sketch & Curves 위에서 마우스 우측 버튼을 눌러 [Define In Work Object]를 선택한다.

7) 스케치를 실행하고 YZ Plane을 선택하여 다음과 같이 스케치를 한다.

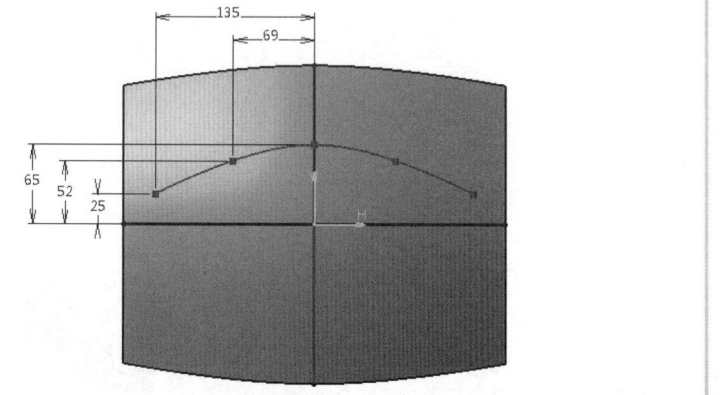

8) 스케치를 실행하고 YZ Plane을 선택하여 다음과 같이 스케치를 한다.

9) Surfaces 위에서 마우스 우측 버튼을 눌러 [Define In Work Object]를 선택한다.

10) Extrude를 실행하고 59mm, Mirrored extent를 지정하여 돌출을 한다.

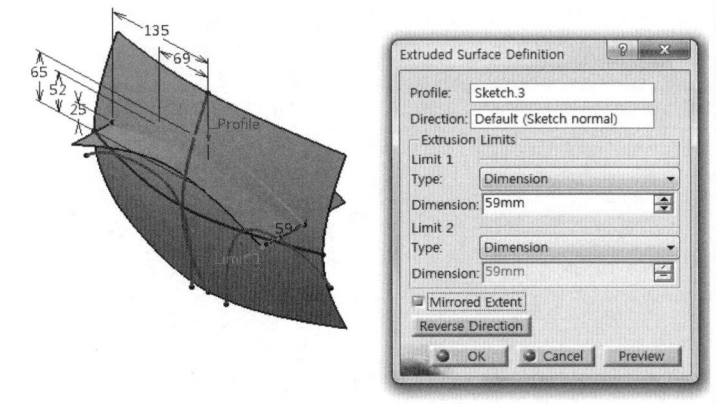

11) Extrude를 실행하고 59mm, Mirrored extent를 지정하여 돌출을 한다.

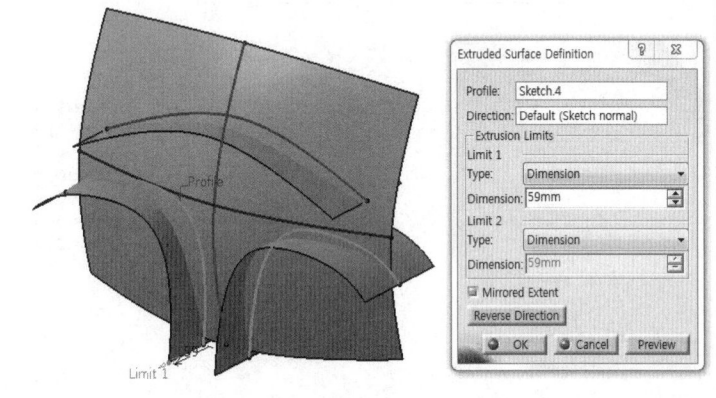

12) Trim을 실행하고 다음과 같이 지정하여 잘라낸다.

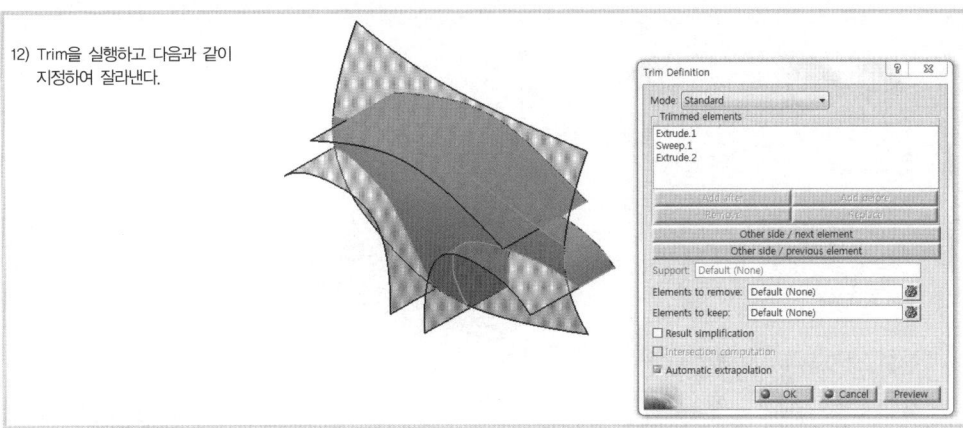

13) Sketch & Curves 위에서 마우스 우측 버튼을 눌러 [Define In Work Object]를 선택한다.
14) 스케치를 실행하고 YZ Plane을 선택하여 다음과 같이 스케치를 한다.

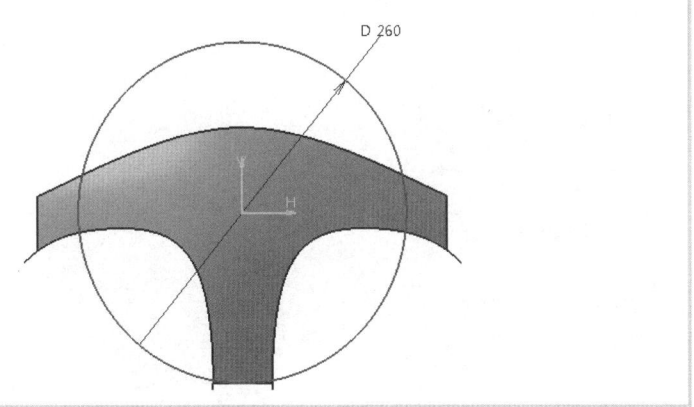

15) Surfaces 위에서 마우스 우측 버튼을 눌러 [Define In Work Object]를 선택한다.
16) Sweep을 실행하고 다음과 같이 지정하여 Surface를 생성한다.

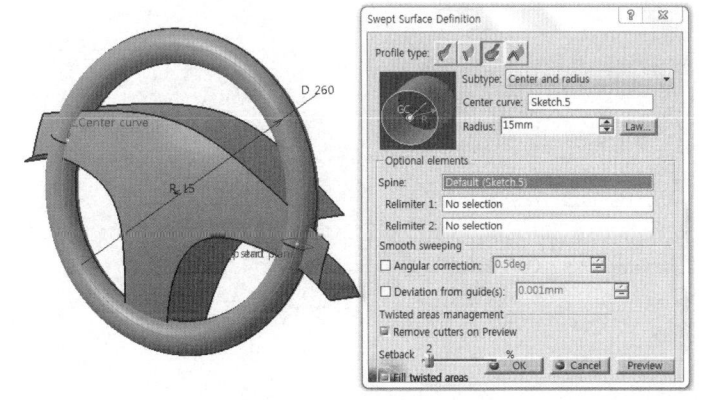

17) Extrude를 실행하고 59mm, Mirrored extent를 지정하여 돌출을 한다.

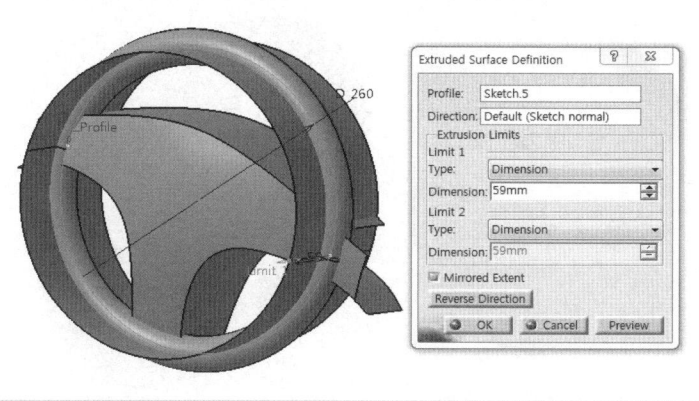

18) Sketch & Curves 위에서 마우스 우측 버튼을 눌러 [Define In Work Object]를 선택한다.
19) 스케치를 실행하고 XY Plane을 선택하여 다음과 같이 스케치를 한다.

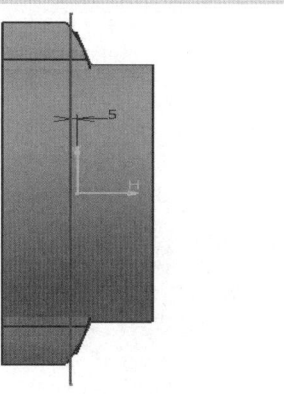

20) Surfaces 위에서 마우스 우측 버튼을 눌러 [Define In Work Object]를 선택한다.
21) Extrude를 실행하고 방향1 : 97mm, 방향2 : 157mm를 지정하여 돌출을 한다.

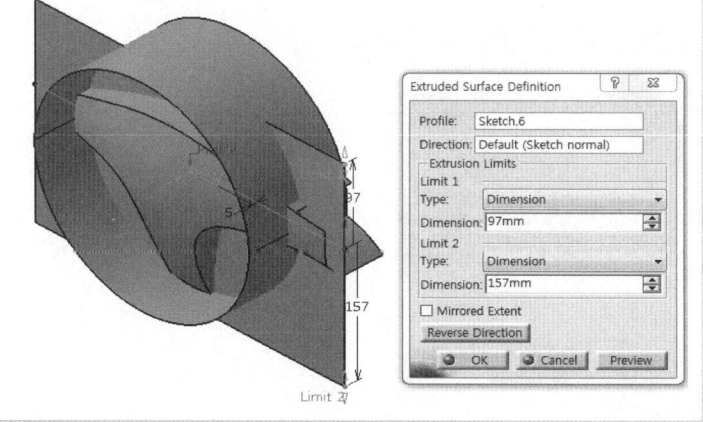

22) Split을 실행하고 다음과 같이 지정하여 잘라낸다.

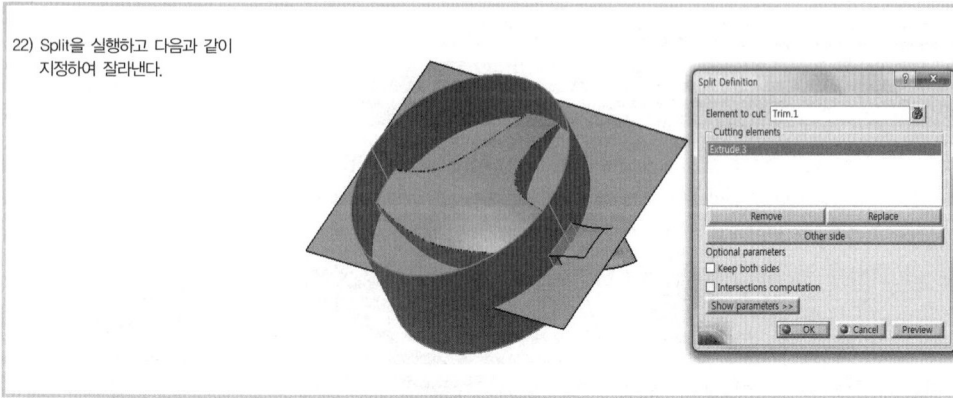

23) Split을 실행하고 다음과 같이 지정하여 잘라낸다.

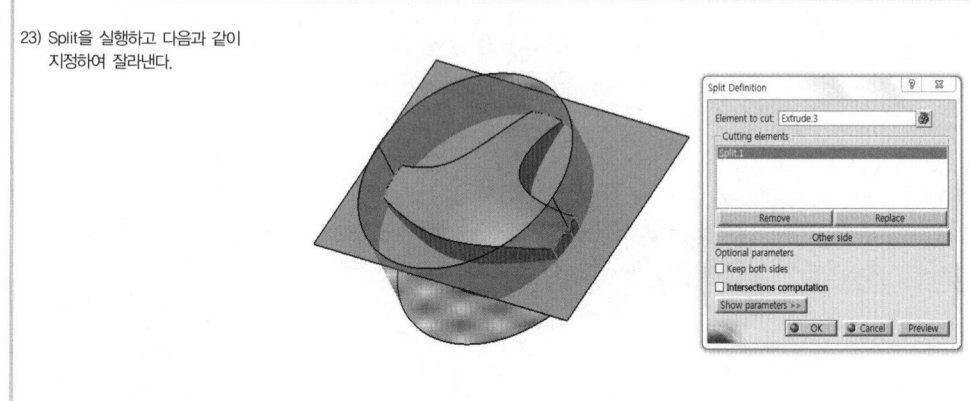

24) Join을 실행하고 두 개의 Surface를 선택하여 결합한다.

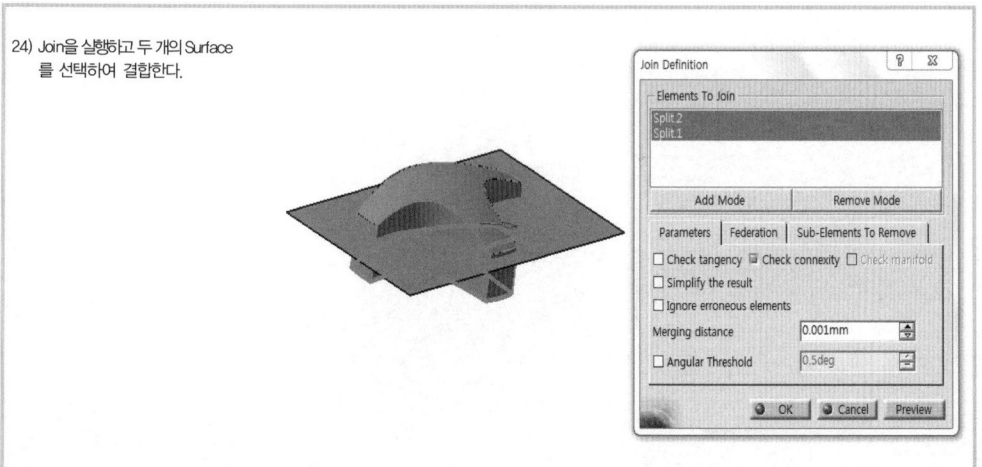

25) Trim을 실행하고 두 개의 Surface를 선택하여 안쪽이 남고 바깥쪽이 잘리도록 선택한다.

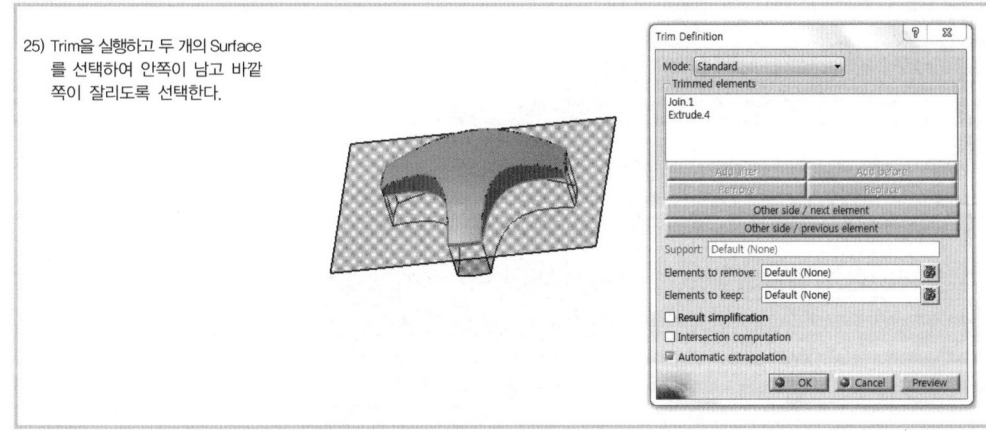

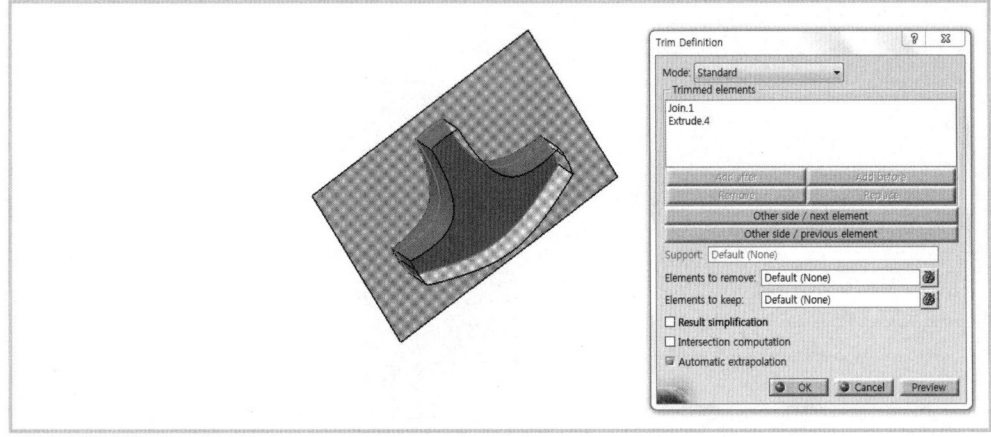

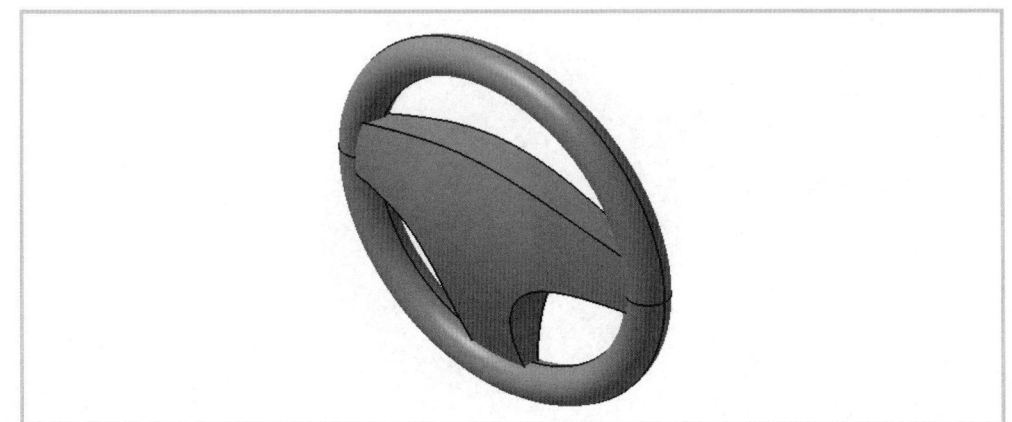

26) [Start]-[Mechanical Design]-[Part Design]을 선택한다.
27) CloseSurface를 실행하고 Trim.3 Surface를 지정하여 Solid로 전환한다.

28) CloseSurface를 실행하고 Sweep.2 Surface를 지정하여 Solid로 전환한다.

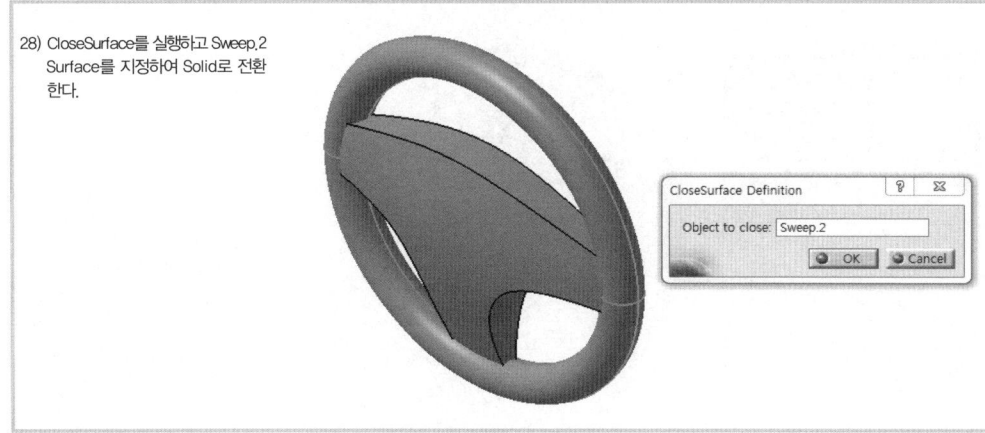

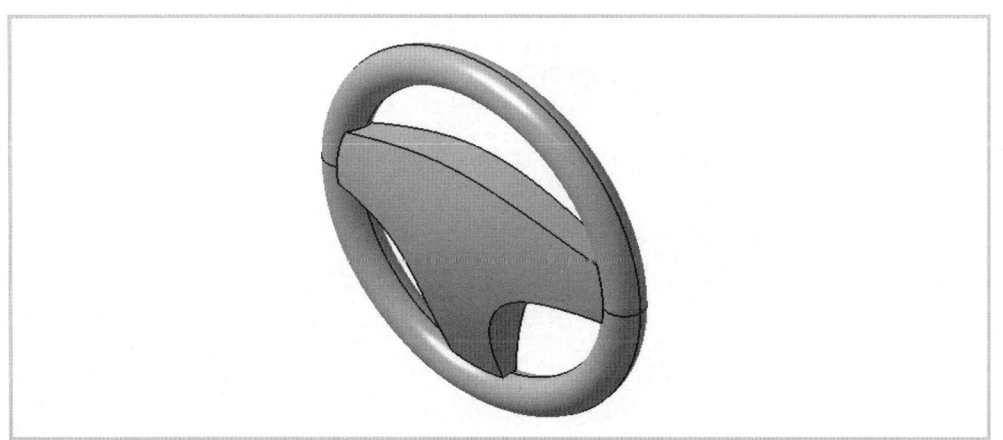

29) EdgeFillet을 실행하고 반경 : 15mm를 지정하여 필렛을 한다.

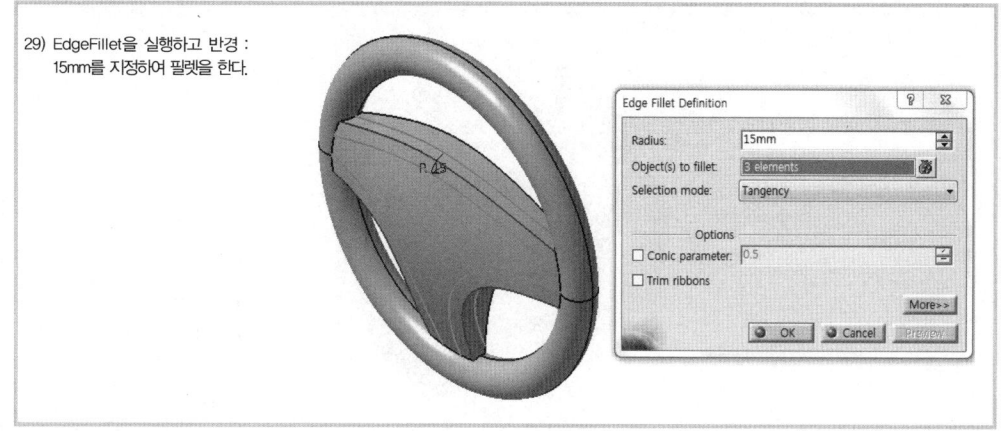

30) EdgeFillet을 실행하고 반경 : 10mm를 지정하여 필렛을 한다.

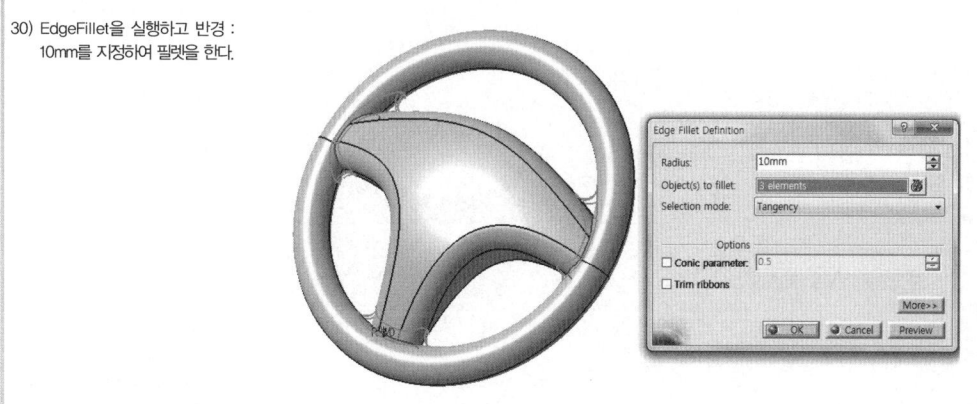

31) EdgeFillet을 실행하고 반경 : 3mm를 지정하여 필렛을 한다.

32) Sketch & Curves 위에서 마우스 우측 버튼을 눌러 [Define In Work Object]를 선택한다.

33) 스케치를 실행하고 YZ Plane을 선택하여 다음과 같이 스케치를 한다.

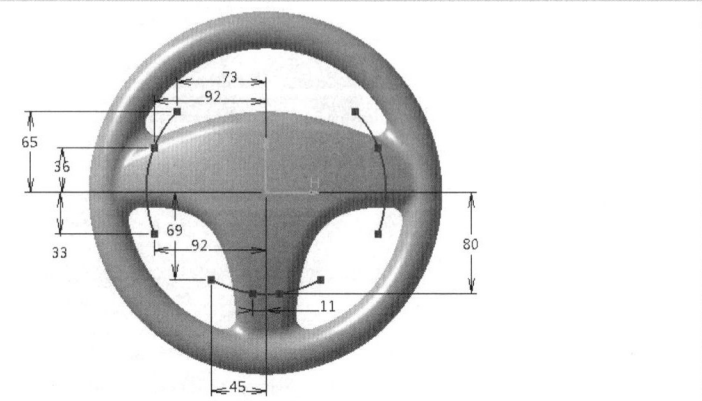

34) Surfaces 위에서 마우스 우측 버튼을 눌러 [Define In Work Object]를 선택한다.

35) [Start]-[Shape]-[Generative Shape Design]을 선택한다.

36) Extrude를 실행하고 97mm, Mirrored extent를 지정하여 돌출을 한다.

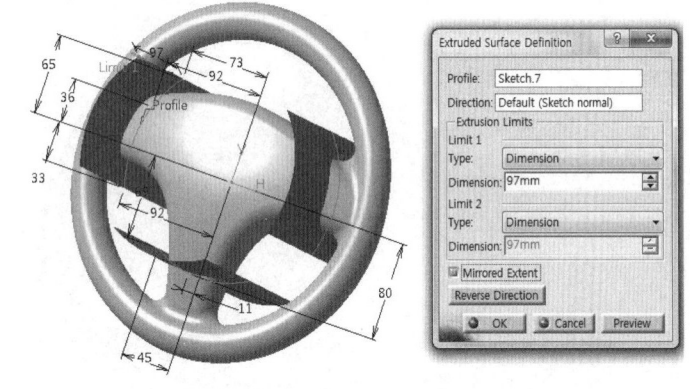

37) [Start]-[Mechanical Design]-[Part Design]을 선택한다.

38) PartBody 위에서 마우스 우측 버튼을 눌러 [Copy]를 한다.

39) PartBody 위에서 마우스 우측 버튼을 눌러 [Paste Special]을 선택하고 "As Result"를 선택한다.

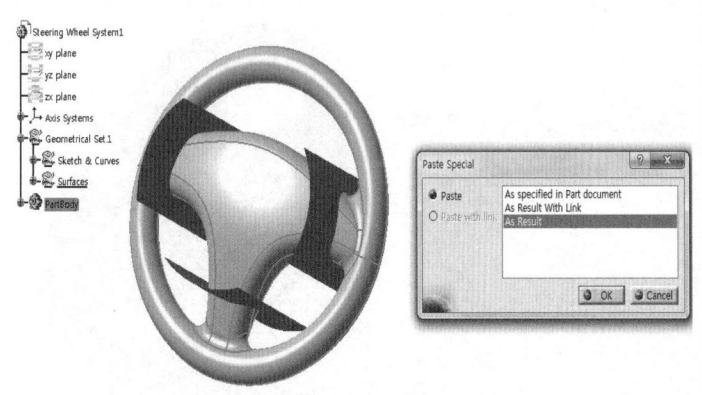

40) Split을 실행하고 Extrude.5를 선택하여 안쪽이 남도록 잘라낸다.

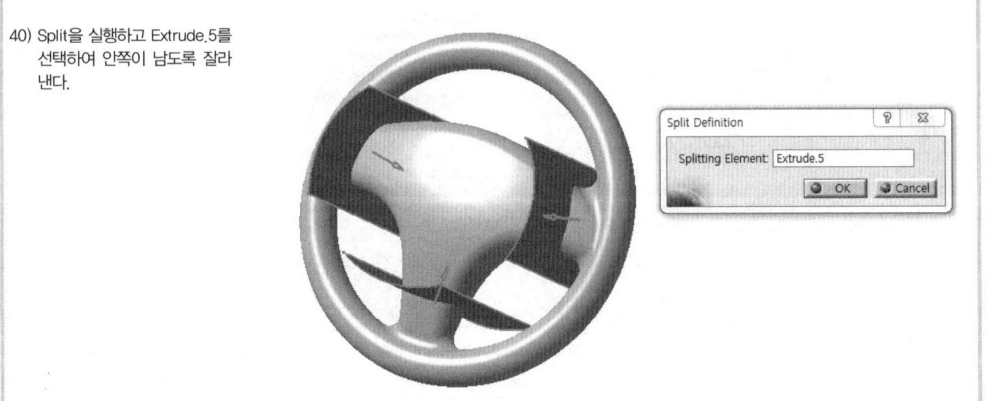

41) EdgeFillet을 실행하고 반경 : 0.5mm를 지정하여 필렛을 한다.

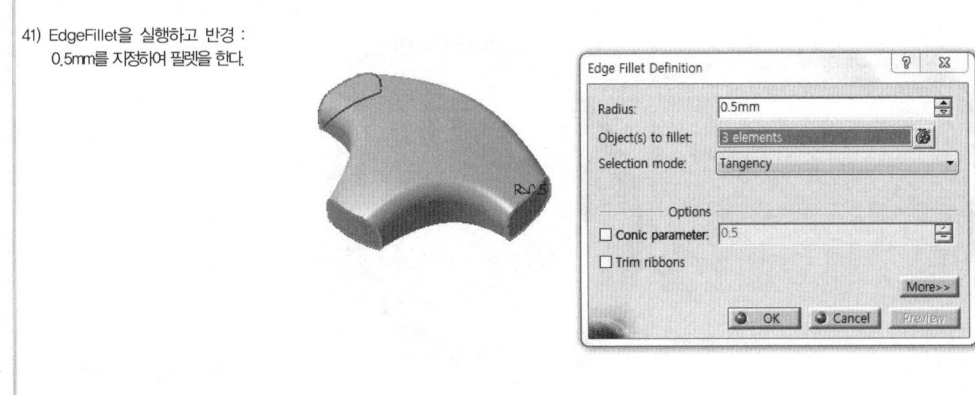

42) PartBody 위에서 마우스 우측 버튼을 눌러 [Define In Work Object]를 선택한다.

43) Split을 실행하고 Extrude.5를 선택하여 안쪽이 남도록 잘라낸다.

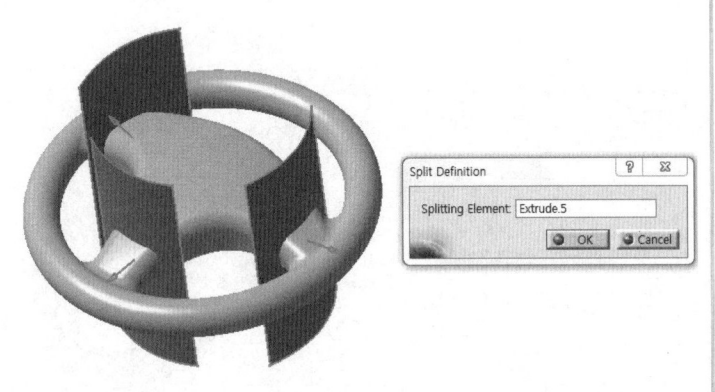

44) EdgeFillet을 실행하고 반경 : 3mm를 지정하여 필렛을 한다.

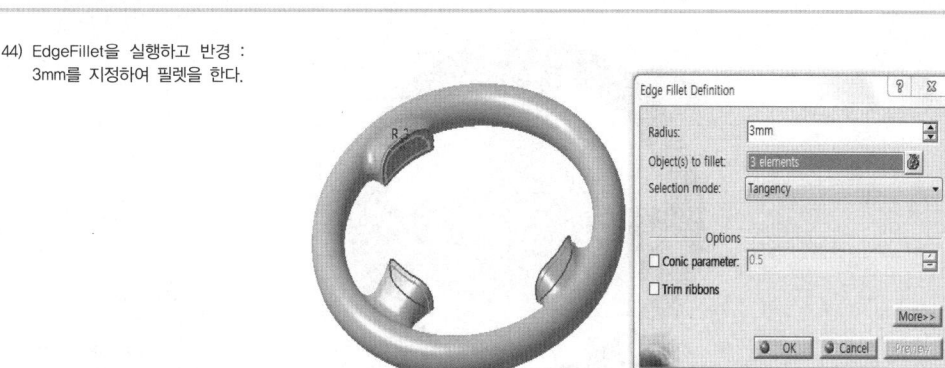

45) Apply Material을 실행하고 다음과 같이 재질을 부여한다.

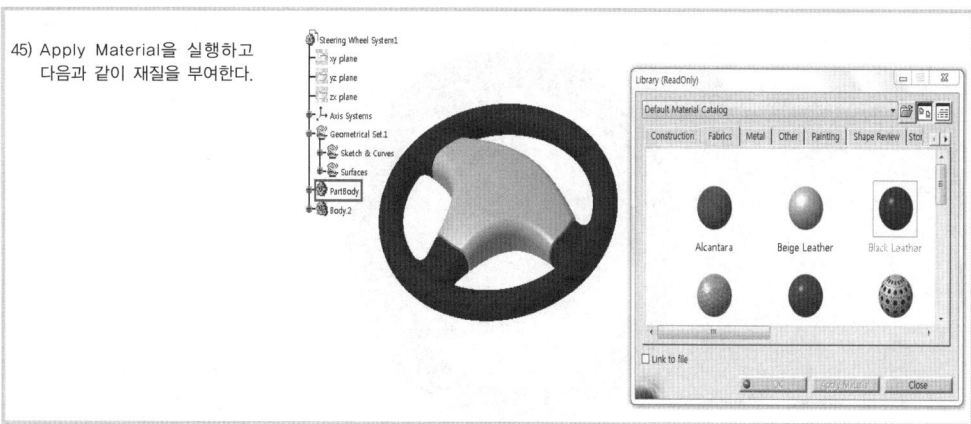

46) Body.2 위에서 마우스 우측버튼을 눌러 [Define In Work Object]를 선택한다.
47) Shell을 실행하고 두께 : 4mm를 지정하여 쉘을 생성한다.

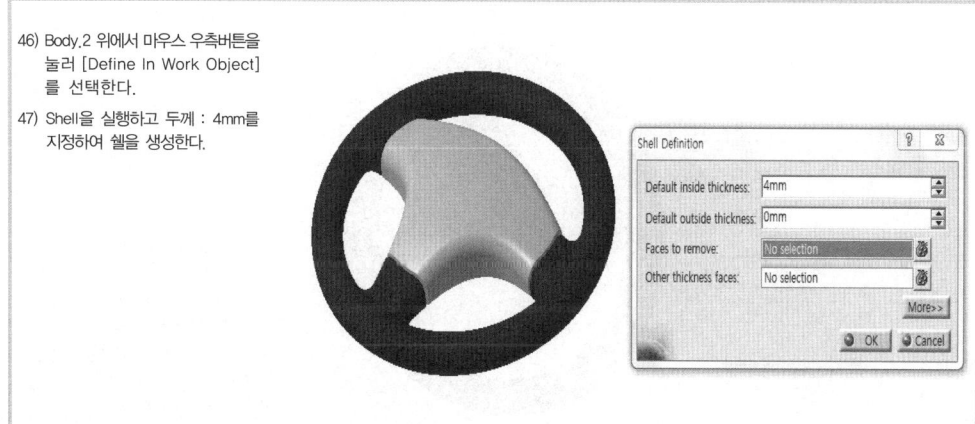

48) Sketch & Curves 위에서 마우스 우측버튼을 눌러 [Define In Work Object]를 선택한다.
49) 스케치를 실행하고 Body.2 객체의 뒷면을 선택하여 다음과 같이 스케치를 한다.

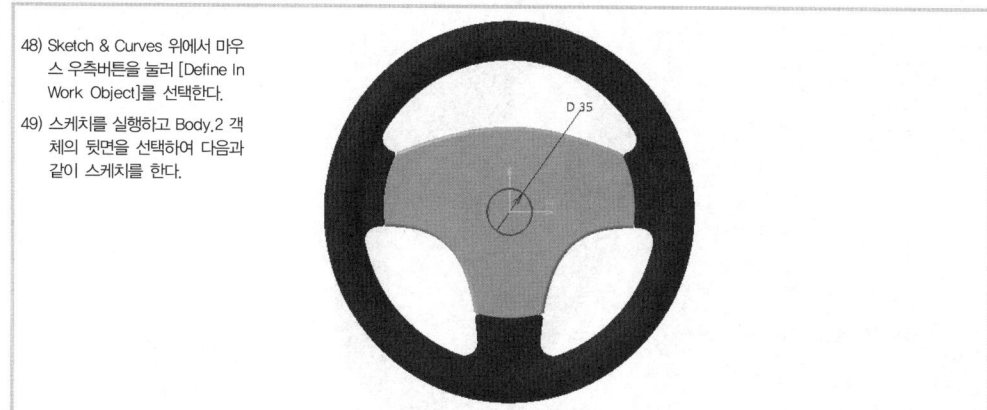

50) Pocket을 실행하고 20mm 돌출 컷을 한다.

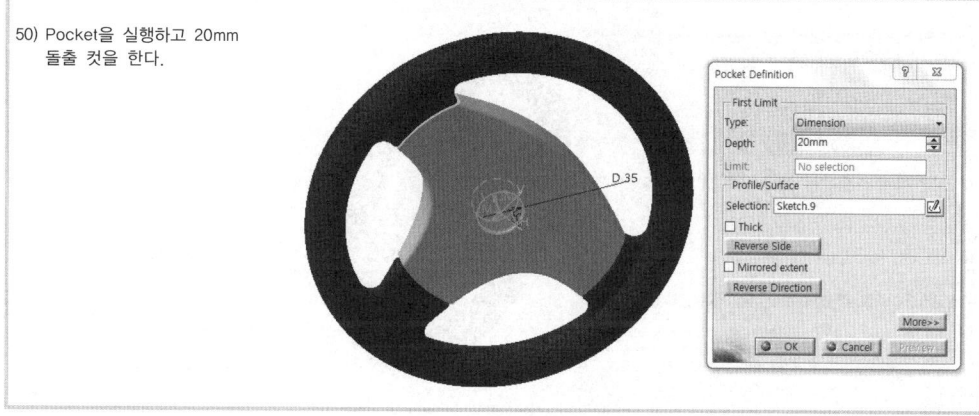

51) [Insert]-[Geometrical Set]을 선택하고 Name : Planes를 생성한다.
52) Plane을 실행하고 YZ Plane을 기준으로 앞으로 64mm 위치에 Plane을 생성한다.

53) Surfaces 위에서 마우스 우측버튼을 눌러 [Define In Work Object]를 선택한다.
54) [Start]-[Shape]-[Generative Shape Design]을 선택한다.
55) Extract를 실행하고 Body.2의 앞면을 선택하여 추출한다.

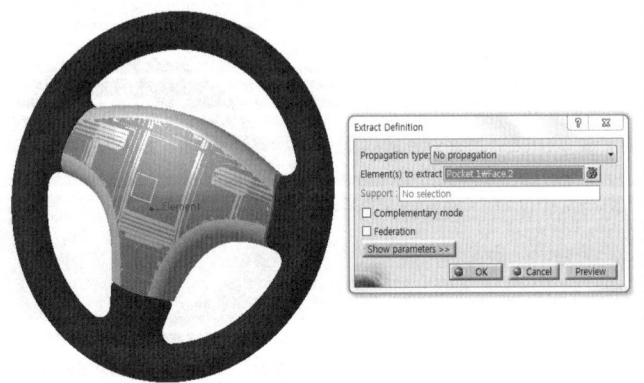

56) Offset을 실행하고 2mm 뒤쪽으로 오프셋을 한다.

57) Sketch & Curves 위에서 마우스 우측버튼을 눌러 [Define In Work Object]를 선택한다.
58) 스케치를 실행하고 Plane.1을 선택하여 다음과 같이 스케치를 한다.

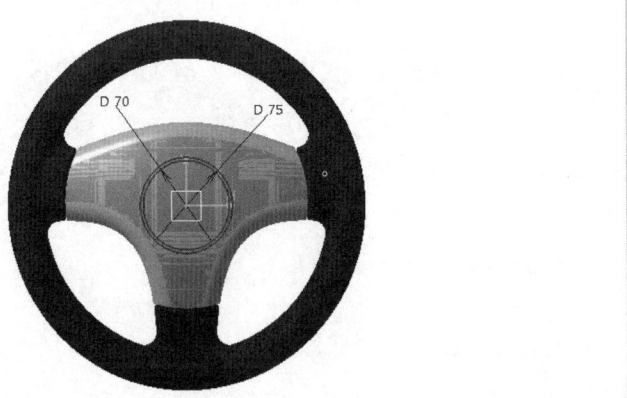

59) [Start]-[Mechanical Design]-[Part Design]을 선택한다.
60) Body.2 위에서 마우스 우측버튼을 눌러 [Define In Work Object]를 선택한다.
61) Pocket을 실행하고 Up to Surface를 지정, Limit : Offset.1을 지정하여 돌출 컷을 한다.

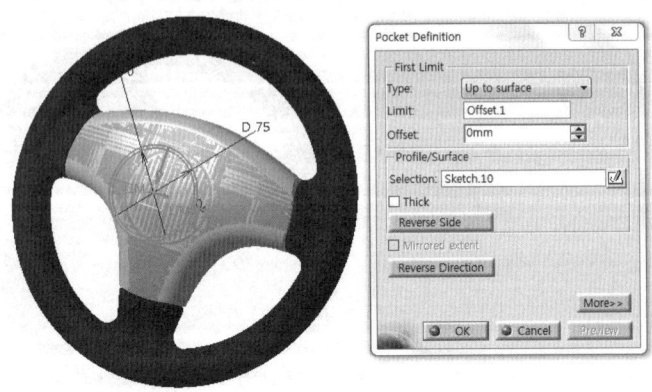

62) [Start]-[Shape]-[Generative Shape Design]을 선택한다.
63) Surfaces 위에서 마우스 우측버튼을 눌러 [Define In Work Object]를 선택한다.
64) Multiple Extract를 실행하고 Pocket면을 선택하여 추출한다.

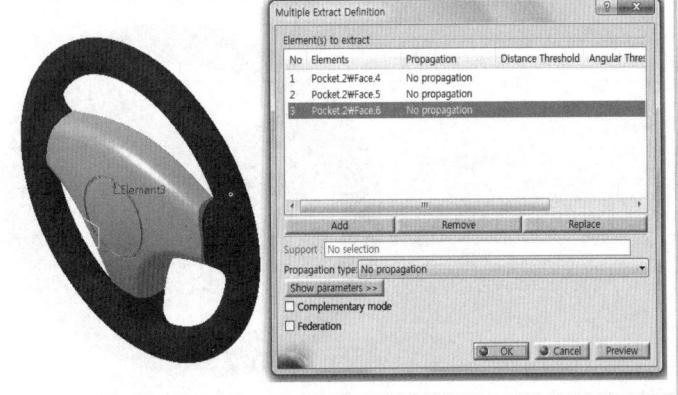

65) Blend를 실행하고 Multiple Extract Surface의 모서리를 선택하여 Surface로 채운다.

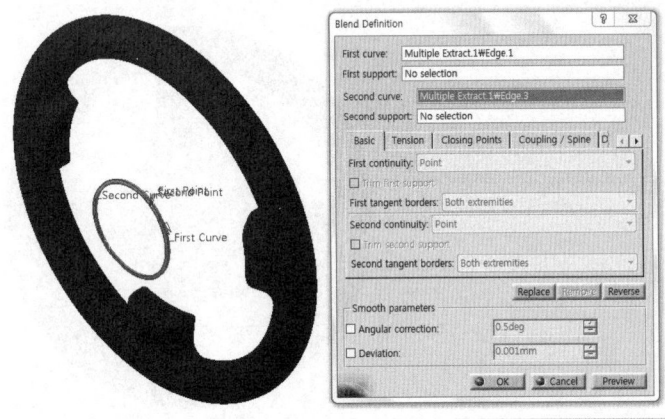

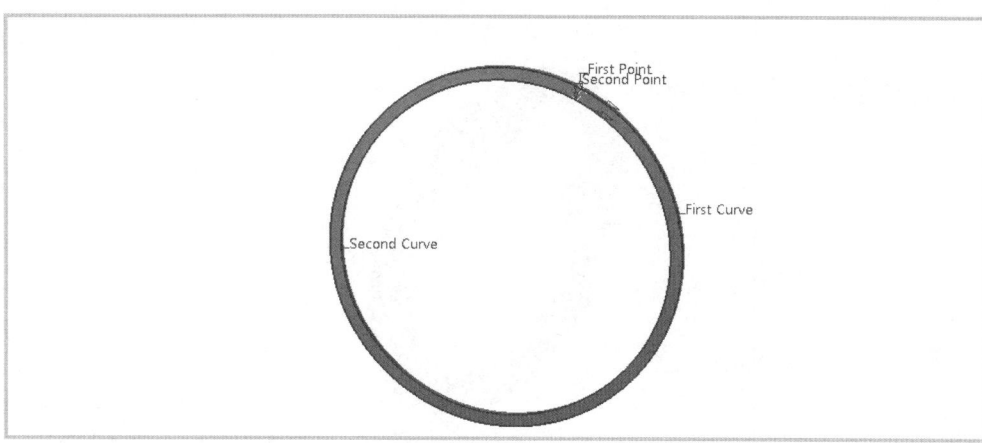

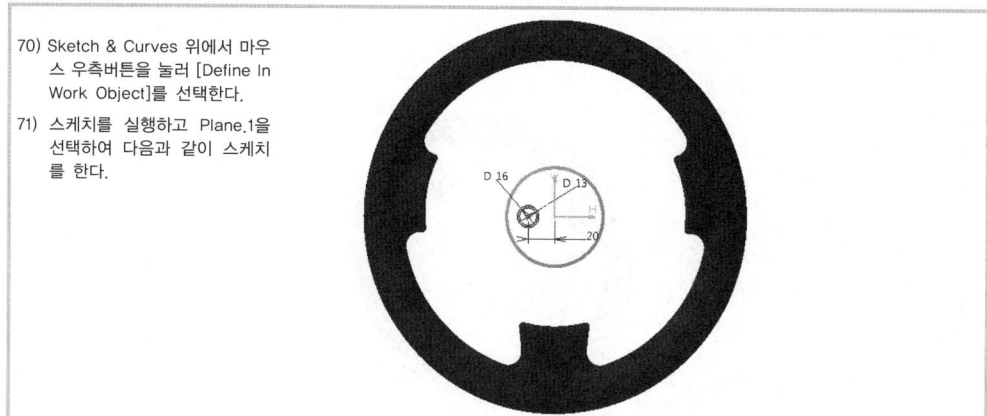

70) Sketch & Curves 위에서 마우스 우측버튼을 눌러 [Define In Work Object]를 선택한다.

71) 스케치를 실행하고 Plane.1을 선택하여 다음과 같이 스케치를 한다.

66) Join을 실행하고 두 개의 Surface를 결합한다.

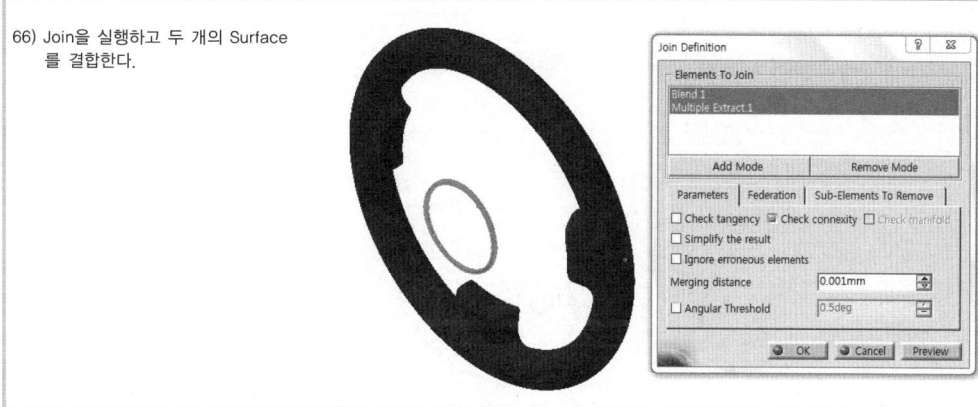

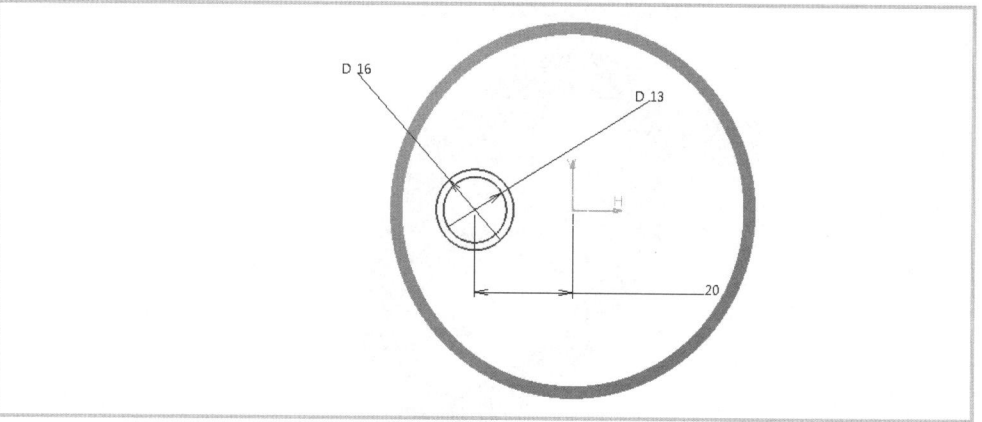

67) [Start]-[Mechanical Design]-[Part Design]을 선택한다.

68) [Insert]-[Body]를 선택한다.

69) CloseSurface를 실행하고 Join.2를 선택하여 Solid로 채운다.

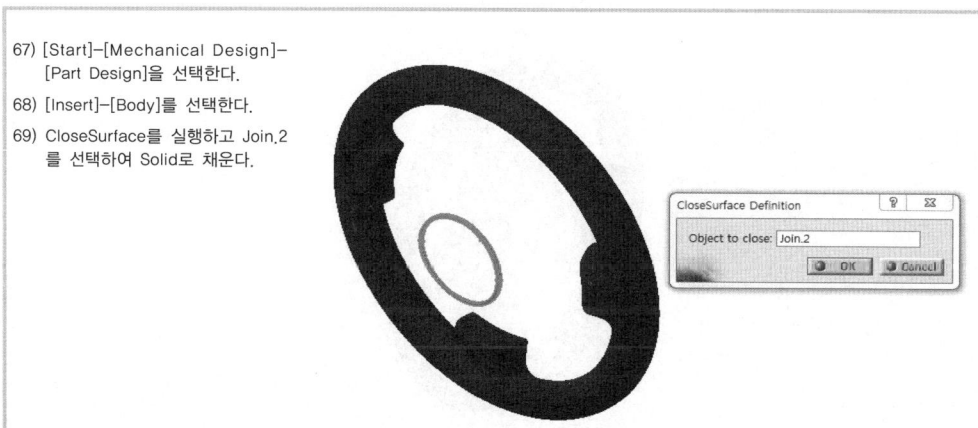

72) Surfaces 위에서 마우스 우측버튼을 눌러 [Define In Work Object]를 선택한다.

73) [Start]-[Shape]-[Generative Shape Design]을 선택한다.

74) Offset을 실행하고 Offset.1을 지정, 5mm 뒤쪽으로 오프셋을 한다.

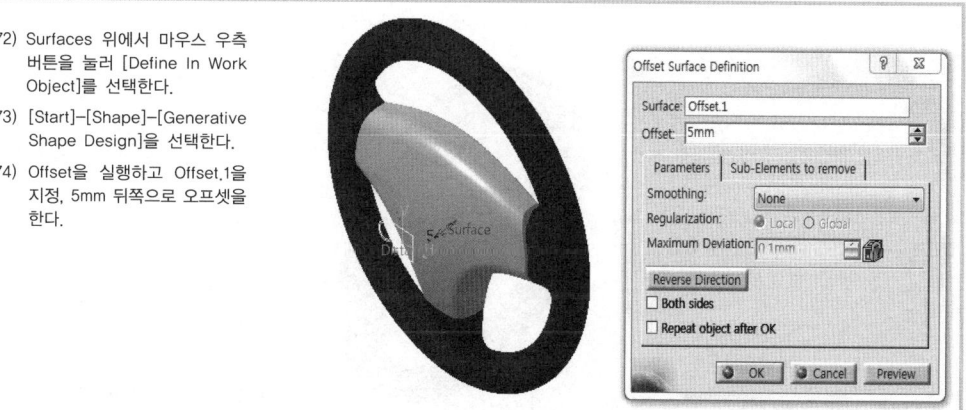

75) Extrude를 실행하고 Up-to element를 지정, Up-to element : Offset.2를 지정하여 돌출을 한다.

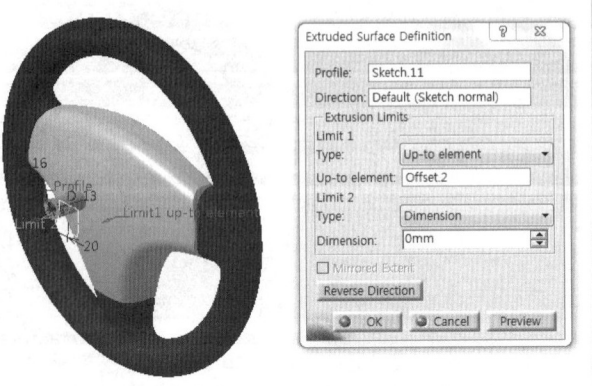

76) Blend를 실행하고 모서리를 선택하여 Surface로 채운다.

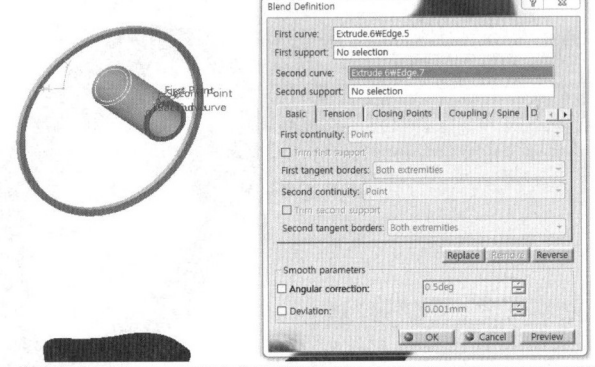

77) Join을 실행하고 두 개의 Surface를 선택하여 결합한다.

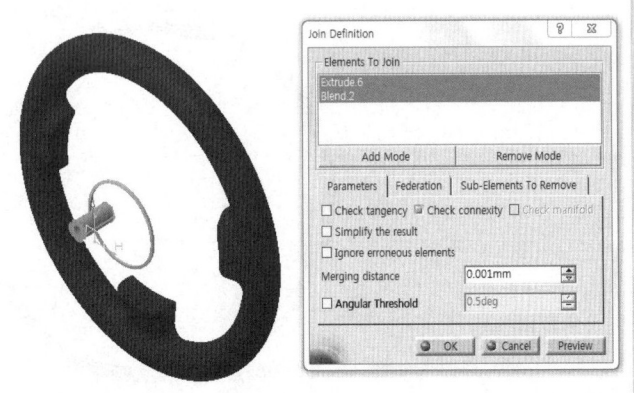

78) [Start]-[Mechanical Design]-[Part Design]을 선택한다.
79) [Insert]-[Body]를 선택한다.
80) Rectangular Pattern을 실행하고 다음과 같이 지정하여 패턴복사를 한다.

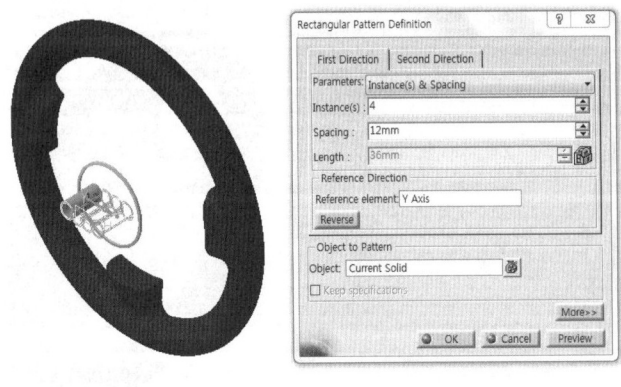

81) Remove를 실행하고 Body.2에서 Body.4를 차집합을 한다.

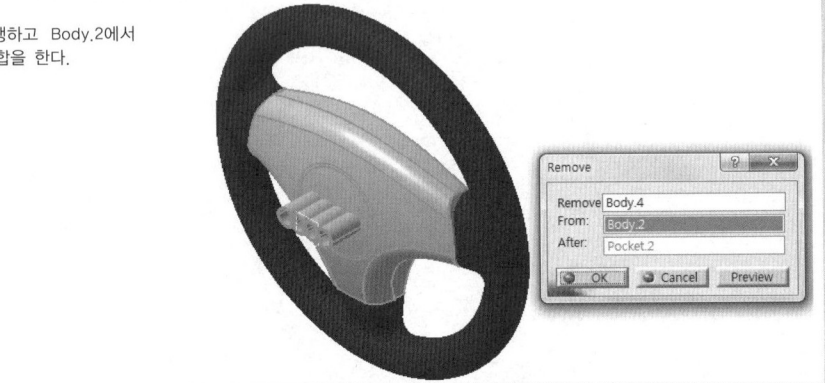

82) Surfaces 위에서 마우스 우측버튼을 눌러 [Define In Work Object]를 선택한다.
83) [Start]-[Shape]-[Generative Shape Design]을 선택한다.
84) Trim을 실행하고 두 개의 Surface를 선택하여 다음 부분이 남도록 잘라낸다.

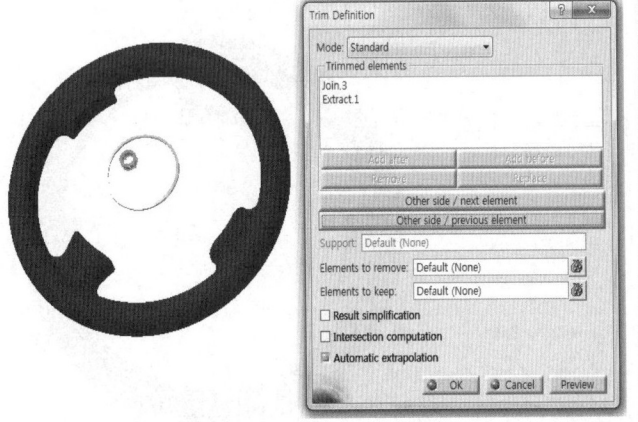

85) [Insert]-[Body]를 선택한다.
86) [Start]-[Mechanical Design]-[Part Design]을 선택한다.
87) CloseSurface를 실행하고 Trim.4를 선택하여 Solid로 채운다.

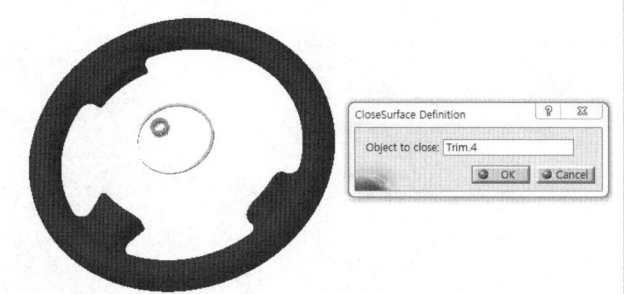

88) Rectangular Pattern을 실행하고 다음과 같이 지정하여 패턴복사를 한다.

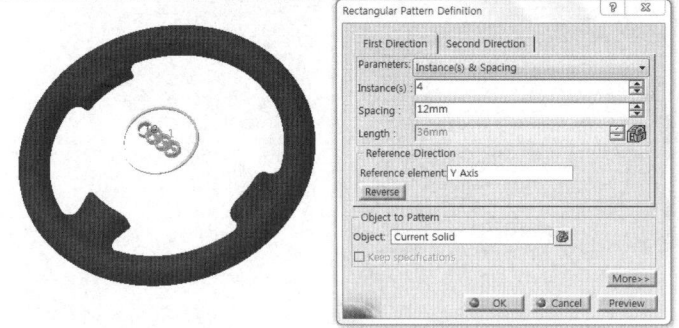

89) Apply Material을 실행하고 다음과 같이 재질을 지정한다.

■ 완성 결과
90) Spec Tree 이름을 다음과 같이 정리한다.

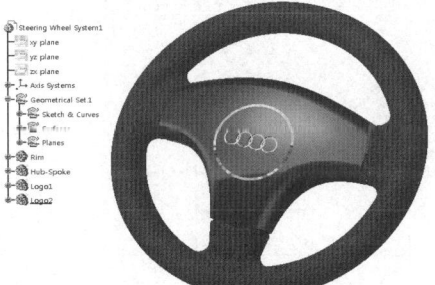

응용하기 59 Side Mirror 만들기

1) [Insert]-[Geometrical Set]을 선택하고 Name : Sketch & Curves로 생성한다.
2) 스케치를 실행하고 ZX Plane을 선택하여 다음과 같이 스케치를 한다.

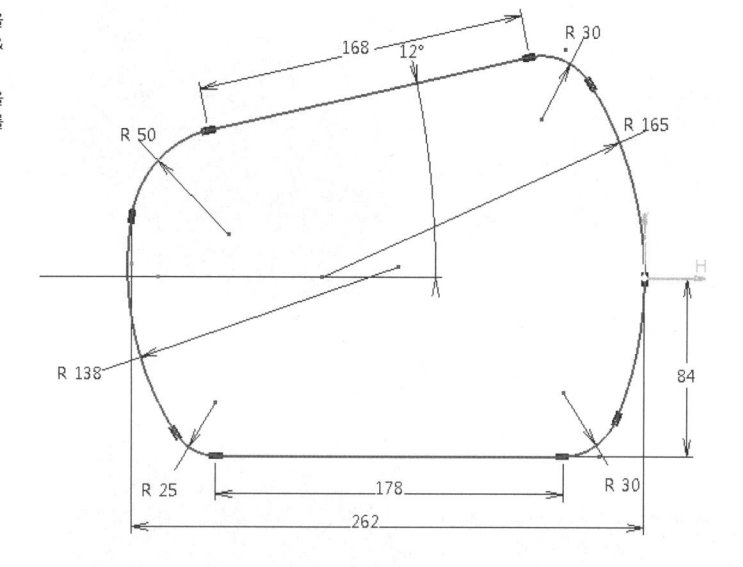

3) [Insert]-[Geometrical Set]을 선택하고 Name : Surfaces로 생성한다.
4) Sweep을 실행하고 Guide curve1 : Sketch.2를 선택, Draft direction : Y Component를 지정 Angle : 15deg, Length 1 : 150mm를 지정하여 Surface를 생성한다.

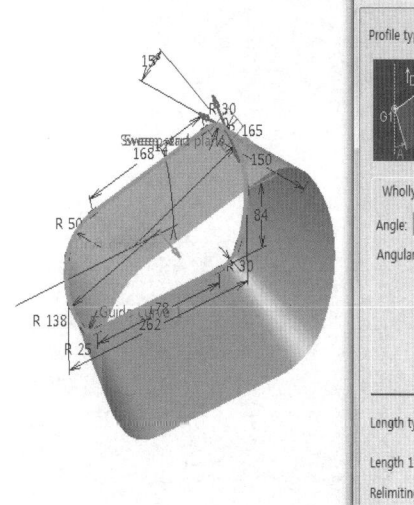
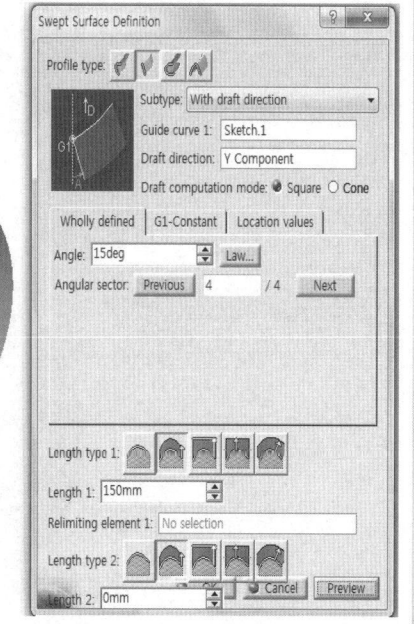

5) Sketch & Curves위에서 마우스 우측 버튼을 눌러 [Define In Works Object]를 선택한다.

6) 스케치를 실행하고 YZ Plane을 선택하여 다음과 같이 스케치를 한다.

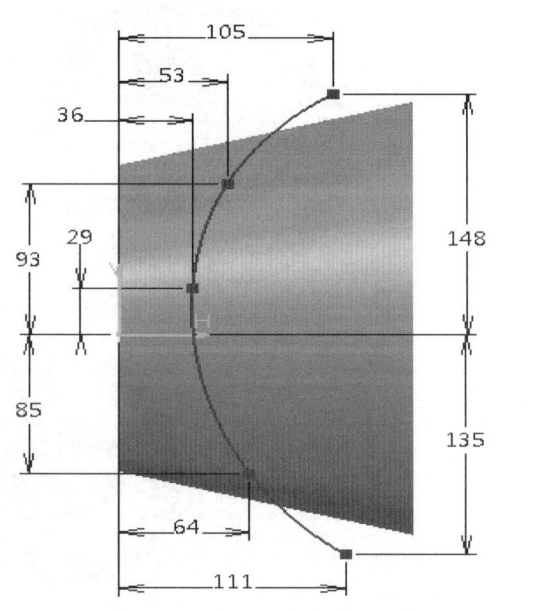

7) Surfaces 위에서 마우스 우측 버튼을 눌러 [Define In Works Object]를 선택한다.

8) Extrude를 실행하고 방향1 : 290mm, 방향2 : 50mm 돌출을 한다.

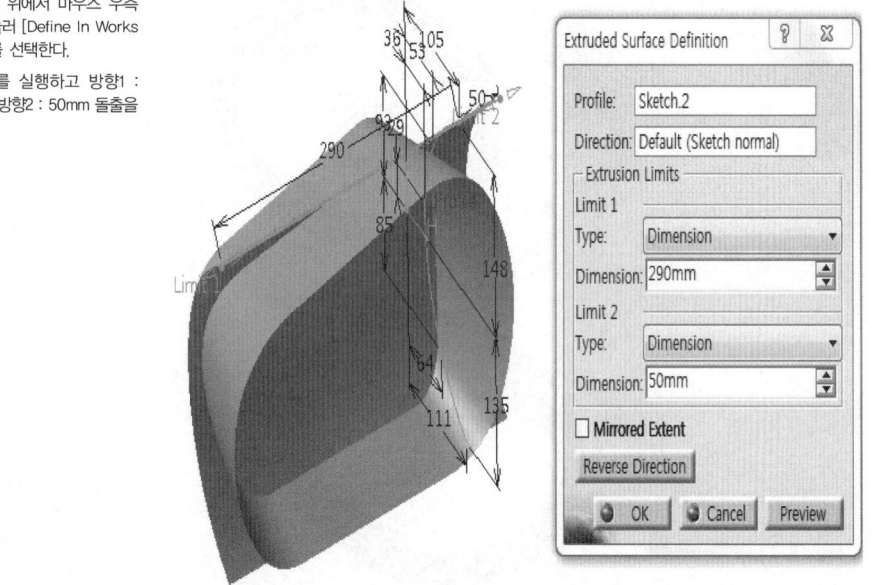

9) Shape Fillet을 실행하고 두 개의 Surface를 지정, 반경 : 30mm로 필렛을 한다.

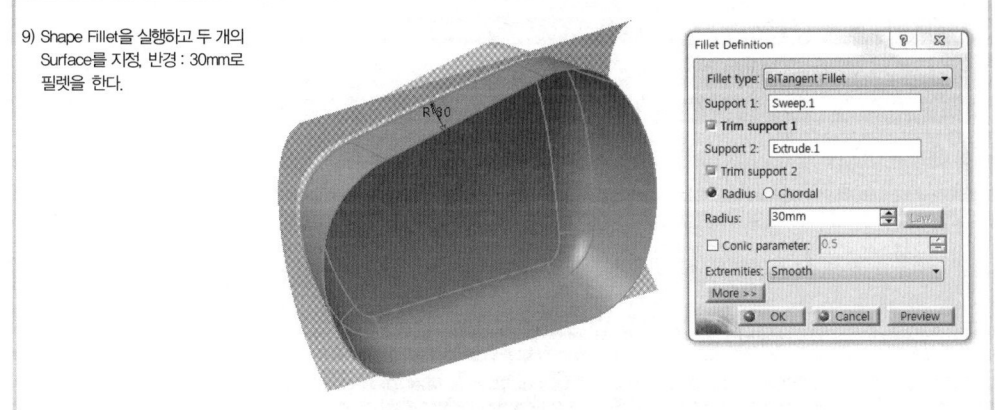

10) [Insert]-[Geometrical Set]을 선택하고 Name : Planes로 생성한다.

11) Plane을 실행하고 YZ Plane을 기준으로 10mm 앞쪽으로 Plane을 생성한다.

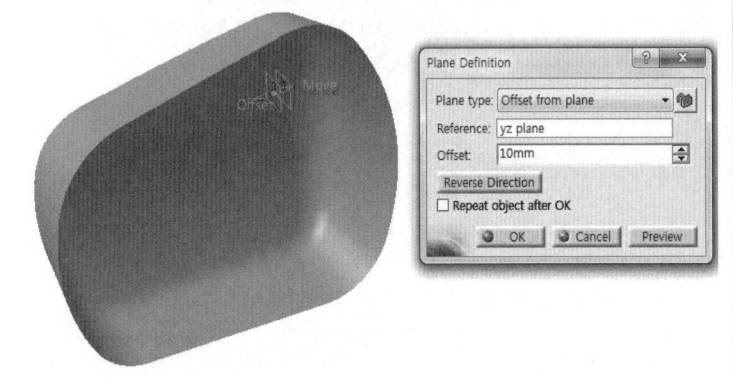

12) Plane을 실행하고 Plane.1을 기준으로 뒤쪽으로 150mm 위치에 Plane을 생성한다.

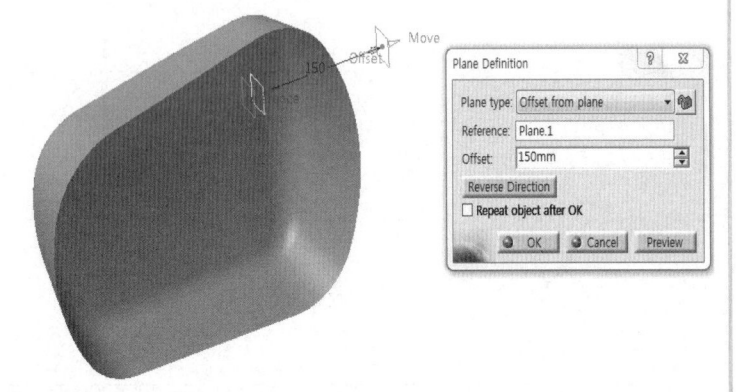

13) Sketch & Curves위에서 마우스 우측 버튼을 눌러 [Define In Works Object]를 선택한다.
14) 스케치를 실행하고 Plane.1을 선택하여 다음과 같이 스케치를 한다.

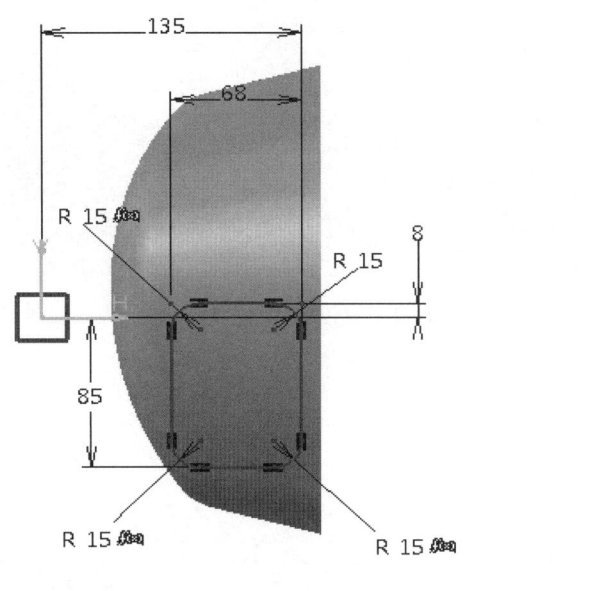

15) 스케치를 실행하고 Plane.2를 선택하여 다음과 같이 스케치를 한다.

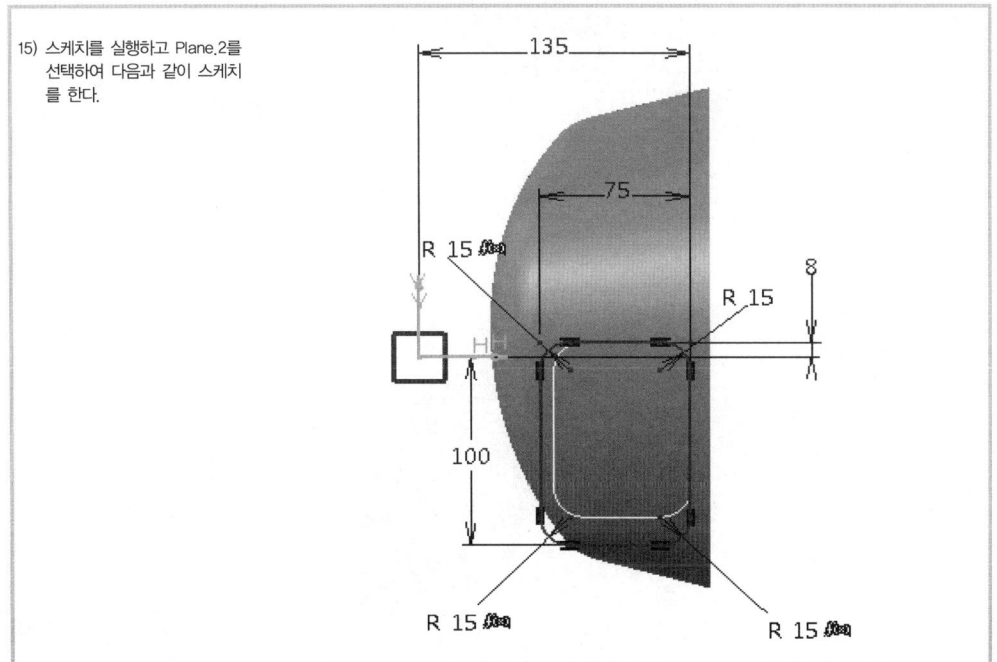

16) Surfaces 위에서 마우스 우측 버튼을 눌러 [Define In Works Object]를 선택한다.
17) Multi-Section Surface를 실행하고 두 개의 스케치를 선택하여 Surface를 생성한다.

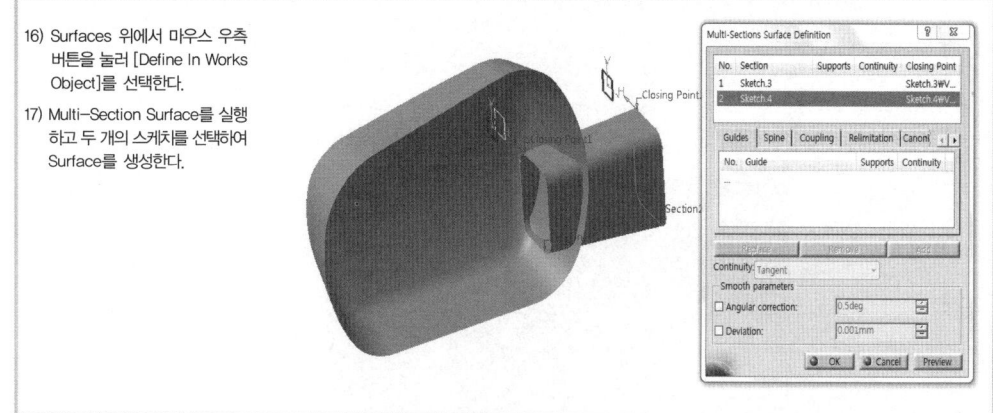

18) Trim을 실행하고 다음과 같이 지정하여 잘라낸다.

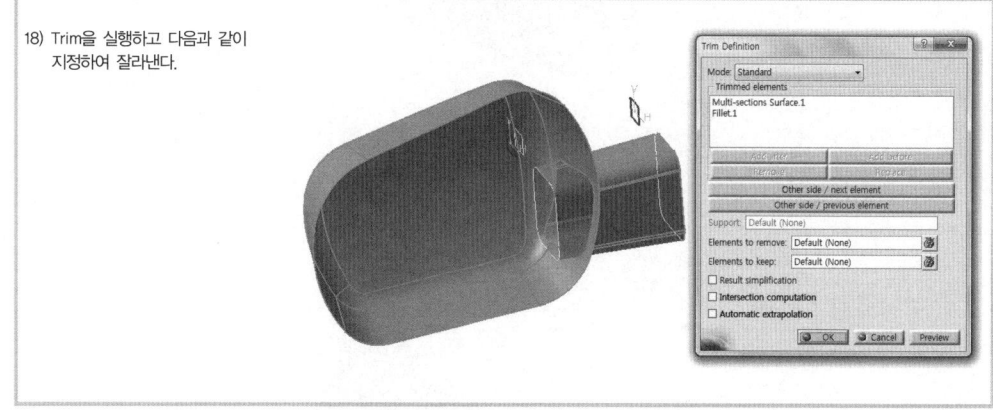

19) EdgeFillet을 실행하고 반경 : 7mm로 필렛을 한다.

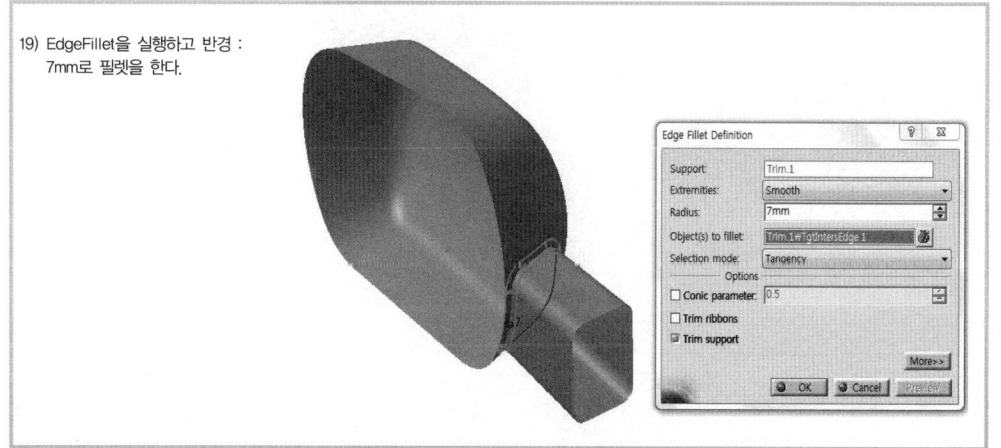

539

20) Boundary를 실행하고 다음 모서리를 선택하여 추출한다.

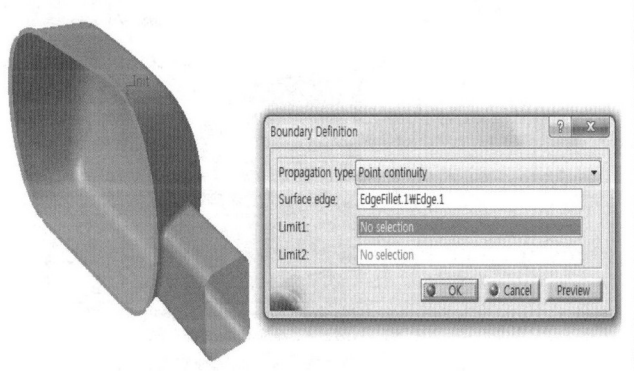

21) Sweep을 실행하고 Guide curve1 : Boundary.1을 선택, Draft direction : Y Component를 지정, Angle : 70deg, Length 1 : 25mm를 지정하여 Surface를 생성한다.

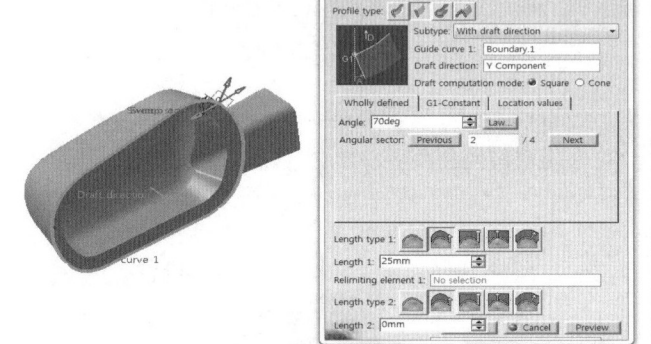

22) Join을 실행하고 두 개의 Surface를 선택하여 결합한다.

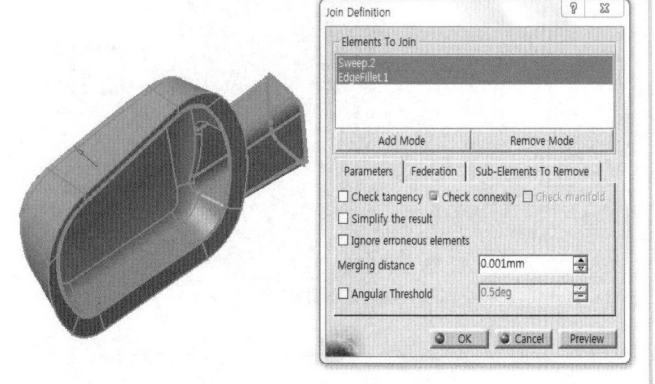

23) EdgeFillet을 실행하고 반경 : 3mm로 필렛을 한다.

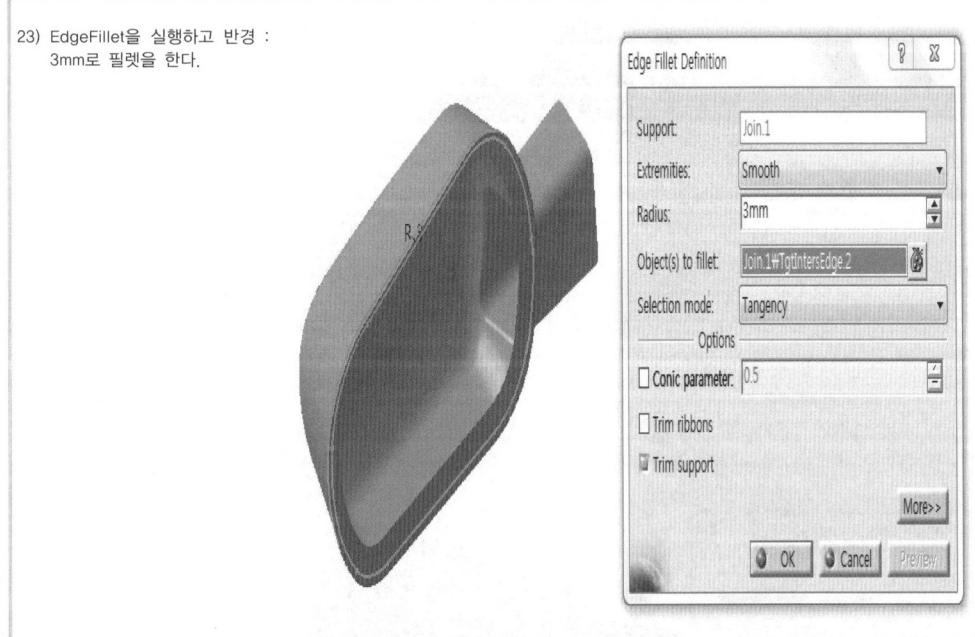

24) Sketch & Curves위에서 마우스 우측버튼을 눌러 [Define In Works Object]를 선택한다.

25) 스케치를 실행하고 ZX Plane를 선택하여 다음과 같이 스케치를 한다.

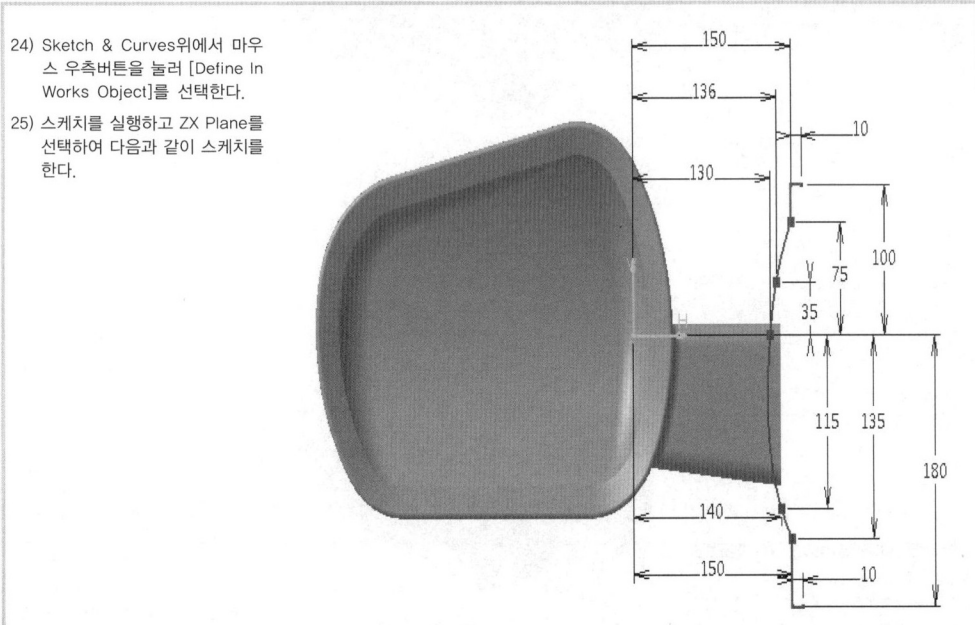

26) Surfaces 위에서 마우스 우측버튼을 눌러 [Define In Works Object]를 선택한다.
27) Extrude를 실행하고 190mm 돌출을 한다.

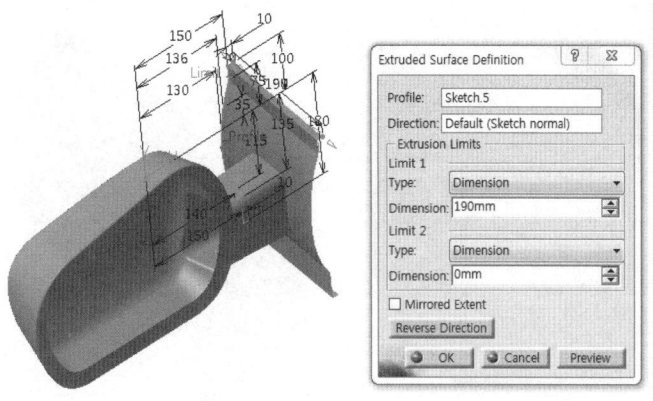

28) Trim을 실행하고 두 개의 Surface를 선택하여 다음과 같이 잘라낸다.

29) Sketch & Curves위에서 마우스 우측버튼을 눌러 [Define In Works Object]를 선택한다.
30) Line을 실행하고 끝점을 선택하여 Line을 생성한다.

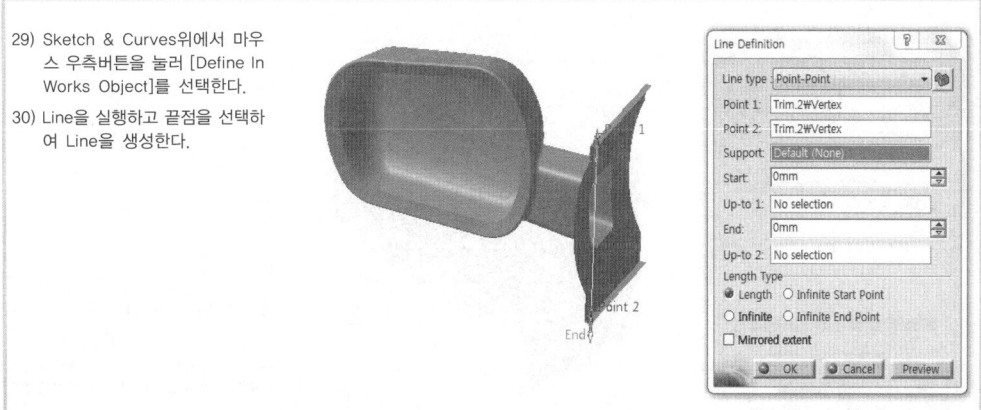

31) Boundary를 실행하고 다음 모서리를 선택하여 추출한다.

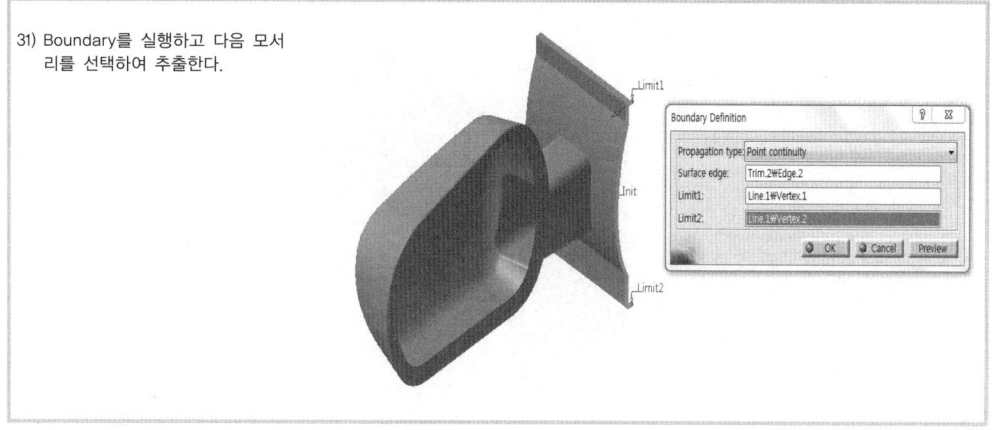

32) Line을 실행하고 끝점을 선택하여 Line을 생성한다.

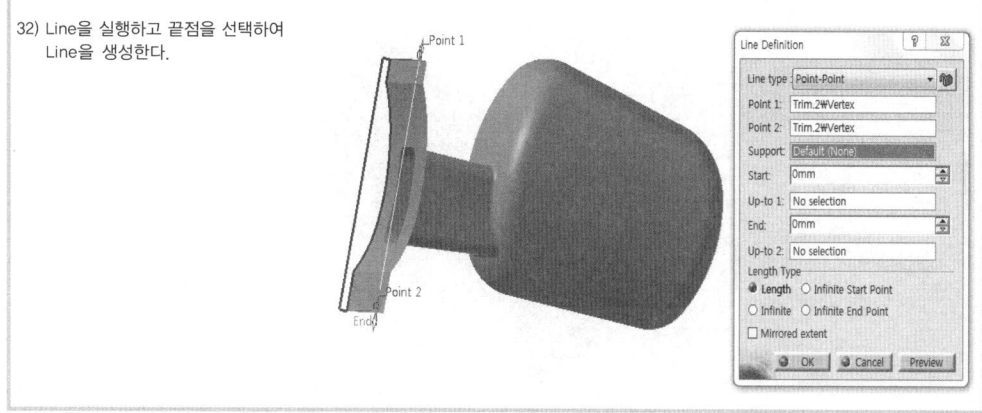

33) Boundary를 실행하고 다음 모서리를 선택하여 추출한다.

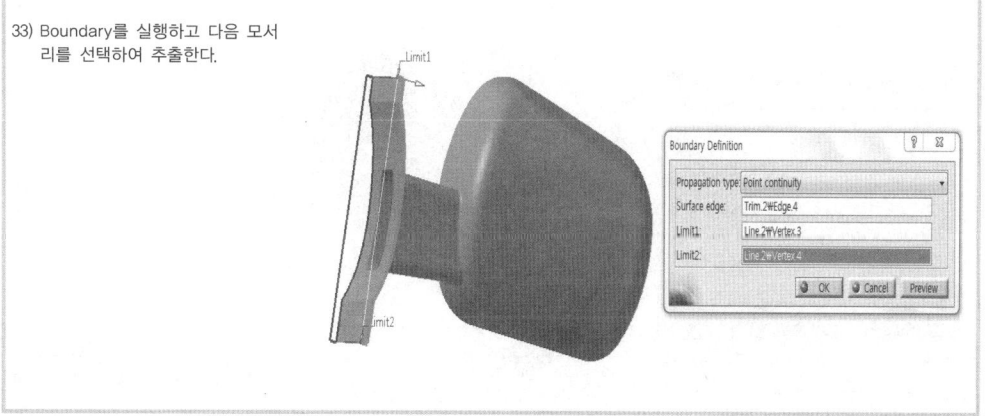

34) Surfaces 위에서 마우스 우측버튼을 눌러 [Define In Works Object]를 선택한다.
35) Fill을 실행하고 다음과 같이 지정하여 Surface로 채운다.

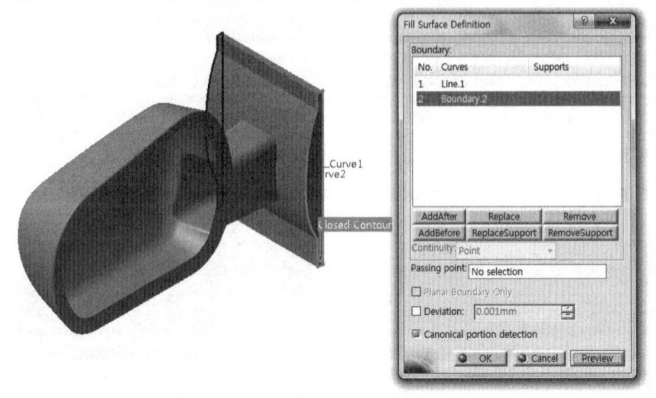

36) Fill을 실행하고 다음과 같이 지정하여 Surface로 채운다.

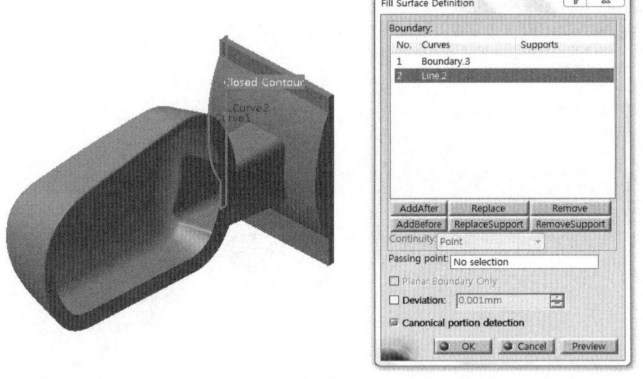

37) EdgeFillet을 실행하고 반경 : 15mm로 필렛을 한다.

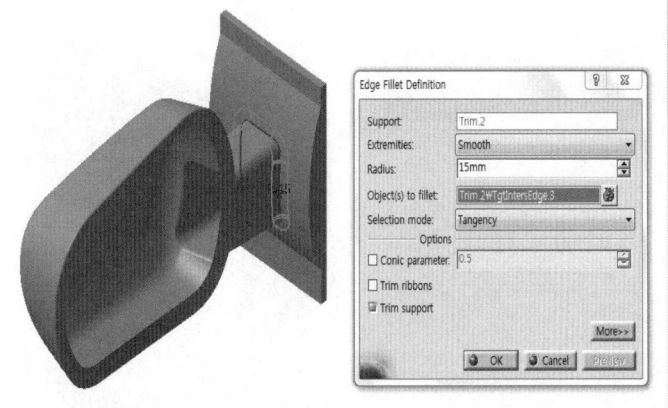

38) Join을 실행하고 다음 객체들을 결합한다.

39) EdgeFillet을 실행하고 반경 : 20mm로 필렛을 한다.

40) EdgeFillet을 실행하고 반경 : 5mm로 필렛을 한다.

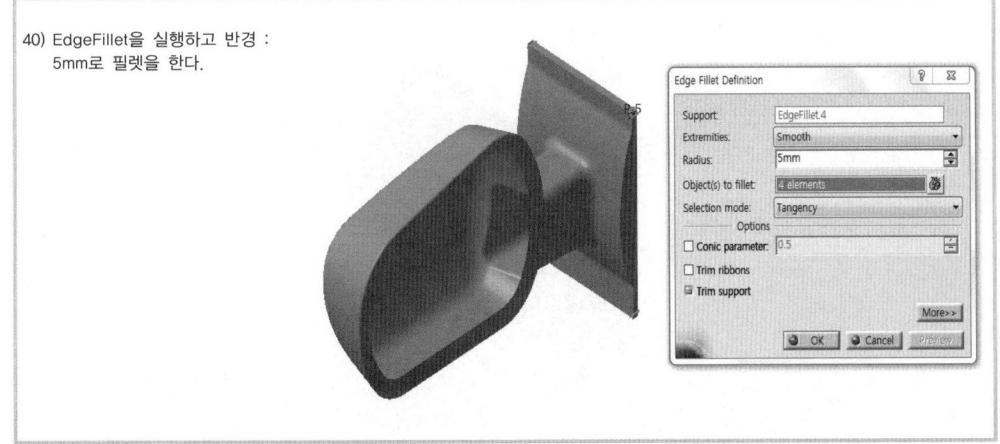

41) EdgeFillet을 실행하고 반경 : 5mm로 필렛을 한다.

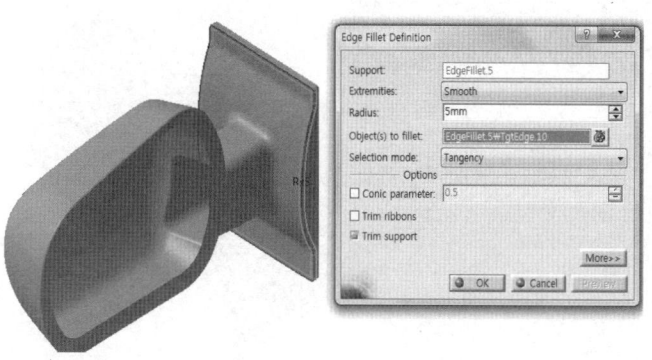

42) [Start]-[Mechanical Design]- [Part Design]으로 전환한다.
43) ThickSurface를 실행하고 두께 : 5mm로 지정하여 Solid로 전환한다.

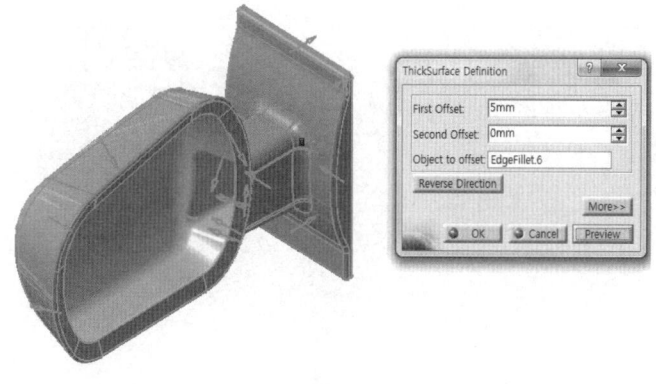

44) 다음과 같이 임의의 재질을 부여 한다.

45) Sketch & Curves 위에서 마우스 우측버튼을 눌러 [Define In Works Object]를 선택한다.
46) 스케치를 실행하고 ThickSurface 객체의 가운데 윗면을 선택하여 다음과 같이 스케치를 한다.

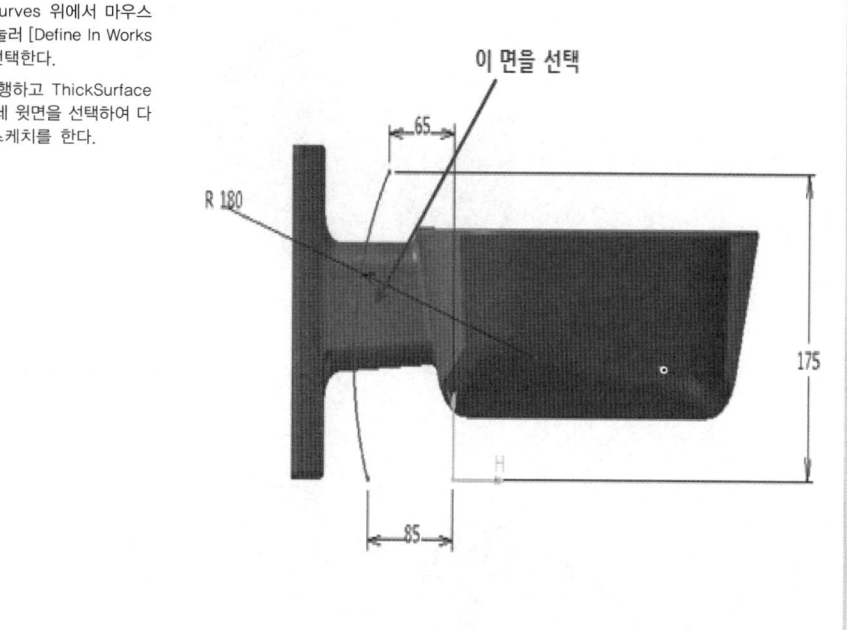

47) 스케치를 실행하고 ThickSurface 객체의 가운데 우측면을 선택하여 다음과 같이 스케치를 한다.

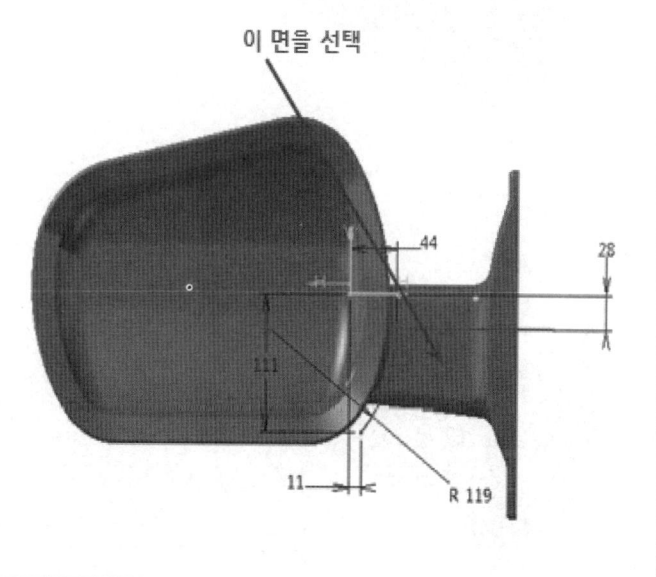

48) Surfaces 위에서 마우스 우측버튼을 눌러 [Define In Works Object]를 선택한다.

49) [Start]-[Shape]-[Generative Shape Design]을 선택한다.

50) Extrude를 실행하고 다음과 같이 지정하여 돌출을 한다.

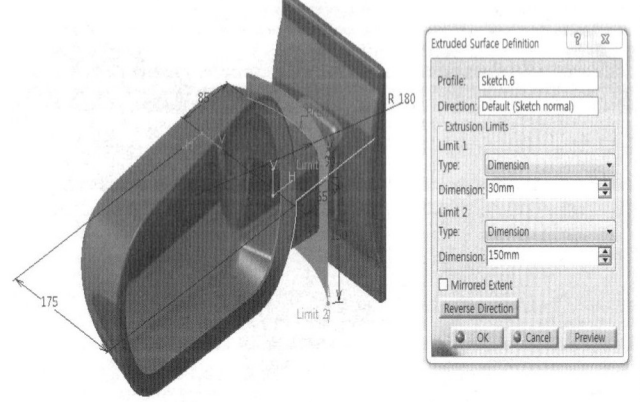

51) Extrude를 실행하고 다음과 같이 지정하여 돌출을 한다.

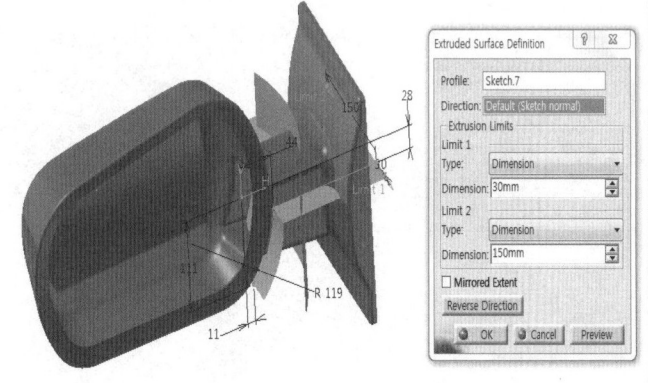

52) Trim을 실행하고 두 개의 Surface를 선택하여 다음 부분만 남기고 잘라낸다.

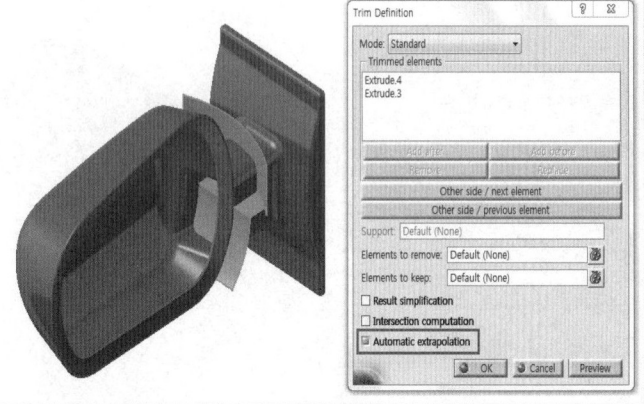

53) Spec Tree에서 PartBody를 선택하고 마우스 우측버튼을 눌러 [Copy]를 선택한다.

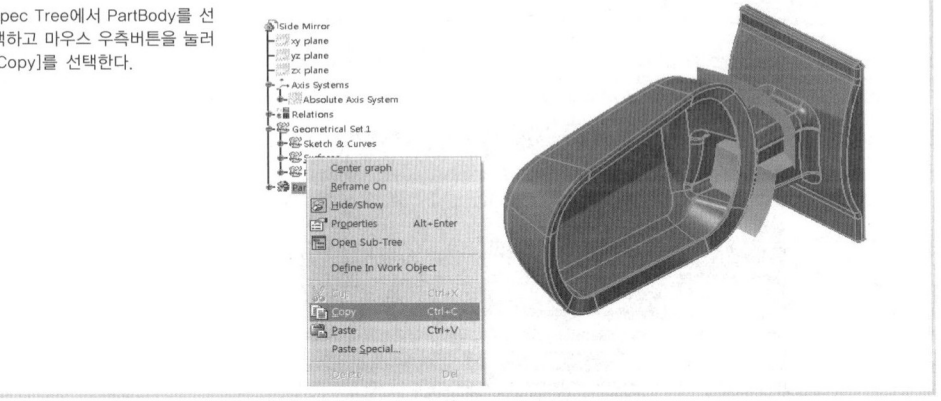

54) Spec Tree 위에서 마우스 우측버튼을 눌러 [Paste Special]을 선택한다.

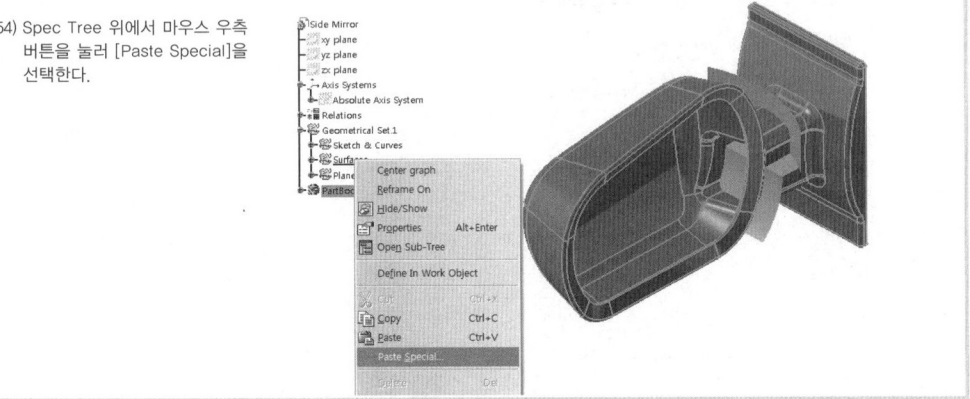

55) As Result를 선택하여 붙여넣기를 한다.

56) [Start]-[Mechanical Design]- [Part Design]으로 전환한다.
57) Split을 실행하고 다음과 같이 지정하여 잘라낸다.

58) PartBody 위에서 마우스 우측버튼을 눌러 [Define In Work Object]를 선택한다.
59) Split을 실행하고 다음과 같이 지정하여 잘라낸다.

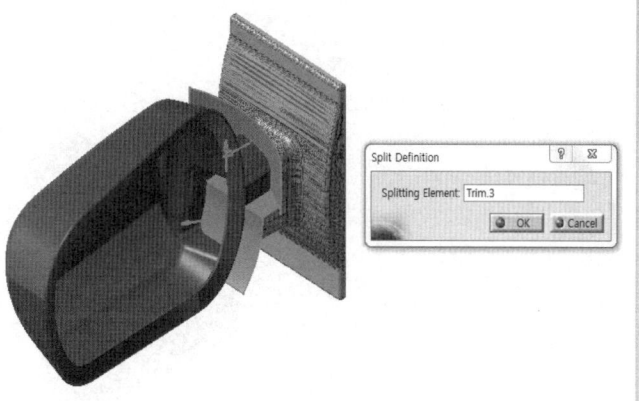

60) 다음과 같이 재질을 변경해 본다.

61) EdgeFillet을 실행하고 반경 : 2mm로 필렛을 한다.

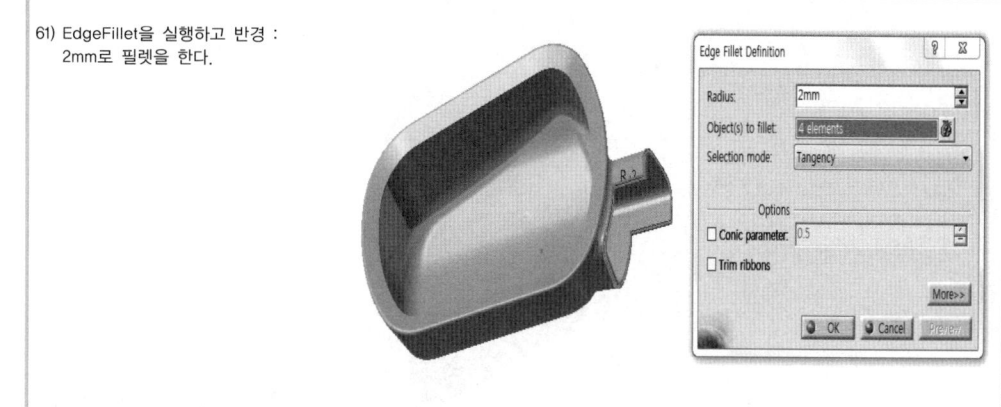

62) EdgeFillet을 실행하고 반경 : 2mm로 필렛을 한다.

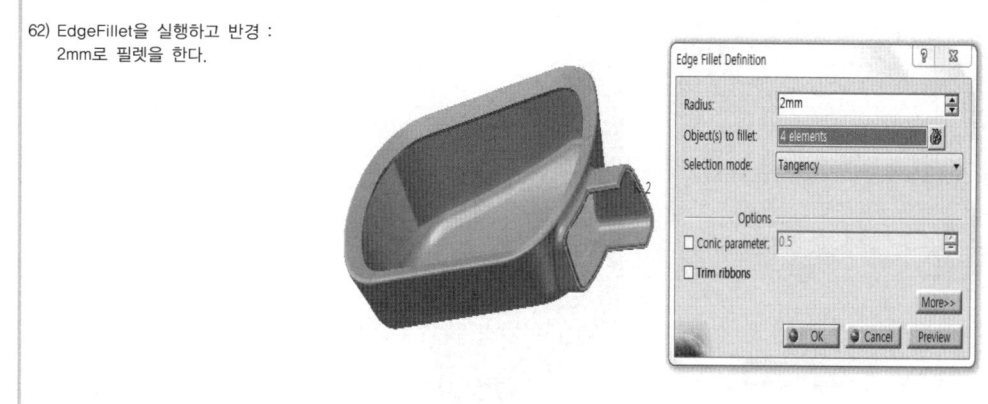

63) 복사한 Body.2 위에서 마우스 우측버튼을 눌러 [Define In Work Object]를 선택한다.
64) EdgeFillet을 실행하고 반경 : 2mm로 필렛을 한다.

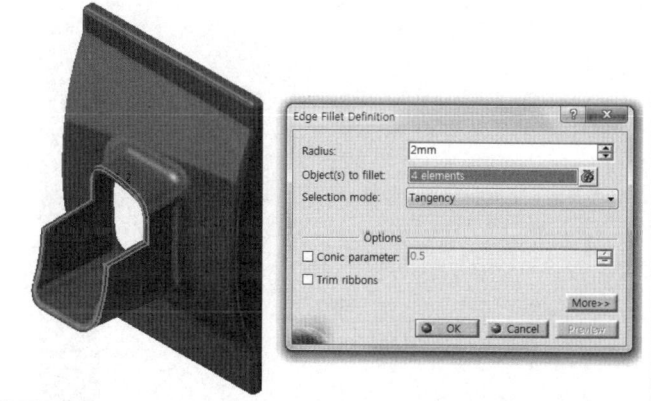

65) Sketch & Curves위에서 마우스 우측버튼을 눌러 [Define In Works Object]를 선택한다.
66) [Start]-[Shape]-[Generative Shape Design]을 선택한다.
67) Multiple Extract를 실행하고 Solid의 안쪽 모서리를 추출한다.

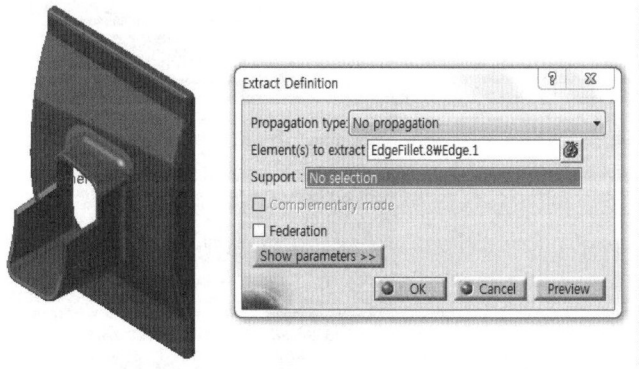

68) Surfaces위에서 마우스 우측버튼을 눌러 [Define In Works Object]를 선택한다.
69) Extrude를 실행하고 46mm 돌출을 한다.

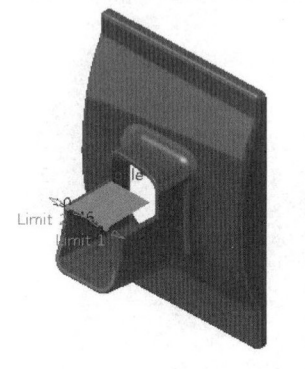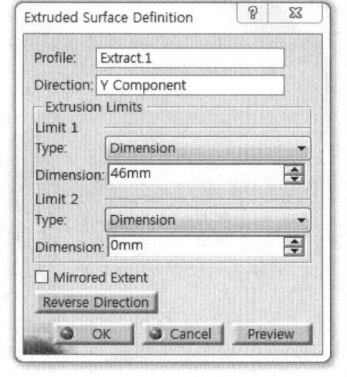

70) [Start]-[Mechanical Design]-[Part Design]으로 전환한다.
71) ThickSurface를 실행하고 두께 : 5mm로 지정하여 Solid로 전환한다.

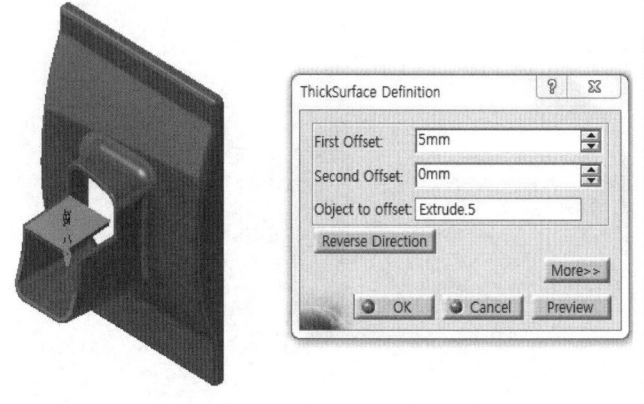

72) 스케치를 실행하고 ThickSurface.2 객체의 윗면을 선택하여 다음과 같이 스케치를 한다.

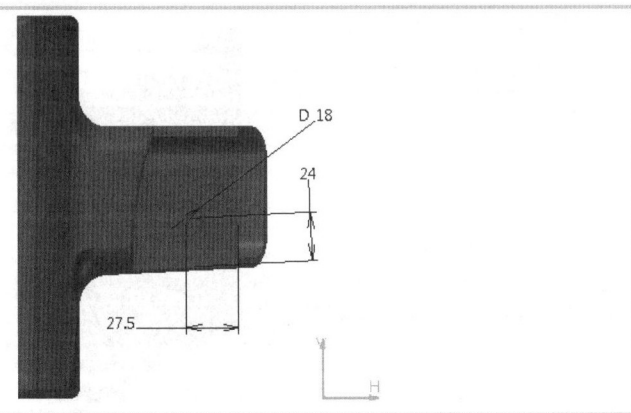

73) Pocket을 실행하고 Up to Next를 지정하여 돌출 컷을 한다.

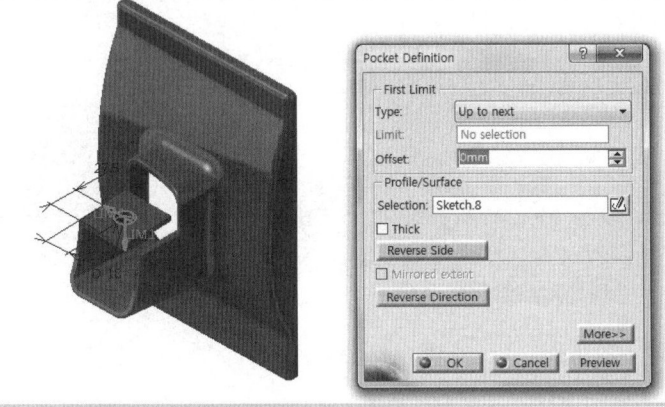

74) EdgeFillet을 실행하고 반경 : 10mm로 필렛을 한다.

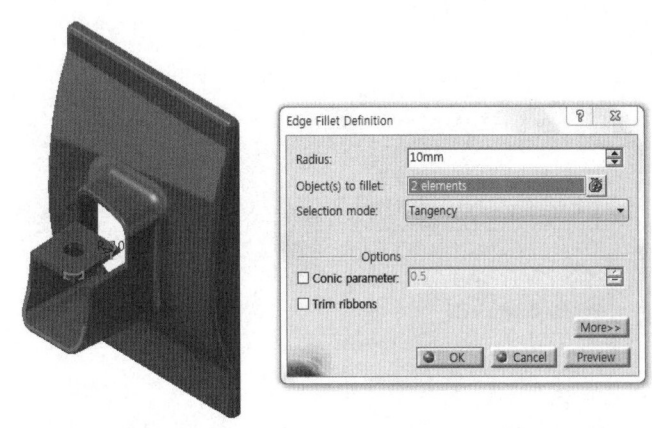

75) EdgeFillet을 실행하고 반경 : 10mm로 필렛을 한다.

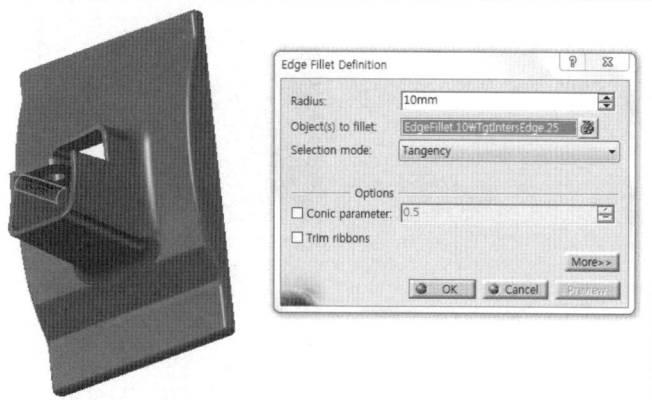

76) Sketch & Curves위에서 마우스 우측버튼을 눌러 [Define In Works Object]를 선택한다.
77) [Start]-[Shape]-[Generative Shape Design]을 선택한다.
78) Multiple Extract를 실행하고 Solid의 안쪽 모서리를 추출한다.

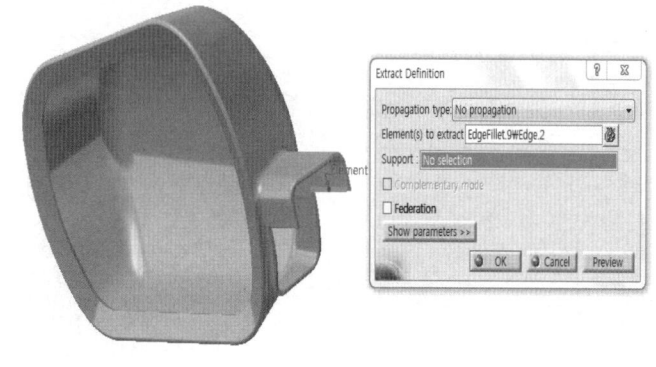

79) Surfaces위에서 마우스 우측버튼을 눌러 [Define In Works Object]를 선택한다.
80) Extrude를 실행하고 46mm 돌출을 한다.

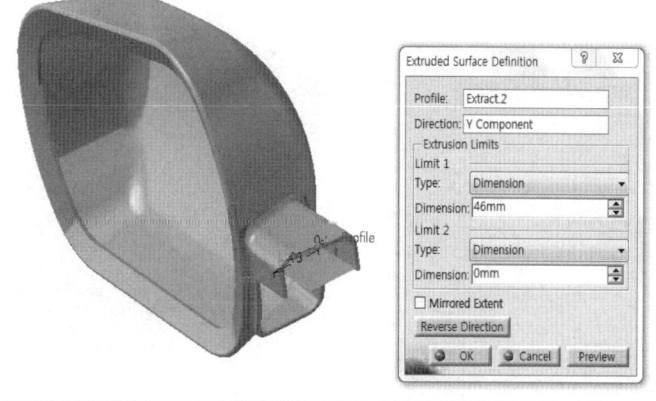

81) [Start]-[Mechanical Design]-[Part Design]으로 전환한다.
82) ThickSurface를 실행하고 두께 : 5mm로 지정하여 Solid로 전환한다.

83) 스케치를 실행하고 PartBody의 ThickSurface.3의 아랫면을 선택하여 다음과 같이 스케치를 한다.

84) Pad를 실행하고 20mm 돌출을 한다.

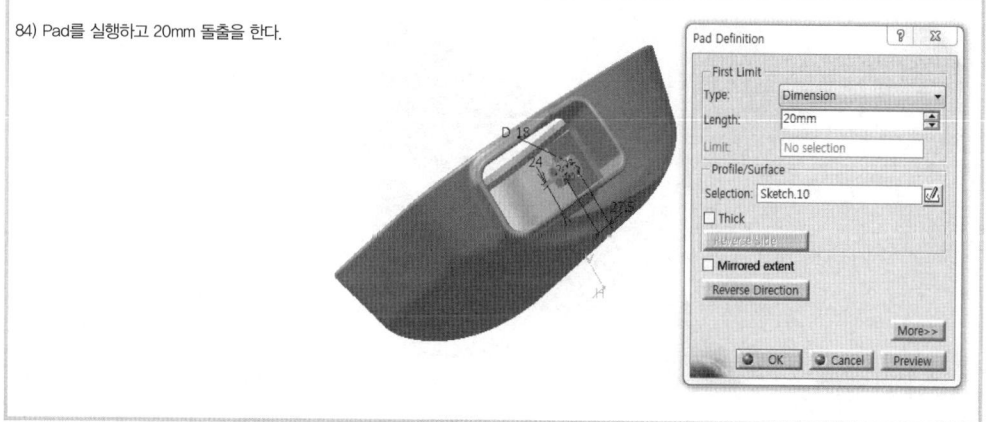

85) EdgeFillet을 실행하고 반경 : 10mm로 필렛을 한다.

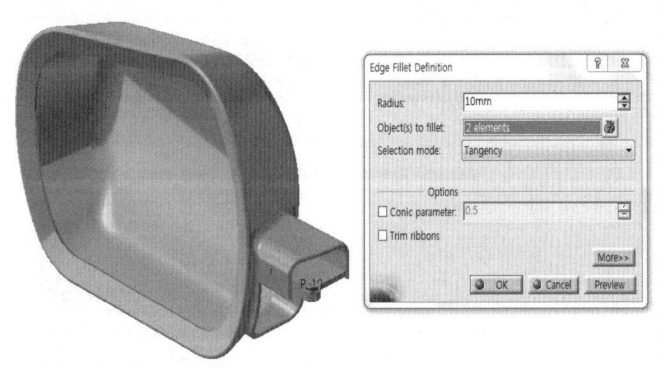

86) EdgeFillet을 실행하고 반경 : 5mm로 필렛을 한다.

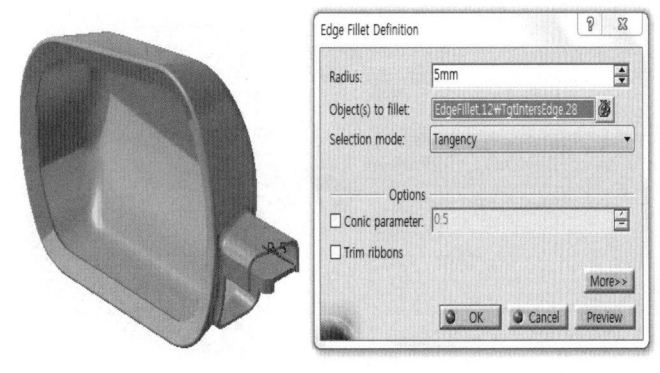

87) Sketch & Curves위에서 마우스 우측버튼을 눌러 [Define In Works Object]를 선택한다.
88) 스케치를 실행하고 YZ Plane을 선택하여 다음과 같이 스케치를 한다.

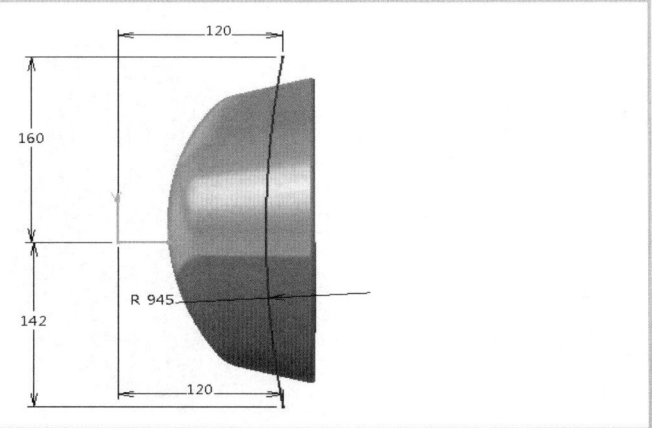

89) Surfaces위에서 마우스 우측버튼을 눌러 [Define In Works Object]를 선택한다.
90) Extrude를 실행하고 방향1 : 300mm, 방향2 : 18mm 돌출을 한다.

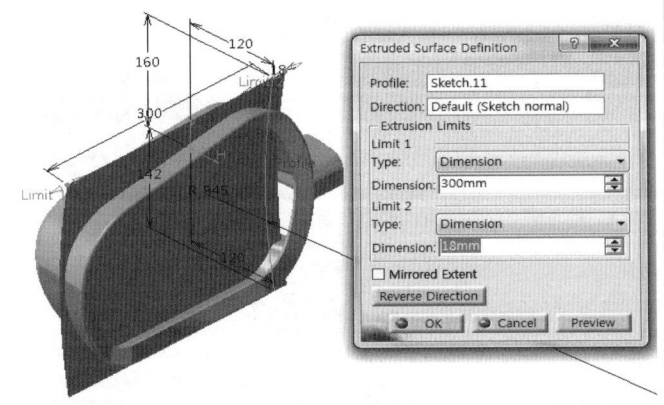

91) Extrude를 실행하고 Surface의 모서리를 선택하여 다음과 같이 돌출을 한다.

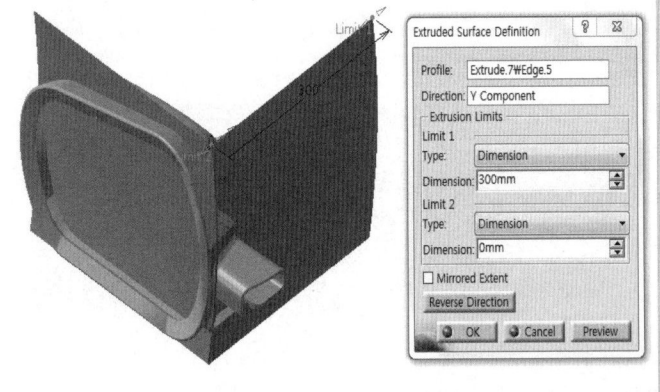

92) Join을 실행하고 다음 객체를 선택하여 결합한다.

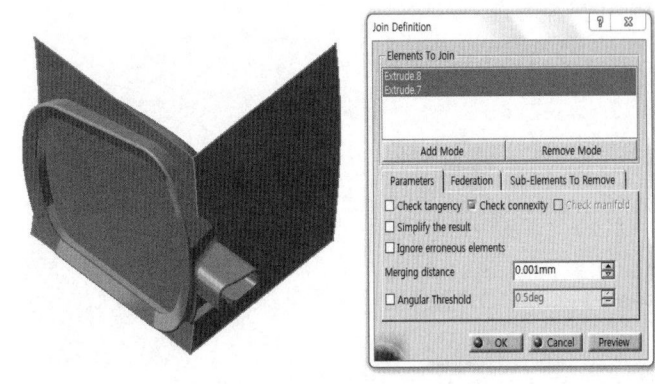

93) Spec Tree에서 PartBody를 선택하고 마우스 우측버튼을 눌러 [Copy]를 선택한다.

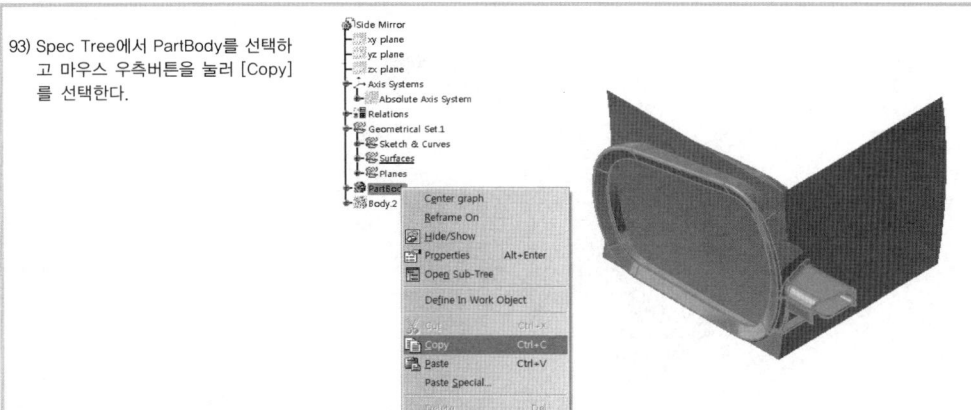

94) Spec Tree 위에서 마우스 우측버튼을 눌러 [Paste Special]을 선택한다.

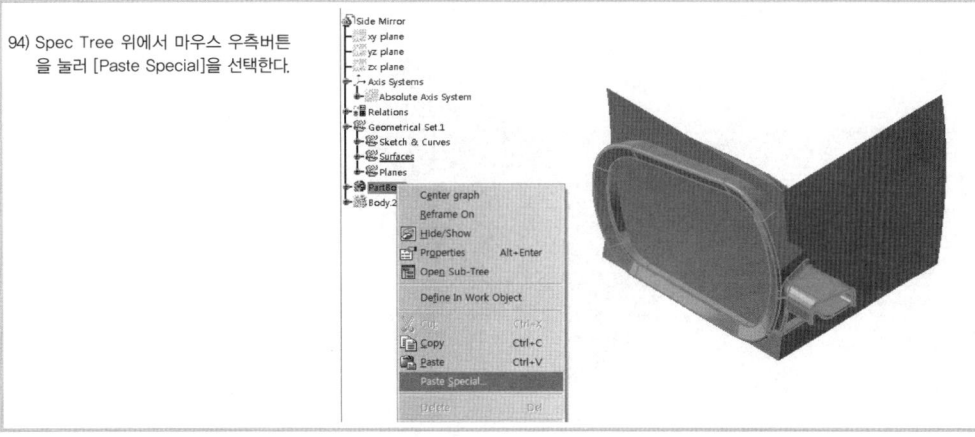

95) As Result를 선택하여 붙여넣기를 한다.

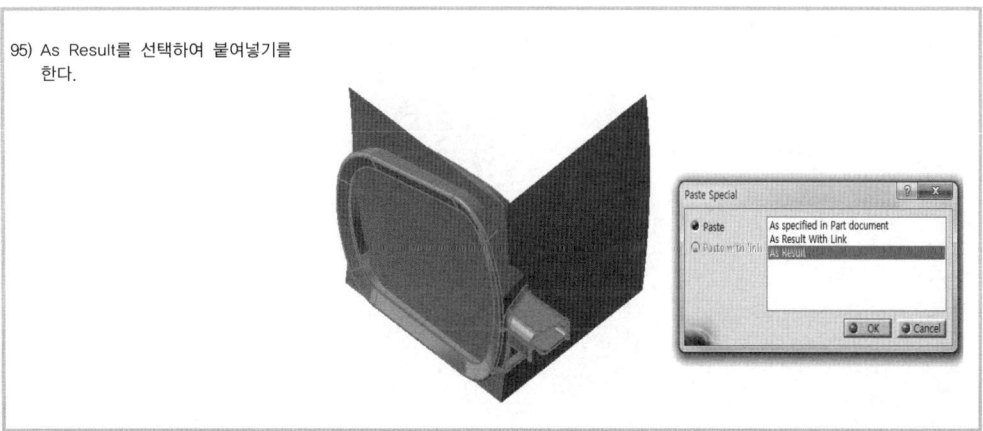

96) [Start]-[Mechanical Design]-[Part Design]으로 전환한다.
97) Split을 실행하고 다음과 같이 화살표 방향을 지정하여 잘라준다.

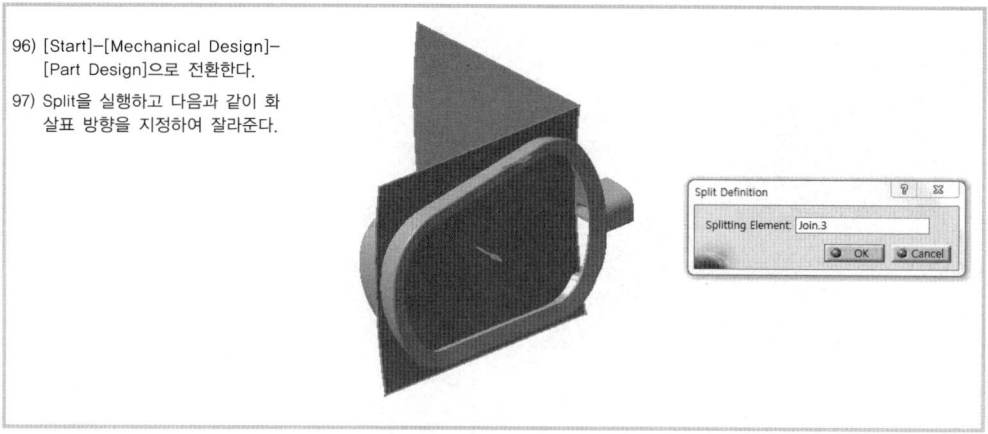

98) PartBody위에서 마우스 우측버튼을 눌러 [Define In Works Object]를 선택한다.
99) Split을 실행하고 다음과 같이 화살표 방향을 지정하여 잘라준다.

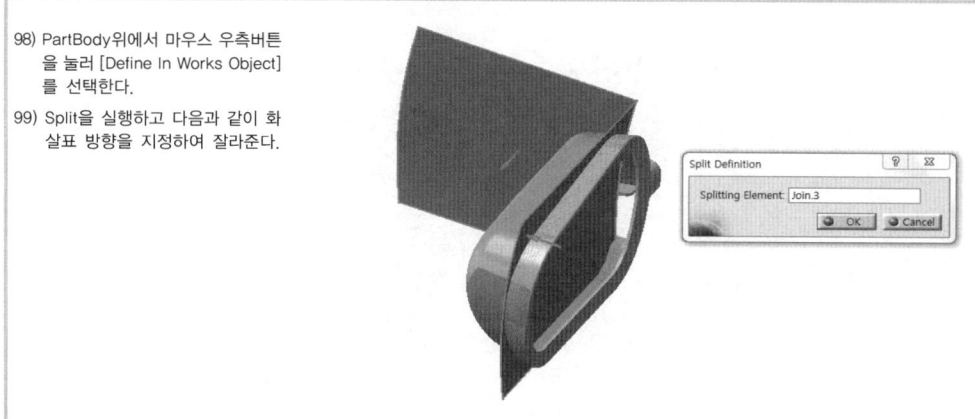

100) Sketch & Curves위에서 마우스 우측버튼을 눌러 [Define In Works Object]를 선택한다.
101) Multiple Extract를 실행하고 Surface의 모서리를 추출한다.

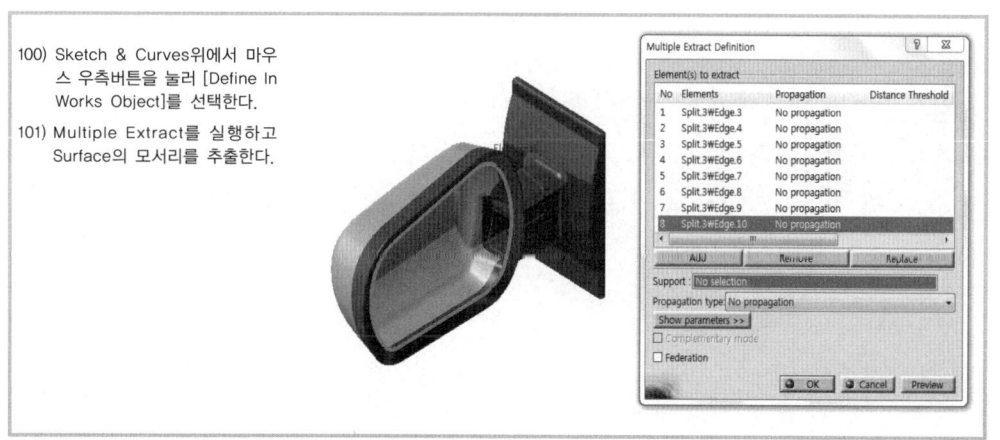

102) Surfaces위에서 마우스 우측버튼을 눌러 [Define In Works Object]를 선택한다.
103) Fill을 실행하고 다음과 같이 선택하여 채운다.

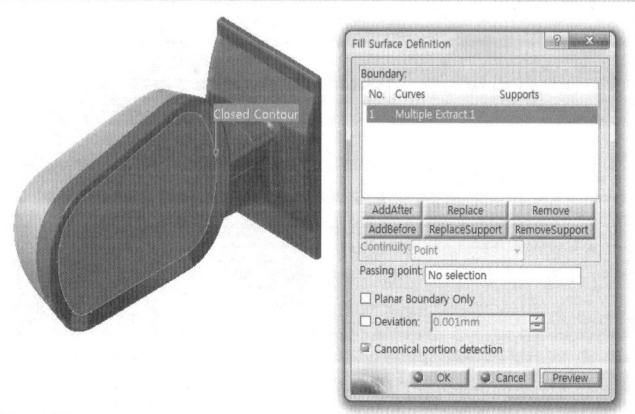

104) [Insert]-[Body]를 선택한다.
105) [Start]-[Mechanical Design]-[Part Design]으로 전환한다.
106) ThickSurface를 실행하고 두께 : 5mm를 지정하여 두께를 지정한다.

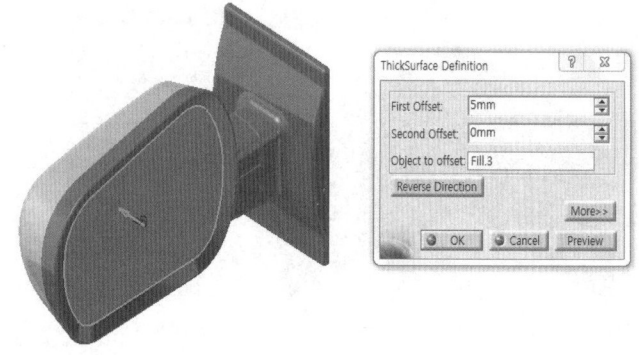

107) Mirror에 다음과 같이 재질을 지정한다.

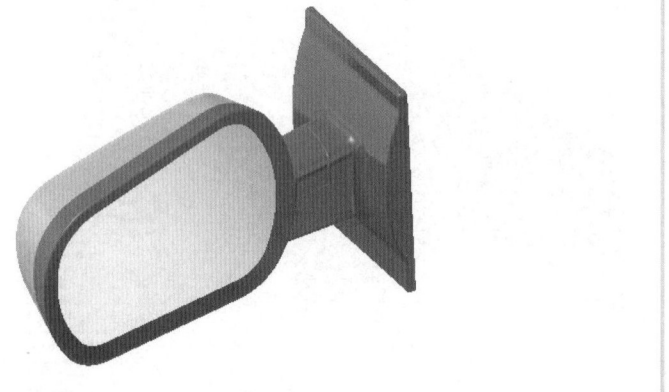

108) Sketch & Curves위에서 마우스 우측버튼을 눌러 [Define In Works Object]를 선택한다.
109) 스케치를 실행하고 ZX Plane을 선택하여 다음과 같이 스케치를 한다.

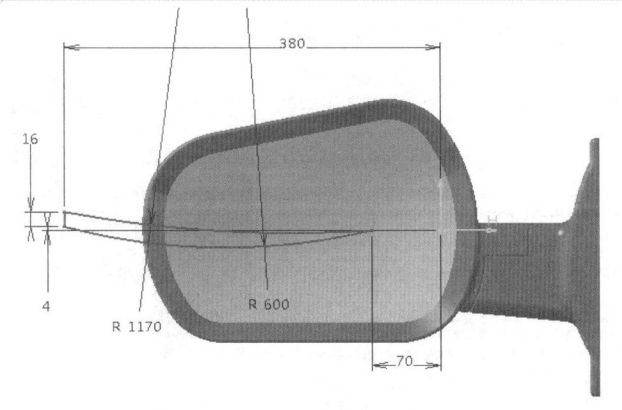

110) Projection을 실행하고 다음과 같이 지정하여 투영을 한다.

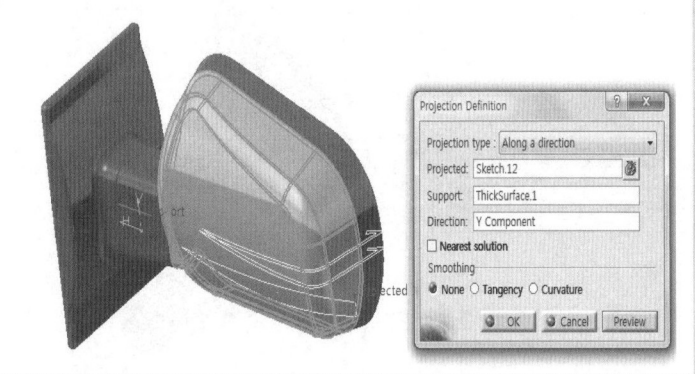

111) Disassemble을 실행하고 다음과 같이 All Cells로 지정하여 분해한다.

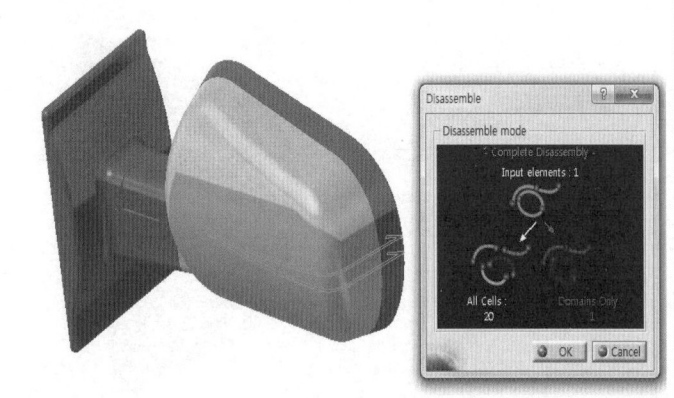

112) Multiple Extract를 실행하고 다음 모서리를 선택하여 추출한다.

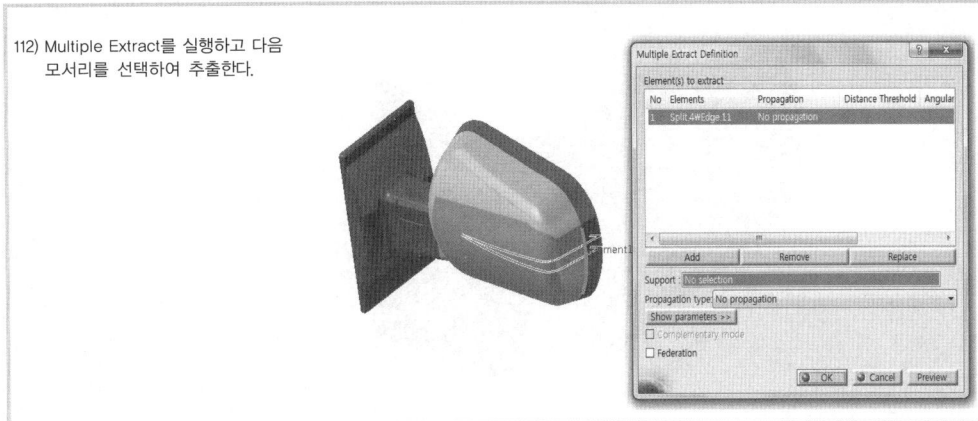

113) Disassemble 객체에서 다음 객체만 남기고 [Hide]를 한다.

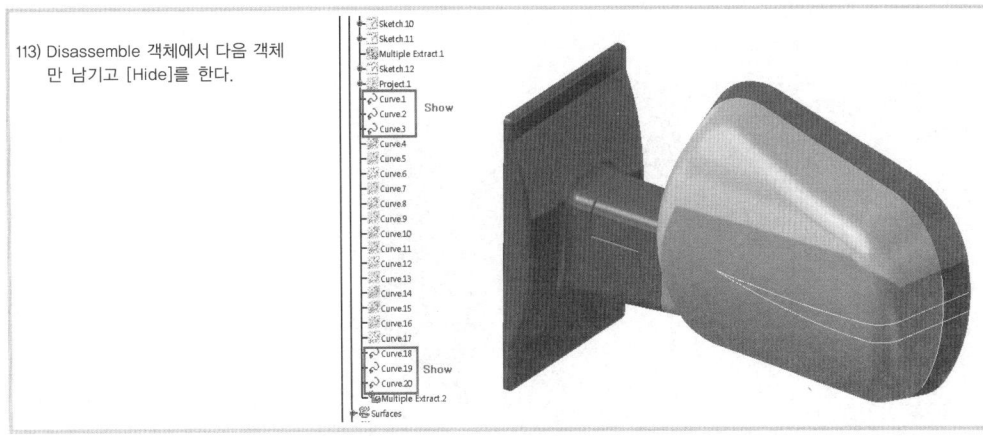

114) Trim을 실행하고 다음과 같이 지정하여 잘라낸다.

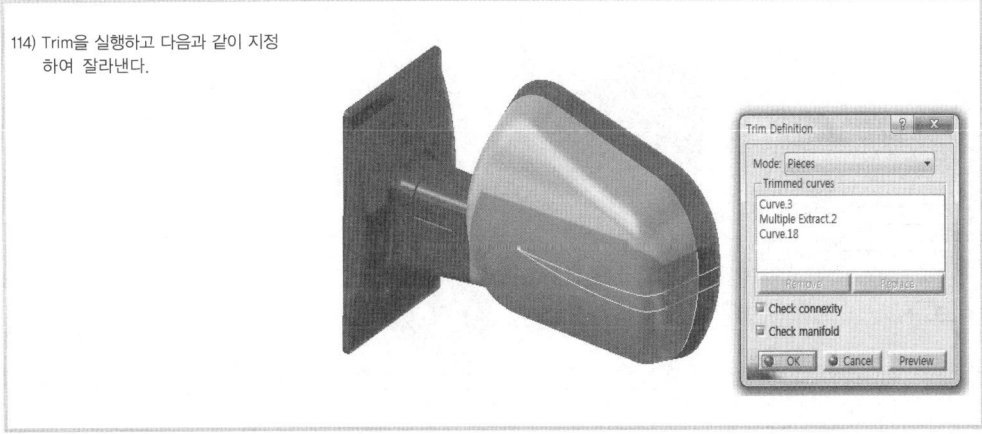

115) Surfaces위에서 마우스 우측버튼을 눌러 [Define In Works Object]를 선택한다.

116) Multiple Extract를 실행하고 다음 모서리를 선택하여 추출한다.

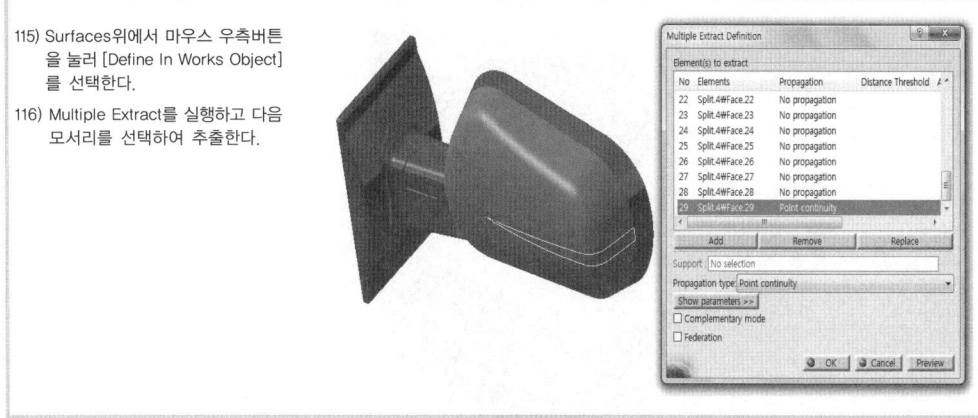

117) Multiple Extract를 실행하고 다음 모서리를 선택하여 추출한다.

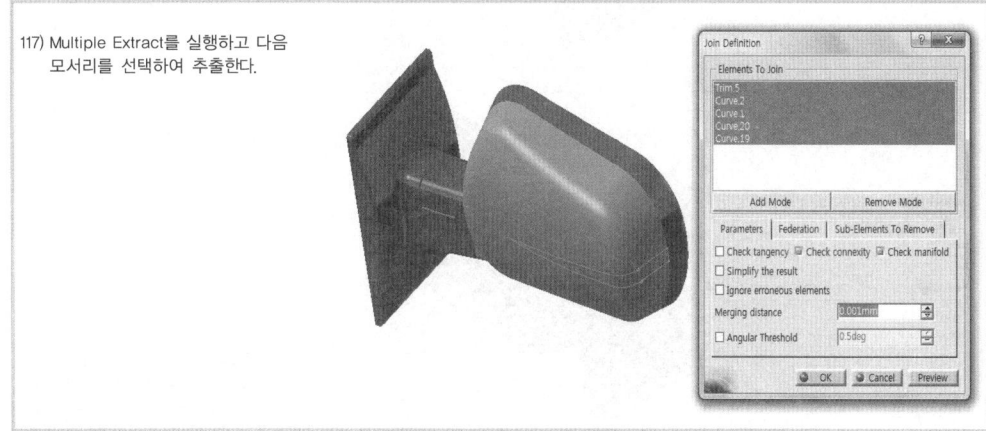

118) Split을 실행하고 다음과 같이 지정하여 잘라낸다.

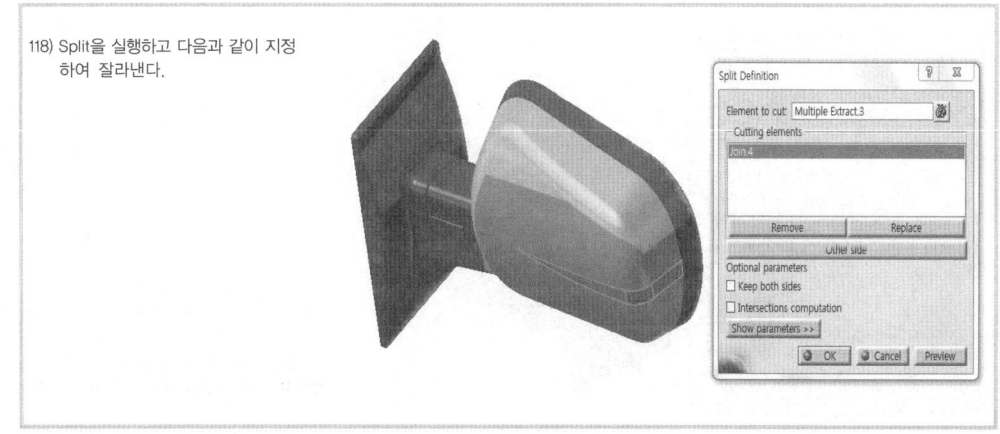

119) [Insert]-[Body]를 선택한다.
120) ThickSurface를 실행하고 두께 : 5mm로 지정하여 Solid로 전환한다.

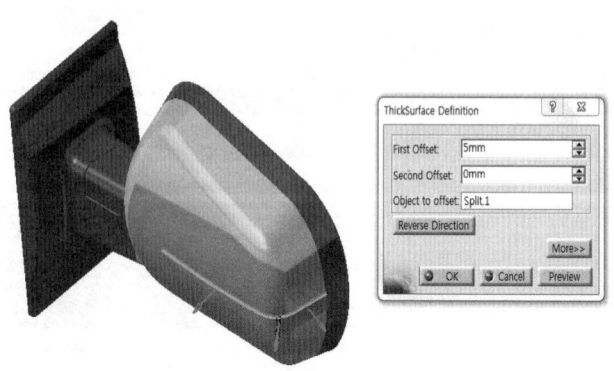

121) EdgeFillet을 실행하고 반경 : 4mm로 필렛을 한다.

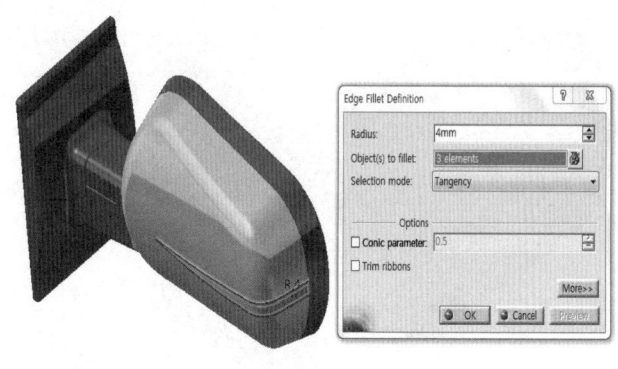

122) 다음과 같이 임의의 재질을 지정한다.

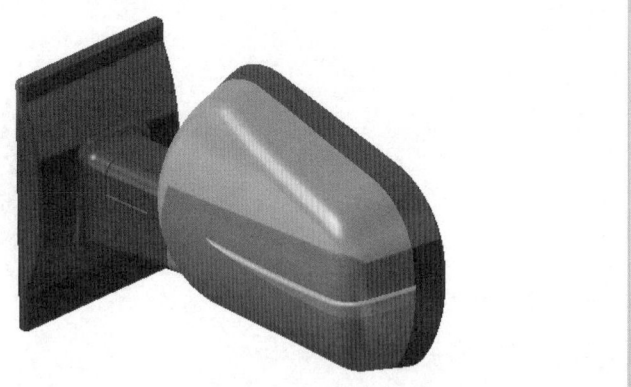

123) Surfaces위에서 마우스 우측버튼을 눌러 [Define In Works Object]를 선택한다.
124) Sweep을 실행하고 다음과 같이 지정하여 Surface를 생성한다.

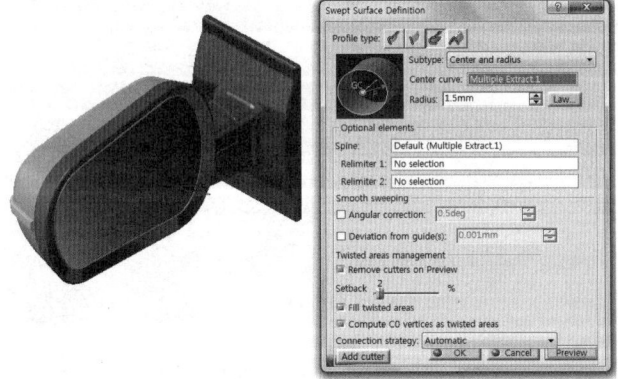

125) [Insert]-[Body]를 선택한다.
126) CloseSurface를 실행하고 다음 Surface를 지정하여 Solid로 전환한다.

■ 완성 결과
127) Side Mirror로 저장한다.

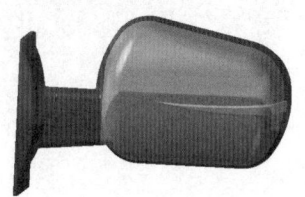